생각의 역사 Ⅱ
: 20세기 지성사

A TERRIBLE BEAUTY
Copyright ⓒ Peter Watson 2000
All rights reserved.

Korean translation Copyright ⓒ 2009 by Dulnyouk Publishing Co.
Korean Translation rights arranged with Andrew Nurnberg Associates Ltd.,
through Eric Yang Agency

이 책의 한국어판 저작권은 에릭양 에이전시를 통한 Andrew Nurnberg Associates Ltd.사와의 독점계약으로
한국어 판권을 들녘 출판사가 소유합니다. 저작권법에 의하여 한국 내에서 보호를 받는 저작물이므로
무단 전재와 무단 복제를 금합니다.

생각의 역사 II : 20세기 지성사
사람이 알아야 할 모든 것

ⓒ 들녘 2009

초판 1쇄	2009년 7월 31일			
초판 11쇄	2024년 2월 16일			
지은이	피터 왓슨			
옮긴이	이광일			
출판책임	박성규	펴낸이	이정원	
편집주간	선우미정	펴낸곳	도서출판 들녘	
기획이사	이지윤	등록일자	1987년 12월 12일	
편집	이동하·이수연·김혜민	등록번호	10-156	
디자인	하민우·고유단	주소	경기도 파주시 회동길 198	
마케팅	전병우	전화	031-955-7374 (대표)	
경영지원	김은주·나수정		031-955-7381 (편집)	
제작관리	구법모	팩스	031-955-7393	
물류관리	엄철용	이메일	dulnyouk@dulnyouk.co.kr	
ISBN	978-89-7527-837-2 (03900)			
	978-89-7527-835-8 (세트)			

값은 뒤표지에 있습니다. 잘못된 책은 구입하신 곳에서 바꿔드립니다.

사람이 알아야 할 모든 것

생각의 역사 II
: 20세기 지성사

피터 왓슨 지음
이광일 옮김

들녘

차례

저자의 말 – 20세기 지성의 재발견····13
서론 – 지성의 진화····16

제1부 – 프로이트에서 비트겐슈타인까지
새로운 세기의 감성

1
동요의 서막···28

베일 벗은 무의식 ― 유럽의 모(母)문명 ― 유전자의 재발견 ― 막스 플랑크의 양자 ― 파리의 피카소

2
과도기적 전환기···51

독일 사상의 우위 ― 빈의 카페 : 사상의 시장 ― 슈니츨러와 호프만슈탈 ― 브렌타노와 후설 ― 크라프트에빙의 성적 정신병질 ― 오토 바그너와 아돌프 로스 ― 바이닝거와 클림트 ― 에른스트 마허

3
다윈의 암흑의 핵심 · · · 70

니체 ― 베블렌 ― 스펜서 ― 헤켈 ― 라푸지의 인종론 ― 라첼의 생활공간론 ― 휴스턴 체임벌린 ― 노르다우의 '퇴화' ― 골턴의 우생학 ― 헤르츨의 시온주의 ― 베버의 프로테스탄트 윤리 ― 콘래드의 아프리카

4
모더니즘의 아가씨들 · · · 91

슈트라우스의 살로메와 엘렉트라 ― 쇤베르크의 기다림 ― 피카소의 창녀들 ― 칸딘스키의 추상화 ― 베르그송의 엘랑 비탈 ― 주의 양떼를 먹임 ― 중국의 신학문

5
미국의 실용주의 정신 · · · 123

대학 개혁 ― 찰스 엘리어트 ― 퍼스, 제임스, 프래그머티즘 철학 ― 존 듀이 ― 하버드 비즈니스 스쿨 ― 테일러의 과학적 관리 ― 호프스태터와 미국의 실용 문화 ― 설리번과 마천루 ― 라이트 형제 ― 애시캔파 ― 대열차 강도 ― D. W. 그리피스 ― 메리 픽포드

6
$E=mc^2$, $\supset/\equiv/v + C_7H_{38}O_{43}$ · · · 148

러더퍼드의 원자 ― 아인슈타인의 상대성 ― 베이클랜드의 플라스틱 ― 러셀과 화이트헤드 ― 아드레날린 ― 에를리히의 마법의 탄환

7
인종 간의 우열 · · · 175

W. E. B. 듀보이스와 흑인의 영혼 ― NAACP ― 세인트루이스 만국박람회 ― T. H. 모건과 초파리 ― 프란츠 보아스와 원시인의 마음 ― 하이람 빙엄과 마추픽추 ― 베게너의 대륙이동설

8
활화산 · · · 201

아모리 쇼 ― 존더분트 전시회 ― 아폴리네르의 알코올과 '지역' ― 스트라빈스키의 봄의 제전 ― 디아길레프와 니진스키 ― 아인슈타인의 특수 상대성 이론 ― 닐스 보어의 궤도 ― 베네치아에서의 죽음 ― 아들과 연인 ― 프루스트 ― 융과 프로이트의 결별 ― 로버트 프로스트

9
반격 · · · 228

1차 대전의 충격 — 성형수술 — 혈액형 구분과 수혈 — IQ — IQ의 미국화 — 정신분석이 인정을 받다 — 전쟁시인들 — 양극단화의 습관 — 정신주의 — 비트겐슈타인의 논리철학 논고—취리히의 다다 — 러시아 혁명기 예술가들

제2부 - 슈펭글러에서 동물농장까지
문명과 그에 대한 불만

10
저물어가는 세계 · · · 268

슈펭글러의 서구의 몰락 — 베르사유 체제 — 평화의 경제적 귀결 — 중국 5·4운동 — 지외르지 루카치와 일요서클 — 바르톡의 푸른 수염의 성주 — 프린시페로 간 에딩턴

11
탐욕의 황무지 · · · 291

토니의 비관적 전망 — 엘리엇의 황무지 — 피란델로의 황량한 무대 — 카를 크라우스의 최후의 날들 — 조이스의 블룸 — 예이츠 — 개츠비의 황무지 — 다시 프루스트 — 지드의 도덕적 황무지 — 제이콥의 방 — 브르통의 무의식의 속삭임 — 에른스트와 달리의 생물학적 황무지 — 르네 마그리트

12
배빗의 미들타운 · · · 324

IQ와 인종 — 스콥스 재판 — 배빗 — '미들브로' 개념 — 미들타운 — 할렘 르네상스 — 뉴요커 — BBC의 탄생

13
영웅들의 황혼 · · · 347

칼리가리 박사의 밀실 — 바르부르크예술사연구소 — 바우하우스 — 프랑크푸르트 학파 — 영적靈的 독일 — 릴케 — 마의 산 — 음렬주의 — 브레히트 — 하이데거 — 역사와 계급의식 — 빈 서클 — 로베르트 무질 — 카프카 — 히틀러와 제3제국의 지적 연원

14
진화의 진화···385

진보와 진화 — 투탕카멘 무덤 — 우르 발굴 — 레너드 울리와 수메르 — 대홍수와 최초의 도서관 — 라스 샤므라와 엘의 진화 — 나이테 연대측정법 — 휘그당식 역사해석

15
물리학의 황금기···401

원자를 '쪼갠' 러더퍼드 — 물리학과 화학을 연결한 보어 — 파울리의 배타원리 — 하이젠베르크의 불확정성의 원리 — 슈뢰딩거의 파장 — 채드윅과 중성자 — 허블의 팽창우주 — 폴링의 화학결합 — 휘틀과 폰 오하인의 제트기관 — 괴델의 불완전성 정리

16
문명과 그에 대한 불만···426

프로이트와 서구의 병리현상 — 융의 현대인 — 호나이의 신경증적 성격 — 나 혼자만의 방 — 마가렛 미드와 루스 베네딕트의 인류학 — 시카고 학파 사회학 — 미국 문명에서의 흑인 — 포크너의 남부 — 오웰의 파리, 런던, 와이건 부두 — 멈퍼드의 도시 문화사 — 윌리엄 인지 vs 버트란드 러셀 — 대중의 반역 — 소련에 간 웨브 부부 — 로젠베르크의 '신화' — 헉슬리의 신세계

17
박해···467

독일의 미술가 블랙리스트 — 압수된 그림들 — 아인슈타인 박해 — 오토 프리시, 바우하우스, 바르부르크연구소, 프랑크푸르트 학파에 대한 박해 — 빈 서클의 망명 — 프로이트와 한나 아렌트의 경우 — 나치에 봉사한 콘라트 로렌츠 — 힘러의 '과학' 정책 — 퇴폐 미술 전시회 — 디트리히 본회퍼의 철학과 용기와 죽음 — 소련의 미술·과학 국유화 — 막심 고리키 — 붉은 교수들 — 박해 받는 니콜라이 바빌로프 — 리센코 — 과학자들을 숙청하다 — KGB 문서고 — 오시프 만델스탐의 죽음

18
좌절과 위안···506

유성영화 — 괴벨스와 리펜슈탈 — 기술복제 시대의 예술작품 — 국제현대건축회의CIAM — 오든과 그의 세대 — 스페인 내전에 참전한 작가들 — 피카소의 게르니카 — 펭귄 북스 — 픽션과 독서 대중 — 케인스의 고용·화폐 이론 — 콜 포터 — 셀로판지와 나일론 — 유진 오닐 — 고국에 서서 — 시민 케인

19
히틀러의 선물···544

미술가들 미국으로 망명하다 — 터키로 간 독일 학자들 — 수학자, 음악가, 심리학자들 미국으로 망명하다 — 배리언 프라이와 긴급구조위원회ERC — 망명 대학 — 몬드리안의 뉴욕 연작 — 로스앤젤레스로 간 망명객들(쇤베르크 등등) — 링컨 커스틴과 조지 발란신

20
콜로수스···561

앨런 튜링, 에니그마, 에니악 — 레이더 — 페니실린 — 라스코 동굴벽화 — 진화종합설 — 슈뢰딩거의 '생명이란 무엇인가?'

21
과거 회귀는 없다···584

칼 만하임 — 요제프 슘페터 — 프리드리히 폰 하이에크 — 칼 포퍼 — '그리스도교와 사회질서' — 베버리지 보고서 — 동물농장 — 케인스와 전쟁 — 브레턴우즈 협정과 평화 — 미국의 딜레마

22
8월의 섬광···609

핵 연쇄반응이 가능해지다 — 엔리코 페르미 — 핵분열 — 맨해튼 프로젝트 — 하이젠베르크와 보어의 만남 — 독일, 러시아, 일본의 원폭 제조 계획 — 히로시마 — 국화와 칼

제3부 - 사르트르에서 고요의 바다까지
새로운 인간의 조건 그리고 위대한 사회

23
파리의 원년元年···630

사르트르 — 파리 해방 — 메를로퐁티 — 아라공 — 카페 — 크라브첸코 — 메시앙 — 파리파 화가들 — 카뮈 — 주네 — 베케트 — 이오네스코

24
딸과 연인 · · · 651

시몬 드 보부아르 — 킨제이 보고서 — 매스터스와 존슨 — 그레고리 핀커스와 피임약 — 나보코프의 롤리타 — 베티 프리던의 여성의 신비

25
새로운 인간의 조건 · · · 668

고독한 군중 — 권위주의적 성격 — 한나 아렌트 — 에리히 프롬의 건전한 사회 — 조직 인간 — C. 라이트 밀스 — 갤브레이스의 풍요로운 사회 — W. W. 로스토 — 밴스 패커드의 숨은 유혹자들 — 다니엘 벨의 이데올로기의 종언 — 실력사회의 등장

26
정전正典이 깨지다 · · · 694

엘리엇의 문화에 대한 정의 — F. R. 리비스 — 라이오넬 트릴링 — 미국의 정신 — 긴즈버그의 울부짖음 — 케루악의 길 위에서 — 새로운 팝 — 제임스 볼드윈 — 붕괴 — 레비스트로스 — 존 오스본 — 시운동파와 필립 라킨 — 교양의 효용 — 레이먼드 윌리엄스 — 스노의 두 문화

27
과학의 이면 · · · 727

마이클 폴라니 - 1984년 - 리센코 - 쇼클리와 트랜지스터 - 왓슨, 크릭, DNA - 코롤료프와 스푸트니크 - 리키 부부와 진잔트로푸스 - 과학혁명의 구조

28
정신의 탈형이상학 · · · 755

사이코 — 분열된 자아 — 길버트 라일 — 비트겐슈타인 — 정신분석의 실패 — 스키너 vs 촘스키 — 모성 박탈 — 피아제 — 진정제 — 헤르베르트 마르쿠제

29
뉴욕 뉴욕 뉴욕 · · · 776

예루살렘의 아이히만 — 미국의 망명 정신분석학자들 — 브루노 베텔하임 — 에릭 에릭슨 — 미국의 물리학자들: 가모브와 겔만, 그리고 쿼크 — 앤디 워홀 — 마지막 아방가르드 — 손택의 '해석에 반대한다'

30
위대한 사회, 그리고 평등·자유·정의 ··· 795

자유의 조건(하이에크) — 밀턴 프리드먼 — 또 하나의 미국 — 제인 제이콥스 — 마틴 루터 킹 — 민권운동 — 프란츠 파농 — 엘드리지 클리버 — 마야 앤절루 — 저메인 그리어 — 줄리엣 미첼 — 케이트 밀레트— 셰어 하이트 — 콜먼 보고서 — 아서 젠센 — 크리스토퍼 젠크스 — 학교 없는 사회 — 일차원적 인간 — 노먼 메일러 — 중국의 문화혁명 — 러시아의 광기 — 솔제니친 — 이사야 벌린의 자유론 — 마샬 맥루한 — 기 드보르 — 롤스의 정의론 — 로버트 노직의 아나키론 — 스키너의 자유와 존엄을 넘어서

31
장기지속 ··· 850

해저확장과 판구조론 — 베링 육교 — 배질 데이비슨의 고대 아프리카 재발견 — 페르낭 브로델과 아날 학파 — 영국 마르크스주의 역사학자들 — 렌프루의 방사성탄소 연대측정 혁명

32
우주와 지구 ··· 868

달 착륙 — 펄서와 우주 배경복사 — 태초의 3분간 — 퀘이사 — 성서와 고고학 — 파울 틸리히 — 루돌프 불트만 — 데야르 드 샤르댕 — 라인홀드 니부어 — 제 2차 바티칸 공의회 — 레이첼 카슨 — 성장의 한계 — 젊어지는 미국 — 작은 것이 아름답다

제4부 - 대항문화에서 코소보까지
20세기를 넘어 21세기로

33
새로운 감성 ··· 902

석유위기 — 새로운 산업국가 — 탈산업사회와 자본주의의 문화적 모순 — 로자크의 대항문화 — 선禪과 오토바이 — 톰 울프의 LSD 파티 — 미 데케이드 — 라슈 교수의 나르시시즘 — 종교와 주술의 몰락 — 뒤집어진 세계

34
유전자 사냥···928

동물행동학 — 아프리카 창세기 — 아프리카로 간 세 여걸 — 세렝게티의 사자 — 표범과 코끼리 연구 — 루시와 라에톨리 발굴 — 노벨상을 두 번 받은 프레드 생거 — 지넨테크 — 자크 모노 — 사회생물학 — 도킨스의 정글의 수학

35
프렌치 컬렉션···952

퐁피두센터 — 렌조 피아노와 리처드 로저스 — IRCAM음악·음향연구소과 피에르 불레즈 — 카를하인츠 슈톡하우젠 — 자크 라캉 — 미셸 푸코 — 피아제의 구조주의 — 자크 데리다 — 루이 알튀세 — 위르겐 하버마스 — 롤랑 바르트 — 로베르 브레송 — 자크 타티 — 프랑수아 트뤼포 — 장 뤽 고다르 — 피터 브룩의 CIRT국제연극연구센터

36
경제학 논쟁···989

드워킨의 권리론 — 자유로운 선택 — 솔로 잔차 — 신성장이론 — 아마르티아 센의 기근 이론 — 만족의 문화 — 머레이의 후퇴 — 식지 않는 미국의 인종 문제

37
암과 에이즈···1007

에이즈 — 베타차단제 — 면역억제제 — 심장이식 — 발암유전자 — 수잔 손택의 은유로서의 질병 — 에이즈와 예술 — 정신분석에 대한 공격 — 마가렛 미드에 대한 공격

38
국지적 지식···1022

리오타르의 포스트모던의 조건 — 리처드 로티의 철학 — 토마스 네이글의 죽음에 대한 질문 — 클리포드 기어츠 — 힐러리 퍼트넘 — 윌러드 밴 콰인 — 상대적 합리성 — 데이비드 하비의 덧없는 진리

39
사상 최고의 아이디어···1044

유전자 지문 감식 — 생명의 기원 — 린 마굴리스의 진핵생물 — K/T 경계층 — 공룡의 멸종 — 투르카나 소년 — 미토콘드리아 DNA — '모어母語' — 신다원주의자들과 내분 — 종형곡선 — 인간게놈 프로젝트 — 의식연구

40
새로운 문학, 새로운 비평 · · · 1077

논픽션 vs 픽션 — 미국 영어 vs 영국 영어 — 세계어로서의 영어 — 토니 모리슨 — 앨리스 워커 — 바르가스 요사 — 가브리엘 가르시아 마르케스 — R. K. 나라얀 — 아니타 데사이 — 살만 루시디 — V. S. 나이폴 — 사티아지트 라이 — 월레 소잉카 — 에드워드 사이드의 오리엔탈리즘 — 가야트리 스피박의 종속집단연구 — 정치적 무의식 — 정치로 본 셰익스피어 — 데이비드 마멧 — 존 업다이크 —솔 벨로 — 아메리카 인디언 텍스트

41
문화 전쟁 · · · 1103

미국 정신의 종언 — 서구의 정전正典 — 반격 — 블랙 아테나 — 반격 — 에놀라 게이 전시 논란 — 캠퍼스의 문화정치학 — 인문성의 계발 — 현대의 위대한 책들 — 거트루드 힘멜파브의 경고

42
심층질서 · · · 1128

인터넷 — 인터넷의 역사 — 스티븐 호킹의 '특이점' — 블랙홀 — 우주의 탄생 — 웜홀 — 인본人本 우주론 — 끈이론 — 혼돈복잡성 — 인공생명 — 수학적 심층질서 — 형태수학

결론 – 포스트 포스트모던 시대를 위하여 · · · 1150

옮긴이의 말 – 20세기 전체를 아우른 지적 스케치 · · · 1184

주 · · · 1187

찾아보기 · · · 1298

저자의 말

20세기 지성의 재발견

　1980년대 중반쯤의 일이다. 런던의 일요판 신문 〈옵서버The Observer〉 의뢰로 하버드대 근처에서 윌러드 밴 오먼 콰인Willard van Orman Quine(미국의 논리·철학자로 하버드대 교수를 역임했다, 1908~2000 : 옮긴이)을 만났다. 때는 2월. 땅바닥은 빙판에 눈으로 범벅이었다. 우리는 엉금엉금 길을 가다가 미끄러져 넘어지고 말았다. 생존해 있는 철학자 가운데 가장 탁월한 인물을 두어 시간 동안이나마 독차지한다는 것은 드문 특권이었다. 그런데 나중에 그 이야기를 했더니 콰인이라는 이름을 들어봤다는 사람이 하나도 없었다. 정말 놀라웠다. 옵서버지의 고참 기자들도 마찬가지였다. 어떤 의미에서 이 책은 바로 그때 거기서 시작됐다. 평소 나는 우리 시대의 인물들을 문학적인 필치로 소개하는 책을 써보고 싶었다. 흔히 말하는 사회 유명인사는 아니지만 우리 삶에 중대한 영향을 미쳤기 때문에 오히려 훨씬 더 기억할 만한 가치가 있는 인물들 이야기 말이다.
　그러던 차에 1990년경 리처드 로즈Richard Rhodes의 『원자폭탄 만들기The Making of the Atomic Bomb』라는 책을 읽게 됐다. 88년 퓰리처상 수상작으로 충분히 상을 받을 만한 작품이었다. 책은 앞부분 300쪽에 걸쳐 소립자물리학 초기 시대를 흥미롭게 서술한다. 얼핏 생각하면 전자니 양자니 중성자니 하는 것들은 이야기 식으로 구수하게 풀어나가기에 어울리지 않는 주제. 그런 책이 베스트셀러가 되리라고는 상상하기 어렵다. 유명인사에 관한 이야기는 더더구나 아니다. 그러나 로즈의 설명은 아주 어려운 물질에 관한 부분도 쉽고 흥미진진했다. 서두에서 1933년 레오 질라드Leo Szilard(헝가리 출신 물리학자로 나치를 피해 미국으로 망명한 뒤 맨해튼 프로젝트에 참여했다: 옮긴이)가 런던 사우샘프턴 가街 신호등 건널목을 건너다가 불현듯 원자핵 연쇄반응 아이디어를 떠올리는 대목은 가히 압권이다. 그 아이디어가 결국은 상상을 절하는 파괴력을 지닌 원자폭탄으로 발전한다. 이 장면을 읽으면서 나는 재주만 있으면 무미건조하고 어려운 주제도 얼마든지 재미있게 풀어갈 수 있구나 하는 것을 절감했다.

그러나 이 책이 지금과 같은 꼴을 갖춘 것은 절친한 친구이자 동료인 W. 그레이엄 로버크W.Graham Roebuck와 오랜 토론을 거치면서였다. 로버크는 캐나다 맥매스터 대학 영문과 명예교수로 문학은 물론이고 연극에 정통하며 역사학자이기도 하다. 『생각의 역사Ⅱ』는 원래 로버크와 같이 쓸 계획이었다. 우리의 구상은 20세기를 형성한 위대한 사상들을 소개하되 논문 모음 식은 피하자는 것이었다. 이야기 형식으로 흥미진진한 지적 삶의 이모저모를 살피고 인물들을(그들의 실수와 라이벌들까지 포함해서) 묘사함으로써 우리 세기에 커다란 영향을 미친 사유들이 어떻게 태어났는지를 주변 맥락까지 생동감 있게 그려내고자 했다. 그런데 로버크 교수가 다른 일로 너무 바빠서 유감스럽게도 공동 작업은 불가능해졌다.

로버크 교수 말고도 빚진 분들은 한둘이 아니다. 이만한 범위와 분량의 책을 쓰기까지 나는 과학자, 역사학자, 화가, 경제학자, 철학자, 극작가, 영화감독, 시인은 물론이고 온갖 분야 전문가들의 연구업적과 권위와 전문지식에 기대지 않을 수 없었다. 이 자리에서 일일이 거명하기는 어렵지만 서신교환 등을 통해 귀한 의견을 주신 여러분들께 깊은 감사의 마음을 표하고자 한다.

20세기 사상가들 상당수는 이제 이 세상 사람이 아니다. 따라서 그들이 남긴 '위대한 책들'과 더불어 그에 관한 평론과 비평서에 의지할 수밖에 없는 경우가 많았다. 『생각의 역사Ⅱ』를 쓰고 연구하는 과정에서 어떤 이유로 해서 잊혔지만 지금 봐도 여전히 독창적이고 배울 게 많은 작가들을 수두룩하게 재발견한 것은 참으로 보람 있는 일이었다. 이런 부분에서 독자분들도 필자와 같은 기쁨을 느끼시기를 바란다.

이 책이 다루는 범위는 매우 넓다. 따라서 본문에 도움 받은 문헌을 일일이 밝히면 분량이 한없이 늘었을 것이다. 그래서 참고한 부분들은 책 말미 3,000여 개의 주석과 참고문헌에 하나도 빼지 않고 낱낱이 밝혀두었다. 집필에 큰 도움이 된 주요 저자와 출판사, 저서들만 해도 상당하다. 창피를 무릅쓰고 때로는 일부를 그대로 베끼기도 하고, 약간 살만 붙이거나 장황하게 풀어쓰는 식으로 활용하기도 했다. 이 자리를 빌려 제위께 넓은 아량을 부탁드린다.

이 책은 20세기 지성사의 결정판은 아니다. 감히 누가 그런 책을 쓰겠다고 덤빌 수 있겠는가? 그저 한 연구자가 나름의 깊은 사색을 통해 전체를 개관한 정도로 봐주시면 좋겠다. 원고를 읽고 오류를 잡아내고 빠진 부분을 지적하고 개선을 위한 제언을 해주신 출판사 관계자들께도 감사의 말을 전한다. 물론 오류와 잘못은 전적으로 필자의 책임이다.

『훔볼트의 선물Humboldt's Gift』(1975)에서 솔 벨로Saul Bellow는 주인공 폰 훔볼트 플라이셔Von Humboldt Fleisher를 '탁월한 재담가'로 묘사한다. "열 받으면 줄기차게 혼자 떠들고 애드리브가 난무하는가 하면, 그러다 바로 엉뚱한 이야기로 빠진다. 훔볼트가 나서서 기분을 망치는 일은 사실 일종의 특권이었다. 마치 코가 두 개인 피카소 초상화의 모델이 되는 것과 같았다. ……돈 이야기만 나오면 그는 힘이 솟았다. 그는 부자 이야기를 좋아했다. 그러나 그의 진정한 부는 문학이었다. 그는 다섯 수레 분량의 책을 읽었다. 그는 역사는 악몽이라고, 아무리 편히 잠들고 싶어도 그렇게 되지 않는 악몽이라고 말했다. 그런 불면증이 그를 더 유식하게 만들었다. 새벽까지 두꺼운 책들을 읽었다. 마르크스Marx, 좀바르트Sombart, 토인비Toynbee, 로스토프체프Rostovtzeff, 프로이트Freud 등등."[1] 20세기는 여러 면에서 악몽이었다. 그러나 혼란과 참사 속에서도 훔볼트—훔볼트만은 아니다—를 제 정신 잃지 않게 해준 작품들을 만들어낸 사람들이 있었다. 그들이 바로 이 책의 주제이고, 우리의 감사를 받아 마땅한 이들이다.

2000년 6월
런던에서

서론

지성의 진화

1997년 영국 BBC 텔레비전 인터뷰에서였다. 옥스퍼드 대학 교수로 철학자이자 사상사가인 이사야 벌린Isaiah Berlin 경(1909~1997)은 세상을 떠나기 직전 인터뷰에서 그 긴 한평생에서 가장 놀라운 일이 무엇이었느냐는 질문을 받았다. 벌린은 1909년 라트비아 리가 태생으로 아버지는 유대계 목재상이었다. 일곱 살 반 때 페트로그라드Petrograd(지금의 상트페테르부르크 : 옮긴이)의 도자기 공장 위층 아파트에서 2월 혁명이 시작되는 걸 목격했다. 벌린의 답은 이랬다. "그 공포 속에서도 그렇게 평화롭게, 그렇게 행복하게 살아남았다는 사실이겠지요. 세상은 최악의 세기를 겪었습니다. 잔혹한 인간성과 인류의 야만적인 파괴라는 관점에서 보면 그렇지요. 그것도 아무 이유도 없이……. 그러나 나는 여기 살아 있어요. 이렇게 멀쩡하게 말입니다. 이건 정말 놀라운 일입니다."[1]

방송 당시 나는 이 책 집필을 위한 연구에 몰두하고 있었다. 그런 상황에서 벌린의 답변은 절절하게 다가왔다. 전통적인 스타일로 20세기를 다룬 역사책이라면 당연히 주요 정치·군사적인 사건에 집중할 것이다. 두 차례의 세계대전, 러시아 혁명, 1930년대 대공황, 스탈린Stalin 치하의 러시아, 히틀러Hitler 치하의 독일, 탈식민지화, 냉전 등등. 이런 정도가 20세기의 끔찍함을 말해주는 목록이겠다. 스탈린과 히틀러가 저지른, 그들의 이름으로 저질러진 잔학행위들에 대해서는 여전히 제대로 평가가 이루어지지 않고 있다. 아마도 당분간은 그럴 것이다. 천문학적인 숫자가 낯설지 않은 지금 생각해도 너무나 많은 사람들이 희생됐다. 그러나 그런 공포의 시대를 겪었고, 리가에 남은 가족은 죽음을 당한 벌린 같은 사람은 본인 말대로 '행복한 삶'을 살아왔다.

  이 책은 전통적인 역사서에서 다루는 사건과 에피소드, 즉 정치와 군사적 사건, 국가 단위의 문제는 잠시 접어두고 이사야 벌린 같은 사람들의 삶을 그토록 놀랍고 풍부하게 만드는 데 이바지한 문제들을 집중적으로 다루고자 했다. 지난 100년 동안 벌어진 끔찍한 사건들이 너무도 엄청난 수준이고 현대의 감성에 깊은 영향을 미쳤기 때문에 전통적인 역사가들은 다른 문제에 대해서는 신경을 쓸 여유가 별로 없었을 것이다. 예를 들어 최근에 나온 20세기 관련 역사서 하나를 보자. 1933년까지를 700쪽에 담았는데 상대성 이론이나 앙리 마티스Henri Matisse, 그레고어 멘델Gregor Mendel에 대한 언급은 없고, 어니스트 러더퍼드Ernest Rutherford, 제임스 조이스James Joyce, 마르셀 프루스트Marcel Proust 이야기도 없다. 조지 오웰George Orwell이나 W. E. B. 듀보이스Du Bois, 마가렛 미드Margaret Mead, 오스발트 슈펭글러Oswald Spengler나 버지니아 울프Virginia Woolf에 대한 언급 역시 없다. 레오 질라드나 리오 헨드릭 베이클랜드Leo Hendrik Baekeland, 제임스 채드윅James Chadwick이나 파울 에를리히Paul Ehrlich도 등장하지 않는다. 싱클레어 루이스Sinclair Lewis도 다루지 않았고 따라서 『배빗Babbitt』도 나오지 않는다.² 이런 점에서는 다른 책들도 비슷하다. 나는 그런 불균형을 바로잡고 우리 세기를 형성한 주요 지적 관념과 개념들을 집중적으로 소개하고자 했다. 그만한 보람이 있는 작업일 테니까.

  책의 체제는 그렇게 잡았지만 20세기가 전통적인 역사서에 묘사된 것처럼 그렇게 처참하지 않았다는 의미는 아니다. 단지 20세기에는 전쟁 말고도 많은 일들이 있었다는 이야기다. 정치나 군사는 지적인 문제가 아니라는 뜻도 아니다. 분명 그런 분야도 지적인 차원에서 영향을 미쳤다. 정치도 철학과 인간 본성에 관한 이론을 실제 통치와 연결시키는 시도라는 점에서 내게는 늘 버거운 지적 도전의 하나였다. 군사 역시 인간끼리 목숨을 걸고 살을 맞대고 피를 튀기며 싸우는 일인 만큼 중요도나 관심도 면에서 정치에 전혀 뒤지지 않는다. 그러나 전통적인 역사서들을 읽으면서 나는 뭔가 다른 것, 그 이상의 것, 그러나 아직 제대로 밝혀지지 않은 것을 탐색해보고 싶은 마음 간절했다.

우리 세기를 피로 물들인 끔찍한 참사들을 잠시 접어놓고 과거의 공포에서 시선을 돌리면 지성의 도도한 흐름, 그 흥미진진하고 끈질기면서도 심오한 발전과정이 확연히 눈에 들어온다. 우리 세기의 결정적인 특징은 지적으로 과학과 정면 대결해야 하는 시대였다는 것이다. 이런 추세가 심대한 영향을 미친 것은 과학이 새로운 제품을 발명하고 우리의 삶을 다각도로 변화시켰기 때문만은 아니다. 과학은 우리가 생각하는 대상뿐 아니라 우리가 생각하는 방식도 바꿔놓았다. 프랑스 인류학자 클로드 레비스트로스Claude Lévi-Strauss는 1988년 『가까이 그리고 멀리서*De près et de loin*』에서 스스로에게 "오늘날의 세상에 철학이 들어설 자리가 있는가?"라는 질문을 던졌다. 그의 답은? "물론. 그러나 과학적 지식과 성취에 입각한 철학이어야 한다. ……철학자들은 과학과 담을 쌓고 지낼 수 없다. 과학은 삶과 우주에 대한 우리의 비전을 엄청나게 확장시키고 변화시켰을 뿐만 아니라 지성이 작동하는 규칙에 혁명을 불러일으켰다."[3] 그런 규칙의 혁명이야말로 이 책에서 탐색해보려는 주제다.

비판적인 사람들은 20세기는 과학과의 관계라는 측면에서 볼 때 19세기나 18세기와 다를 바 없다고, 좀 더 올려 잡으면 코페르니쿠스Copernicus와 프랜시스 베이컨Francis Bacon에서 시작된 과정이 가속화되는 상황일 뿐이라고 주장할지 모르겠다. 어느 정도는 그렇다. 그러나 20세기는 세 가지 근본적인 측면에서 19세기나 그 이전 세기들과 달랐다. 첫째, 백여 년 전 과학은 지금과는 세부 분과가 아주 달랐고, 펀더멘털에 대한 관심이 아직 없는 상태였다. 예를 들어 19세기 초 존 돌턴John Dalton(1766~1844)이 원자의 존재를 주장했지만 그런 실체의 정체를 밝히려 하거나 그것이 어떻게 구성돼 있는지 어렴풋이나마 감을 잡은 사람은 없었다. 20세기 과학은 이전과는 확실히 구별되는 독특한 양상을 띠었다. (존 매독스John Maddox의 표현을 빌리면) 발견의 강물이 홍수로 넘쳐났고, 물리학, 우주론, 화학, 지질학, 생물학, 고생물학, 고고학, 심리학 등에서 펀더멘털과 관련된 발견이 특히 많이 이루어졌다.⁴ 그리고 그런 펀더멘털 개념들은 대부분—원자, 유전자, 양자, 무의식 등등—공교롭게도 20세기가 시작되는 1900년 무렵에 모습을 드러냈다.

20세기가 이전 시대와 다른 또 하나의 측면은 여러 탐구 분야들이—앞서 언급한 분야들 외에도 수학, 인류학, 역사서술, 유전학, 언어학 등등—강력한 형태로 하나로 통합돼 자연계에 대해 설득력 있는 '하나의 이야기'를 하게 됐다는 점이다. 이런 스토리(단일 스토리라는 것을 앞으로 보게 될 것이다)에는 우주의 진화는 물론이고, 지구 자체와 대륙, 대양들과 생명의 기원, 인류의 확산, 여러 인종과 문명의 형성 등 각종 진화 과정이 포함된다. 이런 스토리의 토대인 동시에 큰 틀을 구성하는 것은 진화론이다. 진화론이 나온 지 한참 된 1996년 시점에 미국 철학자 다니엘 데넷Daniel Dennett은 다윈Darwin의 진화 개념을 '사상 최고의 아이디어'라고 평가했다.⁵ 베네딕트회 수도사 그레고르 멘델이 완두콩을 가지고 했던 식물 교잡 실험을 후고 드 브리스Hugo de Vries, 카를 코렌스Carl Correns, 에리히 체르마크Erich Tschermak가 자체 실험을 통해 재확인하고, 다윈의 진화론이 개별 종 차원에서 어떻게 작동하며 얼마나 엄청난 과학 활동의 새 시대를 연 이론인지를(철학적 의미가 크다는 것은 말할 나위도 없다) 설명한 것은 1900년이었다. 내가 이 책에서 자연선택에 의한 진화를 19세기 이론인 동시에 상당부분 20세기 이론이라고 본 것은 바로 그 때문이다.

셋째로 20세기가 과학적으로 이전 시대와 다른 점은 심리학의 등장이다. 로저 스미스Roger Smith가 지적했듯이 20세기는 심리학의 시대였다. 자아가 시장으로 나오고 공공영역—공공선을 추구하는 비판적 정치활동 영역—은 상대적으로 썰렁해졌다.⁶ 인간은 예전에는 불가능했던 방식으로 자신의 내면을 들여다봤다. 전통적인 종교의 몰락과 개인주의의 부상은 20세기를 이전 시대와는 다른 느낌으로 다가오게 했다.

앞서 '과학과 정면 대결해야 하는'이라는 표현을 쓴 것은 과학이 이룩한 발전이 사람들에게 엄청난 영향을 미쳤다는 것 말고도 사고나 행동을 다루는 여러 분과가 그런 발전을 의식하고 과학을 무시할 수 없게 됐다는 것을 의미한다. 시각예술의 여러 조류—입체파, 초현실주의, 미래파, 구성주의, 그리고 추상화 자체까지도—는 과학(또는 미술가들이 과학이라고 생각하는 것)에 대한 반응을 내포하는 것이었다. 조셉 콘래드Joseph Conrad에서부터 D. H. 로렌스Lawrence, 마르셀 프루스트, 토마스 만 Thomas Mann, T. S. 엘리엇Eliot을 거쳐 프란츠 카프카Franz Kafka, 버지니아 울프, 제임스 조이스에 이르기까지(일부만 꼽아도 이 정도다) 하나같이 찰스 다윈이나 알베르트 아인슈타인Albert Einstein, 지그문트 프로이트Sigmund Freud에 빚을 졌다는 점을 인정했다. 두루 영향을 받았다고 고백한 사람도 있었다. 음악과 현대 무용에 원자물리학과 인류학이 영향을 미쳤다는 것은 널리 인정된 사실이다(특히 아놀드 쇤베르크Arnold Schoenberg). '전자음악'이라는 표현은 더 말할 것도 없다. 법률, 건축, 종교, 교육, 경제학, 공장과 사무실의 작업방식에서도 과학의 성과와 방법론은 빼놓을 수 없는 요소가 됐다.

이런 맥락에서 역사서술 분야는 특히 중요하다. 과학이 역사가들의 서술 방식과 서술 주제에 직접적인 영향을 미친데다 역사 자체가 진화를 거듭했기 때문이다. 역사서술에서 가장 큰 논란의 하나는 사태가 진행돼가는 방식에 관한 것이다. 한쪽 계열에서는 '위인들'을 중시하며, 권력의 자리에 있는 사람들이 내리는 결정이 세계사와 인간 정신에 중요한 변화를 가져온다고 주장한다. 다른 계열에서는 경제적인 문제들이 특정 계급의 이익을 촉진해 변화를 유발한다고 본다.[7] 스탈린과 히틀러의 행동을 보면 역시 '엄청난' 인간들이 역사적 사건에 핵심 역할을 하는 것으로 보일 소지가 크다. 그러나 20세기 후반부는 핵무기의 지배를 받았다. 그렇다면 위대하든 엄청나든 어떤 한 사람에게 핵폭탄 제조 책임을 물을 수 있을까? 없다. 사실 나는 우리가 변화의 시대에, 그리고 여러 가지 측면에서 크로스오버의 시대에 살고 있다고 주장하고 싶다. 우리가 과거에 사회변화의 원인이라고 보았던 것들—위인이나 경제적 요인—은 이제 사회발전의 엔진으로 대체되고 있다. 그 새 엔진은 과학이다.

내가 특히 참신하다고 보는 과학의 또 다른 측면은 정해진 아젠다가 없다는 것이다. 본질적으로 과학은 어떤 특정한 방향으로 몰아갈 수 없다는 이야기다. 과학은 특성상 개방적일 수밖에 없기 때문에(냉전 시대에 또는 일부 기업 실험실에서 비밀 작업을 한 경우는 논외로 하고) 인간의 활동에서 가장 중요하다고 할 수 있는 지성의 민주주의를 보장한다. 과학에 더욱 기대를 걸게 되는 이유는 사실(지적으로 자극이 되는 사실은 물론이고 정치적으로 중요한 의미를 갖는 사실도 포함된다)을 발견하는 유력한 방법일 뿐만 아니라 이제 일종의 메타포로서도 중요해졌기 때문이다. 성공하고 진보하려면 세계는 열려 있어야 하고, 끊임없이 수정 가능해야 하며, 편견에 물들지 말아야 한다. 그렇게 해서 과학은 지적인 힘과 함께 도덕적 권위도 갖게 된다. 물론 이런 주장이 항상 받아들여지는 것은 아니다.

  나는 이 책이 과학만 다뤘다는 인상을 주고 싶지는 않다. 실제로 그러지도 않았다. 그러나 이 서론에서는 과학이 20세기에 행사한 철학적 영향력의 또 다른 두 가지 중요한 측면을 강조하고자 한다. 첫째는 기술에 관한 것이다. 기술의 진보가 과학의 열매라는 것은 명백하다. 이에 비해 과학의 철학적 함의는 주목받지 못하는 경우가 많았다. 과학은 종교와 일부 정치이론가들이 그랬던 것처럼 인간의 조건에 대한 보편적 해결책을 제시하기보다는 세계를 점진적이고 실용적인 관점에서 바라본다. 기술은 특정한 문제에 골몰해 개인에게 특정한 삶의 영역에서 더 큰 지배력과 자유를 제공한다(휴대 전화기, 휴대용 컴퓨터, 피임약 등등을 생각해보라). 모든 사람이 이런 '장치'를 소외나 권태라고 하는 엄청난 딜레마에 대한 철학적 반응이라고 보지는 않을 것이다. 그러나 나는 그렇게 본다.

  끝으로 과학이 철학적으로 중요한 또 한 가지 이유는 극히 중요하면서도 논란이 많은 부분이다. 20세기 말 현재 우리는 지식 자체가 급속히 진화하는 시대에 살고 있다. 그래서 과학지식의 발전과 비교하면 예술 분야의 발전은 족탈불급足脫不及이라고 주장할 수 있겠다. 물론 그런 비교는 맥을 잘못 짚은 것이어서 의미가 없다고 주장하는 사람도 있을 것이다. 예술 문화는 창조적이고 상상력에 기초하며 직관적이고 본능적인 지식으로서 과학처럼 누적적이지 않고 그럴 수도 없다. 이 문제에 대한 답은 두 가지라고 나는 본다. 하나는 그런 비판을 잘못된 사실에 근거한 가짜라고 보는 것이다. 어떤 의미에서 예술 문화도 누적적이다. 이런 면은 철학자 로저 스크루턴Roger Scruton이 최신 저서에서 잘 표현했다. 그의 말을 들어보자. "독창성이란 무조건 관심을 끌려고 하거나 세상으로부터의 경쟁을 차단하기 위해 충격을 주거나 교란시키려는 시도가 아니다. 가장 독창적인 예술작품들을 보면 널리 알려진 어휘를 천재적으로 응용한 경우다. ……그런 작품들이 독창적인 이유는 과거를 거부하거나 다수의 정당한 기대를 마구 짓밟아버리기 때문이 아니라 전통적인 형식과 레퍼토리에 예기치 못한 놀라움이라는 요소를 얹었기 때문이다. 전통이 없으면 독창성도 존재할 수 없다. 독창성은 어떤 전통을 배경으로 할 때에만 가능하다."[8] 19세기에 월터 페이터Walter Pater(영국 작가, 에세이스트, 평론가 : 옮긴이)가 '체험의 상흔'이라고 부른 것과 유사한 이야기다. 새로운 것이 무엇인지 알기 위해서는 지나간 것을 알아야 한다. 그렇지 않으면 예전에 이미 도달한 성취를 되풀이하거나 그저 제자리에서 맴돌기만 할 위험이 크다. 20세기 예술과 인문학은 파편화 경향을 보이면서 우리가 이미 알고 있고 인정하는 것을 토대로 독창성을 키우기보다는 참신함 그 자체를 위해 참신함을 추구하곤 했다.

두 번째 답변은 새로운 것을 덧붙여가는 과학의 특성을 적극 활용하자는 것이다. 과학은 누적적인 스토리다. 후대의 결과가 예전의 성과를 수정하고 그렇게 함으로써 권위를 높여가는 방식이다. 이것은 과학의 핵심이다. 내가 보기에 결과적으로 예술과 인문학은 20세기 들어 어느 정도 과학에 잠식당하고 때로는 압도됐다. 19세기나 그 이전의 양상과는 매우 다르다. 지금으로부터 백 년 전, 후고 폰 호프만슈탈Hugo von Hofmannsthal, 프리드리히 니체Friedrich Nietzsche, 앙리 베르그송 Henri Bergson, 토마스 만Thomas Mann은 인간의 조건에 대해 과학적 이해에 맞서 타당성을 과시할 수 있는 뭔가를 말할 수 있다는 자신감이 있었다. 리하르트 바그너 Richard Wagner, 요하네스 브람스Johannes Brahms, 클로드 모네Claude Monet, 에두아르 마네Edouard Manet에 대해서도 같은 이야기를 할 수 있을 것이다. 1장에서 보는 바와 같이, 19~20세기 전환기에 독일에 살았던 막스 플랑크Max Planck 가문만 해도 인문학을 우월한 형태의 지식으로 간주했다(플랑크 집안은 예외적인 경우가 아니다). 그런 시절이 얼마나 더 지속되었을까? 예술과 인문학은 항상 그것이 속한 사회를 반영해왔다. 그러나 지난 100년 동안 예술과 인문학의 발언은 점점 자신감을 상실했다.[9]

거대한 도시들과 덧없는 만남, 불쾌한 굴뚝들, 유례없는 불결함 등등 인간을 소외시키는 19세기 말의 새로운 세계에 대한 반응으로서의 모더니즘에 관해서는 많은 책이 나왔다. 똑같이 중요한, 어쩌면 그보다 더 중요한 것은 기술과 그로 말미암은 사회적 결과보다도 과학 자체에 대한 모더니즘의 반응이었다. 20세기 과학의 많은 부분들—상대성 이론, 양자이론, 원자이론, 상징논리, 확률과정stochastic process, 호르몬, 보조영양소(비타민) 등등—은 발견 당시 아주 어려운 개념이었다. 나는 현대과학이 어렵다는 점이 예술에는 해가 됐다고 본다. 간단히 말하면 예술가들은 대부분의 과학(대부분이라는 점을 강조하고 싶다)과 연을 맺기를 회피했다. 물론 그 결과 존 브록만John Brockman이 '제3의 문화'라고 규정한 것이 부상한다.[10] 제3의 문화란 C. P. 스노Snow가 말한 두 문화—문학적 문화와 과학—의 반목에 빗댄 표현으로 에필로그에서 자세히 살펴보기로 한다. 브록만이 보기에 제 3의 문화는 새로운 종류의 철학으로 되어 있다. 그것은 세계 속에서, 우주 속에서 인간이 차지하는 위치에 대해 궁구하는 자연철학으로 주로 물리학자와 생물학자들이 나서서 의견을 피력했다. 이제 물리학자와 생물학자야말로 그런 문제를 논하는 데 가장 적합한 위치에 있는 사람들이다. 이는 어쨌든 지식 형태의 진화를 여실히 보여주는 한 척도다. 그리고 그것이 바로 이 책의 중심 메시지다.

'책을 시작하며'에서 잠시 언급했던 이야기를 좀 더 해야겠다. 『생각의 역사Ⅱ : 20세기 지성사』는 20세기 사유 전반에 대한 한 연구자의 해석에 불과하다. 그러나 나름으로는 방대한 분야를 의욕적으로 다뤄보고자 했기 때문에 자료 선정에서 극히 선택적일 수밖에 없었다. 전혀 손대지 못한 주제도 많다. 홀로코스트가 지적인 차원에 미친 영향에 대해서는 온전히 한 장을 할애하고 싶은 마음 간절했다. 그랬다면 아마 폴 퍼슬Paul Fussell(미국 문화사가, 문학사가 : 옮긴이)과 제이 윈터Jay Winter(미국 역사학자 : 옮긴이)가 1차 세계대전이 지성계에 미친 영향을 다룬 책들과 유사한 형태가 되었을 것이다(9장 참조). 한나 아렌트Hannah Arendt가 1963년 예루살렘에서 아돌프 아이히만Adolf Eichmann 재판을 취재한 부분에 끼워 넣었으면 딱 좋았을 것이다. 헨리 포드Henry Ford의 업적과 그가 발명한 이동식 조립라인은 우리 모두의 삶에 엄청난 영향을 미쳤다는 점에서, 찰리 채플린Charlie Chaplin은 19~20세기 전환기에 탄생한 예술 형식(영화) 최초의 위대한 스타였다는 점에서 충분히 포함시킬 만했다. 그러나 그런 부분들은 엄격히 말하면 지적인 차원의 발전이라기보다는 문화적 발달이어서 아쉽지만 별도의 장을 두지 않았다. 통계학 분야도 실험을 기술적으로 디자인하는 면에서 많은 성과와 의미를 도출했고, 통계학이 없었다면 불가능했을 작업도 많다. 다니엘 벨Daniel Bell 선생은 그런 부분에 주목해보라는 조언을 해주셨다. 그러나 그 권고를 따르지 못한 것은 선생의 잘못이 아니다. 어느 단계에서는 대학에 관한 장을 구상하기도 했다. 케임브리지, 하버드, 괴팅겐, 도쿄대를 비롯한 일본 5대 국립대학 같은 대형 연구기관뿐 아니라 미국의 우즈홀해양학연구소와 스크립스해양학연구소, 유럽입자물리연구소(CERN), 러시아 과학도시 아카뎀고로도크 같은 전문 연구기관을 망라하면 어떨까 하는 생각이었다. 그래서 처음에는 《네이처Nature》, 《사이언스Science》, 《뉴욕 리뷰 오브 북스The New York Review of Books》 같은 전문지와 노벨재단, 대형 대학 출판부를 찾아가 그곳의 활기를 전해볼 계획도 했었다. 튀니지, 이집트, 예멘 같은 아랍세계의 대형 모스크도서관들도 빼놓을 수 없었다. 다들 대단히 매력적인 주제였지만 그렇게 했다면 책의 길이와 무게가 지금의 두 배는 족히 됐을 것이다.

이 책을 쓰면서 오래 전에 읽었어야 할 책들을 새삼 읽고, 걸작들을 다시 접하게 된 것은 큰 즐거움이었다. 여러 대학을 돌아다니며 이 책에 등장하는 작품을 쓰거나 만든 작가와 과학자, 철학자, 영화제작자, 학자들을 직접 만난 것도 즐거운 경험이었다. 그런 사람들을 만나 인터뷰하는 방식은 늘 비슷했다. 경우에 따라 세 시간여 동안 계속된 대화에서 나는 사람들에게 자기 분야에서 20세기의 가장 중요한 관념(사상)이 무엇이라고 생각하느냐는 질문을 했다. 다섯 가지를 제시한 사람도 있고, 딱 한 가지만 강력 추천하는 이들도 있었다. 경제학 쪽에서는 세 전문가가(두 사람은 노벨상 수상자였다) 아홉 가지나 추천했는데 그중 네 가지가 공통적이었다.

이 책은 내러티브(이야기)다. 20세기 사유의 성취를 살피는 한 가지 방법은 그것을 가장 위대한 내러티브로 보고 그 정체를 찬찬히 드러내는 것이다. 따라서 이 책에 들어 있는 장들은 대부분 시간적으로 앞으로 나아가는 방식을 취했다. 나는 이를 경도식經度式 내지 '수직적' 방식이라고 부른다. 그러나 몇몇 장은 위도식 내지 '수평적' 방식을 취했다. 1900년에 관한 1장과, 19~20세기 전환기의 빈과 사상의 '과도기적 특성'을 다룬 2장, 기적의 해 1913년에 관한 8장, 1차 세계대전이 지성계에 미친 영향을 논한 9장, 장 폴 사르트르Jean-Paul Sartre의 파리를 다룬 23장이 그러하다. 이들 장에서는 사상의 전진은 잠시 속도를 늦추고 동시대의, 경우에 따라서는 한 장소에서 일어난 다양한 발전과정을 상세히 고찰했다. 사실관계가 그러하기 때문이기도 하지만 독자들도 호흡 조절이 필요할 것이라고 보았기 때문이다.

4부로 나눈 것은 감성의 특징적인 변화를 보여주기 위한 구성이었다. 1부에서는 프랭크 커모드Frank Kermode(영국 문학평론가 : 옮긴이)가 『종말의 느낌The Sense of an Ending』(1967)에서 주장한 논리를 뒤집었다.[11] 커모드는 픽션에서는 플롯이 끝나는 방식이—그리고 그에 앞서는 사건들과 얼마나 수미일관되느냐가—인간 본성의 근본적인 측면을 구성하며, 이는 세계를 이해하는 한 방식이라고 말했다. 처음에는 천사들 이야기—신화—가 영원히 계속될 것 같았다. 그런데 비극이 등장했고, 최근에는 영구적인 위기를 담은 픽션이 많다. 반면 이 책 1부에서는 삶의 모든 영역—물리학, 생물학, 회화, 음악, 철학, 영화, 건축, 운송 등등—에서 20세기는 신천지가 막 열리는 느낌을 예고하는 것으로 시작됐다고 보았다. 이제 새로운 스토리가 펼쳐지고, 따라서 예상할 수 있는 종말도 예전과는 다른 아주 새로운 것이 될 것이라는 분위기가 지배적이었다. 20세기에 들어서면서 일어난 변화를 모든 사람이 좋게 보지는 않았다. 그러나 새롭다는 것 자체만으로도 20세기의 본질적 특징은 충분히 제시된 셈이다. 이런 믿음은 1차 대전 발발 때까지 지속됐다.

1차 대전이 지성계에 미친 영향은 9장에서 집중적으로 다루지만 어떤 의미에서는 2부 '슈펭글러에서 동물농장까지 : 문명과 그에 대한 불만'도 그런 차원에서 볼 수 있다. 1931년에 프로이트가 펴낸 『문명과 그에 대한 불만Das Unbehagen in der Kultur』은 한 세대 전체의 분위기를 집약적으로 표현하려 한 것이다. 물론 그의 주장에 동의하느냐는 별개 문제다.

3부는 전혀 다른 감성을 반영한다. 이 시기는 2차 대전 이전보다 한결 낙관적인 동시에 '유쾌한 시간' 중에서도 가장 유쾌한 순간이었을 것이다. 당시 서구—좀 더 정확히 말하면 비공산권 세계—에서는 자유주의 사회공학이 가능할 것처럼 보였다. 1차 대전이 심각한 비관주의를 유발한 반면 2차 대전은 그 반대로 작용했다는 것은 20세기 역사에서 대단히 흥미로운 측면 가운데 하나다.

4부를 구성하는 포스트모더니즘의 감성이 일각에서 말하는 대로 커다란 단절인지 확언하기는 아직 너무 이르다. 포스트모더니즘을 모더니즘의 부록에 불과하다고 보는 사람들도 있다. 그러나 어쨌든 탈서구적 사유와 포스트사이언스적 사고의 시대를 기약한다는 의미에서는 과거와의 근본적인 단절로 규정될 가능성이 높다. 물론 아직은 미완의 과제다. 우리가 포스트사이언스 시대에 들어서고 있다면(나는 회의적이다) 뉴밀레니엄은 다윈이 '사상 최고의 아이디어'를 내놓은 이후 있었던 그 어떤 것보다 더 근본적인 차원의 단절을 보게 될 것이다.

제1부
프로이트에서 비트겐슈타인까지 :
새로운 세기의 감성

FREUD TO WITTGENSTEIN : The Sense of a Beginning

1
동요의 서막
Disturbing the Peace

서기 1900년. 20세기의 첫해라고 해서 별 다를 것은 없었다. 세기라는 게 어차피 사람이 만든 개념이고, 인간은 십, 백, 천 단위로 사고하지만 자연은 그러지 않으니 말이다. 자연은 그 비밀을 아주 조금씩 드러낸다. 그것도 일정한 방식이 있는 게 아니라 그저 되는 대로 보여준다. 특히 전 세계적으로 보면 서기 1900년이라는 해는 딱히 새삼스러울 것이 없었다. 서기(AD)는 기독교 문화권에서 통용되는 개념이어서 아프리카나 아메리카, 아시아, 중동에 사는 이들에게는 썩 와 닿는 시간 구분도 아니었다. 그럼에도 불구하고 서구에서 1900년이라고 부르는 해는 어느 모로 보나 예사롭지 않았다. 지적인 발전—이 책의 주제다—을 기준으로 할 때 바로 그해에 상이한 네 가지 돌파구가 열렸다. 그리고 그 하나하나는 세계와 세계 속에서의 인간의 위치를 깜짝 놀랄 정도로 새롭게 수정하는 내용이었다. 그 개념들은 아주 근본적인 차원에서 기존의 지적 지형을 완전히 바꿔놓게 된다.

20세기가 시작된 지 채 일주일이 안 된 1900년 1월 6일 토요일 오스트리아 수도 빈에서 서평이 하나 나왔다. 인간을 보는 눈을 완전히 바꿔놓게 될 책을 소개한 것이었다. 엄밀히 따지면 문제의 책은 전해(1899년) 11월 라이프치히와 빈에서 동시에 출간됐다. 그러나 초판 발행일이 1900년으로 되어 있고 그 서평을 통해 이 해에 비로소 세상에 알려졌다. 책 제목은 『꿈의 해석Die Traumdeutung』이었다. 저자는 모라비아 프라이베르크(당시 오스트리아-헝가리 제국의 일부로 지금의 체코 프르쉬보르: 옮긴이) 태생의 마흔 네 살 먹은 유대계 의사로 이름은 지그문트 프로이트(1856~1939)였다.[1] 프로이트는 8남매 중 장남으로 겉보기에는 전통적인 인물이었다. 시간 약속 같은 것을 지나칠 정도로 꼼꼼히 챙기는 스타일이었다. 영국제 양모 정장에 옷감은 꼭 아내가 골라준 것을 썼다. 젊은 시절 자존심이 강했던 그는 농담 삼아 "양복장이의 인상이 내게는 담당 교수의 인상만큼이나 중요하다"고 말했을 정도다.[2] 그는 열렬한 아마추어 등산가로 신선한 공기를 좋아했지만 하루 종일 시가를 물고 있는 골초였다.[3] 제자이자 친구였던 한스 작스Hanns Sachs(프로이트와 함께 버섯을 따러 자주 다녔다)는 "깊이 들어앉은 눈은 사람을 꿰뚫어보는 듯하고 이마는 깎은 듯이 반듯하며 관자놀이가 특히 넓었다"고 회상한 바 있다.[4] 그러나 친구들과 비평가들의 관심을 끈 것은 눈 자체가 아니라 거기서 비롯된 표정이었다. 프로이트 전기를 쓴 지오바니 코스티건Giovanni Costigan에 따르면 그 표정에는 "뭔가 사람을 당혹스럽게 하는 것이 있었다. 지적인 시련을 거치면서 불신과 분노 같은 것이 복합된 야릇한 눈빛이었다."[5]

그럴 만한 이유가 있었다. 프로이트의 스타일 자체는 전통적이었지만 『꿈의 해석』은 난감할 정도로 논쟁적인, 많은 빈 사람들에게 극도의 충격을 안겨준 책이었다. 1900년 당시 오스트리아-헝가리 제국의 수도 빈은 다소 고색창연하기는 하지만 우아한 대도시로 비쳐졌다. 도시 한가운데에는 성聖 슈테판 대성당이 우뚝 서 있었다. 대성당의 고딕식 첨탑은 바로크 스타일의 여러 교회를 보듬고 있었다. 법원 건물은 화려와 우울의 기묘한 결합이었다. 황제는 여전히 접시 오른쪽에 은제 식기를 놓고 스페인 식으로 식사를 했다.[6] 법원의 겉치레는 프로이트가 빈을 혐오한 이유 가운데 하나다. 1898년 그는 이렇게 썼다. "여기 산다는 건 불행이다. 뭔가 큰 일을 해낼 수 있다는 희망이 숨 쉴 환경이 안 된다."[7]

특히 그는 '대대로 물려받은 오만함'으로 자잘한 에티켓을 따지면서 공무원 떼거리를 거느리고 있는 오스트리아의 '80개 가문'을 경멸했다. 빈 귀족들은 통혼이 잦아서 거대한 일가나 마찬가지였다. 형님 아우님 하면서 상대방 집안에서 열리는 파티를 즐기며 시간을 때웠다.[8] 프로이트가 혐오한 것은 이것만이 아니었다. '성 슈테판 성당의 역겨운 첨탑'을 그는 억압적인 성직자 세력의 상징으로 보았다. 프로이트는 음악 애호가도 아니었다. 따라서 요한 슈트라우스Johann Strauss의 '경박한' 왈츠를 경멸한 것은 오히려 건강한 의식의 발로라고 할 만했다. 이런 사정을 감안해보면 그가 고향 도시를 그토록 싫어한 이유를 어렵지 않게 알 수 있다. 그러나 어떤 면에서 이런 증오의 목소리는 사실의 반쪽에 불과했다. 1차 세계대전의 총성이 멎은 1918년 11월 11일 프로이트는 메모에 이렇게 적었다. "오스트리아-헝가리 제국은 이제 없다. 그렇다고 어디 딴 데 가서 살고 싶지는 않다. 이주라니 말도 안 되는 소리다. 토르소(머리와 팔다리 없이 몸통만으로 된 조각상: 옮긴이)랑 살더라도 온전한 조각상이거니 해야지……."[9]

프로이트가 도저히 용납할 수 없었던 빈의 풍토는 반유대주의였다. 반유대주의는 빈에 거주하는 유대계 인구가 늘면서 눈에 띄게 심해졌다. 유대계 인구는 1873년 7만에서 1900년에는 14만 7,000명으로 급증했다. 그 결과 반유대주의가 널리 번졌다. 한 기사에 따르면 자기 주치의조차 '유대의 돼지'라고 부를 정도였다.[10] 반유대주의자로서 유대인을 몽땅 배에 실어 수장시켜야 한다고 떠들었던 카를 뤼거Karl Lueger(1844~1910년, 오스트리아 정치가. 1897년 빈 시장을 맡은 이후 빈의 현대화에 기여했다: 옮긴이)가 빈 시장이 됐다.[11] 프로이트는 반유대주의 경향이 조금만 보여도 극도로 민감하게 반응했다. 그러면서 자기 저서를 히브리어나 이디시어(독일어에 히브리어, 슬라브어 따위가 섞여서 된 언어로 유럽 내륙과 그곳에서 미국으로 이주한 유대인들이 주로 쓴다: 옮긴이)로 번역하는 경우에 대해서는 저작권료를 받지 않았다. 카를 융Carl Jung에게 자신을 '정신의학이라는 약속의 땅을 찾아 나설 운명을 타고난' 여호수아(모세의 후계자로 이스라엘인을 거느리고 가나안 땅으로 들어간 지도자: 옮긴이)에 비유하기도 했다.[12]

프로이트의 이론을 형성하는 데 밑바탕이 된 빈의 지적 풍토 중에서 우리가 잘 모르는 부분이 '치료 허무주의therapeutic nihilism'다. 이 설에 따르면 사회의 질병은 치료 자체를 거부한다. 치료 허무주의는 철학과 사회이론(철학자인 오토 바이닝거Otto Weininger와 루트비히 비트겐슈타인Ludwig Wittgenstein이 양대 주창자였다) 쪽에서는 전부터 널리 받아들여져 왔다. 이 이론이 과학적 개념으로서 본격적으로 자리를 잡은 것은 빈 대학 의학부에서였다. 19세기 초부터 의학부를 중심으로 질병은 정해진 단계대로 진행되도록 내버려둘 수밖에 없으며, 따라서 치료는 무의미하다는 생각이 퍼졌다. 이런 전통은 프로이트가 훈련을 받던 때에도 여전히 지속되고 있었다. 그러나 프로이트는 이런 치료 허무주의에 반대했다.[13] 그래서, 지금은 프로이트의 정신병 치료 시도가 굉장히 인간적인 것으로 보이지만 치료는 개인의 치유 능력에 맡겨야 한다고 보았던 당시로서는 상당히 이상한 발상으로 여겨졌다.

프로이트가 『꿈의 해석』을 자신의 가장 중요한 성과로 꼽은 것은 올바른 평가다. 인간 본성에 관한 프로이트 이론의 네 구성요소, 즉 무의식, 억압, 유아성욕, 정신삼분법(정신은 자아의식에 해당하는 에고ego, 포괄적 의미의 의식에 해당하는 초자아superego, 무의식의 생물학적 표현인 이드id의 세 가지로 구성돼 있다고 본다)이 『꿈의 해석』에서 처음 통합적인 모습을 드러냈기 때문이다. 프로이트는 1880년대 중반부터 10년 반 동안 아이디어를 계발하고 기법을 세련화했다. 본인은 다윈이 창안한 생물학 전통에 많은 영향을 받았다고 생각했다. 의사 자격을 획득한 후 프로이트는 장학금을 받아 장 마르탱 샤르코Jean-Martin Charcot 밑에서 연구를 계속했다. 당시 샤르코는 파리 살페트리에르 병원에서 치료가 불가능한 여성 신경질환자를 위한 신경과를 운영하고 있었다. 샤르코는 최면상태에서 히스테리 증상을 유발할 수 있음을 입증했다. 프로이트는 파리에서 몇 달 간 연구한 다음 빈으로 돌아와 뇌성마비나 실어증 같은 질병을 다룬 신경학 관련 책들을 깊이 연구했다. 이어 빈의 저명한 의사 요제프 브로이어Josef Breuer(1842~1925)와 공동연구를 시작했다. 브로이어 역시 유대계로 빈에서 가장 명망 있는 의사 가운데 한 사람이었다. 환자 중에는 유명 인사가 많았다.

과학사적으로 보면 브로이어는 두 가지 중요한 발견을 했다. 하나는 미주신경의 호흡 통제 기능에 관한 것이고, 또 하나는 내이內耳의 반고리관이 우리 몸의 균형을 잡아주는 역할을 한다는 내용이었다. 그러나 프로이트와 정신분석에서 브로이어가 중요한 이유는 1881년에 이른바 '담화치료talking cure'라는 것을 개발해냈기 때문이다.[14] 1880년 12월부터 2년 동안 브로이어는 빈 태생 유대인 소녀 베르타 파펜하임Bertha Pappenheim(1859~1936)의 히스테리 증상을 치료했다. 파펜하임은 사례 연구에서 '안나 오Anna O.'라는 가명으로 처리됐다. 안나는 아버지 병 수발을 하다가 히스테리에 걸렸다. 아버지는 몇 달 만에 사망했는데 안나의 증상은 몽유병, 마비, 이따금 못된 아이처럼 행동하는 다중인격, 상상 임신 같은 다양한 형태로 나타났다. 브로이어는 그녀를 대하면서 자신의 증상에 대해 충분히 이야기하도록 해주면 그런 증상들이 사라질 것이라고 생각했다. 실제로 브로이어의 치료법에 담화치료라는 이름을 붙인 것도 베르타 파펜하임이었다. 그녀는 담화치료를 '굴뚝청소'라고도 했다. 브로이어는 최면상태에서 파펜하임이 병상의 아버지를 돌보면서 온갖 감정을 어떻게 억눌렀는지를 회상해냄으로써 그런 '잃어버린' 감정들을 치유할 수 있다는 사실을 알아냈다. 1882년 파펜하임은 자신의 병이 '완전히 치료됐다'는 결론을 내렸다(그러나 한 달 만에 다시 정신병원에 입원한다).[15]

안나 오의 사례는 프로이트에게 깊은 인상을 남겼다. 그래서 한때 히스테리 환자들에게 최면술을 써보기도 했다. 그러나 곧 그런 방식을 버리고 자유연상법free association을 채택했다. 자유연상이란 환자들에게 머리에 떠오르는 것을 모두 말하도록 하는 기법이다. 조건만 제대로 갖춰진다면 완전히 잊어버린 유년기의 사건들을 다시 기억해낼 수 있다는 것을 보여준 것도 바로 이 기법이었다. 프로이트는 생애 초기 사건들이 비록 잊히기는 했지만 여전히 인간의 행동양식을 규정한다는 결론에 도달했다. 이렇게 해서 무의식 개념과 더불어 억압이라는 개념이 탄생했다. 프로이트는 또 자유연상을 통해—어렵게—드러난 초기 기억의 상당수가 성적인 특성을 띠고 있다는 사실을 알아냈다. 이와 함께 회상을 통해 기억해낸 사건들 중 다수가 실제로는 일어난 적이 없다는 사실도 밝혀냄으로써 오이디푸스 콤플렉스라는 개념의 토대를 마련했다. 즉 환자가 거짓으로 말한 성적인 트라우마(외상 후 스트레스 장애: 옮긴이)나 일탈행위들은 우리가 실제로 일어났으면 하고 속으로 바랐던 것이 무엇인지를 보여주는 일종의 암호이며, 유아도 성적인 의식이 있다는 것을 확인시켜 준다는 것이다. 유아기의 아들은 어머니한테 끌리며 아버지를 경쟁관계로 본다. 딸은 그 반대의 경우(엘렉트라 콤플렉스)다. 이런 동기화는 평생 지속되면서 인격 형성에 큰 역할을 한다고 프로이트는 확신했다.

이러한 프로이트의 초기 이론은 엄청난 분노와 불신을 불러일으켰다. 『성적 정신병질*Psychopathia Sexualis*』이라는 저서로 유명한 리하르트 폰 크라프트에빙 Richard von Krafft-Ebing은 히스테리에 대한 프로이트의 설명을 '과학적인 동화'라고 비꼬았다. 빈 대학 신경학연구소는 프로이트와는 아무 관계가 없다며 손사래를 쳤다. 이런 반응들에 대해 후일 프로이트는 이렇게 말했다. "내 주변에는 곧바로 진공 상태가 형성됐다."[16]

상황이 이럴수록 프로이트는 더 깊이 연구에 몰두하면서 자신을 분석 대상으로 삼았다. 1896년 10월 아버지(야콥 프로이트)가 죽은 후로는 더더욱 그랬다. 프로이트 부자는 썩 친밀한 사이는 아니었다. 그러나 뜻밖에도 자신이 아버지의 죽음에 큰 충격을 받았고, 그러면서 오랜 기간 잊혔던 기억이 저절로 의식의 표면 위로 떠올랐다는 사실을 깨닫고는 깜짝 놀랐다. 꿈에 대한 해석도 바뀌었다. 그는 꿈이 지금까지 스스로 억눌러왔던 아버지에 대한 무의식적 적대성의 표현이라는 것을 인정했다. 이러한 과정을 통해서 프로이트는 꿈을 '무의식에 이르는 지름길'로 보게 된다.[17] 『꿈의 해석』의 핵심 아이디어는 잠을 자는 동안의 자아는 '초소에서 잠든 보초'와 같다는 것이다.[18] 평소 이드의 욕구를 억압하던 경계심은 약해진다. 따라서 꿈은 이드가 스스로를 위장해서 드러내는 방식이다. 프로이트는 꿈을 주제로 책을 쓰면서 용어의 혼란을 감수해야 한다는 것을 잘 알고 있었다. 꿈 해석의 전통은 구약으로까지 거슬러 올라간다. 그런데 Die Traumdeutung이라는 독일어 제목은 프로이트가 말하고자 하는 꿈의 해석을 뜻하는 표현으로는 썩 마땅치 않았다. 왜냐하면 트라움도이퉁이라는 단어는 당시 점쟁이들의 해몽이라는 의미로 많이 사용됐기 때문이다.[19]

『꿈의 해석』이 처음 나왔을 때 판매부수를 보면 반응이 얼마나 썰렁했는지 알 수 있다. 초판 600부 가운데 처음 2년 동안 228부밖에 팔리지 않았다. 6년 후까지 팔린 부수도 351부에 불과했다.[20] 프로이트를 가장 당혹스럽게 한 것은 빈 의학계가 일절 관심을 보이지 않았다는 사실이다.[21] 베를린도 사정은 마찬가지였다. 프로이트는 베를린 대학에서 꿈에 관한 강의를 맡기로 했다. 그러나 수강생은 단 세 명에 불과했다. 1901년에는 철학협회에서 강연을 하기 직전 주최 측으로부터 "논란이 될 수 있는 문제를 거론할 때는 숙녀 분들이 먼저 강의실을 나갈 수 있도록 잠시 뜸을 들여 달라"고 당부하는 쪽지를 받기도 했다. 많은 동료들은 프로이트의 아내에게 동정을 아끼지 않았다. "남편이 전에는 똑똑한 학자였는데 이제는 역겨운 변태가 되고 말았다. 참 불쌍하다"는 것이었다.[22]

프로이트는 빈 전체가 적대적이라고 느꼈다. 하지만 서서히 지지층이 생기기 시작했다. 프로이트가 연구를 시작한 지 10년 반이 지난 1902년 빈의 유명한 의사 빌헬름 슈테켈Wilhelm Stekel이 『꿈의 해석』 서평을 보고 프로이트에게 토론을 해보자고 제안했다. 이후 슈테켈은 프로이트에게 자신이 꾼 꿈에 대한 해석을 부탁했고, 일 년 뒤에는 본인도 정신분석을 임상에 적용했다. 두 사람은 '수요심리학회Psychological Wednesday Society'를 만들었다. 매주 수요일 저녁 프로이트의 거실에서 '꾀죄죄하고 오래된 신상神像들'이 말없이 응시하는 가운데 모임이 열렸다. 신상이란 프로이트가 수집한 골동품을 말한다.[23] 1902년에는 알프레트 아들러Alfred Adler가, 1904년에는 파울 페데른Paul Federn이, 1905년에는 에두아르트 히르시만Eduard Hirschmann, 1906년에는 오토 랑크Otto Rank, 1907년에는 취리히의 카를 구스타프 융Karl Gustav Jung이 모임에 참여했다. 1907년에는 학회 이름을 '빈 정신분석학회Vienna Psychoanalytic Society'로 고치고 모임을 빈 대학 의대에서 열었다. 정신분석학이 활짝 꽃을 피울 토대가 마련된 것이다. 물론 아직 정신분석을 제대로 된 과학으로 보지 않는 사람이 많았다. 그러나 1908년이 되면 적어도 고립무원의 시련기는 끝이 난다.

1900년 3월 첫째 주 유례없는 폭풍우가 몰아치는 가운데 아서 에번스Arthur Evans(1851~1941)가 크레타 섬 북쪽 연안 칸디아(지금의 헤라클리온)에 상륙했다.[24] 당시 49세였다. 에번스는 묘한 사람이었다. "사람을 확 잡아끌 정도로 개성적이면서도 극도로 점잖고, 위엄이 넘치면서도 바보짓을 잘해 귀여운 구석이 있었다. 지나치게 친절한 동시에 근본적으로는 남들에 대해 아주 무관심했다. ······항상 친구들에게 끔찍이 잘했고, 사랑하는 이를 위해서라면 마음먹은 일은 무슨 수가 있더라도 반드시 해내고야 말았다."[25] 에번스는 16년 동안 옥스퍼드 대학 애쉬몰 박물관 학예사로 있었다. 그러나 명성 면에서는 아버지와 상대가 안 됐다. 아버지 존 에번스

John Evans 경은 당대 영국 고고학 분야에서 가장 탁월한 인물로 꼽힌다. 특히 돌손도끼와 로마 이전 시대 주화의 권위자였다.

1900년 당시 크레타 섬은 고고학자들의 주요 타깃이었다. 학자들은 기를 쓰고 발굴허가를 따내려 했다. 이 섬이 관심을 끌게 된 것은 독일의 백만장자 상인인 하인리히 슐리만Heinrich Schliemann(1822~1890)이 조사활동을 하고 나서부터였다. 슐리만은 아내와 자녀들까지 내팽개치고 현장 발굴에 몰두했다. 전문 고고학자들이 복잡한 논리를 펴가며 회의적인 반응을 보였지만 슐리만은 개의치 않고 발굴을 계속해 당시까지만 해도 신화로 알고 있던 호메로스Homer의 『일리아스Iliad』와 『오디세이아』가 사실에 근거한 것임을 입증했다. 고대 세계의 재발견이라고 할 만한 업적이었다. 1870년 슐리만은 미케네와 트로이 발굴을 시작했다. 호메로스 서사시의 무대가 되는 곳이었다. 발굴 결과는 지적인 지형을 바꿔놓는 수준이었다. 트로이에서는 도시 아홉 곳을 확인했다. 그 중 두 번째 도시는 『일리아스』에 묘사된 도시라는 결론을 내렸다.[26]

슐리만의 발견은 그리스 고전시대 이해에 커다란 변화를 가져왔다. 그러나 그의 발견은 수많은 궁금증에 답을 제시한 동시에 많은 의문도 불러일으켰다. 예를 들어 『일리아스』와 『오디세이아』 양쪽에 모두 묘사된 그리스 고전시대 이전의 찬란했던 문명이 처음에 어디서 왔느냐 하는 문제가 그러했다. 지중해 동부 연안 일대 발굴로 그러한 문명이 실제로 존재했음이 확인됐다. 그래서 학자들이 고전시대 작가들의 작품을 면밀히 검토한 결과 호메로스, 헤시오도스Hesiod, 투키디데스Thucydides, 헤로도토스Herodotus, 스트라보Strabo 등이 하나같이 미노스Minos 왕을 '위대한 입법가'로 지칭하고 있다는 사실이 밝혀졌다. 미노스 왕은 에게 해 일대의 해적을 소탕한 인물로 항상 제우스Zeus의 아들로 묘사된다. 제우스도 고대 문헌들에 따르면 크레타 섬의 한 동굴에서 태어난 것으로 돼 있다.[27] 이런 상황에서 1880년대 초 크레타 섬의 한 농부가 크노소스Knossos에서 우연히 미케네 문명의 특색을 보이는 커다란 항아리들과 도기 파편을 발견했다. 크노소스는 칸디아에서 내륙으로 좀 더 들어간 지역으로 미케네와는 바다를 사이에 두고 400킬로미터 떨어져 있었다. 고전시대에는 꽤나 먼 거리였다. 그렇다면 크노소스와 미케네를 연결해주는 것은 무엇이었을까? 슐리만은 크노소스를 직접 답사한 바 있지만 발굴권은 확보하지 못했다.

그 후 1883년 아서 에번스는 우연히 골동품상이 밀집한 아테네의 슈 레인(구두골목)에서 구멍이 뚫리고 상징물이 새겨진, 변이 셋 또는 네 개인 돌들을 보게 되었다. 그는 상징물이 상형문자라고 확신했지만 딱히 이집트 상형문자 계열이라고 할 수는 없었다. 상인들에게 물어보니 크레타 섬에서 출토된 것이라고 했다.[28] 에번스는 진작부터 크레타가 이집트에서 유럽으로 문화가 전파되는 과정에서 디딤돌 역할을 했을 것으로 짐작하고 있었다. 그리고 그게 사실이라면 이 섬에 북아프리카에서 유럽으로 전파되는 문자 체계의 중간단계가 있는 것은 말이 되는 이야기였다(이런 진화론적 관념은 당시에 보편화돼 있었다). 에번스는 크레타 행을 결심했다. 그는 심한 근시에 뱃멀미도 엄청 심했지만 열렬한 탐험가였다.[29] 처음 크레타에 발을 들여놓은 것은 1894년 3월로 우선 크노소스를 찾았다. 당시에는 오스만 제국이 정치적 위기 상황이어서 섬에서 발굴을 한다는 건 너무 위험한 일이었다. 그러나 가기만 하면 중요한 발견을 할 수 있다는 확신에 에번스는 지금 같으면 불가능할 모험을 했다. 아직까지 해독 불가인 문자가 새겨진 석고 쪼가리가 나온 크노소스의 상당부분을 아예 사들인 것이다. 아테네의 슈 레인에서 본 돌에 새겨진 글자와 연관시켜 보면 엄청난 발견이 될 소지가 농후했다.[30]

에번스는 크노소스 전체를 구입하려고 했으나 터키의 지배가 비교적 안정되는 1900년까지는 그러지를 못했다. 그는 바로 발굴에 들어갔다. 도착하자마자 유적 주변의 '다 쓰러져가는' 터키인 소유 가옥을 사들여 이사를 하고 시범발굴을 위해 현지인 30명을 고용했다. 나중에는 50명을 추가로 고용한다. 작업은 3월 23일에 시작됐다. 곧바로 모두가 놀랄 놀라운 발굴이 이루어졌다.[31] 둘째 날에는 프레스코가 일부 남아 있는 고대 주택 유적을 발굴했다. 단순한 주택이 아니라 한 문명의 존재를 말해주는 가옥들이었다. 잇달아 놀라운 발굴 결과가 쏟아졌다. 3월 27일, 발굴을 시작한 지 불과 나흘 만에 에번스는 후일 자신을 협소한 고고학의 테두리를 넘어 세계적인 유명인사로 만들어줄 크노소스의 개략적인 얼개를 파악했다. 거기서 나온 유물 중에는 그리스적인 것도 없고, 로마적인 것도 없었다. 발굴지는 그리스나 로마보다 훨씬 이전 시대의 것이었다. 처음 몇 주 동안 에번스는 대부분의 고고학자가 평생 한 번 해볼까말까 한 극적인 발견을 몇 차례나 해냈다. 도로와 궁전, 수십 개의 프레스코 벽화, 인골 등등. 한 유골은 발굴 당시까지도 색상이 선명한 튜닉(가운 같은 겉옷 : 옮긴이)을 걸치고 있었다. 이밖에 정교한 하수관, 욕실, 포도주 창고, 수백 점의 도기, 놀라울 정도로 화려한 왕실 거주구역 등이 발견됐다. 대부분 불에 타 땅속에 묻힌 것이었다. 에번스는 또 '필기체 같은 것'이 적힌 점토판 수천 점도 발굴했다.[32] 점토판 글씨는 선형문자 A와 선형문자 B로 명명됐다. 선형문자 A는 오늘날까지도 해독이 안 된 상태다. 그러나 뭐니 뭐니 해도 가장 눈길을 끄는 것은 궁전 회랑 벽과 가옥을 장식한 프레스코 벽화였다. 고대의 생활상을 놀라울 정도로 생생하게 묘사한 그림들은 세련된 얼굴에 우아한 몸매를 한 남자와 여자의 모습을 담고 있다. 의상도 독특하다. 에번스는 벽화에 등장하는 사람들이 성서 시대 초기(BC 2500~1500) 파라오들과 동시대인이며 이집트인들 못지않은 문명생활을 누렸다는 것을 일찌감치 파악했다. 실제로 그들이 누렸던 영화는 솔로몬보다 수백 년 앞선 것으로 후일 이스라엘 민족에게 하나의 전설로 자리 잡게 된다.[33]

에번스는 하나의 완전한 문명을 발굴해낸 것이다. 그 문명은 에번스 이전에는 전혀 알려지지 않은 것으로 문명화된 최초의 유럽인이 만든 세계라고 할 만했다. 그는 자신이 발견한 문명을 미노아 문명Minoan이라고 이름 지었다. 고전시대 작가들의 작품에도 미노스라는 말이 나오고, 당시 청동기 단계였던 크레타인들은 모든 동물을 숭배했지만 가장 대표적인 것이 미노타우로스Minotaur(그리스어로 '미노스 왕의 황소'라는 뜻이다 : 옮긴이)라고 하는 황소 숭배였기 때문이다. 에번스가 발견한 프레스코에는 황소가 등장하는 장면이 많다. 예배를 받는 황소도 나오고 운동경기에 사용되는 황소도 나온다. 그중에서 가장 유명한 것이 크노소스 궁전 궁실 벽에서 출토된 거대한 황소 부조(돌을새김 : 옮긴이)다.

에번스의 발굴의 의미가 널리 인식되면서 학자들은 크노소스가 진짜로 『오디세이아』의 무대이며 오디세우스(율리시스)가 상륙한 곳이 크노소스라는 것을 실감했다. 에번스는 4반세기 이상을 크노소스 일대를 샅샅이 발굴하는 데 바쳤다. 그가 내린 결론은 처음 생각했던 바와는 다소 모순됐다. 미노아인은 아나톨리아에서 건너온 이주민과 신석기 원주민이 융합돼 BC 2000년경에 형성됐다는 것이다. 이들이 정교한 궁전을 갖춘 도시들을 크노소스 한가운데에(크노소스 궁전은 아주 거대하고 구조가 복잡해 『오디세이아』에서는 '미로'라고 불렀다) 건설했는데, 에번스는 대규모 가옥들이 왕실용에 국한되지 않고 일반 시민도 거주했다는 사실을 알아냈다. 많은 학자들은 도시의 규모와 예술, 부富의 수준 면에서 미노아 문명을 서구문명의 시원이라고 보았다. 후일 그리스·로마 고전고대를 꽃 피우게 하는 '모문명母文明 mother culture'이라고 본 것이다.³⁴

아서 에번스가 크레타에 도착한 지 2주 후인 1900년 3월 24일, 놀라운 발굴이 한창 진행되는 동안 네덜란드 식물학자 후고 드브리스Hugo de Vries(1848~1935)는 발굴과는 전혀 다른, 그러나 훨씬 더 중요한 문제를 해결했다. 진화론의 조각그림 맞추기 문제를 푼 것이다. 당시 그는 만하임의 독일식물학회 회원들 앞에서 「잡종분리의 법칙」이라는 제목의 논문을 읽고 있었다.

드브리스는 키가 크고 과묵한 스타일이었다. 1889년 이후로 줄곧 식물의 품종 개량과 이종교배 실험을 해왔다. 대상은 과꽃, 국화, 제비꽃 같이 일반인이 잘 아는 종류였다. 그는 만하임 학회에서 실험을 해 본 결과 어떤 식물의 특성, 즉 유전적 성질은 '특정한 요소들로 구성된다'는 생각을 굳히게 됐다고 말했다. 말하자면 수술의 길이나 잎 색깔 같은 특정한 형질에 대해 '특정한 형태의 물질적 담지자가 상응한다'는 것이다. 여기서 담지자bearer는 독일어 Träger의 번역어인데 '전달자 transmitter'라는 의미도 있다. 드브리스는 특히 '그런 요소들의 중간형은 없다'고 덧붙였다. 이것이 가장 중요한 논점이었다. 그날 밤 드브리스는 조심스러운 자세로 소박하게 표현했지만 후일 유전자gene라는 명칭으로 유명해지는 개념을 분명히 제시한 것이다.³⁵ 그는 우선 꽃의 특정 형질—꽃잎의 색깔 같은 것—은 항상 이런 형태나 저런 형태로 나타나지 어중간한 형태로 발현되는 경우는 없다는 점에 주목했다. 꽃 색깔은 언제나 흰색이나 빨강이지 핑크는 절대 없다는 이야기다. 두 번째로 그는 오늘날 우리가 '우성'과 '열성'이라고 부르는 유전자의 특성도 밝혀냈다. 서로 다른 특성을 지닌 두 식물을 이종교배 했을 때 특정한 형태가 우성의 경향을 보인다는 것이다. 이는 중요한 발견이었다. 참석자들의 박수가 터져 나올 무렵 드브리스는 한 마디를 덧붙였다. 이 한 마디가 오늘날까지 인구에 회자된다. "(유전자와 우성/열성에 관한) 이 두 가지 주장은 본질적으로는 오래 전에 멘델이 언급한 내용입니다. 그러나 그분이 제시한 명제는 주목을 받지 못한 채 망각 속에 묻혔고 제대로 이해되지 못했습니다. [멘델의] 중요한 논문은 거의 인용이 되지 않아서 저도 실험 결과를 통해 나름대로 (유사한) 결론을 내린 다음에야 그 논문의 존재를 알게 됐습니다." 이 대목은 다른 학자의 연구 성과를 적극적으로 인정한 드문 사례다. 드브리스로서는 10여 년의 세월을 쏟아 부은 공든 탑이 30여 년 전에 이미 누군가가 성취한 일이었다는 사실을 받아들이기가 쉽지 않았을 것이다.[36]

드브리스가 언급한 논문은 「식물의 잡종에 관한 연구」였다. 오스트리아의 식물학자 그레고르 멘델(1822~1884)은 베네딕트회 수도사로 1865년 2월 추운 겨울날 저녁 브륀자연과학학회 모임(브륀은 그가 속한 수도원이 있던 지역으로 지금의 체코 브르노다 : 옮긴이)에서 이 논문을 소개했다. 그날 모임에 약 40명이 참석했는데 규모는 작지만 나름대로 꽤 이름이 있는 모임이었다. 참석자들은 땅딸막한 수도사가 하는 이야기를 듣고 깜짝 놀랐다. 그 다음 달에 열린 모임에서는 더더욱 놀라운 소리를 들었다. 멘델은 복잡한 수식을 사용해가며 우성 형질과 열성 형질 발현에 관해 설명했다. 수학과 식물학을 연결한다는 것은 대단히 독특한 발상이었다. 몇 달 후 멘델의 논문은 7년 전에 출판된 다윈의 진화론을 열렬히 옹호하는 다른 회원의 논문과 함께 브륀자연과학학회 회보에 실렸다. 회보는 베를린, 빈, 런던, 상트페테르부르크, 로마, 웁살라(스웨덴) 등에 있는 다른 학회 120여 곳에 발송됐다. 당시에는 학회지를 교환하는 것이 과학 정보를 유통시키는 방식이었다. 그러나 멘델의 이론에 관심을 보인 사람은 거의 없었다.[37]

세상은 아직 멘델식 접근을 받아들일 준비가 되어 있지 않았던 것 같다. 당시 상당한 관심을 끈 다윈 이론의 골자는 종의 가변성이었다. 반면에 멘델의 논점은 종까지는 아니더라도 최소한 형질의 지속성에 관한 것이었다. 드브리스가 멘델의 논문을 찾아낸 것은 입수 가능한 참고문헌을 열심히 뒤진 결과였다. 그런데 드브리스가 논문을 발표한 직후 멘델의 저술을 다시 발견했다고 하는 식물학자가 튀빙겐과 빈에서 또 나왔다. 드브리스가 실험 결과를 발표한 지 딱 한 달 만인 4월 24일 카를 코렌스Carl Correns(1864~1933)는 독일식물학회 회보에 10쪽 분량의 「잡종의 행태에 관한 그레고르 멘델의 법칙」을 발표했다. 코렌스의 연구 결과는 드브리스와 매우 유사했다. 코렌스도 문헌을 뒤졌다. 그 결과 멘델의 논문을 찾아낸 것이다.[38] 곧이어 6월에는 역시 독일식물학회 회보에 빈의 식물학자 에리히 체르마크Erich Tschermak(1871~1962)가 「완두콩의 이종교배에 관하여」라는 논문을 발표했다. 그 역시 코렌스나 드브리스와 동일한 결론에 도달했다. 체르마크는 다윈에게 자극을 받아 실험을 시작했는데 나중에 브륀자연과학학회 회보에서 멘델의 논문을 찾아냈다고 했다.[39] 참으로 공교로운 우연의 일치가 아닐 수 없다. 100여 년이 흐른 지금까지도 이 이야기는 과학사의 미담으로 전한다. 그러나 문제는 그런 우연 자체가 아니었다. 문제는 멘델이 처음 제시하고 다른 학자들이 재확인한 메커니즘이 과학사를 통틀어 가장 영향력이 컸다고 할 다윈 진화론의 주요한 공백을 메웠다는 사실이다.

높은 담으로 둘러싸인 수도원에서 멘델은 품종이 다른 완두콩 34개를 구해 2년 동안 실험했다. 멘델이 둥근 완두콩이나 주름진 완두콩, 노란 완두콩이나 녹색 완두콩, 키가 큰 완두콩이나 키가 작은 완두콩처럼 특정 품종을 고른 것은 각 품종의 한 측면은 우세한(둥글고 노랗고 키가 큰 것) 반면 다른 측면은 열세라는(주름지고 녹색이거나 키가 작은 것) 사실을 알고 있었기 때문이다. 이런 현상을 알게 된 것은 완두콩을 교배해서 얻는 잡종 제1세대(흔히 F_1이라고 한다)는 언제나 부모와 형질이 똑같게 나타났기 때문이다. 그러나 F_1을 자가교배 해서 얻은 잡종 제2세대(F_2)는 발현 형질 비율이 의미심장했다. 완두콩 253그루에서 종자 7,324개가 산출됐다. 이중 5,474개는 둥글고, 1,850개는 주름진 것으로 나타났다. 따라서 둥근 완두콩과 주름진 완두콩의 비율은 2.96:1이다. 종자 색깔의 경우에는 완두콩 258그루에서 종자 8,023개가 나왔다. 이중 6,022개가 노란색이고, 2,001개가 녹색이었다. 노란 완두콩과 녹색 완두콩의 비율은 3.01:1이다. 따라서 멘델은 이런 결론을 내렸다. "우성 형질을 지닌 F_2 세대에서는 열성 형질이 완전히 표현된다. 특히 그 발현 비율은 평균 3:1이다. 따라서 이 세대의 완두콩 네 그루 중에서 세 그루는 우성 형질을 드러내고

한 그루는 열성 형질을 보인다."⁴⁰ 이런 관찰을 통해서 멘델은 심오한 통찰에 이르게 된다. 여러 가지 특성에 비추어볼 때 유전적 성질은 단 두 가지 형태, 즉 우성 형질과 열성 형질로만 존재하며 중간형은 없다는 것이다. 이는 우성 형질과 열성 형질이 일반적으로 3:1의 비율로 나타난다는 사실로 입증된다.* 멘델은 또 이러한 특질들이 일정한 단위의 묶음으로 존재한다는 사실을 밝혀냈다. 이것이 오늘날 우리가 말하는 염색체다. 멘델이 제시한 수식과 아이디어는 다윈주의, 즉 진화론이 어떻게 작동하는지를 설명하는 데 큰 도움을 주었다. 우성 유전자와 열성 유전자는 생명체의 가변성을 지배하면서 특정 형질을 세대에서 세대로 물려준다. 이는 자연선택이 영향력을 발휘하는 과정이고, 그렇게 함으로써 특정 유기체가 생식을 통해 자신의 유전자를 영구히 이어가게 만드는 것이다.

멘델의 이론은 간단했다. 그리고 많은 학자들이 보기에 다분히 미적이었다. 그 순수한 독창성은 유전학 분야에 뛰어드는 사람은 누구나 새로운 대발견을 할 수 있다는 희망을 주었다. 그리고 그런 일은 바로 일어났다. 에른스트 마이어Ernst Mayr(독일 진화생물학자: 옮긴이)는 『생물학적 사유의 발전The Growth of Biological Thought』에서 '1900년 이후 유전학 분야에서 새로운 발견이 이루어지는 속도는 과학사에서 유례를 찾을 수 없을 정도'라고 말했다.⁴¹

20세기는 첫 여섯 달이 가기도 전에 다윈주의를 떠받치는 멘델의 법칙과 프로이트주의를 세상에 선보였다. 두 체계는 인간에 대한 이해를 기존 이론들과는 전혀 다른 각도에서 보게 했다. 공통점은 또 있다. 둘 다 과학적 개념이다. 다른 말로 하면 과학 자체로 제시된 이론이다. 그런데 둘 다 감춰진, 인간의 눈으로는 접근할 수 없

---

* 우성 형질과 열성 형질의 발현 비율이 3:1이라는 것을 도표로 설명하면 다음과 같다.

	한쪽 어버이의 유전사	
	Y	y
다른 쪽 어버이의 유전자　Y	YY	Yy
y	yY	yy

Y는 우성 유전자, y는 열성 유전자를 말한다.

는 힘이나 실체를 밝혀내는 것과 관련이 있다. 이는 바이러스의 경우와도 흡사하다. 바이러스는 멘델의 법칙과 프로이트주의가 탄생하기 불과 2년 전에 독일 세균학자 프리드리히 뢰플러Friedrich Löffler가 파울 프로쉬Paul Frosch와 함께 구제역(口蹄疫·소나 돼지 따위가 잘 걸리는 바이러스성 전염병으로 구강 점막이나 발톱 사이 피부에 물집이 생긴다 : 옮긴이)이 바이러스 때문에 생긴다는 것을 밝혀내면서 세상에 알려졌다. 그런 병원균은 우리 눈에 보이지 않는다는 점에서는 새로울 게 없다. 망원경과 현미경의 발명, 전파와 박테리아의 발견으로 인류는 자연의 많은 요소가 인간의 눈이나 귀로는 포착할 수 없는 영역에 존재한다는 사실을 인식하게 됐다. 프로이트주의와 멘델의 법칙에서 중요한 것은 근본적인 양상을 띤다는 사실이다. 말하자면 자연을 이해하는 데 전혀 새로운 빛을 던지고 그로 말미암아 모든 사람에게 깊은 영향을 미치는 것이다. 이런 상황에서 유럽의 어머니 문명이라고 할 수 있는 미노아 문명을 발견했다는 것은 종교 역시 진화한다는 견해를 강화시켜주었다. 이는 세계를 이해하는 기존의 방식이 새롭고 좀 더 과학적인 접근법으로 포섭된다는 것을 의미한다. 그러한 근본적인 변화는 혼란스러울 수밖에 없었다. 그러나 그런 식의 변화는 한참을 더 이어지게 된다. 바야흐로 1900년이 가을로 접어들 무렵, 자연에 대한 우리의 이해방식에 커다란 변동을 가져올 만한 사건이 발생했다.

1900년 당시 막스 플랑크Max Planck(1858~1947)는 마흔 둘이었다. 플랑크는 신앙심이 깊고 학문적인 분위기의 집안에서 태어났다. 음악에 탁월한 재능을 보였지만 가족들의 기대와는 다소 어긋나게 과학자가 됐다. 가문의 배경을 고려하면 인문학을 자연과학보다 우월한 지식 형태로 보는 편이었다. 사촌인 역사가 막스 렌츠 Max Lenz는 과학자를 '임업인'이라고 놀렸을 정도다. 자연을 연구하는 사람이라는 의미의 Naturforscher(과학자)를 음이 비슷한 Naturförster(자연을 가꾸는 사람)로 슬쩍 바꾼 농담이다. 그러나 과학은 플랑크에게 운명이었다. 그는 한 번도 그것을 의심하거나 한눈팔지 않았다. 20세기로 들어섰을 때 그는 이미 자기 분야에서 정상에 다가선 상태였다. 프로이센과학아카데미 회원이자 베를린 대학 정교수였다. 베를린 대학에서 그는 끝없이 아이디어를 쏟아내는 사람으로 통했다. 그 아이디어들이 다 성공한 것은 아니지만.[42]

물리학은 19~20세기 전환기에 엄청난 변화를 맞고 있었다. 눈에 보이지도 않고 그 이상 쪼갤 수도 없는 물질이라고 하는 원자 개념은 멀리 고전 그리스 시대로까지 거슬러 올라간다. 18세기 초에 아이작 뉴턴Isaac Newton은 원자를 딱딱하고 속이 꽉 찬, 아주 작은 당구공 같은 것으로 생각했다. 존 돌턴 같은 19세기 초의 화학자들은 사물의 최소 단위로서의 원자의 존재를 어쩔 수 없이 받아들였다. 그래야만 하나의 물질이 다른 물질로 중간단계 없이 변환되는 화학반응을 설명할 수 있기 때문이다. 그러나 19~20세기 전환기가 되면서 변화의 속도가 빨라졌다. 물리학자들은 물질과 에너지는 같은 동전의 양면일지 모른다는 혁명적인 착상을 가지고 실험을 하기 시작했다. 영국 케임브리지대학의 캐번디시연구소Cavendish Laboratory 설립에 참여한 스코틀랜드 물리학자 제임스 클러크 맥스웰James Clerk Maxwell(1831~1879)은 1873년 원자들 사이의 '공백'은 전자기장으로 채워져 있고 이 장을 통해서 에너지가 빛의 속도로 움직인다는 가설을 내놓았다. 그는 또 빛 자체는 전자기 복사의 한 형태라는 것을 입증했다. 그러나 맥스웰도 원자를 속이 꽉 찬 존재로, 따라서 본질적으로 기계적인 것으로 생각했다. 이는 뉴턴 이후 가장 의미 있는 진전이었다.[43]

1887년 독일 물리학자 하인리히 헤르츠Heinrich Hertz가 전파(당시에는 electric waves라고 했으나 오늘날에는 radio라는 표현을 많이 쓴다)를 발견했고, 이어 1897년에는 영국 물리학자 J. J. 톰슨Thomson이 맥스웰의 후임으로 캐번디시연구소 소장을 맡으면서 그 유명한 음극선관cathode ray tube 실험을 했다. 먼저 금속판을 유리관 한쪽 끝에 넣고 봉인한 다음 관 속의 기체를 뽑아내어 진공상태를 만들었다. 그런 다음 금속판을 배터리에 연결하자 전류가 발생하고 빈 공간, 즉 유리관 내부의 진공에서 불꽃 없는 빛을 발했다.[44] 이 빛은 음극(캐소드)에서 나와 양극(애노드)로 빨려 들어갔다.*

음극선을 만들어낸 것은 그 자체로 진전이었다. 그러나 그게 정확히 무엇일까?

---

* 이것은 텔레비전 브라운관의 원리이기도 하다. 양극(애노드)에 유리 실린더를 붙여놓으면 음극선이 진공을 통해 양극으로 가면서 유리판이 형광을 발한다.

처음에는 다들 빛이라고 생각했다. 그러나 1897년 봄 톰슨은 관에다가 다른 가스를 주입하고 그 주변에 자석을 배치해보았다. 실험 조건을 체계적으로 조작한 결과 음극선은 실제로 음극에서 방출되어 양극으로 끌려들어가는 지극히 미세한 입자들particles이라는 것이 입증됐다. 톰슨은 입자들의 궤도를 전기장으로 바꿀 수 있고, 자기장을 가하면 궤도가 타원형이 된다는 사실을 발견했다. 또 이 입자들은 물질 중에서 가장 작은 것으로 알려진 수소 원자보다 가볍고 어떤 종류의 기체를 통해 방출되더라도 성질은 동일하다는 것을 알아냈다. 톰슨이 근본적인 뭔가를 포착한 것은 분명했다. 물질의 입자 이론을 실험을 통해 최초로 제시한 것이다.[45]

이 입자를 톰슨은 처음에 '미립자corpuscle'라고 했다. 오늘날에는 전자electron라고 한다. 입자물리학은 전자와 함께 태어났다. 어떤 점에서 20세기의 가장 치열한 지적 성과는 앞으로 보게 되는 바와 같이 원자탄에서 정점을 이루었다. 다른 많은 입자들이 이후 수년간 발견됐다. 그러나 막스 플랑크가 관심을 가진 것은 입자성이라는 개념 자체였다. 왜 그것이 존재하는가? 플랑크가 뮌헨 대학에 다니던 시절 지도교수는 그에게 물리학은 '거의 완성 단계'라고 했다. 다른 학문을 전공해보라는 이야기였다. 그러나 플랑크는 그 말을 믿지 않았다.[46] 그는 처음부터 원자가 뉴턴/맥스웰 스타일로 딱딱하고 속이 꽉 찬 미세한 당구공 같은 형태로 존재한다는 견해에 대해 극히 회의적이었다. 그 이유는 베를린 대학 선배 루돌프 클라우지우스Rudolf Clausius가 제시한 열역학 제2법칙Second Law of Thermodynamics 때문이었다. 열역학 제1법칙은 플랑크 자신도 배운 대로 설명할 수 있었다. 건설노동자가 무거운 돌 하나를 들어서 지붕 위에 올려놓은 장면을 상상해 보자.[47] 돌은 그 자리에 놓이고 나서 한동안 자리를 지킨 채 그대로 있을 것이다. 미래의 어느 시점에 땅으로 떨어질 때까지는 에너지를 보전하고 있는 것이다. 제1법칙에 따르면 에너지는 창조될 수도 없고 완전히 파괴될 수도 없다. 그러나 클라우지우스는 제2법칙에서 제1법칙은 사태의 전모를 보여주지 못한다고 지적했다. 건설노동자가 애를 써서 돌을 지붕에 올려놓는다는 것은 그가 에너지를 소비한다는 것이다. 그러면 그 에너지는 일을 하는 과정에서 열로 발산된다. 그래서 노동자는 땀이 난다. 이러한 발산을 클라우지우스는 '엔트로피entropy'라는 용어로 표현했다. 이것이 근본적인 중요성을 갖는 이유는 에너지라는 것은 우주에서 사라지지는 않지만 결코 원래 형태로 회복될 수는 없기 때문이라고 클라우지우스는 말했다. 따라서 그는 세계(와 우주)는 항상 무질서를 증대시키는 쪽으로 나아가며, 항상 엔트로피를 늘려서 결국은 정지할 수밖에 없다는 결론을 내렸다. 이는 우주가 일방통행식 과정이라는 의미를 내포한다는 점에서 중요한 언급이었다. 열역학 제2법칙은 사실 시간의 수학적 표현이다. 이는 다른 한편으로 딱딱하고 속이 꽉 찬 당구공이라고 하는 식의 뉴턴/맥스웰적 원자 개념이 오류일 수밖에 없다는 것을 의미했다. 왜냐하면 그런 시스템에서는 '공들'이 이쪽이나 저쪽으로 달려갈 수 있기 때문이다. 그런 시스템에서는 시간은 되돌릴 수 있다. 말하자면 엔트로피를 논할 자리가 없는 것이다.[48]

1897년 톰슨이 전자를 발견하던 해에 플랑크는 장차 이름을 날리게 될 프로젝트를 시작했다. 사실은 서로 다른 두 관찰 내용을 누구나 알 수 있도록 조합하는 일이었다. 예로부터 물질(예를 들면 철)을 가열하면 처음에는 흐릿한 붉은 빛이 나고, 이어서 선명한 붉은 빛, 그리고 맨 나중에는 하얀 빛이 난다는 것은 옛날부터 잘 알려진 사실이다. 이는 상온에서는 (빛의) 긴 파장이 나타나고 온도가 올라갈수록 짧은 파장이 나타나기 때문이다. 물질이 하얀 빛을 낼 만큼 뜨거워지면 모든 파장이 다 방출된다. 훨씬 더 뜨거운 물체들—예를 들면 별—에 대한 연구 결과 그 다음 단계에서는 긴 파장은 완전히 떨어져나가고 색깔은 전체 스펙트럼에서 점점 파란색 쪽으로 이동하는 것으로 나타났다. 플랑크는 이런 현상에 깊은 관심을 가졌으며, 그것이 또 다른 미스터리인 흑체 黑體 black body 문제와 관련이 있다고 생각했다. 완벽한 흑체(표면에 도달하는 모든 복사선을 완전히 흡수하는 이론적 물체 : 옮긴이)는 모든 파장의 전자기 복사를 똑같이 잘 흡수한다. 그러한 물체는 일부 근접하는 종류가 있기는 하지만 자연 상태에서는 존재하지 않는다. 예를 들어 석유 그을음을 모아 만든 안료인 유연油煙은 모든 복사선의 98퍼센트를 흡수한다.[49] 고전물리학에 따르면 흑체는 온도에 따라 복사선을 방출하며 그러한 복사선은 모든 파장으로 방출되어야 한다. 다른 말로 하면 항상 하얀 빛만을 낸다는 이야기다. 플랑크가 활동하던 독일에는 당시 완벽한 흑체가 세 개 있었다. 그중 둘은 베를린에 있었다. 플랑크와 그의 동료들이 사용한 나머지 하나는 사기와 백금으로 만든 것으로 베를린 교외 샤를

로텐부르크 공과대학 표준연구소에 있었다.⁵⁰ 표준연구소에서 한 실험 결과 흑체는 열을 가하면 철 덩어리와 비슷한 양태를 보인다는 결론이 나왔다. 처음에는 흐릿한 붉은 색을 내고 이어 밝은 주홍색을, 그리고 나중에는 하얀 빛을 낸다. 왜 그럴까?

프랑크가 혁명적인 아이디어를 처음 떠올린 것은 1900년 10월 7일경이었던 것으로 보인다. 바로 그날 플랑크는 동료인 하인리히 루벤스Heinrich Rubens에게 엽서를 보냈는데 거기에 흑체의 복사 양태를 설명하는 방정식을 대충 적어 보냈다.⁵¹ 플랑크의 아이디어의 핵심은 전자기 복사는 흔히 생각하는 것처럼 연속적이지 않으며, 특정한 크기의 다발로만 방출될 수 있다는 것이었다. 뉴턴은 에너지가 연속적으로 방출된다고 말한 바 있다. 그러니 뉴턴과는 전혀 다른 이야기였다. 그는 호스가 물을 뿌릴 때 한 덩어리로만 뿜는 것과 같다고 비유했다. 이런 설명에 대해 루벤스는 플랑크만큼이나 열광했다(플랑크는 원래 흥분을 잘 안 하는 타입이다). 그해 12월 14일 플랑크는 베를린물리학회에서 강연을 통해 자신의 이론을 상세히 설명했다.⁵² 설명 중에 작은 에너지 덩어리들에 대한 계산식이 있었는데 이것을 플랑크는 h라고 불렀다. 이것이 나중에 플랑크 상수Planck's constant로 알려지게 된다. 그의 계산에 따르면 플랑크 상수는 초당 6.55×10^{-27}에르그(erg는 작은 에너지의 단위)였다. 그는 흑체 복사 현상을 설명하면서 특정한 색을 내는 에너지 덩어리들은 동일한 반면, 빨간색 에너지 덩어리는 노랑이나 녹색 또는 파란색 에너지 덩어리들보다 작다는 것을 보여주었다. 어떤 물체가 처음에 빛을 낼 때는 에너지가 적은 빛다발을 방출한다. 열이 높아지면 물체는 더 큰 에너지를 지닌 빛다발을 방출한다. 플랑크는 이 작은 다발을 우주의 토대를 이루는 그 이상 나눌 수 없는 기본요소라고 보았다. 말하자면 복사의 '원자'인 셈인데 플랑크는 이를 '양자量子 quantum'라고 불렀다. 이는 자연이 연속적인 과정이 아니며 일련의 극도로 미세한 경련들을 통해 움직인다는 것을 확인해주는 것이었다. 양자물리학의 시대가 도래한 것이다.

그러나 완전하지는 않았다. 프로이트의 아이디어가 비판에 부딪히고, 드브리스의 멘델 재발견이 이후 엄청난 실험 붐으로 이어진 반면, 플랑크의 아이디어는 거의 무시됐다. 문제는 그가 양자에 도달하기까지 20년 동안 연구해온 많은 이론들이 이미 오류로 입증돼 있었다는 점이다. 그래서 최신 이론을 가지고 베를린물리학회에서 기조강연을 할 때에도 다들 조용히 경청은 했지만 질문은 하나도 없었다. 심지어 플랑크 본인도 자신의 아이디어가 얼마나 혁명적인 것인지를 제대로 알고 있었는지 불확실하다. 세상이 그의 이론의 중요성을 이해하는 데는 시간이 걸렸다. 4년 후, 미구에 자신만의 혁명을 이룩하게 될 한 인물이 나타났다. 그의 이름은 알베르트 아인슈타인Albert Einstein이었다.

1900년 10월 25일, 막스 플랑크가 하인리히 루벤스에게 중요한 방정식을 써 보낸 지 며칠 후 바르셀로나에서 기차에 몸을 실은 파블로 피카소Pablo Picasso(1881~1973)는 파리 오르세 역에서 잠시 하차했다. 플랑크와 피카소는 너무도 달랐다. 플랑크가 전통 있는 집안에서 반듯한 생활을 했다면 피카소는 그 어머니조차 '천사인 동시에 악마'라고 할 정도였다. 학교에서는 교칙을 안 지키고 수업시간에 낙서만 하는가 하면 읽고 쓸 줄 모르는 것이 무슨 자랑이라도 되는 양 허풍을 떨고 다녔다. 그러나 미술에서는 천재였다. 피카소는 스페인 말라가에서 태어났는데 곧 아버지가 교사로 있는 라 코루냐로 이주해 그곳 미술학교에 다니다가 다시 바르셀로나의 라 롱하 미술학교로 옮겼다. 「과학과 자선」이라는 그림이 미술 전시회에서 상을 받은 다음에는 마드리드 왕립미술학교로 옮겼다. 그러나 그 시대의 다른 미술가들과 마찬가지로 피카소에게는 파리가 세계의 중심이었다. 열아홉 번째 생일을 얼마 앞두고 피카소는 꿈에 그리던 빛의 도시 파리에 도착했다. 새로 단장한 역사에 내려섰지만 묵을 곳은 없고 프랑스어도 거의 몰랐다. 처음에는 누벨 히포드롬 호텔에 방을 잡았다. 콜렝쿠르 거리에 있는 사창가 지역이었다.[53] 이어 센 강 좌안左岸 몽파르나스에 작업실을 얻었다가 곧 우안의 몽마르트르로 옮겼다.

1900년의 파리는 각 방면의 재주꾼들로 북적였다. 일간신문이 70개, 가로등이 35만 개나 됐고, 세계적인 여행·식당 안내책자 미슐랭 가이드도 바로 그해에 창간됐다. 파리는 프랑스 극작가 알프레드 자리Alfred Jarry에게 고향이나 마찬가지였다. 그의 희곡 『위뷔 왕王 Ubu Roi』은 폴란드의 뚱뚱보 꼭두각시 왕이 아내의 도움으로 대량살상을 통해 정권을 잡는다는 내용으로 셰익스피어의 작품을 그로테스크하게 패러디한 것이다. 개막공연을 본 아일랜드 시인 예이츠W.B.Yeats마저 충격을 받았다. 파리는 방사성 원소를 연구한 마리 퀴리Marie Curie, 상징주의 시인 스테판 말라르메Stéphane Mallarmé, 작곡가 클로드 드뷔시Claude Debussy와 인상주의 음악의 고향이었다. 에릭 사티Erik Satie와 무조적無調的 피아노 소품 실험작의 고향이기도 했다. 미국 작가 제임스 휘슬러James Whistler와 아일랜드 작가 오스카 와일드Oscar Wilde에게는 망명지였다. 와일드는 망명 온 바로 그해(1900년)에 파리에서 사망했다. 파리는 또 소설가 에밀 졸라Emile Zola와 드레퓌스 사건의 도시였고, 뤼미에르Auguste et Louis Lumière 형제의 도시였다. 뤼미에르 형제는 1895년 리옹에서 처음으로 상업영화를 선보인 이후 파리에서 새롭게 열정을 불태웠다. 댄스홀 물랭루주('빨간 풍차'라는 뜻 : 옮긴이)에서는 화가 앙리 드 툴루즈 로트레크Henri de Toulouse-Lautrec가 터줏대감이었다. 전설적인 여배우 사라 베른하르트Sarah Bernhardt도 마찬가지였다. 그녀가 『변태성욕자 햄릿』의 주인공 역을 맡아 상주하다시피 한 극장은 후일 그녀의 이름을 따서 사라 베른하르트 극장이 되었다. 파리는 또 미국 여성 시인 거트루드 스타인Gertrude Stein, 후일 노벨 문학상을 수상한 벨기에 작가 모리스 마테를링크Maurice Maeterlinck, 「미라보 다리」의 시인 기욤 아폴리네르Guillaum Apollinaire의 도시이자 미국 무용가 이사도라 덩컨Isadora Duncan, 철학자 앙리 베르그송Henri Bergson의 도시였다. 하버드 대학 역사학자인 로저 섀턱Roger Shattuck은 1차 대전 직전까지 10여 년간의 서구 문화·예술을 분석한 책에서 이 시기를 '향연의 시절Banquet Years'이라고 명명했다. 그만큼 파리는 열정과 삶의 환희가 넘치는 도시였다. 그렇게 전위적인 천재들이 득시글거리는 곳에서 피카소는 어떻게 돋보일 수 있었을까?[54]

피카소는 만 열아홉이 채 안 됐지만 이미 놀라운 가능성을 내보이고 있었다. 다소 감상적인 터치의 작품 「임종의 순간Last Moments」이 1900년 파리 만국박람회 스페인 관에 걸렸다.

파리 박람회는 그랑 팔레와 프티 팔레 두 곳에서 열렸는데 새 세기의 시작을 기념하기 위한 것이었다.[55] 전시면적만 1,052,200m^2(30만2,500평)에 전차가 다니고,

시속 8킬로미터로 움직이는 보도步道, 좌석 칸이 80개가 넘는 거대한 풍차형 놀이기구 등이 등장했다. 트로카데로 광장 양쪽 센 강 좌우 1.6킬로미터 구간은 완전히 이국적인 풍경으로 바뀌었다. 캄보디아의 절과 사마르칸트의 모스크(이슬람 사원), 아프리카 민속촌이 들어섰다. 지하에는 캘리포니아 금광을 축소해 전시하고 이집트 왕들의 무덤도 재현했다. 매표소 36곳에서는 1분마다 관람객 1,000명을 받았다.[56] 피카소가 박람회에 출품한 그림은 나중에 그 위에 페인트를 덧칠하는 바람에 없어졌지만 엑스선 사진과 그 작품을 그린 스케치로 개략의 구도는 알 수 있다. 침대에 누워 죽어가는 소녀 옆에 사제가 서 있다. 램프에서 흘러나온 빛은 방안 전체를 애처롭게 비춘다. 여동생 콘치타의 가슴 아픈 죽음이 자극이 됐을 수도 있고, 카탈루냐의 주도인 바르셀로나에서도 상연돼 센세이션을 일으킨 지아코모 푸치니 Giacomo Puccini의 오페라 『라보엠 La Bohème』에서 영감을 얻은 것일 수도 있다. 여기서도 여주인공인 가난한 처녀 미미는 폐결핵으로 쓸쓸히 죽는다. 「임종의 순간」은 전시장에 너무 높이 걸려서 잘 보이지 않았다. 그러나 피카소 자신이 친구들과 함께 환한 표정으로 전시장을 나서는 스케치를 남긴 것을 보면 본인도 상당히 만족했던 것 같다.[57]

파리에서 만국박람회가 열리던 바로 그 즈음에 파리 알마 다리 근처의 한 건물에서는 유명한 국제 학술단체들이 모임을 개최했다. 학술대회를 위해 따로 마련한 자리였다. 130여 차례의 세미나가 열렸고, 그중 40회는 과학 관련이었다. 제13회 국제의학자대회, 국제철학자대회를 비롯해 여성의 권리에 관한 학술대회, 수학자, 물리학자, 전기공학자들의 학회도 열렸다. 철학자들은 수학의 기초를 다시 세우고자 했다. 물론 성공하지는 못했지만 거기서 벌어진 토론은 같은 주제로 함께 책을 쓸 계획이던 영국의 철학자 버트런드 러셀 Bertrand Russell과 알프레드 노스 화이트헤드 Alfred North Whitehead에게는 매우 당혹스러운 것이었다. 수학자대회는 독일 괴팅겐 대학의 다비드 힐베르트 David Hilbert가 좌지우지했다. 그는 20세기에 해결해야 할 23가지 주요 수학 문제를 제시했다.[58] 이 문제들은 나중에 '힐베르트 문제 Hilbert's problems'라는 이름으로 널리 알려졌다. 후일 이중 상당수가 해결된다. 그러나 힐베르트가 유독 23가지를 제시한 근거는 근본적인 도전을 받게 된다.

피카소가 파리 예술계와 지성계를 장악하는 데에는 그리 오랜 시간이 걸리지 않았다. 천사인 동시에 악마였기 때문에 그의 주변에는 텅 빈 공간이 생길 여지가 없었다. 얼마 지나지 않아서 피카소의 그림은 누구도 의심하지 않던 예술의 기초 자체를 공격하고 물리학과 생물학과 심리학이 정신에 대해 가했던 것과 똑같은 열정을 가지고 사람들의 눈을 후려갈겼다. 그와 동시에 많은 의문을 제기했다. 그의 작품은 견고한 것과 그렇지 않은 것을 깊이 탐색하면서 지금까지 포착되지 않았던 자연의 감춰진 구조들 사이의 연관관계를 밝혀내기 위해 현상의 표면 아래로 깊이 침잠해 들어갔다. 피카소는 성적 불안, '원시적' 정신, 미노타우로스, 고전 문명의 유적지 등을 현대 지식의 빛으로 집중 조명했다. 콜라주 작품에서는 산업용 또는 대량생산용 소재를 사용해 의미와 장난을 침으로써 관객을 즐겁게 하는 동시에 혼란에 빠뜨렸다(그는 "그림은 파괴의 총합이다"라고 말한 적이 있다). 다윈, 멘델, 프로이트, J.J. 톰슨, 막스 플랑크와 마찬가지로 피카소의 작업은 현실을 분류하는 틀로 인정돼온 기성 범주들 그 자체에 대한 도전이었다.[59]

피카소의 작품과 유례없이 거창한 파리 만국박람회는 19세기가 20세기로 넘어가는 시점에 인간의 사고에 어떤 변화가 일어났는지를 상징적으로 보여주는 사건이었다. 가장 중요한 점은 첫째, 19~20세기 전환기의 많은 사상들은 분야는 달라도 유달리 상호 친연성이 있었다는 사실이다. 그 친연성이란 감춰진 토대를 찾아내려는, 프로이트의 다소 과장된 표현을 빌리면 그런 토대가 '심층세계 underworlds'에서 어떤 위치를 차지하는지를 밝혀내려는 적극적이면서도 낙관적인 탐구정신이었다. 또 하나 중요한 점은 이러한 정신을 촉발하는 힘은 예술 분야까지를 포함해서 과학적인 성격의 것이라는 점이었다. 놀랍게도 20세기의 주춧돌은 그 첫해에 이미 있을 자리에 다 놓였던 것이다.

2
과도기적 전환기
Half-way House

1900년 대영제국은 지구상에서 가장 강력한 국가였다. 정치적으로도 그렇고 경제적으로도 그랬다. 북아프리카와 중부 아메리카 지역까지 영토를 보유했고, 남미의 아르헨티나는 영국에 절대적으로 의존했다. 아프리카와 중동에 식민지를 경영하는가 하면 멀리 호주에까지 자치령을 두었다. 그 나머지 세계의 상당 부분은 프랑스, 벨기에, 네덜란드, 포르투갈, 이탈리아, 덴마크 같은 유럽 강대국들이 나눠가졌다. 미국은 1899년 파나마 운하를 확보했다. 스페인 제국의 상당 부분도 미국의 수중으로 넘어갔다.

미국은 게걸스러우리만치 영향력 확대를 꾀했지만 사상의 세계에서, 즉 철학, 예술, 인문학, 자연과학, 사회과학 분야에서 주도적인 위치를 차지한 나라는 독일이었다. 아니, 좀 더 정확하게 말하면 독일어를 사용하는 나라들이었다. 이 분명한 사실은 의미심장하다. 독일의 지적 전통은 후일의 정치적 변동과 결코 무관하지 않기 때문이다.

독일이 사상의 영역에서 우뚝 서게 된 요인 가운데 하나는 대학이었다. 독일의 대학들은 19세기 정신세계의 상당부분을 창조해냈고, 성서연구와 고전 고고학 분야에서 첨단을 달렸다. 철학박사(Ph.D.) 학위라는 개념도 독일에서 태어난 것이다. 또 하나는 인구통계학적 요인이었다. 1900년 현재 독일어권 국가들은 인구 10만 이상

도시가 33개나 됐다. 도시는 사상의 시장을 형성하는 데 핵심적인 요소다. 독일어권 도시 중에서도 빈이 단연 우위를 점했다. 20세기로 접어들면서 서유럽의 정신세계를 대표할 만한 도시를 한 곳만 꼽는다면 단연 오스트리아-헝가리 제국의 수도 빈이었다.

영국이나 벨기에 같은 다른 제국들과 달리 합스부르크 왕가의 오스트리아-헝가리 이중제국은 대부분의 영토가 유럽에 있었다. 헝가리, 보헤미아, 루마니아, 크로아티아 일부까지 망라했으며, 지금은 이탈리아령인 트리에스테에는 항구도 있었다. 특히 해외로 뻗어나간 다른 제국들과 달리 관심의 상당부분을 내부로 쏟았다. 독일어 사용 민족은 자부심이 강했다. 역사의식이 강하고 역사가 다른 민족과의 차이를 만든다고 생각했다. 그러한 민족주의는 독특한 지적 색채를 만들어내기도 하지만 지적 활동을 제약하는 요인이 되기도 한다. 이 문제에 대해서는 나중에 살펴보기로 하자.

한편 빈의 건축적 환경은 독특한 지적 풍토를 조성하는 데 적지 않은 역할을 했다. 빈의 링슈트라세Ringstraβe는 19세기 후반에 건설된 것으로 구시가 중심지를 에워싸고 있는데 그 주변으로 대학, 오페라 하우스, 의사당 같은 굵직굵직한 건물들이 들어서 있다. 이 환상도로環狀道路를 통해서 구시가는 그 바깥쪽 외곽과 분리되고 일목요연하게 오갈 수 있는 지적·문화적 중심이 된다.[1] 이 작은 구역에 빈 특유의 카페(커피하우스)가 생겨났다. 카페는 빈을 런던이나 파리, 베를린과 차별화시켜주는 명물이었다. 대리석을 깐 카페의 탁자들은 신문이나 학술잡지, 쏟아져 나오는 책들 못지않게 새로운 사상의 토론장이었다. 카페는 원래 1683년 터키 군이 빈을 점령했다가 철수하면서 버리고 간 다량의 원두커피를 발견하면서 시작됐다고 한다. 이런 이야기가 사실인지는 차치하고 1900년이 되면 카페는 널찍한 공간에 인테리어도 괜찮은, 일종의 클럽 같은 곳으로 완전히 정착된다. 커피 한 잔만 주문하면 하루 종일 앉아 있어도 되고 삼십 분마다 물 한 잔씩을 은쟁반에 받쳐 서비스한다.[2] 신문과 잡지는 물론 당구대와 체스판도 공짜다. 또 펜과 잉크, 카페 로고를 인쇄한 필기용지도 제공했다. 손님들은 단골 카페에 우편물을 맡겼다가 나중에 찾아가기도 하고, 야회복을 사물함에 넣어두고 필요할 때 입고 나가기도 했다. 카페 그리엔슈타이들Griensteidl 같은 곳은 작가들이 글을 쓰다가 수시로 참고할 수 있도록 백과사전을 비롯한 참고도서류를 갖춰놓기도 했다.³

그리엔슈타이들 같은 빈의 카페에서 벌어지는 토론은 주로 사회철학자 칼 프리브람Karl Pribram(미국 신경과학자. 1919년 빈 출생. 스탠포드 대학 심리학부 석좌교수 : 옮긴이)이 두 '세계관worldviews'이라고 부른 개념에 관한 것이었다.⁴ 프리브람은 이를 개체주의individualism와 보편주의universalism로 구분했다. 사실 이러한 구분은 농촌사회와 도시사회라고 하는 전통적인 이분법을 변주한 것이다. 19세기 초까지만 해도 누구네 집에 수저가 몇 개나 되는지 서로 훤히 알 정도로 친밀했던 농촌사회는 차츰 '원자화된' 개인들만 우글거리는 도시사회로 탈바꿈한다. 도시의 개인들은 뭐가 그리 바쁜지 정신없이 뛰어다니지만 진정한 소통은 누리지 못한다. 이러한 이분법은 일찍이 프로이트도 관심을 가진 바 있다. 프리브람이 보기에 개체주의자들은 계몽주의 스타일의 경험적 이성을 신뢰한다. 가설을 세우고 그것을 시험해 보는 것을 진리 탐구의 방법으로 삼는다. 반면 보편주의는 "외부에 따로 진리를 설정한다. 그 진리의 타당성은 시험의 대상이 되기를 거부한다. ……개체주의자는 진리를 발견하는 반면 보편주의자는 진리를 몸으로 겪는다."⁵ 프리브람은 빈을 라인 강 동편에서 유일한 개체주의적 도시로 보았다. 그러나 빈도 가톨릭교회 세력이 건재해서 보편주의의 요소가 상존하고 있었다.

이런 양상은 철학적으로 본다면 빈이 수많은 '과도기적' 사고가 움틀 수 있는 중간지대라는 의미였다. 정신분석은 그 완벽한 예다. 프로이트는 자신이 회의적인 사람까지 충분히 납득시킬 정도로 무의식의 존재를 확실히 입증할 수 있는 제대로 된 방법론을 갖추지는 못했다고 생각했다. 그러나 프로이트와 무의식만이 유일한 예는 아니다. 사회의 해악은 물론이고 인체에 영향을 미치는 질병에 대해서조차 아무 조치도 할 수 없다고 주장하는 치료 허무주의therapeutic nihilism도 진보주의에 대한 냉담함을 보여주는 사례였다. 경험적·낙관적·과학적 접근과는 정반대다. 빈에서 상당한 인기를 누린 인상주의impressionism 미학도 그런 이분법의 일부였다. 인상주의의 본질을 헝가리 예술사학자 아놀드 하우저Arnold Hauser는 '도시 생활의 가변성, 불안정한 리듬, 급작스럽고 강렬하지만 그 순간이 지나면 잊히고 마는 인상을 그려내는' 도시적 예술이라고 정의한 바 있다.[6] 이런 무상함, 경험의 일과성에 대한 탐닉은 세상을 바꾸기 위해 할 수 있는 일은 아무것도 없고, 그저 우두커니 서서 바라볼 뿐이라는 식의 치료허무주의와 결을 같이 하는 것이다.

이런 관점을 서로 다른 방식으로 극복하고자 한 사람이 아르투어 슈니츨러 Arthur Schnitzler와 후고 폰 호프만슈탈Hugo von Hofmannsthal이었다. 두 사람은 카페 그리엔슈타이들을 드나들면서 '젊은 빈Jung-Wien'파로 알려진 젊은 보헤미안 그룹의 일원이 되었다.[7] 거기에는 탁월한 기자이자 에세이스트이고 후일 시온주의 운동을 주도하는 테어도어 헤르츨Theodor Herzl, 작가 슈테판 츠바이크Stefan Zweig, 그룹의 리더이자 신문 발행인인 헤르만 바르Hermann Bahr도 있었다. 바르가 발간하는 〈디 차이트*Die Zeit*〉('시대'라는 뜻이다 : 옮긴이)는 그런 재능 있는 예술가들의 토론의 광장이 돼주었다. 또 한 사람, 희곡 《인류 최후의 날들*Die letzten Tage der Menschheit*》(1922)로 유명한 카를 크라우스Karl Kraus도 누구 못지않은 탁월한 작가였다. 그가 발행하는 문학·정치평론지 『횃불*Die Fackel*』도 열띤 토론의 장으로 자리 잡았다.

아르투어 슈니츨러(1862~1931)의 경력을 보면 프로이트와 관련된 부분이 많아 흥미롭다. 슈니츨러도 의사로서, 신경과 전문의로서 훈련을 받았으며 신경쇠약에 관해 연구했다.[8] 프로이트는 빈 대학 정신신경과 교수인 테어도어 마이너트 Theodor Meynert 밑에서 수학했는데 슈니츨러는 마이너트의 조교한테 배웠다. 슈니츨러는 프로이트가 '제대로 평가받지 못하고 오히려 비난의 대상이 된 성의 문제'라고 한 부분에 깊은 관심을 가지고 있었다. 오죽하면 프로이트가 그를 자신의 도플갱어(분신)라고 하면서 의도적으로 피할 정도였다. 그러나 슈니츨러는 곧 의학에서 문학으로 돌아섰다. 물론 그의 작품에는 정신분석학적 개념들이 많이 스며 있다. 초기 작품들은 카페 동아리의 공허함을 파헤쳤다.

그러나 슈니츨러를 세상에 널리 알린 것은 『구스틀 소위*Lieutenant Gustl*』(1901)와 『야외로 가는 길*Der Weg ins Freie*』(1908)이었다.[9] 『구스틀 소위』는 시종 내적 독백 기법을 사용한 작품으로 '일반시민'이 붐비는 오페라 하우스 외투보관소에서 감히 소위의 칼을 만지는 장면으로 시작한다. 이 별것 아닌 행동이 우연치 않게 소위의 내면에 복잡다기한 '의식의 흐름stream of consciousness'을 불러일으킨다. 내적 독백 기법은 마르셀 프루스트의 선구다. 『구스틀 소위』에서 슈니츨러는 기본적으로 사회평론가적 자세를 취한다. 그러나 잊어버렸다고 생각했던 소위의 어린 시절 장면들을 언급하면서 정신분석학적 개념을 암시한다.[10] 『야외로 가는 길』은 개인의 직관적이고 비합리적인 측면과 사회의 이모저모를 좀 더 폭넓게 파헤친다. 이 소설의 극적인 구조는 일부 유대계 등장인물이 사회 진출이 막히면서 좌절하는 과정을 치밀하게 추적함으로써 힘을 갖게 된다. 슈니츨러가 반유대주의를 비난하는 이유는 단순히 잘못된 사상이어서가 아니라 퇴폐적인 탐미주의와 대중사회의 도래로 말미암아 새롭게 형성된 편협한 문화의 상징이기 때문이다. 여기서 그가 말하는 대중사회는 '대중 조작의 무대로 전락한' 의회를 통해 사람들의 본능을 방조함으로써 유대계 캐릭터들로 대표되는 '목적이 있고, 도덕적이며, 과학적인' 문화를 완전히 압도한다. 슈니츨러의 의도는 '유대인 문제'는 해결 불가능하며 예술과 과학 사이에도 그러한 딜레마가 있다는 점을 강조하려는 것이었다.[11] 예술과 과학은 둘 다 슈니츨러를 실망시켰다. 탐미주의는 "아무런 실질적인 결과를 가져오지 못하고, 과학은 그 자체로는 어떤 의미를 주지 못하기 때문이다."[12]

후고 폰 호프만슈탈(1874~1929)은 슈니츨러보다 한 걸음 더 나아갔다. 귀족 집안에서 태어난 호프만슈탈은 아버지를 잘 만났다. 아버지는 아들이 예술애호가가 됐으면 했고, 또 그런 쪽으로 뒷받침을 많이 해주었다. 아버지는 아들을 카페 그리엔슈타이들에 데려갔다. 당시 호프만슈탈은 상당히 어렸는데 헤르만 바르를 중심으로 한 그룹은 이 조숙한 젊은이가 재능을 활짝 꽃피우는 데 큰 자극제가 되었다. 호프만슈탈이 초기에 발표한 작품들은 '독일 시 역사상 가장 세련된 성취'라는 평가를 받았다. 그러나 그는 미학으로 만족하지 않았다.[13] 운문 희곡 『티치안의 죽음Der Tod des Tizian』(1892)과 『바보와 죽음Der Tor und der Tod』(1893)은 1900년 이전에 쓴 시 가운데 가장 유명한 것으로 예술이 사회적 가치관의 토대가 될 수 있느냐 하는 문제에 대해 회의적인 입장을 드러낸다.[14] 호프만슈탈이 보기에 예술은 미를 창조하는 사람에게는 만족을 주지만 창조와는 무관한 사회 대중에게는 반드시 그렇지는 않다는 점이 문제였다.

우리의 현재는 완벽한 무無이며 황량함,
의미의 신성한 충만함이 외부에서 오지 않는 한 그러하다.¹⁵

호프만슈탈의 시각이 극명하게 드러나는 것이 「고대 그리스 꽃병에 부치는 목가」라는 시다. 꽃병에 그림을 그리는 그리스 화가 딸의 이야기를 노래하는 내용이다. 그녀는 대장장이 남편이 있고, 안락한 생활도 누리고 있다. 그런데 만족하지 못한다. 삶이 충만하지 않다고 느끼는 것이다. 그녀는 어린 시절에 관한 꿈을 꾸고, 아버지가 화병에 그리던 신화의 장면들을 회상하면서 시간을 보낸다. 신들의 영웅적인 행동을 묘사한 그 그림들이야말로 그녀가 꿈꾸는 드라마틱한 삶이다. 결국 호프만슈탈은 이 여자의 소원을 들어주고, 그리하여 반인반마半人半馬의 괴물 켄타우로스가 등장한다. 운명이 바뀐 것을 기뻐하면서 그녀는 예전의 생활을 내던지고 켄타우로스와 함께 탈출한다. 그러나 가엽게도 남편은 딴 마음을 품고 있었다. 아내를 독차지하지는 못할망정 남에게 내줄 수는 없다고 생각하고 창으로 아내를 찔러 죽이는 것이다.¹⁶ 사실 이러한 사태전개는 다소 가혹해 보인다. 그러나 호프만슈탈이 말하고자 하는 것은 분명하다. 미는 이율배반적이어서 파괴적일 수 있다, 심지어 대단히 끔찍한 결과를 가져올 수도 있다는 이야기다. 본능에 충실한 단순한 삶은 나름대로 매력적이고 그러한 삶을 표현하는 것은 중요하다. 하지만 그것이 오히려 위험하고 폭발적일 수 있다는 것이다. 다른 말로 하면 미학은 결코 단순히 자체 내에서 완결되는 수동적인 체계가 아니라 판단과 행동까지를 포함하는 것이다.

호프만슈탈도 과학이 전통적인 빈의 미학적 문화를 잠식해 들어오고 있다는 사실을 포착했다. 1905년에 이미 "우리 시대의 특징은 다양성과 불확실성이다. 우리 시대는 미끄러져 감das Gleitende에 의존할 수밖에 없다"라고 썼다. "앞선 세대들이 확고하다고 생각했던 것이 이제는 유동적이 되었다"라고도 했다.¹⁷ 맥스웰과 플랑크의 발견 이후 뉴턴적 세계가 휘청거리는 것을 이보다 더 잘 묘사한 표현이 또 어디 있을까? "모든 것은 부분으로 전락했다"고 호프만슈탈은 썼다. "그 부분들은 다시 많은 부분들로 잘게 쪼개지고, 전통적인 개념으로 포섭될 수 있는 것은 이제 아무것도 남지 않았다."¹⁸

슈니츨러와 마찬가지로 호프만슈탈은 오스트리아-헝가리 이중제국의 정치적 격변에 혼란을 느꼈다. 특히 반유대주의의 확산이 그러했다. 그가 보기에 그러한 비합리주의의 부상은 과학 분야에서 촉발된 현실 이해 방식의 변혁에 상당 부분 원인이 있었다. 새로운 과학적 개념들은 사람들에게 엄청난 당혹감을 불러일으킴으로써 상당한 규모의 반동적 비합리주의를 촉발시켰다. 그런데 호프만슈탈의 반응은 좋게 봐준다고 해도 매우 이상했다. 그러나 나름의 논리는 있었다. 스물여섯이라는 한창 나이에 그는 시를 버렸다. 극장이 당시의 도전에 맞서 싸우는 데 훨씬 효과적이라고 본 것이다. 슈니츨러는 정치가 일종의 무대가 됐다고 지적한 바 있다. 그런데 호프만슈탈은 오히려 정치적 변동을 저지하기 위해 무대가 필요하다고 생각했다.[19] 희곡 『포르투나투스와 그 아들들』(1900~1901)과 『칸다우레스 왕』(1903)에서부터 리하르트 슈트라우스를 위해 쓴 리브레토(오페라 대본)에 이르기까지 그의 작품은 한결같이 예술적 형식으로서의 정치적 리더십을 다루고 있다. 요체는 사회에 질서를 제공하고, 그럼으로써 비합리성을 통제하는 미학을 추구하는 군주제였다. 그러나 그는 비합리적인 것도 나름의 출구를 마련해주어야 한다고 보았다. 그가 제시한 해법은 '집단의식儀式'이었다. 누구도 자신이 이 사회에서 배제됐다고 느끼지 않도록 해주는 일종의 제의적 정치 형태였다. 그의 희곡들은 이러한 집단의식을 만들어내려는 시도로서 개인 심리학과 집단 심리학을 통합한 심리학적 드라마였다. 이는 프로이트의 후기 이론과 일맥상통한다.[20] 슈니츨러가 빈 사회의 관찰자로서 그 결함들을 점잖게 진단하는 수준에 머물렀다면, 호프만슈탈은 그런 식의 치료허무주의를 거부하고 좀 더 적극적으로 나섰다. 빈 사회를 변화시키고자 한 것이다. 모든 예술은 '국가의 영적인 공간'[21]이 됐다고 한 그의 언급은 의미심장하다. 호프만슈탈은 마음속으로 늘 자신의 군주제 관련 저술들이 위대한 지도자, 즉 도덕적 지침을 제시하고 앞으로 나아갈 길을 밝혀줌으로써 '모든 파편적인 표현들을 통합하고 모든 질료를 형식, 즉 새로운 독일적 실체로 변화시키는' 위인을 배출하는 데 도움이 되기를 바랐다.

그런데 그가 쓴 표현들은 기이하게도 후대에 나타나는 양상들과 유사하다. 그가 바라는 인간형은 '찬탈자의 낙인이 찍힌…… 천재', '진정으로 게르만적이고 절대적인 인간', '예언자', '시인', '교사', '유혹자', '에로틱한 몽상가' 등등으로 프로이트의 지배적 남성 개념이나 제임스 프레이저James Frazer 경의 인류학적 발견, 니체, 다윈 등과 상당 부분 중첩된다.²² 호프만슈탈은 예술이 여러 갈등을 조정하는 힘을 발휘해주기를 간절히 원했다. 그럼으로써 과학이 가져올 파괴적인 효과를 저지할 수 있다고 생각한 것이다.

당시 호프만슈탈의 미학이 후일 독일에서 더욱 강력한 형태의 비합리주의가 싹트는 데 중요한 역할을 할 것이라고 생각한 사람은 아무도 없었다. 어쨌든 그의 군주제 미학과 집단의식이 과학적 발견들로 야기된 불안한 세계에 대한 대응이었다면 프란츠 브렌타노Franz Brentano(1838~1917)의 새로운 철학도 그런 점에서는 마찬가지였다. 브렌타노는 대중적으로 인기가 좋았다. 그의 강의는 너무도 유명해서 강의실 복도와 문간까지 학생들로 미어터졌다. 그중에는 프로이트와 토마슈 마사리크Tomás Masaryk(1918년 수립된 체코슬로바키아공화국의 초대 대통령 : 옮긴이)도 있었다. 조각 같은 얼굴(가톨릭 주교 같이 생겼다)의 브렌타노는 광적인 기질이었지만 체스를 할 때에는—이기는 경우는 드물었다. 결과가 어찌 되나 보려고 실험적인 수를 잘 두었기 때문이다—냉철하기 이를 데 없었다. 또 시인이면서 요리와 목공에도 조예가 깊었다. 다뉴브 강을 헤엄쳐 왕복하기도 하고, 수수께끼에 관한 책을 써서 베스트셀러가 되기도 했다. 친구 중에는 테오도어 마이너트Theodor Meynert, 언어학자 테오도어 곰페르츠Theodor Gomperz, 주치의인 요제프 브로이어Josef Breuer 같은 사람도 있었다.²³ 원래는 가톨릭 신부였는데 1873년 교회를 떠난 뒤 기독교로 개종한 부유한 유대계 여성과 결혼했다. 이 때문에 든든한 백을 쫓는 인물이라고 비아냥거리는 소리가 나오기도 했다.²⁴

브렌타노의 주된 관심사는 가능한 한 과학적인 방법으로 신의 존재를 증명하는 것이었다. 과학에 대한 그의 시각은 자못 독특해서 역사에 대한 분석을 강조했다. 브렌타노가 보기에 철학은 일정한 주기를 가지고 발전했다. 그에 따르면 세 주기가 있는데 고대, 중세, 근대가 그것이다. 주기 하나하나는 다시 네 단계로 나뉜다. 탐구 단계, 적용 단계, 회의론 단계, 신비주의 단계가 그것이다. 이러한 내용을 그는 다음과 같은 표로 표현했다.²⁵

주기	고대		중세	근대
단계				
탐구	탈레스에서 아리스토텔레스까지		토마스 아퀴나스	베이컨에서 홉스까지
적용	스토아학파, 에피쿠로스학파		둔스 스코투스	계몽주의
회의론	회의론자, 절충학파		윌리엄 오브 오캄	흄
신비주의	신플라톤주의, 네오피타고라스학파		룰루스, 쿠사누스	독일 관념론

이러한 접근법 때문에 브렌타노는 지성사에서 과도기적 인물의 전형으로 평가됐다. 그는 자신이 생각하는 과학을 토대로 20년간의 연구와 강의 끝에 '영원하고 창조하는 지속적인 원리'가 실제로 존재한다는 결론을 내리고 그 원리를 '이성 understanding'이라는 용어로 표현했다.[26] 동시에 철학이 주기에 따라 발전한다는 설을 통해 과학의 진보성을 의심하는 입장에 도달했다. 브렌타노는 오늘날에는 주로 신의 존재 증명을 지적으로 좀 더 철저히 해보려고 시도한 인물로 기억되고 있다. 과학과 신앙을 결합하려는 그의 시도는 찬사를 받았지만 많은 동시대인들은 그러한 체계 자체는 출발부터 파국을 맞을 운명이라고 생각했다. 그럼에도 불구하고 그의 접근 방식은 20세기 초 철학에 상당한 영향력을 발휘한 두 분파를 촉발시켰다. 에드문트 후설Edmund Husserl의 현상학과 크리스티안 폰 에렌펠스Christian von Ehrenfels의 '게슈탈트Gestalt(형태) 이론'이 그것이다.

에드문트 후설(1859~1938)은 프로이트와 같은 해에 프로이트와 멘델의 출생지인 모라비아에서 태어났다. 프로이트와 마찬가지로 유대계였지만 코즈모폴리턴적인 교육을 받았으며 베를린과 라이프치히, 빈에서 공부했다.[27] 처음에는 수학과 논리학에 관심을 가졌으나 곧 심리학에 끌렸다. 당시 심리학은 철학의 한 분과로 취급됐다. 그러나 과학의 발전 덕분에 급속도로 독립적인 분과로 자리잡아갔다. 후설이 가장 큰 관심을 보인 것은 의식과 논리의 연관성이었다. 간단히 말하면 그가 가장 근본적인 문제라고 생각한 것은 이런 것들이었다. 논리는 객관적으로, '저기 바깥' 세계에 존재하는가, 아니면 근본적인 의미에서 정신에 의존하는가? 현상들의 논리적 토대는 무엇인가? 이런 질문은 수학에서 핵심적으로 드러난다. 수와 수의 작용(더하기, 빼기 등등)이 논리가 작동하는 가장 분명한 예이기 때문이다. 그렇다면 수는 객관적으로 존재하는가, 아니면 역시 정신의 한 기능인가? 브렌타노는 어떤 점에서 정신이 수를 '지향志向한다intend'고 주장했다. 그런데 이것이 사실이라면 수의 논리적 지위와 객관적 지위에 영향을 미치게 된다. 이보다 훨씬 근본적인 질문은 정신 자체에 의해 제기된다. 정신은 그 자신을 '지향'하는가? 정신이 정신의 구성물이라면, 그렇다면 그러한 사실은 정신 자체의 논리적·객관적 지위에 영향을 미치는가?[28]

이런 문제를 다룬 후설의 대작 『논리 연구Logische Untersuchungen』는 1900년(1권)과 1901년(2권)에 잇따라 출간됐다. 이 책을 준비하느라 후설은 1900년 파리 만국박람회에 곁들여 열린 수학자대회에도 참석하지 못했다. 후설의 입장은 철학의 과제는 우리가 일상적인 경험 속에서 마주치는 세계를 기술하는 것이라고 생각했다. 서양 철학에 그가 기여한 부분이 바로 '선험적 현상학transcendental phenomenology'이라는 개념이다. 여기서 그는 그 유명한 '노에마/노에시스 이분법'을 제시했다.[29] 노에마Noema는 시간의 적용을 받지 않는 명제 그 자체로 특정한 의미의 완결체다. 예를 들면 신은 누가 그를 생각하든 말든 관계없이 존재하는 존재라고 말할 수 있다. 이와 대조적으로 노에시스Noesis는 좀 더 심리학적인 개념이다. 노에시스는 본질적으로 브렌타노가 정신은 대상을 '지향한다'라고 했을 때 의미한 바로 그것이다. 후설에게 있어서 노에시스와 노에마는 둘 다 의식 내에 현존한다. 그는 자신의 독창적인 기여는 노에시스 역시 노에마라는 것, 즉 노에시스도 그 자체로 존재한다는 것을 논증한 부분이라고 생각했다.[30] 이러한 이분법이 혼란스럽다고 느끼는 사람이 많다. 후설도 자신의 개념을 설명하기 위해 한층 복잡한 신조어들을 만들어냈지만 문제 해명에는 도움이 되지 못했다. 그가 죽고 나서 벨기에 루뱅 대학 도서관에 기증된 원고만 해도 4만 쪽 분량으로 대부분 세상에 알려지지 않은 내용이다.[31] 후설 본인으로서는 엄청난 주장을 제기한 것이다. 브렌타노의 과도기적 전통을 이은 후설은 자신이 '일체의 심리학이나 사실과학에 의존하지 않는 이론과학'을 창안했다고 믿었다.[32] 영어권에서는 이러한 주장에 동의하거나 사실과학으로부터 독립된 이론과학이 가능하다고 생각하는 사람은 거의 없다. 그러나 후설은 오늘날 20세기 서양 철학에서 이른 바 대륙학파(마르틴 하이데거Martin Heidegger, 장 폴 사르트르Jean Paul Sartre, 위르겐 하버마스Jürgen Habermas 등이 포함된다)의 직접적인 선구자로 평가되고 있다. 대륙학파는 버트런드 러셀과 루드비히 비트겐슈타인으로부터 시작해 북미와 영국에서 훨씬 인기를 끈 분석학파와 대척점에 서 있다.³³

브렌타노의 또 다른 상속자는 크리스티안 폰 에렌펠스(1859~1932)로 게슈탈트 철학과 심리학의 아버지다. 에렌펠스는 부자였다. 오스트리아에서 꽤 되는 재산을 물려받았지만 남동생에게 넘기고 문학과 지적인 활동에 모든 시간과 정력을 쏟았다.³⁴ 1897년 프라하 대학에 철학 교수 자리를 얻었다. 여기서 에렌펠스는 원은 크기와 색깔이 변해도 원으로서의 성질이 줄어들지는 않는다는 에른스트 마흐Ernst Mach의 관찰을 토대로 브렌타노의 아이디어를 변형시켜 정신은 '게슈탈트의 특성을 지향한다'는 주장을 폈다. 말하자면 자연에는 정신과 신경계가 경험할 수 있도록 미리 준비를 갖춘 모종의 '통합체들wholes'이 있다는 이야기였다. 그 유명한 예가 하얀 부분을 보면 굴곡이 심한 촛대 같고, 까만 부분을 보면 두 여자가 마주보고 있는 것 같은 착시 그림이다. 게슈탈트 이론은 독일 심리학에서 한때 대단한 영향력을 발휘했으며, 그 자체로 이렇다 할 성과를 내지는 못했어도 신생아는 특정 발달 단계에 특정 형태를 특히 강렬하게 지각한다는 '각인imprinting' 이론의 토대가 됐다.³⁵ 이런 개념은 20세기 중반 독일과 네덜란드의 생물학자와 동물행동학자들에 의해 대중화됐다.

빈을 중심으로 한 슈니츨러, 호프만슈탈, 브렌타노, 후설, 에렌펠스 등의 사례는 그들이 당대 최신 과학의 발견에 푹 빠져 있었다는 것을 분명히 보여준다. 여기서 말하는 과학적 발견이란 무의식일 수도 있고, 물질의 기본단위로서의 입자(입자들 사이에 공백이 존재한다는 난감한 사태를 포함해서)나 게슈탈트 또는 엔트로피 자체, 즉 열역학 제2법칙일 수도 있다. 특히 당시 철학자들의 과학적 관념들은 지금에 와서는 시대에 뒤지고 일관성도 없는 것으로 보인다. 그러나 그런 관념들은 사태의 전모를 절반밖에 보여주지 못한다는 점을 강조하고 싶다. 당시 빈에는 오로지 합리성에 목을 매는 과학주의적 관념들도 횡행했다. 물론 그런 관념들도 지금 보면 상당히 어색하게 느껴진다.

그중 주요한 것이 오토 바이닝거Otto Weininger(1880~1903)의 악명 높은 이론이었다.³⁶ 유대계이면서도 반유대주의적 성향을 지닌 금 세공사의 아들로 태어난 바이닝거는 차츰 카리스마 넘치는 카페의 멋쟁이로 변신했다.³⁷ 그는 호프만슈탈보다도 훨씬 조숙했다. 대학을 마치고 학부 졸업 논문을 출판하기 이전에 이미 8개 국어를 혼자서 깨쳤다. 출판사 편집자가 『성性과 성격 Geschlecht und Charakter』이라고 제목을 고쳐 단 학부 졸업 논문은 1903년에 나와 엄청난 인기를 끌었다. 이 책은 과격한 반유대주의 성향에 터무니없을 정도로 여성혐오적인 색채를 노골적으로 드러낸다. 바이닝거는 '인간의 모든 행동은 남성적 원형질protoplasm과 여성적 원형질의 관점에서 설명할 수 있다'고 주장했다. 원형질은 각 인간을 구성하는 것으로서 모든 세포 하나하나는 성적인 특성을 갖고 있다.

후설이 자신의 개념을 설명하기 위해 신조어를 무수히 만들어냈듯이 바이닝거는 아예 사전 하나 분량의 신조어를 고안해냈다. 예를 들어 '배아질胚芽質 idioplasm'은 아직 성적으로 분화되지 않은 조직을 일컫는 말이다. 남성적인 조직은 '웅질雄質 arrhenoplasm', 여성적인 조직은 '자질雌質 thelyplasm'이라고 했다. 바이닝거는 정교한 수식을 사용해 자질과 웅질의 비율 변화에 따라 천재가 되기도 하고 창녀가 되기도 하며 뛰어난 기억력을 갖기도 한다고 주장했다. 바이닝거에 따르면 예술, 문학, 법률체계 등등과 같은 역사상의 모든 주요한 성취는 남성적 원리 덕분에 가능했다. 반면에 여성적 원리는 부정적 요소에 해당한다. 그리고 그 모든 부정적 요소들이 총 집결한 것이 유대종족이라는 것이다. 아리안족은 남성적 특징을 이루는 강한 원리를 구현한 반면 유대인은 '여성적이고 혼란스러운 비실재의 원리'를 구현하고 있다는 이야기다.³⁸ 『성과 성격』은 상업적으로도 큰 성공을 거뒀지만 그의 지칠 줄 모르는 정신은 명성에 안주하지 않았다. 그해 10월 바이닝거는 빈에서 베토벤이 죽었던 집에 방을 빌려 권총 자살 했다. 그때 나이 스물 둘이었다.

빈의 정신과 의사 리하르트 폰 크라프트에빙Richard von Krafft-Ebing(1840~1902)은 과학자로서는 바이닝거보다 뛰어나고 성에 대한 관심은 그에 못지않았다. 1886년 라틴어로 쓴 『성적 정신병질性的 精神病質 - 임상·법의학적 연구 Psychopathia Sexualis: eine klinische-forensische studie』를 발표하면서 명성을 얻었다. 이 책은 곧 유명세를 타고 7개 국어로 번역됐다. 임상·법의학적 사례는 대부분 법정 기록에서 따왔는데 결혼생활이나 예술의 주제, 종교집단의 구조 등등을 성적인 정신병리학과 연결해 설명하고자 했다.[39] 가톨릭 신자인 크라프트에빙은 성 문제에 대해 엄격한 태도를 취했다. 성행위의 유일한 기능은 결혼이라는 제도 안에서 종을 번식시키는 것이라고 믿었다. 그 결과 '성도착' 현상의 상당 부분을 부정적으로 평가했다. 그런 일탈 현상 가운데 가장 심각한 것이 마조히즘(이성으로부터 학대를 받음으로써 쾌감을 느끼는 변태성욕: 옮긴이)이었다. 마조히즘이라는 표현은 크라프트에빙이 오스트리아 그라츠 시 경찰국장의 아들 레오폴트 폰 자허마조흐 *Leopold von Sacher-Masoch*가 쓴 여러 소설에서 힌트를 얻어 만든 용어다. 가장 극명한 예가 『모피를 입은 비너스 *Venus in Furs*』(1870)다. 이 소설에서 자허마조흐는 빈의 한 온천장에서 파니 피스토어 남작 부인과 벌였던 연애 체험을 묘사하고 있다. 그는 "여섯 달 동안 그녀의 노예가 된다는 계약에 서명했다." 자허마조흐는 나중에 아내까지 버리고 오스트리아를 떠나 파리로 가서 그와 유사한 관계에 탐닉한다.[40]

『성적 정신병질』이 정신분석의 어떤 측면들을 선취하고 있음은 분명하다. 크라프트에빙은 성은 종교와 마찬가지로 예술로 승화될 수 있다고 했다. 성과 예술 둘 다 '상상력에 불을 지필' 수 있다는 것이다. "시라고 하는 조형예술의 토대로 또 무엇이 있을까? (감각적인) 사랑에서 강렬한 환상이 솟고, 이는 다시 창조적 정신에 영감을 줄 수 있으며, 불타는 감성은 예술적 열정을 부추긴다."[41] 크라프트에빙에게 있어서 종교적 테두리(나아가서 결혼생활) 안에서의 성은 '순종을 통한 환희'의 가능성을 제공하는 것이었다. 그러한 과정이 전도될 경우 마조히즘으로 나타난다는 것이다. 크프트에빙의 사상은 프로이트보다 훨씬 더 과도기적이었다. 그러나 과학이 종교에 가하는 위협에 대처하느라 악전고투 중인 사회에서는 신념과 그 결과의 병리학을 다루는 이론이 열렬한 지지를 받았다. 특히 성 문제와 관련이 있을 때는 더더욱 그랬다. 이런 점을 고려한다면 크라프트에빙은 프로이트와 잘만 지냈다면 그의 이론에 훨씬 우호적일 수도 있었을 것이다. 그러나 그는 프로이트의 유아성욕이라는 개념을 결코 받아들일 수 없었다. 그리하여 프로이트의 가장 강력한 비판자가 되었다.

빈이라는 도시의 얼굴은 링슈트라세다. 19세기 중엽 프란츠 요제프 황제가 구시가의 성벽들과 구도심 주변 일대를 철거하라는 명령을 내린 이후 고리 형태의 도로를 중심으로 50년 동안에 걸쳐 12개의 기념비적 건물이 들어섰다. 그중에는 오페라 하우스, 의사당, 시청, 대학, 거대한 교회 등이 있었다. 그 대부분은 아기자기한 석조장식으로 꾸몄는데 바로 그러한 장식성이 모종의 반발을 불러일으켰다. 그 첫 타자는 오토 바그너Otto Wagner이고, 그 다음이 아돌프 로스Adolf Loos였다.

오토 바그너(1841~1918)는 1894년 빈 지하 철도 설계공모에 당선돼 비어즐리적 상상력을 발휘하면서 명성을 얻었다.[42] 지하 철도 설계공모는 30여 개의 역사와 다리, 육교 및 기타 도시 구조물까지를 포함하는 대형 프로젝트였다. 기능이 형식을 결정한다는 격언에 따라 바그너는 현대적인 소재를 건물에 사용하는 수준을 넘어 겉으로 드러내 보임으로써 건축사의 새 장을 열었다. 예를 들어 다리 건축에는 철골을 특징으로 삼았다. 링슈트라세 일반의 스타일대로 벽돌을 쌓아 붙여 철골을 감추는 것이 아니라 그냥 페인트를 칠해 노출시키는 방식이다. 이러한 실용적 형식은 오히려 구조물 전체에 독특한 질감을 선사했다.[43] 바그너가 디자인한 것 가운데 역사로 들어가는 아치형 통로가 있다. 이런 건축물도 신고전주의 양식으로 돌로 쌓는 대신 철교나 육교용 철골을 그대로 사용함으로써 멀리서 보아도 기차역으로 들어가고 있다는 느낌이 확연했다.[44] 바그너는 이러한 스타일에 점점 경도되면서 도시생활을 하는 현대인은 늘 시간에 쫓기고 조금이라도 빨리 직장(또는 집)으로 가고 싶어 한다는 개념을 구현하고자 했다. 그러한 디자인의 핵심은 광장이나 전망대, 궁전이 아니라 도로였다. 바그너가 보기에 빈의 도로들은 일직선으로 뻗어 있어야 했다. 동네도 직장과 집이 바짝 붙은 형태가 되어야 하고, 따라서 동네마다 중심이 있어야 했다. 도시 전체에 하나의 중심이 있는 것만으로는 부족했다. 바그너가 설계한 건물들의 파사드(건축물의 주 출입구가 있는 정면부: 옮긴이)는 점점 장식이 덜하고 소박하며 기능적인 모습으로 변해갔다. 당시 현대인의 생활 곳곳에서 벌어지는 현상을 반영한 것이다. 이렇게 해서 바그너의 스타일은 바우하우스와 국제 건축 운동의 선구가 됐다.[45]

아돌프 로스(1870~1933)는 훨씬 더 거칠게 나갔다. 그는 프로이트와 『햇불』 발행인인 카를 크라우스를 비롯한 카페 그리엔슈타이들 단골들과 가까웠다. 그의 합리주의는 바그너의 합리주의와는 달랐다. 훨씬 혁명적이었다. 물론 그러면서도 어디까지나 합리주의였다. 건축은 예술이 아니라고 로스는 선언했다. "예술작품은 예술가의 개인적인 문제다. 예술작품은 사람들의 안락함을 깬다. 반면 집은 편안함을 주어야 한다. 예술작품은 혁명적이지만, 집은 보수적이다."[46] 이러한 발상을 로스는 디자인과 의상, 심지어 예절에까지 확장시켰다. 그는 단순성, 기능성, 평이성을 선호했다. 인간은 물질문화의 노예가 될 위험성이 크다고 생각했고, 따라서 예술과 삶 사이에 '적절한' 관계를 정립하고자 했다. 디자인이 예술보다 열등한 이유는 보수적이기 때문이다. 그리고 그러한 차이를 이해할 때 인간은 자유로워질 수 있다는 것이다. "장인artisan은 지금 여기서 쓸 물건을 생산하고, 예술가artist는 모든 곳의 모든 사람을 위해 창조한다."[47]

바이닝거와 로스의 발상은 과도기적 성격을 갖는다는 점에서는 호프만슈탈이나 후설과 마찬가지지만 양상은 사뭇 다르다. 호프만슈탈과 후설이 기본적으로 과학과 과학이 약속하는 미래에 대해 회의적인 반면, 특히 바이닝거는 합리주의에 완전히 경도됐다. 이 점은 로스도 마찬가지였다. 두 사람 모두 과학적인 개념이나 용어를 채용하면서 그토록 멸시하던 비과학적인 사상들만큼이나 비현실적인 체계를 너무 조급하게 구축해 나아갔다. 과학적 방법은 그 타당성을 충분히 잘 따져보지 않으면 오용될 수 있다. 빈을 중심으로 한 전환기 내지 과도기의 사상들이 바로 그랬다.

19~20세기 전환기의 빈에서 세계를 보는 방식이 얼마나 판이하게 갈렸으며 또 얼마나 많은 논란을 불러일으켰는지를 가장 잘 보여주는 사례가 구스타프 클림트Gustav Klimt(1862~1918)의 빈 대학 벽화 소동이다. 벽화 세 작품 가운데 첫 번째 것을 학교에 납품한 것은 1900년이었다. 클림트는 1862년 빈 근교 바움가르텐에서 태어났다. 바이닝거와 마찬가지로 아버지가 금 세공사였다. 그러나 두 사람의 유사성은 거기서 끝난다. 클림트는 링슈트라세의 새 건물들을 장식하는 초대형 벽화를 그리면서 유명해졌다. 남동생 에른스트와 함께 작업했는데 1892년 동생이 죽자 5년 동안 칩거했다. 칩거 기간에 제임스 휘슬러James Whistler(미국의 화가, 1834~1903 : 옮긴이), 오브리 비어즐리Aubrey Beardsley(영국 일러스트레

이터, 1872~1898 : 옮긴이), 피카소, 에드바르트 뭉크Edvard Munch(노르웨이 화가, 1863~1944 : 옮긴이) 등의 작품을 연구한 것으로 보인다. 1897년 그는 다시 모습을 나타내면서 '빈 분리파Wiener Sezession'의 선두주자로 떠올랐다. 빈 분리파는 파리의 인상파나 베를린 분리파 미술가들과 마찬가지로 공식적인 예술 양식을 의도적으로 멀리하고 나름의 새로운 예술 즉 '아르누보art nouveau' 양식을 개척했다. 독일어권에서는 이를 유겐트슈틸Jugendstil('청년 양식'이라는 뜻 : 옮긴이)이라고 한다.[48]

클림트의 새로운 스타일은 대담하면서도 복잡했는데 세 가지 특징이 있었다. 첫째, 금박을 섬세하게 사용했다(당연히 아버지로부터 배운 기법이다). 둘째, 무지갯빛 작은 반점들을 찍어 에나멜을 칠한 듯이 견고한 느낌을 주었다. 셋째, 특히 여성 인물의 경우 나른한 에로티시즘 분위기가 강했다. 클림트의 그림을 딱히 프로이트적이라고 할 수는 없다. 그가 그린 여성들은 신경증 환자가 아니다. 신경증 같은 것과는 거리가 멀었다. 그들은 조용하고 평온하면서도 다분히 외설적이다. 혹자는 '예술 속에 얼어붙은 본능적인 생명력'이라고 했다.[49] 그러나 여성의 관능을 묘사했다는 점에서 클림트는 프로이트와 마찬가지로 기존 사고방식을 완전히 뒤집었다. 그의 그림에 나오는 여성들은 크라프트에빙이 말한 도착적 성향을 보이고도 남을 만큼 관능적이다. 그렇기 때문에 보는 사람을 감질나게 하면서도 동시에 충격적으로 느껴진 것이다. 클림트의 새로운 양식은 곧바로 빈을 양분시켰다. 그런 찬반 논란이 정점에 이른 것이 빈 대학의 의뢰를 받아 제작한 벽화였다.

주문받은 벽화는 세 점으로 주제는 철학, 의학, 법학이었다. 세 점 모두 격론을 불러일으켰지만 의학과 법학에 관한 논란은 철학을 둘러싸고 벌어진 난리의 속편에 불과했다. 맨 먼저 납품한 그림에 대해 대학 측이 원래 요구한 테마는 '어둠에 대한 빛의 승리'였다. 그런데 실제로 클림트가 제작해온 작품은 둥둥 떠다니는 나신들이 서로 모호하게 뒤엉키고 그 앞으로 한 행인이 지나가는 구도였다. 여러 형식이 서로 부딪히고 녹아들면서 일종의 만화경 같은 뒤범벅을 이루고 주위는 텅 빈 공백으로 채워졌다. 철학부 교수들은 분개했다. 클림트는 '모호한 관념을 모호한 형식으로' 표현했다는 이유로 혹독한 비판을 받았다.[50] 철학은 합리적인 작업이며 '엄밀 과학을 통해 진리를 추구한다'는 것이 그들의 주장이었다.[51] 그런데 클림트의 비전은 그런 것과는 완전히 무관했다. 따라서 대학 측으로서는 그림을 받아들일 수 없었다. 교수 80명이 연명으로 클림트의 그림을 절대 전시하지 말라는 청원서를 냈다. 클림트는 제작비를 반환하고 나머지 두 점도 제출하지 않았다. 참으로 안타깝게도 세 작품 모두 1945년 나치가 이멘도르프 성Immendorf Castle을 불태울 때 파괴됐다.[52] 작품들은 2차 대전 기간에 바로 그 성에 보관돼 있었다.

클림트의 벽화를 둘러싼 논란은 호프만슈탈과 슈니츨러, 후설과 브렌타노의 의미를 새삼 되짚어보게 한다. 빈 대학 벽화에서 클림트가 시도한 것은 일종의 대담한 선언이었다. 그는 비합리적인 것, 본능적인 것이 삶을 지배하는 대단히 중요한 부분이라면 합리주의는 어떻게 성공할 수 있는가라는 질문을 던진 것이다. 이성은 정말 성공으로 가는 길인가? 본능은 낡았지만 훨씬 강력한 힘이다. 그렇다. 훨씬 시원적이고 훨씬 원시적이며 때로는 어두운 힘이기도 하다. 그렇다고 그걸 부정해서 무슨 득이 있는가? 이런 의식은 2차 대전이 발발할 때까지 독일어권의 사고에서 중요한 요소로 남아 있었다.

그런 요소가 문학에서 철학, 예술에 이르기까지 19~20세기 전환기 오스트리아-헝가리 제국의 지배적인 시대정신Zeitgeist이라면 같은 시기에 빈(과 독일어권 지역)에는 그에 맞서 철두철미 과학적이고 환원주의적인 사상 조류가 있었다. 이는 앞에서 플랑크, 드브리스, 멘델의 경우를 통해 살펴본 바 있다. 그러나 가장 열렬하면서도 인상적인, 그리고 영향력 면에서 단연 압도적인 빈의 환원주의자는 에른스트 마흐Ernst Mach(1838~1916)였다.[53] 멘델이 이론을 가다듬던 브륀 근처에서 태어난 마흐는 온갖 것에 의문을 제기하는 조숙하고 까다로운 아이였다. 처음에는 아버지를 가정교사로 개인수업을 받다가 나중에 빈 대학에서 수학과 물리학을 공부했다. 그는 독자적으로 두 가지 중요한 발견을 했다. 하나는 내이의 반고리관이 인체의 평형을 유지하는 기능을 한다는 것이다. 시기적으로는 브로이어와 같지만 완전히 혼자 힘으로 일궈낸 발견이다. 두 번째로는 특수 기법을 사용해 음속 이상의 속도로 날아가는 총알의 사진을 찍은 것이다.[54] 이 과정에서 마흐는 총알이 하나가 아니라 탄환 앞쪽과 뒤쪽에 두 개의 충격파를 야기한다는 사실을 발견했다. 이 발견은 2차 대전 이후 음속에 근접하는 제트기가 나오면서 특히 중요한 의미를 갖게 된다. 초음속을 표시하는 용어로 '마하수Mach number'를 사용하는 것도 그 때문이다.[55]

이처럼 주목할 만한 경험과학적 성취 이후 마흐는 점차 철학과 과학사에 관심을 갖게 됐다.[56] 그 어떤 형이상학도 철저히 배격했던 마흐는 계몽주의를 역사에서 가장 중요한 시기로 높이 평가했다. 자신이 신, 자연, 영혼 같은 개념들의 '남용'이라고 비판한 내용을 계몽주의가 낱낱이 까발렸기 때문이다. 그는 자아라는 개념도 '불필요한 전제'라고 보았다.[57] 물리학에서는 처음에 원자의 존재 자체를 의심했고, 그런 식의 픽토그램, 즉 사물의 양태에 대해 우리 내면이 그려낸 이미지를 대신할 수학적 측정방법을 원했다. 그래서 심지어 (수는 그 자체로 존재한다는) 임마누엘 칸트 Immanuel Kant의 수에 관한 선험론조차 배척했을 정도다.[58] 대신 마흐는 '우리의' (수적) 체계는 경제적 요구를 충족시키기 위해, 즉 계산을 빨리 하는 데 도움이 되도록 생성된 여러 가능성 가운데 하나에 불과하다고 주장했다(이는 격은 좀 떨어지지만 후설에 대한 답변이기도 했다). 모든 지식은 지각작용으로 환원될 수 있으며, 따라서 과학의 과제는 감각자료를 가장 단순하면서도 중립적인 방식으로 기술하는 것이라고 마흐는 주장했다. 따라서 마흐에게 가장 기초적인 과학은 '지각에 원재료를 제공하는' 물리학과 그것을 처리하는 심리학이었다. 심리학을 통해서 우리는 그러한 지각과정을 의식한다. 마흐에게 철학은 과학과 동떨어진 것이 아니었다.[59]

과학사상의 역사를 연구해보면 그런 사상들이 어떻게 진화해 왔는지를 알 수 있다고 그는 주장했다. 마흐는 사상에도 진화가 있어서 생존에 가장 적합한 것이 살아남게 되며, 우리가 사상, 특히 과학사상을 발전시키는 것은 살아남기 위해서라고 굳게 믿었다. 그에게 물리학 이론은 감각자료의 기술 이상의 것이 아니었으며, 수학은 그러한 기술을 조직화하는 방식에 불과했다. 따라서 이론의 진위를 논하는 것보다는 효용성을 논하는 것이 훨씬 의미 있는 일이었다. 그 자체로 존재하는, 변치 않는 영원한 존재로서의 진리란 말도 안 되는 소리였다. 그는 특히 플랑크에게 비판을 받았다. 그의 진화론적/생물학적 이론이 그 자체로 형이상학적 사변이라는 이유에서였다. 그러나 그렇다고 해도 마흐가 당대의 가장 영향력 있는 사상가 중 한 사람이었다는 사실에는 변함이 없다. 아나톨리 루나차르스키Anatoly Lunacharsky와 블라디미르 레닌Vladimir Lenin을 비롯한 러시아 마르크스주의자들도 마흐를 읽었으며, 빈 서클Wiener Kreis·Vienna Circle이 발족하는 데에도 비트겐슈타인 못지않게 마흐의 영향이 컸다. 호프만슈탈과 로베르트 무질Robert Musil 같은 작가는 물론 심지어 알베르트 아인슈타인까지도 한결같이 마흐의 '심대한 영향력'을 인정했다.[60]

마흐는 1898년 뇌졸중에 걸린 이후 작업량을 많이 줄였다. 물리학 분야에서 놀라운 발전이 이루어지던 1916년 초까지도 살아 있었다. 상대성 원리와 같은 이색적인 개념들을 충분히 따라잡지는 못했지만 그의 철저한 환원주의가 전자와 양자 발견 이후 만개하게 되는 새로운 탐구 분야에 활력을 듬뿍 불어넣었다는 점은 의심의 여지가 없다. 원자나 양자 같은 새로운 실체들은 부피가 있고, 측정할 수 있다. 따라서 마흐가 과학이라면 마땅히 그래야 한다고 생각한 바와 정확히 부합했다. 마흐의 영향으로 후일 입자물리학자가 될 사람들 중 상당수가 빈과 합스부르크 왕가의 배후지역에서 나오게 된다. 그러나 여전히 비합리적인 것을 떠받드는 조류 탓에 출신지에서 물리학을 계속 연구한 사람은 거의 없다.

빈에 대한 설명은 얼추 이 정도로 끝내고자 한다. 그러나 완전히 끝난 것은 아니다. 19세기 말 20세기 초의 지성사를 풍성하게 해준 빈에 대한 설명 가운데 중요한 두 가지가 빠졌기 때문이다. 하나는 음악이다. 제2차 빈 악파樂派라고 할 만한 조류에는 구스타프 말러Gustav Mahler, 아놀드 쇤베르크Arnold Schoenberg, 안톤 폰 베베른Anton von Webern은 물론이고 호프만슈탈이 오페라 대본을 써준 리하르트 슈트라우스Richard Strauss도 포함된다. 이들에 대해서는 4장 '모더니즘의 아가씨들'에서 다루고자 한다. 또 하나 빠진 것은 과학과 정치의 독특한 결합, 즉 새로운 세기로 접어들면서 세상이 변해가는 모습을 보고 심각한 페시미즘(염세주의)으로 치단는 부분이다. 그러한 페시미즘은 오스트리아에서 가장 극명하게 드러난다. 그러나 사실 그러한 관념은 멀리 미국과 중국에 이르기까지 여러 나라에 퍼져 있었다. 그런 페시미즘의 과학적 토대라고 할 만한 것이 다원주의였다. 경고음을 울린 것은 사회학적 '타락'이었으며, 그 정치적 결과는 인종주의라는 형태로 나타나곤 했다.

3
다윈의 암흑의 핵심
Darwin's Heart of Darkness

1900년, 중요한 인물 셋이 세상을 떠났다. 1월 20일 영국의 문예평론가이자 사회사상가인 존 러스킨John Ruskin(1819~1900)이 정신이상으로 별세했다. 향년 81세. 당대의 가장 영향력 있는 평론가로 19세기 건축에 지대한 영향을 끼쳤다. 특히 『근대 화가론Modern Painters』을 통해 영국의 낭만파 풍경화가 J. M. W. 터너Joseph Mallord William Turner를 재평가한 것은 유명하다.[1] 러스킨은 산업화와 산업화가 미학에 미치는 영향을 혐오하고 라파엘전파Pre-Raphaelites(1848년 런던에서 결성된 젊은 예술가 그룹으로 중세 이탈리아 화가 라파엘 이전의 성실하고 소박한 화풍으로 돌아갈 것을 주장했다 : 옮긴이)를 옹호했다. 그의 사상은 화려하되 시대착오적이었다. 11월 30일에는 아일랜드의 시인이자 극작가인 오스카 와일드Oscar Wilde(1854~1900)가 세상을 버렸다. 만 44세였다. 그의 예술과 위트, 괴짜를 하향 평준화하려는 사회에 대한 저항, 추상같은 도덕을 연민의 도덕으로 바꾸려는 시도 등등은 20세기가 그 종점으로 달려가면서 차츰 진정 현대적인 면모로 평가받았다. 그러나 이 책의 주제와 관련해서 단연 의미심장한 것은 독일 철학자 프리드리히 니체Friedrich Nietzsche(1844~1900)의 사망이었다. 니체는 8월 25일 56세로 죽었는데 말년에는 러스킨과 마찬가지로 정신이상 증세가 심했다.

니체라는 인물이 20세기 사상 전반에 짙은 그림자를 드리우고 있다는 사실은 의문의 여지가 없다. 니체는 아르투어 쇼펜하우어Arthur Shopenhuer의 페시미즘을 물려받아 포스트다윈주의적으로 현대적인 변용을 가함으로써 오스발트 슈펭글러 Oswald Spengler, T. S. 엘리엇Elliot, 마르틴 하이데거Martin Heidegger, 장 폴 사르트르, 헤르베르트 마르쿠제Herbert Marcuse는 물론이고 심지어 알렉산드르 솔제니친Aleksandr Solzhenitsyn과 미셸 푸코Michel Foucault에게까지 자극을 주었다. 그러나 죽을 무렵의 니체는 사실상 식물인간이었다. 마지막 10여 년간을 그랬다. 1889년 1월 3일 이탈리아 토리노의 하숙집을 나선 니체는 카를로 알베르토 광장에서 마부가 말을 심하게 때리는 광경을 보고 말을 구하러 뛰어가다가 갑자기 길에 쓰러졌다. 지나가던 사람들이 하숙집으로 옮겼으나 고래고래 소리를 지르고 피아노 건반을 쾅쾅 두들겼다. 조금 전까지만 해도 바로 이 자리에서 조용히 바그너를 연주하던 그였다. 의사가 와서 '정신적 퇴화'라는 진단을 내렸다. 아이러니한 진단이었다. 그 이유는 잠시 후에 살펴보기로 하자.²

니체는 매독 말기 환자였다. 처음에는 심한 환각에 시달렸다. 그는 자신이 독일제국 황제이며 비스마르크 총리가 자신을 감금했다고 주장했다. 이러한 환각 증세는 자주 극도의 흥분상태로 이어졌다. 그러나 차츰 병세는 안정돼 갔다. 처음에는 어머니가 돌보다가 나중에는 두 살 어린 여동생 엘리자베트 푀르스터 니체 Elisabeth Förster-Nietzsche가 수발을 들었다. 엘리자베트는 오빠의 철학에 적극적인 관심을 가졌다. 그녀는 음악가 리하르트 바그너Richard Wagner를 중심으로 한 지식인 서클의 일원으로 함께 활동하던 베르나르트 푀르스터Bernard Förster와 결혼했다. 푀르스터는 1887년 남미 파라과이에 아리안계 독일인 식민지를 건설하겠다는 생뚱맞은 계획을 세웠다. 신세계(아메리카대륙)를 '인종적으로 순수한 북유럽 게르만계 개척자들'로 다시 식민지화하겠다는 것이었다. 이러한 유토피아적 구상은 철저히 실패로 끝나고, 엘리자베트는 독일로 돌아왔다. 남편 베르나르트는 자살했다.

그러나 이런 좌절도 아랑곳하지 않고 엘리자베트는 오빠의 철학을 전파하러 나섰다. 어머니로부터 오빠 문제에 관한 법률적 권한을 넘겨받고 니체 아카이브 Nietzsche archive를 설립했다. 이어 미화로 가득한 두 권짜리 니체 전기를 쓰고 그의 집을 무슨 사당처럼 꾸몄다.³ 그 과정에서 엘리자베트는 오빠의 사상을 무지막지하게 단순·천박화시키는 동시에 정치적으로 민감하거나 논란의 소지가 큰 부분은 모두 삭제해버렸다. 그러나 남아 있는 글만으로도 논쟁을 불러일으키기에는 충분했다.

니체는 그다지 체계적인 사상가는 아니었지만 요체는 모든 역사는 두 집단, 즉 '권력에의 의지Wille zur Macht'를 표현하는 집단과 그렇지 않은 집단 간의 형이상학적 투쟁이라는 것이었다. 권력에의 의지란 문명의 토대를 이루는 가치관 창조에 필요한 핵심적인 생명력을 말한다. 그런 의지가 없는 집단이란 기본적으로 민주주의가 만들어낸 대중을 뜻한다.⁴ "생명력이 빈약한 자들, 약자들은 문화를 빈곤하게 한다"고 그는 말했다. 반면에 "생명력이 풍부한 자들, 강자들은 문화를 풍부하게 한다".⁵ 모든 문명은 '여전히 불굴의 의지력과 권력욕을 가진 포식자들men of prey' 덕분에 존재한다. "포식자들은 더 약하고 더 세련되고 더 평화적인 종족들과 나른한 낡은 문화들에게 덤벼든다…… 낡은 문화의 생명력은 그제야 영혼과 타락의 화려한 불꽃놀이를 하면서 불타오른다."⁶ 이렇게 해서 지배계급이 되는 포식자들을 그는 '아리안족Aryans'이라고 불렀다. 나아가 이러한 "고귀한 계급은 항상 야만계급이었다." 그들은 단순히 생명력과 에너지가 더 넘치기 때문에 그들이 정복한 '세련되고 나른한 인간들'보다 '훨씬 완벽한 인간'이라고 니체는 말했다.⁷ 이런 정열적인 귀족들이 '느닷없이 스스로의 힘으로 가치관과 사회를 창조해낸다'는 것이다. 이렇게 강력한 '귀족계급'은 옳고 그름, 명예와 의무, 진실과 거짓, 아름다움과 추함의 정의를 스스로 만들어내고, 정복자들은 그러한 가치관을 피정복민에게 강요한다. 이는 극히 자연스러운 일이라고 니체는 말한다. 한편 도덕은 '하층계급이 만들어낸 관념이다.'⁸ 도덕은 적개심에서 생겨난 것으로 가축의 가치관을 조장한다. 니체에게 있어서 '도덕은 생명력을 부정한다.'⁹ 전통적이고 복잡한 문명—서구인—은 불가피하게 인류의 종말을 초래할 것이라고 그는 생각했다. 이것이 바로 그 유명한 '최후의 인간the last man'에 대한 설명이다.¹⁰

니체의 저술 중 많은 부분이 매독 초기일 때 썼다는 사실을 감안하더라도 니체의 견해를 받아들이기는 쉽지 않다. 그러나 그의 철학이—광인의 사상이든 정상인의 사상이든—영향력 면에서는 엄청났다는 사실을 부정할 필요는 없다. 특히 많은 사람들은 니체의 철학을 찰스 다윈Charles Darwin이 1859년에 출판한 진화론에서 주장한 내용과 완전히 일치하는 것으로 느꼈다. 니체의 '초인Übermensch' 개념은 하층계급에 군림하는 이미지여서 분명 진화론 냄새를 풍긴다. 자연선택이라는 정글의 법칙을 통해 인류 전체의 선을 위한 '적자생존'이 이루어지고 있다는 것이다. 그 과정에서 특정 개개인이 어떤 영향을 받느냐는 상관이 없다. 그러나 당연한 말이지만, 주도하고 가치관을 창조하고 자신의 의지를 타인들에게 강요하는 능력은 원래 진화론에서 말하는 '적자the fittest'와는 무관하다. 적자란 생식을 가장 효과적으로 함으로써 자기 종을 잘 번식시키는 존재를 말한다. 사회진화론Social Darwinism은 가끔 이런 오류를 범한다. 니체는 본질적으로 사회진화론자였다.

『종의 기원On the Origin of Species』이 나온 이후 다윈의 생물학 사상이 인간 사회로까지 확대되는 데는 그다지 오랜 시간이 걸리지 않았다. 진화론은 처음에 미국에서 인기를 얻었다(다윈은 1869년 미국철학협회 명예회원이 되었다. 그러나 영국에서는 10년 후에야 모교인 케임브리지대학에서 명예학위를 받았다).[11] 예일 대학의 윌리엄 그레이엄 섬너William Graham Sumner, 소어스틴 베블렌Thorstein Veblen, 브라운 대학의 레스터 워드Lester Ward, 시카고 대학의 존 듀이John Dewey, 하버드 대학의 윌리엄 제임스William James와 존 피스크John Fiske 같은 미국 사회과학자들은 정치와 전쟁, 나아가서 다윈의 '생존경쟁'과 '적자생존' 개념을 토대로 인간 사회가 다양한 계급으로 층을 이루는 양상에 대해 논쟁을 벌였다. 섬너는 인간을 보는 다윈의 새로운 시각이 세계가 어떻게 현재에 도달했는지에 대해 궁극적이고도 합리적인 설명을 제시해준다고 믿었다. 그것은 또한 '레세페르laissez-faire(자유방임주의)' 경제학과 기업가들이 선호하는 제약 없는 자유경쟁의 타당성을 입증해주는 것이었다. 다윈의 진화론이 제국주의 체제를 정당화한다고 믿는 사람들도 있었다. '적자'인 백인들이 '열등한' 유색인종들 위에 군림하는 것은 '자연스러운 일'이라는 것이다. 약간 맥락은 다르지만, 진화론에서 말하는 변화가 십억 년 이상의 지질시대에 걸쳐 느린 속도로 이루어진다는 것은 섬너 같은 사람들에게는 정치적 진보가 어떠해야 하는지를 자연의 사례로 말해주는 비유였다. 급격한 혁명적 변화는 '부자연스럽다'는 것

이다. 세계는 본질적으로 점진적인 변화를 축적해온 자연법칙의 결과이기 때문이다.[12]

1899년 『유한계급론 The Theory of the Leisure Class』을 펴낸 베블렌과 피스크는 부자를 생물학에서 말하는 적자와 동일시할 수 있다고 믿는 섬너의 견해를 단호하게 반박하고 나섰다. 베블렌은 섬너의 논리를 완전히 뒤집어서 기업가 세계에서 '지배계층으로 선택된' 인물들의 유형을 보면 야만인보다 나을 게 없으며 원시적인 사회로의 '후퇴'라고 주장했다.[13]

영국에서 가장 영향력이 컸던 사회진화론자는 사회학자이자 철학자인 허버트 스펜서 Herbert Spencer(1820~1903)일 것이다. 1820년 더비의 중하층 비국교도(영국 국교인 성공회의 교리와 예배의식을 거부하는 개신교 분파들: 옮긴이) 집안에서 태어난 스펜서는 평생 국가권력을 증오했다. 초기에는 《이코노미스트 Economist》의 편집진으로 일했다. 이 시사·경제 주간지는 레세페르를 열광적으로 지지했다. 그는 실증주의 과학자들한테서도 영향을 받았다. 특히 지질학자 찰스 라이엘 Charles Lyell 경의 영향이 컸다. 라이엘은 1830년대에 출간한 『지질학의 원리 The Principles of Geology』에서 수백 만 년 된 화석들에 대해 상세하게 서술했다. 이를 통해 스펜서는 다윈의 이론을 받아들일 토대를 마련한 셈이다. 다윈의 이론은 생명의 초기 형태와 후기 형태를 연속적인 한 가닥으로 이어주는 것으로 비쳤다. '적자생존 survival of the fittest'이라는 용어를 만들어낸 것도 다윈이 아니라 스펜서였다. 스펜서는 특히 다윈주의가 인간 사회에도 적용될 수 있다는 점을 재빨리 간파했다. 이 문제에 관한 그의 관점은 일체의 타협을 거부했다. 예를 들어 가난한 사람들 문제에 대해 일체의 국가 지원을 반대했다. 그들은 적자가 아니므로 제거돼야 한다고 했다. "자연의 모든 노력은 그런 것들을 제거하는 것, 즉 이 세계에서 그들을 청소해 내고 좀 더 적합한 자들에게 자리를 마련해주는 것이다."[14] 그는 자신의 이론을 『사회학 연구 The Study of Sociology』(1872~1873)에서 상세히 개진했다. 이 책은 사회학(생물학에서 기본개념을 빌려왔기 때문에 다른 사회과학보다 훨씬 과학적인 느낌이 든다)이 하나의 독립적인 학문으로 부상하는 데 큰 영향을 미쳤다. 스펜서는 사회진화론자 가운데 가장 널리 읽힌 인물이었다. 영국은 물론 미국에서도 유명했다.

독일에도 스펜서류의 인물이 있었다. 예나 대학 교수인 동물학자 에른스트 헤켈 Ernst Haeckel(1834~1919)이었다. 그는 너무도 자연스럽게 사회진화론자가 되었다. 그는 '투쟁'을 '당대의 슬로건'이라고 했다.[15] 그러나 헤켈은 획득형질 유전의 원칙을 열렬히 옹호했으며 스펜서와는 달리 강력한 국가를 선호했다. 사람들이 그를 나치의 원조로 보게 된 데에는 호전적인 인종주의 및 반유대주의와 함께 국가를 강조하는 태도가 큰 요인이 되었다.[16] 반면 프랑스에서는 다원주의에 대한 이해가 비교적 늦었다. 그러나 일단 다원주의가 흡수되자 프랑스 스타일의 열렬한 지지자가 나타났다. 클레망스 오귀스트 르와예Clemence August Royer는 사회진화론 중에서도 강경 노선을 걸었다. 『인간과 사회의 기원Origines de l'homme et des sociétés』에서 그녀는 '아리안족'을 다른 종족보다 우월한 종족으로 간주하면서 진보를 위해 양자간의 전쟁은 불가피하다고 주장했다.[17] 러시아에서는 무정부주의자인 표트르 크로포트킨Peter Kropotkin(1842~1921)이 1902년 『상호부조론Mutual Aid』을 출판했다. 여기서 그는 다른 사회진화론자들과는 매우 다른 노선을 제시했다. 경쟁이 삶의 한 요소인 것은 의심의 여지가 없지만 그런 측면에서는 협력도 마찬가지다. 협력은 동물세계에서 일반적으로 나타나는 현상으로 자연법칙의 한 요소라고 그는 주장했다. 크로포트킨은 베블렌과 마찬가지로 폭력을 비정상적인 것이라고 비난하면서 스펜서 추종자들에게 하나의 대안 모델을 제시한 것이다. 사회진화론이 마르크스주의와 비교되는 것은 이상한 일이 아니다. 러시아 지식인들만 그렇게 생각한 것도 아니었다.[18] 카를 마르크스Karl Marx도 프리드리히 엥겔스Friedrich Engels도 두 체계 사이에 어떤 갈등이 있다고 생각지 않았다. 마르크스의 무덤 옆에서 엥겔스는 이렇게 말했다. "다윈이 유기적 자연의 발전 법칙을 발견했던 것처럼 마르크스는 인간 역사의 발전 법칙을 발견했다."[19] 그러나 두 이론 사이에 갈등이 있다고 보는 사람도 있었다. 다원주의는 영속적인 투쟁(경쟁)에 토대한 반면, 마르크스주의는 어떤 시점이 되면 새로운 조화가 이루어질 것으로 내다봤기 때문이다.

19~20세기 전환기 사회진화론 논란의 대차대조표를 작성해야 한다면 열정적인 스펜서 추종자들(여기에는 다윈의 일가친척도 여럿 포함돼 있다. 물론 위대한 다윈 자신은 포함되지 않았다)의 승리라고 말해야 할 것이다. 이는 당시에 인종주의가 어떻게 해서 그

토록 공공연히 확산됐는지 그 이유를 설명하는 데 도움이 된다. 예를 들어 프랑스 귀족주의 시인 아르튀르 드 고비노Joseph Arthur Comte de Gobineau(1816~1882)는 인종 간 교배는 나쁜 유전형질을 촉진시켜 문명의 붕괴를 가져온다고 했다. 이러한 주장은 역시 프랑스인인 조르주 바셰 드 라푸지Georges Vacher de Lapouge(1854~1936)에 의해 극단으로 치달았다. 고대 유골을 연구한 라푸지는 인종이란 지금도 형성 과정에 있는 표본이며 인종적 차이는 '내재적이고 근절 불가능한 것'이어서 인종이 통합될 수 있다는 생각은 생물학 법칙에 위배된다고 믿었다.[20] 라푸지가 보기에 유럽에는 세 인종 집단이 거주하고 있었다. 우선 호모 에우로파이우스Homo europaeus, 키가 크고 피부가 희며 두개골이 긴 장두長頭 인종이다. 그 다음 호모 알피누스Homo alpinus는 키가 작고 피부가 검으며 단두인 인종이다. 마지막으로 지중해 형이 있는데 머리는 장두지만 호모 알피누스보다 피부가 검고 키가 작다. 인종적 차이를 이렇게 세밀하게 구분하려는 시도는 20세기 내내 여러 차례 되풀이되어 나타난다.[21] 라푸지는 민주주의를 하나의 참변으로 보면서 단두형들이 세계를 장악해가고 있다고 믿었다. 그는 미국 이주 때문에 유럽에서 장두형 인구의 비율이 감소한다고 보고, 술을 공짜로 줘서 열등한 인종들이 광란에 휩쓸려 저희들끼리 다 죽여 버리게 해야 한다고 제안했다. 농담이 아니었다.[22]

독일어권 국가에서는 기라성 같은 과학자와 사이비과학자, 철학자와 사이비철학자, 현재의 지식인과 미래의 지성인들이 다중의 관심을 끌고자 피 튀기는 이론 경쟁을 벌였다. 독일의 동물학자이자 지리학자인 프리드리히 라첼Friedrich Ratzel(1844~1904)은 모든 살아 있는 유기체는 승자가 패자를 몰아내는 공간투쟁 Kampf um Raum을 벌인다고 주장했다. 이러한 투쟁은 인간에게로 확대돼서 성공한 인종이 몰락을 피하려면 생활공간Lebensraum을 넓혀야 한다는 논리로 발전했다.[23] 인종이론가인 휴스턴 스튜어트 체임벌린Houston Stewart Chamberlain(1855~1927)은 독일로 이주해 바그너의 딸과 결혼했으니 영국 해군 제독이었던 아버지에게는 변절한 아들이었다. 그는 인종 간의 투쟁은 '역사와 문화를 과학적으로 이해하는 근본'이라고 보았다.[24] 체임벌린은 서양의 역사를 '정신적이고 문화 창조적인 아리안족과 돈에 눈이 먼 물질주의적 유대인 사이에 벌어지는 끝없는 투쟁'이라고 묘사했다(그의 첫째 부인은 반이 유대계였다).²⁵ 체임벌린이 보기에 게르만 민족들은 아리안족의 마지막 후예지만 다른 인종과의 교잡으로 많이 약해졌다.

막스 노르다우Max Nordau(1849~1923)는 헝가리 부다페스트에서 랍비의 아들로 태어났다. 두 권짜리 주저 『퇴화Entartung』는 분량이 600쪽이나 되는데도 국제적인 베스트셀러가 되었다. 노르다우는 "유럽에 심각한 정신의 전염병이 돌고 있다"고 확신했다. '퇴화와 히스테리라고 하는 일종의 흑사병'이 유럽의 생명력을 빨아먹고 있으며, 그 증상은 '사팔눈, 기형 귀, 성장장애⋯⋯ 염세주의, 무감각, 충동성, 감성주의, 신비주의, 시비 판단력의 부재' 등등 도처에서 드러나고 있었다.²⁶ 그가 들여다보는 곳마다 그러한 퇴락의 징후가 나타났다.²⁷ 인상파 화가들이 흐릿하고 불분명한 그림을 그리는 것도 그러한 신체 기능의 퇴화 내지는 동공이 떨리는 눈떨림증의 결과라고 보았다. 샤를 보들레르Charles Baudelaire나 오스카 와일드, 프리드리히 니체의 저술에 대해서는 '병적인 자기 중심 성향'이라고 평가했고, 에밀 졸라에 대해서는 "도덕적 타락에 탐닉하고 있다"고 보았다. 노르다우는 퇴화가 산업화 사회에 의해 야기된다고 믿었다. 말 그대로 철도, 증기선, 전화, 공장 같은 문명의 이기들이 지도자들의 정신과 육체를 기진맥진하게 만들었다는 이야기다. 프로이트는 노르다우를 만나보고 나서 유머 감각이라고는 전혀 없는 반면 "도저히 참아줄 수 없을 정도로 허영심이 강하다"고 했다.²⁸ 오스트리아는 유럽 어느 곳보다도 사회진화론 세력이 커서 이론으로 머물지 않았다. 정치가인 게오르크 리터 폰 쇠너러Georg Ritter von Schönerer와 카를 뤼거Karl Lueger는 다양한 사상을 버무린 이념의 칵테일을 만들어 정치 강령으로 제시하고 나섰다. 이들은 두 가지를 강조했다. 하나는 농민들에게 권력을 돌려주자는 것이었고(농민들은 타락한 도시에 '감염되지 않았기' 때문이다), 또 하나는 유대인들을 퇴행의 구현 그 자체로 보는 증오에 찬 반유대주의였다. 아돌프 히틀러가 1907년 미술학교에 들어가려고 처음 빈에 왔을 때 그를 맞이한 것은 바로 이런 분위기였다.

이와 썩 다르지 않은 주장들이 대서양 건너편 미국 남부에서도 목소리를 높이고 있었다. 다윈주의는 모든 인종에 대해 공통의 조상을 내세우는 만큼 인간이 인간을 지배하는 노예제에 반대하는 논리로 사용될 수 있었다. 체스터 로링 브레이스Chester Loring Brace의 경우가 그랬다.[29] 그러나 정반대의 논리도 나왔다. 조셉 르 콩트Joseph Le Conte(1823~1901)는 라푸지나 라첼과 마찬가지로 남부 촌무지렁이가 아니라 제대로 훈련 받은 지질학자였다. 1892년 저서 『남부의 인종 문제The Race Problem in the South』를 낼 당시 그는 미국과학발전협회 회장으로 명망이 높았다. 그의 주장은 잔인할 정도로 다윈주의적이었다.[30] 두 인종이 접촉을 하게 되면 한쪽이 다른 쪽을 지배하게 된다는 것이었다. 그는 약한 인종이 발전의 초기 단계에 있을 때는—예를 들어 니그로(아프리카 출신 흑인의 멸칭 : 옮긴이) 같은 경우—노예제를 하는 것이 적절하다고 주장했다. 그대로 두면 '원시적' 정신상태가 굳어져서 더는 어찌해볼 수 없는 단계가 된다는 이유에서였다. 그러나 아메리카 인디언들처럼 상당한 정도로 발전을 한 단계에서는 "멸종시키는 것이 불가피하다."[31]

사회진화론이 정치적으로 가장 직접적인 파급효과를 불러일으킨 것은 20세기 시작과 더불어 확립된 우생학 운동eugenics movement이었다. 앞서 언급한 여러 저술가들은 우생학 문제에서 다들 나름의 역할을 했다. 그러나 우생학의 가장 직접적인 창시자, 진짜 아버지는 다윈의 사촌인 프랜시스 골턴Francis Galton(1822~1911)이었다. 1904년 미국사회학회지에 실린 논문에서 골턴은 우생학의 본질은 '열성'과 '우성'을 객관적으로 기술·측정할 수 있다는 것이라고 주장했다. 라푸지의 두개골 측정을 중시한 이유는 그 때문이었다.[32] 이러한 주장에 논거를 제공해주는 것이 유럽 인구의 감소(부분적으로는 미국 이주 탓이다)였다. 이는 '퇴화'—도시화와 산업화—로 말미암아 사람들이 생식활동을 훨씬 덜 하게 되고, 그럼으로써 '더 못 적응하는 종족'이 '더 잘 적응하는 종족'보다 더 빨리 번식할지 모른다는 우려를 증폭시켰다. 자살, 범죄, 매춘, 성적 일탈의 증가는 물론이고 앞서 노르다우가 관찰했다고 주장한 사팔눈과 기형 귀 등등은 이러한 해석을 뒷받침해주는 것처럼 보였다.[33] 이러한 견해는 1899~1902년 보어전쟁 당시 도시 노동자 계급의 보건과 교육이 놀라울 정도로 열악한 상황임을 보여주는 영국군 조사 결과를 통해 결정적인 지지를 얻었다.

1906년 게르만인종위생협회가 발족했다. 이어 영국 우생학교육협회가 1907년 설립됐다.[34] 비슷한 기구는 1910년 미국에서, 1912년 프랑스에서도 활동을 시작했다.³⁵ 논란은 열광적으로 번졌다. 옥스퍼드 대학 교수인 F. H. 브래들리Bradley는 정신병자와 유전질환자는 죽여 버려야 한다고 주장했다. 그 아이들도 마찬가지였다.³⁶ 미국에서는 1907년 인디애나 주에서 '정신이상이거나 정신박약 또는 저능인 경우와 강간범으로 유죄판결을 받은' 수용시설 피수용자들에 대해 끔찍한 신종 형벌을 도입하는 법안을 통과시켰다. 그것은 거세였다.³⁷

그러나 사회진화론이 잔인한 주장을 늘어놓아 악영향만 끼쳤다는 인상을 주는 것은 잘못이다.

19~20세기 전환기에 빈 저널리즘의 색다른 면모는 문예란이었다. 문예란 feuilleton은 신문 1면에서 접는 부분 하단을 차지했는데 시사뉴스가 아니라 특정한 주제를 가지고 수다 떠는 기분으로—좋게 말하면 위트 있게—쓰는 에세이였다. 가장 뛰어난 문예란 필자 가운데 한 사람이 카페 그리엔슈타이들 동아리의 일원인 테오도어 헤르츨Theodor Herzl(1860~1904)이었다. 헤르츨은 유대계 상인의 아들로 부다페스트에서 태어나 빈에서 법학을 공부했다. 빈은 곧 그의 활동무대가 됐다. 그는 대학 시절 빈의 유력지인 〈신자유신문Neue Freie Presse〉에 짧은 상자기사를 기고하면서 위트 넘치는 산문 스타일을 발전시켰는데 멋을 부린 옷차림과도 잘 어울렸다. 그는 후고 폰 호프만슈탈, 아르투어 슈니츨러, 슈테판 츠바이크를 만났다. 주변에서 고개를 드는 반유대주의를 가급적 무시하려고 애쓰면서 그는 스스로를 프로이트가 '어중이떠중이'라고 부른 추한 대중이 아니라 오스트리아-헝가리 제국의 리버럴한 귀족과 동일시했다. 그는 자신이 그런 것처럼 유대인은 주류사회에 동화되거나, 드문 경우이긴 하지만 결투를 통해서 차별을 극복하고 명예를 회복해야 한다고 믿었다. 당시 빈에서는 결투가 흔했다. 그는 결투를 몇 번 치르고 나면 유대인의 명예는 회복될 것이라고 생각했다. 그것이 상상할 수 있는 최상의 다원주의적 해결책이었다.

그러나 1891년 10월 그의 인생은 달라진다. 기자로서 능력을 발휘한 덕분에 그는 신자유신문 파리 특파원으로 임명됐다. 프랑스 수도 파리에 도착했을 때는 파나마 운하 관리 회사 관계자들이 부패 혐의로 재판을 받는 과정에서 촉발된 반유대주의가 봇물을 이루고 있었다. 이어 1894년 유대계 프랑스 장교 알프레드 드레퓌스Alfred Dreyfus가 반역행위를 했다는 이유로 유죄판결을 받은 드레퓌스 사건Dreyfus Affair이 터진다. 헤르츨은 처음부터 드레퓌스의 유죄 판결에 의구심을 갖고 있었다. 그러나 그렇게 생각하는 사람은 소수였다. 헤르츨이 보기에 프랑스는 원래 유럽에서도 진보적이고 고상한 가치를 대변하는 나라였다. 그런데 몇 달 사이에 자신이 살던 빈과 진배없는 모습으로 변질된 것이다. 빈에서는 카를 뤼거 같은 악랄한 반유대주의자가 승승장구하며 시장에까지 올랐다.[38]

헤르츨에게 변화가 찾아왔다. 1895년 5월 말 헤르츨은 바그너의 「탄호이저」 공연을 보러 파리 오페라극장에 갔다. 평소 오페라에 썩 취미가 있었던 것은 아니지만 그날 저녁만은 '감전된' 것 같은 강렬한 느낌을 받았다고 헤르츨은 후일 회고했다. 대중 선동 정치의 비합리주의를 극명하게 보여주는 공연이었기 때문이다.[39] 그는 집으로 와 '떨리는 가슴을 주체하지 못하고' 바로 유대인이 유럽에서 떨어져 나가 독립국가를 건설하는 전략을 기초했다.[40] 이후 헤르츨은 완전히 거듭났다. 열정적인 시온주의자Zionist가 된 것이다. 「탄호이저」 관람 이후 1904년 사망할 때까지 헤르츨은 세계시온주의자대회를 여섯 차례나 조직했으며 교황에서 오스만 제국의 술탄에 이르기까지 유대 국가 건설의 대의를 호소하기 위해서라면 누구나 찾아갔다.[41] 좀 배우고 부유한 유대인들은 처음에는 그의 주장에 귀 기울이려 하지 않았다. 그는 그런 사람들을 잘 활용했다. 전에도 시온주의 운동은 있었다. 그러나 대개는 개인적인 이해관계에 호소하거나 재정적인 인센티브로 유인하는 방식이었다. 반면 헤르츨은 역사에 대한 합리적인 개념을 거부하고 '순수한 심리적 에너지를 원동력으로' 삼았다. 유대인도 자신의 메카가 있어야 한다고 그는 말했다. "위대한 것들은 확고한 토대를 필요로 하지 않습니다……. 그 비밀은 운동에 있습니다. 따라서 나는 어딘가에서 우리를 안내해 줄 비행기를 찾을 수 있을 것이라고 믿습니다. 중력은 운동으로 극복됩니다."[42] 헤르츨은 시온Zion(예루살렘에 있는 언덕으로 유대인의 고향을 상징한다 : 옮긴이)이 팔레스타인이어야 한다고 특정하지는 않았다. 아프리카 어디쯤이나 아르헨티나도 상관없었다. 히브리어를 공용어로 삼을 필요도 없다고 보았다.[43] 정통파 유대인들은 그를 이단이라고 비난했다. 하기야 그가 메시아가 아닌 것은 분명했다. 그러나 그가 10년간 시오니즘 운동에 헌신한 뒤 세상을 떠났을 때, 새 나라 건설의 초석이 될 합자회사 유대인식민은행은 이미 주주가 13만 5,000명이나 됐다. 당시의 그 어떤 기업보다도 많은 주주였다. 그의 장례식에는 전 유럽에서 1만 명의 유대인이 찾아왔다. 유대인의 조국은 아직 서지 못했지만 그 이념은 이미 이단이 아니었다.⁴⁴

헤르츨과 마찬가지로 막스 베버Max Weber(1864~1920)는 공유된 경험으로서의 종교에 관심을 가졌다. 막스 노르다우Max Nordau나 이탈리아 범죄학자 체사레 롬브로소Cesare Lombroso와 마찬가지로 그는 현대사회의 '퇴행적' 성격을 우려했다. 그러나 주변의 사정을 완전히 나쁘게만 보지 않는다는 점에서 그들과 달랐다. 현대 생활이 '소외'를 유발할 수 있다는 점을 잘 알고 있는 베버로서는 집단 정체성이야말로 현대 도시에서의 삶을 견딜 수 있게 해주는 핵심요소라고 생각했다. 그런데 막상 그 중요성은 간과되고 있다는 것이다. 20세기 초 수년간을 그는 진지한 학문적 업적을 내지 못한 채(프라이부르크 대학 교수였다) 심각한 우울증에 시달렸다. 적어도 1904년까지는 회복의 기미조차 보이지 않았다. 그러나 일단 회복이 시작되자 그렇게 빠를 수가 없었다. 그해에 베버가 쓴 책은 이전에 했던 작업들과는 완전히 달랐고, 그의 평판을 완전히 바꿔놓았다.⁴⁵

아프기 이전 저술은 대부분 무미건조했다. 중세 상거래법 및 동부 독일 농촌 임금노동자에 관한 연구를 비롯해 농업사, 경제학, 경제법 등에 관한 전문적인 내용이 주를 이루었다. 베스트셀러와는 거리가 먼 주제였다. 그러나 동료 학자들은 경제생활을 문화적 맥락에서 조명하는 독일식 접근법에 관심을 보였다. 경제와 정치를 두 개의 실체로 보고 완전히 분리하는 영국 스타일과는 너무도 대조적이었기 때문이다.⁴⁶

키가 크고 구부정한 베버는 브렌타노Brentano처럼 풍채가 헌했는데 알고 보면 아이러니한 인물이었다.⁴⁷ 그는 별로 웃는 법이 없었다. 어떤 때는 깊은 시름에 잠긴 사람 같았다. 그러나 우울증의 경험이, 아니 어쩌면 우울증 덕분에 가졌던 성찰의 시간이 변화의 요인이 되었던 것 같다. 그 때문에 논쟁적이지만 강점이 있는 아이디어를 발전시킬 수 있었다. 회복기로 접어들면서 시작한 연구는 동부 독일 농민보다 훨씬 폭이 넓은 주제를 다루었다. 그 책의 제목은 『프로테스탄트 윤리와 자본주의 정신Die Protestantische Ethik und der Geist des Kapitalismus』이었다.

이 책에 담긴 베버의 테제는 프로이트의 그것만큼이나 논란이 일 만한 성격이었다. 그리고 앤서니 기든스Anthony Giddens가 지적한 대로 출간 즉시 치열한 논쟁을 불러일으켰다. 베버 자신은 이 책을 마르크시즘과 유물론에 대한 반박이라고 생각했다. 그런데 『프로테스탄트 윤리와 자본주의 정신』의 주제들은 베버의 지적 배경을 모르면 쉽게 이해하기 어렵다.[48] 그는 브렌타노나 후설Husserl과 같은 전통, 즉 정신과학Geisteswissenschaft의 전통에서 출발했다. 정신과학은 자연을 다루는 과학과 인간에 대한 연구를 구분할 것을 주장한다.[49] "우리는 자연현상을 인과율의 적용이라는 관점에서 '설명'할 수 있다. 반면 인간의 행위는 내재적으로 유의미한 것이어서 자연과는 다른 방식으로 '해석'되거나 '이해'되어야 한다."[50] 베버에게는 사회적이고 심리학적인 문제가 순수 경제 내지는 물질적인 문제보다 훨씬 중요했다. 『프로테스탄트 윤리』 첫 장은 베버식 사고의 특징을 잘 보여준다. "인구의 종교적 구성이 다채로운 나라들의 직업 통계를 보면 흥미로운 공통점이 눈에 띈다. 가톨릭 언론이나 서적에서는 물론이고 독일가톨릭대회에서도 논란이 된 문제지만, 고도로 숙련된 노동력은 물론이고 기업 경영자와 자본가, 나아가서 현대식 기업의 고도로 숙련된 기술·경영 인력은 프로테스탄트가 압도적 다수라는 사실이다."[51]

이런 착안점이 베버에게는 문제의 핵심이었다. 기업 쪽에 가톨릭 신도는 별로 없고 개신교도가 절대다수인 기현상은 설명이 필요했다. 책 앞부분에서 베버는 문제는 돈만이 아니라는 점을 분명히 하고 있다. 베버에게 이익 추구와 자본주의형 기업은 전혀 동일한 것이 아니다. 예나 지금이나 사람들은 부자가 되고 싶어 했다. 그러나 그것은 베버가 '(명목상으로는 평화적인) 경제적 교환을 통해 이윤 획득을 추구하는 경향'으로 정의한 자본주의와는 별 관계가 없다.[52] 상업 활동은 바빌로니아, 이집트, 인도, 중국, 중세 유럽에서도—아주 성공적이고 규모도 상당했다—활발했다는 사실을 강조하면서 베버는 자본주의 활동이 자유노동의 합리적 조직화와 결합된 것은 종교개혁 이후의 유럽에서만 나타난 현상이라고 지적한다.[53]

베버를 더욱 놀라게 한 것은 처음에는 수수께끼 같은 역설로만 생각됐던 경향이었다. 즉 많은 경우 남자들—소수지만 여자도 있다—은 기를 쓰고 부를 축적하면서도 동시에 '엄청난 금욕주의' 성향을 보였다. 말하자면 부로 살 수 있는 세속적인 쾌락에 대해 기이할 정도로 무관심하다는 것이다. 실제로 많은 기업가들이 '상당히 검소한' 생활방식을 추구했다.[54] 이상하지 않은가? 그렇게 보상이 적다면 뭐 하러 그렇게 열심히 일을 할까? 베버는 우울증을 앓는 동안 많은 성찰을 한 끝에 청교도주의의 '세속적 금욕주의'가 그 답이라는 결론을 내렸다. 베버는 세속적 금욕주의를 '소명召命'이라는 개념으로까지 확대시켰다.[55] 그런 관념은 고대에는 없었다. 베버에 따르면 가톨릭 교리에도 존재하지 않는다. 그것은 종교개혁에서 비롯된 것이며, 그 이면에는 개인의 도덕적 책무를 이행하는 최고의 형식, 즉 신에 대한 의무를 충족시키는 최상의 방법은 같이 살아가는 인간들을 지금 이 세상에서 돕는 것이라는 사고가 깔려 있다. 다른 말로 하면 가톨릭교도에게는 세속에서 물러나 묵상을 함으로써 자신의 영혼을 정화하는 것(은거하는 수도사들을 생각해보라)이 최고의 이상인 반면, 프로테스탄트(개신교도)는 그 반대라는 이야기다. 즉 신에 대한 의무의 이행은 타인을 돕는 데서 이루어진다.[56] 베버는 이런 주장을 뒷받침하는 사례로서 특히 자본주의 초기 칼뱅주의 국가들에서 부가 '진지하고 땀 흘리는 직업'과 연결될 때에만 부의 축적을 도덕적으로 정당한 것으로 인정했다는 사실을 든다. 복지 확대에 기여하지 못하는 게으른 부, 노동하지 않는 자본은 죄악으로 매도됐다. 베버가 보기에 자본주의는 그 변천 양상이 어떠하든 간에 원래는 종교적 열정으로부터 촉발됐으며 그런 열정이 없었다면 자본주의를 그 이전의 경제체제와 구분시켜주는 노동의 조직화는 가능하지 않았을 것이다.

베버는 인도, 중국, 중동과 같은 비유럽권의 종교와 경제적 관습에 해박했다. 그런 지식이 없었다면 『프로테스탄트 윤리』는 지금과 같은 권위를 인정받지 못했을 것이다. 예를 들어 그는 중국에서는 대부분 혈족 단위로 경제활동이 이루어지기 때문에 길드(조합)나 개인기업은 나타나기 어렵다고 설명했다.[57] 인도에서는 힌두교가 엄청난 부를 누렸지만 내세를 강조하는 교리가 프로테스탄티즘 하에서와 같은 에너지의 축적을 저해했다. 유럽은 로마법의 전통을 계승했다는 강점도 있었다. 다른 지역보다 훨씬 통합적인 법률관행이 자리 잡게 됨으로써 아이디어 전파가 용이해지고 계약 관계가 합리화됐다는 것이다.[58] 『프로테스탄트 윤리』는 지금도 여전히 논쟁을 불러일으키고 있다. 그 기본 아이디어를 유교와 같은 다른 문화권에 적용하려는 시도들이 있었다. 프로테스탄티즘과 경제성장 사이의 연관성은 오늘날 가톨릭이 절대다수인 라틴아메리카에서도 분명히 드러난다. 이는 베버의 테제가 얼마나 강점이 있는지를 말해준다.

다윈주의는 『프로테스탄트 윤리』에서 언급된 바 없다. 그러나 프로테스탄티즘이 종교개혁을 거치면서 이전 단계의 소박한 신앙에서 벗어나 좀 더 발전된(덜 부도덕하고 더 많은 사람에게 혜택이 돌아간다는 의미) 경제체제를 만들어냈다는 발상 속에 이미 다윈주의적 요소가 들어 있다. 일부 학자들은 그의 이론에서 '원시적 아리우스주의'의 요소를 찾아내기도 했고, 베버 자신은 1895년 프라이부르크 대학 정교수 취임 강연에서 다윈주의적 경쟁에 대해 언급하기도 했다.[59] 『프로테스탄트 윤리』는 후일 사회생물학자들에 의해 사회생물학 이론이 경제학에 어떻게 적용되는지를 보여주는 사례로 인용됐다.[60]

니체는 세계 창조에―행동으로써―기여한 포식자들에게 찬사를 바쳤다. 그런데 1900년 당시의 세계에서 제국주의자들보다 더 탐욕적이고 강력한 존재는 없었을 것이다. 그들은 아프리카와 여러 지역을 놓고 쟁탈전을 벌이면서 서구의 기술과 관념을 유례없이 빠른 속도로 전파했다. 그런 쟁탈전에 한몫 끼었던 영국 작가 조셉 콘래드Joseph Conrad(1857~1924)는 오히려 '권력에의 의지'를 손쉽게(그리고 안전하게) 행사할 수 있는 '부가 넘치는' 검은 대륙에서 발을 뺌으로써 유명해졌다. 여러 해 동안 여러 나라 상선에서 선원으로 일한 콘래드는 마침내 집안에 들어앉아 소설을 쓰는 생활을 택했다. 그러나 상상의 세계는 여전히 아프리카, 중동, 남태평양을 누볐다. 그리하여 20세기 들어 처음으로 중요한 문학적 테마를 제시했다.

콘래드의 작품 가운데 가장 유명한 『로드 짐Lord Jim』(1900), 『암흑의 핵심Heart of Darkness』(단행본 형태로 나온 것은 1902년이다), 『노스트로모Nostromo』(1904), 『비밀 첩보원The Secret Agent』(1907)은 다윈, 니체, 노르다우, 그리고 심지어 롬브로소에게서까지 아이디어를 빌려와 20세기 과학적·자유주의적·기술적 낙관론과 인간 본성에 대한 비관론 사이에 존재하는 모순을 탐색한다. 콘래드는 언젠가 영국 작가 H. G. 웰스Wells에게 이런 말을 했다고 한다. "웰스 선생, 우리의 차이는 근본적인 것이요. 당신은 인간을 좋아하지 않지만 그들이 나아질 거라고 생각하지. 난 인간을 사랑하지만 나아지지 않을 거라는 걸 알고 있소!"[61] 『비밀 첩보원』을 웰스에게 헌정한 것도 콘래드다운 익살로 보인다.

세례명이 요제프 테오도르 콘라드 코르제니오프스키인 콘래드는 1857년 러시아령 폴란드 베르디체프에서 태어났다. 1793년 폴란드 2차 분할로 러시아가 점령한 지역으로 지금은 우크라이나 령이다. 아버지 아폴로는 귀족이었지만 땅이 없었다. 가산은 1893년 제정 러시아의 폭정에 대항하는 반란이 일어난 직후 몰수당했다. 1862년 일가족은 러시아 북부 볼로그다로 추방됐다. 이곳에서 어머니는 결핵으로 죽었다. 1868년 아버지는 크라쿠프로 돌아가도 좋다는 허가를 받았지만 이듬해 역시 결핵으로 세상을 떠났다. 요제프는 열두 살 어린 나이에 천애 고아가 됐다. 이때부터 외삼촌 타데우슈Tadeusz에게 많이 의지하게 된다. 외삼촌은 매년 일정액을 보내주었는데 1894년에는 죽으면서 1,600파운드(지금 가치로는 10만 파운드가 훨씬 넘는다)를 조카에게 남겼다. 바로 그해에 처녀작 『올메이어의 우행愚行 Almayer's Folly』(집필은 1889년에 시작했다)을 런던의 한 출판사가 내주기로 했고, 조셉 콘래드Joseph Conrad라는 필명도 지었다. 이때부터 문인으로서 자리를 잡고 바다에서 보고들은 경험과 이야기들을 소설로 녹여냈다.[62]

콘래드가 바다를 무대로 모험을 시작한 것은 겨우 열여섯 살 때였다. 프랑스 마르세유를 출발해 서인도 제도 남동부 마르티니크 섬까지 가는 몽블랑 호에 몸을 실은 것이 시작이었다. 이후 카리브 해로까지 이어진 선원 생활이 창작에 상당한 시각적 이미지를 제공해주었다는 것은 의심의 여지가 없다. 특히 『노스트로모』가 그러하다. 콘래드는 마르세유에서 스페인에 총기를 대주는 밀수에도 관여했던 것 같다. 그 결과는 심각했다. 그에 더해 몬테카를로에서 도박판까지 벌이다 빚더미에 올라앉았다. 권총으로 가슴을 쏘아 자살을 시도했을 정도다. 타데우슈 삼촌은 그를 보석으로 빼내고 빚을 다 갚아주고는 결투를 하다가 총에 맞았다는 이야기까지

꾸며냈다. 콘래드는 후일 이런 거짓말이 아내와 친구들한테는 효과가 있었다고 회고한 바 있다.⁶³

콘래드는 영국 상선단에서 16년간 선원생활을 했다. 처음에는 갑판원으로 출발했다. 순탄한 날은 거의 없었다. 그러나 그런 경험이 작가로서는 창작의 보고가 됐다. 전형적인 경우가 대표작 『암흑의 핵심』으로 오랜 체험을 소화한 결과였다. 그는 현대과학의 발전이라는 맥락에서 자신의 경험이 갖는 의미 내지는 상징성을 곱씹어본 것 같다. 과학의 발전은 대부분 인간에게 좋은 미래를 약속해주기보다는 불행을 예고한다고 그는 생각했다. 그러나 과학에 적대적이지는 않았다. 오히려 급변하는 과학 사상들에 상당한 관심을 갖고 있었다. 이에 대해서는 레드먼드 오핸런 Redmond O'Hanlon이 『조셉 콘래드와 찰스 다윈-과학 사상이 콘래드의 소설에 미친 영향 Joseph Conrad and Charles Darwin:The Influence of Scientific Thought on Conrad's Fiction』(1984)에서 자세히 소개하고 있다.⁶⁴ 콘래드는 빅토리아 시대의 고전물리학적 세계관을 토대로 한 교육을 받았다. 당시의 과학은 태양이 식으면 지구상의 생명체도 결국 종말을 맞게 된다는 것을 전제로 했지만 물질의 영속성에 대한 믿음을 금과옥조로 삼았다. 1898년 9월 29일 출판업자에게 보낸 편지에서 콘래드는 엑스선 촬영 시범에 대해 상세히 적고 있다. 당시 그는 글래스고에서 방사선 의사인 존 매킨타이어 John McIntyre 박사와 함께 머물고 있었다. "저녁에 밥을 먹고, 축음기, 엑스선, 우주의 비밀에 대해 논하다. 또 이른 바 물질의 비존재성에 대해서도. 우주의 비밀은 수평파 水平波의 존재 속에 있다. 그 다양한 변용이 모든 의식 상태의 기저에 깔려 있다……. 닐 먼로가 뢴트겐 기계 앞에 가 서자 뒤쪽 스크린으로 척추와 갈비뼈가 나와 한참을 유심히 들여다봤다……. 그러니까, 우리가 천박하게 이해하는 공간도, 시간도, 물질도, 정신도 없습니다라고 박사는 말했다……. 파동을 야기하는 영원한 힘만이 존재한다는 것이다. 무슨 대단한 이야기는 아니다."⁶⁵

콘래드는 자신이 생각한 것처럼 그렇게 빨리 최신 정보를 입수한 것은 아니었다. J. J. 톰슨이 그 전해(1897년)에 '파동(빛)'이 입자임을 입증한 실험을 했다는 사실을 모르고 있는 점만 보아도 그렇다. 그러나 중요한 것은 콘래드가 과학에 정통했느냐 정통하지 못했느냐가 아니라 그가 물질의 본질로서 당연시하던 확실성이 이제 심각하게 흔들리고 있다는 점이었다. 이런 분위기를 그는 여러 등장인물 속에 가미한다. 그들은 겉보기에는 탄탄해 보이지만 자연의 혹독한 시련 앞에서(항해 같은 경우) 극도로 불안하고 취약한 모습을 드러내고 만다.

 외삼촌이 병석에 눕자 요제프는 폴란드로 가는 길에 '벨기에고지高地 콩고무역 주식회사'에 일자리를 얻기 위해 브뤼셀에서 잠깐 내려 인터뷰를 했다. 이 운명적인 인터뷰 때문에 콘래드는 1890년 6월~12월 벨기에령 콩고를 체험하고 10년 뒤에는 『암흑의 핵심』을 쓰게 된다. 그 십 년 동안 콩고는 줄곧 그의 마음속에 웅크린 채 산문의 형태로 세상에 모습을 드러낼 기회만을 노리고 있었다. 그런 계기를 제공한 것이 바로 1897년 '베냉 대학살Benin Massacres'에 관한 충격적인 폭로와 헨리 모튼 스탠리Henry Morton Stanley 경(영국의 탐험가이자 신문기자. 1841~1904. 아프리카에서 실종된 탐험가 리빙스턴을 구출한 것으로 유명하다 : 옮긴이)의 아프리카 탐험 기록이었다.[66] 베냉 대학살을 저지른 영국군 정보장교였던 R. H. 베이컨Bacon이 쓴 『베냉-유혈의 도시Benin: The City of Blood』는 1897년 런던과 뉴욕에서 출판돼 서구 문명 세계에 아프리카 원주민의 피의 의식에 관한 무시무시한 이야기를 들려줬다. 1884년 베를린 회의에서 아프리카 분할에 합의한 이후 영국은 니제르 강 일대를 보호령으로 선포했다. 뒤보아 왕이 조상들에 대한 제례를 거행하는 기간에 베냉 왕국(현 나이지리아의 일부)으로 들어간 영국 영사가 살해당했다. 이를 빌미로 영국은 보복 차원에서 원정대를 보내 노예무역의 중심지였던 베냉을 점령했다. 후일 제독이 된 원정대 정보장교 베이컨의 기록은 일부 세부 묘사에서 『암흑의 핵심』에 나오는 사건들과 유사하다. 베이컨 제독이 베냉에 도착해서 목격한 것은 아무리 생생하게 묘사한다고 해도 필설로 다 할 수 없는 수준이었다. "그 공포의 현장을 더 묘사하는 것은 불필요한 일이겠다. 도처에 죽음과 만행과 유혈과……, 인간으로서 그런 냄새를 맡으면서 계속 살아 있어야 한다는 것은 그야말로 부당하다!"[67] 콘래드는 주인공 말로우가 커츠를 구하러 갔을 때 커츠가 마지막으로 남긴 그 유명한 말 "공포야! 공포!"가 정확히 무엇을 의미하는지 자세히 설명하지 않는다. 대신 커츠의 막사로 다가가면서 말로우가 쌍안경으로 보니 기둥 위에 둥그런 공 같은 것들이 보였다는 식으로 그저 암시만 한다. 반면 베이컨의 보고서에는 십자가용 나무 주변에 해골과 뼈가 산더미처럼 쌓여 있고, 사방에 피가 낭자해 청동으로 만든 우상과 상아까지 시뻘겋게 물들였다고 돼 있다.

여기서 콘래드의 의도는 야만 행위에 대해 문명세계가 흔히 보이는 그런 반응을 유도해내려는 것이 아니다. 베이컨 제독의 보고서에는 그런 태도가 전형적으로 드러난다. "그들(원주민들)도 평화와 백인의 선정善政이 행복과 만족과 안전을 의미한다는 것을 꼭 보아야 한다." 이 비슷한 감정은 『암흑의 핵심』의 주요 인물인 커츠가 국제야만관습철폐협회를 위해 작성한 보고서에도 표현돼 있다. 말로우는 이 보고서를 '아름다운 문장'이라느니 '감동적인 웅변으로 가슴이 떨린다'느니 하는 식으로 묘사하고 있다. 그러나 '그 모든 이타적인 감정에 열렬히 호소하는 보고서 끝에' 떨리는 손으로 휘갈겨 쓴 메모에는 '번쩍하면서 무시무시한, 한가로운 하늘에 갑자기 번개가 치는 듯한 외침'이라고 적혀 있었다. "짐승 같은 자들을 모조리 죽여라!"[68]

문명화된 인간의 가슴 속에 숨어 있는 이런 야만성은 말로우가 '순례자'라고 부르는 백인 상인들의 행태에서도 드러난다. 헨리 모튼 스탠리가 『검은 아프리카 Darkest Africa』에 기록한 내용과 같은 백인 탐험가들 이야기는 유럽인이 원주민보다 우월하다는 것을 당연한 전제로 깔고 쓴 것이지만 콘래드의 작업에는 큰 도움이 됐다. (인간 마음의) 암흑의 핵심은 문명과 야만, 빛과 어둠의 아이러니한 전도를 토대로 싹트는 것이다. 스탠리가 일기에 적은 에피소드는 그런 일단을 잘 보여준다. 그는 여행 중 먹을 것이 필요해서 한 무리의 원주민들에게 이렇게 말했다. "먹을 게 없으면 우린 죽는다. 빨갛고 파랗고 노란 구슬을 줄 테니 팔아라. 그게 싫으면 구리철사나 황동줄, 아니면 조개껍질, 아니면……. 나는 목에다 손가락을 대고 긋는 시늉을 했다. 그걸로 충분했다. 그들은 바로 알아들었다."[69] 반면에 『암흑의 핵심』에서 말로우는 탐사팀을 따라다니는 식인종들이 굶어 죽어가면서도 기이할 정도의 자제력을 발휘하는 데 대해 깊은 인상을 받는다. 그들은 보수로 황동줄을 약간 지급받았지만 먹을 것은 없었다. 하마 고기는 썩어서 유럽인들로서는 도저히 참을 수 없는 역겨운 냄새를 풍겼기 때문에 뱃전으로 내버린 상태였다. 말로우는 "저들은 왜 우리한테 덤벼들지 않았을까. 저들 입장에서는 삼십 대 오였다. 한 끼 식사로는 배 터지게 먹고도 남을 텐데……" 하고 의아해 했다.[70] 원주민에게 군림하는 커츠는 물론 상징적인 인물이다(작품에도 "전 유럽이 커츠를 만든 데 일조했다"는 구절이 나온다). 그리고 콘래드의 통렬한 풍자는 말로우의 설명을 통해 분명히 드러난다.[71] 야만인을 문명화시켜야 한다는 당당한 사명의식은 야만적인 약탈에 다름 아니었다. "꼴사나운 약탈전은 인간 양심의 역사에 먹칠을 했다"고 콘래드는 다른 책에서 지적한 바 있다. 20세기가 끝나가는 지금에 와서 보면 이 작품의 결론은 분명해 보인다. 하지만 1902년 첫 출간 당시의 평가는 달랐다. 일간지 〈맨체스터 가디언Manchester Gurardian〉은 콘래드가 식민 사업이나 영토 확장 또는 제국주의를 공격한 것이 아니라 천박한 이상주의가 얼마나 쉽게 변질되는지를 보여준다고 썼다.[72] 콘래드의 매력이 상당 부분 심리묘사에 있다는 것은 분명하다. 수많은 등장인물들의 내면 여행은 확실히 프로이트적이라고 할 수 있다. 실제로 프로이트적인 작품 해석이 많이 나왔다. 그러나 콘래드는 프로이트를 매우 못마땅해 했다. 한번은 심신 쇠약으로 코르시카를 여행하고 있을 때 누가 『꿈의 해석』을 읽어보라고 주었다. 그는 프로이트에 대해 '멸시하듯이 비꼬는 조로' 말하면서 책을 방으로 가져갔다가 떠나기 전날 밤 돌려줬다. 전혀 열어보지 않은 상태였다.[73]

『암흑의 핵심』이 나왔을 때 일부 독자들은 콘래드에 대해 혐오감을 보였다(지금도 그런 독자가 있다). 그런데 이런 반응이야말로 그가 갖는 의미를 분명히 보여준다. 이것을 가장 잘 설명한 사람은 아마 1914년 콘래드에 대해 최초로 본격적인 연구서를 쓴 리처드 컬Richard Curle일 것이다.[74] 컬은 많은 사람들이 은연중에 세상은 아무리 끔찍해도 인간의 노력과 자유주의 철학을 통해 바로잡을 수 있다고 믿고 싶어 한다고 보았다. 콘래드는 동시대인인 H. G. 웰스나 존 골즈워디John Galsworthy의 소설과 달리 그런 낙관론을 좋게 보면 환상이고, 나쁘게 보면 치명적인 파괴에 이르는 길이라고 조롱했다. 최근에는 콘래드 작품의 미학보다는 도덕성이 도마에 올랐다. 1977년 나이지리아 소설가 치누아 아체베Chinua Achebe는 콘래드를 '피에 굶주린 인종주의자'로, 『암흑의 핵심』은 인류의 인간성을 말살시키는 행위를 '찬미하는' 소설이라고 혹평했다. 1993년 팔레스타인 출신 미국 문화비평가 에드워드 사이드Edward Said는 아체베의 비판도 부족하다고 했다.[75] 그러나 콘래드가 아프리카에서 겪은 일로 심신이 병들었다는 것을 보여주는 분명한 증거가 있다. 콩고에서 그는 로저 케이스먼트Roger Casement를 만났다. 케이스먼트는 영국 영사부 관리로 콘래드와 함께 목격한 잔학행위를 폭로하는 보고서를 썼다.[76] 그러나 아일랜드 독립 운동을 했다는 이유로 1916년 교수형을 당했다. 그런 그가 1904년 콘래드를 찾아와 도와달라고 간청한 적이 있다. 콘래드와 말로우의 관계가 어떠했든지 간에 그는 당시의 아프리카와 아프리카인들을 제국주의적·인종주의적으로 착취하는 자들과 매우 소원한 사이였다. 『암흑의 핵심』은 콩고를 지배한 벨기에 국왕 레오폴드 2세의 학정을 종식시키는 데 일정한 역할을 했다.[77] 이 소설을 읽고 나면 노예화와 학살에 대한 공포로 몸서리치면서 인간이 아무런 목적도 이유도 없이 얼마나 잔학한 범죄를 저지를 수 있는지 새삼 돌아보게 된다. "공포야! 공포!"라고 한 커츠의 마지막 말은 사회진화론자들이 너무도 쉽게 빠져들 수 있는 행로의 종착점일지 모른다.

4
모더니즘의 아가씨들
Les Demoiselles de Modernisme

　1905년 독일 드레스덴은 지구상에서 가장 아름다운 도시의 하나였다. 엘베 강을 끼고 바로크식 건물들이 화려하게 들어선 보석 같은 도시였다. 리하르트 슈트라우스Richard Strauss(1864~1949)가 작곡한 새 오페라 「살로메Salomé」(1905)를 처음 공연하기에 가장 적합한 장소였다. 그러나 리허설이 시작된 이후 무대 뒤에서 뭔가 삐걱거린다는 소문이 떠돌기 시작했다. 슈트라우스의 신작이 가수들에게 '너무 어렵다'는 말이 나왔다. 12월 9일 초연 개막이 다가오면서 분위기는 더욱 어수선해졌다. 가수들은 악보를 반납하겠다고 나왔다. 그런 동요가 있었지만 리허설 기간 내내 슈트라우스는 마음의 평정을 유지했다. 한번은 오보에 주자가 "박사님(슈트라우스는 하이델베르크 대학과 옥스퍼드 대학 명예박사였다 : 옮긴이), 이 대목은 피아노에 어울리겠는데요. 오보에는 안 맞아요"라고 불평을 했다. 그러자 슈트라우스는 힘찬 목소리로 "힘을 내세요. 이건 피아노에도 안 맞아요"라고 답했다. 초연을 맡은 드레스덴 국립 오페라극장 내부의 분란에 관한 소문은 드레스덴 시민들에게 널리 알려져 길거리를 가다가 유명한 지휘자 에른스트 폰 슈흐Ernst von Schuch를 만나도 아는 체 하지 않을 정도였다. 돈만 처들이고 쪽박을 차고 말 것이라는 게 당시의 예상이었다. 자부심 강한 드레스덴 시민들은 그런 실패를 참고 넘어갈 수도 없었다. 슈흐는 슈트라우스 신작의 중요성에 대해서는 확신하고 있었다. 그런 소란과 소문에도 불구하고 공연 준비는 계속됐다. 「살로메」 초연은 어느 평론가의 말을 빌리면 '모더니즘 역사에 새 장을' 여는 것이었다.¹

모더니즘modernism이란 단어에는 세 가지 의미가 있다. 따라서 그 각각을 잘 구분할 필요가 있다. 첫 번째 의미는 역사적으로 르네상스와 종교개혁 사이의 짧은 기간을 말한다. 이 기간에 근대적인 세계라고 할 만한 양상이 모습을 드러냈다. 과학이 대안적 지식 체계로 번창하는 대신 종교와 형이상학은 찌그러들었다. 둘째는 우리가 보통 모더니즘이라고 할 때 사용하는 의미로—주로 예술 분야에서—프랑스에서 샤를 보들레르Charles Baudelaire에서 시작해 곧 주변으로 확산돼 간 운동을 일컫는다. 이런 의미의 모더니즘에는 세 가지 요소가 있다. 가장 근본적인 요소는 예전의 어떤 시대나 마찬가지로 현대가 인간에게 행복을 가져다줄 수 있다는 신념이다. 이런 의식은 프랑스, 특히 파리에서 19세기 전반全般을 지배하던 역사주의에 대항하는 움직임(그중에서도 회화)에서 분명히 드러난다. 여기에는 1850년대 조르주 으젠 오스망Georges-Eugène Haussman 남작의 파리시 재건 프로젝트도 큰 영향을 미쳤다. 이런 의미에서 모더니즘의 두 번째 측면은 도시적 예술이라는 점이다. 도시는 문명의 '중심'이다. 이런 의식이 가장 분명하게 드러난 것이 모더니즘 초기 형태인 인상주의다. 인상주의의 목표는 도시 생활에서 항상 경험할 수 있는 덧없는 순간, 잠시 나타났다가 바로 사라져버리는 사건들을 잡아내는 것이다. 마지막으로 모더니즘은 새로움을 열렬히 추구한다는 점에서 '아방가르드avant-garde'의 특성을 내포한다. 아방가르드는 뛰어난 두뇌와 창의력으로 무장한 예술적·지적 엘리트로 종종 그들이 인도하고자 하는 대중과 맞서 싸우기도 한다. 이런 유형의 모더니즘은 인간적인 직접 접촉이 많았던 예전의 한가한 농업사회와 익명성이 강하고 변화 속도가 빠른 대도시의 원자화된 사회를 구분한다. 물론 현대사회는 소외와 추잡함과 퇴행의 위기를 맞을 수도 있다(이에 대해서는 프로이트가 지적한 바 있다).²

모더니즘의 세 번째 의미는 기성 종교, 특히 가톨릭의 맥락에서 사용된다. 19세기 전반에 걸쳐 가톨릭 교리의 여러 측면이 공격을 받게 됐다. 젊은 성직자들은 교회가 과학의 새로운 발견에 대해 제대로 대응해주기를 열망했다. 특히 다윈의 진화론과 독일 고고학자들이 팔레스타인의 성지에서 발굴한 성과들은 많은 부분 성서의 가르침에 배치되는 것으로 보였기 때문이다. 이 장에서는 20세기 초에 동시다발로 나타나는 모더니즘의 세 측면을 살펴보기로 한다.

「살로메」는 오스카 와일드의 동명 희곡을 저본으로 삼았다. 슈트라우스는 와일드의 원작이 심각한 논란을 야기할 가능성이 있다는 것을 잘 알고 있었다. 와일드는 원래 살로메를 런던에서 공연하려고 했으나 당시 공연 허가 등을 담당하는 시종장관이 금지했다(이에 대한 보복으로 와일드는 프랑스 국적을 취득하겠다고 협박했다).³ 와일드는 성서에 나오는 헤롯, 살로메, 성인聖人 세례자 요한 등등의 이야기를 가공하고 '여주인공'(살로메)을 '불운한 순결로 고통당하는 성모 마리아'로 묘사했다.⁴ 이 짧은 희곡을 쓸 당시 와일드는 프로이트를 보지 않은 상태였다. 그러나 리하르트 폰 크라프트에빙의 『성적 정신병질』은 읽어봤다. 따라서 살로메가 세례자 요한의 목을 요구하는 대목에서는 분명히 성적 도착증의 냄새가 난다. 이는 많은 사람들이 스스로를 종교적이라고 생각하던 시대에 대중의 비난을 자초하는 일이었다. 슈트라우스의 음악은 와일드의 플롯이라는 불에다 기름을 끼얹은 격이었다. 오케스트레이션은 아주 까다롭고 난감할 정도였으며 많은 사람들의 귀에는 그저 불협화음으로 들렸다. 헤롯과 요하나안(세례자 요한의 극중 이름 : 옮긴이)의 심리적 대립을 극적으로 표현하기 위해 슈트라우스는 장조와 단조를 동시에 사용하는 이상한 작법을 구사했다.⁵ 연속적인 불협화음은 극 전개의 긴장감을 반영하는 것으로 살로메가 요한의 처형을 기다리면서 신음하는 장면에서 정점에 달한다. 솔로 더블베이스가 B단조로 연주하는 이 부분은 살로메의 고뇌에 찬 내면의 갈등을 날카롭게 포착한다. 그녀는 마침내 근위대에게 방패로 맞아 처참한 죽음을 맞는다.

초연 이후 쏟아져 나온 평가는 다양했다. 리하르트 바그너의 미망인으로 당시 음악계의 거물인 코지마 바그너는 "미쳤어! 게다가 외설스럽기까지……"라고 했다. 베를린 공연은 독일 황제의 허가를 간신히 얻어냈다. 오페라극장장이 끝부분에 베들레헴의 별(동방박사를 아기 예수가 태어난 곳으로 인도한 별. 예수 그리스도의 강림을 상징한다 : 옮긴이)을 등장시키는 것으로 살짝 고쳐 당국과 타협을 본 것이다.⁶ 이런 간단한 눈가림이 모든 것을 바꿔놓았다. 그렇게 해서 살로메는 그해 한 시즌에만 50회 공연이라는 기록을 세웠다. 독일의 오페라 극장 60곳—경쟁이 치열했다—가운데 열 곳에서 베를린의 선례를 따라 이 작품을 무대에 올렸다. 그 덕분에 슈트라우스는 몇 달 만에 알프스 휴양지 가르미슈에 아르누보풍의 빌라를 구입할 수 있게 됐다.[7]

그러나 독일에서는 성공을 거둔 반면 국제적으로는 악평을 받았다. 런던에서는 유명한 지휘자 토머스 비첨Thomas Beecham이 온갖 요로에 힘을 쓴 끝에 겨우 공연 허가를 따냈다.[8] 뉴욕과 시카고에서는 공연이 철저히 금지됐다(뉴욕의 어떤 카투니스트는 살로메가 관능적인 춤을 출 때 쓰는 일곱 개의 베일에다 광고를 인쇄하면 돈이 될 거라고 비아냥거리기도 했다).[9] 빈도 공연을 금했다. 그러나 어떤 이유에서인지 그라츠는 그러지 않았다. 1906년 5월에 공연을 했는데 관객 중에는 지아코모 푸치니Giacomo Puccini와 구스타프 말러Gustav Mahler, 그리고 빈에서 온 젊은 음악애호가들도 있었다. 백수인 화가 지망생도 끼어 있었다. 그의 이름은 아돌프 히틀러였다.

「살로메」는 일부 지역에서는 비난을 샀지만 총론적으로 보면 성공이었다. 그 덕분에 슈트라우스는 베를린 궁정 오페라극장 음악감독으로 임명됐다. 슈트라우스는 거기서 일 년 휴가를 얻어 다음 오페라 「엘렉트라Elektra」(1909)를 완성했다. 후고 폰 호프만슈탈과 공동 작업을 한 최초의 작품인 동시에 주요한 사례로 꼽힌다. 원작은 호프만슈탈의 동명 희곡으로 연출은 독일 연극계의 마법사라고 할 거장 막스 라인하르트Max Reinhardt가 맡았다. 슈트라우스는 베를린에서(연극 「살로메」를 봤던 바로 그 극장이다) 호프만슈탈의 작품을 관람했다.[10] 슈트라우스는 처음에는 별 관심이 없었다. 「살로메」와 주제가 너무 유사하다고 생각했기 때문이다. 그러나 6세기 그리스를 '데몬적이고 황홀하게' 그려낸 호프만슈탈의 솜씨에 완전히 매료됐다. 요한 요아힘 빙켈만Johann Joachim Winckelmann이나 괴테 같은 사람의 저서에서 전통적으로 묘사한 고상하고 우아하고 고요한 그리스 이미지와는 너무도 달랐다. 슈트라우스는 곧바로 마음을 바꾸었고, 「엘렉트라」는 「살로메」보다 훨씬 강렬하고 폭력적이며 농축된 형태로 탄생했다. 후일 슈트라우스는 이렇게 회고했다. "두 오페라는 내 평생의 작품들 가운데 가장 우뚝하다. 거기서 나는 화성과 심리학적 다성부음악polyphony(클리템네스트라가 꿈꾸는 장면), 그리고 오늘날 관객들의 귀가 들어줄 수 있는 능력의 최극단을 추구했다."[11]

오페라의 무대는 미케네 유적 앞에 버티고 선 사자의 문이다. 크라프트에빙과 하인리히 슐리만의 고증에 따른 것이다. 「엘렉트라」는 「살로메」보다 오케스트라 규모를 훨씬 키워 연주자가 111명이나 됐다. 그리고 복잡한 악보와 연주자 부대 탓에 훨씬 더 괴롭고 귀에 거슬리게 느껴졌다. 슈트라우스 전기를 쓴 마이클 케네디의 표현대로 '현악기들은 육중하게 늘어서 있고' '피와 강철'의 소리가 울려 퍼졌다.[12] 그 모든 불협화음에도 불구하고 「살로메」는 육감적이었지만 「엘렉트라」는 엄숙하며, 선이 굵고, 청중의 신경을 긁었다. 초연 때 주인공 클리템네스트라(남편 아가멤논 왕을 배신하고 정부와 함께 그를 살해한다 : 옮긴이) 역을 맡은 것은 관록의 메조소프라노 에르네스티네 슈만 하인크였다. 그녀는 첫 공연의 경험을 "정말 끔찍했다"고 말했다. "우리는 한 떼거리의 미친년들이었어요……. 「엘렉트라」보다 더 끔찍한 건 없어요……. 우린 완전히 끝장이었다니까. 슈트라우스 본인도 그걸 알고 있다고 봐요." 그녀는 한 회 공연에 3,000 달러를 받은 그 역할을 다시는 하고 싶지 않다고 했다.[13]

이 오페라에서 주목을 끄는 부분은 두 가지다. 첫째는 클리템네스트라의 고통스러운 아리아다. 그녀는 한 인간으로서 비틀거리며 악몽에 시달리고 완전히 파산한 모습이지만 그럼에도 불구하고 장식품으로 치장을 했다. 도입부에서 음악은 장신구가 흔들거리며 딸랑거리는 것을 따라간다.[14] 동시에 그녀는 잠을 청해보지만 골수가 녹아내리고, 정체 모를 생물체가 살갗 위로 스멀스멀 기어 다니는 끔찍한 꿈—생물학적 공포다—에 대해 노래한다. 여기서부터 음악은 서서히 거칠어지면서 더욱 불협화음을 이루고 무조성無調性 atonality으로 나아간다. 공포는 극에 달해 빠져나갈 구멍도 없다. 그러는 한편으로 세 여성 캐릭터가 대치한다. 엘렉트라(클리템네스트라의 딸 : 옮긴이)와 클리템네스트라의 대치가 한 축을 이루고, 엘렉트라와 크리소테미스(엘렉트라의 여동생 : 옮긴이)의 대치가 다른 한 축을 이룬다. 더구나 강렬한 레즈비언적 분위기는 작품 전반에 녹아든 불협화음 못지않게 「엘렉트라」가 「살로메」만큼이나 혹평을 받는 원인이 된다. 1909년 1월 25일 역시 드레스덴에서 초연이 있은 후 어떤 비평가는 '오염된 예술'이라고 열을 올렸다.[15]

슈트라우스와 호프만슈탈은 「엘렉트라」에서 두 가지를 시도했다. 우선 아주 의도적으로 악극을 통해 다리(橋)파 Die Brücke와 청기사파 靑騎士派 Der Blaue

Reiter(에른스트 루드비히 키르히너Ernst Ludwig Kirchner, 에리히 헤켈Erich Heckel, 바실리 칸딘스키Wassily Kandinsky, 프란츠 마르크Franz Marc 등등) 표현주의 화가들이 추구했던 것과 동일한 것을 하려고 했다. 관객이 예상치 못한, '부자연스러운' 색채와 혼란스러운 일그러짐, 신경에 거슬리는 사물의 병렬 등을 통해 세계에 대한 사람들의 지각 방식을 바꿔놓으려고 한 것이다. 그런 점에서도 고대 세계에 대한 수용 방식은 매우 중요했다. 당시 영국과 미국은 물론 독일에서도 대부분의 학자들이 빙켈만에서 괴테로 이어지는 이상화된 고대상을 물려받았다. 그래서 그리스·로마 고전시대를 절제되고, 단순하며, 엄격하고, 냉정한 아름다움의 세계로 이해했다. 그러나 이 모든 것을 니체가 뒤바꿔버렸다. 그는 호메로스 이전 고대 그리스의 본능적이고, 야만적이며, 비이성적이고, 어두운 측면들(『일리아스』와 『오디세이아』를 선입견 없이 읽어보면 분명히 드러난다)을 강조했다. 그러나 슈트라우스의 「엘렉트라」는 단순히 과거를 다룬 것이 아니었다. 남성의(따라서 여성의) 진정한 본성에 관한 작품이며, 그런 점에서 정신분석이 훨씬 큰 역할을 한다. 호프만슈탈은 아르투어 슈니츨러와 거의 매일 카페 그리엔슈타이들에서 만났으며, 슈니츨러는 어쨌든 프로이트로부터 자신의 '분신'이라는 소리까지 들었다. 따라서 호프만슈탈이 프로이트의 『히스테리 연구Studien über Hysterie』와 『꿈의 해석』을 읽었으리라는 것은 거의 의문의 여지가 없다.[16] 실제로 엘렉트라는 요제프 브로이어한테 치료를 받아 유명했던 환자 안나 오와 같은 증상을 많이 보인다. 아버지에 대한 병적인 집착, 잦은 환각 증상, 성 정체성의 혼란 등등. 그러나 「엘렉트라」는 어디까지나 연극이지 임상 보고서가 아니다.[17] 등장인물들은 심리학적인 문제뿐만 아니라 도덕적 딜레마에 봉착한다. 그럼에도 불구하고 프로이트적 개념을 무대에 올려 고대 신화의 전통적 기초를 허물고, 음악과 춤으로(「살로메」와 「엘렉트라」 모두 춤추는 장면이 나온다) 그런 함의를 관객들에게 알림으로써 슈트라우스와 호프만슈탈은 누가 뭐래도 분명히 모더니즘 캠프에 합류한 것이다. 「엘렉트라」는 무엇이 아름다운 것이고 무엇이 아름다운 것이 아닌지에 관한 관습적인 개념들을 공격하고 나섰다. 특히 수면 아래 도사리고 있는 무의식의 면모를 더듬어감으로써 많은 사람들을 불편하게 했을지는 몰라도 관객들로 하여금 뭔가 생각을 하게 만든 것은 분명하다.

「엘렉트라」는 슈트라우스에게도 생각을 하게 만들었다. 에르네스티네 슈만 하인크의 말이 맞았다. 불협화음과 본능과 비합리적인 것의 길은 갈 만큼 가 본 것이다. 다시 마이클 케네디의 말을 빌리면, E장조와 D단조가 고통스럽게 동거하는 「엘렉트라」의 그 유명한 '피의 코드'는 가수의 목소리가 현실과 꿈만큼이나 오케스트라와 따로 놂으로써 당시 회화에서 벌어지고 있는 양상만큼이나 청중에게 괴로움을 안겨주었다. 슈트라우스는 전성기에 '음악에 과다한 열정을 퍼부었'지만 나중에는 「살로메」에서 「엘렉트라」까지 견지했던 불협화음 노선을 내버렸다. 그럼으로써 새로운 세대의 작곡가들에게 길을 열어준 것이다. 그런 후배들 중에서 가장 혁신적인 인물이 아놀드 쇤베르크Arnold Schoenberg였다.* [18]

쇤베르크(1874~1951)에 대한 슈트라우스의 평가는 애매했다. 작곡을 하기보다는 '눈이나 치우는 게' 낫다고 생각하면서도 리스트 장학금을 받을 수 있도록 추천해 주었다(리스트 재단 수익금은 매년 작곡가나 피아니스트를 돕는 데 쓴다).[20] 그는 1874년 9월 가난한 집안에서 태어났는데 늘 심각한 성격에 대부분 독학으로 공부했다.[21] 막스 베버와 마찬가지로 별로 웃는 법이 없었다. 키는 작지만 몸매는 다부진데다 일찍 대머리가 된 탓에 사람이 좀 사나워보였다. 이름이 비슷한 미국 음악평론가 해럴드 숀버그Harold Schonberg는 광신자의 얼굴이라고 평한 바 있다.[22] 동료인 스트라빈스키Igor Stravinsky는 그의 성격을 이렇게 표현했다. "눈이 튀어나오고 강렬한 것이 그 친구의 온전한 힘은 바로 눈 속에 있었다."[23] 쇤베르크는 놀라울 정도로 독창적이었다. 독창성은 음악에만 국한되지 않았다. 그는 체스 말을 손수 만들어 쓰고, 자기가 쓴 책을 직접 장정하고 제본했으며, 그림도 그리고(칸딘스키가 그의 팬이었다), 작곡용 타자기도 발명했다.[24]

처음에 쇤베르크는 은행원으로 일했다. 그러나 음악 이외의 다른 것은 생각하는 법이 없었다. "한번은 군에 있을 땐데, 누가 나보고 아놀드 쇤베르크 맞느냐고 묻더

---

* 슈트라우스가 20세기 작곡가 가운데 아방가르드의 최전선에서 발을 뺀 유일한 인물은 아니다. 스트라빈스키, 힌데미트, 쇼스타코비치도 하나같이 초기의 일부 양식적 혁신들을 내버렸다. 물론 슈트라우스가 그런 행보를 보인 최초의 인물인 것은 맞다.[19]

군요. 그래서 '그런 사람이 있어야겠지요. 그런데 아무도 그러고 싶어 하지 않아서 내가 그렇게 됐어요'라고 했지요."²⁵ 쇤베르크는 빈을 좋아했다. 카페 란트만과 그리엔슈타이들을 자주 드나들었고, 카를 크라우스, 테오도어 헤르츨, 구스타프 클림트 등이 친구였다. 그러나 베를린이 포부를 키우기에는 더 좋다는 것을 실감했다. 그는 알렉산더 폰 쳄린스키 밑에서 공부하면서 그의 여동생 마틸데와 1901년 결혼했다.²⁶

쇤베르크는 독학파에 독창성이 남다르다는 점이 좋은 쪽으로 작용했다. 슈트라우스나 말러, 클로드 드뷔시 같은 작곡가들이 바그너의 반음계 화성법을 배우려고 바이로이트로 순례를 가는 동안 쇤베르크는 다른 노선을 택했다. 예술에서 진보란 점진적 누적만큼이나 완벽한 방향전환 내지는 느닷없는 비약을 통해 이루어진다는 것을 절감했기 때문이다.²⁷ 그는 표현주의 화가들이 현대 세계에서 야기된 뒤틀리고 거친 형식들을 드러내 보이려 애쓰고 있다는 것을 알고 있었다. 프로이트는 그런 양상을 분석·정리하기도 했다. 바로 그런 작업을 쇤베르크는 음악에서 하고자 한 것이다. 그 자신이 좋아하는 용어로 하면 '불협화음의 해방Emanzipation der Dissonanzen'이었다.²⁸

쇤베르크는 음악을 '인류가 진화해 나아갈 좀 더 차원 높은 삶의 양식을 드러내 보여주는 예언적 메시지'라고 한 적이 있다.²⁹ 불행하게도 그 자신의 진화는 느리면서도 대단히 고통스러운 과정이었다. 그의 초기 음악은 바그너, 특히 「트리스탄과 이졸데Tristan」에 빚진 바 많건만 빈의 청중에게는 호락호락하게 받아들여지지 않았다. 첫 공연은 1900년 단독 발표회 형식으로 열렸다. "그때 이후로 말썽이 끊이지 않았다"고 쇤베르크는 후일 술회했다.³⁰ 처음에 답답한 감정을 왕창 쏟아낸 다음부터는 불협화음에 대한 탐색이 시작됐다. 20세기 초의 다른 아이디어들과 마찬가지로—예를 들어 상대성 이론과 추상미술이 그러하다—일부 작곡가들은 거의 같은 시기에 똑같이 불협화음과 무조음악을 모색하고 있었다. 그중 한 사람이 슈트라우스였다는 것은 앞에서 본 바 있다. 그러나 얀 시벨리우스Jean Sibelius, 말러, 알렉산드르 스크리아빈Alexandr Scriabin처럼 쇤베르크보다 나이가 많은 작곡가들도 같은 노선을 추구하려고 했던 것으로 보인다. 쇤베르크가 무조음악으로 가는

길을 제대로 개척한 것은 좀 더 젊고, 한 번 한다면 끝까지 하는 성격이었기 때문이다.³¹

1907년 12월 어느 날 아침 쇤베르크와 안톤 폰 베베른Anton von Webern, 구스타프 클림트를 비롯한 200여 명의 명사들이 빈 서부역에 몰려나와 구스타프 말러에게 작별인사를 했다. 작곡가이자 지휘자인 말러가 뉴욕으로 떠나는 자리였다. 말러는 빈에 '유행처럼 번지는 반유대주의'에 지쳤고, 오페라극장 경영진과도 사이가 틀어졌다.³² 기차가 역사를 빠져나가자 쇤베르크와 카페 그리엔슈타이들 동아리들은 십 년 동안 빈의 음악적 풍경을 형성했던 스타를 잃은 슬픔에 말없이 손을 흔들었다. 그때 클림트가 '끝났어'라고 속삭인 것은 거기 모인 모두를 대신한 말이었다. 쇤베르크야말로 정말 그런 심정이었다. 말러는 독일 음악계의 거목들 중에서 자신이 무엇을 성취하려고 하는지 이해하는 유일한 사람이었다.³³

쇤베르크에게 닥친 두 번째 위기는 훨씬 더 타격이 컸다. 1908년 여름, 처음으로 무조 음악을 완성하던 바로 그 순간에 아내 마틸데가 자신의 친한 친구한테로 가버린 것이다.³⁴ 아내한테 버림받고, 후원자인 말러는 떠나버린 상황에서 쇤베르크에게 남은 것이라곤 음악밖에 없었다. 그런 암담한 처지가 초기 무조음악의 전반적인 분위기로 나타난다는 것은 놀라운 일이 아니다.

1908년은 음악에서 매우 중요한 해였다. 특히 쇤베르크에게는 그랬다. 그해에 그는 「현악사중주 2번」과 「공중정원의 책Das Buch der hängenden Gärten」을 작곡했다. 두 작품에서 그는 최신 물리학의 성과를 흉내 내기라도 하듯이 '토대를 상실한' 양식을 만들어내는 역사적인 성취를 이룩했다.³⁵ 두 작품 모두 카페 그리엔슈타이들 동아리의 일원인 독일 시인 슈테판 게오르게Stefan George의 긴장감 넘치는 시에서 영감을 받은 것이었다.³⁶ 게오르게의 시는 실험주의 회화와 슈트라우스 오페라의 잡종이었다. 어둠과 감춰진 세계와 신성한 불과 목소리들로 가득한 시였다.

무조음악에 도달한 정확한 시점은, 쇤베르크에 따르면, 현악사중주 2번의 3악장과 4악장을 쓸 때였다. 게오르게의 시 「황홀경Entrückung」을 가지고 작업을 하다가 갑자기 반음 올림표 여섯 개를 모두 빼먹었다. 첼로 부분이었는데 잽싸게 끝내면서 조성調性 개념을 완전히 내버리고 '소리와 리듬과 형식의 완벽한 대혼란'을 만들어냈다.³⁷ 운 좋게도 이 부분에 해당하는 시행은 "나는 다른 행성들의 공기를 느낀다"로 끝이 났다. 더 이상 잘 어울릴 수 없는 가사였다.³⁸ 현악사중주 2번은 7월 말이 다 되어서야 끝이 났다. 이때부터 12월 21일로 예정된 초연 사이에 다시 한 번 개인적인 위기가 닥쳤다. 11월에 아내가 쫓아간 화가가 목을 매 자살을 한 것이다. 그 전에는 손목을 그어 죽으려다 미수에 그쳤다. 쇤베르크는 마틸데를 집으로 데려왔다. 리허설을 위해 오케스트라에 악보를 넘겼을 때 거기에는 "아내에게 바친다"라고 적혀 있었다.³⁹

「현악사중주 2번」의 초연은 음악사에 길이 남을 대사건이 됐다. 조명이 어두워지면서 처음 몇 소절은 그런대로 잠자코 예의를 갖춰 듣는 듯했다. 그러나 그 몇 소절뿐이었다. 당시 빈 아파트에 사는 사람들은 대부분 집 열쇠에 호루라기를 달고 다녔다. 밤늦게 들어가면 정문이 잠겨 있기 때문에 호루라기를 불어 수위를 부르는 것이다. 초연 날 밤 청중들은 바로 그 호루라기를 꺼냈다. 객석에서 일제히 호루라기 소리가 울려대는 바람에 무대의 연주 소리는 완전히 묻히고 말았다. 한 평론가는 벌떡 일어나더니 "그만해! 됐어!"라고 소리쳤다. 그러나 객석에 대고 한 소리인지 연주자들한테 한 말인지는 아무도 알 수 없었다. 쇤베르크를 지지하는 사람들이 편드는 소리를 외치자 소동은 아예 난장판으로 번졌다. 다음날 한 신문은 전날 공연에 대해 '고양이들의 집회'라는 제목을 달았고, 〈빈 신보新報〉는 쇤베르크도 반박할 수 없을 만한 기지를 발휘했다. 리뷰 기사를 사회면에 실은 것이다.⁴⁰ 내용은 "말러는 쇤베르크를 이해하지도 못하면서 신뢰했다"는 것이었다.⁴¹

몇 년 후 쇤베르크는 그날이 자기 인생에서 최악의 순간 중 하나라고 인정했다. 그러나 굴하지 않았다. 불협화음의 해방을 계속하면서 1909년 「기다림 Erwartung」을 완성했다. 30분짜리 오페라로 스토리 라인이 극히 미미해 거의 없다고 해도 과언이 아니다. 한 여자가 숲속에서 애인을 찾아 헤맨다. 그러나 애인은 그를 빼앗아간 연적의 집에서 멀지 않은 곳에서 죽은 채 발견된다. 음악은 스토리를 전하기보다는 그 여자 마음의 색채를 반영한다. 기쁨, 분노, 질투 같은……⁴² 화가적 관점에서 보면 「기다림」은 표현주의적인 동시에 추상적이다. 아내가 얼마 전 자기를 버리고 떠났다는 사실이 은연중에 반영돼 있다.⁴³ 서사가 극도로 적은데도 결코 어떤 주제나 멜로디를 반복하지는 않는다. '고전적' 전통에서는 대부분의 음악 형식이 주제를 변주한다는 점에서, 그리고 반복은 대중음악의 가장 분명하고도 유일한 특징이라는 점에서, 쇤베르크의 「현악사중주 2번」과 「기다림」은 엄청난 단절이다. 그 이후로 '진지한' 음악은 예전에 몰고 다녔던 충실한 추종자들을 잃기 시작했다. 「기다림」이 초연되는 데는 15년이 걸렸다.

쇤베르크는 많은 사람들의 기호에 너무도 맞지 않았다. 그러나 본인이 그걸 모를 정도로 둔감하지는 않았다. 그는 자신의 무조음악 그 자체를 거부하는 사람들이 있다는 것을 알고 있었다. 그러나 그것만이 문제는 아니었다. 프로이트의 경우와 마찬가지로(피카소도 그랬다는 것은 나중에 살펴보자) 그가 말하는 내용만큼이나 말하는 방식을 싫어하는 전통주의자들이 많았다. 이에 대해 그는, 적어도 자기 생각으로는 '가볍게 비아냥거려주는 식'으로 반응했다.[44] 「달에 취한 피에로Pierrot Lunaire」는 1912년에 발표됐는데 무대에 자주 등장해 관객들에게 친숙한 캐릭터 피에로를 주인공으로 내세운다. 피에로는 바보 같은 꼭두각시지만 감정이 있어서 때로는 서글퍼지기도 하고 때로는 빈정대기도 하면서 불편한 진실을 수수께끼 같은 형태로 늘어놓는다. 이 작품은 피에로 역을 유독 좋아한 빈의 여배우 알베르티네 체메Albertine Zehme가 의뢰한 것이었다.[45] 예상치 못한 부탁을 받고 쇤베르크는 그럭저럭 작품을 만들었는데 후일 많은 사람들이 독창적이면서도 엄청난 영향을 미친 작품이라고 평가하게 된다. 「달에 취한 피에로」는 음악에서 「아비뇽의 아가씨들Les Demoiselles d'Avignon」(피카소)이나 $E=mc^2$(아인슈타인)에 해당하는 작품으로 일컬어졌다.[46]

「피에로」의 핵심은 현대인의 데카당스와 퇴화라고 하는, 우리가 익히 아는 주제다. 쇤베르크는 이 작품에서 몇 가지 형식적 혁신, 특히 이야기노래Sprechgesang라는 것을 도입했다. 말 그대로 이야기하듯이 노래하는 형식으로 가수의 목소리는 높아졌다 낮아졌다 하지만 노래를 한다고 할 수도 없고 이야기를 한다고 하기도 그렇다. 핵심 대목은 정통 가수보다는 배우를 위한 스타일로 작곡했는데 노래하는 사람으로 하여금 '진지한' 연기자인 동시에 카바레 흉내를 내도록 요구한다는 점이다. 이처럼 비교적 대중적이고 쉬운 포맷을 취했지만 청중은 "원자와 분자들로 쪼개져서 제각각 이리 튀고 저리 튀는 것이 분자들이 브라운 운동을 하며 꽃가루를 퍼붓는 것과 다르지 않다"고 생각했다.⁴⁷

쇤베르크는 「피에로」가 호평을 받기를 기대했다. 예전에 그는 드뷔시를 인상파 작곡가라고 한 적이 있다. 드뷔시의 화성和聲들이 무드의 색조만을 계속 덧칠하는 것에 불과하다는 의미였다. 반면 본인은 표현주의자라고 생각했다. 폴 고갱Paul Gauguin이나 폴 세잔Paul Cezanne, 빈센트 반 고흐Vincent van Gogh 같은 후기인상파 작곡가로서 무의식의 의미를 드러낸다는 것을 강조한 것이다. 이는 표현주의 화가들이 그저 장식적인 인상파 화가들의 한계를 훨씬 넘어섰다고 생각한 것과 마찬가지였다. 그는 버트런드 러셀Bertrand Russell과 알프레드 노스 화이트헤드Alfred North Whitehead가 그랬던 것처럼 음악은—수학과 마찬가지로(이 책 6장 참조)—고유의 논리가 있다고 확신했다.⁴⁸

첫 공연이 시작된 것은 10월 중순 베를린 벨뷔 가街에 있는 코랄리온홀에서였다. 이 홀은 1945년 연합군의 공습으로 파괴됐었다. 조명이 약해지면서 무대에는 검은 스크린들과 콜룸비네로 분장한 여배우 알베르티네 체메가 모습을 드러낸다. 연주자들은 저 뒤쪽에 있고 지휘자가 지휘를 한다. 「피에로」의 구조는 타이트하다. 세 파트로 구성돼 있는데 각 파트는 일곱 개의 짧은 시로 돼 있다. 시 한편의 길이는 약 일 분 삼십 초. 전체 시는 21편으로 총 공연시간은 딱 삼십 분이다. 이러한 양식성에도 불구하고 음악은 극히 자유롭다. 전반적인 분위기도 피에로가 옷에 묻은 얼룩을 닦아내려고 하는 장면에서 내보이는 유머에서 거대한 나방이 햇빛을 죽이려 드는 장면의 어두움까지 다채롭다. 「현악사중주 2번」과 「기다림」 초연 이후 비평가들은 거대한 나방 떼처럼 빛나는 해를 절멸시키려고 달려들었다. 그러나 공연은 조용한 가운데 진행됐고 끝이 났을 때 쇤베르크는 우레와 같은 박수를 받았다. 다만 공연이 너무 짧았기 때문에 많은 청중이 한 번 더 해달라고 소리쳤다. 두 번째 연주는 더 큰 호응을 얻었다. 일부 비평가도 좋은 평가를 내렸다. 한 평론가는 그날 저녁을 '음악의 종말이 아니라 새로운 단계의 듣기의 시작'이라고 평할 정도였다.

그것은 사실이었다. 모더니즘의 많은 혁신 가운데 하나는 예술이 청중에게 새로운 요구를 하고 나선다는 점이다. 음악, 회화, 문학, 심지어 건축까지 결코 다시는 예전처럼 그저 '편안하게' 해주려고 하지 않았다. 쇤베르크는 프로이트, 클림트, 오스카 코코슈카Oskar Kokoschka, 오토 바이닝거, 호프만슈탈, 슈니츨러 등과 마찬가지로 본능과 표현주의, 주관주의를 믿었다.⁴⁹ 그런 추세는 그런 물결을 타고자 하는 사람들에게는 가슴 설레는 일이었다. 그렇지 않은 사람들은 돌아가거나 나아갈 곳이 전혀 없었다. 그래서 좋든 싫든 쇤베르크는 바그너 이후 앞으로 전진할 길을 찾아낸 것이다. 프랑스 작곡가 클로드 드뷔시는 사람들이 바그너 음악에 대해 "아름다운 저녁놀을 여명으로 착각했다"고 한 적이 있다. 이런 사실을 쇤베르크보다 더 절감한 사람은 없었다.

살로메와 엘렉트라와 「피에로」의 콜룸비네가 음악에서 모더니즘을 세운 여성이라면 곧이어 미술에서도 비슷한 여자들이 나타났다. 피카소가 1907년에 캔버스에 창조해낸 다섯 명의 아가씨는 똑같이 감각적이고 알 듯 모를 듯 혼란을 주는 인물들이다. 파블로 피카소의 「아비뇽의 아가씨들」은 이전의 모든 예술 관념에 대한 공격이자 의도적인 도발이고, 거칠지만 매료되지 않을 수 없다는 점에서 슈트라우스가 만들어낸 여성 인물들 못지않았다.

1907년 가을 피카소는 스물여섯이었다. 1900년 파리에 도착해서 「임종의 순간Last Moments」으로 어지간한 성공을 거둘 때까지 그는 말라가와 바르셀로나, 파리를 몇 차례 오갔다. 그러나 결국은 명성을 얻는 동시에 논란에 휩싸이기 시작했다(가는 곳마다 거의 그랬다). 1886년에서 1차 세계대전 발발까지 회화에서는 르네상스 이후 그 어떤 시기보다도 새로운 움직임들이 있었다. 파리는 그런 운동의 중심이었다. 조르주 쇠라Georges Seurat는 1886년 점묘법으로 인상주의 노선을 택했다. 3년 후 피에르 보나르Pierre Bonnard, 에두아르 뷔야르Edouard Vuillard, 아리스티드 마욜Aristide Maillol은 고갱의 이론에 매료돼 나비파Les Nabis('나비'란 히브리어로 예언자를 뜻한다)를 결성하고 단조롭고 순수한 색채를 강조하는 그림을 그렸다. 1890년대 말에는 앞서 클림트의 예에서 보았듯이 주로 독일어권 도시—빈, 베를린, 뮌헨—에서 활동하는 화가들이 학원 풍에서 벗어나 다양한 '분리파' 운동을 시작했다. 그들 대부분은 인상주의로 출발했다. 그러나 그들의 실험은 선과 색채를 과장하고 비트는 방식으로 감성적 효과를 극대화하는 표현주의로 귀결됐다. 야수파Fauvism는 그중에서도 가장 정력적인 운동이었다. 특히 앙리 마티스 Henri Matisse(1869~1954)의 그림이 그랬다. 마티스는 피카소의 평생 라이벌이 된다. 1905년 살롱도톤Salon d'Automne(프랑스어로 '가을의 살롱'이라는 뜻. 매년 가을 파리에서 젊은 화가들을 중심으로 열린 전시회 : 옮긴이)에서 마티스, 앙드레 드랭Andre Derain, 모리스 드 블라맹크Maurice de Vlaminck, 조르주 루오George Rouault, 알베르 마르케Albert Marquet, 앙리 망갱Henri Manguin, 샤를 카무앵Charles Camoin의 그림이 한 방에 걸렸다. 그런데 그 전시실 한가운데에는 15세기 피렌체 조각가 도나텔로 Donatello의 조각 한 점이 놓여 있었다. 비평가 루이 복셀Louis Vauxcelles은 조각상이 광포한 느낌을 주면서도 단조로운 색채와 비틀림으로 점철된 벽에 걸린 그림들을 말없이 응시하는 배치를 보고는 이렇게 개탄했다. "Ah, Donatello chez les Fauves(아, 도나텔로가 야수들한테 둘러싸였구나)." Fauve는 '야수野獸'라는 뜻으로 야수파Fauvisme라는 말은 여기서 나왔다. 손해 볼 것 없는 명칭이었다. 한동안 마티스는 파리 아방가르드의 우두머리 야수로 통했다.

    이 기간에 나온 마티스의 가장 악명 높은 작품들은 또 하나의 모더니즘의 아가씨들이었다. 자기 아내를 그린 초상화 「모자를 쓴 여인Woman with a Hat」과 「초록 줄무늬The Green Stripe」가 그러했다. 두 작품 다 친숙한 이미지에 폭력을 가하기 위해 색채를 사용했다. 당연히 둘 다 파란을 불러일으켰다. 이 단계에서는 마티스가 앞서가고, 피카소는 따라가는 수준이었다. 두 화가는 1905년 미국에서 추방된 여성 작가 거트루드 스타인Gertrude Stein의 아파트에서 만났다. 스타인은 안목 있고 열정적인 현대 미술 수집가였다. 역시 부자인 오빠 레오도 마찬가지였다. 플뢰리가 27번지 아파트에서 일요일 저녁마다 열리는 모임에는 초청 받고 싶어 안달 난 사람 천지였다.[50] 마티스와 피카소는 스타인의 저녁 모임 단골손님으로 각자 추종자들을 한 무리씩 동반하고 왔다. 그러면서도 피카소는 자신과 마티스가 얼마나 다른지를 잘 알고 있었다. 심지어 마티스와 자신을 '북극과 남극'에 비유한 적도 있다.[51] 피카소가 보는 견지에서 마티스의 목표는 '혼란과 불안을 야기하는 주제가 없는…… 차분히 가라앉히는 효과를 내는, 균형과 순수와 평온의 예술'이었다.[52]

피카소는 달랐다. 그때까지 피카소는 나름대로 독자노선을 모색하고 있었다. 그는 독특한 스타일을 갖고 있었으나 그가 그린 이미지들—불쌍한 곡예사와 서커스하는 사람들—은 전위적이라고 하기는 어려웠다. 오히려 센티멘털하다고 할 정도였다. 그의 예술에 대한 접근방식은 아직 성숙하지 않은 단계였다. 그는 주위를 둘러보면서 자신의 예술에는 슈트라우스나 쇤베르크, 마티스 같은 현대파들이 하고 있는 것과 같은 무언가가 필요하다는 것을 잘 알고 있었다. 출구를 찾은 것은 친구들이 루브르박물관과 트로카데로민족박물관에 있는 '원시 미술' 전시장을 자주 드나든다는 것을 알고 나서부터였다. 결코 우연이 아니었다. 다윈의 이론은 당시에 이미 널리 알려져 있었다. 사회진화론자들의 논쟁도 마찬가지였다. 또 하나 영향을 미친 것은 제임스 프레이저James Frazer였다. 인류학자인 프레이저는 저서 『황금가지 The Golden Bough』에 여러 종족의 무수한 신화와 관습을 집대성했다. 게다가 당시는 아프리카와 여타 제국들에 대한 쟁탈전이 극성을 부릴 때였다. 이 모든 상황이 멀리 떨어진 '어둠'의 지역들의 문화에 대한 열풍을 일으켰다. 특히 남태평양과 아프리카에 대한 관심이 높았다. 파리에서 피카소의 친구들은 아프리카나 태평양 지역에서 나온 가면과 작은 조각상들을 골동품상으로부터 사기 시작했다. 이런 미술에 가장 열광한 사람이 마티스와 드랭이었다. 마티스는 당시 풍경을 이렇게 말했다. "렌가에 있는 페르 소바주Père Sauvage('원시의 아버지'라는 뜻 : 옮긴이)라는 가게를 가끔 지나쳤다. 그런데 어느 날 쇼윈도에 작은 흑인 조각상들이 보였다. 그 강렬함과 순수한 선에 완전히 한 방 맞은 느낌이었다. 이집트 미술만큼이나 훌륭했다. 그래서 한 점을 사다가 그날로 거트루드 스타인한테 가져갔다. 잠시 후에 피카소가 왔다. 그는 조각을 보자마자 빠져들었다."[53]

확실히 그랬다. 그 조각상은 「아비뇽의 아가씨들」에 최초의 영감을 준 것으로 보인다. 비평가 로버트 휴즈Robert Hughes가 전하는 말에 따르면 피카소는 그 직후 아주 큰 캔버스를 주문했다. 틀을 튼튼하게 보강해야 할 정도의 크기였다. 나중에 피카소는 앙드레 말로Andre Malraux(프랑스 작가로 후일 문화부 장관을 지냈다)에게 무슨 일이 있었는지에 대해 설명해줬다. "다른 사람은 하나 없었어요. 나 혼자서 그 으스스한 박물관[트로카데로 민족박물관을 말한다]을 둘러보고 있었지요. 인디언이 만든 가면과 인형, 뽀얗게 먼지 앉은 마네킹들……. 바로 그날 「아비뇽의 아가씨들」이 내게 다가왔어. 틀림없어요. 하지만 그 스타일을 말하는 게 절대 아니야. 그건 내가 처음으로 그린 귀신 쫓아내는 그림이었으니까. 그래, 바로 그거야…… 가면들은 보통 조각과는 달랐어요. 전혀 달랐지. 뭔가 주술적인 데가 있었어…… 니그로 작품들은 앙테세쇠어, 즉 중개자였어요. 그 이후로 그 프랑스 말(intercesseurs)이 잊히지가 않아요. 그건 모든 것에 대항하는, 우리를 위협하는 알 수 없는 정령들에 대항하는 힘이었어요. 늘 부적을 들여다봤어요. 그러면서 알게 됐어요. 나 역시 모든 것에 대항하고 있다는 걸. 모든 게 알 수 없는 것이고, 모든 게 적이다!……라고 나도 생각해요. 영험한 부적들은 모두 그런 목적으로 만든 거예요. 무기지. 사람들이 정령한테 시달리지 않도록 도와주는, 자유롭도록 도와주는……. 도구예요. 우리가 정령들에게 어떤 형식을 부여하면 더는 시달리지 않게 되지. 정령들은 무의식이야. 당시엔 그런 용어를 잘 모를 때인데, 그러니까, 어떤 정서지. 다 같은 이야기예요. 내가 왜 화가가 됐는지 그때 깨달았다오."54

피카소의 이 증언에는 이 장 말미에 살펴볼 다윈, 프로이트, 프레이저, 앙리 베르그송Henri Bergson이 뒤범벅돼 있다. 니체의 기미도 느껴진다. 특히 '모든 게 적이다!…… 무기지'라고 하는 허무주의적이면서 의미심장한 구절이 그렇다.55 「아비뇽의 아가씨들」은 이전의 모든 미술 관념에 대한 공격이었다. 「엘렉트라」나 「기다림」과 마찬가지로 창조적인 동시에 파괴적인 효과를 노렸다는 점에서 모더니즘적이었다. 충격적이고, 위악적으로 추하면서, 그야말로 거칠었다. 피카소의 탁월함은 그림을 도저히 거부할 수 없게 만드는 재능에도 있었다. 다섯 아가씨는 벌거벗은 채 짙은 화장을 하고 자신들이 하는 일에 대해서도 당당하다. 그들은 사창가의 창녀였다. 그들은 오히려 관람자를 응시한다. 유혹적이라고 하기보다는 움츠러들지도 않고 도전적이다. 그들의 얼굴은 이른바 야만인과 문명인의 비슷함과 다름을 강조하는 원시의 가면이다. 다른 화가들이 비서구 지역 예술에서 고요한 아름다움을 찾는 사이 피카소는 미 자체에 대한 서구적 전제들에 의문을 품었다. 미도 무의식과 본능에 연결돼 있다는 발상이었다. 피카소가 만들어낸 이미지를 접하고 아무 감흥도 느끼지 못하는 사람은 분명 없을 것이다. 그 그림을 보고 조르주 브라크George

Braque(프랑스 화가)는 "누가 휘발유를 마시고 불을 내뿜는 것 같다"고 느꼈다.[56] 에너지의 폭발을 암시한다는 점에서 전적으로 부정적이지 않은 지적이다. 거트루드 스타인의 오빠인 레오는 「아가씨들」을 처음 보는 순간 너무도 고통스러운 나머지 당혹스러운 웃음을 터뜨렸다. 그러나 적어도 브라크는 이 그림이 폴 세잔을 계승하면서도 20세기적 사고를 추가했다는 것을 알고 있었다. 쇤베르크가 바그너와 슈트라우스를 계승하면서 그렇게 한 것과 같다고나 할까.

「아가씨들」이 나오기 한 해 전에 사망한 세잔(1839~1906)은 말년에 가서야 인정을 받았다. 평론가들은 그때서야 세잔이 예술을 단순화해서 그 근본으로 환원시키려 한다는 걸 깨달았다. 세잔의 작품은 대부분 19세기에 만들어졌다. 그러나 걸작인 마지막 연작 「멱 감는 사람들 The Bathers」은 1904년과 1905년에 제작됐다. 아인슈타인이 상대성 이론, 브라운 운동, 양자 이론이라는 세 주요 논문을 낼 준비를 하던 시기였다. 말하자면 현대 미술과 현대 과학의 많은 부분이 꼭 같은 순간에 잉태된 것이다. 게다가 세잔은 풍경이나 과일 접시의 본질을 채색의 흐릿한 윤곽들—양자를 연상시킨다—을 그려내는 방식으로 포착했다. 모든 부분들이 조심스럽게 서로 연결돼 있지만 그 어느 부분도 거기 있는 존재 전체에 정확히 부합하지는 않는다. 대개 텅 빈 공간을 도는 전자와 원자의 물질에 대한 관계처럼 세잔은 단단한 실재 아래 숨어서 가물거리는 불확실성을 드러낸 것이다.

세잔이 죽은 다음해인 1907년 미술상 앙브루아즈 볼라르 Ambroise Vollard가 거창한 세잔 회고전을 열었다. 파리 시민들이 구름떼처럼 몰려들었다. 이 전시회를 보고 나서 곧바로 「아가씨들」을 관람한 브라크는 완전히 딴사람이 됐다. 그때까지는 피카소보다는 마티스의 사도였으나 이제 완전히 돌아선 것이다.

키가 훤칠한데다(약 183센티미터) 얼굴은 각이 지고 잘생긴 조르주 브라크(1882~1963)는 항구도시 르아브르 출신이었다. 아버지는 실내장식가였는데 진짜 화가로 자부했다. 반면 브라크는 운동을 아주 좋아했다. 권투와 춤을 좋아하고, 몽마르트의 파티에 나가면 아코디언을 연주해서—사실 그의 취향은 베토벤이었다—늘 환영을 받았다. 그는 이렇게 말했다. "난 결코 화가가 되겠다고 마음먹은 적이 없다. 숨을 쉬기로 마음먹은 적이 없는 것처럼. 정말이지 어떤 선택을 해본 기억이 없다."⁵⁷ 1906년 처음으로 파리 앙데팡당전Salon des Indépendants에 그림을 선보였다. 1907년 그의 작품들은 마티스, 드랭과 나란히 걸렸고 인기가 썩 좋아서 출품작이 모두 팔렸다. 이런 성공에도 불구하고 「아비뇽의 아가씨들」을 보고 나서 앞으로 갈 길은 피카소에게 있다는 것을 절감하고 노선을 바꿨다. 입체파(큐비즘)를 발전시키는 2년 동안 두 사람은 늘 붙어 다녔다. 생각도 한 사람처럼, 작업도 한 사람처럼 했다. 브라크는 후일 이렇게 회고했다. "그 시절 피카소하고 나눈 이야기들은 결코 다시 할 수 없을 거예요. 그리고 그런다 해도 누구도 이해하지 못할 거예요. 우리는 같은 로프에 몸을 묶은 채 낭떠러지에 매달린 두 등산가 같았어요."⁵⁸

「아가씨들」 이전에 피카소는 두 가지 색채의 정서적 가능성만을 탐구했다. 청색과 핑크색이었다. 그러나 「아가씨들」 이후 그의 팔레트는 다른 어느 시기보다 더 부드러워지고 옅어진다. 그는 당시 파리 외곽의 시골 라뤼드브와에서 작업을 했다. 이 때의 경험이 초기 입체파 작품에 가을철의 녹색이라는 영감을 불어넣었다. 한편 브라크는 남쪽 마르세유 인근 세잔의 풍경화에 나올 법한 시골로 갔다. 두 사람 사이에는 그만큼의 거리가 있었는데도 브라크의 그림과 피카소의 그림은 놀라울 정도로 유사했다. 색채의 톤만 그런 것이 아니라 기하학적, 지질학적 단순성도 그랬다. 질서가 없는 풍경들은 진화의 초기 단계를 연상시켰다. 아니면 세잔풍의 풍경화를 분자적 규모로 클로즈업한 느낌이었다.⁵⁹

새 그림들은 혁명적이었다. 그래도 곧 전시 기회를 얻었다. 독일 미술상 다니엘 앙리 칸바일러Daniel Henry Kahnweiler가 작품들을 너무 좋아한 나머지 바로 브라크 풍경화전을 준비한 것이다. 전시회는 1908년 11월 비농가에 있는 칸바일러의 화랑에서 열렸다. 초대 손님 가운데는 루이 복셀도 있었다. 도나텔로와 야수들이라는 농담을 했던 바로 그 평론가였다. 그는 전시회 리뷰에서 또 점잖게 한마디 했다. 브라크는 모든 것을 '작은 정육면체들cubes'로 환원시켰다는 것이다. 씹으려고 한 말이었다. 그러나 칸바일러가 괜히 유명한 미술상이 된 것은 아니었다. 칸바일러는 이 표현을 최대한 활용했다. 큐비즘cubism(입체파)은 이렇게 해서 태어났다.⁶⁰

입체파는 운동인 동시에 양식으로서 1914년 8월의 총성이 1차 세계대전의 시작을 알릴 때까지 계속됐다. 브라크는 전쟁터로 달려 나갔다 부상을 당했다. 그 이후

브라크와 피카소의 관계는 결코 다시는 예전과 같지 않았다. 관객에게 충격을 주려한 「아가씨들」과 달리 입체파는 좀 더 조용하고 성찰적인 예술이었다. 그러면서도 특정한 목적을 지니고 있었다. 브라크는 "피카소와 나는 익명적 개성에 대한 추구라고 느끼는 것에 몰두했다. 우리는 우리 자신의 개성을 지워서 진정한 독창성을 찾고 싶어 했다"고 말했다.[61] 입체파 작품들이 초기에 사인을 그림 뒷면에 한 이유이다. 익명성을 유지하면서 화가의 개성에 오염되지 않은 이미지들을 보전하고 싶었던 것이다. 1907~8년에 가면 어느 화가가 그린 그림이 어느 것인지 구분하기가 결코 쉽지 않았다. 그들은 그래야 한다고 생각했다. 역사적으로 볼 때 입체파는 매우 중요하다. 20세기 미술의 핵심 축으로서 인상주의와 더불어 시작된 과정의 정점인 동시에 추상미술로 가는 길이었기 때문이다. 우리는 세잔의 위대한 작품들이 아인슈타인이 독자적인 이론을 준비하던 바로 그 때 만들어졌다는 것을 살펴보았다. 예술에 닥친 전반적인 변화는 과학의 발전을 반영한 것이었다. 둘 다 사물의 기본단위들에 대한 추구를 담고 있었다. 그러한 좀 더 깊은 실재는 새로운 형식을 낳게 된다. 그런데 이율배반적이게도 회화에서는 형식의 부재가 곧바로 해방적인 기능과 동일시되는 예술이 등장했다.

추상미술은 오랜 역사를 갖고 있다. 고대인들은 별이나 초승달과 같은 특정한 형태와 색채에 주술적인 힘이 있다고 믿었다. 무슬림 국가에서는 예나 지금이나 인간의 형상을 보여주는 일이 금지돼 있다. 그래서 아라베스크 문양 같은 추상적인 모티프들이 세속 미술과 종교 미술 양쪽에서 고도로 발달했다. 추상미술은 이런 식으로 수천 년 동안 서구 예술가에게도 영향을 미쳤기 때문에 서로 다른 나라의 화가들이 새 세기의 첫 10년 동안 똑같이 추상미술을 향해 나아갔다는 것은 흥미롭다. 여러 분야에서 무의식을 모색하거나 뉴턴 물리학의 한계를 보기 시작한 것과 같은 양상이었다.

파리에서는 로베르 들로네Robert Delaunay와 프란티셰크 쿠프카František Kupka가 그랬다. 쿠프카는 체코 카투니스트로 빈 미술학교를 중퇴하고 대상이 없는 그림을 그렸다. 쿠프카가 들로네보다 좀 더 흥미롭다. 그는 다윈의 과학 이론을 확신했지만 신비적인 구석도 있었고, 우주에는 감춰진 의미가 있고 그것을 그림으로 표현할 수 있다고 믿었다.⁶² 미카로쥬스 콘스탄티나스 시우르리오니스Mikalojus Konstantinas Ciurlionis는 리투아니아 화가로 러시아 상트페테르부르크에 살면서 '초월적' 그림 연작을 시작했다. 마찬가지로 정체를 알아볼 수 있는 대상은 그림에 나타나지 않고 음악적 템포에 따라 안단테, 알레그로 등등의 제목을 붙였다(그의 후원자 중 한 사람이 이고르 스트라빈스키Igor Stravinsky라는 이름의 젊은 작곡가였다).⁶³ 미국에도 일찌감치 아더 도브Arthur Dove 같은 추상파가 있었다. 도브는 1907년 상업적 일러스트레이터로서의 안온한 생활을 팽개치고 파리로 이주했다. 여기서 세잔의 작품을 보고 감동한 나머지 다시는 사물을 재현하는 식의 그림은 그릴 수 없게 됐다. 그에게 전시회를 열어준 사람은 알프레드 스티글리츠Alfred Stieglitz였다. 스티글리츠는 이름 있는 사진작가로 뉴욕 브로드웨이 291번지에 그 유명한 '291' 아방가르드 갤러리를 세웠다.⁶⁴ 이런 화가들은 세 도시에 떨어져 살았지만 각자 특유의 신천지를 개척했고, 미술사에서 나름의 위치를 차지했다. 그러나 대개 추상미술의 아버지로 간주되는 인물은 딴 사람이었다. 가장 큰 영향력을 미친 것이 바로 그의 작품이었기 때문이다.

바실리 칸딘스키는 1866년 모스크바에서 태어났다. 원래는 법률가가 되려고 했으나 그 꿈을 접고 뮌헨의 미술학교에 들어갔다. 뮌헨은 파리나 빈만큼 문화적으로 흥미진진한 곳은 아니었지만 촌구석도 아니었다. 토마스만과 슈테판 게오르게가 거기 살았고, '열한 명의 사형집행인Die Elf Scharfrichter'이라는 유명한 카바레 극단이 있었다. 독일 표현주의 극작가 프랑크 베데킨트Frank Wedekind가 그 극단의 대본을 쓰고 노래도 했다.⁶⁵ 뮌헨의 미술관들은 독일에서는 베를린 다음 가는 수준을 자랑했다. 1892년 이후에는 뮌헨 예술가들이 분리파를 만들어 활동했다. 표현주의의 광풍이 독일에 몰아치면서 프란츠 마르크, 알렉세이 야블렌스키Alexej von Jawlensky, 칸딘스키는 '뮌헨 팔랑크스München Phalanx'라는 동인 집단을 만들었다. 칸딘스키는 피카소만큼 조숙하지는 않았다. 피카소가 「아비뇽의 아가씨들」을 그린 것은 스물여섯 살 때였다. 사실 칸딘스키는 서른이 될 때까지 그럴 듯한 작품을 내놓지 못했다. 1910년 12월 마지막 날에 두 미술가의 초청으로 한 파티에 간 것이 만으로 마흔 다섯 때였다. 당시 칸딘스키의 결혼생활은 파산상태였다. 그래서 파티에도 혼자 갔다. 거기서 만난 사람이 프란츠 마르크였다. 두 사람은 금세 의기투합해서 어떤 작곡가의 콘서트에 갔다. 둘 다 안면은 없는 작곡가로 표현주의 회화를 그리기도 하는 인물이었다. 그의 이름은 아놀드 쉰베르크였다. 이런 만남들이 칸딘스키에게는 블라바츠키Helena Petrovna Blavatsky 여사나 루돌프 슈타이너Rudolf Steiner의 신지학神智學 이론만큼 결정적이었다. 블라바츠키는 좀 더 영적이고 덜 물질적인 새로운 시대의 도래를 예언했고, 칸딘스키는(당시 사이비종교집단에 합류한 많은 예술가들처럼) 그런 예언에 큰 감명을 받고 그런 새 시대에는 새로운 예술이 필요하다고 느꼈다.⁶⁶ 그에게 영향을 준 또 다른 사건은 1890년대 모스크바에서 열린 프랑스 인상주의 화가 전시회였다. 전시회에서 그는 클로드 모네의 건초더미 연작 앞에서 주제가 무엇인지도 확실히 모르면서 몇 분 동안을 우두커니 서 있었다. 그 자신이 '팔레트의 알 수 없는 힘'이라고 한 것에 사로잡힌 채 그는 대상은 더 이상 그림의 '본질적인 요소'일 필요가 없다는 것을 깨닫기 시작했다.⁶⁷ 같이 어울리는 다른 화가들도 같은 방향을 모색하고 있던 때였다.⁶⁸

당시 과학의 영향은 컸다. 겉보기에 칸딘스키는 두꺼운 안경을 쓴 엄숙한 사람이었다. 태도는 고압적이었다. 그러나 알 수 없는 구석이 있어서 이따금 사태를 과대해석하곤 했다. 전자의 발견 같은 경우가 그랬다. "원자의 붕괴는 내 영혼에서는 전 세계의 붕괴와 같은 것이었다. 갑자기 그 견고한 벽들이 무너졌다. 모든 것이 불확실해지고 위태로우며 아슬아슬해졌다."⁶⁹ 모든 것이?

칸딘스키는 이렇게 여러 곳에서 많은 영향을 받았지만 그가 추상미술을 '발견한' 인물이라는 것은 놀랍지 않을 것이다. 결정적인 요소, 즉 추상미술이 태어났다고 말할 수 있는 순간이 있었다. 1908년 칸딘스키는 무르나우에 있었다. 뮌헨 남쪽 시골 소도시였다. 옆에는 슈타펠제라는 작은 호수와 바이에른 지역 알프스 산맥이 있었으며 슈트라우스가 「살로메」의 성공 덕분에 빌라를 짓고 있던 가르미슈로 통하는 곳이었다. 어느 날 오후 알프스 산기슭에서 스케치를 한 다음 칸딘스키는 집으로 돌아오면서 생각에 잠겼다. "스튜디오 문을 여는 순간 눈앞에 갑자기 뭐라고 형언할 수 없는 하얀 빛을 내는 사랑스러운 그림이 나타났다. 당황한 나머지 나는 그 자리에 서서 그 그림을 응시했다. 그림에는 주제라고 할 만한 것이 일절 없었다. 무슨 물체인지 알아볼 수 있는 대상을 묘사한 것도 전혀 아니었으며 완전히 가벼운 색채들로만 구성돼 있었다. 결국 좀 더 가까이 다가가서야 그것이 무엇인지 알 수 있었다. 내 그림이었다. 옆으로 세워둔······. 나에게 한 가지 사실이 분명해졌다. 대상성, 대상에 대한 묘사는 내 그림에서 필요치 않다는 것, 그리고 오히려 해가 된다는 사실이었다."[70]

이 사건 이후 칸딘스키는 풍경 연작을 만들어냈다. 한 점 한 점이 이전 것과 조금씩 달랐다. 형태는 점점 불명료해지고, 색채는 더더욱 생동감이 넘쳤다. 나무들은 나무라는 걸 간신히 알아볼 정도였고, 기차 화통에서 나는 연기는 연기라는 걸 겨우 알아볼 정도였다. 그러나 확실히 이거다 할 만한 대상은 아무것도 없었다. 칸딘스키가 추상미술로 나아가는 과정은 서두름이 없었고, 용의주도했다. 이런 과정은 1911년 칸딘스키가 '인상', '즉흥', '구성'이라고 이름 붙인 세 연작을 그릴 때까지 계속됐다. 작품 하나하나마다에는 번호를 매겼다. 한결같이 완전히 추상적인 작품이었다. 세 연작을 마쳤을 때 이혼 절차도 다 끝이 났다.[71] 쇤베르크가 무조음악을 만들어냈을 때의 상황과 너무도 똑같다는 점이 흥미롭다.

19~20세기 전환기에 여섯 명의 위대한 철학자가 활동하고 있었다. 비록 니체는 1900년이 다 가기 전에 죽었지만. 나머지 다섯 명은 앙리 베르그송, 베네데토 크로체, 에드문트 후설, 윌리엄 제임스, 그리고 버트런드 러셀이었다. 20세기가 끝나는 지금 시점에 보면 유럽에서는 러셀이 단연 기억에 남고, 미국에서는 제임스가 그러하다. 그러나 베르그송(1859~1941)은 아마도 20세기 첫 10년 동안 가장 대중적인 인기를 누린 사상가였을 것이며 1907년 이후에는 가장 유명한 인물이었다.

베르그송은 1859년 파리 라마르틴 가에서 태어났다. 에드문트 후설이 태어나고,[72] 다윈의 『종의 기원』이 발행된 해였다. 베르그송은 어려서부터 특이했다. 병약한데다 이마는 높고 말은 아주 느렸다. 한 마디 한 마디 할 때마다 길게 숨을 쉬곤 했다. 듣는 사람은 답답하기 이를 데 없었다. 그래서 파리 콩도르세 고등학교 때는 너무 수줍은 인상을 준 나머지 동창들은 '영혼이 없는 아이'라고 느낄 정도였다.

그의 후기 이론을 생각하면 참으로 아이러니가 아닐 수 없다.[73] 그러나 선생님들한테는 그런 특이한 행동이 특출한 수학적 재능으로 충분히 상쇄되고도 남았다. 그는 콩도르세 고교를 거뜬히 졸업하고 1878년 파리 고등사범학교Ecole Normale에 진학했다. 나중에 당대의 가장 저명한 사회학자가 되는 에밀 뒤르켐Émile Durkheim의 1년 후배였다.[74] 몇몇 고교에서 교사 생활을 한 후 소르본 대학 교수 자리에 두 차례 응모했지만 두 번 다 떨어졌다. 교수 자리를 얻지 못한 것은 뒤르켐 때문으로 알려져 있다. 시기심이 그 동기였다. 그러나 베르그송은 아랑곳하지 않고 첫 번째 저서 『시간과 자유의지Time and Free Will』(1889)를 쓰고(프랑스어 원제는 '의식의 직접적 소여에 관한 에세이Essai sur les données immédiates de la conscience'다 : 옮긴이), 이어 『물질과 기억Matière et mèmoire』을 집필했다. 프란츠 브렌타노와 후설의 영향을 받은 베르그송은 물리적 과정과 심리학적 과정을 분명히 구분해야 한다는 점을 설득력 있게 제시했다. 물리적 세계를 탐사하기 위해 발전돼 온 방법을 정신적 삶의 연구에 적용하는 것은 부적합하다고 그는 말했다. 두 책은 반응이 좋았다. 그래서 1900년 국립 고등교육기관인 콜레주 드 프랑스에 자리를 얻었다. 뒤르켐을 따라잡은 것이다.

그러나 베르그송에게 학문적 영역을 넘어서까지 세계적인 명성을 안겨준 것은 1907년에 나온 『창조적 진화L'Évolution créatrice』였다. 이 책은 바로 영어, 독일어, 러시아어로 출판됐다. 베르그송이 콜레주 드 프랑스에서 매주 하는 강의는 만원을 이루면서 일종의 사회적 이벤트가 되었다. 파리 시민은 물론이고 국제적인 엘리트들도 몰려들었다. 1914년 가톨릭 교리를 관장하는 로마 교황청 교리성에서 베르그송의 저서들을 금서 목록에 올리기로 결정했다.[75] 일종의 예방조치였는데 가톨릭 교도가 아닌 작가에 대해 이런 조치를 취하는 것은 극히 드문 경우였다. 도대체 무엇이 그런 소동을 빚었을까? 베르그송은 "위대한 사상가는 할 말이 딱 하나다. 그리고 대개 그것을 표현하려는 시도를 한 번 이상 하기는 어렵다"고 쓴 적이 있다. 베르그송의 통찰의 핵심은 시간은 실제적이라는 것이었다. 써 독창적이지도 도발적이지도 않지만 사람들이 열광하는 이유는 상세한 설명에 있었다. 사람들의 관심을 끈 것은 미래는 어떤 의미에서도 존재하지 않는다는 주장이었다. 이런 주장이 특히 논란을 불러일으킨 것은 1907년 과학적 결정론자들이 최근의 과학적 발견에 힘입어 삶은 이미 존재하는 일련의 사건들이 펼쳐진 것에 불과하다고 주장하고 있었기 때문이다. 시간을 거대한 필름 릴에 불과한 것처럼 본 것이다. 그렇게 되면 미래는 아직 틀어주지 않은 필름의 일부에 불과하게 된다. 프랑스에서 이런 주장이 횡행한 데에는 프랑스 문학평론가 이폴리트 텐Hippolyte Taine이 대중화한 과학주의 맹신 바람이 큰 역할을 했다. 텐은 모든 것이 원자로 쪼개질 수 있다면 미래는 본질적으로 예측 가능하다고 주장했다.[76]

이런 주장을 베르그송은 난센스라고 봤다. 그가 보기에 시간은 두 가지 유형, 즉 물리학의 시간과 실제의 시간이 있었다. 정의상 시간은 우리가 일반적으로 이해하는 바에 따르면 기억을 포함하는 것이라고 그는 말했다. 반면 물리학의 시간은 '거의 동일한 분절로 이루어진 기다란 하나의 띠'로 구성된다. 여기서 과거의 분절들은 거의 나타나는 순간 소멸된다. 그러나 '실제'의 시간은 되돌릴 수 없다. 그 반대로 각각의 새로운 분절들이 과거로부터 나름의 색채를 얻는다. 사람들이 가장 받아들이기 어렵다고 생각한 최종적인 논점은 기억은 시간에 필수적인 것이기 때문에 시간 자체는 어느 정도 심리적일 수밖에 없다는 것이었다(이에 가장 반대한 것이 교황청 교리성이었다. 신의 영역을 간섭하는 것이었기 때문이다). 이로부터 베르그송은 우주의 진화란 알려질 수 있는 한에 있어서 그 자체로 심리학적 과정이기도 하다는 견해를 이끌어냈다. 이는 브렌타노와 후설을 변주하면서 진화가 '저기 바깥' 세계에 있는 진리와는 전혀 거리가 멀고, 그 자체가 하나의 산물, 즉 정신의 '지향'이라고 말하고 있는 것이다.[77]

처음 프랑스인들에게, 그리고 이어서 많은 세계인들에게 감명을 준 부분은 인간의 선택의 자유에 대한 베르그송의 불굴의 신념이었다. 그 신념은 스스로 '생명의 약동élan vital'이라고 부른 실체, 즉 생명의 충동 내지는 생명력이 미치는 비과학적 파급력에 대한 믿음이기도 했다. 베르그송은 자연과학에 정통했지만 결코 합리주의로 충분치 않다고 보았다. 그 위에 뭔가 있어야만 했다. 그것은 이성으로는 다가갈 수 없는 '생명현상'으로서 오로지 직관으로만 파악할 수 있는 것이었다. 나아가서 생명력은 왜 인간이 다른 생명체들과 다른지를 설명해주었다. 베르그송이 보기에 동물은 거의 본질적으로 스페셜리스트였다. 다른 말로 하면 한 가지 일에 아주

능했다(철학자들과 다르지 않다). 반면 인간은 스페셜리스트가 아니었다. 인간은 이성의 산물일 뿐 아니라 직관의 산물이기도 했다.[78] 바로 이런 점이 그의 강의에 몰려드는 젊은 세대의 프랑스 지식인들에게 매력으로 느껴진 부분이었다. 그는 '해방자 liberator'라는 별명을 얻으면서 '서구 사상을 19세기 식 과학이라는 종교로부터 구원해낸' 인물로 평가됐다. 추종자였던 영국의 철학자 T. E. 흄Hulme은 베르그송이 '결정론이라는 악몽'을 쫓아냄으로써 한 '세대 전체'에 '위안'을 주었다고 토로한 바 있다.[79]

한 세대 전체라는 말은 과장이다. 비판자도 꽤 있었다. 열렬한 합리주의자인 쥘리앵 방다Julien Benda는 자신의 견해가 베르그송 때문에 질식당한다면 '그를 기꺼이 죽여 버렸을 것'이라고 말할 정도였다.[80] 합리주의자들이 보기에 베르그송의 철학은 일종의 퇴행의 징표였다. 잊을 만하면 튀어나오는 잡탕이론으로 엄밀한 과학을 사이비 신비주의적 한담으로 대체한 너스레였다. 역설적이게도 베르그송이 교회의 맹공을 받은 것은 과학에 너무 경도돼 있다는 이유에서였다. 한동안 이런 비판은 거의 먹혀들지 않았다. 『창조적 진화Creative Evolution』의 일방적 압승이었다(T. S. 엘리엇은 심지어 베르그송 철학을 '전염병'이라고까지 했다).[81] 미국도 똑같이 열광했다. 미국 철학자 윌리엄 제임스William James는 "베르그송의 독창성은 너무도 대단해서 두 손 들었다"고 실토했을 정도다.[82] 엘랑 비탈(생명력)이라는 말은 널리 쓰이는 상투어가 되고 말았다. 그러나 여기서 '생명'은 생명뿐만이 아니라 이성에 정반대되는 직관, 본능 같은 것도 의미하는 개념이었다. 그 결과 과학이 완전히 근절시킨 것처럼 보였던 종교적·형이상학적 신비주의가 '점잖은' 탈을 쓰고 다시 나타났다. 종교에 관한 책도 쓴 바 있는 윌리엄 제임스는 베르그송이 "주지주의intellectualism를 완전히 죽여 버려서 다시는 되살아날 희망조차 꺼져버리고 말았다. 주지주의가 어떻게 부활해서 실재의 본질을 완벽하고도 철저하게 규정했다고 주장하는 플라톤주의의 역할을 할 수 있을지 모르겠다"고 말했다.[83] 베르그송의 추종자들은 『창조적 진화』가 이성 자체는 문제 상황을 판단하는 가장 중요한 재판관이라기보다는 생명의 한 측면에 불과하다는 사실을 보여줬다고 믿었다. 이는 프로이트와 겹치는 부분이다. 그러나 훨씬 나중에 가서 포스트모더니즘 철학자들의 호응을 받게 된다.

베르그송 철학의 주요 신조 중 하나는 미래가 예측 불가능하다는 것이었다. 그러나 1937년 2월 8일자로 된 유언장에서 베르그송은 이렇게 말했다. "나는 [가톨릭으로] 개종했을 것이다. 여러 해 전부터 반유대주의의 걷잡을 수 없는 물결이 세계에 들이닥칠 것이라는 걸 예견하지 못했더라면 말이다. 나는 내일 박해받게 될 사람들 틈에 남고 싶었다."[84] 베르그송은 1941년 나치 점령 하의 프랑스에서 유대인은 당국에 등록하라는 명에 따라 다른 유대인들 틈에 끼어 오랜 시간 줄을 서 있다가 폐렴이 도져 세상을 떠났다.

19세기 내내 기성 종교, 특히 기독교는 여러 과학들로부터 지속적으로 공격을 받았다. 과학이 일궈낸 발견들은 우주에 대한 성서의 해명과는 모순됐다. 많은 젊은 성직자들이 바티칸에 대해 그러한 발견들에 대해 어떤 식으로든 적극적으로 대응해야 한다고 촉구했다. 그러나 전통주의자들은 교회가 사태를 적당히 둘러대면서 익숙한 가치관으로 돌아가기를 바랐다. 교회의 심각한 분열을 가져올 수도 있는 이러한 논쟁을 주도한 젊은 근본주의자들을 교회에서는 모더니스트라고 했다.

1907년 9월 전통주의자들은 마침내 그토록 간구하던 바를 로마로부터 얻어냈다. 교황 비오 10세(1835~1914)가 회칙 「주의 양떼를 먹임Pascendi Dominici Gregis」을 공포한 것이다. 이 회칙은 모든 형태의 모더니즘을 전례 없이 강하게 비난했다. 교황의 회칙(교회가 모든 주교에게 보내는 서한)에 제목을 다는 경우는 드문데 일단은 신자들을 크게 안심시켰다. 20세기 들어서 처음 발표한 회칙이었다.[85] 비오 10세가 대처하기로 한 사상은 대개 네 가지로 분류할 수 있다. 첫째는 계몽주의 이후 발전해온 과학의 일반적인 태도다. 과학은 인간이 주변 세계를 보는 방식을 변화시키면서 이성과 경험에 호소함으로써 기성 권위에 도전했다. 그 다음은 다윈과 진화론이었다. 이는 두 가지 파급효과를 미친다는 점에서 문제였다. 첫째로 진화는 코페르니쿠스와 갈릴레이의 혁명에서 훨씬 더 나아가 유한한 우주에서 인간이 부여받은 특별한 지위를 박탈한다. 인간은 동물에서 생겨났고, 따라서 본질적으로 동물과 아무 차이가 없으며 구분되지도 않는다는 것을 진화론은 보여주었다. 진화론의 두 번째 효과는 일종의 은유였다. 관념도 동물과 마찬가지로 진화하고 변화하고 발전한다는 것이었다. 신학의 모더니스트들은 교회—그리고 신앙—도 진화해야 하며, 현대 세계에서 도그마화된 교리는 그 자체로 설 자리를 잃었다고 믿었다. 셋째로 임마누엘 칸트Immanuel Kant(1724~1804)의 철학이 있었다. 칸트는 프로테스탄트 철학자로 그의 주장 가운데 하나(베르그송과 유사하다)는 '순수이성'과 같은 것은 없다, 어떤 주장이든 심리학적 원인들이 있다는 것이었다. 그리고 마지막으로 앙리 베르그송의 이론들이 있었다. 앞서 본 대로 베르그송은 실제로 영적인 개념들을 지지했다. 그러나 교회의 가르침과는 매우 달랐으며 과학 및 이성과 밀접하게 얽힌 내용이었다.[86]

신학의 모더니스트들은 교회가 성모 마리아의 원죄 없는 잉태와 교황 무오류설 같은 자기만족에 빠진 교리들을 따져보아야 한다고 믿었다. 그들은 또 교회의 가르침을 칸트, 프래그머티즘, 그리고 예수의 종교적 의미보다는 역사적 예수의 실존 증거를 상당 부분 밝혀낸 독일 학계의 발견과 연구 등의 관점에서 교회의 가르침을 재검토하기를 원했다. 고고학에서는 제임스 프레이저 경의 『황금가지』가 주술적·종교적 의식이 세계 곳곳에 보편적으로 퍼져 있으며 여러 문화권에서 상당한 유사성을 보인다는 사실을 입증했다. 종교의 다양성은 기독교만이 진리의 유일한 소유자라는 입장을 약화시켰다. 사람들은 어느 작가의 말대로 "인류의 과반수가 오류에 빠져 있다"고 믿기가 어려워졌다.[87] 지금 와서야 알 수 있게 된 일이지만 「주의 양떼를 먹임」 회칙은 '신의 죽음'의 또 다른 단계로 해석할 수 있는 소지가 컸다. 그러나 신학적 모더니즘 논쟁에 참여한 젊은 성직자들 대부분은 교회를 떠나고자 한 것은 아니었다. 오히려 교회가 좀 더 높은 단계로 '진화'하기를 희망했다.

로마 교황 비오 10세(후일 비오 성인)는 이탈리아 북부 베네토 주州 리에제의 노동자계급 출신이었다. 소박한 성격에 지역 교구 사제로 성직을 시작했다는 점에서 비타협적 보수주의자에 정치에 휘말려드는 것을 전혀 두려워하지 않았다는 것은 놀라운 일이 아니다. 따라서 젊은 성직자들의 요구에 대해서도 살살 달래는 식으로 대응하지 않고 전면전에 나섰다. 모더니즘을 "잘못된 철학과 신앙의 결합 이외에 아무 것도 아니다"라는 식으로 대놓고 비난했다.[88] 모더니즘은 교황과 전통적인 가톨릭교도들의 입장에서는 '현대적인 것에 대한 과도한 애정, 현대 사상에의 탐닉'으로 규정됐다. 한 가톨릭 작가는 심지어 '현대적인 것의 남용'이라고까지 말했다.[89] 그러나 교황의 회칙은 바티칸이 주도한 모더니즘에 대한 반박의 가장 중요한 부분에 불과했다. 교황청의 교리성과 국무성, 추기경회의가 낸 교령 및 1910년에 공포한 두 번째 회칙 「성 가롤로 보로메오에 관하여 Editae Saepe」 등은 하나같이 모더니즘 사조를 비난했다. 그리고 비오 10세는 추기경과 파리 가톨릭연구소에 여러 차례 서한을 보내 같은 논리를 되풀이했다. 「비통한 결과에 대하여 Lamentabili Sane Exitu」라는 칙령에서 자그마치 65개 조나 되는 모더니즘의 명제를 문제 삼았다. 게다가 고위직에 임명될 사람과 새로 임명된 고해신부, 설교자, 교구 사제, 성당 참사회원, 주교 보좌진 등은 모두 '모더니즘의 주요 강령을 비난하는' 서약서에 따라 교황에 대한 충성을 맹세하도록 의무화했다. 교리의 기본적인 역할도 거듭 주장했다. '신앙은 의지의 지배하에 이루어진 지성의 행위'라는 것이었다.[90]

전 세계의 독실한 가톨릭 신자들은 바티칸의 치밀한 반박과 확고한 입장에 감사를 표했다. 과학적 발견들은 20세기 초에 잇따라 쏟아져 나왔고, 예술의 변화는 그 어느 때보다 당혹스럽고 도전적이었다. 이런 험난한 세상에 반석이 돼 준다는 것은 좋은 일이었다. 그러나 가톨릭교회를 벗어나면 그런 주장에 귀 기울이는 사람은 거의 없었다.

귀 기울이지 않는 곳 중의 하나가 중국이었다. 1900년 당시 중국의 기독교 개종자는 수 세기에 걸친 선교 활동에도 불구하고 겨우 백만 정도였다. 중국에서 일어나고 있는 지적인 변화는 세계의 다른 지역들과는 너무도 달랐다. 이 거대한 나라는 이제 겨우 현대 세계와 접촉하고 있었다. 그리고 그것은 다른 무엇보다도 유교를 내버린다는 의미였다. 유교는 중국을 인류 발전 단계의 최전선으로 이끈 바 있다(최초로 종이와 화약, 기타 상당수의 발명품을 만든 사회를 형성하는 데 유교는 상당한 역할을 했다). 그러나 이제 혁신력을 상실한 지 오래고 사실상 골칫덩어리가 되고 말았다. 이는 서구가 점진적으로 기독교를 넘어서려는 시도를 해온 것과 비교하면 훨씬 난감한 일이었다.

유교의 출발점은 우주의 질서였다. 거기서 근본적인 추진력을 얻고, 유추를 통해 세계를 해석했다. 간단히 말해 유교에는 삶을 지배하는 원칙이라고 할 수 있는 우열 관계의 위계질서가 존재한다. "부모는 자녀보다 우위에 있고, 남성은 여성보다, 지배자는 신민臣民보다 우위에 있다." 이러한 전제로부터 각인은 수행해야 할 역할이 있다. 말하자면 "관습적으로 고착된 사회적 기대가 있고, 개인들은 거기에 반드시 따라야 하는 것이다." 공자는 그런 위계질서를 '군군신신부부자자君君臣臣父父子子'라고 했다. "통치자는 통치자답게 통치하고, 관리는 관리답게 관리 노릇을 하며, 아버지는 아버지답게 행동하고, 아들은 아들답게 행동해야 한다"는 이야기였다. 모든 사람이 이렇게 각자 부여된 역할을 이행하는 한 사회 안정은 유지된다.[91] '지위에 따른 적절한 행동'을 강조함에 있어 유교적 선비는 '이理'를 지도원리로 삼았다. 이란 인내, 평화주의, 타협, 조상이나 연장자, 학식 있는 사람에 대한 존경, 그리고 특히 온건한 휴머니즘을 강조하고, 인간을 만물의 척도로 삼는 도덕적 신조였다. 유교는 또 인간은 태어날 때는 동등하지만 살아가는 과정에서 인격적 완성도가 달라질 수 있으며, 개인은 노력을 통해 '올바른 일'을 함으로써 타인의 모범이 될 수 있다고 강조했다. 성공한 현인들은 다른 무엇보다도 '올바른 행동'을 최우선적 가치로 삼은 사람들이었다.[92]

그러나 유교적 인생관이 현실에서 상당한 효과를 거둔 것은 분명하지만 어디까지나 보수주의였다. 19세기 말과 20세기 초의 혼란을 생각하면 시스템이 무너지고 있다는 것은 더 이상 속일 수 없는 사실이었다. 중국을 제외한 나머지 세계가 과학의 발전과 모더니즘, 사회주의의 도래에 직면해 몸부림치는 상황에서 중국은 좀 더 근본적인 변화가 필요했다. 정신적으로나 도덕적으로 힘난한 길이었다. 인내와 타협이라는 고대적 가치는 더 이상 실질적인 희망을 주지 못했다. 그리고 전통적인 방식으로 교육받은 기성세대는 더 이상 답을 갖고 있지 않았다. 오히려 도덕적 타락의 징후는 교육받은 계층, 즉 신유학의 신봉자들인 학자-관료층에서 가장 뚜렷하게 나타났다.

중국의 현대화는 이론적으로는 17세기 이후부터 계속 진행 중이었다. 그러나 20세기 초가 되면 중국은 사실상 소수 고위관료들의 놀이터가 되고 만다. 그들은 변화가 필요하다는 것은 감지했으나 그러한 변화를 밀고나갈 수 있는 정치적 수단이 없었다. 18~19세기에 예수회 선교사들이 서구의 책 400여 종을 중국어로 번역했다. 절반 이상이 기독교에 관한 것이고 3분의 1 정도는 과학 관련이었다. 그러나 중국 학자들은 여전히 보수적이었다. 용윙(容閎)이라는 사람의 사례는 상징적이다. 이 학생은 1847년 선교사들 초청으로 미국에 가서 1864년 예일 대학을 졸업했다. 그는 8년 공부 끝에 중국으로 돌아왔지만 통역자 겸 번역자 역할을 하기 위해 다시 8년을 기다려야 했다.[93]

일부 변화가 있었다. 중국 학계는 원래 철학에 집중했는데 19세기가 되면서 고대 텍스트에 대한 구체적 분석을 위주로 하는 '고증학evidential research'이 득세한 것이다. 그리하여 두 가지 중요한 결과가 나왔다. 하나는 이른바 고전 텍스트라고 하는 것이 많은 경우 가짜라는 사실을 밝혀냄으로써 유교의 교리 자체가 의심의 대상이 되었다는 점이다. 이에 못지않게 중요한 것은 '고증학'이 수학, 천문학, 재정 및 행정 문제는 물론이고 고고학으로까지 영역이 확대됐다는 점이다. 아직 과학혁명이라고 할 수는 없지만 하나의 출발이었다. 비록 늦기는 했지만…….

유교로부터의 이탈을 결정적으로 보여준 것이 의화단義和團의 봉기였다. 봉기는 1898년에 시작되어 2년 후 중국의 공화주의 혁명 시작과 더불어 막을 내렸다. 봉기의 원인은 역시 삶에 대한 유교적 태도였다. 중국의 학술 활동에는 일부 변화가 있었지만 고전적인 유교가 강조하는 계층별 구분은 여전히 유효했다. 그 결과 세력이 강한 만주족 왕자들 다수는 궁중에서 교육을 받았고 그 결과 '세계에 대해 무지했으며 오히려 그것을 자랑스러워' 하게 되었다.[95] 농민 비밀 결사는 중국 지성계의 파산을 분명히 상징한다. 그런데도 왕자들이 의화단의 후원자가 됐다는 것은 그들의 무지가 얼마나 심각했는지를 말해준다. 의화단은 산둥성山東省에서 봉기를 시작해 점차 외국인을 광적으로 혐오하는 방향으로 치달았다. 그들이 기치로 삼은 두 가지 농민적 전통은 무술(권법)과 샤머니즘이었다. 이보다 어울리지 않는 조합은 없었다. 그런 치명적인 결함은 결국 온갖 악행을 조장했다. 중국인들은 (그토록 우습게 알던) 11개 외국의 손에 패하고, 울며 겨자 먹기로 40년에 걸쳐 배상금 3억 3,300만 달러(지금 가치로 환산하면 최소 200억 달러는 된다)를 물어야 하는 처지가 되면서 체면을 완전히 구겼다. 따라서 의화단의 봉기가 진압되던 1900년은 유교로서는 최저점이었다. 그리고 중국 내외의 모든 사람이 급격하고 근본적인 철학적 변화가 밀려올 것이라는 걸 알게 됐다.[96]

그러한 변화는 일련의 새로운 정책으로 시작됐다. 가장 놀라운 것이 교육개혁이었다. 수많은 현대식 학교가 전국에 설립돼 옛날 교과목과 새 교과목을 일본식으로 혼합해 가르쳤다(일본은 열심히 따라 배워야 할 문화였다. 1895년 청일전쟁의 승리자이고, 유교적 세계관으로 보면 승리자는 패배자보다 우월하기 때문이다. 19~20세기 전환기에 중국 유학생들은 도쿄로 몰려갔다).[97] 교육개혁은 많은 전통식 학교들을 신식 학교로 탈바꿈시키려는 의도였다. 전통적으로 중국에는 수천 개는 아니지만 수백 개의 학교가 있었다. 학교마다 수십 명의 지역 학자들이 있었는데 이들은 고담준론에는 능했지만 서로 협력하거나 국가 전체의 필요를 고려해 행동하는 따위는 안중에 없었다. 시간이 가면서 그들은 소수 특권층화해 장례에서부터 관개 업무에 이르기까지 지역의 대소사를 관할했다. 그러나 전반적이고 체계적인 영향력을 미치지는 못했다. 교육개혁의 요체는 그런 학교를 현대화하는 것이었다.[98]

그러나 뜻대로 되지 않았다. 새 커리큘럼—현대적이고 일본적이며 서구 과학 중심이었다—은 중국인에게는 너무 낯설고 어려웠다. 그래서 대부분의 학생들이 여전히 좀 더 편하고 친숙한 유교 공부에 매달렸다. 그런 공부는 아무 쓸모가 없고 중국의 필요를 충족시키지 못한다는 증거가 도처에 널려 있었지만 막무가내였다. 얼마 가지 않아 전통적인 시스템을 처리하는 유일한 방법은 완전 폐기밖에 없다는 결론이 나왔다. 그리고 불과 4년 후인 1905년에는 실제로 그렇게 됐다. 중국으로서는 엄청난 전환점이 된 조치는 과거제의 폐지였다. 이로써 학자인 동시에 관료인 신사 紳士가 더 이상 나올 수 없게 됐다. 그 결과 낡은 질서는 지적 토대와 함께 지적 응집력을 잃게 됐다. 그런 정도면 어지간하다고 생각할지 모른다. 그러나 구시대 학자-관료층을 대신한 학생들에게 제시된 것은, 존 페어뱅크John Fairbank(미국의 유명한 동아시아 학자 : 옮긴이)의 말을 빌리면, 중국식과 서구식 사고의 '짬뽕'이었다. 그 결과 학생들은 기술적인 전문가가 되었고, 현대적이기는 하지만 도덕적 규율은 없는 상태가 되었다. 신유학적 통합의 이상은 더 이상 타당하지도 유용하지도 않았지만 그것을 대체할 만한 것도 보이지 않았다.[99] 중국에서 놓치지 말아야 할 지적 포인트는 그러한 이상이 이후에도 여전히 남아 있었다는 점이다. 중국은 수년간 서양식 사고와 행동을 흉내 냈지만 유교의 퇴장에 따른 사회 핵심의 도덕적 공백은 결코 채워지지 않았다.

　오늘날의 우리가 모더니즘이 얼마나 폭넓은 영향을 미쳤는지 완벽하게 이해하기는 어렵다. 요즘 사람들은 다 과학적 세계에서 컸다. 많은 경우 거대도시에서의 생활은 그들이 아는 유일한 삶이다. 급속한 변화에 대해서도 변화란 원래 그런 것이려니 한다. 극소수의 사람들만이 대지나 자연과 친밀한 관계를 맺고 있다.
　하지만 19~20세기 전환기에는 전혀 그렇지 않았다. 대도시는 여전히 많은 사람들에게 자못 새로운 체험이었다. 사회보장 시스템은 아직 가동되지 않았고, 불결과 빈곤은 지금보다 훨씬 심각해 사회 전체에 짙은 그림자를 던졌다. 이처럼 새롭고 불확실한 세계를 토대로 해서 나타난 근본적인 과학적 발견들은 오히려 당혹감과 허탈감을 증폭시켰다. 기성 종교의 붕괴는 이렇게 엄청난 감수성의 변화를 유발한 요인들 중 하나에 불과했다. 내셔널리즘과 반유대주의, 인종주의 이론이 도처에서 발호하고, 경험을 근본적인 단위로 잘게 쪼개려는 모더니즘 예술 양식이 열렬한 환영을 받은 것은 모두 그러한 변화에 대한 반응이었다.
　가장 큰 역설이랄까 걱정스러운 변질은 이런 것이었다. 진화론에 따르면 자연을 기준으로 할 때 세계의 변화는 대단히 느리다. 그런데 모더니즘에 따르면 모든 것이 동시에, 그리고 근본적인 방식으로 변화하고 있다. 실제로는 하룻밤 사이에 달라진다. 따라서 대부분의 사람들에게 모더니즘은 희망을 주는 약속이라기보다는 불안을 불러일으키는 위협이었다. 모더니즘이 내미는 아름다움 속에는 공포가 숨어 있었다.

5
미국의 실용주의 정신
The Pragmatic Mind of America

    1906년 아흐마드 푸아드 왕자를 중심으로 한 이집트인들이 일반인들의 모금으로 대학을 세우자고 호소하는 선언서를 발표했다. "유럽의 대학들과 유사한, 나라의 필요에 이바지하는 학습기관을 만들자"는 것이었다. 호소는 성공적이었다. 그래서 2년 후에는 대학(초기에는 야학 수준이었다)이 설립됐다. 교수진이라야 이집트인 2명과 유럽인 3명뿐이었다. 이런 계획이 필요했던 이유는 한때 무슬림 세계 최고의 학교로 일컬어졌던 카이로의 알 아즈하르 사원(겸 대학)이 현대화를 거부하고 중세적 학풍을 지속하는 바람에 명성이 땅에 떨어졌기 때문이다. 고루한 인습에 젖어 있는 동안 19세기 이집트와 시리아에는 현대적 의미의 대학이 전무하게 됐다.[1]

    중국은 1900년을 기준으로 할 때 대학이 네 곳에 불과했다. 일본은 두 개였다. 세 번째 대학은 1909년에 설립된다. 이란은 전문대학들(테헤란정치대학은 1900년에 세워졌다)밖에 없었다. 베이루트와 터키에는 칼리지 하나뿐이었다. 터키는 1차 대전까지는 그래도 강대국이었다. 이스탄불 대학은 1871년 '다르 알 푸눈Dar-al-funoun'(배움의 집)으로 설립됐으나 곧 문을 닫았고, 1900년이 지나서야 다시 문을 열었다. 사하라 사막 이남 아프리카에는 대학이 네 개가 있었다. 희망봉 지역(현재의 남아프리카공화국)에는 블룸폰테인에 있는 그레이 대학, 그래함스타운에 있는 로즈 대학, 나탈 대학이 있었다. 호주도 대학이 네 개였고, 뉴질랜드는 하나였다. 인도는 1875년 콜카타, 뭄바이, 마드라스에 여러 개의 대학이 세워졌고, 알라하바드와 펀자브에는 1857년에서 1887년 사이에 설립됐다. 그러나 1919년까지 그 이상은 설립되지 않았다.² 러시아는 20세기 초 국가에서 지원하는 대학이 10개였다. 또 하나는 핀란드(당시 러시아 자치령이었다)에 있었다. 사립은 모스크바에 하나가 있었다.

이처럼 대학 수가 빈약하다는 것이 서유럽을 제외한 지역의 지적 수준이 어떠한지를 보여주는 것이라면, 미국은 영국식 대학을 선호하는 파와 독일식 대학이 낫다고 생각하는 파 간에 난투가 벌어지고 있었다. 미국의 대학들은 처음에 영국 스타일을 따랐다. 미국 최초의 고등교육기관인 하버드 대학은 1636년 청교도 대학으로 출발했다. 매사추세츠만 식민지(영국 왕 찰스 1세가 수여한 특허장에 따라 1630년에 건설된 뉴잉글랜드 지역의 식민지) 운영위원 30여 명은 영국 케임브리지 대학 임마누엘 칼리지 출신이었다. 그래서 그들이 보스턴 근처에 세운 하버드 대학도 자연스럽게 임마누엘 칼리지 스타일을 따랐다. 스코틀랜드 모델, 특히 애버딘 대학 스타일도 강세였다.³ 스코틀랜드 대학들은 기숙사를 운영하지 않았고, 종교적 성향보다는 민주적 성향이 강했다. 학교 운영은 지역 고위급 인사들이 맡았는데 이는 대학 이사회의 전신이었다. 그러나 20세기가 될 때까지 미국의 고등교육기관들은 제대로 된 유니버시티라기보다는 칼리지 수준이었다. 지식 계발에 치중하기보다는 교육이 중심이었다. 볼티모어의 존스 홉킨스 대학(1876년 설립)과 클라크 대학(1888년 설립)만이 유니버시티 범주에 들었지만 두 대학도 곧 학부 단과대학을 늘리지 않을 수 없었다.⁴

우리가 아는 현대적인 대학의 틀을 처음으로 잡은 사람은 찰스 엘리어트Charles Eliot(1834~1926)였다. MIT(매사추세츠공과대학) 화학 교수였던 그는 1869년 불과 35세의 나이로 하버드대 총장에 임명됐다. 하버드대는 그가 학부를 다닌 곳이었다. 엘리어트가 부임할 당시 하버드는 학생이 1,050명에 교수는 59명이었다. 1909년 그가 퇴직할 당시 학생 수는 4배로 늘었고, 교수진은 10배로 커졌다. 그러나 엘리어트가 크기에만 관심을 쏟은 것은 아니었다. "그는 편협한 인문학 칼리지 커리큘럼을 땅속에 묻어버렸다. 전문적인 단과대학을 세워 대학의 일부로 삼았다. 마침내 그는 대학원 교육을 촉진시켜 미국의 다른 모든 대학이 따라간 모델을 세운 것이다."⁵

엘리어트는 특히 독일어권 국가들의 고등교육 시스템을 모방했다. 그런 시스템

속에서 막스 플랑크, 막스 베버, 리하르트 슈트라우스, 지그문트 프로이트, 알베르트 아인슈타인 같은 인물이 배출됐다. 19세기 독일 대학의 우위는 예나 전투(1806년 10월 14일 독일 중부 도시 예나에서 나폴레옹이 이끄는 프랑스군이 프로이센을 격파한 전투 : 옮긴이) 때로 거슬러 올라간다. 예나 전투 이후 나폴레옹은 마침내 베를린으로 진격했다. 나폴레옹이 나타나자 완고한 프로이센 사람들도 변화하지 않을 수 없었다. 지적으로는 요한 피히테Johann Fichte, 크리스티안 볼프Christian Wolff, 임마누엘 칸트 등이 당시를 대표하는 인물이었다. 이들은 쓸데없이 신학에 매달리는 독일의 학문 풍토를 깼다. 그 결과 독일 학자들은 유럽의 경쟁자들에 비해 철학, 문헌학, 자연과학 등에서 결정적인 강점을 갖게 됐다. 예를 들어 물리학, 화학, 지질학이 대학에서 처음으로 인문학과 같은 반열에 오른 것도 독일에서였다. 수많은 미국인들과 매튜 아널드Matthew Arnold(문학평론가이자 시인, 1822~88 : 옮긴이), 토마스 헉슬리Thomas Huxley(생물학자, 1825~1895 : 옮긴이) 같은 영국인들은 독일을 둘러보고는 하나같이 대학의 우수성에 찬사를 아끼지 않았다.[6]

 엘리엇의 시대로부터 미국 대학들은 특히 연구 분야에서 독일 시스템을 모방하기 시작했다. 그러나 독일 모델은 지식의 발전과 산업용 신기술 개발에는 탁월했지만 '대학다운 생활양식'과 미국 고등교육의 특징이었던 학부생과 교수의 친밀한 인간관계를 저해했다. 독일 시스템은 주로 윌리엄 제임스가 'Ph. D. 문어발'이라고 한 박사학위 배출에 치중했다. 예일 대학은 1861년 대서양 서안에서 처음으로 Ph. D.를 배출했다. 1900년이 되면 매년 300명 이상의 박사학위 취득자가 배출됐다.[7] 독일식을 따른 대가는 영국식 대학 시스템과의 완전한 결별이었다. 많은 대학에서 학부생용 기숙사가 완전히 사라졌다. 공동체처럼 함께 모여 식사하는 관습도 없어졌다. 1880년대 하버드에서는 독일 시스템을 무조건 신봉하는 바람에 수업 출석도 의무사항이 아닐 정도였다. 중요한 것은 오로지 시험 성적이었다. 그러자 반동이 시작됐다. 시카고 대학이 첫 테이프를 끊었다. 1900년까지 기숙사 일곱 개를 지은 것이다. '당시만 해도 중세적이고 영국적이며 독재적인 시설이라는 이유로 [중]서부에 만연해 있던 기숙사에 대한 편견을 깬' 조치였다. 예일과 프린스턴도 곧 유사한 방식을 택했다. 하버드는 1920년대에 영국식 주거 모델에 따라 재건축을 했다.[8]

미국 대학들은 우리가 앞으로 다루게 될 많은 부분에서 핵심적인 역할을 해왔기 때문에 그 역사는 독자적인 것으로 인정해야 한다. 그러나 하버드, 시카고, 예일 및 기타 미국의 수준 높은 교육기관들의 영혼을 위한 싸움도 또 다른 의미에서 독자적이었다. 독일과 영국의 좋은 방식을 혼합한 것은 사려 깊은 조치였다. 20세기 초에 미국의 대학들이 처한 상황에 대한 실용적 대응이었다. 실용주의pragmatism은 미국식 사고의 최대 강점이었다. 미국은 유럽식 도그마나 이데올로기에 사로잡히지 않았다. 나름의 '개척자 정신'이 있었다. 그래서 구대륙에서 최고의 것들만을 골라내고 나머지는 취하지 않은 것이다. 그 결과라고도 볼 수 있는 것이 이 장에서 살펴볼 마천루, 애시캔파Ashcan School(20세기 초 뉴욕 빈민가의 일상생활을 사실주의적으로 묘사한 미국 풍경화가들 : 옮긴이), 비행, 영화 등등이다. 이런 것들은 모두 유럽의 미학주의, 정신분석, 엘랑 비탈, 추상미술 등과는 극단적인 대조를 보이는 것으로 20세기 초 진화하는 세계에 대한 즉각적이고도 철두철미한 실용적 대응이었다.

미국 프래그머티즘(실용주의) 학파의 창시자는 찰스 샌더스 퍼스Charles Sanders Peirce(1839~1914)였다. 1870년대에 철학자로 활동했지만, 그의 사상은 1906년 윌리엄 제임스(1842~1910)에 의해 현대화된 형태로 대중화됐다. 윌리엄 제임스와 소설가인 동생 헨리 제임스는 보스턴의 부잣집 자제였다. 아버지 헨리 제임스 시니어는 '신비적이고 애매한 철학 논문'을 쓰는 사람이었다.9 윌리엄 제임스가 퍼스에게 빚지고 있다는 것은 1907년 보스턴에서 한 일련의 강좌에 붙인 『프래그머티즘-오래된 사고방식에 대한 새 이름Pragmatism: A New Name for Old Ways of Thinking』이라는 제목에서 분명히 드러난다. 프래그머티즘의 출발은 이상주의적 도그마에 빠지지 않고 자연과학에서 발전되고 있는 엄격한 경험적 준거에 따르는 철학을 발전시키자는 것이었다. 제임스가 퍼스의 사상에 덧붙인 부분은 철학은 누구나 다가갈 수 있어야 한다는 개념이었다. 철학은 불가피한 삶의 현실이기 때문에 누구나 나름의 철학을, 즉 세계를 보고 이해하는 방식을 갖게 된다고 그는 생각했다. 그의 강의(8회)는 그것을 도와줄 목적으로 한 것이었다.

제임스의 접근방식은 20세기 철학에 또 하나의 거대한 간극을 가져왔다. 그러지 않아도 프란츠 브렌타노, 에드문트 후설, 앙리 베르그송의 대륙학파와 버트런드 러셀, 루드비히 비트겐슈타인, 후일 빈 서클을 이루는 철학자들의 분석학파 사이에는 간극이 있었다. 20세기 전반에 걸쳐 철학적 개념을 이상적 상황에서 도출해내는 철학자들이 있었다. 그들은 세계관과 사고와 행동의 준칙을 이론적으로 '명징한' 또는 '순수한' 상황으로부터 끌어내고자 애썼다. 그런 상황에서는 평등과 자유가 당연한 사실로 전제된다. 따라서 시스템은 그것을 토대로 가설적으로 구성된다. 그 반대편의, 말끔하지도 않고 평등하지도 않고 정의롭지만도 않은 있는 그대로의 세계에서 출발하는 철학자들이 있었다. 제임스는 분명 후자에 속했다.

제임스는 이러한 구분을 설명하는 과정에서 '지적인 기질'에는 상당히 대조적인 두 가지 기본형이 있다면서 '강인한 마음을 가진 사람들tough-minded'과 '부드러운 마음을 가진 사람들tender-minded'로 분류했다. 그는 이러한 기질이 유전적으로 타고나는 것이라고 명시적으로 말하지는 않았다. 1907년은 그런 용어를 사용하기에는 좀 이른 시대였다. 그러나 기질temperament이라는 용어를 골라 쓴 것을 보면 분명 그런 관점을 암시한다. 그는 한 가지 기질을 가진 사람들은 늘 다른 쪽을 깔보기 때문에 둘 사이의 충돌은 불가피하다고 생각했다. 첫 번째 강의에서 그는 양쪽의 특성을 다음과 같이 정리했다.

부드러운 마음을 가진 사람들	강인한 마음을 가진 사람들
합리주의적(원칙에 따른다)	경험주의적(사실에 따른다)
낙관적	비관적
종교적	비종교적
자유의지론자	운명론자
	다원론적
교조적	물질주의적
	회의적

이러한 구분을 강조하는 중요한 이유 가운데 하나는 세계가 변화해가는 양상에 주목하기 위해서였다. "지금처럼 경험주의적 기질이 강한 사람들이 많은 적이 없었다. 우리 아이들은 거의 과학자로 태어난다고 해도 될 정도다."[10]

그렇다고 해서 제임스가 과학적 무신론자였던 것은 아니다. 그는 차츰 프래그머티즘으로 나아갔다(그는 1902년 『종교체험의 다양성』이라는 중요한 저서를 냈다).**11** 그는 철학은 무엇보다도 실용적이어야 한다고 생각했다. 그리고 그런 점에서 퍼스에게 빚을 지고 있음을 분명히 했다. 신앙이란 '실제로는 행동규칙이다'라고 퍼스는 말한 바 있다. 제임스는 이런 주장을 좀 더 가다듬어서 "철학의 모든 기능은 이 세계관이 또는 저 세계관이 맞을 경우 그것이 당신과 나에게, 우리 생활의 특정한 순간에 어떤 확실한 차이를 가져다주는지를 찾아내는 것이어야 한다……. 프래그머티스트(실용주의자)는 직업 철학자들이 금지옥엽으로 여기는 수많은 고질적인 습관들을 단호히 거부한다. 추상화와 어설픔을 멀리하고, 말로만 떠드는 해결책과 선험적인 논거, 요지부동의 원칙과 꽉 막힌 체계, 절대자라느니 근원根源이라느니 하며 거창하게 떠드는 것들을 멀리한다. 프래그머티스트는 구체적이고 타당한 것을 지향한다. 사실을 지향하고, 행동을 지향하고, 힘을 지향한다."**12** 형이상학―제임스는 형이상학을 원시적인 것으로 간주했다―은 '신'이니 '물질'이니 '절대자'니 하는 거창한 말들에 꼭 따라다녔다. 그러나 이런 거창한 개념들은 그가 '실용적인 현금가치'라고 부른 것을 갖고 있는 한에서만 따져볼 가치가 있었다. 그런 것들이 우리 삶의 행동에 어떤 차이를 가져다주었는가? 우리가 삶을 영위하는 방식에 실질적인 차이를 가져다주는 것이라면 그것이 무엇이든 제임스는 기꺼이 '진리'라고 부를 태세가 돼 있었다. 진리는 절대적이(었다)라고 그는 말했다. 많은 진리가 있다. 그런데 진리는 실용적으로 쓸모가 있는 한에서만 진실이다. 진리가 아름답다고 해서 영원한 것은 아니다. 그래서 진리는 좋은 것이다. 본질적으로 진리는 실질적인 차이를 만들어낸다. 제임스는 이런 접근법으로 수많은 형이상학적 문제를 풀어나갔다. 그중 한 가지 사례만 들어서 그의 논법이 어떻게 진행되는지 살펴보자. 영혼과 같은 것은 존재하는가? 존재한다면 의식과는 어떤 관계인가? 과거의 철학자들은 예전에 다른 사람으로 살았다는 느낌과 같은 직관적인 경험들을 설명하기 위해 '영혼이라는 실재'를 전제했다. 그러나 의식을 제거하면 '영혼'이라는 것이 지탱이 될까? 영혼이 의식 없이 존재한다고 말할 수 있을까? '아니다'라고 제임스는 말했다. 그렇다면 굳이 영혼 개념에 매달릴 필요가 있을까? 제임스는 확고한 다원주의자였다. 진화는 본질적으

로 우주에 대한 실용주의적 접근이라고 그는 생각했다. 그것이 바로 생물종의 적응이다.[13]

퍼스와 제임스에 이어 미국을 대표하는 세 번째 실용주의 철학자는 존 듀이John Dewey(1859~1952)였다. 시카고 대학 교수였던 듀이는 버몬트 출신답게 말이 느렸다. 테 없는 안경에 패션 감각이라곤 빵점이었다. 어떤 면에서 그는 가장 성공한 프래그머티스트였다. 제임스와 마찬가지로 누구나 나름의 철학, 즉 나름의 신념체계가 있으며 그런 철학은 좀 더 행복하고 좀 더 생산적인 삶을 영위하는 데 도움이 되어야 한다고 그는 믿었다. 그 자신의 삶은 특히 생산적이었다. 신문 기고와 대중적인 저서, 버트런드 러셀이나 『존재의 대사슬 The Great Chain of Being』을 쓴 아서 러브조이Arthur Lovejoy(사상사로 유명한 미국 철학자, 1873~1963 : 옮긴이) 같은 철학자들과의 수많은 토론을 통해서 듀이는 대중에게 널리 알려졌다. 듀이만큼 대중적으로 유명한 철학자도 없다.[14] 듀이도 제임스와 마찬가지로 확고한 다원주의자였다. 과학과 과학적 접근방식이 삶의 다른 영역에도 통합될 필요가 있다고 믿는 사람이었다. 그중에서도 특히 어린이 교육에 과학의 성과를 적용해야 한다고 보았다. 듀이에게 새로 시작된 20세기는 '민주주의와 과학과 산업화'의 시대였다. 그리고 이는 교육에 심대한 영향을 미친다고 그는 주장했다. 당시 어린이를 대하는 태도는 급속도로 달라지고 있었다. 1909년 스웨덴의 페미니스트인 여성 작가 엘렌 케이Ellen Key는 『어린이의 세기 Barnets århundrade』라는 책을 냈다. 어린이의 다양한 가능성을 높이 평가하면서 어린이는 어른과 다르고 끼리끼리도 다르다는 인식을 재발견한 내용이었다.[15] 이런 주장은 지금의 우리에게는 상식 수준이지만 유아사망률이 심각하고, 가족의 규모가 훨씬 크고, 많은 아이들이 죽어나가던 19세기에는 시간적으로나 교육적으로 또 정서적인 면에서 지금과 같은 어린이에 대한 투자가 없었다. 아니, 있을 수 없었다. 듀이는 이러한 변화가 교육에 중요한 결과를 가져온다고 보았다. 지금까지 학교 교육은, 심지어 유럽보다는 어린이에게 너그럽다는 미국의 학교 교육까지도 교사의 엄격한 권위에 지배돼 왔다. 교사는 교육받은 사람은 이래야 한다는 개념을 가지고 학생들에게 지식은 '이미 확정된 진리를 성찰하는 것'이라는 관념을 주입하는 것을 목적으로 삼았다.[16]

듀이는 그런 사고를 두 가지 방향에서 변화시킨 운동의 지도자 가운데 한 사람이었다. 그는 전통적인 교육관은 여가가 많은 귀족사회에서 유래한 것이라고 보았다. 귀족사회는 유럽의 민주주의 국가에서는 거의 사라져가고 있으며, 미국에서는 존재한 적도 없는 사회 유형이었다. 이제 교육은 민주주의의 요구를 충족시켜야 했다. 둘째로 이에 못지않게 중요한 것은 교육은 어린이는 능력과 관심 면에서 서로 매우 다르다는 사실을 반영해야만 했다. 어린이들이 능력껏 사회에 최고도로 기여하려면 교사가 필요하다고 생각하는 정보를 '무조건 주입하기'보다는 어린이 하나마다의 소질을 끌어내는 것이 중요했다. 다른 말로 하면 프래그머티즘을 교육에 적용시킨 것이다.

듀이의 과학에 대한 열정은 1896년에 손수 세운 '실험학교Laboratory School'라는 이름에도 반영됐다.[17] 이 학교는 스위스의 경건한 교육자 요한 페스탈로치Johann Pestalozzi와 독일 철학자 프리드리히 프뢰벨Friedrich Fröbel, 미국의 아동심리학자 G. 스탠리 홀Stanley Hal의 영향을 받았는데 운영은 어린이는 저마다 개성에 따라 부정적인 결과를 가져올 수도 있고, 긍정적인 결과를 낳을 수도 있다는 원칙을 기본으로 삼았다. 무엇보다도 어린이는 타고난 능력에 따라 할 수 있는 일에 한계가 있다. 좀 더 적극적으로 말하면, 어린이의 관심과 특성을 발견해서 '성장growth'이 어디에서 가능한지를 알아내야 한다는 것이었다. 성장은 20세기 초 '어린이 중심'의 새로운 교육 개척자들에게는 중요한 개념이었다. 듀이는 고대 이래로 사회는 여유 있고 귀족적인 계급(이들은 지식의 수호자이기도 하다)과 일에 매달려 사는 노동계급(이들에게는 실질적인 지식이 중요하다)으로 나뉘어왔다고 보았다. 이러한 분리는 아주 바람직하지 못한 결과를 가져오는 것으로 민주주의 체제하에서는 특히 그러하다. 따라서 계급적 구분에 따라 교육하는 일은 마땅히 폐기돼야 하며, 지금까지 내려온 배움이라는 개념은 민주주의와 산업화, 과학의 시대에 부적합한 것으로 배척돼야 했다.[18]

듀이의 사상은 프로이트와 마찬가지로 과거보다 훨씬 더 유년기를 중시했다. 개인의 성장을 중시하고, 지식이 무엇이며, 교육은 무엇을 추구해야 하는가에 대한 전통적이고 권위주의적인 개념이 퇴조함으로써 많은 사람들에게 해방의 희망이 보였다. 미국에서는 새로운 교육이 다수의 이민자 집단뿐 아니라 지리적으로도 널리 퍼져나감으로써 개인주의자를 양산하는 데 촉매역할을 했다. 동시에 '성장 운동'이라고 하는 이상은 극단화되면 어린이들을 너무 풀어놓는 식으로 나아갈 위험이 있었다. 어떤 학교에서는 교사들이 '아이들이 좌절을 겪어서는 안 된다'고 믿고 시험과 학년제를 완전히 없애버리기도 했다.[19] 이처럼 최소한의 틀이 없어지자 당연히 부작용이 따랐다. 독창성은 없이 그저 남들 하는 대로 따라만 하는 어린이들이 양산되었던 것이다. 그 이유는 확고한 기본지식이 부족하고, 실패를 통해 배울 수 있는 독자적인 판단력이 떨어졌기 때문이다. 어린이를 부모의 '지배'로부터 해방시킨다는 것은 분명 바람직하다. 그러나 그런 교육 방식은 후일 나름의 문제를 야기한다.

상투적인 표현으로 대학을 상아탑이라고 한다. '진짜 세상'이라고 하는 어지러운 현실에서 물러나 교수들(하버드의 제임스, 시카고의 듀이, 콜레주 드 프랑스의 베르그송처럼)이 철학의 근본적인 관심사를 시간을 갖고 성찰할 수 있는 곳을 일컫는 말이다. 따라서 상아탑이라는 별명을 생각할 때 1908년 하버드 대학에서 대단히 실용적인 아이디어를 도입한 것은 아이러니다. 아이디어란 다름 아닌 하버드 대학 경영대학원(비즈니스 스쿨)Harvard Graduate School of Business Administration이었다. 대학원이라는 점에 주의해야 한다. 미국의 다른 대학들도 1880년대 이후 비즈니스 분야 교육훈련 과정을 두고 있었다. 그러나 하나같이 학부 과정이었다. 하버드 경영대학원은 외교관과 공무원들을 훈련시키는 행정대학원 개념으로 출발했다. 그러나 1907년 주식시장에 공황이 닥치면서 비즈니스맨들을 좀 더 잘 훈련시켜야 할 필요가 생겼다.

경영대학원이 문을 연 것은 1908년 10월이었다. 경영학 석사M.B.A.(Master of Business Administration : 옮긴이)라는 새 학위를 따려고 지원한 학생은 59명이었다.[20] 당시 무엇을 가르칠 것이냐뿐 아니라 어떻게 가르쳐야 하는가에 대해서도 논란이 있었다. 회계, 물류, 보험, 뱅킹은 다른 기관에서도 가르치는 내용이었다. 그래서 하버드는 비즈니스의 정의를 나름대로 한 차원 발전시켰다. "비즈니스란 물건을 만들어서 정당한 방식으로 이익을 보고 파는 행위다." 이 정의에서 말하는 기본 활동은 두 가지다. 하나는 제조, 즉 생산 활동이고, 또 하나는 머천다이징 또는 마케팅이라고 하는 것으로 유통 활동이다. 이런 문제에 대해서는 기존의 교과서가 없었다. 따라서 교수들은 비즈니스맨과 회사들을 집중 조명했고, 이렇게 해서 후일 하버드 경영대학원의 사례연구case study라는 유명한 시스템이 발전된 것이다. 제조와 유통에 이어 프레드릭 윈슬로 테일러Frederick Winslow Taylor(1856~1915)의 『과학적 관리법 The Principles of Scientific Management』을 연구하는 강좌도 개설됐다.[21] 공장 생활로 잔뼈가 굵은 엔지니어인 테일러는 시어도어 루스벨트 대통령이 백악관에서 미국인의 생활 중 많은 부분이 비효율적이며 낭비적이라고 한 연설에 적극 공감했다. 테일러가 보기에 회사 관리(경영)는 좀 더 '과학적'인 토대 위에 올려놓을 필요가 있었다. 그는 관리도 하나의 과학이라는 것을 보여주고 싶어 했으며, 자신의 주장을 입증하기 위해 많은 회사들의 능률 사례를 연구해서 개선했다. 예를 들어 연구 결과, 평균적인 노동자는 석탄이나 모래(또는 어떤 물질이라도 좋다)를 24파운드나 18파운드짜리 삽이 아니라 21파운드짜리 삽으로 파서 나를 때 훨씬 많이 운반한다고 그는 말했다. 더 무거운 삽을 쓰면 삽의 무게 때문에 빨리 지친다. 가벼운 삽을 쓰면 빨리 퍼 나르느라고 빨리 지친다. 21파운드짜리 삽을 쓰면 비교적 오래 일을 계속할 수 있고 덜 쉬어도 된다는 것이다. 테일러는 많은 비즈니스에 새로운 전략을 고안했으며 그 결과 노동자는 임금을 더 많이 받게 되고 회사는 이윤을 더 많이 남기게 됐다. 선철 제조 사례의 경우 노동자들은 임금이 일당 1.15달러에서 1.85달러로 60퍼센트 올랐고, 하루 평균 생산량은 12.5톤에서 47톤으로 거의 400퍼센트 향상됐다. 그 결과 모두가 만족했다고 그는 말했다.[22] 하버드 경영대학원 커리큘럼의 핵심은 전 학생이 나서는 현장조사research였다. 처음 현장조사 대상 비즈니스는 신발 소매업이었는데 학생들은 긴 방학 기간에 취업 체험을 했다. 두 가지 요소가 성공적인 것으로 입증됐다. 하버드의 경영 교육은 이렇게 해서 법학부에서 하는 사례연구와 의학부에서 하는 '임상적' 접근에 현장조사를 버무린 스타일이었다. 이러한 접근방식은 후일 대단히 유명해져서 모방하는 학교가 속출했다. 1908년 M.B.A. 지원자가 59명이던 것이 1929년 주식시장 붕괴가 다시 닥쳤을 무렵에는 872명으로 늘었다. 여기에는 해외 14개국에서 온 학부 졸업생도 있었다. 경영대학원에서 발행하는 『하버드 비즈니스 리뷰 Harvard Business Review』는 1922년에 처음 나왔다. 이 잡지 편찬 목적은 기본적인 경제이론을 비즈니스 간부들이 매일매일 접하는 문제에 접목시키는 것이었다. 말하자면 프래그머티즘의 실천이었다.[23]

이런 식으로 하버드 경영대학원은 물론이고 여타 경영대학원 내지는 비즈니스 현장에서 벌어지는 일들은 리처드 호프스태터 Richard Hofstadter(미국의 저명한 역사가, 1916~1970 : 옮긴이)가 미국의 '실용적인 문화'라고 한 바로 그것이었다. 그는 비즈니스뿐 아니라 농업, 노동운동(유럽의 노동운동보다 훨씬 실용적이며 사회주의 이데올로기 색채가 덜하다), 자수성가를 중시하는 전통, 심지어 종교까지도 그런 범주에 포함시켰다.[24] 호프스태터가 미국 여러 지역의 기독교는 본질적으로 완전히 실용적이라고 지적한 것은 타당했다. 그는 미국 신학의 한 흐름은 "종교를 힘을 얻을 목적으로 성스러운 실체에 적응하는 것으로 규정하는 경향이 있다. 계시의 차원은 뒤로 밀린다"[25]는 신학자 라인홀드 니부어 Reinhold Niebuhr의 지적을 강조한다. 그는 또 많은 신학 운동들이 그런 목적을 달성하기 위해 '영적인 기술'을 사용한다고 강조한다. "한…… 작가는 우리에게 말하기를…… '신체는…… 신이라는 방송국이 보내는 메시지를 잡아내는 수신기'이며, '엔지니어들 중에서 가장 위대한 엔지니어는…… 당신의 말없는 파트너이다'라고 했다."[26] 이처럼 실용적인 문화에서는 신조차 비즈니스맨이 되는 것이 너무도 자연스럽다.

뉴욕 맨해튼의 브로드웨이와 23번가가 만나는 지점은 늘 붐비는 교차로다. 브로드웨이는 이 네거리를 지나면서 북쪽으로 작은 삼각형 모양 땅이 되는데 뉴욕의 전형적인 사각형 '블록'과는 완전히 구분된다. 1903년 건축가인 다니엘 번함 Daniel Burnham(1846~1912)은 이 특이한 택지를 이용해 훗날 맨해튼의 아이콘이 되는 건물을 창조했다. 건물은 개관 당시와 마찬가지로 지금도 독특하고 아름답다. 좁다란 쐐기형 건물 구조(뾰족하게 튀어나온 부분은 각을 깎아 부드러운 느낌이 들도록 처리했다)는 그 형태 때문에 플랫아이언(다리미) 빌딩이라는 애칭으로 불렸다. 그러나 명성을 얻은 것은 모양 때문만은 아니었다. 플랫아이언 빌딩은 높이가 285피트(87미터) 21층

짜리로 뉴욕 최초의 마천루摩天樓 skyscraper였다.²⁷

건축은 가장 솔직한 예술 형식이다. 그중에서도 마천루는 사람이 바글바글한 대도시에 적합한 실용적인 시설이다. 대도시는 19세기 말에 형성됐는데 공간이 수요를 따라가지 못해서, 특히 맨해튼의 경우는 좁은 부지에다가 건물을 지어야 했다.²⁸ 마천루만큼 20세기 초를 상징하는 이미지는 없을 것이다. 마천루들은 그 이전 건축과는 전혀 달랐으며, 지어질 때마다 충격적이었고, 독특한 아름다움을 뽐내곤 했다. 어떤 이들은 플랫아이언 빌딩이 최초의 마천루라는 데 대해 반론을 제기할 것이다. 19세기에도 12층, 15층, 심지어 19층짜리 건물이 있었다. 조지 포스트George Post가 1892년에 지은 파크 로우의 퓰리처 빌딩은 그런 건물 중 하나였다. 그러나 스카이라인을 바꾼 것은 플랫아이언 빌딩이 처음이었다. 플랫아이언은 곧바로 예술가와 사진작가들의 스포트라이트를 받았다. 미국 초기의 위대한 사진작가의 한 사람인 에드워드 스타이켄Edward Steichen은 플랫아이언 빌딩이 뿌연 안개 속에서 솟아나는 모습을 렌즈로 잡았는데 그야말로 풍경화라고 할 만했다. 그는 알프레드 스티글리츠Alfred Stieglitz와 함께 뉴욕 최초의 현대식 화랑을 운영한(그리고 세잔을 미국에 소개했다) 인물이었다. 플랫아이언 빌딩 사진들은 작은 마차들이 가스등불 아래로 지나가는 풍경이 파리의 인상파 그림 같은 느낌을 준다.²⁹ 플랫아이언 빌딩은 건물 자체가 하강기류를 만들어 지나가는 여성들의 스커트를 날렸다. 그래서 젊은 이들이 펄럭이는 여자들 속치마를 구경하려고 어슬렁거린 것으로도 유명하다.³⁰

마천루는 뉴욕에서 완전한 형태로 꽃 피게 되지만 처음 등장한 것은 시카고였다.³¹ 마천루의 역사는 비극적 주인공 루이스 헨리 설리번Louis Henry Sullivan(1856~1924)이 있어서 더더욱 흥미진진하다. 설리번은 보스턴에서 태어났다. 어머니는 독일-스위스-프랑스계 혈통으로 음악적 재능이 뛰어났고, 아버지 패트릭은 무용을 가르쳤다. 루이스는 시인을 자처하면서 껄렁한 시를 썼는데 커가면서 고향 도시의 어지러운 건축을 혐오했다. 그러나 찰스 강을 건너 고향에서 멀지 않은 MIT에서 건축을 공부했다.³² 둥근 얼굴에 갈색 눈썹의 설리번은 학창 시절에도 자신감이 넘쳤다. 말쑥한 양복에 셔츠에는 진주 커프스단추를 달고 밖에 외출할 때는 꼭 손잡이 부분에 금박을 한 지팡이를 짚고 다녔다. 그는 유럽 곳곳을 여행하면서 여러 건물들을 둘러본 것은 물론이고 바그너를 즐겨 들었다. 이어 잠깐 필라델피아와 시카고의 윌리엄 르 배런 제니William Le Baron Jenney 건축사무소에서 일했다. 제니는 시카고의 홈 인슈어런스 빌딩(1883~85)에 철골 구조와 엘리베이터를 도입함으로써 마천루의 아버지라는 평을 듣는 인물이었다.³³ 그러나 이 건물이―후대의 기준으로 보면 너무 작달막하기 때문에―진정 마천루라고 할 만한 것인지는 의문스럽다. 설리번의 관점에서 볼 때 마천루의 가장 중요한 특징은 '철두철미하게 높아야 한다'는 것이었다. "높이가 주는 강렬함과 힘이 있어야 한다. 마천루란 당당하고 힘차게 솟아오르는 건물로서 꼭대기에서 밑바닥까지 단 하나의 이질적인 요소도 허용하지 않는 통일체로 우뚝 서야 한다."³⁴

1876년의 시카고는 어떤 의미에서 여전히 변경 도시였다. 파머 하우스 호텔에 머물던 영국 소설가 러드야드 키플링Rudyard Kipling은 시카고를 "겉만 번지르르한 토끼장(이며)······ 돈 이야기만 하면서 침이나 퉤퉤 뱉는 자들로 가득 차 있다"고 말했다. 그러나 1871년 대화재로 도심이 완전히 폐허가 되면서 건축가 입장에서는 엄청난 기회가 다가왔다.³⁵ 1880년 설리번은 당크마르 애들러Dankmar Adler 건축사무소에 합류했고, 일 년 뒤에는 동업자가 됐다. 이러한 파트너십은 그의 명성을 높여주었고, 그는 곧 시카고 학파Chicago School의 주도적인 인물이 되었다.

시카고가 마천루의 출생지로 알려져 있기는 하지만 대단히 높은 구조물을 건설한다는 개념은 아주 오래된 것이다. 따라서 시카고 학파의 지적인 독창성은 높은 건물도 무게를 지탱하기 위해 반드시 석조로 할 필요는 없다는 사실을 발견한 데 있었다.*

금속 골조 식 건물이 답이었다. 골조는 처음에는 철을 사용하다가 나중에는 강철을 강철판에 볼트로(이후에는 공사를 더 빨리하기 위해 리벳을 썼다) 죄어 선반처럼 만들어서 이것이 각층 바닥이 되는 방식을 사용했다. 이런 구조에서는 커튼월(칸막이 구실

---

* 엘리베이터도 중요한 역할을 했다. 엘리베이터를 처음 상업적으로 사용한 것은 1889년 뉴욕의 데머레스트 빌딩 Demarest Building이었다. 설치는 오티스 브라더스사가 맡았다. 전동기 웜 기어 감속 방식으로 드럼에다가 와이어로프를 감아 사용했다. 초기의 엘리베이터들은 사용 고도가 약 46미터 10층 정도로 제한적이었다. 드럼에다 로프를 그 이상 감을 수 없었기 때문이다.

만 하고 하중을 지지하지 않는 바깥벽)이 허공에 붕 뜨게 된다. 이렇게 해서 벽은 이제 하중을 지탱하는 내력벽이 아니라 건물의 피복 같은 역할만 하게 됐다. 마천루의 구조적인 문제점은 대개 아주 초기에 이미 해결되었다. 따라서 19~20세기 전환기에 일어났던 논쟁의 상당부분은 공학적 측면 못지않게 디자인의 미학에 관한 것이었다. 설리번은 이 논쟁에 적극적으로 뛰어들어 전통 양식의 모방이나 감상적인 복고풍을 비난하고 현대 건축을 옹호했다. "형식은 언제나 기능을 따른다"는 그의 유명한 금언은 모더니즘의 슬로건이 되었다. 이 비슷한 흐름을 이미 빈에서 활동한 아돌프 로스Adolf Loos의 사례에서 언급한 바 있다.[36]

설리반의 초기 걸작은 세인트루이스의 웨인라이트 빌딩Wainwright Building이었다. 이 건물 역시 실제로는 고층 구조가 아니었다. 벽돌과 테라코타로 된 10층에 불과했다. 그러나 설리번은 건축가의 개입이 건물의 높이를 '추가'할 수 있다는 것을 잘 알고 있었다.[37] 어떤 건축사가가 말한 대로 웨인라이트 빌딩은 "단순히 높은 것이 아니었다. 높다는 것이 무엇인지를 보여주는 건물이었다. 물리적 높이보다 건축적으로는 훨씬 더 높다."[38] 웨인라이트 빌딩이 수직성을 강조하는 설리번의 목소리를 들을 수 있는 건물이라면 그의 대표작으로는 보통 카슨 피리 스콧Carson Pirie Scott 백화점을 꼽는다. 역시 시카고에 있는 건물로 1903년에 착공해 1904년에 완공됐다. 이 건물 역시 그 자체로는 마천루라고 할 수 없다. 높이가 12층밖에 안 된다. 게다가 수직보다는 수평선을 더 강조했다. 그러나 이 건물에서 두드러지는 점은 설리번이 '유선형 품격'과 '곡선의 장식' 및 '감각적인 테두리' 등을 통해 새로운 건물 장식에서 엄청난 독창성을 과시했다는 점이다.[39] 카슨 피리 스콧 백화점의 일층은 설리번이 파리에서 보았던 아르누보 디자인의 미국판을 보여준다. 대도시의 역사가 백화점으로 탈바꿈한 것이다.[40]

프랭크 로이드 라이트Frank Lloyd Wright(1867~1959)도 도시의 건축물을 가지고 실험을 하고 있었다. 1904년 캐나다 접경 버팔로에 완공한 라킨 빌딩Larkin Building은 사진들로 판단하건대—1950년에 헐어버려서 남은 것은 사진이 전부다—활기에 넘치면서도 위협적이고 음산했다.[41] 건축주는 비누 공장으로 시작해서 우편배달회사를 차린 존 라킨John Larkin이라는 사업가로 후일 뉴욕에 세계 최초로 백 층이 넘는 엠파이어스테이트빌딩을 지은 인물이다. '단순한 벽돌 절벽'으로 갇힌 엄청난 사무실 공간에 구석구석까지 딱딱 짜 맞춘 가구들 하며 기다란 책상에 나란히 앉아 일하는 사무원들의 모습은 '자연채광에 통풍이 잘되는 깔끔한 작업장에 앉아 열심히 일하는 회사 간부들'[42]이라는 라이트의 말과는 달리 로봇들을 위한 무대처럼 보인다. 이 건물은 세계 '최초'라는 수식어를 무수히 달고 다녔다. 기계식 환기장치를 사용했고, 벽은 완전히 내화성 재료를 썼다. 책상과 의자, 캐비닛을 비롯한 가구들도 강철과 마그네사이트로 만들었다. 문은 유리로 만들었고, 창문은 이중유리로 했다. 라이트는 그런 것을 가능케 한 재료와 기계에 완전히 매료됐다. 이것이 설리번과 다른 점이었다. 라이트는 '기계 시대'의 표준화를 위해 건축했다. 그는 또 디자인의 혁명을 가능케 한 새로운 건축 소재 철근콘크리트에 깊은 관심을 가졌다. 강철은 1851년에 이미 영국 런던의 크리스털 팰리스Crystal Palace에서 처음 사용한 바 있다. 이 빌딩은 강철과 유리로만 지은 건물의 선구였다. 그런데 철근콘크리트béton armé가 같은 해 프랑스에서 프랑수아 엔비크François Hennebique에 의해 개발됐다. 그러나 이런 재료들이 미국에서 제대로 사용된 것은 마천루가 건축되면서부터였다. 1956년 라이트는 시카고 시에 마일 하이 타워mile-high tower라고 해서 1마일(약 1,600미터) 높이의 마천루를 짓자는 제안을 하기도 했다.[43]

시카고에서 미국 동해안을 따라 정확히 1,100킬로미터를 내려가면 킬 데블 힐Kill Devil Hill이라는 곳이 나온다. 노스캐롤라이나 주 대서양 연안 근처에 있는 도시다. 1903년 맨해튼이 한창 붐빌 때 이곳은 썰렁했다. 바닷바람이 강한 곳으로 주변에 흔한 소나무도 없어서 바로 눈에 띄는 지역이었다. 그해 12월 17일에 행한 실험 장소로 이곳을 선택한 이유는 바로 그 때문이었다. 실험은 20세기에 가장 흥미로운 모험의 하나로 후일 많은 사람들의 삶에 엄청난 영향을 미치게 된다. 마천루는 지상을 떠나는 한 방법이었다. 반면 그 실험은 훨씬 급진적이었다.

그날 아침 열 시 반이 좀 넘은 시각, 근처 인명구조대에서 온 남자 넷과 열일곱 살 난 청소년 하나가 언덕 위에 서서 아래로 펼쳐진 들판을 내려다보고 있었다. 미리 약속한 신호에 따라 키티호크 마을에서 노란 깃발이 올라갔다. 지역 연안경비대 등에게 뭔가 평소와 다른 일이 벌어질 것이라는 것을 알리는 신호였다. 예정된 일이 일어나면 남자들과 청소년은 증인이 되기로 하고 와 있었던 것이다. 바닷바람이 찼다고 하면 너무 부드러운 표현이 될 것이다. 주시의 대상이 된 라이트 형제the Wright brothers—윌버Wilbur와 오빌Orville—는 이따금씩 헛간으로 들어가 얼어붙은 손을 난로에 녹이곤 했다.[44]

이에 앞서 이날 아침 오빌과 윌버는 동전을 던졌다. 누가 먼저 비행 실험을 하느냐를 결정하기 위해서였다. 오빌이 이겼다. 형과 마찬가지로 오빌은 조끼와 재킷에 바지를 입고, 빳빳한 칼라에 넥타이를 맸다. 지켜보는 사람들에게는 오빌이 실험 시작을 꺼리고 있는 것처럼 보였다. 마침내 오빌은 형과 악수를 한 다음, 한 목격자의 말에 따르면, "두 사람은 서로 손을 꼭 잡고 떨어지지 않았다. 뭐랄까, 서로 정말 떠나보내기 싫은 모습이었다. 지금 헤어지면 언제 다시 만날까 하며 망설이는 표정이었다."[45] 30분 후 오빌이 마침내 윌버한테서 떨어져 비행기를 가로질러 아래쪽 날개로 들어가 드러누웠다. 이어 엉덩이를 요람 속으로 간신히 끼워 넣었다. 그는 곧바로 이상한 기계의 조종간을 잡았다. 벌판에 서 있는 사람들이 보기에 기계는 체인 줄과 나무 뼈대와 린넨으로 감싼 거대한 두 날개로 되어 있었다. 이 기계를 통째로 허약해 보이는 나무 레일 위에 올려놓았다. 레일은 허공을 향했다. 크로스 빔이 붙은 작은 수레를 레일 위에 올려놓았다. 그러자 나무와 체인 줄과 린넨 날개는 수레 위에 웅크린 형상이었다. 수레가 자전거 바퀴통 두 개를 개량한 장치 위로 미끄러졌다.

오빌은 비행기 안의 계기를 점검했다. 바로 옆의 뼈대에 풍속계를 붙여놓았다. 풍속계는 엔진실린더에 연결돼 비행기가 비행하는 거리를 기록하게 된다. 두 번째 계기는 스톱워치였다. 비행 속도를 계산하는 장치였다. 세 번째는 엔진 회전수 측정기로 프로펠러가 단위 시간 당 얼마나 돌아가는지를 기록하는 장치였다. 이렇게 해서 이 이상한 기계가 얼마나 효율적이며 연료는 얼마나 먹는지를 보여주고, 또 하늘을 난 거리를 계산하는 데도 도움을 주게 된다.[46] 괴상한 기계가 줄에 매달려 있는 동안 엔진—8~12마력짜리 4기통 가솔린엔진으로 기체 측면에 달아놓았다—이 돌기 시작하더니 최고도로 가동됐다. 엔진의 힘은 튜브로 피복을 한 체인들을 통해 전달되며 그 끝에는 두 날개 사이 나무 뼈대에 장착한 에어 스크루, 즉 프로펠러가 연결돼 있었다. 바람은 때로 시속 48킬로미터 속도로 뼈대와 줄 사이로 굉음을 내며 불어 닥쳤다. 형제는 위험하다는 걸 알고 있었다. 안전조치를 충분히 하려면 동력 비행에 앞서 모든 기계를 글라이더 상태로 시험 비행시켜 보아야 하는데 이번에는 그러지 않았기 때문이다. 그러나 돌이키기에는 너무 늦었다. 윌버가 오른쪽 날개 끝에 서서 증인들에게 소리쳤다. "똥 씹은 표정들 하지 마. 웃으라고. 아자, 아자, 손뼉 치고, 오빌이 출발하면 응원을 해."⁴⁷ 바람이 윙윙 불고 멀리 바다에서는 포효하는 파도 소리가 요란한 가운데 그들은 죽어라고 소리를 지르고 손뼉을 쳤다.

엔진이 최고 속도로 돌자 기체를 감고 있던 줄이 갑자기 풀리면서 괴상한 기계―형제는 하늘을 나는 기계라고 해서 플라이어Flyer라고 이름을 붙였다―가 앞으로 굴러갔다. 기계는 레일을 따라 속도를 높였다. 윌버 라이트도 플라이어호를 따라 달렸다. 그러나 플라이어호가 시속 48킬로미터 속도에 도달하면서 수레에서 붕 뜨더니 공중으로 날아오르자 더는 따라갈 수 없었다. 윌버는 입이 딱 벌어진 증인들과 함께 플라이어호가 창공을 나는 것을 바라보았다. 그러나 잠시였다. 플라이어호는 급강하하더니 모래밭에 코를 처박았다. 바람이 너무 세서 공중에서 182미터를 날았지만 지상을 기준으로 한 이동거리는 36.5미터였다. "비행시간은 12초에 불과했다." 오빌은 후일 이렇게 술회했다. "하지만, 그럼에도 불구하고 사람을 태운 기계가 자체 힘으로 공중으로 날아올라 속도가 줄지 않은 상태에서 전진 비행을 하다가 마침내 원래 출발했던 높이의 다른 지점에 착륙한 것은 세계 역사상 처음이었다." 윌버가 첫 동력 유인 비행을 기록한 바로 그날 연이어 형 윌버―조종술이 동생보다 좀 나았다―는 59초 동안 259.6미터를 '여행'했다. 형제는 자신들의 주장을 행동으로 보여줬다. 두 형제의 비행은 '동력을 이용해서, 지속적으로, 인간의 통제 하에' 이루어졌다. 이 세 개념은 공기보다 무거운 동력 항공기의 비행이라는 개념을 정확히 구현한 것이었다.⁴⁸

인간은 먼 옛날부터 하늘을 나는 꿈을 꾸어왔다. 페르시아 전설에 따르면 페르시아의 왕들은 새떼의 도움으로 하늘을 나는 상태에서 태어났다. 레오나르도 다빈치Leonardo da Vinci는 낙하산과 헬리콥터를 디자인했다.⁴⁹ 역사적으로 보면 기구 여행이 붐을 이루기도 했다. 그러나 19세기 들면서 수많은 발명가들이 이상한 기계를 타고 하늘을 날려고 하다가 목숨을 잃거나 실패하는 바람에 웃음거리가 됐다.[50] 라이트 형제는 달랐다. 지나칠 정도로 실용적인 두 형제는 비행에 관심을 가진 지 4년 만에야 하늘을 날았다.

1899년 5월 30일 워싱턴 D.C.에 있는 스미스소니언협회에 비행에 관해 읽을 만한 책이 있으면 알려달라고 부탁하는 편지를 보낸 것은 윌버였다. 그는 편지에서 자신을 '열정적이지만 괴짜는 아니다'라고 소개했다.[51] 윌버는 1867년 생으로 당시 나이 서른둘이었다. 동생인 오빌보다 네 살 위였다. 두 사람은 늘 팀워크를 발휘했는데 대개 윌버가 리더 노릇을 했다. 특히 초기에 그랬다. 라이트 형제는 복음주의 연합형제교회 목사(후일 주교가 됨)의 아들로 오하이오 주 데이턴에서 태어났다. 자라면서 더욱 똑똑해졌는데 안 되는 일이 있으면 어떻게 하면 잘 될까를 집요하게 궁리하는 성격이었다. 형제는 처음에는 인쇄기를 만들다가 자전거 조립·수리점을 차렸다. 형제는 자전거로 생계를 유지하고 비행기 연구 자금도 마련했다. 다른 사람의 재정 지원은 일절 받지 않았다.[52] 비행에 대한 관심은 1890년대에 시작됐지만 글라이딩의 선구자인 독일의 오토 릴리엔탈Otto Lilienthal이 1896년 비행 도중 추락 사고로 죽은 다음부터 실제 비행기 제작에 나선 것으로 보인다(릴리엔탈이 마지막으로 남긴 말은 '희생은 불가피하다'였다).[53]

라이트 형제는 지금 기준으로 보면 비교적 빨리 스미스소니언협회로부터 답신을 받았다. 윌버가 편지를 보낸 지 사흘 만이었다. 기록에 따르면 도서 목록은 1899년 6월 2일에 발송한 것으로 돼 있다. 형제는 꼼꼼하게 비행에 따르는 문제들을 연구하기 시작했다. 그러자 책을 읽고 새들을 관찰하는 것만으로는 충분치 않다는 것을 알게 됐다. 직접 하늘을 날아봐야 했다. 그래서 글라이더를 만들어 실험에 나섰다. 1900년 9월경 글라이더가 완성되자 노스캐롤라이나 주 키티호크로 가져갔다. 집에서 가장 가까운 곳으로 늘 바람이 불어서 비행 시험에는 적소였다. 형제가 만든 글라이더는 1900년부터 1902년까지 모두 세 대로 날개의 형태를 가다듬고 후미 방향타를 개발하기에는 안성맞춤이었다. 이를 통해 결국은 항공기술 개발에 기여하게 된다.[54] 사실 실험은 순조로워서 1903년 초에는 동력 비행을 해봐도 되겠다고 생각했다. 동력원으로는 한 가지 선택밖에 없었다. 내연기관이었다. 내연기관은 1880년대 말에 개발됐다. 그러나 1903년 당시 항공기에 맞는 가벼운 엔진은 구할 수 없었다. 직접 설계하는 수밖에 없었다. 1903년 9월 23일 새 항공기를 나무상자에 싸서 키티호크로 갔다. 그러나 프로펠러축이 부러지고 폭우에 강풍에 날씨가 여의치 않아 12월 11일까지는 비행을 할 만한 여건이 되지 못했다. 14일이 되어서야 바람이 그런 대로 알맞게 됐다. 첫 비행을 누가 할지 동전을 던졌다. 윌버가 이겼다. 처음 시도에서 플라이어호는 너무 급상승을 하다가 스톨(비행기 날개의 양력이 급격히 떨어지는 현상 : 옮긴이)이 오는 바람에 모래밭으로 추락하고 말았다. 17일 오빌이 성공을 한 뒤에는 착륙이 훨씬 부드러워져서 당일에 세 차례나 더 비행이 이루어졌다.⁵ 진정으로 역사적인 순간이었다. 그런데 오늘날 우리가 그토록 당연시하는 비행이라는 혁명이 이루어졌다면 당연히 신문 1면 머리기사감이 됐을 것으로 기대할 것이다. 그러나 전혀 그렇지 않았다. 그동안 하늘을 날겠다고 엉뚱한 짓을 한 괴짜들이 너무 많았기 때문에 신문과 대중은 기계가 하늘을 난다는 것에 대해 대단히 회의적이었다. 1904년 라이트 형제가 105회의 비행기록을 세웠을 때조차 그들이 하늘에 머문 시간은 45분에 불과했으며 5분 동안 계속 비행한 경우는 두 차례에 불과했다. 미국 정부는 비행기를 만들자는 라이트 형제의 제안을 세 차례나 거절했다. 그러면서 실제로 가능한 이야기인지를 검증하려는 노력조차 하지 않았다. 1906년에도 제작된 비행기는 한 대도 없었다. 윌버도 오빌도 단 한 번도 하늘을 날지 못했다. 1907년 형제는 자신들의 발명품을 영국, 프랑스, 독일에 팔아보려고 했다. 그러나 모두 실패로 끝났다. 1908년이 돼서야 마침내 미국 전쟁성(현 국방부의 전신 : 옮긴이)이 라이트 형제의 제안을 받아들였다. 바로 그 해에 프랑스에 회사를 설립하는 계약도 체결됐다.⁶ 그토록 혁명적인 개념을 파는 데 4년 하고도 반년이라는 세월이 걸린 것이다.

비행의 원리를 발견한 것은 유럽이라고 할 수 있다. 그러나 라이트 형제는 리처드 호프스태터가 말한 실용적인 문화 속에서 자랐다. 그런 문화가 성공에 일정 부분 역할을 한 것이다. 극히 현실적인 주제를 다뤘다고 해서 후일 애시캔Ashcan(쓰레기

통 : 옮긴이)파로 일컬어진 일단의 화가들도 같은 맥락에서 비슷한 방식으로 예술에 접근했다. 사실을 보고하듯이 실용적으로 다가간 것이다. 입체파와 야수파, 추상미술 등이 미의 이론이나 실재와 물질의 펀더멘털fundamental에 관심을 가졌다면, 애시캔파는 주변의 새로운 풍경을 구체적으로 생생하게 그려냈다. 종종 추해 보이는 세계를 있는 그대로 정확히 묘사했다. 그들의 비전(하나의 양식을 공유한 것은 아니었다)은 뉴욕 맥베스 갤러리에서 열린 혁신적인 전시회에서 드러났다.[57]

애시캔파의 리더는 로버트 헨리Robert Henri(1865~1929)로 16세기 말 프랑스에서 가톨릭파가 개신교도들을 학살할 당시 네덜란드로 탈출한 위그노의 후예였다.[58] 세상 물정에 밝고 약간 거친 헨리는 1888년 파리에서 공부했으며 필라델피아로 돌아와서는 다른 미술가들의 구심점이 되었다. 그를 따르는 작가들 중에서 많은 사람이 지역 신문 삽화가로 일했다. 존 슬론John Sloan, 윌리엄 글레이컨스William Glackens, 조지 룩스George Luks가 그랬다.[59] 이들은 술고래에 도박을 즐겼지만 세부묘사에 신문쟁이 특유의 감각이 있었고, 사회적 낙오자들에 대한 동정심—다분히 감상적인—을 갖고 있었다. 끼리끼리 얼마나 자주 어울렸는지 스스로 '헨리 주식회사'라고 불렀을 정도다.[60] 헨리는 나중에 뉴욕예술학교로 옮겨갔다. 거기서 조지 벨로스George Bellows, 스튜어트 데이비스Stuart Davis, 에드워드 호퍼Edward Hopper, 로크웰 켄트Rockwell Kent, 만 레이Man Ray, 레온 트로츠키Leon Trotskii(러시아의 공산주의 이론가·혁명가, 1879~1940 : 옮긴이) 등을 가르쳤다. 그의 영향력은 엄청났다. 그는 미국인은 '자기 시대와 자기 땅에서 자신을 표현하는 방법을 익혀'야 한다고 강조했다.[61]

애시캔파의 전형이라고 할 만한 그림을 그린 사람은 존 슬론(1871~1951), 조지 룩스(1867~1933), 그리고 조지 벨로스(1882~1925)였다. 슬론은 좌파 사회평론지 『대중The Masses』(러시아 혁명을 르포 형식으로 기록한 『세계를 뒤흔든 10일』의 저자 존 리드John Reed도 이 월간지에 많이 기고했다)의 삽화가였는데 본인이 뉴욕 생활의 '사소한 기쁨'이라고 부른 것을 추구했다. 노동자계급의 음울한 일상에서 잡아낸 색채가 강렬했다. 나룻배를 타고 휴식을 즐기는 순간, 셋집 창가에 기대 기지개를 켜는 소녀, 빨랫줄에 걸린 빨래의 냄새를 맡아보는 여자 등등 하나같이 평범한 사람들이 등장해서

하층민의 팍팍한 삶을 순화시키고 있다.⁶²

　조지 룩스와 무정부주의자인 조지 벨로스는 이보다 훨씬 거칠고 덜 감상적이었다.⁶³ 룩스는 뉴욕의 군중, 거리와 동네에 바글거리는 사람들을 그렸다. 룩스와 벨로스 둘 다 종종 권투와 레슬링 경기 장면을 재현했는데 노동자계급의 생활상과 이민자 사회의 적나라한 투쟁을 상징하는 것이었다. 여기서는 변두리의 삶이 다방면으로 묘사됐다. 내기 싸움은 1900년대 뉴욕에서 불법이었지만 그래도 계속됐다. 벨로스의 그림 「같은 클럽의 두 멤버」는 원제가 「니그로와 백인*A Nigger and a White Man*」으로 당시 스포츠계에 흑인이 부상하는 데 대해 많은 사람들이 갖고 있던 우려를 반영한 것이었다. "니그로가 백인을 이기면 지배종족 체면이 뭐가 되냐?"는 것이었다.⁶⁴ 애시캔파의 가장 재능 있는 화가인 벨로스는 맨해튼의 펜실베이니아역 건축을 예의주시하기도 했다. 건축은 매킴, 미드, 화이트가 맡았는데 맨해튼 지하 절반 정도에 터널을 뚫고 31번가와 33번가 사이 네 블록 전체를 완전히 철거하는 공사였다. 여러 해 동안 뉴욕 한복판이 거대한 분화구로 변했고, 거대한 증기삽과 각종 산업용 기계가 북새통을 이루는가 하면 불꽃과 연기가 피어오르고 수백 명의 인부들이 우글거렸다. 이 지저분한 현장을 벨로스는 아름다운 그림으로 승화시켰다.⁶⁵

　애시캔파의 업적은 뉴욕 이민자 생활의 생생한 단면을 정확히 포착해 보도하듯이 묘사했다는 점이다. 일부 작가가 무비판적인 시각으로 덧없는 아름다움에 집착하기도 했지만 주된 목적은 최하층 사람들을 보여주는 것이었다. 그렇다고 해서 고통 받는 모습만 그리는 것이 아니라 자신이 가진 것을 최대한 활용해서 상승하려는 모습을 담았다. 헨리는 많은 화가들을 가르치기도 했다. 그의 제자들은 후일 미국 추상미술을 주도하게 된다.⁶⁶

　1903년 말, 라이트 형제가 동력 비행에 처음 성공한 바로 그 주에 플랫아이언 빌딩에서 두 블록 떨어진 23번가 에디슨 키네토그래프 사무실에서 셀룰로이드 필름으로 처음 찍은 「대열차 강도*The Great Train Robbery*」가 상연됐다. 토머스 에디슨 Thomas Edison은 1890년대 중반 미국, 프랑스, 독일, 영국에서 무성영화를 발전시킨 극소수 인물 중 한 사람이었다.

1890년대 중반부터 1903년까지 수백 편의 영화가 상영됐다. 그러나 「대열차 강도」만큼 긴 작품은 없었으니 6분이나(12분을 필자가 착각한 듯하다 : 옮긴이) 계속됐다. 전에도 추격 영화는 있었다. 19세기 말 영국에서 많은 작품이 제작됐다. 그러나 그런 영화들은 카메라 한 대만을 사용해 단순한 이야기를 단순하게 전했다. 그런데 에드윈 포터Edwin Porter가 감독·편집한 「대열차 강도」는 이전의 그 어떤 영화보다도 훨씬 복잡하고 야심적이었다. 이렇게 된 주요한 이유는 포터가 이야기를 말하는 방식 때문이었다. 뤼미에르 형제가 1895년 프랑스에서 처음으로 동영상을 대중에 공개한 이후로 영화는 연극무대에서 벗어나기 위해 로케이션 장소를 여러 곳 물색했다. 카메라를 보통 가정집 창문 대신 기차 위에 올려놓고 안을 들여다보거나 심지어 물속을 촬영하기도 했다. 그러나 평범한 강도행각에 이어 추격전이 벌어지는 「대열차 강도」에서 포터 감독은 인터커트를 통해 실제로는 '두 가지' 이야기를 말했다. 이 작품이 그토록 특별한 이유는 그 때문이다. 전신기사가 강도들의 공격을 받고 밧줄로 묶인다. 이어 강도 행각이 벌어지고 도적들은 달아난다. 그러나 중간에 전신기사가 밧줄을 풀려고 안간힘을 쓰면서 도둑들을 잡으려고 노력하는 장면이 등장한다. 나중에 추격대가 도적들을 쫓으면서 두 개의 이야기 구조가 하나가 된다.[67] 오늘날 우리는 이러한 '평행편집(서로 다른 장소에서 동시에 발생하고 있는 행위를 번갈아가며 보여주는 편집 기법 : 옮긴이)'을—연관된 서사 사이의 인터커트—당연시한다. 그러나 당시 사람들은 영화가 베르그송의 시간관념이나 후설의 현상학과 같은 의식의 흐름에 빛을 던질 수 있다는 것에 대해 열광했다. 그런데 평행편집으로 영화 속의 심리학적 긴장을 엄청나게 증폭시켰으니 훨씬 실용적인 생각을 펼쳐 보인 것이었다. 연극에서는 불가능한 일이었다.[68] 1903년 말 이 작품은 뉴욕의 영화관 10곳 모두에서 상영됐다. 아돌프 주커Adolph Zukor와 마커스 로Marcus Loew 가 피혁상을 그만두고 영화만을 상영하는 작은 극장들을 인수한 것이 큰 역할을 했다. 그런 영화관들은 대개 입장료로 5센트를 받았기 때문에 '5센트극장nickelodeon'으로 통했다. 윌리엄 폭스William Fox 와 샘 워너Sam Warner 도 포터의 「대열차 강도」에 감명을 받아 영화관을 사들였다. 이어 얼마 후에는 각자 영화 제작에 뛰어들어 자신

들의 이름을 딴 스튜디오(20세기폭스와 워너브라더스 : 옮긴이)를 만들었다.[69]

포터의 성공은 연극과 비교할 때 영화가 관객에게 주는 친밀감이 관객과 배우의 관계에 변화를 가져올 것이라는 것을 본능적으로 감지한 한 사람에게 힘입은 바 컸다. '무비 스타movie star'라는 개념을 만든 것은 바로 그러한 통찰이었다. 데이비드 워크 그리피스David Wark Griffith(1875~1948)는 마른 몸매에 회색 눈, 매부리코를 한 인물이었다. 뒤축이 높고 목이 긴 구두를 신고 다녀서 실제보다 훨씬 커 보였다. 바짓단은 늘 구두 목 위로 접어 올렸다. 칼라는 너무 컸고, 스트링 타이는 너무 헐거웠으며, 큰 모자 유행이 지났을 때도 큰 모자를 즐겨 썼다. 외모는 어수선했지만, 많은 사람들의 증언에 따르면 "천재적인 구석이 있었다." 그는 켄터키 남부연합군 대령의 아들로 태어났다. 아버지는 부대에서 8킬로미터 떨어진 곳에서 소리쳐도 들릴 정도로 목소리가 크다고 해서 '포효하는 제이크'라는 별명으로 통했다.[70] 그리피스는 연극배우로 시작했지만 스토리 시놉시스(당시는 무성영화 시대여서 상세한 대본은 필요치 않았다)를 팔면서 영화로 전향했다. 32세 때 초기 영화사인 맨해튼의 바이오그래프영화사에 합류했다. 거기서 일 년쯤 일했을 무렵 메리 픽포드Mary Pickford(1892~1979)가 들어왔다. 1893년 토론토 출생인 그녀는 당시 나이 열여섯이었다. 기독교 세례명은 글래디스 스미스로 섬세하면서도 조숙한 소녀였다. 아버지가 외륜선 사고로 사망한 이후 형편이 어려워지자 어머니는 하는 수 없이 침실을 연극배우 부부에게 세를 주었다. 셋집 남편은 지방 극장 무대감독이었다. 이것이 글래디스에게는 인생의 전기가 되었다. 무대감독이 집주인을 설득해 두 딸을 엑스트라로 출연시킨 것이다. 글래디스는 곧 자신이 재능이 있고, 무대 생활이 좋다는 걸 깨달았다. 가족은 일곱 살 때 뉴욕으로 이사를 갔는데 그곳에서는 주당 15달러로 대우가 한결 좋았다. 집안의 생계를 꾸리는 소녀가장이 된 것이다.[71]

영화는 픽포드만큼이나 세상에 나온 지 얼마 안 됐지만 뉴욕의 연극무대는 그 어느 때보다 활짝 꽃 피고 있었다. 예를 들어 1901~2년에 브로드웨이와 오프브로드웨이에서 상연 중인 연극은 314편이나 되었다. 글래디스 정도의 재능만 있다면 일자리를 찾기란 어렵지 않았다. 그녀가 열두 살 때 수입은 주급 40달러였다. 열네 살 때는 희극 「버지니아의 워런네 사람들The Warrens of Virginia」로 순회공연을 했다. 그러다 시카고에서 처음으로 영화를 보았다. 그녀는 새로운 매체의 발전가능성을 직감하고 좀 더 깜찍한 예명(메리 픽포드)으로 몇 군데 스튜디오에 응모했다. 첫 번째 시도는 실패였다. 그러나 그녀의 어머니는 더 세게 밀어붙여 바이오그래프영화사에 응모해보도록 했다. 처음에 그리피스는 메리 픽포드가 영화에 출연시키기에는 '너무 작고 너무 뚱뚱하다'고 생각했다. 그러나 외모와 곱슬머리가 너무도 인상적이어서 밖에 나가서 저녁이나 먹자고 했다. 그녀는 거절했다.[72] 그래서 스튜디오 끝으로 가서 생전 처음 보는 배우들과 대화를 한 번 나눠보라고 했다. 그 모습을 보니 생긴 것과 달리 화면발은 잘 받을 것 같았다. 당시 영화는 길이도 짧고 제작에 큰 돈이 들지 않았다. 화장 보조 같은 것도 없었고, 배우들은 평소 입고 다니던 옷을 입고 출연했다(1909년에 가서야 조명 기술에 일부 실험이 있었다). 감독은 한 주에 두 세 작품을 찍었다. 대개는 뉴욕에서 촬영했다. 예를 들어 1909년 한 해에만 그리피스는 142편을 찍었다.[73]

처음에는 좀 못 미더웠지만 그리피스는 1909년 픽포드에게 「크레모나의 바이올린 제작자 *The Violin-Maker of Cremona*」주연을 맡겼다.[74] 스튜디오는 흥분에 휩싸였다. 바이오그래프영화사 영사실에서 시사회를 열었을 때 스튜디오 사람들 전원이 몰려와 손에 땀을 쥐고 관람했다. 픽포드는 그해가 다 갈 때까지 스물여섯 편에서 계속 주연을 맡았다.

그러나 메리 픽포드라는 이름은 아직 세상에 알려지지 않았다. 1909년 8월 21일자 《뉴욕 드라마 평론 *New York Dramatic Mirror*》에 실린 리뷰 기사는 "이 유쾌한 희극은 다시 청순파 배우를 등장시켰다. 바이오그래프의 영화에서 그녀의 연기는 단연 관심을 끈다"고 썼다. 메리 픽포드의 이름이 거명되지 않은 것은 그리피스 감독 영화에 나오는 모든 배우가 처음에는 이름을 쓰지 않았기 때문이다. 그러나 그리피스는 이 기사의 지적대로 픽포드가 팬을 몰고 다닌다는 것을 의식하고 있었다. 그래서 급료를 슬그머니 주당 40달러에서 100달러로 올려주었다. 극단 전속 배우로서는 전례 없이 높은 액수였다.[75] 당시 그녀 나이 겨우 열여섯이었다.

영화 제작의 혁신 가운데 가장 위대한 세 가지가 그리피스의 스튜디오에서 이루어졌다. 첫 번째 변화는 연출 방식이었다. 그리피스는 배우들에게 카메라를 향해서

다가오라고 지시하기 시작했다. 연극무대에서 하는 것처럼 왼쪽이나 오른쪽에서 다가가는 것이 아니라 카메라 뒤에서 나와 카메라를 향해 퇴장하는 방식이었다. 따라서 같은 샷이라도 원거리, 중거리, 단거리는 물론 클로즈업으로 화면을 구성할 수도 있었다. 클로즈업은 배우의 재능만큼이나 외모를 강조하는 데 결정적인 역할을 했다. 두 번째 혁명은 그리피스가 또 다른 감독을 고용했을 때 일어났다. 이틀 만에 찍고 마는 방식을 탈피해 좀 더 큰 규모의 프로젝트를 계획해서 복잡한 스토리를 이야기하는 것이었다. 세 번째 혁명은 첫 번째 변혁을 토대로 한 것으로 논란의 소지는 있지만 가장 중요한 변화로 평가된다.[76] 픽포드 이전의 대표적인 '바이오그래프 걸'이었던 플로렌스 로렌스가 다른 영화사로 떠난 것이다. 새 영화사와의 계약에는 전례 없는 조항이 들어 있었다. 익명의 시대가 끝난 것이다. 이제 그녀는 광고에 이름을 팔고 '스타'로 대접받게 됐다. 이런 이야기들은 바로 영화업계 전반으로 퍼져나갔다. 그 결과 정작 그런 변화에서 가장 큰 덕을 본 것은 로렌스가 아니라 픽포드였다. 그리피스는 메리 픽포드에게도 로렌스와 비슷한 계약을 안 해줄 수 없었다. 1910년으로 넘어가면서 픽포드는 세계 최초의 무비 스타로 발돋움한다.[77]

광대한 나라 미국은 동일한 유산을 공유하지 않는 많은 이민자들로 득시글거렸지만 마천루는 물론이고 비행기와 대량판매 식 영화의 본고장이었다. 애시캔파는 이민자들이 이 나라에 처음 도착해서 겪어야 하는 빈곤을 기록했지만 대부분의 이민자들이 새로운 고향에 대해 갖고 있는 낙관주의 역시 날카롭게 포착해냈다. 아메리카 대륙의 양쪽을 가로막은 바다는 미국이 유럽의 비합리적이고 증오에 찬 도그마와 이상주의로부터 탈피하는 데 결정적인 도움을 주었다. 이민자들은 바로 그런 것을 피해 아메리카로 온 것이다. 프로이트, 호프만슈탈, 브렌타노 같은 사람들의 거대 담론이나 칸딘스키류의 신비적 관념 또는 베르그송류의 모호한 이론 대신 미국인들은 좀 더 실용적이고 현실에서 통하는 관념을 선호했다. 그러면서 유쾌한 기분으로 유럽과의 차이를 만들어내고 유럽과의 단절을 실천했던 것이다. 이러한 실용적 이탈은 이후에도 계속됐다. 그것은 어떤 면에서 미국의 가장 소중한 자산이었다.

6

$$E=mc^2, \supset/\equiv/v + C_7H_{38}O_{43}$$

    프래그머티즘은 미국의 철학이다. 그러나 오래 전에 유럽에서 잉태된 경험주의에 뿌리를 둔 것이었다. 니체나 베르그송, 후설 같은 인물들이 20세기 초에 일원론적이고 도그마적인 거대이론(윌리엄 제임스라면 이렇게 표현했을 것이다)으로 유명해지기는 했지만 그들의 말을 무시하고 나름의 길을 걸어간 과학자들이 많았다. 철학자들도 과학에 적응하려고 노력하던 마당에 과학이 철학자들이 뭐라고 하건 비판과 칭찬에도 일희일비 하지 않고 꿋꿋이 전진한 것은 20세기의 사고를 구분 짓는 하나의 징표다. 1910년대 후반보다 이러한 모습이 더 잘 나타난 경우는 없었다. 몇 가지 힘겨운 과학 분야에서 어렵사리 기초가 완성됐다. 힘겹다고 한 이유는 지적인 난제이기 때문이다. 주로 현상의 토대를 이루는 물질에 관한 내용이었다. 니체류와는 아주 대조적으로 과학자들은 실험과 그 결과로 얻어지는 이론을 관찰 가능한 우주에서도 아주 제한적인 측면에 집중시켰다. 물론 그러한 이론이 일단 받아들여지면 그 결과는 원래 의도했던 것보다 훨씬 엄청난 규모의 타당성을 갖게 된다. 그리고 실제로 곧 그렇게 되었다.
    이런 제한적 접근방식의 가장 훌륭한 사례가 1911년 3월 7일 저녁 영국 맨체스터에서 일어났다. 우리는 제임스 채드윅James Chadwick 덕분에 그날 저녁 일어난 일에 대해 잘 알고 있다. 채드윅은 당시 학생이었지만 나중에 유명한 물리학자가 된다. 맨체스터문학·철학협회에서 모임이 열렸다. 청중은 주로 지역 유지들이었다. 지적인 사람들이었지만 전문가는 드물었다. 저녁 모임은 대개 서로 다른 내용을 주제로 두세 차례의 토론회 식으로 진행됐다. 3월 7일 모임도 예외는 아니었다. 과일 수출업자가 먼저 발언에 나서 자메이카 산 바나나에 희귀종 뱀이 섞여 들어온 것을 보고 깜짝 놀랐다는 이야기를 했다.

그 다음 발언은 어니스트 러더퍼드Ernest Rutherford(1871~1937)가 했다. 맨체스터 대학 물리학 교수인 그는 20세기를 통틀어 가장 영향력 있는 개념 중 하나가 될 원자의 기본구조에 관해 설명했다. 참석자들 가운데 과연 얼마나 되는 사람이 러더퍼드의 설명을 이해했는지는 알기 어렵다. 그는 청중에게 원자의 "한 지점에 중심적인 전하가 집중돼 있고, 그 주위로 반대 성질을 띤 전하가 같은 양으로 균일하게 분포돼 있다"고 설명했다. 무미건조한 이야기였지만 그 자리에 참석한 러더퍼드의 동료와 제자들에게는 지금까지 들어본 중에서 가장 흥분되는 소식이었다. 제임스 채드윅은 후일 그날 모임을 평생 잊지 못한다고 말했다. 그는 그 모임이 "우리, 젊은 친구들에게는 극도로 강렬한 퍼포먼스였으며…… 우리는 그것이 분명히 진실이라는 것을 느꼈고, 실제로 그랬다"고 썼다.[1]

러더퍼드의 혁명적인 아이디어에 대한 신뢰는 늘 그렇게 확실한 것은 아니었다. 1890년대 말 러더퍼드는 프랑스 물리학자 앙리 베크렐Henri Becquerel의 아이디어를 발전시켰다. 베크렐도 우리가 3장에서 살펴본 빌헬름 콘라트 뢴트겐의 엑스선 발견에서 힌트를 얻어 나름의 이론을 제시한 인물이다. 그는 할아버지와 아버지에 이어 파리 자연사박물관 물리학 교수였다. 형광유리에서 나오는 신비한 선에 매료된 베크렐은 '형광을 발하는' 다른 물질을 조사하기로 마음먹었다. 베크렐의 고전적인 실험은 우연히 성사됐다. 인화지에 황산칼륨우라늄염을 뿌린 다음 서랍 속에 넣어놓고 며칠 동안을 까맣게 잊고 있었다. 그런데 나중에 보니 인화지에 염의 이미지가 남아 있었던 것이다. 인화지를 감광시킬 만한 자연광은 전혀 없었다. 따라서 그러한 변화는 우라늄염에 의해 야기된 것이 분명했다. 베크렐은 자연상태에서 발생하는 방사능을 발견한 것이다.[2]

어니스트 러더퍼드의 관심을 끈 것은 바로 이 실험 결과였다. 뉴질랜드에서 나서 자란 러더퍼드는 땅딸막한 체구에 주름이 많은 얼굴이었다. 틈 날 때마다 담배를 입에 물고 큰 소리로 찬송가 부르기를 좋아했다. 십팔번이 찬송가 389장 「믿는 사람들은 군병 같으니 Onward Christian Soldiers」였다. 그는 1895년 10월 케임브리지 대학에 도착하자마자 바로 베크렐의 성과를 좀 더 발전시키기 위해 고안한 일련의 실험을 시작했다.[3] 천연 방사능 물질에는 세 종류가 있었다. 우라늄, 라듐, 토륨이었다. 러더포드와 조수인 프레드릭 소디 Frederick Soddy는 토륨에 관심을 집중했다. 토륨은 방사능 가스를 방출했다. 그러나 러더퍼드와 소디는 이 가스를 분석한 결과 완전히 불활성이라는 것을 알고는 충격을 받았다. 토륨이 아니라는 이야기였다. 어떻게 이런 일이 있을 수 있는가? 소디는 후일 당시의 흥분을 회고록에 적어놓았다. 그와 러더퍼드는 차츰 이 실험 결과가 "토륨이라는 원소가 자동적으로 [화학적으로 불활성인] 아르곤 가스로 변환됐다!고 하는 놀라운 결론을 내리는 것이 불가피하다"는 사실을 인정하지 않을 수 없었다. 이것이 러더퍼드의 중요한 실험 1호였다. 러더퍼드와 소디가 발견한 것은 방사성 원소들의 자연분해였다. 현대판 연금술이 이루어진 것이다. 그 함의는 엄청났다.[4]

그게 다가 아니었다. 러더퍼드는 우라늄이나 토륨이 붕괴할 때 두 가지 선을 방출한다는 사실도 관찰했다. 둘 중에서 좀 약한 것을 '알파선'이라고 불렀는데, 나중에 실험 결과 '알파입자'가 사실은 헬륨 원자이며 따라서 양전하를 띤다는 사실이 밝혀졌다. 더 강한 선은 '베타선'으로 '모든 면에서 음극선과 유사'했다. 이런 놀라운 발견의 공로로 1908년 러더퍼드는 서른일곱이라는 나이에 노벨 화학상을 받았다. 당시 그는 케임브리지 대학에서 캐나다로 갔다가 다시 영국으로 돌아와 맨체스터 대학 물리학 교수로 재직 중이었다.[5] 그는 모든 정력을 알파입자에 쏟고 있었다. 그는 알파입자는 베타 전자(전자는 질량이 거의 없다)보다 훨씬 크기 때문에 다른 물질과 상호작용을 하기가 한결 쉽고 그러한 상호작용은 분명 물질의 구조를 이해하는 데 중요한 역할을 하게 될 것이라고 추정했다. 실험 방법만 제대로 고안해내면 알파입자는 원자의 구조에 관해 중요한 이야기를 해줄 것만 같았다. "우리가 어렸을 때는 원자를 뭔가 딱딱한 놈으로 봤다. 입맛에 따라 색깔이 빨갛다고 할 수도 있고, 회색이라고 할 수도 있는 그런 존재였다"고 그는 말했었다.[6] 이런 견해가 바뀌기 시작한 건 캐나다에 체류하면서였다. 그는 좁은 틈으로 빔 형태로 분사한 알파입자들이 자기장에 의해 휘어질 수 있다는 것을 입증했다. 이 모든 실험은 아주 기초적인 장비로 진행됐다. 바로 이런 점이 러더퍼드 식 접근법의 아름다움이었다. 그러나 그 다음의 돌파구를 여는 일은 장비를 세련화함으로써 가능했다. 그는 많은 시도 끝에 틈새를 아주 가는 운모 막으로 덮어봤다. 운모는 길쭉한 조각으로 쪼개지는 성질이 있다. 러더포드가 틈새를 막은 운모 조각은 극히 얇아서—1인치의 1000분의 3정도—이론적으로는 알파입자들이 통과할 수 있었다. 물론 통과했다. 그러나 러더퍼드가 예상한 대로는 아니었다. 분사 결과가 인화지에 '집적'됐을 때 주변의 이미지는 흐릿하게 보였다. 일부 입자가 빗나갔다는 것 외에는 달리 설명할 방도가 없었다. 그건 분명했다. 그러나 러더퍼드를 흥분시킨 것은 빗나간 '정도'였다. 자기장 실험으로부터 그는 아주 작은 편차를 유도하려고 해도 강력한 힘이 필요하다는 것을 알고 있었다. 그러나 그가 사용한 인화지는 일부 알파입자들이 진로에서 2도나 빗나가 있었다. 이런 현상을 설명할 방법은 본인이 후일 말한 대로 한 가지뿐이었다. "원자에는 강력한 전기적 힘이 있음이 분명하다"는 것이었다.[7]

  과학은 생각처럼 늘 그렇게 일직선으로 전진하지 않는다. 러더포드의 실험 결과가 놀랍기는 하지만 그렇다고 자동적으로 그 이상의 혁신적인 통찰에 이르게 된 것은 아니다. 대신 러더퍼드와 새로운 조수 어니스트 마스던Ernest Marsden은 한동안 알파입자의 행태를 고찰하는 실험을 끈질기게 계속했다. 알파입자를 다른 물질, 즉 금, 은, 알루미늄으로 만든 포일에다 분사해봤다.[8] 이렇다 할 만한 것은 관찰되지 않았다. 그러나 곧 러더퍼드에게 아이디어가 떠올랐다. 어느 날 실험실에 나와 마스던에게 금속박에다가 입자를 비스듬히 쏘아보면 어떻겠느냐고 물었다. 입자가 산란(파동이나 입자가 장애물에 부딪혀 흩어지는 현상 : 옮긴이)한다는 게 영 마음에 걸렸다. 처음 시도해 볼 만한 각도는 45도였다. 마스던은 금박을 사용해 그렇게 했다. 이 간단한 실험이 "물리학을 그 근저까지 뒤흔들었다." 그것은 "자연에 대한 새로운 시각이며…… 새로운 층의 실체, 즉 우주의 새로운 차원의 발견이었다."[9] 45도 각도로 분사한 알파입자들은 금박을 통과하지 못했다. 대신 90도 각도로 황산아연 스크린으로 튕겨 나왔다. "그날 러더퍼드 선생에게 실험 결과를 보고하던 때가 지금도 눈에 선하다"고 마스던은 회고록에서 술회한 바 있다. "선생님 연구실로 가는 계단에서 선생님을 만났다. 나는 신이 나서 말했다."¹⁰ 마스던이 무슨 일을 해냈는지 러더퍼드는 바로 감을 잡았다. 그런 산란 현상이 일어나려면 실험 장비 어딘가에 엄청난 양의 에너지가 들어 있어야만 한다.

그러나 러더퍼드는 잠시 당혹스러웠다. "내 일생에 일어난 일 중에서 가장 믿을 수 없는 사건이었다"고 러더퍼드는 자서전에 썼다. "그야말로 믿기지 않는 일이었다. 15인치짜리 포탄을 화장지에 대고 쏘았는데 튀어나와 쏜 사람을 때리는 것 같았다. 곰곰이 생각한 결과, 이러한 되튀김 현상은 충돌의 결과임이 분명했다. 그런데 계산을 해보니 원자에서 가장 큰 부분이 미세한 '핵'속에 집중돼 있는 시스템을 가정하지 않고는 그런 정도의 산란이 일어난다는 것은 불가능했다."¹¹ 사실 러더퍼드는 여러 달 궁리한 끝에야 자신의 결론이 옳다는 것을 확신할 수 있었다. 그렇게 시간이 걸린 이유는 자신이 알고 있던 원자 모델—원자는 미세한 건포도푸딩 같아서 전자는 건포도처럼 원자 덩어리 곳곳에 박혀 있다고 하는 J. J. 톰슨의 모델—이 더는 통하지 않는다는 것을 납득하기 어려웠기 때문이다.¹² 러더퍼드는 차츰 전혀 다른 모델이 훨씬 타당성이 있다는 것을 확신하게 됐다. 그는 원자의 구조를 천체에 비유했다. 원자핵을 중심으로 전자들이 그 주위를 도는 것이 행성이 항성 주위를 도는 것과 같다는 것이다.

이론적으로는 행성 모델이 '건포도푸딩'모델보다는 훨씬 우아했다. 하지만 그게 맞는 이론일까? 자신의 가설을 시험해보기 위해서 러더퍼드는 커다란 자석을 실험실 천장에 매달았다. 그 바로 아래 탁자 위에는 또 다른 자석을 고정시켰다. 진자 자석이 탁자 위를 45도 각도로 오가는 사이 두 자석의 극성을 똑같이 해주자 진자 자석은 알파입자를 금박에 분사했을 때와 똑같이 90도 각도로 튕겨 나왔다. 가설이 첫 번째 시험을 통과한 것이다. 이렇게 해서 원자물리학은 이제 핵물리학으로 발전하게 됐다.¹³

많은 사람들에게 입자물리학은 20세기의 지적 모험 가운데 가장 위대한 것이었다. 그러나 거기에도 두 가지 측면이 있었다. 하나는 러더퍼드가 모범을 보여주었다.

그는 아주 간단한 실험을 고안해 최신 이론을 입증하거나 반증하는 데 능했다. 또 다른 스타일은 '이론물리학'이었다. 이는 기존의 정보를 상상력으로 재구성함으로써 지식을 발전시키는 방식이었다. 물론 실험물리학과 이론물리학은 밀접히 연결돼 있다. 이론이라는 것은 조금 이를 수도, 늦을 수도 있지만 어쨌든 실험으로 입증이 돼야 하는 것이다. 그러나 물리학 전반으로 보면 이론물리학이야말로 창조적인 활동으로 간주되고 있으며, 주목을 끄는 물리학자들은 대부분 이론적인 작업에 몰두하고 있다. 물리학 이론에 대한 실험적 검증에는 여러 해가 걸리는 경우가 많다. 실험 기술이 아직 없기 때문이다.

역사상 가장 유명한 이론물리학자—20세기의 가장 유명한 인물 중 한 사람이기도 하다—가 독자적인 이론을 궁리하던 시기는 러더퍼드가 한창 실험에 몰두하던 때였다. 알베르트 아인슈타인(1879~1955)은 천지개벽처럼 꽝 하고 지식의 무대에 등장했다. 전 세계 과학 잡지 가운데 수집가들이 가장 탐내는 아이템이 있다면 그것은 단연 1905년 독일에서 나온《물리학 연보 Annalen der Physik》17호다. 그해에 아인슈타인이 이 월간지에 발표한 논문은 무려 세 편이었다. 그래서 1905년을 과학사상 '기적의 해 Annus Mirabilis'라고 한다. 세 논문은 막스 플랑크의 양자 이론에 대해 처음 실험적으로 검증한 내용과, 분자의 존재를 입증한 브라운 운동에 관한 해명, 그리고 그 유명한 방정식 '$E=mc^2$'이 등장하는 특수 상대성 이론이었다.

아인슈타인은 1879년 3월 14일 독일 슈투트가르트와 뮌헨 사이에 있는 울름에서 태어났다. 슈바벤 알프스로 이어지는 다뉴브 강 계곡 경사면에 있는 아름다운 도시였다. 아버지 헤르만은 전기기술자였다. 순산이었지만 어머니 파울리네는 세상에 얼굴을 내민 아들을 처음 보고 충격을 받았다. 머리가 크고 아주 이상하게 생겼기 때문이다. 어머니는 기형아라고 확신했다.[14] 머리가 유달리 크기는 했지만 잘못된 데는 없었다. 가족들 사이에 전해오는 이야기에 다르면 아인슈타인은 초등학교 시절 그다지 행복하지도, 유달리 똑똑하지도 않았다고 한다.[15] 아인슈타인은 후일 말이 늦었다고 술회한 바 있다. 그 이유는 완벽한 문장이 떠오를 때까지 '기다렸기' 때문이었다. 사실 가족 전설은 과장이 많다. 아인슈타인의 어린 시절을 연구한 바에 따르면 학교 다닐 때 그는 수학과 라틴어에서 늘 1등 아니면 2등이었다. 그러나 혼자 놀기를 좋아하고 블록 쌓기에 유달리 골몰했다. 다섯 살 때 아버지가 컴퍼스를 선물했는데 컴퍼스가 어찌나 좋았던지 '전율을 느꼈다'고 한다.¹⁶

아인슈타인은 독자는 아니었지만 천성적으로 혼자 놀기를 좋아하고 독립심이 강했다. 이는 부모가 자녀들에게 어려서부터 자립심을 강조했던 데도 이유가 있다. 예를 들어 알베르트는 서너 살에 이미 심부름을 하러 뮌헨의 복잡한 거리를 돌아다녀야 했다.¹⁷ 아인슈타인 가문은 아이들이 스스로 책을 읽는 습관을 들였다. 그래서 아인슈타인은 학교에서는 수학을 공부하면서도 집에 와서는 칸트와 다윈을 찾아 읽었다. 꼬마치고는 엄청 진도가 빠른 것이다.¹⁸ 그러나 그 때문에 오히려 말없는 아이가 더 '어렵고' 반항적인 청소년으로 변해갔다. 성격 자체는 문제의 일부에 불과했다. 그는 학교의 독재적인 분위기를 극도로 혐오했다. 독일 전반의 독재적인 분위기 역시 마찬가지였다. 그런 분위기는 빈에서와 마찬가지로 독일에서도 천박한 내셔널리즘과 사악한 반유대주의로 나타났다. 그런 심리적 분위기에 불만을 품은 아인슈타인은 끊임없이 동료학생, 교사들과 분란을 일으켰다. 결국은 퇴학까지 당하게 된다. 물론 본인으로서도 어떤 식으로든 학교를 떠날 궁리를 하고 있던 마당이었다. 열여섯 살 때 아인슈타인은 부모와 함께 이탈리아 밀라노로 이사를 갔다. 이어 열아홉에는 취리히 연방공대에 들어갔고, 나중에는 베른의 스위스 연방특허청에 심사관 자리를 얻었다. 이렇게 해서 반은 정규 교육을 받고 반은 학계에서 벗어나 있으면서 1901년부터 과학 논문을 발표하기 시작했다. 첫 번째 논문은 액체 표면의 성질에 관한 것으로 한 전문가의 말을 빌리면 '완전히 틀렸다.' 1903년과 1904년에도 다시 논문을 발표했다. 내용은 흥미로웠지만 뭔가가 빠졌다. 말하자면 아인슈타인은 최근의 과학 문헌을 들여다보지 않았고 다른 사람의 작업을 되풀이하거나 오해하지도 않았다. 그런데 그의 특장特長 가운데 하나는 통계였다. 통계 처리는 후일 아인슈타인에게 큰 도움이 되었다. 더욱 중요한 것은 과학의 주류에서 벗어나 있었던 것이 오히려 독창성을 높여주었을 것이라는 점이다. 그 독창성은 1905년 예기치 않게 꽃을 피웠다. 하지만 사실은 19세기 말에 이미 많은 수학자와 과학자들—특히 루드비히 볼츠만Ludwig Boltzmann, 에른스트 마흐, 쥘 앙리 푸앵카레Jules-Henri Poincaré 등등—이 아인슈타인과 유사한 방향으로 나아가고 있었다. 그래서 상대성 이론이 세상에 모습을 드러냈을 때 충격 그 자체이기도 했지만 또 어떤 면에서는 그렇지 않기도 했다.[19]

기적의 해를 장식한 위대한 세 편의 논문은 양자 이론에 관한 것이 3월에, 브라운 운동은 5월에, 특수 상대성 이론은 6월에 출판됐다. 양자물리학은 앞서 살펴본 대로 그 자체로 새로운 분야로서 독일 물리학자 막스 플랑크의 독창적인 아이디어였다. 플랑크는 빛이 전자기 복사의 일종으로 작은 다발 내지는 묶음으로 돼 있다고 주장하면서 그것을 양자라고 이름 지었다. 그의 논문은 1900년 12월 베를린물리학회에서 처음 구두로 발표했을 때 별다른 논란을 불러일으키지 못했다. 그러나 일부 과학자들은 곧 플랑크가 옳다는 걸 알게 됐다. 그의 착상은 많은 것을 설명해주었다. 그중에는 화학적 세계는 별개의 단위들, 즉 원소로 구성돼 있다는 관찰도 포함돼 있었다. 별개의 원소라는 개념은 그 자체로 별개인 물질의 기본단위들을 내포하는 개념이었다. 아인슈타인은 그의 이론 중에서 다른 부분에 주목함으로써 플랑크의 탁월함을 빛내주었다. 빛이 실제로 별개의 단위들, 즉 광자 光子 photon 형태로 존재한다는 것을 입증한 것이다.

아인슈타인을 제외한 과학자들이 양자라는 개념을 받아들이기 어려웠던 이유 중 하나는 여러 해에 걸친 실험 결과들이 빛은 파동의 성질을 갖는다는 것을 보여줬기 때문이다. 그런데 아인슈타인은 빛은 때로는 파동이면서 때로는 입자라는, '둘 다'라는 가설을 제시했다. 이는 기존 사고방식으로는 불가능한 발상으로 아인슈타인의 열린 사고가 얼마나 파격적인지를 잘 보여준다. 이런 생각이 받아들여지기까지는, 아니 최소한 이해되기까지는 시간이 좀 걸렸다. 물론 일부 물리학자들은 아인슈타인의 통찰이 사실과 부합한다는 것을 직감했다. 시간이 가면서 '파동-입자 이중성'은 1920년대에 양자 구조의 기초가 되었다(이런 설명이 어지럽고 입자인 동시에 파동이라는 것이 그림이 잘 그려지지 않는다? 당신만 그런 게 아니다. 지금 우리가 논하고 있는 특성은 본질적으로 수학적인 것이다. 따라서 시각적 유비는 아예 적합하지가 않다. 닐스 보어—논란의 여지는 있지만 20세기 최고의 양대 물리학자 중 하나다—조차 '양자의 기묘함'을 접하고 머리가 어지럽지 않은 사람은 뭐가 뭔지 도무지 모르는 것이라고 말한 바 있다).

양자 이론에 관한 논문을 발표한 지 두 달 후 아인슈타인은 브라운 운동을 다룬 두 번째 역작을 내놓았다.[20] 브라운 운동은 우리가 학교 때부터 많이 본 현상이다. 작은 꽃가루 알갱이들을 물속에 던져놓고 현미경으로 관찰해 보면 크기가 100분의 1 밀리미터의 밖에 안 되는 미세한 입자들이 좌충우돌하면서 불뚝 불뚝 움직이는 게 보인다. 아인슈타인은 이러한 '춤'이 물 분자들이 꽃가루를 마구잡이로 공격하기 때문에 일어나는 현상이라고 생각했다. 이런 생각이 맞는다면 분자들은 꽃가루를 무작위로 공격하는 것이고, 그렇다면 일부 알갱이들이 조용히 그 자리에 머물러 있어서는 안 된다. 알갱이들의 운동은 사방에서 날아오는 공격으로 상쇄되지만 어떤 속도로 물 사이를 움직여야 한다고 아인슈타인은 말했다. 여기서 그의 통계학 지식이 빛을 발했다. 그의 복잡한 계산식이 실험으로 입증된 것이다. 이것은 일반적으로 분자가 존재한다는 것을 보여주는 최초의 증거로 간주됐다.

그러나 그에게 명성을 안겨 준 것은 그해 6월에 출판된 세 번째 논문이었다. $E=mc^2$이라는 결론에 도달한 것도 바로 이 논문에서였다. 특수 상대성 이론 special theory of relativity(일반 상대성 이론은 나중에 나왔다)을 설명하기란 쉽지 않다. 왜냐하면 우리의 상식이 다 깨져버리는 우주의 극단적인—그러나 근본적인—환경을 전제로 하고 있기 때문이다.

여기서 사고思考 실험이 도움이 된다.[21] 지금 기차역에 서 있는데 왼쪽에서 오른쪽으로 기차가 굉음을 내며 들어온다고 상상해 보라. 기차에 탄 사람이 당신 옆을 지나는 바로 그 순간, 기차 안에, 차량 한가운데 불이 들어왔다. 이제 기차가 투명하다고 가정해보자. 그러면 안이 들여다보일 것이다. 플랫폼에 서 있는 관찰자인 당신은 빛이 차량 뒤쪽 끝에 도달할 때 차량은 이미 앞으로 움직였다는 것을 알 수 있다. 다른 말로 하면 빛은 차량 길이의 절반 약간 못 미친 거리를 이동한 것이다. 그러나 기차 안에 있는 사람은 빛이 차량 맨 앞쪽에 도달하는 것과 동시에 차량 맨 뒤에 도달하는 것을 볼 것이다. 왜냐하면 그 사람에게는 기차가 차량 길이의 절반만큼만 이동했기 때문이다. 이렇게 해서 빛이 차량 맨 뒤에 도달하는 데 걸리는 시간은 두 관찰자에게 다르다. 그러나 두 경우 모두 빛은 동일한 빛이고, 동일한 속도로 이동한다. 이러한 편차는 지각작용이 관찰자에 따라 상대적이며, 빛의 속도는 일정하기 때문에 시간은 환경에 따라 달라진다는 것을 전제해야만 설명이 된다고 아인슈타인은 말했다.

시간이 느려지거나 빨라질 수 있다는 생각은 아주 이상한 것이다. 그러나 바로 그 점이 아인슈타인의 주장의 요체였다. 두 번째 사고 실험은 아인슈타인 전기 작가인 마이클 화이트 Michael White와 존 그리빈 John Gribbin이 제시한 것으로 역시 도움이 된다. 연필 끝에 불이 달려 있어서 책상 표면에 그림자를 드리운다고 상상해 보자. 삼차원으로 돼 있는 연필은 책상 위에 이차원의 그림자를 만든다. 연필을 기울이면, 즉 연필 주위의 불빛을 움직이면 그림자는 커지거나 줄어든다. 아인슈타인은 대상들이 본질적으로 우리가 익히 아는 삼차원뿐 아니라 사차원을 가지고 있다고 말했다. 지금 용어로 하면 동일한 대상이 시간적으로 지속됨으로써 시공간을 갖는다는 것이다.[22] 따라서 연필을 이리저리 돌리듯이 사차원 대상을 가지고 놀이를 하면 시간을 줄이거나 늘일 수 있다. 연필의 그림자가 짧아지거나 늘어나는 방식과 마찬가지다. 여기서 우리가 '놀이'라고 하는 것은 강한 힘을 가하는 것을 말한다. 아인슈타인의 이론에서 물체는 빛의 속도나 그에 준하는 속도로 움직여야 그런 효과가 나타난다. 그러나 그런 효과가 나타나는 순간 시간은 실제로 변한다고 아인슈타인은 말했다. 광속으로 움직이면 시계는 더 느리게 갈 것이라는 그의 예언은 유명하다. 상식에 정면으로 반하는 이런 관념은 실제로 여러 해 후에 실험으로 입증됐다. 그의 사상에서 곧바로 실용적 이익을 얻을 수는 없을지 몰라도 이제 물리학은 완전히 거듭나게 된 것이다.[23]

화학도 거듭났다. 거의 동시에, 그것도, 논란의 여지는 있지만 인류에게 한결 이익이 되는 방향으로 탈바꿈했다. 물론 그런 변혁을 촉발시킨 사람은 아인슈타인과 같은 명성을 얻지는 못했다. 명성을 얻지 못한 정도가 아니라 문제의 과학자가 혁신적인 성과를 언론에 알렸을 때 그의 이름조차 제목에서 빠지고 말았다. 당시 〈뉴욕 타임스〉가 단 제목은 헤드라인치고는 정말 이상했다. '$C_7H_{38}O_{43}$에 행운 있기를'.[24] 플라스틱의 화학적 구성을 표시하는 식이었다. 플라스틱은 오늘날 세상에서 가장 널리 사용되는 물질일 것이다. 현대 생활은—비행기에서 전화, 텔레비전, 컴퓨터에 이르기까지—플라스틱 없이는 상상할 수 없다. 그 플라스틱을 발견한 사람이

리오 헨드릭 베이클랜드Leo Hendrik Baekeland(1863~1944)였다.

베이클랜드는 벨기에 출신이었다. 그러나 1907년 독창적인 발견을 세상에 알렸을 때는 미국에 산 지가 벌써 20년이 다 되었다. 그는 개인주의적이고 자존심이 강한 인물이었다. 플라스틱이 첫 발명품도 아니었다. 그가 발명한 것 중에는 벨록스Velox라고 이름 붙인 인화지도 있고, 소금물을 전기분해해서 가성소다를 만드는 타운젠드 셀Townsend Cell도 있었다. 가성소다는 비누 등의 제품 제조에 필수적인 물질이다.[25]

합성 플라스틱을 만들려는 노력은 새삼스러운 것은 아니었다. 천연 플라스틱이 사용된 지는 이미 여러 세기가 됐다. 나일강변의 이집트인들은 관 표면을 수지로 칠했다. 호박은 그리스인들이 선호하는 보석이었다. 동물 뼈나 조가비, 상아, 고무 등으로 함께 장식해 사용했다. 19세기에는 셸락이 개발돼 축음기 레코드와 전기 절연체 등으로 많이 사용됐다. 1865년 알렉산더 파크스Alexander Parkes가 런던 왕립공예협회에 파크신Parkesine을 소개했다. 파크신은 니트로셀룰로오스를 개량해 만든 일련의 플라스틱 가운데 최초의 제품이었다.[26] 이보다 성공적인 것이 셀룰로이드였다. 장뇌에 피록실린을 혼합해 검처럼 만든 물질로 열에 녹고, 특히 틀니의 재료로 쓰였다. 셀룰로이드의 발명으로 빗, 커프스, 칼라 등을 쉽게 만들 수 있게 되어서 그런 사치품은 엄두도 못 내던 계층도 사용할 수 있게 됐다. 그러나 셀룰로이드에는 난감한 문제가 있었다. 인화성이었다. 1875년 뉴욕 타임스 사설은 이 문제를 제기하면서 '틀니가 폭발물?'이라는 자극적인 제목을 달 정도였다.[27]

1890년대와 1900년대에 가장 흔히 쓴 공법은 페놀과 포름알데히드를 혼합하는 것이었다. 화학자들은 모든 조합을 온도를 달리해 가열해 보았다. 다른 화합물을 투여해보기도 했다. 결과는 언제나 똑같았다. 고무 같은 혼합물이 만들어졌지만 상업적 생산에 적합한 정도는 아니었다. 이런 점성물질들에 대해 화학자들은 '곤란한 수지'라는 이름을 붙였다.[28] 베이클랜드의 관심을 끈 것은 바로 그런 다루기 곤란한 속성이었다.[29] 1904년 그는 조수 나다니엘 설로Nathaniel Thurlow를 고용했다. 설로는 페놀의 화학적 성질에 대해서는 도사였다. 두 사람은 잡다한 결과 중에서 하나의 특정한 유형을 찾기 시작했다. 어느 정도 진척은 봤지만 결정적인 돌파구가 열린 것은 1907년 6월 18일이 되어서였다. 바로 그날 조수가 나간 사이 베이클랜드는 실험을 대신 맡아 과정을 새로 기록하기 시작했다. 나흘 후 그는 어떤 물질에 대해 특허를 신청했는데 그 이름을 베이클라이트Bakalite라고 했다.[30] 놀라울 정도로 짧은 기간에 이뤄낸 발견이었다.

　베이클랜드의 꼼꼼한 실험 기록을 재구성해 보면 이렇다. 페놀과 포름알데히드를 똑같은 양으로 섞은 용액에 나무 조각을 넣고 섭씨 140~150도가 될 때까지 계속 가열했다. 하루가 지나자 나무 표면은 더 이상 딱딱하지 않았고, 소량의 검 같은 것이 흘러나왔다. 이 검 같은 물질은 대단히 딱딱했다. 그는 이것이 포름알데히드가 페놀과 반응을 하기 전에 기화돼서 생긴 물질인지 의심스러웠다.[31] 이것을 확인하기 위해 실험 과정을 되풀이했다. 그러면서 혼합물과 온도, 압력, 건조 과정 등에 조금씩 변화를 주었다. 그 결과 네 가지 물질이 생성됐다. 그는 이것을 A, B, C, D라고 이름 붙였다. 어떤 물질은 점성이 높았고, 어떤 것은 열을 가하면 흐물흐물해졌고, 일부는 페놀 속에서 끓이면 흐물흐물해졌다. 그의 관심을 끈 것은 혼합물 D였다.[32] 이 변종 물질은 "어떤 용제에 넣어도 녹지 않고, 흐물흐물해지지 않는다. 나는 이것을 베이클라이트라고 부른다. 베이클라이트는 A나 B 또는 C를 밀폐된 용기에 넣고 가열하면 생긴다."[33] 그 다음 나흘 동안 베이클랜드는 잠 한숨 안 자고 33쪽이 넘는 메모를 정신없이 써내려갔다. 그러면서 D를 얻으려면 A, B, C를 섭씨 100도 이상으로 가열해야 하며, 가열은 밀폐된 용기에 넣고 해야만 특정한 압력 하에서 반응이 일어난다는 것을 확인했다. 그런데 A, B, C 어디서 나왔든 D라는 물질은 '표면이 상아 같이 매끈한 덩어리'였다.[34]

　베이클라이트 특허는 1907년 7월 13일에 출원했다. 베이클랜드는 이 신제품이 얼마나 광범위한 분야에 쓰일 수 있는지 바로 직감했다. 절연체는 물론이고, 주물용 틀로, 건물 바닥판이나 벽지로, 겨울에는 보온성이 뛰어난 건축용 타일로 사용할 수 있는 등 용도는 무궁무진했다. 그러나 베이클라이트로 처음 만든 제품은 당구공이었다. 그해 말부터 시판에 들어갔다. 그러나 큰 성공을 거두지는 못했다. 너무 딱딱해서 탄력성이 떨어졌기 때문이다. 이듬해인 1908년 1월 뉴저지 주 분튼 Boonton 에 있는 로안도 컴퍼니Loando Company 대표가 베이클랜드를 찾아왔다.

정밀 얼레 제조 회사였는데 고무 석면 혼합물로는 만족스러운 제품을 만들 수 없어 베이클라이트(이때부터 Bakelite로 썼다)에 관심을 가진 것이다.[35] 이때부터 베이클랜드의 아내가 관리하는 회계장부는(부부는 그러지 않아도 이미 백만장자였다) 차츰 증가세를 보인다. 1908년에만 해도 고객사가 두 곳 더 늘었다. 그런데 1909년이 되면서 매출이 천정부지로 치솟았다. 그해 2월 첫 번째 금요일에 14번가와 피프스 애비뉴 모퉁이에 있는 미국화학협회 뉴욕 지부 사무실에서 베이클랜드가 한 강연 덕분이었다.[36] 그 강연은 어찌 보면 러더퍼드가 원자의 구조를 설명한 맨체스터 모임의 재판 같았다. 모임은 저녁이 끝난 뒤까지도 시작되지 않았고, 베이클랜드의 발제는 세 번째 아이템이었다. 그는 청중들에게 물질 D가 옥시-벤질-메틸렌-글리콜-안하이드라이드 중합체, 즉 n(C7H38O43)이라고 말했다. 여러 샘플을 보여주면서 베이클라이트의 특성에 대한 소개를 끝낸 시각은 밤 10시가 넘어서였다. 화학자들은 기립박수를 보냈다. 러더퍼드의 발표를 들었던 제임스 채드윅과 마찬가지로 그들은 뭔가 대단히 중요한 것을 알리는 자리에 와 있다는 것을 직감했다. 베이클랜드도 너무 흥분한 나머지 잠을 이루지 못하고 서재에서 그날 모임에 대해 10쪽이나 되는 기록을 남겼다. 다음날 뉴욕의 세 신문이 그날 모임에 대한 기사를 실었다. 그 유명한 헤드라인이 실린 것도 바로 이날이었다.[37]

이렇게 해서 최초의 플라스틱이 나왔을 때 공교롭게도 몇 가지 중요한 변화가 일어나고 있었다. 전기산업이 빠른 속도로 성장하고 있었고, 자동차 산업도 마찬가지였다.[38] 두 산업 모두 절연물질이 필수였다. 전등과 전화의 사용이 확대되고 있었고, 축음기도 예상보다 훨씬 인기가 있었다. 1910년 봄에는 베이클라이트 제조 회사 설립에 관한 사업계획서가 만들어졌고, 6개월 후인 12월 5일에는 뉴욕에 사무실을 열었다.[39] 라이트 형제의 비행기와 달리 베이클라이트는 상업적인 차원에서도 바로 성공을 거둔 것이다.

베이클라이트는 플라스틱으로 발전했다. 플라스틱이 없으면 우리가 오늘날 알고 있는 것과 같은 컴퓨터는 존재하지 못했을 것이다. 한편 이러한 현대의 '하드웨어적' 측면이 계속 발전해 가는 사이 '소프트웨어' 역시 발전해갔다. 특히 수학의 논리적 토대에 대한 탐색이 그러했다. 그 개척자는 버트런드 러셀(1872~1970)과 알프레드 노스 화이트헤드(1861~1947)였다.

러셀은 호리호리하면서도 깐깐하고 품위가 있어서 '귀족 참새'라는 별명을 얻기도 했다. 어거스터스 존Augustus John이 그린 초상화를 보면 사물을 꿰뚫는 듯한 눈빛에는 회의가 스며 있고, 눈썹은 뭔가 미심쩍어하는 듯하며, 입매는 깐깐해 보인다. 철학자 존 스튜어트 밀의 대자代子인 그는 1872년 빅토리아 여왕 치세가 중반에 접어들었을 무렵 태어났다. 그리고 근 한 세기 후, 그 자신뿐 아니라 많은 사람들에게 핵무기가 인류 최대의 위협이 되는 시대에 세상을 떠났다. 그는 '지식에 대한 탐구와 고난에 대한 참을 수 없는 연민, 사랑에 대한 열망'이 자신의 평생을 지배한 세 가지 열정이었다고 술회한 바 있다. 그러면서 이렇게 결론을 내렸다. "나는 인생이 살 가치가 있다고 생각한다. 그리고 다시 기회가 주어진다면 기꺼이 다시 살아보고 싶다."[40]

그럴 만도 하다. 존 스튜어트 밀이 그가 알고 지낸 유일한 명사는 아니었다. T. S. 엘리엇, 리튼 스트레이치Lytton Strachey(영국의 저명한 전기작가이자 평론가, 1880~1932 : 옮긴이), G. E. 무어Moore(러셀, 비트겐슈타인 등과 함께 케임브리지 학파를 대표하는 철학자, 1873~1958 : 옮긴이), 조셉 콘래드, D. H. 로렌스, 루드비히 비트겐슈타인, 캐서린 맨스필드Katherine Mansfield(영국의 여성 소설가, 1888~1923 : 옮긴이) 등이 그와 어울리던 서클 사람들이었다. 러셀은 여러 차례 국회의원 선거에 출마했고(한 번도 당선된 적은 없다), 소련을 옹호했으며, 1950년 노벨 문학상을 받았고, 로이 캠벨 Roy Campbell(남아프리카공화국 시인, 1901~1957 : 옮긴이), T. S. 엘리엇, 앨더스 헉슬리Aldous Huxley, D. H. 로렌스Lawrence, 시그프리드 서순Siegfried Sassoon(영국의 유대계 시인, 1886~1967 : 옮긴이)의 작품을 포함해 최소한 여섯 편의 소설에 등장인물로 나왔다(어떤 경우는 본인이 짜증스러워했다). 1970년 97세를 일기로 사망했을 당시 그의 저서 60여 종은 여전히 시판 중이었다.[41]

그가 쓴 모든 책 중에서 가장 독창적인 것은 1910년 첫 권이 나온 대작으로 제목은 아이작 뉴턴이 라틴어로 쓴 책(『자연철학의 수학적 원리Philosophiæ Naturalis Principia Mathematica』: 옮긴이)에서 따 『수학원리Principia Mathematica』라고 했다.

20세기에 나온 책 가운데에서 가장 안 읽힌 책 가운데 하나다. 그 이유로 우선 주제가 수학이라는 점을 들 수 있다. 누구에게나 인기 있는 읽을거리가 아닌 것이다. 둘째로 터무니없이 길다. 전 3권에 2,000쪽이 훨씬 넘는다. 그러나 간접적으로나마 컴퓨터의 탄생을 야기한 이 저서를 극소수의 사람들만이 읽게 된 결정적인 요인은 세 번째 것이다. 저서를 이끌어가는 치밀한 논증이 일상 언어가 아니라 특별히 고안해낸 상징체계로 되어 있기 때문이다. 예를 들어 '~이 아니다'는 물결표로 표시한다. 선이 굵은 볼드체 v는 '또는'이라는 뜻이다. 네모 점은 '그리고'를 의미한다. 기타 논리적 관계를 나타내는 기호를 보면, U를 가로로 뉘인 기호(⊃)는 '내포한다'를, 세 줄짜리 등호 표시(≡)는 '~과 동등하다'를 의미한다. 이 책은 집필하는 데만 10년이 걸렸다. 그 목적은 수학의 논리적 토대를 해명하는 것이었다.

이런 엄청난 작업에는 그만큼 비범한 저자가 필요했다. 러셀은 교육의 출발부터 남달랐다. 어려서 가정교사를 뒀는데 불가지론적 성향의 인물이었다. 그것만으로는 부족했는지 가정교사는 제자에게 처음에는 유클리드기하학을 가르치더니 10대 초에는 마르크스를 읽혔다. 1889년 12월 열일곱 나이에 러셀은 케임브리지 대학에 들어갔다. 본인의 확고한 선택이었다. 젊은 러셀의 유일한 열정은 수학을 향한 것이었고, 케임브리지는 그 분야에서 단연 최고였기 때문이다. 러셀은 수학의 확실성과 명쾌함을 사랑했다. 그는 수학이 시나 낭만적인 사랑 또는 자연의 아름다움만큼이나 감동적이라고 생각했다. 그는 수학이 다루는 주제가 인간의 감정에 전혀 오염되지 않았다는 사실을 좋아했다. 그는 이렇게 쓴 적이 있다. "나는 수학을 좋아한다. 왜냐하면 인간적이지 않고, 지구나 우연적 사건이 지배하는 우주 전체와 특별한 관계가 없기 때문이다. 또 스피노자의 신과 마찬가지로 수학은 우리를 사랑해주지도 않기 때문이다." 그는 라이프니츠와 스피노자를 '할아버지'라고 불렀다.

러셀은 케임브리지 대학 트리니티 칼리지에 다녔다. 입학하자마자 장학생 시험을 치렀는데 운이 좋았다. 시험관이 알프레드 노스 화이트헤드였던 것이다. 화이트헤드는 마음씨 좋은 사람이었다(케임브리지에서 '천사표'로 통했다). 당시 스물아홉이었는데 벌써 그 유명한 건망증 증세를 보이고 있었다. 수학에 대한 열정이라면 러셀에 절대 뒤지지 않는 화이트헤드는 자신의 정서를 약간 비정상적인 방식으로 표현하곤 했다. 장학금 시험에서 러셀은 2등을 했다. 부셸이라는 젊은이가 더 높은 점수를 얻은 것이다. 그러나 화이트헤드는 러셀이 더 우수하다고 확신했다. 그래서 러셀의 것을 포함해 시험지를 모두 태워버린 다음 다른 시험관들을 만났다. 그리고 그 자리에서 러셀을 추천했다.⁴³ 화이트헤드는 이 젊은 신입생의 멘토가 된 데 대해 매우 흡족해했다. 한편 러셀은 철학자 G. E. 무어의 매력에도 흠뻑 빠졌다. 무어는 동시대인들에 의해 '대단히 멋있다'는 평가를 받았는데 러셀만큼 위트가 있지는 않지만 인내심 강하고 대단히 인상적인 토론자였다. 러셀이 표현한 바에 따르면 '뉴턴과 사탄을 하나로 합쳐놓은' 듯한 인물이었다. 두 사람의 만남에 대해 어떤 학자는 '현대 윤리철학 발전의 이정표'로 높이 평가하기도 했다.⁴⁴

러셀은 케임브리지 대학 수학 학위 시험을 1등급으로 통과하고 졸업했다. 그러나 이런 성공이 별 노력 없이 가능했다고 생각하면 오해다. 러셀은 마지막 시험 때문에 너무 지쳐서(아인슈타인도 마찬가지였다) 시험이 끝난 뒤에는 수학 책을 몽땅 팔아 치우고 홀가분한 마음으로 철학으로 돌아섰다.⁴⁵ 그는 훗날 철학이 과학과 신학 사이에 있는 무주공산으로 보였다고 말했다. 케임브리지에 다니면서 러셀은 다종다양한 분야에 관심을 보였다(졸업시험이 그토록 힘겨웠던 것은 딴 짓을 하느라 시험 준비를 제대로 못한 데에도 원인이 있다). 정치학도 관심사 중 한 분야였다. 특히 카를 마르크스의 사회주의가 그러했다. 그러한 관심은 독일 방문이 곁들여지면서 결국 첫 번째 저서 『독일 사회민주주의*German Social Democracy*』(1896)로 이어졌다. 이 책에 이어 '할아버지'인 라이프니츠를 다룬 책을 냈다. 그 다음에는 학위 주제로 되돌아와서 『수학의 원리*The Principles of Mathematics*』를 쓰기 시작했다.

『수학의 원리』에서 러셀이 노린 것은 당시로서는 별로 인기 없는 견해, 즉 수학은 논리에 근거하고 있으며 '그 자체로 논리적인 일정한 수의 기본원리들로부터 도출해낼 수 있다'는 견해를 발전시키는 것이었다.⁴⁶ 그는 첫 권에서 나름의 논리철학을 제시하려고 계획했다. 이어 2권에서는 그에 따르는 수학적 결과를 상세히 설명하고자 했다. 첫 권은 반응이 괜찮았다. 그러나 러셀은 나중에 논리의 역설이라고 하는 장애물에 부딪혔다. 러셀이 『수학의 원리』에서 특히 심혈을 기울인 부분은 '유類 class'개념이었다. 그가 든 예를 인용하자면, 모든 찻숟가락은 찻숟가락들의 유

(특정한 성질을 만족하는 집합들의 모임 : 옮긴이)에 속한다. 그러나 찻숟가락들의 유는 그 자체로 하나의 찻숟가락은 아니며, 따라서 그 유에 속하지 않는다. 여기까지는 분명하다. 그러나 러셀은 논의를 한 걸음 더 밀고 나아갔다. 자기 자신에 속하지 않는 모든 유들의 유를 생각해보자. 코끼리들의 유를 예로 들어볼 수 있다. 코끼리들의 유는 하나의 코끼리가 아니다. 문들의 유도 마찬가지로 하나의 문은 아니다. 그 자신에 속하지 않는 모든 유들의 유는 그 자신에 속하는가? 당신의 답이 긍정이든 부정이든 모순에 빠지게 된다.[47] 러셀도, 멘토인 화이트헤드도 이 문제를 우회하는 방법은 찾을 수 없었다. 그래서 러셀은 이 역설에 정면으로 도전하지 않은 채 『수학의 원리』를 그대로 진행시켰다. '그래서, 바로 그렇기 때문에 수학의 역사에서 가장 흥미로운 사건이 벌어졌다'고 러셀의 한 전기작가는 지적한다. 1890년대에 러셀은 독일 수학자 고틀로프 프레게Gottlob Frege의 『개념기호법Begriffsschrift』(1879)을 읽었지만 제대로 이해하지 못했다. 1900년 말경 러셀은 같은 저자의 『연산의 기본법칙Grundgesetze der Arithmetik』(1893)을 사서 읽고 부끄러움과 두려움에 몸을 떨었다. 프레게가 러셀의 역설을 이미 예감했으며, 해결책을 찾는 데 역시 실패했기 때문이다. 이런 문제점에도 불구하고 1903년에 출판된 『수학의 원리』는—분량이 500쪽이나 됐다—당시로서는 수학의 논리적 근거에 대해 영어로 쓴 최초의 포괄적인 학술서였다.[48]

『수학의 원리』 원고가 끝난 것은 1900년의 마지막 날이었다. 마지막 주에 러셀은 둘째 권을 구상하기 시작했다. 그런데 한때 시험 감독관이었고, 이제는 가까운 친구이자 동료가 된 화이트헤드가 『종합대수Universal Algebra』 제2권을 집필 중이라는 사실을 알게 됐다. 이 과정에서 두 사람 모두 같은 문제에 관심을 갖고 있다는 사실이 드러나 둘은 공동 작업을 하기로 했다. 공동 작업이 언제 시작됐는지 정확히 아는 사람은 없다. 러셀 말년의 기억력이 썩 좋지 않았고, 화이트헤드의 원고는 후일 미망인인 에블린이 다 태워버렸기 때문이다. 아주 이상한 행동으로 보이지만 말도 안 되는 짓은 아니었다. 1900년 첫 번째 아내인 앨리스 페어설 스미스와 러셀의 결혼생활이 파경에 처한 이후 에블린과 러셀이 사랑에 빠졌다고 믿을 만한 강력한 근거가 있기 때문이다.[49]

러셀과 화이트헤드의 공동 작업은 기념비적인 일이었다. 두 사람은 수학의 토대 자체를 천착하는 동시에 주세페 페아노 토리노 대학 수학 교수의 작업을 기초로 이론을 전개했다. 러셀과 화이트헤드가 작업을 시작하기 직전 페아노 교수는 기존의 대수를 확장시켜 제한적인 논리적 연관관계를 확대시킬 목적으로 새로운 상징체계를 고안해냈다. 1900년 당시 화이트헤드는 러셀과의 프로젝트가 일 년 정도 걸릴 것으로 생각했다.[50] 그런데 실제로는 10년이 걸렸다. 일반적인 평으로 보면 수학자로서는 화이트헤드가 뛰어났다. 책의 체제를 짜고 상징의 대부분을 디자인한 것은 화이트헤드였다. 그러나 하루에 7~10시간, 일주에 6일을 꼬박 집필에 투자한 것은 러셀이었다.[51] 정신적인 소모는 종종 위험할 정도였다. 후일 러셀의 회고에 따르면 "당시 나는 도대체 터널의 끝을 빠져나가게 될까가 의문스러웠다……. 나는 가끔 옥스퍼드 근처 캐닝턴 인도교에 서서 지나가는 기차들을 보며 내일은 저 아래 드러누워야겠다고 마음먹기도 했다. 그러나 다음날이 되면 늘 '수학원리'는 언젠가 완성될 것이라고 스스로 다짐했다."[52] 1907년 크리스마스 때에도 그는 책을 쓰느라 일곱 시간 반을 일했다. 1900년대 첫 십 년 동안은 두 사람의 생활은 온통 이 책으로 점철됐다. 러셀과 화이트헤드 집안은 서로 수시로 오가면서 책의 진척상황에 관한 토론을 했고, 각자는 상대방 집안에서 하숙생처럼 지냈다. 그러는 과정에서 1906년 러셀은 마침내 유형 이론으로 논리의 역설을 해결했다. 순수하게 논리적인 해결책이라기보다는 논리철학적인 해결책이었다. 세계를 인식하는 방법에는 두 가지, 즉 직접 아는 것(찻숟가락)과 기술記述을 통해서 아는 것(찻숟가락의 유), 즉 이차적인 지식, 이렇게 두 가지가 있다고 러셀은 말했다. 이러한 입장으로부터 기술에 관한 기술은 기술 그 자체보다는 좀 더 높은 단계에 있다는 결론이 나온다. 이러한 분석을 토대로 역설은 간단히 해소된다.[53]

원고 작업은 더뎠다. 1908년 5월에는 '약 6,000~8,000쪽'으로 늘었다.[54] 그해 10월 러셀은 친구에게 일 년 정도 후에는 출판이 가능할 것으로 예상한다고 썼다. 그는 '엄청 두꺼운 책이 될 것'이라면서 '아무도 읽지 않을 것'이라고 했다.[55] 또 어떤 자리에서는 '산책을 나갈 때마다 집에 불이 나서 원고가 다 타버리면 어쩌나 걱정하곤 했다'고 썼다.[56] 1909년 여름은 막바지였다. 이어 가을에는 화이트헤드가 출판 문제를 관계자들과 상의하기 시작했다. '마침내 육지가 보였다'고 화이트헤드는 썼다. 그러면서 케임브리지 대학 출판부 책임자들을 만나고 있다고 했다(두 사람은 원고를 바퀴 넷 달린 카트에 실어 출판부에 가져다주었다). 그러나 낙관은 너무 성급했다. 책이 너무 긴 것(최종 원고는 4,500쪽 분량으로 같은 제목의 뉴턴의 저서와 거의 같은 규모였다)만이 문제가 아니었다. 책의 절반가량을 도배하다시피 한 '상징논리' 알파벳이 기존 활자체에는 아예 없었다. 더 심각한 문제는 출판부 책임자들이 시장 여건을 고려한 결과 600파운드 정도 손해라는 결론을 내린 것이다. 출판부는 손실의 50퍼센트를 떠안는 대신 왕립학회가 나머지 300파운드를 벌충해주어야만 발행을 하겠다고 못을 박았다. 결국 왕립학회는 200파운드만을 보전해주기로 했다. 그래서 그 나머지는 러셀과 화이트헤드가 대기로 했다. 러셀은 푸념처럼 말했다. "그렇게 해서 우리는 10년 작업 끝에 각자 마이너스 50파운드씩을 벌었다. 그래도 실낙원보단 낫다."[57]

『수학원리』 1권은 1910년 12월에 출판됐고, 2권은 1912년, 3권은 1913년에 나왔다. 일반적인 평은 칭찬 일색이었다. 주간지 《더 스펙테이터 The Spectator》는 이 책이 수학을 우주 그 자체보다 '더욱 확고하게' 만들려는 시도라는 점에서 '사변적 사고의 역사에 한 획을' 긋는다는 결론을 내렸다.[58] 그러나 1911년 말까지 팔린 것은 320부에 불과했다. 국내나 해외 동료들의 반응은 열광이라기보다는 경외심에 가까웠다. 1권에서 전개한 논리 이론은 지금도 철학자들 사이에서 중요한 이슈이다. 그러나 형식적 증명에 수백 쪽을 할애하는(1+1=2를 증명하는 데만 86쪽을 잡아먹었다) 2, 3권을 들여다보는 사람은 거의 없다. 러셀은 1950년대에 이렇게 쓴 적이 있다. "2, 3권을 읽은 사람을 딱 여섯 명 알고 있었는데 그 중 세 명은 폴란드 사람이었다. 그런데 나중에 히틀러에게 제거된 것 같다. 나머지 셋은 텍사스 사람인데 나중에 사회생활에 성공적으로 적응했다."[59]

러셀과 화이트헤드의 발견은 대단히 중요했다. 대부분의 수학은—비록 전부는 아니지만—논리적으로 서로 연결돼 있는 일정한 수의 공리들로부터 연역할 수 있다는 사실을 밝혀낸 것이다. 수리논리 분야를 개척한 것은 두 사람이 남긴 가장 중요한 유산으로 1930~40년대에 초기 컴퓨터를 구상했던 앨런 튜링 Alan Turing과 존 폰 노이만 John von Nuemann 같은 인물에게 영감을 주었다. 바로 그런 의미에서

러셀과 화이트헤드는 소프트웨어의 할아버지였다.⁶⁰

1905년 영국 의학 전문지 《랜싯Lancet》에 런던 대학교(UCL) 생리학 교수인 E. H. 스탈링Starling이 새로운 의학용어를 소개했다. 이 단어는 후일 인체에 관한 우리의 사고방식을 완전히 바꿔놓게 된다. 그것은 '호르몬'이었다. 스탈링 교수는 당시 '메신저 물질'을 다루는 새로운 의학 분야에 관심을 가졌던 많은 의사들 중 한 사람에 불과했다. 의사들은 이 물질을 수십 년 동안 관찰해왔다. 그런데 수많은 실험 결과 인체의 내분비선―목 앞쪽에 있는 갑상선, 뇌 바닥 부위의 뇌하수체, 등 아래쪽에 있는 부신―은 각각 즙을 만들어내기는 하지만 그런 분비물을 신체의 다른 부위로 운반하는 확실한 수단은 없는 것으로 확인됐다. 이 문제에 대해 생리학이 확실한 인식을 얻기까지는 시간이 걸렸다. 예를 들어 1855년 런던의 가이 병원에서 토머스 애디슨은 애디슨 씨 병(부신피질 분비 부전증 : 옮긴이)으로 알려진 소모성 질환으로 죽은 환자들의 부신이 병들었거나 망가졌다는 사실을 발견했다.⁶¹ 나중에 프랑스의 다니엘 불피앵Daniel Vulpian은 부신에 요드나 염화제2철을 주입하면 중앙 부위가 특정한 색깔로 변한다는 것을 발견했다. 그는 또 똑같은 색채 반응을 일으키는 물질이 부신에서 빠져나온 혈액 속에 존재한다는 것을 입증했다. 결국 1890년에는 리스본 출신의 두 의사가 끔찍한 실험을 했다. 양의 갑상선 반쪽을 잘라 갑상선 이상이 있는 여성의 피하에 이식을 해본 것이다. 그 결과 환자의 상태는 급속히 좋아졌다. 리스본의 보고서를 읽은 영국 뉴캐슬어폰타인의 의사 조지 머레이George Murray는 문제의 여성이 수술을 받은 다음날부터 상태가 호전되기 시작했다는 것을 보고 혈관이 자라서 이식한 내분비선에 연결되기에는 기간이 너무 짧다고 생각했다. 따라서 내분비선이 분비한 물질이 환자의 혈류 속으로 바로 흡수된 것이 분명하다는 결론을 내렸다. 갑상선을 눌러 짜는 방식으로 해결책을 찾던 머레이는 그렇게 하는 것이 양의 갑상선을 이식한 것이나 거의 같은 효과를 낸다는 사실을 발견했다.⁶²

이러한 증거는 결국 메신저 물질이 내분비선을 통해 분비된다는 것을 말해주었다. 뉴욕의 파스퇴르연구소, 런던 대학교 의과대학 등의 여러 실험실에서도 내분비선 추출물을 가지고 실험을 시작했다. 이런 시도들 가운데 가장 중요한 것은 런던 대학교의 조지 올리버George Oliver와 E. A. 샤피섀퍼Sharpy-Shafer가 1895년에 한 실험이었다. 두 사람은 부신을 쥐어짜서 얻은 '즙'이 혈압을 높인다는 사실을 발견했다. 애디슨 씨 병을 앓는 환자들이 저혈압이 되는 경우가 많다는 것은 내분비선과 심장 사이에 모종의 관계가 있다는 증거였다. 이 메신저 물질을 아드레날린이라고 이름 붙였다. 볼티모어 존스홉킨스 대학의 존 아벨John Abel은 아드레날린의 화학구조를 처음으로 밝혀냈다. 그는 자신의 선구적인 업적을 1903년 6월《미국생리학회지》에 두 쪽짜리 논문으로 발표했다. 아드레날린의 화학식은 놀라울 정도로 간단했다. 따라서 논문도 길 이유가 없었다. 아드레날린은 소수의 분자로 구성돼 있으며 각 분자는 원자수가 22개에 불과했다.[63] 아드레날린이 작용하는 방식이 완전히 이해되고 그에 따라 환자에게 정확한 처방을 내리기까지는 약간의 시간이 걸렸다. 그러나 아드레날린의 발견은 시대 상황에 맞춰 적기에 이루어졌다고 할 수 있다. 20세기가 가면서 현대 생활의 스트레스 탓에 심장병에 걸리거나 혈압 문제가 심각해지는 사람이 점점 많아졌기 때문이다.

20세기 초 인류는 여전히 '야만의 삼총사'라고 할 세 질병에 시달리고 있었다. 과학문명의 혜택을 누린다는 서구 세계로서는 체면이 말이 아니었다. (폐)결핵과 알코올중독과 매독은 하나같이 치료가 잘 안 되는 병이었다. 폐결핵은 드라마와 소설의 소재로 자주 등장했다. 노인뿐 아니라 젊은 사람도 잘 걸리고, 부자와 가난뱅이를 차별하지도 않았다. 폐결핵은 대개 병세가 서서히 진행되다가 죽음에 이르게 된다. 그 소진의 과정이 푸치니의 오페라 「라보엠La Bohème」이나 토마스 만의 소설 『베네치아에서의 죽음Der Tod in Venedig』과 『마의 산Der Zauberberg』에도 잘 묘사돼 있다. 러시아 작가 안톤 체호프Anton Chekhov, 캐서린 맨스필드, 프란츠 카프카Franz Kafka도 이 병으로 죽었다. 알코올중독과 매독은 심각한 사회문제였다. 왜냐하면 단지 치료를 요하는 증상들의 집합체에 불과한 것이 아니라 서로 다른 신념과 태도, 도덕과도 관련이 깊은 허위의식 등이 복합하게 얽힌 논란거리였기 때문이다. 특히 매독은 도덕적 논란에 휩싸였다.[64]

한 세기 전만 해도 매독을 둘러싼 공포와 도덕적 혐오감은 너무도 심해서 문제가 심각함에도 불구하고 공론의 장으로 끄집어내 이야기하는 경우는 거의 없었다. 예를 들어 한 필자는 1906년 10월《미국의학협회지》에 발표한 글에서 "성병에 대해 공개적으로 언급하는 것이 개인적으로 그런 병에 걸리는 것보다 훨씬 더 공공 생활을 저해하는 것이다"라고 주장했다.[65] 같은 해에 여성 잡지《레이디즈 저널Ladie's Journal》편집장으로 유명한 에드워드 보크가 성병에 관한 기사를 연재하자 잡지 부수는 하룻밤 사이에 7만 5,000부나 줄었다. 심지어 이발사의 면도날이나 유모의 젖꼭지는 물론 치과의사들이 매독을 옮긴다고 비난하는 소리도 있었다. 어떤 사람들은 매독이 16세기에 새로 발견된 아메리카대륙에서 건너왔다고 주장하기도 했다. 프랑스에서는 가톨릭 교회가 세속적 권력을 갖는 것에 반대하는 분파가 '성수聖水' 때문에 매독이 옮는다고 비난하기도 했다.[66] 매춘은 이 질병의 경로와 변천 과정을 파악하는 데 도움이 되지 않았고, 환자의 동의가 없으면 그 약혼녀(자)에게 감염 사실을 알리지 못하도록 한 빅토리아 시대의 의학 윤리 역시 마찬가지였다. 게다가 매독이 유전인지 여부도 아무도 몰랐다. 매독에 대한 우려와 경고는 거의 히스테리 수준이었다. 1901년에 '심리적 소설'『비너스Vénus』가 출판됐는데 바로 그해에 프랑스의 유명한 극작가 으젠 브리외Eugène Brieux가 쓴 희곡『매독 환자Les Avariés』가 공연됐다.[67] 매일 밤 파리 앙투안 극장에서 막이 오르기 전에 연출가가 나와서 관객에게 한 마디 했다. "신사숙녀 여러분, 작가와 연출가는 이 연극이 매독과 결혼의 관계에 대한 연구라는 점을 여러분께 알려드리게 되어 매우 기쁩니다. 사회적으로 물의를 일으킬 만한 내용은 전혀 없습니다. 불유쾌한 장면도 없고, 단 한 마디의 음란성 대사도 없습니다. 특히 여성분들은 요조숙녀가 되기 위해서 바보스럽거나 무지할 필요가 전혀 없다는 것을 말씀드립니다. 그 점만 명심하시면 누구나 다 이해가 가실 줄로 믿습니다."[68] 그러나『매독 환자』는 곧 검열 당국에 의해 상연 금지됐다. 의학 잡지 사설들은 당혹과 경악을 감추지 못했다. 파리 전역의 카페에서는 오히려 뻔뻔스러울 정도로 음탕한 연극들이 '아무 규제도 없이' 버젓이 공연되고 있었기 때문이다.[69]

1899년 브뤼셀에서 열린 매독과 성병 예방을 위한 제1차 국제회의 직후 알프레드 푸르니에Jean Alfred Fournier 박사는 매독학이라는 연구 분야를 개척했다. 역학과 통계학 기법을 사용해서 매독은 화류계 사람들만 걸리는 것이 아니라 사회의 모든 계층에서 감염될 수 있으며, 여성들이 남성보다 더 일찍 걸리고, 가난 때문에 매춘에 내몰린 여성들의 경우는 "절대다수가 감염돼 있다"는 사실을 강조했다. 푸르니에의 작업 덕분에 매독을 전문으로 하는 잡지들이 창간됐으며, 그 덕분에 임상 연구의 길이 열려 머지않아 성과를 내게 된다. 1905년 3월 3일 베를린에서 동물학자 프리츠 샤우딘Fritz Schaudinn이 매독 환자로부터 채취한 혈액 샘플에서 '아주 작은 나선형균'을 발견했다. 현미경 아래 모습을 드러낸 이 균은 "운동성이 강하고 조사하기가 매우 어려웠다." 일주일 후 샤우딘과 박테리아 연구가 에리히 호프만Erich Hoffmann은 보라색 반점인 장미진薔薇疹이 뒤늦게 나타난 매독 환자의 여러 부위에서 채집한 샘플에서 똑같은 스피로헤타균Spirochaeta pallidum을 발견했다.[70] 크기가 너무 작아서 연구에 애를 먹었지만 매독의 병원균인 것은 분명했다. 그래서 명칭을 트레포네마 팔리둠Treponema pallidum이라고 했다. 트레포네마란 실이 엉킨 모양이라는 뜻이고, 팔리둠은 색깔이 아주 여리다는 뜻이다. 1906년 초 현미경ultramicroscope의 발명으로 스피로헤타균도 훨씬 쉽게 실험을 해볼 수 있게 됐다. 그래서 그해가 다 가기 전에 혈청착색진단법이 아우구스트 바서만August Wassermann에 의해 개발됐다. 이제 매독을 조기에 진단할 수 있으며, 따라서 그 확산을 어느 정도 예방할 수 있게 됐다는 의미였다. 그러나 필요한 것은 치료법이었다.[71]

매독 치료제를 발견한 사람은 독일 의학자 파울 에를리히(1854~1915)였다. 슐레지엔 슈트렐렌에서 태어난 에를리히는 전염병 연구 경험이 풍부했다. 젊어서 의사 시절에는 결핵을 연구하다가 감염되는 바람에 이집트에서 요양을 하기도 했다.[72] 과학에서는 누구나 접할 수 있는 관찰 결과를 가지고 창의적인 결론을 이끌어냄으로써 엄청난 성공을 거두는 경우가 가끔 있다. 에를리히의 경우가 바로 그랬다. 그는 잇따라 발견되는 여러 종의 간균桿菌 bacillus이 다양한 질병과 밀접히 연결돼 있으며, 세포들이 어떤 간균에 감염되느냐에 따라 염색 기법에 대해 보이는 반응이 다르다는 점에 착안했다. 세포들의 화학구조가 감염되는 간균의 종류에 따라 영향을 받는 것이 분명했다. 이러한 추론을 통해 에를리히는 항독소—본인은 '마법의 탄환magic bullet'이라고 불렀다—라는 아이디어를 얻었다. 특정 세균의 침입에 대항하기 위해 인체가 분비하는 특수한 물질이 세균 종류마다 다르다는 개념이었다. 에를리히는 실제로 항생제와 면역반응이라는 두 원리를 발견했다.[73] 이어 그는 가능한 항독소들을 제조해서 접종의 형태로 환자에게 투여했다. 매독 외에도 폐결핵과 디프테리아 연구를 계속했다. 1908년에는 면역 연구의 공로로 노벨 생리·의학상을 수상했다.[74]

1907년까지 에를리히는 도합 606종의 신약 물질을 만들어냈다. 여러 가지 병에 대항할 '마법의 탄환'이었다. 그러나 그 대부분은 마법과는 전혀 거리가 멀었다. 하지만 606번째 실험으로 완성된 '606호 제제Preparation 606'만은 매독 치료에 효과가 있는 것으로 최종 입증됐다. 606호는 디옥시디아미노아르세노벤젠 염산염으로, 비소 계열 염이었다. 심각한 부작용이 있기는 하지만 비소는 전통적으로 매독 치료제로 써왔다. 의사들은 한동안 비소 염기가 들어간 여러 종의 혼합물을 가지고 실험을 해봤다. 그러나 그 결과는 매독에 감염된 동물에 아무런 효과도 없다는 것이었다. 따라서 606호도 원래는 폐기됐다. 그리고 그 직후 606호 작업을 했던 젊은 박사도 실험실에서 해고됐다. 그런데 1909년 봄 에를리히의 일본 동료인 도쿄대의 키타사토 교수가 제자 하나를 수련차 유럽으로 보냈다. 그 제자가 하타 사하치로(秦佐八郎) 박사로 매독에 관심이 있어서 에를리히의 마법의 탄환 개념을 잘 알고 있었다.[75] 에를리히는 이미 606호 실험에서 손을 뗀 상태였지만 하타 박사에게 다시 한 번 시험해보라고 했다. 왜 그랬을까? 전임(해고된) 조수가 안 된다고 한 것이 2년이 지난 그때까지도 영 미심쩍었던 것일까? 이유야 어쨌든, 하타 박사는 전에 실험을 하다가 폐기된 제제를 받았다. 몇 주 후에 그는 '처음 몇 차례 시험해 본 것이고, 일단 예비적인 결론을 내려 본 것'이라며 에를리히에게 실험일지를 보여주었다.[76]

에를리히는 공책을 넘기며 고개를 끄덕였다. "아주 좋아…… 아주 좋아." 그러고는 바로 며칠 전에 하타가 한 마지막 실험 대목을 읽었다. 에를리히는 떨리는 목소리로 하타가 쓴 내용을 큰 소리로 읽었다. "606호 대단히 효능이 있다고 생각한다." 에를리히는 눈살을 찌푸리며 하타를 쳐다봤다. "아니야, 설마 그럴 리가? 도대체 어떻게…… 도대체 어떻게? 전임자가 철저하게 다 시험을 해 본 거야. 아무것도 없었다고, 아무것도!"

하타는 눈 하나 깜짝하지 않았다. "제가 찾았어요!"

에를리히는 잠시 생각에 잠겼다. 키타사토 교수의 제자인 하타는 먼 일본에서 왔으니 시험 결과에 대해 거짓말을 할 리가 없다. 전임자를 자른 이유가 엄격한 과학적 절차를 준수하지 않아서라는 데에 생각이 미쳤다. 그렇다면 뭔가 놓쳤을 수도 있지 않을까? 에를리히는 하타에게 시험 전체를 다시 한 번 해보라고 했다. 이후 몇 주 동안 에를리히의 연구실은—원래 어지럽기로 유명하지만—하타의 실험 결과를 보여주는 각종 기록과 메모로 난장판이 되다시피 했다. 막대그래프에, 도표에, 다이아그램에……. 하지만 가장 설득력 있는 것은 매독균을 투입한 닭, 생쥐, 토끼 등의 사진이었다. 606호를 맞고 나서 차츰 나아지는 양상을 보인 것이다. 사진은 거짓말을 안 한다. 하지만 만전을 기하기 위해 에를리히와 하타는 그해에 606호를 다른 실험실 몇 곳에 보냈다. 다른 연구자들도 똑같은 결과를 얻는지 확인하기 위해서였다. 마법의 탄환을 실은 상자를 상트페테르부르크와 시칠리아, 마그데부르크 등에 있는 동료들에게 보냈다. 1910년 4월 19일 비스바덴에서 열린 내과학회에서 에를리히는 처음으로 606호 관련 공식 논문을 발표했다. 그러나 그때는 이미 한 단계 더 진전된 상황이었다. 그는 청중에게 1909년 10월 매독 환자 24명을 606호로 치료한 결과 성공을 거뒀다고 말했다. 에를리히는 자신이 만든 마법의 탄환에 살바르산Salvarsen이라는 이름을 붙였다. 아르스페나민의 화학명이었다.[77]

살바르산의 발견은 의학적으로만 중요한 업적이 아니라 사회적으로도 다채로운 측면에서 우리의 사고방식에 심대한 영향을 미쳤다. 당시까지만 해도 매독과 정신병 사이에는 모종의 연관관계가 있다는 잘못된 이론이 횡행했다. 앞에서 살펴보았듯이 20세기 초 매독의 확산으로 부정한 성행위에 대한 공포와 죄책감은 지금보다 훨씬 더 컸다. 그래서 어떤 면에서는 프로이트류의 이론이 번창할 수 있는 토대가 되기도 했다. 프로이트 자신도 이런 점을 인정한 바 있다. 1905년에 나온 『성 이론에 관한 세 편의 에세이Drei Abhandlungen zur Sexualtheorie』에서 프로이트는 이렇게 썼다. "심각한 히스테리 환자의 경우 절반 이상이 강박신경증 등의 증세를 보인다. 내가 치료한 바로는 환자의 아버지가 결혼 전에 매독 진단을 받고 치료를 한 경우…… 후일 신경증 환자가 된 자녀에게 매독이 유전됐다는 물리적 증거는 없다는 것을 분명히 해두고 싶다. ……매독 환자의 자녀가 꼭 신경증에 잘 걸리는 체질이라고는 전혀 주장하고 싶지 않지만 내가 관찰한 바로는 그러한 일치가 꼭 우연이거나 대수롭지 않은 것은 아니라고 생각한다."[78]

이 대목은 후일 아무도 주목하는 이 없었지만 대단히 의미심장하다. 매독에 걸리지 않은 사람들은 매독을 지나치게 두려워하고, 매독에 걸린 사람은 지나치게 죄책감을 갖게 됨으로써 19~20세기 전환기의 서구 세계에 심층심리학이라고 하는 것이 싹틀 심리학적 환경이 조성되었기 때문이다. 병원균이니 스피로헤타균이나 간균이니 하는 개념들은 전자나 원자 개념과 썩 다르지 않았다. 이처럼 자연의 감춰진 측면들은 무의식이라는 정신분석학적 개념을 쉽게 수용하도록 했다. 19세기에 과학이 이룩한 진보는 전통 종교의 몰락과 짝을 이루면서 '과학적 신비주의'가 많은 사람들의 요구를 충족시키는 분위기로 나아가는 데 상당한 영향을 미쳤다. 그리하여 과학주의가 정점에 도달하게 된다. 이 과정에서 매독은 나름의 역할을 했다.

물론 이 모든 과학자들과 그들의 이론을 하나의 틀에 억지로 맞추려고 해서는 안 된다. 그러나 한 가지 특징적인 면이 눈에 띈다는 것은 부인할 수 없다. 러셀은 좀 예외라고 할 수 있지만 과학자들은 각자 고립된 상태에서 작업을 했다. 아인슈타인, 러더퍼드, 에를리히, 베이클랜드 등은 초기에 나름의 길을 묵묵히 걸어갔다. 그들에게는 지식인들이 모이는 그리엔슈타이들 카페나 서민들이 찾는 물랭 드 라 갈레트 (20세기 초 파리의 서민들이 많이 찾던 몽마르트르의 댄스홀: 옮긴이)가 없었다. 그래서 학술 모임이든 전문 저널을 통해서든 자신들의 작업 내용을 사람들에게 이해시키는 것이 문제였다. 이것이 과학 '문화'와 예술의 중요한 차이였고, 그 이후로 줄곧 그랬다. 그리고 세월이 흐르면서 많은 사람들이 과학에 염증을 느끼게 된 이유의 하나이기도 했다. 과학의 자족성과 난해성, 과학자들의 자기도취 등이 예술과는 또 다른 차원에서 일반인들에게는 일종의 장벽이 된 것이다. 예술의 경우 아방가르드 개념은 논란의 여지는 있지만 비교적 친숙했고, 그런 대로 받아들여졌다. 한때 아방가르드의 전유물이었던 것을 나중에 부르주아지가 구입하곤 했다. 그러나 과학의 신개념들은 달랐다. 과학의 시시콜콜한 내용을 완전히 이해할 수 있는 부르주아지는 극소수였다. 어려운 과학, 괴상한 과학은 예술과 다른 차원에서 어렵고, 괴상했다.

   비전문가들에게 과학의 난해성은 문제 될 것이 없었다. 아니 그다지 문제 되지 않았다. 왜냐하면 그 어려운 과학의 결과물이 기술의 형태로 실현됨으로써 물리학, 의학, 심지어 수학에까지 지속적으로 권위를 부여했기 때문이다. 나중에 살펴보겠지만 과학의 발전이 가져온 중요한 결과는 20세기의 지적 흐름에 두 가지 분명한 조류를 강화했다. 과학자들은 주변의 경험적인 문제들에 대해 좀 더 근본적인 답변을 찾아서 묵묵히 제 길을 갔다. 예술과 인문학은 그러한 근본적인 발견들에 대해 나름대로 최대한 반응했다. 그러나 소통은 거의 일방적이었다. 과학이 예술에 정보를 준 것이지 그 역은 아니었다. 1910년대 말이 되면 이런 양상이 뚜렷해진다. 그 이후에는 과학이 다른 것들보다 훨씬 확고한 토대를 갖춘 특별한 종류의 지식인가 하는 문제가 철학의 중요한 논제가 된다.

7

인종 간의 우열

Ladders of Blood

 1900년 5월 31일 아침 뉴욕 애스터 플레이스 오페라극장에서 멀지 않은 자선조직협회 건물 강당에 이상한 물건이 전시됐다. 소금물에 담근 뇌 세 개를 벤치에 올려놓은 것이었다. 하나는 원숭이의 뇌고, 다른 하나는 백인, 그리고 세 번째 것은 흑인의 뇌였다. 뇌는 코넬 대학 신경과 의사인 버트 와일더 박사의 강연 주제였다. 와일더 교수는 다양한 차트와 사진을 보여주면서 '흑인 뇌의 전두엽 결함'에 대해 보고를 한 다음 여러 인종으로 구성된 청중들에게 최근의 과학은 백인의 뇌와 흑인의 뇌 사이에 아무런 차이도 발견하지 못했다는 점을 분명히 설명했다.[1]
 이날 설명회―구태의연해 보이지만 당시로서는 극히 현대적이었다―는 몇 가지 측면에서 역사적이었다. 원래는 사흘 일정으로 열린 '전미흑인회의National Negro Conference'의 개막 행사로 미국 흑인의 시민권 쟁취를 위한 상설 조직을 만들기 위한 첫 시도였다. 전미흑인회의를 구상한 사람은 메리 오빙턴Mary Ovington이었다. 백인 여성 사회사업가로 이 조직을 꾸리는 데 거의 2년이 걸렸다. 이런 구상을 처음 한 것은 1908년 여름 일리노이 주 스프링필드를 난장판으로 만든 인종폭동에 관한 윌리엄 월링William Walling의 기사를 읽고 나서였다. 그해 8월 14일 밤 스프링필드를 화염에 휩싸이게 한 폭동은 월링이 쓴 대로 '커튼 뒤에서 벌어지는 끔찍한 유혈극'이었다. 미국의 인종 문제는 이제 남부에 국한된 문제가 아니었다. 폭동을 촉발한 것은 철도회사 직원의 아내인 백인 여성이 입담 좋은 흑인에게 강간을 당했다고 하는 사건이었다. 철도는 당시 민감한 장소였다. 일부 남부 주에서는 '짐 크로(1828년 토머스 다트머스 라이스라는 백인 코미디언이 흑인 얼굴로 분장하고 부른 댄스곡 'Jump Jim Crow'에 나오는 인물 이름. 이후 천방지축에 어리바리한 흑인을 비아냥거리는 표현이 됐다 : 옮긴이)' 차량을 지정해 놓고 있었다. 철도가 주 경계선을 넘으면 북부에서 도착하는 흑인들은 흑백 공용 차량에서 흑인 전용 차량으로 옮겨 타야만 했다. 강간 사건 소식은 진위 여부가 확실치 않았지만 그날 밤 바로 퍼져나갔다. 이어 두 건의 린치와 여섯 건의 총격 살인 사건, 여덟 건의 상해 및 20만 달러 상당의 재물 손괴 사건이 발생했다. 2,000명의 흑인들이 도시를 탈출하고 나서야 주 방위군이 출동해 뒤늦게 치안을 회복했다.[2]

이 폭동 소식을 전한 윌리엄 월링의 기사 「북부의 인종 전쟁Race War on the North」은 사건 발생 3주 후까지도 〈인디펜던트Independent〉지에 실리지 않았다. 그러나 신문에 게재되자마자 냉철한 보도 이상의 엄청난 파장을 몰고 왔다. 월링의 기사는 폭동의 시말을 극도로 상세하게 재구성한 것인데 메리 오빙턴의 마음을 움직인 것은 그의 열정적인 수사修辭였다. 월링은 남북전쟁(1861~65년 미합중국의 북부와 남부가 벌인 내전 : 옮긴이) 이후 흑인에 대한 태도에 변한 것이 거의 없다는 것을 확실히 보여줬다. 일부 남부 주의 주지사들이 얼마나 멍청한 짓을 하고 있는지를 폭로하면서 그는 왜 인종 갈등이 북부로까지 번져가고 있는지를 설명하고자 애썼다. 월링의 강렬한 문제제기를 접하면서 메리 오빙턴은 엄청난 충격을 받았다. 그녀는 월링과 만나 조직 같은 것을 만들어보자고 제안했다. 두 사람은 함께 백인 동조자들을 끌어 모아 월링의 아파트에서 첫 모임을 가졌다. 이후 모임이 너무 커지자 이스트 19번가 리버럴 클럽Liberal Club에서 모였다. 전미흑인회의를 발족한 것은 1909년 5월 31일 따사로운 아침이었는데 참석자만 천 명이 훌쩍 넘었다. 참석자 중에서 흑인은 극소수였다.

이날 아침 과학 관련 세션이 끝나고 나서 백인과 흑인 참석자들은 근처의 유니언 스퀘어 호텔로 점심을 먹으러 갔다. "서로 인사나 나눌 겸 해서였다." 남북전쟁이 끝나고 거의 반세기가 흘렀지만 백인과 흑인이 한 자리에서 식사를 한다는 것은 북부의 대도시에서조차 흔치 않은 일이었다. 말하자면 참석자들은 남들의 야유 내지는 그 이상의 위험을 무릅쓸 각오를 한 것이었다. 그러나 점심은 순조롭게 끝났고 분위기에 고무된 참석자들은 다시 회의장으로 돌아왔다. 그날 오후 발제자는 흑인 소수그룹의 한 사람으로 키는 작고 수염을 길렀으며 피스크 대학과 하버드 대학을 나온 냉랭한 성격의 학자였다. 그의 이름은 윌리엄 에드워드 버그하트 듀보이스 William Edward Burghardt Du Bois였다.

W. E. B. 듀보이스(1868~1963)는 종종 오만하고 차가운 인물로 묘사됐다. 특히 비판자들은 그렇게 보았다.³ 그날 저녁 듀보이스는 과연 그랬다. 그러나 그런 건 문제가 아니었다. 그날의 모임은 많은 백인들이 처음으로 듀보이스의 예지를 직접 대면하는 자리였다. 그는 명시적으로 말하지는 않았지만 은연중에 그날 아침 있었던 강연들의 주제―백인이 지적으로 흑인보다 우세한가 그렇지 않은가―는 본질적인 문제가 아니라는 인상을 풍겼다. 그는 학자 특유의 정치한 어법을 구사하면서 백인들이 흑인의 비참한 주거, 고용 실태, 의료, 도덕 등의 문제에 대해 관심을 갖고 우려하는 것은 감사한 일이지만 "결과를 원인으로 착각했다"고 지적했다. 그에 따르면 더욱 중요한 문제는 흑인들이 자존심을 포기한 이유가 투표권이 없기 때문이라는 사실이었다. 투표권이 없으니 '신종 노예 상태'를 결코 극복할 수 없다는 이야기였다. 그가 던진 메시지는 간단하지만 극히 중요한 것이었다. 흑인에게 있어서 경제력―이 있어야만 자존심도 회복된다―은 일단 정치적 권리를 회복한 다음에야 얻어질 수 있다는 것이다.⁴

1900년이 되자 듀보이스는 만만찮은 대중연설가로 변신했다. 디테일에 강하면서도 열정을 통제할 줄 알았다. 그러나 전미흑인회의가 열릴 무렵 그는 심각한 변화를 겪고 있었다. 학자에서 정치가로, 운동가로 변하는 과정이었다. 듀보이스의 마음이 완전히 바뀐 과정을 보면 당시의 사회 분위기가 어떠했는지 알 수 있다. 남북전쟁이 끝난 직후 남부 재건 운동이 남부를 중심으로 전개됐다. 역사의 시계를 거꾸로 돌려서 예전 남부연합 소속 여러 주에서 법률적으로 안 된다면 실질적으로라도 흑백 인종 분리 정책을 다시 도입하려는 시도였다. 20세기에 접어든 시점인데도 여러 주에서 흑인의 시민권 박탈을 추진하고 있었다. 북부에서조차 많은 백인들이 흑인을 열등한 족속으로 취급했다. 남북전쟁 이후 흑인들의 처지는 나아지기는커녕 사실상 후퇴했다. 최초의 저명한 흑인 지도자 부커 T. 워싱턴Booker T. Washington(1856~1915)의 이론과 실천도 별로 쓸모가 없었다. 워싱턴은 앨라배마 해방 노예 출신으로 인종 관계의 가장 바람직한 형태는 백인과의 타협이라는 노선을 취했다. 그러다 보면 결국 변화가 올 것이며, 다른 식의 접근은 백인들의 반발을 불러올 위험이 있다고 주장했다. 따라서 워싱턴은 흑인은 "정치력이 아니라 노동력이어야 한다"는 관념을 널리 퍼뜨렸다. 앨라배마 주 몽고메리 근처에 흑인 지도자들이 흑인 학생을 교육하는 터스키기 기술학교(현 터스키기 대학의 전신 : 옮긴이)를 세운 것은 바로 그런 이론을 토대로 한 것이다. 이 학교의 목적은 흑인에게 주로 남부의 농장에서 필요로 하는 산업기술을 가르치는 것이었다. 백인들은 이러한 철학에 안심해 터스키기 기술학교Tuskegee Institute에 많은 기부금을 쾌척했다. 20세기 초가 되면 워싱턴의 명성과 영향력도 커져서 시어도어 루스벨트 대통령도 흑인을 연방 공무원에 임명할 경우에는 그의 의견을 꼭 물어볼 정도였다.[5]

워싱턴과 듀보이스는 달라도 너무 달랐다. 듀보이스는 남북전쟁이 끝난 지 3년 뒤인 1868년에 태어났다. 북부 흑인의 아들로 프랑스와 네덜란드계 혈통이 약간 섞여 있었다. 매사추세츠 주 그레이트 배링턴에서 자랐는데 그는 이곳을 언덕과 강이 어우러진 '꼬마'의 낙원이라고 묘사한 바 있다. 듀보이스는 학교에서 두각을 나타냈으며 열두 살이 될 때까지는 차별 같은 것은 겪어보지 못했다. 열두 살 때 같은 반 친구에게 너희 집에 놀러가도 좋으냐는 뜻으로 방문카드를 주었는데 그 친구가 받지 않자 '거대한 베일로' 차단당한 느낌이었다고 그는 말했다.[6] 어떤 측면에서 그 베일은 결코 벗겨지지 않았다. 그러나 듀보이스는 그레이트 배링턴의 학교에서 백인 아이들을 완전히 젖힐 만큼 천재적이었으며 장학금을 받고 피스크 대학에 진학했다. 피스크 대학은 남북전쟁 이후 미국선교협회가 테네시 주 내시빌에 세운 흑인 대학이었다. 그는 여기서 다시 하버드 대학으로 진학해 윌리엄 제임스와 조지 산타야나George Santayana 밑에서 사회학을 공부했다. 졸업 후 일자리를 찾는 데 처음에는 애를 먹었다. 그러나 잠시 교사 생활을 한 끝에 필라델피아로 초청을 받아 슬럼가 흑인에 대한 사회학적 연구를 시작했다. 흑인 인권 운동가로서의 여정에 첫 발을 디디기 위한 준비 작업이었다. 이후 수년 간 듀보이스는 일련의 사회학적 연구물을 펴냈다. 「필라델피아 흑인에 대한 사회적 연구*The Philadelphia Negro*」「흑인 사업 실태*The Negro in Business*」「흑인의 대학 교육*The College-Bred Negro*」「흑인들 간의 경제협력*Economic Cooperation among Negro Americans*」「흑인 장인*The Negro Artisan*」「흑인 교회*The Negro Church*」등등. 그리고 1903년 봄에는 유명한 저서 『흑인의 영혼*The Souls of Black Folk*』을 발표했다. 남북전쟁 이전에 해방된 노예의 아들로 태어나 미국 최초의 흑인 신문 소유주이자 오페라 작곡가, 법률가가 된 제임스 웰든 존슨James Weldon Johnson은 이 책을 "『톰 아저씨의 오두막』 이후 미국에서 출판된 그 어떤 단행본보다도 더 미국 흑인들에게 엄청난 영향을 미쳤다"고 평가했다.[7]

『흑인의 영혼』은 듀보이스의 사회학적 연구와 이전 10년에 대한 평가를 고스란히 담았다. 미국 흑인에 대한 시민권 박탈 과정과 그들이 느끼는 환멸감뿐 아니라 차별이 주거, 의료, 고용 등에서 얼마나 끔찍한 경제적 효과를 야기하는지를 명쾌하게 입증한 책이었다. 그의 연구가 전하는 메시지는 강렬했으며 전반적인 상황이 열악해지고 있다는 사실을 확실히 보여주었다. 듀보이스는 부커 T. 워싱턴의 노선이 실제로는 오히려 나쁜 결과를 가져온다고 확신하게 되었다. 『흑인의 영혼』에서 듀보이스는 워싱턴을 통렬히 공박했다. 그런 행동은 위험한 것이었고, 두 지도자의 관계는 급속히 냉랭해졌다. 두 사람의 다툼은 워싱턴이 권력과 돈과 루스벨트 대통령의 귀를 장악하고 있는 탓에 더더욱 심해졌다. 반면 듀보이스에게는 탁월한 지적 능력과 탄탄한 연구 성과가 있었다. 그는 미래에 흑인의 지도자가 될 사람들 가운데 '재능 있는 10퍼센트'에게는 반드시 대학교육을 시켜야 하는 이유를 분명히 제시했다.[8] 이런 주장은 백인들에게 위협적이었다. 그러나 듀보이스는 워싱턴 식의 '부드럽게, 부드럽게' 노선을 단호히 거부했다. 백인들은 강요에 밀려 궁지에 몰려야만 변화한다는 것이 그의 신념이었다.

한동안 듀보이스는 같은 흑인끼리 싸우는 것보다 백인에 대한 공세를 펴는 것이 중요하다고 생각했다. 그러나 이런 자세는 1905년 7월 라이벌 캠프 간의 감정이 악화되면서 달라졌다. 듀보이스와 흑인 저명인사 29명은 나이아가라 폭포가 있는 미국 접경 캐나다 온타리오 주 포트 이리에서 은밀히 회합을 갖고 모임을 결성했다. 이 모임은 '나이아가라 운동Niagara Movement'으로 알려졌다.⁹ 최초의 공개적인 흑인 저항 운동 단체였다. 워싱턴이 추구했던 것보다는 훨씬 전투적이었다. 전국적인 조직으로서 자금을 확보해 일반적인 또는 개별적인 사안에서 시민권과 법률적 권리를 쟁취하는 것을 목적으로 했다. 의료, 교육, 경제, 언론과 여론 등을 담당하는 위원회를 각각 두었고, 린치 반대 기금을 따로 신설했다. 이 소식을 들은 워싱턴은 격분했다. 나이아가라는 그가 주창해온 모든 것에 반기를 들었다. 그때부터 워싱턴은 이 조직의 파멸을 획책했다. 워싱턴은 만만한 상대가 아니었다. 선전술도 뛰어났다. 특히 그는 흑인층의 마음을 잡기 위해 양 진영 간의 싸움을 '불평불만분자들'과 '책임 있는 지도자들' 간의 선택이라는 식으로 죽기 살기로 몰고 갔다. 워싱턴의 공세 탓에 나이아가라 운동에 대한 백인층의 지지는 확 떨어졌다. 회원 수는 네 자리에 못 미쳤다. 나이아가라 운동은 완전히 망각 속에 묻혀버릴 처지였다. 그러나 바로 그 순간 극적인 사태가 벌어졌다. 마지막 연례 모임은 1908년 9월 2일 고작 29명이 참석한 가운데 오하이오 주 오벌린에서 열렸으나 곧 정회됐다. 미래는 암울했고, 얼마 전 스프링필드에서 인종 폭동이 일어났지만 소용이 없었다. 그러나 바로 그 다음날 윌리엄 월링의 폭동 기사가 〈인디펜던트〉에 실렸다. 그러자 메리 오빙턴이 횃불을 들었다.¹⁰

오빙턴과 월링이 조직한 회의체는 처음에는 내부적으로 좀 논란이 있었다. 그러나 용두사미로 끝나지 않고 오히려 일취월장했다. 전미흑인회의(NNC) 첫 대회는 40명으로 구성된 위원회를 발족시켰다. 명칭은 흑인지위향상전국위원회였다. 구성원은 절대다수가 백인이었지만 부커 T. 워싱턴의 노선에 등을 돌렸다. 바로 그 순간부터 워싱턴의 영향력은 내리막길을 걸었다. 회의체 발족 후 처음 12개월 동안 NNC의 활동은 주로 재정을 확보하고 조직을 전국화하는 방향으로 진행됐다. 1910년 5월 2차 대회를 열면서 조직적으로 사회적 편견과 싸울 태세를 갖췄다.¹¹

본격 투쟁에 나섰다고는 하지만 세상의 흐름에 비하면 한 발 늦은 셈이었다. 린치 사건이 일 년에 평균 92건이나 일어나고 있었다. 루스벨트 대통령은 한줌도 안 되는 흑인을 각종 연방기관에 앉히는 쇼도 했지만 윌리엄 하워드 태프트가 1909년 대통령으로 취임하면서부터는 '찔찔 흐르던 물이 방울방울 떨어지는 수준으로' 악화됐다. 말인즉슨 전임자(루스벨트)처럼 '억지로 흑인을 임명하는' 식으로 해서 남부를 소외시킬 수는 없다는 논리였다.¹² 따라서 NNC 2차 회의의 주제가 '시민권 박탈과 흑인에 미치는 영향'이었다는 것은 전혀 놀라운 일이 아니다. 관련 작업은 주로 듀보이스가 맡았다. 이러한 싸움과 주의주장은 백인들에게 전해지고 있었다. 회의는 임시조직위원회가 기초한 보고서를 채택했다. 내용은 전국 백인百人위원회 및 뉴욕에서 15명, 다른 지역에서 15명으로 구성된 30인실무위원회를 설치토록 한 것이다.¹³ 이중에서 가장 중요한 것은 정식 유급 상근자를 둘 수 있도록 기금을 마련했다는 점이다. 상근자는 전국 회장, 집행위원회 의장, 재무 담당 및 보조, 그리고 출판연구실장 등이었다. 상근자는 백인 일색이었지만 마지막 자리는 예외였다. 듀보이스가 맡은 것이다.¹⁴

이 두 번째 회의에서 대표들은 '니그로'라는 표현에 불만을 제기했다. 흑인만이 아닌 모든 유색인종을 위해 복무해야 한다는 논리였다. 그 결과 조직명이 바뀌었다. 전미흑인회의는 전미유색인지위향상협회National Association for the Advancement of Colored People·NAACP가 되었다.¹⁵ 조직의 형태와 운동방식 정립에 누구보다도 공이 큰 사람은 듀보이스였다. 그러면서 쌀쌀맞은 지식인 듀보이스는 미국인에 대해서뿐 아니라 세계적으로도 한층 영향력을 넓혀가기 시작했다.

듀보이스가 미국의 인종문제와 관련되는 생물학적 논란을 무시한 데에는 그럴 만한 실천적, 전략적 이유가 있었다. 그러나 그렇다고 해서 생물학적 위계, 즉 백인이 흑인보다 우위라는 개념이 사라진 것은 아니었다. 사회진화론은 여전히 번창했다. 그 가장 적나라한 표현이 1904년 미국 미주리 주 세인트루이스에서 개막돼 6개월간 계속된 만국박람회의 한 전시회였다. 세인트루이스 만국박람회는 지식인들을 대거 불러 모은 야심찬 행사였다. 신세계가 그런 규모로 전 세계의 지식인을 한 자리에서 본 것은 처음이었다. 박람회 자체도 당시로서는, 아니 그 이후까지도 그만한 규모가 없었다.¹⁶

세인트루이스 만국박람회의 원래 명칭은 '루이지애나 매입 기념 전시회The

Louisiana Purchase Exhibition'이었다. 1803년 토머스 제퍼슨 대통령이 프랑스로부터 루이지애나 주를 사들인 지 100주년 되는 해를 기념하기 위한 행사였다. 루이지애나가 미국령이 됨으로써 미시시피 강이 열리고 세인트루이스라고 하는 내항이 생겨서 뉴욕, 시카고, 필라델피아에 이어 인구 4위의 대도시가 탄생한 것이다. 박람회는 지적인 분야와 대중적인 분야를 망라했다. 예를 들어 국제예술과학회의가 9월 말에 개최됐다(이 행사는 문학 분야도 다뤘지만 '과학의 천재들이 나이아가라 폭포처럼 쏟아져 들어왔다'는 평가를 받았다). 행사 참가자 중에는 행태주의 심리학의 창시자 존 B. 왓슨 John B. Watson, 신임 프린스턴 대학 총장 우드로 윌슨Woodrow Wilson(이후 1913년 제28대 미국 대통령이 됨 : 옮긴이), 인류학자 프란츠 보아스Franz Boas, 역사가인 제임스 브라이스James Bryce, 경제학자이자 사회학자인 막스 베버, 물리학 분야의 어니스트 러더퍼드와 앙리 푸앵카레, 유전학 분야의 후고 드브리스와 T. H. 모건Morgan 등이 있었다. 본인들이 직접 참석하지는 않았지만 프로이트, 플랑크, 프레게의 최신 연구 성과에 대한 토론도 벌어졌다. 아마 어떤 독자들에게는 래그타임ragtime(재즈 피아노 연주 스타일의 일종 : 옮긴이)의 제왕 스콧 조플린Scott Joplin이나 박람회용으로 특별 제작한 아이스크림콘이 가장 눈에 띌 것이다.[17]

박람회에서는 '인간의 발달' 과정을 보여주는 전시회도 열렸다. 이 전시회의 목적은 '서양'(즉 유럽) 인종의 승리를 보여주자는 것이었다. 이 전시회는 전 세계의 비서구 종족들을 총출동시킨 것으로 유례가 없는 규모였다. 북극 지방의 이누이트족, 남극 근처의 파타고니아족, 남아프리카의 줄루족, 필리핀의 니그리토 등에 대해서는 유인원과 인류를 연결해주는 '잃어버린 고리missing link'라는 설명을 달았다. 인디언(아메리카 원주민을 당시에는 그렇게 불렀다)만 해도 51개 부족이나 나왔다. '출품작들'은 하루 종일, 전시 기간 내내 매일 전시됐다. 품위를 손상시키는 전시라거나 정치적으로 부적절하다고 생각하는 백인 관람객은 아무도 없었다. 그러나 그런 악취미(지금의 우리가 보기에)는 거기서 끝나지 않았다. 세인트루이스는 만국박람회 개최지라는 이유로 1904년 올림픽 개최지로 선정됐다. 이런 배경에서 '인류학의 날'이라고 이름 붙인 경기들이 부대행사로 조직됐다. 인종 전시회에 나온 사람들이 백인이 깔아놓은 판에 나와 서로 싸움을 벌이는 경기였다. 여러 인간 종족의 '적응력'

을 시험해보는 자리 같았다. 크로족 인디언이 1마일 경주에서 이겼고, 수족은 높이 뛰기에서, 필리핀의 모로족은 투창에서 승리했다.[18]

사회진화론은 미국에서 특히 악랄했다. 1907년 인디애나 주는 강간범과 수용 시설에 있는 정신박약자들을 거세하는 법률을 도입했다. 이보다는 덜 끔찍하지만 비슷한 아이디어들이 도처에 횡행했다. 1902년 런던에서 열린 국제우생학대회 International Eugenics Conference에서는 정부가 생식 분야에 더욱 강력하게 개입해야 한다고 촉구하는 결의안을 채택했다. 그러나 프랑스 생리학자 샤를 리셰 Charles Richet는 그 정도로는 성에 차지 않았다. 그는 저서 『인간의 선택 Sélection humaine』(1912)에서 유전적 결함을 가진 신생아는 모두 죽여 버려야 한다고 공공연히 떠들었다. 유아기가 지난 다음에는 거세가 최상의 방법이지만 여론이 겁을 먹을 것을 우려해 일체의 '결함'—결핵, 구루병, 간질, 매독(살바르산이 나왔다는 이야기는 못 들어본 것이 분명하다)—을 가진 사람과 '키가 너무 작거나 몸이 약한 사람들', 범죄자, '글을 읽고 쓸 줄 모르거나 셈을 못하는 사람들'끼리 결혼하는 것을 금지하자고 주장했다.[19] 찰스 다윈의 아들이자 1911년부터 28년까지 영국우생학교육협회 회장을 맡았던 레너드 다윈 Leonard Darwin 소령은 이 정도까지 나가지는 않았지만 '우등한' 사람들이 자녀를 좀 더 많이 낳도록 하고, '열등한' 사람들은 덜 낳게 해야 한다고 주장했다.[20] 미국에서는 1920년대까지도 우생학이 강력한 사회운동으로 활동을 계속했다. 인디애나 주의 거세법은 1931년까지 폐지되지 않았다. 영국에서는 우생학교육협회가 1920년대까지 버젓이 활동했다. 독일의 경우는 좀 문제가 달랐다.

파울 에를리히는 자신의 매독 연구의 의미가 사회 여론에 의해 왜곡되는 걸 용인하지 않았다. 그러나 많은 유전학자들은 그렇지 않았다. 초기 단계에 많은 저명한 과학자들이 대도시의 알코올중독, 질병, 범죄 증가를 종족 퇴행의 징표로 보고 우려하면서 우생학 협회와 그 활동에 잠시나마 이름을 빌려주었다. 미국 유전학자 찰스 데이븐포트 Charles Davenport는 오늘날에도 인용되는 고전적인 논문을 발표했다. 헌팅턴 무도병 Huntington's chorea이 진행성 신경증이며 멘델의 우성형질을 통해 유전된다는 것을 입증하는 내용이었다. 과학적으로 맞는 분석이었다. 그러나 동시에 그는 우생학 차원의 거세법을 옹호하면서 미국은 인종적 이유나 기타 생물학적·유전학적 이유에 따라 이민을 제한해야 한다고 주장했다. 그 결과 터무니없게도 그의 후기 연구는 돌발적인 폭력 성향이 단일한 우성 유전자의 결과라는 것을 입증하는 쪽으로 집중됐다. 과학을 그런 식으로 '억지로 밀어붙일' 수는 없는 노릇이다.[21]

역시 짧은 기간이나마 우생학 운동에 우호적이었던 유전학자로는 T. H. 모건(1866~1945)을 들 수 있다. 모건과 그의 동료들은 1900년 후고 드브리스가 멘델을 재발견한 이후 유전학 분야에서 중요한 발전을 이룩했다. 미국 우생학협회가 설립된 1910년 모건은 노랑초파리Drosophila melanogaster에 관한 최초의 실험 결과를 출판했다. 대단한 이야기가 아닌 것 같지만 초파리는 생체 구조가 단순하고 번식이 빨라 이후 유전학의 주요 연구 수단으로 자리 잡게 된다. 뉴욕 컬럼비아 대학에 있는 모건의 '파리방fly room'은 유명해졌다.[22] 드브리스가 1900년 멘델의 법칙을 재발견한 이후 유전의 기본 메커니즘은 여러 차례 확인된 바 있다. 그러나 멘델의 접근과 드브리스의 접근은 통계에 토대를 두고 있었다. 자손의 우성과 열성 형질 발현 비율 3:1에 집중한 것이다. 그 비율이 확인되면 될수록 더 많은 사람들이 멘델과 드브리스가 확인한 메커니즘을 야기하는 물리적, 생물학적, 세포학적 근거가 있을 수밖에 없다고 생각했다. 곧바로 하나의 구조가 제시됐다. 거의 50년 동안 생물학자들은 현미경으로 생식 중인 세포의 행태를 관찰해왔다. 그들은 세포핵에서 미세한 실 같은 것들이 형성되면서 생식 기간에는 서로 분리되는 것을 확인했다. 이미 1882년에 독일의 세포학자 발터 플레밍Walther Flemming은 이 실들을 염색약으로 채색하면 세포의 다른 부분보다 훨씬 까매진다는 사실을 기록으로 남긴 바 있다.[23] 실들이 이렇게 염색이 된다는 것은 염색이 가능한 특수한 물질, 즉 염색질chromatin로 돼 있기 때문이라는 결론이 가능했다. 이 실들은 곧 염색체chromosomes이라는 이름을 얻게 된다. 그러나 9년 뒤인 1891년에 가서야 독일의 생물학자 H. 헨킹Henking이 다음 단계의 중요한 도약을 이루게 된다. 별박이노린재라는 곤충의 생식세포 분열 과정에서 정충의 절반은 11개의 염색체를 갖게 되는 반면, 나머지 절반은 똑같은 11개 외에 추가로 염색에 특히 강한 반응을 보이는 것을 하나 더 얻었다. 헨킹은 이 여분의 물체가 염색체인지조차 확신할 수 없었다. 그래서 일단 모른다는 뜻에서 'X'라고 불렀다. 절반은 X를 받고 절반은 받지 않았기 때문에 이 'X 요소X body'가 곤충의 성을 결정한다는 발상은 떠올릴 수가 없었다. 그런 결론은 다른 학자들의 몫이었다.[24] 헨킹의 관찰 이후 동일한 염색체는 동일한 배열로 세대를 이어가면서 나타난다는 사실이 확인되었다. 특히 미국의 세포학자 월터 서턴Walter Sutton은 1902년 생식 과정에서 유사한 염색체들이 한데 모였다가 분리된다는 사실을 보여줬다. 다른 말로 하면 염색체는 멘델의 법칙이 제시한 방식과 똑같은 식으로 행동한다는 이야기였다.[25] 그럼에도 불구하고 이는 추론상의—정황상의 간접적인—증거였다. 그래서 1908년 T. H. 모건은 이 문제를 말끔히 해결하기 위해 과감한 동물 생식 실험을 시작했다. 처음에는 쥐와 생쥐로 시작했다. 그러나 두 동물은 세대가 너무 길고 병에도 잘 걸렸다. 그래서 좀 더 흔한 초파리를 썼다. 이 작은 곤충은 특이한 점이 거의 없다. 인간과 관계도 아주 멀다. 그러나 단순하면서도 실험에 편리한 라이프사이클을 가졌다는 것이 이점이었다. "처음에 초파리는 오래된 우유병에서 번식했다. 병에 걸리는 법이 없고, 2주마다 한 세대씩 잘도 번식했다."[26] 대부분의 포유동물은 염색체가 20여 쌍인 반면 초파리는 네 쌍이었다. 따라서 실험도 훨씬 간편했다.

초파리는 썩 멋진 표본은 아니었다. 그러나 과학적으로는 완벽하다는 것이 입증됐다. 특히 모건은 눈이 흰 수컷 한 마리가 수천 마리의 정상(눈이 빨간) 초파리들 사이에서 갑자기 나타났다는 사실에 주목했다. 이 느닷없는 변이는 뭔가 철저히 규명해 봐야 할 사안이었다. 이후 몇 달 동안 모건 연구팀은 뉴욕 컬럼비아 대학 실험실에서 수천, 수만 마리의 초파리를 교배시켰다(그래서 실험실에 '파리방'이란 별명이 붙은 것이다). 실험 결과 모건은 초파리에서 발생하는 변이는 일정한 속도로 일어난다는 결론을 내렸다. 1912년 20여 종의 열성 변이체가 발견됐다. 그 중 하나는 '날개가 미발달 상태'였고, 또 하나는 '몸 색깔이 노랬다'. 그런데 그게 다가 아니었다. 변이체는 항상 수컷이나 암컷 어느 한쪽 성에서만 발생했다. 양성 모두에서 발생하는 경우는 없었다. 변이가 항상 성과 연관돼 있다는 사실은 의미심장했다. 왜냐하면 유전 현상은 입자와 같은 물질에 의해 나타난다고 하는 입자유전particulate inheritance

개념을 뒷받침하는 것이기 때문이다. 수컷 초파리와 암컷 초파리 세포의 유일한 물리적 차이는 'X 요소'에 있었다. 따라서 X 요소는 염색체였고, 성체 초파리의 성을 결정하며, 파리방에서 관찰된 다양한 변이체 역시 X 요소로 말미암아 생긴 것이라는 결론이 나왔다.[27]

모건은 초파리에 관한 논문을 이미 1910년 7월 과학 저널 《사이언스》에 발표했다. 그러나 이론을 완벽한 형태로 개진한 것은 1915년 『멘델 유전의 메커니즘 The Mechanism of Mendelian Heredity』에서였다. 이 책에서 처음으로 '유전자gene'라는 개념을 사용했다.[28] 모건과 동료들은 유전자를 '특정한 방식으로 성장에 영향을 미침으로써 성체의 어떤 특성을 지배하는 염색체의 특정 조각'으로 이해했다. 모건은 유전자는 자기복제를 하며 부모에서 자식한테로 변함없이 이전된다고 주장했다. 따라서 변이는 새로운 유전자가 나타나 새로운 특성을 야기하는 유일한 방법이었다. 가장 중요한 것은 변이는 무작위로, 우연히 일어나기 때문에 유기체 자체의 필요에 영향을 받지 않는다는 사실이었다. 이러한 논리에 따르면 획득형질 유전은 논리적으로 불가능했다. 바로 이 점이 모건의 핵심이었다. 이후 미국 전역의 다른 실험실에서도 수많은 연구가 이루어졌다. 그러나 전통 있는 다른 분야(고생물학 등등)의 과학자들은 1940년대에 현대적인 진화종합설이 나올 때까지 비멘델적인, 심지어 비다원적인 관념들을 포기하려 하지 않았다(20장 참조).[29] 물론 논란이 많았다. 예를 들어 모건은 성체의 한 특성이 하나 이상의 유전자가 작동한 결과일 수 있는 반면 동시에 단일 유전자가 여러 형질에 영향을 줄 수 있다는 점을 인정했다. 또 하나 중요한 점은 염색체상의 유전자의 위치였다. 왜냐하면 위치에 따라 이웃한 유전자들에 의해 변형이 생길 수 있기 때문이다.

유전학은 15년 사이에 크게 발전했다. 경험적 차원에서뿐 아니라 철학적 차원에서도 그랬다. 어떤 의미에서 유전자는 전자나 원자보다 훨씬 근본적인 차원에서 잠재력이 큰 입자였다. 인간의 특성과 훨씬 직접적으로 연관돼 있기 때문이다. 그러지 않아도 '자연선택이라는 무심한 통제'를 받는 마당에 진화의 유일한 메커니즘인 변이마저 통제 불가능한 상태에서 우연적으로 일어난다고 하는 것은 비판자들—철학자와 종교 당국—이 보기에는 무의미한 사소한 힘에 과다한 권위를 부여하는 것이며, 인간의 품위를 종교가 득세하던 시절의 고상한 자리에서 땅바닥으로 떨어뜨리는 것으로 비쳐졌다. 모건은 이런 철학적 논쟁에는 별로 관여하지 않았다. 그는 철저한 경험주의자였기 때문에 유전학이 대부분의 우생학자들이 생각하는 것보다 훨씬 복잡하다는 것을 잘 알고 있었다. 따라서 사회진화론 열심당원들이 선호하는 천박한 통제 기술로 쓸모 있는 결과를 만들어낼 수는 없다고 생각했다. 1914년 무렵 그는 우생학 운동에서 완전히 손을 뗐다. 그는 또 최근의 인류학 연구 성과가 인종 생물학이 대충 확실하다고 믿는 바를 지지하지 않는다는 것을 잘 알고 있었다. 특히 컬럼비아 대학에서 몇 블록밖에 떨어져 있지 않은 미국자연사박물관에서 일하는 동료의 연구가 그러했다. 그의 관찰과 이론은 모건 못지않게 엄청난 영향력을 발휘하게 된다.

프란츠 보아스Franz Boas(1858~1942)는 1858년 독일 북서부 민덴에서 태어났다. 원래는 물리학자이자 지리학자였는데 에스키모에 관심을 갖다가 인류학으로 돌아섰다. 미국으로 이주해 《사이언스》에 글을 쓰다가 미국자연사박물관 큐레이터로 옮겼다. 키가 작고 검은 머리에 이마가 넓은 보아스는 느긋하고 재미난 사람이었다. 19~20세기 전환기에 그는 여러 아메리카 원주민 집단을 연구했고, 북태평양 연안의 인디언 예술과 밴쿠버 근처의 콰키우틀족 비밀결사에 대해 조사했다. 당시 유행하던 두개골 측정법을 따르면서도 어린이 발달 과정에 관심이 많아 '두부지수頭部指數'라고 명명한 인체측정법을 고안해냈다.³⁰ 그는 광범위한 연구 영역과 지칠 줄 모르는 연구열로 유명해졌다. 그래서 『황금가지』를 쓴 제임스 프레이저 경과 더불어 인류학을 격조 높은 학문 분야로 정립하는 데 크게 기여했다. 1900년에는 미국 통계청에서 아메리카 원주민에 관한 조사를 의뢰받았고, 미국 상원 딜링햄 위원회를 위한 연구도 요청받았다. 1910년에 나온 『딜링햄 위원회 보고서Dillingham Commission Report』는 정치인들 사이에 번진 이런저런 막연한 우생학적 불안감의 결과였다. 당시 미국이 '잘못된 종류'의 이민자를 너무 많이 받아들이는 바람에 여러 인종과 문화가 하나가 녹아든다는 '용광로' 노선이 제대로 작동하지 않을 것이라든가, 이민의 후손들이 인종이나 문화 또는 지능상의 이유로 미국 사회에 동화가 불가능하거나 동화하려 하지 않으려 할 것이라는 등등의 우려가 퍼져 있었다.[31] 이런 논리는 오늘날에도 새삼스러운 것이 아니다. 그러나 1910년 당시 이민 제한론자들의 우려는 20세기 말인 지금 입장에서 보면 좀 이상한 구석이 있었다. 이민자들의 신체 사이즈에 집착한 것이다. 특히 '퇴행적인' 부류에 대해 의구심을 품었다. 보아스는 이민자 부모-자식 샘플에 대한 생물학적 측정을 의뢰받았다. 요새 같으면 당연히 난리가 났겠지만 당시로서도 논란을 불러일으킨 무례한 짓거리였다. 유전학이라는 신과학이 풍파를 일으키는 가운데 많은 사람들이 신체 유형은 유전에 의해 결정된다고 확신했다. 보아스는 이민자들이 급속히 동화되며, 기껏해야 한두 세대만 지나면 거의 모든 영역에서 원주민과 같은 반열에 서게 된다는 것을 입증했다. 본인도 이민자인 보아스가 지적한 대로 새로 미국으로 이주한 사람들은 단순히 새 나라에서 두각을 나타내기 위해 그 길고 험한 이민 과정을 거친 것이 아니다. 그들은 대부분 조용히 살면서 부를 쌓고 싶어 했다.[32]

보아스의 주장이 반영되기는 했지만 『딜링햄 위원회 보고서』는—다해서 18권이었다—지중해 연안 출신 이민자들이 다른 이민자들보다 '생물학적으로 열등하다'는 결론을 내렸다. 그러나 '퇴행적인 종족'을 축출하자는 의견을 내지는 않았다. 다만 '퇴행적인 개인들'을 문제 삼아 읽고 쓰기 시험을 보여서 걸러야 한다고 주장했다.*[33]

딜링햄 위원회의 결론을 고려할 때 바로 그해에 보아스가 출판한 두 번째 저서는 훨씬 의미 있게 다가온다. 『원시인의 마음 The Mind of Primitive Man』은 곧 사회과학의 고전이 되었다. 영국에서도 유명했고, 독일어 번역본은 후일 나치에 의해 불태워졌다. 보아스는 머리로 작업하는 인류학자가 아니라 수치를 재고 통계로 일하는 스타일이었다. 모건과 마찬가지로 경험주의자이며 현장 연구자이고 인류학을 가능한 한 '엄밀한' 과학으로 만들고자 최선을 다하면서 키나 몸무게, 머리 크기 같은 '객관적인' 사실들을 연구했다. 그는 각지를 돌며 여러 인종 내지는 민족 집단을 면접조사 했고, 최소한 대부분의 미국인들은 다른 인종이라 봐야 흑인을 접촉한 것이

---

* 이런 주장은 1917년 대통령이 거부권을 행사했는데도 법률로 통과됐다.

고작이라는 점을 충분히 인식하고 있었다.

보아스의 책은 이렇게 시작된다. "문명화된 인간은 자신의 놀라운 성취에 자부심을 느끼면서 상대적으로 비천한 부류들을 내려다본다. 그는 자연의 힘을 정복했고, 그것을 자신을 위해 활용했다."³⁴ 이러한 서술은 일종의 미끼였다. 일단 독자들에게 만족감을 주어 책 속으로 끌어들이려는 작전인 것이다. 이어 보아스는 '문명화된' 인간과 '원시적' 인간의 차이에 대해 의문을 제기하고 나섰다(전혀 차이가 없다고 주장하는 것이 아니다). 근 300쪽에 걸쳐서 차분차분 논의를 발전시키면서 보아스는 사실을 들어가며 당대의 '지혜'라고 하는 것들을 뒤엎는다. 예를 들어 정신 측정 분야에서는 볼티모어 흑인의 뇌와 볼티모어 백인의 뇌를 비교해 전두엽과 안와엽, 뇌량(좌우의 대뇌반구가 만나는 부분: 옮긴이) 등 뇌 구조에서 여러 차이가 있음을 밝혀냈다. 보아스는 프랑스 북부 사람과 프랑스 중부 사람 사이에도 역시 큰 차이가 있음을 보여주었다. 그는 흑인 두개골 치수가 '고등한 인종'의 두개골보다 원숭이에 가깝다는 것을 인정했다. 그러나 백인종은 흑인종보다 털이 많다는 점에서 원숭이와 더 가깝고, 입술과 팔다리의 비율이 흑인보다 다른 영장류에 더 가깝다고 지적했다. 그는 유럽인 두개골의 평균 용적이 1,560cc인 반면 아프리카 흑인은 1,405cc, '태평양 흑인'은 1,460cc라는 사실을 인정했다. 그러나 살인범 수백 명의 두개골 용적을 조사한 결과 1,580cc로 나타났다는 사실도 명시했다.³⁵ 그는 '원시' 종족들도 이익에 맞으면 충동에 휩쓸리지 않고 절제된 행동을 한다는 사실을 입증했다. 또 그들의 언어도 제대로 이해하고 나면 고도로 발전된 것이며, 특히 에스키모족은 다른 어떤 종족보다 눈을 뜻하는 단어가 많다는 것을 보여줬다. 이는 분명 눈이 그들의 생활에서 매우 중요하기 때문이다. 그는 일부 종족의 언어에 10 이상의 수 개념이 없다고 해서—아메리카 원주민 부족 중에 그런 경우가 있다—그들이 영어를 배웠는데도 영어로 10 이상 세지 못한다는 의미는 아니라고 설파했다.³⁶

보아스 저서의 중요한 특징은 종횡무진 하는 사례들의 제시다. 인류학, 농업, 식물학, 언어학, 지질학에서 각종 증거를 들이대고 독일어와 프랑스어로 된 전문지에서 전거를 들기도 한다. 비판자들이 도저히 따라잡을 수 없을 정도다. 마지막 장 '미국의 인종 문제'에서 그는 이탈리아의 루카와 나폴리, 스페인과 독일 엘베 강 동쪽

지역을 조사한 결과를 설명한다. 이들 지역은 모두 다량의 이민과 인종 혼합을 경험했지만 신체적, 정신적, 또는 윤리적 퇴행 사례는 거의 나타나지 않았다.[37] 이른 바 종족 간의 차이라고 하는 것은 많은 경우 극히 주변적인 것이라고 그는 설명했다. 미국 이민자 자녀들에 대한 본인의 연구 결과를 인용하면서 그는 기껏 두 세대면 이민자들은 본토 사회에 적응하기 시작하며, 신체 사이즈 면에서도 그렇다고 설명했다. 그는 책 말미에 이민자와 흑인이 어떻게 미국 생활에 적응했으며 그 결과로 유럽이나 아프리카 또는 중국에 남아 있는 친척들과 어떻게 달라졌는지를 연구해야 한다고 촉구했다. 그는 이제 상상에만 존재하거나 극히 사소한 차이를 과장하는 연구는 그만할 때가 되었다고 지적했다. 그는 "관습과 신념체계가 전 세계적으로 인종과 환경에 상관없이 근본적으로 유사하다는 것은 극히 일반적이어서 인종이라는 표현 자체가…… 부적절[해 보인다]"고 썼다. 그러면서 인류학의 발견들이 '우리에게 우리와 다른 문명들에 대해 좀 더 관용적으로 대하는 법을 가르쳐주기를' 희망한다고 피력했다.[38]

보아스의 저서는 걸작 중의 걸작이었다. 그는 엄청난 영향력을 발휘했으며, 인류학자들과 우리 모두로 하여금 단선적인 진화론 내지는 인종이론으로부터 눈을 돌려 문화사에 주목하게 만들었다. 그는 문화사를 강조함으로써 순수 관념의 영역에서 20세기의 가장 중요한 진보라고 할 수 있는 상대주의의 탄생에 커다란 역할을 했다. 1차 대전 이전에는 보아스가 그런 시각의 유일한 주창자였다. 제자인 마가렛 미드Margaret Mead와 루스 베네딕트Ruth Benedict가 상대주의의 기치를 내걸기까지는 20년이라는 세월이 필요했다.

보아스가 콰키우틀 인디언과 에스키모를 연구하고 있을 때 아메리카 원주민 역사 이해에 상당한 진척을 본 고고학자들이 있었다. 요점은 아메리카 원주민들이 인종생물학자가 받아들일 수 있는 것 이상으로 훨씬 흥미로운 문화와 과거를 갖고 있다는 사실이었다. 이는 예일 대학과 인연이 많은 역사학자 하이람 빙엄Hiram Bingham(1875~1956)의 발견에서 정점을 이루게 된다.

1875년 호놀룰루에서 태어난 빙엄은 성서를 오지 언어들(예를 들면 하와이어)로 번역한 선교사 가문의 후예였다. 예일 대학을 졸업하고, 하버드 대학에서 박사학위를 받은 그는 이국적인 곳을 찾아 여행과 모험을 즐기는 스타일이었다.[39] 그런 왕성한 호기심 덕분에 1909년에는 페루로 가게 됐다. 이곳에서 리마의 유명한 역사학자인 카를로스 로메로Carlos Romero를 만났는데 로메로는 자기 집 베란다에서 빙엄과 코카 차를 마시면서 데 라 칼랑카Father de la Calancha 신부가 남긴 기록을 보여줬다. 사라진 잉카 제국 도시 빌카밤바Vilcabamba에 관한 기록은 빙엄의 상상력에 불을 지폈다.[40] 콜럼버스의 아메리카 대륙 발견 이전의 일부 고대 도시에 대해서는 스페인 정복자들의 상세한 기록이 남아 있지만 체계적인 연구가 시작된 것은 1880년대 말과 1890년대에 독일 학자 에두아르트 젤러Eduard Seler의 작업이 있고난 뒤부터였다. 로메로는 고고학자, 역사학자, 보물 사냥꾼들이 그동안 빌카밤바—잉카 제국의 마지막 위대한 왕 망코 잉카Manco Inca의 사라진 수도였다—에 얼마나 목을 맸는지를 설명해주었다. 빙엄은 넋을 잃었다.

 흥미진진하기 이를 데 없는 이야기였다. 망코 잉카가 16세기 초에 권력을 잡았을 당시 나이는 겨우 열아홉이었다. 어렸지만 용감무쌍하고 노회한 상대였다. 피사로 형제가 이끄는 스페인 군대가 잉카 내륙으로 쳐들어가자 망코 잉카는 외부인이 들어올 수 없는 밀림 지역으로 후퇴해 마침내 빌카밤바에 도착했다. 위기가 닥친 것은 1539년이었다. 곤살로 피사로가 '가장 뛰어난 지휘관과 전투원' 300명을 이끌고 들이닥쳤다. 16세기 잉카의 기준으로는 대규모 공격이었다. 스페인인들은 말을 타고 한참을 뒤쫓아 왔다(아메리카 대륙의 말은 스페인인들이 오기 전에 이미 멸종됐다).[41] 말을 타고 더 들어갈 수 없는 지경이 되자 그들은 말 관리자 한 사람만 남겨놓고 도보로 추격을 계속했다. 우룸밤바 강을 건너 빌카밤바 계곡을 따라 올라가 비트코스로 넘어가는 산길까지 진출했다. 밀림이 너무 빽빽해서 도저히 통과할 수가 없었다. 스페인 군인들은 불안해졌다. 그런데 갑자기 산악 지역을 흐르는 강 위에 놓인 다리 두 개가 나타났다. 건너고 싶은 마음 굴뚝같았지만 처음 보는 것이라 의구심이 들었다. 그러나 과감히 건너다가 매복에 걸리고 말았다. 커다란 바위가 폭포수처럼 쏟아지더니 화살이 빗발쳤다. 스페인인 36명이 죽고 곤살로 피사로는 퇴각했다. 그러나 잠시뿐이었다. 열흘 후 스페인인들은 훨씬 큰 무리를 이끌고 다리를 건너 빌카밤바에 도착해 도시를 약탈했다. 당시 망코 잉카는 다른 곳으로 이동한 상태였다. 그러나 망코 잉카는 결국 살려준 스페인인들에게 배신을 당하고 말았다. 그들은 망코 잉카를 도와 피사로 일당과 싸우겠다고 했지만 망코 잉카가 결국은 패하고 말 것이라고 본 것이다.[42] 망코 잉카의 전설은 이후로 한껏 부풀려졌고 빌카밤바를 둘러싼 미스터리도 마찬가지였다. 이 도시는 후일 16세기 말에 은이 발견되면서 훨씬 중요해졌다. 그러나 은광이 바닥을 드러내면서 17세기에는 다시 밀림으로 뒤덮였다. 19세기에도 이 사라진 도시를 찾으려는 시도가 몇 차례 있었지만 다 허사로 끝나고 말았다.

빙엄은 로메로의 이야기에 흠뻑 빠졌다. 예일로 돌아가서 백만장자인 은행가 에드워드 하크니스Edward Harkness에게 탐사 비용을 대달라고 설득했다. 하크니스는 뉴욕 메트로폴리탄미술관 운영위원회 이사이며, 대실업가 헨리 클레이 프릭Henry Clay Frick과 존 록펠러John Rockefeller의 친구이자 페루 골동품 수집가였다. 1911년 여름 빙엄의 탐사팀이 출발했다. 크노소스를 발굴한 아서 에번스처럼 운이 좋았다. 1911년 우룸밤바 강 계곡은 아마존 유역에 고무 채취 붐이 일면서(말레이반도가 세계의 고무 공급원으로 남아메리카를 대신하게 된 것은 한참 후의 일이다) 사람의 왕래가 가능해진 상태였다.[43] 빙엄은 페루 수도 리마에서 남동쪽으로 578킬로미터 떨어진 잉카 제국의 옛 중심지 쿠스코Cuzco에서 대원들을 모집했다. 노새가 끄는 짐수레 행렬이 움직이기 시작한 것은 7월. 새로 난 우룸밤바 도로를 따라 내려갔다. 쿠스코를 떠난 지 며칠 만에 빙엄에게 행운이 찾아왔다. 노새 행렬이 신작로와 우룸밤바 강 사이에 캠프를 치고 있을 때였다.[44] 노새 울음소리와 음식 냄새에 끌려 멜초르 아르테아가라는 원주민이 다가왔다(빙엄 쪽에서 그를 찾아낸 것인지도 모른다). 아르테아가는 근처 썰렁한 오두막에 혼자 살고 있었다. 아르테아가는 빙엄 대원들과 이야기를 하다가 그들이 온 목적을 알고는 강 건너편 산 중턱 꼭대기에 폐허가 있다는 이야기를 해줬다. 자기도 '전에 한 번' 가봤다고 했다.[45] 밀림이 너무나 빽빽하고 계곡은 깎아지른 듯 가팔라서 아무도 아르테아가의 말을 확인해볼 엄두를 내지 못했다. 그러나 단 한 사람, 빙엄만은 예외였다. 지푸라기라도 잡고 싶은 심정에 빙엄은 아르테아가와 함께 7월 24일 아침에 길을 나섰다. 또 한 사람 카라스코라는 이름의 페루인 하사를 설득해 동행시켰다.[46] 세 사람은 우룸밤바 강 양쪽 큰 바위 사이에 통나무로 임시 다리를 놓아 포효하는 급류를 건넜다. 빙엄은 너무 겁이 나서 두 손 두 발로 엉금엉금 기었다. 반대편에 이르자 숲으로 들어가는 길이 나왔다. 그러나 너무 가팔라서 기다시피 하는 수밖에 없었다. 이런 식으로 강 위로 609미터나 올라갔다. 점심을 먹으려고 잠시 걸음을 멈췄다. 그런데 놀랍게도 이 높은 곳에 '인디언' 둘이 농사를 짓고 있었다. 더욱 놀라운 것은 밭이 계단식이라는 사실이었다. 계단식 밭을 조성한 지 아주 오래된 것이 분명했다.[47]

　점심을 다 먹은 빙엄은 이럴까 저럴까 망설였다. 계단식 밭은 흥미로웠다. 그러나 그 이상은 아니었다. 하지만 오후 한나절을 더 기어 올라간다는 것은 매력적인 선택이 아니었다. 그러나 여기까지 온 마당에 예서 말 수는 없다는 생각이 들어 빙엄은 일단 계속 가보기로 마음먹었다. 그다지 멀리 가지 않은 시점에 빙엄은 자신의 결정이 옳았다는 것을 직감했다. 산중턱 옆쪽으로 대규모 돌계단들이 나타난 것이다. 백 개는 될 것 같았다. 산허리 위로 거의 300미터 정도 치솟아 있었다.[48] 그 계단들은 비교적 말끔한 상태였다. 그러나 그 너머로는 다시 빽빽한 밀림이 이어졌다. 뭐가 숨어 있을지 알 수 없는 노릇이었다. 피곤도 잊은 채 빙엄은 재빨리 돌계단들을 올라갔다. 맨 꼭대기에 올랐을 때 반 정도는 무성한 녹음과 덤불에 가려져 있었지만 여기저기 폐허가 눈에 들어왔다. 흥분을 주체할 수 없었다. 신성한 동굴이 나오고 삼 면만 화강암 마름돌로 벽을 쌓은 신전이 모습을 드러냈다. 거대한 암석을 깎아 반듯한 정사각형이나 직사각형으로 다듬은 것이 쿠스코에 있는 정교하고 아름다운 건축물들과 잘 어울렸다. 빙엄은 당시의 느낌을 이렇게 토로했다. "우리는 길을 따라 한참을 가다가 널따란 공터에 도착했다. 인디언들이 작은 채소밭을 가꾸고 있었다. 그런데 갑자기 대단히 멋지고 흥미로운 건축물 두 개가 눈앞에 나타났다. 고대 아메리카 최고의 걸작이라고 할 만한 것이었다. 아름다운 흰색 화강암으로 만든 벽은 벽돌 같은 덩어리 하나하나가 사람 키보다도 높은 거대한 규모였다. 이런 광경에 나는 완전히 넋을 잃었다……. 건물마다 벽은 세 개 뿐이었고, 한 쪽 면은 완전히 툭 트인 상태였다. 주主 신전은 벽 높이가 3.8미터였는데 정교하게 만든 벽감(壁龕: 벽면을 오목하게 파서 등잔이나 조각품을 세워둘 수 있게 만든 공간: 옮긴이)이 줄지어 있었다. 높이는 1.5미터에 깊이는 2.1미터 정도였다. 외벽에는 마름돌을 일곱 겹으로 쌓아

올렸다. 벽 뒤쪽에 있는 일곱 개의 벽감 아래에는 길이 4.2미터짜리 직사각형 돌판이 놓여 있었다. 희생의식을 치르는 제단이거나 타계한 황제들의 미라를 모시고 제사를 지내는 곳일지도 모른다. 건물에는 지붕이 있었던 것 같지는 않았다. 우아한 마름돌을 쌓아올린 맨 윗단에는 지붕 같은 것을 얹지 않아서 사제나 미라들이 햇빛을 바로 받을 수 있었다. 아랫단의 더 큰 돌덩어리들을 보고는 내 눈이 믿기지 않았다. 돌 하나의 무게가 10~15톤은 족히 될 것 같았으니 말이다. 이런 이야기를 믿을 사람이 어디 있겠는가? 다행스럽게도…… 나는 좋은 카메라를 가져왔고, 햇빛은 쨍쨍했다."⁴⁹

바로 그 첫날 그가 살펴본 신전들 중 하나에는 거대한 창문이 세 개 나 있었다. 너무 커서 실용적인 목적으로 낸 것이라고는 할 수 없었다. 창문들을 보면서 빙엄의 기억이 되살아났다. 1620년 최초의 잉카(잉카 제국의 왕 : 옮긴이) 위대한 망코가 "자신의 출생지에 건축물을 세우되 창문이 셋 달린 석벽으로 하라"고 명했다는 기록이 생각난 것이다. "이게 바로 그건가? 그렇다면 여기는 마지막 잉카 제국의 수도가 아니라 초대 잉카 왕의 출생지다. 당시에는 두 가지 다일 수 있다는 생각은 나지 않았다." 첫 번째 탐험에서 하이람 빙엄은 마추픽추Machu Picchu를 찾아낸 것이다. 마추픽추는 이후 남아메리카에서 가장 유명한 유적지가 됐다.⁵⁰

빙엄은 1912년과 1915년에 다시 이곳으로 돌아와 현장조사와 발굴에 나섰다. 마추픽추는 이미 세계의 관심을 끌고 있었다. 조심스러운 발굴 결과 모습을 드러낸 도시는 독특하다고밖에 할 수 없는 아름다움을 발산했다.⁵¹ 그 특유의 아름다움은 수많은 건물을 정교하게 짜 맞추는 잉카식 석조술로 건축했기 때문이기도 하고, 지붕 선에 이르기까지 놀라울 정도로 보존이 잘 되었기 때문이기도 하다. 도시의 구조적 통일성도 빼놓을 수 없는 요소였다. 주택가 주변으로 말끔히 정리된 계단식 밭이 있고, 수백 개는 될 듯한 길과 계단통로가 그물처럼 얽혀 있다. 잉카 사람들의 일상생활이 어떠했을지 쉽게 상상이 간다. 마추픽추의 위치 역시 경이로웠다. 정글을 한참 헤치고 나아가서야 좁다란 산등성이가 나타나는데 그 주변을 U자형 천 길 낭떠러지 협곡이 둘러싸고 있기 때문에 그만큼 확 눈에 들어왔다. 독특한 문명이 깊은 원시림 속에 홀로 자리 잡고 있었던 것이다.⁵²

빙엄은 마추픽추가 빌카밤바라고 확신했다. 그렇게 생각한 한 가지 이유는 도시 외에도 그 주변에서 135구나 되는 유골을 발견했기 때문이다. 유골은 대부분 여성이었으며 두개골에 구멍이 뚫린 경우가 많았다. 이런 유골은 도시 안에서는 하나도 발견되지 않았다. 빙엄은 구멍 뚫린 두개골은 성스러운 도시에 들어올 수 없는 이민족 전사들 것이라고 추정했다(물론 이런 해석에 모두가 동의하는 것은 아니다). 이어 흥미롭고도 이상한 두 번째 발견이 이루어짐으로써 마추픽추가 빌카밤바라는 확신이 더욱 굳어졌다. 속이 빈 튜브 하나가 발견됐는데 빙엄은 이것이 흡입을 위한 도구라고 생각했다. 튜브는 정교한 종교 의식에 사용됐으며 흡입하는 물질은 아마도 토종 후일카 나무의 노란 씨앗과 같은 마약이었을 것이라는 이야기다. 이것을 좀 확대 해석해서 빌카밤바라는 말의 뜻까지 풀어냈다. 후일카의 평원(밤바)이라는 것이다. 빙엄이 문제의 유적지를 빌카밤바로 본 결정적인 근거는 마추픽추의 거대한 규모였다. 대략 100개쯤 되는 가옥은 그 일대에서는 가장 중요한 유적에 해당했다. 게다가 고대 스페인의 기록들도 빌카밤바를 그 지역에서 가장 큰 도시로 서술한 바 있다. 따라서 망코 잉카가 피사로의 기병대를 피해 달아났을 때 이 난공불락의 도시로 퇴각했을 것으로 보는 것은 극히 상식적이라고 할 수 있다.[53] 이런 추론은 논란의 여지가 없어 보였다. 마추픽추를 빌카밤바로 보는 것은 적절했다. 반세기 동안 고고학자와 역사학자들 대다수가 이 도시가 실로 망코 잉카의 마지막 도피처이자 그 아내가 끔찍한 고문을 받고 죽은 바로 그 장소라고 생각했다.[54]

나중에 빙엄의 추론은 틀린 것으로 판명됐다. 그러나 그의 발견은 보아스나 모건의 그것과 마찬가지로 인종생물학자들의 과대망상을 바로잡는 중화제 역할을 했다. 그들은 다윈을 추종하면서 세계의 모든 인종을 분류해보면 단일한 진화의 계통이 나타난다는 식으로 극히 비약이 심한 결론을 내리고 있었다. 그런데 듣지도 보지도 못하던 잉카인들이 탁월한 예술과 건축을 뽐내면서 유럽인들과 같은 시대에 장장 3만 577킬로미터나 되는, 어떤 면에서는 유럽보다 뛰어난 도로망을 건설했다니 인종생물학의 경박한 논리에 커다란 맹점이 드러나고 만 것이다. 여러 분야에서 나타나는 증거에 귀 기울이고자 하는 사람들에게는 진화란 사회진화론자들이 주장하는 것보다 훨씬 복잡한 과정이었다.

진화라는 개념이 점점 더 대중적 인기를 끌게 됐다는 사실을 부정할 필요는 없겠다. 하지만 그와 동시에 듀보이스나 모건, 보아스, 빙엄 같은 사람들의 작업이 한데 합쳐져서 동물과 인간의 관계, 전 세계의 다양한 인종 집단들 간의 관계를 설명하는 새로운 증거를 제시하게 됐다는 사실 역시 부인할 필요가 없다. 사회진화론이 그토록 인기가 높았다는 사실은 진화라는 개념이 얼마나 강력한 것이었는지를 보여준다. 더구나 1914년이 되면서 진화론은 전혀 새로운 방향에서 그 타당성을 다시 한 번 인정받게 된다. 지질학이 세계 자체가 어떻게 진화해왔는지를 이해하는 새롭고도 놀라운 방법을 제공하기 시작한 것이다.

알프레트 베게너Alfred Wegener(1880~1930)는 독일의 기상학자였다. 그의 저서 『대륙과 대양의 생성Die Entstehung der Kontinente und Ozeane』(1915)은 썩 독창적인 내용은 아니었다. 이 책의 논점은 지구상의 여섯 개 대륙이 처음에는 초대륙 supercontinent으로 출발했다는 것이다. 이는 이미 1908년에 미국 지질학자 F. B. 테일러Taylor가 주장한 내용이었다. 그러나 베게너는 훨씬 많은 증거를 수집했다. 그리고 그 증거들은 다른 어떤 학자가 제시한 것보다 훨씬 더 인상적이었다. 그는 이런 내용을 1912년 1월 프랑크푸르트 암 마인의 독일지질학협회 모임에서 소개했다.[55] 사실 지금 와서 보면, 왜 과학자들이 진작 베게너와 같은 결론에 도달하지 못했을까 의아스러울 수도 있다. 19세기 말에는 자연계를 제대로 이해하려면, 그리고 자연이 지구상에 어떻게 분포돼 있는지를 설명하려면 모종의 지적인 설명이 필요했다. 그러한 분포의 증거는 대부분 화석 및 그와 관련된 특정 암석의 존재였다. 다윈의 『종의 기원』은 화석에 대한 관심을 자극했다. 화석의 연대 확인은 과거에 존재했던 생명체의 발달과정과 나아가서 생명 자체의 발전과정까지 들여다볼 수 있는 실마리가 되기 때문이다. 동시에 암석들에 대해서뿐 아니라, 지구가 가스 덩어리에서 농축되면서 액체로, 다시 고체로 변해가는 가는 과정에서 특정한 암석이 다른 종류의 암석과 분리되는 방식에 대해서도 많은 사실이 알려져 있었다. 핵심은 지구 전체에 걸쳐 특정 유형의 암석이 널리 분포해 있으며 이는 화석과 연관이 있다는 것이었다. 예를 들어 노르웨이에서 영국 북부에 이르는 산맥이 있는데 이 산맥은 아일랜드에서 독일 북부와 영국 남부를 관통하는 산등성이와 교차한다. 그런데 베게너가 보기에 실제로 교차가 일어나는 장소는 북아메리카 연안 인근 같았다. 말하자면 북대서양의 두 해안이 한때는 붙어 있었다는 이야기다.[56] 마찬가지로 같은 식물과 동물의 화석이 지구 곳곳에 분포돼 있는 것도 지금은 대양을 사이에 두고 멀리 떨어진 지역들이 한때는 육지로 연결돼 있다고 가정해야만 설명이 가능한 부분이었다.[57] 19세기 과학자들은 육교land bridge라는 표현을 썼다. 해역을 가로질러서 아프리카를 남아메리카에, 유럽을 북아메리카에 연결해줄 수 있는 편리한 장치였다. 그러나 그런 육교가 정말 있었다면 지금은 어디로 갔는가? 육교를 솟았다가 사라지게 한 에너지는 어디서 나왔는가? 바닷물은 또 어떻게 되었는가?

베게너의 답변은 대담했다. 육교는 없었다고 그는 말했다. 대신 지금 존재하는 것과 같은 여섯 개의 대륙—아프리카, 호주, 북아메리카, 남아메리카, 유라시아, 남극—은 한때 거대한 하나의 대륙이었다. 하나의 거대한 땅덩어리였다는 이야기다. 이 땅덩어리를 베게너는 판게아Pangaea(그리스어로 판은 '모두', 가이아는 '땅'을 뜻한다)라고 불렀다. 대륙들이 현재의 위치에 있게 된 것은 '이동'을 통해서였다. 사실은 거대한 빙산처럼 둥둥 떠다녔다고 하는 편이 낫겠다. 베게너의 이론은 대륙 중앙부에 있는 불룩 솟은 산등성이도 고대 땅덩어리들의 충돌로 말미암아 형성된 것이라고 설명했다.[58] 익숙해지려면 좀 시간이 걸리는 설명이었다. 거대한 대륙들 전체가 어떻게 '떠다닐' 수 있단 말인가? 그리고 무엇 위를 떠다녔단 말인가? 대륙들이 움직였다면 그것들을 움직이게 한 거대한 힘은 또 어디서 왔는가? 베게너 시대에 이미 지구의 본질적인 구조는 알려져 있었다. 지질학자들은 지진파를 사용해서 지구가 지각과 맨틀, 외핵과 내핵으로 구성돼 있다는 사실을 추론해냈다. 최초의 기본적인 발견은 지구상의 모든 대륙이 한 종류의 암석, 즉 화강암으로 돼 있다는 것이었다. 화강암은 장석과 석영으로 이루어져 있는데 (고열을 받는 과정에서 형성된) 입상粒狀 화성암火成巖이다. 화강암 대륙 주변에는 다른 종류의 암석이 있을 것으로 추정된다. 이것이 현무암으로 화강암보다 훨씬 조밀하고 딱딱하다. 현무암은 고체와 용융 상태 두 가지로 존재한다(화산 분출시 나오는 용암이 반쯤 용융된 현무암이라는 점을 생각하면 이해가 쉽다). 이로 미루어보면 지구의 외부구조와 내부구조의 관계는 지구가 가스 덩어리 상태에서 냉각되면서 액체로 됐다가 다시 고체로 변하면서 형성돼온 과정과 연관이 있는 것이 분명하다.

 대륙을 형성하는 거대한 화강암 덩어리들은 두께가 대략 50킬로미터쯤 되는 것으로 추정된다. 그러나 그 아래에는 3,000킬로미터 깊이까지 '탄력 있는 고체' 내지는 반 용융 상태의 현무암이 깔려 있다. 그리고 다시 그 아래로부터 지구(의 반지름은 약 6,000킬로미터다) 중심까지는 액체 상태의 철이 들어차 있다.* 수백만 년 전에는 물론 지구가 오늘날보다 훨씬 뜨거웠고, 따라서 현무암은 고체성이 한결 덜 했을 것이다. 대륙들의 전반적인 상황도 대양을 떠돌아다니는 유빙과 흡사했을 것이다. 이렇게 생각하면 대륙들이 떠다니면서 이동했다는 이론이 훨씬 잘 이해가 간다.

 베게너의 이론은 실제의 땅덩어리들이 어떻게 해서 지금과 같은 형태로 뭉치게 됐는지를 설명하는 과정에서 검증이 됐다. 대륙들은 지금 해수면 위로 보이는 땅으로만 구성돼 있는 것은 아니다. 해수면은 지질학적 시대에 따라 오르락내리락 해왔다. 빙하기에는 수면이 내려가고 따뜻한 시기가 되면 올라간다. 그래서 대륙붕—수면 아래 있지만 깊이는 상대적으로 얕다—은 들쭉날쭉해 보인다. 여러 이상한 지질학적 양상들은 삐죽삐죽 삐져나온 대륙붕 선들을 지구 전체적으로 짝을 맞춰보면 잘 설명이 된다. 예를 들어 페름석탄기(고대의 밀림으로 2억 년 전에 형성됐고 지금은 탄전이다)의 빙하작용으로 말미암아 생긴 퇴적물들은 남아프리카 서부 연안과 아르헨티나·우루과이 동부 연안에 동일한 형태로 존재한다. 쥐라기와 백악기의 유사한 암석들이 분포한 지역은 서부 아프리카의 니제르 일대와 브라질의 헤시피 일대다. 남대서양을 사이에 두고 정확히 대척점에 분포하는 것이다. 남아프리카를 관통하는 지향사(地向斜: 막대한 양의 퇴적물이 쌓인 지표면의 대규모 침강지대: 옮긴이)도 아르헨티나 중부로 이어져 일직선이 된다. 마지막으로 고생대 후기의 독특한 식물인 글로솝테리스속屬 Glossopteris의 분포를 들 수 있다. 유사한 화석들이 남아프리카와 그로

---

* 그 위에 있는 암석의 압력과 존속기간을 고려해보면 액체 상태가 될 수밖에 없다. 물질은 농축되면 온도가 올라간다. 예를 들어 세계에서 제일 깊은 지점에 있는 남아프리카공화국의 로빈슨 금광 Robinson Deep 을 보라. 갱도 벽이 너무 뜨거워서 (1960년 당시 가격으로) 50만 달러짜리 에어컨을 설치해 광부들이 통구이가 되는 것을 막고 있다. 실제로 각종 연구 결과에 따르면 지표면 이래의 온도는 2.2킬로미터 정도만 내려가도 물이 끓는점에 해당하는 섭씨 100도로 치솟는다.

부터 한참 멀리 떨어진 남아메리카와 남극에서 발견된 것이다. 글로솝테리스가 이처럼 넓은 지역에 분포하는 것을 바람 때문이라고 설명하기는 어렵다. 글로솝테리스의 씨앗은 너무 커서 바람에 실려 그렇게 멀리까지 갈 수는 없기 때문이다. 멀리 떨어진 지역에 동일한 식물이 존재했다는 것도 역시 대륙이동으로밖에는 설명이 안 되는 부분이다.

판게아는 존속한 지 얼마나 됐으며, 언제 어떻게 분리가 일어났을까? 어떻게 계속 이동했을까? 이런 궁극적인 질문들은 20세기의 가장 혁명적인 개념 가운데 하나임이 분명하다(이런 개념을 따라잡는 데는 시간이 좀 걸렸다. 1939년까지만 해도 지질학 교과서는 대륙이동설을 '가설일 뿐'이라고 적고 있었다. 31장 참조).⁵⁹

대륙이동설은 20세기 초 여타 주요한 지질학의 발전과 맥을 같이 했다. 우선 지구의 나이가 문제가 됐다. 1650년 아일랜드 아르마의 대주교 제임스 어셔James Ussher는 성서에 나오는 창세기 관련 기록들을 이용해 계산한 결과 지구가 BC 4004년 10월 26일 오전 9시에 창조됐다고 주장했다.* 이후 몇 세기가 흐르면서 화석 증거를 활용한 결과 지구의 나이는 적어도 3억 년은 됐음이 분명히 밝혀졌다. 이후 지구의 나이는 5억 년으로 늘어났다. 19세기 말 켈빈 경(본명 윌리엄 톰슨)은 지구의 냉각기라는 개념을 사용해 지각은 지금으로부터 2,000만~9,800만 년 전에 형성됐다는 의견을 내놓았다. 그러나 이 모든 계산법은 방사능과 방사성 붕괴의 발견에 자리를 내주게 된다. 1907년 미국 화학자 버트람 볼트우드Bertram Boltwood는 암석의 나이는 우라늄과 납의 질량비를 측정해 우라늄 반감기를 적용함으로써 계산할 수 있다는 것을 알아냈다. 납은 우라늄이 붕괴돼 생기는 최종 산물이기 때문이다. 지금까지 지구상에 남아 있는 물질 가운데 가장 오래된 것은 1983년 호주에서 발견된 지르콘 결정체로 42억 년 된 것으로 확인됐다. 현재 지구 나이에 대한 가장 일반적인 추정치는 45억 년이다.⁶⁰

대양들의 나이도 계산이 나왔다. 지질학자들은 대양들이 처음에는 완전히 민물로만 돼 있었는데 차츰 강을 통해 대륙에서 씻겨 내려온 염분이 누적됐다는 가설로

---

* 오늘날 일부 대학 지질학과에서는 10월 26일을 지구 탄생일로 기념하고 있다. 물론 웃자고 하는 일이다.

부터 출발했다. 염분이 매년 대양에 얼마나 쌓이는지를 계산해서 이를 지구 바닷물 전체의 평균 염도로 나누면 그 정도 염도 형성에 걸리는 시간을 알아낼 수 있다. 현재 가장 사실에 근접한 것으로 평가되는 답은 1억~2억 년이다.[61]

미국에서의 흑인의 지위를 파악하는 과정에서 생물학은 논외로 치려고 했던 듀보이스는 곧바로 핵심적인 문제를 인식했다(어떤 사람들은 그것을 깨닫는 데 수 십 년이 걸리기도 했다). 흑인을 위한 변화는 오직 정치적 행동을 통해 백인과 똑같은 권리를 획득할 때에만 가능하다는 사실이었다. 그러나 그는 다른 분야의 지식들이 본의 아니게 유발하는 결과에 대해서는 과소평가했다. 듀보이스만 그런 것도 아니었다. 20세기를 통틀어 진화라는 관념은 과학적 생명력과 대중적 생명력을 동시에 갖게 된다. 그런데 이 둘은 항상 동일한 것은 아니었다. 사람들이 진화에 대해 어떻게 생각하느냐는 진화가 실제로 어떤 것이냐에 못지않게 중요했다. 이런 차이는 미국에서, 즉 독특한 인종적·생물학적·사회적 혼합체로서 그 어떤 나라와도 다른 이민자들의 나라에서 특히 중요하게 작용했다. 역사에서 유전자가 발휘하는 역할, 인종 간의 지능의 차이라는 문제는 수 십 년이 지나도 영 사라질 것 같지 않았다.

진화가 지질학적 시간 단위로 이루어지고 지구의 나이를 들먹여야 할 만큼 느린 과정이라는 것은 인간의 본성 역시 화석과 마찬가지로 고착된 것이어서 거의 변하지 않는다는 관념을 촉발시켰다. 유전자들의 특성이 거의 변하지 않는다는 사실도 인간 본성의 연속성이라는 개념을 강화시켜주었다. 그리고, 한때는 눈부셨지만 결국은 사라지고 만 고도의 문명들을 발굴한 결과 인류 초기의 여러 족속이 아무리 다채롭고 창의적이었다고 해도 멸족에 이른 데에는 다 그만한 이유가 있을 것이라는 생각이 등장했다. 그래서 물리학이 전통적인 실재 개념을 약화시키는 사이 생물학은 고고학, 인류학, 지질학과 어깨동무를 하기 시작했다. 이런 현상은 전문 과학쪽에서보다는 대중의 정신세계에서 훨씬 두드러졌다. 단선적인 진화 개념과 인종 간 차이라는 개념이 하나로 버무려진 것이다. 이는 후일 인류에게 참사를 안겨주는 불행한 결합임이 드러난다.

8

활화산
Volcano

역사는 종종 우리에게 시대가 바뀌어도 두고두고 기억에 남을 진정 결정적인 순간을 선사한다. 1913년이 바로 그런 순간이었다. 역사의 여신 클리오Clio가 인간을 농락한 것 같은 해였다. 세계는 나락의 문턱에 가 있었다. 1차 세계대전 발발이 몇 달 앞으로 다가온 상태였다. 그것은 전대미문의 끔찍하기 이를 데 없는 소모전이었다. 유례없는 방식으로 세계를 양분하게 될 러시아 혁명도 그리 멀지 않았다. 이런 상황에서 클리오는 창조적 관점에서 보자면 20세기의 그 어느 해보다도 풍요로운, 그리고 폭발적인 한 해를 선사한 것이다. 이를 예감이라도 한 듯 미국 시인 로버트 프로스트Robert Frost는 그해에 나온 첫 시집 『소년의 의지A Boy's Will』에서 이렇게 썼다.

> 하늘 빛이 쏟아진다, 온통 그리고 하얗게······
> 빛은 영원히 아침 햇살이어라.[1]

1912년 말, 파리에 거주하는 미국 여성 작가 거트루드 스타인은 오랜 친구 마벨 도지Mabel Dodge(미국의 부유한 예술 후원자이자 여성 작가: 옮긴이)로부터 두서는 없지만 사뭇 흥분에 넘친 편지를 받았다. "곧 전시회가 열려요. 2월 15일부터 3월 15일까지. 미국 독립선언문 서명 이후로 가장 중요한 사건이야. 성격도 같아. 아서 데이비Arthur Davies가 회장으로 있는 모임에서 주최하는 건데, 그들은 미국인들도 현대 미술가들이 요즘 유럽과 미국, 영국에서 무얼 하고 있는지 볼 기회를 가져야 한다고 생각해. 여기 사람들 대빵이에요……. 정말 뿅 갈 거예요!"²

마벨 도지가 후일 아모리 쇼Armory Show로 유명해질 전시회와 미국 독립선언문을 비교한 것은 일부러 과장을 한 것이다. 그러나 완전히 틀린 말은 아니었다. 당시 미국의 한 신문에 난 기사는 이렇게 썼다. "아모리 쇼는 활화산과 같은 분출이었다. 다만 진짜 화산과 다른 것은 사람이 만들었다는 점이다." 전시회는 1913년 2월 17일 저녁에 개막했다. 4,000명이 파크 애비뉴와 65번가 사이에 있는 뉴욕 제 69연대 무기창고(Armory)로 몰려들었다. 18개 임시 전시장 곳곳에는 포탄이 즐비했다. 황량한 천장은 노란 천막으로 겨우 가린 정도였다. 화분에 심은 소나무들만이 어색한 분위기를 누그러뜨렸다. 행사는 변호사이자 열렬한 현대 예술 후원자인 존 퀸John Quinn의 인사말로 시작됐다. 앙리 마티스Henri Matisse, 파블로 피카소, 앙드레 드랭André Derain, W. B. 예이츠Yeats, 에즈라 파운드Ezra Pound, 제임스 조이스James Joyce 같은 시인묵객들이 다 그의 친구였다.³ 퀸은 이렇게 말했다. "이 전시회는 미국 미술 역사의 신기원이 될 것입니다. 오늘밤은 미국 미술은 물론, 모든 현대 미술 역사에서 길이 기념할 밤이 될 것입니다."⁴

아모리 쇼는 마벨 도지가 거트루드 스타인에게 말한 대로 아서 데이비스의 발상이었다. 데이비스는 '유니콘과 중세 아가씨들'을 주로 그리는 평범한 화가였다. 그런 데이비스가 파스텔화가협회의 네 화가가 미국 미술의 최근 경향을 보여주는 전시회를 무기창고에서 해보면 어떨까 하고 막 논의를 시작하는 와중에 그 아이디어를 가로챈 것이다. 데이비스는 예술 애호가로 유명한 뉴욕의 유한마담 세 명을 잘 알고 있었다. 거트루드 밴더빌트 휘트니Gertrude Vanderbilt Whitney, 릴리 P. 블리스Lillie P. Bliss, 그리고 코넬리어스 J. 설리번Cornelius J. Sullivan 부인이 그들이었다. 세 여성은 전시회 자금 후원에 동의했다. 그래서 데이비스는 화가인 월트 쿤Walt Kuhn(미국), 파리에 사는 미국인 화가 월터 패치Walter Pach와 함께 유럽으로 가서 구대륙이 보여줄 수 있는 가장 급진적인 그림들을 물색했다.

아모리 쇼는 1차 대전 이전에 파리의 혁명적인 회화를 다른 나라에 대규모로 전시한 것으로는 세 번째였다. 첫 번째 전시회는 1910년 런던 그래프턴 화랑 Grafton Galleries에서 열렸다. 「마네와 후기인상주의자들Manet and the Post-Impressionists」이라는 제목으로 영국의 미술 평론가 로저 프라이Roger Fry가 아티스트 클라이브 벨Clive Bell의 도움을 받아 주선한 전시회였다. 프라이의 전시회는 에두아르 마네Edouard Manet에서 시작해서 바로 폴 세잔, 빈센트 반 고흐, 폴 고갱으로 건너뛰었다. 평론가 존 리월드John Rewald의 지적을 빌리면 다른 인상주의 화가들한테는 '시간 낭비'를 하지 않은 것이다. 프라이가 보기에 세잔, 반 고흐, 고갱은 당시 영국에서는 거의 알려져 있지 않았지만 현대 미술의 직접적인 선구자였다. 프라이는 인상주의자들과 후기인상주의자들의 차이를 보여주려고 작정했다. 후기인상주의가 훨씬 위대한 예술이라고 여겼기 때문이다. 그는 후기인상주의자들의 의도는 '인상주의자들이 단순히 기록만 했던 세계의 정서적 의미'를 포착하는 것이라고 생각했다.⁵ 세잔이 핵심 인물이었다. 정물화와 풍경화를 다채로운 마름모꼴로 쪼개 조합하는 방식은 프라이에게는 입체파와 추상미술의 선구로 여겨졌다. 그 마름모들은 마치 실재를 구성하는 하나하나의 블록 같은 느낌이었다. 파리의 몇몇 미술상이 런던 전시회에 작품을 빌려줬다. 베를린의 미술상 파울 카시러Paul Cassirer도 마찬가지였다. 전시회는 비판도 받았지만 자신감을 얻은 프라이는 2년 후에 두 번째 전시회를 열 생각이었다.

이 두 번째 시도를 먼저 치고나온 것이 1912년 5월 25일 독일 쾰른에서 개막된 독일의 존더분트Sonderbund('특별연맹'이라는 뜻: 옮긴이) 전시회였다. 이 전시회도 또 하나의 활화산이었다. 존 리월드의 말을 빌리면 '진짜 놀라운 전시회'였다. 런던 전시회와 달리 존더분트 전시회는 사람들이 19세기 회화는 이미 친숙하다고 전제하고 현대 미술의 최첨단 조류를 소개하는 데 집중했다. 존더분트는 관객에 대한 도발을 시도했다. 세잔 전시실 바로 옆에 반 고흐 전시실을 배치하고, 파카소 옆에는 고갱을 전시했다. 피에르 보나르Pierre Bonnard, 앙드레 드랭, 에리히 헤켈, 알렉세이 폰 야블렌스키Aleksey von Jawlensky, 파울 클레, 앙리 마티스, 에드바르트 뭉크, 에밀 놀데Emil Nolde, 막스 페히슈타인Max Pechstein, 에곤 실레Egon Schiele,

폴 시냐크Paul Signac, 모리스 드 블라맹크Maurice de Vlaminck, 에두아르 뷔아르 Edouard Vuillard도 소개했다. 출품작 108점 가운데 3분의 1이 독일인 소유였다. 세잔의 작품 28점 가운데 17점도 독일인 소유였다. 독일인들은 확실히 영국이나 미국인들보다 새 그림을 훨씬 쉽게 받아들였다.[6] 아서 데이비스는 존더분트 전시회 카탈로그를 보고 깜짝 놀라 월트 쿤을 바로 쾰른으로 보냈다. 쾰른으로 간 쿤은 존더분트 이상의 것을 만나게 된다. 그는 뭉크와 접촉해 아모리 쇼 참여를 설득했다. 이어 반 고흐를 만나러 네덜란드로 갔다. 파리에서는 온통 살롱도톤에 나온 입체파와 베르넹죈 화랑Bernheim-Jeune Gallery에서 열린 미래파 이야기였다. 마지막으로 런던에 도착한 쿤은 프라이의 두 번째 전시회를 둘러볼 수 있었다.[7]

존 퀸의 개막 인사말이 끝난 다음날 아침 언론의 공격이 시작됐다. 몇 주 동안이나 수그러들지 않았다. 가장 비웃음을 산 것은 입체파 전시실로 곧 공포의 방이라는 별명까지 얻었다. 특히 한 그림이 집중 포화를 맞았다. 마르셀 뒤샹Marcel Duchamp의 「계단을 내려오는 누드 2 Nu descendant un Escalier. No.2.」였다. 뒤샹은 그해에 이미 「자전거 바퀴Bicycle Wheel」라는 심플한 제목을 단 최초의 '레디메이드ready-made'(변기나 자전거처럼 이미 만들어져 있는 기성품을 예술작품으로 활용하는 기법: 옮긴이)를 '창조'함으로써 뉴스에 오르내렸다. 뒤샹의 「누드」는 여러 신문에서 '한 무더기의 안 쓰는 골프 클럽과 백'이라느니 '망가진 바이올린을 차곡차곡 쌓아 놓은 더미'라느니 '지붕용 널빤지 공장의 폭발' 같은 비아냥거림을 들었다. 조롱조의 패러디는 계속 번져갔다. 심지어 '계단을 내려오는 음식'이라는 말까지 나왔다.[8]

그러나 비평계의 진지한 주목을 받기도 했다. 뉴욕 신문들 중에서 〈트리뷴Tribune〉, 〈메일Mail〉, 〈월드World〉, 〈타임스Times〉는 전시회를 못마땅해 했다. 새로운 예술을 선보이려는 미국화가조각가협회의 의도에는 박수를 보내면서도 전시작들이 너무 어렵다고 보았다. 〈볼티모어 선Baltimore Sun〉과 〈시카고 트리뷴Chicago Tribune〉만이 좋게 평을 했다. 비판과 옹호가 대략 5대 2 정도였다. 그러나 대중적으로는 보기 드물게 인기여서 전시회 자체는 상업적으로 나쁘지 않았다. 하루에 만 명이나 되는 사람들이 무기창고로 몰려들었다. 부정적인 기사가 많았지만, 아니 바로 그 때문에, 전시회는 사회의 관심을 끌었고 평판은 높아졌다. 애스터 부

인은 아침 먹고 나서 매일 갈 정도였다.[9]

아모리 쇼는 뉴욕전 이후 시카고와 보스턴으로 순회 전시에 나섰다. 이렇게 해서 모두 174점의 전시작이 팔렸다. 전시회 기간에 주로 뉴욕에서 많은 화랑이 새로 문을 열었다. 현대 미술 전시를 둘러싼 소동에도 불구하고 새로운 이미지를 신선하고 경이롭게 생각하는 사람들이 많았다. 바로 그런 사람들이 현대 미술품 수집을 시작했다.[10]

아이러니하게도 최신 예술에 대한 저항은 파리가 가장 극렬했다. 그러면서도 파리는 아방가르드의 수도라는 데 대해 자부심을 갖고 있었다. 한때 참신하다고 여겨졌던 것이 곧바로 하나의 규범으로 자리 잡곤 했다. 1913년이 되면 인상주의는—한때는 이 사조 때문에 세상이 난리였다—회화 분야에서 새로운 정통으로 확립된다. 음악에서도 바그너를 둘러싼 논란이 잊힌 지는 오래였다. 이제 그의 풍부한 화성이 음악당을 지배했다. 문학에서도 19세기 말 스테판 말라르메Stephane Mallarme, 아르튀르 랭보Arthur Rimbaud, 쥘 라포르그Jules Laforgue 등 한때 파리 문화계의 무서운 아이들이었던 시인들의 상징주의가 아나톨 프랑스Anatole France 처럼 한 사회의 미적 기준을 사실상 좌지우지하는 권위자들에게 인정을 받았다.

그러나 입체파는 아직 소수파였다. 뉴욕에서 아모리 쇼가 끝난 지 이틀 뒤, 프랑스 시인 기욤 아폴리네르(1880~1918)의 작품을 맡은 출판사들이 거의 동시에 두 권의 책 출간 사실을 발표했다. 『입체파 화가들Les Peintres cubistes』과 『알코올 Alcools』은 그가 쓴 책들 중에서도 가장 영향력 있는 것이었다. 아폴리네르는 1880년 로마에서 사생아로 태어났다. 어머니는 폴란드의 군소 귀족으로 당시 로마 교황청에 정치적 망명을 요청하고 있었다. 아폴리네르는 1913년에 이미 악명 높은 인물이 돼 있었다. 루브르 박물관에서 레오나르도 다빈치의 「모나리자」를 훔쳤다는 이유로 아무 증거도 없이 투옥되기도 했다. 그러나 곧 그림이 발견되면서 풀려났다. 그런데 친구인 파블로 피카소(경찰은 피카소도 모나리자 절도에 관여한 것으로 생각했다), 조르주 브라크, 로베르 들로네Robert Delaunay, 그리고 아직 아무도 그 이름을 들어본 적 없는 신인 피에트 몬드리안Piet Mondrian의 작품에 주목하는 책을 써서 다시 엄청난 논란을 일으켰다. 그는 교정쇄 작업을 하다가 입체파의 네 가지 구성 요소라는 유명한 이론을 도입했다. '과학적, 물리적, 오르피슴Orphisme적, 본능적' 입체파라는 주장이었다.[11] 이런 주장은 대중에게는 너무 어려웠다. 따라서 인기를 끌지는 못했다. 그러나 입체파 화가들이 성취하려고 하는 바에 대해 애정을 가지고 서술함으로써 그들이 사회적으로 이해를 받는 데 도움이 됐다. 그의 주장을 요약하면 예술가들이 지속적으로 자연에 대한 경험을 갱신해주지 않으면 우리는 곧 자연에 싫증을 내게 된다는 것이었다.[12]

프랑스 남동부 코트다쥐르에서 자란 아폴리네르는 '솔직하고 감각적이며 열변을 토하는' 기질로 말미암아 피카소와 피카소 일당 bande à Picasso(막스 자코브Max Jacob, 앙드레 살몽Andre Salmon, 나중에는 장 콕토Jean Cocteau 와 같은 시인들)에게 호감을 샀다. 그는 파리로 이주한 후 작가의 길을 걸으면서 화가, 음악가, 작가들을 규합하고 그들의 작품을 흥미로운 방식으로 소개하는 능력을 발휘함으로써 '아방가르드의 흥행사'라는 칭호를 얻게 됐다. 『입체파 화가들』이 나온 지 한 달도 못 되어 그해 4월 아폴리네르는 훨씬 논쟁적인 작품집 『알코올』을 내놓았다. 미술시라고 자칭한 시 모음집이었는데 표제작 격이 「지역Zone」이라는 제목의 장시였다.[13] 「지역」은 여러 측면에서 문학적으로 아놀드 쇤베르크의 음악이나 프랑크 로이드 라이트의 건축에 해당하는 작품이었다. 모든 게 새롭고 전통주의자들은 거의 이해가 안 가는 작품이었다. 전통적인 인쇄 배열과 시 형식은 무시됐다. 구두점에 대해서도 "시행의 리듬과 행갈이가 자연스러운 구두점 역할을 하기 때문에 그 밖의 다른 것은 전혀 필요 없다"는 주의였다.[14] 아폴리네르의 수사적 이미지 역시 도시 풍경, 속기와 타자에 능한 사무원, 조종사(프랑스 조종사들은 라이트 형제 다음으로 항공 기술 발전에 기여했다)처럼 극도로 현대적이었다. 시는 파리 주변 여러 장소와 암스테르담과 프라하를 포함한 기타 여섯 개 도시를 무대로 했다. 일부 아주 이상한 이미지도 등장했다. 어떤 곳에서는 파리의 다리들이 매애 하고 울음소리를 내는가 하면 에펠탑의 감시를 받는 장면이 나온다.[15] 「지역」은 문학적 혁신으로 평가됐다. 그리고 몇 년 안 가서 아폴리네르가 (유행성 독감으로) 죽자 그는 문학에서 모더니즘 운동의 기수로 여겨졌다. 이런 평가는 작품 때문이기도 하지만 불같은 명성에도 힘입은 바 크다.[16]

입체파는 아폴리네르의 열정을 한껏 불태운 예술 형식이었다. 러시아 작곡가 이고르 스트라빈스키Igor Stravinsky(1882~1971)에게는 입체파가 야수파였다. 스트라빈스키 역시 활화산 같은 사람이었다. 음악 평론가 해럴드 숀버그의 말을 빌리면 스트라빈스키의 1913년 작 발레곡은 음악사상 가장 유명한 대소동을 낳았다.[17] 그해 5월 29일 새로 개관한 파리 샹젤리제극장에서 초연된 「봄의 제전Le Sacre du printemps」은 하룻밤 사이에 파리를 바꿔놓았다. 파리 역시 다른 방식으로 달라지고 있었다고 해야겠다. 가스등은 전기 가로등으로 교체 중이었고, 속달우편은 전화로 바뀌고 있었다. 말이 끄는 버스는 1913년 역사 속으로 사라졌다. 어떤 사람들에게는 스트라빈스키가 만들어낸 변화가 러더퍼드의 원자가 금박에서 튕겨 나온 것만큼이나 충격적이었다.[18]

스트라빈스키는 1882년 6월 17일 상트페테르부르크에서 태어났으니까 「봄의 제전」이 공연되던 1913년에는 만 31세였다. 그는 이미 3년 전인 1910년 6월 파리에서 발레 「불새L'Oiseau de feu」가 초연된 이후로 유명해졌다. 스트라빈스키는 동료인 러시아 예술가 세르게이 디아길레프Serge Diaghilev 덕을 많이 봤다. 디아길레프는 원래 작곡가가 될 생각이었다. 그러나 작곡가 니콜라이 안드레예비치 림스키코르사코프Nicolai Andreyevich Rimsky-Korsakov가 재능이 없다고 하자 실망한 나머지 예술 관련 출판, 전시회 조직으로 돌아섰고, 나중에는 파리에서 음악과 발레 공연에 정열을 쏟았다. 흥행사로서의 진정한 재능을 발견했다는 점에서 아폴리네르와 별로 다르지 않다. 디아길레프가 가장 열정을 쏟은 분야는 발레였다. 발레를 통해 자신이 제일 좋아하는 세 분야, 즉 음악과 춤과 회화(무대장치)를 동시에 작업할 수 있었다.[19]

스트라빈스키의 아버지는 상트페테르부르크 오페라단의 가수였다.[20] 집안에는 러시아와 외국의 음악가들이 늘 들락거렸다. 따라서 항상 음악을 접하는 환경에서 자랐다. 그러나 대학은 법학과로 진학했다. 음악으로 눈을 돌린 것은 1900년 림스키코르사코프를 소개받아 자신이 작곡한 작품들을 보여준 후 제자로 받아들여지고 나서였다. 1908년 림스키코르사코프가 죽던 해에 스트라빈스키는 「불꽃놀이Fire Works」라는 제목의 교향악을 작곡했다. 디아길레프는 이 작품을 상트페테르부르크에서 듣고는 마음이 확 끌렸다.[21] 당시는 아직 그 유명한 발레 뤼스Ballets Russes(프랑스어로 러시아 발레단이라는 뜻: 옮긴이)를 꾸리기 전이었다. 그러나 파리에서 러시아 음악회와 오페라를 무대에 올려본 경험이 있는지라 1909년 제대로 된 발레단을 만들기로 작심했다. 그는 발레 뤼스를 순식간에 아방가르드의 중심으로 만들었다. 클로드 드뷔시, 마누엘 데 파야Manuel de Falla, 세르게이 프로코피에프Sergei Prokofiev, 모리스 라벨Maurice Ravel 등이 발레 뤼스를 위해 작곡을 했고, 피카소와 레온 바크스트Leon Bakst가 무대 디자인을 맡았으며, 바슬라프 니진스키Vaslav Nijinsky, 타마라 카르사비나Tamars Karsavina, 레오니드 마신Lonide Massine 같은 전설적인 인물들이 무용수로 활동했다. 나중에는 역시 러시아 출신인 안무가 조지 발란신George Balanchine도 합류했다.[22] 디아길레프는 1910년 시즌에 파리에서 불새 전설을 소재로 한 발레를 공연하기로 결심하고 전설적인 안무가 미하일 포킨Michel Fokine에게 안무를 맡겼다. 포킨은 러시아 황실 발레 현대화에 많은 공을 세운 인물이었다. 처음에 디아길레프는 아나톨 리아도프Anatol Liadov에게 음악을 의뢰했다. 그러나 리허설이 다가오는데도 리아도프는 곡을 제때에 넘기지 못했다. 초조해진 디아길레프는 다른 작곡가를 물색했다. 서둘러 악보를 넘길 수 있는 사람이 필요했다. 그때 바로 「불꽃놀이」가 생각났고, 상트페테르부르크에 있는 스트라빈스키에게 연락을 했다. 스트라빈스키는 바로 파리행 기차를 잡아타고 와서 리허설에 참가했다.[23]

　디아길레프는 스트라빈스키가 내놓은 악보를 보고 깜짝 놀랐다. 「불꽃놀이」도 매혹적이었는데 「불새」는 훨씬 흥미진진했기 때문이다. 커튼이 올라가기 전날 밤 디아길레프는 스트라빈스키에게 "당신은 「불새」로 유명해질 것"이라고 말했다. 그의 말은 맞았다. 「불새」는 러시아적 정서가 강렬하고, 림스키코르사코프의 제자 작품이라는 티가 역력했다. 그러나 흥행사인 디아길레프의 예상보다 훨씬 독창적이었다. 특히 오프닝은 거의 불길하다고 할 정도로 음울했다.[24] 개막 공연을 관람한 드뷔시는 이렇게 평했다. "고분고분하게 발레곡이나 쓸 친구는 아니군."[25] 이어 1911년에 「페트루슈카Petrushka」가 나왔다. 이 작품 역시 다분히 러시아적이었지만 다조음악polytonality을 탐색하는 과정이기도 했다. 이 곡은 어느 대목에서 조가 서로 다른 두 화성을 동시에 사용함으로써 전기에 감전된 것과 같은 효과를 냈는데 파울 힌데미트Paul Hindemith 같은 음악가들에게 영향을 주었다. 디아길레프조차 「페트루슈카」가 스트라빈스키에게 그 정도의 성공을 가져다주리라고는 예상하지 못했다.

이 젊은 작곡가만이 발레 뤼스의 좌충우돌을 장식한 인물은 아니었다. 「봄의 제전」이 파리에서 초연되기 전해에 무용가 바슬라프 니진스키는 드뷔시의 「목신牧神의 오후 L'Après-midi d'un faune」의 스타였다. 드뷔시도 아폴리네르 못지않은 방탕아였고 감각주의자였다. 그의 음악과 니진스키의 안무는 이런 점을 잘 보여줬다. 니진스키는 기술적으로 탁월했지만 그럼에도 불구하고 직접 안무한 10분짜리 「목신의 오후」를 위해 리허설을 90회나 했다. 그 나름의 「아비뇽의 아가씨들」을 시도한 것이다. 활화산 같으면서도 우상파괴적인 안무로 반인반수적인 캐릭터를 창조해냈다. 그것은 감각적인 동시에 어지러울 정도로 혼란을 주었다. 따라서 그의 안무는 피카소의 「아비뇽의 아가씨들」을 차디찬 원시주의로 각색했을 뿐 아니라 청기사파의 표현적 질서(와 무질서)까지도 채용했다. 파리는 다시 한 번 불길에 휩싸였다.

「봄의 제전」 초연을 보러온 사람들은 아방가르드에 익숙해 있었고 따라서 이날 밤이 조용히 끝날 것으로는 예상하지 않았다. 그러나 이 활화산 같은 작품은 단연 압권이었다. 「봄의 제전」은 단순한 민간전승이 아니다. 고대 러시아 처녀 희생 풍습의 살아 있는 전설이다.[26] 핵심 장면에서 태양신의 제물로 선택된 처녀는 끔찍하면서도 거부할 수 없는 리듬에 휘둘려 끝까지 춤을 추다가 죽고 만다. 바로 이런 리듬이 이 작품에 원시적이고 원형적인 특질을 부여한 것이다. 드뷔시의 「목신의 오후」와 마찬가지로 이 작품은 원시주의가 불러일으키는 격정—유혈이 낭자한 이야기와 성적 유희, 무의식 등등—을 쏟아냈다. 아마도 이런 '원시적인' 분위기가 개막 공연 날 밤에 관객을 그토록 흥분시킨 요소였을 것이다(첫 공연 날짜는 「목신의 오후」 공연 1주년이 되는 날로 잡았다. 디아길레프는 대단히 미신적인 인물이었다).[27] 객석에서는 공연 시작 3분도 채 안 돼서 소동이 벌어졌다. 바순이 첫 소절을 마칠 즈음이었다.[28] 관객들은 우우 하며 야유를 보내고 휘파람을 불고 조소를 날렸다. 공연장은 아수라장이 되고 연주 소리는 완전히 파묻히고 말았다. 그럼에도 불구하고 지휘자 피에르 몽퇴Pierre Monteux는 씩씩하게 연주를 계속했다. 소동이 본격화된 것은 젊은 처녀들이 리본에 빨간 옷을 입고 등장하는 '청춘의 춤Dances des adolescents' 대목에서였다. 작곡가 카미유 생상스Camille Saint-Saëns는 극장을 나가버렸다. 반면 모리스 라벨은 자리에서 벌떡 일어나 '천재다'라고 소리쳤다. 스트라빈스키 본인은 오케스트라 옆에 앉아서 분노에 사로잡혀 옆문을 주먹으로 쾅쾅 쳤다. 그는 나중에 그렇게 화가 난 적은 없었다고 말했다. 그는 무대 뒤로 갔다. 디아길레프가 극장 스위치를 껐다 켰다 하고 있었다. 소동을 잠재워보려는 작전이었다. 그러나 소용없었다. 스트라빈스키는 니진스키의 옷자락을 붙잡았다. 니진스키는 무대 뒤 의자에 서서 무용수들에게 '경주용 보트 키잡이처럼' 리듬을 이렇게 저렇게 맞추라고 고래고래 소리치고 있었다.[29] 공연에 대해 의견을 달리하는 관객들은 서로 멱살잡이를 하며 난리였다.[30]

"그게 바로 내가 원했던 거야"라고 디아길레프는 스트라빈스키에게 말했다. 공연이 끝난 다음 레스토랑에 가서 한 말이다. 흥행사다운 발언이었다. 그러나 다른 사람들의 반응이 어떨지는 예측불허였다. 다음날 한 신문은 '봄의 대학살'이라고 평했다. 사크르(제전)를 마사크르(대학살)로 슬쩍 바꾼 비아냥거림이었다.[31] 많은 사람들은 「봄의 제전」을 입체파 작품들과 함께 야만주의의 한 형태로 치부했다. '퇴행적인' 외국인들이 프랑스의 수도를 버젓이 활보하다 보니까 그런 야만주의가 나오는 것이라는 투였다(입체파 화가들은 외국놈들métèques이라는 멸칭으로 통했다. 외국 예술가들은 시사만화나 농담에서 간질병 환자에 비유되곤 했다).[32] 〈르피가로Le Figaro〉지의 한 비평가는 스트라빈스키의 음악은 좋아하지 않지만 자신이 너무 구세대라서 그런 것은 아닌지 모르겠다면서 몇 년만 지나면 그날 밤이 하나의 중요한 사건으로 기록될 수도 있다고 썼다.[33] 그의 우려는 맞아떨어졌다. 공연 첫날밤의 대소동에도 불구하고 「봄의 제전」은 급속히 인기를 얻었다. 도처의 발레단에서 공연 허가를 요청해왔다. 그리하여 몇 달 후에는 서구 곳곳의 작곡가들이 스트라빈스키의 리듬을 흉내 내거나 심지어 그대로 따라했다. 「봄의 제전」에서 강렬한 야만성을 각인시킨 것은 뭐니 뭐니 해도 역시 리듬이었다. "그 리듬은 모든 젊은 작곡가들의 음악적 잠재의식을 파고들었다."

1913년 8월 어느 날 알베르트 아인슈타인은 스위스령 알프스에서 과부가 된 프랑스 물리학자 마리 퀴리Marie Curie와 퀴리의 딸들하고 산책을 하고 있었다. 퀴리 부인은 스캔들 때문에 숨어 지내는 처지였다. 쥘 앙리 푸앵카레Jules-Henri Poincaré의 친구인 물리학자 폴 랑주뱅Paul Langevin의 아내가 홧김에 퀴리가 자기 남편한테 보낸 연서를 책으로 찍어 세상에 공개한 것이다. 아인슈타인은 당시 서른넷으로 스위스 취리히의 연방공과대학(ETH) 교수였으며 강연 요청과 초청장이 쇄도하는 상태였다. 그러나 그해 여름 그는 1907년 처음 뇌리에 떠올랐던 문제와 씨름하고 있었다. 산책을 하던 중 아인슈타인은 고개를 돌려 퀴리 부인의 팔을 붙잡고 말했다. "그게 말입니다, 내가 알고 싶은 건 엘리베이터가 허공 속으로 떨어지면 거기 탄 사람들은 정확히 어떻게 되느냐는 거예요."[34]

1905년 특수 상대성 이론을 발표한 이후 아인슈타인은 머리를 이리저리 굴려봤다. 앞에서 살펴본 대로 특수 상대성 이론에서 아인슈타인은 역사를 통과하는 열차에 관한 사고실험을 한 바 있다('특수' 이론이라고 한 이유는 서로 연관돼 움직이는 물체에만 적용되기 때문이다). 그 실험에서 빛은 열차와 같은 방향으로 움직였다. 그러나 아인슈타인은 1911년 이후 중력이 빛을 끌어당기는 것이 아닐까 하고 생각했다.[35] 그는 스스로 진공 상태에서 엘리베이터를 탄 채 바닥으로 떨어지고 있다고 상상해 보았다. 따라서 가속도는 삼척동자도 알다시피 초당 9.8미터다. 그러나 창문이 하나도 없고 가속도가 일정하면 엘리베이터가 정지해 있지 않다는 걸 알 수가 없다. 엘리베이터를 탄 사람은 자기 몸무게도 느끼지 못할 것이다. 여기까지 생각이 미친 아인슈타인은 깜짝 놀랐다. 그는 빛이 엘리베이터의 진행방향이 아니라 직각으로 엘리베이터에 부딪히는 사고실험을 해봤다. 여기서도 빛을 엘리베이터 안에 있는 사람이 보는 경우와 밖에 있는 사람이 보는 경우를 비교해봤다. 1905년의 사고실험에서와 마찬가지로 엘리베이터 안에 있는 사람은 한 지점에서 빛이 상자 내지는 구조물을 통과해 반대편 벽에 닿는 것을 볼 것이다. 그러나 밖에 있는 관찰자는 빛이 '휘어지는' 것을 볼 것이다. 왜냐하면 빛이 엘리베이터 반대쪽에 도달할 시점에 저쪽 벽은 이미 그만큼 움직였을 것이기 때문이다. 아인슈타인은 가속도가 빛을 휘게 만들 수 있다면, 그리고 가속도가 중력의 결과라면, 중력도 마찬가지로 빛을 굴절시킬 수 있다는 결론을 내렸다. 아인슈타인은 이런 내용을 얼마 후 빈의 한 강연장에서 발표했다. 물리학자들은 충격을 받았다. 특수 상대성 이론을 그림자가 생기는 불 달린 연필의 예로 설명했던 것처럼 일반 상대성 이론General Theory of Relativity의 함의도 하나의 모델로 설명할 수가 있다. 얇은 고무판을 캔버스 같은 틀 위에 수평으로 올려놓았다고 가정해보자. 그 위에다가 작은 구슬이나 볼베어링을 굴린다. 그러면 구슬은 직선으로 굴러갈 것이다. 그러나 무거운 공, 말하자면 대포알 같은 것을 틀 한가운데에 놓아두면 고무판은 압력을 받아 움푹 내려앉고, 그러면 구슬은 무거운 물체가 있는 곳으로 굴러가면서 휘어질 것이다. 아인슈타인의 이런 주장은 빛이 별과 같은 거대한 물체에 다가갈 때 실제로 일어났다. 시공간에 만곡이 있고, 빛도 휘어진다는 것이다.[36]

일반 상대성은 중력에 관한 이론이며, 특수 상대성과 마찬가지로 일상적인 경험을 넘어서는 우주적 규모의 자연에 관한 이론이다. 이런 아이디어에 대해 J. J. 톰슨은 미적지근한 반응을 보였다. 그러나 어니스트 러더퍼드는 사실이 아니라고 해도 아름다운 예술작품이라고 말할 정도로 열광했다.[37] 그 아름다움의 일부는 아인슈타인의 이론이 실험을 해볼 수 있다는 것이었다. 방정식들로부터 모종의 추론이 도출됐다. 하나는 빛이 거대한 물체에 다가가면 휘어져야 한다는 것이었다. 또 하나는 우주는 정적인 실체일 수 없다는 것이다. 우주는 수축하고 있거나 팽창 중이어야 한다. 아인슈타인은 이런 발상을 좋아하지 않았다. 그는 우주가 정적이라고 생각했다. 그래서 계속 그렇게 생각할 수 있도록 수정안을 고안해냈다. 그는 후일 이 수정안이 '내 평생 최대의 실수'라고 했다. 앞으로 보게 되는 바와 같이 일반 상대성 이론의 두 가지 예측은 후일 실험을 통해 진실로 판명됐기 때문이다. 그것도 가장 드라마틱한 상황에서. 러더퍼드의 말이 맞았다. 상대성은 가장 아름다운 이론이었다.[38]

아인슈타인이 빈에서 일반 상대성 이론에 관한 강의를 하던 1913년 여름, 또 한 명의 물리학자가 중요한 과학적 혁신을 달성했다. 그러나 그는 아인슈타인과는 달라도 너무 달랐다. 닐스 헨릭 다비드 보어Niels Henrik David Bohr(1885~1962)는 덴마크 사람으로 뛰어난 운동선수였다. 코펜하겐 대학에서는 축구를 했고, 스키와 자전거, 요트를 즐겼다. 탁구는 '무적'이었으며, 20세기의 가장 영민한 인물 중 한 사람이었다는 것은 의심의 여지가 없다. 영국의 물리학자이자 소설가인 C. P. 스노가 묘사한 바에 따르면 보어는 키가 크고 "머리가 반구형으로 솟은 것이 엄청 컸다." 턱은 길고 억셌으며 손도 컸다. 머리는 되는 대로 뒤로 빗어 넘겼고 말투는 '거의 속삭이는 수준'으로 자분자분했다. 보어는 평생 그렇게 가만 가만히 말을 해서 남들이 알아듣는 데 애를 먹었다. 스노는 또 그가 말을 하면 "만년의 헨리 제임스만큼이나 논지를 알아듣기 어렵다"고 평했다.[39]

이 특이한 인물은 과학자 집안에서 태어났다. 아버지는 생리학 교수였고, 형은 수학자였다. 세 부자 모두 네 나라 말로 된 책들을 광범위하게 섭렵했다. 거기에는 덴마크 철학자 쇠렌 키에르케고르 Søren Kierkegaard도 물론 들어 있었다. 보어의 초기 작업은 물의 표면장력에 관한 것이었다. 그러나 곧 방사성으로 관심을 돌렸다. 1911년 영국의 러더퍼드를 찾아간 것은 바로 그 때문이었다. 처음에는 케임브리지 대학에서 연구했는데 케임브리지 대학 캐번디시연구소 저녁식사 모임에서 러더퍼드가 이야기하는 것을 듣고는 그가 재직하는 맨체스터 대학으로 옮겼다. 당시 러더퍼드의 원자이론은 물리학자들의 광범한 지지를 받았지만 심각한 문제가 있었다. 가장 우려스러운 것은 이론적으로 예견된 원자의 불안정성이었다. 왜 전자들이 핵을 향해 떨어져 내리지 않는지 아무도 알지 못했다. 보어는 러더퍼드와 함께 작업한 직후 잇달아 놀라운 통찰력을 발휘했다. 그중 가장 중요한 것은 물질의 방사성은 원자핵에서 유래하며, 화학적 성질은 기본적으로 원자의 수와 배열을 반영한다는 것이었다. 물리학과 화학의 연결고리를 일거에 짚어낸 것이다. 보어에게 결정적인 돌파구가 열린 것은 1912년 6월 19일이었다. 동생 하랄에게 보낸 편지에서 보어는 자신이 발견한 내용을 이렇게 설명했다. "어쩌면 원자의 구조에 대해 뭔가 좀 알아낸 것 같아…… 아마 실재의 자그마한 조각일 거야." 러더퍼드의 원자핵 주위를 도는 전자를 더 잘 이해하는 방법을 찾았다는 의미였다.[40] 그해 여름 보어는 덴마크로 돌아와 결혼을 하고 코펜하겐 대학 강사가 되어 가을 한 철 강의를 했다. 그는 계속 원자 문제로 씨름하면서 러더퍼드에게 11월 4일 편지를 보내 '[새로운 아이디어에 관한] 논문을 몇 주 후면 끝마칠 수 있기'를 기대한다고 말했다. 그는 시골로 가서 대단히 긴 논문을 집필했다. 이 논문은 결국 세 부분으로 나누게 된다. 다룰 내용이 너무 많았기 때문이다. 그는 세 논문 전체에 『원자와 분자의 구성에 관하여 On the Constitution of Atoms and Molecules』라는 단일 제목을 부여했다. 1부를 러더퍼드에게 우편으로 보낸 것이 1913년 3월 6일이었다. 2부와 3부는 그해 크리스마스 이전에 끝났다. 러더퍼드는 보어를 케임브리지로 다시 불러들였다. 제자의 진가를 알아본 것이다. 보어 전기 작가가 지적한 대로 "이해의 혁명이 일어난 것이다."[41]

앞서 살펴본 대로 러더퍼드의 원자 개념은 본래부터 불안정했다. '고전'이론에 따르면 전자는 직선으로 움직이지 않으면 복사로 인해 에너지를 상실한다. 그러나 전자는 원자핵 주위를 궤도를 따라 돌았다. 그런데 원자가 이런 모델이라면 사방으로 흩어져 날아가 버리든지 자체 내로 함몰돼 빛의 폭발을 일으켜야 한다. 그런 일은 분명 일어나지 않았다. 물질은 원자로 이루어져 있지만 대체로 대단히 안정적이다. 보어가 기여한 부분은 아이디어와 관찰 결과를 잘 조합한 데 있었다.[42] 그는 원자 내의 '안정적' 상태를 가상했다. 이에 대해 러더퍼드는 처음에는 받아들이기 어렵다고 봤다. 그러나 보어는 전자들이 날아가 버리거나 핵 속으로 함몰되거나 빛을 방출하지 않는 상태에서 회전운동을 할 수 있는 어떤 궤도들이 있어야 한다고 주장했다.[43] 여기에 몇 년 전에 이미 알려진 관찰 결과를 보태 자신의 이론을 뒷받침했다. 즉 빛이 물질을 통과할 때 모든 원소는 특정한 스펙트럼의 색채를 발산하는데 그것은 안정적이면서도 불연속적이다. 다른 말로 하면 원소는 특정한 파장을 갖는 빛만을 방출한다는 것이다. 이러한 과정은 분광학으로 설명이 된다. 보어의 탁월함은 이러한 분광학적 효과가 나타나는 이유가 원자핵 주위를 도는 전자들이 '어떤 고정된 궤도'가 아니라 허용된 특정한 궤도들만을 돌 수 있기 때문이라는 사실을 간파한 데 있다.[44] 이러한 궤도들이 존재한다는 것은 원자가 안정적이라는 의미였다. 그러나 보어의 가장 중요한 혁신은 러더퍼드, 플랑크, 아인슈타인을 통합해서 실재의 양자적 성격과 원자의 안정성, 화학과 물리학의 연계성을 밝혀냈다는 점이다. 아인슈타인은 덴마크 학자의 이론이 분광학에 잘 들어맞는다는 이야기를 듣고는 이렇게 말했다. "그렇다면 정말 위대한 발견이야."[45]

보어는 조국 덴마크에서 대단한 환영을 받았다. 코펜하겐 대학에서는 이론물리학연구소를 만들어 그에게 맡겼다. 이 연구소는 양차 대전 사이에 이론물리학의 중심지가 되었다. 조용하면서도 사근사근하고 사려 깊은 보어의 성품이―그는 적당한 단어가 떠오르지 않으면 몇 분이고 말을 멈추곤 했다―연구소 발전에 중요한 역할을 했다. 물론 코펜하겐 대학 이론물리학연구소가 부상한 데에는 작은 중립국이라는 덴마크의 위치도 한몫 했다. 히틀러가 집권하고 유대인 박해가 한창이던 암울한 시대에 물리학자들은 유럽과 북미의 시끌벅적한 지역을 피해 덴마크에서 조용히 만날 수 있었던 것이다.

정신분석 분야에서 1913년은 『꿈의 해석』이 출판된 1900년 이후 가장 중요한 해였다. 프로이트가 새 저서 『토템과 터부 Totem und Tabu』를 출판했다. 이 책에서 그는 개인에 관한 이론들을 다원적인 인류학의 세계로까지 확장시켰다. 그러한 세계야말로 사회의 특성을 결정한다는 것이 그의 논리였다. 이 책은 또 어떤 면에서는 한때 자신의 수제자였던 카를 융이 2년 전에 출판한 『리비도의 변형과 상징 Wandlungen und Symbole der Libido』(영어판 제목 『무의식의 심리학 The Psychology of the Unconscious』으로 더 유명하다 : 옮긴이)에 대한 응수이기도 했다. 『무의식의 심리학』은 정신분석 이론에서 처음으로 중대한 분화가 일어났음을 보여주는 책이었다. 1913년에는 또 내용과 스타일은 서로 전혀 다르지만 하나같이 프로이트의 영향을 보여주는 소설 세 편이 쏟아져 나왔다. 프로이트적 관념은 의학 분야를 넘어 사회 일반에까지 영향력을 넓히고 있었다.

독일 소설가 토마스 만(1875~1955)의 걸작 『부덴브로크가의 사람들 Buddenbrooks-Verfall einer Familie』이 출판된 것은 1901년으로 부제가 '한 가문의 몰락'이었다. 독일 북부 중산층(만 본인이 뤼벡 출신으로 부유한 곡물상의 아들이다)을 배경으로 한 이 소설은 우울하다. 토마스 부덴브로크와 아들 하노는 비교적 젊은 나이에(토마스는 40대에, 하노는 10대에) 삶에 대한 의지를 잃었다는 것 외에는 '딱히 이렇다 할 이유도 없이' 죽는다.[46] 이 작품은 묘사가 생생하고 재미나기까지 하다. 그러나 그 배경에는 니체의 유령과 니힐리즘과 퇴폐가 깔려 있다.

1913년에 출판된 단편 『베네치아에서의 죽음 Der Tod in Venedig』 역시 퇴락의 문제, 본능 대 이성의 문제를 다루고 있다. 특히 이전에 만이 시도했거나 성취한 것보다 훨씬 끔찍하다고 할 정도로 솔직한 방식으로 작가의 무의식을 탐색해 들어간다. 주인공 구스타프 폰 아셴바흐는 늙은 작가로 걸작을 완성하기 위해 베네치아로 왔다. 그는 오스트리아 작곡가 구스타프 말러와 같은 모습에 이름도 똑같다. 만은 말러를 열렬히 흠모했는데 말러는 만이 1911년 베네치아에 도착하기 전날 밤 사망했다. 아셴바흐는 베네치아에 도착하자마자 우연히 같은 호텔에 묵고 있는 폴란드인 일가를 만나게 된다. 이어 영국식 세일러복을 입은 그 집 아들 타지오의 눈부신 아름다움에 매료된다. 소설은 노쇠해가는 아셴바흐가 차츰 타지오에게 사랑을 느끼는 과정을 따라간다. 아셴바흐는 작업을 게을리 하다가 베네치아에 번진 콜레라에 걸린다. 아셴바흐는 작품을 완성하지도 못하고, 타지오네 사람들에게 전염병을 피해 떠나라는 경고를 해주지도 못한다. 노작가는 사랑하는 소년에게 한 마디도 못한 채 죽어간다.

아셴바흐가 우스꽝스럽게도 이마에 곱슬머리를 늘어뜨렸다거나 볼에 연지를 찍어 바르고 공 들인 의상을 걸친 것은 한때는 위대했지만 지금은 퇴락한 문화를 상징적으로 나타내려는 의도였다. 아셴바흐는 작가 자신이기도 하다.[47] 만은 1905년 카티아 프링스하임과 결혼한 이후 행복한 생활을 한 것처럼 보이지만 사후에 출판된 일기에는 만년까지도 젊은이들을 낭만적으로 사랑했다는 고백이 나온다. 1925년 만은 프로이트가 『베네치아에서의 죽음』에 직접적인 영향을 미쳤음을 인정했다. "아셴바흐는 의식하지 못하지만 죽음을 바라는 마음이 그의 의식 속에 존재한다." 토마스 만의 전기를 쓴 영국 평론가 로널드 헤이먼Ronald Hayman이 강조한 대로 일인칭 나Ich를 만은 종종 프로이트적 의미로 사용했다. 자기주장을 하면서도 이따금 본능과 경쟁하는 인간성의 측면을 암시하려는 것이었다('나'는 프로이트가 자주 쓴 표현이었다. 나에 해당하는 라틴어 ego(자아)는 영역본 번역자가 개발한 표현이다).[48] 소설에 나오는 베네치아의 전체적인 분위기─어둡고 악취 나는 뒷골목에는 '뭐라고 콕 집어 말할 수 없는 공포'가 도사리고 있다─는 인간성의 표면 아래 숨어서 자아의 일탈이 일어나기만을 기다리는 프로이트의 원시적 이드를 연상시킨다. 어떤 비평가들은 토마스 만이 이 단편을 쓰는 데 몇 년이나 걸렸다는 사실 자체가 자신의 동성

애적 성향을 인정하기가 얼마나 어려웠는지를 말해주는 것이라고 보았다.⁴⁹

1913년은 영국 소설가 D. H. 로렌스의 『아들과 연인 Sons and Lovers』이 출판된 해이기도 하다. 로렌스는 1905년에 이미 '프로이트만큼 분명하게' 유아성욕에 관해 글을 쓴 바 있다. 당시 로렌스가 정신분석에 대해 알고 있었는지는 확실치 않다. 하지만 어찌 됐든 1912년 후일 아내가 되는 프리다 위클리를 만나면서부터 프로이트를 접하게 된 것은 분명하다. 프리다 위클리는 1879년 독일 메츠에서 남작의 딸로 태어났다. 원래 이름은 프리다 폰 리히트호펜. 애인이었던 정신분석학자 오토 그로스Otto Gross에게 한동안 정신분석을 받았다.⁵⁰ 그로스의 치료법은 프로이트와 니체를 뒤섞은 절충식이었다. 『아들과 연인』은 명백히 프로이트적인 테마, 즉 오이디푸스 콤플렉스를 정면으로 다뤘다. 물론 오이디푸스 콤플렉스 문제는 프로이트 이전에도 있었다. 문학에서도 소재로 자주 등장했다. 그러나 로렌스는 노팅햄셔 광산촌(로렌스의 고향이다)의 모렐가家에 대한 서술을 통해 오이디푸스적 갈등을 좀 더 폭넓은 맥락에서 다루었다. 모렐가 주변의 세계는 달라지고 있었다. 이는 농업사회라는 과거에서 산업사회라는 미래와 전쟁으로 옮겨가는 이행기를 반영한다(주인공 폴 모렐은 실제로 1차 대전이 터질 것이라고 예언한다).⁵¹ 폴의 어머니 거트루드 모렐은 어지간히 교육도 받은 현명한 여자다. 바로 그 때문에 둔감한 노동자 스타일의 남편과 멀어진다. 거트루드는 모든 에너지를 장남 윌리엄과 차남 폴에게 쏟는다. 급변하는 세상에서 좀 더 나은 지위를 얻게 해주려는 것이다. 그러나 그 과정에서 예술가이면서 공장에서 일하는 폴은 사랑에 빠져 가족을 버리고 떠나려 한다. 아내와 남편의 갈등이 있던 자리를 이제는 어머니와 아들의 난투가 대신한다. "두 아들은 어머니의 헌신적인 사랑에 못 이겨 하는 수 없이 살아간다. 계속 그런 식이었다. 그러나 성년이 되자 두 아들은 이성 간의 사랑을 감당할 수가 없었다. 왜냐하면 자신들의 삶에서 가장 강한 것은 어머니의 힘이고, 어머니가 그들을 붙잡고 있었기 때문이다…… 두 청년은 여자와 접촉을 하자마자 균열이 생겼다. 형 윌리엄은 성性을 쓸데 없는 데 허비하고, 어머니는 그의 영혼을 붙잡고 놓아주지 않는다."⁵² 토마스 만이 『베네치아에서의 죽음』에서 동성애에 대한 터부를 깨뜨리려 한 것과 마찬가지로 로렌스는 『아들과 연인』에서 성과 삶의 다른 측면들 사이의 연관성에 대해 스스럼 없이 이야기한다. 특히 가정에서 어머니의 역할이 초점이다. 그러나 거기서 멈추지 않는다. 헬렌 배런과 칼 배런이 말한 대로 이 작품에는 사회주의적 테마와 모더니즘적 테마가 뒤섞여 있다. 저임금, 광산촌의 불안한 생활조건, 파업, 출산 시설 내지는 13세 이상 어린이를 위한 학교의 부족 등등. 직업과 투표권을 얻고자 하는 여성들의 열망이 커가는 과정과 진화론이 사회와 윤리를 동요시키는 흐름, 무의식에 대한 관심의 확대 등등이 묘사된다.[53] 폴은 예술을 연구하다가 사회진화론과 중력에 관한 새 이론을 접하게 된다. 토마스 만의 소설이 끝나가는 세계에 관한 것이라면 로렌스의 소설은 또 다른 세계에 자리를 내주는 세계에 관한 이야기다. 그러나 둘 다 성의 우위와 삶의 본능적 측면이라고 하는 프로이트적 테마를 반영하고 있다. 그리고 그 이면에는 니체와 사회진화론의 사상이 깔려 있다. 두 경우 모두 무의식이 전적으로 건전하지만은 않은 역할을 맡는다. 구스타프 클림트와 후고 폰 호프만슈탈이 세기말 빈에서 지적한 대로 인간은 본능적인 생명력을 무시하다가 위기에 빠진다. 물리학이 뭐라고 하든 생물학은 일상의 현실이다. 생물학은 성, 생식, 그리고 나아가 진화를 의미한다. 『베네치아에서의 죽음』은 하나의 문명이 퇴락의 결과로 멸절돼가는 과정을 그린다. 『아들과 연인』은 그보다는 덜 비관적이다. 그러나 둘 다 생명력을 고양시키는 야만족과 지나치게 세련된, 이성적 문명 간의 니체적 다툼을 형상화하고 있다는 점에서는 동일하다. 폴 모렐은 강한 본능적 생명력을 갖고 있다. 그러나 어머니의 그림자는 결코 없어지지 않는다.

　마르셀 프루스트Marcel Proust(1871~1922)는 프로이트나 다윈 또는 아인슈타인이 작품에 영향을 미쳤다고 인정한 적이 한 번도 없다. 그러나 미국 문학평론가 에드먼드 윌슨Edmund Wilson이 지적한 대로 아인슈타인과 프로이트는 유대인이었고, 프루스트는 반半유대인으로 그 주변부적 속성에서 오히려 강력한 힘을 뽑아냈다. 1913년 11월 프루스트는 7부로 된 소설 『잃어버린 시간을 찾아서À la recherche du temps perdu』의 첫 권을 출판했다. 영어로는 대개 『Remembrance of Things Past(지나간 것들의 기억)』로 번역하지만 요새는 많은 평론가·학자들이 『In Search of Lost Time(잃어버린 시간을 찾아서)』이라는 표현을 선호한다. 이 제목이 프루스트 소설이 지닌 과학적 성격, 즉 시간은 흘러가지만 단순히 지나가버리는 것이 아니라 다시 회복된다고, 하는 시간에 대한 강조를 한결 잘 전달할 수 있다는 이유에서이다.

프루스트는 1871년 부유한 집안에서 태어났다. 평생 따로 일을 할 필요가 없을 정도였다. 영민한 아이는 콩도르세 고교와 집에서 교육을 받았다. 그 덕분에 어머니와는 아주 친밀했다. 어머니는 신경증 환자였다. 1905년 어머니가 아버지에 이어 2년 만에 57세를 일기로 세상을 떠나자 아들은 세상을 뒤로 하고 코르크로 벽을 바른 방에 틀어박혔다. 여기서 수백 명의 친구들과 편지를 주고받으며 일상의 시시콜콜한 사항까지 꼼꼼히 적어놓은 일기를 걸작으로 바꿔놓기 시작했다. 『잃어버린 시간을 찾아서』는 아인슈타인이나 프로이트의 문학판으로 평가된다. 프루스트 연구가 해럴드 마치가 지적한 대로 그런 비교는 사실 프로이트나 아인슈타인을 잘 모르는 사람들이 한 것이다. 프루스트는 인터뷰에서 자신의 대작을 '무의식에 관한 일련의 소설'이라고 정의한 바 있다. 그러나 그것은 프로이트적인 의미에서 한 말이 아니었다(프루스트가 프로이트를 읽었다는 증거는 없다. 프로이트의 저서는 프루스트가 죽기 직전까지 프랑스어로 번역되지 않았다). 프루스트는 하나의 아이디어를 놀라운 경지로까지 '구현'했다. 이것이 바로 무의지적無意志的 기억이라는 개념으로 파이 껍질을 맛보다가, 또는 오래된 나무계단의 냄새를 맡다가 갑자기 과거의 어떤 사건이나 경험은 물론 당시의 생생한 느낌과 생각까지 그 전체상을 떠올리는 것이다. 많은 사람들에게 프루스트의 통찰은 놀라울 정도로 강력한 것이었다. 그러나 과장이라는 사람도 있었다(프루스트를 놓고 비평가들은 항상 의견이 둘로 갈렸다).

프루스트의 진정한 성취는 그런 기억을 구체화했다는 점이다. 그는 어린 시절의 강렬한 감정을 바로 불러낸다. 예를 들어 1권 서두 조금 지나서 화자는 잠자리에 들기 전에 어머니가 입맞춰주기를 얼마나 간절히 소망했는지를 묘사한다. 이렇게 시간을 앞뒤로 오가기 때문에 많은 사람들은 프루스트가 아인슈타인의 시간과 상대성에 관한 이론을 의식했다고 주장했다. 그러나 프루스트를 프로이트와 연결시킬 수 있는 증거가 없는 것과 마찬가지로 아인슈타인과 연결시킬 수 있는 증거도 없다. 역시 해럴드 마치의 조언대로 프루스트는 그 자체로 보아야 한다. 그렇게 볼 때 『잃어버린 시간을 찾아서』는 체호프와 만의 경우와 마찬가지로 사라져가는, 그리고 1차 대전과 더불어 완전히 없어진 프랑스 귀족·상류층의 삶에 대한 풍부하고도 꼼꼼한 모자이크로 다가온다. 프루스트는 그런 세계에 익숙해 있었다. 그의 편지를 보면 걸핏하면 공주 누구니 무슨 백작이니 무슨 후작이니 하는 이야기가 나온다.[54] 등장인물들은 아름답게 묘사돼 있다. 프루스트는 놀라운 관찰력과 감미로운 산문의 재능을 타고 났다. 길고 나른한 문장을 써내려가면서 중간 중간에 종속절이 수도 없이 들어간다. 그러면서도 조밀한 단어의 장식들로 방향과 의미에 있어서 생생함과 명징함을 유지한다.

1913년에 나온 제1권 『스완네 집 쪽으로 Du côté de chez Swann』는 전체 작품의 3분의 1 정도에 해당한다. 우리는 과거를 드나들면서, 작품의 무대인 콩브레를 오가면서, 건축물들과 거리의 배치, 이 창문에서 본 풍경과 저 창문에서 본 광경, 정원의 화단과 보도는 물론이고 거기 사는 많은 사람들에 대해 속속들이 알게 된다. 캐릭터 중에는 스완 자신과 그가 사랑하는 창녀 오데트, 게르망트 공작부인 등이 있다. 프루스트의 캐릭터 중에는 실제 인물을 모델로 한 경우가 있다.[55] 순전히 글쓰기만의 힘으로 그는 마들렌 과자를 먹는 즐거움, 연인들의 에로틱한 질투, 속물근성이나 반유대주의의 희생자에게 쌓이는 격심한 모멸감 등을 생생하게 전달한다. 프루스트를 베르그송이나 보들레르, 졸라와 결부시키고 싶어 하는 사람도 있고 그렇게 하기도 하지만, 그의 서술은 '글쓰기'로서 작동한다. 그걸로 충분하다.

프루스트가 책을 내기는 쉽지 않았다. 많은 출판사로부터 퇴짜를 맞았다. 잡지 《신新프랑스 평론 La Nouvelle Revue Française》을 주도하는 앙드레 지드 André Gide 한테도 퇴짜를 맞았다. 지드는 프루스트를 속물에 아마추어 문학가라고 봤다. 이 때문에 마흔둘의 미래의 대가는 잠시 큰 충격에 빠져 자비로 출판할까도 생각해봤다. 그러나 그때 그라세 출판사가 원고를 받아주었고, 프루스트는 체면 따위는 아랑곳하지 않고 작품을 좋게 보이려고 무진 애를 썼다. 프루스트는 기대했던 것처럼 공쿠르 상을 받지는 못했다. 그러나 많은 영향력 있는 추종자들이 지지의 뜻을 표하는 편지를 보내왔다. 지드도 출판을 거절한 것은 잘못이었다고 인정하고 앞으로 같이 작업을 해보자고 제안했다. 당시 이미 후속편을 계획 중인 단계였다. 그러나 1차 대전이 터지는 바람에 출판은 일단 중단됐다. 당분간 프루스트는 방대한 양의 편지를 가지고 작업을 하는 것으로 만족해야 했다.

    1900년 이후 프로이트는 많은 시간과 정력을 들여 자신이 건설한 분야의 범위를 넓히는 작업에 몰두했다. 이제 정신분석학회가 생긴 나라가 6개국이나 됐다. 이어 1908년에는 국제정신분석학회가 설립됐다. 동시에 프로이트가 구상한 정신분석 '운동'에서 처음으로 변절자가 나왔다. 오스트리아 정신과 의사 알프레트 아들러Alfred Adler(1870~1937)는 1911년 빌헬름 슈테켈Wilhelm Stekel과 함께 학회를 탈퇴했다. 개인적인 경험상 인성을 형성하는 심리학적 힘에 관한 견해가 매우 달랐기 때문이다. 어려서 구루병에 걸리고 폐렴을 앓았던 아들러는 교통사고를 많이 당했고, 부상도 심했다. 안과의사 수련을 받은 그는 신체에 결함이 있는 환자들이 다른 능력을 강화시켜 일종의 보상을 받는 현상에 주목했다. 예를 들어 맹인이 청각을 예민하게 발달시키는 사례는 잘 알려져 있다. 아들러는 사회진화론자이자 유대인으로서 기독교로 개종했는데 마르크스의 계급투쟁 이론과 자신의 심리투쟁 사상을 조화시키려고 애를 썼다. 그는 리비도가 전적으로 성적인 힘이 아니며 본래 공격적인 힘이라는 입장을 정립했다. 그가 보기에는 권력 추구가 삶의 주요 동기이며, '열등 콤플렉스'는 삶의 꼴을 형성하는 추동력이었다.[56] 아들러는 빈 정신분석학회 대변인 직을 사임했다. 이유는 학회 규약에 학회의 목적이 프로이트의 사상을 보급하는 것으로 돼 있기 때문이었다. 아들러가 제창한 '개인심리학individual psychology'이라는 브랜드는 꽤 오래 대단한 인기를 끌었다.

    프로이트와 카를 융의 결별은 1912년 말에서 1914년 초에 일어났는데 프로이트(1913년에 쉰일곱이었다)가 융을 후계자이자 '운동'의 새 지도자로 보고 있었기 때문에 그 어떤 학파의 분열보다도 훨씬 격렬했다. 결별의 내막은 이렇다. 처음에 융은 프로이트에게 헌신적이었다. 그런데 프로이트의 주요 개념 두 가지에 대한 입장이 바뀌었다. 융은 리비도가 프로이트의 주장처럼 오로지 성적인 본능이 아니라 하나의 전체로서 '심리적 에너지'라고 생각했다. 이는 오이디푸스 콤플렉스는 말할 것도 없고 유아성욕이라는 개념 자체를 완전히 망가뜨리는 이론틀의 변화였다. 둘째로 융은 무의식의 존재를 혼자 힘으로, 프로이트와는 무관하게 발견했다고 주장했다. 이것이 둘 사이에 균열을 야기한 훨씬 중요한 이유였을 것이다.[57] 무의식을 발견한 것은 취리히 대학 부설 부르크휠츨리 정신병원에서 일할 때였다고 융은 말했다. 거기서 우울증 환자에게서 나타나는 리비도의 '퇴화'를 관찰했는데 끔찍이도 아끼던 자식을 죽인 여자를 치료하면서 그런 생각을 갖게 됐다는 것이다.[58] 문제의 여성은 인생 초년에 한 청년을 사랑했는데 집이 아주 부자고 사회적으로 자기보다 훨씬 우월해서 자기랑 결혼하고 싶어 할 리가 없다고 생각했다. 그래서 다른 사람에게 시집을 가고 말았다. 그런데 몇 년 후 그 부자 청년의 친구가 그녀에게 사실은 그녀가 퇴짜를 놓는 바람에 그 청년이 비탄에 빠졌다는 이야기를 전해주었다. 얼마 후 그녀는 두 아이를 목욕시키다 딸이 목욕용 스펀지를 빠는 걸 보고도 그냥 내버려두었다. 물론 물에 세균이 득시글거릴 것이라는 걸 알고 있었다. 더 심각한 것은 아들에게 그 더러운 물을 먹였다는 점이다. 융은 프로이트의 도움 없이 혼자 힘으로 이 사례의 핵심을 파악했다고 주장했다. 즉 여성 환자는 현재의 결혼 생활의 흔적을 모두 지워버리고픈, 현지해서 훨훨 벗어나 진짜로 사랑했던 사람에게 가고픈 무의식적 욕망에 따라 그런 행동을 했다는 것이다. 환자의 딸은 장티푸스에 걸렸다. 사랑했던 부자 청년의 진실을 알고 나서 생긴 어머니의 우울증은 딸의 사망 이후 더 심해졌다. 그래서 부르크휠츨리 정신병원에 입원까지 하게 된 것이다.

    융은 처음에 '조발성 치매'라는 진단에 의심을 갖지 않았다. 그런데 그녀의 꿈을 분석하면서 진짜 숨은 이야기가 나타났다. 그래서 융은 그녀에게 '연상검사 association test'를 했다. 이후 대단히 유명해진 연상검사는 원래 독일 의사 빌헬름 분트Wilhelm Wundt(1832~1920)가 발견한 검사법이다. 원리는 간단하다. 환자에게 여러 단어를 적은 리스트를 보여주고 각 단어를 보고 처음 머리에 떠오르는 단어를 말해보라고 한다. 이런 식으로 하면 무의식적 충동에 대한 의식의 통제가 약해진다고 보기 때문이다. 여성 환자의 내력을 꿈과 연상검사를 통해 되살린 융은 문제의 여성이 실제로 내면의 무의식적 충동 때문에 딸을 살해한 것이라는 결론을 내렸다. 의사로서 논란의 여지가 있는 행동이지만 그는 환자에게 진실을 말해줬다. 그 결과는 놀라웠다. 조발성 치매라면 치료가 거의 불가능하지만 그녀는 회복이 빨랐고 3

주 후에는 퇴원했다. 재발도 없었다.

융이 무의식을 발견한 과정을 설명하는 것을 자세히 들여다보면 벌써부터 뭔가 반항적인 냄새가 난다. 융은 자신이 프로이트의 문하생일뿐 아니라 대등한 상대였다는 점을 암시하고 있다. 두 사람은 융이 1907년 수요심리학회에 나왔을 때 처음 만난 이후 아주 가까워졌다. 1909년에는 같이 미국으로 여행까지 갔다. 미국에서 융은 프로이트에 가렸지만 융이 자신의 견해가 창업자인 프로이트와 달라지고 있다는 사실을 느낀 것도 미국에서였다. 세월이 가면서 점점 많은 환자들이 어린 시절 근친상간의 경험을 털어놓았다. 그러자 프로이트는 무의식을 움직이는 동력으로서 성을 더더욱 강조했다. 그러나 융이 보기에 성은 근본적인 것이 아니라 그 자체가 종교에서 변형된 것이었다. 융에게 있어서 성은 종교적 충동의 한 측면이지 유일한 측면은 아니었다. 그는 전 세계 여러 종족의 종교와 신화를 살펴보다가 동방의 종교에서는 사원에서 신을 대단히 에로틱한 존재로 묘사하고 있는 것을 발견했다. 이처럼 솔직한 성에 관한 태도는 '고상한 이념'의 상징이자 한 측면이었다. 이렇게 해서 융은 종교와 신화를 무의식이 '장소와 시간을 달리해서 재현된 것'으로 해석하는 유명한 이론을 내놓았다.

프로이트와의 불화가 시작된 것은 1912년이었다. 당시 두 사람은 미국 여행에서 돌아온 뒤였고, 융은 『무의식의 심리학』 2부를 발표한 상태였다.[59] 당초보다 분량이 늘어난 이 논문은 《정신분석연보 Jahrbuch der Psychoanalyse》에 실렸는데 융이 집단무의식 collective unconscious 이라고 명명한 내용을 처음으로 세상에 알린 것이었다. 사실 융에게는 집단무의식과 접촉을 시키는 것이야말로 치료였다.[60] 융이 종교, 신화, 철학을 더듬어 가면 갈수록 프로이트에게서, 그리고 과학적 접근으로부터 점점 멀어졌다. J. A. C. 브라운이 쓴 대로 "융을 읽다보면 힌두교나 도교, 유교의 경전을 읽을 때 느끼는 것과 흡사한 느낌이 든다. 그런 문헌들이 지혜롭고 진실한 이야기를 많이 논하고 있는 것은 사실이지만 그런 이야기는 굳이 심리학 이론을 들먹이지 않고도 충분히 할 수 있는 것이 아닌가 하는 생각이 든다."[61]

융에 따르면 우리의 심리학적 구조는 의식, 개인무의식, 집단무의식 이렇게 세 층위로 나뉜다. 그 내용은 대개 지질학적 비유로 설명한다. 의식은 수면 위의 육지에 해당한다. 수면 아래 보이지 않는 곳에 개인무의식이 있고, 그 아래 다른 땅덩어리들과 연결된, 말하자면 '종족무의식'이 있다. 같은 종족의 구성원들은 심층심리학적 유사성을 공유한다고 한다. 그중에서도 지구의 핵에 상응할 만큼 가장 심층적인 것이 모든 인류의 심리적 유산이다. 이는 인간 본성의 기저로서 더 이상 쪼개거나 나눌 수 없지만 우리는 막연하게만 알 뿐이다. 이처럼 대담하고, 단순한 이론을 세 가지 '증거'가 뒷받침한다고 융은 말했다. 첫째로 그는 서로 다른 문화의 신화들에서 '이상할 정도로 동일하게 나타나는' 이야기 구조와 테마를 들었다. 그는 또 "오래 분석해 보면 어떤 특정한 상징은 당황스러울 정도로 고집스럽게 되풀이해서 나타나지만 분석이 진행되는 과정에서 여러 신화와 전설에 보이는 보편적인 상징과 유사하게 된다"고 주장했다. 끝으로 융은 정신병 환자들의 환각 속에 나타나는 이야기들이 신화와 닮은 경우가 종종 있다고 주장했다.

또 하나 융이 제기한 것 가운데 인기를 끈 개념이 원형原型 archetype이다. 모든 사람은 이런저런 기본적인(그리고 유전된) 심리유형으로 구별되며, 그 중 가장 유명한 것이 내향성과 외향성이다. 물론 두 용어는 정신 중에서도 의식 차원에만 해당되는 개념이다. 그런데 전형적인 정신분석 스타일로 말하면 실제로 진실은 정반대다. 외향적 기질은 사실 무의식적으로는 내향적이며, 그 역도 마찬가지다. 따라서 결론적으로 융에게 있어서 치료로서의 정신분석은 꿈의 해석과 자유연상을 통해 환자를 자신의 집단무의식과 대면하게 하는 카타르시스의 과정이다. 프로이트는 기성 종교에 대해 회의적이거나 경우에 따라서는 적대적이었다. 반면 융은 종교적 태도를 치료에 도움이 되는 것으로 간주했다. 융의 지지자들조차 이런 부분은 혼란스럽다고 인정한다.[62]

무의식을 이해하는 융의 독특한 체계가 동료 정신분석학자들에게 처음 알려진 것은 1912년으로 정신분석계의 균열은 이미 명약관화했지만 프로이트와의 결별이 공식화된 것은 1913년 『무의식의 심리학』이 단행본 형태로 나오고 나서였다. 이후로는 화해의 가능성이 전혀 없었다. 1913년 9월 뮌헨에서 열린 제4차 국제정신분석대회에서 프로이트와 그 지지자들은 융 및 그 추종자들과 뚝 떨어진 테이블에 앉았다. 대회가 끝나자 "우리는 흩어졌다"고 프로이트는 한 편지에서 말했다. "다시 만나고 싶은 생각은 추호도 없었다."⁶³ 프로이트는 개인적 불화에 암암리에 반유대주의가 스며 있다고 생각해 심히 속상했지만 융 스타일의 정신분석이 정신분석의 과학으로서의 지위를 위협한다는 점을 더욱 우려했다.⁶⁴ 예를 들어 융의 집단무의식은 분명 획득형질 유전을 내포하는 개념이었다. 획득형질 유전은 이미 오래 전에 다윈주의에서 인정하지 않은 이론이다. 프로이트 전기를 쓴 로널드 클라크Ronald Clark의 언급처럼 "간단히 말해, 검증은 어려워도 어느 정도 토대가 있는 프로이트 이론의 입장에서 보면 융은 당대의 유전학을 거스르는 검증 불가능한 시스템을 대안이라고 내놓은 것이다."⁶⁵

공정하게 말하면 프로이트는 융과의 불화가 다가오고 있다는 것을 알고 있었다. 1912년에 이미 자신의 초기 이론들을 확장시키는 동시에 융 이론의 허구성을 보여줄 책을 쓰기 시작했다. 정신분석을 현대 과학의 정초 위에 올려놓으려는 시도였다. 책은 1913년 봄 집필이 끝났고, 그로부터 몇 달 뒤 출판됐다. 프로이트는 '내 평생의 야심작'이라고 자평했다.⁶⁶ 『토템과 터부』는 융이 자기 전공이라고 자부하던 바로 그 분야에 대한 탐색이었다. 조상 대대로 전해 내려온 인간 의식의 심층을 더듬는 작업이었다. 융은 집단—종족 단위의—무의식을 설명하기 위해 신화의 보편성에 집중한 반면 프로이트는 인류학, 특히 제임스 프레이저 경의 『황금가지』와 다윈의 영장류 집단의 행태에 관한 설명으로 눈을 돌렸다. 프로이트에 따르면 (그는 처음부터 『토템과 터부』가 추론이라고 했다) 영장류 사회의 특징은 독재적인 수컷이 모든 암컷을 지배하고, 다른 수컷들(독재자의 자식도 포함된다)은 죽임을 당하거나 사소한 역할에 만족하지 않을 수 없도록 돼 있다는 것이다. 그러나 종종 지배자 수컷이 공격을 당해 결국 쫓겨나기도 한다. '고전적인' 프로이트 이론의 핵심인 오이디푸스 콤플렉스와 자연스럽게 연결되는 부분이다. 『토템과 터부』는 개인심리학과 집단심리학이 밀접히 연결돼 있다는 것, 그리고 심리학은 생물학, 즉 '엄밀'과학에 뿌리를 두고 있다는 것을 보여주려는 시도였다. 프로이트는 심리학 이론들은 (융의 이론과 달리) 인간이 진화해온 영장류 사회를 관찰함으로써 실험을 해볼 수 있다고 말했다.

프로이트의 새 저서는 둘 사이의 속사정에 대해서도 시사하는 바가 크다. 융은 프로이트를 정신분석학 '무리'의 지배자 수컷 자리에서 끌어내리려고 시도했다.

1913년에 쓴 프로이트의 한 편지(출판은 사후에 됐다)는 융을 '격파하는 것'이 『토템과 터부』를 쓴 동기 중 하나라는 점을 인정하고 있다.[67] 책은 성공적이지 못했다. 프로이트는 자기 생각만큼 최신 과학 조류를 따라가지 못하고 있었다. 정통하다고 자부한 과학은 그의 생각과는 반대 방향으로 가고 있었다.[68] 『토템과 터부』는 진화를 단선적인 과정으로 간주했다. 전 세계의 여러 종족들을 '백인', '문명' 사회로 가는 중간단계로 본 것이다. 이런 시각은 프란츠 보아스Franz Boas의 노작이 발표된 이후로 시대에 한참 뒤떨어진 생각이 됐다. 1920~30년대에 브로니슬라브 말리노프스키Bronislaw Malinowski, 마가렛 미드Margaret Mead, 루스 베네딕트Ruth Benedict 등은 『토템과 터부』가 과학적으로 일고의 가치도 없음을 확인해주는 현장조사 결과를 점점 더 많이 내놓게 된다. 융을 막으려다가 제 발등을 찍은 셈이다.[69]

두 사람 사이의 관계는 이것으로 완전히 끝이 났다(프로이트와 사이가 틀어진 사람이 융만이 아니라는 점을 잊지 말아야 한다. 프로이트는 요제프 브로이어, 빌헬름 플리스Wilhelm Fliess, 아들러, 슈테켈 등등과도 결별했다).[70] 그 이후 융의 작업은 점점 형이상학적이고 모호하며 신비주의에 가까운 스타일로 변해갔다. 열렬한 추종자들이 생겼지만 대개 학문적으로는 좀 떨어지는 부류였다. 프로이트는 융보다 훨씬 과학적인 방법으로 세계를 바라보는 방식을 개발하기 위해 개인심리학과 집단심리학을 결합하는 작업을 계속했다. 1913년까지 정신분석 운동은 단일한 사상체계였다. 그러나 그 이후로 둘로 분열됐다.

마벨 도지가 거트루드 스타인에게 보낸 편지에서 한 말은 맞았다. 1913년에 등장한 재주꾼들의 폭발은 활화산 같은 것이었다. 그뿐만 아니라 1913년에는 디트로이트의 헨리 포드 자동차 제조 공장에 현대식 조립라인이 처음 모습을 드러냈고, 찰리 채플린Charlie Chaplin도 등장했다. 짜리몽땅한 키에 헐렁한 바지를 입고 중산모를 쓴 우스꽝스러운 모습이지만 간간이 남을 속여먹으면서 슬쩍 슬쩍 대드는 행동은 이민자 나라 특유의 못 말릴 낙관주의를 완벽하게 구현했다. 그러나 1913년에 일어난 일들에 대해서는 좀 더 세심하게 들여다볼 필요가 있다. 이 기적의 해에 일어난 사건들 가운데 많은 경우는 완전히 새로운 방향으로의 출발이라기보다는 모종의 성숙 내지는 원숙 과정이었다. 현대미술은 대서양을 넘어 신대륙에까지 둥지를 틀었다. 닐스 보어는 아인슈타인과 어니스트 러더퍼드를 발판으로 이론적 발전을 이룩했고, 이고르 스트라빈스키는 클로드 드뷔시를 토대로(아놀드 쇤베르크는 아닐 수도 있겠다) 도약했다. 정신분석은 만과 로렌스에게 상당한 영향을 미쳤으며, 프루스트도 어느 정도는 영향을 받았다. 융은 프로이트를 발판으로(적어도 프로이트는 그렇게 생각했다) 독자적인 이론으로 나아갔고, 프로이트는 자신의 사상과 정신분석을 현대미술이 그랬던 것처럼 멀리 미국에까지 소개했다. 영화는 스타와는 거리가 멀지만 불후의 캐릭터를 처음 만들어냈다. 기욤 아폴리네르, 스트라빈스키, 프루스트, 만과 같은 사람들은 사상적으로 다채로운 요소들—물리학, 정신분석, 문학, 회화 등등—을 통합해 인간의 조건에 관한 새로운 진실에 다가가려고 노력했다. 낙관주의만큼 이러한 과정을 잘 보여주는 것은 없었다. 20세기 처음 몇 달 동안 분출된 사상의 조류들은 이제 내실을 기하면서 튼실하게 자리를 잡아가는 것처럼 보였다.

그러나 바로 그해에 한 시인이 경고음을 발했다. 『소년의 의지A Boy's Will』에서 로버트 프로스트Robert Frost의 목소리는 명료했다. 순진하고 자연스러운 세계의 이미지들은 꼬이고, 뚝뚝 끊기는 리듬에 실려 펼쳐지면서 자연이 시간을 얼마나 짓궂게 갖고 노는지 느끼게 한다.

> 아, 사물의 흐름에 정처 없이 묻어가다가
> 이성理性에 다소곳이 복종하는 것이
> 사람 마음에는
> 언제나 배반이 아닐까?[71]

9

반격
Counter-Attack

 1차 세계대전 발발은 많은 지식인들에게 충격이었다. 1914년 6월 29일 프로이트에게 늑대인간Wolf Man으로 통하는 사람이 찾아왔다. 부자 러시아 청년인데 치료 과정에서 어린 시절 늑대를 무서워하던 기억이 자꾸 떠올라 그런 별명이 붙었다. 그 전날 오스트리아-헝가리 제국의 프란츠 페르디난트 대공 부부가 사라예보에서 암살당했다. 프로이트는 늑대인간에게 치료가 끝났다는 이야기를 했다. 그렇게 말한 것은 빨리 휴가를 떠나고 싶어서이기도 했다. 늑대인간은 후일 "당시엔 그야말로 별 것 아닌 일로 보였던 암살 사건이…… 결국 1차 대전으로 번질 줄이야……"라고 썼다.¹ 그해 7월 말 영국에서는 전자를 발견했다. 곧 이어 왕립학회 회장이 된 J. J. 톰슨은 저명인사들과 함께 '세르비아와 러시아를 편들기 위한 [독일과의] 전쟁은 문명에 대한 죄악이 될 것'이라는 내용의 탄원서에 서명했다.² 버트런드 러셀은 상황이 얼마나 급박하게 돌아가는지 제대로 알지도 못하는 상태에서 8월 2일 일요일에 케임브리지 대학 트리니티 칼리지 광장을 지나다 런던으로 떠나려고 오토바이를 빌리러 가는 경제학자 존 메이너드 케인스John Maynard Keynes를 만났다. 케인스는 러셀에게 정부의 소환령을 받고 가는 길이라고 했다. 이튿날 러셀은 런던으로 달려가 전쟁의 문턱을 넘은 것을 보고 '질겁했다.'³ 파블로 피카소는 아비뇽에서 그림을 그리다가 다니엘 앙리 칸바일러의 화랑이 문을 닫고, 시장에서 자신의 작품 판매가 급감하는 것을 보고는 선전포고 하루 이틀 전에 파리로 달려가 은행에서 예금을 모두 인출했다. 후일 앙리 마티스는 그 액수가 총 10만 골드 프랑이었다고 말했다. 많은 프랑스인들이 예금을 인출했다. 그러나 피카소는 누구보다 빨랐다. 현금을 가지고 아비뇽으로 돌아와서는 역으로 달려가 조르주 브라크와 앙드레 드랭에게 작별 인사를 했다. 두 사람은 징집이 된 상태였고, 전쟁에 나가고 싶어 안달하고 있었다.[4] 후일 피카소는 두 사람을 다시는 보지 못했다고 말했다. 사실이 아니다. 피카소의 말은 브라크와 드랭이 전쟁 이후에 사람이 달라졌다는 뜻이었다.

1차 대전은 많은 작가, 화가, 음악가, 수학자, 철학자, 과학자들에게 직격탄을 날렸다. 청기사파 화가 아우구스트 마케August Macke는 독일군이 프랑스로 진격하는 과정에서 총에 맞아 전사했다. 조각가이자 화가인 앙리 고디에 브르제스카 Henri Gaudier-Brzeska도 영국해협English Channel 인근 프랑스군 참호에서 전사했다. 독일 표현주의 화가 프란츠 마르크는 베르됭Verdun에서 죽었다. 이탈리아 미래파 화가 움베르토 보초니Umberto Boccioni는 오스트리아 전선에서 숨을 거뒀고, 영국 시인 월프레드 오언Wilfred Owen은 종전 조약 체결 일주일 전에 상브르 운하Sambre Canal에서 전사했다.[5] 오스카 코코슈카(오스트리아의 표현주의 화가)와 기욤 아폴리네르는 부상을 당했다. 아폴리네르는 머리에 구멍이 난 채로 파리에 돌아왔지만 곧 죽고 말았다. 반전 운동을 한 버트런드 러셀 등은 투옥되거나 알베르트 아인슈타인처럼 배척당하거나 시그프리드 서순처럼 미친놈 취급을 받았다.[6] 막스 플랑크는 아들 카를을 잃었고, 독일 여성 화가 캐테 콜비츠Käthe Kollwitz도 마찬가지였다(2차 대전 때는 손자가 죽는다). 버지니아 울프는 친구 루퍼트 브루크Rupert Brooke를 잃었다. 영국 시인 아이작 로젠버그Isaac Rosenberg, 줄리안 그렌펠Julian Grenfell, 찰스 해밀턴 솔리Charles Hamilton Sorley도 전사했다. 수학자이자 철학자인 루드비히 비트겐슈타인 중위는 북부 이탈리아 포로수용소에 억류됐을 때, 포연 속에서 틈틈이 메모해 두었던 『논리철학 논고Tractatus Logico-Philosophicus』 원고를 퇴고해 버트런드 러셀한테 보냈다.[7]

그러나 전쟁이 지적으로 어떤 의미를 갖는 것인지 정체를 드러내기까지는 여러 해가 걸렸다. 이 문제는 매우 광범위하고 흥미로워서 전문서가 많이 나와 있다.[8] 엄청난 대량 학살, 어느 한쪽이 군사적 우위를 점하지 못하는 상황, 연합국에 일방적으로 유리한 종전 협정 등은 그 모두가 당대는 물론 그 이후 세대의 정신구조에 깊이 뿌리 박혔다. 전쟁 와중에 일어난 러시아 혁명은 정치적, 군사적, 지적 상황을 왜곡시켰다. 그런 상황은 이후 70년간 지속된다. 여기서는 1차 대전으로 야기됐고, 전쟁에 대한 직접적인 반응으로 이해할 수 있는 지적인 사건들에 초점을 맞추고자 한다.

미국의 저명한 문학사가 폴 퍼슬Paul Fussell은 『1차 대전과 현대의 기억The Great War in Modern Memory』에서 1차 대전의 참상을 냉철한 눈으로 고발한다. 퍼슬에 따르면 전쟁 초기에 이미 사상자 수가 소름끼칠 정도여서 영국군은 1914년 8월 177센티미터였던 지원병 신장 상한선을 그해 10월 11일에는 167센티미터로 낮췄다.9 10월까지 사상자 수가 3만 명을 돌파하자 11월 5일부터는 161센티미터만 되면 지원을 받아주게 된다. 전쟁성 장관인 키치너Kitchener 경은 10월 말에 지원병 30만이 필요하다고 요구했다. 1916년 초가 되면 사상자를 대신할 지원병이 부족해서 처음으로 징병제를 도입한다. "현대 세계의 시작을 알리는 사건이라고 할 수 있다."10 더글러스 헤이그 영국군 사령관과 그의 참모들은 그해의 절반을 대공세 작전을 짜는 데 골몰했다.

1차 대전은 프란츠 페르디난트 대공 암살로 비롯된 오스트리아-헝가리 제국과 세르비아의 갈등에서 시작됐다. 그러나 독일이 오스트리아-헝가리에 붙어 동맹국이 됐고, 세르비아는 러시아에 지원을 청했다. 그러자 독일은 전시 동원 체제를 갖췄고, 영국과 프랑스도 독일에게 벨기에의 중립을 존중하라고 요구하면서 같은 조치를 취했다. 1914년 8월 초 독일이 룩셈부르크를 점령한 바로 그날 러시아는 동프로이센을 침입했다. 이틀 후인 8월 4일 독일은 프랑스에 선전포고를 했고, 영국은 독일에 선전포고를 했다. 꼭 그럴 뜻은 아니었지만 세계가 온통 전쟁에 휘말리게 된 것이다.

여섯 달 동안의 준비 끝에 솜 전투가 시작됐다. 1916년 7월 1일 아침 7시 30분이었다. 그에 앞서 헤이그 사령관은 한 주 동안 독일군 참호를 포격하라고 명령했다.

1,500만 개의 포에서 159만 발의 포탄이 쏟아졌다. 이 작전은 역사상 가장 고리타분한 작전으로 평가될 만하다. 기습이라는 요소가 완전히 배제됐기 때문이다. 퍼슬의 지적대로 '7월 31일' 독일군은 일주일간의 포격을 잘 버텨낸 뒤 대포를 참호에서 끌어내 고지대에 배치했다(영국군은 독일군이 참호를 그렇게 잘 파고 숨을 줄 까맣게 몰랐다). 그날 아침 솜 강 일대 21킬로미터에 걸친 전선에서 돌격을 감행한 영국군 11만 가운데 6만 명이 죽거나 부상을 당했다. 단 하루 동안의 사상자로는 지금까지 최고 기록이다. "2만 명 이상이 양쪽 최전선 사이에서 죽어나갔으며, 부상자들의 절규가 그치는 데는 며칠이 걸렸다."[11]

상상력 부족은 이러한 참사가 생긴 한 가지 이유에 불과했다. 사회진화론적 사고방식을 비난하는 것은 좀 과할지 모르겠으나 영국군 참모본부는 새로 들어온 징집병들은 저급한 종자여서(주로 중부 내륙 출신이었다) 간단한 명령도 제대로 수행 못할 만큼 우매하다고 생각했다.[12] 훤한 대낮에 일렬로 돌격시킨 것은 그 때문이었다. 야간에 공격 명령을 내리거나 은폐 엄폐를 해 가면서 지그재그 식으로 돌격하라고 하면 병사들이 헷갈릴 것이라고 보았던 것이다. 당시 영국군은 탱크를 보유하고 있었지만 32대만을 투입했다. '기병대가 말을 선호해서'라는 게 그 이유였다. 솜 전투의 참상에 못지않은 것이 1917년 4월의 비미 고지 전투battle of Vimy Ridge 였다. 악명 높은 이프르Ypres 돌출부는 평지에서 불룩 솟은 지역으로 삼면을 독일군이 에워싸고 있었다. 공세는 5일간 계속됐다. 6.4킬로미터를 진격하는 데 사상자가 16만 명이나 나왔다. 1야드(0.914미터 : 옮긴이) 전진할 때마다 20명 이상의 사상자가 났다는 이야기다.[13]

파스샹달 전투battle of Passchendaele는 벨기에 연안의 독일군 잠수함 기지를 노린 작전이었다. 역시 포격으로 '사전 정지 작업'을 했다. 10일 동안 400만 발의 포탄을 쏟아 부었다. 그런데 폭우가 내리면서 전장이 완전히 진흙 수렁이 돼버리는 바람에 오히려 공격을 하는 쪽이 발목을 잡혔다. 총이나 포격에 죽지 않은 병사들은 추위로 죽거나 말 그대로 수렁에 빠져 익사했다. 영국군 전사자는 37만이었다. 전쟁 기간을 통틀어서 매일 장교와 사병 7,000명이 전사하거나 부상을 당했다. 이를 두고 '소모'라고 했다.[14] 전쟁 끝물에는 영국군의 절반 정도가 19세 미만이었다.[15]

'잃어버린 세대lost generation'라고 하는 것도 놀라운 일이 아니다.

전쟁이 가장 직접적인 영향을 미친 분야는 의학과 심리학이었다. 성형수술과 비타민(요즘에는 건강 다이어트와 관련해 관심을 끌고 있다) 연구에서 중요한 진전이 있었다. 그러나 가장 직접적이고도 중요한 발전은 혈액생리학 분야에서 일어났다. 반면 가장 논란이 많은 혁신은 아이큐IQ—지능지수Intelligence Quotient—검사였다. 나중에는 정신분석을 포함해 정신의학을 한결 대중화하는 데도 전쟁이 중요한 역할을 했다.*

1차 대전에 참전한 사람은 약 5,600만 명인데 이중 사상자가 대략 2,600만이었다.[16] 부상의 양상도 이전 전쟁들과는 달랐다. 고성능 폭약이 전보다 훨씬 강력해지고 많이 사용됐기 때문이다. 찔린 상처보다는 살이 찢겨나간 상처가 한결 많아졌다. 기관총 난사로 팔다리가 떨어져나가는 경우도 많았다. 얼굴에 총상을 입은 사람도 흔했다. 참호전 탓이었다. 양쪽 참호에서는 상대의 머리 부위가 소총수와 기관총 사수의 유일한 표적이었다(철제 헬멧은 1915년 말까지는 보급되지 않았다). 1차 대전은 포탄과 총알이 하늘에서 쏟아져 내리는 최초의 전쟁이기도 했다. 전쟁이 치열해지자 조종사들은 화염에 휩싸이는 것을 제일 두려워했다. 이런 변화를 고려할 때 의학 분야에서 눈부신 발전을 이룩했다는 점은 이해가 간다. 누군지 알아볼 수 없을 만큼 심한 부상을 당한 사람이 많았던 만큼 성형수술이라는 현대 과학이 발전했다. 외과 의사에게 전쟁은 가장 좋은 학교라고 한 히포크라테스의 말은 맞는 이야기였다.

부상으로 인한 기형의 정도에 관계없이 출혈은 늘 따라다녔다. 혈액에 대한 이해가 크게 증진된 것 역시 전쟁의 덕이 컸다. 1914년 이전에는 사실상 '수혈blood transfusion'이라는 것을 몰랐다. 그러나 전쟁이 막바지로 치달으면서 수혈은 다반사가 됐다.[17] 윌리엄 하비William Harvey가 혈액의 순환을 발견한 것이 1616년이었지만 1907년이 돼서야 프라하의 의사 얀 얀스키Jan Jansky가 인간의 모든 피는 O

---

* 전쟁은 비행술 발전도 가속화시켰다. 탱크도 등장했다. 그러나 비행술의 원리는 이미 알려진 것이었고, 탱크도 중요한 것은 분명하지만 군사 분야 이외의 파급력은 미미했다.

형, A형, B형, AB형의 네 가지 타입으로 나눌 수 있으며 유럽인의 경우 유형별 분포는 상당히 안정적이라는 것을 입증했다.[18] 혈액형 구분 덕분에 과거에 그렇게 많은 수혈 시도가 왜 실패했는지, 수혈 환자가 왜 갑자기 죽었는지 알게 됐다. 그러나 응고라는 문제가 남아 있었다. 채취한 혈액은 바로 수혈하지 않으면 금세 응고된다.[19] 이 문제의 해법을 찾은 것은 1914년이었다. 뉴욕과 부에노스아이레스의 연구자들은 거의 같은 시기에 0.2퍼센트 구연산나트륨 용액이 혈액응고억제제로 효과가 있으면서 환자에게는 해가 없다는 사실을 공표했다. 양쪽은 아무 관계가 없었다. 각각 독립적인 연구였다.[20] 뉴욕의 리처드 루이슨Richard Lewisohn은 응고억제제를 완성했다. 이어 2년 후에는 프랑스 전선에서 응고억제제가 널리 사용됐다.[21] 수혈의 선구자 중 한 사람이었던 케네스 워커Kenneth Walker는 회고록에 이렇게 썼다. "내가 왔다는 소식이 참호로 급히 전파되자 사기가 충천했다. '사령부에서 한 친구가 왔는데 펌프로 피를 넣어주면 죽은 뒤에도 되살아난다'는 소문이 퍼졌다. 목숨을 담보로 도박을 하는 이들에게는 그야말로 복음이었다."[22]

    IQ라는 개념으로 발전된 정신 검사는 원래 니스 태생의 프랑스 심리학자 알프레드 비네Alfred Binet의 아이디어였다. 20세기 초 프로이트 심리학은 인간의 행동을 설명하는 유일한 과학이 결코 아니었다. 두개골 측정과 범죄자 골상학을 중시하는 이탈리아-프랑스 학파도 인기가 있었다. 이탈리아인 체사레 롬브로소와 프랑스인 폴 브로카Paul Broca는 지능은 두뇌 크기와 관계가 있고, 성격—특히 성격적 결함이나 범죄성—은 얼굴이나 기타 신체의 생김새와 관련이 있다고 믿었다. 범죄성과 관련된 생김새를 롬브로소는 '성흔聖痕 sigmata'이라고 불렀다.
    소르본 대학 교수였던 비네는 브로카의 결론을 확인할 수가 없었다. 1904년 비네는 프랑스 교육부로부터 한 가지 연구 과제를 의뢰받았다. 남들보다 뒤처지는, 따라서 특별교육을 시켜야 할 학생들을 미리 알아내는 기법을 개발해달라는 것이었다. 두개골 측정학의 성과에 실망한 비네는 일상생활과 맞물린 아주 짧은 검사를 개발했다. 동전의 개수를 세거나 두 얼굴 중 어느 쪽이 '더 예쁜지'를 답하게 하는 일련의 설문이었다. 그는 학교에서 가르치는 뻔한 기술—예를 들어 수학과 읽기—

에 대해서는 검사를 하지 않았다. 새삼 검사를 하지 않아도 어느 아이가 그 분야에서 뒤처지는지 교사들이 잘 알기 때문이다.[23] 비네는 대단히 실용적인 방식을 택했다. 신비적인 능력에 대한 검사 등은 아예 접었다.[24] 사실 그는 검사가 양이 많고 다양하다면 어떤 식으로 하든 상관없다고 봤다. 그가 원한 것은 학생이 다니는 학교가 좋든지 나쁘든지, 과외를 받든지 말든지에 관계없이 학생의 진짜 능력을 말해주는 하나의 점수를 얻어내는 것이었다.

세 종류의 비네식 검사가 1905~11년에 출판됐다. 그러나 이른바 아이큐라고 하는 개념으로 발전한 것은 1908년 버전이었다.[25] 요체는 검사마다 연령 수준을 부여하는 것이었다. 원론적으로 말하면 해당 연령의 정상 아동이라면 검사용 설문을 하나도 틀리지 않고 답할 수 있어야 한다. 검사는 전반적으로 실제 나이와 개략적인 '정신연령'을 비교하게끔 만든 것이었다. 원래 비네는 자연연령에서 '정신연령'을 빼서 점수를 내려고 했다. 그러나 그렇게 하니까 결과가 너무 엉성했다. 예를 들어 여섯 살인데 남보다 2년 뒤처진 아이가 열한 살인데 2년 뒤처진 아이보다 더 지체가 심한 것으로 나타났다. 그래서 1912년 독일 심리학자 W. 슈테른은 정신연령을 자연연령으로 나누는 안을 냈다. 지능지수 산출법이었다.[26] 아이큐를 정상인 아동이나 성인에게 적용하는 것은 결코 비네의 의도가 아니었다. 오히려 그런 시도에 대해 우려했다. 그러나 1차 대전이 터지자 그의 아이디어는 미국으로 건너가 완전히 변질됐다.

비네식 지능 검사를 미국에서 처음으로 대중화한 사람은 H. H. 고다드Goddard였다. 논란이 많은 인물로 뉴저지의 정신박약 소년소녀를 위한 바인랜드 훈련학교 연구부장이었다.[27] 고다드는 비네보다 사회진화론 성향이 훨씬 강했다. 그런 만큼 그의 수정을 거친 지능 검사는 결코 예전과 같지 않았다.[28] 당시 심리학에서 쓰는 전문용어가 둘 있었다. 요즘에는 잘 안 쓰는 표현이다. '백치idiot'는 말을 제대로 하지 못하고 지시를 따라하는 데 어려움이 있는 사람을 말한다. 정신연령은 세 살 이하로 판단된다. 반면 '치우癡愚 imbecile'는 쓰고 읽는 능력이 부족해서 정신연령이 3~7세로 추정되는 경우다. 고다드가 처음 시도한 것은 새 용어를 만드는 일이었다. 그리스어로 바보라는 뜻의 moron(모론)을 정상 지능 미만의 정신박약자를 지칭하는 개념으로 사용했다.[29] 1912년부터 1차 대전 발발까지 고다드는 수많은 검사를 했다. 그 결과 놀랍게도—아니, 터무니없게도—보통 미국인의 50~80퍼센트가 정신연령이 11세 미만이고 따라서 정신박약이라는 결론이 나왔다. 고다드는 깜짝 놀랐다. 정신박약은 사회 위협요소라고 봤기 때문이다. 백치와 치우는 누가 봐도 뻔하고, 사회적 관심을 끌지 않고 쉽게 감금해둘 수 있는데다 생식을 하는 경우도 드물었다. 다른 한편으로 고다드는 정신박약자들은 지도자가 되거나 혼자 힘으로 사고할 수가 없다고 보았다. 그들은 일꾼이었다. 하라는 대로 하면 되는 일벌이었다. 그런 사람은 많았다. 그리고 대부분 생식을 통해 같은 부류를 대량생산할 뿐이었다. 고다드의 진짜 걱정은 이민이었다. 그는 미국의 관문인 뉴욕 엘리스 섬에 도착하는 이민자들을 검사한 한 특이한 연구에서 헝가리인, 이탈리아인, 러시아인의 5분의 4가 '정신박약'이라는 결론을 내렸다. 만족스러운 동시에 놀라웠을 것이다.[30]

고다드의 방법론을 이어받은 사람이 미국 심리학자 루이스 터먼Lewis Terman이었다. 터먼은 라이프치히에서 유명한 독일 심리학자 빌헬름 분트 밑에서 공부하고 보어전쟁에 참전한 영국 육군 장교 찰스 스피어맨Charles Spearman의 접근법까지 결합시켰다. 스피어맨 이전까지 심리학이라는 신생 학문 연구자들은 대부분 지능 척도의 양극단—대단히 어벙한 경우와 대단히 명민한 경우—에 위치한 사람들에게 관심이 있었다. 그러나 스피어맨은 정신 능력 검사에서 좋은 결과가 나온 사람들이 다른 분야도 잘하는 경향에 관심을 가졌다. 그는 차츰 다른 활동의 토대가 된다고 여겨지는 '일반' 능력으로 구성된 지능이라는 개념에 다가갔다. 스피어맨은 이 일반 능력에 더해서 수학이나 음악, 공간 능력과 같은 많은 특수 능력이 있다고 말했다. 이를 '지능 2요인설'이라고 한다.[31]

1차 대전이 발발하자 터먼은 캘리포니아로 갔다. 그곳에서 스탠퍼드 대학 교수로 있으면서 비네를 비롯한 선배들이 고안한 지능 검사를 세련화시켜 '스탠퍼드-비네 지능검사Stanford-Binet Intelligence Scale'를 개발했다. 특수교육을 요하는 사람을 진단하기 위한 것이라기보다는 여러 능력을 망라하는 '고도의' 복합적 인지능력을 파악하기 위한 검사였다. 검사에는 사용 어휘의 규모, 시공간 인지 능력, 비정상 감지능력, 친숙한 사물 알아보기, 시선과 손동작 일치 정도와 같은 내용들이 포함됐다.³² 따라서 터먼이 개발한 지능검사는 아이큐intelligence quotient를 누구에게나 적용할 수 있는 일반개념으로 발전시켰다. 터먼은 슈테른의 아이큐 계산법(정신연령을 자연연령으로 나눈 것)에 100을 곱하고 소수점 이하는 버리는 방식도 고안해냈다. 이에 따라 평균 아이큐는 100이 되었고, 소수점 이하가 없는 자연수로 표현돼 대중의 뇌리에 깊이 자리 잡게 됐다.

바로 이 시점에 세계시적인 사건이 터지고 심리학자 로버트 여키스Robert Yerkes가 끼어들게 된다.³³ 1차 대전이 터졌을 때 여키스는 거의 마흔이었다. 어떤 기록에 따르면 욕구불만이 많은 인물이었다고 한다.³⁴ 그는 하버드 대학 교수였지만 자신의 연구 분야가 과학으로 대접받지 못하는 데 대해 심히 불만이었다. 당시 대학에서는 심리학이 철학의 한 분야로 인식되기도 했다. 그래서 유럽이 전쟁에 돌입하고 미국은 참전을 준비하는 와중에 여키스는 엉뚱한 발상을 했다. 심리학자들이 지능검사를 통해 군 자원 평가를 도와야 한다는 것이었다.³⁵ 영국이 보어전쟁 때 군 자원에 대한 신체건강 검사 결과가 형편없는 것으로 나타나 충격을 받은 것이 엊그제 일이었다. 더구나 우생학자들은 미국 이민자의 질이 떨어지고 있다고 호들갑을 떨었다. 이제 돌 하나로 새 두 마리를 잡을 기회가 온 것이다. 수많은 사람들을 평가해서 평균 정신연령은 어느 정도이고 이민자들을 비교 평가한 결과는 어떠한지를 파악하면 다가오는 전쟁에도 잘 써먹을 수 있다고 생각한 것이다. 여키스는 적어도 이론적으로는 미군이 심리학적 검사를 통해 엄청난 이득을 볼 수 있다는 점을 재빨리 간파했다. 그런 검사를 통해 전쟁에 취약한 자원을 배제하는 것은 물론이고 지휘관, 장비 운영 요원, 통신장교 등등에 적합한 자원이 누구인지를 가려낼 수도 있었다. 이런 야심찬 계획을 추진하려면 기존의 지능검사 기법을 두 가지 차원에서 대폭 보강해야 했다. 우선 검사할 집단이 있어야 한다. 검사는 부적합한 떨거지들은 물론이고 능력과 가능성이 뛰어난 사람들을 가려내야 한다. 해군은 여키스의 제안을 무시했지만 육군은 바로 받아들였다. 그리고 결코 후회하지 않을 결과를 얻었다. 여키스는 대령이 되었고, 후일 지능검사가 "승전에 도움이 됐다"고 주장했다. 이런 주장이 과장이라는 것은 나중에 살펴보게 될 것이다.³⁶

미 육군이 여키스의 검사 결과를 얼마나 활용했는지는 명확치 않다. 그러나 장기적으로 의미가 있었을 것이라는 점은 전쟁 기간에 여키스와 터먼, 그리고 C. C. 브리검Brigham이 실시한 검사가 175만 명분이나 된다는 사실에서도 알 수 있다.³⁷ 전례 없이 방대한 검사 자료를 (종전 후) 면밀히 분석한 결과 세 가지 결론이 나왔다. 첫째는 징집 대상자의 평균 정신연령이 13세라는 것이다. 지금의 우리한테는 굉장히 놀라운 이야기다. 현대 사회에서 국민의 평균 정신연령이 진짜 13세라면 그 나라는 생존을 기대하기 힘들다. 그러나 우생학이 득세하던 당시 분위기에서는 대부분의 사람들이 검사 결과가 잘못이라는 생각은 하지 않고 "이러다가는 망한다"는 쪽으로 기울었다. 두 번째 중요한 결론은 유럽 이민자의 경우 출신 국가에 따라 등급이 나뉜다는 것이었다. (매우 놀랍게도) 피부가 상대적으로 검은 유럽 대륙 남부와 동부 출신들이 북부와 서부 출신보다 점수가 나빴다. 셋째로, 흑인이 바닥으로 나타났다. 정신연령이 10.5세로 나왔다.³⁸

1차 대전이 끝난 직후 터먼은 여키스와 협력해 국가지능검사National Intelligence Test를 도입했다. 군 지능검사 모델을 토대로 학생들의 지능을 측정하기 위한 만든 검사였다. 군에서 효과가 좋았다고 하니 시장도 기대가 컸다. 지능검사는 곧 엄청난 장사가 됐다. 검사지 판매로 얻은 로열티로 터먼은 뛰어난 심리학자라는 명예 외에 부까지 얻었다. 1920년대 들어 미국에 외국인 혐오의 물결이 다시 몰아닥치고 우생학을 중시하는 분위기가 되면서, 전시에 했던 아이큐 검사 결과가 이상한 방향으로 적극 활용됐다. 이민 규제의 논거로 쓰인 것이다. 이에 대해서는 나중에 살펴보기로 하자.³⁹

또 하나 1차 대전으로 이득을 본 분야는 정신분석이었다. 사라예보에서 페르디난트 대공이 암살되자 프로이트는 처음에 동맹국들이 별 문제 없이 신속히 승리할 것으로 낙관했다. 그러나 다른 사람들과 마찬가지로 차츰 생각을 바꾸지 않을 수 없었다.⁴⁰ 그는 전쟁이 정신분석의 명운에 그토록 깊은 영향을 미칠 줄 몰랐다. 예를 들어 미국은 정신분석학회가 구성돼 있는 12개 국 중 하나였지만 정신분석은 여전히 신앙요법 내지는 요가 수준의 주변 의학의 한 분야로 간주되고 있었다. 영국도 썩 다르지 않았다. 1914년 전쟁이 터진 해 겨울에 영국에서 프로이트의 『일상생활의 정신병리학 Zur Psychopathologie des Alltagslebens』의 영역본 (The Psychopathology of Everyday Life)이 나오자 《영국 의학 저널 British Medical Journal》서평 등에서는 "난센스치고는 참으로 상상력이 풍부하다"느니 '악성 병원균'이니 하며 혹독한 비난을 퍼부었다. 영국 의사들은 평소 프로이트의 '지저분한 학설'을 대수롭지 않게 보고 있었다.[41]

정신분석에 대한 평가가 달라진 것은 양쪽에서 포격쇼크(요즘은 전투피로나 전투노이로제라는 표현을 많이 쓴다 : 옮긴이)를 앓는 군인의 수가 급증하면서였다. 전에도 전투 초기에 넋이 나가 엉엉 울고 난리를 치는 사례는 있었다. 그러나 그 수는 물리적 부상자에 비하면 훨씬 적었다. 이번 경우가 본질적으로 다른 점은 전투의 특성 때문이었다. 전투는 극심한 포격을 견디면서 참호 속에 틀어박혀 싸우는 스타일로 바뀌었고, 지원제에서 징집제로 바뀌다 보니 병력 중에 전투 부적합자가 많았다.[42] 정신과 의사들은 민간인 출신으로 구성된 군대에 보통의 경우라면 군인이 되면 곤란한 사람이 많다는 사실을 바로 알아챘다. 전쟁 상황의 긴장을 견뎌내지 못하는 데다 '민간인' 시절 잠재해 있던 노이로제가 포격이라고 하는 공포 상황 하에서 표출되는 것이었다. 의사들은 그런 경우와 피로 누적으로 한계에 도달하는 경우를 구분하게 됐다. 전쟁의 무대에 오른 사람들을 집중 조사한 결과 심리학은 오랜 평화시에는 뚜렷하게 나타나지 않던 것들을 많이 밝혀냈다. 롤링스 리스 Rawlings Rees(영국 정신과 의사 : 옮긴이)의 지적대로 "1914~18년 전쟁 기간에 발생한 상당수의 전투 노이로제가 정신의학과 의학을 통째로 뒤흔들었다." 그러나 동시에 정신의학이 존중받는 계기도 됐다.[43] 소수 남녀 집단에서 일어났던 기이한 증상들이 이제는 공포로 거의 미쳐버린 한 세대에게 정상을 되찾아주는 데 귀한 도움이 되는 것으로 간주됐다. 영국군 사상자 104만 3,653명을 분석한 결과 노이로제가 34퍼센트나 됐다.[44]

정신분석이 유일한 치료법은 아니었다. 고전적인 정신분석 요법으로 효과를 보는 데는 시간이 너무 걸렸다. 그러나 문제는 그게 아니었다. 연합국과 동맹국 모두 사병뿐 아니라 장교까지 포격쇼크를 겪는 것으로 나타났기 때문이다. 장교는 대부분 고도의 훈련을 받고 대단히 용감한 사람들이었다. 따라서 꾀병이라고 치부할 수도 없는 노릇이었다. 그리고, 그런 경우가 너무 많아서 후방에는 물론이고 장병들을 치료한 뒤 전선으로 돌려보낼 야전병원이 필요했다.⁴⁵ 전쟁이 정신분석이 명예를 찾는 데 일조했음을 보여주는 두 가지 사례가 있다. 첫 번째 사례는 1918년 2월의 일이었다. 프로이트는 야전병원 의료진으로 복무했던 에른스트 짐멜Ernst Simmel이라는 독일인 의사의 논문을 받았다. 짐멜은 최면술로 이른바 꾀병쟁이들을 치료하면서 동시에 인형을 만들어 환자들의 억압된 공격성을 폭발시키도록 했다. 이 방법이 매우 성공적이라고 본 짐멜은 독일 전쟁성에 정신분석 클리닉 건립에 자금을 대달라고 청원했다. 독일 정부는 전쟁 기간에는 이 제안에 대해 아무 반응이 없었다. 그러나 1918년 부다페스트에서 열린 국제정신분석학회에는 옵서버를 파견했다.⁴⁶ 두 번째 에피소드는 1920년에 일어났다. 오스트리아 정부는 빈 대학 정신과 교수 율리우스 바그너 야우레크Julius Wagner-Jauregg 고소 사건 조사 위원회를 꾸렸다. 바그너 야우레크는 저명한 의사로 1927년에는 요오드 투여를 통해 유럽에서 크레틴병(갑상선호르몬 결핍으로 야기되는 정신지체 : 옮긴이)을 실질적으로 근절한 공로로 노벨 생리·의학상을 수상했다. 1차 대전 때 바그너 야우레크는 전상자 치료를 맡고 있었다. 그런데 패전 이후 그가 전기 충격 요법을 비롯해 잔인한 치료법을 썼다고 해서 군 쪽에서 비난이 쏟아졌다. 프로이트는 위원회의 호출을 받고 증인으로 나갔다. 프로이트의 증언과 바그너 야우레크의 증언은 곧 라이벌 이론의 치열한 대결로 비쳐졌다. 위원회는 바그너 야우레크에 대해 무혐의 판정을 내렸다. 그러나 프로이트가 정부 산하 위원회의 호출을 받았다는 사실은 정신분석이 그만큼 널리 평가를 받게 됐다는 징표였다. 프로이트 전기를 쓴 로널드 클라크의 말대로 프로이트의 시대는 바로 이때부터 시작됐다.⁴⁷

"20세기에서 1차 대전 때만큼 시가 주도적인 문학형식이었던 적은 없다."(적어도 영어권에서는 그랬다) 그리고 이 말을 한 버나드 버곤지Bernard Bergonzi(영국의 문학평론가이자 시인 : 옮긴이) 같은 사람들은 영국의 시문학은 "결코 1차 대전을 넘어서지 못했다"고 주장한다. 프랜시스 호프의 말을 인용하자면 "완전히 수사적이지 않은 의미에서 1918년 이후 쓰인 모든 시는 전쟁시였다."⁴⁸ 지난날을 되돌아보면 왜 그래야 했는지를 알기 어렵지 않다. 전쟁터로 나간 많은 젊은이들은 제대로 교육받은 인재들이었다. 당시로서는 영문학을 잘 안다는 의미였다. 전선에서의 하루하루는 긴장과 불안의 나날이었던 만큼 짧고 날카롭고 응집력 있는 시 형식이 어울렸다. 게다가 전쟁은 평상시와는 다른 특이하고도 생생한 이미지를 풍부하게 제공했다. 시인이 죽는 불행한 사태를 당하면 얇은 시집의 우아함이 낭만적 호소력을 발휘하는 것도 부인할 수 없는 사실이었다. 크리켓을 하다가 곧장 솜이나 파스샹달 전장으로 달려간 많은 청년들은 어설픈 시인이 되었다. 책빙은 평소 같았으면 절대 출판까지 되지는 못했을 시들로 넘쳐났다. 그러나 그중에서도 걸출한 소수가 있었고, 그 소수 중에서 일부는 지금까지도 읽는 이의 심금을 울린다.⁴⁹

1차 대전 때 시를 쓴 시인들은 두 그룹으로 나눌 수 있다. 초기의 시인들은 전쟁의 영광에 대해 썼고 곧바로 전사했다. 또 한 그룹은 전사했든 아니든 간에 대량학살과 공포, 1914~18년 전쟁의 특징이었던 끔찍한 소모전과 어리석음을 증언했다.⁵⁰ 루퍼트 브루크(1887~1915)는 앞쪽 그룹 시인 가운데 가장 유명하다. 평론가들은 브루크의 짧은 생애는 전쟁시인이자 순교자로서의 역할을 다하기 위한 준비과정이었다는 말을 하곤 한다. 그는 눈에 확 띄는 금발에 미남이었다. 똑똑하고 제스처가 좀 컸으며 케임브리지 대학의 분위기가 만들어낸 전형이었다. 살아남았다면 틀림없이 블룸즈버리 그룹(1907~30년에 활동한 영국의 유명 작가·철학자·예술가 서클 : 옮긴이)에 들었을 것이다. 친구였던 프랜시스 콘퍼드Frances Cornford(영국 여성 시인, 1886~1960 : 옮긴이)는 케임브리지 재학 시절의 브루크를 묘사한 짧은 시(1910년에 발표한 『시집Poems』에 실린 「청춘Youth」)를 쓴 적이 있다.

> 젊은 아폴로여, 화사한 금발에
> 꿈을 꾸며 싸움의 문턱에 서 있구나.
> 그토록 천진난만한 표정으로,
> 인생의 기나긴 쩨쩨함은 꿈에도 모른 채.⁵¹

전쟁 발발 이전의 브루크는 영국의 농촌을 찬미한 조지 시대 시인들의 한 사람이었다. 이들은 다소 느긋하면서도 소박하고 직설적인 스타일을 선호했다.⁵² 1914

년 현재까지는 1815년 워털루 전투 이후로 이렇다 할 전쟁이라곤 없었다. 따라서 1차 대전이라고 하는 미지의 사태를 어떻게 해석하고 대처해야 할지 난감했다. 브루크의 시는 대부분 전쟁 발발 초기 몇 주 사이에 쓴 것이다. 그때만 해도 연합국과 동맹국 양쪽의 많은 사람들이 전쟁은 신속히 끝날 것이라고 믿었다. 브루크는 1914년 가을 앤트워프 외곽에서 벌어진 짧은 교전을 목격했다. 그러나 본인이 위험에 처한 상황은 아니었다. 그가 쓴 많은 시가 동인지 『신시新詩 New Numbers』에 실려 출판됐다. 이 시집은 거의 주목을 받지 못하다가 1915년 부활절 일요일에 런던 성 바울 대성당 주임신부가 브루크의 「병사 The Soldier」를 설교에 인용하면서 알려졌다. 이어 〈타임스〉가 이 시를 다시 실으면서 브루크는 널리 알려지게 됐다. 일주일 후 그가 죽었다는 보도가 나왔다. '화려한' 죽음은 아니었다. 에게 해에서 패혈증으로 사망한 것이다. 전투를 하다가 죽은 것은 아니지만 소속 전투부대를 따라 갈리폴리로 이동하던 중이었다. 이 소식이 알려지면서 브루크는 영웅이 됐다.[53]

친구인 시인 이보르 거니Ivor Gurney를 비롯한 몇몇 인사는 브루크의 시가 전쟁을 직접 다뤘다기보다는 영국인이 전쟁 초기 몇 달간 벌어진 사태에 대해 느낀—또는 느끼고 싶었던—바를 묘사한 것이라고 말했다.[54] 자신의 전투 경험보다는 영국인의 일반적인 심상을 우리에게 전해준다는 이야기다. 가장 유명한 시 「병사」(1914)를 보자.

나 죽거든 이것만은 기억해 주게.
어느 먼 나라 후미진 구석,
거기도 영원히 영국이라고. 아마도
그 풍요로운 땅에 더 풍요로운 한줌 흙이 곧 쌓이겠지.
영국이 낳고, 키우고, 의식을 불어넣고,
사랑할 꽃을, 발길 닿는 대로 떠돌 길을 주었던,
그 육신, 이제 흙으로 돌아갔지만 영국의 공기를 호흡했노라고,
그 냇물에 멱 감고, 고향 햇살 따사로운 축복을 받았었노라고.

로버트 그레이브스Robert Graves는 1895년 윔블던에서 태어났다. 아버지가 아일랜드 시인 알프레드 퍼스벌 그레이브스Alfred Perceval Graves였다. 그레이브스는 프랑스 전선에서 복무하다가 부상을 입고 의식을 잃었다. 들것에 실려 급조한 독일군 야전병원으로 이송됐지만 다들 못 살 것이라고 했다.⁵⁵ 그레이브스는 평소 신화에 관심이 많았다. 그래서 그의 시편들은 아득하면서도 불안감을 주지만 그 자체로 흥미롭다. 처음으로 시체를 목격하고 쓴 시가 있다. 참호에 쳐놓은 철조망에 걸린 독일군 시체여서 묻어줄 수도 없었다. 이 작품은 선전용 시와는 거리가 멀다. 그레이브스의 시들은 전쟁의 어리석음과 관료적 허망함을 통박하는 내용이 많다. 우리에게 친숙한 신화들을 뒤집는 데서 오히려 강렬한 힘이 나온다.

> 끔찍한 일격이 옆에서 날아올 줄이야……
> '찔렸다! 이제 죽었다!' 어린 다윗의 비명,
> 정신없이 돌진하지만, 숨이 막히고…… 그리고 죽는다.
> 쇠 투구 쓰고 충혈된 눈으로 노려보던
> 골리앗, 쓰러진 몸통을 발로 짓밟는다.⁵⁶

주인공이 어찌 이렇게 될 수 있나 씁쓸하기만 하다. 골리앗이 이기게 돼 있는 게 아닌데……. 그레이브스 본인은 전쟁을 소재로 한 시들을 발표하려고 하지 않았다. 그러나 사망 후인 1985년 『전쟁시선Poems about War』이란 제목으로 묶여 나왔다.⁵⁷

브루크나 그레이브스와 달리 아이작 로젠버그(1890~1918)는 중산층 명문 사립학교 출신이 아니었다. 시골에서 자란 것도 아니었다. 브리스톨의 가난한 유대인 집안에서 태어나 어린 시절을 영국의 옛 빈민가 이스트 엔드에서 보냈다. 건강도 썩 좋지 않았다.⁵⁸ 열네 살 때 학교를 중퇴했는데 부자 친구들이 그의 재능을 알아보고 돈을 대서 슬레이드 미술학교에 보내줬다. 거기서 그림 공부를 하면서 데이비드 봄버그David Bomberg, C. R. W. 네빈슨Nevinson, 스탠리 스펜서Stanley Spencer 등을 만났다.⁵⁹ 그는 군에 들어간 것은 애국적인 동기에서가 아니라 어머니에게 별거

수당을 타드리기 위해서라고 말한 바 있다. 군 생활은 짜증스러웠고, 사병 이상으로 진급하지도 못했다. 그러나 특정한 시적 전통에 매달리지 않았기 때문에 전쟁에 대해 독특한 방식으로 접근했다. 그는 예술과 삶을 구분했고, 전쟁을 메타포로 변환시키려 하지 않았다. 오히려 전쟁이 던지는 비정상적인 이미지와 씨름하면서 전쟁 체험을 재창조하려고 노력했다. 전쟁은 그의 삶의 일부지만 대부분의 사람들에게는 그렇지 않았다.

> 어둠이 조각조각 흩어진다.
> 이제 언제나처럼 똑같은 드루이드(고대 켈트족 종교의 사제 : 옮긴이)의 시간.
> 딱 하나 살아 꿈틀거리는 생명체가 내 손등으로 뛰어올랐다.
> 비웃듯이 두리번거리는 쥐란 녀석, 참 이상해.
> 참호 벽에 핀 양귀비꽃 꺾어
> 귀에 꽂아본다.

뒤에 가면 이렇게 이어진다.

> 인간의 핏줄 속에 뿌리 박은 양귀비꽃은
> 밟히고, 또 꺾이건만
> 내 귀에 숨은 빠알간 양귀비꽃은 안전해,
> 먼지 묻어 좀 허예졌을 뿐.
>
> _「참호 속에 날이 밝아 Break of Day in the Trenches」, 1916.

지금 참호 속의 로젠버그 곁에 앉아 있는 느낌이다. 양측의 대치로 인적 없는 중간지대를 마음껏 돌아다니는 쥐와 피로 젖은 땅에 뿌리 박고 자리는 양귀비는 강렬한 이미지다. 그러나 이 시가 전하는 것은 상황의 급박함이다. 로젠버그가 한 편지에서 말한 대로 그의 스타일은 '보통 말할 때 하는 것처럼 단순'했다.[60] 로젠버그는 전쟁의 공포에 굴하지 않고 사물을 응시한다. 그러면서도 중언부언 없이 단출하다.

공포는 제 스스로 발언한다. 그래서 세월이 흘러도 다른 전쟁시들과 달리 생명력을 잃지 않는 것 같다. 그는 1918년 4월 1일 만우절에 전사했다.

윌프레드 오웬Wilfred Owen(1893~1918)은 로젠버그에 버금가는, 어쩌면 더 뛰어난 시인으로 평가받고 있다. 1893년 슈롭셔 오즈워스트리의 종교적이고 전통적인 집안에서 태어났다. 1차 대전이 터진 것은 그가 스물한 살 때였다.[61] 런던 대학에 입학한 뒤 옥스퍼드셔 빌리지의 교회 복사 보조가 됐다가 프랑스 보르도의 베를리츠 외국어학교의 영어 강사 자리를 얻었다. 1914년 전쟁이 발발하자 보르도의 병원으로 프랑스군 사상자들이 실려 오는 것을 보고는 본국의 어머니에게 가슴 아픈 마음을 토로하는 편지를 보냈다. 그러면서 어디를 어떻게들 다쳤는지 생생히 묘사했다. 1915년 10월 예술가소총부대Artists' Rifle(지금 이런 부대명을 가진 연대가 있다고 상상해 보라)에 입대가 허용됐는데 실제 배속은 맨체스터 연대로 됐다. 1916년 12월 말 배를 타고 프랑스로 건너가 랭커셔 퓨질리어 연대에 배속됐다. 당시 전선 상황은 본국에서 정부가 선전하는 것과는 전혀 달랐다.

처음 나선 솜 전투는 엄청난 체험이었다. 이에 대해서는 그가 쓴 여러 편지에 잘 나타나 있다. 전투를 겪으면서 오웬은 급속도로 성숙해진다. 1917년 3월 부상을 당해 귀가 조치를 받고 여러 병원을 전전했다. 그해 6월 마지막에 도착한 곳이 에딘버러 외곽의 크레이그록하트 병원이었다. 전기작가의 말에 따르면 '오웬의 짧은 인생에서 결정적인 분수령이 된'곳이었다.[62] 크레이그록하트는 유명한 정신병원으로 W. H. 리버스Rivers가 포격쇼크 치료법을 처음으로 연구하고 있었다. 크레이그록하트에 있는 동안 오웬은 역시 시인인 에드먼드 블런든Edmund Blunden과 시그프리드 서순을 만났다. 두 사람은 회고록에서 당시 오웬과 만난 이야기를 적고 있다. 서순은 자전적인 작품 『시그프리드의 여행Siegfried's Journey』(1948년 이후에 출판됐다)에서 오웬과 자신의 시에 대해 이렇게 말한다. "나의 참호 스케치는 불화살처럼 쏘아 올려 어둠을 밝히는 것이었다. 그런 종류로는 처음이었고 시의적절했다고 할 수 있겠다. 반면에 현실의 공포와 냉소가 범람하는 세상에서 시가 어떤 모습이어야 하는지를 분명히 보여준 사람은 오웬이었다."[63] 오웬은 1918년 9월 다시 전선으로 갔다. 그럼으로써 전쟁과 좀 더 강력히 맞서 싸울 수 있을 거라는 생각도 있었기 때문이다. 10월에는 성공적인 보르부아-퐁솜Beaurevoir-Fonsomme 방어선 공격에 참가한 공로로 전공 십자 훈장을 받았다. 오웬이 최고의 시를 쓴 것은 생애 마지막 해였다. 「허망 *Futility*」(1918)을 쓸 당시 브루크는 죽은 지 오래였고, 로젠버그는 멀리 떨어진 전선에 있었다. 오웬은 병사들 세계의 처참한 모습을 그린다. 그 세계는 고향에 남아 있는 독자들이 대면해온 것들과는 너무도 달랐다. 핵심 주제는 젊음이 파괴되고, 대학살이 벌어지고, 수많은 사람들이 불구가 되고, 그런 상황이 영원히 지속될 것 같은 느낌이었다. 그러면서도 그는 공포를 명료하고도 아름다운, 동시에 끔찍한 방식으로 보여주는 언어를 발견한다.

> 햇볕 속으로 그를 옮겨오라.
> 그 부드러운 별 받아 깨어난 적 있거니.
> 한때 고향에서, 씨 뿌리기 전의 들판을 속살거린 햇볕.
> 프랑스에서도 언제나 햇볕이 깨워주었다.
> 이 아침, 이 눈 나리기 전에는.
> 지금 무엇이 그를 깨울지는
> 저 착한 늙은 태양이 알 것이다.
>
> 햇볕 받아 씨앗이 깨어나는 걸 보라.
> 옛적에 차가운 별의 진흙도 깨웠다.
> 그처럼 힘겹게 자란, 감각 가득한,
> 아직도 따뜻한 팔다리, 허리가
> 너무도 굳어 움직일 수 없는가?
> 이 꼴이 되려고 진흙은 크게 자랐었는가?
> 오, 얼빠진 햇빛으로 하여금
> 흙의 잠을 깨우려 애쓰게 한 것은 무엇이었나?

(이 책에 나오는 오웬의 시는 이상섭 교수가 옮기고 주를 단 『오웬전집』의 번역문을 그대로 실었다 : 옮긴이)

「보초병The Sentry」과 「반격Counter-Attack」 같은 시에서 물리적 조건과 공포는 언어와 맞물린다. 대량학살은 언제든 일어날 수 있다.

> 우리가 오래된 독일놈 토치카를 찾아냈다.
> 그놈도 그걸 알고 우릴 꽤나 괴롭혔다.
> 미친 듯 포탄을 퍼붓댔지만 새 부술 순 없었다.
> 흙탕물 폭포로 쏟아지는 비에
> 허리까지 진흙물에 잠겼는데 물은 계속 불어나
> 참호 계단은 진흙이 엉겨 올라갈 수도 없었다.
>
> _(「보초병」 중에서)

오웬에게 전쟁은 결코 그 무엇에 대한 메타포가 아니다. 그러기에는 너무 거대하고, 너무 가공可恐할 만한 것이어서 그 자체 이외의 다른 것은 결코 될 수 없는 대상이었다. 그의 시들은 누적적 효과라고 할 만한 특성을 고려해서 읽을 필요가 있다. 그의 시는 (서순이 자기 작품에 대해 규정한 바와 같은) '어둠을 밝히는' 폭죽이 아니다. 오히려 지속적인 포격으로 대지를 초토화시키는 무지막지한 포탄들과도 같다. 전원생활은 오웬을 실망시켰다. 교회도 마찬가지였다. 그리고 우려했던 대로 자신도 스스로에 실망했다. 남은 것이라곤 전쟁의 체험뿐이다.[64]

> 나는 우정을 얻었다—
> 그러나 행복한 연인들의 옛 노래와는 다른 것.
> 사랑이란 고운 입술과
> 그리움이 담긴 비단결의 눈빛을
>
> 기쁨으로 묶어주는 것이 아니다—
> 기쁨의 매듭은 풀리기 마련이니.
> 그러나 튼튼한 말뚝에 감긴 전쟁의 질긴 철조망과

선혈 흐르는 팔의 붕대와 소총 멜빵의 올실로 묶은 우정을.

_「나의 시에 대한 변명Apologia Pro Poemate Meo」, 1917

버나드 베르곤지Bernard Bergonzi의 기막힌 표현을 빌리면 오웬은 스스로를 사제司祭이자 제물로 보았다. W. B. 예이츠가 『옥스퍼드 현대시 모음집Oxford Book of Modern Verse』(1936)을 내면서 "수동적 고난은 시 문학에 적절한 주제가 아니다"라는 이유를 들어 오웬을 뺀 것은 악명 높다. 일부 평론가들은 질투에서 비롯된 악의적인 변명이라고 본다. 오웬의 시는 오랜 세월 독자들의 사랑을 받아왔고 지금도 그렇다. 그는 중대장으로서 부하들을 상브르 운하를 건너게 하려고 동분서주하다 적탄에 맞아 숨졌다. 그때가 1918년 11월 4일. 전쟁은 그로부터 일주일도 채 되지 않아 끝났다.

전쟁은 여러 가지 측면에서 우리의 사고방식과 사고 내용을 완전히 바꿔놓았다. 1975년 『1차 대전과 현대의 기억The Great War and Modern Memory』에서 퍼슬(당시 뉴저지 주 럿거스 대학 교수였고, 지금은 펜실베이니아 대학에 있다)은 그러한 변화의 양상을 탐색했다. 전쟁이 끝나자 진보의 이념은 뒤집어졌다. 많은 사람들에게 신앙은 더는 지탱할 수 없는 것이 되었고, 아이러니—감정과 거리를 두는 태도—가 "현대인의 영혼 속에 깊이 들어앉았다."[65] 퍼슬은 현대 들어 생긴 '양극단화의 습관versus habit'도 1차 대전에서 비롯된 것이라고 지적한다. 존중해야 할 모호성이 해체되고 대신 '양극단의 감정'이 들어섰다. 적은 사악한 존재인 만큼 흠결투성이거나 변태이고 따라서 '완전히 복속시켜야 한다'는 논리가 지배하게 됐다는 것이다. 그는 전쟁 기간에 영국에서 유행한 성적 풍조에 주목했다. 전쟁으로 연인을 잃은 여성이 많다 보니 레즈비언 커플이 많이 탄생한 것이다. 1920~30년대에 흔히 볼 수 있는 풍경이었다. 그래서 여성의 동성애를 실제보다 훨씬 이상하게 보는 풍조가 생겼을 법도 하지만 결과적으로는 전후의 사정에 대한 연민과 서글픔 때문에 여성 동성애를 좀 더 너그럽게 봐주게 된 것인지도 모른다.

퍼슬의 저작을 기초로 해서 제이 윈터Jay Winter(미국 역사가 : 옮긴이)는 『기억의 장소, 애도의 장소 Sites of Memory, Sites of Mourning』(1995)에서 대량학살로 말미암아 전례 없이 가족친지와 죽음으로 이별하는 종말론적인 사태가 번지자 많은 사람들이 모더니즘의 신기함—추상미술, 자유시, 무조음악 등등—을 외면하고 좀 더 전통적인 표현양식으로 돌아섰다고 지적했다.[66] 특히 전쟁 기념과 관계되는 것들은 리얼리즘적이고 단순하고 보수적인 양상을 띠었다. 아방가르드 작가들—독일 화가 오토 딕스 Otto Dix, 막스 베크만 Max Beckmann, 영국 화가 스탠리 스펜서 Stanley Spencer, 심지어 장 콕토 Jean Cocteau와 파블로 피카소까지 그랬다. 콕토와 피카소는 에릭 사티 Erik Satie가 작곡한 모던 발레곡 「퍼레이드 Parade」의 대본과 미술을 각각 맡으면서 이런 경향을 보였다—의 작품들조차 전통적인, 심지어 기독교적인 이미지와 테마로 돌아갔다. 그런 내러티브와 신화만이 모두가 '공유한 엄청난 문제'의 심각성을 제대로 표현해줄 수 있었다.[67] 프랑스에서는 경건주의를 강조한 포스터로 19세기 이후 인기가 없어진 에피날 판화 images d'Épinal가 부활하고, '비현대적인' 종말론 문학이 다시 등장했다. 프랑스에서만 그런 것이 아니었다. 앙리 바르뷔스 Henri Barbusse의 『포화 Le Feu』와 카를 크라우스 Karl Kraus의 『인류 최후의 날들 Last Days of Mankind』이 대표적인 사례다. 교황청의 비난을 받았지만 죽은 이와 대화를 하려는 시도로서 심령술이 엄청나게 번성했다. 교육 수준이 낮은 사람들 사이에 번진 일시적 유행이 아니었다. 프랑스에서는 노벨상까지 탄 생리학자 샤를 리셰 Charles Richet가 형이상학연구소를 이끌었고, 영국에서는 리버풀 대학 물리학 교수였으며 나중에 버밍엄 대학 초대 학장이 된 올리버 로지 Oliver Lodge 경이 심령연구협회 회장을 맡았다.[68] 윈터는 1922년 런던 화이트홀(정부청사 : 옮긴이)에서 열린 현충일 기념식 때 찍은 '혼령 사진들'을 책에 실었다. 망자들이 식의 진행을 지켜보고 있는 듯한 장면이다. 프랑스 영화감독 아벨 강스 Abel Gance는 전후의 걸작 가운데 하나인 「나는 고발한다 J'accuse」(1919)에서 유사한 접근법을 사용했다. 전쟁터의 묘지에 묻힌 사자들이 붕대를 감은 채 목발과 지팡이를 짚고 일어나 원래 살던 마을로 돌아와서 자신들의 희생이 헛되지 않았음을 확인한다는 이야기다. "전사자들을 본 마을 사람들은 너무도 놀란 나머지 바로 행실을 단정히 했고, 사자들은 무덤으로 돌아갔다. 사명은 완수됐다."[69] 너무 쉽게 만족한 셈이다.

그러나 이와는 다른 방식의—아마도 최선의—반응이 성숙하기까지는 여러 해가 걸렸다. 그러면서 1920년대와 그 이후를 장식하는 위대한 문학을 형성하게 된다.

지금까지 이 장에서 살펴본 모든 발전 과정과 에피소드들은 전쟁에 대한 즉각적인 반응이었다. 루드비히 비트겐슈타인Ludwig Wittgenstein(1889~1951)의 경우에는 전쟁 기간에 한 작업이 전쟁 자체에 대한 반응은 아니었다. 그렇지만 비트겐슈타인이 언제 죽을지 모르는 상황에 처해 있지 않았더라면 『논리철학 논고Tractatus Logico-Philosophicus』를 쓸 수 없었을 것이고, 설령 썼다 하더라도 톤이 상당히 달랐을 것이다.

비트겐슈타인이 자원입대한 것은 1914년 8월 7일, 오스트리아가 러시아에 선전포고를 한 다음날이었다. 동부전선 크라쿠프Krakow에 주둔한 포병연대에 배속됐다.[70] 후일 죽음에 직면하는 경험을 해 보면 정신적 성숙에 도움이 될 것으로 생각했다고 한 것을 보면(루퍼트 브루크도 같은 이야기를 했다) 다소 낭만적인 분위기에 휩쓸려서 참전한 것 같다. 적군을 처음 보고나서 쓴 편지에 이런 말이 나온다. "난 이제 괜찮은 인간이 될 기회를 얻었다. 죽음과 눈을 마주하고 섰으니까."[71]

전쟁이 터졌을 때 비트겐슈타인은 스물다섯이었다. 8남매 중 막내였는데 유대계지만 빈 사회에 완전히 동화된 부유한 집안이었다. 애국시인이자 극작가인 프란츠 그릴파르처Franz Grillparzer가 아버지 친구였고, 요하네스 브람스Johannes Brahms가 어머니와 이모의 피아노 레슨 선생이었다. 비트겐슈타인 집안에서 열리는 저녁 음악회는 빈에서 꽤 유명했다. 작곡가 구스타프 말러Gustav Mahler와 지휘자 브루노 발터Bruno Walter가 늘 참석했으며, 브람스의 클라리넷 5중주도 거기서 처음 연주했다. 누나 마르가레테 비트겐슈타인은 구스타프 클림트의 모델이 되기도 했다. 마르가레테의 초상화는 금색과 자주색을 비롯해 현란한 색채로 아롱진 것이었다.[72] 루드비히가 비트겐슈타인 집안에서 가장 유명한 인물이 된 것은 아이러니다. 원래는 집안에서 좀 어벙한 아이로 통했기 때문이다. 마르가레테는 독특한 아름다움을 가진 여자였다. 형 한스는 네 살 때 피아노와 바이올린을 연주하고 작곡을 시작했다. 또 다른 형 루돌프는 배우가 되려고 베를린으로 갔다. 한스가 1903년 체사피크 만에서 배를 타고 나갔다 실종되지 않았다면, 그리고 루돌프가 베를린의 바에서 피아니스트에게 음료 한 잔을 사주고 신청곡을 부탁한 뒤 청산가리를 삼키지 않았다면, "난 꽝이야"라고 했던 루드비히가 그렇게 빛을 발하지는 못했을 것이다.[73] 두 형은 사업으로 성공해야 한다는 아버지의 고지식한 요구에 부응하지 못한다는 생각에 늘 괴로워했다. 루돌프도 동성애 성향이 심해지면서 괴로워했다.

루드비히는 음악을 좋아했다. 그러나 기술이나 실용적인 쪽에 관심이 남달랐다. 그래서 빈의 인문학교에 가지 않고 린츠에 있는 실업학교로 진학했다. 그 학교에는 레오폴트 푀취Leopold Pötsch라는 유명한 역사 선생이 있었다. 그는 우익 과격파로 함부르크 왕조를 '타락'했다고 보았다.[74] 그가 보기에 합스부르크 왕가와 같은 자들에게 충성하는 것은 말도 안 되는 이야기였다. 그는 범게르만주의 운동이라고 하는 포퓰리즘적 국수주의를 신봉했다. 비트겐슈타인이 푀취의 주장에 끌렸다는 증거는 없다. 그러나 몇 달간 같이 수학한 한 동창생은 분명히 그랬다. 그의 이름은 아돌프 히틀러였다. 린츠를 떠난 비트겐슈타인은 베를린으로 갔다. 여기서 그는 철학에 관심을 갖게 된다. 항공학에도 매료됐다. 아들들이 돈벌이가 되는 사업을 하기를 열망했던 아버지는 영국 맨체스터 대학에 진학하라고 권했다. 공학부가 우수한 대학이었다. 루드비히는 계획대로 공학부에 등록을 했다. 그러면서 수학 교수인 호레이스 램Horace Lamb의 세미나도 들었다. 바로 이 세미나에서 비트겐슈타인은 한 동급생으로부터 버트런드 러셀의 『수학의 원리』를 알게 됐다. 앞에서 보았듯이 수학과 논리학이 같은 것이라는 것을 입증하는 책이었다. 비트겐슈타인에게 러셀의 저서는 일종의 계시와 같았다. 그는 여러 달을 『수학의 원리』와 함께 고틀로프 프레게Gottlob Frege의 『연산의 기본법칙Grundgesetze der Arithmetik』을 연구하면서 보냈다.[75] 1911년 늦여름에 비트겐슈타인은 독일 예나 여행길에 프레게를 찾아갔다. 프레게는 몸집이 자그마하고 "말할 때마다 방 안을 촐싹거리듯이 왔다 갔다 했다." 그는 젊은 오스트리아 청년에게 깊은 인상을 받아 케임브리지 대학으로 가서 버트런드 러셀 밑에서 공부해 보라고 권고했다.[76] 비트겐슈타인과 러셀이 만날 무렵 러셀은 『수학원리』 집필을 막 끝낸 참이었다. 빈 청년이 케임브리지에 도착한 것은 1911년이다. 처음에 그를 접한 사람들의 평가는 제각각이었다. 케임브리지에서 얻은 별명은 비터기터Witter-Gitter(뭐라고 뭐라고 웅얼거린다는 뜻으로 비트겐슈타인의 이름을 희화하한 것 : 옮긴이)로 독일식 유머감각을 발휘하려는 게 오히려 안쓰럽고 덜 떨어져 보인다는 평가를 받았다. 아놀드 쇤베르크나 오스카 코코슈카와 마찬가지로 비트겐슈타인은 혼자 공부를 했기 때문에 남들이 어떻게 보는지는 신경 쓰지 않았다.⁷⁷ 그러나 곧 이 학생이 그야말로 청출어람이라는 소문이 퍼졌다. 그래서 러셀이 비트겐슈타인의 사도회the Apostles(케임브리지 대학에서도 특히 우수한 학생들만 모인 비밀 문학 서클로 1820년부터 시작됐다. 비트겐슈타인 당시에는 리튼 스트레이치와 메이너드 케인스가 핵심인물이었다 : 옮긴이) 가입을 주선했을 때 "케임브리지는 또 한 명의 천재가 들어온다는 사실을 알고 있었다."⁷⁸

케임브리지에 온 지 3년이 지난 1914년 비트겐슈타인(루키Luki라는 애칭으로 불렸다)은 자신의 논리 이론을 정립하기 시작했다.⁷⁹ 그러나 곧 긴 방학을 맞아 고향 빈으로 돌아갔을 때 전쟁이 터졌고, 다시 돌아갈 수 없게 됐다. 이후 몇 년 간은 비트겐슈타인의 사상과 전선에서 겪는 위험이 복합적으로 상호작용을 하는 과정이었다. 전쟁 초기에 그는 언어에 관한 그림이론이라는 것을 구상하고 있었다. 이 이론이 세련화된 것은 오스트리아군이 러시아의 공격에 밀려 우왕좌왕하며 퇴각하던 시기였다. 1916년 러시아군이 발트 해 연안에서 동맹국들을 공격한 이후 비트겐슈타인은 사병으로 최전선에 배치됐다. 그는 용감했다. 최전선 척후병이라는 위험한 임무를 자원했다. 적의 목표물이 되기 딱 좋은 역할이었다. '총알이 날아왔다'고 그해 4월 29일자 일기는 적고 있다.⁸⁰ 몇 달 동안 이런 정신없는 상황 속에서도 그는 철학에 관한 글을 썼다. 적어도 6월까지는 그랬다. 당시 러시아는 오랫동안 계획했던 브루실로프Brusilov 공세를 펴기 시작했고, 전투는 더더욱 치열해졌다. 이 시점에 비트겐슈타인이 쓴 일기는 그가 좀 더 철학적으로, 그리고 심지어 종교적으로 되어간다는 것을 잘 보여준다. 7월 말 오스트리아는 다시 퇴각한다. 이번에는 카르파티아 산맥까지 밀려났다. 혹한에 비는 뿌리고 안개는 자욱했다.⁸¹ 비트겐슈타인은 다시 총탄에 맞았다. 그래서 영국의 빅토리아 십자훈장에 해당하는 훈장 서훈 추천을 받았고(실제로는 그보다 등급이 약간 떨어지는 훈장을 받았다) 세 차례나 진급을 해서 마침내 장교가 됐다.⁸² 장교 양성학교에서 그는 그동안 쓴 원고를 마음이 맞는 빈 출신 건축가 파울 엥겔만Paul Engelmann과 함께 손봤다. 그러고는 중위로 임관해 이탈리아 전선으로 갔다.⁸³ 1918년에는 휴가를 얻어 책을 완성했다. 그에 앞서 비트겐슈타인은 한 기차역에서 자살을 할까 생각하던 중 우연히 삼촌 파울을 만나 자살기도는 무산됐다. 삼촌은 자기가 사는 할라인으로 같이 가자고 설득했다.⁸⁴ 그곳에서 귀대하기 전까지 비트겐슈타인은 새 버전을 완성했다. 그러나 원고가 출판되기도 전에 이탈리아 선선에서 포로로 붙잡혔다. 포로로 잡혀온 각국 군인은 무려 50민 명이었다. 포로수용소에 갇혀 있는 동안 그는 자신의 책이 철학의 주요 문제를 모두 해결했으니 전쟁이 끝나면 철학은 이제 그만하고 학교 선생이나 해야겠다고 결심했다. 유산도 포기하기로 했다. 나중에 그는 이 두 가지 결심을 모두 실천에 옮겼다.

『논리철학 논고』만큼 우여곡절이 많은 책도 없을 것이다. 비트겐슈타인은 출판사를 찾는 데 상당히 애를 먹었다. 처음 선이 닿은 출판사는 인쇄와 종이 비용을 필자가 다 대야 출판을 해주겠다고 했다.⁸⁵ 다른 출판사들도 주저했다. 그래서 영어본은 1922년이 되어서야 비로소 빛을 보게 됐다.⁸⁶ 그러나 일단 세상에 나오자마자 센세이션을 불러일으켰다. 많은 사람들이 그 내용을 이해하지 못했다. 일부에서는 "분명 결함이 있다" "별 것 아니다"라고 생각했다. 영어 번역판을 낸 프랭크 램지Frank Ramsay는 유명한 철학 저널 《마인드Mind》에 "이 책은 광범위한 주제에 걸쳐 독창적인 아이디어를 담고 있으며, 수미일관된 체계를 갖춘…… 대단히 중요한 책이다"라고 썼다.⁸⁷ 케인스는 비트겐슈타인에게 보낸 편지에서 "자네가 맞았든 틀렸든 책이 나온 이후로 케임브리지에서 벌어지는 모든 중요한 토론의 주제가 됐네"라고 말했다.⁸⁸ 빈에서는 모리츠 슐리크Moritz Schlick가 주도하는 철학자 그룹의 관심을 끌었다. 이 그룹은 나중에 그 유명한 빈 서클Vienna Circle(논리실증주의)로 발전한다.⁸⁹ 비트겐슈타인 전기를 쓴 레이 몽크Ray Monk의 지적대로 『논리철학 논고』는 논리이론, 명제는 그림이라는 이론, 그리고 '쇼펜하우어 냄새가 물씬 나는 신비주의'를 망라하고 있다. 책의 골자는 언어는 세계에 상응한다는 것이다. 마치 그림이나 모델이 묘사 대상인 세계에 상응하듯이. 독자가 이해하기 쉽게 배려한 구석은 하나도 없다. 그는 서문에 "여기에 제시한 생각들의 진리성은 내가 보기에는 논란의 여지가 없이 확고하다"고 적었다. 이어 철학의 문제에 대해 '모든 본질적인 측면에서는' 최종적인 해결책을 찾았다면서 서문을 이렇게 끝맺었다. "나의 이런 믿음이 잘못이 아니라면 이 책이 갖는 두 번째 가치는 그런 문제들을 해결했다는 것이 얼마나 별 볼일 없는가를 보여주는 것이다." 책에 실린 문장들은 매우 간단하다. 그리고 일련번호가 붙어 있다. 2.151이라고 번호를 붙인 구절은 2.15를 세련화시킨 것이고, 2.15는 2.1의 진술을 참조하지 않으면 이해할 수 없다. 진술들은 논증이 없다. 대신 러셀이 말한 대로 '러시아 차르(황제)의 칙령'처럼 그저 계속 앞으로 나아간다.⁹⁰ 『논리철학 논고』에 영감을 준 프레게조차 이 책을 전혀 이해하지 못하고 죽었다.

책 후반부를 유심히 살펴보면 비트겐슈타인이 『논리철학 논고』에서 노리는 바가 무엇인지 좀 더 쉽게 이해할 수 있다. 그가 기여한 혁신이라고 한다면 언어에는 한계가 있다는 사실을 확인했다는 것이다. 언어가 할 수 없는 어떤 사안들이 있고, 그에 따라 논리적인, 따라서 철학적인 결과가 수반된다는 것이다. 예를 들어 비트겐슈타인은 가치에 대해 논하는 것은 무의미하다고 주장한다. 이유는 단순하다. '가치는 세계의 일부가 아니기' 때문이다. 따라서 도덕과 미학의 문제에 관한 모든 판단은 의미 있는 언어 사용이 결코 될 수 없다. 우리가 전체로서의 세계에 대해 이러니저러니 하는 철학적 일반화도 마찬가지다. 그런 일반화는 기본 단위가 되는 문장들(이것이야말로 '진짜 그림들이다')로 쪼갤 수 없다면 무의미하다. 대신 의미 있는 말을 하려면 우리는 눈높이를 낮춰야 한다고 비트겐슈타인은 말한다. 세계는 그것을 구성하는 개별적인 사실들을 조심스럽게 묘사함으로써만 이야기할 수 있다. 이것은 본질적으로 과학이 하는 일이다. 그가 생각하는 논리란 본질적으로 동어반복tautology이다. 동일한 사물을 말하는 서로 다른 방식들이기 때문에 '세계에 관한 실질적인 정보를 전혀' 주지 못한다.

비트겐슈타인은 '말장난에 골몰하는' 철학 사조를 처음으로 퍼뜨렸다는 부당한 비판을 받아왔다. 사실 그는 우리가 의미 있게 말할 수 있는 것과 그렇지 못한 것이 무엇인지를 확실히 구분함으로써 우리의 언어 사용을 좀 더 엄밀하게 만들고자 했다. 『논리철학 논고』의 마지막 문장은 너무도 유명하다. "말할 수 없는 것에 관해서는 침묵해야 한다."⁹¹ 말이 현실과 상응하지 못하는 영역에 대해 논하는 것은 무의미하다는 뜻이다. 책을 내고 난 이후의 비트겐슈타인의 행보는 집필에 몰두할 때와 마찬가지로 특이했다. 책의 마지막 문장을 특이한 방식으로 실천에 옮긴 것이다. 그는 침묵으로 들어갔고, 오스트리아의 시골 초등학교 교사가 되었다. 이후 죽을 때까지 살아 있는 동안 다른 책을 내지 않았다.[92]

전쟁 동안 많은 예술가와 작가들이 중립국 스위스의 취리히로 몰려들었다. 제임스 조이스는 율리시즈의 상당 부분을 취리히 호숫가에서 썼다. 프랑스 화가 한스 아르프Hans Arp, 독일 극작가 프랑크 베데킨트Frank Wedekind, 프랑스 작가 로맹 롤랑Romain Rolland도 이곳으로 왔다. 이들은 취리히의 카페에서 만나곤 했다. 이들 카페는 19세기 말 빈의 카페가 그랬던 것처럼 중요성을 갖게 됐다. 그 중에서 카페 오데옹Café Odéon이 가장 유명했다. 취리히로 망명한 많은 지식인들에게 전쟁은 자신들을 낳아준 문명의 종말을 상징하는 것으로 보였다. 전쟁에 앞서 예술이 '이즘(주의)들'의 확산이 돼 버린 시절이 있었고, 과학은 불변의 실재라는 관념과 전적으로 이성적이고 자기의식적인 인간이라는 개념 둘 다를 폐기처분했다. 이런 세상에서 다다이스트들은 예술이라는 개념 자체와 예술가라는 존재를 근본적으로 바꿔놓아야 한다고 느꼈다. 전쟁은 이러한 진보적인 생각을 폭발시켰다. 그리고 그 결과, 후대에도 남을 수 있는 고전적인 작품을 만들겠다는 야심을 완전히 죽여 버렸다.[93] 한 평론가는 예술가들이 취할 수 있는 유일한 선택은 침묵하거나 행동하는 것뿐이라고 말했다.

카페 오데옹의 단골 가운데는 독일 작가 프란츠 베르펠Franz Werfel, 러시아 화가 알렉세이 야블렌스키, 독일 철학자 에른스트 카시러Ernst Cassirer 등이 있었다. 당시로서는 무명이었던 독일 작가 후고 발Hugo Ball(가톨릭 신자로 당시에는 무정부주의자였다)과 그의 애인 에미 헤닝스Emmy Hennings도 있었다. 헤닝스는 기자였지만 카바레 배우로서 발의 피아노 연주에 맞춰 공연도 했다. 1916년 2월 두 사람은 문학 취향의 카바레를 열 생각을 하게 됐다. 카바레 이름을 볼테르라고 한 것은 아이러니하다. 다다는 볼테르적인 스타일과는 거리가 멀었기 때문이다.[94] 카바레 볼테르는 레닌이 망명해 살고 있던 가파르고 좁다란 슈피겔가세Spiegelgasse 골목에

문을 열었다. 볼테르에 처음 나타난 사람 중에 사미 로젠스톡Sami Rosenstock이 있다. 그의 필명은 트리스탄 차라였다. 초기 그룹 중 유일한 스위스인은 조피 토이버Sophie Taeuber로 한스 아르프Hans Arp의 아내였다(아르프는 알사스 출신이다). 이 밖에 오스트리아 출신 발터 제르너Walter Serner, 우크라이나 출신 마르셀 슬로드키Marcel Slodki, 독일 출신 리하르트 휠젠베크Richard Hülsenbeck와 한스 리히터Hans Richter가 있었다. 1916년 6월 발은 카바레 소개용 프로그램을 만들었는데 공연 안내문에서 처음으로 다다Dada라는 말을 사용했다. 발이 직접 쓴 소개서에는 "난폭한 선동꾼들이 나오고, 원시주의적 춤이 있으며, 불협화음과 입체파 연극이 벌어진다"는 식으로 카바레 볼테르에서 하는 공연들을 낱낱이 열거하고 있다.[95] 차라는 다다라는 말을 라루스 사전에서 찾아냈다고 주장했지만 원래 의미가 무엇이든 간에 그것은 곧 독특한 의미를 지니게 됐다. 독일 화가 한스 리히터는 그 의미를 다음과 같이 잘 요약했다.[96] 다다라는 말은 "삶에 대해 느긋하게 긍정의 뜻을 표하는 슬라브어 '다, 다', 즉 '예스, 예스'라고 하는 것과 관계가 있다." 전시에 다다이스트들은 연극을 가장 소중한 인간의 활동으로 찬양했다. "세계대전이라는 도살장에 몸서리친 우리는 예술로 눈을 돌렸다"고 아르프는 썼다. "우리는 기본적인 예술을 추구했다. 그것은 우리가 생각하기에 인류를 당시의 격렬한 광기로부터 구원해 줄 수 있는 것이었다…… 우리는 익명적이고 집단적인 예술을 원했다."[97] 다다는 인류를 파탄에 이르게 한 병든 정신을 구원해 건강을 회복시킬 목적으로 고안된 것이다.[98] 다다이스트들은 과학과 정치의 발전을 고려할 때 예술이—가장 넓은 의미에서—가능한지에 대해 의문을 제기했다. 그들은 현실을 재현할 수 있느냐에 대해 의문을 품었으며, 현실은 과학의 주장에 따르면 너무도 포착하기 어려워서 도덕적으로나 사회적으로도 의문스러운 존재라고 주장했다. 다다가 중시하는 것이 있다면 그것은 실험의 자유였다.[99]

다다는 다른 모더니즘 운동 못지않게 패러독스를 내포하고 있었다. 그들은 예술의 도덕적, 사회적 효용은 의심했지만 예술가로 남는 것 외에는 달리 선택의 여지가 없었다. 정신의 건강을 회복하려는 시도로서 여전히 아방가르드의 이념, 즉 예술이 현실의 존재 이유를 해명하고 인간에게 구원을 주는 능력을 지니고 있다는 이상을 지지했다. 유일한 차이는 어떤 '이즘'을 따르기보다는 모든 것을 비웃고, 어린 시절과 우연에 호소함으로써 천진난만함과 청정함, 명료함을 되찾으려고 시도한다는 점이었다. 이는 특히 무의식의 탐색으로 나타났다.

이런 시도에 있어서 한스 아르프와 쿠르트 슈비터스Kurt Schwitters만큼 성공한 작가는 없다. 아르프는 1916~20년에 두 가지 유형의 이미지를 만들어냈다. 목판화는 단순하고 조각그림처럼 장난감 같은 분위기가 났다. 그는 어린아이처럼 구름과 나뭇잎을 소박하고 밝고 친근한 색깔로 그리기를 좋아했다. 동시에 우연에 몸을 맡기기를 즐겼다. 종이를 찢어 떨어뜨린 다음 떨어진 곳에 붙이는 식으로 무작위적인 콜라주 기법을 창안했다. 그러나 공공장소용으로 만든 작품은 명상적인 분위기가 났으며 단순하고 안정감이 있었다.¹⁰⁰ 아르프와 같은 작업을 시 부문에서는 트리스탄 차라가 했다. 단어들을 주머니에서 되는 대로 끄집어내 '문장들'로 얼추 맞추는 것 같은 방식이었다.¹⁰¹ 독일 화가 쿠르트 슈비터스(1887~1948)도 콜라주를 제작했다. 그러나 무작위적이지 않은 것처럼 보이도록 교묘하게 꾸몄다. 마르셀 뒤샹이 변기나 자전거 바퀴 같은 일상의 물건들을 이름을 다르게 붙이거나 화랑에 전시하는 행위를 통해 예술로 변환시킨 것과 마찬가지로 슈비터스는 쓰레기 속에서 시를 찾아냈다. 기질 상으로는 입체파였던 슈비터스는 고향 하노버에서 더럽고 껍질이 벗겨지고 얼룩지고 반쯤 불타고 찢겨나간 것들을 뒤졌다. 이런 물건들을 한 데 모아 전혀 다른, 스토리가 있고 아름다운 무엇으로 변환시켰다.¹⁰² 그의 콜라주 작품들은 무작위로 맞춘 것처럼 보이지만 색채의 조화가 뚜렷하고 한 물건의 끄트머리가 다른 조각과 절묘하게 맞아떨어진다. 또 신문지에 묻은 얼룩은 전체 구성물 가운데 다른 한 부분을 연상시킨다. 이런 것이 바로 슈비터스에게는 '메르츠Merz' 그림이었다. 메르츠라는 이름은 신문 광고에 나온 Kommerzbank(상업은행)라는 낱말의 두 번째 음절 merz에서 따온 것으로(별다른 의미는 없다) 초기 콜라주 작품을 그렇게 불렀다. 슈비터스의 콜라주에 들어간 파편과 부유물들은 그에게는 하나의 코멘트였다. 한편으로는 결국 전쟁으로까지 치달아 대량학살과 소모와 더러움을 유발한 문화에 대한, 그리고 다른 한편으로는 그런 문화의 발전소 역할을 했고, 이제는 비참함이 만연한 대도시들에 대한 코멘트였다. 에두아르 마네나 샤를 보들레르, 인상주의 화가들이 모더니즘 탄생의 배경이 된 19세기 말 대도시의 와글거리는 찰나적 아름다움을 찬미했다면 슈비터스의 콜라주는 한 시대의 종말에 대한 불편한 만가였다. 그러나 그것은 새로운 예술형식이기도 했으며 그러한 세계에 대한 비난이자 기념비였다. 이러한 모호성 또는 패러독스를 다다이스트들은 기꺼이 끌어안았다.[103]

전쟁이 끝나갈 무렵 후고 발이 취리히를 떠나 티치노(이탈리아어를 쓰는 스위스 지방: 옮긴이)로 옮겨가면서 다다의 핵심은 독일로 이동했다. 한스 아르프와 또 한 사람의 콜라주 작가 막스 에른스트 Max Ernst는 쾰른으로 갔고, 슈비터스는 하노버로 돌아갔다. 그러나 다다가 한층 정치적으로 변모한 것은 베를린에서였다. 베를린은 패전으로 쇠퇴하면서 끔찍하게 변해갔다. 생필품 부족으로 생활은 비참했고, 정치는 극단적으로 양분돼 러시아 혁명의 여파로 당장이라도 혁명이 일어날 것 같은 분위기였다. 1918년 11월 사회주의자들이 폭동을 일으켰다. 폭동은 실패했고 지도자인 카를 리프크네히트와 로자 룩셈부르크는 처형당했다. 봉기는 특히 아돌프 히틀러에게는 결정적인 기회가 됐다. 그런 점에서는 다다이스트들도 마찬가지였다.[104]

'다다 바이러스'를 베를린으로 퍼뜨린 사람은 시인이자 소설가인 리하르트 휠젠베크였다.[105] 그는 1918년 4월 다다 선언을 출판했다. 이어 다다 클럽이 발족했다. 초기 멤버에는 라울 하우스만 Raoul Hausmann, 게오르게 그로스 George Grosz, 존 하트필드 John Heartfield, 하나 회흐 Hannah Höch 등이 있었다. 이들은 콜라주를 포토몽타주 photomontage로 대체함으로써 하나같이 혐오하는 프로이센 사회를 공격했다. 다다이스트들은 여전히 논란의 중심에 있었으며 각종 스캔들을 불러일으켰다. 작가인 요하네스 바더 Johannes Baader는 바이마르 의회로 쳐들어가 의원들에게 팸플릿을 뿌리고 자기가 대통령이라고 떠들었다.[106] 다다는 취리히에서보다 베를린에서 더욱 집단적인 경향을 보였다. 다다이스트들은 에리히 헤켈, 에른스트 루드비히 키르히너, 에밀 놀데와 같은 표현주의 화가들은 부르주아 독일 낭만주의에 불과하다고 주장하면서 공세를 가했다.[107] 게오르게 그로스와 오토 딕스는 화가 중에서 가장 격렬한 비판자였는데 이들이 가장 강렬하게 묘사한 이미지는 불구가 된 상이군인이었다. 그로테스크하게 일그러진 인물들은 후방에 남은 이들로 하여금 전쟁의 잔혹한 광기를 고통스럽게 떠올리게 하는 역할을 했다. 손발이 절단된 인물들은 부패하고 일그러지고 허수아비 같은, 그러면서도 뒤로는 여전히 낡은 질서가 힘을 쓰는 바이마르공화국 문화에 대한, 그리고 특히나 전쟁의 상흔에 대한 적나라한 메타포였다.

　이 사회의 흉측한 속살을 그로스의 걸작 「공화국의 자동인형들Republican Automatons」만큼 확실히 까발린 것은 없다. 음울한 마천루가 늘어선 배경은 불길한 전조다. 이런 화풍은 얼마 후 이탈리아 화가 조르지오 데 키리코Giorgio de Chirico가 더욱 위협적인 방식으로 계승한다. 화면 앞쪽의 불구가 된 인물들은 부조리할 정도로 복잡한 의수와 의족에 몸을 지탱하고 있다. 그러면서도 전통적인 중산모에 빳빳하게 세운 칼라, 깔끔하게 풀 먹인 셔츠를 입은 복고풍 차림에 전쟁에서 받은 훈장을 뽐내면서 독일 국기를 흔들고 있다. 그로스의 그림이 다 그렇듯이 적의에 찬 혐오감을 드러내는 통렬한 이미지다. 혐오감은 독일인들뿐 아니라 못마땅한 상황을 그렇게 쉽사리 받아들이고 마는 부르주아지를 향한 것이기도 하다.[108] 그로스에게 있어서 악은 전쟁과 더불어 끝나지 않았다. 무수한 사람들의 손발이 잘려나가고 그토록 처참한 일을 겪었는데도 변한 것이 거의 없다는 사실이야말로 그로스가 맹렬히 비난하고자 하는 바였다. "그로스가 보는 독일에서는 모든 것이, 그리고 모두가 사고팔 수 있는 대상이다[창녀는 그중에서도 가장 인기 있는 대상이었다]. ……세계는 네 종류의 돼지가 소유하고 있다. 자본가, 관료, 성직자, 그리고 창녀다. 창녀는 사교계를 주름잡는 부인의 모습으로 나타난다. 괜찮은 관료나 교양 있는 은행가도 일부 있다……는 식으로 반론을 제기해 봐야 소용없는 일이다. 그로스의 이미지가 드러내는 분노와 통증은 그런 세세한 구분 따위는 간단히 무시해버렸다."[109]

　트리스탄 차라Tristan Tzara는 다다의 이념을 1920년 파리로 가져왔다. 모더니즘 잡지 《문학Littérature》을 함께 편집하던 앙드레 브르통André Breton, 루이 아라공Louis Aragon, 필립 수포Philippe Soupault는 차라의 주장에 공감했고, 이미 알프레드 자리Alfred Jarry의 상징주의와 부조리극에 영향을 받고 있었다.[110] 이들은 또 독자에게 충격을 주는 스타일을 즐겼다. 그러나 베를린과 달리 파리의 다다는 문학에서 강점을 보였다. 1920년 말에 접어들면 적어도 여섯 종의 다다 잡지가 등장했고, 프란시스 피카비아Francis Picabia의 『언어 없는 생각Pensées sans langage』과 폴 엘뤼아르Paul Eluard의 『삶의 필연성과 꿈의 결과Les Nécessités de la vie et les conséquences des rêves』 같은 유의 책도 많이 나왔다. 이런 잡지와 책들에 더해 각종 살롱과 야회 모임이 열렸다. 이런 행사의 목적은 대중에게 충격과 실망을 불러일으키고 부르주아지로 하여금 자신의 허망함을 직시하고 '허무의 심연을 들여다보게' 만들려는 것이었다.[111] 이런 식의 대중에 대한 공격, 위험을 오히려 즐기는 태도, 그리고 '혼돈에 확실히 발을 담그는 자세' 등이야말로 파리와 베를린과 취리히의 다다를 관통하는 흐름이었다.[112]

파리 다다의 특징은 자동기술automatic writing이었다. 작가가 스스로 '기술記述하는 기계'가 되어 '무의식의 중얼거림'을 듣고 적는 심리학적 기법이다. 앙드레 브르통은 현실의 심층은 자동기술을 통해서만 파악할 수 있고, '사고의 유비적 연속'은 그런 방식으로 표출된다고 생각했다. 이어 1924년에 우리의 의식적 사고의 심층적 의미에 관해 논한 짧은 에세이를 출판했다.[113] 『초현실주의 선언Manifeste du surréalisme』이라는 제목의 이 책자는 1920~30년대의 예술과 문화에 엄청난 영향을 미쳤다. 비록 초현실주의가 1920년대 중반까지는 활짝 꽃피지 못했지만 브르통은 그것이 '전쟁의 효과'라고 주장했다.[114]

오스트리아 전선에서 비트겐슈타인이 『논리철학 논고』를 쓰고 다듬는 사이 러시아 쪽에서는 몇몇 예술가들이 전쟁을 기록하고 있었다. 마르크 샤갈Marc Chagall은 부상당한 병사들을 그렸다. 나탈리아 곤차로바Natalya Goncharova는 고대 러시아 성상聖像들이 적기의 공격을 받는 모습을 담은 「전쟁의 신비한 이미지 Mystical Images of War」라는 석판화 시리즈를 출판했다. 카지미르 말레비치Kasimir Malevich는 독일군을 조롱하는 일련의 선전 포스터를 만들었다. 그러나 전쟁은 러시아 예술 그룹을 즉각 파리와 단절시키는 난감한 결과를 가져왔다.

1차 대전 이전에 파리에는 많은 러시아 예술가가 거주했다. 이탈리아 시인 필리포 마리네티Filippo Marinetti가 1909년 시작한 미래파Futurismo는 러시아 화가 미하일 라리오노프Mikhail Larionov와 나탈리아 곤차로바가 1914년에 계승했다. 미래파의 핵심적인 사상은 두 가지였다. 첫째, 기계가 새로운 종류의 인류를 창조했고, 그럼으로써 역사의 속박에서 벗어나 자유를 얻게 됐다는 것이다. 둘째로, 그런 상황에 맞닥뜨리게 하는 것이야말로 사람들을 부르주아적 안락으로부터 깨어나게 하는 유일한 방법이라는 것이었다. 미래파는 오래가지는 못했지만 그 도발적 성향은 다다나 초현실주의, 1960년대 '해프닝'계열의 선구가 되었다. 파리에서는 곤차로바가 니콜라이 림스키코르사코프가 작곡한 발레 「황금 수탉Le Coq d'or」의 무대 장치를 디자인했고, 러시아 화가 알렉상드르 브누아Alexandre Benois는 세르게이 디아길레프의 발레 뤼스를 위해 일했다. 기욤 아폴리네르는 폴 기욤 화랑에서 열린 라리오노프와 곤차로바 전시회의 리뷰를 쓰면서 "보편예술이 창조되고 있다. 그림과 조각, 시, 음악, 심지어 과학까지 다채로운 측면이 결합된 예술이다"는 결론을 내렸다. 같은 해인 1914년에는 샤갈 전시회가 파리에서 열렸고, 말레비치의 그림 여러 점이 앙데팡당전에 출품됐다. 전전에 파리에서 활동한 러시아 예술가로는 블라디미르 타틀린Vladimir Tatlin, 리디아 포포바Lydia Popova, 엘리에제르 리시츠키Eliezer Lissitzky, 나움 가보Naum Gabo, 안톤 페브스너Anton Pevsner 등이 있었다. 세르게이 슈추킨Sergey Shchukin과 이반 모로조프Ivan Morozov 같은 부유한 러시아 수집가들은 프랑스파가 만든 모더니즘 계열의 걸작을 수집하면서 피카소, 브라크, 마티스, 거트루드 스타인, 레오 스타인 같은 인물과 친구가 됐다.[115] 전쟁 발발 당시 슈추킨이 모아놓은 작품은 피카소가 54점, 마티스 29점, 고갱 29점, 세잔 26점, 모네 19점 등이었다.[116]

러시아 예술가들은 1914년 이전에는 여행이 자유로웠기 때문에 국제 모더니즘 운동의 흐름에 편승하면서도 러시아적인 색채를 드러냈다. 곤차로바나 말레비치, 샤갈 등의 작품은 '동방'러시아의 색깔과 '서방'모더니즘의 이미지를 결합했다. 동방 정교회의 아이콘(성상)과 얼어붙은 시베리아의 풍경뿐 아니라 철근 기둥, 기계, 비행기 등 다채로운 과학기술 분야의 소재가 등장했다. 러시아 미술은 혁명 이전에는 퇴행적이지 않았다. 실제로 '절대주의suprematism'는 말레비치의 수학에 대한 집착에서 나온 기하학적 추상미술의 한 형태로 1차 대전 발발과 러시아 혁명 사이에 출현했다. 그러나 역시 또 하나의 유럽식 이즘이었다. 전쟁이 한창이던 1917년 10월에 터진 혁명은 회화와 여타 조형예술을 완전히 변모시켰다. 러시아 혁명을 미술 분야에서 대표한 사람은 말레비치, 블라디미르 타틀린, 알렉산드르 로드첸코Alexander Rodchenko 등 화가 세 명과 인민위원 아나톨리 루나차르스키Anatoli Lunacharsky였다.

루나차르스키는 당시 36종이나 되는 책을 쓴 섬세하면서도 이상주의적인 작가였다. 그는 예술이 혁명과 러시아의 혁신에 핵심적인 역할을 한다고 확신했고, 예술이 어떤 역할을 해야 하는지에 관해 확고한 구상이 있었다.[117] 국가가 예술의 유일한 후원자인 상황에서(슈추킨 컬렉션은 1918년 11월 5일자로 국유화됐다) 루나차르스키는 새로운 예술형식을 고안해냈다. 선동과 선전을 결합한 아기트프로프agitprop였다. 그에게 예술은 중요한 변혁의 매체였다.[118] 교육 담당 인민위원(교육·문화부 장관에 해당 : 옮긴이)으로서 루나차르스키는 레닌의 지원을 받았고, 한동안 거창한 프로젝트를 시도하기도 했다. 예를 들어 모스크바의 랜드마크에다가 지난날의 위대한 국제적인 혁명가들의 동상이나 기념물을 세우자는 안을 내놓았다. 누구를 '혁명가'로 볼 거냐는 해석은 고지식하지 않아서 조르주 자크 당통, 장 폴 마라, 볼테르, 졸라, 세잔 등 프랑스인이 다수 포함됐다.[119] 이런 구상들은 자원 부족으로 실현되지 못했다. 미술가는 부족하지 않았지만 청동이 부족했던 탓이다.[120] 다른 아기트프로프 구상은 적어도 한동안은 실현됐다. 아기트프로프 포스터와 전차, 아기트프로프 기차가 등장했고, 볼가 강에는 아기트프로프 보트가 떴다.[121] 루나차르스키는 예술학교도 완전히 개조했다. 그중에는 스몰렌스크 북서쪽 비테브스크와 모스크바에 있는 명문학교도 있었다. 1918년 당시 전자는 샤갈이 관장하고 있었고, 말레비치와 리시츠키는 교수였다. 후자는 모스크바의 국립고등예술기술학교(부크테마스Vkhutemas)로 러시아의 바우하우스 같은 존재로 '세계에서 가장 뛰어난 예술 전문대학이며, 러시아 구성주의의 이념적 중심'이었다.[122]

카지미르 말레비치(1878~1935)의 초기 작품들은 인상주의의 영향을 많이 받았다. 그러면서도 대담하고 단순한 색채 같은 것은 세잔과 고갱, 그리고 특히 마티스를 비롯한 야수파를 연상시켰다. 1912년경 말레비치의 이미지는 입체파 양식으로 흐르기 시작했다. 그러나 이 시기의 작품에 주로 등장하는 들판의 농민들은 분명 러시아적 색채가 강하다. 1912년부터는 다시 한 번 변신했다. 더욱 단순해진 것이다. 그는 시인이자 수학자인 벨레미르 클레브니코프Velimir Khlebnikov와 가까웠다. 그래서 말레비치의 그림은 시와 유사하다는 평가를 받았다. 추상적인, 삼차원 형태의 삼각형이나 원, 사각형 등을 활용하면서 색채에는 거의 변화를 주지 않았다.[123] 그림에 등장하는 형상은 브라크니 피카소보다 덜 탄탄하다. 그러다가 다시 한 번 면모를 일신해 그 유명한 「흰 바탕 위의 검은 사각형」과 같은 유형의 그림들을 내놓는다. 이어 1918년에는 「흰색 위의 흰색」이 나왔다. 도처에서 혁명이 무르익어가는 가운데 말레비치는 대상의 재현이라는 의미에서 보자면 회화의 종언이라고 할 만한 화풍으로 흘렀다(그는 미술이론가로서 쓴 에세이에 「대상 없는 세계」라는 제목을 달기도 했다).[124] 말레비치는 단순, 명료, 청결함을 표현하고자 했다. 이런 것이야말로 수학의 특성이고, 형식미의 단순성이며, 자연의 본질적인 형상이자 입체파의 기저를 이루는 추상적 실재라고 본 것이다. 말레비치는 러시아 회화에 혁명을 가져왔다. 형식을 한계까지 밀어붙이면서 물리학자들이 물질의 외피를 하나씩 벗겨나가는 방식으로 지극히 단순한 요소로 환원해 들어간 것이다.

말레비치가 회화에 혁명을 가져왔을지는 몰라도 구성주의constructivism 자체는 혁명의 일부였다. 이미지와 의도라는 면에서 그것은 혁명에 가장 가까웠다. 루나차르스키는 인민의 예술을 창조하고자 했다. 그것은 그의 표현대로 '5원짜리 예술'이라고 할 만큼 값 싸고 누구나 쉽게 즐길 수 있는 예술이었다. 구성주의는 끊임없는 운동을 암시하면서 예술가와 장인, 엔지니어와 건축가의 경계를 흐려버리는 미래지향적 이미지들로 인민위원 루나차르스키의 요구에 부응했다. 비행기 날개, 리벳, 금속판, 삼각자 등등이 구성주의의 대표적 이미지였다.[125] 블라디미르 타틀린(1885~1953)은 구성주의의 주도적 인물로 선원과 선박 수리 담당 목수로 일한 경력이 있다. 성상 전문 화가이기도 했다. 그는 칸딘스키나 말레비치처럼 새로운 형식, 논리적 형식을 창조하고 싶어 했고, 루나차르스키처럼 프롤레타리아 예술, 사회주의 예술을 창조하고 싶어 했다.[126] 그는 처음에 철과 유리를 활용했다. 누구나 알고 친숙한 '사회주의적 재료'이자 '거들먹거리지 않는' 소재였다.[127] 타틀린의 이론이 응집돼 나타난 것은 1919년이었다. 러시아 혁명이 난 지 2년 만에 그는 세계 마르크스주의 정당 연합체인 제3인터내셔널을 기념할 상징물을 만들어달라는 요청을 받았다. 그가 내놓은 디자인은—1920년 모스크바 제 8차 소비에트 의회에서 축소 모형이 공개됐다—비스듬히 기울어진 타워였다. 높이가 396미터로 304미터에 '불과한' 에펠탑을 훨씬 능가하는 규모였다. 경사진 타워는 국가를 선전하는, 그리고 공학이 예술에서 차지하는 중요성에 관한 타틀린의 관점을 과시하는 작품이었다(타틀린은 시기심이 많았는데 말레비치에 대한 경쟁심은 특히 대단했다).[128] 타워는 세 섹션으로 구성되는데 그 각각은 유리와 철로 만들어져 서로 다른 속도로 회전하도록 돼 있었다. 타틀린 타워는 구성주의의 결정적인 기념물로 간주됐다. 무한히 역동적인 유용한 대상에 거대한 상징주의를 장착한 것이다. 축소 모형이 공개됐을 때 그 위에 걸린 깃발에는 "엔지니어가 새 형식을 창조한다"고 적혀 있었다. 그러나 볼테르와 당통의 동상을 만들 청동이 없는 사회에서 타틀린 타워에 쓸 철이나 유리가 있을 리 만무했다. 따라서 모델 단계로 머물고 말았다. "존재하지 않는 대상으로서 20세기의 가장 영향력 있는 작품으로 남았다는 사실 자체가 실용성의 실행불가능성을 보여주는 은유인 셈이다."[129] 그것은 말레비치의 대상 없는 세계의 완벽한 구현이었다.

러시아 혁명 미술가 3인방의 마지막 인물은 화가 알렉산드르 로드첸코Aleksandr Rodchenko(1891~1956)였다. 혁명 정신에 강렬한 자극을 받은 로드첸코는 독자적인 미래파 양식과 선전선동 미술을 창조했다. 처음에는 건축물이나 조각 같은 다채로운 구조물로 시작했으나 나중에는 사진의 소박한 리얼리즘과 포스터의 즉각적인 효과에 주목했다.[130] 로버트 휴즈의 말을 빌리면 '길거리에서 들리는 비명처럼 관심을 확 잡아끄는' 미술형식을 추구했다.[131] "미래의 미술은 가정집의 편안한 장식품이 아니다. 48층짜리 마천루나 튼튼한 다리, 무선통신, 비행기, 잠수함처럼 불가결한 존재가 될 것이다. 그런 대상들이 예술로 전환되는 것이다." 로드첸코는 러시아의 위대한 모더니즘 시인인 블라디미르 마야코프스키Vladimir Mayakovsky와 협력 관계를 맺었다. 두 사람이 함께 쓰는 작업실 인장에는 '광고 건설업자 마야코프스키-로드첸코'라는 문구가 들어가 있었다.[132] 그들이 만든 포스터는 새 국가를 위한 광고물이었다. 로드첸코에게 있어서 선전은 위대한 예술이었다.[133]

로드첸코와 마야코프스키는 프롤레타리아 예술과 예술의 역할에 관한 타틀린과 루나차르스키의 관점을 공유했다. 혁명을 진정으로 믿었던 두 사람은 예술은 만인의 것이 되어야 한다고 생각했으며, 심지어 국가 전체를 예술작품으로 간주해야 한다고 한 루나차르스키의 주장에도 공감했다.[134] 지금 보면 터무니없는 과대망상으로 보일 수도 있다. 그러나 당시에는 진지한 주장이었다. 로드첸코에게 있어서 사진은 가장 프롤레타리아적인 예술이었다. 타이포그래피나 텍스타일 디자인Textile Design보다 훨씬 더 그랬다. 값이 싸고 상황에 따라 얼마든지 복제가 가능했다. 로드첸코의 주장을 전형적으로 보여주는 슬로건이 있다.

반짝이 같은 **예술**은 가라
자산가의
한가로운 삶이나 장식하는.
보석 같은 **예술**은 가라
빈민의
어둡고 지저분한 삶에 생뚱맞게 던져진.
도피처 같은 예술은 가라
보잘 것 없는 **삶**에서
달아나게 해주는.[135]

이런 구절도 있다.

내게 말해보라. 솔직히. 레닌한테서 뭘 남겨야 할지.
청동 조각상?
유화,
에칭,
수채화,
비서의 수첩, 친구의 회고록?

아니면 일하거나 쉴 때 찍은 사진첩,
소장 도서, 편지지, 노트,
간단히 쓴 보고서, 기록 영화나 음반?
난 선택의 여지가 없다고 생각한다.
예술은 오늘날 삶에 들어설 자리가 없다. …… 현대의 문화인이라면
누구나 예술에 맞서 싸워야 한다. 아편과 싸우듯이.

거짓말은 이제 그만.
사진이나 찍고 또 찍어야 할지니!¹³⁶

이처럼 완벽한 구성주의적 소재를—사진은 현대적이고, 대중적이며, 사실적인데다 친구인 러시아 영화감독 지가 베르토프Dziga Vertov의 영향도 받았다—활용해서 로드첸코는 일련의 포토몽타주를 시작했다. 반복, 왜곡, 과장 등등의 기법을 사용해 대중에게 혁명을 해석하고 재해석해 주는 작업이었다.

대중을 위한 예술형식으로 만들었다고는 하지만 절대주의와 구성주의는 오늘날 '고급미술High Art'로 간주된다. 이런 사조가 프롤레타리아에게 미치고자 했던 영향은 단명했다. '신생' 현대 러시아에서는 더 이상 예술을 삶의 가장 중요한 부분이라고 주장할 수 없게 됐다. 프롤레타리아는 빵과 일자리, 주택, 그리고 맥주에 더 목말라했던 것이다.

지금까지 살펴본 전쟁에 대한 반응들이 대부분 긍정적이라고 말해본들 1차 대전의 공포가 줄어드는 것도 아니고 목숨을 바쳤던 이들에 대해 우리가 진 빚이 줄어드는 것도 아니다. 인간의 본성에는 분명 뭔가가 있는 것 같다. 다다가 그랬듯이 페시미즘으로부터 예술형식이나 철학을 만들어낼 때조차도 결국 나중에 남는 것은 예술형식이나 철학이지 페시미즘이 아니기 때문이다. 20세기에서 가장 암울한 시기가 1914~18년이냐, 스탈린 치하의 러시아냐, 히틀러의 제3제국이냐를 굳이 따지려는 사람은 없을 것이다. 그러나 '세계대전'에서도 뭔가 건질 것은 있다.

제2부
슈펭글러에서 동물농장까지 :
문명과 그에 대한 불만

SPENGLER TO ANIMAL FARM
: Civilisations and Their Discontents

10
저물어가는 세계
Eclipse

1차 대전 이후 유럽에 가장 큰 영향을 미친 사상 중의 하나가 1918년 4월 루덴도르프 대공세 와중에 출판되었다. 루덴도르프 대공세Ludendorff offensive는 독일군 플랑드르 지역 최고사령관인 에리히 루덴도르프Erich Ludendorff 장군이 영국군을 프랑스와 벨기에 북부 해안으로 밀어붙여 다른 나라 군과 분리시키려는 작전이었으나 실패로 끝나면서 서구로서는 전쟁의 승기를 잡는 결정적인 계기됐다. 오스발트 슈펭글러Oswald Spengler(1880~1936)는 1914년 뮌헨에서 고등학교 교사를 하면서 『서구의 몰락Der Untergang des Abendlandes』을 썼다(글자 그대로 하면 '황혼 땅'의 몰락인데 영어로는 The Decline of the West로 번역됐다). 제목은 1912년에 착안한 제목을 그대로 썼다. 논란이 많았지만 그는 책 내용을 하나도 바꾸지 않았으며 10년이 지나서는 '우리 시대의 철학'이라고 점잖게 자평했다.[1]

슈펭글러는 1880년 베를린에서 남서쪽으로 160킬로미터 떨어진 블랑켄부르크에서 태어났다. 부모는 감정을 잘 표현하지 않았고, 그런 태도 때문에 아들은 또래들로부터 소외됐다. 이것이 인격 형성기에 중요한 영향을 미친 것으로 보인다. 혼자노는 스타일의 소년은 리하르트 바그너, 에른스트 헤켈, 헨릭 입센Henrik Ibsen(노르웨이 극작가 : 옮긴이), 프리드리히 니체 등등 대단히 게르만적인 거인들을 벗하며 자랐다. 특히 십대의 슈펭글러에게 깊은 인상을 준 것은 니체의 문화Kultur와 문명

Zivilisation의 구분이었다. 니체적 의미에서 문화란 고독한 선지자로서 무에서 자신만의 질서를 창조해내는 차라투스트라로 대표된다고 할 수 있다. 반면 문명은 예를 들면 토마스 만의 『베네치아에서의 죽음』에 나오는 화려하면서도 복잡하고, 그러면서도 퇴락한, 몰락하고 타락해가는 베네치아 같은 것으로 대표된다.[2] 그는 또 경제학자이자 사회학자인 베르너 좀바르트Werner Sombart의 영향도 받았다. 좀바르트는 1911년 「기술과 문화」라는 에세이를 발표했는데 인간의 삶의 차원은 공학적인 것과는 융화될 수 없다고 주장했다. 미래파의 입장과는 정반대였다. 좀바르트는 경제적·정치적 자유주의와 서구 세계를 몰락시키기 시작한 '상업주의의 물결' 사이에는 어떤 연결점이 있다고 말했다. 좀바르트는 한 걸음 더 나아가서 그는 역사에는 두 유형, 즉 영웅과 장사꾼이 있다고 선언했다. 이 두 유형은 독일의 영웅과 영국의 장사꾼이라는 두 극단으로 전형화됐다.

1903년 슈펭글러는 박사 학위 논문 통과에 실패했다. 어찌어찌 하여 다음해에 통과는 됐지만 독일의 치열한 경쟁 시스템 하에서 처음에 바로 통과되지 못했다는 것은 학계 상층부로 올라갈 길이 막혔다는 의미였다. 1905년에 그는 신경쇠약에 걸려 1년 동안 모습을 드러내지 않았다. 하는 수 없이 대학 쪽은 포기하고 고교 교사가 되었다. 그러나 교사 일이 너무 싫어서 뮌헨으로 가 전업 작가로 활동했다. 뮌헨은 당시 생기 넘치는 도시였다. 하이델베르크나 괴팅겐 같은 학문의 중심지와는 매우 달랐다. 시인 슈테판 게오르게와 그 일파가 있었고, 토마스 만은 막 『베네치아에서의 죽음』을 탈고했으며, 프란츠 마르크와 파울 클레 같은 화가들도 왕성한 활동을 하고 있었다.[3]

슈펭글러가 이 책을 쓰게 된 결정적인 계기는 1911년에 벌어진 한 사건이었다. 그해에 슈펭글러는 뮌헨으로 이주했는데 5월에 독일 순양함 판터Panther호가 프랑스의 모로코 접수를 저지하기 위해 모로코의 아가디르 항으로 들어갔다. 독일과 프랑스의 대치는 유럽을 전쟁 일보직전까지 몰고 갔다. 그러나 결국은 프랑스와 영국이 합작해 독일이 물러서도록 만들었다. 이 굴욕적인 후퇴를 많은 독일인들이 민감하게 받아들였다. 슈펭글러는 유독 심했다.[4] 그는 독일과 독일적인 일처리 방식이 프랑스와 완전히 반대되며, 영국적인 방식과는 더더욱 그렇다고 보았다. 그가 보기에 프랑스와 영국은 계몽주의 이래로 발전해온 합리적 과학의 대변자였다. 그런데 어떤 이유에서인지 슈펭글러는 아가디르 사건을 그런 시대의 종말의 신호탄으로 보았다. 이제 장사꾼이 아니라 영웅의 시대가 왔다는 것이다. 그는 필생의 프로젝트가 될 저서를 쓰기 시작했다. 주제는 "독일이 어떻게 미래를 대표하는 나라, 미래를 대표하는 문화가 될 것인가"였다. 독일이 모로코에서 전쟁을 했다면 패했을지는 몰라도, 이제 독일과 독일적 삶의 방식이 승리하게 될 전쟁이 분명 다가오고 있었다. 슈펭글러는 자신이 니체가 말했던 바와 같은 역사의 전환점에 살고 있다고 믿었다. 그는 처음에 책 제목을 『보수주의자와 자유주의자』로 정했다. 그런데 어느 날 뮌헨 책방의 쇼윈도에서 『고대의 몰락』이라는 책을 보고 나서 제목을 그런 식으로 바꿔야겠다고 생각했다.[5]

  독일과 유럽 전체가 중대한 변화의 기로에 서 있다는 예감은 물론 슈펭글러만 한 것이 아니었다. 프랑스와 독일의 청년운동은 나라의 '쇄신'을 요구하고 있었다. 군국주의적인 주장도 나왔다. 막스 노르다우Max Nordau의 『퇴화Entartung』는 여전히 영향력이 막강했다. 근 한 세기 동안 대규모 전쟁이 없었기 때문에 명예로운 죽음이라는 고상한 이상을 떠드는 것도 전혀 이상할 게 없었다. 루드비히 비트겐슈타인조차 그런 생각을 갖고 있었다는 사실을 앞서 살펴본 바 있다.[6] 슈펭글러는 주요 문명을 바빌로니아 문명, 이집트 문명, 중국 문명, 인도 문명, 콜럼버스 이전 멕시코 문명, 고전 문명 또는 그리스-로마 문명, 서유럽 문명, '마기(조로아스터교)' 문명(슈펭글러가 창안한 용어로 아랍, 유대민족, 비잔틴 문명을 포함하는 개념이다)의 여덟 가지로 나눈 다음 각 문명이 성장, 성숙, 몰락이라는 유기적 순환 과정을 어떻게 겪었는지 설명했다. 그의 의도는 서구 문명이 유별난 특권적 지위를 갖는 것이 아니라는 점을 보여주자는 데 있었다. "각 문화는 나름의 자기표현의 가능성을 갖고 있으며, 탄생에서 성숙을 거쳐 몰락하다가 다시는 돌아올 수 없는 길을 간다."[7] 슈펭글러에게 문명은 합리주의자들의 생각과 달리 사회적 진화의 최종 산물이 아니었다. 역사에 대한 과학이나 직선적인 발전이란 존재하지 않으며, 그저 개별 문화들의 성장과 몰락이 되풀이될 뿐이라는 것이다. 특히 새 문화의 부상은 두 가지 요소에, 즉 종족과 정신Geist('우리'가 내면적으로 살아온 경험)에 의존했다. 슈펭글러에게 합리적인 사회와 합리적인 과학은 서유럽의 불굴의 의지의 승리의 증거였다. 그러나 그런 서구도 더욱 강력한 독일의 의지 앞에서 몰락하게 된다. 독일의 의지가 더 강력한 것은 '우리'라는 느낌이 더 강하기 때문이었다. 서구는 물질주의를 기초로 한 과학을 비롯해 인간 본성 '이외의' 문제에 집착해온 반면, 독일에서는 내적인 정신에 대한 감수성이 더욱 활발했다. 바로 이 점이 중요하다.[8] 독일은 로마와 같고, 독일인은 로마처럼 런던에 입성할 것이라고 그는 말했다.[9]

『서구의 몰락』은 발간 즉시 상업적으로도 대단한 성공을 거두었다. 토마스 만은 이 책에서 받은 영향을 쇼펜하우어를 처음 읽었을 때의 충격과 비교했다.[10] 루드비히 비트겐슈타인도 충격을 받았다. 그러나 막스 베버는 슈펭글러를 '대단히 참신하면서 박학한 딜레탕트(아마추어)'라고 평했다. 엘리자베트 푀르스터 니체는 이 책을 읽고 감명을 받아 슈펭글러에게 니체 상을 주선해주었다. 슈펭글러는 유명 인사가 됐다. 그를 만나보려면 사흘은 기다려야 할 정도였다.[11] 그는 자신감에 넘쳐 영국인들한테까지 니체를 읽어보라고 권할 정도였다.[12]

전쟁이 끝나고 1919년이 되면서 독일은 혼란과 위기에 빠졌다. 중앙정부의 권위는 추락하고, 혁명의 열기가 러시아에서 불어 닥쳤다. 병사와 수병들은 무장 위원회를 결성하고 '소비에트'라고 칭했다. 전국의 도시들이 소비에트 공화국처럼 무력의 지배하에 들어갔다. 바이마르공화국을 발족시킨 좌파 사회진화론자들은 결국 질서 회복을 위해 숙적인 군부를 불러들여야 했다. 질서는 회복됐지만 그 과정에서 끔찍한 사태가 벌어졌다. 수천 명이 살해됐다. 슈펭글러가 자신을 독일 민족주의 부활의 선지자로 생각하고 상명하복 식의 경제만이 독일을 구할 수 있다는 결론을 내린 데에는 그런 시대적 배경이 깔려 있다. 그는 러시아 마르크스주의로부터 사회주의를 구출해 '좀 더 생동감 넘치는 나라' 독일에 적용하는 것이 자신의 역할이라고 생각했다. 그러자면 새로운 정치적 표어가 필요했다. 그는 프로이센주의와 사회주의를 짬뽕해 국가사회주의National Socialism라는 것을 만들어냈다. 이는 후일 미국과 영국의 '현실적인 자유'를 '유기적 전체에 대한 의무를 이행함으로써 생기는 내적 자유'로 대치하게 된다.[13] 이런 논리에 감동 먹은 사람들 중 하나가 디트리히 에카르트Dietrich Eckart였다. 그는 독일노동자당 결성에 상당한 역할을 했다. 독일노동자당은 에카르트가 소속돼 있던 범게르만주의 툴레회會의 상징을 엠블럼으로 채택했다. '아리안의 생명력'의 상징인 스와스티카(만卍자, 즉 갈고리 십자가 문양)는 이렇게 해서 처음으로 정치적 의미를 띠게 됐다. 후일 나치 이론가가 되는 알프레트 로젠베르크Alfred Rosenberg도 슈펭글러의 팬으로 1919년 5월 독일노동자당에 가입했다. 가입 직후 로젠베르크는 전선에서 방금 돌아온 한 친구를 당에 끌어들였다. 아돌프 히틀러라는 사나이였다.

1차 대전이 끝난 이듬해인 1919년 1월 18일부터 교전국들은 파리에서 만나 평화회의를 열었다. 패전으로 해체된 합스부르크 왕가와 독일 제국의 영토를 재분할하고 배상금 문제를 토의하기 위해서였다. 여섯 달 뒤인 6월 28일 독일은 프랑스 수도 바로 외곽에 있는 베르사유 궁전 거울의 방 La Galérie des Glaces에서 평화 조약에 서명했다. 서명 장소로는 완벽해 보였다.

'거울의 방'은 '전쟁의 방'에 붙어 있고 길이 74미터에 눈부신 빛으로 번쩍이는 공간이었다. 열일곱 개의 거대한 창문이 줄 지어 나 있어 밖으로 17세기 말 앙드레 르 노트르가 설계한 잘 정돈된 정원이 내다보인다. 홀을 따라 반쯤 가다보면 대리석 기둥 사이로 세 개의 거대한 거울이 놓여 있어 바깥 정원의 모습을 비추고 있다. 이런 호화로운 공간에서 맞이한 역사적 순간을 영국 화가 윌리엄 오르펜 경이 잡아냈다. 연합국 지도자와 외교관, 군인들이 한데 모인 장면을 그린 그림이다. 이들 맞은편에 그림을 보는 사람한테는 뒷모습이 보이는 상태로 독일 관료 두 사람이 앉아서 협정에 서명을 하고 있다. 오르펜의 그림은 그 순간의 무게를 완벽하게 포착하고 있다.[14]

어떤 의미에서 베르사유는 유럽 문명의 연속성을 상징했다. 슈펭글러가 증오하고 곧 사멸할 것이라고 했던 문명의 구현 그 자체였다. 그러나 이는 베르사유 궁전이 1837년부터는 박물관으로 사용됐다는 사실을 간과한 것이다. 1919년 국제정치 무대를 장악한 것은 유럽의 왕실이 아니라 3대 연합국(미국 영국 프랑스) 정치가들이었다. 오르펜의 그림은 조르주 클레망소 프랑스 총리를 집중 조명하고 있다. 당시 참석자들 가운데 최고령(78세)으로 바다코끼리 같은 수염을 하고 허연 머리칼에 침울한 표정이다. 그 옆으로 꼿꼿한 자세로 앉아 있는 사람이 우드로 윌슨 미국 대통령으로—미국은 연합국의 일원이었다—빈틈없고 자신감에 차 보인다. 당시 인기 절정에 있던 데이비드 로이드 조지 영국 총리는 클레망소 옆에 사려 깊고 분별력 있는 자세로 앉아 있다. 눈에 띄는 것은 볼셰비키 러시아 쪽 인물이 보이지 않는다는 점이다. 러시아 지도자들은 연합국이 자신들이 패퇴시킨 독일과 마찬가지로 역사의 도도한 진군 앞에 몰락하고 말 것이라고 믿었다. 당시 베르사유에서 완벽한 전후 처리가 이루어질 것으로 보는 것은 환상이었다. 많은 사람들 눈에는 패전국에 대한 징벌과 전리품 배분에 여념이 없는 것으로 비쳤다. 협정 서명을 하는 공간이 거울의 방이라는 것을 의식한 협상 관계자들도 없지 않았다.

협정은 서명이 되자마자 엄청난 논란에 휩싸였다. 1919년 11월 『평화의 경제적 귀결The Economic Consequences of the Peace』이라는 책이 전후 처리에 대한 대중의 신뢰를 뒤흔들었다. 저자인 존 메이너드 케인스(1883~1946)는 명철한 지식인이었다. 경제이론가이자 존 스튜어트 밀의 철학적 전통을 이은 독창적인 사상가였을 뿐 아니라 위트가 넘치는 인물로 저 유명한 블룸즈버리 그룹의 핵심이었다. 그는 학문적으로 특출한 가정에서 태어났다. 아버지는 케임브리지 대학의 경제학자였고, 어머니는 뉴넘 칼리지를 다녔다(당시 케임브리지에 사는 다른 여성들과 마찬가지로 졸업은 허용되지 않았다). 이튼 고등학교 시절 케인스는 다양한 분야에서 주목할 만한 에세이를 써서 단연 두각을 나타냈다. 또 복장에 매우 까다로워 매일 아침 상의 단춧구멍에 새 꽃을 꼽고 나타나 눈길을 끌었다.[15] 그의 명성은 고교 시절에 이미 케임브리지 대학 킹스 칼리지에까지 자자했다. 킹스 칼리지에 입학한 것은 1902년이다. 겨우 한 학기를 마치자마자 유명한 교내 서클 사도회Apostles에 가입하라는 요청을 받았다. 리튼 스트레이시Lytton Strachey, 레너드 울프Leonard Woolf, G. 로우스 디킨슨Goldsworthy Lowes Dickinson, E. M. 포스터Foster 같은 쟁쟁한 인물들과 함께였다. 케인스는 나중에 버트런드 러셀, G. E. 무어, 루드비히 비트겐슈타인 등을 회원으로 맞이했다. 이런 리버럴하고 합리주의적인 정신들 속에서 케인스는 베르사유 조약을 둘러싼 정치 놀음을 공격한 『평화의 경제적 귀결The Economic Consequences』의 토대가 되는 사상을 발전시켜 나갔다.

케인스의 비판의 요지를 설명하기에 앞서 케임브리지에서 베르사유까지 그가 걸어온 길에 주목할 필요가 있겠다. 그는 어려서부터 자신만큼 못생긴 사람은 아무도 없다는 확신을 갖고 있었다. 늘씬한 미남과는 거리가 멀지만 사진이나 초상화로 보아도 도무지 그 정도로 심하지 않는데도 그랬다. 그래서인지 케인스는 지적인 활동을 극도로 중시했다. 그러면서도 신체의 아름다움에 대한 감각은 매우 예민했다. 케임브리시 시절 시작된 동성애로 인한 사건이 많지만 그 중에서도 같은 사도회 멤버인 아서 홉하우스Arthur Hobhouse와의 사건은 관심을 끈다. 1905년 케인스가 홉하우스에게 보낸 편지는 그에게 묘한 감정을 느끼고 있음을 보여준다. "그래, 난 머리는 똑똑하고 성격은 약하고 기질은 상냥해. 그리고 외모는 역겹지. ……솔직히 말해. 가능하면 나처럼. 날 절대 사랑하지 않는다고 해도 너의 관심만큼은 받고 싶어. 그리고, 적어도 그 애가 받는 것만큼은."[16] 이런 면과는 별도로 케인스의 지적인 추구는 비상할 정도로 집요했다. 공무원 시험을 통과한 뒤 케인스는 인도성에 자리를 잡았다. 인도에 특별히 관심이 있어서가 아니라 인도성이 정부 부처 가운데 가장 잘나간다는 곳이었기 때문이다.[17] 공무원 생활은 어느 정도 여유가 있어서 케임브리지 대학 연구원 자격 논문 준비를 할 틈이 났다. 1909년에는 킹스 칼리지 연구원으로 선발됐고, 이어 1911년에는 유명한 경제전문지 《이코노믹 저널Economic Journal》편집자로 임명됐다. 약관 28세에 이미 학계에서 인상적인 인물이 된 것이다. 전쟁만 아니었다면 아마 계속 학계에 남아 있었을 것이다.

1차 대전 기간에 케인스의 삶은 갈등의 연속이었다. 재무부 관료로서 영국이 전쟁을 계속할 수 있도록 연합국 간 차관 지원 협상을 추진하지 않을 수 없었다. 반면 양심적으로는 블룸즈버리 그룹Bloomsbury group 및 오토라인 모렐 부인Lady Ottoline Morrell(블룸즈버리 그룹을 이끈 후원자) 서클의 반전론자들과 신념을 함께 하고 있었다. 실제로 친구들 편에 서서 법정에 나가 증언을 하기도 했다. 그러나 일단 전쟁이 시작된 뒤에는 리튼 스트레이치와 버트런드 러셀에게 "정말이지 현실적으로 대안이 없다"고 토로했다. 그는 현실적이었다. 전쟁 중에 내지른 사건들 중 하나가 프랑스에 대한 전비 대출금 처리 문제였다. 프랑스는 대출금 상환을 계속 미적거렸다. 그런데 1917년 드가 사후 그의 컬렉션이 파리에서 매물로 나왔다. 케인스는 영국 정부가 인상주의와 후기인상주의 작가들의 걸작을 구입하되 대금은 프랑스 정부의 채무를 탕감해 주는 식으로 처리하자는 안을 냈다. 이 안은 정부의 승인을 얻었고, 케인스는 국립미술관장과 함께 파리로 갔다. 두 사람 다 언론의 주목을 피할 요량으로 변장을 했다. 그렇게 해서 세잔의 작품 한 점을 포함해 몇 건의 거래를 성사시켰다.[18]

케인스는 베르사유에서 진행된 평화 조약 회담에 재무장관을 대신해 참석했다. 회담이라지만 실제로는 1918년 11월 어쩔 수 없이 평화를 간청한 독일에게 이런저런 조건을 받아들이라고 일방적으로 통보하는 자리였다. 핵심 문제는 평화가 화해를 이끌어내고 독일을 새로운 세계 질서 속에서 온전한 역할을 하는 민주주의 국가로 재건시킬 것이냐, 아니면 철저히 응징해 다시는 전쟁을 일으킬 수 없을 만큼 망가진 나라로 만들 것이냐였다. 빅 스리(미국 영국 프랑스)의 이해관계는 일치하지 않았다. 따라서 몇 달 간 계속된 협상은 독일이 제시한 종전 조건은 수용되지 않는 대신 독일에게 엄청난 액수의 전쟁배상금을 물리고 독일 고유 영토의 상당 부분과 해외 식민지를 전승국들이 나눠먹는 식으로 흘러갔다.

케인스는 경악한 나머지 '참담함과 분노를 느끼며' 사임했다. 그의 자유주의적 이상과 인간 본성에 대한 견해는 독일을 고질적인 적으로 보는 클레망소 총리의 관점을 수긍할 수 없었고, 거기에 전시에 비전투원으로 있었다(재무부 관리여서 징집이 면제됐다)는 자책감이 겹쳐 조약의 허구성을 만천하에 폭로하는 책을 쓰게 됐다. 저서에서 케인스는 조약 내용과 그것이 미칠 영향에 대한 분석은 물론 자신의 경제관을 상세히 밝혔다. 케인스는 전쟁으로 깨져버린 구세계(유럽)와 신세계(미국)의 평형을 회복해야 한다고 생각했다. 신세계에 투자된 유럽 잉여자본은 인구 급증과 생활수준 향상에 따라 필요해진 식량과 재화를 생산했다. 이런 식으로 해서 시장은 좀 더 자유로워져야 하며 축소 지향으로 가서는 안 된다는 이야기였다. 그런데 조약은 독일에게 그런 결과를 요구했다. 케인스는 국수주의자가 아니라 유럽인으로서 사고했다. 그래야만 엄청난 인구 증가가 또 다른 대학살로 이어질 수 있는 가능성을 억제할 수 있다고 생각한 것이다.[19] 문명은 도덕과 사려 깊은 배려, 냉철한 계산, 선견지명 등을 공유하는 토대 위에서만 가능하다고 케인스는 말했다. 독일에 대한 응징은 정반대의 결과만을 야기해 유럽을 빈곤에 빠뜨리게 된다는 것이다. 케인스는 깨인 이코노미스트가 문명의 조건을 확보하는 데, 아니 어떤 식으로든 후퇴를 방지하는 데는 정치가보다 훨씬 낫다고 믿었다. 이 책이 보여주는 심원한 면모의 하나는 수치와 계산을 근거로 해서 독일이 현금이든 물자든 어떤 식으로 해도 연합국들의 예상대로 30년에 걸쳐 그 막대한 전쟁배상금을 지불할 가능성이 전무하다고 논증한 부분이었다. 케인스의 확률론에 따르면 경제적 조건의 변화는 그렇게 먼 앞날까지 예측할 수 없다. 따라서 배상 기간과 규모를 대폭 줄여야 한다고 주장했다. 그는 또 독일의 배상금 지불과 물품 압수를 위해 설립한 위원회는 민주주의 국가에서 통용되는 자유로운 경제거래의 규칙을 위반하는 것이라고 보았다. 따라서 그의 주장은 베르사유 체제가 불가피하게 히틀러의 등장을 초래했다는 일반적인 견해에 논거를 제공해주었다. 독일 국민들이 베르사유 조약에 대해 국민적인 반감을 갖지 않았다면 히틀러가 독일을 장악할 수는 없었을 것이란 이야기다. 케인스의 책에 따르면 배상금 액수가 실제로는 대폭 줄었다거나 요구액의 상당부분은 실제로 징수되지 않았다는 등의 문제는 의미가 없는 것이었다. 독일이 철저히 보복을 당했다고 받아들이는 것만으로 충분했다.

케인스의 주장은 논란의 여지가 있다. 평화 체제 구축 작업이 시작됐을 때 이미 독일 군부에서는 무장해제 명령을 거부하려는 기류가 강했다. 예를 들어 독일군은 연합국이 요구한 모든 전투용 비행기의 포기를 거부했다. 오히려 전투기 생산과 연구를 빠른 속도로 진행했다.[20] 케인스의 저서가 엄청난 인기를 끈 것이 주변적인 문제일 수도 있는 일부 조약 내용을 지나치게 강조함으로써 보다 근본적인 조항들까지 무력화시키는 태도를 야기한 것일까?[21] 심지어 1930년대에 독일이 침략 야욕을 노골화할 때 서방이 유화적 태도를 보이는 데 명분을 제공했을까? 이런 문제 제기가 케인스에 대한 통렬한 공박의 형태로 1946년에 출판됐다. 케인스가 죽은 다음이었고, 저자인 에티엔 망투Étienne Mantoux(프랑스 경제학자. 유명한 역사학자 폴 망투의 아들이다. 1913~1945 : 옮긴이)도 죽은 다음이었다. 망투는 케인스가 예언한 베르사유 체제의 파급효과를 가장 값비싸게 치렀다고 할 수 있을 것이다. 1945년에 나치 독일군과 싸우다가 숨진 것이다. 망투의 책 제목은 『카르타고식 평화냐 케인스 씨의 경제적 귀결이냐 The Carthaginian Peace; or, the Economic Consequence of Mr. Keynes』였다. 다가오는 파국을 예감한 듯 가슴 서늘한 제목이다.²²

논란의 여지가 없는 것은 케인스가 화려한 성공을 거뒀다는 점이다. 논박의 효과 면에서도 그랬지만 각국 지도자를 신랄하면서도 문학적으로 묘사한 문체가 특히 강점이었다. 클레망소에 대해 케인스는 "(그를) 우습게 보거나 싫어하지 않지만 (나는) 문명인의 본성에 대한 견해가 다르고, 적어도 미래에 대해 희망을 갖고 있다"고 적었다. "그는 하나의 환상을 갖고 있는데, 그것은 프랑스였다. 그리고 하나의 환멸을 느끼고 있었는데, 그것은 프랑스인과 자신의 동료들까지 포함한 인류에 대한 환멸이었다." 케인스는 독자들을 클레망소의 마음속으로 끌고 간다. "파워게임은 불가피하다. 전쟁에 대해, 그리고 전쟁의 명분에 대해 새로 배워야 할 것은 없다. 영국은 매 세기마다 그래왔던 것처럼 무역의 경쟁자를 무찌른 것이다. 영광을 독차지하려는 독일과 프랑스의 오랜 투쟁에서 우리는 중대한 고비를 넘어섰다. 사려가 깊다면 바보 같은 미국인들과 위선적인 영국인들의 '이상'에 대해 어느 정도 립서비스를 해줄 필요는 있겠다. 그러나 국제연맹이니 민족자결권이니 하는 주장이 이 세계에서 상당한 입지를 확보할 것이라고 믿는 것은 어리석은 짓이다. 그저 자신의 이익에 유리하게 세력균형을 재조정하려는 참신한 수사에 불과할 뿐."²³

충격적인 서술은 '바보 같은' 미국인에 대한 평가로 이어진다. 우드로 윌슨은 막강 미국의 부와 파워를 등에 업고 등장했다. "윌슨 대통령은 워싱턴을 떠나 파리로 향하는 순간부터 역사상 유례가 없을 만큼 전 세계적으로 명성과 도덕적 영향력을 누렸다." 유럽은 미국에 재정적으로 기댈 수밖에 없었다. 특히 기본 식량 조달 면에서 그랬다. 케인스는 신세계에서 구세대로 새로운 세계질서가 확장되기를 고대했다. 그러나 바로 물거품이 되고 말았다. "이 세계의 군주들을 묶어놓을 수 있는 그런 무기를 가진 철학자는 지금까지 결코 없었다…… 그의 머리와 외모는 깔끔하고, 사진에서 보던 것과 똑같다. ……그러나 이 눈멀고 귀먹은 돈키호테는 시퍼런 칼을 든 채 적이 기다리는 줄도 모르고 동굴 속으로 들어가고 있었다. ……느러터진 윌슨 대통령의 행보는 유럽인들 사이에서 단연 눈에 띄었다. 그는 나머지 사람들이 하는 이야기를 바로 알아듣지도 못했고, 한눈에 상황을 판단할 줄도 몰랐다. ……그러니 로이드 조지Lloyd George(영국 총리)의 기민함에 덜컥 무너지고 말 수밖에." 이런 끔찍한 상황에서 "(윌슨) 대통령의 신념은 찌그러지고 말았다."

전쟁과 베르사유 조약이 가져온 지적인 성과의 하나는 보편적인—말하자면 전 세계적인 차원의—정부라는 이상이었다. 어떤 학파는 외교력을 제대로 발휘했다면 그렇게 어어 하는 사이에 1차 대전이 터지지는 않았을 것이며, 파국은 충분히 피할 수 있었다고 주장했다. 또 다른 역사학자들은 1914~18년의 전쟁은 대부분의 전쟁이 그렇듯이 좀 더 심층적이고 불가피한 원인이 있다고 말했다. 베르사유 조약이 제시한 답은 국제연맹League of Nations 창설이었다. 1단계에서는 윌슨 대통령이 뜻을 관철해 승리를 거뒀다. 국제법이나 국제사법재판소라는 개념을 처음 제기한 것은 17세기 네덜란드의 법학자이자 사상가인 후고 그로티우스Hugo Grotius였다. 국제연맹의 새로운 점은 상설 조정기구와 함께 이 기구의 결정을 집행하는 별도 조직을 두도록 했다는 점이다. 이런 논리였다. 독일이 1914년에 국제법을 준수하는 국가들의 연맹체와 맞서야 했다면 벨기에를 쳐들어가지는 못했을 것이다. 그러나 빅 스리가 그리는 국제연맹의 모습은 그야말로 동상이몽이었다. 프랑스로서는 국제연맹에 상비군을 두어 독일을 견제해야 했다. 영국 지도자들은 이빨 없는 조정기구 정도로 생각했다. 윌슨만이 중재의 법정인 동시에 집단안보의 도구라는 구상을 갖고 있었다. 그러나 이런 이상은 다름 아닌 미국에서 좌절됐다. 상원이 조약안 비준을 바로 거부한 것이다. 의회의 중요한 결정권을 빼앗아가는 내용이라고 봤기 때문이다. 세계는 세계대전이 다시 터지고 핵무기가 개발된 다음에야 화들짝 놀라 국제연맹 비슷한 아이디어를 받아들이게 된다.

1차 대전 이전에 독일은 중국 산둥 성에 몇 가지 이권을 갖고 있었다. 베르사유 조약은 이것을 중국 정부에 돌려주지 않고 일본인 손에 넘겼다. 이 소식이 알려지자 1919년 5월 4일 베이징 대학을 비롯한 학생 약 3,000명이 톈안먼(天安門) 광장을 점거했다. 그 결과 학생과 경찰 간에 충돌이 벌어졌고, 동맹휴업과 시위, 일본 제품 불매운동이 전국으로 번졌다. 그리하여 "중국 역사상 유례가 없을 만큼 민족감정이 대규모로 표출됐다."²⁴ 사태 전개에서—5·4운동May 4 movement이라고 한다—가장 눈에 띄는 것은 성숙한 지식인과 학생들이 함께 손을 잡고 나섰다는 점이다. 서양 민주주의와 과학에 깊은 충격을 받은 운동 지도자들은 새로운 사상을 반제국주의로 통합시켰다. 학생들이 신생 중국에서 힘을 발휘한 것은 처음이었다. 그러나 이것이 끝은 아니었다. 많은 중국 지식인들이 일본 유학을 떠났다. 그들은 귀국하면서 개인과 표현의 자유와 관련된 서양의 주요 사상들을 가지고 들어왔다. 거기에는 성性의 자유도 포함돼 있었다. 그 결과 중국의 전통적인 가족제도에 반기를 들게 됐다. 서양의 영향 아래서 그들은 소설을 전통 중국을 공격하기 위한 가장 효과적인 수단으로 삼았다. 왕왕 구어체로 일인칭 서술기법을 사용하기도 했다. 서구인에게는 당연해 보이겠지만 당시 중국에서는 대단히 충격적인 일이었다.

이런 신진 작가들 가운데 처음으로 필명을 날린 사람이 루쉰(魯迅)이었다. 원래 이름은 저우수런(周樹人)으로 부잣집 자제였다(5·4운동 주도자 가운데 많은 경우가 그러하다). 루쉰은 처음에 서양 의학과 과학을 공부했다. 형제 중 한 사람은 영국의 성의 학자 해블록 엘리스Havelock Ellis의 성에 관한 이론을 번역 소개했고, 생물학자이자 우생학자인 또 한 형제는 찰스 다윈의 책을 번역했다. 1918년 루쉰은 잡지 《신청년新青年》을 통해 「광인일기狂人日記」라는 제목의 풍자소설을 발표했다. 중국 사회를 통렬히 비판하는 내용이었다. 루쉰은 중국 사회를 재능 있는 똑똑한 사람들을 다 잡아먹어버리기 때문에 미친 사람만이 종종 그나마 꿈에서 겨우 진실을 얼핏 볼 수 있는 사회로 묘사했다. 이 주제는 장기간 깊은 영향을 미쳤다. 사실 중국만 그런 것도 아니었다. 중국 문명의 문제는 '다수의 비참한 처지를 발판으로 희희낙락하는 주인들을 위해 봉사하는 문화'라고 루쉰은 썼다.²⁵ 베르사유 조약이 5·4운동을 직접적으로 자극했을 수는 있지만 좀 더 큰 틀에서 영향을 미친 것은 청 왕조가 공화국으로 바뀐 1911년 이후 중국 사회를 형성한 여러 사상이었다.²⁶ 중국의 변화를 두 가지 면에서 발목 잡은 것은 공자의 유산이었다. 첫째가 개인주의라는 개념이었다. 개인주의는 서구(특히 미국) 시민사회에서는 당연한 기초였다. 그러나 여러 서양 자유주의의 고전(존 스튜어트 밀의 『자유론』과 허버트 스펜서의 『사회학 연구』도 포함돼 있다)을 번역한 옌푸(嚴復) 같은 중국의 개혁가들은 개인주의를 국가에 반하는 것이 아니라 국가에 도움이 되는 방향으로 활용해야 할 특성으로만 간주했다.²⁷ 중국인들은 '외국의 현황'(즉 근대화)을 포함해 신학문 배우기 운동에 나섰지만 실제로 배운 것은—하버드 대학 역사학자 존 페어뱅크의 표현을 빌리면—'동양의 윤리와 서양의 과학'으로 요약할 수 있다.²⁸ 중국인들은(일본인도 어느 정도는 마찬가지다) 서양의 사상—특히 과학—은 본질적으로 테크니컬하고 순전히 기능적인 문제라는 생각을 고집했다. 교육과 지식의 '실체'기 되는 동양의 철학보다 훨씬 얄팍한 도구에 불과하다는 것이다. 그러나 중국은 웃음거리가 돼가고 있었다. 전통식 교육은 보급률이 매우 낮아서 청나라 말기(1911년까지) 문자 해독률은 남성은 30~45퍼센트, 여성은 2~10퍼센트에 불과했다. 당시 중국 대학들이 공학, 기술, 상업과 같은 많은 과목을 가르치고 연구하면서 교과서는 영어로 된 책을 쓸 수밖에 없었다는 사실은 교육의 후진성을 잘 보여준다. 전문용어에 대한 번역어조차 마련돼 있지 않았다.²⁹

　중국의 교육받은 엘리트들은 두 가지 혁명을 치러야 했다. 우선 유교를, 그리고 그와 연결된 사회·교육 제도를 내팽개쳐야 했다. 이어 '동양은 윤리, 서양은 과학' 하는 식의 꼴사나운 동거도 내다버려야 했다. 실제로 그렇게 한 사람들은 미국 유학파(미국 의회는 1908년 중국인의 유학을 받아들이는 법률을 만들었다)였다. 어느 정도까지는 미국 유학이 효과적이었다. 1914년 미국에서 공부하고 돌아온 젊은 중국 과학자들이 과학협회를 세웠다. 잠시나마 이 협회는 중국적·유교적 풍토에서 진정한 과학을 소개하는 기회가 됐다.³⁰ 베이징 대학은 나름의 역할을 했다. 해외에서 훈련받은 많은 학자들이 '과학과 민주주의의 이름으로' 중국에서 유교를 쓸어내려고 시도했다.³¹ 이를 신문화운동 New Learning -or New Culture- movement이라고 한다.³² 이러한 운동의 과제가 얼마나 막중한지는 처음 벌였던 캠페인의 주제를 보면 알 수 있다. 중국의 문자체계가 문제였다. 한자가 발명된 것은 BC 200년경이었다. 이후 한자는 거의 변하지 않았다. 글자마다 의미가 점점 더 부가되어 문맥을 보지 않거나 고전 텍스트를 알고 있지 않으면 해독이 불가능했다.³³ 신진 학자들이 고전 문어를 일상적인 구어로 대체하려고 애쓴 것은 놀라운 일이 아니다(서양인이 보기에는). 이런 노력이 얼마나 엄청난 변화였을지는 유럽에서 라틴어를 민족어로 대체하는 작업이 르네상스 시대에, 즉 400년 전에 있었다는 점을 생각해 보면 짐작이 간다.³⁴ 구어체로 글을 쓰면서 루쉰은 과학도의 길을 접었다(많은 중국인들이 과학이 1차 대전의 참극을 유발한 원인이라고 비난했다). 소설가로서 사회에 더 큰 영향을 미칠 수 있다고 생각한 것이다.³⁵ 그러나 과학은 신문화운동의 중요한 부분이었다. 예를 들어 5·4운동의 또 다른 지도자인 베이징 대학 학생 푸스녠(傅斯年)과 뤄자룬(羅家倫)은 잡지《신조新潮》를—5·4운동을 계기로 이런 잡지가 11종이나 쏟아져 나왔다—창간해 중국의 '계몽'을 주창했다.³⁶ 이들이 말하는 계몽이란 개인주의를 가족 간의 유대보다 상위개념으로 받아들이고, 문제를 합리적이고 과학적으로 해결하려는 접근방식을 의미하는 것이었다. 그들은 가급적 많은 사람들을 대상으로 강연회를 개최해 이론을 실천에 옮겼다.³⁷

5·4운동이 중요한 이유는 그 어느 때보다도 지적인 관심과 정치적 관심을 긴밀히 결합시켰다는 점 때문이다. 전통적으로 중국은 계몽주의 이후의 서양과 달리 두 계급으로 단순 분화돼 있었다. 그런데 5·4운동 이후로 중국의 부르주아지는 서양식 태도와 가치관을 받아들였다. 그리하여 예를 들면 산아제한과 지역별 자치권을 요구하기에 이르렀다. 그런 발전은 정치적 각성으로 연결될 수밖에 없었다.³⁸ 이 과정에서 5·4운동 주도세력 중 아카데믹한 분파와 정치적 분파의 간극이 넓어졌다. 러시아에서 레닌주의가 성공한 데 고무된 정치파는 볼셰비키를 모델로 집권을 목적으로 하는 중앙집권식 비밀 정당을 결성하는 쪽으로 나아갔다. 5·4운동의 물결을 탄 한 지식인은 처음에는 개혁의 가능성을 믿었으나 곧 폭력혁명으로 돌아섰다. 후난성(湖南省) 곡물상의 건장한 아들인 그의 기본 신조는 슈펭글러를 비롯한 독일인들의 그것과 섬뜩할 정도로 가까웠다.³⁹ 그의 이름은 마오쩌둥(毛澤東)이었다.

예전의 빈은 1919년 4월 3일 공식적으로 종언을 고했다. 오스트리아공화국은 귀족 칭호를 폐기했다. 심지어 법률 문서에서 귀족임을 나타내는 'von(폰)'이라는 표현을 금했다. 평화조약의 결과 오스트리아는 인구 700만의 나라로 격하됐다. 그중 200만이 수도 빈에 거주했다. 인구 과밀 문제에 더해 이후 빈은 몇 년간 기근과 인플레이션, 만성적인 연료 부족에 시달리는 한편으로 극심한 독감이 번져 골머리를 앓았다. 주부들은 산에 가서 나무를 해와야 할 정도였고, 빈 대학은 1914년 이후 지붕 수리를 못해서 문을 닫았다.⁴⁰ 역사학자 윌리엄 존스턴에 따르면 보리로 커피를 만들고, 빵이 잘못돼 이질이 번졌다. 프로이트의 딸 조피는 독감으로 죽었다. 화가 에곤 실레Egon Schiele도 마찬가지였다. 이런 분위기에서 알반 베르크Alban Berg는 한 병사가 수모를 당한 끝에 분노로 치를 떨며 살인을 저지르는 내용의 오페라 「보체크Wozzeck」(1917~21, 초연 1925년)를 작곡했다. 그러나 도덕이 완전히 땅에 떨어진 것은 아니었다. 한때 미국 회사가 오스트리아 국민에게 식량을 댈 테니 대금으로 황제의 고블랭 벽걸이 융단들을 달라고 제안한 적이 있는데 국민적 항거가 일어나는 바람에 성사되지 못했다.⁴¹

빈의 오래된 관습들도 귀족 칭호 '폰'과 함께 사라졌다. 예를 들어 예전에는 도어맨이 남성 방문객이 오면 벨을 한 번, 여성 방문객일 때는 벨을 두 번, 대공이나 추기경일 때는 세 번 울리는 것이 관행이었다. 팁도 아주 일반적이었다. 심지어 엘리베이터 버튼 눌러주는 사람이나 레스토랑에서 계산하는 사람한테까지 팁을 주었다. 그러나 평화 체제 이후 사정이 열악해지자 그런 관행은 모두 사라졌다. 그리고 다시는 재현되지 않았다. 과거와의 완전한 단절이었다.⁴² 후고 폰 호프만슈탈, 프로이트, 카를 크라우스, 오토 노이라트Otto Neurath 등은 모두 빈에 계속 있었다. 그러나 전 같지가 않았다. 식량이 얼마나 부족했던지 '보조영양소'(비타민을 처음에는 이렇게 불렀다)를 연구하는 영국 의사들은 어린이들에게 비타민을 듬뿍 먹이면서 실험을 할 수 있었다. 건강에 심각한 문제가 야기될 수 있다는 점은 고려할 만한 상황이 아니었기 때문에 의사들은 혹시 잘못되면 어쩌나 하는 자책감 같은 것도 없었다.⁴³ 대참사가 휩쓸고 지나가자 발랄하던 빈의 모습은 완전히 사라졌다.

오스트리아-헝가리 제국의 다른 한 축인 부다페스트에서 일어난 변화는 훨씬 극심했다. 물리학자와 수학자 등 일단의 탁월한 과학자들은 일자리를 위해 다른 곳을 두리번거려야 했다. 그중에는 물리학자인 에드워드 텔러Edward Teller, 레오 질라드Leo Szilard, 유진 위그너Eugene Wigner도 있었다. 모두 유대계였다. 나중에는 결국 각자 영국으로, 미국으로 떠나 원자탄 만드는 일에 종사했다. 두 번째 그룹은 작가와 예술가들로 적어도 초기에는 전쟁 때문에 부다페스트에 남아 있을 수밖에 없었다. 이 그룹이 중요한 이유는 1차 대전과 러시아 볼셰비키 혁명의 영향을 받아 성장했기 때문이다. 일요서클Sunday Circle(또는 루카치 서클Lukács Circle)에서 벌어진 것은 윤리의 상실이었다. 이런 상실은 오래도록 세계를 어둡게 만들었다.

부다페스트의 일요서클은 전쟁 발발 이후에 형성됐다. 일단의 젊은 지식인들이 일요일 오후에 만나 주로 모더니즘과 관련된 예술과 철학의 여러 문제에 대해 토론하기 시작했다. 사회학자 칼 만하임Karl Mannheim, 예술사가 아놀드 하우저Arnold Hauser, 작가 벨라 발라스Béla Balázs와 안나 레즈나이Anna Leznai, 음악가 벨라 바르톡Béla Bartók과 졸탄 코다이Zoltán Kodály 등이 평론가이자 철학자인 지외르지 루카치György Lukács (1885~1971)를 중심으로 활동했다. 텔러 같은 과학자들과 마찬가지로 이들도 대부분 널리 여행을 했고, 모국어인 헝가리어는 물론, 독일어, 프랑스어, 영어를 구사했다. 루카치가―막스 베버의 친구였다―중심인물이지만 만나는 장소는 언덕 꼭대기에 있는 발라스의 우아한 아파트였다.⁴⁴ 대부분 토론은 극히 추상적인 문제에 관한 것이었다. 그나마 음악가들이 있어서 그런 대로 심심하지는 않았다. 바르톡이 자신의 작품을 시험 삼아 연주한 것도 이 모임에서였다. 당초 이 그룹의 주요 관심사는 '소외'였다. 다른 많은 사람들처럼 일요서클 회원들도 전쟁은 19세기에 싹텄고, 결국은 산업자본주의와 부르주아 개인주의를 낳은 자유주의 사회의 논리적 귀결이라고 보았다. 루카치와 그 친구들에게는 당시의 상황이 뭔가 역겹고 이해가 가지 않는 대목이 있었다. 산업자본주의의 힘은 그들로서는 너무도 못마땅한 세계를 만들어냈다. 그 세계에서 모두가 공유하는 문화는 더 이상 의제가 아니었다. 종교, 예술, 과학 등의 제도와 국가는 공동체적 의미를 갖지 못했다. 그래서 루카치 서클의 다수가 베를린 대학에서 '철학의 마네'라고 하는 게오르크 짐멜Georg Simmel이 한 강연을 듣고 감명을 받았다. 짐멜은 '객관적' 문화와 '주관적' 문화를 구분했다. 그가 보기에 객관적 문화란 생각하고 쓰고 작곡하고 그린 것 중에서 가장 훌륭한 것들을 일컫는 말이었다. '문화'란 그 사회 구성원들이 이런 걸작에 대해 어떻게 반응하느냐로 결정됐다. 주관적인 문화에서는 개인들이 나름의 자원을 통해서 자기 충족과 자기실현을 추구한다. 아무것도 공유할 필요가 없다. 19세기 말 이런 문화의 고전적인 예가 비즈니스 문화라고 짐멜은 말했다. 무수한 주관적 문화들로부터 비롯되는 집단적 '병리현상'이 소외였다. 부다페스트의 일요서클 입장에서는 객관적 문화의 안정적인 힘은 필수조건이었다. 자아가 다른 사람에게 알려질 수 있고, 그 자신을 인식할 수 있는 것은 바로 공유된 문화를 통해서였다. 소외를 인식할 수 있는 것도 공유하는 관점이 있어야만 가능했다. 전쟁이 진행되면서 현대 자본주의의 핵심에 자리한 이런 고독의 문제가 일요서클 토론의 주류를 이루게 됐다. 이어 볼셰비키 혁명이 일어나자 회원들은 급속히 정치적 소용돌이에 휘말렸다. 소외 문제를 더욱 가중시킨 것은 유대인이라는 출신 성분이었다. 반유대주의가 극심해지는 시대에 그들은 사회 주류에서 내몰린 느낌을 가질 수밖에 없었다. 전쟁 이전에 그들은 인상주의와 미학주의 같은 국제적인 운동에 개방적이었다. 특히 폴 고갱은 유럽의 반유대주의적 비즈니스 문화에서 벗어나 멀리 떨어진 타이티 섬에서 만족을 얻었다고 생각했다. '타이티가 고갱을 치유했다'고 루카치는 쓴 바 있다.[45] 루카치도 헝가리에서 얼마나 소외감을 느꼈던지 독일어로 글을 쓰기 시작했다.

일요서클이 예술이 주는 구원의 힘에 매료됐던 만큼 그로 인한 결과는 어느 정도 예측할 수 있었다. 한동안 그들은 신비주의를 붙잡고 살면서 메리 글룩Mary Gluck이 일요서클의 역사를 다룬 책에서 지적한 대로 과학을 등졌다(이는 만하임에게는 심각한 문제였다. 왜냐하면 사회학은 헝가리에서 특히 강했는데 사회의 발전 과정을 최종적으로 설명할 수 있는 '과학'이라고 자처했기 때문이다). 일요서클은 성애의 문제도 끌어안았다.[46] 오페라 대본으로 쓴 「푸른 수염의 성주Bluebeard's Castle」에서 벨라 발라스는 남자와 여자의 에로틱한 만남을 묘사했다. 초점은 둘 사이에 벌어지는 불가피한 성적 투쟁의 문제였다. 이 스토리를 음악으로 표현한 바르톡의 오페라에서 유디트는 신부로서 푸른 수염 성주의 성으로 들어간다. 신뢰가 쌓이면서 그녀는 남편의 의식의 감춰진 베일—빗장 걸린 방들—을 들춰낸다. 처음에는 그녀의 등장으로 어두운 성 안에 화기가 넘쳤다. 그러나 마음 저 깊은 곳에서 차츰 저항이 싹텄다. 유디트는 차츰 대담해지고 금지된 일곱 번째 문을 열지 말라는 당부를 어기고야 만다. 완벽한 친밀감이 종국에는 권력에 대한 '투쟁'으로 귀결되고 만다는 것을 발라스는 암시하고 있다. 그리고 권력이란 괴물 같아서 '새삼 고독을' 솟구치게 할 뿐이다.[47]

이런 식으로 루카치와 그 일파는 차츰 차츰 예술은 인간사에서 제한적인 역할을 할 수밖에 없으며 '파편화의 바다에 떠 있는 섬'이라는 쪽으로 기울어갔다.⁴⁸ 이것은 예술에 관한 한 의미의 상실이었다. 그리고 이러한 하나마나한 위로가 일요서클이 전시에 세운 인문학자유학교Free School for Humanistic Studies의 주요한 메시지가 되었다. 자유학교는 존재 자체가 시사하는 바가 크다. 그것은 더 이상 일요일 오후의 한가한 토론이 아니라 행동이었다.

이어 볼셰비키 혁명이 일어났다. 그때까지만 해도 마르크시즘은 일요서클 멤버들에게는 지나치게 유물론적이고 과학주의적으로 느껴졌다. 그러나 너무도 암울한 날들을 보내면서 예술이 주는 구원에 대한 기대와 희망을 많이 접은 시점에, 사회주의는 루카치와 그 일파에게 전진을 보장하는 유일한 선택으로 다가오기 시작했다. "칸트와 마찬가지로 루카치는 정치에 있어서 윤리의 우위를 인정했다."⁴⁹ 유럽 전역에 즉각 휴전을 외치는 비타협적인 좌파가 등장함으로써 절박감은 더해갔다. 1917년 루카치는 "볼셰비즘은 악에서 선이 나올 수 있다는, 거짓을 말함으로써 진실에 이를 수 있다는 형이상학적 전제를 깔고 있다. [나로서는] 그런 믿음을 함께할 수 없다"고 썼다.⁵⁰ 그러나 몇 주 후 헝가리 공산당에 입당했다. 그는 「전술과 윤리 *Tactics and Ethics*」라는 논문에서 그 이유를 밝혔다. 핵심 문제는 달라지지 않았다. 다수의 이익을 위해서 "공포를 통해, 개인적 권리를 박탈함으로써 사회주의를 실행하는 것이 정당화될 수 있는가?" 거짓말을 함으로써 권력을 잡을 수 있는가? 아니면 그런 전술은 사회주의의 원칙에 철저히 위배되는가? 한때 그런 믿음을 공유할 수 없었던 루카치는 이제 공포정치가 사회주의의 맥락에서는 정당하며, '따라서 볼셰비즘은 사회주의의 진정한 구현'이라는 결론을 내렸다. 더구나 사회주의의 토대인 "계급투쟁은 초유의 경험인 만큼 기존의 규칙은 이제 더 이상 적용되지 않는다."⁵¹

간단히 말하면 윤리의 상실이다. 하나의 원칙을 다른 원칙으로 바꿔버린 것에 불과하다. 여기서 루카치가 중요한 이유는 내면의 변화, 즉 공포정치의 정당화를 공공연히 인정했기 때문이다. 콘래드는 이미 그런 변화를 예견했고, 카프카는 그런 변화가 모든 관련자들에게 미치는 심층심리학적인 영향을 기록하려고 했다. 이제 한 세대(두 세대일지도 모른다)의 지식인들은 루카치와 같은 식으로 신념을 양보하게 된다. 적어도 루카치는 논문에 「전술과 윤리」라는 제목을 달 정도의 용기는 있었다. 루카치와 더불어 이 문제는 노골화됐다. 이 정도만 해도 극히 드문 일이었다.

1919년 말이면 일요서클은 거의 소멸된다. 경찰은 감시를 강화했고, 발라스의 일기를 압수해 철저히 조사할 정도였다. 다행히 경찰은 운이 나빴지만 일요서클 회원 일부는 요주의 인물이 됐다. 일요서클은 빈에서(이때는 월요일에 만났다) 다시 모였다. 그러나 오래 지속되지는 못했다. 헝가리 인들이 가짜 신분증을 쓰고 다닌다는 의심을 받았기 때문이다.52 당시 서클의 중심이었던 루카치는 다른 생각을 하고 있었다. 공산당 지하조직의 일원이 된 것이다. 1919년 12월 발라스는 이렇게 적었다. "그의 표정은 상상할 수 있는 한 최고도로 비통했다. 몹시 창백하고 뺨은 움푹 팼다. 초조하고 우울했다. 감시당하고 쫓겨 다녔다. 그래서 주머니에 권총을 넣고 돌아다닌다. ……부다페스트에서는 이미 체포영장이 발부된 상태다. 붙잡혔다가는 열 번도 넘게 사형선고를 받았을 것이다. ……그리고 여기[빈]서는 가망 없는 음모적인 당 사업에 열심이다. 당 자금을 갖고 튄 자들을 추적하고 있다……. 그러는 사이 그의 철학적 천재성은 억눌려 있다. 마치 물줄기가 무엇에 억눌려 지하로 흘러들어가 지표면을 흐물흐물하게 하다가 그예는 뚫어버리고 말 것만 같다."53 생생한 묘사다. 그러나 온전한 진실을 말해주는 것은 아니다. 허망한 당 사업에 몰두하면서도 루카치는 마음 한구석에서 훗날 유명해질 책의 구상을 가다듬고 있었다. 그 책은 『역사와 계급의식Geschichte und Klassenbewuβtsein』이었다.

빈과 부다페스트(그리고 프라하)를 잇는 축은 1차 대전 후에도 완전히 없어지지는 않았다. 모리츠 슐리크Moritz Schlick가 주도하는 빈 서클 철학자들이 번창한 것이 1920년대였고, 프란츠 카프카와 로베르트 무질Robert Musil 같은 작가는 가장 중요한 작품을 써냈다. 옛 오스트리아-헝가리 제국에 해당하는 사회는 마이클 폴라니Michael Polanyi, 프리드리히 폰 하이에크Friedrich von Hayek, 루트비히 폰 베르탈란피Ludwig von Bertalanffy, 칼 포퍼Karl Popper, 에른스트 곰브리치Ernst Gombrich 같은 사상가들을 쏟아냈다. 그러나 이들이 유명해진 것은 나치의 등장으로 하는 수 없이 서방으로 망명한 뒤의 일이었다. 지식인들이 우글거리는 중심으로서의 빈은 제국의 종언 이후 오래 버티지 못하고 사라졌다.

1914년에서 18년까지는 영국과 독일 간의 직접적인 연결이 모두 끊어졌다. 방학을 맞아 빈에 와 있던 비트겐슈타인은 케임브리지로 돌아갈 수 없었다. 그러나 네덜란드는 스위스와 마찬가지로 중립국이었다. 네덜란드 라이덴 대학 교수로 있던 W. 데시테르de Sitter는 1915년 아인슈타인의 일반 상대성 이론에 관한 논문을 받았다. 유명한 물리학자인 데시테르는 인맥이 두터웠고 중립국인 네덜란드인으로서 중요한 가교 역할을 할 수 있다는 걸 잘 알고 있었다. 그래서 아인슈타인의 논문을 런던의 아서 에딩턴Arthur Eddington(1882~1944)에게 보냈다.[54] 에딩턴은 그의 전기를 쓴 한 작가에 따르면 '신비적 성향'이 있었지만 당시 영국 과학계의 핵심 인물이었다.[55] 1882년 웨스트멀랜드 켄들에서 퀘이커 교도인 농부의 아들로 태어나 처음에는 집에서 교육을 받았고 나중에 케임브리지 대학 트리니티 칼리지에 진학했다. 수학 학위 시험을 수석 1등급으로 통과하고 J. J. 톰슨, 어니스트 러더퍼드Ernest Rutherford 등과 교류했다. 어린 시절부터 천문학에 매료된 그는 1906년부터 그리니치 왕립천문대에 자리를 잡았고, 1912년에는 왕립천문학회 사무국장이 됐다. 그가 처음에 내놓은 주요한 업적은 우주의 구조에 관한 야심적인 조사연구였다. 이 연구는 다른 연구자들의 작업 및 강력한 망원경 개발과 맞물리면서 천체의 크기, 구조, 나이 등에 관해 많은 사실을 알려주었다. 1912년에 이루어진 중요한 발견은 이른바 세페이드Cepheid 변광성變光星들의 밝기는 그 크기에 따라 규칙적으로 변한다는 것이었다. 이 이론은 별들 사이의 실제 거리를 측정하는 데 도움이 됐고, 우리가 속한 은하는 지름이 약 10만 광년이며 그 중심에 있는 것으로 생각해온 태양은 실제로는 편심궤도가 약 3만 광년이라는 것을 보여주었다. 세페이드 변광성 연구의 두 번째 중요한 발견은 나선형 성운이 실제로는 우리 은하계 밖의 존재이며 대단히 멀리 떨어져 있다는 것이었다(가장 가까운 것이 안드로메다 대성운으로 75만 광년 떨어져 있다). 이를 통해 가장 멀리 떨어진 천체의 거리는 5억 광년으로, 우주의 나이는 100억~200억 년으로 추정할 수 있게 됐다.[56]

에딩턴은 천체가 거인별과 난쟁이별로 돼 있다는 사실을 입증한 것을 시작으로 별의 생성과 소멸에도 관심을 쏟았다. 거인별은 일반적으로 난쟁이별보다 밀도가 낮다. 에딩턴의 계산에 따르면 난쟁이별은 그 중심이 2,000만 켈빈 온도까지 이를 수 있다. 1세제곱인치당 1톤의 무게가 가해지는 밀도다. 에딩턴은 여행도 좋아해서 일식 연구를 위해 브라질과 몰타에 가기도 했다. 그의 업적이나 지명도로 보아 전시에 런던물리학회가 「중력의 상대성 이론에 대한 보고서」를 작성할 책임을 맡길 사람으로서는 적임자였다.[57] 1918년에 나온 이 보고서는 영어로 출판된 일반 상대성 이론에 관한 최초의 완벽한 설명서였다. 에딩턴은 1915년에 이미 아인슈타인의 논문을 네덜란드를 통해 받았기 때문에 그만큼 준비가 잘 돼 있는 셈이었다. 그의 보고서는 광범위한 반향을 불러일으켰다. 심지어 프랭크 다이슨Frank Dyson 왕립천문대장까지도 아인슈타인의 이론을 시험해 볼 기회를 제공했다. 1919년 5월 29일 개기일식이 예정돼 있었다. 아인슈타인의 예언대로 빛이 태양 근처에 가면서 휘어지는지를 검증할 기회였다. 전쟁이 막바지로 치닫던 전해(1918년)에 탐사대를 하나도 아니고 둘씩이나 서아프리카 연안(프린시페)과 대서양 건너편 브라질(소브랄)로 보내기 위해 정부로부터 1,000파운드의 지원금을 따냈다는 것은 천문대장 다이슨의 영향력이 얼마나 막강했는지를 말해준다.[58]

에딩턴은 E. T. 코팅햄Cottingham과 함께 프린시페로 가게 됐다. 에딩턴과 코팅햄은 떠나기 전날 밤 다이슨의 왕립천문대 연구실에 모여 아인슈타인의 예언이 맞으려면 빛의 굴절 각도가 얼마나 돼야 하는지를 밤늦게까지 계산하고 있었다. 그때 코팅햄이 예상치보다 두 배가 나오면 어떻게 되는 것이냐고 물었다. 다이슨이 무미건조하게 대꾸했다. "그럼 에딩턴은 미쳐버릴 거고, 자넨 혼자 집으로 와야겠지!"[59] 에딩턴의 메모는 그 다음 이야기를 적고 있다. "우리는 배를 타고 3월 초에 리스본에 도착했다. 3월 16일 푼샬Funchal에서 브라질로 떠나는 [다른 두 천문학자를] 배웅했다. 하지만 우리는 4월 9일까지 푼샬에 머물 수밖에 없었다. ……그러다 처음으로 프린시페Principe가 눈에 들어온 것이 4월 23일이었다. ……만사형통이었다. 다들 앞을 다투어 도와주었다……. 5월 16일경 사흘 밤 동안 시험촬영을 하는 데 아무 어려움이 없었다. 나는 이 사진들을 분석하느라 밤을 꼬박 새웠다." 그런데 날씨가 변했다. 5월 29일 아침, 개기일식이 일어나는 바로 그날, 하늘이 뻥 뚫린 듯 폭우가 쏟아졌다. 비는 몇 시간이고 계속됐다. 에딩턴은 천신만고 끝에 얻은 이 기회가 물거품이 되는 것은 아닌지 불안했다. 그러나 오후 1시 30분, 일식이 일부 시작된 시점에 구름이 가시기 시작했다. "나는 일식을 보지도 못했다"고 후일 에딩턴은 기록에 남겼다. "건판乾板을 바꾸느라 너무 바빴다. 잠깐 일식이 시작된 걸 확인하느라고 보고, 중간에 구름이 얼마나 가셨는지 살펴본 정도였다. 우리는 사진을 열여섯 장 찍었다. 그러나 구름이 별을 가렸다. 마지막 여섯 장 정도가 우리가 필요로 하는 것을 줄 만한 그림이 됐다. ……6월 3일. 사진을 현상했다. 하룻밤에 두 장씩 일식 이후 6일 동안 찍은 사진이었다. 하루 종일 각도를 재느라 여념이 없었다. ……그런데 그 중 하나가 아인슈타인의 주장과 일치하는 결과를 보여줬다." 에딩턴은 동료에게 한마디 던졌다. "코팅햄, 혼자 집에 갈 필요 없겠어."[60]

에딩턴은 후일 서아프리카에서 한 이 실험을 '내 생애 최고의 순간'이라고 묘사했다.[61] 아인슈타인은 상대성 이론을 검증할 수 있는 실험을 세 가지 제안했다. 그런데 이제 그 중 두 가지가 맞아떨어진 것이다. 에딩턴은 아인슈타인에게 즉시 편지를 써서 자신이 한 계산과 각종 설명을 보냈다. 아인슈타인은 1919년 12월 15일 베를린에서 답신을 보냈다. "존경하는 에딩턴 선생께. 무엇보다도 어려운 탐사를 성공리에 마치신 것을 축하드립니다. 돌이켜보면 선생은 상대성 이론에 대해 일찍부터 큰 관심을 보여주셨습니다. 이번 탐사대가 가능했던 것도 선생께서 적극 주선한 덕분이라고 생각합니다. 우리 영국인 동료 과학자들이 난해한 이론에 관심을 보여주신 데 대해 놀랄 따름입니다."[62]

이 대목에서 아인슈타인은 다소 솔직하지 못하다. 에딩턴의 상대성 이론 확인에 쏠린 관심 덕분에 아인슈타인은 세계에서 가장 유명한 과학자가 됐다. 뉴욕타임스는 '아인슈타인 이론 승리하다'라는 헤드라인으로 대서특필했다. 세계의 많은 신문들이 이 소식을 같은 방식으로 다뤘다. 왕립협회는 런던에서 특별회의를 열어 프랭크 다이슨으로부터 소브랄과 프린시페 원정에 관한 종합적인 설명을 청취했다.[63] 앨프리드 노스 화이트헤드도 그 자리에 참석했다. 그리고 『과학과 근대세계 Science and the Modern World』에서 당시의 흥분의 일단을 다음과 같이 표현했다. "흥미진진한 발표장 분위기는 그리스 연극을 방불케 했다. 우리는 마지막에 가서 결말이 드러나는 운명의 장난에 대해 왈가왈부하며 떠드는 코러스 같았다. 발표장 자체가 드라마틱했다. 무대는 전통적인 양식이었다. 그런데 뒤에 뉴턴의 초상화가 걸려 있어서 가장 위대한 과학적 일반화가 지금, [뉴턴 사후] 2세기 만에 처음으로 수정되고 있다는 사실을 깨닫게 해주었다. 개인적 관심도 한몫 했다. 위대한 사고의 모험이 마침내 안착을 한 것이다."[64]

상대성 이론은 아인슈타인이 처음 내놓았을 때 널리 수용되지 않았었다. 따라서 에딩턴의 프린시페 관측은 많은 과학자들이 물리세계에 관한 그 기이한 개념이 정말 사실이라는 것을 인정히지 않을 수 없는 시발점이 되었다. 생각은 늘 변하는 법이다. 상식은 그야말로 한계가 있는 법이다. 에딩턴도 다이슨도 결국은 타이밍이 절묘하게 맞아떨어진 것이다. 이래저래 낡은 세계는 저물어갔다.

11

탐욕의 황무지
The Acquisitive Wasteland

    1920년대에 나온 사상과 중요한 문학 작품은 거의 다 1차 대전에 대한 반응이라고 볼 수 있다. 놀라운 일도 아닐 것이다. 그러나 그렇게 많은 작가들이 같은 방식으로, 즉 문학의 새로운 형식을 통해 과거와의 단절을 강조하는 스타일로 반응할 것이라고는 예상하기 어려웠다. 소설과 희곡, 시문학에서 이야기를 하는 방식이 이야기 자체와 마찬가지로 중요해졌다. 작가들이 전쟁 때 일어난 일들을 소화하고, 그 의미를 파악하고, 느낌을 정리하는 데에는 약간의 시간이 걸렸다. 그러나 1922년이 되자 새 지평을 여는 작품들이 봇물처럼 쏟아졌다. 기적의 해인 1913년에 버금가는 해라고 할 만하다. 제임스 조이스의 『율리시스』, T. S. 엘리엇Elliot의 『황무지』, 싱클레어 루이스의 『배빗Babbit』, 마르셀 프루스트의 『잃어버린 시간을 찾아서』의 아홉 번째 권 『소돔과 고모라Ⅱ Sodome et GomorrheⅡ』, 버지니아 울프의 첫 실험소설 『제이콥의 방Jacob's Room』, 라이너 마리아 릴케의 『두이노의 비가Duino Elegies』, 루이지 피란델로Luigi Pirandello의 『엔리코 4세HenryⅣ』 등등 20세기 문학의 주춧돌이 모두 놓였다.

    조이스, 엘리엇, 루이스 등이 비판하는 것은 특히 자본주의가 만들어놓은 사회였다(전시戰時 사회만을 말하는 게 아니다). 자본주의 사회에서는 소유에 모든 가치를 두고, 삶은 지식이나 이해 또는 미덕 같은 것과는 배치되는, 물품을 차지하기 위한 경쟁이 되어버렸다. 간단히 말해서 위에 든 작가들이 공격하는 것은 탐욕으로 점철된 사회였다.

'탐욕스러운 사회The Acquisitive Society'라는 표현은 전해인 1921년 영국의 경제사학자이자 사회개혁운동가인 R. H. 토니Tawney(1880~1962)가 같은 제목의 저서(자본주의 사회에 대한 극단적인 분노의 표출로 고루 좋은 평가를 받지는 못했다)에서 만들어낸 개념이다. 토니는 당시 영국 사회의 특정 성향을 대표하는 전형적인 인물이었다(영국 복지국가 제도 형성에 크게 기여한 경제학자 윌리엄 베버리지William Beveridge와 소설가 조지 오웰George Orwell은 스타일이 달랐다). 베버리지나 오웰과 마찬가지로 토니도 상류층 출신으로 사립학교(럭비스쿨)와 옥스퍼드 대학 베일리올 칼리지Balliol College를 다녔다. 그러나 평생의 관심은 빈곤, 특히 불평등 문제였다. 대학을 졸업한 뒤 같은 배경을 가진 대부분의 젊은이들처럼 금융계에 투신하지 않고 빈민가인 런던 이스트엔드의 빈민구제사업소 '토인비 홀Toynbee Hall'에서 일하기로 결심했다(영국 복지국가의 기초를 세운 베버리지도 여기에 있었다). 토인비 홀의 정신은 노동자 계급에게 대학의 분위기와 생활양식을 보급하는 것이었는데 거기서 생활해본 사람들은 하나같이 사람이 달라졌다. 토인비 홀 경험을 통해 토니는 노동조합과 가장 잘 통하는 사회주의 지식인으로 변모했다.[1] 그러나 이후 토니의 인생행로를 결정해준 가장 중요한 사건은 1919년 2월에 일어난 광부 파업이었다. 충돌을 피하기 위해 정부는 석탄위원회를 설치했다. 토니는 노동계를 대표하는 6인 가운데 한 명(또 한 사람은 경제학자 시드니 웨브Sidney Webb)이었다.[2] 수백 만 단어의 증언이 위원회에 제시됐고, 토니는 그 모두를 하나하나 다 읽었다. 그는 작업장의 위험도, 나쁜 건강 상태, 빈곤 등에 관한 증언에 충격을 받아 『탐욕스러운 사회The Acquisitive Society』(1921)를 쓰게 된다. 『종교와 자본주의의 발흥Religion and the Rise of Capitalism』(1926), 『평등론Equality』(1931)과 함께 토니에게 처음으로 명성을 안겨준 저서였다.

토니는 텁수룩한 수염에 푸근한 이웃집 아저씨 같은 인상으로 성품도 따스했다. 고삐 풀린 자본주의의 난폭성, 특히 자본주의로 인한 낭비와 불평등을 증오했다. 1차 대전 때는 장교 임관을 마다하고 사병으로 참호 속에서 복무했다. 그는 자본주의가 결국 파산할 것이라고 전망했다. 자본주의는 인간의 본성을 잘못 평가하고,

목적을 위한 수단이어야 할 생산 확대와 이윤 증대를 그 자체의 목적으로 만들어버렸다고 생각했다. 그 결과 인간의 잘못된 본능, 즉 탐욕을 부채질하는 결과가 됐다고 봤다. 대단히 종교적인 인물이었던 토니는 탐욕이라면 질색을 했다. 특히 탐욕은 전통 시민사회의 토대를 이루는 '헌신과 연대의 본능'을 망친다고 생각했다.[3] 장기적으로 보면 자본주의는 문화와도 양립할 수 없었다. 자본주의하에서 문화는 더욱 사적인 것이 되고, 공동체가 공유하는 부분은 적어지며, 그런 추세는 인간의 공적인 삶에 어긋난다. 따라서 개별성이 강조되고 이는 다시 불가피하게 불평등을 촉진한다는 논리였다. 따라서 문화의 개념 자체도 내면의 상태보다는 소유의 기능 쪽으로 바뀌었다.[4] 게다가 자본주의는 근본적으로 민주주의와 양립할 수 없다는 게 토니의 시각이었다. 자본주의의 고질인 불평등—소비재를 게걸스럽게 사들여 꾸역꾸역 쌓아두는 것이 그 확연한 징표다—이 종국에는 사회의 응집력을 위협할 것이라고 본 것이다. 따라서 전쟁에도 적지 않은 책임이 있는 자본주의 체제에 대항해 확실한 도덕적 반격을 가하는 것이 자신의 역할이라고 생각했다.[5]

그러나 그것만이 토니의 유일한 역할은 아니었다. 역사가이기도 했던 토니는 두 번째 저서에서 자본주의를 역사적으로 고찰했다. 『종교와 자본주의의 발흥』의 요지는 고전경제학이 만들어낸 '경제적 인간'은 역사를 통틀어 볼 때 결코 보편적인 인간상이 아니며, 인간의 본성은 전통적 자유주의자들이 말하는 것처럼 반드시 이거다 하고 정해져 있는 게 아니라는 것이었다. 자본주의의 등장은 불가피한 것이 아니었으며, 자본위 체제가 성공을 거둔 것은 비교적 근래의 일이고, 그 과정에서 상당부분의 관습과 경험을 거기에 맞게 바꿔버렸다고 토니는 주장했다. 자본주의는 특히 종교를 맥을 못 추게 만들었다. 물론 교회도 도덕적 지도자로서의 역할을 스스로 방기함으로써 그런 결과를 야기한 책임에서 자유롭지 못하다.[6]

지금 와서 돌이켜보면 토니의 자본주의 비판이 모두 맞는 이야기 같지는 않다.[7] 자본주의가 민주주의와 양립할 수 없다는 주장이 특히 그러하다. 그러나 그의 지적이 완전히 틀린 것은 아니었다. 자본주의는 토니가 생각하는 문화에는 해가 됐을 것이다. 앞으로 살펴보겠지만 자본주의는 실제로 우리 모두가 문화라고 생각하는 것들을 바꿔놓았다. 20세기의 도덕성을 변화시키는 데에도 일조했다고 할 수 있다. 그렇게 된 데에는 물론 여러 가지 다른 이유가 있지만…….

토니의 비전은 통렬하면서도 구체적이었다. 모든 사람이 토니처럼 자본주의에 격분하지는 않았지만 1920년대가 한 해 두 해 흘러가고 1차 대전에 대한 성찰이 깊어지면서 불만과 불안이 확산됐다. 그런 불만과 불안의 특징은 자본주의 체제 이상의 것, 즉 전체로서의 서구 문명에 대한 우려로까지 확산돼갔다는 점이다. 어떤 의미에서는 서구 곳곳에서 몰락의 징후가 보인다는 오스발트 슈펭글러의 테제와 비슷하다고 할 수 있다. 이런 분위기에 가장 잘 편승한 사람은 자본주의의 최대 상징인 은행가와 허가 받은 체제 파괴자인 시인이었다.

T. S. 엘리엇(1888~1965)은 1888년 신심이 돈독한 청교도 집안에서 태어났다. 하버드에서 공부하고 일 년 동안 짬을 내 파리에서 시를 공부했다. 이후 하버드로 돌아가 철학을 가르쳤다. 늘 인도 철학 및 철학과 종교의 연계성에 관심이 많아 하버드가 종교와 철학을 독립 학과로 분리하려고 하자 격분했다. 1914년에는 철학 연구를 계속할 요량으로 옥스퍼드 대학으로 옮겼다. 그 직후 1차 대전이 터졌다. 유럽에서 엘리엇은 좋든 싫든 평생을 함께 하게 될 두 사람을 만났다. 미국 시인 에즈라 파운드Ezra Pound와 아내 비비엔 헤이우드Vivien Haigh-Wood였다. 당시 파운드는 엘리엇보다 훨씬 세상물정에 밝았고, 훌륭한 교사이자 엘리엇보다 뛰어난 시인이었다. 비비엔 헤이우드는 첫 번째 아내가 되었다. 처음에는 행복했으나 1920년대 초 결혼 생활은 파국으로 치달았다. 비비엔의 정신병이 깊어져 차츰 완전히 미친 수준이 된 것이다. 엘리엇은 너무도 힘든 나머지 스위스에 가서 정신과 치료를 받아보려고 했을 정도다.[8]

엘리엇이 나서 자란 청교도적 세계는 극도로 합리적이었다. 그 세계에서는 과학이 불의를 물리쳐주는 도구라는 점에서 압도적인 권위를 누렸다. 경제학자인 비어트리스 웨브Beatrice Webb는 1870년 "인간의 모든 불행을 궁극적으로 쓸어버리는 것은 과학이고, 과학을 통해서만 그런 일이 가능하다"고 말했는데 엘리엇이 초기에 품고 있던 희망과 같은 내용이었다.[9] 그러나 1918년에 이르면 엘리엇이 바라보는 세계는 완전히 폐허가 된다. 과학은 전쟁 발발에 일조한 것으로 비쳤다. 과학의 힘

덕분에 무기는 그 어느 때보다 무시무시해졌고, 19세기의 대도시들은 인상주의 화가들이 그린 아름다운 풍경의 한편에서 불결함으로 얼룩져갔다. 그런 점에서 에밀 졸라의 불편한 묘사는 인정하고 싶지 않은 음울한 진실을 말해주는 것이었다. 게다가 새 물리학은 확실성의 근본 토대를 제거하는 방향으로 흘러갔다. 다윈은 종교의 토대를 허물었고, 프로이트는 이성 자체를 사보타주했다. 제임스 프레이저 경의『황금가지 Golden Bough』축약판도 1922년에 나왔다.『황무지』가 나온 바로 그해다. 이 역시 엘리엇이 생각하던 세계를 뒤흔들어놓았다. 전 세계의 '원시적'이라는 종교들이 기독교 못지않게 고도로 발전되고, 복잡하다는 사실을 여실히 보여준 것이다. 이로써 엘리엇이 커온 세계가 기나긴 진화 투쟁 과정의 종착점이라고 보는 단순한 사회진화론적 사고는 일거에 날아갔다. 기독교 자체에 뭔가 특별한 것이 있다고 하는 생각도 뒤집어졌다. 하버드대가 철학과 종교를 별거시킨 것은 결국 맞는 조치였다. 막스 베버의 용어로 하면 서구는 '탈주술화 Entzauberung' 즉 미몽에서 깨어나는 단계에 접어든 것이다. 물질적, 지적, 영적 수준에서—모든 의미에서—엘리엇이 품고 있던 세계는 황폐해졌다.¹⁰

 엘리엇의 반응은 일련의 시로 나타났다. 처음에 전체 제목을 '그는 서로 다른 목소리로 세상을 정탐한다 He do the Police in different voices'라고 달았다. 찰스 디킨스의 소설『우리 서로의 친구 Our Mutual Friend』에 나오는 구절에서 딴 제목이었다. 엘리엇은 당시 로이드 은행 식민지·외환관리국에서 근무하고 있었다. '돈의 과학에 매료돼' 로이드 은행과 독일 간의 전전戰前 채무 건을 지원하고 있었다. 그는 매일 아침 다섯 시에 일어나서 시를 쓰고 은행으로 출근했다. 연속된 과로로 1921년 가을 장기 휴가를 얻었다.¹¹ 파운드의 시「휴 셀윈 모벌리 Hugh Selwyn Mauberly」는 전해(1920년)에 출판됐는데『황무지』의 주제와 다르지 않았다. 전쟁으로 홍역을 치른 구세계의 지적, 예술적, 성적 불모성을 탐색한 내용이다.「모벌리」에서 파운드는 영국을 '이빨 빠진 늙은 암캐'로 묘사했다.¹² 그러나「모벌리」는 '그는 정탐한다'와 같은 생생하고도 노골적인 이미지를 보여주지도, 충격적이고 독창적인 형식을 만들어내지도 못했다. 이런 지적을 파운드는 선선히 수긍했다. 지금 우리는 파운드가 엘리엇의 시에 심혈을 기울여 꿀을 다듬고 응집력을 더하고—그가 중시한 기준의 하나는 시행을 크게 소리 내 읽을 때 딱딱 떨어지느냐 하는 점이었다—'황무지 The Waste Land'라는 제목까지 붙여줬다는 사실을 알고 있다.[13] 엘리엇은 『황무지』 맨 앞에 '보다 훌륭한 예술가 il miglior fabbro'라는 표현을 붙여 에즈라 파운드에게 헌정했다.[14] 이 위대한 시의 주요 관심사는 전후 세계에 있어서 삶의 핵심으로 간주된 불모성이다. 영적인 영역과 성적인 영역 두 차원의 불모성이다. 그러나 엘리엇은 그런 불모성을 부각시키는 것만으로 만족하지 않는다. 전후 세계와 다른 세계들, 다른 가능성들을 대비시킨다. 다른 장소, 다른 시대에서 종말은커녕 다산과 비옥함을 뽐내는 모습들을 드러내 보인다. 그래서 『황무지』의 시적 구성은 독특하다. 버지니아 울프의 소설과 조이스의 『율리시스』, 그리고 프루스트의 호흡이 긴 소설처럼 엘리엇의 시 형식은 혁명적이지만 메시지와 불가분의 관계에 있다. 엘리엇의 아내에 따르면 이 시는—자전적인 면이 일부 있다—버트런드 러셀로부터도 영감을 받았다.[15] 엘리엇은 죽은 나무, 죽은 쥐, 죽은 사람 등의 이미지를 병치시킴으로써 베르됭과 솜 전투의 참상을 떠올리게 했다. 그러면서 고대의 전설을 환기시킨다. 부정한 성행위 장면이 고전적인 시로 승화된다. 현대의 너절한 익명성이 종교적 감성과 뒤섞인다. 독자를 놀라게 하는 그 독창성은 그렇게 서로 다른 기류들이 충돌하는 데서 온다. 엘리엇은 우리가 얼마나 밑바닥으로 떨어졌는지, 진보라는 것이 얼마나 가차 없는 추락일 수 있는지를 보여주려고 했다.

시는 '제사題辭' '주검의 매장' '장기 놀이' '불의 설교' '물 죽음' '우뢰가 말한 것'의 여섯 부분으로 나뉜다. 소제목들은 한결같이 어떤 감정과 기억을 환기시키지만 처음 접하면 그저 어렴풋하다. 다양한 목소리가 어우러진 합창인데 어떤 때는 한 사람의 목소리가 크게 들리고, 어떤 때는 다양한 문화권의 고전에서 따온 구절로 말을 건다. 맹인 티레시아스(그리스 신화에 나오는 테베의 장님 예언자)의 주문이 들리기도 한다.[16] 어느 대목에서는 타로 카드 점쟁이한테 갔다가, 문 닫을 시간이 된 런던 이스트 엔드의 선술집에 들어와 있는가 하면, 곧바로 그리스 전설 이야기가 나오고, 한두 행은 독일어로 연결된다. 이런 식의 진척은 익숙해질 때까지는 당혹스럽고, 기존의 시에서 봐 왔던 양상과는 너무 다르다. 진짜 낯설게 느껴지는 것은 각주가 많이 달려 있다는 점이다. 학술 논문 같다. 그러나 각주를 꼼꼼히 읽으면 보람이 있다.

신화 연구를 통해 다른 문명들을 끌어들임으로써 우리와 다르면서도 일관성이 있는 세계관과 차원이 다른 가치관을 접할 수 있기 때문이다. 그리고 바로 그런 점이 엘리엇이 노리는 포인트다. 탐욕스러운 사회를 멀리하고 싶다면 공을 들일 준비를 해야 한다는 것이다.

> 보랏빛 시각, 눈(eyes)도 등(back)도
> 테이블에서 일어서고 인간 엔진이
> 발동을 건 채 손님 기다리는 택시처럼 기다릴 때
> 나 티레시아스, 비록 눈이 안 보이고, 양생兩生에 걸쳐 가슴 울렁이는
> 주름진 여인의 젖가슴을 가진 노인이지만 볼 수는 있다.
> 이 보랏빛 시각, 모두가 다투어 집으로 향하고,
> 선원들을 바다로부터 귀가시키는 이 저녁때
> 차茶 시간에 집에 들어온 타이피스트는 조반상을 치우고,
> 스토브에 불을 피우고, 통조림 음식을 늘어놓는다.

시는 순식간에 영웅적인 분위기에서 자질구레한 이야기로 방향을 틀면서 파토스와 점강법을 버무려 일상적인 세계의 틀을 좀 더 깔끔하게 마무리한다. 그러나 그런 점을 제대로 의식하고 있지는 않다.

> 이 붉은 바위 밑에 그늘이 있을 뿐.
> (이 붉은 바위의 그늘 밑으로 들어오라).
> 그러면 내 너에게 보여주마. 아침에
> 네 뒤를 성큼성큼 따르던 너의 그림자도 아니고,
> 저녁때에 네 앞에 솟아서 너를 맞이하는 그 그림자와도 다른 그것을
> 한 줌 흙 속의 공포를 보여주마.
> Frisch weht der Wind
> Der Heimat zu

Mein Irisch Kind

Wo weilest du?*17*

　처음 두 행은 '메마른 땅에서 흐르는 냇물과 같을 것이며, 사막에 있는 큰 바위 그늘과 같을 것'이라고 한 메시아의 강림에 관한 이사야의 예언을 암시한다(이사야서 32장 2절). 독일어로 된 시행은 바그너의 오페라 「트리스탄과 이졸데Tristan und Isolde」에서 그대로 따온 것이다. '바람은 가볍게 / 고국으로 부는데 / 애란(아일랜드)의 우리 임 / 그대 어디서 머뭇거리느뇨?'(『황무지』 인용 부분은 『이창배 전집』 1권 『영미詩 걸작선』의 번역문을 따랐다: 옮긴이). 이미지 망은 촘촘하고, 그것이 노리는 바는 야심차다. 『황무지』는 덜렁 한 번 읽거나 '연구'나 노력 없이 접근해서는 이해할 수 없다. 평론가들은 이 작품을, 처음에는 상징이나 구체적인 대상 같은 것들만 알아보다가 한참 지나서야 아하, 그렇구나 하고 말하고자 하는 바를 깨닫게 되는 대가의 그림에 비유하곤 했다(특히 스티븐 쿠트Stephen Coote가 그랬다). 그의 시를 제대로 이해하려면 다른 문화권에 마음을 열어야 한다. 우리의 황무지 같은 문화를 벗어나기 위해서도 그렇다. 초고 두 벌은 존 퀸John Quinn(변호사이자 예술애호가, 원고수집가로 엘리엇의 후원자였다)과 에즈라 파운드에게 보냈다.*18*

　좀 다른 이야기지만, 엘리엇은 당시 예술은 개성의 표현이라고 하는 다소 프로이트적인 냄새를 풍기는 일반의 시각을 받아들이지 않았다. 오히려 그에게 예술은 '개성으로부터의 이탈'이었다. 그는 '영혼 과잉'을 작품에 쏟아 넣는 표현주의자가 결코 아니었다. 오히려 『황무지』는 섬세한 성찰과 예술적·장인적 치밀함의 결과이며, 무의식을 가장한 충동뿐 아니라 양질의 교육을 차근차근 쌓은 덕분이기도 하다. 세월이 흐른 후 엘리엇은 문화의 역할, 그중에서도 우리 시대의 '고급' 문화에 대해 덜 시적인 표현으로 상당히 혹독한 견해를 발표한다. 그 결과 속물이 다 됐다거나 그 이상의 악평도 받게 된다. 그는 궁극적으로 당대의 수많은 작가, 예술가와 마찬가지로 개별적인 혹은 생물학적인 차원의 퇴행이 아니라 문화적 차원의 '타락'을 우려했던 것이다.

평론가이자 번역가인 프레드릭 메이Frederick May는 루이지 피란델로Luigi Pirandello(1867~1936)의 혁신적인 희곡 『작가를 찾는 6인의 등장인물Sei personaggi in cerca d'autore』에 대해 엘리엇의 『황무지』에 해당하는 드라마라고 평했다. "두 작품 모두 그 시대에 대한 환멸과 영적인 황폐화를 고도의 시적 언어로 기록했다. 때로는 연민이 가득하고, 때로는 상실감으로 가슴을 저민다……. 그리하여 각각 자기 영역에서 당대의 표현인 동시에 상징이 됐다."[19]

이탈리아 극작가 피란델로는 1867년 콜레라가 한창일 무렵 시칠리아 지르겐티(지금의 아그리젠토) 근처 카오스에서 태어났다. 팔레르모와 로마, 본에서 문학을 공부했다. 처음 희곡을 출판한 것은 1889년이지만 제대로 성공을 거둔 것은 1921년부터였다. 그해에 아내는 정신병자 요양원에 들어간다. 이제 살펴볼 두 희곡 『작가를 찾는 6인의 등장인물』(1921)과 『엔리코 4세Enrico IV』(1922)는 실재를 기술하는 것은 불가능하다, 아니, 파악하는 것조차 불가능하다는 메시지를 공통적으로 담고 있다. "그는 무의식을 드라마화한다." 『작가를 찾는 6인의 등장인물』은 1921년 초연 몇 해 전 탈고 당시 원래 제목은 '6인의 등장인물 리허설 현장을 급습하다'였다. 이들은 배우가 아니고 실존 인간도 아니며 자기들의 이야기를 소개해줄 '작가'를 필요로 하는 등장인물(캐릭터)이라고 주장한다. 비트겐슈타인이나 아인슈타인, 프로이트와 마찬가지로 피란델로는 말이 실재를 묘사하는 데 처절히 실패하는 과정에 주목한다. 등장인물과 개인의 차이 내지는 둘이 중첩되는 부분이 어디서부터 어디까지인지 예술에서 정확히 집어낼 수 있을까? 엘리엇이 새로운 형식의 시문학을 창조하려고 애썼듯이 피란델로는 진실 말하기가 핵심을 이루는 새로운 형식의 드라마를 창안하고자 했다. 그의 희곡에 나오는 등장인물들은 자신의 이해력의 한계를 안다. 진실은 상대적이라는 것, 그들의 문제는 우리와 마찬가지로 자신의 참모습을 인식하는 것이라는 걸 안다.

『6인의 등장인물』은 로마 초연 당시 엄청난 소동을 빚었다. 그러나 일 년 후 파리에서 상연됐을 때는 열렬한 환영을 받았다. 『엔리코 4세』가 이탈리아 밀라노에서 초연됐을 때는 그보다 한결 나은 대접을 받았다. 이후로 피란델로는 명성이 자자해졌다. 엘리엇의 아내와 마찬가지로 피란델로의 아내도 결국 완전 광인이 됐고, 피란델로는 나중에 이탈리아 여배우 마르타 아바Marta Abba와 연인 사이가 됐다.[20] 엘리엇이 개인적 불행과 무관하게 작품을 한 땀 한 땀 다듬어나간 것과 달리 피란델로는 종종 광기를 극적 장치로 사용하곤 했다.[21] 『엔리코 4세』는 20년 전 독일 황제 하인리히(엔리코는 하인리히의 이탈리아어식 표기다) 4세 복장을 하고 가장행렬을 하던 중 말에서 떨어져 머리를 땅에 부딪치는 바람에 의식을 잃은 한 남자에 관한 이야기다. 그런데 가장행렬을 준비하면서 하인리히 4세에 관한 책을 너무 많이 읽은 나머지 정신이 든 다음에는 자기가 진짜 하인리히 4세라고 믿게 됐다. 부유한 여동생은 치료를 위해 그를 중세의 성에 집어넣었다. 그는 11세기 궁정 신하들 복장을 한 배우들에 둘러싸여 떠받들어지면서 실제로 하인리히 4세 같은 생활을 하게 된다. 그 과정에서 배우들의 역할이 수시로 뒤바뀌면서 혼란스럽고 때로 배꼽을 잡게 한다(고풍스러운 복장을 한 어떤 배우는 예고도 없이 갑자기 담뱃불을 붙인다). 이 장면에서 엔리코가 짝사랑했던 마틸다 부인(여전히 아름답다)과 그 딸 프리다, 의사를 비롯한 옛 친구들이 등장한다. 이 대목에서 피란델로의 트릭이 정점에 달한다. 우리는 엔리코가 아직 미친 상태인지, 아니면 그런 척하는 것인지 도저히 확신할 수가 없다. 전통 연극에 나오는 바보 어릿광대처럼 엔리코는 동료 등장인물들에게 '언제나 똑같다는 거 알아?' 하는 식으로 폐부를 찌르는 질문을 던진다. 우리는 엔리코가 비극적인 인물인지 스스로 그렇다는 걸 아는지 마는지 도저히 알 수가 없다. 바로 그 때문에 상당히 인상적인 동시에 맨 정신인 것으로 보인다. 같은 이유로 작품에 등장하는 다른 인물들도 모두 바보 아니면 광인이거나 둘 다인 모습으로 다가온다. 그러나 엔리코가 정신이 온전하다면 계속 그러고 산다는 게 말이 될까? 연극에 나오는 모든 인물은 다분히 실감나게 그려져 있지만 노심초사하며 거짓을 살아가고 있다.

진짜 비극은 의사가 엔리코를 '치료'해 주려고 충격적인 진실을 말해주고, 그럼으로써 살인에 이르는 대목이다. 『엔리코 4세』에서는 자신의 참모습을 완벽하게 이해하는 사람은 하나도 없다. 그토록 확신에 넘치는 의사도 엔리코가 엄청난 짓을 할 줄은 미처 몰랐다. 황폐해진 삶에 좌절한 엔리코는 '계획적인' 광기를 택했고, 그 결과가 본인에게도 부메랑이 되어 돌아온 것이다. 인생은 피란델로에게 있어서 연극 속의 연극과 같았다. 극중극 형식은 그가 여러 번 사용한 장치다. 관객은 누가 연기고, 누가 연기가 아닌지 확실히 감을 잡을 수 없다. 우리는 스스로 연기를 하고 있을 때조차 그게 연기인지 진실인지를 알 수 없는 것이다.

9장에서 살펴본 비트겐슈타인의 『논리철학 논고』가 실제로 출판된 것은 기적의 해인 1922년이었다. 비트겐슈타인의 빈 친구인 카를 크라우스Karl Kraus(1874~1936)의 걸작 『인류 최후의 날들Die letzten Tage der Menschheit』도 이해에 나왔다. 유대계인 크라우스는 카페 그리엔슈타이들의 젊은 빈파의 일원으로 후고 폰 호프만슈탈, 아르투어 슈니츨러, 아돌프 로스, 아놀드 쇤베르크 등과 어울렸다. 성격이 까다로운데다 약간 불구였다. 선천적으로 어깨에 이상이 있어서 등이 상당히 굽었다. 신랄한 풍자로 타의 추종을 불허하는 크라우스는 상당한 수입의 대부분을 강연과 낭송으로 벌어들였다. 당시 《횃불》이라는 문학·정치 평론 잡지를 발행했는데 한 달에 세 차례씩 1899년부터 1936년 죽을 때까지 계속됐다. 이 잡지 때문에 적도 많이 생겼지만 광범위한 지지도 얻게 됐다. 심지어 전쟁에 나가 있는 장병들 사이에도 인기가 퍼졌다. 아주 까다로웠던 그는 철학자인 친구(비트겐슈타인) 못지않게 언어에 민감해서 문법이 틀리거나 부적절한 어구나 가관인 문장이 나오면 거의 돌아가시는 지경이었다. 자신의 목표는 '인용부호 사이에서 시대를 정확히 집어내는 것'이라고 말하기도 했다.²² 그는 여성해방에 극도의 반감을 보이면서 '성적 노이로제에 대한 히스테리 반응'이라고 하는가 하면 생각이 같은 사람들에게는 자유분방하게 공감을 표시하면서도 빈 언론들의 자만심과 반유대주의를 증오했고, 그 때문에 명예훼손으로 여러 차례 소송에 휘말리기도 했다. 크라우스는 아돌프 로스가 건축 분야에서 한 일을 문학과 사회 분야에서 하고 있는 셈이었다. 말하자면 앙시앵레짐ancien régime(구체제)의 요란하고 거들먹거리는 식의 자만에 대한 공박이었다. 그는 《횃불》에서 자신이 추구하는 바를 거리낌 없이 밝혔다. "여기 펼쳐놓은 것은 너절한 말잔치에서 튀기는 침들을 받아 빼기 위한 하수도에 불과하다."²³

『인류 최후의 날들』은 1차 대전 기간 여름철과 그 이후 몇 년 동안 대개는 심야에 쓴 작품이다. 크라우스는 빈의 혼란과 검열당국의 감시를 피하기 위해 왕왕 스위스로 탈출했다. 그는 장애 덕분에 징집을 피할 수 있었다. 그러나 군 면제라는 사실만으로도 이미 못마땅해 하는 사람들에게는 수상한 자로 비친 데다 동맹국의 대의라는 것을 반박함으로써 나쁜 놈이라는 오명까지 쓰게 됐다. 이 희곡은 전쟁에 대한 크라우스의 판결이었다. 그리고 일부 대목이 1919년에 《횃불》에 실리기는 했지만 1921년까지도 새 소재를 계속 덧붙였다.²⁴ 이 작품은 소소한 장면들을 수백 개 연결·축적하면서 파괴력을 갖게 된다. 짧은 대사들은 하나같이 신문 기사에서 발췌한 것으로 작가가 만들어낸 게 아니다. 전쟁터의 공포와 부조리성이 후방 빈에서 벌어지는 사건들과 병치된다(쿠르트 슈비터스가 미술에서 한 콜라주 작업의 문학판이라고 볼 수 있다). 후방에서는 돈이라면 무슨 일이든 하는 풍조가 만연해 있다. 언어가 크라우스에게는 역시 핵심 요소다(『최후의 날들』은 본질적으로 줄거리보다는 대사가 중요한 연극이다). 독자(관객)는 황제의 목소리, 시인, 전선에 나간 병사의 목소리, 빈에 남아 있는 유대인들의 방언을 목격한다. 이런 소리들은 교묘히 짝을 맞춰서 생각이나 행동에서 은밀히 벌어지는 범죄를 위장한다. 크라우스의 풍자 기법은 어떤 구절(이나 사고 또는 신념 내지 확신)을 정반대되는 것과 줄기차게 대치시킴으로써 시간이 갈수록 극적인 효과를 거둔다.

이 작품은 너무 길어서(열 시간 걸린다) 실제로 공연된 적은 거의 없다. 그러나 본인은 이 작품이 화성 공연용으로 쓴 것이라고 주장했다. '지구에 사는 사람들은 이 작품이 던져주는 진실을 감당할 수 없어서'라는 게 이유다.²⁵ 작품 말미에 인류는 엄청난 화염에 휩싸여 멸망한다. 이 대목의 마지막 대사는 신의 입을 빌려 표현되는데 전쟁 발발 초기에 황제가 했던 말과 똑같다. "내가 원한 게 아니야." 베르톨트 브레히트Bertolt Brecht가 쓴 크라우스 비문은 이렇게 돼 있다. "시대가 스스로 그 생명을 마감하려고 손을 치켜들었는데 이 사람이 바로 그 손이었다."²⁶

1922년에 나온 걸작들 가운데서도 단연 우뚝한 것은 제임스 조이스James Joyce(1882~1941)의 『율리시스Ulysses』였다. 표면적으로 보면 조이스의 『율리시스』는 『황무지』나 버지니아 울프의 『제이콥의 방』과 달라도 너무 다르다. (이에 대해서는 나중에 다시 살펴보기로 하자.) 그러나 유사성도 있다. 작가들 자신도 그런 점을 의식하고 있었다. 『율리시스』 역시 전쟁에 대한 일종의 반응이었다. 그런 점을 보여주듯이 마지막 문장은 '트리에스테(이탈리아 동북부 항구도시)-취리히-파리, 1914-1921.'로 끝난다. 엘리엇의 『황무지』도 그렇지만 조이스는 고대 신화(호메로스)를 '허망하고 무정부적인 현대사의 거대한 파노라마를 드러내고 거기에 의미를 부여하기 위한 도구'로 사용한다.[27]

1882년 아일랜드 수도 더블린에서 태어난 조이스는 열 형제 가운데 맏이였다. 집안 형편은 빠듯했지만 그럭저럭 몇몇 예수회 학교를 거쳐 더블린의 유니버시티 칼리지에 들어가는 등 좋은 교육을 받았다. 이어 파리로 갔다. 처음에는 의사가 될 생각이었다. 그러나 곧 글을 쓰기 시작했다. 1905년부터 이탈리아 트리에스테에서 노라 바너클Nora Barnacle과 동거했다. 바너클은 골웨이 출신으로 1904년 더블린 나소가街에서 만난 여성이다. 시집 『실내악Chamber Music』이 1907년에 출판됐고, 단편소설집 『더블린 사람들Dubliners』이 1914년에 나왔다. 1차 대전 발발 당시 조이스는 프라하로 갈까도 생각해봤지만 하는 수 없이 중립국 스위스로 옮겼다(아일랜드는 당시 영국 지배하에 있었다).[28] 전쟁 중에 『젊은 예술가의 초상A Portrait of the Artist as a Young Man』을 발표했다. 그러나 그에게 국제적 명성을 안겨준 것은 율리시스였다. 몇 개 장은 처음에 1919년 런던의 잡지 《에고이스트Egoist》에 실렸다. 그러나 인쇄업자와 일부 구독자가 이의를 제기하는 바람에 후속 장의 발행은 중단됐다. 그러자 조이스는 아방가르드 스타일의 미국 잡지 《리틀 리뷰Little Review》로 눈을 돌렸다. 리틀 리뷰는 나머지 장들을 출판했는데 1921년 2월 외설 혐의로 잡지사는 유죄판결을 받고, 편집진은 벌금을 물게 됐다.[29] 그래서 결국 조이스는 파리의 젊은 서점주인 실비아 비치Sylvia Beach에게 접근했다. 미국인인 그녀는 셰익스피어 서점을 통해 율리시스 전체를 1922년 2월 2일 발행했다. 초판은 1,000부를 찍었다.

율리시스의 주인공은 둘이다. 우선 스티븐 디달러스Stephen Dedalus. 젊은 예술가로 개인적인 위기를 겪고 있다(서구 문명처럼 진기가 다 빠지고 창작의 의지와 야심을 잃었다). 또 한 명은 레오폴드 블룸Leopold Bloom(아내는 '폴디'라는 애칭으로 부르는데 조이스의 아버지와 동생을 일부 모델로 삼았다)이라는 신문 광고업자로 디달러스보다 훨씬 세상물정에 밝은 인물이다. 조이스는 (오스트리아 철학자 오토 바이닝거의 이론에 영향을 받아) 블룸을 유대인으로 설정하고 여자 같이 약간 여린 구석이 있는 인물로 그렸다.

그러나 그를 율리시스로 만드는 것은 젠체하지 않으면서도 내면적으로나 외면적으로 놀라울 만큼 풍부한 삶이다.³⁰ 영웅들의 시대는 끝났다는 것이 조이스의 논점이다.* 조이스는 수많은 병사들을 희생시키는 명분으로 떠드는 '영웅적 추상화'를 혐오했다. '우리를 너무도 불행하게 하는 거창한 말들'이라는 것이다.³¹ 그가 만들어낸 인물들이 펼치는 오디세이아는 방대한 그리스 신화의 세계를 항해하는 것이 아니다. 작가는 독자들에게 1904년 6월 16일 하루 동안 더블린에서 일어난 블룸의 하루를 보여준다.³² 우리는 블룸의 하루 행적을 따라간다. 아침 일찍 그의 아내가 아침 준비를 하는 장면에서부터 친구의 장례식에 들렀다가 신문 일로 아는 사람들을 잠깐씩 만나고, 경마 광팬들이 등장하고, 고기와 비누를 사고, 술을 마시는 것으로 이어진다. 그 다음으로는 놀랍게도 에로틱한 장면이 나오는데 블룸이 해변에서 젊은 여자 셋과 나란히 앉아 폭죽놀이 구경을 한다. 그러고는 마지막으로 밤늦게 집에 돌아오는 길에 경찰과 맞닥뜨린다. 마침내 블룸은 아내가 깰까봐 살며시 침대로 기어들어가 옆에 눕는다. 이때 서술 시점이 바뀌면서 아내 몰리가 남편 블룸을 어떻게 보는지가 나온다. 구두점이 하나도 없는 문장이 한없이 이어진다.

이 책의 매력 중 하나는 문체가 몇 번이고 바뀐다는 점이다. 의식의 흐름stream of consciousness 기법으로 시작해서 질의응답 식으로 갔다가 연극인 동시에 꿈이 나오고, 간단 간단한 대화가 한없이 이어진다. 셰익스피어를 "싱(John Millington Synge. '아일랜드의 셰익스피어'로 일컬어지는 극작가. 1871~1909)처럼 쓰는 친구지"라고 한다거나 '나의 술 나라'하는 식의 애교 있는 농담, '깜깜만요(I beg your parsnips. I beg your pardon이라고 해야 할 것을 par는 살려두고 don 부분을 소량이라는 뜻의 snips로 바꾸었다. 그런데 parsnips는 원래 양방풍나물이라는 뜻이어서 '당연하지'를 '당근이쥐'로 바꾼 것 같은 재미를 준다 : 옮긴이)' 같은 유치찬란한 말장난도 약방의 감초 격이다. 상상을 절하는 독창적인 언어에는 은근히 빗대어 말하는 투가 허다하다. 인물과 사물

* 실제로 율리시스는 많은 독자들이 생각하는 것 이상으로 오디세이아 신화에 깊은 뿌리를 두고 있다. 율리시스가 어떻게 구성돼 있는지는 스튜어트 길버트가 작가 본인으로부터 받은 원래 작품 구상도를 토대로 쓴 『제임스 조이스의 율리시스』*James Joyce's Ulysses*(1930)에 자세하게 설명이 돼 있다. 그러나 이런 배경을 모른다고 해서 작품 읽기의 흥미가 떨어지지는 않는다.³⁶

이 한없이 나열되기도 하고, 최근 과학의 발전을 논하기도 한다. 933쪽이나 되는 엄청난 분량으로 쓴 것은 작가가 하나의 독특한 세계를 재구성함으로써 삶의 속도를 늦춰 독자로 하여금 언어의, 결코 잠들지 않는 언어의 재미를 느낄 수 있도록 하려는 배려이기도 하다. 이런 식으로 조이스는 1904년 더블린의 풍성함에 주목한다. 시와 오페라, 라틴어와 가톨릭 전례는 도박이나 경마, 사소한 협잡, 지나가는 여자를 볼 때마다 입맛을 다시는 중년남자만큼이나 중하층의 일상의 한 부분이다.[33] 사촌이 너무 어렵다고 비판하자 조이스는 "율리시스가 읽기 부적합하다면 인생은 살기 부적합하다"고 대꾸했다. 음식에 대한 묘사도 절대 맹탕이 아니다. "버크 멀리건은 스콘 핫케이크를 갈라 김이 모락모락 나는 속살에다가 버터를 듬뿍 발랐다"처럼 구절마다 읽는 이로 하여금 군침을 돌게 만든다. 지명도 예사롭지 않아서 맬러하이드Malahide, 클롱하우스Clonghowes, 캐슬커널Castleconnel 같은 것은 어원을 생각하게 함으로써 지명답지 않은 아름다움을 느끼게 한다. 조이스는 단어를 새롭게 사용하고 철자와 구두점을 재조합함으로써 원래 단어들이 나타내는 바에 새삼 주목하게 만든다. "그게 죄악인지 선행인지를 심판의 날에 우리에게 말해 줄 노친네는 없다…"(노친네로 옮긴 Nobodaddy는 Nobody와 daddy의 합성어다 : 옮긴이)나 "그는 코디얼주酒를 쿵쿵쩝쩝거렸다……"(쿵쿵쩝쩝거렸다로 옮긴 smellsipped는 smell과 sip의 합성어다 : 옮긴이), '그 여자의 따스한 침상 같은 풍만한 살집……'(Her ample bedwarmed flesh), '흉악한 자Dynamitard'(dynamic과 bastard의 합성어 : 옮긴이) 등등.[34]

블룸의 행적을 따라가면서 독자는—디달러스와 마찬가지로—대단히 유쾌하고 홀가분해진다.[35] 블룸은 지금 이대로의 모습에서 달라지고픈 생각이 없다. "파우스트가 되고 싶지도, 예수가 되고 싶지도 않다." 블룸은 놀라우리만치 너그러운 세계에 살고 있다. 사람들은 서로에게 이래라 저래라 강요하지 않고, 하루하루의 삶을 즐겁게 보내면서 음식과 시와 의식儀式과 사랑과 성과 술과 언어가 이리저리 흘러가는 대로 바라볼 따름이다. 이런 것들은 어디서나 찾을 수 있다는 게 조이스가 말하고자 하는 것이다. 평화란—내적인 것이든 외적인 것이든—바로 그런 것이다.

T. S. 엘리엇은 1923년 《다이얼Dial》이라는 잡지에 쓴 에세이에서 『율리시스』가

'엄청난 과학적 발견과 같은 의미'로 다가왔다고 고백했다. 아닌 게 아니라 조이스는 과학이 팽창하는 사이 언어는 뒤쳐졌다고 보고 언어를 진척시키려는 의도를 갖고 있었다. 엘리엇은 조이스가 '신화적 방법mythical method'이라고 이름 붙인 기법을 사용한 점도 좋게 봤다.37 그것이야말로 내러티브(서사)를 대신해서 문학이 전진하는 방법이라고 믿은 것이다. 그러나 『율리시스』와 『황무지』, 『제이콥의 방』, 『엔리코 4세』를 가르는 결정적인 차이는 종국에 가서 스티븐 디달러스가 구원을 받는다는 점이다. 도입부에서 디달러스는 지식인인 동시에 도덕적으로는 이상과 희망을 상실한 황무지다. 그러나 블룸은 전편에 걸쳐서 세상을 타인의 눈으로 볼 수 있는 능력을 갖추었음을 드러낸다. 타인은 잘 아는 아내 몰리일 수도 있고, 잘 모르는 디달러스일 수도 있다. 그럼으로써 블룸은—반유대주의가 판을 치는 세상에서—편견의 굴레에서 벗어난 인물이 된다. 동시에 조이스 입장에서는 관계맺음이 가능하다는, 고독과 원자화, 소외와 권태가 불가피한 것이 아니라는, 놀라울 정도로 낙관적인 메시지가 된다.

1922년 같은 아일랜드 인으로 조이스의 선배인 W. B. 예이츠Yeats(1865~1939)가 아일랜드 상원의원으로 임명됐다. 2년 후에는 노벨 문학상을 수상했다. 시인으로서의 57년 역정은 여러 단계를 거쳤다. 그러나 그의 정치참여는 예술적 비전과 맥을 같이했다. 1899년 경찰 정보보고를 보면 예이츠는 '다소 혁명가 기질이 있음'이라고 돼 있다. 아닌 게 아니라 1916년에는 「1916년 부활절Easter 1916」이라는 시를 발표했다. 바로 그해에 아일랜드 독립을 외치다 영국에 의해 참혹하게 진압된 부활절 봉기를 노래한 내용이다. 처형당한 봉기 지도자들의 이름을 거론하는 시행들은 세기 전체에 대한 묘비명으로도 읽힐 수 있다.

> 우리는 그들의 꿈을 알고 있지, 됐어.
> 그들이 꿈을 꾸었고, 죽었다는 것만 알면 충분해.
> 그들이 지나친 사랑으로 죽을 때까지
> 괴로워했던들 또 어떠리.

시에 적어두는 이름―

맥도나흐와 맥브라이드

코널리와 피어스(당시 처형된 봉기 지도자들 : 옮긴이)

지금 그리고 앞으로도

초록옷 갈아입는 곳마다 늘 함께 할 이름들.

모든 것이 변했다. 완전히 변했다.

무시무시한 아름다움이 탄생했다.*38*

    예이츠가 자신의 종교적 성향을 절감한 것은 과학이 그런 선택마저 말살했을 때였다. 그는 삶은 극도로 비극적이고, 거의 '저 멀리 있는…… 미지의 실체들'에 의해 결정된다고 믿었다.*39* 예이츠에게 삶의 핵심, 그 본질적 구조는 우리를 좌절시킨다. 그리고 가장 고귀한 실존의 이유라고 할 위대함은 그 '가면'을 하나씩 벗기는 과정일 수밖에 없다. "가면과 자아가 하나 될 수 있다면 존재의 완전함을 경험하게 될 것이다."*40* 딱 떨어지지는 않지만 프로이트 식 논리에 가깝다. 데이비드 퍼킨스David Perkins가 보여주었듯이 예이츠는 복잡하면서도 극도로 개인적인 이미지와 상징들의 세계로 나아간다. 그러면서 젊음과 늙음, 육체와 영혼, 열정과 예지, 야수와 인간, 창조적 폭력과 안온한 질서, 계시와 문명, 시간과 영원 같은 안티테제들을 서로 충돌시켰다.*41*

    예이츠의 스타일은 일반적으로 네 단계로 구분한다. 1899년 이전과 1899~1914년, 1914~28년, 그리고 1928년 이후다. 그러나 절정기라고 할 수 있는 것은 세 번째 시기다. 이 시기에 나온 작품이 「쿨 호湖의 백조 The Wild Swans at Coole」(1919), 『마이클 로바츠와 무희 Michael Robartes and the Dancer』, 『탑 The Tower』, 그리고 산문집 『비전 A Vision』(1925)이다. 『비전』은 예이츠가 사용한 주술적인 기호와 상징들의 체계에 대해 상세히 설명한다. 그러한 체계는 영적인 능력을 갖고 있던 아내가 영혼들이 하는 말을 환각 상태에서 자동기술로 받아낸 결과이기도 하다.*42* 다른 사람이라면 그런 방법이 황당한 것이었겠지만 예이츠의 경우는 정교한 장인적 솜씨를 발휘해 시적인 목소리를 만들어냈다. 맑고 분명하면서도 의식의 간섭 없이 '삶의 열정적인 순간에 있는 한 인간의 진짜 생각들'을 전달한다.[43] 예이츠는 블룸과 스타일은 전혀 다르지만 가는 길은 같다.

나무들은 가을의 아름다움으로 단장하고
숲속의 오솔길들은 말랐다.
시월의 황혼 아래
물은 고요한 하늘을 비추고 있다.
가득 차 있는 물위 돌 사이에
쉰아홉 마리 백조가 떠 있다.

(…중략)

지금도 지치지 않고, 한 쌍씩 짝지어
그들은 차갑고 정다운 물 속에서
헤엄치거나 날아오른다.
그들의 가슴은 늙지 않았다.
정열 혹은 정복이, 어디에 떠돌건,
아직 그들에게 있다.

  「쿨 호의 백조」, 1919년(번역문은 황동규 시인이 옮긴 예이츠 시집 『1916년 부활절』에서 인용했다 : 옮긴이)

예이츠는 전쟁과 그로 말미암은 황폐함에 충격을 받았다.

참신하고 사랑스러운 많은 것들이 사라져버렸다
수많은 이들에겐 순전한 기적으로 보였었는데……

아, 하지만 우린 고칠 꿈을 꾸었었지
아무리 인간을 못살게 굴

말썽거리처럼 보였어도, 그런데 지금은

겨울바람이 분다

_「일천구백십구 년 Nineteen Hundred and Nineteen」, 1919년

그러나 블룸처럼 예이츠는 실제로는 사라진 것을 한탄하기보다 자연에서 새롭게 창조해내는 일에 더 관심을 쏟았다.

저것은 늙은 사람들의 나라가 아니다.
팔에 팔을 낀 젊은이들, 숲속의 새들,
―저 죽음의 세대들은 저희들의 노래에 취하고
연어 오르는 폭포, 고등어 우글거리는 바다,
고기나 짐승이나 새들은 온 여름 동안
생겨서 나서 죽는 온갖 것들을 찬양한다.
모두들 관능의 음악에 취하여
늙지 않는 이지理智의 기념비를 모르는구나.

_「비잔티움 항행統行 Sailing to Byzantium」, 1928년(『이창배전집』 1권 『영미시詩 걸작선』의 번역문을 따랐다: 옮긴이)

예이츠는 초기부터 아일랜드 전설을 시에 차용하고자 애썼다. 그는 현대 도시의 풍경을 그려내는 모더니즘적 욕망을 가져본 적이 없다. 대신 나이가 들수록 '우리의 고독 속에 스민 욕망'의 실체, 즉 사적인 문제의 열정을 인식하면서 과학은 그런 문제에 대해 해줄 수 있는 말이 아무 것도 없다는 쪽으로 기울었다.[44] 위대함이란, 블룸이 실감했듯이, 더욱 현명해지고, 더욱 용감해지고, 더욱 통찰력을 갖게 되는 데에 있었다. 사소한 문제에서도, 아니 특히 사소한 문제에서 그렇다. 황무지의 한가운데에서 예이츠는 시인의 역할은 뭔가 좀 더 잘하는 것, 그럼으로써 모두 이를 좀 더 나아지게 하는 것이라고 생각했다. 그의 시는 엘리엇과는 상당히 달랐지만 이 한 가지 목표에서만큼은 일치했다.

블룸이라는 인물은 탐욕스러운 사회의 시민들에 대한 비난이다. 그는 가진 게 부족하지는 않지만 썩 많이 가진 것도 아니고, 가졌다고 하는 것이 장애가 되지도 않는다. 중요한 것은 그의 내면생활이다. 그는 남을 재산 정도로 판단하지 않는다. 그는 남이 자신과 얼마나 다른지를 알기 위해 그들의 머릿속으로 들어가 보고 싶어 한다. 그럼으로써 세계에 대한 경험의 폭을 넓히는 데 도움을 받는다.

『율리시스』가 나온 지 4년 만인 1926년 F. 스콧 피츠제럴드Scott Fitzgerald (1896~1940)가 소설『위대한 개츠비The Great Gatsby』를 내놓았다. 한결 전통적인 서술 기법을 사용한 작품으로 정반대 방향에서이긴 하지만 동일한 문제를 천착한다. 레오폴드 블룸이 교묘한 위트와 얕삽한 속임수로 별 볼일 없는 광고를 따내고서 득의양양 하는 중하층 더블린 시민이라면『개츠비』에 나오는 등장인물들은 대단한 부자이거나 그렇게 되고 싶어 안달하는 사람들이다. 그들은 돈 외에는 아무것에도 관심이 없기 때문에 도덕적·지적 공허함을 키우는 일종의 황무지 같은 환경에서 살아간 것이다.

소설에 나오는 주요 인물 넷은 제이 개츠비, 데이지, 톰 뷰캐넌, 그리고 화자인 닉 캐러웨이다. 사건은 어느 여름 웨스트 에그라는 섬에서 벌어진다. 섬은 낸커킷과 마서스 빈야드, 롱아일랜드가 교차하는 지점으로 맨해튼에서 차로 오갈 수 있는 거리다. 어쩌다 우연히 개츠비 옆집에 세를 든 캐러웨이는 데이지의 친척이다. 처음에 개츠비(피츠제럴드의 청년 시절을 연상케 한다)와 뷰캐넌 부부, 캐러웨이는 서로 잘 모른 채 각자 살아간다. 그러다가 점점 얽히고설키게 된다.[45] 개츠비는 정체를 알 수 없는 인물이다. 그의 집에서는 항상 시끌벅적한 대규모 파티가 열린다. 1920년대 미국 재즈 시대의 전형적인 모습이다. 그러나 본인은 외톨이로 지낸다. 그가 누구인지, 어떻게 돈을 모았는지 아는 사람은 아무도 없다. 그는 가끔 전화를 건다. 그것도 장거리 전화(당시로서는 요금이 비싸서 쓰는 사람이 거의 없었다)다. 그러나 차츰 닉은 개츠비의 생활궤도로 빨려든다.

한편 닉은 톰 뷰캐넌이 머틀 윌슨 부인과 그렇고 그런 사이라는 걸 알게 된다. 머틀 윌슨의 남편은 맨해튼으로 오가다가 중간에 들러 기름을 넣는 주유소 주인이다. 데이지는 원래는 '순결무구한' 1920년대 스타일의 생기발랄한 젊은 여성으로 남편의 외도를 까맣게 모르고 있다. 소설은 170쪽 정도밖에 되지 않는다. 그리고 중언부언하는 법이 없다. 도입부에 "고다드라는 이 사람이 쓴 『유색인종 제국의 부상』이라는 책 말이야……" 하는 이야기가 나온다. 원래는 로드롭 스타다드가 쓴 우생학 관련 책 『백인 지배에 대항하는 유색인종의 급부상』을 말하는 것인데 톰 뷰캐넌이 그 책에 서문을 써준 우생학자 매디슨 그랜트와 원저자 스타다드의 이름을 헷갈려서 고다드라고 한 것이다. 그러면서 톰 뷰캐넌은 인종에 관한 주장을 늘어놓는다. "우리가 경계하지 않으면 백인종은 아마…… 아마 완전히 찌그러지고 말거야. 진짜 과학적인 이야기라고. 입증이 된 이야기라니까…… 우리한테 달렸어. 지배종족인 우리가 조심하지 않으면 다른 종족들이 주도권을 쥘 거라고. ……중요한 건 우리가 북유럽계라는 거야…… 그러니까 우리가 그 모든 걸 만들어낸 거지. 문명을 만드는, 과학과 예술, 뭐 그런 것들 말이야. 안 그래?"[46] 머틀 부인의 죽음이라는 참사가 일어나는 장소는 재의 계곡으로 돼 있다. 쓰레기와 재로 뒤덮인 늪지 플러싱 메도를 모델로 설정한 장소다. 평소 같으면 '혈통'이 등장인물들의 큰 관심을 끄는 문제일 것이다. 그러나 이런 논점은 가볍게 언급하는 것으로 그치고 독자들에게 강요하지 않는다.

분위기 전반에 스민 것은 개츠비를 둘러싼 의혹이다. 그가 재산을 일군 방식에 대해 흉흉한 소문이 무성했다. 밀주를 만들었다느니 마약을 팔았다느니 도박으로 벌었다느니 등등. 얼마 후 개츠비는 데이지에게 접근하려 하고, 그래서 그녀의 친척인 닉에게 다리를 놓아달라고 부탁하게 된다. 만남이 이루어졌을 때 개츠비와 데이지는 이미 서로 아는 사이로 톰 뷰캐넌과 결혼하기 이전에 애인 관계였다는 사실이 밝혀진다(피츠제럴드는 이 점이 작품의 약점이라고 우려했다. 개츠비와 데이지의 예전 관계를 충분히 설명하지 않았기 때문이다).[47] 개츠비와 데이지는 다시 만나기 시작한다. 어느 날 오후 여럿이 두 차로 나눠 타고 맨해튼으로 간다. 거기서 톰 뷰캐넌은 개츠비와 데이지가 애인 사이라고 비난한다. 개츠비의 도발에 데이지는 톰을 결코 사랑한 적이 없었다고 털어놓는다. 화가 난 톰은 개츠비의 뒷조사를 했노라고 까발린다. 개츠비는 본인 말대로 옥스퍼드 대학을 다녔고, 1차 대전에서 훈장을 받았다. 닉과 마찬가지로 독자는 개츠비에게 정이 간다. 일이 이렇게 되자 그의 진짜 이름이 제임스 개츠이고, 가난한 집안 출신이며, 젊어서 우연한 기회에 백만장자를 도와주는 바람에 행운의 여신이 그에게 미소를 보냈다는 사실이 드러난다. 그러나 톰 뷰캐넌은 개츠비가 사실은 지금도 여러 불건전한, 심지어 밀주 제조나 도난 증권 거래와 같은 불법적인 사업을 하고 있다는 증거를 모아왔다. 이런 사정을 충분히 이해하기도 전에 논쟁은 중단되고 일행은 차 두 대에 나눠 타고 다시 웨스트 에그 섬으로 돌아간다. 개츠비와 데이지가 같은 치에 타고, 나머지 일행은 다른 차에 탔다. 우리는 논쟁이 나중에 다시 계속될 것으로 예상한다.

그러나 돌아오는 길에 개츠비의 차가 톰 뷰캐넌의 애인인 머틀 윌슨 부인을 치어 죽인다. 그러고는 멈추지 않고 달아난다. 한참 뒤에서 따라오던 톰, 닉 등등이 현장에 도착했을 때는 경찰이 조사를 하고 있었고, 남편인 윌슨은 완전히 미쳐 있었다. 윌슨은 아내가 부정을 저지르고 있다고 의심은 했지만 상대가 누군지는 아직 모르고 있었다. 그런데 이제 개츠비를 의심한다. 입막음을 하려고 아내를 죽였다고 생각하고 개츠비의 집으로 달려가 수영 중인 개츠비를 쏘아죽이고 자신도 자살한다. 윌슨도 모르고 톰도 까맣게 모른 것은 운전을 한 사람이 데이지라는 사실이었다. 이는 경찰에도 비밀로 붙여진다. 부주의로 머틀 부인을 죽음에 이르게 한 데이지는 아무 일 없이 차에서 내린다. 이 모든 비극을 촉발시킨 톰의 외도는 결국 드러나지 않는다. 톰과 데이지는 종적을 감춘다. 결국 혼자 남은 캐러웨이가 개츠비의 장례식을 치러준다. 그때 개츠비의 부정한 사업 내역이 밝혀지자 아무도 장례식에 오지 않는다.[48]

이 작품의 마지막 장면은 뉴욕이 무대다. 닉은 5번가에서 톰 뷰캐넌을 보고도 악수를 마다한다. 이 만남에서 분명한 것은 톰은 데이지가 차를 몰았다는 사실을 여전히 모르고 있다는 점이다. 그러나 닉으로서는 그런 무지가 변명이 되지 않으며 오히려 위험하다고까지 생각한다. 그것이야말로 미국을 환상에 들뜨게 했다가 꼴사납게 만드는 것이다. 개츠비는 배신하고 배신당한다.[49] 닉은 톰이 데이지가 운전한 사실을 모른다 하더라도 그의 행동은 비열하기 짝이 없어서 평가가 달라질 건 전혀 없다고 느낀다. 데이지에 대해서도 심한 말을 한다. 일을 엉망으로 만들어놓고 다시 돈한테로 '숨어들었다'는 것이다. 그녀를 비난하면서 닉은 혈연관계를 끊는다. 문명을 '만들어낸 북유럽계'와 단절하는 것이다. 톰과 데이지가 남긴 것은 그들의 혈통에도 불구하고 결국 파국이었다. 뷰캐넌 부부는—이들과 마찬가지로 다른 사람들도—도덕적 공백 속에서 삶을 살아간다. 의미 있는 것과 사소한 것을 구분할 능력도 없고, 사치한 장식에 눈이 멀어 있다. 『위대한 개츠비』 곳곳에서 독자들은 황무지를 만난다. 도덕적으로나 영적으로, 생물학적으로도 그렇거니와 재의 계곡에서는 풍경까지도 그러하다.

제임스 조이스와 마르셀 프루스트는 1922년 5월 18일 처음 만났다. 이고르 스트라빈스키의 발레곡 「여우」 초연이 끝난 날 밤 세르게이 디아길레프Sergej Pavlovič Dâgilev를 위한 파티에서였다. 무대 장식을 맡은 파블로 피카소도 참석한 자리였다. 나중에 프루스트는 택시로 조이스를 집에까지 태워다줬다. 가는 길에 술에 취한 아일랜드 작가는 프루스트에게 그가 쓴 것은 단 한 단어도 읽어본 적이 없다고 떠들었다. 프루스트는 대단히 불쾌해서 차에서 내려 리츠 호텔로 갔다. 아무리 늦은 시간이라도 프루스트에게는 식사가 되는 곳이었다.[50]

조이스의 모욕은 버릇없는 짓이었다. 프루스트는 전쟁으로 말미암아 『잃어버린 시간을 찾아서』 나머지 권을 못 내고 있다가 나중에 네 권을 잇달아 출판했다. 『꽃 핀 소녀들의 그늘에서À l'ombre des jeunes filles en fleurs』(이 작품으로 공쿠르 상을 받았다)가 1919년에 나왔고, 『게르망트가의 사람들Le Côté de Guermantes』이 그해 말에, 그리고 『게르망트가의 사람들Ⅱ Le Côté de GuermantesⅡ』와 『소돔과 고모라Ⅰ Sodome et GomorrheⅠ』이 1921년 5월에 출간됐다. 『소돔과 고모라Ⅱ Sodome et GomorrheⅡ』가 발간된 것은 1922년 5월로 프루스트와 조이스가 만나던 달이었다. 나머지 세 권—『갇힌 여인 La Prisonnière』, 『사라진 알베르틴Albertine disparue』, 『되찾은 시간 Le Temps retrouvé』—은 모두 1922년 프루스트 사후에 출간됐다.

출판은 지연됐지만 『꽃 핀 소녀들의 그늘에서』와 『게르망트가의 사람들』은 독자를 다시 스완 네 집으로 데려간다. 파리의 살롱이 펼쳐지면서 자질구레한 귀족들의 속물근성이 묘사되고, 질베르트와 오데트에 대한 스완의 사랑 이야기가 이어진다. 그러나 『소돔과 고모라』에 이르면 상황이 일변한다. 프루스트는 엘리엇과 조이스가 선별한 영역 중 하나에 초점을 맞췄다. 현대의 성性 풍경이다. 그러나 혼외정사나 교회가 인정하는 테두리 밖의 일회적이고 무의미한 성에 대해 쓴 두 작가와는 달리 프루스트는 동성애에 초점을 맞췄다. 프루스트 자신이 동성애자로 전쟁 기간에 이중의 비극을 겪었다. 사랑했던 운전사 겸 타이피스트 청년 앨프리드 아고스티넬리가 여자를 따라 프랑스 남부로 가서 살림을 차린 것이다. 그런데 얼마 후 아고스티넬리는 비행 사고로 죽었다. 그래서 몇 달 동안 프루스트는 참담한 심정을 가누지 못했다.[51] 이 사건 이후 동성애는 그의 작품에서 좀 더 노골적인 모습을 드러낸다. 프루스트의 관점은 동성애가 보통 생각하는 것보다 훨씬 광범위하게 퍼져 있으며, 실제로 알고 있는 것보다 더 많은 남성들이 동성애자이고, 그것은 하나의 질병, 일종의 신경증 같아서 남성을 여성적으로 만드는 질병이라는 것이었다(여기서도 오토 바이닝거의 냄새가 난다). 이 사건으로 프루스트의 서사 기법에 극적인 변화가 왔다. 독자는 많은 남성 등장인물이 이중생활을 하고 있다는 것을 알게 된다. 그 때문에 그들이 폼을 잡으면서도 속물 짓을 하는 것이 더더욱 부조리하게 느껴진다. 심지어 『소돔과 고모라』에 오면 작품 초반의 주조를 이루던 사회구조가 전복될 지경이 된다. 선망의 대상이 되는 생활이 결국에는 기만에 토대한 저질 코미디라는 것을 작가는 보여주고 있다.

사실 이런 코미디는 거기에 참여하는 사람들로서는 전혀 우습지 않다.[52] 마지막 권으로 갈수록 분위기는 더욱 어두워진다. 전쟁이 모습을 드러내면서 『사라진 알베르틴』에서는 그 참상에 대한 놀라운 묘사가 등장한다. 성 문제도 시야에서 사라지지 않는다. 그러나 가장 통렬한 대목은 맨 마지막 권에 나온다. 화자가 비스듬한 두 포석에 발을 디디면서 도입부에서 그랬던 것처럼 느닷없는 기억의 물결이 밀려든다. 그러나 프루스트는 일목요연하게 보여주지 않는다. 이번에는 화자가 그런 길을 따라가기를 거부하고 마음을 현재에 집중하기 때문이다. 독자는 이것이 작가인 프루스트 내면에 일어난 결정적인 변화, 즉 예전에 있었던 모든 것에 대한 거부라고 짐작하게 된다. 그는 끝까지 깜짝 놀랄 만한 사건을 말하지 않았다. 노련한 이야기꾼답다. 그러나 그렇게 긴 이야기이긴 하지만 그것을 클라이맥스라고 부를 수는 없다.[53]

프루스트가 죽었을 때 명성은 절정에 달했다. 그러나 요즘 일부 평론가들은 그가 이룩한 성취가 그렇게 엄청난 노력을 들여서 읽을 만한 가치가 있는 것은 아니라고 주장한다. 그러나 한쪽에서는 『잃어버린 시간을 찾아서』가 여전히 현대 문학의 금자탑 가운데 하나라고 주장한다. '프로이트 등이 시도했던 자아를 탐색해가는 위대한 여정'이라는 것이다.[54]

프루스트의 소설 첫 권이 《신프랑스 평론(NRF)》을 주도한 앙드레 지드André Gide(1869~1951)한테 퇴짜를 맞았다는 이야기는 앞에서 했다. 그러나 형세는 곧 역전됐다. 지드는 실수를 사과했고, 1916년에 프루스트는 NRF로 돌아갔다. 프루스트가 죽었을 당시 지드의 위대한 소설 『사전꾼들 Les Faux Monnayeurs』은 겨우 시작 단계였다. 그는 1923년 3월 15일자 일기에 프루스트 꿈을 꾼 이야기를 적었다(프루스트는 전년 11월에 죽었다). 지드가 프루스트의 서재에 앉아 있는데 자신이 끈을 잡아당기고 있더라는 것이다. 그 끈은 프루스트의 서가에 있는 책 두 권에 연결돼 있었다. 지드가 끈을 잡아당겨 생시몽Saint-Simon의 『회고록 Memoirs』 장정을 풀었다는 것이다. 지드는 그 꿈을 꾸면서 슬픔을 가눌 길 없었지만 후일 자신의 행동은 의도적인 것이었을지 모르겠다고 인정했다.[55]

『사전꾼들』은 1914년부터 구상했는데 스타일은 『잃어버린 시간을 찾아서』와 다르다. 그러나 일부 유사성이 있는 것은 확연하다.[56] 지드의 소설에도 샤를뤼 남작 같은 인물이 등장하고 청년 무리와 보통사람들의 도시에 대한 애착이 나온다. 두 작품 모두 주요 등장인물이 소설을 쓰고 있다. 그 소설은 결국 어느 정도 독자가 읽고 있는 바로 그 소설이다. 그러나 가장 중요한 유사성은 둘 다 위대한 소설을 쓰겠다는 분명한 의도를 가지고 쓴 작품이라는 점이다. 지드는 나름의 방식으로 프루스트를 능가하고자 했다. 앞서 말한 꿈 이야기에서 분명히 드러나는 것은 프루스트에 대한 시샘이라고 할 수 있다.[57]

『사전꾼들』은 고도로 복잡한 구성을 갖추고 있으며 여러 가지 이유에서 중요한 작품이다. 그중 하나가 지드가 작품을 쓰면서 구성에 대해 그때그때 떠오른 아이디어들을 일기로 남겼다는 점이다. 이 일기는 아마도 주요한 문학작품이 형성돼가는 과정을 가장 완벽하게 설명한 사례일 것이다. 여기서 얻어야 할 교훈은 지드가 점차 생각이 달라졌으며 처음에 떠오른 아이디어들을 재삼 취사선택하고 등장인물도 계속 다듬어나갔다는 점이다. 그의 목표는 주인공은 없고 다채로운 등장인물이 나오는 책을 쓰는 것이었다. 등장인물들은 모두가 똑같이 중요하고 피카소의 그림처럼 한 방향에서만 보는 것이 아니라 모든 방향에서 동시에 '보이는' 식이 돼야 했다. 일기에는 신문 스크랩도 들어 있다. 그중에는 젊은이 일당이 위조 주화를 유통시킨 이야기나 한 학생이 급우들의 압력을 견디다 못해 교실에서 머리에 총을 쏘아 자살한 사건도 있다. 지드는 이런 요소들을 복잡한 플롯으로 짜나갔다. 작품에 등장하는 에두아르라는 인물은 『사전꾼들』이라는 소설을 쓰고 있다. 그리고 본질적으로 이 작품에서는 모두가 어떤 식으로든 위폐제조자다.[58] 작가인 에두아르와 가짜 돈을 가지고 다니는 소년들이야말로 가장 명백한 사전꾼들이다. 그러나 독자를 가장 충격에 빠뜨리는 것은 불법과 동성애로 얼룩진, 그러면서도 고상한 태도를 가장하는 프랑스 중류층의 삶(이런 주제 면에서는 프루스트의 후기작과 썩 다르지 않다)에 대한 지드의 고발이다. 구성의 복잡성은 현실 생활에서와 마찬가지로 등장인물들이 왕왕 자신이 하는 행동의 결과를 의식하지 못하거나, 남들이 어떤 행동을 하는 이유를 모르거나, 어느 행동이 진실이고 어느 것이 가짜인지를 모른다는 점에서 강점을 갖는다. 그런 환경에서 어떻게 일이—특히 예술이—제대로 될 것으로 기대할 수 있겠는가?(여기서 루이지 피란델로와의 접점이 생긴다.) 일부 위조 행위(가짜 돈을 유통시키는 것과 같은)가 어떻게 그럭저럭 돌아가는지는 분명한 반면 소년이 머리를 쏘아 자살하는 것과 같은 에피소드들은 여전히 미스터리로 남아 설명이 불가능하다. 그런 세상에서 인간은 어떤 규준規準을 가지고 살아가야 하는가? 『사전꾼들』은 아마도 우리 시대에 대한 가장 사실적인 진단일 것이다. 소설은 처방을 제공하지 않는다. 오히려 실제로 가능한 처방은 없다는 것을 암시한다. 우리의 난감한 처지가 궁극적으로 비극적인 것이라면 왜 더 많은 사람들이 자살을 하지 않는가? 이 또한 미스터리다.

지드는 유독 영국 문학에 관심이 많았다. 윌리엄 블레이크, 로버트 브라우닝, 찰스 디킨스 등등. 그러나 블룸즈버리 클럽도 알고 있었다. 지드는 1918년 블룸즈버리 클럽의 전초기지인 케임브리지 대학에서 영어를 공부했다. 미술평론가 클라이브

벨Clive Bell을 1919년 파리에서 만났고, 1920년에는 블룸즈버리 클럽의 후원자인 오톨라인 모렐 부인 가싱턴 집에 유숙하면서 미술평론가 로저 프라이Roger Fry와 서신왕래를 하기도 했고(두 사람 공히 니콜라스 푸생Nicolas Poussin(프랑스 근대 회화의 시조로 일컬어진다. 1594~1665)을 좋아했다), 나중에는 버지니아 울프Virginia Woolf(1882~1941)와 반파시스트 지식인 모임에서 활동했다.

울프는 『제이콥의 방』을 준비하면서 자신이 하려는 일을 이미 다른 작가들이 시도하고 있다는 점을 충분히 의식했다. 1920년 9월 26일자 일기에는 "내가 하는 것을 어쩌면 조이스 씨가 더 잘하고 있을지 모른다는 생각이 들었다"고 썼다.[59] 울프는 T. S. 엘리엇을 알고 있었고, 엘리엇은 제임스 조이스와 접촉을 하고 있었다. 그래서 엘리엇이 울프에게 조이스가 무엇을 하고 있는지를 알려준 것이다.

버지니아 울프는 1882년에 태어났다. 집안은 지극히 문학적인 분위기였다(아버지는 『영국인명사전The Dictionary of National Biography』 창간 편집장이었고, 첫 번째 아내는 유명한 소설가 윌리엄 메이크피스 새커리William Makepeace Thackeray의 딸이었다). 남자 형제들과 같은 교육은 받지 못했지만 집안의 방대한 서재에서 동시대의 여성들보다 훨씬 많은 책을 읽으며 자랐다. 어려서부터 작가가 꿈이었으며, 〈타임스 문학판Times Literary Supplement〉(런던의 〈타임스〉지의 자매지 형태로 1902년에 시작됐다)에 글을 쓰는 것으로 데뷔했다. 그러나 첫 소설(『출항The Voyage Out』)은 나이 서른셋이던 1915년에야 나왔다.[60]

울프를 유명하게 만든 일련의 실험적 소설은 『제이콥의 방』에서부터 시작됐다. 작품은 제이콥이라는 한 젊은이의 이야기이다. 젊은이가 케임브리지 대학에서 예술과 문학을 중심으로 하는 런던을 거쳐 그리스로 여행을 떠나는 과정을 추적하면서 제시되는 중심 테마는 영국을 전쟁으로 이끈 세대와 계급에 관한 서술이다.[61] 거창한 구상이다. 그러나 일단 책의 형식이 되면서부터는 다시 책을 해체한다. 1920년 초의 일기에서 울프는 이렇게 썼다. "이번에는 접근법이 완전히 달라질 것 같다. 뼈대도 없고, 벽돌 조각 하나 보이지 않을 것이다. 모든 것이 어슴푸레하다. 그러나 핵심, 열정, 유머 등은 안개 속의 불빛처럼 환하다."[62] 『제이콥의 방』은 도시 소설이다. 익명성과 덧없는 대도시의 경험을 그린다. '원자화된 엄청난 군중들이 런던 브리지를 종종걸음 치고', 다방 창문으로 밖을 내다보는 시선들은 권태에 젖어 있거나 '사소한 삶이 결코 알려지지 않기를 바라는 간절함'의 징표를 담고 있다.[63] 『율리시스』나 프루스트의 작품과 마찬가지로 이 책은 내적 독백을 통해 드러나는 의식의 흐름으로—왕왕 이리 뛰고 저리 뛰고 한다—구성돼 있다. 시간적으로도 뒤로 갔다가 앞으로 갔다가 하면서 한 인물에서 다른 인물로 예고도 없이 넘어가는가 하면, 시점과 분위기를 어느 도시 한복판에서 갑자기 누구를 만날 때처럼 난데없이 바꿔버린다.[64] 『제이콥의 방』에는 안정적인 것이 없다. 전통적인 의미의 플롯이라고 할 만한 것도 많지 않다(제이콥이 처음에 한 약속은 결코 이행되지 않고, 인물들은 모호한 형태로 가며, 사람들은 그저 오고간다. 작가는 핵심적인 인물들뿐 아니라 길거리에서 꽃 파는 사람처럼 주변적인 인물에도 관심을 쏟는다). 게다가 전통적인 내러티브도 없다. 인물들은 인상주의 회화에서처럼 뚝뚝 잘려나간다. 지드의 소설에서 걸어 나왔을 법한 한 인물은 "사람들이 이러니저러니 떠들어봐야 소용없다"고 말한다. "힌트를 따라가야 돼. 말꼬리를 붙잡고 가서도 안 되고 행동만 따라가서도 안 되지."[65] 울프는 서술을 통해 독자로 하여금 현대 거대도시에서의 삶이 어떠한지를 느끼게 한다. 그러한 파편화, 친숙한 범주들—물리적인 것도 있고, 심리적인 것도 있다—의 해체는 군사·정치·경제적 변화이기도 하지만 그에 못지않게 1차 대전의 결과이기도 하다고 울프는 말한다. 그리고 그것이 어쩌면 좀 더 근본적인 문제일 것이다.

지그문트 프로이트의 심리학 사상이 앙드레 브르통 André Breton(1896~1966)에게 미친 영향은 매우 직접적인 것이었다. 1차 대전 때 브르통은 생디지에 정신병원에서 위생병으로 복무하면서 포격쇼크 환자들을 돌봤다. 브르통이 꿈의 (정신)분석을 처음 접한 것도 생디지에에서였다. 후일 그가 말한 대로 정신분석은 초현실주의 surrealism의 '기초'가 되었다. 특히 그는 완전히 자기 세계 속에 갇혀 살던 한 환자를 기억했다. 이 환자는 참호 속에 있었는데 자기가 불사조라고 확신했다. 세상이 다 '가짜'이며, 배우들이 모의탄과 무대용 소도구를 가지고 놀이를 하는 것이라고 생각했다. 얼마나 확신이 강했는지 그는 전투 와중에도 겁 없이 몸을 드러내곤 했다. 신기하게도 적군의 총탄이 비켜가자 신념은 더욱 확고해졌다.[66]

브르통에게 영향을 미친 것은 그 남자가 만들어낸 '평행계parallel world'였다. 브르통에게는 환자의 광기가 사실은 미쳐버린 세계에 대한 합리적인 반응이었다. 이런 관점은 20세기 중반 수십 년 동안 엄청난 파급력을 미쳤다. 또 하나의 평행계인 꿈은 프로이트가 말한 무의식에 이르는 길로서 브르통에게는 예술에 이르는 길이 되었다. 그에게는 예술과 무의식이 '새로운 동맹'을 맺을 수 있었다. 그러한 동맹은 꿈과 우연, 우연의 일치, 실없는 농담 같은, 프로이트가 중시하던 모든 것을 통해 이루어졌다. 이러한 새로운 현실을 브르통은 초-현실sur-reality이라고 불렀다. 기욤 아폴리네르한테서 빌려온 표현이었다. 1917년 화가 피카소, 시인 장 콕토Jean Cocteau, 작곡가 에릭 사티, 안무가 레오니드 마신Léonide Massine이 공동으로 「퍼레이드Parade」를 만들었다. 이 작품에 대해 콕토는 '일종의 초현실주의'라고 평했다.[67]

초현실주의는 프로이트가 실제로 쓴 내용보다는 초현실주의자들이 프로이트의 의도라고 생각한 것에 힘입은 바 크다. 프랑스와 스페인의 초현실주의자 가운데 프로이트의 저작을 읽을 수 있는 사람은 거의 없었다. 당시까지만 해도 번역판이 없었기 때문이다(정신분석은 2차 대전 이전까지는 프랑스에서 인기를 끌지 못했다. 영국에서 정신분석협회가 설립된 것은 1919년 이후였다). 꿈이나 영원한 꿈꾸기의 '화석화된 형식'으로서의 노이로제 같은 브르통의 관념이나 노이로제를 '흥미로운', 신비적이고 형이상학적인 상태로 보는 초현실주의자들의 관점은 프로이트에게 호응을 받기는 불가능했을 것이다. 노이로제가 정신의 '어두운 측면'이고, 우리 자신에 관한 위험한 진실이 숨어 있는 장소라는 주장은 결국 20세기적인 형태의 낭만주의에 불과했다.[68]

초현실주의는 처음에 브르통, 폴 엘뤼아르Paul Eluard(1895~1952), 루이 아라공Louis Aragon(1897~1982) 같은 이들이 주도하는 시인들의 운동으로 시작됐지만 국제적으로 지속적인 명성을 얻은 것은 화가들이었다. 네 명이 특히 유명해졌는데 황무지는 그 중 세 화가에게 공통된 이미지였다.

막스 에른스트Max Ernst(1891~1976)는 초현실주의에 합류한(1912년) 첫 화가였다. 왕왕 어린아이 같은 환각을 경험했다고 주장하던 터라 초현실주의적 성향이 다분했다고 할 수 있다.[69] 그의 풍경화나 정물화는 묘하게 친숙한 느낌을 주지만 미묘하게 변용된다. 예를 들어 나무와 절벽은 인체 기관의 내부와 같은 결을 보여준다. 야수의 등은 너무 거대해서 해를 가릴 정도다. 뭔가 끔찍한 일이 막 일어났거나 일어날 것만 같다. 에른스트는 쾌활한 장면도 그렸다. 그러나 그런 경우에도 「종교재판관: 7시 07분에 정의가 이루어지리라 The Inquisitor: At 7:07 Justice Shall Be Made」처럼 뭔가 불길한 일을 암시하는 알듯 모를 듯한 기다란 제목을 붙였다.⁷⁰ 예를 들어 「나이팅게일에 겁먹은 두 아이 Two Children Threatened by a Nightingale」 같은 경우는 표면적으로 색채는 화려하다. 새 한 마리와 뻐꾸기시계 비슷한 시계, 벽으로 둘러싸인 정원으로 구성된 그림이다. 그러나 그림에 나오는 인물들은 화면에는 없는 무엇인가를 찾아 달아나고 있다는 걸 알 수 있다. 게다가 이 그림은 실제로 손잡이가 달린 작은 문이나 상자 뚜껑에다가 그린 것이다. 문이 열리면 뭐가 튀어나올까? 미지의 존재가 겁이 나는 것은 당연하다.

초현실주의자들 중에서도 우리를 가장 심란하게 하는 인물은 조르지오 데 키리코 Giorgio de Chirico(1888~1978)다. 피카소는 그를 '기차역의 화가'라고 불렀다. 데 키리코는 그리스계 이탈리아 화가로 이탈리아 북부 소도시들의 광장과 회랑에 매료됐다. "난 이제야 길고 고통스러운 위장병에서 벗어났다. 거의 병적이라고 할 만큼 감각이 예민한 상태였다. 내게는 온 세상이, 건물과 분수대 대리석에 이르기까지, 병에서 나아가는 과정처럼 보였다. ……가을 해는 따스하면서도 쌀쌀맞게 조각상과 교회 파사드를 환히 비췄다. 그러자 그런 것들이야말로 내가 처음부터 찾고 있던 것이라는 이상한 느낌이 들었다."⁷¹ 그런 시골 풍경, 도시 풍경은 항상 같은 방식으로 묘사된다. 빛도 늘 똑같다(오후의 햇살은 정중앙 위쪽이 아니라 오른쪽이나 왼쪽에서 비스듬히 쏟아진다). 기다란 그림자도 음산하다. 어둠도 바짝 다가와 있다.⁷² 둘째로 사람은 거의 없다. 도시 풍경들은 인적이 없어 황량하다. 간혹 양복점 마네킹이나 조각상이 등장하지만 사람을 닮았을 뿐 보지도 듣지도 못하고 말도 못하는 식으로 감각이 없다. 로버트 휴즈 Robert Hughes의 말대로 『황무지』의 유명한 마지막 구절 "이러한 단편들로 나는 폐허를 지탱해 왔다"를 연상시킨다. 구석 쪽에 사람 그림자 같은 것이 있는 경우가 종종 있다. 데 키리코의 세계는 차가운 세계. 분위기는 불길하고, 세상 마지막 날 같은 느낌이다. 우주는 내파內破하고 있고, 태양은 영원히 빛나기를

멈출 것만 같다. 에른스트의 작품처럼 끔찍한 일이 생겼거나 생길 것만 같다.⁷³

얼핏 보면 호안 미로Joan Miró(1893~1983)는 훨씬 활기차다. 에른스트나 데 키리코보다는 발랄한 화가다. 미로는 정치적 성격의 초현실주의에 가담해본 적이 없다. 선언이나 캠페인 같은 데 끼지 않았다.⁷⁴ 그러나 그룹전에는 많이 출품했다. 그럴 때에도 다른 화가들과는 스타일이 극히 대조적이었다. 카탈루냐 출신으로 한때 바르셀로나에서 공부했다. 당시 바르셀로나는 스페인 내전으로 유럽에서 고립되기 전이어서 코즈모폴리턴들의 중심지였다. 그는 일찍이 입체파에 관심을 보였지만 곧 돌아섰다. 농장에서 보낸 어린 시절 이후로 자연에 대한 관심은 지속됐다.⁷⁵ 그 때문에 그의 그림에는 생물학적인 서정주의가 넘친다. 시간이 가면서 점차 추상적으로 변하기는 했지만. 1921~22년에 작업한「농장」에서는 많은 동물을 세밀하게 그려 어린이와 어른을 모두 즐겁게 하는 작품을 만들어냈다(바르셀로나에서 파리로 건초를 손수 가져와 세부 묘사가 맞는지를 확인해보기도 했다). 후기「성좌」시리즈에서는 많은 형상들이 히에로니무스 보슈Hieronimus Bosch(15~16세기 네덜란드 화가) 같은 옛날 화가를 연상케 하면서도 유쾌하고 한결 추상적이다. 은하수를 배경으로 배치된 별들은 물리화학적인 형상이라기보다는 생물학적 형상이다. 미로는 파리의 옆집에 살던 화가 앙드레 마송André Masson을 통해 초현실주의자들을 만났다. 1924년에 처음으로 초현실주의 작가 그룹전에 참여했다. 그러나 다른 작가들과 달리 불길한 느낌을 주는 것이 아니라 어른이 된 다음에도 어린이 같은 천진난만함이 살아 있는 화풍을 보여줬다. 이를 두고 '검열 받지 않은 자아'라고도 하는데 정신분석에서 끌어온 또 하나의 혼란스러운 개념이다.⁷⁶

살바도르 달리Salvador Dalí(1904~1989)의 황무지는 유명하다. 그리고 그것들은 진짜 황무지다. 생명이 나타나는 곳에서조차 꽃은 피자마자 다치고 시들어버린다. 피카소 이후 달리는 가장 유명한 20세기 화가다. 물론 두 번째 가는 최고라는 의미로 하는 말은 아니다. 오히려 그 특이한 기법, 광기에 대한 심각한 공포, 그리고 디에고 벨라스케스Diego Velázquez가 그린 스페인 국왕 필리페 4세 초상화를 흉내 낸 팔자수염과 휘둥그레진 눈과 같은 특이한 외모와 관계가 있다.⁷⁷ 그림에 대한 재능을 깨달으면서 달리는 수정처럼 맑은 풍경화를 만들 수 있다고 생각했다. 그런 풍경화는 그가 추구해온 주제를 고려하면 역시 꿈에서처럼 현실과 함께 노는 스타일이었다. 달리는 미로의 서정성과 데 키리코의 오후의 햇살, 미묘하게 변화하는 친숙한 사물들에서 파생된 에른스트의 불길함을 모두 갖추고 있었다. 그가 만들어낸 이미지들은—쪼개지는 달걀('달리식 DNA'), 흐물흐물 늘어진 시계, 잡아 늘린 유방, 불모지에서 말라죽은 나무 등등—시각적인 면에서는 외설적이고 정신을 산란하게 한다.[78] 이런 이미지들은 생명은 와글거리지만 정돈되지 않은, 마치 자연을 구성하는 기본 원리와 법칙이 다 망가져서 생명체의 작동은 종언을 고하고 다원적 생존경쟁은 미쳐 버린 듯한 세계를 제시한다.

벨기에 화가 르네 마그리트 René Magritte(1898~1967)는 초현실주의 살롱의 일원이었던 적이 없다. 그는 평생을 브뤼셀에서 살았다. 그러나 불길한 분위기에 몰두했다는 점에서는 공통된다. 게다가 언어에 대해, 언어와 의미의 관계에 대해 비트겐슈타인적이라고 할 만큼 탐닉했다. 고전적인 작품들의 경우 마그리트는 일상적인 사물—중산모나 담배 파이프, 사과, 우산 등등—을 소재로 거기에 기이한 일이 벌어지게 만든다(본인도 간혹 중산모를 썼다).[79] 예를 들어 「인간의 조건 La Condition humaine」(1934)에서는 창문으로 내다본 풍경을 담은 그림이 그 풍경과 완전히 겹친다. 그림과 풍경이 뒤섞여 그림이 어디서 시작해서 어디서 끝나는지를 구분할 수가 없다. '저기 바깥' 세상은 실제로는 정신이 만들어낸 구성물이라고 말하고 있는 것이다. 앙리 베르그송 Henri Bergson을 연상시킨다. 역시 1934년 작인 「강간 The Rape」은 여성 나체 토르소인데 나신 주변을 머리칼이 둘러싸고 있어서 하나의 얼굴처럼 보인다. 새침한 듯하면서도 헝클어진 얼굴은 새침함 자체에 의문을 불러일으키고 그 이면에 어슬렁거리는 거친 성적 분위기를 암시한다. 이런 이미지의 배경을 이루는 것은 단조롭고 공허한 풍경이다. 순수한 정신분석학적 황무지라고 할 만하다.[80]

초현실주의자들은 이미지를 가지고 놀았다. '놀았다'는 표현이 딱 어울린다. 그들은 인간이 놀이하는 과정에서 각종 문제로부터 벗어날 수 있다는 것을 암시한다. 왜냐하면 놀이 속에서 무의식의 족쇄가 풀리기 때문이다. 같은 이유로 초현실주의자들은 에로티시즘을 표면에 내세웠다. 성에 대한 억압은 인간을 참된 본성으로부터 분리시키기 때문이다. 그러나 무엇보다도 꿈과 무의식을 강조함으로써 의도적으로 이성을 거부하는 태도를 보였다. 초현실주의자들의 예술은 진보가 가능하다면 그것은 결코 직선이 아니며, 예측할 수 있는 것은 아무것도 없고, 종교가 쇠퇴해가는 마당에서는 탐욕스러운 사회의 속물성에 대한 대안은 새로운 형태의 주술적 황홀이라는 것을 보여주려 했다.

아이러니하게도 그런 황무지가 메타포로서는 대단히 풍성한 결과를 가져왔다. 지금까지 고찰한 작품 모두의 근저를 이루는 것은 이 세계에 대한, 그리고 그런 황무지를 만들어낸 자본주의와 과학이라는 연합군에 대한 환멸이다. 타깃 설정은 잘했다. 자본주의와 과학은 금세기에 우리의 사고와 행동을 지배한 가장 지속적인 형식임이 입증되기 때문이다. 그러나 모든 사람이 자본주의와 과학에 대해 환멸을 느낀 것은 결코 아니었다.

12

배빗의 미들타운
Babbitt's Middletown

 1920년대 우생학과 과학적 인종주의Scientific racism는 특히 미국에서 집요했다. 그런 유의 교과서 가운데 하나가 C. C. 브리검Brigham이 쓴 『미국인의 지능 연구A Study of American Intelligence』(1923)라는 책이었다. 브리검은 프린스턴 대학 심리학과 조교수로 로버트 여키스Robert Yerkes의 제자였다. 이 책도 여키스가 전시에 수집한 자료를 토대로 하고 있다(책의 서문을 써준 것도 여키스다). 이민자도 미국에서 오래 살수록 아이큐 검사 결과가 좋아진다는 증거가 있는데도 브리검은 유럽 남부 및 동부 민족들과 흑인은 지능이 열등하다는 것을 입증하고자 했다. 논리 전개 과정에서 그는 조르주 바셰르 드 라푸주Georges Vacher de Lapouge 백작 같은 올드보이들의 개념에 의존했다. 드 라푸주는 유럽인이 두개골 형태에 따라 세 가지 인종으로 나뉜다고 생각한 인물이다. 이런 점을 고려한다면 브리검의 결론이 놀라운 것이 아니다. "[미국에서] 지능의 저하는 두 가지 요인 탓이다. 하나는 이 나라에 이주해오는 인종의 변화 때문이고, 또 하나 추가적인 요인은 그나마 각 인종마다 점점 더 열등한 분자들을 내보내기 때문이다. ……이러한 유럽 민족들의 이주와 더불어 가장 불길한 사태가 신대륙의 역사에서 벌어지고 있으니 바로 흑인의 유입이다. ……미국인의 지능 저하는 유럽 민족 집단들의 지능 저하보다 훨씬 빠른 속도로 진행될 것이다. 흑인이 들어와 있기 때문이다."[1]

이런 맥락에서 본다면, 차별로 회귀해야 한다는 관념은 결코 수면 아래로 완전히 가라앉은 것이 아니다. 코넬리아 캐논Cornelia Cannon은 검사 결과 흑인의 89 퍼센트가 '백치'로 판명됐다며 유명 문예지《애틀랜틱 먼슬리Atlantic Monthly》에 다음과 같은 글을 기고했다. "반드시 초등학교 강화에 중점을 두어야 한다. 각종 교내 활동이나 습관, 교과목 등에서 좀 더 발전된 내용을 가르쳐야 한다. 특히 남부에서는…… 백인과 유색인종을 별도의 학교에서 가르치는 것은 인종적 편견과 무관하게 나름의 정당성을 갖는다."² 컬럼비아 대학 재단 이사이자 미국자연사박물관장인 헨리 페어필드 오스본Henry Fairfield Osborn은 이렇게 말했다. "그런 검사라면 전쟁에서 사람 목숨을 잃는 한이 있더라도 할 만하다. 그 결과 우리에게 우리나라의 지능이 떨어진다는 사실을, 그리고 우리에게 이주해오는 여러 인종의 지능 정도가 어떠한지를 명백히 보여준다면 누구도 편견의 결과라고 말할 수 없다. ……흑인이 우리와 같지 않다는 것은 이미 증명이 끝난 이야기다."³

생물학을 둘러싼 논쟁은 1924년 이민규제법을 통과시킨 우생학자들의 승리로 끝나지 않았다. 이듬해 생물학은 스콥스 재판Scopes trial이라는 악명 높은 사건을 통해 다시 대중의 관심을 끌게 된다. 이미 1910년에 미국 장로교 총회는 자신들이 기독교의 기초라고 믿는 '5대 기본교리'를 제정했다. 내용은 그리스도의 기적, 처녀 잉태, 부활, 인류의 죄를 대신 속죄한 십자가에 못 박히심, 그리고 하느님의 영감을 직접 받아 쓴 말씀으로서의 성서를 믿는다는 것이었다. 스콥스 재판의 핵심이 된 것은 맨 마지막 조항이었다. 사건에 등장하는 사실관계는 논란의 초점이 아니었다.⁴ 테네시 주 데이턴의 교사 존 스콥스John Scopes는 생물 시간에 조지 윌리엄 헌터가 쓴 『공민 생물Civic Biology』을 교과서로 사용했다. 주 교과서위원회에서 1919년에 표준 교과서로 채택한 책이었다. 실제로 1909년부터 일부 학교에서 사용됐으며 위험하다는 이야기가 나올 때까지 15년 동안 계속 배포됐다.⁵ 스콥스가 사용한 헌터의 책은 일부 대목에서 진화를 사실로 기술했다. 검찰 측에서는 이 부분이 테네시 주 법에 위반된다고 주장했다. 진화론은 성서의 가르침에 어긋나는 설이며, 따라서 확실한 사실이라고 주장해서는 안 된다는 이야기였다. 재판은 큰 소동으로 번졌다. 검찰 측 대표는 윌리엄 제닝스 브라이언William Jennings Bryan으로 세 번이나 대통령 후보로 나섰고, 국무장관까지 지낸 인물이었다. 그는 재판에 앞서 제7일 안식일 예수재림교도들에게 문제의 재판은 진화론이 살아남느냐, 기독교가 살아남느냐를 판가름 지을 것이라고 떠들었다. 또 "미국이 겪고 있는 모든 질병의 근원은 진화론의 가르침 때문이다. 지금까지 나온 책은 모두 없애버리고 창세기의 첫 세 줄만 남겨두는 것이 낫다"고 했다.6 변호인 측 대표는 브라이언 못지않게 화려한 경력의 클래런스 대로우 Clarence Darrow였다. 노련한 연설가이자 전설적인 형사 전문 변호사였다. 브라이언은 재판을 다윈 대 성서의 싸움으로 몰고 가려고 한 반면, 대로우는 저명한 과학자와 신학자들(브라이언의 근본주의 책동을 막기 위해 데이턴에 와 있었다)의 도움을 얻어 상대를 꽁꽁 옭아매는 작전을 폈다. 한 번은 브라이언이 성서 과학 전문가를 자처하며 증언대에 섰을 때 지구의 나이나 유명한 고고학 유적의 연대에 대해 답변을 하지 않으려 않거나 할 능력이 없음을 드러냈다. 그는 "나는 생각하지 않는 것에 대해서는 생각하지 않습니다"라는 말로 변명했다. 그러자 대로우는 "생각하는 것에 대해서는 생각합니까?"라는 반문으로 쏘아붙였다. 사실 재판에서 이긴 것은 브라이언이었다. 그러나 승소는 재판 요건 때문이었다. 판사는 재판의 핵심을 다윈이 맞느냐 틀리느냐가 아니라 스콥스가 진화론을 가르쳤느냐 아니냐에 두었다. 스콥스는 이미 가르쳤다고 인정을 한 마당이니 결과는 뻔한 것이었다. 스콥스는 벌금 100달러를 선고받았다. 그나마 당시는 배심원들이 아닌 판사가 벌금형을 내렸기 때문에 그나마 괜찮은 판결을 얻어낸 것이다. 그러나 그런 형식상의 문제를 떠난다면 브라이언은 참패를 한 셈이다. 그는 언론의 비웃음거리가 됐다. 미국은 물론이고 전 세계에 소문이 났다. 브라이언은 재판이 끝난 지 닷새 만에 죽었다.7

그러나 종교는 스콥스 재판에 대한 반응을 설명해주는 논리의 일부에 불과했다. 『미국의 반지성주의 Anti-intellectualism in American Life』라는 책에서 미국 역사학자 리처드 호프스태터 Richard Hofstadter는 특히 미국 남부와 중서부에서는 기독교 대 진화론의 다툼을 모더니티에 대한 거부의 암호로 사용했다고 주장한다. 당시 시행 중인 금주법에 대한 완고한 방어는 그것의 또 다른 측면이었다. 호프스태터는 얼마간 공감하는 어조로 KKK단 Ku Klux Klan(백인우월주의를 주창하는 미국 극우 비밀결사로 흑인에 대한 테러로 악명 높다 : 옮긴이)의 황제 마법사 하이럼 W. 에번스 Hiram W.

Evans의 말을 인용한다. 그가 보기에 에번스는 당시의 핵심 이슈를 "'옛날 개척자 부류에 속하는 대다수의 미국인'과 '지적으로 잡종화된 자유주의자들'간의 투쟁이다"라고 요약했다. "우리는 평범한 사람들의 운동이다"라고 에번스는 썼다. "우리는 문화적인 이슈나 지적인 후원, 훈련받은 리더십이라는 면에서는 대단히 취약하다. 우리가 요구하는 것, 우리가 얻어냈으면 하는 것은, 권력을 평범한 사람들 손에 되돌려주는 것이다. 그들은 고도로 문화적이거나 지나치게 지적이지 않은 대신 전혀 타락하지 않았으며 탈미국화되지도 않은 옛 개척자 혈통의 평균적인 시민이다. ……이 점이 약점인 것은 의심의 여지가 없다. 그래서 우리는 '촌놈'이니 '무지렁이'니 '중고 포드 차나 모는 자들'이라는 욕을 먹는다. 받아들인다."[8] KKK단 대표인 마법사의 말은 같은 시기에 런던과 파리에서 모더니즘이 꽃피던 유럽과는 확연히 다른 미국의 분위기를 잘 보여준다.

미국은 1차 대전이 끝났을 때 사뭇 달라져 있었다. 참전국들 가운데 국토가 털끝만큼도 다치지 않고 더 강해진 나라는 미국뿐이었다. 미국의 지배적인 분위기는 여전히 실용주의적이고 현실적이며, 구세계의 거창한 이념에 얽매이지 않았다. 1920년 워런 하딩Warren Harding(이듬해에 29대 미국 대통령이 된다)은 "이 나라는 본질적으로 비즈니스의 나라다"라고 말했다. 한 걸음 더 나아가서 30대 대통령이 되는 캘빈 쿨리지Calvin Coolidge는 1922년 "미국이 할 일은 비즈니스다"라고 언급했다. 이런 다양한 조류들—반지성주의, 비즈니스, 유럽 내지는 유럽 민족들에 대한 은근한 폄하—을 싱클레어 루이스Sinclair Lewis(1885~1951)는 소설에 훌륭하게 녹여냈다. 그중에서도 최고의 작품은 1922년 기적의 해에 나온 『배빗Babbitt』이었다.

조지 F. 배빗만큼 디달러스나 티레시아스, 또는 제이콥이나 스완과 천양지차인 인물을 상상하기는 어려울 것이다. 미국 중서부 오하이오 주의 중간 크기 타운인 제니스의 부동산중개업자 배빗은 열심히 일해서 사업이 번창하고 동료 시민들에게 인기 만점이다. 그러나 배빗의 성공과 인기는 문제의 시작이다. 루이스는 오스발트 슈펭글러, R. H. 토니, T. S. 엘리엇 등이 그토록 혐오한 물질주의적이고 탐욕스러운 사회를 혹독히 비판했다. 엘리엇과 조이스는 현대 세계에 접근하는 방식으로 고대

신화의 힘을 강조했다. 그러나 1920년대 들어 루이스는 현대 미국의 여러 신화를 해부했다. 배빗은 루이스의 다른 소설에 나오는 '주인공들'처럼 자신도 모르는 사이에 희생자가 된다.

1885년생인 해리 싱클레어 루이스는 소크센터라고 하는 미네소타 주의 작은 타운에서 자랐다. 이곳은 후일 그가 말한 대로 '생각이 편협하고 사회구성원들로 보면 시골'이었다. 루이스가 작품에서 제기하는 논점 가운데 하나는 미국 소도시가 대중에게 알려진 신화와는 달리 다정다감한 것과는 거리가 멀다는 것이었다. 루이스가 보는 미국 소도시 주민들은 가치관이 같지 않거나 뭔가 색다른 사람에 대해서는 의심의 눈초리를 보낸다.9 루이스는 자라면서 시카고 출신 계모의 도움을 많이 받았다. 당시 시카고는 가장 발전한 지역은 아니지만 적어도 소도시는 아니었다. 계모는 어린 루이스에게 '외국' 책을 읽고 여행을 다니게 했다. 루이스는 오벌린 아카데미에 다니다가 동부의 예일 대학으로 갔다. 거기서 시문학과 외국어를 배우고, 계모보다 여행도 훨씬 많이 한 사람들을 만났다. 예일대를 졸업한 뒤에는 뉴욕으로 가서 스물다섯 되던 해에 출판사 편집자 자리를 얻었다. 그러면서 미국 대중의 독서 취향을 알게 됐다. 그는 《새터데이 이브닝 포스트》를 통해 단편소설들을 출판했다. 한 편 한 편이 미국의 자기 이미지에 대해 조금씩 도발적인 발언을 담은 내용이었다. 그러나 그런 길이로는 하고 싶은 말을 충분히 할 수 없었다. '미국의 귀에 새로운 목소리를 쏘아댄 것'은 1920년 10월 첫 장편소설 『메인 스트리트Main Street』를 내면서부터였다.10 늦가을에 크리스마스 대목을 앞두고 발간한 『메인 스트리트』는 당시로서는 드물게 입소문을 타고 베스트셀러가 됐다. 작품의 무대는 고퍼프레리라는 소도시로 루이스의 고향 소크센터와 공통점이 많다는 것은 자연스럽다. 당연하다. 작가는 고퍼 주민들을 편견과 사소한 실수까지 날카롭게 관찰하고, 그들의 결점과 터무니없는 자기 이미지를 명쾌하게 포착해냈다. 그 결과 이 소설은 미국 중류층에서 엄청난 인기를 끌었고, '시골'이라면 질색을 할 지적인 사람들 사이에서도 그랬다. 어찌나 인기가 높았던지 출판사는 재판을 찍을 때마다 종이를 제대로 구하지 못할 정도였다. 심지어 동부에서는 소란이 일어났다. 퓰리처상 선정위원회가 표결을 통해 『메인 스트리트』를 수상작으로 선정했는데 퓰리처상을 주관하는 컬럼비아 대학 이사들이 결정을 뒤집고 이디스 워튼Edith Wharton의 『순수의 시대The Age of Innocence』에 상을 주기로 한 것이다. 전례 없는 일이었다. 루이스는 개의치 않았다. 아니, 그다지 개의치는 않았다고 해야겠다. 그는 워튼의 팬이었으며 다음 작품 『애로스미스Arrowsmith』를 그녀에게 헌정했다.[11]

『배빗』에서는 무대를 소도시에서 중간 정도 규모의 중서부 도시로 옮겼다. 여러 측면에서 좀 더 전형적인 장소를 설정한 것이다. 이야기의 무대인 제니스는 미국의 강점뿐 아니라 문제점까지 고스란히 드러낸다. 1922년이면 이미 비즈니스맨에 관련된 미국 소설이 많이 나와 있었다. 예를 들어 딘 하월스Dean Howells의 『사일러스 래팜의 출세The Rise of Silas Lapham』(1885)나 시어도어 드라이저Theodore Dreiser의 『금융업자Financier』(1912)가 대표적이다. 그러나 『배빗』처럼 비극적 구조를 가진 작품은 없었다. '외국' 문학을 아주 좋아한 루이스는 프랑스 소설가 에밀 졸라 흉내를 냈다. 졸라는 19세기 마지막 분기에 대작 루공 마카르 총서를 쓰기 위해 현장 조사차 석탄을 때는 화부석에 타고 기차 여행을 하는가 하면 광산에 들어가기도 했다. 루이스도 기차로 중서부의 여러 소도시를 찾아다니며 로터리 클럽에서 부동산중개업자, 시장市長, 상공회의소 회장들과 점심을 겸해 대화를 나누기도 했다. 졸라와 마찬가지로 그도 엄청난 분량의 메모를 했고, 회색 노트에 사람들이 쓰는 전형적인 말이나 비유들을 기록하고, 작품 속 인물과 장소에 어울릴 만한 고유명사들을 모았다. 그렇게 해서 미국 물질주의 문화의 본질을 구현한 배빗이 탄생한 것이다.[12]

루이스가 배빗에게 부여한 핵심요소는 성공이다. 성공에는 세 가지가 따라온다. 우선 물질적으로 안락해지고, 생각이 같은 동료 시민들로부터 인기를 얻고, 성공 못한 사람들에 대한 우월감을 갖게 된다. 배빗의 삶의 기준은 능률, 장사, '물건'(각종 물품을 비롯해 물질적 소유를 말한다)이었다. 루이스에게 있어서는 엘리엇의 경우와 유사하게 이런 것들이 가짜 신神이다. 배빗의 세계에서는 예술과 종교가 늘 비즈니스에 이바지하는 것으로 왜곡된다. 이 점을 지극히 명료하게 표현한 것이 첨 프링크라는 등장인물이 로터리 클럽의 일종인 '지지자 클럽Booster Club'에서 한 연설 대목이다. 첨의 연설 주제는 제니스가 왜 자체의 교향악단을 가져야 하는가였다. "문화는 오늘의 도시를 포장하고 광고하는 데 있어서 포장도로나 어음교환과 마찬가지로 필수적인 것이 되었습니다. 수천 명의 관객을 끌어들이는 것은 극장, 화랑 등등과 같은 문화지요. …… [그래서] 저는 형제 여러분께 문화와 세계적인 교향악단이 클 수 있도록 열렬히 지지해 주십사 하는 것입니다!"[13]

이러한 자기만족은 참을 수 없는 정도는 아니다. 그런데 루이스는 그렇게 지속되도록 놓아두지 않는다. 이 완벽한 세계에 그림자가 밀려드는 것은 배빗의 가장 친한 친구가 아내를 죽이면서부터다. 그녀의 죽음에 관해서는 애매한 구석이 전혀 없다. 우발적인 과실치사였다. 그래도 친구는 교도소에 간다. 이런 일련의 사건이 배빗으로서는 극도로 혼란스럽고 많은 심적인 변화를 불러일으킨다. 이런 일들이 독자에게는 작은 변화이고 별로 중요하지 않은 도발이지만, 배빗은 좀 더 '보헤미안적인' 삶을 누리기 위해 반기를 들려고 할 때마다 그럴 수 없다는 것을 절감한다. 그가 이룩한 삶은 체제순응에 의해 지배되고 있고, 거기에 의존하고 있다. 미국에서 성공을 거두려면 그만한 대가를 치러야 한다. 그리고 루이스는 그것을 일종의 파우스트적인 거래로 규정한다. 그런 거래에서 배빗과 같은 부류들에게 천국과 지옥은 동일한 장소다.

루이스의 물질주의와 탐욕스러운 사회에 대한 비난은 토니의 그것만큼이나 효과를 발휘한다. 그러나 훨씬 인상적이며 한결 덜 폭력적이다.[14] 루이스는 배빗의 아들 테드를 아버지보다 좀 더 성찰적인 인물로 그렸다. 미국 중류층의 변화를 암시하는 것 같다. 이런 약간의 낙관주의는 루이스 입장에서는 책의 성공을 촉진하기 위한 작전이었을 수도 있다. 1922년 9월 14일 작품이 출판되자마자 미국에서는 배빗 내지 배비트리Babbittry(속물적인 중산층 실업가 기질)라는 단어가 체제 순응주의 conformism를 나타내는 표현으로 자리 잡았다. 좀 더 강력한 표현인 부스터리즘 boosterism은 너무도 익숙한 미국식 자기선전을 나타내는 단어로 널리 사용됐다. 업튼 싱클레어Upton Sinclair는 이 책을 '진정한 미국의 걸작'이라고 봤다. 반면 버지니아 울프는 '금세기에 영어로 쓴 그 어떤 소설 못지않은 작품'이라고 평가했다.[15] 당대에 창조되고 있던 유럽의 문학적 캐릭터와 배빗이 구분되는 점은 그가 자신이 비극적 인물이라는 것을 인식하지 못하고 있다는 데 있다. 배빗은 고전적인 인물들의 비극에 대한 통찰이 결여돼 있다. 루이스에게는 이러한 자기만족이 구원 불가능

성으로 귀결되는, 미국 중류층이 빠지기 쉬운 죄악이었다.[16]

배빗은 고전적인 미국 중류층을 상징하는 동시에 전형적인 '미들브로middlebrow'였다. (highbrow하지도 lowbrow하지도 않은, 교양이나 지식이 중간쯤인 사람을 일컫는 말. 음악, 문학, 예술, 영화 등이 수준 있고 재미있지만 어렵지 않고 이해하기 쉬운 경우를 가리키는 말로도 쓰인다 : 옮긴이) 미들브로는 1920년대 BBC(영국방송공사 : 옮긴이)가 자기네 방송의 문화적 지향점을 설명하기 위해 만든 용어다. 그러나 이 표현은 온갖 뉴미디어의 홍수 속에서 배빗과 그의 친구들로 대표되는 1920년대 미국의 신문화를 지칭하는 데 더 많이 사용됐다.

20세기 말인 지금에 와서 보면 전자미디어―특히 텔레비전과 라디오―는 일반적으로 인쇄매체보다 훨씬 강력하고 청중을 많이 끌어 모으는 것으로 간주되고 있다. 그런데 1920년대에는 사정이 달랐다. 무선통신(라디오)의 원리가 알려진 것은 1873년부터였다. 스코틀랜드 사람 제임스 클러크 맥스웰과 독일의 하인리히 헤르츠가 최초의 실험을 했다. 굴리엘모 마르코니Guglielmo Marconi는 최초의 무선전신사를 1900년에 설립했고, 레지날드 페선던Reginald Fessenden은 1906년 피츠버그에서 처음으로 '방송broadcast'(신조어였다)을 내보냈다. 그러나 라디오가 진짜 세상을 놀라게 한 것은 1912년 무선전신을 통해 침몰하는 타이태닉 호에 구조선을 보내면서부터였다. 1차 대전 때는 모든 교전국이 무선통신을 선전용으로 널리 사용했다. 나중에는 미국을 강타할 매체로 등장했다. 라디오는 전국을 한데 묶어줄 자연스러운 수단으로 보였다. RCA(Radio Corporation of America) 사장 데이비드 사르노프David Sarnoff는 방송 시스템으로 연결된 미국의 미래를 꿈꿨다. 그럼으로써 이윤을 내는 것은 물론이고 사람들에게 재미와 교육을 동시에 선사하는 공공 서비스 시스템으로서 역할을 하겠다는 것이었다. 불행히도 미국이 할 일은 비즈니스였다. 1920년대 초 미국에서 '라디오 붐'이 일었다. 그리하여 1924년이 되면 방송국이 1,105곳이나 생겨난다. 그러나 대다수가 소규모였고 절반 이상이 도산하고 말았다. 그 결과 미국에서 라디오는 그다지 활성화되지 못했다. 출발부터 광고와 광고주의 이해관계에 휘둘렸다. 실제로 한때는 나눠줄 주파수가 부족해 '대기 중의 대

혼란chaos in the ether'이 일어날 정도였다.[17]

그 결과 텔레비전이 등장할 때까지 신종 인쇄매체가 두 세대에 걸쳐 엄청난 영향을 미쳤다. 그렇게 된 또 한 가지 이유는, 적어도 미국의 경우 1차 대전 이후 교육이 급속도로 팽창했기 때문이다. 예를 들어 1922년에 미국 대학에 등록한 학생 수는 1918년의 거의 두 배였다.[18] 이러한 변화는 조만간 새로운 형태의 미디어 수요에 반영된다. 라디오와 별도로 새로운 네 매체, 즉《리더스 다이제스트Reader's Digest》,《타임Time》,《이달의 책 클럽Book-Of-The-Month Club》,《뉴요커The New Yorker》가 그러한 수요를 충족시켰다.

전쟁이 일어나지 않았다면, 그리고 미군 보병 하사 드윗 월리스DeWitt Wallace가 뫼즈-아르곤 공세 때 수류탄에 맞지 않았다면 그는 결코 새로운 잡지 발행이라는 꿈을 실현시킬 '여가'를 얻지 못했을 것이다.[19] 월리스는 대부분의 사람들이 너무 바빠서 온갖 기사를 다 읽을 수는 없다는 확신을 갖게 됐다. 발행되는 출판물이 너무 많은데다 주요 기사도 너무 길어서 간단히 요약을 하면 좋겠다는 데 착안했다. 그는 프랑스 병원에서 요양하는 동안 고국에서 전선으로 보내온 여러 잡지에 난 기사들을 스크랩했다. 제대 후 고향 미네소타 주 세인트폴로 돌아온 다음 몇 달간은 아이디어를 짜는 데 보냈다. 스크랩한 기사 중에서 오래 두고 읽어도 좋을 만한 기사 서른 꼭지를 골라 과감하게 편집을 했다. 이것들을 보통 서체로 잡지로 꾸며서《리더스 다이제스트》라는 이름을 붙였다. 200부를 시험 인쇄해 뉴욕의 출판사 열두어 군데에 보내봤다. 모두 노였다.[20]

1922년 창간호를 낸 이후《리더스 다이제스트》를 본 궤도에 올려놓는 힘겨운 과정은 미국식 기업 드라마 그 자체다. 물론 끝은 해피엔드였다. 브리턴 해든Briton Hadden과 헨리 루스Henry Luce가 창간한《타임》도 마찬가지였다. 1912년 3월에 창간됐지만 1928년까지는 이익을 내지 못했다. 캐나다인 해리 셔먼Harry Scherman이 1926년 4월 창립한 '이달의 책 클럽' 역시 우여곡절이 많았다. 회원들에게 처음 보낸 책 실비아 타운젠드 워너Sylvia Townsend Warner의 『롤리 윌로스Lolly Willowes』, T. S. 스트리블링Stribling의 『티프탤로우Teeftallow』, 블리스 페리Bliss Perry가 편집한 『에머슨 수상록The Heart of Emerson's Journals』 등은 통째로 반송돼왔다.²¹ 그러나 윌리스의 직감은 맞아떨어졌다. 1차 대전 후 폭발적으로 증가한 미국의 교육은 미국인의 지적 취향을 바꿔놓았다. 문제는 이런 변화가 늘 긍정적인 쪽으로만 일어나지는 않았다는 점이다. 특히 이달의 책 클럽에 문제 제기가 쏟아졌다. 몇 사람이 모여서 위원회라는 것을 만들고 사람들이 뭘 읽어야 할지를 결정한다는 사실이 도마에 올랐다. 미국인의 사고를 '평준화'할 위험이 있다는 이야기였다.²² 당시 '평준화'는 각계각층의 많은 사람들에게 우려의 대상이었다. 1913년 이동식 조립라인이 발명된 이후 산업계에 '포드주의Fordism'가 판을 친 결과에 대한 걱정이기도 했다. 바로 그런 문제를 싱클레어 루이스는 『배빗』에서 제기한 것이다. 1926년 『애로스미스Arrowsmith』가 퓰리처상 수상작으로 선정됐을 때, 루이스가 어떤 책을 '최고'라고 규정하는 것은 부조리하다며 수상을 거부한 것도 바로 그런 맥락에서였다. 대부분의 사람들이 반대한 것은 이달의 책 클럽이 이 책 저 책 섞어서 잡탕을 내놓는다는 점이었다. 그러나 이달의 책 클럽 사람들은 그렇게 함으로써 새로운 사고방식을 만들어내고, 진지한 '고급문화'와 '단순한 엔터테인먼트'에 속하는 작품에 관한 의식을 바꿀 수 있다고 주장했다. 이런 논쟁의 결과로 새로운 개념과 새로운 단어가 1920년대 중반에 처음 등장했는데 그것이 바로 미들브로였다. 20세기 초 몇 십년간 교수 사회도 이 문제에서 일정한 역할을 했다. 1차 대전을 전후로 대학이 급팽창하면서 '하이브로highbrow(고급 취향)'와 '로우브로lowbrow(저급 취향)'의 구분은 이미 논란의 핵심으로 자리 잡았다. 1920년대 중후반 미국 잡지들은 미들브로 취향이 젊은이들의 정신에 해가 된다느니 안 된다느니 하는 논란을 되풀이했다.

싱클레어 루이스라면 '최고'가 무엇인지를 규정하겠다는 생각 자체를 비난할 것이다. 그러나 자기가 쓴 책이 남들에게 영향을 미치는 것까지 막을 수는 없었다. 그래서 학계에서 주는 퓰리처상보다 훨씬 오래 높은 평가를 받고 있는 것일 터이다. 학계, 특히 사회학자들은 1920년대 중반 배빗 현상에 주목하면서 학문적 입장에서 미국 중서부의 중간 규모 소도시 연구에 나섰다.

로버트 린드와 헬렌 린드 부부는 평범한 미국 소도시를 연구하기로 했다. 그들의 삶이 어떠한지를 사회학적·인류학적으로 상세하게 기술하기 위해서였다. 린드 부부Robert and Helen Lynd가 함께 쓴 『미들타운Middletown』에 붙인 서문에서 미국 자연사박물관American Museum of Natural History의 클라크 위슬러Clark Wissler 가 말했듯이 "대부분의 사람들에게 인류학은 원시인에 관한 흥미로운 정보 덩어리다. 그러나 그것은 인류학이 덜 문명화된 사람들을 연구할 때에만 그러하다." 그렇다면 이 책은 아이러니였을까, 아니면 대담한 모험이었을까?[23] 연구를 위한 필드워크(현장조사)는 사회·종교연구소가 재정 지원을 해서 1925년에 끝났다. 연구팀 일부는 미들타운에서 18개월을 살았고, 일부는 5개월을 보냈다. 목표는 미국 중서부에서 '전형적'이면서도 사회변화 과정을 잘 보여주는 소도시를 찾는 것이었다. 인구 3만 정도의 소도시 하나가 선택됐다(당시 미국 인구통계에 따르면 인구 2만 5,000에서 5만 사이의 소도시는 143개였다). 선별된 소도시는 주민 구성이 동질적이고 흑인은 소수에 불과했다. 따라서 인종적 변화가 심하지 않기 때문에 문화적 변화를 비교적 순수한 형태로 고찰할 수 있을 것으로 린드 부부는 생각했다. 부부는 또 연구 대상 도시는 현대의 산업 문화와 함께 상당한 정도로 예술적인 생활이 이루어지는 곳이어야 한다고 생각했다. 그러나 학생 유동 인구가 많은 대학도시는 피했다. 마지막으로 미들타운은 기후가 온난해야 했다. 린드 부부는 기후를 특히 중시했다. 책 첫 페이지 각주에서 린드 부부는 J. 러셀 스미스가 『북아메리카』에서 "눈이 많은 지역 사람은 드세다"고 한 말을 인용할 정도였다.[24] 후일 그들이 선택한 도시는 인디애나 주 먼시Muncie로 밝혀졌다. 주도 인디애나폴리스에서 북동쪽으로 96킬로미터 떨어진 소도시였다.

『미들타운』을 위대한 문학작품이라고 할 사람은 없을 것이다. 그러나 사회학으로서는 경이로울 정도의 명석함과 이성적인 접근을 보여줬다. 린드 부부는 이런 전형적인 소도시의 삶은 생계 꾸리기, 가정생활, 자녀 교육, 놀이나 예술 활동 같은 여가, 종교, 지역 활동 등 단순한 여섯 가지 범주로 나뉜다고 보았다. 그러나 『미들타운』을 그토록 매력적인 책으로 만든 것은 린드 부부의 분석과 그들이 관찰한 변화였다. 예를 들어 많은 관찰자들이 전통적으로 사회를 세 계층(상류층, 중류층, 노동계층)으로 나눈 반면(유럽이 그러했다), 린드 부부는 미들타운에는 두 계층만이 존재한다고 보았다. 남녀 모두 보수적이지만—변화를 싫어한다—양상은 달랐다. 예컨대 가정보다는 일터에서 변화가 훨씬 많이 일어났고, 변화를 잘 받아들였다. 미들타운은 "주로, 가정에서 자녀를 훈육할 때는 전세기(19세기)의 심리학을 사용하고, 가게에서 물건을 사라고 설득할 때는 금세기의 심리학을 사용한다"는 것이 린드 부부의 결론이었다.[25] 미들타운에는 직업 종류가 400가지였다. 그리고 계급 분화는 어디서도 뚜렷했다. 평균 오전 6시 30분에 시작하는 계층도 마찬가지였다.[26] "겨울 아침에 미들타운의 거리를 돌아다녀보면 집들이 두 종류로 나뉜다는 것을 알 수 있다. 불 꺼진 집은 사람들이 아직 자고 있는 것이며, 부엌에 불이 켜지고 어른들이 돌아다니는 집은 그날 일과를 시작한 것이다." 필자들은 노동계층은 6시 30분에서 7시 30분 사이에, '주로 7시에' 일과를 시작한다는 사실을 알아냈다. 개인사업을 하는 계층은 이 시간대가 7시 45분에서 9시 사이였다. '그러나 주로 8시 30분에' 시작됐다. 현대화가 삶의 다양한 영향을 미친 결과 생겨난 역설적인 현상도 많았다. 예를 들어 현대적인(주로 심리적인) 관념은 "[미들타운의] 법정에서 볼 수 있다. 개인의 행동에 대해 개인의 전적인 책임만은 아니라고 보기 시작한 것이다." 그러나 비즈니스 세계는 달랐다. "생계는 20세기 식 기계를 다루는 것으로 꾸려가면서 직업을 구하는 일은 한 세기도 더 이전 관념인 자유방임적 개인주의식으로 한다." "어머니는 자녀 교육을 위한 지역 활동에는 적극적이지만 자녀 건강을 돌보는 데는 소홀하다."[27]

　린드 부부는 총체적으로 볼 때 미들타운이 물질적인 문제에 대해 새로운 행동양식을 매우 빨리 익혔다고 평가했다. 이는 사람이나 비물질적인 기관에 관한 관습을 새롭게 하는 속도보다는 훨씬 빨랐다. "욕실과 전기는 도시 전 가구에 급속도로 보급됐다. 반면 부부 또는 부모와 자녀의 역할관계를 새롭게 조정하는 속도는 한결 느렸다. 자동차는 문학 강좌보다 여가생활을 훨씬 광범위하게 변모시켰다. 또 학교 교과과정에서 도구를 사용하는 직업 교육 과목의 변화는 예술 과목보다 훨씬 빨랐다. 라이노타이프(자동식자조판기)와 라디오는 연설 기법이나 미들타운 자체 선거 방식의 발전보다도 선거에서 승리할 수 있는 기회를 더 넓혀주었다. 체육관 근처에 건립된 YMCA(기독교청년회)는 종교 제도에서 목사들의 주말 설교보다 훨씬 많은 변화가 일어났음을 여실히 보여준다."²⁸ 1890년대 이래로 거의 변화가 없는 고전적인 개인 생활의 영역(린드 부부는 이것을 비교의 기준으로 삼았다)은 "낭만적인 사랑을 결혼의 유일한 정당한 근거로 삼았다. ……미들타운의 성인들은 결혼에 있어서 로맨스를 종교와 마찬가지로 사회가 굳건히 유지되려면 마땅히 믿어야 하는 어떤 것으로 생각하는 것 같다. 부모들은 자녀에게 '사랑'은 분석할 수 없는 신비이며 '그냥 그렇게 되는 것'이라고 가르친다. ……그러나 이론적으로는 이런 '스릴'이 영원한 행복을 보장하는 데 충분하지만 실제로 어머니들과 이야기를 해 보면 특히 비즈니스 계층에서 다른 요소에 대한 관심이 커져가고 있음을 알 수 있다." 그중에서도 돈 버는 능력이 중요했다. 그리고 실제로 린드 부부는 미들타운은 1890년대보다 1920년대에 훨씬 더 돈에 관심이 많아졌다는 사실을 밝혀냈다. 1890년에는 이웃 사람들의 평판이 가장 중요했다. 그런데 1920년대에는 사회·경제적 지위가 자동차와 훨씬 밀접한 관계에 놓이게 됐다. 소유 차종에 따라 평판이 달라졌다.²⁹

자동차, 영화, 라디오는 여가생활을 완전히 바꿔놓았다. 자동차에 대한 열정은 특히 유별났다. 미들타운의 가정들은 린드 부부에게 옷을 포기하고 차를 사겠다고 말했다. 많은 사람들이 택일하라면 욕조보다는 자동차를 갖겠다고 했다(실제로 린드 부부는 욕조도 없는데 차는 있는 집들을 발견했다). 많은 사람들이 차가 가족의 유대를 돈독하게 해준다고 말했다. 한편 '일요일 드라이브'는 교회 출석률에 부정적인 영향을 미쳤다. 미들타운의 생활양식 변화를 가장 간명하게 보여주는 것은 책 말미에 린드 부부가 제시한 도표일 것이다. 아래 표는 1890년과 1923년에 지역신문들이 각종 이슈에 대해 할애한 뉴스의 양을 퍼센티지로 나타내 분석한 것이다.³⁰

	1890년	1923년	% 변화
만화	0.2	14.6	+7300
여성 소식	0.5	3.4	+680
스포츠	3.8	13.2	+347
비즈니스·경제	3.4	6.6	+94
정부 정책 및 공공 문제	9.1	15.7	+72

과학	2.0	1.0	-50
사건·사고	5.4	1.9	-65
농업	4.3	1.1	-74
정치	17.3	1.2	-93

현대적인 것으로 간주되는 일부 이슈는 이미 상당한 진척을 보이고 있었다. 성교육은 그중 하나였다. 젊은이들의 역할(과 구매력) 증대도 마찬가지였다. 물론 이 두 가지 문제는 완전히 별개의 것이 아니다. 린드 부부는 또 상당한 시간을 들여 두 계층 사이의 아이큐 차이를 관찰했다. 미들타운에는 학교가 열두 개였다. 다섯 개는 부모가 노동자 계층과 비즈니스 계층인 학생들을 뽑는다. 반면 나머지 다섯 개는 학급에 따라 두 계층의 분리 정도가 확실하기 때문에 충분히 비교 대상이 되었다. 1학년(6세) 학생 387명에 대한 검사 결과는 다음 표와 같았다.[31]

	부모가 비즈니스 계층인 경우 %	부모가 노동자 계층인 경우 %
평균 이상 IQ 110~139	25.8	6.5
평균 IQ 90~109	60.8	51.0
평균 이하 IQ 70~89	13.4	36.2
노둔 또는 백치 IQ 25~69	00.0	6.3

린드 부부는 지능검사에 관한 논란을 어느 정도 의식하면서도 (예를 들어 지능검사라는 표현을 쓸 때는 따옴표를 붙였다) "어린이들이 자신의 세계와 씨름하는 데 사용하는 지식과 기능에는 차이가 있다"는 결론을 내렸다.

린드 부부는 사회학과 인류학, 그리고 새로운 형태의 역사를 복합시킨 작품을 만들어냈다. 그들이 그린 그림에는 『배빗』과 같은 열정과 위트는 없지만 미들타운이 배빗의 무대인 제니스와 똑같은 야수임을 금세 알아볼 수 있다. 이 책의 결정적인 강점은 전형적인 미국 소도시에서 사회계층은 셋이 아니라 둘이라는 사실을 발견한 것이다. 바로 이 점이 미국 사회의 역동성을 촉진하는 것으로 미국과 유럽의 결정적인 차이를 보여준다.

배빗의 미들타운은 미국의 전형이었을 것이다. 지적으로나 사회학적으로, 통계학적으로도 그렇다. 그러나 그것이 유일한 미국은 아니었다. 모두가《리더스 다이제스트》같은 사업에 뛰어들지도 않았고, 모두가 너무 바쁜 나머지 책을 제대로 읽을 시간이 없어서 뭘 읽어야 할지를 남이 결정해 주어야 하는 것도 아니었다. 이런 '다른' 미국을 상징하는 장소가 몇 군데 있었다. 특히 프랑스 파리가 그랬고, 뉴욕의 그리니치빌리지(맨해튼 남부 예술가 거주구역)와 흑인 할렘이 그랬다. 미국인들이 파리로 몰려든 것은 1920년대였다. 달러화가 강세였고, 모더니즘은 여전히 꽃 피고 있었다. 어니스트 헤밍웨이Ernest Hemingway가 잠시 파리에 머물렀고, F. 스콧 피츠제럴드도 마찬가지였다. 『율리시스』를 출판한 것은 파리의 미국인 실비아 비치였다. 문단의 스타들 외에도 미국인들이 프랑스 수도(와 프랑스령 리비에라)로 몰려드는 것은 지성사보다는 사회사적 문제였다.

할렘과 그리니치빌리지는 달랐다. 영국 작가 오즈버트 시트웰Osbert Sitwell 경이 뉴욕에 도착한 것은 1926년이었다. 당시 그는 '미국이 금주법을 열심히 준수하는 한편으로 늘 기분 좋게 취해 있는 것'을 발견했다. 자유에 대한 사랑 때문에 "적당한 수준 이상으로 술 마시는 것이 일종의 의무가 되었다"고 시트웰 경은 지적했다. 파티가 끝나고 나서 '술에 취한 젊은이들이 홀에 잔뜩 몰려나와 집에 갈 택시를 기다리는 모습'은 새삼스러울 것도 없었다.[32] 그러나 그를 더더욱 놀라게 한 일이 있었다. 코넬리어스 밴더빌트Cornelius Vanderbilt 부인의 '5번가 성城 Fifth Avenue Chateau'에서 저녁 시간을 보낸 뒤 주택가인 할렘 136번가의 알렐리아 워커A'Lelia Walker의 대저택에 들어섰을 때였다. 알렐리아의 야회夜會는 유명했다. 그녀의 아파트는 장식이 사치스럽기 이를 데 없고, 방 하나는 프랑스 '제2제국' 시대 파리 스타일로 천막을 쳐놓았으며, 다른 방들은 금으로 만든 그랜드피아노와 도금한 오르간 등으로 가득 차 있었다. 또 한 방은 아예 개인용 예배당으로 꾸며놓았다.[33] 야회에는 종종 유럽 상류층 인사들이 들렀으며 W. E. B. 듀보이스, 랭스턴 휴즈Langston

Hughes, 찰스 존슨Charles Johnson, 폴 로브슨Paul Robeson, 얼레인 로크Alain Locke 등등 최고 수준의 흑인 지식인들도 합류했다. 알렐리아의 저택은 '새로운 흑인the new Negro'이라고 일컬어지는 운동의 본산이 됐다. 그러나 그런 중심점이 그 한 곳만은 아니었다.³⁴ 1차 대전의 회오리 속에서 미국 흑인들은 별동대로 참전해 혁혁한 전과를 올림으로써 인종 관계가 좋아질 것이라는(남부는 아니더라도 동부 연안 지역에서는) 낙관주의의 시대가 열렸다. 할렘 르네상스Harlem Renaissance로 지칭되는 운동은 그러한 낙관주의를 반영하는 동시에 낙관주의로 말미암아 촉발된 것이기도 했다. 약 15년 동안에 걸쳐 흑인 작가, 배우, 음악가들이 미국의 지적 지형에 선명한 흔적을 남기면서 할렘이라고 하는 장소를 생기 넘치고 매력적인 곳으로 만들었다. 전에 볼 수 없는 일이었고, 이후로도 보지 못할 현상이었다.

할렘 르네상스는 두 가지 보헤미안적인 요소가 융합되면서 시작됐다. 먼저 그리니치빌리지의 예술가들이 마침내 흑인 배우들의 능력을 알아보기 시작했다. 1920년 흑인 배우 찰스 길핀Charles Gilpin이 유진 오닐의 「황제 존스Emperor Jones」의 주연을 맡아 흥행몰이에 성공했다.³⁵ 듀보이스는 늘 미국 흑인의 전도는 '재능 있는 1할'에 달렸다며 엘리트의 역할을 강조했다. 할렘 르네상스는 이러한 논리를 행동으로 완벽하게 표현한 운동이었다. 10여 년 동안 흑인 배우 스타들이 꽃을 피웠고, 그들은 하나같이 예술과 문학이 사회를 변화시키는 힘을 갖고 있다는 신념을 공유했다. 그러나 할렘 르네상스는 정치적인 효과도 발휘했다. 남부와 중서부에서 일어난 흑인 폭동은 할렘이 피난처라는 정서를 불러일으켰다. 흑인 사회주의자들은 《메신저Messenger》같은 잡지들을 발행했다('과학적 인종주의 계열의 잡지로는 흑인이 내는 유일한 잡지').³⁶ 그중에는 마커스 가비Marcus Garvey가 있었다. 자메이카 출신의 이 땅딸막한 인물은 범아프리카주의 운동을 통해 모든 흑인들에게 아프리카, 특히 라이베리아(미국 해방 노예들이 19세기 초 아프리카 서부 대서양 연안에 건설한 국가)로 돌아가라고 촉구했다. 가비는 1923년 우편 사기로 체포될 때까지 할렘에 막강한 영향력을 행사했다.³⁷

그러나 대부분의 사람들의 가슴을 적신 것은 문학, 연극, 음악, 시, 그림이었다. 클럽들이 곳곳에서 생겨나 젤리 롤 모튼Jelly Roll Morton, 패츠 월러Fats Waller, 에드워드 케네디 '듀크' 엘링턴Edward Kennedy 'Duke' Ellington, 스콧 조플린Scott Joplin, 플레처 헨더슨Fletcher Henderson 같은 재즈 뮤지션들을 불러 모았다. 닉 라로카Nick LaRocca의 오리지널 딕시랜드 재즈 밴드는 1917년 뉴욕에서 처음으로 재즈 앨범(「Dark Town Strutter's Ball」)을 녹음했다.[38] 할렘 르네상스는 무수한 흑인 소설가, 시인, 사회학자, 공연예술가들을 배출했다. 그 엄청난 수만으로도 인종 문제가 호전될 것이라는 낙관주의를 퍼프렸다. 그러나 클로드 매케이Claude McKay, 카운티 컬런Countee Cullen, 랭스턴 휴즈Langston Hughes, 진 투머Jean Toomer, 제시 포셋Jessie Fauset 같은 사람들의 작품은 낙관주의와는 거리가 멀었다. 예를 들어 매케이의 시집 『할렘의 그림자Harlem Shadows』는 할렘을 (영적인) 쇠퇴와 정체停滯를 감추고 있는 무성한 열대림으로 묘사했다.[39] 진 투머의 『사탕수수Cane』는 시인 동시에 에세이, 소설로서 전반적으로 비가적인 톤을 띠면서 흑인들에게 드리워진 노예제의 후유증을 탄식한다. 그들은 과거로 돌아갈 수도 없고 돌아가고 싶어 하지도 않지만 앞길도 알지 못한다.[40] 얼레인 로크는 사람을 잘 끌어 모으는 인물로 할렘의 아폴리네르였다. 1925년에 출판된 작품집 『새로운 흑인New Negro』은 시와 산문을 모은 것이다.[41] 찰스 존슨은 사회학자로 시카고 대학의 로버트 파크 밑에서 공부했다. 파크는 시민클럽에서 지식인 모임을 조직했는데 유진 오닐Eugene O'Neill, 칼 밴 도런Carl Van Doren, 아프리카 미술에 관해 논한 앨버트 반즈Albert Barnes가 참여했다. 존슨은 듀보이스가 주도한 《위기Crisis》와 어깨를 나란히 하는 새 흑인 잡지의 편집장이기도 했다. 잡지 이름은 《기회Opportunity》로 제목만으로도 당대의 낙관주의를 여실히 보여준다.[42]

할렘 르네상스의 정점인 동시에 몰락을 상징하는 사건으로 보통 1926년 『맨 위층의 좌석Nigger Heaven』 출간을 꼽는다. 이 작품은 '할렘에서 가장 열정적이고 안 끼는 데 없는 백인'으로 통한 칼 밴 베크턴Carl Van Vechten이 쓴 소설이다. 밴 베크턴의 소설은 요즘에는 거의 안 읽히지만 처음 앨프리드 A. 크노프 출판사에서 나왔을 때만 해도 엄청난 베스트셀러였다. 주제는 전성기의 할렘이었다. 밴 베크턴이 속속들이 알고 찬미를 아끼지 않았던, 그러나 그곳으로 들어갔을 때 자신은 아웃사이더일 수밖에 없었던 할렘을 그린 작품이다. 그는 할렘의 삶이 완벽하다고 생각했고, 흑인들은 그곳에서 '알몸으로 행복하다'고 보았다. 아프리카계 미국인들이 백인은 결여했거나 문명의 타락과 함께 잃어가고 있는 활기를 갖고 있다는 당시의 견해를 반영한 표현이었다. 이런 관점은 누구나 받아들일 수 있었을지 모른다. 그러나 밴 베크턴은 아웃사이더였다. 게다가 두 가지 용서할 수 없는 실수를 저지르는 바람에 책에 손상이 갔다. 먼저, 세련된 흑인들이 보기에도 완전히 사라지지 않은 문제들을 치지도외置之度外했다. 또 슬랭이나 '검둥이 식 걸음걸이' 같은 표현을 '인류학적' 접근이랍시고 사용했으나 막상 흑인들에게는 그것이 오만하고 당혹스럽게 보였다. 『맨 위층의 좌석』은 아이러니와도 거리가 멀었다.[43]

할렘 르네상스는 1929년 월 스트리트 붕괴와 그에 이은 대공황을 간신히 넘겼다. 소설과 시도 계속 나왔다. 그러나 경제가 옥죄어들면서 인종차별이 심해지고 린치가 횡행하는 쪽으로 퇴보를 거듭했다. 그런 상황에서 할렘 르네상스를 받쳐주는 낙관주의를 유지하기는 어려웠다. 예술이 삶의 현실로부터 일시적인 도피가 되어줄 수는 있겠지만 1930년대가 한 해 두 해 지나면서 미국 흑인들은 냉혹한 진실을 더는 피할 수 없었다. 할렘 르네상스에도 불구하고 근저의 기류는 전혀 변한 게 없었던 것이다.

좀 더 포괄적인 차원에서 보면 할렘 르네상스의 의미는 두 가지였다. 첫째 과학적 인종주의자들이 이민규제법을 도입하고 흑인은 할렘 르네상스와 같은 수준 높은 작업을 해낼 능력이 없다는 것을 입증하려고 애쓰던 바로 그 때 그런 운동이 일어났다는 점이다. 둘째로 일단 그 운동이 끝나는 순간 완전히 잊혔다는 사실이다. 도도한 인종주의의 벽에 가로막힌 것이다.*

어떤 의미에서 1920년대가 되면 그리니치빌리지의 위대한 시대는 끝이 났다. 그래도 여전히 예술가들의 피난처이고 군소 문학잡지들의 아지트였다. 그중에서도 《대중 The Masses》과 《리틀 리뷰 Little Review》 등은 한때 성공을 거뒀고, 《뉴 리퍼블릭》과 《네이션》은 지금도 발행되고 있다. 프로빈스타운 극단과 워싱턴 스퀘어 극

---

* 할렘의 역사는 1980년대 들어서야 데이비드 레버링, 루이스 허치슨과 조지 허치슨 같은 학자들에 의해 제대로 조명되었다. 필자의 설명은 대부분 이들의 연구를 요약한 것이다.

단은 할렘에서 시즌별로 오닐의 초기 작품 등을 공연했다. 그러나 전쟁이 끝나자 가장무도회 같은 화려한 행사들은 너무도 낭비인 것으로 보였다. 그럼에도 불구하고 그리니치빌리지의 정신은 지속됐다. 아니, 1920년대에 들어서면서 더 성숙해졌다고 하는 편이 사실에 가까울 것이다. 그리고 《타임》, 《리더스 다이제스트》, 미들타운 등등에 대해 반기를 듦으로써 그리니치빌리지의 가치를 반영하는 잡지가 모습을 드러냈다. 《뉴요커The New Yorker》였다.

《뉴요커》가 그처럼 대담한 노선을 택할 수 있었던 것은 온전히 편집장인 해럴드 로스Harold Ross 덕분이다. 여러 면에서 로스는 편집장으로는 전혀 어울리지 않는 인물이었다. 창간 당시 그는 뉴요커(뉴욕 주민)가 아니었다. 콜로라도에서 태어난 로스는 '포커 잘 치고 거짓말도 느물느물 잘하는' 기자였다. 전쟁 때는 파리에서 발행하는 미군 기관지 《성조지》를 편집하기도 했다. 이런 경험을 통해 로스는 세련되면서도 회의적인 태도를 갖게 됐다. 이어 뉴욕에 돌아와서는 그 유명한 44번가 알곤킨 호텔 원탁에서 점심을 함께 하는 문학인 서클에 끼었다. 도로시 파커Dorothy Parker, 로버트 벤츨리Robert Benchley, 마크 코널리Marc Connelly, 프랭클린 P. 애덤스Franklin P. Adams, 에드나 퍼버Edna Ferber 등과 어울렸다. 잘 알려져 있지는 않지만 로스의 인생에서 이들과의 교류보다 더욱 중요한 것은 원탁 모임 일부 인사들이 토요일 저녁에 치던 포커였다. 풍자적인 주간지를 내겠다는 로스의 아이디어에 자금을 댄 백만장자 제빵업자 라울 플라이슈만Raoul Fleischmann을 만난 것도 포커를 치면서였다.⁴⁴

1920년대에 시작된 다른 출판 벤처들과 마찬가지로 《뉴요커》도 처음에는 신통치 않았다. 원래 7만 부 정도 나갈 것으로 예상했으나 첫 호가 나온 1925년 2월 판매부수는 1만 5,000부에 불과했다. 2호는 8,000부로 떨어졌고, 미래는 밝지 않았다. 성공의 예감은 흥미로운 소포가 사무실에 도착하면서 시작됐다. 누가 부탁을 한 것도 아니었다. 육필로 쓴 일련의 기사가 호화 가죽 장정이 된 상태로 온 것이다. 작가는 신인인 엘린 매케이Ellin Mackay로 밝혀졌는데 뉴욕 상류층 출신이었다. 로스는 이 점을 최대한 활용해 그 중 한 편을 '왜 우리는 카바레에 가는가'라는 제목으로 출판했다. 위트가 넘치는 기사의 요지는 뉴욕의 나이트라이프는 대단히 다채로우며, 매케이의 부모를 통해 접하게 된 부자연스러운 사교계보다 훨씬 재미나다는 것이었다. 로스가 노린 것은 그 동네를 속속들이 아는 인물이 썼다는 점이었다. 이는 다른 작가들에게도 관심을 불러일으켰다. E. B. 화이트White가 1926년《뉴요커》에 합류했고, 1년 후에는 제임스 서버James Thurber가, 이어서 존 오하라John O'Hara, 오그든 내시Dgden Nash, S. J. 페렐만Perelman이 잇따라 합류했다.⁴⁵

그러나 천연덕스러운 위트와 속사정에 훤한 필치가《뉴요커》의 유일한 특장은 아니었다. 심각한 면도 있었다. 특히 사람들 난에서 그런 면이 발휘됐다.《타임》은 사람들, 특히 성공한 사람들을 통해 뉴스를 전하고자 했다. 반면에《뉴요커》는 인물 소개를 예술형식까지는 아니더라도 엄청나게 공을 들여 썼다. 이후《뉴요커》의 기자는 기사 한 건을 쓰는 데 다섯 달을 투자하게 된다. 세 달은 정보를 수집하고, 한 달은 기사를 쓰고, 한 달은 교정에 정성을 쏟는다(사실 확인을 전문으로 하는 직종이 없던 시절의 일이었다). "은행 거래 내역 조회에서부터 소변 검사까지 모든 것을 철저히 점검했고, 기사 길이는 꽤 됐다."⁴⁶《뉴요커》는 열성독자를 확보했고, 2차 대전 직후에는 정점에 도달해 주당 40만 부 가까이 팔렸다. 1940년대 초 브로드웨이에서는《뉴요커》기사를 소재로 한 희극이 네 편(「노스 부부」「필 조이」「아버지와의 삶」「내 여동생 에일린」)이나 공연되고 있었다.⁴⁷

라디오가 영국에서 번창한 과정을 살펴보면 라디오가 정보와 취향의 수준에 악영향을 미치게 될 것이라는 심각한 우려가 있었음을 알 수 있다. 그리고 '기성 사회'에는 중앙의 지도가 필요하다는 강력한 정서가 있었다. '대기 중의 대혼란'은 어떤 식으로든 막아야 했다.⁴⁸ 처음에는 소수의 대기업에게만 실험적으로 방송을 허가했다. 그 후에는 라디오 수신기 제조사 컨소시엄이 설립됐는데, 우정청이 라디오 수신기 구입자에게 10실링(50펜스)씩 거둬 재정을 지원했다. 광고는 '천박하고 청취에 방해가 된다'는 이유로 하지 않았다.⁴⁹ 이것이 영국방송회사British Broadcasting Company로 4년간 지속됐다. 이후 일반 회사에서 공사Corporation로 바뀌면서 왕실 칙령으로 정치적 개입으로부터 보호를 받도록 했다.

초기에 공공 서비스로서의 BBC라는 개념은 대단히 불명확했다. 각계에서 반기를 들고 나섰다. 처음에는 국민정서가 조변석개했다. 영국은 1차 대전의 후유증에서 벗어나느라 재정적으로 곤궁한 처지였고, 실업자가 150만이나 됐다. 로이드 조지 총리의 연립정부는 인기가 바닥이었다. 이러한 와중에 1926년 총파업이 일어났다. 그 때문에 BBC도 위기에 처했다. 두 번째 요소는 언론이었다. 언론은 BBC가 자신들에게 위협이 된다고 보았다. 뉴스 방송이 오후 7시 이전에는 일절 허용되지 않을 정도였다. 셋째로 어떤 소재를 방송해야 할지 아무도 몰랐다. 청취자 조사는 1936년에나 가서야 시작됐다. 게다가 당시 많은 사람들은 '청취'를 곧 사그라질 유행 정도로 치부했다.[50] 공사의 초대 사장인 서른세 살의 스코틀랜드 출신 엔지니어 존 리스John Reith의 개성도 한몫 했다. 리스는 스코틀랜드 장로교인으로 도덕심이 높은 인물이었다. 라디오가 오락 이상의 것이 되어야 하며, 교육과 정보를 동시에 제공해야 한다는 데 대해 한 순간도 의심을 품은 적이 없었다. 그 결과 BBC는 사람들이 원하는 것보다는 리스가 필요하다고 생각하는 것을 청중에게 제공했다. 고압적이고 고매한 접근방식에도 불구하고 BBC는 차츰 인기를 얻었다. 첫해에 스태프 네 명으로 시작한 것이 12개월 후에는 177명의 임직원을 거느린 회사로 성장했다. 라디오의 성장세는 한 세대 후에 등장하는 텔레비전에 비해 월등했다. 이것을 표로 정리하면 다음과 같다.[51]

보급 대수

라디오		TV	
1922년	35,744	1947년	14,560
1923	595,496	1948	45,564
1924	1,129,578	1949	126,567
1925	1,645,207	1950	343,882
1926	2,178,259	1951	763,941
	(+6,094%)		(+5,246%)

참고 : 텔레비전 수상기는 라디오 수신기보다 훨씬 비쌌다. 그런 점을 접어두더라도 증가세의 차이는 확연하다.

이처럼 엄청난 인기를 끈 한편으로 라디오의 지적인 폐해에 대한 우려도 적지 않았다. 명문 사립고 럭비스쿨의 교장은 "혼자서 고독하게 사색을 하는 대신 수백 만 명에게 떠들어대는 소리에 귀를 기울이게 된다. 그래 가지고는 최고가 될 수 없다"고 말했다.⁵² 또 다른 우려는 라디오가 사람들을 '더욱 수동적으로' 만들고, 그렇게 해서 '고만고만한 인재들'을 만들어낼 것이라는 주장이었다. 라디오가 남편들을 집안에 붙잡아놓아 술집 매상이 떨어질 것이라고 우려하는 사람들도 있었다. 1925년 영국 풍자잡지 《펀치》는 BBC가 내보내는 새로운 문화에 대해 '미들브로'라는 딱지를 붙였다.⁵³

편집 방향과 관련해서 BBC가 처음으로 시험대에 오른 것은 1926년 총파업 때였다. 대부분의 신문이 총파업에 휩쓸려 한동안 BBC가 사실상 유일무이한 뉴스원이었다. 리스는 보통 하루에 한 번만 내보내던 뉴스를 다섯 편으로 늘리는 식으로 발 빠르게 대응했다. 리스가 정부의 요구에 어느 정도 손발을 맞춰준 것이라는 게 요즘의 일반적인 평가다. 정부 정책과 정책 시행에 낙관적인 해설을 곁들여줬다는 것이다. 아사 브릭스는 BBC 공식 역사에서 총파업 당시 방송된 프로그램 선전문을 예로 든다. "'총파업 우울증'에 걸리신 분들은 새 보드빌 극장에서 하는 RSVP 쇼에 와 보시면 끝내줍니다." 그러나 모든 사람이 리스를 정부의 하수인이라고 생각하지는 않았다. 당시 재무장관이던 윈스턴 처칠Winston Churchill은 BBC를 정부가 접수해야 한다고 생각했다. BBC가 다우닝가 11번지(재무장관 관저)에서 발행하는 정부 기관지 《영국 관보British Gazette》의 경쟁자라고 보았던 것이다.⁵⁴ 처칠은 그 뜻을 이루지 못했지만 사람들은 그런 위험성을 인식했다. 그런 다툼의 한 결과로서 BBC는 왕실 칙령의 보호를 받는 기관이 됐다. BBC의 C가 1927년 Company에서 Corporation으로 바뀐 것이다. 그렇게 해서 총파업은 BBC의 정치 보도에서 하나의 분수령이 됐다. 총파업 이전에는 정치(와 기타 '논쟁적인' 주제들)는 일절 다루지 않았다. 그러나 총파업이 모든 것을 뒤바꿔놓았다. 1929년 「금주의 의회」 프로그램이 신설됐다. 3년 후에는 자체 뉴스 취재 조직을 가동했다.⁵⁵

역사가 J. H. 플럼Plumb은 20세기가 이룬 위대한 성취 가운데 잘 알려져 있지 않은 것의 하나가 다중에 대한 교육이라고 지적했다. 정부에서 돈을 대는 학교와 대학이 그런 흐름을 주도했지만 다양한 형태의 뉴미디어도 나름의 역할을 했다. 그중 다수가 1920년대에 창립됐다. 미들브로라는 용어는 일부 계층이 대중을 폄훼하려고 쓴 말이지만 《타임》을 읽거나 BBC를 듣는 많은 사람들에게 그것은 무지가 아니라 각성으로 나아가는 길이었다.

13
영웅들의 황혼
Heroes' Twilight

1920년 2월 공포영화 한 편이 베를린에서 개봉됐다. 한 평론가 말을 빌리면 '기이하고, 악마적이며, 잔혹한, 고딕 스타일'로 밝음과 어둠이 기묘하게 엇갈리고, 괴기한 세트로 가득한 프랑켄슈타인 스타일의 영화였다.[1] 최초의 '예술영화'로 평가되는 「칼리가리 박사의 밀실The Cabinet of Dr. Caligari」은 엄청난 성공을 거뒀다. 파리에서는 1920년부터 27년까지 같은 극장에서 매일 상영할 정도로 인기가 대단했다.[2] 그러나 관객만 많이 끌어 모은 것이 아니었다. 양차 대전 사이 독일 역사 전문가인 피터 게이Peter Gay는 이렇게 지적한다. "「칼리가리」는 악몽 같은 플롯에 표현주의적 세트, 음울한 분위기로 말미암아 그로피우스가 설계한 건물이나 칸딘스키의 추상화, 그로스의 카툰, 마를레네 디트리히Marlene Dietrich의 다리처럼 바이마르공화국의 정신을 구현하고 있다. ……「칼리가리」는 예술사에서 중요한 만큼이나 바이마르공화국의 역사를 상징적으로 보여준다. ……그로테스크한 시나리오나 기묘한 조명 이상으로 위태위태한 무언가가 있었다."[3]

앞서 살펴보았듯이 1차 대전 이후 독일은 거의 하룻밤 사이에 공화국으로 탈바꿈했다. 베를린은 여전히 수도였지만 바이마르가 의회 소재지로 선택됐다. 바이마르에서 먼저 제헌의회를 소집해 새 공화국의 국체를 결정했다. 바이마르가 대문호 괴테 Johann Wolfgang von Goethe와 실러Friedrich von Schiller가 활동했던 곳으로 때

묻지 않은 이미지를 갖고 있는데다 베를린이나 뮌헨을 택할 경우 탈락한 다른 도시에서 폭력사태가 극심해질 것이라는 우려가 작용한 측면도 있었다. 바이마르공화국Weimar Republic은 히틀러가 1933년 권력을 잡을 때까지 14년간 지속됐다. 양차대전 사이 잠깐 동안의 소란스러운 과도기였지만 놀라울 정도로 독특한 문화를 일궈냈다. 특히 독자적인 사상들을 화려하게 뽐내 미들타운과는 극명하게 대비됐다.

바이마르공화국 시기는 3단계로 선명하게 구분된다.⁴ 1918년 말부터 1924년까지는 "혁명과 내전, 외국의 점령, 극심한 인플레이션과 더불어 예술의 실험기였다. 표현주의가 회화와 연극은 물론 정치도 좌우할 정도였다."⁵ 그 다음이 1924~29년으로 경제적 안정과 함께 정치적 폭력이 어느 정도 수그러들고 차츰 번영을 구가하는 양상이 예술에서도 '신즉물주의新卽物主義 Neue Sachlichkeit'로 나타났다. 신즉물주의는 '새로운 객관성'을 추구하는 운동으로 사실성 내지는 말짱한 정신을 추구했다. 마지막 단계는 1929~33년으로 정치적 폭력이 다시 기승을 부리면서 실업률이 뛰고, 포고령에 의한 권위주의적 통치가 다반사가 됐다. 예술은 오그라들어 침묵하고, 그 사이 선전선동적인 키치Kitsch가 전면에 등장했다.⁶

「칼리가리」는 체코 출신 한스 야노비츠Hans Janowitz와 오스트리아 출신 카를 마이어Carl Meyer의 합작이었다. 두 사람이 만난 것은 1919년 베를린에서였다.⁷ 작품은 극도로 반전주의적인데다 표현주의의 영화적 가능성을 최대한 추구했다. 주인공은 미친 칼리가리 박사로 장터에서는 몽유병자인 체자레와 함께 사람들을 웃기는 희가극 배우다. 그러나 장터를 벗어나면 두 번째 줄거리가 나타난다. 분위기는 한층 어둡다. 칼리가리가 가는 곳마다 죽음이 따라다닌다. 그를 만나는 사람마다 결국은 죽게 된다. 원래 줄거리는 칼리가리가 학생 둘을 죽인—또는 죽였다고 생각하는—지점에서 시작된다. 그런데 한 사람은 살아남는다. 수사에 나서는 것은 바로 살아남은 프란시스다. 여기저기 탐문 수사를 하다가 프란시스는 상자 안에서 잠들어 있는 체자레를 발견한다. 그러나 살인은 계속되고, 프란시스가 자고 있는 체자레에게 돌아왔을 때 상자 안에 쥐 죽은 듯이 있던 '사람'은 인형에 불과하다는 사실을 알게 된다. 프란시스와 프란시스가 도움을 구했던 경찰은 차츰 몽유병자 체자레가 무의식적으로 칼리가리의 명령을 따르고 있으며, 자신이 무슨 짓을 하는지도 모른 채 칼리가리를 대신해 살인을 일삼고 있다는 사실을 알게 된다. 칼리가리는 정체가 탄로 났다는 것을 알고는 정신병자 요양원으로 달아난다. 이때 더욱 충격적인 사실이 드러난다. 칼리가리가 문제의 요양원 원장이기도 하다는 사실을 프란시스가 알게 된 것이다. 칼리가리로서는 탈출구가 없다. 이중생활이 폭로되면서 그는 자기 통제력을 완전히 상실하고 종국에는 감옥에 가는 것으로 끝난다.[8]

이것이 「칼리가리」의 원래 줄거리였다. 그러나 촬영에 들어가기에 앞서 내용이 엄청나게 바뀌었다. 원작에서 군사 문화적 복종에 대한 강력한 비판을 의도했던 야노비츠와 마이어는 시나리오가 에리히 포머Erich Pommer(당대의 가장 성공적인 제작자 중 한 사람이었다)한테 넘어가도 그가 고칠 것이라고는 꿈에도 생각지 않았다.[9] 그러나 포머와 로베르트 비네Robert Wiene 감독은 사실상 줄거리를 완전히 뒤집어놓았다. 프란시스와 그의 여자 친구가 미친 것으로 고친 것이다. 납치와 살인은 이 두 사람의 망상에 불과하고, 요양원 원장은 실제로는 프란시스의 엉뚱한 생각을 치료해주는 인자한 의사다. 야노비츠와 마이어는 격분했다. 포머의 개정판은 원본과는 정반대였다. 맹목적인 복종에 대한 비판은 사라졌다. 더 가관인 것은 권위가 친절로, 심지어 안전한 것으로 묘사됐다는 점이다. 이런 희화화가 없었다.[10]

아이러니한 것은 포머의 버전이 대박을 터뜨렸다는 사실이다. 상업적으로도 그랬고, 예술적으로도 그랬다. 그래서 영화사가들은 종종 오리지널 버전을 영화화했더라면 그만큼 잘 됐을까 하고 의문을 갖곤 한다. 바로 여기에 핵심이 있다. 플롯은 바뀌었지만 이야기를 전달하는 스타일은 바뀌지 않았다. 여전히 표현주의적인 방식을 택한 것이다. 표현주의는 하나의 강력한 힘, 혁명과 변화를 지향하는 추동력이었다. 그러나 그 토대를 이루는 정신분석 이론과 마찬가지로 표현주의는 아직 완전히 여물지 않은 상태였다. 표현주의 계열의 11월 그룹Novembergruppe이 창립된 것은 1918년 12월로 변화를 열망하는 예술가들을 모두 망라한 혁명적인 동맹체였다. 에밀 놀데, 발터 그로피우스, 베르톨트 브레히트, 쿠르트 바일, 알반 베르크, 파울 힌데미트Paul Hindemith 같은 사람들이 합류했다. 그러나 혁명에는 엔진 이상의 것이 필요했다. 방향이었다. 표현주의는 그런 방향을 결코 제시하지 못했다. 그리고 종국적으로는 전반적인 방향성의 결여가 바로 아돌프 히틀러가 권력을 장악하게 된 요인 중 하나였다. 히틀러는 표현주의를 증오했다. 다른 모든 것을 증오한 것과 마찬가지로.[11]

그러나 바이마르공화국을 히틀러로 가는 중간역 쯤으로 보는 것은 잘못일 것이다. 바이마르공화국은 스스로를 그런 식으로 보지 않았고, 확고한 성과를 많이 냈다. 그중에서도 대단히 수준 높은 교육기관들의 설립은 주목할 만하다. 일부 센터는 오늘날까지도 명성을 유지하고 있다. 베를린정신석연구소Psychoanalytic Institute in Berlin는 프란츠 알렉산더, 카렌 호나이Karen Horney, 오토 페니헬Otto Fenichel, 멜라니 클라인Melanie Klein, 빌헬름 라이히Wilhelm Reich 같은 사람들의 요람이 되었고, 독일정치대학Deutsche Hochschule für Politik은 바이마르공화국 마지막 해에는 학생 수가 2,000명이 넘었다. 교수진에는 지그문트 노이만Sigmind Neumann, 프란츠 노이만Franz Neumann, 하요 홀보른Hajo Holborn 등이 있었다. 바르부르크예술사연구소Warburg Institute of Art History도 빼놓을 수 없다.

1920년 독일 철학자 에른스트 카시러가 함부르크 바르부르크예술사연구소를 방문했다. 함부르크의 신설 대학 철학과 학과장과 약속이 돼 있었는데 이 연구소의 일부 학자가 자신과 같은 쪽에 관심을 갖고 있다는 사실을 알고 찾아온 것이다. 카시러는 연구소장이던 프리츠 작슬Fritz Saxl의 안내로 연구소를 둘러봤다. 연구소 장서는 아비 바르부르크Aby Warburg라는 사람이 평생 모은 놀라운 결실이었다. 바르부르크는 공부를 좋아하는 부자로 '간혹 정신병 발작을 일으키는 인물'이었다. T. S. 엘리엇이나 제임스 조이스와 비슷하게 고전고대에 몰두했고, 고전고대의 이상과 가치를 현대에도 지속시킬 수 있다고 믿었다.[12] 장서가 매력적이고 가치 있었던 것은 여러 심오한 주제에 걸쳐 희귀본 수천 종을 한데 모아놓았을 뿐 아니라 세심하게 수집·분류해서 서로 다른 분야를 대조·규명할 수 있도록 해놓았다는 점 때문이었다. 이렇게 해서 예술과 종교와 철학이 역사, 수학, 인류학과 결합됐다. 바르부르크에게는 제임스 프레이저처럼 철학이 '원시인의 마음' 연구와 떼려야 뗄 수 없는 것이었다. 바르부르크연구소는 20세기 예술사 연구의 고향이었다. 그러나 처음 시작은 바이마르공화국 때였다. 당시 연구소의 후원으로 출판된 논문 중에는 에르빈 파노프스키Erwin Panofsky의 『이데아Idea』, 『뒤러의 멜랑콜리아 I Dürers Melancolia I』, 『갈림길에 선 헤라클레스Hercules am Scheidewege』와 퍼시 슈람 Percy Schramm의 『황제, 로마, 그리고 혁신Kaiser, Rom und Renovatio』등이 있었다. 파노프스키의 그림 읽기는 '도상해석학적圖像解釋學的 방법'이라고 일컬어졌는데 2차 대전 이후 엄청난 영향을 미치게 된다.[13]

유럽인들은 미국에 마천루가 등장하자 열광했다. 그러나 대서양 건너편을 그대로 따라 하기는 어려웠다. 프랑스, 이탈리아, 독일의 오래된 도시들은 이미 완전히 자리를 잡은 상태였다. 고층 건물이 들어설 경우 도시미관을 해칠 위험이 너무 컸다.[14] 그러나 마천루의 탄생에 일조한 20세기 신소재는 유럽에서도 대단히 인기가 높았다. 강철, 철근콘크리트, 판유리가 특히 그랬다. 그 중에서도 판유리는 건축의 외양과 함께 건물 안에 있는 느낌 자체를 바꿔놓았다. 다채로운 색깔과 반사력, 투명성 등으로 말미암아 유리는 강철 골조 건축물의 피부로서는 탄력성과 표현력이 더할 나위 없이 뛰어났다. 유리와 강철은 유럽 건축가들에게 콘크리트보다 훨씬 큰 영향을 미쳤다. 특히 독일을 대표하는 산업디자이너 페터 베렌스Peter Behrens(1868~1940)의 스튜디오에서 함께 일하는 세 건축가에게는 더더욱 그랬다. 삼총사는 발터 그로피우스Walter Gropius, 루트비히 미스 반 데어 로에Ludwig Mies van der Rohe, 샤를 에두아르 자네레Charles Edouard Jeanneret(후일 르 코르뷔지에Le Corbusier로 더 유명해졌다)였다. 각자 일가를 이루게 되지만 맨 먼저 두각을 나타낸 것은 그로피우스였다. 바우하우스Bauhaus를 세운 사람이 바로 그로피우스다.

그로피우스가 선두에 선 이유를 알기는 어렵지 않다. 마르크스와 윌리엄 모리스(19세기 영국의 공예가이자 시인 : 옮긴이)의 영향을 받은 그로피우스는 아돌프 로스와 반대로 늘 장인의 솜씨가 '고급' 미술만큼 중요하다고 믿었다. 베렌스한테서도 많이 배웠다. 베렌스의 회사는 현대적인 개념의 '디자인 패키지'를 처음 개발한 회사 중 하나로, 독일 전기회사 AEG에 레터헤드, 아크등은 물론이고 사옥 자체에 이르기까지 통일적인 디자인 전체를 납품했다. 따라서 18세기 중반에 설립된 그랑뒤칼미술아카데미를 1902년에 세운 바이마르미술·공예학교와 통합할 때 교장감은 단연 그로피우스였다. 이렇게 합쳐진 학교는 이름을 국립바우하우스Staatliche Bauhaus

라고 했다. 바우하우스란 '건축을 위한 집'이라는 뜻으로 중세에 대성당을 짓는 사람들이 숙식하던 오두막집을 바우휘텐Bauhütten이라고 한 데서 따온 말이다.[15]

바이마르 시절 초기 바우하우스는 말썽이 많았다. 바이마르를 관할하는 튀링겐 정부는 극우 성향인 반면 학교는 집단주의적 접근방식을 취했고, 학생들은 반항적인데다 첫 수석교사로 임명된 요하네스 이텐Johannes Itten은 신비주의 성향의 싸움꾼이어서 전반적으로 평판이 안 좋았다.[16] 그 결과 학교 예산은 깎였고 데사우로 이사를 가지 않을 수 없었다. 데사우는 그나마 취향이 비슷했다.[17] 장소의 변화는 그로피우스에게도 어떤 변화를 일으켰던 것 같다. 그는 두 번째 선언문을 만들어 이제 바우하우스는 현대 세계의 실용적인 문제에 관심을 쏟을 것이라고 공표했다. 다중 주거시설, 산업디자인, 타이포그래피, '프로토타입의 개발' 등등이 그런 문제에 속했다. 목재에 대한 집착도 완전히 버렸다. 그로피우스가 설계한 새 교사校舍는 강철과 유리, 콘크리트로만 지어졌다. 산업계와의 파트너십을 상징적으로 보여주는 것이었다. 학생과 교사진은 '운송수단이나 기계 같은 살아 있는 환경에 대해 적극적인 태도를' 발전시키고 '일체의 낭만적인 장식이나 기발한 취미는 피할 것'이라고 그로피우스는 다짐했다.[18]

1차 대전 이후 엄청난 인플레이션을 겪었던 바이마르공화국에 가장 시급한 문제는 다중이 살 수 있는 주택을 짓는 일이었다. 바우하우스 건축가들도 후일 주거단지Siedlung라는 이름으로 친숙해지는 공동주택을 개발했다. 주거단지 개념이 처음 소개된 것은 1927년 슈투트가르트 무역박람회에서였다. 코르뷔지에, 미스 반 데어 로에, 그로피우스, J. P. 우드Oud, 브루노 타우트Bruno Taut 등이 바이센호프Weissenhof('하얀 집'이라는 뜻이다) 주거단지 건물들을 디자인했다. "그러자 매일 2,000명이 와서 보고는 평지붕과 하얀 벽, 줄지어 늘어선 창문과 필로티(건물 전체나 일부를 기둥으로 받쳐 건물을 지상에서 분리시킨 공간 : 옮긴이)를 보고는 놀란 입을 다물지 못했다. 이를 두고 로에는 '새로운 삶의 방식을 위한 위대한 투쟁'이라고 했다."[19] 이런 주거단지가 19세기식 슬럼보다 낫다는 것은 의문의 여지가 없지만 바우하우스가 지속적인 영향력을 발휘한 분야는 응용디자인 쪽이었다.[20] "이류 그림 그리기보다 일급 찻주전자 디자인하기가 훨씬 어렵다"는 바우하우스 철학은 온갖 물품에 적용됐다. 접이식 침대, 붙박이식 찬장, 접어서 쌓아놓을 수 있는 의자와 탁자 등등. 하나같이 대량생산을 염두에 두고, 건물 구조까지 고려해서 디자인했다.[21]

1차 대전의 참사에 이어 기근과 실업, 인플레이션이 기승을 부리면서 많은 사람들은 자본주의가 결국에는 그 자체의 '해결 불가능한 모순'의 무게 탓에 스스로 붕괴되고 말 것이라고 한 마르크스의 이론이 맞는다고 생각했다. 그러나 그런 폐허에서 싹튼 것은 공산주의가 아니라 파시즘이라는 사실이 금세 분명해졌다. 일부 마르크스주의자들은 이런 현실에 너무도 환멸을 느낀 나머지 마르크스주의를 내버리기도 했다. 그러나 마르크스의 이론을 여전히 신봉한 사람들도 있었다. 반면에 제3의 그룹이 있었다. 마르크시스트로 남되 마르크시즘이 계속 신뢰를 얻으려면 개조가 필요하다고 보는 중간파인 셈이다. 이런 그룹이 1920년대 말 프랑크푸르트에서 모였고, 프랑크푸르트 학파Frankfurt School로 불리면서 유명해졌다. 프랑크푸르트 학파란 이름이 붙은 것은 이들이 주도한 연구소가 프랑크푸르트에 있었기 때문이다. 나치 때문에 연구소 자체는 오래가지 못했지만 명칭은 지속됐다.[22]

프랑크푸르트 학파에서 가장 유명한 세 사람은 테오도르 아도르노Theodor Adorno, 막스 호르크하이머Max Horkheimer, 헤르베르트 마르쿠제Herbert Marcuse였다. 아도르노는 '철학, 사회학, 음악이 똑같이 편한' 인물이었고, 철학자이자 사회학자인 호르크하이머는 아도르노보다 참신성은 떨어지지만 한결 듬직했다. 정치이론가인 마르쿠제는 후일 프랑크푸르트 학파 중에서도 제일 유명해졌다. 호르크하이머는 프랑크푸르트 대학 부설 사회연구소Institut für Sozialforschung 소장이었다. 학자였을 뿐 아니라 재정 문제의 귀재였다. 연구소를 위한 투자를 독일에서는 물론이고 나중에는 미국에서도 잘 해냈다. 마르쿠제에 따르면 프랑크푸르트 학파에서 쓴 글치고 사전에 호르크하이머와 조율을 거치지 않고 발행되는 것은 없었다고 한다. 아도르노는 프랑크푸르트 학파 초기의 스타였다. 마르쿠제에 따르면 "그가 말하는 것은 그대로 인쇄해도 고칠 데가 없었다." 여기에 문학비평가인 레오 로벤탈Leo Lowenthal 과 법철학자 프란츠 노이만Franz Neumann이 가세했다. 프리드리히 폴록Friedrich Pollock은 자본주의가 붕괴할 수밖에 없는 내적인 이유는 없

다고 주장한—이는 마르크스에 대한 반박이었고, 그래서 레닌의 분노를 샀다—사람들 중 하나였다.²³

초기에 프랑크푸르트 학파는 소외alienation 개념을 다시 들고 나와서 유명해졌다. 소외는 원래 게오르크 빌헬름 프리드리히 헤겔Georg Wilhelm Friedrich Hegel이 만든 용어로 마르크스Karl Marx가 세련화시켰다. 그러나 1870년대부터 반세기 동안 철학자들은 전혀 주목하지 않았다. "마르크스에 따르면 '소외'란 사회·경제적 개념이었다."²⁴ 기본적으로 소외란 자본주의하에서 남성과 여성이 자신의 일에서 스스로의 욕구를 충족시킬 수 없다는 것을 의미한다고 마르쿠제는 말했다. 자본주의 생산양식이 문제의 근원이었다. 그러나 프랑크푸르트 학파는 소외 개념을 특히 심리학적인 실체로 발전시켰다. 나아가 소외는 자본주의 생산양식 때문에 필연적으로 또는 본질적으로 발생하는 현상이 아니었다. 프랑크푸르트 학파에게 있어서 소외는 모든 현대적 삶의 산물이었다. 이런 시각은 프랑크푸르트 학파의 가장 지속적인 특징이라 할 두 번째 차원, 즉 '프로이트주의와 마르크스주의의 결합marriage of Freudianism and Marxism' 시도였다.²⁵ 선수를 치고 나온 것은 마르쿠제였다. 이어 나중에 에리히 프롬Erich Fromm이 이 문제에 관해 여러 권의 책을 썼다. 마르쿠제는 프로이트주의와 마르크스주의를 동전의 양면으로 보았다. 그에 따르면 프로이트의 근원적인 무의식적 충동, 특히 삶의 본능과 죽음의 본능은, 그것이 어떤 식으로 모습을 드러내느냐를 결정짓는 사회적 틀의 일부를 이룬다. 프로이트는 억압은 문명의 발전과 더불어 필연적으로 증가한다고 주장했다. 따라서 공격성은 점점 더 확대 재생산될 수밖에 없다. 그리고 마르크스가 혁명은 불가피하다고 예언했던 것처럼 자본주의가 야기하는 혼란도 마찬가지였다. 마르쿠제에게 있어서 프로이트주의는 동일한 시나리오의 또 다른, 좀 더 개인적인 배경을 이루는 것으로 파괴성—자기파괴와 타인 파괴—의 구조를 설명해주는 것이었다.²⁶

프랑크푸르트 학파가 세 번째로 기여한 부분은 사회변화와 진보에 대한 좀 더 일반적인 분석으로 사회학, 심리학, 철학을 총동원하는 학제적 접근의 도입이었다. 그 목표는 당대의 가장 핵심적인 문제라고 본 것, 즉 "서구 문명은 도대체 무엇이 잘못되었는가?"를 해명하는 것이었다. "기술 발전의 정점에서 우리가 마주하게 된 것은 인간적 진보와는 정반대의 양상이다. 비인간화, 잔혹화, '통상적' 수사 기법으로서의 고문의 부활, 핵에너지의 파괴적 발전, 환경 파괴 등등. 어떻게 해서 일이 이 지경이 됐는가?"[27] 이런 문제에 답하기 위해 그들은 계몽주의로 거슬러 올라갔다가 다시 20세기로 내려와 여러 사건과 사상을 천착했다. 그들은 서구에서 진보적인 시기와 퇴행적인 시기가 엇물리는 '변증법'을 알아야 한다고 주장했다. 게다가 퇴행적인 시기는 후대로 올수록 전보다 훨씬 강해졌다. 자본주의 체제하에서 기술의 발전 때문이다. 심지어 1920년대 말이 되면 "서구 문명에서 자본주의의 성취로서 축적된 어마어마한 사회적 부가 건전하고 인간적인 사회를 건설하기보다는 그런 사회를 회피하는 데 주로 사용됐다."[28] 프랑크푸르트 학파는 파시즘을 계몽주의 이래로 자본주의의 오랜 발전 역사의 자연스러운 결과라고 보았다. 그리하여 1920년대 말에는 파시즘이 등장할 것이라는 예측을 내놓아 동료 학자들에게 높은 평가를 받았다. 프랑크푸르트 학파의 연구 방법은 왕왕 원전을 철저히 독해하는 형식이었다. 그렇게 함으로써 예전에 가해진 분석에 오염되지 않은 견해를 도출해낸 것이다. 이런 방식은 사태를 새롭게 이해하는 데에 대단히 창의적으로 작용했다. 그래서 프랑크푸르트 학파의 방법론은 '비판이론critical theory'이라는 이름을 얻게 됐다.[29] 아도르노는 미학에도 관심이 많았다. 그는 예술에 대해 독특한 사회주의적 관점을 갖고 있었다. 그는 예술적 형식으로만 표현될 수 있는 통찰과 진리가 있으며, 따라서 미적 경험은 심리적, 정치적 경험과 함께 해방의 또 다른 표현으로서 가급적 많은 사람들이 체험해 보아야 할 것이라고 생각했다.

베를린정신분석연구소, 바르부르크연구소, 독일정치대학, 프랑크푸르트 학파는 모두 피터 게이가 '이성의 공동체'라고 한 것의 일부로서 공동체의 문제와 체험을 과학적 합리성의 빛으로 조망하려는 시도였다. 그러나 모든 사람이 그렇게 느낀 것은 아니었다.

독일 바이마르공화국에서 과학의 '냉혹한 실증주의'에 반대하는 한 흐름을 이끈 것은 슈테판 게오르게Stefan George(1868~1933)를 중심으로 형성된 시인, 작가 동아리였다.[30] '영적靈的 독일의 왕'으로 통한 게오르게는 1868년 생으로 1차 대전

이 끝났을 당시 이미 쉰하나였다. 그는 유럽의 모든 문헌을 광범위하게 섭렵했으며, 그의 시는 종종 '오만한 직관주의 미학'으로 넘치는 높은 경지에 다가갔다. 한 시인이 주도하기는 했지만 '게오르게 서클George-Kreis'은 실제로 내놓은 작품보다는 주의주장이 더욱 중요했다. 서클 소속 작가의 대부분은 전기작가였다. 이는 우연이 아니었다. 그들의 의도는 '위인'을, 특히 '영웅적' 시대의 위인들을 조명하는 것이었다. 의지 하나로 사태의 흐름을 바꿔놓은 사람들 말이다. 가장 성공적인 책은 에른스트 칸토로비츠Ernst Kantorowicz의 13세기 독일 황제 프리드리히 2세 전기였다.³¹ 게오르게와 그 서클에게는 바이마르공화국은 유독 비영웅적인 시대였다. 이런 난국에 대해 과학은 해답을 갖고 있지 않았다. 작가의 과제는 탁월한 직관을 통해 사람들에게 영감을 심어주는 것이었다.

게오르게는 자신이 기대했던 수준의 영향력을 미치지는 못했다. 시인으로서 재능이 훨씬 탁월한 라이너 마리아 릴케Rainer Maria Rilke(1875~1926)의 빛에 가렸기 때문이다. 1875년 프라하에서 태어난 릴케는 원명이 레네 마리아 릴케였다. 이름을 독일어 식으로 바꾼 것은 1897년이 되어서였다. 릴케는 군사학교에서 교육을 받았다.³² 역마살이 낀데다 속물근성 같은 것도 있어서(적어도 귀족 친구들 사귀는 것을 좋아했다) 프리드리히 니체나 후고 폰 호프만슈탈, 아르투어 슈니츨러, 파울라 모더존베커Paula Modersohn-Becker, 게르하르트 하우프트만, 오스카 코코슈카, 엘렌 케이(『어린이의 세기』를 쓴 여성 작가. 5장 참조) 같은 사람들의 인생행로와 겹치는 부분이 많다.³³ 초기에 릴케는 전기와 시는 물론이고 희곡도 쓰려고 했다. 그러나 나이가 들면서 명성을 높여준 것은 역시 시로 W. H. 오든 같은 시인들에게 깊은 영향을 미쳤다.³⁴ 그의 명성은 1차 대전에 대한 반응으로 쓴 「다섯 개의 노래Fünf Gesänge」와 「1914년 8월」로 치솟았다. 젊은 독일 군인들은 "릴케의 얇은 시집을 가지고 전선으로 떠났으며, 그의 시는 종종 군인들이 죽기 전에 읽은 마지막 말이었다. 그는 참전이라는 위험을 감수하지 않고도 루퍼트 브루크 같은 명성을 얻었으며, ……'인간 없는 세대의 우상'이 되었다."³⁵ 릴케의 가장 유명한 시 『두이노의 비가Duineser Elegien』는 바이마르공화국 시기인 1923년에 출판됐다. 그 신비하고 철학적인 '큰 바다 같은' 톤은 당시의 분위기를 완벽하게 묘사했다.³⁶ 거기 실린 열 개의 비가는 사실 1차 대전이 일어나기 훨씬 전부터 쓰기 시작했다. 당시 릴케는 이탈리아 아드리아 해 연안 트리에스테 남쪽 두이노 성에 손님으로 머물고 있었다. 이 성은 단테가 묵었던 곳으로 알려져 있다. 성 주인은 릴케의 귀족 친구 중 하나인 마리 폰 투른 운트 탁시스 호엔로에 후작부인이었다. 그러나 비가의 태반은 1922년 2월 7일부터 14일까지 일주일 동안에 "영적인 폭풍우처럼 쏟아져 나왔다."[37] 서정적이면서 형이상학적이고 고도로 집중적인 이 연작시는 계속 인기를 누렸다. 독일어 원작뿐 아니라 번역본도 마찬가지였다. 그해 2월 시를 쓰다가 녹초가 된 릴케는 한 친구에게 보낸 편지에서 비가들이 '왔다'고(처음 시작한 때부터 치면 11년이 걸린 셈이다) 썼다. 여기서 그는 뭔가 다른, 신적인 목소리의 대변자 같은 인상을 준다. 실제로 친구와 관찰자들에 따르면 릴케는 그렇게 생각했고, 그런 식으로 행동했다. 비가집에서 릴케는 삶의 의미, 즉 '슬픔의 거대한 땅'과 씨름하면서 미술, 문학사, 신화학, 과학(특히 생물학), 인류학, 정신분석까지 전 방위로 손길을 뻗친다.[38] 시집에서는 극히 게르만적인 비전을 보여주는 천사, 연인, 어린이, 개, 성자, 영웅은 물론이고 릴케가 피카소의 초기 작품에서 보았던 곡예사와 어릿광대 같은 세속적인 인물도 한 자리를 차지한다. 릴케는 삶을 찬미하면서 독창적인 이미지를 계속 쌓아간다(약간 불편한 운율은 오히려 독자로 하여금 언어에 집중하게 만든다). 그러면서 기계로 얼룩진 현대와 자연계를 병치시킨다. 그러나 삶을 찬미하면서도 삶의 취약성, 즉 죽음에 다가가고 있다는 것을 인식하는 존재로서의 인간의 조건에서 연유하는 비극성을 끊임없이 일깨운다. 릴케 전기를 쓴 E. M. 버틀러에 따르면 '빛나는 천사들'이라는 시인의 개념은 진정한 시적 창조물로서 '합리적 해석'을 허용하지 않으면서 '인간과 창조주 사이에 불의 장벽처럼' 서 있다.

일찍 성취된 것들, 너희들 창조의 응석꾸러기들,
모든 창조의 산맥들, 아침 노을 드리운
산마루, 꽃피는 신성神性의 꽃가루,
빛의 뼈마디, 복도들, 계단들, 왕좌들,
본질의 공간들, 환희의 방패들, 폭풍처럼

날뛰는 감정의 봄빔, 그리고 갑자기 하나씩 나타나는

거울들: 제 몸 속에서 흘러나간 아름다움을

다시 제 얼굴에 퍼담는.*39* (김재혁 교수의 『릴케전집 2』에 실린 두 번째 비가 번역문 인

용: 옮긴이)

릴케 사후 추도사에서 슈테판 츠바이크Stefan Zweig는 그를 진정한 시인Dichter 이라고 찬미했다.*40* 릴케에게 있어서 삶의 의미, 삶에서 얻을 수 있는 의미는 언어 속에서, 즉 진실을 말하는 능력에서 발견돼야 했다. 그것은 기계로 돌아가는 문명을 뭔가 영웅적이고 영적인 무엇, 사랑하는 자와 성인聖人을 가치 있게 만드는 무엇이었다. 릴케는 때로 난해한 시인이지만 국제적으로 많은 추종자를 거느린 컬트적 인물이 되었다. 수많은 독자들(대부분 여성이었다)이 편지를 보내왔고, 그가 쓴 답장이 모음집으로 출판됐다. 릴케 숭배는 더더욱 심해졌다. 릴케 컬트를 1920년대 말부터 30년대에 독일을 휩쓸게 될 포퓰리즘적 내셔널리즘의 전조로 보는 사람도 있다. 어떤 면에서 릴케는 분명 하이데거의 철학을 예고하고 있다. 그러나 시인의 입장을 공정하게 평가한다면, 본인은 늘 그런 컬트의 위험성을 인식하고 있었다. 독일의 많은 젊은이들이 혼란스러워한 것은 릴케의 지적대로 '예술이 주는 매력을 예술에 대한 소명으로 이해'했기 때문이다.*41* 이는 호프만슈탈이 오래 전에 제기한, "창조할 수 없는 사람들의 운명은 무엇인가?" 하는 문제의 재판이었다. 릴케에게 있어서 예술 컬트는 삶을 영위하기보다는 예술가이고자 하는 사람들이 삶으로부터 퇴각하는 하나의 형식이었다.*42* 바이마르공화국 시대에 풍미한 영성靈性에 대한 열광을 만들어낸 것은 릴케가 아니었다. 그것은 독일의 오랜 집착이었다. 그러나 릴케가 거기에 다시 불을 붙인 것은 사실이다. 피터 게이의 말을 다시 인용하면 "그의 놀라운 언어적 재능은 논리보다는 음악에 이르는 길을 열었다."*43*

릴케는 호프만슈탈처럼 예술가가 총체적인 시대정신의 꼴을 만드는 데 큰 역할을 할 수 있다고 믿었다. 반면 토마스 만Thomas Mann은 슈니츨러처럼 그러한 변화를 가급적 드라마틱하게 서술하는 데 더 심혈을 기울였다. 만의 대표작이 나온 것은 1924년이었다. 『마魔의 산山 Der Zauberberg』(두 권으로 나왔다)은 반응이 썩 좋

아서 발행 첫해에 5만 부가 팔렸다. 상징주의 성격이 강한 작품인데 영역본은 만이 구사한 유머를 완벽하게 살리지는 못했지만 작품의 풍부함을 해칠 정도는 아니다. 여기서 상징주의가 중요한 것은 앞으로 살펴볼 것처럼 독자에게 친숙한 개념이기 때문이다. 『마의 산』은 엘리엇의 『황무지』를 낳았거나, 최소한 그 배경이 되어준 진짜 황무지를 다룬 소설이다. 이 작품은 1차 대전 전야를 배경으로 '소박한 청년' 한스 카스토르프의 이야기를 소개한다. 카스토르프는 스위스의 한 요양원으로—알프레트 아인슈타인Alfred Einstein(물리학자 아인슈타인의 육촌 동생인 독일 출신 미국 음악사가 : 옮긴이)이 실제로 강의를 하러 간 곳이다—폐결핵에 걸린 사촌 문병을 간다.[44] 잠시 머물 생각이었지만 자신도 폐병에 걸려 요양원에서 7년을 체류하게 된다. 여기서 그는 여러 의료진과 환자, 방문객들을 만난다. 그 한 사람 한 사람은 독특한 세계관으로 카스토르프의 마음을 끌어당긴다. 전반적으로 상징주의가 상당히 강렬하다. 유럽의 병원은 안정적이고 오래된 기관이지만 퇴락과 부패로 가득 차 있다. 1차 대전을 시작할 때 장군들이 그랬던 것처럼 카스토르프는 문병이 잠시면 곧 끝날 것으로 예상한다.[45] 그러나 장군들과 마찬가지로 전체 시간표를 완전히 바꿔야 한다는 사실을 알고는 깜짝 놀란다. 아니 경악한다. 나머지 등장인물 가운데 자유주의자 세템브리니가 주목된다. 교회의 세속 권력화에 반대하고, 낙관주의적이며, 특히 합리적 정신의 소유자다. 그 대척점에 나프타라는 인물이 서 있다. 열변을 토하지만 뭔가 어두운 인물로 영웅적 열정과 본능을 옹호하는 '비합리주의의 사도'다.[46] 페퍼코른은 어떤 점에서는 릴케를 모델로 한 인물로 삶을 찬미하는 감성주의자다. 언사는 요란하지만 내용이 없다. 그의 육신은 정신과 마찬가지로 병들고 무기력하다.[47] 클라우디아 쇼샤는 러시아 여성으로 한스 카스토르프와는 또 다른 순진무구함이 있다. 그녀는 자아도취에 빠졌지만 지식, 특히 과학적 지식으로 오염되지 않았다. 한스 카스토르프는 자신의 모든 자연과학 지식을 과시함으로써 그녀를 소유할 수 있을 것으로 생각한다. 두 사람은 잠시 연애를 즐긴다. 그러나 카스토르프는 과학적 사실의 집적이 지혜가 되지 못하는 것처럼 쇼샤의 정신과 영혼을 소유하지 못한다.[48] 끝으로 군인 요아힘이 있다. 카스토르프의 사촌으로 등장인물 가운데 낭만성과는 가장 거리가 멀다. 특히 전쟁에 관해서는 그렇다. 그가 죽을 때 우리는 마치 손발이 잘려나간 듯한 느낌을 받는다. 카스토르프는 구원을 받는다. 그러나 어떤 꿈을 통해서다. 그 꿈은 프로이트라면 기꺼워했을 종류의 꿈(그러나 실제 현실 생활에서는 거의 존재하지 않는다)으로서 사랑이 모든 것의 요체이고, 사랑이 이성보다 강하며, 사랑만이 도처에 죽음을 몰고 오는 세력을 물리칠 수 있다는 결론에 도달하는 상징으로 가득하다. 한스는 이성을 완전히 희생시키지는 않는다. 그러나 열정 없는 삶은 반쪽짜리 삶이라는 것을 절감한다.⁴⁹ 체험을 예술로 변용시키는 것이 목표였던 릴케와 달리, 만의 목표는 인간의 조건(최소한 서구에서 통용되는 조건)의 요체를 일반적인 속성과 함께 구체적으로 선명하게 보여주는 것이다. 그러면서도 릴케가 그랬던 것처럼 한 시대 전체가 어떤 종말에 다가가고 있다는 것을 충분히 의식한다. 열정은 넘치지만 신비주의와는 거리를 두면서 만은 영웅이 답이 아니라는 통찰을 제시했다. 만이 보기에 현대인은 그 어느 때보다도 자아를 더 의식하고 있다. 그런 자의식은 이성의 한 형태일까? 아니면 본능일까?

19세기 후반기와 20세기 첫 몇 십 년 동안 파리와 빈, 그리고 잠깐 동안이지만 취리히가 유럽 지식인 사회와 문화계를 지배했다. 이제 베를린 차례였다. 베를린 주재 영국 대사 다베르농Viscount D'Abernon 자작은 회고록에서 1925년 이후의 시기를 베를린 문화생활의 '절정기'라고 표현했다.⁵⁰ 극작가 베르톨트 브레히트가 베를린으로 왔고, 하인리히 만Heinrich Mann(독일 소설가로 토마스 만의 형: 옮긴이)과 에리히 케스트너Erich Kästner도 마찬가지였다. 케스트너는 라이프치히 신문에서 해고된 상태였다. 화가, 저널리스트, 건축가 등이 베를린으로 몰려들었다. 그러나 베를린은 뭐니 뭐니 해도 공연예술의 본산이었다. 신문은 120개나 됐고, 한 관찰자에 따르면 '독특한 정신적 각성'을 제공하는 극장만도 40곳이나 됐다.⁵¹ 정치 풍자 카바레와 예술영화, 풍자 노래, 에르빈 피스카토르Erwin Piscator의 실험극, 프란츠 레하르Franz Lehár의 오페레타의 황금기이기도 했다.

이처럼 여러 분야에서 다재다능한 인물들이 정신적 각성을 촉구하는 가운데서도 공연예술에서는 아놀드 쇤베르크, 알반 베르크Alban Berg, 베르톨트 브레히트 세 사람이 단연 두드러졌다. 1915년에서 23년까지 쇤베르크는 작곡을 별로 하지 못했다. 그러나 1923년 한 평론가의 말에 따르면 '새로운 양식의 음악적 조직화'를 세상에 내놓았다.[52] 이에 앞서 2년 전인 1921년 쇤베르크는 고난의 세월을 거치고 나서 "앞으로 백 년 동안 독일 음악의 우월성을 입증시켜줄 무언가를 발견했다"고 선언했다.[53] 그것은 나중에 음렬音列 음악serial music이라는 이름이 붙게 되는 음악이었다. "나는 이런 절차를 '서로 밀접히 연결된 12음으로 작곡하는 기법'이라고 불렀다"고 썼을 때 쇤베르크 자신이 이미 음렬음악이라는 표현을 만들어낸 셈이다.[54] '절차'란 음렬음악을 표현하는 적절한 단어였다. 왜냐하면 '음렬주의serialism'는 하나의 스타일이라기보다는 음악을 위한 '새로운 문법'이기 때문이다. 쇤베르크의 초기 창안인 무조음악은 어떤 면에서는 음악적 구성에서 개인의 지성을 제거할 목적으로 고안해낸 것이다. 음렬주의는 그런 의도를 더욱 심화시킴으로써 특정 음이 전체를 주도하는 경향을 극소화했다. 이러한 시스템 하에서는 작곡은 의도에 따라 선택된 질서로 배열된 반음계 12음의 연속으로 이루어지며 그것은 작품마다 다르다. 대개 음렬에서 특정 음이 반복되는 경우는 없다. 하나의 조調를 토대로 한 전통적인 음악에서처럼 특정 음이 중심이라는 느낌을 주지 않기 위해 여러 음 중에서 어떤 한 음에 더 큰 중요성을 부여하지 않는 것이다. 쇤베르크의 음렬은 원래 버전에 따라 도치, 역진逆進, 심지어 역진적 도치 등의 방식으로 연주할 수 있다. 이러한 새로운 음악의 관점은 수직적 내지는 화성적이라기보다는 수평적 내지는 대위법적인 것이었다.[55] 선율은 자주 좌충우돌했다. 음이 엄청난 도약을 하는가 하면 리듬은 들쭉날쭉이었다. 화성적으로 조직된 주제를 반복하는 대신 음악은 '세포들'로 쪼개졌다. 반복 기법은 아예 사용하지 않았다. 이러한 시스템 하에서는 성부聲部와 악기를 일반적인 경우와는 아주 다른 음역으로 구사함으로써 거창한 변주가 가능했다. 그러나 악곡에는 늘 어느 정도의 화성적 응집성이 있었다. "기본 음정 패턴은 언제나 똑같기 때문이다."[56]

최초의 완벽한 음렬주의 작품은 보통 쇤베르크의 「피아노 조곡 op(작품번호). 25」로 본다. 1923년 초연됐다. 알반 베르크와 안톤 폰 베베른Anton von Webern은 쇤베르크의 새 기법을 열정적으로 받아들였다. 베르크의 오페라 「보체크」와 「룰루Lulu」는 무조음악과 음렬주의의 가장 친숙한 사례가 되었다. 베르크가 「보체크」 작곡을 시작한 것은 1918년이었다. 그러나 초연은 1925년에 가서야 베를린에서 이루어졌다. 게오르크 뷔히너의 짧은 미완성 희곡 『보이체크Wozzeck』(1879)를 토대로 한 이 오페라는 다소 어리바리한 병사가 애인과 주치의, 상관, 군악대장에게 속아 배신당하는 과정을 그렸다. 어떤 면에서 보면 게오르게 그로스의 잔혹화의 음악판이었다.⁵⁷ 병사는 살인을 저지르고 자살을 하는 것으로 끝이 난다. 훤칠한 키에 미남인 베르크는 쇤베르크나 베베른보다 낭만주의의 영향을 덜 드러냈다(그의 작품이 두 사람보다 더 인기가 있는 것은 아마 이 때문일 것이다). 게다가 「보체크」는 분위기와 형식 면에서 대단히 풍부했다. 랩소디, 자장가, 행진곡, 론도를 사용한 것은 물론 인물 하나하나를 생생하게 묘사했다.⁵⁸ '유례가 없다고 할 만큼 리허설을 많이 한 뒤에야' 에리히 클라이버Erich Kleiber 지휘로 첫 공연을 했으나 관객의 격분을 불러일으켰다.⁵⁹ '퇴폐 음악'이라는 딱지가 붙었고, 〈도이체 차이퉁〉지에 기고한 평론가는 "극장을 떠나면서 극장에 있었던 것이 아니라 정신병원에 있었던 것 같은 느낌이 들었다. 무대와 오케스트라, 성가대석은 광기의 극치였다. ······음악적 관점에서 볼 때 대중의 안락함을 위태롭게 하는 작곡가라고 아니할 수 없다."⁶⁰ 그러나 모든 사람이 당혹했던 것은 아니다. 일부 평론가는 베르크의 '본능적인 감각'을 칭찬했고, 유럽의 다른 오페라극장에서는 이 작품을 올리겠다고 난리를 쳤다.

「룰루」는 어떤 면에서 「보체크」와 정반대였다. 병사가 주변 사람들에게 먹잇감이 되는 것이 아니라 주인공 룰루 자신이 포식자로, 윤리도덕 따위는 아랑곳하지 않고 '손에 대는 것은 모조리 파멸시키고야 마는' 요부로 등장한다.⁶¹ 프랑크 베데킨트 Frank Wedekind의 희곡 두 편을 토대로 한 이 음렬주의 오페라 역시 무조음악에 가깝다. 1935년 베르크가 죽을 때까지 완성은 못했지만, 대담한 노래와 정교한 콜로라투라, 헤로인에서 창녀로 변신한 여자와 그녀를 죽이게 되는 남자와의 맞닥뜨림으로 가득 차 있다. 룰루는 자신을 두려워하는 남자에게 살해되는 '새 세기의 전도사'다.⁶² 이 작품은 베르톨트 브레히트Bertolt Brecht(1898~1956)가 활약했던 베를린의 시대적 분위기를 그대로 재현하고 있다.

베르크와 마찬가지로 쿠르트 바일, 파울 힌데미트, 브레히트는 11월 그룹 멤버였다. 이 서클은 1918년 새 시대에 맞는 새 예술을 퍼뜨리자는 열정으로 결성됐다.

1924년 이후 바이마르공화국의 두 번째 시기가 시작되면서 해체됐지만 우리가 보아온 대로 그 혁명적인 정신은 살아남았다. 그리고 브레히트를 통해 그 스타일도 지속됐다. 브레히트는 1898년 아우그스부르크에서 태어났다. 본인은 슈바르츠발트(독일 남서부 산골) 출신이라고 말하기를 좋아했지만 영화(특히 찰리 채플린)의 영향을 받은 최초의 예술가이자 작가, 시인이었다. 어린 시절부터 브레히트는 미국과 미국의 이상에 매료됐다. 재즈와 업튼 싱클레어의 작품은 커서 영향을 미치게 된다. 아우그스부르크는 뮌헨에서 약 64킬로미터 떨어진 곳으로 청소년기를 거기서 보냈다. 부모의 극진한 보살핌 속에 자란 브레히트(세례명은 오이겐이었는데 나중에는 이름에서 뺐다)는 차츰 자신감이 넘치는, 심지어 '너구리를 날카롭게 관찰하는 냉철한' 아이로 변모했다.[63] 시인으로 출발했지만 기타 솜씨도 탁월했고, 일부 인사들(독일 소설가 리온 포이히트방어 등등)에 따르면 어떤 재능이든지 '혁명의 냄새'를 풍기면서 남을 압도했다.[64] 브레히트는 카를 크라우스, 카를 추크마이어, 에르빈 피스카토르, 파울 힌데미트, 쿠르트 바일Kurt Weil, 게르하르트 하우프트만, 엘리자베트 하우프트만, 그리고 '올챙이처럼 생긴' 배우와 공동 작업을 하면서 우정을 쌓았다. 끝에 말한 배우의 이름은 피터 로어Peter Lorre였다. 브레히트는 20대에 들면서 연극, 마르크스주의, 베를린에 끌린다.[65]

희곡 『바알 신Baal』과 같은 브레히트의 초기작들은 아방가르드 예술가들 사이에서 브레히트의 성가를 높여주었다. 그러나 본격적으로 명성을 얻은 것은 『서푼짜리 오페라Die Dreigroschenoper』를 통해서였다. 이 작품은 영국 극작가 존 게이의 1728년 작 발라드오페라 「거지 오페라The Beggar's Opera」를 토대로 한 것이다. 「거지 오페라」는 1920년 나이젤 플레이페어Nigel Playfair 경이 리바이벌해 이후 4년 동안 런던 리릭 시어터Lyric Theatre in London에서 상연됐다. 소설가이자 극작가인 엘리자베트 하우프트만은 이 작품이 독일에서도 똑같이 성공할 수 있겠다 싶어 브레히트를 위해 독일어로 번역을 해주었다.[66] 브레히트는 마음에 들었다. 곧 제작자와 극장을 잡고 프랑스 남부 생트로페 인근 르라방두로 옮겨 작곡가 쿠르트 바일과 함께 작업을 시작했다. 존 게이는 화려하고 규모가 큰 이탈리아식 그랜드 오페라의 허장성세를 조롱하려는 의도였지만 당시 뇌물수수에 바람을 피웠다는 의

혹에 휩싸인 로버트 월폴 총리에 대한 묘한 비난이기도 했다. 반면 브레히트의 노림수는 좀 더 진지했다. 무대를 빅토리아 시대의 런던으로 옮겨—당대의 베를린에 좀 더 가깝게 잡은 것이다—작품을 부르주아의 자만과 득의만면한 자신감에 대한 공격으로 변형시켰다. 『서푼짜리 오페라』에서도 원작과 마찬가지로 거지들이 게오르게 그로스의 그림에 생생하게 묘사된 상이군인들처럼 장애인으로 가장하고 등장한다. 리허설 과정은 엉망이었다. 여배우들은 몸이 안 좋다느니 어쩌느니 이런저런 핑계를 대면서 나가버렸다. 스타들은 원작을 고친 부분은 물론 감독이 지시한 연기에 대해서조차 이의를 제기했다. 성행위에 관한 노래들은 여배우들이 거부하는 바람에 빼버리지 않을 수 없었다. 리하르트 슈트라우스의 오페라 『살로메』와 닮은꼴은 이것만이 아니었다. 막후에서 돌아가는 사정에 대한 나쁜 소문이 베를린에 파다했다. 브레히트와 바일의 공연이 실패하면 곧바로 무대에 올릴 다음 작품을 구하느라 극장주가 혈안이 돼 있다는 이야기도 나돌았다.[67]

첫날 밤 공연은 시작부터 좋지 않았다. 처음 두 곡이 연주되는 동안 관객들은 잠자코 앉아 있었다. 그런데 첫 곡 반주를 맡은 손풍금이 작동을 하지 않는 바람에 하는 수 없이 배우가 첫 소절을 맨 소리로 노래 부르자 객석이 술렁거리기 시작했다(오케스트라는 두 번째 소절을 준비 중이었다). 그러나 주인공인 도둑 매키스와 경찰서장 타이거 브라운이 인도에서 함께 했던 옛날 일을 회상하는 세 번째 노래에서는 열광적인 박수가 터져 나왔다.[68] 무대감독은 그날 밤 앙코르는 하지 않을 생각이었다. 그러나 관중들이 도무지 그냥 일어서려고 하지 않는 바람에 계획을 바꾸는 수밖에 없었다. 이 오페라가 성공한 이유 중 하나는 마르크스주의 사상을 가급적 겉으로 드러내지 않았기 때문이다. 브레히트 전기를 쓴 도널드 헤이 먼이 지적한 대로 "부르주아지에게 냉혹한 범죄자들과의 공통점을 자세히 보여주는 것이 모욕적인 일만은 아니었다. 방화와 목 베기 같은 심한 장면은 멜로디로 암시를 하는 정도에 그쳤다. 성장을 하고 1등석에 앉은 기업가들은 벼락부자들의 허례허식을 모방하는 갱들을 보면서 느긋하게 우월감을 만끽했다."[69] 이 공연이 성공한 또 다른 이유는 당시 독일에서 시대극 오페라가 유행하던 분위기를 탔기 때문이다. 1929~30년 신문사 간의 경쟁 이야기를 그린 힌데미트의 「오늘의 뉴스 Nexus vom Stage」, 에른스트 크레네크의 「조니는 연주하기 시작한다Jonny spielt auf」, 막스 브란트의 「기계공 홉킨스 Maschinist Hopkins」, 쇤베르크의 「오늘에서 내일까지Von Heute auf Morgen」 등등 이 그런 경우였다.[70] 브레히트와 바일은 『마하고니 시市의 흥망Aufstieg und Fall der Stadt Mahagonny』에서도 성공을 거뒀다. 이 작품은 『서푼짜리 오페라』와 마찬가지로 현대 사회에 대한 우화였다. 바일의 표현대로 "마하고니는 소돔과 고모라처럼 주민들의 범죄, 방탕, 총체적인 혼란으로 무너진다."[71] 음악적으로 이 오페라가 인기를 끈 것은 재즈의 신랄하면서도 상업화된 사운드가 아프리카나 아메리카의 자유가 아니라 자본주의의 타락을 상징했기 때문이다. 타락이라는 관념 역시 멀리 있는 것이 아니었다. 브레히트식 마르크스주의는 예술작품도 다른 모든 것과 마찬가지로 극장, 신문, 광고주 등등의 상업적 네트워크에 의해 조건화돼 있다고 확신했다. 따라서 『마하고니』는 '비합리적이고, 현실 같지 않은, 허튼 짓 같은 것들을 적소에 배치해 이중적 의미를 분명히 보여주는' 식으로 꾸몄다.[72] 『마하고니』는 서사극이기도 했다. '서사극episches Theater'은 브레히트의 핵심개념이었다. "전통 연극의 전제는 인간의 본성은 변할 수 없다는 것이었다. 반면 서사극은 인간의 본성은 변할 수 있고, 이미 변하고 있다고 믿었다."[73]

분명히 변화가 있었다. 공연이 시작되기도 전에 극장 밖에서 나치가 시위를 했다. 첫날 밤 공연은 이층 객석에서 호루라기가 울리는 바람에 중단됐고, 이어 복도에서 주먹다짐이 벌어졌다. 소동은 곧 무대로까지 번졌다. 둘째 날 밤에는 경찰이 극장 안으로 들어와 벽에 도열했고, 객석 조명도 끄지 않고 켜 두었다.[74] 나치는 점점 더 브레히트를 예의주시했다. 그러나 브레히트가 『서푼짜리 오페라』 영화 판권을 넘긴 영화 제작자에 대해 계약 정신을 어기고 작품 내용을 고치려했다는 이유로 소송을 제기하자 갈색셔츠(나치당원을 일컫는 말)들은 "마르크스주의자와 유대인 중에서 누구 편을 들 것인가?" 하는 딜레마에 빠졌다. 갈색셔츠들이 늘 그렇게 어정쩡하지는 않았다. 1929년 10월 바일은 그저 호기심에 나치 집회에 가봤다가 알베르트 아인슈타인, 토마스 만과 더불어 자신을 '조국을 위태롭게 하는 인물'이라고 격렬히 비난하는 소리를 듣고 경악했다. 그래서 서둘러 자리를 떴다. 들키지 않은 게 천만다행이었다.[75]

이런 베를린을 증오한 한 사람이 있었다. 그의 이름은 마르틴 하이데거Martin Heidegger(1889~1976)였다. 그는 베를린을 바빌론이라고 불렀다. 베를린뿐 아니라 모든 도시를 증오했고, 도시생활에 대한 증오를 승화시켜 하나의 완전한 철학으로 만들었다. 하이데거는 1889년 독일 남부에서 태어나 에드문트 후설Edmund Husserl 밑에서 공부한 뒤 철학 교수가 되었다.[76] 일부러 시골티를 낸다든가 전통적인 복장(무릎 아래에서 졸라매는 낙낙한 짧은 바지 니커보커를 잘 입었다)을 한다든가 도시생활을 혐오한다든가 하는 것들은 감수성이 예민한 제자들에게는 그의 철학의 면모를 구체적으로 보여주는 행동이었다. 1927년 서른여덟의 나이에 하이데거는 주저 『존재와 시간Sein und Zeit』을 내놓았다. 장 폴 사르트르는 1930년대, 40년대, 50년대에도 유명했지만, 하이데거는—시기적으로 이르다는 점 외에도—그보다 훨씬 심오한 실존주의자였다.

『존재와 시간』은 난해한 책이다. 한 비평가의 말을 빌리면 "간신히 해독 가능하다." 그러나 인기는 엄청났다.[77] 하이데거에게 있어서 삶의 핵심적인 사태는 세계 속에서의 인간의 실존이다. 그런데 우리는 그러한 핵심적 사태를 가급적 정확히 기술記述함으로써만 마주할 수 있다. 서구의 과학과 철학은 모두가 최근 3~4세기 동안에 발전한 것으로 "서구인의 근본 과제는 자연의 정복이었다." 그 결과 인간은, 인간은 주체이고 자연은 객체인 양 여기게 된다. 철학적으로는 지식의 본질이 핵심 딜레마다. "우리가 아는 것은 무엇인가? 우리는 우리가 안다는 것을 어떻게 알 수 있는가?" 데카르트 이래로 이런 질문들은 그 어떤 것보다 중요한 물음이었다. 그러나 하이데거가 보기에 이성과 지성은 "존재의 비밀에 이르게 해주는 안내자로서는 어처구니없을 정도로 부적합하다." 실제로 그는 "사고는 이해에 치명적인 적이다"라고까지 말할 정도였다.[78] 하이데거는 우리가 아무 계획 없이 세상에 내던져졌으며, 이곳에서의 존재에 익숙해지면서 죽음을 마주하게 된다고 믿었다. 하이데거에게 있어서 죽음은 존재 다음 가는 삶의 두 번째 핵심적 사태이다.[79] 우리는 우리 자신의 죽음을 결코 체험할 수 없다. 그러나 두려워할 수는 있다. 그러한 공포야말로 가장 중요하다. 우리의 존재에 의미를 주기 때문이다. 우리는 '열려 있는, 불확실한, 그러면서도 아직 창조되지 않은 미래 속으로 움직여 들어가면서' 지상에서 우리 자신을 창조하는 데 시간을 쏟지 않을 수 없다. 하이데거 사상의 또 한 가지 요소는 그를 이해하는 데 긴요하다. 하이데거는 과학과 기술을 자연을 통제하려는 의지의 표현으로, 그런 결의의 반영으로 보았다. 그러나 인간의 본성에는 또 다른 측면이 있으며, 그것은 특히 시에서 여실히 드러난다고 그는 생각했다. 시의 핵심적 측면은 "우리의 의지의 요구를 슬그머니 벗어난다"는 것이라고 하이데거는 말했다. "시인은 시를 쓰려고 의지할 수 없다. 그것은 그냥 오는 것이다."[80] 바로 릴케와 통하는 부분이다. 이어 동일한 논법이 독자들에게 적용된다. 독자들은 시가 자신에게 주술을 걸도록 놓아두어야 한다는 것이다. 이는 하이데거 사상에서 하나의 중심적 요소다. 말하자면 의지와 의지를 넘어, 의지 바깥에 존재하는 삶의 측면, 즉 내면의 삶 사이에 간극이 있다는 것이다. 그런 양상을 이해하는 적절한 방법은 사고보다는 복종이다. 어떻게 보면 동양 철학과 닮은 구석이 있다. 하이데거는 서구식 접근법을 좀 더 회의적으로 따져볼 필요가 있으며, 과학은 점점 더 이해보다는 통제와 지배를 의도하고 있다고 믿었다.[81] 미국 철학자 윌리엄 배럿William Barrett이 하이데거를 총정리하면서 말한 대로 그는 '우리가 스스로를 주장하기를 멈추고, 그저 복종해야 하는, 되는 대로 맡겨두어야 하는' 시간이 올 것이라고 주장했다. 하이데거는 독일 시인 프리드리히 횔덜린Friedrich Hölderlin을 인용해 우리는 사라져버린 신들과 아직 오지 않은 신들 사이 어둠의 시대에 있다고 말했다. 매튜 아널드(19세기 영국 시인이자 문학평론가)가 말한 바 '하나는 죽었고, 다른 하나는 힘이 없어서 아직 태어나지 못한' 두 세계 사이에 있는 것이다.[82]

이는 아마도 하이데거 사상에 대한 다소 무미건조한 요약일 것이다. 그의 사상이 당시에 그토록 즉각적으로 인기를 끈 것은 죽음과 비이성, 도시의 합리적 문명에 대한 거부, 그리고 그로 말미암아 바이마르공화국 자체를 증오하는 독일인들의 정신세계를 정당화해주었기 때문이다. 나아가서 하이데거의 사상은 당시에 싹트고 있던, 이성이 아니라 영웅에 호소하는 민족주의 운동에 암묵적인 지지를 보냈다. 영웅이란, 피터 게이의 강렬한 표현을 빌리면, '자신의 피로써 사고하면서' 복종을 요구하는 존재들이다. 하이데거가 나치를 만들어낸 것은 아니다. 나치를 탄생시킨 분위기를 만들어냈다고도 할 수 없다. 그러나 나치에 의해 교수직을 박탈당한 독일 신학자 파울 틸리히Paul Tillich가 후일 쓴 대로 "니체와 하이데거의 이름이 파시즘과 국가사회주의라는 반윤리적 운동과 연결되는 것은 어느 정도 타당한 측면이 없지 않다."『존재와 시간』은 하이데거의 멘토인 에드문트 후설에게 헌정됐다. 후설은 유대인이었다. 『존재와 시간』이 나치 시대에 재판을 찍을 때 그 헌사는 빠졌다.[83]

이 책 10장에서 우리는 지외르지 루카치에 대해 부다페스트에서 빈으로 탈출해 "가망 없는 음모적인 당 사업에 열심이고, 당 자금을 갖고 튄 자들을 추적하고 있다"는 이야기까지 했다.[84] 1920년대 내내 루카치의 삶은 어려웠다. 초기에는 벨라 쿤Béla Kun과 망명 헝가리 공산당의 주도권을 놓고 다퉜다. 쿤은 모스크바로 달아났다. 루카치는 모스크바에서 레닌을 만나고, 빈에서 토마스 만을 만났다. 루카치가 만에게 준 인상은『마의 산』에서 공산주의자 예수회 회원인 나프타라는 인물에 상당 부분 반영됐다.[85] 그러나 루카치는 대부분의 시간을 빈곤 속에서 살았고, 1929년 헝가리에 불법으로 체류하다 베를린으로, 거기서 다시 모스크바로 갔다. 모스크바에서는 마르크스엥겔스연구소Marx-Engels Institute에서 일했다. 소장인 다비드 랴자노프David Ryazanov는 당시 최근 발견된 청년 마르크스의 육필 원고를 편집하고 있었다.[86]

이런 역경에도 불구하고 루카치는 1923년『역사와 계급의식Geschichte und Klassenbewußtsein』을 내놓았다. 이로써 루카치는 마르크스주의 사상가로서의 명성을 굳히게 된다.[87] 이 책은 문학과 정치에 관한 아홉 편의 에세이로 되어 있다. 문학에 관한 한 루카치의 이론은 미구엘 드 세르반테스Miguel de Cervantes의『돈키호테』를 필두로 소설가는 두 부류로 확연히 나뉜다는 것이다. 세르반테스, 프리드리히 폰 실러, 오노레 드 발자크Honoré de Balzac처럼 '자아(영웅인 주인공)와 주변 세계(사회)의 대립'을 묘사하는 부류가 한 편에 있고, 그 대척점에 귀스타브 플로베르Gustave Flaubert, 이반 세르게예비치 투르게네프Ivan Sergeyevich Trugenev, 레프 니콜라예비치 톨스토이Lev Nikolayevich Tolstoy처럼 '세계에서 도피하는' 부류가 있다. 후자는 '환멸의 낭만주의 속으로' 도피하는데 삶에 깊이 발을 들여놓으면서도 조셉 콘래드가 말했던 것처럼 인간은 개선될 수 없다는 것을 의식하고 있다.[88]

이어 문학에서 정치로 넘어가서는 서로 다른 계급은 서로 다른 의식 형태를 갖는다고 주장했다. 부르주아지는 개인주의와 경쟁을 찬미하면서 사회가 물리학의 자연법칙처럼 탈인간화된 '불변의 법칙으로 묶여' 있다고 가정하는 입장을 선호한다.[89] 반면에 프롤레타리아는 새로운 사회질서를 추구한다. 인간의 본성은 변할 수 있으며, 자아와 사회 사이에 새로운 종합이 가능하다고 본다. 루카치는 부르주아지에게 이처럼 사뭇 상이한 대립적인 입장을 잘 설명함으로써 혁명이 도래했을 때 그것을 이해할 수 있도록 하는 것이 자신의 역할이라고 보았다. 그는 영화가 대중적으로 인기가 있는 것도 영화에서는 사물이 현재에 얽매이지 않고, 사람들은 '운명이니 원인이니 동기니 하는 것에 구애되지 않고' 살아간다는 환상을 좋아하기 때문이라고 봤다.[90] 그는 또 마르크스주의가 지금은 이처럼 상이한 계급의식을 설명하고 있지만 혁명이 끝나고 나면 그가 제시한 자아와 사회의 새로운 종합과 더불어 마르크스주의도 새로운 내용으로 대체될 것이라고 주장했다. 따라서 그가 내린 결론은 "공산주의는 그것을 건설한 사람들에 의해 물화物化 reification돼서는 안 된다"는 것이었다.[91]

루카치는 욕을 바가지로 먹고 수정주의자에 반反레닌주의자라고 찍혔다. 이런 평가에서 결코 벗어나지 못했지만 반격에 나서지도 않았고, 결국에는 자신의 '과오'를 인정했다. 그러나 마르크스주의, 계급의식, 그리고 문학에 대한 그의 분석은 발터 벤야민Walter Benjamin의 1930년대 저작에 깊은 음영을 남겼으며, 2차 대전 이후 레이먼드 윌리엄스Raymond Williams 등등에 의해 '문화유물론cultural materialism'이라는 세련된 형태로 부활했다(26장과 40장 참조).

『역사와 계급의식』이 나온 지 일 년 뒤인 1924년 일단의 철학자와 과학자들이 빈에서 매주 목요일마다 모임을 갖기 시작했다. 원래는 에른스트 마흐 연구회Ernst Mach Society라는 이름으로 시작했는데 1928년에 '빈 서클Wiener Kreis'로 바꿨다. 빈 서클이라는 타이틀 아래 모인 사람들은 20세기의 가장 중요한(그리고 본의는 아니지만 하이데거와는 완전히 상반되는) 철학 운동으로 발전했다.

서클의 중심축은 모리츠 슐리크Moritz Schlick(1882~1936)였다. 슐리크는 베를린 출생으로 빈 서클의 여러 멤버들과 마찬가지로 과학자로 출발했다. 1900~4년 막스 플랑크 밑에서 물리학을 공부했다. 슐리크가 그러모은 회원 20여 명 중에는 빈 출신으로 박학다식한 오토 노이라트Otto Neurath, 고틀로프 프레게의 예나 대학 제자인 수학자 루돌프 카르납Rudolf Carnap, 물리학자 필립 프랑크Philipp Frank, 정신분석학자 하인츠 하르트만Heinz Hartmann, 수학자 쿠르트 괴델Kurt Gödel이 있었다. 칼 포퍼Karl Popper도 종종 참여했다. 포퍼는 2차 대전 이후 영향력 있는 철학자가 된다. 1920년대 빈에서 발전된 철학 유파에 대해 슐리크가 원래 붙인 딱지는 '일관적 경험주의konsequenter Empirismus'였다. 그러나 슐리크가 1929년과 1931~32년 미국에 다녀오고 난 다음부터 '논리실증주의logical positivism'라는 용어가 등장해서 오늘날까지 이어졌다.

 논리실증주의는 형이상학을 과감하게 공격했다. "과학과 상식이라고 하는 일상적인 세계, 즉 감각기관에 의해 우리에게 드러난 일상세계 너머 어떤 세계가 존재할 수 있다"는 주장 일체에 대한 공박이었다.[92] 논리실증주의자들에게는 경험적으로 시험해볼 수─검증할 수─없는 진술이나 논리 또는 수학적 명제는 무의미했다. 따라서 신학, 미학, 정치학과 같은 광범위한 영역들이 폐기됐다. 물론 거기서 그치지 않았다. 영국 철학자 A. J. 에이어Ayer(잠시 빈 서클의 옵서버였다)가 서술한 대로 그들은 '독일의 과거라고 부를 수 있는 모든 것'에 대해서도 비판을 가했다. 예를 들면 헤겔과 니체의 낭만적인, 그들이 보기에는 혼란스러운 사상 같은 것이 대표적인 예였다(마르크스는 예외였다).[93] 당시 독일을 여행하고 온 미국 철학자 시드니 훅Sidney Hook은 지적 풍토의 분열을 확인했다. 비교적 전통적인 독일 철학자들은 과학에 적대적이며, '종교의 대의, 도덕, 자유의지, 민족과 유기적 민족국가를 구현하는 것'을 의무라고 생각했다.[94] 빈 서클의 의도는 논리학과 과학의 방법을 사용해서 철학을 명료화하고 단순화하자는 것이었다. 그들로 말미암아 철학은 과학의 시녀이자 '이차적인 주제'로 격하됐다. 일차적인 주제는 세계에 관해 이야기하는 것이다(물리학과 생물학처럼). 이차적인 주제는 세계에 관한 이야기에 관해 이야기한다.[95] 비트겐슈타인의 『논리철학 논고』도 빈 서클에 영향을 미쳤다. 비트겐슈타인 역시 경험에 있어서 언어의 역할에 관심이 지대했다. 그래서 전통 형이상학에 대해 그토록 비판적이었던 것이다. 이렇게 해서, 옥스퍼드 대학 교수인 철학자 길버트 라일Gilbert Ryle의 말대로, 철학은 '이야기에 관한 이야기'로 간주되게 되었다.⁹⁶

노이라트는 아마도 빈 서클에서 가장 재능 있는 인물이었을 것이다. 그는 처음에 수학자로 출발했지만, 막스 베버Max Weber와 함께 공부했고, 『안티 슈펭글러Anti Spengler』(1921)라는 제목의 책을 썼다. 바우하우스 사람들과 가까웠고, 문맹자 교육을 위해 2,000개의 상징으로 구성된 시스템(이소타입isotypes이라고 불렀다)을 개발하기도 했다(코끼리, 행복하다, 슬프다 같은 의미를 나타내는 이소타입으로 편지에 서명을 하곤 했다).⁹⁷ 그러나 덩치 크고 열정적인 이 인물은 극히 진지했다. 형이상학에 대해서는 무의미하기 때문에 침묵해야 한다고 본 점에서 비트겐슈타인과 같은 견해였다. 그러면서 "존재하지 않는 것에 대해 침묵한다"는 것이 어떤 의미인지 잘 알고 있었다.⁹⁸

빈 서클은 자신들의 특성을 충분히 의식하면서 조직을 꾸려나갔다. 새로운 접근 방식을 열정적으로 추구했다는 점도 그들이 영향력을 넓혀간 한 이유였다. 그들은 마치 어느 날 갑자기 철학이 무엇인지 깨달은 사람들 같았다. 과학은 세계를 기술하고, 유일하게 존재하는 세계는 우리 주변의 사물들로 이루어진 세계이다. 따라서 철학이 할 수 있는 유일한 작업은 과학의 개념과 이론을 분석하고 비판해서 세련화시키고, 좀 더 정치하고 쓸모 있게 만드는 일이다. 바로 이 때문에 논리실증주의의 유산은 후일 '분석철학analytic philosophy'이라는 이름으로 불리게 된다.

모리츠 슐리크가 빈 서클을 시작하고, 『마의 산』이 나온 1924년에 로베르트 무질Robert Musil(1880~1942)은 빈에서 걸작 『특성 없는 남자Der Mann ohne Eigenschaften』을 시작했다. 그가 책을 쓰지 않았다면 그래도 1930년 히틀러를 '살아 있는 무명용사'로 묘사한 것으로 기억될 것이다.⁹⁹ 그러나 첫 권이 1924년에 출판된 세 권짜리 『특성 없는 남자』는 일부 인사들에게는 금세기에 독일어로 쓰인 가장 중요한, 토마스 만의 그 어떤 작품도 능가하는 소설이다. 『특성 없는 남자』는 많은 이들이 제임스 조이스나 마르셀 프루스트와 동렬로 평가했지만 『율리시스』나 『잃어버린 시간을 찾아서』, 『마의 산』보다는 지명도가 훨씬 떨어졌다.

무질은 1880년 오스트리아 클라겐푸르트에서 태어났다. 집안은 중상류층으로 오스트리아 관료 가문의 일원이었다. 대학에서 과학과 공학을 전공하고, 에른스트 마흐로 졸업논문을 썼다. 『특성 없는 남자』의 시공간적 무대는 1913년 '카카니엔Kakanien'이라는 신비한 나라다. 카카니엔은 오스트리아-헝가리 제국을 빗댄 게 분명하다. 오스트리아 황제인 동시에 헝가리 국왕임을 나타내는 표현(Kaiserlich und Königlich, 줄여서 K. u. K.)에서 만들어낸 말이다.¹⁰⁰ 이 작품은 겁나게 길지만 많은 이들로부터 금세기 초 다른 분야에서 이룬 성취들에 대한 탁월한 문학적 대응이라는 평가를 받고 있다. 과도한 해석은 경계해야겠지만 작품의 독창적인 면모 중의 하나는 포스트 베르그송적이고, 포스트 아인슈타인적이며, 포스트 러더퍼드적, 포스트 보어적, 포스트 프로이트적, 포스트 후설적, 포스트 피카소적, 포스트 프루스트적, 포스트 지드적, 포스트 조이스적이며, 특히나 포스트 비트겐슈타인적이라는 점이다.

세 가지 얽히고설킨 주제가 느슨한 내러티브로 펼쳐진다. 첫째는 빈의 30대 초반 지식인인 주인공 울리히의 추구이다. 현대생활의 의미를 꿰뚫어보고자 하는 그의 시도는 살인자의 정신 상태를 이해하고자 하는 프로젝트로 끌려들어간다. 둘째로 어렸을 때 관계가 끊긴 누이와의 관계(연애)가 있다. 셋째로 이 책은 1차 대전 발발 전야의 빈에 대한 사회적 풍자이다.¹⁰¹

그러나 이 책의 진정한 주제는 과학의 시대에 인간적인 것은 무엇인가 하는 것이다. 우리가 믿을 수 있는 것이 우리의 감각기관에 불과하다면, 우리가 과학자들이 우리를 아는 것과 같은 방식으로만 스스로를 알 수 있다면, 모든 일반화와 가치에 관한 이야기가, 윤리와 미학이 비트겐슈타인이 말하듯이 무의미한 것이라면, 우리는 어떻게 살아야 하는가? 이것이 무질이 던지는 질문이다. 그는 사람들이 생각하는 낡은 범주―인종주의나 종교 같은 '어중간한' 관념들―는 더 이상 쓸모가 없다는 것을 인정한다. 그러나 그렇다면 우리는 무엇으로 그런 것들을 대체할 수 있는가? 울리히가 살인자(모스브루거)의 정신을 이해하려고 하는 시도는 설명할 수 없는 것들이 있다는 지드의 언명을 연상케 한다(무질은 후설과 마찬가지로 심리학자 카를 슈툼프Carl Stumpf 밑에서 공부했다. 따라서 특별히 프로이트에 기울지 않았고, 무의식이 존재하기는 하지만 그것은 잊힌 기억들을 아무 논리 없이 뒤범벅으로 버무려놓은 '프루스트적' 잡탕이라고 봤다. 그는 과학적인 서술을 위해 빈 교도소에 수감 중인 진짜 살인범을 연구하기도 했다.). 어느 시점에 울리히는 자신이 키가 크고 어깨가 떡 벌어졌으며, '돛대에 매달린 돛이 부풀어 오르듯이 가슴이 벅차오르'지만 감동적인 책을 읽을 때면 '물속에 떠다니는 해파리'처럼 작고 흐물흐물하다고 느낀다. 다른 말로 하면 그에게 딱 들어맞는 하나의 묘사나 특성 같은 것은 없다는 이야기다. 특성 없는 남자라고 한 것은 바로 그런 의미에서였다. "우리는 이제 내면의 목소리가 없다. 우리는 요즘 너무 많이 알고 있다. 이성이 우리의 삶에 독재를 행사하고 있는 것이다."

무질은 이 대작을 끝을 못 보고 죽었다. 1942년 사망 당시 거의 빈털터리였다. 이 작품을 완성하는 데 걸린 시간은 20세기에는 다른 분야의 발전에 발맞춰 소설도 변화해야 한다는 그의 시각을 반영하는 것이었다. 그는 이야기 양식으로서의 전통적인 소설은 죽었다고 생각했다. 대신 현대 소설은 형이상학의 본향이 되어야 했다. 소설은—그의 소설은 어쨌든 그랬다—일종의 사고실험으로서 아인슈타인이나 옆모습과 정면을 동시에 보여주는 인물을 그린 피카소의 실험과 어깨를 나란히 할 만한 것이었다. 경험의 근저를 이루는 서로 엇물린 두 원칙은 폭력과 사랑이라고 그는 믿었다. 바로 이런 점에서 조이스와 유사하다. 과학은 성행위에 대해 설명을 할 수는 있을 것이다. 그렇지만 사랑에 대해서는? 게다가 사랑이란 온 힘을 남김없이 쏟아 붓는 것이어서 오늘만 간신히 넘겨도 다행일 정도다. 내일에 대해 생각하는 것—철학—은 사랑과는 결이 맞지 않는다. 무질은 많은 사람들과 달리 과학을 혐오하지 않았다. (울리히가 "수학을 좋아한 것은 그것을 견뎌내지 못하는 부류의 사람들이 있기 때문이었다.") 그러나 소설가는 과학이 우리를 어느 곳으로 인도해야 할지를 찾는 데 도움을 줄 수 있다고 생각했다. 그에게 근본적인 문제는 영혼을 논리로 대체할 수 있는가였다. 객관성의 추구와 의미의 추구는 서로 조화될 수 없는 것이다.

프란츠 카프카Franz Kafka(1883~1924)도 인간적이라는 것의 의미가 무엇인가 하는 문제와 과학과 윤리의 대결에 매달렸다. 1923년 서른아홉의 카프카는 프라하에서 베를린으로 이주하겠다는 오랜 염원을 실현했다(그는 프라하에 살았지만 독일어로 교육을 받았고 집에서도 독일어를 썼다). 그러나 베를린에 머문 지 채 일 년도 되지 않아 목에 결핵이 걸려 빈 근처 요양원으로 옮겼고, 그곳에서 세상을 떠났다. 그때 나이

마흔 하나였다.

카프카의 사생활을 가지고 그가 어떻게 해서 그토록 기이한 상상력을 발휘하게 됐는지를 설명하기는 어렵다. 날씬한 몸매에 잘 차려입는 습관으로 보아 멋쟁이 기질이 있을 것 같기는 한데 대학에서는 법학을 전공했고, 보험 분야 직원으로 직장 생활도 잘 했다. 그의 내면이 전통적인 양상과는 전혀 다른 이유를 말해줄 유일한 단서는 약혼을 세 번 했는데 세 번 다 실패로 끝났다는 사실에서 찾을 수 있겠다. 특히 그 중 두 번은 같은 여자와 한 것이다.[102] 프로이트가 빈에 대해 이중적인 태도를 가졌던 것처럼 카프카도 프라하에 대해 이중적인 느낌을 갖고 있었다. 그는 프라하에 대해 "이 작은 엄마는 발톱이 있다"고 한 적이 있다. 늘 프라하를 떠나고 싶어 했지만 벌이가 좋은 직장을 결코 떠나지 않았다. 그러다가 1922년에 그만두었는데 그때는 너무 늦었다.[103] 가끔 아버지와 충돌한 것이 작품 활동에 영향을 주었을지 모른다. 그러나 위대한 예술이 모두 그렇듯이 카프카의 작품과 사생활은 직접적인 연관은 거의 없다.

카프카의 대표작을 꼽는다면 단연 『변신變身 Die Verwandlung』(1916), 『심판 Der Prozess』(사후인 1925년에 출판), 『성城 Das Schloss』(사후인 1926년에 발행) 세 편이다. 그러나 14년 동안 일기를 썼고, 방대한 분량의 편지도 썼다. 이런 자료를 보면 그가 심히 역설적이고 수수께끼 같은 인물이었음을 알 수 있다. 카프카는 종종 자신의 가장 중요한 과제는 독립이라고 주장했지만 베를린으로 갈 때까지 부모 집에서 살았다. 한 여성과 5년 동안 약혼상태로 있었지만 그 기간에 약혼녀를 만난 것은 12번도 안 됐다. 그는 또 가장 잔혹한 방식으로 죽는 상상을 하며 재미있어했다. 그는 글쓰기를 위해 살았다고 할 수 있다. 몇 달씩 글을 쓰고 나서는 완전히 기진맥진했다. 그러고도 글이 별 볼일 없다고 생각되면 가차 없이 내버렸을 것이다. 편지를 주고받은 사람 수는 극소수지만 횟수는 잦았다. 그리고 썼다 하면 매우 길었다. 한 여성에게는 만나고 나서 두 달 동안 90통을 보냈는데 그 중 대여섯 편은 길이가 20~30쪽이나 됐다. 또 다른 사람한테는 다섯 달 동안 130통을 썼다. 아버지에게 타이프로 쳐서 보낸 45쪽짜리 편지가 유명한데 당시 그의 나이는 서른여섯으로 왜 아직도 아버지를 꺼리는지를 설명하는 내용이었다. 또 한 통의 긴 편지는 장인 될 사람한테 보낸 것으로 그와 실제로 만난 것은 딱 한 번뿐이었다. 내용은 자기가 발기불능인 것 같다는 이야기였다.[104]

카프카의 소설은 편마다 극히 다른 주제를 다루고 있는 것 같지만 놀라울 정도의 유사성이 있다. 따라서 카프카 작품의 누적적 효과는 부분들의 총합을 훨씬 능가한다. 『변신』은 문학사에서 가장 유명한 첫 구절 가운데 하나로 꼽히는 문장으로 시작한다. "그레고르 잠자는 어느 날 아침 어수선한 꿈에서 깨어났을 때 침대에 누운 자신이 거대한 벌레로 변해 있는 것을 발견했다." 이로써 전체 플롯이 완전히 드러난 것처럼 보인다. 그러나 이 작품에서 실제로 더듬어 나아가는 것은 환상 속에서나 가능할 것 같은 자신의 처지에 대한 경악과 개탄, 가족 및 직장 동료들과의 관계다. 한 인간이 벌레로 변하면 인간적인 것이 진실로 무엇을 의미하는지 이해하는 데 도움이 될까? 『심판』에서는 주인공 요제프 K(카)—K로 줄인 성이 정확히 무엇인지 독자는 결코 알 수 없다—가 느닷없이 체포당해 재판에 회부된다.[105] 그러나 주인공도 독자도 혐의가 무엇인지, 또는 재판부가 어떻게 구성됐는지 도무지 알 수가 없다. 따라서 주인공도 우리도 사형선고가 정당한지 여부조차 알 수 없다. 끝으로 『성』에서는 K(『심판』에서처럼 여기서도 덜렁 K다)가 성 아래 마을에 도착해 측량을 한다. 성은 마을 위에 솟아 있는데 성 주인은 그 일대 가옥 모두를 소유하고 있다. 그러나 성 당국은 적어도 처음에는 K가 온다는 이야기조차 들은 바 없다고 잡아떼면서 마을 여인숙에 묵는 것도 안 된다고 말한다. 이어 기이한 일들이 잇따라 벌어지는 가운데 등장인물들은 앞뒤가 안 맞는 말을 하면서 K에 대한 태도와 분위기가 예측할 수 없이 표변한다. 하룻밤 사이에 나이가 들거나 거짓말을 하기도 한다. 심지어 K 자신도 간혹 차마 할 수 없는 거짓말을 하게 된다. 성에서 보낸 사자가 마을에 도착하지만 K가 보기에는 성 안에 생명체가 있다는 조짐조차 없다. 그리고, 거기로 들어갈 수도 없다.[106]

카프카 작품 해석에서 또 하나 어려운 점은 대표작 세 개가 하나같이 끝부분을 완전히 마무리하지 않았다는 데에 있다. 다만 작가가 남긴 메모에서 그가 어떤 식으로 끝내려고 했는지를 짐작할 수 있을 따름이다. 카프카는 친구인 막스 브로트Max Brod에게 가장 심혈을 기울인 작품인 『성』을 어떻게 마무리할 생각인지 밝힌 바 있다. 어떤 평론가들은 그의 사상은 개인의 불안한 정신이 내면적으로 어떻게 작동하는지를 탐색하는 것이라고 주장한다. 특히 『심판』의 경우 피해망상에 시달리는 인간의 내력을 일종의 상상을 통해 보여준다는 것이다. 사실 이렇게 멀리 갈 필요도 없다. 세 편의 이야기 모두가 스스로를, 혹은 자신의 삶을 통제하지 못하는 인간의 모습을 보여준다. 각각의 경우 주인공은 뭔가에 떠밀려서 자신의 의지로 어쩔 수 없는 힘에 붙잡히고 만다. 그리고 그 힘이—생물학적인 것일 수도 있고, 심리학적인 또는 논리적인 것일 수도 있다—결국 어디로 향하는지는 종잡을 수도 없다. 전통적인 의미의 발전이나 진보는 없다. 낙관주의도 없다. 주인공이 늘 이기는 것은 아니다. 사실은 늘 패배한다. 카프카의 작품에 알 수 없는 모종의 힘은 있지만 권위는 없다. 그 힘은 불길하고 섬뜩하다. 카프카는 유대계 체코인이었고, 바이마르공화국 쪽에서 보자면 아웃사이더였다. 그럼에도 불구하고 그 사회가 어디로 가고 있는지를 알았다. 카프카와 하이데거 사이에는 공통점이 있다. 카프카의 캐릭터들은 뭔가 더 큰 힘에 복종할 수밖에 없지만 그러면서도 그 힘의 정체를 제대로 모른다. 카프카는 "나는 때때로 누구보다 인류의 타락을 잘 이해하는 것 같다"고 말한 적이 있다.[107] 그러나 카프카는 복종조차도 만족을 가져다주지 못한다고 말함으로써 하이데거와 갈라선다. 사실 만족이나 충족은 현대 세계에서는 가능하지 않을 것이다. 바로 이런 점에서 『성』은 카프카의 걸작이며, 많은 사람들에게 현대의 『신곡』이었다. W. H. 오든은 이런 말을 했다. "단테나 셰익스피어 또는 괴테가 자기 시대와 가졌던 관계를 생각할 때, 우리 시대의 작가 중에서 그에 필적할 작가를 꼽으라고 한다면 맨 먼저 떠오르는 인물은 단연 카프카다."[108]

『성』에서 마을의 생활은 '성'으로 지칭되는 건축물에 지배된다. 성의 권위는 질문의 대상도, 설명의 대상도 아니다. 성 관료들의 변덕도 마찬가지로 질문의 대상이 아니다. 그런 변덕의 내막을 알아보려는 K의 시도는 모두 무력화된다. 이는 분명 현대사회를 극도로 우화적으로 표현한 것이지만 얼굴 없는 관료집단은 공포를 불러일으키고 그들의 몰개성은 (과학과 기계의) 침투와 비인간화로 구체화된다. 말하자면 카프카의 작품들은 차츰 현실이 되어가는 어떤 세계를 반영하는 동시에 그 세계의 도래를 예언한 것이다. 『성』은 카프카 작품의 최고봉이었다. 적어도 K가 성을 이해하려고 애쓰는 만큼 그 작품을 이해하려고 애쓰게 만든다는 점에서 그렇다. 그러나 카프카는 모든 작품에서 공히 독자에게 현대 생활의 특징인 공포랄까, 뭔가 편치 않고 낯설고 안온함에서 떨어져나가는 듯한 느낌을 제대로 보여준다. 그는 음산한 분위기 속에서 유별난 세계가 곧 다가온다는 것을 처음으로 시사했다. 그 세계는 스탈린의 러시아와 히틀러의 독일이었다.

1924년 카프카가 폐결핵으로 죽던 해에 아돌프 히틀러Adolf Hitler(1889~1945)는 서른다섯 번째 생일을 맞았다. 감옥에서였다. 그는 바이에른 주 주도 서쪽 란츠베르거 교도소에 수감 중이었다. 뮌헨 폭동을 주도해 반역 혐의로 5년 형을 선고받았다. 감옥에는 다른 국가사회주의자 몇 명도 함께 수감돼 있었다. 이들은 선고 형량이 아주 가벼웠고 감옥 안에서도 편히 지냈다. 음식도 풍족했고 바깥 정원으로 산책을 나갈 수도 있었다. 히틀러는 간수들에게 인기가 좋았다. 그래서 생일날에는 선물과 함께 꽃다발도 듬뿍 받았다. 어찌나 널널했는지 몸이 불을 정도였다.[109]

뮌헨 폭동 관련자 재판은 3주 넘게 모든 독일 신문의 1면을 장식했다. 히틀러가 나라 전체에 알려진 것도 바로 그 재판을 통해서였다. 후일 그는 당시 재판과 재판 관련 뉴스들이 인생 역정에서 하나의 전환점이 되었다고 주장했다. 히틀러가 『나의 투쟁Mein Kampf』 1부를 쓴 것도 감옥에서였다. 란츠베르거 교도소에 수감되지 않았다면 분명히 책이라곤 일절 쓰지 않았을 것이다. 앨런 불록의 지적처럼 교도소 시절은 히틀러에게는 엄청난 의미가 있는 시간이었다. 『나의 투쟁』은 국가사회주의자들의 지도자로서 입지를 굳히는 데 중요한 역할을 했고, 히틀러 신화를 정초하고 자신의 사상을 명료화하는 데도 도움이 됐다. 히틀러는 자신이 추구하는 운동에는 '신성한 텍스트' 즉 성경이 있어야 한다는 것을 본능적으로 직감했다.[110]

히틀러는 분명 기술적·군사적 문제와 자연과학, 그리고 특히 역사에 대해 심오한 이해를 갖춘 사상가로 자처했다. 그런 이해력 면에서는 남들과 다르다고 확신했다. 그리고 그런 점에서 완전히 틀린 것도 아니었다. 그가 성인 시기를 건축가를 꿈꾸는 화가로 시작했다는 점을 기억할 필요가 있다. 그는 1차 대전과 그 이후의 평화기를 겪으면서, 그리고 독학을 해가면서 차츰 성장했다. 히틀러의 지적 성장은 지금까지 이 장에서 살펴본 사람들과는 동떨어져 있다. 『나의 투쟁』을 대충 훑어만 보아도 히틀러의 사상이 2장과 3장에서 살펴본 것과 같은 19세기 내지 19~20세기 전환기 스타일이라는 것을 알 수 있다. 그런데 일단 사상이 꼴을 갖춘 다음에는 절대 바지 않았다. 2차 대전 때 식탁에서 나눈 대화에 나타난 바와 같은 지도자의 사상은 그 연원이 젊은 시절의 사고로 거슬러 올라간다.[111]

역사학자 조지 L. 무스Moose는 나치 제3국의 지적 연원에 관한 자료를 다수 발굴했다(아래 서술은 그의 연구에 힘입은 바 크다).[112] 무스에 따르면 19세기 독일에서는 민족주의적 신비주의와 영성靈性의 결합체가 자라났다. 이는 낭만주의 운동에 대한, 그리고 당혹스러울 정도로 급속히 진전되는 산업화에 대한 대응의 일환이었고, 범게르만적 통일을 외치는 사조의 한 부분이었다. 민족Volk이 하나로 똘똘 뭉쳐 영웅적인 범게르만주의 국가를 설계하는 쪽으로 치닫는 사이 '뿌리 없는 유대인'은 손쉬운 부정적 비교 대상이었다(물론 부당한 이야기다. 독일에서는 1918년까지 유대계는 정부 관리나 정교수가 될 수 없었다). 무스는 지금은 많이 잊혔지만 그러한 사고의 틀을 형성하는 데 영향을 미친 사상가와 문필가들을 추적한다. 파울 라가르데Paul Lagarde와 율리우스 랑벤Julius Langbehn은 '게르만적 직관'을 세계의 새로운 창조적 힘이라고 강조했고, 오이겐 디더리히스Eugen Diederichs는 '선도적 엘리트가 지도하는, 문화적으로 정초된 국가'를 공공연히 옹호했다. 그러면서 에다Edda와 같은 게르만 전설을 부활시켜 독일의 위대한 과거를 찬양하고 그리스, 로마 문명(이교도 문명이지만 위대한 문명이다)과의 연관성을 강조했다. 요점은 민족을 거의 신적인 존재의 반열에까지 올려놓았다는 것이다.[113] 루트비히 볼트만Ludwig Woltmann처럼 르네상스 예술을 논하면서 '아리안족'이 권력의 자리에 있었음을 확인하고 북유럽 인종이 얼마나 찬탄의 대상이 됐는지를 보여주는 19세기 독일 책들도 있었다.[114] 무스는 또 사회진화론이 살아남은 과정을 강조한다. 예를 들어 1900년에 부유한 산업자본가이자 무기제조업자인 알프레트 크루프Alfred Krupp는 '다윈주의 원칙에서 국내 정치 발전과 국가 법률에 적용할 만한 것은 무엇인가'를 주제로 한 논문 공모전을 후원했다.[115] 놀랄 일도 아니지만 공모전 수상자는 국가의 모든 측면을 예외 없이 사회진화론의 관점에서 보고 처리해야 한다는 논지를 폈다. 나아가서 무스는 파라과이와 멕시코에 '아리안족'의 식민지를 개발하려는 운동에서부터 바이에른에 누드촌을 세우자는 주장까지 유토피아를 건설하려는 독일의 수많은 시도에 주목한다. 이런 움직임들은 민족이라는 대원칙을 현실화하려는 시도였다. 체육에 대한 집착도 그런 유토피아 의식에서 발전됐으며, '자연으로 돌아가라'를 모토로 '향토에 관한 지식'으로 무장한 시골 기숙사학교를 설립하자는 움직임도 마찬가지였다. 모두가 게르만적인 것, 자연, 고대 농촌의 관습을 강조했다. 소년 시절 히틀러는 이런 환경에서 자랐다. 대안이 있다는 생각은 꿈에도 하지 못했다.[116]

실제로 이런 이야기를 히틀러는 공공연히 떠들어댔다. 그의 고향인 오스트리아 린츠는 시골 분위기의 중산층 소도시로 게르만 민족주의자들이 많이 살았다. 시 당국은 활동이 금지된 범게르만주의 결사체인 '고티아Gothia'나 '보단Wodan'의 집회를 뻔히 보고도 모른 척해주었다.[117] 어린 시절 히틀러는 이런 단체에 가담했다. 어른들의 편협한 민족주의를 목격하기도 했다. 한때 반反체코 정서가 들끓어 유명한 바이올리니스트 얀 쿠벨리크Jan Kubelik가 린츠에 와서 연주하는 것에 반대하는 시위가 일어났다. 이런 기억은 『나의 투쟁』에 분명히 적혀 있는데 히틀러가 합스부르크 왕가에 대해 오스트리아인을 '슬라브화'했다고 비난하는 뿌리가 어디 있는지를 잘 보여준다. 이 책에서 히틀러는 린츠에 있는 학교에 다닐 때 "역사의 의미를 이해하고 파악하는 법을 배웠다"고 주장한다. 그의 설명에 따르면 "역사를 '배운다'는 것은 우리가 역사적 사건으로 체험하게 되는 결과를 유발한 원인이 되는 힘을 찾아내는 것을 의미한다."[118] 그런 배움 가운데 하나가 영국, 프랑스, 러시아가 독일을 포위하려고 한다는 확신이었다(이런 생각도 어려서부터 했다). 그 후로도 이런 관점을 전혀 버리지 않았다. 그가 숭배하는 영웅은 서로마제국의 샤를마뉴 대제 Charlemagne, 신성로마제국 황제 루돌프 폰 합스부르크Rudolf von Habsburg, 프로이센의 프리드리히 대제Frederick the Great, 러시아의 표트르 대제Peter the Great, 나폴레옹Napoléon Bonaparte, 프로이센 총리 비스마르크Otto von Bismarck, 프로이센 황제 빌헬름 1세Wilhelm I 등이었다. 이렇게 보면 히틀러는 계급투쟁의 역사를 중시한 마르크스나 엥겔스보다는 슈테판 게오르게나 라이너 마리아 릴케와 사상적 결이 훨씬 유사하다. 히틀러에게 역사란 종족 투쟁의 연속이며, 그 결과는 위대한 인간들에게 달려 있었다. "[역사란] 투쟁과 전쟁의 총합이다. 만인에 대한 투쟁에는 자비나 인간애가 끼어들 여지가 전혀 없다."[119] 그는 종종 19세기 독일 장군 헬무트 폰 몰트케Helmut von Moltke의 말을 인용하곤 했다. "항상 가능한 한 가장 끔찍한 무기와 전술을 사용하라. 왜냐하면 전쟁을 단축해서 많은 생명을 구할 수 있기 때문이다."

히틀러의 생물학적 사고는 토마스 R. 맬서스Thomas R. Mathus, 찰스 다윈, 조셉 아르튀르 고비노, 윌리엄 맥두걸William McDougall의 종합이었다. "인간은 투쟁을 통해 위대해졌다. ……무릇 인간이 어떤 목표에 도달한 것은 그 독창성에 잔인성이 더해졌기 때문이다. ……모든 생명은 세 가지 요인으로 엮여 있다. 투쟁이 만물의 아버지라는 것, 미덕은 피로써 이루어진다는 것, 리더십이 근본적이고 결정적인 역할을 한다는 것이다. ……살고자 하면 싸워야 하고, 싸우지 않는 자는 생존할 권리가 없다. 영원한 투쟁이 세상의 삶의 법칙이기 때문이다."[120] 맬서스는 세상의 인구가 지구의 식량 제공 능력을 넘어서고 있다고 주장했다. 그렇게 되면 기근과 전쟁으로 이어질 수밖에 없다. 따라서 산아제한과 고도로 개량된 농법만이 맬서스에게는 유일한 희망이었다. 그러나 히틀러에게는 다른 해법이 있었다. "목적 달성을 위한 수단으로서의 멸절 전쟁이야말로 역사적으로 볼 때 자연법칙과 필연성을 극복할 수 있는 가장 효과적인 행동이다"는 것이다. 히틀러 전기를 쓴 베르너 마저Werner Maser에 따르면 '약해빠진 것들'에 대한 그의 태도는 알프레트 플뢰츠Alfred Ploetz의 가르침을 그대로 옮겨온 것이다. 플뢰츠가 쓴 『우리 종족의 우수성과 약자 보호 Die Tüchtigkeit unserer Rasse und der Schutz der Schwachen』라는 책을 히틀러는 청년 시절 빈에 체류할 때 읽었다. 다음 구절을 보면 히틀러의 사고가 19세기 이후로 어떻게 '진보'했는지 알 수 있다. "인종위생학[우생학의 새로운 표현이다] 주창자들은 전쟁에 대해 별 이의가 없을 것이다. 국가가 생존을 위한 투쟁을 수행하는 방법의 하나이기 때문이다. ……전쟁을 하는 동안 열등한 종자들은 포탄을 날라야 하는 곳이나 개인의 능력은 별로 상관없는 곳에 집중 투입하는 것이 바람직할 것이다."[121]

히틀러의 생물학주의는 역사 이해와 긴밀히 연결돼 있다. 그는 선사시대에 대해서는 거의 몰랐다. 그러나 자신을 나름대로 그리스·로마 고전 연구가쯤으로 생각한 것은 분명하다. 그는 고대 그리스나 로마를 '마음의 고향'이라고 부르곤 했다. 플라톤Plato에 대해서는 좀 아는 수준 이상이었다. 동양의 종족들(옛날의 '야만인')을 열등하다고 간주한 것은 나름으로 플라톤을 읽었기 때문이라고도 할 수 있다. '퇴화'는 히틀러가 자주 언급한 개념으로 '합스부르크 일족'에 대해서도 그런 표현을 쓰곤 했다. 지금은 빈을 통치하고 있지만 곧 몰락할 운명이라는 것이다. 이와 유사하게 기성 종교, 특히 가톨릭도 종말을 고할 운명이었다. 반과학적인 태도에다 쓸 데 없이 가난한 자들('약해빠진 자들')에게 관심을 쏟기 때문이다. 히틀러는 인류를 세 부류로, 즉 문화 창조자, 문화 전달자, 문화 파괴자로 나누었다. 그리고 '아리안족'만이 문화 창조 능력이 있다고 생각했다.¹²² 문화의 몰락은 항상 같은 이유, 즉 서로 다른 종족 간의 결혼 때문이었다. 게르만 종족들은 예전에도 타락한 문화를 대체했고—고대 로마에서—이제 다시 타락한 서구를 대신할 수 있을 것이다. 여기서 또 린츠 시절의 영향을 엿볼 수 있다. 어떤 점에서는 헤겔에 대한 친근감을 보여준다. 헤겔은 유럽이 역사의 중심이며, 러시아와 미국은 주변적인 존재라고 주장했다. 사방이 육지로 둘러싸인 린츠는 이런 관점을 확고히 해주었다. "평생 동안 히틀러는 내륙 지향적인 독일인이었다. 그의 상상력은 바다와 접해본 적이 없다. ……그는 완전히 고대 로마제국의 문화적 영역에 뿌리박고 있었다."¹²³ 이런 태도 탓에 히틀러는 주변부, 즉 영국, 미국, 러시아의 역량을 치명적으로 과소평가했다.

린츠가 히틀러의 사고방식을 19세기에 머물게 했다면 빈은 증오를 가르쳤다. 베르너 마저는 "히틀러는 사랑보다 증오에 능했던 것 같다"고 말한다.¹²⁴ 흥미로운 지적이다. 미술가와 건축가가 되려는 그의 열망을 두 번이나 퇴짜 놓은 것은 빈 미술학교였다. 사회에 만연한 반유대주의를 처음 접한 곳도 빈이었다. 『나의 투쟁』에는 빈에 올 때까지 유대인을 많이 만나지도 못했고, 반유대주의도 겪어보지 못했다고 돼 있다. 그러면서 반유대주의는 합리적인 근거가 있으며, '감정에 대한 이성의 승리'라고 주장했다. 이는 빈 시절 히틀러의 친구였던 아우구스트 쿠비체크August Kubizek의 진술과 완전히 상반된다(『나의 투쟁』은 전기적 세부사항에서 오류가 많다는 사실이 밝혀졌다). 쿠비체크에 따르면 히틀러의 아버지는 책에 묘사된 것처럼 편견 없는 코즈모폴리턴이 아니었다. 골수 반유대주의자이자 3장에서 살펴본 과격한 민족주의자 게오르크 리터 폰 쇠너러의 추종자였다. 쿠비체크는 또 히틀러를 처음 만난 1904년 당시 그는 아직 고등학교에 다녔지만 이미 '현저하게 반유대주의적'이었다고 했다.[125] 연구 결과에 따르면 히틀러가 다니던 학교에 유대인은 열다섯 명이었다. 『나의 투쟁』에 나오는 것처럼 한 명이 아니었다.

린츠 시절 반유대주의에 대해 쿠비체크 말이 맞느냐 히틀러 말이 맞느냐와 관계없이 빈은 우리가 살펴본 대로 섬뜩한 반유대주의의 소굴이었다. 히틀러는 일찍부터 《오스타라Ostara》라는 정치 팸플릿을 접했다. 오스타라는 일종의 잡지로 표지에는 종종 만자 문양이 찍혀 있었다.[126] 자칭 란츠 폰 리벤펠스Lanz von Liebenfels라는 과격한 인종주의자가 1905년에 창간한 이 잡지는 한때 발행부수가 10만 부라고 주장했다. 사설은 잡지의 입장을 노골적으로 드러냈다. "《오스타라》는 영웅적인 종족의 특성과 인류의 법칙을 연구하고 계발하는 데 헌신하는 최초 유일의 잡지이다. 종족학의 성과를 실질적으로 적용함으로써 우리는 체계적인 우생학을 통해…… 영웅적이고 고귀한 종족을 사회주의 및 페미니즘 혁명가들의 파괴로부터 보전할 수 있을 것이다." 란츠 폰 리벤펠스는 '새성전聖殿기사단' 설립자이기도 했다. 이 비밀결사의 회원 자격은 "금발에 푸른 눈을 가진 남성으로 제한됐다. 회원은 누구나 금발에 푸른 눈을 가진 여성과 결혼하겠다는 서약을 했다." 1928년에서 1930년 사이 《오스타라》는 리벤펠스가 1908년에 쓴 방대한 저서 『신의 동물학 또는 소돔의 원숭이족과 신들의 전자電子에 관한 학설Theozoologie oder die Kunde von den Sodoms-Äfflingen und dem Götter-Elektron』의 재판을 냈다. '소돔의 원숭이족'이란 피부색이 짙은 '열등한 종족들'에게 붙인 자극적인 딱지다. 이들을 리벤펠스는 '신이 실수한 작품'이라고 간주했다.[127] 히틀러의 반유대주의는 게오르크 리터 폰 쇠너러에게서도 큰 영향을 받았고, 쇠너러는 다시 고비노의 『인종 불평등론Essai sur l'inégalité des races humaines』 독일어판에 빚을 지고 있었다. 범게르만연맹Pan-German League은 1919년 대회에서 주요 과제의 하나로 '유대인들의 분열적이고, 전복적인 책동'과 맞서 싸울 것을 결의했다. 그것은 "종교 문제와는 무관한 종족 문제였다." 베르너 마저가 언급한 대로 "이러한 선언은 생물학적 반유대주의의 출발점이었다."¹²⁸ 그로부터 5년 뒤 『나의 투쟁』을 쓰는 시점이 되면 히틀러는 유대인에 대해 '기생충' '세균' '보균자' '곰팡이' 같은 표현을 써가며 저주하다시피 한다. 이 시점부터 국가사회주의는 유대인에게서 인간으로서의 속성을 모두 박탈한다.

히틀러가 그 숭배자들이 주장하듯이 책을 많이 읽었는지는 의문이다. 그러나 건축이나 예술, 전쟁사, 일반역사, 기술에 대해서는 어느 정도 알았고, 음악, 생물학, 의학, 문명사, 종교에도 관심이 많았다.¹²⁹ 또 다양한 분야에 관한 정밀한 지식으로 청중들을 놀라게 하기도 했다. 예를 들어 그의 주치의는 지도자께서 니코틴이 관상동맥에 미치는 영향을 속속들이 꿰차고 있다는 것을 알고는 깜짝 놀랐다.¹³⁰ 그러나 대부분 독학이어서 한계가 있었다. 어떤 분야에 대해 체계적이고 종합적인 기초지식을 가르쳐줄 선생이 없었다. 판단에 도움이 되거나 증거를 비교검토해볼 수 있는 객관적인 외부의 시각을 접해보지 못한 것이다. 둘째로 스물다섯 살 때 발발한 1차 대전은 히틀러의 교육 과정에 브레이크 역할을 했다. 히틀러의 사상은 1914년을 기점으로 발전을 멈췄다. 그 이후에는 대체로 2장과 3장에서 서술한 범게르만주의의 과도기적 사고에 고착됐다. 히틀러가 한 일을 보면 릴케의 신비주의와 하이데거의 형이상학, 베르너 좀바르트의 영웅 대 장사꾼 관념을 섞으면 어떻게 되는지, 사회진화론과 니체의 비관주의, 감성적 반유대주의를 칵테일하면 또 어떻게 되는지가 여실히 드러난다. 그런 잡탕은 사방이 육지로 가로막혀 영웅에 목을 매는 나라에서만 번창할 수 있다. 해양국가나 비즈니스를 중시하는 미국의 장사꾼들은 장사라는 행위 자체를 통해 남을 존중하는 법을 체득한다. 그동안 별로 강조되지 않았지만 히틀러식 사고가 서구 합리주의에 의해, 특히 유대인들의 작업에 의해 철저히 논파된 것은 너무도 당연하다고 하겠다.

그러나 히틀러의 사상 수준을 너무 높이 보는 것은 조심해야 한다. 우선 마저가 입증한 대로 그가 나중에 읽은 내용은 대부분 이미 갖고 있던 견해를 단순히 확인하기 위한 것이었다. 둘째로 자기 일관성을 유지하기 위해 히틀러는 사실을 심하게 왜곡했다. 예를 들어 그 독일이 동방으로의 팽창정책을 '육백 년 전에' 폐기했다고 여러 차례 주장했다. 이는 과거 독일의 실패를 호도하는 것은 물론 미래의 필요에 대비하려는 측면이 강하다. 오스트리아 합스부르크 왕가the Habsburgs와 프로이센 호엔촐레른 왕가the Hohenzollerns는 확고한 동방정책이 있었다. 그 결과 폴란드만 해도 세 차례나 분할됐다. 특히 히틀러는 교묘하게 역사를 자의적으로 설명함으로써 자신은 물론 남들에게 자기가 옳고 학자들의 견해가 틀렸다는 확신을 심어주었다. 예를 들어 대부분의 학자들이 나폴레옹의 몰락은 러시아 원정의 결과라고 믿었던 반면 히틀러는 코르시카 출신 특유의 '가족 감정'과 황제의 면류관을 덥석 받은 '판단력 부족' 때문이라고 주장했다. '타락한 자들과 짜고 치는' 바람에 대국을 망쳤다는 것이다.[131]

정치적 관점에서 본다면 히틀러의 업적에는 제3제국 건설과 나치당 집권이 포함된다. 또 어쨌든 뭔가를 해낸 것을 업적이라고 한다면 2차 세계대전과 홀로코스트(유대인 대량학살 : 옮긴이)도 있다. 그러나 이 책의 주제와 관련해서 본다면 히틀러는 낡은 형이상학의 발작을 보여준다. 바이마르공화국은 '더할 나위 없는 정신적 기민성'과 '피로써 사고하는' 19세기 민족주의적 낭만주의의 찌꺼기가 뒤섞여 있었다. 히틀러가 그토록 증오하던 바이마르 문화가 세월이 흐른 후 통째로 외국에 전파된 것은 당연한 일이다. 히틀러의 지적 결함은 군사적 과대망상만큼이나 20세기 후반의 모습을 형성하는 데 중요한 역할을 했다.

14

진화의 진화
The Evolution of Evolution

1차 대전의 지적 희생물 가운데 가장 큰 것은 아마도 진보라는 관념일 것이다. 1914년 이전 백 년 동안에는 이렇다 할 전쟁이 없었다. 서구의 평균수명은 급증했고, 많은 질병이 정복됐으며 유아사망률은 뚝 떨어졌다. 기독교는 아프리카와 아시아의 드넓은 지역으로 퍼져나갔다. 그러나 이런 것이 진보라는 데 대해 모두가 동의하지는 않았다. 조셉 콘래드Joseph Conrad는 인종주의와 제국주의에 관심을 돌렸고, 에밀 졸라Emile Zola는 사회적 참상에 눈을 맞췄다. 그러나 대부분의 사람들에게 19세기는 도덕적으로나 물질적, 사회적으로 진보의 시대였다. 1차 대전은 그걸 단번에 뒤엎어버렸다.

그게, 정말 그럴까? 진보는 딱 부러지게 정의하기가 아주 곤란한 개념이다. 인류가 도덕적으로는 전혀 진보하지 못했다거나 기술 발전과 더불어 잔학행위와 불의를 저지를 수 있는 능력은 오히려 커졌다고 하는 것은 또 다른 이야기다. 그러나 기술적 진보가 있었다는 것을 의심할 사람은 거의 없을 것이다. 1차 대전이 막바지로 치닫는 시점에 케임브리지 대학의 J. B. 베리Bury(왕실이 후원하는 현대사 강좌 담당 교수였다)는 진보 개념에 대한 연구를 시작했다. 진보 개념이 어떻게 발전했고, 올바로 이해할 수 있는 방법은 무엇이며, 거기서 어떤 교훈을 얻을 수 있는지 알아보자는 취지였다. 『진보의 이념 The Idea of Progress』이 발간된 것은 1920년으로 대단히 도발적인—체제 전복적이라고까지 말할 수 있겠다—사상을 포함하고 있었다.¹ 베리는 진보라는 관념 자체가 진보를 거듭했다는 사실을 밝혀냈다. 처음에 진보는 주로 프랑스 계열의 관념이었다. 그러나 프랑스 혁명 이전까지는 간간이 등장하는 정도였다. 종교가 압도적인 영향력을 행사하는 사회에서는 대부분의 사람들이 내세에서의 구원에 관심을 쏟았고, 당대 세상에서의 운명에는 (비교의 관점에서 말하면) 관심이 덜했기 때문이다. 세상 돌아가는 방식에 대한 생각은 사람마다 천차만별이다. 그리고 그런 생각은 대부분은 직관적이다. 예를 들어 17세기 프랑스 작가 베르나르드 퐁트넬Bernard de Fontenelle은 미적 진보는 도대체 가능하지 않다며 문학은 로마의 문필가인 키케로와 리비우스로 완성됐다고 주장했다.² 프랑스 철학자이자 수학자인 마리 장 드 콩도르세Marie Jean de Condorcet(1743~1794)는 문명에는 열 단계의 시기가 있다고 주장했다. 반면 오귀스트 콩트Auguste Comte(1798~1857)는 세 단계가 있다고 봤다.³ 장 자크 루소Jean-Jacques Rousseau(1712~1778)는 정반대로 문명은 실제로는 타락, 즉 퇴화의 과정이라고 믿었다.⁴ 베리는 19세기 말 (프랑스어로) 출판된 두 권의 책을 발굴했다. 『2000년』과 『2440년』이라는 책인데 완벽하게 진보한 사회에서는 신용거래가 없고 현금만 사용하며, 과거 역사와 문헌 기록은 모두 소각된다고 예언한 점이 특히 흥미롭다. 역사를 "인류의 치욕이며, 매 쪽마다…… 범죄와 어리석은 짓거리로 점철돼 있다"고 간주한 것이다.⁵ 베리가 말한 진보 개념의 두 번째 단계는 1789년 프랑스 혁명부터 1859년까지로 1차 산업혁명 기간에 해당한다. 그는 이 기간을 거의 전적으로 낙관적인 시기라고 봤다. 과학이 사회를 변화시키고, 빈곤을 완화하고, 불평등을 줄이고, 심지어 신이 하는 일까지 떠맡게 될 것이라고 믿었다는 것이다. 그러나 베리는 종의 기원이 출간된 1859년 이후 진보 개념 자체가 한층 모호해졌다고 판단했다. 진화의 알고리즘에서 낙관적인 결과와 비관적인 결과를 동시에 읽어낼 수 있었다.⁶ 그에 따르면 진보 개념이 강화되는 것은 종교적 정서의 쇠퇴의 결과로서 사람들의 마음이 내세가 아닌 현세로 쏠리면서 일어난 현상이었다. 이러한 경향은 과학 발전과 민주주의 성장에 관심을 쏟게 했다. 과학을 통해 인간은 자연을 더욱 통제함으로써 더 큰 변화를 확보할 수 있으며, 민주주의는 자유와 평등의 정치적 구현체라는 믿음이 커진 것이다. 베리에 의하면 사회학은 진보에 관한 학문 또는 진보가 무엇인지 규정하고 변화가 얼마나 일어나는지를 측정하기 위해 고안된 과학이었다.[7] 이어 베리는 진보라는 관념 자체가 1차 대전이라는 참사와 모종의 관련을 맺게 됐다는 주장을 폈다. 진보는 미래에는 물질적·도덕적 상태가 나아질 것이고, 후세를 위해서라면 희생이 있어야 한다는 의미를 내포했다. 따라서 진보는 그것을 위해 죽을 만한 가치가 있는 이상으로 화했다.[8]

베리가 쓴 책의 마지막 장은 '진보'가 어떻게 해서 진화evolution라는 관념으로 변해갔는지를 분석한다.[9] 그것은 그럴 만한 철학적 변화였다. 진화는 목적론과 무관했기 때문이다. 진화는 정치적이거나 사회적인 또는 종교적인 의미를 포함하는 개념이 아니다. 진화는 진보를 이론적으로 확립하면서도 그것이 어떤 방향으로 진행될지를 특정하지 않는다. 더구나 그 반대의 경우—멸종 내지는 멸절—도 늘 가능성으로 열려 있다. 다른 말로 하면 진보라는 관념은 이제 사회진화론이나 인종이론, 퇴화와 같은 오래된 개념들과 버무려진 것이다.[10] 그것은 매혹적인 관념이었다. 그리고 즉각적으로 나타난 결과는 지질학, 동물학, 식물학, 고생물학, 인류학, 언어학 같은 학문 분야 전반이 하나같이 역사적 차원을 획득하게 됐다. 이후로는 모든 발견이 그 내적 가치가 여하튼간에 우리의 진화 내지 진보에 대한 이해를 충족시키는 방향으로 해석됐다. 1920년대 들어 특히 문명의 진보 내지 진화에 대한 우리의 이해는 훨씬 더 먼 과거로 거슬러 올라가게 된다.

T. S. 엘리엇, 제임스 조이스, 아돌프 히틀러는 여러 면에서 너무도 다른 인물들이지만 한 가지 공통점이 있었다. 그리스, 로마 고전 시대에 대한 애정이었다. 1922년 엘리엇과 조이스가 대표작을 발표하고, 히틀러가 장교와 고위 공무원, 산업계 수장들이 모인 베를린의 내셔널 클럽에서 초빙 연설을 할 무렵, 탐사팀 하나가 런던을 떠나 이집트로 향하고 있었다. 목표는 고대의 가장 위대한 왕일 수도 있는 인물을 찾아내는 것이었다.

1차 대전 이전에 이미 이집트 왕가의 계곡Valley of the Kings에서는 온갖 어려움 끝에 세 차례 발굴이 이루어졌다. 왕가의 계곡은 카이로에서 남쪽으로 약 480킬로미터 떨어진 곳으로 발굴 때마다 투탕카멘Tutankhamen이라는 이름이 나왔다. 그 이름은 파이앙스 도기 컵에, 금박에, 점토로 만든 봉인들에 새겨져 있었다.[11] 그러니 다들 투탕카멘을 중요한 인물이었을 것으로 믿었다. 그러나 대부분의 이집트학자들은 그의 유해가 발견되리라고는 꿈도 꾸지 않았다. 영국의 고고학자 하워드 카터Howard Carter(1874~1939)와 후원자인 카나본 경Lord Carnarvon(1866~1923)은 왕가의 계곡이 이미 여러 차례 도굴됐음을 알고 있었지만 그래도 파보기로 마음먹었다. 두 사람은 수년간 발굴을 추진했지만 전쟁 때문에 뜻을 이루지 못했다. 그래도 포기하지 않았다. 날씬한 체구에 검은 눈, 덥수룩한 콧수염의 카터는 꼼꼼한 학자였다. 인내심 많고 매사에 철저한 인물로 1899년부터 중동에서 발굴 작업을 해왔다. 1차 대전이 끝난 뒤 카나본 경과 카터는 마침내 카르나크와 룩소르에서부터 나일 강 계곡 일대의 발굴허가를 따냈다.

카터는 카나본 경은 놓아둔 채 런던을 떠났다. 주목할 만한 일이 일어난 것은 1922년 11월 4일 아침이었다.[12] 태양이 주변 경사면을 밝게 비추는 가운데 땅을 파던 인부가 바위 속에 파 들어간 돌계단을 문질러댔다. 조심스럽게 발굴한 결과 열두 개의 계단이 모습을 드러냈다. 계단은 출입구로 이어졌는데 출입구는 봉인된 채 회반죽을 발라놓은 상태였다.[13] "실감이 나지 않았다." 봉인의 문자를 해독하면서 카터는 깜짝 놀랐다. 왕실 묘지였던 것이다. 당장 문을 부수고 들어가 보고픈 마음 굴뚝같았다. 하지만 그날 저녁에는 당나귀를 타고 캠프로 돌아왔다. 현장에는 보초를 세워뒀다. 카터는 기다려야 한다는 것을 잘 알고 있었다. 카나본 경은 발굴 비용을 댔고 대형 무덤 개봉 때는 현장에 입회하기로 돼 있었다. 다음날 카터는 전보를 쳐서 이 소식을 알리고 당장 오라고 했다.[14]

카나본 경은 낭만적인 인물이었다. 명사수에 유명한 요트 애호가였다. 스물세 살 때 요트를 타고 세계 곳곳을 누볐다. 열정적인 유물 수집가이자 영국에서 나온 세 번째 자동차의 주인이기도 했다. 왕가의 계곡까지 오게 된 것은 어떤 면에서는 스피드광적인 기질 때문이었다. 자동차 사고로 폐를 심하게 다쳤는데 영국의 겨울 날씨는 폐에 안 좋았다. 기후가 온난한 곳을 찾으려고 이집트를 돌아다니다가 고고학에 관심을 갖게 된 것이다.

카나본 경은 11월 23일 룩소르에 도착했다. 처음 나타난 문 뒤로는 작은 방이 있었다. 돌조각 부스러기들이 가득했다. 부스러기들을 말끔히 치우자 두 번째 문이 나타났다. 작은 구멍을 뚫고 사람들을 모두 뒤로 물렸다. 독가스가 나올 것에 대비한 조치였다. 그런 다음 구멍을 더 뚫었다. 카터가 구멍 안으로 손전등을 비춰 두 번째 방 안을 살펴봤다.

"뭐가 보이나?" 카나본이 다그쳐 물었다. 카터는 잠시 답을 하지 못했다. 곧 떨리는 목소리로 "네" 하고 답했다. 잠시 또 침묵이 흘렀다. "대단하네요."[15]

과장이 아니었다. "역사상 그 어떤 고고학자도 당시 카터가 손전등으로 본 것과 같은 것을 본 사람은 없었다."[16] 마침내 두 번째 방에 들어갔을 때 무덤은 사치품으로 가득 차 있었다. 도금한 왕좌, 두 개의 황금 의자, 설화석고로 만든 화병에 벽에는 기이한 동물 머리가 달려 있고, 황금 뱀 한 마리도 있었다.[17] 왕족의 상 두 개가 서로 얼굴을 마주보고 있었다. 마치 '파수꾼' 같았다. 황금 스커트에 황금 샌들을 신고 있었다. 손에는 수호신 역할을 하는 코브라가 들려 있었다. 그리고 각각 한 손에는 철퇴, 다른 손에는 몽둥이를 들고 있었다. 카나본과 카터는 이 놀라운 화려함의 극치를 둘러보면서 뭔가 빠진 것 같다는 생각이 들었다. 정작 관이 없었던 것이다. 도둑맞았나? 바로 그때 세 번째 문이 카터의 눈에 들어왔다. 지금까지 찾아낸 것을 고려하면 내실은 훨씬 더 대단할 것 같았다. 그러나 카터는 프로였다. 내실을 개봉하기 전에 귀중한 정보가 유실되지 않도록 외실에 대한 고고학적 조사를 철저히 하기로 했다. 그래서 대기실이라고 이름 붙인 방은 다시 밀폐시켰다(보초를 여럿 세워두었음은 물론이다). 그 사이 카터는 전 세계에서 많은 전문가들을 불러 공동으로 학술조사에 들어갔다. 발굴된 명문銘文들은 연구가 필요했다. 봉인도 그렇고, 심지어 식물 잔유물도 마찬가지였다.[18]

무덤을 다시 개봉한 것은 12월 16일이었다. 내부에는 놀라운 유물이 많았다.[19] 작은 나무 상자에는 이집트 미술에서 전혀 보이지 않던 양식의 사냥 장면이 장식돼 있었다. 세 동물을 새긴 기다란 의자들은 다른 발굴지에서 그림으로 등장했던 것이었다. 다른 말로 하면, 그만큼 이 장소는 고대 이집트에서도 유명했다는 이야기이다.[20] 또 전차가 네 대 있었는데 완전히 금으로 덮였고 안으로 들여놓기 전에 차축을 두 조각을 내야 했을 만큼 컸다. 대기실에서 나온 유물을 다 담는 데 포장용 상자 34개가 들었다. 상자들은 나일 강을 오가는 증기선에 실었다. 이어 7일 동안 강을 타고 내려가 카이로로 보냈다. 그런 다음에야 내실 통로가 온전히 모습을 드러냈다. 카터는 구멍을 크게 뚫고 전처럼 손전등을 안에다 비췄다. "하얗게 빛나는 벽밖에 보이지 않았다. 전등을 이리저리 비춰 봐도 전체 윤곽이 잡히지 않았다. 벽이 문 너머에 있는 방으로 통하는 입구를 막고 선 것이 분명했다. 다시 카터의 눈에 뭔가가 들어왔다. 한 번도 본 적이 없었고, 이후로도 출토되지 않았다. 순금으로 된 벽이었다." 문을 해체하자 황금벽은 세 번째 방에 꾸며진 사당의 일부라는 사실이 드러났다. 나중에 측정한 결과 사당은 가로 5.18미터, 세로 3.35미터, 높이 2.74미터였고, 완전히 금으로 덮여 있었다. 벽에 붙인 화려한 파란색 파이앙스 도기 패널만이 예외였다. 도기 판에는 망자를 보호하는 주술적 상징들을 그려놓았다.[21] 카나본과 카터와 인부들은 벌린 입을 다물지 못했다. 더욱 놀라운 것은 사당 안의 방 속에 또 방이 있었다는 점이다. 사당 내실 안에 세 번째 방이 있었고, 그 안에 다시 네 번째 방이 있었다.

여러 겹으로 된 방을 차근차근 헤쳐 나가는 데 84일이 걸렸다.[22] 특수한 연장을 만들어서 시신을 담은 관을 둘러싼 거대한 곽의 뚜껑을 들어내는 순간 드라마의 클라이맥스가 연출됐다. 관 뚜껑에는 소년왕 투탕카멘의 황금상이 놓여 있었다. "황금상은 지금 막 주물공장에서 나온 것처럼 찬란한 빛을 내뿜었다."[23] "그런 보물은 세상에 없었다. 왕의 머리와 얼굴은 금으로 만들었고, 눈썹과 눈꺼풀은 청금석 파란 유리로, 눈은 흑요석과 아라고나이트로 처리해 대조를 이뤘다." 가장 감동적인 것은 작은 꽃다발이었다. '홀로 된 소녀 왕비가 남편에게 보내는 마지막 작별인사'였던 것이다.[24] 그 모든 흥분을 가라앉히고 보니 막상 시신 자체는 실망스러웠다. 소년왕은 천으로 칭칭 감고 '연고와 기름'으로 범벅을 해놓은 상태였다. 오랜 세월이 흐르는 사이 화학성분들이 뒤섞여 역청 같은 침전물을 형성했고 이것이 시신을 감싼 천 속에 깊이 스며들어갔다. 싸개 사이에 켜켜이 쏟아 부은 보석들이 침전물과 반응하면서 자연발화가 되는 바람에 유해와 아마포는 새카맣게 탄 상태였다. 그러나 왕의 나이는 17세 가까이로 어림할 수 있었다.[25]

살았을 당시 투탕카멘은 썩 대단한 파라오는 아니었다. 그러나 각종 보석과 호화스러운 무덤은 고고학에 대한 대중의 관심을 유례가 없을 정도로 자극했다. 마추픽추 발견 때보다 훨씬 더했다. 그러나 발굴 드라마에는 미스터리가 숨어 있었다. 고대 이집트인들이 열일곱 살 난 군주를 이렇게 사치스럽게 매장했다면 나이 많고 업적이 뛰어난 왕들은 어떠했을까? 그런 왕들의 무덤이 발견되지 않았다면—실제로 그랬다—도굴꾼들에게 털렸다는 이야기일까? 그렇다면 그로 말미암아 얼마나 많은 정보가 사라진 것일까? 그래도 어딘가에 아직 남아 있다면 문명의 진화 과정에 대한 우리의 이해를 얼마나 뒤바꾸어놓게 될까?

그러나 중동 고고학에서 진짜 흥미진진한 것은 보물찾기가 아니라 신화에서 사실을 밝혀내는 작업이었다. 1920년대 들어 인류의 탄생에 관한 성서의 기록은 차츰 의문의 대상이 되었다. 성서 기록 일부가 사실에 근거한 것이 분명한 것처럼 성서가 여러 곳에서 매우 부정확하다는 것 역시 분명했다. 당연히 관심을 갖게 되는 분야는 과거에 대한 최초의 기록으로서의 문자의 탄생이었다. 그러나 여기에도 미스터리가 숨어 있었다.

쐐기문자(설형楔形문자)의 복잡성 때문에 비롯된 미스터리였다. 쐐기문자 cuneiform writing는 티그리스Tigris 강과 유프라테스Euphrates 강 사이 메소포타미아 지역에서 점토판에 쐐기 모양의 기호를 새겨 넣은 문자 체계였다. 많은 학자들이 쐐기문자는 그림문자에서 발전해 차츰 메소포타미아Mesopotamia 전역에 퍼진 것으로 생각했다. 문제는 쐐기문자가 그림문자와 음절문자syllabic script, 알파벳문자의 혼합이라는 사실이었다. 이런 시스템은 같은 시대 같은 장소에서 자연발생적으로 생겨날 수 없다. 따라서 쐐기문자는 시기적으로 좀 더 이른 형태의 문자에서 진화해왔음이 틀림없다. 그렇다면 이른 형태란 무엇인가? 그리고 그걸 사용한 민족은 누구인가? 언어, 공통된 단어의 유형, 거래 내역 기록 등등을 분석한 결과 문헌학자들은 쐐기문자가 셈족 계통 바빌로니아인Babylonian이나 아시리아 인Assyrian이 아니라 동쪽 고원지대의 다른 민족이 발명한 것이라는 결론에 도달했다. 그런 '증거'는 예상 외로 늘어갔다. 그런데 이렇게 이론적으로 설정한 선조 그룹은 이미 이름이 있었다. 메소포타미아 남부 최초의 통치자들을 '수메르Sumer와 아카드

Akkad의 왕들'이라고 불렀기 때문에 그들은 수메르인Sumerians으로 통했다.²⁶

이런 상황에서 프랑스인 에르네스트 드 사르제크Ernest de Sarzec(1832~1901)가 지금의 이라크 바스라 북쪽 우르Ur(Chaledea)와 우루크Uruk 인근 텔로Telloh 의 한 언덕을 발굴해 당시까지 전혀 알려지지 않은 유형의 조각상 하나를 찾아냈다.²⁷ 당연히 '수메르인들'에 대한 관심을 촉발시켰고, 이어 여러 곳에서 발굴이 진행됐다. 주도권은 미국인과 독일인들이 쥐었다. 이들은 특히 거대한 지구라트ziggurat(사각형 층을 여러 단 쌓아올려 만든 피라미드 모양의 구조물 : 옮긴이)들을 발굴했는데 문제의 고대문명(당시에는 라가시Lagash 문명이라고 했다)이 대단히 발전된 단계였음이 확인됐다. 연대도 충격적이었다. "그 초기 단계는 창세기에 묘사된 시대와 거의 일치하는 것처럼 보였다. 수메르인들은 신이 인간의 타락에 대한 징벌로 노아 일족을 제외한 전 인류를 쓸어버린 대홍수 이후 지구상에 살았던 바로 그 종족일 가능성이 높다고들 생각했다." 이런 발굴들은 문명이 얼마나 이른 시기부터 발전해왔는가뿐 아니라 인간이 얼마나 일찍부터 머리를 써왔는지를 보여줬다. 바로 그 때문에 1927년 영국 고고학자 레너드 울리Leonard Woolley(1880~1960)는 성서에 나오는 칼데아의 우르 발굴에 착수했다. 유대인의 조상인 아브라함의 고향으로 추정되는 곳이었다.

울리는 1880년 생으로 옥스퍼드 대학에서 공부했다. T. E. 로렌스Lawrence('아라비아의 로렌스')의 친구이자 동료였다. 둘은 함께 카르케미시Carchemish를 발굴했다. 유프라테스 강이 지금의 터키에서 시리아로 흐르는 지점이었다. 1차 대전 때 울리는 이집트에서 정보 업무를 담당하고 있었다. 그러나 나중에 전쟁포로로 붙잡혀 터키에서 2년을 보냈다. 그는 우르에서 세 가지 중요한 발견을 했다. 첫째 여러 개의 왕실 묘를 찾아냈다. 특히 슈브아드 여왕Queen Shub-Ad 묘에는 투탕카멘 묘만큼 많은 금은 용기가 부장돼 있었다. 둘째로 이른바 '우르의 깃발'이라고 하는 것을 발굴해냈다. 여러 대의 전차를 묘사한 장식물로 기원전 40세기 말에 전차를 전쟁에 도입한 것이 수메르인이었음을 보여준다. 그리고 셋째로 우르에 묻힌 왕들은 혼자 묻히지 않았다는 사실을 발견했다.²⁸ 왕과 왕비 옆으로 같은 방 안에 일단의 병사들(유골 옆에는 구리로 만든 투구와 창이 놓여 있었다)이 누워 있었다. 다른 방에는 아홉 명의 시녀 유골이 있었다. 정교한 금제 머리쓰개를 한 상태 그대로였다.²⁹ 이런 섬뜩한 순장의 풍습을 알게 된 것 말고도 더더욱 중요한 것은 그런 집단희생 의식을 알려주는 기록은 하나도 없다는 점이었다. 그래서 울리는 이런 결론을 내렸다. 희생의식이 거행된 것은 그런 의식을 기록할 수 있는 문자가 발명되기 전의 일이라는 것이었다. 그렇게 해서 순장 의식은 당시 수메르가 세계에서 가장 오래된 문명이었음을 확인시켜주었다.

이런 놀라운 발견 끝에 울리는 지하 12미터 지점에 도달했다. 그런데 아무것도 보이지 않았다.³⁰ 거기서 2.4미터를 더 파내려가도 진흙뿐이었다. 유물은 고사하고 하다못해 질그릇 파편이나 돌 부스러기 같은 것도 하나 없었다. 이제 2.4미터 두께의 진흙만 들어차 있다는 것은 엄청난 홍수가 한때 수메르 지역을 뒤덮었음을 말해주는 것이 분명하다. 그렇다면 그것이 바로 성서에 언급된 대홍수였을까?³¹ 고전고고학자라면 누구나 그렇듯이 울리는 중동의 길가메시Gilgamesh 전설을 잘 알고 있었다. 길가메시는 반인반신半人半神으로 수많은 시련과 모험을 견뎌냈다. 그중에는 대홍수('죽음의 물')도 있었다.³² 수메르인과 초기 성서 사이에 또 다른 상응관계가 있을까? 주위를 살펴보다가 울리는 그런 점을 많이 발견했다. 가장 흥미로운 것은 아담과 대홍수 사이에 열 명의 '늙었지만 강건한 선조들'이 있었다는 창세기 기사였다. 수메르 문헌도 여덟 명의 '선조 왕들'을 언급하고 있다. 또한 이스라엘인들은 도저히 믿기지 않을 만큼 수명이 길었다고 한다. 아담을 예로 들면 첫 아들을 본 것이 130세 때였고 800년을 살았다. 울리는 고대 수메르인들의 수명은 이보다 훨씬 길었던 것으로 돼 있다는 사실을 알아냈다.³³ 한 기사에 따르면 선조 왕 8인의 통치기간은 24만 1,200년이었다. 한 왕당 평균 3만 400년이라는 이야기다.³⁴ 들여다보면 볼수록 울리는 수메르인들이 성서 초기 창세기 기록과 겹치는 부분이 많고, 수메르가 인류 발전의 핵심축이라고 생각하게 됐다.³⁵ 예를 들어 수메르인들은 최초의 학교를 운영했고, 처음으로 정원을 만들어 인공 그늘을 즐겼다. 최초의 도서관도 그들이 세웠으며, 성서 시대 훨씬 이전부터 '부활' 개념이 있었다. 그들의 법률은 인상적이며 어떤 면에서는 놀라울 정도로 현대적이다.³⁶ "현대적 관점에서 볼 때 그들의 법전의 놀라운 점은 범죄에 대한 개념이 명확하고도 일관적이라는 점이다."³⁷ 매사에 법률적 접근을 중시했으며, 종교적 고려는 의도적으로 최대한 배제했다. 예를 들어 수메르에서는 처절한 복수라는 관습이 폐기되지는 않았지만 국가가 개인을 대신해 정의의 집행자 역할을 떠맡았다. 그 정의는 가혹했지만 최대한 객관적으로 집행하려고 최선을 다했다. 의학과 수학 역시 수메르에서는 전문 직종으로 매우 존중됐다. 아치 구조를 발견한 것도 수메르인으로 보인다. 사과를 먹기 전에 윤이 나게 닦는다든지 하는 습관은 우리나 마찬가지였고, '검은 고양이는 재수 없다'는 속설도 수메르에서 온 것이다. 시계의 문자반을 열둘로 나눈 것도 그들이었다.[38] 당시 수메르는 문명 진화의 잃어버린 고리missing link였다. 우리의 추론에 따르면 수메르인은 비셈계였다. 머리가 검은 종족으로 다른 두 셈계 종족을 몰아내고 메소포타미아 삼각주 지역을 차지했다.[39]

울리의 연구는 여기서 더 나아가지 못했지만 히브리인의 기원과 문자의 진화에 관해서는 라스 샤므라Ras Shamra에서 이루어진 발견으로 많은 부분이 추가로 밝혀진다. 라스 샤므라는 시리아 북서부 지중해 알렉산드레타 만 인근 시리아와 소아시아 사이 돌출부에 위치한 곳이다. 작은 항구 위로 솟은 이 언덕에서 1929년 클로드 세페르Claude Schaeffer가 이끄는 프랑스 발굴팀이 고대의 주거지를 발굴했다. 발굴팀은 유적지의 연대기를 온전히 복원할 수 있었다. BC 15~14세기로까지 거슬러 올라가는 문자기록이 출토됐기 때문이다. 이 기록에 따르면 유적지의 이름은 우가리트였고, 아모리-가나안 계통의 셈족이 살았다.[40] 성서에 따르면 당시는 이스라엘인들이 남쪽에서 팔레스타인으로 들어가 우가리트 주민들 및 동족인 가나안 사람들과 섞여 살기 시작하던 때였다. 바알 신전과 다곤 신전 사이에 들어선 건물에서는 도서관이 발견됐다. 대제사장이 관할하던 도서관에는 주로 쐐기문자로 쓴 점토판이 많았는데 알파벳 스타일로 변형된 것으로 문자기호는 29개였다. 그래서 이것을 최초의 알파벳이라고 했다.[41]

텍스트의 내용은 법률 관련 문서, 가격 목록, 의학과 수의학 논문, 그리고 엄청난 양의 종교 문헌으로 판명됐다. 우가리트의 최고신이 엘El이라는 기록도 나왔다. 구약에서 이스라엘의 신들 중 하나로 나오는 친숙한 이름이다. 예를 들어 창세기 33장 20절에 보면 야곱이 제단을 쌓고 '이스라엘의 하느님 엘'이라고 하는 대목이 나온다. 라스 샤므라 점토판에는 "엘은 왕이시며 최고 재판관이시고 세월의 아버지다"라는 부분과 "그분은 다른 모든 신을 다스리신다"는 구절이 나온다.⁴² 가나안 땅은 '엘의 온전한 땅'으로 지칭된다. 엘에게는 아세라트Asherat라는 부인이 있는데 둘 사이에서 아들 바알Baal이 나왔다. 엘은 종종 황소로도 묘사된다. 그리고 한 텍스트에는 크레타Crete 섬이 엘의 거처로 서술돼 있다. 이런 식으로 라스 샤므라와 수메르, 아시리아와 크레타의 관념들끼리는 물론이고, 히브리적 개념들과도 겹치는 부분이 있다. 많은 기록에 바알 신의 모험이 묘사돼 있다. 그중에서도 '머리가 일곱 개 달린 거대한 뱀' 로탄Lotan과의 싸움은 히브리인의 괴물 레비아탄Leviathan을 연상시킨다. 또 머리가 일곱이라는 것은 요한계시록과 욥기에 나오는 머리 일곱 달린 야수를 떠올리게 한다.⁴³ 다른 기록에서는 엘이 케레트에게 대군의 지휘권을 준다. 군대의 이름은 '네게브의 군대'라고 했다. 팔레스타인 남단 네게브 사막을 말하는 것임을 금세 알 수 있다. 케레트가 내린 명령은 테라키트Terachite라고 하는 침입자들을 정복하라는 것이었다. 테라키트는 테라Terah(한글 성서 판본들은 '데라'로 표기한다 : 옮긴이), 즉 아브라함의 아버지의 후손이었음을 바로 알 수 있다. 이들을 다른 말로 하면 당시(일반적으로 인정된 연대기에 따르면) 40년 동안 광야를 방랑하면서 일시적으로 사막을 점거한 이스라엘인들이었다.⁴⁴ 라스 샤므라/우가리트 텍스트에는 구약과 상응관계를 이루는 부분이 또 있다. 그래서 대략 BC 2000~4000년에 중동 전역에서 성행한 황소 숭배와 오늘날 우리가 알고 있는 종교들 사이에 명확하지는 않지만 상당한 연관이 있음을 보여준다.

라스 샤므라의 발견이 중요한 것은 두 가지 이유에서다. 우선 발굴 당시 팔레스타인과 이스라엘이 아랍인과 유대인으로 극명하게 갈렸던 지역에서 유대교가 가나안의 종교로부터 자연스러운 과정을 통해 생성됐다—진화했다—는 점을 보여주기 때문이다. 그 과정은 이 협소한 지역에 살던 고대 가나안족과 이스라엘족이 본질적으로 같은 종족임을 입증한다. 둘째로 그렇게 이른 시기에 문자가 존재했다는 것은—그것도 알파벳의 형태로—성서에 관한 생각을 혁명적으로 바꿔놓았다. 우가리트를 발굴하기 전까지만 해도 일반적인 견해는 히브리인들은 BC 9세기까지, 그리스인들은 BC 7세기까지 문자를 몰랐다는 것이었다. 이는 성서가 수 세기 동안 구전으로 내려왔으며, 따라서 그 내용은 신뢰성이 떨어지고 얼마든지 윤색이 가해졌을 것이라는 의미다. 그런데 일반적인 생각보다 500년이나 이른 시기에 문자가 나온 것이다.

고전고고학과 고생물학에서 쓰는 전통적인 연대 측정법은 지층의 분포나 상태, 화석 등으로 시대적 상관관계를 밝히는 층서학層序學stratigraphy이다. 상식적으로 보면 더 아래 있는 지층은 그 위의 층보다 오래된 것이다. 그러나 이는 두 지층 간의 선후 관계를 밝히는 데 도움을 주는 상대적인 연대일 뿐이다. 절대 연대를 확정하려면 뭔가 독립적인 증거가 필요하다. 기록으로 남은 역대 왕 명단이라든가 표면에 날자가 찍힌 주화 또는 일식처럼 현대 천문학 지식으로 시대를 추산할 수 있는 천체현상 기록 같은 것 등등. 그런 정보를 층서학의 추론과 잘 조합할 수 있다. 물론 그렇게 해서 나온 결론이 완전히 만족스러운 것은 아니다. 유적은 인간이나 자연에 의해 고의로 또는 우연히 손상을 입을 수 있다. 무덤의 경우는 전에 있던 것을 후대인이 재활용할 수도 있다. 그래서 고고학자, 고생물학자, 역사가들은 항상 색다른 연대 측정법을 모색해왔다. 이 분야에서 20세기는 몇 가지 대안을 제시했다. 그 첫 대안이 나온 것이 1929년이었다.

레오나르도 다 빈치의 노트에는 나무 나이테를 가지고 비가 많이 내린 해와 비한 방울 오지 않은 해를 구분하는 방법에 관한 간단한 설명이 나온다. 1837년 영국의 수학자 찰스 배비지Charles Babbage—최초의 기계 계산기를 디자인한 인물로 컴퓨터의 선구자 중 한 사람이라고 할 수 있다—는 똑같은 방식에 착안했다. 여기다가 나이테와 여타 연대 측정법을 결합시키는 아이디어를 추가했다. 그러나 수 세대 동안 관심을 끌지 못하다가 미국 물리학자이자 천문학자로 애리조나 대학 스튜어드 천문대 대장인 앤드루 엘리콧 더글러스Andrew Ellicott Douglas 박사가 돌파구를 열었다. 그가 관심을 가진 분야는 태양의 흑점이 지구 기후에 미치는 영향이었다. 다른 천문학자나 기후학자들과 마찬가지로 그는 대충 11년마다 흑점의 활동이 정점에 달하면 지구는 폭풍우가 잦아지고, 그 결과 습도가 평균을 훨씬 웃돌아 풀과 나무에 큰 영향을 미친다는 사실을 알고 있었다.[45] 이런 연관관계를 입증하기 위해 더글러스는 그러한 패턴이 오래 전 역사에서도 반복됐다는 것을 보여줄 필요가 있었다. 그런데 듬성듬성한 불완전한 기상 자료로는 너무 부족했다. 바로 그때 더글러스는 어려서 시골에서 자란 사람이라면 누구나 알 수 있는 경험이 떠올랐다. 나무를 베고 나면 등걸이 남는데 거기에 동심원 모양의 나이테가 있다. 벌목꾼이나 정원사, 목수라면 누구나 직업적인 지식으로 알고 있듯이 나이테는 해마다 생기는 것이다. 그러나 남들은 별로 주목하지 못했던 부분, 즉 나이테의 두께가 똑같지 않다는 점에 더글러스는 착안했다. 어떤 해에는 나이테가 좁고, 또 어떤 해에는 나이테가 넓다. 더글러스는 넓은 나이테는 '뚱뚱한 해'(습기가 많은 해), 좁은 나이테는 '마른 해'(습기가 없는 해)를 의미하는 것이 아닐까 하고 생각했다.[46]

간단하지만 통찰력 있는 아이디어였다. 특히 사실 확인이 아주 간단한 것이 장점이었다. 더글러스는 새로 벤 나무의 바깥쪽 나이테를 최근 몇 년 동안의 기상 정보와 비교했다. 당연히 그의 가설은 사실과 맞아들었다. 이어 그는 좀 더 먼 과거로 거슬러 올라갔다. 그가 사는 애리조나의 어떤 나무들은 수령이 300년이나 되었다. 줄기의 핵심부까지 나이테를 추적해 들어가면 지난 세기에 있었던 기후 변동을 재구성할 수 있다. 매 11년마다 흑점 활동과 일치해서 '뚱뚱한 해'가 나타났다. 넓은 나이테가 여러 해에 걸쳐 형성돼 있었다. 더글러스는 흑점 활동과 날씨가 연관돼 있다는 주장을 사실로 입증한 것이다. 그러나 이러한 새로운 기법을 다른 목적으로도 활용할 수 있게 됐다. 애리조나에 자라는 나무는 대부분 소나무였고 심은 시기는 1450년 이후였다. 유럽인들이 아메리카 대륙을 침략하기 바로 전이었다.[47] 처음에 더글러스는 16세기 초 스페인 사람들이 건물을 짓기 위해 베어낸 목재 샘플을 얻었다. 연구를 하면서 더글러스는 미국 중서부에서 활동하는 많은 고고학자들에게 편지를 보내 유적지 현장에서 출토된 나무 샘플을 보내달라고 부탁했다. 뉴멕시코 주의 선사 유적지 푸에블로 보니토Pueblo Bonito에서 북쪽으로 80킬로미터 떨어진 아즈텍 유적에서 작업하던 얼 모리스Earl Morris와 푸에블로 보니토를 발굴 중이던 닐 주드Neil Judd 두 사람이 샘플을 보내왔다.[48] 아즈텍의 '대형 가옥들'은 그 양식과 출토 유물로 미루어보건대 같은 시기에 건설된 것이었다. 그러나 북아메리카에는 문자로 남긴 달력이 없어서 인디언 마을의 정확한 건립 연대를 확정할 수는 없다. 더글러스는 모리스와 주드로부터 샘플을 받고 나서 얼마 후에 그들에게 놀라운 선물을 보낼 수 있었다. 그가 보낸 편지는 "이걸 아시게 되면 상당한 흥미를 느끼실 겁니다"라는 말로 시작됐다. "아즈텍Aztec 유적지 천장에 사용된 들보 가운데 가장 최근 것은 보니토 유적지에 사용된 들보보다 정확히 9년 뒤에 벌목한 목재로 만든 것입니다."[49]

나이테연대학dendrochronology이라는 새 학문이 태어나는 순간이었다. 그리고 푸에블로 보니토는 나이테연대학이 처음으로 성과를 보인 고전적인 사례였다. 더글러스의 연구가 시작된 것은 1913년이었지만 1928~29년이 되어서야 세상에 연구 결과를 공표할 수 있을 정도의 자신감을 갖게 된다. 서로 다른 시기에 벌목한 서로 다른 수령의 나무를 비교함으로써 더글러스는 미국 남서부 지역의 나이테를 처음에는 서기 1300년까지, 나중에는 서기 700년까지 소급해 추적해냈다.[50] 연속된 나이테는 혹심한 가뭄이 서기 1276년부터 1299년까지 계속됐음을 보여줌으로써 당시 푸에블로 인디언이 광범위하게 이주한 이유를 밝혀냈다. 푸에블로 인디언의 대량 이주는 수 세기 동안 과학자들의 골머리를 앓게 한 수수께끼였다.

이러한 발견을 통해 인류사가 진화의 계단을 어떻게 밟아왔는지를 좀 더 확실한 시간틀 속에서 알게 됐다. 문자, 종교, 법률, 심지어 건물의 진화 과정 모두가 1920년대 들어 서서히 밝혀지기 시작했다. 그리하여 역사시대와 선사시대를 차츰 하나의 연결된 이야기로 파악할 수 있게 됐다. 심지어 성서에 나오는 유명한 사건들도 뒤늦게 밝혀진 사건들과 상관관계가 있음이 드러났다. 물론 그런 관점에는 위험이 따랐다. 질서가 존재하지 않는 곳에 질서를 억지로 부여하는가 하면, 복잡한 과정을 지나치게 단순화할 수도 있었다. 많은 사람들이 과학의 발견에 매료돼 과학이 속삭이는 이야기에 환호했다. 그러나 세계의 '탈주술화'가 진행되면서, 미스터리가 차츰 풀려가는 과정에서 당혹감을 느낀 사람들도 있었다. 1931년에 출판된 한 권의 얇은 책이 엄청난 파급력을 행사한 것은 바로 그런 측면 때문이기도 했다.

영국 역사학자 허버트 버터필드Herbert Butterfield(1900~1979)가 『휘그당식 역사해석The Whig Interpretation of History』을 발표해 명성을 얻은 것은 케임브리지 대학 피터하우스 칼리지 강사 시절인 약관 스물여섯 살 때였다.[51] 논란도 많고 본인은 진화 그 자체에 관심이 없었지만 '진화의 적과 동지'에 관한 문제를 제기함으로써 당시 득세하던 발전론적 사관의 맹점을 까발렸다. 버터필드는 본질적으로 역사를 과거에서 현재에 이르는 직선적 발전 과정으로 보는 목적론적 시각을 완전히 깨버렸다. 버터필드에게 '진보'라는 관념은, 어떤 투쟁에서든 항상 이기는 쪽은 좋은 나라고 지는 쪽은 나쁜 나라라는 관념과 마찬가지로 의심스러운 것이었다. 그는 르네상스가 종교개혁으로 이어지고 종교개혁이 다시 현대 세계로 이어진다는 해석을 예로 들었다. 그가 휘그당(Whig Party : 영국 최초의 근대적 정당. 18세기에 토리당과 양대 정당을 형성했다. 19세기 초 신흥 부르주아지와 제휴해 자유주의적 개혁을 추구했다. 이후 자유, 진보, 개인주의, 빈곤해방을 기치로 내건 자유당으로 발전했다 : 옮긴이)식 관점이라고 명명한 주류적 견해는 가톨릭적인 르네상스가 프로테스탄트 종교개혁으로, 이어 다시 자유로운 현대 세계로 이어진다고 보았다. 많은 사람들이 루터가 좀 더 많은 자유를 확보하려고 했다고 생각했다.[52] 버터필드는 이런 시각이 '사건들에 대한 잘못된 연속성'을 전제로 하는 것이라고 주장했다. 휘그당의 역사가들은 "종교의 자유가 프로테스탄티즘에서 자연스럽게 생겨난 것이라고 상상하기를 좋아한다. 그러나 실제로 종교의 자유는 그와는 전혀 다른 것, 즉 종교개혁 이후 세계의 비극에서 고통스럽고도 원치 않는 과정을 통해 파생된 것이다."[53]

역사가들이 이런 관점을 갖게 된 동기는 아주 넓은 의미에서 현대의 정치 때문이라고 버터필드는 지적했다. 현대 역사가들이 민주주의나 사상의 자유 또는 자유주의를 적극 옹호하려다 보니 과거의 인간들도 그런 목적을 향해 일로매진했다는 결론을 내리게 됐다는 이야기다.[54] 그에 따르면 휘그당 역사가들이 과거에 대해 도덕적으로 재단하기를 좋아하는 것도 그런 성향 때문이었다. "그들에게는 후세의 목소리가 신의 목소리이고, 역사가는 후세의 목소리다. 그래서 자신을 재판관으로 간주하는 경향이 농후하다. 그러나 역사가가 사용하는 방법과 소양으로 볼 때 재판관보다는 탐정에 어울린다."[55] 도덕적 평가를 선호한 휘그당 역사가들은 또 다른 실수를 저질렀다. 악은 무의식적 실수에서가 아니라 의식적인 죄로 말미암아 생긴다고 본 것이다. 이런 시각을 버터필드는 매우 못마땅해 했다.[56] 그가 내놓은 대안은 역사는 더욱 더 구체적인 사실들을 가지고 주제에 접근해야만 하며, 사안의 지나친 단순화는 더욱 더 자제해야 한다는 것이었다. 그가 보기에 도덕적 판단은 불필요했다. 지나간 시대의 사람들 의식 속으로 들어간다는 것은 불가능하다. 역사상의 엄청난 다툼들은 '선한' 나라와 '악한' 나라 사이에 벌어진 것이 아니라, 세계관이 서로 다른 적대 집단들(꼭 두 집단일 필요는 없다) 사이에 벌어진 것이다. 현재의 입장에서 과거를 재단하는 것은 현대의 사고방식을 과거의 사건들에다 덮어씌우는 것이다.⁵⁷ 그렇게 해서는 과거의 사건들을 온전히 이해할 수가 없다.

　버터필드의 사상은 발전 사관의 득세에 제동을 걸었다. 그렇게 이의를 제기하고 나선 것은 버터필드만이 아니었다. 시간이 흐르면서 그의 주장을 뒷받침하는 연구 성과가 쌓여가고 증거는 늘었다. 진보라는 말은 구닥다리가 되었다. 대신 진화라는 표현이 급속도로 힘을 얻으면서 역사 서술에 스며들었다. 1920년대에 이루어진 발견들은 언젠가 완벽한 인류사가 가능해질 것이라는 관념을 강화시켰다. 물리학의 눈부신 발전은 그런 비전을 더더욱 설득력 있게 만들었다.

15

물리학의 황금기
The Golden Age of Physics

 어니스트 러더퍼드Ernest Rutherford가 처음 원자를 쪼갠 1919년에서부터 제자인 제임스 채드윅James Chadwick이 중성자를 발견한 1932년까지 10여 년 간은 물리학의 황금기였다. 신기원을 이룬 중대한 연구 성과를 내지 않은 해가 단 한 해도 없었다. 이런 상황에서 미국은 한참 후의 양상과는 달리 물리학 분야에서 세계를 주도하는 역할과는 거리가 멀었다. 이 황금기의 주요한 업적은 모두 유럽의 세 곳에서 이루어졌다. 영국 케임브리지 대학 캐번디시연구소, 닐스 보어Niels Bohr가 이끄는 코펜하겐 대학 이론물리학연구소, 그리고 독일 마르부르크Marburg 인근의 고색창연한 대학 도시 괴팅겐Göttingen이었다.
 1920년대 러더퍼드의 문하생인 마크 올리펀트Mark Oliphant에게 소장 방이 있는 캐번디시연구소 복도는 '맨 마룻바닥에 거무스름한 니스 칠을 한 소나무 손잡이, 회반죽을 바른 얼룩진 벽에 지저분한 창으로 햇빛이 마냥 흘러드는' 풍경이었다.¹ 그러나 같은 연구소에서 훈련을 한 C. P. 스노는 첫 번째 소설 『추적The Search』에서 연구소를 묘사하면서 페인트와 니스와 지저분한 유리창은 언급하지 않고 지나쳤다. "캐번디시의 수요일 모임을 쉽게 잊지 못할 것이다. 나에게 그 모임들은 과학에 대해 흥분을 느끼는 핵심적인 이유가 되었다. 낭만적이었다고 할 수 있겠다. 물론 내가 그 이후에 경험하게 되는 [과학적 발견의] 최고 수준은 아니었다.

그러나 차츰 시간이 흐르면서 으슬으슬한 밤에 밖에 나가 산책을 할 때면 동쪽 울타리에서 바람이 윙 하고 한길로 불어나가는 동안 세계에서 가장 위대한 운동의 지도자들을 직접 보고 듣고 가까이 있다는 뿌듯한 만족감에 한껏 젖었다." 맥스웰의 후임으로 1919년 캐번디시연구소장에 취임한 러더퍼드라면 분명 이런 표현에 공감을 표했을 것이다. 러더퍼드는 1923년 영국학술협회the British Association 모임에서 느닷없이 "우리는 물리학의 영웅시대에 살고 있습니다!"라고 소리쳐 좌중을 놀라게 했다.²

어떤 면에서 러더퍼드 자신이—불그레한 얼굴에 콧수염을 기른 채 늘 파이프를 물고 있었다—영웅시대를 온몸으로 구현한 인물이었다. 1차 대전 기간에 입자물리학 연구는 잠시 중단됐다. 공식적으로 러더퍼드는 영국 해군성에서 잠수함 탐지장치를 연구 중이었다. 그러나 근무에 지장이 되지 않는 범위에서 짬을 내 하던 연구를 지속했다. 그리하여 전쟁이 끝나던 해인 1919년 4월, 아서 에딩턴Arthur Eddington이 아인슈타인의 예측을 시험하기 위해 서아프리카로 떠날 준비를 하는 사이 러더퍼드는 논문 한 편을 발표했다. 다른 업적이 아니더라도 이 하나만으로 역사의 한 자리를 차지할 만한 내용이었다. 제목만 봐서는 그다지 특이할 것 같지 않다. 「질소의 변칙 효과An Anomalous Effect in Nitrogen」. 러더퍼드의 실험들이 대개 그렇듯이 여기에 사용된 장비도 조야하다고 할 정도로 단순했다. 봉인한 놋쇠 상자 안에 작은 유리관을 넣고 한쪽 끝을 황화아연판으로 막는다. 놋쇠 상자에는 질소를 가득 채운 다음 유리관을 통해 알파입자, 즉 라듐의 방사성 가스인 라돈에서 방출되는 헬륨 원자핵을 투과시켰다. 흥미로운 대목은 러더퍼드가 황화아연판에 나타난 움직임을 조사하는 과정에서 벌어졌다. 형광체에 방사선을 쐬었을 때 생기는 섬광이 수소에서 나온 것과 똑같았다. 아무 데도 수소는 없는데 이런 일이 어떻게 일어날 수 있단 말인가? 결론은 러더퍼드 논문의 네 번째 부분에 나오는 문장—그토록 엄청난 발견을 그토록 차분한 톤으로 설명한 것으로 유명하다—이었다. "지금까지 얻은 결과로부터 [알파] 입자들과 질소의 충돌로부터 생기는 장거리 원자들은 질소 원자가 아니라 수소 원자인 것 같다는 결론을 피하기가 어렵다. ……이것이 사실이라면 우리는 질소 원자가 붕괴됐다는 결론을 내리지 않을 수 없다." 신문들은 이렇게 조심스럽지 않았다. '어니스트 러더퍼드 경, 원자를 쪼개다'라며 난리를 쳤다.[3] 그는 자신이 한 일의 의미를 잘 알고 있었다. 그 실험 덕분에 일시적으로나마 잠수함 탐지 연구에서 손을 떼게 됐다. 군 당국 조사위원회에 출두해 전후시말을 해명해야 했던 것이다. "본인은 원자핵을 붕괴시켰다고 믿을 만한 근거가 있습니다. 그건 전쟁보다 더 중대한 의미를 갖는 것입니다."[4]

어떤 의미에서 러더퍼드는 옛날 연금술사들이 추구했던 바를 마침내 성취한 셈이다. 한 원소를 다른 원소로, 즉 질소를 산소와 수소로 변환시킨 것이다. 이런 인위적인 변환(사상 최초다)을 일으킨 메커니즘은 분명했다. 알파입자인 헬륨 원자핵은 원자량이 4다. 이것을 원자량 14인 질소 원자에 충돌시킨 결과 수소 원자핵(얼마 후 러더퍼드는 이것을 양자라고 이름 붙였다)으로 바뀐 것이다. 따라서 수식을 정리하면 4+14-1=17, 즉 산소 동위원소인 O^{17}이었다.[5]

이 발견의 의미는 자연의 변환가능성이라는 철학적인 문제 말고도 핵을 연구하는 새로운 방식에 있었다. 러더퍼드와 채드윅은 즉시 다른 가벼운 원소들에 대한 조사에 착수했다. 같은 방식으로 반응하는지 알아보기 위해서였다. 마찬가지라는 결론이 나왔다. 붕소, 불소, 나트륨 알루미늄, 황 등 모든 원소의 핵이 같은 결과를 보였다. 핵은 그저 단단한 물질이 아니라 어떤 구조를 가진 존재였다. 가벼운 원소들을 모두 검증하는 데 5년이 걸렸다. 그러나 그런 다음에도 문제가 있었다. 무거운 원소들은 본질적으로 많은 전자로 구성된 바깥껍질에 싸여 있었고, 그 외피들은 전기장벽이 훨씬 강해서 투과하려면 더 강한 알파입자가 필요했다. 제임스 채드윅과 캐번디시연구소의 젊은 동료들이 볼 때 나아가야 할 길은 분명했다. 입자를 좀 더 높은 속도로 가속시키는 수단을 찾아야 했다. 러더퍼드는 이런 주장에 확신을 갖지 못하고 단순한 실험도구를 선호했다. 그러나 다른 곳, 특히 미국에서는 유일한 돌파구는 입자가속기라는 것을 알아챘다.

1924년부터 채드윅이 중성자를 분리해낸 1932년까지 핵물리학에서는 이렇다 할 대단한 발견이 없었다. 반면 양자물리학Quantum physics은 사정이 전혀 달랐다. 닐스 보어의 이론물리학연구소가 1921년 1월 18일 코펜하겐에서 문을 열었다.

연구소 부지는 시에서 제공했는데 가까이에 축구장이 있어서 운동하기에 좋았다(닐스 보어와 동생 하랄드 보어Harald Bohr는 둘 다 만능 스포츠맨이었다).⁶ 4층짜리 커다란 L자 건물로 강의실, 도서관, 실험실(이론물리학연구소치고는 좀 이상하다)은 물론이고 탁구대도 있었다. 여기서도 보어는 단연 돋보였다. 오토 프리시Otto Frisch(오스트리아 출신 영국 물리학자)에 따르면 "리턴이 대단히 빠르고 정확했다. 의지력과 스태미나도 엄청 강했다. 이런 점은 어떤 면에서 보어의 과학적 작업의 특징이기도 했다."⁷ 보어는 일 년 후 노벨상을 탐으로써 덴마크의 영웅이 됐다. 국왕도 그를 만나고 싶어 했다.

그러나 사실 이해에는 훨씬 주목할 만한 놀라운 일이 일어났다. 보어가 화학과 물리학을 돌이킬 수 없는 수준으로 결합시킨 것이다. 1922년 보어는 원자의 구조가 19세기 러시아 화학자 드미트리 이바노비치 멘델레예프Dmitri Ivanovich Mendeléev가 작성한 원소 주기율표와 어떻게 연결이 되는지를 보여줬다. 1차 대전 발발 직전에 처음 돌파구를 연 발견에서 보어는 원자들이 어떻게 핵 주위 궤도를 특정한 형태를 이루어 도는지, 그리고 이것이 서로 다른 물질로 이루어진 결정체가 방출하는 특정한 빛의 파장을 설명하는 데 어떻게 도움이 되는지 잘 설명했다. 자연의 궤도라는 관념은 원자의 구조와 결합해 막스 플랑크의 양자 개념으로 발전했다. 보어는 이제 한 걸음 나아가서 연속적인 전자껍질 궤도에는 특정한 수의 전자만이 포섭된다는 주장을 폈다. 그는 비슷한 행태를 보이는 원소들이 화학적으로도 그런 것은 화학 반응에서 가장 많이 사용되는 바깥쪽 전자껍질에 포섭된 전자 배열이 유사하기 때문이라는 아이디어를 도입했다. 보어에 따르면 예를 들어 바륨과 라듐을 비교했는데 둘 다 알칼리 토류土類였지만 원자량은 매우 달라서 주기율표에 의하면 바륨은 56번이고, 라듐은 88번이었다. 보어는 이러한 현상의 원인을 원자량 137.34인 바륨의 경우 전자껍질을 차례대로 2, 8, 18, 18, 8, 2(=56)개의 전자로 채웠다는 것을 보여줌으로써 설명했다. 반면 원자량 226인 라듐은 전자껍질이 차례대로 2, 8, 18, 32, 18, 8, 2(=88)개의 전자로 채워졌다.⁸ 주기율표상의 위치를 설명하는 것 외에도 각 원소의 외피가 두 개의 전자를 갖고 있다는 사실은 바륨과 라듐이 다른 차이가 상당함에도 불구하고 화학적으로 유사하다는 것을 의미한다. 아인슈타인의 말대로 '이것은 사고의 영역에서 보여준 최고 형태의 음악성'이었다.⁹

1920년대에 물리학—다름 아닌 양자물리학—의 중심은 코펜하겐으로 옮아갔다. 보어의 역할이 컸다. 모든 의미에서 거인이었던 보어는 말을 정확히 하려고 애썼고, 그래서 때로는 듣는 사람이 괴로울 정도로 말이 느렸다. 대꾸하는 사람 역시 그럴 수밖에 없는 경우도 많았다. 그는 너그럽고 마음씨 좋은 이웃집 아저씨 같았다. 인간관계를 금세 서먹하게 만들 수 있는 경쟁본능 같은 것은 눈곱만큼도 없었다. 그러나 코펜하겐의 성공은 덴마크가 작은 중립국이라는 사실과도 관계가 있다. 거기서는 미국인이니 영국인이니 프랑스인이니 독일인이니 러시아인이니 이탈리아인이니 하는 국가적 경쟁의식을 말끔히 잊을 수 있었다. 1920년대에 코펜하겐 대학에서 공부한 유명한 물리학자 63명 가운데에는 폴 디랙Paul Dirac(영국), 베르너 하이젠베르크Werner Heisenberg(독일), 레프 란다우Lev Landau(러시아)도 있었다.[10]

스위스계 오스트리아인 볼프강 파울리Wolfgang Pauli도 있었다. 1924년의 파울리는 땅딸막한 스물 셋 청년으로 과학 문제가 풀리지 않으면 끝까지 붙들고 노심초사하는 스타일이었다. 특히 한 문제가 풀리지 않아 코펜하겐 길거리를 배회했다. 보어까지도 열 받던 문제였다. 발단은 당시 핵 주위를 궤도 형태로 도는 모든 전자들이 왜 외피 내부로 몰려들지 않는지를 누구도 이해하지 못한 데서 비롯됐다. 전자들이 빛의 형태로 에너지를 방출하면 반드시 그렇게 돼야만 했다. 현재의 지식으로 보면 전자들로 이루어진 각 외피는 외피 내부는 늘 단 하나의 궤도만을 포함하고 있는 반면, 그 옆의 바깥껍질은 네 개의 궤도를 포함하는 식으로 돼 있다. 파울리가 기여한 부분은 어떤 궤도도 전자를 두 개 이상 포섭할 수 없다는 것을 입증했다는 점이다. 일단 전자 두 개를 가지면 그 궤도는 '만원'이다. 따라서 다른 원자들은 배제되어 그 바깥쪽의 다른 궤도로 밀려난다.[11] 바깥껍질 내부(궤도 하나임)는 전자를 둘 이상 가질 수 없고, 그 바깥쪽 외피(궤도 넷임)는 여덟 개 이상을 가질 수 없다는 의미였다. 이것을 '파울리의 배타원리Pauli's exclusion principle'라고 한다. 이 원리는 보어의 화학적 양태에 대한 설명을 확대시켰다는 점에서도 매력적이었다.[12] 예를 들어 첫 번째 궤도에 전자를 하나 갖고 있는 수소는 화학적으로 활성이다. 그러나 첫 번째 궤도에 전자가 두 개인(말하자면 이 궤도는 '만원'이다) 헬륨은 불활성이다. 좀 더 생생한 예로는 세 번째 원소로 든 리튬이 바깥껍질 내부는 전자가 두 개이고 그 바깥은 하나인 탓에 화학적으로 활성이 대단히 높다는 사실을 들 수 있다. 그러나 전자가 모두 열 개인 네온은 내피에는 두 개(만원이다), 두 번째 외피의 네 궤도에는 여덟 개(또 만원이다)이기 때문에 역시 불활성이다.[13] 이렇게 해서 보어와 파울리는 원소의 화학적 성질은 원자가 갖고 있는 전자의 수뿐만 아니라 전자의 궤도별 분산 정도에 따라 결정된다는 것을 공동으로 입증했다.

 이듬해인 1925년 물리학의 황금기가 정점에 도달했다. 활동의 중심은 잠시 괴팅겐으로 옮아갔다. 1차 대전 이전에 영국과 미국의 학생들은 독일로 가서 연구를 마치곤 했다. 괴팅겐은 가장 자주 들르는 곳이었다. 게다가 괴팅겐은 바이마르공화국 시절 독보적인 위치를 고수했다. 보어도 1922년 괴팅겐에서 강연을 했는데 한 젊은 학생이 일부 대목을 꼬치꼬치 따지고 나섰다. 그러나 역시 보어답게 별로 괘념치 않았다. "토론 말미에 그는 내게로 오더니 오후에 하인산에 같이 등산 가지 않겠느냐고 했다." 베르너 하이젠베르크라는 이름의 그 젊은 학생은 후일 이렇게 썼다. "과학도로서 나의 인생은 바로 그날 오후에 시작됐다."[14] 사실 그것은 가벼운 산책 이상이었다. 보어가 바이에른 출신의 젊은이를 코펜하겐으로 불렀기 때문이다. 하이젠베르크는 2년이나 떠나 있을 마음의 준비가 돼 있지 않았다. 그러나 한참 후에 찾아갔을 때 보어는 처음과 마찬가지로 환영을 아끼지 않았다. 두 사람은 즉시 양자이론의 또 다른 문제에 뛰어들었다. 이것을 보어는 '상보성correspondence'문제라고 불렀다.[15] 상보성이란 저주파 상태에서 양자물리학과 고전물리학은 일치한다는 관찰에서 비롯된 개념이다. 그런데 어떻게 그럴 수 있단 말인가? 양자이론에 따르면 에너지는 빛과 마찬가지로 작은 다발로 방출된다. 반면 고전물리학에 따르면 에너지는 지속적으로 방출된다. 하이젠베르크는 가슴 뿌듯한 한편으로 혼란스러운 상태로 괴팅겐으로 돌아왔다. 그런데 하이젠베르크는 파울리만큼이나 혼란을 싫어했다. 그래서 1925년 5월 말경 꽃가루 알레르기를 심하게 앓다가 두 주간 휴가를 얻어 독일 연안 북해상의 길쭉한 섬인 헬골란트로 갔다. 꽃가루가 거의 없는 곳이었다. 피아노를 아주 잘 치고 괴테의 논문을 암송할 정도였던 하이젠베르크는 심신이 맑아졌다(그는 등산을 좋아했다). 오래 걷기와 해수욕으로 머리를 식혔다.[16] 그렇게 차고 맑은 환경에서 떠오른 아이디어가 '양자의 불가사의quantum weirdness'라고 하는 것이었다. 하이젠베르크는 원자의 속사정이 어떠한지를 시각적으로 그려내려는 시도를 멈춰야 한다고 보았다. 그토록 미세한 대상을 직접 관찰하는 것은 불가능하기 때문이다.[17] 우리가 할 수 있는 것은 그 속성을 측정하는 것뿐이다. 따라서 어떤 대상이 한 시점에는 연속적인 것으로, 다른 시점에는 독자적인 것으로 측정된다면 그것이 바로 실재의 양태다. 두 가지 측정치가 존재한다고 해서 불일치라고 말하는 것은 난센스다. 둘은 그저 측정치에 불과하다.

이것이 하이젠베르크의 핵심적인 통찰이었다. 그러나 그 분주한 3주 동안 그는 한 걸음 더 나아가 행렬식 방법론을 발전시켰다. 다비드 힐베르트David Hilbert의 아이디어에서 따온 것으로 측정치를 2차원의 표 형태로 배열하는 방식이다. 두 행렬을 곱하면 또 다른 행렬이 나온다.[18] 하이젠베르크의 도식에서는 각 원자가 하나의 행렬로 표현되고, 각각의 '규칙'은 또 다른 행렬로 표시된다. '나트륨 행렬'을 '스펙트럼선 행렬'과 곱하면 결과는 나트륨 스펙트럼선 파장 행렬이 된다. 이러한 성과에 하이젠베르크와 보어는 대단히 만족했다. "원자 구조는 대단히 놀랍기는 하지만 최초로 진정한 수학적 토대를 갖게 됐다."[19] 이러한 발견 내지 창안을 하이젠베르크는 '양자역학quantum mechanics'이라고 불렀다.

하이젠베르크의 아이디어는 루이 드 브로이Louis de Broglie가 1925년 파리에서 출판한 새 이론 덕분에 많은 사람이 좀 더 쉽게 이해할 수 있게 됐다. 플랑크와 아인슈타인은 당시까지만 해도 파장으로 여겨지던 빛이 경우에 따라 입자처럼 행동한다는 주장을 폈다. 드 브로이는 역으로 입자들이 경우에 따라 파장처럼 행동한다고 주장했다. 드 브로이가 이런 이론을 내놓자마자 그가 옳음을 입증하는 실험 결과가 나왔다.[20] 물질의 '파장-입자' 이중성은 물리학의 두 번째 불가사의였다. 그러나 이 개념은 급속히 인기를 얻었다. 또 다른 천재의 연구 덕분이었다. 오스트리아 출신의 에르빈 슈뢰딩거Erwin Schrödinger는 하이젠베르크의 아이디어가 혼란스럽게 느껴졌다. 그래서 드 브로이의 발상에 매료됐다. 슈뢰딩거는 당시 서른아홉으로 물리학자치고는 너무 '늙은' 나이였지만 원자핵 바깥쪽 궤도 안에 있는 전자는 행성 같다기보다는 파장 같다는 개념을 제시했다.[21] 게다가 그 파장 유형이 궤도의 크기를 결정한다고 했다. 완벽한 원을 형성하려면 파장은 정수에 맞아떨어져야 하며 분수가 될 수는 없기 때문이다(그렇지 않으면 파장은 혼돈으로 뒤죽박죽이 되고 만다). 그리고 정수는 다시 핵과 궤도의 거리를 결정했다. 슈뢰딩거의 연구는 1926년 봄과 여름 《물리학 연보》에 네 편의 기다란 논문으로 발표됐다. 보어가 제시한 궤도들의 위치를 우아한 필치로 정확히 설명하는 내용이었다. 이론의 토대를 이루는 수학 역시 하이젠베르크의 행렬과 상당히 유사했지만 한층 단순했다. 다시 지식은 한 방향으로 수렴되고 있었다.[22]

물리학의 불가사의의 마지막 장은 1927년에 시작됐다. 이번에도 하이젠베르크가 막을 올렸다. 때는 2월 말이었다. 보어는 스키를 타러 노르웨이에 가고 없었다. 하이젠베르크는 혼자서 코펜하겐 거리를 거닐었다. 어느 날 저녁 늦게 이론물리학 연구소 맨 위층 자기 방에 앉아 있는데 아인슈타인의 말이 강렬하게 뇌리를 스쳤다. "우리가 무엇을 관찰할 수 있는지 결정해주는 것은 이론이다."[23] 자정이 한참 지난 시점이었다. 그러나 바람을 좀 쐬어야겠다 싶어서 밖으로 나가 질척거리는 축구장을 터덜터덜 걸었다. 걷는 동안 한 가지 아이디어가 싹텄다. 저 위 창공의 광대한 세계와 달리 양자물리학자들이 다루는 세계는 상상할 수 없을 정도로 작았다. 원자 수준에서는 알 수 있는 것에 한계가 있지 않을까 하고 하이젠베르크는 자문했다. 입자의 위치를 확정하려면 황화아연판에 충격을 가해야 한다. 그러나 그렇게 되면 입자의 속도가 변한다. 말하자면 문제의 시점에 입자를 측정하는 것은 불가능하다는 의미다. 반대로 입자의 속도를 거기서 분출되는 감마선으로 축정할 때 입자는 이미 다른 쪽으로 튀게 되기 때문에 측정 시점의 정확한 위치는 변한다. 후일 '불확정성의 원리uncertainty principle'로 일컬어지게 되는 명제를 통해 하이젠베르크는 어떤 전자의 정확한 위치와 엄밀한 속도를 동시에 확정할 수는 없다고 주장했다.[24] 실질적으로나 철학적으로 곤혹스러운 주장이었다. 소립자 세계에서 원인과 결과를 결코 측정할 수 없다는 의미를 내포하는 것이기 때문이다. 전자의 행태를 이해할 수 있는 유일한 방법은 통계로서 확률의 법칙을 활용하는 수밖에 없었다. 하이젠베르크는 이렇게 말했다. "원리적으로도 우리는 존재하는 대상의 세부 사항을 모두 알 수는 없다. 그렇기 때문에 관찰되는 모든 것은 무수한 가능성들 중에서 하나를 선택한 것이며 미래에 가능한 것에 모종의 제한을 가하게 된다."[25]

아인슈타인도 소립자 세계는 통계적으로밖에 이해할 수 없다는 식의 양자이론의 기본 개념을 선뜻 받아들일 수가 없었다. 이 대목이 아인슈타인과 보어가 죽을 때까지 논쟁한 요체였다. 1926년 아인슈타인은 괴팅겐 대학의 물리학 교수 막스 보른 Max Born에게 보낸 유명한 편지에서 이렇게 썼다. "양자역학은 대단히 주목할 만하네. 하지만 나의 내면의 목소리는 그게 진짜배기가 아니라고 해. 그 이론은 많은 것을 성취하고 있어. 하지만 우리를 우주의 비밀에 더 가까이 데려가주지는 않는다네. 어쨌든 난 그분이 주사위 장난을 하지는 않는다고 확신하네."[26]

약 10년 동안 양자역학은 계속해서 신문 지면을 장식했다. 황금기의 정점에는 독일의 독보성이 두드러졌다. 양자역학에 관한 논문은 독일어로 쓴 것이 다른 모든 언어로 쓴 것을 합한 것보다도 많았다.[27] 그 사이 실험 입자물리학은 정체됐다. 지금 와서 보면 왜 그랬는지 설명하기 어렵다. 1920년 어니스트 러더퍼드는 이상한 예언을 했다. 런던 왕립학회 주관 베이커 강연회에서 러더퍼드는 전년도에 했던 질소 실험을 소개했다. 그러면서 한 걸음 나아가 미래에 할 작업에 대해 이런저런 구상을 덧붙였다.[28] 그는 원자와 양자 외에 제3의 원자 구성인자가 존재할 가능성을 내비쳤다. 심지어 그 인자의 속성까지 일부 소개했다. '핵 전하 제로'일 것이라는 이야기였다. 그의 주장에 따르면 "그런 원자는 대단히 참신한 속성을 갖고 있을 것이다. 그 외부의[전기] 장은 핵에 대단히 가깝다는 점을 제외하면 실제로 제로이고, 따라서 물질 사이를 자유롭게 통과할 수 있을 것이다." 발견하기는 어렵겠지만 찾아볼 만한 충분한 가치가 있다고 그는 말했다. "그것은 이미 원자 구조에 편입되기 일보 직전에 와 있다. 핵과 합체돼 있을 수도 있고 강력한 장에 의해 분리돼 있을 수도 있다." 그는 그런 인자가 정말로 존재한다면 '중성자 中性子 neutron'라고 부르고 싶다고 했다.[29]

제임스 채드윅 James Chadwick(1891~1974)은 1911년 러더퍼드가 원자 구조를 밝혀내고 맨체스터에서 강연을 할 때 그 자리에 있었던 것처럼 이날도 강연을 객석에서 듣고 있었다. 당시 그는 러더퍼드의 오른팔이었다. 그러나 보스의 중성자에 대한 열정에 공감하지는 못했다. 전자와 양자, 음과 양의 균형은 더할 나위 없이 완벽해 보였다. 다른 물리학자들은 베이커 강연 내용을 읽어보지조차 못했을 것이고—내용도 지루하기 짝이 없다—따라서 정신적인 자극을 받지도 못했다. 그러나 1920년대 말이면 이상 현상이 점점 늘었다. 흥미로운 것 중 하나는 원자량과 원자번호의 관계였다. 원자번호는 핵의 전하와 양자의 개수에서 파생된 것이다. 이렇게 해서 헬륨은 원자번호는 2지만 원자량은 4다. 은의 경우는 원자번호는 47, 원자량은 107이다. 우라늄은 각각 92와 235 또는 238이다.[30] 당시 주목받는 한 이론은 핵 안에 추가로 양자가 있으며 이는 그것을 중화시키는 원자들과 연결돼 있다는 내용이었다. 그러나 이렇게 되면 또 하나의 이론적 변칙을 낳게 된다. 원자처럼 작고 가벼운 입자들을 핵 속에 붙잡아놓으려면 엄청난 양의 에너지가 있어야 한다. 그런 에너지는 핵이 충격을 받아 구조가 변할 때에만—이런 일은 절대 일어나지 않았다—발생한다.[31] 1920년대 초는 질소 변환 실험을 다른 가벼운 원소들을 대상으로 해보느라 훌쩍 지나갔다. 채드윅은 따로 시간을 낼 수가 없었다. 그러나 변칙적인 현상이 만족스럽게 해결될 기미를 보이지 않자 러더퍼드의 통찰에 다시 주목했다. 중성자와 같은 어떤 것이 꼭 존재해야만 했던 것이다.

채드윅은 실수로 물리학에 발을 들여놓았다.[32] 내성적인 성격에 무뚝뚝한 외모 뒤로 상냥함을 감춘 스타일이었는데 원래는 수학자가 되려고 했으나 맨체스터 대학 입학 면접 때 엉뚱한 학과 쪽에 줄을 서는 바람에 물리학으로 돌았다. 당시 면접을 보던 물리학 교수에게 깊은 인상을 받았던 것이다. 그는 베를린공과대학에서 한스 가이거Hans Geiger 밑에서 공부했다. 그러나 전쟁이 나는 바람에 영국으로 돌아가지 못하고 독일에 억류됐다. 1920년대에는 물리학도로서 독자적인 길을 가고 싶어 했다.[33] 중성자에 대한 실험적 탐구는 처음에는 아무 성과가 없었다. 중성자를 양자와 전자의 긴밀한 결합이라고 믿은 러더퍼드와 채드윅은 미국의 과학저술가 리처드 로즈의 표현을 빌리면 수소를 '고문하는' 여러 가지 방법을 고안했다.

다음 단계는 복잡했다. 우선 1928~30년 독일 물리학자 발터 보테Walther Bothe가 리튬과 산소 같은 가벼운 원소에 알파입자를 쏠 때 나오는 감마선(강력한 형태의 빛)을 연구했다. 호기심 많은 보테는 강력한 복사가 붕소, 마그네슘, 알루미늄뿐 아니라—그의 예상대로였다. 알파입자는 (러더퍼드와 채드윅이 입증한 대로) 그런 원소들을 붕괴시키기 때문이다—알파입자로 붕괴되지 않는 베릴륨에 의해서도 발생한다는 사실을 발견했다.³⁴ 보테의 실험 결과는 케임브리지의 채드윅은 물론 파리에 있는 이렌 퀴리Irène Curie(마리 퀴리의 딸)와 프레데릭 졸리오Frédéric Joliot 부부에게 커다란 충격으로 다가왔다. 특히 졸리오-퀴리 부부는 보테의 접근법을 그대로 활용했다. 두 실험실에서는 곧 나름대로 변칙성을 발견했다. 채드윅의 학생인 H. C. 웹스터Webster는 1931년 봄 "알파입자와…… 같은 방향으로 [베릴륨에서] 방출되는 방사선은 반대방향으로 방출되는 방사선에 비해 훨씬 강하다[투과력이 높다]"는 사실을 발견했다. 이것이 문제가 되는 이유는 그 방사선이 감마선—빛—이라면, 전구에서 흘러나오는 빛과 마찬가지로 사방으로 똑같이 퍼져나가야 하기 때문이다. 그러나 입자라면 이야기가 달랐다. 들어오는 알파입자 방향으로 굴절될 가능성이 충분히 있기 때문이다.³⁵ 채드윅은 생각했다. "중성자가 있는 것이다."³⁶

1931년 12월 이렌 졸리오 퀴리는 프랑스과학아카데미에서 베릴륨 복사선으로 보테의 실험을 반복한 다음 측정치를 표준화했다고 발표했다. 그 결과 방출된 방사선의 에너지는 충돌하는 알파입자 에너지의 3배라는 계산이 나왔다. 이런 강도는 분명 복사선이 감마선이 아니라는 의미였다. 다른 인자가 개입돼 있는 것이 분명했다. 불행하게도 이렌 졸리오 퀴리는 러더퍼드의 베이커 강연 내용을 읽어본 적이 없었다. 그래서 당연히 베릴륨 복사선은 양자로 말미암아 야기된 것이라고 생각했다. 두 주도 채 안 된 1932년 1월 중순 졸리오-퀴리 부부는 또 한 편의 논문을 발표했다. 이번에는 파라핀 왁스에 베릴륨 복사선을 쏘자 고속 양자가 방출됐다고 선언했다.³⁷ 채드윅은 2월 초 어느 날 아침 배달된 프랑스 물리학 잡지 《콩트 랑뒤Comptes Rendus》 실린 이 논문을 읽고 기술과 해석이 뭔가 대단히 잘못됐다는 것을 직감했다. 제대로 밥벌이 하는 물리학자라면 양자가 전자보다 1,836배 무겁다는 것은 누구나 알고 있다. 양자가 전자에 의해 제자리에서 쫓겨난다는 것은 불가능한 일이었다. 채드윅이 논문을 읽고 있는 사이 같은 논문을 읽고 호기심에 불탄 페더라는 이름의 동료가 방으로 들어왔다. 그날 아침 늦게 일과 점검 모임에서 채드윅은 문제의 논문에 대해 러더퍼드와 의견을 나눴다. "러더퍼드 소장에게 퀴리-졸리오 부부의 관찰 결과와 그에 대한 그들의 해석을 들려주자 그는 깜짝 놀라더니 고래고래 소리를 질렀다. '말도 안 돼.' 그토록 흥분하는 모습은 평소와는 전혀 어울리지 않았다. 오래 그분을 모셔왔지만 그런 경우는 한 번도 없었다. 이런 말을 하는 이유는 퀴리-졸리오 부부의 논문이 그만큼 충격적이었다는 것을 강조하기 위해서다. 물론 러더퍼드는 관찰 결과는 믿어야 한다는 데 동의했다. 그러나 그에 대한 설명은 전혀 다른 문제였다."[38] 채드윅은 곧바로 같은 실험을 해봤다. 맨 먼저 그를 흥분시킨 것은 베릴륨 복사선이 1.9센티미터 두께의 납덩어리를 아무런 저항도 받지 않고 투과하더라는 사실이었다. 이어 베릴륨 복사선을 쪼였더니 일부 원소에서는 양자가 40센티미터까지 튀어나왔다. 복사선의 정체가 무엇이든 간에 엄청난 일이었다. 게다가 전하 면에서는 중성이었다. 끝으로 채드윅은 졸리오-퀴리 부부가 원소들에 직접 베릴륨 복사선을 때리면 어떻게 되는지 알아보기 위해 사용한 파라핀 종이를 걷어냈다. 오실로스코프로 복사선을 측정해본 결과는 우선 베릴륨 복사선이 원소의 종류에 관계없이 양자를 밀어낸다는 것이고, 양자를 밀어낸 에너지는 감마선으로 생긴 것이라고 보기에는 너무 크다는 사실이었다. 채드윅은 러더퍼드에게 학문하는 데 있어 중요한 자세를 배운 바 있다. 호들갑 떨지 않고 차분히 접근하는 태도도 그중 하나였다. 그는 「중성자의 존재 가능성 Possible Existence of a Neutron」이라는 논문을 작성해 화급히 《네이처》로 달려갔다. 골자는 이런 것이었다. "분명한 것은 우리가 이런 충돌 과정에서 에너지와 운동량 보존 법칙을 폐기하든지 아니면 복사의 성질에 관한 새로운 가설을 채택하든지 해야 한다는 것이다." 그는 자신이 한 실험이 '전하가 없는' 입자가 존재한다는 최초의 증거인 듯하다면서 "우리는 그것이 러더퍼드가 베이커 강연에서 논한 '중성자'라고 추정할 수 있을 것 같다"고 결론지었다.[39] 이를 수식으로 나타내면 $4He + 9Be \rightarrow 12C + n$이 된다. 여기서 n은 질량수 1인 중성자를 나타낸다.[40]

졸리오-퀴리 부부는 당황했다. 러더퍼드와 채드윅이 분명히 알아챈 것을 자신들은 알아보지 못한 것이다(물론 프랑스인 부부도 나중에 나름의 중요한 발견을 하게 된다). 채드윅은 남보다 먼저 연구 결과를 내놓기 위해 열흘 밤낮을 매달렸다. 이어 그 결과를 우선 케임브리지 대학 카피차 클럽 모임에서 발표했다. 캐번디시연구소의 젊은 러시아 물리학자 표트르 카피차 Peter Kapitsa가 처음 시작한 모임으로 딱딱하고 위계질서가 강한 케임브리지 문화에 놀란 카피차가 상하 구분 없는 토론의 광장으로 시작한 모임이었다. 클럽은 매주 수요일에 열렸다. 그날 밤 채드윅은 녹초 상태에서 물질을 구성하는 제3의 기본 입자를 발견했다고 선언했다. 그는 아주 짧게 발표를 마치고 나서는 "이제 클로로포름으로 마취를 하고 침대에 가서 한 두 주는 쥐 죽은 듯이 자야겠습니다"라고 말했다.[41] 채드윅은 이 발견으로 노벨상을 받았다. 끈질긴 탐구의 결과였다. 새 입자의 중성 전하 덕분에 이제 핵을 좀 더 치밀하게 탐사할 수 있게 됐다. 사실 다른 물리학자들은 벌써 그의 발견을 넘어서는 지점을 응시하고 있었다. 그리고 어떤 경우에는 내다보이는 광경이 달갑지만은 않았다.

물리학은 과학의 여왕이 되어갔다. 자연에 다가가는 근본적인 방법으로서 실질적인 면에서나 심오한 철학적 차원에서 상당한 파급효과를 발휘했다. 자연의 변환 가능성은 별도로 치더라도 물리학의 가장 철학적인 측면은 천문학과 겹치는 부분이었다.

이 지점에서 우리는—잠시—아인슈타인으로 돌아가볼 필요가 있다. 그가 상대성 이론을 내놓았을 때 대부분의 과학자들은 우주가 정태적이라는 것을 당연시했다. 19세기에는 별들에 관한 새 정보가 많이 나왔다. 별의 온도와 거리를 측정하는 방법도 개발됐다. 그러나 천문학자들은 아직 천체가 은하로 집단화돼 있다거나 서로로부터 멀어지는 방향으로 움직이고 있다는 것을 아직 모르는 상태였다.[42] 그러나 상대성은 천문학자들에게 놀라움을 안겨줬다. 아인슈타인의 방정식은 우주가 팽창하고 있거나 수축하고 있거나 둘 중 하나일 수밖에 없다고 예측했다. 전혀 예기치 못한 결론이었다. 그것은 너무도 기이했다. 심지어 아인슈타인도 그렇게 느꼈다. 그래서 자신의 이론적 우주를 조용히 있도록 하는 쪽으로 계산 과정을 슬쩍 손봤다. 이러한 수정에 대해 후일 아인슈타인은 평생 최대의 실수라고 자인했다.[43]

그러나 호기심에 찬 많은 과학자들은 아인슈타인의 상대성 이론과 그것의 토대인 계산은 수용한 반면 우주 상수cosmological constant와 그 토대인 수식 수정 과정은 결코 받아들이지 않았다. 젊은 러시아 과학자 알렉산드르 프리드만Alexander Friedmann(1888~1925)은 처음으로 아인슈타인으로 하여금 다시 생각하게 만든 인물이었다('우주 상수'라는 말은 사실 프리드만이 쓴 용어였다). 프리드만의 출신배경은 썰렁했다. 어머니는 아버지―잔인하고 위압적인 인물이었다―를 버리고 아들을 데리고 떠났다. 어머니는 '혼인의 성실 의무 위반'이라는 이유로 독신 생활을 명한 제국법원의 유죄판결을 받고 알렉산드르를 포기해야 했다. 그는 거의 20년 동안 어머니를 다시 보지 못했다. 프리드만은 상대성 이론을 스스로 익혔다. 그 과정에서 우주 상수가 됐든 뭐든 간에 우주는 팽창하든지 축소되든지 둘 중 하나여야 한다는 아인슈타인의 결론이 실수라는 것을 간파했다.[44] 그는 이를 매우 흥미로운 아이디어로 생각하고 아인슈타인의 성과를 개선해보려는 마음에 자신의 확신을 뒷받침해 줄 수학적 모델을 개발해 아인슈타인에게 보냈다. 그러나 1920년대 초 아서 에딩턴이 아인슈타인의 예측 가운데 일부를 확인했고, 거인이 된 아인슈타인에게는 그러지 않아도 수많은 편지가 쇄도하는 통에 프리드만의 아이디어는 그 속에 묻히고 말았다.[45] 그러나 프리드만은 전혀 개의치 않고 아인슈타인을 직접 만나보려고 애썼다. 그러나 그런 시도도 불발에 그쳤다. 아인슈타인이 마침내 이 러시아 과학자의 아이디어를 접하게 된 것은 두 사람을 다 아는 한 학자가 아인슈타인에게 프리드만을 소개하면서였다. 그 결과 아인슈타인은 자신의 우주 상수, 그리고 그것이 갖는 함의에 대해 다시 생각하기 시작했다. 그러나 프리드만의 아이디어를 발전시킨 사람은 아인슈타인이 아니었다. 벨기에 우주론자 조르주 르메트르Georges Lemaître와 여타 많은 학자들이 그의 아이디어를 더 발전시킨 결과 1920년대에는 균질적이고 팽창하는 우주에 관한 완성된 형태의 기하학적 서술이 구체화됐다.[46]

 이론은 그럴 듯했다. 그러나 행성과 항성과 은하는 작은 실체가 아니었다. 광대한 공간을 점유한 존재들이다. 분명한 것은 우주가 진짜 팽창하고 있다면 관측할 수 있다는 점이다. 그런 작업이 당시 '나선성운'이라고 불리던 외부은하의 존재를 관측함으로써 이루어졌다. 현재 우리는 성운이 외부운하라는 것을 알고 있다. 그러나 당시의 망원경으로 볼 때에는 그저 태양계 너머에 존재하는 흐릿한 얼룩 같은 것이었다. 그것이 가스인지 고체인지도 몰랐다. 크기는 얼마나 되는지, 지구에서 얼마나 멀리 떨어져 있는지도 몰랐다. 바로 그런 시대에 외부운하에서 방출되는 빛이 스펙트럼의 적색 끝 지점을 향해 이동한다는 사실이 발견된 것이다. 이러한 적색이동

red shift 현상의 의미를 밝혀내는 한 가지 방법은 1842년 최초 발견자 크리스티안 도플러Christian Doppler(오스트리아 물리학자)의 이름에서 딴 '도플러 효과Doppler effect'와 비교하는 것이다. 기차나 오토바이가 우리 쪽으로 다가오면 소리가 커진다. 그러다가 우리를 지나쳐 멀어지면 소리는 다시 작아진다. 설명은 간단하다. 기차나 오토바이가 다가오면 음파는 관찰자에게 점점 가까워지고, 그 간격은 점점 짧아진다. 기차나 오토바이가 지나가면 반대 효과가 나타난다. 음원이 계속 멀어지면서 음파 사이의 간격이 점점 더 길어진다. 거의 같은 현상이 빛에도 일어나는 것이다. 광원이 접근해오면 빛은 스펙트럼의 파란색 끝자리로 이동하고, 반면에 광원이 멀어지면 빛은 붉은색 끝자리로 이동한다.

최초의 중요한 실험이 1922년 애리조나 주 플래그스태프에 있는 로웰천문대에서 베스토 슬라이퍼Vesto M. Slipher에 의해 이루어졌다.[47] 로웰천문대는 원래 1893년 화성의 '운하들'을 관측할 목적으로 건설됐다. 이 실험에서 슬라이퍼는 은하 나선팔들(관찰자 입장에서 보면 바깥쪽으로 감겨나간 부분)의 한쪽에서는 적색이동을, 그리고 반대쪽(지구를 향해 감겨들어오는 부분)에서는 청색이동을 찾아낼 것으로 예상했다. 그런데 관측한 은하 40개 가운데 네 개를 제외하고는 모두가 적색이동만을 보였다. 왜 그럴까? 이런 혼란이 생긴 것은 슬라이퍼가 은하들이 정확히 얼마나 멀리 떨어져 있는지 확실히 알 수 없었기 때문으로 보인다. 그 결과 적색이동과 거리의 상관관계 계산에도 문제가 생겼다. 그러나 그럼에도 불구하고 계산 결과는 시사하는 바가 컸다.[48]

3년 후에야 사태가 최종적으로 정리됐다. 1929년 에드윈 허블Edwin Hubble(1889~1953)은 로스앤젤레스 인근 마운트 윌슨에서 당시로서는 가장 거대한 100인치 반사망원경을 사용해 수많은 성운의 나선팔에 위치한 낱낱의 별들을 확인함으로써 많은 천문학자들이 짐작한 대로 '성운'이 실제로는 은하 전체라고 하는 사실을 확인했다. 허블은 많은 세페이드 변광성變光星 Cepheid variable의 위치도 확인했다. 세페이드 변광성이란 밝기가 규칙적으로(주기는 1~50일) 변하는 별로 18세기 말부터 존재가 알려지기는 했지만 하버드 대학의 헨리에타 리빗Henrietta Leavitt이 평균 밝기와 크기, 지구로부터의 거리 사이에 수학적 관계가 존재한다는 것을 입증한 것은 1908년에 가서였다.⁴⁹ 허블은 당시 관측 가능한 세페이드 변광성을 이용해 12개의 외계은하가 얼마나 멀리 떨어져 있는지를 계산해냈다.⁵⁰ 다음 단계는 외계은하의 거리와 그에 상응하는 적색이동의 상관관계를 밝히는 작업이었다. 허블은 서로 다른 은하 24개에 관한 정보를 모두 모았다. 그의 관찰 결과와 계산은 간단하면서도 센세이셔널했다. 선적인 연관관계를 찾아낸 것이다. 멀리 떨어진 은하일수록 적색이동이 확연했다.⁵¹ 이것은 허블 법칙Hubbles's law으로 알려지게 된다. 그가 원래 관측한 것은 24개 은하였지만 1929년 이후 수천 개의 은하에 대한 추가 관측으로 허블 법칙은 입증되었다.⁵²

이런 와중에 아인슈타인의 예측 가운데 하나가 다시 한 번 사실로 밝혀졌다. 그의 계산은 물론이고, 프리드만과 르메트르의 계산도 실험에 의해 입증됐다. 우주가 실제로 팽창하고 있다는 이야기였다. 많은 사람들은 이런 이야기에 적응하는 데 상당히 시간이 걸렸다. 우주의 기원과 성질, 시간 자체의 의미에 관한 다양한 시사점을 포괄하는 내용이었기 때문이다. 팽창우주라는 관념이 미친 직접적인 영향 덕분에 허블은 한동안 아인슈타인만큼이나 유명해졌다. 옥스퍼드 대학 명예박사학위를 포함해 각종 상이 쏟아져 들어오고,《타임》지는 그를 커버 인물로 올렸으며, 마운트 윌슨Mount Wilson 천문대는 유명 인사들이 로스앤젤레스를 들를 때 꼭 가보는 명소가 됐다. 소설가 올더스 헉슬리Aldous Huxley, 강철왕 앤드루 카네기Andrew Carnegie, 여성 시나리오작가 애니타 루스Anita Loos도 방문했다. 허블 부부를 할리우드에서 모셔가기도 했다. 허블의 아내인 그레이스 허블이 1930년대 초에 쓴 편지에 보면 유명 여배우 헬렌 헤이스Helen Hayes, 에델 배리모어Ethel Barrymore, 남자배우 더글러스 페어뱅크스Douglas Fairbanks, 칼럼니스트 월터 리프먼Walter Lippmann, 이고르 스트라빈스키Igor Stravinsky, D. H. 로렌스의 미망인인 프리다 폰 리히트호펜Frieda von Richthofen, 배우이자 음악인인 하포 막스Harpo Marx, 찰리 채플린 같은 사람들과 저녁을 먹었다는 이야기가 나온다.⁵³ 허블이 잘나가자 배가 아픈 동료들은, 그가 갈릴레오나 코페르니쿠스에는 한참 못 미치는 인물이며 통찰력도 별로 없고 그가 한 발견이란 것은 다른 사람들이 이미 예견한 것이기 때문에 학문적 기여도는 대단한 게 못 된다고 떠들었다. 그러나 허블은 끈질긴 관측 작업을 통해 탐탁지 않아 하는 동료들마저도 더는 팽창우주 이론을 비웃을 수 없을 만큼 정밀한 데이터를 풍부하게 확보했다. 이는 금세기의 가장 놀라운 아이디어 중 하나였으며, 그 모든 의구심을 물리치고 확고한 입지를 마련한 것은 허블이었다.

물리학은 우주와 같은 거창한 현상을 설명하는 데 도움을 주던 바로 그 순간에도 미시세계의 영역에서 진전을 일궈내고 있었다. 특히 분자 세계에서 화학에 대한 우리의 이해를 넓히는 데 기여했다. 19세기는 화학의 첫 황금기였다. 특히 산업화학이 그랬다. 화학은 히틀러가 그토록 회복하고 싶어 했던 19세기 독일의 부국강병을 일군 주요인이기도 했다. 예를 들어 1차 대전 이전에 독일의 황산 생산량은 영국의 절반 수준에서 50퍼센트 이상으로 늘었다. 현대적인 전해질 방식으로 생산한 염소는 영국의 3배였다. 세계 염료 시장 점유율은 90퍼센트로 절대적이었다.

20세기 이론화학에서 가장 위대한 업적을 이룩한 사람은 라이너스 폴링Linus Pauling(1901~1994)이었다. 화학결합의 성격에 관한 그의 아이디어는 유전자나 양자와 같이 획기적인 것이었다. 물리학이 분자구조를 어떻게 지배하며, 그 구조가 화학원소의 속성이나 외형과 어떻게 연관되는지를 보여주었기 때문이다. 폴링은 왜 어떤 물질은 노란 액체이며, 또 어떤 물질은 하얀 분말이거나 빨간 고체가 되는지 그 이유를 밝혀냈다. 막스 페루츠Max Perutz(오스트리아 출신 영국 분자생물학자 : 옮긴이)는 폴링의 업적은 화학을 '그저 외우는 것이 아니라 이해해야 할 어떤 것'으로 바꿔놓았다는 것이라고 단언했다.[54]

1901년 미국 오리건 주 포틀랜드 근처에서 약사의 아들로 태어난 폴링은 천성적으로 건강한 자신감이 넘쳤다. 그런 자신감이 인생 역정에 큰 도움이 된 것은 분명하다. 대학원에 진학할 때 하버드대의 제안을 거부하고 이제 막 스루프 폴리테크닉Throop Polytechnic이라는 이름으로 출발한 기관에 지원했다. 이 학교는 1922년에 캘리포니아공과대학California Institute of Technology(칼텍Caltech)으로 이름을 바꾼다.[55] 칼텍이 주요한 과학연구기관으로 발돋움한 데는 폴링의 힘도 컸다. 그러나 그가 처음 그곳에 발을 디뎠을 때는 달랑 건물 세 채뿐이었다. 주변은 3만 7,000평 정도의 잡초 밭과 참나무 숲, 오래된 오렌지 과수원이었다. 폴링은 처음에 화학물질이 형성하는 특정 형태의 결정체들과 그 결정체를 구성하는 분자들의 실질적인 구조 사이의 관계를 보여주는 신기술을 개발하고자 했다. 엑스선을 결정체에 조사하면 빔이 특정한 방식으로 분산된다는 것을 발견했다. 갑자기 화학구조를 밝혀내는 방법이 가능해진 것이다. 폴링이 박사학위를 땄을 때는 X선 결정학結晶學이라는 학문이 막 태어난 상태였다. 그러나 그는 자신의 수학실력이 이 새로운 기법을 충분히 활용하기에는 너무도 부족하다는 것을 절감했다. 그래서 당대의 일급 과학자들, 특히 닐스 보어, 에르빈 슈뢰딩거, 베르너 하이젠베르크 등등을 만나보고자 유럽행을 택했다. 그는 훗날 이렇게 썼다. "1926년 유럽에 갔을 때 나는 어떤 충격 같은 것을 느꼈다. 나보다 훨씬 똑똑해 보이는 사람이 주변에 차고 넘쳤다."[56]

화학결합이라고 하는 본연의 관심사와 관련해서는 특히 취리히 방문이 가장 생산적이었다. 그곳에서 폴링은 아직은 덜 유명한 독일 과학자 두 명을 만났다. 발터 하이틀러Walter Heitler와 프리츠 런던Fritz London은 전자와 파동함수가 화학반응에 어떻게 적용되는지에 관한 아이디어를 발전시켰다.[57] 가장 단순한 예로 이런 상상을 해볼 수 있다. 수소 원자 두 개가 서로 접근한다. 각 원자는 하나의 핵(하나의 양자)과 하나의 전자로 구성돼 있다. 두 원자가 점점 가까워지면 "한 원자의 전자는 다른 원자의 핵에 이끌리고, 상대편도 마찬가지다. 어떤 지점에 이르면 한 원자의 전자는 상대편 원자로 풀쩍 뛰어 들어간다. 그리고 다른 원자의 전자에도 동일한 일이 벌어질 것이다." 하이틀러와 런던은 이를 '전자교환electron exchange'이라고 부르고, 이러한 교환은 일 초에도 수십 억 번씩 일어날 것이라고 했다.[58] 어떤 의미에서 전자는 '노숙자'이며, 전자교환은 두 원자를 한데 붙들어 매는 '시멘트' 역할을 함으로써 '화학결합을 특정한 시간 동안 유지시킨다.' 두 사람의 이론은 파울리, 슈뢰딩거, 하이젠베르크의 연구를 종합한 것이었다. 그들은 또 '교환'이 분자의 구조를 결정한다는 것을 알아냈다.[59] 흠 잡을 데 없는 훌륭한 성과였다.

그러나 폴링의 입장에서는 한 가지 결함이 있었다. 자기 이론이 아니었던 것이다. 이름을 내려면 이 아이디어를 좀 더 발전시킬 필요가 있었다. 폴링이 유럽에서 미국으로 돌아왔을 때 칼텍은 상당히 발전된 상태였다. 나중에 허블이 일하게 되는 마운트 윌슨에 세계에서 제일 큰 망원경을 설치하기 위한 교섭이 진행 중이었고, 제트 추진 연구소 설립이 계획되고 있었고, 유전학자 T. H. 모건은 곧 부임해 생물학연구소를 개원할 참이었다.⁶⁰ 폴링은 그들 모두를 능가하고픈 야심에 불탔다. 1930년대 초에 그는 논문을 잇달아 쏟아냈다. 하나같이 똑같은 프로젝트의 일환으로 '화학결합chemical bond'에 관한 것이었다. 그는 하이틀러와 런던의 업적을 토대로 놀라운 발전을 이룩했다. 생명의 기본 구성요소인 탄소에 관한 초기 실험과 이후 규산염에 관한 실험들은 원소를 전자와의 관계에 따라 체계적으로 분류할 수 있음을 보여주었다. 이는 '폴링의 법칙Pauling's rules'으로 알려졌다. 그는 일부 화학결합은 다른 결합보다 약하며 이를 통해 화학적 특성을 설명할 수 있음을 입증했다. 예를 들어 운모는 규산염으로 화학자라면 누구나 알듯이 얇고 투명한 비늘 모양으로 쪼개진다. 폴링은 운모 결정체가 두 가지 방향으로는 강력한 결합으로, 세 번째 방향으로는 약한 결합으로 돼 있으며 이는 쪼개지는 양상과 정확히 일치한다는 것을 입증해냈다. 또 다른 예로 우리가 모두 아는 활석을 들 수 있다. 활석이 쪼개지는 대신 부스러져서 가루가 되는 것은 전반적으로 약한 결합으로 돼 있기 때문이라는 것이다.⁶¹

폴링의 성과는 누가 봐도 나무랄 데가 없었다.⁶² 그런데 여기에 마지막으로 물질들의 외견적 특성에 대한 그 유명한 원자적, 전자적 설명이 추가됐다. 금세기는 사물의 기저를 이루는 펀더멘털의 발견으로 시작됐고, 이는 물리학과 생물학에 적용됐다. 이제 같은 일이 화학에서 일어나고 있었다. 다시 한 번 지식이 수렴되기 시작했다. 1930~35년에 폴링은 평균 5주에 한 번 꼴로 화학결합에 관한 새 논문을 발표했다.⁶³ 서른둘에 미국과학아카데미 회원으로 선출됐다. 사상 가장 젊은 나이에 그런 영예를 안은 것이다.⁶⁴ 한동안 그는 누구도 따라잡지 못할 만큼 멀리 앞서 나갔다. 아인슈타인은 그의 강연을 들은 뒤 자기보다 낫다고 토로했다. 폴링의 논문들을 접수한《미국화학협회지》는 심사도 거치지 않고 발행했다. 편집자로서는 감히 의견을 낼 자격이 있는 인사를 꼽을 수조차 없었기 때문이다.⁶⁵ 전무후무한 일이었다. 폴링도 아쉬워하고 있었지만 1930년대에는 독창적인 논문을 쓰느라 너무 바쁜 나머지 연구 성과를 정리한 책을 쓸 시간이 없었다. 그러다가 1939년 마침내 『화학결합의 특성The Nature of the Chemical Bond』을 출판했다. 이 책은 화학에 대한 우리의 이해를 송두리째 바꿔놓으면서 곧바로 표준 교과서가 됐고 여러 나라 말로 번역됐다.[66] 이 책은 2차 대전 이후 분자생물학자들의 발견에 핵심적인 역할을 했다.

새로운 물리학이 산출해낸 새로운 데이터는 대단히 실용적인 결과를 야기했다. 아마도 자연의 근본적인 측면에 주로 관심을 둔 과학자들이 상상했던 것보다 훨씬 더 직접적으로 우리의 삶을 변화시켰을 것이다. 한동안 전문적인 용도로만 쓰이던 무선통신(라디오)은 1920년대에 안방으로 들어왔다. 텔레비전은 1928년 8월 처음으로 선을 보였다. 물리학을 이용한 또 다른 발명은 생활에 혁명적인 변화를 가져왔다. 그것은 '제트기관'이었다. 천신만고 끝에 제트기관을 개발한 사람은 영국인 프랭크 휘틀Frank Whittle(1907~1996)이었다.

휘틀은 기계공의 아들로 태어나 코벤트리의 간이주택에서 살았다. 어린 시절 리밍턴 공공도서관에서 독학을 하면서 틈만 나면 항공기와 터빈에 관한 대중서들을 탐독했다.[67] 평생 프랭크 휘틀의 마음을 사로잡은 것은 비행이었다. 그러나 당시로서는 그런 정도의 학력으로는 대학 교육은 꿈꾸기 어려웠다. 그래서 열다섯 살 나이에 기술견습생으로 공군 입대를 지원했다. 그러나 미끄러졌다. 필기고사는 통과했지만 군의관이 장벽이었다. 키가 152.3센티미터밖에 안 됐기 때문이다. 휘틀은 포기하지 않았다. 잘 아는 체육교사에게서 규정식단과 운동 리스트를 얻어 몇 달 만에 7.6센티미터를 키우고 가슴둘레도 7.6센티미터 늘렸다. 이런 불굴의 의지는 후일 그의 인생에서 다시 빛을 발하게 된다. 그는 결국 공군 견습생으로 입대가 허용됐다. 병영 생활은 징글맞았지만 크랜웰 공군사관학교 2학년 때—당시 열아홉이었다—항공기 디자인의 발전 방향에 관한 논문을 썼다. 휘틀이 제트기관 아이디어를 구상하기 시작한 것은 이 논문에서였다. 현재 런던 과학박물관에 보관돼 있는 이 논문은 어린 청년의 필체지만 논지가 명확하고 군더더기가 없다.[68] 논지는 "시속 100마일의 바람이 12만 피트 상공에서 시속 600마일로 날아가는 비행기에 가하는 영향은 시속 20마일의 맞바람이 1,000피트 상공에서 같은 속도로 날아가는 비행기에 가하는 영향보다 훨씬 적다"는 내용이었다. 결론은 "따라서 모든 근거를 종합해 볼 때 디자이너들은 고도를 올리는 데 초점을 맞춰야 한다"는 것이었다. 그는 프로펠러와 가솔린엔진이 높은 고도에서는 비효율적이라는 것을 알고 있었다. 그러나 로켓 추진은 우주여행에 알맞다는 것도 알고 있었다. 그래서 다시 떠오른 것이 어린 시절에 가졌던 터빈에 대한 관심이었다. 그는 고도가 높아질수록 터빈의 효율이 커진다는 것을 입증해냈다. 휘틀이 무슨 생각을 하고 있는지는 고도 6만 피트(1만 8,000미터)에서 시속 500마일(800킬로미터)로 나는 비행기를 구상하고 있었다는 사실에서 분명히 알 수 있다. 1926년 당시 영국 공군 전투기의 최고 속도는 150마일이었다. 게다가 고도 1만 피트를 한참 넘어가면 비행이 불가능했다.

크랜웰을 졸업하고 나서 휘틀은 에섹스 혼처치로 가서 전투기 비행중대에 들어갔다. 이어 1929년 서섹스 위터링에 있는 중앙비행학교에서 교관으로 근무했다. 그러면서도 줄곧 어떻게 하면 새로운 종류의 엔진을 만들어낼 수 있을까 노심초사했다. 대부분의 시간은 가솔린엔진과 터빈에서 쓰는 것과 같은 팬을 결합시키는 방법을 찾는 데 쏟았다. 위터링에 있을 때 불현듯 해법은 놀랄 만큼 간단하다는 생각이 떠올랐다. 그의 아이디어는 너무 간단해서 상관들이 믿어주지를 않았다. 휘틀은 터빈이 압축기를 작동시키면 '제트기관의 원리는 저절로 순환하게 돼 있다'는 사실을 간파했다.[69] 압축기로 빨려 들어간 공기는 연료와 섞이면서 점화된다. 점화는 가스를 팽창시키고, 가스는 터빈 날개를 통해 고속으로 흐르면서 분류噴流를 발생시켜 항공기를 앞으로 밀어낸다. 동시에 터빈 날개들이 돌아가면서 다시 신선한 공기를 압축기로 빨아들여 지금까지의 과정을 다시 시작하고, 이런 과정이 반복된다. 압축기와 터빈을 같은 축에 장착하면 제트기관에서 실제로 작동하는 부분은 하나뿐이다. 따라서 작동 부분이 많은 피스톤기관보다 훨씬 강력할 뿐만 아니라 더할 나위 없이 안전했다. 휘틀은 당시 나이 겨우 스물 둘이었다. 처음 입대할 때 신장이 문제였듯이 이번에도 나이 때문에 애를 먹었다. 런던의 공군성은 그의 아이디어를 무시했다. 휘틀은 좌절했다. 특허는 따놓았지만 1929년부터 30년대 중반까지 아무 일도 일어나지 않았다. 특허 갱신일이 다가왔을 때에도 돈이 없어서 시효 만료를 넋 놓고 보고만 있었다.[70]

1930년대 초 괴팅겐 대학에서 물리학과 항공역학을 공부하던 한스 폰 오하인

Hans von Ohain(1911~1998)은 휘틀과 매우 유사한 아이디어를 갖고 있었다. 오하인은 영국인 휘틀과는 너무도 달랐다. 귀족적이고 부유했으며 키도 182센티미터가 넘었다. 제트기관의 용도에 대한 태도도 달랐다.[71] 오하인은 정부 쪽 제안은 물리치고 민간 항공기 제조업자인 에른스트 하인켈Ernst Heinkel에게 아이디어를 가져갔다. 하인켈은 고속 항공 운송수단 수요가 커질 것을 알고 있었기 때문에 처음부터 오하인의 제안을 진지하게 검토했다. 발트 해 연안에 있는 하인켈의 전원 별장에서 모임이 잡혔다. 거기서 스물다섯의 오하인은 하인켈의 항공 관련 일급 브레인들을 대면하게 된다. 어린 나이였지만 오하인은 팔리는 엔진 일체에 대해 일정액의 로열티를 달라고 요구했다. 계약은 공군과는 아무 관계가 없었고, 1936년 4월에 양측이 사인을 했다. 휘틀이 문제의 논문을 쓴 때로부터 7년이 흐른 시점이었다.

한편 영국에서는 휘틀의 탁월함이 널리 알려졌다. 휘틀의 성공 가능성을 확신한 두 친구가 저녁 자리에서 그를 만나 순수 벤처 사업으로 제트기관 제작을 후원하기로 했다. 그 때에도 휘틀의 나이는 28세에 불과했다. 많은 노련한 항공 엔지니어들은 여전히 휘틀의 엔진은 결코 날 수 없다고 보았다. 그럼에도 불구하고 O. T. 포크Falk와 그 동업자들, 은행가들의 지원으로 파워 제트사Power Jets가 설립됐고, 2만 파운드를 끌어들였다.[72] 휘틀은 주식을 받았으며(로열티 방식이 아니었다), 공군성도 25퍼센트 지분 참여를 하기로 했다.

파워 제트사는 1936년 3월 법인 등록을 했다. 그달 3일 영국의 국방예산은 1억 2,200만 파운드에서 1억 5,800만 파운드로 증액됐다. 그 중 일부가 본토 방어를 위해 해군 항공대에서 항공기 250대를 추가 구매하는 데 충당하는 용도였다. 나흘 후 독일군이 라인란트 비무장지대를 점령했다. 베르사유조약 위반이었다. 갑자기 전쟁 가능성이 높아졌다. 전쟁이 난다면 공군력의 우위가 결정적인 역할을 할 것으로 보였다. 제트기관에 대한 의구심은 완전히 쓸려나갔다. 이제는 누가 먼저 실전용 제트기를 생산하느냐가 관건이었다.

물리학과 수학은 지적인 영역에서 항상 겹치는 부분이 많았다. 하이젠베르크의 행렬과 슈뢰딩거의 계산에서 본 바와 같이 물리학의 황금기의 발전은 종종 새로운 형태의 수학 발전과 밀접히 관련됐다. 1920년대 말이 되면 파리 수학자대회에서 다비드 힐베르트가 20세기의 해결과제로 제시한 23가지 주요 수학 문제(1장 참조)는 대부분 해결이 됐다. 그래서 수학자들은 세계를 낙관적으로 전망했다. 그들의 자신감은 기술적인 문제 이상의 것이었다. 수학은 논리와 연관돼 있고, 따라서 철학적 함의를 갖는 문제였다. 수학이 완전하다면, 그리고 겉보기에 그런 것처럼 내적으로 모순이 없다면, 세계에 관해 근본적인 무엇인가를 말해줄 수 있었다.

이런 분위기에서 1931년 9월 철학자와 수학자들이 학술회의에 참석차 쾨니히스베르크에 모였다. 회의 주제는 '엄밀과학에서의 지식에 관한 이론'이었다. 루드비히 비트겐슈타인, 루돌프 카르납, 모리츠 슐리크를 비롯해 굴지의 인사들이 모습을 드러냈다. 그러나 이 모임의 하이라이트는 단연 브륀 출신의 젊은 오스트리아 수학자가 발표한 논문이었다. 그 혁명적 주장은 나중에 독일 과학 전문지에 「『수학원리』 및 유사 체계들의 확정 불가능한 명제들에 관하여 On the Formally Undecidable Propositions of Principia Mathematica and Related Systems」라는 제목의 논문으로 실렸다.73 저자는 쿠르트 괴델Kurt Gödel(1906~1978)로 스물다섯 살 난 빈 대학 수학과 교수였다. 이 논문은 지금도 논리학과 수학의 역사에서 하나의 이정표로 간주된다. 괴델은 슐리크의 빈 서클에 간간이 회원으로 참여했다. 그러면서 과학의 철학적 측면에 깊은 관심을 갖게 됐다. 1931년 논문에서 그는 하이젠베르크의 불확정성의 원리 못지않게 확고한 어조로 우리가 알 수 없는 어떤 것들이 있다고 말함으로써 수학을 논박할 수 없는 탄탄한 토대 위에 올려놓으려는 힐베르트의 야심찬 계획을 산산조각 내버렸다. 그에 못지않게 중요한 것은 단일 논리 체계로부터 모든 수학을 연역해내려는 버트런드 러셀과 앨프리드 노스 화이트헤드의 시도도 박살을 내버렸다는 것이다.74

괴델의 불완전성 정리不完全性 定理 Unvollständigkeitssatz/incompleteness theorems가 어렵다는 사실은 어쩔 도리가 없다. 논점은 두 가지라고 할 수 있다. 하나는 "어떤 무모순적 형식체계 안에 참임을 증명할 수도 없고 거짓임을 증명할 수도 없는 문장이 존재한다"는 것이고, 다른 하나는 "연산이라고 하는 형식체계의 무모순성은 그 체계 안에서는 입증할 수 없다"는 것이다.75 그의 논증은 프랑스 수학자 쥘 리샤르가 처음 제기한 리샤르의 역설Richard paradox을 활용하면 그나마 좀 이해가 간다.[76] 리샤르는 수학에 나오는 여러 정의에 차례로 숫자를 매긴다. 예를 들어 "1과 그 자신을 제외한 어떤 수로도 나누어질 수 없다"(소수)는 정의에는 17을 붙인다. 또 다른 정의 "한 정수를 그 정수로 곱한 결과와 동일한 수"(완전제곱)에는 20이라는 숫자를 붙인다. 이제 이런 정의들을 하나의 리스트로 만들어보자. 위의 두 정의는 17번째와 20번째에 들어가게 될 것이다. 그러고 보면 두 가지 점이 주목된다. 첫 번째 정의에 매긴 수 17은 그 자체로 소수이다. 그러나 두 번째 정의에 붙은 20은 완전제곱이 아니다. 리샤르의 수학 체계에서는 소수에 관한 진술 17은 그 자체가 소수이므로 리샤르적이 아니라고 한다. 반면에 완전제곱에 관한 진술 20은 완전제곱이 아니므로 리샤르적이라고 한다. 형식적 차원에서 리샤르적이라는 속성은 '한 정수가 순차적으로 배열된 정의들의 집합에서 정의가 지시하는 속성을 갖지 않는 경우'를 의미한다. 그러나 이 마지막 진술도 그 자체로 수학적 정의이며 따라서 정의들의 집합에 속하고 그 자신의 정수 n을 갖는다. 여기서 문제가 생긴다. n은 그 자체로 리샤르적인가? 곧바로 중대한 모순이 발생한다. "왜냐하면 n은 정의가 지시하는 속성을 갖지 않는 경우에만 리샤르적이기 때문이다. 따라서 n이 리샤르적이려면 n은 리샤르적이 아니어야만 한다는 것을 바로 알 수 있다."[77]

이런 비유로 괴델의 불완전성 정리를 충분히 설명할 수는 없지만 역설의 내용을 어느 정도 전달할 수는 있다. 괴델의 역설은 일부 사람들에게는 우울한 결론이었다(괴델 자신이 만성우울증에 시달렸다. 금욕적인 삶을 살았던 괴델은 1978년 성격장애로 인한 '영양실조와 기아성 쇠약'으로 일흔두 해의 생애를 마감했다).[78] 괴델은 수학과 논리에는 한계가 있다는 사실을 입증했다. 고틀로프 프레게, 다비드 힐베르트, 러셀 등이 모든 수학적(따라서 모든 논리적) 진리를 소수의 공리로부터 연역해낼 수 있는 단일 연역체계를 만들어내려는 계획은 실현 불가능해졌다. 눈치 빠른 독자라면 이미 알아챘겠지만 이는 수학판 불확정성의 원리로 수학을 완전히 탈바꿈시켰다. 나아가서 로저 펜로즈Roger Penrose(영국의 저명한 수리물리학자 : 옮긴이)가 지적한 대로 괴델의 "무한한 수학적 직관은 근본적으로 기존 물리학의 구조와는 양립할 수 없다."[79]

어떤 점에서 괴델의 발견은 가장 근본적이고 미스터리한 것이었다. 물론 그에게는 대부분의 사람들이 신비적이라고 부르는 측면이 있었다. 그리고 그 자신은 우리가 [수학적] 직관을 다른 형태의 경험과 똑같이 신뢰해야 한다고 생각했다.[80] 불확정성의 원리에 더하여 괴델의 이론은 지식의 한계를 보여주었다. 모든 방향에서 엄청난 발전과 새로운 사상이 폭발적으로 분출하던 시대에 그의 이론은 회의와 페시미즘을 던졌다. 우리의 지식에 왜 한계가 있어야 할까? 그리고 그런 한계가 존재한다는 것을 안다는 것은 무슨 의미일까?

16
문명과 그에 대한 불만
Civilisation and Their Discontents

1929년 10월 28일 월스트리트 주가가 폭락했다. 대공황의 시작이었다. 유럽에 대한 대출은 중단됐다. 그 후 몇 주, 몇 달이 흐르고 많은 사람들이 불안해하는 가운데 연합국은 준비 끝에 라인란트 철수를 단행했다. 프랑스에서는 조르주 클레망소 총리가 88세로 죽고, 튀링겐에서는 나치당 1호 당원이 될 빌헬름 프리크Wilhelm Frick가 곧 주 정부 내무장관으로 임명된다. 베니토 무솔리니Benito Mussolini는 베르사유조약 개정을 외치고, 인도에서는 모한다스 간디Mohandâs Gandhi(마하트마 간디)가 시민 불복종 운동을 시작했다. 영국에서는 1931년 균형 예산을 위해 거국내각이 꾸려지고, 일본은 금본위제를 폐기했다. 전반적인 위기감이 번졌다.

지그문트 프로이트는 당시 73세로 개인적인 이유까지 겹쳐져 더더욱 비참한 처지였다. 그는 1924년 구강암 때문에 두 차례 수술을 했다. 윗턱 일부를 제거하고 금속으로 보철을 해 넣어야 했다. 국소마취를 해야 할 정도의 수술이었다. 수술 후에는 씹고 말하는 것이 상당히 어려웠다. 그러나 여전히 담배는 끊지 않았다. 아마도 담배가 일차적인 원인이었을 것이다. 프로이트는 1939년 런던에서 사망하기 전에 스물네 차례나 수술을 했다. 암으로 전이될 수 있는 조직을 제거하기 위한 경우도 있었고, 보철을 청소하거나 새것으로 갈기 위한 경우도 있었다. 그러면서도 연구와 집필은 결코 멈추지 않았다.

1927년 프로이트는 기성 종교의 의미를 폄하하는 동시에 그 문제점을 공박하는 내용의 『환상의 미래 Die Zukunft einer Illusion』를 출간했다. '문화' 3부작의 두 번째 권이었다(첫 번째가 『토템과 터부』로 8장 215쪽 참조)에서 살펴본 바 있다. 29년 말 월스트리트가 붕괴하던 시점에 프로이트는 3부작 마지막 권 『문명과 그에 대한 불만 Civilisation and Its Discontents』(독일어 원제는 '문화 속의 불만 Das Unbehagen in der Kultur'이다)』을 내놓았다. 오스트리아에서는 기근이 있었고, 독일에서는 혁명 시도가 실패하고 상상을 초월하는 수준의 인플레이션이 진행됐다. 게다가 미국에서는 자본주의가 붕괴한 것 같은 양상이었다. 1차 대전으로 인한 황폐화와 도덕적 타락은 많은 사람들의 우려의 대상이었고, 히틀러는 급속히 부상하고 있었다. 사방 어디를 둘러보아도 프로이트가 내건 제목은 시의적절하다고 하지 않을 수 없었다.[1]

『문명과 그에 대한 불만』에서 프로이트는 『토템과 터부』에서 제시했던 일부 개념, 특히 사회—문명—란 개인의 거친 성적 욕망과 공격 본능을 규제하기 위한 필요에서 진화돼 나온 것이라는 개념을 더욱 발전시켰다. 그래서 문명과 억압과 신경증은 떼려야 뗄 수 없게끔 서로 얽혀 있다고 주장했다. 문명이 발전할수록 억압은 더 필요해지고, 그 직접적인 결과로 신경증이 늘어난다는 것이다. 인간은 문명 속에서 점점 더 불행해질 수밖에 없으며, 그렇게 많은 사람들이 술이나 마약, 담배 또는 종교에서 피난처를 찾는 것은 그 때문이라고 프로이트는 말했다. 이처럼 기본적으로 진퇴양난인 상황에서 어떤 개인이 어떻게 적응하느냐를 결정하는 것은 개인의 '심리적 기질'이다. 예를 들어 "에로스적인 성향이 아주 강한 사람은 타인과의 정서적 관계를 선호하는 쪽으로 갈 것이고, 자신에 대해 만족하는 경향이 강한 나르시시즘적인 인간은 주로 내면의 정신 활동에서 만족을 찾을 것이다."[2] 그의 주장에 따르면 책의 요지는 사회 병리현상에 대해 손쉬운 만병통치약을 제공하자는 것이 아니라 정신분석학적 이해, 특히 초자아 내지는 양심이라고 하는 정신분석학적 개념을 통해 윤리—사람들이 함께 살아가기 위해 따라야 한다고 동의하는 규범—에 대한 이해의 폭을 넓힘으로써 좀 더 바람직한 방향으로 유도하자는 것이었다.[3]

프로이트의 이런 희망은 이루어질 수 없었다. 1930년대, 특히 독일어권 국가들에서는 양심이라는 것은 완전히 사라졌다. 양심을 이해하고 좀 더 확장시켜보려는 시도는 철저히 외면당했다. 그럼에도 불구하고 그의 저서는 서구 자본주의 사회에 대해 한결같이 깊은 불만을 느끼는 일군의 사람들을 배출했다. 물론 불안의 원천은 경제, 과학, 기술, 인종, 프로이트 심리학에서 밝혀진 인간의 근본 속성 등 사람마다 달랐다. 1930년대 초에는 서구 문명에 대한 불만을 찬찬히 더듬어가는 이론과 연구가 매우 활발했다.

프로이트의 주장과 극히 유사한 책이 정신분석학의 황태자였다가 이제는 최대의 라이벌이 된 인물에 의해 1933년 출간됐다. 카를 융Carl Jung은 『영혼을 찾는 현대인*Moderner Mann auf der Suche nach einer Seele*』에서 '현대' 사회가 그 직전의 사회—현대 직전의 문명 단계—보다 '고대' 원시사회와 더 공통점이 많다고 주장했다.⁴ 현대 세계는 고대의 '원형들'이 최근의 과거보다 더 잘 드러나는 세계였다. 현대인이 정신생활에 몰입하고 종교가 붕괴된 이유는 이로써 설명이 된다. 현대의 조건은 인간이 자신이 진화의 정점이라는 것—과학이 그렇게 말해주었다—을 안다는 것, 그리고 '내일이 되면 더 진화된 존재에 의해 뒤처지고 말 것'이라는 것을 안다는 것이었다. 그래서 삶은 '고독하고, 차갑고, 두려운 것'이 되었다.⁵ 나아가서 정신분석은 영혼을 정신psyche으로 대체함으로써 일시적인 완화제 역할만을 했다. 정신분석은 개인적인 차원에서만 적용될 수 있는 기술이었다. '조직화' 되어서, 말하자면 가톨릭처럼 동시에 수백만 명을 도울 수는 없었다. 또 인류학자 뤼시앵 레비브륄Lucien Lévy-Bruhl이 말한 신비적 참여도 현대인으로서는 다가갈 수 없는 삶의 총체적 차원이었다. 서구 문명, 즉 새로운 문명은 오래된 동방의 사회들과 완전히 별도의 존재가 되었다.⁶ 이러한 공동체적 삶의 결핍, 즉 후고 폰 호프만슈탈이 전체의 의식이라고 부른 차원의 결핍이 신경증과 전반적인 불안의 확산에 절대적인 기여를 한 것이다.⁷

카렌 호나이Karen Horney(1885~1952)는 15년 동안 바이마르공화국에서 정통 프로이트 정신분석 의사로 일했다. 베를린 심리분석연구소에서 함께 일한 동료로는 멜라니 클라인Melanie Klein, 오토 페니헬Otto Fenichel, 프란츠 알렉산더Franz Alexander, 카를 아브라함Karl Abraham, 빌헬름 라이히Wilhelm Reich 등이 있다.

그러나 그녀가 정신분석 창시자에 대해 비판을 제기한 것은 미국으로 건너가서였다. 호나이는 처음에 시카고 정신분석연구소 부소장으로 있다가 이어 뉴욕으로 가서 사회연구를 위한 뉴스쿨New School for Social Research과 뉴욕정신분석연구소에서 근무했다. 저서 『우리 시대의 신경증적 성격The Neurotic Personality of Our Time』은 프로이트나 융과 겹치는 부분이 많지만 자본주의 사회가 신경증을 유발하는 과정에 대한 공박이기도 했다.[8]

프로이트 비판의 요지는 그의 안티페미니즘적 편견이었다(호나이의 초기 논문으로 「여성에 대한 공포」와 「질(膣)에 대한 거부」 등이 있다). 그러나 그녀는 마르크스주의자였고, 프로이트가 지나치게 생물학적 전망에 매달리고 있으며 현대 인류학과 사회학에 대해 "몰라도 너무 모른다"고 생각했다. 이 시기가 되면 정신분석 자체가 우파와 좌파로 쪼개졌다. 우파의 특징은 생물학적 측면에 집중하면서 점점 더 유아기의 경험을 파헤치는 쪽으로 나아갔다. 영국으로 이주한 프로이트의 독일인 사도 멜라니 클라인이 이런 접근법의 주도자였다. 반면 호나이, 에리히 프롬, 해리 스택 설리번Harry Stack Sullivan이 주축을 이룬 좌파는 개인의 사회·문화적 배경을 더욱 중시했다.[9]

호나이는 "보편적인 정상적 심리상태 같은 것은 없다"는 노선을 취했다.[10] 한 문화에서 신경증 환자로 간주되는 사람이 다른 곳에서는 정상일 수 있으며, 그 반대의 경우도 마찬가지다. 그러나 그녀가 보기에 두 가지 특징만은 모든 신경증 환자에게 공통되게 나타났다. 첫째는 '과민반응'이고, 둘째는 '잠재력과 성취 사이의 불일치'였다. 예를 들면 정상인은 본질적으로 남이 자신에게 나쁜 행동을 할 경우에만 의심한다. 그러나 신경증 환자는 "타인에 대해 늘 의심한다." 호나이는 오이디푸스 콤플렉스라는 것도 믿지 않았다. 그보다는 '근본적 불안basic anxiety'이라는 개념을 선호했다. 문제의 근원을 생물학적 요인이 아니라 사회의 갈등하는 힘이 어린 시절부터 개인에게 영향을 미친다고 보는 입장이다. 그녀는 "근본적 불안이란 기를 쓰고 못살게 굴고, 속이고, 공격하고, 모욕 주고, 배신 때리고, 시샘하는 세계에서 작고, 보잘 것 없고, 무력하고, 위태롭다는 느낌을 갖는 것이다"고 규정했다.[11] 그런 불안은 부모가 자녀에게 따뜻한 보살핌과 애정을 주지 못할 때 더 심해진다. 부모 스스로도 신경증이 있는 가정에서 그런 일이 많이 일어나며, 그렇게 되면 악순환이 계속된다. 신경증적 성격은 본질적으로 '남이 나를 필요로 한다는 자신감'을 잃어버렸거나 가져 본 적이 없는 경우이다.¹² 그런 아이는 자라면서 인생을 대하는 태도가 지나치게 혹독해지고 이는 성취에 장애가 된다. 신경증의 구체적인 양상은 네 가지다. 과다하게 애정을 갈망하거나, 권력에 집착하거나, 세상과 접촉을 끊고 안으로 틀어박히거나, 타인에 대해 지나치게 굴종적인 성향을 보인다.¹³

호나이의 이론 가운데 정신분석학자가 아닌 사람이 보기에 가장 논란의 여지가 큰 부분은 신경증이 특히 현대 미국 생활의 모순 때문이라고 주장한 부분이다. 그녀는 미국이 경쟁과 성공을 추구하는 의식("몹쓸 놈에겐 일말의 도움도 주지 말라")과 좋은 이웃이 되어야 한다는 의식("네 이웃을 네 몸처럼 사랑하라") 간의 모순이 그 어느 지역보다 극심한 사회라고 주장했다. 그런 모순은 허장성세를 부리면서 야망을 성취하려는 태도와 성공 가도에서 밀려난 개인의 처지 사이에도 나타나고, 무제한적인 개인주의와 정의나 환경을 위해 보편적으로 가해지는 제약 사이에도 나타난다.¹⁴ 따라서 현대 세계는 물질적으로는 풍족하지만 많은 개인들로 하여금 "외톨이이고 무력하다"는 느낌을 갖게 한다.¹⁵ 많은 사람들이 이런 기분을 느낀다는 데 동의할 것이다. 이런 느낌은 신경증 수준으로 강화될 수도 있다. 그러나 호나이의 이론은 왜 어떤 신경증 환자는 애정을 필요로 하고, 어떤 환자는 권력을 탐하는지, 또 왜 어떤 환자들은 굴종적이 되는지를 결코 설명하지 못한다. 호나이는 생물학적 요인이 근본원인이라는 것을 부인했지만 그처럼 다양한 행동의 차이가 나타나는 이유는 명쾌하게 설명하지 못했다.

호나이의 페미니즘은 새롭지만 독특한 것은 아니었다. 여성 참정권 획득 운동은 1차 대전 이전 몇몇 나라에서 정치인들 사이에 상당한 호응을 얻었다. 특히 오스트리아와 영국이 그랬다. 그런데 전쟁이 끝나자마자 경제적으로나 심리적으로 다른 문제들이 급부상하면서 페미니즘 이야기는 뒤로 밀렸다. 그러다가 1920년대가 본격화되면서 여성의 지위 문제가 다시금 주요한 이슈가 됐다.

버지니아 울프의 『제이콥의 방』에서 중요도가 좀 떨어지는 주제들 중 하나는 영국을 전쟁으로 끌고 들어간 남성들의 나약함과 그들이 평상시 여성을 대하는 태도였다. 이 소설에 나오는 남성들은 하나같이 안락한 방에서 야심을 꿈꾸는 반면, 여성들은 늘 방을 같이 써야 하고 춥고 바람이 숭숭 드는 집 안에 갇혀 있다. 이것이 울프가 1929년에 발표한 유명한 논픽션 『나 혼자만의 방A Room of One's Own』에서 제기한 불일치의 문제다. 울프는 여자라는 이유만으로 옥스퍼드와 케임브리지 대학 도서관 출입을 거부당하자 페미니즘적인 주장을 글로 쓰게 된 것으로 보인다. 아닌 게 아니라 금세기 심리학의 혁명 가운데 가장 큰 것이 여성의 감수성 문제라는 것은 이론의 여지가 없을 것이다.[16]

29년까지 버지니아 울프는 여섯 편의 소설을 내놓았다. 중요한 작품만 꼽아도 기적의 해인 1922년에 나온 『제이콥의 방』, 『댈러웨이 부인Mrs Dalloway』(1925), 『등대로To the Lighthouse』(1927), 『올랜도Orlando』(1928) 등이 있다. 그러나 그녀는 이러한 성공으로 말미암아 자신의 처지에 대해 더더욱 불안을 느낀 것으로 보인다. 대부분의 여성 작가들의 처지와 다를 바 없었다. 100쪽에 달하는 이 에세이집의 핵심 주장은 "여성은 소설을 쓰려면 돈과 혼자만의 방이 있어야 한다"는 것이었다.[17] 나중에 다른 작가들에 의해 다른 방식으로 표현되는 그녀의 견해는 작가는 "그(또는 그녀)를 둘러싼 역사적 환경의 산물이며, 물질적 조건이 본질적으로 중요하다"는 것이었다. 물질적 조건은 책을 쓰느냐 못 쓰느냐뿐 아니라, 남녀를 막론하고 작가의 심리학적 상태에 중요한 영향을 미친다. 그러나 울프의 주된 관심사는 여성이었다. 그래서 적어도 영국에서 1870년과 1882년 기혼여성재산법이 제정될 때까지 결혼한 여성의 수입은 법률적으로 남편에게 귀속되어 있었다는 점을 강조한다. 이처럼 환경으로부터의 자유가 없는 상태에서는 정신의 자유도 있을 수 없다고 그녀는 느꼈다. 이는 17세기 말 이전에 왜 여성 작가가 극소수였는지, 그리고 글을 쓴다고 해도 왜 기껏 취미 삼아 한 정도에 불과했는지를 잘 설명해준다. 울프 자신도 희생자였다. 남자 형제들이 기숙사학교에 다니고 대학에 진학하는 동안 그녀를 포함한 여자 자매들은 집에서 교육을 받았다.[18] 그 결과는 여러 가지로 나타났다. 소설에서 여성의 체험을 묘사하는 경우는 상대적으로 적고, 묘사된 경험이라는 것도 왜곡이 심하거나 특정한 측면에 국한되기 일쑤였다. 예를 들어 울프는 제인 오스틴이 그 재능에 걸맞은 좀 더 넓은 세상을 체험할 기회가 없었다고 봤다. 이런 제약은 엘리자

베스 배럿 브라우닝Elizabeth Barrett Browning(19세기 영국의 대표적인 여성 시인으로 남편이 시인 로버트 브라우닝이었다 : 옮긴이)도 마찬가지였다. "의심할 여지 없이, 오랜 세월의 고립은 그녀[브라우닝]에게 예술가로서 돌이킬 수 없는 손상을 주었다."[19]

울프는 페미니스트적인 분노를 느꼈으나 그런 분노가 소설에 표출되면 안 된다는 점을 분명히 인식하고 있었다. 그래서 선배 작가인 브라우닝과 샬롯 브론테Charlotte Brontë가 그런 분노에 빠져든 것을 비판했다. 이어 울프는 여성적 심성이 남성적 심성의 결함을 벌충해주는 방식을 고찰한다. 여성에 대항해서 세워진 장벽 때문에 문학이 잃어버리고 만 것이 무엇인지를 보여줄 요량이었다. 예를 들어 울프는 남성적 특성과 여성적 특성이 조화롭게 공존하는 새뮤얼 테일러 콜리지Samuel Taylor Coleridge의 양성적 심성 개념에 주목하면서 그런 심성은 모든 가능성에 열려 있다고 주장한다. 그러면서 어느 한쪽 성의 우월성을 주장하지 않고, 양쪽 정서에 모두 다가갈 수 있는 심성을 가져야 한다고 주창한다. '글을 쓰는 사람이 자신이 속한 성을 의식하는 것은 치명적'이라고 쓰기도 했다.[20] 그녀 자신은 『나 혼자만의 방』을 소품이라고 했지만 열정적으로 썼다고 토로하기도 했다. 그리고 분명 엄청난 성공을 거뒀다. 성공한 이유 중 하나는 문체였다. 1929년 10월 이 책이 세상에 나왔을 때 런던의 〈선데이 타임스〉는 데스먼드 매카시Desmond MacCarthy의 서평을 통해 '페미니즘 선전물'이라고 규정하면서도 "그럼에도 불구하고 활짝 꽃핀 복숭아나무 같다"고 평했다.[21] 울프의 문체는 친근한 대화체였다. 그녀는 현재는 물론 미래와 과거의 여성작가들에게 가해지는 부당한 짓거리들에 대해 분노하면서 동시에 그 분노를 넘어선다. 그녀는 옥스브리지의 여러 칼리지에서 점심을 먹었던 이야기에 여러 페이지를 할애한다. 여자 칼리지 음식이 남자 칼리지 음식보다 훨씬 낫다는 이야기를 꺼내면서 이를 상징적인 문제로서 고찰한다. 물론 버지니아 울프의 소설은 『나 혼자만의 방』과 더불어 읽어봐야 한다. 그녀가 여성 해방에 도움이 된 것은 격한 논쟁을 통해서뿐 아니라 스스로 모범을 보여주었기 때문이다.

정신분석학자와 소설가들이 문명의 결함을 파고드는 유일한 부류는 아니었다. 인류학자, 사회학자, 철학자, 기자들도 한결같이 같은 주제에 몰두했다. 1930년대는 인류학이 특별히 풍성한 과실을 맺은 시기였다. 인류학은 자본주의적 생활양식에 대한 비교 고찰 및 비판을 제기했을 뿐 아니라 어느 정도 성공적인 대안사례를 제시했다.

프란츠 보아스Franz Boas가 여전히 인류학을 지배하고 있었다. 1911년 작 『원시인의 마음』은 백인 서구인의 태생적 우월성을 당연시하는 19세기식 사고에 대한 혐오감을 분명히 드러냈다. 보아스에게 인류학은 "문명을 편견으로부터 해방시킬 수 있었다." 다른 문명에 관한 자료가 많이 쌓이고 대중적으로 널리 알려질수록 좋다는 이야기였다. 보아스의 강력하면서도 열정적인 주의주장덕분에 인류학은 낡아빠진 전 세기의 인종중심주의 및 애매모호한 정신분석의 생물학주의보다 한결 발전된 스릴 넘치는 학문이 됐다. 여기에 보아스의 두 수제자인 마가렛 미드Margaret Mead(1901~1978)와 루스 베네딕트Ruth Benedict(1887~1948)가 생물학주의의 맹점을 파헤치는 연구서를 잇달아 내놓음으로써 영향력의 범위를 넓혔다. 보아스와 마찬가지로 미드와 베네딕트는 인종과 유전학(아직은 유아기 단계였다)과 문화의 연관성에 관심을 가졌다. 미드는 심리학으로 석사학위를 땄지만 인류학에 더 매력을 느꼈고, 루스 베네딕트에게서도 자극을 받았다. 동급생들이 우울증이라고 생각할 만큼 (피마자기름 처바른 얼굴 같다며 미워했다) 말이 없던 루스 베네딕트는 서서히 학문적 역량을 발휘하기 시작했다. 베네딕트와 미드는 결국에 가서는 조프리 고러Geoffrey Gorer, 그레고리 베이트슨Gregory Bateson, 해리 스택 설리번, 에릭 에릭슨Erik Erikson, 마이어 포테스Meyer Fortes 같은 인류학자와 정신과 의사들로 구성된 영향력 있는 국제 네트워크의 일원이 되었다.

보아스에게 인류학은, 후일 미드가 말한 대로, 문화의 중요성을 보여주는 '거창한 구조救助작전'이었다.²² 보아스는 마가렛 미드에게 한 가지 아이디어를 주었는데 그것이 20대에 불과한 그녀를 유명하게 만들었다. 보아스는 비서구 사회의 청소년기에 대해 연구해보라고 했다. 그것은 현명한 선택이었다. 청소년기는 서구 문화의 비정상적 양상의 일부일 가능성이 컸기 때문이다. 실제로 청소년기라는 개념은 1905년에 가서야 미국 심리학자 G. 스탠리 홀(프로이트의 친구였다)의 연구에서 '발명됐다.'²³ 그는 『청소년기: 그 심리학과 생리학, 인류학, 사회학, 성, 범죄,

종교, 교육과의 관계Adolescence: Its Psychology And Its Relations to Physiology, Anthropology, Sociology, Sex, Crime, Religion and Education』라는 책에서 신체적 성장에 관한 연구만도 60여 건을 언급하면서 청소년기를 '이상주의가 꽃 피고, 권위에 대한 반항이 차츰 강해지는 시기로서, 난관과 갈등이 절대적으로 불가피한 시기'라고 묘사했다.[24] 다른 말로 하면 심리학적으로 대단히 중요한 시기라는 이야기다. 보아스는 청소년기의 문제를 순전히 또는 대부분 생물학적인 문제로 보는 관점에 대해 회의적이었다. 유전자 못지않게 문화에도 원인이 있다고 느꼈다.[25]

1925년 9월 마가렛 미드는 파고파고에서 몇 주를 보냈다. 남서 태평양 미국령 사모아의 주도主島인 투투일라의 중심지였다.[26] 미드는 소설가 서머셋 몸Somerset Maugham의 1920년 작 『비Rain』의 무대로 유명해진 호텔에 자리를 잡았다.[27] 이어 본격 현장 조사에 앞서 기초 사모아어를 배웠다.[28] 미드는 보아스에게 예비조사를 통해 마누아 제도Manu'a group의 세 작은 섬 가운데 타우에서 현장조사를 해볼 계획이라고 말했다. 파고파고에서 대략 160킬로미터 떨어진 지점으로 "청소년이 많고, 충분히 원시적인 마을이 있는 유일한 섬이었다. 미국인이 일부 있어서 함께 지낼 수도 있다. 원주민 음식을 먹을 수는 있지만 여섯 달 씩이나 그러고 지낼 수는 없다. 전분이 많아서 너무 끈적끈적하기 때문이다."[29] 정부에서 운영하는 증기선이 몇 주에 한 번씩 마누아 제도를 돌았다. 그 정도면 외부와 격리되어 오염되지 않은 섬의 문화를 해칠 정도는 아니었다. 타우 섬 사람들은 "사모아의 그 어느 지역보다 훨씬 더 원시적이며 오염되지 않았다. ……진료소를 담당하는 해군과 그 가족 및 위생병 둘을 제외하고는 섬에 백인은 없다." 기후는 엉망이었다. 연중 습도가 80퍼센트나 되고, 기온은 섭씨 21도에서 32도를 오르내렸다. '사나운 비'는 하루에 다섯 번 꼴로 쏟아졌는데 빗방울이 '아몬드'만 했다. 그러고 나서 해가 나면 사람을 포함해 섬에 있는 모든 것이 바짝 마를 때까지 '푹푹 쪘다.'[30]

미드의 필드워크를 정리한 『사모아에서 어른 되기Coming of Age in Samoa』는 1928년 발간되자마자 믿기 어려울 정도로 대단한 성공을 거뒀다. 그녀가 쓴 서문에는 밤이 되고 나서 섬에서 벌어지는 일에 대한 이야기가 나온다. 달이 뜬 밝은 밤에 '선남선녀들이' 춤을 추고 "각자 흩어져 숲속을 돌아다닌다. 종종 자정을 훌쩍 넘길 때까지 마을이 잠들지 않는 경우도 있다. 그러다 마침내 사주沙洲 쪽에서 부드러운 천둥소리가 들리고 연인들은 사랑의 밀어를 속삭인다. 그제야 마을은 잠이 들고 한참 후 먼동이 튼다."[31] 미드는 젊은이들 사이에 요란스럽게 벌어지는 '밀고 당기는 장난'을 묘사했다. "특히 젊은 여자들 그룹에서 많이 하는데 왕왕 성기를 장난스럽게 잡아당기기도 한다." 미드는 이 소녀들의 경우 청소년기는 '위기나 스트레스의 시기가 아니라 서서히 성숙돼가는 관심과 활동이 정상적으로 발전해가는 시기'라는 사실을 보고는 안심했다고 말했다. "갈등 때문에 소녀들이 마음을 졸이거나 철학적 의문 때문에 방황하거나 거창한 야심 때문에 노심초사하는 일도 없었다. ……소녀 시절 가급적 많은 애인을 사귀다가 친척들이 있는 가까운 마을로 시집가서 애 많이 낳고 사는 것이 그녀들이 한결같이 바라는 희망이었다." 사모아인들은 '우리 문명에서 벌어지는 낭만적인 사랑, 즉 일부일처제, 배타성, 질투, 외도 금지 같은 관념들과 불가피하게 연결돼 있는' 관념은 눈을 씻고 찾아봐도 없다고 미드는 주장했다.[32] 독신이라는 개념도 "도무지 찾을 수 없었다."[33]

사모아, 아니 적어도 타우는 낙원 같은 곳이었다. 미드에게 있어서 이 섬은 '파스텔 톤'으로만 존재했다. 그래서 그런 그림이 사모아 제도 전체에도 어느 정도 해당된다고 주장했다. 그러나 이런 일반화는 부정확한 것이었다. 왜냐하면 현장조사 1년 전인 1924년에 정치적 분란이 있었고, 살인사건까지 일어났던 것이다. 타우에서 미드는 혼자 뚝 떨어져 있었고 대접도 잘 받았다. 사모아인들은 그녀를 옛날 여왕의 이름을 따서 '마켈리타'라는 별명으로 불렀다. 『사모아에서 어른 되기』가 그토록 성공을 거둔 이유 중 하나는 원고를 받은 출판업자 윌리엄 모로가 그녀의 발견이 미국인과 미국문명에 주는 의미를 설명하는 장을 두 개 추가하도록 했기 때문이다. 여기서 미드는 '대스승 프란츠'의 접근방식을 강조했고, 생물학에 대한 문화의 우월성을 부각시켰다. 청소년기가 꼭 소란스러워야 할 필요는 없었다. 프로이트, 호나이 등등의 주장이 맞았다. 서구문명은 답해야 할 문제가 많았다. 『사모아에서 어른 되기』는 성의학자 해블록 엘리스, 『원시인의 성생활』을 쓴 인류학자 브로니슬라브 말리노프스키, 미국 언론인 H. L. 멘켄Mencken으로부터 찬사를 받았다. 미드는 금세 세계에서 가장 유명한 인류학자가 되었다.[34]

미드는 사모아 이후 두 차례 더 현장조사를 한 결과를 1930년대 초에 『뉴기니에서의 성장 Growing Up in New Guinea』(1930)과 『세 원시사회에서의 성性과 기질 Sex and Temperament in Three Primitive Societies』(1935)을 내놓았다. 한 평론가의 지적에 따르면 두 책에서 마가렛 미드는 이른바 문명인과 '원시적인' 사촌들 사이에 차이가 거의 없다는 점을 강조하면서 '광적인 쾌감'을 느꼈다. 그러나 이런 평가는 부당했다. 미드는 원시사회에 대해 무비판적이지 않았고, 두 책의 골자는 여러 문화에 나타나는 변형에 주목하는 것이었다. 뉴기니에서 부모들은 아이들이 하루 종일 놀게 내버려둔다. 그러나 그녀의 지적에 따르면 "이론가들에게는 놀랍게도 그들이 하는 놀이는 어린 강아지나 고양이 수준이다. 다른 사회의 경우처럼 존경하는 어른들로부터 이런저런 풍부한 놀이전통을 이어받지 못했기 때문에 어벙하고 재미없는 어린 시절을 보낸다. 그저 신나게 뛰어다니다가 힘에 겨우면 나가떨어져서 쥐 죽은 듯이 자다가 실컷 잤다 싶으면 다시 뛰노는 식이다."[35] 『세 원시사회에서의 성性과 기질』에서 살펴본 아라페시족은 전쟁이나 개인적인 공격이라는 개념 자체를 '진짜 몰랐다.' 아라페시족은 독자적인 예술이랄 게 없고, 적어도 심리학적 개념으로 보자면 남자와 여자의 구분도 거의 없었다. 미드는 이 점이 가장 이상했다.[36] 아라페시족 조사를 마치고 세피크 강 지류인 유아 강(역시 뉴기니에 있다) 언저리에 사는 문두구모족 속으로 들어갔을 때 그녀가 발견한 것은 그야말로 혐오스러운 종족이었다.[37] 이 일대에서 인간사냥과 식인풍습이 불법화된 것이 고작 3년 전이었다. 그녀의 기록에 따르면 아주 어린 아기들 시체가 강물에 떠내려 오는 것을 아직도 심심찮게 볼 수 있었다. 누구도 돌봐주지 않는 아이들이었다.[38] "이곳에서는 늘 유아 유기가 일어난다"고 미드는 썼다. 아기를 돌봐준다고 해봐야 단단한 바구니에 넣어서 데리고 다니는 것이 고작인데 그러다 보니 아기는 밖을 내다볼 수도, 햇볕을 쪼일 수도 없다. 울어도 달래주거나 따뜻하게 보살펴주는 사람이 없다. 아이들이 그렇게 사랑받지 못한 채 자라기 때문에 문두구모 사회가 '의심과 불신으로 가득한' 사회가 되는 것은 미드가 보기에 전혀 놀랍지 않은 일이었다. 세 번째 사회, 즉 세피크 강에서 상류 쪽으로 80킬로미터 떨어진 지역에 사는 참불리족은 서구 사회에서 흔히 볼 수 있는 남자와 여자의 역할이 완전히 바뀌었다. 여성이 "지배적이고 무뚝뚝하며 관리를 맡는다." 남성은 '책임이 적고 정서적으로 의존적'이다.³⁹ 이런 '풍부한 현장조사' 끝에 나온 미드의 결론은 "인간의 본성은 믿기 어려우리만치 가변적이며, 정확히 문화적 조건의 차이에 따라 달라진다"는 것이었다.

루스 베네딕트Ruth Benedict의 『문화의 유형Patterns of Culture』은 『세 원시사회에서의 성과 기질』과 같은 해에 나왔다. 내용도 연구 대상 지역은 다르지만 '세 원시사회에서의 성과 기질, 경제적 교환, 종교, 식량생산 및 경쟁관계'라는 제목을 붙여도 좋을 만했다. 그만큼 두 책은 공통점이 많았다.⁴⁰ 베네딕트는 뉴멕시코의 주니 인디언(당시에는 인류학자들까지 아메리카 원주민native Americans을 '인디언'이라고 불렀다), 뉴기니의 도부족, 알래스카와 퓨젓사운드 태평양 연안에 사는 콰키우틀족을 관찰했다. 여기서도 문화의 주요 특징에 대한 기술이 주였다. 주니족은 진지함과 남에게 해를 끼치지 않는 것을 최우선적 가치로 삼는 족속으로 모방주술을 신봉했다. 예를 들어 비가 오도록 하기 위해서 땅에 물을 뿌리는 식이다.⁴¹ 아이들에게는 '액을 쫓아주기 위해' 왕왕 의례로 회초리를 들곤 했다.⁴² 소유권—특히 신성한 주물의 소유권—은 모계 쪽에 있으며, 종교 외에 주니족이 생활에서 중시하는 것은 공손한 순종이었다. 개성은 집단 속으로 사라졌다. 반면 도부족은 "무법적이고 배신을 일삼았다." 말하자면 "악의와 배신을 장려하고 그런 행위를 마땅한 미덕으로 여겼다"는 이야기다.⁴³ 남편과 아내 사이에도 성실을 기대하지 않았으며, 이혼은 '과다할 정도로 흔한' 일이었다. 질병은 특별한 역할을 했다. 누군가가 병에 걸렸다는 것은 그렇게 기원한 사람이 있었다는 이야기였다. 병을 일으키는 부적이 널리 거래됐으며, 일부 개인들이 특정 질병을 유발하는 부적 판매를 독점했다. 거래에서도 상대를 속이는 것을 최고의 가치로 삼았다. "그래서 도부족은 뚱하고 새침하며 다혈질인데다가 질투와 의심과 적의에 물들어 있었다. 조금이라도 잘 되는 일이 있으면 자신이 싸움에서 적을 패배시켜 사악한 세상으로부터 뜯어낸 것이라고 생각했다."⁴⁴ 황홀경 상태에서 춤을 추는 행위는 콰키우틀족 종교의 핵심이었다. 그리고 상속재산은—큰넙치가 서식하는 어장 같은 것도 여기에 포함됐다—사회조직의 주요한 기초였다. 노래나 신화 같은 비물질적인 대상도 부의 일종이었고, 그 중 일부는 그런 것을 소유한 사람들을 죽임으로써 빼앗았다. 콰키우틀족은 일 년을 여름과 겨울 둘로 나눈다. 여름은 부와 사회적 특권을 기리는 시기이고, 겨울은 좀 더 평등한 사회가 구현되는 시기이다.⁴⁵

베네딕트는 원시사회에 대한 현황 보고를 하는 사이사이에 일반론을 곁들였다. 일반론 부분에서는 보아스에게 엄청난 빚을 지고 있었다. 그녀의 주제는 인간의 본성이 대단히 가변적이라는 것을 입증하는 것이었다. 오지 사회에서는 인간 본성이 특이하게 발현되는 경우가 많다. 그런 측면들이 그 사회에 특수성을 부여한다. 그녀에 따르면 어떤 문화들은 감정을 중심으로 형성된 '디오니소스적' 특성을 갖고 있고, 또 어떤 문화들은 이성을 중심으로 조직된 '아폴로적' 특성을 지니고 있다.⁴⁶ 그리고 다양한 전거를 들어가면서 돈키호테, 배빗, 미들타운, D. H. 로렌스, 플라톤에 나오는 동성애 등도 모두 인류학적 맥락을 적용할 때 제대로 이해할 수 있다고 주장했다. 말하자면 그런 양상들은 근본적으로 하나라고 단순화할 수 없는 인간 본성의 정상적인 변형이라는 것이다. 여러 유형의 사회들은 그 자체의 맥락에서 이해해야 하며 어떤 단일한 척도로(이런 척도에서는 당연히 '우리' 백인이 늘 정점에 선다) 재단해서는 안 된다. 다른 사회, 다른 문명들은 그들 나름의 '문화의 유형들'을 창조해냄으로써 서구 문명이 직면한 문제들 중 일부는 모면한 대신 자신들만의 독특한 문제를 만들어냈다.⁴⁷

이제 1920년대와 1930년대 인류학의 열정과 흥분을 회복하기는 거의 불가능하다.⁴⁸ 그때만 해도 비행기로 수많은 사람이 해외여행을 가고, 텔레비전이 지구촌 구석구석에 침투하기 훨씬 전이었다. '원시'가 변질되거나 말살되기 이전의 사회를 탐사하는 것은 엄청난 모험이었다. 더구나 당시 인류학자들은 서로 뻔히 알 만큼(서로 부부가 되는 경우도 있었다. 미드는 남편이 셋이었는데 둘은 인류학자였다. 한때는 베네딕트와 애인 사이였다) 극소수였다. 그들은 모든 문화는 상대적이라는 것을 입증하고야 말겠다는 십자군 식 사명의식 같은 게 있었다. 물론 거기에는 연구자들의 사회적·정치적 관점이 덧씌워져 있었다(미드는 자유결혼을 신봉했고, 베네딕트는 농촌 출신으로 독학을 했다).

베네딕트의 책은 미드의 책만큼이나 성공을 거뒀다. 몇 년 사이에 수십 만 부가 팔렸고 책방은 물론 약국에서도 팔 정도였다. 보아스의 두 제자는 본인들의 연구는 물론이고 보아스와 말리노프스키, 미드의 남편인 레오 포천Reo Fortune의 연구 성과까지 종합해 세계를 보는 우리의 시각을 바꿔놓았다. 성적인 남성 우월주의는 말할 것도 없고 무의식적인 자민족 중심주의가 금세기 전반기에는 지금보다 훨씬 심했다. 따라서 과학적으로 도출된 두 사람의 결론은 광범위한 영역에 걸쳐 해방적 기능을 수행했다. 보아스, 베네딕트, 미드의 목표는 인간의 행동에 문화가 결정적인 역할을 한다는 것을 확실히 밝힘으로써 생물학에 부여되었던 과다한 지위를 끌어내리는 것이었다. 이들의 또 다른 목표—사회는 그 나름의 맥락에서만 이해될 수 있다는 것을 보여주는 것—도 타당한 것으로 입증됐다. 사실 인류학은 연구 범위가 협소한 학문치고는 금세기의 가장 거창한 이념 가운데 하나인 상대주의를 만들어내는 데 상당한 기여를 했다. 마가렛 미드는 그런 관점을 잘 표현했다. 1939년 그녀는 바닥에 드러누워 의자를 발로 톡톡 차면서(그녀는 이를 '임신부 특유의 자세'라고 했다) 떠오르는 상념들을 적어놓았고, 이것이 태평양 사회들에 관한 글 모음집 『남태평양에서From the South Seas』의 서문이 되었다. '1939년'에 기록한 상념들은 다분히 예언자적이었다. "사람들이 사회과학에 대해 하는 질문은 1925년 당시보다 훨씬 깊고 날카로워졌다. ……우리는 이제 갈림길에 서 있다. 좀 더 정돈된 이질성을 향해 앞으로 나아가느냐, 아니면 겁을 먹고 단일 기준으로 후퇴할 것이냐를 결정해야만 한다. 후자가 된다면 값비싼 희생을 치르고 안온함을 갖는 대신 인류가 가진 잠재력의 10분의 9를 허비하게 될 것이다."[49]

한편 사회학자들은 신비한 외국에 끌리지 않았다. 서구 자본주의가 제기한 문제들을 제대로 파악하려면 국내에서도 할 일이 많았다. 여기서 핵심적인 역할을 한 이가 로버트 E. 파크Robert E. Park(1864~1944)였다. 파크는 시카고 대학 사회학과 교수로 사회학을 과학적 학문으로 발전시키는 데 누구보다 공이 컸다. 시카고 대학은 19세기 말 존스홉킨스 대학과 클라크 대학에 이어 세 번째로 설립된 미국의 주요 연구 중심 대학이었다. 미래의 학자들이 최소한 갖춰야 할 요건인 Ph.D 제도를 미국에서 처음 도입한 것도 이들 연구 중심 대학이었다. 시카고 대학은 네 가지 분야에서 굴지의 학파를 형성했다. 철학은 존 듀이가, 사회학은 파크가, 정치학은 찰스 메리암Charles Merriam이, 그리고 경제학은 한참 후에 밀턴 프리드먼Milton

Friedman이 주도하게 된다. 파크의 위업은 사회학을 본질적으로 관찰 중심의 개인적인 활동에서 경험적 토대가 확고한 분야로 끌어올렸다는 점이다.⁵⁰

시카고 학파의 연구 가운데 처음으로 주목을 끈 것은 『유럽과 미국의 폴란드 농민The Polish Peasant in Europe and America』이었다. 지금은 거의 잊혔지만 사회학자들은 경험적 데이터와 일반화를 잘 조화시킨 기념비적 연구서로 평가한다. W. I. 토마스Thomas와 플로리안 즈나니에츠키Florian Znaniecki는 폴란드에서 여러 달 현지 조사를 한 뒤 미국의 폴란드 이민자 수천 명을 조사하는 방식으로 대서양 양안에서 같은 부류의 사람들을 연구했다. 두 연구자는 개인끼리 오간 편지, 이민국 문서, 신문 자료 등을 활용해 이민 경험 전체를 완벽하게 보여주는 그림을 만들어냈다. 그 뒤를 이어 당대의 여러 '불만족' 내지는 증상들을 검토한 시카고 대학 연구 시리즈가 나왔다. 프레드릭 스래셔Frederic Thrasher가 1927년 『갱』을 펴냈고, 루이스 워스Louis Wirth의 『게토』, 루스 숀리 케이번Ruth Shonle Cavan의 『자살』, E. T. 힐러Hiller의 『파업』이 1928년에 출판됐다. 이듬해인 1929년에는 존 란데스코John Landesco의 『시카고의 조직범죄』가 발간됐다. 이들 연구의 상당부분은 정책과 직접 관련이 있었다. 시카고 시 당국이 범죄와 자살을 줄이고 길거리의 갱을 몰아내는 데 일조한 것이다. 파크는 자신의 연구가 지역 주민들의 실질적인 이해와 조화가 되도록 늘 지역사회와 협력했다. 그러나 시카고 학파 사회학이 1918~35년에 엄청난 영향력을 행사한 것은 서베이 기법의 개발, 피면접자가 하고 싶은 말을 자유롭게 하도록 하는 비지시적非指示的 면접, 태도 측정 같은 새로운 기법과도 상당한 관계가 있었다. 그 모두가 조사 대상 집단의 심리적 측면을 드러냄으로써 고리타분한 정부 통계가 그려내는 피상적인 상을 넘어서려는 노력이었다.⁵¹

시카고 학파의 연구 중에서 가장 중요한 것은 미국 문명을 병들게 한 불만족, 즉 인종 문제(대공황으로 인한 실업에 버금갈 만큼 심각한 문제였다)에 관한 것이었다. 1931년 찰스 존슨Charles Johnson(1893~1956)은 『미국 문명에서의 흑인The Negro in American Civilisation』을 펴냈다. 미국 흑인에 관한 각종 지표를 처음 종합 고찰한 연구로 흑인의 지위가 향상됐는지 아닌지를 알아볼 수 있는 척도였다.⁵² 출간 당시 존슨은 시카고가 아니라 피스크 대학 교수였다. 그러나 파크 밑에서 훈련을 받았고 1922년 『시카고의 흑인』을 시카고대 사회학과 연구 시리즈의 하나로 낸 바 있었다.53 존슨은 할렘 르네상스를 만들어내는 데 큰 역할을 한 인물로 미국 흑인이 다른 방식으로 제대로 대접받을 수 없다면 예술을 활용해야 한다고 믿었다. 1920년대에 존슨은 뉴욕에서 발행되는 흑인 잡지 《기회*Opportunity*》의 편집을 맡았다. 그러나 20년대 말에 다시 학계로 돌아간다. 그가 내놓은 새 책의 부제는 '사회연구 시각으로 본 흑인의 삶과 인종관계에 관한 연구'였다. 사회연구라는 측면이 강점이었다. 『미국 문명에서의 흑인』은 당시까지 나온 것 가운데 흑인의 지위에 관한 가장 철저한 분석으로 정부 통계와 보고서, 보건 및 범죄 통계, 각종 차트와 도표, 그래프, 리스트 등을 망라했다. 그때만 해도 많은 흑인—당시에는 '니그로'라고 불렀다—이 노예 생활을 기억하고 있었고, 남북전쟁 때 싸운 사람도 있었다.

통계들은 흑인의 삶이 개선됐음을 보여주었다. 흑인의 문맹률은 1880년 70퍼센트에서 1920년 22.9퍼센트로 떨어졌다. 그러나 1920년 백인의 문맹률이 4.1퍼센트인 것에 비하면 여전히 극히 열악했다.54 백인이 흑인을 집단으로 폭행한 린치 건수는 1892년 155건에서 1920년 57건, 1928년 8건으로 떨어졌다. 처음으로 한 자릿수까지 내려간 것이다. 그러나 1년에 8건 꼴이어서 여전히 무시무시했다.55 편견이 확산되는 방식은 더욱 상징적이다. 예를 들어 흑인은 결핵에 잘 걸리는 체질이어서 예방이나 치료를 위한 지출은 별로 실효가 없다는 생각이 널리 퍼져 있었다. 동시에 흑인들은 암이나 말라리아, 당뇨 같은 질병에는 면역이 돼 있어서 예방조치를 따로 할 필요가 없다고 믿는 경향이 강했다. 흑인들은 주류 여론이 항상 증거를 소수민족에게 불리한 쪽으로 해석한다는 것도 의식하고 있었다.56 존슨의 서베이는 또 인종 자체보다는 많은 사회적 요인이 건강을 결정한다는 것을 처음으로 확실히 입증했다. 뉴욕, 루이스빌, 멤피스를 포함한 15개 도시 서베이에서는 흑인의 인구밀도가 백인보다 결코 낮지 않으며, 어떤 경우에는 4배나 높은 것으로 나타났다.57 15개 주에서 흑인의 사망률은 백인보다 항상 높게 나왔다. 경우에 따라서는 배나 높았다. 이러한 통계에서 보이는 것은 우리에게 친숙한 그림이다. 흑인은 도심을 점유하기 시작했고, 도심의 주택들은 규모가 작고 시설이 열악하며, 주변에 편의시설도 적다. 당시에 '법규 준수'라고 불렀던 치안 분야에서도 이미 차이점이 드러났다.[58] 클리블랜드, 디트로이트, 볼티모어 등 10개 도시를 조사한 결과 흑인의 체포율은 백인보다 2~5배 높은 반면, 1년 이상 형을 선고받는 경우는 3.5배 낮은 것으로 나타났다. 이는 폭력 범죄가 많은 백인들이 주장하듯이 흑인들의 생물학적 성향 때문이 아니라는 점을 보여준다.

존슨은 W. E. B. 듀보이스를 다룬 장에서 인종 간의 생물학적 차이라고 하는 것은 무시할 만한 수준이라는 주장을 되풀이했다. 대신 흑인의 지위에 차별을 가져오는 요인이 무엇인지를 밝혀낸 사회학적 통계에 주의를 집중해야 한다고 강조했다. 통계는 교육 영역에서 특히 유용하다. 1931년 현재 흑인 대학생 수는 1만 9,000명이었다. 1900년에는 1,000명이었다. 배출된 흑인 학사는 2,000명으로 1900년에는 150명이었다. 이런 수치들은 흑인은 교육을 시켜봐야 소용이 없다는 편견을 고착시켰다.[59] 듀보이스는 생물학적·심리학적 차이를 강조하는 것은 편견에 사로잡힌 백인들이 인종 간에 존재하는 진정한 사회적 차별—그 대부분은 백인들 잘못이다—을 부인하기 위한 장치라는 소신을 결코 굽히지 않았다. 오하이오 주립대학의 사회학자 허버트 밀러Herbert Miller는 이민 규제가 1920년대에 더 심해짐으로써 차별 대상을 '유럽인에서 흑인으로 대체하는 심각한 결과'가 야기됐다고 평가했다.[60] 『미국 문명에서의 흑인』이 주는 장기적인 메시지는 낙관적이지 않았다. 미국은 모든 것이 가능한 곳이라는 이미지가 틀린 것임을 밝혀냈기 때문이다.

흑인에다가 도시에서 자랐고 다재다능하며 할렘 르네상스의 스타였던 찰스 존슨은 윌리엄 포크너William Faulkner(1897~1962)와는 너무도 대비된다. 포크너는 미국 최남부 농촌 출신 백인으로 한 가지 일에 미친(좋은 의미에서) 인물이었다. 그는 1929~36년에 네 편의 걸작 『음향과 분노The Sound and the Fury』(1929), 『내가 죽어 누워 있을 때As I Lay Dying』(1930), 『8월의 빛Light in August』(1932), 『압살롬, 압살롬!Absalom, Absalom!』(1936)을 쏟아냈다. 마지막 두 편은 특히 흑백 문제를 다뤘다.

미시시피 주 옥스퍼드에서 살았던 포크너는 남부의 문제, 남부의 자기 집착과 역사 집착 문제를 천착했다. 그의 전기를 쓴 작가는 이를 '위대한 발견'이라고 평했다.⁶¹ 포크너에게는 남북전쟁에서의 패배가 남부를 과거에 가뒀다. 그가 보는 미국은 대부분 낙관적이며 과거에 집착하지 않고 이민자들이 줄기차게 현재를 가꾸어나간다. 반면 남부는 그와는 아주 다른 고립지역이다. 밀어붙이는 스타일의 북부와 서부 해안 지방과는 거의 정반대다. 포크너는 남부의 정체성正體性을 설명함으로써 그 과거를 상상을 통해 재창조하고 한때 패배를 겪었지만 맥없이 무너지기를 거부한 한 문명의 불만을 기술하고자 했다. 남부를 주제로 한 그의 위대한 작품들은 한결같이 왕가처럼 자부심이 강한 대가문들 이야기다. 이러한 고의적인 배경설정은 영원히 뛰어넘어야 할 장벽으로, 특히 계급, 성, 인종 등의 장벽으로 다가온다. 가문들은 한창 잘나가고 있거나 몰락의 길을 걷고 있다. 그리고 그 배경에는 수치, 근친혼, 『8월의 빛』과 『압살롬, 압살롬!』같은 경우에는 흑백 결혼이 자리 잡고 있다. 이런 식의 결합은 열정과 격정, 죽음과 자살, 대가문의 야망의 좌절을 불러일으킨다.

포크너식 접근법의 전형은 『압살롬, 압살롬!』이다. 플롯도 그렇지만 『음향과 분노』나 『내가 죽어 누워 있을 때』와 마찬가지로 어렵기로 악명이 높다. 포크너는 독자에게 아주 많은 것을 요구한다. 홱 하고 과거로 돌아갔다가 언질도 없이 잽싸게 시점視點을 바꾸는가 하면 막연한 암시 같은 것은 한참 뒤에나 가서야 내막이 드러난다.⁶² 그의 목표는 독자에게 사회의 혼란상을 보여주는 것이다. 이 과정에서 작가는 친절히 안내하지 않는다. 그가 만들어낸 등장인물들이 스스로 정체성과 부를 일궈내듯이 독자도 포크너가 던지는 의미를 힘들여 파악해내야 한다.⁶³

『압살롬, 압살롬!』은 미스 로자 콜드필드가 친구이자 아마추어 역사가인 퀜틴 컴프슨을 불러 토마스 썻펜의 성공과 몰락에 관한 이야기를 하는 것으로 시작된다. 썻펜은 남부 대가문의 시조로서 그 아들 헨리는 친구 찰스 본을 총으로 쏘아 죽였다. 본은 헨리가 전쟁 때 함께 싸운 인물로 가문의 몰락을 야기한다.⁶⁴ 헨리 썻펜이 제일 친한 친구를 쏴 죽인 동기는 무엇일까? 컴프슨은 이야기의 공백을 하나씩 메워간다. 사실이 너무 빈약한 곳에서는 상상력을 동원한다.⁶⁵ 결국 미스터리는 풀린다. 찰스 본은 일찍이 토마스 썻펜과 흑인 여성 사이에 태어난 아들(당연히 장남이다)이었던 것이다. 썻펜이 장남을 인정하지 않으려는 데에서 우리는 대저택 전체에 도사리고 있는 '거대한 죄악'을 보게 된다. 이는 남부 자체의 근원적인 문제를 암시하는 것이기도 하다. 포크너는 도덕적인 딜레마를 회피하지는 않지만 그의 목표는 그로 말미암아 야기된 고통을 서술하는 것이었다. 찰스 존슨이 도시 중심의 미국 북부 사회의 결함을 파고들었다면 포크너는 남부도 똑같이 갖고 있는 단점들을 조명했다. 그러면서 심정적으로는 남부에 상당한 연민을 느꼈다.

인종이 (여전히) 미국의 고질적인 문제라면 유럽, 특히 영국에서 사람들을 갈라놓는 것은 계급이었다. 영국 하류층의 처참한 빈곤, 특히 대공황 이후 1930년대 상황을 애써 세상에 알린 사람이 있었다. 작가이자 저널리스트인 조지 오웰George Orwell(1903~1950)이었다. 오웰이 소설가 겸 저널리스트로 활동하거나 메시지 전달을 위해 르포르타주를 선호한 것은 우연이 아니다. 에릭 홉스봄Eric Hobsbawm이 말하는 위대한 르포르타주의 시대가 시작된 것은 겨우 1920년대 들어 〈타임〉지나 뉴스 영화와 같은 뉴미디어가 성장하고 나서였다. 르포르타주라는 단어가 처음 등장한 것이 1929년 프랑스어 사전에서였고, 영국에서는 1931년에 나타났다. 당시의 많은 소설가들(어니스트 헤밍웨이, 시어도어 드라이저, 싱클레어 루이스 등)은 저널리스트였거나 후일 저널리스트가 된다.[66]

오웰의 본명은 에릭 블레어다. 1903년 6월 25일 인도 골카타 북서부 벵골Bengal 의 외딴 마을 모티하리에서 태어났다. 이후 영국으로 돌아와 전통적인—다른 말로 하면 특권적인—중산층 교육을 받았다. 이스트본Eastbourne 근처의 성聖 키프리아누스 학교Saint Cyprian's school에 다녔다. 여기서 시릴 코널리Cyril Conolly(영국 작가, 문학평론가 : 옮긴이)와 친구가 됐고, 자다가 오줌을 싸는 바람에 웰링턴과 이튼 스쿨로 전학을 가게 됐다.[67] 고등학교를 마치고 인도 제국경찰에 들어가 미얀마Burma에서 복무했다. 제국경찰 노릇에 불만을 느낀 에릭 블레어는 미얀마 주재 임기를 단축하고 작가 생활로 들어섰다. 동방에서 젊은 관리로 '성공'한 것을 오점이라고 생각한 그는 자신이 복무한 부당한 시스템을 연상시키는 것은 일절 피하고자 했다. 그는 나중에 "당시 나는 제국주의로부터뿐 아니라 인간이 인간을 지배하는 모든 형태로부터 도피해야 한다고 느꼈다"고 술회한 바 있다. "실패야말로 내게는 유일한 미덕으로 보였다. 자기영달이라는 의심이 드는 일은 일 년에 수백 파운드를 버는 정도의 '성공'조차도 내게는 영적으로 추한, 일종의 약자 괴롭히기로 비쳤다."[68]

성공을 피하려는 블레어의 욕구가 미얀마 생활의 직접적인 결과라고 말하는 것은 너무 단순하다.[69] 그런 생각이 싹튼 것은 경찰이 되기 오래 전부터였다. 오웰 전기를 쓴 마이클 셸던Michael Sheldon은 성 키프리아누스 학교가 일찍부터 성공에 대해 왜곡된 관점을 심어줌으로써 출세에 대한 편견을 갖게 했다고 말한다. 그 학교에서 가장 중요한 것은 이기는 것이었다. 그리고 승자가 된다는 것은 '남들보다 더 크고, 더 힘세고, 더 잘생기고, 더 부자고, 더 인기 있고, 더 우아하고, 더 뻔뻔스럽다는 것'을 의미했다. 간단히 말하면 '모든 면에서 남보다 뛰어나야' 한다는 것이다. 후일 오웰은 이렇게 말했다. "삶에는 위계질서가 있고, 현실로 일어난 일은 모두 정당했다. 강자는 승리할 자격이 있고 늘 승리했으며, 약자는 패할 만한 이유가 있고 늘 패했다. 언제나 그런 식이었다."[70] 그는 스스로 약자의 일원이라고 느꼈고, 그래서 무슨 일을 하든 '절대 승자는 되지 않겠노라'고 다짐했다. 그에게 유일한 위안은 패배에도 명예가 있다는 인식이었다. "성공에 대한 잘못된 관점을 거부하는 데에서 자부심을 느낄 수 있겠다…… 나의 실패를 선뜻 받아들여 최대한 활용할 수 있을 것이다."[71] 오웰의 가장 유명한 소설 네 편 가운데 두 편은 르포르타주 형식으로 사회의 가장 약한(그리고 가장 가난한) 부류, 즉 1930년대 자본주의 체제하의 부평초 인생들을 추적한 내용이다. 2차 대전 이후 출간된 나머지 두 편은 권력과 성공의 본질, 그리고 권력이 어떻게 그토록 쉽게 남용되는지를 파고들었다.

경찰을 떠난 후 블레어는 몇 달간 부모 집에 머물다가 1927년 가을 런던 서부 포토벨로Portobello Road Market에 작은 방을 얻었다. 여기서 소설을 쓰면서 이스트엔드East End 빈민가를 누볐다. 부랑자, 거지들과 붙어 다니면서 가난한 사람들이 어떻게 사는지를 이해하고 그들의 고통을 함께 겪고자 했다.[72] '인간이 인간을 지배하는 모든 형태'를 거부한 그는 '억압받는 사람들 속으로 들어가 그들의 일원이 되고 그들 편에서 독재자들에게 대항'하고자 했다. 블레어는 그들에게 다가갈 때마다 외모에 신경을 썼다. 추레한 코트를 구해다가 검은 작업복 바지에 '색 바랜 스카프에 구겨진 모자'를 썼다. 말투도 바꿨다. 먹물 먹은 티가 억양에 묻어나 위화감을 주지 않기 위해서였다. 그는 곧 런던 서인도부두West India Docks 주변 우범지대를 속속들이 알게 됐다. 하역인부와 선원, 일자리를 잃은 노동자들과 어울리면서 라임하우스 코즈웨이의 싸구려 하숙집에서 잠을 잤다(하루 숙박료가 9펜스였다). 이런 식으로 하층민들 속으로 녹아들어간 그는 이스트엔드 끝까지 거리를 누비는가 하면 밤에는 구빈원 신세를 지기도 했다. 짧은 기간이나마 이런 체험들이 1933년에 발표한 『파리·런던의 밑바닥 생활Down and Out in Paris and London』의 뼈대가 됐다. 물론 오웰의 형편이 진짜로 밑바닥까지 간 것은 아니었다. 마이클 셸던이 지적하듯이 그의 편력은 일종의 게임 같은 것이었으며 자신의 배경과 야망과 미래에 대한 이중적인 고뇌를 반영하는 것이었다. 그러나 완전히 무모한 게임은 아니었다. 오웰로서는 불행한 사람들을 도울 수 있는 최선의 방법이 그들을 대변함으로써 '나머지 세계에 그런 사람들이 존재한다는 것, 그들도 더 좋은 대우를 받아야 할 인간이며, 그들의 고통은 현실이라는 사실을 일깨워주는 것'이었다.[73]

29년 오웰은 파리로 간다. 그런 불행이 한 나라에만 국한된 것이 아님을 보여주기 위해서였다. 오웰은 라틴 구역의 좁은 골목길 포트 드 페르의 싸구려 호텔에 작은 방을 하나 얻었다. 호텔방 벽이 얇다고 적은 대목이 나온다. "건물 전체가 돼지우리 같다. 바퀴벌레 소굴이어서 짜증만 났다."[74] 오죽하면 신경쇠약에 걸릴 정도였다.[75] 그러나 거기서 멀지 않은 곳에 밝고 맑게 살아가는 이웃이 있었다. 그중 하나가 장 폴 사르트르가 유명한 학생으로 이름을 날리고 사무엘 베케트Samuel Beckett가 막 교편을 잡은 국립고등사범학교Ecole Normale Superieure였다. 좀 더 가면 콩트르스카르프 광장이 나온다. 헤밍웨이가 『킬리만자로의 눈The Snows of Kilimanjaro』에서 '주정뱅이, 창녀, 성실한 일꾼들'이 뒤섞인 양상을 정열적으로 묘사한 장소였다.[76] 오웰은 『파리·런던의 밑바닥 생활』에서 도둑한테 털려 거의 무일푼이 된 적이 있다고 말한다.[77]

책은 빅터 골란츠Victor Gollancz 출판사에서 나왔다. 골란츠는 1929년 코번트 가든Covent Garden에 사무실을 두고 출판사를 시작했다. 성취욕이 강하고 수완이 좋았다. 그 덕에 사업은 곧 번창했다. 작가들에게는 선인세를 조금만 주는 대신 광고에 거액을 쏟아 부었다. 종류 불문하고 책을 냈지만 정치 분야를 제일 좋아했다.

게다가 열정적인 사회주의자였다. 오웰의 책은 정치적일 뿐 아니라 사회학적이어서 골란츠에게는 '사회적 부정의에 대한 강력한 고발'로 받아들여졌다.[78] 33년 1월 초에 출간되자마자 바로 성공을 거뒀다. 언론에서도 칭찬 일색이었다(특히 스코틀랜드 소설가 컴프턴 머켄지Compton Mackenzie가 그랬다). 오웰은 빈곤에는 특효약이 없다는 것을 잘 알고 있었다. 그가 추구한 것은 의식의 변화였다. 빈곤을 '스스로 돕지조차 못하는 사람들에게 감염되는 일종의 부끄러운 질병으로' 간주하는 사회 분위기가 바뀌어야 한다는 것이다.[79] 그는 자선사업가들조차 가난한 사람들에게 '가난이 죄악에 물든 영혼을 상징하기라도 하는 양 참회하는 모습을 보일 것을' 기대한다고 지적했다. 이런 태도와 빈곤의 지속은 상관관계가 있다고 오웰은 생각했다.

『파리·런던의 밑바닥 생활』에 이어 세 편의 소설 『버마의 나날들Burmese Days』(1934), 『목사의 딸A Clergyman's Daughter』(1935), 『엽란葉蘭을 날려라Keep the Aspidistra Flying』(1936)가 쏟아져 나왔다. 영국 생활의 한 단면을 추적한 내용들로 오웰의 명성을 확고히 하는 데 큰 역할을 했다. 37년에는 르포르타주적이고 사회학적인 필치로 돌아가 『와이건 부두로 가는 길The Road to Wigan Pier』을 발표했다. 고도의 정치적 각성과 더불어 히틀러와 무솔리니의 등장, "사회주의야말로 파시즘이 대면해야 할 유일한 적이다"라고 하는 확신에서 나온 작품이다.[80] 골란츠는 오웰에게 대공황 이후 1930년대의 재앙이었던 실업 문제에 관한 책을 써보라고 권했다. 제안 자체가 독창적인 아이디어는 아니었다. 이미 오웰은 몇 달 전 일간지 〈뉴스 크로니클News Chronicle〉로부터 비슷한 제안을 받았지만 거절한 바 있었다.[81] 그러나 정치적 참여의 폭을 넓혀야겠다는 생각에 이번에는 제안을 받아들였다. 처음에는 코번트리에서 출발해 북쪽 맨체스터로 이동했다. 거기서 한 노동조합 관계자와 하숙을 함께 했는데 그가 와이건 부두에 가 보라고 권했다.[82] 정육점을 건너다가 하숙집이 있으면 여기저기서 잤다. 하숙방에는 청소라고는 한 흔적을 찾을 수 없었다. 다른 하숙생들한테서 "지하실 창고에 보관 중인 내장에 바퀴벌레가 득시글하다"는 소리를 들었다. 어느 날 오웰은 아침을 먹다가 식탁 아래 오줌이 꽉 찬 요강이 있는 것을 보고는 '당혹'했다.[83] 셸던에 따르면 오웰은 지역 도서관에서 석탄산업과 실업에 관한 통계를 찾으며 몇 시간씩 보냈다. 그러나 대부분의 시간에는 여기저기 돌아다니며 주거 실태나 운하, 광산 등을 조사하고, 노동자와 실업자들을 인터뷰했다. 그는 후일 와이건 부두를 '끔찍한 곳'으로, 광산들에 대해서는 '지독하기 이를 데 없는 경험'으로 묘사했다. 광산에서 하루 일을 하고 기운을 회복하려면 꼬박 하루를 침대에 누워 있어야 했다.[84] "그는 자기키만 한 사람이 광산에 들어가면 똑바로 서 있을 수 없다는 것을 몰랐다. 갱도 입구에서 막장까지 걸어 들어가는 거리가 4.8킬로미터나 된다는 것도 알 리 만무했다. 그런 비좁은 공간에 있으면 '나흘 동안 다리를 움직일 수가 없을 정도였다.' 그러나 작업을 끝내고 다시 걸어 나와야 했다. '왕왕 무릎이 움직여지지 않아서 그 자리에 주저앉아 있곤 했다.'"[85]

오웰이 도서관에서 구한 자료는—누구나 찾아볼 수 있는 내용들이다—광부들의 사고율이 무시무시할 정도라는 것을 보여주었다. 이전 8년 동안 거의 8,000명이 광산에서 사고로 죽었다. 한 광부는 여섯 곳의 광산에서 부상을 당했다. 광산에서 죽는 일은 다반사였다. "동료 광부들이 죽을 때마다 급료에서 1실링을 공제했다. 그렇게 갹출한 돈은 죽은 동료의 부인에게 보냈다. 그런 공제가 너무 잦아서 회사는 아예 '사망 공제'라는 고무도장을 만들어 월급봉투에 찍을 정도였다."[86] 북부에서 두 달을 보낸 뒤 기차를 타고 집으로 돌아가는 길에 오웰은 광산촌의 비참한 현실을 다시 한 번 목도하게 된다. 웬 젊은 여자가 집 뒤쪽에서 막대기로 하수구를 파고 있었다. "그녀는 기차가 지나가자 올려다봤다. 아주 가까이 지나치는 바람에 그녀의 눈망울을 들여다 볼 수 있을 정도였다. 둥글고 파리한 얼굴에 슬럼가 특유의 기진맥진한 모습이었다. 스물다섯인데 마흔은 돼 보였다. 유산과 힘든 노동 때문이었다. 그 얼굴에는 지금까지 본 중에서 가장 황량하고 절망적인 표정이 어려 있었다. 바로 그때 '우리는 저들과 달라'라고 하면서 슬럼에서 자란 사람들은 바깥세상을 상상할 수 없다고 말한다면 큰 실수라는 생각이 뇌리를 스쳤다. ……그녀는 자신이 처한 상황을 잘 알고 있었다. 그 엄동설한에 빈민촌 뒤뜰 진흙투성이 돌바닥에 무릎을 꿇고 앉아 막대기로 더러운 하수관을 뚫어야 한다는 것이 얼마나 끔찍한 운명인지 나만큼이나 잘 알고 있었다."[87]

이런 실상에 너무도 분노한 나머지 오웰은 두 부로 구성된 책을 썼다. 1부에서는 처절한 사실들이 스스로 발언하도록 했다. 2부는 자본주의 체제에 대한 감성적인 논박으로 사회주의를 옹호하는 내용이었다. 그러나 출판업자들은 2부의 효과에 대해서는 회의적이었다.[88] 많은 평론가들은 2부에 제시된 처방에 별 감흥을 느끼지 못했고 문체도 짜임새가 없고 흥분이 과하다고 여겼다. 그러나 1부의 강렬한 세부 묘사는 흠잡을 데가 없었다. 영국의 수치였다. 존슨의 『미국 문명에서의 흑인』이 미국의 수치를 드러낸 것과 마찬가지였다. 『와이건 부두로 가는 길』은 센세이션을 불러일으켰다.

문명의 다양한 측면에 대한 비판은 저술가인 루이스 멈퍼드Lewis Mumford (1895~1990)에게서 나왔다. 그는 뉴욕에서 사진작가 앨프리드 스티글리츠를 중심으로 모인 서클의 일원이었다. 1920년대 초 멈퍼드는 사회연구를 위한 뉴스쿨에서 건축을 가르치면서 〈뉴요커〉지의 건축 담당 기고가로 일했다. 명성이 높아지면서 MIT, 컬럼비아, 스탠포드 대학에서 더 많은 강의를 하게 됐고, 강의내용을 묶어 34년에 『기술과 문명Technics and Civilisation』이라는 책으로 출간했다.[89] 이 책에서 그는 기술 진화를 도표로 만들었다. 원시기술 단계에서 사회는 나무로 만든 기계가 주를 이뤘고, 수력과 풍력으로 동력을 얻었다.[90] 고古기술 단계에서는 1차 산업혁명이라고 하는 기술적 진보가 이루어졌으며, 에너지의 주된 형태는 증기, 주요 소재는 철이었다. 신기술 시대(2차 산업혁명)의 특징은 전기, 알루미늄, 신소재 합금, 합성물질 등이었다.[91]

멈퍼드가 보기에 기술은 본질적으로 자본주의에 의해 촉진됐다. 그런데 자본주의는 지속적인 팽창과 더 큰 권력, 더 넓은 영역, 더 빠른 속도를 필요로 했다. 그는 자본주의에 대해 불만이 생기는 이유를 1920년경에 신기술 시대가 도래했지만 사회관계는 여전히 고기술 시대에 고착돼 있기 때문이라고 생각했다. 노동은 자신의 삶을 통제하는 수단이 되지 못한다는 점에서 여전히 대다수 사람들에게 소외를 유발했다. 조어造語의 달인('도둑질은 지금까지 나온 중에서 최고의 노동절약형 생산양식이다' 등등)이었던 멈퍼드는 해결책으로서 '기본적 코뮤니즘Basic Communism'을 제안했다. 소비에트 공산주의가 아니라 지역 노동 조직을 말하는 것으로 공원이나 소방서, 수영장 등을 갖춘 지역공동체와 유사한 형태였다.[92] 멈퍼드의 책은 자본주의 기업이 환경에 미치는 폐해와 소비 습관이 광고에 따라 어떻게 좋은 쪽으로 가기도 하고 나쁜 쪽으로 가기도 하는지를 처음으로 주목했다는 점에서 눈길을 끌었다. 많은 사람들이 그러했듯이 멈퍼드도 1차 대전이 자본가와 군국주의자들의 필요를 동시에 충족시켜주는 기술 경쟁의 정점이라고 보았다. 그래서 유일한 진로는 경제계획에 있다고 생각했다. 멈퍼드는 조심스럽게 산업프롤레타리아(오웰의 주제였다)는 구식 공장들이 쓸모없게 되면 함께 사라질 것이라고 예언했다. 그러면서 신기술 산업들이 여러 나라에 훨씬 보편화될 될 것이라고(따라서 항구나 광산 주변으로 인구가 쏠리는 현상도 줄어든다) 보았다. 그는 아시아와 아프리카가 조만간 시장인 동시에 무시 못 할 신기술 세력이 될 것이라고 전망했다. 또 가장 중요하고 논란이 많은 과학의 자리를 물리학 대신 생물학이 차지하게 될 것이며, 인구가 미래의 주요 문제가 될 것이라고 예언했다. 그러나 미국인들이 당면한 위험은 '목적 없는 물질주의'와 고삐 풀린 자본주의가 현대 생활의 유일한 조직 원리라는 관념을 아무 생각 없이 수용한 데서 생겨난 것이었다. 『기술과 문명』은 기본적으로 낙관론을 깔고 있지만(기계의 아름다움을 논하는 장도 있다) 서구 사회에 대한 멈퍼드의 비판은 시대를 앞선 것이었다. 그래서 그만큼 인상적이다. 그의 예언이 실제로 어떻게 됐는지 낱낱이 알게 된 지금이라는 유리한 입장에서 보면 우리는 그가 틀린 것보다 맞은 게 훨씬 더 많다고 말할 수 있다.[93]

4년 후 멈퍼드는 『도시의 문화사 *The Culture of Cities*』(1938)를 내놓았다. 도시의 역사를 두루 살핀 역작이다.[94] 멈퍼드는 서기 1000년경에 암흑기가 끝나고 도시가 다시 활기를 띠기 시작했다고 하면서 집단적인 드라마가 펼쳐지는 양상에 따라 도시를 구분했다. 중세 도시에서는 시장과 마상 무술 대회, 교회 행렬이 두드러졌다. 바로크 도시에서는 궁정이 최고의 드라마를 연출했다. 이어 산업 도시에서는 정거장, 도로, 정치집회가 핵심을 이뤘다.[95] 멈퍼드는 도시 생활 역시 여섯 단계로 구분했다. 원시폴리스는 촌락 공동체로 가축을 키운다. 폴리스는 방어를 위해 촌락 내지는 혈족집단 연합체를 이룬다. 메트로폴리스는 지역 생산물에 잉여가 생기면서 본질적인 변화가 발생한다. 메갈로폴리스는 몰락의 시작인 동시에 기계화와 획일화가 나타난다(메갈로폴리스는 드라마가 없다는 것이 특징이며 대신 판에 박힌 일상이 그 자리를 메운다). 티라노폴리스tyrannopolis는 과다팽창과 데카당스, 인구 감소가 특징이다. 네크로폴리스nekropolis는 전쟁, 기근, 질병에 휩싸인다. 마지막 두 단계는 앞으로 나타날 도시의 양상에 관한 예언이었다. 그러나 멈퍼드는 메갈로폴리스가 이미 일부에서 현실로 나타났다고 보았다. 대표적인 사례가 뉴욕이었다.[96]

멈퍼드는 도시의 특징인 소외와 빈곤에 대한 처방은 지역들을(전원도시도 고려를 하기는 했다) 발전시키는 것이라고 믿었다. 여기서도 멈퍼드는 선견지명을 발휘했다. 마지막 장에서 환경 문제와 요즘 '삶의 질'이라고 부르는 문제를 집중적으로 논한 것이다.

환경과 기술이 삶의 질에 미치는 영향을 고찰했지만 멈퍼드는 일부 인사들처럼 반反과학적인 인물은 아니었다. 프로이트와 미드, 존슨 같은 사람들이 과학이 사회적 질병에 답을 줄 수 있다고 생각하던 시대에도 회의론자들은 과학이 가져다주는 모든 이익이 그에 상응하는 불이익으로 말미암아 상쇄되고 말 것이라고 생각했다. 그런 점이 바로 과학에 끔찍한 아름다움을 부여하는 측면일 것이다. 종교 또한 과학의 손길을 뿌리쳤을지는 몰라도 그렇게 멀리 가지는 못했다. 분명 만성 실업은 완화제로서의 과학에 대한 회의적 시각과 모종의 관계가 있었다. 그러나 1930년대가 한 해 두 해 지나면서 종교가 다시 모습을 드러냈다.

종교의 부활에서 가장 특이한 요소로 작용한 것은 어니스트 윌리엄 반즈Ernest William Barnes가 한 일련의 강연이었다. 반즈는 영국 성공회 버밍엄 주교로 강연 내용을 묶어 1933년 『과학이론과 종교Scientific Theory and Religion』라는 책으로 펴냈다.[97] 주교가 쓴 책을 집어 들면서 앞부분 400페이지가 고등 수학에 관한 상세한 논의로 가득 차 있을 것으로 기대한 독자는 거의 없을 것이다. 그러나 어니스트 반즈는 수학에 고도로 능한 과학자 출신으로 이학박사이며 왕립학회 회원이었다. 책에서 그는 신학자로서 현대 과학에 대해 엄청나게 많이 알지만 하나도 무서울 게 없다는 것을 보여주고자 했다. 그는 지질학, 진화론, 수학은 물론이고 물리학의 최근 발전 양상을 상세히 짚었다. 그 지식의 도저함은 혀를 내두를 정도였다. 반즈는 입자물리학, 상대성 이론, 시공간론, 팽창우주론, 지구의 연대와 암석에 나타난 생명체의 기록에 관한 지질학의 발견 등등의 중요성을 하나도 빼놓지 않고 모두 인정했다. 진화에 대해서도 확신을 갖고 있었다.⁹⁸ 그러면서도 다양한 형태의 신비주의와 초과학적 현상에 대해서는 인정하지 않았다. 다만 어쩌다 보니 그렇게 됐는지는 몰라도 20세기 과학의 최신 성과를 두루 망라하면서도 프로이트에 관해서는 단 한 줄도 언급하지 않았다.

자, 그럼 이 주교는 신에 대해서는 뭐라고 말을 할까? 그는 우주 삼라만상에는 우주적 정신이 내재하며, 우주의 목적은 의식과 양심을 진화시켜 선을, 그리고 특히 미를 산출하는 것이라고 주장했다. 불멸에 관해서는 '영혼'과 같은 것은 없으며, 사람들이 만들어내는 선과 미美만이 사람이 죽은 후에도 계속 살아남는다고 했다. 그러나 개인적으로는 내세를 믿는다고도 말했다.⁹⁹

반즈는 이 책 한 부를 역시 탁월한 신학자 윌리엄 랠프 인지William Ralph Inge에게 보냈다. 인지는 런던 성 바울 대성당 대주교로 1915년 부활절 일요일 설교에서 루퍼트 브루크의 시를 인용한 바 있었다. 반즈의 책을 받았을 당시 그는 자신의 저서 『신과 천문학자들God and the Astronomers』의 교열을 보고 있었다. 이 책은 그해(1933년) 늦게 출간됐다. 역시 강연집으로 런던 링컨스인 법학원 교회에서 한 바르부르크 강연을 모은 것이었다.¹⁰⁰ 인지는 성 바울 대성당 대주교인 동시에 케임브리지 대학 예수 칼리지와 옥스퍼드 대학 허트퍼드 칼리지 강사였고, 저술가로, 지성인으로 대단히 유명한 인물이었다. 현대의 여러 문제에 관한 도발적인 견해를 이미 『진솔한 이야기Outspoken Essays』라는 책으로 출판한 바 있었다. 『신과 천문학자들』은 열역학 제2법칙과 엔트로피, 진화론을 공격했다. 인지에게 있어서 이들 분야는 근본적으로 서로 연결돼 있다. 하나같이 시간에 관한 것이었기 때문이다. 우주가 창조됐다가 팽창하고 수축하고 최종적으로 신들의 황혼으로 사라진다는 관념은 그의 표현을 빌리면 그야말로 걱정스러운 것이었다. 그렇게 되면 영원과 같은 것은 존재하지 않는다는 이야기가 되기 때문이다.

진화가 야기하는 가장 큰 효과는 과거의 관념들을 강등시킨다는 것이었다. 좀 더 현대적인 관념들이 과거의 관념을 뛰어넘어 '진화했다'는 주장이기 때문이다.¹⁰¹ 따라서 인지는 자신의 논거를 뒷받침하기 위해 의도적으로 고대 철학자들을—주로 그리스―두루 활용했다. 고대인들의 정신이 현재와 비교할 때 얼마나 탁월한 것인지를 보여주려는 작전이었다. 그러면서 '후손에게 안 좋은' 경향들에 대해 여러 차례 언급했다. 진화가 항상 발전만을 가져오는 것은 아니라는 것을 보여줄 의도에서였다. 이어 자신의 주장이 직관적이라는 것을 솔직히 인정하면서 (독일 바이마르공화국의 시인들이 많이 그랬던 것처럼) 직관이라는 것 자체가 과학은 진정한 대답을 줄 수 없는 신적인 존재의 표징이라고 주장했다.[102] 앙리 베르그송과 마찬가지로 인지는 엘랑 비탈과 과학적 지식과 신의 존재 사이에 놓여 있는 '건널 수 없는 심연'을 인정했다. 반즈와 마찬가지로 인지는 신이 존재한다는 증거로 선이라는 개념 자체와 황홀경의 신비체험을 들었다. 이러한 체험은 기도 중에 종종 나타나는 것으로 어떠한 과학으로도 설명할 수 없는 것이라고 그는 말했다. 다만 문명의 짓누르는 압박감과 정신없는 속도감 때문에 우리가 그러한 경험으로부터 멀어졌을 뿐이라는 것이다. 인지는 신의 존재는 과학자들이 '예기치 않게 나타나는 특성emergent property'이라고 부르는 것과 유사하지 않나 싶다고 했다. 고전적인 예를 들면 물 분자는 구성요소 자체로 보면 액체가 아니지만 결합되면 물이라는 액체가 된다. 신의 존재를 뒷받침하기 위한 과학적 은유인 셈이다.[103] 인지는 반즈와 달리 최근의 과학적 성과들을 받아들일 수가 없었다. "신이 인간의 정신이나 마음보다 생명 없는 자연 속에서 더 명료하게 그리고 더 직접적으로 자신을 드러낸다고 하는 것은 이상한 생각이다. …… 나의 결론은 물질적 우주의 운명은 종교의 핵심문제는 아니라는 것이다."[104] 그러나 인지도 반즈와 마찬가지로 프로이트는 전혀 언급하지 않았다.

반즈와 인지가 발언한 지 1년 만에 버트런드 러셀Bertrand Russell이 얇지만 탄탄한 책을 내놓았다. 제목은 『종교와 과학Religion and Science』. 러셀과 종교의 관계는 복잡하다.[105] 그는 종교적인 친구들이 많았고(특히 오톨라인 모렐 부인이 그랬다), 그들을 부러워하면서도 짜증을 냈다. 1912년 1월에 쓴 편지에서 러셀은 이렇게 말했다. "우리가 아는 것은 왕왕 뭔가가 우리의 삶 속으로 들어오는데 일상의 사물들보다 이루 말로 다할 수 없을 만큼 탁월해서 마치 다른 세계에서 보낸, 우리 자신으로부터는 도저히 생겨날 수 없는 것처럼 보인다는 것이다."[106] 그러나 뒤에 가서는 이렇게 덧붙였다. "그러나 나는 또 다른 비전이 있다…… 그 비전에서는 슬픔이 궁극적인 진실이다…… 우리는 고통 속에서 숨을 들이마신다…… 사고는 절망에 이르는 통로다."[107]

『종교와 과학』에서 러셀은 반즈나 인지와 유사하게 코페르니쿠스 혁명, 신물리학, 진화론, 우주의 목적 등등에 대해 논했다. 그러나 의학, 악마론, 기적들에 대한 분석은 물론이고 결정론과 신비주의에 관한 장도 하나 추가했다.[108] 전반적으로 러셀은 독자들에게 과학이 어떻게 세계에 대해 점점 더 많은 것을 설명할 수 있게 됐는지를 보여줬다. 그는 과학자치고는 신비주의에 대해서도 놀라울 정도로 너그러웠다. 자신이 전해들은 일부 정신적 체험은 "합리적인 인간에게도 설득력이 있다"고 공언했다. 결론에 해당하는 마지막 두 장에서는 과학과 윤리 일반을 다루면서 철저한 논리주의자로서 객관적인 미나 선과 같은 것은 존재하지 않는다는 것을 입증하고자 애쓴다. 러셀은 이런 명제로 시작한다. "모든 중국인은 불교도다." 이 명제는 '중국 기독교의 등장으로' 거짓임을 입증할 수 있다고 그는 말했다.[109] 또 다른 명제 "나는 모든 중국인이 불교도라고 믿는다"는 '중국에서 나온 어떤 증거[말하자면 중국의 불교도들에 관한]로도' 거짓임을 입증하는 것이 불가능하다. 다만 "나는 내 말을 믿지 않는다"라는 증거가 있으면 거짓임을 입증할 수 있다. 한 철학자가 "미는 선이다"라고 말한다면 그 의미는 "모든 사람이 미를 사랑하면 좋을 텐데"(이는 "모든 중국인은 불교도다"에 해당한다)나 "나는 모든 사람이 미를 사랑하기를 원한다"("나는 모든 중국인이 불교도라고 믿는다"에 해당한다) 둘 중의 하나이다. "첫 번째 진술은 주장이 아니라 소망의 표현이다. 주장하는 바가 아무 것도 없기 때문에 참인지 거짓인지를 확인할 수 있는 증거는 논리적으로 존재할 수 없다. 두 번째 문장은 단순히 소망을 나타내는 것이 아니라 일종의 진술이다. 그런데 철학자의 마음 상태에 관한 진술이어서 그가 말한 소망을 갖고 있지 않다는 증거가 있어야만 거짓임을 입증할 수 있다. 두 번째 문장은 윤리 영역이 아니라 심리학이나 생물학 영역에 속한다. 윤리 영역에 속하는 첫 번째 문장은 무언가에 대한 열망을 표현하고 있지만 어떤 사실을 주장하는 내용은 아니다."[110]

러셀의 논리는 이렇게 이어진다. "내가 내리는 결론은, 과학이 가치의 문제들에 대해 아무런 결정을 내릴 수 없다는 것[신학자 인지의 주장]이 참이라면, 그 이유는 그런 문제들은 지적으로 결정할 수 없는 성질의 것이며 참과 거짓의 영역 바깥에 존재하기 때문이라는 것이다. 어떠한 종류의 획득 가능한 지식이든 과학적 방법을 통해 획득해야만 한다. 그런데 과학이 발견할 수 없는 것을 인간이 알 수는 없다."[111] 러셀도 프로이트에 대해서는 아무 언급이 없다.

과학에 대한 전혀 다른 스타일의 공박은 스페인에서 나왔다. 호세 오르테가 이 가세트José Ortega y Gasset(1883~1955)의 『대중의 반역La rebelión de las masas』이 1930년에 출간된 것이다. 마드리드대학 철학과 교수인 오르테가가 주로 제기한 문제는 사회가 퇴락해가고 있다는 점이었다. 그 이유는 대중-인간mass-man, 즉 대중사회의 익명적이고 소외된 개인들이 증가하고 있기 때문이다. 그런 인간형의 증가는 과학 발전에 상당 부분 원인이 있다. 오르테가에게 있어서 진정한 민주주의는 권력이 투표를 통해 '탁월한 소수'에게 주어질 경우에만 가능하다. 그러나 실제로는 '민주주의의 과다hyper-democracy' 현상이 벌어지고 있다. 평균적인 인간, 그저 그렇고 그런 인간이 권력을 원하고 자신과 비슷하지 않은 사람은 모두 혐오함으로써 '균질화된…… 공백들'로 구성된 사회를 촉발했다는 것이다. 그는 특히 과학자들이 전문화를 확대시킨 것을 비난했다. 과학자들은 이제 '배운 무식자'가 됐고, 극도로 사소한 것은 많이 알고 큰 그림은 놓친 채 자기만의 좁은 관심 영역에 몰두한다는 것이다. 그는 그런 과학자들을 '자기만족적'이며 극히 현대적인 퇴락의 형태라고 보았다. 그가 보기에 주변의 모든 부문에 번져가는 문화적 결핍은 상당 부분 바로 그런 이유 때문이었다.

오르테가 이 가세트는 일종의 문화적 사회진화론자 내지는 니체주의자였다. 『예술의 비인간화La deshumanización del Arte』에서 그는 "현대예술의 본질적인 기능은 대중을 두 계급으로, 즉 현대예술을 이해할 수 있는 계급과 그렇지 못한 계급으로 나누는 것이다"라고 주장했다.[112] 그는 엘리트, 즉 '섬세한 감각을 지닌 특권적 소수'는 예술이라는 수단을 통해 자신을 재확인하고 '역사적 과정에 상존하는 불활성 물질'인 '멍한 사회 대중'과 차별화할 수 있다고 생각했다. 그는 천박한 대중들은 늘 시인에게서 그 이면에 감춰진 인간을 찾으려 하며 순수하게 미적인 감각에는 별 관심이 없다(엘리엇이라면 이런 주장에 공감했을 것이다). 오르테가 이 가세트가 보기에 과학과 대중사회는 '섬세한' 것들에 대해 똑같이 적대적이었다.

독일과 이탈리아에 파시즘이 부상하고, 서구가 무수한 문제에 직면하면서 사람들은 소비에트 러시아로 눈을 돌리기 시작했다. 서구가 배울 만한 대안적 사회 시스템이 아닌지 궁금해서였다. 조지 버나드 쇼George Bernard Shaw와 버트런드 러셀을 비롯해 많은 서구 지식인들이 1920년대와 30년대에 소련을 방문했다. 그러나 역시 가장 유명한 사건은 시드니 웨브와 비어트리스 웨브 부부Sidney and Beatrice Webb의 방문이었다. 부부의 소련 방문 기록은 1935년『소비에트 공산주의: 새로운 문명?Soviet Communism: A New Civilisation?』이라는 제목의 책으로 나왔다.

책이 나오기 훨씬 전부터 웨브 부부는 영국 정치와 사회에 상당한 영향력을 행사하고 있었고, 밸푸어Arthur James Balfour, 할데인Haldane, 딜케Dilke 같은 유명한 가문이나 쇼 집안과도 친했다.[143] 시드니 웨브는 양차 대전 사이 두 차례의 노동당 정부에서 각료를 지냈다. 부부는 지적 동반자로서 유례없는 업적을 남겼다(시드니 웨브는 한때 '영국에서 가장 유능한 남자'로 통했다).[114] 부부는 1896년에 런던정경대(LSE)를 설립하고, 1913년에 지식인 대상 시사주간지《뉴 스테이츠먼New Statesman》을 창간했다. 특히 영국이 복지국가로 가는 데 결정적인 역할을 했으며, 혁명 대신 점진적 변화가 불가피하다고 믿는 사회주의 운동 조직 페이비언 협회Fabian Society 발전에도 많은 기여를 했다. 부부는 따로 또 함께『하루 여덟 시간 노동』,『빈자법貧者法 개혁』,『사회주의와 개인주의』,『남녀의 임금 : 동일해야 하나?』,『자본주의 문명의 몰락』등 100종 가까운 저서와 팸플릿을 썼다. 평생 굳건한 사회주의자로 살아온 웨브 부부가 처음 만난 것은 비어트리스가 협동조합 운동 연구를 도와줄 사람을 찾고 있을 때였다. 한 친구가 시드니를 소개해준 것이다. 웨브 부부 전기를 쓴 리잔 래디스Lisanne Radice는 전체적으로 볼 때 시드니가 내각에서 현실 정치인으로 활동할 때보다 부부가 함께 일할 때 조직가로서, 이론가로서 훨씬 성공적이었다고 강조한다. 그 엄청난 다작과 타협을 모르는 사회주의 사상 때문에 이 부부에게 무관심할 수 있는 사람은 거의 없었다. 레너드 울프(영국의 정치이론가, 작가, 출판업자 : 옮

긴이)는 웨브 부부를 좋아했지만 아내인 버지니아 울프는 그렇지 않았다.¹¹⁵

웨브 부부가 러시아로 간 것은 1932년이었다. 둘 다 이미 70대 중반에 접어든 나이였다. 방문을 조른 것은 비어트리스였다. 자본주의가 최종 몰락 단계에 있는 만큼 러시아가 대안이 될 것이라고 본 것이다. 웨브 부부는 이미 여러 저서에서 마르크스와 달리 사회주의는 혁명 없이 점진적으로 도래할 수 있다고 주장해 왔다. 이성을 통해서 사람들은 확신을 가질 수 있고 평등이 확산될 수 있다(이것이 페이비어니즘의 본질이다)는 이야기였다. 그러나 파시즘이 부상하면서 웨브 부부는 자본주의가 쓸려 나가면 페이비언 사회주의도 그럴 수 있다고 느꼈다.¹¹⁶ 1930년 말 비어트리스는 러시아 쪽 문헌을 읽기 시작했다. 문헌 선정은 런던 주재 소련 대사 부부가 도와줬다. 비어트리스는 일기에 이렇게 적었다. "러시아 공산주의 정부가 러시아에서 목표를 달성하지 못할지 모른다. 더더구나 러시아제 공산주의로 세계를 정복하는 것은 확실히 실패할 것이다. 그러나 지금까지 이룬 업적만으로도 스펜서류의 느린 적응과 달리 생물학적 진화에는 급작스러운 도약이 있다는 멘델적 관점의 타당성을 분명히 보여준다." (사회진화론자인 허버트 스펜서는 비어트리스 아버지의 가까운 친구였다.) 일 년 후 소련으로 떠나기 직전 비어트리스는 비판자들에게 두고두고 씹히게 되는 이야기를 썼다. "앞으로 십 년 동안 우리는 사람들에게 더 나은 삶을 마련해주는 것이 미국식 자본주의인지 러시아식 공산주의인지 보게 될 것이다…… 일말의 의심 없이 우리는 러시아 편에 서고자 한다."¹¹⁷

1932년 웨브 부부가 발을 들여놓은 러시아는 1차 5개년 계획 막바지 단계였다. 스탈린이 이 계획을 시작한 것은 29년으로 산업화와 농촌의 집단화를 급속히 밀어붙였다. (이런 식의 계획들은 당시만 해도 인기가 있었다. 루스벨트는 1933년 뉴딜 정책을 도입했고, 1936년에는 독일이 실업을 잡기 위해 공공사업을 늘리는 샤흐트 4개년 계획을 도입했다.) 스탈린의 '계획'은 곧바로 부농富農 100만 명을 몰살시키고 주민들을 대량으로 강제이주시키는 조치로 이어졌고, 그 결과 대기근을 초래했다. KGB의 전신인 비밀경찰 GPU는 장악력을 키우면서 주민 이동을 제한하는 통행증 제도를 도입해 노동조합의 힘을 약화시켰다. 성과도 있었다. 교육이 개선돼 더 많은 아이들이 혜택을 받았다. 여성의 일자리도 늘었다. 그러나 리잔 래디스가 서술하듯이 1차 5개 년 계획은

"그 시끄러운 선전의 포장을 벗겨내면…… 전체주의 권력이 차츰 마수를 뻗쳐오는 전조였다."[118]

웨브 부부는 귀빈 대접을 받았으며 러시아의 부정적인 측면으로부터는 철저히 차단당했다. 잠도 레닌그라드 아스토리아 호텔 스위트룸에서 잤다. 방이 어찌나 컸던지 비어트리스는 '왕족이 된 기분'이라고 걱정했을 정도다. 스탈린그라드에서는 트랙터 공장과 콤소몰(공산주의청년동맹) 회의를 둘러봤다. 모스크바에서는 외무부 소유 영빈관에 체류하면서 학교, 교도소, 공장, 극장 등을 구경했다. 모스크바에서 북동쪽으로 240킬로미터 떨어진 로스토프로 가서 집단농장 여러 곳도 방문했다. 인터뷰를 통역에만 의존했던 웨브 부부는 실패 사례는 단 한 곳만 목격했다. 생산 목표량을 채우지 못한 엔진공장이었다. 게다가 부부가 수집한 통계라곤 정부 측이 제공하는 것뿐이었다. LSE와 〈뉴 스테이츠먼〉을 창립한 사람들이 자존이 있는 학자나 저널리스트라면 독자적인 검증 없이는 출판할 생각조차 할 수 없는 출처에서 나온 정보를 그대로 받아들인 것이다. 맬컴 머거리지Malcolm Muggeridge에게 자문을 구할 수도 있었다. 머거리지는 〈맨체스터 가디언〉지 모스크바 주재 특파원으로 비어트리스 웨브의 조카사위였다. 그러나 소련 체제에 극도로 비판적이어서 부부는 연락할 생각조차 없었다. 돌아오는 길에 비어트리스는 이렇게 썼다. "소비에트 정부는…… 새로운 문명을 대변한다…… 삶에 대한 새로운 전망을 보여주는 것이다. 말하자면 거기에는 개인의 행동 자체는 물론이고 사회와의 관계에서도 새로운 유형이 싹트고 있다. 이 모든 것이 앞으로 백 년 동안 다른 많은 나라로 뻗어나가게 될 것이라고 나는 믿는다."[119]

리잔 래디스에 따르면 『소비에트 공산주의: 새로운 문명?』은 '구성과 범위, 판단 착오 면에서 기념비적'이었다.[120] 웨브 부부는 진심으로 소비에트 공산주의가 서구보다 우월하다고 믿었다. 일상적인 개인들이 국가 운영에 참여할 기회가 더 많다는 이유에서였다. 스탈린은 웨브 부부에게는 독재자가 아니라 '여러 위원회'의 서기였다. 공산당은 빈곤 퇴치에 헌신하고 있으며, 당원들은 '법률상의 특권은 전혀' 없다고 부부는 말했다. 두 사람은 GPU가 '건설적인 일'을 한다고 생각했다. 부부는 나중에 개정판에서 몇 차례 책 제목을 바꿨다. 처음에는 『소비에트 공산주의는 새로운 문명인가?』(1936)로 했다가 다시 『소비에트 공산주의 : 독재인가 민주주의인가?』(같은 해 말 출판)로 고쳤다. 이는 미묘한 심리적 변화가 있었음을 시사한다. 그러나 1930년대 말 스탈린 체제에서 인민재판이 공공연히 벌어진 다음에도 원작 자체를 철회할 생각은 전혀 없었다. 1937년 공포정치가 극에 달했을 때 나온 재판의 제목은 『소비에트 공산주의 : 새로운 문명』이었다. 의문부호를 아예 뺀 것이다. 39년 7월 마흔일곱 번째 결혼기념일에 비어트리스는 일기에 『소비에트 공산주의』는 '우리 부부가 한 공동작업 가운데 더할 나위 없는 성취'라고 적었다.[121] 자본주의의 행태에 대한 불만 탓에 아주 엉뚱한 곳으로 빗나간 극소수 인사들이 있었다. 그 대표적인 사례가 웨브 부부였다.

러시아 공산주의는 자본주의에 대한 하나의 대안이었다. 그런데 또 다른 대안이 독일에서 모습을 드러내고 있었다. 나치가 점차 국민의 신뢰를 얻게 된 것이다. 앞에서 살펴본 바와 같이 바이마르공화국 시절 독일에서는 합리주의자—과학자와 학문 하는 사람들—와 민족주의자들 사이에 줄곧 싸움이 있었다. 범게르만주의자들의 줄기찬 신념은 독일과 독일 역사, 독일 영웅들의 본능적인 우월성에는 뭔가 특별한 것이 있다는 것이었다. 오스발트 슈펭글러는 『서구의 몰락』에서 독일이 프랑스, 미국, 영국과 어떻게 다른지를 강조했다. 그리고 그러한 시각은 히틀러에게 강렬한 호소력을 발휘한 데 이어 차츰 권력에 다가서는 나치에게도 널리 퍼졌다. 1928년 이런 신념으로 똘똘 뭉친 책이 한 권 나왔다. 파리나 런던, 뉴욕 같은 곳에서라면 절대 출판사를 구하지 못했을 책이었다.

문장도 극히 선정적이지만 삽화들은 훨씬 심했다. 한쪽 페이지에는 아메데오 모딜리아니Amedeo Modigliani와 카를 슈미트 로틀루프Karl Schmidt-Rottluff 같은 화가들의 현대화 사진을 싣고, 맞은편에는 기형이거나 병 든 사람들의 사진을 올려놓았다. 눈이 툭 튀어나온 사람, 다운증후군 환자, 선천성 크레틴병 환자 등 다양했다. 저자는 유명한 건축가 파울 슐체 나움부르크Paul Schultze-Naumburg(1869~1949), 제목은 『예술과 종족Kunst und Rasse』이었다. 그로테스크하기는 하지만 그 주제의식은 국가사회주의(나치즘)에 심대한 영향을 미쳤다.[122] 슐체 나움

부르크는 책에 나온 장애인과 환자들이 현대—특히 표현주의—화가들이 그린 그림 상당수의 원형이라고 주장했다. 그는 이런 예술은 타락한 것이라고 말했다. 그의 접근방식은 몇 년 전 대학도시 하이델베르크에서 했던 과학 프로젝트에 자극을 받은 것으로 보인다. 당시 하이델베르크는 정신병의 핵심 문제를 해결하기 위한 수단으로 정신분열병 환자들이 만든 미술품을 연구하는 센터가 되었다. 1922년 정신과 의사 힌스 프린츠호른Hans Prinzhorn은 『정신질환자들의 그림Bildnerei der Geisteskranken』이라는 연구서를 펴냈다. 환자 450명이 그린 작품 5,000여 점을 연구한 끝에 모은 자료를 토대로 한 내용이었다. 정신이상자들의 그림에는 어떤 특성이 있음을 입증한 이 연구는 의학 분야를 넘어서까지 평론가들의 깊은 관심을 끌었다.[123]

『예술과 종족』은 히틀러의 관심을 끌었다. 그 잔혹한 '이론'이 히틀러의 의도와 맞아떨어진 것이다. 히틀러는 종종 모더니즘 미술과 모더니즘 예술가들을 공격했다. 그러나 다른 지도급 나치들과 마찬가지로 그는 기질적으로 반反지성적이었다. 그가 높이 평가한 역사상의 위인들은 대부분 행동가였지 사상가가 아니었다. 그러나 여기에도 예외가 있었다. 지식인적인 풍모를 갖춘 인물로 여타 나치 지도급 인물들보다 훨씬 아웃사이더적인 스타일의 알프레트 로젠베르크Alfred Rosenberg(1893~1946)였다.[124]

로젠베르크는 나치 치하 제삼제국第三帝國 국경 바깥에서 태어났다. 집안은 에스토니아계로 에스토니아는 1918년까지 발트 해 연안 러시아령이었다. 어머니가 유대인이라는 증거가 일부 있다(2차 대전 이후에 확인된 것이다). 그러나 당시에는 그런 의문은 전혀 제기되지 않았다. 게다가 그는 히틀러의 여러 초기 동료들보다 훨씬 일찍부터 그의 측근이었다. 어린 시절 로젠베르크는 역사에 매료됐다. 특히 휴스턴 스튜어트 체임벌린의 저서를 접하고 나서부터 그랬다.[125] 체임벌린은 변절한 영국인이었다. 바그너의 숭배자로 나중에 바그너의 사위가 되었다. 그는 유럽 역사를 '게르만 민족과 게르만 민족을 약화시키는 유대교 및 로마 가톨릭 교회와의 투쟁으로' 보았다. 로젠베르크는 1909년 가족과 명절을 보내다가 체임벌린의 『19세기의 기초 Foundations of the Nineteenth Century』를 접하고 사람이 달라졌다. 이 책은 자신의 게르만 민족주의 감정을 지적으로 뒷받침하는 내용이었다. 로젠베르크는 이제 에스토니아에서의 생활을 통해 러시아인들을 미워하게 된 것과 똑같이 유대인들을 증오할 이유를 갖게 됐다. 1918년 1차 대전이 끝난 뒤 뮌헨으로 이주한 로젠베르크는 곧바로 국가사회주의독일노동자당(NSDAP)에 입당해 고약한 반유대주의 팸플릿을 쓰기 시작했다. 글 쓰는 능력이 뛰어난데다 러시아를 잘 알고 러시아어에 능했기 때문에 그는 나치당의 동방 문제 전문가로 자리 잡게 됐다. 당 기관지 《민족의 파수꾼 Völkischer Beobachter》 편집장도 맡았다. 1920년대가 가면서 로젠베르크는 마르틴 보어만 Martin Bormann, 하인리히 힘러 Heinrich Himmler와 더불어 『나의 투쟁』을 넘어서는 나치 이데올로기를 정립할 필요를 느꼈다. 그래서 1930년 국가사회주의의 지적 토대라는 책을 출간했다. 제목은 『20세기의 신화 Der Mythus des 20. Jahrhunderts』였다.

『20세기의 신화』는 산만하고 모순되는 내용이 많아서 이거다 하고 요지를 말하기 어렵다. (내용이 얼마나 종잡을 수 없는지 현대의 한 로젠베르크 숭배자는 본문에 나오는 용어 850개에 대한 설명을 담은 용어집을 냈을 정도다.) 이 책은 로마 가톨릭을 독일 문명의 주적主敵이라고 통렬히 공격한다. 분량은 700쪽이 넘는데 독일의 역사와 예술에 관한 내용이 전체의 60퍼센트 이상을 차지한다.[126] 3부는 '다가오는 제국'이라는 제목이 붙어 있다. 다른 부분들은 '인종위생', 교육, 종교를 다루고 있고, 끝으로 국제 문제가 나온다. 로젠베르크는 예수는 유대인이 아니며 그의 메시지를 유대인인 사도 바울이 왜곡했다고 주장했다. 귀족과 종족 관념을 무시하고 원죄나 내세, 불타는 지옥 같은 엉터리 교리를 날조해 기독교를 현재와 같은 형태로 변형시킨 것은 바울·로마 버전이라는 이야기다. 로젠베르크는 그러한 기독교 교리들이 '불건전하다'고 생각했다.

로젠베르크의 목적은—지금에 와서 보면 그 대담함은 경악할 정도다—독일에 필요한 대체 신앙을 만들어내는 것이었다. 그는 '피의 종교'를 주창하면서 독일인은 '종족의 영혼'을 가진 지배종족이라고 설파했다. 로젠베르크는 화가 마이스터 에크하르트 Meister Eckhart, 로마에 저항한 종교 지도자 마르틴 루터 Martin Luther를 비롯한 과거 독일의 유명 인물들을 도용했다. 물론 의도에 맞는 부분만을 끌어다댔다. 그는 '이른바 북유럽-아리안족의 특성을 과학적 토대 위에 올려놓았다고 주장한' 나치의 대표적 인종이론가 H. F. K. 귄터Günther가 쓴 책들을 인용했다. 히틀러나 선배들이 그랬던 것처럼 로젠베르크도 인도, 그리스, 독일의 과거 주민들과의 연관성을 밝혀내고자 심혈을 기울였다. 그러면서 렘브란트, 헤르더, 바그너, 프리드리히 대제, 사자공獅子公 하인리히를 끌어들여 제멋대로이기는 하지만 영웅적인 역사를 만들어냈다. 분명 독일의 과거에서 나치의 뿌리를 찾자는 의도였다.

로젠베르크에게 종족—피의 종교—은 해체를 주도하는 엔진 격인 개인주의와 보편주의에 대항해 싸울 수 있는 유일한 힘이었다. 그는 미국의 이상인 '경제적 인간의 개인주의'를 '인간을 몰락으로 유혹하기 위해 유대인이 만들어낸 허구'라고 비난했다.¹²⁷ 동시에 로마의 보편주의에 반격을 가해야 했기 때문에 새 종교를 만들어내는 과정에서 십자가를 포함한 일부 기독교 상징물은 폐기되어야 했다. 독일인과 독일이 1차 대전 패배라는 혼돈을 겪고 나서 새롭게 거듭나야 하는 마당에 "십자가는 변화에 전혀 어울리지 않았다." 같은 이유로 로젠베르크는 "독일인들의 성지는 팔레스타인이 아니다"라고 썼다. "우리의 성지는 라인 강변의 성들이며, 니더작센의 옥토와 프로이센의 마리엔부르크 요새다." 어떤 면에서 보면 『20세기의 신화』는 비옥한 땅에 뿌리를 내렸다. '피의 종교'는 신자들 사이에 이미 발전돼가고 있던 새로운 의식儀式에 잘 들어맞았다. 그런 의식을 통해 일찍이 '투쟁' 과정에서 죽임을 당한 나치들을 '순교자'로 추앙하면서 피 묻은 깃발로 시신을 감쌌다. '피의 깃발'을 펼쳐들고 시가행진을 하는 행위는 일종의 토템이었다. (새로 발명된 또 다른 전통은 당 모임에서 죽은 자의 이름을 하나씩 호명하면 그때마다 '여기요' 하고 외치는 행위였다.) 그러나 히틀러는 『20세기의 신화』에 대해 복합적인 감정을 갖고 있었던 것으로 보인다. 그는 로젠베르크로부터 원고를 넘겨받고 나서 여섯 달 동안이나 붙들고 있었다. 출판 허가가 난 것은 나치당이 총선에서 놀라운 승리를 거둔 이후인 1930년 9월 15일에 가서였다. 히틀러가 출간을 연기한 것은 출판에 따른 로마 가톨릭의 지지 상실을 감수할 수 있을 정도로 당이 강해질 때까지 기다린 것으로 보인다. 책은 50만 부가 팔렸다. 그러나 부수 자체는 별 의미가 없다. 중고등학교와 고등교육기관은 모두 의무적으로 사봐야 했기 때문이다.¹²⁸

히틀러가 출간을 연기한 것이 가톨릭계에 미칠 영향 때문이었다면 그가 그만큼 현실적이었다는 이야기다. 바티칸은 책에 담긴 주장에 격분해 1934년 이것을 금서 목록에 올렸다. 쾰른 대주교인 슐테 추기경Cardinal Schulte은 젊은 사제 일곱 명으로 '방어단'을 꾸린 다음 불철주야 책을 이 잡듯 뒤져 무수한 오류를 잡아냈다. 이를 익명의 팸플릿으로 찍어 5개 도시에 뿌렸다. 게슈타포의 촉수를 피하기 위해서였다. 『20세기의 신화』는 성직자들을 위험에 노출시키는 도구로 악용됐다. 가톨릭 신자인 나치 당원들에게 고해실에서 『20세기의 신화』를 거론한 다음 그 이야기를 듣고 나치 이데올로기를 비판하는 말을 한 신부는 고발하라는 명령을 내린 것이다.[129] 한동안 로젠베르크는 진짜로 새 종교가 탄생할 것이라고 믿은 것 같다. 그는 1939년 8월 헤르만 괴링Hermann Göring에게 이런저런 구상을 많이 이야기했다. 그러나 한 달 만에 전쟁이 시작되는 바람에 『20세기의 신화』의 영향력은 시들해졌다. 로젠베르크에 대한 히틀러의 신임은 여전히 두터웠다. 전쟁이 시작되자 히틀러는 그에게 미술품 약탈을 담당하는 별동부대(ERR)를 맡겼다. 『예술과 종족』과 『20세기의 신화』는 모순투성이에 제멋대로였지만 독일의 지식인 사회와 문화계에 대한 공격이라는 점에서는 공통됐다. 두 책 모두 거칠고 치우친 논의로 결함과 허점이 많았지만 나치당의 노선을 벗어나는 사상에 대한 공격만큼은 확실했다. 이렇게 함으로써 나치는 독일 문명에서 잘못됐다고 보는 문제들에 관한 자신들의 입장을 분명히 한 것이다.

많은 사람들이 문명의 향방을 깊이 우려하고, 곧 끔찍한 운명이 닥칠 것이라는 증거가 여기저기서 드러나는 상황에서 금세기의 가장 위대한 문학의 하나가 탄생했다는 것은 놀라운 일이 아니다. 존 스타인벡John Steinbeck(『분노의 포도』 등으로 유명한 미국 소설가. 1962년 노벨 문학상을 받았다. 1902~1968 : 옮긴이)은 1930년대 실업 사태를 기록했고, 베를린을 소재로 한 크리스토퍼 이셔우드Christopher Isherwood(영국 출신의 미국 작가. 『노리스 씨 기차를 갈아타다Mr. Norris Changes Trains』(1935)와 『베를린이여 안녕Goodbye to Berlin』(1939) 등에서 히틀러 출현 전야의 베를린을 그려냈다. 1904~1986 : 옮긴이)의 소설들은 『20세기의 신화』가 보여주는 사악한 부조리함에 대한 해독제 역할을 했다고 말할 수 있다. 그러나 불안감과 불길한 분위기는 실업과 독일에 국한되지 않고 훨씬 폭넓게 스며들었다. 이런 페시미즘을 날카롭게 포착한 사람은 따로 있었다. 올더스 헉슬리Aldous Huxley(1894~1963)였다.

탁월한 생물학자로 유명한 형 줄리안 헉슬리Julian Huxley보다 일곱 살 아래인 올더스 헉슬리는 1894년에 태어났다.¹³⁰ 눈이 너무 나빠서 1차 대전 때는 징집이 면제됐고, 전쟁 기간을 옥스퍼드 근처 오톨리인 모렐 부인 농장에서 일을 거들며 보냈다. 여기서 리튼 스트레이치, T. S. 엘리엇, 화가 마크 거틀러, 작가 미들턴 머리Middleton Murry, D. H. 로렌스, 버트런드 러셀 등을 만났다. (엘리엇은 헉슬리가 자신에게 초기 시를 보여주었는데 '열광을 표하기는 어려웠다'고 말한 바 있다.)¹³¹ 박학다식하고 다분히 회의적이었던 헉슬리는 1930년대 초까지 네 권의 책을 썼는데 『크롬 옐로 Crome Yellow』와 『어릿광대 춤Antic Hay』이 주목할 만하다.¹³² 『멋진 신세계Brave New World』는 32년에 출간됐는데 20세기 사상이 초래할 수 있는 끔찍한 결과를 비관적인 톤으로 그려낸 작품이다. 어떤 면에서는 과학소설(SF)로도 볼 수 있다. 그러나 『멋진 신세계』를 쓴 작가의 의도는 다분히 경고적인 의미였다. 프로이트가 『문명과 그에 대한 불만』에서 새로운 윤리의 기초로서의 초자아를 탐색했다면 헉슬리는 새로운 윤리 자체를 묘사했다. 여기서는 새로운 심리학이 다른 어느 것 못지않게 비난의 대상이 된다.¹³³

이 책에서 헉슬리가 공격 목표로 삼은 것은 기본적으로 생물학, 유전학, 행태심리학, 그리고 기계화였다. 『멋진 신세계』의 배경은 상당히 먼 미래인 AF 632년이다. 여기서 AF는 After Ford(포드 이후)를 나타낸다. 서기로 치면 2545년경이다 (AD가 예수 탄생을 기원 1년으로 삼는 것처럼 AF는 미국 포드 자동차 회사가 대량생산 방식으로 T형 자동차를 처음 생산한 1908년을 기원 1년으로 한다 : 옮긴이). 기술은 발전을 거듭했고, 보카노프스키 프로세스라고 하는 기법을 통해 하나의 난소에서 1만 6,000명의 인간이 태어난다. 멘델의 수학에 딱 들어맞는, 새로운 사회의 기초다. 이 사회에는 하나같이 똑같은 사람이 지금보다 훨씬 많다. 특정한 자극(책과 꽃은 위험한 자극이다)을 통해 특정한 소양을 키워주는 네오 파블로프식 "수면 학습 과정을 통해 유아들은 자신이 속한 계급이 지녀야 할 의식을 습득한다."¹³⁴ 성행위는 엄격히 통제된다. 여성에게는 임신대체제라는 약을 지급하고, 멜빵에다 탄약 대신 피임약을 넣은 맬서스 벨트를 가지고 다닌다. 다중혼多重婚이 정상적인 규범으로 통용되는 반면 일부일처제는 오히려 치욕이다. 가족이나 부모의 개념은 완전히 사라진 상태다. 혼자서 시간을 보낸다거나 사랑에 빠지거나 취미로 책을 읽는 것은 '부적절한' 행동이 되었다. 기독교의 십자가를 폐기한 것도 『20세기의 신화』를 연상시킨다. 대신 십자가에서 위로 튀어나온 부분을 제거해 'T형 포드 자동차'를 나타내는 T자로 만들었다. 기성 종교는 '유대紐帶 서비스'로 대체됐다. 소설은 이러한 신세계가 등장한 것은 9년 전쟁의 결과라는 것을 진지한 목소리로 알려준다. 그 전쟁에서 생물학무기가 사용돼 세상이 완전히 폐허가 되는 바람에 "세계연맹과 인간에 대한 완벽한 통제가 유일한 대안이 되었다"는 것이다. 헉슬리는 이처럼 철저한 통제를 가능케 하는 유전학에 대해서 상세히 설명한다. 어떻게 난자에 등급을 매긴 다음(알파에서 엡실론까지 다섯 계급으로 나뉜다) '멋대로 헤엄치는 정충들이 담긴 따뜻한 육즙'에 담그는지 등등을 자세히 묘사한다. 이 과정에서 독자는 '런던 중앙 부화장' 같은 어디서 들어본 듯한 기관들을 만나게 된다. 일부 등장인물—서유럽 담당 신세계 총통 무스타파 몬드Mustapha Mond(1차 대전 이후 현대 터키를 건국한 무스타파 케말 아타튀르크와 영국 임페리얼 케미컬 인더스트리즈(ICI)를 설립한 카리스마 넘치는 기업가이자 정치인인 앨프리드 몬드를 합성한 이름이다 : 옮긴이), 버나드 마르크스Bernard Marx(프랑스 생리학자 클로드 베르나르Bernard와 카를 마르크스를 짬뽕했다 : 옮긴이), 레니나 크라운Lenina Crowne(러시아 혁명가 레닌을 여성형으로 살짝 바꿨다 : 옮긴이) 등등—은 신세계가 과거에서 잃어버린 것이 무엇이고, 과거에서 기억하기로 선택한 것은 무엇인지를 생각하게 한다. 헉슬리는 조심스럽게 속물근성과 시기심이 여전히 존재함을 보여준다. 고독도 마찬가지다. '그런 감정들을 근절하려고 온갖 노력을 다해봤지만' 허사였던 것이다.[135]

   소설의 내용을 이렇게 요약하고 나니 자못 심각하게 들리지만 헉슬리는 위트가 넘치는 작가다. 그의 미래관이 전적으로 나쁜 것만도 아니다. 늘 그렇듯이 엘리트는 이런 사회에서도 인생을 즐긴다.[136] 헉슬리가 이 장 맨 앞부분에서 논한 프로이트와 연결되는 것은 바로 이 지점에서다. 프로이트는 정신분석을 통해 초자아에 대해 제대로 이해하게 되면 결국은 윤리에 대해서도 더 잘 이해하게 되고, 좀 더 윤리적인 행동이 가능해진다고 주장했다. 헉슬리는 이보다 회의적이었다. 오히려 러셀과 공통점이 많다. 그는 선과 악에 대한 절대적인 규정은 없으며, 인간은 새로운 지식을 토대로 끊임없이 정치제도를 개선함으로써 가능한 한 최상의 사회를 만들어낼 수 있다고 보았다. 『멋진 신세계』에 나오는 사회는 우리가 보기에는 끔찍할지 모르지만 등장인물들은 막상 그렇게 끔찍하다고 여기지 않는다. 다른 세상을 모르기 때문이다. 도부족이나 아라페시족, 콰키우틀족이 바깥세상을 전혀 모르는 상태에서 행복을 느끼는 것이나 마찬가지다. 원하는 세상을 얻으려면 그것을 위해 싸워야 한다고 헉슬리는 단언한다. 우리가 속한 세계가 무너져가고 있다면 그만큼 충분히 싸우지 않고 있기 때문이라는 암시이기도 하다. 그런 싸움이 다가오고 있음을 1932년에 이미 시사했다는 점에서 헉슬리는 누구보다도 선견지명이 있었다.

17

박해
Inquisition

1933년 1월 30일 아돌프 히틀러가 독일 총리가 됐다. 그로부터 겨우 6주밖에 지나지 않은 3월 11일 히틀러는 국민계몽선전부라는 것을 만들어 요제프 괴벨스 Joseph Goebbels(1897~1945)를 장관으로 앉혔다.[1] 부서 명칭은 『멋진 신세계』에서 바로 따온 것이었다. 히틀러와 괴벨스는 곧 독일의 문화생활에 대해 사상 유례를 찾아볼 수 없는 파괴를 자행하게 된다. 그들의 잔혹한 행동은 갑자기 시작된 것이 아니었다. 히틀러는 일찍부터 나치당이 정부를 장악하면 사방에 널린 적들을 손봐야겠다고 생각하고 있었다. 그중에서도 유독 밉게 본 대상이 예술가였다. 1930년 미래의 장관이 될 괴벨스에게 보낸 편지에서 히틀러는 당이 집권하면 예술 문제와 관련해서는 더 이상 논란 따위는 하지 않겠다는 점을 분명히 했다. 일찍이 1920년에 작성된 당 정책 선언은 '예술과 문학에서 국민 생활에 해악을 끼치는 경향들'에 대한 투쟁을 요구한 바 있다.[2]

미술가 블랙리스트가 3월 15일에 공표됐다. 게오르게 그로스George Grosz는 미국 방문 도중에 독일 시민권을 박탈당했다. 바우하우스는 폐쇄됐다. 인상파 화가 막스 리베르만Max Liebermann(당시 88세였다), 캐테 콜비츠(66세), 파울 클레, 막스 베크만, 오토 딕스, 안무가 오스카 슐레머Oskar Schlemmer 등이 모두 예술학교 교사직에서 쫓겨났다. 파면 조치는 전광석화처럼 진행돼 법률적으로는 1933년 4월 7

일에야 통과된 법률을 소급 적용하는 방식으로 합법화됐다.³ 같은 달 모더니즘 미술을 비방하는 최초의 전시회―제목은 '공포의 방Chamber of Horrors'이었다―가 뉘른베르크에서 열렸다. 이어 드레스덴과 데사우에서도 순회 전시를 했다.⁴ 히틀러가 총리가 되기 일주일 전 조각가이자 화가인 에른스트 바를라흐Ernst Barlach는 성급하게도 라디오에 나와 그를 '숨어 있는 파괴자'라고 지칭했다. 그러면서 나치즘을 '드러나지 않은 인류의 죽음'이라고 했다.⁵ 그러자 지역 나치들은 즉각 바를라흐가 제작한 마그데부르크 대성당 전쟁기념상을 철거할 것을 요구하고 나섰다. 그런 목소리가 높아지자 작품은 '보관을 위해' 배편으로 베를린으로 이송됐다.⁶ 독일 모더니즘 미술 발전에 많은 공헌을 한 잡지《폭풍Der Sturm》은 폐간됐고,《행동Die Aktion》과《예술과 예술가Kunst und Künstler》도 같은 신세가 됐다.《폭풍》발행인인 표현주의 미술 이론가 헤르바르트 발덴Herwarth Walden은 소련으로 피신했다가 그곳에서 1941년 사망했다.⁷ 콜라주 사진작가 존 하트필드John Heartfield는 프라하로 탈출했다.

　1933년 모더니즘 화가들은 여러 차례 나치에 선을 대려고 시도했다. 그러나 괴벨스는 응하지 않았다. 전시회들은 중단되고 말았다. 한동안 괴벨스와 로젠베르크는 문화/지식 분야 정책 집행권을 놓고 경쟁했다. 그러나 선전부가 최고 기구로서 경쟁자를 밀어냈다. 그러면서 곧바로 괴벨스 직속으로 예술·문화실Chamber for Arts and Culture을 두었다. 예술·문화실의 파워는 막강 그 자체였다. 화가는 예외 없이 정부가 후원하는 직능단체에 가입해야만 했다. 등록을 거부하면 미술관 전시나 작품 의뢰가 금지됐다. 괴벨스는 또 당국의 허가를 받지 않은 공공 미술 전시 행위를 일절 금지했다.⁸ 34년 9월 나치당 연례 모임 연설에서 히틀러는 국가사회주의를 위협하는 '두 가지 문화적 위협'을 강조했다. 그 하나는 모더니스트들이었다. 히틀러는 이들을 '예술을 타락시키는 자들'로서 규정하고 구체적으로 '입체파, 미래파, 다다이스트들'을 꼽았다. 히틀러는 자신과 독일 국민이 원하는 것은 뒤틀림과 모호함이 없는 '순정한' 독일 예술이라고 말했다. 예술은 '정치의 액세서리'가 아니라고도 했다. 액세서리 정도가 아니라 나치 정강정책의 '기능적 일부'가 되어야만 한다는 것이다.⁹ 이 연설은 아직 자리에서 쫓겨나지 않았거나 전시를 금지당하지 않은 미술가들에게는 중요한 전기가 됐다. 에밀 놀데와 에른스트 바를라흐 같은 작가들에게는 그나마 어느 정도 호감을 보였던 괴벨스는 잽싸게 강경노선으로 돌아섰다. 압류가 다시 벌어지고 일단의 화가와 조각가들이 교사직이나 미술관 큐레이터 자리에서 쫓겨났다. 화가이자 그래픽 아티스트인 한스 그룬디히Hans Grundig는 작품 활동 자체가 금지됐다. 모더니즘 예술가들이 쓴 책이나 그들을 다룬 책도 타깃이 됐다. 파울 클레 화첩은 1934년 발행됐는데 서점에 배포가 되기도 전에 압수당했다. 2년 후 프란츠 마르크의 작품집도 압수당했다(이때는 이미 마르크가 죽은 지 2년 정도가 흐른 시점이었다). 바를라흐의 화첩도 마찬가지였다. '공공의 안전과 안녕질서'에 위협이 된다는 딱지가 붙었다. 이 화첩은 나중에 게슈타포가 폐기해버렸다.[10] 1936년 5월 당국에 등록된 모든 미술가는 조상이 아리안계임을 입증해야 했다. 1936년 10월에는 베를린국립미술관에 현대 미술 전시실을 폐쇄하라는 통보가 왔다. 이어 11월에 괴벨스는 모든 '비공식 예술 비평'을 불법화했다. 그때부터는 예술 행사에 관한 보도만이 허용되었다.

일부 미술가들은 항의를 해보려고 했다. 에른스트 루드비히 키르히너는 프로이센 예술아카데미Prussian Academy 회원 자격을 박탈당하자 자신은 '유대인도 아니고 사회민주주의자도 아니'라고 주장하면서 "30년 동안 나는 새로운, 강한, 그리고 진정한 독일 미술을 위해 싸워왔고, 앞으로도 살아 있는 한 그럴 것이다"라고 말했다.[11] 막스 페히슈타인Max Pechstein은 자신이 당한 일을 도저히 믿을 수 없었다. 그래서 게슈타포에게 자신은 1차 대전 때 서부 전선에서 독일을 위해 싸웠고, 아들 하나는 나치 돌격대(SA) 대원이며, 또 한 아들은 히틀러유겐트Hitler Youth라고 하소연했다. 에밀 놀데는 1920년대 초부터 나치당을 열렬히 지지했던 인물로 '일부 동료들의 오점'을 비판하면서 1934년에 출간한 자서전 『투쟁의 나날』에서 그들을 '튀기에 사생아에 흑백혼혈'이라고 매도했다.[12] 바로 그해에 그는 괴벨스에게 직접 편지를 보내 자신의 예술은 '정력적이고, 끈기 있으며, 열정적이고 독일적'이라고 주장했다. 그러나 괴벨스는 귀담아듣지 않았다. 1937년 6월 놀데의 작품 1,052점이 압수됐다.[13] 오스카 슐레머는 시인 고트프리트 벤Gottfried Benn이 『새 나라와 지식인Der Neue Staat und die Intellektuellen』(1933)을 통해 공격한 예술가들을 옹호했다. 벤의 책은 나치에 대한 열렬한 방어이자 나치의 적에 대한 통렬한 공격이었다. 슐레머의 주장은 벤이 '타락'했다고 지목한 예술가들은 전혀 타락하지 않았으며, 진짜 데카당스는 그의 표현을 빌리면 '키치'를 들이미는 '이류들'이라는 것이었다.[14]

이런 항의는 아무 효과도 없었다. 히틀러는 작심을 한 지 오래였고, 마음을 바꿀 생각도 없었다. 화가들에게 남은 길은 작품으로 저항하는 것뿐이었다. 오토 딕스 Otto Dix는 이런 쪽으로 나아간 사람들 중 하나였다. 그는 1933년 그림「지옥에 떨어질 7대 죄악」에서 히틀러를 '시기'로 묘사했다. (실패한 예술가인 히틀러가 진짜 예술가를 시기한다는 의미였다.) 막스 베크만은 총리 히틀러를 '유혹자Verführer'(히틀러를 흔히 지도자Führer라고 불렀는데 그 앞에 '나쁜'이라는 뜻의 접두어 Ver를 붙여 패러디한 표현이다 : 옮긴이)로 묘사한 캐리커처를 그렸다. 프로이센예술아카데미에서 쫓겨났다는 소식을 들은 막스 리베르만(1차 대전 이전 독일에서 살아 있는 화가 중 가장 인기가 높았다)은 신랄하게 한마디 내뱉었다. "밥맛이 떨어져서 토할 지경이군."[15]

많은 화가들이 결국은 이주나 망명을 택했다.[16] 쿠르트 슈비터스는 노르웨이로 갔고, 파울 클레는 스위스로, 리오넬 파이닝거는 미국으로, 막스 베크만은 네덜란드로, 하인리히 캄펜동크Heinrich Campendonck는 벨기에를 거쳐 네덜란드로, 루트비히 마이트너Ludwig Meidner는 영국으로, 막스 리베르만은 팔레스타인으로 갔다. 리베르만은 독일을 사랑했다. 1차 대전 전까지는 좋았다. 당대의 저명인사들을 만나고 그들의 초상화도 그렸다. 그런데 죽기 직전인 1935년(88세), 그는 유대계 젊은 독일 화가들에게 남은 선택은 하나뿐이라는 서글픈 결론을 내렸다. "팔레스타인으로 이주하는 것 외에는 다른 방법이 없다. 거기서라면 자유로운 인간으로 성장할 수 있고, 여기 남은 난민들에게 닥친 위험을 피할 수 있을 것이다."[17]

대개 우리는 과학—특히 물리학, 화학, 수학, 지질학 같은 '엄밀' 과학—은 정치체제의 영향을 받지 않을 것이라고 생각한다. 아닌 게 아니라 일반적으로 자연을 구성하는 기초 단위에 관한 탐구는 지적인 작업 중에서는 정치색으로부터 가장 자유롭다고들 한다. 그러나 나치 독일에서 자유로운 것은 아무것도 없었다.

알베르트 아인슈타인에 대한 박해는 일찍부터 시작됐다. 그가 공격을 받은 주된 이유는 아서 에딩턴이 1919년 11월 일반 상대성 이론의 예측을 실험으로 입증했다고 선언한 이후 국제적 유명인사가 되었기 때문이다. 독설은 정계와 과학계의 극단주의자들 양쪽에서 쏟아져 나왔다. 일부 지지자도 있었다. 예를 들어 런던 주재 독일 대사는 1920년 외무부에 사적으로 경고를 보냈다. 그는 한 보고서에서 "아인슈타인 교수는 이제 일급 문화계 인사가 되었습니다…… 선전에 잘 활용할 수 있는 사람을 독일에서 몰아내서는 안 됩니다"라고 지적했다. 그러나 2년 후 외무장관 발터 라테나우가 정치적인 이유로 암살당한 직후 아인슈타인도 살생부에 올랐다는 미확인 보도가 흘러나왔다.[18]

10년 후 나치가 최종적으로 권력을 잡으면서 그런 움직임은 가속화됐다. 1933년 1월 아인슈타인은 베를린을 떠나 미국을 방문 중이었다. 당시 54세. 명성이 부담이 되기는 했지만 일반 상대성 이론과 우주론에 몰두하면서도 공인이라는 사실을 완전히 피할 수는 없다는 것을 잘 알고 있었다. 그래서 나치가 집권하고 있는 한 베를린 대학과 카이저 빌헬름 연구소에서 맡고 있던 자리로 돌아가지 않을 것이라고 선언했다.[19] 나치는 그의 은행구좌를 동결하는 것으로 응수했다. 또 공산당원들이 무기를 숨겨놓았다며 그의 집을 수색하고 아인슈타인이 쓴 상대성 이론에 관한 대중서를 공개리에 불태웠다. 그해 늦은 봄에 정부는 '국가의 적' 명단을 공표했다. 나치의 적으로 지목된 인물들의 사진을 싣고 그 아래 간단한 설명을 붙였는데 용의주도하게 안 좋게 나온 사진들만 골라냈다. 아인슈타인 사진이 명단 맨 위에 올랐는데 사진 아래에는 '현재 교수형 미집행 상태'라고 적어놓았다.[20]

그해 9월 아인슈타인은 옥스퍼드에 있었다. 얼마 후에는 칼텍(캘리포니아공과대학)으로 가서 강의를 하게 돼 있었다. 그런데 어디에 정착할지가 극히 불투명했다. 그는 기자에게 자신은 유럽인이며 단기적으로 무슨 일이 일어나든 결국에는 돌아가게 될 것이라고 말했다. 그러면서도 '정신이 없는 나머지' 스페인, 프랑스, 벨기에, 예루살렘 히브리대학, 프린스턴고등연구소Institute for Advanced Study 등에서 들어온 교수 자리 제안을 다 받아들였다. 영국에서는 옥스퍼드 대학에 자리를 마련해주려는 움직임이 있었고, 영국 시민권을 주는 법안이 하원에 제출된 상태였다.[21] 그런데 1930년대 초의 미국은 이제 물리학의 변방이 아니었다. 자체 박사학위(1920년대에 1,300명)를 배출하기 시작했고, 이들이 아인슈타인의 작업을 이어서 하고 있었다. 아인슈타인도 미국을 좋아했다. 게다가 히틀러가 최고 권력자가 된 마당이니 머뭇거릴 이유가 더는 없었다. 그러나 칼텍 대신 프린스턴 행을 택했다. 1929년 미국의 교육행정가 에이브러햄 플렉스너Abraham Flexner는 뉴저지 주 프린스턴에 고등연구소를 설립하기 위해 기금을 모으는 데 성공했다. 뉴저지 출신의 성공한 기업가 루이스 뱀버거Louis Bamberger와 그 여동생 캐롤라인 풀드Caroline Fuld가 500만 달러를 쾌척한 것이다.²² 기본 구상은 고등 과학 연구 센터를 세워 석학들이 평화롭고 생산적인 분위기에서 수업 부담 없이 연구에 몰두할 수 있게 해주자는 것이었다. 플렉스너는 카푸트Caputh에 있는 아인슈타인 집에 찾아가 머물기도 했다. 당시 호수를 함께 거닐며 대화를 나누는 과정에서 아인슈타인은 프린스턴에 대한 열정이 점차 커졌다. 월급 이야기까지 진척이 됐다. 아인슈타인은 얼마나 받으면 되겠느냐는 질문에 머뭇거리면서 "일 년에 삼천 달러? 그보다 적어도 살 수 있을까요?"라고 반문했다. "그거 가지고 살 수는 없지요." 플렉스너는 이렇게 말하고는 부인과 상의해보겠다고 했다. 플렉스너와 엘자 아인슈타인은 바로 연봉 1만 6,000달러에 합의했다.²³ 플렉스너의 작전은 대성공이었다. 아인슈타인을 초빙한다는 소식이 알려지자 고등연구소 설립 프로젝트는 대번에 엄청난 주목을 받게 됐다. 독일에서는 반응이 좀 달랐다. 한 신문이 단 헤드라인은 '아인슈타인 발 굿 뉴스 — 귀국 안 한다'였다. 미국에서도 모두가 아인슈타인을 원한 것은 아니었다. 전국애국자위원회 같은 단체에서는 그를 '무가치한 이론'을 신봉하는 볼셰비키라고 비난했다. 미국여성연맹도 그를 공산주의자로 낙인찍고 국무부에 입국비자를 내주지 말라고 아우성을 쳤다. 이런 목소리는 무시됐다.²⁴ 아인슈타인은 독일을 떠나는 가장 유명한 물리학자가 됐지만 그 한 사람으로 끝난 것이 결코 아니었다. 대략 100명 정도의 세계 정상급 물리학자들이 1933에서 1941년 사이 미국으로 피난을 왔다.²⁵

아인슈타인보다 덜 유명한 과학자들은 나치의 태도가 관건이었다. 외국에서 안전한 피난처를 구할 기회가 그만큼 적었기 때문이다. 오스트리아 출신의 카를 폰 프리슈Karl von Frisch는 '꿀벌의 언어'를 최초로 발견한 동물학자였다. 이 언어를 매개로 해서 꿀벌들은 다른 꿀벌에게 먹을 것이 어디 있는지를 알려주고, 춤을 통해 벌집의 위치를 통보한다. "원무는 과즙이 있는 곳을 알려주는 춤이다. 꼬리를 흔드는 춤은 꽃가루가 있는 지점을 알려준다." 폰 프리슈의 실험은 대중의 상상력을 자극했고, 대중적인 저술들은 베스트셀러가 됐다. 그러나 이런 지명도 나치한테는 통하지 않았다. 나치는 1933년 4월 공무원법에 따라 폰 프리슈에게 선조가 아리안계임을 입증하는 증거를 제출하라고 요구했다. 찜찜한 부분은 외할머니였다. '비아리안계'일 수 있다는 것을 그는 인정했다. 그러자 뮌헨 대학 학생신문에 악의적인 비난이 쏟아졌다. 그나마 간신히 살아남은 것은 독일에서 노제마병이 발생했기 때문이다. 노제마병은 꿀벌에게 나타나는 내부기생충성 전염병으로 1941년에만 꿀벌 군체 수십 만 개가 죽었다. 이 때문에 농작물이 열매를 맺지 못해 농업 생태계가 엉망이 됐다. 당시 독일은 식량을 자급자족해야 할 형편이었다. 따라서 제국 정부는 폰 프리슈가 이 상황을 해결하는 데 적임자라는 결론을 내렸다.[26]

최근 연구에 따르면 1933년부터 2차 대전이 터질 때(39년)까지 생물학자의 13퍼센트가 해직됐다. 그중 5분의 4는 '인종적' 이유였다. 일자리를 잃은 사람의 4분의 3 정도가 외국으로 이주했다. 추방당한 생물학자들은 대개 독일에 남아 있던 동료들보다 훨씬 유능한 축에 속했다. 일이 이렇게 되자 박테리아 분자유전학과 파지(박테리아를 잡아먹는 바이러스 : 옮긴이) 분야에 심각한 타격이 왔다. 남아 있는 과학자들이 질이 떨어져서라기보다는 주로 미국의 최신 연구 성과를 정상적인 교류를 통해 따라잡지 못하는 데서 비롯된 문제였다. 1930년대 말은 물론이고 이후 전쟁 기간 내내, 그리고 그 후로도 상당기간 교류는 완전히 단절됐다.[27]

1925년 발터 그로피우스와 라슬로 모호이-나기László Moholy-Nagy는 튀링겐 우파 지방정부가 예산을 삭감하자 바우하우스를 데사우로 옮겼다. 그런데 1932년 5월 작센안할트Saxony-Anhalt에서 실시된 지방 선거에서 나치가 다수표를 얻었다. 나치는 선거 공약에 "바우하우스를 위한 지출은 일체 취소한다"는 내용을 포함시켰고, '유대적 바우하우스 문화'를 통렬히 비난했다.[28] 새 정부가 공약을 이행함에 따라 그해 9월 바우하우스는 폐쇄됐다. 그런데 용감하게도 루트비히 미스 반 데어 로에는 베를린 근교 슈테글리츠로 바우하우스를 옮겨 국가나 지방정부의 지원을 받지 않고 사립학교로 계속 운영했다. 그러나 진짜 문제는 돈이 아니었다. 1933년 4월 11일 바우하우스는 경찰과 나치 돌격대storm troopers에 포위됐다. 학생들은 끌려가고 서류는 압수됐다. 건물은 완전 봉쇄됐다. 경찰은 몇 달 동안 출입을 통제했다. 데사우에서 바우하우스가 강제 폐교됐을 때는 적어도 언론에 항의성 기사가 실렸다. 그런데 베를린에서는 '사이비 유대 독일 예술 제국 후원자들'의 후원을 받아 '볼셰비키 혁명을 퍼뜨리는 세포들'이라는 식으로 바우하우스를 비난하는 보도 일색이었다.[29] 학교 문을 다시 열려는 시도가 몇 차례 있었다. 나치도 이 점을 고려하고 있었다. 그래서 요구한 것이 기존체제로의 동화였다.[30] 미스 반 데어 로에는 바우하우스를 다시 열려면 우선 바실리 칸딘스키를 내쫓으라는 이야기를 들었다. 결국 미스와 나치 당국 사이의 견해차는 좁힐 수 없었다. 그래서 독일 땅에서 바우하우스는 영원히 문을 닫고 말았다. 여기에는 반유대주의 이상의 것이 작용했다. 고전적 전통과 현대적 아이디어를 결합하려는 시도라는 점에서 바우하우스는 나치가 혐오하는 모든 것을 대변하고 있었던 것이다.

  망명을 떠난 사람들 중에는 바우하우스의 일류 교사들도 있었다. 발터 그로피우스, 루트비히 미스 반 데어 로에, 요제프 알버스Josef Albers, 마르셀 브로이어Marcel Breuer, 라슬로 모호이 나기 등 바우하우스의 핵심 중의 핵심들이 1933~34년과 1937~38년에 독일을 떠났다. 직물공예가인 오티 베르거Otti Berger가 아우슈비츠에서 살해되기는 했지만 독일을 떠난 이유는 대부분 생명의 위협을 받아서라기보다는 작품 활동을 할 수 없어서였다.[31] 그로피우스는 34년 영국으로 이주했다. 그러나 출국은 공식 허가를 받고 나서야 가능했다. 영국에서 그는 정치적 활동을 하는 독일인 예술가들과는 일절 접촉을 피했다. 이들은 이미 영국으로 건너와 오스카 코코슈카 동아리로 알려져 있었다. 37년 그로피우스가 하버드 대학 교수가 되자 독일 신문들은 이 소식을 우호적으로 소개했다.[32] 미국에 간 그로피우스는 곧 모더니즘의 최고 권위자가 되었다. 그러나 여전히 정치는 멀리했다. 지금까지 예술사가들이 눈을 씻고 찾아봤지만 나치 독일에서 벌어진 일들에 대해 그로피우스가 공개적으로 한 언급은 단 한마디도 없었다. 심지어 하버드대 교수로 임명되던 바로 그해에 열린 '퇴폐 미술' 전시회에서 바우하우스 출신 동료와 친구들이 도매금으로 매도 당하고 있을 때도 아무 말이 없었다.

사실 바우하우스보다 먼저 문을 닫은 것이 함부르크의 바르부르크예술사연구소였다. 설립자인 아비 바르부르크는 1929년에 죽었지만 그의 친구들은 1931년에 이미 유대인이 세운 연구소라 나치가 집권하면 표적이 되겠다 싶어 살금살금 장서를 포함해 연구소 자체를 아예 안전한 영국으로 옮겨버렸다. 그래서 바르부르크연구소는 런던 대학 예술사대학원이 되었다. 나중에 1930년대에 가면 바르부르크연구소 출신으로 가장 유명한 인물인 에르빈 파노프스키Erwin Panofsky(연구소가 함부르크에 있을 때 원근법에 관한 유명한 연구서를 냈다)도 함부르크 대학 교수 자리에서 쫓겨난다. 그 역시 에이브러햄 플렉스너의 주선으로 프린스턴고등연구소에 교수 자리를 얻었다.

프랑크푸르트 사회연구소 멤버 대부분은 유대인이었을 뿐 아니라 공공연히 마르크시스트임을 자처했다. 연구소의 역사를 쓴 마틴 제이Martin Jay에 따르면 연구소의 자산은 1931년 독일에서 네덜란드로 옮겨졌다. 연구소장인 막스 호르크하이머Max Horkheimer의 선견지명 덕분이었다. 연구소는 제네바, 파리, 런던 등에 이미 분원을 세운 상태였다(런던 분원은 런던정경대에 있었다). 히틀러가 권력을 잡은 직후 호르크하이머는 프랑크푸르트 교외 크론베르크에 있는 집에서 나와 아내와 함께 기차역 근처 호텔로 들어갔다. 1933년 2월에는 논리학 강의를 그만두고 정치학으로 돌렸다. 특히 자유의 의미에 관한 연구에 몰두했다. 한 달 후 호르크하이머는 조용히 국경을 넘어 스위스로 갔다. 며칠 후 연구소는 '국가에 적대적인 성향'이 있다는 이유로 폐쇄됐다.³³ 빅토리아거리에 있는 연구소 건물과 6만 권의 장서는 압류됐다. 호르크하이머는 탈출 며칠 후 공식 해임됐다. 파울 틸리히와 칼 만하임도 같은 처지가 됐다. 그때는 주요 스태프가 모두 피신한 상태였다. 호르크하이머와 그의 보좌관 격인 프리드리히 폴록은 제네바로 갔고, 에리히 프롬도 마찬가지였다. 그러다 앙리 베르그송과 레이몽 아롱Raymond Aron의 주선으로 프랑스에서 일자리를 얻게 됐다. 한편 테오도르 아도르노는 옥스퍼드 머튼 칼리지로 가서 1934년부터 1937년까지 그곳에 머물렀다. 시드니 웨브, R. H. 토니, 모리스 긴즈버그Morris Ginsberg,

해럴드 라스키Harold Laski 등이 36년까지 런던 분원을 지키는 데 도움을 주었다. 그러나 제네바는 점차 비우호적이 됐다. 폴록에 따르면 "파시즘은 스위스에서도 엄청 세를 늘렸다." 폴록과 호르크하이머는 런던과 뉴욕을 방문해 연구소 이전 가능성을 타진해봤다. 런던정경대의 윌리엄 베버리지보다는 컬럼비아 대학에서 오히려 훨씬 긍정적인 반응을 보였다. 그래서 프랑크푸르트 사회연구소는 1934년 중반 뉴욕 117번가 웨스트 429번지에 새로 둥지를 틀었다. 연구소는 1950년까지 그 자리를 지키면서 예전보다 훨씬 영향력이 큰 연구 업적을 이뤄냈다. 독일식 분석과 미국식 방법론을 결합함으로써 전후 사회학에 독특한 색채를 부여한 것이다.[34]

빈 서클 철학자들의 이주는 그래도 다른 학자들보다는 사정이 좀 나았다고 할 수 있다. 프래그머티즘 전통이 강한 미국에서는 적지 않은 학자들이 논리실증주의에 대해 대단히 호의적이었다. 그래서 일부 멤버는 1920년대 말 내지 1930년대 초에 대서양을 건너가 강의도 하고 생각이 비슷한 동료 학자들을 만나기도 했다. 이들을 도운 것은 이런 저런 분야에서 동일성을 추구하는 철학자와 과학자들로 구성된 통합과학Unity in Science이라는 단체였다. 국제적인 규모의 이 단체는 유럽과 북미 곳곳에서 모임을 가졌다. 그리고 1936년 영국 철학자 A. J. 에이어Ayer가 『언어·진리·논리 Language, Truth and Logic』를 발표했다. 논리실증주의에 대한 명쾌한 소개서로 논리실증주의의 이념을 미국에서 대중화함으로써 빈 서클 멤버들이 특히 미국에서 환영을 받는 데 중요한 역할을 했다. 헤르베르트 파이글Herbert Feigl이 1931년 맨 먼저 아이오와로 갔다. 루돌프 카르납은 36년에 시카고 대학으로 가면서 카를 헴펠Carl Hempel과 올라프 헬머Olaf Helmer를 함께 데려갔다. 한스 라이헨바흐Hans Reichenbach가 38년 그 뒤를 따라 UCLA에 눌러앉았다. 얼마 후 쿠르트 괴델이 프린스턴고등연구소에 연구직 자리를 얻어 아인슈타인, 에르빈 파노프스키와 합류했다.[35]

나치는 정신분석을 줄곧 '유대인의 학문'으로 여겼다. 그렇다고는 해도 1933년 10월 라이프치히에서 열린 심리학 대회에 정신분석 분야 참가를 금지한 것은 그야말로 충격이었다. 독일의 정신분석학자들은 다른 일자리를 알아보아야 했다. 일부는 프로이트의 고향인 빈에서 몇 년간 도피처를 찾았다. 그러나 대부분의 경우 미국으로 건너갔다. 미국의 '심리학자들'은 프로이트 이론에 대해 썩 우호적이지는 않았다. 윌리엄 제임스와 프래그머티즘이 여전히 강세였기 때문이다. 그러나 미국심리학협회는 추방외국인 심리학자위원회를 만들어 1940년 대표급 학자 269명(모두가 정신분석학자는 아니다)과 접촉했다. 이중 134명은 이미 미국에 와 있었는데 두드러진 인물로는 카렌 호나이Karen Horney, 브루노 베텔하임Bruno Bettelheim, 엘제 프렌켈-브룬스비크Else Frenkel-Brunswick, 다비드 라파포르트David Rapaport 등을 꼽을 수 있다.³⁶

프로이트는 여든둘의 나이에 건강이 썩 안 좋았다. 1938년 3월 오스트리아는 독일 제3제국에 합병됐다. 몇몇 친구들이 걱정을 많이 했다. 특히 런던의 정신분석가 어니스트 존스Ernest Jones가 그랬다. 프랭클린 루스벨트 미국 대통령조차 주변에 프로이트의 신상에 대해 물어보곤 했다. 파리 주재 미국 대사 윌리엄 불릿William Bullitt은 '프로이트의 상황'을 예의주시하라는 훈령을 받고 빈 주재 영사관 직원들로 하여금 프로이트 일가에 대해 '우호적인 관심'을 기울이도록 조치했다.³⁷ 어니스트 존스는 영국 쪽에 프로이트를 런던에 정착시킬 수 있는지 타진해 본 뒤 급히 빈으로 갔다. 그러나 당사자인 프로이트는 움직일 생각이 별로 없었다. 다만 자녀들의 미래를 생각해서 외국으로 뜨는 게 좋겠다는 말에 귀가 솔깃했다.³⁸

프로이트가 오스트리아를 떠나기 전까지 초미의 관심을 쏟은 사람은 또 있었다. 하인리히 힘러Heinrich Himmler였다. 궁극적으로 그의 안전을 지켜준 것은 루스벨트 대통령의 각별한 관심이었던 것으로 보인다. 그러나 이는 프로이트의 딸 안나가 체포돼 하루 동안 신문을 받고 나온 다음의 일이었다. 나치는 프로이트가 출국하기 전에 빚을 모두 청산하도록 조치하고, 한 번에 한 명씩만 출국 허가를 내줬다. 프로이트의 출국증은 맨 마지막에 나왔다. 그 순간까지 프로이트는 이산가족이 될까봐 노심초사했다.³⁹ 마침내 출국 서류가 도착했다. 게슈타포는 서류와 함께 문건 하나를 가져와 프로이트에게 사인을 강요했다. 지금까지 대우가 좋았다고 확인하는 내용이었다. 프로이트는 사인을 한 다음 한 문장을 덧붙였다. "게슈타포의 노고에 진심으로 감사드리는 바입니다." 프로이트는 오리엔트 엑스프레스를 타고 파리로 갔다가 거기서 런던으로 향했다. 미국 공사관 직원 하나가 동행했다. 안전을 위해서였다.⁴⁰ 런던에 도착한 프로이트는 우선 햄프스테드Hampstead 엘스워디 로드 39번지에 여장을 풀었다. 슈테판 츠바이크, 살바도르 달리, 브로니슬라브 말리노프스키, 하임 바이츠만Chaim Weizmann(시오니즘 운동 지도자로 후일 이스라엘 초대 대통령이 된다)이 찾아왔다. 왕립학회 관계자들은 학회 설립 윤허장인 차터 북Charter Book을 가져와 사인을 청했다. 외국의 국왕에게나 베푸는 특전이었다.

런던 도착 한 달 만에 프로이트는 『모세와 유일신교Der Mann Moses und die monotheistische Religion』 집필 작업을 다시 시작했다. 원래는 역사소설로 구상한 책이었다. 마지막 저작인 이 책에서 프로이트는 성서에 나오는 모세는 역사적인 두 인물, 즉 이집트인과 유대인의 혼합이며, 이집트인이었던 독재적인 모세는 살해당했다고 주장했다. 이 범죄가 유대인의 죄의식의 뿌리로서 후세로 계속 이어졌다는 것이다. 그는 초기 유대인들은 '화산과 황야'의 신을 숭배하는 야만족이었으며, 할례 관습을 통해 이방인들에게 거세의 공포를 불러일으켰고, 이것이 반유대주의의 깊은 뿌리라고 주장했다.⁴¹ 이 책을 히틀러에 대한 일종의 응수라고 보지 않기는 어렵다. 말하자면 왼쪽 뺨을 맞고 오른 쪽 뺨을 내준 꼴이다. 이 책이 문제가 되는 진짜 이유는 그 타이밍에 있었다. 프로이트는 유대교가 가장 엄혹한 시련을 겪던 시기에 유대교에 등을 돌린 것이다(정서적으로는 아니라 하더라도 지적으로는 그렇다). 그는 유대인이 다른 민족과 어울리지 못하고 따로 노는 특성이 심리학적으로 매우 뿌리가 깊은 것이며, 부분적으로는 본인들의 잘못이라는 점을 암시하고 있다. 물론 유대인은 사악하다는 히틀러의 견해에 동의한 것은 아니다. 그러나 유대인에게 결함이 있다는 점만은 분명히 인정한 셈이다.⁴² 많은 유대계 학자들이 책을 출판하지 말라고 간청했다. 역사적인 증거가 부정확할뿐더러 정치적·종교적으로 너무도 민감한 문제여서 엄청난 논란을 불러일으킬 것이라는 이유에서였다. 그러나 프로이트는 밀어붙였다.

삶의 마지막을 장식할 묘비명치고는 썩 어울리지 않는 책이었다. 1938년 말과 1939년 초 노대가의 입과 목 안에 종양이 새로 돋았다. 빈에서 온 의사는 영국 의사

자격증이 없었지만 특별히 진료가 허용됐다. 그러나 그 의사가 할 수 있는 일은 거의 없었다. 1939년 9월 프로이트는 세상을 떠났다. 2차 대전이 터진 지 3주가 지난 시점이었다.

열여덟 살의 철학도 한나 아렌트Hannah Arendt(1906~1975)가 마르부르크에 도착한 것은 1924년이었다. 마르틴 하이데거 밑에서 공부하기 위해서였다. 하이데거는 당시 유럽에 생존해 있는 철학자 중에서 가장 유명한 인물로 필생의 대작 『존재와 시간Sein und Zeit』을 마무리하고 있었다. 이 책은 3년 뒤 출간된다. 아렌트가 처음 하이데거를 만났을 때 그는 서른다섯에 아이가 둘 딸린 유부남이었다. 가톨릭 집안에서 태어나 사제의 길을 갈 뻔했던 하이데거는 이후 강연자로서 엄청난 카리스마를 발휘했다. 그의 강의는 복잡하고 현란한 지적 유희의 장이었다. 학생들은 거의 황홀경에 빠졌다. 그러나 지성의 불꽃놀이를 따라가지 못하는 학생들은 왕왕 좌절하기도 했다. 자살한 사람도 있었다.

아렌트는 하이데거와는 성장 배경이 전혀 달랐다. 독일 사회에 완전히 동화된 고상하고 코즈모폴리턴적인 유대인 집안에서 태어나 쾨니히스베르크에서 자랐다. 아버지와 할아버지는 어려서 세상을 떠났고 어머니는 여행을 많이 다녔다. 그래서 어린 한나 아렌트는 늘 어머니가 안 돌아오면 어쩌나 하고 걱정했다. 결국 어머니는 재혼을 했다. 새 아버지에 대해 한나는 한 번도 따뜻한 감정을 가져본 적이 없었다. 어머니의 재혼으로 생긴 두 의붓자매에 대해서도 마찬가지였다. 이런 상황에서 마르부르크에 온 아렌트는 정서적으로 매우 불안한 상태였고, 따스한 보살핌과 지도가 절실했다.[43] 당시 마르부르크는 작은 대학 도시로 점잖고 반듯하고 조용한 분위기였다. 그런 분위기에서 교수가 어린 여제자와 자리가 위태롭게 될지도 모를 일을 벌였다는 것은 아렌트가 그에게 얼마나 열정을 불러일으켰는지를 짐작케 한다. 아렌트가 하이데거의 강의를 듣기 시작한 지 두 달 정도 됐을 때 하이데거는 아렌트를 연구실로 불러 연구 내용에 대해 이야기를 나눴다. 그리고 두 주 만에 두 사람은 연인 사이가 되었다. 하이데거는 아렌트를 만나면서 사람이 완전히 달라졌다. 아렌트는 하이데거가 익히 접해왔던 무뚝뚝하고 쌀쌀맞은 튜턴족 스타일과는 전혀 달랐다. 게다가 그가 본 중에서 가장 똑똑한 학생에 속했다.⁴⁴ 말없고 침울한 하이데거는 한결 외향적으로 변했다. 아렌트에게 열정적인 시를 써 보내기도 했다. 몇 달 동안 두 사람은 은밀히 만났다. 하이데거가 집에 무슨 불을 켜놓으면 언제 어디로 나오라는 신호였다. 그런 식으로 들키지 않도록 작전을 썼다. 『존재와 시간』 집필은 두 사람 모두에게 열정적인 경험이었다. 아렌트는 그런 중요한 철학 프로젝트에 동참한다는 것을 가슴 뿌듯해했다. 한동안 열정의 시간을 보낸 뒤 두 사람은 아렌트가 마르부르크를 떠나는 게 좋겠다는 결론에 도달했다. 그래서 아렌트는 하이델베르크로 가서 칼 야스퍼스Karl Jaspers 밑에서 공부를 계속했다. 야스퍼스는 하이데거의 친구였다. 그러나 그 이후로도 아렌트와 하이데거는 계속 편지를 주고받았다. 또 가끔씩 만나 베토벤과 바흐, 릴케와 토마스 만에 대한 애정을 나눴다. 그렇게 거침없이 사랑의 유희에 빠져들 수 있을 줄 두 사람 중 누구도 미처 몰랐다. 둘은 독일과 스위스의 소도시를 옮겨 다니며 밀회를 즐겼다. 그때마다 하이데거는 그럴 듯한 핑계를 대고 집을 나갔다.⁴⁵

아렌트는 박사학위를 끝낸 후 베를린으로 가서 같은 유대계지만 사랑하지는 않는 남자와 결혼했다. 그녀에게는 그것이 생존의 수단이었다. 남편 역시 철학도였지만 아렌트만큼 열정적이지는 않아서 저널리스트가 됐다. 아렌트 부부는 좌파 서클에 들어갔는데 가까운 친구들 중에는 극작가 베르톨트 브레히트와 프랑크푸르트 학파의 철학자이자 사회과학자인 테오도르 아도르노, 헤르베르트 마르쿠제, 에리히 프롬 등이 있었다. 이때도 아렌트는 여전히 하이데거와 서신왕래를 하고 있었다. 이어 1933년 나치가 정권을 잡은 후 아렌트와 하이데거의 삶은 드라마틱하다고 할 만큼 다른 길을 가게 된다. 하이데거는 프라이부르크 대학 총장이 되었다. 그러자 곧 아렌트의 귀에 하이데거가 유대계의 교수직 취임을 저지하고, 심지어 유대인 동료들을 배신하고 있다는 소문이 들렸다. 아렌트는 하이데거에게 편지를 썼다. 그러자 하이데거는 즉각 답장을 보내 '펄펄뛰며' 헛소문이라고 일축했다.⁴⁶ 그래서 아렌트는 그러려니 하고 말았다. 좌파인 남편은 독일을 떠나 파리로 가겠다고 했다. 그 직후 하이데거는 총장 취임 연설에서 대단히 반유대주의적이고 친히틀러적인 발언을 했다. 이 연설은 전 세계에 보도됐다.⁴⁷ 하이데거의 행태에 아렌트는 깊은 충격을 받았다. 더더욱 난감한 일은 베르톨트 브레히트가 공산주의자라는 이유로 쫓겨 다니다 하는 수 없이 조국을 떠나게 되면서 벌어졌다. 브레히트는 소지품도 챙기지 못한 채 허겁지겁 독일을 떠났다. 그런데 소지품 중 아렌트의 이름과 전화번호가 적힌 수첩이 있었다. 아렌트는 곧 체포됐고 8일 동안 구치소에 갇혀 신문을 받았다. 남편은 벌써 파리에 가 있는 상태였다. 유일하게 도와줄 수 있는 사람은 하이데거였다. 그러나 그는 그러지 않았다.⁴⁸

아렌트는 구치소에서 나오자마자 독일을 떠났다. 이어 파리에 정착하면서부터 아렌트의 세계와 하이데거의 세계는 천양지차로 갈라졌다. 아렌트는 망명 유대인으로 집도 없고 직업도 없었다. 가족은 물론, 지금까지 알았던 그 모든 것과 떨어져서 살아가야 했다. 1930년대 말과 1940년대 초는 그녀에게 그야말로 비참한 시기였다. 아렌트는 유대인 조직 '청년 알리야Youth Aliya'에 가입했다. 신성한 땅(이스라엘)으로 이주하려는 학생들을 훈련시키는 단체였다. 아렌트는 팔레스타인에 가 봤지만 별로 마음에 들지 않았고 시오니스트도 아니었다. 그러나 일자리가 필요했고 동족도 돕고 싶었다.⁴⁹

하이데거의 생활은 전혀 달랐다. 그는 독일에서 중요한 역할을 했다. 철학자로서 제3제국에 힘을 실어주고 제국의 사상 발전에 도움을 주었다. 이를 통해 나치는 역사와 독일의 자존심을 토대로 정당성을 주장할 수 있게 됐다. 이 과정에서 하이데거는 괴벨스와 힘러의 지원을 받았다.⁵⁰ 학계에서 하이데거는 대학 재편에 주도적인 역할을 했다. 구조 개편의 핵심 '정책'은 모든 유대인을 내쫓는 것이었다. 하이데거의 역할을 통해 후설과 야스퍼스가 교수 자리에서 쫓겨났다. 현상학의 창시자인 후설은 하이데거의 지도교수였고, 아내가 유대계인 야스퍼스는 그의 친구였다. 아렌트는 나중에 "마르틴(하이데거)이 에드문트(후설)를 죽였다"고 썼다. 『존재와 시간』이 1937년 재판을 낼 때 초판 머리말에 후설에게 바친 헌사는 빠졌다.⁵¹ 하이데거는 자신과 자신의 철학이 나치 국가 이데올로기 장치의 일부가 되도록 내버려두었다. 그는 생각을 바꿔 전쟁을 찬양했다(1937년 프라이부르크 대학 총장 취임 연설문 재판을 낼 때 그랬다). 그는 나치가 충분히 니체적이지 않고, 위인과 투쟁에 충분히 관심을 쏟지 않는다고 주장했다. 그는 현대 독일과 고대 그리스가 스포츠와 신체적 순결에 탐닉한다는 점에서 유사하다고 강조함으로써 생물학을 역사와 결합시키는 데 일정 부분 역할을 했다.

한나 아렌트와 마르틴 하이데거의 만남이 관심을 끄는 것은 그 자체로서뿐 아니라 지식인들이 히틀러의 박해의 희생자이기만 한 것은 아니라는 사실을 보여주기 때문이다. 지식인들은 박해의 가담자이기도 했다.

전전戰前과 전쟁 기간에 그런 일이 있었다는 것은 1989년 베를린 장벽이 무너진 이후 명백한 사실로 밝혀졌다. 많은 비밀문서가 쏟아져 나와 학자들의 연구가 진행된 것이다. 비윤리적인 연구 활동(점잖은 표현이다)을 한 것으로 밝혀진 과학자들 중에는 콘라트 로렌츠Konrad Lorenz(1973년 노벨 생리·의학상을 받았다 : 옮긴이), 한스 나흐츠하임Hans Nachtsheim(악명 높은 카이저 빌헬름 인류학·인간유전학 연구소 멤버였다: 옮긴이), 하인츠 브뤼허Heinz Brücher(힘러 등이 세운 나치 싱크탱크 아넨에르베Das Ahnenerbe의 라나흐 식물유전학 연구소에서 일했다) 등이 있었다.

2차 대전 발발 이전 로렌츠의 가장 유명한 업적은 동물행동학ethology(동물과 인간 행동의 비교 연구) 수립에 결정적인 역할을 했다는 것이다. 그는 '각인imprinting'이라고 명명한 행동을 발견했다. 그는 유명한 실험에서 어린 거위새끼가 특정한 발달 단계에 이르면 그때 처음 접한 이미지에 집착한다는 사실을 발견했다. 많은 새를 대상으로 한 실험에서 로렌츠 자신이 최초의 이미지가 되었다. 교수가 새끼 새들을 끌고 캠퍼스를 누비는 사진은 언론에 대서특필됐다. 각인은 이론적으로는 '게슈탈트와 본능'의 연관성을 보여주는 증거였다. 로렌츠는 오스발트 슈펭글러의 『서구의 몰락』을 읽었고, 나치에 대해서도 어느 정도 호감을 느꼈다.[52] 그런 분위기에서 로렌츠는 각인을 동물을 길들이는 데 방해가 되는 요소로 보기 시작했다. 그래서 각인과 인간의 문명화 사이의 공통점을 끄집어냈다. 두 가지 경우 모두 타락의 양상이 나타난다고 그는 생각했다. 1940년 9월 로렌츠는 나치당의 적극적인 후원으로 동료 교수들의 반대를 제치고 쾨니히스베르크Königsberg 대학 교수 겸 비교심리학연구소장이 되었다. 정부가 뒤를 봐주는 자리였다. 이때부터 1943년까지 로렌츠가 한 연구는 모두가 나치 이데올로기를 뒷받침하는 내용이었다.[53] 예를 들어 로렌츠는 인간은 '높은 가치'를 지닌 부류와 '열등한 가치'를 지닌 부류로 나눌 수 있다고 주장했다. 열등한 부류에는 대도시라고 하는 진화상의 조건으로 야기된 '결함이 있는 유형'이 포함된다. 대도시는 번식 조건이 '지저분한 우리에서 먹고 자면서 섹스 파트너를 가리지 않는 순치된 동물'과 마찬가지라는 것이다. 로렌츠에게는 '윤리적으로 열등한 자'나 '결함이 있는 요소들'을 줄이는 정책은 종류를 불문하고 합법적이었다.[54]

카이저 빌헬름 인류학·인간유전학 연구소(KWI)는 1927년 독일 수도에서 열린 제5회 국제유전학대회를 계기로 베를린 달렘Berlin-Dahlem에 설립됐다. 연구소 건립과 대회 개최는 둘 다 독일의 인간 유전 연구 활동에 대한 국제적 인정을 받아내기 위한 조치였다. 1차 대전 이후 독일 생물학자들 역시 다른 나라 학자들에게 왕따를 당해 왔던 것이다.[55] 초대 연구소장은 오이겐 피셔Eugen Fischer였다. 그는 독일의 대표적인 인류학자로 주변에 많은 과학자들을 끌어들였다. 이들은 나중에 오명을 남기게 된다. 그중에는 유전병리학 실험을 한 쿠르트 고트샬트Kurt Gottschaldt, 인종과학을 담당한 볼프강 아벨Wolfgang Abel, 인종위생을 연구한 프리츠 렌츠Fritz Lenz, 실험 유전병리학 분과 책임자인 한스 나흐츠하임도 있었다. KWI의 거의 모든 과학자들이 나치의 인종차별 정책을 지지했으며 실험을 통해 그것을 뒷받침했다. 예를 들어 뉘른베르크법(유대인의 독일 국적 및 공무담임권을 박탈하고 유대계와 순수 독일인의 결혼 및 성관계를 금지한 법률. 1935년 공포됐다 : 옮긴이) 시행과 관련해 '소속 인종'을 확인하는 전문가 의견서라는 것을 제출했다. 연구소의 박사들과 아우슈비츠 수용소 내과의사로 유대인 학살 및 생체실험을 주도한 요제프 멩겔레Josef Mengele 사이에는 광범위한 연계가 있었다. 연구소 자체는 전후 연합군에 의해 해체됐다.[56]

나흐츠하임은 간질을 연구했다. 그는 간질이 뇌에 산소가 부족해서 생기는 병으로 추정했다. 어릴수록 산소결핍에 대한 반응이 뚜렷하기 때문에 5~6세 어린이를 대상으로 실험을 할 '필요'가 있었다. 실험 대상 어린이들에게 간질 환자 여부를 확인하기 위해 강제로 해발 4,000미터에 해당하는 산소 농도의 공기를 흡입시켰다. 자칫 사망에 이를 수도 있는 농도였다. 간질이 확인된 어린이는 거세를 했다. 물론

합법이었다. 이런 실험을 한 자들은 '민족주의에 미친' 짐승이 아니라 배울 만큼 배운 사람들이었다.⁵⁷

근래에 공개된 베를린과 포츠담의 문서자료를 활용해 우테 다이히만Ute Deichmann은 하인리히 힘러(1900~1945)가 친위대(SS)의 과학정책 목표 설정과 실제 과학·의학 연구에 얼마나 관여했는지를 완벽하게 보여주었다. 힘러는 엄격한 가톨릭 집안에서 자랐는데 어려서부터 전쟁과 농업에 흥미를 느꼈다. 특히 동물과 식물의 품종 개량에 관심이 많았다. 또 일찍부터 대체의학, 특히 동종요법에 눈을 돌렸다. 미신을 믿었던 힘러는 게르만 민족이 우월한 인종이라는 강한 신념을 히틀러와 공유했다. SS 연구기관인 아넨에르베('선조의 유산'이라는 뜻) 틀 내에서 '유대인 문제'를 인류학적·생물학적으로 분명히 하기 시작한 것은 힘러가 주도하는 군사과학실용연구소였다. 힘러는 1935년 아넨에르베 설립에 결정적인 역할을 했으며 초대 소장을 맡았다. 아넨에르베가 승인한 SS의 연구에 대한 세밀한 분석에 따르면 힘러의 주된 관심사는 북유럽 인종의 역사는 어떠하며, 그에 위협이 되는 것은 무엇이고, 어떻게 하면 북유럽 인종을 잘 보전할 수 있는가에 관한 연구였다. 북유럽 인종이야말로 '그가 최고의 문명과 문화의 담지자로 간주한 인종'이었다.⁵⁸

군사과학실용연구소에서는 다카우Dachau 수용소 수감자들을 대상으로 냉각 실험을 했다. 이 연구의 표면적인 목적은 동상에 걸린 사람이 얼마나 빨리 회복하는지를 연구해 인간이 추위에 얼마나 잘 적응하는지 알아보자는 것이었다. 약 8,300명의 수감자가 실험 과정에서 사망했다. 노란십자가Yellow Cross/Gelbkreuz라고 하는 화학가스에 관한 실험이었다. 일명 겨자가스라고 하는 것으로 실험 과정에서 얼마나 많은 사람이 죽어나갔는지 얼마 후에는 '자원자'를 모집할 수 없게 됐다. 이 실험만 통과하면 수용소에서 내보내주겠다고 했지만 약발이 먹히지 않은 것이다. '조사'를 담당한 아우구스트 히르트August Hirt는 '유대인 골격 유형학'을 확립하기 위해 아우슈비츠 수용소 유대인 수용자 115명을 자기 재량으로 죽였다. (히르트는 1945년 자살했다.)⁵⁹ 그라츠 인근 라나흐Lannach에 있는 아넨에르베 식물유전학연구소도 못지않게 잔혹했다. 특히 하인츠 브뤼허는 독립 별동부대를 지휘하는 영예를 누렸다. 독일이 러시아를 침공하는 동안 이 부대는 니콜라이 바빌로프Nikolai Vavilov의 종자 컬렉션을 훔쳤다. 확대일로인 제3제국 국민들에게 충분한 식량을 공급하기 위해 악조건에도 잘 자라는 밀 종자가 필요했기 때문이다. 브뤼허와 그의 부대는 티베트Tibet와 같은 오지까지 탐사하면서 식물과 민족지 연구를 수행했다. 미래에 '열등한' 민족들을 식량 생산에 동원할 수 있는 지역을 확보하기 위한 심모원려深謀遠慮였다.60

1938년 5월 2일 히틀러는 유서에 서명했다. 유서에서 히틀러는 자신이 죽으면 시신은 뮌헨 펠트헤른할레Feldherrnhalle(장군기념관)에 안치했다가 인근에 매장하라고 명령했다. 다른 그 어떤 곳보다도, 심지어 어린 시절을 보낸 린츠보다도 뮌헨은 그에게 진정한 고향이었다. 『나의 투쟁』에서 히틀러는 뮌헨을 '독일 미술의 메트로폴리스'라고 묘사하면서 "뮌헨을 보지 않고는 독일 미술을 알 수 없다"고 했다. 1937년 미술가들과의 불화가 정점에 달한 것도 바로 뮌헨에서였다.61

그해 7월 18일 히틀러는 뮌헨에 '독일 예술의 집Haus der deutschen Kunst'을 개관했다. 나치가 좋아하는 아르노 브레커Arno Breker, 요제프 토라크Josef Thorak, 아돌프 치글러Adolf Ziegler 같은 작가들의 회화와 조각 900점 가까이를 전시했다. 거기에는 헤르만 호이어Hermann Hoyer의 「태초에 말씀이 있었나니라」뿐 아니라 히틀러 초상화 몇 점도 있었다. 나치당 초창기에 '동지들'과 의견을 나누는 지도자의 모습을 향수 어린 톤으로 묘사한 그림이었다.62 이 전시회에 대해 한 평론가는 르포르타주로 위장한 비판 기사를 썼다. 사변적 비평은 불법이고 보도만 허용됐기 때문에 검열에 걸리지 않게 머리를 쓴 것이다. "전시 중인 그림 한 점 한 점이 영적인 고양 내지는 도전하는 영웅주의를 표출했다…… 현대 생활의 스트레스나 문제점과는 전혀 관계없는 순수한 삶의 표현이다. 그런데 한 가지 분명히 빠뜨린 게 있다. 도시와 산업사회의 삶을 묘사한 그림이 단 한 점도 없다는 사실이다."63

전시회 개막일에 히틀러는 90분 동안 연설을 했다. 이 행사에 얼마나 심혈을 기울였는지를 알 수 있는 대목이다. 그는 독일이 '문화적 붕괴'를 저지하고 열정적인 고대 튜턴의 전통을 부활시킬 것이라고 호언장담했다. 그는 모더니즘 미술에 대한 지론을 되풀이하면서 그런 미술은 독일에 쏟아진 '오물이며 배설물'이라고 맹비난했다. 그런데 히틀러는 평소와 달리 한 발짝 더 나아가 예술은 유행과는 아주 다른 것이라고 주장했다. "매년 새로운 게 나옵니다. 어느 날은 표현주의, 그 다음엔 미래파, 입체파, 그리고 아마…… 다다이즘이란 것도 나왔지요?" 그러나 그건 아니라고 히틀러는 단언했다. 예술은 "시간을 토대로 건설되는 것이 아니라 오로지 민족의 토내 위에 세워지는 것입니다. 따라서 예술가가 시간이 아니라 자신이 속한 민족의 기념비를 세우는 것은 정언명령입니다."⁶⁴ 종족—혈연—이 모든 것이라고 히틀러는 말했다. 따라서 예술은 종족을 존중해야만 한다. 그의 주장은 계속됐다. 독일이 "요구하는 것은…… 확장 일로에 있는 우리의 종족적 통일 과정을 반영하는 예술, 그리고 그럼으로써 균형 잡힌, 총체적인 특성을 묘사하는 것입니다." 독일적이라는 것은 무슨 의미인가? 히틀러는 '순수한 것'이라고 해석했다. 다른 종족은 다른 미학적 열망이 있을 것이다. 그러나 "순수함의 법칙을 표현하는 독일적 예술에 대한 이 깊은 내면의 열망은 늘 우리 민족의 마음속에 살아 있었습니다." 예술은 민족을 위한 것이다. 따라서 예술가는 민족이 보는 것을 표현해야 한다. '퍼런 풀밭이나 파란 하늘, 누리끼리한 구름 같은 것'을 그릴 게 아니라는 이야기다. '눈병에 걸린 것이 분명한 가련한 낙오자들'을 위한 자리는 없다.⁶⁵ 히틀러는 열변을 토하면서 '우리 문화 속에 남아 있는 마지막 타락의 요소들을 정화하는 가차 없는 전쟁'을 수행할 것을 약속했다. 그렇게 함으로써 '수다쟁이, 딜레탕트, 돌팔이들을 싹 쓸어버리겠다'는 것이었다.⁶⁶

당시 독일에서 불법화된 것은 미술 비평만이 아니었다. 지도자의 연설 역시 딴지 거는 자가 있어서는 안 되었다. 그런데 위장을 하기는 했지만 일종의 비평이라고 할 만한 행사가 버젓이 열렸다. 독일 예술의 집 개관 바로 다음날인 7월 19일 뮌헨 중심가 건너편에 있는 시립고고학연구소에서 '퇴폐 미술Entartete Kunst' 전시회가 열린 것이다.⁶⁷ 전혀 색다른 이벤트였다. 거의 안티쇼antishow라고 할 만했다. 전시 작품은 독일 작가와 비독일 작가의 작품 112점이었다. 놀데의 작품이 27점, 딕스 8점, 에리히 헤켈 13점, 카를 슈미트 로틀루프 61점, 클레 17점, 키르히너 32점에다가 고갱, 피카소 및 기타 작가의 작품이 일부 포함됐다. 그림과 조각은 나치가 독일 전역의 미술관에서 징발해온 것이었다.⁶⁸ 분명 미술사상 가장 악명 높은 전시회였다. 주제 면에서—금세기의 가장 위대한 화가들을 마음껏 중상하고 비방했다—신 지평을 열었을 뿐만 아니라 전시 기법 면에서도 새로운 스타일을 개척했다. 지도자(히틀러)도 일부 전시 방식에 당황스러워했다. 그림과 조각을 되는 대로 병치함으로써 기이한 느낌을 주었다. 또 그림 위와 아래에 빈정거리는 소개 글을 달아 관객들이 비웃도록 유도했다. 에른스트 루트비히 키르히너의 「한낮의 농민들」의 경우 '유대놈들의 눈으로 본 독일 농민들'이라는 소개 글을 달았다. 막스 에른스트의 「이브의 창조」나 「아름다운 정원사」에는 '독일 여성에 대한 모독'이라는 딱지를 붙였다. 제자 도마가 예수 그리스도를 알아보는 장면을 형상화한 조각 「재회」에는 '잠옷 입은 두 원숭이'(둘 다 초췌한 표정에 위아래가 따로 없는 긴 옷을 입고 있는 모습을 것을 비아냥거린 표현이다 : 옮긴이)라는 소개 글을 달았다.⁶⁹

히틀러와 치글러가 이제 모더니즘 미술을 말살했다고 생각했다면 오산이었다. 네 달 동안 뮌헨에서 퇴폐 미술 전시회가 열리는 동안 200만 명 이상이 고고학연구소 전시장을 찾았다. 독일 예술의 집이 썰렁한 것에 비하면 엄청난 열기였다.⁷⁰ 전시회를 보며 치를 떨었던 미술가들에게는 그나마 작은 위안이었다. 에밀 놀데는 다시 괴벨스에게 편지를 썼다. "본인에 대한 비방을 중단해 달라"는 하소연에서는 처절함 이상의 것이 느껴진다. 막스 베크만은 좀 더 현실적이었다. 퇴폐 미술 전시회가 열리던 바로 그날 망명을 떠났다. 리오넬 파이닝거는 부모는 독일인이지만 뉴욕에서 태어나 자랐기 때문에 미국 여권을 갖고 있었고 그 덕분에 배를 타고 신세계로 향했다.

뮌헨 전시를 마친 뒤 퇴폐 미술전은 베를린을 비롯한 여러 독일 도시를 돌았다. 그러나 1938년 5월 또 하나의 반동적인 법률인 퇴폐미술법이 통과됐다. 정부는 미술관에 있는 '퇴폐 미술'을 무상 몰수할 수 있게 됐다. 일부 몰수된 그림은 스위스 루체른의 피셔 갤러리에서 열린 특별 경매에서 웃기지도 않는 가격에 팔려나갔다. 나치는 이런 정도에서 멈추지 않았다. 38년 3월에는 베를린 코페르니쿠스거리에서 4,000여 점을 쌓아놓고 불태워버렸다.⁷¹ 그나마 다행인 것이 퇴폐 미술 전시회의 일회성이었다. 그러나 독일 예술의 집은 연중 전시를 했다. 적어도 1944년까지는 그랬다. 히틀러가 좋아하는 전시작—목가적인 풍경화, 군인 초상화, 젊은 시절 본인이 그렸던 것과 비슷한 산악 풍경화 등등—은 해를 거듭해도 거의 바뀌지 않았다.[72]

화가와 조각가에 대한 히틀러의 박해에 대해서는 많은 역사학자들이 상세하게 연구했다. 그러나 음악가에 대한 탄압도 그에 못지않았다. 이 경우에도 처음에 괴벨스와 로젠베르크 사이에 알력이 있었다. 모더니즘 계열 레퍼토리는 일찍이 1933년에 완전히 정화됐다. 아놀드 쇤베르크, 쿠르트 바일, 한스 아이슬러Hans Eisler, 에른스트 토흐Ernst Toch 같은 '퇴폐적인' 작곡가들과 오토 클렘페러Otto Klemperer나 헤르만 셰르헨Hermann Scherchen 같은 지휘자들은 추방당했다. 1938년 5월에는 '퇴폐 음악Entartete Musik' 전시회가 뒤셀도르프Dusseldorf에서 열렸다. 아돌프 치글러의 머리에서 나온 행사였다. 주요 볼거리는 독일 음악에 파괴적인 영향을 미쳤다고 하는 작곡가들—쇤베르크, 스트라빈스키, 힌데미트, 베베른 등등—의 사진이었다. 재즈는 그래도 대우가 덜 혹독한 편이었다. 괴벨스는 재즈가 대중에게 얼마나 인기가 있는지 잘 알고 있었다. 재즈를 빼앗아버리면 나치의 인기가 떨어진다는 점도 충분히 의식했다. 그래서 공연은 허용하되 연주자는 독일 뮤지션이어야 한다는 단서를 달았다. 한편 오페라에 대해서는 엄격히 통제했다. 바그너 베르디Verdi, 푸치니Puccini, 모차르트Mozart 같은 '비교적 안전한' 작품들이 레퍼토리의 주류를 이뤘고, 모더니즘 계열 작품은 외면당하거나 공연 자체가 금지됐다.[73]

알프레트 로젠베르크는 나치를 위해 새로운 국가사회주의 종교를 창출하고자 했다. 그렇게 되면 기성 종교들은 몰살을 면할 수 없었다. 개신교나 가톨릭을 막론하고 이런 위험을 누구보다도 절감한 사람이 디트리히 본회퍼Dietrich Bonhoeffer(1906~1945)였다. 본회퍼는 1906년 브레슬라우Breslau에서 태어났다. 이란성 쌍생아로 동생은 여자 아이였다. 여덟 형제 가운데 디트리히가 여섯째, 여동생이 일곱째였다. 정신의학 교수인 아버지는 프로이트 반대파의 지도급 인물이었다. 아버지는 아들이 교회 일에 소명을 느낀다는 것을 알고 당혹했다. 그러나 자유주의자였던 만큼 반대는 하지 않았다.

본회퍼는 아카데믹한 소질과 함께 의식과 권위를 중시하는 고교회파高敎會派

High Church적 성향을 갖고 있었다. 프로테스탄트였지만 가톨릭의 신앙고백을 좋아했으며, 부정적인 의미에서이기는 하지만 하이데거와 실존주의로부터 많은 영향을 받았다. 금세기의 가장 영향력 있는 신학자 중 한 사람인 본회퍼는 나치가 집권한 1930년대에 주요 저술을—『성도의 교제 Sanctorum Communio』(1930), 『행위와 존재 Akt und Sein』(1931), 『나를 따르라 Nachfolge』(1937)(유명한 영어 번역본 제목은 The Cost of Discipleship이다 : 옮긴이)—발표했다. 이 책들은 『윤리학』(1940~44년에 썼지만 끝내 완성하지 못했다), 『옥중서간』과 더불어 유명해졌다. 『행위와 존재』라는 제목이 암시하듯이 본회퍼는 존재하기 위해서는 행동이 필요하다고 본 점에서 하이데거와 의견이 같았다. 그러나 인간이 이 세계에 홀로 존재한다거나 하이데거가 말한 필연적으로 냉엄한 현실에 직면해 있다고 생각하지는 않았다. 본회퍼에게는 공동체가 수많은 현대 철학자들을 비탄에 빠뜨린 고독에 대한 처방이라는 것이 너무도 분명했다. 그리고 자연스러운 공동체는 바로 교회였다.[74] 공동체의 삶은 적어도 이론적으로는 원자화된 사회보다 한결 보람이 있었다. 그러나 그런 공동체가 작동하려면 어떤 희생이 따랐다. 희생이야말로 그리스도가 신을 대신해서 한 요구—복종, 규율, 그리고 경우에 따라서는 고통까지—라고 그는 말했다.[75] 따라서 그에게는 신보다는 교회가 관심과 사유의 핵심이 됐다. 교회—예수 이래로 여러 세기 동안 존속해온 기구이다—안에서 움직인다는 것은 우리에게 어떻게 행동해야 하는지를 가르쳐준다. 그리고 바로 여기가 윤리와 접합되는 지점이다. 성인聖人과 보통사람들로 이루어진 이 공동체야말로 우리에게 어떻게 생각해야 하는지, 어떻게 신학을 발전시켜가야 하는지 가르쳐준다. 이런 맥락에서 우리는 기도를 한다. 기도는 종교적인 실존의 행동이다. 기도를 통해서 우리는 그리스도를 더욱 더 닮아가고자 한다.[76]

공동체, 복종, 규율 등에 대한 강조가 나치 집권 시대에 핵심적인 신학적 이슈가 된 것은 우연이 아니었다. 본회퍼는 나치가 사회 일반에 대해서뿐 아니라 특히 교회와 관련해서 던지는 위협을 즉각 알아챘다. 1933년 2월 1일, 히틀러가 집권한 바로 그날 본회퍼는 베를린 라디오를 통해 논란 많은 연설을 했다. 제목은 '젊은 세대의 달라진 지도자관'이었다. 연설은 대놓고 공격을 퍼붓는 식이어서 다 끝내기도 전에 중단됐다. 연설에서 그는 현대 사회는 너무도 복잡하기 때문에 젊음을 열광적으로 숭배하는 행태는 별 도움이 안 되고, 히틀러유겐트 탓에 엉뚱한 세대차가 야기되고 있으며, 부모세대와 청년들은 젊음의 에너지가 노년의 경험을 통해 순화되도록 함께 노력해야 한다고 주장했다. 성숙한 성인들은 히틀러 일당의 공허한 호언장담을 꿰뚫어보고 있는 만큼 나치는 열정적인 젊은이들에게 초점을 맞춰 선동을 하고 있다는 비판이었다.[77] 이 연설은 본회퍼의 신념과 태도를 반영한 것으로, 그의 전기를 쓴 메리 보산케트Mary Bosanquet가 분명히 지적한 대로 그의 용기가 어떠한 것인지를 극명하게 보여주는 사건이었다. 이때부터 그는 교회와 교회의 기능을 접수하려는 야욕에 불타는 국가로부터 줄기차게 공격을 당한다. 교회는 신앙고백을 토대로, 인간과 신의 관계를 토대로 세워진 것이지 인간과 국가의 관계를 기초로 성립된 것이 아니라고 그는 강조했다. 이어 그 다음달에 '아리안족'의 대의大義가 선포되자 본회퍼는 다시 한 번 '노'라고 말하는 용기를 보여줬다. 그러면서 유대인을 돌보는 것이 기독교인의 의무라고 외쳤다. 이렇게 되자 당국과의 관계가 아주 나빠졌다. 그래서 1933년 여름 런던에 있는 독일인 교구 목사로 와달라는 청탁을 받아들였다. 그렇게 해서 1935년 4월까지 런던에 체류하다가 핀켈발트Finkelwald에 있는 신학교 책임자가 됐다. 바로 이곳에서 『나를 따르라』(1937)를 써내 처음으로 세계적인 주목을 끌었다.[78] 이 책의 주제 가운데 하나는 영적인 공동체와 심리학적 조작의 비교였다. 교회의 이념과 『20세기의 신화』에 나오는 로젠베르크의 주장, 나아가서 대중의 지지를 이끌어내는 히틀러의 기술을 대조하고 비판한 것이다. 핀켈발트는 당시 힘러에게 포위돼 있었다. 신학생들은 격려됐다가 나중에 전쟁이 발발하자 전선으로 투입됐다. 거기서 21명이 목숨을 잃었다. 본회퍼를 직접 건드리지는 않았지만 가르치는 일과 출판은 금지됐다. 1939년 여름 그는 신학자 라인홀드 니부어의 초청으로 미국을 방문했다. 그러나 6월에 뉴욕에 도착하자마자 실수임을 깨닫고 다시 독일로 향했다. 전쟁이 터지기 직전에 마지막 배를 잡아탄 것이다.[79]

평상적인 활동은 불가능했으므로 본회퍼는 지하운동에 가담했다. 마침 매형이 카나리스 제독Admiral Canaris이 책임자로 있는 군사정보국에 근무하고 있었다. 그래서 본회퍼는 1940년 스웨덴과 스위스 같은 중립국에서 연합국 정보원들과 비밀리에 접촉하는 임무를 맡게 됐다. 히틀러를 암살한다면 연합국 쪽에서 어떻게 나올지 떠보기 위한 것이었다.[80] 비밀접촉은 아무 성과가 없었다. 그러나 카나리스 제독 일파는 1943년 러시아 스몰렌스크Smolensk에서 총통을 암살할 계획을 계속 추진했다. 이 계획은 실패했다. 1944년 여름에 했던 시도도 역시 무산됐다. 결국 1945년 4월 본회퍼는 체포되어 베를린 테겔Tegel 군교도소에 수감됐다. 그는 옥중에서 편지를 비롯한 글들을 밖으로 보냈다. 이런 글들을 모아 사후인 1951년에 출판한 것이 바로 『옥중서간 Widerstand und Ergebung: Briefe und Aufzeichnungen aus der Haft』이었다.[81] 처음에 게슈타포는 본회퍼가 히틀러 암살 계획에 얼마나 연루됐는지 확신하지 못했다. 그러나 두 번째 암살 기도가 실패로 돌아가고 난 뒤 1944년 7월 20일 초센Zossen에서 군사정보국과 연합군 간의 연계를 확인해주는 서류가 발견됐다. 이에 따라 본회퍼의 신병은 프린츠 알베르트 거리Prinz-Albert-Strasse에 있는 게슈타포 교도소로 이관됐고, 1945년 2월에는 다시 부헨발트Buchenwald 수용소로 보내졌다. 제국이 무너져가는 상황이라 이송 절차는 느리게 진행됐다. 그런데 부헨발트 수용소에 도착하기도 전에 본회퍼 일파가 히틀러의 간첩들에 의해 일망타진됐다. 벙커에 숨어 있던 총통은 암살 음모 가담자는 단 한 명도 살려두지 않겠다고 작심했다. 본회퍼는 1945년 4월 8일 밤부터 군사재판을 받고 다음날 아침 일찍 벌거벗긴 채로 교수형에 처해졌다.[82]

히틀러는 수백만 명을 박해하고 말살하는 시스템을 고안해냈다. 그러나 본회퍼의 죽음은 그가 드물게 직접 명령을 내린 마지막 사례 중 하나였다. 그만큼 히틀러는 신神을 증오했다. 예술가들을 혐오한 것보다 훨씬 심했다.

1938년, 러시아의 한 젊은 작가(당시 20세였다), 아니 미래의 작가가 굴라그(소련 정치범강제노동수용소) 중에서도 최악이라고 하는 시베리아 오지의 광활한 콜리마에서 겪은 일을 적은 글을 모스크바에 있는 작가동맹 앞으로 보냈다. 아니, 보냈다고 생각했다. 보통 학교에서 쓰는 공책에 적은 이반 바실리에비치 오쿠네프Ivan Vasilievich Okunev의 현장 보고서는 실제로는 전해지지 않았다. 그것은 KGB가 작성한 그의 파일에 함께 철해져 있다가 1990년대 초 동료 작가이자 시인인 비탈리 센탈린스키Vitali Shentalinsky에 의해 발굴됐다. 센탈린스키는 여러 해 시도 끝에 마침내 러시아 당국을 설득해 KGB의 '문헌자료'를 세상에 폭로했다. 그 집요함이 보상을 받은 것이다.[83]

오쿠네프가 느닷없이 체포돼 굴라그Gulag에 수감된 이유는 어물어물 하다가 시효가 만료된 통행증을 갱신하지 못했기 때문이다. 그게 전부다. 그는 수용소에서 광산 일을 하게 됐다. 일이 힘들어서 몇 주밖에 안 돼 외투 소매가 너덜너덜해졌다. 어느 날 수용소장이 불만이 있는 사람은 주야간 근무조 교대 시작 전에 말을 하라고 했다. 오쿠네프와 다른 한 명이 소매 이야기를 했다. 또 다른 두 사람은 새 장갑이 필요하다고 말했다. 나머지 사람들은 모두 광산으로 투입됐다. 그러나 손을 든 네 사람은 징벌구역으로 보내졌다. 그곳에서 감시원들이 20분 동안 온몸에 물을 뿌려댔다. 때는 12월이었다. 더더구나 다른 데도 아닌 시베리아Siberia였다. 기온은 섭씨 영하 50도였다. 오쿠네프 등은 온몸에 물이 얼어붙어 단단한 얼음덩어리처럼 한 덩어리가 되었다. 감시원들이 도끼로 얼음을 쪼갰다. 그러나 걸을 수가 없었다. 옷도 서로 완전히 얼어붙었기 때문이다. 감시인들이 네 사람을 발로 걷어찼다. 눈밭에 떼굴떼굴 굴렀다. 그러다 다시 원래 자던 헛간으로 끌려갔다. 오쿠네프는 넘어지면서 얼굴을 언 땅에 부딪히는 바람에 이빨이 두 개나 나갔다. 난로 옆에 쓰러져 얼음을 녹였다. 다음날 아침 깨어 보니 옷은 푹 젖어 있었고 폐렴에 걸린 상태였다. 회복하는 데 한 달이나 걸렸다. 얼음덩어리로 붙어 있던 동료 중 두 사람은 끝내 견뎌내지 못했다.[84]

오푸네프는 운이 좋았다. 그런 조건에서는 살아남는 것만도 행운이라고 한다면 정말 그랬다. 근래 들어 1,500명이나 되는 작가들이 소련 체제하에서 쥐도 새도 모르게 사라졌다는 사실이 밝혀졌다. 주로 1930년대 말에 일어난 사건이었다. 어쩔 수 없이 망명길에 오르는 사람도 많았다. 로버트 콘퀘스트Robert Conquest(소련 문제 전문 영국 역사가 : 옮긴이)가 지적했듯이 1962년 펭귄 북에서 발행한 『러시아 시선 *Russian Verse*』을 보면 혁명 이후 외국으로 망명을 떠난 시인들은 평균 72세까지 산 반면, 국내에 남았거나 외국에 있다가 소련으로 돌아간 시인들은 평균수명이 45세였다. 많은 과학자들도 망명하거나 투옥되거나 총살당했다. 그러면서도 스탈린은 과학자의 필요성을 절감하고 있었다. 식량과 기계 생산을 늘리기 위해, 그리고

1930년대가 가면서 더 좋은 무기를 생산하기 위해서였다. 과학자들에게 마르크스주의 이데올로기에 맞추라는 엄청난 압력이 가해졌다. 삐져나오는 사람들은 제거됐다. 과학자용 특별수용소가 세워졌다. 이를 '샤라시키sharashki'라고 했다. 다른 죄수들보다는 먹는 것은 나았다. 그러나 강압 속에서 연구에 몰두해야 했다.

이런 식의 탄압과 박해는 어느 날 갑자기 시작된 게 아니었다. 1918년 여름 내전이 발발하자 볼셰비키 계열이 아닌 출판물은 모두 금지됐다. 그러나 1922년 신경제계획이 공표되고 난 후 공산당(볼셰비키는 이제 이렇게 자칭했다)은 개인기업과 협동조합이 공존하는 묘한 형태의 혼합경제를 허용했다. 그 결과 혁명 이전에 활동했던 몇몇 출판사가 다시 문을 열었다. 그러나 100여 개의 문학조합이 왕성한 활동을 했다. 그중에서도 RAPP(러시아프롤레타리아작가연맹Russian Association of Proletarian Writers) 같은 단체가 특히 세가 강했다. 문학에서 1920년대는 순탄치 않은 시대였다. 몇몇 작가가 망명을 떠났다. 그러나 아직 문학으로서 무엇은 되고 무엇은 안 되고 하는 식의 확고한 구분은 없었다. 당 지도부의 생각은 자유롭게 쓰도록 놓아두기보다는 역시 억압해야 한다는 쪽으로 쏠렸다. 그나마 《크라스나야 노프*Krasnaya nov*》(붉은 처녀)와 《노비 미르*Novy Mir*》(신세계)라는 새 문예지가 마르크시스트 강경파의 통제하에 활동을 했다. 오시프 만델스탐Osip Mandelstam과 니콜라이 클류에프Nikolay Klyuev 같은 일부 작가는 이미 출판이 어렵다는 것을 알고 있었다. 10년 후인 1936년 소련 바깥에서 러시아어로 발행되는 신문은 108종, 정기간행물은 162종이나 됐다.[85]

과학은 1917년 볼셰비키에 의해 '국유화'되었다. 국가의 자산이 된 것이다.[86] 스탈린 시대 과학사를 쓴 니콜라이 크레멘초프Nikolai Krementsov에 따르면 처음에 많은 과학자들이 이의를 제기하지 않은 것은 차르 치하의 러시아 과학이 서서히 발전하기는 했지만 유럽의 경쟁국들에 비해 한참 뒤쳐져 있었기 때문이다. 볼셰비키들은 기술이 중시되는 미래에 과학이 중요한 역할을 할 것으로 기대했다. 그래서 내전 기간에도 과학자들에게는 식량 배급을 일반인보다 많이 준다든가 병역을 면제해준다든가 하는 특혜를 주었다. 1919년에는 '학자들의 생활조건 개선을 위한' 특별 포고령이 나왔다. 1920년대 초에 과학자들은 외국산 장비를 구입하거나 특별

허가를 받아 외국 '답사'에 필요한 국제통화를 구할 수 있었다. 1925년 레닌과학상이 제정됐다. 과학자들은 최고위원회에 자리를 차지했으며 엑스레이연구소, 토양연구소, 광학연구소 같은 기관들이 우후죽순처럼 신설됐다. 특히 실험생물학연구소는 세포학, 유전학, 우생학, 동물심리학, 수리학水理學, 조직학, 발생학 등의 분과를 망라한 거대한 기관이었다.[87] 이런 현대적인 운영 방침은 『소비에트대백과사전』 편찬에도 반영됐다. 이 시대는 '소비에트 물리학'의 찬란한 개화기였다. 특히 레닌그라드 물리/기술연구소가 그랬다. 서구와의 관계도 좋았다.[88] 과학은 더 이상 부르주아적인 것이 아니었다.

그러나 1920년대 중반 들어 과학 언어에 변화가 나타나기 시작했다. 새로운 용어와 새로운 스타일—다분히 논쟁적이었다—이 표면으로 떠올랐고, 심지어 과학 전문지에서도 그랬다. 수학유물론자회나 마르크스주의농학자회 같은 직능단체들도 등장했다. 『심리학, 반사요법, 마르크시즘』(1925) 같은 제목을 단 책들이 출판되고, 공산당 아카데미 저널인 《마르크스주의 깃발 아래》는 유명한 과학자들의 논문을 계속 실으면서도 실험 결과는 그에 대한 해석과는 무관하다고 주장했다. 특히 공산당 계열 대학들이 세워졌다. 이와 함께 '붉은교수연구소Institute of Red Professors'도 설립됐다. 이러한 고등교육기관의 목적은 '새로운 공산주의 인텔리겐치아를 창출하는 것'이었다.[89] 1928년 5월 공산주의청년동맹(콤소몰) 8차 대회에서 스탈린은 소비에트 체제의 새 국면을 맞이할 준비가 되어 있음을 시사했다. 그는 연설에서 이렇게 선언했다. "새로운 요새가 우리 앞에 서 있습니다. 이 요새는 과학이라고 합니다. 수많은 지식 분야를 아우르는 것입니다. 우리는 이 요새를 어떤 대가를 치르더라도 장악해야만 합니다. 청년들은 이 요새를 장악해야 합니다. 새로운 삶의 건설자가 되고자 한다면, 진정으로 낡은 근위대를 대신하고자 한다면 말입니다. …… '혁명 청년들의 과학에 대한 대공세야말로 지금 우리에게 필요한 것입니다, 동무들.'"[90]

일 년 후 스탈린이 '벨리키 페렐롬Velikii Perelom'(대전환 또는 대약진)이라고 명명한 작업이 시작됐다. 모든 사기업이 철폐되고 시장의 기능은 정지됐다. 농민은 집단화됐다. 이때부터 스탈린의 명령에 따라 국가는 자원과 생산을 총체적으로 독점했다. 과학에서는 '계급투쟁이 첨예화'됐다. 체포, 유배, 공개재판이 시작됐고, 당 간부들이 농업에 간섭했다. 이는 참사였고, 곧바로 1931~33년의 기근으로 이어졌다. 과학은 1차 5개년 계획 체제 하에서 (50퍼센트 정도) 성장했다. 이것이 대전환 운동의 주요한 버팀목이었다. 그러나 대전환은 지적인 만큼이나 정치적인 조치였다. 당 행동대들이 새로운 체제를 접수했고 과학아카데미를 비롯한 기존의 기관들에도 속속 침투했다.[91] 심지어 위대한 심리학자이자 노벨 생리·의학상 수상자인 이반 파블로프Ivan Pavlov조차 줄곧 미행을 당했다(나이가 여든이었는데도). '위대한 프롤레타리아 작가'이자 스탈린의 친구인 막심 고리키Maxim Gorky(1868~1936)는 유전학과 의학 연구 분야를 맡게 됐다.[92] 얼마 후인 1936년 7월에는 심리학과 교육학 분야가 완전히 폐기됐다. 과학아카데미는 원래 어지간한 상 정도는 받은 학자들의 클럽이었지만 100개가 넘는 실험실, 관측소 및 기타 연구기관을 관할하는 행정기구가 되고 말았다. 물론 과학아카데미에도 최고위 '붉은 국장들'이 차고 들어갔다. "간부진이 모든 것을 결정한다Kadry reshaiut vse"는 것이 공식 슬로건이었다. 물리·수학유물론자 서클도 설립됐다. "이 단체는 마르크스주의 방법론을 수학과 물리학에 적용하는 것을 목적으로 했다"[93] '노멘클라투라Nomenklatura'란 해당 당 위원회의 허가 없이는 임명(실질적으로는 면직)할 수 없는 직책의 명단이었다. 자리가 높을수록 임명을 승인하는 위원회의 직급도 높았다. 아카데미 의장의 경우 정치국의 승인을 얻어야 했다.[94] 외국과의 접촉은 엄격히 통제됐다. 외국 여행이나 러시아에 오고 싶어 하는 외국 과학자들과의 접촉을 신청한 과학자들은 삼엄한 감시의 대상이 됐다. 글라블리트Glavlit라는 특별기구가 모든 출판물을 검열했다. 과학 관련 출판물도 예외는 아니었다. 경우에 따라서 '도서관에서 해로운 문헌'을 없애버리기도 했다.[95]

일이 이렇게 돌아가자 일부 과학자들은 체제와 더불어 사는 법을 깨쳤다. 책이나 논문 서문에 당에서 승인한 작가들, 예를 들면 마르크스 같은 인물에서 그럴 듯한 구절을 적당히 인용한 다음에 본론으로 들어가는 식이었다. 1930년 12월부터 스탈린은 철학 분과에 전통적인 관념들과의 투쟁 및 레닌 철학 심화라는 과제를 할당했다. 붉은교수철학·자연과학연구소가 과제를 맡았다. 이런 조치를 취한 배경에는 과학도 '계급적 성격'을 가지고 있으며, 따라서 좀 더 '프롤레타리아화'해야 한다는 생각이 깔려 있었다.[96] 과학을 더욱 '실용화'하려는 캠페인도 있었다. 특히 응용과학을 기초연구보다 중시했다. '호전적인' 과학자들이 덜 호전적인 동료들(더 유능한 경우가 많았다)을 비판하면서 공개토론으로 끌고 들어갔다. 상당수가 강요에 의해 예전의 '과오'를 인정했다. 이런 흐름이 지속되면서 1930년대 중반이 되면 소련 과학은 성격이 완전히 변하게 된다. 과학은 이제 당 관료들에 의해 운영되면서 마르크스·레닌주의 강령에 맞춰가는 방향으로 조직화되었다. 그러다 보니 당연히 터무니없는 일들이 벌어졌다.[97]

가장 악명 높은 사건은 유전학 분야에서 벌어졌다. 유전학은 혁명 이전 러시아에는 없다가 1920년대 들어 꽃피기 시작했다. 1921년 우생학국이라는 것이 만들어졌다. 러시아 유전학자들의 지배적인 관심 분야가 식물 육종이었기 때문에 그만큼 앞서간 것이다. 이어 1922년 T. H. 모건의 조수 한 명이 러시아를 방문해 실험에 긴요한 초파리 군체를 희사했다. 모건, 윌리엄 베이트슨, 후고 드브리스 등 일급 유전학자들이 1923~24년에 소련 과학아카데미 외국인 회원으로 선출됐다.[98]

그러나 1920년대 하반기에 들면서 분위기가 썰렁해졌다. 러시아 혁명 직후에는 다윈의 이론이 새 사회를 창조하는 데 있어서 마르크스주의를 보조하는 것으로 여겨졌다. 그러나 유전학은 사회 진화 과정을 설명하는 것은 제쳐놓고라도 많은 특성들이 유전의 결과라는 사실을 강조하지 않을 수 없었다. 볼셰비키들에게는 불편한 진실이었다. 그래서 이런 견해를 지지하는 유전학자들이 1930년대 들어 탄압을 받았다. 러시아유전학회도 마찬가지였다. 소련의 입장에서 유전학은 대단히 중요한 분야였다. 식량 문제는 심각하고 땅은 넓지만 기후는 혹독했기 때문에 척박한 땅에서 잘 자라고 소출을 많이 내는 밀 등 각종 종자를 개량하는 것이 초미의 과제였기 때문이다. 이런 상황에서 1920년대 말과 1930년대 초 유전학계의 핵심은 니콜라이 바빌로프Nikolai Vavilov(1887~1943)였다. 20년대 초 유전학의 기초를 놓은 세 과학자 중 한 명으로 미국의 T. H. 모건, 영국의 C. D. 달링턴Darlington 같은 외국 유전학자들과도 친분이 깊었다. 그러나 '전통적' 사고방식이 문제였다. 30년대 초 러시아 유전학계에 새로운 이름이 들리기 시작했다. 트로핌 리센코Trofim

Lysenko(1898~1976)였다.⁹⁹

1898년 농부 집안에서 태어난 리센코는 제도권 교육을 받지 못했다. 실제 연구에 강점이 있는 것도 전혀 아니었다. 대신 그는 소련 사회에서 유전학의 역할, 특히 유전학의 책무에 관한 논쟁적인 논문들로 주목을 끌었다. 공산당의 보스들이 듣고 싶어 하던 이야기였다. 어쨌거나 극히 '실용적'인 인상을 주었기 때문이다. 그럭저럭 해서 1934년 리센코는 오데사유전학/육종연구소 과학 담당 소장으로 임명되고 우크라이나과학아카데미 회원으로 '선출'됐다.¹⁰⁰ '농생물학'이라는 이름표를 단 리센코의 이론은 생리학, 세포학, 유전학, 진화론 등의 짬뽕이었다. 굳이 새로운 요소라고 한다면 '춘화春化처리vernalisation'라는 개념이었다. 춘화처리는 식물 종자가 사계절의 기온에 반응하는 방식과 관계가 있다. 리센코는 기온을 조작할 수 있다면 식물은 봄과 여름이 일찍 왔다고 '생각'할 것이고, 그러면 평소보다 빨리 열매를 맺을 것이라고 주장했다. 문제는 실제로 그렇게 되느냐였다. 그는 또 농업을 일종의 비유로 써먹었다. 춘화처리란 식물의 결실이 적어도 부분적으로는 식물을 어떻게 관리하느냐에 좌우된다는 주장이다. 따라서 오로지 유전적 요인에만 매달리지 않을 수 있게 되는 것이다. 마르크스주의자들이 보기에 이는 환경이—인간 사회의 맥락으로 확대 해석하면 사회, 보육, 교육이 된다—유전만큼 중요하다는(더 중요하지는 않다 하더라도) 것을 입증하는 사례였다. 1930년대 초에 리센코는 《춘화처리 회보》 및 당 쪽 친구들이 조직한 언론 캠페인을 통해 적대자들에게 요란한 공격을 퍼부었다.¹⁰¹ 이런 활동이 정점에 이른 것이 1935년이었다. 바빌로프가 식물 육종 및 유전학 분야에서 가장 중요한 자리인 레닌농업과학아카데미 의장 직에서 쫓겨나고, 비위 잘 맞추는 당 간부가 대신 들어앉았다. 동시에 리센코는 농업과학아카데미 회원으로 임명됐다. 분위기가 180도 달라졌다는 것은 누가 봐도 분명했다.¹⁰²

바빌로프도 맥 놓고 물러나지는 않았다. 농업과학아카데미는 리센코의 논란 많은 이론에 대해 토론회를 열었다. 그 결과 상궤를 벗어나며 신뢰성이 떨어지는 이론이라는 결론이 나왔다.¹⁰³ 리센코는 물리적 유전 단위로서의 유전자라는 개념 자체를 거부하고, 멘델이 틀렸다면서 환경조건이 유기체의 '유전'에 직접 영향을 미칠 수 있다고 주장했다.¹⁰⁴ 바빌로프 쪽 과학자들은 리센코의 실험 결과는 해석에 따라 결론이 달라지고, 다른 실험을 통해 확인되거나 입증된 바가 없다고 주장했다. 프레멘초프에 따르면 리센코파 사람들은 상대방을 '파시스트', '반다윈주의자'라고 몰아붙이면서 독일 생물학자들과 나치의 지배종족 개념 간의 연관성을 들고 나왔다. 당시 학계의 전반적인 분위기는 바빌로프의 손을 들어주는 쪽이었다. 적어도 리센코의 실험 결과를 받아들이지는 않았다. 그러면서 더 연구해볼 과제라고 결론지었다. 국제유전학대회가 1938년 모스크바에서 열리기로 돼 있었다. 바빌로프 일파는 외국 유전학자들과의 만남이 리센코주의를 발본색원할 기회라고 확신했다. 그런데 대숙청The Great Terror이 시작됐다.

지도급 유전학자 9명이 1937년 체포·총살됐다(다 합치면 생물학자 83명, 물리학자 22명이 살해됐다).[105] 유전학자들의 죄는 유전자가 유전의 단위라는 견해를 고집하고, 공식 인정된 리센코의 춘화처리 개념에 의구심을 품었다는 것이었다. 이들이 포진했던 기관들은 폐쇄되거나 리센코의 졸개들이 접수했다. 리센코 자신은 레닌농업과학아카데미 의장으로서 예전에 바빌로프가 하던 역할을 수행했다. 이어 다시 영전해 소련 최고 소비에트 위원이 되었다. 그러나 모든 게 리센코 뜻대로 되지는 않았다. 1939년 대숙청(이해 3월에 끝났다)을 모면한 바빌로프와 다른 과학자들이 공산당 중앙위원회 서기이자 레닌그라드시 당 서기장인 안드레이 즈다노프Andrey Zhdanov에게 여섯 쪽짜리 서한을 보냈다. 리센코주의 대신 정통 유전학으로 돌아갈 것을 주창하는 내용이었다(즈다노프와 그의 아들은 화학자였다).[106] 이들은 1933년 T. H. 모건의 노벨 생리·의학상 수상을 리센코 이론의 허구성을 입증하는 것이라고 보아 크게 고무돼 있었다.[107] 서한은 리센코와 그 일파의 '출세주의'를 비난하면서 리센코의 이론은 실험 결과를 신뢰할 수 없고, 다윈주의 및 국제 유전학의 보편적인 견해와도 어긋난다고 주장했다. 서한은 진지한 관심을 끌었다. 당 서기국—스탈린도 포함돼 있었다—은 철학자들로 하여금 판정을 내리도록 결정했다. 이 모임은 1939년 10월 7~14일 모스크바 마르크스·엥겔스·레닌연구소에서 열렸다. 다해서 네 명인 '재판관들'은 붉은교수연구소 대학원생들이었다.

이런저런 유파의 학자 53명도 토론에 참여했다. 토론의 공식 과제는 '유전학과 육종 분야에서 마르크스·레닌주의 노선을 분명히 함으로써 모든 노동자를 사회주의 농업 건설 및 다원주의 이론의 진정한 발전을 위한 투쟁에 동원하도록 하는 것' 이었다. 어떤 면에서 이런 토론은 익숙했다. 리센코주의자들은 상대방의 연구를 '비실용적'이라고 비난했다. 그들은 쓸모없는 초파리를 쓰지만 반면 자신들은 토마토, 감자, 그리고 그밖에 유용한 작물과 동물을 사용한다는 것이다. 그러나 상대 진영에 대해 '파시스트'라는 악담은 더 이상 하지 않았다. 1939년 10월 러시아는 독소 불가침 조약에 서명했다. 따라서 이제 '파시스트'라는 식의 비난은 매우 부적절했다. 반면에 유전학자들은 리센코의 실험 결과를 믿을 수 없다며 그의 성급한 결론이 예측한 결과를 가져오지 못할 경우 소련 농업에 대참사가 닥칠 것이라고 주장했다. 어떤 면에서 이 논쟁은 다원주의에 관한 것이기도 했다. 당시 소련에서 마르크스주의와 다원주의는 그런 대로 잘 섞였다.[108] 마르크스주의자들은 생물학적 진화의 불가피성이 사회학적 영역에서도 똑같이 나타난다고 가정했다. 그 결과 소련은 최고도로 '진화된' 사회로 여겨졌고, 다른 사회들이 종국에는 똑같이 도달하게 될 정점이었다.

철학자들은 리센코가 소련 관료사회의 일부 절차를 위반했다는 결론을 내렸다. 그러나 전통적인 유전학이 '반다원주의적'이고 '비실용적'이라는 평가에서는 리센코의 손을 들어줬다. '레닌그라드 서한'으로 달라진 것은 아무것도 없었다. 전통 유전학자들은 그나마 사소한 역할을 맡게 된 것이 소득이라면 소득이었다. 리센코는 타격을 입지 않았고, 서한이 발송되기 이전에 꿰차고 있던 자리를 계속 보전했다. 얼마 후에는 오히려 더 강력해졌다. 1940년 여름 바빌로프가 영국 스파이로 몰려 비밀경찰에 체포됐다. 사건의 발단은 영국 유전학자 C. D. 달링턴과 편지를 주고받은 데서 시작된 것 같다. 달링턴은 바빌로프가 쓴 책의 영어 출판을 주선하고 있었다. 비밀경찰이 혐의를 조작하거나 바빌로프로부터 영국인에게 러시아의 식량 생산에 타격을 줄 수 있는 유전학 연구 관련 정보를 넘기려 했다는 '자백'을 얻어내는 것은 일도 아니었다.[109]

바빌로프는 수감 중 사망했다. 다른 유전학자 상당수도 같은 운명이었다. 바빌로프는 대숙청에 희생된 가장 중요한 과학자였을 것이다. 그러나 유전학과 농학 분야만 황폐해진 것은 아니었다. 심리학과 다른 생물학 분야도 심각한 타격을 입었다.

바빌로프의 경우는 외국에서 더 안타까움을 자아냈다. 그리고 오늘날에도 여전히 위대한 과학자로 기억되고 있다. 리센코는 끝까지 자리를 보전했다.[110]

1936년 6월 막심 고리키가 모스크바 외곽 별장에서 사망했다. 당시 그는 러시아에서 가장 유명한 작가였다. 소설가, 극작가, 시인으로 활동했는데 1890년대에 단편작가로 처음 성가를 높였다. 고리키는 1905년 혁명에 참여하면서 볼셰비키파에 가담했다. 그러나 1906년부터 1913년까지는 이탈리아 카프리 섬 별장에서 살았다.[111] 소설 『어머니*Mat'*』(1906)는 보통 사회주의리얼리즘Socialist Realism의 선구로 간주된다. 볼셰비키 모금 운동을 하느라 미국에 체류할 때 쓴 작품이다. 레닌의 친구였던 고리키는 1917년 혁명을 찬성했고 후에 〈노바야 지즌*Novaya zhizn*〉(새로운 삶)이라는 신문을 창간했다. 1920년대 초에는 다시 러시아를 떠났다. 지식인 탄압에 항의하는 행동이었다. 그러나 스탈린이 설득해 1933년 귀국시켰다.

1936년 그가 죽었을 때 68세의 고령이고, 그동안 투병생활을 했다는 사실을 아는 사람들에게 놀라운 소식이 아니었다. 그러나 즉각 이상한 소문이 나돌기 시작했다. 작가동맹도 관할하는 비밀경찰 총수 겐리크 야고다Genrikh Yagoda가 죽였다는 설도 있었다. 고리키가 프랑스 작가 앙드레 지드(그리고 소련에 대한 열렬한 지지를 철회한 인물)에게 스탈린의 비리를 털어놓으려고 했기 때문이라는 것이다. 병상의 고리키에게 장뇌, 카페인, 카디오살 같은 '강심제'를 다량으로 투여했다는 루머도 있었다. 이 버전에 따르면 진짜 범인은 외국 정부의 자금 지원을 받은 '우파와 트로츠키파'였다. 유명 인사들을 살해함으로써 러시아를 불안에 빠뜨릴 의도라는 것이었다.[112] 바틸리 셴탈린스키는 1990년대 KGB 문서고 열람허가를 받아 고리키 파일을 발견했다. 거기에는 고리키의 죽음에 관한 두 버전이 담겨 있었다. 하나는 '공식적'인 것이고, 하나는 진짜였다. 이론적으로 개연성이 있어 보이는 것은 1934년 고리키 아들 살해는 심리학적으로 말하자면 고리키의 기를 꺾기 위한 작전이었다는 것이다. 그러나 이조차도 확실하지는 않다. 고리키가 체제의 적은 아니었기 때문이다. 레닌의 오랜 친구로서 그는 스탈린이 신경을 쓰는 부분에 대해서는 조심해야겠다고 느꼈을지 모른다. 분명한 것은 시간이 가면서 스탈린과 고리키 사이에 틈이 벌어졌다는 사실이다. 그러나 KGB 파일에 분명히 나와 있듯이 스탈린은 고리키가 죽음을 목전에 두고 신음할 때 두 번이나 문병을 왔다. 고리키의 죽음은 자연스러운 것이었다.[113]

그러나 그의 죽음을 둘러싼 소문은 과학자들 못지않게 작가와 예술가들이 얼마나 비참한 처지였는지를 잘 보여준다. 대전환과 2차 대전 사이 10년 동안 러시아의 문학은 세 단계의 굴곡을 겪었다. 물론 어떤 미학적 동기에서라기보다는 당국이 작가들을 강압하는 데서 생긴 변화라고 할 수 있다. 첫 번째 단계는 1929~32년으로 프롤레타리아 작가들의 부상이 두드러졌다. 이들은 레닌보다는 스탈린을 추종했다. 이 운동을 이끈 것이 RAPP, 러시아프롤레타리아작가연맹이었다. 이 조직에는 새로운 종류의 작가들이 침투해 있었다. 이들은 작가는 다른 지식인들과 마찬가지로 '사회 바깥'에 머물러 있어야만 '그만큼 사회를 제대로 비판할 수 있다'는 신념을 고수하는 구세대 문인들을 공격했다. 그 연장선상에서 RAPP는 '심리학주의'를 비난했다. 개인적 행위의 동기를 천착하는 것은 '부르주아적'이라는 이유에서였다. RAPP는 농민을 돋보이게 묘사하지 않는 작품에 대해서도 반론을 제기했다.[114] 농민은 고상하고 탐욕이 없는 반면 부농들은 동정할 가치가 없다고 했다. RAPP는 '작가여단' 결성에도 관여했다. 작가여단의 임무는 당 관료들이 하는 일을 묘사하는 것이었다. 특히 농촌 집단화 작업이 그랬다. 오시프 만델스탐, 보리스 파스테르나크Boris Pasternak, 블라디미르 마야코프스키Vladimir Mayakovsky는 모두 RAPP의 비판을 받았다.[115] 1932~35년에 다시 한 번 격변이 일었다. 지각이 있는 사람이라면 RAPP 체제하에서 재능이 별로 없거나 아예 없는 자들이 우수한 작가들을 괴롭혀 입을 다물게 만든다는 것을 쉽게 알 수 있었다. 침묵이나 아첨을 유도하기 위한 당근도 주어졌다. 별장, 휴양소, 요양소 이용권, 외국 여행 같은 특권이 그것이었다. RAPP는 해체되고 대신 작가동맹이 결성됐다. 작가동맹은 단순한 단체가 아니었다. 의무적으로 준수해야 할 정통 교리, 즉 사회주의리얼리즘의 대변자였다. 이 도그마가 도입되면서 고리키는 사회주의리얼리즘의 창시자라는 이름을 얻게 됐다.

'사회주의리얼리즘Socialist Realism'은 일종의 삼위일체였다. 첫째, 새로 교육받은 대중에게 호소해야 하며 '혁명의 맥락에서 사실적인 사건들을 보여줌으로써' 교육적 효과를 거둬야 했다.¹¹⁶ 둘째, 글쓰기는 '너무 추상적'이어서는 안 되며 '행동의 지침'이어야 하고 '위대한 사회주의 시대에 걸맞게' 톤은 '우렁차야' 했다. 셋째로, 사회주의리얼리즘은 파르티노스트Partiinost, 즉 '당성黨性'을 드러내보여야 한다. 과학 분야에서 '간부진이 모든 것을 결정한다'고 한 슬로건의 복사판이었다.¹¹⁷ 그런데 고리키 본인은 그런 상황에서는 걸작이 나오기 어렵다는 것을 잘 알고 있었다. 광범위한 내전의 역사나 공장의 역사, 기근에 관한 기록 같은 묵직한 프로젝트를 추진하는 편이 나았다. 문제는 이런 작업이 상상력을 발휘하기 어려운 주제여서 별 재미가 없다는 것이었다.¹¹⁸ 따라서 고리키의 주된 과제는 소비에트 문학이 뻔한 선전물로 추락하지 않도록 하는 일이었다. 사회주의리얼리즘의 정점은 오명으로 얼룩진 '제1차 소비에트 작가 대회'였다. 대회는 1935년 모스크바 원주圓柱 홀에서 열렸다. 대회를 맞아 홀 안은 셰익스피어, 세르반테스, 푸시킨, 톨스토이의 거대한 초상화로 장식됐다. 불후의 대가들 가운데 부르주아는 하나도 없어 보였다. 대회 도중에 노동자와 농민 대표단이 도구를 들고 행진함으로써 소비에트 대표들에게 '사회적 책무'를 일깨워주었다.¹¹⁹ 고리키가 한 연설은 다소 모호했다. 그는 혁명이 발굴한 러시아의 재능 있는 신진작가들에게 공감한다고 강조한 뒤 잠시 본론을 벗어나 관료들은 작가라는 존재가 무엇인지를 도통 모른다며 비판했다. 날선 비판은 일반 공무원뿐 아니라 작가동맹 자체의 관료조직을 겨냥한 것이었다. 여기서 그가 넌지시 주장한 것은 사회주의리얼리즘은 사회주의적일 뿐 아니라 리얼리즘적이어야 한다는 것이다. 바빌로프가 생물학에서 주창했던 바와 같은 이야기였다. 그러나 결과적으로 볼 때 대회에서 나온 제안들은 대숙청으로 다 날아가고 말았다. 바로 그해에 작가 수십 명이 우크라이나에서 총살당했고, 그에 앞서서는 키로프에서 비슷한 일이 있었다. 동시에 도서관들에는 트로츠키, 지노비예프 등의 저서를 싹 치우라는 명령이 내려갔다. 등골이 서늘한 것은 스탈린이 개인적으로 문학에 관심을 갖기 시작했다는 점이다. 파스테르나크 같은 작가들에게 개별적으로 전화를 걸기도 하고, 특정 작품에 대해 판정을 내리기도 했다(숄로호프의 소설 『고요한 돈 강』에 대해서는 긍정적으로 평가했고, 쇼스타코비치의 오페라 「므첸스크의 맥베스 부인」은 부정적인 평가를 내렸다). 심지어 L. M. 레오노프 Leonov의 소설 『러시아의 숲』을 읽으면서 빨간 펜으

로 교정을 보기도 했다.[120]

스탈린과 오시프 만델스탐의 인연은 더더욱 드라마틱했다. 만델스탐 파일 역시 비탈리 셴탈린스키가 KGB 문서고에서 발굴한 것으로 그야말로 가슴 저미는 기록이다. 만델스탐은 1934년과 1938년 두 번 체포됐다. 두 번째로 연행된 것은 안나 아흐마토바(걸출한 러시아 여성 시인)가 만델스탐의 아파트에 와 있을 때였다(그녀는 레닌그라드에서 막 돌아온 상태였다).[121] 만델스탐은 나중에 니콜라이 시바로프Nikolay Shivarov라는 사람한테 신문을 받았는데 특히 스탈린에 관한 것을 포함해 그가 쓴 일부 시가 문제가 됐다.

> 질문자: '반혁명적인 작품을 썼다는 걸 인정하시오?'
> 답변자: '나는 다음과 같은 반혁명적인 시를 썼습니다.
> 우린 살아간다네, 발밑에 이 나라 있는 줄도 모르고.
> 열 걸음만 가도 우리들 말소리는 사라져
> 입을 반만 뻥끗하려 해도
> 고대광실 크렘린궁에 거처하시는 분이 막고 나서지.
> 그 피둥피둥한 손가락은 구더기처럼 번들거리고,
> 내뱉는 말 한마디 한마디는 천근 무게로 짓눌러
> 가죽부츠 장딴지는 번지르르 광나고
> 큼직한 두 눈 웃을 땐
> 영락없는 바퀴벌레 눈깔.
>
> 주위엔 목을 길게 늘여 뺀 떼거리들이 득실거린다네.
> 저 인간 같지 않은 자들의 알랑방귀에 날 가는 줄 모르지.
> 저들은 쩍쩍거리기도 하고, 야옹거리기도 하고, 낑낑거리기도 하는데
> 그분만이 홀로 손가락 푹푹 찌르고 왕창 짖어대고
> 포고령에 또 무슨 포고령을 말편자처럼 마구 날린다네.
> 눈을 찌르고 얼굴을 때리고 눈썹을 할퀴고 사타구니에 가 박혀

총 한 방 안 쏴도 일당의 쾌감은 하늘을 찌르고
오세티아 사람(오세티아 고리 태생인 스탈린을 말함 : 옮긴이) 가슴도 벅차오른다네.'

우크라이나의 처참한 기근을 노래한 시도 있었다. 만델스탐은 3년 유배형을 받았다. 스탈린이 개인적으로 관심을 갖고 수하들에게 '격리시키되 살려두라'고 하시 않았다면 사태는 더 나빴을지 모른다.[122] 만델스탐은 1938년에 다시 체포됐다. 전과 같은 죄목이었다. "이번 판결은 '격리'시키되 반드시 '살려둘' 필요는 없다"였다.[123] 만델스탐은 이미 장기간 복역을 하고 나온 상태여서 비쩍 마르고 쇠약한 상태였다. 따라서 (두 번째 들어가면) 수용소에서 5년을 넘기지 못할 것이라는 점을 스탈린은 계산에 넣고 있었다. 판결은 8월에 내려졌다. 12월에 임시 수용소에 들어가서는 침대에서 일어날 힘조차 없었다. 만델스탐은 12월 26일에 쓰러져서 그 다음날 숨졌다. 파일에 따르면 그의 다리에 판자 하나를 묶어놓았는데 거기에 분필로 수인 번호를 적어놓았다. 시신은 손수레에 실어 공동묘지로 보냈다. 아내 나데즈다는 1939년 2월 5일 남편이 사망했다는 사실을 알게 됐다. 남편한테 우편환을 보냈는데 '수취인 사망'을 이유로 반송돼온 것이다.[124]

유명한 단편작가인 이삭 바벨Isaac Babel(1894~1941)은 내전을 다룬 『기병대 Konarmiya』(1926)와 『오데사 이야기 Odesskiye rasskazy』(1927)로 상당한 주목을 받았다. 그러나 그는 당원이 아니었다. 게다가 유대계였다. 러시아에서 벌어지는 상황에 충격을 받은 바벨은 1930년대에 작품 활동을 거의 하지 못했다(이 때문에 공격을 받았다). 그런데도 1939년 5월 체포됐고 이후 다시는 모습을 볼 수 없었다. 1940년대에 그의 아내는 간간이 "남편은 살아 있고 수용소에서 잘 지내고 있다"는 소식을 들었다.[125] 1947년에는 바벨이 이듬해에 석방될 것이라는 공식 통보까지 받았다. 이후 아무 소식이 없다가 1955년 3월에 가서야 남편이 1941년 3월 17일 '복역 중' 사망했다는 이야기를 들었다. KGB 파일에는 1940년 1월 27일 총살당한 것으로 분명히 나와 있다.

1937~38년은 지식인들 사이에서 '예조프스치나Yezhovshchina'(예조프의 악정 惡政)로 통했다. KGB의 전신인 비밀경찰 NKVD(내무인민위원회) 총수 N. I. 예조

프Yezhov의 이름을 따서 붙인 명칭이다. 원래는 보리스 파스테르나크가 만든 말이라고 할 수 있다. 파스테르나크는 고발과 감시가 절정에 달한 디스토피아를 그린 피요도르 도스토예프스키Fyodor Dostoevsky의 소설 『악령』에 나오는 시갈료프 Shigalyov를 떠올리며 시갈료프스치나라는 말을 하곤 했다. 대숙청 기간에 살해당한 작가, 예술가, 학자는 이루 다 꼽을 수 없을 정도다. 대표적인 인물만 봐도 스탈린을 가르친 얀 스텐Jan Sten, 레오폴드 아베르바크Leopold Averbakh, 이반 카타예프Ivan Katayev, 알렉산드르 차야노프Alexander Chayanov, 보리스 구베르Boris Guber, 파벨 플로렌스키Pavel Florensky, 클리치코프 렐레비치Klychkov Lelevich, 블라디미르 키르샨스Vladimir Kirshans, 이반 미하일로비치 베스팔로프Ivan Mikhailovich Bespalov, 브세볼로드 마이어홀트Vsevelod Meyerhold, 미래파 역사가 베네딕트 리브시츠Benedikt Vivshits, 드미트리 스비아토폴크 미르스키Dmitry Sviatopolk-Mirsky 공작 등등 끝이 없다.[126] 대숙청 기간에 죽어나간 작가의 수는 600명에서부터 1,300명, 1,500명 설까지 다양하다. 가장 적게 잡아도 작가동맹 회원의 3분의 1이나 되는 수였다.[127]

이런 잔학행위와 편집광적 통제의 결과는 황폐화였다. 사회주의리얼리즘은 실패였다. 물론 스탈린 생전에는 실패라는 말을 입 밖에 낼 수도 없었다. 당시의 문학—예를 들면 공장의 역사 같은 것—은 이제 아무도 읽지 않는다. 읽는다 해도 즐거움이나 교양을 위해서가 아니라 순전히 암울한 역사가 어떠했는지를 알기 위해서다. 문학계의 참사가 심리학, 언어학, 철학, 생물학계에서도 똑같이 발생했다. 돌이켜보면 이 시대를 상징하는 한마디를 우리는 진정한 작가 블라디미르 마야코프스키의 말에서 찾을 수 있다. 마야코프스키의 초기 미래파 경향의 시에 등장인물이 이발소에 가는 장면이 나온다. 이발사가 어떻게 해드릴까요 하자 그는 간단히 답한다. "저기…… 귀를 쳐주세요."[128]

18
좌절과 위안
Cold Comfort

독일과 소련에서 끔찍한 사태가 벌어지고, 대서양 양쪽에서 실업이 끝 간 데 모를 정도로 확산됐지만 새로운 이념, 새로운 예술을 억누를 수는 없었다. 어떤 면에서 1930년대는 놀라울 정도로 풍요로웠다.

1929년 뉴욕 증시가 폭락하고 대공황이 시작됐을 때 영화에는 소리의 도입이라는 혁명이 일어났다.[1] 음향의 의미를 제대로 알아챈 최초의 영화감독은 프랑스의 르네 클레르René Clair(1898-1981)였다. 최초의 '토키'(유성영화)는 앨런 크로스랜드 Alan Crosland 감독, 앨 졸슨Al Jolson 주연의 「재즈 싱어The Jazz Singer」였다. 이 작품은 영화사가 아서 나이트가 토키 초기 '음향의 독재'라고 한 양상의 전형이었다. 틈만 나면 시끄러운 소음이 들어갔다. 오로지 새롭다는 이유에서였다. 초기 토키에서는 출연진을 소개하는 자막에 망토를 걸친 배우들이 나와 다른 배우를 소개하는 동안 소풍 간 사람들이 샐러리를 와삭와삭 씹는 소리가 들린다. 방송에 나가는 영화 광고는 '100퍼센트 유성 야외 촬영 드라마' 내지는 '흑인 배우만 출연하는 완전 유성 영화'처럼 소리를 강조하는 내용이 대부분이었다.[2]

클레르는 그런 식으로 무지막지하지 않았다. 처음에는 음향 사용에 반대했다. 그러나 그런 거부감을 극복하면서 대화와 음향 효과를 간간히 사용했다. 그는 이미지의 효과를 극대화하는 방편으로 음향을 활용한 것으로 유명하다. 예를 들어 문이

닫히는 장면은 보여주지 않는 대신 관객들이 쾅 하는 소리를 듣고 그 장면을 상상할 수 있게 했다. 클레르의 기법이 가장 드라마틱하게 구현된 예가 「파리의 지붕 밑Sous les toits de Paris」에 나오는 싸움 장면이다. 기찻길 옆 어둠속에서 싸움이 벌어진다. 기차가 덜컹덜컹 지나가면서 속도를 높인다. 관객은 듣기만 할 뿐 볼 수는 없다. 시커먼 사람들이 쿵 쾅 투닥 투닥 하며 욕하는 소리가 들린다. 클레르의 착상은 본질적으로 새로운 영화 언어였다. 그는 유례가 없는 방식으로 줄거리와 등장인물의 심리상태, 주변 분위기를 암시적으로 표현했다.[3]

미국 영화에 심리학적 변화가 나타난 데에는 대공황과 뉴딜정책의 영향이 컸다. 1933년 프랭클린 D. 루스벨트가 대통령에 선출된 직후 경제 재건 촉진을 위해 실시한 뉴딜정책은 대중의 분위기를 어느 정도 낙관적인 쪽으로 돌려놓았다. 그러나 대통령이 즉각 행동에 나섰다는 것은 그만큼 문제가 심각하다는 이야기였다. 할리우드 입장에서도 대공황이 지속되는 상황에서 전통적인 코미디나 유성영화 등장 이후 유행한 뮤지컬 같은 장르는 더 이상 1930년대 초의 엄혹한 현실에 맞지 않았다. 관객들은 여전히 영화에서 도피처를 찾고자 했지만 현실 문제와 정면으로 맞붙는 리얼리즘 스타일의 스토리에 대한 요구도 커져갔다.

이런 계열 최초의 대담한 작품이 워너 브라더스사Warner Brothers가 제작한 「리틀 시저Little Caesar」로 엄청난 흥행몰이를 했다. 갱스터무비 최초의 성공작이기도 하다(전설적인 마피아 두목 알 카포네Al Capone의 삶을 각색했다). 그러자 할리우드는 잽싸게 아류들을 쏟아냈다(1931년에만 50편). 여기에 역시 센세이셔널한 폭로물이 가세했다. 불법으로 얼룩진 지하세계, 정치권의 부패, 교도소의 잔혹행위, 은행 파산 등을 파헤치는 내용이었다. 그중에서도 「더 빅 하우스The Big House」(1930), 「더 프론트 페이지The Front Page」(1931), 「공공의 적The Public Enemy」(1931), 「지하 6인조The Secret Six」 등이 유명했다. 하나같이 지하세계의 감춰진 속살을 보여주는 이야기였다.[4] 일부는 단순화가 심했지만 모두 그렇지는 않았다. 「나는 탈옥수I Am a Fugitive from a Chain Gang」(1932)는 실화를 토대로 한 것으로 교도소에서 죄수들을 한 사슬에 묶어놓는 악습을 개선시키기도 했다. 「금발의 비너스Blonde Venus」(1932)와 「레티 린턴Letty Lynton」(1932)은 빈곤의 문제를 정면으로 다뤘다.[5] 루스벨트가 대통령으로 선출된 이후 분위기는 또 달라졌다. 빈민가 주택 문제, 실업이나 농업노동자의 생활조건 같은 사회문제에 포커스를 맞추는 것은 여전했지만 이제 영화는 그런 문제야말로 민주주의가 해결해야 하는 것이라는 관점을 제시했다. 실제 현실에서 해피엔딩으로 끝나든 그렇지 않든 개인의 비극 뒤에는 국가 정치 시스템의 오류가 존재한다는 것이었다. '전기물'에 대한 관심이 커진 것도 같은 감수성에서 연유한 것이다. 성공한 개인들이 불평등과 부조리를 극복해가는 과정이 집중 조명됐다. 링컨Lincoln, 루이 파스퇴르Louis Pasteur, 마리 퀴리, 파울 에를리히(1908년 면역학에 대한 연구로 노벨 생리·의학상을 받은 독일 세균학자. 매독 치료제 살바르산을 발견했다 : 옮긴이)를 다룬 전기 영화들은 대단한 인기를 끌었다. 그중에서도 최고의 성공작은 「에밀 졸라의 생애The Life of Emile Zola」(1937)일 것이다. 소설가 졸라가 반역행위의 누명을 쓴 유대계 프랑스 대위 드레퓌스를 변호하는 장면은 나치 독일의 체면을 구겨놓았을 뿐 아니라 미국에서도 세를 넓히던 반유대주의에 대한 통렬한 공박이었다.[6]

1939년 뉴욕 세계박람회에는 관광 안내 영화에서부터 광고 선전물까지 생각할 수 있는 영화는 다 출품됐다. 그러나 1930년대를 스크린으로 표현한 독특한 양식의 '영국 다큐멘터리British documentary'가 단연 눈길을 끌었다. 오락영화에서 영국은 할리우드는 물론 다른 유럽 국가들에도 한참 뒤져 있었다.[7] 그러나 다큐멘터리 전통만큼은 달랐다. 다큐멘터리가 일찍부터 꽃핀 것은 '제국통상국通商局 영화부Empire Marketing Board Film Unit' 덕분이었다. 제국통상국은 1929년 식민지에서 영국 본토로 식량을 조달하는 일을 촉진하기 위해 포스터와 브로슈어 등을 만드는 선전기구로 출발했다. 영화부가 추가된 것은 존 그리어슨(별명이 '과감한 스콧'이었다)이 영화가 글로 하는 홍보보다 훨씬 효과적이라는 점을 들어 당시 국장이던 스티븐 탤런츠 경을 설득한 결과였다.[8] 그는 미국 유학을 하면서 미국식 광고 기법에 깊은 인상을 받았다. 그리어슨은 주요 감독들—에리히 폰 슈트로하임Eric von Stroheim이나 세르게이 에이젠슈테인Serge Eisenstein 같은 사람들—의 재능을 활용해 '실제 삶'을 스크린에 옮겨보려고 했다. 진짜 사람들, 주로 노동자 계층의 드라마틱하고 영웅적인 삶의 애환을 전하고 싶었던 것이다. 그는 음향의 도입으로 그런 작업이 가능해졌다고 생각했다. 그리어슨에게 있어서 다큐멘터리는 탄생을 기다리는 새로운 예술형식이었다.⁹ 어부, 도공, 광부 등을 소재로 한 초기 작품은 드라마틱한 구성이 떨어지고 예술성도 별로였다.

그러나 1933년에 가면 영화부가 고스란히 런던 중앙우체국 건물로 이전하면서(2차 대전 때까지 이 자리에 있었다) 사정이 달라졌다.¹⁰ 새 건물에 둥지를 튼 영화부는 혁신적인 다큐멘터리를 쏟아냈다. 그리어슨이 열망하던 새로운 예술형식이 드디어 탄생한 것이다. 고정된 스타일은 없었다. 「실론의 노래Song of Ceylon」에서 바질 라이트Basil Wright의 터치는 다분히 암시적이었다. '시간을 초월하는 느낌을 주는 찻잎 따는 의식'을 차 도매상들의 거친 목소리나 런던 주식거래소 구석구석을 산문적으로 포착한 장면들과 인터컷 방식으로 슬그머니 대비시키는 등의 방식은 깊은 인상을 남겼다. 해리 와츠의 「야간우편Night Mail」은 여러 세대의 영국인들이 기억하는 가장 유명한 다큐멘터리일 것이다(역시 학교를 통해 배급됐다). 런던 발 스코틀랜드 행 우편열차가 밤을 도와 달리는 장면이 펼쳐지고, 시인 W. H. 오든Wystan Hugh Auden이 벤자민 브리튼Benjamin Britten의 음악을 배경으로 내러티브를 진행한다. 오든의 목소리는 압권이었다. 그가 읊는 시는 달리는 기차의 서정적인 리듬과 급박함, 우편물을 분류하는 우체국 직원들의 잽싼 손놀림, 예기치 못한 편지를 받아들었을 때 사람들이 느끼는 설렘과 기대 같은 것들을 완벽하게 전달했다.¹¹

> 우편배달부 문 두드리는 소리에
> 가슴 설레지 않는 이 뉘 있으리오?
> 하마 날 잊었을까,
> 그리도 가슴 졸이던 세월인 것을……¹²

영국인들은 전쟁을 겪고 나서야 영화의 선전적 가치를 알아보게 된다. 그러나 당시 독일은 이미 십 년 가까이 선전물과 함께 살고 있었다. 히틀러가 영화인들을 가만히 놓아둘 리 없었다. 미술가들을 괴롭힌 것 못지않았다. 요제프 괴벨스는 선전부 장관으로 임명되자마자 유명한 영화 제작자들을 소집해 러시아 감독 에이젠슈테인의 「포툠킨Potemkin」(1925)을 보여줬다. 혁명을 기리는 걸작인 동시에 선전물이었다. 상영이 끝나고 불이 들어오자 괴벨스는 '여러분!' 하고 큰 소리로 외쳤다. "이게 바로 내가 여러분들한테 원하는 겁니다."[13] 괴벨스가 원한 것은 뻔한 선전물이 아니었다. 그는 머리가 잘 돌고 영화에도 정통했다. 물론 제삼제국의 영광을 드러내는 것이어야 했다. 이에 대해서는 이론이 있을 수 없었다. 그러나 동시에 영화마다 정부가 제공하는 뉴스물을 삽입하고, 경우에 따라서는 다큐멘터리도 추가할 것을 요구했다. 전쟁이 발발하자 괴벨스가 만든 뉴스영화는 길이가 40분으로 늘어나기도 했다. 그러나 가장 효과가 큰 것은 다큐멘터리였다. 영화 기법 상으로도 뛰어난 다큐멘터리들은 레니 리펜슈탈(나치 선전 영화 감독 겸 제작자. 배우로 출발했으며 독일 패망 이후에는 사진작가로 활동했다. 1902~2003 : 옮긴이)이 얼마나 용의주도했는지를 보여준다. 리펜슈탈은 바이마르공화국 시절 별로 두각을 드러내지 못한 여배우였다. 그러나 이후 감독 겸 편집감독으로 완전히 다시 태어나게 된다. 그녀가 찍은 영화들은 줄거리나 소재만 놓고 본다면 나치당 대회, 헤르만 괴링Hermann Göring의 군 사열, 올림픽 경기 등등 따분하기 이를 데 없다. 그런데 그런 것들을 정신이 번쩍 나게 만든 것은 표현 방법, 즉 리펜슈탈의 연출기법이었다. 그중 최고로 꼽히는 것이 「의지의 승리Triumph des Willens」(1937)다. 괴벨스의 요구대로라면 세 시간은 족히 됐을 작품이지만 어쨌든 나치당 뉘른베르크 대회 기록영화로 총통의 승인이 났다. 카메라에 잡힌 장면들—각종 행진, 연설, 군사훈련 장면, 군중들이 스포츠 관람에 열중하거나 식사를 하는 모습 등등—로만 봐도 카메라 앞에 노출된 사람들과 같은 수가 카메라 뒤쪽에도 동원됐음을 알 수 있다. 실제로 카메라 열여섯 팀이 달라붙었다.[14] 2년 동안의 편집 과정을 거쳐 모습을 드러낸 「의지의 승리」를 보고 최면술에 걸린 것 같다는 사람들도 있었다.[15] 횃불의 행렬이 끝없이 이어지고, 연사들이 차례로 무대에 올라가 마이크를 잡고 외친다. 히틀러가 열광적인 연설 끝에 '승리하라'고 외치면 일사불란한 갈색셔츠와 흑색셔츠의 대열은 거대한 함성으로 '만세'를 연호한다. 관객은 그야말로 최면에 빠져든다.[16]

괴벨스의 지시에 따라 1936년 베를린 올림픽을 소재로 만든 「올림피아Olympia」도 이에 못지않게 독창적이었다. 근대 올림픽이 다시 세인의 관심을 끌게 된 것은 나치 덕분이었다. 근대 올림픽은 1896년 아테네에서 다시 시작됐지만 1932년 로스앤젤레스 올림픽에 가서야 흑인이 처음으로 두각을 나타냈다. 독일은 당시 메달을 거의 따지 못해 전 국민이 실망했다. 그러나 나치는 예외였다. 올림픽이 코즈모폴리턴적이며 '인종의 잡탕'이라는 이유로 참가 자체를 반대했었던 것이다. 따라서 1936년 올림픽이 독일에서 열리게 됐다는 것은 아이러니하다.[17]

집권 후 나치는 스포츠를 고귀한 이상으로, 현대 국가에서 국민을 단결시키는 힘으로 미화했다. 따라서 인종의 잡탕이라는 성격이 있었지만 히틀러와 괴벨스는 1936년 대회를 제3제국의 위용을 과시할 수 있는 호기로 봤다. 세계에 나치의 업적과 고귀한 이상을 선전함으로써 경쟁자들에게 교훈을 심어주자는 것이었다. 유대인은 나치 치하의 독일 스포츠클럽에서 배제됐다. 이 때문에 미국에서는 올림픽 보이콧 움직임이 일어났다. 그러나 독일이 모든 이의 참여를 환영한다고 다짐함으로써 그런 움직임은 수그러들었다. 히틀러와 괴벨스는 대회를 스펙터클한 사건으로 만들기 시작했다. 대회 기간에 베를린 거리에 유명 외국 선수의 이름을 붙이는가 하면 메인스타디움을 따로 건립했다. 건축은 히틀러의 건축가인 알베르트 슈페어Albert Speer가 주도했다. '성화 봉송'도 나치가 처음 도입했다. 펄럭이는 횃불을 들고 주자를 바꿔가며 그리스에서 베를린까지 행렬이 이어졌다. 횃불은 성대한 개막식에 맞춰 메인스타디움에 도착했다.[18]

레니 리펜슈탈은「올림피아」를 위해 카메라맨과 스태프 80명을 동원했다. 국가의 자금 지원은 사실상 무제한이었다.[19] 사용한 필름만 130만 피트로 작품은 1938년에 완성됐다. 2부로 구성됐는데 사운드트랙은 독일어, 영어, 프랑스어, 이탈리아어로 녹음했다. 어느 평론가의 지적대로 "리펜슈탈의 영화는 현대 올림픽 경기에 관한 인공적인 신화를 모두 채용하고 강화시켰다. 그리스 고대의 상징과 산업 사회 스포츠 무대의 모티프를 교묘히 엮었다. 깨끗한 패자와 탁월한 승자의 모습을 극도로 아름답게 묘사했으며 선수들의, 특히 제시 오언스Jesse Owens의 근육을 섬세하게 잡아냈다." 오언스는 미국 흑인 육상선수로 금메달을 네 개나 따내 히틀러의 분노를 산 인물이다.[20] "리펜슈탈은 슬로모션을 영화에 도입하고 근육 능력 극대화를 위해 얼마나 고강도 훈련이 필요한지를 과감한 커팅 기법으로 보여준 최초의 촬영기사였다. 특히 하이다이빙 장면은 아름다움의 극치였다."[21]*

전쟁이 시작되자 괴벨스는 모든 재량을 동원해 선전전을 극대화했다. 카메라맨들은 슈투카 폭격기와 탱크 부대를 따라다니며 폴란드를 유린하는 장면을 담았다. 이런 다큐멘터리들은 후방의 독일 관객들만을 위한 것은 아니었다. '저항해 봐야 헛수고'라는 것을 일깨워주기 위해 만든 특별 편집판을 덴마크, 네덜란드, 벨기에, 루마니아의 정부 관리들에게 보여주었다.²² 괴벨스는 "사진은 거짓말을 안 한다"는 말을 자주 했다. 그러면서 속으로 약한 나라들이 군말 없이 굴복하기를 기원했을 것이다.

스탈린은 영화와 선전의 관계를 본능적으로 꿰뚫고 있었다는 점에서 괴벨스에 결코 뒤지지 않았다. 1차 5개년 계획의 목표에는 러시아 전역에 영사기 보급을 확대하는 것도 들어 있었다. 1929~32년에 영사기 대수는 3배나 늘어 2만 7,000대가 됐다. "소련에서 영화의 지위는 극적으로 높아졌다."²³ 당 간부들은 말로는 영화도 '사회주의리얼리즘'을 해야 한다고 했다. 그러나 그들이 실제로 원한 것은 선전이었다.

이런 요구가 반영된 것이 세르게이와 그리고리 바실리예프 형제Sergei and Grigori Vassiliev가 감독한 1934년 작 「차파예프Chapayev」였다. 러시아 내전 때 적군 지도자 차파예프Chapayev를 그린 독창적이고 웃음을 주는 낭만적인 영화였다. 차파예프는 평범한 농민 출신으로 동지들을 승리로 이끌면서 '잘 훈련된 볼셰비키'의 전형이 된다. 그러면서도 영웅의 실수를 감추지 않음으로써 인간적인 느낌을 준다.²⁴ 「차파예프」는 2차 대전 때까지 러시아 영화의 모델이 됐다. 「우리는 크론시타트 출신이다My iz Kronshtadta」(1936), 「발트함대 대의원Deputat Baltiki」(1937), 「막심Maxim」(막심 고리키) 3부작(1938~40)은 모두 혁명의 영웅들을 주인공으로 해서 그들이 훌륭한 볼셰비키가 되는 과정을 그렸다.²⁵ 반면 이상하게도 현대의 삶을 담은 영화는 없었다. 그 이유를 알기는 어렵지 않다. 일반적으로 이해되는 바의 '사회

---

* 베를린 올림픽 이전까지 올림픽은 주로 개인의 기량을 겨루는 장이었다. 그러나 베를린 올림픽 때부터는 언론에서 점수제를 고안해 각국의 성적을 비교하기 시작했다. 전에 없던 일이었다. 이후로 올림픽 때마다 순위를 매기는 식이 됐다. 당시 여러 점수제를 종합하면 1936년 대회에서 가장 많은 점수를 딴 것은 독일이었다. 미국과 이탈리아가 그 뒤를 이었다. 일본은 영국을 제쳤다.

주의리얼리즘'이라면 사회 비판이 담겨 있어야 했다. 그러나 이는 스탈린 치하의 러시아에서는 극도로 위험한 도박이었다. 허용된 것이라고는 혁명 이전 러시아의 현실을 완전히 나쁘게만 그리지 않는 역사물이었다. 1930년대 들어 스탈린이 점차 세계적 규모의 혁명은 결코 일어날 수 없고, 독일이 소련의 가장 큰 위협으로 등장할 것이라고 믿었기 때문이다. 감독들은 표트르 대제와 폭군 이반Ivan the Terrible 같은 인물들에 관한 이야기를 할 수 있게 됐다. 단 그들이 러시아의 통합에 기여한 차원에서였다.²⁶ 그러나 민족주의가 스탈린의 선전 수요를 충족시키기에 충분치 않다는 사실이 곧 드러났다. 독일과 러시아 사이에 긴장이 고조되면서 훨씬 강력한 메시지를 담은 영화가 필요해졌다. 「알렉산드르 네브스키Alexander Nevsky」(1938)에서 세르게이 에이젠슈테인은 네브스키라는 주인공이 13세기에 러시아인들을 이끌고 튜턴 왕조와의 싸움에서 승리한 것처럼 지금도 필요하다면 그런 위업을 이룰 수 있다고 주장했다. 끝 장면에서 네브스키는 카메라에 대고 이렇게 말한다. "칼 들고 우리한테 덤비는 자들은 칼로 망할 것이다."²⁷ 다른 영화들은 좀 더 노골적이었다. 「늪지의 군인들」(1938)과 「오펜하임 일가」(1939)는 독일 반유대주의의 잔학상과 강제수용소의 절망적인 상황을 보여줬다.²⁸ 이런 식의 선전의 한계는 결코 정치를 벗어날 수 없다는 점이다. 1939년 8월 몰로토프(소련 외무장관)가 독소 불가침 조약에 서명하면서부터 느닷없이 반독 영화는 일절 금지된다.

영화에 대한 다른 시각을 보여준 것이 1936년에 나온 발터 벤야민Walter Benjamin(1892~1940)의 『기술복제 시대의 예술작품Das Kunstwerk im Zeitalter seiner technischen Reproduzierbarkeit』이었다. 이 유명한 에세이는 당시 외국으로 자리를 옮긴 프랑크푸르트 사회연구소가 새로 창간한 《사회연구지Zeitschrift für Sozialforschung》에 실렸다. 벤야민은 1892년 베를린에서 태어났다. 아버지는 경매인 겸 미술상으로 유대인이었다. 그는 급진적 지식인으로 스스로의 표현에 따르면 '문화적 시오니스트'였다(유럽 문화에서 유대인이 견지해온 자유주의적 가치를 지지한다는 의미다). 역사가, 철학자, 예술·문학평론가, 저널리스트 일을 하면서 생활을 꾸려갔다.

신비주의 성향이 좀 있는 벤야민은 1차 대전 때 스위스로 이주해 후고 폰 호프만슈탈, 여성 조각가 율리아 콘Julia Cohn, 베르톨트 브레히트, 그리고 프랑크푸르트 학파 사람들과 친구가 됐다. 일련의 에세이와 저서—『괴테의 친화력Goethes Wahlverwandtschaften』, 『독일 비극의 기원Ursprung des Deutschen Trauerspiels』, 그리고 인텔리겐치아의 정치화에 관한 글들—에서 그는 전통 예술형식과 새로운 예술형식을 비교·대조함으로써 후대에 레이먼드 윌리엄스Raymond Williams, 앤디 워홀Andy Warhol, 마샬 맥루한Marshall McLuhan 등이 주장한 내용을 선구적으로 제시했다.²⁹ 파리 망명 시절에 쓴 가장 유명한 책 『기술복제 시대의 예술작품』에서 벤야민은 '아우라가 없는' 예술에 관한 이론을 발전시켰다.³⁰ 벤야민에 따르면 고대에서 현재에 이르는 예술은 종교에 기원을 두고 있다. 따라서 아무리 세속적인 작품이라도 '아우라Aura'가 스며 있다. 아우라란 예술작품에서 어렴풋하게나마 신성함을 느낄 수 있게 해주는 것이다. 물론 그런 느낌은 아주 모호한 것일 수도 있다. 그러나 호프만슈탈, 라이너 마리아 릴케, 호세 오르테가 이 가세트도 말했듯이 전통적인 예술작품은 예술가와 비예술가, 지식인과 프롤레타리아 사이에 존재하는 중요한 차이를 내포한다. 그러나 기술복제 시대에는, 특히 영화의 경우—개인이 혼자 하기보다는 집단으로 하는 작업이다—그런 전통, 예술가와 비예술가 사이에 존재하는 거리가 사라진다. 예술은 더 이상 신성한 것에 호소하지 않는다. 계급들 사이에 새로운 자유가 존재하고 작가와 관객 사이의 구분은 사라진다. 관객은 기회만 있으면 작가가 될 준비가 돼 있다. 벤야민에게 있어서 이러한 변화는 좋은 것이다. 기술복제 시대에 관객은 더 이상 따로 따로 떨어져 존재하는 영혼들의 집합이 아니다. 영화는 특히 대량 엔터테인먼트를 제공함으로써 우리들 마음속에 있는 사회문제들에 대해 발언할 수 있고, 따라서 폭력 없는 사회혁명이 가능해질 수도 있다는 것이다.³¹ 망명한 자유주의 지식인으로서 벤야민이 제시한 논리는 괴벨스와 다분히 대조적이다. 둘 다 영화의 정치적 영향력을 이해하고 있었다. 괴벨스는 그 힘을 단기적인 정치적 도구로 파악했다. 반면 벤야민은 예술의 특성 자체가 변화하고 있다는 것을, 그 의미의 일부가 사라져가고 있다는 것을 처음으로 간파한 인물 중 한 사람이었다. 그가 포착해낸 문화 발전의 특정 국면은 금세기 후반 들어 더더욱 가속화된다.

1929년 뉴욕에서 현대미술관The Museum of Modern Art(약칭 MoMa모마)이 개관했다. 개관 기념 전시회는 폴 세잔, 폴 고갱, 조르주 쇠라, 빈센트 반 고흐 등으로 꾸며졌다. 그러나 이보다 한결 영향력이 컸던 전시회는 1932년 같은 미술관에서 열린 '1920년 이후 건축전'이었다. 여기서 '국제주의 양식international style' 또는 '국제주의 모던 양식international modern style'이라는 용어가 처음으로 만들어졌다. 당시 뉴욕에서 관심을 끈 새 빌딩은 크라이슬러 본사(1930)와 록펠러 센터(1931~1939)였다. 둘 다 국제주의 양식은 아니었다. 그런 맨해튼식 디자인은 시대착오적이었다. 20세기 들어 국제주의 양식은 다른 어떤 형태의 건축보다 훨씬 큰 영향을 미쳤다. 단순히 스타일이 달라진 것이 아니라 건물을 보는 방식 자체가 완전히 달라졌기 때문이다. 그런 의도를 처음으로 명확하게 선언한 것이 1933년 마르세유발 아테네행 선상에서 열린 '국제현대건축회의Congrès International d'Architecture Moderne'(약칭 CIAM)에서였다.[32] 당시 CIAM은 아테네 헌장La Charte d'Athènes으로 알려진 유명한 선언문을 발표했다. 도시계획과 '기능에 따른 구획 설정', 넓은 대지를 요하는 고층 아파트 단지의 중요성을 강조하는 내용이었다. 이런 시각을 뒤에서 추동한 인물은 마흔여섯 살 난 스위스인 샤를 에두아르 자네레였다. 자네레는 1920년 이후 르 코르뷔지에라는 이름으로 유명해졌다. 발터 그로피우스, 알바 알토Alvar Aalto(핀란드인 : 옮긴이), 필립 존슨Philip Johnson(모마 전시회를 기획한 인물로 국제주의 양식이라는 용어를 만들었다), 그리고 심지어 프랭크 로이드 라이트까지 좀 더 민주적인 형태의 예술을 위해 신소재를 옹호하고 깔끔한 직선을 강조하는 르 코르뷔지에의 열정에 공감했다. 르 코르뷔지에는 누구보다도 혁신적인 동시에 누구보다도 전투적이었다.[33]

르 코르뷔지에(1887~1965)는 금세기 초 파리에서 미술과 건축을 공부했다. 존 러스킨John Ruskin과 19세기 말 영국 미술공예운동Arts and Crafts Movement이 주창한 사회적 이상에서 많은 영향을 받았다. 1910~11년에는 페터 베렌스의 사무실에서 일했고 라이트와 바우하우스의 영향을 받았다. 특히 비슷한 건물을 많이 내놓은 바우하우스의 목표에 공감했다.[34] 1차 대전 후 르 코르뷔지에의 새로운 건축 구상은 차츰 급진적으로 변해갔다. 처음 나온 것이 '시트로앙Citrohan' 주택이었다. 시트로앙은 시트로앵 자동차에서 따온 말로 주택도 자동차와 마찬가지로 최신식이어야 한다는 의미를 담고 있다. 시트로앙 주택은 전통적인 벽을 없애고 건물을 '필로티'(지주 토대 기둥) 위에 앉혔다.³⁵ 1925년 파리 국제장식미술·산업전시회에서 그는 건물 바깥으로 나무가 자라는 심플한 하얀 집을 설계해 출품했다. 파리 중심부의 상당부분을 철거하고 18개의 거대한 마천루로 대체하려는 브와쟁 계획Plan Voisin의 일부였다.³⁶ 르 코르뷔지에의 독특한 국제주의 양식은 마침내 파시의 사부아 저택(1929~1932)과 파리 인근 대학도시의 스위스학생기숙사(1930~1932)로 표현됐다. 둘 다 평범한 흰색 직사각형 슬래브 건물로 지상에서 간격을 두고 솟은 것이 특징이다.³⁷ 역시 파리에 있는 구세군회관(1929~1933) 건물에서도 그는 단순성과 순수성을 추구함으로써 고전고대와 현대를 새로운 과학의 '펀더멘털'로 결합시켰다.³⁸ 그는 '하얀 세계'를 강렬하게 표현하고 싶다고 말했다. 다닥다닥 붙은 뒤죽박죽의 디자인과 닫힌 사고의 '갈색 세계' 대신 정밀한 소재와 명징한 비전, 공간과 환경이 어우러진 건축을 추구한 것이다.³⁹ 이런 고상한 목표가 대중적인 공인을 받은 것이 바로 1937년 파리 국제박람회(피카소의 「게르니카」도 출품된다) 신시대관 설계 의뢰였다.

그런데 불행하게도 르 코르뷔지에의 접근법에는 심각한 문제가 있었다. 소재가 그의 비전에 맞지 않았던 것이다. 매끈한 흰색 표면은 곧 얼룩지고 균열이 가거나 벗겨졌다. 사람들은 미니멀리즘적인 아파트 단지에서 살거나 일하는 걸 좋아하지 않았다.⁴⁰ 국제 건축 운동의 하얀 세계는 도시계획의 열망과 함께 2차 대전 직후의 풍경을 지배하게 된다. 여러 면에서 그것은 일종의 참사慘事였다.

'오든 세대Auden generation' 시인들이라는 말은 지금도 흔히 쓴다. 크리스토퍼 이셔우드, 스티븐 스펜더Stephen Spender, 세실 데이 루이스Cecil Day Lewis, 존 베처먼John Betjeman과 때로는 루이스 맥니스Louis MacNeice까지 포함된다. 이들 모두가 똑같이 '오든 투'의 목소리로 발언한 것은 아니었다. 그러나 '오든 투 audenesque'라는 표현은 이미 영어 어휘로 자리를 잡았다. 1907년 중산층 집안에서 태어난 위스턴 휴 오든(1907~1973)은 버밍엄에서 성장했다(학교는 노포크에서 다녔다). 어린 시절 그를 사로잡은 것은 신화와 잉글랜드 중부 산업지대의 풍경이었다. 철도와 가스공장, 자동차 관련 각종 공장과 기계들은 어린 오든의 마음에 깊은 인상을 남겼다.[41] 옥스퍼드 대학에 진학해서는 생물학을 전공하려고 했다. 곧 영문학으로 바꾸기는 했지만 과학과, 특히 정신분석학에 대한 관심은 늘 여전했다. 영문학으로 전공을 바꾼 이유 중 하나는 일찍이 스스로 시인이 되고 싶어 한다는 것을 깨달았기 때문이다.[42] 최초의 시들은 1928년 스티븐 스펜더가 출판했다. 스펜더는 옥스퍼드에서 만난 친구로 수동 인쇄기를 갖고 있었다. 이에 앞서 페이버 앤 페이버 출판사 편집자였던 T. S. 엘리엇은 오든의 시집 출판을 거절한 바 있었다. 그러나 1930년에 페이버에서 시 선집이 새로 출간됐다.[43] 여기 실린 오든의 작품들은 스물 셋의 오든이 목소리와 테크닉에 있어서 놀라울 정도로 독창적인 경지에 이르렀음을 보여준다. 쇠퇴해가는 영국 산업의 중심지에서 자란 경험과 과학 및 심리학에 대한 관심은 현대적이면서도 현실적인 설정을 토대로 독창적인 어휘를 구사하는 데 큰 도움이 됐다. 동시에 그는 구문을 어그러뜨리고 이미지들을 일부러 빽빽하게 병치함으로써 기계적인 부정맥을 연상케 했다. 그러나 행을 끝내는 방식에는 친숙한, 거의 일상적이라고 할 만한 것이 있었다.

> 개들은 짖어대고, 곡식은 자란다.
> 하지만 누구도 모른다네, 바람이 어디로 부는지.
> 아이쿠, 보아 하니 우린 별것 아닌데
> 역사가 험한 꼴을 당한 모양일세.[44]

이런 구절도 있다.

> 형제들은, 사이렌이 요란을 떨면
> 사무실에서 가게에서 공장에서 쏟아져 나온다
> 저녁 하늘 아래로.
> 경찰들은 공기 답답한

유성영화관으로 가서 약을 먹으라네.
아니면 운하를 따라 내려가다 누굴 끌어안든지
죽도록.[45]

오든의 시를 읽다보면 이상하게 마음이 착 가라앉는다. '낯선 사람한테 차츰 정이 들어가는' 것 같다. 급변하는 1930년대의 불안한 세계에서 그의 친숙하면서도 명료한 이미지들이 든든한 버팀목이 되어주기 때문인 것 같다.[46] 오든은 사회학이나 갤럽(미국에서 여론조사를 처음 시작한 것은 1935년이고 영국 사무소는 그 이듬해에 열었다)이 실시한 여론조사 등에서 그러모은 정보 같은 것을 차용하는 것도 꺼리지 않았다.[47] 오든의 후기 시들은 버나드 베르곤지의 지적대로 한결 정치적인 성향을 띠었다. 그러나 오든 스타일이라고 할 만한 '다채로움'이 있었다. 재즈, 할리우드 뮤지컬, 팝송(당시 팝송의 인기는 라디오 덕분에 천정부지로 치솟았다) 리듬을 차용하는가 하면 시행에 그레타 가르보나 마를레네 디트리히 같은 유명 영화배우 이름을 슬쩍슬쩍 끼워 넣기도 했다.

군인은 총을 사랑하고,
학자는 책을 사랑하고,
농부는 소를 사랑하고,
영화스타는 외모를 사랑하네.
사랑은 세상 어느 곳에나 있어,
어디를 가더라도.
어떤 사람들은 화끈한 메이 웨스트Mae West(유명한 미국 육체파 여배우: 옮긴이)
보고 헬렐레⋯⋯.
하지만 내 보물은 오직 그대.[48]

모방작들이 잽싸게 나타났다. 그러나 오든의 시는 1930년대 말 가장 탁월한 축에 속하는 「스페인Spain」(1937) 이후로 질과 강도 면에서 떨어졌다. 오든이 스페인에 간 것은 1937년 1월이었다. 많은 지식인들처럼 전투요원으로 내전에 참가하려 한 것이 아니라 공화파 쪽에 서서 앰뷸런스를 몰기 위해서였다. 그러나 실제로 그렇게 되지는 않았다. 스페인에 있는 동안 그는 공화파의 극심한 내분과 성직자들에게 하는 잔혹한 짓을 보고 충격을 받았다. 물론 그런 우려에도 불구하고 여전히 파시스트의 승리는 막아야 한다고 생각했다. 그런 상황에서 영국으로 돌아오는 길에 쓴 것이 「스페인」이었다. 완성까지는 한 달이 채 안 걸렸다.[49] 그의 주요 관심사는 자유주의였다. 자유주의가 무엇이고 자유주의가 앞으로도 살아남을 수 있을지에 관한 깊은 통찰을 표출했다.

> 모두들 목숨을 바치고자 여기에 왔다
> 저 메마른 땅, 뜨거운 아프리카에서 떼어내어
> 창의에 넘친 유럽에 억지로 붙인 조각(이베리아반도, 즉 스페인: 옮긴이),
> 강으로 선을 그은 저 고원 위에서
>
> 우리의 사상은 실체를 얻었다. 우리의 정열을 위협하는 세력은
> 날카롭고 생생하다.[50]
>
> 그러나 다음과 같은 구절도 있다.
>
> 오늘은 죽음의 기회가 교묘히 증대되고
> 살인이란 어쩔 수 없는 죄악을 의식意識으로 수락하고.(「스페인」 번역문은 범대순
>
> 역주 『오든/사랑과 고뇌의 노래』에서 인용했다 : 옮긴이)

조지 오웰은 스페인 내전에 뛰어든 경험을 토대로 쓴 『카탈루냐 찬가 Homage to Catalonia』(1938)에서 오든의 이 시를 통렬히 공박했다. '살인을 기껏 단어로밖에 느끼지 못한 사람이 쓴' 시라고 했다.[51] 사실 오든 스스로도 마지막 구절이 만족스럽지 않아서 나중에 '어쩔 수 없는 살인'을 '살인의 사실'이라는 표현으로 고쳤다. 이후에도 오든은 정치적 살인을 용인하고 소련에서 벌어지는 공포정치를 집단적으

로 외면하는 지식인 무리의 일원이라는 이유로 공격을 받았다.

오웰은 그렇게까지 심하게 몰아치지는 않았다. 오든과 마찬가지로 오웰은 스페인에서 파시스트들이 승리할지 모른다는 불안에 떨었으며 그들과 싸워야 할 책무를 느꼈다. 그런 사람들이 많았다. 내전에 참전하고자 스페인으로 달려간 많은 작가와 지식인들의 면면은 대단했다. 프랑스에서는 앙드레 말로André Malraux, 프랑수아 모리아크François Mauriac, 자크 마리탱Jacques Maritain, 앙투안 드 생텍쥐페리Antoine de Saint-Exupéry, 루이 아라공, 폴 엘뤼아르가 참전했고, 영국에서는 오웰과 오든 외에 스티븐 스펜더, C. 데이 루이스, 허버트 리드가 갔다. 미국에서는 어니스트 헤밍웨이, 존 도스 파소스John Dos Passos, 시어도어 드라이저가 스페인 행을 택했고, 러시아에서는 일리야 에렌부르크Ilya Ehrenburg와 미하일 콜초프Michael Kol'tsov가, 칠레에서는 파블로 네루다Pablo Neruda가 참전했다.⁵²

얼마 후 소련 체제에서 벌어지는 거대한 참사에 대한 환멸은 아직 없었다. 많은 지식인들은 파시즘이 독일과 이탈리아를 넘어 계속 확장되면 어쩌나 하고 불안해했다(파시스트 정당은 핀란드, 포르투갈, 영국을 비롯한 여러 나라에서 세를 넓혀가고 있었다). 그들은 스페인 내전이 '정당한 전쟁'이라고 생각했다. 소수의 작가들이 프랑코를 지지한 것은—조지 산타야나와 에즈라 파운드가 특히 그랬다—그가 민족주의적이면서 귀족주의적인 사회질서를 회복해 문화를 불가피한 몰락으로부터 구원할 수 있을 것으로 보았기 때문이다. 로마 가톨릭 계열의 많은 작가들은 기독교 사회로의 복귀를 원했다. 일부 작가들은 스페인 최고의 시인 페데리코 가르시아 로르카Federico García Lorca가 민족주의 진영에 의해 허망하게 살해당하자 내전에 참가하기도 했다. 내전에 참여한 작가들 가운데 일부는 체험을 기록으로 남겼다.⁵³ 여기서 제기된 문제들은 잇따라 터진 2차 대전과 냉전의 소용돌이에 휩쓸려 대부분 온 데 간 데 없어졌다. 그러나 스페인 내전은 적어도 두 편의 위대한 소설과 한 점의 명화를 탄생시켰다. 앙드레 말로의 『희망 L'Espoir』과 어니스트 헤밍웨이의 『누구를 위하여 종은 울리나 For Whom the Bell Tolls』, 파블로 피카소의 「게르니카 Guernica」가 그것이다. 세 걸작의 가치는 결코 빛이 바래지 않을 것이다.

앙드레 말로André Malraux(1901~1976)는 다른 지식인들보다 내전에 훨씬 깊숙이 개입했다. 작가로서 할 수 있는 수준을 완전히 뛰어넘었다. 그는 노련한 조종사였으며, 공화군을 위해 탱크와 비행기를 조달하고자 백방으로 뛰었다. 군비 조달을 위해 미국까지 갔다(상당한 성공을 거뒀다). 소설 『희망』은 내전 초기부터 사태의 진전을 따라간다. 국제여단International Brigades(스페인 내전Spanish Civil War 때 공화파 인민전선 정부를 지원하기 위해 각국에서 모인 의용군 부대 : 옮긴이), 특히 비행대대의 승전에서 시작해 마드리드 공방전, 바르셀로나 전투, 톨레도 포위전을 거쳐 1937년 3월 과달라하라Guadalajara 전투에서 끝이 난다.[54] 전투 일기인 동시에 국제여단의 여러 구성원들의 경험과 태도에 반영된 다양한 철학에 대한 탐사이기도 하다.[55] 이 작품의 기저에 흐르는 주제는 전쟁은 용기만으로는 충분치 않다는 것이다. 승리는 용기를 가장 잘 '조직하는 측'에 돌아가게 돼 있다. 이는 양날의 칼과 같은 메시지를 전하려는 의도였다. 『희망』은 내전이 한창일 때 출판됐다. 말로는 전 세계는 물론이고 동료 전투원들에게 직접 말하고자 한 것이다. 혁명을 위해 용기는 분명 필요하지만 조직은 전혀 다른 문제로서 규율과 상명하복, 희생을 요구한다고 작가는 말한다. 탁월한 조직가인 레닌과 스탈린을 염두에 두면서 말로는 혁명에 내재한 위협에 주의를 돌렸다. 조직은 무기일 수 있으며, 무기라는 것은 언제나 그렇듯이 나쁜 자들의 손에 들어가면 대재앙이 된다는 것을 독자들에게 일깨우려 한 것이다.

어니스트 헤밍웨이Ernest Hemingway(1899~1961)의 작품은 좀 더 나중인 1937년 초여름의 내전 상황을 배경으로 했다. 공화파의 패배가 예견되기 시작한 중요한 시점이었다. 플롯은 스페인 전역에서 모인 공화파 빨치산 그룹을 중심으로 펼쳐진다. 이들은 파시스트들의 전선 후방, 마드리드에서 남서쪽으로 100킬로미터 떨어진 과다라마 산맥 소나무 숲속의 높다란 동굴에서 연명해간다. 헤밍웨이는 이 작품에서 『희망』보다 훨씬 노골적으로 불운과 배신에 관해 탐색한다. 일부 등장인물들 사이에는 이미 그들이 목숨 걸고 싸우는 대의가 종국에는 승리할 수 없다는 의식이 서서히 싹트면서, 그런 상황이 오게 된 것이 누구 때문이며 왜 그렇게 됐는지를 작가는 성찰한다. 헤밍웨이의 관점은 스페인 사람들이 배신당했다는 것이었다. 약속을 지키지 않은 열강들에게도 그렇고, 스페인 자신에게도 그랬다. 스페인의 이기심과 분파주의, 무절제한 개인주의가 그런 결과를 낳았다는 것이다. 이 소설의 힘과 통렬함은 미국인 로버트 조단이 모든 전쟁에는 패배의 조짐이 나타나는 국면이 있다는 것을 깨닫는 지점에서 비롯된다. 그러면서도 패배 가능성은 차마 받아들일 수 없고, 상대를 계속 죽여야만 하는 것이다. 그렇다면 자유주의적인 양심이 끝나는 곳은 어디인가?[56]

말로의 소설에서 1937년 4월 26일로 기록된 과달라하라 전투가 끝난 지 한 달 만에 독일 공군 하인켈 폭격기 43대가 스페인 바스크 지역의 작은 마을 게르니카를 폭격했다. 오후의 햇살 속에 폭격기들은 차례로 급강하하며 무방비 상태의 마을에 기총소사를 퍼붓고 폭탄을 떨어뜨렸다. 지붕이 불타고 교회가 파괴되고 유서 깊은 광장들이 패여 나갔다. 공격이 끝났을 때 게르니카 주민 7,000명 가운데 1,600명 이상이 죽고, 마을의 70퍼센트가 파괴됐다. 경악스럽기 그지없는 무자비한 잔혹 행위였다. 당시 파블로 피카소는 스페인 정부로부터 몇 달 후 파리에서 열리는 국제박람회 때 스페인전시관에 걸 그림을 그려달라는 의뢰를 받은 상태였다. 프랑코를 그토록 미워했지만 그림은 진도가 잘 안 나갔다. 그해 초에는 그림은 제쳐놓고 「프랑코의 몽상과 거짓말」이라는 시까지 썼었다. 프랑코 장군을 웃음거리로 만들 요량으로 폭력적인 이미지로 가득채운 시였다. 여기서 프랑코는 머리털이 하나도 없는 혐오스러운 민달팽이로 묘사됐다. 의뢰받은 작품을 놓고 여러 달 주저하던 차에 게르니카 폭격 사건이 발생하자 피카소는 마침내 행동에 들어갔다. 폭격이 있은 지 몇 주 후에 시작한 작업은 가로 25피트, 세로 11피트짜리 거대한 화폭으로 완성됐다. 극도의 흥분 속에서 한 달 정도 만에 완성한 것이다.[57] 이때 처음으로 피카소는 작업 현장을 공개했다. 연인인 사진작가 도라 마르Dora Maar가 늘 함께 하면서 작업 과정을 사진으로 담았다. 작업을 참관한 소수의 인사들 중에는 폴 엘뤼아르, 크리스티앙 제르보Christian Zervos, 앙드레 말로, 모리스 레이날Maurice Raynal, 장 카수Jean Cassou 등이 있었다. 피카소는 소매를 걷어붙인 채 작업을 하면서 종종 나폴레옹 전쟁의 참상을 화폭에 담은 고야 이야기도 했다.[58] 그림은 피카소 예술 40년의 정수였다. 광범위한 의미와 함께 내면의 깊은 성찰을 담은 작품이었다.[59] 여자와 황소와 말이 검은 색과 흰색의 악몽 속에서 공포에 질린 표정으로 어우러진다. 당시 법대 학생이었던 소설가 클로드 루아Claude Roy는 파리 국제박람회에서 「게르니카」를 보고 '다른 행성에서 보낸 메시지'라고 생각했다. "그 폭력의 묘사에 온몸을 두들겨 맞은 듯 멍해졌다. 나는 지금껏 결코 겪어보지 못한 불안감에 망연자실했다."[60] 영국의 저명한 미술평론가 허버트 리드는 이렇게 말했다. "예술은 오래 전에 기념비이기를 멈췄다. 시대마다 어떤 영광의 느낌이 있어야 한다. 예술가는 동료 인간들을 어느 정도는 신뢰해야 하고, 자신이 속한 문명에 대해서도 최소한의 믿음은 있어야 한다. 그러나 그런 태도는 현대 세계에서는 가능하지 않다. …… 논리적으로 유일하게 남은 기념비는 부정적인 의미의 기념비일 것이다. 환멸에 대한, 절망에 대한, 파괴에 대한 기념비……. 우리 시대의 가장 위대한 화가가 이런 결론으로 내몰렸다는 것은 불가피한 일이다. 피카소의 위대한 그림은 파괴에 대한 기념비, 천재의 정신으로 증폭시킨 분노와 공포의 절규에 대한 기념비다."[61]

「게르니카」는 피카소의 작품 중에서도 압권이다. 미쳐 날뛰며 울부짖는 여자와 고통으로 눈을 부릅뜨고 비명을 지르는 말, 불길한 표정의 황소는 하나같이 전쟁과 사별死別로 찢기고 조각난 삶의 편린이다. 화면 전체가 흑과 백으로 칠해져 있고 말 토르소 잔등에는 신문지들의 흔적이 보인다. 그 절망감 속에서 피카소는 자신이 만든 기념비조차 신문보다 오래가지 못할 것이라는 점을 암시하고 있는 것이다. 로버트 휴즈가 썼듯이 「게르니카」는 최후의 위대한 역사화였다.[62] 동시에 정치에서 주제를 끌어온 마지막 걸작이기도 했다. 2차 대전이 끝나면서 '전쟁 화가'의 역할은 전쟁 사진에 밀려 시대에 뒤떨어진 것이 되고 만다.[63] 전쟁 초기인 1940년 가을 피카소는 독일 군 점령 하의 파리에 살고 있었다. 나치가 그의 재산을 조사하러 왔다. 그들은 피카소 거래 은행 귀중품 보관실에 들러 보관 중인 그림들의 목록을 챙겨갔다. 이어 피카소의 아파트로 찾아왔다. 장교 한 명이 「게르니카」사진이 탁자에 놓인 것을 보았다. 그는 사진을 한참 들여다보더니 "당신이 한 거요?" 하고 물었다.

"아니. 당신들이 했지." 피카소의 답변이었다.[64]

그러나 한 가지 피카소가 잘못 생각한 것이 있었다. 「게르니카」는 잠시 관심을 끌다가 잊히지 않았다. 오늘날까지도 우리에게 깊은 울림을 준다. 스페인 내전도 마찬가지다. 바르셀로나 안팎에서 공화파 빨치산들과 생사고락을 함께 한 조지 오웰은 탁월한 내전 기록인 『카탈루냐 찬가』에서 전쟁이 어떻게 해서 자신에게 자극제가 됐는지를 설명했다. "스페인 내전과 1936~37년에 벌어진 사건들은 상황을 완전히 변화시켰고, 그 이후로 나는 내가 선 자리가 어디인지를 알게 됐다. 1936년 이후 내가 쓴 진지한 글들은 직접적으로든 간접적으로든 하나같이 전체주의에 대한 항거와 민주사회주의에 대한 옹호를 목적으로 한 것이다. 내가 이해하는 한에서는 그렇다."⁶⁵ 다른 말로 하면 오웰은 전체주의가 어떤 것인지를 1936년에 이미 알아챈 것이다. 세상이 그만한 인식을 갖추는 데는 몇 십 년이 더 필요했다.

『카탈루냐 찬가』는 전쟁의 공포, 뼛속까지 스미는 추위, 스멀거리는 이로 인한 가려움, 고통(오웰은 목에 총상을 입었다)이 무엇인지뿐 아니라 권태라는 것이 무엇인지도 절절히 말해준다.⁶⁶ 혹한이나 이를 쫓기는 불가능했지만 권태는 그나마 배낭에 '펭귄 북 몇 권'을 가져온 덕분에 면할 수 있었다고 오웰은 말한다. 지나가는 말로 한 이야기지만 1930년대의 새로운 문학 현상, 즉 페이퍼백paperback에 대한 최초의 언급이라고 할 수 있다.

『카탈루냐 찬가』도 나중에 펭귄 북으로 나와 엄청난 인기를 끌었다. 그러나 오웰이 스페인에 갈 때 가져간 책들은 그다지 지적 수준이 높은 종류는 아니었던 것 같다. 펭귄 북스Penguin Books의 출발은 쉽지 않았고, 초기에는 두드러지지도 않았다. 회사 설립 아이디어는 앨런 레인Allen Lane이 1934년 봄 어느 주말 데본Devon의 아가사 크리스티Agatha Christie 부부 집에 갔다 오면서 시작됐다. 당시 크리스티의 두 번째 남편은 고고학자 맥스 맬로원Max Mallowan이었다. 레인은 당시 런던의 출판사 보들리 헤드의 상무였다. 크리스티 부부와 함께 보낸 주말은 아주 유쾌했다. (크리스티는 '고고학자는 신랑감으론 그만이야. 부인이 나이가 들수록 더 관심을 가져주거든'하고 말하기도 했다.) 그런데 집에 돌아오는 길에 심심풀이로 읽을 만한 게 아무것도 없었다.⁶⁷ 엑세터Exeter에서 기차를 갈아타려면 한 시간 정도 기다려야 했다. 레인은 역에 있는 매점들을 둘러봤다. 잡지, 싸구려 스릴러물, 따분한 하드커버 장정의 연애소설뿐이었다. 바로 다음날 아침 역시 보들리 헤드의 상무인 두 동생 딕, 존과 오전 회의를 하면서 레인은 새로운 책 아이디어가 떠올랐다고 밝혔다. 수준 있는 소설과 논픽션의 재판을 찍되 표지 장정은 밝고 얇은 종이paper cover 또는 paperback로

하자는 것이었다. 그러면 권당 6펜스 정도로 보통 하드커버보다 가격을 훨씬 낮출 수 있다. 10개비들이 담배 한 갑 가격이었다. 6펜스에 팔아서 뭐가 남느냐는 것이 두 동생의 반응이었다. 앨런의 대답은 한마디, '울워스Woolworth'였다. 울워스는 유명 잡화점 체인으로 포디즘 식의 대량 생산 대량 판매를 하자는 전략이었다. 페이퍼백은 상상을 초월할 정도로 싸기 때문에 마찬가지로 상상을 초월할 정도로 많이 팔릴 것이라는 게 앨런의 주장이었다. 박리다매 작전이었다. 앨런이 열심히 설명하자 두 동생은 차츰 귀가 솔깃했다. 전에도 싼 책은 있었다. 그러나 앨런 레인이 불러일으킨 독서 습관의 변화를 가져온 것은 없었다.[68] 새 시리즈 이름으로 레인은 처음에 돌핀(돌고래)을 골랐다. 그런데 돌핀은 고향인 브리스톨시市 문장紋章에서 이미 쓰고 있었다. 포퍼스(참돌고래)도 마찬가지였다. 그러나 펭귄은 쓰는 데가 없었다. 레인의 전기를 쓴 J. E. 모퍼고Morpurgo에 따르면 레인의 예상과 달리 일반 서점에는 이 아이디어가 잘 안 먹혔다. 펭귄은 상업성이 극히 떨어졌다. 그러던 어느 날 회의에 울워스 구매 담당 임원의 부인이 우연히 나타나 처음 찍은 책 10종을 살펴보고는 내용과 재킷 디자인이 마음에 든다고 했다.[69] 나중에 그 임원이 대량 주문을 냈다.

최초의 펭귄 문고는 잡탕이었다. 앙드레 모로아André Maurois의 『아리엘Ariel』, 그 다음이 헤밍웨이의 『무기여 잘 있거라A Farewell to Arms』였다. 이어 에릭 링클레이터Eric Linklater의 『시인의 술집』, 수잔 어츠Susan Ertz의 『클레르 부인』, 도로시 L. 세이어스Dorothy L. Sayers의 『벨로나 클럽의 불쾌함』, 아가사 크리스티의 『스타일즈 저택의 죽음The Mysterious Affair at Styles』을 냈다. 그 다음 타자는 베벌리 니콜스Beverley Nichols의 『투엔티파이브』, E. H. 영Young의 『윌리엄』, 메리 웨브Mary Webb의 『지상으로 가다』였다. 10번은 컴프턴 매켄지Compton Mackenzie의 『카니발』이었다. 튼실하기는 하지만 지적인 면에서 신기원을 열었다고 할 정도는 아니었다. 한 친구의 말을 빌리면 꽤 고급스럽지만 모험은 피하는 쪽이었다.[70] 그러나 상업적으로는 즉각 성공을 거뒀다. 당시 펭귄이 충격을 준 데에는 그럴 만한 사회학적 이유가 있다. 대공황 시대에 책은 값싼 도피처였다. 또 J. B. 프리스틀리Priestley가 1930년대 영국의 사회적 변화를 살핀 『영국 기행English Journey』에서 쓴 것처럼 집이 작아지면서 장서를 거창하게 꾸미는 일은 이제 불가능해졌다.[71] 그러나 펭권 북스의 성공에 대한 좀 더 그럴 듯한 설명은 Q. D. 리비스Queenie D. Leavis의 『픽션과 독서 대중Fiction and the Reading Public』에서 찾아볼 수 있다. 사람들의 독서 습관을 분석한 이 연구서는 펭귄 북스 첫 권이 나오기 2년 전에 출판된 것으로 앨런 레인도 내용을 잘 알고 있었다. 퀴니 리비스는 케임브리지 대학 영문학과의 논란 많은 교수이자 문학평론가인 F. R. 리비스의 부인이었다. 당시 케임브리지 대학에서 '영문학'은 비교적 새로운 분야였다. 영문과는 1차 대전 직후 신설됐는데 헥터 먼로 채드윅Hector Munro Chadwick, I. A. 리처즈Richards, 윌리엄 엠프슨William Empson, 그리고 리비스 부부 등이 이끌어갔다. 이들의 주요 관심사는 두 가지였다. 문학은 인간의 가장 고상한 모험이며, 다른 그 어떤 것보다도 윤리적이고 도덕적인 삶, 따라서 궁극적으로 만족스러운 삶을 형성해가려는 시도라는 믿음이 그 하나이고, 상업문화가 문학을, 따라서 인간 정신을 타락시킨다는 것이 다른 하나였다. 1930년 E. R. 리비스는 『대중 문명과 소수 문화Mass Civilisation and Minority Culture』를 펴냈다. 여기서 리비스는 "예술과 문학에 대한 섬세한 평가는 항상 소수에게 달려 있으며, '훌륭한 삶'은 소수의 '자발적인 직접적 판단'으로부터 얻을 수 있다"고 주장했다.[72] 그러한 고급문화를 주도하는 것이 시 문학이었다.

케임브리지에서 리처즈와 리비스 부부 주위에는 과학자가 많았다. 엠프슨은 원래 수학을 전공하려고 케임브리지에 진학했고, 캐슬린 레인Kathleen Raine 역시 전공은 생물학이었다. 대표적인 학생 문예지 편집을 맡았던 제이콥 브로노프스키Jacob Bronowski도 과학자로 더 유명했다. 이런 분위기에 영향을 받았다는 것은 의문의 여지가 없다. 리비스 전기를 쓴 작가의 말에 따르면 리비스에게 "시는 과학적 방법이나 전통적인 경험칙이 아니라 주관적 관점을 가지고 달려들어야 하는 '문제 덩어리'였다. '간단히 말하면 감정의 문제에 관한 추상적인 의견과 논란의 총체'였다. 시는 주관성의 세계로 우리를 초대한다. 따라서 당대의 여러 견해와 반응을 낚아채려는 사람에게는 더할 나위 없이 좋은 미끼다."[73] 리비스와 리처즈는 (비평가가 아닌) '평범한' 사람들이 시 문학에 대해, 특정한 시들에 대해 어떻게 생각하는지에 관심이 많았다. 그래서 사람들의 반응을 알아보기 위해 나름대로 과학적인 설문조사를 실시했다. 이런 연구방식은 논란을 불러일으켰다. 당시로서는 혁명적인 것이었기 때문이다. 좀 더 객관적으로, 좀 더 과학적으로 문학 현상에 접근하려는 시도였다. Q. D. 리비스도『픽션과 독서 대중』에서 문학을 인류학자와 같은 눈으로 바라보면서 논리를 전개했다.

퀴니 리비스가 주목한 것은 '베스트셀러'였다. 베스트셀러는 도대체 왜 위대한 문학으로 간주되지 않는가에 관한 의문을 제기한 것이다. 처음 몇 개 장은 베스트셀러 작가들에게 보낸 설문지를 토대로 했다. 그러나 이 책에서 주목을 끈 부분은 영국에서 소설을 읽는 대중이 등장하는 역사적 과정을 묘사한 부분이다. 리비스는 엘리자베스 여왕 시대(16세기 하반기)에 가장 대중적인 문화 형식이 음악이었다는 점에 주목했다. 17세기와 18세기에는 청교도적 양심이 정신을 고양시키는 문학에 관한 전범을 확립했다. 교회는 최소한 '교구마다' 취향을 높이는 데 도움이 될 '학자와 신사 한 명씩'은 배치했다. 그 이후의 변화는 모두 한 가지, 즉 저널리즘의 등장과 발전에서 비롯됐다. 18세기 말《태틀러Tatler》와《스펙테이터》같은 정기간행물의 인기가 높아지면서 소설 독자는 네 배로 뛰었다. 이런 변화는 너무도 급속히 일어나서 기준이 무너졌다고 리비스는 말한다. 소설가들은 급팽창하는 수요에 맞추기 위해 더 빨리 써야 했으므로 그 결과 질이 떨어지는 작품이 쏟아져 나왔다. 이어 19세기 초에는 연재소설에 대한 수요 때문에 소설가들은 더더욱 빨리 써야 하는 형편이 되었다. 게다가 한 회분 한 회분의 끝맺음은 최대한 아슬아슬하게 만들어야 했다. 그러자 수준은 더 떨어졌다. 마침내 19세기 말이 되면 윤전기와 현대식 신문—특히 로스클리프Alfred Harmsworth Northcliffe 경(영국의 유명한 신문·출판 재벌 : 옮긴이)이 발행하는〈데일리 메일Daily Mail〉—의 등장으로 픽션의 수준은 '대중이 원하는 것을 주라'는 구호 이하로 더 떨어졌다. 리비스에 따르면 단계별로 볼 때 소설은 어느 정도 수준에 올라섰다가 떨어지곤 했다. 한때는 인간의 윤리적 본성을 심오한 필치로 모색했으나 그 이후로 차츰 수준이 떨어져 종국에는 단순한 스토리텔링으로 전락하고 말았다는 것이다. 책 끝에 가면 리비스는 인류학적 거리 두기나 과학적 불편부당성 같은 것은 완전히 내버린다.『픽션과 독서 대중』은 분노로 끝을 맺는다. 특히 노스클리프 경에 대한 분노는 이루 말할 수 없을 정도다.[74]

그러나 이 책은 앨런 레인과 펭귄 북스의 성공 이유를 설명할 수 있는 실마리를 제공했다. 리비스가 언급한 몇몇 작가—헤밍웨이, G. K. 체스터튼Chesterton, 힐레어 벨록Hilaire Belloc—는 펭귄 북스 초기 목록에 들어 있었다. 그녀는 헤밍웨이가 '보통 인간'을 영웅화했다고 말했다. 보통 인간이란 저널리스트들이 영웅에 대칭시켜서 제시한 인간형이다. 체스터튼과 벨록은 저널리즘 냄새가 물씬 나면서도 그보다는 좀 더 세련된 산문을 구사함으로써 독자들에게 지적인 부담을 주지 않는 교묘한 방식을 택했다.[75] 그러나 이는 레인에 대한 평가로는 썩 온당하지 않다. 그가 짠 1차분 발간 목록은 일종의 잡탕이었다. 일부 타이틀은 대중의 의식지평을 높이려는 목적에서 의도적으로 포함시켰다. 특히 2차분 10종은 1차분 10종보다 한결 나았다. 노먼 더글러스의 『남풍』, W. H. 허드슨의 『자줏빛 땅』, 더쉴 해미트Dashiell Hammett의 『마른 남자』, 비타 색빌 웨스트Vita Sackville-West의 『에드워드 시대 사람들』, 사무엘 버틀러Samuel Butler의 『에레혼Erewhon』 등등. 1937년 5월 레인은 펭귄 북스 자매문고로 펠리컨 북스를 발족시켰다. 펠리컨 북스가 대박을 터뜨린 것은 논픽션 분야였다.[76] 당시는 1930년대였다. 서구 자본주의 내지는 서구 체제에 뭔가 문제가 있다는 게 여실히 드러난 시기다.[77] '펠리컨Pelican 북스'를 실제로 가동한 것은 1936년 여름 조지 버나드 쇼로부터 짓궂은 엽서를 받고 나서였다. 쇼는 처음 나온 펭귄 문고는 좋았다면서 탐험가인 앱슬리 체리 개러드Apsley Cherry-Garrad의 『세계 최악의 탐험 The Worst Journey in the World』을 추가하면 '기똥찰 것'이라고 권했다. 레인은 앞서 이 책을 넣을까 하다가 말았다. 한 권에 6펜스짜리로는 너무 길어서 이윤이 안 남기 때문이었다. 레인은 답장에서 꼭 내겠다는 약속은 못하겠다면서 진짜 내고 싶은 것은 당신이 쓴 『지적인 여성을 위한 사회주의, 자본주의, 소비에티즘 입문 The Intelligent Woman's Guide to Socialism and Capitalism and Sovietism』이라고 슬쩍 찔렀다. 쇼의 대답은 간단했다. "얼마 주실래요?"[78] 이렇게 해서 쇼가 목록에 끼고, H. G. 웰스, 줄리안 헉슬리, G. D. H. 콜Cole, 레너드 울리의 저서도 곧 문고판으로 나왔다. 이런 목록에서 알 수 있듯이 펭귄은 곧바로 과학 분야에 진출했고, 중도 좌파적 세계관을 견지했다. 그러나 1937년이 되면서 세상은 더욱 음울해졌다. 이런 분위기에 맞춰 세 번째 혁신을 시도했다. 펭귄 스페셜Penguin Special이었다.[79] 첫 권이 『독일이 시계를 되돌리고 있다』로 1937년

11월에 발행됐다. 고집불통의 미국인 저널리스트 에드가 모우러Edgar Mowrer가 쓴 책이었다. 톤은 논쟁적이지만 당시 현안을 다룬 책을 잽싸게 낸 것이 성공의 비결이었다. 이런 시의성은 신선했으며 펭귄 스페셜이 한가한 분위기의 전통적인 출판사들과는 다르다는 인식을 심어주었다. 2차 대전 발발 이전에 펭귄 스페셜은 모두 36종이 나왔다. 그 중에서『공갈협박이냐 전쟁이냐?』,『중국의 통일 투쟁』,『영국의 영공 방위』,『유럽과 체코인』,『두 전쟁 사이에서?』,『우리의 식량 문제』,『폴란드』등이 손에 꼽을 만하다. 특히『폴란드』는 히틀러의 폴란드 침공 두 달 전에 나왔다.[80]

앨런 레인과 펭귄 북스를 좌파로 간주하는 사람들이 많았다. 그러나 상업적인 면에서 볼 때 펭귄에서 내는 타이틀은 대부분 성공이었다. 평균 4만 부가 나갔다. 그런데 정치물 스페셜의 경우는 평균 수십 만 부가 팔렸다.[81] 그러니 어떤 면에서 퀴니 리비스는 당혹할 수밖에 없었다. 그녀의 기준으로 보면 진지한 소설에 대한 대중의 관심은 많지 않았다. 그런데 진지한 인문교양서에 대한 건전한 수요가 분명히 존재했던 것이다. 새삼스러울 것도 없는 이야기지만 그만큼 엄혹한 시대였다.

저명한 미술평론가 클라이브 벨Clive Bell은 자신이 만나본 중에서 가장 똑똑한 사람이 존 메이너드 케인스라는 사실을 추호도 의심하지 않았다. 많은 사람들이 그와 견해를 같이했다. 왜 그런지 알기는 어렵지 않다. 케인스 주도로 케임브리지 대학 킹스 칼리지에서 모임을 가진 정치경제클럽에는 전 세계에서 가장 똑똑한 학생과 이코노미스트들이 몰려들었다. 케인스가 런던 금융가에서 베팅을 많이 해 상당한 부를 모았다는 사실이 명성에 흠이 되지는 않았다. 오히려 학자로서는 드문 실물경제 감각을 보여주는 증거로 받아들여졌다.『평화의 경제적 귀결』출간 이후 케인스는 독특한 위치에 있게 됐다. 기성 체제 차원에서 보면 그는 아웃사이더였다. 그러나 블룸즈버리 그룹의 일원으로서 그는 단연 두각을 나타냈다. 그는 계속해서 정치인들을 어르고 뺨쳤다. 1925년 당시 재무장관이던 윈스턴 처칠에 대해서는 금본위제로 돌아감으로써 파운드 환율을 4.86달러로 끌어올렸다고 비판했다. 10퍼센트 정도 과다 평가됐다는 것이었다.[82] 그는 또 1924년 독일 루르 지역 광산 생산 재개 허용에 따라 석탄가격이 큰 폭으로 떨어져 영국에서 1926년 총파업과 같은 사태가 야기될 것이라고 예견하기도 했다.[83]

맞는 말만 골라서 하는 바람에 케인스는 인기가 없었다. 그런데도 입을 다물지 않았다. 1929년 월가의 주식이 폭락하고 잇따라 대공황이 닥치자 실업률은 미국이 거의 25퍼센트, 유럽이 33퍼센트까지 치솟았다. 미국에서는 9,000개나 되는 은행이 파산했다. 당시 대부분의 이코노미스트들은 올바른 행동 노선은 아무 행동도 취하지 않는 것이라고 믿었다.[84] 전통적인 지혜에 따르면 불황은 '치료'와 같았다. 국가경제에 독처럼 누적돼온 비효율과 낭비를 '짜버리는' 과정이라는 이야기였다. 그런 자연스러운 경제적 치료 과정에 개입하는 것은 인플레이션을 초래할 위험이 있다는 것이다. 케인스는 이런 생각을 난센스라고 봤다. 더욱이 대량실업으로 인한 고통을 고려한다면 부도덕한 난센스였다. 전통적인 이코노미스트들은 부작위의 근거를 19세기 초 프랑스 경제학자 장 밥티스트 세(Jean Baptiste Say)의 이름에서 딴 세의 시장 법칙에서 찾았다. 세의 법칙은 사람들이 상품을 생산하는 것은 오로지 다른 상품을 소비하기 위해서이므로 상품의 전반적인 과잉생산은 불가능하며, 전반적인 실업 역시 불가능하다는 주장이었다. 투자의 증가분만큼 곧 수요의 증가가 따른다. 마찬가지로 저축도 은행이 투자를 위한 대출금으로 빌려주는 것이어서 소비와 저축 사이에 본질적인 차이는 없다. 전반적인 실업은 일시적인 것이며 곧 조정이 된다. 그렇지 않은 경우란 수입을 가지고 즐기기 위해 쉬는 자발적인 실업이다.[85]

케인스는 1930년대에 번진 광범위하고도 비자발적인 실업을 당시의 시스템 때문이라고 주장한 유일한 인물은 아니었다. 그가 날카롭게 포착한 부분은 사람들이 수입 증가분 전체를 소비에 쓰지는 않는다는 것이었다. 수입이 늘면 소비를 늘리기는 하지만 그중 일부는 쟁여놓는다. 이 일부가 별것 아닌 것처럼 보일지 모른다. 그러나 케인스는 이것이 도미노 효과를 일으켜 기업가들도 투자에서 벌어들이는 이윤 모두를 소비하지는 않는다는 사실을 발견했다. 그 결과 세가 상정한 시스템은 차츰 둔화되다가 결국에는 정체되고 만다. 여기서 얻은 교훈은 세 가지였다. 첫째, 경제는 실제로 일어난 일만큼이나 앞으로 무슨 일이 일어날 것인가에 관한 사람들의 예측에 의존한다는 것이다. 둘째, 경제는 시스템 안에 상당한 정도의 실업이 있어야 안정을 유지할 수 있다. 물론 여기에는 사회적 타격이 따른다. 그리고 셋째, 투자가 핵심이라는 것이다. 이에 따른 논리적 귀결은 민간투자가 일어나지 않으면 국가가 개입해야 한다는 통찰이었다. 정부 지출을 늘리고 이자율을 조절해 일자리를 만들어내야 한다는 것이다. 일자리가 효용성이 있는 것이냐(도로 건설 같은 경우), 낭비적인 것이냐는 중요한 문제가 아니었다. 일자리는 돈을 주고, 돈이 돌면서 여러 사람에게 수입을 발생시키고, 이런 과정이 순환하는 것이 중요하다.[86]

케인스는 영국 주류 사회 관점에서 보면 아직은 아웃사이더였다. 그래서 주류가 그를 불러들이는 데는 한 차례의 전쟁이 더 필요했다. 그는 언제나 '현실적인 선각자'였다.[87] 그러나 남들은 그것을 인정하려 하지 않았다. 아이러니하게도 케인스가 제안한 정책이 맨 먼저 채용된 곳은 나치 독일이었다. 히틀러는 1933년 총리에 취임하면서부터 거의 완벽한 케인지안처럼 행동했다. 철도를 놓고, 도로를 닦고, 운하를 파고, 여타 공공사업을 벌였다. 그러면서 외환 거래를 엄격히 통제해 지출이 외국으로 흘러나가는 것을 막음으로써 국산품을 사지 않을 수 없게끔 만들었다. 그렇게 해서 실업을 2년 만에 잡았다. 덩달아 물가와 임금도 회복되기 시작했다.[88] 그러나 독일에 주목한 사람은 별로 없었다. 히틀러의 공포정치 때문에 그가 하는 일은 모두 혐오했기 때문이다. 1933년 워싱턴에 들른 케인스는 프랭클린 D. 루스벨트 대통령에게 자신의 구상을 설득하려고 애를 썼다. 그러나 새로 선출된 대통령은 뉴딜정책에 정신이 없었던 탓에 케인스나 그의 주장에 대해서는 신경을 쓸 겨를이 없었다. 이렇게 허탕을 치고 나서 케인스는 좀 더 많은 사람들에게 자신의 주장을 알려야겠다는 일념으로 책을 하나 썼다. 『고용·이자 및 화폐에 관한 일반이론 The General Theory of Employment, Interest and Money』이 세상에 나온 것은 1936년이었다. 일부 경제학자들에게는 그야말로 센세이셔널한 책이었다. 아담 스미스Adam Smith의 『국부론』(1776)과 마르크스의 『자본론』(1876)에 비길 정도였다. 반면 케인스의 근본주의가 마르크스만큼이나 못마땅한 이코노미스트들도 있었다. 어쩌면 더 위험할 것도 같았다. 들어맞을 가능성이 상당히 컸기 때문이다.[89] 처음에는 영국보다 미국에서 더 파급효과가 컸다. 미국의 대학들이 『일반이론』을 교재로 쓰면서 워싱턴으로까지 퍼뜨렸다. J. K. 갤브레이스John Kenneth Galbraith(『불확실성의 시대』

를 쓴 미국의 저명한 경제학자, 1908~2006 : 옮긴이)의 회고를 들어보자. "뉴딜 시대였지요. 목요일과 금요일 밤이면 보스턴 발 워싱턴 행 특급열차는 하버드 대학 교수들로 반은 찼어요. 늙은 사람, 젊은 사람……. 다들 가는 길에 뉴딜정책에 대한 개선책을 논하기에 여념이 없었지요. 『일반이론』이 나오고 나서 젊은 이코노미스트들이 찾는 개선책은 바로 케인스의 이론이었어요."[90]

1937년 케인스의 책이 나온 지 몇 달 후 불황은 수그러드는 것 같았다. 경기회복의 징후가 마침내 보이기 시작했다. 실업률은 그래도 높았다. 그러나 생산과 물가가 차츰 회복세를 보였다. 청신호가 켜지자마자 고전적인 이코노미스트들은 겨울잠에서 깨어나 연방정부 지출을 줄이고 세금을 올려야 한다고 주장했다. 균형예산을 맞추라는 것이었다. 그러자 바로 회복세가 둔화되다가 정체되더니 결국에는 다시 역전됐다. 국민총생산(GNP)은 910억 달러에서 85억 달러로 떨어지고 민간투자는 반으로 줄었다.[91] 사회가 가설의 실험실이 돼주는 경우는 극히 드문데 이때가 바로 그랬다.[92] 게다가 전쟁이 곧 닥칠 상황이었다. 유럽에서 전쟁이 터졌을 때 미국의 실업률은 여전히 17퍼센트나 됐다. 불황도 10년째였다. 그런데 2차 대전이 미국에서 상당 기간 실업을 걷어가면서 '케인스 시대'(정곡을 찌르는 표현이다)의 도래를 알리게 된다.

1930년대는 본질적으로 스산하고 험한 시기였다. 그러나 콜 포터 Cole Porter(미국의 작사·작곡가, 1891~1964 : 옮긴이)의 작품에서만큼은 더할 나위 없이 유쾌한 분위기가 지배했다. 퀴니 리비스 부부라면 대중문화가 사상의 수준을 떨어뜨린다고 개탄했을 것이다(이런 식의 비관론은 이후에도 계속 등장한다). 그러나 이따금씩 천재에 버금가는 인물들이 괜찮은 대중예술, 특히 대중음악을 만들어냈다. 포터는 그중에서도 단연 으뜸이었다. 1955년(「실크 스타킹」)까지도 좋은 작품을 내놓았지만 1930년대 10년간은 그야말로 포터의 시대였다.[93] 1930년대에 나온 포터의 작품은 「날 가두지 말아요」, 「밤과 낮」, 「딱 그거 하나」, 「밤의 고요 속에서」, 「당신, 딱 걸렸어」, 「그대가 최고」, 「비긴 춤을 춥시다」, 「사랑처럼 쉬운 것」, 「당신은 정말 짜릿해」 등등 헤아릴 수 없을 정도다.

난 샴페인 안 좋아
　　　짜릿한 술맛 같은 거 몰라
　　　그러니까 말해줘요, 왜 그런지
　　　당신은 정말 짜릿해.

　　　난 비행기 안 좋아.
　　　모르는 남자랑 하늘 높이 나는 거?
　　　진짜 취미 없어,
　　　하지만 당신은 정말 짜릿해.

　포터는 1937년, 말에 짓밟혀 두 다리가 부러지고 반불구가 되었다. 그 바람에 작업이 여의치 않았다. 그러나 그때까지도 세련미와 솜씨는 가히 천재적이었다. 시사적인 감각도 다른 누구에게 뒤지지 않았다. 그레이엄 그린Graham Greene(영국 소설가 : 옮긴이)은 '오든 투'가 느껴진다고까지 했다.[94]

　　　그대는 스페인의 여름밤 자주색 불빛
　　　그대는 국립미술관
　　　그대는 가르보의 개런티
　　　그대는 셀로판지!

이런 가사도 있다.

　　　전에는 스타킹을 보고도
　　　깜짝 놀랐는데
　　　지금은 왜 그러나 몰라,
　　　뭘 봐도 그냥 무덤덤![95]

셀로판지와 스타킹. 이는 그레타 가르보의 천문학적인 개런티보다 훨씬 인상적인 신상품이었다.⁹⁶ 1930년대는 라이너스 폴링이 화학결합의 특성을 발견한 시대였지만 베이클랜드의 플라스틱 발견이 합성물질 개발로 하나 둘씩 시장에서 빛을 발한 시기였다. 아세틸렌 소재 직물이 처음 시장에 나온 것은 1930년이었다. 아크릴 합성수지도 마찬가지였다. '퍼스펙스Perspex'니 '플렉시글라스Plexiglass'니 '루사이트Lucite'니 하는 것들이 상품명이었다. 원래 '셀로판지'는 카멜 담배 포장지로 나왔는데 그것도 1930년이었다.⁹⁷ 네오프렌 인조고무는 일 년 후에 나왔다. 이어 1935년에는 폴리아미드 합성섬유가 선을 보였다. 나일론의 초기 형태인 펄론perlon이 독일에서 등장한 것은 1938년이었다. 폴리에틸렌은 1939년에 상용화됐다. 셀로판이라는 말은 1940년 미국에서 올해의 '가장 멋진 단어' 3위에 올랐다(1위와 2위는 'mother어머니'와 'memory기억'였다). 역시 m으로 시작하는 단어 마케팅의 승리였다. 그러나 진짜 문제는 화학이었고, 나일론은 그 분야의 부침을 가장 잘 보여주는 사례였다.⁹⁸

독일은 1차 대전 패전국이지만 화학산업의 탄탄한 기초는 유지하고 있었다. 사실 연합국의 해상봉쇄가 너무도 철저했기 때문에 독일은 인공식량 개발에 나서지 않을 수 없었다. 따라서 합성 분야에서는 그만큼 적국을 앞서갔다. 1925년에 종합화학회사 이게파르벤I. G. Farben이 설립되면서 유능한 유기화학자들이 처음으로 팀을 이뤄 폴리머(중합체) 분야 연구를 시작했다. 목표는 특정한 속성을 지닌 특수한 분자들을 만들어내는 것이었다.⁹⁹ 이런 연구는 기초연구로 분류돼 연합국의 군수용품 수출 통제망을 피해나갔다. 연구팀은 수 년 동안 매일 새로운 폴리머를 하나씩 합성해냈다. 영국과 미국 산업계는 자신들의 경쟁력이 엄청나게 떨어지고 있다는 걸 잘 알고 있었다. 물론 정치가들은 그런 연구가 실용화됐을 때 다가올 수 있는 군사적 위험을 대수롭지 않게 여겼다. 업계로서는 따라잡는 것이 급선무였다. 1927년 미국 델라웨어 주 윌밍턴에 있는 뒤퐁사는 화학 부문 연구비 예산을 1년에 2만 달러에서 한 달에 2만 5,000달러로 올렸다.¹⁰⁰

당시에는 화학물질은 두 종류라고 생각했다. 하나는 설탕이나 소금처럼 분자가 결정체이면서도 미세막을 통과하는 종류이다. 또 하나는 고무나 젤라틴처럼 분자가 커서 미세막을 통과하지 못 하는 종류다. 이런 종류를 '콜로이드'라고 했다. 콜로이드는 작은 분자들이 신비한 '전기적' 힘으로 뭉쳐 있는 것으로 여겨졌다. 그러나 라이너스 폴링의 실험이 보여주었듯이 기본은 화학결합이며, 화학결합은 물리학적 과정의 일부였다. '신비한' 힘 같은 것은 없다. 일단 그런 신비가 제거되고 분자가 어떻게 결합하는지가 좀 더 분명하게 밝혀지자 고무나 젤라틴과 유사한, 또는 그보다 나은 물질을 합성할 수 있게 됐다. 특히 실크 대체물은 수요가 만만치 않았다. 여전히 값이 비싼데다 일본이 중국과 전쟁 중이어서 일본으로부터 수입하기가 어려웠기 때문이다. 이런 상황에서 근본적인 돌파구를 연 것이 월리스 흄 캐러더스Wallace Hume Carothers(1896~1937)의 발명이었다. 캐러더스가 하버드대의 유혹을 물리치고 윌밍턴의 뒤퐁으로 온 것은 기초연구에 '어마어마한 자금'을 대주기로 했기 때문이다. 그는 이른바 이중 작용 분자라는 것을 활용해서 사슬 크기가 점점 커지는 분자—폴리에스테르—를 만들어내기 시작했다. 고전적인 화학에서는 알코올이 산과 반응하면 에스테르가 된다. 이중 작용 분자는 그 끝에 산기基나 알코올기가 하나가 아니라 두 개씩 붙어 있다. 캐러더스는 그런 분자들이 '지속적으로 상호작용을 함으로써 연쇄반응을 촉발하며' 그 결과 분자가 점점 더 길어진다는 사실을 발견했다.[101] 1930년대가 한 해 두 해 흐르는 동안 캐러더스는 처음에는 분자량이 4,000인 물질을 만들어내더니 이어 5,000, 6,000이나 되는 분자들을 합성해냈다(설탕은 분자량이 342, 헤모글로빈은 6,800, 고무는 100만에 가깝다). 이 분자들의 속성 중 하나가 길고 가늘면서도 강한 필라멘트처럼 잡아 늘일 수 있다는 것이었다. 플라스틱의 역사를 쓴 스티븐 패니첼Stephen Fenichell에 따르면 처음에는 너무 약하거나 너무 비싸서 상업성이 떨어졌다. 그러나 1934년 3월 말경 캐러더스는 조수인 도널드 코프먼Donald Coffman에게 지금까지 연구한 적이 없는 에스테르에서 섬유를 뽑아보라고 했다. 합성섬유가 상업성이 있으려면 '상온에서 늘어나는' 강점이 있어야 했다. 그래야만 상온에서 어떤 특성을 나타내는지 알 수 있기 때문이다. 표준시험은 상온의 유리봉을 화합물 속에 넣었다가 빼내는 것이었다. 코프먼과 캐러더스가 만든 새 폴리머는 강하고 광택이 났다.

이후 뒤퐁은 인조 실크 개발을 위해 전력투구했다. 특허를 출원한 것이 1937년

4월 28일. 이 신소재는 1939년 뉴욕 국제박람회에서 선을 보였다. 뒤퐁은 '화학, 기적의 세계'라는 간판을 내걸고 나일론 스타킹을 전시했는데 단연 박람회의 압권이었다. 이렇게 해서 세상에 나온 나일론의 원래 이름은 '섬유 66'이었다. 나일론이란 이름이 나오기까지 클리스Klis(영문 silk를 뒤집은 이름)에서 누레이nuray, 와카라 wacara(상점에 가서 '와카라 스타킹 하나 주세요'라고 한다고 상상해 보라)까지 수 백 가지 이름을 붙여봤다. 나일론이 그래도 낫다고 생각한 이유는 인조라는 느낌이 나면서도 다른 물질과 혼동할 염려가 없었기 때문이다. 나일론에 대한 수요가 얼마나 컸는지는 많은 가게에서 일인당 두 켤레로 판매를 제한했다는 사실에서도 짐작할 수 있다. 그러나 나일론에 대한 열광에는 심오한 측면도 있었다. 당시 〈뉴욕 타임스〉의 지적. "대개 합성물은 자연에 존재하는 어떤 것을 복제하는 것이다. …… 이 나일론이라는 것은 다르다. 자연에 동일한 화학적 구성을 갖는 물질이 없다. …… 나일론은 물질을 완벽하게 통제한 사례다. 따라서 인간은 이제 식량이나 의복, 건축자재 등을 얻기 위해 동물이나 식물, 대지에 하염없이 의존하지 않아도 되게 됐다."[102]

공황이 깊어지면서 브로드웨이의 인가받은 극장 86곳 가운데 문을 연 곳은 28곳뿐이었다. 그러나 유진 오닐(1888~1953)의 『상복이 어울리는 엘렉트라Mourning Becomes Electra』(1931)는 6달러짜리 1등석까지 매진됐다.[103] 오닐은 '가장 위대한 미국 극작가'라는 평가를 받았다. '오닐과 더불어 진정한 미국 연극이 시작된 것'은 『상복이 어울리는 엘렉트라』 초연(1931년 10월 26일) 훨씬 이전이었다.[104] 그러나 흥미롭게도 두 걸작 『얼음장수 오다 The Iceman Cometh』와 『밤으로의 긴 여로Long Day's Journey into Night』를 쓰기 시작한 것은 나이 쉰이 되는 1930년대 말이었다. 그 사이는 '침묵기'로 알려져 있다.

많은 예술가들이 그렇듯이 오닐의 경우도 본인의 인생이 작품을 이해하는 데 특히 긴요하다. 오닐은 열네 살도 채 되지 않았을 때 자기가 태어난 것이 어머니의 모르핀 중독을 촉진했다는 사실을 알게 됐다. 또 부모가 첫 아들인 형 제이미가 둘째인 에드먼드에게 홍역을 감염시켰다고 욕하는 것을 들었다. 둘째 형 에드먼드는 홍역으로 생후 18개월 만에 죽었다. 1902년 마약 중독인 어머니 엘라 오닐은 모르핀

이 바닥나자 자살을 시도했다. 그 때문에 청소년이던 오닐은 폭음을 하고 자기 파괴적인 행동에 빠지게 된다. 그러면서 극장 주위를 어슬렁거리기 시작했다(오닐의 아버지는 배우였다).[105] 첫 결혼이 실패로 끝나자 오닐도 자살을 기도했다. 1911년 싸구려 여인숙에서 약물을 과다 복용한 것이다. 그러나 그 후 병원에 가서 심리치료를 받았다. 일 년 후에는 폐결핵 진단을 받았다. 1921년 아버지가 암으로 비참하게 죽고 어머니도 1922년 그 뒤를 따랐다. 형 제이미는 그로부터 12개월 후에 세상을 떠났다. 알코올성 정신장애로 인한 뇌졸중이었다. 당시 나이 45세였다. 오닐은 프린스턴 대학에서 과학을 전공하려고 했다. 그러나 대학에서 니체의 영향을 강하게 받아 그의 전기를 쓴 작가가 '과학적 신비주의'라고 평한 인생관을 갖게 된다. 오닐은 결국 강의를 너무 빼먹어서 퇴학을 당하고 말았다. 1912년 기자로 글을 쓰기 시작했다가 곧 연극으로 진로를 바꿨다.[106]

인생관과는 별도로 오닐의 연극 철학은 미국에 대한 그의 평가에서 유추해볼 수 있다. 그는 이렇게 말했다. 미국은 "세상에서 가장 성공적인 나라가 아니다. 오히려 가장 참혹하게 실패한 나라다. 참혹한 실패라고 한 이유는 모든 것을 다 가졌기 때문이다. 다른 어떤 나라보다 많은 것을 가지고 있기 때문이다. ……미국은 줄기차게 물질을 소유함으로써 자신의 영혼을 소유하려는 허망한 게임을 하고 있다."[107] 『얼음장수 오다』와 『밤으로의 긴 여로』는 굉장히 길다. 대여섯 시간 정도 된다. 또 둘 다 액션은 거의 없고 대화에 중점을 둔 희곡이다. 등장인물들은 관객과 함께 같은 방 공간에 갇힌다. 여기서 대화는 불가피하다. 『얼음장수』에서는 등장인물이 모두 해리 호프의 식당에서 기다린다. 그들은 식당에서 음료수를 마시면서 서로에게 낮이고 밤이고 똑같은 이야기를 늘어놓는다. 그런 이야기들은 사실은 환상이다. 결코 현실이 될 수 없는 소망이자 허상이다.[108] 한 인물은 다시 경찰로 돌아가고 싶어 하고, 또 다른 인물은 정치인으로 재선이 되기를 원한다. 세 번째 인물은 그저 집으로 돌아가는 것이 소원이다. 시간이 가면서 관객은 무대에서 떠들어진 여러 이야기로부터 아무리 소박한 목표도 이들 등장인물의 경우에는 환상이라는 것, 오닐의 표현을 그대로 빌리자면 아편을 피울 때 피어오르는 망상과 같은 헛된 희망이라는 것을 알게 된다. 나중에 등장인물들이 시간을 죽여 가며 기다린 사람은 히키라는 사실이 드러난다. 떠돌이 세일즈맨 히키가 뭔가를 이룰 수 있을 것으로, 자신들의 구세주가 될 것으로(히키는 공교롭게도 전도사의 아들이다) 그들은 믿는다. 그러나 마침내 히키가 나타났을 때 그들의 꿈은 산산조각 나고 만다. 오닐은 현실은 차가울 수밖에 없다는 뻔한 주장을 하는 것이 아니다. 오히려 현실이란 존재하지 않는다는 이야기를 하는 것이다. 확실한 가치도 없고, 궁극적인 의미도 없으며, 따라서 우리 모두는 나름의 꿈과 환상이 필요하다는 것이다.[109] 히키는 '성실한' 삶을 영위한다. 그는 열심히 일하면서 진실을, 또는 진실이라고 생각하는 것을 자신에게 되뇐다. 그러나 그가 아내를 죽였다는 사실이, 그것도 아내가 자신의 바람기를 '선선히' 받아들였다는 것을 참지 못한 나머지 살인을 저질렀다는 사실이 밝혀진다. 우리는 그녀가 자신의 인생을 어떻게 생각했는지, 어떤 환상을 갖고 있었는지, 어떻게 스스로를 추슬러나갔는지 결코 알 수 없다. 다만 환상이 그녀가 삶을 지탱해가는 동력이 됐다는 것은 알 수 있다. iceman(얼음장수)은 살인청부업자라는 뜻도 있다는 점에서 죽음이라는 의미도 된다. 이 작품을 『히키를 기다리며』라고 부를 만하다고 주장하는 평론가들도 있었다. 사무엘 베케트 Samuel Beckett의 『고도를 기다리며 Waiting for Godot』와의 유사성을 강조하는 이야기다. 앞으로 살펴보게 되겠지만 두 작품 모두 찰스 다윈, T. H. 모건, 에드윈 허블 Edwin Hubble 등등의 발견 이후 달라진 세계를 보는 시각을 제공했다. 그 세계의 모습은 싸늘했다.

『밤으로의 긴 여로』는 오닐의 희곡 중에서도 자전적인 냄새가 가장 강한 작품으로 '눈물과 피로 쓴 긴 슬픔의 드라마'다.[110] 사건은 한 방 안에서 벌어진다. 하루가 아침, 점심, 저녁, 잠자리 4막으로 나뉘어 진행된다. 타이론 가家 사람들이 모여든다. 대단한 사건이라고 할 만한 것은 없고, 두 가지 정도가 눈에 띈다. 메리 타이론은 다시 약물 중독에 걸리고, 에드먼드 타이론(에드먼드는 어려서 죽은 오닐의 둘째 형 이름이라는 점에 주목하라)은 폐결핵에 걸렸음을 자각한다. 시간이 흐르면서 날은 점점 어두워지고 바깥에는 안개가 짙어간다. 집은 점점 더 을씨년스러워 보인다.[111] 여러 에피소드가 대화중에 되풀이되면서 등장인물들은 자신의 정체를 차츰 드러낸다. 또 전에 했던 이야기를 회상하면서 자신의 관점을 표출한다. 드라마의 중심을 이루는 것은 '기이한 결정론'이라고 하는 오닐의 비관적인 인생관이다. "우리들 중 누구도 인생이 우리한테 저지른 짓거리를 달리 어찌해볼 도리가 없어"라고 메리 타이론은 말한다. "그건 알지 못하는 사이에 일어나는 일이고, 일단 그렇게 되면 또 엉뚱한 짓을 하게 돼서, 우리와 우리의 소망 사이에 딴 게 끼어든단 말이야. 그래서 진짜 자신은 영원히 잃어버리게 되는 거지."[112] 다른 대목에서는 형이 동생에게 "난 너를 미워하는 것보다 더 사랑해"라고 말한다. 이어 끝부분에서는 타이론 가의 세 남자—메리의 남편과 두 아들—는 메리가 방으로 들어가 깊은 꿈에 빠지는 것을, 그녀 자신의 안개 속으로 들어가는 것을 보게 된다.[113] 남자들이 지켜보는 가운데 그녀는 한탄한다. "언젠가 겨울이었지. 그때 봄에 나한테 무슨 일이 생겼어. 그래, 기억난다. 제임스 타이론을 사랑하게 된 거야. 그래서 행복했어. 한동안은." 이것이 마지막 대사다. 노먼드 벌린의 지적대로 '한동안은'이라는 마지막 구절은 너무도 가슴 저민다(오늘의 친척들은 이 작품을 아주 싫어했다).[114] 오닐에게 있어서 인간이 사랑에 빠졌다가 다시 깨어나고 그러면서 영원히 덫에 갇히는 것은 일종의 신비였다. 그런 강렬한 방식으로 과거는 현재 속에 계속 살아간다는 이야기를 오닐은 하고 있는 것이다. 이는 과학이 설명을 해줄 수 있는 사안이 결코 아니다.[115]

오웰과 오든 또는 오닐의 작품들이 1930년대를 전형적으로 보여주는 것이냐는 논란의 여지가 있다. 1930년대는 파국과는 거리가 멀었지만 오든의 표현을 빌리면 '저급하고 부정직한 십 년'이었다. 그러나 이 시기가 밤으로의 여로이며, 그 끝에 얼음장수(죽음)가 기다리고 있었다는 사실만은 부정할 수 없다. 1930년대에 무슨 일이 일어났든—실제로 많은 일이 일어났다—그것은 별 위안이 되지는 못했다.

"유럽 새들이 우리 새보다 노래를 반도 못한다는 거 아세요?" 1930년에 대한 묘비명이라 할 만한 말이다. 미국 문학평론가 앨프리드 케이진Alfred Kazin은 저서 『고국에 서서On Native Grounds』의 마지막 장을 에비게일 애덤스(미국 2대 대통령 존 애덤스의 부인이자 6대 대통령 존 퀸시 애덤스의 어머니 : 옮긴이)가 남편 존 애덤스에게 한 이 말로 시작했다. 『고국에 서서』는 1942년 뉴욕에서 출간됐다. 이 문장이 적확하게 느껴지는 이유는 그가 양차 대전 사이에 미국 문학이 성년기에 도달하고, 자기 파괴로 치닫는 유럽과 달리 서구의 전통을 유지·발전시키는 일은 이제 미국의 몫이 되었다고 봤기 때문이다.[116]

이 책의 또 다른 특징은 미국 특유의 소재를 다뤘다는 점이다. 케이진이 이 책에 단 부제는 '현대 미국 산문문학의 한 해석An Interpretation of Modern American Prose Literature'이었다. 시 문학과 드라마는(따라서 월러스 스티븐스와 유진 오닐 같은 인물들은) 제외했다는 의미다. 그렇다고 해서 유럽 평론가들이 종종 그러하듯이 픽션에만 논의를 국한하지는 않았다. 비평과 폭로 저널리즘, 철학은 물론, 포토저널리즘까지 문학에 포함시켰다. 이렇게 범위를 넓힌 것은 미국의 픽션은 실용주의적 사실주의에 확고히 뿌리박고 있으며(버지니아 울프나 카프카, 토마스 만, 올더스 헉슬리 등과는 달리), 그런 맥락에서 픽션의 주요 상대, 즉 픽션의 가장 큰 주제는 비즈니스와 물질주의라고 보았기 때문이다. 따라서 케이진은 시어도어 드라이저, 싱클레어 루이스, F. 스콧 피츠제럴드, 윌라 캐서, 존 도스 파소스, 존 스타인벡, 어니스트 헤밍웨이, 윌리엄 포크너, 토마스 울프의 작품은 물론이고 소어스틴 베블렌, 존 듀이, H. L. 멘켄, 에드먼드 윌슨의 저서까지 논함으로써 처음으로 미국의 정신세계에 강력한 영향력을 미치는 다양한 요소들을 밝혀냈다. 여기에는 개척자, 학자, 저널리스트/폭로자, 비즈니스맨은 물론, 봉건적인 남부의 구습도 포함됐다. 이런 요소들이 경쟁을 통해 산출하는 문학은 '위대함을 일깨우기'도 하지만 경우에 따라 '반은 감상적이고, 반은 상업적'인 모습을 보이기도 한다고 그는 말했다. 이런 지적에서 보듯이 케이진의 분석에는 감상적인 구석이 전혀 없었다. 그는 싱클레어 루이스가 극명하게 보여준 '변함없는 세일즈맨십perpetual salesmanship'을 미국 특유의 것으로 규정했다. 반 위크 브룩스(미국의 문학평론가 겸 전기작가 : 옮긴이)는 미국에서는 가장 발랄한 재주꾼들이 비즈니스와 정치 쪽으로 가고 예술이나 인문학 쪽에는 오지 않는다고 불평했다. 그래서 존 도스 파소스 같은 일부 미국 작가들이 느끼기에 '미국 비즈니스의 승리는 정신에게는 패배'였다. 그 결과로 희비극적 클라이맥스에 도달한 것이 1930년대 말이었다. '당시 교육은 비즈니스를 위한 훈련에 불과하고, 정치에서는 물질적으로 유복한 삶만이 강조'됐다.[117] 케이진은 1920년대의 자유주의 비평에서부터 마르크스주의 비평을 거쳐 30년대 초의 '과학적 비평'(맥스 이스트맨 같은 경우는 『문학 정신 : 과학 시대에서의 위치The Literary Mind: Its Place in an Age of Science』에서 과학이 '앞으로 나타날 모든 문제'에 대한 해답을 곧 제시할 것이며, 문학은 '그런 세상에서 설 자리가 없다'는 과격한 주장을 내놓았다)에 이르기까지 비평의 발전 과정에도 주목했다.[118] 또 언어를 기호의 체계로 이해하는 '기호작용semiosis'의 등장을 소개하기도 했다.

그러나 마지막 장 서두의 인용문이 보여주는 것처럼 케이진은 1933년 이후의 유럽은 끝난 것이나 마찬가지고, 이제(1942년) 미국 문학이(약점도 많고 비즈니스와의 애증 관계가 있기는 하지만) '파시즘으로 물들어가는 세계에서 서구 문화의 보존자 역할을 할 것'이라고 느꼈다.[119] 이는 심대한 변화로 미국 자체의 전통에 대한 각성과 맥을 같이하는 것이었다. 유럽의 많은 사람들은 주식 시장 폭락과 파시즘의 대두로 말미암아 자본주의에 대해 회의를 품고 러시아에 끌리게 됐다. 반면 미국인들은 자신의 원래 모습으로, 즉 끈끈한 내셔널리즘을 통해 도덕적 면모를 일신하는 쪽으로 돌아서는 동시에 비즈니스와 산업화, 과학 만능에 대해 비판적인 생각을 갖게 됐다. 케이진에게 있어 이러한 내셔널리즘은 맹목적이거나 편협한 것이 아니었다. 미국인들의 자부심을 북돋아주는 일종의 양식良識이었다. 문학은 이러한 사회 전반적인 조류의 일부에 불과했다. 그러나 시간이 좀 더 흐르면 문학의 역할은 더 커질 것이라고 케이진은 생각했다. 이 역시 위안으로 삼기에는 썰렁한 이야기였다.

케이진과 비슷한 논점을 역사상 가장 위대한 영화라고도 하는 작품에서 찾아볼 수 있다. 『고국에 서서』가 출간되기 불과 1년 전에 나온 이 영화는 오손 웰스Orson Welles(1915~1985)의 「시민 케인Citizen Kane」(1941)이었다. 1915년 미국 위스콘신 주 커노샤에서 태어난 웰스는 신동이었다. 20대 중반에 이미 연극과 라디오 분야에서 혁신적인 인물로 각광을 받았다. 출연진 모두를 흑인으로 채운 『맥베스』를 무대에 올려 성공을 거두는가 하면 H. G. 웰스의 『우주전쟁The War of the Worlds』을 라디오 드라마로 방송해 전국을 깜짝 놀라게 했다. 화성인이 침공해오는 장면을 뉴스처럼 내보내 많은 사람들이 한때 진짜 전쟁이 난 줄 알고 공포에 떨었다. 할리우드로 진출한 것은 20대 초로 각본에 감독에 주연까지 맡는, 그야말로 상식파괴적인 계약을 맺었다.

웰스는 덩치가 커서 '큰' 배역(본인은 이렇게 표현하곤 했다)에 어울렸는데 처음 맡은 영화에 어울리는 소재를 찾다가 우연히 케인에 생각이 미쳤다. 첫 번째 아내 버지니아 니콜슨Virginia Nicholson한테 들은 이야기에서 힌트를 얻었을 것으로 추정된다. 니콜슨의 전 남편이 신문재벌 윌리엄 랜돌프 허스트William Randolph Hearst와 살았던 여배우 마리온 데이비스의 조카였던 것이다.[120] 촬영은 극비리에 진행됐다. 홍보 효과를 극대화하기 위한 것이기도 했고, 허스트가 자기 이야기를 영화화하는 것을 모르게 하기 위한 조치이기도 했다. 또 소송에 휘말릴 것을 우려해 주인공 케인을 진짜 허스트와 덜 닮게 하려고 애를 쓰기도 했다. 그러나 권력을 이용해 배우자를 무대에 진출시키고, 우글거리는 친구와 추종자들에게 둘러싸여 궁전 같은 맨션에서 사는 미디어 재벌 이야기라는 것은 변함이 없었다. 사실 케인이 누군지는 감출 수도 없었다. 그래서 영화가 완성되고 나서 한동안 영화가 상연이 될 수 있을지에 대해 의구심이 일기도 했다. 제작사(RKO)가 허스트 측에서 명예훼손과 사생활 침해를 이유로 천문학적인 액수의 소송을 걸면 어쩌나 우려했기 때문이다. 결국 소송은 없었다. 그러나 일부 영화관은 허스트를 두려워한 나머지 필름을 배급받지 않거나 가져가 놓고도 돌리지 않았다. 그런 이유도 있고(유명한 흥행사 솔 휴로크Sol Hurok는 '중이 싫다는데야 어쩌겠나'라고 했다) 해서 「시민 케인」은 상업적으로는 성공을 거두지 못했다.

그러나 비평계의 반응과 예술성 면에서는 대성공이었다. 우선 「시민 케인」은 파격적인 기술적 혁신을 선보였다. 여기에는 촬영기사 그레그 토들랜드Gregg Todland와 특수 효과를 담당한 린우드 던Linwood Dunn의 역할이 컸다.[121] 당시에는 특수효과라는 것이 외계 생명체를 만드는 것 같은 작업이 아니라 장면을 두 번 이상 촬영해서 한 장면 한 장면의 집중도를 높여 관객들이 연극과 흡사한 느낌을 갖도록 만드는 것을 의미했다. 영화에서는 전혀 새로운 기법이었다. 웰스는 또 첫 장면부터 끝 장면까지 인터컷 없이 카메라가 액션을 그대로 따라가도록 연출했다. 웰스 본인은 나이 쉰의 케인 역을 맡았다. 분장 역시 특수효과가 중요했다. 이밖에 케인의 일대기를 말로 전하는 '뉴스 방송'을 도입한 것도 혁신이라고 할 수 있다. 진부한 요소도 있었다. 예를 들면 도입 부분에서 기자는 케인이 죽으면서 남긴 '장미꽃 봉오리'라는 말이 무슨 의미인지 궁금증을 이기지 못해 취재에 나선다. 이런 것도 사람들은 인상적으로 느꼈다.

마침내 3개 도시에서 개봉이 되자 평론가들은 완전히 넋을 잃었다. '센세이셔널하다'(《뉴욕 타임스》), '탁월하다'(《뉴욕 헤럴드 트리뷴》), '걸작이다'(《뉴욕 월드 텔레그람》), '제약을 초월한 지성'(《뉴욕 포스트》), '전혀 새로운 뭔가가 마침내 영화계를 강타하다'(《뉴요커》) 등등 찬사가 쏟아졌다.[122] 파당적 성향의 우파 언론들은 웰스가 공산당 식으로 허스트를 공격했다고 비난했다. 그런데 이 점이 바로 케이진의 주장과 연결되는 부분이다. 왜냐하면 「시민 케인」은 거대 비즈니스에 대한 공격이지 공산당 식 정치공세가 아니었기 때문이다. 「시민 케인」은 한 인간이 권력과 드넓은 땅과 거기 딸린 수천 점의 조각품 등등 그가 가진 모든 것에도 불구하고 정서적인 진실을 결여할 수 있으며—케인이 그렇다—, 그래서 외로운, 누구에게도 진정으로 사랑받지 못하는 존재로 떠돌 수 있다는 것을 보여준다. 별로 새로운 메시지랄 것은 없는 이야기다. 그러나 1930년대 말 미국에서는 강력한 메시지였다. 웰스의 강렬한 목소리가 보태져 더더욱 그랬다. 여전히 남은 수수께끼는 웰스가 작품에 '차가운 중심'이라고 할 만한 것을 두려고 했는가(호르헤 루이스 보르헤스Jorge Luis Borges는 케인을 두고 '중심 없는 미로'라고 했다)이다.[123] 언젠가 웰스는 사람 속은 알 수 없다고 했다('전기傳記는 다 집어치워라'라는 웰스의 말은 이런 맥락에서 이해할 수 있다). 그러니 적어도 케인의 경우를 통해 그런 불가해성을 보여주려는 의도도 있었을지 모른다. 그러나 평론가들의 일반적인 평가는 그런 측면은 의도적인 장치라기보다는 제작상의 실수라는 것이다.

케인의 경우처럼 웰스에게도 부는 별 위안이 되지 못했다(허스트도 진짜 그랬다). 「시민 케인」 이후 웰스는 활짝 핀 꽃이 차츰 시들어가는 것 같았다. 케이진의 책이 나오기 전인 그해 말 영화는 상영이 끝났다. 이후 웰스는 서서히 내리막길을 걸었다.

19
히틀러의 선물
Hitler's Gift

유명한 사진이 하나 있다. 전시회 때 찍은 것인데 전시회 제목은 「망명 작가들 Artists in Exile」이었다. 1942년 3월 뉴욕 피에르 마티스 갤러리다. 피에르 마티스 Pierre Matisse는 화가 앙리 마티스Henri Matisse의 아들로 1930년대 초부터 뉴욕 맨해튼에서 잘 나가는 미술상이었다. 이런 전시회는 초유의 일이었다. 사진에 찍힌 인물들은 하나같이 '정장'을 했다. 앞줄에는 왼쪽부터 로베르토 마타Roberto Matta, 오십 자킨Ossip Zadkine, 이브 탕기Yves Tanguy, 막스 에른스트, 마르크 샤갈, 페르낭 레제Fernand Léger가 앉았고, 뒷줄에는 앙드레 브르통, 피에트 몬드리안, 앙드레 마송, 아메데 오장팡Amédée Ozenfant, 자크 리프시츠Jacques Lipchitz, 파벨 첼리체프Pavel Tchelitchev, 쿠르트 셀리그만Kurt Seligmann, 유진 버만Eugene Berman 등 다들 쟁쟁한 미술가들이다. 이처럼 다채로운 천재적인 작가들을, 그것도 한 방에 모은다는 것은 평소 같으면 꿈도 꿀 수 없는 일이다. 이들이 출품한 작품들에 대해서도 평론가들은 그렇게 느꼈다. 〈아메리칸 머큐리〉는 전시회 리뷰 기사 제목을 '미국에 보내는 히틀러의 선물'이라고 달았다.[1]

1933년 1월에서 1941년 12월까지 독일과 오스트리아 난민 10만 4,098명이 미국에 도착했다. 그중 7,622명이 학자고, 1,500명이 미술가나 문화 분야 저널리스트 내지는 기타 부문 지식인이었다. 이주의 물결이 처음 시작된 1933년에만 해도 졸졸 흐르는 냇물 수준이던 것이 1938년 크리스탈나흐트Kristallnacht(1938년 11월 9~10일 밤 나치가 독일 전역에서 유대인을 집단으로 살해·폭행하고 유대인 상점을 불태운 사건. 당시 깨진 유대인 상점 유리창 파편이 수정처럼 반짝거리며 거리를 메웠다고 해서 '수정의 밤' 사건이라고 한다 : 옮긴이) 이후로는 물이 한참 불었다. 그래도 아직 홍수라고 할 정도는 아니었다. 그때는 많은 사람이 독일을 떠나기가 어려워졌고, 미국에도 반유대주의와 반이민 정서가 퍼져서 입국이 거부되는 경우가 많았다. 미국은 1924년부터 쿼터제를 시행해 신규 이민자 수를 연간 16만 5,000명으로 묶어놓았다. 백인 국가의 경우 1890년 인구조사 수치를 기준으로 총 인구의 2퍼센트 이내로 제한이 가해졌다. 오스트리아와 독일 이민 쿼터는 1930년대와 1940년대에도 실제로는 다 채워지지 않았다. 이런 사실은 잘 알려져 있지는 않지만 그 엄혹한 시절에 인도주의적 행동에 앞장선 미국으로서는 수치스러운 일이 아닐 수 없다.

다른 예술가와 학자들은 암스테르담으로, 런던으로, 파리로 달아났다. 프랑스 수도에서는 막스 에른스트, 오토 프로인틀리히Otto Freundlich, 게르트 볼하임Gert Wollheim이 독일미술가집단을 형성했고, 나중에는 자유미술가연맹을 결성했다. 이 단체는 나치가 뮌헨에서 개최한 「퇴폐 미술 전시회」에 대항하는 전시회를 열기도 했다. 암스테르담에서는 막스 베크만, 오이겐 슈피로Eugen Spiro, 하인리히 캄펜동크, 바우하우스 출신 건축가 하요 로제Hajo Rose 등이 긴밀히 연락하며 그룹을 형성했는데 파울 시트로엥Paul Citroen의 사설 미술학교가 구심점 역할을 했다. 런던에서는 망명 지식인 사회가 200명쯤 됐다. 이중에서도 존 하트필드, 쿠르트 슈비터스, 루트비히 마이트너Ludwig Meidner, 오스카 코코슈카 같은 미술가들이 가장 유명했다. 이들을 중심으로 미술가난민위원회와 신영국미술클럽, 영국왕립미술원 등의 도움을 받아 자유독일문화연맹이 조직됐다. 연맹이 한 일 중에서 가장 괄목할 만한 것이 1938년 뉴 벌링턴 갤러리New Burlington Galleries에서 개최한 「20세기 독일 미술 전시회Exhibition of Twentieth-Century German Art」였다. 전시회 제목은 일부러 평이하게 달았다. 히틀러에 대해 유화 정책을 펴고 있던 영국 정부를 난처하게 하지 않기 위해서였다. 전쟁이 터지자 하트필드와 슈비터스는 적성국 외국인이라는 이유로 구금됐다.[2] 독일에서도 오토 딕스, 빌리 바우마이스터Willi

Baumeister, 오스카 슐레머 같은 미술가들은 '내부 망명inner exile'이라는 이름으로 은둔생활에 들어갔다. 딕스는 보덴호湖 인근에 은거하며 풍경화를 그렸다. 그는 "외국으로 이주한 것이나 마찬가지였다"고 말했다.³ 카를 슈미트 로틀루프와 에리히 헤켈은 세상의 눈길을 피할 요량으로 벽촌으로 숨어들었다. 에른스트 루드비히 키르히너는 세상 돌아가는 꼬락서니에 좌절한 나머지 자살했다.

그러나 역시 미국으로의 이주가 가장 중요하면서도 의미가 컸다. 이주자 수가 많기 때문만은 아니었다. 지성의 이주로 20세기 정신사의 풍경이 극적으로 변했기 때문이다. 그런 대규모 이동은 아마도 사상 초유의 사태였을 것이다.

히틀러의 박해가 삼척동자도 알 만한 정도가 되자 각종 구조위원회가 벨기에, 영국, 덴마크, 프랑스, 네덜란드, 스웨덴, 스위스 등에 꾸려졌다. 그중에서도 특히 활동이 두드러진 조직으로 두 가지를 들 수 있다. 영국의 학자원조위원회the Academic Assistance Council(AAC)는 런던정경대학의 윌리엄 베버리지 경 주도로 대학 총장들이 모여서 결성했다. 1938년 11월까지 이미 524명에게 36개국의 각종 교육·연구기관에 일자리를 알선해 주었다. 그중 미국에 정착한 사람이 161명이었다. 영국 대학의 많은 교수들이 월급에서 2~3퍼센트씩을 떼어 기금을 모았다. 이 소식을 듣고 미국 학자들도 비슷한 정도의 갹출금을 대서양 건너 영국으로 보내왔다. 이런 식으로 해서 AAC가 모은 기금이 약 3만 파운드였다(AAC가 최종 해체된 것은 1966년에 가서였다. 그러나 지금도 정치나 인종적인 이유로 박해를 받는 외국 학자들에 대한 지원 사업은 계속하고 있다). 난민이 된 일단의 독일 학자들은 재외독일학자비상협회Emergency Society of German Scholars Abroad를 결성했다. 이 단체는 동료들에게 최대한 일자리를 마련해주는 것이 설립 목적이었다. 학교나 연구기관에서 쫓겨난 독일인 1,500명의 신상명세를 작성하기도 했다. 이 명단은 시간이 흐르면서 다른 기관에서 대단히 유용하게 쓰였다. 비상협회는 기회를 잘 활용했다. 1933년 봄 터키에서 케말 아타튀르크Kemal Atatürk(현대 터키 초대 대통령. 1881~1938: 옮긴이)가 이스탄불 대학 개편을 추진했다. 서구식 근대화 사업의 일환이었다. 그 과정에서 독일 학자들이 꽤 고용됐다. 작곡가 파울 힌데미트도 그중 한 명이었다. 1935년 이스탄불 법과대학이 종합대학으로 승격할 때도 비슷한 기회가 생겼다. 터키에 자리를 잡은 독일 학자들은 심지어 자체 학술 저널까지 창간했다. 고향에서는 물론이고 영국이나 미국에서도 학술지를 발행하기가 매우 어려웠기 때문이다. 이 저널에는 피부병학에서부터 산스크리트어 연구까지 온갖 분야의 논문이 실렸다. 지금은 수집가들이 탐을 내는 희귀본이 된 지 오래다.⁴

터키의 독일 학술지는 18호밖에 내지 못했다. 반면 히틀러의 선물이라고 할 수 있는 또 하나의 학술지 《수학 리뷰Mathematical Reviews》는 수명이 훨씬 길었다. 1939년 《수학 리뷰》 창간호가 나왔을 때 주목하는 사람은 거의 없었다. 다들 불안한 세계정세에 온 신경이 가 있었기 때문이다. 그러나 MR(수학자들은 곧 《수학 리뷰》를 약칭으로 이렇게 불렀다)의 등장은 조용하지만 드라마틱하고도 의미심장한 사건이었다. MR이 나오기 전까지 전 세계에서 수십 가지 언어로 쏟아지는 논문들을 발췌해 게재하는 가장 중요한 수학 잡지는 《수학 및 관련 분야 중앙지Zentralblatt für Mathematik und ihre Grenzgebiete》(약칭 첸트랄블라트)였다. 1931년 창간돼 베를린의 슈프링어 출판사에서 발행하고 있었다. 물리학의 황금기와 고틀로프 프레게, 다비드 힐베르트, 버트런드 러셀, 쿠르트 괴델의 작업에 힘입어 수학은 눈부신 성장을 거듭하고 있었다. 따라서 광범위하게 발췌 수록한 저널은 시대 조류에 뒤떨어지지 않으려면 반드시 읽어야만 했다.⁵ 그러나 1933~34년에 심각한 문제가 생겼다. 잡지 편집인 오토 노이게바우어Otto Neugebauer(리하르트 쿠란트Richard Courant가 이끄는 유명한 괴팅겐 대학 수학부 전임이기도 했다)가 정치적으로 의심을 받게 된 것이다. 1934년 노이게바우어는 덴마크로 피신했다. 그는 1938년까지는 《첸트랄블라트》 편집운영위원회 위원직을 유지했으나 당시 같은 위원이었던 유대계 이탈리아 수학자 툴리오 레비 치비타Tullio Levi-Civita는 해임됐다. 노이게바우어는 아픔을 같이 하는 의미에서 사임했다. 국제 자문단 위원 여러 명도 자리를 내놓았다. 그해 말에는 편집운영위원회에 러시아인들의 참여가 중단되었으며, 난민 수학자들은 서평을 쓰는 것조차 금지됐다. 당시 〈사이언스〉 기사에 따르면 《첸트랄블라트》는 이제 유대인이 쓴 논문은 아예 게재하지도 않았다.

미국 수학자들은 이런 상황을 놀라움과 당혹감 속에 예의주시하고 있었다. 처음에는 제호를 사들일까 생각했다. 그러나 베를린의 출판사가 팔려고 하지 않았다. 슈프링어 출판사는 오히려 역제안을 했다. 편집위원회를 이원화해 버전을 둘로 내자는 것이었다. 하나는 미국, 영국 및 영연방, 소련 쪽에서 맡고, 또 하나는 독일과 인근 국가들이 담당하자는 아이디어였다. 미국 수학자들은 이런 모욕적인 제안에 격분한 나머지 1939년 5월 투표를 통해 아예 자체 학술지를 새로 창간하기로 결정했다.[6] 그렇게 해서 태어난 것이 바로 MR이었다.

록펠러 재단 관계자들은 이미 1933년 4월에 나치에 쫓기는 학자들을 돕는 방안을 고민하고 있었다. 긴급위원회 설립 기금을 마련하고, 그해 5월부터 활동에 들어갔다. 긴급위원회는 조심스럽게 움직였다. 미국도 아직 대공황의 여파가 상당했고, 일자리도 빠듯한 상황이었기 때문이다. 일차 과제는 문제의 정도를 파악하는 일이었다. 1933년 10월 긴급위원회 부위원장인 에드워드 R. 머로Edward R. Murrow(미국의 저명한 앵커, 저널리스트 : 옮긴이)는 총 2만 7,000명의 학자 가운데 2,000명 이상이 240개 기관에서 해직됐다는 통계를 내놓았다. 상당히 많은 수였다. 따라서 이주가 급물살을 탄다면 미국 학자들의 자리가 위태로워질 뿐 아니라 반유대주의를 자극할 수도 있었다. 대서양을 건너는 사람의 수를 줄일 수 있는 조치가 필요했다. 그래서 위원회는 '고통을 줄여주는 것이 아니라 학문 연구를 돕는 것'이 목적이라는 점을 분명히 했다. 그렇게 해서 이미 학문적 업적을 인정받은 비교적 나이 든 학자들을 우선 구제하는 데 집중했다. 이에 따라 혜택을 본 사람 중 가장 유명한 인물이 괴팅겐 대학의 리하르트 쿠란트였다.[7]

독일어를 쓰는 동료 학자들을 돕는 데 가장 큰 역할을 한 사람은 오스왈드 베블렌Oswald Veblen(1880~1960)과 R. G. D. 리처드슨Richardson(1878~1949)으로 둘 다 수학자였다. 베블렌은 위대한 사회이론가 소어스틴 베블렌의 조카로 프린스턴고등연구소(IAS) 연구원이었고, 리처드슨은 브라운대학 수학과 과장으로 미국수학협회 사무국장이었다. 긴급위원회 회원기관인 미국수학협회의 도움을 받아 수학자 51명이 1939년 유럽에서 전쟁이 발발하기 이전에 미국으로 이주했다. 전쟁이 끝날 무렵에는 이런 식으로 옮겨온 수학자가 150명 가까이 되었다. 모든 학자가 나이에 관계없이 일자리를 찾았다. 가스실에서 사라져간 유대인 600만 명에 비하면 150명이라는 숫자는 미미해 보일 것이다. 그러나 수학자들은 다른 어떤 직업군보다 많은 도움을 받았다. 그로부터 한참 세월이 지난 지금 세계 최고 수준의 수학 연구기관 여덟 곳 가운데 세 개가 미국에 있다. 독일에는 하나도 없다.[8]

미국에 온 지식인들 중에는 미술가, 음악가, 수학자들 외에도 중진급 생물학자 113명, 세계 최고 수준의 물리학자 107명이 있었다. 이들이 어떻게 전쟁의 향배에 결정적인 영향을 미치는지는 22장에서 살펴보기로 하자. 학자들은 미국 이민법의 특별조항의 도움도 받았다. 이 조항은 1940년 국무부가 마련한 '긴급방문객' 비자 규정으로 심각한 위험에 처한 난민들 가운데 '지적인 또는 문화적인 성취나 정치 활동이 미국에 이익이 되는' 경우 발급할 수 있도록 되어 있다. 연극 연출가인 막스 라인하르트Max Reinhardt, 작가인 슈테판 츠바이크, 언어학자 로만 야콥슨Roman Jakobson 등이 모두 긴급방문객 비자로 미국 땅을 밟았다.[9]

지식인 난민을 돕는 기관은 많았다. 그러나 그중에서도 단연 돋보인 것이 '독일의 자유를 돕는 미국의 친구들the American Friends of German Freedom'이 조직한 '긴급구조위원회the Emergency Rescue Committee'(ERC)였다. 미국의 친구들은 추방당한 독일 사회주의 지도자 파울 하겐Paul Hagen(카를 프랑크Karl Frank라는 이름으로도 알려져 있다)이 미국에서 결성한 단체로 반나치 활동 기금을 모았다. 1940년 6월, 프랑스가 독일의 모든 요구를 굴욕적으로 다 들어주면서 휴전협정에 서명을 한 지 사흘이 지난 어느 날이었다. 미국의 친구들 회원들은 점심을 먹으면서 더 위태로워진 학자들을 도울 방법을 논의했다.[10] ERC가 그 결론이었다. 즉석에서 3,000달러가 모였다. 점심 자리에서 나온 이야기는 우선 심각한 위기에 처해 있고, 특별 비자 발급 조건이 되는 주요 지식인—학자, 문인, 미술가, 음악가 등등—의 명단을 작성하는 일이었다. 위원회 멤버 중 한 사람인 배리언 프라이Varian Fry(1907~1967)가 프랑스로 가서 가급적 많은 지식인을 안전한 곳으로 대피시키는 책임을 맡게 됐다.

프라이는 호리호리한 몸매에 안경을 쓴 인물로 하버드 출신이었다. 1935년 독일에 체류하면서 나치의 대학살이 어떻게 진행되는지를 직접 목격한 바 있었다. 그는 독일어와 프랑스어를 했고, 두 나라의 생존 문인, 화가들의 작품을 잘 알고 있었다. 당시 미국에서도 반유대주의 물결이 높았기 때문에 먼저 백악관으로 영부인 엘리너 루스벨트Eleanor Roosevelt 여사를 찾아가 지원을 호소했다. 영부인은 돕겠다고 약속했지만 그 이후 국무부가 취한 행동으로 미루어보건대 남편(루스벨트 대통령)은 생각이 달랐던 것 같다. 프라이가 마르세유에 도착한 것은 1940년 8월이었다. 수중에는 3,000달러가 있었고, 200명의 명단은 머릿속에 외워 왔다. 명단을 문서로 들고다니는 것은 너무 위험했기 때문이다. 명단은 되는 대로 작성했다. 토마스 만은 위험에 처한 독일 문인들의 이름을 알려주었고, 자크 마리탱은 프랑스 작가들 명단을, 얀 마사리크Jan Masaryk는 체코인들의 이름을 알려주었다. 사회연구를 위한 뉴스쿨 총장인 경제학자 앨빈 존슨Alvin Johnson은 학자들의 이름을 제시했고, 뉴욕 현대미술관 관장인 미술평론가 앨프리드 바Alfred Barr는 미술가들의 명단을 제공했다. 그런데 프라이가 현지에 가보니 최우선 순위로 탈출시켜야 할 사람들—특히 미술가들—이 떠나려고 하지를 않았다. 파블로 피카소, 앙리 마티스, 마르크 샤갈, 자크 리프시츠 등은 한결같이 이주를 거부했다(샤갈은 미국에도 '암소'가 있느냐고 물었다). 아메데오 모딜리아니는 떠나고 싶어 하면서도 불법적인 일은 하려 들지 않았다. 스페인 첼리스트 파블로 카잘스Pablo Casals, 앙드레 지드, 앙드레 말로 등도 프라이의 제안을 거부했다.[11]

프라이는 곧 명단에 오른 모든 사람의 신변이 극도로 위태로운 것은 아니라는 사실을 알게 됐다. 솔직한 발언을 하는 경우와 특히 유대계는 나치의 숙적이었다. 그런데 유대계가 아닌 유명한 '퇴폐' 미술가들 중 다수는 비시 정권 하의 프랑스에서 그 지명도 덕분에 그런 대로 보호를 받고 있었다. 진짜 위험에 처한 것은 유명도가 훨씬 덜한 인물들이었다. 뉴욕에 보고할 것도 없이 프라이는 특별 비자 발급 조건만 되면 명단에 올랐건 말건 가급적 많은 사람을 구하는 쪽으로 방향을 틀었다.[12] 먼저 마르세유 그리냥Grignan가에 미국구조센터Centre Américain de Secours라는 것을 세웠다. 일종의 일선 조직으로 대개 난민들에게 소액의 돈을 나눠주고 미국에 갈 수 있도록 서류작업이나 연락을 돕는 일을 했다. 이와 함께 비밀 네트워크를 만들어서 프랑스 지하조직을 활용해 선별한 난민들을 프랑스에서 포르투갈로

빼냈다. 포르투갈에서 비자를 받아 다시 미국으로 보내는 작전이었다. 프라이는 마르세유 북쪽 외곽에 안가安家 빌라 애르 벨Villa Air Bel을 마련해 거기서 난민들에게 위조서류를 챙겨주고 험준한 피레네 산맥을 넘어 자유의 길로 안내할 현지 가이드를 붙여줬다. 이렇게 해서 극적으로 탈출한 유명 인사로는 앙드레 브르통, 마르크 샤갈, 막스 에른스트, 리온 포이히트방어Lion Feuchtwanger, 콘라트 하이덴Konrad Heiden(비판적인 히틀러 전기를 쓴 것으로 유명하다), 하인리히 만, 알마 말러 베르펠Alma Mahler-Werfel, 앙드레 마송, 프란츠 베르펠Franz Werfel, 쿠바 화가 윌프레도 램 Wilfredo Lam 등이 있었다. 프라이가 구원의 손길을 내민 사람은 다 합해서 2,000명 정도 됐다. 원래 명단의 열 배나 되는 수였다.[13]

진주만 공격(1941년 12월 7일)이 일어날 때까지(이때 프라이는 집에 있었다) 미국인들은 유럽 난민들의 곤경에 무관심했다. 특히 유대계 난민들에 대해서는 적대적이었다. 국무부에도 반유대주의 성향의 인물이 고위직에 많았다. 특히 차관보인 브레킨리지 롱Breckinridge Long은 프라이가 하는 일을 매우 못마땅해 했다. 프라이는 줄곧 마르세유 주재 미국 영사관의 방해를 받았다. 외교 정책의 문제였기 때문이다. 1941년 9월 비시 정권 당국에 체포돼 잠시 구금되었던 것도 영사가 손을 쓴 것이 거의 분명했다.[14] 그러나 어찌됐든 1933년부터 1941년까지 수천 명의 과학자, 수학자, 작가, 화가, 음악가들이 대서양을 건넜고, 다수가 미국에 영구 정착했다. 뉴욕 사회연구를 위한 뉴스쿨의 앨빈 존슨은 90명의 학자를 이끌고 망명 대학을 신설했다. 이 대학 교수진에는 한나 아렌트, 에리히 프롬, 오토 클렘페러, 클로드 레비스트로스Claude Lévi-Strauss, 에르빈 피스카토르, 빌헬름 라이히 등이 포진했다. 이들 대부분은 혁신적인 『사회과학백과사전Encyclopedia of the Social Sciences』를 편집하는 과정에서 존슨이 직접 만났거나 편지를 주고받은 사이였다.[15] 후일 프랑스가 독일에 넘어가고 나서 존슨은 또 하나의 망명 연구기관을 설립했다. 이름 하여 자유고등교육원École Libre des Hautes Études이었다. 라슬로 모호이 나기는 시카고에 신新바우하우스를 재건했고, 바우하우스의 또 다른 예전 동료들은 그 비슷한 기관을 세웠다. 이는 나중에 '블랙 마운틴 칼리지Black Mountain College'로 알려지는데 숲이 우거지고 개울이 흐르는 해발 730미터 노스캐롤라이나North Carolina 산

속에 자리 잡았다. 건축, 디자인, 회화는 물론 생물학, 음악, 정신분석학도 가르치고 배우는 곳이었다. 한때 교수진에는 요제프 알베르스Josef Albers, 윌렘 데 쿠닝 Willem de Kooning, 오십 자킨, 리오넬 파이닝거, 아메데 오장팡 등이 있었다. 학교는 남부에 자리 잡았지만 교수진과 학생 양쪽에 흑인이 많았다. 전쟁이 끝난 뒤 칼리지는 두각을 나타낸 시인 유파의 본산이 되었고 1950년대까지도 존속했다.[16] 컬럼비아 대학에서는 프랑크푸르트연구소가, 뉴욕 대학교(NYU)에서는 에르빈 파노프스키의 미술연구소가 활동을 시작했다. 연구원은 망명자들 몫이었다. 후일 히틀러의 선물은 이루 말할 수 없는 가치를 가진 것으로 판명된다.

1942년 피에르 마티스 갤러리에서 열린 「망명 작가들」 전과 그 비슷한 전시회들은 유럽 주요 미술가들의 작품을 미국에 처음 소개하는 자리가 됐다. 그러나 이는 양방향 커뮤니케이션의 시작에 불과했다. 마티스 갤러리에 출품한 일부 화가는 미국이 영 편치 않아 사정이 되는 대로 서둘러 유럽으로 돌아갔다. 그러나 현지에 적응해 눌러 앉은 작가들도 있었다. 몸소 겪은 종말론적인 사건에 대해 아무 말 없이 넘어갈 수 있는 사람은 아무도 없었.

베크만, 칸딘스키, 슈비터스, 코코슈카, 그리고 초현실주의자들은 바로 반박에 나섰다. 반박의 칼날은 파시즘 및 파시즘이 대변하는 자유주의와 이성과 모더니티에 대한 배반을 겨냥했다. 샤갈과 리프시츠는 당대의 사건들을 좀 더 개인적인 시각에서 해석함으로써 유대인의 본질의 변화 과정을 더듬어갔다. 페르낭 레제와 피에트 몬드리안은 새로 안착한 나라에서 앞을 향해 전진하는 동시에 주위를 둘러보기도 했다. 레제는 뉴욕 같은 대도시의 거대한 마천루에 충격을 받았다고 솔직히 인정했다. 그러나 미국에서 가장 인상 깊은 것은 거대한 땅덩어리가 '방대한 천연자원 및 어마어마한 기계력'과 충돌하면서도 상호보완적이라는 점이었다. 이것이야말로 미국의 그 엄청난 역동성과 '충격적인 강렬함'의 근원이었다.[17] 그림의 색채는 점점 대담하고 밝아졌지만 한결 단순해졌다. 반면 검은 테두리 선은 차츰 짙어지면서도 삼차원 구성 효과는 줄어들었다. 미국 체류 시절 레제의 화풍은 친근하면서도 뭔가 신비한 구석이 있는 광고판 같았다. 피에트 몬드리안의 말년 그림들은(1944

년 72세기를 일기로 별세했다) 추상화로서는 시대를 막론하고 관객이 가장 쉽게 다가갈 수 있는 것이 아닌가 싶다. 강렬하면서도 생동감 넘치면서 하늘거리는 격자형 작품들이 주종을 이룬다. 「뉴욕 시티」, 「뉴욕 시티 1」, 「빅토리 부기우기Victory Boogie-Woogie」, 「브로드웨이 부기우기」 등은 운동성과 흥분이 어울려 아른거리는 이미지를 준다. 맨해튼의 격자형 도시 구조를 하늘이나 마천루 꼭대기에서 내려다본 형상으로 딱딱 각이 지면서도 익명적인 신세계의 아름다움을 잘 포착하고 있다. 그러면서도 추상적이고 표현주의적이며 신세계에서 낡은 범주들이 어떻게 떨어져나가는지를 강렬한 어법으로 증언한다.[18]

다른 전시회들은 전쟁 기간에 주로 뉴욕에서 열렸다. 대부분 미국 거주 유럽 미술가들의 작품을 보여주는 것이었다. 「전쟁과 미술가War and Artist」전은 1943년에, 「해방 살롱Salon de la Libération」전은 1944년에 열렸다. 여기서 핵심적인 것은 미국이 망명 작가들에게 미친 영향이 아니라 망명 작가들이 일단의 젊은 미국 미술가들에게 엄청난 영향을 미쳤다는 점이다. 미국 미술가들은 유럽이 내놓을 수 있는 모든 것을 보고 싶어 했다. 윌렘 데 쿠닝, 로버트 마더웰Robert Motherwell, 잭슨 폴록Jackson Pollock 등이 그런 미국 작가들이었다.

히틀러가 신세계에 준 선물 중에서 가장 큰 것 중 하나는 아놀드 쇤베르크였다. 나치가 집권하자 이 작곡가가 독일을 떠나야 할 것이라는 데에 대해서는 누구도 의문의 여지가 없었다. 일찍이 유대교에서 기독교로 개종을 했지만 그런 정도로는 나치 당국에 아무런 인상도 줄 수 없었다. 게다가 1933년에는 다시 유대교로 돌아갔다. 같은 해에 쇤베르크는 '문화 볼셰비키cultural Boshevik'로 블랙리스트에 오르면서 베를린 예술아카데미 교수직에서 해임되었다. 처음에는 파리로 갔다. 거기서 한동안 무일푼에 오도 가도 못하는 신세로 지냈다. 그런데 뜻밖에 보스턴에 있는 작은 사립 음악학교 교사 자리 초청을 받았다. 첼리스트 조셉 멀킨Joseph Malkin이 설립하고 운영하는 학교였다. 쇤베르크는 즉시 초청을 받아들였다. 미국에 도착한 것이 1933년 10월이었다.

그러나 미국은 쇤베르크를 받아들일 충분한 준비가 되어 있지 않았다. 처음 몇 달은 어렵게 지냈다. 겨울 날씨는 혹독했고, 그의 영어는 형편없었다. 학생도 많지 않았다. 그의 작품은 지휘자들조차 소화하기가 너무 어려웠다. 그래서 형편이 되는 대로 로스앤젤레스로 옮겨갔다. LA는 최소한 날씨는 한결 나았다. 쇤베르크는 1951년 사망할 때까지 로스앤젤레스에서 지냈다. 명성이 차츰 퍼져나갔다. 로스앤젤레스로 이주한 지 일 년 정도 지난 시점에 남가주대학교(USC) 음악부 교수로 임명됐다. 1936년에는 UCLA에서 비슷한 자리를 얻었다. 그는 자신의 음악이 무엇을 추구해야 하는지를 결코 잊지 않았다. 그래서 다행히도 할리우드의 달콤한 유혹에 넘어가지 않았다. MGM 영화사가 영화 음악을 써줄 수 있겠느냐는 의사타진을 해왔을 때 그는 아주 높은 액수(5만 달러)를 부르는 식으로 거절했다. 그러자 그런 제안들이 금세 쑥 들어갔다.[19]

쇤베르크가 미국에서 처음 쓴 곡은 학생 오케스트라를 위한 소품이었다. 그러나 이어 「바이올린 협주곡 작품번호 36」이 나왔다. 미국 데뷔작일 뿐 아니라 최초의 협주곡이기도 했다. 풍부하고 열정적인 이 작품은—쇤베르크로서는—형식면에서 전통적인 색채가 강했다. 그러나 표면적으로는 바이올리니스트 입장에서 운지가 굉장히 까다로웠다. 쇤베르크는 여전히 자신을 보수적이라고, 새로운 화성을 추구하기는 하지만 결코 극단으로 치닫지는 않는다고(그의 느낌으로는 그랬다) 생각했다.

쇤베르크보다 스무 살 어린 파울 힌데미트(1895~1963)는 유대계가 아니었다. 사실 그는 '순수' 게르만 혈통이었다. 그러나 내셔널리즘이나 인종주의 감정 같은 것은 전혀 없었다. 그런데 그가 유명하게 만들어준 현악삼중주 팀에 유대인이 한 명 끼어 있었다. 힌데미트는 그런 유대를 끊어야 할 아무런 이유도 발견할 수 없었다. 그게 하나의 오점이었다. 또 하나의 오점은 1927년부터 1934년까지 베를린 음악원 교수로 있으면서 괄목할 만한 독일 작곡가로 유명해졌다는 사실이다. 당시 그에게는 열렬한 지지자들이 따라다녔다. 영향력 있는 일부 신문 음악평론가들과 저명한 지휘자 빌헬름 푸르트벵글러Wilhelm Furtwängler도 그의 팬이었다. 그러나 괴벨스는 못마땅했다. 그래서 힌데미트 역시 '문화 볼셰비키'로 찍혔다. 그는 터키에서 잠시 머물다 1937년에 미국으로 갔다. 이어 벨라 바르톡, 다리우스 미요Darius Milhaud, 이고르 스트라빈스키가 미국으로 건너왔다. 연주의 거장들은 순회 연주 여행 덕분에 이미 미국에 익숙해져 있었고, 미국도 그들을 친숙하게 대했다. 아르투르 루빈슈타인Arthur Rubinstein, 한스 폰 뷜로Hans von Bülow, 프리츠 크라이슬러Fritz Kreisler, 에프렘 짐발리스트Efrem Zimbalist, 미샤 엘만Mischa Elman 같은 피아니스트, 바이올리니스트들이 1930년대 말 미국에 정착했다.[20]

전시 망명자들의 아지트로 뉴욕에 버금갈 만한 곳은 쇤베르크의 경우에서 보듯이 로스앤젤레스였다. 가까이 모여 사는 유명 인사들의 명단을 꼽아보면 놀라웠다. 쇤베르크 말고도 토마스 만, 베르톨트 브레히트, 리온 포이히트방어, 테오도르 아도르노, 막스 호르크하이머, 오토 클렘페러, 프리츠 랑, 아르투르 루빈슈타인, 프란츠 베르펠과 알마 베르펠 부부, 브루노 발터, 피터 로어, 세르게이 라흐마니노프Sergi Rachmaninoff, 하인리히 만, 이고르 스트라빈스키, 만 레이Man Ray, 장 르누아르Jean Renoir 등등……[21] 역사가 로렌스 웨슬러Lawrence Weschler는 할리우드 지도를 새로 만들어야 한다고까지 주장했다. 영화배우들의 집을 표시한 전통적인 지도 대신 지식인과 학자들의 거주지를 알려주는 지도를 만들어야 한다는 이야기였다. 해볼 만한 일이기는 했지만 지금 같은 세상에서야 별 매력이 없는 일이겠다.[22] 아놀드 쇤베르크의 미망인은 관광버스가 들어오면 관광객들을 데리고 집 주위를 안내해주기도 했다. 버스는 쇤베르크의 집 코앞에서 멈추곤 했는데 관광 가이드 목소리가 확성기를 통해 또렷이 들렸다. 관광객들이 정원과 집을 둘러보면 가이드는 이렇게 말하곤 했다. "그리고, 저기 왼쪽에 집 보이시죠? 저게 셜리 템플Shirley Temple(1930년대에 명성을 날린 미국의 소녀 영화스타 : 옮긴이)이 영화 찍을 때 살던 집이랍니다."[23]

배리언 프라이는 하버드대 재학 시절 학부생을 위한 문학잡지를 편집한 적이 있었다. 그때 편집을 함께 한 동창이 링컨 커스틴Lincoln Kirstein(1907~1996)이었다. 프라이와 마찬가지로 커스틴은 나중에 유럽으로 가서 구세계의 문화를 미국에 소개하는 일을 했다. 그러나 커스틴이 유럽으로 간 것은 전쟁이나 반유대주의 또는 히틀러와는 무관했다. 그는 문학에 관심이 많았지만 발레광이기도 했다. 커스틴은 미국은 현대무용에서 어떤 기폭제 같은 게 필요하며, 그런 일을 해낼 수 있는 사람은 딱 한 사람뿐이라고 생각했다.

커스틴은 키가 매우 컸고, 엄청난 부자에 대단히 조숙했다. 뉴욕 주 로체스터의 유대인 가문에서 태어난 커스틴은 열 살 때부터 미술품을 모았다. 처음 발레 구경을 한 것이(안나 파블로바Anna Pavlova가 출연한 공연이었다) 열두 살 때였고, 희곡—티베트가 배경이었다—을 출판한 것이 겨우 열네 살 때였다. 그 해 여름을 런던에서 지냈는데 그때 블룸즈버리 그룹을 만나게 됐고 리튼 스트레이치, 존 메이너드 케인스, E. M. 포스터, 시트웰 삼남매The Sitwells와도 인사를 나눴다. 그러나 그의 인생을 결정적으로 바꿔놓은 것은 발레였다.[24] 그는 아홉 살 때부터 무용에 매료됐다. 당시 부모는 디아길레프 발레단이 보스턴에서 하는 「세헤라자데Scheherazade」 공연을 보지 못하게 했다. 그 후 스물 둘의 젊은 나이에 베네치아를 여행했는데 우연히 그리스정교 교회에서 하는 장례식을 보게 됐다. 검은 색과 황금색으로 장식한 이국적인 거룻배를 교회 계단에 밧줄로 매어놓았는데 인근 석호潟湖에 있는 성聖 에라스무스 사자死者의 섬the Isle of the Dead으로 시신을 태우고 갈 참이었다. 문상객들 너머로 관가棺架가 보였다. "성상을 새긴 번쩍번쩍하는 큰 청동 벽 아래 놓인 관은 담요로 덮고 꽃을 잔뜩 꽂아놓은 상태였다."[25] 장례식이 끝나고 햇빛에 드러난 얼굴들 중 일부는 어쩐지 알 만한 사람 같기도 했다. 커스틴 전기를 쓴 버나드 테이퍼Bernard Taper에 따르면 사흘 후 그는 우연히 런던에서 발행하는 〈타임스〉지를 보고서야 별 생각 없이 들어선 교회가 산 조르지오 데이 그레치 교회이며, 그날 장례식은 다름 아닌 세르게이 디아길레프의 장례식이었다는 사실을 알게 됐다.

이듬해에 커스틴은 하버드 대학을 졸업했다. 아버지는 아들을 불러내 이렇게 말했다. "애야, 너한테 거금을 남겨주마. 지금 가질래냐, 내가 죽은 다음에 가질래냐?" 커스틴은 그 자리에서 받았다. 당시 이십대 초였지만 어린 시절 품었던 발레에 대한 열정은 이미 구체적인 야망으로 발돋움해 있는 상태였다. 미국의 발레는 '떠돌이 러시아인들', 아니 누가 됐든 떠돌이들한테 의존해서는 안 된다는 것이 그의 신념이었다. 커스틴의 평생의 사명은 발레를 미국에 가져와 토착적인 예술로 만드는 일이었다.[26] 1930년대 초기 뮤지컬은 영화로도 제작되면서 모든 미국인에게 미국

인도 춤을 출 수 있다는 것을 보여주고 있었다. 그러나 춤에도 격이 있었다. 커스틴에게는 발레가 가장 고상한 형태의 춤이었다. 그는 기회만 주어진다면 발레도 미국인이 빛을 발할 수 있는 분야라는 것을 본능적으로 직감하고 있었다.

커스틴은 직접 발레를 해봤다. 뉴욕에서 위대한 러시아 안무가 미하일 포킨 Mikhail Fokine에게 레슨도 받았다.[27] 로몰라 니진스키Romola Nijinsky가 남편(바슬라프 니진스키)의 전기를 쓰는 일을 돕기도 했다. 그는 발레 역사도 깊이 공부했다. 그러나 그 어느 것도 만족을 주지는 못했다. 그런데 무용사 공부를 통해 발레는 프랑스 국왕이 발레단을 처음 허가한 이래 300년 역사에서 새 나라에 성공적으로 이식된 경우는 서너 차례에 불과하다는 것을 알게 됐다. 그래서 커스틴은 결심을 굳혔다. 1933년 난민 예술가들이 미국으로 몰려들기 시작할 무렵 그는 유럽으로 향했다. 시작은 파리였다. 후일 그는 파리에서 '록 그룹 꽁무니를 쫓아다니는 십대 소녀처럼' 행동했다고 회고했다.[28] 그때 나타난 것이 조지 발란신George Balanchine(1904~1983)이었다. 발란신은 당시 생존해 있는 최고의 안무가라는 사실을 커스틴도 알고 있었다. 그가 만나본 모든 사람이 발란신의 재능과 천재성에 이론을 달지 않았다. 그러나 그들의 환호는 거기서 그쳤다. 한 가지 문제는 발란신이 건강이 안 좋다는 점이었다. 로몰라 니진스키는 커스틴에게 발란신이 "삼 년 안에 죽을 것으로 본다"고 말했다. 투시력이 있다는 한 예언가는 죽는 날짜까지 꼽았다고 한다. 또 하나 문제는 그의 기질이었다. 옷 같은 데는(폭이 좁고 가는 줄 같은 스트링 타이를 맸다) 전혀 개념이 없다는 것은 유명한 이야기다. 그러나 커스틴은 괘념치 않았다. 진정으로 창조적인 인물이라면 유별날 수도 있지 않은가? 그런 문제라면 두 명이라도 거뜬했다. 그런데 건강문제는 이야기가 좀 달랐다. 어쩌나……. 당시 커스틴은 일기에 "3년이면 많은 걸 이룰 수 있다"고 적었다.[29] 그러나 바쁘게 뛰어다녔지만 파리에서는 발란신을 직접 만나지는 못했다. 그래서 하는 수 없이 런던으로 갔다. 그가 이끄는 발레단의 다음 공연이 런던으로 예정되어 있었기 때문이다. 마침내 커스틴이 묵는 호텔에서 두 사람이 만났다. 커스틴은 프랑스어로 자기가 왜 유럽까지 왔는지 운을 뗐다.[30] 만남은 점점 어색해졌다. 커스틴은 키가 크고 부자에 진지했다. 반면 발란신은 마르고 빈털터리에 기질적으로 심각한 척하는 것을 싫어했다

(그는 '발레는 커피나 마찬가지야. 맛보다 냄새가 좋지'라고 말하곤 했다).³¹ 커스틴은 이야기할 내용을 미리 준비했기 때문에 열정적이면서도 딱 부러지게 말을 이어갔다. 발란신의 안무를 극찬하면서 미국의 정신도 치켜세웠다. 멀지 않은 미래에 당신이 이끄는 발레단과 극장을 가질 수 있게 해주겠다고 약속했다. 그러자 발란신은 그럴 기회가 있다면 진저 로저스Ginger Rogers(1940년 아카데미 여우주연상을 탄 미국 배우로 춤과 노래를 잘해 뮤지컬 영화에 많이 출연했다 : 옮긴이)를 배출한 나라에 가보고 싶다고 답했다. 커스틴은 이 말이 예스라는 뜻이라는 것을 바로 알아챘다.³²

발란신이 맨해튼에 도착한 것은 그해 10월이었다. 그런 큰 결단을 내린 데에 비하면 시기적으로는 아주 썰렁했다. 공황이 바닥을 치고 있었고, 사람들의 예술에 대한 기대는 현실에 어울려야 한다는 쪽으로 가고 있었다. 적어도 입장료는 비싸고 시간만 축내는 공연으로 짜증만 더해서는 안 되었다. 커스틴은 코네티컷 주의 조용한 시골에 발레단을 세우고 발란신이 무용수들을 훈련시키는 식으로 하려고 했다. 그러나 발란신은 이 계획을 거부했다. 그는 철두철미 도회적인 사람이었다. 상트페테르부르크나 파리, 런던……, 대도시라면 어디를 가나 마음이 편했다. 커스틴이 염두에 둔 소도시는 들어본 적도 없었다. 그래서 '저 하트포드(코네티컷 주의 주도)라는 동네에 뼈를 묻느니' 유럽으로 돌아가겠다고 했다.³³ 그래서 커스틴은 연습실을 뉴욕 맨해튼 59번가 매디슨 애비뉴에 있는 낡은 건물에 잡았다. 이렇게 해서 아메리칸발레학교The School of American Ballet가 문을 연 것이 1934년 1월 1일이었다. 25명을 학생으로 받았다. 세 명을 빼고는 다 여학생이었다. 젊은 미국인들은 입교하자마자 충격에 빠졌다. 보통 무용 선생들은 학생들 몸에 손가락 하나 대는 법이 없었다. 그런데 발란신은 늘 '탁탁 치고, 밀고, 갑자기 잡아당기고, 만지고, 쿡쿡 찔렀다.'³⁴ 이런 식으로 해서 그는 학생들이 결코 가능하다고 생각해본 적이 없는 일들을 하게 만들었다.

신세계에서 발란신이 처음 만든 발레는 1934년 6월 10일에 공연한 「세레나데Serenade」였다. 이 작품은 바로 고전이 되었다.³⁵ 타고난 쇼맨이었던 그는 미국에서 먹히려면, 그것도 아주 제대로 먹히려면, 우선 춤 자체를 보여주어야 한다는 것, 그리고 미국 이야기를 해야 한다는 것을 잘 알고 있었다. 그는 미국 관객들에게 그 모든 고전적 유산에도 불구하고 발레는 영원히 변화하는, 현대적이며, 당대와 호흡을 같이하는 예술이라는 것, 정적인 것이 아니라는 것, 「지젤」이나 「호두까기 인형」같은 것만 있는 게 아니라는 것을 보여줘야 할 필요가 있었다. 그래서 즉흥적인 변화를 많이 주었다. "첫날 밤 그가 안무를 맡았는데 공연에 나온 젊은 여자 무용수는 17명이었다. 그래서 오프닝 신을 17명에 맞게 안무했다. 한 대목에서 여자 무용수 하나가 넘어져 울었다. 그러자 그것을 하나의 스텝으로 변화시켰다. 다른 날 밤 공연에서는 네댓 명의 무용수가 공연에 늦었다. 그것 역시 작품의 일부인 것처럼 상황을 맞췄다."[36] 「세레나데」에 나오는 이야기 속의 이야기는 젊고 경험 없는 무용수들이 어떻게 완벽한 기술을 습득해 가는지, 그리고 그런 과정을 통해 좀 더 넓은 의미에서 인간이 어떻게 세련되고 우아해지는지를 보여준다. 그가 보여준 것은 예술이 인간을 고결하게 만드는 힘이었다. 따라서 발레단을 꾸리는 것이 왜 시급한 과제인지를 입증해보인 셈이다.[37] 발레평론가 에드워드 덴비Edward Denby에게 「세레나데」의 핵심은 젊은 무용수 전원의 끈끈한 결합에서 우러나오는 '달콤함'이었다. 미국인인 덴비가 느끼기에 러시아인은 달랐다. 뼛속까지 타고난 발레꾼이었다. 미국인은 그보다는 좀 더 개인주의적이고, 합리적이고, 덜 감성적인 문화를 갖고 있었다. 물려받은 유산이라고 할 만한 것도 훨씬 적었다. 따라서 단원 전체의 조화를 통해 어떤 감정을 창출해내야 했다. 이것이 바로 논란을 빚은 발란신식 접근방식이라고 덴비는 말했다. 발란신은 늘 그런 방식을 고수했다. 현대무용에서는 단원 전체의 호흡이 그 어떤 개별 무용수보다 훨씬 중요했다. 스타가 있어서는 안 된다는 이야기였다.[38]

「세레나데」는 처음에는 특별히 '초청장'을 보낸 관객만을 대상으로 공연했다. 잔디밭에 설치한 돌을무대를 주시하던 관객들은 "충격에서 결코 헤어나지 못했다."[39] 일반 관객을 대상으로 한 공식 공연은 1935년 3월 1일부터 2주 일정으로 아델피 극장에서 했다. 아메리칸발레학교 학생 26명과 두 명의 객원 무용수―타마라 게바 Tamara Geva(발란신의 첫 번째 아내였다)와 폴 하콘Paul Haakon―로 구성된 공연단은 아메리칸발레단American Ballet라는 이름으로 불렸다.[40] 이들이 공연한 작품에는 「세레나데」, 「회상」, 「초월」 등이 있었다. 대서양을 넘나든 도전이 이렇게 훌륭하게, 그것도 그토록 빠른 시간 안에 성과를 낸 데 대해 커스틴은 가슴이 벅찼다. 그러나 공식 공연 첫날 밤에 발란신은 더더욱 용의주도하게 진행했다. 올바른 처신이었다. 대중이 작품을 수용하는 데는 시간이 좀 걸리는 법이다. 다음날 〈뉴욕 타임스〉에 무용평론가 존 마틴이 발란신을 '잘 나선 데카당스'라고 비아냥거렸다. 미국으로서는 불필요한 '리비에라식 미학'(한때 리비에라에 체류했던 스콧 피츠제럴드와 베르톨트 브레히트에 대한 야유이기도 했다)에 물든 스타일이라는 비판이었다. 그는 또 충고라며 아메리칸발레단이 할 수 있는 최선의 선택은 발란신과 더불어 '그의 인터내셔널한 의식'을 내버리고 '좋은 미국인 무용가'를 영입하는 것이라고 독설을 퍼부었다. 그러나 문제는 발레지 뮤지컬이 아니었다. 그리고 다행스럽게도 그의 말을 귀담아 듣는 사람은 아무도 없었다.

히틀러가 보낸 선물은 1952년 봄 펜실베이니아 대학에서 진행된 벤저민 프랭클린 강연으로도 빛을 보았다. 연사는 모두 망명자였다. 프란츠 노이만이 사회과학에 대해 강연을 했고, 앙리 페이르Henri Peyre는 문학 연구에 관해, 에르빈 파노프스키는 예술사에 대해, 볼프강 쾰러Wolfgang Kohler는 과학자들에 관해 강연했다. 파울 틸리히는 강연 제목을 '신학에서 지방색을 극복하려면'이라고 달았다. 여기서 '극복'이란 표현은 다분히 낙관적인 희망을 담은 말이었다. 그러나 그가 강연 말미에 던진 질문은 오늘날에도 깊은 울림으로 다가온다. "미국은 앞으로도 지금까지 우리[망명자들]에게 보여준 모습을 그대로 유지할까요? 온갖 나라에서 온 사람들이 각자의 정신적 지방색을 극복할 수 있는 나라로 남을 수 있을까요? 정치적으로는 초강대국이면서 정신적으로는 지방색에 물든 고루한 국민이라는 것이 가능할까요?"[41]

20
콜로수스
Colossus

    1939년 9월 3일 일요일 아침 영국이 독일에 선전포고를 했다. 그날 베를린의 날씨는 화창했다. 후일 제3제국 부침의 역사를 생생하게 기록한 미국 신문기자 윌리엄 쉬러William Shirer는 이날 베를린 거리는 조용했지만 시민들 표정에는 '경악과 침울함'이 역력했다고 보도했다. 점심 전에 쉬러는 베를린 아들론 호텔에서 영국 대사관 직원 십여 명과 음료수를 마시고 있었다. "그들은 돌아가는 사태에는 미동도 하지 않는 것처럼 보였다. 집에서 키우는 개가 어떻고 하는 소리들만 늘어놓았다."

    긴박하게 돌아가야 할 사람들은 따로 있었다. 이튿날인 9월 4일 월요일 앨런 튜링Alan Turing(1912~1954)은 버킹엄셔 블레츨리 파크Bletchley Park 국립암호학교Government Code and Cipher School at Bletchley Park에서 보고를 하고 있었다.[1] 블레츨리 타운은 영국에서도 매력이라고는 없는 동네였다. 유명한 벽돌공장 밀집지역 진흙 밭에서 멀지 않은 곳이었다. 그러나 한 가지 장점이 있었다. 영국의 정보 심장부인 런던, 케임브리지, 옥스퍼드 세 곳에서 등거리에 있는데다 런던에서 오는 철도가 블레츨리 역에서 북쪽으로 지선을 따라 옥스퍼드와 케임브리지로 이어지기 때문이다. 역 북쪽으로 평범하게 솟은 구릉지에 블레츨리 파크가 있었다. 전쟁 초기 블레츨리의 인구는 낯선 두 부류의 사람들이 몰려들면서 급증했다. 한 부류는 아이들로 수백 명이었다. 주로 이스트 런던East London에서 소개돼온 아이들이었다. 전격작전으로 알려진 독일군 공습에 대비해 대피시킨 것이다. 두 번째 부류는 튜링 같은 사람들이었다. 현지 주민들에게는 이들이 누구이며, 뭘 하는지 전혀 설명해주지 않았다.² 블레츨리 파크에서의 생활은 극도의 비밀에 붙여져서 현지인들이 이 '무위도식자들'을 의심해서 지역 하원의원에게 국회에 가서 문제 삼으라고 탄원할 정도였다. 물론 그 의원은 모처의 만류로 참고 말았다.³ 까만 머리가 머리통에 납작 달라붙은 헤어스타일에 내성적이고 순진한 튜링은 4.8킬로미터 정도 떨어진 마을에 있는 크라운이라고 하는 술집 위층에 방을 얻었다. 그는 틈틈이 술집 일을 거들어주기도 했지만 여주인은 왜 사지 멀쩡한 청년이 군대에 안 갔는지 모르겠다고 공공연히 투덜거렸다.

어떤 의미에서 블레츨리 파크는 튜링이 현지에 도착한 1년 전부터 이미 전쟁 중이었다. 1938년 로베르트 레윈스키Robert Lewinski라고 하는 젊은 폴란드 엔지니어가 바르샤바 주재 영국 대사관을 찾아와 무관에게 독일의 한 공장에서 암호 송수신기 만드는 일을 했다고 털어놓았다. 그는 또 '에니그마Enigma'(원래는 수수께끼, 불가사의라는 뜻이다 : 옮긴이)라는 이름의 암호기 세부 구조를 완벽하게 기억하고 있다고 했다. 영국인들은 이 말을 믿고 레윈스키를 파리로 빼돌려 암호해독기 제조를 돕도록 했다.⁴ 영국이 암호 해독이라고 하는 비밀 전쟁에 돌입한 것은 이때부터였다. 영국은 에니그마가 지상과 해상에서 독일군 사령관들에게 명령을 보내는 데 사용된다는 것을 알고 있었다. 그러나 속수무책이다가 이런 우연한 기회가 찾아든 덕분에 본격 따라잡기에 나선 것이다.

얼마 후, 기계 자체는 극히 단순하다는 사실이 밝혀졌다. 그러나 암호는 그야말로 해독불가였다.⁵ 본질적으로 암호기는 타자기에 부품을 몇 개 더 붙인 것처럼 생겼다. 메시지를 보내는 사람은 하고 싶은 말을 그냥 독일어로 치기만 하면 됐다. 다만 먼저 특수키를 수많은 지시자pointer 중 하나에 올려놓는다. 그러면 일련의 회전자rotor가 메시지가 전송될 때 거기에 암호를 걸었다. 반대로 받는 쪽에서는 비슷한 기계로 메시지를 받아서 똑같은 특수키에 올려놓으면 메시지는 자동으로 해독된다. 기계를 조작하는 요원들은 모두 특정한 날에는 어느 키를 사용한다는 것을 적은 수첩을 발급받았다. 회전자는 수십억 가지의 변환을 가능케 했다. 키는 하루에

세 번 바뀌고 독일군이 24시간 동안 보내는 메시지는 수천 건이었기 때문에 영국군은 거의 불가능한 도전을 하고 있는 셈이었다. 에니그마를 깬 과정은 오랫동안 극비에 붙여졌다. 그러나 금세기의 가장 드라마틱한 지적 모험의 하나였음은 분명하다. 또 장기적으로 볼 때 2차 대전의 물줄기를 바꿔놓은 것은 물론이고, 컴퓨터 발전에 중요한 역할을 했다.

튜링은 블레츨리 파크의 핵심인물이었다. 1912년생으로 아버지가 인도에서 공무원으로 근무한 탓에 어린 시절을 기숙사 학교에서 보냈다. 학교에서 상당한 심리적 타격을 입고 말더듬이가 됐으며 괴팍한 행동을 하기 시작했다. 나중에 자살을 하게 되는 데는 이런 요인들이 큰 작용을 한 것 같다. 그는 스산한 환경 속에서 자신이 동성애자라는 사실을 깨달았다. 동급생에게 사랑을 느꼈는데 폐결핵으로 죽고 말았다. 그러나 수학적 능력만큼은 빛을 발했다. 덕분에 1931년 10월 장학금까지 받고 케임브리지 대학 킹스 칼리지에 진학했다. 존 메이너드 케인스, 아서 에딩턴, 제임스 채드윅, 리비스 부부, 그리고 역시 탁월한 수학자인 조지 하디George Hardy가 있는 바로 그 케임브리지였다. 그래서 적어도 지적인 면에서는 마음이 편했다. 튜링이 케임브리지에 입학했을 때 공교롭게도 그 유명한 쿠르트 괴델의 불완전성 정리가 출판됐다. 수학 분야는 바야흐로 약동의 시대였다. 독일은 특히 전성기여서 에르빈 슈뢰딩거, 막스 보른, 괴팅겐 대학의 리하르트 쿠란트 등이 명성을 떨치고 있었다.[6] 튜링은 수학 졸업시험을 최우등으로 통과하고 킹스 칼리지 연구원으로 뽑혔다. 이어 바로 괴델을 넘어서는 작업에 착수했다. 그가 작심한 과제는 계산 가능한 수란 무엇인가, 그리고 어떻게 계산이 되는가 하는 문제였다. 튜링에게는 계산이라는 것이 극히 논리적이고, 직접적이며, 인간 심리와는 무관하게 독립적이어서 기계로도 그 과정을 따라할 수 있는 것이었다. 그래서 그런 기계가 가능하다면 어떤 속성을 가져야 할지를 기술하는 작업에 빠져들었다.

그가 제시한 해결책은 괴델의 정리와 흡사했다. 튜링은 먼저 하나의 정수 속에서 '구성요소', 즉 정수를 쪼갤 수 있는 소수들을 찾아낼 수 있는 기계를 이론적으로 만들어냈다. 튜링 소개서를 쓴 폴 스트래던Paul Strathern은 쉬운 예를 든다.[7]

180÷2=90

90÷2=45

45÷3=15

15÷3=5

5÷5=1

따라서 $180=2^2 \times 3^2 \times 5$.

튜링은 오래지 않아 이런 규칙을 따르는 기계를 고안하게 될 것이라고 믿었다. 그 다음으로는 체스의 규칙을 준수하는 기계를 발명할 수 있을 것으로 생각했다(이런 기계는 이제 나와 있다). 셋째로 튜링은 범용기계universal machine라는 이름하에 모든 계산을 수행할 수 있는 장치를 구상했다. 마지막으로(이 대목이 가장 괴델 같은 냄새가 난다) 그는 다음과 같은 아이디어를 추가했다. 즉 범용기계는 일련의 정수에 반응을 하는데 정수 하나하나는 특정한 유형의 연산을 의미한다는 것이다. 예를 들면 1은 '약수를 찾아라'라는 의미이고, 2는 '제곱근을 찾아라', 3은 '체스의 규칙을 따라라' 등등의 의미가 될 수 있다. 범용기계에 그 자신에 상응하는 수를 부여하면 어떻게 될까? 이것이 마지막으로 튜링이 던진 질문이다. 이미 하고 있는 행동 그대로 행동하라는 지침을 어떻게 따를 수 있을 것인가?[8] 그의 논점은 그런 기계는 이론적으로도 존재할 수 없다는 것이었다. 따라서 그런 유형의 계산은 그저 계산 불가능이라는 의미였다. 수학에서는 수학 자체를 사용해서는 참이나 거짓에 대한 증명 여부를 설명할 수 없는 사례가 있다는 이야기였다. 튜링은 1936년에《런던수학협회지》에 이런 내용을 담은 논문을 발표했다. 다만 라이너스 폴링의 화학결합의 경우처럼 이 논증을 판정해줄 능력이 있는 심판관이 없어서 출판은 지연됐다. 「계산 가능한 수에 관하여On Computable Numbers」라는 제목의 이 논문은 괴델의 '참사'가 그랬던 것만큼이나 엄청난 관심을 불러일으켰다.[9] 튜링의 아이디어가 수학적으로 중요한 이유는 계산이 무엇인지를 정의하는 데 도움이 되기 때문이었다. 그러나 그에 못지않게 지금은 튜링 머신Turing machine이라고 일컬어지는 기계의 윤곽을 그려보였다는 점에서도 큰 의미가 있었다. 튜링 머신은 이론적으로만 존재하는 것이지만 컴퓨터의 선구였다.

튜링은 1930년대 중반을 미국 프린스턴 대학에서 보내면서 거기서 박사학위를 마쳤다. 프린스턴 대학 수학부는 세운 지 얼마 안 되는 프린스턴고등연구소(IAS)와 같은 건물에 있었다. 그래서 자연스럽게 아인슈타인, 괴델, 쿠란트, 하디 등등 당대 최고의 두뇌들과 교류하게 됐다. 특히 오스트리아-헝가리 제국 출신 수학자 존 폰 노이만John von Neumann(1903~1957)과는 아주 가까워졌다. 아인슈타인과 괴델, 튜링은 혼자 놀기를 좋아하는 스타일인데다 괴팍하고 유행 같은 데에는 관심이 없는 반면, 폰 노이만은 한결 융통성이 있었다. 사교에 부족함이 없을 만큼 잡학에 능하고 고향 빈의 카페와 활기를 늘 그리워하는 사람이었다.[10] 그러나 그런 차이에도 불구하고 폰 노이만은 튜링의 탁월성을 제대로 알아본 인물이었다. 그는 이 영국인에게 박사 학위 취득 후 IAS에 합류하라고 권했다. 튜링으로서는 반갑기 그지없는 제안이고, 동성애자인 탓에 미국이 훨씬 편했지만 그럼에도 불구하고 영국으로 돌아갔다.[11] 그런데 영국에서 또 한 명의 탁월한 괴짜 루드비히 비트겐슈타인을 만나게 된다. 비트겐슈타인은 상당 기간 자리를 비웠다가 케임브리지로 돌아와 있었다. 비트겐슈타인의 강의는 선택된 극소수에게만 개방됐는데 철학자이자 수학자인 그의 기벽은 여전했다. 튜링도 다른 수강생들과 마찬가지로 접이식 의자 하나만 달랑 지급받았다. 강의실에는 다른 가구라곤 일절 없었다. 세미나의 주제는 수학의 철학적 기초였다. 여러 사람의 이야기를 종합해보면 튜링은 철학에 대해서는 거의 깡통이었다. 그러나 이야기가 수학에 미치면 강점을 발휘했다. 그래서 몇 차례 날 선 질문을 던지며 비트겐슈타인과 공방을 벌이기도 했다.[12]

이런 다툼이 이어지는 동안 진짜 전쟁이 터졌다. 튜링은 블레츨리로 차출됐다. 군 고위 장교들과의 만남은 거의 코미디였다. 튜링보다 군 생활에 부적합한 사람은 찾기 어려울 것이다. 제복 입은 군인들이 보기에 튜링은 정신 나간 사람이었다. 수염도 거의 안 깎고 바지는 위로 한참 말아 올려서 넥타이로 벨트처럼 묶었다. 더듬는 것도 여전해서 듣는 사람들은 답답해 미칠 지경이었다. 시간도 울쑥불쑥 멋대로였다. 그가 사람과 사람을 다르게 보는 유일한 기준은 지적 능력이었다. 따라서 고위 장교라고 해도 바보다 싶으면 안중에 없고, 하급자라도 능력이 있어 보이면 같이 장기를 두며 시간을 보냈다. 미국에서 돌아온 후로 튜링은 더더욱 동성애에 기울었다. 블레츨리에서도 공공연히 동료들에게 찝쩍대곤 했다. 당시 영국에서는 동성애가 구금형에 처할 수 있는 범죄였다.[13] 그러나 에니그마를 깨는 것이 그가 가장 빛을 발할 수 있는 분야였기 때문에 위에서는 이런저런 행동을 눈감아줬다.[14] 튜링과 동료들이 직면한 가장 큰 어려움은 중간에서 가로챈 메시지에서 규칙적인 양상을 찾아 해독을 하려면 수천 건을 일일이 조사해야 한다는 점이었다. 따라서 적어도 이론적으로는 튜링 머신으로 풀기 적합한 문제였다.

튜링이 제시한 해법은 암호가 걸린 에니그마 메시지를 받아서 규칙적인 양상을 찾도록 고속으로 계산을 할 수 있는 전자기 장치를 만드는 것이었다.[15] 기계 이름은 '콜로수스Colossus'(그리스어로 '거대한 조각상'이라는 뜻 : 옮긴이)라고 붙였다. 최초의 콜로수스(가동한 콜로수스는 모두 10종이었다)가 건립된 것은 1943년 12월에 가서였다.[16] 세부 구조는 오랜 기간 비밀에 부쳐졌다. 그러나 지금은 진공관이 1,500개였다는 사실이 알려져 있다. 후대 버전에 가면 '이진수'로(말하자면 모든 정보는 '비트'에 담기게 되는데 0이냐 1이냐에 따라 조합이 다양하다) 연산하는 진공관이 2,400개나 됐다.[17] 이런 점에서 현재 콜로수스는 전자기 디지털 컴퓨터의 선구자로 간주되고 있다. 콜로수스는 사람 키보다 약간 컸다. 콜로수스를 찍은 사진들을 보면 블레츨리에 있는 헛간 F의 작은 방 벽 하나를 몽땅 차지하고 있다. 기술적으로는 대단한 발전이었다. 초당 2만 5,000자를 스캔할 수 있었다.[18] 그러나 에니그마 해독에 돌파구가 열린 것은 아직 아니었다.

그런데 1943년 대서양 선단이 피 같은 식량과 보급품을 북미에서 싣고 오다가 독일 잠수함 유보트U-boat의 공격으로 상당수가 침몰됐다. 전황이 불리해지면서 최악의 위기에 몰린 영국은 겨우 일주일을 간신히 버틸 정도의 식량밖에 없었다. 그러나 밤 잠 안 자고 콜로수스 개량에 달라붙은 결과 암호 처리된 메시지를 깨는 데 걸리는 시간이 4~5일에서 몇 시간, 몇 분으로 확 줄었다. 결국 블레츨리의 암호 해독자들은 대서양에 배치된 독일군 유보트 전체의 위치를 파악할 수 있게 됐다. 따라서 수송 선박의 손실을 상당히 줄였다. 독일은 미심쩍어하기는 했지만 에니그마가 풀

렸으리라고는 꿈에도 생각지 않았다. 엄청난 대가가 따른 오산이었다.[19]

튜링이 이룬 성과는 대단히 중요한 것이었다. 당국은 그를 미국으로 파견했다. 맹방과 그 성과를 공유하기 위한 조치였다.[20] 이 기회에 튜링은 폰 노이만을 다시 만났다. 폰 노이만도 「계산 가능한 수에 관하여」에 제시된 아이디어를 실용화하는 작업에 착수한 터였다.[21] 그 결과로 나오게 되는 것이 펜실베이니아 대학에서 완성한 '에니악ENIAC'(Electronic Numerical Integrator And Calculator전자식 수치 적분·계산기의 약자 : 옮긴이)이다. 에니악은 콜로수스보다 더 크고 진공관이 약 1만 9,000개나 들어갔으며 이후 컴퓨터 발전에 직접적인 영향을 미쳤다.[22] 그러나 에니악은 전쟁이 끝나고 난 뒤까지도 제대로 작동하지 않아서 콜로수스가 초기에 겪었던 문제들을 반면교사로 삼아 발전할 수가 있었다.[23] 콜로수스가 승전에 기여했다는 것은 의문의 여지가 없다. 최소한 영국이 패전을 면하는 데는 도움이 되었다. 블레츨리의 '무위도식자들'은 그래도 밥값을 한 것이다. 전쟁이 끝나갈 무렵 튜링은 소수의 과학·수학자로 구성된 별동대의 일원으로 독일에 파견됐다. 독일이 커뮤니케이션 분야에서 어느 정도 수준에 가 있는지를 조사하는 것이 임무였다.[24] 벌써 콜로수스의 비밀이 새고 있다는 이야기가 흘러나오기 시작했다. 물론 기계 자체에 관한 세부사항은 아니고 블레츨리에 뭔가 '엄청난 비밀'이 있다는 정도였다. 실제로 컴퓨터가 생필품이 될 때까지 에니그마와 콜로수스는 수십 년간 비밀로 남았다. 튜링은 그런 세상을 보지 못했다. 1954년 자살로 생을 마감한 것이다.

전쟁이 끝나고 좀 지난 시점에 한 가지 중요한 설문조사가 있었다. 영국군 고위인사와 과학자들을 대상으로 과학이 승전에 기여한 부분 중 가장 중요한 것이 무엇이라고 생각하느냐는 내용이었다. 설문대상자 중 눈에 띄는 인사만 꼽아봐도 국방위원회 위원장 행키Maurice Hankey 경, 노르망디 상륙작전 때 가설 부두 투입을 지휘한 윌리엄 테넌트William Tennant 경, 미얀마 14군단 군단장(육군 대장) 슬림 경, 유보트와 전투가 치열하던 시기에 공군 연안사령부 사령관이었던 공군 대장 존 슬레서 경, 레이더radar 개발 책임을 맡았던 핵물리학자 존 코크크로프트John Cockcroft 경, 물리학자이자 유명한 티저드위원회Tizard committee(레이더 개발을 관할했다) 위원이었던 P. M. S. 블래킷Blackett, 물리학자이자 전시 공군성 과학정보국장이었던 R. V. 존스Jones 등등 쟁쟁한 인물들이 망라됐다. 이들은 '전쟁으로 말미암아 생겼거나 발전한' 중요한 업적 내지 장치 여섯 가지를 꼽았다. 원자력, 레이더, 로켓추진장치Rocket Propulsion, 제트추진장치Jet Propulsion, 자동화, 오퍼레이션 리서치Operational Research(블레츨리 파크나 에니그마에 대한 언급이 없는 것은 당연했다)가 그것이었다. 원자력은 22장에서 따로 살펴보기로 하자. 나머지 다섯 가지 중에서 지적인 차원에서 가장 획기적인 아이디어는 레이더였다.[25]

레이더Radar는 영국이 발명하고 미국이 명칭을 붙였다. 전쟁 기간에 대잠함 전투에서부터 방향 탐지에 이르기까지 레이더의 기본개념은 응용화 수준으로 많이 발전했다. 그러나 가장 맹활약을 한 것은 1940년 영국 본토 항공전Battle of Britain 때였다. 영국 공군은 레이더로 승패를 갈랐다고 해도 과언이 아니다. 1928년에 이미 영국 포츠머스Portsmouth 해군신호학교Signals School의 물리학자가 전자기파로 선박을 탐지할 수 있는 장치를 개발해 특허를 땄다. 그런 장비가 필요하다고 생각한 상관은 없었다. 그래서 특허는 얼마 후 시효가 만료되고 말았다. 6년 후인 1934년 6월 독일의 재무장 가능성이 점점 뚜렷해지면서 공군성 과학연구국장은 당시 추진 중인 방공 관련 연구에 어떤 것이 있는지 샅샅이 조사하도록 명했다. 조사책임자는 전체 53건의 프로젝트 파일을 검토한 뒤 '싹수가 보이는 게 하나도 없다'고 보고했다.[26] 아무런 대비도 없다는 사실이 드러나자 부랴부랴 만든 것이 국방위원회 산하 '티저드위원회Tizard committee'였다. 헨리 티저드Henry Tizard 경은 옥스퍼드대 출신 화학자로 민간인으로서 정력적인 활동을 했다. 그가 주도한 위원회의 공식 명칭은 방공과학연구팀으로 레이더 개발을 담당했다. 2차 대전에서 영국의 운명을 뒤바꾸고 항공기 안전에 결정적인 역할을 하게 되는 레이더를 만들어낸 것은 바로 이 팀이었다.

레이더 개발 과정에는 세 가지 과학적 연구 성과가 망라됐다. 하인리히 헤르츠가 1885년 처음으로 전파가 광파와 관계가 있다는 것을 입증한 이후로 금속판 같은 어떤 물질들은 파장을 반사한다는 사실이 널리 알려졌다. 또 1920년대에는 대기층 상공에 광범위하게 분포된 대전층帶電層이 발견됐다. 대전층은 전파 반사체 역할도 했다. 처음에는 발견자인 올리버 헤비사이드Oliver Heaviside의 이름을 따서 헤비사이드층이라고 하다가 나중에는 전리층電離層ionosphere으로 명명됐다. 셋째, 1920년대 말 텔레비전의 기본모형이라고 할 만한 장치를 실험하다가 항공기가 송신을 가로막는다는 사실이 알려졌다. 이 세 가지 발견은 1935년에 가서야 하나로 묶였다. 그러나 그 당시 레이더의 등장은 거의 우연이었다. 미들섹스 소재 국립물리학연구소 무선국에 있던 로버트 왓슨와트Robert Watson-Watt 경은 '살인광선death ray'을 연구 중이었다. 그는 에너지만 충분하다면 전자기파가 항공기의 얇은 금속표면을 녹여서 안에 탄 승무원을 죽일 수 있다는 무시무시한 아이디어를 현실화하고자 했다. 계산을 뽑아보니 이런 미래주의적 아이디어는 당시로서는 몽상이었다.

그러나 왓슨와트의 계산 담당 조수였던 A. E. 윌킨스Wilkins는 그런 빔을 항공기 위치 감지에 사용하면 괜찮겠다고 생각했다. 빔이 빔을 방출한 원천으로 '메아리'가 되어 돌아오기 때문이었다.[27] 윌킨스의 아이디어는 1935년 2월 26일 중부 내륙의 대번트리Daventry 방송국 근처에서 시험에 들어갔다. 티저드위원회 팀은 주의를 끌지 않도록 주거용 트레일러에 들어가 앉아서 12.8킬로미터 떨어진 곳에 있는 항공기가 정말로 감지가 되는지를(물론 당시에는 아직 정확한 지점까지는 아니었다) 예의주시했다. 다음 단계는 오지인 이스트 앵글리언 연안East Anglian Coast에서 이루어졌다. 21미터 남짓한 장대를 여러 개 세워서 최대 64킬로미터 떨어진 지점에서 날아가는 항공기를 추적할 수 있었다. 이제 티저드위원회는 전파의 파장만 줄이면 성공이라는 확신을 갖게 됐다. 당시 전파의 파장은 미터로 측정했는데, 50센티미터(20인치) 미만의 파장을 만드는 것은 불가능하다고 여겨졌다. 그러나 버밍엄대학의 존 랜달John Randall과 마크 올리펀트Mark Oliphant가 한 가지 아이디어를 냈다. 공동空洞마그네트론cavity magnetron이라고 하는 것으로 유리관 양끝을 반페니짜리 동전으로 막고 밀랍으로 봉인을 한 장치였다. 공기를 다 뽑아내서 내부는 진공이 됐다. 그런 다음 '고주파를 발생시킬 수 있는 힘이 생성되지 않을까 하는 마음에'(말하자면 단파를 발생시키는 것이다) 전자석으로 자기장을 만들고 철사를 공동 안에다가 집어넣었다. 결과는 희망대로였다.[28]

이제 1940년 2월 21일이 됐다.[29] 성공을 기대하며 와이트 섬의 벤트너에서부터

스코틀랜드 테이 만灣까지 연안을 따라 레이더를 일렬로 설치했다. 일단 공동마그네트론이 성능을 입증한 만큼 레이더기지는 적기가 프랑스와 벨기에에서 편대를 이루기만 해도 감지할 수 있다는 의미였다. 영국군은 적 편대의 대체적인 규모와 고도, 비행속도까지도 포착할 수 있었다. '얼마 안 되는' 영국 전투기 조종사들이 '적기가 나타나는 족족 격침시킨 것'은 바로 이 때문이었다.[30]

1940년 5월은 영국과 그 동맹국들에게는 암담한 시기였다. 5월 10일 독일군은 네덜란드, 벨기에, 룩셈부르크를 침공했다. 이어 네덜란드와 벨기에군이 항복했다. 벨기에 국왕 레오폴드 3세는 포로가 됐다. 26일에는 프랑스 북동부 지역에 갇힌 영국군과 프랑스군 30만 명을 됭케르크Dunkirk에서 영국으로 철수시키는 작전이 개시됐다. 오스왈드 모슬리Oswald Mosley를 비롯한 영국인 파시스트 751명은 구금됐다. 네빌 체임벌린Neville Chamberlain이 총리직을 사임하고, 윈스턴 처칠이 후임을 맡았다.

5월 25일 토요일, 모든 사람이 전쟁 생각에 여념이 없는 상황에서 옥스퍼드 대학 병리학부의 두 과학자는 처음으로 '금세기에 가장 희망적인 의학적 성과'를 낳게 될 일련의 실험을 하고 있었다. 에른스트 체인Ernst Chain은 아버지가 러시아-독일계 화학공학자로 나치 독일을 피해 영국으로 망명을 온 상태였다. N. G. 히틀리Heatley는 영국인 의사였다. 그 토요일에 두 사람은 연쇄상구균連鎖狀球菌 streptococci bacteria을 쥐한테 주입한 다음 일부 쥐에게 페니실린을 투여했다. 그러고 나서 체인은 집에 갔다. 그러나 히틀리는 다음날 새벽 3시 30분까지 실험실에 남아 있었다. 페니실린을 투여하지 않은 쥐는 하나도 남지 않고 다 죽었다. 그러나 페니실린을 투여한 쥐는 모두 살아남았다. 체인이 일요일 아침 병리학실험실로 돌아왔을 때 히틀리가 본 것과 똑같은 광경을 보고는 덩실덩실 춤을 추었다고 한다.[31]

'항생제antibiotics' 시대의 도래에는 시간이 좀 걸렸다. 영어에 항생제antibiotics란 말이 생긴 것이 19~20세기 전환기였다. 의사들은 인체가—어느 정도까지는—나름의 방어체계를 갖고 있다는 것을 알고 있었다. 1870년부터는 일부 푸른곰팡이 penicillium가 박테리아를 죽이는 작용을 한다는 사실이 알려졌다. 그러나 1920년대까지 세균 감염을 막으려는 의학적 시도는 거의 다 실패로 돌아갔다. 키니네는 말라리아에 효과가 있었다. 비소제砒素劑는 매독에 특효가 있었다. 그러나 이런 예외를 제하고는 일반적으로 '화학제제'는 치료 과정에서 미생물만 죽이는 것이 아니라 환자에게도 상당한 해악을 미쳤다. 그래서 인체 자체의 방어기제를 활용하는 장치가 최상의 해결책이라는 견해가 주류를 이뤘다. 구식 동종요법의 원리였다.

이런 접근법을 주도한 곳이 런던 패딩턴의 성모병원Saint Mary's Hospital in Paddington이었다. 이 병원 의사 중에 알렉산더 플레밍Alexander Fleming(영국의 미생물학자. 페니실린의 발견으로 1945년 E. B. 체인, H. W. 플로리와 함께 노벨 생리·의학상을 공동 수상했다. 1886~1955 : 옮긴이)이 있었다. 처음에 플레밍은 영국에서 살바르산 실험에 몰두했다(6장 참조). 그러다가 1928년 여름 어느 날 패딩턴 병원 실험실에 들르게 됐다. 2주 동안 휴가로 비워놓은 상태였다. 배양접시에 배양균이 많이 자라 있었다.[32] 그런데 푸른곰팡이 배양체는 주변의 박테리아를 다 죽인 것 같았다.[33] 다음 몇 주 동안 여러 동료들이 곰팡이를 자기들 몸에다가—예를 들면 눈병이 났다든가 하는 곳에—발라 실험을 해봤다. 그러나 플레밍은 이 초기의 성공을 활용하지 못했다. 플레밍이 다시 나중에 성공을 할지, 아니면 전혀 딴 사람이 해낼지 누가 알겠는가?

하워드 월터 플로리Howard Walter Florey(나중에 작위를 받아 플로리 경으로 불렸고, 왕립학회 회장을 지냈다. 1898~1968 : 옮긴이)는 호주에서 태어났지만 1922년 로즈장학생(옥스퍼드대학이 영연방 국가와 미국, 남아프리카공화국 최우수 학생을 대상으로 2년간 옥스퍼드 유학비 일체를 지원하는 장학제도. 각국의 정·관·학계 유명인사들이 이 장학금을 많이 받았다 : 옮긴이)으로 영국에 왔다. 그는 케임브리지 대학의 찰스 셰링턴Charles Sherrington 경 밑에서 연구를 하다가 셰필드Sheffield 대학으로, 그리고 다시 옥스퍼드대로 옮겼다. 1930년대에 그의 주요 관심사는 여성용 피임젤 제조의 기초가 되는 살정제 개발이었다. 젤의 실용적 중요성을 넘어서서 '선택적 독성'을 발휘하게 한다는 점에서 이론적으로 의미가 컸다. 질 벽은 다치지 않고 정자만을 죽이는 것이다.[34] 옥스퍼드대에서 플로리는 E. B. 체인(후일 작위를 받아 에른스트 체인 경이 된다, 1906~1979 : 옮긴이)을 끌어들였다. 체인은 베를린 프리드리히 빌헬름 대학에서 화학으로 박사학위를 받았다. 유대계여서 하는 수 없이 독일을 떠났다. 베를린 일간지의 유명 음악평론가이기도 했는데 그 자리도 물러났다. 히틀러가 '열등' 종족이라고 멸시한 유대인의 비애였다. 체인과 플로리는 바실리쿠스 수브틸리스Bacillicus subtilis, 슈도모나스 피오키아네아Pseudomonas pyocyanea, 페니실리움 노타툼Penicillium notatum 이렇게 세 종류의 항생물질을 집중적으로 파고들었다. 배양균을 냉동 건조하는 방법을 개발한 뒤에는(페니실린은 상온에는 극도로 불안정했다) 쥐를 가지고 결정적인 실험을 시작했다.

위에 언급한 것과 똑같은 놀라운 성과에 고무된 플로리와 체인은 인체를 대상으로 실험을 반복했다. 실험을 시작하는 데 필요한 페니실린은 충분했다. 실험 결과도 상당히 좋았다. 그러나 최소 한 명의 환자가 사망함으로써 실험은 수포로 돌아갔다. 전시여서 그런 사고에도 불구하고 연구를 계속할 수 있을 만큼의 항생물질을 확보할 수는 없었던 것이다.35 아무리 전시라서 물자가 부족하다고 해도 정말이지 말도 안 되는 이야기였다. 그래서 플로리와 히틀리는 미국으로 갔다. 플로리는 금융기관과 제약회사에 도움을 청했다. 그 사이 히틀리는 일리노이 주 피오리아 소재 미국 농무부 북부지역연구실험실에서 몇 주를 보냈다. 미생물 배양에 일가견이 있는 연구소였다. 불행하게도 플로리는 자금지원을 따내지 못했다. 히틀리도 농무부 실험실 과학자들이 훌륭하기는 하지만 영국에 대해 감정이 좋지 않고 고립주의 성향이 있다고 보았다. 그 결과 페니실린은 미국 제품이 됐다(제약회사들이 플로리의 연구 결과만 받아가지고 임상실험은 직접 했기 때문이다). 많은 사람들이 보기에 페니실린은 당연히 미국의 발명품이었다.36 미국 제약회사들의 도움이 없었다면 페니실린은 분명 지금과 같은 효과를 내지 못했을 것이다(아니면 그렇게 일찍 그렇게 싼 값에 보급되지 못했을 것이다). 그러나 1945년 노벨상의 영광이 플레밍, 플로리, 체인 세 사람에게 돌아감으로써 지적인 성취 자체는 영국인과 호주인, 러시아-독일계 유대인이 이룩했다는 것을 입증해주었다.

몽티냐크Montgnac는 프랑스 도르도뉴 현의 소읍으로 페리괴에서 남동쪽으로 약 48킬로미터 떨어져 있다. 베제르 강 양편으로 걸쳐 있는데 강 주변은 좁다란 석회암 협곡을 이룬다. 1940년 9월 12일 아침, 다섯 명의 소년이 새와 토끼를 잡을 요량으로 읍내를 떠났다. 런던 공습이 시작된 직후였다. 당시 프랑스는 이미 독일군 점령 지역과 비점령 지역으로 나뉘어 있었다. 소년들은 자작나무와 개암나무, 작은 참나무가 많은 산중턱으로 향했다. 토끼는 많았지만 꿩이나 메추라기는 없었다.[37]

  소년들은 동물들이 놀라 달아날까봐 소리 내지 않고 천천히 나아갔다. 정오 직전에 도착한 곳은 얕게 패인 구덩이였다. 수십 년 전 큰 전나무가 폭풍우에 쓰러질 때 생긴 구덩이였다. 현지인들은 '당나귀 구덩이'라고 했다. 예전에 당나귀가 잘못 빠지면서 다리가 부러지는 바람에 어쩔 수 없이 안락사를 시켰던 일이 있었던 것이다. 소년들은 구덩이를 지나 계속 갔다. 숲은 점점 조밀해졌다. 금방이라도 새가 튀어나올 것 같았다. 그런데 일행 중 한 명은 로봇이라는 이름의 개를 데려왔었다. 한쪽 눈 위에 검은 반점이 있는 똥개였다. 그런데 갑자기 녀석이 보이지 않았다(이 부분은 지금도 논란이 진행 중이다. 주석 참조 : 옮긴이).[38] 소년들은 다들 로봇을 좋아했기 때문에 사방팔방 부르며 찾기 시작했다. 반응이 없자 다시 돌아서서 이름을 부르고 휘파람을 불고 소란을 떨었다. 결국 구덩이 근처로 돌아가는데 개 짖는 소리가 났다. 그런데 그 소리가 멀리서 나는 것처럼 가물가물하게 들렸다. 땅바닥에 난 구멍으로 빠진 것이 틀림없었다. 이 일대에는 동굴이 많았다. 그러니 놀랄 일도 아니었다. 짖는 소리가 나는 쪽으로 따라가 보니 작은 구멍이 보였다. 그리로 돌을 떨어뜨려봤다. 잘 들어보니까 정말 놀라웠다. 돌은 한참을 떨어지더니 다른 돌덩어리에 딱 하고 부딪히고 나서 퐁당 하고 물속으로 떨어지는 소리가 났다.[39] 자작나무와 너도밤나무 가지를 꺾어서 소년들은 구멍 주변을 팠다. 제일 작은 소년이 그 속으로 기어들어갔다. 소년은 성냥을 가져온 게 있어서 불을 켜고 곧 개를 찾아냈다. 그런데 일은 거기서 끝나지 않았다. 성냥불로 둘러보다가 로봇이 굴러 떨어진 좁다란 통로가 길이 18미터, 너비 9미터 정도의 커다란 동굴로 이어져 있는 것을 발견한 것이다. 깜짝 놀란 소년은 친구들을 불러 내려와 보게 했다. 친구들은 새를 못 잡았다고 투덜거리면서 내려왔다. 순간 소년들의 눈에 들어온 것은 동굴 천장의 암석층이었다. 소년들은 후일 "거짓말 안 붙이고 그야말로 바위로 만든 구름 같았다. 수 세기 동안 큰 비가 내릴 때마다 지하수 수위가 오르내리면서 석회암을 침식해 환상적인 모양으로 변한 것이다"라고 말했다. 그런데 바위 모양보다 더 놀라운 것이 있었다. 이상한 동물 그림들이 나타난 것이다. 빨간색, 노란색, 검은 색 등 색깔도 다채로웠다. 말, 사슴, 큰 수사슴, 거대한 황소 등등이 보였다. 사슴에는 멋들어지게 가지를 친 뿔이 달려 있었다. 황소는 점묘법으로 그려놓았다. 일부는 풀이 무릎까지 올라온 상태였다. 또 다른 동물들은 무리를 지어 천장으로 우르르 달려가는 것처럼 보였다.[40]

곧 성냥이 다 떨어지자 동굴 속은 다시 깜깜해졌다. 소년들은 마을로 돌아갔다. 그러나 조금 전에 본 것을 아무한테도 말하지 않았다. 며칠 후 소년들은 다시 마을을 빠져나갔다. 한 사람씩 10분 간격을 두고 출발했다. 남들의 이목을 끌지 않으려는 작전이었다. 임시용 횃불을 가져가 동굴 속 구석구석과 갈라진 틈을 샅샅이 살펴보았다.[41] 이제 어떻게 할까 논의하다가 소년들은 학교 선생님 M. 레옹 라발Léon Laval을 부르기로 의견을 모았다. 라발 선생은 처음에는 아이들이 장난을 하는 게 아닌가 의심했다. 그러나 일단 직접 동굴을 보고나서는 태도가 완전히 달라졌다. 며칠 후 연락을 받은 유명한 고고학자 아베 브뢰유Abbé Breuil가 라스코 동굴을 찾아왔다. 브뢰유는 프랑스 가톨릭 신부로 2차 대전 때까지는 동굴벽화 연구의 최고 권위자였다. 그는 도저히 접근이 불가능한 곳까지 수많은 지역을 탐사했다. 대개는 노새를 타고 다녔다. 1차 대전 때는 포르투갈에서 답사를 하다가 스파이로 몰려 체포가 됐는데 오히려 무장 감시대의 감시를 받으며 답사를 계속해 혐의를 말끔히 벗은 적도 있었다.[42] 몽티냐크를 답사한 브뢰유는 감탄을 금치 못했다. 라스코 동굴 벽화는 진짜이고, 시기도 대단히 오래된 것이라는 사실은 의문의 여지가 없었다. 브뢰유는 소년들이 발견한 동굴이 스페인의 알타미라Altamira 동굴 못지않다고 말했다.

'라스코Lascaux 동굴' 발견은 동굴벽화 분야로서는 금세기의 가장 센세이셔널한 발견이었다.[43] 선사미술prehistoric art의 존재가 처음 확인된 것은 1879년 스페인 북부 칸타브리아 산악Cantabrian Mountains의 우묵한 지형에 숨겨진 알타미라 동굴에서였다. 알타미라 동굴 벽화 발견과 관련해서는 발견자인 돈 마르첼리노 데 사우투올라Don Marcelino de Sautuola로서는 참으로 안타까운 사연이 있었다. 스페인 귀족인 그는 아마추어 고고학자였는데 알타미라 동굴 벽화가 진짜라는 것을 전문가들에게 납득시키지 못하고 죽은 것이다. 그토록 생동감 넘치고, 현대적인 느낌을 주는, 그러면서도 지금 막 그린 것 같은 그림들이 그토록 오래된 것이라고 믿을 수 있는 사람은 아무도 없었다. 그러나 로봇이 라스코 동굴의 구멍으로 떨어졌을 때만 해도 이미 그 비슷한 동굴이 너무 많이 발견돼서 이제 그 모두가 날조라고는 말할 수 없게 된 시점이었다.[44] 2차 대전 무렵까지 동굴벽화가 아주 많이 발견돼서 두 가지 사항이 확실하게 밝혀졌다. 첫째, 벽화 동굴은 스페인 북부와 프랑스 중부 하천 주변에 집중적으로 분포했다. 이 일대에서 벽화가 그려진 동굴들이 발견된 이후 세계 곳곳에서 선사미술이 발견됐다. 그러나 프랑스 남부와 스페인 북부에 그 태반이 존재하는 이유에 대해 학자들은 아직 이렇다 할 설명을 내놓지 못하고 있다. 두 번째 사항은 연대와 관련된 문제다. 라스코 동굴은 선사미술의 흐름과 잘 맞아떨어졌다. 선사미술은 3만~3만 5,000년 전 여성 성기 같은 단순한 그림들이 나타나기 시작한다. 이어 윤곽을 그린 단순한 그림들이 출현하는 것이 2만 6,000~2만 1,000년 전이고, 그 다음에는 좀 더 채색이 다양하고 삼차원적인 형상을 갖춘 그림들이 1만 8,000년 전 이후부터 등장한다. 이러한 '창작의 폭발'은 대략 3만 1,000년 전부터 시작되는 석기의 발달 및 2만 8,000~2만 6,000년 전으로 거슬러 올라가는 비너스 조각상Venus figurines(유방이나 둔부가 거대한 여성 조각상으로 유럽 전역과 러시아에서 발견된다)의 광범위한 확산과 맥을 같이하는 것이기도 하다. 고고학자들은 라스코 벽화 발견 당시 그러한 '폭발'이 어떤 면에서는 새로운 인간 종, 즉 크로마뇽인(유골이 발견된 프랑스 지역 이름을 딴 명칭이다)의 등장과 관련이 있다고 믿었다. 크로마뇽인Cro-Magnon people은 학명이 호모 사피엔스 사피엔스Homo sapiens sapiens이고 그보다 오래된 호모 사피엔스Homo sapiens와 네안데르탈인Neanderthal을 대체한 종족이다. 관련된 여러 발견을 종합해 보면, 이들 종족은 이전 어느 때보다 다수의 융합으로 이루어졌으며 그러한 융합은 이후 모든 변화(문명 등등)를 낳은 결정적인 발전이었다.[45] 다른 학자들도 공감한 브뢰유의 견해는 비너스 조각상이 다산을 상징하는 여신을 새긴 것이며, 동굴벽화는 원시적 형태의 공감주술sympathetic magic 행위라는 것이었다.[46] 다른 말로 하면 초기 인류는 잡고 싶은 동물들을 신성한 장소의 벽에다가 '잡아놓고(그려놓고)' 제물을 바치면 그만큼 사냥도 잘 될 것이라고 믿었다는 이야기다. 2차 대전 이후 프랑스의 트로아 프레르Trois Frères('삼형제'라는 뜻이다 : 옮긴이)라고 하는 또 다른 동굴에서 한 인물을 그린 그림이 발견됐는데 생김새가 꼭 들소 가죽옷을 입고 사슴뿔 달린 마스크를 쓴 것 같다. 이 인물은 '주술사'(지금은 그렇게 알려져 있다), 즉 원시적 형태의 무당이었을까? 그렇다면 공감주술이라는 해석은 힘을 얻게 된다. 그러나 마지막 미스터리는 그래도 남는다. 이렇게 폭발적으로 급증하던 창작 활동이 대충 1만 년 전쯤에 가서는 완전히 죽어버린 듯하다는 점이다. 왜 그런지는 역시 아무도 모른다.

여기서 지구를 반 바퀴쯤 돌아가면 어처구니없는 일이 벌어지고 있었다. 인간의 저 먼 과거를 말해주는 희귀한 증거가 전쟁의 제물로 사라진 것이다. 중국과 일본은 1937년 이후 전쟁 중이었다. 일본군은 1941년 2월 말 인도네시아 자바 섬을 침공했다. 이어 미얀마까지 진격해 들어갔다. 그해 6월에는 미국령 알류샨열도를 공격했다. 중국은 사실상 포위상태였다. 국가가 풍전등화의 위기에 몰린 상황에서 뼛조각 몇 점이야 별로 대단할 게 못됐다. 그러나 저우커우뎬(周口店) 동굴에서 나온 원인原人 화석은 중요성 면에서 그 어떤 인류학·고고학 유물에 못지않았다.

2차 대전이 일어날 때까지 그런 초기 인간의 모습을 보여주는 증거는 주로 유럽과 아시아에서 출토됐다. 가장 유명한 것이 1856년 뒤셀 강이 라인 강과 만나는 네안데르 계곡(네안데르탈) 경사면 작은 동굴에서 출토된 뼈와 해골이었다. 20만~40만 년 전 것으로 추정되는 퇴적물 속에서 발견된 이 유물은 네안데르탈인이 우리의 조상일 가능성을 제기했다. 이보다 현대적인 모습의 해골은 프랑스 베제르 강 계곡의 크로마뇽('커다란 절벽'이라는 뜻이다)에서 발견됐다. 이는 현대인이 네안데르탈인과 활동연대가 겹친다는 것을 의미한다.[47] 또 레이먼드 다트Raymond Dart(호주의 해부학자 겸 인류학자. 1893~1988 : 옮긴이)가 1925년 남아프리카공화국에서 발견한 '남아프리카 원인' 오스트랄로피테쿠스 아프리카누스Australopithecus africanus의 해부학적 구조는 요하네스버그Johannesberg 근처 타웅Taung이라고 하는 발견 지점에서 원숭이가 처음으로 나무를 떠나 직립보행을 했음을 시사하는 것이었다. 그러나 아시아, 중국, 자바에서는 더 많은 발견이 이루어졌다. 대부분 불과 거친 석기를 사용한 흔적이 엿보이는 것들이었다. 당시에는 초기 원인을 인간으로 볼 수 있게 하는 특징의 대부분은 아시아에서 처음 나타난 것으로 생각했다. 저우커우뎬에서 발견된 뼈가 특히 중요한 이유는 바로 그 때문이었다.

중국 학자들은 이 소중한 유물의 안전을 고려해 이를 미국으로 보내려고 했다. 그러나 1941년이 다 가도록 유골 관리자들은 미국에 보내는 것을 망설였다. 결국 결정이 난 것은 그해 12월 진주만 공격이 있기 직전에 가서였다.⁴⁸ 진주만 공격이 있고 겨우 24시간이 지났을 무렵 베이징의 일본군은 화석 보관소를 뒤졌다. 그러나 모형을 뜨는 데 쓴 주형밖에 없었다. 그렇다고 화석이 안전한 곳에 가 있다는 의미도 아니었다. 이런저런 정황으로 볼 때 화석은 병사용 사물함 두 상자에 담겨 톈진(天津)으로 가는 미 해병 소대의 관할에 맡겨졌던 것 같다. 미국행 화물선 프레지던트 해리슨 호SS President Harrison에 실어 보내려는 계획이었다. 그런데 불행하게도 해리슨 호는 톈진 항으로 가던 길에 침몰했고, 화석은 사라졌다. 이후 다시 발견되지 않았다.

저우커우뎬 화석이 중요한 이유는 전쟁이 발발하면서 혼란 상태에 빠진 진화론을 명쾌하게 밝히는 데 도움이 됐기 때문이다. 1930년대에 고생물학자들의 관심은 자바나 아프리카보다는 중국의 저우커우뎬에 쏠렸다. 달리 그런 게 아니라 저우커우뎬에서 놀라운 발견이 잇따랐기 때문이다. 예를 들어 1939년에 프란츠 바이덴라이히Franz Weidenreich(독일의 해부학자 겸 인류학자. 1873~1948 : 옮긴이)는 저우커우뎬의 여러 동굴에서 발견된 40여 개체의 인골 중에서 성한 해골은 하나도 없다는(그중 열다섯 구는 어린이였다) 내용의 논문을 발표했다. 실제로 거의가 두개골뿐이었고, 그나마 둔기로 강타당한 흔적이 역력했다. 바이덴라이히가 내린 결론은 충격적이었다. 누군가가 이들을 죽인 뒤 먹었다는 것이다. 결국 유골은 인류 초기 종교의식에서 인신 희생이 있었다는 증거였다. 원시종교에서는 살인자가 희생자의 뇌를 먹었다. 희생자의 힘을 자기 것으로 만들 수 있다고 믿었기 때문이다. 이런 추론이 놀라운 것이기는 하지만 진화론과 화석의 관계는 아직 앞뒤가 잘 들어맞지 않아서 만족스럽지가 않았다.⁴⁹

이런 이론적 난점을 제거한 것이 네 종의 이론서였다. 모두 1937~44년에 출판됐는데 네 명의 저자 덕분에 19세기를 풍미한 일부 중요한 관념들이 최종적으로 정리가 됐다. 이들의 연구는 지금은 종합설evolutionary synthesis이라는 것으로 발전해 진화가 실제로 어떻게 작동하는지에 대한 현대적인 이해방식을 마련했다. 네 종의 책을 연대순으로 정리하면 우크라이나 태생의 미국 유전·진화학자 테오도시우스 도브잔스키Theodosius Dobzhansky의 『유전학과 종의 기원Genetics and the Origin of Species』(1937), 영국 생물학자 줄리안 헉슬리의 『진화: 현대적 종합 Evolution: The Modern Synthesis』(1942), 독일 태생 미국 생물학자 에른스트 마이어 Ernst Mayr의 『분류학과 종의 기원Systematics and the Origin of Species』(1942), 그리고 미국 고생물학자 조지 게일로드 심프슨George Gaylord Simpson의 『진화의 속도와 양상Tempo and Mode in Evolution』(1944)이다. 이들이 한결같이 추구한 본질적인 문제는 이런 것이었다.[50] 1859년 『종의 기원』 출간 이후 다윈이 제시한 이론들 가운데 두 가지는 비교적 빨리 받아들여졌다. 그러나 다른 두 가지는 그렇지 않았다. 진화라는 관념—종이 변화한다는—자체는 순순히 이해됐다. 모든 종이 하나의 공통 조상에서 유래했다는 '분지(가지치기) 진화branching evolution'라는 관념도 마찬가지였다. 그런데 점진적 변화 내지는 변화의 원동력으로서의 자연선택이라는 개념은 그렇지 않았다. 게다가 책 제목은 종의 기원이라고 했지만 다윈은 종분화種分化, 즉 새로운 종이 어떻게 해서 생겨나느냐에 대한 설명은 제시하지 못했다. 그래서 세 가지 측면에서 논란이 심화됐다.

주요 논점은 이렇게 정리할 수 있겠다. 첫째 많은 생물학자들은 진화가 점진적인 것이 아니라 엄청난 도약을 통해 이루어진다고 믿었다. 도약론이다. 이런 식으로 해야만 종 간의 엄청난 차이를 설명할 수 있다고 그들은 생각했다.[51] 진화가 점진적으로 일어나는 것이라면 왜 그런 과정이 화석에 반영되지 않았겠는가? 왜 지금까지 '중간단계'의 종이 한 번도 발견되지 않았는가? 둘째, 정향진화定向進化·orthogenesis라는 관념이 있었다. 진화의 방향이 어느 정도 예정돼 있다는, 유기체는 진화해 나아가는 최종 목적지가 어느 정도 정해져 있다는 주장이다. 셋째로 '부드러운' 진화, 즉 획득형질 유전 내지는 라마르크설Lamarckism로 유명한 믿음이 널리 퍼져 있었다. 줄리안 헉슬리(다윈의 진화론을 적극 옹호했다고 해서 '다윈의 불도그'로 일컬어진 생물학자 T. H. 헉슬리Huxley의 손자이며 『멋진 신세계』를 쓴 올더스 헉슬리의 친형이다)는 처음으로 종합이라는 용어를 썼다. 그러나 실제로 네 사람 중에서 독창성은 제일 떨어졌다. 나머지 세 사람이 한 일은 유전학, 세포학, 발생학embryology, (계통)분류학, 개체군 연구 분야의 최신 성과를 종합해서 그런 새로운 발견들이 다윈주의에 얼마나 잘 들어맞는지를 보여주는 것이었다.

에른스트 마이어는 독일인 망명객으로 1931년부터 뉴욕의 미국자연사박물관에서 근무하면서 관심의 초점을 개체에서 개체군으로 돌렸다. 그는 종은 다수의 개체로 이루어지며 종마다 기본이 되는 원형이 있다고 하는 전통적인 견해는 틀렸다고 주장했다. 종은 여러 개체군, 즉 독특한 개체로 구성된 집단들로 이루어져 있으며 이념형 같은 것은 없다는 것이다.[52] 예를 들어 전 세계의 인간 종족은 다양하지만 어떤 측면에서는 같기도 하다. 다른 무엇보다도 서로 교배가 된다. 마이어는 적어도 포유류의 경우 종 분화가 일어나려면 주요한 지리적 경계—산맥이나 바다 같은—가 필요하다는 입장을 밀고나갔다. 그래야만 개체군이 서로 분리돼 별도의 계통으로 발전하기 시작한다는 것이다. 이런 과정이 서로 다른 종마다 수천 년 동안 계속될 수 있다. 이는 점진적 과정이다. 그래도 종들이 '격리된 유전인자 꾸러미'—이것이 종의 정의이다—가 되려면 턱없이 멀었다.

도브잔스키는 러시아 출신으로 1928년 스탈린의 대숙청 직전에 뉴욕으로 이주해 T. H. 모건과 함께 연구했다. 연구 분야는 크게 보아 같았지만 유전학과 고생물학을 좀 더 면밀히 들여다보았다. 그는 화석으로 나타난 서로 다른 종들의 세계적 분포가 고대의 지질학적·지리적 사건과 직접 관련이 있음을 보여주었다. 도브잔스키는 특히 베이징 원인과 자바 원인의 유사성은 인류의 혈통이 한결 단순했다는 사실을 말해준다고 주장했다. 조상의 수가 많지 않고 극소수였을 것이라는 이야기다. 그는 한 시기에 한 종 이상의 원인이 지구상에 존재했을 가능성은 거의 없다고 믿었다. 여러 종이 있었을 것이라고 본 2차 대전 이전의 견해와는 사뭇 다른 것이었다.[53]

심프슨은 마이어와 미국자연사박물관에서 함께 연구한 동료로 진화상의 변화 속도와 변이의 비율에 관심을 집중했다. 그는 기존에 알려진 정도의 돌연변이만으로도 우리가 현재 지구상에서 보는 생물다양성을 충분히 설명할 수 있을 정도의 변화는 가능하다고 확인했다. 고전적인 다윈주의는 이렇게 해서 보강이 되었다. 그리고 꽤 오래갔던 도약론, 라마르크설, 정향진화설 등은 모두 완전 폐기됐다. 그런 이론들이 완전히 관 뚜껑 속에 들어간 것은(적어도 서양에서는) 1947년 프린스턴에서 열린 한 심포지엄에서였다. 그 이후로 진화에 관심이 있는 생물학자들은 대개 '신다윈주의자neo-Darwinists'라고 자칭했다.

에르빈 슈뢰딩거Erwin Schrödinger(1887~1961)가 1944년에 출판한 『생명이란 무엇인가? What is Life?』는 진화 종합설에 속하는 부류는 아니다. 그러나 생물학 발전에 종합설 못지않게 중요한 역할을 했다. 슈뢰딩거는 1887년 빈에서 태어났다. 빈 대학 졸업 후에는 모교에서 교수로 재직했다. 이후 취리히, 예나, 브레슬라우로 옮겼다가 막스 플랑크 후임으로 베를린대학 이론물리학부 교수가 되었다. 1933년에는 양자역학 혁명(15장 물리학의 황금기 참조)에 기여한 공로로 (베르너 하이젠베르크, 폴 디랙Paul Dirac과 함께) 노벨 물리학상을 받았다. 노벨상을 수상하던 해에 슈뢰딩거는 나치 체제에 환멸을 느껴 독일을 떠났다. 옥스퍼드대 맥덜린 칼리지Magdalen College의 연구원으로 선출됐고 벨기에에서 가르치다가 1939년 10월 더블린으로 이주했다. 영국에 계속 있자니 '적성국 주민' 신분 때문에 골치가 아팠을 것이다.

더블린이 매력적이었던 또 한 가지 이유는 프린스턴고등연구소를 모델로 아일랜드 총리 에이먼 데벌레러Eamon De Valera('데브'라는 애칭으로 유명하다)가 주도해 신설한 고등연구소Institute for Advanced Studies였다. 슈뢰딩거는 1943년 법정法定 공개강연을 하기로 하고 주제를 물리학과 생물학의 통합으로 잡았다. 특히 생명 자체와 유전의 근본적인 측면을 다루는 내용이었다. '반semi 대중적인' 강의라는 평가를 받았지만 일반 청중에게는 결코 쉽지 않은 내용이었다. 수학과 물리학의 전문적인 내용이 들어 있기 때문이다. 그럼에도 불구하고 2월 매주 금요일에 한 세 차례의 강연에는 많은 사람이 몰려들어서 나중에는 월요일로 날짜를 옮겨 같은 내용을 강연했다.[54] 심지어 〈타임〉지는 더블린의 청강 열기를 기사화하기도 했다.

이 강연에서 슈뢰딩거는 두 가지를 시도했다. 그는 물리학자가 생명을 어떻게 정의하는지에 대해 고찰했다. 그가 내린 결론은 생명 체계는 하나의 질서에서 다른 질서로 나아가는, '적절한 환경으로부터 질서성을 빨아들이는' 과정이라는 것이었다.[55] 그런 과정은 엔트로피를 고려할 때 열역학 제2 법칙으로는 잘 설명이 안 된다고 그는 말했다. 그래서 생명 과정은 종국에는 물리학으로 설명할 수 있겠지만 그러려면 새 물리학 법칙이 필요하다고 전망했다. 당시에는 그런 법칙이 알려지지 않은 상태였다. 그러나 더욱 흥미롭고, 더욱 영향력이 컸던 주장은 유전의 구조, 즉 염색체를 물리학자의 시각으로 들여다본 부분이었다. 슈뢰딩거의 강연(과 나중에 일부 원고를 보태 낸 책)이 반대중적이라고 한다면 바로 이런 관점에서일 것이다. 1943년에 대부분의 생물학자들은 양자역학과 화학결합의 최신 연구 성과를 모르고 있었다. (프리츠 런던Fritz London과 발터 하이틀러Walter Heitler가 화학결합을 발견했을 때 슈뢰딩거는 취리히에 있었고, 『생명이란 무엇인가?』에는 라이너스 폴링에 대한 언급도 없다.) 슈뢰딩거는 이미 알려져 있는 물리학을 가지고 유전자는 비주기적 결정체일 수밖에 없다는 점을 보여주었다. 즉 "반복되는 단위들은 규칙적으로 배열되지만 개체는 항상 똑같은 것은 아니다"라는 것이다.[56] 다른 말로 하면 이는 기존 과학에서 어지간히 익숙한 구조였다. 그는 개별 원자의 행동은 통계적으로만 알 수 있다고 설명했다. 따라서 유전자들이 겉으로 내보이는 것과 같은 고도의 정밀함과 안전성을 유지하려면 크기가 최소여야 하고, 원자수도 최소여야 한다. 그는 또 최신 물리학을 활용해 염색체와 더불어 개별 유전자의 크기를 계산할 수 있으며(그가 제시한 수치는 300Å(옹스트롬. 빛의 파장이나 물질 내의 원자간 거리 등을 나타내는 단위로 1Å은 1억분의 1센티미터 : 옮긴이)이었다), 이로부터 변이를 일으키는 데 필요한 각 유전자 내의 원자 수와 에너지양도 계산해낼 수 있음을 입증했다. 그에 따르면 변이율은 이런 계산 결과와 잘 맞아떨어졌다. 변이들 자체의 불연속적 특성도 마찬가지였다. 이는 중간치의 에너지준위가 존재하지 않는 양자역학의 특성을 연상시킨다.

이 모든 이야기가 1943년 당시 대부분의 생물학자들에게는 새로운 것이었다. 그러나 슈뢰딩거는 한 걸음 더 나아가서 유전자는 하나의 코드(암호)를 포함하는 기다랗고, 고도로 안정된 분자로 구성돼 있다는 결론을 끄집어냈다. 그는 이 코드를 기본 부호가 조금만 바뀌어도 엄청나게 다양한 의미로 해석될 수 있다는 의미에서 모스부호Morse code에 비교했다.[57] 슈뢰딩거는 이렇게 해서 코드라는 용어를 처음 사용한 인물이 되었다. 생물학자들의 관심을 끌고, 강연과 그에 이어 나온 책이 그토록 엄청난 영향력을 발휘하게 된 것은 바로 이 때문이었다. 물론 물리학자가 생물학에 대해 발언을 했다는 점도 한몫 했다.⁵⁸ 이러한 추론을 토대로 슈뢰딩거는 유전자는 "커다란 단백질 분자이며, 그 분자 내에서 모든 원자, 모든 기(基), 모든 복소고리모양화합물은 각각의 역할을 한다"는 결론을 내렸다.⁵⁹ 그에 따르면 염색체는 암호로 쓴 메시지이다. 슈뢰딩거의 업적은 새로운 물리학을 생물학에 적용했다는 것이다. 그러나 아이러니하게도 강연을 할 당시 슈뢰딩거 자신은 대서양 건너편 뉴욕의 록펠러의학연구소 연구원인 오스왈드 에이버리Oswald Avery가 형질 전환을 일으키는 유전물질은 단백질이 아니라 디옥시리보핵산 즉 DNA라는 사실을 발견하고 있었다는 것을 알지 못했다.⁶⁰

슈뢰딩거는 강연을 책으로 내면서 후기를 추가했다. 젊은 시절 그는 힌두교 철학의 일파인 베단타Vedanta에 심취했다. 그래서 후기에다가 개인적 자아는 '삼라만상을 포괄하는 우주적 자아'와 동일하다는 문제—베단타의 핵심이다—에 관한 논의를 다뤘다. 그는 이런 주장이 기독교 사상의 관점에서 보면 '바보 같고, 신성모독적'이라는 점을 인정했지만 좀 더 발전시켜볼 만한 가치가 있다고 믿었다. 바로 이 때문에 가톨릭계인 더블린출판사는 조판까지 마친 상태였는데도 강연집 발행을 철회하고 만다. 그래서 책은 1년 후인 1944년 케임브리지대학 출판부에서 나왔다.

이 후기에도 불구하고 책은 대단한 영향력을 발휘했다. 아마도 물리학자가 쓴 생물학 관련 저서로는 가장 중요한 책일 것이다. 책이 큰 반향을 불러일으킨 데는 타이밍도 관련이 있다. 적지 않은 물리학자들이 원자탄 개발로 물리학에 흥미를 잃고 있을 때였다. 『생명이란 무엇인가?』를 읽고 깊은 감명을 받은 학자들 중에는 DNA 이중나선 구조를 발견한 프랜시스 크릭Francis Crick, 제임스 왓슨James Watson, 모리스 윌킨스Maurice Wilkins도 있었다. 이들이 슈뢰딩거의 아이디어를 어떻게 발전시켰는지는 나중에 다시 논의하기로 하자.

지성사적으로 본다면 2차 대전의 가장 중요한 성과는 과학이 성년기로 접어들었다는 점이었다. 물리학과 화학을 비롯해 여러 과학 분야들의 파급력은 전에도 충분히 알려져 있었다. 그러나 레이더와 콜로수스와 원자탄은—오퍼레이션 리서치, 새로운 심리평가 방법들, 녹음용 자기테이프, 헬리콥터 등은 말할 것도 없고—전쟁의 승패에 바로 영향을 미쳤다. 1차 대전 때 (아이큐 테스트와 같은) 과학적 혁신이 미친 영향보다 훨씬 강렬했다. 과학 자체가 이제 하나의(어쩌면 유일한) 콜로수스가 되었다. 1차 대전 이후의 분위기가 비관론이 지배적이었다면, 원자탄의 후유증이 그토록 컸음에도 불구하고 2차 대전 이후의 정서가 정반대였다는 것은 바로 그런 과학적 성과에도 원인이 있다고 해야 할 것이다. 과학을 만인의 행복을 위해 활용할 수 있다는 낙관적인 믿음이 확산된 것이다. 이는 시간이 가면서 '위대한 사회The Great Society'라는 이념으로 발전했다.

21

과거 회귀는 없다
No Way Back

　서로 다른 체제가 맞대결을 한 전쟁의 결과 인간이 스스로를 통치하는 방식에 대한 재평가가 나오게 된 것은 자연스러운 일일 것이다. 과학자와 장군, 암호해독가들이 적군을 격파하기 위해 온갖 수를 내느라 노심초사하는 한편에서 파시즘, 공산주의, 자본주의, 자유주의, 사회주의, 민주주의의 장단점을 따지는 데 온 힘을 쏟는 사람들도 있었다. 그 시급성에 있어서 전쟁 못지않은 심각한 문제였다. 이 과정에서 아주 공교로운 일이 벌어졌다. 전시에 옛 오스트리아-헝가리 제국 출신 망명객들이 잇따라 네 권의 책을 내놓은 것이다. 이들은 전쟁이 끝나고 나면 인간이 지향해야 할 사회의 유형을 탐구했다. 이들은 많은 점에서 차이가 있지만 이들의 저서는 한 가지 미덕을 갖고 있다는 점에서는 동일했다. 전시 종이 배급 체제 덕분에 책이 고마울 정도로 짧다는 점이다.

　맨 먼저 나온 책이 『자본주의, 사회주의, 민주주의Kapitalismus, Sozialismus und Demokratie』로 요제프 슘페터Joseph Schumpeter의 1942년 작이다. 그러나 여기서는 한 해 늦게 나온 칼 만하임Karl Mannheim(1893~1947)의 『우리 시대의 진단 Diagnosis of Our Time』을 먼저 살펴보는 것이 좋겠다.[1] 그 이유는 나중에 논하기로 하자. 만하임은 1차 대전 때 부다페스트에서 지외르지 루카치를 중심으로 모인 일요서클의 멤버였다. 멤버에는 아놀드 하우저와 벨라 바르톡도 있었다. 만하임은

1919년 헝가리를 떠나 하이델베르크대학에서 공부하고 마르부르크대학에서 마르틴 하이데거의 강의를 들었다. 1929년부터 1933년까지 프랑크푸르트 대학 사회학 교수를 지내면서 테오도르 아도르노, 막스 호르크하이머 등과 가깝게 지냈다. 그러나 히틀러가 집권하자 런던으로 이주해 런던정경대학(LSE)과 런던대 교육연구소에서 가르쳤다. 또 조지 루틀리지George Routledge 출판사가 내는 '사회학·사회재건 국제 총서'의 편집자로 활동했다. 총서 필자에는 시카고 대학의 정치학 교수 해럴드 라스웰Harold Lasswell, 경제사상가 E. F. 슈마허Schumacher, 뉴질랜드 인류학자 레이먼드 퍼스Raymond Firth, 에리히 프롬, 미국 사회학자 에드워드 쉴즈Edward Shils 등이 포함돼 있었다.

만하임은 '계획사회planned society'를 완전히 당연한 것으로 여겼다. 그에게 주식시장의 붕괴와 대공황을 가져온 낡은 자본주의는 이제 죽은 것이었다. "우리 모두는 이제 레세페르laissez-faire식 사회로 돌아갈 수 있는 길은 없다는 것을 안다. 전쟁은 그 자체로 새로운 형태의 계획된 질서로 가는 길을 예비함으로써 조용한 혁명을 일으켰다."[2] 동시에 그는 스탈린주의와 파시즘에 대해 똑같이 환멸을 느꼈다. 그에 따르면 전후의 새로운 사회—그는 이를 '위대한 사회'라고 불렀다—는 전체주의 국가들에서 벌어진 것과 같은 자유의 파괴를 유발하지 않는 형태의 계획에 의해서만 성취할 수 있다. 동시에 심리학과 사회학, 특히 정신분석의 최근 성과를 고려해야만 한다. 만하임은 사회가 병들었다고 믿었다. 제목에 '진단'이라는 표현을 쓴 것은 그 때문이다. 그에게 위대한 사회는 개인의 자유가 보전되면서도 사회가 어떻게 작동하는지, 복잡하고 기술적인 현대 사회가 과거 농민 중심의 농업 공동체들과 어떻게 다른지에 대한 인식을 겸비해야 했다. 따라서 그는 현대사회의 두 가지 측면, 즉 한편으로는 청년과 교육, 다른 한편으로는 종교를 강조했다. 히틀러유겐트는 보수주의 세력으로 변질됐지만 만하임은 제대로 교육만 받는다면 청년들은 천성적으로 진보적이라고 믿었다.[3] 그는 학생들이 사회의 사회학적 변화와 그 원인에 대해 이해할 수 있도록 키워야 한다고 생각했다. 또 심리학, 신경증의 발생, 신경증이 사회에 어떻게 영향을 미치고 사회문제의 경감에 어떤 역할을 하느냐도 알아야 했다. 그는 책의 후반부를 종교에 집중했다. 서구 민주주의가 직면한 위기의 근저에는 가치관의 위기가 있다고 보았기 때문이다. 낡은 계급질서는 깨져나가고 있는데 아직 다른 체계적인 또는 생산적인 질서로 대체되지 않았다. 그는 교회를 문제의 한 부분으로 보면서도 종교가 여전히 교육과 더불어 올바른 가치관을 심는 가장 좋은 방법이라고 믿었다. 그러나 기성 종교는 현대화가 되어야 했다. 종교도 신학이 사회학과 심리학의 보강을 받아야 한다는 것이다. 이런 식으로 만하임은 경제, 교육, 종교 문제에 있어서 계획을 추구했다. 그렇다고 강압이나 중앙통제를 의도한 것은 아니었다. 그는 단순히 전후 사회는 전전 사회보다 스스로에 대해 훨씬 더 많이 알게 될 것이라고 생각했다.[4] 그는 사회주의가 권력을 중앙 집중화하고 단순한 통제 메커니즘으로 전락할 소지가 많다는 것을 인정했다. 그러나 그는 영국의 '비철학적이고 실용 마인드가 강한 시민들'이 미래의 독재자들을 물리칠 것이라고 낙관한 열렬한 친영파였다.

요제프 슘페터(1883~1950)는 사회학이나 심리학에는 별 관심이 없었다. 그가 보기에는 그런 분야가 있다고 한다면 경제학에 종속되는 수준이었다. 전시에 나온 책 『자본주의, 사회주의, 민주주의』에서 슘페터는 경제학에 대한 사고의 전환을 추구했다. 이런 점에서는 존 메이너드 케인스 못지않았다.[5] 슘페터는 케인스의 견해에 확고하게 반대했다. 마르크스에 대해서도 마찬가지였다. 왜 그런지를 이해하기란 어렵지 않다. 케인스와 같은 해인 1883년 오스트리아에서 태어난 슘페터는 귀족 자제들만 입학이 허용되는 테레지아눔Theresianum에서 교육을 받았다.[6] 슘페터가 그 학교에 가게 된 것은 평범한 아버지가 죽고 나서 어머니가 장군과 재혼을 한 덕분이었다. 이렇게 '신분 상승'을 한 결과 그는 늘 귀족이라는 것에 자부심을 느꼈다. 대학 모임에 승마복을 입고 나타나는가 하면 만나는 사람마다 자기는 평생의 야심이 세 가지가 있노라고 떠들고 다녔다. 위대한 사랑을 하고, 위대한 기수가 되고, 위대한 경제학자가 되겠다는 것이었다. 빈에서 대학을 졸업한 뒤(이 시기의 화려한 빈에 대해서는 앞에서 논의한 바 있다) 그는 이집트 왕자의 경제고문이 되었다. 오스트리아로 돌아와서는 다시 교수직에 있었다. 이미 첫 번째 저서를 출판한 뒤였다. 1차 대전 후 새로 들어선 오스트리아 중도좌파 정부는 그를 재무장관으로 발탁했다. 그는 통화 안정 계획을 짜내기도 했으나 곧 사임하고 민간은행장이 되었다. 베르사유 조약 이후의 파국으로 은행은 파산했다. 결국 슘페터는 하버드 행을 택했다. "그곳에서 그는 특유의 매너와 소매 없는 망토 같은 외투 차림으로 금세 캠퍼스의 유명인사가 됐다."[7] 그는 평생 '재능의 귀족'인 엘리트의 역할을 믿었다.

슘페터의 핵심 논점은 '자본주의 시스템은 본질적으로 정태적'이라는 것이었다. 고객도 마찬가지지만 고용주와 피고용인에게 있어서 자본주의 시스템은 이윤이 없는 쪽으로 안정화된다. 따라서 투자가 무한정 지속되지는 않는다. 노동자들은 제품 생산과 판매비용에 따라 거의 노동한 만큼만 받는다. 이윤이란 혁신으로부터만 나올 수 있다는 이야기다. 혁신은 일정 기간 동안 생산비를 줄여서 거기서 생기는 이윤을 또 다른 투자에 사용할 수 있게 해준다. 이로 말미암아 도출되는 결론은 두 가지다. 첫째, 자본가 자체는 자본주의의 동력이 아니다. 자본주의의 동력은 좀 더 싸게 제품을 생산할 수 있는 새로운 기술이나 기계장치를 발명하는 기업가들이다. 슘페터는 기업가 정신을 가르치거나 물려줄 수 있는 것으로 생각하지 않았다. 그것은 본질적으로 '부르주아적' 활동이라고 그는 생각했다. 이 말은 도시 환경에서는 누구나 혁신에 대한 아이디어를 가질 수 있지만 누가 그런 아이디어를 갖느냐, 언제 어디서 갖느냐, 그 아이디어로 무엇을 하느냐는 전혀 예측할 수 없다는 의미였다. 부르주아적 인물들은 이론이나 철학을 토대로 행동하는 것이 아니라 현실적인 이해관계를 충족시키기 위해 행동한다. 이는 마르크스의 분석과 완전 상충된다. 슘페터의 전망을 구성하는 두 번째 요소는 기업가가 창출하는 이윤이 일시적이라는 것이었다.[8] 아무리 대단한 혁신이라도 곧 동종 업계나 상거래에서 추격자가 나오기 마련이다. 그래서 결국은 다시금 정체 상태가 된다. 이는 슘페터에게 있어서 자본주의는 불가피하게 벼락 경기와 정체의 순환이라는 특징을 보일 수밖에 없다는 것을 의미한다.[9] 결과적으로 1930년대에 대한 그의 시각은 케인스와는 정반대가 됐다. 슘페터는 공황이 어느 정도 불가피하다고 생각했다. 정신 번쩍 나는 물청소 같은 것이라는 이야기다. 전시에 그는 자본주의가 살아남을 수 있을까 하는 의구심이 깊어졌다. 그는 자본주의는 기본적으로 부르주아적 활동으로서 결국에는 관료화의 증대로 이어진다고 생각했다. 그것은 해적보다는 '신사복을 빼입은 사람들'을 위한 세계였다. 다른 말로 하면 궁극적으로는 실패하고 말 씨앗을 내포하고 있다는 이야기다.

그것은 경제적 성공이기는 하지만 사회학적 성공은 아니었다.[10] 더구나 경쟁세계를 구현하는 과정에서 자본주의는 사람들에게 특유의 조심스럽게 따져보는 자세를 갖게 한다. 그런 자세가 종국에는 체제 자체로 향하게 된다. 당시(1942년) 그는 사회주의가 작동할 수 있다고 생각했다. 물론 그가 말하는 사회주의는 순수 마르크스주의나 스탈린주의라기보다는 온정적이고 관료적인 계획 경제를 의미했다.[11]

전후 세계를 계획하는 문제에 대해 만하임은 당연시했고, 슘페터는 미온적이었다면, 프리드리히 폰 하이에크(1899~1992)는 극도로 적대적이었다. 하이에크는 1899년 과학자 집안에서 태어났는데 비트겐슈타인 집안과는 먼 친척 간이었다. 그는 빈 대학에서 박사학위를 두 개 받고 1931년 런던정경대 경제학 교수가 되었다. 1938년에는 영국 시민권을 취득했다. 그 역시 스탈린주의와 파시즘을 똑같이 증오했다. 그러나 만하임이나 슘페터와는 달리 러시아와 독일의 중앙집권적이고 전체주의적인 경향이 영국과 미국으로까지 확산될 것이라고는 별로 생각지 않았다. 역시 조지 루틀리지에서 출판된 『노예의 길The Road to Serfdom』(1944)에서 그는 계획에 대한 반대 입장을 분명히 하고 자유를 시장과 단단히 연결시켰다. 시장은 '자생적 사회질서spontaneous social order'를 만들어내는 데 도움을 준다는 것이 그의 생각이었다. 그는 만하임에 대해 비판적이었고, 케인스의 경제학에 대해서는 아직 검증이 끝나지 않은(당시는 1944년이었다) '실험'이라고 보았다. 그러면서 독자들에게 민주주의는 그 자체가 목적이 아니라 '본질적으로 하나의 수단, 즉 사회 내부의 평화와 개인의 자유를 보호하기 위한 실용적인 장치'라는 점을 강조했다.[12] 그는 시장이 완벽하지는 못하며, 시장을 맹신해서도 안 된다는 것을 인정했다. 그러나 법의 지배는 시장과 동시에 확대됐고 부분적으로는 시장의 결함에 대한 대응책이기도 하다는 점을 강조했다.[13] 사회학적 지식을 많이 갖는 것이 중요하다고 한 만하임의 주장에 대한 그의 반응은 시장은 '맹목적'이라는 것이었다. 시장이 만들어내는 결과는 아무도 예측할 수 없으며, 그럼으로써 오히려 자유에 기여한다는 이야기였다. 흔히 말하는 '보이지 않는 손invisible hand' 이론이다. 따라서 하이에크에게는 계획은 원리상 잘못일 뿐 아니라 비실용적이었다. 이어서 하이에크는 계획 하에서 '최악이 지배하게 되는' 이유 세 가지를 제시했다. 첫째는 교육을 많이 받은 사람일수록 주장의 이면을 꿰뚫어봄으로써 무리에 가담하거나 위계적인 가치관에 동의하지 않는다. 둘째, 중앙에서 통제하려는 사람은 어수룩하거나 고분고분한 사람들을 상대하는 게 쉽다고 생각한다. 그리고 셋째로, 무리를 지은 사람들은 긍정적인 프로그램보다는 부정적인 측면에 호응하기가 쉽다. 외국인이나 다른 계층에 대한 증오 같은 것은 그런 성향의 표현이다. 그는 역사학을 하나의 과학으로 정초하려 한 E. H. 카 같은 역사가들(마르크스도 그랬다)을 공격했다. 어느 정도 불가피한 일이었다. 그런데 하이에크는 과학적 접근법이 곧 정치학에도 통용될 것이라고 예견한 『과학적 태도 The Scientific Attitude』의 저자 C. H. 왜딩턴 Waddington을 비판하는 방식으로 과학 자체를 공격했다.[14] 하이에크에게 있어서 그런 의미의 과학은 계획의 한 형태였다. 그는 자본주의의 약점 중에서 독점화 경향은 잘 감시하고 예방 조치를 취해야 한다는 결론을 내렸다. 그러나 독점보다 더 실질적인 위협은 사회주의 체제 하에서의 노동조합의 독점이라고 보았다.

전쟁이 끝나가는 시기에 네 번째 오스트리아-헝가리 제국 출신 인사가 『열린 사회와 그 적들 Die offene Gesellschaft und ihre Feinde』을 냈다.[15] 필자는 칼 포퍼 Karl Popper(1902~1994)였다. 포퍼의 이력은 특이하다. 1902년 빈에서 태어난 포퍼는 젊어서 건강이 좋지 않았다. 1917년에는 병이 깊어져 학교에 다니지 못했다. 그는 사회주의에 잠시 빠졌지만 프로이트와 아들러에게 더 큰 영향을 받았다. 이어 빈에서 아인슈타인의 강의를 들었다. 1928년에는 철학으로 박사학위를 마쳤다. 이어 1차 대전 후에 버려진 어린이들을 돌보는 사회복지사 겸 교사로 일했다. 나중에 빈 서클 인사들과 알게 되는데 특히 헤르베르트 파이글 Herbert Feigl, 루돌프 카르납 Rudolf Carnap과 관계가 돈독했다. 이들은 포퍼에게 책을 써보라고 적극 권했다. 처음 쓴 『지식이론의 두 가지 근본문제 Die beiden Grundprobleme der Erkenntnistheorie』와 『탐구의 논리 Logik der Forschung』(영역본 제목 '과학적 발견의 논리 The Logic of Scientific Discovery'로 더 유명하다 : 옮긴이)는 상당한 관심을 끌었다. 그 덕분에 1930년대 중반 영국으로 장기 강연 여행 초청을 받았다. 유대계 지식인들의 대량 망명이 시작됐을 때였다. 1936년 모리츠 슐리크가 나치 학생에게 암살당하자 역시 유대계인 포퍼는 뉴질랜드 캔터베리 대학의 교수 초빙 제의를 수락했다. 1937

년 뉴질랜드로 가서 2차 대전 기간 대부분을 조용하고 외진 새 고향에서 보냈다. 다시 두 권의 책을 쓴 것은 바로 뉴질랜드에서였다. 『역사주의의 빈곤*Das Elend des Historizismus*』과 『열린 사회와 그 적들』이었는데 전자의 내용은 『열린 사회』에 많이 포함됐다.[16] 포퍼는 빈 출신 동료 망명객인 프리드리히 폰 하이에크와 많은 부분에서 의견을 같이했다. 그러나 경제학에 국한하지 않고 좀 더 폭넓은 분야에 걸쳐 저술 활동을 했다.

『열린 사회』를 쓰게 된 직접적인 계기는 1938년 독일의 오스트리아 합병 소식이었다. 포퍼는 처음 영국에 도착했을 때 '유쾌한 느낌'이 들었고 거기서 이후 저술의 토대가 되는 영감을 받았다. '오랜 리버럴 전통의 나라' 영국은 나치에 시달리는 나라와 극명한 대조가 되었다. 나치 국가는 그야말로 닫힌 사회 내지는 원시부족이나 봉건사회 같았다. 권력과 사상은 소수에게, 심지어 한 사람의 손과 머리에 집중돼 있었다. 그 유일 지도자는 왕이나 마찬가지였다. "창문이 갑자기 확 열린 기분이었다." 포퍼는 빈 서클의 논리실증주의자들과 마찬가지로 자연과학의 방법론에 깊은 영향을 받았다. 그리고 이를 나중에는 정치학 영역에까지 확대 적용했다. 그에게는 자연과학 방법론이 두 가지 중요한 결과로 이어졌다. 하나는 정치적 해결책도 과학의 해법과 마찬가지라는 것이다. 정치적 해결책이라는 것도 '결코 일시적인 것 이상이 될 수 없고 끝없이 개량해 나아가는 것'이라는 이야기다. 이것이 바로 그가 말한 역사주의의 빈곤이었다. 즉 역사 연구에서 심오한 교훈을 얻어내려는 학문적인 노력들은 사회는 이렇게 통치해야 한다고 하는 어떤 철칙 같은 것을 끄집어내려고 한다.[17] 포퍼는 "역사 같은 것은 없다, 다만 역사 해석만이 있을 뿐이다"라고 생각했다. 둘째로, 그는 사회과학이 쓸모가 있으려면 "예측을 할 수 있어야 한다"고 생각했다. 그러나 그렇게 되면 다시 역사주의가 작동을 하는 것이고 인간의 행위나 책임은 축소되거나 제거된다. 이는 난센스라는 것이 그의 생각이었다. 그는 이론물리학식으로 '이론역사학'이 있을 수 있다는 가능성마저도 배제했다.[18]

이런 그의 관점을 극명하게 보여주는 부분이 플라톤, 헤겔, 마르크스에 대한 공격이다. (이 책은 처음에 제목을 『거짓 선지자들: 플라톤, 헤겔, 마르크스*False Prophets: Plato, Hegel, Marx*』로 하려고 했다.) 포퍼는 플라톤이 존재했던 철학자 중에서 가장 위대한 철학자일 수는 있겠지만 국가의 이익을 모든 것 위에 올려놓은 반동적 인물이라고 생각했다. 심지어 정의에 대한 해석마저도 국가에 종속시켰다. 예를 들어 플라톤에 따르면 국가의 수호자들(철학자가 그런 역할을 맡아야 할 것으로 간주된다)에게는 거짓말하고 속일 권리가 부여된다. '적을 속이거나 국가의 이익과 관련해서 동료 시민들까지 속일' 수 있다는 것이다.[19] 포퍼는 플라톤 비난으로 공격을 받았다. 그러나 그는 플라톤이 기회주의자이며 헤겔의 선구라는 점을 분명히 간파했다. 헤겔의 교조적 변증법 논리는, 포퍼가 보기에는, 선과 지배체제를 동일시하는 함정에 빠졌다. 단순화시켜 이야기하면 '힘이 곧 정의'라는 결론이 된다.[20] 이에 대해 포퍼는 변증법을 잘못 해석한 것에 불과하다고 보았다. 변증법은 실제로는 자연과학의 방법론과 같은 일종의 시행착오론이라고 포퍼는 말했다. 그런데 테제가 안티테제를 낳는다는 헤겔의 관념은 잘못됐다. 멋들어지기는 하지만 틀렸다는 것이다. 테제는 자신에 반대되는 것을 산출하는 만큼이나 자기 쇄신과 수정을 불러일으킨다. 마찬가지 논리로 마르크스는 거짓 예언자였다. 왜냐하면 사회의 총체적인 변화를 고집했기 때문이다. 그런 식의 변화가 잘못된 이유는 비과학적이기 때문이라고 포퍼는 생각했다. 다시 말하면 시험을 해볼 수가 없다는 것이다. 그 자신은 점진적인 변화를 주창했다. 그래서 새로 도입한 요소들은 하나하나 검증을 해서 예전 체제에 비해서 개선인지 아닌지 여부를 따져보아야 했다.[21] 포퍼는 마르크스주의의 의도 자체에 반대한 것은 아니었다. 『공산당 선언』에 제시된 강령의 상당 부분이 서구 사회에서 이미 실제로 달성됐다고 지적한 것을 보아도 그렇다. 그러나 바로 그 점이 핵심이다. 그런 성취는 점진적으로 이루어졌다, 즉 폭력을 통하지 않고 되었다는 이야기다.[22]

국가의 역할을 최소화해야 한다는 포퍼의 믿음은 하이에크와 같았다. 국가의 기본 존재근거는 강자가 약자를 윽박지르지 못하게끔 정의를 보장하는 것이다. 만하임과는 견해가 달랐다. 계획은 결국 사회를 더욱 폐쇄적으로 만들 것이라고 믿었다. 계획이라는 개념에는 역사주의적 접근, 전체주의적 접근, 유토피아주의적 접근이 포함돼 있기 때문이다. 이 모든 것이 시행착오라고 하는 자연과학의 방법론에 반하는 것이다.[23] 이제 포퍼는 민주주의를 유일한 현실적 가능성으로 간주하게 된다. 왜냐하면 그것이야말로 과학적인 시행착오 trial and error 방법론에 부합하면서 사회로 하여금 경험을 준거로 정책을 수정하고 피를 흘리지 않고 정부를 바꿀 수 있게 하는 유일한 통치 형식이기 때문이다.²⁴ 하이에크의 저작과 마찬가지로 포퍼의 이념도 지금 와서 보면 그다지 독창적이지 않을 수 있다. 지금 우리는 그런 것을 너무도 당연시하는 세상에 살고 있기 때문이다. 그러나 당시에는 전체주의의 물결이 홍수처럼 밀려들고, 주식시장은 폭락을 거듭하고, 대공황의 쓰라린 기억이 아직도 생생했다. 1차 대전이 지금처럼 먼 과거의 일로 느껴지던 때도 아니었다. 그런 상황에서 많은 사람들은 역사에는 모종의 숨겨진 구조가 있다는 생각을 했다(특히 『서구의 몰락』에서 오스발트 슈펭글러가 내건 주장을 포퍼는 '헛소리'라고 공박했다). 역사에는 순환론적인 주기가 있고(특히 경제 부문에서), 따라서 공산주의나 파시즘의 도래는 불가피한 측면이 있다고 여겼다. 포퍼는 사상이 인간의 삶, 즉 사회에서 매우 중요하다고 생각했다. 사상은 세계를 바꾸는 힘을 발휘할 수 있다. 따라서 정치철학은 사회 개혁에 지속적인 영향을 미치는 새로운 사상들을 충분히 고려할 필요가 있다는 것이다.

오스트리아-헝가리 제국 출신 망명객 네 사람의 책이 비슷한 시기에 출간됐다는 것은 참으로 희한한 일이다. 그러나 곰곰이 따져보면 그렇게 놀라운 일도 아니다. 당시는 전쟁이 한창이었다. 영토를 놓고 싸우는 전쟁일 뿐 아니라 사상과 이념을 두고 벌이는 전쟁이기도 했다. 이들 망명객은 각자 전체주의와 독재를 아주 가까이서 목격했고, 독일·일본과의 전쟁이 끝나도 스탈린주의와의 싸움은 계속될 것이라는 점을 잘 알고 있었다.

윌리엄 템플William Temple(1881~1944)이 『그리스도교와 사회질서Christianity and Social Order』를 탈고한 것은 1941년이었다. 당시 그는 요크 대주교였다.²⁵ 이듬해인 1942년 초에 책이 출판됐을 때는(펭귄 스페셜로 나왔다) 캔터베리 대주교로 영국 성공회의 수장을 맡고 있었다. 교회 지도자들이 사회과학성 책자를 내는 경우는 드물다. 하물며 정치적인 성격의 책을 내는 경우는 거의 없다. 그런데 이 책의 저자는 세간의 이목을 끌 만한 인물이었으니 책의 성공은 어느 정도는 보장된 셈이었다. 1942년 당해 연도에만 2쇄를 더 찍었다. 판매부수는 곧 15만 부를 돌파했다. 템플의 책은 전시의 지적인 분위기의 한 단면을 완벽하게 보여준다.

책의 주요 부분은 오히려 일반적이다. 템플은 교회가 사회문제에 '개입'(그의 표현 그대로다)할 권리를 정당화하는 데 많은 지면을 할애한다. 그러다보니 불가피하게 정치적인 색채를 띠게 된다. 이어 역사적으로 교회가 사회문제에 어떤 식으로 개입했는지를 서술한다. 여기서 경제학에 대한 그의 해박함이 드러나는데, 특히 성서를 기준으로 이런 문제에 어떻게 대처해야 하는지에 대해 독창적이면서도 흥미로운 분석을 내놓고 있다.[26] 템플은 직장에서의 친교나 하느님의 목적, 자유의 본질 같은 문제들을 논하면서 '그리스도교의 사회원칙'을 제시하고자 했다. 그러나 주된 관심을 끈 것은 부록이었다. 템플은 기성 교회가 전쟁이 끝난 뒤에 무엇을 해야 하는지에 대해 '공식' 견해를 발표하는 것은 잘못이라고 생각했다. 그래서 그의 언급은 대단히 개략적이다. 그런데 부록에서는 대단히 구체적인 아젠다를 제시했다.

우선 그는 계획에 대해 만하임에 동의하는 입장을 피력했다. 부록 첫머리는 이렇게 적고 있다. "전후 세계에서 우리의 경제생활이 어떤 식으로든, 그리고 어느 정도는 '계획'되어야 한다는 것에 대해 의문을 제기하는 사람은 없다. 물론 글래드스턴(윌리엄 글래드스턴. 영국 자유당 당수였고, 총리를 네 차례나 지냈다. 자유주의자로 유명하다. 1809~1898 : 옮긴이) 같은 분(예를 들어 그렇다는 것이다)은 '계획'이라고 하면 사회주의라고 길길이 뛰겠지만 말이다."[27] 템플은 기독교 사회의 기초에 관한 여섯 가지 기본 원칙을 약술하는 것으로 본론을 마무리했다. 이제 부록 부분에서 논하는 것은 그런 기본 원칙들을 어떻게 실현할 수 있느냐이다.

첫 번째 원칙은 누구나 어느 정도 수준의 집은 있어야 한다는 것이었다. 이 원칙을 이행하기 위해 그는 그런 목적의 토지 수용 여부를 결정할 권한을 가진 지역주택위원회를 두어야 한다고 주장했다.[28] 위원들에게 강력한 권한을 주어서 토지 투기를 막아야 한다는 것이었다. 두 번째 원칙은 모든 어린이는 성인이 될 때까지 교육을 받을 기회를 가져야 한다는 것이었다. 이를 위해 템플은 학교에서 벗어나는 연령을 기존의 14세에서 18세로 올려야 한다고 주장했다. 세 번째 원칙은 모든 사람이 적정한 수입을 갖도록 보장하는 문제였다. 이 부분에서는 케인스의 학설을 그대로 따랐다. 어느 정도 규모의 공공사업을 벌이되 '민간 기업은 배제해야 한다'는 것이다. 사업 규모는 필요에 따라 늘릴 수도 있고 줄일 수도 있다. 넷째로 모든 시민은 자신이 일하는 직장이나 업무에서 발언권을 가져야 한다. 템플은 중세 길드로의 회귀를 옹호했다. 노동자, 경영자, 자본이 주요한 결정에 대해 위원회에 함께 참여해 목소리를 내야 한다는 것이다. 다섯째, 모든 시민은 가족생활을 즐기면서 품위를 유지하기 위해 적절한 여가생활을 즐길 수 있어야 한다. 따라서 주 5일 근무를 하되 기업의 사정을 감안해 출퇴근 시차제 같은 것을 도입하는 것이 바람직하다고 제안했다.[29] 그는 또 유급휴일제를 제안했다.[20] 마지막으로는 신앙의 자유, 언론의 자유, 집회의 자유를 옹호했다.

마지막 조항은 가장 상식적인 내용이었다. 템플은 자신이 반기업적이지 않다는 점을 분명히 밝히려고 애썼고, 심지어 '이윤'이라는 말이 더러운 표현이 아니라고까지 말했다. 그는 계획이 자유의 상실로 이어질 수 있다는 점을 충분히 인식하고 있었다. 그러나 어떤 자유는 허용할 가치가 없다고 보았다. 그는 한 통계를 예로 든다. "새로 시작한 사업의 4분의 3이 3년 안에 파산한다. 솔직히 말해서 그런 위태로운 사업은 시작하지 않도록 하는 쪽으로 유인해야 모두에게 이득인 것처럼 보인다. 파산은 여러 사람에게 불편을 야기하며 현실적인 곤궁을 초래할 수 있기 때문이다." 그는 이윤의 일정 비율을 '임금 평형화 기금'에 써야 한다고 생각했다. 나아가서 한 세대가 축적한 자본에 대해서는 상속세를 통해 차세대나 차차세대 이후에는 물려받지 못하는 시대가 오기를 기대했다. 템플에게 돈은 '기본적으로 매개체'였다. 생활에 기본적으로 필요한 것은 공기, 햇빛, 땅, 물이라고 그는 말했다.[30] 공기와 햇빛이 자기 것이라고 주장하는 사람은 없다. 따라서 똑같은 원칙이 땅과 물에도 적용돼야 한다는 점을 분명히 밝혔다.

템플의 책이 엄청나게 팔렸다는 것은 대중이 급박하게 돌아가는 전세에 대한 불안감과 함께 계획과 사회정의에 대해 관심이 많았다는 것을 보여준다. 주식시장 추락과 대공황, 기타 1930년대에 일어난 사건들은 그 상흔이 매우 깊었다. 얼마나 깊었는지는 '계획'이라는 표현이 일부에서는 금기시됐지만 너무 약하다고 여기는 사람도 많았다는 사실을 보면 알 수 있다. 예를 들어 영국과 미국의 많은 사람들은 히틀러가 실업을 퇴치하는 방식을 보고 속으로는 지지를 보냈다. 대공황을 겪은 뒤로 어떤 사람들은 일자리가 정치적 자유보다 더 중요하다고 생각했다. 그런 만큼 전체주의적인—아니면 중앙 통제식—계획은 위험을 무릅쓰고서라도 충분히 해 볼 만한 시도로 받아들여졌을 것이다. 이런 태도 때문에 스탈린의 '계획'을 보는 눈도 달라졌다. 당시는 전시였고, 러시아는 당시 연합국의 일원이었기 때문에 사람들은 러시아에서 벌어지는 일을 꼼꼼히 들여다보지 않았다. 이런 지적인 분위기를 배경으로 20세기 영국에 가장 큰 영향을 미친 문건이 나왔다.

1942년 11월 30일 밤 킹스웨이 홀보른에 있는 영국 정부간행물출판국(HMSO) 런던 본부 앞에 사람들이 꾸역꾸역 몰려들기 시작했다. 전례 없는 일이었다. 정부간행물이 베스트셀러가 되는 경우는 극히 드물다. 하지만 다음날 아침 출판국 문 앞은 이미 인산인해를 이루었다. 그날 발행한 보고서 6만 부가 그 자리에서 다 팔렸다. 값은 한 부에 2실링(옛날로 치면 24펜스, 지금으로 치면 10펜스)이었다. 펭귄 문고판 한 권 값의 4배였다. 그런데도 그해 말에 가면 판매부수는 10만부를 돌파한다. 이 보고서가 크리스마스 선물용도 아니었다. 제목도『사회보험 및 관련 서비스Social Insurance and Allied Services』로 썰렁하다. 그런데도 총 60만 부가 나가 20년 후 데닝 경이 국방장관 프로퓨모Profumo와 소련 여간첩 염문 스캔들을 조사한 보고서가 나오기 전까지는 정부간행물 부문 최고의 베스트셀러가 됐다.³¹ 왜 그런 소동이 벌어졌을까?『사회보험 및 관련 서비스』는 '베버리지 보고서Beveridge Report'로 더 유명해졌다. 이 보고서는 현대 영국을 복지국가로 만들면서 전후 세계의 여론을 크게 자극했다. 발행 이후의 소동은 보고서 자체의 중요성은 물론이고 대중의 감수성이 그만큼 급속도로 변했다는 것을 보여주는 지표인 셈이다.

'복지국가welfare state'라는 개념은 새로운 것은 아니었다. 독일에서는 1880년대에 비스마르크 총리가 사고, 질병, 노령, 장애에 대비한 보험을 만들 수 있는 법 규정을 확보했다. 오스트리아와 헝가리는 이 선례를 따랐다. 1910년과 1911년에 웨브 부부, 버나드 쇼, H. G. 웰스를 비롯한 페이비언 사회주의자들의 자극을 받은 로이드 조지 총리(당시는 자유당 내각이었다)는 실업보험과 노령연금보험을 법제화했다. 케임브리지대학에서는 1920년대에 경제학자 아서 피구Arthur Pigou가 전체 생산이 줄지 않는 한 부의 재분배—복지경제—는 충분히 시행할 만하다고 주장했다. 처음으로 '고전경제학'과 실질적인 결별을 한 셈이다. 미국에서는 1930년대에 루스벨트의 뉴딜 정책의 여파에다가 케인스 이론의 영향을 받아 존 코너John Connor, 리처드 엘리Richard Ely, 로버트 라 폴레트Robert La Folette 등이 위스콘신 플랜 Wisconsin Plan을 구상했다. 주 정부 차원의 실업보상금을 제공하는 것이 골자였다. 이는 이후 1935년 연방 차원에서 노인, 취약계층, 어린이에 대해 초보적인 사회 보장 조치를 마련하는 토대가 된다.³² 그러나 베버리지 보고서는 내용이 광범위하고, 진시에 출판됐다. 그런 만큼 전 국민의 태도 변화를 촉발하는 동시에 그런 변화의 덕을 보기도 했다.³³

보고서는 원래 그렇게 어마어마한 수준을 의도한 것이 아니었다. 1941년 6월 윌리엄 베버리지 경(1879~1963)은 아서 그린우드Arthur Greenwood 전후 재건 담당 무임소 장관으로부터 '사회보험 및 관련 서비스 각 부처 연락위원회' 위원장을 맡아달라는 부탁을 받았다. 당시는 처칠 총리가 이끄는 거국내각 체제였고 그린우드 장관은 노동당 출신이었다. 베버리지로서는 영국의 사회제도를 땜질해 달라는 수준의 부탁이어서 상당히 실망스러웠다(그는 전시에 좀 더 적극적인 역할을 하고 싶어 했다). 그러나 곧바로 생각을 바꿔 좀 더 근본적이고 장기적인 변혁의 가능성을 모색해보기로 했다.³⁴

베버리지는 비범한 인물인데다 집안이 좋아서 인맥도 탄탄했다. 그런 커넥션이 그의 꿈을 이루는 데 상당한 역할을 하게 된다. 베버리지는 1879년 인도에서 태어났다. 아버지는 현지 판사였다. 집안에는 하인이 26명이나 될 만큼 유복했다. 차터하우스 고교를 졸업하고 옥스퍼드대 베일리올 칼리지에서 수학했다. 전공은 수학과 고전학이었다. 베일리올에서는 R. H. 토니와 마찬가지로 대철학자인 에드워드 케어드Edward Caird의 영향을 많이 받았다. 케어드는 졸업하는 학생들에게 이런 말로 자극을 주곤 했다. "이제 나가서 알아들 보게. 이렇게 부자나라인 영국에 왜 아직도 그렇게 가난한 사람이 득시글거리는지. 그리고, 어떻게 하면 그런 빈곤을 치유할 수 있는지." 토니와 마찬가지로 베버리지는 토인비 홀(런던의 빈민 사회복지관)로 갔다. 여기서 빈곤의 의미를 배웠고, "실업이 가져오는 결과를 보았다"고 한다.³⁵ 1907년에는 독일에 가서 비스마르크 이후 연금과 의료 관련 강제 사회보험 제도가 어떻게 변했는지를 살펴봤다. 그리고 나서 돌아오는 길에 〈모닝 포스트〉지에 쓴 독일 제도 관련 기사 몇 편이 윈스턴 처칠(당시 상공부 장관)의 관심을 끌었다. 처칠은 베버리지를 상공부에 특채했다. 그래서 1911년 자유당 정부가 노령연금, 구직 지원, 실업보험제 등을 도입할 때 핵심적인 역할을 했다. 처칠도 사회개혁에 매우 열정적이어서 자유주의는 '대다수 서민들의 희망'이라고 선언할 정도였다.[36]

1차 대전이 끝나고 베버리지는 LSE 학장으로 옮겼다. 이후 LSE를 사회과학의 산실로 변화시켰다. 2차 대전이 발발하자 다시 옥스퍼드대로 돌아가 유니버시티 칼리지 학장을 맡았다. 정·관·학계에서 쌓은 오랜 경험 덕에 그는 마당발로 통했다. 토니는 매부였고, 클레멘트 애틀리Clement Attlee(1945년에 총리가 됨)와 휴 돌턴Hugh Dalton은 그가 LSE 학장으로 있을 때 강사로 채용했던 인연이 있다. 당시 두 사람은 의회와 행정부에 있었다. 처칠과 케인스는 물론 씨봄 라운트리Seebohm Rowntree와도 잘 아는 사이였다. 라운트리는 1899년 요크시의 빈곤 실태를 철저히 조사해 1911년 사회보험 관련 개혁 입법에 영향을 주었으며, 1936년 후속 연구로 베버리지 보고서 작성에도 도움을 준 인물이다.[37] 옥스퍼드 유니버시티 칼리지 학장 시절 보좌관으로 있던 해럴드 윌슨Harold Wilson은 나중에 총리가 된다.[38]

그린우드와 만난 지 한 달 만인 1941년 7월 베버리지는 자신이 주재하는 위원회에 문건 하나를 내놓았다. 「사회보험 — 일반적 고찰」이라는 제목으로 제도를 일부 땜질하는 정도라는 이야기는 아예 없었다. 베버리지는 이렇게 썼다. "때가 왔다. 사회보험을 전체로서, 전후에 좀 더 나은 새로운 세상을 만들기 위한 조치로서 고찰해야 한다. 지금 우리 앞이 허허벌판이라면, 어떤 종류의 기득권에도 방해받지 않는다면, 사회보험 제도를 어떻게 설계해야 할 것인가?"[39] 전황은 날로 어두워지는 가운데 이후 몇 달 동안 베버리지 위원회는 무려 127건의 각종 문건을 채택하고, 증인들의 구두 증언을 듣는 회의만도 50차례 이상 개최했다. 그러나 니컬러스 티민스Nicholas Timmins가 복지국가의 역사를 다룬 저서에서 밝히고 있듯이 1941년 12월까지 공식으로 채택된 문건은 베버리지가 「설계 요점」이라는 제목을 달아 회람시킨 문건 하나뿐이었다. 1년 후 발표되는 최종 보고서의 핵심 내용을 담은 문건이었다.[40] 이렇게 베버리지 보고서는 본질적으로 한 사람의 작업이었다.

그가 내놓은 문건의 핵심은 두 가지였다. 우선 국가 차원의 의료 서비스, 아동수당, 실업급여 체제를 마련해야 한다는 것이었다. 그리고 급여는 정액으로 하되 먹고 살기에 적당한 정도여야 하며, 출연금은 개인과 고용주, 국가가 함께 부담해야 한다는 것이었다. 베버리지는 급여대상자 자산 실사나 소득 규모에 따른 급여 연동제에 대해서는 철저히 반대했다. 그럴 경우 오히려 문제점이 양산된다는 것을 잘 알고 있었기 때문이다. 복잡한 시스템 운영에 따르는 공무원 조직 비대화만의 문제가 아니었다. 그는 급여 수준이 너무 높으면 사람들이 구직 활동을 소홀히 한다는 논리를 잘 알고 있었다. 그러나 대가족일수록 저임금이 빈곤의 가장 큰 원인이라는 점을 입증한 라운트리의 최근 연구에 공감했다.[41] 이런 구상은 정부가 요청한 수준을 훨씬 넘어서는 것이었다. 베버리지도 그 점을 잘 알고 있었다. 그는 마당발을 총동원했다. 방송, 언론, 관가에도 민원을 넣었다. 보고서 출간에 앞서 기대감을 높임으로써 지적으로나 정치적으로 특급 뉴스로 만들려는 고도의 작전이었다.

파급력이라는 면에서 보면 베버리지는 마음먹었던 모든 것을 달성했다. 영국에서 엄청나게 팔렸다는 소식은 해외에서도 주목을 끌었다. 이 과정에는 공보부가 손을 좀 썼다. BBC 방송은 보고서를 상세하게 다룬 프로그램을 12월 1일 새벽부터 22개 언어로 전 세계에 내보냈다. 전군에 보고서가 지급됐다. 미국에서도 많이 팔려 재무부는 5,000달러의 인세 수입을 올렸다. 보고서를 담은 상자를 프랑스를 비롯해 나치가 점령한 유럽 여러 지역에 낙하산으로 떨어뜨리기도 했다. 그 중 2부는 베를린에 있는 히틀러의 벙커로까지 들어갔다. 전쟁이 끝나고 벙커를 수색하던 중 베버리지 보고서가 발견된 것이다. 거기에는 이런저런 메모가 적혀 있었는데 그 중 하나는 '기밀'이라고 표시돼 있었다. 또 한 메모는 이 계획을 "체계가 수미일관되고…… 놀라울 만큼 단순하며…… 거의 모든 점에서 현재 우리 독일의 사회보험 제도보다 우수하다"고 평가했다.[42]

보고서가 엄청난 영향력을 발휘한 요인은 두 가지였다. 베버리지 보고서의 제목 자체는 무미건조하다. 그러나 문장은 절대 그렇지 않았다. 관청 냄새라고는 전혀 없었다. 공무원 특유의 근엄한 어감도 없었다. 베버리지는 이런 식으로 썼다. "세계사에 혁명의 순간이 왔다. 혁명을 할 때다. 땜질이 아니라. 전쟁이 모든 이정표를 폐기하고 있다. 그리하여 진정한 변화의 기회가 마련됐다. 승전의 목적은 낡아빠진 세상 그대로가 아니라 훨씬 나은 세상에서 살기 위한 것이다." 그는 척결 대상 1호가 빈곤이라고 했다. 안정된 소득과 사회보장이 필요한 이유가 바로 그 때문이었다. "그러나…… 빈곤은 사회 재건 과정에서 우리 앞을 가로막는 5대 거악巨惡 중 하나일 뿐이다. 그리고, 어떤 점에서는 가장 공략하기 쉽다. 나머지는 질병, 무지, 불결, 나태다…… 국가는 서비스와 분배를 책임지고 확보해야 한다. 안보를 생각한다면 국가는 인센티브와 기회를 주고, 책임감을 가질 수 있도록 해주어야 한다. 최저생계를 확보하려면 각 개인의 자발적인 행동이 본인과 가족의 생활수준을 최대한 높이는 방향으로 가도록 해야 한다."[43] 그러나 최저생계비는 "권리로서, 그리고 자산 실사 없이 지급해야 한다. 그래야 개인들이 그것을 토대로 자유롭게 미래를 설계할 수 있다. …… [이 안은] 5대 거악 퇴치 작전의 일부다. 물리적 빈곤을 일차 대상으로 한다. 다음은 질병이다. 질병은 종종 빈곤의 원인이 되며 그로 인해 허다한 부수적 고통이 발생한다. 그 다음은 무지. 민주주의라면 시민의 무지를 허용할 수 없다. 그리고 불결……. 마지막으로 나태다. 나태는 부를 좀먹고 인간을 타락시킨다."[44]

그 암울하던 시절 정부 보고서가 자화자찬을 자제하면서 이토록 감동적일 수 있다고 기대한 사람은 없었다. 베버리지는 오히려 시대가 그토록 암울하기 때문에, 당장의 위협은 분명 외부에서 온 것이지만 이제 영국 사회 내에 존재하는 위험에 대해 태도의 변화, 감수성의 변화를 불러일으킬 시점이 되었다는 것을 본능적으로 알아챈 것 같다. 그 위험은 여전히 영국 사회의 앞날을 가로막고 있었다. 베버리지는 그동안의 연구를 통해 영국이 20세기 들어 얼마나 달라진 것이 없는지를 누구보다도 잘 알고 있었다.[45] 1차 대전 이후 영국의 국제무역 점유율은 급속히 떨어졌다. 이런 양상은 처칠이 고율의 금본위제로 회귀할 것을 고집하는 바람에 더욱 심각해졌다. 그 결과 재정지출은 대폭 삭감됐고, 사회 양극화는 심해졌다(재로Jarrow 지역의 실업률은 67퍼센트인 반면, 하이위컴High Wycombe 지역은 3퍼센트였다).[46]

1944년 교육법 개정(역시 베버리지 보고서 내용을 실천한 것이다)을 주도한 보수당의 R. A. 버틀러Butler는 후일 이렇게 썼다. "벤저민 디즈레일리Benjamin Disraeli(19세기 영국의 보수파 정치가·작가. 두 차례 총리를 지냈다 : 옮긴이)가 '두 나라'라는 표현을 쓴 지 한 세기가 지났건만 아직도 영국에 '두 나라'가 존재한다는 현실을 깊이 깨닫게 됐다."⁴⁷ 베버리지 플랜의 성공은 그 자신이 인정하다시피 케인스에게도 일부 공이 있다. 그러나 영국과 여타 국가들을 강타한 사회적·지적 변화는 경제 차원을 훨씬 넘는 심각한 수준의 것이었다. W. H. 오든의 친구인 찰스 매지Charles Madge가 운영하는 여론조사 기관 매스 옵저베이션Mass Observation이 1941년에 조사한 바에 따르면 조사대상자의 16퍼센트가 전쟁 때문에 정치관이 바뀌었다고 응답했다. 그런데 베버리지 보고서가 나오기 네 달 전인 1942년 8월에는 세 명에 한 명꼴로 정치관을 바꿨다.⁴⁸ 무엇보다도 베버리지 보고서는 생필품 공급이 부족하던 시대에 어떤 희망을 주었다.⁴⁹ 한 달 전에 롬멜Erwin Rommel이 북아프리카에서 퇴각했고, 영국군은 토브룩Tobruk을 탈환했으며, 아이젠하워는 모로코에 상륙했다. 이를 축하하기 위해 처칠은 영국의 교회 종을 다 울리도록 했다. 대독 선전포고 이후 종을 친 것은 처음이었다(적군이 침공해 올 경우 신호용으로만 치게 돼 있었다).

러시아에서는 대숙청이 진행 중이었지만 스탈린 체제는 연합국의 중요한 일원이라는 이유로 비판을 덜 받았다. 1943년 11월 처칠과 루스벨트, 그리고 러시아의 독재자가 테헤란에서 만나 전쟁의 마지막 국면, 특히 프랑스 상륙작전 문제를 논의했다. 당시 테헤란 회담Teheran Conference에서 처칠은 스탈린그라드 인민들이 독일군을 격퇴한 것을 기리기 위해 스탈린에게 명예의 검을 선사했다. 소련 지도자가 그런 명예를 직접 받는 데 대해 모든 사람이 납득하는 것은 아니었다. 앞에서 살펴본 대로 프리드리히 폰 하이에크와 칼 포퍼도 그랬다. 그러나 전쟁의 와중인지라 스탈린에게 얼마나 유화적인 태도를 보였는지는 조지 오웰이 짧은 소설 한 편을 출판하기 위해 얼마나 어려움을 겪었는지를 보면 잘 알 수 있다.

'동화'라는 부제가 붙은 『동물농장』은 혁명이 잘못된 길로 빠지면서 그 순수성을 잃게 되는 과정을 그린 작품이다. 인간 존스 씨의 농장에 사는 동물들은 반란을 일으키라는 늙은 수퇘지 메이저의 유언에 자극을 받아 농장을 점거하고 존스 씨 부부를 쫓아낸다. 이런 우화는 미묘하달 것도 없다. 늙은 메이저는 죽기 전에 동물들에게 연설을 하면서 그들을 '동무들'이라고 부른다. 반란 자체는 주동자들(이중에는 젊은 수퇘지 나폴레옹도 있다)에 의해 동물주의의 이름으로 미화된다. 오웰이 이 작품을 착상한 것은 1937년 스페인 내전에 참가해 싸울 때였다. 오웰은 이 작품이 스탈린과 그 일당을 겨냥한 풍자라는 사실을 한 번도 감추지 않았다. 집필은 1943년 말에서 1944년 초까지 했다. 러시아군이 독일군을 격퇴하게 되는 중요한 몇 달 간이었다. "그리하여 스탈린그라드로 가는 길은 베를린 진군 길이 되었다."[50] 농장에서 일어난 혁명은 곧 타락한다. 돼지들은 사익을 추구하면서 차츰 지배세력이 되어 간다. 한배 강아지들을 악랄한 게슈타포 같은 친위대로 키우는가 하면, 헛간 벽에 써놓았던 동물주의 계명은 한밤중에 쥐도 새도 모르게 개작된다(제7계명 '모든 동물은 평등하다'는 '모든 동물은 평등하다. 그러나 어떤 동물들은 다른 동물보다 더 평등하다'로 바뀐다). 그리고 마침내 돼지들은 두 발로 걷기 시작한다. 몇 달 전만 해도 동물주의의 슬로건은 '두 발(인간) 나빠! 네 발(동물) 좋아!'였다.

책이 나온 것은 1945년 8월이었다. 미국이 히로시마와 나가사키에 원자탄을 투하하던 그 달이었다. 이처럼 탈고에서 간행까지 시간이 걸린 가장 큰 이유는 출판사를 잡는 데 애를 먹었기 때문이다. 빅터 골란츠Victor Gollancz 출판사도『동물농장』출판을 거부한 여러 출판사 중 하나였다. 페이버 앤 페이버Faber & Faber 출판사의 T. S. 엘리엇도 마찬가지였다.[51] 기독교인이었던 엘리엇은 공산주의의 친구는 결코 아니었다. 게다가 오웰의 작가로서의 능력에 대해서 추호도 의심치 않았다. 그러나 출판을 거부하는 이유를 편지에다가 이렇게 썼다. "확신이 안 서네요…… 지금 이 시점에 그런 정치적 상황을 비판하는 것이 올바른 관점인지……."[52] 네 출판사가 출판을 거절했다. 오웰은 그들의 자기검열에 화가 치밀었다. 직접 출판을 할까도 생각해봤다. 그러던 차에 워버그스Warburgs 출판사가 맡겠다고 나섰다. 그러나 전시의 종이 부족으로 출판이 바로 되지는 않았다.[53] 어쩌면 더 늦어진 편이 오히려 나왔다. 마침내 책이 세상에 나왔을 때는 전쟁이 막 끝난 시점이었다. 그러나 원자탄의 공포는 채 가시지 않았고, 1945년 7월 포츠담 회담Potsdam Conference 직후 전후 세계—냉전—가 서서히 모습을 드러내고 있었다. 나치가 집단수용소를 운영했다는 증거가 속속 드러났다. 인간이 인간에게 어떤 짓을 할 수 있는지를 여실히 보여준 끔찍한 사건이었다.

『동물농장』은 동화가 아니었다. 스탈린이 정치적 역할모델이 아닌 것과 마찬가지다. 오웰은 정치·사회적 의도라는 면에서는 윌리엄 템플과 흡사했지만 좀 더 현실주의적이었다. 게다가 하이에크나 포퍼와 마찬가지로 히틀러와의 전쟁에서는 이겼지만 스탈린과의 전쟁은 끝나려면 한참 멀었다는 것을 잘 알고 있었다. 20세기 사상과 이념에 관한 한 이 싸움은 훨씬 중요했다. 하나의 위대한 사고양식 전체—자유주의적 상상력—가 스탈린과 집단주의와 계획에 의해 폐기처분될 위기에 처한 것이다.

나치와 일본의 전시 잔학행위는 전쟁이 끝날 때까지 제대로 알려지지 않았다. 그것은 전쟁으로 시달린 6년이 얼마나 잔인한 세월이었는지 확실히 보여주는 것이었다. 그러나 이런 황량함 속에서도 낙관적인 사람들은 희망을 보았다. 호주, 뉴질랜드 같은 대영제국의 변방을 포함해서 거의 모든 주요 교전국들이 전시에 완전고용을 달성했다. 1930년대의 저주는 말끔히 가셨다. 대공황이 시작되고 가장 큰 타격을 입은 미국에서는 1944년 실업률이 1.2퍼센트로 내려앉았다.[54] 일부 투덜거리는 반대자들을 빼고 이런 추세는 케인스 사상의 승리로 간주됐다. 전시 정부들은 곳곳에서 거창한 규모의 공공지출 프로그램—무기 생산—을 가동했다. 물론 그것은 완전 낭비였고(지속적인 효과를 보는 사회간접자본과는 다르다), 엄청난 재정적자를 유발했다. 미국의 국가채무는 1941년 490억 달러에서 1945년에는 2,590억 달러로 치솟았다.[55]

2차 대전 발발 당시 케인스는 56세였다. 1차 대전 때 이미 명성을 얻었지만 2차 대전 때 그의 역할은 더더욱 중요해졌다. 전쟁 발발 두 달 후에 케인스는 런던의 일간지 〈더 타임스〉에 세 편의 글을 기고했다. 이 글은 곧바로 『전비 조달, 어떻게 할 것인가 How to Pay for the War』라는 소책자로 나왔다. (세 편의 기고문은 실은 독일 언론에 먼저 실렸다. 그가 한 강의 내용이 새나갔기 때문이다.)[56] 케인스의 논점은 두 가지였다. 그는 근본적인 문제는 돈이 아니라 물자라는 점을 바로 간파했다. 군함, 총포, 포탄 등등을 바로 만들어낼 수 있는 물자를 얼마나 확보하느냐에 따라 전쟁의 승패가 갈린다는 이야기였다. 이런 원자재는 수량을 계산할 수 있고, 따라서 통제가 가능하다.[57] 케인스도 평화시 경제와 전시 경제의 차이를 잘 알고 있었다. 평화시에는 노동자들이 가외소득을 본인들이 노동해서 생산한 제품에 소비한다. 그런데 전시에는 노동자들이 먹고 사는 데 필요한 정도를 넘어서는 가외 생산물이 정부로 들어간다. 또 하나 케인스의 통찰력이 빛난 지점은 전쟁이 사회변화를 촉진할 기회라는 점이었다. 국가 위기 상황에 필요한 '우리 모두의 노력'을 재정적 조치에 쏟아 부으면 국민총화를 반영하는 것일 뿐 아니라 종전 후 사회적 평등 확산에도 큰 도움이 된다는 것이다. 홍보만 잘하면 효율을 높일 수도 있다. 윈스턴 처칠이 총리가 되자, 케인스는 비버브룩 프레스(신문왕 비버브룩 경이 운영하는 언론사들 : 옮긴이)의 공격을 받기는 했지만 처칠의 양대 경제고문 중 한 사람으로 발탁됐다(또 한 사람은 캐토 경이었다).[58] 케인스는 자기 사상을 실현하는 데 여념이 없었다. 그 모두가 법제화되지는 못했지만 그가 미친 영향은 심대했다. "영국 재무부는 케인스가 제시한 원칙에 따라 2차 대전을 치러냈다."[59]

미국에서도 상황은 비슷했다. 일찍부터 일부 영향력 있는 인사들 사이에 전시는 케인스 이론이 딱 들어맞는 고전적인 상황이라는 인식이 자리 잡고 있었다. 특히 하버드와 터프츠 대학Tufts University 출신 경제학자 일곱 명이 팀을 이뤄 공공 부문의 과감한 확대를 열렬히 주창했다. 그렇게 해서 영국에서처럼 전후에 평등을 증진시키는 데 필요한 다양한 조치를 미리 미리 취하자는 것이었다.[60] 1933년에 발족해 뉴딜 정책을 총괄 입안한 대통령 직속기구 국가자원계획위원회National Resources Planning Board(기관명에 '계획'이라는 단어가 들어갔다는 점에 주목하라)는 '새 권리장전'에 아홉 가지 원칙을 담았다. 공교롭게도 윌리엄 템플이 제시한 기독교 사회의 여섯 가지 원칙을 연상시킨다. 그리고 《뉴 리퍼블릭New Republic》 같은 잡지들은 이런 선언에 대해 이렇게 평했다. "처음부터 레세페르(자유방임주의)라는 낡은 이상은 이제 가능하지 않다는 것을 인정했으면 훨씬 좋았겠다…… 점차적으로 어느 정도의 계획과 통제가 반드시 있어야 할 것이다."[61] 영국에서도 그렇지만 미국에서도 케인지안들이 완승을 거두지는 못했다. 전통의 재계가 좀 더 공평한 사회를 추구하는 이념들에 대해 거세게 이의를 제기하고 나선 것이다. 그러나 우울한 1930년대 이후 2차 대전의 성과라고 할 만한 것은 대부분의 서구 민주주의 국가에서—영국, 미국, 캐나다, 뉴질랜드, 호주, 스웨덴, 남아프리카공화국 등등—취업률을 높이는 것이

국가의 최우선 과제라는 것을 모두들 인정했다는 점이다. 어떻게 그렇게 할 수 있느냐에 관한 지식을 제공하고 정부가 그런 책임을 떠맡아야 한다는 인식을 확산시킨 주인공은 역시 케인스였고, 그의 사상이었다.62

케인스는 국내 경제 규제와 관련해서는 승리했지만 국제 통상 문제를 다루는 데서는 썩 만족스럽지 못했다. 이 문제는 1944년 여름 브레턴우즈Bretton Woods에서 열린 유명한 회의에서 다룰 이슈였다.63 미국 뉴햄프셔 주 화이트 마운틴즈White Mountains에서 열린 이 회의에 750여 명의 인사들이 참석했다. 그 결과 세계은행World Bank과 국제통화기금International Monetary Fund이 탄생했다. 둘 다 케인스의 핵심 구상의 일부였다. 그러나 케인스의 힘은 미국 팀에 밀렸다. 케인스는 전후 세계가 직면한 두 가지 문제 가운데 "새로운 문제는 하나밖에 없다"는 것을 잘 알고 있었다. 오래된 문제란 1930년대의 경쟁적인 환율 평가절하로 회귀하는 것을 막는 일이었다. 그렇게 되면 국제 통상이 위축돼 불황과 같은 효과를 불러일으키기 때문이다. 새로운 문제란 전후 세계가 채무국(영국)과 채권국(단연 미국이다)의 두 부류로 나뉠 것이라는 점이었다. 이런 거대한 불균형은 국제 통상 회복에 걸림돌이 될 수밖에 없고, 그 폐해는 모두에게 돌아간다. 회의장에서 단연 돋보였던 케인스는 국내 경제의 원칙을 국제무대로 확대시키려면 국제 통화 시스템과 국제은행이 필요하다는 것을 명확히 파악했다.64 국제은행의 핵심은 채무국들이 다른 나라의 보복을 야기하지 않고 환율을 변경할 수 있도록 상환 기한 연기와 대출(자금은 채무국들이 갹출한다)이 가능해야 한다는 부분이었다. 브레턴우즈 협정 안은 또 세계적으로 금본위제를 철폐했다.65 케인스는 모든 것을 뜻대로 하지는 못했다. 그래서 최종 채택된 브레턴우즈 협정 안은 케인스의 작품인 동시에 미국 재무부 대표인 해리 덱스터 화이트Harry Dexter White의 작품이기도 했다.66 그러나 이런 문제들을 브레턴우즈에서 진지하게 토론할 수 있었던 지적 배경은 양차 대전 사이에 케인스가 만들어낸 것이었다. 그것은 계획 그 자체는 아니었다. 케인스는 우리가 보아왔듯이 시장을 신뢰하는 학자였다. 그러나 세계 무역이 밀접하게 연결돼 있고, 최대 다수의 최대 행복을 확보하려면 부의 창출에는 제조업자뿐 아니라 고객도 필요하다는 것, 그리고 그 둘은 별개의 인간이 아니라는 것을 인식해야만 한다는 점을 케인스는 잘 알고 있었다. 케인스는 자본주의가 경쟁을 토대로 한 만큼이나 협력을 통해서 작동한다는 것을 세계에 가르쳤다.

2차 대전이 끝날 무렵 케인스 경제학은 정점에 올라섰다. 사람들은 케인스를 '마법사'로 생각했다.⁶⁷ 많은 사람들이 그가 제시한 원칙이 입법화되기를 바랐다. 그리고 제한적이기는 하지만 실제로 그렇게 됐다. 반면 좀 더 포퍼적인 생각을 가진 사람들도 있었다. 경제학이 과학을 자처한다면 케인스의 사상도 시대가 감에 따라 수정될 것이라는 이야기였다. 그리고 실제로 그렇게 됐다. 케인스는 지적인 관점에서 놀라운 변신을 보였다(전시에만 그런 것이 아니라 평생 저술을 내놓을 때마다 그랬다). 그리고 말년 들어 많은 비판도 받고, 이론이 수정되기도 했다. 그러나 오늘날 우리가 실업에 대해 가지고 있는 태도—실업은 어느 정도 정부가 통제한다는 믿음—는 그에게 힘입은 것이다. 하지만 그도 한 인간일 뿐이었다. 전쟁이 끝나면서 1930년대의 음산한 분위기로 급속히 회귀하지 않을까 하는 우려가 확산됐다.[68] W. S. 보이틴스키Woytinsky 같은 경제학자들만이 활황이 올 것이라고 보았다. 대충 이런 이야기다. "사람들은 그동안 소비재에 굶주렸다. 노동자와 기술자들은 전쟁 기간 내내 오버타임을 했기 때문에 가외소득을 쓸 기회가 없었다. 엄청난 수의 군인들은 그동안 봉급을 쌓아놓고만 있었다. 특히 어마어마한 액수의 전쟁 채권이 팔려나갔는데 이제는 현금으로 상환해줘야 할 때가 됐다. 게다가 전시에 발달된 군사장비 관련 기술이 각종 상품 개발을 급속히 촉진할 것이다."(보이틴스키는 소비를 기다리고 있는 현금이 2,500억 달러 규모라고 추산했다.)[69] 그러나 일단 평화가 찾아오자 상황은 누구의 예상과 기대에도 맞아들지 않았다. 1930년대의 높은 실업률이 재현되지는 않았다. 물론 미국의 실업률은 전시만큼 낮지는 않았다. 4~7퍼센트에서 들쭉날쭉했다. "우려할 만큼 높은 수준이지만 잘 나가는 다수에게 경각심을 줄 정도로 높은 것은 아니었다."[70] 이처럼 사회계층별로 받는 효과와 충격파가 달랐기 때문에 경제학자들은 한동안 당혹감을 감추지 못했다. 케인스도 예측을 내놓은 것이 없어서 더욱 그랬다.

미국에서는 하버드와 터프츠 대학의 케인지안들이 좀 더 평등한 전후 사회를 만들려고 노심초사했지만 가장 중요한 문제는 빈곤 그 자체가 아니었다. 미국은 비교적 완전고용이라고 할 만한 활황을 누렸다. 평등에 관한 한 전쟁은 미국의 전통적인 문제를 적나라하게 드러냈다. 많은 흑인들이 유럽에서, 태평양 전선에서 싸웠다. 백인과 똑같이 목숨을 걸고 위험을 감수했다면 왜 이제 평등을 누릴 수 없단 말인가?

베버리지 보고서가 영국에 미친 영향만큼이나 미국에 심대한 영향을 미친 보고서가 1944년 1월 공개됐다. 전황이 연합국에 유리한 쪽으로 확실하게 돌아선 시점이었다. 준비하는 데만 6년이 걸린 방대한 작업이었다. 제목은 『미국의 딜레마 : 흑인 문제와 현대 민주주의An American Dilemma : the Negro Problem and Modern Democracy』였다.[71] 저자는 군나르 뮈르달Gunnar Myrdal(1898~1987)로 스웨덴 사람이었다. 1937년 뮈르달을 발탁해 연구를 의뢰한 사람은 카네기재단 이사장 프레드릭 케펠Frederick Keppel이었다. 스웨덴은 제국주의 전력이 없다는 것이 발탁 이유였다. 보고서는 본문만 1,000페이지에 주석이 250페이지, 거기에 부록이 10개나 붙어 있었다. 베버리지가 혼자서 북 치고 장구 치고 한 스타일인 반면 뮈르달은 시카고, 하워드, 예일, 피스크, 컬럼비아를 비롯한 여러 대학에서 조력자를 많이 구했고, 서문에는 자문을 구한 저명한 사상가 수십 명의 이름을 나열했다. 그중에는 루스 베네딕트, 프란츠 보아스, 미국의 사회심리학자인 오토 클라인버그Otto Klineberg, 로버트 린튼Robert Linton, 인류학자 애슐리 몬태규Ashley Montagu, 도시사회학자 로버트 파크Robert Park, 사회학자 에드워드 쉴즈도 들어 있었다.[72]

우생학자인 로스롭 스타더드Lothrop Stoddard와 매디슨 그랜트Madison Grant가 풍미하던 1920년대 이후 '인종과학'과 우생학의 주도권은 단연 유럽으로 넘어갔다. 독일에서는 나치가 권력을 장악하고, 소련에서는 트로핌 리센코가 과학계를 뒤흔들고 있었다. 영국과 미국에서는 예전 저술가들의 단순하고 편안한 주장에 대해 반감이 일고 있었다. 그리고 인종을 과학적 개념으로 보는 것에 대한 회의가 높아졌다. 1939년 하워드 대학 사회학 교수인 E. 프랭클린 프레이저Franklin Frazier(흑인임)가 연구서 『미국의 흑인 가족The Negro Family in the United States』을 펴냈다. 연구를 시작한 것은 1930년대 초였다. 이 책에서 그는 흑인 가족의 전반적인 해체 상황을 꼼꼼히 분석했다.[73] 그는 오늘날과 같은 사태의 연원은 노예시대와 노예해방으로 거슬러 올라간다고 주장했다. 많은 흑인 부부가 주인의 변덕 때문에 생이별을 하던 시대에서 노예해방으로 갑작스러운 변화가 몰아닥치면서 안정성은 더더욱 깨지고 말았다는 것이다. 중소 도시로 떠돌아다녀봐도 도움이 되지 않았다. "무기력하고, 문란하고, 범죄와 비행이 잦다"는 흑인에 대한 고정관념만 확산될 뿐이기 때문이었다. 프레이저는 그런 스테레오타입화된 고정관념에 일부 진실이 담겨 있다는 것은 인정하면서도 그렇게 된 원인에 대해서는 이의를 제기했다.

뮈르달은 프레이저보다 훨씬 더 나아갔다. 미국이 유럽에 비해 앞선 제도를 일부 가지고 있고, 유럽보다 합리적이고 낙관주의적이라는 사실을 인정하면서도 발전된 제도조차 너무도 미약해서 미국을 지배하는 특수한 사정을 타파하는 데는 역부족이라는 결론을 내렸다. 이런 딜레마는 전적으로 백인들 책임이라고 뮈르달은 말했다.[74] 미국 흑인의 생활양식은 존재의 모든 측면에서 조건화돼 있었다. 말하자면 백인세계에 대한 이차적인 반응이라는 것이다. 그 가장 중요한 결과는 흑인들이 공화국의 법률은 물론이고, 정치를 필두로 한 다양한 제도에서 완전히 배제됐다는 사실이다.[75]

뮈르달이 제시한 해결책은 그의 분석만큼이나 많은 논란을 불러올 소지가 컸다. 의회는 이런 잘못을 바로잡을 의지가 없거나 능력이 없다고 그는 판단했다.[76] 그 이상의 무엇이 필요했다. 그가 느끼기에 '그 이상의 무엇'을 제공할 수 있는 것은 오직 법원밖에 없었다. 그는 흑인의 여건을 개선하기 위해 법전의 조항들을 실제로 집행하려면 법원을 활용해야 한다고 주장했다. 그렇게 해서 백인들에게 시대가 변하고 있다는 것을 절실히 깨닫게 해주어야 한다는 것이다. 베버리지나 만하임과 마찬가지로 뮈르달은 전후에는 과거로 돌아갈 수 없다는 것을 절감했다. 그래서 이 스웨덴 출신의 경제학자는 미국에게 전 세계에서 독재로부터 민주주의를 구하고 있는 이 나라가 정작 국내에서는 여전히 인종주의에 물들어 있다는 사실을 분명히 일깨워주었다. 듣기 좋은 충고는 아니었다. 적어도 백인들한테는 그랬다. 뮈르달의 결론에 대해 '악의적'이라고 욕하는 사람들도 있었다.[77] 어쨌거나 결론적으로 보면 뮈르달의 제안에 대해 두 가지 의미 있는 반응이 나타났다. 하나는 법원을 정확히 그가 촉구한 방향으로 활용하는 경우였다. 그 정점을 보여주는 것이 이반 하나포드Ivan

Hannaford가 미국 역사상 '가장 중요한 대법원 판결'이라고 한 '브라운 대 토피카 교육위원회 사건' 판결(1954년)이었다. 이 사건에서 대법원은 만장일치로 흑인 학교와 백인 학교를 나누는 것은 법 아래 만인은 평등하게 보호받는다는 수정 헌법 14조 위반이라는 판결을 내렸다. 이렇게 해서 흑백 분리는 위헌이 되었다. 이 판결은 1950년대와 1960년대의 시민권 운동에 중요한 역할을 했다.

뮈르달의 제안에 대한 다른 반응은 좀 더 사적인 것이었다. 그런 반응을 처음 표현한 것은 랠프 엘리슨Ralph Ellison이었다. 엘리슨은 흑인 뮤지션이자 소설가로 뮈르달의 『미국의 딜레마』에 대한 서평을 썼는데 거기에 이런 구절이 있었다. "뮈르달은 흑인의 문화적 표현물들을 상황의 반영이라고 단순하게 보고 있는데 어떤 면에서는 그가 '품격 높은 가치'라고 보는 것에 대한 거부일 수도 있다."[78] 어떤 측면에서 '품격 높은 가치'에 대한 거부(흑인들만 그런 것이 아니다)는 20세기 후반기의 가장 중요한 지적 문제였다.

22

8월의 섬광
Light in August

원자탄이 이론의 영역을 벗어나서 현실적인 수단으로 화한 유일한 계기가 있다면 그것은 1940년 초 어느 날 밤 영국 버밍엄에서 일어났다. 독일군의 대대적인 공습으로 매일 밤 등화관제가 실시됐다. 불도 마음대로 켤 수 없었다. 그래서 오토 프리시Otto Frisch(1904~1979)와 루돌프 펄스Rudolf Peierls(1907~1995)는 영국으로 망명한 것이 잘한 결정이었는지 때로 의문이 들었을 것이다.

오스트리아 출신인 프리시는 리제 마이트너Lise Meitner의 조카였다. 그런데 마이트너는 1938년 독일이 오스트리아를 합병하자 스웨덴으로 망명한 반면, 프리시는 닐스 보어가 있는 코펜하겐에 남았다. 전쟁이 다가오자 프리시는 점점 불안해졌다. 나치가 덴마크를 침공하면 아무리 쓸모 있는 과학자라도 강제수용소로 끌려갈 것이 뻔했기 때문이다. 프리시는 탁월한 피아니스트이기도 했다. 연주를 할 수 있다는 게 그나마 위안이었다. 1939년 여름 공동空洞자력계cavity magnetometer 공동 발명자로 버밍엄대 물리학 교수가 된 마크 올리펀트는 프리시를 영국으로 초청했다. 겉으로는 물리학 토론을 위해서였다. (1937년 러더퍼드가 수술 후 감염으로 56세를 일기로 사망한 후 캐번디시연구소 팀의 많은 사람들이 빠져나갔다.) 프리시는 주말에 잠시 다녀오는 기분으로 가방 두 개를 꾸렸다. 그러나 일단 영국에 도착하자 올리펀트는 프리시에게 원하면 영국에 남을 수 있다는 점을 분명히 했다. 올리펀트는 아직 구체적인 계획은 없었지만 상황판단만큼은 날카로웠다. 그래서 프리시는 신변 안전이 무엇보다 중요하다는 것을 직감했다. 프리시가 버밍엄에 머무는 동안 전쟁이 터졌다. 그래서 그냥 남게 됐다. 애지중지하던 피아노를 비롯해 소지품들은 코펜하겐에 그대로 둔 채였다.¹

펄스는 이미 버밍엄에 와 있은 지 꽤 되었다. 베를린 출신의 부유한 펄스는 뮌헨 대학에서 아르놀트 조머펠트Arnold Sommerfeld와 함께 훈련을 받은 많은 훌륭한 물리학자 가운데 한 명이었다. 펄스는 1933년 록펠러 장학금으로 영국에 가서 케임브리지 대학에서 연구했다. 당시 독일 대학에서는 나치의 숙청이 시작된 상태였다. 그는 외국에 체류할 수 있는 형편이었다. 1940년 2월에는 영국 시민으로 귀화한다. 그러나 1939년 9월부터 다섯 달 동안, 펄스와 프리시는 서류상으로는 적성국 주민이었다. 올리펀트와 대화를 나눌 때는 이론적인 문제만 토론하는 것처럼 함으로써 이런 '불편함'을 내색하지 않았다.²

프리시가 버밍엄에서 펄스와 합류할 때까지, 원자탄이 불가능하다고 하는 주된 논리는 '임계점에 도달'해서 '연쇄반응'을 일으키고 그 결과 폭발에까지 이르게 하는 데 필요한 우라늄의 양이었다. 추정량은 13톤에서 44톤까지 편차가 너무 컸다. 심지어 100톤이 필요하다는 분석도 있었다. 이게 사실이라면 원자탄은 너무 무거워서 항공기로 수송할 수 없게 된다. 그리고 어떤 경우라도 조립에 6년은 걸릴 것으로 예상됐다. 그 동안 전쟁은 벌써 끝나버릴지도 모르는 일이다. 지금까지의 계산이 대단히 부정확하다는 것을 처음 포착한 사람이 프리시와 펄스였다.³ 등화관제령이 내려진 버밍엄의 거리를 거닐면서였다. 프리시는 실제로 우라늄은 1킬로그램 이상 필요하지 않다는 계산을 해냈다. 펄스의 추론 역시 폭탄의 폭발성을 어느 정도로 잡을지를 확인해주었다. 이는 팽창물질을 분리해 연쇄반응 진행을 중단시키는 데 얼마나 시간이 걸리는지 계산해낼 수 있다는 의미였다. 펄스가 제시한 수치는 대략 400만분의 1초였다. 이 사이에 중성자 발생이 80회 이루어진다(말하자면 1개가 2개가 되고 다시 4→8→16→32……로 계속되는 식이다)는 것이다. 펄스는 80회가 연속되면 온도는 태양 내부만큼 뜨거워지고 "압력은 철이 액체 상태로 흐르는 지구 핵보다 더 커진다"는 결론을 내렸다.⁴ 우라늄은 무거운 금속이어서 1킬로그램이라면 대략 골프공만 하다. 놀라울 만큼 작은 크기다. 프리시와 펄스는 계산 결과를 점검하고 또 점검했다. 결과는 똑같았다. 그래서 235U가 자연에 아무리 적게 있다고 해도 (238U의 139분의 1 수준이다) 실전용 폭탄과 시험용 폭탄 한 개씩을 만드는 데 필요한 양을 분리하는 데는 몇 년이 아니라 몇 달이면 족하다는 결론을 내렸다. 두 사람은 계산 결과를 올리펀트에게 가져갔다. 올리펀트 역시 중대한 돌파구가 열렸다는 것을 직감했다. 올리펀트는 두 사람에게 보고서—세 쪽밖에 안 됐다—를 쓰게 한 다음 이것을 개인적으로 런던에 있는 헨리 티저드Henry Tizard에게 가져갔다.[5] 프리시에게 피난처를 제공한 올리펀트의 예지력은 본인이 상상할 수 있었던 것보다 훨씬 빨리 보상을 받은 셈이다.

제임스 채드윅이 중성자의 존재를 확인한 1932년 이후 원자물리학은 주로 두 가지를 확보하는 데 전력했다. 방사성에 대한 심도 있는 이해와 원자핵의 구조에 대한 좀 더 분명한 해명이었다. 1933년 프랑스의 졸리오-퀴리 부부는 중요한 업적을 이룩함으로써 노벨상을 타게 된다. 원자량이 중간 정도인 원소들에 폴로늄 알파입자를 충돌시켜 인공적으로 방사성을 만들어내는 방법을 발견한 것이다. 다른 말로 하면 이제 거의 마음대로 원소를 다른 원소로 변환시킬 수 있게 된 것이다. 러더퍼드가 예견했듯이 여기서 핵심 입자는 중성자였다. 중성자가 핵과 반응을 해서 방사성 붕괴 과정에서 에너지를 방출하게 하는 것이다.

1933년에는 이탈리아 물리학자 엔리코 페르미Enrico Fermi(1901~1954)도 '베타 붕괴' 이론(과학 전문지 《네이처》가 그의 논문 중 하나를 퇴짜 놓기는 했지만)으로 전면에 등장했다.[6] 이 이론 역시 핵이 전자의 형태로 에너지를 방출하는 과정에 관한 것이었다. 페르미가 '약弱상호작용weak interaction'이라는 아이디어를 도입한 것도 이 이론에서였다. 약상호작용은 새로운 유형의 힘으로 그 때문에 자연계에 존재하는 기본적인 힘의 수는 원거리에서 작동하는 중력과 전자기력, 아원자亞原子 수준에서 작동하는 강력strong forces과 약력weak forces 네 가지로 늘었다. 이론적이기는 하지만 페르미의 논문은 광범위한 연구조사를 토대로 한 것이었다. 페르미는 비교적 가벼운 원소들에다 중성자를 충돌시키면 하나의 양자 또는 하나의 알파입자를 방출하면서 훨씬 가벼운 원소로 변환되며, 무거운 원소는 그 반대의 양상을 보인다는 것을 입증했다. 말하자면 비교적 강력한 전자 장벽들이 안으로 들어오는 중성자를 포획해 더더욱 무겁게 되는 것이다. 그러나 원자핵은 불안정한 상태이므로 붕괴되면서 원자번호를 하나 더한 원소로 변환된다. 이로써 놀라운 가능성이 열렸다. 우라늄은 자연계에 존재하는 가장 무거운 원소였다. 원자번호 92로 주기율표 맨 윗자리를 차지한다. 우라늄에 중성자를 충돌시켜 중성자 하나를 포획하게 되면 더 무거운 동위원소가 된다. 238U이 239U가 되는 것이다. 이것은 다시 붕괴되어 지구상에 없던 원자번호 93의 전혀 새로운 원소가 된다.[7]

'초우라늄' 원소들이라고 일컬어지는 물질을 만들어내는 데는 시간이 좀 걸렸다. 그러나 일단 만들어내자 페르미는 1938년 노벨 물리학상을 받았다. 페르미가 이러한 영예를 안게 됐다는 소식을 들은 날은 또 다른 의미에서 흥분의 연속이었다. 첫째, 그날 아침 일찍 전화가 왔다. 전화교환원이었다. 그날 저녁 여섯 시에 스톡홀름에서 전화가 올 예정이라고 했다. 노벨상을 타는 게 아닌가 싶었던 페르미와 그 가족은 하루 종일 정신이 산란했다. 그런데 여섯 시가 되자 바로 전화벨이 울렸다. 페르미는 바로 전화기를 집어 들었다. 그러나 스톡홀름에서 온 전화가 아니었다. 친구였다. 친구는 그 뉴스를 어떻게 생각하느냐고 물었다.[8] 페르미 일가는 전화가 울리기를 고대하고 있던 터라 라디오 켜는 것을 잊고 있었다. 라디오를 켰다. 친구는 나중에 페르미 부부가 들은 내용을 이렇게 기록했다. "격하고 매정한 목소리로 해설자는…… 새로 나온 인종 관련 법규들을 읽어나갔다. 그날 발효된 법률은 [이탈리아의] 유대인의 활동과 시민으로서의 지위를 제한하는 내용이었다. 유대인의 자녀는 공립학교에서 퇴학시킨다. 유대인 교사는 해직한다. 유대인 변호사와 의사, 여타 전문직은 유대인 고객만 상대할 수 있다. 많은 유대인 회사가 문을 닫는다. …… 유대인들은 시민권을 완전히 박탈당하게 된다. 여권은 회수한다."[9]

페르미의 아내 라우라 페르미는 유대계였다.

뉴스는 그것만이 아니었다. 전날 저녁 독일에서는 반유대주의가 기승을 부렸다. 군중들이 전국의 유대교 회당에 불을 지르고 유대인 가족들을 거리고 끌고나와 구타했다. 유대인 가게와 상점은 수 천 개나 파괴됐다. 그 과정에서 유리가 너무 많이 깨져서 그 날 밤 벌어진 폭동은 '수정의 밤' 사건이라고 했다.

얼마 후 스톡홀름에서 기다리던 전화가 왔다. 노벨상을 받게 된 것이다. 수상 이유는 '원소 집단 전체에 속하는 새로운 방사성 물질을 발견하고, 그 과정에서 느린 중성자의 선별적인 작용력을 발견한 공로'라고 했다. 이런 표현이 우연이었을까? 아니면 스웨덴 식 풍자였을까?

그 순간까지 일부 물리학자들은 '핵에너지'에 관해 말은 하고 있었지만 대부분 정말 그렇게 될 것이라고는 생각지 않았다. 물리학은 한없이 환상적이지만 자연에 대한 근본적인 설명을 추구하는 것이지 그 이상은 아니기 때문이다. 어니스트 러더퍼드는 1933년에 한 공개강연에서 특히 최근의 발견 성과가 아무리 놀라운 것이라고 해도 "현실에 적용되기를 기대할 수는 없다. 원자의 힘에서 새로운 에너지를 얻는다는 것은 난센스다"라고 말했다.[10]

한편 베를린에 있던 오토 한Otto Hahn(1879~1968)은 물리학자라면 누구나 입수할 수 있는 물질을 대상으로 연구를 했지만 핵심을 놓쳤다. 우라늄 동위원소 중에서 가장 일반적인 238U은 핵이 양성자 92개와 중성자 146개로 이루어져 있다. 중성자 충돌로 새로운 초우라늄 원소가 생성되면 원자량만 달라지는 것이 아니라 화학적 성질도 달라진다.[11] 따라서 한은 새로운 특성을 찾기 시작했다. 그러면서 중성자가 포획되지 않고 원자핵에서 입자들을 깎아내면 라듐이 될 것이라는 가정을 계속 염두에 두었다. 알파입자 두 개(원자량 4인 헬륨 핵)를 잃은 우라늄 원자는 라듐, 즉 230Ra이 된다. 그런데 라듐은 안 보이고, 새로운 원소도 찾을 수 없었다. 몇 번이나 실험을 되풀이한 결과 한이 발견한 것은 바륨이었다. 바륨은 훨씬 가벼운 원소였다. 양성자 56개에 중성자 82개로 원자량은 138, 우라늄의 238보다 훨씬 아래였다. 말이 안 되는 소리였다. 당황한 한은 리제 마이트너(1878~1968)에게 실험 결과를 알려줬다. 한과 마이트너는 오랫동안 공동연구를 해온 긴밀한 사이였다. 특히 한은 1930년대에 마이트너를 보호하려고 무진 애를 썼다. 유대인이었기 때문이다. 마이트너는 직장은 그대로였다. 서류상으로 오스트리아인이었기 때문이다. 따라서 법률적으로 그녀는 인종법 적용 대상이 아니었다. 그러나 1938년 3월 오스트리아가 독일의 일부가 된 이후로 마이트너는 더 이상 보호받을 수 없었다. 그래서 하는 수 없이 스웨덴의 예테보리Göteborg로 망명했다. 한은 1938년 크리스마스 직전에 그녀에게 편지를 보내 이상한 실험 결과를 설명했다.[12]

운이 좋았다고나 할까, 그해 크리스마스에 코펜하겐에서 보어 밑에 있던 조카 오토 프리시가 마이트너를 찾아왔다. 숙모와 조카는 너무 반가웠다. 둘 다 망명객 신세였다. 이어 근처 눈 덮인 숲속으로 스키를 타러 나갔다. 마이트너는 조카에게 한이 보낸 편지 이야기를 해줬다. 나무 사이를 스쳐 지나가는 사이에도 두 사람의 머릿속에는 바륨 문제가 떠나지 않았다.[13] 두 사람은 한의 당혹스러운 실험 결과를 설명해줄 수 색다른 방법을 찾았다. 특히 원자의 핵은 물 분자 상호간의 흡인력에 의해 결합돼 있는 물방울과 같아서 그 구성요소들의 힘에 의해 단단히 결합돼 있다는 보어의 이론을 떠올렸다. 이때까지, 앞서 언급한 것처럼, 물리학자들은 중성자를 충돌시켜도 핵은 매우 안정적이어서 기껏해야 일부 입자만 떨어져나간다고 생각했다.[14] 예테보리 숲속의 널브러진 나무에 발이 걸린 마이트너와 프리시는 이제 우라늄의 핵이 뭔가 다른 방식으로 물방울과 비슷하지 않을까 생각하기 시작했다.[15] 특히 두 사람은 핵이 중성자들에 의해 조금씩 떨어져나가는 대신에 어떤 환경에서는 두 개로 쪼개질 가능성을 염두에 두었다. 숲속에서 그렇게 스키를 타면서 의견을 나누기를 어언 세 시간이었다. 추웠다. 두 사람은 그래도 계속 계산을 하면서 집으로 돌아왔다. 계산 결과는 우라늄 원자가 둘로 쪼개진 것으로 나타났다. 그렇게 되면 바륨(양성자 56)과 크립톤(36)이 된다. 56+36=92(우라늄 원자번호)다. 맞았다. 프리시가 보어에게 이런 이야기를 해주자 보어는 그 자리에서 알아듣고 소리쳤다. "아하, 우린 정말 다들 바보였어. 바로 그거야."[16]

그러나 그게 다가 아니었다. 이 소식이 세상에 알려지자 사람들은 핵이 쪼개지면 열의 형태로 에너지가 방출된다는 것을 알게 됐다. 그런 에너지가 중성자의 형태로 있다가 양이 충분해지면 연쇄반응이 일어난다. 그렇게 되면 실제로 폭탄도 가능해지는 것이다. 물론 가능하다고는 해도 쉬운 일은 아니었다. 우라늄은 대단히 안정적이어서 반감기가 45억 년이나 된다. 리처드 로티Richard Rorty의 까칠한 지적대로 우라늄이 에너지를 방출해서 연쇄반응을 촉발하기 쉽다면 물리실험실마다 벌써부터 그런 소문이 번졌을 것이다. 진짜 핵심을 파악한 인물은 보어였다. 일반적인 형태의 동위원소 238U은 안정적이지만 희귀한 형태의 동위원소 235U는 핵분열 nuclear fission(한이 관찰하고, 마이트너와 프리시가 처음으로 그 메커니즘을 설명한 과정에 대한 새로운 표현이었다)이 잘 됐다. 235U 두 덩어리를 붙여서 임계질량을 만들면 폭탄이 되는 것이다. 그런데 235U가 얼마나 필요할까?

이런 상황에서 또 하나 문제는 그때가 아직 1939년 초였다는 점이다. 히틀러의 협박이 거세지고 있었고, 지각 있는 사람이라면 전쟁이 임박했다는 것을 알 만했다. 그러나 세계는 아직 형식적으로는 평화 상태였다. 한·마이트너·프리시의 연구 결과는 《네이처》지에 공표됐다. 따라서 영국, 프랑스, 이탈리아, 미국은 물론이고 나치 독일과 소련, 일본의 물리학자들도 읽었을 것이다.[17] 이제 물리학자들은 세 가지 문제에 직면하게 됐다. 첫째, 연쇄반응이 어떻게 가능한가? 이는 에너지가 얼마나 방출돼야 핵분열이 일어나는지를 찾아야만 판단할 수 있는 문제다. 둘째, 235U를 238U에서 어떻게 분리해낼 수 있는가? 그리고 거기에 시간이 얼마나 드는가이다. 세 번째 문제가 가장 중요했다. 왜냐하면 유럽에서는 1939년 9월 전쟁이 시작됐고 원자탄 개발 경쟁이 치열해지고 있는데도 자원이 가장 많고 망명 과학자를 다수 확보한 미국은 교전당사국이 아니었기 때문이다. 미국을 설득해서 행동에 나서게 할 수 있는 방법은 무엇인가? 1939년 여름 소수의 영국 물리학자들이 정부에 대해 일단 다른 나라들의 원자탄 개발을 저지하는 차원에서라도 벨기에령 콩고에서 우라늄을 확보해야 한다고 촉구했다.[18] 미국에서는 헝가리 출신 망명객 레오 질라드, 유진 위그너, 에드워드 텔러 세 사람이 똑같은 아이디어를 갖고 아인슈타인을 만나러 갔다. 아인슈타인이 벨기에 여왕을 알고 있었기 때문에 여왕에게 조치를 취해야 한다는 점을 알리기 위해서였다.[19] 결국 세 과학자는 루스벨트를 만나는 쪽으로 방향을 바꿨다. 아인슈타인이 저명인사인 만큼 그의 말이라면 들을 것이라고 판단해서였다.[20] 그러나 중간에 넣은 사람이 루스벨트 대통령을 만나러 백악관에 들어가는 데만 6주가 걸렸다. 그리고도 아무 일도 일어나지 않았다. 움직임이 시작된 것은 프리시와 펄스가 계산을 끝내고 그 결과가 세 쪽짜리 논문으로 나온 뒤였다. 이 단계에 가면 졸리오-퀴리 부부는 다시 중요한 논문을 발표한다. 235U에 대한 입자 충돌 결과 평균 3.5개의 중성자가 방출된다는 것을 보여주는 내용이었다. 펄스가 원래 생각했던 것의 두 배 가까운 수치였다.[21]

프리시와 펄스가 적은 메모를 헨리 티저드가 창설한 소위원회에서 검토했다. 첫 모임은 1940년 4월 왕립학회 사무실에서 열렸다. 위원회는 폭탄을 늦지 않게 만들어 전쟁에 큰 영향을 미칠 수 있는 가능성은 충분하다는 결론을 내렸다. 이때부터 원자탄 개발은 영국의 정책이 되었다. 미국인들을 설득해서 계획에 참여시키는 일은 버밍엄에서 프리시와 펄스를 돌봐준 마크 올리펀트 교수에게 맡겨졌다. 영국은 전쟁에 시달리느라 그런 프로젝트를 추진할 만한 자금이 없었다. 또 아무리 비밀로 추진한다 하더라도 제조공장이 폭격을 당할 수도 있었다.[22] 미국에서는 '우라늄위원회'가 설립됐다. 위원장은 MIT에서 박사학위 두 개를 받은 공학자 배너바 부시 Vannevar Bush가 맡았다. 올리펀트와 존 코크로프트는 미국으로 달려가 부시에게 사안이 얼마나 화급한지 루스벨트에게 전해달라고 설득했다. 루스벨트는 폭탄 제조를 떠맡으려 하지 않았다. 그러나 제조가 가능한지 알아는 보겠다고 했다. 루스벨트는 의회에는 알리지 않고 '비상용 특별자금'에서 비용을 끌어다 썼다.[23]

부시가 영국 측의 발견 성과에 대한 검증 작업을 시작한 사이 코펜하겐에 있는 닐스 보어에게 옛 제자 한 사람이 찾아왔다. 불확정성의 원리를 발견한 베르너 하이젠베르크였다. 덴마크는 1940년 4월 독일의 침공을 받았다. 보어는 미국으로 안전하게 피신시켜주겠다는 미국 대사관의 제의를 사양하고 젊은 유대계 학자들을 보호하기 위해 최선을 다했다. 한참 이야기를 나눈 끝에 보어와 하이젠베르크는 칼스버그 맥주 공장 인근 양조 지구를 산책했다. 하이젠베르크는 라이프치히에서 독일 폭탄 제조 프로젝트를 책임진 인물 중 한 사람이었다. 그런 그가 산책을 하다가 원자력의 군사적 응용 전망에 관한 문제를 꺼냈다.[24] 그는 보어가 막 미국에 다녀왔다는 것을 알고 있었다. 보어도 그가 그런 사실을 알고 있다는 것을 알고 있었다. 이 만남에서 하이젠베르크는 보어에게 구상 중인 원자로 개요도를 보어에게 넘겨주기도 했다. 바로 이런 점이, 지금 와서 돌이켜보면, 참으로 당혹스럽기도 하고 드라마틱한 점이다. 하이젠베르크는 왜 독일이 어느 정도까지 나갔는지를 알려준 것일까? 나치를 증오해서? 아니면, 나중에 보어가 의구심을 가졌던 대로, 그림을 미끼로 해서 미국과 영국이 어느 정도 일을 진척시켰는지 털어놓게 하려고? 이 만남의 진짜 이유는 아직 밝혀진 바 없다. 그러나 시간이 가면서 드라마는 점점 흥미진진해진다.[25]

부시가 그해 10월 대통령과 대화를 나눈 결과로 나온 미국과학아카데미의 보고서는 몇 주 만에 준비가 끝났다. 그리하여 1941년 12월 6일 토요일에 워싱턴에서 부시 주재로 회의를 열고 검토를 마쳤다. 보고서의 결론은 원자탄 제조가 가능하며 미국이 만들어야 한다는 것이었다. 이 단계에 가면 미국 과학자들은 이미 두 개의 '초우라늄' 원소들을 만들어냈다. 하나는 넵투늄, 또 하나는 플루토늄이라고 했다(우라늄이 우라누스(천왕성)에서 따온 이름이어서 그 너머에 있는 넵튠(해왕성)과 플루토(명왕성)에서 이름을 땄다). 두 원소는 본질적으로 불안정했다. 특히 플루토늄은 연쇄반응 유발 중성자라는 측면에서 235U의 대안으로 유력했다. 부시가 이끄는 위원회는 동위원소 분리 방법에 대한 연구를 맡을 조직을 결정했다. 전자기적으로 하는 방식이 있고, 원심분리기를 사용하는 방법이 있었다. 일단 그런 문제를 처리하고 나서 이날 회의는 점심때쯤 끝났다. 각계의 회의 참가자들은 2주 안에 다시 모이기로 했다. 그런데 바로 그 다음날 일본이 진주만을 공격했다. 미국도 전쟁에 휘말려든 것이다. 리처드 로즈의 표현대로 미국의 절박성 부족은 더는 문제가 되지 않게 된 것이다.[26]

1942년 초 몇 달간은 235U 분리법 중 어떤 것이 가장 우수한지를 계산해내는 데 보냈다. 이어 여름에는 이론물리학자들로 구성된 특별 연구조직—맨해튼 프로젝트Manhattan Project로 알려지게 된다—이 버클리에서 소집됐다. 토론 결과 전에 계산했던 것보다 훨씬 많은 우라늄이 필요하지만 그만큼 폭탄의 위력도 커진다는 것이 입증됐다. 부시는 대도시의 대학 물리학과만으로는 충분치 않다는 것을 깨달았다. 비밀의 외딴 장소에서 진짜 폭탄 제조에만 매진하는 조직이 필요했다.

마땅한 장소를 찾는 임무는 공병부대장인 레슬리 그로브스Leslie Groves 대령에게 맡겨졌다. 당시 그는 워싱턴의 의사당 복도에 서 있었다. 소식을 들은 그는 진짜 열이 뻗쳤다. 결국 워싱턴에 남아 있으란 이야기나 마찬가지였다. 전쟁이 한창인데 지금까지 '책상'에만 앉아 있었다. 그는 외국에 나가고 싶었다.[27] 그런데 맨해튼 프로젝트의 일환으로 준장으로 승진됐다. 그러자 태도가 달라지기 시작했다. 그는 폭탄이 전쟁의 승패를 판가름할 것이기 때문에 해외 파견 임무보다 훨씬 중요한 역할을 할 수 있는 기회라는 것을 바로 알아챘다. 그는 명령을 접수하자마자 바로 맨해튼 프로젝트를 담당하는 여러 실험실을 돌아봤다. 워싱턴으로 돌아와서는 존 더들리John Dudley 소령을 차출해 부지(처음에는 사이트site Y라는 암호로 불렀다) 선정을 맡겼다. 더들리가 받은 지침은 대단히 까다로웠다. 부지는 265명을 수용할 수 있어야 했고, 미시시피 강 서쪽이어야 하며, 멕시코나 캐나다 국경으로부터 320킬로미터 이상 떨어져 있어야 하고, 기존 건물이 있어야 하며, 주발처럼 오목한 지형이어야 했다. 더들리는 처음에 유타 주의 오크 시티Oak City를 추천했다. 그러나 주민이 너무 많아 소개시켜야 하는 문제가 있었다. 이어 뉴멕시코 주의 제메스 스프링스Jemez Springs를 골랐다. 그러나 협곡이 너무 좁았다. 그런데 그 협곡을 따라 좀 올라가면 메사(꼭대기는 편평하고 주위는 절벽인 지형) 꼭대기가 나오는데 좁은 지역에 남학교 하나가 있는 것이 아주 이상적이어 보였다. 이곳이 바로 로스앨러모스Los Alamos였다.[28]

로스앨러모스를 개조하는 작업이 진행되는 동안 엔리코 페르미는 시카고의 폐쇄된 스쿼시 코트에서 핵 시대를 향한 일보를 내딛고 있었다(미국으로 망명한 것이 1938년이었다). 이제 원자탄을 만들 수 있다는 것을 의심하는 사람은 아무도 없었다. 그러나 레오 질라드가 처음 제시한 핵 연쇄반응을 확인하는 작업이 필요했다. 1942년 11월 페르미는 스쿼시 코트에다가 '더미pile'라고 이름붙인 장치(원자로)를 조립했다. 원자로는 우라늄 6톤, 산화우라늄 50톤, 흑연 덩어리 400톤으로 이루어졌다. 자재는 57겹으로 거의 구체 모양으로 쌓아올렸다. 전체 폭은 약 7.3미터에 높이도 거의 그 정도였다. 이 장치가 스쿼시 코트를 거의 다 차지했기 때문에 페르미와 동료들은 객석을 사무공간으로 써야 했다.

12월 2일 실험이 있던 날은 혹한이었다. 섭씨 영하 18도에 가까웠다.[29] 그날 아침 처음으로 유대인 200만 명이 유럽에서 사라졌고, 또 다른 수백 만 명이 위험에 처해 있다는 소식이 들렸다. 페르미와 그 동료들은 스쿼시 코트 객석에 모였다. 저마다 걸친 회색 실험복은 '흑연 때문에 새카매진' 상태였다.[30] 객석에는 중성자 방출 측정 기기와 긴급 상황 발생시 안전봉들(급속히 중성자를 흡수해서 반응을 죽여 버린다)을 원자로에 넣을 수 있는 장치로 가득했다. 실험의 핵심 단계가 10시쯤 시작됐다. 카드뮴 흡수봉을 하나씩 차례로 한 번에 15센티미터씩 빼냈다. 봉을 옮길 때마다 중성자 측정기가 딸각거리면서 올라가다가 안정 상태를 유지했다. 예상했던 그대로였다. 이런 식으로 아침부터 이른 오후까지 내내 계속했다. 점심 때 잠시 쉬었을 뿐이다. 3시 45분이 막 지난 시점에 페르미가 원자로가 임계점에 도달하도록 흡수봉을 다 빼내라고 지시했다. 이번에는 중성자 측정기의 클릭 수가 급격히 치솟았다. 그러자 페르미는 차트 레코더로 바꿨다. 그러고도 중성자의 활동성이 높아지는 것을 수용하기 위해 레코더의 눈금을 계속 바꿔줘야 했다. 오후 3시 53분 페르미가 봉을 다시 넣으라고 지시했다. 원자로에서는 4분 이상 핵반응이 자동으로 지속됐다. 페르미는 손을 치켜들며 말했다. "원자로가 임계점을 넘어섰다."[31]

이론적으로 보면 로스앨러모스의 핵심 과제는 폭탄에 필요한 분열물질을 충분히 확보하기 위해 고안한 세 가지 프로세스를 연구하는 것이었다.[32] 그 중 두 가지는 우라늄 관련이고, 하나는 플루토늄 관련이었다. 첫 번째 우라늄 제조 방식은 기체 확산법으로 알려졌다. 금속 우라늄은 불소와 반응해서 6불화우라늄이라는 가스를 만들어낸다. 이 가스는 두 종류의 분자로 구성돼 있다. 하나는 238U, 또 하나는 235U다. 더 무거운 분자인 238U은 이복동생 격인 235U보다 속도가 약간 느리다. 그래서 필터를 통과시키면 235U가 먼저 나오는 경향이 있다. 그래서 필터 바깥쪽으로 235U 동위원소의 농도가 높아진다. 이 과정을 반복하면(수천 번) 혼합물은 농도가 더 짙어진다. 이렇게 충분히 반복하면 로스앨러모스 연구진이 필요로 하는 순도 90퍼센트 수준의 물질이 얻어진다. 이것은 힘든 과정이지만 제대로 됐다. 다른 방법은 진공 상태에서 우라늄 원자들로부터 전자를 제거한 다음 일정한 전하를 걸어주는 것이다. 그러면 외부 전기장에 민감하게 된다. 이를 전기장 내에서 곡선을 이루는 빔 속에 통과시키면 무거운 동위원소는 가벼운 동위원소보다 넓은 궤적을 그리면서 분리된다. 플루토늄 생산은 평범한 동위원소인 238U에 중성자를 충돌시켜 새로운 초우라늄 원소 플루토늄 239(239Pu)를 만들어내는 방식을 취했다. 239Pu는 이론물리학자들의 예견대로 분열성이 높은 것으로 입증됐다.[33]

맨해튼 프로젝트를 담당한 로스앨러모스에는 많을 때는 5만 명이 달라붙어 작업을 했다. 비용만 일 년에 20억 달러가 들었다. 역사상 최대 규모의 연구 프로젝트였던 셈이다.[34] 목적은 1945년 늦여름까지 우라늄탄 하나와 플루토늄탄 하나를 제조하는 것이었다.

1943년 초 닐스 보어한테 덴마크 육군 대위가 찾아왔다. 두 사람은 차를 마시고는 보어의 온실로 들어갔다. 비밀 유지를 위해서였다. 대위는 레지스탕스 쪽 사람들을 통해 영국인들의 메시지를 가져왔다고 했다. 그러면서 곧 열쇠 몇 개를 받게 될 것이라고 했다. 그 열쇠들에는 미세한 구멍이 뚫려 있고, 그 안에 점 크기로 축소한 마이크로 사진이 들어 있다. 구멍은 새 금속으로 메워놓은 상태다. 새 금속 부분을 줄로 살살 갈아내면 그 안에 사진이 들어 있다. "메시지는 마이크로필름 판독기에 걸면 알아볼 수 있다"는 것이었다.[35] 대위는 기술적인 사항들은 이러이러하게 하라고 알려주었다. 얼마 후 열쇠가 도착했고, 메시지는 제임스 채드윅이 보낸 것이었다. '과학적인 문제'를 해결하기 위해 보어를 영국으로 초청하겠다는 내용이었다. 보어는 이게 무슨 의미일까 곰곰 생각했다. 그러나 애국자인 그는 이 제안을 덥석 받아들이지는 않았다. 덴마크인들은 이미 나치와 거래를 해서 독일에 식량을 대주는 조건으로 유대계 덴마크인들을 봐주기로 해놓은 상태였다. 이 거래는 한동안 효과를 발휘했다. 그러나 파업과 태업이 늘어갔다. 특히 독일이 스탈린그라드 전투에서 패한 이후로 많은 사람들이 전쟁의 향방이 결정적으로 변하고 있다는 사실을 직감했다. 1943년 8월 29일 사보타주가 너무 심해지자 독일이 덴마크를 다시 점령했다. 이어 바로 일부 저명한 유대계 인사들을 체포했다. 어머니가 유대계인 보어도 체포 대상자 명단에 올라 있다는 경고를 받았다. 그래서 그해 9월 말 덴마크 지하 저항조직의 도움을 받아 탈출했다. 작은 배를 타고 기뢰투성이인 오레순트Öresund 만을 건너 스웨덴으로 간 다음 거기서 영국 쪽에서 보낸 비행기를 타고 스코틀랜드로 갔다. 영국에서는 곧바로 미국 로스앨러모스로 갔다.

로스앨러모스에서 보어는 기술적인 문제에 관심을 갖고 몇 가지 제안을 하기도 했다. 그러나 그의 존재 자체가 중요했다. 젊은 과학자들의 사기를 올려준 것이다. 그는 자신들이 만들고 있는 무기가 너무도 끔찍한 것이기 때문에 가급적 사용하지 않도록 최대한 시도를 해봐야 한다고 생각하는 과학자들의 상징이었다. 적에게 이 무기가 어느 정도 위력을 가지고 있는지를 보여줌으로써 미리 항복할 기회를 줘야 한다는 것이었다. 더 나아가는 사람들도 있었다. 이들은 기술정보를 공유해야 한다고 주장했다. 그렇게 하면 도덕적 책임감이 생겨서 결코 군비경쟁이 일어나지 않을 것이라는 이야기였다. 따라서 보어는 루스벨트 대통령을 만나 이런 의견을 전달하는 계획을 추진했다. 보어는 루스벨트 대통령 고문 출신으로 이 문제를 가지고 루스벨트와 한 시간 반 동안 토론을 했던 펠릭스 프랭크퍼터Felix Frankfurter와 같은 방식을 택했다. 그러나 보어는 대통령이 공감은 하지만 먼저 처칠 총리를 만나보는 게 좋겠다는 이야기를 들었다. 그래서 보어는 다시 대서양을 건너갔다. 영국 총리를 만나기까지는 여러 주가 걸렸다. 마침내 두 사람이 대면했을 때 그것은 파국이었다. 처칠은 이야기를 하다 말고 나가버렸다. 보어에게 정치 문제에 끼어들지 말라는 뜻이었다. 보어는 후일 처칠이 자기를 어린 학생 취급 했다고 말했다.[36]

처칠이 못마땅해 한 것은 이해가 간다(당시 처칠은 노르망디 상륙작전 계획 수립에 골몰하고 있었다). 독일이나 일본 또는 러시아가 한 발 앞서가고 있는지 어떻게 알겠는가? 지금 와서 돌아보면 연합국이 단연 앞서 가고 있었지만.[37] 독일에서는 프리츠 호우터만스Fritz Houtermans가 대략 1939년부터 94번 원소 제조에 몰두하기 시작했다. 독일군은 '우(우라늄의 약자) 프로젝트U-Project'라는 것을 추진했지만 동위원소 분리 쪽으로 가지 못한 것이다. 보어는 중수원자로 개요도를 이미 받은 바 있다. 그래서 영국군은 나름대로 결론을 내리고 노르웨이 소재 베모르크 공장을 폭격했다. 핵무기 제조 공장으로 의심되는 곳이었다.[38] 그러나 공장은 재건됐다. 다시 폭파를 시도했으나 성공하지 못했다. 이제 다른 계획이 필요했다. 지하조직을 통해 1944년 2월 말 원자로 감속재로 쓰는 중수重水가 독일로 가고 있다는 정보가 나왔다. 정보부에 따르면 중수는 기차 편으로 틴스요 호수까지 간 다음 거기서 나룻배로 독일로 가게 돼 있었다. 2월 20일 노르웨이 특공대가 나룻배를 폭파시켰다. 하이드로라는 이름의 배에는 53명이 타고 있었는데 그 중 26명이 죽었다. 중수 162갤런을 실은 드럼통 39개도 호수 바닥에 가라앉았다. 독일군은 후에 '전쟁이 끝나기 전에 원자로를 가동하지 못한 주요인'은 중수를 제대로 확보하지 못했기 때문이라고 인정했다. 베모르크와 하이드로 호에 대한 공격 때문이었다.[39] 이것이야말로 전쟁 기간에 있었던 레지스탕스의 수많은 활약 중에서도 가장 의미 있는 일이었을 것이다.

일본은 원자탄 개발에는 제대로 손도 대보지 못했다. 과학자들이 그 가능성을 짐작하기는 했지만 연구 여부를 검토하는 해군 특별위원회는 원자탄 제조에는 우라늄 100톤, 연간 일본 구리 생산량의 절반이 든다는 결론을 내렸다. 그중에서도 혀를 내두르게 한 것은 일본 국내에서 생산하는 전력의 10퍼센트를 잡아먹을 것이라는 점이었다. 러시아인들은 좀 더 영리했다. 1940년 6월 두 과학자가 《물리학 리뷰 Physical Review》에 논문을 하나 발표했다. 우라늄에 관한 새로운 실험 결과를 논한 내용이었다.[40] 이 논문에 대해 미국 물리학자들은 아무런 반응도 보이지 않았다. 그러자 러시아인들은 서방 쪽에서 아무 반응이 없는 것으로 보아 연합국들이 이미 자체 원자탄 개발에 들어갔다는 결론을 내렸다(논문의 의도는 바로 이 점을 알아보려는 것이었을 것이다). 러시아인들도 독일과 일본군이 알아챘던 것을 알아버렸다. 서방의 유명한 과학자들이 더 이상 과학 전문지에 독창적인 논문을 내지 않고 있었다. 다른 일로 바쁜 게 분명했다. 따라서 1939년 러시아군은 원자탄 제조에 눈독을 들이기 시작했다. 그러나 히틀러의 침공 이후 작업이 중단됐다(물리학자들의 작업은 다시 레이더 연구와 지뢰 탐지 쪽으로 쏠렸고, 연구실과 원자재는 안전을 위해 동쪽으로 이전했다). 스탈린그라드 전투 이후 프로그램이 부활됐고 전방에 나가 있던 과학자들도 불러들였다. '2호 실험실'이라고 일컬어지는 연구실이 모스크바 강변 인적 없는 농가에 설치됐다. 말하자면 러시아판 로스앨러모스였다. 그러나 실험실 수용인원은 고작 25명으로 과학자들은 주로 핵 연쇄반응 및 동위원소 분리와 관련한 이론적인 작업을 수행했다. 러시아군은 방향은 제대로 잡았지만 진도가 몇 년은 뒤쳐져 있었다. 물론 종전 후 바로 따라잡지만 말이다.[41]

1945년 4월 12일 루스벨트 대통령이 심각한 뇌일혈로 사망했다. 24시간 안에 후임자인 해리 트루먼Harry Truman 대통령은 원자탄 개발 계획에 관한 보고를 받았다.⁴² 약 한 달 만인 5월 8일 유럽 전선의 전쟁은 끝이 났다. 그러나 일본군의 저항은 계속됐다. 트루먼은 그 끔찍한 무기를 투하하라는 명령을 내려야 하는 처지가 됐다. 유럽 전승일에 원자탄 투하 지점을 연구하던 과학자들은 히로시마(廣島)와 나가사키(長崎)를 골랐다. 폭탄 운송 수단도 완성이 됐고, 승무원도 선발을 마쳤다. 폭탄 투하를 위한 비행 훈련도 여러 차례 거듭해 마무리가 됐다. 플루토늄과 우라늄 양이 확보된 것은 5월 31일이 지나서였다. 이어 7월 16일 오전 5시 50분 멕시코 접경 지역인 리오그란데 강 인근 사막 지역 앨라모고도Alamogordo에서 폭발 실험이 있었다. 앨라모고도를 현지인들은 호르나다 델 무에르토Jornada del Muerto라고 불렀다. 스페인어로 '죽음의 여행'이라는 뜻이다.⁴³

　원폭 실험은 엄밀한 계획 하에 진행됐다. 로스앨러모스 연구소 소장인 로버트 오펜하이머Robert Oppenheimer는 동생 프랭크와 함께 실험 광경을 지켜봤다. 버섯 구름이 '환한 빛을 내며 자줏빛으로' 변하더니 폭발음이 줄기차게 밀려왔다.⁴⁴ 과학자들은 러시아 쪽에 이야기를 해주어야 하느냐, 일본에게 경고를 해야 하느냐, 첫 번째 폭탄은 인근 바다에 떨어뜨리는 것이 어떻겠느냐 등을 놓고 여전히 의견이 분분했다. 결국 비밀은 철저히 유지됐다. 그렇게 된 중요한 이유 하나는 일본군이 미군 포로들을 폭탄 투하 지역에 인간방패로 투입할 수도 있다는 우려 때문이었다.⁴⁵

　235U탄은 현지 시각으로 8월 6일 오전 9시 직전에 히로시마에 투하됐다. 폭탄이 떨어지는 동안 투하기인 에놀라 게이Enola Gay 호는 현장에서 18.5킬로미터나 벗어나 있었다.⁴⁶ 그래도 폭발에 따른 섬광이 운전석을 환히 비쳤고, 그 충격으로 기체가 "탁탁거리면서 흔들렸다."⁴⁷ 플루토늄탄은 사흘 후 나가사키에 떨어졌다. 그로부터 엿새 만에 일본 천황은 항복을 선언했다. 그런 의미에서 핵폭탄이 먹힌 것이다.

　세계는 전쟁이 끝났다는 소식에 안도의 한숨을 내쉬었다. 그러면서도 그런 결과를 가져온 핵무기에 대한 공포에 떨었다. 한 시대가 끝나고 새 시대가 시작되는 순간이었다. 과장된 말이 아니다. 물리학은 전통적으로 '아름다운 과학'으로 일컬어졌지만 그 위대한 지적 성취들이 결국에는 끔찍한 정점에 도달한 것이다. 그러나 그것으로 끝이 아니었다. 물리학은 전처럼 영웅적인 모습을 자랑할 수는 없게 됐지만 끝이 난 것은 아니었다.

4년 동안 일본과 전쟁을 치르면서 세계는, 특히 미국인들은 적에 대해 관심을 갖게 됐다. 적은 가미카제(神風) 특공대처럼 죽음의 불구덩이로 서슴없이 뛰어드는가 하면 터무니없을 정도의 잔인성을 드러내고 천황에 대해서는 불굴의 충성심을 보이는 등 서구인과는 사뭇 달라 보였다. 1944년이 되면 이런 차이가 극심해졌다. 얼마나 심하게 느껴졌던지 미국 군부에서는 일본인에 대한 연구 용역을 맡겨야 한다는 이야기가 나왔다. 일본과 일본인이 특정한 상황에서 어떤 반응을 보이고 어떻게 나올지를 알아보기 위해서였다(아무도 말은 안 했지만 군 당국은 특히 원자탄을 투하하면 일본이 어떤 반응을 보일지를 알고 싶어 했다). 당시 이미 많은 일본군이 결사항전을 한다는 사실이 분명해졌다. 연합군이나 독일군이라면 항복을 했을 절망적인 상황에서도 무작정 저항을 계속했다. 일본군이 원자탄 한두 발에 항복을 할 것인가? 항복을 시키려면 몇 발이나 투하해야 할 것인가? 몇 발을 떨어뜨려야 안심할 수 있는가?

1944년 6월 인류학자로 전쟁공보청에서 몇 달을 근무한 루스 베네딕트Ruth Benedict에게 일본의 문화와 일본인의 심리를 밝혀내는 임무가 주어졌다.[48] 그녀는 현장연구로 유명해졌다. 그런데 이 경우에는 현장조사가 애초에 불가능했다. 그녀는 이런 난관을 일본인을 가급적 많이 직접 인터뷰하는 방식으로 헤쳐 나갔다. 인터뷰 대상은 전쟁 이전에 미국으로 이주한 일본인과 일본군 포로들이었다. 선전 영화와 일반 영화, 소설도 연구했다. 일본에 관해 영어로 출판된 정치, 사회학 관련서도 소수지만 참고했다. 연구 결과는 전쟁이 끝난 뒤인 1946년에 가서야 나왔다. 그러나 『국화와 칼 The Chrysanthemum and the Sword』이라는 제목으로 출판됐을 때 원래는 정책입안자들을 대상으로 한 책인데도 엄청난 센세이션을 불러일으켰다.[49] 당시 일본에는 여전히 50만 미군이 점령군으로 주둔하고 있었다. 그런데 한때 그토록 공포의 대상이었던 적이 외국군을 그토록 환대할 수가 없었다. 어디를 가나 그렇다는 것은 놀라운 일이었다. 일본인은 전시에도 그랬지만 평화시에도 도저히 이해하기 힘든 존재였다. 베네딕트의 책이 인기를 끈 것은 바로 그런 데 이유가 있었다. 그래서 초기의 현장연구서들보다 훨씬 유명해졌다.[50]

베네딕트는 일본인의 패러독스를 설명해내는 것을 과제로 삼았다. '그렇게 공손하면서도 그렇게 거만하고, 그렇게 완고하면서도 그렇게 혁신에 능하고, 그렇게 순종적이면서도 또 그렇게 위로부터의 통제가 어렵고, 그토록 충성스러우면서도 또 그렇게 배신을 잘 하고, 그렇게 철저히 훈련이 돼 있으면서도 때로 전혀 말을 안 듣고, 할복을 불사하면서도 국화의 아름다움에 그토록 심취하는' 민족의 정체를 밝히는 작업이었다.[51] 그녀의 혜안이 가장 빛나는 지점은 일본인의 생활을 의무들이 서로 얽히고설킨 시스템으로 본 관점이었다. 나머지 모든 것은 그 시스템의 결과였다. 그녀는 일본 사회에는 그런 의무의 엄격한 위계질서가 존재한다고 봤다. 각각의 의무에는 그에 걸맞은 행동양식이 있다. 은恩은 천황, 부모, 선생님 등등 주위 세계로부터 받는 의무를 일컫는 말이다. 평생 살아가면서 모든 만남에서 은이 발생한다.[52] 이러한 의무는 개인에게 일련의 보은 행위를 의무화한다. 충忠은 천황에 대한 의무이다. 효孝는 부모에 대한 의무이다. 충과 효는 시간적 제약을 받지 않는 의무이기 때문에 평생을 두고 갚아야 하는 채무다. 이와 대조되는 것이 의리義理다. 의리 역시 갚아야 할 채무지만 '받은 은혜에 대해 수학적 등가물로' 돌려주면 되는 성격이다. 예를 들어 세상(숙모나 이모, 삼촌 등등)에 대한 의리가 있고, 자기 이름에 대한 의리, 즉 오명이나 실패자라는 낙인을 벗어야 하는 의무가 있다.

베네딕트는 일본인의 심리구조에는 서양인들이 생각하는 죄라는 개념이 없다고 설명했다. 이는 인생 드라마가 대립하는 의무의 딜레마에서 비롯된다는 것을 의미한다. 일본 사회는 죄책감이 아니라 수치심을 기저에 깔고 있다. 그래서 수치심에서 비롯되는 일이 많다.[53] 예를 들어 실패는 서구사회보다 일본 사회에서 개인적으로 훨씬 상처가 크다. 실패를 일종의 모욕으로 느끼기 때문에 경쟁을 피하려는 시도가 엄청나게 많다. 학교에서는 성적을 성취도가 아니라 출석만으로 매긴다. 학교에서 당한 모욕은 오래 마음속에 품을 수 있지만 성인이 될 때까지는 '갚아서는' 안 된다. '보복 대상자'가 '보복'을 당하고 있다는 사실을 전혀 모르더라도 말이다. 어린이들에게는 한 아홉 살까지는 최대의 자유를 준다. 서구보다 훨씬 더하다고 베네딕트는 말한다. 그러나 그 나이가 되면 아이들은 어른의 의무의 세계에 들어서기 시작한다. 그들이 그 황금기를 결코 잊지 못하는 것은 바로 그 때문이라고 베네딕트는 말한다. 그리고 일본인의 많은 문제가 거기서 비롯된다. 천국은 인식조차 하지 못하는 사이에 잃어버린 어떤 것이다.[54]

일본인의 심리구조의 또 한 가지 중요한 측면은 죄책감의 부재로 말미암아 삶의 쾌락을 의식적으로, 세심하게 즐길 수 있다는 것이다. 베네딕트는 이런 양상을 특히 목욕, 음식, 술, 섹스에서 발견했다. 그녀가 본 바에 따르면 일본인들은 그 하나하나에 아주 열심히 탐닉한다. 서구인처럼 그로 말미암아 생기는 좌절이나 죄책감 같은 것은 없다. 음식을 예로 들면 아주 많이 오래 먹는다. 매 코스마다 양은 아주 적지만 철저히 음미를 한다. 그래서 음식의 모양이 맛만큼이나 중요하다. 술은 안주를 곁들이는 법이 거의 없는데 종종 만취하도록 마신다. 그래도 후회 같은 것은 없다. 결혼이 성사돼도 남편은 자유롭게 기생이나 창녀를 찾는다. 혼외정사는 여성에게는 남성과 똑같이 허용되지 않는다. 그러나 아내는 자위를 할 수 있다고 베네딕트는 보고하고 있다. 여기서도 죄책감 같은 것은 없다. 일본 아내들이 옛날 자위도구를 공들여 수집하는 사례를 베네딕트는 종종 발견했다. 그러나 이런 쾌락보다 더욱 중요한 것은 인생의 이런 측면들이 별로 중요하지 않다고 보는 일본인들의 전반적인 태도였다. 세속적인 쾌락은 즐기라고 있는 것이다. 탐미할 수도 있다. 그러나 일본인에게 가장 중심이 되는 것은 서로 얽히고설킨 의무의 체계였다. 이 체계에는 대부분 가족이 포함된다. 그런 의무는 엄격한 자기수양을 통해 이행해야 하는 것이다.[55]

베네딕트의 연구는 국제적인 문화 비교 연구가 드물었던 시대에(지금과는 사정이 매우 다르다) 재빨리 고전으로 자리 잡았다. 이 책은 치밀하고, 전문용어가 없으며, 학자연한 티도 나지 않았다.[56] 그래서 장군들이 좋아했다.[56] 점령군으로서 일본에 주둔했던 많은 미국인들이 접한 일본의 당혹스러운 현실을 잘 설명해냈기 때문이다. 전시에는 그토록 잔인했던 일본인들이 우글거리는데도 무기 없이 마음 놓고 일본 열도를 활보할 수 있고, 어디를 가도 환영을 받았으니 말이다. 중요한 점은 천황제가 그대로 허용됐고, 항복 명령을 내린 것이 바로 천황이라는 사실이라고 베네딕트는 강조했다. 군사적 패배에는 수치가 따르지만 충성의 의무로 보면 천황의 명령은 아무 이의 없이 따라야 한다. 그렇기 때문에 피정복민이면서도 정복자들을 열심히 흉내 낼 수 있었던 것이다. 이것 역시 일본인의 심리구조의 자연스러운 귀결이었다.[57] 그런데 베네딕트의 저서에는 일본인들이 후일 놀라운 상업적 성공(본인의 저서처럼)을 거둘 것이라는 언급은 어디에도 없었다. 하지만 지금 와서 돌아보면 그런 암시는 분명히 있었다. 결론 부분에 가면 일본인들의 사고방식으로 본다면 군국주의는 '꺼진 불'이라는 이야기가 나온다. 따라서 일본은 이제 '새로운 예술과 새로운 문화'로 세계의 존경을 되찾아야 했다.[58] 정복자인 미국을 흉내 내는 것도 꺼릴 이유가 없었다.

제3부
사르트르에서 고요의 바다까지 :
새로운 인간의 조건 그리고 위대한 사회

SARTRE TO THE SEA OF TRANQUILITY
: The New Human Condition and The Great Society

23

파리의 원년 元年

Paris in the Year Zero

1945년 10월 프랑스 철학자 장 폴 사르트르 Jean-Paul Sartre(1905~1980)가 미국에서 돌아왔을 때 파리는 예전과 많이 달랐다. 처음 가본 미국은 인상적이었다. 적어도 일시적으로는 그 역동성과 풍요로움에 매료되지 않을 수 없었다. 몇 년간 전쟁과 독일군 점령에 시달린 파리는 남루해졌다. 물리적으로보다는(독일군은 파리를 파괴하지 않았다) 정서적으로 더 그랬다. 그래서 그만큼 미국과의 대조가 더 두드러졌다. 귀국한 사르트르의 첫 과제는 대학에서 '실존주의는 휴머니즘이다 L'Existentialisme est un humanisme'라는 제목으로 강연을 하는 것이었다. 본인도 놀랐을 만큼 너무도 많은 청중이 몰려들었다. 시작 전부터 만원이라 사르트르조차 들어갈 수 없을 정도였다. 강연은 한 시간 늦게 시작됐다. 일단 시작되자 "그는 두 시간 동안 막힘없이, 메모 하나 안 보고, 주머니에 내내 손을 꽂은 채 강연을 했다." 이날 강연은 유명한 이벤트가 됐다.[1] 현란한 강연이어서만은 아니었다. 사르트르가 자신의 철학에 변화가 생겼음을 처음 공개적으로 인정했기 때문이다. 사르트르의 실존주의는 전쟁 이전에는 본질적으로 비관주의적인 색채가 강했다. 그러나 2차 대전과 비시 정부 치하의 프랑스를 거치면서 이제는 '낙관주의와 행동에 토대를 둔' 이념으로 발전했다.[2] 사르트르는 새로운 이념이 '1945년의 유럽인들'을 위한 '새로운 교리'라고 말했다. 사르트르는 종전 직후 세계에서 가장 영향력 있는 사상가의 한 사람이었다. 그리고 그의 새로운 태도는, 아서 허먼Arthur Herman이 문화적 비관주의 연구에서 분명히 밝힌 대로, 전시의 체험과 직접적인 관련이 있었다. "전쟁은 나의 삶을 그야말로 둘로 쪼개놓았다"고 사르트르는 말했다. 레지스탕스 시절 이야기를 하면서 그는 고립감을 어떻게 떨쳐버리게 됐는지를 설명했다. "갑자기 내가 사회적 존재라는 걸 깨닫게 됐다. …… 나는 세계의 무게를, 나와 다른 모든 사람들과의 유대, 다른 사람들의 나와의 유대의 무게를 인식하게 됐다."³

1905년 푸아티에Poitiers에서 태어난 사르트르는 안락한 환경에서 자랐다. 부모는 지적이고 깨인 사람들이었다. 예술, 문학, 음악 등에 관한 한 최고의 환경을 마련해주었다(외할아버지가 아프리카 의료 봉사활동으로 노벨 평화상을 수상한 음악가이자 신학자 알베르트 슈바이처Albert Schweitzer의 삼촌이었다).⁴ 그는 앙리 4세 고등학교에 다녔다. 파리 최상류층 자제들이 다니는 고교 중 하나였다. 이어 파리 국립고등사범학교로 진학했다. 처음에는 시인이 될 생각이었다. 보들레르가 특히 그의 우상이었다. 그러나 곧 마르셀 프루스트의 영향을 받게 된다. 가장 중요한 사람은 앙리 베르그송이었다. 그는 "베르그송에게서 나는 바로 내 정신적 삶의 표현을 발견했다"고 말한 바 있다. '진리가 하늘에서 내려온 것' 같았다.⁵ 이밖에 사르트르에게 영향을 준 사람은 에드문트 후설과 마르틴 하이데거였다. 1930년대 초 두 독일 철학자에게 관심이 쏠린 것은 레이몽 아롱Raymond Aron 때문이었다. 아롱은 같은 고등학교 동창이었다. 당시 아롱은 사르트르보다 식견이 넓었다. 베를린에서 후설 밑에서 연구하고 막 돌아온 상태였다. 전통 철학의 형식적 구조의 상당부분은 난센스라는 것이 후설의 이론이었다. 진정한 지식은 '있는 그대로의 사물에 대한 직접적인 직관'을 통해서만 생겨날 수 있고, 진리는 '한계상황boundary situation'에서만 포착될 수 있다는 논리였다. 한계상황이란 정면으로 달려드는 차 때문에 옆으로 피해야 하는 경우처럼 급작스럽고 극단적인 순간들을 말한다. 후설은 이런 '매개되지 않은 실존'의 순간들에 어쩔 수 없이 '선택과 행동'을 하게 될 때 삶은 '가장 리얼하다'고 했다.⁶

사르트르는 아롱이 그랬던 것처럼 1933년 베를린으로 갔다. 히틀러의 부상은 아랑곳하지 않은 것이 분명하다.⁷ 후설, 하이데거, 베르그송의 영향 외에 사르트르는 30년대 소련 망명 철학자 알렉상드르 코제브Alexandre Kojève가 소르본 대학에서 했던 세미나를 계기로 형성된 프랑스의 독특한 지적 분위기에도 빠져들었다. 이 세미나는 프랑스 지식인 한 세대 전체—아롱, 모리스 메를로퐁티Maurice Merleau-Ponty, 조르주 바타유Georges Bataille, 자크 라캉Jacques Lacan, 앙드레 브르통 등등—에게 니체와, 역사를 진보로 파악하는 헤겔 사상의 세례를 주었다.⁸ 코제브의 논리는 서구 문명 및 그와 떼려야 뗄 수 없는 민주주의는 모든 대안을 누르고(당시 독일과 소련에서 벌어지고 있는 일을 생각하면 좀 의외다) 승리했으며, 지금은 짓밟히고 있는 노동자계급을 포함해서 누구나 결국에는 '부르주아화'될 것이라는 이야기였다. 그러나 사르트르는 다른 결론을 이끌어냈다. 그래서 1930년대에는 러시아인 스승보다 훨씬 비관적이었다. 그는 인간을 '자유롭도록 저주받았다'고 묘사했다. 사르트르의 가장 유명한 표현 중 하나다. 코제브보다는 하이데거 쪽에 훨씬 가까운 사르트르가 보기에 인간은 이 세계에서 혼자이며, 점차 물질주의, 산업화, 표준화, 미국화에 잠식되어 가고 있었다(하이데거가 오스발트 슈펭글러의 영향을 받았다는 점을 기억하자). 사르트르에 따르면 그런 어두운 세상에서 삶이란 '부조리absurd'한(이 역시 그가 만들어낸 유명한 표현이다) 것이었다. 공허함의 한 형태인 이런 부조리성이 인간에게 '구토'감을 불러일으켰다고 사르트르는 덧붙였다. 구토감은 소외의 새 버전으로 1938년에 출간한 소설 『구토 La Nausée』의 제목으로 쓰였다. 여기서 주인공 중 한 명은 삶이 '일종의 달콤한 병病'과 함께 질질 늘어지는 지방의 부르주아적 세계에서 살면서 구토증을 겪는다. 현대판 『보바리 부인Madame Bovary』쯤 되겠다.⁹ 사르트르에 따르면 대부분의 사람들은 자유로운 것을 그렇지 않은 것보다 좋아한다. 그들은 '자기기만' 속에 살고 있다. 자기기만은 본질적으로 하이데거의 (비)진정성 개념과 같은 것이다. 그러나 사르트르는 좀 더 입맛에 착착 달라붙는 언어를 사용했고, 소설에 이어 희곡까지 썼기 때문에 실존주의자로 훨씬 유명해졌다.¹⁰ 전후에는 좀 더 낙관적이 되었지만 그의 사상에 일관되게 흐르는 기류는 부르주아적 삶에 대한 혐오감—거의 증오 수준—이다. 그는 뚱한 웨이터 이야기를 곧잘 예로 들곤 했다. 그가 뚱한 이유는 웨이터라는 사실을 혐오하고 속으로는 화가나 배우가 되고 싶기 때문이다. 웨이터 노릇을 하면서 보내는 모든 순간은 '자기기만' 속에서 보내는 것이라는 사실을 잘 알고 있는 것이다.¹¹ 자유는 이런 현실의 삶으로부터 떨어져 나옴으로써만 발견할 수 있다.

　파리의 지적인 삶은 1944년 부활을 경험했다. 4년간의 독일군 점령이 끝나고 그해 8월 연합군에 의해 해방이 된 것이다. 독일군 점령기에 많은 책이 금서가 됐다. 연극은 검열을 받았고, 잡지는 폐간됐다. 사적인 대화까지 감시를 받았다. 동유럽의 다른 피점령국이나 네덜란드, 벨기에와 마찬가지로 알프레트 로젠베르크 부대(ERR)가 프랑스로 들이닥쳤다. 국가, 공공기관, 개인 소장품을 막론하고 미술품을 강탈하는 것이 이 부대의 임무였다. 전시 체제여서 책이며 신문, 잡지, 연극 팸플릿, 공책, 화가용 도화지에 쓸 종이가 극도로 부족했다. 사르트르는 외에도 이 시기에는 앙드레 지드, 알베르 카뮈, 루이 아라공, 로트레아몽, 페데리코 가르시아 로르카, 루이스 부뉴엘Luis Buñuel(스페인 영화감독 : 옮긴이)은 물론이고 출판이 금지됐던 어니스트 헤밍웨이, 존 스타인벡, 손턴 와일더Thornton Wilder, 데이먼 러니언Damon Runyon 같은 미국 작가도 널리 읽혔다.[12] 1944년은 어찌 보면 한가한 해였다. 세계는 여전히 전쟁 중이었지만 파리는 해방됐고, 방문객들로 넘쳐났다. 헤밍웨이는 실비아 비치Sylvia Beach를 찾아왔다. 그녀가 운영하던 셰익스피어 서점Shakespeare & Co.(제임스 조이스의 『율리시스』를 발행한 것으로도 유명하다)은 이미 문을 닫은 뒤였다. 그러나 비치는 독일군 점령기를 버티고 살아남았다.《보그Vogue》지 전쟁 사진 담당 특파원 리 밀러Lee Miller는 파블로 피카소, 장 콕토, 폴 엘뤼아르 등과 재회했다. 당시 파리를 찾아온 사람 중에는 여배우 마를레네 디트리히, 미국의 언론인이자 역사가인 윌리엄 쉬어러, 미국 작가 윌리엄 사로얀William Saroyan, 전설적인 여성 종군기자 마사 겔혼Martha Gellhorn, A. J. 에이어, 조지 오웰 등이 있었다. 분위기의 변화는 뚜렷했다. 재생의 감정이 완연했다. 그래서 시몬 드 보부아르Simone de Beauvoir는 '파리의 원년元年 Paris in the Year Zero'이라는 말을 했다.[13]

　사르트르 같은 사람에게는 숙청Épuration, 즉 나치 협력·부역자 청산 역시 썩 유쾌하지는 않지만 최소한 정의가 살아 있음을 보여주는 조치였다. 영화배우이자 가수인 모리스 슈발리에Maurice Chevalier와 가수 겸 작곡가 샤를 트레네Charles Trenet는 독일군이 운영하는 라디오 파리에 출연해 노래를 불렀다는 이유로 블랙리스트에 올랐다. 벨기에 출신 작가 조르주 심농Georges Simenon은 세 달간 가택연금에 처해졌다. 메그레 경감 시리즈 일부를 독일군이 영화화하는 것을 허용했다는 이유에서였다. 화가 앙드레 드랭, 두뇌이에 드 세공자크Dunoyer de Segonzac, 키스 반 동겐Kees van Dongen, 모리스 드 블라맹크(해방 후 잠적했었다)는 국가를 위해 대형 그림을 그리라는 명령을 받았다. 전시에 독일의 후원으로 독일 곳곳을 여행한 데 대한 처벌이었다. 출판업자 베르나르 그라세Bernard Grasset는 파리 교외 프렌느 교도소에 수감됐다. 특정 작품은 출판하지 말라는 독일 점령 당국의 지시를 철저히 준수했기 때문이다(이런 작품의 목록을 오토 리스트Otto List라고 했는데 파리 주재 독일 대사 오토 아베츠Otto Abetz의 이름에서 딴 것이다).¹⁴ 더 심각한 경우는 비시 정권과 가까웠던 루이 페르디낭 셀린Louis-Ferdinand Céline, 샤를 모라스Charles Maurras, 로베르 브라질라크Robert Brasillach 같은 작가들의 운명이었다. 일부는 재판을 거쳐 반역자라는 판결을 받았고, 일부는 국외로 도피했으며, 자살한 사람들도 있었다. 가장 악명 높은 경우가 작가 브라질라크였다. '광적인' 파시스트로 적의에 불타는 반유대주의 신문 편집장으로 활동한 그는(신문 제호가 '나는 어디에나 있다'는 뜻의 Je suis partout였는데 사람들은 partout를 parti로 슬쩍 바꿔 '나는 맛이 갔다'고 비아냥거렸다) 1945년 2월 총살형에 처해졌다.¹⁵ 영국으로 치면 노엘 카워드Noël Coward(극작가이자 대중음악 작곡가, 배우로 다재다능한 인물 : 옮긴이)쯤 되는 극작가이자 배우 사샤 기트리 Sacha Guitry는 체포당한 뒤 왜 괴링 원수를 만났느냐는 질문을 받았다. 그는 '호기심에서'라고 답했다. 세르주 리파르Serge Lifar는 세르게이 디아길레프의 제자로 비시 정부가 임명한 파리 오페라 발레단 감독을 지냈다. 처음에는 평생 프랑스 무대에 서지 못한다는 선고를 받았으나 나중에 1년 출연정지로 감형됐다.¹⁶

사르트르는 1939년 2차 대전에 참전했다가 독일군에게 포로로 붙잡혔다. 1년 만에 풀려난 뒤에는 레지스탕스 활동을 했다. 그런 만큼 전후 세계를 중요한 출발점으로 보았다. 그러면서 지식인과 작가로서 새로운 역할을 개척하고자 했다. 철학자로서 그의 목표는 여전히 반항적 인간l'homme révolté의 창조였다. 반항하는 인간의 목표는 부르주아 체제의 전복이다. 그런데 사르트르는 여기다가 분석적 이성에 대한 공격을 첨가했다. 그는 분석적 이성을 '부르주아 민주주의의 공식 독트린'이라고 규정했다. 사르트르는 전시에 인간의 고립감이 사라지는 것을 보고 충격을 받았다.

그래서 이제는 실존주의도 그런 통찰에 맞춰야 한다고 느꼈다. 행동, 선택 같은 것이 인간이 처한 난국의 해결책이라는 것이다. 철학, 실존주의는 그에게—어떤 의미에서—일종의 게릴라전이었다. 고립된 영혼인 동시에 협동작전의 일부인 개인들은 여기서 존재감을 찾는다.

시몬 드 보부아르, 모리스 메를로퐁티와 함께 사르트르(편집장을 맡았다)는 새 정치·철학·문예 월간지를 창간했다. 제호는 《현대 Les Temps modernes》였다. 잡지의 모토는 '인간은 총체다. 총체적으로 헌신하고 총체적으로 자유롭다'였다.[17] 이 동아리는 베르그송, 슈펭글러, 하이데거를 잇는 철학계보에 가담한 셈이다. 이들은 실증주의, 과학, 분석적 이성, 자본주의 등등이 물질주의적이고 합리적이지만 바보 같고 야멸친 세상을 만들어냄으로써 인간의 본원적인 생명력을 빼앗아가고 있다고 느꼈다. 그러나 차츰 시간이 가면서 사르트르는 똑같이 바보 같은 반미주의에 빠져든다(사르트르에 앞서 슈펭글러와 하이데거도 그랬다). 처음에는 『실존주의는 휴머니즘이다』(1947)에서 '인간은 상황에 불과하다'고 선언했다. 이 구절 역시 유명한 표현이다. 그는 말하기를 인간에게는 자아를 실현하려는 '아스라한 욕구'가 있다, 따라서 존재하기 위해 그때그때 선택을 한다고 했다. 그렇게 하는 과정에서 스스로를 부르주아적 합리성으로부터 해방시켜야 한다는 것이었다.[18] 사르트르가 멋진 문구를 잘 만들어내는, 저널리즘 스타일의 촌철살인을 구사한 최초의 철학자라는 점은 의문의 여지가 없다. 그래서 전후 세계의 많은 사람들에게 호소력을 가졌다. 특히 실존적 실존을 성취하는 최상의 방법은—하이데거라면 '진정성'을 획득하는 최상의 방법이라고 했을 것이다—저항하는 것이라는 그의 신념은 많은 인기를 끌었다. 비판하는 자가 묵종하는 자보다 더 풍부한 삶을 산다고 그는 말했다. (만년에는 노벨 문학상까지 거부했다.)[19] 이런 태도 때문에 1948년에는 민주혁명연합이라는 단체를 결성하기에 이르렀다. 이 단체는 지식인들을 이미 그들의 삶을 지배하고 있는 고정관념, 즉 냉전으로부터 벗어나게 하려고 시도했다.[20]

사르트르는 마르크스주의자였다. "현실이 마르크스주의적이라면 그건 내 잘못이 아니다"라고 사르트르는 말했다. 그러나 한 가지 중요한 점에서 그는 《현대》를 창간한 3인 가운데 하나인 모리스 메를로퐁티에게 추월당했다. 메를로퐁티도 1930

년대에 코제브 세미나를 수강했다. 게다가 후설과 하이데거의 영향도 강하게 받았다. 그러나 전쟁이 끝나자 '저항'이라는 독트린을 사르트르보다 훨씬 강하게 밀고 나갔다. 1948년에 출판된 『휴머니즘과 테러 Humanisme et Terreur』에서 메를로퐁티는 극단적인 실존의 논리로 사르트르와 스탈린을 혼합해버렸다.[21] 그의 핵심 논점은 냉전이야말로 '총체적인 위기 상황에서 인간의 근본적인 결단'을 필요로 하는 고전적인 '한계상황'이라는 것이었다. 그는 성공한 혁명은 자본주의 제국들처럼 그렇게 많은 피를 흘리지 않았다고 주장했다. 따라서 혁명이 자본주의보다 나으며, 거기에 바로 '인간적인 미래'가 있다는 것이다. 이런 분석을 토대로, 스탈린주의는 그 모든 결함에도 불구하고 자본주의에 깔려 있는 폭력과 비교하면 좀 더 '솔직'할 뿐이라고 말했다. 스탈린주의는 폭력을 인정하는 반면 서구 제국들은 그렇지 않다는 것이다. 이런 관점에서 적어도 스탈린주의가 낫다는 이야기다.[22]

실존주의, 사르트르, 메를로퐁티는 전후 몇 년간의 지적 풍토를 상당부분 대변하는 개념이었다. 유럽 전역이 그랬지만 특히 프랑스에서 그랬다. 아서 케스틀러 Arthur Koestler(헝가리 출신 영국 소설가이자 언론인 : 옮긴이)—그의 유명한 정치소설 『정오의 어둠 Darkness at Noon』(1940)은 스탈린의 학정을 폭로해 프랑스에서만 25만 부가 팔렸다—같은 사람들은 사르트르와 메를로퐁티를 거짓말쟁이라고 혹독하게 비난했다.[23] 사르트르 등등은 소련이 학정을 은폐한 것은 자신들의 폭력을 수치스러워했기 때문인 반면, 서구 자본주의 민주 국가들의 폭력은 내재적이고 공공연히 용인되고 있다는 식으로 반격했다. 사르트르와 메를로퐁티는 프랑스 공산당이 소련권을 제외하고는 가장 강력한 공산당이 되게 만든 한 요인이었다 (1952년이 되면 《현대》지는 실질적으로 공산당 기관지화 된다). 이들의 영향력은 1968년 학생 봉기 이후까지도 사라지지 않았다. 이들은 특히 철학적 차원에서 미국에 대한 증오로 치달았다. 유럽 사상계에 반미감정이 없었던 적은 없지만 이제 유례가 없을 정도로 극렬해졌다. 1954년 사르트르는 러시아를 방문하고 돌아와 "소련에는 완전한 비판의 자유가 있다"고 선언했다.[24] 그게 사실이 아니라는 것을 그는 알고 있었다. 그러나 소련을 비판하는 것보다는 미국에 반대하는 것이 더 중요하다고 본 것이다. 사르트르를 비롯한 많은 사람들에게 지속된 이런 태도는 티토의 유고슬라비아, 카스트로

Fidel Castro의 쿠바, 마오쩌둥의 중국, 호치민Ho Chi Minh의 베트남 등등 반미 마르크스주의 국가들에 대한 옹호로 나타나기도 했다. 물론 국내적으로 보면 1950년대 중반 사르트르는 당연히 알제리 전쟁 반대의 선봉이었다. 그는 알제리민족해방전선(FLN) 반군들을 지지했다. 그 과정에서 프란츠 파농Frantz Fanon(정신분석학자이자 사회철학자, FLN의 지도적 이론가인 혁명가였다: 옮긴이)과 친분을 맺게 된다. 파농은 사르트르와의 만남을 통해 자신의 사상을 한 단계 업그레이드시켰다.[25]

프랑스는 유독 지식인을 존중한다. 도로나 가로에 철학자 이름을 붙이는 경우가 많다. 별로 유명하지 않은 작가들의 이름이 붙는 사례도 드물지 않다. 특히 파리가 그랬다. 그래서 2차 대전 이후 시대는 지식인들의 황금기였다. 독일군 점령기에 지식인들의 저항운동을 주도한 것은 민족작가위원회Comité national des écrivains였고, 그 대변지가 〈프랑스 통신Les Lettres Françaises〉이었다. 해방 이후 편집을 맡은 인물은 '초현실주의자에서 스탈린주의자로' 돌아선 루이 아라공Louis Aragon이었다. 그가 처음 한 일은 나치에 협력한 작가, 미술가, 극장 관계자, 학자 등 156명의 명단을 발표하고 '공정한 처벌'을 요구한 것이었다.[26]

프랑스 지식인의 이미지라고 하면 우리는 보통 검은 터틀넥 스웨터에 골루아즈나 지탄 같은 독한 담배를 물고 있는 인물을 떠올린다. 분명 사르트르의 이미지다. 사르트르는 당시 모든 사람들이 그랬듯이 골초였고, 호주머니에 늘 종이뭉치를 넣고 다녔다.[27] 지식인 그룹마다 단골 카페가 있었다. 사르트르와 드 보부아르는 생제르맹과 생브누아 모퉁이에 있는 카페 드 플로르에서 살다시피 했다.[28] 사르트르는 아침(과 코냑 두 잔)을 먹으러 나타났다. 그러고는 위층으로 올라가 테이블에 앉아서 세 시간 동안 글을 썼다. 드 보부아르도 마찬가지였다. 다만 다른 테이블에 멀찍이 떨어져 앉았다. 두 사람은 점심을 먹고 와서는 다시 위층으로 올라가 세 시간 정도를 더 보냈다. 카페 주인은 처음에 이들이 누구인지 몰랐다. 그러나 사르트르가 유명해진 뒤로는 카페로 전화가 수도 없이 걸려왔다. 그래서 사르트르 전용선을 따로 마련해주었다. 맞은편의 브라스리 리프Brasserie Lipp 카페는 한동안 외면당했다. 여기서 내놓은 알사스 음식을 독일 사람들이 좋아했기 때문이다(앙드레 지드는 아랑곳하지 않고 계속 여기서 식사를 했다). 피카소와 애인 도라 마르는 그랑 오귀스탱Grands Augustins 가의 르 카탈란을 애용했고, 공산주의자들은 그 북쪽에 있는 보나파르트에 자주 갔다. 음악가들은 르와얄 생제르맹을 선호했는데 사르트르가 플로르 다음으로 자주 갔던 되 마고 맞은편에 있는 카페였다.[29] 그러나 어떤 경우에도 '미몽에서 깨어난 냉담자'의 실존적 삶은 동쪽으로 생미셸 거리, 서쪽으로 생페레스, 북쪽으로 센느 강변 거리들과 남쪽으로 보지라르Vaugirard 가를 벗어나지 않았다. 그 안이 사르트르의 무대였다.[30] 당시에도 아파트 대신 값싼 호텔에 방을 잡는 작가와 화가, 음악가들이 많았다. 카페에서 살다시피 했기 때문이다. 당시 유일하게 새벽까지 여는 카페는 도핀 가의 르 타부로 사르트르, 메를로퐁티, 말하듯이 노래하는 가수 쥘리에트 그레코Juliette Gréco, 알베르 카뮈 등이 자주 드나들었다. 1947년 베르나르 뤼카Bernard Lucas라는 사람이 르 타부의 원래 주인을 설득해 지하실을 세로 얻었다. 거기다가 바를 차리고 축음기와 피아노를 들여놓았다. 타부는 바로 떴다. 그 이후로 생제르맹과 사르트르 패밀리는 관광객들이 꼭 찾는 명소처럼 되었다.[31]

그러나 《현대》를 읽는 관광객은 거의 없었다. 1945년 창간한 이 잡지는 출판업자인 가스통 갈리마르Gaston Gallimard가 자금을 대고 사르트르, 드 보부아르, 카뮈, 메를로퐁티, 시인이자 소설가인 레몽 크노Raymond Queneau, 레이몽 아롱이 편집을 맡았다. 시몬 드 보부아르는 《현대》를 '사르트르적 이상'의 전시품이라고 보았다. 아닌 게 아니라 이 잡지는 지적인 변혁의 시대를 이끌어가는 전위 역할을 자임했다. 당시 파리는 지적으로 활기를 되찾고 있었다. 철학과 실존주의 쪽에서만 그런 것도 아니었다. 연극에서는 장 아누이Jean Anouilh의 『안티고네』와 사르트르의 『닫힌 방 Huis Clos』이 1944년에 나왔다. 1년 뒤에는 카뮈의 『칼리굴라Caligula』와 장 지로두Jean Giraudoux의 『샤요의 광녀 La Folle de Chaillot』가 나왔다. 1946년에는 사르트르의 『무덤 없는 주검 Morts sans sépulture』(영역본 제목은 '그림자 없는 사람들Men Without Shadows'이 : 옮긴이) 이 나왔다. 루이지 피란델로의 영향을 받은 외젠 이오네스코Eugène Ionesco와 사무엘 베케트는 날갯짓을 할 채비를 하고 있었다.

이 정도면 감탄사가 나올 만하지만 파리 지식인들의 분위기는 곧 썰렁해졌다. 다른 모든 것을 지배하는 한 가지 문제, 즉 스탈린주의 때문이었다.[32] 앞서 보아온 대로 프랑스는 공산당 세가 강했다. 그러나 유고슬라비아에서 소련 방식의 중앙 통제형 집단화가 이루어지고, 공산당이 체코슬로바키아를 장악한 직후 외무장관 얀 마사리크Jan Masaryk가 의문의 죽음을 당하자 많은 사람들은 프랑스공산당(PCF)에 남아 있기가 곤란해졌다. 아니면 공산당에 대한 반감을 표시했다가 출당 조치를 당했다. 파괴적인 파업이 많이 일어난 것도 프랑스 지식인과 노동자 사이를 갈라놓은 계기가 됐다. 하기야 둘 사이의 관계는 지식인들이 주장한 것처럼 그렇게 돈독한 적도 없었다. 이어 두 가지 사태가 벌어졌다. 하나는 사르트르와 그의 '패밀리'가 1947년 민주혁명연합Rassemblement démocratique révolutionnaire에 가입한 것이다. 소련 및 미국으로부터 독립적인 운동을 꾸려가기 위한 좌파 정당이었다.[33] 크렘린은 이런 사태를 심각하게 받아들였다. 사르트르의 '데카당스 철학'—크렘린은 실존주의를 이렇게 불렀다—이 특히 젊은이들 사이에서 '제3의 세력'이 될 것을 우려한 것이다. 나중에 밝혀진 바로는, 안드레이 주다노프가 사르트르가 사방에서 공격을 받도록 수를 썼다. 특히 1948년 8월 폴란드 브로츠와프에서 열린 평화회의에서 그랬다. 피카소도 비방을 받았다.[34] 사르트르는 나중에 스탈린 치하의 러시아에 대해 입장을 바꿨다. 잘못된 일이 저질러진 것은 더 큰 대의를 위해서였다는 논리였다. 이런 궁색한 논리는 1940년대가 흘러가면서 더더욱 불가피해졌다. 스탈린의 학정에 대한 증거가 속속 드러났기 때문이다. 그러나 미국의 물질주의에 대한 증오는 여전해서 사르트르는 소비에트 진영에 남아 있었다. 이런 난감한 입장을 또 다시 뒤흔든 것이 1947년『나는 자유를 선택했다 I Chose Freedom』의 출간이었다. 저자는 빅토르 크라브첸코Victor Kravchenko라는 소련 엔지니어로 44년 해외시장개척단의 일원으로 미국에 왔다가 망명을 한 인물이었다. 이 책은 폭발적인 성공을 거두었고 12개국 언어로 번역이 되었다.[35] 스탈린 치하의 노동수용소, 농민 박해, 강제 집단화 과정 등에 대해 러시아인이 처음으로 제 목소리로 고발한 내용이었다.[36]

프랑스에서는 공산당 세가 강해서 주요 출판사들이 이 책에 손을 대려 하지 않았다(조지 오웰이 영국에서『동물농장』을 출간할 때 애를 먹은 것과 비슷하다). 그러나 결국은 출간이 됐고 40만 부가 팔리면서 생트뵈브상까지 받았다. 공산당은 공격에 나섰고,

〈프랑스 통신〉은 전직 OSS(2차 대전 당시 미국의 전략정보국) 요원으로 추정되는 심 토마스Sim Thomas라는 인물이 쓴 기사를 게재했다. 그는 크라브첸코는 상습적인 거짓말쟁이에 알코올 중독자이며 책은 사실은 미국 정보국 요원들이 썼다고 주장했다.³⁷ 당시 미국에 정착해 있던 크라브첸코는 명예훼손 소송을 냈다. 재판은 엄청난 관심 속에 1949년에 열렸다. 피고인 〈프랑스 통신〉측은 소련 비밀경찰 NKVD(후일의 KGB)의 도움을 받아 러시아에서 증인 두 사람을 데려왔다. 그중에는 크라브첸코가 수많은 가혹행위를 함께 목격했다고 주장한 전 부인 지나이다 고를로바Zinaïda Gorlova도 있었다. 고를로바는 아버지가 강제노동수용소에 있었기 때문에 증언의 신빙성이 떨어졌다. 그녀는 증언석에서 전 남편과 대면하자 갑자기 기운이 쭉 빠진 듯했다. 하룻밤 사이에 살이 쭉 빠지고 '푸석푸석하고 맥이 풀린' 상태였다. 그녀는 결국 오를리 공항으로 이송됐고, 공항에는 모스크바로 데려갈 소련 군용기가 나와 있었다. '심 토마스'는 출정하지 못했다. 가공의 인물이었던 것이다. 크라브첸코 쪽의 가장 인상적인 증인은 마르가레테 부버 노이만Margarete Buber-Neuman이었다. 2차 대전 이전 독일 공산당 지도자 하인츠 노이만Heinz Neuman의 미망인이었다. 히틀러가 권력을 장악한 이후 노이만 부부는 소련으로 피신했다. 그러나 소련 당국은 이들을 강제노동수용소에 처박았다. 이유는 '정치적 일탈행위'를 했다는 것이었다.³⁸ 독소 불가침 조약이 체결된 이후인 1940년 부부는 배편으로 독일로 재송환돼 라벤스브뤼크Ravensbrück 강제수용소로 보내졌다. 마르가레테 부버 노이만은 후일 철의 장막으로 갈리는 양쪽의 수용소에 다 있어본 것이다. 그런 사람이 무슨 거짓말을 할 이유가 있겠는가?

선고는 4월 4일에 있었다. 북대서양조약기구(NATO) 신설 조약이 체결되던 날이었다. 크라브첸코의 승리였다. 그가 당한 명예훼손은 별것 아니었지만 그게 문제가 아니었다. 많은 지식인들이 그해에 공산당을 탈퇴했다. 알베르 카뮈조차 그 대열에 합류했다.³⁹ 그러나 사르트르와 드 보부아르는 탈당하지 않았다. 두 사람은 모든 혁명의 '영광 뒤에는 끔찍함'이 따르는 법이라고 생각했다.⁴⁰ 그들에게는 미국식 물질주의에 대한 증오가 다른 무엇보다도 중요했다.

종전 후 파리는 전 세계 지성과 예술의 수도로서의 지위를 탈환하는 것처럼 보였다. 늘 그랬던 것처럼 빛의 도시로 거듭난 것이다. 앙드레 브르통과 마르셀 뒤샹은 미국에서 돌아와 장 콕토와 다시 어울렸다. 아누이의 『콜롱브*Mademoiselle Colombe*』가 나오고, 앙드레 지드가 『일기*Journal*』를 내는 한편으로 노벨 문학상(1947년)을 수상하고, 알랭 로브그리예Alain Robbe-Grillet가 『지우개*Les Gommes*』(1953)를 쓴 시기였다. 잠시의 침체기를 지나 파리는 다시 에디트 피아프 Edit Piaf, 시드니 베쳇Sidney Bechet(뉴올리언스 출신 미국 흑인 재즈 연주자. 소프라노색소폰의 거장으로 1948년부터 1959년 62세를 일기로 사망할 때까지 주로 파리에 살면서 활동했다 : 옮긴이), 모리스 슈발리에의 도시, 마티스의 「재즈」 연작과 아날 학파 역사가들의 걸작이 쏟아지는(이에 대해서는 나중에 논하기로 하자) 도시, '니콜라 부르바키Nicholas Bourbaki'(프랑스 고등사범학교 출신 젊은 수학자들이 1939년부터 현대 수학을 새롭게 정리한 총서 『수학원론』을 내면서 사용한 필명)의 신新수학이 등장하고, 프란츠 파농의 『검은 피부, 흰 가면*Peau noire, masques blancs*』(1952)과 자크 타티Jacques Tati 감독의 영화 『윌로 씨의 휴가*Les Vacances de Monsieur Hulot*』(1953)가 나오는 도시로 탈바꿈했다. 코코 샤넬Coco Chanel은 아직 살아 있었고, 크리스티앙 디오르Christian Dior는 막 두각을 나타내고 있었다. 진지한 음악 쪽은 올리비에 메시앙Olivier Messiaen(1908~1992)의 시대였다. 메시앙은 당당한 개인주의자였다. 실존주의와는 거리가 멀었으며, '인간의 결함과 신의 영광을 예술을 매개로 조화시키는 과업에 헌신한' 신학적인 작곡가였다. 메시앙은 현대 생활의 이런저런 측면을 대부분 혐오하고, 아시리아와 수메르의 찬란했던 고대 문명을 선호했다. 드뷔시와 러시아 작곡가들의 영향을 많이 받았지만 시간을 초월한 명상적인 분위기를 창출하고자 애썼다. 그래서 12음 기법을 쓰기는 했지만 크게 보아 반복 기법을 자주 사용했다. 특히 새소리의 도입은 그만의 독특한 혁신이었다. 전후 15년 동안 메시앙은 모험적인 기법들(피아노 건반을 새롭게 분할하는 방식을 포함해서)을 구사했다. 새소리를 집어넣는가 하면 동양음악을 활용해 음악에 새로운 종교적 정신을 불어넣고자 했다. 1946~48년에 나온 「튀랑갈릴라 교향곡*Turangalila*」(힌두교의 '사랑노래'), 「오르간을 위한 7개의 소곡*Livre d'Orgue*」(1951), 「새들의 눈뜸*Le Réveil des oiseaux*」(1953) 등이 대표적이다. 실존주의에 대한 반감은 제자인 피에르 불레즈Pierre Boulez에 와서 더 강해졌다. 불레즈는 자신의 음악을 서양의 '생성becoming' 개념보다는 동양철학의 '존재being'에 훨씬 가깝다고 규정했다.⁴¹

그러나 이 모든 것에도 불구하고 1950년대의 파리는 서서히 내리막길을 걷는다. 파리의 지위는 뉴욕으로, 그리고 그보다는 좀 못하지만 런던으로 넘어간다. 1960년대 말의 학생 운동에서도 파리는 상당히 밀렸다. 철학과 문학에서만이 아니라 미술 쪽에서도 그랬다. 알베르토 자코메티Alberto Giacometti는 전후 파리에서 깡말랐지만 위대한 느낌을 주는 조각상을 만들어냈다. 실존적 인간의 전형이었다. 장 뒤뷔페Jean Dubuffet는 어린아이처럼 천진난만하면서도 대단히 치밀한 지식인과 동물상(주로 소)을 그렸다. 그로테스크하면서도 동시에 온화해서 전후 파리의 철학과 문학이 보여준 진지함에 대한 복잡한 감정을 드러낸다. 베르나르 뷔페Bernard Buffet, 르네 마티유René Mathieu, 안토니 타피에스Antoni Tàpies, 장 아틀랑Jean Atlan 같은 조금 떨어지는 파리파 작가들도 프랑스에서는 영국이나 북미의 동시대 작가들보다 훨씬 잘 팔렸다. 그러나 전쟁의 시련은 미술상과 미술가들에게 특유의 근시안을 갖게 했다. 그 결과는 1962년 투기에 이은 가격 폭락으로 나타났다. 이후 프랑스 현대 미술은 결코 예전의 영화를 되찾지 못했다. 드 보부아르가 원년의 파리라고 한 것은 다시 태어난다는 의미였다. 그러나 서양 노을을 동이 트는 것으로 본 것과 같은 착각이었다. 2차 대전 종전 이후 10년 동안은 빛의 도시 파리가 마지막으로 화사한 빛을 내던 시기였다. 실존주의가 프랑스에서 힘과 인기를 얻은 데는 레지스탕스의 소산이라는 점도 한몫 했다. 그런 만큼 프랑스인, 적어도 프랑스 지식인들이 자신들의 정체성에 자부심을 느낄 수 있는 근거였다. 사르트르를 제외하면 파리에 마지막 영광을 선사한 사람은 네 명이었다. 그 중 셋은 프랑스 본토 출신이 아니었다. 특히 세 번째 인물은 파리가 대변하는 거의 모든 것을 혐오했다. 네 사람의 이름은 알베르 카뮈Albert Camus, 장 주네Jean Genet, 사무엘 베케트Samuel Beckett, 외젠 이오네스코Eugène Ionesco다.

카뮈(1913~1960)는 알제리 태생으로 빈곤 속에서 자랐으며, 가난하고 억눌린 사람들에 대한 애정을 평생 잃지 않았다. 한때 공산당원으로 전시에는 레지스탕스 신문 〈투쟁Combat〉의 편집을 맡았다. 사르트르와 마찬가지로 카뮈도 무심한 우주 속에 처한 인간의 '부조리한' 조건을 붙잡고 씨름했다. 그의 생애는 그런 상황을 어떻게 대면할 수 있느냐(또는 대면해야 하느냐)를 보여주는 시도였다. 1942년 카뮈는 『시지푸스의 신화Le Mythe de Sisyphe』를 냈다. 지하 신문에 처음 발표한 철학 평론이었다. 핵심은 인간은 두 가지를 인정해야 한다는 것이었다. 첫째, 인간이 의존할 수 있는 것은 자신뿐이며, 자기 머릿속에서 일어나는 것뿐이다. 그리고 둘째, 우주는 무심하며 심지어 적대적이다. 삶은 투쟁이며, 우리는 모두 시시포스와 같다. 돌을 언덕 위로 밀어 올리지만 멈추는 순간 다시 머리 위로 굴러 떨어진다.[42] 허망해 보일지 모르지만 그게 바로 세상이다. 이어 카뮈는 『페스트La Peste』(1947)를 내놓았다. 이 소설은 훨씬 잘 읽혔다. 소설은 알제리의 오랑이라는 도시에서 선페스트가 발생하는 것으로 시작한다. 이 책은 표면적으로는 철학적 설명 같은 것이 없다. 대신 카뮈는 일련의 인물들—의사 리외와 그의 어머니 타루—이 그 끔찍한 소식에 어떻게 반응하고, 상황에 어떻게 대처해나가는지를 탐색한다.[43] 카뮈의 주된 목표는 공동체가 어떤 일을 하고, 어떤 일을 하지 않는지를, 인간이 무엇을 희망할 수 있고, 무엇을 희망할 수 없는지를 보여주는 것이었다. 이 책은 고독에 대한 섬세한 서술이다. 그리고 그것은 당연히 우리를 괴롭히는 전염병이다. 이런 점에서 디트리히 본회퍼와 그가 주장한 공동체는 물론이고 후고 폰 호프만슈탈을 연상케 한다. 결국 카뮈는 부조리와 고독으로부터 예술작품을 창조해냈다. 예술이 그를 구원할까? 카뮈는 1957년 노벨 문학상을 받았지만 3년 후 자동차 사고로 죽었다.

장 주네(1910~1986)—사르트르는 그에 대한 평론에서 '성자聖者 주네'라고 표현했다—는 1944년 어느 날 카페 플로르에 앉아 있던 사르트르와 드 보부아르를 찾아와 인사를 했다. 말끔히 깎은 머리에 코는 우둘투둘했다. "그러나 눈은 웃고 있었고, 입은 어린아이가 깜짝 놀랐을 때 같은 말을 했다."[44] 그런 외모는 소년원, 교도소, 사창가 등을 거치면서 살아온 흔적이기도 했다. 한때 남창 노릇도 했다. 주네가 명성을 얻게 되는 데는 탁월한 표현력과 도발적인 구성이 중요한 역할을 했다. 그러나 그가 실존주의자들에게 관심을 가진 것은 적극적인 동성애자이자 범죄자로서 교도소와 정신병원을 들락거리면서 변두리에서, 한계상황에서 살았기 때문이다. 그는 적어도 다른 사람들보다는 좀 더 생기차고, 진정성을 보여줄 수 있을 만한 인물이었다. 특히 드 보부아르에게 관심을 보인 것은 동성애자로서 교도소에서 '여자' 역할을 강요당한 적도 있었던 만큼(한 교도소에서는 '신부' 노릇을 했다) 성과 젠더에 대한 관점이 남달랐기 때문이다. 주네는 나름의 방식으로 삶을 한껏 살았다. 심지어 신이 어쩌나 보려고 교회에서 신성모독 행위를 하기도 했다. "그런데 기적이 일어났다. 아무 기적도 일어나지 않은 것이다. 신은 들통 나고 말았다. 속 빈 강정이었던 것이다."⁴⁵

일련의 소설과 희곡에서 주네는 대중을 자신이 아는 '동성연애자들'과 범죄자들의 세계로 안내함으로써 활기를 불어넣는다. 교도소 내의 사악한 성적 위계질서, 괴기한 성적 관행과 도착된 행태(누구를 '남자 성기를 빠는 사람'이라고 하면 죽여 버릴 수도 있다는 이야기였다) 등이 구구절절이 묘사된다.⁴⁶ 그러나 주네는 밑바닥 인생과 폭력, 특히 한계상황이 부르주아지 측에 음탕한 호기심을 불러일으킬 뿐 아니라 좀 더 깊은 곳에서 우러나는 감정을 부추기기도 한다는 점을 본능적으로 간파했다. 잠재적 마초이즘이 됐든 잠재적 동성애가 됐든 폭력에 대한 은밀한 욕망이 됐든 간에 무언가에 대한 열망을 수면 위로 끌어냈다. 그 정체가 무엇이든 주네의 작품이 대단한 인기를 얻었다는 것은 사르트르나 여타 작가들의 분석보다 훨씬 더 부르주아적 삶의 불량성을 잘 폭로했다는 이야기다. 『꽃들의 성모 마리아 Notre-Dame des Fleurs』(1946)는 주네가 메트레 교도소에 있을 때 쓴 것이다. 폐쇄적인 동성연애자 세계의 작지만 중요한 승리와 패배를 상세하게 묘사한 작품이다. 희곡 『하녀들 Les Bonnes』(1948)은 표면적으로는 여주인 살인을 공모하는 두 하녀의 이야기이다. 그러나 주네는 모든 역할을 젊은 남자가 맡아야 한다고 주장함으로써 성의 본질과 성과 육체의 관계라는 진짜 아젠다를 강조한다. 마찬가지로 『흑인들 Les Nègres』(1958)에서 일부 백인 역할을 흑인 배우에게 맡기고, 공연 때마다 객석에 백인 한 사람을 꼭 앉히도록 요구한 것도 삶은 '단지' 사고의 문제라기보다는 감정의 문제라는 주제를 강조하기 위한 것이었다.⁴⁷ 범죄자 출신인 주네는 사르트르가 포착하지 못한 것처럼 보이는 부분을 잘 알고 있었다. 반항적 인간이 반드시 혁명가는 아니며, 둘 사이의 차이는 경우에 따라 대단히 본질적이라는 점이다.

사무엘 베케트(1906~1989)가 가장 왕성하게 창작욕을 불태우던 시기는 카뮈, 주네와 겹쳤다. 이 시기에 그가 완성한 것이 『고도를 기다리며Waiting for Godot』, 『승부의 끝Fin de partie』, 『크라프의 마지막 테이프Krapp's Last Tape』 등이었다. 그러나 주의해야 할 점은 『승부의 끝』과 『크라프의 마지막 테이프』의 초연은 런던에서 이루어졌다는 점이다. 당시 파리는 내리막길을 걷고 있었다. 베케트는 1906년 아일랜드 더블린 근처 폭스로크에 사는 부유한 개신교도 집안에서 태어났다. 이사야 벌린Isaiah Berlin(라트비아 출신 영국 역사가·정치사상가 : 옮긴이)이 페트로그라드에서 10월 혁명을 목격하고 있을 때 베케트는 아일랜드 수도 외곽 언덕에서 부활절 봉기를 지켜보고 있었다.⁴⁸ 대학은 제임스 조이스와 마찬가지로 더블린의 트리니티 칼리지를 다녔다. 이어 잠시 교사 생활을 하고 유럽 전역을 여행했다.⁴⁹ 『율리시스』의 작가와는 파리에서 만나 친구가 되었으며, 그의 말년 작 『피네간의 경야Finnegan's Wake』를 변호해주기도 했다.⁵⁰ 베케트가 처음 정착한 곳은 런던이었다. 아버지가 돌아가시고 연금수령권을 물려받은 뒤였다. 1934년 런던 타비스톡 클리닉Tavistock Clinic에서 유명한 정신분석가 윌프레드 비온Wilfred Bion 박사에게 정신분석 치료를 받기 시작했다. 그러면서 단편, 시, 평론을 썼다.⁵¹ 37년 다시 파리로 이주했다. 이어 소설 『머피Murphy』가 출판사 42곳에서 거절당한 끝에 결국 루틀리지에서 나왔다. 전시에는 레지스탕스로 두드러진 활약을 보여 두 개의 훈장을 받았다. 그러나 비시 정권 하에서 오랫동안 숨어 지내기도 했다(여성 소설가 나탈리 사로트Nathalie Sarraute도 함께 있었다). 일부 평론가들의 지적대로 이때 기다리는 데는 이골이 났다. (영국 여성 시인 낸시 큐나드Nancy Cunard는 그가 돌아왔을 때 아즈텍 독수리 같은 당당함이 느껴졌다고 했다.)⁵² 베케트는 당시 이미 프랑스 문화에 완전히 젖어든 상태였다. 그는 프루스트 전문가였으며, 잡지 《변천Transition》을 중심으로 한 서클과 교류했고, 상징주의 시인들의 작품을 체득했으며, 사르트르 식 실존주의의 영향도 받았다. 베케트의 주요 희곡은 모두 프랑스어로 쓴 다음 영어로 번역한 것이다. 번역은 대개 본인이 했지만 경우에 따라 남의 도움을 받기도 했다.⁵³ 평론가 앤드루 케네디Andrew Kennedy의 지적처럼 '말 몸살'이라고 할 만한 이런 경험은 확실히 창작에 도움이 됐다.

베케트의 가장 유명한 작품 『고도를 기다리며』는 집필 기간이 넉 달이 채 안 됐다. 1948년 10월 초에 시작해 이듬해 1월에 끝났다. 그러나 정작 파리 바빌론소극장Théâtre de Babylone에서 초연을 하기까지는 4년이 걸렸다. 평은 엇갈렸다. 친구들이 나서서 관객 동원까지 해준 마당이었다. 그러나 기다린 값어치가 있었다. 금세기에 가장 많은 논란을 불러일으킨 작품 중 하나가 됐기 때문이다. 적어도 초기에는 찬미와 혐오가 같은 정도로 교차했다. 그러나 시간이 가면서 확고한 명성(그런 게 있다면)을 얻었다.[54] 이 작품은 줄거리랄 게 없는 연극이다. 두 주인공(등장인물은 모두 다섯 명이다)은 나무 한 그루만 덜렁하니 서 있는 허허벌판 같은 무대에 앉아 있다.[55] 두 사람은 세칭 떠돌이다. 이따금 중산모를 쓰고 나오기도 한다. 물론 무대지시에 꼭 그러라고 돼 있는 것은 아니다. 이 작품은 침묵이 길고, 대화라야 몇 마디씩이 반복되는 것으로 유명하다. 형이상학적 사변과 진부한 말장난 사이를 오가면서 액션이라야 두 막 내내 천편일률적이다. 게다가 고도라는 인물은 끝내 나타나지 않는다. 그 독특한 형식과 관객에 대한 도발이라는 점에서 모더니즘 최후의 문제작 가운데 하나다. 어떤 평론가는 이 작품에 대해 '아무 일도 일어나지 않는다. 1막이 가고, 2막이 다 끝날 때까지'라고 했다.[56] 깔끔한 정리다. 표면적으로는 물론 그렇다. 그러나 그것은 일종의 희화화다. 모더니즘의 걸작들이 그렇듯이 고도의 형식은 연극의 일부이고, 작품 체험의 한 과정이다. 그 체험은 한두 마디의 요약으로는 도저히 느낄 수 없는 무엇이다. 『황무지』이후의 『황무지』라고 할 만한 작품이며, 포스트 오닐적 연극이고, 포스트 조이스, 포스트 사르트르, 포스트 프루스트, 포스트 프로이트, 포스트 하이젠베르크, 포스트 러더퍼드다. 굳이 원한다면 20세기의 영향을 곳곳에서 찾아볼 수 있고, 그것이 바로 이 작품의 풍부함의 근원이다. 블라디미르와 에스트라공이라는 두 떠돌이가 고도를 기다리고 있다. 우리는 그들이 왜 기다리는지, 어디서 기다리는지, 얼마나 기다렸는지, 또는 얼마나 더 기다릴지 알지 못한다. 기다린다는 행위와 침묵과 반복이 서로 공모해 시간의 문제를 전면에 부각시킨다. 관객은 당연히 당혹스러우면서도 궁금해진다. 무대 위의 침묵과 반복을 보면서 관객도 기다리지 않을 수 없게 된다. 『고도』는 관객을 이렇다 할 결말로 끌고가는 대신 관객으로 하여금 생각을 하게 만든다. (프랑스어 원제는 'En attendant Godot'

다. '기다리며'라는 뜻의 attendant은 영어에서 '주의를 기울인다'고 할 때의 attention과 같은 의미로 기다림의 의미를 증폭시킨다.) 어떤 측면에서 『고도』는 프루스트의 『잃어버린 시간을 찾아서』의 역이다. 프루스트가 무에서 유를 만들어냈다면 베케트는 유에서 무를 만든다. 그러나 결과는 동일하다. 관객으로 하여금 무가 무엇이고 유가 무엇인지, 그리고 둘이 어떻게 다른지를 성찰하게 만드는 것이다(1920년대 오스트리아 출신 물리학자 볼프강 파울리가 제기한, 왜 무가 아니라 유가 존재하는가 하는 질문을 연상케 한다).[57]

극의 흐름은 처음에 럭키와 포조가, 나중에는 양치기 소년이 나타남으로써 중단된다. 럭키와 포조의 등장은 일종의 희가극 스타일이다. 노예 럭키는 귀머거리고, 악덕 지주 포조는 벙어리다.[58] 양치기 소년은 고도 씨의 메신저다. 그러나 메시지는 없다. 카프카의 『성』을 연상시킨다. 물론 다른 점도 많다. 악담을 퍼붓고 모자를 돌리고 우스꽝스러운 마임 연기를 하는가 하면 구두와 신체 기능에 이상이 생기기도 한다. 그러나 이 연극은 본질적으로 공허함, 침묵, 그리고 의미의 문제를 제기한다. 원자의 구조를 설명하면서 물리학자들이 쓰는, 전자의 외각 구조가 오페라 하우스만 하다면 핵은 그 한가운데에 있는 좁쌀만 하다(그런데도 원자 질량의 대부분을 차지한다)는 크기의 비유를 연상시킨다. 그래서 썰렁하기만 한 것은 아니라고 베케트는 말한다. 의사소통이란 공허하고 허망하면서도 부조리할 뿐 아니라 코믹하기도 하다. 우리에게 남는 것은 일체의 현실이 제거된 상투어나 사변뿐이다. 그 현실이 어떤 의미를 지니고 있다고 해도 그것이 무엇인지 우리는 결코 알 수 없다. 비트겐슈타인을 연상시키게 하는 대목이다. 베케트는 채플린을 좋아했지만 그가 던지는 메시지는 정반대다. 블라디미르나 에스트라공에게 영웅적인 무엇은 없다. 그들의 코미디는 아하, 그래서 그렇구나 하는 감흥을 불러일으키지 못한다. 그것은 섬뜩하다. 섬뜩한 느낌을 주려는 의도다. 베케트는 모든 범주들을 깨뜨린다. 블라디미르와 에스트라공은 시공간을 점하고 있다. 초기에는 포조와 럭키가 '스탈린주의적인 희극적 인물'로 평가됐다. 그러나 이 작품은 한없이 내려가다가 힘이 다 빠져서 결국은 싸늘하게 식어가는 인간―우주―에 관한 이야기다. 등장인물들은 실존주의자들이 말하듯이 의도나 본질은 없고 감정뿐인 세계에 내던져졌다.[59] 그들은 기다려야 한다. 인내를 가지고. 왜냐하면 무슨 일이 닥칠지 모르니까. 아니면 무슨 일이 닥치더라도 목숨은 부지해야 하니까. 블라디미르와 에스트라공은 딱 붙어서 기다린다. 극적인 정점에 도달할 때까지는 긍정적이고 낙관적인 분위기가 농후하다. 극작가의 노련한 기법을 보여주는 예로 이보다 나은 사례를 찾기 어려울 정도다. 그런데 마침내 블라디미르가 울음을 터뜨린다. "우린 약속을 지켰어. 그런데 그냥 끝이래. 우린 성인聖人이 아니야. 그런데도 약속을 지켰어. 과연 그럴 수 있는 사람이 얼마나 되겠어?"

베케트를 이해하는 데 핵심적인 것은 오닐이나 엘리엇과 마찬가지로 작품을 직접 체험해보는 것이다. 냉소적인 스타일이 아니기 때문이다. 베케트에 관한 고찰은 그의 말을 인용하는 것으로 끝맺는 것이 좋겠다. 이 부분이 또한 압권이다. 다음은 『고도』의 마지막 대사.

    블라디미르: 자, 그럼 갈까?
    에스트라공: 그래, 가자.
    〔두 사람은 움직이지 않는다〕

아니면, 동료 극작가 해럴드 핀터Harold Pinter에게 보낸 그의 편지를 인용하는 것으로 맺을 수도 있겠다. "자네가 굳이 [내 희곡들의] 형식을 찾아내겠다고 하니 몇 자 적어줌세. 전에 병원에 있었을 때야. 딴 병실에 한 남자 환자가 있었는데 후두암 말기였지. 나는 그 침묵 속에서 그 사람이 계속 절규하는 소리를 들었어. 내 작품의 형식은 그런 유라고 봐야겠지."

20세기 중반의 베케트에게 사르트르의 사변은 공허했다. 명백한 것에 대한 진술에 불과했다. 과학은 차갑고, 텅 비고, 어두운 세계를 만들어냈다. 상세한 내막을 알수록 큰 그림은 점점 더 손에 잡히지 않는다. 말은 우리가 알고 있는, 또는 알고 있다고 생각하는 것을 설명하기에 더는 충분치 않다. 『고도』에서 인간의 존엄은 거의 사라졌다. 다만 아이러니하게도 진지한 노력 끝에 유머는 간신히 살아남는다. 그래봐야 얼마나 갈지는 영 불안하다. 그래도 다소 위안은 되지만 베케트는 존엄을 되찾을 가능성은 전혀 보지 못한다. 유머에 관해서는…… 글쎄, 기다리는 데 도움이 된다는 말 정도는 할 수 있겠다.

베케트와 주네는 둘 다 프랑스 본토 출신이 아니었다. 그러나 그들에게 성공의 무대를 제공한 것은 파리였다. 그런데 또 한 명의 위대한 극작가 외젠 이오네스코(1912~1994)의 처지는 좀 달랐다. 그는 루마니아 출신이다. 프랑스에서 자랐고, 소련 점령기에 다시 루마니아에서 몇 년을 보낸 뒤 파리로 돌아왔다. 여기서 1950년에 첫 희곡 『대머리 여가수La Cantatrice chauve』를 써냈다. 이어 『의자들Les Chaises』(1955), 『공중 산책자Le Piéton de l'air』(1956), 『아메데Amédée』, 『무보수 살인자Tueur sans gages』(1959), 『코뿔소Rhinocéros』(1959) 등의 작품이 줄줄이 쏟아져 나왔다. 베케트 전기 가운데 하나에는 '마지막 모더니스트'라는 부제가 붙어 있다. 그러나 이런 타이틀은 이오네스코에게도 똑같이 적용될 수 있다. 왜냐하면 어떤 면에서 그는 비트겐슈타인, 카를 크라우스, 프로이트, 알프레드 자리, 카프카, 하이데거, 다다/초현실주의자들의 완벽한 혼합이었기 때문이다. 이오네스코는 작품 착상의 많은 부분을 꿈에서 얻는다고 인정했다.[60] 그는 특히 초기 희곡에서는 실존에 대한, 왜 무가 아니라 유가 존재하는가에 관한 놀라움을 관객에게 전하는 것이 집필 의도였다고 말했다. 또 이에 못지않게 언어에 대한 관심이 두드러졌다. 상투어에 의존하는 우리의 언어습관에 대한, 그리고 현실을 묘사하는 순간 완전히 헛다리를 짚는 꼴이 되고 마는 언어에 대한 불만이었다. 심리학, 특히 대도시 대중 문명이라는 현대세계의 새로운 집단 심리학에 대한 탐닉도 두드러졌다. 현대세계가 고독에 대한 우리의 관념에 어떤 영향을 미치는지, 그리고 인간과 동물을 구분해주는 것이 무엇인지에 대한 관심이었다.

『대머리 여가수』의 등장인물들은 조르지오 데 키리코 스타일의 몽환적인 풍경 속에서 말을 하고 있는 것 같다. 그들은 아무런 느낌도 보여주지 못하는 자동인형이며, 그들이 하는 말은 단조롭기 그지없다.[61] 여기서 이오네스코의 의도는 진정한 언어의 마술을 보여줌으로써 언어가 무엇이며 어떻게 산출되는지에 우리의 관심을 집중시키는 것이다. 하늘을 나는 꿈에서 영감을 얻은 『공중 산책자』에서는 주인공이 우월한 입장에서 다른 사람들의 생활을 들여다본다. 그러나 이런 일방적인 구도는 희극적 가능성을 높여주는 동시에 결국은 비극적 결말에 이른다. 특유의 우월한 위치로 말미암아 산책자는 누구보다도 더 큰 고독에 맞닥뜨려야 하는 처지가 됐기 때문이다. 『의자들』에서는 의자를 무대에 급히 가져다 놓음으로써 말이 그 상황을 따라가면서 설명할 수 없는 상황을 만들어낸다. 그 때문에 관객은 상황이 어떻게 돌아가고 있는지를 혼자 힘으로 유추해 그에 맞는 언어를 스스로 찾아내야만 한다. 끝으로 『코뿔소』에서는 등장인물들이 점차 동물로 변한다. 인간의 개인 심리학은 뭔가 좀 더 '원시적인', 좀 더 집단 중심적인 것으로 바뀐다. 따라서 극 진행 과정 내내 우리는 그런 분리가 얼마나 심각한 것인지를 자문하게 된다. [62]

이오네스코는 과학의 발전, 특히 프로이트와 융의 심리학 및 생물학에 대단히 민감했다. 그런 자세가 그 나름의 비관주의를 키우는 토양이 됐다. 1970년 그는 "예술이 막다른 골목에 도달한 것은 아닌가 하는 의문이 든다"라고 말했다. "정말이지 현재와 같은 형식이라면 예술은 이미 종말에 다다른 게 아닐까. 예전에는 작가와 시인들이 선지자 내지는 예언자로 존경을 받았다. 그들에게는 모종의 직관력이 있었다. 동시대인들보다 훨씬 날카로운 감수성 같은 것 말이다. 그들은 감춰진 것들을 발견해냈고, 그들의 상상력은 과학의 발견마저 능가할 정도였다. 과학은 25년이나 50년 뒤에 그들의 발견을 확인해주곤 했다. 심리학과 관련해서 본다면 프루스트는 당시 선구자였다. …… 그러나 지금은 과학과 무의식의 심리학이 엄청난 발전을 이룩한 반면 작가들의 경험적 발견이라고 하는 것은 보잘 것 없는 형편이다. 이런 상황에서 아직도 문학을 지식에 이르는 수단으로 간주할 수 있을까?" 그러면서 이렇게 덧붙였다. "텔스타 위성(최초의 상업용 통신위성으로 이 위성 덕분에 유럽과 미국 간 TV 중계가 가능해졌다: 옮긴이)은 그 자체로는 놀라운 성취다. 그러나 보통 테렌스 래티건(영국의 대중적인 극작가: 옮긴이) 원작의 드라마를 중계하는 데 사용된다. 이와 비슷한 것이 영화관이다. 연극용 극장에서 상영하는 영화보다는 훨씬 흥미롭다."[63]

이오네스코의 이런 상황포착은 그의 작품들 못지않게 시의 적절했다. 1950년대의 파리는 모더니즘의 마지막 분투를 보여주었다. 고급문화가 주요한 문명을 지배한 것은 그것이 마지막이었다고 말할 수 있을 것이다. 25장과 26장에서 살펴보겠지만 이제 지적 생활의 구조에 급작스럽고 엄청난 변화가 감지되기 시작한 것이다.

24

딸과 연인
Daughters and Lovers

'사르트르 패밀리la Famille Sartre'는 철학자·소설가·극작가 사르트르를 중심으로 한 일군의 작가, 지식인을 일컫는 이름이다. 여기에는 역설적인 면이 없지 않다. 특히 사르트르 평생의 동반자인 시몬 드 보부아르(1908~1986) 입장에서는 그렇다. 1940년대 말 두 사람의 관계는 상당히 까칠해졌다. 이 커플이 처음 만난 것은 1929년 장송 드 사이 고등학교에서였다. 이 학교에서 보부아르는 견습교사가 되기 위해 강의를 듣고 있었다(모리스 메를로퐁티와 클로드 레비스트로스도 같이 있었다). 그녀는 특유의 명민함으로 곧바로 사람들의 관심을 끌었고, 결국은 이 학교 엘리트 지식인 동아리에 끼었다. 그 중심인물이 사르트르였다. 이로써 오랜, 그리고 다소 특이한 두 사람의 관계(이른바 계약결혼)가 시작됐다. 연애를 시작하자마자 사르트르가 드 보부아르에게 잠자리 솜씨에 끌린 게 아니라고 천연덕스럽게 말한 것부터가 특이했다. 썩 듣기 좋은 말은 아니었다. 그러나 그녀는 상황에 적응했고 항상 자신을 그의 반려로 생각했다. 사르트르가 실존주의 이론을 들고 나온 이후로는 대변인 역할을 했고, 심지어 사르트르가 다른 여자들을 유혹하는 걸 도와주기까지 했다.[1] 사르트르 입장에서 보면 자신은 너그럽고, 보부아르를 재정적으로 후원해주는 인물이었다(그런 사람이 대여섯 명 정도 된다). 소설과 희곡이 처음부터 히트를 쳐서 사정이 넉넉했기 때문이다. 두 사람의 관계를 알 만한 사람은 다 알았다. 드 보부아르도 숭배자들이 없지 않았다. 한때 여성 작가 비올레트 르뒤크Violette Leduc가 열렬히 구애를 하기도 했다.²

사르트르와 드 보부아르는 세상이 자신들을 실존주의자로만 본다는 데 대해 늘 짜증이 났다. 그러나 경우에 따라 그 덕을 보기도 했다. 1947년 봄 드 보부아르는 미국으로 강연 여행을 떠났다. 미국에서는 그녀가 '프랑스의 넘버 투 실존주의자'로 알려져 있었다. 시카고에 머무는 동안 미국 소설가 넬슨 올그런Nelson Algren(1909~1981)을 만났다. 그는 뻔한 관광지보다는 '진짜 미국'을 보여주겠다고 우겼다. 두 사람은 바로 연인이 되었다(함께 보낸 시간은 이틀뿐이었다). 후일 그녀는 '처음으로 완벽한 오르가슴'을 경험했다(나이 서른아홉에)고 술회했다.³ 또 '남녀 사이에 진정으로 열정적인 사랑이 어떻게 가능한지'를 그를 통해 알게 됐다고 했다. 그녀는 미국을 싫어했지만(이 점에서는 사르트르와 똑같았다) 프랑스로 돌아가지 말까도 생각해봤다. 그러나 결국 돌아왔을 때는 여자로서 전혀 다른 모습이 되어 있었다. 그때까지만 해도 드 보부아르는 좀 부스스했다(사르트르는 그녀를 '비버'라고 불렀다. 다른 사람들은 '사르트르 대수녀원장La Grande Sartreuse'(사르트르의 과도한 성적 일탈에 대해 일체 불평불만을 하지 않았다는 뜻에서 붙인 별명 : 옮긴이)이라고 불렀다). 그러나 매력이 없지는 않았다. 그리고 올그런과의 경험을 통해 더더욱 매력적으로 변신했다. 당시로서는 그녀가 쓴 글 중에서 주목할 만한 것은 없었다(《현대》지에 쓴 글과 『사람은 모두 죽는다 Tous les Hommessont mortels』(1947)도 마찬가지였다). 그러나 프랑스에 돌아왔을 때는 실존주의와는 무관한, 전혀 색다른 뭔가를 마음속에 품고 있었다. 아이디어 자체가 드 보부아르의 독창적인 것은 아니었다. 처음에 아이디어를 낸 것은 콜레트 오드리 Colette Audry였다. 오랜 친구인 오드리는 여성 소설가로 루앙Rouen에서 드 보부아르와 같은 학교에서 가르쳤다.⁴ 오드리는 정 안 쓰면 자기가 쓰겠다고 을러대곤 했지만 친구가 더 잘 할 것이라는 걸 잘 알고 있었다.⁵ 오드리의 아이디어는 전후 세계에서 여성이 처한 상황을 천착하는 것이었다. 몇 년간 미적거리던 드 보부아르가 이 프로젝트에 팔을 걷어붙이고 나선 데는 두 가지 요인이 있었던 것 같다. 하나는 미국행이었다. 거기서 드 보부아르는 미국 여성과 유럽(특히 프랑스) 여성의 유사점—과 대단히 큰 차이점—을 보았다. 두 번째 요인은 올그런과의 관계였다. 이는 사르트르와의 독특한 관계를 다시 한 번 생각하는 계기가 됐다. 사르트르와의 관계는 안정적이었다. 친구와 동료들은 다들 두 사람을 '커플'(사르트르 대수녀원장이라는 표현은 시사하는 바가 크다)이라고 보았다. 그러나 정식으로 결혼을 한 것은 아니었고, 성관계도 없었다. 게다가 경제적으로는 보부아르가 사르트르에게 의존하는 형편이었다. 이런 '주변적' 위치 때문에 그녀는 '정상적인' 여성들이 처한 상황과 멀찍이 떨어져 있었으며, 바로 그런 점이 드 보부아르에게는 강점으로 작용했다. 본인도 그 덕분에 여성의 문제를 객관성과 연민을 가지고 쓸 수 있겠다고 느꼈다. "어느 날 나 자신을 나 자신에게 설명하고 싶어졌다. 나 자신에 대해 모든 것을 되돌아보기 시작했다. 그러자 한 가지 놀라운 점이 발견됐다. 내가 처음으로 하지 않을 수 없었던 말은 '나는 여자다'라는 것이었다." 당시 그녀는 좀 더 일반적인 차원을 염두에 두고 있었다. 1947년 프랑스 여성이 투표권을 갖게 됐다. 게다가 그녀의 책이 나온 것은 앨프리드 킨제이Alfred Kinsey가 남성의 성에 관한 최초의 보고서를 낸 것과 거의 같은 시점이었다. 전쟁이 남성과 여성의 여건 변화와 관계가 있다는 것은 의심의 여지가 없었다. 드 보부아르의 연구는 1946년 10월에 시작돼 1949년 6월에 끝났다. 1947년에는 미국에서 넉 달을 보냈다.[6] 그리고 나서 다시 사르트르 패밀리로 돌아왔다. 평소 몰두하던 일과는 어느 정도 거리를 둔 상태에서, 어떤 의미에서는 자신으로부터 멀찍이 떨어져서 작업을 한 셈이다. 몇 년 후 한 평론가는 그녀가 여성의 조건을 잘 이해할 수 있었던 것은 거기에서 벗어나 있었기 때문이라고 지적했다. 이런 평가에 드 보부아르도 동의했다.[7]

드 보부아르는 자신의 경험을 폭넓은 독서로 보충했다. 그러면서 일면식도 없는 사람들과 일련의 인터뷰를 했다. 책은 2부로 돼 있다. 『제2의 성 Le Deuxième Sexe』(1949) 프랑스어 판은 두 권으로 출간됐다. 1권은 「사실과 신화」라는 부제를 달고 여성 문제에 대한 역사적 개관을 시도했다. 1권은 세 부분으로 구성됐다. '운명' 편에서는 여성의 처지를 생물학적, 정신분석학적, 역사적 관점에서 분석했다. 역사적 고찰 부분에서는 예를 들어 중세, 원시사회, 계몽주의 시기의 여성에 관해 논한 다음 현대 여성에 대한 설명으로 끝을 맺는다. 신화 부분에서는 앙리 드 몽테를랑 Henri de Montherlant, D. H. 로렌스, 폴 클로델Paul Claudel, 앙드레 브르통, 스탕

달 등 (남성) 작가 다섯 명의 사례를 들어 여성이 어떻게 취급되는지를 살핀다. 보부아르는 로렌스를 좋아하지 않았다. 그의 소설을 '따분하다'고 생각했다. 그러나 '사랑에 관해 소박한 진실을 쓰고 있다'는 점은 인정했다. 반면에 스탕달은 '가장 위대한 프랑스 작가'라고 보았다. 2권의 부제는 「현대 여성의 삶」으로 유년기, 청소년기, 성년기, 노년기를 추적한다.[8] 그러면서 사랑, 섹스, 결혼, 여성 동성애 등에 관해 논한다. 드 보부아르는 난다 긴다 하는 친구와 지인들을 잘 활용했다. 레비스트로스와 여러 날 아침을 인류학에 대해 토론했고, 자크 라캉을 찾아가 정신분석에 대해 배웠다.[9] 이 책에서는 사르트르 못지않게 올그런의 영향도 분명히 드러난다. 편견에 물든 사회에서 흑인 여성이 어떤 처지에 있는지도 봐야 한다고 권면하고, 흑인들뿐 아니라 군나르 뮈르달의 보고서 『미국의 딜레마』를 비롯한 인종 문제 관련 문헌을 소개해준 사람이 바로 올그런이었기 때문이다. 처음에는 책 제목을 『또 다른 성』으로 할 생각이었다. 『제2의 성』이라는 제목을 제안한 것은 자크 로랑 보스트 Jacques-Laurent Bost였다. 보스트는 사르트르의 수제자들 가운데 하나로 어느 날 센 강 좌안 카페에서 술을 마시다 그런 아이디어를 내놓았다.[10]

『제2의 성』이 나오자 새로운 이야기가 아니라고 씹어대는 평론가들이 있었다(그런 평론가들은 늘 있다). 그러나 드 보부아르가 당시 다른 사람들, 다른 여성들이 혼자서 끙끙 앓고 있는 문제에 착안했고, 한 걸음 나아가 그런 연구를 통해 그들에게 실탄을 제공했다고 느끼는 사람이 훨씬 많았다.[11] 책은 일찌감치 영어로 번역됐다. 번역자는 블랑쉬 크노프 Blanche Knopf로 출판업자 앨프리드 크노프의 아내였다. 그녀가 갈리마르 출판사에서 나온 이 책을 주목하게 된 것은 파리 여행 때였다. 당시 센 강 좌안 해방구에 살던 미국 학생들 사이에 이 책이 인기를 끄는 것을 보고 크노프 부부는 상업적으로도 괜찮겠다는 생각을 했다. 부부의 예감은 들어맞았다. 1953년 미국에서 영역본이 나오자 호평이 이어졌다. 물론 몇몇 평론가—특히 스티비 스미스 Stevie Smith와 찰스 롤로 Charles Rollo—는 '페미니즘적 불만을 과다하게 표출하고 있다'며 못마땅해 했다.[12] 그러나 가장 흥미로운 반응을 보인 것은 《토요 문학 평론 Saturday Review of Literature》이었다. 편집진은 『제2의 성』이 다룬 주제가 한 사람의 평자가 감당하기에는 너무 광범위하다고 보고 여섯 명에게 평을 의뢰했다. 그중에는 정신의학자 칼 메닝거Karl Menninger, 마가렛 미드, 역시 인류학자인 애슐리 몬태규도 있었다. 미드는 이 책의 핵심 주장—사회가 여성의 재능을 낭비하고 있다는—을 건전한 것으로 보면서도 드 보부아르가 자료를 당파적으로 취사해 과학의 규범을 위반했다는 평가를 덧붙였다. 그러나 드 보부아르의 저서가 진지하게 받아들여진 것만큼은 분명했다. 책에서 제기한 문제가 본격적인 토론의 대상으로 간주됐다는 의미다. 그런 일은 자주 있는 게 아니다. 여성은 사회 속의 '타자'라는 보부아르의 이상한 개념은 먹혀들었고, 그 결과 페미니즘 운동에 큰 영향을 미치게 된다. 브렌던 질은 〈뉴요커〉지에 실린 '이제 이브는 없다'는 제목의 서평에서 이렇게 적었다. "학술적인 저작 이상이다. 예술작품이다. 그 치열함이 독자를 쿡쿡 쑤셔 얼얼하게 만든다."[13]

블랑쉬 크노프가 처음 『제2의 성』을 접한 것은 파리 여행 도중이었다. '해브록 엘리스Havelock Ellis와 킨제이 보고서의 중간쯤 된다'는 이야기를 듣고 호기심이 일었다.[14] 해브록 엘리스는 옛날 이야기였다. 『성 심리학 연구Studies in the Psychology of Sex』는 1897년에 1권이 나왔는데 1928년에 이미 절판이 됐다. 저자인 엘리스도 1939년에 사망했다. 그러나 킨제이 보고서는 새로웠다. 『제2의 성』과 마찬가지로 『남성의 성 행태Sexual Behavior in the Human Male』(킨제이 보고서의 원제목)는 달라진 전후 세계의 반영이었다.

2차 대전의 전쟁터에서 돌아온 세대는 신속히 정착했다. 그들은 교육받을 기회가 많았고, 가정을 꾸렸다. 그리고 부모 세대보다 자녀를 많이 낳았다. 이것이 베이비붐이다. 그들은 삶이 무엇인지를 새롭게 보았다. 인생의 맛을 알았으며 그늘도 알았다. 다른 사람과 가까이 붙어 지내면서 이전 사람들이 체험하지 못한 친밀함intimacy의 가치를 새롭게 인식한 것이다. 특히 사람들이 이렇게 행동하겠지 하는 기대와 실제 행동 사이에 상당한 간극이 있다는 것도 알게 됐다. 이러한 간극은 아마도 섹스 문제에서 가장 컸을 것이다. 2차 대전 이전에도 섹스가 있었지만 그 문제에 대해 공공연히 말을 하지는 않았다. 사회학자인 린드 부부는 1920년대에 미들타운을 연구하면서 결혼과 연애 문제를 들여다보기는 했지만 성행위 자체는 다루지 않았다. 그러나 중요한 사회적 변화 한 가지를 분명히 포착했다. 이 변화는 다른 무엇보다도 1930년대 사람들의 행태를 바꿔놓는 데 중요한 역할을 한 것으로 다름 아닌 자동차였다. 차는 청소년들을 집에서 탈출하게 해주었다. 부모들의 감시를 벗어나게 한 것이다. 청소년들은 친구들과 함께 차를 몰고 영화관으로 달려가곤 했다. 영화관에서는 할리우드가 낭만이라는 아이디어를 팔고 있었다. 가장 중요한 것은 자동차가 하나의 대체적인 장소, 즉 친밀한 행동을 할 수 있는 사적 공간이 되어주었다는 점이다. 1940년대에 오면 그런 행태는 보편화된다. 그러나 대중의 의식은 현실을 따라가지 못했다. 1948년 『남성의 성 행태』라는 싱거운 제목의 무미건조한 804쪽짜리 학술 보고서가 나왔을 때 그토록 인기를 끈 것은 바로 그 때문이었다. 저자는 인디애나대학교(인디애나 주 먼시Muncie에서 멀지 않은 곳에 있다) 동물학 교수였다.[15] 책을 낸 의학 전문 출판사는 초판으로 5,000부를 찍었다. 그러나 곧 실수였음을 깨닫게 된다.[16] 거의 25만 부가 팔려나간 것이다. 게다가 〈뉴욕 타임스〉 베스트셀러 목록에 27주 동안이나 올랐다. 저자인 동물학 교수 알프레드 킨제이Alfred Kinsey(1894~1956)는 유명인사가 되었고 《타임》지 표지인물로도 선정됐다.[17]

과학적 필치도 분명 플러스가 됐다. 공들여 만든 차트와 그래프, 인터뷰 과정에 대한 방법론적인 설명, '데이터'의 타당성에 대한 고찰 등은 분명 포르노물과는 차원이 달랐다. 그 덕분에 사람들은 이상한 사람으로 보이지 않고도 성 문제에 대해 상세한 논의를 할 수 있었다. 게다가 킨제이는 그런 논란과는 거리가 먼 사람이었다. 그의 명성은 말벌 연구로 시작됐다. 인간의 성에 관심을 갖기 시작한 것은 1930년대 말 결혼과 가족에 관한 강의를 맡으면서부터였다. 그는 학생들이 '편견에 물들지 않은 정확한 성 관련 정보'에 목말라한다는 사실을 알게 됐다. 그런데 인간의 성 행태에 관해 '도덕 설교가 아닌 믿을 만한 데이터'가 거의 없다는 사실을 발견하고는 과학자로서 어떻게 이럴 수가 있나 싶었다.[18] 그래서 학생들의 성 습관을 기록하는 것으로 통계자료를 축적해갔다. 이어 연구팀을 끌어 모아 인터뷰 기법을 훈련시켰다. 두 시간 정도면 피실험자의 성생활 전반을 완벽하게 파악할 수 있었다. 이런 식으로 10년에 걸쳐 수집한 자료가 남성과 여성 1만 8,000명분이었다.[19]

존 데밀리오John D'Emilio와 에스텔 프리드먼Estelle Freedman은 함께 쓴 연구서 『미국의 성 Sexuality in America』에서 킨제이 보고서의 강점을 이렇게 지적했다. "『남성의 성 행태』는 평범한 백인 미국인(또는 모든 사람)의 성 습관을 극도로 세밀하게 기술했다. 킨제이는 자위행위의 빈도, 혼전 페팅과 성교, 부부간의 성행위, 혼외성행위, 동성애, 수간 등등을 일일이 일람표로 만들었다. 그는 도덕 설교 같은 냄새가 나는 것을 아주 싫어했기 때문에 '수를 세고 일람표를 만드는' 방식을 취했다. 응답자 가운데 몇 명이 문제의 행위를 하고, 몇 번이나 하며, 몇 살 때 하느냐 같은 문제를 따졌다. 그가 발견한 사실들은 전통적인 도덕군자들한테는 충분히 충격적이었다."[20] 킨제이의 남성 연구를 통해 드러난 사실은 자위와 이성 간의 페팅은 "거의 일반적이며, 남성 10명 중 9명은 결혼 전에 성관계 경험이 있고, 절반은 혼외정사를 하며, 성인 남성의 3분의 1 이상이 최소한 한 번은 동성애 경험이 있다"는 등의 내용이었다. 실제로 모든 남성이 15세 정도가 되면 정규적인 성적 배출구를 마련해 놓은 상태였다. 또 '95퍼센트는 오르가슴에 이르는 과정에서 최소한 한 번은 법규를 위반한 것으로' 조사됐다.[21] 시리즈 제 2권은 『여성의 성 행태 Sexual Behavior in the Human Female』로 1953년에 출판돼 첫 권과 같은 센세이션을 불러일으켰다. 여성의 수치는 남성에 비해 상대적으로 낮지만(그래서 덜 쇼킹하다) 그래도 10명 중 6명이 자위 경험이 있으며, 절반 정도가 혼전 성관계가 있고, 4분의 1은 혼외정사 경험이 있는 것으로 나타났다.[22] 두 연구를 종합해 보면 킨제이의 통계는 대중의 의식 속에 자리한 규범과는 전혀 맞지 않은 성 행태가 광범위하게 이루어지고 있다는 것을 보여준다. 보고서는 문화적 이정표가 되었다.[23] 그러나 뭐니 뭐니 해도 가장 흥미로운 것은 대중의 반응이었다. 일반적으로 미국 중산층은 충격이나 당혹 같은 것은 느끼지 않았다. 대신 설문 조사 결과를 보면 대중의 다수는 성에 관한 과학적 연구를 바람직한 것으로 보며, 좀 더 많이 알고 싶어 했다. 특히 이상과 실제 행태 사이에 엄청난 차이가 있다는 사실이 알려짐으로써 자신의 행태가 다른 사람과 너무 다른 것이 아닌가 하고 불안에 떨던 사람들은 한시름 놓게 됐다.

돌이켜보면 킨제이가 밝혀낸 것 가운데 좋은 쪽으로든 나쁜 쪽으로든 사회적/심리적/지적으로 지속적인 영향을 미친 것이 세 가지 있었다. 첫째는 많은 사람들—남녀를 모두 고려하면 '대부분'이라고 할 수 있다—이 혼외정사에 빠진다는 것이다. 두 연구서가 출판되고 나서 10년이 지난 시점에 사람들은 새로운 반응을 보이기 시작했다(이에 대해서는 앞으로 살펴보겠다). 지금까지는 단순히 혼외정사만 한 반면 이제는 거기서 멈추지 않고 이혼을 하고 재혼으로 가는 경향을 보인 것이다. 두 번째는 "남편과의 성교에서 오르가슴에 도달하는 여성의 수가 현저히, 그리고 꾸준히 증가한다"는 사실이었다.²⁴ 표본조사 대상 여성들의 연령을 기준으로 할 때 19세기 말에 태어난 여성은 대부분 오르가슴에 이른 적이 없는 반면(시몬 드 보부아르가 서른아홉이 돼서야 오르가슴을 느꼈다는 점을 상기해보라) 1920년대에 태어난 사람들은 대부분 '성교 중에 항상 오르가슴에 도달한다'는 사실을 발견했다. 킨제이는 여성의 오르가슴을 행복한 성생활과 동일한 것으로 보지는 않았다. 그러나 방대한 표본을 토대로 한 연구 결과가 오르가슴을 느끼지 못하는 더 많은 여성들로 하여금 '아, 나도 오르가슴을 느껴봐야 되겠구나' 하는 자극제가 된 것은 분명하다. 킨제이 보고서 출간 이후 10년 동안 가속페달을 밟은 여성운동 쪽의 관심 때문만은 아니었다. 보고서가 중요한 기여를 한 것이다. 세 번째 발견은 이후에도 중요한 의미를 갖는 것으로 동성애가 예상보다 훨씬 많다는 사실이었다. 성인 남성의 3분의 1이 그런 경험이 있다고 답한 사실을 상기해보라.²⁵ 여기서 킨제이 보고서는 다시 한 번 많은 사람들에게 스스로 남과 다르다고 생각한—그래서 이상하고 특이하다고 느낀—행태가 알고 보니 훨씬 일반적이었다는 점을 보여주었다.²⁶ 그렇게 해서 킨제이 보고서는 근심을 가라앉혔을 뿐만 아니라 그 이후로 어쩌면 거리낌 없이 그런 행동을 하도록 촉진하는 역할을 했을지도 모른다.

킨제이의 후계자는 대머리에 구릿빛 피부가 인상적인 산부인과 의사로 미주리 주 세인트루이스의 워싱턴대학교 의대 교수 윌리엄 하월 매스터스William Howell Masters(1915~2001)였다. 매스터스는 오하이오 주 클리블랜드에서 부잣집 아들로 태어났다. 킨제이가 설문 조사에 치중한 반면 매스터스는 생물학자이자 의사로서 오르가슴의 생리학, 특히 오르가슴 기능 이상에 관심이 많았다. 그는 성 생리학의 구조를 밝혀 불임부부를 도울 생각을 하고 있었다.²⁷

매스터스가 성 연구에 뜻을 둔 것은 1941년 볼티모어의 카네기실험발생학연구소에서 조지 워싱턴 코너George Washington Corner 박사와 함께 일하면서부터였다. 코너 박사는 매스터스는 물론이고 알프레드 킨제이의 멘토로서 후일 여성 성호르몬 프로게스테론(황체호르몬)을 발견한다.²⁸ 매스터스는 성 연구를 위해 조심스럽게 준비를 다져나갔다. 이 방면의 연구는 불을 갖고 노는 것과 마찬가지여서 본격 착수에 앞서 쓸데없는 '의심을 받으면 안 된다'는 것을 잘 알고 있었기 때문이다. 1940년대에 그가 한 일은 관련 학위를 따는 등 나무랄 데 없는 학문적 자격을 갖추는 것이었다. 스테로이드 요법을 연구한 탄탄한 논문은 그 일환이었다. 결혼도 했다. 킨제이의 보고서 두 건이 출판된 이후인 1953년 마침내 매스터스는 소속 대학 이사회를 찾아가 인간의 성 행태에 대한 연구를 할 수 있게 해달라고 청원을 냈다. 대학 측은 썩 내켜하지 않았다. 그러나 이미 킨제이가 테이프를 끊은 마당이었다. 학문의 자유를 방패막이 삼아 매스터스는 1년 후 연구 허가를 받아냈다. 참고할 만한 책이 거의 없다는 것은 일찌감치 알고 있었다. 그래서 다시 총장을 찾아가 1년 동안 창녀들(그나마 섹스에 대해 잘 아는 사람들이기 때문이다)을 연구하는 계획을 허가해달라고 요청했다. 다시 승인이 났다. 그러나 지역 경찰위원, 지역 가톨릭 교구장, 지역 신문 발행인 등으로 구성된 연구감시위원회의 감독을 받는다는 조건이 붙었다.²⁹ 매스터스는 중부, 서부 연안, 캐나다, 멕시코 지역의 사창가에서 창녀와 남창을 대상으로 18개월 동안 연구조사를 했다. 다양한 성적 경험이 망라됐다. '온갖 형태의 성교, 구강성교, 항문성교, 다종 다기한 페티시 등등.'³⁰ 그는 창녀들에게 성교시 성기가 어떻게 반응하는지, 오르가슴을 느낄 때 기분이 어떤지 등을 물었다. 다음 단계는 극도의 비밀을 요구하는 연구였다. 매스터스는 대학 부속 산부인과 병원 꼭대기 층에 방 세 개짜리 클리닉을 열었다. 사무실과 별도로 뒷방 두 개를 두고 벽에는 밖에서는 안이 보이지만 안에서는 밖이 안 보이는 유리를 끼웠다. 이후 여성 382명, 남성 312명의 성행위 장면을 촬영해 오르가슴에 도달한 순간의 장면 1만 건을 확보했다.³¹

연구가 계속되면서 매스터스는 여성 연구원이 필요하다는 것을 절감했다. 여성의 성 생리학을 더 잘 이해하고 남성이 미처 생각하지 못한 좋은 질문을 할 수 있기 때문이다. 그래서 1957년 1월 버지니아 존슨Virginia Johnson을 연구원으로 채용했다. 여기저기 대학을 다녔지만 학사학위는 따지 못한 가수였다. 매스터스는 존슨이 뭔가 색다른 질문을 잘 할 수 있을 것이라고 생각했다. 존슨은 매스터스 만큼이나 '대의大義'에 헌신적이었다. 두 사람은 연구를 발전시키기 위해 함께 새 장비를 많이 개발했다. 예를 들면 음경의 혈류 변화 측정 장치가 있다. '22.8센티미터짜리 투명 아크릴 페니스'도 만들었다. 모형 음경 안에 카메라를 설치하고 귀두 부분에서 찬 빛이 나게 함으로써 오르가슴시 질 벽의 변화를 촬영하는 장치였다. 당시에 성의 신비 가운데 중요한 부분은 여성마다 음핵 오르가슴을 느끼는 경우가 있고 질 오르가슴을 느끼는 경우가 있다―특히 프로이트가 주장한 내용이다―는 것이었다.[12] 킨제이는 그런 구분에 반대했다. 매스터스와 존슨도 프로이트 이론의 증거를 전혀 찾지 못했다. 그러나 두 사람이 처음 발견한 사실은 페니스는 한 번에 한 번만 오르가슴을 느끼는(그 후에는 일정 기간 무반응기를 거친다) 반면 음핵은 여러 번 절정에 오를 수 있다는 사실이었다. 이는, 존 헤이든리John Heidenry의 말을 빌리면, '코페르니쿠스의 전환'에 버금가는 중요한 발견이었다. 여성 심리학(성적 만족에 있어서 더 이상 남성 모델을 따를 필요가 없다)과 성요법sex therapy 양 측면에서 중요한 의미를 갖기 때문이다.[33] 그러지 않아도 말이 많을 연구에서 매스터스와 존슨은 대용물을 사용함으로써 심각한 논쟁에 휘말렸다. 처음에는 창녀를 썼다. 구하기 쉽고 경험이 많다는 것이 강점이었다. 그러나 곧 대학 고위 인사들의 반대에 부딪혔다. 그러자 여학생들을 대상으로 자원자를 뽑는 광고를 냈다.

매스터스와 존슨은 연구를 계속하면서 성요법을 발전시키고 초기 연구 성과 일부를 《산과와 부인과》 같은 의학 전문지에 발표했다. 그런 다음 나중에 큰 책으로 종합 정리할 계획이었다. 그러나 1964년 11월, 10년 동안 지켜온 비밀이 세상에 알려지고 말았다. 정신분석학자인 레슬리 파버Leslie Farber가 서평에서 두 사람의 연구를 비웃으며 연구 동기에 의문을 제기한 것이다.[34] 두 사람은 원래 계획했던 책 『인간의 성적 반응Human Sexual Response』을 기일을 앞당겨 1966년 4월에 출간하는 것으로 응수했다. 책은 의도적으로 자극적인 서술을 피했다. 심지어 무미건조하다고 할 정도였다. 그러나 문체 같은 것은 장벽이 되지 못했다. 초판이 일주일 만에 매진됐고, 결국 판매부수가 30만 부를 돌파했다.[35] 특히 다행인 것은 《미국의학협회지》가 이 연구를 가치가 있다고 선언했고, 대부분의 주류 언론도 진지하게 다루었다는 점이다. 킨제이에 이어 매스터스와 존슨의 연구까지 나옴으로써 성 문제에 대한 토론은 이제 완전히 양지로 나오게 되었다. 어둠과 무지가 지배했던 영역에 환한 빛을 비춘 것이다. 많은 사람들이 도덕적인 견지에서 이런 변화에 반대했다. 그러나 성 기능 이상이나 오랜 세월 심각한 문제로 고통받아온 사람들은 그렇지 않았다. 예를 들어 매스터스와 존슨은 성 기능 이상으로 치료를 받은 커플의 약 80퍼센트가 바로 반응을 보였으며, 재발하는 사례도 있지만 많은 경우 치료 효과가 놀라웠다는 사실을 보고했다. 또 남성의 경우 이차 발기불능—알코올, 피로, 긴장 등으로 야기되는—은 쉽게 치료가 된다는 것, 그리고 포르노의 악영향 중 하나는 성 행위에 대해 과도한 기대를 갖게 한다는 점이라는 것을 밝혀냈다. 포르노와는 거리가 먼 『인간의 성적 반응』이 포르노의 분수를 알게 한 셈이다.

『제2의 성』과 킨제이 보고서, 그리고 『인간의 성적 반응』은 하나같이 태도의 변화를 촉진했다. 그러나 그런 저술들 자체가 이미 진행되고 있는 사회적 태도 변화의 결과이기도 했다. 영국에서는 이런 변화가 전쟁 때문에 특히 두드러졌다. 예를 들어 전시 영국에서는 사생아 출산율이 눈에 띄게 늘었다. 1942년 11.8퍼센트에서 1945년에는 14.9퍼센트가 됐다.[36] 고무 부족으로 콘돔과 페서리 공급이 달렸고 품질도 형편없어졌다. 이와 함께 가족계획협회의 당면 문제는 출산율 저하였다. 1943년에는 윈스턴 처칠 총리까지 방송에 나서 '모든 수단을 다해서라도 가족 수를 늘려야' 한다고 대국민 호소를 했을 정도다. 이런 우려는 1944년 인구위원회 Royal Commission on Population 발족으로까지 이어졌다. 위원회는 1949년에 가서야 보고서를 냈는데 그 때는 이미 처음의 우려—그리고 사람들의 행태—가 많이 달라진 상태였다. 예를 들어 위원회 보고서에 따르면 반세기 동안 출산율은 지속적으로 하락했다. 그러나 최근 20년 사이 영국의 가족 규모는 부부당 자녀 2.2명으로 비교적 안정화됐다. 장기적으로 느린 인구 증가가 예상된다는 의미였다.[37] 또 하나 분명한 것은 중앙정부는 산아제한에 별로 관심이 없어 보이는 반면(예를 들어 새 국민건강보험에는 가족계획 클리닉 조항이 아예 없었다) 대부분의 국민, 특히 여성들은 이 문제를 대단히 심각하게 생각하고 있다는 점이었다. 여성들은 자녀 수와 생활수준의 상관관계를 잘 알고 있었다. 그래서 피임에 관한 지식도 더욱 늘려갔다. 이는 성 행태 중에서도 개인들이 나름대로 여러 가지 시도를 한 분야였다. 물론 사회적으로 어떤 결과가 될 것이라는 것을 의식하면서 그러는 사람은 없었다. 특히 인구위원회가 내린 결론은 이런 것이었다. "소가족 시스템이 거의 모든 계층으로 확산된 것은 기본적으로 현대 사회의 조건에 적응한 변화로 간주해야 한다. 가장 중요한 양상은 가족 규모를 인위적으로 조절하는 것이 차츰 자연스러운 일로 받아들여지고 있다는 사실이다. 특히 피임은 이제 개인의 책임이 되었다."[38]

인위적 피임은 교회를 분열시킨 이슈였다. 영국 성공회는 1918년 표결을 통해 피임을 승인했다. 그러나 로마 가톨릭 교회는 지금까지도 반대하고 있다. 그런 만큼 하버드대 의대 산부인과 과장으로 1944년 처음으로 인간 난자를 시험관에서 수정시키고 인간 정자를 성능 손상 없이 최고 1년까지 냉동 보관한 존 로크John Rock 박사(1890~1984)가 가톨릭 신자라는 점은 그야말로 유감천만이었다. 로크 박사는 당초 피임을 촉진할 의도가 전혀 없었다. 오히려 불임여성의 임신을 돕고자 했다.[39] 그는 여성 호르몬 프로게스테론과 에스트로겐을 투여하면 임신을 촉진하면서 월경 주기를 안정시킬 수 있다고 믿었다. 그러면 신자 커플들은 이론적으로만 번듯한 '생리 주기 피임법'을 제대로 활용할 수 있게 된다.[40] 그러나 불행하게도 이런 생각은 두 호르몬의 작용을 온전히 알지 못하고 하는 소리였다. 예를 들어 프로게스테론이 작용을 한 것은 배란을 억제하기 때문이었다. 그러나 어떻게 그렇게 되는지는 확실치 않았다. 그러나 프로게스테론을 많은 불임여성에게 투여했을 때 처음에는 별 효과가 없는 듯했지만 투여를 멈추자마자 상당수가 임신을 하게 되었다는 것은 분명했다.[41] 결국 에스트로겐과 프로게스테론의 결합이 생식선 활동을 억제하고 그 결과 배란을 막는다는 사실이 밝혀졌다. 따라서 정해진 날마다 약을 먹으면 임신을 예방할 수 있었다. 정상적인 월경 과정에 개입하는 것이다. 이 연구에는 역시 불임에 관심이 많은 하버드대 생물학자 그레고리 핀커스Gregory Pincus 박사(1903~1967)의 도움이 컸다.

1956년 로크와 핀커스는 푸에르토리코(미국령이다) 여성 200명을 대상으로 처음 임상실험을 했다. 산아제한(피임)은 하버드대가 소재한 매사추세츠 주에서는 아직 불법이었기 때문이다.⁴² 이 연구의 성격이 알려지면서 로크를 파문하려는 시도가 여러 차례 있었다. 그러나 1957년 미국식품의약국Food and Drug Administration (FDA)이 월경 이상 여성 치료에 로크-핀커스가 만든 먹는 피임약pill 사용을 승인했다. 또 다른 실험이 이어졌다. 이번에는 거의 900명의 여성을 샘플로 했는데 결과는 아주 성공적이었다. 그래서 1960년 5월 10일 FDA는 시카고 소재 G. D. 설G. D. Searle & Co이 제조한 피임약 에노비드Enovid 사용을 승인했다.⁴³ 〈뉴욕 타임스〉는 이 소식을 5센티미터 굵기 활자 제목으로 대서특필했다. 그것으로 이야기는 끝났다. 1961년 말이 되면 미국 여성 약 40만 명이 에노비드를 복용하고 있는 것으로 나타났다. 이듬해와 그 다음해에는 복용자가 두 배씩 늘었다. 1966년에는 미국인 여성 600만 명이 복용 중인 것으로, 그리고 미국을 제외한 나머지 국가에서도 같은 수가 복용 중인 것으로 조사됐다.⁴⁴ 피임약이 대박을 터뜨릴 것이라는 예감은 영국 쪽 통계에서 이미 나타났다. (영국은 가족계획 전통이 오래고, 20세기 초 우생학 운동의 여파로 피임에 밝고 적극적인 사람이 많았다. 그래서 영국 쪽 통계는 시사하는 바가 컸다.) 1960년 영국 가족계획협회 소속 병원들은 피임 상담을 하러 온 사람의 97.5퍼센트에 대해 콘돔 사용을 권했다(영국에서는 1961년까지 먹는 피임약이 시판되지 않았다). 1975년에는 58퍼센트에게 피임약 복용을 권했다.⁴⁵ 성 관련 통계 연구에서 분명히 드러나는 것은 커플간의 친밀한 행동에 대한 대중의 인식이 대부분 잘못되었고 시대에 뒤져 있다는 사실이었다. 그러나 개별적으로는 변하고 있었다. 겉으로 드러나지는 않지만 하나하나 사소한 변화들이 차곡차곡 쌓이면서 결국은 성 혁명으로 이어졌다. 드 보부아르나 킨제이, 매스터스와 존슨이 그렇게 많이 팔린 것은 바로 그러한 저변의 변화 때문이었다. 그들이 쓴 책을 사본 수많은 사람들은 "그래, 그렇지, 남들도 역시 그러는구나" 하는 쾌감을 느꼈던 것이다.

출판사와 작가들도 그런 신호를 읽었다. 1950년대에 성에 대해 유례없이 솔직한 문학 작품이 여러 편 선을 보였다. 블라디미르 나보코프Vladimir Nabokov의 『롤리타Lolita』(1953), J. P. 돈리비Donleavy의 『진저 맨The Ginger Man』(1955), 프랑수아즈 사강Françoise Sagan의 『슬픔이여 안녕Bonjour Tristesse』(1955), 앨런 긴즈버그Allen Ginsberg의 시 「울부짖음Howl」(1956) 등이 특히 그런 성향이 두드러졌다. 「울부짖음」과 D. H. 로렌스의 『채털리 부인의 사랑Lady Chatterley's Lover』(영국에서는 1928년에 나왔고, 프랑스어 번역본은 1929년에 출간됐다)은 둘 다 외설 시비에 휘말려 1959년 재판에 올랐다. 결국 두 작품 모두 예술적 성취가 탁월하다는 이유로 검열을 면했다. 재미있는 것은 나보코프의 『롤리타』는 재판까지 가지 않았다는 점이다. 다른 작가들처럼 노골적인 장면은 등장시키지 않았기 때문인 것 같다. 그러나 어떤 면에서는 그가 제시한 주제, 즉 중년 남자가 12세 소녀를 사랑하게 된다는 내용은 더할 나위 없이 '도착적'이었다.

나보코프(1899~1977)는 특이한 사람이었다. 그는 러시아 상트페테르부르크의 귀족 집안에서 태어났다. 가문은 러시아 혁명으로 모든 것을 잃었다. 나보코프는 영국 케임브리지 대학에서 공부를 한 다음 독일과 프랑스로 가서 살다가 1941년 미국에 정착했다. 러시아어와 영어로 똑같이 생동감 넘치는 필치를 선보인 그는 체스라면 사족을 못 썼고, 나비 연구가로도 유명했다.[46] 『롤리타』는 성에 관한 이야기인 동시에 나이에 관한, 뭔가를 앎과 동시에 찾아오는 슬픔, 생물학적 섹스와 심리학적 섹스의 차이, 섹스와 사랑과 열정의 차이, 그리고 사랑이 어떻게 인간을 자유롭게 하기보다는 구속하고 모종의 상처가 될 수 있는지에 관한 이야기다. 롤리타는 나비다. 아름답고, 손에 쥐면 금방 부서지고 말 것 같은. 소녀 롤리타의 원시적인 생명력에 중년 남자는 걷잡을 수 없이 끌리게 된다. 그러나 그 아이는 거칠다. 이상화된 모습과는 거리가 멀다.[47] 중년의 '주인공'이 그 소녀를 잃는 것은 당연하다. 그러면서 자존심을 포함해 모든 것을 잃게 된다. 롤리타는 자신에게 무슨 일이 일어나고 있다는 사실은 인식하지만 그게 무엇인지는 매우 불분명하다. 중년 남자의 따스함이 롤리타의 차가움을 불러일으킨 것인가? 아니면 그것은 아무 상관없는 것이었을까? 『롤리타』에서 섹스는 극도로 허망하다.

앞선 연구와 이런저런 사건들을 토대로 결정판이라고 할 만한 보고서가 나왔다. 1963년에 출판된 베티 프리던Betty Friedan(1921~2006)의 『여성의 신비The Feminine Mystique』로 또 하나의 중대한 발전이었다. 프리던(처녀 적 성은 골드스타인)

은 스미스대학을 졸업하고 뉴욕 그리니치빌리지에 살면서 기자 일을 했다. 1947년 칼 프리던과 결혼하고 곧 교외로 이사를 갔다. 이곳에서 베티는 전업주부로서 매일 아이들을 학교에 데려다주고 데려오고 했다. 그녀는 엄마 노릇을 아주 좋아했다. 그러나 직장 일을 하고 싶어서 다시 저널리즘을 택했다. 아니, 그러려고 했다. 대학 졸업 15주년 재상봉 행사가 1957년에 있었다. 그래서 그 이야기를 기사로 써서 여성지《맥콜스McCall's》에 기고해보려고 했다. 설문지를 만들어 기사를 위한 기초자료로 삼았다.⁴⁸ 동창들에게 한 질문은 주로 여성이라는 것에 대해 어떻게 생각하느냐, 여성이라는 성 또는 젠더가 생활에 어떤 영향을 미쳤느냐 등등이었다. 프리던이 분석한 결과는 "압도적인 수의 여성이 생활에 만족하지 못하고 고립감을 느끼며, 바깥 생활과 친구와 동료, 집을 벗어나 새로운 일에 도전하는 남편을 부러워하고 있다"는 사실이었다.

그러나《맥콜스》는 퇴짜를 놓았다. 남자 편집장 말이 '그럴 리 없다'고 했다는 것이다. 프리던은 기사를 돌려받아 여성지《레이디즈 홈 저널The Ladies' Home Journal》에 투고했다. 잡지사는 기사를 그녀의 의도와는 정반대로 고쳐버렸다. 그래서 또 문을 두드린 곳은《레드북Redbook》이었다. 여기 편집장은 프리던의 에이전트에게 '베티가 맛이 갔군요'라고 말했다.⁴⁹ '신경증'에 걸린 여자들만이 프리던이 하는 이야기에 공감할 것이라고 생각한 것이다. 프리던은 자기 기사가 '여성지의 존재이유 자체를 위협하는' 기사라는 걸 뒤늦게 깨달았다. 그래서 내용을 확대 보완해서 책으로 내기로 마음먹었다.⁵⁰ 책 제목은 처음에 '함께 하는 여성'으로 했다가 나중에 『여성의 신비』로 바꿨다. 여성의 신비라는 말은 여성이 집에서 주부와 어머니 노릇 하는 걸 좋아하며, 사회나 정치, 또는 지적인 문제에 대해서는 관심이 없고, 직장에 나갈 필요도 느끼지 못한다고 하는 일반적인 관념을 의미한 것이었다. 그녀는 항상 그런 것은 아니며, 기사를 퇴짜 놓았던 여성지들조차도 2차 대전까지는 다양한 소재를 많이 소개했다는 사실을 발견하고는 깜짝 놀랐다. "1939년 여성지 기사의 주인공들은 젊은 여성만이 아니었다. 어떤 의미에서는 지금보다 훨씬 젊은 나이에 고위직에 오른 여성이 많았다. 4대 여성지(《레이디즈 홈 저널》,《맥콜스》,《굿 하우스키핑Good Housekeeping》,《위민즈 홈 컴패니언Women's Home Companion》)에 나오는 헤로인의 다수는 커리어우먼이었다. 간호사, 교사, 화가, 배우, 카피라이터, 세일즈우먼 같은 직종에서 여성들이 당당하게 보여준 정신과 용기, 독립성, 결단력은 중요 매력 포인트였다. 그들의 개성에는 뭔가 경탄할 만한 아우라 같은 것이 있었다. 그것은 남성들에게도 매력적으로 느껴졌다. 남성들이 그들에게 끌린 것은 외모 때문만이 아니라 정신과 개성 때문이기도 했다."[51]

그 모든 것을 전쟁이 바꿔버렸다. 그게 프리던의 느낌이었다. 멀리 전쟁터에 나갔다는 것은 참전 세대에게는 대단한 성취였다. 그러나 그들이 돌아왔을 때 집에서 기다리고 있는 것은 '왜소한 여자들'이었다. 그들은 대개 남편이 떠나기 전에 서둘러 임신을 해서 낳은 아이들을 홀로 키우고 있었다. 참전 남성들은 돌아와서 좋은 일자리를 얻거나 제대군인원호법을 통해 좋은 교육을 받을 수 있는 기회가 많았다. 그래서 새로운 패턴이 정착됐다. 교외로 탈출한다고 달라지지도 않았다. 여성의 고립은 더더욱 첨예해질 뿐이었다. 그러나 1960년이 되면 여성의 좌절은 극에 달한다고 프리던은 말했다. 그녀가 제시한 설문조사 결과를 그대로 믿는다면, 화병과 신경증이 유례가 없을 정도로 많아졌다. 그런데도 평범한 여성들의 이야기여서 이렇다 할 주목을 받지도 못했다. 프리던의 책은 바로 이점을 파고들었다. 이름 없는 여성들의 문제가 『여성의 신비』가 된 것이다.

프리던의 공격은 전방위적이었다. 그 밑바탕에는 폭넓은 연구조사가 있었다. 그녀의 분노(책은 논쟁적이지만 주장은 차분했다)는 여성을 최신식 세탁기, 진공청소기 같은 노동 절감형 장치들에 둘러싸인 '안락한 강제수용소'의 일원으로 묘사하는 여성지와 매디슨 애비뉴 중심의 광고업계만을 향한 것이 아니었다. 여성을 스테레오타입화된 이상에 끼워 맞추려는 프로이트, 마가렛 미드, 그리고 대학들에 대해서도 비판의 목소리를 높였다.[52] 프로이트의 남근 선망 이론은 결국 여성이 열등하다는 이야기를 고리타분하게 늘어놓은 것에 불과하다고 그녀는 생각했다. 믿을 만한 증거도 없었다. 미드의 인류학 연구도 다른 문화권 여성들과의 차이를 기술하고 있지만 여전히 본질적으로 수동적이고, 그래서 다시 스테레오타입에 순응하는 여성상을 제시한다고 지적했다. 프리던은 미드 자신의 삶—직업이 있고, 남편을 둘이나 두었고, 동성애 애인이 있으며, 결혼 생활에서도 상대의 외도를 서로 문제 삼지 않았

다―은 저서에 쓴 내용과 완전히 어긋나며, 그게 오히려 서구 여성의 모델로는 훨씬 낫다고 주장했다.[53]

프리던의 연구는 여성의 본질적인 측면에 사회적 관심을 쏟게 한 최초의 대중서 가운데 하나이기도 했다. 그녀는 많은 여성들이 십대에 결혼을 하는 바람에 일과 지적인 삶을 누릴 기회를 잃게 되는 과정을 추적했다. 그녀는 많은 여성들이 남편의 '학위 취득'을 위해 열심히 뒷바라지하는 것을 보고 놀랐다. 그래서 Ph.D.(박사학위)를 비꼬아 Ph.T.('남편 통과시키기'라는 뜻의 Putting husband Through의 머리글자를 딴 말)라고 불렀다.[54] 이런 힘든 상황에 있다 보니 애들하고 싸우고 때리고 하는 악역도 늘 엄마 몫이라는 사실을 처음으로 주목했다.

프리던의 책은 사회의 아픈 곳을 찔렀다. 그래서 엄청 팔렸을 뿐 아니라 대통령 직속 여성지위위원회가 발족하는 계기가 되기도 했다. 1965년에 나온 여성지위위원회 보고서는 여성이 임금 면에서 차별을 받고 있으며(남성의 절반 수준), 전문직 및 고위직 여성 비율이 하락하고 있다는 사실을 구체적으로 보여주었다. 보고서가 워싱턴 관가에서 잠자고 있을 때 일단의 여성들이 '우리 손으로 문제를 해결하자'고 나섰다. 베티 프리던도 그 중 한 명이었다. 이들은 워싱턴에서 모임을 열고 전미여성협회National Organization for Women를 결성했다. 일부 참가자들은 이 단체를 여성을 위한 전미유색인지위향상협회라고 불렀다.[55] 그러나 결국 단체 이름은 전미여성협회 머리글자를 따서 NOW(나우)로 낙착됐다.[56]

25
새로운 인간의 조건
The New Human Condition

　킨제이 보고서와 베티 프리던의 메시지는 서구 사회가 전후에 변화를 겪고 있으며, 그것도 상당히 근본적인 차원의 변화라는 것이었다. 변화의 최전선은 미국이었다. 그러나 그런 변화는 정도는 좀 약하지만 다른 나라에도 적용이 되는 것이었다. 2차 대전 이전에는 인류학이 사람들의 마음을 가장 사로잡는—프란츠 보아스, 루스 베네딕트, 마가렛 미드의 공이 컸다—사회과학이었다. 적어도 일반 대중한테는 그랬다. 그러나 이제 서구 사회 내부의 변화를 조명하는 일은 다른 쪽에서 맡았다. 특히 사회학, 심리학, 경제학이 그랬다.

　이런 연구들 중에서 처음으로 큰 영향력을 발휘한 것이 1950년 하버드대(나중에 스탠포드로 옮겼다) 사회학 교수 데이비드 리스먼David Riesman(1909~2002)이 쓴 『고독한 군중 The Lonely Crowd』이었다. 리스먼은 사회학이 인류학보다 우월하다는 점을 강조하는 것으로 시작했다. 그에 따르면 사회학과 비교할 때 인류학은 '빈약'했다. 광범위한 학문 분과가 아니라는 이야기였다. 게다가 필드 스터디(현장조사 : 옮긴이)라는 것은 많은 경우 기껏 한두 사람이 하는 작업이었다. 자금 부족으로 야심적인 프로젝트는 불가능했기 때문이다. 그래서 인류학의 필드워크는 아마추어 수준에 불과했다. 더욱 중요한 것은 "데이터 부족 탓에 전체를 지나치게 일반화하는 경향을 보인다"는 점이었다. 이와는 대조적으로 사회학자의 일용할 양식이라 할 여론조사는 양적인 면에서, 즉 축적한 데이터의 구체성 면에서나 샘플의 대표성 면에서 한결 풍부했다. 1930년대 중반 갤럽Gallup이 발족한 이후로 여론조사는 점점 늘었고 2차 대전 때도 대중의 정서를 알아보기 위해 많이 실시됐다. 여론조사 데이터 외에도 리스먼은 광고, 꿈, 어린이 게임, 보육 관행 등등에 대한 연구를 추가했다. 이 모든 것이 이제 '역사 자료'가 됐다고 그는 주장했다. 그러면서 그와 그의 동료들은 인류학자들은 도저히 따라올 수 없는 확실성을 가지고 미국인의 국민성에 대해 논단할 수 있다고 자부했다. (나중에는 이런 과신을 후회한다. 특히 일부 지나친 일반화는 철회하지 않을 수 없었다.)[1]

리스먼은 에리히 프롬의 제자였다. 그런 만큼 간접적으로 프랑크푸르트 학파의 전통을 잇고 있다. 프랑크푸르트 학파와 마찬가지로 리스먼의 사상도 프로이트와 막스 베버에게 많은 빚을 지고 있다. 『고독한 군중』은 개인 심리학과 가족 심리학을 전체 사회와 연관시키려는 시도라는 점에서 특히 그러하다. 리스먼의 논지는 두 가지다. 첫째로, 사회는 발전 과정에서 인구 변화에 따라 세 가지 단계를 겪는다고 주장했다. 인구가 비교적 적은 수준에서 안정된 예전 사회들의 경우에는 사람들이 '전통지향적tradition-directed'이다. 두 번째 단계에서는 인구 규모가 급속히 커진다. 그러면 개인들은 '내부지향적inner-directed'이 된다. 세 번째 단계에서는 인구가 훨씬 높은 수준에서 안정되는데 이런 사회에서는 '타자지향적other-directed' 성향이 지배적이다. 두 번째 부분은 성격 형성 요인이 사회 변화에 따라 어떻게 달라지는지를 기술했다. 특히 부모와 가정생활이 미치는 영향과 권위는 약해지는 대신 매스미디어와 또래집단의 영향력이 커지는 현상을 관찰했다. 특히 젊은 층에서 이런 현상이 많이 나타났다.[2]

20세기 중반까지도 인도, 이집트, 중국 같은 나라들은 여전히 전통지향적이라고 리스먼은 지적했다. 이런 나라들은 인구가 희박하고 사망률이 높은 지역이 많다. 문맹자도 아주 많다. 이런 경우에는 수 세대 동안 지속돼온 인간관계 유형과 에티켓의 지배를 받는다. 청년기는 도제기로 간주되고 성인사회 편입시에는 형식적이지만 누구나 겪어야 하는 입문식이 따른다. 이런 의식에서는 성인으로서의 특권과 함께 책임을 부여한다. 이런 세계에서는 의식과 관례, 종교가 강력한 영향력을 발휘하며,

"오래된 문제에 대해 새로운 해결책을 찾으려는 노력은…… 거의 없다."³ 리스먼은 전통지향적 사회가 어떻게 발전 내지 진화하는지에 대해 따로 설명하지 않았다. 그러나 그 다음 단계가 질적으로 분명히 구분되고 인구의 급증이 변화의 원인이라는 점은 분명히 했다. 인구 급증은 상대적으로 안정적이었던 출산율 대 사망률 구조에 변화를 야기하고, 그에 따라 여타 사회 변화의 원인이 된다. 물론 인구 급증은 사회 변화의 결과이기도 하다. 이런 불균형이 그동안 사회를 지배해온 관행적 대처방식에 압력으로 작용한다. 새로운 사회는 개인의 이동성이 늘어나고, 자본축적이 급속화되고, 사회 규모가 거의 지속적으로 팽창하는 것이 특징이다. 그런 사회(예를 들어 르네상스나 종교개혁 시기가 그랬다)는 '엄격하고 자명한 전통에 매달리지 않고 사회적으로 그럭저럭 살아나가는' 성격 유형을 만들어낸다. '내부지향적'이라는 개념은 광범위한 개인들을 포괄한다. 그러나 인생과 태도를 지배하는 가치관은 어린 시절 어른들로부터 배웠다는 경험을 공유하고 있기 때문에 상황에 따라 개인 내면에 일관성을 조성하는 방식으로 독특한 개인주의를 나타내게 된다. 내부지향적 인간들은 전통을 의식하지만 개인마다 추종하는 전통은 다를 수 있다. 리스먼의 말을 빌리면 각 개인은 그 나름의 '내면의 나침반'을 갖고 있다. 내부지향적 사회의 고전적인 예가 19세기 빅토리아 왕조 시대 영국이다.⁴

출산율이 사망률을 따라 낮아지면서 인구는 다시 안정되기 시작한다. 그러나 전보다는 훨씬 많은 수준을 유지한다. 농촌 인구가 점점 적어지고 도시로 많은 사람들이 몰려든다. 풍요와 여가는 많아지고, 사회는 집중화되고 관료주의화된다. 그래서 점차 물리적 환경이 아니라 '다른 사람들'이 문제가 된다.⁵ 이런 사회는 타자지향적 인간을 만들어낸다. 리스먼은 타자지향형이 가장 일반적으로 나타나는 경우가 20세기 미국이라고 봤다. 미국은 봉건적인 과거가 없다. 특히 미국 도시인들은 문자를 알고 교육을 많이 받고 생필품 부족을 모른다.⁶ 새로운 풍요 속에서 부모의 훈육은 먹혀들지 않는다고 그는 생각했다. 왜냐하면 새롭고, 규모가 작은, 생물학적으로 좀 더 안정적인 가정에서는 부모의 훈육이라는 것이 덜 필요하기 때문이다. 그래서 두 가지 결과가 야기된다. 첫째, 또래집단이 사회적 영향력 면에서 가족만큼 중요해진다(가족보다 더 중요하다고 말하기는 어렵다). 또래집단이란 같은 나이의 다른 어린이들을 말한다. 둘째로, 어린이들은 사회적으로 마케팅의 한 범주가 된다. 어린이들은 어린이 용품 제조업자와 미디어(어린이 용품 광고에 이해관계가 많다) 양쪽의 타깃이 된다. 다른 사람들로부터 사랑받고 싶어 하는 현대적 형태의 순응성을 만들어낸 것은 바로 타자들에게 인정받고 싶어 하는 욕구다. 즉 남들한테 인기를 얻고 싶어 하는 것이다.[7] 이처럼 새로운 유형의 타자지향형 집단은 개인적 이득을 위한 작업이나 만인의 더 큰 행복보다는 자신의 심리적 안락감에 더 관심이 많다. 타자지향형 인간은 평가받고 싶어 하는 게 아니라 사랑받고 싶어 한다. 따라서 가장 중요한 목표는 남들과의 '관계 맺기'다.

리스먼은 이런 구도를 더욱 정교하게 확대시켰다. 부모, 교사, 인쇄매체, 전자미디어의 역할 변화와 경제학의 역할, 직업의 특성 변화에 여러 장을 할애했다. 그는 자신이 관찰하고 기술한 변화들이 프라이버시와 정치에 상당한 의미를 가지는 것이며, 개인은 성격 유형에 따라 세 가지 운명―적응, 아노미, 자율―이 가능하다고 생각했다.[8] 나중에 리스먼은 미국에 닥친 변화를 너무 과장했다는 점을 인정하고 자신의 주장 일부를 철회했다. 그러나 한 가지 점만은 옳다고 확신했다. 미국인이 타인과의 '관계'에 유달리 신경을 쓰는 경향이 20세기 말이 되면 대인관계를 잘 할 수 있도록 책임진다며 우후죽순처럼 생겨난 심리치료에 대한 맹신으로 이어졌다는 것이다.

『고독한 군중』이 나오던 해에 조셉 매카시Joseph McCarthy 상원의원은 웨스트버지니아 주 휠링의 여성공화당원클럽 연설에서 국무부 안에서 암약하는 공산당 요원 명단을 '입수했다'고 선언했다. 그때까지만 해도 매카시는 알코올 중독 문제가 있는 중서부 출신 무명 정치인이었다.[9] 그러나 그의 의혹 제기는 미국에 '도덕적 패닉' 현상을 촉발했다. 배우, 작가, 음악인, 라디오와 TV 연예인 151명이 공산주의 계열이라는 비난을 받았다. 이어 미국 법무장관은 '전체주의자, 파시스트, 공산주의자, 체제 전복 세력' 179명의 명단을 공표했다.* 매카시와 법무장관이 공산주의자와 '체제 전복 세력'에 대해 우려하는 사이 다른 사람들은 미국 사회 전반의 도덕적 패닉 현상을 우려했다. 실제로 많은 사람들이 미국도 파시즘이 득세할 수 있다는 불안감을 느꼈다(유럽에서 망명 온 학자들은 특히 심했다). 『고독한 군중』과 심리학적 분석 면에서 상당부분 겹치고 발행 시기도 비슷한 한 연구서는 바로 그런 불안감의 소산이었다.

『권위주의적 성격The Authoritarian Personality』을 구상한 것은 1939년으로 거슬러 올라간다. 당시 버클리 대학 여론연구소 및 전미유대인위원회와 함께 반유대주의의 실체와 규모를 살펴보는 공동 프로젝트의 일부로 계획이 됐었다.[10] 설문조사를 통해 '잠재적인 파시즘 성향'의 심리적 프로필을 확인할 수 있는지 탐색해보자는 아이디어였다. 프랑크푸르트 학파가 계량적 접근법을 처음 도입한 것이 바로 이 연구였다. 그들이 내린 결론은 F 규모(파시즘 성향의 정도를 일컫는 단위: 옮긴이)가 '경보를 발하기에 충분한 정도로 보인다'는 것이었다.[11] "반유대주의는 모든 종류의 권위에 대한 당혹스러울 정도의 순응성과 함께, 보통 미국인들의 '자민족 중심주의적'이고 '전통적인' 여러 태도에서 드러난 성격적 기능장애의 가시적 징후로 밝혀졌다."[12] 여기서 리스먼과의 연결지점이 형성됐다. 이처럼 잠재적인 파시스트들은 '타자지향적인' 정상적이고 전통적인 미국인들이었다. 따라서 『권위주의적 성격』은 공산주의보다는 파시즘이 전후 미국에 닥친 주요한 위협이며, 파시즘은 대서양 서안(미국)에서 '새 안식처'를 찾을 것이고, 부르주아적인 미국의 대도시들은 이제 '현대 문명의 어두운 심장부'라는 경고성 결론을 내렸다.[13] 이 책의 또 다른 결론은 홀로코스트는 단순히 나치 사상과 열등민족 이론의 결과가 아니라 서구 자본주의 문명의 합리성 자체에 책임이 있다는 것이었다. 프랑크푸르트에서 미국으로 망명했고, 이 보고서의 대표저자인 테오도르 아도르노는 좌파 유형이 보수파 유형에 비해 정서적으로 더 안정적이고 행복감을 느끼는 반면 자본주의는 성격적 기능장애 유형을 양산하는 경향이 있다고 봤다.[14] 『고독한 군중』을 여론조사 자료를 사회심리학

* 명단에 포함된 면면은 지휘자 레너드 번스타인Leonard Bernstein, 영화배우 리 J. 콥Lee J. Cobb, 작곡가 아론 코플란드Aaron Copland, 영화배우 겸 감독 호세 페레Jose Ferrer, 극작가 릴리언 헬먼Lillian Hellman, 작가 랭스턴 휴즈, 영화배우 겸 가수 벌 아이브스Burl Ives, 여배우 집시 로즈 리Gypsy Rose Lee, 극작가 아서 밀러Arthur Miller, 배우 제로 모스텔Zero Mostel, 여성 시인 도로시 파커Dorothy Parker, 클라리넷 재즈 연주가 아티 쇼, 극작가 겸 소설가 어윈 쇼, 정치학자 윌리엄 L. 쉬러러, 배우 샘 워너메이커Sam Wanamaker, 감독 오손 웰스 등이었다.

및 사회학과 결합시켜서 사회 전체를 이해하려는 초창기적 시도라고 한다면, 『권위주의적 성격』은 프로이트와 슈펭글러의 독일적 전통을 잇는 마지막 시도라고 이해할 수 있겠다. 그러나 리스먼이 온전히 성공하지는 못했더라도 새로운 형태의 지식을 흡수하는 합리적인 프로젝트를 추구한 반면, 아도르노 등은 합리주의와 과학과 민주주의를 뼈대로 하는 서구·대서양 연맹을 다시 한 번 마구잡이로 폄훼하는 시도를 한 것이다. 아도르노 등의 주장은 이목을 끌었다. 매카시 선풍이 애꿎은 사람들을 떨게 만들었던 시대적 배경을 고려한다면 특히 그렇다. 그러나 『권위주의적 성격』은 곧바로 동료 사회과학자들의 공격을 받았다. 이들은 그 책의 주장이 얼마나 엉터리인지를 조직적으로, 그리고 가차 없이 폭로해버렸다. 그러나 당시에는 '권위주의적 성격'이라는 검증되지 않은 슬로건이 대중적 인기를 끌었다.

전체주의에 대해, 전체주의의 기원과 전후 세계에서의 재현 가능성에 대해 좀 더 훌륭한 설명을 제시한 사람은 한나 아렌트Hannah Arendt였다. 아렌트는 1941년 뉴욕에 정착했다. 그에 앞서 독일을 탈출한 직후에는 프랑스로 갔다. 맨해튼 시절 아렌트는 한동안 궁핍하게 살았다. 영어를 배우고 영어로 글을 쓰기 시작하면서 좌파 잡지 《빨치산 리뷰Partisan Review》계열 지식인들과 어울렸다. 이후 프린스턴, 시카고, 캘리포니아 대학에서 교수로 있으면서 〈뉴요커〉에 정기 칼럼을 썼다. 최종적으로 정착한 곳은 뉴욕에 있는 사회연구를 위한 뉴스쿨이었다. 여기서 1975년 사망할 때까지 학생들을 가르쳤다.[15] 뉴스쿨은 1930년대에 파시즘을 피해 미국으로 망명 온 유럽 지식인들에게는 고향과도 같은 학교로 유럽 사상과 미국 사상을 결합해 발전시키는 것을 목표로 삼았다. 아렌트가 이름을 날린 것은 『전체주의의 기원 Origins of Totalitarianism』(1951), 『인간의 조건 The Human Condition』(1958), 그리고 『예루살렘의 아이히만 Eichmann in Jerusalem』(1963)이라는 세 권의 영향력 있는—동시에 대단히 논쟁적인—저서를 통해서였다.[16] 『전체주의의 기원』에 착수한 것은 전쟁이 끝나고 나서였다. 그렇게 7년이 걸렸다.[17] 핵심 의도는 왜 세계 정치에서 '유대인 문제' 또는 반유대주의라고 하는 별로 '중요하지 않은' 문제가 '나치 운동과 세계대전, 그리고 종국에는 죽음의 공장 설립의 촉매제'가 될 수 있었는지를 설명하는 것이었다.[18] 그녀가 제시한 답은 대중사회는 고립과 고독으로 이어진다는 것이었다. 리스먼의 책 제목에 나오는 바로 그 고독한 군중이다. 그런 조건에서는 정상적인 정치적 삶이 퇴화되고, 파시즘과 공산주의가 놀라운 힘을 발휘하면서 사람들의 공적인 삶을 제복으로 대신하게 된다. 제복은 소속감을 표현한다. 특정한 지위를 부여받음으로써 남들에게 인정받고 존중받는다. 대중 집회는 참여를 체험하는 자리가 된다.[19] 이런 것은 긍정적인 측면이었다. 그러나 동시에 아렌트는 '고독감'을 '전체주의 체제의 본질인 테러가 싹틀 수 있는 공통의 토대'라고 규정했다.[20] 바로 여기서 논쟁이 시작됐다. 아렌트는 스탈린주의와 나치즘을 동일시함으로써 많은 사람들에게 앞으로 미국도 다른 대안이 없다고 생각할 여지를 준 것이다. 그러면서 동시에 사회의 '대중화'는 사실상 '전체주의로 향하는 첫 걸음'이며, '근본적인 악'으로 가는 길이라는 식으로 말했다. "서구의 새로운 대중사회는 동방의 전체주의 쪽으로 수렴될 위험이 있다"는 것이다.[21]

『인간의 조건』에서 아렌트는 앞서 낸 저서에서 확인한 문제들에 대해 해결책을 제시하고자 했다.[22] 현대사회의 본질적인 난점은 그녀가 보기에 현대인이 정치적으로 소외돼 있다고 느낀다는 점이었다(심리적으로는 다르다). 일상의 인간은 정치 엘리트들이 갖고 있는 내부 정보에 접근하지 못했다. 도처에 관료주의가 있었고, 일인일표라는 것은 큰 의미가 없었다. 그런데 이제 그런 상황이 더욱 중요해진 이유는 거대 기업의 성장과 더불어 개인이 자신의 노동을 좌우할 능력이 더 떨어졌기 때문이다. 세심한 작업을 통해 만족을 얻기는 더 어려워지고 수입에 대한 통제력도 줄었다. 인간은 혼자 남겨졌지만 혼자 행동하고, 혼자 살아갈 수는 없다는 것을 깨달았다.[23] 그녀가 제시하는 해결책은, 아렌트 전기작가인 엘리자베스 영 브뤼엘 Elisabeth Young-Bruehl이 말했듯이, 시대를 앞선 것이었다. 아렌트는 사회가 정치의 개별화를 촉진할 것이라고 생각했다. 이런 현상을 지금은 환경, 페미니즘, 유전자 조작 식품 등등 특정 분야에 운동을 집중한다는 차원에서 단일 주제 정치라고 부른다.[24] 이런 식으로 사람들은 전문가 못지않게 정보로 무장을 하고 자신의 삶을 통제하려고 시도할 수 있으며 그런 시도가 효과를 볼 수 있다고 아렌트는 말했다. 정치의 개별화라는 주장에 대해서는 아렌트가 맞았다. 금세기 말에 그것은 공동체 생활의 중요한 요소가 된다.

한나 아렌트와 마찬가지로 에리히 프롬Erich Fromm(1900~1980)도 유대계 독일인이었다. 프랑크푸르트 학파의 일원인 프롬은 다른 멤버들과 함께 1934년에 조국을 떠나 미국으로 향했다. 이후 컬럼비아 대학 부설 프랑크푸르트사회조사연구소 연구원으로 계속 활동했다. 프롬네 가족은 대단히 종교적이었다. 그 자신도 유대교 사상 연구 아카데미 설립을 도운 적이 있었다(독일 출신 유대인 사상가 마르틴 부버 Martin Buber와 함께). 프랑크푸르트에서 발족한 아카데미는 계급의식 형성을 연구하는 프로젝트, 즉 심리학과 정치학의 연결점을 처음으로 모색하는 프로젝트로 바뀌었다. 직접 보낸 설문지에 대한 1,000여 건의 응답을 토대로 프롬은 인간을 '혁명적인' 노동자와 '비혁명적인' 부르주아로 간단히 나눌 수 없다는 사실을 발견했다. 예상했던 대로였다. 보수적인 노동자도 있고, 혁명적인 부르주아도 있었다. 좌파 노동자들도 육아나 여성 패션처럼 비정치적인 분야에서는 왕왕 '놀라울 정도로 비혁명적이고, 권위주의적인 태도'를 드러냈다.[25] 바로 이런 부분 때문에 프롬을 비롯한 프랑크푸르트 학파 학자들은 마르크스주의를 프로이트적 관점에서 수정할 필요가 있다는 확신을 갖게 됐다.

프롬의 1920년대 저술은 1980년대까지 영어로 번역되지 않았다. 따라서 충분히 그럴 만 했다고 하더라도 아무 영향력을 발휘하지 못했다. 그러나 그가 리스먼, 아도르노, 아렌트와 같은 종류의 관심을 갖고 있었음은 분명하다. 사실 1955년에 낸 『건전한 사회The Sane Society』에서는 상당히 멀리 나아갔다.[26] 단순히 대중사회의 결함만을 들여다보는 대신 훨씬 극단적으로 사회 전체를 건강하지 못하다고 봐야 하는 것은 아닌지 검증했다. 많은 사람들이 보기에 프롬의 관점은 너무 스케일이 커서 거의 무의미하다고 여겨질 정도였다. 그러나 프롬은 정면으로 맞붙었다. 그는 우선 『건전한 사회』가 토니의 『탐욕스러운 사회』(원래 제목은 '탐욕스러운 사회의 질병'이었다는 점을 프롬은 독자들에게 강조한다)와 프로이트의 『문명과 그에 대한 불만』의 종합판이라는 점을 인정했다. 프롬은 지금은 친숙한 통계로 시작했다. 미국은 물론이고 덴마크, 노르웨이, 스웨덴 같은 프로테스탄트 국가들이 자살, 살인, 폭력, 마약, 알코올 중독 비율이 다른 지역보다 높다는 통계였다.[27] 그래서 어떤 기준으로 보아도 그런 사회는 대부분의 사회보다 병든 사회라고 생각했다. 나머지 주장 부분은 정신분석, 경제학, 사회학, 정치학의 혼합으로 구성됐다. 그는 "19세기에 신이 죽었다면, 20세기에는 인간이 죽었다"는 것이 핵심 진실이라고 말했다.[28] 자본주의 자체는 무수한 자유의 산물이지만 그 모든 강점에도 불구하고 인간에게 끔찍한 결과를 안겨준다는 데에 문제가 있었다. 그는 "노동은 아직 기계로 할 수 없는 행위들의 이행으로 규정할 수 있다"고 말했다. 멋진 표현이다. 그러나 이는 20세기의 노동은 대부분의 사람들에게 비인간적이고, 지루하고, 무의미하며, 무수한 문제를 야기한다는 뻔한 이야기를 현대식으로 포장한 것에 불과하다. '아노미'니 '소외'니 하는 단어도 부활했다. 그러나 프롬의 비판의 핵심은 인간을 속박하는 현대의 노동이 정신건강과 직접 관련이 있다는 부분이다. 그는 대중사회는 인간을 상품으로 변환시킨다고 썼다. "인간의 한 개인으로서의 가치는 그의 몸값에 달렸다. 사랑이나 이성, 혹은 예술적 능력과 같은 인간적인 질은 문제가 안 된다."[29] 책 끝 부분에 가서 프롬은 사랑의 역할을 강조했다. 그는 사랑을 '예술 형식'으로 간주했다. 초자본주의로 말미암아 희생되는 것들 가운데 하나가 '인간의 동료 인간들에 대한 관계'이다. 소외를 야기하는 노동은 우정, 공정성, 신뢰에 영향을 미쳤다. 리스먼은 요즘 젊은이들이 관계와 인기에 너무 신경을 쓴다고 한 반면, 프롬은 사람들이 타인들에 대해 무관심해진다고 우려했다. 누구나가 하나의 상품이라면 인간은 사물과 다를 바 없었다.[30] 프롬은 노동이 모든 것이 돼버리는 사회에서 인간의 삶이 어떻게 메말라가고, 왜 예술에 대한 관심이 사라지는지를 보여주는 기록을 샅샅이 뒤졌다고 밝혔다. 프롬에게 있어서 우리가 지향해야 할 과제는 건전한 정신의 회복이라기보다는 인간의 품위의 회복이었다. 아서 밀러가 1949년에 쓴 희곡 『세일즈맨의 죽음 *Death of a Salesman*』에서 말하는 주제와 마찬가지였다. 프롬도 그런 점을 분명히 언급했다.[31] 프롬은 정신분석적 접근을 통해 전후 세계를 불건전한 사회로 진단했지만 심리학적 치료법은 제시하지 않았다. 대신 노동의 성격이 달라져야 하며, 공장과 사무실, 경영 차원의 의사결정 참여 등의 문제를 사회적으로 혁신할 필요가 있다는 사실을 적시하는 것으로 그쳤다. 그러지 않으면 도처에 만연한 심각한 심리학적 상처가 더욱 깊어질 것이라는 게 프롬의 주장이다.

프롬이 서술하는 상황에 책임이 있는 것 중 하나가 거대 기업 내지는 '조직'

이었다. 이 문제는 W. H. 화이트Whyte(1917~1999)가 이듬해에 낸 『조직 인간 Organisation Man』에서 깊이 있게 다루었다. 주제는 상당히 겹치지만 프롬의 책보다 훨씬 날카롭고 한결 도발적이다.³² 화이트는 프롬보다 훨씬 잘 썼고(경제 격주간지《포춘Fortune》기자 출신이다), 논지도 한층 분명했다. 『조직 인간』은 전후 미국의 '타자 지향적' 인간들의 삶과 문화를 생생하게 설명했다. 지나치게 대상에 공감하는 태도 같은 것은 드러나지 않는다. 화이트는 거대 조직들이 특정 유형의 개인을 끌어들이는 동시에 양성한다고 보았다. 기업이나 조직 생활에 가장 잘 맞는 특정 유형의 심리가 있다는 이야기다. 그는 그런 조직을 다른 무엇보다도 프로테스탄트 윤리의 몰락으로 보았다. 어떤 의미에서 개인주의와 모험심이 두드러지게 하락하는 현상이었다.³³ 사람들은 조직에서 잘 지내려면 집단의 일부가 되고, 남한테 인기를 얻고, 평지풍파를 최대한 피하는 것이 상책이라는 것을 알았다. 조직 인간은 보수적(정치적으로는 꼭 보수는 아니다)이라고 화이트는 말한다. 그리고 자신이 아닌 다른 사람을 위해서 일하는 것을 최고의 의무로 생각한다.³⁴ 화이트는 이것이 미국사에서 중요한 분기점이라고 보았다. 그에 따르면 기업에서 개인의 행동을 부추기는 주요 요인은 '소속감'과 '연대감'이다. 부수적인 논점들도 시사하는 바가 크다. 당시 미국 교육 제도에는 엄청난 변화가 있었다. 화이트는 그런 변화를 분명히 보여주는 교과목 표를 만들었다. 1939~46년과 1954~55년에는 기초과목(인문학, 자연과학) 수강이 준 반면 실용과목(엔지니어링, 교육학, 농학 등등) 신청이 증가했다.³⁵ 그는 이것이 삶을 좁게 보는 성향을 말해준다는 점에서 유감스럽게 여겼다. 좀 더 많이 알려고 하지 않고 그저 관심이 같은 동급생들과 어울리기만 한다는 것이다. 따라서 아는 것은 점점 더 적어지고 생활도 협소해진다.³⁶ 나아가서 화이트는 인적 자원 조달 산업을 공격했다. '인성'과 인성검사라는 개념은 그가 볼 때 순응적이고 보수적인 유형을 더욱 강화하는 것이었다. 그가 가장 반대한 것은 인성검사 중 정신분석적 해석 항목이었다. 이것은 거의 점성술 수준의 헛소리라고 봤다. 마지막 공격 대상은 교외에 거주하면서 도심의 회사로 출퇴근하는 생활양식이었다. 그는 교외를 조직의 '지사支社'이며 조직의 집단 심리학을 완벽하게 확장해놓은 곳으로 보았다. 교외의 발달 과정을 작은 지도로 보여줌으로써 그는 사교생활이 어떻게 해서 극도로 편협해지고, 가까운 이웃만을 대상으로 하게 되는지(심심하면 카드놀이나 하고, 낚시 가고, 밸런타인데이 때 옷 자랑하는 파티를 열고 등등) 보여주었다. 그러면서 조직 인간은 '온화한 독재' 체제 속에서 삶을 영위해간다는 점을 강조했다.³⁷ 이런 독재 하에서 사람들은 '외향적'이 되지 않을 수 없는데 이것이야말로 단연 중요한 특성이다. 그들은 사생활과 개성을 희생시키는 대신 집단 활동에서 집단 활동으로 이어지는, 즐겁지만 비성찰적인 생활양식에 젖어든다. 그러나 별로 남는 게 없다. 왜냐하면 그런 가정 셋 가운데 하나 꼴로 어쨌든 1년 안에 이사를 가기 때문이다. 수백 킬로미터 떨어져 있지만 그래봐야 비슷한 지역공동체로 옮겨가는 것이다. 화이트는 리스먼이 타자지향적 유형에 대해 이야기한 것처럼 조직 인간은 관용적이고 탐욕이 없으며 다른 생활방식이 있다는 것을 완전히 모르지는 않는다는 점을 인정했다. 그러나 아무리 도금을 해서 멋져 보여도 새장은 어디까지나 새장이다.

화이트는 자신이 관찰한 변화를 좋아하지 않았다. 그러나 분개하기보다는 있는 그대로를 허심탄회하게 드러내보였다. C. 라이트 밀스Wright Mills(1916~1962)는 그렇지 않았다. 밀스는 '학계의 이단아'를 자처했다.[38] 텍사스 출신인 밀스는 거창한 오토바이를 타고 다녔는데 그런 이미지에 어울렸다. 그러나 이단아라는 표현은 농담이 아니었다. 사회학자로 훈련을 받은 그는 전시에 워싱턴에서 가르치면서 1930년대 말에 등장해 높은 수준으로 발전한 새로운 사회 조사 기법을 익혔다. 밀스는 이런 조사를 통해 미국 사회가 변화하고 있다(서구 사회도 어느 정도는 마찬가지였다)는 사실을 포착했다. 그리고 그런 현실을 혐오했다. 데이비드 리스먼이나 화이트와 달리 그는 스스로를 새로운 전쟁의 전투요원이라고 생각했다. 그가 떠맡은 과제는 미국에 몰아닥친 위험을 지적하는 것이었다. 그래서 학계 동료 다수에게 공격을 퍼부었고, 그들은 밀스가 선을 넘었다고 봤다. 바로 그런 점에서 그는 이단아였다.

1916년에 태어난 밀스는 전시에 메릴랜드Maryland 대학에서 가르쳤다. 컬럼비아 대학 응용사회연구소 폴 래저스펠드Paul Lazersfeld 교수의 연구에 관심을 갖게 된 것은 워싱턴에 있을 때였다. 래저스펠드는 정부 발주 연구를 많이 했다. 전쟁과 관련된 실제적인 사회 연구에 대한 관심이 정부 지출에 반영되면서 래저스펠드의 연구는 점점 더 통계적 접근을 중시하게 됐다.³⁹ 이런 전시의 경험에서 밀스는 두 가지를 얻었다. 우선 미국에 불어 닥친 변화에 대해 더 많이 의식하게 됐다. 그리고 사회학은 실천적이어야 한다는 신념을 갖게 됐다. 사회가 작동하는 방식을 이해하는 데서 그치는 것이 아니라 평범한 사람들에게 올바른 결정을 내릴 수 있는 정보를 제공해야 한다는 것이다. 본질적으로 거의 같은 시기에 영국의 만하임이 하고 있던 생각과 같은 것이었다. 2차 대전 후 밀스는 뉴욕으로 자리를 옮겼다. 여기서 좌파 지식인 잡지 《빨치산 리뷰》를 중심으로 활동하는 필립 라브Philip Rahv, 드와이트 맥도널드Dwight MacDonald, 어빙 하우Irving Howe 같은 지식인 그룹 및 《뉴 리더The New Leader》 편집장 다니엘 벨과 어울렸다.⁴⁰ 컬럼비아 대학에서는 『미들타운』 연구로 유명한 로버트 린드를 알게 됐다(당시 린드의 인기는 시들해진 상태였다). 1948~59년에 밀스는 보기 드물게 지적 정합성을 갖춘 일련의 저서를 쏟아냈다. 1940년대 말과 1950년대 초 제대 군인 원호법 덕분에 많은 사람들이 고등교육을 받게 됐다. 그 때문에 전반적인 수준이 높아지면서 새로운 유형의 사회가 형성되었다. 일자리는 늘었다. 흥미로운 일자리도 더 많아졌다. 일부 특수직은 전문화됐다. 밀스는 이런 새로운 현실을 기술하고 비판하는 것이 자신이 할 일이라고 생각했다.

밀스의 저서는 『새로운 권력자The New Men of Power』(1948), 『화이트칼라White Collar』(1951), 『파워 엘리트Power Elite』(1956), 『사회학적 상상력The Sociological Imagination』(1959) 순으로 나왔다. 하나같이 노동이 사회의 가장 큰 문제이던 시대는 끝났다는 원론적인 입장을 반영한 내용이었다. "국내 정치에서 노동 문제의 종언은 러시아가 동맹국에서 적으로 바뀌고 공산주의의 위협이 심각해지는 것과 시기적으로 일치했다. 유토피아의 종언은 이데올로기의 종언이기도 했다. 노동운동은 사회운동에서 이익집단으로 옮겨갔다. 결정적인 정치적 이슈는 자본주의 대 사회주의가 아니라 전체주의 대 자유가 되었다." 그는 자동차가 교외 생활을 가능하게 만들었다고 보았다. 그런 환경에서 주부는 중심적 존재인 동시에 '소비 및 가족 간 유대 함양 전문가'가 되었다.⁴¹ 가정과 사적 공간이 직장과 노조보다 훨씬 중요해졌다. 그는 대공황 때문에 정부 개입이 많던 1930년대가 분기점이라고 봤다. 처음으로 '유명인사들'을 하나의 집단으로 규정하기도 했다.⁴² 이렇게 해서 '개인주의 성향이 강했던' 미국 시민들이 '자유롭게 사고하는 행동인이 아니라 관습에 순응하는 대중'으로 바뀌었다는 결론을 내렸다.⁴³ 화이트가 『조직 인간』에서 기업의 중간층에 관심을 기울인 반면, 『새로운 권력자』에서 밀스는 노조 지도자들 문제를 집중적으로 해부했다. 새로운 유형의 노조 지도자가 등장했다는 주장이었다. 그들은 이제 관료주의적인 거대 조직의 상층부에 있으며 새로운 파워 엘리트의 일원이고 주류의 일부다. 『화이트칼라』에서 다룬 주제는 미국 중산층의 변화였다. 그는 미국 중산층의 성격을 규정하기를 '뿌리 없고 형체 없는, 지위와 권력이 손에 잡히는 그 무엇에도 근거하지 않은 집단…… 진실한 자기 확신 없이 그저 한가운데에 있는 계급'이며, 본질적으로 아노미 상태여서 걸핏하면 당시 막 나온 진정제를 먹는 집단이라고 했다.⁴⁴ "화이트칼라는 슬그머니 현대사회로 들어왔다. 그들의 내력이 어떻든 간에 이렇다 할 사건이 없는 역사다. 그들은 공통된 이해관계가 무엇이든 간에 단일체로 뭉치지 못한다. 그들이 어떤 미래를 맞이하든 자기 힘으로 만들어낸 미래는 아닐 것이다."⁴⁵ '19세기에 생겨나서 1930년대에 부쩍 성장한 이념, 즉 노동계급이 새롭고 좀 더 진보적인 사회의 주체세력이 될 것이라는 이념'은 환상으로 끝나고 말았다고 밀스는 결론지었다. 정신구조에 관한 장에서 화이트칼라 계급은 새로운 중산층이라기보다는 사실상 새로운 노동계층이라는 도발적인 주장을 제시했다.⁴⁶

이처럼 미국 사회를 새롭게 보는 시각이 정점을 이룬 것이 1956년에 나온 『파워 엘리트』였다. 파워 엘리트라는 표현은 1960년대 학생 혁명가들이 애용하던 키워드였다. 이 책에서 밀스가 막스 베버의 사상을 토대로(그는 베버 영역英譯에도 기여했다) 파악한 새로운 사회의 본질은 이런 것이었다. "새로운 지배 형태로서의 현대사회의 응집력은 예전 사회보다 권력이 훨씬 분산돼 있고 한결 덜 두드러져 보이는 사회체제이다. 공장 소유자가 피고용인들에 대해, 전제 군주가 신민에 대해 직접적인 권력을 행사하는 것과 달리 현대의 권력은 관료화되어서 정확히 어디에서 작동하고 있는지 알아보기가 쉽지 않다. …… 대중사회에서 새로운 권력의 얼굴은 기업적인 성격을 가지며 여러 차원이 서로 물고 물리는 위계구조이다."⁴⁷ 전통적인 미국에서는 "가족, 학교, 교회가 사회 질서를 지탱하는 주요 기관이었다." 그런데 "현대 미국에서는 그것이 기업, 국가, 군대로 대체됐다. 각 부문은 기술 속으로 스며들면서 서로

얽히고설킨 시스템이 된다."⁴⁸

밀스의 주요 저서 중 맨 나중에 나온 『사회학적 상상력』은 제목부터가 세계와 경험을 대하는 새로운 방식을 상징적으로 표현했다. 취지는 현대를 사는 개인에게 '경험을 이해하고 운명을 예측하는 데' 도움을 주겠다는 것이다. '시대에서 자신이 처한 위치를 올바로 파악하고, 처지에 있는 모든 사람들을 의식하게' 이끌어보자는 것이었다(다시 만하임이 연상된다).⁴⁹ 한나 아렌트와 마찬가지로 밀스는 낡은 범주가 깨져나가면서 정치의 본질도 변했다는 사실을 포착했다. 집단의 일원으로서의 개인의 정체성은 무너졌고 더 이상 통용되지 않는다. 따라서 새로운 실용주의의 창안이 사회학이 떠맡아야 할 과제였다. '개인의 문제를 공적인 이슈로, 그리고 공적인 이슈를 다시 다양한 개인들에게 미치는 인간적인 의미의 차원으로' 전환시키는 것이 문제였다.⁵⁰ 밀스의 비전은 설문 조사 등을 토대로 한 것으로 고무적이었다. 그의 분석은 다른 학자들의 분석을 보완했다. 그래서 지식을 실용적인 목적을 위해 사용하고자 하는 열망은 이후 많은 학자들—특히 사회학자들—이 좀 더 직접적으로 정치에 개입하는 선례가 되었다. 밀스는 사르트르적인 의미에서 학계의 반항적 인간이었다. 그는 이런 역할을 기꺼이 떠맡았고, 추종자도 적지 않았다(물론 밀스만큼 성공적이지는 못했다).⁵¹

미국 사회에 불어 닥친 변화(다른 서구 사회도 어느 정도는 마찬가지다)에 대해 색다른 접근법을 제시한 사람은 경제학자 존 케네스 갤브레이스 John Kenneth Galbraith(1908~2006)였다. 갤브레이스는 키가 198센티미터로 하버드와 프린스턴 대학 교수를 지냈고 2차 대전 때는 물가청 책임자 및 전략폭격조사단 국장으로 일했다. 그런 경험을 토대로 2차 대전 이후 경제적 감수성에 본질적인 변화가 오면서 대중사회가 도래할 것이라는 점을 일찌감치 감지했다. 본인은 잘 몰랐겠지만 진리는 항상 일시적인 것이며, 나중의 경험을 통해 개정될 때까지만 유효하다는 칼 포퍼의 입장을 따르고 있었다.

갤브레이스에게 경제학이라는 분야는 이른바 '황량한 과학'으로서 빈곤 속에서 태어났다. 오랜 역사를 돌이켜 보면 인간은 늘 다수가 엄청난 궁핍에 시달렸다. 그 결과 극도의 불평등과 극소수의 갑부가 공존했다. 이런 현실에는 변화의 전망도 보이지 않았다. 기본적인 경제 상황이 한 사람의 임금 상승은 불가피하게 다른 사람의 이윤 축소를 의미했기 때문이다. "그런 상황이 바로 경제사상의 핵심적 전통의 유산이었다. 희망과 낙관론의 이면에는 가난과 불평등과 불안이라는 불길한 그림자가 늘 따라다녔다."52 이런 우울한 비전을 더더욱 심화시킨 것이 좌와 우의 논란이었다. 사회진화론자들은 경쟁은(경우에 따라 실패는) 극히 정상적인 것이며, 진화가 이루어지는 과정이라고 주장했다. 반면에 마르크스주의자들은 그런 궁핍과 불안과 불평등이 점차 극대화돼 결국은 모든 것을 뒤엎어버리는 혁명에 이르게 될 것이라고 주장했다. 갤브레이스가 보기에 생산성, 불평등, 불안 같은 개념들은 '경제에 관한 낡아빠진 고정관념'이었다.53 그의 주장에 따르면 우리는 풍요로운 사회Affluent Society(1958년에 나온 그의 저서 제목이기도 하다)에 살고 있으며, 구식 고정관념은 이미 두 가지 측면에서 달라졌다. 2차 대전으로 인한 미국의 '위대한 케인스적 번영' 이후 불평등은 과다할 정도로 악화되는 경향을 보이지 않았다.54 따라서 곤두박질치다가 혁명을 맞을 것이라는 마르크스주의자들의 예언은 가능할 것 같지 않았다. 둘째로, 이런 변화는 현대 기업들이 경제적 불안에 충분히 단련된 결과라는 측면이 크다는 점이었다. 이 부분에 대해서는 아직 충분히 인식이 안 된 상태라고 갤브레이스는 지적했다. 거기에는 여러 가지 수단이 작용했다. 물론 그 모두가 단기적인 관점에서 볼 때 전적으로 윤리적인 것은 아니었다. 카르텔, 관세, 수출입 물량 할당제, 고정 물가제 등등은 약육강식의 자본주의 경쟁을 어느 정도 완화시키는 기능을 했다. 그러나 장기적인 효과는 심대했다. 역사상 처음으로(물론 서구 민주주의 국가들에만 해당되는 이야기지만) 경제적 불안이 인간의 근본적인 우려 대상에서 빠지게 됐다는 것이다. 이제 위험 속에서 사는 사람은 없었다. "현대 기업의 리스크라고 하는 것은 사실 고위 임원들이 더 열심히 하자는 뜻에서 지어낸 이야기다. 그렇기 때문에 더욱 입에 거품을 물고 떠들었다."55

    인간 심리의 이러한 심층적인 변화는 현대의 여러 행태를 설명하는 데 도움이 된다고 갤브레이스는 말했다. 역시 리스먼의 이야기를 듣는 듯하다. 물론 갤브레이스가 리스먼을 언급한 적은 없었다. 경제적 불안이라는 문제가 인간의 삶에서 떨어져

나가고 불평등은 소강상태가 지속되면서 "우리는 오로지 물품 생산만을 걱정하게 됐다." 높은 수준의 생산과 생산성 향상을 통해서만 소득 수준이 유지되고 향상될 수 있다. 물품 생산이 더 이상 생존의 필수불가결한 요건이 아니라는 것은(그런 의미에서 주변적인 문제다) 역설이 아니다. '타자지향형' 사회에서는 지위나 위세에 있어서 남에게 뒤지지 않는 것이 중요한 사회적 목표가 되기 때문이다. 물품이 삶에 필수불가결한 것이 아니라는 것은 문제가 아니다. "더 우수한 물품을 소유하고자 하는 욕망이 그 자리에 대신 들어서기 때문이다."[56]

갤브레이스는 이런 양상이 야기하는 중요한 결과를 네 가지로 봤다. 재화가 삶에 필수불가결한 것이 아닌 상황에서는 수요를 창출해야만 한다. "재화의 생산은 재화가 만족시키는 수요를 창출한다." 따라서 광고가 생산과정의 핵심 요소로 등장한다.[57] 광고는 대중문화가 낳은 자식이자 대중문화의 아버지이다. 둘째로, 재화의 생산—과 소비—증가는 더 많은 신용 대출을 고의적으로 창출함으로써만 이루어질 수 있다(갤브레이스의 책이 나오던 해에 신용카드가 처음 도입됐다는 것은 우연의 일치치고는 의미심장하다). 둘째로, 그런 시스템에서는 항상 인플레이션이 발생하는 경향이 있다. 평화시에도 마찬가지다(과거의 인플레이션은 대개 전쟁과 연관이 있었다). 그런 경향은 재화의 생산자들이 재화를 팔아먹으려면 반드시 그 재화의 수요까지 만들어내야 하는 상황에서 발생하는 불가피한 측면이다. 확장 경제에서는 기업들이 항상 생산능력의 최대치 내지는 그에 가까운 수준으로 가동하고 새로운 공장을 계속 건설한다. 그러려면 자본투자가 필요하다. 경쟁 시스템에서 성공하는 기업들은 최고의 임금을 줄 필요가 있다. 이는 투자 대비 흑자가 나기 전부터 지급해야 하는 금액이다. 따라서 소비자 사회에서는 인플레이션 압력이 상존한다. 셋째로, 그 결과 공공 서비스—이 부문에는 시장이 존재할 수 없기 때문에 정부가 돈을 댄다—는 시장의 압력을 받는 민간 부문 재화보다 늘 뒤처지게 된다.[58] 갤브레이스는 공공 서비스가 풍요로운 사회에서는 늘 뒤처진 분야가 되고, 공공 부문 노동자들은 가장 덜 부유한 계층이 될 것이라는 점을 간파했다. 마지막 논점은 생산 주도 사회의 도래와 함께 기업가의 시대, '좀 더 정확히 말하면 고위급 임원들'의 시대가 온다는 것이다. 갤브레이스에 따르면 불평등이 심각한 문제인 상황에서는 재벌은 입장이 난처했다. "재벌은 긴요한 기능을 하지만 하는 일에 비해 너무 많이 가져간다는 비난을 받았다. 그러나 불평등에 대한 우려가 줄어들면서 그런 반응은 사라졌다."

현대 대중사회를 기술한 뒤 갤브레이스는 그 유명한 민간 부문의 풍요 대 공공 부문의 남루함이라는 구분에 대해 설명한다. 민간 부문의 재화에 대한 집착이 어떻게 해서 과밀 학교, 인력 부족의 경찰력, 더러운 거리, 불편한 수송체계 등등과 같은 형편없는 공공 서비스를 낳는 데 기여했는지 보여준다. "이런 결함은 새로운 서비스 분야가 아니라 예전부터 있던 오래된 분야에서 존재한다"고 그는 말한다. 민간 부문에서만 광고가—광고야말로 수요의 창출이다—작동을 하기 때문이다. 도로를 광고한다거나 학교 또는 경찰을 광고한다는 것은 말이 안 되는 이야기다. 따라서 그가 내리는 결론은 불평등의 소강상태에 만족하지 말고 민간 부문의 풍요와 공공 부문의 남루함에 관심을 쏟아야 한다는 것이다. 인플레이션은 그런 불균형을 악화시킬 뿐이다. 최악의 상황은 항상 지방자치단체에서 벌어진다. 중앙 정부 쪽은 좀 다르다(예를 들어 지방경찰은 늘 연방수사국(FBI)보다 예산이 한참 달린다).[59]

풍요로운 사회의 문제들에 대한 갤브레이스의 해법은 두 가지였다. 하나는 광범하게 채택된 지방 판매세의 도입이다.[60] 소비재가 현대사회의 총아인 동시에 문제의 한 원인이라면 그것을 해결책에 포함시키는 것이 정의에 부합한다고 갤브레이스는 주장했다. 두 번째 해결책은 좀 더 근본적이고 심리학적으로 특이한 것이었다. 물론 아직 사회적으로 널리 받아들여졌다고 하기는 어렵다. 갤브레이스는 풍요로운 사회에 사는 사람들이 많은 월급을 받는 것은 꼭 그만큼이 필요해서가 아니라 뭔가를 보여주기 위해서, 즉 특권을 과시하기 위해서라는 점에 주목했다. 그런 사람들은 일을 즐긴다. 그것은 더 이상 경제적 불안을 모면하기 위한 방법이 아니라 그 자체로 지적인 만족을 주는 행위다. 그는 새로운 레저 계층이 필요하다고 봤다. 실제로 그런 계층은 서서히 증가하고 있었다. 그러나 그런 계층의 성장을 좀 더 촉진하려면 정책의 문제로 접근해야 했다. 그의 주장은 자본력이 있는 이 새로운 계층New Class이 기존과는 다른 도덕체계를 가져야 한다는 것이었다. 좋은 교육을 받고 예술과 문학에 대한 관심이 많고 초년에 돈도 벌만큼 번 새로운 계층 성원들이 일에서 물러나 민간 부문의 풍요와 공공 부문의 남루함 사이에 사회적 균형을 확보하는 문

제에 에너지를 쏟아야 한다는 이야기다. 인생의 후반부를 공공 서비스에 헌신하라는 요구일 수도 있겠다.⁶¹

『풍요로운 사회』는 다른 연구자들에게 훌륭한 자극제가 되었을 것이다. 그러나 1950년대 말이면 그와 비슷한 시각을 보여주는 책들이 많이 잉태돼 있었다. 예를 들어 W. W. 로스토Rostow(1916~2003)의 『경제성장 단계론 The Stages of Economic Growth』은 1959년 3월 탈고해 일 년 뒤에 출간됐다. 어떤 면에서는 갤브레이스 및 리스먼과 상당한 유사한 내용이었다. 케임브리지 대학을 비롯해 영국에서 오래 체류한 뒤 MIT 경제학과 교수가 된 로스토는 현대 세계가 전통 사회에서 고도 대중 소비 시대까지 여러 단계를 거쳐 발전했다고 보는 점에서 리스먼과 의견이 일치했다. 경제성장을 물질적 변화만이 아니라 정치, 사회, 지적인 발전의 원동력으로 본다는 점에서는 갤브레이스와 닮았다. 심지어 경제성장 단계가 전쟁 발생에도 한몫—물론 두 몫까지는 아니다—했다고 봤다.⁶²

로스토는 사회를 다섯 단계로 구분한다. 첫 단계는 뉴턴 이전 세계로 전통사회라고 할 수 있다. 중국의 왕조 시대, 중동과 지중해의 여러 문명, 중세 유럽 등이 포함된다. 이러한 사회의 공통점은 생산성에 상한선이 있다는 것이다. 변화는 가능하지만 그 속도는 느리다. 로스토는 어떤 시점에 이르면 전통사회는 알을 깨고 나온다고 말했다. 그 이유는 주로 초기 근대 과학이 등장하고 새로운 기술을 통해 개인들이 '복리複利의 가속화로 생기는 혜택과 가능성을 누릴 수 있게 되기 때문'이다.⁶³ 이 단계는 도약의 전단계로 몇 가지 특징적인 양상을 보인다. 그 중에서도 가장 중요한 것은 효율적이고 중앙집권화된 민족국가의 등장이다. 그에 곁들여 세계적으로 무역이 팽창하고, 자본을 조달·공급하는 은행이 나타난다. 이런 변화가 좀 더 발전된 사회의 침입에 의해 촉진되는 경우도 있다. 로스토가 '도약 단계Take-Off'라고 부르는 단계는 '현대사회의 분수령'이다.⁶⁴ 여기에는 두 가지가 필요하다. 우선 기술 발전. 동시에 정치적으로 조직화된 한 집단이 '경제 현대화를 심각하고도 최우선적인 정치적 과제로 간주할 태세가 돼' 있어야 한다. 도약 단계에서는 효율적인 투자와 저축률이 두 배 이상으로 오른다. 말하자면 그 이전의 5퍼센트에서 10퍼센트 또는 그 이상으로 뛴다. 이 단계의 고전적인 양상은 철도 건설 붐이다. 도약기가 시작된 지 60년 정도가 지나면 네 번째 단계인 성숙사회 단계에 도달한다.[65] 이 단계에 오면 철도 단계의 석탄, 철강, 중공업에서 공작기계, 화학, 전기장비 등으로 산업의 주력이 옮아간다. 로스토는 이런 과정을 보여주는 표를 많이 만들었다. 그 중 흥미로운 것 두 가지를 조합해 보았다.[66]

국가	도약 단계	성숙사회 단계
영국	1783-1802년	1850
미국	1843-60	1900
독일	1850-73	1910
프랑스	1830-60	1910
스웨덴	1868-90	1930
일본	878-1900	1940
러시아	1890-1914	1950
캐나다	1896-1914	1950

도약에서 성숙까지 60년의 간격이 있다는 부분에 대해 로스토는 복리가 효력을 발휘하려면 그 정도 시간이 걸리고, 적어도 3대는 정상적으로 성장해야 가능하기 때문이라고 설명했다. 다섯 번째 단계인 고도 대중 소비 단계에서는 자동차, 냉장고, 기타 가전제품 같은 내구성 소비재로 초점이 옮겨간다.[67] 복지국가도 등장한다.[68] 그러나 『경제성장 단계론』은 갤브레이스와는 다른 의미에서 시대의 산물이었다. 당시는 냉전이 정점에 이른 시기였다(책이 나온 다음해에 베를린 장벽이 세워지고, 그 이듬해에는 쿠바 미사일 위기가 닥친다). 따라서 군비 경쟁이 정점에 달하고, 본격적으로 우주 경쟁의 막이 올랐다. 로스토는 단계론이 마르크스주의보다 사회·경제적 변화에 대한 분석으로 훨씬 유용하다고 보았다. 그래서 성장의 단계들이 부분적으로 전쟁과 연관된다고 보았다. 로스토는 전쟁을 식민지 전쟁, 지역 전쟁, 20세기형 대량 살상 전쟁의 세 종류로 구분했다.[69] 전쟁은 사회나 국가가 한 성장 단계에서 다음 단계로 넘어갈 때 일어나는 경향이 있다고 그는 말했다. 그런 시기에 전쟁은 에너지 분출을 충족시키기도 하고 촉진하기도 했다. 반대로 정체돼 있는 나라들—2차

대전 이후의 프랑스와 영국처럼―은 팽창하는 강대국의 공략 대상이 되었다. 로스토의 가장 중요한 논점은 고도 대중 소비 단계로의 이동이 평화로 가는 지름길이라는 것이다.[70] 이는 책이 출판된 시대의 맥락에서도 그렇고 지금도 여전히 유효한 논점이다. 왜냐하면 전쟁을 원하지 않을 만큼 대단히 만족스러운 사회가 될 뿐 아니라 대량 살상 무기 시대에는 전쟁에서 잃을 게 너무 많기 때문이다. 그는 소련이 방위비에 너무 많은 지출을 하기 때문에 국민들이 소비재의 혜택을 제대로 누리지 못하고 있다는 점에 주목했다. 그래서 소련 국민들이 군비와 소비가 긴밀하게 연결돼 있다는 사실을 깨닫고 정부의 노선 전환을 압박하기를 기대했다.[71] 로스토의 분석과 예측은 사실로 입증됐다. 그러나 그러기까지 4반세기가 걸렸다.

로스토의 관점은 근본적으로 낙관주의라고 할 수 있다. 분명 갤브레이스보다 한결 낙관적이었다. 다른 평론가들은 그렇지 못했다. 갤브레이스가 『풍요로운 사회』에서 강조한 논점 가운데 하나는 민간 소비재 수요 창출에서 광고가 차지하는 비중이었다. 『풍요로운 사회』와 거의 같은 시기에 기자로 출발해 사회평론가로 변신한 미국 저술가가 광고 산업을 통렬히 비판하는 세 권의 책을 냈다. 갤브레이스의 주장을 확대해서 '권력과 돈과 글쓰기의 결탁'을 샅샅이 해부한 것이다. 밴스 패커드Vance Packard(1914~1996)는 이 3부작의 제목을 『숨은 유혹자들 The Hidden Persuaders』(1957), 『지위를 추구하는 자들 The Status Seekers』(1959), 『쓰레기를 만드는 자들 The Waste Makers』(1960)이라고 달았다. 세 권 모두 〈뉴욕 타임스〉베스트셀러 명단 1위에 올랐다. 그러면서 패커드의 운명도 달라졌다. 그는 1956년 크리스마스 직전에 실업자 신세가 됐다. 다니던 잡지사 《콜리어스 Collier's》가 폐간됐기 때문이다.[72] 1957년 초에는 처음으로 실업수당을 받았다. 그러나 원고는 이미 출판사에 넘긴 상태였다. 이 원고가 기구한 운명을 맞게 된다. 1954년 가을 《리더스 다이제스트》는 패커드에게 과제를 하나 맡겼다. 후일 그의 말에 따르면 "그 원고는 분명 서랍에 처박혀 있었을 것이다." 당시 광고에 사용되던 새로운 심리학 기법에 관해 취재하고 연구해서 쓴 원고였다. 그런데 알고 보니 《리더스 다이제스트》는 '최근에 오랜 전통을 깨고 광고를 싣기로 한' 상태였다. 그래서 원고료는 받았지만 출판은 되지 않았다. 패커드는 원고를 출판하지 않기로 한 잡지사의 결정과 광고 게재

사이에 모종의 결탁이 있다는 사실을 알고 분개했다.[73] 광고업계를 비판하는 게 그 기사의 핵심이었기 때문이다. 이렇게 해서 패커드는 기사를 책으로 낼 생각을 하게 됐다.

패커드의 주 공격 대상은 동기조사motivational research(MR)라고 하는 최신 시장조사 기법이었다. 이 기법은 심층면접, 정신분석 이론, 정성분석定性分析을 결합한 것으로 성性이 대단히 중요한 비중을 차지하는 경우가 많다. 갤브레이스가 강조했듯이 많은 사람들은 광고에 대해 별로 따지지 않았다. 그저 대중사회의 번영의 토대가 되는 수요를 부채질하는 데 중요하겠거니 했다. 1956년 유명한 MR 예찬론자 어니스트 디히터Ernest Dichter는 이렇게 선언했다. "호레이쇼 앨저Horatio Alger (근면·절약·정직으로 성공하는 가난한 소년 이야기를 많이 쓴 19세기 미국 소설가 : 옮긴이)는 죽었다. 우리는 이제 근면과 저축이 인생에서 유일하게 바람직한 것이라고 믿지 않는다. 그런데도 그런 믿음은 여전히 우리의 마음을 무의식적으로 지배하는 기준으로 남아 있다." 디히터가 보기에 소비는 쾌락과 연결됐다. 따라서 소비자들에게는 인생을 즐기는 것이 '도덕적'이라는 것을 보여줘야 했다. 광고는 이런 측면을 강조해야 한다는 것이다.[74]

『숨은 유혹자들』에서 패커드는—수많은 사례를 통해—미국 소비자들이 최신 심리학 기법에 조작당하는 '개념 없는 좀비들'보다는 그래도 낫다는 것을 보여주고자 했다. 예를 들어 디히터의 마케팅 연구를 인용한 부분은 시사하는 바가 크다.[75] 「정부情婦 대 마누라」라는 제목을 단 이 연구는 크라이슬러의 의뢰를 받아서 한 것인데 남성들이 왜 스포티한 모델을 좋아하면서도 세단을 구입하는지 분석했다. 남자들이 쇼룸에서는 화려하고 도발적인 모델에 이끌리면서도 정작 차를 구입할 때는 '결혼은 평범한 여자와 하듯이' 수수한 차를 선택한다는 게 보고서의 요지였다. "디히터는 크라이슬러사에 남자들이 아내에게서 추구하는 실용적인 측면과 정부에게 기대하는 가슴 설레는 환상을 결합한 하드톱(옆 창문을 넓게 쓸 수 있도록 측면 기둥을 없앤 승용차 : 옮긴이)을 개발하는 게 바람직하다고 권했다."[76] 패커드는 MR 기법을 반민주주의적이며, 비합리적인 세뇌 같은 것이라고 봤다. 정치에 그런 기법을 적용하면 결국은 『1984년』이나 『동물농장』과 같은 세계로 이어질 것이며, (리스먼과 마찬가지로) '타자지향형' 대중사회는 위태롭기 이를 데 없다고 본 것이다. 광고는 소비 사회를 부추길 뿐 아니라 사람들의 자율적 사고를 방해한다는 이야기였다.

패커드의 두 번째 책 『지위를 추구하는 자들』은 독창성은 좀 떨어지지만 광고가 물건을 팔아먹기 위해 지위와 지위 상실에 대한 사람들의 불안감을 이용하는 방식을 파헤쳤다.[77] 좀 더 본질적인 논점은 당시 논란이 많았던 것처럼 미국 사회가 정말로 유럽보다 계급 고착적인 면이 덜한가 내지는 상속보다 물질적 성취에 근거한 나름의 시스템이 있는가(이 역시 갤브레이스가 제기한 이슈다) 하는 문제였다. 패커드는 기업은 본질적으로 위선적이라는 관점을 발전시켰다. 기업은 소비재가 널리 보급됨으로써 미국이 덜 양극화됐다고 주장한다. 그러면서 그러한 지위의 차이—그리고 그런 격차에 대한 불안감—를 제품 판매 촉진 수단으로 활용한다. 세 번째 책 『쓰레기를 만드는 자들』은 1957년 프린스턴 대학 학생 윌리엄 자벨William Zabel이 쓴 논문을 출발점으로 삼았다. 광고가 대중의 기호를 조작함으로써 어떤 상품이든 얼마 안 돼 곧바로 낡아 보이게 만든다는 내용이었다. 얼마든지 더 쓸 수 있는데도 딴 것을 사게 하려는 작전임은 말할 것도 없다.[78] 이 책은 상당히 과장이 심하다. 그렇지만 타당한 분석을 통해 많은 사람들이 이미 대중 소비사회의 본질에 환멸을 느끼지만 파편화돼 있기 때문에 어찌할 바를 모르고 있다는 점을 보여주었다. 후일 그가 말한 대로 그에게 편지를 보낸 독자들은 '고독한 군중'이었다.[79]

재계는 당연히 이런 공격을 달가워하지 않았다. 《라이프Life》지의 사설이 그런 분위기를 잘 보여준다. "최근 일부 서적이 고독한 군중 어쩌고 해가며 우리를 기죽이고 있다. …… 파워 엘리트가 어떻고…… 숨은 유혹자들이 어떻고, 조직 인간이니 뭐니 하며 사람을 맥없는 일벌레로 전락시킨다."[80]

이런 다양한 분석들을 하나로 연결해주는 일반적인 관념이 있었다. 새로운 사회-정치-심리학, 즉 새로운 인간의 조건이 보편화되어 있다는 생각이었다. 이는 작업장의 변화와 대중사회 형성의 결과였고, 2차 대전과 2차 대전에 이르게 한 여러 사건들의 직접적인 파생물이기도 했다. 사람들이 정체성을 확인하는 전통적인 체제는 달라졌으며, 그에 따라 새로운 가능성과 동시에 새로운 문제점이 생겨났다. 리스먼, 밀스, 갤브레이스를 비롯한 사람들이 각자 조금씩 붓질을 해서 큰 그림을 그려나갔지만 그 모든 것을 종합해 걸맞은 언어로 시대의 변화를 서술하는 과제는 다른 사람에게 맡겨졌다.

다니엘 벨은 1919년 뉴욕시 로우어 이스트 사이드에서 태어나 가먼트 지구에서 자랐다. 폴란드와 러시아 접경 비아위스토크Bialystok에서 이주해온 집안이었다(원래 성은 볼로츠키Bolotsky였다). 어린 시절에는 아주 가난했다. 그래서 후일 회고에 따르면 왜 그렇게 가난한지를 밝히기 위해 사회학자가 되어야 한다는 것은 '너무도 당연한' 일이었다. 뉴욕시립대학 재학시 벨은 독서 동아리에 들어갔는데 거기에는 메이어 라스키Meyer Lasky, 어빙 크리스톨Irving Kristol, 네이선 글레이저Nathan Glazer와 어빙 하우도 있었다. 다들 유명한 사회학자이자 사회비평가이며 하나같이 트로츠키주의자였다. 그러나 이들 대부분은 후일 신념을 바꿔 신보수파 운동의 중추가 된다. 벨도 저널리스트로 활동했다. 처음에는 〈뉴 리더The New Leader〉지를 편집하다가 〈포춘〉으로 옮겨 화이트(『조직 인간』의 저자)와 함께 일했다. 그러다 2차 대전 말기에 시카고 대학에서 사회학 교수로 자리를 잡았다. 데이비드 리스먼도 같이 있었다. 그러면서 1952~56년 컬럼비아 대학에서 부업으로 사회학 강의를 했다. 나중에 컬럼비아 대학 정교수가 되었다가 1965년 하버드대로 옮겨 어빙 크리스톨과 함께 대중적인 논쟁의 장이 될 《공익Public Interest》이라는 잡지를 창간했다.[81] 벨은 컬럼비아 대학에서 아르바이트 강사를 하면서 책을 썼는데 그로 말미암아 사회학 이외의 분야에서도 명성을 얻게 됐다. 그 책의 제목은 『이데올로기의 종언The End of Ideology』이었다.

1955년 벨은 밀라노에서 열린 문화적 자유를 위한 회의Congress for Cultural Freedom에 참석했다. 몇몇 저명한 자유주의 계열 지식인과 보수파 인사들이 레이몽 아롱이 제시한 '이데올로기 시대의 종언?'이란 주제를 놓고 토론을 했다. 벨 평전을 쓴 맬컴 워터스Malcolm Waters에 따르면 당시 참석자로는 에드워드 쉴즈, 칼 폴라니Karl Polanyi(헝가리 경제사학자 : 옮긴이), 한나 아렌트, 앤터니 크로슬랜드 Anthony Crosland(교육부 장관 등을 지낸 영국 사회주의 이론가 : 옮긴이), 리처드 크로스먼Richard Crossman(영국 노동당 정치가 : 옮긴이), 휴 게이츠켈Hugh Gaitskell(영국 경제학자, 노동당 당수 : 옮긴이), 막스 벨로프Max Beloff(영국 역사학자: 옮긴이), J. K. 갤브레이스, 호세 오르테가 이 가세트, 시드니 훅, 세이무어 마틴 립셋Seymour Martin Lipset(미국 정치사회학자 : 옮긴이) 등이 있었다. 벨은 대중사회로서의 미국에 관한 강연을 했다. 아롱은 '이데올로기의 종언' 논쟁—이후에도 여러 형태로 재연된다—을 처음에 좋은 의미로 생각했다. 이데올로기가 진보적인 국가 형성을 막는다고 봤기 때문이다. 특히 아롱은 민족주의, 자유주의, 마르크스 계열 사회주의를 이제 종언을 고하고 있는 3대 이데올로기로 규정했다. 민족주의는 상호의존성이 확대되면서 국가가 약화되고 있기 때문에, 자유주의는 '공동체의 의미'를 제시하지 못하기 때문에, 마르크스주의는 오류이기 때문에 그러했다.[82] 벨은 이런 전반적인 과정이 미국에서 한결 심도 있게, 빠른 속도로 일어나고 있다고 주장했다. 그가 보기에 이데올로기란 지배적인 이념 체계일 뿐 아니라 '열정을 먹으며 확산되고' '삶의 양식 전체를 변화시키'려는 운동이었다. 따라서 이데올로기는 사이비 종교 같은 성격을 띤다. 그러나 진짜 종교를 대체할 수는 없다. 죽음과 같은 심오한 실존적인 문제에는 답하지 않기 때문이다. 벨이 보기에 이데올로기는 19세기와 20세기 초에 왕성했다. 도덕적 가이드라인을 제시하면서 사회의 다양한 이해집단과 계급의 진정한 차이를 대변했기 때문이다. 그러나 그런 차이는 해가 가면서 사그라졌다. 그 원인으로는 사회 분위기의 변화를 꼽을 수 있다. 복지국가가 등장하고, 사회주의 정권들이 국민을 폭력으로 억압하고, 금욕주의 경향의 실존주의 철학 사조가 등장해 인간을 완성에 이를 수 있는 존재라고 보는 낭만적인 이념을 대체한 것이다.[83] 벨이 보기에, 적어도 미국의 경우에 대중사회는 풍요와 낙관주의가 넘치는 사회였다. 여기서 전통적인 차이는 최소화되고 새롭게 합의된 가치관이 등장했다. 피와 땀과 눈물 같은 구호는 정치에서 완전히 사라졌다.[84]

벨은 어떤 처방을 추구하지는 않았다. 단순히 사회의 획기적인 변화라고 본 것을 기술하는 데 초점을 맞췄다. 그 변화란 사회구성원들이 더 이상 지배적인 이념에 지배되지 않는다는 사실이었다. 프롬이나 밀스와 마찬가지로 그는 새로운 삶의 형태가 생성되고 있다는 점을 포착했다. 우리는 현재 그런 사회를 당연시한다. 특히 어린 세대는 다른 사회가 있었다는 것을 모를 정도다.

위에 소개한 저술가들 가운데 특정 정당과 긴밀히 연계된 인물은 거의 없다. 그러나 다수는 적어도 한동안은 우파보다는 좌파에 속했다. 전시에 사회 모든 분야에서 요구된 국민총화는 상징적인 것 이상의 의미를 갖게 됐다. 그런 참여는 복지 국가 수립은 물론 대중사회에 관한 모든 분석에도 반영됐다. 대중사회는 모든 개인이 삶의 혜택을 평등하게 누릴 권리가 있다는 것을 암묵적인 전제로 깔고 있다. 이런 평등은 새로운 인간의 조건의 일부였다.

그러나 그것이 당연할까? 영국의 교육가이자 혁신 전도사인 마이클 영Michael Young(1915~2002)은 다니엘 벨의 친구이자 동료였다. 그는 1958년 우리의 소중한 전제를 비웃는 풍자적인 책을 썼다.[85] 『실력사회의 등장The Rise of Meritocracy』은 표면상 2034년을 무대로 설정하고 모종의 '혼란'에 대한 '공식' 보고서 형식을 취했다. 그 혼란이 무엇인지 처음에는 설명이 없다.[86] 이 풍자물의 본질은 인생에서 세습의 원칙이 폐기되고 실력(아이큐+노력=실력)의 원칙이 그 자리를 차지했다는 것이다. '귀족 지배 사회'가 '실력 지배 사회'로 바뀌었다는 이야기다. 흥미로운 점은 영이 이 책을 내는 데 상당히 애를 먹었다는 사실이다. 무려 11개 출판사로부터 퇴짜를 맞았다.[87] 한 출판사는 일단 『동물농장』 같은 풍자물로 고쳐 써 보면 낼 만할지 모르겠다고 했다(『동물농장』이 쉽게 출간됐다고 생각한 모양이다). 영은 그런 풍자물로 다시 썼다. 그랬는데도 그 출판사는 퇴짜를 놓았다. 라틴어와 그리스어 어원을 짬뽕한 메리토크라시meritocracy('실력이 지배하는 체제'라는 뜻: 옮긴이)라는 신조어를 만들었다는 이유로 비판을 받기도 했다. 결국 책은 테임스 앤드 허드슨 출판사에 있던 친구 덕에 빛을 보게 됐다. 친구 간의 정리로 해준 출판이었다. 그런데 『실력사회의 등장』은 나오자마자 수십 만 부가 팔렸다.[88]

책은 2부로 돼 있다. 1부 '엘리트의 등장'은 아이큐가 높은 사람들이 정계에서 활개 치게 되는 과정에 대한 낙관적인 설명이다. 2부 '하층계급의 몰락'은 그런 사회 공학이 결국은 반동을 유발하는 과정을 경쾌한 필치로 그렸다. 영은 어느 쪽 편을 들지는 않는다. 그저 우리가 '기회의 평등'이라는 모토를 진심으로 신봉하게 되면 어떤 일이 벌어질지에 대해 양측의 주장을 담담하게 보여줄 뿐이다. 그의 핵심 논점은 그렇게 되면 결국 우생학이 무의미해지면서 괴물이 탄생할 것이라는 주장이었다. 새로운 하층계급은—원래 어리석기 때문에—리더십이 없다. 그래서 아이큐가 좋은 상층계급이 곧 권력을 지속시키기 위한 장치를 고안해낸다. 여기서 2034년의 사회는 생후 3개월 된 유아의 아이큐를 예측하는 방법을 찾아냈음이 '밝혀진다'. 그 결과는 족히 짐작할 만하다. 아기를 거래하는 암시장이 형성된 것이다. 아이큐 높은 부모의 멍청한 아이와 멍청한 부모의 아이큐 높은 아이를 '프리미엄'을 주고 맞거래한다.[89] 이런 관행이 신문에 폭로되면서 '혼란'을, 성공의 희망이 없는 어리석은 군중들의 반란을 야기한 것이다.

영의 논점은 새로운 인간의 조건은 열정 없고, 차갑고, 지루한 관료주의로 화할 위험이 있다고 지적한다는 점에서 벨을 비롯한 논자들과 겹친다. 그런 사회에서 독재는 파시즘이나 공산주의 또는 사회주의가 아니라 인정 있는 관료화의 형태를 띠게 된다.[90] 과학주의도 한몫하는 요소라고 영은 말한다. 아이큐는 측정할 수 있을 것이다. 그러나 좋은 부모의 역할을 측정할 수도 없거니와 예술가나 기업 CEO의 가치를 절대적으로 계산할 수도 없다. 따라서 그런 시도만으로도 문제 해결은커녕 오히려 많은 문제를 불러일으킬 것이다.

영은 벨과 리스먼과 밀스의 논리를 그 극한까지, 논리적 종점까지 밀고 나아갔다. 인간의 정체성은 이제 더 이상 정치적으로 결정되지 않는다. 따라서 실존적 존재도 아니다. 인간의 정체성은 심리학적으로나 생물학적으로 출생 때 이미 정해져 있다. 조심하지 않으면 이데올로기의 종언은 우리 인간성의 종언을 의미할 수도 있다.

26
정전正典이 깨지다
Cracks in the Canon

　1948년 11월 노벨 문학상이 T. S. 엘리엇에게 돌아갔다. 엘리엇에게는 상복이 터진 해였다. 1월에는 영국 국왕 조지 6세George VI로부터 공로훈장을 받았다. 스톡홀름에서 노벨상 선정 소식이 발표된 뒤 프린스턴에서 한 인터뷰에서 엘리엇은 기자로부터 왜 노벨상을 받았다고 생각하느냐는 질문을 받았다. 그는 '전작全作에 대해' 준 것이라고 생각한다고 답했다. 그러자 기자는 "전작이라는 작품은 언제 출판했나요?"라고 되물었다.¹ 『황무지』 발표 이후 노벨 문학상을 수상할 때까지 엘리엇은 견고하고 명징한 시적 언어로 더할 나위 없는 명성을 쌓았다. 그 공허함과 진부함에 대한 황량한 비전은 현대적 삶의 저류를 관통하는 것이었다. 그는 또 많은 희곡을 썼는데 황폐해진 세상에서 길을 잃고 헤매는 염세주의적인 인물이 주로 등장했다. 이런 희곡들은 섬세한 구성으로 호평을 받았다. 엘리엇 전기를 쓴 피터 애크로이드Peter Ackroyd의 지적대로 1948년이 되면 엘리엇은 자신의 작품이 '죽어가는 한 문화의 선명한 성취 가운데 하나'라는 것을 심각하게 의식하고 있었다. 스웨덴 왕을 만나고 상을 받으러 스톡홀름에 가던 달에 분량이 상당한 마지막 산문집을 출간한 것도 어느 정도는 그런 이유에서였다.² 『문화의 정의에 대한 노트Notes towards the Definition of Culture』는 그의 작품 가운데 최고 수준은 아니다. 그러나 우리가 관심을 갖는 이유는 그 타이밍과 더불어 전후 대서양 양안을 통틀어 전통적인 '고급' 문화를 정의하고 보전하려는 마지막 극소수 시도 가운데 첫 번째라는 사실 때문이다. 엘리엇을 비롯한 일부 인사들은 고급문화가 심각한 위기에 처했다고 느꼈다.³

11장에서 살펴본 것처럼『황무지』는 1차 대전 이후의 풍경에 대한 우울한 비전과 함께 고급문화의 형식을 확연히 드러내는 방식으로 구성됐다. 극도로 엘리트주의적이고 과거의 고전들을 알지 못하면 무슨 말인지 알 수 없을 정도로 어렵게 썼다. 2차 대전 이후 상황에서 엘리엇은 약간 다른 형태의 공격 내지는 방어가 필요하다는 점을 분명히 의식했다. 오해를 사거나 간과될 위험을 없애기 위해 자신의 견해를 좀 더 직설적으로 제시하고 평범한 어투로 풀어서 전할 필요를 느낀 것이다.『문화의 정의에 대한 노트』는 '문화culture'라는 용어의 여러 의미를 간결하게 소개하는 것으로 시작한다. 인류학적인 의미('원시 문화'라고 할 때), 생물학적인 의미(박테리아 배양bacterial culture이나 농업agriculture이라고 할 때), 그리고 가장 일반적으로 많이 배우고, 정중하고, 예술에 밝고, 추상적인 개념을 잘 다루는 사람을 일컬을 때 쓰는 일상적 의미 등등을 논한다.⁴ 이어 이런 개념들의 중첩 부분을 논한 다음 본론, 즉 문화란 삶의 양식이라고 하는 주장에 집중한다. 여기서 인구에 회자되는 구절이 나온다. "문화라는 용어에는…… 한 민족의 특성을 보여주는 모든 활동과 관심사가 망라된다. 더비 경마, 헨리 국제 보트 경기, 카우스 요트 경기, 8월 12일 뇌조 사냥 해금일, 축구 결승전, 경견競犬, 핀볼, 다트, 웬즐리데일 치즈, 네모판 모양으로 썬 삶은 양배추, 식초에 절인 사탕무, 19세기 고딕풍 교회, 엘가의 음악 등등. 저마다 나름의 리스트를 꾸며볼 수 있겠다."⁵

그러나 이런 리스트는 너무 포괄적이다. 따라서 엘리엇은 자신이 그런 문화의 여러 차원을 구분해서 보고 있다는 점을 분명히 한다. 그는 문화의 생산자들—예술가들—이 반드시 고도의 지적 재능을 필요로 하지는 않는다는 사실을 모르지 않는다.⁶ 그러나 그가 볼 때 문화란 엘리트, 즉 문화적 엘리트가 있어야만 번창할 수 있으며, 종교 없이는 존재할 수 없다. 그는 종교는 삶의 양식을 하나로 묶어주는 공동의 신념 체계를 수반한다고 주장한다. 따라서 민주주의와 평등주의는 불가피하게 문화에 위협이 된다고 확신한다. 그는 종종 '대중사회'라는 표현을 쓴다. 그것은 가족과 가족생활의 붕괴를 의미한다. 문화란 가족을 통해 전수되는 것이라고 그는 말한다.7 그러면서 유럽 문화의 통일성과 문화와 정치의 관계를 논하는 것으로 책을 마무리한다.8 유럽 문화의 전반적인 통일성이 중요한 이유는 공동의 콘텍스트가 되기 때문이라고(종교와 마찬가지로) 그는 주장한다. 그런 토대 위에서 개별 문화들이 생기를 발휘하며 새것을 받아들이는 동시에 친숙한 것을 재인식하는 것이다. 그는 앨프리드 노스 화이트헤드의 『과학과 근대세계』(1925)의 한 구절을 인용한다. "사람들이 이웃에게 요구하는 것은 이해가 갈 만큼 충분히 유사하면서도 관심을 불러일으킬 만큼 충분히 다르고 그러면서도 경탄을 불러일으킬 만큼 충분히 대단한 것이다."9 그러나 문화의 가장 중요한 측면은 정치에 미치는 영향이라고 엘리엇은 말한다. 파워 엘리트는 문화 엘리트를 필요로 한다고 그는 주장한다. 문화 엘리트는 최고의 해독제로서 어떤 사회를 막론하고 정계 실세들에 대한 최고의 비판자이며, 비판은 문화를 전진시키고 정체와 부패를 막기 때문이다.10 엘리엇은 사회에는 계층이 있기 마련이며, 계층 간 이동성이 크기를 원하지만 계층 자체는 좋은 것이라고 생각한다. 그러면서 이상적 상황에 주요 장애가 되는 것이 가족이라고 본다. 자녀들에게 돈으로 특권을 사주려고 하는 것이 부모 마음이기 때문이다. 그는 문화가 진화해왔다는 것, 어떤 문화가 다른 문화보다 고급하다는 것을 당연시한다. 그러나 그런 차이를 우려하거나 인종주의의 빌미로 보지는 않는다(물론 나중에 엘리엇은 반유대주의자라는 비난을 받았다).11 엘리엇이 보기에 한 문화 안에서 고급한, 좀 더 진화된 수준들은 회의scepticism를 통해 낮은 수준들에 긍정적인 영향을 미친다. 엘리엇이 볼 때 회의는 지식이 추구하는 바이고, 회의를 통해 지식은 행복과 공동선에 기여한다.

영국에서 엘리엇의 주장에 동참한 사람은 F. R. 리비스Leavis였다. 리비스는 엘리엇의 영향을 많이 받았다(18장 참조). 그는 케임브리지에서 태어나고 교육받았다. 1차 대전 때는 양심에 따른 집총 거부로 앰뷸런스 들것 운반 일을 했다. 이후 케임브리지 대학 강사로 돌아갔다. 당시 영문학부는 따로 없었다. 그래서 그와 아내 퀴니 리비스를 비롯한 소수의 평론가들(소설가나 시인, 극작가는 별로 없었다)이 영문학 연구를 활성화시켰다. 리비스는 나중에 영문학을 '인간 의식의 핵심'이라고 불렀다. 리비스는 평생 도덕적 진지함을 간직하고 살았다. 그렇게 하는 게 바로 '삶의 모든 가능성'을 구현하는 최상의 방법이라고 믿었기 때문이다. 그는 작가—특히 시인. 물론 소설가도 포함된다—는 누구보다 '생동감이 넘치는' 존재이며, 대학 선생과 평론가의 책무는 왜 어떤 작가가 다른 작가들보다 위대한지를 설명해내는 것이라고 생각했다. "영문학은 다른 분야들로 나아가는 길이었다."[12]

사회생활 초기인 1930년대에 리비스는 영문학 교과목을 확대해 광고 평론, 저널리즘, 상업소설까지 포함시켰다. '사람들로 하여금 요즘 미디어라고 일컬어지는 것에 세뇌되지 않도록 돕기 위한' 조치였다. 그러면서 1948년에는 『위대한 전통The Great Tradition』을, 그리고 1952년에는 선집 『공동 연구The Common Pursuit』를 출간했다.[13] '전통'과 '공동'이라는 단어는 사회가 공유한다는 의미라는 점을 주목하라. 리비스는 인간에게는 공통된 본성이 있으며, 우리 각자는 그것을 스스로 발견해야 한다고 확신했다. 그런 예를 보여주는 것이 위의 두 저서에서 집중 분석한 작가들이었다. 헨리 제임스, D. H. 로렌스, 조지 엘리엇George Eliot, 조셉 콘래드, 제인 오스틴, 찰스 디킨스 등등. 또 하나 중요한 점은 진지한 문학인지 여부를 판단하는 과정에서 '개인적인 동시에 개인적인 것을 넘어서는' 판단을 행사할 수 있는 황금 같은—초월적인—기회가 생긴다고 봤다.[14] 이러한 초월적인 경험이야말로 문학이, 그리고 비평이 추구하는 것이며, 문학이 인간 의식의 핵심이고, 시인이 '정신의 성장이 발현되는 지점'인 이유였다. 리비스의 문학비평은 엘리엇이 말한 고도의 회의를 가장 극명하게 보여준 예다.[15]

엘리엇과 리비스의 정신적 동료는 뉴욕에도 있었다. 라이오넬 트릴링Lionel Trilling(1905~1975)과 헨리 코매저Henry Steele Commager(1902~1998)였다. 『자유주의적 상상력The Liberal Imagination』(1950)에서 컬럼비아 대학 교수인 유대계 트릴링은 엘리엇과 마찬가지로 대중사회의 '원자화' 효과 내지는 데이비드 리스먼이 말한 '고독한 군중'을 우려했다.[16] 트릴링의 핵심 논점은 자신이 감지한 지적 삶이 직면한 새로운 위험에 대해 경고음을 발하는 것이었다. 책 서문에서 그는 '자유주의liberalism'를 집중적으로 논하면서 자유주의가 전후 세계의 지배적인 지적 전통은 아니지만 사실상 유일한 전통이라고 규정했다. "현재 보수주의 이념이나 반동적인 이념이 득세하고 있지 않다는 것은 분명한 사실이기 때문이다." 이런 독특한 주장의 타당성 여부는 제쳐놓고라도(엘리엇이라면 동의하지 않았을 것이다), 그의 주된 관심은 새로운 상황이 문학에 미치는 영향이었다. 특히 그는 경험의 천박화를 예견했다. 그에 따르면 이런 현상이 벌어지는 이유는 자유민주주의 체제에서 특정 지배 이념이 대중의 인기를 얻게 되면 결과적으로 인간 본성에 관한 이념들을 속박하기 때문이다. 그는 그런 속박 중에서도 프로이트의 정신분석학, 사회학, 사르트르의 철학 세 가지에 대해 독자의 관심을 촉구했다.[17] 그는 이런 사조에 반대하지는 않았다. 사실 프로이트와 정신분석학 일반에 대해서는 대단히 긍정적이었다. 그러나 위대한 문학은 어떤 하나의 비전을 넘어 인간의 체험을 총체적으로 설명하려는 모든 시도에 내재하는 결함을 드러내 보여주는 작업이라고 주장했다. 그러면서 원자화된, 민주화된 대중사회에서는 문학의 이런 측면이 실종됐다고 판단했다. 그는 대중사회가 득세하는 상황에서(매카시 청문회가 진행되던 시기의 미국이 특히 그랬다) 문학의 역할은 그와는 전혀 다른 뭔가가 되는 것이라고 썼다. 여기서 특히 20세기의 몇몇 위대한 작가들—파운드, 예이츠, 프루스트, 조이스, 로렌스, 지드 등등—이 자유민주주의자와는 거리가 멀다는 사실을 집중 분석했다. 그들의 힘은 반대진영에 속해 있다는 데서 나온다는 것이었다. 트릴링은 이런 점이 바로 문제의 본질이라고 봤다. 따라서 비평가가 할 일은 사회적 합의를 밝혀내 예술가들이 공격할 대상을 분명히 알려주는 것이었다.[18]

헨리 스틸 코매저의 『미국의 정신 : 1880년대 이후 미국의 사상과 특성에 대한 해석 American Mind: An Interpretation of American Thought and Character』역시 트릴링의 저서와 마찬가지로 1950년에 출판됐다.[19] 코매저는 미국 사상이 유럽 사상과 다른 점을 천착했다는 점에서 트릴링과는 노선이 달랐다. 코매저의 책 체제 자체가 그의 사상에 대한 안내서였다. 이 책은 군주 시대의 '위인들'을 다루는 것도 아니고(미국에는 군주가 아예 없다), 정치가들이나(정치는 전체 20개 장에서 15장과 16장을 차지한다) 광범위한 대중 및 그들의 삶을 다루지도 않는다(린드 부부가 쓴 『미들타운』을 언급하기는 하지만 통계적 접근은 배제한다). 대신 여러 시대를 통해 빛을 발한 위대한 개인들을—철학에서, 종교에서, 문학, 역사, 법률, 그리고 새로운 과학이라고 본 경제학과 사회학 분야에서—집중 분석했다.[20] 그러나 그의 주장 전체를 관통하면서 그의 접근법을 가장 극명하게 보여주는 것은 다윈과 진화론이 미국의 지적 삶에 미친 영향을 설명한 부분이다. 코매저는 19세기에 허버트 스펜서(3장에서 논한 바 있다)를 통해 비교적 단순화된 형태로 꼴을 갖춘 이후 다원주의는 실용적 개인주의의 형태로 미국인의 정신에 착근했다고 봤다. 결국 이런 이야기였다. "미국인들은 사회가 걸출한 개인의 업적을 통해 발전한다고 생각한다. 그런 개인과 그들의 성취를 확인하는 것이 자신과 같은 역사학자들의 임무다. 문학의 과제는 전통과 변화를 둘 다 옹호하고, 토론이 활성화되도록 하는 것이다. 작가 내지 학자의 과제는 개인주의도 병리적인 측면이 있으므로 그 실체를 잘 살펴서 규제해야 할 부분을 보여주는 것이다" 등등.[21] 예를 들어 그는 많은 작가들(잭 런던과 시어도어 드라이저를 예로 들었다)이 다원주의적 결정론을 너무 맹신한다고 생각했다. 또 미국에서 종교적 분파가 확산되는 것은 어떤 의미에서 개인주의를 넘어서는 병리적 현상이라고 했다(라인홀드 니부어의 주장과 흡사하다). 코매저는 이를 좀 더 일반적인 형태의 '비합리적인 것에 대한 숭배'와 마찬가지로 과학적 결정론에 반기를 드는 행위로 보았다. 그가 보기에 미국이 가장 성공한 분야는 법이 실용적으로 발전했다는 점이었다. 이는 사회가 정적인 시스템이 아니며, 그럴 수도 없고, 계속 변화했고 또 앞으로도 변화해야 한다는 것을 인정한다는 의미였다.[22] 다른 말로 하면 엘리엇은 고급문화 엘리트의 회의를 정치인들의 일탈에 대한 해독제로 본 반면, 코매저는 미국의 법률체계를 다윈 이후 실용적인 사회가 이룩한 가장 대단한 성과라고 생각했다.

엘리엇, 리비스, 트릴링, 코매저 네 사람의 입장에는 이성에 대한, 진보라는 이념에 대한, 그리고 진지한 문학의 역할에 대한 믿음이 공통적으로 깔려 있다. 진지한 문학은 문화로 하여금 스스로를 설명할 수 있도록 해준다는 것이다. 심지어 넓게 보면 이들은 진지한 문학—고급문화—이 무엇인지에 대해서도 의견이 일치했다.

그러나 네 사람이 쓴 책의 잉크가 마르기도 전에 도전이 닥친다. 도전이라는 표현은 어쩌면 너무 약하다. 사방에서 동시다발로 공격과 십자포화가 작열했기 때문이다. 공격은 인류학, 역사학, 문학계에서 나왔다. 사회학, 자연과학, 음악, 텔레비전도

폭격에 가세했다. 심지어 리비스가 몸담고 있는 케임브리지 대학 영문학부에서도 공박이 쏟아졌다. 이런 논란은 지금도 계속되고 있으며 20세기 후반기의 지적 흐름 가운데 하나다. 동시에 개인의 등장을 설명할 수 있는 배경요인도 된다. 이런 변화를 처음 촉발하고 변화의 모터가 된 것은 대중사회의 도래였다. 특히 데이비스 리스먼, C. 라이트 밀스, 존 케네스 갤브레이스, 다니엘 벨 등이 예견하고 서술한 심리학적, 사회학적 변화가 중요한 역할을 했다. 그러나 모터는 에너지를 줄 뿐이지 방향까지 잡아주지는 않는다. 리스먼을 비롯한 인사들이 사람들이 전반적으로 변해가는 양상을 설명하는 데 큰 역할을 했지만 대중사회의 결과로서 그러한 변화가 어떤 방향으로 향할지에 대해서는 연구가 필요했다. 아래에서는 변화를 일으킨 주요 인물들에 대해 살펴보기로 하자. 딱 떨어지는 예로 시작하는 것이 좋겠다.

1955년 10월 샌프란시스코에서 앨런 긴즈버그Allen Ginsberg(1926~1997)가 자리에서 일어나 자작시「울부짖음Howl」을 낭송했을 때 그가 '비트Beat' 문화라는 전혀 새로운 대안 문화에 불을 붙였다고 예상한 사람은 아무도 없었다. 그러나 긴즈버그라는 인물을 자세히 뜯어보면 어떤 신호가 감지된다. 긴즈버그는 컬럼비아 대학에서 라이오넬 트릴링 지도하에 영문학을 공부했다. 트릴링의 미국 자유주의 옹호에 대해 긴즈버그는 '흥미롭지만 내키지 않게' 생각했다. 그리고「울부짖음」을 쓰면서 프리랜서 시장조사원으로 일했다. 그래서 누구 못지않게 전통적인 태도와 행태 유형이 어떤 것인지 잘 알고 있었다. 규범이 어떤 것인지 잘 아는 만큼 달라 보이려면 어떻게 해야 하는 줄도 잘 알았다.[23]

긴즈버그는 또 오랜 시간 트릴링과는 전혀 다른 세상에서 살아온 인물이었다. 뉴저지 주 패터슨 태생으로 아버지는 시인이자 교사였다. 긴즈버그는 1940년대에 윌리엄 버로스William Burroughs 주니어와 잭 케루악Jean-Louis-Jack Kerouac을 뉴욕의 아파트에서 만났다. 세 사람은 거기 살면서 2차 대전 '바깥에 앉아 있었다.'[24] 버로스 주니어(1914~1997)는 나이가 훨씬 많았다. 세인트루이스의 부유한 프로테스탄트 가문 출신으로 하버드대에서 문학을 전공하고 빈에서 의학을 공부한 뒤 패거리에 끼었다. 맨해튼 중심부 타임스 스퀘어와 그리니치빌리지의 보헤미안 공동체

주변을 얼쩡거리는 글자 그대로의 도둑들이었다. 교육 수준이 높은 속물인 동시에 사회 하층 일탈자라는 버로스의 두 얼굴이 긴즈버그를 매료시켰다. 연상인 버로스와 마찬가지로 긴즈버그는 미국 사회의 주류에서 벗어나 있다는 느낌이 강했다. 트릴링 밑에서 공부하면서 유독 그런 감정이 심해졌다.[25] 트릴링의 형식주의를 싫어한 긴즈버그는 대안적 형태의 글쓰기를 발전시켰다. 그 중요한 특징은 즉발성과 자기표현이었다.[26] 긴즈버그의 스타일은 원시적인 것에 맞닿아 있고, 중산층을 토대로 규범화되다시피 한 문화를 전복시키려는 의도로 점철돼 있다. 규범적인 문화는 단정한 매너와 성공을 중시하고 새로운 문명의 이기인 텔레비전이 쏟아내는 광고 때문에 더더욱 두드러져 보였다.

그러나 「울부짖음」을 처음 낭송하던 날 저녁, 시작은 다소 썰렁했다. 긴즈버그가 이층에서 일어섰을 때 백여 명의 청중은 그가 긴장해 있으며 술을 많이 마신 상태라는 것을 알 수 있었다.[27] 그 자리에 있었던 한 관객의 말에 따르면 처음에는 "긴장되고 기어들어가는 목소리였다. 그러나 술기운이 강렬한 시에 버무려지면서 급속히 거센 리듬을 탔다. 유대교 기도 독송자처럼 노래를 하는가 하면, 호흡을 오래 참고, 분노한 언어를 철저히 음미했다."[28] 뉴욕에서 오래 함께 지낸 장 루이 잭 케루악도 청중석에 있었다. 그는 한 행이 끝날 때마다 "아자! 아자!"를 외쳤다. 곧 다른 사람들도 같이 소리를 질렀다. 긴즈버그가 땀을 뻘뻘 흘리며 황홀경에 빠지자 고함소리도 따라서 높아졌다. 긴즈버그가 그날 밤 내뱉은 말들은 그 이벤트만큼이나 유명해지게 된다.

> 나는 보았네 우리 세대 최고의 정신들이 광기로 파괴돼
> 불안에 떨며 벌거벗은 채 굶주리는 것을,
> 새벽녘 발을 질질 끌며 흑인들의 거리를 누비면서
> 성난 마약을 찾아다니는 것을,
> 천사 머리를 한 재즈광들, 그들이 열망하는 것은 그 옛날
> 천국에서처럼
> 차디찬 기계 같은 밤하늘에 발전기처럼 총총한 별들과 하나 되는 것

문학평론가이자 샌프란시스코 시 르네상스를 주도하게 되는 케네스 렉스로스 Kenneth Rexroth는 후일 「울부짖음」은 긴즈버그를 '다리에서 다리까지' 유명하게 만들었다고 말했다. 동부 끝 뉴욕의 트리보로Triboro 다리에서 서부 끝 샌프란시스코의 금문교까지 전국적으로 유명해졌다는 뜻이다.[29] 그러나 이런 표현은 긴즈버그 시의 진정한 의미를 빠뜨린 것이다. 가장 문제가 되는 것은 그 형식과 전달 방식이었다. 「울부짖음」은 제목과 메타포에서만 원시적인 것이 아니라 '현대 이전의 구전 전통'을 되살렸다는 점에서도 그러했다. 퍼포먼스가 의미 못지않게 중요했다. 퍼포먼스를 통해 긴즈버그는 '문화의 의미를 그 합리적인 내용으로부터 좀 더 공동체적인 집단 체험으로 바꿔' 놓았다.[30] 이는 긴즈버그의 계산된 행동이었다. 그는 처음부터 자기 생각을 널리 알리기 위해 지식인의 서평이 아니라 《타임》,《라이프》같은 매스미디어를 적극 활용했다. 시장조사원 노릇은 괜히 한 게 아니다. 그는 또 시집을 페이퍼백으로 내 대중성을 높였다. 「울부짖음」 출간은 미국 최초의 문고본 전문 서점인 시티 라이츠City Lights 주인 로렌스 페를링게티Lawrence Ferlinghetti가 맡았다.[31] (당시에는 페이퍼백이 정보 확산의 대안적 형식으로 간주되고 있었다.) 비트 문화가 대안적인 삶의 양식으로 자리 잡은 것은 매스미디어에서 「울부짖음」에 주목한 이후였다. 비트 문화는 이후 세 가지 중요한 요소—문화를 바라보는 대안적 관점, 경험(마약으로 매개된)에 대한 대안적 시각, 로드 컬처road culture로 대변되는 특유의 프론티어 정신—를 갖게 된다. 아이러니하게도 이런 요소들은 한결같이 개인주의를 강화하는 쪽으로 나아갔고, 그런 의미에서 미국적 전통에 대한 일격이었다. 그러나 비트족들은 과격파를 자처했다. 잭 케루악이 1957년에 낸 소설 『길 위에서On the Road』는 로드 컬처를 극명하게 보여주는 예이자 비트족의 또 다른 아이콘이었다.

케루악은 1922년 3월 12일 매사추세츠 주 로웰에서 태어났다. 본명은 장 루이 르브리스 드 케루악이었다. 작가로서는 조건이 썩 좋지 못했다. 부모가 캐나다 퀘벡 주에서 이민을 왔고 프랑스어를 썼기 때문이다. 그래서 영어는 모국어가 아니었다. 1939년 케루악은 컬럼비아 대학에 들어갔다. 그러나 학업 성적이 아니라 미식축구 우수 장학생으로 입학이 허용됐다.[32] 작가의 꿈을 꾸게 된 것은 긴즈버그와 버로스를 만나면서부터였다. 서른다섯이나 되어서야 대표작(두 번째 작품)을 냈다.[33] 케루악의 소설이 인기를 끈 데에는 2주 전 긴즈버그의 시집 『울부짖음과 기타 시 Howl and Other Poems』가 외설 재판에 올라 관심을 끈 것도 한몫했다. 아직 선고가 내려지지 않은 상태였다(재판장은 결국 긴즈버그의 시가 '구원의 사회적 의미'를 담고 있다는 결론을 내렸다.) 그래서 '비트'란 말이 모두의 입에 오르내리게 됐다. 케루악은 비트가 무슨 뜻이냐고 묻는 무수한 인터뷰에서 타임스 스퀘어의 한 남창이 '기진맥진하면서도 열락을 느끼는 상태'를 설명한 말에서 영감을 얻은 표현이기도 하고 가톨릭에서 말하는 지복직관至福直觀·beatific vision(하느님을 직접 보는 것: 옮긴이)과도 연관이 있다고 설명했다.[34] 인터뷰 과정에서 케루악이 『길 위에서』를 3주 동안 주술에 홀린 것 같은 상태에서 썼다는 사실이 드러났다. 한창 영감이 계속되는 도중에 종이가 떨어져 생각이 끊기는 것을 막기 위해 타이핑 용지를 아예 리본에다가 붙여서 쳤다고 한다. 많은 평론가들이 그런 기법을 흥미롭고, 매혹적인 것으로까지 생각했지만 소설가 트루먼 카포티Truman Capote는 "그건 글쓰기가 아니다. 타이핑이다"라고 빈정댔다.[35]

케루악의 작품이 모두 그렇지만 『길 위에서』는 특히 자전적 요소가 강하다. 그는 칠 년 동안을 길 위에서 보냈다는 말을 자주했다. 그러면서 책을 읽고, 방랑벽에 걸린 듯 이 마을 저 마을을 전전하며, 새로운 경험을 찾아서 이 마약 저 마약에도 손을 댔다.[36] 책에는 그의 친구들과 그들이 한 경험도 나온다. 특히 딘 모리아티로 나오는 인물은 바로 닐 캐서디Neal Cassady(1950년대 비트 제너레이션과 1960년대 사이키델릭 운동을 대표하는 인물로 시와 소설도 썼다: 옮긴이)였다. 캐서디는 케루악과 긴즈버그에게 '성과 마약에 탐닉한 경험'을 열정적으로 묘사한 편지를 보내기도 했다.[37] 케루악이 소설에서 재창조하고자 했던 '용기를 주는 교사들'이 뿜어내는 에너지는 그런 의미에서 뿌리 없고 혼란스럽지만 본질적으로 시대와 공감하는 것이었다. 그것이야말로 F. 스콧 피츠제럴드가 1920년대에 그랬고, 헤밍웨이의 책이 1930년~40년대에 그러했던 것처럼, 1950년대의 표상을 포착하려는 작업이었다. (케루악은 피츠제럴드나 헤밍웨이 스타일을 좋아하지 않았지만 시대적 감성의 핵심을 포착한 부분은 열심히 본받으려고 했다.) 무미건조하고, 대충 쓴 것처럼 보이는 산문을 통해서 이 작품은 급진적인 모험적 시도의 전형을 보여주었다. 예컨대 '번영하는 미국의 안락함'에 도전함으로써 팝 음악(비밥과 재즈)이 젊은 세대에 미친 영향을 분명하게 드러내 보여준 것이다.³⁸ 그러나 내용의 대부분은 로드 북이다. 이는 로드 무비(여행 과정을 기본 줄거리로 해서 주인공의 발전·변화를 그린 영화: 옮긴이)로 이어진다. 여기서 '로드(길)'는 대안적 삶의 양식의 상징이 된다. 뿌리는 없지만 목적이 없는 것은 아니며, 끊임없이 이동하지만 장소감이 없지는 않고, 물질적으로는 가난하지만 마음은 넉넉하고 정신은 풍요로우며, 신체적으로는 물론 지적으로나 도덕적으로 한결 모험적이다. 케루악과 함께 여행은 새로운 문화가 되었다.³⁹

비트 문화가 트릴링이나 코메저 같은 계열과 담을 쌓은 것은 엘리엇이 고상한 이미지를 시에 투입하는 것과 마찬가지로 다분히 의도적인 것이었다. 마약을 하거나 오토바이를 몰고다니거나 그레이하운드 버스를 타고 다니는 하위문화가 공유하는 은어를 많이 쓰는 것도 복잡하고 까다로운 것을 '전략적으로 회피하는' 작전이었다. 약물로 매개된 '대안적' 의식을 추구하는 것 역시 기성 체제를 전복하려는 끈질긴 시도였다.⁴⁰ 그러나 1950년대 전통적인 고급문화에 대한 대안을 추구한 세력이 모두 그렇게 자의식이 강하지는 않았다. 강력한 영향력을 발휘한 팝 음악은 특히 그랬다.

대중음악의 역사는 올려 잡고 싶어도 마냥 그럴 수는 없다. 최소한 기술적 수준이 어느 정도는 되어야 음악 대중화가 가능하기 때문이다. 종이 악보에 의존하는 음악이나 라이브 밴드, 댄스홀, 그리고 나중에는 라디오가 유행하던 시절에도 대중음악의 영향력은 상당히 제한적이었다. 엘리트 내지는 소수의 큰손들이 있어서 무슨 악보를 출판하고, 어느 밴드를 공연에 부를지를 결정했다. 댄스홀이나 라디오에서도 마찬가지였다. 우리가 아는 대중음악의 세계가 펼쳐진 것은 컬럼비아 레코드사가 1948년 LP레코드(장시간 연주용 레코드판: 옮긴이)를 발명하고, 일 년 뒤 RCA가 최초의 '싱글'을 발매하면서부터였다. 이후로 집에서도 전축만 있으면 누구나 듣고 싶을 때 듣고 싶은 음악을 틀 수 있게 됐다. 동시에 새로운 '타자지향형' 젊은 세대는 이런 새로운 문화 형식을 활용할 준비가 충분했다.

팝 음악이 등장한 것은 흑인 R&B(리듬 앤드 블루스) 음악(2차 대전 전만 해도 '인종 음악'으로 알려져 있었다)이 좁은 동네를 벗어나 넓은 세상으로 나온 1954~55년이라는 데에 대부분의 사람들이 동의하고 있다. 흑인 가수들이 백인 청중에게 큰 인기를 끌었을 뿐 아니라 백인 뮤지션들도 흑인 스타일을 많이 모방했다. 팝의 기원을 다룬 책은 많지만 오하이오 주 클리블랜드의 레코드 가게 주인 레오 민츠Leo Mintz가 클리블랜드 WJW 방송국 디스크자키 앨런 프리드Alan Freed를 찾아가 백인 청소년들이 갑자기 '흑인 R&B 레코드를 싹쓸이하고 있다'는 이야기를 해준 것을 기점으로 보는 것이 통설이다. 프리드는 민츠의 가게에 가본 상황을 이렇게 기록했다. "레드 프라이속Red Prysock과 빅 앨 시어스Big Al Sears의 테너 색소폰 이야기가 무성했다. 블루스를 부르면서 피아노를 치는 아이보리 조 헌터Ivory Joe Hunter도 인기였다. 놀라웠다. 한 일주일은 놀라움을 금치 못했다. 이어 방송국 책임자한테 가서 내 프로그램 끝에 '로큰롤 파티'라는 코너를 붙여달라고 졸랐다."[41] 프리드는 항상 자신이 로큰롤rock'n'roll이라는 용어를 발명했다고 주장했다. 그러나 전문가들은 1954년 훨씬 이전에 이미 흑인 음악에서 성행위를 뜻하는 은어로 그런 표현이 사용되곤 했다고 말한다.[42] 프리드가 R&B나 로큰롤이라는 표현을 처음 썼건 아니건 간에 최초로 방송에 띄운 것만은 분명하다. 그는 레코드를 틀면서 긴즈버그가 「울부짖음」을 처음 낭송하던 날 케루악이 "아자!" 하고 외쳤던 것처럼 소리를 질렀다.[43]

프리드가 R&B라는 이름을 확립한 것은 용의주도한 작전이었다. 흑인 음악을 새롭게 포장해 특정 인종의 전유물에서 벗어나게 만든 것이다. 백인 방송국들도 R&B를 틀었다. 레코드 회사들도 곧 보조를 맞춰 흑인 음악의 백인판(순화시킨 스타일이 대부분이다)을 발매했다. 일부에서는 더 코즈The Chords의 '쉬붐Sh-Boom'을 로큰롤 1호 곡으로 간주한다.[44] 그러나 이 곡이 전파를 타자마자 머큐리 레코드에서 크루 커츠Crew Cuts의 순화된 리메이크 판을 내놓았고, 이 노래는 한 주 만에 톱텐Top10에 진입했다. 곧 빌 헤일리Bill Haley와 엘비스 프레슬리Elvis Presley 같은 백인 가수들도 흑인 음악을 모방했다. 상업적 성공 면에서는 흑인을 능가했다.[45] 「폭력 교실Blackboard Jungle」(1955) 같은 영화와 '아메리칸 밴드스탠드American Bandstand' 같은 TV 오락 프로그램들이 로큰롤 대중화에 촉매 역할을 했다. 이제 어디서나 로큰롤은 십대를 결집시키는 아이콘으로 떠올랐다.[46] 사회학적 의식을 가진 사람들이 보기에 초기 팝·록 계열 노래들은 리스먼의 이론을 완벽하게 구현하는 내용이었다. 폴 앵카Paul Anka의 「고독한 소년」(1959), 더 비델스The Videls의 「미스터 론리Mr Lonely」(1960), 로이 오비슨Roy Orbison의 「온리 더 론리Only the Lonely」(1960), 브렌다 리Brenda Lee의 「항상 난 외로워All Alone Am I」(1962) 같은 곡들이 그랬다. 물론 고독은 사회학이 생기기 이전에도 존재했지만……. 또 하나, 우연히 그렇게 된 일이기는 하지만 그동안 그 중요성을 제대로 평가받지 못한 록 산업의 중요한 측면은 히트 차트였다. W. H. 화이트가 조롱한 순응형이 많은 급변하는 사회에서는 통계가 중요했다. 남들이 뭘 하고 있는지를 알려줌으로써 똑같이 따라할 수 있기 때문이다.[47] 그러나 록/팝의 도래에서 가장 의미심장한 것은 고급문화의 관 뚜껑에 못을 하나 더 박았다는 점이다. 록 음악에 따라다니는 말들—패션, 마약으로 가능해진 '달라진 의식', 사랑, 특히 섹스 등등—은 그 세대의 찬송가가 되었다. 록의 강렬한 사운드는 다른 모든 것을 압도했다. 젊은이들의 문화도 예전과는 판이해졌다.

팝이 흑인 음악을 백인 중산층이 흡수한 결과로서(또는 흑인 음악의 백인 버전으로) 발전한 것은 우연이 아니다. 1950년대가 가면서 흑인의 자의식이 높아졌다. 미국 흑인들은 전쟁에 참전해 싸웠고, 백인과 똑같이 위험을 감수했다. 그 이후에 이어진 번영에 대해 정당한 몫을 요구하는 것은 너무도 당연했다. 그러나 50년대가 가면서 현실은 그렇지 않다는 게 확연해졌다. 특히 남부가 그랬다. 모멸적인 흑백 인종 분리는 여전했다. 흑인들의 분노가 끓어올랐다. 1954년 5월 17일 연방대법원이 학교의 흑백 분리가 위헌이라는 판결을 내림으로써 '분리되지만 평등하다'는 독트린을 깬 이후 흑인 여성 로자 파크스Rosa Parks가 앨라배마 주 몽고메리에서 버스 앞쪽 백인 전용 좌석에 앉았다는 이유로 체포되기까지는 시간문제였다(실제로 18개월 후에 체포됐다). 바로 그날 미국을 갈가리 찢어놓게 될 민권운동이 시작됐다고 할 수 있을 것이다. 국제적으로도 유사한 흐름이 있었다. 2차 대전에 참전한 예전 식민지들이 협상을 통해 독립을 쟁취하면서 자의식이 높아졌다. (인도는 1947년, 리비아는 1951년, 가나는 1957년, 나이지리아는 1980년에 독립했다.) 그 결과 1950년대에 흑인들의 저술이 활짝 꽃을 피웠다.

미국에서는 1920년대에 할렘 르네상스가 있었다는 것을 앞에서 살펴본 바 있다. 흑인 작가 리처드 라이트Richard Wright(1908~1960)의 이력은 2차 대전 기간 전체에 걸쳐 있다. 가장 중요한 두 작품『미국의 아들Native Son』(1940)과 『흑인 소년 Black Boy』(1945)이 전쟁 초와 말에 나왔다. 아름다운 문체의 라이트 소설들은 당시 서서히 변화하는 세계의 모습을 고뇌에 찬 필치로 묘사했다. 그러나 라이트의 한 추종자는 그나마도 어려웠다.

랠프 엘리슨(1914~1994)은 어머니한테서 코넷을 선물 받은 여덟 살 때부터 음악가가 되고 싶어 했다. 그러나 1933년 부커 T. 워싱턴이 설립한 터스키기 기술학교에 입학해 그곳 도서관에서 T. S. 엘리엇의『황무지』를 접하고 나서부터 어찌어찌하여 '작가의 길로 들어섰다.'[48] 라이트와의 만남과 〈뉴욕 타임스〉에 실린 헤밍웨이의 스페인 내전 관련 기사에 영향을 받은 엘리슨은 결국 1952년에『보이지 않는 사람Invisible Man』을 써냈다. 이 대작에서 주인공(이름은 없다)은 현대 미국 흑인 역사의 모든 단계를 겪어나간다. "미국 최남부 지방에서 어린 시절을 보내고, 북부 박애주의자들이 후원하는 흑인 대학을 다닌 뒤, 북부에서 공장 노동자로 일하다, 복잡한 할렘의 열기에 휩싸인다. 나중에는 '아프리카로 돌아가자'는 운동에 참여하는가 하면 '형제단'이라고 하는 공산주의 조직에 몸을 담기도 하고, 심지어 잠시 '재즈광'이 되기도 한다."[49] 그러나 각 단계마다 그는 적응하지 못한다. 보이지 않는 사람이 어울리는 곳은 세상 어디에도 없다. 엘리슨은 일찍이 군나르 뮈르달을 비판했지만 흑인이 직면한 그 모든 가능성에 대한 썰렁한 비판을 넘어서서 긍정적으로 제시할 수 있는 것은 거의 없었다. 그래서인지 이 소설 이후로는 이상할 정도로 말이 없어졌다. 본인마저 보이지 않는 사람이 된 느낌이었다. 결국 백인들을 분노하게 하는 작업은 3세대 흑인작가들의 몫으로 남겨졌다. 엘리슨이 분노를 내뿜었다면 상황 탓에 어쩔 수 없었던 정도의 수준이었다.

1924년생인 제임스 아서 존스는 형제가 무려 열 명으로 극도의 가난 속에 살면서 아버지가 누구인지조차 몰랐다. 몇 년 후 어머니가 데이비드 볼드윈과 결혼을 하면서 계부의 성을 따르게 됐다. 계부는 '선동적인' 설교가로 백인에 대한 '뿌리 깊은' 증오심을 갖고 있었다. 그래서 제임스 볼드윈James Baldwin(1924~1987)이 열네 살이 되었을 때는 이미 두 부모의 특성을 고루 갖추고 있었다.⁵⁰ 그러나 설교를 하면서 차츰 글쓰기에 재능이 있음을 깨닫게 되었다. 그래서 문학평론가 필립 라프 Philip Rahv를 통해《뉴 리더》를 소개받았다(당시 C. 라이트 밀스가 이 잡지에 잠시 관여했다). 볼드윈은 흑인에 동성애자였던 터라 리처드 라이트의 소설을 모방했으며 파리로 이주해 살면서 첫 번째 작품을 썼다. 헨리 제임스와 존 도스 파소스의 영향을 받아 미국의 실용주의적 리얼리즘 전통에 확고한 토대를 둔 내용이었다. 볼드윈은 당시 자신의 역할을 '할렘의 가족과 교회들이 외부 세계와 단절되고 고립되는 모습을 하얀 미국 내부의 눈으로 들여다보고, 파리의 동성애 상황을 사려 깊게 관찰하며, 특히 인간의 마음이 갈등을 겪는 양상을 세심하게 기록하는 사람'이라고 보았다.⁵¹ 그의 출세작은 『산에 올라 고하여라 Go Tell It on the Mountain』(1953)와 『조반니의 방 Giovanni's Room』이었다. 그러나 그의 삶이 새롭고도 절박한 양상을 띠게 되는 것은 1950년대 말 민권운동이 시작되면서부터였다. 1957년 7월 파리에서 미국으로 돌아온 볼드윈은 그해 9월《하퍼스 매거진Harper's Magazine》(유명한 문예·정치평론 월간지)으로부터 아칸소 주 리틀록과 노스캐롤라이나 주 샬럿에서 벌어지고 있는 인종 차별 철폐 투쟁을 취재해 기사로 써달라는 의뢰를 받았다. 그해 9월 5일 아칸소 주지사 오벌 포버스Orval Faubus는 흑인 학생의 리틀록 학교 입학을 사실상 가로막으려고 했다. 그러자 아이젠하워 대통령이 연방군을 투입해 학교의 인종 통합을 강제 집행하고 아이들을 보호했다.

이런 사태를 직접 보고 겪으면서 볼드윈은 달라졌다. "백인 세계에서 출세하려는 흑인 작가에서 진정한 흑인으로 변한 것이다."⁵² 그는 이제 관찰자로만 머물지 않았다.《하퍼스》기고를 통해 남부에 대한 공포를 극복했다(본인의 표현이다). 그의 분노와 솔직함이 적나라하게 드러나자 백인 독자들은 받아들이든지 거부하든지 둘 중 하나를 선택하지 않을 수 없었다. 고통스럽고 생경한 언어로 그가 전한 메시지는 이런 것이었다. "그들[자유를 요구하며 연좌농성이나 시가행진을 하는 학생들]은 최초로 군중에 맞서는 흑인이 아니다. 그들은 군중에게 겁을 먹기보다는 군중을 겁먹게 하는 최초의 흑인이다."⁵³ 볼드윈의 에세이 두 편은 『다음에는 불을 The Fire

Next Time』이라는 책으로 다시 나왔는데 감동적인 언어로 흑인의 체험을 대변하고, 백인들에게 흑인 마음속의 적의에 찬 분노가 어떤 것인지를 설명함으로써 커다란 관심을 끌었다. "미국 흑인의 삶에서 공포가 차지하는 비중이 얼마나 되는지는 말로 설명하기가 거의 불가능하다. …… 나는 뭔가 엄청난 일이 일어나고 있다는 것을, 그리고 나도 할 수 있는 역할이 있다는 것을 절감했다. 이 자리에서 행복을 느낄 수는 결코 없겠지만 내 할 일을 할 수는 있다."[54] 흑인의 분노가 폭발한 이상 주워 담을 수는 없는 상황이 됐다.

미국 밖에서도 흑인의 저술이 두드러졌다. 영국에서는 콜린 매킨스Colin MacInnes의 소설(1959년 작 『철부지들의 꿈Absolute Beginners』과 60년 작 『사랑과 정의 씨Mr Love and Justice』)이 1948년 이후 런던에 정착해 주로 버스 차장 등으로 일하는 서인도 제도 출신 흑인들의 생활을 날카롭게 묘사했다. 사회나 정치를 직접 논하는 주장과는 거리가 있는 내용이었다.[55] 프랑스에서 네그리튀드Négritude(흑인 문화 정체성 회복 운동 : 옮긴이)라는 개념이 만들어진 것은 2차 대전 이전이었지만 널리 사용된 것은 1945년 이후였다. 아프리카의 영광스러운 과거를 되돌아보고, 헬레니즘적 이성과 논리에 반대되는 흑인의 정서와 직관을 강조하는 운동이었다. 주요 주창자는 후일 세네갈 초대 대통령이 되는 레오폴드 상고르Léopold Senghor, 시인 에메 세제르Aimé Césaire, 프란츠 파농 등이었다. 시인도 제도 마르티니크(프랑스령) 출신 정신과 의사로 알제리에서 활동한 파농에 대해서는 30장에서(810쪽 참조)에서 살펴보기로 한다. 네그리튀드(흑인성)는 볼드윈이나 엘리슨보다는 한결 덜 과격해 보이는 단어였다. 그러나 핵심 메시지는 두 사람과 마찬가지로 흑인 문화와 흑인의 삶은 여느 인간과 마찬가지로 풍부하고, 의미가 충만하다는 것이며, 흑인의 경험을 통해 독창적이고 감동적이며 누구나 공감할 만한 예술을 만들어낼 수 있다는 것이었다.

사실 네그리튀드는 프랑스어권 아프리카에서 일어나고 있는 운동에 대해 유럽 쪽에서 붙인 이름이다.[56] 그런데 현실에서 벌어지는 사태는 그런 표현보다 훨씬 강인하고 심도 있는 것이었다. 이러한 탈식민지화 과정은 2차 대전의 불가피한 부산물이었다. 식민지 종주국들은 이제 너무 허약해져서 식민 지배를 지속할 여력이 없는데다 1, 2차 대전에서 식민지 사람들의 도움을 많이 받았다. 따라서 정치적 지배권을 포기하라는 도덕적 압력이 거세졌다. 이런 양상과 맞물려 지적인 변화가 일어나는 것은 당연했다.

서아프리카에서 출판된 최초의 현대적인 리얼리즘 소설은 시프리안 에크웬시Cyprian Ekwensi의 『도시의 사람들People of the City』(1954)이었다. 그러나 서구 대도시 국가들에게 아프리카에서 새로운 문학이 싹트고 있다는 것을 인식하게 만든 것은 아모스 투투올라Amos Tutuola의 1951년 작 『야자열매술꾼Palm Wine Drinkard』이었다.[57] 그러나 1958년에 나온 치누아 아체베Chinua Achebe(1930~)의 소설 『붕괴Things Fall Apart』야말로 아프리카 소설의 원형이었다. 백인이 들어오면서 전통 아프리카 사회가 붕괴돼가는 과정을 생생하게 묘사한 작품으로 영어 표현이 특히 아름답다. 복잡하기는 하지만 배경은 의문의 여지 없이 비서구 지역이다. 정서적으로도 그렇고 지리적으로도 그렇다. 그러면서 모든 것이 얽히고설켜 탁월한 비극으로 승화된다.[58]

아체베의 모국어는 이보어Ibo(Igbo)였다. 그러나 어린 시절 영어를 배웠고, 1953년에는 나이지리아 이바단 대학교 영문과를 졸업했다. 나이지리아에서 영문학을 최초로 공부한 세대 중 한 명이었다. 아체베는 주인공들의 불완전성에 깊이 공감하는 미덕을 보여준다. 작품의 매력은 제목에서 드러나는 바와 같이 모든 사회, 모든 문명이 자체적으로 파멸의 씨앗을 내포하고 있다는 것을 예감하는 데에서도 비롯된다. 『붕괴』에서 백인이 마을에 들어온 것은 파멸의 원인이라기보다는 그러지 않아도 벌어지고 있던 일을 가속화시키는 촉매와 같은 역할을 한다. 주인공 오콩쿠오는 존경받는 이보족 마을 추장이다. 마초 스타일로 농사와 씨름에서 크게 성공을 했다. 그러나 훨씬 부드러운 영혼을 가진 아들과 불화를 빚는다.[59] 독자는 우무오피아 마을의 생활리듬에 깊이 빠져든다. 그래서 서구 독자조차도 사회의 '야만적인' 관습도 나름의 이유가 있다는 점을 인정하게 된다. 안정적이고 넉넉하며 '복잡하고, 기본적으로는 인간적인' 사회—그런 느낌이 절로 든다—의 선명한 모습이 그려진다. 오콩쿠오가 마을의 규칙을 깰 때 우리는 7년 추방형에 해당하는 행위라는 것을 당연하게 받아들인다. 그가 집에서 키우던 인질이 살해되고, 오콩쿠오 자신까지 살인에 가담한 사실도 충분히 그럴 법한 일로 받아들인다. 인질이 오콩쿠오에게 느끼는 사랑도 당연시된다. 이는 아체베의 놀라운 작가적 재능이다. 백인이 와서 하는 행태에 대해 우리는 우모피아 마을 사람들처럼 당혹감을 느낀다. 그러나 아체베는 식민주의를 심히 증오했지만 단순히 백인 때리기를 작정하지는 않았다. 그는 우모피아 사회의 결함, 나른한 정체성停滯性과 변화에 발 빠르게 대처하지 못하는 무능력, 마을에서 추방되거나 적응하지 못한 사람들이 기독교에 끌리는 이유 등등에 관심을 집중시켰다(오콩쿠오 자신도 변화하지 못했다. 이것이 그의 비극의 한 요인이다). 『붕괴』는 깊은 감동을 주는 작품이다. 구성도 아름답다.60 오콩쿠오와 우모피아를 통해 아체베는 보편적인 의미를 갖는 인물과 사회를 창조해냈다.

시인이자 극작가로서 나이지리아를 대표하는 또 다른 인물은 월레 소잉카Wole Soyinka(1934~)다. 아체베의 소설 『붕괴』가 나온 지 1년 만인 1958년 첫 작품 『사자와 보석The Lion and the Jewel』을 출간했다. 운문 희극으로 무대는 역시 아프리카의 한 마을이다. 이 작품은 엄청난 성공을 거뒀다. 소잉카는 아체베보다 좀 더 '인류학적인' 작가였다. 자신이 속한 부족인 요루바 족의 신화를 효과적으로 활용했다(학문적으로 연구도 했다).

인류학은 '문화'로 간주되는 것들을 재조명하는 학문 분과들 가운데 하나로 이 분야에서 가장 영향력이 큰 인물은 클로드 레비스트로스Claude Lévi-Strauss(1908~2009)였다. 그의 대표작 두 종은 1955년에 출판됐다. 1908년 벨기에에서 태어난 레비스트로스는 베르사유 인근에서 컸고 파리대학교에서 공부했다. 졸업 후에는 브라질 상파울루 대학 사회학과 교수로 있으면서 필드워크를 했다. 쿠바에서 현장연구를 더 하다가 1939년 군 복무를 위해 프랑스로 귀국했다. 1941년에는 뉴욕으로 망명해 사회연구를 위한 뉴스쿨에 몸을 담았다. 이어 종전 후에는 미국 주재 프랑스대사관 문화관으로 있었다. 이어 1959년에는 콜레주 드 프랑스 사회인류학과장으로 임명된다. 그때 이미 유명한 일련의 저서에 착수한 상태였다. 시리즈는 세 부문을 망라하는 내용이었다. 첫째는 친족관계가 다양한 부족에서(주로 아메리카 원주민이다) 어떻게 이해되고 있는지를 살피는 연구였다. 그 다음으로 겉보기에는 매우 다른 종족들의 사물에 대한 사고방식을 드러내 보여주는 신화 연구가 있다. 그리고 세 번째가 자서전적 내지는 철학적 여행기였다. 여행기는 1955년 『슬

픈 열대*Tristes tropiques*』라는 제목으로 나왔다.⁶¹

　레비스트로스의 이론은 대단히 복잡하다. 문체 또한 쉬운 쪽과는 거리가 멀어서 번역자들을 좌절시키곤 했다. 따라서 우리와 같은 종류의 책에서 제대로 평가하기가 대단히 어려운 작가다. 그러나 친족 관련 연구를 제외하면 레비스트로스의 저서는 두 가지 기본요소를 갖고 있다고 말할 수 있다. 『슬픈 열대』와 같은 해인 1955년 《아메리카구비문학저널*Journal of American Folklore*》에 게재된 논문 「신화의 구조 연구*The Structural Study of Myth*」및 이를 토대로 나중에 4권으로 확대돼 나온 『신화학*Mythologiques*』에서 레비스트로스는 전 세계의 신화 수백 건을 조사했다. 전공 훈련은 인류학으로 받았지만 이 작업에는 '세 분 선생'의 도움을 받았다고 그는 말한다. 바로 지질학과 마르크스, 프로이트를 말하는 것이다.⁶² 그의 저서에는 프로이트적인 요소가 마르크스나 지질학적인 요소보다 훨씬 두드러진다. 그러나 마르크스를 강조한 것은 인간 경험의 기저에 놓여 있는 보편적 구조를 찾겠다는 의미로 보인다. 아날 학파 역사가들(31장 참조)과 마찬가지로 그는 장기간의 역사 과정이 단기적인 사건들보다 훨씬 중요하다고 보았다.⁶³

　레비스트로스에 따르면 모든 신화는 보편적인, 본질적으로 구조화된 하나의 논리를 공유하고 있다. 그가 관찰한 바에 따르면 신화적인 이야기들의 묶음은 기본적인 주제, 즉 근친상간, 형제살해, 부친살해, 식인풍습 같은 주제를 계속 되풀이한다. 신화는 '일종의 집단적인 꿈'이며, 그 암호를 풀 수 있는 '어둠의 도구'이다.⁶⁴ 네 권 전체를 통틀어 본다면 그는 놀라운 독창성을 가지고 서로 다른 이야기 813가지를 분석했다. 물론 그런 독창성을 수긍하지 않는 학자가 많다. 에드먼드 리치Edumnd Leach 같은 영미권 평자들이 특히 그렇다. 예컨대 레비스트로스는 전 세계적으로 신화에 등장하는 인물들이 여성의 몸이 아니라 대지에서 태어나는 양상을 보여준다. 그들이 안짱다리 같은 기형이거나 이름이 아주 이상한 것은 어머니한테서 태어난 것이 아니라는 사실을 명시하기 위함이다.⁶⁵ 신화는 또 경우에 따라 친족관계에 '지나치게' 집착하거나(근친상간), 친족관계를 '극도로' 소홀히 한다(형제살해, 부친살해). 음식 조리 과정을 상세히 보여주는 신화(요리한 것, 날 것)도 있다. 그 과정에서 소리가 나기도 하고 안 나기도 하며, 옷을 입기도 하고 안 입기도 한다. 레비스트로스의 주장은 본질적으로, 신화란 인류가 초기에 세계를 어떻게 이해했는지를 보여주며, 따라서 인간 정신의 근본적이고 무의식적인 구조를 나타낸다는 것이다. 이런 접근법은 많은 이들에게 놀라운 발견으로 느껴졌지만 중요한 부수효과를 가져오기도 했다. 그 자신은 연구 결과를 토대로 '원시적' 정신과 '발달된' 정신 사이에 실질적인 차이는 없다는 점을 분명히 밝혔다. 이른바 야만인은 이야기 방식 면에서 우리와 마찬가지로 복잡하며, 진짜 미개한 것과는 동떨어진 존재라는 것이다.[66]

앞서 살펴봤듯이 금세기 초 마가렛 미드와 루스 베네딕트의 저술이 한 중요한 역할은 세계의 서로 다른 종족들이 행태의 여러 측면(예를 들어 성행위 같은)에서 얼마나 다른지를 보여줬다는 점이다.[67] 그런데 레비스트로스가 한 작업의 핵심은 이와 반대로, 신화가 전 세계적인 규모로 인간 본성과 가치관의 본질적 유사성 및 기본적 동일성을 확인시켜준다는 사실을 입증하는 것이었다. 이런 관점은 20세기 후반기에 엄청난 영향력을 갖게 된 관점이었다. 이를 통해 엘리엇이나 트릴링 같은 사람들이 제시한 발전된 고급문화의 타당성이 약화될 뿐 아니라 '국지적 지식'이라는 관념을 촉진하게 된다. 말하자면 문화적 표현은 특수한 지역에만 적용된다 하더라도 보편타당성을 가지며, 그런 표현의 의미를 읽어내는 일은 외부인들에게 자명하게 보이는 것 이상으로 훨씬 다양하고 복잡하다는 것이었다. 이런 점에서 레비스트로스와 치누아 아체베는 같은 이야기를 하고 있는 셈이다.

인류학의 발전에 날개를 달아준 것이 자매 분과인 고고학의 발전이었다. 1959년 베이질 데이비슨Basil Davidson(영국의 국제 문제 전문 저널리스트 겸 아프리카 역사가 : 옮긴이)이 『옛 아프리카의 재발견Old Africa Rediscovered』을 출간했다. '검은 대륙'의 먼 과거를 상세히 다룬 책이었다. 일 년 후 옥스퍼드 대학 출판부에서 권위 있는 연구서 『아프리카 음악사History of African Music』가 나왔다. 두 책에 대해서는 역사적 사유의 새 개념을 논하는 31장에서 자세히 다룰 것이다.[68] 그러나 여기에 잠시 끼워 넣은 이유는 엘리슨, 볼드윈, 매킨스, 아체베, 레비스트로스, 베이질 데이비슨의 작업을 관통하는 흐름이 비흑인 세계 속에서 흑인으로 존재하기라는 경험과 관련된 것이기 때문이다. 개별적인 양상은 다르지만 이들의 공통점은 과거에 흑인의 예술, 역사, 언어, 그리고 흑인이라는 존재 자체가 고의적으로 평가절하 되고 무시됐다는 각성이었다. 그런 역사, 그런 언어, 그런 경험을 시급히 회복해서 거기에 어떤 형상과 목소리를 부여할 필요가 있었다. 그것은 비트족의 문화와는 또 다른 대안 문화로서 풍부함과 다양성, 보편타당성 면에서 다른 어떤 문화 못지않았다. 그만큼 여러 학자들이 관심을 쏟을 만한 위대한 전통을 갖고 있었던 것이다.

  1950년대의 영국에는 아직 흑인 인구가 많지 않았다. 흑인 이민자가 유입되기 시작한 것은 1948년부터였다. 그들의 삶은 앞에서 언급한 콜린 매킨스 같은 작가들에 의해 이따금 묘사된다. '신생' 영연방 국가들(흑인이 압도적으로 많다)로부터의 이민을 규제하는 영연방이민법Commonwealth Immigrants Act은 1961년 이후에야 통과됐다. 그때까지는 인종 문제가 영국의 전통 문화에 위협이 되지는 않았던 것이다. 대신 '대안' 문화가 사회 일부 계층에서 세를 얻으면서 크게 번져갔다.

  1955년 소수의 동인들이 런던에 뭔가 새로운 것을 추구하는 극장을 세우자는 아이디어를 중심으로 모였다. 전혀 새로운 작가들의 신선한 희곡을 발굴해 현대 연극을 혁신하고 새로운 관중을 끌어 모으자는 취지였다. 그들은 극단 이름을 영국무대극단English Stage Company(ESC)으로 하고 첼시 구區 슬론 스퀘어에 궁정극장Royal Court으로 알려진 소극장을 전세 냈다. 그들이 활동하기에는 안성맞춤이었다. 극장은 부르주아 런던의 심장부에 들어서 있었지만 프로그램은 혁명적이었다.[69] 첫 예술감독은 조지 디바인George Devine으로 옥스퍼드 대학과 프랑스에서 공부를 한 인물이었다. 디바인은 부감독으로 BBC 방송에 있던 27세의 토니 리처드슨Tony Richardson을 불러들였다. 디바인은 경험이 있고, 리처드슨은 감각이 있었다. ESC 초기를 연구한 올리버 네빌Oliver Neville에 따르면, 그런 감각을 알아본 것은 튼실한 디바인이었다. 극단을 발족하면서 디바인은 연극 주간지 《무대The Stage》에 현대적인 소재의 새 희곡을 공모한다는 광고를 냈다. 광고가 '나가자마자' 쇄도한 수 백 건의 투고 중에는 존 오스본John Osborne(1929~1994)의 원고도 있었다. 제목은 『성난 얼굴로 돌아보라Look Back in Anger』였다.[70] 디바인은 그 '통렬한' 대사에 매료돼 무대에서 먹힐 것이라고 직감했다. 알고 보니 작가는 실직 상태의 배우로 여러 가지 면에서 전후 영국을 상징하는 인물이었다. 1944년 교육법(베버리지 보고서의 결과로 제정됐다)은 재학 연한을 높이고 초등·중등·고등교육의 현대적인 시스템을 갖추는 한편으로 직업 전문대학에 다니는 하층계급 학생들을 위한 장학금도 마련했다. 그러나 전후의 썰렁한 영국에는 일자리가 적고 학생은 넘쳐났다. 오스본도 이렇게 쓸 데 없이 교육·훈련만 많이 받은 부류에 속했다. 그가 쓴 작품의 '주인공' 지미 포터Jimmy Porter도 마찬가지였다.[71]

주인공에 인용부호를 단 이유는 『성난 얼굴로 돌아보라』에서 중하층 출신 주인공은 긍정적인 의미의 주인공과는 달리 주변의 모든 것을 공격하다가 끝내는 자기 자신까지 공격하기 때문이다. 이런 의미에서 지미 포터는 '공허로 향하는 분노한 에너지에 휘둘리는' 오콩쿠오의 사촌이다.[72] 『성난 얼굴로 돌아보라』는 지미와 중산층 출신 아내가 곰 인형 같은 장난감이나 끼고 사는 사적인 환상의 세계로 물러남으로써 허탈하게 끝난다는 비판을 받곤 했다.[73] 그러나 이 작품은 큰 성공을 거두었고, 한 평론가의 말대로 '중산층 출신 주인공을 내세우거나 시골의 저택을 무대로 하지 않는' 연극의 시작을 알렸다.[74] 특히 제목은 '성난 젊은이들Angry Young Men'이라는 구호의 탄생에 큰 역할을 했다. 성난 젊은이들은 키친 싱크 드라마 kitchen sink drama(부엌 싱크대를 중심으로 하층계급의 생활을 그린 연극: 옮긴이)와 더불어 1920년대 중후반 영국 노동자 계급(대부분 남자다)의 현실에 주목한 많은 연극, 소설을 일컫는 말이었다.[75] 따라서 그런 의미에서 오스본이 전형화한 트렌드는 문화의 개념을 새롭게 파악하려는 흐름과 맞아떨어진다. 오스본의 희곡은 물론이고, 버나드 콥스Bernard Kops의 『스테프니 그린의 햄릿The Hamlet of Stepney Green』(1957), 존 아든John Arden의 『바빌론의 물가Waters of Babylon』(1957)와 『돼지같이 살아라Live Like Pigs』(1958), 아놀드 웨스커Arnold Wesker의 『보리를 넣은 닭고기 수프Chicken Soup with Barley』(1958)와 『뿌리Roots』(1959) 같은 희곡들, 존 브레인John Braine의 『옥탑방Room at the Top』(1957), 앨런 실리토Alan Sillitoe의 『토요일 밤과 일요일 아침Saturday Night and Sunday Morning』(1958), 데이비드 스토리David Storey의 『욕망의 끝This Sporting Life』(1960) 같은 소설들에서는 주요 등장인물이 노동자 계급이거나 '안티히어로antihero'(도덕적으로 선량하지 않거나 영웅적 주인공과는 행태가 판이한 주인공: 옮긴이)다. 안티히어로들은 하나같이 공격적이며, 하나같이 하층 생활에서 탈출하고자 한다. 그런 생활에 만족할 수 없는 정도의 교육·훈련은 받았기 때문이다. 그러나 어디로 가야할지는 잘 모른다. 위에 든 작가들은 나름대로 하층사회의 결함을 포착하지만 하층민의 체험에 정당성을 부여하면서 전통적인 문화 형식에 대안을 제공했다. 엘리엇의 용어로 하면 깊은 회의를 표출한 것이다.

이와 다소 유사한 변화가 시 부문에서도 일어나고 있었다. 1954년 10월 1일《스펙테이터》지에 익명의 기사가 실렸다. 제목은 '운동 속에서In the Movement'. 필자는 이 잡지 문학 담당 편집장인 J. D. 스콧Scott 이었다. 영국 문학의 신조류를 일구는 일단의 소설가와 시인을 소개하는 내용이었다. 그들은 '리비스, 엠프슨, 오웰, 그레이브스를 숭배' 하면서도 '40년대의 좌절에 염증을 느끼고…… 시적 감수성에 극도로 목말라하며…… 또 …… 회의적이고, 거칠고, 빈정'거린다.[76]《스펙테이터》기사는 대표적으로 다섯 명의 작가를 꼽았다. 그러나 D. J. 엔라이트Enright가 1955년『1950년대 시인들Poets of the 1950s』을 내고, 1년 후 로버트 콘퀘스트Robert Conquest의 시 선집『신시新詩 New Lines』가 나온 이후에는 아홉 명의 시인과 소설가가 당시 유명했던 '시운동파Movement'를 주도하는 인물로 간주됐다. 킹슬리 에이미스Kingsley Amis, 로버트 콘퀘스트, 도널드 데이비Donald Davie, 엔라이트 본인, 톰 건Thom Gunn, 크리스토퍼 할러웨이Christopher Holloway, 엘리자베스 제닝스Elisabeth Jennings, 필립 라킨Philip Larkin, 존 웨인John Wain이었다. 한 선집 편찬자는 시운동파를 '18세기 이후 문화 전통 최대의 단절'이라고 규정했다. 웨인의 소설『급히 내려오다Hurry on Down』(1953)와 에이미스의『행운아 짐Lucky Jim』(1954) 등이 대표적인 작품인데 전반적인 톤은 '어지간한 수준의 회의懷疑'와 '아이러니한 상식'이었다.[77]

시운동파의 삶과 문학에 대한 자세를 극명하게 보여준 전형적인 시인은 필립 라킨(1922~1985)이었다. 라킨은 오든의 고향인 버밍엄으로부터 그리 멀지 않은 코벤트리에서 어린 시절을 보냈고, 옥스퍼드 대학 졸업 후 대학 사서로 사회생활을 시작했다(1946~50년 레스터 대학, 1950~55년 벨파스트, 1955~85년 헐 대학에서 사서로 근무했다). 사서가 된 것은 먹고 살기 위해서였던 것 같다. 초기에 소설을 두 편 썼지만 이름이 난 것은 시인으로 활동하면서부터였다. 라킨은 자신이 시를 선택한 것이 아니고 시가 자신을 선택했다는 말을 자주 했다. 처음으로 성숙한 모습을 보인 시집 『덜 속은 사람들The Less Deceived』(1955)에 나타난 그의 시적인 목소리는 '회의적이고, 평이한 어조에 소박했다.' 그러면서도 단정하고, 상식으로 단단히 무장돼 있었다. 오스본의 희곡들처럼 분노를 표출하지는 않지만, 낡은 문학 내지는 전통, 거창한 이념, 정신분석 등등—이런 것들에 대해 라킨은 '그렇고 그런 신화 나부랭이'라고 했다—에 대한 거부는 키친 싱크 드라마 같은 현실감을 느끼게 한다. 물론 한층 순화된 형태다.[78] 라킨의 대표작 가운데 하나인 「교회 가기Church Going」에 이런 구절이 나온다.

나는 어색한 외경심으로
사이클 장갑을 벗는다.

좀 우습다는 자각뿐 아니라 라킨의 '진심'이 느껴지는 대목이다. 라킨이 보기에 "인간은 간절히 의미를 추구하지만 과연 그럴 수 있을지 확신하지 못한다. 세계는 인간의 질문과 무관하게 존재하기 때문이다. 여기에 철학적인 구석은 없다. 굳이 철학적이라고 한다면 그런 사실에 대해 인간이 할 수 있는 일이 아무것도 없다는 점이다. 인간은 '속수무책인 방관자'다. 그가 느끼는 감정은 아무 의미가 없고, 따라서 딱히 들어갈 자리도 없다. 그렇다면 우리는 왜 그런 감정을 갖는가? 그래서 난감한 것이다." 라킨은

빗발치는 사건들이 삶을 마구 때려
그 형체를 아무도 알아볼 수 없게 되는

현실을 관찰한다. 라킨은 의도적으로 감상적인 것의 문턱을 드나든다. 감상적인 것 자체의 결함에 관심을 환기시키기 위해서다. 물론 많은 사람들이 너무도 감상적이라는 것을 시인은 잘 알고 있다. 라킨의 세계는 깨진 환상과 패배로 얼룩진 세계다(예를 들어 결혼에 대해서는 '둘이서 한 몸처럼 바보스럽게 살아가는 것'이라고 했다). 이러한 "수

동적 리얼리즘의 세계에서 왜소해진 삶의 목표는 거창한 열정은커녕 그저 상처받지 않는 것이다." 고통과 불안을 느낄 만큼 과학을 알고, 그러면서 실존주의를 꿰뚫고 있는 사람의 메시지다. 나머지 모든 '거창한' 말들은 부차적이다. 이런 점 때문에 라킨의 위상은 점차 높아졌다. 그의 세계관은 영웅적이지는 않겠지만 흠잡을 데가 없다. 블레이크 모리슨이 지적한 대로 라킨은 수십 년 동안 그다지 중요하지 않은 시인으로 간주됐다. 그러나 금세기가 끝나는 이 시점에는 "20세기 후반 영국 시의 역사를 지배한 인물처럼 보인다. 전반기에 엘리엇이 그랬던 것처럼."[79]

성난 젊은이들 및 시운동파와 맥을 같이하는, 적어도 두 사조가 묘사하고자 한 세계와 겹치는 것이 리처드 호가트Richard Hoggart(1918~)의 대단히 독창적인 저서 『교양의 효용Uses of Literacy』이다. 1957년 『성난 얼굴로 돌아보라』가 초연된 지 1년 만에 낸 이 책으로 호가트는 레이먼드 윌리엄스, 스튜어트 홀, E. P. 톰프슨Thompson과 더불어 문화연구cultural studies(이제는 학문의 한 분야가 됐다)라고 하는 사상사 학파의 창립자가 됐다. 1918년 리즈에서 태어나 리즈 대학을 나온 호가트는 2차 대전에 참전해 북아프리카와 이탈리아에서 전투했다. 윌리엄스와 마찬가지로 군 생활은 독특한 체험이었다. 전쟁이 끝난 후 호가트는 라킨이 사서로 있던 헐 대학 성인교육원 문학 강사로 일하면서 최초의 평론집 『오든Auden』을 냈다. 그러나 노동계급 출신이라는 배경, 군대 생활, 지방대학의 성인교육원 강의 경험 등이 하나로 농축된 것은 『교양의 효용』에서였다. 이 책에서 호가트는 지금까지 결여돼 있던 삶의 한 측면을 잘 드러내 보여주는 어휘를 총망라한 것 같았다.[80]

호가트는 I. A. 리처즈(18장 참조)와 F. R. 리비스의 '위대한 전통'으로부터 나온 고전적인 문학비평 훈련을 받았다. 그러나 실제 체험은 그를 아주 다른 방향으로 이끌었다. 긴즈버그가 라이오넬 트릴링에 맞선 것처럼 호가트는 리비스에 반기를 들었다.[81] 케임브리지의 전통을 따르는 대신 리처즈의 방법론을 활용해 자신이 아는 문화를 천착했다. 여기서 문화란 노동자들이 단골 술집에서 부르는 노래에서부터 가정용 주간지까지, 상업적인 팝송에서부터 일반인이 많이 보는 영화까지 광범위했다. 그는 일요일 오전의 세차나 현관 계단을 박박 문질러 닦는 행위 등등 아무 의문제기 없이 당연시해온 관습들을 인류학자처럼 새삼스럽게 기술하고 분석했다. 그의 저서가 한 작업은 두 가지였다. 첫째, 노동계급의 문화를 구체적으로 기술했다. 특히 그들의 언어는 주 연구대상이었다. 책이나 잡지, 노래, 게임에서 노동계급이 사용하는 언어에 주목한 것이다. 그렇게 함으로써 그런 문화가 얼마나 풍부한지, 그리고 비평가들이 생각하는 것보다 얼마나 볼 게 많은지를 입증했다. 이것이 두 번째 작업이었다. 오스본과 마찬가지로 호가트는 노동계급의 결함이나 영국 사회가 노동계급의 신분 상승 기회를 사실상 박탈하고 있다는 현실을 모르지 않았다. 그러나 노골적인 정치 발언보다는 기술과 분석에 훨씬 무게를 뒀다. 호가트의 저서와 오스본의 작품에 대해 비슷한 반응을 보이는 사람이 많았다. 지금까지는 눈에 들어오지 않던 어떤 부문에 갑작스레 어떤 정당성이랄까, 나름의 목소리가 주어진 것이다. 이렇게 해서 또 하나의 전통이 형성됐다.[82]

호가트의 연구는 자연스럽게 레이먼드 윌리엄스Raymond Williams(1921~1988)로 연결됐다. 호가트처럼 윌리엄스도 2차 대전에 참전했다. 그는 평생의 대부분을 케임브리지대학 영문학부에서 학생으로, 교수로 보냈다. 따라서 리비스를 의식하지 않을 수 없었다. 윌리엄스는 호가트보다 이론가 기질이 강한 반면 날카로운 관찰자로서의 자질은 떨어졌다. 그러나 논리는 치밀했다. 『문화와 사회Culture and Society』(1958)를 필두로 쏟아놓은 일련의 연구서에서 윌리엄스는 호가트의 좁은 범위의 작업에 내재돼 있던 것을 끄집어내 어떤 맥락context을 부여했다.[83] 이는 사실상 하나의 새로운 미학이었다. 윌리엄스의 기본 이념은 어떤 콘텍스트 없이 존재하는 예술작품—그림, 소설, 시, 영화 등등—은 없다는 것이었다. 광범위하게 통용되는 작품, 즉 '보편적인 아이콘'도 지적, 사회적 배경, 특히 정치적 배경이 있다는 것이 윌리엄스의 핵심 주장이었다. 상상력은 권력관계를 피할 수 없고, 예술이 취하는 형식과 예술에 대한 우리의 태도 자체가 정치의 한 형태라는 이야기였다. 꼭 파당 정치를 두고 하는 말이 아니다. 그보다는 문화와 권력의 상관관계를 인정하는 것이 자기인식의 궁극적 형태라는 주장이다. 『문화와 사회』에서 윌리엄스는 우선 '문화'를 차원이 다른 것으로, 교육 받은 소수만이 제대로 그 가치를 향유하고 최고 수준으로 끌어올릴 수 있는 분야로 보는 엘리엇, 리처즈, 리비스 같은 평론가들을 고찰한 뒤 '마르크스주의와 문화'라는 장으로 넘어간다. 마르크스주의 이론에서는 인간의 삶을 결정하는 요소가 생산과 분배의 수단이라는 점을 윌리엄스는 상기시킨다. 따라서 문화의 발전은 다른 모든 것과 마찬가지로 그런 문화를 낳은 물질적 조건에 의존한다. 따라서 문화는 사회적 구조를 반영하지 않을 수 없다. 그리고 이런 분석을 토대로 할 때 사회의 최상층에 있는 사람들이 변화를 달가워하지 않을 것은 너무도 당연하다. 이렇게 볼 때 엘리엇과 리비스는 당대의 사회적 여건을 반영한 것에 불과하며, 그럼으로써 자기의식의 결핍을 분명하게 드러내고 있다는 것이다.[84]

이런 식의 (과도하게 단순화된) 분석으로부터 윌리엄스는 몇 가지 결론을 끌어냈다. 우선, 어떤 예술가나 예술작품을 판단하는 유일한 기준이라는 것은 없다. 엘리엇이나 리비스가 생각하는 엘리트는 전체 인구 중에서 특수한 이해관계를 가진 한 부류일 뿐이다. 따라서 윌리엄스는 어떤 예술가나 작품이 이야기가 되는지를 판단할 때 우리 자신의 경험을 믿으라고 조언한다. 모든 관점은 타당성 면에서 동일하다는 주장이다. 이런 의미에서 윌리엄스 자신은 고급문화라고 할 만한 쪽에 물들어 있으면서도 바로 그런 전통을 공격하고 있는 셈이다. 윌리엄스의 이론은 예술가들이 새로운 이념을 발전시키면서 신지평을 여는 것은 미학적 차원에서만이 아니라 정치적으로도 그러하다는 주장을 내포한다. 이런 식의 예술과 정치의 결합은 나중에 문화적 좌파Cultural Left로 이어진다.

엘리엇-리비스-트릴링-코매저류의 정전Canon(묵시적인 합의를 통해 위대하다고 인정된 작품과 작가를 일컫는 문학비평 용어: 옮긴이)에 대한 마지막 공격은 역사와 자연과학 쪽에서 나왔다. 역사 쪽 도전을 처음 주도한 것은 프랑스 아날 학파였으며, 그 다음이 영국 마르크스주의 역사가들이었다. 두 학파의 업적에 대해서는 31장에서 자세히 논하기로 하고, 여기서는 그들이 '역사'는 왕후장상王侯將相만이 아니라 '보통' 사람들한테도 해당된다는 사실에 주목했다는 점만 말해두고자 한다. 예를 들어 출생, 결혼, 사망 기록으로 재구성한 농촌마을의 역사는 굵직굵직한 전쟁이나 협정들의 연대기만큼 감동적이고 중요할 수 있고, 삶은 전쟁이나 정치와는 다른 방식으로 전진하면서 의미를 획득한다는 것이다. 이제 역사는 다른 분야와 합쳐져서 '하층민'의 세계를 관심권으로 끌어들이면서 그들의 삶이 얼마나 다채로울 수 있는지를 드러내 보인다. 호가트가 20세기 영국 노동계급에 대해서 한 일을 아날 학파는, 예를 들면, 15세기 프랑스 남부 랑그도크Languedoc나 몽타이유Montaillou 농민들에 대해서 했다. 영국 마르크스주의 역사학자들—특히 로드니 힐튼Rodney Hilton, 크리스토퍼 힐Christopher Hill, 에릭 홉스봄Eric Hobsbawm, E. P. 톰프슨—도 농민이나 하층 성직자 같은 '보통' 사람들의 삶에 관심을 집중했다. 특히 톰프슨의 고전적인 저작은 영국 노동계급을 집중 조명했다. 이런 연구들의 요지는 하층민이 역사의 중요한 요소이며, 그들도 나름의 이해관계에 따라 합리적으로 행동하고, 상류층의 단순한 소모품이 아니라는 것을 잘 알고 있다는 것이었다.

1950년대 중반에서 말까지 역사학, 인류학, 고고학, 윌리엄스류의 문화연구는 물론이고, 스타일은 좀 다르지만 아체베, 볼드윈, 긴즈버그, 호가트, 오스본의 작품들까지 한통속이 되어 고급문화라고 하는 전통적 관념을 허물어뜨렸다. 도처에서 새로운 저술과 새로운 발견이 이루어졌다. 소수의 '위대한 책'이 문명의 중추이자 핵심이라고 하는 관념은 점차 현실과 거리가 멀어지고 지탱하기도 어려워 보였다. 물질적인 측면에서 보면 미국은 이제 유럽보다 훨씬 번영을 누리고 있었다. 그렇다면 미국인들이 무엇 때문에 유럽 작가들을 들여다보아야 한단 말인가? 예전의 식민지들은 새로 발견된 역사로 의기양양해졌다. 남의 역사에 왜 목을 매야 한단 말인가? 이런 질문들에 대한 답은 있었다. 좋은 답이었다. 하지만 당분간 거기에 관심을 두는 사람은 거의 없었다. 그런데, 전혀 예기치 못한 공격이 전혀 엉뚱한 방향에서 날아왔다.

엘리엇과 리비스류에 대한 통렬한 정면공격이 시작된 날짜와 장소는 정확하게 꼽을 수 있다. 무대는 영국 케임브리지 시 한가운데에 위치한 케임브리지 대학, 시간은 1959년 5월 7일 오후 다섯 시가 조금 넘은 때였다. "한 거한이 케임브리지 대학 상원의사당 강당 서쪽 끝에 있는 교탁으로 어슬렁어슬렁 걸어갔다."[85] 하얗게 회를 칠하고 화려한 조각으로 장식을 한 신고전주의 스타일의 강당은 나이 든 교수, 학생, 그리고 수많은 유명인사들로 가득했다. 케임브리지 대학의 유명한 연례 공개 강연인 리드 강연을 들으러 모인 사람들이었다. 그해의 연사는 찰스 스노 경으로 대개는 이름 머리글자를 따서 C. P. 스노(1905~1980)라고 했다. 스테판 콜리니가 전하는 이야기에 따르면 "한 시간 넘게 강연을 하면서 스노는 적어도 세 가지를 해냈다. 우선, 하나의 구절, 아니 개념을 세계적으로 환기시키는 데 성공했다. 둘째, 현대사회를 깊이 성찰하는 사람이라면 답하지 않을 수 없는…… 하나의 중요한 문제를 제기했다. 그리고 규모와 지속성과 강도 면에서 놀라울 정도의 논쟁이 벌어지는 출발점을 마련했다."[86] 스노가 한 강연의 제목은 '두 문화와 과학혁명The Two Cultures and the Scientific Revolution'이었다. 그가 말하는 두 문화란 '문학적 지식인'의 문화와 '자연과학자'의 문화를 뜻한다. "둘 사이에는 상호 깊은 불신과 몰이해가 자리 잡고 있으며, 그 때문에 기술을 여러 문제에 적용하는 데 있어 해로운 결과가 야기된다"고 그는 말했다.[87]

스노는 이런 문제를 제기하는 데 적임이었다. 케임브리지는 영국 최고의 과학연구기관이었다. 그러나 동시에 앞서 살펴본 것처럼 F. R. 리비스(와 레이먼드 윌리엄스)의 고향이기도 했다. 문학을 중심으로 하는 전통 문화의 본산이기도 하다는 이야기다. 게다가 스노 자신이 케임브리지 맨이었다. 캐번디시연구소에 들어가 어니스트 러더퍼드 밑에서 연구원 생활을 했다(학부는 레스터대학을 나왔다). 과학자로서의 경력은 1932년에 사실상 끝이 났다. 비타민 A 인공 합성법을 발견했다고 공언했으나 계산 과정의 실수가 발견돼 논문을 철회하지 않을 수 없었던 것이다.[88] 그 후로는 과학연구를 접고 정부 과학 담당 고문으로 있으면서 소설가로도 활동했다. 11권으로 된 시리즈 『이방인과 형제들Strangers and Brothers』은 폐쇄적인 공동체(교수 사회나 케임브리지 대학 같은)에서 의사결정이 어떻게 이루어지는지를 그린 내용이다. 이 소설은 '고급' 문학을 주창하는 평론가들로부터 많은 비웃음을 샀다. 문체가 과장됐다는 이유에서였다. 그들은 어쩌면 그렇게 보고 싶었을 것이다. 이렇게 스노는 두 문화에 다리를 걸치면서—그러나 다리를 놓지는 못했다— 나름의 관점을 갖게 됐다.

스노는 자신의 주장이 어느 나라에나 해당하며, 강연에 대한 반응을 보면 그 타당성을 분명히 알 수 있다고 말했다. 그러나 다른 어느 나라보다 영국에 딱 들어맞는 이야기였다. 그만큼 영국에서는 두 문화의 대립이 극심했다. 스노는 문학적 지식인들이 정부와 각계의 권력을 장악하고 있다고 지적했다. 고전, 역사, 영문학 등에 대한 지식으로 무장한 사람들만이 먹물깨나 먹었다고 느끼는 분위기라는 이야기였다. 그러나 그들은 과학에 대해서는 잘 몰랐다. 경우에 따라서는 전혀 몰랐다. 과학이 중요하다거나 재미있다고 생각하지 않았으며 정부 정책을 논할 때 과학은 아예 빼거나 따분한 문제로 치부했다. 스노는 이런 무지가 수치이며, 위험하고, 정부 쪽으로 가면 나라에 해가 된다고 생각했다. 동시에 인문학을 제대로 배우지 못한 과학자들은 문학을 별 볼일 없는 주관주의의 산물로 간주해 가르칠 필요가 없다고 보는 경향이 강했다.

스노의 강연 내용을 읽어보면 날카로운 관찰에 공감하게 된다. 예를 들어 그는 과학자들이 문학적 지식인들보다 낙관적이라고 본다. 가난한 집안에서 출세한 경우가 많기 때문이다(영국도 그렇지만 미국 역시 '아마' 그럴 것이다). 그는 문학적 지식인들이 다른 문화(과학)에 대해서는 깡통에 가까우면서도 과학자들보다 훨씬 폼을 잡는다고 보았다. 반면에 과학자들은 적어도 자기들이 모르는 게 무엇인지는 안다.[89] 스노는 또 문학적 지식인들이 과학자들을 시기한다고 보았다. "조금만 재능이 있는 과학자라면 『행운아 짐』의 주인공처럼 취직을 못하거나 자기가 하는 일을 우습게 여기지 않을 것이다. [킹슬리] 에이미스와 그 동료들의 불만 가운데 일정 부분은 사실 취직이 잘 안 되는 인문학 계통 졸업생의 불만이다."[90] 이어 결론적으로 많은 문학적 지식인들을 타고난 러다이트(19세기 초 영국의 산업혁명 당시 실직을 우려해 기계 파괴 운동을 벌인 직공들. 기계화와 산업적 변화에 반대하는 사람을 일컫는다 : 옮긴이)라고 규정했다. 그러나 핵심은 두 문화에 대한, 그리고 그 사이에 존재하는 엄청난 간극에 대한 지적이었다. 여기에 세계가 바야흐로 과학혁명으로 접어들고 있다는 주장이 덧붙여진다.[91] 스노는 과학혁명을 산업혁명과 구별했다. 산업혁명은 기계의 도입, 공장 신설, 도시의 확장 등등을 말하는 것으로 그 결과 인간의 경험은 엄청나게 변모됐다. 반면 과학혁명은 '소립자가 처음으로 산업적으로 활용되면서' 시작됐다고 스노는 말한다. "내 생각에는 전자공학, 핵에너지, 자동화가 주도하는 산업사회는 본질적인 측면에서 이전의 산업사회들과는 다르며, 앞으로 세계를 더욱 변화시킬 것이다." 그는 영국과 미국, 러시아, 프랑스, 스칸디나비아의 과학 교육을 검토한 뒤 영국이 가장 뒤떨어져 있다고 보았다(러시아는 방향은 제대로 잡았지만 어떤 결과가 나올지는 불확실하다고 했다).⁹² 그러면서 제대로 된 과학 교육·행정만이 부국과 빈국의 대립이라고 하는 지구촌의 근본 문제를 해결하는 데 도움이 될 것이며, 그런 교육을 하려면 문학적 지식인들이 생소한 분야에 더욱 친숙해지고 편견을 버려야만 한다라고 주장하는 것으로 결론을 삼았다.⁹³

스노의 강연은 엄청난 반응을 불러일으켰다. 본인은 모르는 여러 나라 말로도 논란이 확산됐다. 그래서 헝가리, 일본, 폴란드 같은 데서 무슨 이야기가 오가는지는 알 수 없었다. 정도의 차이는 있지만 그와 의견을 같이 하는 사람이 많았다. 그러나 양쪽에서 대단히 신경질적인 비판—하나는 거의 인신공격성이다—이 나왔다. 인신공격성 비난을 퍼부은 것은 다름 아닌 F. R. 리비스였다. 그는 스노에 대해 했던 강연을 《스펙테이터》지에 실었다. 리비스가 스노를 공격한 근거는 두 가지였다. 그는 좀 더 진지한 수준에서 문학의 방법론은 개인에 관련된 것으로 과학의 방법론과는 전혀 다르다고 주장했다. "왜냐하면 문학의 언어는 어떤 의미에서 개인의 언어이기 때문이다. 분명한 의미에서는 아니지만 적어도 과학의 언어보다는 더 분명한 의미에서 그렇다." 리비스가 보기에 물리적 우주나 그에 대한 표현에 관한 논의를 관찰자가 받아들이는 것과 문학을 독자나 작가가 받아들이는 방식은 판이하게 달랐다. 왜냐하면 문학과 문학적 문화는 학습한 언어로 구성되는 게 아니라 교감을 통해 형성되는 것이기 때문이다.⁹⁴ 리비스는 비방도 서슴지 않았다. 리비스의 독설이 워낙 인신공격성이어서 그의 강연 내용을 출판한 스펙테이터지와 샤토 앤드 윈더스 Chatto & Windus 출판사는 스노에게 소송을 낼 의사가 있는지를 타진하기도 했다. 결국 소송은 내지 않았지만 스노가 얼마나 마음의 상처를 입었을지는 충분히 짐작이 간다.⁹⁵ 리비스는 이렇게 시작했다. "우리 문명의 심각한 문제에 대해 권위 있게 문제 제기를 할 만한 지식이나 능력, 통찰력을 갖췄다고 자부한다면 천재일 것이다. 찰스 스노 경의 천재성에 대해서는 의심의 여지가 없다. 그는 거침이 없다." 원래 강연을 할 때는 이 대목에서 잠시 뜸을 들였었다. 그리고 나서 이어진 문장은 "그러나, 스노는 허풍만 떨지 실은 뭣도 모르는 자다"였다.⁹⁶

스노에 대한 설득력 있는 비판은 리비스가 아니라 뉴욕의 라이오넬 트릴링에게서 나왔다. 그는 우선 리비스에 대해 매너가 나쁘고 너무 인신공격적이라고 비난했다.

리비스를 먼저 걸고넘어진 것은 자기가 별로 대수롭지 않게 취급한 현대 작가들을 리비스가 옹호했기 때문이다. 어쨌거나 트릴링은 스노의 주장을 터무니없는 과장이라고 봤다. 다종다양한 작가들을 '무 자르듯이' 한두 마디로 특징짓는 것은 불가능하다. 과학은 논리적으로나 개념적으로 하나로 묶을 수 있을지 모르지만 문학은 그렇지 않다는 것이다. '문학'에 포함되는 활동은 너무 다양해서 간단하게 과학과 비교할 수 없다.[97] 과연 그럴까? 트릴링이 뭐라고 했든 '두 문화' 논쟁은 아직도 진행 중이다. 스노의 강연은 전 세계에서 벌어진 다양한 논란을 소개하는 스테판 콜리니의 서문을 추가해 1997년에 개정판이 나왔다. 1999년에는 BBC 방송이 '두 문화 40년 지금은'이라는 제목으로 공개 토론회를 열었다. 지금 보면 적어도 스노가 전자·정보 혁명의 중요성을 언급한 부분은 맞았다. 본인은 소설보다는 그 강연으로 더 기억되고 있다.[98] 결론 부분에서 논하겠지만 20세기 말 현재 우리는 '크로스오버(교차, 융합, 혼합이라는 뜻: 옮긴이) 문화'라고 할 만한 환경에서 살고 있다. 대중적인 (그래도 꽤 어렵다) 과학책이 소설만큼 잘 팔리고, 문학비평서보다는 훨씬 잘 팔리는 시대다. 사람들은 과학에 더욱 밝아지고 있다. 스노의 주장에 온전히 동의하든 않든 간에 그가 리스먼처럼 뭔가 중요한 문제를 정확히 제기한 것만은 분명하다.

이런 식으로 작품이면 작품, 책이면 책, 연극이면 연극, 노래면 노래, 학문이면 학문마다 확고한 전통이 깨지기 시작했다. 적어도 균열이 가고 있었다. 어떤 이들에게는 이런 변화가 일종의 해방과 같았다. 반면 다른 사람들에게는 심히 난감한 문제요, 모종의 상실감을 야기하는 사태였다. 그러나 현실주의적인 사람들은 이런 문제를 노련하게 처리했다. 과학을 잘 알고, 치누아 아체베, 제임스 볼드윈, 존 오스본 같은 작가의 작품에 친숙하다고 해서 반드시 전통에 빛나는 명작들을 내다버려야 하는 것은 아니다. 그런데 1950년대부터 교육 수준이 높고 문화적이라고 자처하는 사람들이 공유하는 위대한 전통 내지 보편적인 정전正典이 깨지기 시작했다. 고급문화라는 개념 자체가 각계각층에서 의심의 눈길을 받았다. '고급문화'라는 표현도 인용부호 안에 들어가는(아직 관 속에 들어가지는 않았다) 경우가 많았다. 신뢰하거나 진지하게 받아들일 개념은 아니라는 투였다. 이런 태도는 금세기 후반 포스트모더니즘으로 일컬어진 새로운 미학의 기초였다.

리비스는 스노를 악의적으로 비난했지만 강력한 반론거리가 하나 있는데도 사용하지 않았다. 아마 몰라서 그랬을 것이다. 그러나 그런 논거는 1950년대에 들어 점차 중요해진다. 스노는 경험을 중시하고, 냉철하게 합리적이며, 자기 수정을 계속해 나가는 과학적 방법론이 현실에서 많은 승리를 거뒀다는 사실을 강조했다. 그런데 스노와 리비스가 난타전을 벌이는 사이 과학이라는 '문화'가 스노가 생각한 것과 같지 않으며, 실제로는 과학 전문지에 실린 논문을 읽을 때 느끼는 것보다 훨씬 '인간적인' 활동이라고 하는 증거가 쌓여가고 있었다. 과학에 대한 이런 새로운 시각은 이른바 포스트모던적 조건을 형성하는 데에도 기여했다. 이에 대해서는 다음 장에서 살펴보기로 한다.

27
과학의 이면
Forces of Nature

    과학이 진지한 문학만큼이나 하나의 '문화'라고 주장하면서 C. P. 스노는 과학과 문학이 지적으로 동등한 활동이지만 차이가 있다는 점을 강조했다. 가장 중요한 차이는 아마도 자연과학에서 사용하는 방법—경험적 관찰을 하고, 합리적 추론을 해서, 다시 경험에 비추어 결론을 지속적으로 수정해나가는 과정—일 것이다. 이를 토대로 과학자는 가장 합리적인 존재로, 연구 과정에서 경쟁관계나 야심, 이데올로기 같은 개인적 고려에 전혀 영향을 받지 않는 존재로 묘사됐다. 증거만이 문제가 된다는 것이다. 이런 시각을 뒷받침하는 것이 전문지에 발표되는 과학 논문들이다. 그 글쓰기 스타일은 필자의 존재가 느껴지지 않을 정도로 비개성적이다. 거의 일반적인 포맷이 있다. 문제를 제시하고, 문헌을 검토한 다음, 이러저러한 방법을 사용해서 실험을 했더니 결과가 이렇더라, 그래서 결론은 이거다 하는 식이다. 저널에서는 과학이 한 번에 한 발짝씩 정연하게 전진한다.

    그런데 이런 시각에는 딱 하나 문제가 있었다. 사실이 아니라는 것이다. 사실에 가깝지도 않다. 과학자들도 이런 문제를 알고 있었다. 그러나 여러 가지 이유로 거의 입 밖에 내지 않았다. 그런 이유 가운데 하나는 스노가 자세히 설명한 불안이었다. 과학의 진짜 특성에 처음 주목한 사람은 오스트리아—헝가리 제국 출신의 망명객 마이클 폴라니Michael Polany(1891~1976)였다. 폴라니는 2차 대전 이전에 부다페스트와 베를린의 카이저 빌헬름 연구소에서 의학과 물리화학을 공부했고, 2차 대전 말기에는 맨체스터 대학 사회학 교수가 되었다(형 칼은 컬럼비아 대학 경제학 교수였다). 1946년 더럼 대학에서 한 리들 강연Riddell lectures—나중에 『과학, 신념, 사회Science, Faith and Society』라는 제목으로 출판됐다—에서 마이클 폴라니는 과학에 관한 두 가지 근본적인 관점을 제시했다. 이는 20세기 말의 지적 지형에서 핵심적인 위치를 차지하게 된다.[1] 그는 먼저 과학이 많은 경우 어림짐작과 직관에서 출발하며, 이론적으로는 과학이 계속 수정 가능하다고 하지만 실제로는 그렇게 안 된다고 지적했다. "새로운 관찰과 실험이 과학적 발견 과정에서 차지하는 역할은 대개 과대평가되어 있다."[2] 과학을 발전시키는 것은 새로운 사실들이라기보다는 알려진 사실들에 대한 새로운 해석 내지는 알려진 사실을 의미 있게 설명해주는 새로운 메커니즘 또는 체계의 발견이다. 이런 발전은 "종종 게슈탈트적 성격을 갖는 것이어서 전에는 아무 의미가 없던 무언가가 갑자기 '눈에 확 들어오는' 것과 같다."[3] 그의 논지는 과학자들이 실제로는 스스로 생각하는 것보다 훨씬 직관적으로 행동하며, 연구 내용에 대해 절대중립 내지는 초연함을 유지하기보다는 어떤 확신을 가지고 연구를 시작한다는 것이다. 물론 그런 확신은 과학적 확신이다. 이런 확신이 작용하는 방식에는 몇 가지가 있다. 우선 과학자가 발견 과정을 이러이러하게 추진해가겠다고 결심하는 단계에서 지침이 된다. 어떤 결과를 '참'으로 받아들이거나 더 연구를 요한다고 판단할 때에도 결정적인 작용을 한다. 이런 확신이야말로 두 가지 의미에서 과학자의 원동력이다.

폴라니는 다른 사람들과 달리 과학을 종교적인 사회의 자연스러운 결과물로 보았다. 그러면서 독자들에게 기독교 교회 설립자 가운데 일부는—성 아우구스티누스Saint Augustine 같은 이들—과학에 대단히 관심이 많았음을 상기시켰다. 폴라니에게 과학은 자유와, 그리고 원자화된 사회와 불가분의 관계가 있다. 그런 환경에서만 진정한 독립적 주체로서 소신껏 결정을 할 수 있다. 그러나 그가 보기에 이는 유일신교, 특히 기독교의 산물이었다. 기독교는 이 세상에 개별적인 진리를 넘어서는 '초월적 진리'가 있다는 전통 내지는 이념을 심어주었다. '저 바깥에' 존재하는 진리가 발견을 기다리고 있다는 것이다. 폴라니는 과학의 구조를 찬찬히 뜯어보다가 그런 사례를 발견했다. 왕립학회 회원들 중에서 동료 회원이 자격 미달이라고 이의를 제기한 사람은 거의 없었고, 회원이 될 만한 자격이 있는 사람이 학회에서 쫓겨난 일도 없다는 점에서 불의는 없었다. 과학과 공정성은 밀접한 관계가 있다.

폴라니는 과학의 전통 내지 객관적·초월적 진리에 대한 추구의 기저에는 기독교적 이념이 깔려 있다고 보았다. 물론 계시종교만이 존재하던 시대를 넘어서면서 많은 발전—진화—이 이루어지기는 했다. 과학과 과학적 방법의 발전은 그가 볼 때 사회에 관용과 자유를 강화하는 쪽으로 영향을 미쳤다. 이는 과학이 실제로 이룩한 성과만큼이나 중요하다. 폴라니는 종국에는 신으로 돌아가는 것이라고 생각했다. 그가 보기에 과학의 발전과 과학적 사고/작업 방식은 인간이 도덕적 진보를 이루어가는 노정에서 신의 의도를 완전히 실현하는 과정의 최근 단계에 불과했다. 과학자들이 직관과 확신에 그토록 많이 의존한다는 사실도 이런 관점을 뒷받침해주는 것에 지나지 않았다.⁴

조지 오웰은 그렇게 보지 않았다. 오웰은 과학이 차갑도록 합리적이라고 믿었다. 그리고 이런 차가운 합리주의를 오웰보다 더 혐오하거나 두려워한 사람은 없었다. 『동물농장』과 『1984년 Nineteen Eighty-Four』은 누가 봐도 정치소설이었다. 『1984년』은 1948년에 출간됐는데 3년 전에 나온 『동물농장』 못지않게 많은 논쟁을 불러일으켰다. 보수파들은 다시금 한때 사회주의자였다가 뒤늦게 광명을 찾은 작가가 사회주의의 전체주의성을 공박한 것으로 해석했다. 그러나 이는 작가 자신의 말과는 다르다. 『1984년』은 전체주의에 대한 것 못지않게 과학에 대한 비관적인 공격이었다. 오웰이 비관적이었던 데에는 폐결핵을 앓고 있다는 사실도 한몫을 했다. 또 1948년의 영국은 여전히 매우 음울한 시기이기도 했다. 고기 배급은 극히 제한돼 있었고(일주일에 두 점), 빵과 감자도 여전히 배급제였으며, 비누는 거품이 잘 안 나고, 면도날은 무디고, 엘리베이터는 가동이 안 됐다. 작가이자 평론가인 줄리안 시먼스Julian Symons에 따르면 작품에도 나오는 빅토리 진 칵테일은 마시고 나면 '고무곤봉으로 뒤통수를 얻어맞은 듯' 얼얼했다.⁵ 그러나 오웰은 사회주의자가 아니었던 적이 한 번도 없다. 그리고 사회주의가 발전하면 결국 스탈린주의의 잔학성과 전체주의 성향을 띠게 된다는 것을 알고 있었다. 그래서 제임스 버넘James Burnham이

『경영자 혁명The Managerial Revolution』(1941)에서 제시한 것과 같은 이념들도 공격 대상이 됐다. 경영자 계급managerial class—과학자, 테크노크라트, 행정가, 관료 등등—이 모든 국가에서 점차 사회 운용을 독점하게 되면서 사회주의니 자본주의니 하는 용어들은 점점 의미가 축소된다는 것이었다.⁶ 그러나 이 소설의 진정한 힘은 전체주의 사회를 과학적인 또는 의사擬似과학적인 확실성을 가지고 예견하고 재현해내는 오웰의 불가사의한 능력이었다. 소설은 매우 유명한 문장으로 시작한다. "4월 어느 날, 날은 찼지만 청명했다. 시계가 13시를 쳤다." 시계가 13시를 치지는 않는다. 그러나 작품에 나오는 사상思想경찰, 신新언어, 기억소각로(과거를 망각시키게 만드는 일종의 문서파쇄기 : 옮긴이) 같은 의사과학적인 개념들은 등골이 서늘할 정도로 친숙하게 느껴진다. "빅 브라더가 당신들을 지켜보고 있다"는 구절이 일상적인 표현으로도 많이 쓰이게 된 것은 이제 그런 감시 기술이 존재하기 때문이기도 하다.

오웰이『1984년』을 낸 타이밍은 더 이상 절묘할 수 없었다. 책이 나오던 해인 1948년에 베를린 봉쇄가 시작됐다. 스탈린이 동서로 나뉜 베를린의 서부 지역에 전기 공급을 차단하고 서독 쪽에서 들어오는 도로와 철도를 완전히 봉쇄한 것이다. 스탈린주의의 위협은 누구나 쉽게 볼 수 있는 현실이 되었다. 봉쇄는 1949년 5월까지 일 년 가까이 지속됐다. 그러나 그 효과는 반영구적이었다. 서구 열강의 정신이 온통 그리로 쏠리면서 냉전이 계속될 것이라는 전망이 확실해졌다. 또 하나 타이밍이 절묘했다는 것은 공교롭게도 러시아 내부 지식인 전선에서 이상사태가 벌어지고 있었기 때문이다. 베를린 봉쇄와 마찬가지로 스탈린주의의 정체를 여실히 보여주는 사건이었다. 그것이 이른 바 리센코 사건이다.

앞서 17장에서 이미 우리는 1930년대 소련 생물학이 서구 사상을 지지하는 전통파 유전학자들과 트로핌 리센코Trofim Lysenko의 주장을 추종하는 부류로 분열되는 과정을 살펴봤다. 서구 사상이란 다윈, 멘델의 유전법칙, 염색체와 유전자에 관한 모건의 연구업적 등을 말한다. 반면 리센코는 획득형질 유전이라고 하는 라마르크 식 이념을 수용했다.⁷ 2차 대전 때는 물론이고 그 직후에도 러시아 내부는 상당한 변화가 있었다. 전쟁에 온 정신이 팔린 상황에서 전투가 고도로 기계화되고 기술화되면서 러시아 지도부는 사상 유례가 없을 정도로 과학자들이 필요했다. 그 결과 러시아 과학은 급속도로 재편됐다. 공산당 인민위원(장관)보다 과학자가 핵심 위원회 책임을 맡는 경우가 많았다. 지질학에서 의약 분야까지 모든 것이 이런 식으로 쇄신됐다. 그래서 경우에 따라서는 지도급 과학자들이 장성 반열에 오르기도 했다. 1930년대 대숙청이라는 참화를 겪고 살아남은 과학자들에게는 주택 우선 배정권이 주어지고 당 관료들이나 사용했을 특별 식당에서 식사를 할 수 있었다. 그때까지는 고위 당료의 전유물이었던 특별병원과 요양소도 이용할 수 있게 됐다. 각료회의에서는 심지어 학술원 회원들에게 다차(주말이나 휴가 때 가서 지내는 시골 별장 : 옮긴이)를 지어주기로 의결하기도 했다. 더욱 고무적인 것은 1930년대 중반부터 당 소속 철학자들이 과학에 엄격한 통제를 가하던 조치가 폐기됐다는 점이다.

전쟁은 특히 러시아 유전학에 도움이 됐다. 1941년부터 소비에트 러시아는 미국과 영국의 맹방이 됐다. 그 직접적인 결과로 1930년대에 스탈린주의가 구축한 과학의 장벽들이 해체됐다. 소련 과학자들은 다시 해외여행이 허용돼 미국과 영국의 실험실에 가볼 수 있었다. 외국 과학자들—영국 약학자 헨리 데일Henry Dale, 영국 진화생물학자 J. B. S. 홀데인Haldane, 미국 물리학자 어니스트 로렌스Ernest Lawrence 등등—은 다시 러시아 아카데미 회원으로 선출됐다. 외국 전문지들도 소련 내 배포가 한결 자유로워졌다.[8] 리센코에 반대하는 많은 러시아 유전학자들이 이 기회를 이용해 서구 동료 학자들, 특히 영국과 미국 생물학자들 및 테오도시우스 도브잔스키처럼 미국으로 망명한 러시아 학자들의 도움을 얻었다. 더욱 다행인 것은 '진화종합설'이 성행하고 있었다는 점이다(20장 참조). 종합설은 유전학과 다윈주의를 결합함으로써 이반 미추린Ivan Michurin(소련의 식물육종학자로 획득형질 유전을 주장했다 : 옮긴이)과 리센코에게 지적 압력으로 작용했다. 멘델과 모건 스타일의 실험과 이론이 다시 세를 얻었다. 수천 상자분의 초파리도 종전 직후 몇 년간 러시아로 수입됐다. 이 모든 변화의 직접적인 결과로 리센코는 예전의 강력한 입지가 위태로워졌다. 심지어 그를 과학아카데미 간부회의 위원 자리에서 쫓아내려는 시도까지 있었다.[9] 불만을 토로하는 편지들이 스탈린에게 날아들었다. 리센코 캠프를 지지하던 소련 지도부는 잠시 논쟁에서 발을 뺐다. 그러나 잠시뿐이었다.

1946년 봄 윈스턴 처칠이 미국 미주리 주 풀턴에서 '철의 장막' 운운하는 연설을 하면서 본격적인 냉전의 막이 올랐다. 그러나 실제로 대치가 시작된 것은 1947년 3월 공산주의 세력 확산 저지를 위해 그리스와 터키의 반공정부를 지원한다는 '트루먼 독트린'이 공표되면서부터였다. 그 직후 프랑스와 이탈리아 연립정부에서도 공산주의자들이 축출됐다. 그러자 러시아는 기획자인 공산당 정치국원 안드레이 주다노프Andrei Zhdanov의 이름을 따서 주다노프시치나Zhdanovshchina(주다노프 정풍整風운동)라고 하는 새로운 이데올로기 캠페인을 집요하게 펼쳤다. 주다노프는 미디어에서 무엇이 정치적으로 올바르고, 올바르지 않은 것인지를 규정하는 일련의 결의문을 공표했다. 처음에 작가와 예술가들은 '서구 문화에 굴종'적인 모습을 보이지 말라는 경고를 받았다. 그러나 1946년 말에 가면 선전선동 작업의 일환으로 모스크바에 사회과학아카데미가 신설되고, 1947년 봄에는 주다노프시치나가 철학 분야로까지 확대된다. 그해 여름에는 과학도 포함되었다. 당 이데올로그들은 과학에 대한 통제를 재개했다. 외국에 나갔다 돌아오지 않은 러시아 과학자들은 공공연히 비난을 받았다. 서구 학자들을 러시아 아카데미 회원으로 선출하는 관행도 중지되고, 몇몇 저널은 폐간됐다. 특히 외국어로 발행하는 잡지들이 그랬다. 과학에 관한 한 스탈린 치하의 러시아는 우여곡절을 거쳐 완전히 원위치한 것이다. 분위기가 반전되자 리센코가 다시 힘을 쓰기 시작했다. 가장 중요한 조치는 '생존투쟁'을 주제로 레닌전연방농업과학아카데미(VASKhNIL)에서 공개 토론회를 조직한 것이었다. 다윈을 중심 무대에 올려놓음으로써 '멘델-모건주의자들'과 '미추린주의자들'의 차이를 분명히 하는 동시에 그런 구분을 유전학이라는 좁은 분야를 넘어서서 생물학 전반으로 확대하려는 의도였다. 노골적인 파워게임이었다. 논쟁은 리센코처럼 종 내부 경쟁은 부인하고 종간 경쟁만 존재한다고 주장하는 파와 생명의 모든 영역에 걸쳐 경쟁이 존재한다고 주장하는 전통파 간의 다툼이었다. 마르크스는 다윈을 높이 평가한 바 있으며 역사를 변증법으로, 투쟁으로 파악했다는 점을 상기할 필요가 있다. 그러나 리센코 시대에 스탈린주의의 공식 교리는 인간은 평등하며, 사회주의 사회에서는 협력이—경쟁이 아니라—문제이며, 사람들 사이의(즉 종 내부의) 차이는 유전적인 것이 아니라 오로지 환경에 의해 만들어진다는 것이었

다. 따라서 논쟁은 누가 어느 캠프에 속해 있는지를 알아내려는 작전이었다.[10]

어떤 이유에서인지 스탈린은 늘 리센코에게 호의적이었다. 스탈린은 진화에 대해 나름대로 분명히 라마르크적인 견해를 표명했다. 그 이유 중 하나는 아마도 라마르크설이 마르크스주의에 가장 부합한다고 느꼈기 때문일 것이다. 특히 미추린·리센코식 접근법은 냉전에 대한 스탈린의 입장이나 서구적인 모든 것을 규탄해야 하는 정치적 필요와 잘 맞아떨어졌을 것이다. 어쨌든 스탈린은 리센코에게 그의 이론을 입증할 수 있도록 '가지가 여럿인 밀'을 만들라는 특별과제를 맡겼고, 그 보답으로 '과학자'는 스탈린 동지께 미추린주의자와 멘델주의자들 간의 싸움에 대해 꼬박꼬박 보고했다. 이렇게 해서 1948년 8월 이 문제가 레닌전연방농업과학아카데미에 올라왔을 때 스탈린은 리센코 편을 들었다. 심지어 토론회 관련 서류에 직접 주석을 달아줄 정도였다.[11]

토론회 자체는 리센코의 승리를 목표로 잘 짜인 각본대로 돌아갔다. 리센코가 개막 연설을 하고 닷새 동안 토론이 이어졌다. 그러나 전반부에 적 진영은 발언이 아예 허용되지 않았다. 그래서 전체적으로 보면 발언에 나선 인사 56명 가운데 리센코를 비판한 사람은 8명에 불과했다.[12] 회의 끝 무렵에는 리센코의 접근법이 공인됐을 뿐 아니라 본인 스스로 공산당 중앙위원회의 지지를 받고 있다고 밝혔다. 이는 스탈린이 리센코에게 유전학뿐 아니라 소비에트 생물학 전반을 완전히 통제하도록 재가를 해주었다는 의미다. VASKhNIL 회의에 이어 공산당 기관지 〈프라우다 Pravda〉가 지속적인 캠페인에 나섰다. 당시 이 신문은 보통 4면이었다. 그런데 그해 여름 9일 동안 6면을 발행했다. 그것도 생물학 문제에 터무니없이 많은 지면을 할애했다.[13] 미추린에 관한 컬러 영화가 제작됐다. 음악은 쇼스타코비치가 맡았다. 이런 사태들이 지적인 차원에서 중요하다고 말하기는 어렵다. 그런데 니콜라이 크레멘초프의 최근 연구에 따르면 스탈린은 1948년 8월 첫째 주 일부를 영화에 들어갈 리센코의 인사말을 편집하는 데 보낸 것으로 확인됐다. 프랑스, 영국, 미국 대사들과 베를린 위기에 대해 한창 협의 중인 시점이었다. 유전학 대회가 끝난 뒤 스탈린의 사주로 미추린주의 생물학을 불가리아, 폴란드, 체코슬로바키아, 루마니아 같은 신생 사회주의 국가에 수출하려는 대대적인 시도가 있었다. 생물학은 어떤 과학 분야보다 마르크스가 인간 본성 문제에 대해 정립한 이론과 관련이 깊다. 따라서 생물학은 다른 어떤 과학보다도 마르크스주의 사상에 커다란 잠재적 위협이었다. 리센코의 유전학 버전은 소련 지도부에게 마르크스주의에 위협이 안 되는 과학을 만들어내는 동시에 소련을 서방으로부터 분리시킬 수 있다는 기대를 선사했다. 철의 장막이 확고히 드리워지고 러시아 과학자와 서방 동료들 간에 커뮤니케이션이 끊기면서 러시아 유전학의 죽음이라고 할 만한 사태가 초래됐다. 소련으로서는 참변이었다.

소련 유전학을 그토록 오랫동안 망쳐놓은 개인 간의 경쟁, 정치적 조작, 자기기만, 옹고집 같은 것들은 과학의 자화상과는 정반대였다. 사실 리센코 사건은 중요한 과학 문제에 정치가 관여한 최악의 사례일 것이다. 그리고 바로 그렇기 때문에 이 사건이 주는 교훈은 제한적이다. 서구에서는 그에 필적할 만한 사례가 없었다. 1950년대 과학 분야에서는 대단히 중요한 발전이었다. 그런데 자세히 알고 보니 그것은 조용하고 성찰적이며 이해관계에 휘둘리지 않는 이성의 결과물이 전혀 아니었다. 오히려 그런 발전 역시 피 튀기는 경쟁, 과도한 야망, 행운, 그리고 경우에 따라서는 터무니없는 속임수의 결과였다.

먼저 윌리엄 쇼클리William Shockley(1910~1989)의 시기심을 살펴보자. 쇼클리가 20세기 지성사에 한 엄청난 기여는 상당 부분 시기심으로 설명이 된다. 발단은 1947년 12월 23일 화요일 오전 7시가 막 지난 시점이었다고 할 수 있겠다. 당시 쇼클리는 맨해튼에서 수십 킬로미터 떨어진 뉴저지 주 머레이 힐Murray Hill 소재 벨 전화연구소 주차장에서 MG 컨버터블을 주차하고 있었다.[14] 홀쭉하고 머리숱도 별로 없는 쇼클리는 계단을 통해 3층 사무실로 올라갔다. 그는 안절부절못하고 있었다. 그날 늦게 두 동료와 함께 새로 발명한 장치를 연구소장에게 처음 설명하기로 되어 있었기 때문이다. 쇼클리는 긴장했다. 연구원 셋으로 규모는 작지만 명색이 팀장인데다 연구에 돌파구를 연 것은 팀원인 존 바딘John Bardeen(1908~1991)과 월터 브래튼Walter Brattain(1902~1987)이었기 때문이다. 아랫사람들에게 추월을 당한 것이다.[15] 아침부터 눈이 내렸다. 눈길에도 연구 담당 책임자 랠프 바운Ralph Bown은 아무 탈 없이 도착했다. 점심시간이 끝나고 좀 지난 시점에 쇼클리, 바딘,

브래튼이 장치를 내왔다. 작은 삼각형 플라스틱에 금박 조각을 붙이고, 클립으로 만든 작은 스프링으로 고정시킨 장치였다.[16] 장치는 다른 플라스틱 안에 들어 있었다. 투명 플라스틱은 대문자 C 모양이었다. "브래튼이 콧수염을 만지작거리며 눈 내리는 창밖을 바라봤다. 연구실 창문 아래 야구장 다이아몬드가 눈에 덮이기 시작했다. 멀리 워충 산의 나무들 우듬지도 낮은 구름에 덮였다. 그는 실험실 벤치 쪽으로 몸을 굽혀 장비의 스위치를 켰다. 바로 가동이 됐다. 그러자 바로 장치에 연결된 오실로스코프에서 반짝 반짝 하는 선이 나타났다."[17] 브래튼은 이 장치를 마이크와 헤드폰에 전선으로 연결한 다음 바운에게 넘겨줬다. 아무 말이 없던 브래튼이 마이크에 대고 나지막한 소리로 몇 마디 했다. 그 순간 바운의 눈빛이 일그러졌다. 브래튼은 그저 속삭인 정도였지만 바운이 들은 것은 속삭임이 전혀 아니었다. 그게 바로 이 장치의 요체였다. 입력신호가 증폭된 것이다. 그들이 만든 장치는 게르마늄, 금박, 클립을 뒤섞어 만든 것으로 전기신호를 거의 백배까지 증폭시킬 수 있었다.[18]

여섯 달 후인 1948년 6월 30일 바운은 허드슨 강이 내려다보이는 맨해튼 웨스트 스트리트의 벨 본사에서 기자들을 만났다. 그는 신기술이 들어간 작은 장치를 치켜들고는 "우린 이걸 트랜지스터transistor라고 이름 붙였습니다"라고 설명했다. "이 장치는 저항resistor도 되고 반도체도 돼서 이걸로 전기신호를 보내면transfer 그 신호를 증폭시킬 수 있기 때문입니다."[19] 바운은 이 발명품에 큰 기대를 걸었다. 당시 전화기에 쓰는 증폭기는 불편하고 신뢰도가 떨어졌다. 라디오에서 같은 기능을 하는 진공관은 부피가 크고 잘 깨졌다. 제대로 가동되는 데 시간도 많이 걸렸다.[20] 언론은, 아니, 최소한 〈뉴욕 타임스〉는 그렇게 낙관적으로 보지 않았다. 그래서 기사는 안쪽에 파묻히고 말았다. 쇼클리의 시기심이 효과를 본 것은 바로 이 시점이었다. 공을 세우고 싶은 마음에 그는 트랜지스터를 어디다 쓸 수 있을까를 궁리하고 또 궁리했다. 주변을 돌아보니 세상은 평준화가 대세인 대중사회였다. 트랜지스터를 대량으로 생산하려면 좀 더 단순하고 강력해야 한다는 것을 직감했다.

사실 트랜지스터는 20세기 초에 나온 두 가지 발명을 발전시킨 것이다. 1906년 리 드 포리스트Lee de Forest(1873~1961)는 진공관 내의 전류 흐름에 격자 모양의 전선을 집어넣으면 출구 쪽 끝에서 전류가 '증폭'된다는 사실을 우연히 발견했다.[21]

이러한 자연 증폭이 후일 전자혁명을 가능케 한 가장 중요한 토대였다. 그러나 드 포리스트의 발견은 고체물리학을 기초로 한 것이었고, 고체물리학은 전기에 대한 이해가 커진 덕분이자 입자물리학 발전에 따른 결과였다. 고체에 전기가 통하는 것은 바깥쪽 전자껍질의 전자가 '자유로울 때'이다. 즉 전자껍질이 전자로 '꽉 차' 있지 않을 때다(이는 다시 파울리의 배타 원리와 라이너스 폴링의 화학결합 및 화학결합이 반응성에 미치는 영향에 대한 연구로 돌아간다). 구리가 전기를 통하는 것은 바깥쪽 전자껍질에 전자가 하나뿐이기 때문이다. 반면에 예를 들어 전기가 전혀 통하지 않는 황은 전자들이 한결같이 핵에 밀착되어 있다. 황이 절연체인 것은 그 때문이다.[22] 그러나 모든 원소가 이렇게 간단하지는 않다. '반도체semiconductor'(실리콘이나 게르마늄)는 자유전자가 일부 있지만 많지는 않은 물질 형태다. 구리는 각 원자마다 자유전자가 하나인 반면, 실리콘은 천 개의 원자마다 자유전자가 하나다. 이어서 그런 반도체들은 특이하면서도 효용가치가 높은 속성이 있다는 사실이 밝혀졌다. 가장 중요한 부분은 어떤 조건에서는 전류가 통하고(증폭되고), 어떤 조건에서는 통하지 않는다는 것이다. 이 모든 것을 잘 조합해서 1950년에 최초로 단순하고 강력한, 대량 생산이 가능한 반도체 트랜지스터를 만든 사람은 바딘과 브래튼에게 된통 당한 후 상심의 나날을 보내던 쇼클리였다.[23] 반도체 트랜지스터는 실리콘과 게르마늄 조각에 전선을 세 가닥 붙인 형태로 구성됐다. 다른 사람과 대화를 나누던 도중 이 장치를 '조각'이라고 부른 데서 칩chip이란 별명이 나왔다.[24]

쇼클리의 타이밍은 완벽했다. LP레코드와 '싱글'이 시장에 진입한 지 얼마 안 돼 큰 성공을 거두고, 팝 음악 산업이 나래를 편 마당이었다. 앨런 프리드가 자기 쇼에서 R&B를 틀기 시작한 해인 1954년, 댈러스의 텍사스 인스트루먼츠Texas Instruments라는 회사가 막 시판에 들어간 신형 포터블 라디오용 칩 트랜지스터를 만들기 시작했다. 라디오는 50달러가 채 안 될 정도로 쌌기 때문에 하루 종일 팝을 듣는 데 안성맞춤이었다. 그런데 어쩐 일인지 TI는 이 시장을 포기했다. 대신 아무도 들어본 적이 없는 소니Sony라는 일본 회사가 뛰어들었다.[25] 당시 쇼클리는 바딘에 이어 브래튼과도 대판 싸운 상태였다. 바딘은 1951년 연구소를 뛰쳐나갔다. 쇼클리의 못 말리는 라이벌 의식을 견딜 수 없었던 것이다. 브래튼도 상사의 성미를 견디지 못하고 벨 연구소의 다른 부문으로 옮겼다. 세 사람이 노벨 물리학상을 받으러 1956년 스톡홀름에 모였을 때 분위기는 얼음장 같았다. 그리고 그것이 세 사람이 함께 한 마지막 순간이었다.[26] 쇼클리도 그 무렵 벨을 떠났다. 눈 덮인 뉴저지 대신 캘리포니아의 태양을 택한 것이다. 특히 샌프란시스코 남쪽은 살구 과수원이 많은 쾌적한 계곡이었다.[27] 그곳에서 쇼클리는 반도체연구소를 열었다.[27] 처음에는 작은 벤처기업이었지만 시간이 가면서 살구 밭에는 점점 더 많은 연구소가 들어섰다. 실리콘 밸리Silicon Valley라고 하는 이야기가 자연스럽게 흘러나왔다.

쇼클리, 바딘, 브래튼은 한 팀이지만 서로 싸웠다. 반면에 기다란 사슬형 단백질 DNA 발견의 경우에는 서로 다른 대륙에 있는 별개의 세 연구 집단 간에 다툼이 벌어졌다. 일부는 서로 일면식도 없었다. 그러나 쇼클리와 동료들처럼 감정싸움이 치열했고, 이것이 연구의 성공에 중요한 요소로 작용했다.

이 에피소드 중에서 널리 알려진 첫 대목은 1953년 4월 25일 《네이처》지에 실린 「핵산의 분자구조Molecular Structure of Nucleic Acids」라는 900단어짜리 논문이었다. 논문은 《네이처》 특유의 정제된 체제를 따랐지만 분자생물학을 탄생시켰고, 리센코주의 박멸에도 도움이 됐다. 논문은 2년간의 치열한 드라마의 클라이맥스였다. 그 드라마를 통해 우리는 과학도 기를 쓰고 하지 않으면 상대방에게 공을 빼앗기고 만다는 걸 알게 되었다.

등장인물 가운데 가장 눈에 띄는 사람은 프랜시스 크릭Francis Crick(1916~2004)이었다. 1916년 영국 노샘프턴Northampton에서 구두장이의 아들로 태어난 크릭은 런던대학교를 졸업하고 2차 대전 때는 해군성에서 기뢰 디자인 일을 했다. 라이너스 폴링의 강의를 듣고 화학 연구로 방향을 잡은 것은 1946년에 가서였다. 에르빈 슈뢰딩거의 『생명이란 무엇인가?』와 양자역학을 유전학에 적용할 수 있다는 아이디어에도 영향을 받았다. 1949년 크릭은 캐번디시연구소의 케임브리지의학연구위원회로 자리를 옮겼다. 여기서 그는 웃음소리가 유난히 크고(어떤 사람들은 아예 이야기를 하다 말고 밖으로 나가버렸다) 이런저런 문제에 대해 서둘러 이론을 만들어내는 사람으로 유명했다.[28] 1951년 한 미국인이 연구실에 합류했다. 시카고 출신에 키가 큰 제임스 듀이 왓슨James Dewey Watson(1928~)이었다. 크릭보다 12년 아래였지만 자존심이 엄청나게 셌고, 시카고 대학 학부에서 동물학을 공부할 때 슈뢰딩거의 『생명이란 무엇인가?』를 읽었을 정도로 신동이었다. 과학사가 폴 스트래던Paul Strathern이 전하는 이야기에 따르면 왓슨은 유럽에 들른 길에 나폴리의 과학 학술 대회에서 뉴질랜드인 모리스 윌킨스Maurice Wilkins(1916~2004)를 만났다. 윌킨스는 당시 런던대학교 킹스 칼리지에 적을 두고 있었고 2차 대전 때는 맨해튼 프로젝트에 참여했지만 곧 환멸을 느끼고 생물학으로 돌아선 인물이었다. 영국의학연구위원회는 킹스 칼리지에 생물물리학 분과를 두었는데 당시 윌킨스는 이 조직의 책임자였다. 그의 전공 중 하나는 DNA X선 회절回折 사진이었다. 나폴리에서도 왓슨에게 촬영 결과 일부를 흔쾌히 보여주었다.[29] 이 우연한 만남이 왓슨의 인생을 결정지었다. 당시 그는 DNA 구조 규명에 헌신하기로 결심했던 것 같다. 그는 노벨상의 성패가 거기에 달려 있다는 것을 알고 있었다. 그 분야의 발전 없이는 분자생물학은 한 치도 앞으로 나아갈 수 없었기 때문이다. 그런 발전이 있어야만 유전공학으로 가는 길이 트이고, 지금까지는 몰랐던 새로운 인간 경험의 시대가 열리는 것이다. 그는 재주껏 캐번디시연구소로 이적했다. 23세 생일을 며칠 넘긴 시점에 왓슨은 마침내 케임브리지 대학에 도착했다.[30]

왓슨이 미처 모른 것은 케임브리지 대학 캐번디시연구소는 런던 대학 킹스 칼리지와 '신사협정'을 맺었다는 사실이었다. 캐번디시연구소는 단백질, 특히 헤모글로빈 구조를 연구하고 있었다. 반면 런던 대학은 DNA를 연구 중이었다. 그러나 이는 여러 복잡한 문제 중 극히 일부였다. 왓슨은 곧바로 크릭과 의기투합했다. 자존심이 놀라울 정도로 강하다는 것도 공통점이었다. 사실 그게 두 사람의 유일한 공통점이었다. 크릭은 생물학에 약하고, 왓슨은 화학에 약했다.[31] 연구실장인 로렌스 브래그Lawrence Bragg가 원자의 구조를 결정하기 위해 개발한 X선 회절 기법에 대해서는 둘 다 몰랐다.[32] 그렇다고 기죽을 사람들은 아니었다. 두 사람은 DNA 구조에 매료되어 깨어 있는 시간에는 내내 그 문제에 관한 토론으로 보냈다. 왓슨과 크릭은 자존심이 강한 것은 물론이고, 경쟁심도 남달랐다. 이들의 가장 큰 라이벌은 킹스 칼리지 쪽 사람들이었다. 당시 모리스 윌킨스는 스물아홉 살 난 로잘린드 프랭클린

Rosalind Franklin을 채용한 상태였다(뒤에서는 다들 '로지'라고 불렀다).³³ 교양 있는 은행가 집안의 '고집불통 딸'로 파리에서 X선 회절 작업을 4년간 한 그 분야 세계 최고의 전문가였다. 윌킨스가 프랭클린을 채용했을 때 프랭클린은 자신이 윌킨스와 동급이며 X선 회절 책임자가 될 걸로 생각했다. 반면에 윌킨스는 그녀를 조수로 생각했다. 이런 오해가 불협화음을 낳았다.³⁴

그럼에도 불구하고 프랭클린은 상당한 성과를 냈으며 1951년 가을에는 킹스 칼리지에서 연구 성과를 알리는 세미나를 열었다. 나폴리에서 만났을 때 이 주제에 왓슨이 관심을 보인 것을 기억하던 윌킨스는 그를 세미나에 초대했다. 세미나에서 왓슨은 프랭클린으로부터 DNA가 나선 구조임이 거의 확실하다는 이야기를 들었다. 각 나선은 인산과 당이 축을 이루고 거기에 염기인 아데닌, 구아닌, 티민, 시토신이 붙어 있는 식으로 되어 있다는 것이다. 세미나가 끝난 뒤 왓슨은 소호에 있는 중국 식당으로 프랭클린을 초대했다. 거기서 킹스 칼리지 생활이 힘들다는 이야기가 나왔다. 프랭클린은 윌킨스가 속내를 잘 안 드러내고 점잖지만 차가운 사람이라고 말했다. 그래서 본인은 오히려 불안했다. 어쩔 수 없는 일이지만 정말 싫었다. 저녁 자리에서 왓슨은 이해가 간다는 둥 하며 공감을 표시했다. 그러나 케임브리지로 돌아오면서 윌킨스와 프랭클린의 관계라면 절대 성공 못한다고 확신했다.³⁵

반면에 왓슨과 크릭은 거의 드림팀 수준이었다. 이런 관계는 미래의 성과와도 무관하지 않았다. 두 사람은 나이나 문화적, 과학적 배경이 너무 달라서 라이벌 의식을 느끼지 않았다. 그게 큰 강점으로 작용한 것이다. 게다가 둘은 연구와 관련된 많은 분야에서 모르는 부분이 많다는 것을 잘 알고 있었기 때문에(둘은 폴링의 『화학결합의 특성』을 성서처럼 끼고 살았다) 서로의 생각을 맹비판하면서도 감정을 상하지 않았다. 이는 윌킨스-프랭클린의 불편한 동거와 달리 성공에 극히 중요한 요인으로 작용했다.

단기적으로는 좌절이 있었다. 1951년 12월 왓슨과 크릭은 수수께끼의 답을 찾았다고 생각하고 윌킨스와 프랭클린을 하루 동안 케임브리지로 초청해서 자신들이 만든 모델을 보여주었다. 삼중나선구조로 염기는 바깥쪽에 배열한 형태였다. 프랭클린은 혹독한 비판을 가하면서 나선구조나 염기 위치 면에서 자신이 발견한 결정학의 증거에 전혀 부합하지 않는다고 쏘아붙였다. 그녀는 염기가 안쪽에 위치한다고 주장했다. 이 모델은 자연 상태에서 DNA는 물과 결합된 상태로 존재한다는 사실도 고려하지 않은 것이었다. 물은 DNA 구조에 중요한 역할을 한다.[36] 프랭클린은 두 사람이 자신의 연구 성과를 무시한 데 대해 화가 치민 나머지 완전히 시간 낭비라며 투덜거렸다.[37] 왓슨과 크릭의 넘치는 자신감이 완전 낭패를 본 것이다. 이런 이야기기 연구 실장 귀에 들어가면서 상황은 더 심각해졌다. 브래그는 크릭을 불러 단단히 주의를 줬다. 크릭과 왓슨이 신사협정을 깸으로써 연구비를 따내기가 어려워졌다는 이야기였다. 두 사람에게 DNA 연구를 당장 중단하라는 명이 떨어졌다.[38]

브래그는 그러고는 잊고 말았다. 부하 직원들을 잘못 본 것이다. 크릭은 DNA 연구에서 손을 뗐지만 생각은 온통 거기에 가 있었다. 왓슨은 담배 모자이크 바이러스 구조 규명 프로젝트를 핑계 삼아 몰래 연구를 계속했다. 유전자와 유사성이 있는 연구였기 때문이다.[39] 이런 상황에서 1952년 가을 변화가 닥쳤다. 라이너스 폴링의 아들인 피터 폴링Peter Pauling이 캐번디시에 대학원생 자격으로 연구를 하러 온 것이다. 그는 예쁜 여자들을 달고 다녔다. 왓슨으로서도 좋은 눈요깃감이었다. 그러나 진짜 중요한 것은 피터 폴링이 아버지와 긴밀히 연락을 하고 있다는 점이었다. 피터는 동료들에게 라이너스 폴링이 DNA 모델을 조합 중이라고 떠들고 다녔다.[40] 왓슨과 크릭은 난감했다. 그러나 발표 예정인 논문 사본을 보고는 치명적인 결함이 있다는 걸 알아챘다.[41] 삼중나선 구조를 기본으로 하고 염기는 바깥쪽에 붙인 모델이었던 것이다. 지난번에 만들었다가 프랭클린에게 요모조모로 비판을 받은 모델과 흡사했다. 게다가 폴링은 이온화를 고려하지 않고 있었다. 그런 구조로는 DNA의 결합관계를 설명하지 못할 게 뻔했다.[42] 왓슨과 크릭은 폴링이 그런 오류를 깨닫는 것은 시간문제라는 걸 잘 알고 있었다. 따라서 먼저 테이프를 끊으려면 6주 정도가 마지노선이라고 생각했다.[43] 그들은 위험을 감수하고 비밀을 공개하기로 했다. 브래그에게 지금 하고 있는 일을 설명했다. 이번에는 브래그도 문제 삼지 않았다. 라이너스 폴링 쪽과는 신사협정 같은 게 없었기 때문이다.

왓슨과 크릭에게 피 말리는 6주가 시작됐다. 이제 모델(삼차원 모델이 반드시 필요했다)을 더 만들어도 된다는 허락을 받았고, 아데닌, 구아닌, 티민, 시토신 네 염기가 어떻게 상호 결합을 하는지 궁리에 궁리를 거듭했다. 그 결과 아데닌과 구아닌, 티민과 시토신이 짝을 이뤄 서로 잡아당긴다는 것까지 알게 됐다. 그래서 프랭클린의 최신 결정학 연구 성과를 토대로 좀 더 그럴 듯한 DNA 모델을 만들었다. 정확한 측정치까지 들어간 모델이었다. 그러자 한결 나아졌다. 마지막 돌파구가 열린 것은 왓슨이 염기의 동질이성체isomeric form를 잘못 골랐다는 단순한 오류를 깨달으면서였다. 각 염기는 두 가지 형태—에놀형과 케톤형—로 되어 있는데 지금까지의 모든 증거에 비추어 보면 에놀형이 타당했다. 그러나 케톤형을 사용하면 어떻게 될까?[44] 이런 직감을 믿고 밀어붙이자마자 왓슨은 염기가 안쪽으로 완벽하게 들어맞는다는 것을 발견했다. 완벽한 이중나선 구조가 된 것이다. 더욱 중요한 것은 복제 과정에서 두 가닥의 DNA가 분리되면서 아데닌은 구아닌에, 티민은 시토신에 가서 달라붙기 때문에 새 나선과 예전의 나선이 완벽하게 동일하다는 사실이었다. 유전자에 들어 있는 생물학적 정보가 아무 변화 없이 그대로 전달된다는 이야기였다. 이중나선 구조가 유전을 설명할 수 있으려면 반드시 그렇게 돼야 했다.[45] 두 사람이 새 구조 모델을 동료들에게 공표한 것은 1953년 3월 7일이었다. 6주 후에는 《네이처》지에 논문이 실렸다. 스트래던에 따르면 윌킨스는 왓슨과 크릭을 좋은 뜻에서 한 쌍의 '늙은 악동'이라고 불렀다. 프랭클린은 두 사람이 제시한 모델이 맞다고 바로 인정했다.[46] 그러나 모든 사람이 그렇게 선선히 봐준 것은 아니었다. '비양심적'이라는 소리도 있었고, 공을 둘이서 독차지해서는 안 된다는 이야기도 나왔다.[47] 그런데 드라마는 아직 끝난 게 아니었다. 1962년 노벨 생리/의학상은 왓슨, 크릭, 윌킨스에게 공동으로 돌아갔다. 같은 해 화학상은 캐번디시연구소 X선 회절팀장인 막스 퍼루츠Max Perutz와 그의 조수 존 켄드루John Kendrew가 공동 수상했다. 로잘린드 프랭클린은 아무것도 받지 못했다. 1958년 서른일곱 나이에 암으로 죽었기 때문이다.[48]

몇 년 후 왓슨은 DNA 이중나선 구조 발견에 얽힌 이야기를 소개하는 흥미로운 책을 냈다. 우리가 지금까지 살펴본 내용도 그 책에서 많이 따왔다. 그가 저술가로 성공한 이유는 과학적 발견 과정에 대한 솔직함 덕분이었다. 그런 솔직함 때문에 본인과 그 동료들은 훨씬 인간적인 모습으로 다가온다. 그때까지 과학책이라고 하면 대개 벽돌만큼 두껍고 무미건조하기 이를 데 없는 교과서로 여겼다. 과학에서 중요한 것은 결과라는, 연구자들이 어떻게 성취를 이루었는지는 중요하지 않다는 고정관념 같은 게 있었다. 물론 어떤 과학 분야들의 경우에는 냉전이 중요한 역할을 했다. 냉전 때문에 많은 중요한 발견들이 비밀에 붙여졌다. 적어도 한동안은 그랬다. 냉전은 오웰이 『1984년』에서 쓴 것처럼 과학자들을 얼굴 없는 관료로 만들면서 양쪽 진영 과학자들을 극심한 경쟁으로 몰아넣었다. 금세기 초 물리학 분야의 국제적인 협력 분위기와는 전혀 달랐다. 비밀이 철저히 지켜진 분야는 물리학과 그 경계선 상에 있는 분야들이었다. 경계지점인 분야에서 경쟁이 가장 극심했다. 페레스트로이카 이후 러시아 공문서 연구를 통해 비밀 유지 때문에 지금까지 알려지지 않았던 (서구는 물론이고 본국에서도 그랬다) 한 위대한 과학자의 존재가 드러났다. 경쟁에 죽고 사는 인물이었다. 소련의 가장 위대한 과학적 성취는 거의 그 사람 혼자서 이룩한 것이라고 해도 과언이 아니다. 그러나 약점도 있었다. 경쟁에 몰두한 나머지 참담한 실패를 맛보게 된 것이다.[49]

1957년 10월 4일 금요일, 소련이 궤도위성을 쏘아 올렸다는 소식에 세계는 깜짝 놀랐다. 스푸트니크 1호 Sputnik I 는 직경이 58.4센티미터에 불과했다. 지구를 분당 482.8킬로미터 속도로 돌았기 때문에 별로 많은 일을 하지는 못했다. 그러나 그것이 문제가 아니었다. 하루에 네 차례나 미국 상공을 선회하는 위성이 탄생했다는 것 자체가 냉전 시대 체제 경쟁의 상징이었다. 2차 대전 종전 후 세계는 그런 경쟁에 휩쓸렸고, 적어도 한동안은 러시아가 앞서는 것처럼 보였다.[50] 그날 오후 스푸트니크 1호 발사 소식을 캐치한 〈뉴욕 타임스〉는 다음 날 1면을 유례없이 요란하게 꾸몄다. 3단 제목에 반 인치짜리 대문자로 전면을 도배하다시피 했다.

소련, 우주에 지구위성 발사
시속 1만 8,000마일로 지구 궤도 순회
미국 상공 4차례 통과.[51]

그러자 소련 공산당 서기장 니키타 흐루시초프 Nikita Khrushchev 는 스푸트니크 발사가 냉전 시대 체제 선전에 얼마나 의미 있는 이벤트인지를 바로 간파했다. 다음날 〈프라우다〉지 보도는 스푸트니크 발사를 작은 상자기사로 취급한 전날과 180도 달랐다. '세계 최초의 인공 지구위성이 소련에서 탄생하다'라는 제목이 1면 전체를 가로질렀다. 축하의 말도 대대적으로 실었다. 곧 소련의 위성국가가 될 나라들에서 보내온 것만이 아니었다. 서방의 과학자와 엔지니어들도 발사 성공을 축하했다.[52]

스푸트니크가 뉴스가 되는 또 다른 이유는 우주여행이 가능하다는 것과 우주 식민지 경쟁에서 러시아가 승리할 가능성이 높다는 것을 여실히 보여주었기 때문이다. 그에 따른 심리적, 물질적 이득은 상당했다. 특히 궤도에 오르려면 위성을 적어도 초당 8,000미터 속도로 발사하면서 동시에 정확도를 유지해야 한다는 점에서 러시아인들이 로켓 기술의 여러 난제를 해결했음을 말해주었다. 냉전 시대 군비 경쟁의 핵은 로켓 기술이었다. 러시아와 미국은 대륙간탄도탄(ICBM) 개발에 열을 올리고 있었다. 대륙 사이의 먼 거리까지 핵탄두를 실어 나르는 로켓이었다. 스푸트니크호 발사는 러시아가 수소폭탄을 미국 본토에 떨어뜨릴 수 있는 정도의 힘과 정확도를 가진 로켓을 보유하고 있다는 의미였다.[53]

소련은 2차 대전 때 군비 경쟁에 뒤졌지만 1945~49년에 잽싸게 따라잡았다. 줄리어스 로젠버그Julius Rosenberg와 에설 로젠버그Ethel Rosenberg 부부, 모튼 소벨Morton Sobell, 데이비드 그린글래스David Greenglass, 하비 골드Harvey Gold, 클라우스 푹스Klaus Fuchs 등이 포함된 '핵무기 스파이' 일당 덕분이었다. 그러나 핵무기 운반은 다른 문제였다. 이 분야에 대해서도 페레스트로이카 이후 러시아 과학계에서 무슨 일이 진행됐는지에 관한 여러 가지 연구가 있었다. 지금까지 가장 흥미로운 것은 제임스 하포드James Harford가 쓴 세르게이 파블로비치 코롤료프Sergey Pavlovich Korolev(1907~1966) 전기다.[54] 파란의 삶을 산 코롤료프는 러시아 ICBM과 우주 프로그램의 아버지라고 하는 게 정당한 평가이겠다.[55] 1907년 우크라이나 키예프 근처에서 뼈대 있는 코사크 집안의 아들로 태어난 코롤료프는 어려서부터 비행에 몰두했다. 이어 1930년대에는 로켓과 제트 추진에 관심을 갖게 됐다. (소련은 베른헤어 폰 브라운Wernher von Braun이 주도하는 독일 로켓 개발팀에 스파이를 심어두었기 때문에 코롤료프와 그의 동료들은—스탈린, 베리아, 몰로토프는 물론이고—독일군의 개발 상황을 실시간대로 알고 있었다는 사실이 페레스트로이카 이후 밝혀졌다.) 그러나 코롤료프의 승승장구는 1937년 6월에 갑자기 막을 내렸다. 숙청 과정에서 체포돼 굴라그로 추방된 것이다. 죄명은 '신기술 분야에서 국가 전복을 기도'했다는 것이었다. 재판도 없이 죽도록 얻어맞은 뒤 그는 죄를 '자백했다.'[56] 한동안 극동 시베리아 콜리마Kolyma 지역의 악명 높은 굴라그에서 고생했다. 후일 알렉산드르 솔제니친의 소설『수용소 군도』로 유명해진 곳이었다.[57] 로버트 콘퀘스트의『대숙청 The Great Terror』에 따르면 콜리마의 '[연간] 사망률은 30퍼센트나 됐다.' 그러나 코롤료프는 살아남았다. 그리고 많은 사람들이 탄원을 내고 해서 결국 샤라슈카sharashka로 이송됐다. 샤라슈카도 처벌기관이지만 굴라그처럼 혹독하지는 않았으며 과학자와 엔지니어들은 거기서 국가에 봉사하는 실용 프로젝트 연구를 맡았다.[58] 코롤료프는 역시 유명한 항공기 디자이너인 안드레이 투폴레프Andrey Tupolev가 책임자로 있는 샤라슈카에 배정됐다.[59] 1940년대 초에 투폴레프의 샤라슈카에서 설계한 Tu-2 경폭격기와 일류신-2 전투기는 나중에 탁월한 전과를 올렸다. 코롤료프는 1944년 석방이 됐지만 스푸트니크가 발사된 1957년 이후에야 '국가 전복 혐의'에 대해 완전 면책을 받았다.[60]

　코롤료프의 사진을 보면 강인하고 둥글둥글한 얼굴이 꼭 곰 같다. 강렬한 에너지가 넘치고 상급자들조차 어려워할 만큼 기가 세다는 것을 금세 알 수 있다. 2차 대전이 끝나자 코롤료프는 포로로 잡힌 독일 로켓 과학자들을 수완 좋게 끌어들였다. 최초의 원자탄이 터진 뒤 핵무기 기밀이 러시아로 넘어가고 나서 벌어진 일은 다들 아는 바와 같다. 핵무기 자체만큼이나 중요한 것이 대량살상무기 '운반'이라는 점을 간파한 사람이 코롤료프였다. 수천 킬로미터를 고도의 정확도를 가지고 날아갈 수 있는 로켓이 필요했다. 이것은 일석이조의 효과를 거둘 수 있는 분야임을 코롤료프는 직감했다. 핵탄두를 모스크바에서 워싱턴까지 실어 나르려면 인공위성을 궤도로 올려 보낼 정도의 힘이 있는 로켓이어야 했다.

　우주 탐사에 나선 데에는 과학적으로 타당한 이유들이 있었다. 그러나 최근 출간된 코롤료프 관련 정보에 따르면 그가 열을 올린 주요한 동기는 미국을 이기겠다는 열망이었다.[61] 이에 대해서는 스탈린도 대단히 흡족해했다. 코롤료프를 몇 차례 접견하기도 했다. 특히 1947년에 그랬다. 항공 우주 분야는 유전학처럼 소련 과학이 서구와 다르다는 것을 과시하면서 훨씬 잘할 수 있는 분야였다.[62] 과학을 냉철하고, 합리적이며, 성찰적이고, '이해관계에서 초연한' 활동으로 보는 관념은 폐기되는 분위기였다. 1950년대 초 코롤료프는 러시아 로켓·우주 프로그램의 총지휘자가 된다. 제임스 하포드에 따르면 그는 프로젝트 진척 정도에 따라 기분이 들쭉날쭉했다. 코롤료프는 전후 독일군한테서 노획한 자동차를 징발해 모스크바 외곽에서 고속 질주를 하곤 했다. 끓어오르는 공격성을 누그러려는 행동이었다. 그는 프로젝트가 잘못되면 심하게 자책했으며, 공개된 미국 쪽 기술 문헌은 이 잡듯이 뒤졌다. 미국이 어느 정도 진척됐는지 실마리라도 얻을까 해서였다.[63] 이겨야 한다는 강박관념 때문에 실수도 여러 번 했다. R-7 로켓에 대한 최초의 다섯 차례 실험은 완전 실패였다. 그러나 결국은 1957년 8월 21일 7,000킬로미터를 날아 시베리아 동부 캄차카 반도에 도달했다.[64]

1955년 7월 아이젠하워 행정부는 국제지구관측년(기간은 1957~58년) 행사의 일환으로 미국이 뱅가드Vanguard('전위前衛'라는 뜻) 위성을 발사할 계획이라고 공표했다. 이 발표 이후 코롤료프는 여러 명의 과학자를 새로 모집해 자체 위성 제작에 나섰다. 최근 발굴된 기록은 이 프로젝트가 역사적으로 얼마나 중요한지를 코롤료프가 심각하게 인식하고 있었음을 분명히 보여준다. 최초가 되어야 했던 것이다. 일단 R-7 로켓의 성능이 입증되자 더더욱 박차를 가했다. R-7 로켓이 캄차카 반도Kamchatka Peninsula에 도달한 지 한 달 만에 스푸트니크 1호가 바이코누르 Baikonur 우주 기지 발사대를 이륙했다. 발사는 전 세계 미디어의 톱뉴스가 됐을 뿐 아니라 서방 항공 전문가들로서는 심각한 충격이었다.[65] 미국인들은 거의 즉각적으로 대응에 나섰다. 자체 위성 발사를 1957년 12월까지로 여러 달 앞당겼다. 이 역시 냉철하고 합리적인 과학자들의 행동과는 거리가 먼 것이었다. 그리고 그런 행동이 어떤 결과를 야기하는지는 곧 드러난다. 텔레비전 카메라의 조명을 받으며 미국 위성이 발사대를 이륙했다. 그러나 몇 미터 올라가지도 못한 채 땅으로 곤두박질치면서 화염에 휩싸였다. '오, 꽝푸트니크!' 〈프라우다〉지는 쾌재를 불렀다. 다른 신문은 '고장푸트니크!'라고 했고, 또 다른 신문은 '멈춤푸트니크'라고 비아냥거렸다.[66]

코롤료프가 대박을 터뜨렸다는 걸 알아본 흐루시초프는 그를 크렘린궁으로 불러 혁명 40주년용으로 훨씬 화끈한 것을 만들어오라고 주문했다.[67] 코롤료프가 내놓은 것은 스푸트니크 2호였다. 스푸트니크 1호 발사 한 달 만에 발사했는데 라이카Laika라는 잡종개를 태우고 있었다. 극적인 드라마로는 흠잡을 데 없었지만 과학으로서는 부족한 점이 많았다. 스푸트니크 2호는 보조 추진 로켓이 분리되지 않는 바람에 열통제시스템이 고장을 일으켰고, 위성체는 과열됐다. 라이카는 통닭이 되고 말았다. 동물보호단체들의 항의가 이어졌다. 그러나 러시아는 그런 비난을 일축하면서 라이카는 '고귀한 대의를 위한 순교자'라고 주장했다.[68] 그리고 나서도 어쨌든 스푸트니크 3호가 뒤를 이었다.[69] 스푸트니크 3호는 그때까지 개발된 모든 위성 중에서 가장 정교하고 실용적인 로켓으로 설계되었다. 대기와 우주 현상 전반을 측정하기 위해 민감한 측정 장치들을 장착했다. 코롤료프의 속셈은 미국에 더 큰 치욕을 안겨주는 것이었다. 그러나 또 다시 난감한 사태를 맞게 된다. 위성 실험 도중 중요한 녹음장치가 작동되지 않았다. 완전히 손을 보려면 발사를 연기하는 수밖에 없었다. 담당자인 알렉세이 보고몰로프Alexei Bogomolov는 '동료들은 잘나가는데 자기만 낙오자가 되기는 싫었다.' 그래서 녹음기 이상은 실험실 내부 전기 간섭 때문이며, 그런 간섭 현상은 우주에는 없다고 주장했다. 누구도 곧이듣지 않았다. 그러나 한 사람만은 예외였다. 코롤료프였다.[70] 아니나 다를까 녹음기는 비행 도중 작동하지 않았다. 물론 큰 사건은 아니었다. 경천동지驚天動地할 폭발 같은 것은 없었으니까. 그러나 중요한 정보는 녹음하지 못했다. 그 결과 지구 주위에 밴앨런대Van Allen radiation belt라고 하는 강력한 복사대가 존재한다는 것을 처음 관측한 것은 미국인들이었다. 1958년 3월 26일 성공적으로 발사된 익스플로러Explorer 3호 인공위성이 사진을 촬영해온 것이다. 제임스 밴 앨런James Van Allen은 그런 현상을 추정하고 물증을 확보할 수 있는 기록장치를 설계했다.[71] 최초의 우주 비행 이후 중요한 과학적 발견은 코롤료프가 아니라 뒤늦게 나선 미국인들에 의해 이루어졌다. 코롤료프의 성격이 성공과 실패 모두를 좌우한 것이다.[72]

1958년은 우주 시대의 도래를 알린 해였다. 발사 시도가 22차례나 있었다. 물론 그 중 성공을 한 것은 5회에 불과했다. 코롤료프는 달과 금성에 무인 우주선을 착륙시키는 것을 포함해 계속 '최초'를 이어갔다. 그러다 1961년에는 유리 가가린Yuri Gagarin이 지구궤도를 돈 최초의 우주인이 되었다. 코롤료프는 1966년에 사망했는데 시신은 크렘린궁 벽에 안치됐다. 최고의 영예였다. 그러나 그의 신원은 살아 있는 동안 내내 비밀에 부쳐졌다. 그의 업적이 제대로 평가 받게 된 것은 최근에 와서다.

성격은 1950년대에 일어난 다섯 번째 위대한 과학적 발전에도 분명 중요한 역할을 했다. 물론 행운도 따랐다. 고고학자이자 고생물학자인 메리 리키Mary Leakey(1913~1996)와 루이스 리키Louis Leakey(1903~1972) 부부는 1930년대부터 아프리카, 특히 케냐와 탕가니카(나중에 탄자니아가 됨)에서 발굴작업을 해왔다. 그러나 이렇다 할 만한 것을 찾아내지는 못했다. 특히 올두바이 협곡Olduvai Gorge을 집중 발굴했다. 세렝게티 평원에 움푹 팬, 깊이 91미터, 길이 48킬로미터나 되는 협곡으로 아프리카 동부를 북에서 남으로 관통하는 이른 바 지구대地溝帶의 일부였다. 일반적으로 거대한 판구조가 만나는 경계지역으로 알려져 있다.[73] 올두바이 협곡은 1911년 처음 발견된 이후 줄곧 과학자들의 관심의 대상이었다. 당시 독일 곤충학자 빌헬름 카트빈켈Wilhelm Kattwinkel은 이 일대에서 나비를 쫓아가다가 협곡 속으로 떨어질 뻔했다.[74] 협곡 아래로 내려가면서 보니 퇴적층이 여러 겹이었다. 카트빈켈은 퇴적층 주변에 수많은 화석 뼈가 있는 것을 발견했다. 화석들을 독일로 가져와 소개하자 학계가 술렁거렸다. 멸종된 말 화석이 있었기 때문이다. 후일 탐사팀들은 현대인 해골 파편들을 찾아냈다. 그러자 일부 과학자들은 올두바이가 멸종된 생명체 연구에 가장 적합한 장소라는 결론을 내렸다. 거기에는 인류의 선조들 화석도 있을 가능성이 높았다.

별다른 성과도 올리지 못한 채 1930년대 초부터 1959년까지 올두바이에서 발굴을 계속한 것을 보면 리키 부부의 성격이 어떤지 짐작이 간다.[75] 앞의 여러 장에서 언급한 것처럼 그때까지 학계에서는 초기 인류는 아시아에서 처음 나타났다고 믿고 있었다. 케냐의 선교사 집안에서 태어난 루이스 리키는 열두 살 때 처음 화석을 발견했고, 그 때부터 한 순간도 발굴을 멈추지 않았다. 돈키호테적인 성격의 리키는 초기에는 과학적 증거를 대충 다루곤 했다. 그러니 제대로 된 교수 자리 같은 것이 들어올 리 없었다.[76] 전전戰前의 윤리도덕을 중시하는 분위기에서 조강지처를 차버린 일도 구직에는 마이너스였다. 그 문제로 케임브리지 대학 교수 자리도 날아가고 말았다.[77] 또 한 가지 요인은 1940년대 말과 1950년대 초 케냐 독립운동 당시 영국 스파이로 활동한 전력이었다. 특히 독립당 지도자이자 후일 케냐 초대 대통령이 되는 조모 케냐타Jomo Kenyatta가 재판을 받는 자리에 출석해 증언을 한 것은 치명적이었다.[78] (이 일로 케냐타가 원한을 품었던 것 같지는 않다.) 끝으로 리키는 여자문제가 복잡했다. 이처럼 리키는 모든 면에서 깔끔하지가 않았다. 그러나 성질만큼은 발굴과 이론화에 중요한 역할을 했다.

1939년 2차 대전이 터질 때까지 30년대 내내 리키 부부는 올두바이에서 발굴 작업을 계속했다. 가장 유명한 성과는 초기 인류가 만든 도구를 대량으로 발굴한 것이었다. 루이스와 두 번째 아내 메리는 올두바이에서는 부싯돌이 발견되지 않을 것이라고 봤다. 부싯돌은 그때까지도 유럽에서만 발견되었다. 따라서 동아프리카에는 부싯돌이 없다고 볼 수 있는 것이다. 대신 부부는 '자갈돌찍개'를 다량 발굴했다.[79] 특히 현무암과 규암으로 만든 것이 많았다. 이런 원시적인 절단 도구가 있는 것으로 보아 리키는 유적지가 '생활층'이라고 확신했다. 선사시대 생활공간으로 초기 인류가 짐승 고기를 잘라 먹는 도구를 만들던 곳이라는 것이다. 물론 당시의 동물은 다 멸종됐고, 올두바이나 그 인근에서 화석으로 발견됐다. 2차 대전이 끝난 뒤 케냐타 재판의 여파로 리키 부부는 1951년까지 올두바이에 다시 가지 못했다. 그러나 이후 1950년대 대부분을 그곳에서 발굴로 보냈다. 근 10년 동안 부부는 수천 점의 손도끼와 많은 멸종 포유류 유골 화석을 찾아냈다. 거기에는 멧돼지, 들소, 영양도 있었다. 일부는 현재의 변종보다 훨씬 커서 거대한 원시 동물이 뛰노는 아프리카라는 낭만적인 이미지를 불러일으켰다. 리키 부부는 이 생활층에 '도살장'이라는 이름을 붙였다.[80] 리키 부부 전기를 쓴 버지니아 모렐에 따르면 두 사람은 당시 협곡 맨 밑은 약 40만 년 전 지층이고, 최상층은 1만 5,000년쯤 된 것으로 생각했다. 루이스는 중년이 됐다. 20여 년간 삽질을 하고도 인류 화석은 끝내 찾지 못했건만 열정은 식을 줄 몰랐다. 1953년에는 아프리카 땡볕에서 장시간 발굴에 몰두하다 심한 열사병에 걸렸다. "갈색 머리칼이 글자 그대로 하룻밤 사이에 하얘졌다."[81]

리키 부부는 간간이 원인原人 이빨 화석을 발견했기 때문에(이빨은 아주 단단해서 다른 부위보다 썩지 않고 오래 보존된다) 언젠가 제대로 된 두개골 화석이 나타날 것으로 확신했다.

1959년 7월 17일 아침, 눈을 뜬 루이스는 약간 열이 있는 것을 느꼈다. 메리는 남편에게 캠프에 남아 있으라고 했다. 얼마 전에, 멸종된 기린 두개골을 찾아낸 터라 할 일이 많았다.[82] 메리는 랜드로버를 몰고 혼자 나갔다. 동행은 애견 샐리와 빅토리아뿐이었다. 그날 아침 메리는 제1층 한 곳을 조사했다. 맨 아래 제일 오래된 지층으로 FLK('프리다 리키 코룽고'의 약자다. 프리다 리키는 루이스의 첫 번째 아내고, 코룽고는 현지 스와힐리어로 협곡이라는 뜻이다)로 알려진 지점이었다. 11시쯤 되자 날씨가 푹푹 쪘다. 기다란 뼛조각이 우연히 눈에 띄었다. "지층 표면에 그냥 나와 있는 것이 아니라 아래서 삐죽 솟아나와 있었다. 해골의 일부 같았다. ……원인의 표정이었다. 뼈는 굉장히 두꺼워 보였다. 아주 두꺼웠다. 분명 그랬다." 그녀는 후일 자서전에 이렇게 썼다.[83] 곁에 묻은 흙을 떨어내고 보니 "턱선을 따라 큰 이빨 두 개가 박혀 있었다." 마침내 올 것이 온 것이다. 그것도 수십 년 만에. 의심의 여지가 없었다. 원인 해골이었다.[84] 메리는 개들이 기다리고 있는 랜드로버로 뛰어가 곧장 캠프로 내달렸다. "찾았어요! 찾았다고요!" 도착하자마자 그녀가 내지른 일성이었다. 메리는 흥분한 목소리로 루이스에게 뭘 찾았는지 설명했다. 후일 루이스의 말에 따르면 그 순간 '아프던 게 씻은 듯이 나았다'고 한다.[85]

루이스는 해골의 이빨 구조를 보고는 사람속屬의 초기 형태가 아니라 오스트랄로피테쿠스라는 걸 직감했다. 원숭이 쪽에 가깝다는 이야기다. 그러나 주변에 붙은 이물질을 완전히 떨어내자 해골은 거대한 모습을 드러냈다. 턱이 특히 강하고, 얼굴은 납작하며, 광대뼈가 거대했다. 거기에 튼튼한 씹는 근육이 붙어 있었을 것이다. 더욱 중요한 것은 오스트랄로피테쿠스 해골로는 세 번째 발견인데 앞의 두 차례와 마찬가지로 이번에도 한 무더기의 도구가 옆에 있었다는 사실이다. 루이스는 평소 오스트랄로피테쿠스는 호모 계열 킬러들의 희생자라고 주장해왔다. 호모들이 원시 조상 격인 오스트랄로피테쿠스를 잡아먹었다는 이야기다. 그러나 이제 생각이 달라졌다. 함께 발견된 도구를 만든 것이 오스트랄로피테쿠스가 아닐까 하는 생각이든 것이다. 도구를 만든다는 것은 인류의 특징으로 간주된다. 그러니 이렇게 되면 인류라는 개념이 오스트랄로피테쿠스까지 거슬러 올라가게 되는 것이다.

그러나 얼마 후 루이스는 새 해골이 오스트랄로피테쿠스와 현생 인류 호모 사피엔스의 중간단계라는 확신을 갖게 됐다. 그래서 새로 발굴한 유골에 진잔트로푸스 보이세이Zinjanthropus boisei라는 이름을 붙였다. 진지Zinji는 고대 아랍어로 동아프리카 해안을 가리키는 말이고, 안트로푸스는 인간과 같은 특징을 보이는 화석이라는 의미이며, 보이세이는 탐사 자금을 지원한 미국인 찰스 보이세Charles Boise에서 따온 것이다.[86] 진지는 너무도 완벽했고, 오래 됐고, 기이했기 때문에 발견자인 리키 부부도 덩달아 유명해졌다. 이 발견은 전 세계 신문 1면을 장식했다. 루이스는 유럽, 북미, 아프리카에서 열린 학술회의의 스타가 되었다. 회의 때마다 진잔트로푸스에 대한 리키의 해석은 일부의 저항에 부딪혔다. 그들은 리키가 새로 발견한 화석이 크기는 하지만 다른 곳에서 발견된 오스트랄로피테쿠스와 그렇게 다르지 않다고 주장했다. 시간이 가면서 비판자들이 맞고 리키가 틀렸음이 입증됐다. 그런데 리키가 다른 학자들과 거대하고 납작한 두개골 화석의 의미를 논쟁하는 사이, 다른 곳의 두 과학자가 전혀 예기치 못한 돌파구를 열었다. 진지 발견 1년 후 리키는《내셔널 지오그래픽National Geographic》에 기사를 하나 썼다. 「세계 최초의 인간을 찾아서Finding the World's Earliest Man」라는 기사에서 그는 진잔트로푸스가 60만 년 전 것이라고 주장했다.[87] 그러나 완전히 틀린 이야기라는 게 나중에 밝혀진다.

금세기 중반까지 화석에 대한 주요 연대 측정 기법은 층서학層序學이라고 하는 전통적인 고고학 기법이었다. 퇴적층을 분석하는 것이다. 이 기법을 사용해 리키는 올두바이 협곡의 생성연대가 홍적세 초기라고 계산했다. 홍적세는 매머드 같은 거대 동물이 인간과 함께 지구를 누빈 시기로 보통 60만 년 전에서 약 1만 년 전까지로 본다. 1947년 이후 탄소14연대측정법이 새로 도입됐다. 탄소-14($14c$) 연대측정은 식물이 공기 중에서 이산화탄소를 흡수한다는 사실을 토대로 한다. 그 중 소량은 방사성을 띤다. 우주에서 오는 우주선線 cosmic rays에 쪼였기 때문이다. 광합성은 이 CO_2를 방사성 식물조직으로 변환시킨다. 이 조직은 식물(또는 그 식물을 먹은 유기체)이 죽을 때까지, 즉 방사성 탄소 섭취를 멈출 때까지 일정 비율로 남아 있다.

방사성 탄소는 반감기가 대략 5,700년이다. 따라서 고대 생명체에 들어 있는 방사성 탄소의 비율을 현대 생명체의 방사성 탄소 비율과 비교하면 문제의 유기체가 죽은 이후 시간이 얼마나 경과했는지를 계산해낼 수 있다. 그러나 ^{14}C는 반감기가 비교적 짧기 때문에 대략 최고 4만 년 전 유물에 대해서만 적용할 수 있다. 리키의《내셔널 지오그래픽》기사가 나온 직후 캘리포니아 대학 버클리 캠퍼스University of California at Berkeley의 지구 물리학자인 잭 에번든Jack Everden과 가니스 커티스Garniss Curtis가 올두바이 1지층 화산재 연대 측정 결과를 발표했다. 진잔트로푸스가 발견된 지층으로 측정에는 칼륨-아르곤(K/Ar)연대측정법potassium-argon dating을 사용했다. 이 방법은 원리적으로 탄소14연대측정법과 비슷하지만 불안정한 방사성 칼륨-40(^{40}K)이 붕괴해 안정된 아르곤-40(^{40}Ar)으로 바뀌는 비율을 활용한다. 이것을 천연 칼륨에 들어 있는 ^{40}K의 양과 비교하면 그 반감기를 가지고 유물의 나이를 측정할 수 있다. ^{40}K의 반감기는 약 13억년이기 때문에 이 방법은 지질 시대 수준의 연대측정에 훨씬 적합하다.[88]

버클리대 지질학자들은 새로운 모델을 사용해 놀라운 결과를 내놓았다. 올두바이 1층이 60만 년이 아니라 175만 년이나 되었다는 것이다.[89] 경악할 일이었다. 초기 인류가 지금까지 생각했던 것보다 훨씬, 훨씬 더 오래됐다는 최초의 단서였기 때문이다. 진잔트로푸스 발견에다가 이런 연대측정 결과까지 나오자 올두바이 협곡은 더욱 유명해졌다. 이후 몇 년 동안 더 많은 초기 원인 두개골과 유골이 동아프리카에서 발견되면서 초기 인류가 언제, 어떻게 발전했느냐를 놓고 격렬한 논쟁이 벌어졌다. 그러나 지구대에서 벌어진 '유골 러시bone rush'의 시발은 역시 진잔트로푸스였다. 그래서 결국에는 기상천외한 발상이 나오게 된다. 다윈이 진화론을 내놓은 지 거의 100년 만의 일이었다. 인류는 아프리카에서 탄생했으며, 이후 지구촌 곳곳으로 흩어져갔다는 발상이었다.

지금까지 살펴본 에피소드 하나하나는 그 자체로 중요하다. 방식은 서로 다르지만 자연계에 대한 우리의 이해를 바꿔놓은 것들이다. 먼저 지식의 발전이 있었다. 적어도 네 가지는 그렇다(이 문제에 대해서는 나중에 다시 살펴볼 것이다. 리센코는 1960년대 중반에 실각했다). 그러나 지식의 발전 말고도 공통점이 있었다. 과학은 그렇게 깔끔하지 못하며, 감정에 많이 좌우되고, 때로는 강박관념에 시달릴 정도로 다분히 인간적인 활동이라는 것을 보여준다는 점이다. 과학은 차분하고, 성찰적이며, 합리적이고, 감정에 지배되지 않는 과학자들이 오로지 진리를 향한 일념으로 수행하는 작업이라는 통념과는 거리가 멀다. 즉 과학이 삶의 다른 영역들과 썩 다르지 않다는 것이 드러난 것이다. 20세기 말인 지금 이런 이야기가 별로 의외로 느껴지지 않는 것은 1940~50년대를 거치면서 우리의 시야가 그만큼 달라졌기 때문이다. 50년대 초 클로드 레비스트로스는 당대의 일반적인 정서를 이렇게 표현했다. "철학자는 과학과 절연된 채 지낼 수 없다. 과학은 삶과 우주에 대한 우리의 시야를 엄청나게 넓히고 변화시켰다. 뿐만 아니라 지성이 작동하는 규칙을 혁명화시켰다."[90] 이런 시각은 칼 포퍼도 『과학적 발견의 논리』에서 강조한 바였다. 이 책의 영역본은 1959년에 나왔는데 여기서 포퍼는 과학자는 세계—자연—를 이방인으로서 만나게 된다는 시각을 상세히 설명했다. 또 과학은 거짓임을 증명할 수 있는 지식과 경험만을 취급 대상으로 삼는다는 점에서 다른 작업들과 다르다고 강조했다. 이것이야말로 포퍼가 생각하는 과학과 종교 내지 형이상학의 차이다. 계시나 신앙 또는 직관은 과학에서는 아무 역할도 못한다. 최소한 중심적인 역할을 할 수는 없다. 지식은 점차 증가한다. 그러나 지식은 어떤 것이 영원히 참이라는 의미에서 결코 '최종적인' 것이 아니다.[91] 포퍼는 레비스트로스와 마찬가지로 과학의 합리주의, 과학이 전진해 나가기 위해 동원해야 하는 논리에만 집중했다. 그 언저리의 여러 측면들, 시대적 맥락이라든가 경쟁관계, 극적인 드라마(인물 자체가 드라마인 경우도 많다)를 연출하는 참가자들의 야심과 숨겨진 욕망 같은 것은 설명에서 제외했다. 과학의 본론과는 큰 관계가 없는 곁다리라고 보았던 것이다. 당시 이런 시각을 이상하게 생각한 사람은 아무도 없었다. 앞서 살펴본 것처럼 마이클 폴라니는 1946년에 이미 의문을 제기한 바 있다. 그러나 과학을 보는 시각을 완전히 바꿔놓을 책을 쓰는 일은 철학자보다는 과학사가의 몫이었다. 그 과학사가는 바로 MIT의 토마스 쿤Thomas Samuel Kuhn(1922~1996)이었다. 쿤의 『과학혁명의 구조 The Structure of Scientific Revolutions』는 1962년에 세상에 나왔다.

쿤은 물리학으로 박사학위를 받았지만 자연과학 개론 강의를 하면서 과학사로 돌았다. 그는 과학에서 주요한 변화가 일어나는 방식에 관심이 많았다. 1950년대에 나름의 관점을 발전시키면서 기존 사례를 답습하는 대신 코페르니쿠스의 혁명이나 산소 발견, X선 발견 같은 과거 에피소드를 많이 들여다보고 아인슈타인의 상대성 이론 등에 대해서도 깊이 연구했다. 쿤의 요지는 과학은 주로 비교적 안정된 시기들로 구성된다는 것이었다. 이런 시기에는 별로 흥미로운 일이 생기지 않는다. 특정한 '패러다임paradigm'안에서 작업하는 과학자들은 그 패러다임의 이런저런 측면을 살찌우는 실험을 주로 한다. 이런 양상을 보면 과학자들이 유달리 의심하기를 좋아하는 부류는 아니다. 오히려 그들은 추종하는 패러다임이나 이론이 설정해놓은 정신적 틀에 구속돼 있다. 그러나 쿤은 이런 상황에서 많은 예외 내지는 변칙이 나타난다는 것을 관찰했다. 그렇게 되면 처음에는 예외를 지배적인 패러다임에 끼워 맞추려는 시도가 등장한다. 그리고 그런 시도는 어느 정도 성공한다. 그러나 조만간 예외가 너무 심해지면서 분야를 막론하고 위기가 닥친다. 그렇게 되면 한 명 또는 복수의 과학자가 그런 예외들을 더 잘 설명할 수 있는 새로운 패러다임을 개발한다. 과학혁명이 일어나는 것이다.[92] 쿤은 과학이 종종 협력적인 작업이라는 사실에도 주목했다. 산소 발견 과정을 예로 들면 조셉 프리스틀리Joseph Priestley와 앙트완 로랑 라부아지에Antoine Laurent Lavoisier 중에서 누가 진정한 산소 발견자인지 말하기가 대단히 어렵다. 둘 중 어느 한 사람의 업적이라도 없었다면 우리는 산소를 지금과 같은 방식으로 이해하지 못했을 것이다. 또 하나 중요한 사실은 과학혁명이 젊은이들 내지는 해당 분야에 갓 입문한, 따라서 기존의 사고방식을 충분히 익히지 못한 사람들에 의해 촉발되는 경우가 많다는 점이다. 쿤이 과학의 사회학 내지 과학의 사회심리학이 지식을 발전시키고 새로운 지식을 수용하는 데 중요한 요소가 된다고 강조한 것은 그 때문이다. 막스 플랑크를 연상시키는 이야기지만 쿤에 따르면 대다수 과학자들은 생각을 절대 바꾸지 않는다. 새로운 이론이 득세하는 것은 낡은 이론의 신봉자들이 다 죽어 없어졌거나, 새로운 세대가 새 이론을 선호하기 때문이다.[93] 쿤은 과학혁명을 진화의 한 형태로 본다는 점을 여러 차례 강조했다. 더 나은—더 적합한—아이디어가 살아남고 덜 성공적인 아이디어는 멸종한다는 이야기다. 과학을 실제 모습보다 더 정연한 체계를 갖춘 것처럼 보는 시각은 과학 교과서 때문이다.[94] 다른 분야도 교과서가 있지만 교과서가 가장 애용되는 분야는 자연과학이다. 이는 많은 젊은 과학자들이 오리지널 문헌을 읽지 않고 남이 소화해준(따라서 재포장된) 형태로 정보를 흡수한다는 이야기다. 그래서 과학자들은 어떤 과학적 발견이든지 일차문헌에서 배우지 않는 경우가 많다(적어도 쿤 시대에는 그랬다). 문학에 관심이 있는 사람이 문학평론서와 함께 원작 자체를 읽는 것과는 매우 다르다. (이런 점에서 C. P. 스노에 대한 F. R. 리비스의 비판을 연상시킨다.)

쿤의 저서는 극찬을 받았다. 특히 비과학도와 과학에 반감을 가진 사람들이 열광했다. 따라서 그가 과학을 폄하하려 한 것이 '아니라'는 점을 강조해 두어야겠다. 쿤은 항상 주장하기를 과학이 제공하는 지식은, 레비스트로스의 말처럼, 특수한 종류의, 특수한 방식으로 작동하고 대단히 효용이 큰 지식이라고 했다.[95] 과학 외적 맥락에서 그의 저서를 남용하는 것은 쿤의 원래 의도와는 무관하다. 쿤이 남긴 유산은 과학 개념의 재정립이었다. 여기서 과학은 스노가 말하는 것과 같은 문화가 아니라 전통, 즉 많은 과학자들이 그 풍토 속에서 훈련하고, 무엇이 흥미로운 문제인지, 그리고 답을 찾으려면 어떻게 해야 하는지를 규정하는 전통을 말한다. 과학적 전통은 일반적으로 생각하는 것처럼 합리적인 것과는 거리가 멀다. 물론 이런 시각을 모든 과학자가 수긍하지는 않는다. 무엇이 패러다임이고 무엇이 패러다임이 아닌지, 또 무엇이 지배적 패러다임 내에서 작동하는 정상과학normal science이고 무엇이 정상과학이 아닌지 등등에 대해서도 의견의 일치를 보기 어려운 점이 분명 있다. 그러나 쿤의 작업은 과학사가와 인문학도들의 시야를 크게 넓혀주었다. 그리하여 과학적 지식을 영원한 진리가 아닌 잠정적인 진리로 간주하게 되었다.

28

정신의 탈형이상학
Mind minus Metaphysics

　1959년 말 알프레드 히치콕Alfred Hitchcock(1899~1980) 감독은 새 영화를 제작하고 있었다. 제작 과정은 극비에 붙였다. 로스앤젤레스의 유니버설 영화사 Universal Pictures 레뷰 스튜디오Revue Studios 일대에서 촬영을 했는데 딱따기(clapper boards)와 영화사 서류에는 암호명 '윔피Wimpy'(햄버거 레스토랑 체인 이름)로 돼 있었다. 개봉 준비가 끝나자 히치콕은 언론에서 활동하는 영화 평론가들에게 편지를 보내 끝부분을 놓치지 말아달라고 당부했다. 또 영화가 시작된 다음에는 관객을 들여보내지 않을 것이라고 선언했다.
　「사이코Psycho」는 여러 면에서 영화사상 '최초'를 기록했다. 그때까지 히치콕은 수준 높은 살인사건 스릴러물을 감독해왔다. 대개 이국적인 장소를 배경으로 테크니컬러 방식으로 제작했다. 반면「사이코」는 기존 스타일과 대비를 이루기 위해 외관을 평범하게 하고, 흑백 촬영에 싸구려 티가 나는 장소를 택했다.[1] 폭력 장면들도 유례없이 끔찍했다. 그러나 가장 손에 땀을 쥐게 하는 것은 광기를 묘사하는 방식이었다. 이 영화는 '위스콘신의 인육을 먹는 살인범' 에드 게인Ed Gein의 실화를 바탕으로 한 것이었다. 게인의 끔찍한 행동은「텍사스 전기톱 연쇄 살인 사건The Texas Chain Saw Massacre」(1974)과「광란Deranged」(1974) 같은 영화에도 영감을 주었다.「사이코」에서 히치콕은 주인공 노먼 베이츠의 살인욕망의 원인을 협소하고 원만치 못한 가족생활 및 성적 내력 때문으로 규정했다.² 그것이 흥미를 증폭시키는 요인이었다.

　주인공 역은 안소니 퍼킨스Anthony Perkins와 자넷 리Janet Leigh가 맡았는데 둘 다 평소 개런티에 훨씬 못 미치는 액수로 출연했다. 스토리텔링(리가 맡은 인물은 중간에 처참하게 살해당한다. 당시로서는 혁신이었다)의 거장 히치콕 감독과 일을 해 보고 싶었기 때문이다. 이 작품은 시각적 상징성이 풍부하다. 광기, 특히 정신분열병의 분위기를 드러내기 위한 장치였다. 폭풍우 몰아치는 날 밤 싸구려 모텔의 음산한 분위기와는 별도로 등장인물들은 저마다 숨기는 게 있다. 불법적인 사건도 있고, 현금을 훔친 경우도 있고, 정체를 숨기거나 살인을 저지르고 아직 들키지 않은 사람도 있다. 거울을 많이 사용한 것은 이미지 변환을 위한 것으로 거울이 둘로 쪼개지면서 현실의 반전은 물론 폭력으로 치닫는 광인의 분열된 정신세계가 암시되기도 한다.³ 안소니 퍼킨스는 엄마한테 꼼짝 못하는 척하지만 사실은 오래 전에 엄마를 죽였다. 그러면서 '새 박제'를 하며 시간을 보낸다(올빼미 같은 밤새들인데 이들도 그를 주시하고 있다). 이렇게 차츰 긴장이 고조되다가 자넷 리가 샤워 도중 무자비하게 난자당해 죽는 그 유명한 장면으로 이어진다. 여기서 '여주인공의 몸을 관통하는 칼은 페니스로 상징적 강간을 의미'한다. 피가 욕실 배수구로 꼬르륵거리며 빨려 들어가는 것을 보면서 관객은 공포에 질리기도 하고 야릇한 쾌감을 느끼기도 한다.⁴ 「사이코」는 정신분열병 속에 감춰진 정서적 갈등에 공감하거나, 적어도 그런 갈등을 체험할 수 있도록 관객의 의식을 조작한 탁월한 사례였다. 물론 세월이 가면서 이런 기법은 점점 흔해졌다. 히치콕의 노련함이 가장 빛나는 곳은 살인자 베이츠(퍼킨스)가 자넷 리의 시신을 차 트렁크에 실어 연못에 빠뜨리는 장면이다. 차는 진흙탕 속으로 빨려 들어가다가 갑자기 멈춘다. 관객들은 무의식적으로 차가 없어지기를 바란다. 그렇게 해서 순간이나마 주인공과 공범이 되는 것이다.⁵

　영화는 개봉되자마자 혹평에 시달렸다. 개성이 강한 평론가들에게 이렇게 봐라 저렇게 봐라 했으니 그럴 만도 했다. 히치콕은 이렇게 말했다. "「사이코」가 개봉됐을 때 얼마나 끔찍하게 욕을 해대는지 지금도 기억이 생생하다. 그야말로 참사였다." 그러나 대중의 느낌은 달랐다. 그래서 제작비는 80만 달러밖에 안 들었지만 히치콕 혼자서만 2,000만 달러 이상을 벌어들였다. 영화는 금세 일종의 컬트가 됐다. "내 영화들은 실패에서 바로 걸작으로 넘어갔어요. 도대체 성공작이니 하는 말이 끼어들 틈이 없었지." 히치콕의 말이다.[6]

정신병을 부적응으로, 신체적 질병이라기보다는 논리 내지 철학의 병리학으로 이해하려는 시도는 연원이 깊다. 특히 정신분석 계열의 정신의학에 그 뿌리를 두고 있다. 히치콕의 영화가 개봉된 바로 그해에 영국에서 정신분석 관련서가 하나 나왔는데 이 역시 곧바로 컬트적 지위를 확보했다. 필자는 스코틀랜드 글래스고의 젊은 정신과 의사로 실존주의자를 자처했으며 나중에는 인기 있는 시인이 되었다. 이런 특이한 이력이 정신병 이론에도 반영이 되었다. 『분열된 자아 The Divided Self』(1960)에서 로널드 D. 랭Ronald D. Laing(1927~1989)은 사르트르의 실존주의를 그야말로 사이코인 정신분열병 환자들에게 적용했다. 왜 미쳤는지를 이해해보려는 시도였다. 랭은 정신분열병이 어느 정도는 유전이라는 증거가 있기는 하지만(가족력) 생체이상으로 인한 질병이 아니라 부모의 성장환경에 대한 개인적 반응이라고 주장하는 학파(데이비드 쿠퍼David Cooper와 아론 에스터슨Aaron Esterson 등등)의 대표적 인물이었다. 랭과 그 동료들은 '정신분열병유발성'(정신분열병을 잘 일으키는) 가족이라는 실체를 믿었다. 『분열된 자아』와 후속 작에서 랭은 정신분열병의 배경을 조사해 보면 몇 가지 공통점이 있다고 주장했다. 그중 주요한 것이 가족, 특히 어머니였다. 환자들은 자아가 신체로부터 떨어져 있고, 삶은 본인을 위협하는 일련의 '게임'이라는 식으로 행동한다.[7]

랭의 이론이 치료에 효과가 있느냐에 대해서는 잠시 후 다시 논하기로 하자. 랭이 중요한 이유는 단순히 임상적 의미에서만이 아니다. 그의 접근법은 실존철학을 프로이트 심리학과 연계하려는 시도라는 점에서 1948년~1960년대에 나타난 중요한 크로스오버의 일부였다. 이 시기에 19세기 스타일의 형이상학은 죽었다. 형이상학을 용도 폐기한 것은 바로 철학자들이었다. 그리고 아이러니하게도 그 주범 중 한 사람이 옥스퍼드 대학 웨인플리트좌座 형이상학 철학 교수 길버트 라일Gilbert Ryle(1900~1976)이었다. 1949년에 나온 『정신의 개념 The Concept of Mind』에서 라일은 정신적 사태와 물리적 사태 사이에는 본질적인 차이가 있다고 주장하는 데카르트 스타일의 전통적 이원론을 통렬히 공박했다.⁸ 치밀한 언어분석을 통해 라일은 행태주의적 성향이 강한 인간관을 제시했다(본인도 인정한다). '정신mind'이 우리의 행동, 생각, 행태와 독립적으로 존재한다는 의미의 내면이란 존재하지 않는다고 라일은 말했다. 우리가 뭔가를 하고 싶어 근질근질하다고 할 때 모기에 물렸을 때 근질근질한 것과 같은 의미에서 근질근질한 것은 아니다. '마음의 눈'으로 사물을 '본다'고 할 때 나뭇잎이 떨어지는 걸 보는 것과 같은 의미에서 보는 것은 아니다. 이것이 바로 언어의 허점이라고 그는 지적한다. 그의 저서의 대부분은 이런 허술함을 넘어서는 문제에 집중한다. 뭔가를 의식한다는 것, 자아감을 갖는다는 것은 정신의 부산물이 아니다. 그것은 정신의 활동이다. 정신은 사실 우리가 생각하고 있는 것을 '엿듣지' 않는다. 생각하는 것은 정신의 활동이다.⁹ 간단히 말하면 기계 속에 유령은 따로 없다. 단지 기계만 있을 뿐이다. 라일은 의지, 상상력, 지성, 정서 등을 이런 식으로 고찰한 다음 요소요소마다 전통적인 데카르트 식 이원론을 분쇄한다. 이어 심리학과 행태주의에 관한 짧은 장으로 마무리한다. 그는 일반적인 평가와는 달리 심리학을 과학이라기보다는 의학—원인조사와 치료법이 헐렁하게 한 덩어리로 연결된 것—에 좀 더 가까운 것으로 보았다.¹⁰ 라일의 저서가 중요한 이유는 심리학에 기여를 했기 때문이라기보다는 낡은 데카르트 식 이원론을 멸절시켰기 때문이다.

　라일이 옥스퍼드 대학에서 나름의 사상을 가다듬고 있는 동안 루드비히 비트겐슈타인은 케임브리지에서 어찌 보면 그와 유사한 방향을 추구하고 있었다. 1921년 『논리철학 논고』를 낸 이후 10년 동안 비트겐슈타인은 철학을 안중에 두지 않았다. 그러나 1929년 케임브리지로 돌아온 뒤로는 심대한 영향력을 발휘했던 『논리철학 논고』를 해체하고 대신 어떤 면에서 그와 대척점에 선 입장을 구축하기 시작했다. 1930~40년대에 비트겐슈타인이 책으로 낸 것은 아무것도 없었다. 현대 서구 문명을 '낯설게' 느낀 나머지 강의(튜링이 수강한 '접이식 의자' 세미나)를 통해 영향력을 행사하는 것이 낫다고 생각한 것이다.¹¹ 비트겐슈타인의 두 번째 대표작 『철학적 탐구 Philosophische Untersuchungen』가 출간된 것은 1953년이었다. 1951년 62세의 나이에 암으로 죽은 다음이었다.¹² 비트겐슈타인의 새로운 관점은 라일의 사상을 훨씬 더 발전시킨 것이었다. 본질적으로 비트겐슈타인은 많은 철학적 문제들이 잘못된 문제라고 생각했다. 주로 잘못된 언어 사용으로 말미암아 길을 잘못 들어섰기 때문이라고 본 것이다. 『철학적 탐구』에 대한 네 권짜리 해설서를 낸 P. M. S. 해커 P. M. S. Hacker는 우리 주변을 둘러보면 심대한 논리적 차이를 슬쩍 덮어버리는 문법적 유사구조가 많다고 지적한다. "철학의 물음은 답변을 찾는 질문이라기보다는 의미를 찾는 질문인 경우가 많다. '철학은 언어라는 도구가 우리의 이성에 마법을 거는 것에 대항하는 투쟁이다.' 예를 들어 '존재하다'라는 동사는 '먹다'나 '마시다'와 다를 게 없어 보인다. 하지만 그 대학에 고기를 먹지 않거나 포도주를 마시지 않는 사람이 얼마나 되느냐고 묻는 것은 말이 되지만 그 대학에 존재하지 않는 사람이 얼마나 되느냐고 묻는다면 말이 안 된다."[13]

이것은 말장난만은 아니다.[14] 비트겐슈타인의 기본 아이디어는 철학은 문제를 해결하기 위해서가 아니라 문제를 없애기 위해 존재한다는 것이다. 끈이 꼬였을 때 매듭 하나를 풀면 다 풀리는 것처럼 말이다. 다른 말로 하면 "문제는 새로운 정보를 제공함으로써가 아니라 우리가 이미 알고 있는 것을 [재]조합함으로써 풀린다."[15] 따라서 비트겐슈타인의 진로는 언어 전체를 재조합하는 것이었다.[16] 그런 일을 혼자서 해낼 수 있는 사람은 없다. 따라서 비트겐슈타인은, 라일이 그랬던 것처럼, 우선 정신-육체 이원론mind-body duality에 초점을 맞췄다. 나아가 본인이 두뇌-육체 이원론이라고 부른 것과 연계시켰다. 이 두 가지 이원론은 잘못된 개념이라고 그는 말했다. 의식을 '두뇌 속에 있는 자기 검열 메커니즘에 비교한다면' 엉뚱한 길로 들어선 것이라는 이야기다.[17] 비트겐슈타인은 평범한 예를 들었다. 어떤 사람이 통증이 '있다'는 것은 1페니를 갖고 '있다'는 것과 같은 의미가 아니다. "통증은 페니 동전처럼 그것을 소유한 사람으로부터 떨어져서 여기저기 돌아다닐 수 있는 게 아니다." 마찬가지로 우리는 아프다는 말을 하기 전에 우리가 신음하고 있는지 아닌지 살펴보지 않는다. 그런 의미에서 신음은 통증의 일부다.[18] 비트겐슈타인은 이어 '내면', '성찰', 경험의 프라이버시 같은 개념도 방향을 잘못 잡은 것이라고 주장했다. 어떤 사람이 겪는 통증은 다른 사람이 겪는 통증과 똑같다. 두 권의 책 표지를 똑같이 빨간색으로 한 것과 마찬가지다. 빨강은 추상적으로 존재하지 않는다. 통증도 마찬가지다.[19] 성찰에 대해서 비트겐슈타인은 우리가 하는 정신적인 작업이라는 것들도 '정신'을 필요로 하는 것은 아니라고 말한다. "정신을 다잡는다는 것은 결정한다는 의미이고, 어떤 문제에 대해 두 정신 사이를 오간다는 것은 결정을 못한 상태라는 의미다. …… 성찰과 같은 어떤 행동이 존재하는 것은 사실이지만 내적 지각은 아니다. …… 그것은 기억을 마음속에 그려보는 것이다. 가능한 상황을 상상해보고, 어떠어떠한 사태가 벌어질 경우 갖게 될 느낌을 마음속에 그려보는 것이다……."[20] '나는 이기고 싶다'는 말은 어떤 정신 상태에 대한 서술이 아니라 '선언'이다.[21] '정신적' 삶에 관하여 '내면'과 '외면'을 말하는 것은 비트겐슈타인이 보기에는 메타포일 뿐이다. 우리는 대개 치통은 신체적 통증이고 슬픔은 정신적인 것이라고 말한다. 그러나 슬픔은 치통과 같은 의미의 고통이 아니다. 슬픔은 치통처럼 '아픈 게' 아니다.[22] 비트겐슈타인이 볼 때 정신이라는 개념은 따로 필요치 않다. 그리고 '두뇌'에 대해 생각하는 방식에 있어서 좀 더 세심할 필요가 있다. 통증이나 희망, 실망을 느끼는 것은 '사람'이지 두뇌가 아니다.

『철학적 탐구』는 일부 분야에서 더욱 강점이 있었다. 그러나 비트겐슈타인 자신의 기준에 따르면 그것은 어떤 문제들을 없애주었다. 그중 하나가 정신의 문제였다. 의식에 좀 더 많은 관심을 쏟아야 한다고 촉구한 책들이 있었는데 그의 저서도 그중 하나였다. 비트겐슈타인은 의식의 문제를 해명하는 데 별로 성공하지 못했지만 이 문제는 금세기 말 철학자와 과학자들에게 초미의 관심사가 된다.

『철학적 탐구』가 프로이트 심리학에 미친 영향은 제대로 평가받지 못했다. 그러나 '내면'과 '외면'을 단순한 메타포로 보는 비트겐슈타인의 관념은 프로이트의 핵심 사상에 상당한 손상을 입혔다. '프로이트에 대한 공격'은 1950년대 말에 어떤 식으로든 증가했으며 이에 대해서는 마틴 그로스Martin Gross가 상세하게 정리한 바 있다. 양차 대전 사이는 프로이트 시대의 정점이었지만 정신분석 치료의 효과에 대한 최초의 통계적 의문은 이미 1920년대에 제기됐다. 당시 베를린정신분석연구소에서 환자 472명을 대상으로 연구한 결과 전체의 40퍼센트만이 치료가 된 것으로 간주됐다. 1940년대 런던클리닉, 시카고정신분석연구소, 캔자스의 메닝거클리닉Menninger Clinic에서 한 후속연구에 따르면 평균 '치유율'은 44퍼센트로 나타났다. 1950년대 일련의 연구는 '환자가 처음 들어왔을 때보다 정신 상태가 나아져서 퇴원할 가능성은 대충 50대 50'이라는 것을 보여주었다.[23] 그런데 난감한 것은 1950년대 중반 미국정신분석협회 사실확인위원회가 해리 웨인스톡Harry Weinstock 박사 주도하에 한 연구 결과였다. 위원회는 회원들이 치료한 정신분석 환자 사례 1,269건에 관한 증거를 수집했다. 대규모 샘플을 조사한 보고서가 나오기를 다들 고대하고 있었다. 그러나 1957년 12월, 협회는 출판을 하지 않기로 결정했다. 그러면서 "그런 자료에 관한 논란이 번지면 어떤 식으로든 이로울 게 없다"는 이유를 달았다.[24] 그러자 암암리에 등사판 보고서 사본이 나돌기 시작했다. 협회가 다시 연구 결과를 공표할 때까지 정신분석학계에는 이런저런 추측이 난무했다. 공표는 10년 뒤에 이루어졌다. 동시에 발표가 지연된 이유가 분명히 드러났다. '논란'을 우려했던 자료에 따르면 치료를 받은 환자 여섯 명 가운데 겨우 한 명만이 치유가 된 것으로 나타났다. 정신분석의 효과를 의심하기에 충분했다. 더구나 해당 부문 전문가들이 만든 보고서였다. 정신분석의 효능만 문제 된 것이 아니었다. 프로이트의 기본이론 자체도 위협을 받았다. 우리 모두는 약간씩 양성애 성향이 있다는 시각은 도전을 받았다. 오이디푸스 콤플렉스와 유아성욕도 마찬가지였다. 예를 들어 정신분석학자들은 남자 유아의 발기 현상을 유아성욕의 확고한 증거로 보았었다. 그러나 H. M. 핼버슨Halverson이 유아 아홉 명을 각각 10일 동안 관찰한 결과 일곱 명이 적어도 하루에 한 번 발기를 했다.[25] 그런데 "발기는 쾌감이나 욕구의 표시라기보다는 아동이 불편한 상태에 있음을 보여주는 경향이 있다. 전체 발기 사례의 85퍼센트에서 발기시 울거나 잠을 못자거나 다리가 뻣뻣해지는 증상이 같이 나타났다. 발기가 수그러들어야만 아이들은 안정을 되찾았다." 핼버슨은 발기가 '복부가 방광에 압력을 가한 결과이며, 프로이트적인 욕구보다는 단순히 신체적인 요구를 해소하는' 과정이라는 결론을 내렸다. 마찬가지로 잠에 관한 연구도 꿈을 꾸고 나서 잊어버리는 이유―정신분석학에 따르면 억압이다―를 좀 더 간단하게 설명해 준다. 우리는 잠을 자다가 어떤 단계에 이르면 꿈을 꾼다. 이 단계를 동공의 움직임이 빨라진다고 해서 렘수면REM(rapid eye movement) sleep이라고 한다. 렘수면 단계에서 환자를 깨우면 꿈 내용을 잘 기억한다. 그러나 자주 깨우면 짜증을 낸다. 렘수면이 건강에 꼭 필요하다는 이야기다. 그러나 렘수면 단계가 지나면, 즉 수면 사이클 후기가 되면, 깨워도 꿈 내용을 잘 기억하지 못한다. 짜증도 덜 낸다. 꿈은 이렇듯 희미해지는 것이 자연스러운 일이다.[26] 끝으로 1950년대에는 반프로이트적인 인류학적 증거들이 쌓여갔다. 프로이트 이론에 따르면 유아들에게는 엄마 젖을 먹는 것이 중요하다. 엄마와 아이의 심리적 유대 형성에 큰 역할을 하기 때문이다. 물론 이것은 그 자체로 유아 성심리性心理 발달의 일부가 된다. 그러나 1956년 인류학자 랠프 린튼Ralph Linton이 마르키즈제도Marquesas Islands 원주민 여성들은 '젖을 먹이는 경우가 극히 드물다'는 보고서를 내놓았다. '그 지역 문화에서는 유방의 모양을 중시하기 때문이다.' 마르키즈 섬 유아들은 대개 돌 위에 뉘어 놓고 코코넛 즙에 빵나무 열매를 섞은 것을 먹인다.[27] 그래도 별 문제 없이 잘 자랐다. 어머니와 관계도 원만했다.

1950년대 초 프로이트와 융은 점차 혹독한 비판에 시달리게 된다. 비과학적이고, 증거도 입맛에 맞는 것만 취사선택했다는 이유에서였다.

다른 형태의 심리학도 비판에서 자유롭지 못했다. 비트겐슈타인의 유고 『철학적 탐구』가 출간된 해에 하버드 대학 심리학 교수인 버러스 F. 스키너Burrhus F. Skinner(1904~1990)가 논쟁적인 저서들 가운데 첫 편을 내놓았다. 펜실베이니아 주의 작은 마을 서스쿼해나Susquehanna에서 자란 스키너는 처음에 작가가 되려고 해밀턴 칼리지에서 영문학을 공부했다. 당시 로버트 프로스트는 스키너에게 '극도로 세밀한 관찰력'이 있다고 했다. 그러나 작가로서 발전하지는 못했다. 스스로 '할 말이 없다고 생각했기' 때문이다. 색소폰도 포기했다. '심리학자한테는 안 맞는 악기'라고 생각했기 때문이다.[28] 그는 작가의 꿈을 버리고 하버드에서 심리학을 공부했다. 공부도 잘 해서 1945년에는 교수가 되었다.

스키너의 『과학과 인간행태Science and Human Behavior』(1953)는 라일, 비트겐슈타인과 겹치는 부분이 꽤 있다.[29] 두 사람과 마찬가지로 스키너는 '정신'을 형이상학적 시대착오로 간주하고 과학자의 연구 대상으로써 행태에 관심을 집중했다. 언어적 재현에 대해서도 왕왕 현실을 오도한다고 봤다. 따라서 언어 사용법을 분명히 하는 것이 철학자는 물론이고 과학자의 과제라고 생각했다. 스키너는 일련의 실험을 출발점으로 삼았다. 주로 비둘기와 쥐를 대상으로 한 실험에서 환경을 엄격히 통제하고 상과 벌을 분명히 해주면 동물의 행태를 상당히, 그리고 예측 가능한 방향으로 변화시킬 수 있다는 것을 입증했다. 이렇게 학습을 빨리 할 수 있다는 것은 철학적으로나 사회적으로 중요하다고 스키너는 생각했다. 그는 본능으로 인간 행동의 상당 부분을 설명할 수 있다고 보았다. 그러나『과학과 인간행태』에서 주안점을 둔 것은 여러 행태에 대해 단순하고도 합리적인 설명을 제시하는 것이었다. 그는 강화reinforcement의 원리를 사용해 그렇게 할 수 있다고 믿었다. 본질적으로 스키너는 신념이나 일부 정신병, 그리고 어떤 상황에서는 '사랑'까지를 포함해서 인간의 다양한 행태를 개인의 내력에 따라, 즉 과거 특정 행동에 대해 보상 또는 처벌을 얼마나 받았느냐에 따라 이해할 수 있다는 것을 입증하고자 했다. 예를 들어 '우산을 가져가야 한다'라는 말은 '우산을 가져가면 보상을 받는다'는 의미로 받아들여진다. "좀 더 확실히 번역하면 다음 세 가지 진술로 정리할 수 있다. (1) 비에 젖지 않는 것이 좋다. (2) 우산을 가져가면 비가 와도 젖지 않는다. (3) 따라서 비가 오면 우산을 가져가는 것이 좋다. 그런데 '~해야 한다'는 표현은 반감을 살 수 있다. 따라서 그런 말을 듣고도 우산을 가져가지 않는 사람은 죄책감을 느낄 수 있다."[30]

인간의 행동을 이런 식으로 읽기 때문에 스키너는 알코올 중독에 대해서도 알코올 효과가 보상을 받은 경험이 있기 때문에 생긴 나쁜 습관이라고 보았다. 어떤 사회적 상황에서 알코올을 마셨더니 그렇지 않았을 경우보다 한결 편해졌다든가 하는 경우이다. 스키너는 프로이트에 반대했다. 정신분석이 '심층'심리에 관심을 쏟는 것은 방향을 잘못 잡은 것이라고 보았다. 정신분석이 자임한 과제는 '다른 방식으로는 관찰할 수 없는 내면의 갈등과 억압과 행동의 원인'을 발견하는 것이었다. "유기체의 행동은 종종 정신의 수면 아래에서 벌어지는 격전의 부산물로서 그 자체는 그렇게 중요하지 않다고 본 것이다."[31] 프로이트에게는 신경증적 행동이 근인根因의 증상인 반면, 스키너에게는 신경증적 행동 자체가 탐구 대상이었다. 신경증적 행동을 근절하면 자동적으로 신경증도 사라진다는 것이다. 스키너가 상세히 언급한 한 사례는 부모의 사랑을 얻고자 경쟁하는 두 형제 이야기다. 그 결과 동생이 형에게 공격적인 행동을 보이면 형이나 부모로부터 벌을 받는다. 이런 일이 반복적으로 일어나서 불안을 야기한다면 '공격적인' 동생은 죄책감을 느끼게 되고 나중에는 스스로를 통제할 것이다. 이런 의미에서 동생은 자신의 공격성을 '억압'한다고 스키너는 말한다. "이런 억압은 행동이 효과적으로 전위轉位되어서 불안을 야기했던 초기 상태로 되돌아가지 않을 경우 성공적이다." 그는 이어 다른 가능성과 그에 대한 정신분석적 설명을 고찰한다. 반동형성reaction formation의 결과로 동생은 사회사업이나 '형제애'를 표현할 수 있는 일에 몰두할 수 있다. 군에 입대하거나 도살장 같은 데 가서 힘든 일을 함으로써 공격성을 '승화'시킬 수도 있다. '우연히' 다른 사람을 때리는 식으로 공격성을 '전위'시킬 수도 있다. 프로 권투선수로 '동일시'할 수도 있다. 그러나 스키너가 볼 때 이런 행동을 설명하기 위해 심층에 자리한 신경증 같은 것을 고안해낼 필요는 없다. "그런 복잡한 증상은 공격 충동이 개인이나 사회의 억압적 검열을 피하기 위해 짜낸 간계가 아니라 복잡한 변수들이 상호작용한 결과다. 치료는 말썽을 일으키는 충동을 방출함으로써가 아니라 문제의 행동을 야기한 내력을 교정하거나 보상하는 변수들을 도입함으로써 이루어진다. 억압된 정서는 병든 행태의 원인이 아니라 그 일부다. 어렸을 적 기억을 되살려내지 못해서 신경증 증상이 야기되는 것이 아니라, 기억하지 못한다는 자체가 비정상적인 행동을 보여주는 사례다."[32] 첫 저서에서 스키너는 인간의 행동을 설명하고자 했다. 결론 부분에서 현대사회의 많은 통제기관—정부, 법률, 종교 제도, 학교, 정신요법, 경제와 돈 등등—을 고찰했는데 요지는 보상과 처벌 시스템이 이미 많이 작동하고 있고 어느 정도 효과를 보고 있다는 것이었다. 1960~70년대 들어 스키너의 이론은 인기를 끌었고, 많은 병원에서 '행동요법behavior therapy'을 도입했다. 행동요법에서는 이른바 근저에 있는 문제는 따지지 않고 증상만을 치료한다. 예를 들어 어떤 사람이 스스로를 더럽다고 느끼고 충동적으로 수건을 모아들이는 증상이 있다고 하면 이제는 '더럽다', 따라서 많이 씻어야 한다는 내면의 강박관념을 치료하는 것이 아니라 타월을 많이 모으지 않은 날에 (음식 등으로) 보상을 해주는 식으로 했다. 스키너의 이론은 티칭머신teaching machine 개발에도 활용됐고, 나중에는 학생이 자기 수준에 맞게 진도를 따라가면서 맞는 답을 할 경우 보상을 해주는 컴퓨터 보조 수업computer-aided instruction(CAI)에도 적용됐다.

스키너의 행동에 대한 접근방식, 인간에 대한 이해는 당시의 많은 사람들에게 혁명적인 것으로 받아들여졌다. 그래서 심지어 다윈과 동렬로 간주되기도 했다.³³ 그의 방법론은 라일과 비트겐슈타인을 심리학에 결합시켰다. 예를 들어 그는 의식은 언어공동체 내에서 인간의 상호작용으로 말미암아 생겨난 '사회적 산물'이라고 주장했다. 그러나 1957년에 낸 『언어행동 *Verbal Behavior*』은 엄청난 패착이 되고 말았다.³⁴ 라일, 비트겐슈타인과 마찬가지로 스키너는 인간에 관한 이론이 설득력이 있으려면 언어에 대한 설명이 필요하다고 보았다. 바로 그런 작업을 한 것이 『언어행동』이었다. 논지는 사회공동체가 우리의 말하기를 '선별'하고 미세 조정한다는 것이었다. 사회적 강화 과정을 통해 말할 내용이 '선택'되고, 그런 시스템이 평생을 가면서 우리가 사용하는 언어의 형식을 결정한다. 그 결과 우리의 언어행동을 강화하는 시스템은 우리의 여타 행동—'성격'—과 스스로를 이해하는 방식, 즉 우리의 의식 형성에 큰 역할을 한다. 스키너는 언어행동은 주변 여건과의 관계에 따라 여러 범주로 구분된다고 주장했다. 예를 들어 '맨드mand'(command·명령과 demand·요구의 합성어)는 그 이후 특정한 결과가 따라오는 언어행동 범주인 반면, '택트tact'(contact·접촉에서 따온 용어다)는 어떤 대상이나 사태 앞에서 발설할 경우 사회적으로 보상을 받는 언어행동이다.³⁵ 본질적으로 이런 시스템 하에서는 인간은 자율적 존재라기보다는 외부의 영향을 받는 행동들의 '집합체'다. 이는 프로이트적 관점이나 뭔가가 내면에서 나온다고 하는 전통적인 형이상학적 인간관과는 매우 다르다. 불행하게도 스키너의 급진적인 사상은 1959년 《언어 *Language*》지에 실린 노암 촘스키 Noam Chomsky(1928~)의 그 유명한—악명 높은—서평에서 통렬한 공격을 받았다. 당시 촘스키의 나이는 31세였다. 촘스키는 펜실베이니아 주에서 태어났다. 아버지는 히브리어 학자로 아들에게 언어에 대한 관심을 일깨워주었다. 촘스키의 유명한 저서 『통사구조 *Syntactic Structures*』는 스키너의 『언어행동』과 같은 해인 1957년에 나왔다. 그러나 이 젊은 학자가 세상의 이목을 끌고 후일 심리학 분야에서 촘스키 혁명이라는 것을 촉발시킨 것은 바로 《언어》지의 서평, 특히 그 신랄한 톤이었다.³⁶

당시 하버드 대학과 지하철로 두 정거장밖에 안 되는 MIT에서 교수로 재직하고 있던 촘스키는 두뇌 안에는 보편적이고 내재적인 문법구조가 존재한다고 주장했다. 다른 말로 하면 두뇌의 '배선wiring'이 모종의 방식으로 언어의 문법을 지배한다는 것이다. 상당 부분 여러 나라 어린이들을 연구한 결과를 토대로 한 주장이었다. 양육 스타일이 어떠하든 간에 어린이들은 어느 곳에서나 같은 순서, 같은 속도로 언어 기술을 키워가는 경향을 보였다. 그의 논점은 어린이들이 따로 훈련을 받지 않아도 자연스럽게 말하는 법을 배운다는 것이었다. 또 어린이들이 배우는 언어는 자라는 장소에 좌우된다. 특히 어린이들은 언어에 대해 대단히 창조적인 재능을 가지고 있어서 어린 나이에도 전혀 새로운, 따라서 경험을 통해 배웠다고 볼 수 없는 문장들을 사용한다. 그런 문장은 스키너 등등이 말한 방식으로 습득했을 리 없다.[37] 촘스키는 언어에는 기본구조가 있다고 주장했다. 이 구조는 두 층, 즉 표층구조와 심층구조로 되어 있다. 그리고 서로 다른 언어들도 겉보기와 달리 심층구조에 있어서는 대단히 유사하다. 예를 들어 우리가 외국어를 배울 때는 표층구조를 배운다. 이렇게 새 언어 습득이 가능한 것은 심층구조가 거의 같기 때문이다. 독일어나 네덜란드어 사용자는 동사를 문장 끝에 놓을 수 있다. 영어나 프랑스어 사용자는 그러지 않는다. 그러나 독일어나 네덜란드어나 프랑스어나 영어 모두 동사가 있다. 동사는 모든 언어에서 명사, 형용사 등등에 대해 등가적인 관계를 갖는다.[38] 촘스키의 주장이 혁명적인 것은 정통 행태주의에 반기를 들었기 때문만이 아니라 두뇌 속에 부모로부터 물려받은 모종의 구조가 존재한다는 것을 시사했기 때문이다. 게다가 두뇌는 어떤 식으로든 미리 배선이 돼 있어서 최소한 부분적으로는 인간이 세계를 경험하는 방식을 결정한다.

촘스키-스키너 논쟁은 스노-리비스 논쟁만큼이나 인신공격적인 면이 있었다. 스키너는 문제의 서평을 다 읽은 것 같지 않다. 서평 필자가 자신을 완전히—그리고 아마도 고의적으로—오해했다고 봤기 때문이다. 그래서 일절 반박도 하지 않았다.[39] 그러나 그 결과 촘스키의 서평은 더 널리 알려졌고 스키너의 저서보다 더 공감을 불러일으켰다. 스키너의 영향력은 둔화됐다. 사실 스키너는 많은 행동이 본능적이라는 걸 부인한 적이 결코 없었다. 대신 행동이 어떻게 조절되는지, 그리고 필요하다면 어떻게 해야 좀 더 원하는 방향으로 조절할 수 있는지에 관심이 있었을 뿐이다. 그의 시각은 항상 규모는 작지만 영향력 있는 추종자들을 몰고다녔다.

촘스키의 스키너 공격이 어떤 결과를 가져왔든지 간에 프로이트나 정신분석에 대한 지지는 아니었다. 전통적인 프로이트식 분석은 맨해튼 같은 일부 고립된 지역에서는 여전히 인기가 있었다. 그러나 일부 유명한 학자들은 프로이트적 개념을 완전히 내팽개치지는 않았지만 좀 더 경험적 토대에 근거한 방식으로 개념을 재정립하기 시작했다. 가장 큰 영향을 미친 사람 중 하나가 존 보울비John Bowlby(1907~1990)였다.

1948년 유엔 사회위원회는 가정 없는 아이들에게 필요한 것이 무엇인지를 연구하기로 했다. 남자들이 전쟁에 나가 죽음으로써 2차 대전 종전 이후 여러 나라에서 수많은 어린이들이 온전한 가정에서 지내지 못하게 된 상황을 심각하게 보았기 때문이다. 어린이들의 정신건강 측면에 대한 연구조사는 세계보건기구(WHO)가 맡기로 했다. 보울비 박사는 영국 정신과 의사이자 정신분석학자였다. 전쟁 때는 장교 모집 일을 담당했다. 그는 1950년 1월 WHO에 임시 파견됐다. 그해 초봄까지 프랑스, 네덜란드, 스웨덴, 스위스, 영국, 미국 등등을 방문해 보육 시설 종사자들과 많은 토론을 했다. 이 토론을 토대로 유명한 보고서 『엄마의 보살핌과 정신건강 Maternal Care and Mental Health』이 1951년에 출판됐다. 이 책은 대중의 심금을 울리면서 어린이에 대한 우리의 사고방식을 완전히 바꾸어놓았다.[40]

유아의 삶에서 초기 몇 달이 가장 중요하다는 것을 처음으로 확인한 것이 이 보고서였다. 특히 이 시기 어머니의 보살핌은 이후 어린이 심리 발달에 가장 중요한 것으로 나타났다. 보울비의 책은 모성 박탈maternal deprivation이라는 핵심 개념을 도입해 어린이에게 병리적 현상이 차츰 폭넓게 발달하는 과정을 서술한다. 엄마의 보살핌을 제대로 받지 못한 유아는 '매사에 관심이 없고, 말이 없으며, 만족감을 느끼지 못하고, 미소를 짓거나 이름을 불러도 응답이 없는' 것으로 나타났다. 나이가 들면 지능이 떨어지고 어떤 경우에는 평균 이하가 된다.[41] 이에 못지않게 중요한 것은 모성 박탈을 겪은 아이들이 다른 사람들과 관계 맺는 능력을 제대로 키우지 못하거나 실패에 대해 죄책감을 갖는다는 점이었다. 보울비는 이런 정황을 보여주는 연구 결과를 많이 인용했다. 그런 아이들은 '애정을 극도로 갈망'하거나 '지극히 냉담'했다. 나아가서 보울비는 내전 기간의 스페인과 미국, 코펜하겐 창녀들의 사례를 연구한 결과를 보면 하나같이 비행청소년 집단은 그렇지 않은 집단에 비해 결손가정 출신일 확률이 높고, 결손가정에는 모성 박탈 현상이 일반적이라고 지적했다.[42] 보울비의 결론은 두 가지 결과를 낳았다. 긍정적인 측면에서는 아이한테는 나쁜 가정이 좋은 시설보다 낫다는 점을 분명히 입증했다. 당시 많은 나라에서는 사생아나 기아棄兒를 시설에 수용하는 것이 관행이었다. 물론 시설에서는 영향이나 청결, 보건 문제 등을 면밀히 모니터한다. 그러나 그런 환경만으로는 충분치 않다는 것이 밝혀졌다. 뭔가 부족한 부분이 있고, 그것이야말로 정신건강에 중요한 요소였다. 19세기 대도시에서 취약 계층 아이들에게 나눠준 음식에 비타민이 결핍돼 있던 것보다 훨씬 심각한 문제였다. 그래서 WHO 보고서 발간 이후 여러 나라에서 취약 아동들에 대한 접근법을 바꾸기 시작했다. 단기간 맡아 키우는 것보다 입양을 권하는 쪽으로 간 것이다. 병을 오래 앓는 어린이들도 입원시 부모한테서 떼어놓지 않고, 엄마가 교도소에 가는 경우도 유아는 데려갈 수 있도록 하는 제도가 마련됐다. 직장에서도 출산휴가 기간을 출산 직후뿐 아니라 아이의 발달에 극히 중요한 산후 몇 달까지로 확대했다. 전반적으로 어머니와 유아의 유대가 얼마나 중요한지를 새삼 절실히 인식하는 계기가 된 것이다.[43]

WHO 보고서에 따르면 유아 초기에 정상적인 가정생활이 깨진 것과 후일 청소년기에 비행을 일삼거나 부적절한 행태를 보이는 것 사이에 직접적 연관성은 비교적 약하다. 그러나 이것이 중요한 이유는 '결손' 가정 출신 어린이들이 많은 경우 다시 문제 부모가 되기 때문이다. 그렇게 되면 대를 이어 '연쇄 박탈' 내지는 '박탈의 악순환'을 겪게 된다. 모든 애정 결핍 어린이가 비행청소년이 되지는 않는다. 모든 비행청소년이 결손가정 출신인 것도 아니다(대대수가 그렇기는 하지만). 둘 사이의 연관성이 어느 정도인지에 대해서는 이후 많은 연구가 이어진다. 그러나 일단 1950년대에 모성 박탈을 고리로 결손가정과 청소년비행의 연관관계를 발견해냄으로써 서구 여러 나라에서 전후에 발생한 심각한 사회문제들을 개선할 수 있다는 희망을 주었다.

보울비 보고서의 가장 큰 특징은 본질적으로는 프로이트적인 개념—어머니와 아기의 유대감—을 사용하면서도 그것을 과학적으로 철저히 검증했다는 점이다. 행태를 객관적으로 측정함으로써 '정신'의 내적 작동기제에 집중하는 대신 실제로 어떤 일이 일어나는지를 이해하고자 한 것이다. 보울비는 정신분석학자로서 프로이트의 업적을 통해 어머니와 아이의 유대감이라는 문제에 천착했고, 그 실질적 의미를 발견했다. 그러나 『엄마의 보살핌과 정신건강』에서 프로이트는 딱 한 번만 언급됐다. 무의식이나 에고, 이드, 슈퍼에고 같은 개념은 아예 사용되지 않았다. 사실 보울비는 1930년대 나치 독일에서 이루어진 일련의 연구를 포함해 동물의 행태를 직접 관찰한 연구에서 많은 영감을 얻었다. 그만큼 보울비의 연구는 행태를 우선시하고 '정신'은 뒤로 제쳐두는 또 하나의 사례였다. 본인이 정신분석학자였다는 사실은 전통적인 프로이트식 개념의 빈곤을 다시 한 번 확인시켜줄 뿐이다.

심리학적 실체로서의 어린이에 대한 관심은 1850년대 이후 간헐적으로 있어왔다. 《교육심리학 저널Journal of Educational Psychology》이 1910년 미국에서 창간됐고, 이어 1년 후에는 예일심리클리닉Yale Psycho-Clinic이 문을 열었다. 유아를 체계적으로 연구한 최초의 기관 중 하나였다. 그러나 아동심리학이 본격적으로 시작된 것은 1차 대전 이후 빈에서였다. 프로이트 학파가 비주류를 벗어나 그런 대로 기를 펴는 상태였고, 빈곤으로 어린이들이 열악한 처지에 있던 시절이었다. 1926년에는 빈 소재 아동 심리 발달 연구 기관이 40개나 되었다.

금세기의 가장 위대한 아동심리학자는 아마도 장 피아제Jean Piaget(1896~1980)일 것이다. 그는 프로이트보다는 융에게서 많은 영향을 받았다. 피아제는 1896년 스위스 뇌프샤텔Neufchâtel에서 태어났다. 어려서부터 명민해 첫 과학 논문을 발표한 것이 열 살 때였다. 열다섯 살 때는 연체동물에 관한 일련의 보고서를 발표해 유럽 전역에서 유명해졌다. 취리히 대학에서 오이겐 블로일러Eugen Bleuler(정신분열병schizophrenia이라는 용어를 만든 사람이다)와 카를 융 밑에서 공부했고, 소르본 대학에서는 테오도르 시몬Théodore Simon과 함께 연구했다.[44] 시몬은 알프레드 비네와 지능검사를 같이 만든 인물이었다. 소르본 시절 피아제는 영국에서 시릴 버트Cyril Burt가 고안한 새 검사법을 시험하는 과제를 맡게 됐다. 버트의 검사법에는 '제인은 수보다 예쁘다. 수는 엘런보다 예쁘다. 그럼 제인과 엘런 중에 누가 더 예쁠까?' 같은 질문이 들어 있었다.⁴⁵ 버트는 지능 일반에 관심이 있었다. 그러나 피아제는 지능검사와는 좀 다른 것에 관심이 있었다. 바로 그런 관심이 피아제를 시릴 버트보다 훨씬 유명하고 영향력 있게 만든 요인이었다. 피아제의 중심 사상에는 두 가지 측면이 있다. 첫째, 그는 어린이는 사실상 백지 상태tabulae rasae라고 주장했다. 내재된 논리적—말하자면 지적—능력이 없고, 그런 능력은 자라면서 배운다는 것이다. 둘째, 어린이는 일련의 발달단계를 거친다. 우선 여러 가지 논리적 관계를 파악하고, 그 다음 그것들을 실제 생활에 적용한다. 이런 이론은 피아제가 1955년 제네바에 설립한 국제발생적인식론센터에서 수행한 수많은 연구를 통해 정립한 것이다. (발생적 인식론genetic epistemology은 인간 지식의 특성과 기원을 연구하는 분야다.)⁴⁶ 한 가지 실험을 예로 들어보자. 생후 6개월 된 아기는 물건에 손을 뻗쳐 집어 들거나 떨어뜨릴 수 있다. 그러나 물건을 방석 아래 감춰놓으면 아기는 그 물건이 잡을 수 있는 거리에 있어도 흥미를 잃는다. 이에 대한 피아제의 설명—논란의 소지는 많다—은 6개월짜리 아기는 물건이 보이지 않아도 계속 거기 있다는 생각을 못하기 때문이라는 것이다. 대략 생후 9개월이 되어야 이런 상태를 벗어난다.⁴⁷

여러 해에 걸쳐 피아제는 유아가 습득하는 능력의 종류를 꼼꼼히 기술했다. 거의 게임에 가까운 일련의 실험을 통해 알아낸 능력들이었다.⁴⁸ 그런 실험의 정교함은 높이 평가할 만하다. 그러나 비판자들은 피아제의 해석, 특히 아이가 태어날 당시에는 그 어떤 논리도 갖고 있지 않으며, 따라서 성공적인 삶을 영위하는 데 필요한 여러 개념을 배우려면 글자 그대로 '세계와 투쟁'해야 한다는 부분은 받아들이기 어렵다고 생각했다.⁴⁹ 많은 비판자들은 그가 아동의 성숙 과정을 관찰한 것에 불과하다고 봤다. 촘스키가 말한 바와 같이 태어날 당시 이미 설정돼 있는, 유전형질에 기본으로 들어가 있는 '배선'에 따라 아이의 두뇌가 발달해가는 양상을 관찰했을 뿐이라는 이야기다. 비판자들이 보기에 논리는 '발달의 엔진'이지 (피아제가 말한 것처럼) '발달의 결과물'이 아니었다.⁵⁰ 나중에 가면 본성이냐 양육의 결과냐, 그리고 그런 양상이 행동에 어떤 영향을 미치느냐에 관한 논쟁이 더욱 치열해진다. 어쨌든 피아제는 스키너-보울비 진영에 가담해 행동을 심리학자의 핵심 관심사로 잡고, 생애 첫 몇 년간이 이후의 발달에 얼마나 중요한지를 보여주었다는 점에서 중요하다. 피아제를 통해 정신 개념은 다시 한 번 뒤로 밀린 것이다.

1950년대에 이루어진 또 하나의 발전이 전통적인 정신 개념에 다시금 타격을 가했다. 두뇌 작용에 영향을 미치는 약물의 등장이었다. 20세기가 흐르면서 '정신적' 상태는 신체생리적인 토대를 갖고 있다는 사실이 하나둘씩 밝혀졌다. 크레틴병, 정신병자에게 일반적으로 나타나는 마비증상, 페라그라(나이아신 결핍으로 생기는 신경장애) 등은 모두 생화학적 내지는 생리학적 원인으로 설명이 되었다. 더욱 중요한 것은 환자들이 약물치료를 기꺼이 받아들였다는 점이다.[51]

대략 1950년까지는 정신병의 '핵심'—정신분열병과 조울병—에는 신체 생리적 원인은 없는 것으로 돼 있었다. 그러나 50년대 초 이런 병들도 과학의 그물망 속에 들어오기 시작했다. 세 분야의 연구가 합쳐져서 하나의 일관된 관점을 형성한다.[52] 신경세포 및 세포에서 세포로 신경충동을 전달하는 과정을 통제하는 물질을 연구하는 과정에서 특수한 화학물질이 분리됐다. 이런 화학물질을 조절하면 충동 전달 속도를 가속화하거나 지연시켜 치료에 효과를 볼 수 있다는 의미였다. 또 1940년대에 멀미 치료제로 개발된 항히스타민제는 사람을 졸리게 하는 부작용이 있다는 사실이 밝혀졌다. 뇌에 모종의 영향을 미친다는 이야기였다. 셋째로 인도사목印度蛇木(Rauwolfia serpentina)이라는 식물의 추출물은 서구에서 고혈압 치료제로 쓰는데 인도에서도 '과다흥분 및 조병躁病' 억제제로 사용한다는 사실이 알려졌다.[53] 인도 약제는 항히스타민제와 같은 작용을 했다. 가장 효능이 높은 물질은 프로메타진으로 제품명은 페네르간Phenergan이었다. 프랑스 의사 앙리 라보리Henri Laborit는 여러 종의 프로메타진을 시험하다가 우연히 특이한 물질을 발견했다. 나중에 클로르프로마진chlorpromazine으로 명명된 이 물질은 흥분 상태이거나 안절부절 못하는 환자들을 '멍하게 또는 맹하게' 만드는 데 상당한 효과를 보였다.[54] 클로르프로마진은 이렇게 해서 최초의 진정제tranquiliser가 되었다.

진정제는 아세틸콜린이나 노르아드레날린 같은 신경전달물질을 억제함으로써 효과를 나타내는 것으로 보였다. 당연히 다음 단계는 정반대로 작용하는 물질은 어떤 효과를 보일까 하는 것이었다. 예를 들어 우울증 경감 효과가 있을까? 당시 만성 우울증에 대한 유일한 치료법은 전기충격요법(ECT)이었다. 종종 효과를 보기는 하지만 너무 끔찍한 방법이었다. 간질과 정신분열병 사이에 길항작용이 있다는 가정을 전제로 인공 충격을 가하면 효과가 있을 것이라고 본 것이다. 여기서 돌파구가 열린 것은 우연이었다. 의사들이 이소니아지드라는 신종 항결핵제를 처방하다가 의사들이 환자의 우울증이 상당히 나아진 사실을 발견한 것이다. 식욕이 돌아오고, 몸무게가 늘면서, 마음도 많이 밝아졌다. 정신과 의사들은 이소니아지드 계열 화합물이 신경전달물질, 특히 두뇌에서 발견된 아민들과 상당히 유사하다는 사실을 밝혀냈다.[55] 이 아민들은 이미 알려져 있었지만 모노아민산화효소라는 물질에 의해 분해가 됐다. 그렇다면 이소니아지드도 모노아민산화효소를 억제해 신경전달물질 분해를 방해함으로써 효과를 보았을까? 모노아민산화효소 억제제는 우울증 경감에 탁월한 효과를 보였지만 지속적으로 투여하기에는 독성이 너무 심했다. 그러나 곧바로 클로르프로마진의 사촌쯤 되는 이미프라민이 발견돼 우울증치료제로 효과가 입증됐다. 대인 접촉 욕구도 증가시키는 것으로 나타났다.[56] 이 약은 토프라닐Tofranil이라는 제품으로 널리 보급됐다.

이런 물질들이 등장하면서 '정신'이 화학요법에 잘 반응한다는 시각이 점점 더 설득력을 얻었다. 1950년대와 60년대 초에는 신경안정제와 우울증치료제가 많이 사용됐다. 그 모두가 모든 환자에게 효과가 있었던 것은 아니다. 약물마다 부작용이 따랐다. 이렇게 결함이 있고 투여상의 어려움도 여전하지만 통증과 증상을 상당히 완화시켜주는 것은 분명하다. 이는 인간의 본성에 대한 심각한 질문으로 이어진다. 심리학적 기분이 두뇌의 화학적 상태의 결과라면 정신에 대한 전통적인 형이상학적 개념은 심각한 의문에 빠지게 되기 때문이다.

프로이트와 사르트르, 정신분석과 실존주의를 합성하는 과정에서 R. D. 랭은 정신의학의 대세와는 정반대의 길을 갔다. 랭의 접근법으로 도대체 치료가 되느냐는 논란이 많은데도 왜 그는 그토록 인기를 끌었을까?

당시 맥락에서 보면 랭과 데이비드 쿠퍼 같은 영국 동료들, 그리고 미국의 헤르베르트 마르쿠제는 대중사회에서 개인의 인격적 해방에 관심의 초점을 맞췄다. 혁명을 통해 계급 전체의 해방을 추구한 초기 마르크스주의자들의 이념과는 어긋나는 것이었다. 문화인류학자 그레고리 베이트슨, 마르쿠제, 랭 등은 하나같이 인간은 대중사회와의 갈등 속에서 살아가고 있으며, 사회와 무의식은 계속 싸우고 있다고 주장했다. 따라서 정신분열병 환자는 그런 전투의 희생자 중에서 가장 극명하게 드러난 형태라는 것이다.[57] 현대 가정에 가해지는 심한 압박은 결국 이중구속二重拘束(double bind)으로 이어진다. 모든 권한을 쥔 부모는 아이에게 겉으로는 이렇게 하라고 하면서 정작 자신들은 반대로 행동한다. 그 결과 아이들은 지속적인 갈등을 겪는다. 본질적으로 랭 등이 말하고 있는 것은 사회가 미쳤고, 정신분열병적 반응은 어느 정도 그런 복잡하고 헷갈리는 세계에 대한 합리적 반응이라는 것이다. 문제는 정신분열병 환자의 내적 논리를 밝혀낼 수 있느냐이다. 랭에게 가족이란 다른 무엇보다도 영향력이 큰 '권력 단위'였다. 그런 권력구조로부터 해방시키는 것은 정신의학의 기능 가운데 하나였다. 이런 관점은 특별히 조성한 클리닉에서 하는 실험적인 치료로 이어졌다. 정신과 의사와 환자의 구분도 두지 않아 권력구조 자체를 폐기한 클리닉이었다.

1960년대에 랭이 우상처럼 떠받들어진 것은 정신분열병에 대한 급진적인 접근법(반反정신의학antipsychiatry이니 급진적 정신의학radical psychiatry이니 하는 용어가 당시 유행했다) 때문이기도 하지만 특이한 실험방법 때문이기도 했다.[58] 60년쯤부터 랭은 엘에스디(LSD) 같은 향정신성의약품을 많이 사용했다. 그런 약물이 '대안적 의식상태'를 유발해 정신분열병 유발형 가족의 허위의식을 깨는 데 임상적으로 효과가 있다고 믿었기 때문이다. 그래서 한때 영국 내무부를 설득해 허가를 받은 다음 (런던 윔폴 스트리트에 있는 자기 사무실에서) LSD로 실험을 하기도 했다. 당시 LSD(맥각균에서 추출한 무색·무취·무미한 백색 분말로 환각 작용이 강하다)는 체코슬로바키아에서 상업적으로 제조했다.[59] 1960년대가 가면서 랭과 쿠퍼는 뉴레프트에 접목됐다. 정신의학과 정치의 연결은 영국에서는 새롭고 급진적인 것으로 보였지만 연원을 따지면 마르크스와 프로이트를 결합하려는 프랑크푸르트 학파의 시도로 거슬러 올라간다. 그런 만큼 미국에서는 랭 컬트가 마르쿠제 컬트에 한참 밀렸다.

헤르베르트 마르쿠제Herbert Marcuse는 1960년에 나이 예순둘이었다. 그는 프랑크푸르트학파의 일원이었고, 한나 아렌트와 마찬가지로 마르틴 하이데거와 에드문트 후설 밑에서 공부했다. 막스 호르크하이머, 테오도르 아도르노와 함께 히틀러 집권 후 미국으로 망명을 갔다가 두 사람과 달리 전쟁이 끝난 뒤에도 독일로 돌아가지 않고 눌러앉았다. 그는 탁월한 언어능력으로 전시戰時에 정보 분야에서 일했으며, 45년 이후에도 한동안 정부 쪽에 남아 있었다.[60] 마르쿠제는 한때 마르크스주의자였지만 히틀러와 스탈린, 2차 대전을 겪으면서 생각이 근본적으로 바뀌었다. 그 이유는 특히 세 가지라고 그는 말했다. 우선, 마르크스주의는 나치즘의 등장, 즉 자본주의 사회에서 비합리적이고 야만적인 운동이 출현하게 된다는 것을 예측하지 못했다. 둘째는 기술, 특히 포디즘과 테일러리즘이 사회에 미친 영향이다. 그리고 세 번째는 번영을 구가하는 미국이 여전히 은밀히 숨겨진 불편한 전제와 모순을 내포하고 있다는 현실이었다.[61] 프로이트와 마르크스를 화해시키려는 마르쿠제의 시도는 에리히 프롬이나 랭보다는 한결 복잡했다. 그는 인간의 조건에 대한 설명으로서 마르크스주의는 개인심리학을 고려하지 않기 때문에 실패했다고 느꼈다. 『에로스와 문명Eros and Civilization』(1955)과 『일차원적 인간One-Dimensional Man』(1964)에서 마르쿠제는 주변의 순응형 대중사회를 철저히 분석했다. 대중사회에서 첨단 상품들은 과학적 합리주의의 결정판인 동시에 사고와 행태의 순응성을 유지시키는 수단이다. 따라서 그는 이제 미학과 관능성이 인간의 삶에서 중요한 역할을 한다고 강조했다.[62] 그가 보기에 개인 차원에서 대중사회에 대한 가장 의미 있는 반응은 부정negation이었다(사르트르의 반항적 인간을 연상시킨다). 미국을 일차원적 사회라고 한 것은 사고나 행동에 다른 대안을 일절 허용하지 않기 때문이다. 마르쿠제는 자신의 연구 작업을 '지배에 대한 진단'이라고 했다. 삶은 이성과 과학의 '엄격함'에 힘입어 '진보'를 매개로 '앞으로' 나아갔다.[63] 이것이야말로 숨 막히는 총체성이다. 여기에는 상상력과 예술, 자연, '부정하는 사고'로 맞서는 수밖에 없었다. 이 모든 것을 한마디로 요약하면 '위대한 거부a great refusal'였다.[64] 최근 몇 십 년간 극히 순응적인 사회들이 엄청난 참사를 겪고, 대중사회·풍요시대에 새로운 심리가 나타나면서(둘 다 실증주의적인 과학과 철학의 비인간적 부작용이다) 이 모든 것이 뒤섞여 일차원적인 세계로 바뀌었다는 것이 마르쿠제의 입장이었다.[65] 많은 사람들에게 랭과 마르쿠제는 맥을 같이 하는 인물로 비쳤다. 랭의 정신분열병 환자들은 일차원적인 사회의 당연한 귀결이고, 탈인간화 사회에서 버려진 희생자였기 때문이다. 그런 사회에서 비순응의 대가는 정신병이 될 위험이 크다. 불편하기는 하지만 토마스 만과 프란츠 카프카가 연상되는 대목이다. 당시 히틀러는 연설을 통해 '타락한' 그림을 그리는 미술가들은 잡아넣겠다고 공공연히 협박했다. 1960년대 초에 베이비붐 세대가 대학 들어갈 나이가 됐다. 대학은 급속도로 팽창했고, 캠퍼스에서는 랭과 마르쿠제가 매력 만점의 사상가로 인기를 끌었다. 그들의 주장은 임상적 증거와는 전혀 안 맞았지만 그런 건 중요하지 않았다. 리스먼은 순응적 이미지를 혐오하는 것이야말로 '타자지향형' 성격의 특징이라고 지적한 바 있다. 랭과 마르쿠제의 인기는 그런 양상을 여실히 보여준다. 그렇게 해서 정치적 변화보다는 개인적 변화의 시대가 열렸다. 바야흐로 1960년대가 기지개를 켠 것이다.

29
뉴욕 뉴욕 뉴욕
Manhattan Transfer

1960년 5월 11일 오전 6시 30분. 리하르트 클레멘트Richard Klement는 여느 때처럼 버스에서 내렸다. 아르헨티나 부에노스아이레스 근교 수아레스의 메르세데스-벤츠 공장에서 귀가하는 길이었다. 잠시 후 세 남자가 달려들어 그를 대기하고 있던 차에 강제로 태웠다. 차는 다른 교외에 임대해둔 가옥으로 향했다. 이름이 뭐냐는 질문에 클레멘트는 바로 답했다. '아돌프 아이히만Adolf Eichmann이다.' 그러고는 '이스라엘에서 온 거 안다'고 했다. 이스라엘 정보부는 '클레멘트'를 오래 감시해왔다. 아이히만 체포는 신생 국가 이스라엘이 유대인 학살 범죄는 잊어서도 안 되고 용서해서도 안 된다는 결의를 세계에 과시한 사건이었다. 정보부는 아이히만(나치 친위대 중령으로 유대인 학살 정책 책임자)을 납치한 후 비밀리에 부에노스아이레스에 9일 동안 감금했다가 엘알항공편으로 예루살렘으로 압송했다. 5월 23일 다비드 벤구리온 이스라엘 총리는 환호하는 예루살렘 의사당에 나와 아이히만이 그날 아침 이스라엘 땅에 도착했다고 발표했다. 11개월 후 아이히만은 예루살렘 지방법정에 섰다. 기소 항목은 총 15가지로 '다른 자들과 함께' 유대민족과 인류에 대해 범죄를 저질렀다는 혐의였다.[1]

재판을 취재하러 온 많은 기자들 가운데 한나 아렌트도 있었다. 〈뉴요커〉지 특파원 자격이었다. 아렌트가 쓴 기사는 나중에(1963년) 책(『예루살렘의 아이히만 Eichmann in

Jerusalem』)으로 출간돼 격론을 불러일으켰다.² 반발이 터져 나온 이유는 그 유명한 '악의 평범성에 관한 보고서A Report on the Banality of Evil'이라는 부제 때문이었다. 논지는 아이히만이 괴물 같은 일을 저질렀고 괴물 같은 일이 유대인에게 저질러지는 현장에 있기는 했지만, 일반적인 의미에서 괴물은 아니라는 것이었다. 그녀는 이스라엘의 그 어떤 법정도 아이히만 같은 인물을 취급해본 적이 없다고 주장했다. 그가 저지른 범죄는 법전에도 없는 것이었다. 특히 아렌트는 아이히만이 양심이 있는 것을 보고 충격을 받았다. 아이히만이 양심 없는 사람이라고 하는 것은 틀린 말이었다. 재판을 받는 동안 교도소 측에서 『롤리타』(어린 소녀에 대한 중년 남성의 도착적 성애를 그린 나보코프의 소설)를 넣어주었는데 나중에 보니 다 읽지 않은 상태로 반납을 했다. 그러면서 간수에게 "이거 정말 불쾌한 책이네"라고 했다. '대단히 불건전한 책'이라는 이야기였다.³ 그러나 아렌트의 보고에 따르면 재판 내내 아이히만은 자신이 한 일을 묵묵히 인정했고, 내면 어디에선가는 잘못됐다는 걸 알고 있었지만, 죄의식을 느끼지는 않았다. 아이히만은 '마지막 해결책final solution(유대인 말살 정책)'에 대해 아무도 문제를 제기하거나 자신을 비난하지 않는 상황에서 한 행동이라고, 명령에 따랐을 뿐이라고 했다. 그게 다였다. "불복종이라고 하는 종전終戰 이후의 관념은 동화 같은 이야기였다. '그때 상황에서는 그런 행동이 불가능했다. 그런 식으로 행동한 사람은 아무도 없었다.' 그것은 '도저히 생각할 수 없는 일이었다'."⁴ 일부 그가 방조한 잔혹행위는 진급을 위한 것이었다.

아렌트가 사람들의 분노를 산 것은 두 가지 이유 때문이다.⁵ 우선 많은 유대인이 항거하지 않고 순순히 죽음의 길로 들어섰다는 점을 부각했다. 기꺼이 그런 것은 아니지만 묵종했다는 것이다. 또 많은 비판자들은 그녀가 아이히만이 괴물이라는 사실을 부인함으로써 홀로코스트의 의미를 축소·탈색시켰다고 느꼈다. 두 번째 비판은 진실과 거리가 멀었다. 아렌트가 그려낸 아이히만 상이 있다면, 싱거운 소리를 툭툭 내뱉으며 왜 재판이 늦어지느냐고—증거는 열 번은 교수형에 처하고도 남을 만큼 충분히 확보한 상태였다—따지는 모습 정도였고, 그것이 오히려 아이히만의 행위를 더욱 끔찍하게 느껴지게 했다. 아렌트는 본 대로 썼다. 그는 적포도주 반 잔을 마시고(반은 남겼다), 기도를 올려주겠다는 개신교 목사의 제안도 뿌리친 뒤 위엄 있는 모습으로 교수대까지 걸어갔다. 교수대에서도 여전히 허튼 소리를 되풀이했다. 그가 마지막으로 한 말들이 '그로테스크할 만큼 바보 같다는 것'이야말로 '언어와 사고를 무시하는 악의 평범성'을 입증한다고 아렌트는 지적했다.[6]

아렌트의 보고서는 처음에는 극도의 논란에 휩싸였지만 지금은 고전이 되었다.[7] 지금 상당한 시차를 놓고 보면 그녀의 분석은 중요한 점에서 옳았고 비교적 거부감 없이 받아들일 수 있다. 그러나 아렌트 보고서의 또 다른 중요한 측면은 그동안 별로 언급되지 않았다. 영어로 〈뉴요커〉지 독자들을 위해 썼다는 점이다. 아렌트는 다른 많은 지식인 망명자들과 마찬가지로 2차 대전이 끝난 뒤에도 독일로 돌아가지 않았다. 생계 때문은 아니었다. 1930년대에 유대계를 비롯한 유럽 지식인들이 대량으로 이주한 것(대부분 미국행이었다)은 전후 미국의 모습을 모든 면에서 변화시켰다. 그런 변화는 아렌트의 『예루살렘의 아이히만』이 나오는 1960년대 초가 되면 완연해졌다. 음악에서부터 수학까지, 화학에서 안무에 이르기까지 모든 것을 물들였다. 그 중에서도 가장 중요한 변화는 정신분석, 물리학, 예술 세 분야에서 일어났다.

미국은 처음에는 좀 머뭇거렸지만 정신분석에 대해 영국, 프랑스, 이탈리아보다 한결 호의적으로 받아들였다. 1930년대에 뉴욕, 보스턴, 시카고 등에 정신분석 기관이 설립됐다. 당시 미국의 정신의학은 유럽보다 덜 조직적이었다. 게다가 미국인들은 전통적으로 어린이에 대해 비교적 관대했다. 이런 사정 덕분에 어린 시절 경험을 성인이 된 뒤의 성격과 연관 짓는 학풍이 쉽게 자리를 잡았다.

망명 정신분석학자들을 돕는 운동은 미국에서 일찍부터 조직됐다. 그래서 수가 그리 많지는 않지만(한 통계에 따르면 약 190명) 도움을 받은 인사들은 나중에 커다란 영향력을 발휘하게 된다. 앞서 언급한 카렌 호나이, 에리히 프롬, 헤르베르트 마르쿠제 외에도 프란츠 알렉산더Franz Alexander, 헬레네 도이치Helene Deutsch, 카를 아브라함Karl Abraham, 에른스트 짐멜Ernst Simmel, 오토 페니헬Otto Fenichel, 테어도어 라이크Theodor Reik, 한스 작스Hanns Sachs 같은 유명한 망명 정신분석학자들이 미국에서 활동했다. 특히 작스는 정신분석을 발전시키고 수호하기로 맹세한 프로이트 초기 동료들 비밀모임인 '일곱 개의 반지회Seven Rings'의 일원이었다. 프로이트는 결속력을 상징하는 뜻에서 그에게 반지를 주었을 정도다.[8] 또 한 가지 정신분석 수용에 도움이 된 것은 2차 대전 기간에 미국에서 정신의학적 문제가 스포트라이트를 받았다는 점이다. 공식 통계에 따르면 1942~45년에 약 185만 명이 정신의학적인 이유로 군 복무를 거부당했다. 전체 입대 불가 판정 건수의 38퍼센트나 되는 수치였다. 46년 12월 31일 현재 향군병원 전체 환자의 54퍼센트는 신경정신병 증상으로 치료를 받고 있는 것으로 나타났다.

 2차 대전 이후 미국 정신분석학계에서 가장 큰 영향력을 발휘한 또 다른 망명객은 에릭 에릭슨Erik Erikson과 브루노 베텔하임Bruno Bettelheim이었다. 에릭슨은 프로이트의 빈 시절 마지막 제자였다. 이름은 덴마크식이지만 독일 북부 출신이다. 미국으로 이주한 것은 1938년으로 당시 나이 겨우 스물하나였다. 보스턴의 정신병원에서 일했다. 비전문 치료사로 훈련을 받은 에릭슨은 점차 독특한 이론을 발전시켰다. 특히 『아동기와 사회Childhood and Society』(1950)에서는 청소년기에 맞게 되는 '정체성 위기identity crisis'를 어떻게 극복하느냐가 프로이트 식 유아기 경험보다 성인이 되었을 때의 성격을 더 좌우한다고 주장했다.[9] 에릭슨의 발상은 풍요로운 '타자지향형' 세대의 등장에 힘입어 1950~60년대에 엄청난 인기를 끌었다. 히스테리가 프로이트가 활동하던 빈의 핵심 신경증이었다면 전후 미국에서는 나르시시즘이 문제라는 주장도 마찬가지였다. 에릭슨은 나르시시즘을 자신의 심리 문제에 지나치게 몰입하는 경향이라고 규정했다.[10] 종교가 사실상 죽어버린 세상에서는 그런 양상이 특히 심하게 나타났다.

 브루노 베텔하임 역시 비전문 분석가였다. 미학자로 출발했으나 나치 강제수용소를 거쳐 빈에서 미국으로 망명했다. 수용소 체험을 토대로 쓴 논문 「극한상황에서의 개인행동과 대중행동Individual and Mass Behaviour in Extreme Situations」(1943)은 너무도 생생한 기록이어서 아이젠하워 장군이 유럽 지역 군정 담당관들에게 필독서로 권했을 정도다.[11] 전쟁이 끝난 뒤 베텔하임은 자폐아 치료법으로 유명해졌다. 그 내용은 『텅 빈 요새The Empty Fortress』(1967)에 잘 정리돼 있다.[12] 두 저서는 서로 연결돼 있다. 베텔하임은 강제수용소에서 사람들이 '자폐' 상태에 빠지는 것을 목격했으며, 따라서 그런 경험을 역으로 뒤집는 방식으로 치료하면 자폐

아동에게 상당한 도움이 될 것이라고 생각했다.¹³ 베텔하임은 자신의 방법으로 치료한 결과 최고 80퍼센트까지 성공적으로 치료됐다고 주장했다. 이에 대해서는 나중에 의문이 제기되기도 했다.¹⁴

미국에서는 정신분석이 유럽에서보다 한결 낙관적인 면모를 띠었다. 인생의 어떤 단계에서 심리학적으로 뭔가 잘못됐을 때 개인이 스스로 도울 수 있는 방법이 얼마든지 있다는 관점이 강했다. 개인의 노력보다 계급이 사회에서 개인의 위치를 더 좌우하며, 전반적인 사회 변화가 없는 한 그런 상황을 변화시키기 위해 개인이 할 수 있는 일은 극히 제한적이라고 보는 유럽 쪽 시각과는 사뭇 달랐다.

한편 미국 물리학계는 2차 대전 이후 두 가지 문제로 분열됐다. 첫째는 수소폭탄 hydrogen bomb 개발이었다. 맨해튼 프로젝트는 일종의 협동 프로젝트였다. 영국, 덴마크, 이탈리아 등에서 온 학자들이 미국 팀과 합류했다. 물론 주도권은 미국인들이 쥐고 있었다. 비용도 거의 미국이 댔다. 그런 점을 감안할 때, 특히 독일은 연합국에 점령된 처지이고, 영국 프랑스 오스트리아 이탈리아는 자기 땅에서 6년 동안이나 전쟁을 하느라 피폐해질 대로 피폐해진 상태라는 점을 고려할 때, 미국이 핵 분야 주도권을 잡았다는 것은 놀라운 일이 아니다. 괴팅겐은 폐허가 됐고, 코펜하겐은 이미 국제적인 학자 교류 중심지로서 강점을 상실했다. 케임브리지 대학에서는 캐번디시연구소 인력들이 뿔뿔이 흩어진 뒤로 연구 중심이 분자생물학으로 옮겨갔다. 물론 대단히 생산적인 변신 전략이었다. 2차 대전 종전 이후 몇 년간 노벨 물리학상은 미국으로 이주한 핵과학자 네 명에게 돌아갔다. 이로써 미국 과학의 위상도 괄목할 정도로 높아졌다. 펠릭스 블로흐Felix Bloch가 1952년에, 에밀리오 세그레Emilio Segrè가 59년에, 그리고 마리아 마이어Maria Mayer와 유진 위그너Eugene Wigner가 1963년에 각각 노벨 물리학상을 수상했다. 미국 정부는 1954년 원자력법 발효와 함께 관련 상을 제정했는데, 곧 초대 수상자인 엔리코 페르미Enrico Fermi의 이름을 따서 페르미상이라고 개명했다. 페르미상도 1963년 이전까지는 페르미, 존 폰 노이만, 유진 위그너, 한스 베테Hans Bethe, 에드워드 텔러 등 망명 과학자 5명에게 돌아갔다. 이들은 수상 대열에 합류한 본토 출신 세 사람—어니스트 로렌스, 글렌 시보그Glenn Seaborg, 로버트 오펜하이머—과 함께 미국 물리학 발전의 중요성을 강조했다.

이들 다수가(소수지만 여성도 있었다)가 '핵과학자들의 운동'에서 두드러진 역할을 했다. 이 운동은 핵 시대에 대중의 의식을 일깨우는 것을 목표로 토론의 장으로서 기관지 《핵과학자협회보Bulletin of the Atomic Scientists》를 발행했다. 회보 로고는 흔히 지구 종말 시계라고 하는 유명한 시계 그림이었다. 자정까지 몇 분 안 남은 상태의 시계가 시침은 앞쪽을, 분침은 뒤쪽을 향하고 있다. 시침과 분침의 거리가 얼마나 가까워지느냐에 따라 세계가 종말에 다가가고 있다는 의미였다. 오펜하이머, 페르미, 베테 같은 과학자들은 종전 이후 맨해튼 프로젝트에서 손을 뗐다. 평화시에는 무기 개발에 관여하지 않으려 한 것이다. 그러나 에드워드 텔러는 1942년 점심을 먹는 자리에서 페르미로부터 "일단 원자탄이 개발되면, 다시 태양 내 열핵반응 비슷한 뭔가가 촉발되지 않을까?"라는 질문을 들은 이후 줄곧 수소폭탄 개발에 관심을 쏟았다. 1949년 9월 러시아가 원폭 실험에 성공했다는 소식이 알려지자 일부 물리학자들은 깊은 생각에 잠겼다. 원자력위원회는 오펜하이머가 위원장으로 있는 자문위원회에 의견을 구했다. 자문위원회는 만장일치로 미국이 핵무기 개발을 주도해서는 안 된다는 의견을 냈다. 그러나 반대 여론도 만만치 않았다. 시간이 흐르면서 입장이 바뀐 페르미의 경우가 그런 상황을 잘 보여준다. 페르미는 새로운 폭탄이 태어나기 전에 개발 자체를 불법화해야 한다고 생각했다. 그러나 냉전이 지배하던 당시 분위기에서 그런 합의를 도출하기란 불가능하다는 것을 인정했다. "그게 안 된다면, 대단히 유감스럽지만 앞으로 나아갈 수밖에 없다."[15] 수소폭탄 개발파와 반대파 사이에 치열한 논쟁이 계속됐다. 그러다 1950년 1월 영국 핵과학자 클라우스 푹스Klaus Fuchs가 로스앨러모스에서 일하는 동안 핵무기 관련 정보를 소련 요원들에게 넘겨줬다고 고백했다. 이 고백이 있은 지 나흘 뒤 트루먼 대통령은 과학자들을 뒤로 물리고 수소폭탄 개발 프로젝트 추진을 직접 명했다.

수소폭탄의 핵심은 원자탄을 중수소나 삼중수소로 폭발시켜 지구상에서는 상상할 수 없는 온도를 내면, 이는 다시 중수소의 두 핵을 융합시켜 순간적으로 엄청난 양의 결합에너지를 방출한다는 것이다. 일단 그런 장치를 통해 TNT 1억 톤에 해당하는 폭발력을 낼 수 있고, 그 결과 7,700제곱킬로미터 범위가 완전 초토화된다는 계산이 나왔다. (2차 대전 때 투입한 폭발물 총량이 약 300만 톤이라는 사실과 비교해보면 얼마나 엄청난 폭발력인지 알 수 있다.)[16] 세계 최초의 열핵장치—수소폭탄—실험이 1952년 11월 태평양의 작은 섬 엘루겔라브Elugelab에서 실시됐다. 관계자들은 64킬로미터 떨어진 지점에서 바닷물 수백 만 갤런이 순식간에 증기로 사라지는 것을 보았다. 거대한 거품이 일면서 불덩어리는 지경 6.4킬로미터 규모로 급팽창했다. 폭발이 끝나자 엘루겔라브 섬은 몽땅 사라졌다. 증발해버린 것이다. 폭탄은 TNT 1,040만 톤과 같은 위력을 발휘했다. 히로시마에 떨어진 원자탄의 천 배나 되는 위력이었다. 에드워드 텔러는 한 동료에게 전보를 쳤다. 암호로 쓴 말은 '아들이올시다'였다. 실험에 성공했다는 비유인데 수소폭탄에 비하면 원자탄은 아기 수준이라는 말로 들려 묘한 느낌이 없지 않다. 9개월 후 소련도 수폭 실험에 성공했다.[17]

2차 대전이 끝나자 대부분의 물리학자들은 '정상적인' 일로 돌아가고 싶어 했다. 정상적인 일이 무엇인지는 두 차례 대규모 물리학 회의에서 정의가 내려졌다. 하나는 1947년 6월 뉴욕 인근 롱아일랜드 연안 셸터 아일랜드Shelter Island에서 열린 회의였고, 또 하나는 1956년 뉴욕 주 북부 로체스커에서 열린 회의였다.

셸터 아일랜드 회의의 핵심은 윌리스 램Willis Lamb의 보고서였다. 보고서의 골자는 상대성 이론과 양자역학을 결합한 폴 디랙 방정식Dirac equation이 절대적으로 맞는다면 수소 원자 에너지에 존재해서는 안 되는 작은 변이가 나타난 증거를 제시했다는 것이다. 이처럼 수소 원자 에너지가 디랙의 전자론에서 나온 결과보다 약간 높은 쪽으로 치우쳐 있는 현상이 램 이동Lamb shift이다. 이 때문에 과학자들이 '가장 엄밀한 물리학 이론'이라고 자찬했던 양자전기역학quantum electrodynamics(QED)의 수학적 설명을 개정하지 않을 수 없게 됐다.[18] 회의가 열리던 해에 수학과 물리학 훈련을 받은 우주론 연구자들과 천문학자들은 우주에서 지구로 날아오는 우주선 연구를 시작했다. 이어 예상대로 행동하지 않는 아원자亞原子 크기의 새로운 입자들을 발견했다. 이런 입자들은 기대만큼 빠른 속도로 붕괴되어 다른 입자로 변환되지 않았다. 이런 변칙은 20세기 후반기를 지배할 다음 단계의 입자물리학을 태동시켰다. 이는 물리학, 수학, 화학, 천문학, 그리고—이상하게 들리겠지만—역사학의 종합이었다. 종합이론의 두 가지 중요한 성과는 우주가 어떻게 형성됐고, 원자들이 어떻게, 어떤 순서로 존재하게 됐는지를 이해할 수 있게 해주었다는 것과 원자, 양성자, 중성자보다 더 근본적인 차원의 입자들(소립자)을 체계적으로 분류해냈다는 점이다.

기본적인 입자들에 대한 연구는 시간이 가면서 곧바로 우주의 기원 문제로 연결된다. 우주의 기원을 설명하는 '빅뱅'이론은 1920년대에 조르주 르메트르와 에드윈 허블의 연구로 시작됐다. 셸터 아일랜드 회의가 끝난 뒤인 1948년 영국으로 망명 온 오스트리아 출신의 두 과학자 허만 본디Hermann Bondi와 토마스 골드Thomas Gold가 케임브리지 대학 프레드 호일Fred Hoyle 교수와 함께 빅뱅 이론에 맞서 정상定常우주론steady state theory을 주창했다. 우주는 한꺼번에 대폭발이 일어나서 생성된 것이 아니라 우주 전체에 걸쳐 물질이 조용히 새로 형성되면서 국지적으로 '열정적인 사건들'이 일어날 뿐이라는 것이었다. 이 이론을 진지하게 받아들이는 사람은 몇몇 과학자를 빼고는 없었다. 특히 같은 해에 조지 가모브George Gamov는 불덩어리가 팽창우주를 처음 창조해낸 순간에 발생하는 핵의 상호작용이 어떻게 수소를 헬륨으로 변환시킬 수 있는지를 보여주는 새로운 수식을 제시했다. 아주 오래된 별들의 원소 구성을 설명하는 내용이었다. 가모브는 또 최초의 폭발은 강도는 낮지만 우주 어느 곳을 둘러봐도 바로 찾을 수 있는 배경복사background radiation 형태로 그 증거가 남아 있을 것이라고 말했다.[19]

가모브의 이론들, 특히 '별들의 사생활'에 관한 장은 물리학자들 사이에 '핵합성nucleosynthesis', 즉 가장 가벼운 원소인 수소로부터 무거운 원소들이 생성되는 방식과 여러 소립자들의 역할에 대해 폭발적인 관심을 불러일으켰다. 이로부터 우주선線에 대한 연구가 시작됐다. 2차 대전 이후 발견된 새 입자들 가운데 지구상에 자연 상대로 존재하는 것은 거의 없다. 그런 입자들은 입자가속기와 사이클로트론 안에서 자연 상태의 입자를 가속해 다른 입자들과 충돌시키는 방식으로 연구할 수 있을 뿐이다. 사이클로트론 같은 것은 천문학적인 비용이 드는 장비다. 이는 '거대 과학Big Science'이 대부분 미국에서 꽃을 피운 이유를 어느 정도 설명해준다. 미국은 지적으로 앞서 있었을 뿐 아니라 그 어떤 나라보다 야심찬 프로젝트에 대한 욕심이 많고 연구자금도 풍족했다. 셸터 아일랜드 회의 이후 10년 동안 수백 개의 입자가 발견됐다. 그러나 눈에 띄는 것은 세 가지다. 초기 이론에서 예상한 대로 움직이지 않은 입자들에 대해 1953년 칼텍의 머레이 겔만 Murray Gell-Mann은 '스트레인지strange'라는 이름을 붙였다(물리학에서 소립자들에 별스러운 이름을 붙이는 유행을 몰고 온 첫 번째 사례였다).[20] 1956년 로체스터에서 열린 2차 물리학 대회에서 치열한 검증 대상이 된 것이 스트레인지니스strangeness의 여러 측면들이었다. 겔만은 1961년 스트레인지니스의 여러 개념을 종합해 주기율표를 연상시키는 입자 분류 도식을 만들었다. 그리고 여기에도 또 별스럽게 '팔정도八正道the Eight-Fold Way(불교에서 말하는 깨달음에 이르는 여덟 가지 올바른 방법에서 따온 표현이다)라는 이름을 붙였다. 팔정도는 관찰보다는 수학을 기초로 한 것이었다. 이어 1962년 겔만은(조지 츠바이크George Zweig와 거의 동시에) 수학을 통해 '쿼크quark'라는 개념을 도입한다. 쿼크는 전자보다 훨씬 기본이 되는 입자로 우리가 알고 있는 기존의 모든 물질은 쿼크로 이루어져 있다. (츠바이크는 이런 입자를 '에이스ace'라고 불렀지만 '쿼크'에 밀리고 말았다. 쿼크의 존재는 1977년까지는 실험적으로 확인되지 않았다.) 쿼크는 6종이 있는데 명칭은 '업up', '다운down', '참charm' 하는 식으로 아무렇게나 붙였다.[21] 쿼크에는 전하가 있는데 전자 하나에 해당하는 전하의 $\pm 1/3$ 또는 $2/3$다. 이런 분수식 전하는 매우 중요해서 자연을 구성하는 기본 벽돌의 크기를 더더욱 줄인다. 현재 우리가 아는 바로는 모든 물질은 두 종류의 입자로 구성돼 있다. 바리온과 렙톤이다. 바리온은 양성자와 중성자 등 상당히 무거운 입자들로 쿼크로 쪼갤 수 있다. 렙톤은 훨씬 가벼운 입자들로 원자, 뮤온, 타우온, 뉴트리노(중성미자) 등으로 구성돼 있다. 이것들은 쿼크로 쪼개지지 않는다.[22] 예를 들어 양성자는 업 쿼크 두 개와 다운 쿼크 하나로 이루어져 있다. 반면에 중성자는 다운 쿼크 두 개와 업 쿼크 하나로 돼 있다. 이런 이야기들은 물리학도가 아닌 사람들에게는 헷갈릴 것이다. 그러나 지구상에서 자연 상태로 존재하는 소립자는 1932년 당시와 다른 게 하나도 없다는 점을 기억하라. 원자, 양성자, 중성자가 전부다. 나머지는 모두 우주에서 날아오는 우주선이나 입자가속기의 인공 환경에서 발견된 것이다.[23]

물리학자들의 목표는 이런 발견들을 종합하여 하나의 거대한 종합이론을 만드는 것이었다. 그런 종합을 구성하는 요소는 두 가지다. 하나는 우주의 진화를 설명하고, 원소 출현과 행성과 항성의 원소 배열을 기술하고, 생명을 가능케 한 탄소의 출현을 설명하는 것이다. 둘째는 지금과 같은 방식으로 물질을 형성하는 근본적인 힘을 해명하는 부분이다. 신을 논외로 한다면 사실상 모든 것을 설명하겠다는 이야기다.

1960년 중반 어느 날, 어린이 책 일러스트레이터인 레오나드 케슬러Leonard Kessler는 길을 가다가 우연히 앤디 워홀Andy Warhol(1928~1987)을 만났다. 대학 동창인 워홀은 뉴욕의 미술용품점에서 나오는 길이었다. 워홀은 붓과 물감, 새 캔버스를 들고 있었다. 케슬러는 한참을 바라보다가 소리쳤다.

"앤디! 뭐해?"

"팝아트를 시작하고 있어." 워홀이 대답했다.

케슬러가 할 수 있는 말은 고작 "왜?"였다.

"추상표현주의가 싫어서. 정말 싫어!"[24]

하나의 미술 사조가 정말 이렇게 특정한 순간에 시작되는 걸까? 팝아트pop art는 그랬던 것 같다. 앞으로 보겠지만 팝아트는 미술뿐 아니라 미술가의 역할까지 완전히 변화시켰다. 그 자체로 20세기 후반기의 특징을 이루는 변신이었다. 그러나 앤디 워홀이 추상표현주의들abstract expressionists을 미워했다면 그것은 1960년에 그들이 거둔 성공을 시기했기 때문이다. 파리가 약해지면서 뉴욕이 아방가르드의 새 아지트가 됐다. 워홀은 아방가르드에 대한 관념을 바꾸는 데에도 큰 역할을 담당한다.

1942년 뉴욕 피에르 마티스 갤러리에서 열린 「망명 작가들」전에는 페르낭 레제, 피에트 몬드리안, 마르크 샤갈, 막스 에른스트, 앙드레 브르통, 앙드레 마송을 비롯한 유럽 미술가 다수가 출품했다. 전시회는 미국 미술가들에게 커다란 영향을 미쳤다.[25] 이 전시회가 미국 회화의 진로를 바꿨다고 하면 틀린 이야기겠지만 그러지 않아도 싹트고 있던 움직임을 가속화한 것만은 분명하다. 후일 추상표현주의자

(이 용어가 나온 것은 1940년대 말 이후였다)로 일컬어지는 화가들은 모두 1930년대에 작업을 시작했는데 한 가지 공통점이 있었다. 잭슨 폴록, 마크 로스코Mark Rothko, 아르실 고키Arshile Gorky, 클리포드 스틸Clyfford Still, 로버트 마더웰Robert Motherwell 등은 정신분석이 미술에 주는 영감에 매료됐다. 이들의 관심을 끈 것은 융의 분석(폴록은 신경쇠약으로 2년 동안 융 스타일의 정신분석 치료를 받기도 했다), 특히 원형이론과 집단무의식이었다. 이를 통해 그들은 초현실주의의 열렬한 추종자(인 동시에 비판자)가 됐다. 대공황 시대에 미술가를 홀대하는 세상을 헤쳐 나가야 했던 많은 추상표현주의자들은 극심한 가난을 겪었다. 빈곤은 그들의 두 번째 특징, 즉 미술가는 사회의 반란자라는 시각을 형성하는 데 상당한 역할을 했다. 이들의 주적 主敵은 대중문화였고, 그런 대중문화의 상당수(라디오, 유성영화,《타임》같은 잡지들)는 1930년대에 새롭게 등장한 것이었다. 추상표현주의자들은 다른 말로 하면 자연스럽게 아방가르드로 넘어갈 수 있는 자원이었다.[26]

아모리 쇼(1913)에서 2차 대전이 발발할 때까지 미국에서는 유럽 예술 전시회가 꾸준히 열렸다. 여기에는 뉴욕 현대미술관(MoMA) 큐레이터 알프레드 바Alfred Barr의 공이 컸다. 1929년 현대미술관 개관을 기념해 세잔, 반 고흐, 쇠라, 고갱의 전시회를 조직한 것도 바였다.[27] 1934년 모마에서 열린 국제현대전과 1937년 바우하우스전에도 관여했다. 그러나 정신분석 사상이 예술과 관련해 미국에서 구체적으로 논의되고 수용된 것은 1935~45년의 일이었다. 여기에는 앞서 언급한 대로 유럽 정신분석학자들의 대거 유입이 결정적인 역할을 했다. 예를 들어 정신분석은 마사 그레이엄Martha Graham과 머스 커닝엄Merce Cunningham 발레에서 핵심요소였다. 이들은「검은 초원Dark Meadow」과「죽음과 입구Deaths and Entrances」같은 작품에서 원시(아메리카 원주민) 신화와 융의 테마들을 결합했다. 정신분석의 역할을 실질적으로 모색하는 최초의 미술 전시회 역시 전쟁 중에 열렸다. 1943년 11월 페기 구겐하임 미술관에서 열린 잭슨 폴록 전시회가 그런 시발점이었다. 이어 1945년 3월 뉴욕 줄리엔 레비Julien Levy 미술관에서 아르실 고키 전시회가 열렸다. 팸플릿 서문은 앙드레 브르통이 썼다.[28] 그러나 추상표현주의자들이 중요한 이유는 미국에서 영향력을 발휘한 최초의 아방가르드 운동이었기 때문만은 아니다. 평론가인 아이작 로젠펠드Isaac Rosenfeld와 시어도어 솔로타로프Theodore Solotaroff는 미술에서 일어나고 있는 '지진 같은 변화'에 주목했다. 이들은 공황과 전쟁의 결과 미술가들이 '마르크스에서 프로이트로' 넘어갔다고 지적했다. 미술의 토대를 이루는 정서는 이제 '세상을 변화시켜라'가 아니라 '세상에 잘 적응하라'가 되었다.[29]

추상표현주의자들이 중요한 이유는 바로 이 때문이었다. 그들은 아방가르드를 자처했고(전쟁이 끝날 때까지는 분명히 그랬다), 윌렘 데 쿠닝Willem de Kooning 같은 일부 작가들은 후원자와 미술상의 달콤한 속삭임에 거부감을 보이면서 원하는 것을 원하는 방식으로 그렸다. 그게 문제였다. 미술가들이 창조하고자 하는 내용이 달라진 것이다. 그들의 작품에 나타나는 비판은 이제 개인적이고 심리학적인 것, 주변 사회를 향한 외적인 것이 아니라 내면을 향한 것이었다. "세상이 무서워질수록 예술은 더 추상적이 된다"고 한 파울 클레의 언급(1915년)을 연상시키는 변화였다. 어떻게 보면 냉전이 시작된 바로 그 시기에—원자탄이 두 발 떨어지고, 수소폭탄 실험이 끝나고, 세계가 유례없이 위기에 처한 시기—예술이 내면으로 돌아서서 사회학을 회피하고 정치를 무시하고, 우리가 알 수도 없고 안다고 해야 간접적으로 아주 어렵게 조금씩 알아갈 수밖에 없는 자아의 한 측면(무의식)에 몰두한다는 것은 참으로 이상한 일이다. 이것이 다이애나 크레인의 『아방가르드의 변신Transformation of the Avant-Garde』의 논제였다. 이 책에서 그녀는 뉴욕 미술 시장의 부상(1947년에는 화랑이 90개였는데 1965년에는 197개로 늘어난다)뿐 아니라 미술가들의 달라진 지위와 자의식을 꼼꼼히 분석한다. 모더니즘적 아방가르드는 반란의 한 형태를 자처하면서, 특히 과학의 신기술과 새 이론을 활용해 부르주아지를 교란시키고 도발하고자 했다. 그렇게 함으로써 한 사회계층 전체를 바꿔버리겠다는 것이었다. 그러나 1960년대가 되면, 평론가 해럴드 로젠버그Harold Rosenberg가 지적한 대로 "반란이나 좌절 또는 자기탐닉에서 벗어나…… 미술은 사회 속에서 이루어지는 하나의 직업 활동으로 정상화된다."[30] 추상표현주의의 주도적 인물 가운데 하나인 화가 클리포드 스틸Clyfford Still은 좀 더 신랄하게 표현했다. "나는 우리 시대를 보여주는 데는 관심 없다. …… 우리 시대는 과학의, 메커니즘의, 권력과 죽음의 시대다. 그 거대한 오만덩어리에다가 이미지로 알랑방귀 뀌는 찬사를 덧붙여드린다는 게 무슨 의미가 있겠는가."³¹ 그 결과 추상표현주의자들은 명료한 의미나 사회적 함의가 결핍돼 있다는 이유로 누차 비판을 받게 된다. 그것은 오랜 기간에 걸쳐 일어날 변화의 시작이었다.

그 극단적인 예가 팝아트였다. 미국 미술평론가 클레멘트 그린버그Clement Greenberg와 프랑크푸르트 학파 계열의 비평가들은 팝아트를 아방가르드 예술의 전통적 기능을 본질적으로 위태롭게 하는 것으로 보았다. 추상표현주의자들이 겪은 것과 같은 가난을 경험한 팝아티스트pop artist는 거의 없었다. 프랭크 스텔라Frank Stella는 아버지가 산부인과 의사로 환경이 비교적 괜찮았다. 앤디 워홀은 부모가 슬로바키아계 이민 1세대였지만 본인은 1950년대 중반 광고 일을 맡아 일 년 수입이 5만 달러나 됐다. 그런 워홀이—그 정도 수입이면 누구라도 마찬가지다—무엇에 대해 반란을 일으키겠는가?³² 팝아트의 본질은 대중문화와 중산층 라이프스타일에 대한 찬미였다. 비판이 아니었다. 모든 팝아티스트들—로버트 라우센버그, 재스퍼 존스, 제임스 로젠퀴스트James Rosenquist, 클레이즈 올덴버그Claes Oldenberg, 로이 리히텐슈타인Roy Lichtenstein, 그리고 워홀—은 대중문화, 광고, 만화책, 텔레비전 등에 나오는 이미지를 가지고 작업했다. 그러나 1960년대 초는 역시 워홀의 시대였다. 로버트 휴즈가 쓴 대로 워홀은 어떤 화가보다도 '미술의 세계를 미술 비즈니스로 변환'시키는 데 큰 역할을 했다.³³ 스스로 싫증을 내기 이전 몇 년 동안 그의 미술(작품들이라고 해야 하나?)은 어쨌든 대중문화를 전복시키는 동시에 찬미하는 행위였다. 워홀은 대중문화—책의 세계라기보다 시청각적인 문화다—의 본질이 참신함보다는 반복이라는 것을 날카롭게 포착했다. 그는 기계가 만들어내는 진부하고 변화가 없는 이미지들을 좋아했다. 물론 전기의자나 수프 깡통 같은 대상을 '예술로' 전시해놓으면 의미가 바뀐다는 것을 잘 알았다는 점에서는 마르셀 뒤샹의 후계자이기도 했다. 이런 새로운 미학을 미술가 제드 가렛Jedd Garet은 이렇게 요약했다. "난 비전을 가져야 할 책임을 느끼지 않는다. 그런 게 타당하다고 생각지 않는다. 나는 과거, 특히 양차 대전 이전에 나온 미술가들의 글을 읽을 때면, 대단히 흥미롭다. 그리고 영성靈性이니 문화의 변화니 하는 이야기를 들으면 웃음이 나온다. 문화를 변화시키는 것은 가능하다. 그러나 미술은 시각적인 면을 제외하고는 중요한 변화를 시도하고 성취하는 데 적합한 분야라고 생각지 않는다. …… 요즘 같은 세상에 미술은 그런 식으로 세상을 뒤흔들 수 없다. …… 어떤 식의 비주얼한 발언을 한다고 해도 대량생산이 되려면 먼저 패션 디자인과 가구 디자인을 통과해야 한다. 결국 주유펌프도 거기다 그림을 그리면 약간 달라져 보이기는 할 것이다. 그러나 그런 건 미술가가 걱정할 문제는 아니다. …… 다들 고급미술이 무엇이냐에 대한 엄격한 규정을 재고하고 있다. 패션이 미술로 들어오고 그 역이 일어나고 하는 것은 그야말로 경이로운 발전이다. 패션과 미술은 한결 가까워졌다. 그건 나쁜 일이 아니다."[34]

팝아트 이후로 미술가들은 더 이상 '대안적 비전'을 제시하지 않았다. 아니, 대안적 비전을 제시하는 것을 임무로 여기지 않았다. 물론 이런 성향은 추상표현주의와 더불어 시작됐다. 이제 미술가들은 타자지향형의 풍요로운 현대 사회를 구성하는 '경쟁적 라이프스타일과 이데올로기들'의 한 부분이 되었다. 따라서 워홀이 1968년 뉴욕 유니온 스퀘어의 '팩토리'(공장이라는 뜻으로 워홀은 자기 스튜디오를 이렇게 불렀다)에서 페미니스트 여배우가 쏜 총에 맞고 쓰러져 임상적 사망 판정을 받았다가 극적으로 살아난 이후 그의 그림 값이 점당 평균 200달러에서 1만 5,000달러로 치솟은 것은 극히 자연스러운 일이었다. 그 때부터 미술은 가격이 내용만큼이나 중요해졌다.

당시 미국, 특히 맨해튼 예술의 또 다른 특징은 미술, 시, 무용, 음악 등 서로 다른 분야의 중첩과 연계였다. 시인 데이비드 리먼David Lehman에 따르면 아방가르드라는 관념 자체는 미국으로 옮겨왔지만 회화에서는 그렇지 않았다. 1950년대 초 뉴욕파New York School 시인들에 관해 그가 쓴 책의 제목은 『마지막 아방가르드 The Last Avant-Garde』였다.[35] 엘리엇류의 앙샹 레짐(구체제)과 비트족의 신문화 사이에서 실험적인 노선을 걸어온 그들의 시를 논외로 치면 존 애시베리John Ashbery, 프랭크 오하라Frank O'Hara, 케네스 코크Kenneth Koch, 제임스 슈일러James Schuyler는 모두 추상표현주의 화가인 데 쿠닝, 제인 프라일리허Jane Freilicher, 페어필드 포터Fairfield Porter, 래리 리버스Larry Rivers와 무척 친했다. 애시베리는 작곡가 존 케이지John Cage한테서도 영향을 받았다. 그리고 케이지는 나중에 로버트 라우셴버그Robert Rauschenberg와 재스퍼 존스Jasper Johns 같은 화가, 안무가인 머스 커닝엄Merce Cunningham과 공동 작업을 했다.

금세기 중엽이 되면 진지한 음악에서는 두 가지 뚜렷한 양상이 드러난다. 하나는 조성調性에 대한 의무감의 상실이고, 다른 하나는 12음계 음렬주의가 폭넓은 지지를 얻는 데 완전히 실패했다는 사실이다.[36] 조성은 계속 사용되기는 했다. 특히 세르게이 프로코피에프와 벤자민 브리튼(1945년 작 오페라「피터 그라임스Peter Grimes」는 1950년대 성난 젊은이들의 안티히어로의 선구라고 할 정도였다)의 경우가 그랬다. 그러나 2차 대전 이후 소련을 제외한 대부분의 나라 작곡가들은 1차 대전 이후로 나타난 대조적인 두 거대 원리, 즉 '합리적' 음렬주의와 '비합리적' 다다이즘의 의미를 깊이 모색했다. 거기에 추가된 것이 테이프 녹음, 전자합성, 컴퓨터 기술 같은 새로운 음악 기술의 차용이었다.[37] 이런 요소들을 존 케이지(1912~1992)보다 잘 활용한 사람은 없었다.

1912년 로스앤젤레스에서 태어난 케이지는 1935~37년 쇤베르크 밑에서 공부했다. 물론 그에게 영향을 준 것은 합리적 음렬주의만은 아니었다. 헨리 카웰Henry Cowell한테도 배웠다. 카웰은 케이지에게 동양의 참선, 불교, 힌두교의 탄트라 등을 소개해주었다. 케이지가 머스 커닝엄을 만난 것은 1938년 시애틀에서 열린 춤 강습회에서였다. 두 사람은 커닝엄이 자기 무용단을 꾸린 1942년부터 공동 작업을 했다. 두 사람은 48년과 52년 노스캐롤라이나 주 블랙 마운틴 칼리지 여름학교에 초청을 받았다. 이곳에서 만난 인물이 화가 로버트 라우셴버그였다. 화가와 작곡가는 서로 영향을 주고받았다. 라우셴버그는 예술에서의 일상에 관한 케이지의 관념이 자신의 이미지에 영향을 미쳤음을 인정했고, 케이지는 52년 블랙마운틴 칼리지에서 본 라우셴버그의 하얀 그림들이 그해에 피아노용으로 만든 「4분 33초4′33″」를 세상에 내놓을 수 있는 용기를 주었다고 말했다(아래 참조). 1954년 라우셴버그는 커닝엄 무용단 미술 고문이 됐다.[38]

케이지는 유별나게 실험적인 인물이었다. 새로운 음원과 리듬 구조(「가상의 경치 4번Imaginary Landscape No.4」은 회전 속도가 변하는 두 대의 턴테이블, 소리 안 나는 피아노,

심벌즈들을 위해 만든 작품이다), 그리고 특히 불확정성을 추구했다. 그를 다다와 이어주고, 초현실주의 부조리극을 지나 나중에는 커닝엄으로까지 연결시킨 것은 바로 이런 우연(무작위성)에 대한 관심이었다. 케이지는 또 예술가와 관객 사이의 장벽을 허무는 시도를 통해(발터 벤야민이 예견했던 바와 같이) 포스트모던적인 관념을 선취했다. 케이지는 예술가가 어떤 식으로든 특권을 누려서는 안 된다고 생각했다. 그래서 「뮤직서커스Musiccircus」(1968) 같은 작품에서는 이벤트를 슬쩍 던지는 역할만 하고 작품의 대부분은 관객이 맡아하도록 했다. 악보와 실제 공연 사이의 간극도 일부러 넓혀 놓았다.[39] 케이지의 실험적 작곡의 '원형'이라고 할 만한 작품은 앞에 언급한 「4분 33초」(1952)였다. 3악장으로 된 피아노곡이지만 악보는 한 소절도 연주되지 않는다. 실제로 케이지는 지시문에 어떤 악기로 얼마나 오래 '연주'하든 상관없다고 분명히 밝혀놓았다. 일상적인 개념을 놀려먹는 패러디와 농담을 넘어서서 청중으로 하여금 주변 세계의 소리에 귀 기울여 잠시만이라도 세계에 대해 성찰하고 느껴보도록 하려는 것이 작곡가의 의도였다.

커닝엄(1919~2009)과의 유사점은 쉽게 드러난다. 워싱턴 주 센트랄리아에서 태어난 커닝엄은 마사 그레이엄 무용단 솔로이스트였다. 그러나 감정과 내러티브를 강조하는 그레이엄 스타일에 불만을 갖고 동작 자체를 제시하는 방식을 추구하기 시작했다. 1951년 이후 커닝엄은 춤에 우연이라는 요소를 도입함으로써 케이지와 유사한 방향으로 나아갔다. 스텝의 순서와 배열을 선택하기 위해 동전을 던지거나 주사위를 굴리는가 하면 『주역周易』에서 실마리를 끄집어내기도 했다. 이런 스텝 자체는 부분적인 몸동작들로 이루어져 있는데 커닝엄은 동작들을 누구도 그런 적이 없는 방식으로 잘게 쪼갰다. 이런 접근법은 1960년대에 「스토리Story」와 「이벤트Events」같은 작품에서 높은 수준으로 발전했다. 커닝엄은 그날 밤 춤의 어느 부분을 공연할지를 작품 완성 직전에 결정하곤 했다. 게다가 어떤 대목에서 어느 것을 골라 춤을 이어갈지는 개별 무용수들의 판단에 맡겼다.[40]

두 작품에는 이목을 끈 측면이 두 가지 더 있었다. 첫째는 케이지가 음악을 썼다는 것이고, 다른 하나는 라우셴버그, 존스, 워홀이 세트를 꾸몄다는 점이다. 그러나 대개 춤과 음악과 세트라는 세 요소는 초연 전날까지도 한 자리에 모이지 않았다.

커닝엄은 케이지가 무엇을 작곡하는지 몰랐고, 커닝엄과 케이지는 라우셴버그가 어떤 세트를 꾸미는지 몰랐다. 두 번째 측면은 「스토리」라는 제목의 아이러니였다. 커닝엄은 발레는 스토리를 전달할 필요가 없다고 생각했다. 발레는 그야말로 '이벤트'였다. 의도한 것은 관객들이 무대에서 벌어지는 공연에 대해 나름대로 해석을 하는 것이다.[41] 케이지가 음악의 일부로서 침묵을 강조한 것처럼, 커닝엄은 가만히 있는 것이 춤의 일부라는 점을 강조했다. 경우에 따라서는 무대 양옆에서 일부 무용수들에게 일정 시간 동안 무대 밖으로 나가 있으라고 지시하기도 했다. 의상과 조명은 매일 밤 달라졌다. 세트도 일부 그랬다. 소품을 이리저리 옮기거나 완전히 치워버리기도 했다.

그만큼 커닝엄의 안무 스타일은 경쾌하고 암시적이다. 평론가 샐리 베인즈의 말을 빌리면 커닝엄의 안무는 '가벼움, 탄력…… 기민하고 냉철하며 명쾌하고 분석적인 지성'을 느끼게 한다.[42] 음악, 춤, 세트가 독자적으로 이해돼야 하는 것처럼 커닝엄의 스텝 하나하나는 그 자체로 완결되고 완전한 단위로 제시된 것이다. 그저 연속 동작의 일부가 아니었다. 커닝엄은 구성적 접근 면에서 자크 타키와 맥을 같이 했다. 가장 흥미로운 액션이 항상 무대 앞쪽 한가운데에서 벌어지는 것은 아니다. 어디서나 일어날 수 있고, 동시다발로 무대의 여러 지점에서 똑같이 흥미로운 일들이 벌어질 수도 있다. 어떻게 반응하느냐는 전적으로 관객에게 달려 있다.

커닝엄은 마르셀 뒤샹한테서 큰 영향을 받았다. 예술이란 무엇인가, 예술가는 누구인가, 관객과의 관계는 또 어떠해야 하는가에 대한 의문도 비슷했다. 이런 점은 「돌아다니는 시간Walkaround Time」에서 극명하게 나타난다. 무대장치는 재스퍼 존스가 뒤샹의 「총각들에게 발가벗겨진 신부, 심지어The Bride Stripped Bare by Her Bachelors, Even」를 토대로 만들었다. 음악은 데이비드 베어만David Behrman이 맡았는데 제목은 「거의 한 시간 동안」으로 뒤샹의 작품 「(유리 저쪽에서) 한 눈으로 들여다보다, 거의 한 시간 동안To Be Looked At (from the Other Side of the Glass) with One Eye, Close To, For Almost an Hour」에서 따온 것이다. 「돌아다니는 시간」은 존스의 아이디어였다. 존스와 커닝엄은 어느 날 저녁 뒤샹의 집을 찾아갔다. 그 자리에서 존스가 뒤샹에게 아이디어를 설명하자 뒤샹은 "그런데 그걸 누가 다하지?"라고 물었다.⁴³ 존스가 자기가 할 것이라고 하자 뒤샹은 다행이라는 듯 그러라고 하면서 자기 그림들과 비슷해 보이려면 공연 도중 소품을 이리저리 옮기는 게 좋을 것이라고 조언했다.⁴⁴ 안무의 특징은 사람들이 한 장소로 뛰어가다가, 작은 무리가 엇박자 식으로 경련을 일으키는가 하면, 기계들처럼 돌아가고, 느린 동작으로 근육을 최대한 팽창시키면서 자칫 관객이 놓치기 쉬운 미세한 동작을 보여준다.「돌아다니는 시간」은 '기계와 같은 우아함'으로 「스토리」보다 훨씬 인기를 끌었다.⁴⁵

마사 그레이엄, 트와일라 타프Twyla Tharp(미국 현대무용가)와 더불어 머스 커닝엄은 금세기 마지막 몇 십 년 동안 가장 영향력 있는 안무가였다. 짐 셀프Jim Self 같은 사람들은 직접적인 영향을 받았다. 물론 이본 레이너Yvonne Rainer 같은 이들은 그의 무작위적 접근법에 반기를 들기도 했다.

커닝엄과 케이지, 추상표현주의자와 팝아티스트들은 하나같이 의미나 내용보다는 예술의 형식에 몰두했다. 의미와 형식의 구분은 소설가이자 평론가인 수잔 손택Susan Sontag(1933~2004)이 1964년 문예지 《에버그린 리뷰Evergreen Review》에 발표한 유명한 에세이의 주제였다.「해석에 반대한다Against Interpretation」에서 그녀는 프로이트와 마르크스가 남긴 유산과 모더니즘의 상당부분이 예술작품에 의미와 내용과 해석의 과잉이라는 부담을 안겨주었다고 주장했다. 예술은 이제—그림이든 시든 드라마든 소설이든 간에—있는 그대로를 향유할 수 없게 됐다고까지 말했다. 작품이 드러내 보이는 형식 내지는 스타일의 맛깔스러움은 추구하지도 않고, 신비하고 환히 빛나는, 아우라가 내비치는(벤야민이라면 이런 식으로 표현했을 것이다) 작품의 독특한 고유함을 맛보려고 하지도 않는다. 오히려 모든 예술은 의미라고 하는 '어둠의 세계'로 빨려 들어가고 말았다. 그 결과 예술도 우리도 빈곤해졌다. 손택은 정반대의 흐름이 있다는 것을 감지했다. "예술작품은 여러 항목의 내용들로 구성돼 있다는 극히 모호한 이론을 근거로 만용을 부리는 해석은 예술을 망친다. 해석은 예술을 용도가 정해진, 이러저러한 정신의 범주에 맞춰 넣어야 할 물품으로 바꿔놓는다. …… 해석으로부터의 이탈은 특히 현대 회화의 한 특징인 것 같다. 추상미술은 일상적인 의미의 내용이라는 것을 갖지 않으려는 시도다. 내용이 없으니 해석도 있을 수 없다. 팝아트 계열 작품들은 정반대의 도구를 가지고 동일한 결과에 도달한다. '그게 뭔지' 빤한 내용을 사용해서 그 이상 해석의 여지를 남기지 않고 끝내버린다."[46] 손택은 시에 침묵을 회복하고, 언어에 주술을 되살리고자 했다. "해석은 예술작품에 대한 감각적 경험을 당연한 것으로 치부한다. 이제 중요한 것은 우리의 감각기관들을 회복하는 일이다. 해석학 대신 지금 우리에게 필요한 것은 예술의 관능미학erotics이다."[47]

손택의 경고는 시의 적절했다. 케이지와 커닝엄은 어떤 면에서는 마지막 모더니스트였다. 그 뒤를 따라온 포스트모던 시대에는 해석이 어지러이 난무했다.

30
위대한 사회, 그리고 평등·자유·정의
Equality, Freedom, and Justice in the Great Society

    1964년 봄, 존 F. 케네디 대통령이 암살된 지 얼마 되지 않은 시점이었다. 부통령으로서 대통령직을 승계한 린든 존슨은 앤아버에 있는 미시간대학 교정에서 연설을 했다. 연설에서 존슨은 미국 사회 재건을 위한 의욕적인 프로그램의 대강을 제시하면서 빈곤이 끈질기게 남아 있다는 사실과 빈곤이 아직도 여전한 민권 문제와 밀접한 관련이 있음을 충분히 고려한 조치라고 말했다. 그런 실태에 대한 우려가 점증하고 있다는 것도 알고 있으며, 급격히 확산되고 있는 여성해방운동의 요구에 대해서도 나름의 해결책을 찾겠다고 했다. 존슨 대통령은 청중들에게 미국의 경제 성장은 여전히 지속되고 있고, 많은 사람이 풍요의 혜택을 누리고 있다는 점을 확인했다. 이어 한 걸음 나아가 미국인들은 자신의 물질적 복지에만 관심이 있는 것이 아니라 '모든 시민의 인간적 완성'을 원한다는 걸 잘 알고 있다고 주장했다.[1] 노련한 정치가인 존슨은 케네디 암살이 미국 전체에 충격파를 던졌으며, 1960년대 초를 역사상 하나의 결정적인 모멘트로 만든 촉매라는 점을 제대로 인식하고 있었다. 그런 모멘트를 잘 활용하려면 상상력과 비전을 가지고 행동에 나서야 한다는 것을 존슨은 절감했다. 위대한 사회The Great Society가 그가 내놓은 답이었다.
    존슨의 이상이 성공했느냐 못 했느냐에 대한 판단은 일단 제쳐두고, 그런 모멘트를 제대로 인식했다는 점에서는 옳았다. 실제로 1960년대에는 몇몇 사상 영역에서 집단적인 변화가 있었다. 60년대는 종종 '경박한' 시대로 일컬어졌다. 패션을 과시하고, 음악에 '중독'되고, 성적 방종이 난무하고, 마약으로 인한 허무주의가 판을 치던 시대였다. 사실 이 시대에 서구에서는 그 어느 때보다 많은 사람들이 인간 실존의 근본 딜레마에 직면했다. 자유, 정의, 평등이 어떤 의미이며, 그런 가치들을 어떻게 달성할 수 있을까 하는 심각한 고민이었다. 존슨의 행적을 살펴보기에 앞서 먼저 미시간 대학 연설의 맥락부터 따져볼 필요가 있다. 그 연설이 나온 배경은 1963년 11월 22일 댈러스에서 케네디가 암살되기 훨씬 이전으로 거슬러 올라간다. 문제의 범위도 생각보다 훨씬 뿌리가 깊다.

1961년 8월 17일, 동독 노동자들이 베를린 장벽을 건설하기 시작했다. 서베를린을 봉쇄하고 동독인들의 서독 탈출을 저지하는 난공불락의 장벽이었다. 이에 앞서 소련 공산당 서기장 니키타 흐루시초프는 케네디 미국 대통령에게 독일 평화 회의를 개최해 베를린을 자유도시로 만들자고 제안했다. 그러면서 핵실험 금지 회담도 같이 열자고 제의했다. 핵실험 금지 회담은 이미 그해 6월에 시작됐지만 한 달 만에 깨지고 말았다. 이렇게 해서 베를린 장벽 건설은 냉전의 정점인 동시에 동서 분열의 상징이 되었다. 이듬해 1월에는 양 진영 관계가 더욱 나빠졌다. 핵실험 금지에 관한 3국 회담(미국, 영국, 소련)은 353차례의 회의 끝에 결렬되고 말았다. 1962년 10월 쿠바 미사일 위기가 파국으로 치달았다. 러시아는 피델 카스트로—오랜 반정부 게릴라 투쟁 끝에 1959년 쿠바를 장악했다—에게 미사일을 포함해 무기를 공급하기로 한 마당이었다. 케네디 대통령은 쿠바 주변을 완전 봉쇄했다. 세계는 소련 배들이 쿠바 섬에 다가가는 것을 초조하게 지켜보는 수밖에 없었다. 위기는 6일 동안 지속됐다. 결국 10월 28일 흐루시초프는 쿠바에서 '공격용' 무기를 모두 철수시키라는 명령을 내렸다고 발표했다. 세계가 핵전쟁 일보직전까지 간 순간이었.

1961년 공산주의는 러시아를 넘어 동독과 동유럽 7개국, 발칸반도의 유고슬라비아와 알바니아, 중국, 북한, 북베트남, 아프리카의 앙골라, 아메리카의 쿠바로까지 확산됐다. 이탈리아, 칠레, 이집트, 모잠비크에서는 공산당이 세를 넓혀갔다. 소련은 시리아, 콩고, 인도 같은 나라에 무기와 교육, 훈련을 제공하고 있었다. 세계가 이렇게 두 라이벌 체제로 양극단화된 적은 없었다. 한편에는 중앙집권화된, 국가 주도의 공산주의 경제체제가 있었고, 그 대척점에 서구의 자유시장 경제 체제가 서 있었다. 이런 배경을 놓고 본다면 자유라는 개념을 근본적으로 되짚어보려는 책들이 나오기 시작했다는 것은 별로 놀라운 일이 아니다. 공산주의는 강압적(부드러운 표현이다)이었다. 공산주의는 인기는 없었지만 성공하고 있었다.

1944년에 나온 프리드리히 폰 하이에크Friedrich von Hayek의 『노예의 길The Road to Serfdom』의 논지 가운데 하나는 삶에는 '자생적 사회질서spontaneous social order'라는 게 있다는 것이었다. 이런 질서는 오랜 세월 여러 세대를 거치면서 발전해온 것이며, 사태가 지금과 같은 꼴이 된 것은 다 이유가 있고, 그런 자생적 질서에 간섭하려는 시도는 거의 실패하게끔 되어 있다는 이야기였다. 1960년 냉전이 정점에 이른 시기에 하이에크는 『자유헌정론Constitution of Liberty』을 출간했다. 이 책에서 그는 초기작의 초점이었던 '계획'에 대한 비판을 넘어 도덕적인 영역으로 논의를 확대했다.[2] 그의 출발점은 우리의 삶을 조직하고 통제하는 기준이 되는 가치관은 우리의 지성과 똑같은 방식으로 진화를 거듭해왔다는 것이다. 이로부터 자유—정의의 규칙들—는 '그 어떤 복지에 대한 주장보다 우위를 갖는다'고 그는 말한다. 자유와 정의가 복지라는 가치를 '창조'하는 것이기 때문이다. "개인이 지식과 자원을 자신에게 최대한 이익이 되도록 마음껏 활용하려면 법이 지배하는 예측 가능한 기존 규칙들의 범위 안에서 행동해야 한다." 개인의 자유는 '법의 산물이며 시민사회 바깥에서는 존재하지 않는 것'이라고 하이에크는 말했다. 따라서 법은 그 적용에 있어서 최대한 보편적이고 추상적이어야 한다. 개별 사례가 아니라 일반적인, 그리고 일반적으로 받아들여지는 개념에 근거해야 한다는 이야기다.[3] 그는 여기에 중요한 논점 두 가지를 덧붙인다. 자유는 재산권과 밀접히 연결된 반면, '사회정의'라는 개념—얼마 후 대단한 유행처럼 번지게 되고, 위대한 사회를 떠받치는 기둥이었음은 분명하다—은 신화였고, 지금도 그렇다는 것이다. 하이에크에게 사유재산을 토대로 원하는 대로 사는 자유는 지고의 선이었다. 물론 타인의 권리를 침해하지 않는다는 것을 늘 전제로 한다. 법은 진화를 해온 실체이므로 하이에크가 보기에는 "인류의 자연스러운 역사의 한 부분이다. 법은 인간이 서로 접촉하는 과정에서 직접적으로 생겨난 것이기 때문에 사회와 나이가 같다고 할 수 있으며, 따라서 본질적으로 국가의 탄생보다 앞선다. 이렇게 볼 때 법은 특정 정부 당국이 창안해낸 것이 아니며, 어떤 통치자(주권국가)의 명령은 더더구나 아니다."[4] 따라서 하이에크는 사회주의, 특히 소련식 사회주의에 반대했다. 대단히 근본적인 차원의 반대였다. 정부—국가—가 법을 조직하고, 상원上院이 존재하지 않기 때문에 전혀 정당성이 없다고 본 것이다. 하이에크는 입법 영역에서 상원은 자연스러운 교정수단이라고 생각했다. 더구나 소련 공산주의는 자유의 일반 원리를 실질적으로 발현시키는 사유재산을 인정하지도 않았다. 또 사회주의는 중앙집권적으로 방향을 설정하기 때문에 법이 최대다수의 최대 자유를 유지하는 방향으로 진화할 여지도 없었다. 끝으로 하이에크는 '사회정의'라는 개념이 최근에 잉태된 사상들 가운데 법에 가장 큰 위협을 준다고 보았다. 이러한 주장들은 당시에도 많은 논란을 불러일으켰다. 하이에크에 따르면 사회정의는 "정의나 불의를 사회 구성원인 개인들의 행위가 아니라 사회가 어떤 때는 보상을 받고 어떤 때는 손실을 보게 되는 사회생활 패턴 전체 탓으로 돌린다. 그리고 그렇게 함으로써 개인의 행동으로 돌려야 마땅할 자유 본래의 진정한 감각을 변질시킨다."[5] 다른 말로 하면, 법이 인간을 진정으로 평등하게 대하려면 익명적으로 대해야 한다. 인간은 개별적으로 취급되지 않으면 결과적으로 심각한 불평등이 따른다. 나아가서 그는 '분배적' 정의라는 현대식 관념은 사회 내의 '정당한' 배분을 위한 기준으로 '필요'니 '업적'이니 하는 개념들을 끌어들인다고 주장했다.[6] 그는 '모든 필요가 균등한 가치를 갖는 것은 아니'라는 점에 주목한다. 예를 들어 희소자원을 놓고 경쟁하는 상황에서 통증을 줄여주어야 하는 의학적 필요와 생명을 구해야 하는 의학적 필요는 차원이 다르다.[7] 모든 필요를 완전히 만족시킬 수는 없다. 따라서 "갈등 해결에 딱 들어맞는 합리적 원칙 같은 것은 없다"고 그는 말한다. 그런 원칙은 시민생활에 '불확실성과 예측 불가능한 관료적 개입에 대한 의존성'을 '감염'시킨다.[8] 하이에크의 관점은 영향력이 강했고, 지금도 그러하다. 물론 두 가지 방향에서 비판이 날아든다. 하나는 자생적 질서라는 개념에 관한 것이다. 자생적 질서는 왜 생기는가? 왜 자생적 무질서는 안 생기는가? 진화의 결실이라는 자생적 질서는 우리가 가능한 세계들 가운데 최상의 세계에 살고 있고, 현실 개선을 위해 할 일도 별로 없다는 극단적 낙관론 아닌가?

『자유헌정론』은 기본적으로 법과 정의에 관한 책이다. 경제학과 정치학은 저만큼 뒤로 밀려나 있다. 1950년 하이에크는 영국을 떠났다. 당시 시카고 대학 사회사상공동과정Committee on Social Thought 교수이자 사회과학/윤리학 교수로 임명된 상태였다. 하이에크가 시카고 대학을 떠난 뒤 그 자리를 이은 사람은 밀턴 프리드먼Milton Friedman(1912~2006)이었다. 그는 하이에크와 비슷한 시각을 가지고 논란에 경제적 차원을 추가했다. 프리드먼은 『자본주의와 자유Capitalism and Freedom』(1962)에서 당시만 해도 별로 인기 없던 관점을 발전시켰다. 자유주의liberalism의 의미가 20세기 들어 달라졌다는 것이다. 19세기의 원래적 의미—자유무역과 자유시장을 신봉하는 경제적 자유주의—에서 변질돼 선의를 가진 중앙정부가 평등을 실현할 수 있다고 하는 믿음을 의미하게 되었다는 것이다.[9] 프리드먼의 첫 번째 목표는 자유주의의 원래적 의미를 회복하는 것이었다. 두 번째 목표는 진정한 자유는 진정한 시장경제로 복귀함으로써만 얻을 수 있으며, 진정한 자유는 인간이 경제적으로 자유로울 때 누릴 수 있다는 것을 입증하는 일이었다.[10] 이런 관점은 당시 지금보다 훨씬 논란의 소지가 컸다. 1962년이면 케인스 경제학이 여전히 위세를 떨칠 때였다. 사실 프리드먼의 논리는 시장에 대한 전통적인 경제적 관심을 훨씬 넘어서는 것이었다. 그는 공황이 주가 대폭락에 의해 야기된 것이 아니라 대폭락 이후 미국 정부가 경제를 잘못 관리해서 일어난 것이라고 주장했다. 또 의료/교육/인종차별 문제도 자유시장 경제로 회귀함으로써 바로잡을 수 있다고 주장했다. 의료의 경우 프리드먼은 의사들이 동료 의사의 훈련과 면허 발급을 독점함으로써 문제가 야기된다고 생각했다. 그 때문에 의료인력 공급이 줄어든다는 것이다. 그러면 의사들의 수입은 높아지는 대신 환자한테는 불이익이 된다. 그는 고도로 훈련받은 의사보다 인건비가 훨씬 적게 드는 기술인력이 할 수 있는 여러 가지 '의료' 서비스를—제도적으로 허용만 된다면—소개했다.[11] 학교에 대해서도 우선 교육의 '인접효과neighborhood effect'라는 것을 강조했다. 우리 모두는 시민으로서 살아가는 데 필요한 기본적인 기술을 교육받음으로써 어느 정도 이득을 본다. 그런 게 없으면 사회는 돌아갈 수가 없다. 프리드먼은 이런 유형의 교육은 중앙정부에서 제공하되 그 이외의 모든 교육, 특히 직업교육(치과학, 이발·미용, 목공 등등)은 본인이 비용을 부담해야 한다고 생각했다.[12] 기본적인 시민 교육조차도 바우처 시스템 방식으로 해야 한다고 주장했다. 부모는 정부로부터 바우처Boucher(이용권)를 받아서 본인들이 원하는 학교에 내고 자녀를 보낸다. 바우처는 좋은 교사에 대한 보상이 되어 그들의 수입을 올려주기 때문에 교사를 통해 학교가 발전하도록 유발하는 효과를 본다는 것이다.[13] 인종차별에 관해서 프리드먼은 장기적인 시각을 강조했다. 역사를 살펴볼 때 자본주의와 자유시장은 흑인이든 유대인이든 가톨릭이 다수인 나라의 프로테스탄트이든, 소수자 집단의 친구였다. 그런 만큼 시간만 충분하다면 자유시장은 미국 흑인을 해방시키는 쪽으로 작용하게 될 것이라고 그는 생각했다.[14] 따라서 인종통합을 위해 따로 법률을 만드는 것은 인종분리를 위한 입법만큼이나 문제를 도덕적 차원에서 풀려는 시도에 불과하다고 주장했다.

프리드먼의 주장에 대한 비판 가운데 하나는 너무 한가한 이야기라는 것이다. 존슨의 미시간 대학 연설에는 시급한 해결을 요하는 시대적 과제들이 열거되어 있었다. 물론 케네디 암살 사건이 어느 정도 분위기를 조성했다는 측면도 있다. 흑인과 법 집행 기관간의 대치와 소요는 1960년대를 뜨겁게 달궜다. 또한 저변에서는 공산주의식 주장도 거세지고 있었다. 그러나 1964년을 달군 또 한 가지 요인이 있었다. 미국의 빈곤에 대한 '재발견'이었다. 풍요 속의 빈곤은 미국인이라면 누구나 주변에서 쉽게 목격할 수 있었다. 도시들은 꼴사납게 퇴락해가고 있었다. 특히 도심 지역이 그랬다. 하이에크와 프리드먼의 책들은 논쟁을 불러일으키기는 했지만 차분하고 성찰적인 톤을 유지했다. 반면 같은 시기에 나온 전혀 다른 두 책은 훨씬 논쟁적이었는데도 즉각적인 반향을 불러일으켰다. 제인 제이콥스Jane Jacobs의 『미국 대도시의 죽음과 삶The Death and Life of Great American Cities』은 냉소적이면서도 신랄했다. 마이클 해링턴Michael Harrington의 『또 하나의 미국: 미국의 빈곤The Other America: Poverty in the United States』은 노골적으로 분노를 드러냈다.[15]

『또 하나의 미국』은 정치적 행동을 촉발시켰다는 점에서 볼 때 대단한 성공작이었다. 1961년 책이 나오자 《뉴요커》지는 「우리의 보이지 않는 빈곤Our Invisible Poor」라는 제목으로 요약본을 실었다. 이듬해 말 케네디 대통령은 빈곤 퇴치 정책을 짜기 시작했다.[16] 해링턴의 스타일은 전투적이었다. 그러나 지나친 과장은 경계했다. 예를 들어 그는 절대적인 관점에서 보면 제삼세계의 빈곤이 북미의 빈곤보다 열악하다는 것을 인정했다. 풍요로운 사회가 '정신의 공허함과 소외'를 유발하는 것은 사실이지만 '포만보다 배고픔을 선호한다는 것은 말이 안 되는 얘기이고, 물질적 혜택은 적어도 풍요로운 실존을 누릴 가능성을 열어주었다.'[17] 그러나 동시에 제3세계는 모두 한 배를 탔기 때문에 합심협력하면 난국을 헤쳐 나갈 수 있다는 측면도 놓치지 않았다. 반면 풍요로운 미국 사회 안에도 '빈곤의 문화'와 '저개발 국민'은 함께 존재했다. 겉으로 잘 드러나 보이지는 않았지만 생각보다 훨씬 광범위하게 퍼져 있는 현상이었다. 해링턴은 5,000만 명이나 되는 인구가 가난하다고 주장했다. 미국 전체 인구의 4분의 1이 그렇다는 것이다.[18] 그러자 빈곤선을 긋는 기준이 무엇이냐, 미국의 빈곤은 증가세냐 감소세냐 정체상태냐 등등 부차적인 논란이 일었다. 그러나 해링턴은 빈곤층의 규모와는 또 다른 차원에서 미국 중산층이 이런 참담한 현실에 대해 아무것도 모르고 관심도 없다는 것을 보여주는 데 관심을 쏟았다. 빈곤이 외딴 지역에서—이주 노동자가 많은 농장이나 애팔래치아 산맥 같은 산골 또는 외딴 섬, 백인 중산층은 한 번도 가 본 적 없는 흑인 게토 등등—주로 발생한다는 사실도 여기 한몫 했다.[19] 그는 이처럼 미국에 충격을 주는 데 성공했다. 미국이 전혀 모르고 있던 문제가 뒷마당에서 버젓이 벌어지고 있다는 사실을 깨닫게 한 것이다. 그는 또 '빈곤의 문화'가 있다고 주장했다. 실직과 열악한 주거, 질병, 범죄와 이혼율 상승이 한 덩어리가 되면서 악순환을 이룬다는 것이다. 빈곤의 원인은 단순히 돈의 부족이 아니라 광산(애팔래치아 지역의 경우)이나 농장(캘리포니아 지역의 경우)의 실패를 야기하는 자본주의 체제의 구조적 변화였다. 그렇기 때문에 기본적으로 가난한 사람들에게 실패의 책임을 물을 수 없었다. 빈곤에 대한 처방도 개인의 행동이 아니라 정부에게 있었다. 해링턴 자신은 연방정부가 적극 나서서 주거 환경을 개선하는 것이 핵심이라고 보았다. 결국 그의 책은 '풍요로운 맹인'들에 대한 호소였다. 빈곤의 문화를 보여주는 이런저런 사례에 대한 치열한 묘사는 빈곤에 대한 무관심과 무지를 일깨우려는 의도로 쓴 것이었다. 그런 의도가 얼마나 성공했는지는 '빈곤의 문화'라든가 '박탈의 악순환' 같은 표현이 일상어로 자리 잡았다는 사실에서 충분히 알 수 있다. 이어 1964년 1월 존슨 대통령은 상하 양원 합동 신년 연설에서(위대한 사회에 관한 연설을 하기 넉 달 전이었다) 13개 조항으로 된 '빈곤에 대한 전면전' 프로그램을 공표했다. 빈곤은 '우리 국가의 힘과 우리 국민의 복지를 위협하는 내부의 적'으로 규정됐다.[20]

해링턴의 논쟁적인 책과 같은 해에 나온 『미국 대도시의 죽음과 삶』도 출간 즉시 파괴력을 발휘했다.[21] 흥미로운 것은 많은 사람들이 그녀의 주장에 동의했고 지금도 동의하고 있지만, 장기적인 효과는 제이콥스가 바라던 대로가 아니었다는 점이다. 『미국 대도시의 죽음과 삶』은 도시에 관한 저술 중에서는 가장 탄탄한 책이다. 이 책은 첫째, 에베네저 하워드Ebenezer Howard와 그의 전원도시 개념(제이콥스가 보기에는 개념 자체가 모순이다)에 대한 공격이었고, 루이스 멈퍼드와 그의 도시 생활 단계론('병적인' 단계와 '편향된' 단계) 및 르 코르뷔지에에 대한 공격이었다. 특히 코르뷔지에의 '방사형 도시'라는 이념이 주변 곳곳에 엄청난 퇴락을 몰고 왔다고 비난한다.[22] 제이콥스는 도시의 기본 구성요소가 도로와 인도라는 점을 특히 강조했다. 인도와 도로는 붐빌 때 더 안전하다. 거리는 그 자체로 공동체다. 그것도 서로 안면이 있는 주민들은 물론이고 낯선 사람들까지 오가는 극히 자연스러운 공동체다. 거기서 아이들은 뭔가를 배우면서 어른들의 삶에 동화된다(제이콥스는 '길거리' 갱들은 대개 공원이나 학교에서 모인다는 사실에 주목한다). 길거리는 하루 종일 분주하지만 안전하다. 다만 다양한 이해관계에 열려 있을 경우에만 그렇다. 관청이나 가게로만 둘러싸여 있는 것이 아니라 주거적 요소를 포함하는 복합체에 둘러 싸여 있는 경우 말이다.[23] 제이콥스는 공원과 학교가 거리보다 훨씬 불안하다고 주장한다. 공원이 빈민가나 성도착자들의 소굴이 되느냐 마느냐, 또는 어떤 학교는 잘 되고 어떤 학교는 안 될 것이냐를 구분하는 것은 무의미하다.[24] 그녀는 '이웃'이라는 것은 감상적인 개념이지 현실적인 개념은 아니라고 본다. 거리를 벗어나면 도시는 구역district으로 구분된다. 그러나 이런 구역들은 도시가 대부분의 거주자들의 마음속에서 기능이 나뉘는 방식에 맞게 자연스럽게 이루어지는 구분이어야 한다. 구역의 목적은 정치적인 것이다. 심리학적이거나 개인적인 것이 아니다. 구역은 길거리에서 할 수 없는 싸움을 벌이는 장소다. 길거리는 대개 너무 협소하거나 개방되어 있기 때문이다. 제이콥스는 길로 이동하는 마약 밀매업자의 예를 인용한다. 문제가 사라질 때까지 일정 기간 경찰을 길로 유인하는 것은 구역이다. 구역은 끝에서 끝까지가 1마일 반 (2.4킬로미터) 이상이어서는 안 된다고 그녀는 말한다.[25]

도로의 본질, 특히 사람들이 만나서 이야기하는 장소인 인도는 사람들로 하여금 프라이버시를 조절할 수 있게 해준다. 이는 자유의 중요한 측면이다. 제이콥스는 사람들은 프라이버시에 대해 덜 솔직하며, '자기 일이나 신경 쓰지'라는 편리한 구호 뒤로 숨는다고 믿었다. 여기서 가십이 중요한 역할을 한다. 사람들은 뒤에서 원하는 대로 남을 험담한다. 그러나 종종 그러지 않는 것처럼, 또는 그런 행동을 용납하지 않는 것처럼 위장한다. 이런 식으로 체면을 구기지 않으면서 사적인 세계로 숨는 것이다. 이는 심리학적으로 대단히 중요한 것으로 도시를 생동감 넘치게 하는 데 중요한 요소라고 그녀는 말한다. 이런 심리학적인 욕구가 충족되어야만—프라이버시와 공동체의 교차점이라는 것이야말로 도시의 특성이다—사람들은 만족하며, 그런 상태로 있기를 원한다.[26]

제이콥스는 철로나 고속도로, 호수나 유수지, 뉴욕 센트럴파크 식의 거대한 공원처럼 도시를 관통하거나 한 구석에 덩그렇게 들어선 '경계선상의 진공眞空'들에 대해서도 문제를 제기했다. 시설들은 어떤 면에서 도시에 해가 되기 때문에 도시계획가들은 그 득과 실을 잘 살펴야 한다는 것이다. 따라서 나쁜 쪽의 파급효과를 줄이기 위한 특별한 장치가 필요하다. 예를 들어 거대한 공원 주변에는 회전목마나 노천 카페 같은 것을 두는 게 좋다. 그렇게 해서 위압적인 이미지를 없애면 더 많은 사람들이 찾아오게 할 수 있다. 제이콥스는 또 오래된 빌딩도 보존해야 한다고 생각했다. 미적 가치, 즉 도시풍경의 지루한 단조로움을 깨는 효과도 중요하지만 신축 빌딩과는 다른 경제적 효용이 있기 때문이다. 예를 들어 영화관은 새 건물에 입주한다. 그러나 영화관에 서비스를 제공하는 스튜디오나 공방들은 대개 그렇지 않다. 새 건물에 들어갈 여력이 없기 때문이다. 하지만 오래된 건물들은 대부분 여력이 닿는데

다가 오래 전에 보증금을 낸 경우가 많다. 슈퍼마켓은 새 건물에 들어서지만 서점은 안 그렇다. 제이콥스는 인구 10만이 될 때까지는 본격적인 도시라고 할 수 없다고 생각했다. 그 정도 규모가 되어야만 도시의 본질인 다양성이 제대로 살아난다. 서로 관심사가 비슷한 친구(서른 명 정도)를 찾으려면 그 정도는 되어야 한다는 뜻이다.²⁷ 이런 역동성을 이해하는 것이 도시의 활력을 유지하는 데 매우 중요하다. 물론 재정도 중요하다. 재정 문제 역시 도시 스스로 도울 수 있다. 제이콥스는 부동산 대출이 전문 회사(사기업)에게 맡겨진 경우가 너무 많다고 느꼈다. 그러다 보니 종국에 가서는 대출 수요가 담보로 내놓는 부동산의 유형을 결정한다. 사실은 그 반대여야 하는데 말이다.²⁸ 그녀는 네 가지 대원칙을 지키면 도심의 황폐화와 슬럼화를 막을 수 있다고 믿었다. 즉, 모든 구역은 한 가지 이상의 기본기능(업무지구, 상업지구, 주거지구)을 충족시켜야 한다. 둘 이상의 기능을 발휘하면 물론 더욱 좋다. 다양한 기능은 사람들 사이에 매일 매일의 다양한 스케줄을 만들어낸다. 블록은 가급적 짧아야 한다. '모퉁이를 돌 기회가 많아야' 하고, 건립 시기가 서로 다른 건물들이 '촘촘히' 뒤섞여 있어야 한다. 인구 밀도도 어지간해야 한다.²⁹ 그녀의 톤은 지극히 낙관적이다. 그러나 상식을 통해 그 누구도 이전에 보여주지 못한 날카로운 통찰을 제시한다. 구체적으로 탐색하지 않은 것이 있다면 인종적 차원뿐이다. 인종 분리 문제와 '흑인 슬럼'에 대해 몇 차례 언급은 했지만 철두철미 건축가·도시설계가 입장에서 문제를 분석하고 논리를 전개했다.

해링턴과 제이콥스가 제기한 문제들에 대해 존슨 대통령도 언급을 했다. 그러나 위대한 사회를 건설하자는 연설을 하게 한 직접적인 동인은 냉전이라는 '또 다른 배경'을 제외한다면 역시 인종 문제, 특히 미국 흑인의 열악한 상황이었다. 1966년은 1954년 대법원이 '브라운 대 토피카 교육위원회 사건'에서 학교의 인종분리는 위헌이라는 판결을 내림으로써 '분리되지만 평등하다'는 독트린을 폐기한 지 10년이 훨씬 넘은 시점이다. 존슨이 절감한 대로 그 사이 흑인의 생활수준을 말해주는 기본통계는 극히 실망스러웠다. 1963년에는 사실상 흑백 분리 학교에 다니는 흑인이 1952년보다 더 많았다. 흑인 실업자 수도 1954년보다 더 많았다. 더욱 중요한 것은 흑인 소득의 중간치가 1954년 백인의 57퍼센트이던 것이 54퍼센트로 떨어졌다는 사실이다. 이런 현실을 볼 때 자본주의가 장기적으로 인종 문제 해결에 긍정적인 효과를 발휘할 것이라는 밀턴 프리드먼의 주장은 그야말로 한가한 소리였다. 그리고 1963년은 존슨이 인정한 대로 사태가 악화되는 것을 막기 위한 행동이 필요한 시기였다.

흑인들 가운데서도 향후 진로에 대한 입장은 다양했다. 일부는 성급했고, 일부는 폭력이 필요하다고 느꼈다. 또 다른 부류는 비폭력이 궁극적으로 훨씬 효과가 크다고 생각했다. 1963년 3월 앨라배마 주 버밍엄에서 폭동이 일어났다. 다운타운 가게들에 대한 불매운동은 '황소'라는 별명으로 유명한 경찰국장 유진 코너Eugene Connor가 교회 주변에 경찰을 배치하고 사람들이 집에 가지 못하도록 묶어두면서부터 심각한 양상으로 치달았다. 그런 사태(공교롭게도 '그리스도 수난 기념일'에 일어났다) 이후 체포된 사람들 중에는 마틴 루터 킹Martin Luther King(1929~1968)도 있었다. 당시 킹은 서른 네 살의 애틀랜타 출신 목사로 비폭력을 호소하는 감동적이고 화려한 연설로 유명했다. 킹 목사는 독방에 갇힌 동안 백인 성직자들로부터 비난을 받았다. 이에 대해 그는 「버밍엄 감옥에서 보내는 편지Letter from a Birmingham Jail」로 답변을 대신했다. 봉투와 두루마리 화장지, 신문 가장 자리 여백 등에다 정신없이 써나간 19쪽짜리 편지로 지지자들이 감옥에서 몰래 반출한 것이었다. 편지는 버밍엄 사람들(백인들)이 '흑인 공동체를 버리는' 바람에 흑인들은 권리를 쟁취하기 위해 시민 불복종과 '비폭력 저항'을 택하는 것 외에 달리 도리가 없었다는 것을 생생하게, 웅변적으로 서술했다.[30] "버밍엄은 아마도 미국에서 흑백 분리가 가장 철저한 도시일 겁니다. 버밍엄의 흑인 가정과 교회들은 다른 어느 도시보다 많이 파괴됐지만 진상이 밝혀지거나 책임자가 처벌된 경우는 없습니다. 우리에겐 직접 행동에 나서는 것 외에는 대안이 없었습니다. 아시아와 아프리카 국가들은 정치적 독립을 향해 제트기 같은 속도로 나아가고 있습니다. 그러나 우리는 식당에서 커피 한 잔을 제대로 얻어먹기 위해 여전히 우마차 같은 속도로 전진하고 있지요."[31]

버밍엄 교도소에서 석방된 후 킹의 명성은 최고에 달했다. 이어 그해 여름 워싱턴에서 열린 역사적인 시가행진에서 대표 연사로 뽑혔다. 이날 행진은 다양한 분파의 흑인 지도자들이 민권운동의 전환점을 마련하기 위해 조직한 행사였다. 행진은 거대한 파도 같았다. 어찌나 규모가 컸던지 평화행진이라고는 하지만 '미국이 변화하지 않으면, 흑백 차별에 대해 뭔가—그것도 빨리—조치를 취하지 않으면, 그때는……'이라는 식의 위협이 느껴졌다. 1963년 8월 28일 수도 워싱턴DC로 약 25만 명이 몰려들었다. 그중 4분의 1 내지 3분의 1이 백인이었다. 행진 군중은 비교적 점잖았고, 질서유지를 자원한 뉴욕 흑인 경찰팀의 지시에 따라 대열을 이탈하지 않았다. 부대 행사도 어느 이벤트 못지않았다. 조안 바에즈Joan Baez, 밥 딜런Bob Dylan, 피터 폴 앤드 메리Peter Paul And Mary, 마할리아 잭슨Mahalia Jackson 같은 가수를 비롯해 수많은 명사들이 현장에 나와 지지를 표명했다. 배우 말론 브랜도Marlon Brando, 가수 해리 벨라폰테Harry Belafonte와 조세핀 베이커Josephine Baker, 작가 제임스 볼드윈James Baldwin, 영화배우이자 가수인 레나 혼Lena Horne과 새미 데이비스 주니어Sammy Davis Junior 등등 쟁쟁한 얼굴들이 모습을 드러냈다. 그러나 우리 모두가 잊을 수 없는 것은 킹 목사가 그날 했던 연설이다. 그는 최근에 했던 연설 가운데 '내겐 꿈이 있습니다I have a dream'라는 표현이 반응이 좋았다고 생각했다. 그래서 이번에는 특별히 호소력 있게 표현하고자 최대한 신경을 썼다.[32] 잘생긴 얼굴 덕을 보는 사람도 있지만 킹의 경우에는 목소리가 특장이었다. 매우 특이한 바리톤에 약간 떨리는 듯한 음성. 강렬한 수사에 떨림이 가미된 킹의 목소리는 강하면서도 약했다. 그의 음성은 미국 흑인의 정치적 상황과 달아오르는 분위기에 딱 맞아떨어졌다. 그러나 백인들도 함께 할 수 있는 보편적인 호소력도 있었다. 많은 사람들에게 그날 킹의 연설은 민권운동에서 가장 기억에 남는 순간 내지는 기억하고 싶은 순간이 되었다. '백 년 전……'이라는 말로 시작한 연설은 거의 성서 같은 톤으로 이어졌다. "한 위대한 미국인이 노예해방선언에 서명했습니다. 지금 우리는 그 상징적 그림자 속에 서 있습니다." 이 첫 문장으로 킹은 미국 역사를 끌어들인 뒤 바로 핵심을 치고 들어갔다. "그러나 백 년이 지난 지금, 우리는 흑인이 여전히 자유롭지 못하다는 비극적인 현실을 마주하고 있습니다. …… 흑인이 시민권을 인정받을 때까지 미국에는 평안도 고요도 없을 것입니다." 이어 킹은 열변을 토했다. 언젠가 자신의 네 어린 자녀가 '피부색이 아니라 인품으로' 평가받는 날이

올 것이라는 꿈을 가지고 있다고 했다.³³ 지금도 킹 목사의 연설을 들어보면 전율이 느껴진다.

킹은 격동의 시대를 몸으로 겪었다. 동시에 그런 시대를 촉발한 당사자이기도 했다(베트남전은 부차적인 요소였다). 흑인 여성 로자 파크스Rosa Parks가 앨라배마 주 몽고메리에서 버스 앞좌석에 앉았다가 체포된(전통적으로 흑인은 뒷좌석에 앉게 돼 있었다) 1955년 11월부터 로스앤젤레스에서 첫 흑인 시장이 선출된 1973년까지 엄청난 사회적, 정치적, 법률적 혁명이 일어났다. 이 혁명은 미국에서 가장 두드러졌지만 유럽, 아프리카, 극동까지 번졌다. 뒤이어 수많은 사건들이 일어났다.

1958 : 미국 아칸소 주 리틀록에서 소요 사태 발생. 주지사가 흑인 학생의 입학을 저지하다.
1960 : 민권법이 통과되다. 흑인이 투표를 거부당할 경우 소송을 낼 수 있게 됐음.
1961 : 인종평등회의(CORE)가 버스 흑백 차별 폐지를 위한 자유 탑승 운동 freedom ride을 조직하다.
1962 : 고용기회평등위원회가 구성되다. 의장은 존슨 부통령. 흑인 학생 제임스 메레디스가 연방정부 보호 하에 미시시피 주 옥스퍼드에 있는 미시시피 대학 입학자격을 얻다. 영연방이민자법이 특정 영연방 국가 이민자들에 대한 입국 허가를 제한하다.
1963 : 워싱턴 평화행진. 남녀 임금 평등법이 미국에서 제정되다.
1964 : 미국 민권법이 직장, 식당, 노조, 공공시설에서의 차별을 금지하다. 경제기회법과 식권배급법이 통과되다. 미국의 교육 기회에 관한 조사가 실시되다.
1965 : 위대한 사회 구현을 위한 입법 내용에 빈곤층과 소수민족 아동 교육 지원 프로그램 헤드 스타트Head Start, 가난한 사람들과 노인을 위한 의료보장 제도인 메디케이드Medicaid와 메디케어Medicare, 도시 개발 프로젝트, 기타 복지 혜택이 포함되다. 여성이 판사로 임명되다.
1966 : 전미여성협회(NOW)가 결성되다. 블랙파워를 촉구하는 흑인 민병 조직

검은표범들Black Panthers이 발족하다. 어린이영양법에 따라 미국 연방정부가 가난한 어린이들에게 음식을 제공하다. 영국이 사회보장의 일환으로 병자, 장애인, 실업자, 과부 등을 지원하는 보충급부 제도를 시행하다. 도심 지역 재건축이 시행되다.

1967 : 서굿 마샬Thurgood Marshall이 흑인 최초로 미국 대법원 판사로 지명되다. 미국 70개 도시에서 인종 폭동이 벌어져 '백인의 교외 탈출'이 가속화됨. 콜로라도 주가 미국에서 처음으로 낙태를 허용하다. 영국에서 동성애가 합법화되다. 미국 시민권위원회가 보고서를 통해 흑인 어린이의 학업 성취도 저하를 막기 위해서는 인종 통합 정책을 가속화해야 한다는 결론을 내림. 영국에서 교육특구를 지정해 가난한 학생의 학업 성취도를 끌어올리는 정책을 폄. 영국에서 낙태가 합법화되다.

1968 : 워싱턴 소재 싱크탱크 도시연구소Urban Institute가 창립되다. 전년도에 발생한 인종폭동에 관한 커너 보고서가 미국이 '분리되면서 불평등한 두 사회(흑인 사회와 백인 사회로)'로 변질되고 있다고 경고하다. 존슨 대통령이 차별 철폐 조치affirmative action를 발표하다. 연방정부와 계약한 모든 기업은 흑인과 기타 소수민족을 '우대'하도록 하고, 주택 판매·임대시 인종차별을 불법화함. 셜리 치솜Shirley Chisholm이 첫 흑인 여성 하원의원으로 선출되다. 이민법과 국적법이 이민 쿼터를 기술 요건으로 대체하다. 히스패닉 노동자들이 부당한 처우에 항거하다. 영국 인종관계법이 인종차별을 불법으로 규정하다.

1969 : 미국 대법원 판사 지명자들이 '인종주의와 무능'을 이유로 지명 철회 됨. 시카고에서 검은표범들이 경찰의 공격을 받아 살해당함. 아메리카 원주민들에게 토지를 반환하기 시작하다. 미국에서 검열제도가 철폐되다.

1970 : 여성의 민권 확대. 연방정부와 계약하는 회사들의 경우 여성 근로자 일정 비율 채용이 의무화됨. 남녀임금평등법이 영국에서 통과되다. 이탈리아에서 이혼이 합법화되다. 미국에서 최초로 남녀 차별을 없앤 수업이 실시됨.

1971 : 일부 미국 학교에서 인종 차별 철폐를 위한 강제 버스 통학제도를 도입하다. 스위스가 여성의 투표권을 인정하다. 영국 슬럼가 초등학교들에 대한 정화 작업이 이루어짐. 캐나다에서 노인층을 대상으로 한 메디케어를 시행함. 홍콩 성공회 주교가 최초로 여성들을 성직자로 임명함.

1972 : 앤드루 영이 남부 재건기 이후 처음으로 남부 출신 흑인 하원의원이 됨. 인디언들이 워싱턴DC에서 행진하다. 뉴욕증권거래소 이사장에 최초로 여성이 임명되다.

1973 : 미국에서 낙태가 합법화되다. 로스앤젤레스에서 최초의 흑인 시장이 선출됨.[34]

변화가 여기서 끝나지 않은 것은 물론이다(다음해에 미국 역사상 최초의 히스패닉계 주지사, 최초의 여성 주지사가 탄생했다. 최초의 여성 주교도 나왔다). 그러나 격동의 시대는 끝이 났다(베트남 전쟁 종전 및 1973년 석유위기 이후 경기 하강과도 관련이 있다. 이에 대해서는 33장을 보라). 그러나 모든 변화가 한 방향으로만 일어난 것은 아니었다. 소수집단, 여성, 동성애자의 자유가 확대되는 것과 정반대인 흐름도 있었다. 몇 가지만 짚어보자.

1964 : 남아프리카공화국에서 흑인 주거지를 도시 주변으로 제한하는 반투족 자치촉진법 개정안이 통과되다.

1966 : 아파르트헤이트(인종격리정책)가 남서 아프리카(나미비아)로 확대되다.

1967 : 남아공에서 원주민 이주 정책이 가속화됨.

1968 : 교황 회칙 「인간의 생명에 관하여 *Humanae Vitae*」가 가톨릭 교도의 인공 피임을 금하다.

1969 : 경찰이 뉴욕 게이 클럽 스톤월을 급습해 수일 간 폭력 사태가 계속되다. 당시 동성애자들은 단속에 항의해 경찰이 클럽 안에 있는 상황에서 불을 질렀다. 평등주의 교육에 반대하는 '흑서 Black Papers'가 영국에서 발행됨. 아서 젠센이 「하버드 교육 리뷰 *Harvard Educational Review*」를 통해 아프리칸 아메리칸(흑인)은 백인보다 IQ 검사 점수가 원래 낮다고 주장하다.

1970 : 남아프리카공화국에서 흑인 주거지를 '반투족 본향本鄕'에 할당하다. 남아공에서 일부 인종 관련 서적이 판금되다.
1971 : 남아공 반투족 주거지에 대한 중앙정부의 통제가 조직화되다.
1972 : 남아공이 지방자치단체의 유색인 대표 제도를 폐기하다.

1950년대 말에서 60년대 전반에 걸쳐 남아프리카공화국에서는 반자유주의와 폭력이 확산되고, 미국에서는 흑인의 지위가 향상되는 상황은 동일한 문제의 다른 표현이라고 보는 시각이 많아졌다. 미르달이 지적한 것과 동일한 딜레마였다. 이런 상황들이 겹치면서 인종 문제에 대한 문제의식은 더더욱 날카로워졌다. 아래에서 살펴볼 작가들은 수사 면에서는 킹 목사와 비슷하다고 할 수 있지만 기독교적 감정 면에서는 거의 공통점이 없었다.

제임스 볼드윈이 파리 체류 시절에 읽은 작가들 중에는 프란츠 파농Frantz Fanon도 있었다. 흑인 정신과 의사인 파농은 프랑스령 서인도 제도 마르티니크 섬에서 1925년에 태어났다. 그는 파리에서 정신의학 훈련을 받고 북아프리카 식민지인 알제리의 한 병원에 배속됐다. 당시는 프랑스의 지배에 반대하는 봉기가 한창일 때였다. 파농은 충격을 받았다. 그는 알제리인 편에 서서 많은 책을 썼다. 볼드윈이 미국 남부 여러 주에서 그랬던 것처럼 고난 받는 저항세력의 대변자가 됐다. 원래 프랑스어로 출판한 『죽어가는 식민주의*L'An V de la révolution algérienne*』(1959)와 『검은 피부, 흰 가면*Peau noire, masques blancs*』(1960)에서 파농은 막바지에 도달한 제국주의에 대해 신랄한 비판을 퍼부었다. 그는 1956년 제1차 흑인작가회의에서 연설을 하는 등 알제리 민족해방전선(FLN) 활동에 적극 나서 프랑스 경찰의 이목을 끌게 됐다.[35] 그해 말에는 어쩔 수 없이 알제리를 떠나 튀니지로 갔다. 튀니지에서도 반식민주의 신문인 〈엘 무자히드*El Moudjahid*〉 편집진으로 활동을 계속했다. 그가 쓴 책 중에서 가장 통렬한 것은 『대지의 저주받은 자들*Les Damnés de la terre*』(1961)이다. 백혈병 진단을 받았을 때 구상한 것으로 이후 죽을 때까지 모든 정력을 쏟아 부은 작품이었다.[36]

파농은 볼드윈보다 훨씬 논쟁적인 작가였다. 구호를 만드는 재주는 좀 떨어졌지만 볼드윈과 마찬가지로 그의 작품들은 백인을 불안에 떨게 하고 흑인들에게는 인종차별 및 제국주의와의 투쟁에서 승리할 수 있다는 확신을 불어넣는 것이었다. 『대지의 저주받은 자들』은 정신과 의사로서의 체험이 많이 들어가 있다는 점에서 다른 작품과 구별된다. 파농은 동료 흑인들에게 그들이 느끼는 소외감은 정확히 식민주의의 결과이며, 흑인종이 열등하게 타고났기 때문은 아니라는 것을 보여주고자 했다. 그는 자신의 주장을 뒷받침하기 위해 병원에서 목격한 사례를 많이 넣었다. 당시 알제리에서 일어나고 있던 게릴라전 식 독립운동과 직접 관계되는 사례였다. 한 알제리 택시운전사는 FLN 대원이었는데 아내가 프랑스 군인에게 조사를 받으면서 구타와 강간을 당한 이후 발기불능이 됐다. 13세, 14세인 두 알제리 소년이 유럽인 친구를 죽인 사건도 있었다. 13세 소년은 이렇게 말했다. "우린 개랑 사이가 좀 안 좋았어요. …… 어느 날 우린 그 자식을 죽여버리기로 했어요. 유럽인들은 아랍인을 다 죽이려고 하니까요. 우린 어른은 못 죽여요. 하지만 걔 정도면 해치울 수 있지요. 나이가 같으니까."37 파농은 젊은이들에게서 나타나는 동요의 사례를 많이 제시했다. 특히 고문 피해자들의 경우가 그랬다. 그는 고문 희생자는 '뭘 알고 있는 부류'와 '아무것도 모르는 부류'로 나눌 수 있다고 했다. 뭘 아는 부류에 속하는 환자는 본 적이 없었다(그런 사람들은 정신병에 걸리지 않았다. 어떤 의미에서는 고문을 '받을 만 했으니까.'). 그러나 아무것도 모르는 사람들의 경우에는 온갖 증상이 나타났다. 증상은 대개 경찰봉으로 흠씬 두들겨 맞거나 담뱃불로 지짐을 당한 경우, 전기고문이나 '자백약'을 먹인 경우 등 고문 유형과 관련이 있었다. 예를 들어 전기 고문 피해자는 전기에 극도로 공포감을 느끼며 전기스위치조차 만지지 못한다.38

파농은 R. D. 랭과 마찬가지로 정신병이 견딜 수 없는 상황에 대한, 극단적이지만 본질적으로 합리적인 반응이라는 사실을 보여주고자 했다. 동시에 '아프리카인의 심성'과 아프리카 문화에 관한 유럽 과학자와 사회과학자들의 과다하게 단순한 주장들에 대해 반격을 시도했다. 1950년대 중반 세계보건기구는 스코틀랜드 정신과 의사인 J. C. 캐러더스Carothers 박사에게 '아프리카인의 정상 심리와 병리적 심리'에 관한 조사연구를 의뢰했다. 캐러더스는 케냐에서 교도소 담당 군의관으로 일한 경험이 있었다. 그의 연구의 결론은 "아프리카인들은 전두엽을 거의 사용하지 않는다. 그들이 앓는 정신병의 특징은 근본적으로 전두엽을 잘 쓰지 않는 데에 원인이 있다고 할 수 있다"는 것이었다. 캐러더스는 '정상적인' 아프리카인은 사실 '전두엽 절제 수술을 받은 유럽인'과 같다고까지 주장했다.[39] 파농은 캐러더스가 핵심을 놓쳤다며 말도 안 되는 소리라고 반박했다. 파농에 따르면 당시 아프리카 문화(미국 흑인 문화나 볼드윈의 저술도 마찬가지다)는 자유를 위한 투쟁이었다. 투쟁—폭력 자체다—은 알제리인이 공유하는 문화였고, 그들의 창의적 에너지의 대부분을 빨아들였다. 킹 목사와 마찬가지로 그들도 '창조적 극단주의자'가 됐다. 파농은 알제리가 자치를 쟁취해 평화를 회복하는 것을 보지 못하고 죽었다. 책을 완성하느라 눈코 뜰 새 없는 나머지 백혈병을 치료할 시간도 없었다. 1961년 말 워싱턴으로 이송됐지만 이미 병세가 너무 깊어진 상태였다. 책이 나온 지 몇 주 후에 파농은 36세를 일기로 세상을 떴다.

1960년대 흑인들은 파농과 같은 논쟁적인 저술들을 갈망했다. 그런데 미국에서는 제임스 볼드윈이 『또 하나의 나라Another Country』(1962), 『찰리 씨를 위한 블루스Blues for Mister Charlie』(1964), 『그 사람을 만나러 가다Going to Meet the Man』(1965) 같은 소설에서 입장을 바꾼 이후 엘드리지 클리버Eldridge Cleaver(1935~1998)가 그의 자리를 메웠다. 1935년 아칸소 주 리틀록에서 태어난 클리버는 평소 자신에 대해 "로스앤젤레스 흑인 게토와 샌 퀜틴, 폴섬, 솔리다드 같은 캘리포니아 주립 교도소에서 공부했다"고 말하곤 했다. 자조적인 표현이지만 사실이었다. 클리버는 교도소에서(마리화나 소지 혐의로 들어갔다) 많은 책을 섭렵했고, 몇몇 감방 동기를 만나면서 반골기질을 키웠다. 그는 결국 흑인 민병 조직 검은표범들의 정보부장이 됐다. 첫 번째 책 『갇힌 영혼Soul on Ice』은 킹 목사가 암살되던 해(1968)에 나왔는데 볼드윈을 다각도로 공격하는 내용이었다. "제임스 볼드윈의 작품에는 흑인들에 대한, 특히 그 자신에 대한 극심하고, 고통스러운 완벽한 증오와 백인들에 대한 가장 창피하고, 광적이며, 알랑거리는 애정이 담겨 있다. 하기야 우리 시대에 이름깨나 있다는 흑인 작가의 저술이라면 흔히 볼 수 있는 현상이다."[40] 파농도 그랬지만 클리버에게는 미국 흑인들이 당면한 상황이 너무도 엄중했다. 팔자 좋은 예술가가 되는 사치란 꿈도 꿀 수 없었다. 모든 것이 걸린 문제였기에 볼드윈처럼 거기에 등을 돌리거나 좀 더 폭 넓은 맥락으로 확대시키는 것은 일종의 인종범죄나 다름없었다. 감옥에서 쓴 『갇힌 영혼』에서는 세 가지 주제가 얽히고설킨다. 하나는 백인들이 일상적으로 흑인에게 가하는 잔혹행위다. 교도소의 풍토는 이를 극명하게 보여준다. 둘째로 국제 인종 정치에 관한 클리버의 생각이 서술돼 있다. 인종, 아프리카, 흑인의 역사, 흑인의 음식, 흑인의 음악에 대해 백인들이 만든 신화를 해부하고 그런 것을 깰 수 있는 신화를 어떻게 수립할지를 논한다. 이어 세 번째로 인종간의 성 관계에 관해 진보적인 사상을 개진한다. 첫 번째 에세이에서 클리버는 건강한 청년으로서 자신은 흑인 여자보다 백인 여자한테 더 매력을 느낀다고 털어놓는다. 마지막 에세이는 그보다 훨씬 서정적이고 신비주의에 가까운 톤으로 '흑인의 아름다움'을 찬미한다. '내게 당신의 사랑의 강물을 마시게 해주오'하는 식이다.⁴¹ 볼드윈에 대한 클리버의 비판은 정곡을 찌른 것이었지만 작품으로 더 오래 살아남은 것은 볼드윈이었다.

마야 앤절루Maya Angelou(1928~)가 쓴 책들은 아주 달랐다. 그녀가 전하는 메시지는 흑인들은 이미 자유롭다는 것이다. 정치적 의미에서가 아니라 그 이외의 의미에서 그렇다는 이야기일 것이다. 더욱 중요하고 논쟁적인 논점은 정치를 완전히 배제하는 과정에서 나타난다. 1969년에 나온 5부작 자서전의 제1권 『새장의 새가 왜 우는지 나는 알지요*I Know Why the Caged Bird Sings*』에서 앤절루는 열여섯에 첫 아이를 갖게 되는 시점까지의 삶을 기록한다.⁴² 여기서 아칸소 주 스탬프스에 사는 흑인들의 삶의 풍부함을 한껏 맛볼 수 있다. 스탬프스는 클리버가 태어난 아칸소 주 주도 리틀록과 빈번한 인종 폭동의 현장에서 그리 멀지 않은 곳이었다. 앤절루는 '빳빳하게 풀 먹인 앞치마, 버터처럼 노란 피케 드레스, 땅콩 파이, 주머니칼 던지기 놀이' 등등 소소한 추억으로 채색된 어린 시절의 세계를 화로에 목욕물 데우듯이 따스하고 멋지게 재현한다. 나쁜 일이 생기면 소녀의 뺨에는 '따뜻한 우유'처럼 눈물이 흘렀다.⁴³ 이런 파스텔 톤의 세계에는 마당에서 닭한테 옥수수를 뿌려주는 것 이상의 뭔가가 있었다. 아버지는 대개 집에 없었지만 남아 있는 가족들—엄마와 아들과 딸—의 삶은 정서적으로나 지적으로 그렇게 빈곤하지 않다. 백인 작가 키플링과 새커리가 랭스턴 휴즈, 제임스 웰든 존슨James Weldon Johsnson (흑인 작가 겸 민권운동가, 정치인), W. E. B. 듀보이스와 멱살잡이를 하는 세상에서 윌리엄 셰익스피어는 '내 백인 첫 사랑이었다.'⁴⁴ 아명이 마거리트였던 마야는 오빠 베일리와 엄마에게 진정한 애정을 느낀다. 어머니는 강하고 올곧고 아름다운 여성으로 사회체제에 주눅 들지 않았다. 아이들이 자라면서 직장과 차별이라는 어른들의 세계가 목가적인 삶 속으로 침입해온다. 예를 들면 치과의사는 '검둥이 주둥이'에 손을 집어넣는 정도가 아니라 개 아가리에 손가락을 쑤셔 넣듯이 대한다.⁴⁵ 그러나 이런 것들이 비극적으로 묘사되지는 않는다. 마야와 어머니는 여전히 세계에 대한 호기심을 느끼고, 세계와 적당히 관계 맺는다. 그러면서 끊임없이 생각한다. 그들의 삶은 운명이 어떤 변화를 준비해놓았든지 간에 여전히 풍요롭다. 물론 앤절루는 차별이 심한 사회구조를 증오한다. 그의 책들이 강조하는 것은 삶이 두 종류의 자유로 이루어져 있다는 점이다. 하나는 거창한 정치적 자유이고, 또 하나는 이루 다 꼽을 수 없는 소소한 자유들이다. 그런 자유는 교육과 인격의 힘, 유머, 품위, 사상 같은 데서 나온다. 앤젤루의 어머니는 "엄마, 괜찮아?"라는 딸의 물음에 이렇게 대꾸한다. "거 참, 흰둥이들이 아직도 앞서 간다는구나."⁴⁶

『새장의 새가 왜 우는지 나는 알지요』는 흑인 작가나 여성 작가의 작품으로 봐도 하나의 정전이라고 할 만하다. 여성해방 운동은 민권운동 수준의 폭력을 수반하지는 않았지만 1960년대 들어 여러 굵직한 대변자들을 배출한다. 60년대에는 거의 모든 영역에서 성의 해방이라는 주요한 변화가 일어났다. 1966년 킨제이연구소가 처음으로 동성애에 대한 중요한 연구를 시작했다. 연구 결과에 따르면 남성의 4퍼센트, 여성의 2퍼센트가 거의 또는 완전히 동성애자이며, 남성의 37퍼센트는 동성애적 경험을 적어도 한 번은 해본 것으로 나타났다.⁴⁷ 같은 해에 윌리엄 하월 매스터스William Howell Masters와 버지니아 존슨Virginia Johnson이 함께 쓴『인간의 성기능 부전Human Sexual Inadequacy』은 전체 부부의 절반 정도가 이런저런 성적인 문제(남성은 발기를 지속하는 데 애로가 있다거나 조루인 경우, 여성은 오르가슴에 도달하지 못하는 경우가 대표적이다)가 있다는 것을 보여주었다.⁴⁸ 1년 후인 1967년 현대식 대량 판매용 하드코어 포르노그래피가 등장하기 시작했다. 주로 스칸디나비아 잡지사들이 만든 것이었다. 그 해에《플레이보이》발행인인 휴 헤프너Hugh Hefner도 한 달에 400만 부를 팔아《타임》지 표지 인물로 선정됐다.[49] 1968년 11월 3일에는 앨 골드스타인Al Goldstein이《스크루Screw》를 창간하고 '성의 지하세계'의 소비자 보고서를 자임했다. 1년 후에는 필립 로스Philip Roth가 남성 자위행위의 '고뇌와 황홀함'을 탐색한 소설 『포트노이의 불평Portnoy's Complaint』을 발표했다. 이어 뮤지컬「오, 캘커타Oh! Calcutta」가 런던과 뉴욕 오프브로드웨이에서 막을 올렸다. 출연진이 실 오라기 하나 안 걸치고 적나라한 성적 대화를 늘어놓는 것으로 유명했다. 1970년에는 상업지《펜트하우스》에 처음으로 음모가 노출된 사진이 실렸다. 1970년에는 대통령 직속 외설·포르노위원회가 에로물에 노출된다고 해서 성범죄를 저지른다고 볼 만한 실질적인 근거는 없다는 보고서를 내놓았다. 1973년 미국 대법원은 찬성 7표, 반대 2표로 낙태가 합헌이라는 판결을 내렸다. 같은 해에 미국정신과의사협회는 게이와 레즈비언은 정신질환이 아니라고 선언하고 동성애를 진료 매뉴얼에서 빼버렸다.

출판/포르노그래피의 혁명과 게이 해방은 성의 자유에 관한 것(미국의 많은 주에서는 동성애가 여전히 불법이었다)이었던 반면 여성해방 운동은 새로운 성적 자각을 훨씬 뛰어넘는 사안이었다. 성적 자각도 중요하지만 여성에 대한 여성 자신의 사고 변화는 훨씬 근본적이고 파급력이 컸다. 그런 변화는 2차 대전 이후 시몬 드 보부아르에서 시작돼 베티 프리던에 의해 발전됐다. 이어 1970년 성 혁명이 한창인 와중에 충격적인 책 세 종이 거의 동시에 쏟아져 나왔다. 한 권 한 권이 남성과 여성의 관계를 철두철미하게 재검토하는 내용이었다.

저메인 그리어Germaine Greer(1939~)는 호주 출신으로 대학원생 때 영국에 정착했다. 성 관련 잡지《써크Suck》에 남성 상위 체위를 비판하는 글을 써서 관심을 끌었다(그녀는 여성이 남성 위에 올라타는 자세가 움직이기도 좋고 쾌감도 높아진다고 생각했다). 『거세된 여성The Female Eunuch』은 여성의 직업에 대해서는 30개 장 중에서 단 한 장만을 할애했지만 여성의 경제적 조건을 무시하지는 않았다. 그러나 이 책의 강점은 여성, 사랑, 결혼이 진지한 문학과 대중문학에서, 그리고 일상 표현에서 어떻게 나타나며, 진짜 현실과 비교해서는 어떤지를 철저히 파고든 데 있었다. 그녀는 "프로이트는 정신분석의 아버지다. 거기에는 엄마가 없다"고 썼다.⁵⁰ 제인 오스틴에서 바이런을 거쳐 호주 여성지 《주간여성 Women's Weekly》에 이르기까지 그리어는 남성을 지배적인 존재로, 여성 파트너보다 사회적으로 지위가 높고, 나이도 많고, 부유하고, 키도 큰 존재로 묘사하는 것에 대해 혹독한 비판을 퍼부었다. (그리어 자신은 키가 굉장히 컸다.) 그리어의 가장 독창적인 기여라고 할 만한 부분은 사랑과 로맨스를 실현되기 어려운 꿈으로, 현실과는 완전히 동떨어진 환상으로 규정했다는 점이다. 그녀에 따르면 "여성들은 남성들이 자기네들을 얼마나 미워하는지 잘 모른다." '불행'이라는 제목을 단 장에서는 여성들이 복용하는 약과 성적 매력을 높이기 위한 각종 물품을 나열하고 많은 여성들이 그런 것들로 허리가 휠 정도라고 분개한다.⁵¹ 그녀의 진단은 차고 넘친다. 그런데 해결책으로 요구하는 것은 오로지 여성들의 근본적인 재평가다. 남성들과 비교해 자신의 경제적, 심리적 지위가 어떤지에 대해서는 물론이고 사랑과 로맨스라는 것이 진정 무엇인지에 대해 재평가하라는 것이다. 바로 이 점이 혁명적인 부분이다. 그리어는 로맨스라는 개념을 완전히 내버린 것은 아니라는 점을 기꺼이 인정한다. 본인도 그런 풍토 속에서 자라왔다. 그러나 로맨스에 관한 관념들은 완전히(완전히!) 근거가 없는 것일지 모른다고 의심한다는 점을 분명히 한다. 진정한 해방이 모두 그렇듯이 가슴을 탁 트이게 해주면서도 씁쓸한 통찰이다.

줄리엣 미첼Juliet Mitchel(1940~)의 『여성의 지위 Woman's Estate』는 가슴을 탁 트이게 해주는 것과는 거리가 멀다.⁵² 미첼 역시 그리어와 마찬가지로 영국으로 이민을 왔다. 뉴질랜드 앤티퍼디스 제도 출신이다. 영국의 한 대학에서 영문학을 공부했지만 나중에 정신분석으로 돌아갔다. 미첼의 설명은 마르크스주의적이었다. 사회주의 국가들은 여성한테 썩 잘하지는 못하지만 사회주의 자체는 자본주의처럼 여성의 예속을 요구하지 않는다. 자본주의의 '핵가족' 이데올로기는 여성을 부엌에 처박아놓고 소비재를 구매하고 '꼬마 소비자들'을 양육하는 데 만족하게 만든다.⁵³ 나아가서 미첼은 여성은 두 가지 혁명을 겪어야 한다고 주장했다. 정치적 혁명과 개인적 혁명이 그것이다. 여기서 흑인의 경험과 정신분석을 모델로 삼았다.⁵⁴ 동시에 여성이 정치적으로 재편돼야 하며 흑인들(특히 미국 흑인들)처럼 자의식 수준을 높여야 한다고 말했다. 자본주의와 프로이트는 여성을 감정의 창고라고 가르쳤다고 그녀는 주장한다. 여성이 감정적이기만 하고 다른 능력을 갖고 있지 않다는 것은 어불성설이다. 미첼은 6~24명 정도의 소집단이 '의식화' 모임을 갖고 중국 혁명가들의 '신랄한 어법'을 흉내 내는 것을 바람직한 변화 시도라고 보았다.[55] 다른 나라 여성들의 성취를 조사한 것도 여성이 처한 곤경이 한두 지역에 국한된 문제가 아닌 보편적인 현상임을 알려주려는 의도였다. 정신분석도 잘 활용할 필요가 있었다. "진지한 정신분석은 지금까지 말하지 않던 것을 드러내 말하는 것이기도 하기 때문이다."[56]

케이트 밀레트Kate Millett(1934~)의 『성의 정치학 Sexual Politics』은 그리어의 『거세된 여성』과 마찬가지로 본질적으로 문학 텍스트에 대한 검토였다. 박학다식하고 흥미롭다는 점에서는 그리어와 같았고, 철저함은 한결 더했다.[57] 제목이 시사하듯이 밀레트의 관심의 초점은 남성과 여성의 관계에 내재한 권력이었다. 물론 그녀는 그런 권력이 정말로 '내재'하는지에 대해서는 의문을 표시했다. 밀레트는 13세 때 성희롱을 당한 적이 있었다. 그래서 10년 동안 그 사실을 꽁꽁 비밀로 했다. 그런데 한 여성 모임에서 거의 모든 참석자들이 비슷한 경험이 있다는 사실을 알게 되었다. 여기서 밀레트는 큰 자극을 받는다. 『성의 정치학』은 젠더의 차이에 대해 사회학적, 생물학적, 인류학적, 신화학적 설명을 잠시 한 다음 본론으로 들어가 18세기 말과 19세기 초 영국을 논한다. 존 스튜어트 밀, 존 러스킨, 윌리엄 워즈워스William Wordsworth, 알프레드 테니슨Alfred Tennyson 경의 작품을 검토한 뒤 가족, 가족과 국가, 사유재산, 혁명이론과의 관계 등을 다룬 프리드리히 엥겔스와 소어스틴 베블렌의 이론을 살핀다. 특히 샬롯 브론테, 토마스 하디Thomas Hardy, 오스카 와일드(『살로메』)를 예로 들어 가정화, 매춘, 섹슈얼리티 등의 문제를 따져본다. 여기서 어느 정도 밀레트는 나치즘과 스탈린주의, 프로이트주의의 '반동성'에 맞설 희망의 근거를 찾았다. 나치즘과 스탈린주의가 여성에게 나쁘다는 것은 두말할 나위가 없다. 그러나 프로이트주의까지 싸잡아 공격함으로써 충격을 던졌다. 가족제도를 폐기하라는 그녀의 요구는 더 말할 나위도 없었다. 밀레트는 D. H. 로렌스, 헨리 밀러Henry Miller, 노먼 메일러Norman Mailer를 장 주네와 비교·대조하면서 세 작가에 대한 분노를 감추지 않았다. 소설에서 D. H. 로렌스는 여성을 '조작'하고, 밀러는

'멸시'할 뿐이며, 메일러는 여성들과 '드잡이'를 한다고 것이었다.[58] 밀레트의 강점은 텍스트를 치밀하게 읽고 작가마다 여러 작품에 일관되게 스며 있는 테마를 정확히 집어낸다(예를 들면 로렌스는 가부장제와 고용, 메일러는 살인의 문제)는 것이다. 주네와 세 작가를 대조하는 이유는 여성성femininity이라는 관념이 남성의 의식 속에 존재한다는 것을 보여주기 위함이었다. 그래서 주네가 성에 따른 역할과 인종별 역할을 결합시키는 것을 타당하다고 생각했다.[59] 궁극적으로 밀레트는 남성성이 성의 정치학뿐 아니라 현실정치에서 발휘하는 힘에 대해 우려를 표시했다. '소외'가 더 이상 철학자와 심리학자들이 쓰는 모호한 단어가 아니라는 점을 밝혀내고 강조한 것은 아마도 밀레트의 가장 큰 기여일 것이다. 소외 개념은 여성, 흑인, 학생, 빈곤층이 느끼는 이런저런 많은 불만을 표현하는 용어로 세련화했다. 이런 세련화는 그 자체로 하나의 발전이었다.[60]

이런 계열의 사상은 안드레아 드워킨Andrea Dworkin과 셰어 하이트Shere Hite 두 여성의 저술에서 정점을 이루었다. 드워킨(1946~2005)은 스스로를 '뚱뚱하고 못난 오리새끼'라고 불렀다. 아버지는 교사였으며 드워킨이 사상 쪽에 열정적인 관심을 갖는 데 큰 도움을 주었다. 1969년 동료인 좌파 급진주의자와 결혼을 했지만 알고 보니 '악질 강간범'이었고, 걸핏하면 드워킨을 때려 의식을 잃게 했다.[61] 결국 용기를 내어 남편과 이혼한 드워킨은 작가가 되어 밀레트의 사상을 발전시켰다. 1974년 『여성 혐오Women Hating』를 출판한 뒤 전미여성협회(NOW)가 뉴욕에서 주관하는 '터놓고 말하기' 모임에서 강연을 했다. 제목은 '성적 평등의 포기'였는데 강연이 끝나자 열광적인 박수가 10분간이나 계속됐다. 청중 1,100명 가운데 상당수가 '울면서 몸을 부들부들 떨었다.' 드워킨은 포르노그래피를 집중적으로 파고들어 포르노그래피가 여성에 대한 증오를 기본 테마로 하고 있다고 주장했다. 그래서 남성을 증오하는 이데올로기를 발전시키는 방식으로 그에 맞섰다. 본인도 여성의 유일한 탈출구라고 생각하는 바를 몸으로 실천했다. 게이 남성과 성관계 없는 동거생활을 한 것이다.[62]

『하이트 보고서The Hite Report』가 나온 것은 1976년이었다. 셰어 하이트(1942~)는 미주리 주 세인트 조셉에서 태어났다. 어릴 적 이름은 셜리 그레고리였다. 하이트라는 이름은 남편 성을 따른 것이다. 하지만 결혼 생활은 잠깐이었고 곧 이혼했다. 컬럼비아 대학에서 문화사 석사학위를 따려고 하다가 금세 그만두고 생존을 위해 여러 직업을 전전했다. 라파엘전파 그림에 나오는 빨강머리 여인 같은 이미지의 하이트는 모델로 활동했으며 포르노 잡지 《플레이보이》와 《위*Oui*》에 누드로 나오기도 했다. 그녀 인생에 진정한 변화가 일어난 것은 이탈리아 타자기 제조업체 올리베티 광고 모델이 되면서였다. 광고 사진은 여비서가 타자기 앞에 앉아 있는 모습을 찍은 것이었는데 '타자기가 똑똑하니까 비서는 그럴 필요 없어요'라는 설명을 달았다. 광고를 찍고 나서 하이트는 한 여성단체가 올리베티 본사 앞에서 피켓 시위를 하려고 한다는 신문기사를 보게 됐다. 하이트는 그 시위에 참가했다. 바로 그때부터 하이트는 여성운동에 빠져들었다. 그러면서 알게 된 것 중 하나는 당시 의료계가 성교를 통해 오르가슴에 도달하지 못하는 여성을 '의학적 문제'가 있는 것으로 간주한다는 사실이었다. 이후 몇 년 동안 자금을 모아 10만 장의 설문지를 여성들에게 돌렸다. 여성들이 오르가슴에 대해 정말로 어떻게 느끼는지를 알아보기 위해서였다. 3,000통 이상의 답장이 왔다. 하이트 보고서가 나왔을 때 그것은 정말 뜻밖의 이야기였다.[63] 가장 중요한 발견은 대부분의 여성이 질 내 삽입의 결과로 오르가슴에 도달하는 게 아니라는 사실이었다. 오히려 그들은 오르가슴에 대한 지나친 기대가 여성들(과 남성들)에게 엄청난 심리적 부담이 된다고 생각했다. 여성이 성교를 안 좋아한다는 말이 아니라 그들이 즐기는 것은 친밀감과 애무라는 이야기였다. 둘째로 하이트는 그런 여성들이 오히려 자위를 할 때 비교적 빨리 오르가슴에 도달한다는 사실을 발견했다. 그러나 여성이 자기 몸을 스스로 애무한다는 데 대해서는 강한 터부가 있었다. 『하이트 보고서』 덕에 셰어 하이트는 그야말로 하룻밤 사이에 백만장자가 됐다. 거기 드러난 새로운 사실들이 여성의 심금을 울렸기 때문이다. 여성들은 보고서가 전하는 메시지에서 위안을 찾았다. 수많은 여성들이 자기만 그러는 게 아니라는 것, 그리고 적어도 통계적으로 보면 남성과 똑같이 '정상'이라는 것을 깨달았다. 보고서는 여성이 성적 행태 면에서 남성과 상당히 비슷하다는 점도 시사했다.[64] 하이트의 통계자료는 결국 해방의 한 형태이며, 어떤 측면의 '소외'에 대한 실질적인 대응이었다. 하이트의 책에는 오르가슴과 자위에 관한 통계를 이렇게 늘어놓았으니 많이들 사보시겠지 하는 냉소주의 같은 게 있었다. 그렇지만 보고서는 여성해방 운동의 어떤 단계의 끝을 상징하는 것이었다. 경제적인 독립뿐 아니라 성적인 독립도 여성이 원한다면 충분히 가능하다는 것을 보여주었기 때문이다.

모두가 이런 엄청난 변화를 반긴 것은 아니다. 1963년에 네이선 글레이저Nathan Glazer(데이비드 리스먼과 『고독한 군중』을 같이 썼다)와 다니엘 패트릭 모이니헌Daniel Patrick Moynighan이 쓴 『용광로를 넘어서Beyond the Melting Pot』는 '미국 중산층middle America'의 실체를 폭로했다. 두 사람은 미국 중산층을 '일반적인 정신 상태'로 보고 '민권운동, 평화운동, 학생운동, 잘 먹고 잘 사는 지식인들 등등에 대한 반대'가 특징이라고 주장했다.[65] 이런 의식적 배경 하에서 존슨 대통령은 위대한 실험을 추진한 것이다. 그는 일련의 연설을 통해 정책목표를 구체적으로 밝혔다. '위대한 사회'라는 슬로건은 마틴 루터 킹의 '꿈'이라는 표현처럼 사람들 뇌리에 깊이 박혔다. 노인을 위한 의료보험제도, 청년 교육 지원, 기업을 위한 세금 환불, 최저임금 인상, 농업 보조금제 도입, 미숙련 노동자를 위한 직업 훈련 확대, 빈곤층 무료 급식, 무주택자를 위한 주택 제도, 빈곤층을 위한 빈곤 수당 지급, 통근자를 위한 고속도로 정비, 흑인을 위한 법률 보호 제도 실시, 인디언 교육 제도 개선, 실업수당 확대, 은퇴자용 연금 제도, 소비자를 위한 공정 상표 표기 제도 등이 새로 도입되거나 강화됐다. 수많은 태스크포스 팀이 만들어졌고 책임자 자리에는 학자를 많이 앉혔다. 입법도 서둘러 끝냈다. 존슨은 위대한 사회가 희망을 실현하고 뉴딜 이상의 성과를 낼 것이라고 주장했다.

이것은 아마도 공산주의 세계를 제외하고는 사회공학이라는 면에서 가장 거대한 실험이었을 것이다.[66] 1965년부터 존슨이 대선 재출마 포기를 선언한 1968년까지—베트남전은 국민을 양분하기 시작했으며, 전쟁비용은 경제에 상당한 타격을 주었다—약 500종의 사회 보장 프로그램이 신설됐다. 일부는 성공적이고 일부는 그렇지 못했다. (존슨 전기를 쓴 도리스 케언즈Doris Kearns가 내린 결론에 따르면, 예를 들어 메디케어와 투표권 강화는 놀라운 성공을 거둔 반면 모델 도시는 그냥 그런 수준이었고, 지역사회

참여 프로그램은 '자멸적'이었다.) 그러나 진정한 투쟁—오래 지속됐고, 어떤 면에서는 지금도 계속되고 있다—은 교육 부문에서 일어났다. 흑인과 열악한 처지의 소수민족들에게 더 좋은 학교 교육을 제공해야 한다든가 교육 기회의 평등이 무엇보다도 중요하다는 주장들이 논쟁을 불러일으켰다. 이 사회에서 자유란 무지로부터의 자유를 의미하고, 공정함이나 개인주의에 대한 민주주의적 태도는 남성과 여성의 출발점이 똑같아야만 가능하다. 그런 다음에야 독립적으로 능력껏 인생을 개척해나가는 것이 가능하다. 1960년대와 그 이후에 이런저런 교육 이념에 대한 논란은 수천 건의 사회-심리학적 연구를 촉발했다. 주로 개인의 경제, 사회, 인종적 배경이 성공에 미치는 영향을 따져보는 것이었는데 그 중 가장 논쟁적인 항목이 아이큐였다. 아이큐 검사는 원래 의도한 바를 제대로 측정하지 못할 뿐 아니라 백인 중산층 자녀에게 유리하고, 나머지 거의 모든 사람에게는 불리하게 돼 있다는 비판이 누차 제기돼 왔다. 그럼에도 불구하고 학교와 직장에서 예측도구로 널리 사용되었다.

위대한 사회가 바로잡고자 한 사회문제들에 대한 최초의 중요한 연구서는 제임스 콜먼James Coleman(1926~1995) 등이 쓴 『교육기회의 평등Equality of Educational Opportunity』으로 1966년 워싱턴DC 연방출판국을 통해 배포됐다.⁶⁷ 콜먼 보고서는 흑인 학생과 백인 학생이 원래부터 한 교실에서 공부하는 학교들을 철저히 분석했다. 결론은 학생 집안의 사회경제적 수준을 제외하고 말한다면 학생이 소속된 학교의 사회경제적 수준이 다른 어떤 요소보다 학업성취도에 큰 영향을 미친다는 것이었다. 다른 말로 하면 흑백 통합 학교의 흑인 학생이 성취도가 더 높다는 이야기다. 왜냐하면 일반적으로 통합 학교에 중산층이 많을 가능성이 높기 때문이다. 흑백 통합 학교라도 백인 학생이 흑인 학생처럼 가난한 경우에는 흑인 학생의 성취도가 높지 않았다. 영국도 미국식 모델을 따라 1960년대에 교육특구라고 하는 것을 도입했다. 그 이름이 암시하듯이 사회경제적으로 취약한 지역의 취약계층을 집중 지원하자는 취지였다. 그러나 J. W. B. 더글러스Douglas 등이 1968년에 내놓은 연구(『우리의 모든 미래All Our Future』)에서 내린 결론은 그런 식의 사회공학에도 불구하고 중산층 학생과 노동자계층 학생의 갭은 눈에 띄는 수준으로 줄어들지 않았다는 것이었다.⁶⁸

논쟁이 제대로 불붙은 것은 1960년대 말 아서 젠센Arthur Jensen(1923~)이 쓴 논문이 《하버드 교육 리뷰》에 실리면서였다. 젠센은 버클리 대학 심리학 교수로 논문 제목은 「IQ와 학업성취도는 얼마나 끌어올릴 수 있는가?How Much Can We Boost IQ and Scholastic Achievement?」였다. 논문이라고는 하지만 사실은 긴 서평이었다(새로 조사한 내용은 없고 이미 출판된 여러 연구서를 재검토하는 차원이었다). 그는 서두에서 "취약층 학생들의 학업성취도를 끌어올리려고 시도해봤지만 실패한 것으로 보인다"고 지적했다. 젠센은 IQ 차이의 80퍼센트가 유전자 때문이며, 백인과 흑인의 평균 IQ 점수가 15점 가까이 차이가 나는 것은 주로 인종적 유전 때문이라고 주장했다. 따라서 그런 격차를 만회시키려는 사회적 조치들이 백인과 흑인의 사회적 지위를 동등하게 만들어줄 수 없다고 결론지었다. "그러므로 흑인은 유전자에 맞게 좀 더 기계적인 훈련을 받는 쪽으로 진출하는 것이 낫다"고 했다.⁶⁹ 흑인들이 보기에는 듀보이스 시대 이후로 아무런 발전도 없었다는 이야기로 들렸다.

젠센보다 덜 논쟁적이지만 장기적으로 훨씬 큰 영향력을 발휘한 것은 하버드 대학 사회학 교수인 크리스토퍼 젠크스Christopher Jencks와 그 동료 일곱 명이 수행한 연구였다.⁷⁰ 역시 데이비드 리스먼의 제자인 젠크스는 학교 교육의 한계에 관심이 많았다. 1960년대 초에 그 문제에 관해 책을 쓴 적도 있었다. 콜먼 보고서가 나온 이후 다니엘 모이니헌과 토마스 페티그루Thomas Pettigrew는 하버드대에서 보고서에 실린 데이터를 재분석하는 세미나를 시작했다. 존슨 대통령 시절 노동부 차관보를 지낸 모이니헌은 1965년 3월 흑인 인구의 절반이 '사회병'을 앓고 있다고 주장하는 『모이니헌 보고서Moynihan Report』라는 것을 낸 바 있었다. 페티그루는 흑인 심리학자였다. 젠크스 등도 이 세미나에 참석했다. 세미나는 여러 해 동안 계속됐고 나중에는 교육정책연구센터로 발전했다. 젠크스가 쓴 『불평등Inequality』은 이 연구소에서 처음으로 내놓은 중요한 성과물이었다.

'가정과 학교 교육이 미치는 영향에 대한 재평가'라는 부제를 단 『불평등』은 대서양 양쪽의 수많은 사람들에게 충격과 분노를 안겨주었다. 인지능력이 성공에 미치는 영향, 여러 변수 가운데 특히 인지능력과 학교 및 인종의 관계 등을 방대하게 분석한 결과 하버드대 연구팀이 밝혀낸 핵심은 '유전자와 IQ는 경제적 성공에 별 영향을 미치지 못하며, 학교의 질은 학업성취도나 경제적 성공에 별 영향을 주지 않는다'는 것이었다. 따라서 '교육 개혁이 경제적 평등이나 사회적 평등을 가져올 수는 없다.' 더욱 관심을 끄는 결론은 이런 것이었다. "경제적 불평등이 주로 추상적 추론 능력의 유전적 차이 때문이라고 비난할 수는 없다. 지능지수가 같은 사람들 간에 존재하는 경제적 불평등은 정도 면에서 보통사람들 사이에 존재하는 경제적 불평등과 같은 수준이기 때문이다. 경제적 불평등이 부모가 불우한 환경을 물려줬기 때문이라고 비난할 수는 없다. 부모의 경제적 지위가 동일한 사람들 간의 불평등이 보통사람들 사이에 존재하는 불평등과 거의 같은 수준이기 때문이다. 경제적 불평등을 학교 간 격차 탓이라고 비난할 수도 없다. 학교 간 격차는 서로 다른 학교에 다닌 학생들의 유의미한 차이에 거의 영향을 미치지 않는 것으로 나타났기 때문이다. …… 경제적 성공은 운과 직장에서의 경쟁력 같은 다양한 변수에 의해 좌우되는 것으로 보인다. 이런 변수들은 집안 배경이나 학교 교육 또는 표준화된 지능검사 점수와는 어느 정도의 관계밖에 없다. 경쟁력의 정의는 직종마다 매우 다르다. 그러나 대부분의 경우 경쟁력은 직업적 기술보다는 성격에 좌우되는 것으로 보인다. 따라서 경쟁력을 평등화하기 위한 전략이라는 것은 상상하기 어렵다. 운을 평등화하는 전략은 더더구나 꿈도 꾸기 어렵다."[71]

『불평등』의 설득력은 하버드대 팀이 수집한 방대한 데이터와 철저한 수학적 분석에서 나온 것이었다. 이에 대해서는 각 장 말미의 기다란 각주와 IQ, 세대 간 신분 상승도, 통계에 관한 세 개의 부록에 상세히 언급되어 있다. 예를 들어 젠센은 IQ의 유전 정도가 자신이 원래 주장한 대로 80퍼센트 수준이 아니라 25~45퍼센트 정도라는 것을 인정하지 않을 수 없었다. 물론 하버드대 팀은 IQ의 유전적 요소를 인정한다는 것과 인종주의로 흐르는 것은 전혀 다른 문제라는 점을 분명히 했다.[72] 그러면서 이렇게 덧붙였다. "흑인이 지능검사에서 백인만큼 잘할 수 있다고 주장하는 것은 상징적인 중요성을 갖는 것으로 보인다. 그러나 흑인이든 백인이든 인종적 평등이 기본적으로 읽기 점수를 평준화하는 것이라고 결론을 내린다면 바보 같은 생각이다. …… 흑인이든 백인이든 읽기 성적이 똑같았어도 직업의 수준과 수입 정도는 대단히 불평등하다."[73] 팀은 흑백 통합 교육을 전면적으로 실시한다면 백인과 흑인의 IQ 지수 차 15를 12나 13 정도로 낮출 수 있을 것이라고 결론을 내렸다. 이 정도도 사소한 것은 아니다. 그러나 연구팀은 '그래봐야 미국의 인종적 불평등이라는 전반적 패턴에 큰 영향을 미치지 못할 것은 분명하다'면서 이렇게 덧붙였다. "흑백 통합 교육에 대한 찬반은 학업성취도 차원에서 논해서는 안 된다. 우리가 분리된 사회를 원한다면 학교를 흑백으로 나눴어야 할 것이다. 우리가 통합된 사회를 원한다면 학교를 통합했어야 할 것이다." 정치·경제적인 변화만이 평등의 폭을 넓힌다는 이야기였다. "그런 것을 다른 나라에서는 대개 사회주의라고 부른다."[74]

당시 러시아와 중국 같은 사회주의 국가에서 자유와 평등이 어떤 대접을 받고 있었는지를 생각하면 하버드대 팀의 마지막 메시지가 별로 인기를 얻지 못한 것도 놀라운 일이 아니다. 반면 학교가 흑인들이 원하는 평등을 가져다줄 수 없다는 그들의 충고는 주목을 끌었다. 그래서 민권운동 지도자들은 직장에서 횡행하는 분리와 차별에 분노를 집중했다. 그런 것이 학교 교육보다 경제적 불평등에 훨씬 큰 영향을 미친다는 것을 많은 사람들이 알게 됐기 때문이다.

전통적인 학교는 이반 일리치Ivan Illich의 『학교 없는 사회Deschooling Society』에서 전혀 다른 종류의 공격에 직면한다. 일리치(1926~2002)는 빈 출신으로 로마 그레고리안 대학에서 공부했고, 뉴욕시 아일랜드-푸에르토리코 교구 보좌 신부를 지낸 인물이다. 그의 목표는 가난한 라틴아메리카 국가들을 위한 교육기관을 발전시키는 것이었다(멕시코에서 일하기도 했다). 그는 또 학교는 학생들을 무지에서 해방시키고 소질을 최대한 계발시키는 것과 거리가 멀다고 주장했다. 1971년 현재 학교는 지루하기 짝이 없고, 익명적으로 조직된 부르주아적 '처리 공장'에 불과하며, '소비자사회를 위한 희생자'를 양산한다는 것이다.[75] 교사들은 삶을 좀 더 의미 있게 가꾸는 방법을 가르치는 정보전달자라기보다는 학생들을 보호하고 도덕 설교를 늘어놓으며 잘못을 고쳐주는 척하는 역할만 한다. 따라서 학교를 완전히 폐기하고 네 가지 '네트워크'로 대체해야 한다고 일리치는 주장했다. 그가 염두에 둔 것은, 예를 들면, 어린이들이 땅에서 농사와 지리학과 원예를 배우고, 공항에 가서 비행술을 배우고, 공장에 가서는 경제학을 배우는 식이었다. 둘째로 그가 요구한 것은 '기술 교환'이었다. 어린이들은 '기술 모델'에 따라 기타를 연주하기도 하고 춤을 추기도 하고 정치가가 되어보기도 한다. 본인이 진정으로 관심 있는 주제들을 학습하는 것이다. 셋째로 일리치는 '또래 모임'을 강조했다. 낚시, 오토바이, 그리스어 등등 같은 주제에 관심이 있는 학생들이 동아리를 만들어 배우고 익히면서 서로 진척 상황을 평가해주고 비판도 하는 모임이었다.⁷⁶ 넷째로 그는 전문 교육가가 필요하다고 주장했다. 전문 교육가란 위에서 말한 네트워크에 경험이 있어서 부모들에게 자녀를 어디로 보내 무엇을 학습하도록 할지 조언을 해주는 사람이다. 그러나 교사 자체, 학교 자체는 없어진다. 『학교 없는 사회』는 미래예측이 진단만큼이나 대단히 구체적이라는 점에서 희한한 책이었으며 후일 대항문화counterculture라는 흐름의 일부가 된다. 그러나 실제로 학교에 미친 영향은 미미했다.

위대한 사회는 선장을 잃자 방향도 상실했다. 1968년 3월 존슨 대통령이 재선 출마 포기를 선언한 것이다. 그렇게 된 한 가지 이유는 베트남 전쟁이었다. 68년 미국은 50만 명에 가까운 병력을 아시아에 주둔시키고 있었다. 그중 매년 2만 5,000명이 죽어갔다. 퇴임 직전 존슨은 '차별 철폐 조치affirmative action'를 발표했다. 연방정부와 계약한 모든 업체가 흑인과 소수민족을 우대하도록 의무화한 것이다. 그는 여전히 낙관적이었다. 그러나 1968년이 되면 사방에서 폭력과 갈등이 난무한다.

그해 2월 8일 흑인 학생 세 명이 사우스캐롤라이나 주 오렌지버그Orangeburg에서 살해됐다. 4월 4일에는 마틴 루터 킹이 멤피스에서 총에 맞아 사망했다. 이어 한 주 동안 그에 항의하는 소요가 미국 여러 도시에서 일어났다. 약탈행위도 빈번했다. 6월에는 로버트 케네디Robert Kennedy(존 F 케네디 대통령의 동생으로 상원의원과 법무장관을 지냈다. 당시 민주당 대통령 후보 경선에 나서 유세 중이었다)가 캘리포니아에서 괴한이 쏜 총에 맞아 살해됐다. 미스 아메리카 대회는 여성운동가들의 방해로 중단됐다. 미국만 그런 것이 아니었다. 영국에서는 새 인종관계법을 요구하는 여론이 높아졌다. 7월에는 소련이 바르샤바조약기구 훈련이 끝난 뒤에도 체코슬로바키아에서 철수하지 않았다. 그에 앞서 체코 정부는 언론출판의 자유를 확대하고, 검열을 폐지하며, 종교 집회 제한을 완화하는 등의 자유화 개혁 조치를 단행했다. 68년은 학생운동이 세계 곳곳으로 번진 해이기도 하다. 베트남전 반대, 인종차별 및 성차별에 대한 항거, 대학들의 엄격한 교육 정책에 대한 항거가 봇물 터지듯이 쏟아져 나왔다. 미국이 그랬고, 영국이 그랬고, 독일과 이탈리아도 그랬다(독일에서는 학생 운동 지도자인 루디 두치케Rudi Dutschke에 대한 암살 시도도 있었다). 학생운동은 특히 프랑스에서 격렬했다. 학생들은 노동자들과 공동전선을 펴 공장과 캠퍼스를 점거하고, 주요 도시 거리에 바리케이드를 치면서 최저임금 33퍼센트 인상 등 정부 정책 변화를 강력히 요구했다.

학생 시위는 지적인 면에서도 엄청난 파급력을 발휘한 사회현상의 한 측면이었다. 여기서 사회현상이란 '베이비붐'을 말한다. 2차 대전 기간과 그 직후에 신생아 수가 껑충 뛰었다. 여기에 1950년대 말 풍요로운 사회의 도래가 맞물렸다(텔레비전의 광범위한 보급도 빼놓을 수 없다). 그러면서 예전 세대와는 눈에 띄게 다르고, 수적으로도 엄청난 학생 세대가 등장했다. 1963년 영국의 고등교육을 진단한 로빈스 보고서Robbins Report가 나온 이후 정부는 거의 하룻밤 사이에 대학을 두 배로 늘렸다. 다니엘 벨의 『이데올로기의 종언』과 헤르베트 마르쿠제의 『일차원적 인간』 같은 책들이 나오고, 스탈린 사후 소련의 잔학행위가 세상에 알려지고, 전통적인 좌파 정치에 대한 환멸이 커지는(1956년 소련이 헝가리 의거를 잔혹하게 진압한 사건은 더 말할 나위도 없다) 등의 분위기가 한데 맞물리면서 1960년경 '뉴레프트New Left(신좌파)' 운동이 탄생했다. 여러 나라에서 하나의 세력으로 자리 잡은 뉴레프트의 본질은 마르크스의 소외 개념에 대한 새로운 관심이었다. 뉴레프트 입장에서 정치는 이제 좀 더 개인적이고, 좀 더 심리학적인 것이 되었다. 뉴레프트 주창자들은 참여가 소외를 격파하는 가장 좋은 방법이라고 주장했다. 따라서 근본적인 변화의 구현 주체로는 학생/여성/흑인처럼 자의식이 강해진 집단들이 노동자계급보다 훨씬 나았다. 그런 운동의 초기 형태인 (일방적) 핵무기 감축 운동은 쿠바 미사일 위기 당시 엄청난 지지를 받았다. 그러나 곧 민권운동과 여성해방 운동이 냉전과 겹치면서 급진적 참여의 핵이 되었다. 1968년의 시위와 반란은 이러한 과정의 정점이었다. 마찬가지로 1969년에 열린 우드스톡 음악 페스티벌Woodstock music festival도 60년대 학생들의 사고의 또 다른 흐름을 반영하는 것이었다. 개인의 해방은 이제 정치가 아니라 새로운 심리학, 섹스, 새로운 음악, 마약 등등 '대항문화'로 알려진 다양한 경험을 통해 가능하다는 사고였다.

　이런 이슈들을 잘 버무려서 1960년대를 관통하는 흐름을 잡아낸 사람은 미국인이었다. 조지 오웰이 20세기 전반기에 그런 역할을 했다면 어떤 면에서 20세기 후반기에 그런 역을 맡은 인물은 노먼 메일러Norman Mailer(1923~2007)였다. 오웰과 마찬가지로 메일러는 전투 경험이 있는 기자이자 소설가였다. 1960년대에 소설과 수필집을 잇달아 내놓았다. 『아메리칸 드림An American Dream』(1965), 『식인종과 기독교인Cannibals and Christians』(1967), 『밤의 군대들The Armies of the Night』(1968), 『마이애미와 시카고 포위공격Miami and the Siege of Chicago』(1968), 『우리는 왜 베트남에 있는가?Why Are We in Vietnam?』(1969) 등등 제목이 말해주듯이 폭력으로 얼룩진 60년대를 정리하는 작품들이다. 『아메리칸 드림』에서 중심인물 (영웅이라는 의미가 강한 주인공hero이라는 표현은 이 소설에는 진짜 안 어울린다) 스티브 로잭은 훈장을 여러 개 받은 참전용사 출신 하원의원이다. 이야기가 시작되는 시점에는 텔레비전 쇼 프로그램 진행자였다. 하나같이 미국인이라면 선망하는 직업들이다.[77] 그러나 몇 페이지도 지나지 않아 로잭은 아내를 목 졸라 죽인 다음 복도를 살금살금 지나 가정부와 (격렬한) 섹스를 나눈다. 이어 아내를 아파트 창문 밖으로 내던진다. 높은 아파트에서 떨어뜨리면 시신이 박살이 나고, 거기다 오가는 차에 뭉개지기까지 해서 교살의 증거는 완전히 없어진다고 생각한 것이다. 그 점에서는 성공하지 못했지만 처벌은 받지 않았다. 누군가 손을 쓴 것이다. 이는 로잭을 위해서만이 아니라 그들 자신을 위해서였다. 로잭은 TV 쇼에서 쫓겨나는 것으로 끝나지만 소설이 진행되는 사흘 동안 다른 두 인물─한 명은 여자고 또 하나는 흑인이다─은 훨씬 참담한 운명을 맞는다. 로잭이 저지른 범행의 여파로 살해당하는 것이다. 소설을 관통하는 것은 로잭에게 일어나는 일이 실제로 그에게 아무 감흥도 주지 못한다는 사실이다. 그는 철저히 자기밖에 모르는 인물이었다. 이것이야말로 미국의 정체라고 메일러는 말한다. 역시 1960년대에 나온 헨리 스틸 코매저Henry Steele Commager의 『아메리카 발견은 실수였는가? Was America a Mistake?』라는 책이 있다. 스티브 로잭은 분명 실수였다고 메일러는 생각할 것이다.[78]

『밤의 군대들』은 「소설로서의 역사, 역사로서의 소설」이라는 부제를 달고 있다. 겉으로 보면 1967년 10월 21일 7만 5,000명이 모여 베트남전 반대를 외친 펜타곤 시위행진 뒷이야기를 다룬 내용이다.[79] 메일러의 기록은 자신을 철저히 삼인칭으로 가장해 독자를 무대 뒤로 이끌어간다는 의미에서만 소설이라고 할 수 있다. 무대 뒤라는 것은 행진을 조직한 집단과 메일러의 속내를 동시에 일컫는 의미다. 이 소설에 나오는 '인물들'은 실존 인물이다. 로버트 로웰Robert Lowell, 노암 촘스키, 벤자민 스포크Benjamin Spock 박사도 나온다. 메일러는 로웰에 대한 자신의 이런저런 질투심을 묘사한다. 행진 전날 밤 열린 전야제에서 당혹스러운 행동을 했던 것이나 아내에 대한 사랑 등 면구스러운 이야기도 솔직하게 털어놓는다. 이런 서술은 이후 부자나 명사들이 어울리지 않게 과격한 이념을 주창하는 풍토의 시초가 됐다. 대중이 정치적 사건 현장 배후에 유명인사가 어떻게 관련돼 있는지 궁금해 한다는 것은 당연하다. 독자들은 유명인사들이 어떤 정치적 운동에서 어떤 역할을 담당했는지 자연스럽게 눈치 챈다. 특히 고백적인 톤으로 묘사된 인물이 누구라는 걸 알게 되면 스토리를 따라가기가 훨씬 쉬워진다. 스토리는 그런 식으로 진행되다가 행진하던 사람들이 경찰의 공격을 받게 된다. 메일러는 (시위대 천여 명과 함께) 체포되어 유치장에서 하룻밤을 보낸다. 그래서 뉴욕에서 예정된 파티에도 가지 못한다. 이 작품은 소설이지만, 메일러는 한 장에서 베트남전에 대해 자세히 설명하기도 하고, 왜 미국의 개입이 잘못이라고 생각하는지 소상히 밝히기도 한다. 길이가 짧은 2부 「역사로서의 소설: 펜타곤의 전투」는 동일한 시위 사건에 대해 좀 더 포괄적인 설명을 제시한다. 신문 기사에서 따온 부분도 많다. 메일러는 신문들이 종종 사태를 얼마나 왜곡하는지를 보여준다. 동시에 신문이 자신이 하고자 한 말을 보충해주기도 하고 사태에 대한 이해의 폭을 넓혀주기도 한다는 점을 보여준다. 메일러는 펜타곤 시위행진을 현대 미국의 삶과 사고의 특징을 농축적으로 보여주는 사례로 활용한다. 이제 폭력 사태는 폭발 일보 직전이며, 미디어와 '이미지'가 실제 사건들만큼 중요해졌고, 언론은 빛과 소금의 역할을 하는 불가결한 존재인 동시에 밤의 군대의 일원이며, 진실을 말하는 방법은 여러 가지가 있다는 것 등등을 제시한다.[80] 『밤의 군대들』과 『아메리칸 드림』을 관통하는, 그러면서 1950년대를 풍미하던 사고방식을 무력화시키는 메일러의 근본 입장은 '메일러는 반反실존주의자였다'라는 식으로 정리할 수 있겠다. 그에게 폭력―한계상황이다―은 사고를 사실상 '마비'시키는 것이다. 사람들은 서로에게 귀 기울이기를 멈춘다. 생각을 한다는 것이야말로 가장 치열하고, 가장 창조적인 삶의 형식이다. 그러나 폭력에 휩싸여 있으면 다양한 관점들은 양극화되고, 얼어붙는다. 베트남은 미국의 사고력을 얼어붙게 만들고 있었다.

1960년대는 냉전이 고조되는 것으로 시작했다. 그리고 그 끝은 공산주의 국가에서 자유, 평등, 정의가 얼마나 왜곡됐는지를 보여주는 사건들로 장식됐다.

1965년 11월 10일 상하이의 젊은 문학평론가 야오원위안(姚文元)이 일간지 「문회보(文匯報)」에 『해서파관海瑞罷官』이라는 연극을 공격하는 글을 발표했다. 『해서파관』은 베이징 부시장인 우한(吳晗)이 4년 전에 쓴 역사극이었다. 명나라의 청백리 해서가 황제의 토지 정책에 이의를 제기했다가 황제에게 대놓고 말했다는 이유로 파직을 당한다는 내용이다. 마오쩌둥은 이 극이 배경은 과거지만 자신을 공격하는 것이라고 보고 이를 빌미로 정국을 완전히 반전시키려고 했다. 나중에 문화혁명 Cultural Revolution으로 알려진 일련의 사태에는 두 가지 측면이 있다. 문화혁명은 일차적으로 마오가 주도한 정치 공세였지만 중국의 예술가, 지식인, 학자들에게 극도로 파괴적인 영향을 미쳤다. 그들은 사상과 행동의 자유를 사상 유례없는 방식으로 완전히 박탈당했다.

마오의 세 번째 부인인 장칭(江靑)은 중국군 '문화 담당 고문'으로 임명됐다. 이 조치가 결정적이었다. 주변에 젊은 행동파들이 몰려들자 장칭은 먼저 학자들을 걸고넘어졌다. 계급투쟁을 잠재우기 위해 '난해한 언어'를 사용하는 '학자 폭군'이라는 것이었다. 그녀는 한 걸음 더 나아가서 대학들이 '만인은 진리 앞에 평등하다'는 궤변을 떠들면서 학자들의 작태에는 오불관언이라고 몰아붙였다.[81] 처음에는 좀 어려움이 있었지만(공산당 기관지 〈인민일보〉는 이런 초기의 주장들을 실어주지 않았다) 1966년 5월 말이 되면 장칭은 새 우군을 얻게 된다. 이른바 '홍위병紅衛兵'이었다. 홍위병의 주축은 고등학생과 대학생이었다. 그들의 주요 목표는 '안경잡이들'(교사와 학자를 이렇게 불렀다)을 공격하는 것이었다. 홍위병은 거리로 쏟아져 나와 칭화(淸

華) 대학으로 행진했다. 이어 다른 대학으로 몰려가 당국자들을 공격했다.[82] 나중에는 거리에서 폭력사태가 벌어지고 홍위병은 머리 모양이나 옷이 마음에 안 든다며 아무나 잡아갔다. 가게와 식당에는 서구식 편견에 찌든 간판과 메뉴를 바꾸라는 명령을 내렸다. 네온사인도 다 부셔버렸다. 거리에서 큰 화톳불을 피워놓고 재즈 레코드나 예술작품, 의상과 같은 '금지물품들'을 불태웠다. 다방, 극장, 서커스도 폐쇄했다. 결혼식도 금지됐고 심지어 애정의 표시로 두 손을 맞잡는 행위나 연 날리기까지 금지됐다. 베이징 오페라단의 한 여자 스타는 홍위병의 광란을 피해 시골로 도망갔다. 거기서 매일 외진 숲속에 들어가 노래 연습을 했다. 남들이 못 듣게 하려고 그런 것이다. 그녀는 의상이며 화장품 세트를 문화혁명이 끝날 때까지 땅속에 묻어두었다. 참사에 대한 폴 존슨Paul Johnson의 음울한 설명은 이렇게 이어진다. "도서관은 모두 폐쇄됐고, 책들은 불태워졌다." 유명한 사례가 있다. 문화혁명 때 베이징비철금속연구소에서 도서관을 이용한 과학자는 네 명뿐이었다.[83] 용기가 없으면 불가능한 행동이었다. 장칭은 자아도취에 빠졌다. 수많은 대중 집회에 나가 '재즈, 로큰롤, 스트립쇼, 인상주의, 포비즘'과 현대 예술의 모든 '이즘'을 규탄하는 연설을 했다. 자본주의가 예술을 파괴한다며 맹비난한 것은 말할 것도 없다. 전문화에도 반대했다.[84] 1966년 하반기에는 군부가 중국의 중요한 문화기관을 사실상 모두 장악했다. 그해 12월 12일 극작가, 배우, 영화·연극 감독, 시인, 작곡가를 비롯한 수많은 '공공의 적들'이 노동자체육관(工人體育場)으로 끌려나와 1만 관중 앞에 섰다. 한 사람 한 사람마다 목에 나무로 된 플래카드가 걸려 있었다. 나중에 장칭은 TV와 라디오 방송국을 접수하고 장비와 대본, 악보, 필름을 압수했다. 필름을 재편집해 개정판을 다시 내보냈다. 작곡가들에게는 '대중'이 원하는 곡을 쓰라고 명령했다. 그녀는 발레에서 손가락을 난초꽃처럼 쫙 펴는 동작과 손바닥을 위로 향하는 동작을 금지했다. 대신 무용수들에게 주먹을 꼭 쥐고 격렬한 동작으로 '지주계급에 대한 증오'를 표현하라고 요구했다.[85] 대학과 예술가들에 대한 공격은 폭력으로 번졌다. 대학에서는 민병대가 생겨났다. 그중에서도 유명한 것이 베이징지질학연구소의 동방불패東方不敗, 항공연구소의 청공晴空이라는 조직이었다.[86] 많은 과학기관의 교수들이 시골로 추방됐다. 농민들과 함께 하면서 연구 성과를 실용 부문에 더 많이 활용하라는 취지였다. 베이징 유전학연구소에서는(1949년 이전에는 중국에 유전학 연구소가 없었다) 리센코의 이론이 러시아보다 훨씬 늦게까지 득세했다. 홍위병 덕에 그렇게 된 측면이 크다. 문화혁명이 낳은 가장 엉뚱한 발상은 아마도 교통신호등을 바꿔야 한다는 이야기일 것이다. 홍위병들은 빨간색은 혁명의 색깔이므로 변화와 진보를 상징해야 한다고 믿었다. 멈추라는 신호가 아니라 건너가라는 신호여야 한 다는 것이다. 당시 저우언라이(周恩來) 총리가 재치 있는 농담으로 이런 주장을 묵 살했다. 빨간색은 안개가 끼었을 때 더 잘 보이니까 가장 안전한 색이라는 것이었다. 그러나 문화혁명은 농담이 아니었다.[87] 문화혁명이 끝나기 전에 살해된 사람은 40 만 명이나 됐다. 중국의 전통 문화는 완전히 파괴되다시피 했다. 스탈린의 대숙청을 연상시킨다.

한편 러시아의 지식인 탄압도 스탈린의 죽음으로 끝나지 않았다. 1930년대만큼 광범위하지는 않았지만 그에 못지않게 잔인했다.[88] 러시아 정신병동의 어두운 측면 이 처음 서방에 알려진 것은 1965년이었다. 그해에 소설가 발레리 타르시스Valery Tarsis의 『제 7 병동』이 출간되자 유럽과 북미의 많은 정신과 의사들이 소련의 현실 을 조사해보려고 했다. 그러나 정신병 치료라는 이름으로 무슨 일이 벌어지고 있는 지 세계가 제대로 관심을 갖게 된 것은 유명한 생물학자 조레스 메드베데프Zhores Medvedev(1925~)가 1970년 5월 29일 모스크바 바로 남쪽 칼루가정신병원에 강제 수용되면서였다.

『광기의 문제A Question of Madness』는 조레스 메드베데프와 역사학자인 쌍둥 이 동생 로이 메드베데프가 같이 쓴 것으로 카프카 소설 같은 느낌을 준다. 1970년 대 초 조레스가 쓴 책의 원고는 KGB에 압수됐다. KGB가 조레스 친구의 아파트에 들이닥쳐 거기 있던 원고를 가져간 것이다. 조레스는 KGB가 원고를 압수해갔다는 것을 알았지만 별로 걱정하지 않았다. 미완성인데다가 비밀이랄 것도 전혀 없는 내 용이었기 때문이다. 그러나 아들의 행태에 대해 이야기할 게 있으니 칼루가정신병 원으로 출두하라는 통보를 받고부터는 불안했다. 당시 아들은 메드베데프 집안의 골칫덩어리였다. 히피 짓을 하는 등 도저히 통제가 안 되는 상태였다. 메드베데프는 병원에 도착하자마자 대기실에 갇혔다. 창문을 통해서 보니 아들이 병원 문을 나서고 있었다. 그제야 조레스는 당국이 문제 삼는 것은 바로 자신이라는 걸 깨달았다. 그는 어찌어찌 해서 자물쇠를 따고 도망쳤다. 그러나 일주일 후 집으로 경찰 세 명과 의사 둘이 찾아왔다.[89] 이야기를 나눠 본 결과 자신이 쓴 책이 문제가 된 것이 분명했다. 원래 제목을 『생물학과 개인숭배 Biology and the Cult of Personality』로 했다가 나중에 『T. D. 리센코의 부상과 몰락 The Rise and Fall of T.D. Lysenko』으로 고쳤는데 소련 유전학의 치욕스러운 내막을 폭로한 내용이었다. 이 책은 서방에서 1969년에 출판됐다. 미국 컬럼비아대학 출판부에서 나왔는데, 당시 리센코는 아직 살아 있었다(그가 죽은 것은 1976년이다). 메드베데프는 칼루가로 압송됐다. 병원 정신과 의사들과 당국에서 파견한 위원회는 그를 정신분열병 초기로 몰고 가려고 했다. 가만 놓아두면 자신은 물론이고 남들한테도 해를 끼칠 수 있다는 것이었다.[90] 그러나 당국이 미처 생각지 못한 것은 조레스의 일가친척과 친구들이었다. 우선 일란성 쌍생아인 동생 로이 메드베데프가 문제였다. 정신분열병은 (부분적으로) 유전이라고 알려져 있다. 따라서 엄격히 말하면 조레스가 병증을 보였다면 로이도 그래야 했다. 그러나 전혀 그렇지 않았다. 학술원 회원들이 당국에 불만을 터뜨렸다. 오랜 세월 조레스를 알고 지냈지만 비정상적인 행태를 보인 적은 한 번도 없다고 주장했다. 표트르 카피차 Peter Kapitza, 안드레이 사하로프 Andrei Sakharov, 알렉산드르 솔제니친 Aleksandr Solzhenitsyn 등이 조레스 지지 모임을 열었다. 그 결과 이 문제가 서방에 널리 알려지게 됐다.[91] 그러나 메드베데프가 석방되기까지는 3주 가까이 시간이 더 걸렸다. 그리고 그 사이에, 형제가 함께 쓴 책의 설명에 따르면, 정신병원의 어두운 세계가 드러났다. 정신과 의사들은 조레스 메드베데프가 '신경질 과다', '규범 일탈' 증상을 보였으며, '환경에 잘 적응하지 못하고', '근심망상 상태'이며, '자기의식 과잉'이라고 주장했다. 가족친지들이 의문을 제기하자 의사들은 경험 있는 전문의만이 정신병 '초기 단계'를 감지할 수 있다고 주장했다.[92] 다른 정신과 의사들도 조사를 위해 '특별위원회' 위원 자격으로 불려왔다. 그중에는 안드레이 스네즈프스키 Andrei Snezhnevsky 교수, 다니엘 룬츠 Daniel Lunts 교수, 세르브스키범죄정신의학연구소 게오르기 모로조프 Georgy Morozov 소장도 있었다. 세르브스키연구소는 나중에 소련에서 정치범 수용에 연루된 정신과 시설 가운데 가장 악명 높은 기관으로 밝혀진다. 그럼에도 불구하고 조레스의 친구들은 온갖 압력을 가한 끝에 결국 6월 17일 석방을 얻어냈다. 메드베데프는 레닌농업아카데미에 선임연구원으로 복직해 아미노산 연구를 계속했다. 이 경우는 그야말로 해피엔딩이었다. 그러나 후일 연구 결과 1965~75년에 정치적인 이유로 정신병원에 강제 수용된 사례는 확인된 것만 210건이었으며, 정치범을 정신병자로 몰아 감금하는 데 관련된 기관은 14곳으로 밝혀졌다.[93]

으스스한 이야기이긴 하지만 러시아의 특별정신병원 전체가 관리한 인원은 기껏해야 수백 명이었다. 반면에 알렉산드르 솔제니친(1918~2008)이 폭로한 세계는 대략 6,600만 명에 관계되는 사안이었다. 유대인 홀로코스트와 더불어 인류사에서 가장 무시무시한 사건으로 보아야 할 것이다.

『수용소 군도 Arkhipelag Gulag』는 세 권짜리 대작이다. 1969년에 탈고했지만 출판이 된 것은 1974, 75, 76년 영국에서였다. 솔제니친은 이전 작품 특히 『이반 데니소비치의 하루 Odin den' Ivana Denisovicha』(1962)와 『암병동 Rakovy korpus』(1968)으로 서방에서 매우 유명해진 상태였다.[94] 솔제니친은 1918년 코카서스 지방에서 유복자로 태어났다(아버지는 그가 태어나기 6개월 전에 총기 사고로 죽었다). 볼셰비키에 대한 벨로루시인들의 저항이 거셌던 지역으로 솔제니친은 1930년대 초 청소년기를 거기서 보냈다. 당시 공산당은 대숙청 이후 이 지역에 대한 통제를 강화했다.[95] 가난하고 어려운 환경이었지만 솔제니친은 학교에서 눈에 확 띄는 학생이었다. 대학에 진학해서도 물리학, 수학, 마르크스-레닌주의 쪽에서 두각을 나타냈다.[96] 2차 대전에 참전해 전공도 많이 세웠다(대위로 진급하고 훈장도 네 개나 받았다). 그러나 1945년 초 비밀요원에게 체포됐다. 그가 쓴 편지를 누군가 중간에서 가로채 읽어본 것이다. 솔제니친이 저지른 '범죄'는 편지에서 스탈린을 '콧수염 기른 자'라고 부르고, 니콜라이 2세(러시아의 마지막 황제)와 트로츠키의 사진을 소지했다는 것이었다. 솔제니친은 '사회적으로 위험한' 인물로 분류돼 이 교도소 저 교도소를 떠돌다가 노비 예루살림 Novy Ierusalim('새 예루살렘'이라는 뜻: 옮긴이)으로 이송됐다.

여기서 다시 마르피노Marfino로 갔다. 과학자들을 수용하는 샤라슈카여서 적어도 도서실은 있었다. 1955년 솔제니친은 콜 테레크 수용소 토담집 같은 데서 살고 있었다. 수용이라기보다는 유배였다. 바로 여기서 암에 걸렸고 나중에 치료를 받아 완치됐다. 이때의 경험이 첫 걸작 『암병동』을 낳았고, 1968년에 영어로 출판되었다.

솔제니친이 다시 모스크바로 돌아온 것은 1956년 6월이었다. 11년 이상 자리를 비운데다 나이도 서른여덟이 되었다. 이후 몇 년 동안 솔제니친은 모스크바 근교에서 학교 선생을 하면서 소설을 썼다. 처음에는 제목을 『Sh-854』라고 했다. 본인이 수감돼 있던 샤라슈카에서 딴 제목이었다. 대단히 충격적인 작품으로 한 수용소에서 24시간 동안 벌어지는 일상생활을 다룬 내용이다. 충격적인 이유는 수용소 생활이—작품에 묘사된 여건들이—거기 사는 사람들에게는 정상적이고 언제까지나 지속될 것으로 여겨졌기 때문이다. 바깥세계와는 천양지차인 수용소에서의 심리상태는 당연한 것으로 치부된다. 수감자들을 그곳에 오게 한 말도 안 되는 이유도 마찬가지로 당연시됐다. 솔제니친은 원고를 문예지《노비 미르》의 친구들한테 보냈다. 그 다음에 일어난 일에 대해서는 잘 알려져 있다.[97] 원고를 읽은 사람들은 하나같이 충격과 동시에 감동을 받았다. 잡지사 직원들 모두가 책으로 내고 싶어 했다. 그러나 흐루시초프가 뭐라고 할까? 1956년 흐루시초프는 공산당 대회에서 고무적인 연설을 했다(연설은 비밀이었다). 스탈린도 죽은 만큼 자유화를 확대할 것임을 시사하는 내용이었다. 우연의 일치인지 친구들은 소련 최고 지도자가 미국 시인 로버트 프로스트를 환대하고 있을 때 원고를 그에게 전달했다. 흐루시초프는 오케이 사인을 내렸다. 『Sh-854』는 1963년 영어로도 출판돼 세계적인 명성을 얻었다. 영어판 제목은 『이반 데니소비치의 하루』였다.[98] 솔제니친의 생애에서 가장 화려한 때였다. 그리고 몇 년 동안—그야말로 몇 년이었다—솔제니친은 러시아에서 명사 대접을 받았다. 그러나 1960년대 중반에 들어서자 흐루시초프는 스스로 시작한 자유화를 탄압하고 나섰다. 그래서 솔제니친은 마땅히 탔어야 할 레닌상도 놓치고 만다. 콤소몰Komsomol(공산주의청년동맹) 국장인 시상위원회 위원이 솔제니친이 전시에 독일군에 항복했으며 범죄를 저질렀다(죄목은 특정하지 않았다)고 주장했기 때문이다. 둘 다 사실이 아니었다. 그러나 솔제니친에 대한 반감을 여실히 보여주는 행동이었다. 솔제니친이 대변하는 모든 것에 대한 반발이기도 했다.

1965년부터 솔제니친은 수용소의 역사를 기록하는 작업을 시작한다. 이것이 후일 『수용소 군도』가 된다. 그는 마르크스주의에 환멸을 느낀 이후 '일종의 기독교 신앙'으로 돌아갔다.[99] 그러나 러시아는 다시 변하고 있었다. 흐루시초프는 실각했고, 이어 1965년 9월 KGB가 솔제니친 친구들의 아파트를 급습해 『제1원 V kruge pervom』원고 사본 세 부를 몽땅 압수해갔다. 이것은 모스크바 외곽 샤라슈카에서 한 수학자가 보낸 나흘간을 그린 이야기로 분명 솔제니친의 자화상이었다. 숨 막히는 시대가 시작됐다. 솔제니친은 잠적했다. 자기가 쓴 글들이 출판되기는 어렵다고 생각했다. 『제1원』과 『암병동』이 서방에서 출간되면서 그의 명성은 한결 높아졌다. 그러나 소련 당국과는 갈등이 깊어졌다. 이런 갈등이 정점에 오른 것은 1970년 노벨 문학상 수상자로 선정되면서였다. 당국은 상을 받으러 스웨덴에 가면 귀국을 허용하지 않을 것이라고 공언했다.[100] 『수용소 군도』가 나왔을 때 솔제니친의 삶은 이미 기구한 운명을 맞고 있었다.

새 프로젝트는 거창한 작업이었다. 그럴 수밖에 없었다.[101] 굴라그 Gulag는 전국적인 규모였다. 수백, 수천만 명의 인생에 대규모로 개입한 것이다. '인류사 최악의 공포 이야기'인 만큼 제대로 다루려면 엄청난 분량이 필요했다. 솔제니친은 수용소에서 8년을 보냈지만 이 책을 완성하는 데는 9년—1958년 4월부터 1967년 2월까지—이 걸렸다.[102] 이미 없어진 부분이 많지만 소련에서 벌어진 끔찍하고 기괴한 자유 유린 행위에 대해 누구도 두 번 다시 의심하지 못할 만큼 많은 자료를 제시하고자 했다. 분량은 1,800쪽이나 되지만 숨이 막히지는 않는다. 기록으로서뿐 아니라 문학작품으로서 제대로 읽히게 만들려고 최선을 다했기 때문이다.

처음 책이 나온 것은 서방에서였다. 파리에서 1973년 12월 28일에 출간됐다. 74년 1월 말 BBC 월드 서비스와 독일 방송이 러시아어로 된 『수용소 군도』 발췌본을 방송으로 내보내기 시작했다. 같은 주에 독일어 번역본이 나왔다. 이어 밀반입된 러시아어 판이 모스크바에 떠돌기 시작했다. 책들은 손에서 손으로 넘어갔다. '전권을 24시간 내에 읽고 돌려야 한다'는 조건이 붙었다.[103] 2월 12일 솔제니친이 체포됐다. 14일 수요일 오전 8시 30분 본의 서독 정부는 러시아로부터 솔제니친을 추방하려고 하는데 받아줄 수 있겠느냐는 타진을 받았다. 빌리 브란트 총리는 당시 각료회의를 주재하고 있었다. 그는 회의를 중단하고 러시아의 요청을 바로 수용했다. 『수용소 군도』는 그해 봄 영국과 미국에서도 출판됐다. 《퍼블리셔스 위클리 Publishers' Weekley》에 따르면 『수용소 군도』 1권은 1976년 현재 세계적으로 800만~1,000만 부가 나간 것으로 추산됐다(미국에서 250만 부, 독일에서 100만 부 이상 나갔고, 영국, 프랑스, 일본에서는 그에 조금 못 미쳤다). 솔제니친의 작품을 다 합치면 3,000만 부가 팔려나갔다.[104]

굴라그Gulag는 글라브노예 우프라블레니예 라게레이Glavnoye Upravleniye Lagerei(교정노동수용소관리본부)의 약칭이다. 이 긴 책을 쓰면서 솔제니친은 세세한 사항들에 대해 인색하지 않았다. 체포 기술에서부터 신문의 공포까지, 수용소 군도의 '배들'(빨간 페인트를 칠한 작은 수송용 열차들을 말한다. 이 기차로 수감자들을 실어 날랐다)에서부터 202 수용소 지도에 이르기까지, 시신 처리법에서 간수들 봉급까지 하나도 빠뜨리지 않았다.[105] 구체적인 대목을 하나 보자. 작은 수송용 열차인 '빨간 소들'은 출발 전에 바닥에 구멍을 많이 뚫어 오물이 빠지게 한다. 그러나 사방 벽에는 못으로 철판을 박아 한 사람도 도망가지 못하게 한다. 수감자들의 탈출을 철저히 예방하는 것이다.[106] 굴라그를 처음 고안한 사람의 이름도 나온다. 나프탈리 아로노비치 프렌켈Naftaly Aronovich Frenkel로 콘스탄티노플Constantinople 근처에서 태어난 유대계 터키인이다.[107] 여러 수용소의 사망률도 나오고 신문 때 사용하는 고문 기법 31가지도 상세하게 묘사돼 있다. 손톱을 쥐어짜는 장치도 있고, '재갈 물리기'라는 것도 있다. 수감자 입에 재갈처럼 수건을 집어넣은 다음 어깨 너머로 당겨서 발뒤꿈치에다가 묶어 놓는다. 이렇게 하면 척추가 뒤로 휜다. 그렇게 대엿새를 밥도 안 주고 물도 안 준 채 내버려둔다. 경우에 따라서는 목구멍에다 소금물을 잔뜩 부어넣기도 한다.[108]

솔제니친 전기를 쓴 마이클 스카멜Michael Scammell이 말했듯이 『수용소 군도』는 무슨 목록이나 통계의 나열이 아니다. 솔제니친은 하나의 세계, 하나의 문화 전체를 재창조한다. 어조에는 아이러니가 담겨 있고, 연민에 빠져 허우적거리지 않는다. 그는 수용소에서 떠도는 농담과 은어들을 소개한다. 같은 수용소라고 해도 종류가 매우 다양하다. 광산 탐사 일을 하는 수용소도 있고, 철도를 놓는 수용소, 임시 수용소와 집단노동수용소가 있다. 섬에 있는 수용소가 있는가 하면 청소년들만 수용하는 수용소도 있다. 솔제니친은 사람들이 얼마나 말도 안 되는 이유로 수용소에 보내지는지를 보여준다. 예를 들어 이리나 투친스카야라는 여성은 '교회에서 스탈린을 죽게 해달라고 기도했다'는 혐의로 잡혀왔다. 미국에 호감을 보였다는 이유로 끌려온 사람들도 있었다. 국채에 대해 부정적인 태도를 보였다는 이유로 수감된 사람도 있었다. 은어도 많이 나온다. 도코디아가dokhodyaga는 '마지막 다리로서 있는 사람'이라는 뜻으로 '곧 갈(죽을) 사람'을 말한다. 카토르가katorga는 중노동을 뜻한다. 수감자들은 수용소에서는 모든 것을 '방귀 힘'으로 건설한다고 했다. 나제다nasedha는 '끄나풀'이란 말이었다. 그리고 사실을 일부로 뒤집어 표현하곤 했다. 예를 들면 최악의 수용소를 제일 좋은 수용소라고 하는 식이다.[109] 그러나 공포에 공포가 덧칠해지고, 한 페이지 한 페이지가 넘어갈수록—그 한 페이지가 굴라그에 갇힌 사람들에게는 몇 주, 몇 달이다(그리고 이것이 솔제니친이 의도한 것이다)—독자들은 점차 수백, 수천 만 명이 죽임을 당했지만 인간의 정신은 살해당하지 않았다는 것을 깨닫게 된다. 희망과 블랙유머가 수감자들의 생존을 간신히 지탱한다. 삶의 조건은 비참하지만 생각마저 포기하는 것은 아니다. 켄기르Kengir 수용소에서 40일간 계속된 반란을 묘사하는 마지막 장에 가면 독자는 가슴이 벅차오른다. 이성과 제정신과 선이 승리할 수 있을 것 같은 기분이다. 그러나 결국 반란은 잔인하게 진압된다. 독자도 그렇게 되리라는 것을 사실은 알고 있다.[110] 이런 식으로『수용소 군도』는 음울한 공포로 숨이 콱콱 막히지만 비참함으로만 점철된 다큐멘터리는 아니다. 그게 바로 솔제니친의 의도였다. 이 책은 우리 모두에게 자유를 잃는다는 것이 무엇인지 잘 생각해보라고 경고한다. 그러나 동시에 독재자들에 대한 경고이기도 하다. 독재가 최종적으로 승리할 것이라는 믿음은 환상이라는 이야기다. 책장을 덮고 나면 만감이 교차한다. 어떻게 이런 일이 있을 수 있나 싶어 치를 떨기도 한다. 그러나 절망적인 것만은 아니다. 문학사가 W. L. 웨브webb는 〈가디언〉지에 쓴 서평에서 이렇게 말했다. "이 시대를 살면서 이 작품을 모른다는 것은 역사에는 깡통이라는 이야기다. 시대 의식의 중요한 부분을 놓치는 것이다."[111]

솔제니친과 메드베데프 형제가 서술한 공산주의 세계의 몰자유와 문화혁명 시기 중국에서 일어난 자유 유린 행위는 서구에서 일어난 그 어떤 일보다 사악한 것이었다. 그런 만행의 규모와 희생자 수를 생각하면 자유·평등·정의라는 것이 얼마나 취약한 것인지 새삼 절감하게 된다. 1960년대의 출발이 하이에크와 프리드먼의 자유에 대한 고찰로 시작됐다면, 민권운동의 소요를 겪고 난 그 끝에는 같은 문제를 다른 시각으로 모색하는 철학자들이 등장한다.

1969년에 나온 『자유에 관한 네 편의 에세이 Four Essays on Liberty』에서 이사야 벌린Isaiah Berlin(영국 역사가, 철학자, 정치사상사가. 1909~1997 : 옮긴이)은 인간이 자유롭기 위해서는 남에게 일일이 설명하지 않아도 되고, 긴장 없이 혼자 있을 수 있는 사생활 영역이 필요하다는 하이에크의 사상을 발전시켰다. 벌린은 1909년 러시아 제국의 일부였던 리가Riga(현 라트비아의 수도 : 옮긴이)에서 태어났다. 러시아로 이사를 간 것은 여섯 살 때였다. 1921년 벌린 일가는 영국으로 이주했다. 벌린은 옥스퍼드 대학을 졸업하고 이 대학 올 솔즈 칼리지All Souls College 연구원이 됐다. 나중에는 사회·정치이론 교수를 하다가 울프슨 칼리지 초대 학장이 됐다. 자유에 관한 에세이에서 벌린은 세 가지 논점을 제시한다. 첫째, 자유는 그저 자유일 뿐이라는 것이었다.[112] 그 유명한 문장은 이렇다. "모든 것은 그 자체이다. 자유는 자유다. 평등이나 공정함이 아니며, 정의나 문화도 아니고, 인간적인 행복이나 말없는 양심도 아니다."[113] 벌린은 한 인간의 자유는 다른 인간의 자유와 갈등을 빚을 수도 있다는 점을 여러 곳에서 강조했다. 각인의 자유는 서로 양립하지 못할 수도 있다. 두 번째와 세 번째 논점은 '소극적 자유negative freedom'와 '적극적 자유positive freedom'라는 중요한 구분이었다. 소극적 자유는 벌린의 분석에 따르면 "어떠한 이유로도 침해돼서는 안 될 개인적 자유의 최소 영역이다. 그 선을 밟아버리면 개인은 타고난 소질을 발휘할 최소한의 공간마저 제약 당한다. 그렇게 되면 인간은 선하다거나 옳다거나 신성하다고 생각하는 다양한 목적들을 추구할 수 없으며, 심지어 그런 이상을 마음속에 품을 수조차 없다. 따라서 사생활 영역과 공적 권위 사이에 분명히 경계선을 그어야 한다. …… 자유를 누리는 데 필요한 적절한 조건들이 없다면 자유의 가치가 어떻게 되겠는가?"[114] 벌린은 이런 식의 소극적 자유라는 개념이 비교적 현대적인 것이라고—고대에는 없었다—주장했다. 그러나 침해받지 않고자 하는 욕망, 혼자 자유를 누리고 싶은 욕망은 '고도로 발전된 문명의 징표'였다. 소극적 자유가 벌린에게 중요한 이유는 그것이 대변하는 이상 때문만은 아니다. 단순한 관념이어서 선의를 가진 모든 사람이 동의할 수 있는 부분이기 때문이다.

반면 적극적 자유는 훨씬 복잡하다.[115] 벌린에 따르면 적극적 자유란 인간이 '자신의 주인이고자' 하는 욕망을 둘러싸고 벌어지는 모든 문제와 관련된다. 따라서 이 개념은 정부, 이성, 사회적 정체성(인종, 종족, 교회), 진정한 자율 같은 이슈들을 내포한다. 이런 의미에서 자유를 획득하는 진정한 방법이 비판적 이성의 사용이라면, 비판적 이성에 영향을 미치는 모든 문제들—예를 들어 역사, 심리학, 과학 등등—이 나름의 역할을 하게 된다. 벌린의 말을 따른다면, "모든 갈등, 그리고 그로 말미암아 벌어지는 모든 비극은 오로지 이성과 비이성적인 것 내지 충분히 이성적이지 못한 것 사이의 충돌의 결과다." 인간이 사회적 존재인 한, 인간의 정체성은 어느 정도는 타인들이 그를 어떻게 생각하고 어떻게 보느냐에 달려 있다. 많은 사람들이 자신이 그렇게 보였으면 하고 생각하는 대로 인정을 받지 못한다는 사실이야말로 일부 국가나 계급, 직종, 인종에서 '못 살겠다는 절규가 터져나오는 핵심적인 이유'라고 그는 지적했다.[116] 그러면서 이런 절규는 자유와 유사하고 반드시 필요하겠지만, 자유 자체는 아니라고 덧붙였다. 벌린이 이런 이야기를 하는 것은 '최종 해결책'은 없다는 점을 강조하기 위해서다. '모든 수수께끼가 해결되고, 모든 모순이 다시 화해하는' 최종적인 조화는 없다는 이야기다. 인간이 추구하는 목표는 많지만 그 모두가 서로 공약수를 가지고 있는 것은 아니다. 어떤 목표들은 영원히 양립할 수 없다. 이것이 인간의 조건이다. 이런 배경을 염두에 두고 우리는 자유를 이해해야 한다. 그 자유는 오직 정치 시스템에 참여함으로써만 획득할 수 있다. 자유는 언제나 획득하기 어려울 것이다. 따라서 우리는 자유가 무엇인지 냉철히 직시해야 한다.[117]

레이몽 아롱Raymond Aron은 『진보와 환멸Les Désillusions du progrès』(1968)에서, 헤르베르트 마르쿠제Herbert Marcuse는 『해방론An Essay on Liberation』(1969)에서 1960년대를 대단히 중요한 10년으로 보았다. 과학과 기술이 자유에 실질적인

위협이 된다는 사실이 드러났기 때문이다. 수많은 대학을 군부와 연결시킨 무기나 무기 연구 형태로만 그런 것이 아니었다. 민권운동, 여성해방운동, 성 혁명 등이 심리적 변화의 물결을 타고 번져갔다.[118] 자유라는 이념 자체가 확장됐다. 특히 제3세계에 존재하는 전통 마르크스주의적 의미의 계급들은 여전히 해방을 필요로 했다. 서구 소비재의 유입은—텔레비전 보급에 힘입어—수많은 사람들을 새로운 방식으로 착취했다. 동시에 서구 민주주의 국가에서는 사람들—특히 청년층—이 새로운 형태의 자유를 경험하고 있었다. 이는 개인의 해방이고, 새로운 심리학으로 가능해진 개성의 발현이었다. 특히 마르쿠제는 정치에서 새로운 '미학'이 등장하기를 기대했다. 예술과 창조행위가 사람들에게 더 큰 성취감을 주고 그 과정에서 '더 예쁜' 사회, 더 아름다운 국가를 만들어낼 것이라는 기대였다. 그래서 마르쿠제는 이제 유토피아를 말할 수 있게 됐다고 말했다.

자유에 대해 전혀 다른 개념을—자유가 무엇이며 자유의 운명이 어찌 될지를—제시한 사람은 마샬 맥루한Marshall McLuhan(1911~1980)이다. 1911년 캐나다 앨버타 주 에드먼턴에서 태어난 그는 1943년 케임브리지 대학에서 박사학위를 받고, F. R. 리비스, I. A. 리처즈와 함께 일하면서 신비평New Criticism을 처음으로 주창했다. 그러면서 지적 신뢰를 얻었는데 그의 놀라운 독창성은 그런 신뢰에서 비롯되었다. 맥루한의 주요 관심사는 새로운 '전기電氣' 매체가 인간의 행태에 미치는 영향이었다. 전기 매체는 자유에 대해서도 중요한 함의를 갖는다고 생각했다. 개인에 대한, 그리고 개인과 전체로서의 사회의 관계에 대한 맥루한의 관념은 무척이나 유별났다.

그가 보기에 역사에는 중요한 분수령이 세 개 있었다. 알파벳의 발명, 책의 발명, 그리고 최초의 전기 매체인 전신telegraph의 발명이 그것이다. 물론 텔레비전의 등장도 획기적인 사건이라고 생각했다. 맥루한의 글쓰기 스타일은 암시적이고 아포리즘적이다. 박학다식을 뽐내지만 종종 모호하다. 이해하기가 쉽지 않다는 이야기다. 본질적으로, 그는 알파벳이 부족인tribal man의 세계를 파괴했다고 생각했다. 부족인의 특징은 구비 문화다. 그런 문화에서는 모든 감각기관이 상호 균형을 이루지만 청각이 압도적인 역할을 한다. '남보다 특별히 많이 아는 사람도 없다.'[119] "부족 문화 단계의 사람들은 심지어 오늘날에도 개인 내지는 서로 떨어져 독립돼 있는 시민이라는 개념을 이해하지 못한다"고 맥루한은 말했다. 이런 세계 속으로 표음문자인 알파벳이 '폭탄처럼 떨어졌다'는 것이다. 알파벳은 그림문자나 상형문자와 달리 본질적으로 구성요소 하나하나는 의미가 없는 추상적인 기호에 불과하다. 알파벳은 '청각과 촉각과 미각의 역할을 감소'시켰다. 반면 시각의 역할은 확대시켰다. 그 결과 전인적 인간은 파편화된 인간으로 바뀌었다. "알파벳 단계의 문화들만이 서로 연결된 일련의 기호를 사회·심리적 조직화 수단으로 활용하는 데 성공했다."[120] 맥루한은 부족인은 '문명'인보다 훨씬 덜 균질적이며, 책의 등장이 균질화를 가속화시켜 결국에는 민족주의, 종교개혁, '조립라인과 그 결과물인 산업혁명, 인과성 개념, 우주에 대한 데카르트적이고 뉴턴적인 개념들, 미술의 원근법, 문학의 연대기적 서사 기법, 개인주의화 경향을 증폭시킨 내적 성찰의 심리학으로' 이어졌다고 생각했다.[121] 그러나 전기 미디어의 등장과 더불어 그런 과정은 역전되고 있으며, 곧 부족인의 부활을 보게 될 것이라고 전망했다.

맥루한을 유명하게(보는 사람에 따라서는 악명 높게) 만든 아이디어는 '미디어는 메시지다The medium is the message'라는 명제와 '뜨거운hot' 미디어와 '차가운cool' 미디어라는 구분법이었다. '미디어는 메시지다'라는 구절을 통해 맥루한이 말하고자 한 것은 두 가지였다. 하나는 위에서 설명한 것처럼 미디어가 삶의 많은 부분을 결정한다는 의미다. 또 하나는 우리 모두는 미디어에 관한 전제들을 공유하고 있다, 즉 '스토리'나 '뉴스'를 전달하는 방식이 사건의 실제 내용만큼이나 중요하다는 의미다. 다른 말로 하면 내용은 스토리의 일부에 불과하며, 전기 미디어를 통해 태도와 감정도 같이 전달된다는 것이다. 맥루한이 부족화로 회귀할 것이라고 한 말은 이러한 집단 체험을 의미하는 것이었다.[122]

사진은 선명도가 높아서 보는 사람이 그 메시지를 완성하기 위해 별도의 노력을 들일 필요가 거의 없다. 따라서 '뜨거운' 매체다.[123] 반면에 만화는 보는 사람이 전달하려는 정보를 완성해야 한다. 따라서 '차가운' 매체다. 라디오는 뜨거운 매체고, TV는 차가운 매체다. 강연은 뜨겁고, 세미나는 차갑다. 텔레비전 문화에서 정치 지도자들은 전통적인 정치가들보다 부족 추장에 훨씬 가까워진다. 그들은 정서적이고 사회적인 기능을 수행한다. 그래서 지지자·추종자들은 같은 집단에 소속돼 있다는 기분을 느낄 수 있다. 정치 지도자들은 지적인 리더십을 제공하기보다는 추종자들의 비위를 맞춘다.[124]

맥루한은 이 모든 것이 자유라는 개념을 완전히 바꿔놓았다고 보았다. "열린사회란 표음문자 시대의 비주얼 버전으로 재부족화된 오늘날의 젊은이들에게는 먹히지 않는다. 언설言說과 북과 청각 기술의 산물인 닫힌 사회가 이렇게 해서 다시 태어나고 있다. …… 문자 해독 세대의 인간은 소외되고 빈곤해진 인간이다. 재부족화된 인간은 자신이 모든 인간으로부터 완전히 독립적이라는 것을 정서적으로 인식함으로써…… 훨씬 풍부하고 충족된 삶을 습득할 수 있다. 낡은 '개인주의' 인쇄 사회에서 개인은 '자유'롭기 때문에 결국은 소외되고 관계망에서 떨어져나가게 되며, 부족의 꿈을 빼앗긴 뿌리 없는 아웃사이더가 되고 만다. 우리의 새로운 전자電子 환경은 열정과 참여를 강요하면서 인간의 정신적, 사회적 욕구를 깊은 차원에서 충족시킨다."[125] 맥루한은 친숙한 범주들을 뒤집어보는 데 능했다. 예를 들어 이탈리아가 선거 운동 때 유권자들이 신문을 많이 보도록 하기 위해 TV 방영 시간을 하루에 다섯 시간으로 제한할 것이라거나 베네수엘라가 정치적 긴장을 낮추기 위해 TV 방송을 추가로 허용할 것이라는 등의 예측을 내놓았다.[126] 맥루한에게 '공중公衆'이란 '파편화된 개인들, 즉 다들 서로 다르지만 기본적으로 생산라인의 톱니바퀴처럼 행동할 수 있는 파편화된 개인들의 덩어리'로 구성돼 있기 때문에 '개인의 다양성이 장려되는 동시에 모두가 모든 자극에 반응하고 그러면서 상호 작용하는' 대중 사회보다 나을 게 없다.[127]

이런 양상들을 보면 자율적 개인이라는 개념 자체가 변하고 있는 것으로 보인다. 그런데 맥루한은 한 걸음 더 나아가 이런 새로운 세계에서는 거대도시가 소멸되고, 자동차와 증권거래는 곧 한물 간 퇴물이 될 것이며, 직업이라는 개념은 역할 개념으로 대체될 것이라고 예언했다. 맥루한은 놀라울 정도로 독창적이지만 여러 면에서 (지금까지는) 틀렸다.

맥루한과 대단히 유사한 메시지가 프랑스에서 나왔다. 기 드보르Guy Debord

(1931~1994)의 『스펙터클의 사회La Société du spectacle』가 출간된 것은 1967년이지만 한참 뒤까지도 영어로 번역되지 않았다. 드보르는 스펙터클(구경거리, 쇼)—주로 텔레비전이 지배하는 사회를 말하지만 스포츠, 록 콘서트, 무대에서 펼쳐지는 정치 등등을 두루 포괄하는 개념이다—을 현대 사회의 주요 산물이라고 보았다. 스펙터클은 기본적으로 지배층의 '그칠 줄 모르는 자화자찬의 독백'과 나머지 부류의 수동성으로 이루어진다고 드보르는 말했다. "스펙터클을 보는 사람들 spectator은 타자로부터의 고립을 지탱하는 핵심 자체와는 일방적인 관계로 연결돼 있다. …… 구경꾼은 어디서도 마음이 편치 않다. 도처에 스펙터클이 있기 때문이다. …… 사회에서 스펙터클이 하는 기능은 소외를 구체적으로 만들어내는 것이다. …… 스펙터클은 상품이 사회적 삶의 식민화를 완성하는 역사적 순간에 상응한다. …… 상품들은 이제 볼 수 있는 모든 것이다. 우리가 보는 세계는 상품의 세계다." 드보르에게 스펙터클의 사회는 자유와 한참 거리가 멀었다. 그것은 소외의 최종 형태다. 최종이라고 한 이유는 사람들은 즐기고 있다고 생각하지만 실제로는 수동적인 구경꾼일 뿐이기 때문이다. 그의 책에는 헤겔, 마르크스, 지외르지 루카치를 역사적으로 길게 고찰한 부분이 들어 있다. 그런 고찰을 통해 드보르는 본질적으로 스펙터클은 모든 것을 진부하게 만드는 자본주의의 최종 승리라고 주장했다. (그가 활용한 '텍스트' 중 하나는 셰익스피어의 『헨리 4세』 1막에 나오는 '자, 여러분, 인생의 시간은 짧습니다! …… 살아남는다면, 우리는 왕들을 짓밟는 날을 볼 것입니다'였다.) 후일 개정판에서 그는 미국의회도서관Library of Congress 관장으로 명망이 높은 역사학자 다니엘 부어스틴Daniel Boorstin이 『이미지The Image』(1972)에서 주장한 내용이 틀렸다고 말했다. 상품을 진정한 사생활 속에서 '소비된다'고 간주했기 때문이라는 것이다. 드보르는 개별 상품들의 소비도 광고의 무대에서는 그 자체가 하나의 스펙터클이며, 이는 역사적으로 알려진 '사회'라는 관념 자체를 부정하는 것이다. 그래서 드보르에게 있어서 스펙터클의 사회는 자의식의 확대로 가는 인간 진보의 최종적 실패를 대변한다. 인간은 빈곤해지고, 노예화됐을 뿐 아니라 그의 삶은 부정당하고 있다. 스펙터클의 사회에서 자본주의는 인간으로 하여금 자신이 자유롭다고 착각하게 만들었다는 것이다.[128]

이사야 벌린의 용어로 한다면 적극적 자유는 소극적 자유만큼 기본적인 것은 아니다. 그런데 하버드대 철학 교수인 존 롤스John Rawls(1921~2002)에게는 약간이나마 정의가 자유에 우선한다. 1971년에 탈고하고 일 년 후 출판된 『정의론A Theory of Justice』에 대해 같은 대학 동료 철학자 로버트 노직Robert Nozick은 존 스튜어트 밀 이후 정치철학 분야에서 가장 중요한 저작이라고 평했다. 롤스는 정의로운 사회는 실제로 구성원 최대 다수에게 더 많은 자유를 보장해주기 때문에 정의가 무엇이고 어떻게 획득할 수 있는지 아는 게 매우 중요하다고 주장했다. 롤스는 특히 공리주의 전통(행동은 유용하기 때문에 옳다)을 반박하면서 로크, 루소, 칸트의 사회계약론을 '좀 더 합리적인' 무엇으로 대체하려고 노력했다. 그 과정에서 차츰 정의는 '사회제도의 제1미덕'이라는 입장을 굳히게 됐다. 이는 '진리가 사고 체계의 제1미덕인 것과 마찬가지다.' 또 정의는 '공정성fairness'으로 이해하는 것이 가장 바람직하다고 보았다. 롤스의 이론이 주목을 받은 가장 큰 이유는 공정성을 확보하는 방식 때문이었다. 공정성을 획득하기 위해 그가 제시한 기본 개념은 '원초적 상태original position'와 '무지의 베일veil of ignorance' 두 가지였다.[129]

원초적 상태에서 계약을 체결하는 개인과 사회를 규율하는 규칙은 합리적이지만 무지하다고 전제된다. 그들은 상대가 부자인지 가난한지, 늙었는지 젊었는지, 건강한지 허약한지를 모른다. 어떤 신을 믿는지도 모른다. 어느 인종인지도 모른다. 똑똑한지 바보 같은지, 다른 재능이나 운은 있는지 없는지도 모른다. 원초적 상태에서는 사회 내에서 자신이 어떤 위치에 있는지 아는 사람은 아무도 없다. 그래서 정의의 원칙들은 '무지의 베일에 가린 상태에서 선택된다.'[130] 이런 식으로 해서 어떤 사회제도가 선택되건 그 선택에 참여하는 사람들은 '서로 협력하고 있다'고 말할 수 있다. 단 자유롭고 평등한 인간으로서 그들 상호 간의 관계도 공정해야 한다. 공정성으로서의 정의라는 원칙을 충족시키는 사회는 자발적인 제도와 유사하다. 자유롭고 평등한 개인들이 공정한 상황에서 동의할 원칙들을 충족시키기 때문이다. 이런 의미에서 사회 구성원들은 자율적이며, 그들이 인정하는 의무는 자발적으로 부과한 것이다. 여기서 한 걸음 더 나아가 롤스는 원초적 상태와 무지의 베일이라는 전제로부터 정의에는 두 가지 원칙이 있다는 주장을 제기한다. 그리고 그 순서는 (1) 각 개인은 가장 폭넓은 차원의 기본적 자유에 대해 타인과 동등한 권리를 갖는다. (2) 사회·경제적 불평등은 (a) 모두에게 이익이 된다는 합리적 기대가 가능한 쪽으로 (b) 모두에게 열려 있는 위치와 직위에도 적용되는 쪽으로 조정돼야 한다.[131] 다른 식으로 표현하면 롤스가 주장하는 것은 '모든 사회적 가치—자유, 기회, 소득, 부, 자존심의 토대 등등—는 불균등한 배분이 모두에게 이익이 되지 않는 한, 균등하게 배분돼야 한다'는 이야기다. 이후의 주장들은 더욱 논쟁적이었다. 예를 들어 그는 '선善'으로서의, 즉 공정한 사회의 합리적 인간이라면 당연히 누려야 할 어떤 것으로서의 자존심에 대해 논한다. 이어 질투와 수치에 대해서도 논한다. 그 모든 논의를 통해 롤스는 하이에크와 대척점에 선다. 사회적 정의라고 하는 실체가 존재한다는 것이 롤스의 확고한 신념이었다. 이사야 벌린의 용어로 하면 어떤 집단들은 적극적 자유를 충분히 누리지 못하고 있다. 무지의 베일 뒤에서 원초적 상태에 있는 합리적 인간들이 서로를 대하는 방식으로 대우받지 못하고 있는 것이다. 또 정의의 제1원칙(공정성으로서의 정의)은 제2원칙에 우선하기 때문에, 취약계층의 기본적 자유는 부나 소득의 불평등보다 우선권을 갖는다. 그런 불평등이 모두에게 아무리 이익이 된다 할지라도 그렇다. 다른 말로 하면 흑인이 흑백이 공존하는 통치제도 하에 있을 때보다 백인 통치 하에서 더 유복하다고 가정한다고 하더라도, 흑인의 자유를 백인보다 더 많이 금지한다면 그것은 잘못이다(부당하다, 불공정하다). 자유의 평등이 가장 우선이기 때문이다.

이어 '시민불복종의 정당화'라는 항목에서 제시한 논의는 그의 책에서 가장 논쟁적인 부분일 것이다.[132] 여기서 롤스는 다수가 다수를 대변하는 정당의 형태로 소수에게 동일한 자유를 허용하기를 거부할 경우 시민불복종civil disobedience이 정당화된다고 주장한다. 물론 법을 바꾸려는 시도를 먼저 해봐야 한다. 시민불복종은 언제나 마지막 선택이어야 하며 다른 소수자 집단이 시민불복종 운동에 나설 개연성 등을 고려해야 한다. 그렇게 되면 사회 질서 전반에 위협이 될 수도 있고, 자유의 전반적 상실 위험이 따를 수도 있고, 정당하지 않은 시민불복종도 있을 수 있다. 그러나 이런 것은 테크니컬한 문제다. 자존심은 자연스러운 선이고, 자유롭고 공정한 사회의 합리적인 인간이라면 당연히 추구하고 기대하는 바라고 주장함으로써 롤스는 하이에크 손에서 만신창이가 된 사회적 정의라는 이념을 정당화했다.

롤스가 원초적 상태와 무지의 베일을 가정한 것은 공정한 사회의 원칙을 끌어내기 위해서였다. 바로 이런 가정에 대해 비난을 퍼부은 것이 하버드 대학의 같은 과(철학과) 교수인 로버트 노직(1938~2002)이었다. 하이에크의 전통에 가까이 서 있는 노직은 현실에 대한 성찰에서 출발하는 쪽을 선호했다. 롤스처럼 어떤 완벽한 세계를 가정하는 대신 실제 사회 현실을 출발점으로 삼았다.* 1974년에 나온 『아나키에서 유토피아로 Anarchy, State, and Utopia』는 롤스의 『정의론』에 대한 답변이기도 했다. 노직은 차별 철폐 조치와 같은 모든 '패턴화된' 정의가 도덕적으로 잘못이라고 주장했다. 개인의 권리를 허용될 수 있는 수준 이상으로 침해하는 행위이고, 그런 조치로 도움을 받는 사람들 수를 따져 봐도 이로움보다 해악이 더 크다는 것이다.[133] 노직은 롤스의 주장에 많은 논리적 결함이 있다는 점을 강조했다. 그러나 가장 중요한 논점은 특정 사회 상황에 존재하는 '소유권' 개념의 제시였다.[134] 롤스의 원초적 상태에서 무지의 베일 뒤에서 사회 규칙에 따라 행동하는 개인들은 그들의 특성—부, 사회적 지위, 지능 등등—에 대해 아무것도 알지 못한다. 그러나 현실 생활에서 이런 일은 있을 수 없고, 따라서 롤스의 입장은 부적절하다고 노직은 말한다. 특히 논리적으로 중요한 것은 사람마다 재능이 다르며, 재능은 타고난 것이라는 점이다. 이것을 불평등이라고도 불러도 상관없겠지만 종류가 좀 다르다. 어떤 사람이 어떤 특성(예컨대 지능)을 남보다 더 많이 가졌다고 해서 그 자체로 그 사회에 사는 다른 모든 사람은 그 특성을 덜 갖게 되거나 열악한 처지가 되는 것은 아니다. 생래적인 재능을 더 갖고 있는 사람이 남에게서 같은 종류의 재능을 빼앗아가는 것도 아니다. 따라서 사회가 구성원들에게 재능의 편차와 그로부터 유발되는 결과를 제거하도록 강요하는 것은 잘못이다. 그리고 종종 그런 경우가 있는데 남다른 재능을 가진 사람에게 그 재능을 사회에 이익이 되는 쪽으로 사용하도록 하는 것은 더더욱

---

* 이 점이 금세기 철학자들을 구분하는 중요한 기준이 된다는 것을 앞으로 보게 될 것이다. 이상적인 원초적 상태에서 출발하는 부류와 있는 그대로의 세계를 받아들이는 부류가 있다.

잘못이다. 노직은 일부러 터무니없는 사례들을 나열함으로써 롤스의 결함을 강조한다. 예를 들어 의료 공급과 이발 서비스를 비교한다. 의료에서는 일반적으로 '필요'가 공급의 핵심요소로 되어 있다. 지불 능력은 부차적인 문제다. 이런 논리가 이발에도 적용돼야 할까? 이발 서비스를 이발을 필요로 하는 사람들에게 최우선적으로 공급해야 할까? 또 한 여자에게 손을 내미는 네 구혼자를 예로 든다. 이럴 경우 누구를 선택할지를 여자한테 맡겨야 할까, 아니면 구혼자들끼리 투표로 결정하도록 해야 할까? 그렇게 해서 낙착된 구혼자가 그 여자를 경쟁자들보다 더 '필요'로 한 사람이라면 말이 될까? 노직이 이런 예를 드는 이유는 일차적으로 인간이 매사를 꾸려가는 방식에 대한 롤스의 이론적 해석이 너무 단순하다는 것을 보여주기 위함이다. 둘째로는 삶의 많은 영역이 천부의 재능을 자유롭게 발휘하는 개인들의 행동과 결정에 맡겨져 있는 것은 당연하다는 점을 강조하기 위해서다. 재능은 타인을 침해하거나 사회 전반의 성취를 침해하는 것이 아니기 때문이다. 노직이 도달한 결론은 '보호'라고 하는 기본 기능을 수행하는 최소 국가만이 도덕적으로 정당하다는 것이었다.[135]

하버드대 철학과에서 몇 백 미터 떨어지지 않은 곳에 심리학과 건물 '윌리엄 제임스 홀'이 있었다. 위대한 실용주의자 제임스를 기리기 위해 붙인 이름이다. 여기서 B. F. 스키너Burrhus F. Skinner가 자유에 관한 역작 『자유와 존엄을 넘어서Beyond Freedom and Dignity』를 써낸 것이 1972년이었다. 롤스와 노직도 같이 하버드대 교수로 있을 때였다. 스키너는 철학자가 아니라 심리학자로 접근했다. 그러면서 철학의 허다한 개념들이 잘못됐다고 생각한다는 점을 분명히 밝혔다.[136] 그러나 『자유와 존엄을 넘어서』는 평등과 자유의 관계가 아니라 자유라는 근본 개념 자체를 논했다는 점에서 철학적 색채가 강했다. 과학자로서, 그리고 생물학자로서 스키너는 인간 본성을 진화의 산물(따라서 유전학적 증거를 논거로 삼는 경우가 많다)이자 환경에 적응한 결과로 보았다. 스키너가 보기에 인간을 변화시키는(개선시킨다는 뉘앙스도 있다) 길은 한 가지밖에 없었는데 그것은 바로 환경을 변화시키는 것이었다. 두 번째 논점은 근본적으로 진정한 자유라는 것은 존재한 적이 없었고, 존재하지도 않는다는 주장이다. 인간의 본성은 인간의 역사―진화―가 환경과 합작을 해서 생긴 결과이다. 따라서 인간은 본질적으로 항상 어느 정도 제약을 받게 돼 있다. 스키너에게 자유란 단순히 자신에게 가해지고 있는 그런 통제를 느끼지 못하는 상태다.[137] 그러나 자유는 기본적으로 감정에 적용되는 것이 아니라 행동에 적용되는 것이라고 스키너는 말한다. 다른 말로 하면 자유는 주변 환경에 대해 혐오감을 느끼게 하는 자극이 없는 상태다. 따라서 우리가 자유의 감정이라고 부르는 것은 실제로는 그런 결핍의 결과에 불과하다. 혐오감을 불러일으키는 자극은 사람마다 다를 것이다. 개인마다 내력이 다르기 때문이다. 결론 장에서 스키너는 혐오감을 불러일으키는 자극을 최소화하는 문화를 위한 설계도를 제시하고자 했다.[138] 스키너는 인류가 우리 유전자 구조에 맞게 행동하는 행동의 기술을 개발해야 한다고 주장했다. 여기서 인간의 본성, 수많은 인간의 집단적 본성은 우발적 사건들과 부딪히면서 발전해온—그때그때 보상과 징벌을 받아온—결과로 본다. 스키너에게 자율적 인간이란 존재하지 않는다. 오히려 우리의 본성을 편히 대할 수 있다는 의미에서 진정으로 자유롭고자 한다면, 우리의 자율성에 한계가 있다는 것을 인정해야 한다.

스키너는 통제와 징벌은 인간이 사회 속에서 함께 살아가는 데 필요한 측면이라고 말한다. 그러나 나쁜 것으로 보아서는 안 되며, 최대 다수의 최대 행복을 획득하기 위한 방법으로 이해해야 한다는 것이다. 여기서 자유는 혐오감을 불러일으키는 자극이 없는 상태로 간주된다. (이 책은 세계적으로 학생 시위가 정점에 이르던 시기에 쓰였다.) 더 좋은 환경을 만들어냄으로써 우리는 더 나은 인간을 얻을 수 있다. 따라서 스키너는 (학생들 사이에서 운위되는) '영적인 위기'나 마약/도박 문제 같은 관념들을 비판한다. 그런 문제들은 인간 본성 자체로부터 생긴 것이 아니라 사회가 제대로 통제를 하지 못해서 생긴 것이다. "자율적 인간이란 우리가 다른 식으로는 설명이 안 되는 것을 설명하기 위해 사용한 장치이다. 자율적 인간은 우리의 무지로부터 구성된 개념이다. 우리의 이해력이 증대되면서 인간을 구성했던 소재 자체가 사라진다. 과학은 인간을 비인간화하는 것이 아니라 인간에 대한 허상을 벗기는 역할을 한다."[139]

스키너의 사상은 롤스나 노직, 하이에크 수준의 영향력을 발휘하지 못했다. 이는 자유를 향상시킬 수 있는 방안을 제시하지 않았기 때문이기도 하다. 그러나 가장 큰 이유는 민권과 자유와 정의를 큰 목소리로 외치던 1960년대 미국 분위기에서 자유와 정의는 동일한 것으로 여겨졌기 때문일 것이다.

'기나긴 1960년대'는 대략 1973년으로 막을 내린다. 이 시기는 종종 그런 평을 듣는 것과 달리 쓸모없는 시대가 전혀 아니었다. 오히려 전후戰後를 놓고 볼 때 가장 중요한 시기라고 할 만하다. 인간의 기본조건—자유 자체의 본질—이 위협을 당하고, 그에 대한 치열한 논의가 무성한 시대였다. 그만큼 인간의 심리와 자의식이 변해가고 있었다. 계급에 기초한 사회학이 개인심리학으로 바뀌고, 새로운 준거집단(인종, 젠더gender, 학생 등등)이 등장하면서 자의식이 변화됐고, 한나 아렌트의 예견처럼 정치지형도 달라졌다. 앞으로 우리가 논할, 금세기 마지막 4반세기에 일어나는 사상 변화는 이런 흐름을 고려해야만 올바로 이해할 수 있다.

31

장기지속
La Longue Durée

    1965년 9~11월 미국자연과학재단 탐사선 엘타닌Eltanin 호가 태평양 쪽 남극해 언저리를 순항하면서 해저 데이터를 수집하고 있었다. 일상적인 활동이었다. 엘타닌 호는 원래 뉴욕의 컬럼비아 대학 산하 라몬트-도허티 지질관측소Lamont-Doherty Geological Observatory 소속이었다. 해양학은 2차 대전 때는 잠수함과 잠수 환경에 대한 이해의 필요성 때문에, 종전 후에는 심해 핵잠수함 등장으로 급속히 발전했다. 라몬트연구소는 이 분야에서 가장 연구가 활발한 기관 중 하나였다.[1]
1965년 탐사에서 엘타닌 호는 태평양-남극해령Pacific-Antarctic Ridge으로 알려진 남위 51도상의 심해 지형을 전후좌우로 샅샅이 훑었다. 특수 장비로 해저 암석의 자성도 측정했다. 암석의 자성이 어떤 이유로 해서 100만 년 정도마다 규칙적으로 역전된다는 것은 이미 알려진 사실이었다. 따라서 자성 변화 패턴을 통해 지질학자들은 지구 표면 역사에 대해 상당히 많은 정보를 얻을 수 있었다. 엘타닌 호 항해 구역 가운데 19, 20, 21 구역을 맡은 과학자는 월터 피트먼 3세Walter Pitman III 로 컬럼비아 대학에서 공부한 대학원생이었다. 그는 항해 기간에는 너무 바빠서 장비가 제대로 작동하는지 재삼 확인하지 못했다. 라몬트연구소에 돌아오자마자 일단 측정 결과를 일목요연하게 보여줄 차트를 만들었다. 그런데 흑백 줄무늬가 눈에 띄었다. 줄무늬들은 해저층 일부 지역의 자성 변이 기록이었다. 자성이 방향을 바꿀 때마다 측정 장비는 검은 색에서 흰 색으로, 다시 검은 색으로 계속 변했다. 그런데 엘타닌 호가 태평양-남극해령 동쪽 500킬로미터 지점에서부터 서쪽 500킬로미터 지점까지 이동한 기록을 한 장에 출력한 결과 한 눈에 봐도 확연한 것은 해령을 중심으로 '정확히 좌우대칭'이라는 점이었다.² 이러한 대칭 형상을 설명할 수 있는 방법은 하나밖에 없었다. 즉 해령의 어느 한쪽 경사면 암석들은 맞은편과 똑같은 시기에 형성된 것이며, '대칭을 이룬 이유는 해령에서 생겨나서 해저 바깥으로 퍼져나갔기 때문'이라는 것이다. 다른 말로 하면 해저층은 지구 심층부에서 솟아나온 암석에 의해 형성됐으며, 이후 해저층을 따라 바깥으로 퍼져나가면서 대륙들을 밀어내 분리시켰다는 이야기다. 대륙이동이 해저확장seafloor spreading에 의해 이루어졌음을 말해주는 증거였다.³

대륙이동설은 1915년 알프레트 베게너가 지구상의 대륙들과 생명체 유형의 분포를 설명하기 위해 제기한 이론이라는 것을 되새겨볼 필요가 있다. 베게너는 자신이 수집한 증거를 토대로 이 이론을 당연시했다. 그러나 많은 지질학자들, 특히 대륙들은 단단해서 움직이지 않는다고 믿었던 미국 쪽 '고착론자들'은 반신반의했다. 이 문제를 놓고 사실 지질학은 오랫동안 의견이 엇갈렸다. 적어도 2차 대전 전까지는 그랬다. 그런데 핵잠수함이 등장하면서 특히 미 해군은 미국과 주적 러시아 사이에 위치한 수역(태평양)에 대해 많은 정보가 필요했다. 연구를 통해 나온 결론은 기본적으로 태평양 해저의 자기역전磁氣逆轉은 대충 평행으로 북쪽에서 남쪽으로 이어지는 거대한 '널빤지들' 같은 형상을 하고 있다는 것이었다. 널빤지 하나하나는 너비가 15~25킬로미터에 길이는 수백 킬로미터였다. 여기서 흥미로운 계산 결과가 나왔다. 25킬로미터를 100만 년(지구 자기가 역전되는 평균 기간)으로 나누면 2.5센티미터가 나온다. 태평양이 매년 이런 정도 비율로 팽창한다는 의미일까?⁴

대륙이동설을 뒷받침해주는 증거는 또 있었다. 1953년 프랑스 지진학자 장 피에르 로테Jean Pierre Rothé는 런던 왕립학회 모임에서 대서양과 인도양의 진앙을 표시한 지도를 소개했다.⁵ 진앙들은 놀라울 정도로 일관성이 있어서 많은 지진이 중앙해령과 관련이 있다는 것을 보여주었다. 특히 화산들은 해령에서 멀수록 오래된 것이고, 활동성도 떨어졌다. 한편 원자탄 폭발의 결과 지구 전체로 퍼진 지진파에 대한 분석도 흥미로웠다. 놀랍게도 해저층은 두께가 겨우 6.4킬로미터인 반면 대륙들은 두께가 32.1킬로미터나 된다는 계산이 나왔다. 엘타닌 호가 항해에 나서기 1년 전 영국 지구물리학자 에드워드 크리습 불러드Edward Crisp Bullard 경은 최신 해저 음파탐지를 이용해 해수면이 아닌 수심 1,000미터의 등심선을 잡아내는 방식으로 대서양 말단부를 재구성했다. 그 정도 깊이에서는 대륙들간 접합부위가 훨씬 완벽한 것으로 나타났다.[6] 이런 여러 증거에도 불구하고 '고착론자들'의 패배가 최종 확인된 것은 역시 엘타닌 호의 좌우대칭 그림이 나오고 나서였다.

이런 연구 결과를 토대로 1968년 프린스턴 대학의 윌리엄 제이슨 모건William Jason Morgan은 훨씬 극단적인 '이동설'을 제시했다. 대륙들이 일련의 판板 tectonic plate에서 생성되었으며 서서히 지구 표면으로 이동한다는 것이었다. 이 판들—판 하나는 두께가 약 100킬로미터다—의 이동이야말로 지구 지진 활동의 대부분을 야기하는 원인이라고 모건은 주장했다. 논란의 소지가 많은 이 아이디어는 태평양 해저 700킬로미터 지점에 존재하는 섭입대攝入帶라고 하는 해구海丘가 발견되면서 바로 지지를 얻었다. 해저가 그 밑의 맨틀로 빨려 들어가는 지점이 섭입대다(이런 해구 중 하나는 일본에서 러시아 캄차카까지 1,800킬로미터에 걸쳐 뻗어 있다).[7]

대륙과 판들(많은 지구물리학자들은 블록blocks이라는 용어를 선호한다)의 이동은 처음에는 지질학자들만의 관심사였다. 그러나 지질학은 역사의 일부다. 20세기 과학은 과거의 아스라한 영역에 점점 더 가까이 다가갈 수 있게 해주었다. 과학의 발견은 점진적으로 이루어지기는 했지만 일관된 맥락이 있어서—놀라울 정도로 일관성이 있다—인류를 정점으로 하는 하나의 스토리, 즉 서사敍事를 꾸미는 데 도움이 되었다. 이것이 아마도 20세기 사상이 이룩한 최고의 업적일 것이다.

엘타닌 호가 항해를 하던 바로 그해에 6개국에서 온 27명의 과학자가 캘리포니아의 스탠포드 대학에서 열린 학술회의에 참석했다. 아메리카 대륙에 인간이 어떻게 살게 됐는지를 토론하는 자리였다. 이들은 국제 제4기협회 회원들로 가장 최근의 지질학적 시기인 제4기(第四紀. 약 200만 년 전부터 현재까지 : 옮긴이)에 관심을 가진 지질학자, 고생물학자, 지리학자, 민족지학자들이었다. 학회에 제출된 논문들은 하나같이 동일한 주제, 즉 베링 육교Bering Land Bridge에 관한 것이었다. 아메리카 대륙은 크리스토퍼 콜럼버스가 1492년에 '발견'한 것으로 유명하고, 그 이전 중세 때 바이킹이 상륙했다는 설—믿는 학자들이 많다—도 있지만, 역시 분명한 것은 수천 년 전 현지에 정착한 '원주민들'이 있었다는 사실이었다. 앞서 살펴본 대로 1959년경이면 고생물학자들은 호모 사피엔스가 수십만 년 전 동아프리카 지구대에서 처음으로 진화했다는 견해를 받아들이기 시작한다. 판구조론의 연구 결과는 동아프리카 지구대 협곡이 어떤 판의 말단부위라는 것을 보여주었다. 이는 아직은 알 수 없지만 인류가 왜 하필 거기서 출현했는지 설명하는 단초가 될 수 있다. 인간이 세계 여러 지역에서 동시다발로 발생한 것이 아니라면, 동아프리카에서 호모 사피엔스가 출현한 이후 적어도 이론적으로는 추적이 가능한 순서에 따라 다른 지역으로 퍼져나갔어야 한다. 동아프리카에서 제일 먼 지역은 호주, 남극, 그리고 아메리카 대륙이다. 아메리카 대륙까지 가려면 초기 인간은 대양을 건너 엄청난 거리를 항해해야 했을 것이다. 목적지(거기가 어딘지 미리 알 수는 없었을 것이다)에 도착해서 자손을 퍼뜨릴 정도의 숫자는 실을 수 있을 만큼 배도 많아야 했을 것이다. 아니면 시베리아와 알래스카 사이에 난 좁다란 통로(너비 90킬로미터)를 건넜을 것이다. 스탠퍼드 대학 학술회의에서는 후자의 가능성이 집중 토의됐다.

시베리아와 알래스카 사이에 난 통로를 건넜다는 발상은 새로운 것은 아니었다. 그러나 그 회의에서 고고학적, 지질학적 증거가 제출돼 그때까지는 모호했던 그림을 처음으로 구체화시켰다. 인간은 베링 육교를 '세 차례의 대이동'을 통해 건넌 것으로 보였다. 처음 두 차례는 4만~2만 년 전에 일어났고, 세 번째 대이동은 1만 3,000~1만 2,000년 전 일이었다.[8] 장기간에 걸쳐 꾸준히 이주가 이루어진 것은 기본적으로 빙하기 때문이었다. 기온이 내려가 양 극지대의 빙하에 엄청난 양의 물이 갇히게 되고, 그러면서 해수면이 최고 100미터까지 낮아졌다(현재 베링해협의 수심은 45미터 수준이다). 세 차례의 이주라는 발상은 유물과 매장 양식을 분석한 결과로 나온 것인데 나중에 미술, 언어, 유전자 등에 대한 분석으로 논거가 보강됐다. 덴버의 C. V. 헤인즈Haynes가 회의 이듬해에 내놓은 계산에 따르면 매머드 사냥꾼 30명으로 구성된 부족은 500년 후면 대략 425개 부족 1만 2,500명으로 급증하는 것으로 나타났다. 세 번째 대이동의 주축인 클로비스 수렵인Clovis hunters들은 아메리카 대륙 전역에 특유의 화살촉(처음 발견된 곳이 텍사스 주 접경 뉴멕시코 주의 클로비스였다 : 옮긴이)을 남겼다. 헤인즈에 따르면 이들이 500년 만에 멕시코에 도달하려면 매년 남쪽으로 6.4킬로미터만 이동하면 충분했다. 이렇게 해서 아메리카 대륙에 처음 모습을 드러낸 인간에 관한 지질학적, 민족지적 증거는 아주 잘 들어맞았다. '하나의 스토리' 서시에도 깔끔하게 맞아떨어졌다.

아메리카의 과거가 재발견되는 동안 아프리카에서는 발굴이 활발해졌다. 배질 데이비슨Basil Davidson(영국 역사가, 아프리카학자. 1914~ : 옮긴이)의 기념비적 저서 『고대 아프리카의 재발견Old Africa rediscovered』은 1959년에 처음 나왔는데 60년대 초 인기를 끌면서 재판을 거듭했다.[9] 이 책은 아프리카 연구의 폭발적인 발전에 힘입은 것으로 데이비슨은 연구 성과 하나하나를 조각그림 맞추기 식으로 종합했다. 그의 업적은 '검은 대륙'이 생각처럼 어둡지 않다는 것을 보여준 데 있다. 많은 저명한 서구 역사가들의 주장과 달리 아프리카도 나름의 상당한 역사가 있으며, 발전 정도는 서로 다르지만 BC 2000년 이후 서너 개의 문명이 존립했다는 것이다.

데이비슨은 아프리카 전체를 탐사했다. 북쪽으로 이집트와 리비아에서부터 서쪽으로 가나, 말리, 베냉까지, 이어 동부의 잔지(또는 진지) 연안, 그리고 당시의 로디지아Rhodesia(현재의 짐바브웨)를 중심으로 한 중남부 지역까지 누볐다. 왕조 시대 이전 이집트 유적에서 발견된 유골 800개를 분석한 결과를 토대로 '흑인' 민족들의 등장을 BC 3000~5000년으로 봤고, 나일 강 유역에서 서아프리카로 이동한('40일 거리'였다) 초기 이주의 증거도 제시했다. 그는 이집트 제국의 몰락에서 시작된 쿠시 문화Kush culture에 대해 기술하고, 현대 수단의 하르툼Khartoum에서 160킬로미터 떨어진 메로에Meroe(쿠시 왕국의 중심지) 유적의 엄청난 슬래그(광석을 제련하고 남은 찌꺼기) 더미(제철업 중심지였다)에 주목했다. 극히 일부만 발굴된 왕궁과 사원들은 논외로 하더라도 슬래그 더미는 메로에의 엄청난 제철 능력을 보여주는 증거였다. 그런 토대 위에서 부를 쌓아갔을 것이다.[10] 베냉Benin, 킬와Kilwa, 브라바Brava, 잔지바르Zanzibar, 몸바사Mombasa의 위대한 연안 문명에 대한 서술에 이어 송하이

Songhay, 제벨 우리Jebel Uri, 엔가루카Engaruka, 짐바브웨Zimbabwe, 마푼구베Mapungubwe 등의 위대한 내륙 문명에 대한 놀라운 설명이 이어진다. 이들 지역은 외국의 영향에서 멀찌감치 떨어져 있었기 때문에 국제 무역이나 외국 사상에 오염되지 않은 아프리카 본연의 성취를 가장 농밀하게 보여준다. 케냐와 탄자니아(당시에는 탕가니카라고 했다) 접경 엔가루카는 1935년 현지 경찰이 처음 발견했고, 나중에 루이스 리키가 발굴을 했다. 리키는 이 도시가 거의 7,000채의 가옥으로 구성돼 있으며, 따라서 인구가 적어도 3만~4만은 됐을 것으로 생각했다. 가옥들은 탄탄하게 지어졌으며, 테라스를 갖춘 것은 물론이고 '씨족의 표지'로 보이는 문양이 많이 새겨져 있었다.[11] 연안에서 480킬로미터 들어간 내륙에 위치한 엔가루카는 동아프리카 지구대East African Rift Valley 급경사면에 있어서 거의 난공불락이었다. 리키는 유적의 시기를 AD 17세기쯤으로 생각했다. 석조 구조물들은 관개용 수로나 개인 무덤으로 봤다. 후대의 발굴 결과를 보면 엔가루카는 3,237헥타르의 땅으로 둘러싸여 있는데 그것이 한때는 농토였다. 잉여농산물을 생산해 육로를 통해 북쪽과 남쪽으로 무역을 했다는 이야기다. 그 길들을 따라 최대 100채 정도의 가옥이 옹기종기 들어선 마을들이 늘어서 있다. 제철법은 이 지역을 통해 약 AD 500년부터 남쪽으로 퍼져나갔다.

짐바브웨 유적지Great Zimbabwe는 대규모 석조 건물 유적군으로 남아프리카공화국의 하라레Harare(데이비슨이 책을 낼 때는 '살리스버리Salisbury'였다)와 요하네스버그를 잇는 간선도로에서 몇 킬로미터 떨어진 곳에 있다. 유적들은 '공장'과 타원형 '사원'의 일부다. 모든 건축물은 현지의 화강암으로 쌓았는데 바위 덩어리에서 깨낸 박편薄片을 쪼개 납작한 벽돌처럼 만들어 사용했다. 방어용 요새 모양에 톱니꼴 벽이 테라스처럼 솟은 형태는 수백 킬로미터 떨어져 있는 제벨 우리의 건축물과 유사하다. 멀리 떨어져 있었지만 상업과 인적 교류가 있었을 가능성이 높다. 짐바브웨와 마푼구베는 둘 다 금, 구리, 철, 주석이 많이 나는 드넓은 광산지역 중심지 가까이에 있다. 광산은 멀리 북쪽으로는 잠비아와 벨기에령 콩고(지금의 자이르Zaïre), 남쪽으로는 남아공 트란스발Transvaal 주 프레토리아Pretoria와 요하네스버그Johannesburg까지 뻗어 있다. 일부 학자들은 짐바브웨 유적이 BC 2000년까지

거슬러 올라가며 그곳에 인간이 주로 거주한 시기는 AD 600~1600년일 것이라고 본다.[12]

마푼구베는 짐바브웨보다는 덜 유명하지만 훨씬 신비롭다. 짐바브웨 유적지에서 남쪽으로 약 320킬로미터 아래 림포포 강Limpopo River 건너편 탁상산지(卓狀山地. 정상이 평탄한 산 : 옮긴이)에서 발견됐다. 현지인들은 '무서운 곳'으로 여겼지만 최종 답사에서(산 속에 좁다란 '굴뚝'같은 구멍이 양쪽으로 뚫려 있어서 벽을 사다리처럼 타고 올라갈 수 있었다) 평탄한 정상부에 수천 톤의 흙이 있는 것이 확인됐다. 주변 농촌에서 가져 온 것으로 농경문명이 있었다는 확실한 증거였다. 그러나 발굴자들의 관심을 끈 것은 뭐니 뭐니 해도 황금 유물과 해골이었다.[13] 해골 하나(모두 23구가 출토됐다)는 금고리 장식으로 뒤덮여 있었다. 해골들을 분석한 결과 흑인종의 특징은 없는 것으로 나타났다. '흑인종 이전' 종족이었다는 이야기다. 매장 풍습은 중남아프리카 반투족 스타일이었다. 그러나 일부 해골은 남아프리카 호텐토트Hottentot 족 계열이고, 또 다른 일부는 연안 지역에서 발굴된 유골과 흡사했다. 시신과 소를 함께 묻은 것은 종교적 풍습으로 보인다.

데이비슨은 조심스러운 어조로 아프리카에는 아직 찾아내야 할 것이 많다고 강조했다. 그러나 치누아 아체베, 월레 소잉카 등등이 아프리카에도 목소리가 있고 역사가 있다고 한 주장을 뒷받침했다는 점에서 나름의 목적은 이룬 셈이다. 나아가 데이비슨의 연구는 지구 전체의 거대 인류사를 구체화하는 데 도움을 준다. 그는 책에서 석기와 금속기술 확산 과정도 탐색했다. 아프리카의 역사는 다른 어느 곳의 역사와 마찬가지로 일부 개인이 아니라 대규모 세력집단에 의해 형성된 것이다.[14]

특출한 개인들의 행동보다는 그런 거대한 힘—경제적, 사회학적, 지리학적, 기후학적 힘—을 강조하는 것이 금세기 학문으로서의 역사학에 나타난 중요한 변화였다. 이런 전반적인 패러다임에서 가장 다채로운 성과를 낸 것이 프랑스 아날 학파 역사가들과 영국 마르크스주의 역사학자들이었다.

1960년대에 이른바 '아날 학파' 진영에서 세 종의 기념비적인 저서가 나왔다. 필립 아리에스Philippe Ariès의 『아동의 세기 L'Enfant et la Vie Familiale sous l'

Ancient Régime』(1960), 엠마뉘엘 르 루아 라뒤리Emmanuel Le Roy Ladurie의『랑 그도크의 농민들Les paysans de Languedoc』(1966), 그리고 3부로 된 페르낭 브로델Fernand Braudel의 대작『물질문명과 자본주의Civilisation matérielle, économie et capitalisme, XVe-XVIIIe siècle』의 제 1권『일상생활의 구조Les structures du quotidien』(1967)가 그것이다. 1960년대는 아날 학파의 세 번째 개화기였다. 그 1세대는 1920년대에, 2세대는 1940년대에 이미 꽃을 피웠다.

세 사람 가운데 페르낭 브로델(1902~1985)은 단연 원로급이었다. 그는 나이도 많았고, 아날 학파의 두 창시자 뤼시앵 페브르Lucien Febvre(1878~1956), 마르크 블로크Marc Bloch(1886~1944)와 가까운 동료였다. 페브르와 블로크는 1920년대 스트라스부르 대학에서 만나 새 학술지《경제사회사연보Annales d'histoire □conomique et sociale》(1929)를 창간했다. 제호가 시사하듯이《연보》는 출발부터 '위인들'의 행위보다는 사건의 사회경제적 맥락에 집중하고자 했다. 그러나 이 잡지를 돋보이게 한 것은 페브르와 블로크가 글쓰기에서 발휘한 상상력이었다. 특히 1930년대 중반 두 사람이 파리로 돌아온 후에는 더욱 그랬다.[15]

블로크(2차 대전 때 레지스탕스의 영웅이었다)는 두 권의 책을 써서 유명해졌다.『병 고치는 왕Les Rois Thaumaturges』과『봉건사회La Société féodale』였다.『병 고치는 왕』은 중세에서 계몽주의 시대까지 영국과 프랑스에서 널리 퍼져 있던 신앙, 즉 왕은 단순히 환자를 만져주는 것만으로도 연주창(악성 피부병)을 낫게 할 수 있다는 믿음을 다룬 책이다.[16] 블로크는 이런 흥미로운 신앙에 대한 연구에서 훨씬 더 나아가 현대 사회학, 심리학, 인류학을 활용해 시대의 멘탈리티mentalité(심성心性: 옮긴이)라고 하는 맥락을 더듬어갔다. 2차 대전 발발 전야에 나온『봉건사회』에서는 봉건시대의 역사적 심리학을 재구성하고자 했다. 지금까지의 역사학에서는 볼 수 없는 완전히 새로운 것이었다.[17] 예를 들어 그는 중세의 시간 개념을 탐색했다. 그것은 시간에 대한 '무심함' 내지는 정확한 시간 측정에 대한 관심 결여라고 하는 편이 낫다. 같은 방식으로 페브르가 쓴『라블레의 종교La religion de Rabelais』(1942)는 16세기의 멘탈리티를 탐색했다. 편지와 기타 글들을 분석함으로써 페브르는 예를 들어 비판자들이 라블레(16세기 프랑스 르네상스 문학의 대표적 작가, 인문주의자, 의사,

1483~1553 : 옮긴이)를 무신론자라고 비난할 때 오늘날 우리가 의미하는 것과 같은 뜻으로 말한 것은 아니라는 것을 입증했다.[18] 16세기 초의 무신론자라는 말은 딱 부러지는 의미가 없는 표현이었다. 우리가 요즘 이해하는 식으로 무신론자가 된다는 것은 상상할 수 없는 시대였기 때문이다. 아날 학파의 역사를 쓴 피터 버크Peter Burke가 확인했듯이 그것은 그저 비방하는 말이었다. 페브르는 시간도 탐색했다. 예를 들어 라블레 같은 사람은 자기가 태어난 해가 언제인지 몰랐을 것이며, 시간은 시계로 측정하듯이 정밀한 방식으로 규정되는 게 아니라 '성모 마리아에게 바치는 기도 한 번 할 시간' 또는 '멧도요들이 한 번 나는 시간' 같은 척도로 체험됐다는 것을 보여주었다.[19] 독자들의 흥미를 끈 것은 시간적으로 아주 멀리 떨어져 있는 개인들의 '머릿속으로' 들어가는 블로크와 페브르의 놀라운 능력이었다. 이런 점 때문에 사건들의 연속을 기술하는 흔한 스타일의 역사보다 훨씬 더 역사답게 느껴졌다. 특히 브로델이 그러하다. 그는 첫 저서 『지중해La Méditerranée et le monde méiterranéen à l'époque de Philippe II』에서 아날 학파의 접근법을 더욱 발전시켰다. 1949년에 나온 이 책은 훨씬 더 큰 충격을 불러일으켰다.[20]

이 책을 구상하고 집필한 것은 아주 특이한 상황에서였다. 처음 1920년대 초에는 외교사로 구상을 했다. 그러다 1935~37년 브로델은 브라질 상파울루 대학 교수 자리를 수락했고 돌아오는 길에 페브르를 만났다. 페브르는 '브로델을 집의 아이로 입양했다.'[21] 그러나 브로델은 집필을 시작하지 못하고 있다가 뤼벡 근처에서 독일군에게 포로로 잡혔다. 이후 포로수용소에서 사진 같은 기억력으로 『지중해』 초고를 육필로 연습장(제대로 된 노트도 없었다)에 써서 페브르에게 부쳤다.

『지중해』는 1,200쪽 분량의 3부작인데, 각 부마다 성격이 아주 다르다. 1부에서는 300쪽에 걸쳐 독자에게 지중해의 지리를 소개한다. 산맥, 강, 기후, 섬, 바다, 연안, 상인과 여행자들이 과거에 다녔던 길 등등. 그러면서 자연스럽게 산악 민족, 연안 거주민, 섬 주민 등등 지리적으로 다른 여건 속에서 생겨난 다양한 문화에 대한 논의로 넘어간다.[22] 여기서 브로델의 의도는 본인이 장기지속長期持續이라고 표현한 것의 중요성을 보여주는 것이었다. 장기지속la longue durée이란 어느 곳의 역사든지 근본적으로 어디에 위치하느냐, 그리고 어떻게 구조화되어 있느냐에 따라 결정된다는 것을 말한다. 2부는 '집단의 운명과 일반적 추세'라는 제목으로 국가, 경제 시스템, 문명 전체에 관심을 집중한다. 지리적 위치보다는 지속성이 덜하지만 그래도 개인의 삶이나 행동보다는 훨씬 지속성이 긴 것들이다.[23] 브로델은 수 세대 내지는 수 세기에 걸쳐 일어나지만 개인들은 거의 의식하지 못하는 변화에 관심을 집중한다. 예를 들어 스페인 제국과 터키 제국의 등장을 분석하면서 두 제국의 성장이 지중해의 규모 및 형태(서쪽에서 동쪽으로 길고, 북쪽에서 남쪽으로는 폭이 좁다)와 어떻게 연관되어 있는지를 보여준다. 왜 두 제국이 점차 서로 닮아가게 됐는지도 설명한다. 커뮤니케이션이 오래 걸리고 대단히 어려웠으며, 토지와 가용 기술의 한계 때문에 인구밀도가 상당히 유사했기 때문이라는 것이다.[24] 끝으로 역사적 단계마다 등장하는 사건과 인물들의 차원이 있다. 브로델은 사람이 성격이 다 다르다는 것은 인정하지만 그런 차이는 전통적인 역사가들이 주장하는 것보다 훨씬 덜 중요하다고 본다. 오히려 과거 사람들이 자신이 속한 세계를 어떻게 이해했는지를 아는 것이 그들의 행태를 해명하는 데 도움이 된다고 주장한다. 그가 자주 드는 한 예가 필리페 2세다. 그는 사안이 생길 때마다 굼뜨게 대응하기로 악명이 높았다. 이는 그의 성격 탓만이 아니라는 게 브로델의 주장이다. 필리페 2세 재위시 스페인은 재정적으로 고갈 상태였다(역시 지리적 요인이 크다). 그래서 커뮤니케이션이 원활하지 못했다. 지중해 한쪽 끝에서 다른 쪽 끝까지 가는 데 두 달이나 걸렸다. 필리페 2세의 우유부단은 다른 요인 못지않게 스페인의 경제적, 지리적 상황의 산물이었던 것이다.[25]

블로크와 페브르의 저서가 역사학자들 사이에서 센세이션을 일으켰다면, 『지중해』는 역사학계를 박차고 나와 프랑스 너머까지 널리 알려졌다. 본인도 그런 영향력을 발휘하고자 하는 포부가 있었다.[26] 사람들은 그 책에 담겨 있는 새로운 형태의 정보에 대해 왕후장상의 이야기만큼이나 흥미를 보였다. 페브르는 집의 아이(벌써 쉰이 되었다)를 더 한층 방대한 프로젝트에 끌어들였다. 1400년부터 1800년까지 400년간의 유럽 역사를 망라하는 프로젝트로 새로운 기법을 활용해 중세가 어떻게 근대 세계로 바뀌는지를 더듬어보는 작업이었다. 페브르는 '사상과 신념' 쪽을 맡기로 했고, 브로델은 물질생활 부분을 집필하기로 돼 있었다. 그런데 1956년 페브르가 사망하면서 프로젝트는 별로 진척이 되지 못했다. 그러나 브로델은 혼자서 연구를 이어갔고, 책은 첫 저서만큼이나 기나긴 작업이 되었다. 『물질문명과 자본주의』 첫째 권 『일상생활의 구조』는 1967년에 나왔고, 마지막 세 권은 1979년에 간행됐다.[27]

여기서 다시 브로델이 제시한 개념적 층위는 세 겹이다. 기저에 생산이 있고, 이어 분배, 그리고 맨 위에 소비가 있다. (특별히 마르크스주의적이라고 하기는 어렵지만 마르크스와 유사한 접근이다.) 예를 들어 생산의 영역에서 브로델은 세계 여러 문명과 밀, 옥수수, 쌀의 관계를 더듬어갔다. 쌀은 아시아의 '재배 지역에서 많은 인구를 부양하고, [따라서] 엄격한 사회질서를 유발했다'는 사실을 브로델은 밝혀냈다.[28] 한편 옥수수는 '손이 덜 가는 작물'이어서 아메리카 원주민들은 거대한 피라미드를 축조할 시간적 여유를 더 많이 갖게 됐다.[29] 그는 유럽이 성공한 가장 중요한 요인을 비교적 작은 땅덩어리, 밀이라는 곡물의 효율성, 기후, 이렇게 세 가지가 잘 어우러졌기 때문으로 보았다.[30] 생활의 상당부분을 실내에서 하다 보니 가구가 발전했고, 이는 다시 도구의 발달을 낳았다. 기후가 안 좋다는 것은 밖에서 일할 수 있는 날이 적다는 의미였다. 그러나 먹을 입은 많아서 유럽의 노동력은 비교적 비쌌다. 그만큼 노동력 절감 장치의 수요는 매우 컸다. 따라서 도구의 발달에 더해 과학과 산업의 혁명이 일어난 것이다. 둘째 권 『교환의 세계 Les jeux de l'échange』(1979)와 마지막 3부 『세계의 시간 Le temps du monde』(1979)은 자본주의의 등장을 추적했다. 브로델의 핵심 논지는 지리가 원자재와 도시(시장)의 탄생과 무역로를 결정한다는 것이었다. 다른 말로 하면 문명이 현재와 같은 발전과정을 거친 데에는 어떤 불가피성이 있다는 이야기였다. 아시아나 아프리카, 아메리카보다 유럽이 자본주의와 과학의 요람이 된 것은 그 때문이다.[31]

브로델은 책을 통해서만 영향을 미친 것이 아니라 다른 학자들에게도 많은 영감을 주었다(1985년에 사망했다). 2차 대전 이후 아날 학파는 대단히 성공적인 연구물을 잇달아 내놓았다. 특히 『랑그도크의 농민들』, 『몽타이유』, 『아동의 세기』, 『우리의 죽음의 시간』, 『책의 등장』, 『프랑스의 정체성』, 『고양이 대학살』, 『가톨릭: 루터에서 볼테르까지』, 『연옥의 탄생』, 『부르주아지의 승리』 등이 주목할 만하다. 엠마뉘엘 르 루아 라뒤리(1929~)는 브로델의 수제자로 간주됐다.[32] 라뒤리 역시 장기

지속에 관심이 많았고, 『랑그도크의 농민들』과 ʻ『몽타이유Montaillou』에서는 중세 유럽의 멘탈리티를 재구성하고자 했다. 몽타이유는 프랑스 남서부 아리에쥐Ariège에 있는 마을로 14세기에 가톨릭 이단인 카타르파가 박해를 피해 숨어든 곳이다. 이단파들은 현지 주교에게 붙잡혀 신문을 받았는데 그 신문기록이 아직껏 남아 있다. 라뒤리는 이 기록을 꼼꼼히 분석하고 인류학, 사회학, 심리학의 최근 성과를 활용해 해석했다.[33] 신문 기록에 나온 이름들 가운데 25명이 같은 몽타이유 출신이었다. 라뒤리는 이들 개인의 삶을 생생하게 되살려냈다. 1부는 가옥의 구조, 길의 배치, 교회의 위치 등등 마을 생활의 물질적 측면을 다룬다.[34] 그러면서 위트와 상상력을 적당히 가미했다. 예를 들어 라뒤리는 벽돌이 납작하지 않아서 벽에는 항상 구멍이 뚫린 상태였으며, 그래서 옆집에서 하는 이야기를 엿들을 수 있었다는 것을 보여준다. 몽타이유에는 사생활 개념이 없었다는 이야기다. 그러나 진짜 흥미진진한 부분은 2부 ʻ몽타이유의 고고학: 보디랭귀지에서 신화까지'다. 여기서 우리는 점잖지만 정치의식이 강한 양치기 피에르 모리, 역겨운 신부 피에르 클레르그 등을 만나게 된다. 신부는 장화가 잘 안 들어갈 정도로 발이 큰 인물로 감수성이 예민하고 고집불통에다가 빨리 어른이 되고 싶어 안달하는 아가씨 베아트리스 드 플라니솔을 유혹한다.[35]

아날 학파의 영향력은 심대했다. 아날 학파가 많은 사람들에게 매력적으로 다가온 이유는 새로운 종류의 증거를 풍부한 상상력으로 해석했기 때문이다. 인간학에 과학을 추가함으로써 수 세기 동안의 공백을 메울 수 있는 기법을 개발해냈다. 그것도 과거에 무슨 일이 있었고, 사람들이 어떻게 생각했는지까지 세밀하게 이해할 수 있는 방식이었다. 지나간 시대의 심리학이라고 할 수 있는 멘탈리티를 재구성해야 한다는 아이디어 자체가 대단히 야심적이었다. 그러나 아날 학파 역사서술에서 가장 흥미로운 것은 역시 시간여행을 방불케 하는 서술이었다. 아날 학파 역사 스타일이 인기를 끈 두 번째 이유는 왕과 의회, 또는 장군과 군대보다는 ʻ보통' 사람들과 일상의 삶에 대한 관심을 기울였기 때문이다. 이러한 관심의 중심이동은 금세기의 특징이라고 할 만한 것으로 19세기 말 서구에서 문자해독률이 크게 신장된 것과 관계가 깊다. 수준이 떨어지는 독자들은 자연히 자신들과 같은 사람들에 관한 이야기를 읽는 것을 좋아했다. 이것은 1차 대전의 또 다른 과실果實이었다. 그 어마어마한 참사는 장군이나 지도자들에게 미친 것 이상으로 보통사람들의 삶에 심대한 영향을 미쳤다. 특히 이러한 역사 서술의 중심이동은 전반적인 추세의 반영이었다. 대중사회의 성장, 뉴미디어와 대중적 엔터테인먼트 형식의 발달로 '보통'사람들의 세계가 어디서든 관심의 초점이 된 것이다.

그러나 좀 더 특수한 이유도 있었는데, 그것은 특히 영국에서 소수지만 막강한 영향력을 행사한 마르크스주의 계열 역사학자 그룹의 저서에서 표현됐다. 영국 마르크스주의 역사학자들은 프랑스쪽 카운터파트들보다 독창성 면에서는 덜했다. 그러나 중세 말부터 20세기 초까지의 영국 역사를 '아래로부터'(굉장히 유행하던 표현이지만 금세 진부해졌다) 다시 쓴다고 하는 근본적 지향점 면에서 훨씬 일관성이 있었다. 기념비적 저서의 대부분은 1960년대와 그 전후에 나왔다. 크리스토퍼 힐 Christopher Hill의 『청교도주의와 혁명: 17세기 영국 혁명 해석 연구Puritanism and Revolution』(1958), 에릭 홉스봄Eric Hobsbawm의 『원초적 반란자들』(1959)과 『혁명의 시대』(1962), 모리스 돕Maurice Dobb의 『자본주의 발전 연구Studies in the Development of Capitalism』(1963), E. P. 톰프슨Thompson의 『영국 노동계급의 형성The Making of the English Working Class』('영국 마르크스주의 역사가들이 쓴 것 가운데 가장 핵심적인 책'[36] 또는 '2차 대전 이후 나온 사회사 가운데 가장 중요한 저서'로 1964년에 간행됐다), 홉스봄의 『노동하는 인간』(1964), 힐의 『영국 혁명의 지적 기원』(1965), 로드니 힐튼Rodney Hilton의 『중세 사회: 13세기 말 영국 서부 미들랜드』(1966), 힐의 『종교개혁에서 산업혁명까지: 영국 사회경제사, 1530-1780』(1967), 힐튼의 『중세 영국 노예제의 몰락』(1969), 홉스봄의 『도적떼』(1969), 힐의 『신이 내린 영국인: 올리버 크롬웰과 영국 혁명』(1970), 힐튼의 『농노의 해방: 중세의 운동과 1381년 영국의 등장』(1973) 등이 대표적이다. 이중에서도 세 사람이 하층계급을 다룬 역사에서는 발군이었다. 로드니 힐튼과 크리스토퍼 힐, 그리고 E. P. 톰프슨이다. 이들은 봉건사회가 자본주의 사회로 변화하는 방식과 노동자계급이 탄생하는 투쟁 과정에 초점을 맞췄다.

로드니 힐튼(1916~2002)은 버밍엄대학 역사학과 교수로 힐이나 톰프슨과 마찬가지로 1956년 헝가리 사태 때까지만 해도 영국 공산당 당원이었다. 힐튼의 주요 관심사는 노동계급의 선구 세력인 농민이었다. 이 주제에 관한 저서를 낸 것 외에도 그는 1960년대에 두 종의 전문지 창간에 적잖은 역할을 했다. 영국에서 발행되는 《농민연구지 Journal of Peasant Studies》와 미국에서 나오는 《농민연구 Peasant Studies》였다.[37] 힐튼은 농민이 중세 영국에서 수동적인 계급이 아니었다는 것을 보여주고자 했다. 그들은 자신의 지위를 순순히 받아들이지 않았으며, 지위 향상을 위해 지속적으로 분투했다. 힐튼의 주장에 따르면 농민들은 땅을 더 많이 얻어내거나 지대를 삭감 내지 폐지하려고 애쓰는 과정에서 끊임없이 투쟁했다.[38] 영국 역사가 그룹을 연구한 미국 역사학자 하비 케이 Harvey Kaye의 말을 빌리면, 당시는 모든 사람이 원하는 삶을 만족스럽게 살던 '황금기'는 아니었다. 늘 어떤 형태로든 농민적 '계급의식'이 있었고, 그로 말미암아 결국은 영국의 봉건영주 체제가 몰락한다.[39] 이것은 일종의 사회적 진화였다. 힐튼의 논점은 이런 투쟁이 농업 자본주의를 낳았으며, 그로부터 산업 자본주의가 생겨나게 된다는 것이다.[40]

그러한 진화의 다음 단계를 천착한 학자는 1938년부터 옥스퍼드 대학 베일리올 칼리지 연구원으로 있던 크리스토퍼 힐(1912~2003)이었다. 힐은 영국 혁명 연구에 헌신했다. 그의 논지는 농민들이 중세 때 더 많은 권력을 얻기 위해 투쟁한 것처럼, 전통적으로 의회주의적, 종교적, 정치적 혁명이라고 알려진 영국 혁명도 사실은 상인 자본가와 농민이 봉건 귀족과 군주로부터 권력을 빼앗으려는 계급투쟁이 정점에 이른 사태에 다름 아니라는 것이었다. 다른 말로 하면 혁명의 동인은 기본적으로 경제적인 것이었다는 뜻이다.[41] 그는 이렇게 표현했다. "1640~60년의 영국 혁명은 1789년 프랑스 혁명과 마찬가지로 거대한 사회운동이었다. 본질적으로 봉건적인 낡은 질서를 수호하는 국가 권력이 폭력적으로 전복됐으며, 권력은 새로운 계급[부르주아지]의 손으로 넘어갔다. 그럼으로써 자본주의가 좀 더 자유롭게 발전할 수 있게 됐다. …… 나아가, 내전은 계급 간 전쟁이었다. 찰스 1세의 전제 정치를 엄호한 것은 기성 교회와 보수 지주로 구성된 반동세력이었다. 의회가 왕을 내쫓은 것은 도시와 시골의 무역 계급과 산업 계급은 물론이고, 소농과 진보적인 향신층, 그리고 자유로운 토론을 통해 이 투쟁이 진정 무엇을 위한 것인지 이해한 대다수 국민의 열정적인 지지를 받을 수 있었기 때문이다."⁴² 그는 또 이 과정에서 혁명은 과학과 기술의 성과를 최대한 흡수하면서 대단히 실용적인 쪽으로 나아갔고, 그것이 후일 상업의 부흥으로 이어진다고 덧붙였다.

힐튼이나 힐과 마찬가지로 E. P. 톰프슨(1924~1993) 역시 1956년에 영국 공산당을 탈퇴했다. 그러나 여전히 영국사를 결정하는 가장 주요한 요인은 계급투쟁이라고 확신했다. 방대한 저서『영국 노동계급의 형성The Making of the English Working Class』에서 그가 노린 것 중 하나는 노동계급을 '후대에 엄청난 과대평가에서 구출해' 직공과 장인 등등 무시돼온 사람들의 존재를 뚜렷이 부각시키는 것이었다. 이 과정에서 톰프슨은 노동계급을 본질적으로 '경험'의 문제로 재규정했다. 여기서 말하는 경험이란 1790년에서 1830년까지 노동계급의 지위가 세계적으로 하락하는 현상을 말한다. 그는 이것을 영국 노동계급에게 미친 산업혁명의 본질이라고 말했다. 토지 없는 자들의 권리 상실, 여러 직종에서 빈곤의 증가는 고용을 고의로 조작해 까다롭게 만듦으로써 생긴 현상이었다.⁴³ 톰슨의 책이 가진 매력 중 하나는 생생한 묘사와 인간적인 톤이었다. 그러나 사회진화론적 의미에서도 독창적인 관점을 보여주었다. 1790년 이전에 영국 노동계급은 상이한 형태로 존재했다. 그러나 억압과 지속적인 권리 상실로 결국 멸종된 것이 아니라 오히려 주요한 단일 세력으로(따라서 강력하다) 통합됐다는 것이다.⁴⁴

역사학의 '대약진'에서 마지막 중요한 자리는 1973년 영국의 고고학자 콜린 렌프루Colin Renfrew(1937~)가 차지했다. 아날 학파나 마르크스주의 역사가들, 그리고 여느 고고학자들과 마찬가지로 렌프루도 장기지속에 관심이 있었다. 그러나 프랑스와 영국 역사가들처럼 주요 목표는 연대 확인 그 자체보다는 역사에 대한 새로운 이해였다. 당시 사우샘프턴Southampton 대학 교수였던(지금은 케임브리지 대학 교수다) 렌프루는『문명 이전 : 방사성탄소 혁명과 선사 시대 유럽Before Civilisation: the Radiocarbon Revolution and Prehistoric Europe』이라는 책을 발표했다.⁴⁵ 제목은 싱거웠다. 하지만 20세기 고고학에서 연대측정법이 어떻게 발전해왔는지를 간단 명쾌하게 제시했다. 동시에 연대측정법이 과거에 대한 우리의 이해를 어떻게 변화시켰는지—이것이 핵심논점이다—를 보여주었다. 특히 연대기보다 인류의 구체적인 초기 발달 양상에 주목했다.

렌프루는 고고학 분야에서 문제의 본질이 무엇인지를 명쾌하게 제시하는 것으로 실마리를 풀어갔다. 20세기 초 스위스와 스웨덴 고고학자들은 여러 연구를 통해 마지막 빙하기가 60만 년 동안 지속됐으며 지금으로부터 1만 년 전에 끝이 났다는 사실을 확인했다. 고대 인류사의 문제는 문자 기록이 기껏해야 대략 BC 3,000년 이상으로 올라가지 못한다는 데에 있었다. 빙하기 종료와 문자 탄생 사이에 어떤 일이 벌어졌을까? 렌프루는 여러 신종 연대측정 메커니즘—나이테연대학, 방사성탄소 연대측정법, 칼륨-아르곤 연대측정법 등등—등장 이후 고고학의 성과들을 비교 검토했다. 방사성탄소 연대측정법을 처음 고안한 것은 1949년 뉴욕의 윌러드 F. 리비Willard F. Libby였다(이 공로로 1960년 노벨 화학상을 받았다). 그러나 리비의 통찰이 더욱 빛을 발하게 된 것은 《미국 과학 저널*American Journal of Science*》 덕분이었다. 이 잡지는 1959년부터 매년 방사성탄소 관련 부록을 냈고, 이것은 곧 《방사성탄소*Radiocarbon*》라는 무크지 형태로 나오게 됐다. 《방사성탄소》를 통해 당시 전 세계에서 나오는 새로운 데이터를 쉽게 접할 수 있었다. 그때까지만 해도 고도의 경험 내지는 인문학의 영역으로 간주되던 분야에 과학이 성큼 문을 열고 들어선 것이다.

『문명 이전』의 핵심은 두 가지였다. 첫째는 지구에 인류가 거주하게 된 시기를 재정립한 것이다. 예를 들어 대략 1960년부터, 호주에 사람이 산 것은 BC 4000년으로 거슬러 올라간다는 사실이 알려졌다. 그 시기는 BC 17000년까지로 올라갈 가능성도 있었다. 멕시코에서는 BC 5000년경에 옥수수를 조직적으로 수확했다는 사실이 밝혀졌다. BC 3000년 훨씬 이전에 야생 옥수수를 작물화했음을 보여주는 증거다. 이런 연대기가 중요한 이유는 기존 생각보다 훨씬 이른 시기에 이런저런 일들이 벌어졌다는 것을 입증했기 때문이 아니라, 중앙아메리카 문명은 유럽에서 문명이 수입된 이후 발달했다는 어설픈 기존 이론들을 완전히 날려버렸기 때문이다. 아메리카인들은 BC 13000~12000년 이후, 즉 마지막 빙하기 이후 바깥세상으로부터 완전히 단절된 상태였다. 그런데 문명의 표지라고 할 수 있는 농업, 건축, 야금

술, 종교 등 모든 것을 완전히 독립적으로 발전시켜온 것이다.[46]

이러한 연대기의 재조정과 그것이 의미하는 바를 밝히는 것이 렌프루 책의 두 번째 과제였다. 여기서 그는 자신이 가장 잘 아는 지역, 즉 유럽과 고대 중동에 초점을 맞췄다. 전통적인 견해에 따르면 중동 문명들—예를 들어 수메르와 이집트—은 모 문명이었다. 최초로 인류의 위대한 집단적 성취를 이룸으로써 이후 크레타 섬의 미노아 문명과 에게 해를 중심으로 한 아테네, 미케네Mycenae, 트로이Troy 같은 고전 문명을 낳았다. 이로부터 문명은 다시 북쪽으로 발칸반도, 이어 독일과 영국, 서쪽으로는 이탈리아와 프랑스, 그리고 이베리아반도로 확산되었다는 식이다. 그러나 ^{14}C 혁명 이후 갑자기 이 모델에 심각한 문제가 생겼다.[47] 새로운 연대측정법에 따르면 대서양 연안 스페인과 포르투갈, 브르타뉴Brittany(프랑스 북서부의 반도)와 영국, 덴마크에 분포한 거석 유적들이 에게 해 일대의 문명들과 시기적으로 동일하거나 오히려 앞선 것으로 나타났다. 한두 가지 측정 결과만 그런 것이 아니었다. 새로 실시한 수백 가지 연대측정이 일관되게 그런 결과를 보여주었다. 어떤 경우에는 대서양 연안 거석문화가 에게 해 문화들보다 1,000년이나 더 이른 것으로 나타나기도 했다. 이집트, 중동, 에게 해 문명에 대한 전통 모델은 여전히 유지됐다. 그러나 렌프루의 표현대로 에게 해 주위에 모종의 고고학적 '단층선'이 형성됐다. 새로운 모델이 필요해진 것이다.

그가 내놓은 모델은 문명의 '확산'이라는 낡은 개념을 폐기하는 데서 출발했다. 확산 모델은 중동에 모문명이 있었고, 그로부터 농업, 야금술, 야생동식물 길들이기가 시작됐으며, 이후 인간이 이동하면서 다른 지역으로 문명이 확산돼나갔다는 이론이다. 렌프루가 보기에 유럽 대서양 연안 위아래로 일련의 군장君長사회가 발전했다는 것은 분명했다. 군장사회란 채집인 수백 명으로 구성된 무리와 발달된 문명 사이의 중간단계적인 사회조직이다. 문명사회가 되면 이집트, 수메르, 크레타에서 볼 수 있는 것처럼 왕과 궁궐이 등장하고, 사회는 고도로 계층화된다. 군장사회는 지배영역이 비교적 좁았고(예를 들어 스코틀랜드 아란 섬Isle of Arran에만 군장사회가 6개였다), 거대한 무덤이나 스톤헨지Stonehenge 같은 종교적·천문학적 장소를 중심으로 형성됐다.[48] 군장사회와 연결되는 것이 초보적인 사회 계층화와 초기 형태의 물물교환이었다. 씨족들이 주변에 모여 살 인상적인 석조 건물이나 종교적인 분묘 같은 것을 축조하려면 충분한 인력이 필요했다. 거석문화는 항상 농토와 관련이 있는 곳에서 발견됐다. 이는 군장사회가 사회 진화의 자연스러운 한 단계였음을 말해준다. 인류가 최초로 작물을 재배하면서 정착하게 되자 곧 군장사회와 거석문화가 형성됐다.[49]

지금은 널리 받아들여지고 있는 렌프루의 분석은 영국, 스페인, 발칸반도의 유적지를 집중 조명함으로써 논거를 세웠다. 그러나 일반론 차원에서 가장 중요한 핵심은 초기 인류가 한 시발점(동아프리카일 것이다)에서 지구 곳곳으로 뻗어나간 것은 분명하지만 문명이나 문화—어떤 식으로 부르든 상관없다—는 한 장소에서 발생해 동일한 방식으로 확산된 것이 아니라는 것이다. 문명은 각기 다른 시점에 각기 다른 장소에서 자발적으로 성장했다.[50] 이런 시각은 아메리카 문명은 유럽인들(이스라엘의 '사라진 부족' 등등)이 처음 씨를 뿌렸다는 관념(당시에는 이런 관념이 여전했다)을 근절시키는 것을 넘어서서 지적인 흐름에 두 가지 변화를 불러일으켰다. 첫째로 문화적으로 볼 때 인류사는 하나의 스토리라는 관념이 폐기됐다. 세계의 모든 문화는 그 자체로 독특한 것이며 모문명, 즉 모든 것의 선조가 되는 문명에 빚지고 있는 것이 아니라는 이야기였다. 이는 고고학자들의 연구 성과와 엇물리면서 모든 문화가 똑같이 잠재력이 있으며, 똑같이 독창적이라는 시각을 형성하게 됐다. 따라서 '고전' 세계는 더 이상 궁극의 원천일 수 없게 됐다.

좀 더 깊은 수준에서 보면 렌프루가 특별히 언급한 것처럼 새로운 고고학의 발견은 우리가 다윈적 사고에 얼마나 쉽게 매몰되는지를 보여주었다.[51] 낡은 확산론은 진화론의 한 형태였다. 그러나 문명들이 부단한, 단선적인 연속의 형태로 발전했다는 이야기는 너무 일반적이어서 거의 무의미한 수준이었다. 새로운 ^{14}C 연대측정법과 나이테 연구에서 발견된 증거는 그것이 전혀 사실이 아님을 분명히 보여주었다. 새로운 시각은 덜 '진화론적'이라고 할 수는 없지만 매우 달랐다. 무엇보다도 단순화의 위험에 경종을 울리는 스토리였다.

32

우주와 지구
Heaven and Earth

'역사적 순간'이란 표현은 금세기 들어 너무 남용됐다. 그러나 전쟁을 제외하고 어떤 순간을 진정 역사적이라고 할 수 있다면, 1969년 7월 21일 월요일 협정세계시(UTC)로 오전 2시 56분부터 20초 동안이 될 것이다. 닐 암스트롱Neil Armstrong(1930~)이 아폴로 11호 달착륙선 '이글(독수리)'호에서 뻗어 나온 계단을 내려섰다. 지구 밖의 천체에 발을 디딘 최초의 인물이 된 것이다. 당시 암스트롱이 달을 밟으면서 한 말은 우리의 뇌리 속에 아직도 생생하게 남아 있다. "이것은 한 인간에게는 작은 한 걸음이지만 인류에게는 거대한 도약입니다."[1]

이어 암스트롱은 휴스턴 지상 우주비행관제센터에 있는 과학자들을 위해 상황을 자세히 설명했다. "(달) 표면은 부드럽고 가루로 된 것 같습니다. 이렇게…… 이렇게, 발가락으로 파니까 쉽게 파지네요. 숯가루처럼 보드라운 게 발바닥과 장화 옆으로 꾹꾹 눌려요. 조금씩만 이동해야겠네. 한 8분의 1인치 정도……. 내 발자국이 보여요. 고운 모래 입자에 꾹꾹 눌렸어. 돌아다니는 데 아무 어려움이 없어요. 예상했던 대로입니다. …… 여기는 평탄합니다. 아주 평평해요."[2] 20세기 전반기의 가장 엄청난 지적 성취가 원자탄 구상과 개발이라는 데 이론의 여지가 없는 반면, 후반기의 성취는 극히 다양하다. DNA 분리와 DNA 구조 규명도 있고, 컴퓨터도 있다. 그러나 우주여행과 달 착륙이 금세기의 가장 위대한 성취 가운데 하나라는 것을 부정할 사람은 없다.

러시아는 1957년 스푸트니크 1호 발사 성공으로 세상을 놀라게 하면서 미국을 추월하더니 이내 사상 최초로 우주에 동물(개 라이카)을 쏘아 보냈다. 이어 최초로 남성(1961년 유리 가가린)을 쏘아 보내고 다시 최초로 여성(1963년 발렌티나 테레시코바Valentina Tereshkova)을 쏘아 올렸다. 미국은 거의 공황 수준이었다. 케네디 대통령은 피그만 참사 the Bay of Pigs disaster(1961년 4월 쿠바 출신 망명자 1,500명이 미국 땅에서 미군에게 훈련을 받고 카스트로 치하의 쿠바를 침공했다가 전원 사살당하거나 포로로 붙잡힌 사건 : 옮긴이) 나흘 만에 백악관에서 긴급회의를 소집했다. '뭔가 해야지'라고 하면서 케네디는 호통을 치듯이 랜든 존슨 부통령에게 "우주에 실험실을 쏘아 보내든, 달 주위를 돌든, 달에 로켓을 착륙시키든, 아니면 달에 로켓을 쏴서 사람을 데려오든 간에 소련 놈들 코를 납작하게 만들 거리를 찾아보시오"라고 명령했다.[3] 미국은 마침내 1962년 2월 20일 존 글렌John Glenn을 지구궤도로 쏘아 올렸다(앨런 셰퍼드Alan Shepard는 61년 5월 우주에 15분간 체류하는 데 성공했지만 지구궤도는 아니었다). 그러나 이때부터 미국은 따라잡기 시작했다. 케네디가 '1960년대가 끝나기 전에' 유인 우주선을 달에 착륙시킨다는 아폴로 계획을 적극 추진한 덕분이었다.[4] 미국은 1963년부터 팔을 걷어붙이고 나서서(미국 항공우주국 NASA이 창립된 것은 1958년이었다) 이후 10년 동안 매년 최고 50억 달러씩을 쏟아 부었다. 아폴로 계획이 어느 정도 규모였는지를 말해주는 액수다. 아폴로 프로젝트에는 특히 철도 기관차보다 더 크고 안전한 우주선 건설, 구축함보다 무거운 로켓 설계 및 제조, 다양한 신소재 개발 등이 포함돼 있었다.[5] 150개 대학, 2만 개 기업에서 40만 명의 두뇌가 동원됐다. 우리는 이미 코롤료프의 사례를 통해 로켓 기술이 우주 탐사 프로그램의 핵심이라는 것을 알고 있다. 미국 최대의 로켓 새턴 5호 Saturn 5는 중량이 2,700톤이었다. 런던의 명물인 2층짜리 시내버스 350대분에 해당하는 무게다. 역시 독일 망명자인 베른헤어 폰 브라운 Wernher von Braun 주도로 개발된 새턴 로켓은 높이가 110.9미터, 부품이 200만 개, 납땜 이음새가 250만 군데나 되었다. 여기에 항로 유도용 별도 엔진만 41개였고, 총 1만 1,400갤런(4만3,152리터)의 연료를 실었다. 연료는 액체 상태의 질소, 산소, 수소, 헬륨 등으로 일부는 액체 상태 유지를 위해 섭씨 영하 221도로 보관했다.⁶ 산소만 해도 열차 컨테이너 탱크 54대를 가득 채웠다.⁷ 달 탐측선의 주축은 원뿔 모양의 사령선이다. 지구로 귀환하는 것은 사령선뿐이기 때문에 대기권에 다시 들어올 때 엄청난 온도(고속 때문에 대기와 마찰로 고열이 발생한다)를 견딜 수 있어야 한다.⁸ 중요한 공학적 문제 가운데 하나는 액체 연료를 극저온 상태로 유지하는 것이었다. 최종 완성된 탱크들은 공기가 일절 새지 않도록 완벽한 밀봉 상태를 유지했다. 얼음 조각을 안에다 넣어두면 9년 동안 녹지 않고 원상태로 유지될 정도다. 사령선 출구용 해치를 여닫기 위해 새 공구 150개를 발명했다. 남자 둘이서 1.5미터짜리 렌치를 사용해 간신히 잠글 수 있는 볼트도 있었다.⁹

우주의 조건이 인간에게 어떤 영향을 줄지는 누구도 알 수 없었다.¹⁰ 따라서 우주인의 심리 상태 점검과 훈련에 극도로 신경을 썼다. 우주인들은 마음을 느긋하게 갖되 항상 조심하도록 교육을 받았다(예각이 있는 물체는 항상 피했다. 자칫 우주복이 걸려서 찢어지면 낭패이기 때문이다). 매일 주의사항을 교육했다. 먼저 떠난 대원들은 일 년 이상 인화단결을 잘 해온 사람들이었다. 흥미로운 것은 미국과 러시아에서 수 년 간 훈련 과정을 통해 얻어낸 이상적인 우주인의 조건이 거의 동일하다는 점이다. 나이가 너무 많아서도 안 되고(30대 후반이 넘으면 안 됨), 키가 너무 커서도 안 된다(182센티미터 이상은 안 됨). 제트기와 시험기 조종 경력과 공학 분야 학위가 있어야 한다.¹¹ 끝으로 남은 문제는 달 직접 탐사였다. 우주를 식민지화한다거나 우주 광물자원을 실제로 활용하는 단계와는 거리가 멀지만 달을 상세히 연구해볼 과학적 이유는 충분했다. 달에는 대기가 없기 때문에 어떤 의미에서는 태고 상태와 같다. 한 과학자는 달을 '가치를 따질 수 없는 골동품'이라고 불렀다. 우주, 또는 최소한 태양계가 처음 진화할 당시와 거의 같은 상태이기 때문이다. 달의 암석을 조사해보면 달이 어떻게 형성됐는지를 판단하는 데 결정적인 도움이 된다. 한때 지구의 일부였는지, 아니면 소행성과 충돌한 뒤 지구와 함께 태양으로부터 떨어져 나온 것인지, 아니면 뜨거운 가스가 식어서 형성됐는지를 판별할 수 있다는 이야기다.¹² 미국과 소련의 우주 탐사선들이 차츰 달에 근접하면서 더욱 선명한 사진들을 보내왔다. 너비 1.5미터짜리 물체까지 식별이 가능해졌다. 착륙지점으로는 원래 다섯 곳을 예정했는데 결국 하나로 낙착됐다. '고요의 바다Mare Tranquillitatis/Sea of Tranquility'라고 하

는 곳으로 분화구가 없는 평탄한 지역이었다.[13]

아폴로 프로젝트를 추진하는 과정에서 1967년 최대의 참사가 일어났다. 케이프 케네디(현재의 케이프 커내버럴) 발사대에서 느닷없이 액체 산소가 점화되는 바람에 우주선에 불이나 안에 타고 있던 우주인 세 명이 모두 죽은 것이다. 러시아에서 우주인이 얼마나 죽었는지는 알 수가 없었다. 우주 탐사 프로그램과 관련해서는 모든 게 비밀이었기 때문이다. 그러나 곳곳의 햄(아마추어 무선사)들이 아비규환 같은 소리를 잡아낸 것으로 보면 1962~67년에 적어도 8건의 사고가 있었던 것으로 추정된다.[14] 달 착륙에 앞서 벌어진 가장 흥미진진한 드라마는 1968년 12월 아폴로 8호의 달 주회周回궤도 선회다. 그때까지 아무도 보지 못한 달 뒤쪽 어두운 면까지 가본 것이다. 그렇게 되면 지상 관제센터와 약 반 시간 동안 무선 연결이 끊긴다. 엔진 '연소'가 너무 세면 우주선이 태양계 밖으로 삐져나갈 수 있는 상황이었다. 반면에 연소가 너무 약하면 달과 충돌하게 된다. 뒷면에 가서 부딪히면 통신은 영영 두절된다.[15] 교황이 격려 메시지를 보내왔고, 많은 러시아 우주과학자들도 그랬다. 이제 러시아 쪽에서는 미국이 결정적으로 앞서게 됐다는 것을 인정하는 분위기였다.

크리스마스이브 오전 9시 59분 아폴로 8호는 달 뒷면으로 사라졌다. 휴스턴 지상 관제센터와 전 세계가 숨을 죽이며 기다렸다. 10분 동안 침묵이 흘렀다. 20분, 30분……. 오전 10시 39분 프랭크 보먼의 목소리가 들렸다. 실험 장치로 잡아낸 데이터에 관한 보고였다. 아폴로 8호는 정확히 스케줄대로 움직였다. 아폴로 계획의 역사를 다룬 피터 페얼리Peter Fairley(영국 과학 저널리스트 : 옮긴이)는 이 에피소드 이야기를 하면서 이렇게 말했다. "장장 40만 2,336킬로미터를 여행하고 나서 아폴로 8호는 예정된 궤도를 따라 목표에서 0.8킬로미터밖에 안 떨어진 지점에 도착했다."[16]

이제 아폴로 11호 차례였다. 에드워드 올드린Edward Aldrin 주니어(별명은 '버즈Buzz')가 닐 암스트롱에 이어 달 표면을 밟았다. 암스트롱과 올드린은 기념패와 성조기를 꽂고, 씨앗을 뿌리고, 휘지 않게 특별 제작한 도구로 암석 표본을 채취했다. 그런 다음 달착륙선으로 돌아가 사령선의 마이클 콜린스Michael Collins와 랑데부했다. 이어 지구 귀환에 나서 태평양 존스턴 섬 인근 바다에 떨어졌다. 대기 중이던 미군 항공모함 호넷 호가 와서 우주인들을 끌어올렸다. 항모에는 리처드 닉슨 대통

령이 환영차 나와 있었다. 우주인들은 안전하게 지구로 돌아왔다. 바야흐로 우주 시대가 열린 것이다.[17]

그러나 달 착륙은 어떤 면에서 본격 시작이라기보다는 하나의 클라이맥스였다. 우주인들은 1972년까지 꾸준히 달을 향해 비행했으나 곧 중단됐다. 1970년대가 한 해 한 해 가면서 우주 탐사는 더 먼 천체로 확대됐다. 금성, 화성, 수성, 목성, 태양, 토성까지 이어졌다. 1972년 발사된 파이어니어Pioneer 10호는 목성 등을 관측한 뒤 1983년 인간이 만든 물체로는 처음으로 태양계를 벗어났다. 처음 얼마간 흥분의 물결이 가시자 전문가들은 이제 착륙까지 할 필요는 별로 없다고 생각했다. 그래서 미국도 러시아도 궤도 비행을 더 오래 하는 쪽에 초점을 맞췄다. 우주에서 실험을 더 많이 하기 위해서였다. 1973년 미국의 스카이랩Skylab(최초의 우주정거장: 옮긴이)에서는 우주인들이 선내에서 84일을 보냈다. 우주 시대의 첫 단계는 1980년경 성숙 단계에 들어섰다고 할 수 있다. 그해에 인텔샛 5호Intelsat 5가 발사됐다. 수천 대의 전화와 텔레비전 채널 두 개를 전송할 수 있는 통신위성이다. 이듬해에는 최초의 재활용 우주왕복선 컬럼비아호Columbia가 발사됐다. 10년 만에 우주여행은 신기한 사건에서 거의 일상적인 일이 된 것이다.

우주 경쟁이 치열해지면서 당연히 천체에 대한 관심이 높아졌다. 그런데 공교롭게도 1960년대 들어 우주 탐사와는 무관하게 우주에 대한 우리의 이해가 급속히 확장되었다. 위성 기술 덕을 본 것도 아니었다. 금세기 전반기 원자탄과 상대성 이론 발전과는 별개로 물리학의 중요한 업적은 화학과의 통합이었다(라이너스 폴링이 대표적이다). 그런데 2차 대전 이후 더욱 기본적인 입자들, 특히 쿼크가 발견되면서 그와 비슷한 통합이 다시 한 번 일어나게 된다. 물리학과 천문학의 통합이다. 이러한 통합으로 천체—우주—가 어떻게 시작되고 진화했는지 좀 더 완벽한 설명이 가능해졌다. 이렇게 말하면 신성모독이라고 할 사람도 있겠지만 그것은 창세기의 대안이었다.

쿼크는 앞서 본 대로 머레이 겔만 Murray Gell-Mann과 조지 츠바이크George Zweig가 1962년 거의 동시에 도입한 개념이었다. 쿼크는 자연 상태에서는(적어도 지구에서는) 따로 존재하지 않는다는 것을 이해하는 게 중요하다. 그런데도 쿼크가 중요한 이유는 (1960년대와 70년대에 밝혀진 다른 소립자들도 마찬가지지만 그에 대해서는 여기서 논하지 않겠다) 빅뱅 직후 우주 초기 상태를 설명하는 데 도움이 되기 때문이다. 우주가 과거의 한 특정 시점에 시작됐다는 발상은 대부분의 과학자들이 인정하는 바였고, 특히 허블이 1929년 적색이동red shift을 발견한 이후로 더 많은 사람들이 그런 생각을 갖게 되었다. 그런데 이 문제에 대한 관심이 1960년대 새롭게 나타났다. 겔만의 쿼크 이론 때문이기도 하지만 1965년 뉴저지의 벨 전화연구소에서 우연히 중요한 발견을 했기 때문이다.

벨 연구소는 1964년 신형 망원경을 도입했다. 뉴저지 주 홀름델의 크로포드 힐에 있는 연구소 안테나는 에코Echo 위성을 통해 천체와 교신했다. 대기 간섭으로 인한 왜곡 없이 망원경으로 우주를 '볼' 수 있어서 천체에 훨씬 제대로 접근할 수 있다는 이야기였다. 최초의 실험 이후 망원경 담당자인 아르노 펜지아스Arno Penzias(1933~)와 로버트 윌슨Robert Wilson은 우리 은하에서 방출되는 전파를 연구해 보기로 마음먹었다. 본질적으로 기초연구였다. 일단 우리가 방출하는 전파가 어떤 패턴인지를 알면 다른 곳에서 오는 유사한 전파를 연구하기 쉬울 것이라는 발상이었다. 그러나 그렇게 간단한 문제가 아니었다. 천체를 들여다볼 때마다 펜지아스와 윌슨은 정전기 같은 고질적인 간섭현상을 발견했다. 처음에는 장비 이상이겠거니 했다. 비둘기 한 쌍이 초대형 안테나에 둥지를 틀고 있었기 때문이다. 곳곳에 비둘기 똥이 널려 있을 것이라는 건 충분히 예상할 수 있는 일이었다. 새를 잡아서 다른 동으로 보냈지만 곧 되돌아왔다. 후일 스티븐 와인버그Steven Weinberg가 쓴 책의 설명에 따르면 이번에는 녀석들에게 '좀 더 단호한 조치'를 취했다.[18] 안테나가 말끔해지자 '정전기'는 제거됐다. 그러나 줄어들었을 뿐이다. 여전히 사방에서 정전기가 나타났다. 이런 희한한 현상에 대해 펜지아스는 MIT의 전파천문학자 버나드 버크Bernard Burke와 이야기했다. 버크는 동료인 카네기기술연구소의 켄 터너Ken Turner가 존스홉킨스 대학에서 프린스턴 대학의 젊은 이론가 P. J. E. 피블스Peebles한테 들었다면서 해준 이야기가 생각났다. '정전기' 미스터리에 관한 내용이었다. 피블스의 전공은 초기 우주였다. 비교적 새로운 분야로 당시에는 사변적 이론이 주류를 이루었다. 20장에서 살펴본 대로 1940년대에 미국으로 망명한 우크라이나 출신 조지 가모브George Gamow는 새로운 입자물리학을 빅뱅 당시 존재했을 것으로 추정되는 상태에 적용하는 연구를 하고 있었다. 그가 출발점으로 삼은 것은 '태초수소primordial hydrogen'였다. 그는 태초수소 일부가 헬륨으로 변환됐을 것이라고 보았다. 물론 변환된 양은 빅뱅 당시의 온도에 따라 달랐을 것이다. 그는 또 거대한 불덩어리에서 나온 뜨거운 복사가 우주 팽창과 더불어 점차 희박해지면서 식었을 것이라고 생각했다. 나아가 이러한 복사는 고도로 '적색이동'된 형태로 전파로서 여전히 존재하고 있을 것이라고 주장했다.[19] '잔류복사relict radiation'라고 하는 이 아이디어를 다른 학자들도 받아들였다. 일부 학자는 잔류복사의 온도는 현재 5K(절대온도 5도 : 옮긴이)라는 계산을 내놓았다. 흥미로운 것은 물리학과 천문학이 통합되는 추세인데도 그 어떤 물리학자도 전파천문학이 이 문제에 대해 훨씬 빨리 답을 내놓을 만큼 물리학보다 앞서가고 있다는 사실을 알지 못했다는 점이다. 실험은 계속됐다. 그런데 로버트 디키Robert Dicke 지도 하에 프린스턴 대학 천문학자들이 천체 복사를 연구할 때 완전히 식어버린 복사는 들여다보지를 않았다. 그 중요성을 몰랐기 때문이다. 왼손이 하는 일을 오른 손이 모르게 하려 한 것일까? 피블스는 위니펙Winnipeg 출신 캐나다인으로 1950년대 말 프린스턴 대학에서 로버트 디키를 지도교수로 박사과정을 시작했다. 가모브의 이론은 잊힌 상태였다. 그러나 더 다행인 것은 디키 자신도 자신의 초기 연구 성과를 잊고 있는 것처럼 보였다는 점이다.[20] 그 결과 피블스는 알지도 못하면서 선구자들이 한 모든 실험과 이론화를 되풀이하게 됐다. 그는 우주가 지금도 절대온도로 몇 도 안 되는 '배경복사의 바다'로 가득 차 있을 것이라는 동일한 결론에 도달했다. 디키는 피블스의 추론이 마음에 들었다. 배경복사를 찾으려면 소형 전파망원경을 개발해야 한다는 충분한 논거가 됐기 때문이다. 디키는 자신이 초기에 했던 실험을 여전히 잊고 있었거나 그 의미를 제대로 알지 못했던 것이다.

이 시점에 실험 준비를 마친 프린스턴 대학의 펜지아스는 피블스와 디키를 불렀다. 물리학 분야의 미담으로 전해오는 공동연구였다. 디키와 피블스가 배경소음의 진화에 대해 아는 내용과 펜지아스와 윌슨이 한 관찰 결과를 비교하면서 두 팀은 공동으로 한 쌍의 논문을 냈다. 논문에서 펜지아스와 윌슨은 관찰 결과를 기술하고, 디키와 피블스는 우주론적 해석을 제시했다. 그것이 사실은 빅뱅 때 발생하고 남은 복사라는 설명이었다. 이런 주장은 과학계에 빅뱅 자체에 버금가는 엄청난 센세이션을 불러일으켰다.[21] 대부분의 과학자들로 하여금 빅뱅 이론을 최종적으로 받아들이게 만든 것은 바로 《천체물리학 저널 Astrophysical Journal》에 실린 이 쌍둥이 논문이었다. 엘타닌 호가 태평양-남극해령 Pacific-Antarctic Ridge을 탐사한 이후 대륙이동설이 받아들여진 양상과 다르지 않았다.[22] 1978년 펜지아스와 윌슨은 노벨 물리학상을 수상했다.

이보다 훨씬 전에 하나의 종합이 있었다. 소립자의 행태에 대해 알려진 사실들과 핵반응, 아인슈타인의 상대성 이론 등을 통합해 우주의 기원과 진화 과정을 설명하는 구체적인 이론을 제시한 것이다. 이런 복합적인 아이디어를 요약한 유명한 책이 스티븐 와인버그의 『태초의 3분간 The First Three Minutes』이었다. 1977년 작으로 필자의 설명도 주로 이 책에 의존하고 있다. 물리학자들이 타임 제로 Time Zero라고 부르는 특이점 singularity에 관해 우선 말할 수 있는 것은 그 시점에는 모든 물리학 법칙이 깨진다는 것이다. 따라서 우리는 빅뱅의 순간에 어떤 일이 일어났는지 정확히 알 수는 없다. 다만 나노초(1나노초는 100만분의 1초 : 옮긴이) 후의 상황에 대해 가상해볼 수 있을 뿐이다. 스티븐 와인버그는 다음과 같은 시계열을 제시한다. 일반 독자의 이해를 돕기 위해 표로 정리해보았다.

$0.0001(10^{-4})$초 후 :
최초의 '창조의 순간'은 150억 년 전에 일어났다. 최초의 순간 당시 우주의 온도는 10^{12} K, 즉 절대온도 1조(1,000,000,000,000)도였다. 이 단계에서 우주의 밀도는 1세제곱센티미터당 1014(100,000,000,000,000)그램이었다(물의 밀도는 1세제곱센티미터당 1그램이다). 이 시점에 양자와 입자들 간에 상호 교환이 일어났다.

$0.01(10^{-2})$초 후 :
온도는 1,000억K였다.

0.1초 후 :
온도는 300억K였다.

13.8초 후 :
온도는 30억K였다. 중수소의 핵이 형성되기 시작한다. 중수소 핵은 양자 하나와 중성자 하나로 구성된다. 그러나 곧 다른 입자들과의 충돌로 쪼개졌을 것이다.

3분 2초 후 :
온도는 10억K(현재 태양 온도의 약 70배)였다. 중수소와 헬륨의 핵이 형성됐다.

4분 후 :
우주는 25퍼센트의 헬륨과 나머지 '별도의' 양자, 수소 핵들로 이루어졌다.

30만 년 후 :
온도는 6,000K였다(대략 태양 표면 온도와 같다). 양자는 아직 너무 약해서 원자에서 전자를 깨뜨려내지 못했을 것이다. 이 시기에 빅뱅은 끝났다고 말할 수 있다. 우주는 '비교적 조용히' 팽창하면서 이후 계속 식어간다.

100만 년 후 :
별과 은하가 형성되기 시작한다. 핵합성이 일어나고 무거운 원소가 형성된다. 그에 따라 태양과 지구가 태어나게 된다.[23]

바로 이 시점부터는 비교적 실험이 가능하다. 입자가속기를 통해 별들 내부의 상태를 재현할 수 있기 때문이다. 그 상태는 원소의 구성요소가 수소, 헬륨, 알파입자라는 것을 보여준다. 알파입자는 헬륨-4의 원자핵이다. 헬륨-4의 원자핵이 기존 핵에 달라붙으면 4원자질량단위의 곱에 비례하는 방식으로 원소들이 형성된다. "예를 들면, 헬륨-4 핵 2개는 베릴륨-8이 되고, 헬륨-4 핵 3개는 탄소-12가 된다. 탄소-12는 안정적이라는 점에서 매우 중요하다. 탄소-12의 핵은 그것을 구성하는 알파입자 3개보다 질량이 약간 작다. 따라서 아인슈타인의 유명한 공식 $E=mc^2$에 따라 에너지를 방출함으로써 더 많은 반응을 촉발하고, 더 많은 원소를 만들어낸다. 원소의 생성은 별에서 계속된다. 산소-16, 네온-20, 마그네슘-24, 그리고 나중에는 실리콘-28까지 만들어진다." 와인버그에 따르면 "최종 단계는 실리콘-28이

쌍으로 결합해 철-56이 생성되고, 니켈-56과 코발트-56 같은 관련 원소까지 형성되는 단계다. 이 단계의 원소들은 가장 안정적이다." 지구의 내핵이 액체 상태의 철이라는 점을 기억하시기 바란다. 초기 우주에 대한 이런 식의 내러티브는 화려한 과학인 동시에 놀라운 상상력이 낳은 성과였다. 금세기 제2의 진화종합설이라고 할 만하다.[24] 아니, 그 이상이다. 고도의 상상력이 필요한 동시에 증거(증거라는 게 있다고 한다면)와 완벽하게 맞아떨어져야 하기 때문이다. 이는 지적 활동 차원에서 보면 코페르니쿠스나 갈릴레오, 다윈의 사상에 필적하는 것이다.[25]

그러나 배경복사가 1960년대에 발견된, 먼 외계에서 오는 전파의 유일한 형태는 아니었다. 천문학자들은 육안으로 보이는 별이나 은하들과는 무관한 다른 형태의 많은 전파 활동을 관찰했다. 그런데 1963년에 달이 3C 273이라고 하는 전파원(전파를 발하는 물체 : 옮긴이) 앞을 지나쳤다. 3C 273이라는 명칭을 붙인 것은『케임브리지 전파원電波源 카탈로그 3판 The Third Cambridge Catalogue of Radio Sources』(약칭 3C)에 273번으로 오른 별처럼 보이는 물체이기 때문이다. 천문학자들은 달의 가장자리가 3C 273에서 나오는 전파 잡음을 끊는 순간을 정확히 포착함으로써 전파원이 '별과 같은' 물체라는 걸 확인했다. 동시에 그 전파원이 대규모 적색이동을 보인다는 사실도 발견했다. 우리 은하에서 아주 멀리 떨어진 천체라는 의미였다. 이후 이런 준항성체quasi-stellar object, 즉 퀘이사quasar들은 아주 멀리 떨어진 은하계의 핵심부를 형성한다는 사실이 밝혀졌다. 퀘이사에서 우리에게까지 도달한 빛은 우주가 아주 어렸을 때, 그러니까 적어도 100억 년 전 이전에 소속 은하계에서 방출된 것이다. 그러나 밝기로 보면 그 에너지가 방출된 지역은 직경이 1광년 정도다. 태양계보다 약간 크거나 작은 규모다. 따라서 천문학자들의 계산에 의하면 퀘이사들은 '우리은하에 있는 별을 다 합친 것의 1,000배나 되는 에너지를' 방출하는 것으로 추정된다. 1967년에는 코펜하겐 대학에서 연구하고 맨해튼 프로젝트에도 참여한 미국 물리학자 존 휠러John Wheeler가 블랙홀black hole에 관한 18세기 이론을 퀘이사에 대한 가장 적절한 설명으로 부활시켰다. 블랙홀은 상대성 이론에서 그 실체를 주장할 때까지 수학적 호기심의 대상이었다. 블랙홀이란 물질의 밀도가 너무 높고, 따라서 중력이 너무 강하기 때문에 그 어떤 것도, 심지어 빛조차도 빠져나올 수 없는 대역帶域이다. "우리가 전파 잡음 형태로 듣게 되는 에너지는 물질의 덩어리들이 환상적인 속도로 블랙홀에 빨려 들어가면서 생기는 것이다."[26]

펄서pulsar는 전파로 감지된 다른 형태의 천체였다. 펄서가 발견된 것은—배경복사와 마찬가지로 우연이었다—1967년 케임브리지 대학의 전파천문학자 조슬린 버넬Jocelyn Burnell에 의해서였다. 그녀는 전파망원경으로 퀘이사를 연구하고 있었다. 그러던 어느 날 우연히 도무지 정체를 알 수 없는 전파원을 접하게 됐다. 그 전파원이 내는 펄스(맥동)은 극도로 규칙적이었다. 얼마나 규칙적이었는지 케임브리지 대학의 천문학자들은 처음에 외계 문명에서 보내는 신호일 거라고 생각했을 정도다. 그러나 그런 신호를 더 많이 잡아내면서 자연현상이라는 사실이 분명해졌다. 펄스가 너무 빨라서 두 가지 추론이 가능했다. 문제의 전파원은 크기가 작고 회전을 하고 있다는 것이다. 빠른 속도로 회전하는 물체만이 그런 펄스를 방출할 수 있기 때문이다. 마치 등대 불빛이 일정한 간격으로 반짝반짝 하는 것과 같다. 펄서의 크기가 작다는 사실로부터 천문학자들은 그것이 태양의 질량을 지구 크기로 압축시켜놓은 백색왜성白色矮星이거나 태양의 질량을 '직경 10킬로미터 미만의 구체에 압축시켜놓은' 중성자별임이 분명하다고 추정했다.[27] 그러나 백색왜성은 파열되지 않고서는 그런 펄스를 방출할 만큼 빨리 회전할 수 없다는 사실이 밝혀지면서 과학자들은 결국 중성자별의 존재를 인정하지 않을 수 없게 됐다.[28] 백색왜성과 블랙홀의 중간단계라고 할 수 있는 이 초고밀도 항성은 겉껍질은 고체 철로 돼 있으며, 그 밑의 내핵은 중성자(쿼크도 있을 수 있다)로 이뤄진 액체다. 중성자별의 밀도는 물리학자 존 그리본의 계산에 따르면 물보다 1,000조배나 높다. 중성자별 1세제곱센티미터당 가해지는 무게가 1억 톤이라는 이야기다.[29] 펄서가 중성자별로 확인됐다는 의미는 그것이 항성진화恒星進化의 거의 마지막 단계라는 의미였다. 가스가 식으면서 별이 형성된다. 별은 수축하면서 뜨거워지며, 너무 뜨거워지면 핵반응이 일어난다. 이런 단계에 있는 별들을 주계열main sequence이라고 한다. 그 이후에는 별들의 크기에 따라 결정적인 온도에 도달하면 양자 반응이 가벼운 폭발을 야기한다. 폭발이 있어도 별 자체는 상당히 안정적이다. 이런 단계의 별이 적색거성赤色巨星이다. 별은 생애의 마지막 단계에 가면 바깥층을 날려버리고 모든 핵반응이 멈춘 고밀도 핵만

남게 된다. 이 단계의 별을 백색왜성이라고 하는데 수백 만 년 동안에 걸쳐 서서히 식으면서 결국은 흑색왜성으로 변한다. 단 크기가 너무 크면 종국에는 초신성超新星 폭발로 끝나고 만다. 초신성은 아주 짧은 순간 극도로 강한 빛을 내면서 무거운 원소들을 우주 속으로 날려버린다. 우리 천체는 그런 원소들로 이루어져 있으며 그런 원소가 없으면 생명체가 존재할 수 없다.[30] 바로 이 초신성 폭발이 중성자별을 탄생시킨다. 경우에 따라 블랙홀을 만들어내기도 한다. 이렇게 해서 물리학과 천문학의 결합―퀘이사와 쿼크, 펄서와 입자, 상대성, 원소의 형성, 별들의 생로병사 등등―은 고차원적인 종합을 통해 드라마틱한 하나의 스토리가 되었다.[31]

우주와 관련된 어마어마한 숫자들에 익숙해지고 입자뿐 아니라 천체 수준에서 벌어지는 기이한 양상을 족히 그럴 수 있는 일로 받아들이면 우주의 대부분은 그야말로 살 데가 못 된다는 사실이 분명해진다. 너무 뜨겁거나 너무 춥고, 너무 방사능이 많고, 상상을 절할 정도로 밀도가 높다. 우리가 생각하는 식의 생명체라면 이 광활한 우주에서 도무지 살아갈 수가 없다. 인간이 태양과 별에 대한 관측을 시작한 이래로 늘 그랬듯이 천체는 외경심을 불러일으킨다. 그러나 천체를 천국과 같은 어떤 것으로 생각한다면 하늘은 그렇게 무시무시하지 않다.

아폴로 8호 승무원들은 1968년 말 달 궤도를 도는 위험한 임무를 완수하고 지구로 돌아와 방송에 출연했다. 그 자리에서 승무원들은 성서 구절을 많이 인용했다. '그 땅은 형태가 없고 비어 있었으며'라고 프랭크 보먼Frank Borman이 창세기 구절을 인용했다.[32] 그러자 빌 앤더스Bill Anders가 '어둠이 깊은 물 위에 있었고'라고 받았다. 이런 이야기를 모두가 좋아하지는 않았다. 미국 텔레비전 방송국에는 시청자들의 전화가 빗발쳤다. 종교 이야기는 왜 끌어들이느냐는 불평이었다. 그러나 굳이 철학자가 아니더라도 인공위성의 등장을 전후로 한 천체 과학 혁명과 수많은 관찰을 토대로 제시된 이론들이 전통적인 종교적 관념과 조화를 이룰 수 없다는 것은 쉽게 알 수 있었다. 인간만 진화한 것이 아니었다. 천체 자체도 마찬가지였다. 그런데 천체물리학과 우주론이라고 하는 현대 과학만이 종교적 신앙에 변화를 가져온 것은 아니었다. 어차피 현대 과학이 터무니없는 소리를 하는 것이 아니었기 때문이다.

세계 주요 종교에 관한 한 2차 대전 종전 이후 세 가지 중요한 발전이 있었다. 그중 두 가지는 기독교에 관련된 것이고, 세 번째는 동양, 특히 인도 종교들과 관련된 것이었다. (유대교와 이슬람교의 문제는 주로 정치적인 성격으로 1948년 이스라엘 국가가 창설되면서 생긴 문제다.) 서구인들이 동양 종교에 급격히 관심을 갖게 된 것에 대해서는 다음 장에서 논하기로 하자. 여기서는 지적인 차원에서 기독교에 심각한 도전으로 다가온 두 가지만 짚어보기로 한다.

그 하나는 성지라고 말하는 중동지역에서 고고학적 발견이 잇달았다는 점, 그리고 다른 하나는 실존주의다. 1947년 이스라엘이 건국되기 한 해 전에 그야말로 경천동지할 고고학적 자료가 발굴되었다. 1922년 투탕카멘 무덤 발굴 이후 최고의 사건이라고 할 만한 것이다. 쿰란Qumran에서 사해死海 두루마리 문서Dead Sea Scrolls라는 게 발견된 것이다. 이 문서는 처음에 무하마드 아드디브Muhammad Adh-Dhib라고 하는 아랍 소년이 한 동굴에서 발견했다. 목동 소년은 내해內海가 내려다보이는 바위 위로 달아나는 염소를 쫓아가고 있었다. 얼핏 보기에는 라스코 동굴 벽화를 발견한 소년들과 비슷해 보이지만 사실은 그렇지 않았다. 무하마드 소년의 발견 이후 벌어진 여러 사건들 뒤에는 음험한 거래가 있었기 때문이다. 문서가 출토된 곳은 정치적으로 대단히 불안정한 지역이었다. 그래서 현지 장사꾼들과 심지어 종교 지도자들조차도 발견 사실에 대해 입을 다물었다. 문서들을 땅속에 묻어 감추기도 했다 그 과정에서 제대로 묻지 않는 바람에 많은 자료가 파손됐다. 전모가 드러나는 데는 몇 달이 걸렸다. 제대로 훈련 받은 고고학자들이 무하마드가 원래 두루마리가 담긴 항아리를 우연히 발견한 동굴에 가봤을 때는 주변 정황을 말해주는 많은 증거가 파손된 상태였다.³³

그렇지만 두루마리의 가치를 폄하할 수는 없었다. 그때까지만 해도 성서고고학의 결정판은 1940년에 나온 F. G. 케년Kenyon의 『성서와 고고학The Bible and Archaeology』이었다. 이 책이 주장하는 바를 아주 간단히 말한다면 과학의 본질적인 과제는 예를 들어 예리코Jericho(요르단 서부, 사해 북서쪽에 있던 고대 도시. 한글 성서에서는 여리고 또는 예리고라고 한다 : 옮긴이)—성서에 따르면 BC 2000년경에서부터 BC

1400년까지 존속하다가 멸망했다―와 같은 성서의 기록을 확인하는 데 있다는 이 야기였다. 사해 문서의 의미는 훨씬 심대했다. 이 문서는 BC 135년에서부터 AD 70년 예루살렘이 파괴되기 직전까지 팔레스타인 지역에 존재했던 초기 종파에서 만든 것이었다.[34] 두루마리에는 이사야서를 포함해 성서 일부의 초기 텍스트가 포함되어 있었다. 당시 학자들은 성서가 어떻게 조합됐느냐를 놓고 의견이 엇갈렸다. 그래서 많은 사람들은 여러 전승 중에서 무엇은 성서에 포함시키고 무엇은 뺄 것인지에 대해 초기에 다툼이 있었다고 생각했다. 다른 말로 하면 어떤 의미에서 성서도 진화를 해온 것이다. 그러나 쿰란 텍스트들은 구약이 적어도 AD 1세기에 이미 존재했으며, 우리가 지금 알고 있는 내용과 대동소이하다는 것을 보여주었다. 두 번째로 훨씬 자극적인 의미는 쿰란 텍스트가 에세네파Essenes로 알려진 대단히 금욕적인 종파에서 나온 것이라는 점이었다. 에세네파의 창시자는 '정의正義의 스승'이라는 인물이었고, 자신들을 '사독(예루살렘 대제사장 아론의 아들로 다윗의 신하 : 옮긴이)의 아들들' 또는 '빛의 자녀들'이라고 불렀다.[35] 예수는 쿰란 텍스트에 언급되지 않았다. 또 예수와 에세네파의 생활양식은 일부 뚜렷한 차이가 있었다. 그러나 이 극단적인 종파가 예수가 살았을 것으로 추정되는 바로 그 시기에 존재했다는 것은 기독교 성립에 시사하는 바가 매우 컸다. 쿰란 기록에 언급된 많은 사건들은 성서에 나오는 것과 똑같거나 약간 알레고리적인 형태로 되어 있다. 그래서 예수도 그런 스타일의 유대교 종파 지도자로 출발한 인물일 가능성이 제기됐다.[36]

연구가 진척됨에 따라 역사적 맥락이 더욱 뚜렷해지고 설득력이 있어지면서 에세네파는 기독교에 매우 위협적인 존재가 되었다. 1950년 8월 12일 교황 비오 12세 Pius XII는 회칙 「인류에 관하여 *Humani generis*」를 공표했다. '진화론, 실존주의, 역사주의 등 오류 확산에 기여하는 극단적인 비기독교 철학들'을 반박하는 내용이었다.[37] 회칙은 방어 일변도는 아니었다. 가톨릭 철학자와 신학자들에게 '그들과 싸우기 위해' 그들의 철학을 연구할 것을 주문했다. 그러면서 '그런 철학들 하나하나는 어느 정도의 진실을 담고 있다'고 인정했다.[38] 회칙은 '구약의 창세기 기사를 무력화시키는' 모든 시도를 비난하면서 진화는 아직 확증된 사실이 아니라며 다원발생설(인간이 지구상의 여러 장소에서 발생해 진화했다는 관념 : 옮긴이)을 가르칠(수용할) 수는 없다고 주장했다. "왜냐하면 다원발생설polygenism이 원죄에 관한 교회의 전통적인 가르침과 어떻게 조화될 수 있는지 아직 분명치 않기 때문이다."³⁹ 회칙은 실존주의 사상 때문에 오히려 많은 사람들이 우울과 불안을 느낀다는 이유로 하이데거, 사르트르 등을 비난했다.

실존주의, 진화론, 역사주의에 대한 좀 더 치열하고 독창적인―그리고 읽을 만한―반론은 바티칸이 아니라 경우에 따라서는 로마와 논쟁을 벌이기도 한 독립적인 신학자들로부터 나왔다. 예를 들어 파울 틸리히Paul Tillich(1886~1965)는 탁월한 종교적 실존주의자였다. 1886년 브란덴부르크 근처 작은 마을에서 태어난 틸리히는 베를린, 튀빙겐, 할레에서 신학을 공부하고 1912년 루터교 목사 서품을 받았다. 1차 대전 때는 독일군 군목으로 활동했으며, 이후 1920년대 중반 마르부르크 대학 신학 교수가 되었다. 이때 하이데거의 영향을 받았다. 1929년 프랑크푸르트 대학으로 옮겨 철학과 교수로 재직했으며 프랑크푸르트 학파와 교류했다.⁴⁰ 특히 『조직신학Systematische Theologie』(2권, 1953, 1957년 발행)과 『존재에 대한 용기Der Mut zum Sein』(1952)는 엄청난 영향력을 미쳤다. 마르크스주의의 여러 측면을 포함해 사회주의의 목표의식을 긍정했던 틸리히는 1933년 나치가 집권하면서 바로 대학에서 쫓겨났다. 다행히 그해 여름 독일에 와 있던 라인홀드 니부어가 그를 뉴욕 유니언신학대학으로 초빙했다.

틸리히는 기독교 신학을 철저히 재검토했다. 출발점은 상식적인 명제들이었다. 예를 들어 가장 기본이 되는 것은 무가 아니라 유가 존재한다는 사실이라는 것, 많은 사람들이 신의 존재를 감지한다는 것, 죄악이 있다는 것(그는 프로이트의 리비도를 죄를 부추기는 힘의 현대적 표현이라고 생각했다), 그리고 우리의 죄에 대한 속죄는 신에게 다가가는 방법이라는 것 등이었다.⁴¹ 틸리히는 이런 감정 내지 생각들은 너무도 자연스러운 것이어서 복잡한 설명을 요하지 않는다고 보았다. 실제로 그는 그런 것들이 과학적(분석적) 이성과 마찬가지로 이성의 여러 형식이라고 생각했다. 그는 '황홀한 이성ecstatic reason'과 '이성의 깊이depth of reason'라는 이야기를 했다. "이성의 깊이는 이성이 아닌 어떤 것의 표현이다. 그러나 그것은 이성에 앞서 있고, 이성을 통해서 드러난다." 다른 말로 하면, 직관이 이성의 한 형식이며, 신성神性의 증거라는 이야기다. 황홀한 이성이란 계시와 같은 '신성한 놀라움'으로 '신비에 붙잡혀 있으면서도 가슴 벅찬 경외로 충만한' 느낌을 주는 어떤 것이다.[42] 성서와 교회는 수 세기 동안 존속해왔다. 이것 역시 더 설명이 필요 없다. 그것은 그저 신의 실재를 반영하는 것이다. 틸리히는 인간이 자신의 삶을 창조해야 한다, 신이 그랬던 것처럼 무에서 유를 창조해야 한다고 믿었다는 점에서 하이데거와 노선을 같이했다. 인간은 현존하는 자아와 본질적인 자아의 차이를 보여주는 그리스도라는 기적을 안내자로 삼음으로써 인간 본연의 곤경인 '비존재의 불안'으로부터 벗어나야 한다.

틸리히는 2차 대전 종전 후 유럽을 다시 찾았을 때 목격한 신학적 풍경을 이렇게 요약했다. "오늘날 유럽에 가 보면 예전과 같지 않다. 그때는 칼 바르트Karl Barth가 논란의 중심에 있었다. 그런데 지금은 루돌프 불트만Rudolf Bultmann이 중심이다."[43] 2차 대전 종전 후 20년이 지나면서 불트만(1884~1976)의 '탈신화화demythologising'는 신학에 엄청난 영향력을 행사했다. 1차 대전 종전 이후 바르트가 미친 영향에 비견할 만했다. 바르트의 관점은 '인간의 본성은 변하지 않는다, 도덕적 진보란 없다, 그리고 삶의 핵심 사태는 죄이며 악이다'라는 것이었다. 그는 인간이 개선되고 있다고 하는 현대의 신념에 반기를 들었다. 1차 대전이라고 하는 재난은 바르트의 견해에 엄청난 신뢰와 인기를 몰아주었다. 그래서 양차 대전 사이 우울한 시절에 그의 접근법은 '위기신학Crisis Theology'이라는 이름으로 유명해졌다. 바르트에 따르면 인간은 죄라고 하는 본성 때문에 영원히 위기에 처해 있다. 여기서 구원에 이르는 유일한 길은 신의 사랑을 획득하는 것이고, 그 일부가 성서에 대한 축자적逐字的 믿음이었다. 이러한 새로운 정통론이 일부 사람들에게는 나치 독일의 사이비 종교에 대한 해독제로서 대단히 유용했다.

반면 불트만은 성서에 대해 본질적으로 다른 태도를 취했다. 그는 19세기 전반에 걸쳐, 그리고 20세기 초 몇 십 년 동안 고고학자와 일부 신학자들이 성지에서 구약과 신약에 기록된 사건들의 증거를 찾고자 애썼다는 사실을 잘 알고 있었다. (가장 눈에 띄는 예가 1906년에 출간된 알베르트 슈바이처의 『역사적 예수를 찾아서Geschichte der Leben-Jesu-Forschung』다.) 불트만은 「인류에 관하여」 회칙과 달리 이런 문제에 대해 세심한 주의를 기울이기보다는 그런 탐색 자체를 그만둘 때가 됐다고 주장했다. 출발부터 허망한 일인데다 어떤 식으로든 문제를 해결해줄 기약도 없다는 것이었다. 그보다는 신약을 '탈신화화'해야 한다고 불트만은 주장했다. 탈신화화는 유명한 표현이 된다. 과학은 많은 진보를 이루었다고 그는 말했다. 그 중에는 성서의 기적들—부활과 심지어 십자가에 못 박히심까지—이 역사적 사건으로는 결코 일어나지 않았을 수 있다는 강력한 의문 제기도 있었다. 불트만은 성서에 나타난 예수 관련 정보의 많은 부분이 유대교 주석/전설 모음집 미드라시에 전해 내려온 것이라는 사실을 알고 있었다. 따라서 그는 성서는 신학적으로만 이해할 수 있다는 결론을 내렸다. 역사적 예수가 존재했을지는 모르지만 중요한 것은 그의 생애에 관한 구체적인 내용들보다 그가 케리그마kerygma, 즉 '그리스도를 통해 신의 결정적 행위를 선포하는 것'의 본보기라는 부분이었다.⁴⁴ 불트만에 따르면 사람들은 신앙을 가질 때 '은총'에 진입할 수 있다. 신으로부터 '계시'를 받을 수 있는 것이다. 불트만은 실존주의의 몇몇 아이디어도 채용했다. 그러나 사르트르류가 아니라 하이데거류의 실존주의였다(불트만은 독일 사람이다). 하이데거에 따르면 모든 이해는 해석을 포함한다. 따라서 기독교인이기 위해서는 그 길을 따르겠다는(이것이 바로 신앙의 의미다) 결단을 내려야만 한다. 이때 성서는 안내자가 된다.⁴⁵ 이러한 분석에 역사가 문제가 된다는 점을 불트만은 인정했다. 기독교의 중요한 사건들은 왜 오래 전에 그 장소에서 일어났는가? 그의 답변은 역사는 과학적인 방식보다는 일부 동양 종교의 경우처럼 순환론적으로, 실존적으로 보아야 한다는 것이었다. 여기서 의미란 신앙을 가진 각 개인이 자신의 힘으로 만들어내는 것이다. '멋대로 해도 좋다'는 철학을 옹호하는 것은 아니었다. 불트만은 비판자들과 더불어 신약에서 무엇을 탈신화화할 수 있고, 무엇을 탈신화화할 수 없는지를 토론하는 데 상당한 시간과 노력을 쏟았다.⁴⁶ 그에 따르면 신앙은 종교의 역사 또는 역사 자체를 연구하거나 과학적으로 조사해서 성취할 수 있는 것이 아니다. 종교적 체험이 문제다. 케리그마는 그가 말하는 '탈신화화된' 방식으로 성서를 읽을 때에만 획득할 수 있다. 마지막으로 또 하나 논란의 소지가 큰 주장은 기독교가 이 세계에서 특수한 종교라는 것이었다. 그가 볼 때 그리스도교, 지상에서 신의 행위로서의 그리스도의 존재는 '도저히 달리 어찌 할 수 없는 결정적인 성격을 갖는다.' 불트만은 세기 전환기에 "서구 문화가 처음으로 세계문화가 되어가고 있는 것처럼 보인다면 기독교 역시 모든 인간에게 결정적인 지위를 갖게 되는 도정에 있는 것으로 보인다"고 생각했다. 물론 그런 일은 일어나지 않았고, 1950년대는 '서로 다른 종교들이 지상에서 오래 함께 공존할 필요가 있을 것처럼' 보였다.⁴⁷ 종교들은 진화하며, 기독교는 가장 발전된 종교라고 하는 주장과 가까운 이야기였다.⁴⁸

불트만이 실존주의와 역사주의에 대한 응답이라는 면에서 가장 독창적이고 비타협적인 신학자라고 한다면 테야르 드 샤르댕Teilhard de Chardin(1881~1955)은 진화와 관련해 동일한 역할을 수행했다. 마리 조셉 피에르 테야르 드 샤르댕은 1881년 5월 1일 생으로 열한 형제 중 넷째였다. 형제 가운데 일곱은 어려서 사망했다. 그는 예수회에서 운영하는 학교에 다녔다. 대단히 명민한 학생이었지만 수업보다는 암석에 더 열중했다. 1890년 엑상Aix프로방스에서 예수회 수련수사novitiate가 되었고, 1901년에 처음 서원誓願을 했다.⁴⁹ 그러나 암석에 대한 지대한 관심은 지질학, 고생물학, 그리고 진화론에 대한 열정으로 발전했다. 테야르 드 샤르댕은 나름대로 종교와 과학, 창세기와 다윈의 거창한 싸움을 통합했다. 교단의 명에 따라 1920년대, 30년대, 40년대에 중국으로 파견됐다. 현지에서 저우커우뎬 발굴에 나서 베이징 원인 유골을 발견하기도 했다. 그는 베이징 원인과 베이징 원인 문화를 발견한 데이비드슨 블랙Davidson Black과 페이원중(裴文中)을 만났다. 선사시대 고고학자 아베 브뢰유와 친구가 되면서 스페인 북부의 동굴 벽화를 알게 됐다. 진화종합설에 큰 역할을 한 조지 게일로드 심프슨George Gaylord Simpson과 줄리안 헉슬리, 1954년부터 7권짜리 대작 『중국의 과학과 문명Science and Civilisation in China』를 낸 조셉 니덤Joseph Needham과도 친구가 됐다. 마가렛 미드와도 친분이 있어서 편지를 주고받았다. 이런 배경이 특히 중요한 이유는 그가 선택한 분야인 인류의 탄생이 그의 신학에 깊은 영향을 미쳤기 때문이다. 이런 교류와 재능을 통해 그는 그 누구도 할 수 없는 방식으로 교회와 과학, 특히 진화론을 화해시키는 쪽으로 나아갔다.

샤르댕에게 있어서 다윈의 관념은 세계가 플라톤이나 그리스인들 시대에 적합했던 정적 우주에서 진화하는 동적 우주로 바뀌었다는 것을 보여주었다. 그 결과 종교들도 역시 진화했으며 인간이 진화를 발견했다는 자체가 자신의 인간성의 뿌리를 파헤치는 과정에서 영적 진보를 이루고 있다는 이야기였다. 우주의 궁극적 사건은 그리스도의 현현이었으며, 이를 샤르댕은 사실로 받아들였다. 그에 따르면 그리스도라는 사건은 비진화론적 사건임이 자명하며—우주 역사에서 유일한 사건이다—바로 거기에 그 사건의 중요성이 있다. 따라서 성서에 계시된 그리스도의 진정한 본질은 인간이 무엇을 향해 진화해가고 있는지를 보여주는 것이었다.[50] 진화는 신의 문제라고 그는 믿었다. 과거를 향해 있을 뿐 아니라 그리스도라는 사건과 연결돼 우리에게 앞으로 나아갈 길을 보여주기 때문이다. 샤르댕 자신은 인종주의에 관심도 없고 자신은 인종주의자가 아니라고 분개하기도 했지만 '진화의 첨단 역할을 하는 일부 종족이 있고, 막다른 골목에 도달한 종족도 있다'라고 분명히 밝혔다.[51]

평생 동안 샤르댕은 종교와 과학의 종합이라는 대작을 기획했다. 책 제목은 『인간현상 Le Phénoméne humain』이었다. 책은 1940년대 초에 완성됐지만 예수회 신부로서 우선 바티칸에 원고를 제출해야 했다. 명시적으로 출판을 거부당하지는 않았지만 여러 차례 개정할 것을 요구받았다. 1955년 그가 죽을 때까지 책은 여전히 미출판 상태였다.[52] 마침내 책이 세상에 모습을 드러냈을 때 샤르댕이 진화를 죄의 근원으로 본다는 점이 분명해졌다. "뭔가를 더듬어 찾는 행위가 없으면, 우연의 개입이 없으면, 진화란 불가능하기 때문이다. 따라서 간섭과 실수가 늘 가능하다."[53] 그에 따르면 그리스도가 사람의 모습으로 나타났다는 사실 자체가 인간이 진화 과정에서 그 사건의 의미가 무엇인지 제대로 파악할 수 있는 단계에 도달한 것이다. 샤르댕은 진화는 생물학적으로나 종교적으로 더 계속될 것이며, 더 높은 형태의 의식이 출현할 것이라고 믿었다. 이는 일종의 집단의식이라는 점에서 종족무의식에 관한 융의 견해와 비슷하다는 점을 그는 인정했다(프로이트의 이론은 아주 우습게 여겼다). 샤르댕은 콜레주 드 프랑스의 교수 자리(아베 브뢰유가 있던 자리였다)는 거절당했지만 프랑스학술원 회원으로 선출됐다.

그러나 교회의 관심이 신학에만 있지는 않았다. 교회는 목회조직이기 때문이다. 전후의 종교 사상가로 영향력이 컸던 라인홀드 니부어(1892~1971)가 가장 관심을 쏟은 부분이 목회 개념의 재정립이었다. 목회는 본질적으로 신학적인 문제라기보다 실제적이고 실용적인 것이기 때문에 니부어가 미국인이라는 점은 주목된다. 그는 미국 중서부 출신으로 초기에 자동차 산업 중심지인 디트로이트에서 목사로 활동했다. 『신앙인과 불신자 The Godly and the Ungodly』(1958)에서 그는 전후 미국을 비생산적 경건주의로부터 구해내는 일에 나서면서 기독교를 새롭게 정의하고 과학이 결코 손댈 수 없는 삶의 영역들을 재확인했다.[54] 이 책에 나오는 장마다 니부어의 불안감이 드러난다. '경건한 미국과 세속적인 미국', '금세기 중반의 좌절', '미국의 고등교육', '자유와 평등'은 물론이고 흑인과 반유대주의에 관한 장도 그렇다. 니부어는 미국이 여전히 어떤 면에서는 순진한, 심지어 감상적인 나라라고 생각했다. 그는 순진성이 어떤 강점이 있다는 것을 인정했다. 그러나 부정적으로 보자면 그는 미국의 많은 종파적 교회들이 여전히 프런티어 멘탈리티 같은 것이 있다고 느꼈다. 이는 세상으로 향하기보다는 세상으로부터 도피하는 일종의 경건주의였다. 그는 본보기로 앞서 나아가는 것, 종교와 미국의 사회·정치를 혼합하는 것이 사명이라고 생각했다. 결국 기독교인들이 어떻게 사랑을 드러내 보이느냐, 어떻게 세상에서 의미를 찾느냐의 문제라고 그는 말했다. 그는 고등교육에 일부 잘못이 있다고 봤다. 미국 대학에서 제공하는 교과목들이 너무 표준화돼 있고, 너무 내면 지향적이어서 복합적인 사고를 제대로 할 줄 아는 학생을 키우지 못하고 있으며, 이는 흑인과 유대인에 관한 장에서 살펴본 불관용의 원인이 된다는 것이다. 그는 경건한 미국인들이 마음에 들지 않는 모든 것에 '믿음이 없다'는 딱지를 붙이는데 이는 누구에게도 이롭지 못하다는 점을 분명히 했다.[55]

니부어는 창조의 신비, 자유의 신비, 죄의 신비라고 하는 '세 가지 신비'를 논하면서 이는 과거에도 존재했고, 앞으로도 항상 존재할 것이라고 말했다. 과학은 창조의 순간을 더더욱 뒤로 돌리겠지만 과학이 도달할 수 있는 지점을 넘어서는 신비는 늘 존재할 것이다. 자유와 죄는 연결돼 있다. "인간의 죄의 신비는 합리적 설명을 쉽게 허용하지 않는다. 왜냐하면 죄는 선의 타락, 즉 인간의 자유이기 때문이다."[56] 그는 이런 신비에 관해 계시의 희망을 제시하지 않았다. 그는 미국이 비즈니스에 매몰된 나머지 자유가 실질적으로 제한받고 있으며, 진정한 자유, 즉 악에 대한 진정한 승리는 종교의 정신으로 동료 인간들에 대해 사회적, 정치적으로 관심을 갖고 행동을 하는 데서 비롯된다고 생각했다. 니부어의 분석은 향후 수십 년에 걸쳐 교회들이 사회정치적 문제에 대해 참여를 확대해가는 과정을 미리 포착해낸 징표였다. 물론 니부어는 그 조용한 산문체가 보여주듯이 급진파는 결코 아니었다.⁵⁷

가톨릭도—적어도 이론적으로는—이런 정신의 세례를 받았다. 1962년 10월 11일 추기경, 주교, 대수도원장 등 2,381명이 로마에 모였다. 이날 개막된 거창한 회의는 가톨릭 교회의 활력을 되찾고, 당대의 중요한 사회문제에 좀 더 깊은 관심을 보임으로써 종교적 재생을 촉진하기 위한 자리였다. 제2차 바티칸 공의회Second Vatican Ecumenical Council로 불리는 이 회의를 처음 소집한 것은 1959년 당시 새로 선출된 교황 안젤로 주세페 론칼리Angelo Giuseppe Roncalli였다. 론칼리가 선택한 교황 호칭은 요한 23세John XXIII였다. 열한 번째 투표에서 겨우 선출된 론칼리는 당시 77세 생일을 한 달 앞둔 상태여서 교회 관계자들은 곧 젊은 교황에게 자리를 넘겨줄 임시 교황쯤으로 생각했다. 그러나 이 땅딸막한 남자가 모두를 놀라게 했다. 타고난 실용적 품성이 당대의 분위기에 완벽하게 맞아떨어진 것이다. 그래서 텔레비전 시대 최초의 교황으로서 그는 곧 어떤 전임자도 누리지 못한 세계적인 인기를 얻었다.

2차 바티칸 공의회가 소집됐을 때 사람들의 기대는 대단했다. 좀 더 전통적인 층으로서는 우선 공의회가 소집됐다는 자체가 충격이었다. 제1차 바티칸 공의회는 92년 전에 열렸다. 당시 가장 중요한 결정은 신학적 문제에 관해 교황이 오류가 없다는 것이었다. 그런 순수주의자들에게는 새 공의회는 불필요했다. 교황은 모든 주교와 대수도원장들을 초청하면서 설문지를 보내 공의회에서 논의할 많은 문제에 대해 먼저 의견을 내달라고 했다. 공의회가 시작됐을 때 보좌관 천 명도 추가됐다. 다른 종교에서도 백 명의 공식 옵서버를 보냈고, 기자도 수 백 명이 참관했다. 그런 모임으로는 단연 20세기 최대 규모였다.⁵⁸

로마의 교황 보좌진은 69가지 아젠다를 준비했다. 아젠다는 나중에 19가지로 줄었다가 다시 13가지로 축소됐다. 아젠다 하나하나에 대해 교령敎令 초안을 마련하고 교황과 직속 보좌관들의 생각을 담은 토론 문건을 작성했다. 공의회 시작 직전인 1961년 5월 15일 교황은 회칙 「어머니와 스승Mater et Magistra」을 공표했다. 어떻게 하면 교회가 인류가 직면한 사회문제들에 대해 좀 더 적극적인 목소리를 낼 수 있을까를 다룬 내용이었다. 몇몇 관측통이 지적한 대로 이 회칙도 공의회도 시기상조가 아니었다. 프랑스 도미니크회 수사 이브 콩가르Yves Congar는 1961년 현재의 상황을 이렇게 요약했다. "(지구촌 인류) 네 명 중 한 명은 중국인이고, 세 명 중 두 명은 기아에 허덕이고 있으며, 세 명 중 한 명은 공산주의 체제에 살고 있고, 기독교인 두 명 중 한 명은 가톨릭이 아니다."[59] 실제로 공의회는 완전한 성공과는 거리가 멀었다. 1962년 10월 11일에 개막된 1차 회의는 같은 해 12월 8일까지 계속됐다. 주교들은 매일 아침 두 세 시간을 토론으로 보냈다. 교황은 이듬해 4월 두 번째 회칙 「지상의 평화에 관하여Pacem in Terris」를 발표했다. 특히 냉전시대 평화의 문제를 논한 내용이었다. 유감스럽게도 요한 23세는 1963년 6월 3일 서거했다. 후임자인 조바니 바티스타 몬티니Giovanni Battista Montini, 즉 바오로 6세Paul Ⅵ는 원래 일정을 고수했다. 그래서 1963, 64, 65년 가을에 세 차례 더 회의가 열렸다.

회의를 가까이서 지켜본 관계자들에게는(세계가 주시하고 있었다) 가톨릭 교회가 현대화를 시도하는 것으로 보였다. 그러나 가톨릭이 여러 면에서 강해진 것 같기는 했지만 로마 자체는 사실상 변화가 불가능하다는 걸 보여줬다. 보는 사람에 따라 다르지만 가톨릭 교회는 이제 겨우 중세에서 벗어나 17세기나 18세기, 아니면 19세기를 향해 굼뜬 걸음을 내딛고 있었다. 그러나 교회가 현대화됐다고 생각하는 사람은 아무도 없었다. 하나의 문제는 토론 스타일이었다.[60] 대부분의 이슈에 대해 '진보파'와 '수구파'가 대립했다. 당연히 예상된 문제였다. 그러나 공개적인 토론이나 의견 다툼이 교황의 결정으로 끊기는 일이 너무 잦았다. 거기서 남는 문제는 교황의 소위원회에 넘겨져 막후에서 적당히 처리됐다. 교리는 주교들 손에 장악됐으며, 평신도들은 철저히 배제됐다. 프로테스탄트 및 동방 정교회들과의 교회 일치 논의에서는 가톨릭의 우위를 분명히 했다. 전례는 라틴어에서 해당 지역 언어로 바꾸는 것이 허용됐다. 일부 교회의 역사적 과오에 대해서도 인정했다. 그러나 그런 것에 비하면 산아제한에 대한 교회의 고집스러운 반대는, 옵서버로 네 차례 회의에 모두 참석한 폴 블랜샤드Paul Blanshard(미국의 작가이자 법률가 : 옮긴이)의 말을 빌리면 '최악의 참패'였다.⁶¹ 성서 해석이나 성모 마리아의 지위, 교회 내 여성의 지위 같은 문제에 관해서 가톨릭은 변화할 의사가 없으며, 로마에 끌려 다닌다는 것을 분명히 보여주었다. 아마 공의회가 열린다는 사실 자체에 대해 기대가 너무 높았던 것 같다. 곧바로 교회에 민주주의가 확대될 것이라는 희망을 품은 것이다. 미국은 이제 세계적으로나 교회 내에서 가장 큰 세력이 되었다. 그런데 로마의 행동양식은 대서양 건너편 미국과는 잘 어울리지 않았다.⁶² 2차 바티칸 공의회가 전 세계 가톨릭 교도 수에 어떤 영향을 미쳤는지는 불분명하다. 그러나 그 이후에도 이혼율은 계속 증가했다. 가톨릭 국가에서도 마찬가지였다. 그리고 여성들은 산아제한에 관한 한 은밀히 자기결정권을 행사했다. 그런 의미에서 2차 바티칸 공의회는 실패였다.

많은 사람들에게 20세기의 가장 아름다운 이미지는 피카소나 잭슨 폴록, 바우하우스 건축가나 할리우드 카메라맨들이 만든 것이 아니었다. 그것은 한 장의 르포르타주 사진이었는데 썩 독창적이라고 할 만한 것도 아니었다. 바로 우주에서 지구 자체를 찍은 사진이었다. 대기 중의 수분 때문에 약간 파래진 지구를 보여주는 이 사진이 감동적인 이유는 이 세계를 남들이 우리를 들여다보듯이 보여주기 때문이다. 여기서 지구는 작고, 특히 유한한 하나의 장소로 각인된다. 많은 사람들의 마음을 움직인 것은 바로 유한하다는 사실이었다. 인간이 달에 발을 디딘 사건은 지구의 인구가 영원히 늘어날 수는 없으며, 지구의 자원은 유한하다는 사실을 우리가 깨닫는 순간이었다. 환경운동이 우주 탐사 경쟁과 짝해서 발전하고, 우주여행이 현실이 된 시기에 정점에 도달했다는 것은 우연이 아니다.

생태운동ecological movement은 19세기 중반에 시작됐다. 독일 생물학자 에른스트 헤켈Ernst Haeckel이 만든 조어 생태학Oekologie은 '가계家計'라는 뜻의 그리스어 오이코스oekos를 어근으로 사용해 경제학Oekonomie과의 연관성을 부각시켰다. 20세기 초 독일 경제 사상가들은 생태학에 대한 열정(국가사회주의 사상의 한 축을 이루기도 했다)을 표현했다.⁶³ 그러나 생태학적 사고는 독일, 영국, 미국 어디서든 (세 나라에서 생태학적 사고가 가장 활발했다) 1960년대 이전에는 도시에 대비해 시골—자연, 농촌의 삶—을 강조하는 사상이었다. 이런 양상은 헤켈뿐 아니라 영국의 계획가들(에베네저 하워드의 전원도시와 페이비언 사회주의자들)과 청소년 교육 단체 '숲의 사람들Woodcraft Folk', D. H. 로렌스, 헨리 윌리엄슨Henry Williamson, J. R. 톨킨 Tolkien 같은 작가들의 저술에서도 반영됐다.[64] 독일에서는 후일 나치 친위대 대장이 되는 하인리히 힘러Heinrich Himmler가 유기농 실험을 했었다는 것이 그로테스크하다. 어쨌든 1960년대 들어 나타난 우려에는 세 가지 뿌리가 있었다. 하나는 2차 대전으로 촉발된 인구 폭발이 그제야 뚜렷한 현상으로 부각됐다는 점이다. 둘째로는 복지국가들이 많은 경우 낭비적이고 비인간적인 계획을 추진하는 과정에서 타운과 도시들이 완전히 파괴되는 현상이 벌어졌다는 점이다. 그리고 셋째로 우주 탐사 경쟁이다. 우주 탐사 이후 지구를 흔히 (자원이 유한하기 때문에 구성원 모두가 공동선을 위해 합심 협력해야 한다는 의미에서) '지구호spaceship Earth'라고 지칭하게 되었다.

존슨 대통령은 1964년 봄 미시간에서 위대한 사회에 관한 연설을 하면서 열악해진 환경을 우리가 행동에 나서야 하는 이유의 하나로 꼽았다. 당시 그는 도시들의 파괴와 제인 제이콥스가 비판한 도시의 해체도 염두에 두고 있었다. 그러나 좀 더 직접적인 자극이 된 것은 또 다른 여성이 쓴 책이었다. 이 책은 농약산업과 기업의 탐욕이 시골과 자연에—식물과 동물은 물론이고 인간에게도—얼마나 큰 폐해를 야기하는지를 열정적으로 파헤쳐 세계의 양심을 뒤흔들었다. 레이첼 카슨Rachel Carson의 『침묵의 봄Silent Spring』이었다.[65]

책이 나온 1962년이면 레이첼 카슨(1907~1964)은 미국에서 어지간히 알려진 인물이었다. 카슨은 제대로 코스를 밟은 생물학자로 1940년 창설된 미국어류야생동식물국U.S. Fish and Wildlife Service에서 오랫동안 일했다. 이미 1951년에 『우리 주위의 바다The Sea Around Us』를 낸 바 있었다. 이 책은 출간에 앞서 〈뉴요커〉지에 발췌본이 연재됐고, 이달의 책 클럽 필독서로 추천됐으며, 〈뉴욕 타임스〉 베스트셀러 명단에 여러 달 동안 올랐다. 그러나 『우리 주위의 바다』는 논쟁적이라기보다는 해양의 이모저모를 본 대로 그려낸 정직한 기록이었다. 한 생명체가 어떻게 다른 생명체들과의 관계 속에서 균형을 만들어내는지, 그런 상호 의존적 균형이 자연이 지속되고 아름다움을 드러내는 데 얼마나 중요한지를 보여주는 내용이었다.[66]

『침묵의 봄』은 전혀 달랐다. 카슨 전기를 쓴 린다 리어Linda Lear의 지적대로 분노가 담긴 책이었다. 물론 분노를 마구 분출하지는 않는다. 1950년대가 한 해 두 해 가는 동안 카슨은 살충제가 환경에 미치는 해악에 관한 증거들을 쌓아갔다. 언론 보도에서 모은 것도 있고, 동료 과학자들의 연구 결과도 있었다. 1950년대는 경제 팽창기였고, 전시에 이룩한 과학적 발견들이 평화적 용도로 많이 활용되고 있었다. 긴장을 더해가던 냉전은 『침묵의 봄』이 나올 무렵 최고조에 달했다. 책을 쓴 이면에는 카슨 개인의 비극적인 개인사가 스며 있다. 『우리 주위의 바다』가 나왔을 때 카슨은 이미 유방암 수술을 받은 상태였다. 『침묵의 봄』을 쓰면서는 십이지장궤양과 류머티즘성 관절염을 앓았다(1960년에 53세였다). 암도 재발했다. 다시 수술을 하고 방사선치료를 받았다. 책의 대부분은 병상에서 썼다.[67]

1950년대 말, 일상생활의 일부가 된 많은 오염원들이 독성 부작용을 일으킨다는 사실이 분명해졌다. 가장 큰 우려의 대상은 담배였다. 건강에 직접적인 영향을 미치기 때문이다. 서구에서 담배를 피운 것은 300년이나 되지만 흡연과 폐암의 연관성은 1950년에 가서야 제대로 공표됐다. 두 개의 보고서가 나왔는데 하나는 《영국 의학 저널》에, 다른 하나는 《미국의학협회지》에 실렸다. 둘 다 '흡연이 폐의 악성종양 생성에 중요한 인자'라는 내용이었다.[68] 충격적인 연구 결과였다. 실험을 했던 영국 의사들은 20세기 들어 폐암 발생률이 높아진 데에는 다른 환경적 요인—자동차 배기가스나 타르 포장 도로 등등—도 작용했다고 생각했다. 영국과 미국 쪽에서 실험 결과가 나오자마자 바로 그해에 독일과 네덜란드에서도 같은 결과가 확인됐다.

카슨은 자신이 모은 증거를 통해 일부 살충제가 담배보다 독성이 훨씬 더 하다는 것을 확신하게 됐다. 가장 악명 높은 것이 DDT(dichloro-diphenyl-trichloroethane의 약자로 독성이 강한 농업용 살충제 : 옮긴이)였다. 1945년부터 농약으로 널리 사용됐는데 10여 년이 흐른 당시에 와서는 조류, 곤충, 식물의 죽음은 물론이고 암 발생으로 인한 인간 사망과도 연관이 있는 것으로 나타났다. 카슨은 캘리포니아 주 클리어 레이크 지역을 생생한 예로 들었다.[69] 클리어 레이크Clear Lake에서 디디티의 변종인 DDD가 사용된 것은 1949년부터였다. 호수 일대에서 어민과 행락객을 괴롭히는 각다귀를 제거하기 위한 것이었다. 나름대로는 사용량을 세심하게 조절했다. 처음에는 농도를 7,000만 분의 1로 했다. 그러나 5년 뒤 각다귀가 돌아왔다. 이번에는 농도를 5,000만 분의 1로 높였다. 새들이 죽어나가기 시작했다. 그러나 처음에는 DDD와 새의 죽음 사이에 무슨 관계가 있는지 알지 못했다. 1957년에는 호수 일대에 DDD를 더 많이 쳤다. 새들이 더 많이 죽고, 물고기들까지 죽기 시작하자 조사가 시작됐다. 논병아리들 몸속에서 잔류농약이 100만 분의 1,600 수준으로 검출됐고, 어류는 100만 분의 2,500이나 됐다. 그제야 일부 동물의 체내에 화학물질이 치명적인 수준으로 축적돼 있다는 사실을 알게 됐다.[70] 그러나 카슨이 진짜 놀란 것은 예기치 않던 화학물질의 축적이 아니었다. 사안마다 천차만별이고, 인간의 작위가 관련된 경우가 많다는 점이었다. 예를 들어 아미노트리아졸은 크랜베리(덩굴월귤)가 자라는 습지에 사용이 허용된 제초제였다. 단 크랜베리 수확이 끝난 다음에 뿌리도록 했다. 이런 조건을 단 이유는 실험실에서 쥐를 대상으로 실험한 결과 아미노트리아졸이 갑상선암을 유발하는 것으로 나타났기 때문이다. 그러나 일부 농민들은 수확기 이전에 아미노트리아졸을 뿌렸다. 따라서 제초제 자체가 잘못이라고 할 수도 없었다.[71] 이 책이 1962년 단행본으로 나오고 〈뉴요커〉에 발췌본이 소개되면서 엄청난 반향을 얻은 것은 바로 그 때문이었다. 카슨은 살충제 자체가 생각보다 훨씬 더 치명적일 뿐 아니라, 산업용 사용지침이라는 것도 부적절한 경우가 많고 그나마 실제 사용 과정에서는 무시되기 일쑤인 현실을 보여주었다. 그녀는 언제 어디서 누가 죽었는지를 밝히면서 연관이 있는 살충제 제조회사 명단을 공개했다. 그러면서 야생동식물과 인간에 대한 배려는 깡그리 무시하고 탐욕과 이윤만을 앞세우는 기업들의 행태를 비난했다.[72] 『우리 주위의 바다』와 마찬가지로 『침묵의 봄』이 베스트셀러 명단 최상위에 오른 데에는 당시 사회를 시끄럽게 했던 탈리도마이드 사건이 큰 역할을 했다. 임신부가 임신 초기에 먹은 약(진정제나 수면제)이 기형아 출산으로 이어질 수 있다는 사실이 밝혀진 것이다.[73] 카슨은 보람을 느꼈을 것이다. 케네디 대통령이 과학자문위원회 특별회의를 소집해 카슨의 주장을 검토하도록 한 것이다. 1964년 4월 그녀가 세상을 뜨기 직전의 일이었다.[74] 그러나 카슨의 진정한 유산은 5년 뒤에 실현됐다. 1969년 미국 의회는 모든 정부 정책에 대해 사전 환경영향평가를 의무화하는 환경정책법을 통과시켰다. 같은 해에 살충제 DDT 사용이 사실상 금지됐다. 이어 1970년에는 미국 연방기관으로 환경청Environment

Protection Agency이 설립되고, 맑은공기개정법이 통과됐다. 1972년에는 물오염통제법, 연안관리법, 소음통제법이 제정됐다. 이듬해인 1973년에는 멸종위기 종 보호에 관한 법률이 통과됐다.

미국에서 이런 일이 벌어지는 사이 1969년 로마에서는 전 세계 39개국 대표들이 모여 환경오염 문제를 논의했다. 그 결과를 담은 보고서 『성장의 한계The Limits to Growth』는 '벌써 늦었다'는 게 결론이었다. 이대로 가면 앞으로 백 년 후면 성장이 한계에 도달하고, 유한한 지구 자원은 고갈되어 인구와 산업 생산 능력이 '파국적인' 하락을 맞을 것이라는 경고였다.[75] 이런 우울한 전망을 극복하기 위한 시도가 바로 필요했다. 같은 해에 바바라 워드Barbara Ward(영국의 경제학자이자 작가. 일찍이 제3세계 저개발 문제를 연구했고, 1960년대부터 환경 문제에 관심을 쏟았다. 1914~1981 : 옮긴이)와 르네 뒤보René Dubos(프랑스의 미생물학자이자 작가. 1960년대 후반부터 환경운동에 나섰다. 1901~1982 : 옮긴이)가 유엔 인간환경세계회의에 보고서를 제출했다. 제목은 『하나뿐인 지구Only One Earth』로 메시지 내용은 로마 보고서와 거의 같았다.[76] 1970년에는 독일에서 '농민회의Bauernkongress'가 설립됐고, 1973년에는 환경운동가들이 프랑스와 영국에서 처음 국회의원 후보로 나섰다. 이런 변화가 일어나는 동안 1973년 욤키푸르 전쟁Yom Kippur War(1973년 10월 6일부터 10월 26일까지 계속된 아랍연합군과 이스라엘 간의 전쟁. 제 4차 중동전쟁이라고도 한다 : 옮긴이)이 터졌다. 그 결과 산유국 카르텔인 석유수출국기구(OPEC)는 유가를 대폭 올려 석유위기를 초래했다. 일부 국가에서는 휘발유 배급제를 실시했다. 배급제는 2차 대전 이후 처음이었다. 지구 자원의 유한성뿐 아니라 그런 성장의 한계가 정치적 결과까지 유발한다는 것을 여실히 보여준 사건이었다.

찰스 라이시Charles Reich(1928~)는 예일대와 버클리대에서 교수로 활동한 법학자로 환경혁명은 환경 그 이상의 것이라고 주장했다. 진정한 역사의 전환점이며 인간 본성이 변하는 출발점이라는 것이다. 『젊어지는 미국The Greening of America』(1970)에서 라이시는 미국에는 세 가지 유형의 의식이 존재한다고 주장했다. "의식 I은 농민, 소규모 자영업자, 노동자들의 전통적인 태도이다. 의식 II는 조직사회의 가치관을 말한다. 의식Ⅲ은 새로운 세대다. …… 첫 번째가 19세기에 형성된 의식이라면, 두 번째는 금세기 전반에, 그리고 세 번째는 지금 막 생성되고 있는 것이다."[77]

이러한 구분을 넘어서서 라이시는 대단히 독창적인 종합을 시도한다. 대중문화를 논의에 끌어들여 대중가요나 영화, 서적들이 왜 그러한 힘과 인기를 누리는지 설명한다. 그는 의식Ⅰ에는 별로 관심을 쏟지 않았다. 대신 의식Ⅱ의 정체를 폭로하는 데 집중한다. 이 부분에서 라이시는 헤르베르트 마르쿠제의『일차원적 인간』과 W. H. 화이트의『조직 인간』에 개진된 사상을 바로 계승했다. 라이시에 따르면 1950년대 중반 이후 세계는 열악해졌다. 우리는 이제 거대한 조직들에 더해서 광범위하면서도 익명적이고 많은 경우 임의로 권력을 휘두르는 '조합국가corporate state' 체제에 살고 있다. 라이시는 레이먼드 챈들러Raymond Chandler(미국 탐정소설·시나리오 작가 : 옮긴이)의『빅 슬립Big Sleep』이나『안녕 내 사랑Farewell My Lovely』같은 작품이 인기를 누린 데에는 아무도 믿을 수 없는 세계에 대한 묘사가 큰 역할을 했다고 주장했다. 그런 세계에서 인간은 오로지 자신의 위트만으로 살아남을 수 있다는 것이다. 제임스 존스James Jones의『지상에서 영원으로From Here to Eternity』는 필립 로스의『포트노이의 불평』과 마찬가지로 한 젊은이가 거대한 익명의 조직(이 경우는 군대다)에 맞서는 과정을 그렸다. 영화「카사블랑카」의 매력은 '험프리 보가트Humphrey Bogart가 아직까지도 행동에 나섬으로써 운명을 바꿀 수 있는 남자 역을 맡았다'는 데 있다고 라이시는 지적했다. "아마도 카사블랑카는 대부분의 미국인들이 그렇게 믿은 마지막 순간이었을 것이다."[78]

라이시는 많은 대중적인 작품들이 의식Ⅱ의 이런저런 측면을 겨냥하고 있다는 사실을 보여주면서 논의를 끌어갔다. 스탠리 큐브릭Stanley Kubrick 감독의「2001: 스페이스 오디세이2001: A Space Odyssey」(1968)에서는 한 우주인이 호텔 내지는 모텔 방 같아 보이는 장소에 나타난다. 값 비싼 장식에 탄력 있는 방에서 그가 할 수 있는 일은 아무것도 없다. '반응을 요구하는 게 아무것도 없다.'[79] "[미국 영화에서] 일하는 인간을 묘사한 장면은 거의 모두 현대 산업사회[즉 조합국가] 바깥에서 일하는 인간이다. 카우보이일 수도 있고, 서부 개척민일 수도 있고, 사설탐정이나 갱, 제임스 본드 같은 모험가, 또는 스타 기자일 수도 있다. 그러나 보통 사람의 노동에

만족과 의미를 부여하려는 영화는 없다. 이와 대조적으로 조지 엘리엇이나 찰스 디킨스, 딘 하웰스, 햄린 갈런드Hamlin Garland, 허먼 멜빌Herman Melville 같은 작가들의 소설은 노동하는 보통 사람들의 삶을 다루면서 예술을 통해 더 큰 의미를 부여한다. 우리 예술가들, 우리 광고업자들, 그리고 우리 지도자들은 우리에게 우리가 사는 세계에서 노동하는 법을 가르쳐주지 않았다."[80] 라이시는 의식Ⅲ 단계는 J. D. 샐린저Salinger의 『호밀밭의 파수꾼 The Catcher in the Rye』(1951)에서 시작되지만 밥 딜런Bob Dylan, 크림Cream(밴드), 롤링 스톤스Rolling Stones, 크로스비Crosby, 스틸스 앤드 내시Stills and Nash의 음악과 노랫말로 힘을 얻게 된다고 봤다. 밥 딜런의 「괜찮아, 엄마(그냥 피가 날 뿐이에요)It's Alright, Ma(I'm only Bleeding)」는 그 어떤 사회학 논문보다도 일찍이 경찰의 잔혹성을 철저히 폭로한 사회비판적 내용을 담고 있다. 비틀스의 「엘리너 릭비Eleanor Rigby」와 「스트로베리 필즈 포에버Strawberry Fields Forever」는 그 어떤 심리학 강좌보다도 소외에 대해 훨씬 간결명료하게 발언했다. 라이시에 따르면 같은 논리가 버즈의 「드래프트 모닝Draft Morning」, 더 후the Who의 「토미Tommy」, 크림의 「나는 자유다I Feel Free」에도 적용된다. 그는 마약 문화, 프로콜 하룸의 신비한 소리, 그리고 나팔바지까지도 한 데 뭉쳐 공동체에 관한 새로운 이념을 형성했다고 생각했다(나팔바지는 발목 아래가 뻥 뚫려서 다소 기발하지만 춤을 추자는 초대라고 그는 해석했다). 정신병원 환자들의 반란을 다룬 소설 『뻐꾸기 둥지 위로 날아간 새 One Flew Over the Cuckoo's Nest』(1979)를 쓴 켄 키지Ken Kesey 같은 작가들은 새로운 의식을 구현했다. 심지어 에세이 모음집(『The Kandy-Kolored Tangerine-Flake Streamline Baby』, 1979)에서 새로운 의식의 여러 측면에 대해 비판적인 입장을 보인 톰 울프Tom Wolfe조차 경주용 자동차와 서핑 같은 하위문화들subcultures은 이제 사람들이 부모 세대처럼 주어진 것을 묵묵히 받아들이기보다는 나름의 대안적인 삶을 선택한다는 것을 보여주는 사례라고 봤다.

라이시에 따르면 이 모든 것이 합쳐져서 '녹색 운동green movement'으로 발전한다. 베트남 전쟁 반대는 추가적인 요소였다. 그러나 반전 운동의 배후에 있는 기본적인 힘 역시 조합국가 미국 및 기술에 대한 반감이었다. 네이팜탄은 적은 물론이고 환경도 똑같이 파괴했다. 따라서 자원이 유한하다는 인식에 따른 환경 차원의 우려와 함께 조합국가에 대한 거부감은 결국 의식Ⅱ를 대변하는 기술에 대한 회피로 이어졌다. 라이시는 사람들이 손수 빵을 만드는 쪽을 택하기 시작했다고 말했다. 그것도 유기농으로 재배한 재료를 사용해 환경 친화적인 방식으로 만들었다. 여기서 그가 기술하는 내용은 나중에 대항문화로 일컬어지는 것들이다. 이에 대해서는 다음 장에서 자세히 살펴보기로 하자. 라이시는 나이브하지 않았다. 의식Ⅱ, 즉 조합국가 미국이 항복을 할 것이라고는 생각하지 않았다. 대신 환경을 의식하는 공동체와 녹색 정당이 성장하고, 직업적 성공보다는 '소명'으로 돌아가서 의식Ⅱ 단계의 기업들이 빼앗아간 영역을 보전하는 데 헌신하는 사람들이 늘어날 것이라고 보았다.

이와 관련된 논의를 독일 출신 영국 경제학자 프리츠 슈마허Fritz Schumacher(1911~1977)가 『작은 것이 아름답다 Small Is Beautiful』(1973)와 『골치 아픈 사람들을 위한 안내서 Guide for the Perplexed』(1977년 사망하던 해에 나왔다)에서 전개했다.[81] 슈마허는 1911년 본에서 태어났다. 집안에는 외교관과 학자가 많았다. 부모는 그에게 대단히 코즈모폴리턴적인 교육을 시켰다. 덕분에 런던정경대학(LSE)과 옥스퍼드 대학에서 공부했다. 1944년 7월 히틀러 암살 기도에 참여했다가 처형당한 아담 폰 트로트Adam von Trott의 가까운 친구였던 슈마허는 1930년대 말 런던에서 일자리를 잡고 전쟁기간을 영국에서 보냈다. 한때 적성국 외국인이라는 이유로 고초를 겪기도 했다. 종전 후 헝가리 출신 경제학자 니콜라스 칼도어Nicholas Kaldor, 토마스 밸로Thomas Balogh(두 사람은 1960년대 해럴드 윌슨 영국 총리의 경제고문이 된다)와 아주 친하게 지냈으며, 영국석탄공사(NCB) 고위직에 임명됐다. 대단히 독자적인 스타일인 슈마허는 일찍부터 지구의 자원이 유한하며 뭔가 조치를 취해야 한다는 데 착안했다. 그러나 그의 주장은 오랫동안 진지하게 받아들여지지 않았다. 워낙 독특해서 남들에게는 그저 색다른 주장 내지는 정서적 불안의 징표로 보였기 때문이다. 그는 미확인비행물체(UFO)의 존재를 확신했으며, 한때 불교에 심취했고, 젊어서는 종교를 거부했지만 환갑이 되던 해(1971년)에는 가톨릭에 귀의했다.[82]

슈마허는 평생 세계를 누볐다. 특히 페루, 미얀마, 인도 같은 가난한 지역을 많이 다녀봤다. 종교적 감성이 커지고, 환경 위기가 심화되면서, 그리고 서구 대기업은 수많은 제3세계 국가들의 빈곤에 대한 처방이 될 수 없다는 걸 절감하면서 그는 점차 대안적 관점을 발전시켰다. 1971년은 그에게 하나의 전환점이었다. 영국 토양협회 회장이 된 지(그는 원예광이었다) 얼마 안 된 시점에 가톨릭에 입문하고 NCB에서 퇴직한 상태였다. 그는 평소 쓰고 싶던 책을 쓰기 시작했다. 제목은 일단 '집으로 돌아온 사람들Homecomers'이라고 붙였다. 세계가 곧 어떤 위기점에 도달한다는 것이 논지였다. 그는 '서구의 풍요는 비정상이며, 그나마 시대의 징후로 보아 끝나가고 있다'고 생각했다. 서구 사회를 괴롭히기 시작한 인플레이션은 그런 징후의 하나였다. 파티는 끝났다고 슈마허는 말했다. 그러나 "그것이 도대체 누구의 파티였는가? 극소수 국가들의, 그 국가들 내에서도 극소수 사람들의 파티였을 뿐이다."[83] 이 소수가 여전히 권력의 자리에 앉아 있고, 나머지 세계의 만성적 빈곤을 해결하는 데 기업은 거의 아무 역할도 하지 않았다. 빈곤국들이 하룻밤 사이에 저개발 상태에서 발전 상태로 옮아갈 수는 없다. 우리에게 필요한 것은 대지의 사람들이 취할 수 있는 작은 조치들을 많이 쌓아가는 것이라고 그는 말했다. 그러면서 중간급 기술intermediate technology이라는 개념을 도입했다. 슈마허는 1960년대 중반 영국에서 중간기술개발그룹Intermediate Technology Development Group이라는 조직을 만들어 인도나 남아프리카공화국의 전통적인 기술보다는 훨씬 효율적이고 서구 선진국 기업들보다는 훨씬 덜 복잡한 기술을 개발하기 위해 애썼다. (고전적인 예가 태엽 라디오다. 배터리 없이 태엽만 감으면 작동되는 라디오는 오지나 기상 조건이 나쁜 지역에서 활용할 수 있다.) '집으로 돌아온 사람들'이라는 제목은 미래에는 사람들이 공장 대신 집으로, 보다 단순한 기술로 돌아가게 될 것이라는 의미였다. 그런 기술이 좀 더 인간적이고 인도주의적이기 때문이다. 그러나 실제 출간 당시 제목은 그게 아니었다. 출판업자 앤서니 블론드Anthony Blond가 '작은 것이 아름답다'라는 아이디어를 낸 것이다. 다만 슈마허가 단 부제 '인간 중심의 경제학Economics—as if People Mattered'은 그대로 살렸다. 책이 발간되자 여기저기서 서평이 나왔지만 막상 뜨기 시작한 것은 입소문이 퍼지면서였다. 책의 인기는 독일에서부터 일본까지 유행처럼 번졌다.[84] 성감대를 건드린 셈이다. 슈마허는 제3세계 문제에 중점을 두었지만 많은 사람들은 그에 못지않게 거대기업을 증오하고 뭔가 다른 생활양식을 열망하고 있었다. 1977년 사망할 때까지 슈마허는 세계적인 유명인사였다. 미국의 여러 주지사가 환영 모임을 열었고, 백악관에서 지미 카터Jimmy Carter 대통령의 환대를 받았으며, 인도에서는 '간디의 실천자'로 환영을 받았다. 그의 논리의 기저에는 세계의 문제들이 적당히 조절만 된다면 지구상에서 누구나 할 몫이 있다는 생각이 깔려 있었다. 그러나 그런 조절은 경제적인 문제가 아니라 도덕적인 문제였다. 그에게 경제와 종교가 하나가 되고, 가장 중요한 분야가 된 것은 바로 그 때문이었다.[85] 슈마허의 논리는 라이시가 말한 의식Ⅲ 단계를 실천적인 차원에서 명확히 보여주는 것이었다.

1970년대 들어 인간이 우리 지구에 미치는 영향에 대한 불안이 증폭됐다. 76년 이탈리아에서 벌어진 소동이 촉매 역할을 했다. 세베소Seveso 인근 살충제 공장에서 다이옥신 가스가 누출돼 주변 일대 애완동물과 가축이 다량으로 죽었다. 78년에는 미국에서 CFC(냉매로 많이 사용되며 상품명은 프레온 : 옮긴이) 사용이 금지됐다. 태양에서 오는 자외선을 걸러주는 오존층의 파괴를 줄이기 위해서였다. CFC로 인한 오존층 파괴가 '온실효과'를 통해 지구온난화를 촉발한다는 것이었다. 1980년에는 세계기후연구계획World Climate Research Program이 발족되었다. 인간의 활동이 기후에 미치는 영향을 조사해 어떤 변화가 예상되는지를 밝히는 연구 작업이었다.

금세기 말에 접어들면서 20년 이상 달에는 인간의 발길이 끊겼다. 우리는 이제 아폴로 계획이 선사했던 낙관주의를 상실해버린 것이다.

제4부
대항문화에서 코소보까지 :
20세기를 넘어 21세기로

THE COUNTER-CULTURE TO KOSOVO
: The View From Nowhere, The View From Everywhere

33

새로운 감성
A New Sensibility

　1973년 10월 6일 토요일 욤키푸르 금식일에 이스라엘에 대한 기습공격이 시작됐다. 북쪽에서는 시리아가, 남쪽에서는 이집트가 쳐들어왔다. 이날은 유대민족 달력에서 가장 신성한 날인 속죄일이었다. 48시간 동안 이스라엘의 존립 자체가 위협받는 듯했다. 시나이반도 바르 레브 방어선Bar-Lev Line이 깨졌고, 지상에 있던 군용기 다수가 아랍연합군의 미사일 공격으로 파괴됐다. 미국이 이틀 만에 20억 달러 이상 규모의 무기를 보내주는 신속한 대응조치를 취함으로써 이스라엘은 간신히 손실을 만회하고 반격에 나서 적을 물리칠 수 있었다. 10월 24일 휴전이 선언됐을 때 이스라엘은 시리아 수도 다마스쿠스 인근까지 포격 거리 이내로 진격한 상태였고, 수에즈 운하 서안에는 교두보를 확보해놓고 있었다.

　욤키푸르 전쟁Yom Kippur War은 단순한 전쟁 이상이었다. 이 전쟁이 촉매가 되어 곧바로 하나의 사건으로 이어졌기 때문이다. 당시 미국 국무장관 헨리 키신저Henry Kissinger는 이 사건을 '금세기 역사에서 가장 중추적인 사건들 가운데 하나'라고 했다. 전쟁이 한창 불을 뿜던 10월 16일 아랍과 일부 비아랍권 산유국들이 원유생산을 감축하고 가격을 70퍼센트나 올렸다. 크리스마스 이틀 전에는 다시 가격을 128퍼센트 인상했다. 원유가는 1년도 채 못 가서 4배나 뛰었다.[1] 이러한 '석유위기'에서 안전한 나라는 없었다. 아프리카와 아시아의 많은 빈국들은 완전히 망가졌다. 서구에서도 네덜란드 같은 일부 지역에서 한동안 기름 배급제가 도입됐다. 기름을 사려고 주유소 앞에 장사진을 친 풍경은 어디서나 흔히 볼 수 있는 모습이었다. 석유파동은 케인스가 예측하지 못한 현상을 불러일으켰다. 스태그플레이션(경기는 불황인데도 물가는 계속 오르는 현상 : 옮긴이)이었다. 욤키푸르 전쟁 이전 서방 선진국 평균 성장률은 5.2퍼센트로 평균 물가상승률 4.1퍼센트보다 꽤 높았다. 그러나 오일쇼크oil shock 이후 성장은 제로 내지 마이너스로 떨어졌지만 인플레이션은 10~12퍼센트로 치솟았다.[2]

역사학자 폴 존슨Paul Johnson의 말을 빌리면 석유파동은 '1945년 이후 단연 가장 파괴적인 경제사건'이었다. 그러나 산유국들이 유가를 인상하고 생산량을 감축한 것은 욤키푸르 전쟁에서 미국이 이스라엘을 지원해 아랍 형제국들이 결국은 패하고 영토까지 상실하게 만든 데 대한 보복 차원만은 아니었다. 세계 경제 구조는 어떤 식으로든 변하고 있었다. 다만 확실히 드러나지 않았을 뿐이다. 아이러니하게도 반란의 해였던 1968년은 미국에서 흑인과 학생 폭력이 정점에 달했던 시기인 동시에 미국의 경제적 영향력이 최고조인 시대이기도 했다. 그해 미국의 생산량이 세계 전체 생산량에서 차지하는 비율은 무려 3분의 1이 넘는 34퍼센트를 기록했다. 그러나 성공 스토리라는 게 대개 그렇듯이 여기에도 또 다른 문제가 싹트고 있었다. 1949년 이후 공산 중국은 미국이 위기시 자신들이 확보한 달러를 동결할지 모른다고 우려했다. 따라서 항상 달러를 파리에 예치해놓았다. 세월이 흐르면서 다른 나라들도 이런 선례를 따랐다. 그래서 '유러달러Eurodollar'(서유럽 금융시장에서 유통되는 미국 달러화 : 옮긴이) 시장이 커졌다. 그러면서 유러크레딧Eurocredit과 유러본드Eurobond 시장이 형성됐다. 이는 워싱턴이나 그 누구의 통제에서도 벗어나는 것으로 지금까지보다 화폐 변동성이 한층 커졌다. 이와 함께 두 가지 변화가 있었다. 하나는 지구가 유한한 자원이라는 환경의식이 생겼다는 점이다. 이는 점진적인 상품가격 상승으로 나타났다. 둘째는 그 특수한 예라고 할 만한 것으로 미국의 자체 원유 생산이 1970년 정점에 이른 후 떨어지기 시작했다는 것이다. 1960년 미국은 원유의 10퍼센트를 수입에 의존했다. 1973년에는 이 수치가 36퍼센트로 올라갔다.[3] 선진국 사회라는 성격 자체에 중요한 변화가 일어나고 있었다. 변화는 1960년대 들어 가속화되면서 분명한 모습을 드러냈지만, 그 실체를 모두가 절감하는 데에는 전쟁이 필요했다.

이런 변화를 처음으로 깊이 성찰한 사람들 중 하나가 특유의 우아함으로 이론을 전개한 경제학자 J. K. 갤브레이스Galbraith였다. 1967년에 그는 『새로운 산업국가 The New Industrial State』를 냈다. 여기서 그는 새로운 비즈니스-경제 질서에 대해 서술하면서 그것이 전통식 자본주의의 성격을 완전히 바꿔놓았다고 주장했다. 출발점은 1960년대가 되면 거대 기업의 성격이 금세기 초와 비교할 때 근본적으로 달라진다는 것이었다.⁴ 포드Henry Ford나 록펠러John Rockefeller, 멜런, 카네기, 구겐하임Guggenheim 같은 사람들이 기업가였던 시절에는 엄청난 리스크를 지고 자기 이름을 딴 회사를 설립했다. 그런데 이런 회사들은 고도로 성숙한 시점이 되면 두 가지 근본적인 면에서 성격이 달라졌다. 우선 더 이상 리더이면서 주주인 한 사람에 의해 운영되는 것이 아니라 매니저들에 의해 운영된다. 갤브레이스는 이들을 '전문 기술 관리 계층technostructure'이라고 불렀다. 이들이 소유한 주식은 얼마 되지 않았다. 갤브레이스에 따르면 이러한 변화가 초래한 중요한 결과의 하나는 현대에는 주주들이 회사에 대해 명목상의 통제력만을 갖는다는 것이다(물론 이론적으로 회사는 주주들 소유다). 그리고 이는 다시 민주주의에 중요한 심리적 파급효과를 미친다. 둘째로 고가의 복잡한 제품을 대량생산하는 성숙한 기업들은 사실상 리스크나 경쟁에 거의 관심이 없다는 점이다. 반대로 그런 기업들은 수요와 수요 증가를 (어느 한도 내에서는) 예측할 수 있도록 정치·경제적 안정을 요구한다. 그 가장 중요한 결과는 성숙한 기업들이 경제에서 계획화를 '선호한다'는 점이라고 갤브레이스는 주장했다. 전통적인 보수주의 입장에서 보면 계획이란 말은 부정적인 의미에서 사회주의나 마르크스주의 같은 냄새를 풍긴다. 그러나 현대 세계에서 과점적 지위—갤브레이스는 변형된 독점에 불과하다고 봤다—에 있는 성숙한 기업들은 계획 없이는 일을 해나갈 수가 없다.⁵

새로운 산업국가에서 다른 모든 양상은 이 두 가지 핵심으로부터 파생된다고 갤브레이스는 지적한다. 케인스가 입증한 대로 수요는 부분적으로 정부 재정정책(국가와 기업의 공생관계를 전제로 한다)에 의해, 그리고 광고(갤브레이스는 광고가 우리 스스로의 부정직성을 깨닫지 못하게 만들 정도로 현대사회의 정직성에 '심각한' 악영향을 미쳤다고 본다)와 같은 장치들에 의해 규정된다. 갤브레이스에 따르면 현대 산업사회의 또 다른 특징은 중요한 결정들이 점점 더 몇몇 사람이 소유한 정보에 좌우우지된다는 점이다. 이 문제는 기술과 큰 관련이 있다. 그 결과로 새로운 종류의 전문가들이 등장했다. 전통적인 의미에서 보면 특별한 기술이 없지만 새로운 기술을 가진 사람들, 즉 정보를 평가할 줄 아는 사람들이다. 이렇게 해서 정보는 그 자체로 중요해진다. 그리고 정보를 다룰 줄 아는 사람들이 '내부자 계층insider class'을 구성한다. 이들이 매니저 내지는 전문 기술 관리 계층이다. 반면에 '외부자 계층outsider class'은 주주들이다.[6] 갤브레이스는 이런 구분이 실제로 드러난 것(1980년대에 잇따라 '내부자 거래insider trading'가 대서양 양쪽의 기업계를 오염시킨 스캔들이 터졌다)보다 훨씬 중요하다고 생각했음이 분명하다. 이 모든 변화의 여파는 결국 비즈니스 경험 자체를 변화시킬 것이라고 그는 말했다. 예전 경영자들이 칠전팔기 정신에, 개인주의적이고, 경쟁을 즐기며, 위험을 적극적으로 감수하는 스타일이었다면 이제 대기업 간부들의 생활은 고도로 안온해졌다. 갤브레이스가 이 책을 쓸 당시 최근 연구들에 따르면 조사 대상 미국 회사 중역의 4분의 3이 그 회사 근무 경력 20년 이상이었다. 갤브레이스에 따르면 풍요도 중요한 요인이 된다. 왜냐하면 최저생활수준에서 멀어질수록—풍요로워질수록—욕망이 조작 대상이 되고, 광고의 역할이 커지기 때문이다. 거기다가 기업이 성숙하고 풍요로운 사회가 도래하는 시기에 라디오와 텔레비전까지 등장했다.[7]

새로운 구도를 파악하는 것이 중요하기는 했지만 갤브레이스는 그것을 단순히 서술하는 데서 그치지 않았다. 그는 먼저 해악이라는 측면에서 전문 기술 관리 계층, 즉 성숙한 기업들의 경영진이 어떻게 행동하는지 관찰했다. 기업들이 지배권을 잡고 있지만 이런 새로운 구도에 대해 전문 기술 관리 계층은 전혀 진실을 말하지 않는다. 계속 '소비자는 왕이다'라는 립서비스만 한다. 기업이 가격을 거의 완전히 통제하고 있으며, 수요에 대한 통제권도 장악하고 있다는 진실은 잊혀진다.[8] 갤브레이스의 또 다른 포인트는 실업의 성격이 달라지고 있고, 어떤 의미에서는 실업이 의미를 잃기 시작했다는 것이다. "실업 관련 수치들은 이제 산업시스템상 고용될 수 없는 사람들이 어떤 종류인지를 나열하는 것이 되어갔다."⁹ 이는 노조에도 도미노 효과를 불러일으켰다. 노조는 힘을 잃는 반면 교육과 과학을 다루는 '계층'이 득세한다는 것이다. 노조, 교육 서비스, 과학자가 얼마나 힘을 갖게 되는지에 대한 비교 분석에서는 갤브레이스가 확실히 옳았다. 그러나 뒤쪽 두 계층이 노조와 같은 정치적 영향력을 획득할 것이라고 예상한 대목은 틀렸다. 갤브레이스는 또 사기업에서 일하는 과학자들이 사회적으로 목소리를 내는 집단이 될 것으로 생각했다. 하지만 그런 일 역시 일어나지 않았다.

냉전이 케인스적 의미에서 여러 나라 경제에 어떻게 도움이 되었는지를 분석하면서 방위산업을 은근히 비난한 갤브레이스는 갑자기 방향을 틀어 '미학적 경험'이라고 하는 문제를 논의한다. 예술가들의 세계는 전문 기술 관리 계층의 그것과는 전혀 다르다고 갤브레이스는 말한다. "예술가들은 무리 짓지 않는다." 아테네, 베네치아Venice, 아그라Agra(인도 북부의 도시. 타지마할과 아그라성城 등 건축·미술 유적이 많은 것으로 유명하다 : 옮긴이), 사마르칸트Samarkand는 나고야(名古屋), 뒤셀도르프Düsseldorf, 다게넘(런던 외곽의 자치구 : 옮긴이)이나 디트로이트Detroit와 전혀 다르며 영원히 그럴 것이다. 그는 전문 기술 관리 계층을 공격하고 비판하는 것을 예술가의 역할로 보았다. 그에 따르면 불가피한 투쟁이다. "미학적 성취는 산업시스템의 범위를 넘어서는 것이며, 현실적으로 산업시스템과 갈등하지 않을 수 없다. 산업 쪽에서 그런 갈등은 없다고 떠들지만 않는다면 갈등을 강조할 필요도 없다."¹⁰ 갤브레이스는 미학적 목표가 궁극적으로는 산업적 목표를 압도하게 될 것이라고 보았다.

그러나 『새로운 산업국가』의 핵심 주장은 역시 전통적 자본주의가 원형을 알아볼 수 없을 정도로 변질됐으며, 전통적인 자본가들은 그런 변화에 대해 거짓말을 하면서 아무 일도 일어나지 않은 것처럼 행동한다는 것이다. 그 책이 인쇄에 들어간 시점에 갤브레이스는 이렇게 말했다. "보잉Boeing은 제품의 65퍼센트를 정부에 판다. 제너럴 다이내믹스General Dynamics는 퍼센티지가 거의 같다. 레이시온Raytheon은⋯⋯ 70퍼센트를 판매한다. 록히드Lockheed는⋯⋯ 81퍼센트를 판다. 그리고 리퍼블릭 에이비에이션Republic Aviation(미국 항공기 제조사. 1965년 페어차일드에 합병됐다 : 옮긴이)은⋯⋯ 100퍼센트 정부에 납품한다."¹¹ "산업시스템의 미래에 대한 논의가 없는 것은 부분적으로는 그런 시스템이 신념에 작용을 하기 때문이다. 산업시스템은 은밀하게 그것이 일시적인, 다소 불완전한 현상이라고 하는 관념을 배제하는 데 성공했다. …… 비즈니스 사전에서 가장 매력 없는 단어는 계획, 정부통제, 국가지원, 사회주의 등이다. 이런 것들이 미래에는 익숙한 요소가 될 것이라는 점을 생각하면 끔찍하다. 그러나 그것은 이미 기정사실이 되어가고 있다. 또 하나, 무시해서는 안 될 부분은 이런 참담한 양상들이 현실화된 데에는 최소한 그 시스템 자체의 요구 내지 묵인이 있었다는 점이다." 그래서 결국 "시장을 선호하는 본래적인 전제란 없다. 산업시스템의 성장을 고려할 때 어떤 전제가 있다면 그것은 오히려 시장 선호와는 정반대다. 따라서 계획을 필요로 하는 시장에 기댄다는 것은 화근을 자초하는 일이다."¹² 갤브레이스는 자본주의가 어떤 식으로 발전해가고 있고, 어떤 모습을 드러내고 있는지에 대해 불편한 진실을 거론했다. 그러면서 과학의 역할 증대, 정보의 압도적인 중요성, 실업의 성격변화, 미래에 필요한 기술 등을 예견했다.

갤브레이스가 놓친 것을 집중 조명한 이가 다니엘 벨Daniel Bell이다. 벨에 관한 연구에서 맬컴 워터스Malcolm Waters는 1973년 사회학자 찰스 카두신Charles Kadushin이 누가 미국의 지적 엘리트로 간주되고 있는지를 조사한 결과에서 두 사람을 주목했다. 톱텐에 오른 사람은 노암 촘스키, J. K. 갤브레이스, 노먼 메일러, 수잔 손택 등이었다. 한나 아렌트와 데이비드 리스먼이 한참 아래 자리를 차지했고, W. H. 오든과 마샬 맥루한은 더 아래였다. 톱텐 중에서 사회학자는 딱 한 명 다니엘 벨뿐이었다.

벨의 『이데올로기의 종언』에 대해서는 26장에서 풍요로운 시대의 새로운 심리학에 대해 논하면서 살펴본 바 있다. 1975년과 76년에 벨은 다시 두 개의 '거창한 아이디어'를 내놓았다. 첫 번째 아이디어는 『탈산업사회의 도래 The Coming of Post-Industrial Society』에 집약적으로 표현됐다. 벨이 보기에 삶은 세 가지 '영역', 즉 자연, 기술, 사회로 나뉜다. 이들 영역이 경험의 기초를 결정한다. 역사도 세 단계로 나뉜다. 전前산업사회는 '자연과 싸우는 게임'이라고 볼 수 있다. 자연환경으로부터 자원을 뽑아내는 단계로 사냥, 채집, 농사, 고기잡이, 땔나무 베기 등이 주요한 활동이다.¹³ 산업사회는 '제조된 자연과 싸우는 게임'이다. 인간과 기계의 관계가 중심이 되고, 경제활동은 '유형의 재화를 제조·가공'하는 것이 핵심이며, 주요 직종은 반半숙련 공장 노동자와 엔지니어다.¹⁴ 탈脫산업사회는 '사람들 간의 게임'으로 정보를 토대로 한 '지식 기술'이 기계기술과 더불어 핵심으로 등장한다.¹⁵ 탈산업사회는 세 부문, 즉 운송과 공공부문, 금융과 자본거래, 보건 교육 연구 행정 레저를 중심으로 돌아간다. 여기서 과학자가 '핵심적 위치'를 차지한다. "정보 세대가 핵심 문제이고, 과학이 정보의 가장 중요한 원천이라고 한다면 과학 관련 기관들의 조직, 즉 대학과 연구소들은 탈산업사회의 핵심 문제다. 국가의 힘도 과학 능력 배양에 투자된다."¹⁶ 그 결과 노동의 성격이 변해서 이제는 사람과 사물의 관계보다는 사람들 사이의 관계에 초점이 맞춰진다. "서비스 부문 팽창은 전에는 가능하지 않았던 여성의 경제적 독립에 기초를 제공한다." 탈산업사회는 실력사회. 희소성에 변화가 왔다. "재화의 희소성은 정보와 시간의 희소성에 자리를 내주었다." 끝으로 벨은 사이터스situs(전체 구도 속에서의 위치 : 옮긴이)라고 명명한 것에 주목한다. 사이터스는 계급과 같이 '사회의 수평적 질서에 대비되는 수직적 질서'를 말한다. 벨은 네 가지 기능적 사이터스(과학, 기술, 행정, 문화)와 다섯 가지 제도적 사이터스(비즈니스, 정부, 대학·연구, 사회복지, 군대)를 구분한다. 이런 구분은 이메일 주소 체계 분류와 섬뜩할 정도로 똑같다(42장 참조). 그러나 이런 사이터스들 외에도 벨은 '지식계급'(주로 과학자로 구성된다)이라는 것을 들고 나온다. 예를 들어 그는 미국에서 석사 이상 학위 소지자의 4분의 1만이 과학 분야에 몸담고 있는 반면 박사학위 소지자의 절반 이상이 자연과학과 수학 분야에 종사하고 있다는 사실을 지적한다.¹⁷ 이런 지식계급은 탈산업사회의 성공에 핵심 역할을 한다. 그러나 벨은 지식계급이 마르크스주의적 의미에서 '하나의 계급으로서' 행동할지에 대해서는 회의적이었다. 자본주의를 흔들 만큼의 독립성을 결코 확보하지 못할 것이기 때문이다.*

또 하나 중요한 요소는 지적재산권을 개인이 아닌 집단이 소유하게 된다는 사실이라고 벨은 말한다. 이는 정치가 더욱, 그리고 특히 중요해진다는 의미다. 과학 분야의 아웃풋을 최대화하려면 지역 차원보다는 국가 차원의 기구가 필요하기 때문

---

* 미국 경제학자 로버트 솔로Robert Solow는 성장이론을 다룬 저서에서 본질적으로 동일한 주장을 했다.

이다. "따라서 정치는 탈산업사회의 '조종석'이 된다. 시장이 더 이상 효율적으로 작동하지 못하는 곳에서 조정통제를 담당하는 보이는 손이 되는 것이다."[18]

벨의 세 번째 '거창한 아이디어'는 일 년 후인 1976년에 출간된『자본주의의 문화적 모순 The Cultural Contradictions of Capitalism』에서 개진됐다. 이 책 역시 세 가지 테마를 '현대사회는 화해될 수 없는 모순들에 의해 지배되고 있다'는 테제로 통합해 제시했다. 화해될 수 없는 모순이란 (1) 자본주의의 본래적 금욕주의(막스 베버가 정의한)와 후기 자본주의의 탐욕 간의 긴장 (2) 부르주아 사회와 모더니즘 사이의 긴장 (3) 법이 도덕으로부터 떨어져나가는 현상을 말한다. 모더니즘은 아방가르드를 통해 항상 부르주아 사회를 공격한다. 과거에 대한 거부, 끊임없는 변화에 대한 열정, 신성한 것은 아무것도 없다는 관념 등등이 그 무기다. 한편 법과 도덕의 분리는 '특히 시장이 모든 경제관계는 물론이고 심지어 사회관계의 중재자가 되고, 사유재산권이 다른 모든 권리(도덕적인 성격의 것을 포함해서)에 대한 절대 우위를 재탈환한 이후' 더욱 심해졌다.[19]

다른 식으로 표현하면 현대 자본주의에서 효율을 추구하는 충동과 현대 문화에서 자아실현을 추구하는 충동 사이에 모순이 있다는 것이다. 문화는 벨에게 가장 중요하다. 그 이유는 첫째, 예술은 (모더니즘이라는 외피를 쓰고서) '혁신적인 형식과 감각'을 지속적으로 추구해왔고, 둘째, 문화는 이제 더 이상 권위 있는 도덕성의 원천이 아니라 '새롭고 자극적인 감각의 산출자'이기 때문이다.[20] 벨에게 모더니즘은 1930년이면 끝이 나고 1960년이 되면 완전히 소진한 운동이다. "사회와 예술은 시장에서 하나로 결합된다. 따라서 미학적 아우라와 고급문화라는 개념은 사라졌다." 그러나 참신함에 대한 끝없는 추구는 이제 매스미디어가 떠맡았다. 미디어는 1920년대에 모습을 갖춘 이후 예술과 유사하게 새로운 이미지를 사람들에게 전달하는 과제를 떠맡았다. 그럼으로써 전통적 관습들을 뒤흔들고 '비정상적이고 변덕스러운 행태를…… 강조'했다.[21] 그 과정에서 나이, 젠더, 계층, 종교 같은 전통적인 사회학적 범주들은 행동의 지침으로는 타당성을 잃게 됐다. 따라서 "생활양식, 가치의 선택, 미학적 기호 등은 저마다 특이하고 개인적으로 되었다."[22] 그 결과는 '혼돈과 따로 놀기'라고 벨은 지적한다. 과거에는 대개 문화와 사회가 통일적이었다. 미덕을 최고 가치로 삼는 고전적 문화인 기독교 사회만 해도 신성한 권위에 의해 정해진 위계질서를 중심으로 통합돼 있었고, 초기 산업문화는 '일, 질서, 합리화'를 중심으로 균질적인 꼴을 갖추고 있었다. 그러나 현대 사회에 오면서 결정적인 해체가 진행됐다. "사물의 기술 경제적 측면을 지배하는 것은 여전히 효율, 합리성, 질서, 규율이다. …… 그러나 문화는 감각과 정서의 즉각적인 만족과 통제받지 않는 자아의 탐닉에 지배된다." 벨이 보기에 이런 모순들은 우리가 살아가는 방식에 주요한 변화가 일어났음을 뜻하는 것이다. 그러나 그런 변화는 자본주의와만 관련이 있는 것이 아니다. "모더니즘의 고갈, 공산주의 체제의 삭막함, 제약받지 않는 자아의 권태, 그리고 뻔한 정치구호들의 무의미성 등등, 그 모든 것이 오래 지속돼온 한 시대가 서서히 끝나가고 있음을 말해준다." 모더니즘에 대해 지불해야 할 대가는 엄청나다. "모더니즘은 개인주의다. 개인들이 스스로를 개조하려는, 그리고 필요하다면 디자인과 선택을 위해 사회를 개조하려는 노력이다. …… 거기에는 '당연히' 인정되는 또는 신성한 권위에 의해 규정된 질서 자체에 대한, 외적 권위와 집단적 권위에 대한 철저한 거부가 포함돼 있다. 자아를 행동의 유일한 준거점으로 삼는 것이다."[23] 모더니티에서는 자아의 도덕적 정당성에 대한 의문은 존재할 수 없다. 유일한 의문은 자아를 어떻게 실현할 것이냐에 관한 것이다. 그 방법은 쾌락주의가 될 수도 있고, 탐욕이 될 수도 있고, 신앙이 될 수도 있고, 도덕성의 사유화가 될 수도 있고, 감각주의가 될 수도 있다."[24] 물론 기술은 이런 변화와 관계가 있다. 특히 자동차가 그렇다. "닫힌 공간을 보장해주는 자동차는 중산층의 특별한 공간이 되었다. 호기심 많은 젊은이들이 성적 억압을 벗어던지고 낡은 터부를 깨는 장소였다."[25] 광고 역시 역할을 한다. "검약보다는 낭비를, 금욕주의보다는 흥청망청하는 풍토를 조장한다." 금융 서비스 역시 유혹의 눈길을 던진다. 그래서 한때 수치로 여겨졌던 채무는 생활양식의 일부가 되었다.[26]

벨의 논점 중에서 가장 심오한 것은 아마도 현대의 문화가 체험을 강조한다고 지적한 부분일 것이다. 이제 관객이 중심을 차지한다. 관객이 예술가나 예술작품과 대화를 한다는 것은 이제 씨알이 안 먹히는 얘기다. 그리고 특히 정서에 호소하는 경향이 강해지면서 일단 체험이 끝나면 그걸로 끝이다. 관객들 뇌리 속에 오래 여운을 남기는 대화란 없다. 벨이 보기에 현대사회에는 사실상 문화라는 게 없다.

시어도어 로자크Theodore Roszak(1933~)는 이에 동의하지 않았다. 그가 보기에, 그리고 다른 많은 사람들이 보기에 갤브레이스와 벨이 기술한 변화는 문화의 성격 자체에 큰 변동을 불러일으켰다. 새 용어가 필요할 정도였다. 바로 '대항문화counter-culture'였다.

대항문화를 보는 방식 가운데 하나는 그것을 뉴레프트New Left의 '연착륙'의 일종으로 간주하는 것이다. 뉴레프트는 1950년대 말에서 60년대 초 몇몇 서구 국가에서 형성됐다. 앞에서 살펴본 바와 같이 소련 체제와 스탈린주의의 공포정치에 대해, 특히 1956년 헝가리 봉기를 잔혹하게 진압한 소련군의 행태에 대해 환멸을 느낀 것이 뉴레프트 등장의 결정적인 계기였다. 그러나 또 다른 중요한 요인은 마르크스 초기 저작의 발견이었다. 이른바 『경제철학수고Ökonomisch-philosophische Manuskripte』로 1844년에 썼지만 출판이 된 것은 1932년이었다. 새 원고가 인기를 끈 것은 2차 대전이 끝나고 1950년대에 들어서다. 당시 네오마르크시스트로 일컬어지는 사람들은 좀 더 휴머니즘적인 형태의 마르크스주의를 발전시키려고 시도했다. 미국에서는 또 다른 한 가지 요인이 있었다. 미국에서는 뉴레프트의 탄생을 대개 학생운동 조직인 민주사회학생연합Students for a Democratic Society(SDS)의 1962년 '포트 휴런 선언Port Huron Statement' 발표를 기점으로 잡는다. 선언문의 일부를 보자. "우리는 인간을 무한히 귀중하며 이성과 자유와 사랑의 능력을 한껏 보유한 존재로 간주한다. …… 우리는 인간의 존재를 사물의 지위로 격하시키는 비인간화에 반대한다. …… 고독, 소외, 고립은 오늘날 인간과 인간 사이의 거리가 엄청나게 멀어졌음을 보여준다. 이런 지배적인 경향들은 개인의 개선 노력이나 도구의 개량으로 극복할 수 없고, 오로지 인간에 대한 사랑이 사물에 대한 우상숭배를 압도해야만 가능하다."[27] 소외 개념은 대항문화의 버팀목 역할을 했는데, 대항문화는 선배 격인 비트족과 마찬가지로 대중사회의 주요 개념들을 거부했다. 다른 영향으로 꼽을 수 있는 것은 『파워 엘리트』의 C. 라이트 밀스, 『고독한 군중』의 데이비드 리스먼 등이다. 대안매체들이 신설돼 자신들의 이념을 급속히 퍼뜨렸다. 신문(샌프란시스코를 근거지로 나온 〈모든 존재의 보호를 위한 저널Journal for the Protection of All Beings〉이 대표적이다), 영화, 연극, 음악, 그리고 '주류' 사회와 접촉을 피하면서 대지를 근거로 먹고살아가는 방법을 제시한 부정기 간행물 《전 지구 카탈로그Whole Earth Catalog》까지 종류도 다양했다. 이런 사상들을 충실히 정리한 것이 1970년에 캘리포니아 주립대학 교수인 로자크가 쓴 『대항문화의 형성The Making of a Counter Culture』이었다.[28]

로자크는 대항문화가 젊은이들의 반란이며, 과학과 기술의 환원주의에 반대한다는 점을 분명히 했다. 젊은이, 특히 교육 받은 젊은이들은 '테크노크라트적' 사회가 지향하는 방향을 혐오하며, 그 항거의 형태는 대안적 생활양식을 제시하는 것이라고 로자크는 말했다. 대안적 삶은 자본주의의 문화적 모순의 살아 있는 구현체였다. 로자크가 보기에 대항문화의 요소는 다섯 가지, 즉 다양한 대안적 심리학, 동양(신비) 철학, 약물, 혁명적 사회학, 록 음악이었다. 이런 요소들이 결합해 대개는 이런저런 공동체 형태로 테크노크라트 사회에 대한 대안적 생활양식의 토대가 된다는 이야기였다. 공동체 스타일은 '정상적' 삶에서 발생하는 소외와 맞서는 데도 도움이 되었다. 이런 대항문화는 공짜 대학, 공짜 병원, 빈곤층을 돕기 위한 식량 공동구매 운동, 지하 언론, 남녀가 한 무리처럼 뒤섞여 사는 생활 등등의 형태로 나타나기도 했다. 로자크에 따르면 "모든 것이 문제 제기의 대상이 되었다. 가족, 직장, 교육, 성공, 육아, 남녀관계, 섹슈얼리티, 도시생활, 과학, 기술, 진보 등등. 부의 수단, 사랑의 의미, 삶의 의미를 비롯해 모든 것이 재검토를 요하는 문제가 됐다. '문화'란 무엇인가? 누가 무엇이 '우수'한지를 결정하는가? 또는 '지식'이란, '이성'이란 무엇을 하자는 것인가 등등이다."[29]

첫 장에서 로자크는 환원주의적 과학을 비판한다. 그러면서 그런 과학이 산출하는 '일차원적' 사회가 많은 사람들에게 깊은 불만을 야기한다는 것을 보여준다. 예를 들어 영국 대학생들이 대학에서 과학 강좌에 얼마나 등을 돌리는지를 꼼꼼하게 분석한다. 그 다음으로 대항문화의 주요 아젠다를 논의한다. "과학적 세계관과 자아 중심적이고 대뇌 중심적인 의식에 대한 집착을 전복시키고…… 그 자리에 새로운 문화가 들어서야 한다는 주장이다. 그런 문화에서는 개성 중에서도 비지성적인 능력이, 강렬한 비전과 인간적 소통의 체험에서 각성을 얻는 능력이 진선미의 중재자가 된다."[30] 본질적으로 계급의식은 '하나의 생성원리로서' 의식에 관한 의식에 자리를 내준다고 로자크는 말한다.[31] 그의 주장에 따르면 "젊은이들 사이에 모종의 사고와 경험의 연속체를 찾아볼 수 있다. 그것은 밀스의 뉴레프트 사회학, 헤르베르트 마르쿠제의 프로이트주의적 마르크스주의, 폴 굿맨Paul Goodman의 게슈탈트 심리치료 무정부주의, 노먼 브라운Norman Brown의 묵시론적 몸 신비주의, 앨런 와츠Alan Watts의 선禪 심리치료, 그리고 끝으로 사적인 사이키델릭(LSD 같은 마약을 복용한 상태에서 느끼는 해방감 같은 환각성 정신 상태 : 옮긴이)의 공허 속에서 세계와 세상의 고뇌가 한 점 티끌로 줄어든다는…… 티모시 리어리Timothy Leary의 나르시시즘을 뒤섞은 것이다. 이런 연속체를 따라가다 보면 사회학은 심리학에 자리를 내주고, 정치적 집단성은 개인으로 치환되고, 의식적이고 명료한 행동은 비非지적인 깊이의 힘 앞에서 한없이 오그라든다."[32] 이 모든 것은 결국 위대한 사회에 대한 지적인 거부에 다름 아니라고 로자크는 말한다.

이렇게 예비적인 고찰을 하고 나서 로자크는 마르쿠제와 브라운을 집중 분석한다. 두 사람은 소외가 프로이트가 말한 대로 심리학적 상태가 아니라 사회학적 상태라고 주장한 점에서 중요하다. 해방은 개인적인 것이며, 정치적인 것이 아니다. 따라서 결단은 다른 유형의 개인들을 먼저 만들어냄으로써 사회를 변화시키는 데에서 찾아야 한다. 말하자면 성적인 의미의 해방 내지는 미리 정해진 방식으로 행동해야 한다는(예를 들면 직장에서) '행동원리'에서 벗어나는 것이다. 마르크스는 인간이 빈곤에 구속을 받을 때 '비참해진다'고 생각한 반면, 마르쿠제는 풍요가 최고도에 이른 시기에 심리학적으로 비참해진다고 주장했다. 사람들이 탐욕과 '미묘한 기술적 억압'에 지배되기 때문이다. 로자크는 사회학자인 폴 굿맨에게도 지면을 할애한다. 굿맨의 강점은 '지칠 줄 모르고 새로운 사회적 가능성을 상상해내는 능력'이다.[33] 대항문화에서 굿맨이 한 역할은 테크노크라트 사회를 지배하는 제도를 대체할 만한 제도와 실질적인 '대안적' 해결책을 상상하는 것이었다. 대안 중에는 공짜 대학과 '평화를 위한 총파업'이 있다. 그러나 다른 무엇보다도 게슈탈트 심리치료라는 굿맨의 아이디어가 주목된다. 그 기본이념은 단지 증상에 따라서가 아니라 전인적으로 치료를 받아야 한다는 것이다. 이는 사회의 어떤 힘들은 화해가 불가능하며, 따라서 어떤 상황을 해결하려면 인간의 분노와 죄책감을 묻어두기보다는 폭력이 필요할 수도 있다는 것을 의미했다. 게슈탈트 심리치료에서는 감정을 말로 드러내는 것이 아니라 행동으로 드러낸다.

심리학자 에이브러햄 매슬로Abraham Maslow도 대항문화의 일부로 볼 수 있다. 『과학의 심리학The Psychology of Science』(1966)에서 그는 마이클 폴라니의『개인적 지식Personal Knowledge』(1959)과 토마스 쿤의『과학혁명의 구조』(1962)를 실마리로 삼아 객관성과 같은 것은 물리과학에서조차 존재하지 않는다는 견해를 제시했다.³⁴ 질서의 '발견'이란 실은 지저분한 세계에 질서를 부과하는 행위이고, 객관적 의미에서 '저 바깥에' 실제로 존재하는 어떤 질서에 상응하는 것이라기보다는 말끔하게 정리된 것을 '아름답다'고 보고 싶어 하는 과학자의 습성과 관련이 있다는 것이다. 질서를 부과한다는 것은 주관적인 체험의 가치를 깎아내리는 것인데 주관적인 체험이란 우리가 알고 있는 그 어떤 것 못지않게 현실적이다. 매슬로와 로자크는 세계를 이해하는 다른 방식들도 있다고 말한다. 그런 방식들 역시 주관적인 영향을 미치고 영향을 미친다는 것 자체가 하나의 객관적인 사실이다. 사이키델릭 약물에 대한 논의에서 로자크는 마리화나와 LSD를 '비지성적인 힘'을 추구하는 물질로 조심스럽게 자리매김한다. 특히 그런 약물이 아산화질소, 페이오티(멕시코와 미국 서남부에서 나는 선인장. 환각을 유발하는 마약 성분이 들어 있다 : 옮긴이) 같은 환각물질을 연구한 윌리엄 제임스William James, 해블록 엘리스Havelock Ellis, 올더스 헉슬리(마약에 관한 에세이집『인식의 문The Doors Of Perception』)의 전통을 제대로 잇는 것이라고 본다. 그러나 로자크가 관심을 집중한 것은 역시 마리화나와 하버드대 티모시 리어리 교수의 LSD 실험이었다. 로자크는 리어리(결국 하버드에서 쫓겨났다)의 '사이키델릭 혁명psychedelic revolution'(의식의 지배 모드를 바꾸면 세계를 바꿀 수 있다는) 주장에 전적으로 동의하지는 않았다. 그러나 환각제가 살기 어려운 세상에서 정서적 해방을 가져다주며, 당시 중산층들이 많이 복용한 안정제나 항우울제보다 해가 큰 것도 아니라는 데에는 동의했다. 그런 중산층의 자녀들이 나중에 '약물 세대drug generation'가 되었다.³⁵

종교에 관한 장에서 로자크는 앨런 와츠를 소개한다. 와츠는 노스웨스턴대 성공회 상담역 자리를 그만둔 뒤 버클리 대학 아시아학부에서 가르쳤다. 1970년 이미 55세였지만 새로 선택한 선禪불교 연구에서만큼은 신동으로 대접받았다. 선과 신비 종교에 관해 7권의 책을 썼다. 선은 동양의 신비 종교들 가운데 서양에서 처음으로 인기를 끌었다. 이에 대해 로자크는 서양의 '미숙성' 때문이라고 해석했다.[36] 그래서 '기독교의 시끄러운 설교와는 극히 대조되는 현명한 침묵'을 선호하게 됐다는 것이다. 침묵은 하루 종일 텔레비전이 왕왕거리고, '미디어는 메시지다'라는 철학이 맹위를 떨치는 환경에서 자라난 세대에게 강한 호소력을 발휘했다. 와츠 자신은 선이 왕왕 팝스타들에 의해 최신 유행 액세서리 정도로 활용되는 데 대해 극히 비판적이었다. 그는 선에 매료되면서 다른 동양 종교들에 대해서도 관심이 깊어졌다. 수피즘, 불교, 힌두교에 이어 원시 샤머니즘과 신지학神智學, 그리고 심지어 카발라 kabbala(중세 유대교 신비주의 : 옮긴이)와 주역, 카마수트라Kama Sutra까지 나아갔다.

선은 와츠와는 계열이 전혀 다른 로버트 퍼식Robert Pirsig의 『선과 오토바이 관리의 예술Zen and the Art of Motorcycle Maintenance』(1974)에서 다시금 높은 평가를 받았다.[37] 이 책은 로드 북이었다. 퍼식은 어린 아들과 몇몇 친구를 데리고 휴가를 떠나 미국 곳곳의 비포장 길을 누볐다. 책을 펼치면 미니애폴리스와 남북南北 다코타를 오토바이를 타고 달리는 모습이 나온다. 이어 협곡의 깎아지른 절벽이며, 솔잎을 깔아 만든 오토바이족들의 부드러운 잠자리, 비의 내음 등등 길 위에서 펼쳐지는 서정적인 생활이 차례로 소개되면서 철학에 대한 현란한 논의가 곁들여진다. 퍼식은 주요 공격 대상을 이성의 교회Church of Reason라고 부른다. 그가 보기에 오토바이 수리관리 매뉴얼은 이성의 폐해를 보여주는 전형적인 예다. 자잘하기 이를 데 없는 지침은 짜증이 날 정도이고 사용 전에 오토바이에 관한 모든 것을 알아야 한다. 반면에 진정한 수리공은 기계에 대해 어떤 '감'이 있다. 퍼식은 '수사修辭'니 '질質'이니 '막힘' 같은 독창적인 개념을 사용해 경험을 새롭게 파악한다. 이성이 변증법일 필요는 없다고 그는 말한다. 수사는 지식이 결코 중립적이지 않으며 늘 가치를 지니고 있고 따라서 어딘가를 지향한다는 관념을 수반한다. 질은 뭐라고 설명하기가 어려운 개념이다. 퍼식은 우리가 예술, 말하자면 문학이나 하다못해 기계 같은 데에서도 질을 인식할 수 있고, 그런 질은 생각을 하지 않아도 자연히 느껴지는 어떤 것이라고 말한다. '막힘'은 떨어져나가지 못하는 상태에서 어떤 생각 속으로 스며드는 것이다. 그 자체가 수사적인 퍼식의 책 형식은 자연의 질에 대한 깊은 통찰과 자신의 생각에 갇히지 않는 방식을 보여주기 위해 고안된 것이다.

로자크의 결론은 이런 것이다. "대항문화가 우리에게 제공하는 것은 회의적이고 세속적인 지성이라고 하는 오랜 전통과 단연 결별하는 것이다. 지성은 지난 300년 동안 서구의 과학과 기술을 지탱하는 기본 도구였다. 그런데 거의 하룻밤 만에(그리고 놀랍게도 별다른 논란 없이) 상당수의 젊은 세대가 그런 전통으로부터 발을 빼기로 한 것이다. 마치 우리 기술 사회의 불편한 왜곡에 화급히 균형을 맞추기라도 하려는 듯이."38

대항문화는 로자크가 기술한 실체로서는 오래 전에 사라졌지만 완전히 막다른 골목에 봉착한 것은 아니었다. 녹색운동과 페미니즘에 영향을 주었을 뿐 아니라 대항문화라는 이름 아래 꽃핀 심리치료법들은 종교적인 색채를 띠는 경우가 많았다. 에어하르트 세미나 트레이닝Erhard Seminar Training(1971년 베르너 에어하르트가 시작한 대규모 집단 자의식 계발 프로그램 : 옮긴이), 통찰 훈련, 프라이멀 스크림 요법 primal scream therapy(유아기의 상처를 되살려 신경증을 치료하는 기법 : 옮긴이), 리버싱 rebirthing(출생시를 다시 체험시켜 공포 따위를 극복하게 하는 심리요법 : 옮긴이), 아리카 학교Arica School(인간 잠재력 계발 운동 : 옮긴이), 바이오에너제틱스bioenergetics, 실바 마인드컨트롤Silva Mind Control 등은 단순한 치료법을 넘어서 교회 비슷한 공동체 체험과 의식儀式을 제공했다. 이런 요법들은 하나같이 일종의 신체 조작을 동원했다. 호흡을 빨리, 아무렇게나 해서 긴장을 유발하거나 소리를 지르거나 고함을 쳐서 감정을 발산하기도 했다. 이런 신체 활동은 그룹섹스로 이어지기도 했다. 이 같은 사이비 종교적 요법은 복잡한 관념들을 토대로 한 것이지만 일반 회원들은 그런 것까지 일일이 알 필요는 없었다. 항상 도와주는 전문가가 있었기 때문이다. 문제는 긴장을 강화했다가 다시 방출하는 체험이었다.39

주류 신앙 체계를 따르는 사람들이 볼 때 사이비종교적인 새 요법들은 별로 대단한 것이 아니었다. 추종자라고 해야 수십 만 정도에 불과했다. 다만 사회적으로 해석하자면, 사람들이 그런 데로 몰려드는 현상은 '사회에서 행하는 역할이 자신의 정체성 확인과 만족에 도움이 되지 않을 만큼 삶이 점점 파편화되고 있음'을 보여준다는 데에 의미가 있다고 하겠다.⁴⁰ 그래서 종교사가 스티브 브루스Steve Bruce는 이런 새로운 흐름들을 '자아종교self-religion'라고 부른다. 자아를 고양시켜서 적어도 전통적인 주류 신앙들보다는 자아의 중요성을 강화하기 때문이다. 여기서 개인들은 나름의 몫을 확보한다.

이런 아이디어에 매료되어 일련의 위트 넘치는 에세이를 쓴 사람이 미국 저널리스트 톰 울프Tom Wolfe였다. 울프는 (1960년대에) 뉴저널리즘New Journalism이라고 하는 것을 고안한 인물이다. 뉴저널리즘은 '창백한 베이지색 톤'의 보도를 뛰어넘으려는 시도였다. 이를 위해 울프는 픽션에서 많은 트릭과 장치들을 차용해 서술 대상인 사람들의 마음속으로 들어가 보려고 했다. 단순한 중립적 보도와는 거리가 먼 그의 저널리즘은 필자의 관점을 가미함으로써 풍부해졌다(당하는 사람 입장에서 보면 왜곡이다). 울프는 본질적으로 희극적인, 심지어 마니아적이라고 할 만한 작가로서 독특하면서도 기이한 예술형식과 생활양식, 신분에 따른 행동양식으로 발전되어 간 (미국) 문화의 파편화와 다양성을 기록하고자 했다.⁴¹ 울프의 소설 『짜릿한 쿨에이드 LSD 파티The Electric Kool-Aid Acid Test』(1968)는 사이키델릭하게 장식한 버스를 타고 미국 전역을 누비는 일군의 'LSD 상용자들'을 배꼽 잡는 필치로 묘사했다. 에세이집 『래디컬 시크Radical Chic』(부유한 사회저명인사들이 어울리지 않게 급진적인 이념을 주장하는 행태를 일컫는 말: 옮긴이)에서는 특히 지휘자 레너드 번스타인Leonard Bernstein을 비롯해 뉴욕의 돈 많고 유명하며 뻔뻔한 작자들이 흑인 과격 단체 검은표범들을 위해 후원금 모금 파티를 여는 이야기를 다룬다. 이 모임에서 진행된 경매에는 영화감독 오토 프레밍거Otto Preminger, 가수인 해리 벨라폰테(가수), 언론인이었던 바바라 월터스Barbara Walters 등이 참여하는 것으로 나온다. 에세이집 『빈민 보조금 따먹기Mau-Mauing the Flak Catchers』(1970)에서는 흑인 복지 수혜자들이 지원 시스템 악용을 감시하는 공무원들을 교묘히 속여 지원금을 타내는 이야기가 소개된다.⁴² 그러나 울프가 다니엘 벨, 시어도어 로자크, 스티브 브루스가 끝낸 지점에서 새롭게 바통을 물려받은 것은 『미 데케이드The Me Decade』('나가 중심이 되는 10년간'이라는 뜻으로 사회나 역사 문제를 외면하고 자아에 탐닉한 1970년대 미국 문화의 양상을 일컫는 말이다 : 옮긴이)였다.⁴³ 울프는 실제로 자아종교 모임에 여러 차례 참석했다. 물론 한동안은 모임에서 받아주지 않았다. 적어도 그는 그렇게 느꼈다. 울프는 자아종교라 할 만한 사조의 대표적인 사례로 태평양이 내려다보이는 캘리포니아 주 빅서의 절벽에 통나무집처럼 들어앉은 에설런연구소Esalen Institute를 꼽았다. 그러나 아리카, 시나논Synanon(약물 중독자 치료 공동체 : 옮긴이), 프라이멀 스크림 요법도 같은 계열이라는 점을 분명히 했다. 무슨 매력이 있기에 생판 모르는 사람들끼리 모여 여러 날을 같이 지새우는지 의아해 하는 사람이 많았다. 울프는 "그 매력이란 건 간단하다. '나Me에 대해 이야기해봅시다'라는 표어로 정리할 수 있다"고 말했다. 그는 자아탐닉을 대항문화의 당연한(그러나 건전하지는 않은) 귀결이라고 봤다. 자아탐닉은 개인적 해방 운동의 후속타이며 성 혁명, 약물 실험, 새로운 심리학과 결을 같이하는 것이었다. 울프는 이런 것이 소외(마르크스), 아노미(뒤르켐), 대중-인간(오르테가 이 가세트), 고독한 군중(리스먼)의 자연스러운 귀착점라고 말했다. 그러면서 특유의 스타일로 이렇게 덧붙였다. "이런 현대의 [소외된] 희생자들은 지식인, 예술가, 건축가들에게는 항상 대단히 매력적으로 비쳤다. 저 몹쓸 악마는 1920년대 소련에서 유행한 표현을 빌리면, 우리를 영혼을 만드는 엔지니어Engineers of the Soul(스탈린이 작가와 예술가는 인간의 영혼을 만드는 기술자로서 기계나 무기를 생산하는 것보다 훨씬 중요하다며 한 말 : 옮긴이)로 써먹으려는 것이 분명하다. …… 그러나 썰렁한 꼬마 악당들은 1940년대에 돈을 챙기게 되자 놀라운 일을 저질렀다. 돈을 갖고 튄 것이다! 그들은 귀족들(과 지식인과 예술가들)만이 할 수 있는 것으로 되어 있던 일을 해낸 셈이다. 나를 발견하고 나에 탐닉하기 시작한 것이다!"

울프는 미 데케이드의 실체를 확인했다. 그러나 '미 데케이드'라는 주제에 대해 누구보다 깊이 천착함으로써 얼마 후 '미 제너레이션the Me generation'이라는 유행어를 만들어낸 사람은 뉴욕 주 로체스터 대학의 정신분석학 교수인 크리스토퍼 라슈Christopher Lasch였다. 『나르시시즘의 문화The Culture of Narcissism』(1979)에서 라슈가 제기한 테제는 미국 사회 전반의 발전(여타 서구 사회도 어느 정도는 동일하다)이 2차 대전 종전 이후 나르시시즘적 개성의 발전을 불러왔으며 이제는 그런 양상이 문화 전체를 지배할 정도가 됐다는 것이다. 라슈의 책은 사회비평과 정신분석의 혼합이었으며, 그의 출발점은 다니엘 벨과 썩 다르지 않았다.⁴⁵ 라슈 책의 부제는 '기대감이 줄어드는 시대의 미국의 삶American Life in an Age of Diminishing Expectations'으로 책은 이렇게 시작한다. "베트남 전 패배, 경제 정체, 자연자원 고갈 위기 등이 상층부의 비관적 분위기를 만들어냈다. 이런 분위기가 사회 전반으로 번지면서 사람들은 리더에 대한 신뢰를 잃게 됐다."⁴⁶ 자유주의는 라이오넬 트릴링 Lionel Trilling이 살아 있을 때만 해도 유일한 대안이었지만 이제는 "지적으로 파산했다. …… 자유주의가 키워온 과학들은 한때 암흑의 시대를 깨부술 능력이 있다고 자부했지만 해명하겠노라고 공언한 현상들에 대해 이제 더는 만족스러운 설명을 제시하지 못한다. 신고전파 경제이론은 실업과 인플레이션의 공존을 설명하지 못하고, 사회학은 현대사회에 대한 일반이론 설계 시도를 포기했으며, 심리학은 프로이트의 도전을 외면한 채 하찮은 것들을 따지는 길로 빠지고 말았다. …… 인문학은 기가 죽은 나머지 현대세계 이해에 기여할 게 없다며 두 손을 들고 말았다."⁴⁷ 이런 배경에서 라슈는 경제적 인간은 이제 '부르주아 개인주의의 최종 산물'인 심리학적 인간에게 자리를 내주었다고 보았다. 라슈가 이런 식의 심리학적 인간을 좋아한 것은 아니었다. 논의의 배경을 자세히 설명한 뒤 라슈는 본질적으로 우리 시대의 나르시시즘적 개성에 영향을 받은 것으로 간주되는 사회의 이런저런 측면, 즉 일, 광고, 스포츠, 학교, 법정, 구세대, 남녀 간의 관계 등등을 낱낱이 해부했다.

첫 번째 타깃은 감성 훈련 운동the awareness movement이었다. "어떤 방식으로도 자신의 삶을 개선할 희망이 없는 사람들은 이제 요체는 마음의 개선이라는 확신을 갖게 됐다. 자신의 감정을 깊이 더듬고, 건강식을 하고, 발레나 벨리 댄싱을 배우고, 동양의 지혜에 침잠하면서, 조깅을 하고, '소통'하는 법을 배우고, '쾌락에 대한 공포'를 극복한다."⁴⁸ 우리가 '요법적 감성'의 시기에 들어섰다고 주장한 대목에서는 스티브 브루스가 연상된다. 라슈는 이런 감성 요법이 강인한 개인주의 및 종교의 후계자로 자리를 잡았으며, 그것은 어떤 의미에서 대항종교라고까지 말한다.⁴⁹ 나아가 라슈는 결국 이런 접근이 정치의 대체물 역할을 한다고 주장했다. 노먼 메일러의 『나 자신을 위한 홍보Advertisements for Myself』, 필립 로스의 『포트

노이의 불평』, 노먼 포드호리츠Norman Podhoretz의 『메이킹 잇Making It』 등은 모두 중산층과 중상류층들이 자기 주변에서 벌어지는 빈곤의 공포, 인종주의, 부정의 등에 대해 담을 쌓고 지내려는 자아탐닉의 사례다. 이러한 새로운 나르시시즘new narcissism은 이제 사람들이 정치적 변화보다는 개인적 변화에 더 관심을 많이 가진다는 의미였다. 그런데 인카운터그룹encounter group이니 T그룹T-group이니 하는 여러 감성 계발 프로그램들은 실제로는 의미 있는 내면의 사생활을 폐기하는 쪽으로 작용했다. 사적인 것이 '친밀감의 이데올로기'를 통해 오히려 외부로 드러나게 된 것이다. 따라서 사람들은 덜 개인주의적이 되고, 덜 창조적이 되었으며 일시적 유행에 더욱 민감해졌다. 그 결과 지속적인 우정이나 연애, 성공적인 결혼생활을 하기가 더 어려워진다고 라슈는 말한다. 자신에게 더욱 몰두하게 되면서 오히려 악순환이 계속된다. 라슈는 여기서 한 걸음 더 나아가 나르시시즘적 사회의 서로 다른 측면들을 확인한다. '유명하다는 것으로 유명한' 명사名士 집단이 생겼고, 스포츠는 영웅적인 성취가 아닌 상업적 오락으로 전락했으며, 학교와 법정에서는 일탈 행동에 대해 지나치게 관용을 베풀어서 '개인의 발전'이 전통적인 지식 습득과 훈육보다 우선시(강인한 개인주의를 심어주는 대신 젊은이들을 오냐오냐 하는 식으로 대한 것이다)된다는 느낌을 주었다. 이런 맥락에서 그는 세월이 가면서 더더욱 타당성이 커진 문제 하나를 제기한다. 엘리트와 그들이 내리는 판단(예를 들면 학교에서 어떤 고전을 가르쳐야 하는가 등등)에 대한 공격이다. "카네기 위원회 보고서Carnegie Commission Report(1967년 1월 미국 카네기재단 위원회가 2년여에 걸쳐 연구한 결과를 토대로 내놓은 교육 텔레비전 관련 보고서. 공공방송법 제정과 교육 텔레비전 공공성 강화에 기여했다 : 옮긴이) 집필에 참여한 두 사람은 '교육받은 사람이라면 누구나 잘 알아야 하는 고전이 있다'는 생각을 '엘리트주의'라고 비난한다. 그런 비판과 짝을 이루어 등장하곤 하는 주장이 학문은 현대사회의 다양성과 혼란을 비판하고 초월하려 하기보다는 순수하게 드러내는 데 치중해야 한다는 것이다."⁵⁰

그러나 바로 이 지점이 라슈의 비판의 핵심이다. 그는 감성 계발 운동이 실패했다고, 그것도 철두철미 실패했다고 주장했다. 그렇게 많은 말을 쏟아냈지만 결국은 허위의식만을 만들어냈기 때문이다. 그런 운동이 해방을 가져왔다고들 하지만 사실은 해방과는 무관하며 좀 더 복잡하고 미묘한 형태의 통제에 불과했다. 새로운 감성은 아직도 낡은 트릭을 동원해 예전 소유자들에게 권력과 통제권을 맡겨놓고 있다. 페미니즘 운동은 많은 여성들에게 더 큰 자유를 가져다주었을지 모르지만 그 후유증으로 편부모 가족이 엄청나게 늘었다. 그 대부분은 아버지 없이 어머니와 아이만 같이 사는 형태다. 이렇게 되면 여성과 아이들만 더 큰 짐을 지게 되고, 많은 경우 친밀한 관계에 '혐오감'을 갖게 됨으로써 진실한 우정은 더 어려워지고 자아에만 의존하게 된다. 편부모 가정은 나르시시즘적 가정인 경우가 많다. 비즈니스에서도 더 많은 토론과 노동자 참여는 말만 많이 하는 문화를 만듦으로써 경영진에 대한 감정적인 평가는 좋아질지 모르지만 실질적으로 변화되는 것은 아무것도 없다. "심리치료법이 인기를 끌면서 권위는 신뢰를 잃었다. 특히 가정과 교실이 그렇다. 반면에 지배 구조 자체는 여전히 비판의 사각지대에 놓여 있다. 종속자와 상급자의 적대 관계를 완화하거나 제거하는 방식으로 사회적 통제를 강조하는 치료법은 시민들이 국가에 대해 자신을 방어하거나 노동자들이 기업의 무리한 요구에 저항하는 것을 점점 더 어렵게 만든다. 죄책감과 양심은 도덕적 차원에서는 물론이고 심지어 법률적 의미마저 상실한다. 권력의 자리에 있는 사람들은 더 이상 판사나 교사, 설교자들의 권위 있는 언명을 통해 규칙을 강요하지 않는다. 사회는 더 이상 권위 있는 당국이 분명하고도 정당한 법과 도덕률을 선언해주기를 기대하지 않는다. 젊은이들이 공동체의 도덕기준을 내면화하기를 기대하지도 않는다. 다만 심리치료 차원에서 정상적 행동이라고 하는 일상의 상호관계에 순응하기만을 요구한다."[51]

현대(즉 1970년대 말)의 인간은 자의식 속에 갇혀 있다고 라슈는 말한다. 현대인은 "자발적인 감정이라고 순수함을 열망하지만 그런 것을 잃은 지 오래다. 다른 사람에게 미치는 영향을 계산하지 않고는 그런 감정을 표현할 수 없기 때문에 오히려 다른 사람들의 표현의 진정성을 의심하며, 자신의 행동에 대한 타인의 반응에서 별다른 위안을 얻지 못한다."[52] 따라서 라슈와 톰 울프는 감성 계발 운동은 만족스럽지 못할 뿐 아니라 사실상 엉터리라고 본다는 점에서 의견을 같이 한다.

로자크, 울프, 라슈는 모두 사적이고 신앙고백적이며 익명적인 전통 종교들이 공적이고 친밀하며 나르시시즘적인 감성 계발 운동에 자리를 내주는 양상에 관심을 쏟았다. 이는 일단의 신념 내지 신앙이 다른 종류의 신앙으로 넘어가는 과정이라고 표현할 수도 있겠다. 1970년대에 나온 유명한 세 역사서가 이와 비슷한 과거 시대의 이야기를 다룬 것은 결코 우연이 아니다.

크리스토퍼 힐이 영국사 관련서 중에서 가장 독창적인 책의 하나라고 평한 키스 토마스Keith Thomas의 『종교와 주술의 몰락Religion and the Decline of Magic』은 16~17세기 영국의 심리학적 분위기가 1960년대 말~1970년대 초 캘리포니아나 파리와는 매우 다르지만 서로 다른 신념체계가 경합하면서 사회 변화와 정치적 근본주의와 연결된다는 점에서 공통점이 있다는 것을 보여줬다.[53] 토마스는 16~17세기의 주술은 말하자면 술이나 도박 비슷한 기능을 하는 것으로 이해할 수 있다고 설명한다. 인생에 닥치는 수많은 불안, 특히 건강상의 불안을 나름대로 처리하는 하나의 방식이라는 것이다. 기성 종교도 주술적인 행위를 많이 활용했다. 종교개혁 때까지 기적 사례가 정기적으로 보고되곤 했다.[54] 1591년 영국 국교를 부인하는 옥스퍼드의 존 앨린이라는 사람은 그리스도의 피를 가지고 있었는데 '한 방울에 20파운드를 받고 팔았다'고 한다.[55] 종교개혁이 성공한 이유 가운데 하나는 회의론자들이 성찬식의 빵이 그리스도의 몸으로 변하고, 포도주는 그분의 피로 변한다는 미사의 '주술적 효과'를 더 이상 믿지 않았기 때문이다.[56] 이렇게 해서 프로테스탄티즘은 주술을 종교로부터 떼어내려는 직접적인 시도로 등장했다.

종교개혁은 지상의 문제들에 대한 초자연적 해결책을 완강히 거부했다. 그러나 일부 종파 지도자들은 그런 해결책을 끊임없이 제시하려고 했기 때문에(그 중 하나가 공교롭게도 해몽이었다. 1576년 런던에서 발행된 토마스 힐Thomas Hill의 『유쾌한 해몽법The Moste Pleasaunte Arte of the interpretation of Dreames』을 보라) 종교적 분파가 확산됐다.[57] 꿈을 꾸는 동안 미래의 남편 모습이 나타나기를 바라는 여성이 많았다. 내전이 발발하면서 메시아를 자처하는 사람들 수가 급증했다. 런던에서 밧줄 만드는 일을 하는 윌리엄 프랭클린이라는 사람 역시 그런 주장을 하면서 제자들을 파괴천사, 치료천사, 세례자 요한 등등의 직위에 임명했다. 그는 전도 과정에서 '수많은 무리'를 모았으나 1659년 윈체스터 순회재판 법정에서 자신의 주장을 공식 철회했다.[58] 키스 토마스는 당대의 혼란이 기술적 진보(특히 화약, 인쇄기, 나침반)와 짝을 이루면서 이런 종파들을 낳았고, 그들이 내세운 슬로건 자체는 대중의 관심을 끈 일부 요인에 불과하다고 보았다. 많은 신자들이 단순히 어떤 상징적이고 제의적인 행동에 참여하는 것만으로 만족을 얻었다. 그런 행동의 최종 목표가 무엇이냐는 별로 상관이 없었다.[59] 그런 주술사들을 일컫는 이름은 많았다. 재간꾼cunning man이라고도 했고, 현명한 여자wise woman라고도 했고, 요술쟁이, 마법사, 마녀라고도 했다. 이들은 잃어버린 물건을 찾아주는 일에서부터 치료와 예언에 이르기까지 다양한 서비스를 제공했다. 주술사마다 나름의 방식으로 공포를 유발하는 의식도 집행했다.[60]

주술과 가장 유사한 양상을 보인 것은 아마도 점성술일 것이다. 점성술은 당시 개인들의 운명이 서로 달라지고, 왜 누구는 어떤 신체적 특성이 있고, 소질이나 기질이 어떠어떠한지를 설명하는 유일한 체계였다.[61] 심지어 아이작 뉴턴 경도 1728년 『개정판 고대 왕국 연대기The Chronology of Ancient Kingdoms Amended』에서 점성술 관련 자료를 가지고 고대 세계의 사라진 연대기를 복원하려고 시도했다. 왜 여러 민족이 지금과 같은 특성과 기질, 법률을 갖게 되었는지를 설명하는 것이 이 책의 목적이었다.[62] 점성술의 매력은 지적으로 보일 뿐 아니라 일관되고 포괄적인 사고 체계를 제공한다는 데 있었다. 또 다른 차원에서는 개인적인 문제를 해결하고 '결단을 내리는 데' 도움을 주었다.[63] 점성술에 관심을 가진 많은 유명 인사들이 재세례파Anabaptists, 랜터파Ranters, 퀘이커교파Quakers, 구도파Seekers 같은 비밀 종파를 형성했다는 사실은 널리 알려져 있다. 토마스에 따르면 (정치적 의미에서) 반란의 기미가 많은 정서가 예언이나 소망성취로 탈출구를 찾으면서 초자연적인 사변을 촉진했다.[64] 기술 변화도 진보 관념에 영향을 미쳤다. 진보 관념은 지식이 누적적으로 확장되는 장인들한테서 처음 시작됐을 것이다. 그러나 16세기 이후 '고대적 관념'과 '현대적 관념'이 지루한 투쟁을 계속한 끝에 '가장 새로운 것이 가장 좋은 것'이라는 '현대적' 관념이 성립됐다. 심지어 종교도 최신의 것이 최상의 것이라고 보는 종파 내지는 사람들을 키워냈다. 토마스가 보기에 주술은 당대 사회구조상 가장 취약한 지점에서 발생한다. 취약지점이 사회적 불의든 물리적 고통이든 대책 없는 수난이든 관계없다. 그러나 결국 주술은 '잡다한 처방의 잡동사니'다. 기독교처럼 전반적으로 차원 높은 만족을 주는 포괄적 교리체계는 아니다. 종교개혁 이후의 세기는 일종의 과도기로 주술이 여전히 세를 떨쳤다. 하늘은 스스로 돕는 자를 돕는다는 생각을 강조하는 프로테스탄트 교리를 현실적으로 너무 고원한 것으로 여기는 사람들에게는 그래도 위안이 됐기 때문이다.[65] 변화는 사람들의 열망의 중심이 옮겨간 결과로 볼 수 있다. 보험제도의 발달로 일상의 위험에서 구제받을 기회가 확대되고, 의학 분야에서 진정한 발전이 이루어지면서 주술은 위축됐다. 그러나 오늘날에도 별점이나 점술 형태로 여전히 남아 있다.

1972년에 나온 크리스토퍼 힐Christopher Hill의 『뒤집어진 세계 The World Turned Upside Down』는 논지 면에서 키스 토마스의 『종교와 주술의 몰락』과 많이 겹쳤다.[66] 힐은 내전 직후의 영국을 고찰한다. 당시는 1960년대에서 1970년대 초와 마찬가지로 급진적인 정치이념과 새로운 종교 분파들이 세를 넓혀가던 시기였다. 여기서도 굳이 평행점을 찾으려 하지 않아도 일부 유사성이 드러난다. 특히 정치이념이 좌선회했다는 점이 그렇고, 새로운 종교적 관념들이 영성을 내면화함으로써 신을 '저기 바깥에' 또는 '저 위에' 있는 존재로 보기보다는 개인의 문제로 생각하게 됐다는 점이 그렇다. 셋째로는 평화주의를 들 수 있다. 심지어 힐은 한 걸음 더 나아가 '대항문화'라는 표현까지 꺼낼 정도였다. 그에 따르면 문제의 시기는 많은 '주인 없는 사람들'이 이제 봉건 영주들의 속박에서 풀려남으로써 '밀물처럼 밀려드는 영광과 지적 흥분'이 교차한 시기였다. 행상이나 장인, 유랑자들은 더 이상 누구에게도 얽매이지 않고, 사회의 위계질서에 종속되지도 않으면서 재세례파, 평등파Levellers, 랜터파, 퀘이커교파, 무글레튼파Muggletonians 같은 새 종파의 중추가 되었다.[67]

힐은 새로운 유형의 사상을 몇 가지 발견했다. 그 중 하나가 성서를 글자 그대로 따르기보다는 기독교의 정신—죄의 극복—을 믿는 계열이었다. 또 한 계열은 과학으로 인한 혼란과 회의주의적 분위기가 결국은 기독교의 전통적인 주장으로 가는 단계라고 보는 입장이었다. 공산주의적 관념이나 의회주의를 토대로 한 비판도 많았는데 이들은 하나같이 좌파 성향이었다. 사유재산법이 공격을 받았고, 공유지 무단 점거자들이 등장했다(1960년대와 70년대 초의 특징적인 양상이기도 하다).[68] 교회의 의례는 더욱 민주적인 방향으로 변모됐다. 신도단 회원들이 설교에 대해 공식적으로 입장을 밝히거나 비판하고 나서는 경우도 있었다(그 결과 '소요와 혼란'이 일기도 했다). 전통적인 신앙이 붕괴하고, 특히 지옥과 천국에 대한 믿음이 깨지면서 사회 저변에 절망이 찾아들었다. 사람들은 그 어느 때보다도 자살에 대해 설왕설래했다(가톨릭에서는 자살을 지옥에 떨어질 대죄라고 본다). 많은 사람들이 이런 종파 저런 종파를 기웃거렸다. 힐은 나체를 선호하거나 광인에 대한 시각이 달라지는 양상도 찾아냈다. 외경과 공포의 복합체였던 정신병자가 이제 예언자로 간주된 것이다. 학교와 대학이 많이 신설됐다. 여성의 지위 변화도 상당했다. 그 증거로 이혼율만 높아진 것이 아니라 (기성 교회와 비교할 때) 여러 종파에서 여성이 수행하는 역할이 매우 커졌다. 퀘이커교파 같은 일부 종파에서는 결혼서약 때 아내가 남편에게 복종한다는 선서를 폐기하는가 하면 랜터파 같은 경우는 혼외정사를 죄악으로 간주하지 않았다.[69] 랜터파의 입장은 경우에 따라 마르쿠제와 비슷했다. "세계는 인간을 위해 존재하며, 모든 인간은 평등하다. 내세는 없다. 가장 중요한 것은 여기 지금이다. …… 우리 이웃들에게 해를 주지만 않는다면 그 어느 것도 악은 아니다. …… 가벼운 맹세와 '허튼 입맞춤들'도 우리의 주인들이 우리에게 뒤집어씌우려고 안달했던 억압적인 윤리로부터 우리를 해방시키는 데 도움이 될 것이다."[70] 힐은 당시 참신함이나 독특함이라는 관념이 더는 '충격적으로 느껴지지 않고 어떤 의미에서 바람직한 것으로 자리 잡았다'고 보는 점에서 키스 토마스와 의견을 같이 했다. 이는 대단히 중요한 발전이었다. 참신함을 수용함으로써 변화가 가속화됐기 때문만이 아니라 인간을 다시 자아로 향하게 했기 때문이다. 그렇게 해서 '내면의 빛을 발견하고 그것을 빛나게 하려면 어떻게 해야 하는지'를 깨닫게 된 것이다.

19세기에는 또 다른 변동이 생겼다. 그런 변화를 기술하고 분석한 것이 오웬 채드윅Owen Chadwick의 『19세기 유럽 정신의 세속화 The Secularisation of the European Mind in the Nineteenth Century』(1975)였다.[71] 채드윅은 책을 두 파트로 나눴다. 1부 '사회적인 문제'에서는 경제적 해방, 카를 마르크스의 유물론, 전반적인 반성직자주의anticlericalism가 미친 영향을 고찰했다. 이런 '동요'는 새로운 기계의 발명, 새로운 도시의 등장, 인구의 대량 이주의 결과이기도 했다. 2부 '지성적인 문제'에서는 과학이 인간의 정신에 미친 영향, 새로운 역사(고고학 포함) 연구와 콩트의 실증주의 철학이 미친 영향, 이런저런 변화로부터 발생한 윤리학 등을 들여다봤다. 그는 교회에 가는 횟수 등에 대한 통계를 보면 어떤 경향이 분명히 드러난다고 지적한다. 1880년대 프랑스, 독일, 영국에서는 교회 가는 횟수가 하향곡선을 그리는 것으로 나타났다. 읍내가 클수록 일요일에 교회에 가는 사람들 비율은 낮았다. 싸구려 언론 덕분에 무신론적 색채의 출판물도 많이 나왔다. 그러나 채드윅의 독창적인 논점은 19세기가 흘러가면서 세속화라는 관념 자체가 변했다는 것이다. 처음에 세속화란 반성직자주의, 특히 다분히 공격적인 반성직자주의를 일컫는 수준이었다.[72] 그러나 시간이 가면서 기독교는 세력이 급격히 약해지는 한편으로 새로운 형태의 지식에 적응해갔다. 그래서 19세기 말이 되면 세속세계는 신앙 세계와는 사실상 분리된 별개의 영역이 되었다. 물론 장례식이나 신의 섭리 같은, 교회에 맡겨진 영역이 아직 있었다. 그러나 일반적으로 종교에 관한 논쟁은 시들해졌다. 불가지론자와 무신론자들은 제 길을 갔다. 마르크스를 따르기도 하고 다윈을 추종하기도 하고 급진적 역사가들을 뒤따르기도 했다. 반면 종교계 사람들은 과학을 기웃거리면서 받아들이고 싶은 부분만을 취했다.[73] 세속세계는 종교를 완전히 세속화된 사회로 가는 길의 과도기 정도로 생각했다. 반면에 종교계는 과학과 역사는 신앙 문제에 끼어들 자격이 없다고 주장했다. 세속화라는 제목을 내걸었지만 채드윅의 저서는 기실 많은 사람들에게 종교가 얼마나 실존의 핵심에 자리한 영적 요구였는지를 연대기적으로 서술한 것이었다.

갤브레이스, 다니엘 벨, 시어도어 로자크, 크리스토퍼 라슈의 저서들을 한쪽 계열에 놓는다면 다른 한편에는 키스 토마스, 크리스토퍼 힐, 오웬 채드윅을 놓을 수 있겠는데 두 계열은 서로 보충적이다. 이런저런 역사적 연구를 살펴보면 감성 변화의 조건으로 두 가지가 두드러진다. 하나는 새로운 양식의 커뮤니케이션(자의식 변화를 촉진한다)이고, 다른 하나는 새로운 형태의 지식, 특히 과학적 지식(낡은 설명들을 위협한다)이다.

갤브레이스와 벨은 이런 점을 인식했다. 이들의 분석이 나오자마자 그들이 했던 예언 가운데 가장 중요한 부분은 현실로 확인이 되었다. 1975년 봄 두 젊은이가 원래 있던 자리를 박차고 나왔다. 한 친구는 보스턴에 있는 하니웰(미국 자동제어기기 및 전자통신 시스템 장비 제조업체 : 옮긴이)의 컴퓨터 프로그래머였고, 또 한 친구는 하버드대 학생이었다. 두 사람은 회사를 차리고 당시 막 나오기 시작한 소형 컴퓨터용 소프트웨어 개발에 나섰다. 몇 달 후인 1976년 샌프란시스코의 젊은 미생물학자에게 같은 또래의 벤처자본가가 찾아왔다. 두 사람 역시 회사를 차렸다. DNA 가닥에서 특수 단백질을 합성하는 기업이었다. 컴퓨터 쪽으로 나선 두 청년의 이름은 폴 앨런Paul Allen과 빌 게이츠Bill Gates였다. 회사 이름은 마이크로소프트Microsoft라고 했다. 두 번째 청년들은 허버트 보이어Herbert Boyer와 로버트 스완슨Robert Swanson이었다. 보이어 앤드 스완슨도 그렇고, 스완슨 앤드 보이어도 뭐해서 회사 이름은 지넨테크Genentech라고 했다. 금세기 마지막 4반세기에 접어들면서 정보기술과 생명공학이 앞서거니 뒤서거니 하며 새롭게 두각을 나타냈다. 세계는 이제 곧 다시 한 번 뒤집어지게 된다.

34

유전자 사냥
Genetic Safari

　1973년 노벨 생리·의학상이 세 남성에게 돌아갔다. 그 중 두 사람은 2차 대전 이전 독일 나치와의 관계가 다른 이들과 전혀 달랐다. 카를 폰 프리슈Karl von Frisch는 나치 학생들에게 고초를 겪었다. 혈통상 8분의 1이 유대계가 아니라는 것을 도저히 입증할 수 없었기 때문이다. 그나마 살아남은 것은 꿀벌 연구의 세계적 권위자였고, 당시 독일에 바이러스성 꿀벌 전염병이 퍼져 꿀벌들이 다 죽어나갈 위기에 처해 있었기 때문이다. 정부로서는 작물 수분을 제대로 해서 식량을 증산하려면 그의 도움이 절실했다. 반면에 콘라트 로렌츠Konrad Lorenz는 독일인과 유대인이 섞이면 민족이 '타락' 운운하는 나치 이데올로기에 전폭적으로 동조했다. 의도와 내용이 의심스러운 여러 가지 실험에도 적극 참여했다. 특히 폴란드에서 그랬다. 로렌츠는 전쟁이 끝날 무렵 러시아군에 포로로 잡혔다가 1948년 석방됐다. 이후 그는 전쟁 발발 이전과 전시에 했던 활동에 대해 변명했다. 동료들은 이런 변명을 받아줬다. 그중 가장 중요한 인물이 1973년 노벨상을 공동수상한 세 명 가운데 마지막 인물인 니콜라스 틴베르헨Nikolaas Tinbergen(1907~1988)이었다. 틴베르헨은 네덜란드 출신으로 전쟁 기간을 인질캠프에서 보냈다. 네덜란드 반나치 지하조직이 활동을 개시하면 보복으로 쏴죽이겠다며 잡아둔 것이다. 틴베르헨이 로렌츠의 변명을 받아들였다면 아마도 진심이라고 확신했기 때문일 것이다.[1] 세 사람의 수상은 비교적 새로운 분야인 동물행동학ethology의 중요성을 인정한다는 의미였다. 세 사람은 이 학문의 창설자였다. 동물행동학은 동물의 행태를 비교 연구하는 분야다. 동물행동학자들은 동물의 행태 가운데에서도 본능적 측면에, 그리고 인간과 다른 생명체를 구분해주는 양상에 관심을 쏟았다.

2차 대전이 끝나고 나서(라이덴 대학에서 옥스퍼드 대학으로 옮긴 이후) 시작한 틴베르헨의 고전적인 연구는 고정행동유형fixed action pattern과 내재적행동발현메커니즘innate releasing mechanism(IRM)에 관한 로렌츠의 아이디어를 발전시킨 것이었다. 등뼈가 세 개인 수컷 가시고기를 대상으로 한 실험에서 틴베르헨은 가시고기의 기이한 행동의 본질적 의미가 무엇인지 보여주었다. 가시고기는 물구나무를 서서 붉게 변한 배를 암컷에게 내보이곤 한다. 이러한 행동은 짝짓기 반응을 자극한다. 이와 비슷한 것으로 틴베르헨은 재갈매기 부리에 난 붉은 반점의 의미를 해석해냈다. 암컷의 구애행동을 유발하는 신호였다.[2] 나중에는 그런 IRM들이 생각보다 한결 복잡하다는 사실이 밝혀졌다. 그러나 틴베르헨의 단순명쾌한 실험들은 과학자와 대중의 감성을 동시에 사로잡았다. 존 보울비의 모성母性 박탈 이론도 이런 동물행동학 연구에서 영감을 얻은 것이다. 세 수상자가 연구한 곤충이나 조류, 어류보다도 계통발생학적으로 인간에 더 가까운 동물들에 대한 현장연구가 엄청나게 많아진 것도 동물행동학에서 자극을 받은 것이다. 특히 포유류와 유인원이 집중 연구 대상이 됐다.

1959년 메리 리키Mary Leakey가 진잔트로푸스 보이세이(진지)를 발견한 이후에도 리키 부부는 탄자니아 올두바이 협곡에서 중요한 발견을 몇 건 더 했다. 그중 가장 중요한 것이 같은 시대에 세 원인—오스트랄로피테쿠스 보이세이, 호모 에렉투스(루이스 리키는 이제 진지가 베이징 원인 중에서도 특히 덩치가 큰 형태라는 식으로 의견을 수정했다), 1960년대 초에 새롭게 발견된 호모 하빌리스—이 병존했다는 사실이다. 호모 하빌리스('손재주가 좋은 사람'이라는 뜻)라는 학명을 붙인 이유는 비교적 발전된 석기를 사용한 것과 관련이 있다. 메리 리키는 『올두바이 협곡 Olduvai Gorge』이라는 과학서에서 올두바이에서 발굴한 유물 3만 7,000점을 분석했다. 거기에는 원인의 유해 20점, 동물 유해 2만 점, 그리고 다량의 석기가 포함돼 있었다.³ 이 모든 것으로 추정해 볼 때 올두바이는 초기 원시 문화로서 호모 에렉투스가 여전히 원시적이지만 한결 세련된 도구를 사용하는 호모 하빌리스에게 자리를 내주는 단계였다. 이와 함께 이미 멸종된 많은 종의 동물(하마류 등등)이 발견됐다.

미국의 작가이자 극작가인 로버트 아드리Robert Ardrey도 올두바이 협곡과 아프리카에 관심을 기울였다. 『아프리카 창세기African Genesis』(1961), 『영역의 정언명령The Territorial Imperative』(1967), 『사회계약 The Social Contracts』(1970) 등 일련의 저서에서 아드리는 많은 작업 끝에 모든 동물은—사자와 비비원숭이에서부터 도마뱀과 갈가마귀에 이르기까지—영토가 있으며, 그 크기는 몇 발짝 거리(도마뱀)에서부터 160킬로미터(이리 떼)에 이르기까지 다양하고, 영토 수호를 위해 엄청나게 멀리까지 순회한다는 것을 알아냈다. 그는 또 동물사회의 서열과 다양한 성행위 행태에도 관심을 기울였다. 심지어 유인원의 경우는 프로이트의 이론을 완전히 무력화시킨다고 그는 생각했다(아드리는 '프로이트는 너무 일찍 태어났다'고 썼다). 인간이 아프리카에서 발원했다는 생각을 대중화하는 동시에 아드리는 호모 사피엔스Homo sapiens가 정서적으로는 야생동물이며, 현재의 인간과 같은 모습으로 길이 드는 데 상당히 어려웠다고 강조했다. 그는 인간이 원래는 숲속의 유인원이었으며, 다른 큰 유인원한테 쫓겨서 덤불 속으로 들어가게 되었다고 생각했다. 채식 유인원인 오스트랄로피테쿠스 로부스투스Australopithecus robustus가 진화해서 육식인 오스트랄로피테쿠스 아프리카누스Australopithecus africanus가 되었고, 이것이 나중에(어쩌면 좀 더 일찍) 호모 사피엔스로 진화하면서 도구를 사용하게 됐다는 것이다. 아드리는 도구라는 말보다는 '무기'라는 말을 선호했다. 아드리가 보기에 인류가 살아남아서 번창할 수 있었던 것은 자신이 본질적으로는 야수라는 것을 결코 잊지 않았기 때문이다.⁴ 아드리는 책의 핵심을 이루는 현장조사를 통해 나온 여러 증거로 볼 때 2차 대전 이전에 널리 받아들여졌던 시각과 달리 인류는 아시아가 아니라 아프리카에서 발원했으며, 그것도 서로 다른 지역에서 여러 번에 걸쳐 나타났다기보다는 대체로 동아프리카 지구대 어느 지점에서 딱 한 번에 생겨난 것으로 보인다고 주장했다. 이러한 이론적 변화에 긴박감이 곁들여졌다. 왜냐하면 동물행동학 연구를 통해 동물을 야생상태에서 연구할 수 있다는 것이 입증됐을 뿐 아니라 많은 경우 야생동물 수가 급감하고 있다는 것이 확인됐기 때문이다. 따라서 동물행동학은 생태계 보호 운동에 중요한 기여를 한 셈이다.

폭넓은 대중들에게 동물행동학이 대단히 중요한 학문이라는 것을 인식시키는 데 가장 큰 역할을 한 사람은 단연 아프리카의 세 여걸이었다. 이들은 상상력을 가지고 과감하게 밀림에 뛰어들어 놀라운 성과를 이뤄냈다. 케냐에서 사자와 같이 지내며 연구한 조이 애덤슨Joy Adamson, 탄자니아 곰베 강 유역에서 침팬지를 연구한 제인 구달Jane Goodall, 우간다에서 수년간 고릴라와 함께 살았던 다이앤 포시 Dian Fossey였다.

조이 애덤슨과 조지 애덤슨 부부는 2차 대전 이전부터 아프리카를 누빈 아프리카통으로 리키 부부와는 친구 사이였다(조지 애덤슨Goerge Adamson은 메뚜기 통제관이었고, 1929년부터 케냐에서 금광 찾는 일을 했다). 오스트리아 태생인 조이 애덤슨(1910~1980)은 '걸핏하면 결혼했다 이혼하고, 이기적이며, 고집불통에, 심리 불안정 상태지만 에너지가 넘치고, 대단히 독창적'이었다.[5] 1956년 부부가 사는 곳 근처에서 사자가 현지 소년을 잡아먹은 사건이 벌어졌다. 조지 애덤슨은 다른 사람들과 함께 식인 사자를 찾아 나섰다. 현지 관습에 따르면 식인 사자는 반드시 죽여 없애야 했다. 왜냐하면 일단 사람고기에 '맛을 들이면' 반드시 돌아와 같은 짓을 반복하기 때문이다. 암사자 한 마리가 발견됐고, 총으로 쏘아 죽였다. 그런데 그 옆에 새끼 세 마리가 옹알거리고 있었다. 눈의 피막도 다 안 벗겨진 핏덩이들이었다. 녀석들을 애덤슨 부부가 키운 것이다. 두 녀석은 결국 동물원으로 입양이 됐다. 남은 한 마리가 '가장 수수한' 축에 속했다. 부부는 역시 수수한 한 여자 친척의 이름을 따서 녀석을 엘자Elsa라고 하고 손수 키웠다.[6] 이렇게 해서 애덤슨 부부의 사자의 행태에 대한 관찰이 시작됐다. 관찰은 실험실적 의미에서 체계적인 것과는 거리가 멀었다. 그러나 인간과 동물이 그렇게 꼭 붙어 지낸다는 것은 새로운 경험이었고, 포유류의 행태에 대한 통찰을 가능케 했다. 그런 식이 아니었다면 통찰은 불가능했을 것이다. 예를 들어 "엘자는 우라Ura(지명: 옮긴이)에서 물소를 공격해 쓰러뜨린 뒤 용의주도하게 물속으로 끌고 들어가 질식사시키는 과정에서 놀라울 정도의 지능과 자제력을 보여줬다. 물소가 피를 철철 흘리는 사이 무슬림인 누루가 달려와 물소의 목을 벴다. 나중에 물소 고기는 누루와 현지 아프리카인들의 간식거리가 됐다. 당시 엘자는 잠시 누루를 노려보았지만 곧 사냥감을 훔쳐가려는 게 아니라 나눠 먹으려는 것임을 알아챘다."⁷

1958년 여러 가지 이유로 해서 암사자 엘자는 야생으로 돌아갔다. 그 중 한 가지 이유는 힘이 점점 세져 통제가 불가능했기 때문이다(어떤 때는 조이의 머리를 입속에 확 집어넣기도 했다). 엘자에게는 위험한 실험이었지만 방생은 성공적이었다. 그 후로도 엘자는 가끔 애덤슨 부부한테 돌아오곤 했다. 나중에는 새 가족을 데리고 나타났다. 대부분 온순하고 우호적으로 행동했다. 이때 조이 애덤슨은 엘자 얘기를 3부작으로 써봐야겠다는 데 착안했다. 이것이 바로 그녀를 유명하게 만든 『자유롭게 태어나다 Born Free』(1959, 한국어판 제목은 『야성(野性)의 엘자』이다 : 옮긴이), 『자유롭게 살아가다 Living Free』(1960), 『영원히 자유롭다 Forever Free』(1961)이었다.⁸ 다정한 모습의 사자 사진들이 글 못지않게 강한 인상을 남겼다. 덕분에 책은 12개 언어로 번역돼 500만 부 이상 팔려나갔다. 영화화된 것은 물론이고 다큐멘터리도 여러 편 나왔다. 조이 애덤슨이 원래 새끼사자들을 떠맡은 것은 '고아'였기 때문이다. 앞에서 살펴보았듯이 종전 이후 1950년대에는 모성 박탈이 중요한 사회문제였다. 1960, 70, 80년대를 거치는 동안에도 애덤슨 부부는 줄곧 사자와 가까이서 살면서 아카데믹한 스타일은 아니지만 독특한 방식으로 그들의 진짜 본성을 추적했다. 부부는 사자를 '망친다'는 비판을 받기도 했다. 인간에게 우호적으로 만듦으로써 사자답지 않게 됐다는 주장이었다. 그러나 애덤슨 부부는 사자가 사납고 거친 것은 분명하지만 그 폭력성이 완전히 유전적인 것만은 아니라는 사실을 입증해냈다. 100퍼센트 본능적인 것은 아니라는 얘기였다. 사자는 적어도 애정이나 존중, 친근감을 표현할 줄 아는 것으로 보인다. 식욕이 항상 절대적인 동기는 아니다. 영국의 계관시인 테드 휴즈 Ted Hughes는 『야성의 엘자』 서평에서 이렇게 말했다. "가장 변덕스러운 야수 가운데 하나인 암사자가 엘자 같은 성품을 보이게 됐다는 것은 사자 길들이기 차원에서보다는 인간의 문명화 차원에서 한 단계 발전이다."*⁹

제인 구달(1934~)은 후배 격인 다이앤 포시와 마찬가지로 루이스 리키의 문하생이었다. 리키는 다른 재능은 논외로 하더라도 대단한 바람쟁이였다. 많은 여자 조수들과 문제를 일으키기도 했다. 구달은 진지가 발견되던 해인 1959년에 이미 리키를 찾아가 문하생으로 받아달라고 애걸했다. 리키는 구달을 보자마자 동물에 대해 해박하다는 것을 알아봤다. 그렇게 해서 한동안 그의 뇌리를 떠나지 않던 프로젝트가 탄생하게 되었다. 리키는 탕가니카 호수 연안 키고마 근처 곰베 강Gombe Stream 주변에 서식하는 침팬지 공동체를 알고 있었다. 리키의 생각은 간단했다. 아프리카에는 유인원이 대단히 많다. 인간은 유인원에서 진화했다. 그러므로 유인원에 대해 많이 알수록 인간—인류—이 어떻게 진화해왔는지를 좀 더 잘 이해할 수 있을 것이다. 리키는 이 프로젝트에 구달이 적임자라고 생각했다. 동물에 관해 해박한데다 지나치게 아카데믹하지 않았기 때문이다. 그녀의 정신은 '이론으로 헝클어져 있지' 않았다. 물론 당시는 이론이 그렇게 무성한 시대가 아니었다. 동물행동학은 전적으로 새로운 분야였다. 구달은 맡은 일에 애착이 강했다. 그래서 정식 논문들과 대중용으로 풀어 쓴 『인간의 그늘에서In the Shadow of Man』(1971)는 과학적으로 중요하면서도 동시에 감동을 주는 저술로 인정을 받았다.[10]

구달은 침팬지가 자신을 받아들이기까지 여러 달이 걸린다는 것을 알았다. 그러나 일단 그들에게 신임을 받은 다음부터는 아주 가까이서 야생 상태의 침팬지 행태를 관찰할 수 있었다. 심지어 침팬지 한 마리 한 마리를 알아봤다. 이처럼 단순한 접근이 매우 중요한 성과를 낳았다. 구달은 후일 아카데믹한 학자들로부터 침팬지한테 중립적인 번호를 붙이지 않고 이름을—데이비드 그레이비어드, 플로, 플린트, 플레임, 골리앗 등등—붙였다는 이유로 비판을 받았다. 그러나 풍부한 관찰 결과를 놓고 본다면 이런 비판은 극히 사소한 것이다.[11] 최초의 중요한 관찰은 이런 것이었다. 구달은 어느 날 침팬지 한 녀석이 가는 막대기를 흰개미 언덕에 집어넣을 것을 보았다. 흰개미를 잡아먹기 위한 것이었다. 흰개미들이 막대기로 몰려들자 침팬지

---

* 조이 애덤슨은 1980년 남자 조수가 휘두른 칼에 찔려죽었다. 조수는 급료를 못 받았다고 주장했다. 조지 애덤슨은 1989년 소말리아 밀렵꾼과 농민들이 쏜 총에 맞아 죽었다.

는 막대기를 높이 쳐들어 입으로 가져갔다. 침팬지가 도구를 사용한다는 얘기였다. 그때까지만 해도 도구의 사용은 인간만의 특징으로 알려져 있었다. 여러 달이 흐르면서 이 유인원들의 사회·공동체 생활도 서서히 모습을 드러냈다. 가장 흥미로운 것은 수컷들의 서열과 위계질서를 지키기 위해 간혹 벌어지는 과시적 위협 행동이었다. 서열은 대개 한 무리 내에서 성행위 우선권을 결정하는 것으로, 먹이를 먼저 먹을 권리를 반드시 보장하는 것은 아니다. 구달은 과시적 위협 행동이 대개는 과시에 불과하다는 사실에 주목했다. 일단 열등한 수컷이 꼬리를 내리면 우월한 수컷은 상대를 쓰다듬어주곤 했다. 달래고 안심시키는 제스처였다. 구달은 또 어머니와 자녀 사이에 벌어지는 행태를 관찰했다. 서로 털가죽에서 해충이나 이물질을 뽑아내주는 것과 같은 행동은 가족적인 유대감을 나타내는 행동으로 해석됐다. 어쩌다가 어머니를 잃은 어린 침팬지들은 몸이 수척해지거나 대단히 불안해진다. 신경증이라고 할 만하다. 그러면 예전에 싸운 적이 있거나 평소에는 무관심하던 형제들이 달려와 위로하고 달래준다. 구달은 침팬지에게 초보적인 수준의 자의식이 있으며 새끼들은 어머니로부터 많은 행동을 학습한다고 생각했다. 이 문제를 두고 학계에서 논란이 일었다. 구달이 제시한 유명한 사례는 매우 흥미롭다. 설사가 난 어머니가 나뭇잎을 모아 밑을 닦았다. 그러자 바로 2년 생 새끼가 밑이 멀쩡한데도 똑같은 행동을 했다는 것이다.[12]

다이앤 포시(1932~1985)는 『안개 속의 고릴라 Gorillas in the Mist』에서 1970년대 르완다·자이르·우간다 접경 지역에서의 경험과 관찰 결과를 소개했다. 그녀는 특히 산악고릴라 mountain gorilla의 일종인 고릴라 고릴라 베렝게이 Gorilla gorilla berengei에 관심을 쏟았다. 고릴라는 침팬지보다 훨씬 거대하지만 당시 이미 개체 수가 줄고 있었고, 지금은 멸종 위기에 처해 있다. 르완다는 아프리카에서도 인구밀도가 가장 높은 지역에 속한다. 그런 만큼 당시 이미 고릴라는 20년 이상 지속적으로 연평균 3퍼센트 정도씩 감소해 250여 마리밖에 남지 않은 상태였다. 따라서 포시의 현장조사는 생물학 연구인 동시에 생태계 보존 운동이기도 했다.[13]

포시는 충격적일 정도로 상세하게 밀렵꾼들의 사악한 짓거리를 묘사했다. 밀렵꾼들은 야생동물을 잡아 동물원에 팔아넘기거나 원시 의식儀式의 일환으로 죽인 다음 머리와 다리를 자르기도 했다. 1983년 『안개 속의 고릴라』가 출간됐을 때 이런 부분들이 세계에 충격을 주었고, 고릴라 보호 운동이 촉발되었다. 고릴라는 개체수가 급격히 줄고 있었다. 포시는 직접 관찰한 바를 근거로 고릴라가 겉모습은 무섭게 생겼지만 '킹콩' 같은 이미지가 얼마나 악의적으로 왜곡된 것인지를 보여주었다. 포시는 화산 지대인 비룽가 국립공원Parc des Virungas에 있는 카리소케 연구센터 근처에 서식하는 일부 고릴라 집단과 친해질 수 있겠다고 생각했다. 그들과 사귀는 데 가장 중요한 요소는 그녀가 '트림 발성belch vocalisations'이라고 명명한 소리를 낼 줄 알아야 한다는 것이었다. 그것은 부드러우면서도 깊고, 푸르르 하는 듯하면서도 '나움, 나움'하는 소리로 위에서 꾸르륵거리는 소리와 비슷하다. 이 소리는 고릴라들이 기분이 좋은 상태를 표현하는 것으로, 그녀가 이런 소리를 내자 고릴라들이 그녀의 존재를 알아봤고 나중에는 그들 사이에 끼어 앉아 소리를 주고받으며 관찰해도 될 만큼 친숙해졌다. 그녀는 고릴라의 가족 구조가 침팬지보다 인간과 훨씬 유사하다는 사실을 밝혀냈다. 고릴라는 열 마리 정도로 구성된 비교적 안정적인 집단을 이루어 생활했다. "전형적인 집단 구성은 이렇다. 우선 은색등silverback이 있다. 성적으로 성숙한 수컷으로 나이는 15세 이상이다. 집단의 절대적인 리더이며 몸무게는 170킬로그램 정도. 크기는 암컷의 두 배쯤 된다. 이어 검은등blackback이 있다. 성적으로 미성숙한 수컷으로 나이는 8~13세. 몸무게는 113킬로그램 정도다. 여기에 성적으로 성숙한 8세 이상 암컷 3~4마리가 있다. 대개 90.7킬로그램 정도로 리더인 은색등과 평생 유대관계를 지속한다. 끝으로 8세 미만의 미성숙한 구성원 3~6마리가 있다. …… 어린 고릴라는 부모나 또래, 형제자매들과 장기간 공동생활을 한다. 따라서 혈연적 유대감이 강한 안정적이고 독특한 가족 같은 조직이 된다. 암수를 막론하고 자녀들이 성적으로 성숙한 단계가 되면 종종 원래 소속돼 있던 집단을 떠난다. 짝짓기 단계에 들어선 개체들이 흩어져나가는 것은 근친교배를 막기 위한 진화의 결과인 것 같다. 태어난 집단에서 번식할 기회가 없으면 미성숙한 개체들도 분가하는 경우가 많다."[14]

포시는 고릴라마다 성격이 매우 다르다는 사실을 발견했다. 그들은 대략 일곱 가지의 소리를 사용한다. 위험을 알리는 소리도 있고, 이동할 때 내는 돼지처럼 꿀꿀

거리는 소리도 있다. 다른 고릴라가 내는 소리를 반박하는 소리도 있고, 어른이 아이를 꾸짖는 훈육 차원의 소리도 있다. 불행하게도 다이앤 포시는 연구를 더 진전시키지 못했다. 1985년 말 그녀 역시 애덤슨 부부처럼 살해당했기 때문이다. 흑인 조수와 백인 연구보조원이 둘 다 기소됐다. 나중에 흑인 조수에 대한 기소는 철회됐다. 백인 보조원은 공정한 재판을 못 받을지 모른다는 불안감에 외국으로 달아났지만 나중에 궐석재판에서 유죄를 선고 받았다.[15] 단기적으로 보면 포시의 밀렵꾼에 대한 투쟁은 동물행동학적 관찰보다 훨씬 중요했다. 그 때문에 죽음에 이르게 됐을 정도이니까. 그러나 그것은 역시 단기적인 차원의 이야기다. 예를 들어 이카루스라는 고릴라가 다른 고릴라 마르체사의 죽음에 대해 보인 반응을 섬세하게 묘사한 대목은 고릴라의 '슬픔'이란 어떤 것이고 인간이 아닌 동물은 죽음을 어떻게 받아들이는가에 대한 깊은 의문을 제기했다. 여러 가지 측면에서 고릴라의 진화심리학은 침팬지보다 한결 시사하는 바가 크다.

뉴욕동물학회 야생생물보전국장인 조지 샬러George Schaller는 생태학적으로 위기에 처한 대형 동물 연구를 필생의 과업으로 삼았다. 연구를 통해 대형 동물 보호에 기여하고자 하는 마음에서였다. 오랜 세월 그가 연구한 동물은 판다, 호랑이, 사슴, 고릴라 등이었다. 그러나 가장 유명한 연구는 1972년에 발간된 『세렝게티의 사자 The Serengeti Lion』였다.[16] 여기에는 치타, 표범, 들개, 하이에나에 관한 장도 들어 있는데 애덤슨 부부가 손을 놓고 만 지점에서 연구를 계속했다. 샬러는 훨씬 체계적이고 과학적인 접근법을 사용했다. 사자의 개체수와 하루 사냥 회수, 교미 회수, 영역 표시를 해놓은 나무의 수 등을 꼼꼼히 기록했다.[17] 그러다 보니 책이 썩 매력적이지는 않다. 그러나 아프리카에서 포식자와 먹잇감 사이에 미묘한 균형이 이루어지는 양상을 총체적으로 재현함으로써 생태계 보호 운동에 큰 영향을 미쳤다. 샬러는 포식자들이 다른 야생동물에게 해를 주는(당시에는 이런 생각이 지배적이었다) 것과는 거리가 멀며, 오히려 좋은 영향을 미친다는 것을 보여주었다. 허약한 녀석들을 제거함으로써 무리 전체를 건강하고 활력이 넘치게 만든다는 것이다. 그는 또 사자가 계통발생적인 면에서 침팬지나 고릴라만큼 인간과 가깝지는 않지만 생태학적으로 보면 오스트랄로피테쿠스와 아주 가깝다고 주장했다. 사자의 사냥기술은 초기 인간의 그것과 매우 유사하며, 복잡한 음성신호나 언어가 없이도 무리지어 사냥을 효과적으로 할 수 있는 것으로 나타났다. 따라서 다른 학자들과 달리 인간이 사냥을 제대로 하기 위해 반드시 언어가 진화되어야 하는 것은 아니라고 생각했다.[18]

케냐·탄자니아·우간다 접경 지역을 중심으로 한 과학적 탐사의 마지막을 장식한 것은 이안 더글러스 해밀턴Ian Douglas-Hamilton의 코끼리 연구였다. 옥스퍼드 대학 시절 니콜라스 틴베르헨의 제자였던 더글러스 해밀턴은 원래 사자를 연구하고 싶어 했다. 그런데 조지 샬러가 선수를 쳤다는 얘기를 들었다. 더글러스 해밀턴의 연구는 1975년 『코끼리들과 함께Among the Elephants』라는 책으로 나왔는데 애덤슨-구달-포시의 접근법과 샬러의 좀 더 객관적인 연구방식을 혼합한 형태라고 할 수 있다. 그럴 수밖에 없었던 가장 큰 이유는 코끼리는 야생 상태에서 인간과 친해지기 어려운 동물이기 때문이다.[19] 그는 코끼리가 가족 및 혈족끼리 딱 붙어 지내며 다른 가족 구성원들에게 애정을 표현하는 모습을 관찰했다. 코와 입을 비비는 행동이 대표적이다. 그는 이런 행동을 사람과 같은 '입맞춤'이라고까지 규정하지는 않았지만 달리 설명하기가 어려울 정도로 흡사하다. 네댓 가족이 혈족을 이룬다. 비가 온 뒤 먹이가 풍부할 때에는 200마리 정도로 대규모로 뭉치다가 가뭄이 들면 소가족 단위로 쪼개진다. 코끼리는 죽은 동료들에게 유별날 정도로 깊은 관심을 보인다. 새끼들은 죽은 엄마 시체 옆에서 며칠씩 떠날 줄을 모른다. 무리는 동료 코끼리 시신을 잘라내기도 한다. 더글러스 해밀턴은 어느 코끼리가 어느 코끼리 옆을 따라다니는지까지 치밀하게 기록했다. 이를 통해 코끼리 사이에서도 오래 지속되는 '우정'이 분명히 존재한다는 것을 밝혀냈다.[20] 아프리카의 다른 몸집 큰 포유류와 마찬가지로 코끼리도 개성이 천차만별이라는 것을 더글러스 해밀턴은 발견했다.

올두바이 협곡은 북쪽으로 올라가면서 두 가닥으로 나뉜다. Y자 협곡의 한쪽은 북동쪽 아덴 만으로 뻗고, 다른 쪽은 홍해를 따라 북서쪽으로 이어진다. Y자의 두 팔 사이 지역을 아파르 삼각지대Afar Triangle라고 하는데 지금의 에티오피아에 속한다.

아파르 유적지를 처음 발굴한 것은 리키 일가였다. 특히 루이스 리키의 아들인 리처드 리키Richard Leakey의 활약이 컸다. 이들은 하일레 셀라시에Haile Selassie 에티오피아 황제 초청으로 현지 발굴에 나섰다. 셀라시에 황제는 인류의 기원에 관심이 많았다. 1966년 케냐 국빈방문 때 루이스 리키를 만난 그는 당시 에티오피아로 와서 발굴을 해보라고 권했다. 초기 발굴 성과는 저 아래 남쪽에서 이룬 발굴을 통해 나온 그림을 뒷받침하는 수준이었다. 그러나 프랑스와 미국 혼성팀의 발굴이 더 빛을 발하면서 리키 일가는 밀렸다. 혼성팀의 대장은 모리스 타이에브Maurice Taieb로 아파르 삼각지대가 전공인(아파르는 그만큼 지질학적으로 독특했다) 지질학자였다. 그는 에티오피아의 다른 지역에서 만났던 고생물학자 한 명을 불러들였다. 시카고대 대학원생 도널드 요한슨Don Johanson이었다. 타이에브는 하다르Hadar라는 지역에 주목했다. 대단히 '풍성'할 것으로 봤기 때문이다. 수천 제곱킬로미터 넓이에 화석이 아주 많았다. 탐사단이 꾸려졌다. 처음에는 리키 일가도 포함됐다. 이 탐사단에서 벌어지는 사건들은 후일 고생물학 분야에서 가장 치열한 논쟁거리가 된다.

1974년 11월 요한슨이 탐사팀 캠프에서 6.4킬로미터 떨어진 지점에서 경사면에 삐죽 삐져나온 팔뼈 조각을 발견했다. 처음에는 원숭이 뼈인 줄 알았다. 그러나 '원숭이 특유의 돌출부위가 없었다.'[21] 이때 경사면 좀 더 높은 곳에서 다른 뼛조각이 눈에 띄었다. 이어 아래턱, 갈비뼈, 척추 일부가 나타났다. 지금까지 발견된 것 중에서 가장 완벽한 원인 유골을 발견한 것이다. 남은 화석은 전신의 40퍼센트 정도였다. 특히 골반 뼈의 형태로 보아 여성임이 거의 확실했다. 그날 밤 캠프로 돌아온 요한슨은 팀원들과 함께 맥주에 구운 염소고기로 파티를 벌였다. 요한슨은 비틀스의 「루시, 하늘에서 다이아몬드랑 나란히Lucy In The Sky With Diamonds」를 부르고 또 불렀다. 그래서 유골에 '루시'라는 이름이 붙었다는 것은 유명한 일화다. 그러나 루시는 별칭이고 학술적인 명칭은 AL 288-1이었다.[22] 당시 루시가 그토록 중요하게 평가된 것은 해부학적 구조가 직립 보행을 했고, 활동 시기가 310만 년 전~320만 년 전으로 정확히 측정됐기 때문이다. 두개골은 완벽하지 않았지만 요한슨으로서는 유인원 크기라는 결론을 내리기에 충분했다. 뒤쪽 어금니는 인간과 비슷했지만 앞쪽 어금니는 인간처럼 볼록한 부분(첨두)이 두 개가 아니었다.

1974년 9월 에티오피아에 쿠데타가 일어나 하일레 셀라시에 황제가 쫓겨나고 마르크스주의 군사독재 정권이 들어섰다. 그 바람에 발굴작업은 어려워졌다. 그러나 요한슨은 어찌어찌 해서 다시 에티오피아로 들어갔고, 75년에 또 하나의 놀라운 발굴을 했다. '최초의 가족' 유골을 찾아낸 것이다. 한 장소(유적지 333이라는 명칭이 붙었다)에서 모두 13구가 발견됐다. 남자, 여자, 성인, 청소년, 꼬마의 뼈가 나왔고, 다른 화석 200여 점도 같이 발견됐다. 이어 이듬해(76년)에는 프랑스 고고학자 헬레네 로슈Hélène Roche와 함께 간단한 현무암 도구들을 찾아냈다. 250만 년 전 것이었다. 이런 발굴들을 통해 인류의 기원에 관한 그림을 완전히 다시 그리게 됐다. 도구의 사용이 지금까지 상상했던 것보다 훨씬 오래 전에 시작됐다는 뜻이었기 때문이다. 인간의 직립보행도 마찬가지다. 특히 직립보행은 오스트랄로피테쿠스가 호모 속屬보다 먼저였음이 분명했다.

하다르에서 발굴을 계속하기는 곤란했다. 에티오피아 정국이 극심할 정도로 불안했기 때문이다(수도 아디스아바바Addis Ababa에서 또 군사 쿠데타가 일어났다). 이 공백기에 동아프리카 지구대 남쪽 끝부분이 다시 조명을 받게 됐다. 1970년대 중반 메리 리키는 라에톨리Laetoli에서 작업을 하고 있었다. 올두바이에서 48킬로미터 떨어진 지점으로 평원 속으로 사암 골짜기들이 푹 파인 지형이었다. 올두바이 협곡과는 매우 달랐다. 메리 리키는 라에톨리를 드나든 지 오래였는데 최근에 360만~380만 년 전 것으로 추정되는 턱뼈 두 개를 발굴했다. 1976년 7월 마지막 주에는 다른 과학자 네 명도 합류했다. 그 중에는 앤드루 힐Andrew Hill과 케이 베렌스마이어Kay Behrensmeyer도 있었다. 신참자들은 사기충천해서 도착 다음날 아침 바로 유적지를 둘러봤다. 코끼리 똥을 서로 던지며 장난을 쳤다. 그런데 골짜기 바닥으로 내려가 코끼리 똥을 찾던 힐과 베렌스마이어는 우연히 화산재가 굳은 지층을 발견하게 됐다. 거기에 코끼리 발자국이 찍혀 있었다. 두 사람은 무릎을 꿇고 앉아서 발자국을 자세히 들여다봤다. 그러고는 다른 사람들을 불렀다. 얼마 전에 난 발자국이 아니라 화석화된 발자국이었다. 코끼리가 지나간 흔적 주변에는 물소, 기린, 새 발자국도 있었다. 심지어 아주 아주 옛날에 떨어졌을 빗방울 자국도 몇 개 있었다. 당시 인근 화산이 폭발해 화산재가 이곳에 떨어졌고, 그 위에 비가 내리면서 시멘트처럼 굳어진 것이다. 그 '시멘트'가 아직 젖은 상태일 때 동물들이 그 위를 지나갔고, 이후 그 위에 다시 화산재가 쌓인 것이다. 오랜 세월이 지나는 동안 맨 위층이 풍화작용으로 씻겨나가면서 화석 발자국들이 모습을 드러낸 것이다. 보기 드문 발견이었다. 메리 리키는 모두에게 원인原人 발자국을 찾으라고 독촉했다. 그거야말로 뉴스거리였기 때문이다. 그들은 8월 한 달을 뒤지고 또 뒤졌다. 그러던 9월 어느 날, 원인 발자국으로 보이는 흔적을 일부 찾아냈다. 엄지발가락이 크게 찍혀 있었다. 둘이 걸어간 흔적이었는데 하나는 다른 하나보다 훨씬 컸다. 고대 '시멘트' 위를 열여덟 걸음 정도(5.5미터) 걸어간 흔적이었다. 1978년 2월 리키는 이 정도 발견이면 충분히 세상에 공표할 만하다고 자신했다. 특히 흥미로운 것은 화산재의 연대가 370만 년 전이라는 사실이었다. 에티오피아 유적들보다 조금 이른 시기였다. 일부 전문가는 톱니 같은 게 쏙쏙 들어간 모양으로 보아 문제의 원인이 누구이건 간에 항상 직립보행을 한 것은 아니라고 판단했다. 따라서 인간이 처음으로 직립보행을 시작한 시기라고 볼 수 있다는 얘기였다.[23]

이 문제에 대한 답은 메리 리키에게서 나오지 않았다. 라에톨리에서 출토된 뼈와 턱뼈는 미국 고생물학자 팀 화이트Tim White에게 보내졌다. 화이트의 과제는 화석에 대해 꼼꼼하게 기술하는 것이었다. 그러나 성격이 까다로운 화이트는 리처드-메리 리키 부부와 사이가 틀어졌다. 리키 부부 입장에서 더욱 화가 나는 것은 화이트가 결국은 도널드 요한슨 팀에 합류했다는 점이다. 요한슨과 화이트는 라에톨리와 하다르에서 출토된 모든 화석을 분석했다. 모두 연대가 300만~400만 년 전으로 나왔다. 이로부터 내린 결론을 두 사람은 1979년 《사이언스》지에 공개했다. 그들이 확보한 화석은 원인의 일종으로 다른 많은 원인들과 다를 뿐 아니라 그들의 조상이라는 주장이었다.[24] 그들은 이 종에 오스트랄로피테쿠스 아파렌시스 Australopithecus afarensis라는 이름을 붙였다. 연구에 따르면 오스트랄로피테쿠스 아파렌시스는 완전히 두 발로 걸었으며, 남녀가 체형이 다른 동종이형同種異形이었다(남자가 여자보다 훨씬 크다). 물론 남자라고 해야 키는 137.3센티미터에 불과했다. 뇌는 침팬지 크기였으며 얼굴은 유인원 같은 모습이 두드러졌다. 이빨은 유인원과 인간의 중간쯤 됐다. 가장 논란의 소지가 큰 부분은 오스트랄로피테쿠스 아파렌시스가 오스트랄로피테쿠스 전체와 호모 종 양자의 선조이며, "양자는 300만 년 전 이후 어느 시기에 (오스트랄로피테쿠스 아파렌시스로부터) 분화된 것이 분명하다"는 요한슨과 화이트의 주장이었다.[25]

처음에 요한슨과 화이트는 메리 리키를 공동저자로 올리려고 했다. 그러나 메리는 자신이 발견한 화석에 오스트랄로피테쿠스라는 이름이 붙은 것이 영 불만이었다. 화석에 대해서는 발견자가 발언권을 갖고 명명도 하는 것이 과학계의 관행이기 때문이다. 그런 다음에 다른 과학자들이 찬반을 논하는 것이야 얼마든지 자유다. 요한슨과 화이트가 논문에 메리 리키의 발굴 내용을 포함시킨 것은 그런 관행을 깬 것만이 아니었다. 두 사람은 당시 자신들의 분석이 메리의 해석과 아주 어긋난다는 것을 알고 있었다. 그러나 오스트랄로피테쿠스 아파렌시스에게 기존에 알려져 있는 거의 모든 원인 화석의 공통조상이라는 타이틀을 달아주고 싶은 마음이 굴뚝같았다. 그리고 어떻든 간에 결국 그렇게 했다. 이 때문에 결코 해소될 수 없는 불화가 생겼다.[26]

그러나 개인적인 차원을 넘어서서 오스트랄로피테쿠스 아파렌시스는 많은 성찰을 촉발시켰다.[27] 오스트랄로피테쿠스 아파렌시스라는 학명이 부여됐을 때 지배적인 견해는 두 발로 걷기와 도구의 사용은 서로 관련이 있다는 것이었다. 초기 인류는 두 발로 걸음으로써 두 손을 자유롭게 사용해 도구를 다룰 수 있었다는 이야기다. 그러나 요한슨과 화이트에 따르면 초기 인류는 적어도 50만 년 전에, 즉 도구가 사용되기 전에 두 발로 걸었다. 최근 연구에서는 두 발 보행이 아프리카가 건조화된 시기와 맞물려 일어났다고 보고 있다. 강수량이 떨어지면서 숲이 줄어들고 탁 트인 사바나 초원이 확대됐다. 그런 환경에서 직립보행은 나름의 이점이 있었을 것이다. 직립보행을 하는 초기 인류는 걷거나 뛰는 속도가 빨라지고 체온도 더 빨리 식었을 것이다. 먼 거리를 이동했을 수도 있다. 두 손은 자유롭기 때문에 먹을 것을 들고 집으로 가서 새끼들에게 먹이는 데 사용했을 것이다. 이처럼 학자들 개인 간의 불화는 유쾌하지는 않지만 인류의 기원에 대해 새롭고 좀 더 유용한 아이디어를 발전시키는 계기가 됐다.[28]

1953년 DNA 나선 구조 발견 이후 다음 단계의 이론적 진전은 1961년에 이루어졌다. 케임브리지 대학의 프랜시스 크릭과 시드니 브레너Sidney Brenner가 생명의 단백질을 구성하는 아미노산들이 DNA 가닥 위에 세 조의 염기쌍으로 암호화돼 있다는 사실을 밝혀낸 것이다. 네 염기—(a)아데닌, (c)시토신, (g)구아닌, (t)티민—중에서 세 개가 어떤 조합을 이룸으로써(예를 들면 CGT 또는 ATG 식으로) 특정 아미노산을 암호화한다는 얘기다. 그러나 좀 더 실용적인 진전은 DNA를 조작하는 두 가지 방법에서 나왔다. 이는 후일 유전공학으로 알려지는 분야에 핵심적인 요소가 된다. 그 첫째는 복제이고, 두 번째는 유전자염기서열분석gene sequencing이었다.

1972년 11월 스탠리 코언Stanley Cohen은 하와이에서 캘리포니아대학교 샌프란시스코 캠퍼스 미생물학자인 허버트 보이어의 강연을 들었다. 보이어의 강연은 '제한효소restriction enzyme'로 알려진 물질에 관한 것이었다. 이 물질은 어떤 유형의 DNA 염기를 만나면 그것을 둘로 자르는 성질이 있다. 예를 들어 어떤 제한효소(여러 종류가 있다)는 T(티민)와 A(아데닌)로 연결된 부분을 만나면 그 지점에서 DNA 가닥을 자른다. 그러나 보이어가 강연에서 밝힌 바와 같이 제한효소는 그 이상의 일을 하지는 않았다. 제한효소가 DNA를 절단하고 나면 절단 부위는 뭉툭하지 않다. 이중나선의 두 가닥은 그 지점에서 그대로 끝이 난다. 대신 끝 부분은 톱니바퀴나 계단처럼 삐죽삐죽하게 된다. 한 쪽은 튀어나오고 다른 쪽은 그보다 약간 짧다. 이 때문에 이런 끝 부위를 과학자들은 '점착성粘着性 말단'이라고 한다. 뾰족한 부분들이 상보적인 염기를 서로 끌어오기 때문이다.[29] 보이어의 강연을 들을 당시 코언은 박테리아 염색체 바깥에 숨어 살면서 독립적으로 증식하는 DNA 고리인 플라스미드를 연구하고 있었다. 코언은 보이어의 설명을 듣는 순간 자신이 하고 있는 연구와 바로—그리고 혁명적으로—연결된다는 것을 깨달았다. 플라스미드는 고리 모양이기 때문에 보이어가 말한 제한효소로 끊게 되면 끊어진 반지처럼 되고, 끊어진 두 말단 부위는 상대방의 거울이미지가 된다. 따라서 다른 동물에서(사자든 곤충이든 종류는 상관없다) 추출한 DNA 가닥을 '쪼개진 고리'가 있는 박테리아에다가 넣으면 적당히 맞아 들어가게 된다. 코언의 아이디어의 핵심은 플라스미드는 각 세포 내에서 여러 번 스스로 복제cloning하고, 박테리아는 20분마다 분열한다는 사실에 있었다. 이런 형태의 복제와 분열을 거치면 접합된 DNA는 하루 안에 백만 개로 증식될

수 있다.³⁰

강연이 끝나자 코언은 보이어를 찾아갔다. 게놈 프로젝트의 역사를 쓴 월터 보드머Walter Bodmer와 로빈 매키Robin McKie에 따르면 두 미생물학자는 와이키키 해변 근처 햄버거 집으로 자리를 옮겨 콘비프 샌드위치를 먹으면서 공동연구를 하기로 의기투합했다. 그 첫 결실이 1973년 11월《미국과학아카데미회보 *Proceedings of the National Academy of Science*》에 실렸다. 유전자 복제 성공을 알리는 첫 보고서였다. 이때부터 DNA 실험은 붐을 이룬다.³¹

다음 단계는—실용적으로나 이론적으로나 대단히 중요하다—DNA 분자에 들어 있는 염기들의 서열을 밝히는 작업이었다. 염기서열분석이 필요한 이유는 어느 유전자가 생리적 기능의 어느 부분을 담당하는지를 알려면 정확한 염기의 배열 순서를 먼저 알아야 하기 때문이다. 프레드 생거Fred Sanger(영국 케임브리지 대학)와 월터 길버트Walter Gilbert(미국 매사추세츠 주 케임브리지에 있는 하버드 대학)는 둘 다 이런 방법을 발견함으로써 노벨상을 공동 수상했다. 그러나 생거의 방법이 먼저 확정되고 더 널리 사용됐다.* 이에 앞서 생거는 단백질 구성 아미노산의 정체를 확인하는 방법을 발견함으로써 첫 번째 노벨 화학상을 받았다. 그렇게 해서 인슐린의 구조를 밝혀낸 것이다. 그러나 그 방법은 DNA에 적용하기에는 너무 느렸다. DNA는 대단히 긴 분자이기 때문이다. 게다가 DNA는 4개의 단위(A, C, G, T)로만 구성돼 있어서 기다란 사슬의 구조를 먼저 이해해야 속성까지 파악할 수 있다. 생거는 사슬 종결 인자chain terminator라고 하는 화학물질을 창의적으로 활용해 먼저 돌파구를 열었다.³² 이 물질들은 사실 아데닌, 시토신, 구아닌, 티민의 불완전한 형태였다. 이 물질을 DNA를 복제하는 DNA 중합효소重合酵素와 혼합하면 기다란 사슬이 형성된다. 그러나 연결이 불완전해서 A, C, G, T 어느 한 지점에서 사슬이 끊긴다.³³ 그 결과 길이가 다양한 DNA가 형성되고, 매 경우마다 동일한 염기에서 끝이 난다. 이렇게 상상해볼 수 있다. DNA 한 가닥이 CGTAGCATCGCTGAG로 돼 있다고 치

---

* 생거는 이 발견으로 두 번째 노벨 화학상을 받았다. 노벨상 2회 수상이라는 극히 드문 반열에 오른 것이다. 2회 수상자로는 마리 퀴리, 존 바딘, 라이너스 폴링이 있다.

자. 여기에 A(아데닌) 종결 인자로 처리를 해서 생기는 가닥들은 4, 7, 15번째에서 성장이 멈춘다. 반면 T(티민) 종결 인자가 만들어내는 가닥들은 3, 8, 12번째에서 성장이 멈춘다. 이렇게 서로 다른 가닥들을 구분해내려면 DNA를 특수 젤을 담은 접시에 넣고 양쪽 끝에 전기장을 가한다. 그러면 음전하를 띠는 DNA는 양극으로 끌린다. 조각의 크기가 작을수록 큰 것보다 더 빨리 딸려간다. 가닥들이 결국은 크기에 따라 구분된다는 의미다. 그런 다음 DNA에 염색을 하면 염기서열을 읽을 수 있다. 이 기술은 1977년 2월 24일자 《네이처》지에 발표됐다. 그 순간부터 복제 실험과 더불어 유전공학이라는 분야가 탄생했다고 할 수 있다.[34]

이로부터 1년여가 지난 1978년 8월 24일 보이어와 젊은 벤처자본가 로버트 스완슨이 설립한 유전공학회사 지넨테크Genentech는 유전자염기서열분석과 복제 방법을 사용해 휴먼 인슐린human insulin 생산에 성공했고, 대량생산을 위해 거대 제약회사 일라이 릴리Eli Lilly와 계약을 맺었다고 발표했다. 2년 후인 1980년 10월 지넨테크가 주식 110만 주를 일반 매각했을 때 미생물학 분야에서 또 하나의 혁명이 일어났다. 주당 35달러에 내놓은 주식이 바로 89달러로 치솟은 것이다. 74년 초 회사 설립 당시 단돈 500달러만 투자한 보이어의 보유 주식 92만 5,000주는 그 가치가 8,000만 달러 이상으로 급증했다. 물리학자 출신이 이런 거부가 된 예는 이제껏 없었다.[35]

전자나 소립자들과 비교하면 유전자는 정체를 확인해서 구성요소들로 쪼개는 데 시간이 좀 걸렸다. 그러나 물리학의 경우와 마찬가지로 실험적인 작업과 이론적인 작업이 잘 조화를 이뤘다.

1970년대 초에 새로운 형태의 책들이 나오기 시작했다. 로버트 아드리의 저술에서 발전된 것이지만 내용은 한결 야심적이었다. 생물학에 관한 책이면서 철학적 색채가 강했다. 그러나 필자는 아드리나 『생물학적 시한폭탄The Biological Time Bomb』을 쓴 고든 래트레이 테일러Gordon Rattray Taylor 같은 저널리스트 내지 극작가도 아니고, 『털 없는 원숭이The Naked Ape』를 쓴 데즈먼드 모리스Desmond Morris처럼 대중적인 과학저술가도 아니었다. 연구 현장에 본격 몸담고 있던 일급 과학자들이었다. 그런 책들은 상당히 복잡한 생물학 내용을 담고 있지만 노림수는 한층 광범위했다.

그 중에서도 첫 번째 타자라고 할 만한 것이 1970년에 출간됐다. 원본은 프랑스어로 썼는데 바로 이듬해에 영역본이 나왔다. 저자는 자크 모노Jacque Monod(1910~1976)로 1965년 유전물질이 단백질을 합성하는 메커니즘을 발견한 공로로 노벨 생리·의학상을 공동 수상한 대가였다. 『우연과 필연Le Hasard et la Nécessité』에서 모노는 왓슨과 크릭의 이중나선 발견 이후 최신 생물학 연구 성과들을 소개하면서 생명을 정의하고, 생명 자체가 무엇인지를 고찰하면서, 한 걸음 나아가 그것이 윤리, 정치, 철학에 대해 갖는 함의를 깊이 살폈다. 이 책은 20세기가 저문 지금, 출간 당시인 70년 이후 발전 과정까지를 훤히 아는 유리한 입장에서 읽으면(펭귄 북스 재판이 나온 것이 1997년이다) 오히려 초판이 나왔을 때보다 훨씬 더 인상적이다. 모노의 사상이 그만큼 선구적이었다는 뜻이다. 모노 이후로 지금은 모노보다 훨씬 유명해진 에드워드 O. 윌슨Edward O. Wilson, 스티븐 J. 굴드Stephen J. Gould, 리처드 도킨스Richard Dawkins, 다니엘 데넷Daniel Dennett 같은 생물학자와 철학자들이 유사한 사상을 많이 내놓았다.

생물학자이기는 하지만 모노의 기본 관점은 생명은 본질적으로 물리적인, 심지어 수학적인 현상이라는 것이다. 그의 본래 의도는 우주 속의 여러 실체들이 어떻게 그 우주의 법칙을 준수하면서도 '초월'할 수 있는지를 보여주는 것이었다. 아니면 그의 표현대로 진화란 존재할 '의무'만 부과하는 것이 아니라 존재할 '권리'를 부여한다는 것이다. 모노에게 20세기의 지적 성공 가운데 규모가 좀 더 큰 것은 시장경제와 트랜지스터였다. 이 둘은 생명 자체와 중요한 공통점이 하나 있는데 그것은 확장이라는 것이다. 법칙들은 그 구성요소들로 하여금 저절로—자연적으로—요소들이 속해 있는 전체 시스템을 더욱 키우게 해준다. 이런 논리에 입각하면 원리적으로 생명이 다른 현상들에 비해 유별날 것은 없다.

기술적인 부분에서 모노는 모든 생명을 구성하는 두 가지 요소인 단백질과 핵산이 저절로 특정한 삼차원 형식을 취하며, 이 삼차원 형식들은 다시 더 많은 다른 것들을 미리 결정한다는 것을 입증했다. 이런 우연적인 조합은 모노가 볼 때 생명의 가장 중요한 요소다. 이런 물질들은 물리적인―따라서 수학적인―속성을 갖는 것이 특징이라고 모노는 말한다. "아인슈타인을 포함해 위대한 사상가들은 종종 …… 인간이 만들어낸 수학적 실체들이 경험과는 무관한 자연을 그토록 충실하게 재현할 수 있다는 사실을 의아하게 생각했다." 특별히 '경이로울' 게 없다는 의미가 내포된 얘기다. 생명은 생물학의 영역이지만 수학과 물리학의 영역이기도 하다(이 책 마지막 42장에서 유사한 내용을 다시 소개한다).

모노는 한 걸음 나아가 진화가 일어나는 이유는 핵산이 스스로를 정확히 복제하는 능력을 갖고 있기 때문이며, 따라서 우연만이 돌연변이를 만들어낼 수 있다고 주장했다. 그런 의미에서 우주는 우연(우연은 통계적인 범위 안에 있는 것이고, 따라서 역시 수학적인 것이다)이었고, 지금도 그렇다. 이 역시 시사하는 바가 만만치 않은 대목이라고 그는 생각했다. 우선 진화는 생명체에게만 적용되지 않았다. 적응이란 시간의 또 다른 표현이며, 특히 열역학 제2법칙의 또 다른 작용이다. 생명체들만 따로 놓고 본다면 거기 내재돼 있는 역동적인 시스템은 엔트로피를 거슬러 작동하는 것처럼 보인다. 단 진화―시간의 작용이다―가 뒤로 가는 경우는 상상할 수 없다. 이는 본질적으로 물리적 현상인 생명은 일시적이라는 의미다. 생명체들은 서로 싸우지만 결국은 더 큰 무질서가 다시 나타나 거기에 잠식당하고 만다.

모노는 사상이나 문화, 언어도 생존의 도구이며, 신화(종교라는 표현은 꺼렸다) 역시 생존에 도움이 된다는 면에서 가치가 있다고 봤다. 그러나 이런 것들도 시간이 가면 다른 것으로 대체된다. (이런 의미에서 모노는 기독교와 유대교가 힌두교보다 '원시적'인 종교라고 봤다. 힌두교가 유대-기독교보다 오래 갈 것이라는 의미다.) 이런 발상들은 논란의 소지가 크지만 별로 신비주의적이지도 않고, 후일 에드워드 O. 윌슨이나 리처드 도킨스가 내놓는 주장을 선취한 측면도 크다. 모노는 특히 과학적 접근은 진화―'맹목적' 과정으로 어떤 목적론적 종점에 도달하는 것이 아니다―에 관한 이론에서 극명하게 나타나는 것처럼, 어떤 집단이 다른 집단보다 진리에 더 쉽게 다가갈 권리가 없다는 점에서 이 세계에 대한 가장 '객관적'인 시각이라고 생각했다. 그런 의미에서 모노는 과학이 물활론物活論이나 베르그송의 생기론生氣論, 특히 사회의 역사에 관한 과학적 이론을 자처하는 마르크스주의 같은 사상들의 오류를 짚어내고 그것을 대체한다고 생각했다. 따라서 모노는 과학을 단순히 세계에 접근하는 방법이 아니라 그로부터 다른 사회제도들이 혜택을 누리게 되는 어떤 윤리적 입장이라고 보았다.

이에 수반되는 태도 같은 문제에 대해 모노가 눈을 감았던 것은 아니다. "현대사회는 과학으로 짜여 있고, 그 생산물로 살아가며, 약물 중독자가 약물에 의존하듯 과학에 절대적으로 의존하게 되었다. 현대사회는 물질적 수단을 이 근본적 윤리에 빚지고 있으며, 지식은 그 윤리에 토대하고 있다. 현대사회의 도덕적 취약성은 지식 자체에 의해 황폐화된 가치관 때문인데도 우리는 여전히 그 가치관을 붙들고 앉아 있다. 이런 모순은 치명적이다. 우리 발 앞에다가 구덩이를 파고 있는 형국이다. 현대세계를 산출한 지식의 윤리는 현대세계와 유일하게 통할 수 있는 윤리이며, 일단 이해와 수용이 가능하다면 진화의 방향을 제시할 수 있는 유일한 윤리이다."[36]

모노의 비전은 폭이 넓고, 톤은 딱 부러지지 않았다. 따라서 철학은 잘 모르지만 나름대로 뭔가 모색하는 사람에게 알맞았다. '객관적 지식'에 관한 그의 비전은 토마스 쿤의 저작을 거의 무시했다. 따라서 발간 이후 철학자들로부터 줄곧 공박을 당했다. 그러나 모노 이후 비슷한 종류의 책을 쓴 생물학자들은 하나같이 모노만큼도 겸손하지 않았다. 1970년대 중반에 나온 두 책은 유전자와 사회조직과 인간 본성을 연결시킴에 있어서 훨씬 공격적이었다.

『사회생물학 : 새로운 종합 Sociobiology: The New Synthesis』(1975)에서 하버드 대학 동물학자인 에드워드 O. 윌슨(1929~)은 사회적 행동이—인간을 포함한 모든 동물에서—얼마나 생물학, 즉 유전자에 의해 지배되는지를 입증하고자 했다.[37] 곤충 연구의 권위자이며 생물학의 모든 분야에 통달했던 윌슨은 곤충, 조류, 어류, 포유류에서 나타나는 모든 사회적 행동 양태는 유기체의 환경에 대한 필요 내지 (냄새 등등) 철저히 생물학적인 요인(유전학에 의해 결정된다)으로 설명할 수 있다는 것을 보여줬다. 예를 들어 영토 의식은 먹이 수요와 관련이 있으며, 개체 수는 먹이 획득 가능성은 물론이고 싱적 행태와 연관되며, 성적 행태는 다시 지배 패턴과 연결된다는 것이다. 윌슨에 따르면 새소리를 수없이 조사한 결과 새들은 노래의 '골격'은 물려받지만 기분에 따라 제한적이나마 '방언'을 할 줄 알았다.[38] 봄비콜bombykol 얘기도 나온다. 봄비콜은 누에나방 암컷이 분비하는 화학물질로 수컷으로 하여금 암컷을 찾아 나서도록 자극한다. 따라서 윌슨에 의하면 누에나방 수컷은 '성적으로 유도되는 미사일'에 불과하다.³⁹ 이 물질 한 분자면 누에나방을 흥분시키기에 족하다는 것은 진화가 어떻게 일어나는지를 잘 보여준다고 그는 주장한다. 봄비콜이나 감각세포 구조—둘 다 대단히 연약하다—어느 쪽에 미세한 변화가 생기면 부모 세대와는 성적으로 아주 다른 개체가 태어날 수 있다. 윌슨은 이 장 앞부분에 언급한 많은 저서들을 치밀하게 검토했다. 고릴라, 침팬지, 사자, 코끼리에 관한 책들은 물론이고 오스트랄로피테쿠스 관련 연구서도 모두 훑었다. 그런 다음 저서 말미에 대단히 논란의 소지가 큰 도표를 실었다. 인간 사회와 인간 행동의 진화 과정을 보여준다고 하는 내용이었다. 여기에는 미국, 영국, 인도 같은 나라들이 위계구조의 상층에 서고, 하와이와 뉴기니 등이 가운데에, 그리고 각종 원주민들과 에스키모가 맨 아래에 위치한다.⁴⁰

윌슨의 주장에 대해 비판자들은 지나친 단순화이며, 인종주의적이고(윌슨은 미국 남부 출신이다), 철학적으로 미심쩍다고 평가 절하했다. 그는 특히 자유의지라는 개념 전체에 의문을 제기했다. 이 부분은 좀 더 테크니컬하게 논쟁을 해봐야 하겠지만 철학적으로 대단히 중요할뿐더러 이타적 행동 및 집단선택에 대한 윌슨의 주장과도 깊은 관계가 있다. 진화가 고전적인 방식으로(개체들에게) 일어난다면 어떤 개체가 자기 이익보다 다른 개체의 이익을 우선시하는 이타적 행동은 어떻게 가능하냐고 비판자들은 의문을 제기했다. 집단선택은 도대체 어떻게 일어났을까? 이에 대해서는 역시 1970년대 중반에 출간된 두 번째 책이 좀 더 분명한 답을 제시했다. 생물학자가 아닌 사람들이 볼 때 『이기적 유전자 *The Selfish Gene*』에 초보적인 수학이 많이 포함되어 있는 것은 상당히 놀라운 일이다.⁴¹

저자인 옥스퍼드 대학의 리처드 도킨스(1941~)는 매나 비둘기로만 구성된 조류 집단을 상정했다. 매는 항상 싸우지만 비둘기는 늘 뒷걸음질 친다. 여기서 수학이 등장한다. 도킨스는 다양한 충돌에 상대적인—동시에 전적으로 임의적인—값을 매긴다. 예를 들면 두 비둘기의 다툼에서 승자는 50점을 받는다. 그러나 한참 노려보면서 시간을 끌면 페널티 -10점을 받는다. 그래서 총점은 40점이다. 패자 역시 시간을 끌면서 노려본 데 대해 페널티 -10점을 받는다. 이렇게 해서 평균적으로 비둘기는 다른 비둘기들과의 경쟁에서 반은 이기고 반은 진다고 가정하면, 평균 점수는 +40과 -10의 합의 절반인 +15점이다.[42] 여기에 돌연변이인 매가 나타났다고 치자. 녀석은 결코 뒤로 물러서는 법이 없고 싸울 때마다 이긴다. 따라서 한 번에 50점을 딴다. 비둘기의 평균점수가 +15점에 불과한 것에 비하면 엄청난 강세다. 그런 세계에서는 매라고 하는 것이 분명히 강점이다. 그러나 이제 매의 유전자가 개체군 전반으로 퍼져서 모든 싸움은 매끼리 하는 싸움이 됐다고 치자. 여기서 승자는 +50점을 받지만 패자는 심한 부상을 입어서 -100점을 기록한다. 매가 싸울 때마다 반은 이기고 반은 진다고 가정하면 모든 매 싸움의 평균 점수는 +50과 -100의 합의 절반인 -25점이다. 이런 사회에서 다시 비둘기라는 돌연변이가 나타난다면 녀석은 싸울 때마다 다 질 것이다. 그러나 결코 부상을 당하지는 않는다. 따라서 녀석의 평균 점수는 0점이다. 대수롭지 않은 얘기 같지만 -25점보다는 훨씬 낫다. 비둘기의 유전자가 이제 전체로 퍼지기 시작하는 것이다. 이런 방식의 산술을 놓고 보면 결국 조류 공동체는 '진화론적 안정화 전략evolutionary stable strategy(ESS)'에 도달하게 된다. 여기서는 5/12가 비둘기이고 7/12이 매다. 이 수준에 도달하면 매와 비둘기의 평균점수는 똑같아지며, 선택은 어느 한쪽에 유리하게 작용하지 않는다. 이런 간단한 사례를 든 이유는 개체 수준에서 선택이 일어나는 동안 (새)집단도 어떤 특성을 띠게 된다는 것을 보여주기 위해서였다.

이어 도킨스는 약간 복잡한 사례로 옮겨간다. 이번에는 우리가 동물인데 숲속에서 한 군데 모여 자라는 버섯 여덟 개를 발견했다고 가정해보자. 먹을 게 생겼다는 얘기다. 버섯 하나마다 +6 단위라는 값을 매긴다(역시 전적으로 임의적인 단위다). 도킨스는 이렇게 말한다. "버섯이 너무 커서 나는 세 개밖에 먹을 수 없다. 이걸 찾았다고 신호를 보내서 다른 녀석들한테 알려주어야 할까? 내 목소리가 들리는 거리 안에 누가 있을까? 동생 B(나와의 근친성은 ½ 이다[내 유전자의 절반을 공유하고 있다]), 사촌 C(나와의 근친성=⅛), 친구 D(특별한 관계가 없다. 나와의 근친성은 제로라고 할 만큼 미미하다)가 있다. 내가 버섯에 대해 아무 소리 안 하면 나한테 순수하게 돌아오는 점수는 내가 먹은 버섯 하나당 +6점씩 해서 모두 3개니까 +18점이다. 동료를 부르게 되면 나한테 떨어지는 점수는 계산을 좀 해봐야 한다. 버섯 여덟 개를 우리 넷이 똑같이 나눠 먹는다고 치자. 나도 그 중 두 개를 먹었다. 하나당 +6이니까 도합 +12점이다. 그러나 약간의 플러스알파가 있다. 나와 유전자를 공유한 동생과 사촌이 각각 두 개씩 먹었기 때문이다. 따라서 실제 점수는 $(1\times12)+(\frac{1}{2}\times12)+(\frac{1}{8}\times12)+(0\times12)=19\frac{1}{2}$ 이다. 순수하게 이기적인 행동에 따른 점수는 +18점이다. 이타적인 행동이 아슬아슬하게 승리하는 것이다. 그러니 결론은 분명하다. 같이 먹자고 소리쳐야 한다. 내 쪽에서 한 이타적 행동이 이 경우 나의 이기적 유전자에 보탬이 된다."[43]

도킨스의 논지는 진화와 자연선택의 핵심 단위를 유전자로 봐야 한다는 것이다. 유전자는 복제의 기본단위로서 생존하고 번성하기 위해 '온갖 머리를 다 쓴다'는 얘기다. 일단 이 점을 이해하고 나면 나머지는 쉽게 풀린다. 곤충, 새, 포유류, 인간에게서 나타나는 친족관계 유형과 행동도 잘 이해할 수 있다. 친족관계가 아닌 집단(인종 등) 상호 간의 관계도 마찬가지다.

도킨스의 현란한 주장과 윌슨의 논지가 합쳐져서 금세기 마지막 4분기의 한 특징이 된 다윈주의적 사고의 부활을 가져왔다. 도킨스와 윌슨의 또 다른 주장은 톰 울프, 크리스토퍼 라슈Christopher Lasch(미국의 유명한 역사가이자 사회비평가: 옮긴이), 존 롤스 및 경제학과 연관된다. 이들의 저서는 지식이 통합돼 20세기 말로 향해가는 과정을 보여주는 또 하나의 예다. 울프의 『미 데케이드The Me Decade』, 라슈의 『나르시시즘의 문화Culture of Narcissism』, 도킨스의 『이기적 유전자』는 하나같이 개인주의화와 이기성의 심화현상을 반영한다. 위의 책들은 추구하는 바가 매우 다른데도 이기심이라는 주제 면에서는 놀라울 정도로 공통점이 많다. 존 롤스의 『정의론』과는 '원초적 상태'와 '무지의 베일'이 본질적으로 이기적 유전자가 취하는 입장과 정반대라는 점에서 오히려 연결이 된다. 서로 뭘 물려받았는지 아무도 모른다. 그리고 그렇게 모르는 상태라야만 우리는 진정한 공정성에 도달하기를 기대할 수 있다. 이것이 이기심을 배제한 상태에서 함께 살아가는 방식이다. 롤스가 말하는 원초적 상태에서는 본질적으로 매도 비둘기도 없고 친척도 없다. 롤스의 체계는 도킨스 스타일의 논리를 너무도 잘 알기 때문에 우회로를 찾는다. 다니엘 벨은 자본주의의 문화적 모순에 주목했다. 롤스의 사상은 다윈주의의 일부 모순을 드러내 보여줬다. 반면에 도킨스의 사상은 시장 시스템과의 유사성을 보여준다. 행동의 결과에 값을 매기는 방식에서도 그런 점이 엿보인다. 그러나 단순화이기는 하지만 그 결과—이득과 손실—는 극히 현실적이다. 예를 들어 매와 비둘기의 상황은 인간의 가격 결정에도 어느 정도 반영된다. 주유소 주인의 이익에 가장 부합되는 것은 기름 값을 (상대적으로) 안정적인 수준에서 결정하는 것이다. 그런 식으로 하면 모든 주유소 주인이 이득을 본다. 그러나 유혹은 항상 존재한다. 꼴통 '돌연변이'가 가격을 낮춰 단기간에 큰 이득을 챙기려 하는 경우다. 물론 다른 주유소 주인들도 곧 따라간다. 그러다 결국 상황이 다시 안정되고, 가격은 재정립된다. 많은 민주주의 국가들이 이런 극단적 독점을 규제하는 법률을 두고 있다. 그러나 어떤 측면에서 진화는 여전히 시장경제와 공통점이 많은 것이 사실이다.

35
프렌치 컬렉션
The French Collection

    1977년 1월 31일 밤 8시 20분. 사람이 더 오든 말든 관계없이 파리 중심부 조르주 퐁피두 국립미술문화 센터Centre National d'Art et de Culture Georges Pompidou의 정문이 꼭 닫혔다. 발레리 지스카르 데스탱Valéry Giscard d'Estaing 대통령이 연설을 할 참이었다. 퐁피두센터Pompidou Centre(Beaubourg Centre) 개관을 알리는 연설이었다. 밖으로 나갈 수도 없었다. 검은 넥타이에 정장을 한 남자들과 롱드레스를 입은 여자들이 층마다 인산인해였다. 마실 걸 찾는 사람들이 많았지만 허사였다. 대통령이 다과를 금지시켰기 때문이다. 그 이유를 가장 잘 아는 사람은 대통령 본인이었다. 지스카르 데스탱 대통령은 퐁피두(전임 프랑스 대통령으로 퐁피두센터 건설 프로젝트를 적극 추진했다)에 대한 헌사로 연설을 시작하더니 파리 시장이자 센터 건립 실무 담당 부서 책임자인 자크 시라크에게 면박을 주고는 설계자나 건설 실무자들에 대해서는 한 마디 언급도 하지 않았다. 맹물 한 잔 손에 들지 못한 채 대통령의 연설을 들어야 했던 하객들은 설계자 등을 거론하지 않은 것이 건물이 못마땅하다는 의사표시라고 짐작했다.[1]

    그런 사람이 많았다. 당시도 그렇고 지금도 그렇지만 퐁피두센터는 사상 최악의 건물이라는 평을 많이 받았다. 정말 그런지는 별도로 논하더라도 퐁피두센터가 중요한 건물이라는 사실만큼은 의심할 여지가 없다.[2] 우선 퐁피두센터는 단순히 미술관이나 박물관으로 지은 것이 아니라 예술복합공간이자 도서관으로, 파리가 예술의 수도로서의 지위를 되찾는 데 도움을 주기 위해 설계한 건물이었다. 파리는 2차 대전 종전 이후 뉴욕이 뜨면서 예술 수도로서의 지위를 잃어버렸다. 둘째로, 퐁피두센터는 건축적인 면에서 중요했다. 외형이 어떻든 간에 2차 대전 이후 건축계를 풍미한 모더니즘 미학으로부터 벗어나려는 적극적인 시도였기 때문이다. 그리고 셋째로 중요한 이유는 음악·음향연구소Institut de Recherche et Coordination Acoustique/Musique(IRCAM)가 거기 들어 있었기 때문이다. 이 연구소는 파리를 실험음악의 세계적인 중심으로 만들려는 시도였다. 당국에서는 IRCAM 소장 자리를 피에르 불레즈에게 제안했다. 미국에 있던 그를 불러들이려는 유인책이었다.[3]

그러나 '보부르 센터'(파리 보부르에 있다고 해서 붙은 퐁피두센터의 별칭 : 옮긴이) 자체의 중요성은 역시 건축적인 면이었다. 설계를 맡은 것은 이탈리아인 렌조 피아노Renzo Piano와 런던 출신 리처드 로저스Richard Rogers였다. 둘 다 당대 건축가 중에서 첨단기술을 가장 의식하는 스타일이었다. 이들을 설계자로 선정한 심사위원회에는 필립 존슨Philip Johnson, 이외른 우촌Jørn Utzon, 오스카 니마이어Oscar Niemayer도 들어가 있었다. 세 사람은 각각 미국, 덴마크, 브라질 출신으로 2차 대전 종전 이후 건설된 가장 유명한 건물들을 설계한 바 있는 거장이었다. 필립 존슨은 바우하우스—발터 그로피우스, 미스 반 데어 로에, 르 코르뷔지에 등—에서 이어져온 건축의 주류를 대변하는 인물이었다. 1945년부터 1975년까지 30년 동안 대부분의 서구 건축은 기능적으로 보면 두 가지 건물이 지배했다. 업무용 빌딩과 대규모 공동주택이다. 국제주의 양식(필립 존슨이 만든 용어다)에 따라 건축에서 내놓은 해결책은 주로 직선과 평면이었다. 건물은 완전히 까맣거나(미스 반 데어 로에가 설계한 맨해튼의 시그램스 타워), 완전히 하얀(공동주택들이 대개 이랬다) 경우가 많았다. 직선의 독재에서 벗어나려는 영웅적인 시도(지그재그, 다이아몬드형, 마름모꼴 등등이 1960년대 대학 신축 붐 때 가장 성공적인 스타일이었다)에도 불구하고 현대 건축은 제인 제이콥스의 유명한 표현대로 '맹한 황량함'이 되거나 건축평론가 레이너 밴험Reyner Banham이 말한 '신야수주의New Brutalism'로 화하고 말았다. 이탈리아 평론가 만프레도 타푸리와 프란체스코 달 코가 말한 대로 문제는 '그 자체로는 의미가 희석된 전통적인 형식에다가 다시 깊은 의미를 담으려고 고집하는' 데에 있었다.⁴ 런던의 사우스뱅크 콤플렉스와 밀라노 두오모 인근의 벨라스카 타워가 그런 초대형 건물의 좋은 예였다.

최소한 이런 전통과 결별하려고 시도했다는 점에서 니마이어와 우촌은 주목을 끌었다. 르 코르뷔지에와 같이 훈련한 니마이어는 브라질 신수도新首都에 조가비 모양 곡선형 콘크리트 지붕과 조르지오 데 키리코의 그림을 연상시키는 건물들을 지어 유명해졌다. 이외른 우촌은 주택 설계를 많이 했다. 그러나 대표작은 호주의 시드니 오페라 하우스Sydney Opera House였다. 파도치는 듯한 하얀 지붕을 통해 호주를 처음 발견한 범선들의 선형線形을 되살려내고자 한 건물이었다. 오페라 하우스는 대중적으로는 물론 큰 호평을 받았지만 기능과 입지 면에서(해변도로 쪽에서 잘 보이게 돼 있다) 그 한 건으로 끝날 건물이지 모방해서 널리 사용할 수 있는 모델은 아니었다. 그럼에도 불구하고, 니마이어와 우촌은 존슨이 말한 전통적인 건축적 지혜에서 탈피하려고 무척 애를 썼다. 그래서 더더욱 설득력을 높이기 위해 암스테르담 스테델릭 (현대) 미술관Stedelijk Museum 큐레이터이자 금세기 가장 중요한 박물관 큐레이터로 꼽히는 빌렘 산드베르크Willem Sandberg(뉴욕 현대미술관 관장이었던 알프레드 바 정도가 그에 버금갈 것이다)까지 심사위원에 포함시켰다. 위원들은 요건을 갖춘 설계도 681건을 심사했다. 여기서 일단 100건으로 추리고, 다시 60건을 선별했다. 최종 당선작은 '프로젝트 493'으로 낙착됐다(모든 설계도는 심사 때 설계자 이름을 감췄다). 설계자는 피아노와 로저스, 프란치니 등이고, 시공사로 오브 아럽 앤드 파트너스Ove Arup and Partners와 관련 엔지니어들이 참여했다(오브 아럽은 사우스뱅크 콤플렉스와 시드니 오페라 하우스 시공을 맡은 바 있다).⁵

렌조 피아노는 1937년 생으로 제노바 출신이다. 그는 건축가뿐 아니라 산업디자이너를 자처했다. 올리베티가 고객사 중 하나였다. 리처드 로저스는 1933년 영국 출생이지만 집안은 이탈리아계였다. 사촌인 에르네스토 로저스Ernesto Rogers가 밀라노에서 렌조 피아노를 가르친 바 있다. 로저스는 런던 건축가협회 부속 건축학교Architectural Association School of Architecture(보통 AA 스쿨이라고 한다 : 옮긴이)에서 공부한 뒤 풀브라이트 장학생으로 예일 대학에 갔다. 거기서 한때 파트너로 일한 노먼 포스터Norman Foster와 필립 존슨Philip Johnson을 만났다. 피아노와 로저스의 설계 당선작의 주요 특징은 두 가지였다. 우선 공간 전체를 다 쓰지 않았다. 파리 시내 건축 부지는 약 7에이커(8,570평)로 몇 년 전에 이미 깨끗이 정리를 해놓은 상태였다. 주건물 앞쪽으로 직사각형 부지를 조금 떼서 광장용으로 비워놓았다. 관광객들을 위한 공간일 뿐 아니라 마술이나 불 먹는 묘기 또는 서커스단이 거리공연을 할 수 있도록 배려한 공간이었다. 더욱 논란을 빚은 것은 '내부구조'였다. 특히 보통은 건물 내부에 감춰두는 부분들이 바깥으로 나왔다. 에어컨디셔닝용 도관과 배관, 엘리베이터 모터실 같은 것들을 그냥 밖으로 뽑아 밝은 색으로 칠했다. 디자인 효과는 대단했다. 이렇게 한 이유 중 하나는 유연성 때문이었다. 미래에 필요에 따라 증개축을 할 경우 기존 기계 설비를 쉽게 바꿀 수 있도록 한 것이다.[6] 또 한 가지 이유는 파리에 또 하나의 '기념물'을 세운다는 관념을 피하기 위한 것이었다. 보통은 감추는 요소들을 노출시킴으로써 퐁피두센터의 '산업적' 측면을 고도로 강조하면서 건물을 좀 더 도시적으로 느껴지게 만든 것이다.

에스컬레이터도 거대한 뱀이 건물 외벽을 타고 구불텅구불텅 기어 올라가는 모양으로 해서 겉에는 유리 튜브를 씌워 터널처럼 만들었다. 이런 외양은 특히 필립 존슨의 호평을 받았다.[7] 퐁피두센터는 구두상자에 파이프와 각종 관들이 죽죽 지나가는 형상이었다. 어쨌든 전에 볼 수 없던 특이한 모습이었고, 확실히 국제주의 모던 양식 건물과는 달랐다. 좋든 싫든 퐁피두센터는 뭔가 달랐다. 그리고 기존의 전형을 깼다. 많은 모방작이 나오지는 않았지만 변화를 위한 촉매였다.

IRCAM은 퐁피두센터 설계 때 반드시 넣어야 하는 사양의 하나였다. 취지는 세계에서 가장 우수한 음악기술 센터로 만들겠다는 것이었다. 그래서 공명이 전혀 없는 특수 스튜디오들과 첨단 컴퓨터, 음향 실험실 등 첨단 시설과 장비를 갖췄다. 여기에 500석 규모의 공연장도 곁들였다. 이 연구소는 '프티 보부르Petit Beaubourg'('작은 보부르 센터'라는 뜻: 옮긴이)라는 별명으로 통했는데 원래는 지하 5개 층을 쓸 계획이었다. 퐁피두센터의 역사를 쓴 네이선 실버Nathan Silver의 말에 따르면 천장은 유리로 하고 도서관도 넣고 해서 '전 세계 음악 연구가들을 위한 스튜디오'로 구상한 것이다.[8] 그러나 지스카르 데스탱이 대통령이 되면서 규모가 많이 줄었다. 그래도 불레즈(1925~)를 조국으로 불러들이기에는 충분했다.

피에르 불레즈는 1925년에 태어났다. 2차 대전 종전 이후 음악적 혁신을 주도한 소수의 작곡가 중 한 명이었다. 카를하인츠 슈톡하우젠Karlheinz Stockhausen(독일), 밀턴 배빗Milton Babbitt(미국), 존 케이지(미국) 등도 그런 부류였다. 앞에서 살펴봤듯이 1950년대에 진지한 작곡가들은 세 가지 흐름을 타고 있었다. 음렬주의 음악, 전자음악, 그리고 우연성 음악이었다. 불레즈와 슈톡하우젠, 장 바라크Jean Barraqué는 모두 올리비에 메시앙의 제자였다. 앞서 23장에서 소개했듯이 불레즈가 새소리를 악보에 넣은 것은 모든 형태의 소리를 음악으로 만들 수 있다고 믿었기 때문이다. 이런 신념은 제자들에게 큰 영향을 미쳤다. 슈톡하우젠은 아프리카, 일본(1966년 일본에서 일했다), 남미 음악에 깊은 감명을 받았는데 불레즈도 「주인 없는 망치Le Marteau sans maître」(1952~54)에서 비브라폰과 실로림바(둘 다 실로폰 비슷한 악기다: 옮긴이)를 사용해 아프리카 흑인 음악 리듬을 구사했다. 그러나 안톤 폰 베베른(1945년에 사망했다)이 최신 곡에 사용한 음렬주의도 영향력이 막강했다. 불레즈는 이런 곡들을 출발점이라는 의미에서 '문지방'이라고 했고, 그런 점에서는 슈톡하우젠도 동감이었다. 미국에서는 밀턴 배빗이 그런 작업을 하고 있었다. 유럽에서 이런 접근법의 중심지는 다름슈타트의 크라니히슈타인 인스티튜트Kranichstein Institute였다. 여름이면 여기서 작곡가와 학생들이 모여 최신 음악 사조를 토론하곤 했다. 슈톡하우젠은 단골 참석자였다.[9]

불레즈는 특히 이론적인 영역에서 아마 가장 지적인 인물이었을 것이다. 그에게 음렬주의는 '객관적인 소리 예술'에 대한 추구였다. 그는 스스로를 작곡가일 뿐 아니라 과학자, 건축가, 음향엔지니어라고 생각했다. 「기술과 작곡가」라는 논문에서 그는 음악계의 보수성을 개탄했다. 그가 보기에 보수적인 경향은 새 악기 개발을 저해하는 것이었다. 그래서 음악평론가 폴 그리피스Paul Griffiths에 따르면, 불레즈는 메시앙의 접근법, 전자음악, 컴퓨터가 자신의 예술형식을 발전시키는 데 극히 중요하다고 봤다.[10] 가장 유명한 작품 중 하나인 「구조Structures」에서 보듯이 불레즈는 '구조'에도 관심이 많았다. 그는 구조를 '우리 시대의 키워드'라고 한 바 있다. 여러 저서에서 불레즈는 클로드 레비스트로스, 바우하우스, 페르디낭 브로델, 피카소

등을 자주 언급했다. 그 하나하나가 일종의 모델이었던 것이다. 그는 모임도 자주 가졌다. 자크 라캉, 롤랑 바르트Roland Barthes와의 만남처럼 공개적인 모임도 많았다. 모나리자에 수염을 덧그리는 것으로는 충분치 않다는 그의 말은 유명하다. '확 없애버려야 한다'는 것이다. 그런 일을 하기 위해서 불레즈는 새로운 형태의 소리를 추구했다. '연구'와 수학적 패턴이라는 표현이 어울리는 형식이었다.¹¹ 불레즈와 케이지는 둘 다 리듬 구조를 설정하기 위해 숫자로 된 도표를 사용했다.

자연의 소리나 금속성 또는 어쿠스틱 음향을 전자적으로 조작하는 것(구체음악 musique concrete)을 포함해서 전자음악electronic music은 또 하나의 돌파구였다. 소수 그룹에게 인기를 끌고 있던 새로운 구조와 과학적으로 보이는 요소를 제공하기 때문이었다. 새로운 악보와 새로운 악기—로버트 모그Robert Moog가 개발한 신시사이저synthesizer가 1964년 시판됐다—가 고안돼 전자적으로 발생시킨 소리들이 엄청나게 다양해졌다. 배빗과 슈톡하우젠은 둘 다 전자음악곡을 많이 썼다. 슈톡하우젠은 심지어 1970년 오사카 박람회 때 자신의 음악을 공연하기 위해 (효과를 최대화할 목적으로) 구형球形 객석을 만들기도 했다.

음악에서의 우연성에 대해 폴 그리피스는 미술로 치면 잭슨 폴록Jackson Pollock의 드립 페인팅drip painting(붓을 쓰지 않고 물감을 캔버스에 떨어뜨리거나 들이붓는 기법: 옮긴이)이요, 조각으로 치면 알렉산더 콜더Alexander Calder의 흔들리는 '모빌' 같은 것이라고 설명했다.¹² 미국에서 우연성 음악의 대표적인 주창자는 존 케이지였다. 유럽에서는 1957년 다름슈타트에서 슈톡하우젠이 「피아노 소품11Klavierstück XI」을 발표하고 불레즈가 「피아노 소나타 3번」을 내놓으면서 시작됐다. 슈톡하우젠의 작품은 달랑 악보 한 장이었다. 19개의 마디가 담긴 악보를 어떤 순서로 연주할지는 연주자 마음이었다. 불레즈의 작품도 그에 못지않았다. 악보 표기가 완벽하게 돼 있기는 하지만 여러 지점에서 어느 방향으로 나아가야 할지는 연주자가 선택하는 수밖에 없었다.¹³

불레즈는 이런 전후 작곡가들의 특징을 가장 근본적으로 구현한 인물이었다. 심지어 콘서트의 본질, 오케스트레이션, 콘서트홀의 구조, 특히 기존 악기의 연주 한계 등등 음악과 관련된 모든 것에 의문을 제기했다. 이런 문제의식들이 끝에 가서 IRCAM으로 집약된 것이다. 존 케이지는 1950년대 초 로스앤젤레스에서 비슷한 작업을 하려고 했다. 그러나 블레즈는 1968년 5월 프랑스에서 학생운동이 일어날 때까지 그런 아이디어를 공표하지 않았다.[14] 그의 목표는 야심적이었다('내가 하려는 일은 사람들의 멘탈리티를 완전히 바꿔놓는 것이다'라는 말도 했다). 불레즈는 동시대의 그 누구보다도, 심지어 슈톡하우젠보다도 더 엄청난 것을 노렸다. 그는 스스로를 '브로델적' 의미에서 장기지속의 일부로, 즉 음악 진화의 한 단계로 생각했다. 그래서 IRCAM이 창조성을 추구하고, '4X'(음악을 '발생'시킬 수 있는 디지털 음향 처리 장치) 같은 기계를 활용해 음악을 좀 더 '합리적'(본인 표현이다)으로 만들기를 원했다.[15] 1977년 5월 불레즈는 〈타임스 문학판〉에 자신의 입장을 상세히 소개했다. "과학자와 음악가—크게 보아 이렇게 두 부류로 나눌 수 있지만 상세히 구분하면 여러 종류다—의 협력은 외부에서 보면 꼭 불가피한 것은 아닐 수 있겠다. 어쩌면 곧바로 음악적 창안이 반드시 기술과 연계되어야 할 필요는 없다는 반박이 바로 나올지 모르겠다. 아닌 게 아니라 예술적 창조는 특히 직관 내지 비합리성의 영역이라는 사실을 들어 그런 우려를 정당화하는 과학계 인사도 많다. 그들은 우리가 추구하는 바와 같은 물과 불의 결합이라는 유토피아가 그럴 듯한 결과를 내놓을 수 있을지 의문시한다. 미스터리라고 한다면 미스터리일 수밖에 없다. 접점을 찾으려는 노력은 곧잘 신성모독이라는 오해를 받는다. 음악가들이 무엇을 요구하는지도 잘 모르는 상태에서, 공동의 노력이 어떤 신천지를 개척할 수 있을지 애매한 상황에서 많은 과학자들이 미리부터 발을 뺀다. 도무지 뭐가 될 것 같지 않다고만 생각하는 것이다."[16] 그러면서 이렇게 주장한다. "결국 음악적으로 창조적인 것을 내놓으려면 어느 정도 기술의 언어를 알아야 하고, 나아가서 그것을 제 것으로 만들 수 있어야 한다. …… 현대 기술에 대한 제대로 된 이해가 음악가의 창안의 일부가 되어야 한다. 그렇지 않으면 과학자, 기술자, 음악가가 서로 협력하고 돕는다 해도 주변적인 수준에 불과할 것이다. 따라서 오늘날 우리가 생각하는 거창한 그림은 그들을 하나로 통합하는 것이다. 그리고 적절한 대화를 통해서 음악적 창안의 요구와 기술의 우위를 동시에 고려하는 공통의 언어에 도달하자는 것이다. …… 미래의 실험은 이런 끊임없는 대화를 통해 이루어질 것이다. 그런 실험을 할 사람이 과연 얼마나 될까?"[17]

1971년에 나온 윌리엄 프리드킨William Friedkin 감독의 「프렌치 커넥션The French Connection」은 프랑스에서 미국으로 유입되는 마약과 마피아를 소재로 한 영화지만 프랑스가 본격 무대는 아니었다(일부 악당 역은 프랑스어를 쓰는 캐나다인들이 맡았다). 그러나 이 제목은 철학, 심리학, 언어학, 인식론은 물론이고 역사서술, 인류학, 음악 등 여러 분야의 괄목할 만한 현상을 아우르는 표현으로 인기를 끌었다. 그것은 프랑스적 사유와 앵글로색슨적 사유의 극명한 차이를 잘 보여주는 현상이었다. 양대 사유 스타일은 역사적으로 많은 논쟁을 불러일으킨 동시에 대단히 생산적이었다. 미국과 영국을 비롯한 영어권에서는 다원주의적 메타내러티브metanarrative가('이야기에 관한 이야기'라는 말로 해석의 큰 틀 내지 총체적인 관점을 뜻하는 포스트모더니즘 용어다: 옮긴이) 여전히 상승세였다. 그러나 특히 프랑스에서는 1960년대 말부터 70년대, 80년대까지 19세기식 양대 거대담론인 프로이트주의와 마르크스주의가 부활해 세력을 키워갔다. 두 이론체계를 딱 부러지게 구별하기는 쉽지 않다. 일부 작가는 두 가지를 한데 버무렸고, 또 일부는—대개 프랑스인이지만 독일인도 있다—아주 어렵고 특이한 문체를 구사해 극히 불투명하고 모호한 경우가 많기 때문이다. 다른 나라 말로 번역되는 경우에는 특히 더 그랬다. 아래 논의에서는 그들의 원작과 더불어 연구자들의 평가를 많이 인용했다. 특유의 모호성을 조금이나마 덜어보기 위해서다. 이들 프랑스 사상가들이 어떤 특정한 조류를 형성한 것은 분명하다.

자크 라캉Jacques Lacan(1901~1981)은 프로이트 전통을 극도로 특이한 방식으로 발전시킨 정신분석학자였다. 1901년 파리 출생으로 30년대에 헤겔과 하이데거를 주제로 한 알렉상드르 코제브의 세미나에 참여했다. 당시 레이몽 아롱, 장 폴 사르트르, 앙드레 브르통, 모리스 메를로퐁티, 레몽 크노 같은 이들이 수업을 같이 들었다(23장 참조). 프랑스는 미국처럼 정신분석을 일찍 수용하지 못했다. 프랑스에서 정신분석이 진지하게 받아들여진 것은 라캉이 1953년 공개 세미나를 시작하면서부터다. 이 세미나는 무려 26년간이나 계속됐다. 라캉의 세미나는 한때 대단한 유행이었다. 650명 정원인 강의실에 800명이 몰려들었다. 청중 중에는 유명한 지식인과 작가도 많았다. 마르크스주의 철학자인 루이 알튀세Louis Althusser가 라캉을 높이 평가해 1963년 세미나를 파리 국립 고등사범학교로 옮기도록 주선해주었다. 그러나 라캉은 파리정신분석학회(SPP) 대표 자리를 자의반 타의반으로 사임한 데 이어 국제정신분석학회(IPA)에서 제명당했다. '절충주의적' 방법론 때문이었다. 1968년 5월 이후 (파리 대학 분교 격인) 뱅센 대학 정신분석학과가 명칭을 '프로이트 마당 Le Champ Freudien'으로 바꾸고 조직을 강화했다. 여기서 라캉은 연구 책임자를 맡았고, 프로이트주의와 마르크스주의의 혼합이 활발히 이루어졌다.[18]

라캉의 첫 저서 『에크리 Ecrits』('글 모음'이라는 뜻 : 옮긴이) 는 1966년에 나왔는데 골자는 프로이트주의의 개량이었다. 여기에는 에고(자아) 같은 것은 없다는 관념도 포함됐다.[19] 그러나 라캉의 이론에서 폭넓은 관심을 불러일으킨 부분은 루드비히 비트겐슈타인과 로널드 D. 랭에서 영향을 받은 것으로 언어에 대한 관심이었다.[20] 랭과 마찬가지로 라캉은 미친다는 것은 참을 수 없는 상황에 대한 합리적인 반응이라고 봤다. 비트겐슈타인과 닮은 점은 언어가 부정확하며 화자나 청자가 이런 의미라고 생각하는 것 이상의 것을 의미하기도 하고 그 이하의 것을 의미하기도 한다고 봤다는 점이다. 따라서 정신분석학자의 과제는 이런 의미의 문제를 올바로 이해하는 것이었다. 의미는 언어를 통해 드러나지만 무의식 차원에서 해석이 필요하다. 라캉은 치료법 자체를 제시하지는 않았다. 그에게 정신분석이란 '욕망'을 들어주고 그에 대해 질문을 제기하는 기술이었다. 본질적으로 의사와 환자가 정신분석을 진행하는 과정에서 나타나는 언어는 욕망을 '고문당하는 형태로' 드러내는 무의식의 언어였다. 무의식은 우리 내부에 존재하는 은밀한 종교가 아니라고 라캉은 말한다. 오히려 인간 서로간의 관계의 근저에 깔려 있는 미지의 패턴이다. 여기서 언어는 매개자 역할을 한다. 라캉은 초현실주의는 물론이고 페르디낭 드 소쉬르의 언어학 이론에 영향을 받아 언어라는 장치에 매료됐다. 라캉이 보기에 '담론에는 네 가지 양식'이 있었다. 주인의 담론, 대학의 담론, 히스테리 환자의 담론, 정신분석가의 담론이다. 이런 양식들이 순수한 형태로 드러나는 경우는 거의 없다. 분석 목적으로만 존재하는 범주들이다. 끝으로 또 하나 중요한 라캉의 개념은 온전한 진실 같은 것은 없다는 것이었다. 그저 논점에 도달할 때까지 논점 없이 기다릴 뿐이다. 라캉은 환자가 정신분석 치료를 종결하는 시점은 치료가 끝없이 계속될 수 있다는 것을 깨달는 시점이라고 말하곤 했다. 이것이 바로 언어의 사용을 통해 의미를 획득하는 일이다. 언어는 환자에게 자신이 처한 상황의 본질—진정한 의미—을 똑똑히 인식하게 해준다. 라캉 추종자들은 그의 문제가 대단히 불투명한 것은 그런 측면에 한 원인이 있다고 주장한다. 하지만 보통 우리는 그런 문제를 모호하다고 한다. 독자는 말들로부터 나름의 의미를 '찾아내야' 한다. 시인이 시를 지으면서 하는 일과 비슷하다(아마 시인이 찾아낸 의미는 환자가 찾아낸 의미보다는 다른 사람들도 이해하기가 훨씬 쉬울 것이다).[21] 이는 물론 라캉의 이론에 대한 지나친 단순화라고 할 수 있다. 말년에 가면서 라캉은 저서에 수학기호까지 끌어들였다. 그러나 그렇게 했다고 해서 자신의 사상을 일반인들이 한결 명료하게 이해할 수 있게 한 것 같지는 않다. 더구나 상당수의 비판자들은 라캉을 이상하고, 혼란스럽고, 정신이 없는 사람이라고 평가했다. 특히 파리에서 오래 활동하면서 프로이트를 헤겔, 스피노자, 하이데거는 물론이고, 사르트르의 실존주의와 종합하려고 누차 시도했으면서도 생물학과 의학 분야의 최신 성과는 가장 초보적인 것조차 의도적으로 무시했다는 비판은 새겨들을 만하다. 라캉의 유산은—그런 게 있다면—'해체deconstruction'의 아버지들 중 한 명이라는 사실이었다. 해체란 언어에 내재적이고 고유한 의미란 없으며, 화자의 말은 자신이 알고 있는 것 이상을 의미하거나 그 이하를 의미한다, 따라서 청자와 화자가 각각 자신의 역할을 해야 한다는 관념이다. 그의 사상이 한동안 심리학에서만이 아니라 철학, 언어학, 문학비평, 그리고 심지어 영화와 정치학에서 활발한 논의의 대상이 된 것은 바로 이 때문이다.

정신의학자들 가운데 미셸 푸코Michel Foucault(1926~1984)만큼 정치적이고 영향력이 큰 사람은 일찍이 없었다. 그의 경력은 사상만큼이나 흥미롭다. 1926년 10월 프와티에Poitiers에서 태어난 폴 미셸 푸코는 고등사범학교École Normale Supérieure(ENS)에서 훈련을 받았다. ENS는 그랑제콜les grandes écoles('큰 학교들'이라는 뜻으로 프랑스 최고 엘리트 교육기관 : 옮긴이)의 하나로 특히 크다. 학생은 모두 기숙사 생활을 하며 졸업생은 노르말리엥normaliens(고등사범학교생 : 옮긴이)이라고 해서 대학의 교수요원이 된다. ENS에서 푸코는 루이 알튀세의 보호와 후원을 받았다. 알튀세는 호리호리한 인물로 '거의 멜랑콜리할 정도로 섬약한 아름다움'을 지니고 있었다. 알튀세는 건강과는 거리가 멀었으며 정신과 치료를 받기도 하고 전기 충격 요법을 받기도 했는데 거대이론가로 명성이 자자했다.²² 푸코는 고등사범 입학 시험과 교수 자격시험에 한 번씩 떨어진 경험이 있다(당시 다들 경악했다). 그러나 정신 의학의 태동과 발전에 관심을 쏟으면서 학문적 평판이 높아졌다. 그가 쓴 책들이 성공을 거두면서 푸코는 클로드 레비스트로스Claude Lévi-Strauss, 롤랑 바르트, 페르낭 브로델, 알랭 로브그리예Alin Robbe-Grillet, 자크 데리다Jacques Derrida, 엠마뉘엘 르 루아 라뒤리 같은 프랑스 지성·문화계 명사들과 교류했다. 68년 학생 운동 이후 푸코는 뱅센Vincennes 대학 철학과장으로 선출됐다.²³ 뱅센 대학은 공식 명칭이 뱅센실험대학센터였는데 '1968년 5월 학생 운동과 에드가 포르Edgar Faure의 산물이었다.' 포르는 당시 대학 평준화를 추진한 교육부장관이었다. "뱅센대학은 지극히 학제적學際的이었다. 영화, 기호학, 정신분석 분야의 참신한 강좌를 도입했다. 바칼로레아(대입 국가 고사: 옮긴이)를 거치지 않은 수험생들에게도 문호를 개방한 최초의 대학이었다. 따라서 (한동안) 많은 노동자와 정규 대학 지망생 집단에 속하지 않는 사람들을 많이 받아들였다. 분위기는…… 도떼기시장 같았다."²⁴ 이런 학교의 교수를 지낸 경력에다, 약물 복용을 적극 주창하고, 베트남전 반대 운동에 나서는가 하면, 교도소 개혁과 동성애자 해방 운동에 참여함으로써 푸코는 대항문화의 전형을 보여주는 핵심인물이 되었다. 그러면서도 1970년 4월에는 프랑스 기성 체제의 주요한 축인 콜레주 드 프랑스의 사상사 분과장으로 선출됐다. 사실상 그를 위해 새로 마련한 자리였다. 푸코가 얼마나 탄탄한 업적을 쌓았는지를 잘 보여주는 예이다.²⁵

푸코는 정신병을 사회적 구성물로 봤다는 점에서 라캉이나 랭의 의견과 같았다. 정신병은 그 자체로 하나의 실체라기보다는 정신과 의사, 심리학자, 의사 등이 병이라고 진단하는 것이라는 얘기다. 특히 그는 현대사회가 인간과학을 업으로 하는 사람들에게 그런 결정을 내릴 권리를 줌으로써 사회 구성원들을 통제하고 길들인다고 주장했다.²⁶ 푸코에 따르면 인간을 다루는 과학들은 "주권과 권리를 토대로 한 정치적 지배라고 하는 고전적 질서를 전복시켜 인간 행동 규범의 조작을 통해 권력을 행사하는 새로운 체제로 대체했다." 마크 필프Mark Philp가 지적한 것처럼 우리는 이제 '정상아正常兒'가 무엇인지, '안정된 심리상태'가 무엇인지, '선량한 시민'이나 '완벽한 아내'가 무엇인지를 안다, 또는 안다고 생각한다. 정상적인 것이 무엇인지를 기술하는 과정에서 인간과학과 그것을 업으로 하는 사람들은 일탈을 규정한다. 이런 규범들—'화술話術의 규범, 경제적 합리성의 규범, 사회적 행동의 규범 등등'—은 우리의 정체성을 규정한다. 푸코에게 있어서 '~의 규범을 내포하는 보편적 범주로서의 인간'이라는 관념은 '계몽주의의 발명품'으로 잘못된 것일 뿐 아니라 불안정하다. 그는 여러 저서에서 이런 관념의 타파를 촉진하고, 이것이야말로 '유일한 인간의 조건'이다라고 할 만한 것은 없다는 점을 밝히고자 했다. 푸코의 작업은 보기 드물게 수미일관한 면모를 띤다. 그의 대표작들은 대부분 제도의 역사를 점검한다. 『광기와 문명: 전통 시대 광기의 역사Folie et Déraison : Histoire de la folie à l'âge classique』(1961)와 『지식의 고고학L'Archéologie du savoir』(1969)이 그렇고, 『말과 사물: 인간과학의 고고학Les Mots et les choses: Une Archéologie des sciences humaines』(1971. 영역본 제목은 『사물의 질서The Order of Things』다: 옮긴이), 『병원의 탄생: 의학적 시선의 고고학Naissance de la clinique: une archéologie du regard médical』(1972), 『감시와 처벌: 감옥의 탄생Surveiller et punir : Naissance de la prison』(1975), 『성(性)의 역사Histoire de la sexualité』(1976)도 그러하다(발행연도는 모두 영역본을 기준으로 했다: 옮긴이).

그러나 푸코는 겉보기처럼 심리학, 행형학行刑學, 경제학, 생물학, 문헌학 등의 역사만을 서술한 것은 아니다. 그는 지식이 구조화되는 방식이 한 사회의 권력구조를 어떻게 반영하는지, 그리고 정상적인 인간 또는 정상적인 마음, 정상적인 몸이라는 정의가 '진실'을 반영하지만 동시에 정치적 구성물이기도 하다는 것을 보여주고자 했다.[27] '우리는 권력을 통한 진리의 생산에 종속되어 있다'고 푸코는 썼다. 우리에게 사회를 유기체로 파악하게 해주는 것이 인간과학이라고 그는 말한다. 유기체로서의 사회는 "정당성을 가지고 그 구성원들을 규제하며, 질병과 혼란과 일탈의 징표를 잡아내어 그런 것들이 이런저런 감시 시스템의 눈 아래서 치료되고 정상적인 기능으로 돌아갈 수 있도록 한다." 필프가 강조한 것처럼 이런 시스템들이야말로 사실은 규율과 통제다. 푸코는 자신이 쓴 책들을 '고고학'이라고 지칭하곤 했다. 라캉이 의미를 (감춰진 것을) '되찾는 활동'이라고 본 것처럼, 자신의 작업을 일종의 발굴로, 과거의 과정을 기술할 뿐 아니라 그것을 넘어서서 '묻혀진' 지식을 되살려내는 것으로 봤기 때문이다. 푸코도 '반항적 인간 l'homme révolté' 기질이 있었다. 그는 인간이 인간과학의 규범적 압력에 '저항'을 보일 때 실존할 수 있으며, 일관되거나 지속적인 인간의 '조건'이나 '본질', 합리적인 역사의 도정道程, '자연에 대한 인간 이성의 점진적인 승리' 같은 것은 없다고 믿었다. 투쟁은 있지만 거기에 '일정한 패턴은 없다.' 이런 맥락에서 그의 최종 목표는 부르주아적, 인본주의적 인간은 '끝났다'는 것을 보여주는 것이었다. 자유주의적 인문주의는 사이비 인본주의로 정체를 드러냈으며 계급권력과 사회적 특권층의 도구임이 밝혀졌다고 그는 말했다.[28] 양심과 이성을 지닌 주체로서의 개인은 현대 국가에서 한물 간 존재다. 지적으로나 도덕적으로, 심리학적으로도 해체돼버린 것이다.

푸코가 마지막으로 낸 책 중에서 중요한 것은 섹슈얼리티의 역사에 대한 탐구였다. 여기서 그는 강간과 아동과의 성행위를 제외하고는 행동에 제약이 있어서는 안 된다고 주장했다. 이는 다른 책에서 했던 주장들과 일맥상통하는 얘기였다. 그러나 이런 주장이 본인에게는 불행한 결과를 가져왔다. 게이 바와 게이 사우나가 유행하면서(푸코는 이런 시설을 적극 옹호했으며 캘리포니아의 게이 사우나에 자주 놀러갔다) 에이즈가 확산되었고, 본인도 결국 1984년 6월 에이즈 관련 질병으로 사망했다.

정신의학에서 심리학으로 나아간 스위스 심리학자 장 피아제 Jean Piajet는 어린이 정신 발달과 지적 행동의 성장에만 관심을 쏟은 게 아니었다. 말년에 이르러 그의 관심은 한층 폭이 넓어졌고, 푸코와 라캉의 사상을 활용해 구조주의라고 하는 사유양식을 주창했던 학자들 중 대표자로 인정받았다. 피아제의 논리는 노암 촘스키의 연구도 자양분으로 삼았지만, 구조주의는 어디까지나 유럽대륙 특히 프랑스어권 유럽에서 발전된 개념이었다. 그리고 대체로 앵글로색슨 계열, 즉 영어권에서 나온 경험과학의 최신 성과들에 대해서는 무지했다. 이런 점이 프랑스 이외 지역의 많은 사람들이 구조주의가 무엇인지 설명하기가 어렵다고 생각하는 한 가지 이유이다. 피아제의 『구조주의 Structuralism』(1971)는 구조주의에 관한 상세하면서도 비교적 명료한 설명 중 하나였다.²⁹ 푸코가 역사보다는 고고학이라는 표현을 사용함으로써 이미 깊숙이 존재하고 있는 뭔가—구조들—를 발굴하고 있는 느낌을 준 것처럼 피아제는 유전자와 행동의 중간지점에 정신적 구조들mental structures이 존재한다는 것을 암시했다. 예를 들어 그의 출발점 가운데 하나는 "대수代數는 박테리아나 바이러스의 행동 속에 '포함되어' 있지 않다"는 것이다. 박테리아나 바이러스나 그게 그것이기 때문에 사실상 유전자에 대수가 들어 있지 않다는 얘기다.³⁰ 피아제에 따르면 더하고 빼고 하는 식으로 수학적으로 행동하는 능력은 박테리아(분열)나 사람이나 일부만 유전으로 물려받은 것이다. 그런 능력의 또 다른 부분은 유기체가 발달해가면서 세계와 대면하는 과정에서 생성되는 정신적 구조들로부터 생겨난다. 피아제에게 문법의 조직화는 정신적 구조의 완벽한 예였다. 라캉이 환자가 정신분석 과정에서 의미를 획득한다고 생각한 바로 그런 의미에서 일부는 유전이고 일부는 '획득'이기 때문이다.

피아제의 말을 좀 더 들어보자. "그런 구조들이 '어디에 있느냐?'고 묻는다면 신경계와 의식 활동의 중간쯤에 위치시켜야 할 것이다"(정확히 어느 지점이라도 상관없다).³¹ 여기서 혼란이 생기는 이유는 피아제가 그런 구조들이 유기체 안에 실제로 물리적으로 존재한다고 주장하지는 않기 때문이다. 구조들은 이론적이고 추론적이며, 하나의 과정이다. 『구조주의』에서 피아제가 다루는 범위는 루트비히 폰 베르탈란피Ludwig von Bertalanffy의 수학 개념에서부터 케인스의 경제학, 프로이트, 탈콧 파슨스Talcott Parsons의 사회학까지 매우 넓다. 그러나 주된 관심은 역시 정신적 구조에 있었다. 그 중 일부는 무의식적으로 형성되며 그것을 밝혀내는 것이 심리학자의 과제라고 피아제는 믿고 있었다. 이런 정신구조들을 들여다보면서 피아제가 의도하는 바는 인간의 경험이 관찰 가능한 행동의 연구나 심리학적 과정의 연구만으로는 이해될 수 없고, '뭔가 다른 것'이 필요하다는 걸 입증하는 것이었다.³² 피아제는 대륙의 다른 경쟁자들보다는 진화생물학과 심리학의 최신 성과를 잘 알고 있었다. 최신 조류를 모른다고 그를 비난한 사람은 아무도 없었다. 그러나 그가 쓴 글들은 여전히 극도로 추상적이며 앵글로색슨 계열 비판자들이 보기에는 너무 부족한 점이 많았다.³³ 그래서 피아제는 완벽한 삶을 달성된 구조라고 간주했다. 이는 생물학적 한계 안에서 움직이기는 하지만 개별성의 창조력이 발휘되는 단계라고 할 수 있다. 정신은 발달하거나 성숙해진다. 그리고 그런 과정은 성급히 단축할 수 없다. 인간이 성장하는 과정에서 삶에 대한 이해는 수학과 언어에 대한 지식으로 매개된다. 본질적으로는 논리적 사유를 구성하는 두 시스템이다. 이런 시스템을 도구 삼아 우리는 세상을 나름대로 통제하고 조직한다. 피아제가 볼 때 우리가 우리 자신의 정신적 구성물을 어느 정도 발전시키느냐, 그리고 그런 구성물들이 세계와 얼마나 잘 조화되느냐에 따라 우리의 행복과 적응 여부가 결정된다. 이런 시스템에서 무의식은 본질적으로 혼란이라고 볼 수 있으며, 그것을 해결하는 것이 정신분석학자의 과제다.

구조주의의 득세 이후 모종의 반동이 불가피할 것이라는 점은 의문의 여지가 없었다. 그런 공세의 최선봉에 선 사람이 자크 데리다 Jacques Derrida(1930~2004)였다. 그는 알제리인이고 유대계였다. 1962년 알제리 독립 당시 유대계는 대거 알제리를 떠났다. 프랑스는 갑자기 러시아 서쪽 유럽대륙에서 유대계 인구가 가장 많은 나라가 됐다.

데리다가 시작한 것은 특정인의 전작全作에 대한 특정한 공격이었다. 1960년대 프랑스에서 클로드 레비스트로스는 그저 한 명의 인류학자가 아니었다. 철학자이자 위대한 스승이었고, 그의 구조주의적 관점은 인류학을 훨씬 넘어서서 심리학, 철학, 역사, 문학비평, 심지어 건축까지 망라했다.[34] 또 인간에 관한 학문이라는 의미의 '인간과학sciences humaines'이라는 용어도 레비스트로스가 만든 것이다. 그는 인간과학은 '전통 철학의 형이상학적 선입관'을 훌쩍 넘어서서 인간의 조건에 대한 좀 더 믿을 만한 시각을 제공해준다고 주장했다. 결과적으로 '인간 지식의 우월적 종합점'으로서 전통적인 철학의 역할은 점차 효용성이 떨어져가는 것으로 보였다. "인간과학은 이런 종류의 철학을 필요로 하지 않으며, 혼자 힘으로 생각할 수 있다."[35] 장 폴 사르트르와 언어학자 페르디낭 드 소쉬르도 공격 대상이 됐다. 레비스트로스는 실존주의의 '주관주의적 편견'을 별것 아니라고 보면서 개인적 경험에 근거한 철학은 "우리에게 사회나 인류에 대해 본질적인 어떤 것을 말해줄 수 없다"고 주장했다. 레비스트로스는 인류학자답게 유럽 사상의 많은 부분에서 나타나는 자민족 중심주의도 공격했다. 특정 문화에 너무 얽매임으로써 진정으로 보편적인 사상이 되기는 어렵다는 얘기였다.

데리다는 레비스트로스를 비판했다. 그가 오히려 훨씬 근본적으로 자기 관점에 매몰돼 있다고 봤기 때문이다. 인류학을 선택한 경위와 과정, 브라질에서 한 초기 현장연구 등에 대한 자전적 설명을 담은『슬픈 열대』에서 레비스트로스는 남비콰라족 같은 원시부족들의 경우 문자와 비밀스러운 지식이 어떻게 연관되는지를 탐색했다.[36] 그 결과 '수천 년 동안' 문자는 카스트 및 계급 구분과 연결되면서 힘 있는 엘리트의 특권이었고, '그 기본적인 기능'은 '노예화하고 예속시키는' 것이라는 일반론에 도달했다. 문자의 발명과 과학의 등장 사이에 '지식의 누적이란 없고 오르락내리락만 있을 뿐'이라고 레비스트로스는 말했다.[37]

데리다는 이와 관련되면서도 한층 근본적인 논점을 발전시켰다. 그는 역사를 통틀어 볼 때 문자는 입으로 하는 말보다 신뢰도가 떨어지는 것, 말하자면 믿음이 덜 가고, 권위가 덜 하고, 진정성이 떨어지는 것으로 여겨졌다고 지적했다.[38] 문자의 '통제적' 특성을 고려하면 문자는 '소외를 유발하고' '경험에 폭력을' 가한다. 데리다는 특히 라캉, 푸코와 마찬가지로 '말의 부정확성과 비정밀성, 모순성'에 충격을 받았다. 그래서 이런 결함들이 철학적으로 중요하다고 봤다. 레비스트로스의 텍스트로 더욱 깊숙이 들어가서 데리다는 주장의 논리적 부정합성, 개념의 제한성 내지 부적합성을 따지고 들었다. 데리다에 따르면 남비콰라족은 자민족 중심주의적인 경향이 덜하다는 의미에서 '문자 체계'라고 할 만한 모든 종류의 '장식물들'을 갖고 있다. 여기에는 여러 문양을 새긴 호리병박 공예품, 족보, 땅에다 그린 스케치 등등이 포함된다. 이 모두는 의심할 여지없이 어떤 의미를 가지고 있다. 레비스트로스의 문자체계라는 것은 결코 이런 의미들을 잡아낼 수 없다고 데리다는 말한다. 레비스트로스는 회고록을 쓰는 과정에서 나름의 논점을 염두에 두고 있기 때문에 그런 식의 일반론으로 치닫는 것은 완전 패착이라고 하기는 어렵다. 그러나 역시 적지 않은 실수를 범한다. 자기모순인 경우가 많고, 사태를 흑백논리로 실제보다 과장하는가 하면, 의도한 바를 제대로 드러내지 못하는 서술이 많다. 다 상식적인 비판이다. 그러나 데리다는 역시 그 정도로 만족하지 않는다. 그가 보기에 이런 완벽한 재현의 실패는 불가피한 만큼이나 중요한 의미를 갖고 있다. 라캉이나 푸코, 피아제의 경우도 그러하지만 데리다에게 언어는 가장 중요한 정신적 구성물이다. (아마도) 인간을 다른 유기체와 구분시켜주는, 따라서 이성(이성 역시 타락한 것일 수 있다)에 핵심적인 역할을 하는 사고의 기본도구이다.[39] 데리다가 보기에 우리가 일단 언어를 의심하면, "언어가 현실을 정확히 재현한다는 것을 의심하면, 모든 개인이 어느 정도는 자민족 중심적이고, 일관되지 못하며, 통일성이 없고, 지나치게 단순화하는 경향이 있다는 것을 의식한다면…… 그렇다면 인간에 대해 새로운 개념에 들어선 셈이다." 의식은 더 이상 우리가 원래 생각하던 의식으로 보이지 않는다. 이성도 아니고 의미도 아니며 심지어 지향성도 아니다.[40] 데리다는 한 개인의 단일한 언급이 그 말을 한 본인에게조차도 한 가지 의미만 가질 수 있는지에 대해 의문을 제기한다. 어느 정도까지는 말하는 사람이나 듣거나 읽는 사람 어느 쪽에게도 이거다 하고 확실하게 받아들여지는 것 이상을 의미할 수 있다. 또 그 이하를 의미할 수도 있다.

이런 격차 내지 의미의 '지연遲延'에 대해 데리다는 '차연différence'이라는 딱지를 붙였다. 그리고 이것이 결국은 데리다가 '해체deconstruction'라고 한 과정에 이르게 된다. 해체라는 개념은 오랫동안 과다하다 싶을 정도로 인기를 끌었고, 경우에 따라서는 악명을 떨치기도 했다. 크리스토퍼 존슨Christopher Johnson이 데리다의 사상에 대한 평가에서 말했듯이 해체는 포스트모더니즘적 논리 내지는 감수성에서 중요한 요소였다. 하나의 텍스트에 대해 독자들 수만큼 많은 독해를 가능하게 했다.[41] 데리다는 해체 개념을 멋대로 또는 심술궂게 사용하지는 않았다. 그는 인간의 발언에는 무의식적인 요소들이 들어 있을 뿐 아니라, 말 자체가 그 말을 한 사람의 체험보다 훨씬 큰 역사를 가지고 있으며, 따라서 누군가가 말하는 내용은 그 사람이 말하고자 한 바 이상의 것을 의미하게 되기 십상이라는 얘기를 하고자 한 것이다. 이 역시 상식선에서 크게 벗어나지 않는 얘기다. 데리다가 집중 공격을 당하고 비상식적으로 보이는 지점은 언어의 본질은 화자로부터 그가 말하거나 쓴 것의 의미에 대한 주권을 박탈한다고 주장하는 부분이다.[42] 그의 주장은 이런 식이다. "의미는 언어 자체의 구조 안에 거주하고 있다. 우리는 기호로 사고할 뿐이며, 기호들은 기호가 지시하는 내용과는 임의적인 관계만을 갖는다."⁴³ 데리다가 보기에 이렇게 되면 우리가 이해하는(이해한다고 생각하는) 철학의 개념 자체도 흔들린다. 그가 보기에 인간의 문제에서 진보란 있을 수 없다. 지식의 축적, 즉 "우리가 오늘 알고 있는 것이 어제 알았던 것보다 '더 낫고' 더 완전하다"는 의미에서의 축적이란 없다. 낡은 어휘들은 죽은 것으로 간주되지만 '그것 역시 변화할 수 있는 의미'이다. 이런 설명을 받아들인다면 철학도 부정확하고 일관성이 없을 뿐 아니라 바로 그렇기 때문에 거의 쓸모없는 말이 되고 만다.

데리다에게 인간의 조건의 가장 주요한 측면은 '비결정성'이다. 우리는 우리의 체험에 의미를 계속 부여하지만 그런 의미들이 '진정한' 것인지는 결코 확신할 수 없다. 그리고 '진리'도 그 자체가 계속 변하기 때문에 별로 도움이 안 되는 개념이다.⁴⁴ '진리는 복수複數다.' 진보는 없고, 하나의 진리란 없다. "글을 많이 읽고 인생을 오래 살다 보면 종국에 가서는 알게 될 것이다. 모든 일에 결정된 것이란 없고, 영원히 그렇게 될 것임을." 우리는 어떤 말이나 표현으로 우리가 무엇을 의미하는지 결코 정확히 알 수 없고, 타인들도 결코 '우리가 이해받기를 원하는 대로' 우리를 정확히 이해하지 못한다. 이런 것이 (아마도) 포스트모던적 아노미(공통의 가치나 도덕기준이 없는 혼돈 상태: 옮긴이)일 것이다.

데리다와 마찬가지로 루이 알튀세Louis Althusser(1918~1990)도 알제리에서 태어났다. 데리다처럼 알튀세 역시 마르크스보다 더 마르크스주의적이었다고 수잔 제임스Susan James는 말한다. 그는 위대한 혁명가조차 '자신이 한 일의 의미를 완전히 인식하지'는 못한다고 믿었다. 이런 맥락에서 알튀세는 이데올로기의 세계와 경험 세계가 연관되어 있다는 견해에 의문을 제기한다. 예를 들어 "굴라그(소련 정치범 강제노동수용소: 옮긴이)의 공포에 관한 경험적 데이터가 반드시 스탈린이나 소련에 등을 돌리게 만드는 것은 아니다." 데리다와 같은 노선을 걷는 알튀세에게 경험적 데이터는 어떤 한 가지 의미만을 동반하지 않는다. 따라서 스탈린 치하의 소련 영토 안에서 공산주의와는 전혀 안 맞는 사건들이 일어났지만 스탈린과 공산주의 이데올로기에 여전히 충성할 수 있다(알튀세 본인이 그랬다). 알튀세도 역사가 중층결정重

層決定된다는 시각을 갖고 있었다. 한 가지 사건에 작용하는 요소가 너무 많기 때문에―경제적인 요인일 수도 있고, 사회적, 문화적 또는 정치적인 요소일 수도 있다―핵심적인 원인을 특정하는 것은 불가능하다는 얘기다. "다른 말로 하면 어떤 역사적 사건의 원인을 결정할 권능 같은 것은 없다는 것이다. 따라서 역사에 작용하는 것이 무엇인지는 스스로 결정하는 수밖에 없다. 그런 결정이 바로 우리의 이데올로기를 구성한다. 경제결정론이 사실인지 입증할 수 없는 것처럼 오류라고 입증할 수도 없다. 역사에 관한 이론은 개인들이 스스로의 힘으로 고안해내는 어떤 것이다. 그럴 수밖에 없다. 경험적이고 합리적인 논증의 여지가 없기 때문이다."[45] 어떤 경우든 개인들은 사회구조의 산물이기 때문에 그들의 의도는 사회적 관습의 원인이라기보다는 결과로 간주해야 한다고 알튀세는 말한다.[46] 대개 모든 사회―특히 자본주의 사회들―는 알튀세가 '이데올로기적 국가 장치appareils idéologiques d'Etat(AIE)'라고 부르는 것을 가지고 있다. 가족, 미디어, 학교, 교회 같은 장치들이 관념을 퍼뜨리고 수용하는 것이어서 우리는 진정으로 자의식이 있는 행위주체가 아니다. "우리는 우리의 정체성을 그런 장치들의 활동의 결과로서 획득한다."[47] 마르크스주의적 관점에서 알튀세를 이해하는 핵심은 상부구조의 상대적 자율성이다. 그는 이 개념으로 마르크스가 많이 활용한 계급의 허위의식을 대신하고, "이데올로기와 개인의 정체성이라는 허위의식을 대체했다. 취지는 인간의 이데올로기적 자만심을 깨고 변화를 수용할 수 있는 상황을 만들려는 것이었다."[48] 불행하게도 그의 아이디어는 1980년을 끝으로 더 이상 출판되지 못했다. 정신이상 상태에서 아내를 목 졸라 죽이고 재판을 받을 수 없는 정신 상태라는 판정을 받았기 때문이다. 이후 그는 정신병원에 들어갔고, 죽을 때까지 두문불출했다.

언어에 대한 회의론, 특히 지식과 의미 추구 과정의 권력과의 연계성이라는 면에서 구조주의와 해체는 레이먼드 윌리엄스가 발전시킨 문화연구와 사촌이라고 할 만하다. 그 뒤에는 역시 마르크스가 도사리고 있다. 뭉뚱그려서 말한다면 이런 사조들은 결국 자본주의/물질주의 사회와 자연과학이 생산하는 지식 형태들에 대한 비판으로 귀결된다.

자연과학에 대한 전면전 역시 유럽 대륙에서 위르겐 하버마스Jürgen Habermas(1929~)에 의해 시작됐다. 하버마스는 프랑크푸르트 학파의 전통을 잇는 최근의 주요한 철학자로 호르크하이머, 벤야민, 아도르노, 마르쿠제 같은 선배들과 마찬가지로 마르크스와 프로이트의 현대적 종합을 추구했다. 하버마스는 마르크스 생전의 사회적 조건은 이제 현저하게 달라졌다는 점을 인정했다. 예를 들어 노동계급은 오래 전에 '자본주의 사회에 통합됐으며 더 이상 혁명세력이 아니다.'[49] 앤서니 기든스Anthony Giddens는 하버마스가 소비에트 사회는 사회주의 사회의 '일그러진' 버전이라는 시각을 아도르노와 공유한다는 사실에 주목했다. 하버마스는 인간의 사회적 삶에 관한 연구를 자연과학과 동등한 과학으로 간주하는 것은 두 가지 점에서 잘못이라고 말했다. 우선, 현대 지성계에서 과학을 '자연세계 또는 사회적인 세계에 대해 우리가 가질 수 있는 유일하게 타당한 종류의 지식'으로 과대평가하는 경향이 있다.[50] 둘째로, 과학은 '인간이 어떤 존재인지 대해 잘못된 관점을 제시한다. 합리적 추론을 하는 유능한 행위자로서 자신의 행동에 대해 굉장히 많이 알고 있다고 본다'는 것이다. 인간에 관한 '철칙'은 있을 수 없다고 하버마스는 말한다. 그러면서 자연과학자들은 물론이고 마르크스도 비판한다. 그런 철칙이 있다면 인간과 같은 존재는 존재하지 않을 것이다. 대신 인간은 자기성찰을 하는 능력이나 유연성, 의도와 행동의 이유를 가지고 있다고 그는 말한다. 아무리 많은 자연과학을 들이대도 이것을 설명할 수는 없다. 하버마스의 좀 더 독창적인 논점은 지식이 해방적 기능을 한다고 보는 것이다. "인간이 자신의 행동의 동기와 행동의 배경을 이루는 사회적 제도에 대해 더 많이 이해할수록 예전에 자신을 억누르던 질곡에서 더 많이 벗어날 수 있다."[51] 하버마스에 따르면 그 고전적인 예가 정신분석에서 일어난다. 분석가의 과제는 환자의 감정을 해석하는 것이다. 해석이 성공하면 환자는 자신의 행동을 좀 더 합리적으로 통제할 수 있게 된다. 행동과 밀접한 관련이 있는 의미와 의도의 변화는 자연과학으로는 포착할 수 없는 실체이다.[52] 하버마스는 모든 개인이 자신의 운명을 통제하는 해방된 사회를 꿈꾼다. 이는 '자신이 살고 있는 환경에 대한 고도의 이해를 통해서'만 가능하다.[53] 하버마스는 모든 지식을 통합하는 단일한 틀 같은 것은 없다고 말한다. 대신 세 가지 서로 다른 형태의 지식이 있다. 이

와 관련해 그는 유명한 삼분법 논리를 제시했다. 아래 표는 기든스가 정리한 것을 따온 것이다.[54]

인간사회의 측면들	지식을 구성하는 관심	연구 유형
노동	예측과 통제	경험적-분석적 과학
상호작용	의미의 이해	역사적-해석학적 학문
지배(권력)	해방	비판이론

물리적 사실을 토대로 한 '사실과학hard sciences'이 맨 윗줄을 차지한다. 정신분석과 철학 같은 분야는 가운뎃줄, 그리고 비판이론(이 장에 나오는 모든 사상가는 여기 속한다)은 맨 아랫줄을 차지한다. 푸코나 데리다를 비롯한 사상가들도 동의하겠지만, 지식과 권력의 연관관계에 대한 이해는 가장 해방적인 차원의 사유다.

프랑스 사상가들(과 하버마스)이 제시한 것은 본질적으로 포스트모더니즘 형태의 마르크스주의였다. 일부 작가는 마르크스를 내버리지 않으려는 수준으로 보이지만 또 일부에서는 마르크스를 업데이트하려고 난리다. 그러나 마르크스를 완전히 용도폐기하려는 사상가는 없는 것 같다. 지식과 이성은 어떤 사회의 권력관계를 통해 형성되고 매개될 수밖에 없다는 식의 '허위의식' 관념은 마르크스의 경제결정론이나 계급을 기초로 한 설명과는 거리가 있다. 지식과 해석과 이해는 항상 어떤 목적에 봉사한다. 칸트가 순수이성은 없다고 말했듯이 우리는 대륙 사상가들로부터 순수지식은 없으며, 그 점을 이해하는 것이 해방의 단초라는 말을 듣는다. 프랑스 작가들을 반反과학적이라고(피아제, 푸코, 하버마스는 특히 과학에 밝아서 그렇게 나가지 않는다) 한다면 틀린 말이겠지만, 과학이 유일하게 획득할 가치가 있는 지식 형태라고 생각하지 않는다는 것은 분명하다. 과학은 우리가 알고 있는 것들을 결코 완전하게 설명하지 못한다. 이들은 진화론을 무시하지는 않는다. 그러나 자신들의 이론이 유전학과 동물행동학의 발전에 비추어 얼마나 적합성이 있는지, 또는 어긋나지는 않는지에 대해서는 거의 의식하지 않았다. 또 하나 눈에 띄는 점은 이들 거의 모두가 정신분석에서 끌어온 증거를 이론의 받침돌로 활용했다는 점이다. 영미권 독자들이 보기에는 대륙에서 뒤늦게 프로이트에게 관심을 기울이는 것이 영 이상하게 느껴질 것이다. 많은 비판자들이 이미 그 점을 지적한 바 있다. 끝으로 또 하나 일반적인 느낌은 푸코, 라캉, 데리다가 미세한 관찰을 거창한 철학으로 뻥튀기한 것에 불과한 것 아닌가 하는 점이다. 물론 과거에 범죄자나 정신병자에 대해 가혹행위가 있었던 것은 분명하다. 라캉의 경우처럼 언어 사용에서 예기치 않은 일그러짐이 발생하기도 한다. 결국 이런 의문에 대한 답변은 다른 사람들이 그들의 논리를 설득력 있다고 생각하는가 아닌가에 달려 있다. 지금까지는 앞서 소개한 그 누구도 보편적으로 인정받지 못했다.

그러나 인간을 보는 일반적인 원리 내지 방식이 있다는 기존의 생각을 뒤엎고 나름의 이야기를 풀어가는 스타일은 분명 모종의 영향을 미쳤다. 그들은 엘리엇과 트릴링이라면 수긍했을 법한 일종의 회의론을 도입했다. 1969년 《예일 프랑스학보 *Yale French Studies*》특별판을 통해 구조주의는 마침내 대서양을 건넜다. 포스트모더니즘 사상이 미국 철학에 커다란 영향을 미친 것이다. 이에 대해서는 앞으로 살펴보자.

롤랑 바르트Roland Barthes(1915~1980)는 일반적으로 후기구조주의 평론가로 간주된다. 1915년 셰르부르Cherbourg에서 태어난 바르트는 아버지가 해군 중위였다. 어려서 폐병이 심해 고통을 겪었고, 혼자 지내는 아이로 성장했다. 병 때문에 2차 대전 때도 징집이 면제됐다. 전쟁 기간에는 문학 교사로 사회생활을 시작했다. 동성애자였던 바르트는 젊어서 애인이 죽는(폐결핵이었다) 아픔을 겪었다. 평생 병에 시달리다 보니 의학을 공부하기도 했다. 요양원에 있으면서 독서를 많이 했고, 마르크스주의에 관심을 갖게 됐다. 잠시 사르트르적인 분위기에 빠지기도 했다. 전쟁이 끝난 다음 루마니아(당시에는 물론 공산주의 국가였다) 부쿠레슈티Bucharest와 이집트 알렉산드리아Alexandria에서 프랑스어 교사로 일했다. 이어 프랑스 외교부 문화 담당 부서에서 일했다. 그러면서 어쩔 수 없이 느끼는 고독과 여러 나라를 여행한 경험을 통해 원래부터 가지고 있던 문학에 대한 관심에 더해 언어에 매료됐다. 이 부분이 그에게 명성을 안겨주게 된다. 1953년 초부터 바르트는 일련의 짧은 책들을 발간한다. 주로 언어에 대한 관심을 표명한 에세이였는데 차츰 영향력을 넓혀가더니 1970년대 들어서는 문학연구에서 거의 정통이론으로 자리를 잡았다.[55]

바르트 현상은 프로이트주의가 뒤늦게 프랑스에 도입된 결과의 하나이기도 했다. 물론 그 소개자는 라캉이다. 그런데 어떤 의미에서 바르트는 케임브리지 대학 레이먼드 윌리엄스의 프랑스판이었다. 바르트의 논리는 현대 문화에는 눈에 들어오는 것 이상의 뭔가가 있으며, 현대의 남녀들은 전통적인 문자매체만큼이나 현대 세계에 대해 많은 것을 이야기해주는 온갖 기호와 상징에 둘러싸여 있다는 것이었다. 『신화론 Mythologies』(1957년에 나왔지만 영어로 번역된 것은 1972년에 가서였다)에서 바르트는 현대 세계의 특수한 측면들에 시선을 집중한다. 여기서 짧은 에세이의 내용만큼이나 주제의 선택이 많은 사람들의 관심을 끌었다.[56] 그는 현대 문화의 어떤 측면들을 지적하면서 우리는 그런 현상들을 음미하거나 성찰하지 않은 채 그냥 흘러가게 내버려두어서는 안 된다고 말했다. 예를 들어 마가린에 관한 에세이도 썼고, 스테이크와 감자 칩, 가루비누와 세제에 관한 에세이도 썼다. 그는 이런 현상들의 '모세관 같은 의미들'을 추적했다. 「플라스틱 Plastic」이라는 에세이는 이렇게 시작된다. "폴리스티렌, 폴리비닐, 폴리에틸렌……. 이름은 그리스 목동들 같지만 플라스틱 제품을 한 자리에 모은 전시회를 보니 플라스틱은 본래 연금술로 만든 물질이다. 그 흔한 이름이 말해주듯이 플라스틱은 어디서나 볼 수 있게 됐다. 그것은 어떤 움직임의 흔적이라기보다는 하나의 사물이다. …… 그러나 이토록 성공을 거둠으로써 플라스틱은 운동으로 승화되고 거의 하나의 실체로는 존재하지 않게 됐다. 시적인 느낌을 주는 주요 실체들의 서열을 매긴다면 플라스틱은 정떨어지는 물질에 속한다. 고무의 그 발랄한 탄력과 금속의 견고함 사이 어디쯤 처박혀 있는. 플라스틱의 정체를 가장 잘 드러내는 것은 그 소리다. 속이 빈 듯하면서도 단조롭다. 천박한 느낌을 주는 데 일조하는 것은 바로 소음이다. 하기야 색깔도 마찬가지다. 극도로 화학적인 느낌을 주는 빛깔밖에 못 내는 것 같다. 노랑, 빨강, 초록, 아무리 해 봐야 당장이라도 화를 내며 덤벼들 것만 같은 느낌이다."[57]

바르트는 마르크시즘을 수용함으로써 사르트르와 마찬가지로 부르주아지를 혐오하게 됐다. 그리고 일상적인 현대 생활의 기호와 상징들을 잘 분석해냄으로써 구조주의자들의 과학적 입장과는 반대편에 서게 됐다. 바르트는 라캉의 무의식 이론에 힘입어 문학, 영화, 음악에 대한 인문학적 해석을 확고히 지지한다고 선언했다. 그가 쓴 에세이 중 가장 유명한 것은 「작가의 죽음 mort de l'auteur」으로 1968년에 발행됐다. 영역본은 1970년대에 가서야 나왔다.⁵⁸ 이 에세이는 특히 1940년대 미국에서 유행한 이른바 신비평 New Criticism을 연상하게 한다. 신비평의 키워드는 '의도적 오류'였다. 바르트는 이런 관점을 세련화시켜서 어떤 텍스트를 쓴 작가의 의도는 그 텍스트를 해석하는 데 있어서 중요하지 않다고 주장한다. 우리 모두가 읽는 것은 예전에 나왔던 작품들이 얽히고설켜 이루어진 새로운 작품이다. 따라서 말에 어떤 의미를 부여할 것인지는 사람마다 미묘하게 다르다. 따라서 작가는 자기가 쓴 작품이 다른 사람들한테 어떤 의미로 해석될지 단순히 예단할 수 없다. 『텍스트의 즐거움 Le Plasir du texte』(1975)에서 바르트는 이렇게 썼다. "텍스트의 무대에는 각광脚光이 없다. 텍스트 너머에 따로 활동하는 사람(작가)과 저 바깥에서 수동적으로 받아들이는 사람(독자)이 따로 있는 게 아니다. 주체와 객체는 없다."⁵⁹ "텍스트의 즐거움은 우리의 몸이 그 자신의 관념을 추구하는 바로 그 순간이다."⁶⁰ 레이먼드 윌리엄스와 마찬가지로 바르트는 모든 글쓰기, 모든 창조 작업이 그 생산과정의 문화적 맥락과 결부돼 있다는 것을 잘 알고 있었다. 그래서 사람들이 그런 제약으로부터 떨어져 나오도록 돕고자 했다. 그렇게 해서 읽기는 수동적인 행위가 아니라 좀 더 적극적이고, 종국에 가서는 좀 더 즐거운 일이 될 수 있다. 바르트는 영미권에서는 평이 안 좋았다. 그럼에도 불구하고 대단히 영향력 있는 인물이 됐다. 지금 와서 보면 그의 관점은 당시보다는 한결 덜 예외적으로 보인다.* 어쨌든 그는 생동감 넘치고 발랄한 작가였다. 멋들어진 표현에 능했고, 관찰은 예리했다. 그래서 영미권에서도 결국 그를 별것 아니라고 쉽게 치부해버릴 수 없게 되었다.⁶¹ 그는 언어의 가능성을 보여줌으로써 언어가 제약이 되기보다는 해방적 기능을 발휘하도록 했다. 이런 입장을 특히 잘 보여주는 예가 몇 년 뒤에 나타난다. 수잔 손택이 질병, 특히 암과 에이즈의 메타포를 탐색한 글에서였다.

바르트가 관심을 쏟은 기호와 상징체계들 중에서 특별한 위치를 점하는 것은 영화였다(가르보, 에이젠슈테인, 조셉 맨키비츠 Joseph Mankiewicz 감독의 「줄리어스 시저」). 여기에는 한 가지 중요한 아이러니가 있다. 2차 대전이 끝난 뒤 30년 동안 할리우드는 사실 지금처럼 중요한 위치에 있지 못했다. 가장 흥미로운 창의적 혁신은 다른 곳에서 벌어지고 있었다. 이런 혁신 역시 구조적이었다. 둘째로, 유럽 영화산업, 특히 가장 창의적인 프랑스 영화산업이 감독을(시나리오작가나 배우나 촬영기사가 아니라) 작가로 보는 시각을 발전시켰다는 데 있다. 이 또한 아이러니다.

할리우드는 전후 여러 차례 변화를 겪었다. 1946년(처음으로 완전히 평화로운 해였다) 대박 영화로 벌어들인 수입은 미국 역사상 최고였다. 인플레이션을 감안한다 해도 지금까지 최고 기록일 것이다. 그러나 할리우드의 번영은 곧 수그러들었다. 관객이 계속 줄었고, 1946~57년 10년 동안에는 극장이 4,000개나 문을 닫았다. 그렇게 된 한 가지 이유는 라이프스타일의 변화였다. 교외로 빠져나가는 사람이 더 많아졌고, 텔레비전 시대가 본격화됐다. 1960년대에 영화는 잠시 되살아났다. 할리우드는 TV에 적응을 했다. 그러나 오래 가지 못했다. 그래서 1962~69년에는 메이저 영화사 여덟 개 가운데 다섯 개의 주인이 바뀌었다. 이 과정에서 손실액만 약 5억 달러 (지금 가치로 환산하면 40억 달러가 넘는다)였다. 할리우드는 1970년대에 예전의 영화榮華를 회복했다. 신세대 '영화 악동movie brat'들이 영화산업을 주도해 나아갔다. 그런 감독들은 영화감독을 작가로 보는 시각의 덕을 많이 봤다. 물론 프랑스에서 무르익은 개념이다.

사실 이런 관념은 영화 초기부터 널리 퍼져 있었다. 그러나 종전 직후 작가로서의 영화감독이라는 개념을 리바이벌시키고 대중화시킨 것은 프랑스인들이었다. 영화의 성공을 누구의 공으로 돌려야 하느냐(시나리오작가냐 감독이냐)를 놓고 평론가들이 벌인 논쟁은 대중에게 널리 알려졌다. 1951년 자크 도니올 발크로즈Jacques Doniol-Valcroze(프랑스의 감독, 작가, 배우. 1920~ : 옮긴이)가 월간지 《영화 노트Cahiers du cinéma》를 창간했다. 영화는 감독 것이라는 노선을 따르는 영화전문지였다.[62] 《영화 노트》에 이런 견해를 퍼뜨리는 평론가 중에는 에릭 로메르Eric Rohmer, 클로

---

* 바르트의 관점에는 적어도 하나의 모순이 있다. 작가의 의도가 별 의미가 없다면 바르트 자신의 시각은 왜 의미가 있는 걸까?

드 샤브롤Claude Chabrol, 장 뤽 고다르Jean-Luc Godard, 프랑수아 트뤼포François Truffaut 등이 있었다. 유명한 기사에서 트뤼포는 시나리오작가가 대본을 쓰고 감독은 단순히 '연출'만 하는 '연출가' 영화와 제대로 된 작가auteur 영화를 구분했다. 그러면서 작가 반열에 드는 감독으로 장 르누아르Jean Renoir, 로베르 브레송 Robert Bresson, 장 콕토Jean Cocteau, 자크 타티Jacques Tati, 막스 오퓔스Max Ophüls를 꼽았다. 프랑스 문화권에서 이처럼 작가를 강조하는 풍토는 결국 예술영화의 황금기로 이어지는 데 적지 않은 역할을 했다. 그 시대는 1950년대, 60년대, 그리고 70년대 초까지 계속된다.

로베르 브레송(1907~1999)의 전후 초기 영화들은 종교적인 또는 영성적인 색채를 띠었다. 그러나 나이가 들면서 점차 비관적인 경향을 보이며 젊은이들의 일상 문제에 초점을 맞췄다.[63] 「다정한 여인Une Femme douce」(1969)은 일종의 우화다. 아무 설명도 없이 자살하는 한 순진한 여자의 이야기를 그린 작품이다. 비탄에 빠진 남편은 아내와 함께 했던 삶을, 그 즐거웠던 나날과 어려웠던 시절을 회상한다. 그러면서 뒤늦게 자신이 아내를 얼마나 사랑하고 있는지 깨닫는다. 브레송은 '실수로 삶을 그냥 흘려버리지 마라, 너무 늦기 전에 붙잡아라'고 이야기하는 것이다. 「어쩌면 악마가Le Diable probablement」(1977)는 브레송의 가장 미니멀한 영화 중 하나다. 여기서도 주인공은 자살을 한다. 그러나 이 영화의 '스타'는 브레송의 기법이다. 그는 영화에 미스터리와 불편함을 배어들게 한다. 이 때문에 관객은 영화 자체에서 떠나 자신의 삶에 의문을 품게 된다.

자크 타티(1908~1982)의 파란 많은 인생은 자신이 창조한 인물 윌로 씨와 닮은 구석이 많다. 타티는 파산을 하기도 했고 필름 프린트를 압류당하기도 했다.[64] 「축제일Jour de fête」(1949)과 「윌로 씨의 휴가」(1953)도 그렇지만 가장 유명한 작품은 「나의 삼촌Mon Oncle」(1958)과 「플레이타임Playtime」(1967)이다. 윌로 씨는 앞의 두 작품에 등장한다. 윌로 씨 역은 타티 본인이 맡았다. 우비에 우산을 들고 인생을 비틀비틀 걸어가는 어색한 거인의 모습이다. 「나의 삼촌」에서는 그런 스타일의 윌로 씨가 여동생과 매부 집에 우연히 들르게 된다. 집에는 온갖 현대식 가전제품이 꽉 차 있다. 타티는 이른바 노동력을 절감해주는 장치들을 놓고 주절주절 농담을 이끌어낸다. 그런 장치들은 사실은 인생의 즐거움과 진전을 방해할 따름이다.[65] 윌로는 조카 제럴드와 친해진다. 제럴드는 주변에서 벌어지는 모든 일에 대해 못마땅해 하는 민감한 소년이다. 타티의 혁신은 왕왕 동시에 두 개 이상의 개그가 벌어지는 특이한 쇼트들과 재치 넘치는 연출에서 돋보인다. 한 유명한 장면에서 윌로의 여동생 쪽 식구들이 원형 침실 유리창 앞에서 왔다 갔다 한다. 집 자체가 관객을 향해 눈알을 데굴데굴 굴리는 듯한 느낌이다. 「플레이타임」도 어느 작품 못지않게 혁신적이었다. 주인공이라고 할 만한 인물은 없다. 플롯도 거의 없다. 「나의 삼촌」과 마찬가지로 현대 세계의 으리으리한 가재도구들에 대한 풍자다. 타티가 전형적으로 연출하는 장면에는 시각적인 요소가 많이 도입된다. 그러나 쉽게 찾아내기는 힘들다. 그게 무엇인지를 알려면 관객은 한참 신경을 집중해서 들여다봐야 한다. 타티가 보고 있는 것은 우리 주변의 일상세계이며 우리는 이것을 우리 자신의 이해 속에 통합해야 한다. 바르트와 데리다가 말하는 바를 의도적으로 표현한 것이다. 다만 더 재미있을 뿐이다.

프랑스의 누벨바그Nouvelle Vague('새로운 물결new wave'이라는 뜻: 옮긴이) 또는 '좌안파Rive Gauche(센 강)' 감독들은 모두 《영화 노트》에서 깊은 영향을 받았으며 베이비붐의 결과로 번창한 청년문화를 반영했다. 그러면서 영화 문화도 성숙됐다. 시작은 1950년대 말 국제적인 것을 강조하는 국제영화제가 확산되면서였다. 1957년 샌프란시스코 국제영화제와 런던 국제영화제가 시작됐고, 2년 후 모스크바 영화제가 발족했으며, 애들레이드Adelaide와 뉴욕 영화제가 1963년에 시작됐다. 시카고와 파나마는 65년에, 브리즈번Brisbane 영화제는 그로부터 1년 뒤에 시작됐다. 샌안토니오San Antonio와 텍사스, 이란 쉬라즈Shiraz 영화제는 67년에 발족했다. 이 모든 영화제의 어머니 격인 프랑스 칸 영화제가 시작된 것은 1939년이었다. 칸 영화제는 히틀러가 폴란드를 침공하면서 중단되었다가 1946년부터 재개됐다.

누벨바그 감독들의 특징은 기술적 혁신이다. 주로 가벼운 카메라를 사용해서 쇼트를 한층 다양하게 처리했다. 클로즈업이 더욱 과감해졌고, 앵글을 예기치 못한 각도에서 잡는가 하면, 아주 멀리서 잡는 롱 시퀀스 처리도 자주 동원됐다. 그러나 이들의 가장 중요한 업적은 다큐멘터리의 실물성에 가깝다고 할 만한 새로운 직접성이었다. 이런 황금기를 낳은 고전적인 작품으로는 「400번의 구타」(트뤼포, 1959), 「히로시마 내 사랑」(알랭 레네Alain Resnais, 1959), 「네 멋대로 해라」(고다르, 1960), 「지하철 소녀 쟈지Zazie dans le métro」(루이 말Louis Malle, 1960), 「지난 해 마리앙바드에서」(레네, 1961), 「쥘과 짐」(트뤼포, 1962), 「5시에서 7시까지의 끌레오」(아녜스 바르다Agnès Varda, 1962), 「부드러운 살결」(트뤼포, 1964), 「국외자들」(고다르, 1964), 「셸부르의 우산」(자크 드미Jacques Demy, 1964), 「알파빌Alphaville」(고다르, 1965), 「화씨 451도」(트뤼포, 1966), 「그녀에 대해 내가 아는 두세 가지 것들」(고다르, 1967), 「모드 집에서의 하룻밤」(에릭 로메르, 1967), 「의사야경疑似夜景 La Nuit américaine」(트뤼포 1973, 영어 제목은 'Day for Night'이다. 프랑스어와 영어 제목은 똑같이 '밤 장면을 낮에 찍는 촬영기법(의사야경)'을 뜻한다. 한국에서는 '사랑의 묵시록' 또는 '아메리카의 밤'으로 알려져 있다 : 옮긴이) 등을 꼽을 수 있다.[66]

기술적 혁신 가운데 가장 유명한 것이 트뤼포의 '점프컷jump-cut'이다. 시퀀스 도중에 프레임을 뚝 잘라내서 급작스러운 효과를 만들어내는 기법으로 시간의 경과(특히 짧은 시간 단위)를 보여주는 동시에 정서에 모종의 변화가 생겼음을 강조하는 것이다. 스톱모션freeze frame도 널리 사용됐다. 가장 두드러진 예가 「400번의 구타」의 마지막 장면으로 바닷가의 소년은 고개를 돌려 관객을 바라본다. 이런 기법은 영화를 열린 결말로 유도했다. 여기에 점프컷의 불안한 정서까지 결합돼 일부 작품은 '실존주의적' 또는 '해체주의적'이라는 딱지가 붙게 됐다. 관객은 감독이 제시한 내용을 나름으로 보충하는 역할을 떠맡게 된다.[67] 사르트르와 여타 실존주의자들의 사상이 《영화 노트》출신 감독들의 작품에 영향을 미친 것은 분명하다. 브로델의 '장기지속la longue durée' 개념도 마찬가지였다. 특히 브레송의 작품에서 그런 영향이 엿보인다. 누벨바그가 도입한 이러한 자유로운 독해는 작가의 죽음이라는 롤랑 바르트의 유명한 개념에도 상당한 자극제가 됐다.[68]

영화 안내서를 보면 「히로시마 내 사랑Hiroshima mon amour」은 「시민 케인」만큼이나 영화사에서 중요한 작품으로 간주된다. 모든 위대한 영화가 그러하듯이 「히로시마」는 스토리와 형식이 완벽하게 조화된 작품이다. 마르그리트 뒤라스Marguerite Duras의 소설이 원작인 이 영화는 유부녀인 프랑스 여배우와 유부남인 일본 건축가가 히로시마에서 벌이는 이틀간의 사랑을 탐색한다. 히로시마는 죽음과 밀접하게 연결된 이미지이기 때문에 여자는 오래 전에 있었던 사건을 기억에 떠올리지 않을 수 없다. 독일이 프랑스를 점령하고 있던 시절 젊은 독일군 병사를 사랑했는데 그녀가 살던 소도시가 연합군에 해방되는 바로 그날 애인이 죽음을 당한 것이다. 적군을 사랑했다는 이유로 그녀는 가족에 의해 지하실에 감금을 당하고 가문에서 쫓겨난다. 히로시마에서 그녀는 건축가를 사랑하는 고통을 다시 겪는다. 부드럽게 녹아드는 사랑 장면과 잔혹한 전쟁 장면이 조합되면서 여주인공의 심리상태가 절묘하게 표출됐다.[69]

「400번의 구타Les Quatre Cents Coups」는 청소년기를 소재로 한 영화 중에서 가장 뛰어난 작품으로 간주된다. 「떠나간 사랑L'Amour en fuite」(1979)에서 정점을 이루는 다섯 편의 연작 중 첫 번째 작품이다. 「400번의 구타」(원래는 '혹독한 징벌'이라는 뜻이지만 프랑스어로 온갖 못된 짓만 하고 돌아다닌다는 관용적인 표현이다)는 열두 살 소년 앙투안 드와넬의 이야기를 그린다. 부모의 무관심 속에 혼자 살다시피 하는 앙투안은 어쩌다 사고를 치고 튀었다가 결국은 소년원에 들어가게 된다. 트뤼포의 논점은 앙투안은 아주 못되지도, 아주 착하지도 않은 그냥 평범한 아이일 뿐인데 자신도 이해하지 못하는 힘에 의해 이리저리 휩쓸리게 된다는 것이다. 이 영화는 어떤 자유—지리적, 지적, 예술적 자유—를 보여주려고 했다. 소년은 그런 자유를 얼핏 보지만 그런 게 있다는 걸 절반만 인식하는 사이 모든 게 휩쓸려가고 만다. 학교에서 전혀 행복하지 못했던 소년은(더할 나위 없이 행복한 학생들도 나온다) 이미 때가 묻은 상태로 성년기에 들어선다. 영화 끝장면의 유명한 스톱모션에 대한 평은 대개 모호하다는 것이다. 그러나 「400번의 구타」가 미래에 대한 예감을 어둡게 하는 슬픈 영화라는 것은 의심의 여지가 없다.[70]

「네 멋대로 해라A bout de souffle」(영어 제목은 '숨이 막히는'이라는 뜻의 원제에 충실하게 「Breathless」이다)는 스트라빈스키의 발레음악 「봄의 제전」이나 조이스의 소설 「율리시스」의 영화판이라는 평가를 받아왔다. 고다르(1930~)의 첫 걸작인 이 작품은 영화의 모든 것을 바꿔놓았다. 이 작품은 표면적으로는 좀도둑(이지만 위험하다)의 마지막 며칠간을 그리고 있다. 주인공인 좀도둑은 경찰관을 살해한 후 경찰에 쫓기게 되고 영화는 험프리 보가트Humphrey Bogart와 할리우드 B급 갱 영화에 종종 나오는 인물을 멋있게 보고 흉내 내는 한 남자(장 폴 벨몽도 Jean-Paul Belmondo 분)의 움직임을 따라간다.[71] 그는 미국 여대생(진 세버그 Jean Seberg 분)을 만나 사랑에 빠진다. 여대생의 더듬거리는 프랑스어는 그의 제한된 세계와 성격을 강조하는 효과를 십분 발휘한다. 격렬한 액션이 잠시 중단될 때마다 서로 너무 다른 인생관을 이야기하는 과정은 B급 영화를 뒤집기도 하고 비웃기도 하면서 작품에 B급 영화와는 격이 다른 깊이를 부여한다. 벨몽도가 맡은 주인공 미셸 푸아카르는 앙투안 드와넬이 겨우 눈뜨기 시작한 인생의 실패에 대해 너무도 잘 알고 있다. 이 작품 역시 미래에 대한 예감을 어둡게 한다.[72]

알랭 로브그리예가 각본을 쓰고 알랭 레네(1922~)가 감독한 「지난 해 마리앙바드에서L'année dernière à Marienbad」는 누보로망nouveau roman('새로운 소설'이라는 말로 전통적 소설 기법을 파괴한 1950년대의 전위적 소설을 일컫는다 : 옮긴이)을 스크린으로 옮긴 작품이다. 남자 X는 여자 A에게 자기 둘이 작년에 리조트 호텔 마리앙바드에서 만났으며 거기서 올해 같이 달아나기로 약속했다(또는 했던 것 같다)는 것을 줄곧 설명한다. 전에 그런 만남이 있었는지, A가 모호하게 구는 것이 남편이 가까이 있기 때문인지, 또는 X의 '기억'은 사실은 미래의 예감인지 우리는 전혀 모른다. 플롯이 개연성이 떨어진다는 것은 논점이 아니다. 핵심은 레네가 일부 탁월한 세트의 도움을 받아 아름다운 영상을 만들어냈고, 관객은 줄거리가 손에 안 잡혀 당혹스럽지만 그러면서도 보는 동안 내내 흥미를 가지고 몰입하게 된다는 것이다. 가장 유명한 장면은 사람들은 그림자가 있는데 키 큰 나무들은 그림자가 없는, 깔끔하게 가꾼 널따란 정원에서 벌어진다.[73]

「쥘과 짐Jules et Jim」은 '사랑에 사로잡혔고 그 때문에 파멸에 이른 연인들에게 바치는 헌사'로 작가인 두 친구와 그들이 만나는 한 여자에 관한 이야기다. 여자는 처음에 한 친구의 아이를 갖지만 나중에 다른 친구를 사랑한다.[74] 트뤼포의 걸작으로 평가받는 이 작품은 여주인공 카트린 역을 맡은 잔느 모로Jeanne Moreau의 연기력의 승리이기도 했다. 실감 나는 연기 덕분에 카트린이 쥘과 짐이 스트린드베리의 희곡 얘기에 자기를 끼워주지 않았다고 화를 내며 센 강에 뛰어드는 장면이 그렇게 자연스러울 수 없다.

고다르의 「그녀에 대해 내가 아는 두세 가지 것들」Deux ou Trois Choses que je sais d'elle」에 대해 평론가 제임스 팰럿James Pallot은 '2차 대전 이후 가장 중요한 감독이 만든 가장 위대한 영화'라고 평했다.[75] 플롯은 강하지 않다. 특별히 독창적이랄 것도 없다. 파트타임으로 창녀 노릇을 하는 한 주부의 이야기를 그린 것으로 어렵다고 악명이 높았다. 이미지들이 농밀한데다 마르크스, 비트겐슈타인, 브로델, 구조주의를 비롯해 영화와 관련된 모든 것을 되새기게 만들기 때문이다. 특히 우리가 영화를 어떤 식으로 보는지, 영화에서 우리가 삶을 어떻게 영위하는 것으로 비치는지 등은 고다르와 트뤼포의 모든 작품의 기저를 이루는 주제다. 「그녀에 대해 내가 아는 두세 가지 것들」은 '바르트적인 영화'로 평가되기도 한다. 세계의 '신화들'을 창조해내는 동시에 성찰하고, 기호들을 낡은 방식으로 그리고 새로운 방식으로 활용하면서 그것들이 우리의 사고와 행동에 어떻게 영향을 미치는지를 보여주기 때문이다.[76] 이것은 프랑스 영화 르네상스의 중요한 요소였다. 영화는 현대 사상의 다른 영역과 기꺼이 관계를 맺으려 했고, 스스로를 그런 집단적 활동의 일부로 여겼다. 고다르의 걸작들이 그렇게 어렵다는 사실은 그가 지적인 내용을 우선시하고 재미는 부차적인 것으로 여겼다는 의미다. 그리고 그것이 핵심이었다. 금세기의 3·4분기는, 적어도 영화에 관한 한, 전통적인 할리우드의 가치들이 저만큼 뒤로 밀린 시대였다.

1980년 파리에 있는 피터 브룩Peter Brook의 국제연극창조센터Centre International de Création Théâtrale(CICT)에 뉴욕연극비평가협회상이 수여됐다. 어떤 의미에서는 겨우 받은 것이었다. 브룩(1925~)과 연극의 관계는 많은 면에서 불레즈와 음악의 관계와 닮은 구석이 많다. 둘 다 대단히 독창적인 인물로 창조적인 작업에 몰두했다. 외면적으로도 대단히 국제적이고 극히 실험적이었다. CICT에서 브룩은 연극에 '연구/조사'라는 요소를 첨가했다. 불레즈가 IRCAM에서 음악에 그렇게 한 것과 흡사했다.[77]

브룩은 1925년 런던에서 태어났다. 부모는 러시아계였다. 열여섯 살 때 학교를 그만두고, 전시에는 영국 국립영화제작소에서 잠깐 일을 했다. 나중에 대학은 어쨌든 다니는 게 좋다는 부모의 설득에 따라 옥스퍼드 대학 맥덜린 칼리지에 입학해서 연극 연출을 공부했다. 이어 버밍엄 레퍼토리 극단Birmingham Repertory Company('버밍엄 레프')으로 옮겼다. 지금은 아는 사람이 거의 없지만 텔레비전이 본격화되기 전 시대에 이 극단은 대단히 인기가 있었다. 거의 2주마다 새 작품을 올렸을 정도다. 대개 신작과 고전을 섞은 형태였다. 이런 식으로 레퍼토리 극단(일정한 수의 작품을 번갈아가며 공연하는 극단 : 옮긴이)들은 관객이 잘 아는 배우들을 거느리고 지적인 영역에서 중요한 역할을 했다. 특히 런던 바깥의 지방도시에서 그랬다. 1961년 스트랫퍼드어폰에이번Stratford-upon-Avon(잉글랜드 워릭셔 카운티의 타운으로 셰익스피어가 태어나고 묻힌 곳이다 : 옮긴이)에 로열 셰익스피어 극단(RSC)이 설립되면서 브룩에게 참여 권유가 왔고, 그 때문에 그는 더욱 유명해졌다. 브룩은 버밍엄 레프에서 아서 밀러와 장 아누이를 영국에 소개했고, 존 길거드John Gielgud(「이에는 이Measure for Measure」)와 로렌스 올리비에Lawrence Olivier(「티투스 안드로니쿠스Titus Andronicus」) 같은 거물급 배우를 잘 구슬러 셰익스피어 공연의 진수를 선보였다.[78] 그러나 그의 경력에서 진정한 전환점으로 간주되는 것은 1962년 「리어 왕King Lear」에서 선보인 듬성듬성한 연출이었다. 당시 주연은 폴 스코필드Paul Scofield가 맡았다. 로열 셰익스피어 극단과 영국국립극장 설립에 깊이 관여한 피터 홀Peter Hall은 브룩에게 같이 일하자고 권했고, 브룩은 자신이 '독립적인 연구/조사팀'을 갖는 것을 고용 조건으로 달았다.

브룩과 그의 동료들은 1965년 대부분의 기간을 문을 걸어 잠그고 지냈다. 그리고 실험의 산물인 공연을 대중에게 내놓으면서 '잔혹극Theatre of Cruelty'이라고 불렀다. 앙토냉 아르토Antonin Artaud(프랑스의 극작가, 시인, 배우. 초현실주의 운동에 참여하고 잔혹극 이론을 제시해 현대 전위극 운동에 큰 영향을 미쳤다. 1896~1948: 옮긴이)에 대한 헌사였다.[79] 브룩의 경우 '잔혹'이라는 표현은 특수한 의미로 사용됐다. 브룩은 한 때 『60년대를 위한 선언Manifesto for the Sixties』에서 이렇게 말했다. "우리는 셰익스피어를 잘 들여다볼 필요가 있다. 브레히트, 베케트, 아르토에서 확연히 눈에 띄는 것은 셰익스피어에 다 있다. 하나의 아이디어가 확고히 자리를 잡으려면 그것을 표현하는 것만으로는 충분치 않다. 우리 기억 속으로 불타 들어가야만 한다. 『햄

릿』이 그런 아이디어다."⁸⁰

'잔혹극' 시즌에서 가장 유명했던 작업은 페터 바이스Peter Weiss(독일 전위적인 극작가, 소설가. 1916~1982: 옮긴이) 원작의 『마라/사드Marat/Sade』를 연출한 것이었다. 작품의 줄거리는 '사드 씨의 연출로 샤랑통 정신병원 연극반이 공연한 장 폴 마라Jean-Paul Marat에 대한 박해와 암살사건Die Verfolgung und Ermordung Jean Paul Marats dargestellt durch die Schauspielgruppe des Hospizes zu Charenton unter Anleitung des Herrn de Sade'이라는 긴 원제가 말해준다(사드는 프랑스 작가로 사디즘이라는 용어는 그의 이름에서 나왔다. 나폴레옹 치하인 1801년 필화로 체포돼 죽을 때까지 샤랑통 정신병원에 감금됐다. 마라는 18세기 말 프랑스 혁명 당시 급진파 지도자로 1793년 반대파에게 암살당했다 : 옮긴이). 바이스 자신은 이 희곡을 마르크스주의적인 작품이라고 했지만 브룩에게 그런 것은 별로 중요하지 않았다. 대신 연극에서만 전달할 수 있는 강렬한 체험에 초점을 맞췄다(본인 말처럼 연극이 텔레비전의 맹공을 이겨내는 데 조금이나마 도움이 되려고 한 측면도 있었다. 텔레비전은 20세기 중반 가장 강력한 매체였기 때문이다). 브룩에게 연극에 강렬함을 더하는 가장 효과적인 기법은 운문의 사용이었다. 특히 셰익스피어식 운문은 배우, 감독, 관객이 핵심에 집중하도록 하는 효과를 가져온다. 그러나 20세기식 기법도 필요하다는 것을 절감하여 '낯설게 하기alienation' 효과라는, 좀 이상한 이름이 붙은 브레히트식 기법을 생각해냈다. 낯설게 하기는 관객으로 하여금 어떤 행동을 거리를 두고 보도록 하는 기법이다. 그렇게 해서 객관적인 판단이 가능해지고, 어떤 사태를 (주변) 세계와의 관계 속에서 보는 것이 가능해진다. 『마라/사드』는 브룩의 기법이 먹힌다는 것을 보여주었다. 리허설이 시작되자 브룩은 배우들에게 미친 상태를 즉흥적으로 표현해보라고 했다. 그러자 눈알을 굴리고 입에 거품을 물고 하는 상투적인 동작이 나왔다. 그래서 브룩은 단원들을 몽땅 끌고 정신병원으로 갔다. 직접 보라는 것이었다. "나는 정신병원 수용자들의 끔찍한 상태를 직접 접하면서 처음으로 엄청난 충격을 받았다. 이어 노인병동과 교도소에도 가봤다. 리얼한 삶의 이미지들은 영화 장면으로는 도저히 대신할 수 없는 것이었다. 범죄와 광기와 정치적 폭력이 거기에 있었다. 그것들은 똑똑 하고 두드리더니 창문을 확 밀어젖히고 튀어나왔다. 어쩔 수가 없다. 옆방에서, 문지방 너머로 들여다보기만 하는 것으로는 충분치 않았다. 다른 식으로 끼어드는 게 필요했다."[81]

1970년에 로열 셰익스피어 극단Royal Shakespeare Company에서 올린 「한여름 밤의 꿈A Midsummer Night's Dream」이 다시 성공을 하고 나서(프랑스에서도 많은 작품을 공연했다) 브룩은 국제연극연구센터Centre International de Recherche Théâtrale(CIRT) 설립에 필요한 재정지원을 받게 된다. CIRT는 나중에 국제연극창조센터(CICT)로 개명됐다. CICT 설립 목적은 상업 연극의 제약으로부터 완전히 벗어나자는 것이었다. 상업 연극을 본인이 원하는 것을 어지간히 접어야 하는 타협으로 본 것이다.[82] 브룩은 세계 곳곳에서 배우들을 끌어 모았다. 물론 연기에만 주안점을 두지는 않았다. 연출과 관객의 반응, 그리고 연구 작업을 통해 체험의 강렬성을 높이는 방식에도 세심하게 신경을 썼다.

「오가스트Orghast」(1971)는 프로메테우스 신화를 개작한 작품으로 이란 페르세폴리스에서 공연했다. 대본은 영국 시인 테드 휴즈Ted Hughes(1984년에 계관시인으로 임명됐다)가 고안한 새로운 언어로 썼다. 이 연극은 특히 시행詩行 낭독—대개 주문을 중얼중얼 하듯이 노래하는 방식이다—이 관객의 수용에 어떻게 영향을 미치는지를 탐색했다. 휴즈는 노암 촘스키의 아이디어와 언어의 심층구조까지 활용해 새로운 형식을 창안해냈다.[83]

브룩은 버려져 있던 부프 뒤 노르Bouffes du Nord('북쪽의 식당'이라는 뜻: 옮긴이) 극장으로 들어갔다. 극장은 1874년에 지어졌지만 1952년 이후로 아무도 살지 않는 상태였다. 브룩은 야심적인—유례가 없는—실험을 시작했다. 실험의 핵심 요소는 두 가지였다. 하나는 연극을 지구촌 공통의 언어로 보는 시도였다. 이를 위해 단원을 여러 전통을 대변하는 각국 출신—남아메리카, 일본, 유럽인—으로 충당했고, 그런 실험적인 공연을 여러 전통에 속하는 관객들에게 제시함으로써 어떻게 수용되고 이해되는지를 알아보고자 했다. 도저히 상상하기 어려운 아이디어에 도전한 것이다. 예를 들어 12세기 수피교도 시인의 시를 소재로 한 「새들의 회의The Conferance of the Birds」(1979)가 그러하다. 이 작품은 전설의 새인 시무르그(숨어 사는 새들의 왕이다)를 찾아 위험한 여행을 떠나는 한 무리의 새들에 관한 희극적이면서도 고통스러운 우화다.[84] 물론 여행은 새(사람)마다 겉으로 드러난 모습과 변명들을 한 꺼풀 한 꺼풀 벗겨가는 과정이 된다. 브룩은 이를 즉흥 연기의 토대로 활용했다. 상상하기 어려운 두 번째 시도는 「마하바라타 The Mahabarata」(1985)였다. 원래 마하바라타는 산스크리트어로 된 서사시로 분량이 성경의 열다섯 배나 된다. 이 여섯 시간짜리 공연을 위해 원작을 견원지간인 두 집안의 다툼을 그린 '핵심 스토리'로 간소화했다. 특히 공연에 앞서 인도에 가서 오랜 기간 여러 가지 연구와 실험을 했다. 브룩은 회고록에서 현지 체험에 대해 재미있는 이야기를 한다. "아마 인도는 태곳적부터 현재까지 모든 시대의 역사가 공존하는 마지막 장소일 것이다. 추한 네온 불빛이 힌두교 의식을 거행하는 행렬을 훤히 비춘다. 그 의식은 힌두교 신앙이 등장한 이후로 의복 하나까지도 전혀 변화가 없이 그대로 유지돼온 것이다."[85] 브룩은 주연급 배우들을 데리고 인도에 가서 사원을 둘러봤다. 자신들이 묘사하려고 하는 베다 세계를 조금이나마 맛보게 하려는 배려였다. (여러 마하바라타 판본을 공연용으로 짧게 줄이는 데만 10년이 걸렸다.) 비서구적인 내용을 소재로 한 브룩의 세 번째 혁신은 「이크The Ik」(이크는 우간다 북서부 산악지역에 거주하는 소수 부족이다: 옮긴이)로 아프리카의 기근에 관한 연극이었다. 이 작품은 전 세계 곳곳의 특이한 부족들을 발견해낸 인류학자 콜린 턴불의 저서를 참조하면서 다른 한편으로는 아마르티아 센 Amartya Sen의 경제학을 표현한다. 인도인인 센은 나중에(1998년) 기아와 빈곤이 어떻게 확산되는지에 관한 연구로 노벨 경제학상을 수상한 인물이다. 이런 비서구적인 분위기를 보완하기 위해 브룩은 단원들을 데리고 이란, 아프리카, 미국으로 공연여행을 했다. 단순히 즐기고 정보를 얻는 차원이 아니라 장소가 달라지면 자신들의 공연에 대해 어떤 반응이 나오는지를 연구하기 위한 것이었다. 순회공연은 연극이 지구촌 공통의 언어라는 아이디어를 실험하는 동시에 상업적 제약을 받지 않게 될 때 극단이 어떤 식으로 변화되는지를 알아보려는 시도였다.[86]

그러나 피터 브룩은 실험적이기만 한 것은 아니었다. 프랑스어권에만 경도되지도 않았다. 그는 영국에서의 연극 활동을 '대단히 중요'하게 봤다.[87] CICT는 셰익스피어와 체호프를 계속 무대에 올렸다. 그 자신은 주류 영화 여러 편과 오페라를 연출하기도 했다. 영화 「파리대왕 Loard of the Flies」(1963)은 윌리엄 골딩 William Golding의 소설을 각색한 것으로 일단의 소년들이 무인도에 고립되면서 곧바로 야만으로 '회귀'하는 과정을 그렸다. 「놀라운 사람들과의 만남Meetings with Remarkable Men」은 신비주의자인 게오르기 이바노비치 구르지예프Georgii Ivanovich Gurdjiieff의 자서전을 토대로 한 작품이다. 오페라 「카르멘의 비극La tragédie de Carmen」(1983)도 연출했다. 연극을 주제로 중요한 책을 쓰기도 했다. 책에서 그는 '끔찍한, 신성한, 거친, 직접적인'이라고 하는 연극적 체험의 네 범주를 설명했다. 회고록 말미에서 브룩은 이렇게 말했다. "원래, 연극은 치유하는, 도시를 치유하는 행위였다. 근본적인 엔트로피적 힘의 활동에 따라 그 어떤 도시도 파편화라는 불가피한 과정을 피할 수 없다. 그러나 거기 거주하는 사람들이 특정한 조건 아래 특정한 장소에 한데 모여 신비적인 행사에 참여하면, 따로 따로 흩어져 있던 손발이 하나로 모여드는 것처럼 순간적인 치유를 통해 거대한 몸으로 하나가 된다. 여기서 각 구성원은 하나하나의 개성적인 존재로 기억되는 동시에 전체 속에서 제 자리를 찾는다. …… 기아, 폭력, 까닭 없는 잔학행위, 강간, 범죄 등등은 현대를 늘 따라다니는 문제요소들이다. 연극이 공포와 좌절의 어둠 속으로 치고 들어갈 수 있는 이유는 한 가지다. 어둠 속에 빛이 존재하는, 그 이전도 아니고 그 이후도 아닌 바로 그 순간을 확인할 수 있기 때문이다. 진보는 공허한 개념이 되었을지 모른다. 그러나 진화는 그렇지 않다. 그리고 진화는 수백만 년이 걸릴 수 있지만 연극은 우리를 바로 그 시간의 틀로부터 해방시킬 수 있다."[88]

나중에 브룩은 신경증 환자들의 기이한 사례를 분석한 올리버 색스Oliver Sacks(영국의 신경과 의사이자 작가: 옮긴이)의 책 『아내를 모자로 착각한 남자The Man Who Mistook His Wife for a Hat』를 연극으로 만들었다. 이런 점에서도 브룩은 전후 세계에서 엄청난 중요성을 갖는다. 특정 국가의 구성원이라고 하는 협소한 제약을 넘어서서 과학 속에서 인간을 발견하고, 과학기술을 사용해 위대한 예술을 창조해 내려는 그의 시도는 현대 사회에서 치유가 필요한 지점이 어디인지에 관한 특이한 비전을 보여준다.[89] 본인은 그런 딱지를 안 좋아하겠지만 브룩은 실존주의자이기도 하다. 다시 그의 회고록을 보자. "나는 기적이라는 건 보지 못했다. 그러나 놀라운 남자와 여자들이 존재한다는 건 보았다. 놀랍다고 한 것은 그들이 상상할 수 없을 정도로 열심히 노력하기 때문이다."[90] 피터 브룩에게도 정확히 들어맞는 표현이다. 특히 브룩은 동시대의 프랑스어권 문화와 영어권 문화 양쪽을 두루 섭렵하면서 발전시키는 것이 가능하다는 것을 독특한 방식으로 보여줬다.

36

경제학 논쟁
Doing Well, and Doing Good

　1944년 『미국의 딜레마』에서 군나르 뮈르달Gunnar Myrdal은 흑인의 상황을 개선하기 위해 법원이 적극 나서야 한다고 촉구했다. 1950년대 중반에서 1970년대 중반까지 실제로 그런 일이 벌어졌다. 그러나 곧이어 반동이 밀려왔다. 리처드 닉슨Richard Nixon 대통령과 스피로 애그뉴Spiro Agnew 부통령은 미국 대법원이 내리는 결정들이 (a)정치적 결정을 법률적 결정으로 위장함으로써 사실상 정부가 할 일을 하고 있는 것은 아닌지 (b)'말없는 다수'의 견해를 노골적으로 무시하고 매번 소수의 권익을 우선시함으로써 사회적 긴장을 조성하고 있는 것은 아닌지 의심했다.

　닉슨 대통령과 애그뉴 부통령은 결국 불명예 퇴진했다. 따라서 이런 논쟁에 대한 개입은 원래 의도대로 되지 않았다. 제기한 문제들 자체는 진짜 심각했다. 이에 대해 구체적이고 본격적으로 접근한 것은 뉴욕대 로스쿨 교수인 로널드 드워킨Ronald Dworkin(1931~)의 1977년 작 『권리론Taking Rights Seriously』이었다.[1] 드워킨의 저서는 법이 진화하는 방식에 대한 정밀한 검토이자 그 자체가 그러한 진화의 한 사례였다. 법, 도덕철학, 언어철학, 정치학, 정치경제학을 아우르면서 민권과 여성해방, 동성애 해방의 최근 성과 및 루드비히 비트겐슈타인, 헤르베르트 마르쿠제, 윌러드 밴 오먼 콰인, 그리고 심지어 R. D. 랭의 이론까지 끌어들였다. 그러나 주된 의도는 민권 운동이 계속되고 롤스의 '정의론'과 벌린의 '소극적 자유, 적극적 자유'라는 구분이 나온 상황에서 일부 법적 개념을 명료화하는 것이었다. 그러면서 시민불복종을 옹호하고, 소수자 우대조치를 법적으로 정당화하는 논리를 폈다. 드워킨은 자유를 허용이라는 의미로 이해한다면 아주 근본적인 차원에서 보편적 자유에 대한 권리란 없다고 주장했다. 오히려 가장 기본적인 권리(이런 표현이 말이 된다고 한다면)는 개인이 국가에 대항하는 권리이며, 이는 다른 사람과 똑같은 인간으로 취급받을 권리로 이해하는 것이 타당하다는 것이다. 다른 말로 하면 드워킨에게 법 앞의 평등이란 다른 모든 것, 그리고 특히 자유의 다른 의미들에 우선하는 것이었다.

드워킨은 당대의 거창한 사회적·법률적 문제들을 고려하는 동시에 민주주의 체제에서 다수의 권리와 소수, 그리고 국가가 어떻게 지탱될 수 있느냐 하는 가장 중요한 문제를 천착해 들어갔다. 앞서 롤스 대 노직의 논쟁에서 그랬던 것처럼 드워킨은 공리주의적 관념들(이러저러한 법률이 최대다수에게 이익이 된다)을 비교하면서 이상주의적 관념(공정성을 최대의 공동선으로 간주해야 한다)을 선호하는 쪽으로 나아갔다. 그는 자유의 기본 형태로서의 '소극적' 자유라고 하는 이사야 벌린의 개념을 못마땅해 했다.² 벌린이 소극적 자유는 혼자 내버려진 상태에서 제약을 받지 않을 권리인 반면 적극적 자유는 원하는 바를 성취하고 그런 존재로서 인정받을 권리로 규정한 점을 되새겨 볼 필요가 있다. 드워킨은 인간이 법 앞에서 평등하다면 벌린 식의 구분은 결국 잘못이며, 따라서 어떤 의미에서 법은 정치에 앞선다고 생각했다. (이 부분은 인간이 자생적으로 법률체계를 가꾸어온 방식은 그 어떤 정당보다 역사가 오래됐다고 본 프리드리히 폰 하이에크의 관점을 연상케 한다.) 드워킨의 분석을 토대로 하면 법 앞의 평등은 하이에크와 벌린이 자유의 필수조건이라고 본 재산에 대한 보편적 권리를 배척하는 것이다. 드워킨이 이런 관점에 이르게 된 것은 저서 제목에서 알 수 있듯이 현대 사회에서 권리의 문제가 초미의 관심사인 만큼 권리 문제를 진지하게 다루지 않으면 법은 진지할 수 없다고 생각했기 때문이다.³ (그의 책은 애그뉴 부통령의 발언에 대한 응수이기도 하다. 애그뉴는 한 연설에서 '권리 문제가 분열을 야기하고 있으며', 개인의 권리에 대한 자유주의자들의 배려가 '국가라는 배가 앞으로 나아가는 데 역풍이 되고 있다'고 주장했다. 말없는 다수라는 닉슨 대통령의 언급과 별로 다르지 않은 얘기다.) 드워킨은 핵심적인 장 말미에 이렇게 적었다. "우리의 법과 법적 제도들이 이런 [사회적, 정치적] 문제들이 서로 경합하기 위한 기본 룰을 제공해주기를 원한다면 그런 룰은 지배계급이 약한 계급에게 부과하는 정복자의 법이어서는 안 된다. 일찍이 마르크스는 자본주의 사회의 법률이 그런 식이라고 주장한 바 있다. 법의 태반—사회, 경제, 외교 정책을 규정하고 집행하는 부분—은 중립적일 수 없다. 법은 최대한 넓은 범위에서 공동선에 대한 다수의 시각을 분명히 표현해야 한다. 권리의 제도화가 중요한 것은 소수자의 위엄과 평등을 존중하겠다는 다수의 소수에 대한 약속을 구체화하는 것이기 때문이다. …… 정부가 법을 존중하지 않으면 법에 대한 사회적 존중을 재확립할 수 없다. 법과 강압적 야만을 가르는 지점을 유야무야하는 식으로는 절대 안 된다. 정부가 권리를 진지하게 받아들이지 않는다면 법 역시 진지하게 받아들이지 않는 것이다."[4] 1960년대 이후 (정부에 의해) 평등하게 취급받을 권리는 모든 자유의 전제조건이라고 한 드워킨의 결론은 대부분의 자유주의자들에게 환영을 받았다.

1960~70년대의 유산, 그 시대가 만들어낸 자유와 평등, 기존 전통과 다른 법 해석 등에 대해 나름의 대안을 제기한 것은 시카고의 두 보수주의 경제학자였다. 밀턴 프리드먼과 로즈 프리드먼 부부는 법 앞의 평등을 당연시하면서도 자유란 경제적 자유가 존재할 때, '자유로운 선택'—1980년에 부부가 낸 책의 제목이다—을 할 수 있을 때에만 보장될 수 있다고 생각했다. 무슨 일을 하면서 먹고살 거냐, 사고 싶은 제품에 얼마를 지불할 거냐, 부하 직원에게 월급을 얼마나 줄 거냐를 자유롭게 선택할 수 있어야 한다는 얘기다.[5] 밀턴 프리드먼Milton Friedman은 비슷한 견해를 1962년 『자본주의와 자유』에서 이미 제시한 바 있다(30장에서 소개했다). 부부는 20년 만에 같은 주제를 꺼낸 것은 그동안 '큰 정부'가 너무 커진 상황이 우려돼서라고 말했다. '권리'와 관련된 각종 법률기관이 우후죽순처럼 생겨나 사람들의 삶에 과도하게 개입하는 상황이라는 얘기였다. 그 결과 실업과 인플레이션은 서구에서는 받아들일 수 없는 수준으로 높아졌다. 두 사람의 표현대로 하면 '조류가 달라지고 있었다.' 사람들이 경제와 정부에 대한 서구식 '자유주의적' 접근법에 염증을 내고 그 타당성을 의문시하면서 새로운 방향에 목말라 하는 상황이라는 것이다.[6]

『자유로운 선택Free to Choose』은 두 저자가 누누이 강조하듯이 『자본주의와 자유』보다 훨씬 실제적이고 구체적인 책이다. 프리드먼 부부는 세계를 보는 시각에서 특정한 지향점을 갖고 있었고, 누가 악당인지에 대한 관점도 명확했다. 책은 1929년 증시 대폭락과 잇따라 일어난 대공황에 대한 재검토로 시작한다. 필자들은 두 사건이 결국은 자본주의의 붕괴이고, 그렇게 많은 은행이 도산을 하고 불황이 유례없이 장기화된 것은 자본주의 시스템 자체의 책임이라는 시각을 반박하고자 했다. 그들은 특정 은행들이 경영 난맥상을 보인 사실을 강조했다. 특히 1930년 12월 11일 문을 닫은 상업은행인 미국은행Bank of United States이 그랬다. 이 은행은 미국 역사상 도산한 최대 규모의 금융기관이다. 구제책이 마련됐지만 시행되지 못한 데에는 뉴욕 '지도급 은행가들'의 반유대주의에도 일부 책임이 있다. 미국은행은 경영진이 유대계였고, 주로 유대인 사회와 거래를 했다. 그런데 그 은행이 구상한 구제책이라는 것이 다른 유대계 은행과의 합병을 전제로 한 것이었다. 이는 '그 어떤 분야보다 출신 성분 좋고 잘나가는 사람들의 집단인 금융계'에서는 수용될 수 없는 안이었다는 게 프리드먼(본인도 유대계다)의 설명이다.7 이처럼 경제적이라기보다는 사회학적인 차원의 실패가 몇 가지 더 꼬리를 물었다. 영국은 1931년 금본위제를 폐기했고, 연방준비제도이사회는 여러 위기에 제대로 대처하지 못했다. 특히 허버트 후버 대통령 퇴임과 1933년 신임 프랭클린 루스벨트 대통령 취임 사이에 있었던 세 달의 공백기간 동안 누구도 경제 분야에 적극적인 조치를 취하지 않았다. 따라서 프리드먼의 분석을 인용하면 증시 추락과 대공황은 자본주의 자체의 근본적인 문제가 아니라 기술적인 관리 부실의 결과였다.

그러나 증시 추락과 대공황이 중요한 이유는 얼마 후 세계대전이 일어나면서 지적인 분위기가 변했다는 데 있다. 사람들은 협력이 경쟁보다 효과가 있다고 보았다. 복지 국가 이념이 전시에 유행을 탔고, 그 결과 1945년부터 1980년까지 정부의 역할을 강조하는 풍조가 득세했다. 그러나 '뉴딜 자유주의' 정책과 케인스주의는 실제로 효과가 없었다는 것이 프리드먼 부부의 핵심 논점이었다(케인스에 대해서는 그렇게 심하게 공박하지는 않았다. 닉슨 대통령조차 '우리는 지금 모두 케인지안이다'라고 선언했을 정도였으니까). 프리드먼 부부는 학교, 노조, 소비자보호단체, 인플레이션 양상 등을 꼼꼼히 들여다본 뒤 모든 경우에 자유시장 자본주의가 더 효율적인 사회를 만들어냈을 뿐 아니라 더 큰 자유, 더 큰 평등, 더 큰 복지를 창출했다는 점을 발견했다. "자유시장이 작동하도록 허용되지 않는 사회보다 부자와 가난한 사람의 격차가 더 큰 곳은 없다. 그런 사회에서는 부자는 더 부유해지고 가난한 사람은 더 가난해진다. 이는 중세 유럽, 독립 이전 인도, 현대 남미 대부분에 해당하는 얘기다. 상속받은 지위가 현재의 위치를 결정한다. 이는 러시아나 중국 또는 독립 이후의 인도처럼 중앙에서 계획적으로 통제하는 사회에도 똑같이 해당되는 진실이다. 정부에 선을 댈 수 있느냐가 지위를 결정한다. 이 세 나라에서는 평등이란 명목으로 중앙 통제 계획 방식을 도입했는데도 그렇게 됐다."⁸ 심지어 서구 민주주의 국가들에서도 '새로운 계급'이 나타났다고 프리드먼 부부는 말했다(어빙 크리스톨 Irving Kristol이 처음 주목한 양상의 재판이다). 정부 관료 내지 정부 기금으로 연구 지원을 받는 학자들은 특권을 누리면서도 평등을 외친다. "그들을 보면 퀘이커교도를 두고 하던 옛날 속설(물론 부당한 평가다)이 떠오른다. '그들은 선을 행하러 신세계에 왔지만 종국에는 이득을 챙겼다'는 것 말이다."⁹

프리드먼 부부는 자본주의가 어떻게 자유와 평등과 복지 확대를 촉진하는지 여러 단계의 예를 제시했다. 조합을 공격할 때에는 '노동'조합에만 국한하지 않고 의사를 비롯한 중산층 조합에도 초점을 맞췄다. 그러면서 캘리포니아의 한 지역에서 '응급구조사 paramedic' 제도를 도입한 사례를 들었다. 의사들은 격렬히 반대했다. 표면적인 반대 이유는 제대로 훈련을 받은 의료인력만이 응급사태에 제대로 대처할 수 있다는 것이었지만, 실제로는 진입 장벽을 쌓음으로써 자기네들의 보수가 깎이는 일이 없도록 하자는 것이었다. 실제로 심장마비가 온 이후 살아난 사람 수가 응급구조사 제도 도입 이후 처음 6개월 동안 1퍼센트에서 23퍼센트로 늘었다. 소비자권리의 경우 프리드먼 부부는 미국에는 자유시장에 간섭하는 정부 입법이 너무 많다고 주장했다. 그로 말미암은 결과의 하나가 신약 보급 지연이었다. 미국은 새로 개발된 약품을 도입하는 데 있어서 영국 같은 나라들보다 한참 뒤진다는 것이다. 프리드먼 부부는 특히 베타차단제의 예를 들었다. 그러면서 신약을 시장에 도입하는 건수가 1962년 이후 약 50퍼센트 정도 떨어졌다고 지적했다. 신약의 효과를 소비자에게 실험하는 비용이 크게 증가했기 때문이다. 프리드먼 부부는 환경운동가레이첼 카슨 같은 사람들의 폭로에 대한 정부의 반응도 지나칠 정도로 호들갑스럽다고 봤다. "지난 20년 동안의 모든 운동―소비자 보호 운동, 환경 운동, 대지로 돌아가라 운동back-to-the-land movement(1960년대에서 70년대 중반까지 벌어진 농촌 복귀 운동: 옮긴이), 히피 운동, 유기농 운동, 야생보호운동, 인구 성장 제로 운동, '작은 것이 아름답다' 운동, 반핵 운동 등등―은 한 가지 공통점이 있다. 모두가 반성장적이라는 것이다. 그런 운동들은 새로운 발전, 산업 혁신, 자연자원 활용 확대에 반대해왔다."[10] 이제 그만 하면 됐다, '권리'를 떠드는 세력들이 너무 나갔다고 소리칠 때가 됐다는 것이다. 그러나 책 말미에서 프리드먼 부부는 변화가 오고 있다고 주장했다. '큰 정부'를 원했던 많은 사람들이 뒤로 물러서고 있다는 것이다. 특히 그들은 1979년 영국에서 '국가의 역할을 뒤로 물리겠다'는 공약을 내건 마가렛 대처Margaret Thatcher가 총리가 된 것과 우편 서비스 정부 독점에 대한 미국 내 반발에 주목했다. 그러면서 연방정부 지출에 한도를 규정하는 경제권리장전Economic Bill of Rights이라고 할 만한 헌법 개정을 촉구하는 것으로 끝을 맺었다.

왜 대중의 정서에 이런 변화가 생겼을까? 앞 장에서 잠깐 언급했다시피 주요한 이유는 1973~74년 석유 위기 이후 서구의 생활수준이 오랫동안 지체되면서 불만이 커졌기 때문이다. MIT 경제학과 교수 폴 크루그먼Paul Krugman이 지적한 대로 서구 경제의 '마법', 즉 생활수준의 지속적 향상은 1973년을 고비로 끝났다. 추세 변화가 나타나는 데는 시간이 걸렸다. 그러나 일단 그렇게 된 이후에는 마틴 펠드스타인Martin Feldstein 하버드대 경제학과 교수를 비롯한 학계의 일부 이코노미스트들이 세금과 정부 지출이 투자와 저축에 미치는 부정적인 영향을 밝혀내기 시작했다.[11] 프리드먼은 실제로 정체stagnation―제로 성장―와 동시에 인플레이션이 일어나는 시대가 올 것이라고 예측했다. 고전 경제학의 기준으로는 도저히 있을 수 없는 일이었다. 폴 새뮤얼슨Paul Samuelson은 이런 현상을 '스태그플레이션'이라고 명명했다. 그러나 그런 통찰을 제시한 공로로 노벨 경제학상을 수상한 것은 프리드먼이었고, 그것은 당연한 일이었다. 프리드먼과 펠드스타인이 주도적으로 나서고 곧 다른 학자들이 가세했다. 그래서 1970년대 말이 되면 공급 사이드 경제학자들이 등장해 케인스주의를 배척했다. 이들은 세금 대폭 삭감이 경제에 돈을 더 '공급'함으로써 성장을 크게 촉진할 것이라고 믿었다. 그러면 정부가 지출을 늘리거나 할 필요가 없다는 것이다. 1979년 영국에서 마가렛 대처가 총리 자리에 오르고, 1년 후 로널드 레이건Ronald Reagan이 미국 대통령으로 당선된 이면에는 이런 사상적 흐름이 자리 잡고 있었다. 미국에서 레이건 시대의 특징은 엄청난 예산적자였다. 그 적자를 메우느라 1990년대까지 허덕였다. 그러나 월가의 경기는 1987년부터 92년까지 하락세를 보이다가 놀라운 회복세로 돌아섰다. 영국에서도 비슷한 형태로 주식시장이 상승곡선을 그렸다. 여기에도 일련의 중요한 정책이 큰 작용을 했다. 민영화라고 해서 주로 공공부문을 민간의 손에 되돌려주는 것이었다.¹² 사회, 경제, 정치적 측면에서 보면 민영화는 엄청난 성공이었다. 덩치만 크고 뒤뚱거리는, 시대에 뒤진 기업들을 현대적이고 효율적인 기업으로 탈바꿈시킴으로써 적어도 일부 경우에는 소비자가 떠안아야 하는 부담이 줄었다. 민영화라는 아이디어는 서유럽, 동유럽, 아시아, 아프리카로 널리 수출됐다.

그러나 주식시장의 희소식에도 불구하고 주요 서방 경제의 성장 성취도는 1973년 이전과 비교해 별로 인상적이지 못했다. 동시에 부의 분배에 있어서 불평등이 눈에 띄게 심해졌다. 1980년대에 성장과 불평등은 서구 정치가들보다는 경제학자들의 골머리를 앓게 한 양대 이론적 이슈였다.

석유 위기 이후 성장률이 저하된 현상에 대해서는 전통적으로 세 가지 이유가 제시되고 있다. 첫째는 기술적인 이유다. MIT 경제학과 교수인 로버트 솔로Robert Solow는 어떻게 사태가 그렇게 돌아갔는지를 처음으로 정확히 밝혀냈다(그 공로로 1987년 노벨 경제학상을 수상했다). 그의 설명에 따르면 생산성 향상은 기술적 혁신으로부터 온다. 이를 경제학에서는 '솔로 잔차Solow Residual'라고 한다.¹³ 많은 기술적 혁신이 2차 대전 기간에 잉태됐고, 그 이후 평화와 안정기가 오자 제품으로 결실을 맺게 됐다. 그러나 하이테크 제품들—제트기, 텔레비전, 세탁기, LP레코드, 휴대용 라디오, 자동차 등등—은 일단 포화 상태에 도달하고, 고도로 발전한 단계가 되면 더 이상 혁신을 추가할 여지가 없어진다. 그래서 1970년 정도가 되면 기술 혁신은 둔화됐다. 폴 크루그먼은 경제학사를 다룬 책에서 보잉 747 제트기를 예로 들어 이 부분을 강조한다. 보잉 747기가 처음 취항한 것이 1969년이었는데 2000년 현재까지도 여전히 많은 항공사의 중추를 이루고 있다는 것이다. 성장률 둔화의 두 번째 이유는 사회학적인 것이었다. 1960년대에 베이비붐 세대가 포화상태에 도달했다. 이 10년 동안 자본주의의 많은 가정들이 공격을 당했고, 일부 평자들은 교육 수준 하락 현상에 주목했다. 크루그먼은 이렇게 썼다. "하위계층 확산이 미국의 성장의 발목을 잡는 주요 장애요인이 되었다. …… 사회 문제—중산층 자녀들의 경제적 추동력 상실, 교육 수준 저하, 하위계층 확대 등등—가 생산성 저하에 중요한 역할을 한다는 주장은 상당한 설득력이 있다. 이런 얘기는 기술적 설명과는 아주 다르다. 그러나 숙명론적인 느낌을 준다는 점에서는 공통된다. …… [그런 분석은] 우리가 느린 생산성 증대를 용인하면서 사는 법을 배우는 한편으로 정부에 대해서도 적극 나서서 그런 추세를 역전시키라고 요구해서는 안 된다는 충고처럼 들린다."[14] 세 번째 설명은 정치적인 것이다. 이는 느린 성장은 정부 정책 탓이며, 세금 감면과 규제 철폐만이 성장에 필요한 원동력을 최대한 발휘시키는 묘책이라고 하는 프리드먼 식 주장이다. 이 세 설명 가운데 마지막 것은 명백히 정치적인 것이기 때문에 변화를 최대한 수용하는 방식이었다. 대처 정부와 레이건 행정부는 둘 다 통화주의 공급 사이드 정책을 추구했다. 펠드스타인 자신이 레이건 시절 백악관에 들어가기도 했다.

그러나 아이러니하게도 폴 크루그먼이 분명히 지적한 대로 1980년은 기실 보수주의 경제학의 최정점이었다. 그 이후 사상적 분위기는 다시 유턴해 성장과 불평등 뒤에 도사리고 있는 좀 더 근본적인 힘을 집중적으로 파고드는 쪽으로 간다.[15] 미국 경제학의 두 아성은 시카고(시카고대)와 매사추세츠 주 케임브리지(하버드와 MIT)다. 시카고대가 주로 보수주의 경제학자와 연관이 있다면 케임브리지는 펠드스타인, 갤브레이스, 새뮤얼슨, 솔로, 크루그먼, 그리고 센(지금은 영국 케임브리지 대학 교수다)의 예에서 보듯이 양쪽 세계관을 아우르고 있다.

자신의 이름이 붙은 '잔차殘差(설명이 안 되는 잔여분: 옮긴이)'를 발견한 이후 성장의 과정, 성장과 복지, 노동, 실업과의 관계를 이해하려는 로버트 솔로의 노력은 (특정한 닫힌 시스템에 반대되는 의미의) 거시경제에 몰두하고 있는 이론경제학자들의 현재 관심사를 가장 잘 보여주는 사례다. 1950~60년대에 형성된 솔로를 비롯한 학자들의 사상은 구식 성장이론Old Growth Theory으로 통합됐다.[16] 이 이론은 본질적으로 성장은 기술혁신에 의해 촉발되지만 그런 혁신이 언제 일어날지는 누구도 예측할 수 없고, 기술혁신으로 인한 이득은 번영을 가져다주기는 하지만 얼마쯤 시간이 지나면 다시 균형점으로 돌아가 남과의 차이가 없어진다는 의미에서 일시적이라는 주장이었다. 이런 사고를 세련화시킨 것이 스탠퍼드 대학의 케네스 애로Kenneth Arrow였다. 애로는 계속 수익을 증대시킬 수 있다(30퍼센트 정도)는 것을 입증했다. 노동자들이 자신의 일에 대해 학습을 많이 하면 숙련도가 더 높아져서 과업을 더 빨리 완수할 수 있고 노동자 수도 덜 필요해지기 때문이다. 이는 번영이 좀 더 오래 갈 수 있다는 의미였다. 그러나 여기서도 수확체감을 적용하면 성장은 결국 어느 수준에 가서 정체된다.[17]

1980년대에 등장한 것이 신성장이론New Growth Theory이다. 개척자는 로버트 루카스Robert Lucas 시카고대 교수였지만 솔로도 나름의 기여를 했다. 신성장이론은 구식 성장이론과는 반대로 정부와 민간의 대규모 투자가 지속적인 성장을 보증할 수 있다고 주장했다. 다른 것은 다 떠나서도 그런 투자를 통해 노동자들이 좀 더 교육을 받고 좀 더 동기부여가 되면서 혁신의 중요성을 깨닫게 되기 때문이다.[18] 이 이론이 크게 주목을 끈 이유는 두 가지였다. 우선 루카스는 보수주의적인 시카고 출신인데도 더 많은 정부의 개입과 지출을 촉구했다는 점이다. 둘째로 사회학, 사회심리학, 경제학을 통합한 면모가 돋보였기 때문이다. 데이비드 리스먼이 『고독한 군중』에서 '타자지향적'인 사람들이 혁신을 좋아한다고 한 주장을 최종적으로 인정한 격이 된 것이다. 신성장이론이 결국 옳은 것으로 입증될 것인가는 사실 아무도 예측할 수 없다.[19] 1990년대 들어 컴퓨터 기술과 생명공학이 폭발적으로 발전하면서 새로운 아이디어가 쉽게 수용되는 상황인 것을 고려하면 물론 그렇게 될 가능성이 높다. 그런 의미에서 마가렛 대처가 집권 당시 대학들에 대해 그토록 비난의 화살을 던진 것은 대단히 흥미로운 일이다. 대학은 정부가 기술혁신을 지원함으로써 성장을 촉진할 수 있는 중요한 수단의 하나이기 때문이다.

밀턴 프리드먼과 로즈 프리드먼, 시카고 학파는 '현대 경제학의 아버지'라고 하는 스코틀랜드인 아담 스미스의 핵심적 통찰을 발판으로 삼아 이론을 전개했다. 스미스가 『국부론The Wealth of Nations』을 쓴 것은 1776년이었다. "아담 스미스의 핵심적 통찰이란 교환의 양 당사자는 각자 이득을 볼 수 있다, 따라서 협력이 순수하게 자발적이라고 할 때 양 당사자가 이득을 보는 게 없다면 교환은 일어나지 않는다는 것이다."[20] 그러므로 자유시장 경제학은 현실에서 제대로 먹힐 뿐 아니라 나름의 윤리적 기반을 갖고 있다는 이야기다.

그러나 경제사상에는 열린 시장 시스템에 대한 프리드먼 식 믿음을 공유하지 않는 분파가 있었다. 『자유로운 선택』에서는 빈곤 문제를 논할 여지가 거의 없었다. 프리드먼 부부는 어떤 경우라도 그들이 말하는 시스템을 완전히 가동하면 빈곤은 대폭 줄어들 것이라고 생각했다. 그러나 많은 경제학자들은 경제적 불평등을 우려했다. 존 롤스와 로널드 드워킨의 저서가 나온 이후로는 더더욱 그랬다. 이런 경제학자들을 대표하게 된 사람이 옥스퍼드대와 케임브리지대에서 훈련을 받은 인도인 아마르티아 센(1933~)이다. 나중에 하버드와 케임브리지대에서 동시에 교수로 재직했던 센은 수많은 논문과 저서를 쏟아내면서 경제학을 프리드먼과 통화주의자들 스타일의 협소한 관심 영역에서 끄집어내려고 애썼다. 그가 중시한 분야 중의 하나는 '복지경제'였다. 시장 작동기제를 넘어서서 빈곤의 제도화와 '수요'의 개념을 깊이 천착하는 경제학이었다. 센의 논문은 대부분 고도로 기술적인 수학적 작업이다. 그런 작업을 통해 빈곤과 상이한 유형의 수요를 측정하려고 했다. 센이 제시한 문제 가운데 고전적인 사례를 하나 들자면, 수입은 많지만 만성질환이 있어서 정기적으로 돈을 내고 치료를 받아야 하는 사람과 수입은 적지만 건강한 사람 가운데 누가 더 유복한지를 계산하는 시도 같은 것이 있다.

센의 최초의 업적은 정부가 관할 영역 안에 빈곤층이 얼마나 많은지, 그리고 여러 범주에서 수요의 수준이 정확히 어느 정도인지를 계산해낼 수 있는 다양한 기술적 도구를 개발한 것이었다. 탁월한 업적이었지만 본인은 '기본적인' 해결책을 제시한 '공학의 문제'라고 했다. 여기서도 경제학과 사회학은 하나가 되었다. 1998년 노벨 경제학상 수상에 적지 않은 역할을 했던 두 가지 요소가 또 있다. 하나는 경제학과 윤리의 결합이었다. 센은 얼핏 보면 논리적으로 모순되는 사태를 하나의 출발점으로 삼았다. 많은 사람들이 본인은 가난하지 않으면서도 빈곤과 빈곤 퇴치에 관심을 갖는다는 것이다. 이는 그들이 가난을 퇴치하는 것이 좀 더 효율적이라고 생각해서가 아니라 그것이 잘못됐다고 생각하기 때문이다. 다른 말로 하면 개인들은 종종 자신의 이익을 우선시하지 않고 윤리적으로 행동한다. 이런 행태는 프리드먼 부부 같은 경제학자들은 물론이거니와 에드워드 O. 윌슨과 리처드 도킨스 같은 일부 진화론적 사상가들의 설명과도 어긋난다. 『윤리와 경제학에 관하여*On Ethics and Economics*』(1987)에서 센은 도킨스도 『이기적 유전자』에서 많이 써먹은 유명한 죄수의 딜레마 게임 이론을 인용했다. 센은 진화론적 맥락에서는 협력이 유리할지 모르지만 산업이나 상업적 환경에서는 이기적 전략이 당사자에게 이론적으로 이득이 된다는 점에 주목했다. 그러나 실제로는 항상 다양한 협력 전략이 채택된다. 그것은 사람들이 자신의 권리뿐 아니라 타인들의 권리를 인정하기 때문이다. 그들은 일종의 공동체 감각을 갖고 있고 앞으로도 계속 그렇게 하고자 한다. 다른 말로 하면 사람들은 삶에 대해 일반적인 윤리적 시각을 갖고 있고, 순전히 이기적이지만은 않다. 그는 이런 특성이 사회의 경제적 조직화, 세금 구조, 가난한 사람들에 대한 재정 지원, 사회적 수요에 대한 인정 등에 중요한 영향을 미친다고 봤다.[21]

그러나 센의 저서 중에서 진정으로 세계의 관심을 끈 것은 『빈곤과 기아*Poverty and Famine*』였다. 국제노동기구(ILO) 세계고용프로그램의 의뢰를 받아 1981년에 낸 보고서로 당시 그는 옥스퍼드 대학 정치경제학 교수였다가 같은 대학교 올 솔즈 칼리지 연구교수로 자리를 옮겼다.[22] 책의 부제는 '획득능력과 박탈에 관한 에세이 An Essay on Entitlement and Deprivation'로 드워킨의 권리 개념을 되돌아보게 한다. 보고서에서 센은 네 가지 대기근을 조사했다. 1943년 벵골 대기근 때는 약 150만 명이 굶어죽었다. 1972~74년 에티오피아 기근 때는 10만여 명이 죽었다. 1973년에는 아프리카 사헬Sahel 지역에 닥친 가뭄과 기근으로 10만 명이 사망했다. 이어 1974년 방글라데시 홍수 때는 기근으로 2만 6,000~10만 명이 사망한 것으로 추산된다. 여기서 그가 발견한 가장 중요한 사실은 네 가지 경우 모두 홍수와 가뭄이 닥친 지역에서 식량 자체가 없어서 못 구할 상황(전문용어로 식량 총공급량 감소Food Availability Decline(FAD)라고 한다)은 아니었다는 점이다. 실제로 많은 경우 기근이 발생한 많은 지역에서 식량 생산과 일인당 식량생산량은 상승세였다(예를 들어 에티오피아에서는 보리, 밀, 수수 생산이 14개 도 가운데 여섯 곳에서 평년작 이상이었다).²³ 오히려 기근시에 전형적으로 일어나는 현상은 홍수나 가뭄 같은 자연재해가 (a) 사람들로 하여금 식량이 부족해질 거라고 생각하게 만들고 (b) 동시에 농민, 노동자, 농업노동자 같은 계층의 돈 버는 능력에 영향을 미친다는 것이다. 식량을 가지고 있는 사람들은 가진 것을 풀지 않고, 그래서 전 인구의 상당수가 실질적인 소득 하락을 겪는 바로 그 시점에 가격이 상승한다. 홍수로 말미암아 땅에서 할 일이 없어지거나 가뭄으로 말미암아 가난한 사람들은 살고 있는 지역에서 강제 퇴거당하게 된다. 임대료를 낼 돈을 벌 수 있을 만큼 경작을 할 수 없기 때문이다. 그러나 주요인은 센이 '획득능력' 하락이라고 표현한 부분이다. 식량을 구입할 재화가 점점 적어지는 것이다. 이는 사람들이 무슨 일이 일어나고 있다고 또는 곧 일어날 거라고 생각하는 바를 토대로 작동하는 시장 시스템의 실패다. 그러나 객관적으로 식량의 총량이라는 관점에서 보면 시장은 틀린 것이다. 센의 분석이 놀라운 이유는 본인 말대로 우리 상식에 반하기 때문이기도 하고, 시장이 나쁜 상황을 더 나쁘게 만들 수 있다는 것을 보여주기 때문이기도 하다. 그의 경험적 분석은 정부들로 하여금 기근이 어떻게 심화되고 따라서 어떻게 하면 기근을 면하거나 그 여파를 최소화할 수 있는지를 올바로 이해하는 데 도움을 준 것과는 별도로 자유시장 철학의 한계와 그 윤리적 토대를 극명하게 보여주었다. 기근은 특수한 사례일지 모른다. 그러나 그로 인해 고통 받는 사람은 수없이 많다.

20세기 3·4분기 경제사를 다룬 『하찮은 번영 Peddling Prosperity』(한국어 번역본 제목은 '경제학의 향연': 옮긴이)에서 폴 크루그먼은 우파 경제학의 부상浮上 과정을 상세히 설명한 다음 1980년대 들어 그들의 영향력이 다시 줄어드는 과정을 묘사한다. 이어 책의 마지막 3분의 1 분량을 1980년대 말~1990년대 케인스주의의 부활(물론 겉옷은 좀 새로 갈아입었다)에 할애한다.²⁴ 크루그먼의 분석은 '경기변동' 이론을 비롯한 우파 독트린의 실패, 미국 경제에 발목잡기로 작용한 천문학적 규모의 예산 적자, 로널드 레이건의 통화정책이 가져온 다양한 결과 등을 망라한다. 레스터 서로 Lester Thurow의 『제로섬 사회 Zero-Sum Society』(1980)와 캐나다 경제학자 제임스 브랜더 James Brander와 호주 출신 공저자 바바라 스펜서 Barbara Spencer가 제시한 '전략적 무역' 개념 같은 최근의 좀 더 리버럴한 경제사상에 대해서도 비판을 아끼지 않았다. 전략적 무역은 국가를 다른 나라 경제와의 전략적 관계 차원에서 경제를 운용하는 회사—기업—와 비슷한 것으로 본다. 이런 관점은 로렌스 서머스 Larry Summers가 1999년 5월 백악관 경제 담당 보좌관이 될 때까지 빌 클린턴 Bill Clinton 행정부에서 적어도 한동안 지배적이었다. 그러나 그것은 엉뚱한 짓이었다고 크루그먼은 주장한다. 국가는 회사가 아니며 따라서 생존과 번영을 위해 반드시 경쟁할 필요가 없다. 얼핏 똑똑해 보이는 그런 사고가 결국은 실패로 끝날 수밖에 없는 이유는 1980~90년대의 대부분의 연구가 보여주었듯이 사람들은 고전경제학자들이 항상 주장하는 것처럼 완벽하게 합리적으로 행동하지 않는다. 사람은 '거의 합리적'으로 행동하며 대개 단기적인 부분에 집착하고 일이 잘 풀리는 쪽으로만 정보를 활용한다. 크루그먼이 보기에 이러한 최근의 통찰은 하나의 진전이기는 하다. 개인의 의사결정 하나 하나는 이성적으로 이루어졌다고 해도 집단적으로는 파국적인 결과를 가져올 수 있다는 것을 의미하기 때문이다(경기후퇴는 바로 이 때문이다). 따라서 크루그먼은 거시경제 문제에서 창안·인플레이션·실업·국제무역에 영향을 미치려면 어느 정도의 정부 개입은 필수라고 믿는 신新케인지안들의 손을 들어준다. 그러나 1990년대 중반에도 여전히 해결되지 않은 주요 경제 문제가 두 가지 있었다. 한편으로는 성장률과 생산성이 느리게 증가한다는 점이고, 다른 한편으로는 빈곤이 더욱 증대되었다는 것이 크루그먼의 결론이었다. "다른 모든 것은 부차적이거나 문제 자체가 안 된다."[25] 이 지점에서 우리는 다시금 친숙한 이름을 떠올리게 된다. 바로 J. K. 갤브레이스다.

전문 이코노미스트들은 종종 J. K. 갤브레이스를 동료 전문가들보다는 대중에게 훨씬 큰 영향력을 발휘한 학자로 본다. 하지만 이런 평가는 그에게는 마이너스다. 많은 저서에서 그는 훈련받은 이코노미스트로서 '내부자' 지위를 활용해 변화해가는 사회와 그런 변화에 경제학이 기여한 부분에 대해 불편한 통찰을 제시해왔다. 갤브레이스는 1908년생이지만 이런 역할에서는 금세기 마지막 10년까지도 여전히 원기 왕성했다. 1992년에는 『만족의 문화 The Culture of Contentment』를 펴냈고, 4년 후에는 『좋은 사회 : 인간의 아젠다 The Good Society : The Human Agenda』를 내놓았다. 각각 열여덟 번째와 스무 번째 저서다. (그 사이의 또 한 권은 1999년에 쓴 회고록 『저명인사 이름 팔기 Name Dropping』다.)

『만족의 문화』는 일부러 제목을 틀리게 붙인 것이다. 갤브레이스는 여기서 거의 빈정거림에 가까울 정도로 풍자를 사용한다.[26] 그의 진짜 의도는 자만에 가득 찬 문화를 비판하려는 것이었다. 그는 대략 석유위기가 닥친 1970년대 중반까지 서구 민주주의 체제는 혼합경제 개념을 받아들여 경제적, 사회적 진보를 이루었다고 주장한다. 그런데 그 이후로 괄목할 만한 계층이 등장했다. 이 계층은 물질적으로 안락한 정도를 넘어 갑부 수준이고, 덜 가진 사람들이 좀 나아지도록 돕는 데는 전혀 관심이 없으며, 하위계층을—정치적, 지적으로—고립시키고 심지어 악마처럼 보이게 만드는 하부구조를 발전시켰다. 구체적인 양태를 보면 부자들에게는 세금을 깎아주고, 가난한 사람들을 위한 복지혜택은 삭감하고, 공동의 적을 내세워 응집력을 유지할 목적으로 자잘하고 '관리 가능한 전쟁들'을 벌이고, '완전한 자유방임주의가 자유의 구현'이라고 주장하면서 끊임없이 정부 규모와 지출을 축소시키려든다. 문제는 이런 행태가 집단 전체에 야기하는 결과다. '만족해하는 사람들'은 점증하는 사회 문제에는 눈을 감고 귀를 막는다. 수천억 달러를 골목대장 수준의 악당들 (리비아의 독재자 가다피 Gaddafi, 파나마의 독재자 노리에가 Noriega, 유고 내전 당시 보스니아계 인종 학살을 주도한 세르비아 대통령 밀로셰비치 Milosevic 등등)을 쳐부수는 데 지출하거나 지출한 것에 흡족해하면서 주변 하류층에게 돈을 쓰는 데는 극도로 인색하다. 그는 여러 가지 통계에서 얻어낸 놀라운 사실을 인용한다. "빈곤선 이하에서 사는 미국인의 수가 1978년 2,450만 명에서 1988년 3,200만 명으로 딱 10년 만에 28퍼센트 증가했다. 88년을 기준으로 할 때 미국 신생아 다섯 명 가운데 한 명이 빈곤가정에서 태어난다. 캐나다나 독일보다 두 배나 높은 수준이다."[27]

갤브레이스는 찰스 머레이 Charles Murray(1943~)에 대해 특히 분노를 표시한다. 머레이는 워싱턴의 우파 싱크탱크 미국기업연구소 American Enterprise Institute(AEI) 연구원(브래들리 재단 지원을 받고 있다)으로 1984년에 논란은 많지만 사실 관계는 잘 정리한 책 『후퇴*Losing Ground*』를 발표했다.[28] 1950년부터 1980년까지 미국의 사회정책을 검토한 내용으로 기본 시각은 이런 식이었다. 1950년대에 미국 흑인의 상황은 사실 급속히 개선되고 있었다. 그들이 차별받고 있다는 것을 보여주는 통계들은 많은 경우 사실과 달랐다. 오히려 흑인들은 전반적으로 가난하다는 것이 문제였다. 1960년대가 지나고 70년대가 되면서 흑인 가운데 소수는 앞서 나간 반면 나머지 대다수는 여전히 뒤쳐져 있었다. 위대한 사회 이니셔티브는 대부분 실패했을 뿐 아니라 사태를 더욱 악화시켰다. 본질적으로 가짜 정책이었고, 가짜 인센티브에 가짜 초중고 커리큘럼에 가짜 학위를 만들어냄으로써 아무것도 변화시키지 못했다는 것이다. 머레이는 지식인이나 사회과학자들의 지혜보다는 '대중의 지혜'를 옹호했다. 대중의 지혜에는 세 가지 핵심 전제가 있다. 첫째, 사람은 인센티브와 불이익에 민감하다. 그래서 채찍과 당근 작전이 통한다. 둘째, 사람은 본래 열심히 일하거나 도덕적인 존재가 아니다. 역공을 가하는 세력이 있지 않으면 일을 하지 않으려 하고 비도덕적이 된다. 셋째, 사람은 자기 행동에 책임을 져야 한다. 궁극적으로 철학적, 생화학적 의미에서 인간에게 책임을 물을 수 있느냐는 사회가 작동되기만 한다면 문제가 될 게 없다.[29] 그가 제시한 도표들은 당대의 주류적인 (전문적) 지혜와는 완전히 어긋나는 것이었다. 예를 들어 그는 흑인의 노동력 진입이 1955~80년에 꾸준히 증가했고, 흑인 임금이 상승하고 있으며, 흑인 어린이 진학률은 증가하고 있다고 주장한다. 사생아 출산율 분석도 마찬가지다. '가난'과 관련이 있는 현상이기도 하지만 또 어떤 면에서는 '인종'이라는 요소가 중요한 원인이 된다는 것이다.[30] 전반적으로 볼 때 그의 메시지는 1950년대 미국 상황은 완벽하지는 않지만 급속히 개선되는 단계였기 때문에 더 잘 되게 하려면 그냥 내버려두었어야 한다는 것이었다. 그런데 위대한 사회를 들고 나오면서 정부가 개입하는 바람에 오히려 사태를 악화시켰다는 것이다.

갤브레이스가 볼 때 머레이의 의도는 분명했다. 가난한 사람들을 연방 예산과 세금 혜택에서 배제하고, '안락하신 분들의 의식으로부터'도 배제시키자는 것이다.[31] 갤브레이스는 『좋은 사회』(1996)에서 이런 주제를 다시 부각시켰다. 갤브레이스는 결코 '성난' 작가가 아니었다. 인내와 절제심이 대단했다. 그러나 『만족의 문화』에서와 마찬가지로 『좋은 사회』에서도 적대자들에 대한 경멸은 감추려들지 않았다. 물론 점잖음을 가장하긴 했다. 이 장에서 다룬 여러 경제사상을 염두에 둘 때 『좋은 사회』가 주는 또 다른 의미는 경제학을 성장의 엔진이 아니라 사람의 봉사자로 보았다는 점이다.³² 갤브레이스가 좋은 사회를 위해 제시한 처방들은 중도 좌파적 색채를 거리낌 없이 드러낸다. 그는 1975~90년의 우파 정통론 내지 미래 정통론을 막다른 골목에까지 도달한 것으로 간주했다. 이제는 진짜 문제로 돌아가 2차 대전 직후의 고성장, 저실업, 저인플레 시대를 다시 창출해야 한다는 것이다. 고도성장 자체를 위해서가 아니라 좀 더 문명화된 시대에 이기심과 탐욕과 위선의 소小암흑기를 젖히고 사회적, 도덕적 진보를 이뤄내야 한다는 이야기다.³³ 갤브레이스의 주장이 예전만큼 사회적 반향을 불러일으켰는지는 확실하지 않다. 빈곤, 특히 미국의 빈곤은 금세기 말에도 여전히 '감춰진' 이슈였다. 그리고 겉으로 보기에는 자만에 빠진 계층을 움직이게 하거나 뒤흔들어놓을 수도 없을 것 같았다.

인종 문제는 더 복잡했다. '보이지 않는' 문제가 아니었고, 어떤 수준에서는—미디어, 정치, 문학 분야에서—흑인과 여타 소수계가 이룬 발전이 확연했다. 그러나 대중사회에서 매스미디어가 제시하는 그림은 들쭉날쭉이었다. 대중사회에서는 깊은 진실은 덜 흥미롭고 별로 재미없는 형태로 드러나게 마련이었다. 특히 통계가 그렇다. 이런 맥락에서 1992년에 나온 앤드루 해커의 『두 국민 : 흑인과 백인, 분리, 적대, 불평등 Two Nations: Black and White, Separate, Hostile, Unequal』은 대단히 충격적이었다.³⁴ 이 책은 우리를 드워킨의 권리에 대한 논의, 민권운동, 군나르 뮈르달, 찰스 존슨, W. E. B. 듀보이스로 다시 끌고 간다. 해커는 미국에서도 전혀 변하지 않은 것들이 있다고 주장했다.

뉴욕 시티 퀸즈 칼리지 정치학 교수인 앤드루 해커Andrew Hacker(1929~)는 미국의 인구통계를 정부 바깥에 있는 그 누구보다 잘 이해하는 것 같다. 그는 미국 사회와 인종 관련 통계를 오랜 기간 분석해온 사람으로 여기서 얻은 수치를 통해 자기주장을 펼쳐나갔다. 물론 선동가는 아니었다. 점잖은 사람이었고, 과장이나 미사여구를 즐겨 쓰지 않는 엄격한 학자였다. 그는 주로 시사·문예 격주간지 《뉴욕 리뷰 오브 북스The New York Review of Books》에서 놀라운(그리고 선뜻 흔쾌히 받아들이기 어려운) 주장을 펴왔지만 『두 국민』은 《리뷰》에 실린 그 어떤 글보다도 훨씬 충격적이었다. 어찌나 충격적이었던지 해커와 편집자들이 핵심이 되는 장 앞에다 '좀 더 부드러운' 서론 격의 장을 배치한 게 분명하다. 이를 통해 각종 통계 수치들의 맥락을 밝히고 인종주의, 그리고 흑인이라고 하는 사실이 어떤 의미를 갖는지 예화를 통해 차분히 설명한 다음 독자들에게 본론을 제시하는 방식을 취했다. 그의 주장은 두 부분으로 구성되어 있다. 통계를 놓고 볼 때, 수십 년—어쩌면 한 세기—동안 그토록 노력을 했건만 미국은 여전히 심각하게 분열돼 있다는 것, 그리고 뮈르달 시대 이후 민권운동으로 많은 것을 성취했지만 다른 여러 가지 면에서 상황이 오히려 악화됐다는 것이다. 해커의 책 어느 페이지를 펼쳐보아도 결과는 당혹스럽다.

- 여성이 가장인 가구

연도	흑인 여성 가장	백인 여성 가장	백인 대 흑인 여성 가장 비율
1950	17.2%	5.3%	3.2배
1960	24.4%	7.3%	3.3배
1970	34.5%	9.6%	3.6배
1980	45.9%	13.2%	3.5배
1993	58.4%	8.7%	3.1배

쉽게 말하면 1993년 현재 상황이 1950년보다 전혀 나을 게 없다는 이야기였다.[35]

해커는 이렇게 썼다. "우리 시대의 진짜 문제는 미성숙하고 가난한 어머니에게서 태어나는 흑인 유아가 점점 더 많아지고 있다는 점이다. 백인 여성—대부분 흑인보다 나이도 많고 유복하다—과 비교할 때 흑인 여성은 임신 기간에 허약한 상태일 가능성이 두 배나 높다. 산전 진료를 받지 않을 가능성도 두 배가 높고, 저체중아를 낳을 가능성도 두 배가 높다. 이렇게 해서 태어난 아이들은 많은 경우 임신 기간에 약물이나 알코올을 복용해 발생하는 기형 외에도 천식, 난청, 정신지체, 학습장애 등 심각한 문제를 안고 태어날 가능성이 두 배나 높다."[36] "경제적 관점에서 본다면 최근 20년간은 어느 인종을 막론하고 미국인들에게 썩 좋은 시절이 아니었다.

1970년에서 92년까지 백인 가정의 중간소득은 달러화 불변가격으로 계산했을 때 3만 4,773달러에서 3만 8,909달러로 11.9퍼센트 증가했다. 같은 기간 흑인 가정의 소득은 2만 1,330달러에서 2만 1,161달러로 약간 떨어졌다. 비교해서 말하면 백인이 1,000달러를 벌 때 흑인은 613달러에서 544달러로 떨어졌다는 뜻이다."[37]

범죄에 관한 긴 장도 그렇지만 흑백 통합 학교에 관한 수치는 한층 놀랍다. 1990년대 초를 기준으로 모든 흑인 어린이의 63.2퍼센트(세 명에 두 명꼴이다)가 여전히 흑백 분리 학교에 다니고 있었다. 어떤 주에서는 분리 학교의 흑인 비율이 최고 84퍼센트나 됐다. 해커의 결론은 우울했다. "책임 소재를 따진다면 결론은 명백하다. 흑인을 이토록 절망적인 상태로 만든 것은 화이트 아메리카white America(백인이 지배하는 미국 : 옮긴이)다. 합법적인 노예제는 과거지사가 됐지만 분리와 예속은 여전히 지속되고 있다. 오늘날에도 미국은 모든 흑인 아이에게 태어날 때부터 딱지를 붙인다. …… 여기엔 거대한 인종의 간극이 존재한다. 다가오는 세기에도 그 간극이 메워질 징조는 보이지 않는다. 노예제가 폐지된 지 한 세기 하고도 25년이 지났건만 화이트 아메리카는 여전히 흑인들에게 백인들에게는 불필요한 인내와 지구력을 요구하고 있다. 그것도 아주 많이. 따라서 화이트 아메리칸들에게 제기되는 문제는 본질적으로 도덕적인 것이다. 한 인종 구성원들에게 출발점에서부터 불이익을 준 뒤 자신들은 감내한 적이 없는 고군분투를 또 다시 기대한다는 것이 과연 정당한가?"[38]

1973~74년의 석유위기는 적어도 한 가지 점에서 프리드리히 폰 하이에크와 밀턴 프리드먼이 옳다는 것을 입증해보였다. 경제적 자유는 로널드 드워킨이 주장하는 것처럼 가장 기본적인 자유는 아닐지라도 여전히 대단히 기본적이라는 것이다. 석유위기와 그로 말미암은 경제 변화 이후로 서구의 삶의 많은 측면들—정치, 심리학, 도덕, 철학, 사회학 등등—이 새롭게 편성됐다. 갤브레이스, 센, 해커의 저서들이 1960년대 초 마이클 해링턴의 『또 하나의 미국』이 대중적(학술적인 것이 아니라) 논란을 불러일으킨 것과 달리 사회에 자극을 주지 못했다는 것은 현재의 전반적인 사회 분위기가 어떤지를 말해준다. 중산층은 돈 벌이에 혈안이 된 나머지 선행을 할 여유가 없어졌다.[39]

37

암과 에이즈
The Wages of Repression

캘리포니아 대학 로스앤젤레스 캠퍼스의 마이클 고트리브Michael Gottlieb 박사가 1981년 9월 둘째 주 워싱턴에 도착했다. 미국 국립보건원National Institutes of Health(NIH)이 주관하는 학술회의 참석차 온 것이다. 고트리브 박사는 미국 보건 당국이 결국은 신종 질병에 진지하게 대처할 것이라고 낙관했다. 그러지 않아도 곧 전염병 수준으로 번져갈 단계였기 때문이다. NIH는 세계에서 가장 크고 강력한 의료 기관이다. 워싱턴 DC에서 북서쪽으로 16킬로미터 떨어진 메릴랜드 주 베데스다 힐스의 37만 평 대지에 자리한 NIH는 금세기 말 연간 예산이 130억 달러로 산하기관만도 국립알레르기/전염병연구소, 국립심장/폐/혈액연구소, 국립암연구소(NCI) 등 여러 개를 거느리고 있었다.

회의를 주관한 것은 NCI였다. 미국에서 카포지육종Kaposi's sarcoma이라는 희귀 피부병이 빈발하는 사태를 조사하기 위해서였다.[1] 회의에 참석한 의사들 가운데에는 뉴욕 대학 혈액 전문가인 린다 로벤스타인Linda Laubenstein도 있었다. 그녀는 1979년 9월에 처음 카포지육종 환자를 받았다. 환자는 남성으로 피부 전반에 붉은 반점이 번졌고 림프절도 확대돼 있었다. 당시 그녀는 카포지육종이란 병을 들어본 적이 없었다. 그래서 피부과 의사로부터 피부암이라는 진단을 받은 이후 자세히 조사를 해봤다. 이 특수한 질병은 1871년 지중해 지역 유대계 남성들에서 처음 발견됐다. 금세기 들어서는 500~800건의 사례가 보고됐다. 아프리카 반투족에서도 나타났다. 40~50대 남성이 잘 걸리고 일반적으로는 양성良性이다. 병변에 따른 통증은 없으며, 다른 병보다 수명도 오래갔다. 그러나 로벤스타인과 고트리브가 조사한 미국 카포지육종은 훨씬 악성이었다. 이미 120건의 사례가 보고됐는데 희귀 기생충성 폐렴(주폐포자충 폐렴) 증상을 보인 경우도 많았고, 발병 사례의 90퍼센트는 동성애자 남성이었다.[2] 더 심각한 것은 환자들이 이상할 정도로 면역 결핍 상태를 보인다는 점이었다. 혈액 속의 항체가 다른 감염에 대해서도 저항할 생각을 않는 것이다. 그래서 이미 암으로 약해진 상태에서 다른 병에 걸리면 금세 죽고 말았다.

고트리브는 베데스다 회의에서 이런저런 얘기를 듣고 깜짝 놀랐다. 그가 워싱턴에 도착했을 때는 이미 NIH가 이 병 연구에 연구비를 지원할 것이라는 소문이 돌고 있었다. 조지아 주 애틀랜타에 본부를 둔 미국질병통제센터Centers for Disease Control and Prevention(CDC)는 이미 이 병의 발원지와 확산 과정을 추적하고 있었다. 그러나 CDC가 질병과의 전쟁에서 하는 역할은 '특공대'였다. 이제는 좀 더 기초적인 연구가 필요했다. 고트리브는 다른 학자들과 함께 카포지육종 및 아프리카에서의 치료 과정에 대한 강연을 들으면서 내심 크게 놀랐다. 이 병이 미국에서 발생했다는 사실에 대해, 그리고 대서양 건너편 사례보다 훨씬 악성이라는 점에 대해 NIH는 별 문제의식이 없는 것 같았기 때문이다. 그는 한편으로는 당혹스럽고 한편으로는 걱정스러운 마음으로 회의장을 나서 로스앤젤레스로 돌아왔다. 이어 카포지육종과 주폐포자충 폐렴의 연관성에 관해 《뉴잉글랜드 의학저널New England Journal of Medicine》에 발표할 계획으로 하던 연구를 계속했다. 그러나 저널은 논문 게재를 '썩 탐탁지 않아'하며 계속 수정을 요구했다. 이런 분위기를 접하면서 고트리브는 의학계 권력자들이 새로운 질병에 대해 생각보다 별 관심이 없다고 느꼈다. 환자의 압도적 다수가 동성애자라는 것도 그런 이유 중 하나라는 생각이 들었다.[3]

이런 증상이 정확한 병명을 얻기까지는 1년이 더 걸렸다. 처음에는 게이성면역결핍증이라는 의미로 그리드GRID라고 했다가 다시 후천성공동체면역결핍증후군이라는 의미의 애시즈ACIDS가 되었고, 최종적으로 1982년 중반에 가서 후천성면역결핍증Acquired Immune Deficiency Syndrome이라는 뜻의 에이즈AIDS가 되었다.

정식 병명을 무엇으로 할 것인가는 극히 사소한 문제였다. 이듬해 3월 맨해튼의 게이 신문 〈뉴욕 네이티브New York Native〉는 '현재 1,112명 돌파'라는 헤드라인을 뽑았다. 에이즈로 사망한 동성애자 남성의 수를 말하는 것이었다.[4] 그러나 에이즈가 비극적인 사망자 수 이상으로 중요한 이유는 두 가지였다. 우선 향정신성 약물 분야를 제외하고는, 전후 의학계의 양대 연구축을 총동원한 연구가 이루어졌다는 점이다. 또 하나는 에이즈 사망자 가운데 예술계와 지성계 사람들이 유달리 많다는 점이었다.

1945년 이후 의학적 사고를 지배한 두 연구 분야는 면역체계 생화학과 암의 정체 규명이었다. 1950년대 초 흡연과 암의 상관관계에 관한 보고서들이 처음 나온 이후로 곧 흡연과 심장질환 사이에는 긴밀한 연관관계가 있다는 사실이 밝혀졌다. 관상동맥혈전(심근경색)은 비흡연자보다 흡연자, 특히 남성의 경우에 훨씬 많다는 사실이 드러났다. 이는 의학 연구에서 두 가지 접근법을 강조하는 결과를 낳았다. 심장질환에서 핵심 요소는 혈압이었다. 혈압이 정상에서 벗어나는 이유는 주로 두 가지였다. 흡연은 폐에 손상을 준다. 따라서 산소 흡수 능력이 떨어지고 호흡할 때마다 인체에 공급하는 산소가 줄게 된다. 그러면 심장은 평소와 같은 수준을 유지하기 위해 더 열심히 작동한다. 그 결과 시간이 흐르면서 심장 근육에 무리가 온다. 그렇게 해서 결국은 심장근육에 이상이 생기는 것이다. 그런 경우 혈압은 낮다. 그러나 고혈압도 문제였다. 고혈압의 경우는 동물성지방 함량이 높은 음식이 콜레스테롤을 혈관에 축적시켜 혈관을 좁히고 심한 경우에는 아예 틀어막게 된다. 이 역시 심장과 혈관 자체의 압력을 높이게 된다. 같은 양의 혈류가 좁아진 공간을 억지로 통과해야 하기 때문이다. 극단적인 경우 심장근육에 손상이 가거나 혈관벽이 파열될 수 있다. 뇌혈관에 이런 상황이 벌어지면 뇌일혈이나 뇌졸중으로 이어진다. 의사들의 대책은 혈압을 높이거나 낮추는 약물을 만들어내는 것이었다. 일부에서는 혈액을 '묽게' 하거나 심장이 돌이킬 수 없을 정도로 손상됐을 경우에는 전체를 교체하는 방식을 택했다.

2차 대전 전에는 혈압을 낮추는 약이 없었다. 그러나 1970년이 되면 4종의 약물이 광범위하게 사용됐다. 그 중 가장 유명한 것이 베타차단제beta-blocker(협심증,

심부전증, 고혈압, 부정맥 심장질환 치료에 쓰는 약물 : 옮긴이)였다. 베타차단제는 1930년대로 거슬러 올라가는 일련의 연구를 토대로 개발됐다. 신경충동(28장 참조)에 일정한 역할을 하는 신경전달물질 아세틸콜린(혈압강하제 : 옮긴이)이 심장과 혈관을 관할하는 신경조직에도 영향을 미친다는 사실이 밝혀졌다.⁵ 관상동맥계로 연결되는 신경 경로에 아드레날린과 유사한 물질이 분비되면 심장과 혈관의 행동까지 조절하는 것으로 나타났다. 그래서 혈관 등의 행동에 관여(차단)하는 방법을 찾는 연구가 시작됐다. 1948년 조지아 대학의 레이먼드 알퀴스트Raymond Ahlquist가 이런 메커니즘에 관련된 신경은 두 가지 형태로 돼 있다는 사실을 밝혀내고 일단 알파형과 베타형이라고 이름 지었다. 반응을 보이는 물질이 달랐기 때문이다. 알퀴스트가 베타수용체라고 부른 것은 심장박동의 빈도와 세기 둘 다를 자극했다. 여기서 아이디어를 얻은 영국 의사 제임스 블랙James Black은 아드레날린의 활동을 봉쇄하면 심장박동이 줄어들 것으로 보고 실험에 나섰다.⁶ 블랙이 처음 밝혀낸 물질은 프로메탈올로 효과는 있었지만 쥐 실험에서 종양이 나타나 곧 폐기됐다. 그 대체제인 프로프라놀롤은 그런 부작용이 없어서 베타차단제 1호가 되었다. 베타차단제들은 이후 사용범위가 넓다는 사실이 확인됐다. 혈압을 낮추는 것뿐 아니라 심장박동 이상을 억제하고 심근경색 위기를 넘기는 데도 도움이 되었다.⁷

심장이식은 심장질환에 대한 좀 더 근본적인 차원의 개입이었다. 분자생물학의 발전으로 복제는 먼 미래에나 가능하다는 것이 드러나면서 의사들은 이식을 매력적인 대안으로 생각하게 됐다. 시술이 어렵다는 점과 방금 사망한 사람의 장기를 기증받아야 한다는 윤리적인 문제를 제외하면 이식에 가장 장애가 되는 것은 면역반응 문제였다. 장기이식은 특정인의 생리 시스템에다가 타인의 조직이나 기관을 옮겨 심는 것이다. 따라서 생리 시스템이 이식 조직을 침입자로 간주하고 거부반응을 보이게 된다.

면역억제제에 관한 연구는 암 연구, 특히 백혈병 연구에서 발전했다. 백혈병은 병에 걸렸을 때 급속히 증식을 해서 외부 이물질과 싸우는 백혈구 세포(림프구)에 종양이 생기는 병이다.⁸ 2차 대전 종전 이후, DNA 구조가 밝혀지기 전에도 백혈구의 증식 과정은 암 연구에서 모종의 역할을 할 수 있을 것으로 추정됐다(암 자체가 악성세포의 급속한 증식이다). 초기 연구에서 (아데닌과 구아닌 같은) 특정한 형태의 푸린과 피리미딘(시토신과 티민)이 세포 성장에 영향을 미친다는 것이 밝혀졌다. 1951년에 6-메르캅토푸린(6-MP)으로 알려진 물질이 특정 백혈병의 증상을 일정 기간 경감시킨다는 사실이 입증됐다. 희소식은 계속되지 않았지만 6-MP의 효과로 보아 면역억제 기능을 시험해볼 만한 가능성은 충분했다. 핵심적인 실험이 1950년대 말 뉴잉글랜드 메디컬 센터에서 실시됐다. 로버트 슈워츠Robert Schwarz와 윌리엄 데임셱William Dameshek은 백혈병에 투여하는 약물 두 가지—메토트렉세이트와 6-MP—를 토끼의 면역반응에 실험해보기로 했다. 마일스 웨더롤이 현대 의학사에서 지적한 대로 중대한 돌파구가 열린 것은 어쩌면 우연이었다. 슈워츠는 레덜Lederle 연구소에는 메토트렉세이트 샘플을, 버로스 웰컴Burroughs Welllcome에는 6-MP 샘플을 보내달라는 편지를 썼다.[9] 레덜 연구소는 아무 소식이 없었던 반면 버로스 웰컴은 6-MP를 충분히 보내주었다. 그래서 이것을 가지고 실험을 계속하다가 몇 주 만에 면역반응에 대한 강력한 억제제라는 사실을 알게 됐다. 이후 메토트렉세이트는 토끼에게 아무 영향을 주지 못한다는 사실이 밝혀졌다. 슈워츠의 말대로 두 회사의 반응이 반대였다면 실험은 성과가 없었을 것이고, 그랬다면 획기적인 발견은 이루어지지 않았을 것이다.[10] 남아프리카공화국의 크리스티안 버나드Christian Barnard 박사는 1967년 12월 세계 최초로 인간끼리의 심장 이식 수술에 성공했다. 환자는 수술 후 18일을 생존했다. 1년 후 버나드 박사의 두 번째 심장 이식 수술에서 환자는 74일을 버텼다. 이어 1970년에는 독일에서 신경 이식 수술이 이루어졌고, 78년이 되면 면역억제제는 이식 수술용으로 보편화됐다. 1984년 캘리포니아의 로마린다대학교 부속 병원은 비비(개코원숭이) 심장을 생후 2주 된 여아에게 이식했다. 여아는 20일밖에 생존하지 못했지만 '장기臟器 농업organ farming'이라는 새 분야가 열렸다.[11]

따라서 에이즈 전염병이 나타났을 무렵에는 면역억제와 암의 연관관계를 포함해 인체 면역체계에 대해서는 이미 많은 정보가 파악돼 있는 상태였다. 1978년 베데스다 국립암연구소의 연구의研究醫 로버트 갈로Robert Gallo는 새로운 형태의 바이러스를 발견했다. 레트로바이러스로 알려진 이 바이러스는 백혈병을 유발하는 것이었다.[12] 갈로는 여러 바이러스를 연구해왔는데 당시 이미 고양이한테 생기는 백혈병—고양이 백혈병이라고 하며 고양이 사망의 주요 원인이다—이 고양이의 면역체계를 무력화시키는 바이러스에 의해 야기된다는 사실이 알려져 있었다. 일본 연구자들이 T세포 백혈병(T세포는 최근에 발견된 백혈구로 면역체계의 핵심요소다)을 연구했지만 인간 T세포 백혈병 바이러스, 즉 HTLV를 발견한 것은 갈로였다. 임상적으로나 이론적으로 대단한 발견이었다. 이런 연구 성과를 토대로 1983년 2월 파리 파스퇴르연구소의 뤽 몽타니에 Luc Montagnier 교수(에이즈 바이러스를 발견한 공로로 2008년 노벨 생리·의학상을 공동 수상한다 : 옮긴이)는 신종 바이러스를 발견했다고 선언했다. 이 바이러스는 세포변성變性, 즉 T임파구를 포함해 다른 종류의 세포를 죽이는 바이러스로 암을 유발시키는 동시에 면역체계를 무력화시키는 고양이 백혈병 바이러스와 행태가 유사했다. 에이즈의 양태와 똑같았던 것이다. 몽타니에는 자신이 발견한 바이러스가 백혈병 바이러스와는 다소 달랐고 따라서 유전적 특질도 달랐기 때문에 백혈병 바이러스라고 보지 않았다. 이런 생각이 확고해진 것은 한 동료한테서 '렌티바이러스Lentivirus' 얘기를 듣고 난 뒤였다. 렌티바이러스는 느리다는 뜻의 라틴어 '렌투스'에서 파생된 용어로 세포 내에 침입해 꼼짝 않고 있다가 한참 시간이 지난 뒤 갑자기 활동을 개시하는 바이러스였다.[13] 에이즈 바이러스와 행태가 똑같고, 백혈병 바이러스와는 달랐다. 그래서 몽타니에는 문제의 바이러스를 임파선염 관련 바이러스lymphadenopathy associated virus라고 해서 LAV로 명명했다. 임파선염 환자의 임파절에서 이 바이러스를 채취했기 때문이다.[14]

지식 차원에서 보면 현재 암 연구에는 다섯 가지 조류가 있다.[15] 바이러스가 그 하나이고, 나머지는 환경, 유전자, 개성(환경과의 상호작용 포함), 자가면역 분야다. 자가면역이란 인체가 암이 커갈 소인을 내포하고 있지만 나이가 들어서 자가면역체계가 망가질 때까지는 자가면역체계에 의해 발현이 억제된다는 개념이다. 암 연구에서는 그동안 개별적으로 큰 성과들이 많았다. 갈로의 바이러스 관련 발견도 그렇고 담배와 암의 연관성에 관한 발견도 그렇다. 그러나 암 자체에 관한 음울한 진실이 널리 알려진 것은 1993년 해럴드 바머스Harold Varmus(1989년 노벨 생리·의학상 수상자이자 워싱턴 DC NIH 원장)와 로버트 웨인버그Robert Weinberg(MIT 교수)가 함께 쓴 『유전자와 암의 생물학Genes and the Biology of Cancer』을 통해서였다.[16] 두 사람은 미국의 경우 암으로 인한 사망 가운데 발암 원인을 보면 담배가 30퍼센트, 식습관이 35퍼센트를 차지하며, 7퍼센트 이상을 차지하는 다른 개별 요인은 없다는 결론을 내렸다. 그러나 흡연 관련 종양을 통계에서 제외하면 대다수 암의 경우 발생빈도와 사망률은 예나 지금이나 별 차이가 없거나 약간씩 감소한 것으로 나타났다.[17] 따라서 바머스와 웨인버그는 발암 요인에서 환경에는 별 중요성을 부여하지 않고 생물학적 요인, 즉 바이러스와 유전자에 집중했다.

최근 연구에 따르면 비정상적 성장을 유발하는 바이러스에 의해 형성된 변이체인 원형原形 발암유전자proto-oncogenes가 있고, 종양억제유전자가 있다. 종양억제유전자가 제대로 작동하지 못하면 세포의 비정상적 성장을 억제하지 못한다. 이런 기제를 밝혀냈다는 것은 나름의 지적 성취지만 바머스와 웨인버그조차도 아직 효과적인 치료법이 나오려면 멀었다는 점을 인정한다. 사실 '암 발생빈도와 치사율은 지난 수십 년 동안 거의 변하지 않았다.'[18] 이런 정체 상태는 그 자체로 의미가 크다. 정부와 암 관련 기관에서는 암은 치료될 수 있다고(어느 정도는 진실이다) 말하는 경향이 있는 반면, 의학저널의 독립적인 목소리는 종종 일부 예외가 있지만 발병률과 생존율은 달라진 게 없거나 나아진 부분이 있다 하더라도 대부분 극히 최근의 일이라는 점을 강조한다(역시 진실이다).

이런 논란은 왕왕 격론으로 번지면서 수많은 질병 가운데 유독 암을 무서운 질병으로 만들었다. 암 투병 경험이 있는 수잔 손택이 질병에 관한 유명한 에세이를 쓴 동기는 바로 그런 점 때문이었다. 두 편의 에세이 중에서 첫째 편인 『은유로서의 질병Illness as Metaphor』(1978)은 질병 일반, 특히 20세기의 암을 모든 종류의 정치, 군사 및 기타 과정의 은유로 본다. 질병을 악마화하고, 환자를 가족과 친구와 삶으로부터 떼어놓는다는 것이다.[19] 전투적인 논리를 전개해가면서 손택은 현재의 암을 몇 세대 전의 폐결핵과 비교한다. 질병은 '삶의 어두운 측면이며, 꺼림칙한 부분'이라고 손택은 말한다.[20] 특히 암에 대해서는 뭔가 아주 무시무시한 것인 양 가정한다. 그래서 프랑스와 이탈리아에서는 지금도 의사가 암 선고를 환자가 아닌 가족한테 하고, 충격을 받지 않도록 잘 다독인다. 암은 환자의 애정생활, 진급 기회, 심지어 일자리까지 위태롭게 만든다. 따라서 암에 걸리면 사람들은 쉬쉬한다. 문학에서 폐결핵은 관계망에서 떨어져나가는 것—'액체성 질병'이다—을 의미하는 반면 암은 퇴행을, '신체가 뭔가 딱딱하게 변하는······ 악마적 잠재성'을 상징한다고 손택은 지적한다.²¹ "폐결핵은 신체의 '영적' 부분인 폐에 영향을 미치는 반면, 암은 드러내놓고 얘기하기 곤란한 신체 여러 부위 즉 대장, 방광, 직장, 유방, 자궁경부, 전립선, 고환 등을 공격하는 것으로 악명 높다." 종양이 있다는 것은 대개 부끄러운 감정을 불러일으키지만 '장기 서열상 폐암은 직장암보다 덜 창피하게 느껴진다.'²² 폐결핵과 암은 둘 다 열정으로 말미암아 생기는 질병이라는 점에서 대단히 유사하다고 그녀는 말한다. 폐결핵은 내면적인 연소燃燒, 낭만적 고뇌의 표징인 반면 암은 '억압의 대가'로 상상된다. 헨리 제임스의 『비둘기의 날개 The Wings of the Dove』에서부터 앙드레 지드의 『배덕자 L'Immoraliste』, 토마스 만의 『마의 산』, 유진 오닐의 『밤으로의 긴 여로』, 토마스 만의 『베네치아에서의 죽음』에 이르기까지 광범위한 문학 작품을 점검한 뒤 손택은 폐결핵이라고 하는 끔찍한 병이 낭만적인 것으로 변형되는 과정을 밝혀낸다. 그녀는 이런 신비화가 '말도 안 되는' 왜곡이며, 암도 그런 식으로 왜곡되어서는 안 된다고 주장한다.

수잔 손택의 체험에서 나온 『은유로서의 질병』에 대해 〈뉴스위크〉는 '우리 시대의 편견을 통쾌하게 날려버리는 책'이라고 평했다. 손택은 이런 식의 전투를 10년 후인 1989년 『에이즈와 그 은유 AIDS and its Metaphor』에서 되풀이했다.²³ 그녀는 에이즈를 '의미의 때가 가장 많이 탄' 질병이라고 보았다. 그래서 에이즈에 덧붙여진 수많은 은유들을 얼마간이라도 '벗겨내고', 징벌적인 측면과—치열하게—싸우고자 했다. '일부 에이즈 환자들로 하여금 항바이러스 화학요법조차 거부하게 만드는 미신과 체념의 덩어리'에 도전한 것이다.²⁴ 그녀는 에이즈가 죄악과 방탕에 대한, 1960년대의 '도덕적 해이와 타락'에 대한, 비정상적인 동성애자들에 대한 천벌이라고 주장하는 보수 기독교 우파들에 대해 사회적 분노를 표시했다. 그녀에 따르면 이런 문화투쟁 Kulturkampf은 미국 이외의 지역에서도 벌어진다. 손택이 한동안 살았던 프랑스에서는 한 우파 정치인이 반대자들에 대해 '에이즈 같은 자들'이라거나 '정신적 에이즈'를 앓는다는 식으로 저주에 가까운 악담을 퍼붓기도 했다. 그러나 그녀는 에이즈를 소비사회의 자본주의형 질병으로 보면 훨씬 이해가 쉽지 않을까 하고 의문을 제기했다. 소비사회에서 "욕망은 끝이 없는 것으로 전제된다. ……소비와 자기표현을 절대시하는 풍조를 감안하면 성性이 소비자의 선택이 되는 것은 거의 당연하다. 그것은 자유권의 행사나 거주이전의 자유의 확대, 한계를 끝없이 확장하는 것과 마찬가지다. 남성 동성애 하위문화, 임신의 위험으로부터 자유로운 오락성 성의 창안은 자본주의 문화를 포장만 바꾼 것이 아닐까?"²⁵ 그녀는 에이즈의 은유가 우리 모두를 초라하게 만들었다고 생각한다. 예를 들어 1980년대에 나타난 서글픈 형태의 인간관계—예컨대 폰섹스 같은 것은 굳이 안전이라는 측면에서 말하면 강점이 있다고도 하겠다—의 대두에 기여했다. 콘돔과 깨끗한 바늘을 강조하는 캠페인이 번지면서 우리는 더욱 보잘 것 없는 존재가 됐다. 그런 캠페인은 '결국 불법적인 성관계와 불법적인 약물을 묵인하고 부추기는 것과 마찬가지'이기 때문이다.²⁶ 이제는 질병과 암과 에이즈를 있는 그대로 이해할 때가 됐다. 그것은 우리 몸의 병이며 도덕적이거나 사회적인 또는 문학적인 의미를 덧씌우고 분칠할 대상이 아니다.

에이즈를 받아들이는 관점의 변화에 적지 않은 역할을 한 또 다른 요인들도 있다. 희생자가 어떤 사람들인가가 특히 그러했다. 《할리우드 리포터 Hollywood Reporter》지가 1985년 7월 23일자에 미남배우 록 허드슨 Rock Hudson이 에이즈로 투병 중이라는 기사를 내보내면서 에이즈는 대중의 관심을 끌기 시작했다. 치사율로만 봐도 그런 정도의 관심을 끌 만했다.²⁷ 그러나 허드슨은 대부분의 사람들이 처음 들어본 에이즈 사망자였을 뿐 아니라 배우 중에서도 아주 유명한 인물이었다. 에이즈 유발 바이러스의 정체는 곧 밝혀지지만 이후 몇 년 사이에 에이즈는 수많은 재능들을 앗아갔다. 철학자 미셸 푸코가 1984년 6월 57세로 죽었고, 발레 무용가 에릭 브룬 Erik Brhun이 86년 58세로, 여행기 작가 브루스 채트윈 Bruce Chatwin이 89년 1월 48세로 사망했다. 사진작가인 로버트 메이플소프 Robert Mapplethorpe는 89년 3월 42세로, 그래피티 예술가 키스 해링 Keith Haring은 1990년 2월 31세로 요절했다. 패션 디자이너 할스톤Halston이 90년 3월 57세로, 영화감독 토니 리처드슨Tony Richardson이 91년 11월 63세로, 배우 안소니 퍼킨스Anthony Perkins가 92년 9월 60세로, 배우 덴홈 엘리어트Denholm Elliott가 92년 10월 70세로 별세했다. 1961년 서방에 망명해 파리 오페라발레단 감독이 됐고, 함께 공연하지 않은 유명 무용단이 없을 만큼 당대의 가장 유명한 무용수였던 러시아 출신 루돌프 누레예프Rudolf Nureyev는 93년 1월 54세를 일기로 세상을 떠났다. 금세기 들어 지성계와 예술계를 이렇게 초토화시킨 질병은 없었다.[28]

한편 정신과 병동에서는 다른 종류의 참극이 벌어졌다. 1983년 3월 29일 존슨 로젠 박사는 미국 펜실베이니아 주 해리스버그 시에 의사면허증을 반납했다. 펜실베이니아 주 국무부 의료교육/면허교부위원회의 제소를 피하기 위해서였다. 위원회는 로젠 박사에 대해 펜실베이니아 주 의료법 67건 위반 및 의료위원회 규정 35건 위반 혐의를 걸어 고발할 준비를 하고 있었다.[29] 로젠이 환자들에게 한 잔학행위는 그야말로 끔찍했다. 그중 대표적인 것이 부모 손에 이끌려 병원에 온 자넷 캣코Janet Katkow의 사례였다(이하 상세한 내역은 법정 기록과 공문서를 근거로 했다). 두 사람이 처음 만나던 날 부모가 보는 앞에서 로젠은 캣코에게 첫 번째 성경험 때 기분이 좋았느냐고 물었다. 그녀는 답하지 않았다. 콜로라도 산 속에 있는 집으로 돌아가고 싶다고 하자 그는 즉각 '심층해석'을 하면서 꼭대기에 눈이 덮인 산은 '엄마 젖이 가득한 유방보다 못하다'고 설명했다. '이어 피고는 원고 어머니에게 원고가 빨기 좋은 게 있다며 그 자리에서 한 손으로 자신의 가랑이를 문질렀다.'[30] 이후 7년 동안 로젠은 치료 과정에서 자신의 성기를 억지로 빨게 했다. 그런 '치료'를 받을 때마다 캣코는 구토를 하곤 했는데 로젠은 그것이 엄마젖을 토해내는 것이라고 설명했다. 또 다른 환자 클라우디아 에어만Claudia Ehrman은 로젠의 조수 두 명으로부터 치료를 받았는데 1979년 12월 26일 자기 방에서 죽은 채 발견됐다. 나중에 밝혀진 바로는 치료의 일환으로 '억지로 말을 시키는 과정에서' 조수들에게 심하게 구타를 당했다는 것이다.

로젠 박사의 기이한 이론과 치료법은 1959년 이후 '직접 분석'이라는 이름으로 알려진 것으로 그에 대해 제기된 102건의 혐의에서 극단적인 양상이 드러났다. 그러나 면허 반납으로 고소는 기각되고 만다. 1988년에 나온 제프리 매슨Jeffrey Masson의 『치료에 반대한다Against Therapy』의 핵심을 이루는 것이 로젠 박사의 치료법이다. 매슨은 정신분석 훈련을 받은 인물로 지그문트 프로이트 문서고 프로젝트 담당 국장으로 잠시 활동했다. 그러나 그는 정신요법psychotherapy이 연원이야 어찌됐든 간에 대단히 잘못된 부분이 있다는 결론에 도달했다. 매슨의 핵심은 전에는 생각지 못한 방향에서 정신분석을 공박하는 것이었다. 정신분석은 본원적으로 타락한 것이며, 따라서 돌이킬 수 없는 흠결이 있다는 주장이었다.

매슨은 책 첫머리를 프로이트로 돌아가서 최초의 환자인 도라의 사례를 재검토하는 것으로 시작했다. 매슨의 논리는 프로이트 본인이 문제가 있었는데 그 문제를 환자의 상태에 대한 해석에 개입시켰고, 그가 그녀를 이해하는 만큼 그녀 역시 그를 이해했으며, 프로이트는 '자신의 심리학 이론이 옳다는 증거를 더 많이 찾으려는 마음에 환자의 필요는 아예 무시했다'는 것이다.³¹ 다른 말로 하면 정신분석은 첫 출발부터 잘못됐다는 이야기였다. 여기서 한 걸음 더 나아가 매슨은 헝가리 정신분석학자 산도르 페렌치의 비밀일기Sandor Ferenczi's secret diary(페렌치가 사망한 것은 1933년이지만 일기는 1985년에 가서야 출판됐다)를 검토했다. 일기는 페렌치 역시 치료시 의사와 환자의 관계에 대해 의문을 품고 있었으며, 치료자가 환자를 분석하는 동시에 환자도 치료자를 분석하는 색다른 형태의 '상호 분석'을 고려하고 있었다는 것을 보여준다. 페렌치는 또 융의 나치 연루, 반유대주의, 신비주의를 보면서 프로이트와 마찬가지로 융도 권위주의적이며, 치료자는 건강하고 신경증이 없는 반면, 환자는 그런 의미에서 깨끗하지 못하다는 것을 전제로 자기 생각을 환자가 하는 이야기에 개입시키고 있다고 봤다. 매슨은 칼 로저스Carl Rogers(미국 심리학자 : 옮긴이)의 새로운 치료법이나 프리츠 펄스Fritz Perls(독일 출신 유대계 미국 정신과 의사 : 옮긴이)의 게슈탈트 치료법, 롤로 메이Rollo May(미국 실존주의 심리학자 : 옮긴이)와 에이브러햄 매슬로(미국 심리학자 : 옮긴이), 밀턴 에릭슨Milton Erickson(미국 정신과 의사 : 옮긴이) 등의 저서도 연구했다.³² 그는 도처에서 엄청난 권위주의를 발견했다. 더 나쁜 것은 성행위에 대한 관심, 특히 치료자와 환자 사이의 관계 안에서의 성행위에 대한 관심이 너무 많다는 것이었다. 매슨이 보기에 많은 치료사들의 경우 치료 관계는 환자의 필요만큼이나 그들 자신의 필요에 이바지했으며 사안에 따라서는 그들 자신의 필요가 더 중요한 목적이었음이 분명했다. 그렇기 때문에 그는 치료 자체가 불가능하며, 따라서 정신분석이 효과가 없다는 것을 보여주는 수치들은 사실에 부합하는 것일 수밖에 없다고 생각했다.

정신분석에 대한 매슨의 공격보다 한결 위트 넘치는 것이 어네스트 겔너Ernest Gellner(1925~1995)의 『정신분석 운동*The Psychoanalytic Movement*』(1985)이었다. 이 책은 금세기의 가장 탁월한 반론의 하나라고 볼 수 있다.³³ 겔너는 1925년 파리에서 태어나 프라하와 영국에서 공부하고 런던정경대학(LSE) 철학과와 사회학과의 교수가 되었다. 동시에 케임브리지 대학 윌리엄 와이座 사회인류학 교수를 겸직했다. 저서의 부제는 '교활한 비이성The Cunning of Unreason'으로 정신분석의 모든 것이 도마에 올랐다. 불합리한 추론이나 부정합성, 적당히 얼버무린 추론, 논리적 허술함, 위선 따위가 낱낱이 발가벗겨졌다. 그의 주요 타깃은 무의식이었다. 그에 따르면 '무의식은 원죄의 개정판'이다.³⁴ 그 공식 원리는 런던 사투리로 말하면 타깃을 얕잡아보고 '살금살금 다가가서 (무의식을) 잡아라!' 하는 식이다. 무슨 무의식 비밀 엄수법이라도 있는 것 같다. 무의식은 의식으로부터 단순히 감춰져 있는 것이 아니라 정체를 감추려고 열심히 꾀를 부린다.³⁵ "첩보 활동이나 정직한 의식, 이론적 분석을 아무리 동원해봐야 무의식의 방첩 전략을 우회할 수는 없다."³⁶ 그런데 프로이트는 일부 이상한 사건들을 통해 그 난공불락의 장벽을 깰 수 있었고, 그 비방을 세속적인 사도 계승 방식으로 제자들에게 전수했다. 그러나 겔너는 무의식이 그렇게 똑똑하다면 프로이트가 다가오는 것을 알았을 텐데 왜 좀 더 철저히 위장하지 않았는가라고 묻는다. 여기서 겔너는 정신분석 치료의 유효성을 다시금 통계적으로 반박하려는 것이 아니라 그 정체를 폭로하려는 것이다. 그는 노벨상 수상자인 프리드리히 폰 하이에크의 말을 인용한다. "나는 사람들이 우리 시대를 되돌아보면 미신으로 점철된 시대였음을 알게 될 것이라고 믿는다. 그 미신은 주로 카를 마르크스와 지그문트 프로이트라는 이름과 연관돼 있다."³⁷ 물론 겔너에게는 하이에크 같은 사람들의 도움이 필요하지 않았다. 그는 이렇게 썼다. "무의식이란 경계선 바로 건너편의 싸구려 여인숙과 같다. 도둑과 밀수업자들이 마음껏 활개치고 다닌다. 그러나 경계선 이쪽에 있을 때는 (검열 내지 단속하는) 당국이 두려워서 점잖게 가장을 하거나 위장을 한다. …… [무의식은] 요란한 의상으로 위장한 사육제에서 친구나 적, 지인 등등을 모두 만나보는 것과 같다. 그들이 다가오면 좀 놀라울지 몰라도…… 면면을 알고 보면 썩 놀랄 것은 없다."*38*

프로이트만이 폭로 대상이 된 것은 아니었다. 1983년 1월 말 〈뉴욕 타임스〉가 '마가렛 미드의 결론에 도전하는 사모아 섬 관련 신간'이라는 제목의 1면 머리기사를 내보냈다. 문제의 책은 뉴질랜드 태생 호주 인류학자 데렉 프리먼Derek Freeman이 쓴 것이었다. 그는 1940년부터 사모아에서 연구 활동을 했는데 미드가 필드워크를 했던 타우 마을에서 약 200킬로미터 떨어진 지역이 주 조사 대상이었다. 프리먼의 결론은 미드가 사모아 사회를 완전히 오해했으며, 따라서 알게 모르게 잘못된 결론을 도출했다는 것이었다. 프리먼은 사모아인들은 다른 어느 곳에 사는 사람들과 마찬가지로 이런저런 말썽을 부리며, 따라서 미드의『사모아에서 어른 되기』에 묘사된 자신들의 모습을 접하고 심히 화를 냈다고 말했다. 자신들을 성을 게임으로 생각하는 단순하고 장난스러운 사람들로 묘사했으며 다른 문화권 사람들과 매우 다른 듯한 인상을 주었다는 것이다.*39*

안쪽으로 들어가서 다시 한 페이지를 도배한 〈뉴욕 타임스〉 기사는 격론을 불러일으켰다. 하버드대 출판부는 프리먼의 저서『마가렛 미드와 사모아: 인류학의 신화 만들기와 해체Margaret Mead and Samoa: The Making and Unmaking of an Anthropological Myth』를 과감히 출판했고, 프리먼은 미주 전역에서 텔레비전 프로그램에 출연했다. 그의 발견 성과를 검증하기 위한 학술 세미나도 여러 차례 열렸다. 그중 가장 중요한 것이 미국인류학회 회의였다.*40* 여기서 프리먼의 연구 동기가 문제시되었다. 1940년부터 허가를 얻어 사모아에서 연구 활동을 했지만 최근까지 무명이었다는 점이 주목을 끌었다. 미드가 살아 있을 때 그런 주장을 했다면 반론을 들을 수 있었을 텐데 왜 그때 하지 않고 지금 와서 이러는가? 프리먼은 초고 단계에서 미드에게 의문점을 제시했으며, 그녀도 일부 데이터 오류를 인정했다고 답했다. 그러나 서西사모아도 다른 어느 지역이나 마찬가지로 폭력이 있는 사회라는 결론을 내린 것은 사모아 법정 기록 열람 허가가 난 1981년 이후라고 했다.[41] 이 부분에 대한 프리먼의 설명에 다른 인류학자들은 의문을 제기했다. 전부터 법정 기록에 접근하는 데는 아무 문제가 없었다는 것이다. 더 큰 문제는 프리먼의 폭로라면 폭로라고 할 만한 주장들이 프란츠 보아스의 사상, 즉 자연이 아니라 문화가 인간의 행동 유형을 결정하는 데 더 중요한 역할을 한다는 관념을 배척했다는 점이다. 프리먼이 생물학적 결정론자는 아니지만 그의 주장이 옳다면 미드에 대한 비판은 인간 본성에 대한 덜 '문화적인' 이해 쪽을 옹호하는 내용임은 분명하다. 이 문제는 만족스러울 정도로 해결이 나지 않았다. 그러나 프로이트와 마찬가지로 미드의 대작도 지금 보면 이해가 잘 가지 않는 부분이 있다(물론 사실인 부분이 많다는 것은 누구도 의심하지 않는다).

1997년 로이 포터Roy Porter가 『인류 최고의 선물: 고대에서 현대까지 의료의 역사 The Great Benefit to Mankind: A medical history of humanity from antiquity to the present』를 냈다. 임상실험에 관한 장에서 포터는 옥스퍼드대학 의학부 흠정 강좌 담당 교수 데이비드 웨더올David Weatherall의 말을 인용한다. 로터의 보고에 따르면 웨더올은 현대 의학이 어디까지 왔는가라고 질문하고서 놀라울 정도로 우울한 결론을 내린다. "우리는 서구 사회의 주요 사망원인들, 특히 심장 및 혈관질환, 암, 만성질환(병원은 이런 환자로 넘쳐난다) 등을 이해하는 데 있어서 막다른 골목에 봉착했다. …… 이런 질병들이 환자를 어떻게 고통스럽게 하는지 상세한 내막을 많이 알게 됐지만 애초에 그런 병들이 왜 생기는지를 밝히는 데는 거의 진전을 보지 못했다."[42]

웨더올의 회의론은 현실주의적이다. 그의 주장은 논거가 탄탄하다. 과학에서 승리를 떠벌리는 태도는 비과학적이다. 프로이트, 융, 미드에 대한 비판적 교정 역시 마찬가지다. 치료법이 통하지 않을 때 치료에 대해 지나치게 예민해지는 아이러니—부조리이기도 하다—는 누구도 피하기 어렵다. 의학의 역사를 꼼꼼하게 점검한 뒤 포터 자신이 내린 결론은 웨더올보다 덜 비관적이지도 않았다. "말썽의 근원은 구조적이다. 의료 체계가 확산되는 한편으로 건강한 사람이 많아지면서, 월경과 같은 정상적인 사안을 두고 치료를 요하는 이상 증상으로 보거나 있을 수 있는 위험을 질병으로 둔갑시키고 사소한 통증호소에 부질없는 처치를 하는 식으로 치닫는다. 의사와 '소비자들'은 점점 누구나 뭔가는 잘못돼 있고, 누구든 그리고 무엇이든 치료할 수 있다는 환상에 사로잡힌다."[43] 이는 정신분석의 '치료율'이 그토록 저조한 이유에 대한 한 가지 설명이 될 수 있다. 분석을 원하는 사람들이 많은 경우 애당초 잘못된 것이 없다는 얘기다.

38
국지적 지식
Local Knowledge

    1979년 미국 우주탐사선 파이어니어 11호가 목성에 도달해 얼음으로 뒤덮인 암석으로 이루어진 목성 고리를 통과했다. 개인용 컴퓨터(PC)는 스프레드시트(표 계산 프로그램) 소프트웨어 도입 이후 업무용으로 사용 범위가 엄청나게 넓어졌다. 같은 해에 네덜란드 전자업체 필립스는 레이저비전 비디오디스크 시스템을 출시했고, 일본 가전업체 마쓰시타松下전기는 포켓 크기의 평면 스크린 TV를 내놓았다. 함부르크 대학 물리학자들은 글루온gluons의 존재를 확인했다. 글루온은 강한 핵력을 전달해 쿼크들을 묶어놓는 소립자다. 과학과 기술은 눈부신 발전을 계속하고 있었다. 그런데 그 멋진 그림에 오점이 하나 있었다. 미국 펜실베이니아 주 스리마일 원자력 발전소에서 조작 사고로 냉각수가 누출돼 소량의 방사성 물질이 새나간 것이다. 원자로 자체도 일부 멜트다운(용융) 현상을 빚었다. 부상자는 없었지만 다들 가슴이 철렁했다.

    과학은 물질적 발전과 지적 흥분을 선사하는 경우가 많지만 1979년에는 우려의 목소리도 많았다. 고리타분한 창조론자나 광신도들의 반反과학적 주장이 아니었다. 70년대 말에는 이미 과학과 과학의 방법, 그리고 지식의 체계로서의 과학에 대한 비판이 포스트모던적 사고의 중심축이 되었다. 장 프랑수아 리오타르Jean-François Lyotard(1924~1998)의 『포스트모던의 조건La Condition Postmoderne』은 과학의 지위 자체에 의문을 제기하기 시작한 책들 가운데 최초의 것이었다. 부제를 '지식에 관한 보고서Rapport sur le Savoir'라고 단 것이 의미심장하다. 리오타르는 프랑스 학자로 파리 8대학 철학 폴리테크닉연구소(뱅센 소재) 교수였는데 캐나다 퀘벡 주 정부 대학위원회로부터 연구 의뢰를 받았다.[1] 리오타르는 철학자이지만 전후 파리에서 정치 담당 좌파 저널리스트로 사회생활을 시작했다. 후일 철학으로 학위를 따는 과정에서 정신분석과 예술에 깊은 관심을 갖게 되면서 당대의 많은 동료들이 그랬던 것처럼 프로이트와 마르크스를 결합시키려고 애썼다. 그는 초기 저서를 '리비도적인 것', '이단異端', '처치 곤란한 것'으로 구분했다.[2] 첫 번째 범주는 확실히 정신분석적인 냄새를 풍긴다. 그러나 그런 수준을 넘어서서 리비도적인 것이라는 표현을 쓴 것은 행위를 유발하는 동기는 명백히 정치적이거나 특정한 메타내러티브metanarratives에서 파생된다기보다는 인간적이고 개별적이며 심지어 무의식적이라는 점을 시사하려는 의도를 담고 있다. 마찬가지로 이단이라는 용어를 사용한 것은 가짜 신神들보다는 대안적 신들을, 그리고 서로 다른 수많은 변형을 강조하려는 의도였다. 삶에 대한 관심은 공식적인 또는 널리 인정받는 '진리들'과 무관한 경우에도 만족을 주고 보상을 줄 수 있다는 것이다. 처치 곤란한 것이라는 표현은 일부 연구·경험 영역은 너무 복잡하거나 제멋대로여서 예측이나 이해가 도무지 불가능하다는 의미로 사용한 것이다.

그러나 『포스트모던의 조건』에서 리오타르의 핵심 타깃은 지식의 형태로서의 과학이었다. 그는 과학적 지식이 다른 형태의 지식과 본질적으로 구별되는 점이 무엇인지, 그리고 과학적 지식이 개인과 사회에 어떤 영향을 미치는지를 파악하고자 했다. 그는 "극도로 단순화시켜서 말한다면, 나는 포스트모던을 메타내러티브에 대한 불신으로 규정한다"고 썼다.[3] 나아가 그는 서로 다른 종류의 지식, 예를 들어 동화에 들어 있는 지식, 법률이 만들어내는 지식, 과학이 산출하는 지식을 비교한다. 많은 과학자들에게 과학적 지식은 지식의 유일한 형태라는 것을 리오타르는 인정한다. 그러나 그렇다면 우리가 어떻게 동화와 법률을 이해할 수 있는가? 대부분의 과학자들이 사용하는 과학이라는 표현을 기준으로 할 때, 과학적이지 않은 지식의 형태 가운데 가장 중요한 것은 자아에 관한 지식이라고 그는 말한다. 리오타르는 자아는 역사가 있고, 내러티브적인 구석이 있으며, 다른 자아들과는 같지 않다고 말한다. 따라서 자아는 과학으로는 접근이 안 된다. 과학은 본질적으로 추상적인 성격의 지식을 산출하기 때문이다.

과학사 분석 부분에서 리오타르는 전통적인 과학적 접근법이 어떻게 해서 19세기 베를린 대학에서 처음 나왔는지를 나름의 시각으로 설명한다. 그의 주장에 따르면 과학은 본질적으로 (국공립) 대학 체제의 산물이다. 따라서 대개 정부로부터 대가를 받았다. 이런 측면은 리오타르로서는 (과학에 관한) 지식사회학의 핵심적 사실로서 매우 중요하다. 이를 니체는 '이성의 편집증'이라고 불렀지만 리오타르는 '전문가들의 독재'라는 표현을 선호한다. 그래서 어떤 종류의 지식(예컨대 '지구가 태양 주위를 돈다' 같은)이 다른 종류의 지식들(예컨대 '최저임금은 x원으로 해야 한다' 같은)보다 높은 지위를 갖게 됐다는 것이다. 과학을 150년간 국가에서 운용하다 보니 우리는 후자보다 전자를 입증하기가 한결 쉽다고 생각한다.[4] 우리가 추구해온 과학 때문일까, 아니면 후자의 명제가 처치 곤란한, 즉 입증 불가능한 것이기 때문일까? 원리적으로 처치 곤란한 문제나 경험 또는 화법의 범주가 있다고 한다면 그것은 어느 지점에서 과학과 분리되는가? 어느 지점에서 대학을 벗어나고, 시간만 충분하다면 과학이 우리의 모든 문제를 해결해줄 수 있다고 하는 식의 낙관론과 결별하는가? 베르너 하이젠베르크, 쿠르트 괴델, 토마스 쿤 등의 영향을 많이 받은 리오타르는 1970년대 말과 80년대 들어 논란이 된 새로운 사상에 깊은 인상을 받았다. 특히 카타스트로피(파국)이론catastrophe theory, 카오스 이론chaos theory, 프랙털fractal이라고 하는 불완전한 정보로 야기되는 문제들 등등이 그러했다. "그것이 지식이라는 말의 의미를 바꿔놓고 있다. …… 그것은 이미 알려져 있는 것이 아니라 알려져 있지 않은 것을 산출한다."[5] 리오타르는 삶의 많은 영역이 언어게임이라고 규정한다. 우리는 경험과의 관계 속에서 언어를 조작한다. 그러나 그러한 관계는 불완전하고 복잡하며, 어떤 경우에도 우리가 언어를 사용할 때 실제로 의미하는 여러 가지 가운데 하나에 불과하다. 자아라는 관념 자체가 어떤 의미에서는 게임이다.

리오타르의 결론은 반과학적이지 않다. 그러나 다른 형태의 지식들(과학자들이 특히 좋아하는 추론을 포함해서)도 나름의 위치가 있으며, 과학은 결코 우리가 직면한(또는 직면하고 있다고 생각하는) 철학적 문제들에 대해 완전한 답을 제공할 수 있다는 식으로 오버해서는 안 된다고 주장했다. 과학은 그 효용과 정당성을 기술적 성공으로 보장받는다. 당연한 일이다. 그러나 과학은 거기까지다. 원리적으로 과학이 다가갈 수 없는 삶의 영역이 많다. 그중에서 가장 중요한 것이 자아다.

리오타르와 마찬가지로 프린스턴 대학 철학자 리처드 로티Richard Rorty(1931~2007)도 과학적 지식의 지위 문제를 천착했다. 그 결과는 『철학과 자연의 거울 Philosophy and the Mirror of Nature』(1979)과 『객관성, 상대주의, 진리Objectivity, Relativism, and Truth』(1991)라는 두 종의 책으로 나왔다. 여기서 그는 철학이 할 수 있는 일에 대해 근본에서부터 다시 고찰했다.[6]

『철학과 자연의 거울』에서 로티는 과학이 어떤 종류의 지식 생산에 있어서 놀라울 정도로 성공적이었다는 사실을 인정한다. 그러면서 과학이 특정한 종류의 사변, 즉 전통 형이상학을 제대로 깨부쉈다는 점에 대해 루돌프 카르납과 의견을 같이 한다. 또 과학적 지식이 유일한 형태의 지식이 아니라는 점에 대해서(문학비평과 정치학을 다른 형태의 지식으로 사용한다) 리오타르와 의견을 같이 한다. 그러나 그의 핵심 논점은 철학을 단순히 과학의 부속물로 전락하지 않도록 만드는 것이다. 그에 따르면 '언젠가' 과학 덕분에 우리는 인체 내의 미세구조를 파악함으로써 '원리적으로 인체의 모든 움직임을(후두와 글씨 쓰는 손의 움직임을 포함해서) 예측할' 수 있게 될 것이다. 그러나 그렇게 돼도 사람들이 무슨 말을 하거나 무슨 의도를 가질지는 예측할 수 없을 것이라고 로티는 말한다. 이렇게 확신하는 이유는 사람들은 '더 많이 읽고, 더 많이 벌고, 더 많은 글을 쓰면서' 지속적으로 스스로를 '다시 만들어간다'고 보기 때문이다. 사람들은 지속적으로 스스로를 '함양'하며 그 과정에서 다른 인간이 되어간다. 바로 이런 의미에서 로티는—예를 들면—프로이트, 사르트르, 비트겐슈타인을 종합하는 셈이다. 프로이트는(마르크스와 마찬가지로) 사람은 자의식이 달라질 때 변할 수 있다는 것을 깨달았다. 이러한 변화는 언어를 통해서 이루어질 수 있다. 변화하는 자아라는 이 개념은 '생성'이라고 하는 사르트르의 실존주의적 개념과 치료의 '성공'이라고 하는 라캉의 관념에 핵심적인 내용이었다. 비트겐슈타인이 언어의 핵심적인 측면을 파고들어 형이상학을 언어의 '질병'으로 규정한 것도 철학의 본질에 대한 로티의 재평가가 타당하다는 것을 뒷받침해준다.[7]

로티가 볼 때 철학자들의 핵심적인 오류는 두 가지였다. 하나는 철학을 과학의 연장으로 보고 과학적 언어로 말하려고 했다는 것이고, 또 하나는 철학을 세계에 대한 완벽한 설명 내지 이해를 어느 정도는 제공해주는 체계로 봤다는 것이다. 반면에 로티는 철학을 과학이 결코 정복할 수 없는 인간의 경험 영역들에 다가서려는 활동으로 본다. 그런 의미에서 철학은 우리의 정신을 '고양시키는' 역할을 해야 한다. "[우리 자신을] 함양하려는 시도는…… 바로 그런 새로운 목표, 새로운 말, 새로운 원리를 고안해내는 '시적詩的' 활동이다. 말하자면 해석학의 역逆이다. 새로운 발견이라고 하는 친숙하지 않은 맥락에서 친숙한 우리 주변 환경을 재해석하려는 시도인 것이다. …… 그런 활동은 정신을 고양시켜주지만 건설적인 것은 아니다. 최소한 '건설적'이라는 의미가 일상적인 담론에서 사안을 논할 때 상호 협력을 한다는 의미라면 그렇다. 이처럼 정신을 함양하는 담론은 상궤를 벗어나는 것이고, 낯섦의 힘을 통해 우리를 예전의 낡은 자아로부터 벗어나게 함으로써 새로운 존재가 되도록 돕는 것이다."[8] 그러나 로티에 따르면 "현대 철학사의 주변부에는 '전통'을 형성하지 않고 '인간의 본질은 본질을 파악하는 존재'라고 하는 관념을 불신한다는 점에서 닮은꼴인 인물들이 자주 발견된다. 괴테, 키에르케고르, 산타야나, 윌리엄 제임스, 듀이, 후기 비트겐슈타인, 후기 하이데거가 그런 인물들이다. 이들은 종종 상대주의니 냉소주의니 하는 비난을 받는다. 또 진보에 대해 회의적이며, 특히 이러저러한 원리가 인간 지식의 본질을 명확히 밝혀냈기 때문에 이제 이성이 인간 활동의 전 영역으로 쭉쭉 뻗어나갈 거라고 하는 식의 최근 주장에 대해 회의적이다."[9] "이런 사상가들은 우리가 알고 있는 모든 것이 정당하다는 확고한 믿음을 갖고 있을 때조차도, 당대에 득세하고 있는 규범에 순응해 그 틀 안에서 사물을 보고 있는 것인지 모른다는 의문을 계속 제기해왔다. 그들은 금세기의 '미신'이 전세기에는 이성의 승리였다는 역사주의적 시각과, 최근의 과학적 성과에서 빌려온 어휘들이 본질에 대한 발전된 설명이 아니라 세계를 기술하는 무수한 어휘 가운데 하나에 불과할 수 있다는 상대주의적 시각을 견지해왔다. 주류 철학자들은 내가 '체계적'이라고 부르는 부류이고, 주변부 철학자들은 내가 '고양시키는' 철학자라고 부르는 부류이다. 이런 주변적이고 실용주의적인 철학자들은 기본적으로 체계적인 철학에 대해, 만물을 보편적인 하나의 원리로 설명할 수 있다고 하는 거창한 시도에 대해 회의적이다. 우리 시대에는 듀이, 비트겐슈타인, 그리고 하이데거가 가장 위대한, 고양시키는 주변부 사상가다."[10]

로티에게 있어서 철학은 어떤 의미에서 기생적인 활동이며 게릴라 스타일의 사고다. 다른 분야에서 일어난 결과를 가지고 자신의 목표를 차츰차츰 성취해간다. 존 듀이, 비트겐슈타인, 쿤이 '폭로자'였다면 로티는 아마도 가장 대담한 폭로자일 것이다. 그는 철학을 기껏해야 '대화' 정도의 수준으로 치부한다(『철학과 자연의 거울』마지막 장 제목이 '인류의 대화에 나타난 철학'이다). "지식이라는 것을 과학자나 철학자들이 기술해야 할 어떤 본질을 가진 것이 아니라 현재 통용되는 기준에 따라 그저 믿을 수 있는 권리 정도로 본다면, 우리는 대화를 지식을 이해하는 궁극적인 콘텍스트로 보지 않을 수 없다. …… 플라톤이 시작한 대화를, 플라톤이 토론하고자 했던 주제를 논하지 않고 계속할 수 있다는 사실은 철학을 대화에 참여한 하나의 목소리로 보는 것과 주제로 취급하는 것이 전혀 다른 문제임을 잘 보여준다."[11]

『객관성, 상대주의, 진리』에서 로티가 탐색하는 두 가지 주요한 영역은 과학의 객관성과 철학과 정치학의 관계다.[12] 객관성—'저 바깥에' 그것을 누가 사고하느냐 또는 누가 관찰하느냐와 무관하게 뭔가가 존재한다는 의미—은 그가 보기에 깨질 수밖에 없는 관념이다. '녹색'이나 '중력'은 '정의'가 존재하는 방식과는 다른 방식으로 존재한다는 관념은 잘못된 발상이며, '녹색'이 '정의'보다 어떤 면에서 우월하다고 믿는 사람들이 더 많다는 사실을 반영할 뿐이다.[13] 로티의 말대로 현실에서는 더 많은 '지지'를 얻는 것이 관건이다. 아득한 고대에 녹색이라는 단어를 처음 사용한(당시 어느 나라 말로 했느냐는 관계없다) 인간을 생각해보라. 그 사람은 분명히 녹색이라는 개념을 갖고 있었다. 그 개념, 그리고 그 단어가 지금까지 먹힌 것이다. 그러나 그것은 현실에서 통했다는 의미에 불과하다. 중력이라는 단어를 생각해보라. 이것은 그 정체가 무엇이든 간에 하나의 실체이고, 아직 완전히 이해되지 않고 있다. 완전히 이해된다면 아마도 과거에 플로지스톤phlogiston(18세기 초 연소 현상을 설명하기 위해 상정했던 가상의 물질 : 옮긴이)과 에테르ether(맑고 깨끗한 대기라는 뜻으로 파동인 빛을 전파하는 매질로 생각되었던 가상의 물질 : 옮긴이)가 그랬던 것처럼 부적절한 표현이 되어 폐기될 것이다. 결국에 가서 로티는 진리냐 억측이냐의 차이는 정도의 문제이고, 얼마나 많은 사람의 지지를 받느냐의 문제라고 생각한다. 따라서 우리가 시대에 관계없이, 모든 문화권에서 똑같이 인정되는 어떤 진리가 존재한다고 생각한다면 완전히 헛짚은 것이라는 이야기다.

초기 저서에서 로티가 의도한 부분의 하나는 철학이 할 수 있는 일에 대한 과다한 기대를 최대한 줄여서 사고의 체계라기보다는 일종의 '대화'로 얌전하게 주저앉히는 것이었다. 후기 저서에서는 이성에 대해 같은 작업을 했다. 이성은 '저 바깥에' 있는 실재를 적절히 파악하게 해주는 불멸의 사고 규칙들이 아니라고 로티는 말한다. 오히려 보통 어떤 일 또는 사람에 대해 '합리적이다' '적절하다' 또는 '정상이다'라고 할 때 의미하는 바와 같은 수준이라는 것이다. "그것은 일단의 도덕규범을 일컫는 명칭이다. 관용, 주변 사람들의 의견에 대한 존중, 기꺼이 들으려는 자세, 강압보다는 설득으로 처리하려는 태도 같은 것들 말이다. …… 그런 식으로 해석한다면 이성적인 것과 비이성적인 것의 구분은 예술과 과학의 차이와는 별 관계가 없다. 이런 구조에서는 이성적인 것은 단순히 어떤 주제—종교나 문학 또는 과학 등등—를 교조주의나 방어주의, 나만 옳다는 식의 적대감에 물들지 않고 건전하게 토론한다는 것에 불과하다."[14] "이런 관점에서 보면 과학자를 다른 사람들보다 '객관적'이라거나 '논리적'이라거나 '조직적'이라거나 '진리에 헌신한다'고 높이 평가할 하등의 이유가 없다. 물론 과학자들이 발전시켜온 제도와 기관들을 높이 평가하고 기타 문화권의 모델로 활용할 이유는 많다. 그런 기관들은 '자발적 동의'라고 하는 이념을 구체화시킨 것이기 때문이다. 그런 제도를 끌어다대는 것은 '자유롭고 개방적인 만남', 즉 진리가 결국에는 승리한다고 하는 관념을 구체화한다. 이런 관점에서 보면 그런 만남에서 진리가 승리할 것이라고 말하는 것은 인간 이성과 사물의 본성의 연관성에 대해 형이상학적 주장을 늘어놓는 것이 아니다. 단지 무엇을 믿어야 할지를 찾아내는 가장 좋은 방법은 가급적 많은 제안과 주장에 귀 기울이는 것이라는 얘기다."[15] 실용주의자로서 로티는 위에 열거한 특성들 때문에 과학을 높이 평가한다. 그러나 그렇다고 해서 과학 이외의 분야도 과학과 똑같은 방식으로 조직되기를 원하는 것은 아니다. "[실용주의적] 시각이 가져오는 결과의 하나는 '인간과학'은 자연과학과는 아주 달라보여야 한다는 기대 같은 것이다. 이런 기대는 사회에 대한 탐구는 사물에 대한 탐구와 다를 수밖에 없다는 것을 입증하는 인식론적 또는 형이상학적 고찰에 근거한 것이 아니다. 오히려 자연과학자들은 기본적으로 사물의 행태를 예측하고 통제하는 데 관심이 있으며, 그런 예측과 통제는 사회학자와 문학비평가들한테 우리가 원하는 것과는 거리가 멀다는 관측에 기초한 것이다."[16] '본질적으로 다른 세계'라는 것은 없으며, 모든 형태의 탐구―물리학에서 시詩까지―는 똑같이 정당하다.

정치학을 논할 때 로티의 의도는 정치체제가 기능하기 위해 인간 본성에 대한 개념이 꼭 필요한 것은 아니라는 점을 밝히는 것이었다. 실제로 로티는 그것이 부르주아 자유민주주의 존립의 핵심이라고 말한다. 그는 부르주아 자유민주주의 체제가 가장 나은 형태의 통치체제라고 믿는다는 점을 분명히 하고 있다. 그리고 이런 점에서 다른 여러 포스트모던 학자들과 다르다. 그는 메타내러티브가 별로 도움이 안 되며 인식을 오도한다고 보는 점에서 리오타르, 위르겐 하버마스, 그리고 여타 포스트모더니스트들과 의견을 같이 한다. 그러나 이런 논리를 더욱 밀고나가 미국 헌법과 의회민주주의의 성공 자체가 관용에서 나왔으며, 관용이란 원래 인간 본성에 관한 메타내러티브를 받아들이지 않는다는 의미라고 주장한다. 로티는 종교의 상실에서 보듯이 세계에 대한 '환상에서 깨어나는 것'이 개인의 해방을 가능케 했다고 보는 점에서 듀이의 입장을 따른다. 그 결과 역사는 단일한 거대 내러티브가 아니라 무수한 개인적 내러티브들로 구성된다. 이는 포스트모던의 감성이 부르주아 자유민주주의의 한 종착점이라고 말하는 것이나 마찬가지다.

이 때문에 로티는 클리포드 기어츠Clifford Geertz 같은 인물과는 다소 결이 다르다. 잠시 후에 살펴보겠지만 기어츠는 인류학자이자 문화사가, 철학자로서 1970년대와 80년대에 여러 권의 저서를 통해―일단 단순화해서 말하면―우리는 시간과 공간을 기초로 한 '국지적 지식local knowledge'을 가질 수밖에 없다, 다른 문화권이나 다른 사회는 우리의 관점이 아니라 그들의 관점에서 이해할 필요가 있다는 주장을 제기했다. 이런 기어츠에 어느 정도 동의하면서도 로티는 부르주아 자유민주주의는 다른 사회가 갖고 있지 못한 것을 갖고 있다고 믿고 있다. 왜냐하면 "자유민주주의의 도덕적 가치는 다양성에 대한 관용에 근거한 것이기 때문이다. …… 자유민주주의가 사갈蛇蝎시하는 적 가운데 하나는 그런 관용의 덕을 해치려는 사람들, 즉 사악한 자민족중심주의자들이다."⁴⁷ 로티는 인류학자—대표적인 인물이 바로 기어츠다—라는 존재 자체가 부르주아 자유민주주의의 일부라고 강조한다. 그리고 그게 핵심이다. 인류학은 전에는 '바깥에' 있었던 어떤 인간들의 존재를 '우리'의 관심영역 속으로 끌어들였다. 이것이 바로 '사랑의 행위자'와 '정의의 행위자'*로 대변되는 자유민주주의의 도덕적 구분의 사례라고 그는 말한다. 사랑의 행위자에는 민족지 학자, 역사가, 소설가, 폭로 저널리스트, 특정 분야 전문가들이 포함된다. 신학자나 철학자 같은 보편적인 문제나 구닥다리 관념을 붙들고 앉아 있는 부류는 제외된다. 인간 본성을 어떻게 보느냐에 관한 중요한 시각들을 한쪽으로 제쳐둠으로써 자유민주주의는 사고의 체계로 이해돼온 철학을 '잊도록' 했다. "모더니티의 쇠퇴는 나한테는 모든 시대, 모든 장소에서 모든 사람이 받아들일 수 있고, 기존의 모든 언어게임을 통해 수행돼온 모든 행위를 한꺼번에 떠맡을 수 있는 단일한 언어게임을 발명해내는 우리의 능력에 대한 믿음의 상실로 다가온다. 그러나 이런 이론적인 목표점의 상실은 그저 서구문명의 덜 중요한 부분 가운데 하나—형이상학—가 막을 내리는 과정일 뿐이다. 보편적인 번역 매뉴얼(이것만 있으면 계속 새 언어를 배울 필요가 없다)이라고 할 만한 단일 거대 통합 담론을 찾아내는 데 실패했다고 해서 평화적인 사회적 진보의 가능성 자체에(진보가 어렵다는 정도를 넘어서) 암운이 드리워지는 것은 전혀 아니다. 특히 형이상학이 실패했다고 해서 설득과 강압을 제대로 구분하지 못하게 되는 것도 아니다. 우리는 문자 등장 이전 단계의 원주민은 강압이 아닌 설득을 통해 코즈모폴리턴으로 만들 수 있다. 그가 유럽의 언어게임을 배워서 전에 하던 게임을 내던질 마음만 먹는다면 말이다. 그렇게 안 하면 식량이나 주거

---

* 영국 작가 콜린 맥킨스Colin MacInnes의 소설 『사랑 씨와 정의 씨*Mr. Love and Justice*』(1958)를 연상시키는 표현이다.

또는 생활공간을 빼앗아버리겠다고 위협할 필요도 없다."[18]

로티는 여기서 논리를 더 발전시키지는 않지만 쇠퇴와 진보라는 표현을 쓴다. 쇠퇴를 다른 말로 바꾸면 멸종이다. 말하자면 포스트모더니즘을 진화론과 결합시키는 것이다. 그것도 두 가지 방식을 동원한다. 즉 로티를 비롯한 학자들은 한편으로는 과학도 문화적 진화의 한 형태이지만 그럼에도 불구하고 과학이 산출하는 지식이 다른 형태의 지식과 어떻게 다른지에 대해 관심을 쏟는다. 동시에 다른 한편으로는 포스트모더니즘 자체 역시 '진화된' 개념이 아닌가 하는 문제를 천착한다.

뉴욕 대학에서 철학과 법률을 가르치는 토마스 네이글Thomas Nagel(1937~) 교수는 저서에 눈길을 확 끄는 제목을 붙이곤 한다. 『죽음에 대한 질문Mortal Questions』, 『이 모든 것의 철학적 의미란What Does It All Mean?』, 『아무 데서도 보지 않은 정경The View from Nowhere』, 『마지막 말The Last Word』 등등. 네이글이 두드러져 보이는 이유는 포스트모던 시대에 전통 철학의 문제들을 다루기 때문이다. 그는 새롭고 명석한 언어를 사용한다. 그러나 다루는 문제는 오래된 문제들이다. 심지어 정신mind 같은 단어들도 서슴없이 쓴다.

『죽음에 대한 질문』(1979)과 『아무 데서도 보지 않은 정경』(1986)에서 네이글이 초점을 맞춘 부분은 객관성-주관성의 구분이다. 이것이 자아 개념 및 의식과는 어떻게 관계가 되는지를 분석한다.[19] 네이글은 로버트 노직Robert Nozick과 비슷하고 존 롤스와는 다른 부류의 철학자 가운데 한 사람이다. 세계를 있는 그대로 받아들이는 계열이다. "나는 해결책보다는 문제를, 논증보다는 직관을, 체계적 조화보다는 다원적 불일치를 신뢰해야 한다고 생각한다. 단순명쾌하고 우아하다는 게 어떤 철학이론을 진리라고 생각할 근거가 되는 것은 결코 아니다. 오히려 정반대다. 그런 경우 대개 거짓이라고 생각해야 할 이유가 된다."[20] 네이글의 입장은 정신적 상태와 같은 것들이 존재한다는 것이다. 그중에서 가장 중요한 것이 세계에 대한 경험이다. 그는 물리과학이 세계에 대한 경험이나 자아의 의미가 무엇인지 설명해줄 수 있을지에 대해 회의적이다. 따라서 우리가 완전에 가까운 '실재'에 대한 개념을 가질 수 있는지에 대해 의문을 제기한다. 이런 한계를 받아들이는 것이 한결 낫지 않을까? 그러면서 경험과 주관성을 과학과는 다른 방식으로 이해하려고 애써야 하지 않을까? 철학이 쓸모가 있으면 안 된다는 법은 없다. 그러나 과학이 우리에게 선사한 효용을 높이 평가한다는 점에서 네이글은 리오타르, 로티와 의견을 같이 한다. 반면에 과학이 산출하는 지식이 다른 종류의 지식들보다 더 '객관적'인, 특수한 종류의 지식이냐 아니냐는 별개의 문제다. 그의 접근법은 '직관을 중시하는' 스타일이라고 할 수 있다. 그는 "어떤 종류의 객관성도 실재의 시금석은 아니다. 그저 실재를 이해하는 하나의 방식일 뿐이다"라고 말한다.[21] 그러면서 '정신적인 것과 물리적인 것의 차이는 전기적인 것과 기계적인 것의 차이보다 훨씬 크다'고 주장한다.[22] 물리학의 세계와 객관성에 대한 이해 방식이 제임스 클러크 맥스웰과 알베르트 아인슈타인에 의해 달라진 것과 마찬가지로 어느 날 심리학의 맥스웰, 심리학의 아인슈타인이 등장할 수도 있다고 네이글은 믿는다. 지금으로서는 그 근처에도 가지 못하고 있지만 똑같이 근본적인 방식으로 실재에 대한 우리의 이해를 뒤바꿔놓는 인물이 나타날 수도 있다는 것이다. 네이글은 물리학이 제공하는 유형의 객관성을 거부하는 것은 물론이고 진화론에 대해서도 회의적이다. 다윈의 이론은 "비전이나 이성을 가진 생명체가 왜 살아남는지를 설명해줄 수 있을지는 모르지만 비전이나 추론 능력이 어떻게 가능한지는 설명하지 못한다. 통시적[역사적]으로가 아니라 시간과는 무관한 설명이 필요한 부분이다. …… 점진적으로 실재에 대한 객관적인 파악을 할 수 있는 정신의 가능성은 자연선택 이론으로 설명을 시도할 수 있는 부분이 아니다. 왜냐하면 자연선택 이론은 가능성에 대해서는 일절 설명할 수 없고 그중에서 무엇이 선택되는가를 설명할 수 있을 뿐이기 때문이다."[23]

　네이글이 진화론에 대한 대안을 가지고 있는 것은 아니다. 그러나 그는 대안이 없어도 진화론을 위해 제시되고 있는 거창한 주장들을 의심해볼 수는 있다고 말한다. 이것이 네이글의 매력이자 강점이다. 그는 자신이 모르는 것이 무엇인지, 그리고 자기 생각 가운데 어떤 부분은 부조리할 수도 있다고 거침없이 말한다. 그의 의도는 언어와 이성을 가지고 전에는 하지 못했던 방식으로 사고하는 것이다. 그는 자신의 직관(과 관찰력)을 통해 볼 때 세계는 거대하고 복잡한 장소라고 주장한다. 해결책이 하나만 있다고 하는 것은 오류일 가능성이 열에 아홉이다. 그리고 모든 가능성을 철저히 탐색해보지 않는 것은 지적 태만이다. "새로운 형태의 드러나지 않은 질서를 상상하고, 남들이 만들어낸 새로운 개념틀을 이해하는 능력은 타고난 능력인 것으로 보인다. 물질이 잘 배열돼서 의식적이고 사고하는 유기체가 된 것처럼, 일부 유기체는 스스로를 재조합해서 주변 세계를 정신적으로 점점 더 철저하고 객관적으로 파악할 수 있다. 그러한 가능성 역시 선험적으로 주어진 것일 수밖에 없다."[24] 네이글은 이런 입장을 합리적이지만 반反경험주의적이라고 규정한다.[25] 우리의 합의는 언어를 통해서만 가능하기 때문에 이 세계에는 우리가 파악할 수 없는 것들이 충분히 있을 수 있다고 네이글은 말한다. 비트겐슈타인을 연상시키는 대목이다. 이런 점에서 우리가 생물학적 능력의 제약을 받는다는 것은 거의 확실하다. 시간이 가면 그런 능력의 제한도 변할 수 있다. 그러나 그렇게 되면 객관성과 실재에 대한 우리의 시각 역시 변하게 될 것이다. "실재론은 우리가 기술하거나 완전히 알 수 없는 어떤 것이 존재한다는 것을 인정할 때 가장 설득력이 있다. 왜냐하면 그것은 언어나 증거 또는 경험적 이해의 범위를 벗어나기 때문이다."[26] 따라서 네이글의 입장에서 보면 언젠가 우리가 빅뱅 이전의 상태가 어떠했는지도 파악할 수 있게 될지 모른다.[27]

네이글이 보기에는 윤리도 과학이 제시하는 것과 마찬가지로 객관적이다. 따라서 세계에 대한 주관적 체험은 과학이 도저히 답할 수 없는 가장 흥미로운 '문제'이다. 우리의 주관적 삶이라고 하는 객관적 사태는 하나의 수수께끼다. 우리는 그 수수께끼를 해독할 언어도, 접근법도, 지금으로서는 가지고 있지 않다. 우리가 아는 경험과학은 그에 대한 답을 주기에는 턱없이 부족하다. 네이글의 저서는 어렵다. 항상 언어의 한계선상에서 우리의 가정에 의문을 제기하고, 새로운 가능성을 제시하고, 친숙한 것을 새롭고 흥미로운 방식으로 재조합한다(비트겐슈타인이 권고한 대로다)는 느낌이 든다. 그 어떤 합의의 틀도 벗어난 상태에서 지속적으로 새로운―지금까지는 상상할 수 없었던―가능성을 추구하고 추구해야 하는 소설을 꿈꾸었던 라이오넬 트릴링(미국 영문학자, 소설가, 평론가. 1905~1975: 옮긴이)을 연상시킨다.

프린스턴고등연구소의 인류학 교수인 클리포드 기어츠Clifford Geertz(1926~2006)는 세계가 '다양한 장소'이며, 우리가 살고 있는 '조건들'을 이해하고자 한다면 그런 불편한 진실과 정면으로 마주해야 한다고 본다는 점에서 리오타르 같은 포스트모더니스트들과 확고히 의견을 같이 한다. 두 저서에서 그는 주관성이 인류학자들(과 여타 인간과학을 연구하는 사람들)이 정면으로 도전해야 할 현상이라는 견해를 자세히 설명했다.[28] 『문화의 해석 The Interpretation of Cultures』(1973)도 그러하고, 『국지적 지식 Local Knowledge』(1983)은 한결 더하다. "인류의 기본단위란 인간에게 있어서 자연적이고 보편적이며 일관된 것과 관습적이고 국지적이며 변화 가능한 것 사이에 선을 긋기가 극히 어렵다는 것을 충분히 이해하지 못한다면 공허한 표현이다. 실제로 그런 선을 긋게 되면 인간의 상황을 왜곡하거나 심각하게 훼손할 수 있다. [29] 보편성에 대한 추구는 계몽주의에서 시작됐다"고 기어츠는 말한다. 그리고 그런 목표는 대부분의 서구 사상이 나아갈 방향으로 자리 잡았고, 이후 서구과학의 한 패러다임이자 서구식 '진리' 개념이 되었다. 자바, 발리, 모로코 등에서 현장연구를 한 기어츠는 평생을 그런 보편주의적 시각을 바꿔 세계 곳곳의 문화에 대한 '표면적' 해석과 '심층적' 해석을 구분하기 위해 헌신했다. 여기서 '심층적'이라는 의미는 자신의 언어로 다른 문화의 기호, 상징, 관습 등을 이해하려고 하는 시도를 의미한다. 그러나 레비스트로스와는 달리 전 세계 인간의 모든 경험이 구조들로 환원될 수 있다고는 보지 않는다. 오히려 다른 문화들은 우리 자신의 문화와 마찬가지로 '심층적'이고, 용의주도하게 고안된 풍부한 의미를 갖고 있기 때문에 '낯설게' 보이고, 우리 사고방식에 쉽게 맞아들지 않는다고 전제한다.[30]

기어츠의 출발점은 고생물학이다. 그의 관점에서 볼 때 호모사피엔스의 두뇌가 생물학적으로 진화했고, 문화적 진화는 그에 따라서 이루어졌다고 가정하는 것은 잘못이다. 기어츠는 두 진화가 겹치는 시기가 있었을 것이라고 본다. 인간이 불과 도구를 발전시키는 동안에도 두뇌는 계속 진화했을 것이다. 그리고 진화의 어떤 단계에 이르러 불과 도구를 사용해보면 어떨까 하는 아이디어를 떠올렸을 것이다. 이런 진화는 세계 여러 지역에서 조금씩 다른 양상으로 이루어졌을 가능성이 높다. 그래서 하나의 인간 본성에 대해 말하는 것은 생물학적으로도 오해의 소지가 많다. 따라서 기어츠 자신은 일단 비서구권 민족의 낯선 관습을 꼼꼼하게 기술한다. 특히 '우리'에게 낯설어 보이는 사례를 세심하게 골라 서술한다. 예를 들어 발리 섬의 닭

싸움(서구에서는 도저히 상상할 수 없는 방식으로 지위를 걸고 내기를 한다), 이탈리아 르네상스 화가들(일종의 역사인류학이다), 북아프리카 지역 법률의 특정 측면과 이슬람과 겹치는 부족 관습 등에 주목했다.[31] 여기서 그가 의도하는 것은 각 사례를 서구식 관습의 '원시적' 버전으로 이해하려는 것이 아니다. 오히려 각 사례는 그 자체로 내용이 풍부한 관습이며, 서구에는 정확히 그에 상응하는 등가물이 없다는 점을 보여주려고 했다. 예를 들어 발리 사람들에게는 이름을 짓는 다섯 가지 방식이 있다. 일부는 잘 사용하지 않지만 출신 지역과 존경하는 사람, 특정인과의 관계를 동시에 나타내는 이름들이 있다. 다른 예에서는 발리 남자가 아내가 바람이 나서 도망갈 경우 사적으로 (발리식) 법률을 집행하다가 결국은 광란 상태로 치닫는 과정을 보여준다. 그의 행동이 소속 사회로부터 거부당하게 되기 때문이다.[32] 이런 문제들은 서구의 유사사례와 비교할 수 없다는 것이다. 왜냐하면 서구식 등가물이 없기 때문이다. 이것이 포인트다.

따라서 문화적 자원은 사고의 액세서리가 아니라 사고의 '구성요소'다. 기어츠 입장에서는 발리 투계의 분석은 발리 사회와 발리인의 사고방식을 잘 보여주는 동시에 그 사회를 이해하는 데 큰 도움이 된다. 『리어왕』과 『황무지』 분석이 서구의 사고와 사회를 이해하는 데 큰 도움이 되는 것과 마찬가지다. 기어츠에게 사회학과 심리학의 낡은 구분—지리적으로 멀리 떨어진 사회들에 대한 사회학은 달라졌지만 심리학은 여전히 원형을 유지하고 있다—은 깨지지 않았다.[33] 자신의 저서들을 기어츠 본인이 요약한 것에 따르면 '모든 민족은 그 나름의 독특한 깊이가 있다.'[34] "사고는 문화적 형식들을 의도적으로 조작하는 문제이다. 쟁기질을 한다거나 행상을 하는 것과 같은 야외활동 역시 소망이나 후회 같은 사적인 경험과 마찬가지로 그런 조작의 좋은 예다."[35] 그리고 "현대적 의식의 징표는…… 엄청난 다양성이다. 우리 시대에, 그리고 앞으로, 인문학 연구에서 시작해서 문화의 향방을 꼴 지우는 일반적인 방향성, 시각, 세계관 등이 가능하다는 생각은 환상이다. …… 학문적 권위의 기초, 고전과 전통적인 방법론에 대한 합의는 사라졌다. …… '새로운 휴머니즘'이라는 개념, 즉 '지금 생각하고 말하는 것이 최고'라고 하는 일반론적인 이데올로기를 만들어 정통으로 삼으려는 것은 설득력이 없을뿐더러 다분히 공상적인 것이다. 실제로는 다소 우려스러운 것일 수도 있다."³⁶ 그렇다고 해서 기어츠가 무정부 상태를 용인하는 것은 아니다. 그는 우리가 일단 민족과 전통 사이의 '차이의 깊이'를 인정한다면 그것을 잘 연구해서 명확하게 표현할 수 있는 어휘를 구성할 수 있다고 본다. 앞으로 삶은 '무기력한 일반용어' 대신 다양하고도 생생한 전문용어로 구성될 것이다. 이것이 '인류의 대화'가 계속되는 방식이다.³⁷

하버드대 교수인 철학자 힐러리 퍼트넘Hilary Putnam(1926~)이 기여한 부분은 과학이 우리의 이성과 합리성 개념에 미친 영향을 재평가했다는 점이다. 퍼트넘의 주장은 이런 식이다. "우리가 '진리'라고 부르는 것은 존재하는 것(과 사물의 존재 방식)과 사상가의 기여에 의존한다. …… 우리가 '진리'라고 부르는 것에는 인간의 기여와 개념적 기여가 있다. 과학이론은 사실에 의해 우리에게 거저 주어진 것이 아니다."³⁸ 이런 시각은 퍼트넘의 정신에서는 중요한 함의를 갖는다. 왜냐하면 20세기 끝물인 지금으로서는 '과학적 방법'이 대단히 '애매모호한' 것이 되었기 때문이다. 그는 과학적 방법이라는 관념을 17세기에 정점에 달했다가 그 이후 서서히 해체된 것으로 본다. 따라서 빈 서클의 논리실증주의자들은 시대착오를 범했다. 이런 주장은 과학이, 따라서 이성이 직접적으로 관찰할 수 있는 중립적인 '사실들'에만 적용될 수 있다는 관점을 의미한다. 그러므로 과학은 참과 거짓을 쉽게 입증할 수 있는 이론이 된다. 그러나 현대의 많은 과학이론은 결코 쉽게 반증할 수 없다고 그는 지적한다. 진화론이 그 적절한 실례다.³⁹ 그래서 퍼트넘은 '이성'이 우리들 대부분이 생각하는 바로 그 이성, 즉 이성적인 사람이라면 이러저러할 경우 이러저러한 태도를 취한다고 할 때의 그 이성을 의미해야 한다고 본다는 점에 있어서 로티와 의견을 같이 한다. 그러나 퍼트넘은 여기서 한 걸음 더 나아가 사실과 가치 사이에 전통적인 과학자나 과학철학자들이 주장하는 것보다 구분이 불명확한 점이 있다고 주장했다. 과학이 종종 모종의 직관이나 귀납적 논리에 의해 진행된다고 보는 점에서 퍼트넘은 쿤, 폴라니와 견해를 같이 한다. 왜냐하면 가능한 실험이라고 해서 그 모두를 다 시도해볼 수는 없기 때문이다. 가장 그럴 법한 것은, 다시 말해서 '그럴 법하다'는 개념 자체는 이다음에는 이렇게 되겠지 하는 '이성적인' 관념에서 파생되는 것이다. 이런 차원에서 퍼트넘은 전통적으로 가치 또는 편견(아주 넓은 의미에서)으로 간주돼온 일부 명제들 역시 과학이 산출하는 사실 못지않은 사실이라고 주장했다. 그가 제시하는 두 가지 사례는 '히틀러는 나쁜 사람이다'와 '시詩는 압정보다 좋다'이다. 영국 철학자 제레미 벤담Jeremy Bentham은 18세기에 이미 게임보다 시가 더 좋다고 하는 것은 편견이고 주관적인 것이라고 한 바 있다. 상대주의자들이 아주 좋아하는 말이다. 상대주의자들은 한 인간의 주관적인 삶을 다른 사람의 그것과 단순 비교하는 것은 생산적이지도 않고 의미도 없다고 본다. 퍼트넘의 반박은 인류학적인 차원이 아니라 철학적인 차원이다. 왜냐하면 정신적 실체로서의 '편견'은 인정하는 반면 '확대된 감성', '의미와 메타포의 확대된 레퍼터리', '자아실현' 등등은 인정하지 않기 때문이다. "가치는 세계를 구성하는 부분이 아니라는 생각과 '가치판단'은 '편견'의 표현이라는 생각은 동전의 양면이다."[40] 가치판단은 이성적인 방식으로 지지를 받을 수 있다, 따라서 이제 과학적 사실이 사실이라는 이름에 걸맞은 유일한 사실이라는 생각에서 벗어나야 할 때라고 퍼트넘은 말한다. "세계관이 서로 다른 '고전' 물리학과 양자역학의 구분조차 그 자체로 관찰자에 의존하는 개념이다. 낡은 과학이 미치는 해악은, 과학자들이 점진적으로 누적시켜온 절대적인 사실들의 영역 바깥에 있는 모든 것은 마치 지식이 아닌 것처럼 보이게 만든다는 것이다."

역시 하버드대 철학 교수인 윌러드 밴 오먼 콰인Willard Van Orman Quine(1908~2000)은 과학의 중요성과 과학적 방법을 견지하면서도 철학에 대해서 상당히 다른 노선을 취했다.

『논리적 관점에서From a Logical Point of View』(1953), 『말과 대상Word and Object』(1960), 『참조의 기초The Roots of Reference』(1973), 『이론과 사물Theories and Things』(1981), 『철학 에세이Quddities』(1987), 『자극에서 과학으로From Stimulus to Science』(1995) 등 일련의 저서에서 콰인은 철학은 늘 과학과 함께 해왔으며, 실재에는 본질적으로 두 가지 측면이 있다는 입장을 상세히 밝혔다. 외부세계에 우리와 별개로 존재하는 물리적 대상과 수학으로 대표되는 추상적 대상이 존재한다는 것이다. 콰인은 철저한 유물론자로서 '공간상의 미시물리적 속성 분포에 변화가 없으면 변화란 일어나지 않는다'라고 주장한다.[41] 이런 접근법을 통해 일종의 이원론이 가능해진다고 그는 말한다. '정신적' 사태가 행동을 통해서 '표현되기' 때문이다. 다른 말로 하면 정신적 사태를 이해한다는 것은 결국에는 신경학적인 문제가 된다. 우리가 실제로 그런 이해에 도달했느냐 못 했느냐는 별개 문제다. 콰인의 입장에서 보면 수학은 두 가지 측면에서 중요하다.[42] 첫째, 우주를 기술하고 이해하는 데 도움이 되는 숫자의 존재와 효능은 기본적인 것이다. 수가 추상적 개념으로만 존재할수록 더욱 그러하다. 둘째로, 집합 개념이 있다. 일부 실체들이 하나의 무리를 구성해 더 높은 차원의 실체가 되는 방식이다. 물론 여기에는 유사성과 차이의 개념이 내포된다. 콰인의 입장에서는 이렇게 해서 수는 단어로, 단어는 문장으로 연결되어 경험을 구성하는 단위가 된다. 예를 들어 동물학에서 살아 있는 유기체는 서로 다른 속과 과로 진화해왔다. 이것이 철학적으로 어떤 의미가 있을까? 본질적으로 진짜 과와 속이라는 것이 있는가, 아니면 그런 것들은 유사성과 차이, 그리고 그런 유사성(차이)의 중요도에 대한 우리의 이해를 기초로 해서 상상으로 만들어낸 산물인가? 미시물리적 차원에서 우리가 그런 문제를 생각하거나 말할 때 뇌에 어떤 일이 일어나는가? 말은 '저기 바깥에' 존재하는 것을 얼마나 사실에 가깝게 전달하는가, 또는 전달할 수 있는가? 그리고 그것은 뇌에서 일어나는 미시물리적 과정에 어떤 의미를 갖는가?[43] 유사한(그러나 완전히 동일하지는 않은) 사물을 가리키는 말을 서로 다른 언어로 번역할 때 뇌의 미시물리적 특성에는 어떤 변화가 일어나는가? 콰인은 풀어서 설명하기가 유독 어려운 철학자다. 고도로 기술적이며, 수학기호를 많이 사용하기 때문이다. 그러나 크게 보면, 그가 생각하는 철학이란 로티나 네이글과 달리 과학을 넘어서는 분야가 아니라 과학의 일부라는 점에서 버트란드 러셀, 논리실증주의, B. F. 스키너의 전통에 속한다고 볼 수 있다. 철학은 과학의 연장으로서 과학자들도 인정할 만한 방식으로 문제제기를 한다는 입장인 것이다.

알래스데어 매킨타이어Alasdair MacIntyre(영국 철학자. 듀크대학 교수. 1929~ : 옮긴이)의 『누구의 정의인가? 어떤 합리성인가?Whose Justice? Which Rationality?』 (1988)는 아마도 지금까지 포스트모던 계열에서 나온 책 중에서 가장 도발적인 책일 것이다. 미셸 푸코, 롤랑 바르트, 기어츠, 롤스, 드워킨과 마찬가지로 매킨타이어는 지극히 독창적인 방식으로 사안을 통합해간다.⁴⁴ 매킨타이어는 이성과 합리성이라는 관념과 그런 관념이 옛날 사회에서—고전 그리스와 고전 로마, 13세기 파리 대학에서 교수 생활을 한 성 토마스 아퀴나스의 가르침, 17~18세기 스코틀랜드 계몽주의 등등—그리고 현대 자유주의 시대에 정의 관념에 미친 영향을 꼼꼼히 들여다봤다. 정치, 철학, 법학, 문학 저작에 나타난 그들의 논리는 물론이고 그들이 사용한 언어와 그것이 현대적인 관념에 부합하는지 여부 등을 하나하나 꼼꼼히 짚었다. 예를 들어 아테네의 수사학은 이성의 정점으로 간주됐다. 그리고 수사학의 목적은 행동을 촉진하는 것이었다. 따라서 결정을 내리기에 앞서 상대방의 관점을 파악하고 양쪽의 논거의 타당성을 비교 검토하는 본래적 의미의 사고는 아니었다. 우리가 생각하는 추론은 목적을 위한 수단의 논의에 국한되며, 목적이나 그 목적의 정당성에 관한 논란이 아니라는 것은 다들 암암리에 받아들이는 부분이다. 아테네에서는 덕이 있는 사람들만이 이성을 발휘할 능력이 있는 것으로 간주되었다고 매킨타이어는 말한다. 이런 개념을 나타내는 말로 '이성적 소망'을 뜻하는 불레시스boulesis라는 단어가 따로 있었다. 이런 맥락에서 아테네에서 이성적 인간은 '행동의 이유를 확인하는 순간 바로, 그리고 반드시' 행동에 나섰다. '최적의 선택을 하는 합리적 행위자를 가정하는 현대적 사고방식과는 영 안 맞는 스타일'이다.⁴⁵

성 토마스 아퀴나스Thomas Aquinas는 모든 인간은 이성적으로 행동할 수 있는 잠재력이 있다고 믿었다는 점에서 다른 기독교인들과 다르지 않았다. 그러나 그러한 잠재력은 논리학, 수학, 물리학 등을 정해진 순서에 따라 제대로 교육받아야만 완전히 발휘할 수 있고, 그럼으로써 도덕적인 삶으로 나아갈 수 있다고 보았다. 아퀴나스 입장에서는 이성적인 것과 도덕적인 것은 아무 차이가 없었다. 반면에 스코틀랜드 계몽주의는 열정을 강조하는 쪽으로 돌아갔다. 데이비드 흄David Hume(18세기 스코틀랜드의 경험론 철학자, 경제학자 : 옮긴이)은 열정이 이성에 우선한다고 보고 조용한 열정과 격한 열정을 구분했다. '진리 자체'는 흄에 따르면 욕망의 대상이 아니다. 그렇다면 철학에서 진리를 추구하는 행위를 어떻게 설명할 수 있는가? 흄의 답변은 철학과 지적 탐구에서 느끼는 즐거움은 좀 더 일반적인 차원에서 "주로 정신

활동, 그리고 진리를 발견하거나 파악하는 데에 천재성과 이성을 투입하는 행위 자체에 있다"는 것이다. 결과적으로 철학은 멧도요나 물떼새 사냥과 마찬가지라는 이야기다. 철학과 사냥 공히 열정이 뭔가를 추적하는 데에서 만족을 느끼기 때문이다. 따라서 흄의 입장에서는 이성이 우리의 행동을 촉발할 수 없다.[46] "그리고 우리의 행동을 촉발하는 열정은 그 자체로는 이성적인 것도 비이성적인 것도 아니다. …… 따라서 열정은 참이나 거짓을 판별할 능력이 없다."[47] 흄 자신은 이렇게 말했다. "이성은 열정의 노예이며, 또 그래야만 한다. 그리고 결코 열정을 위해 일하고 열정의 명령에 복종하는 이외의 다른 일을 하겠다고 나서도 안 된다."[48]

그러나 매킨타이어에 따르면 현대 자유주의 사회에서는 이성과 정의의 개념이 다르다. 그것은 예전과는 다른 전제, 즉 인간은 개인일 따름이라는 가정 위에 서 있는 개념이다. "아리스토텔레스의 실천적 이성 활동에서 추론하는 사람은 시민으로서의 개인이다. 아퀴나스 철학의 실천적 이성 활동에서는 자신의 선과 공동체의 선을 모색하는 자로서의 개인이다. 흄의 실천적 이성 활동에서는 특정한 종류의 상호성과 호혜성이 보장되는 사회에서 자산이 있거나 자산이 없는 참여자로서의 개인이다. 그러나 자유주의 현대의 실천적 이성 활동에서는 추론하는 사람은 개인으로서의 개인이다."[49] 매킨타이어의 결론은 이성 활동(과 정의)에 관한 우리의 개념은 여러 전통 가운데 하나에 불과하다는 것이다. 이런 문제에서 그는 진화론 개념을 끌어들이지 않는다. 그래서 다윈도, 리처드 도킨스도 그의 책에서는 언급되지 않는다. 대신 매킨타이어는 우리가 고전을 조악하게 번역함으로써(일부 전문 학자들도 그렇다) 과거와의 관계를 계속 왜곡시키고 있다고 생각한다. 고대의 말을 그 원래적 의미로 해석하지 않고 마구잡이로 현대적인 근사치를 들이민다는 것이다. 바르트를 인용하면서 그는 과거를 이해하려면 과거의 사람들이 가졌던 모든 기호와 기호학적 실마리들을 복원할 필요가 있다고 지적한다. 그래야 클리포드 기어츠(기어츠는 매킨타이어의 책에 언급돼 있다)가 말하는 '심층기술deep description'이라고 할 만한 수준에 도달하게 된다는 것이다. 자유주의적 이성관이 초래하는 결과는 실망스러울 수 있다고 그는 말한다. "학생이 최종적으로 마주하게 되는 사태는…… 자연과학을 제외한 모든 논의에서 결론을 내릴 수 있는 것은 아무것도 없는 것처럼 보인다는 것이다. 이런 결론불가능성으로 말미암아 우리는 다시 이성 이전의 심리적 선호의 단계로 돌아가게 되는 듯하다. 따라서 자유주의 교육을 거치고 나면 학생들에게는 어떤 기술技術 내지는 선입견만이 남는다. 결국 교육은 풍부화의 과정인 동시에 박탈의 과정인 셈이다."[50]

데이비드 하비David Harvey(1935~)의 저서 『포스트모더니티의 조건 The Condition of Postmodernity』은 제목이 리오타르의 『포스트모던의 조건』과 놀라울 정도로 흡사하다. 초판은 1980년에 나왔고, 89년에 상당한 수정을 거쳐 개정판을 냈다. 80년대 포스트모더니즘의 여러 성과를 반영한 것이었다.[51] 포스트모더니티와 모더니즘을 대비하면서 하비는 건축 잡지 《프레시 6 precis 6》의 사설을 인용하는 것으로 시작한다. "일반적으로 실증주의적이고 기술중심주의적이며 합리주의적인 것으로 여겨지는 보편적인 모더니즘은 직선적인 진보, 절대 진리, 이상적 사회질서의 합리적 계획화, 지식과 생산의 표준화에 대한 신념 등과 동일시돼왔다. 이와는 대조적으로 포스트모더니즘은 '문화적 담론을 재규정함에 있어서 이질성과 차이에 특별히 해방적 기능'을 부여한다. 파편화, 불확정성, 보편적인 담론 내지는 '전체화하는' 담론 일체를 철저히 불신하는 것 등이 포스트모더니즘적 사고의 특징이다. 철학에서의 실용주의의 재발견(예를 들면 로티의 1979년 작 『철학과 자연의 거울』), 쿤(1962년 작 『과학혁명의 구조』)과 파이어아벤트Paul Feyerabend(1975년 작 『방법에 반대한다Against Method』)가 일궈낸 과학철학의 변혁, 역사에서 불연속성과 차이를 강조하고 '단순한(또는 복잡한) 인과성 대신 다형적多形的 상관관계'를 강조하는 푸코의 연구 성과, 불확정성을 강조하는 수학 분야의 새로운 발전(카타스트로피 이론, 카오스 이론, 프랙털 기하학fractal geometry), 윤리학, 정치학, 인류학 분야에서 '타자'의 정당성과 존엄에 대한 관심의 제고 등등 이 모든 것이 '감정 구조'의 광범위하고도 심층적인 변화를 말해준다. 이런 사례들에 공통되는 것은 '메타내러티브'(보편적 적용을 추구하는 거대 규모의 이론적 해석)에 대한 거부이다."[52] 그러나 이런 정도의 요약정리 수준을 넘어서서 하비는 나름대로 네 가지 점에서 기여를 한다. 우선 그는 건축 분야의 포스트모더니즘(대부분의 사람들이 접하게 되는 것은 그 형태일 것이다)에 대해 기술한다. 여기서 특히 주목되는 부분은 포스트모더니즘을 만들어내고 유지시키는 정치·경제적 조건을 살펴본다는 점이다. 그는 포스트모더니즘이 우리의 시공간 개념에 미치는 영향을 들여다본다(이런 점에서 역시 타고난 지리학자다). 이어 포스트모더니즘에 대한 비판을 제시한다. 그동안 이런 비판의 필요성은 절실했다.

건축과 도시설계 분야에서 하비는 우리에게 포스트모더니즘은 모더니즘적 관념과의 단절을 의미한다고 말한다. "모더니즘에서는 계획과 개발이 합리적이고 효율적인 거대 도시계획에 집중돼야 하며, 그 구성요소인 건축도 군더더기가 일절 없어야 한다. 국제주의 양식의 간결한 '기능주의적' 외관은 이런 차원에서 이해할 필요가 있다. 반면에 포스트모더니즘은 도시 조직을 필요에 따라 파편화되고, 과거의 형식들이 양피지에 오랜 세월 글씨를 덧쓰듯이 중첩되는, 그러면서 현재의 용도가 '콜라주'처럼 얽히고설킨 것으로 본다. 어차피 그런 것들 중 많은 부분은 일시적으로 기능을 다하고 만 것이다." 하비는 건축에서의 포스트모더니즘은 1961년에 이미 시작된 것으로 본다. 이는 '가장 영향력 있는 반反모더니즘 책자'로 꼽히는 『미국 대도시의 죽음과 삶』(30장 참조)에서 제인 제이콥스가 국제주의 양식의 흐리멍덩함이 과정이 무엇보다 중요한 도시를 너무 무기력하게 만들었다고 한 비판과 맥을 같이 한다.53 제이콥스는 도시는 조직화된 복잡성을 필요로 하며, 그 중요한 요소 중 하나는 다양성이라고 주장했다. 문제는 바로 이 다양성이 없다는 게 국제주의 양식의 전형적인 특징이라는 점이다. 하비에 따르면 건축과 도시에서의 포스트모더니즘은 본질적으로, 석유위기가 시작되고 주요 기축통화가 금본위제를 폐기한 1973년경 이후의 새로운 경제, 사회, 정치적 조건과 맞아떨어지는 것이다. 일련의 추세가 좀 더 다채롭고, 파편화되고, 친밀하면서도 익명적인, 본질적으로 다양한 특성을 갖는 훨씬 작은 단위들로 구성되는 사회를 선호했다는 것이다. 하비가 볼 때 20세기는 편의상 포디즘(포드주의) 시기—대충 1913~73년—와 '유연한 축적flexible accumulation'의 시기로 나눌 수 있다. 프레드릭 윈슬로 테일러의 『과학적 관리법』에서 정식화된 포디즘은 하비 입장에서 볼 때 삶의 총체적인 양식으로서 대량 생산, 제품의 표준화, 대량 소비를 가져왔다.54 "포디즘의 발달은 지구촌 차원의 대량 판매시장을 형성하고, 공산권을 제외한 세계 인구의 대부분을 지구촌 단위에서 역동적으로 움직이는 새로운 자본주의로 빨아들인다는 것을 의미했다."[55] 정치적으로 보면 포디즘은 특수 이익집단들의 세력 균형을 통해 조성된 대량 경제 민주주의에 의존했다.[56] 중동전쟁에 더해서 원유가 조정은 엄청난 경기불황을 가져왔고, 이는 포디즘 해체에 촉매 역할을 했다. 그러면서 '축적 체제'가 시작됐다.[57]

하비에 따르면 이런 새로운 현실에 적응하기 위해서는 두 가지 요소가 필요했다. "유연한 축적의 특징은 포디즘의 경직성과 정면으로 배치된다. 유연한 축적이란 노동과정, 노동시장, 제품과 소비 형태에 있어서 유연성에 의존한다. 그 특징은 전혀 새로운 생산 부문들과 새로운 금융 서비스 제공 방식, 새로운 시장, 그리고 특히 상업적·기술적·조직적 혁신의 엄청난 가속화다."[58] 둘째로, 다시 한 번 시공간 관념이 압축되면서 일시적이고 무상하며 항상 변화하는 것을 강조하게 됐다는 점이다. "포디즘적인 모더니즘의 비교적 안정적인 미학은 포스트모더니즘 미학의 어수선함과 불안정성, 일순 지나가고 마는 덧없음에 자리를 내줬다. 포스트모더니즘은 차이와 덧없음, 스펙터클, 패션, 문화형식의 상품화를 대세로 인정한다."[59] 하비가 보기에 이런 접근방식이 정점을 이룬 것이 파리 퐁피두센터의 1985년 전시회였다. 리오타르가 기획위원으로 들어간 이 전시회의 제목은 「비非물질Les Immatériaux」이었다.

앞서 설명했듯이 하비가 포스트모더니즘에 대해 비판적이지 않은 것은 아니었다. 그가 보기에 포스트모더니즘은 니힐리즘적 요소를 촉진하고, 편협하고 분파주의적인 정치로 움츠러드는 경향이 있었다. "그래서 타자들에 대한 존중은 파편들 간의 물불 안 가리는 경쟁으로 변질된다."[60] 이렇게 두서없이 떠도는 여행은 상상 차원의 것이라 해도 정신의 폭을 넓혀주기보다는 편견만을 확인시켜주기도 한다. 무엇보다도 하비는 지식과 의미가 '기표記標 signifier의 파편으로' 환원된다면 우리가 어떻게 전진할 수 있는지를 묻는다.[61] 포스트모던적 상황에 대한 그의 평가는 우호적이지 않다. "과학적 판단과 도덕적 판단의 연속성에 대한 신뢰는 무너졌다. 사회적·지적 관심사에 몰두하는 윤리학에 대해 미학이 승리를 거두고, 내러티브를 이미지가 눌러버리고, 영원한 진리와 통합의 정치학을 무상함과 파편화가 제치고, 이제 설명은 물질적이고 정치경제적인 영역을 벗어나 자율적인 문화·정치적 실천을 추구하는 방향으로 나아가고 있다."[62]

39
사상 최고의 아이디어
'The Best Idea, Ever'

나보러Narborough는 영국 잉글랜드 중부 레스터에서 남쪽으로 16킬로미터쯤 떨어진 작은 마을이다. 1983년 11월 21일 저녁 늦게 15세 소녀 린다 만이 성폭행을 당한 뒤 목 졸려 죽었다. 시신은 집에서 그리 멀지 않은 들판에서 발견됐다. 범인 추적이 시작됐다. 그러나 수사는 성과가 전혀 없었다. 사건에 대한 관심은 시들해졌다. 그러다가 1986년 여름 8월 2일에 또 다른 15세 소녀 돈 애시워스가 자두나무 덤불 속에서 발견됐다. 역시 나보러 근처였다. 애시워스도 성폭행 당한 뒤 목이 졸려 죽은 상태였다.

이번에는 용의자가 빨리 나왔다. 리처드 버클랜드라고 하는 인근 병원 잡역부였다.[1] 애시워스의 시신이 발견된 지 꼭 일주일 만에 체포됐다. 물론 범행도 자백했다. 희생자의 나이나 살해 방법, 그리고 범행 현장이 나보러 인근이라는 점에서 두 사건은 공통점이 많았고, 따라서 경찰은 당연히 리처드 버클랜드가 린다 만도 살해했을 것으로 의심했다. 경찰은 한 과학자에게 도움을 요청했다. 그는 '유전자 지문 감식genetic fingerprinting'으로 알려진 새로운 기법을 막 개발한 인물로 레스터 대학 Leicester University 교수 알렉 제프리스Alec Jeffreys였다.[2] 많은 과학적 발견이 종종 그러하듯이 제프리스의 발견도 다른 것을 조사하는 과정에서 우연히 이루어졌다. 그는 원래 혈액에서 근육으로 산소를 운반하는 조직을 통제하는 미오글로빈 유전자를 찾고 있었다. 미오글로빈 유전자를 가지고 어떤 가계家系의 특성을 이루는 DNA '표지'를 찾아내 마을마다, 나라마다 인구집단이 유전적으로 어떻게 달라졌는지를 밝혀내는 연구를 하고 있었던 것이다. 제프리스가 발견한 것은 DNA 한 가닥의 유전자가 계속해서 반복된다는 것이었다. 이어 다른 염색체를 동원한 다른 실험에서도 똑같은 관찰 결과—반복되는 가닥—를 얻었다. 남들이 무심할 때 그가 포착한 것은 의미가 분명치 않은 복제를 발생시키는 약한 부분이 DNA에는 폭넓게 분포한다는 것이었다. 월터 보드머와 로빈 매키가 서술한 것처럼 그런 과정은 말더듬이가 특정 발음에서 계속 말을 더듬는 것과 유사하다. 더구나 이런 약한 부분은 개인마다 달랐다. 중요하게 반복되는 가닥은 약 15개의 염기쌍이었다. 제프리스는 현미경만을 써서 육안으로 들여다볼 수 있도록 문제의 가닥을 확인하는 작업에 나섰다. 먼저 DNA를 얼린 뒤 다시 녹였다. 이렇게 하면 적혈구 세포의 세포막이 깨진다. 그러나 DNA를 담고 있는 백혈구 세포의 세포막은 깨지지 않았다. 적혈구 세포의 나머지를 다 씻어낸 다음 프로테이나아제 K라고 하는 단백질 분해 효소를 첨가해 백혈구 세포를 해체하고 DNA 나선 가닥을 얼렸다. 그런 다음 힌플Hinfl이라고 하는 또 다른 효소로 처리를 해서 반복된 염기서열을 포함하는 DNA 가닥을 분리해 냈다. 끝으로 전기영동電氣泳動 처리를 해서 DNA 조각을 서로 다른 길이에 따라 띠 모양으로 배열한 다음 나일론 판에 옮긴다. 그런 다음 방사능 내지는 냉광冷光 기법을 사용해 개인마다 독특한 이미지를 얻어내는 것이다.³

경찰이 제프리스를 초빙한 것은 이 기술을 리처드 버클랜드에게 사용해보기 위해서였다. 우선 린다 만과 돈 애시워스의 시신에서 채취한 정액 샘플을 버클랜드의 혈액 몇 방울과 함께 제프리스에게 보냈다. 후일 제프리스는 당시가 평생에 가장 긴장된 순간이었다고 회고했다. 그때까지 자신이 개발한 기법은 영국에 들어온 이민자가 법 규정대로 원래 영국 거주민의 가까운 친척이 맞는지를 실험하는 용도로만 쓰고 있었던 것이다. 연쇄살인 사건은 분명 그보다는 훨씬 흥미진진한 일이었다. 어느 날 밤늦게 제프리스는 결과를 보러 실험실에 들렀다. 다음날 아침까지 기다리기가 답답해서였다. 그런데 현상액에서 필름을 건지는 순간 그는 충격을 받았다. 두 소녀의 시신에서 채취한 정액이 동일인의 것임을 바로 알 수 있었다. 그런데 살인자는 리처드 버클랜드가 아니었다.⁴ 제프리스에게 이런 결과를 통보받은 경찰은 화가 났다. 버클랜드가 자기 범행이라고 자백을 한 상태였기 때문이다. 경찰은 새 기술에 뭔가 결함이 있다고 보았다. 그러자 이번에는 제프리스가 화를 냈다. 내무부 법의학 전문가들이 별도로 실험을 한 결과 제프리스의 검사 결과가 맞는 것으로 확인되었다. 경찰은 원점에서 다시 출발할 수밖에 없었고, 버클랜드는 결국 무죄로 석방됐다. 그런 점에서 버클랜드는 DNA 검사로 혜택을 본 최초의 인물인 셈이다. 경찰은 일단 의외의 감식 결과를 인정하고, 나보러에 거주하는 모든 남성의 DNA를 조사하기로 했다. 4,000명분을 검사했지만 문제의 정액과 일치하는 샘플은 없었다. 그런데 나보러에서 좀 떨어진 곳에 사는 제빵업자 이언 켈리라는 사람이 어느 날 친구들한테 콜린 피치포크라는 친구 대신 검사에 응했다는 얘기를 털어놓았다. 피치포크는 나보러 가까운 동네에 사는 인물이었다. 수상하게 여긴 켈리의 다른 친구가 경찰에 신고했다. 경찰은 피치포크를 체포해 DNA 검사를 했다. 친구의 의심은 '역시나'였다. 검사 결과 피치포크의 DNA가 두 소녀의 몸에서 나온 정액과 일치한 것이다. 1988년 1월 피치포크는 유전자 지문 감식으로 유죄판결을 받은 최초의 사례가 되었다. 선고는 종신형이었다.⁵

    DNA 지문 감식은 분자생물학의 혁명 중에서 가장 눈에 띄는 성과였다. 1980년대 말부터 DNA 지문 감식 기법은 널리 사용됐다. 이민자 친족 관계 확인은 물론이고 친자 확인 소송, 강간 사건 수사에서도 많이 활용됐다. DNA 이중나선 구조가 밝혀진 지 얼마 되지 않아서 이렇게 쓸모가 많은 기법이 개발되자 유전물질 복제 및 염기서열 분석으로 촉발된 새로운 지적 분위기가 한결 탄력을 받았다. 이런 실질적인 성과와 함께 유전학에 관한 이론화가 급진전되면서 진화에 관한 우리의 이해가 좀 더 폭이 넓어지고 세련돼졌다. 특히 생명이 창조된 순간부터 시작해서 진화가 이루어진 단계에 대해, 그리고 진화의 철학적 함의에 대해 많은 해명과 조명이 이루어졌다.

    1985년 글래스고 대학 화학 교수인 A. G. 케언스 스미스Cairns-Smith는 『생명의 기원에 관한 일곱 가지 단서Seven Clues to the Origin of Life』라는 책을 냈다.⁶ 어떤 점에서 이단아적인 이 책은 생명이 어떻게 시작됐는지에 대해 대부분의 과학자들과는 전혀 다른 입장을 제시했다. 생명의 기원에 관한 전통적인 시각은 1950년대에 S. L. 밀러Miller와 H. C. 유리Urey가 한 일련의 실험이 대표적이었다. 두 사람은 초기 지구상의 원시 대기가 암모니아와 메탄, 증기(산소는 없다. 이 부분은 다시 논할 것이다)로 구성됐을 것이라고 가정했다. 이 초기 대기에다가 그들은 전기 방전 형태의 '번개'를 도입해 유기화학물질로 이루어진 '진한 죽' 같은 것을 만들어냈다. 예상보다 훨씬 진하고 아미노산이 상당히 많이 들어 있었다. 아미노산은 DNA를 구성하는 핵산 형성 물질이다. 어찌어찌 해서 이 짙은 죽 같은 물질에서 '생명의 분자'들이 형성됐다는 것이다. 그레이엄 케언스 스미스는 이런 주장을 난센스라고 생각했다. 왜냐하면 DNA 분자는 극도로 복잡하기 때문이다. 조성組成 면에서나 공학적인 의미에서 너무도 복잡하기 때문에 밀러와 유리의 실험이 보여준 것처럼 생명이 우연히 만들어진다는 것은 불가능하다는 것이다.『생명의 기원에 관한 일곱 가지 단서』의 한 유명한 대목에서 그는 뉴클레오티드(핵산을 구성하는 주요 성분: 옮긴이)가 만들어지려면 140회의 조작이 동시에 일어나야 하는데 그럴 확률은 10^{109}분의 1이라는 계산 결과를 내놓았다. 이는 우주에 존재하는 전자의 수(10^{80}으로 계산됐다)보다 훨씬 많은 것이기 때문에 뉴클레오티드가 그런 식으로 진화를 하기에는 시간이 모자라거나 우주 공간이 부족하다는 것이 케언스 스미스의 논리였다.7

케언스 스미스가 제시한 버전은 놀라울 정도로 색달랐다. 그는 진화는 우리가 아는 생명이 탄생하기 이전에 이미 시작됐으며, 지구상에는 생화학적 유기체 등장 이전에 이미 화학적 '유기체'가 존재했으며, 그것들이 DNA와 같은 복잡한 분자를 가능케 하는 구조를 제공했다고 주장했다. 그는 자연에는 생명체 말고도 생장하고 스스로 복제하는 여러 구조체가 있다는 사실을 주변에서 찾아냈다. 예를 들어 일부 점토에 들어 있는 결정구조는 수분이 포화점에 도달하면 형성된다. 이런 결정체들은 자라다가 왕왕 더 작은 단위로 쪼개진 뒤 다시 성장을 계속한다. 자기복제라고 부를 수 있는 과정이다.8 그런 결정체들은 형상도 변화한다. 기다란 막대기 모양이 되기도 하고 납작한 판 모양이 되기도 한다. 이런 형태가 되는 것은 주변 미시환경에 알맞기 때문이다. 따라서 환경에 적응하고 진화한다고 말할 수 있다. 또 하나 중요한 것은 결정체로 된 납작한 판들이 이온화 정도가 다른 층으로 바뀔 수 있다는 점이다. 그리고 바로 그런 층들 사이에서 태양의 작용으로 아미노산이 미소량이나마 형성될 수 있다고 케언스 스미스는 믿었다. 말하자면 광합성이 일어나는 것이다. 이런 과정을 통해 무기적 유기체는 탄소 원자들을 빨아들였을 것이다. 산화타이타늄처럼 태양 아래서 질소를 붙잡아 암모니아로 바꾸는 물질들이 많이 있다. 동일한 과정을 통해 자외선 하에서 일부 철염은 물에 녹으면서 이산화탄소를 붙잡아 포름산으로 바뀔 수 있다. 점토의 결정구조는 외형과도 연관이 된다(표현형). 그 모두가 탄소계 구조에 잠식당하게 되는 것이다.⁹ 라이너스 폴링이 방대한 저서에서 보여주었듯이 탄소는 놀라울 정도로 대칭구조이며 안정성이 높다. 그렇게 해서 무기적으로 복제되는 유기체가 유기적 유기체로 바뀐 것이라고 케언스 스미스는 말했다.

설득력 있고 독창적인 아이디어다. 그러나 몇 가지 문제가 있다. 생명의 사슬의 다음 단계는 세포로 된 유기체, 즉 박테리아의 탄생이었다. 박테리아에는 얇은 막이 필요했다. 여기서 최선의 후보는 지질소포체脂質小胞體로 알려진 물질이다. 작은 기포 같은 물질로 자동적으로 세포막을 형성하게 되는 것이다. 이런 화학물질들은 자연 상태의 운석에서 발견됐다. 많은 사람들은 운석이 유기화합물을 아주 초기의 지구에 처음 실어왔을 것이라고 주장한다. 이런 추론을 토대로 한다면 적어도 생명의 일부 요소는 외계에서 온 것이 된다. 또 한 가지 문제는 가장 원시적인 박테리아(움직이는 막대기 내지는 원반 수준으로 얇은 막으로 싸여 있다)는 주로 대양저大洋底의 분기공噴氣孔 주변에서 발견된다는 점이다. 심해 밑바닥에서 가스가 분출돼 나오는 구멍 주변은 지구의 뜨거운 내핵이 들썩들썩 하는 곳으로 앞에서 살펴본 것처럼 대양저의 확산과도 관련이 있는 곳이다(일부 박테리아는 비등점 이상의 온도에서만 번성한다. 생명은 지옥에서 태어났다는 얘기나 마찬가지다). 따라서 훨씬 얕은 물속의 점토-결정 구조에 햇빛이 작용한 결과로 생명이 시작됐다는 기존 관념과 조화되기는 어려운 이야기다.¹⁰

진짜 생명의 기원(38억 년 전에 탄생했다는 것이 통설이다)이 어떠하든지 간에 최초의 박테리아 유기체가 혐기성 생물이라는 것은 의문의 여지가 없다. 산소가 없는 곳에서만 살 수 있다는 얘기다. 초기 지구 대기에는 산소가 거의 없거나 아예 없었다는 점을 감안하면 박테리아가 혐기성이라는 것은 그리 놀라운 일이 아니다. 그러나 약

25억 년 전에 처음으로 지구 암석 속에 대자석代磁石이 누적되는 현상이 나타난다. 대자석은 철이 산화된 형태다. 이는 산소가 생성되고 있지만 일단 다른 광물들에게 '다 흡수된다'는 의미로 해석된다. 산소를 만들어내는 것은 청록박테리아일 가능성이 높다. 햇빛이 엽록소에까지 닿는 얕은 물에 살면서 이산화탄소를 탄소와 산소로 분해해 탄소는 자기가 쓰고 산소는 배출하는 것이다. 다른 말로 하면 광합성을 한다는 이야기다. 한동안 지구의 미네랄이 생성되는 산소를 모두 빨아들였다(석회석은 탄산칼륨 형태로 산소를 잡아가고, 철은 산소와 반응해 녹이 슬고 하는 식으로). 그러나 결국에는 미네랄이 포화상태가 되면서 그 이후에는 10억 년 간에 걸쳐 수십억 개체의 박테리아가 작은 산소 기포를 쏟아냈고, 그렇게 해서 점진적으로 지구의 대기가 변한 것이다.[11]

지구의 역사를 다룬 리처드 포티Richard Fortey의 책에 따르면 그 다음 단계는 점액질 미생물 군체가 자라 거의 이차원에 가까운 얇은 '판' 모양이 되는 단계다. 이런 군체는 지금도 염분이 있는 열대 습지에서 발견된다. 주변에 초식동물이 없어서 지금까지 살아남은 것인데 그 화석도 남아프리카공화국과 호주의 35억 년 전 것으로 추정되는 암석에서 발견됐다. 박테리아 군체가 자라 바위처럼 된 것을 스트로마톨라이트stromatolite라고 한다.[12] 스트로마톨라이트는 '겹겹이 된 양배추'를 닮았는데 엄청난 크기로 자랄 수도 있다. 9미터는 보통이고, 100미터짜리도 있었다. 그러나 스트로마톨라이트는 원핵생물, 즉 핵이 따로 없는 세포로 구성돼 있기 때문에 그냥 쪼개지는 방식으로 복제를 한다. 그 다음 단계는 세포핵의 등장이다. 미국 생물학자 린 마굴리스Lynn Margulis가 지적했듯이 하나의 박테리아가 다른 박테리아를 잡아먹고, 이것이 다른 유기체 안으로 들어가 세포기관이 된 것이다. 그렇게 해서 종국에는 핵을 형성하게 됐다.[13] 엽록체는 또 다른 세포기관으로 세포 내에서 광합성 작용을 한다. 핵과 세포기관의 발달은 중요한 진전으로 좀 더 복잡한 구조가 형성되게 하는 역할을 했다. 그 이후에 성의 분화가 온 것으로 추정된다. 성의 분화가 일어난 시기는 20억 년 전쯤으로 추정된다. 성이 나타남으로써 유전적 변이 가능성이 높아져 진화가 촉진됐다. 진화 속도는 급속히 빨라졌던 것으로 보인다(화석 기록이 그때부터 점차 다양해진다). 세포는 더 크고 복잡해졌다. 그래서 점액체가 나타났다. 점액체는 형태가 여러 가지이고, 경우에 따라 다른 개체의 표면 위로 뻗어나갈 수도 있다. 다른 말로 하면 살아 있는 존재인 동시에 무생물이다. 이는 동물과 아주 약간 유사하게 행동하는 초보적인 특수조직의 발달 과정을 보여준다.

7억 년 전쯤이 되면 에디아카라Ediacara가 나타난다.[14] 가장 원시적인 형태의 동물로 영국 레스터에서부터 호주 남부 플린더스 산맥에 이르기까지 세계 여러 지역에서 발견됐다. 에디아카라는 형태가 기기묘묘하지만 보통은 방사대칭형이다. 세포 두 개 정도 두께의 얇은 외피와 원시 해파리 모양의 초보적인 위장과 구강이 특징이다. 따라서 점액체와 상상할 수 없을 정도로 먼 관계는 아니다. 최초의 진정한 다세포 유기체라고 할 수 있는 에디아카라는 오늘날까지 살아남지는 못했다. 형태가 다양했는데도 어떤 이유에서인지 그것들은 멸종됐다. 궁극적으로는 뼈가 없어서 그랬을 것으로 추정된다. 뼈는 진화에서 그 다음 중요한 단계였다. 고생물학자들이 어느 정도 확신을 가지고 이렇게 말하는 이유는 약 5억 년 전에 지구의 동물상狀이 갑자기 폭발적으로 다양해지는 혁명이 일어났기 때문이다. 이것을 캄브리아기 폭발Cambrian Explosion이라고 한다. 1,500만 년의 기간을 거치면서 갑각류가 출현했다. 그 형태는 오늘날의 갑각류와 유사하다. 삼엽충이 대표적이다. 일부 삼엽충은 관절이 있는 다리와 집게발이 있었고, 또 다른 부류는 등에 원시적인 형태의 신경조직이 있었다. 초기 형태의 눈이 있는 종류도 있고, 뭐라고 묘사하기 어려울 정도로 이상한 형태의 삼엽충도 있었다.[15]

이렇게 해서 1980년대 중반에서 말이 되면 새로운 진화종합설이 등장한다. 중요한 발전 단계 가운데 빠진 부분을 메우고 시기를 더 촘촘히 확정하는 내용이다. 그렇게 해서 우리는 캄브리아기 폭발에서 4억 년 이상 지질학적 시간을 훌쩍 뛰어넘어 이제 거의 6,500만 년 전으로 성큼 다가선다. 달 착륙과 우주 탐사가 가져온 효과 중의 하나는 지질학이 단일 행성을 연구하는 분야에서 갑자기 훨씬 풍부한 데이터를 확보한 분야로 발전하게 됐다는 점이다. 달과 여타 행성들이 지구와 다른 점 가운데 하나는 표면에 움푹 파인 구멍이 훨씬 많아 보인다는 점이다. 이런 구멍들은 소행성이나 운석의 충돌로 말미암아 형성됐다. 우주에서 날아온 물체에 부딪혀서 생긴 것이라는 얘기다.[16] 이것이 지질학에서 중요한 이유는 1970년대까지만 해도 지질학은 수백 만 년 단위로 천천히 움직이는 시간관념에 익숙해 있었기 때문이다. 그러나 이제 커다란 예외가 생겼다. 그것이 K/T 경계층, 즉 약 6,500만 년 전 백악기와 제3기 사이에 존재한 경계선상의 지층이다. 이 시기의 화석들은 당시 지구상에 존재했던 생물들이 엄청나게 많이, 그것도 급작스럽게 사라졌음을 보여준다.[17] 이런 대량 멸종의 가장 대표적인 사례가 약 1억 5,000만 년 동안 지구를 지배한 거대 동물 공룡이다. 공룡은 이 시기 이후 화석에서 완전히 자취를 감춘다. 전통적으로 지질학자와 고생물학자들은 이러한 대량 멸종이 기후 변화나 해수면 하강 때문이라고 생각했다. 그러나 많은 생물들 입장에서 기후 변화나 해수면 하강은 대단히 느리게 진행되는 과정이었다. 따라서 동식물들은 그런 변화에 나름대로 적응했을 것이다. 그런데 지구상의 생명체의 절반가량이 백악기와 제3기 사이에 갑자기 사라진 것이다. 달과 행성들에 패인 많은 구멍을 연구한 결과 일부 고생물학자들은 그와 유사한 대참사가 6,500만 년 전에 일어난 대량 멸종의 원인이 아닐까 하고 의심하기에 이르렀다. 그렇게 해서 놀라운 과학 추리가 시작됐다. 추리가 완전히 해결된 것은 1991년에 가서다.

운석이나 소행성이 그런 파괴적인 효과를 일으키려면 크기가 최소한 어느 정도 이상은 돼야 했다. 너무 작으면 충돌로 패인 구덩이를 관찰하기가 어렵다.[18] 그럴 듯한 후보가 바로 나타나지는 않았다. 그런데 운석이 지구와는 화학성분이 다르다는 것을 알게 되면서 돌파구가 열렸다. 운석 충돌공에 특히 백금족 원소 함량이 높은 이유는 철 때문이다. 철은 백금족 원소를 잘 흡수하는데 지구 핵은 다름 아닌 거대한 철 덩어리다. 한편 운석 먼지는 이리듐과 같은 백금족 원소에 많다. 캘리포니아 대학 버클리 캠퍼스의 루이스 알바레스와 월터 알바레스Luis and Walter Alvarez 부자는 백악기와 제3기 경계층에서 나온 광맥 노출부위를 실험한 결과 이리듐이 일반적인 경우보다 90배나 많다는 사실을 밝혀냈다.[19] 부자(나중에는 며느리까지 합세한다)는 1978년 6월의 이 발견을 계기로 10년 이상이 걸리게 될 추적에 나선다. 두 번째 돌파구가 열린 것은 네덜란드 과학자 얀 스미트Jan Smit가 1981년 《네이처》지에 스페인 카라바카Caravaca의 K/T 경계지층 발굴 성과를 보고하면서였다.[20] 문제의 지층에서는 소구체小球體라고 하는 모래 알갱이만 한 크기의 작고 둥근 물체들이 많이 발견됐는데 분석 결과 '깃털' 모양의 결정구조로 되어 있었다. 성분은 주로 칼륨장석 계열의 새니딘sanidine이었다.²¹ 이런 소구체들은 감람석(휘석과 칼슘 성분이 많은 장석)으로 된 지구 초기 암석구조에서 발전한 것으로 현무암의 특징이라는 점에서 의미심장하다. 현무암은 바다 밑의 지각을 형성하는 주요 암석이다. 다른 말로 하면 운석이 대륙이 아닌 지구 바다 속에 가서 부딪혔다는 얘기다.

이는 좋은 소식이기도 하고 나쁜 소식이기도 했다. 좋은 소식인 이유는 6,500만 년 전에 대충돌이 있었다는 사실을 확인해주는 증거이기 때문이다. 나쁜 소식인 이유는 충돌공衝突孔을 바닷속에서 찾아야 했기 때문이다. 우선 거대한 쓰나미(지진으로 인해 발생하는 해일 : 옮긴이)가 일어난 증거를 찾아야 했다. 계산 결과 그런 정도의 해일이 대륙 연안을 덮칠 때는 높이가 1킬로미터나 됐을 것으로 추정됐다. 두 작업 모두 아무 소득이 없었다. 1980년대 들어 충돌의 증거가 하나 둘 쌓이기 시작했지만 이리듐 이상 과다 현상을 보이는 지역만 100곳이 넘었다. 따라서 충돌이 일어난 지점이 정확히 어딘지는 여전히 오리무중이었다. 그러다가 1988년에 애리조나 대학에 와 있던 캐나다 우주화학자 앨런 힐데브랜드Alan Hildebrand가 처음으로 텍사스 브라조스 강Brazos River 조사를 시작했다. 10년에 걸친 조사가 마지막 단계로 접어들게 된 것이다.²² 브라조스 강은 웨이코Waco 인근 한 지점에서 급류로 변했다가 단단한 모래 하상으로 이어지는 것으로 알려져 있었다. 이 하상은 쓰나미 범람의 흔적으로 확인됐다. 힐데브랜드는 브라조스 일대를 샅샅이 훑었다. 이어 그 일대의 다른 지형과 원형圓形으로 연결되는 증거를 찾아 나섰다. 지도와 중력 이상을 조사하던 차에 그는 마침내 원형 구조를 발견했다. 콜롬비아 북쪽 카리브 해 해저에 난 충돌공으로 멕시코 유카탄 반도Yucatán Peninsula까지 뻗어 있었다. 다른 고생물학자들은 처음에는 회의적이었다. 그러나 힐데브랜드가 유카탄 반도를 잘 아는 지질학자의 도움을 받게 되면서 해당 지역이 충돌 지점이라는 것이 곧 확인됐다. 모두가 혼란스러워한 이유는 치크술루브Chicxulub로 알려진 충돌공이 비교적 최근에 생성된 암석 밑에 묻혀 있었기 때문이다.²³ 힐데브랜드는 동료들과 함께 이런 내용을 1991년 논문으로 발표해 센세이션을 일으켰다. 적어도 지질학자와 고생물학자들에게는 그랬다. 그들은 이제 태도를 완전히 바꾸지 않을 수 없었다. 운석 충돌이라는

대참사가 진화에 영향을 주었을 수 있다고 본 것이다.²⁴

치크술루브 발견으로 예기치 않은 놀라운 사실이 추가로 밝혀졌다. 첫째 치크술루브 충돌공이 샘에서 솟는 물로 채워진 작은 호수인 세노테cenote 형성에 어느 정도 역할을 했다는 사실이 드러났다. 세노테의 물은 마야 문명Mayan civilisation을 가능케 했다.²⁵ 둘째로 또 다른 대량 멸종 세 건이 고생물학자들에 의해 확인됐다. 대량 멸종이 일어난 시기는 3억 6,500만 년 전, 2억 5,000만 년 전, 2억 500만 년 전으로 추정됐다. 공룡의 멸종은 포유류에게는 반가운 소식이었다. K/T 경계층 시기가 될 때까지 포유류는 몸집이 작았다. 그러나 개체수가 많았기 때문에 운석의 충돌에도 많이 살아남을 수 있었을 것이다. 게다가 K/T 경계층 이후 시기까지도 더 큰 포유류는 등장하지 않았고, 티라노사우루스 렉스Tyrannosaurs Rex나 트리케라톱스Triceratops 같은 공룡들과의 경쟁은 없어진 상태였다. K/T 시기에 운석이 지구와 충돌하지 않았다면 인간 역시 탄생하지 못했을 것이다.

인류의 기원에 관해서는 1980년대에도 한두 가지 중요한 발굴이 있었다. 그러나 80년대는 사실 발견보다는 해석과 분석의 황금기였다.

1984년 8월 케냐 투르카나 호수Turkana Lake 인근에서 리키 일가가 발견한 '투르카나 소년Turkana Boy'은 예상보다 훨씬 키가 크고 매우 호리호리했다. 신체 치수 면에서 현대인에 근접하는 최초의 원인이었다.²⁶ 소년은 척추관이 좁고, 흉곽도 위로 가면서 좁아지는 체형이었다. 해부학자들이 보기에 투르카나 소년은 흉곽 쪽으로 신경신호를 보내는 능력이 제한돼 있을 수밖에 없었다. 따라서 우리가 보통 말할 때 하는 것만큼 호흡을 원활히 할 수 없었을 것이다. 다른 말로 하면 투르카나 소년은 언어를 사용하지 못했다는 얘기다. 또 올라갈수록 흉곽이 가늘어진다는 것은 팔과 팔 사이의 간격이 매우 좁아서 나무를 타고 오르기가 쉽다는 의미였다. 리키 일가는 투르카나 소년을 호모 에렉투스로 분류하고 활동시기를 160만 년 전으로 잡았다. 2년 후 리키 일가의 평생 라이벌인 도널드 요한슨이 올두바이 협곡에서 해골을 하나 발견했다. 호모 하빌리스에 속하는 것으로 시기는 20만 년 전 정도로 추정됐다. 이 화석은 아주 달랐다. 키가 작고 웅크린 자세에 팔은 원숭이처럼 아주 길었다.²⁷ 약 200만 년 전 동일한 시기에 한 종 이상의 원인이 병존했다는 이론을 모든 고생물학자가 받아들인 것은 아니었다. 그러나 그 시기에 원인들이 숲을 떠나는 변화가 일어났다는 것은 상당히 개연성이 높아 보였다. 예일대 교수인 엘리자베스 브르바Elisabeth Vrba는 대략 250만 년 전에 다른 변화로 말미암아 진화론적 발전이 일어났다고 주장했다.²⁸ 예를 들어 극지방에 빙하가 형성되면서 지구 기온이 내려가고, 해수면이 하강하고, 기후는 더욱 건조해져 식물 생장이 감소됐다. 이 시기에 오면 숲에 사는 영양의 화석이 건조한 사바나 초원에서 풀을 뜯는 변종 영양 화석으로 바뀐다는 점도 이런 주장을 뒷받침한다.²⁹ 석기가 등장한 것은 250만 년 전이었다. 이는 원인들이 250만 년 전에서 150만 년 전 사이에 숲을 벗어났고, 그 과정에서 키가 커지고 자태가 우아해졌으며 원시적인 도구를 사용하게 됐다는 것을 시사한다. 약 20만 년 전이 되면 더욱 '공 들인' 도구들이 나타난다. 이 식기는 대략 네안데르탈인이 출현한 시기였다. 네안데르탈인에 관한 시각도 역시 달라졌다. 이제 우리는 네안데르탈인의 뇌가 우리 현대인만 했다는 사실을 알고 있다. 다만 뇌가 안면 '위'가 아니라 '뒤쪽'에 있다는 점이 다르다. 그들은 시신을 매장하고, 몸에 황토를 발라 장식을 하고, 장애가 있는 공동체 구성원을 보살펴주었던 것으로 보인다.³⁰ 빅토리아 시대 사람들이 생각했던 식의 야만인이 아니었다는 얘기다. 네안데르탈인은 약 50만 년 전에서 2만 8,000년 전까지 호모 사피엔스와 공존했다.³¹

1975~95년에 이루어진 이런저런 발굴 성과들을 이언 태터솔Ian Tattersall이 화석 편람에 정리했다. 원인의 진화 연대기는 대략 다음과 같다.

400만~300만 년 전	두 발 보행
250만 년 전	도구 사용 초기
150만 년 전	불 (조리용. 사냥을 했다는 의미다)
100만 년 전	원인들이 아프리카에서 다른 지역으로 이동
20만 년 전	더욱 세련된 도구 사용
	네안데르탈인 출현
10만~5만 년 전	호모 사피엔스 출현
2만 8,000년 전	네안데르탈인 소멸

그런데 네안데르탈인은 왜 사라졌을까? 많은 고생물학자들은 호모 사피엔스의 언어능력 발달을 유일한 답으로 본다. 언어는 식량을 비롯한 자원 획득 경쟁에서 대단한 강점이었기 때문에 라이벌 종족은 단기간에 소멸되고 말았다.

세포 내에는 미토콘드리아Mitochondrial DNA로 알려진 세포기관이 있다. 세포핵 바깥에 위치하며 사실상 세포의 배터리 역할을 하는 기관이다. 미토콘드리아 DNA는 ATP(아데노신3인산)라고 하는 물질을 만들어낸다. 캘리포니아 대학 버클리 캠퍼스의 앨런 윌슨Allan Wilson과 레베카 칸Rebecca Can은 1987년 1월 《네이처》지에 미토콘드리아 DNA를 고고학적 맥락에서 분석한 획기적인 논문을 공개했다. 윌슨과 칸의 관심을 끈 부분은 미토콘드리아 DNA가 어머니를 통해서만 유전된다는 사실이었다. 짝짓기를 통해 핵 DNA가 아무리 변해도 미토콘드리아 DNA는 변하지 않는다. 따라서 미토콘드리아 DNA는 돌연변이를 통해서만 변한다. 그만큼 변이 속도가 훨씬 느리다. 윌슨과 칸은 서로 다른 민족의 미토콘드리아 DNA를 비교해보면 어떨까 하는 재미난 발상을 했다. 차이가 클수록 인류 공통의 조상에서 갈라져 나온 지가 오래됐을 것이라는 전제를 깔고 하는 작업이었다. 변이는 상당히 일정한 속도로 일어나는 것으로 돼 있기 때문에 변이의 정도를 보면 다양한 인간 집단이 얼마나 오래 전에 갈려나갔는지 감을 잡을 수 있다는 이야기였다.[32]

윌슨과 칸이 처음에 확인한 것은 세계가 두 집단으로 갈렸다는 사실이다. 한편에는 아프리카인들이 있고, 다른 편에는 나머지 원인이 있다. 둘째, 아프리카인들은 다른 종족보다 변이가 약간 더 많았다. 아프리카 지역 종족이 더 오래됐으며, 인류는 아프리카에서 처음 출현해 세계 곳곳으로 퍼져나갔을 개연성이 매우 높다는 고생물학자들의 시각을 확인시켜주는 내용이었다. 변이율 연구와 시대 비교를 통해 윌슨과 칸은 마침내 우리가 아는 인류는 탄생한 지 20만 년을 넘지 않는다는 사실을 입증해냈다. 여러 화석 증거와 일치하는 결론이었다.[33]

윌슨과 칸의 논문이 관심을 끈 이유 중 하나는 그 내용이 고생물학자들이 아프리카에서 발견한 화석과 일치할 뿐 아니라 최근의 언어학 및 고고학 연구 성과와도 맞아떨어졌기 때문이다. 이미 1786년에 윌리엄 존스William Jones 경(인도 콜카타 대법원 판사였다)은 산스크리트어가 라틴어 및 그리스어와 놀라울 정도로 유사하다는 사실을 발견했다.³⁴ 이런 관찰을 통해 존스는 '모어母語'라는 개념에 착안했다. 모어mother tongue란 오래 전에 어떤 단일 언어가 있었고, 다른 모든 언어는 거기서 갈라져 나왔다는 발상이다. 조셉 그린버그Joseph Greenberg(미국 언어학자, 인류학자. 1915~2001 : 옮긴이)는 1956년부터 윌리엄 존스 경의 가설을 아메리카 대륙에 적용시켜 다시 검증했다. 87년에는 남미 남부에서부터 북미 에스키모족까지 아메리카 원주민 언어에 대한 방대한 연구를 끝냈다. 그 결과가 『아메리카 대륙의 언어 Language in the Americas』라는 책으로 나왔는데 여기서 그린버그는 아메리카의 언어를 기본적으로 세 종류로 분류할 수 있다는 결론을 내렸다.³⁵ 첫 번째, 가장 초기 형태는 '아메린드어Amerind'로 남미와 미국 남부 지역에 분포하며 북부 언어들보다 변종이 훨씬 많다. 다른 언어들보다 훨씬 오래됐다는 의미다. 두 번째 그룹은 나데네어Na-dene, 세 번째 어군은 알류트-에스키모어Aleut-Eskimo로 캐나다와 알래스카 지역에 분포한다. 나데네어는 알류트-에스키모어보다 변종이 많다. 이는 서로 다른 언어를 사용하는 세 집단이 아메리카 대륙으로 이주해왔음을 시사한다고 그린버그는 말한다. 단어 '변화'를 토대로 그는 아메린드어 사용자는 1만 1,000년 전에 아메리카 대륙에 도착했고, 나데네어 사용집단은 약 9,000년 전에, 그리고 알류트-에스키모어 사용자는 약 4,000년 전에 갈라져 나왔다고 본다.³⁶

그린버그의 결론은 논란의 여지가 매우 많다. 그러나 치아 구조 연구와 유전자 변이 조사에서 나온 증거와 완전히 일치한다. 특히 스탠퍼드 대학 루카 카발리 스포르자Luca Cavalli-Sforza (이탈리아 출신 집단유전학자 : 옮긴이) 교수의 대단히 독창적인 연구와도 일치하는 것으로 나타났다. 『문화 전파와 진화Cultural Transmission and Evolution』(1981), 『아프리카 피그미African Pygmies』(1986), 『위대한 인류 디아스포라 The Great Human Diasporas』(1993), 『인간 유전자의 역사와 지리학History and Geography of Human Genes』(1994)을 비롯한 일련의 저서에서 카발리 스포르자와 그의 동료들은 두 혈통의 변형 가능성, 특히 Rh 인자와 전 세계의 유전자를 조사했다. 그 결과 초기 인류가 지구 전역으로 퍼져나간 시기에 대해 상당한 근사치에 도달했다. 또한 우리의 장기지속의 역사에서 특이한 가능성들이 얼마나 되는지에 대해서도 상당한 정보를 확보했다. 예를 들어 나데네어족, 시노티베트어족, 코카서스어와 바스크어는 아주 원시적인 친연관계가 있으며, 한때 더 큰 단일어족에 속했던 것으로 보인다. 그러다가 다른 민족들이 나타나면서 거대 단일어족이 깨지고 나데네어 사용 집단은 아메리카 대륙으로 쫓겨났다는 얘기다. 또 다른 증거는 바스크어 사용집단이 언어와 혈통 면에서 주변 민족들과 아주 다르다는 것을 보여준다. 카발리 스포르자는 바스크족 거주지와 고대 동굴미술 유적지가 겹친다는 사실에 주목하면서 이것이 수렵채집 기술을 벽화로 남기고 중부 유럽 농경민족 확산에 저항했던 한 고대민족의 존재 증거가 아닐까 하고 생각한다.[37]

끝으로 카발리 스포르자는 가장 심오한 질문 두 가지에 답하려고 시도했다. 언어가 처음 나타난 것은 언제였으며, 단일 조상언어, 즉 진정한 모어가 존재하지 않았을까 하는 의문이다. 앞에서 우리는 일부 고생물학자들은 네안데르탈인이 언어가 없었기 때문에 약 2만 8,000년 전에 소멸했다고 본다는 것을 살펴보았다. 이런 점을 염두에 두면서 카발리 스포르자는 우리 두뇌에서 언어를 담당하는 영역이 눈 바로 뒤 왼쪽에 있다는 사실을 강조한다. 그래서 두개골은 약간 비대칭을 이룬다. 이런 비대칭성은 원숭이에게는 없지만 200만 년 전 것으로 추정되는 호모 하빌리스의 두개골에는 존재한다. 또 우리의 두개골은 30만 년 전에 성장을 멈췄다. 따라서 언어는 많은 고생물학자들이 생각하는 것보다 더 오래 전에 탄생했을 가능성이 있는 것으로 보인다.[38] 한편 오랜 시간을 거치면서 언어가 변화하는 양상에 대한 연구를 보면(개략적인 추정이다) 주요 어족이 쪼개진 시점은 2만~4만 년 전으로 거슬러 올라간다. 이런 편차는 아직 해결되지 않았다.

모어와 관련해서 카발리 스포르자는 모든 언어에 공통적인 단어가 적어도 하나는 있다고 한 그린버그의 주장에 기대고 있다. 이것이 뿌리가 되는 단어인 어근語根이다.

어족 또는 언어	형태	의미
나일사하라어족	tok-tek-dik	하나
코카서스어족	titi, tito	손가락, 단일
우랄어족	ik-odik-itik	하나

인도유럽어족	dik-deik	지시하다/가리키다
일본어	te	손
에스키모어	tik	집게손가락
시노티베트어족	tik	하나
오스트로아시아어족	ti	손, 팔
인도태평양어족	tong-tang-ten	손가락, 손, 팔
나데네어	tek-tiki-tak	하나
아메린드어	tik	손가락[39]

　서유럽에서 인도까지 분포하는 인도유럽어들의 경우 그린버그의 접근법을 더욱 발전시킨 사람은 콜린 렌프루Colin Renfrew였다. 렌프루는 케임브리지 대학 고고학 교수로 탄소14연대측정법을 좀 더 효율적으로 발전시켰다. 『고고학과 언어 *Archaeology and Language*』(1987)에서 렌프루는 언어의 기원을 따지는 데서 그치는 것이 아니라 언어학의 연구 성과와 고고학의 발견을 비교해 수미일관된 결론을 이끌어내고자 했다. 그중에서도 논란의 소지가 가장 많은 부분이 인도유럽어 사용 민족들의 맨 처음 고향이 어디인지를 확인하는 부분이었다. 그렇게 하면 인류의 발전이 전반적으로 어떤 양상으로 진행됐는지 알아볼 수 있기 때문이다. 그는 민족에 따라 음운의 변화 양상이 규칙적이라는 가설을 도입한다. 예를 들어

　　　milk(우유) :　프랑스어 lait　이탈리아어 latte　스페인어 leche
　　　fact(사실) :　프랑스어 fait　이탈리아어 fatto　스페인어 hecho

　그런 다음 언어의 변화율을 파악해서 맨 처음에 사용된 어휘가 무엇인지를 추론했다. 핵심 단어들(눈eye, 비rain, 마른dry)의 사용에서 나타나는 변화를 비교함과 동시에 초기 질그릇을 분석하고 농업기법을 파악함으로써, 렌프루는 농업이 유럽과 인근 지역으로 확산된 경위를 조사했다. 그가 내린 결론은 인도유럽어 사용자들의 원 고향은 모어인 '원原인도유럽어proto-Indo-European'가 사용되던 곳으로 BC 6500년경의 아나톨리아 고원 중동부이며, 원인도유럽어의 확산은 농업의 전파와 관련이 있다는 것이었다.[40]

여기서 놀라운 점은 고고학과 언어학, 유전학 사이에 일치하는 부분이 많다는 사실이다. 지구 곳곳으로 민족들이 퍼져나간 것, 네안데르탈인의 소멸, 아메리카대륙에 인류가 새로 자리를 잡은 것, 언어의 탄생과 확산이 예술·농업, 질그릇과 연관돼 있다는 것, 오늘날 흔히 볼 수 있는 서로 다른 여러 언어들 등등이 하나같이 일정한 순서에 따라 나타나는 현상이라는 점이다. 진화종합설의 마지막 장은 여기서 시작된다.

이런 흥미진진한 경험적 연구 성과를 감안한다면 진화에 대한 이론화 작업이 무성해지는 것도 놀라운 일이 아니다. 그보다는 1980~90년대에 생물학 관련 저술이 하나의 문학적 현상으로 떠올랐다는 점이 진짜로 놀라운 일일 것이다. 생물학자, 고생물학자, 철학자 등등 일군의 저술가들이 수십 종의 책을 펴냈다. 그 책들은 베스트셀러가 되면서 지적 지형에 변화를 가져왔다. (여기에 필적할 만한 것은 물리학과 수학 분야의 놀라운 발전일 텐데 이에 대해서는 나중에 살펴보기로 하자.) 다윈주의의 르네상스를 주도한 주요 저술가를 알파벳순으로 꼽아보면 다음과 같다. 리처드 도킨스, 다니엘 데닛, 나일즈 엘드리지Niles Eldredge, 스티븐 제이 굴드Stephen Jay Gould, 리처드 르원틴Richard Lewontin, 스티븐 핀커Steven Pinker, 스티븐 로즈Steven Rose, 존 메이너드 스미스John Maynard Smith, E. O. 윌슨. 이들을 뭉뚱그려 신다윈주의자neo-Darwinists라고 한다. 이들은 열광과 적대감을 동시에 불러일으켰다. 이들이 쓴 책은 잘 팔렸다. 그러나 도킨스 같은 경우는 어느 시점에 가서는(1998년이었다) '영국에서 가장 위험한 인물'로 치부되었다.[41]

신다윈주의자들의 메시지는 이중적이다. 하나의 관점은 윌슨, 도킨스, 스미스, 데닛이 대표했고, 다른 하나는 엘드리지, 굴드, 르원틴, 로즈가 대변했다. 윌슨의 저서들은 두 가지 유형으로 대별된다. 첫째가 앞서 살펴본 바 있는 『사회생물학』(1975)과 『인간의 본성에 관하여On Human Nature』(1978), 『통섭: 지식의 대통합 Consilience: The Unity Of Knowledge』(1998)이다. 이 책들의 공통점은 신다윈주의를 다소 고집스럽게 주창했다는 점이다. 핵심은 '유전자가 문화를 구속한다'는 확신이었다.[42] 윌슨은 특히 C. P. 스노가 말한 두 문화 사이에 다리를 놓음으로써 과학이 인간 본성까지 꿰뚫고 들어가 문화를 설명할 수 있다는 것을 보여주고자 했다. "그렇다면 핵심은 뇌가 존재하는 것은 뇌의 조합을 지시하는 유전자들의 생존과 복제를 촉진하기 때문이라는 것이다."⁴³ 윌슨은 생물학이 결국에 가서는 인류학, 심리학, 사회학, 경제학을 설명할 수 있게 될 것이며, 이런 모든 학문 분야가 점점 더 긴밀한 방식으로 융합될 것이라고 믿었다. 『인간의 본성에 관하여』에서 윌슨은 『사회생물학』을 더욱 확대시켜 인간 경험의 다양한 측면을 환경에 대한 적응이라는 관점에서 설명한다. 예를 들어 여성이 부와 지위 면에서 동등하거나 우위인 남성과 결혼하는 관습인 상향혼Hypergamy에 대한 설명이 그러하다. 그는 세계 곳곳의 위대한 문명들이 서로 접촉이 없었는데도 거의 같은 순서로 유사하게 발전해왔다는 점에 주목한다. 위대한 종교를 탄생시킨 것도 만성적인 육류 부족이었을 것이라고 본다. 초기 인류가 사냥감이 많은 지역에서 떨어져 나오는 과정에서 엘리트층이 육식을 종교적인 특정 계층에만 허용하는 규칙을 만들어냈을 것이라는 얘기다. 그는 또 미국 웨스트버지니아 주 앨더슨에 있는 여죄수교도소 수감자들의 사례를 인용한다. 관찰 결과 죄수들은 가족과 같은 단위체를 형성했다. 그 중심에는 성적 활동이 왕성한 한 쌍이 있고, 이들은 서로를 '여보', '당신'이라고 부른다. 그 주변으로 '형제', '자매'로 통하는 여자들이 있고, 나이가 많은 죄수들은 '이모' '삼촌' 행세를 한다. 그는 남성 죄수들은 결코 이런 식의 조직을 만든 적이 없다는 점에 주목한다.⁴⁴ 윌슨의 저서 전반을 관통하는 의도는 인간의 문화적인(윤리적인 부분까지 포함해서) 삶을 생물학적으로, 유전적으로 어떻게 설명할 수 있는지를 보여주겠다는 것이었다. 톤은 밝고 낙관적이지만 대단히 고집스럽다.

윌슨 저서의 또 한 축은 『생명애生命愛: 인간과 다른 종의 유대Biophilia: The Human Bond with Other Species』(1984)에서 특히 극명하게 표현됐다. 이 책의 의도는 인간과 자연의 유대가 우리의 삶을 설명하고 풍부하게 하는 데 큰 도움이 된다는 점을 보여주려는 것이었다. 이는 다른 접근법으로는 불가능하다는 게 그의 입장이다.⁴⁵ 생명애가 미학까지도 설명할 수 있고(우리는 왜 대도시 풍경보다 사바나 초원을 더 좋아하는가), 동물의 생활에 대한 과학적 이해가 어떻게 자연시 읽기를 풍성하게 해줄 수 있고, 왜 모든 사람이 뱀을 무서워하게 되었는지(위험하기 때문이다. 굳이 프로이트까지 들먹일 필요 없다)에 대한 설명을 넘어서서 윌슨은 독자를 나름의 과학적 발견으로 이끌어간다. 과학적 발견이 지적으로 대단히 흥미로운 일임은 물론이고 삶에 의미를(물론 부분적인 의미라는 것은 인정한다) 부여할 수 있다는 것을 보여주고자 한다. 예를 들어 우선 어떤 섬의 크기가 그 섬이 담아낼 수 있는 종의 수와 관계가 있다는 것을 입증한 다음, 그런 것이 자연보전에 대한 우리의 이해를 어떻게 심화시켜주는지를 보여준다. 생명애 개념은 많은 사람들에게 영감을 주었고, 다양한 연구를 촉발시켰다. 그런 연구 성과들이 약 10년 후인 1992년 8월 미국 매사추세츠 주 우즈홀해양학연구소Woods Hole Oceanographic Institute에서 열린 특별 학술대회에서 집대성됐다. 이 자리에서 학자들은 좀 더 체계적인 연구들에 대해 보고했다. 예를 들어 선택할 수만 있다면 사람들은 요란하지 않은 시골을 살기 좋은 장소로 선호한다는 내용도 있고, 들판이 내다보이는 교도소에 수감된 죄수들이 맨땅 운동장만 보고 사는 죄수들보다 병에 덜 걸린다는 연구 결과도 있었다. 심인성心因性 질환을 유발하는 동물들(파리, 도마뱀, 독수리 등)은 음식에 대한 터부와 관련이 있다는 사실도 밝혀졌다. 심포지엄에서는 지구 생물상 전체는 서로 영향을 주고받는 하나의 시스템으로 물리학보다는 생리학에 훨씬 가깝다(대기의 가스나 바다의 염분과 알칼리는 하나의 거대한 유기체처럼 최대한 많은 생명체를 살리는 쪽으로 구조화돼 있다)고 주장한 제임스 러브록 James Lovelock의 가이아 이론(1979년 발표)에 대해서도 집중적인 분석이 이루어졌다. 생명애는 사회생물학의 연장이었다. 다만 사회생물학만큼 큰 대중적 파장을 불러일으킬 만큼 도발적이지 않았을 뿐이다.[46]

신다원주의적 세계관을 밀어붙이는 열정에 있어 윌슨 다음 갈 만한 인물이 리처드 도킨스다. 도킨스는 『눈 먼 시계공 The Blind Watchmaker』(1986)으로 1987년 영국 왕립문학협회 상을 수상했고, 95년에는 옥스퍼드 대학교 과학대중화 찰스 시모니 석좌교수가 되었다. 『확장된 표현형 The Extended Phenotype』(1982), 『에덴 밖의 강 River Out of Eden』(1995), 『불가능의 산을 오르다 Climbing Mountain Improbable』(1996) 등이 유명하고, 『이기적 유전자』(초판 1976)는 89년에 개정판이 나왔다. 『눈 먼 시계공』은 도킨스의 다른 저서들과 마찬가지로 거침이 없다. 진화에 관한 일체의 애매한 관념을 단박에 깨부수려는 열망의 표현이다.[47] 진화론에 반대하는 사람들이 내세우는 전형적인 반박은 이런 것이다. 진화가 사실이라면 왜 중간 형태의 생명체는 존재하지 않는가? 그리고 눈이나 날개 같은 복잡한 조직이 어떻게 중간 단계 없이 형성될 수 있는가? 결국 이 모든 것을 주재하고 만든 것은 신과 같은 유일의 설계자일 수밖에 없지 않은가? 이런 식의 반론을 깨부수기 위해 도킨스는 많은 시간을 투자한다. 날개의 경우를 보자. "날개가 꾸준히 진화해온 단계를 기가 막히게 보여주는 동물들이 지금도 많이 서식하고 있다. 발가락 사이에 달린 큰 갈퀴로 하늘을 미끄러지는 개구리 종류가 그렇고, 납작한 몸으로 바람을 타는 나무뱀 종류가 그렇고, 옆구리에 난 날개판으로 나는 도마뱀이 그렇다. 발가락 사이에 이어진 막으로 공중을 나는 포유류도 여러 종류가 있다. 이런 것들은 박쥐 스타일이 하늘을 나는 시작이었음을 보여준다. 창조론을 주창하는 문헌들과는 달리 동물은 '반쪽짜리 날개'만 있는 것이 아니라 4분의 1짜리 날개, 4분의 3짜리 날개 등등 다양한 형태가 있다."[48] 도킨스의 두 번째 의도는 자연선택이 실제로 일어나고 있다는 것을 확실히 보여주겠다는 것이다. 이를 위해 설득력 있는 예를 든다. 가장 좋은 예가 매미다. 녀석들의 수명 주기는 항상 소수(13 또는 17년)다. 녀석들의 먹이가 되는 생물종은 매미가 언제 나타날지 절대 예측할 수 없다는 의미다. 수학적으로 들쭉날쭉하기 때문이다! 그러나 도킨스의 기여 가운데 가장 중요하고도 독창적인 것은 '밈meme'이라는 개념이다. 이 신조어는 유전자의 문화적 등가물을 말하는 것이다.[49] 도킨스는 인간의 인지능력 진화의 결과로 나타난 관념이나 책, 노래, 관습 같은 것들도 좀 더 성공적인 것—그 소유자들이 번성하는 데 도움이 되는 것—이 살아남는다고 주장한다. 결국 유전자와 유사하게 '복제'되고 후대에 계속 사용된다는 것이다.

다니엘 데닛은 보스턴 근처 메드퍼드에 있는 터프츠 대학 철학 교수로 역시 비타협적인 신다윈주의자다. 『다윈의 위험한 아이디어: 진화와 생명의 의미*Darwin's Dangerous Idea: Evolution and the Meaning of Life*』(1995)에서 데닛은 대담한 선언을 한다. "역사상 나온 가장 기가 막힌 아이디어들 중에서 딱 하나만 꼽아서 상을 주라고 한다면 나는 다윈에게 주겠다. 뉴턴도 아인슈타인도 다윈 다음이다. 자연선택에 의한 진화라는 아이디어는 생명·의미·복적의 영역과 공간·시간·인과관계·

메커니즘·물리법칙의 영역을 하나로 통합하는 것이다."⁵⁰ 윌슨이나 도킨스와 마찬가지로 데닛도 진화론의 적을 타도하기 위해 노심초사한다.

'다윈의 위험한 아이디어란 환원주의의 화신이다.'⁵¹ 그의 저서는 생명/지능/언어/예술, 그리고 궁극적으로는 의식이 어떻게 본질적으로 '공학적 문제'에 불과한지를 설명하려는 시도이다. 아직 우리는 자연선택 과정에서 이어진 작은 발자국 하나하나를 모두 설명할 수 있는 단계에 이르지 못했다. 그러나 언젠가 그렇게 될 것이라는 점을 데닛은 전혀 의심하지 않는다. 이 책의 핵심은(책 내용이 워낙 다채로워서 한 핵심이라고 하는 편이 정확하겠다) 스튜어트 카우프만Stuart Kauffman의 『질서의 기원: 진화에서의 자기조직화와 선택Origins of Order: Self-Organization and Selection in Evolution』(1993)에 제시된 아이디어들을 검토하는 작업이었다.⁵² 카우프만의 아이디어란 유기체 사이의 유사성은 반드시 유전에 의해 나타나는 것은 아니라고 주장한다는 점에서 자연선택에 대한 일종의 공격이었다. 유사성은 어떤 문제에 대한 디자인상의 해결책이 몇 가지밖에 없다는 사실 때문에 야기될 수 있다는 것이다. 따라서 그런 '내재적인' 해결책이 이러저러한 유기체들의 형태를 만들게 된다.⁵³ 데닛은 자연선택에 대한 색다른 이론을 제시하는 학자들 가운데 카우프만이 단연 설득력이 있다는 점을 인정한다. 그러나 '디자인상의 제약'은 오히려 진화의 가능성을 더 넓혀준다고 반박한다. 그러면서 시를 비유로 든다. 시를 운율에 맞춰 쓸 때 시인은 쇼핑 목록을 적어나가는 것보다도 더 많은 대구를 찾아낼 수 있다는 것이다. 다른 말로 하면 질서란 하나의 제약으로 시작될 수 있지만 결국에는 다양한 선택을 가능케 하는 효과를 발휘할 수 있다는 것이다. 데닛은 또 생명을 자연선택에 의해 형성되는 물리-공학적 현상으로 해석하는 수준을 넘어 생명과학의 풀리지 않는 수수께끼인 의식의 문제에 정면으로 도전한다. 이에 대해서는 이 장 말미에서 자세히 살펴보기로 하자.

존 메이너드 스미스는 영국 서섹스 대학 생물학 석좌교수로 신다윈주의자들의 대부다. 1956년에 이미 첫 저서를 냈다. 도킨스 같은 학자들보다 대중성은 떨어지지만 가장 독창적인 사상가이자 비타협적인 이론가라고 할 수 있다. 1995년에는 외르스 자스마리Eörs Szathmáry(헝가리의 진화생물학자: 옮긴이)와 공동으로 『진화의 주요 변이The Major Transitions in Evolution』를 썼는데 다음의 각 장 제목이 요지를 간결하게 보여준다.

화학적 진화
원형原型의 진화
변환의 기원과 유전자 코드
원시세포protocell의 기원
진핵생물의 기원
성性의 기원과 종의 본성
공생
공간 유형의 발달
사회의 기원
언어의 기원[54]

메이너드 스미스와 자스마리가 출판을 앞두고 원고를 편집하는 사이 MIT 두뇌/인지과학 교수인 스티븐 핀커가 『언어본능The Language Instinct』(1995)을 내놓았다. 메이너드 스미스와 핀커의 저서는 결국 스키너 대 촘스키 논쟁에 종지부를 찍었다. 두 쪽 다 언어능력의 대부분은 부모에게서 물려받는 것이라는 결론을 내림으로써 촘스키의 손을 들어준 것이다.[55] 논증은 주로 두뇌 손상이 언어 능력에 미치는 영향, 어린이의 언어 발달과 신경계 성숙 과정의 연관성, 초기 언어로부터 여러 언어가 갈라져 나오는 방식, 유인원 두개골의 유사성 등을 입증하는 방식을 택했다. 또 인간과 동일한 침팬지 두뇌의 일부 영역이 동료 침팬지들이 내는 경고음을 비롯한 신호들을 지각한다는 사실도 거론했다. 핀커는 특히 일부 가계에 이어져 내려온 언어장애(특히 독서장애)의 증거를 제시하면서 양전자방출단층촬영(PET) 기법을 사용했다. 실험 자원자가 미량의 방사성 가스를 흡입한 뒤 머리를 감마선 검출기에 들이밀면 컴퓨터가 뇌의 어느 부분에 '불이 들어오는지' 계산을 해내는 것이다.[56] 이제 언어가 본능이라는 것은 의문의 여지가 없어 보인다. 적어도 강력한 유전적 요인이 있다는 것은 분명하다. 사실 물증이 너무도 확고해서 도저히 더는 의심할 수 없을 정도다.

윌슨, 도킨스, 데닛 일파와 나란히, 또는 왕왕 대척점에 서 있는 일군의 생물학자들이 있다. 이들은 대부분 윌슨 일파와 의견을 같이 하지만 일부 근본적인 문제에서 견해를 달리한다. 이 그룹에 속하는 인물은 하버드 대학의 스티븐 제이 굴드와 리처드 르원틴, 뉴욕 미국자연사박물관 큐레이터 나일즈 엘드리지, 영국 개방대학의 스티븐 로즈다.

그룹의 대표 자리는 역시 굴드(1941~2002)에게 돌아가야겠다. 다작인 굴드의 책들은 흥미진진한 것으로 유명하다. 대표작만 꼽아도 『다윈 이후*Ever since Darwin*』(1977), 『판다의 엄지*The Panda's Thumb*』(1980), 『인간에 대한 오해*The Mismeasure of Man*』(1981), 『닭 이빨과 말 발굽*Hen's Teeth and Horses' Toes*』(1983), 『플라밍고의 미소*The Flamingo's Smile*』(1985), 『생명, 그 경이로움에 대하여*Wonderful Life*』(1989), 『브론토사우루스 논쟁*Bully for Brontosaurus*』(1991), 『돼지새끼 여덟 마리*Eight Little Piggies*』(1993), 『레오나르도의 대합조개 산과 곤충들의 식사*Leonardo's Mountain of Clams and the Diet of Worms*』(1999) 등 차고 넘친다. 굴드 일파가 도킨스, 데닛 그룹과 입장을 달리하는 영역은 네 가지다. 첫째는 단속평형punctuated equilibrium으로 알려진 개념이다. 단속평형斷續平衡 아이디어는 1972년 엘드리지와 굴드가 고생물학을 주제로 한 한 책에 공동 명의로 기고한 논문 「단속평형: 점진적 계통 진화phyletic gradualism의 대안」에서 처음 제시됐다.[57] 논문의 요지는 정통 다윈주의자들은 진화를 점진적인 변화로 보지만 화석을 면밀히 조사해본 결과 실제로는 아무 일도 없는 정체기가 오래 지속되다가 특정 시기에 급작스럽게 드라마틱한 변화가 일어난다는 것이었다. 이것이야말로 중간 단계의 화석이 왜 없는지, 새 종이 어떻게 해서 분화되는지를 설명해줄 수 있는 이론이라고 두 사람은 주장했다. 종의 분화는 서식지에 극적인 변화가 생길 때 갑작스럽게 일어난다는 것이다. 이 이론은 급작스러운 혁명을 사회 변화의 한 형태로 보는 은유로서 한동안 많은 지지자를 얻었다(굴드의 아버지는 유명한 마르크스주의자였다). 그러나 근

30년이 지난 지금 단속평형 이론은 설득력을 많이 잃었다. 지질학적 관점에서 볼 때 '급작스럽다'는 것은 인간의 시간관념으로 보면 사실 급작스러운 게 아니다. 수백만 년까지는 아니더라도 수십 만 년을 일컫는 개념이기 때문이다. 진화의 정도는 시간 단위마다 다를 수 있다.

의견의 불일치를 보이는 두 번째 영역은 1979년에 모습을 드러냈다. 굴드와 르원틴이 「영국 왕립학회 회보」에 발표한 「산마르코의 스팬드럴과 팡글로스적 패러다임 : 적응주의 비판The Spandrels of San Marco and the Panglossian Paradigm: A Critique of the Adaptationist Programme」이라는 논문에서였다.[58] 특이한 건축 구조를 설명한 이 논문의 골자는 둥근 아치 두 개가 교차하는 지점에서 생기는 삼각형 모양의 스팬드럴spandrel은 사실은 원래 그렇게 디자인한 것이 아니라는 것이었다. 굴드와 르원틴은 베네치아의 산마르코 광장에서 이런 형상들을 본 뒤 그것은 더 중요한 다른 구조(아치)의 불가피한 부산물이라는 결론을 내렸다. 스팬드럴들은 아치와 조화를 이루고 있지만 사실은 아치 구조에 '적응'해서 생긴 것이 아니라 핵심 디자인을 배치하다 보니 그렇게 된 결과일 뿐이었다. 굴드와 르원틴은 생물학에도 유사한 현상이 있다고 봤다. 자연에서 볼 수 있는 모든 형태가 환경에 대한 직접적인 적응의 결과는 아니라는 것이다. 그렇게 생각하는 것이야말로 팡글로스(18세기 프랑스 작가 볼테르의 풍자소설 『캉디드』에 나오는 등장인물 팡글로스 박사로 극단적으로 낙천적인 사람의 대명사다 : 옮긴이)적이라는 게 두 사람의 주장이다. 생물계에도 스팬드럴 같은 부산물이 있다는 얘기다. 단속평형 이론과 마찬가지로 굴드와 르원틴은 스팬드럴 식으로 접근하는 게 다윈주의를 근본적으로 수정하는 것이라고 생각했다. 언어가 생물학적 스팬드럴이라는 가설도 내놓았다. 두뇌 발달 과정에서 우연히 느닷없이 나타난 현상이라는 의미다. 이렇게까지 나가는 것은 정통 다윈주의자들로서는 대단히 심각한 문제였다. 따라서 도킨스와 데닛 일파는 가만히 있지 않았다. 건축에서조차 스팬드럴은 불가피한 것이 아니라는 것을 보여준 것이다(두 아치가 직각으로 만나는 지점은 얼마든지 다른 방식으로 처리할 수 있다). 단속평형 이론과 마찬가지로 언어가 스팬드럴이라는, 다른 적응 과정의 부산물이라는 관념도 사실상 시간의 검증을 견뎌내지 못했다.

굴드가 동료들과 생각을 달리하는 세 번째 영역은 1989년에 발표한 저서 『생명, 그 경이로움에 대하여』에서 드러난다.⁵⁹ 굴드는 이 책에서 '버지스 혈암층Burgess Shale' 이야기를 상세히 재론하면서 자신의 입장을 밝힌다. 캐나다 서남부 브리티시 컬럼비아 주에 있는 이 암석층은 1909년 발견 이후 지질학자와 고생물학자들에게는 그야말로 명소가 됐다. 버지스 혈암頁巖 연구를 통해 굴드가 얻은 결론은 이렇다. "생명체의 폭발이 일어난 것은 캄브리아기이며, 그때 탄생한 생명체들은 체형의 다양성 면에서 우리가 요즘 아는 동물의 왕국을 훨씬 능가한다. 그 생명체들은 대부분 대량멸종으로 소멸됐다. 그러나 생존자들 가운데 하나가 척추동물과 인류의 조상이 됐다." 여기서 한 걸음 더 나아가 굴드는 진화의 '테이프'를 다시 돌리면 반드시 똑같은 방식으로 되풀이 될 필요는 없다고 주장했다. 다른 생존자가 나올 수도 있다는 얘기다. 중대하고도 흥미로운 이설이었다. 그러자 진화생물학계의 압도적인 여론은 다시 한 번 굴드에게 등을 돌렸다. 데닛과 카우프만에 관한 단락에서 살펴본 것처럼 디자인상의 문제를 해결하는 방법은 일정한 가짓수밖에 없다. 게다가 진화를 처음부터 다시 시작한다고 해도 인간과 흡사한 생명체가 나타나게 될 것이라는 게 일반적인 예측이다. 버지스 혈암에 대한 굴드의 설명 자체도 공격을 받았다. 케임브리지 대학 고생물학파의 일원인 사이먼 콘웨이 모리스Simon Conway Morris는 1998년 『창조의 도가니 The Crucible of Creation』에서 삼엽층의 대다수는 진화라는 기존 관념에 딱 들어맞는다는 결론을 내렸다. 일부 분류에 실수가 있을지는 몰라도 지금 살아 있는 동물 가족들에 대해서도 비슷한 얘기를 할 수 있다는 것이다.⁶⁰

굴드가 고전적인 다윈주의를 의욕적으로 재구성하는 과정에서 잇따라 반박을 당하니까 기가 꺾였을 것이라고 생각할지 모르겠다. 그러나 천만의 말씀이다. 어쨌든, 굴드와 르원틴 일파가 신다윈주의자 동료들과 입장을 달리하는 네 번째 영역은 얘기가 좀 달랐다. 1981년에서 91년까지 굴드와 르원틴은 세 종의 책을 냈다. 이 책들은 르원틴의 표현을 빌리면 '사회 내의, 그리고 사회들 간의 불평등을 정당화하고, 그런 불평등은 절대 바뀔 수 없다고 주장하는 식의 DNA 독트린'에 대해 정면으로 도전하는 것이었다. 『인간에 대한 오해』(1981)에서 굴드는 IQ에 관한, 즉 아이큐가 과연 무엇이고 계층·인종과 어떤 관계가 있는지에 관한 논쟁의 역사를 고찰했다.⁶¹ 84년 르원틴은 스티븐 로즈, 레온 J. 카민과 공동으로 『우리 유전자에는 없다 : 생물학, 이데올로기, 인간 본성Not in Our Genes; Biology, Ideology and Human Nature』을 발표했다. 여기서 세 필자는 19세기 부르주아 정치사상에 생물학적 요소가 아주 많이 스며들어가 있음을 밝혀냈다. 그러면서 아이큐와 같은 계량화는 너무 거칠고, 정신병을 생화학적 질병으로만 해석하려는 시도는 일부 정치적으로 불편한 사실들을 외면하고 있다고 주장했다.⁶² 르원틴은 이런 입장을 더 밀고 나가 1991년 작 『DNA 독트린The Doctrine of DNA』에서 DNA는 지배 이데올로기에 완벽하게 들어맞으며, 원인과 결과의 연관성은 일대일 대응이라고 할 정도로 단순하다고 비판했다. 현재로서는 DNA 연구가 암, 심장병, 뇌졸중 같은 인간의 주요 질병에 대한 치료법을 내놓을 전망을 전혀 보여주지 못하고 있으며, DNA 이론틀 전체가 과학이나 환자에 도움이 되기보다는 과학자들에게 이익이 되는 방식으로 설계됐다고도 했다. 가장 도발적인 부분은 "분자생물학이 처음 놀라운 발견을 한 이래로 분명해진 것은 '유전공학', 즉 주문에 따라 유전자 조작을 통해 유기체를 변형시키는 기술이 사적 이윤 창출에 엄청난 위력을 발휘했다는 사실이다. …… 내가 아는 유명한 분자생물학자치고 생명공학 산업에 재정적 지분을 갖고 있지 않은 경우는 없다"는 대목이다.⁶³ 그는 E. O. 윌슨 같은 진화생물학자들이 제시한 유의 인간 본성은 '꾸며낸 이야기'이며 이론가들이 이미 갖고 있는 이론에 맞게 짜 맞춘 설명이라는 입장이다.

굴드와 르원틴의 색깔을 염두에 둔다면 두 사람이 또 다른(그러나 매우 친숙한) 생물학적 논쟁에 휘말려 들어갔다는 것은 전혀 놀라운 일이 아니다. 논쟁은 1994년에 시작됐다. 논쟁을 촉발시킨 것은 리처드 J. 헌스타인Richard J. Herrnstein과 찰스 머레이Charles Murray 공저 『종형鐘型곡선 : 지능과 계층구조. 미국의 경우The Bell Curve: Intelligence and Class Structure in American Life』(1994)였다.⁶⁴

10년 동안의 연구 결과를 집약한 『종형곡선』의 요지는 두 가지였다. 어떤 면에서는 마이클 영의 『실력사회의 등장』을 그대로 옮겨놓은 듯하다. 물론 헌스타인과 머레이는 풍자가가 아니며 지극히 진지하다. 그들의 설명을 들어보자. 20세기에는 일반인들에게 대학의 문호가 점점 더 넓어졌다. 아이큐 테스트가 개량돼 대학 성적이나 입사 인터뷰, 이력서 같은 다른 지표들보다 직장에서의 미래 성취도를 예측하게 해주는 좋은 지표가 됐다. 사회 환경도 대부분의 사람들에게 비교적 균일해졌다. 그러면서 '인지능력 엘리트층cognitive elite'이 등장하기 시작했다. 이런 분화 과정의 결과로 나타나는 세 가지 현상은 앞으로 더욱 가속화될 것이다. 우선, 인지능력 엘리트층은 남들이 현상유지에 허덕일 때도 점점 더 부자가 된다. 물리적으로도 나머지 사람들과 점차 분리된다. 거주지에서는 물론이고 직장 안에서도 그렇다. 또 인지능력 엘리트층은 끼리끼리 통혼하는 경향이 늘고 있다.[65] 헌스타인과 머레이는 또 미국 노동통계국이 1960년대 출생 인구 400만 명의 데이터를 누적한 국가청년장기통계조사(NLSY) 결과를 새롭게 분석했다. 이를 통해 두 사람은 지능이 낮으면 사회경제적 배경이 떨어지는 경우보다 빈곤해질 가능성이 높고, 자퇴 학생은 거의 다 아이큐 4분위층(최하 25퍼센트층)에 속하며, 아이큐가 낮은 사람은 결혼 초기에 이혼할 가능성이 높고 사생아를 둘 확률도 높다는 결론을 내린다. 아이큐가 낮은 부모는 정부 생활보조금을 받는 경우가 많고 저체중아를 출산할 확률도 높다는 사실도 발견됐다. 아이큐가 낮은 남성은 교도소에 가 있을 확률도 높다. 여기서 인종 문제가 제기됐다. 헌스타인과 머레이는 책 앞머리에 많은 양을 할애해 '아이큐'가 높다고 반드시 훌륭한 사람이 되는 것은 아니라는 사실을 강조한다. 또 인종 간 아이큐 격차는 점점 줄어들고 있다는 사실도 인정한다. 그러나 교육과 빈곤의 관계를 분석한 후 그들은 미국의 경우 아시아계가 아이큐 테스트에서 '백인들'보다 성취도가 높고, 백인은 흑인보다 높다는 사실을 밝혀낸다.[66] 또 최근 미국으로 이주한 사람들이 본토에서 태어난 미국인들보다 아이큐 점수가 낮다는 사실도 드러났다. 그래서 두 사람은 미국의 아이큐 수준이 전반적으로 떨어지고 있다는 우려를 표시한다. 아이큐가 낮은 사람들이 아이를 더 많이 낳는 비우생학적인 추세가 그 중요한 요인이라는 것이다. 그러나 이유가 그것만은 아니다. 미국의 학교 시스템은 평균이나 평균 이하 학생에 맞춰 '하향평준화'됐다. 사람들이 보통 생각하는 것과 달리 평균적인 학생들이 학교 시스템 때문에 불리해진 것은 아니라는 의미다. 가장 영향을 받은 층은 똑똑한 학생들이다. 이들의 SAT(대학수학능력시험) 점수는 1972년에서 93년 사이 41퍼센트나 떨어졌다. 헌스타인과 머레이는 자녀들에게 더 열심히 공부하라고 채근하지 않는 부모들과 정보원으로서 신문을 대체한 텔레비전, 의사표현 방식으로 글쓰기를 대체한 전화도 문제가 있다고 비난한다.[67] 나아가 소수자 차별 철폐 조치affirmative action도 취약계층에게 도움이 되지 않았으며, 어떤 면에서는 그들의 상황을 악화시켰다는 입장을 표명한다. 그러나 두 사람이 가장 중요하고도 비관적인 사실로 본 것은 인지능력 엘리트층의 등장이다. 이는 어떤 의미에서 '보이지 않는 이동'이며, '성공파의 분화'이자 부자와 인지능력 엘리트층의 이해관계의 통합이다. 두 사람은 인지능력 엘리트층이 '하층계급'의 부상을 두려워한 나머지 '호의'(원래는 머레이의 라이벌인 J. K. 갤브레이스가 『만족의 문화』에서 한 말이다)를 베푸는 방식으로 그들을 통제하려 들 것이라고 말한다. 하층계급에게 복지를 제공하고자 한다는 것이다. 단 그들이 눈앞에서 거치적거리지 않고 신경이 쓰이지 않는 범위에서다. 그러나 그런 조치들은 실패할 가능성이 높아 보인다. '인종주의가 새롭게, 좀 더 극심한 형태로 다시 나타날 것'이라는 얘기다.[68]

헌스타인과 머레이는 전통주의자다. 구식 가정과 작은 공동체로 돌아가고 싶어한다. 교육도 예전 식으로 역사, 문학, 예술, 윤리, 그리고 엄격한 기준에 따라 논거를 분석·평가하는 방식으로 과학을 가르쳐야 한다고 본다.[69] 그들에게 아이큐 검사는 효과가 있는 정도에 그치는 것이 아니다. 인류사회의 한 분수령이다. 그들은 아이큐가 민주주의 정치와 현대 자본주의의 보편화와 함께 R. A. 피셔Fisher(영국 통계학자, 진화생물학자, 유전학자. 1890~1962: 옮긴이)가 급작스러운 진화라고 한 것을 부추겨서 사회 분화를 가속화시킬 것이라고 보았다. 물론 아이큐는 주로 부모로부터 물려받는다. 그렇게 되면 실력사회meritocracy가 본격적으로 도래하는 것이다.

『종형곡선』은 대서양 양편에서 논쟁을 불러일으켰다. 놀랄 일도 아니다. 20세기 내내 백인들은 구분선 이쪽 편을 자처하면서 저쪽 편 사람들은 모두 바보라는 결론을 내렸다. 그런 그들이 이제 어떤 반응을 보이겠는가? 많은 사람들이 헌스타인과 머레이의 주장을 반박하고 나섰다. 1995~96년에 적어도 여섯 종의 책이 쏟아져 나와 『종형곡선』의 논거를 검증했다(대부분 반박이다). 스티븐 제이 굴드는 96년에 『인간에 대한 오해』 개정판을 내면서 『종형곡선』에 대한 평가를 담은 장을 추가했다. 굴드는 『종형곡선』이 테크니컬한 전문지식을 요하는 논쟁거리라고 봤다. 논쟁에 뛰어든 평자들(서평과 관련 기사만 거의 200편에 달했다) 대다수는 통계를 제대로 판별할 능력이 없었다. 물론 굴드는 그런 소양이 있었고, 그것을 토대로 두 사람의 주장을 논박했다. 특히 헌스타인과 머레이가 통계를 조합하는 방법론을 파고들었다. 굴드에 따르면 통계를 면밀히 검토해본 결과 그들이 발견해낸 연관관계는 20퍼센트 미만의 편차에 대해서만 유효했다. "대개는 10퍼센트 미만밖에 설명하지 못한다. 5퍼센트 미만인 경우도 종종 있다. 이것을 쉬운 말로 하면, 아이큐 점수를 가지고 그 사람이 나중에 얼마나 성공할지를 예측할 수는 없다는 뜻이다."[70] 이것은 이미 크리스토퍼 젠크스가 내린 결론이었다. 그것도 30년 전에.

『종형곡선』논란이 시끄러울 무렵 훨씬 더 큰 규모의 논쟁을 촉발할 수 있는 생물학 프로젝트가 서서히 가동되기 시작했다. 인간 게놈 지도를 만들어서 인간의 유전자를 구성하는 뉴클레오티드 전체를 기술하고자 하는 시도였다. 그렇게 되면 결국에 가서는 인간의 유전적 구성에 개입할 수 있는 토대가 마련되는 것이다.

이런 아이디어에 대한 관심은 1980년대 들어 부쩍 커졌다. 인간게놈프로젝트 Human Genome Project(HGP)에 관심이 쏠린 것은 보스턴의 내과의 빅터 매쿠직 Victor McKusick이 기존의 유전병 전체를 데이터베이스화하는 작업을 시작한 이후였다. 매쿠직의 노력은 『인간의 멘델식 유전Mendelian Inheritance in Man』이라는 책으로 1966년 처음 나왔다.[71] 이어 연구가 진행되면서 과학자들은 앞을 다투어 게놈 전체를 지도화하는 쪽으로 관심을 쏟았다. 1986년 3월 7일 노벨 생리·의학상 수상자인 솔크생명공학연구소Salk Institute 레나토 둘베코Renato Dulbecco(이탈리아 출신 미국 병리학자: 옮긴이) 소장이 《사이언스》지에 인간 게놈의 염기서열을 밝혀내면 암과의 전쟁은 생각보다 훨씬 일찍 끝날 것이라는 내용의 논문을 발표해 학계를 깜짝 놀라게 했다.[72] 당시 에너지부와 국립보건원을 포함해 미국의 여러 부처도 이 문제에 관심을 갖고 있었다. 이탈리아, 영국, 러시아, 일본, 프랑스 과학자들도 차츰 관심을 갖게 됐다(시기적으로는 대충 이런 순서다. 독일은 좀 뒤쳐져 있었다. 나치 시대에 있었던 생물학 실험에 논란이 많았기 때문이다). 하워드휴즈의학연구소Howard Hughes Medical Institute가 주최한 대규모 학술회의가 86년 7월 워싱턴에서 열려 다양한 이해관계자들을 한 자리에 불러 모았다. 이 모임의 효과는 두 가지였다. 88년 2월 미국연구위원회U.S. National Research Council가 『인간 게놈 지도 작성과 염기서열분석Mapping and Sequencing the Human Genome』이라는 보고서를 발행했다. 연간 2억 달러의 예산을 들여 공동연구를 하는 것이 바람직하다는 내용이었다.[73] 그해 말 제임스 왓슨이 미국국립보건원(NIH) 부원장으로 임명됐다. 인간 게놈 연구를 전담하는 자리로 그야말로 적임이었다. 88년 4월에는 인간게놈기구Human Genome Organization(HUGO)가 설립됐다. 국제 과학자들의 컨소시엄으로 연구의 부담을 분산함으로써 중복 연구를 피하자는 취지였다. 목표는 20세기가 끝나기 전에 지도 작성을 끝낸다는 것이었다. 인간게놈프로젝트가 순탄하기만 한 것은 아니었다. 1992년 4월 일부 NIH 과학자들이 연구 결과를 특허출원 하자 제임스 왓슨이 부원장 자리에서 물러났다. 다른 많은 학자들과 마찬가지로 인간 게놈에 대한 소유권은 특정인이 아니라 우리 모두가 가져야 한다고 생각한 것이다.[74]

게놈 프로젝트는 1988~89년에 본격 가동됐다. 소련의 공산주의 체제가 무너지고 베를린 장벽이 해체되던 시기였다. 정치적으로 새 시대가 열리고 있었고 지성계에도 마찬가지였다. 1988년에 시작된 주요한 혁신이 HUGO만은 아니었다. 바로 그해에 인터넷이 탄생했다.

제임스 왓슨이 게놈 프로젝트에서 주도적인 역할을 했다면 DNA 이중나선을 공동 발견한 예전 동료 프랜시스 크릭은 21세기에 접어드는 현재 생물학의 최첨단인 의식연구consciousness studies 분야에서 비슷한 역할을 했다. 1994년 크릭은 『놀라운 가설The Astonishing Hypothesis』이라는 책을 출간했다. 마지막 신비(문제)인 의식 분야 연구에 집중하자고 주창하는 내용이었다.[75] 의식연구는 당연히 신경학 연구와 겹친다. 신경학 분야에서는 그동안 언어중추와 같은 두뇌의 구조를 밝히는 데 있어서 많은 성과를 거뒀다. 그 과정에서 MRI(자기공명영상법magnetic resonance imaging)를 통해 사람이 단어의 의미에 대해 속으로 생각할 때 뇌의 어떤 부분을 사용하는지를 보여줄 수 있게 되었다. 그러나 의식 자체에 대한 연구는 아직 생물학자와 철학자 모두의 과제다. 존 매독스John Maddox(화학과 물리학을 전공한 영국 과학저술가로《네이처》지 편집인을 지냈다 : 옮긴이)가 98년 『아직 발견되지 않은 것들 What Remains to be Discovered』에서 지적했듯이 "아무리 내적 성찰을 많이 해본들 어떤 사고 과정을 수행할 때 인간 두뇌의 어떤 부분의 어떤 뉴런 다발이 작동하는지를 찾아낼 수는 없다. 그런 정보는 인간 사용자는 접근할 수 없는 것으로 보인다."[76]

물론 의식에 관해서는 따로 설명할 게 없다고 생각하는 사람들도 있다. 그들은 의식이란 '뉴런 다발'을 조합하면 자동적으로 떠오르는 '예기치 않게 나타나는 특성emergent property'이라고 본다. 반면에 이런 시각을 부조리하다고 보는 사람들도 있다. '예기치 않게 나타나는 특성'에 대해서는 캘리포니아 대학 버클리 캠퍼스 철학 석좌교수인 존 설John Searle이 물의 액체성을 예로 들어 잘 설명했다. H_2O 분자들의 행태는 물이 어떻게 해서 액체 상태가 되는지 설명해주지만 정작 개별 물 분자는 액체가 아니라는 것이다. 1990년 1월 1일 미국 의회가 '뇌의 10년Decade of the Brain'을 선포하고 뇌 연구 강화를 촉구했지만 지금도 의식 문제에 관한 우리의 이해는 극히 초보적인 상태여서 어떻게 이야기를 풀어가야 할지조차 모르는 실정이다.[77] 어쨌든 '뇌의 10년'(1990~1999) 선포 이후 많은 혁신이 이루어지고 학술회의들이 열리면서 새로운 의식연구 방법들이 쏟아져 나왔다. 예를 들어 의식과학 분야 최초의 국제 심포지엄이 94년 4월 미국 투손의 애리조나 대학에서 열렸다. 참가자만 1,000명이나 됐다.[78] 같은 해에 《의식연구 저널 Journal of Consciousness Studies》 창간호가 나왔다. 참고문헌에 실린 최근 논문만 1,000여 편이었다. 의식에 관한 책들도 쏟아져 나왔다. 가장 중요한 것만 꼽아보면 다음과 같다. 제럴드 에델만Gerald Edelman의 『신경 다원주의 : 뉴런 집단선택 이론 Neural Darwinism: The Theory of Neuronal Group Selection』(1987)과 『기억된 현재 : 생물학적 의식 이론 The Remembered Present: A Biological Theory of Consciousness』(1989), 로저 펜로즈Roger Penrose의 『황제의 새 마음 The Emperor's New Mind』(1989), 콜린 맥긴Colin McGinn의 『의식의 문제 The Problem of Consciousness』(1991), 다니엘 데닛의 『설명된 의식 Consciousness Explained』(1991), 존 설의 『정신의 재발견 The Rediscovery of the Mind』(1992), 에델만의 『신경과학과 마음의 세계 Bright Air, Brilliant Fire』(1992), 프랜시스 크릭의 『놀라운 가설』(1994), 로저 펜로즈의 『정신

의 그림자: 실종된 의식과학을 찾아서*Shadows of the Mind: A Search for the Missing Science of Consciousness*』(1994), 데이비드 차머스David Chalmers의 『의식하는 정신: 근본이론을 찾아서*The Conscious Mind: In Search of a Fundamental Theory*』(1996). 이밖에도 의식을 주제로 한 잡지가 여럿 창간됐다. 케임브리지 대학 예수 칼리지에서 의식을 주제로 두 차례 열린 국제 심포지엄은 『자연의 상상력*Nature's Imagination*』(1994)과 『의식과 인간 정체성*Consciousness and Human Identity*』이라는 책으로 정리되어 나왔다. 둘 다 편집은 존 콘웰John Cornwell(영국의 저술가이자 언론인 : 옮긴이)이 맡았다.

이렇게 해서 의식은 1990년대의 유행이 되었다. 이 주제에 뛰어든 사람들은 네 부류로 나눌 수 있다. 영국 철학자 콜린 맥긴처럼 의식은 원리적으로, 그리고 영원히, 설명을 거부한다고 주장하는 부류가 있다.[79] 앞에서 살펴본 토마스 네이글이나 힐러리 퍼트넘 같은 철학자들도 현재로서는(그리고 어쩌면 영원히) 과학이 우리가 의식이라고 이해하는 독특한 1인칭 체험 현상을 설명할 수 없다고 본다. 그 다음으로 두 가지 유형의 환원주의파가 있다. 먼저, 의식은 과학으로 설명할 수 있고 머지않아 의식이 있는 인공지능기계가 만들어질 것이라고 주장하는 다니엘 데닛 같은 이들은 '골수' 환원주의자라고 할 수 있다.[80] 반면에 존 설로 대표되는 온건한 환원주의자들은 의식이 뇌의 물리적 속성에 의존한다고 보면서도 그런 과정이 어떻게 진행되느냐 하는 수수께끼를 풀기에는 우리가 턱없이 멀리 떨어져 있다고 생각한다. 기계가 의식을 가질 수 있다는 발상도 본질적으로 거부한다.[81] 끝으로 로저 펜로즈 같은 부류가 있다. 이들은 새로운 종류의 이원론이 필요하다고 본다. 즉 두뇌에는 새로운 종류의 물리법칙이 적용되며, 이런 법칙을 가지고 의식을 설명할 수 있다는 것이다.[82] 펜로즈가 특별히 기여한 부분이 있다면 양자물리학이 미세구조, 즉 두뇌의 신경세포 안에 있는 가느다란 관들 속에서 작동한다는 사실을 밝혀낸 것이다. 그런 세포들이 우리가 의식이라고 인지하는 현상들을 만들어낸다는 것인데 아직 어떻게 그렇게 되는지는 밝혀지지 않았다.[83] 펜로즈는 우리가 세 가지 세계 속에서 살고 있다고 생각한다. 물리적 세계, 정신적 세계, 수학적 세계이다. "물리적 세계는 정신적 세계의 토대를 이루고, 정신적 세계는 다시 수학적 세계의 토대를 이루며, 수학적 세계는 물리적 세계의 토대가 된다. 이런 식으로 계속 물고 물리면서 순환하는 관계가 된다."[84] 많은 사람들은 이런 논법을 흥미로워하면서도 펜로즈가 입증해낸 것은 아직 아무것도 없다고 본다. 그의 사변은 매력적이고 독창적이지만 여전히 사변 수준이다.

현재 분위기에서 가장 관심을 끄는 부류는 역시 두 환원주의 계열이다. 데닛 같은 사람들이 볼 때 인간의 의식과 정체성은 삶에 관한 내러티브에서 파생된다. 그리고 이는 다시 특정한 뇌 상태와 연결될 수 있다. 예를 들어 '다른 사람들을 이러저러하게 규정하는 능력은 인간 누구나가 갖고 있으며' 뇌의 특정 부위(안와전두엽)와 연결돼 있다는 증거가 점점 많이 나타나고 있다. 자폐증 같은 경우는 이런 능력에 결함이 있기 때문에 생기는 현상이다. 또 사람들이 의사를 표시하는 동사를 '처리'할 때는 의사 표시와 무관한 동사들의 경우와 달리 안와전두엽 쪽으로 혈액 공급량이 증가한다는 증거도 있다. 이 부위가 손상을 입으면 내적 성찰이 불가능한 지경이 될 수도 있다.[85] 이런 발견들은 상당히 고무적이지만 뇌 조직은 사람마다 상당히 다르다. 또 특정한 체험 현상은 두뇌의 여러 지점에서 감지되기 때문에 어떤 통합적인 설명이 필요하다. 두뇌 활동과 관련한 '심층' 구조는 아직 발견되지 않았고, 당분간 발견될 것 같지도 않다. 물론 꾸준히 발전해 나아갈 것이라는 점만은 분명하다.

이와 관련된 접근법이 두뇌와 의식을 다원적 관점에서 보려는 시도다(최근의 여러 발전 양상을 보면 충분히 가능해 보인다). 의식이 상황에 적응해나간다는 것은 어떤 의미인가? 이런 접근법에는 두 가지 관점이 있다. 하나는 뇌가 진화 과정에서 '날림으로 만들어져서' 아주 다양하면서도 서로 다른 과제를 이행할 수 있게 됐다는 것이다. 이런 관점에서 보자면 우리 뇌에는 기본적으로 세 가지 층이 존재한다. 하나는 파충류식 뇌간으로 기본적인 충동이 자리한 곳이고, 또 하나는 고생古生포유류층으로 새끼에 대한 애정 같은 감정을 만들어내는 부분이다. 세 번째는 신생포유류층으로 추론, 언어 및 기타 '고도의 기능'을 담당하는 부위다.[86] 두 번째 관점은 진화 과정 전체를 통틀어(그리고 우리 몸 곳곳에서) '예기치 않게 나타나는 특성'이 발현돼왔다는 주장이다. 예를 들어 나트륨·칼륨의 세포막 투과가 신경활동전위를 일으킨다는 식으로 생리적 현상을 생화학적으로 설명하는 방식이다.[87] 이런 의미에서 의식은 원리상 전혀 새로운 현상이 아니다. 다만 지금으로서는 우리가 그것을 완전히 이해하지 못하고 있을 뿐이다.

동물 세계의 신경활동을 연구한 결과 신경은 자극 또는 무자극에 의해 작동한다. 강도는 자극의 빈도로 결정된다. 자극이 강할수록 특정 신경 부위가 커지고 꺼지는 속도가 빨라진다. '비트'로 정보를 처리하는 컴퓨터 작동 방식과 대단히 흡사하나. 컴퓨디에서는 모든 것이 0과 1의 조합으로 표현된다. 컴퓨터의 병렬처리 개념이 도입되면서 다니엘 데넷은 서로 다른 진화 단계에 있는 두뇌도 그와 비슷한 처리 과정을 거쳐 의식을 산출하는 것이 아닌가 하는 부분에 연구를 집중하고 있다. 이런 식의 추론 역시 대단히 흥미롭기는 하지만 예비적인 탐색 단계를 벗어나지 못하고 있다. 지금으로서는 그 다음 단계가 어떻게 될지 아무도 알 수 없다.

프랜시스 크릭이 원했던 일은 성취되었다. 의식에 대한 연구는 전에 없이 활발해지고 있다. 그러나 21세기가 얼마나 빨리 진전을 보일지를 예단하는 것은 성급한 일이다. 노암 촘스키 같은 사람도 이런 말을 했다. "우리는 항상 심리과학보다는 소설에서 인간의 삶과 인간성에 대해 더 많은 것을 배운다."

40

새로운 문학, 새로운 비평
The Empire Writes Back

1975년에 출판한 에세이에서 조지 워싱턴 대학의 마커스 컨리프Marcus Cunliffe 교수는 이런 결론을 내렸다. 문학에 관한 한 "1960년대가 되면서 영국과 미국의 문화 관계는 결정적으로 역전됐다. 주요 동력이 양적이나 질적인 면에서 미국으로 완전히 쏠렸다."[1] 이와 함께 컨리프는 미국의 과제는 여전히 비즈니스이며, 출판업자들도 살아남으려면 이윤을 내야 하는 현실을 간파했다. 그런 환경에서는 '가장 믿을 만한 버팀목이…… 논픽션류였다. 자기계발서, 가벼운 종교물, 성 관련 서적, 건강서, 요리, 역사, 전기, 투자 안내서, 스캔들 폭로물, 탐험 및 모험 관련물, 회고담 등등.'[2] 1960년 들어 '미국 만화 연간 매출이 10억 부를 돌파했으며, 만화 구입비 지출은 연간 1억 달러로 전체 공공도서관 연간 예산을 다 합친 액수의 4배나 된다'는 사실도 놓치지 않았다.[3] 이런 중급문화mid-cult가 꽃피면서 수동적이고 점차 상업화돼가는 대중문화는 '소외' 문제에 집착하는 미국 작가들에게 적으로 간주됐다. "아방가르드 픽션에서는 예전에 주인공들에게 부여됐던 긍정적인 덕성이 점차 사라져가는 것을 확인할 수 있다. 가장 강렬한 주인공들의 경우(헤밍웨이의 작품에서처럼)도 몰락하고 패배한다. 주인공의 대다수가 희생자이거나 너저분한 인물이다."[4]

이런 변화가 일어난 것은 1960년대 말~70년대 초라고 컨리프는 지적했다. 변화를 촉발시킨 것은 많은 암살사건과 석유위기 같은 정치·경제적 사건들이었다. 컨리프는 리처드 호프스태터의 말을 인용한다. 호프스태터는 『미국적 사고에 있어서의 사회진화론Social Darwinism in American Thought』과 『미국의 반지성주의Anti-intellectualism in American Life』를 깊이 천착한 미국 역사가(1916~1970)로 1967년 다니엘 벨과 어빙 크리스톨이 주도한 계간지 《공익Public Interest》에 발표한 글에서 이렇게 말했다. "책임 있는 사회라면 현대 문학에서 자양분을 얻기보다는 역사, 언론, 경제학, 사회학적 비판을 더 활용하지 않을까? 예술은 갈수록 자아에 집착하고, 인간의 심연에서 허우적거리고 있기 때문에 책임 있는 사회의 조건에 대해 우리에게 해줄 이야기가 점점 없어져간다." 호프스태터는 특히 칼럼니스트 월터 리프먼, 기자 제임스 레스턴James Reston, 경제학자 J. K. 갤브레이스와 폴 새뮤얼슨, 사회학자 네이선 글레이저, 정치인이자 사회학자인 대니얼 P. 모이니헌Daniel P. Moynihan 등을 예로 들었다.[5]

컨리프와 호프스태터의 주장은 일리가 있다. 무게중심은 이미 옮겨졌다. 논픽션이 잘나가고 있었다. 그러나 미국의 재능은 줄기차게 변신을 거듭한다. 따라서 픽션 쪽에서 다시 한 번 반전이 일어났다고 해서 놀랄 일은 아니다. 마야 앤절루(흑인 여성 시인, 작가, 배우. 1928~: 옮긴이)는 다가올 사태를 일찌감치 예감케 한 인물이었다. 그녀는 주로 자서전을 썼지만 소설처럼 읽힌다. 20세기 마지막 25년 동안, 한때 리처드 라이트, 랠프 엘리슨, 제임스 볼드윈, 엘드리지 클리버 등이 맡았던 미국 흑인 작가의 역할은 이제 주로 여성이 맡아 훨씬 발전된 형태를 보여준다. 대표적인 인물이 토니 모리슨Tony Morrison(1931~. 1993년 노벨 문학상 수상: 옮긴이)과 앨리스 워커Alice Walker(1944~)였다. 『술라Sula』(1973), 『타르 베이비Tar Baby』(1981), 『빌러비드Beloved』(1987) 같은 작품에서 토니 모리슨은 독특한 형식을 선보인다. 설화, 우화, 구전, 공적이고 사적인 신화 등을 활용해 고도로 독창적인 내러티브를 산출해내는 아프리카와 아메리카의 결합이라고 할 수 있다. 그 중심에 놓인 관심사는 아메리카 흑인(과 여성)의 끔찍한 과거를 탐색하는 일이었다. 그러나 거기에 매몰되지 않고 '환희로 박차고 일어선다.' 그런 점에서는 앤절루의 자서전과 비슷한 구석이 많다.[6] 모리슨의 인물들은 과거로 여행하면서 어떤 의미에서 거기서 새로 출발한다. 『술라』는 남성 편력이 심한 한 여자에 관한 이야기다. 그러나 우리가 보통 생각하는

'걸레'(영국식 표현으로는 동네자전거 village bicycle라고 한다)는 아니다. 그녀는 남성 편력을 통해 성공을 거둔다. 몸으로뿐 아니라 애정과 관심 면에서도 그녀는 화사한 빛을 발한다. 주변의 칙칙한 공동체가 그녀로 해서 아연 활기를 띤다. 모리슨은 흑인이라는 것 못지않게 여성이라는 존재에 대해 우리에게 많은 이야기를 건넨다. 『빌러비드』는 모리슨의 최고 야심작이다.[7] 남부 재건기를 무대로 한 이 작품은 노예 시절 주인이었던 백인이 어린 딸을 다시금 노예로 만들려고 하자 죽여 버리는 흑인 어머니에 관한 이야기다. 그러나 픽션이고, 소설 제목인 빌러비드('사랑받는 사람'이라는 뜻: 옮긴이)라는 이름의 딸은 유령으로 다시 나타나 어머니의 새로운 내면으로 자리 잡는다. 그리고 사랑의 힘을 통해 다시 살아간다. 이 작품에서도 모리슨은 노예제의 끔찍함과 추악함을 묘사하는 한편으로 아프리카의 신화, 제의, 구전 등을 버무려 환희를 엮어낸다. 그 환희는 감상적인 것이 아니라 고심참담과 방황 끝에 성취한 소중한 것이다.

앨리스 워커도 미국 남부 소작농 집안에서 자라면서 알게 된 빈곤 문제를 천착한다. 그러나 그녀의 소설들, 특히 대표작 『더 컬러 퍼플 The Color Purple』(1982, '자주색'이라는 뜻: 옮긴이)은 뒤를 돌아보는 식이 아니라 앞을 내다본다. 그렇게 해서 도시적이고 한결 개방적인 미국이 흑인과 여성들에게 희망을 준다는 것을 보여준다. 퓰리처상 수상작(83년)인 이 작품은 편지 형식으로 일군의 흑인 여성들이 빈곤과 싸우는 한편으로 남성들의 학대와 인종주의의 장벽을 뛰어넘는 과정을 그려나간다. 모리슨, 앤절루와 마찬가지로 워커도 낙관주의의 힘을 가지고 있다. 여성의 진보는 정치적인 동시에 개인적인 것이라고 본다. 그 처절한 여성들의 내면은 누구도 손댈 수 없다. 그만큼 고결하다.[8]

모리슨과 워커는 둘 다 포스트모던적이고 탈식민주의적인 작가이기도 하고 그렇지 않기도 하다. 흑인, '타자', 여성이라는 조건을 탐색하면서 아프리카 문학 형식을 채용하는 것 등등은 금세기 마지막 4반세기의 문학적 지평이 어떠한가를 전형적으로 보여준다. 『왜 영어가 세계어인가 English as a Global Language』(1997)에서 데이비드 크리스털 David Crystal(영국 언어학자, 저술가, 방송인: 옮긴이)은 이런 결론을 내린다. "영어처럼 많은 사람들이 널리 사용한 언어는 이제껏 없었다."[9] 이는 역사적으로 독특한 사태라는 게 그의 설명이다. 그는 '영어는 얼마 전부터 더 이상 영국인의 전유물이 아니다'라고 한 인도 작가 살만 루시디Salman Rushdie의 정서에도 동조한다.¹⁰ 그러면서 이렇게 말한다. "사실 영어권 국가 중에서 가장 큰 미국도 전 세계 영어 사용 인구의 20퍼센트 정도밖에 안 된다[크리스털 본인이 직접 조사한 내용이다]. 그러니 이제 영어에 대해 단독 소유권을 주장할 수 있는 사람은 아무도 없다."¹¹ 여기서 한 걸음 더 나아가 크리스털은 인도 작가 라자 라오Raja Rao, 치누아 아체베, 루시디의 말을 다시 인용한다. 세 사람 모두 영어를 세계어로 인정하면서도 이제부터 영어는 더더욱 새로운 방식으로 사용될 것이라고 경고한다.

1970년까지만 해도 금세기의 '위대한 책들great books'이라는 이야기를 할 수 있었다. 적어도 서구권에서는 그랬다. 그런데 그 이후로는 사정이 난처해졌다. 무엇이 문학적 테마의 주류이고, 무엇이 비주류인지에 관한 합의가 무너졌기 때문이다. 붕괴를 촉발한 요소는 세 가지다. 우선 포스트모더니즘 이론의 확장이다. 이어 한때 식민지였던 여러 나라에서 문학적 재능들이 활짝 꽃을 피웠다. 끝으로 1979~80년 이후 자유시장 경제가 대세를 장악하면서 사회적 영향력을 확대했기 때문이다. 자유시장 경제는 뉴 미디어를 확산시키는 동시에 (영국을 예로 들면) BBC와 문화예술위원회Arts Council 같은 고전적인 문화적 보루를 공격함으로써 F. R. 리비스, T. S. 엘리엇, 라이오넬 트릴링 같은 사람들이 그토록 애지중지하던 민족문화라는 이념을 파괴해버렸다. 이후로는 20세기 말의 문학 지형을 누가 개관해도 공격에 시달리지 않을 수 없다. 다만 일부 일반화는 가능하다. 여기서는 라틴아메리카의 '환상적 리얼리즘magic realism'에 대해서만 살펴보자. 영어로 글을 쓰는 탈식민주의 문학의 등장이나 전통 문학 강좌의 대체물로 떠오른 '문화연구', 미국의 문학적 상상력의 지탱 등에 중요한 영향을 미쳤기 때문이다. 특히 유일 초강대국 미국은 다른 어느 곳보다 삶의 가능성을 한껏 펼칠 수 있는 나라로서 문학적 상상력의 힘도 여전히 강력하다.

현대 라틴아메리카 작가들 중에서 가장 유명한 인물을 꼽는다면 미겔 앙헬 아스투리아스Miguel Angel Asturias(과테말라), 호르헤 루이스 보르헤스Jorge Luis Borges(아르헨티나), 카를로스 푸엔테스Carlos Fuentes(멕시코), 가브리엘 가르시아 마르케스Gabriel García Márquez(콜롬비아), 파블로 네루다Pablo Neruda(칠레), 옥타비오 파스Octavio Paz(멕시코), 마리오 바르가스 요사Mario Vargas Llosa(페루)를 들 수 있다. 이들의 조국은 근래에 독립한 경우는 거의 없다. 대부분 19세기에 식민지 상태에서 벗어났다. 당시 라틴아메리카 작가들은 정치의식이 대단히 강했다. 왕왕 망명지를 찾아 유럽행을 택하기도 했다. 유럽에서 두 차례 전쟁이 이어지면서 망명 문화는 종지부를 찍었다. 반면 라틴아메리카에서는 혁명과 정치적 쿠데타가 잇따라 일어나 작가들로서는 정치적으로 적응하는 새로운 방법을 찾아야 했다. 이들은 스스로를 유럽 문명의 일부라고 생각했지만 아메리카 원주민의 존재는 사회 주변부 사람들에 대한 관심을 더하게 했다.

이런 배경을 놓고 볼 때 '환상적 리얼리즘magic realism' 유파는 기본적으로 정치·사회적 문제들에 대한 미학적 반응으로서 성장하면서 꽃을 피웠다. 금세기 전반 어느 시기에 라틴아메리카 작가들은 작가의 역할을 사회를 개선하기 위해 노력하는 것이라고 봤다. 그에 비하면 환상적 리얼리즘의 목표는 좀 더 온건하다. 보편적인 인간의 조건을 라틴아메리카라는 콘텍스트 속에서 세계인 누구나가 이해할 수 있는 방식으로 묘사하자는 것이었다. 라틴아메리카 문학의 매력은 그 필력은 논외로 하더라도 유럽 문학보다 훨씬 야심차다는 데에 있다. 사회적 이상을 시야에서 놓지 않고, 순수하게 개인적인 것을 항상 넘어선다.

예를 들어 호르헤 루이스 보르헤스(1899~1986)는 자신이 하고 싶은 말을 제대로 표현할 수 있는 새로운 형식을 발전시켰다. 실존인물이 등장하는 에세이와 에피소드를 짜내는 단편의 중간쯤 되는 양식이다. 보르헤스는 철학과 미학적 관념을 뒤섞어 게임을 즐기듯이 했다. 그 목적은 '사실과 현실에 대한 독자들의 믿음을 뒤엎는 것'이었다.[12] 예를 들어 어떤 이야기에서 그는 틀뢴Tlön이라는 행성을 만들어냈다. 거기서 하는 카드놀이며 방언, 종교, 건축 등에 이르기까지 치밀한 묘사가 펼쳐진다. 이 행성은 라틴아메리카만큼이나 낯선 곳일까? 그런 차이들을 강조함으로써 보르헤스는 우리에게 공통의 인간성을 절감하게 한다.

마리오 바르가스 요사(1936~)의 소설『도시와 개새끼들La Ciudad y los Perros』(1963)에서는 주요 등장인물이 사관학교 생도들이다. 이들은 작당을 해서 후배를 괴롭히는 선배 생도들을 물리친다.[13] 이런 드잡이 과정에서 인물들은 점점 부도덕해지며 타락과 죽음에 이르게 된다. 사관학교를 떠나면 다시 살아가게 될 문명화된 세계와는 극도로 대조적이다. 사관학교는 틀룀이나 마콘도(잠시 후에 살펴본다)와 마찬가지로 주류에서 떨어져나간 공간이다. 라틴아메리카와 비슷하다. 이런 양상은 우림으로 둘러싸인 피우라 마을 창녀촌을 무대로 한『녹색의 집La casa verde』에서도 동일하다(우림은 또 하나의 녹색의 집이다).[14] 바르가스 요사 최고의 걸작이라고 할 이 소설에서는 문장 중간에도 연대기가 바뀐다. 시간과 관계의 유동성과 더불어 환상적이고 예측 불가능한 실존의 본질을 암시하는 것이다.[15]

1967년 미겔 앙헬 아스투리아스(1899~1974)는 라틴아메리카 소설가로는 처음 노벨 문학상을 수상했다. 그러나 그해에 그보다 더 중요한 사건이 일어났다. '라틴아메리카 문학의 가장 완벽한 성취'로 일컬어지는 가브리엘 가르시아 마르케스(1927~)의 비길 데 없는 걸작『백 년 동안의 고독Cien años de soledad』이 출간된 것이다.[16] 이 작품은 어찌나 인기가 높았던지 한때는 매주 재판을 찍기도 했다. 그 이유를 알기는 어렵지 않다. 마르케스는 세르반테스, 제임스 조이스, 버지니아 울프에 비견됐고, 스스로도 윌리엄 포크너의 영향을 받았다고 했다. 그러나 이런 정도의 설명으로는 그의 독창성을 온전히 이해할 수 없다. 소설은 친숙한 사고방식을 벗어나 다른 가능성, 다른 세계를 상상해야 한다는 라이오넬 트릴링의 호소를『백 년 동안의 고독』만큼 성공적으로 구현한 작품은 없었다. 게다가 마르케스는 여기에 유머를 덧붙였다.

『백 년 동안의 고독』은 읽는 이에 따라 온갖 차원의 정의가 가능할 만큼 지극히 다채로운 작품이다.[17] 마르케스는 이 작품에서 상상의 마을을 고안해낸다. 마콘도라는 마을은 침입을 거부하는 습지와 우림으로 외지와는 완전히 단절돼 있다. 이 소도시는 외부와 철저히 차단이 돼 있어서 주인공인 아우렐리아노 부엔디아는 수 세기 전에 이미 외부세계에서 이곳을 발견했다는 사실도 모른 채 혼자서 탐사를 다닌다(지구가 둥글다는 사실을 찾는 것처럼). 이 세계에서 윤리도덕은 원시적인 단계에 있다. 이모, 고모와 결혼을 할 수도 있고, 주민들은 외부와는 막힌 소우주의 모든 대상에 일일이 이름을 붙이지도 못했다. 소설은 마콘도의 흥망을 추적한다. 주민들끼리의 내전, 정치적 부패, 기괴한 폭력 등등. 내러티브를 탄탄하게 얽어매주는 것은 부엔디아 가문의 흥망이다. 그러나 세대별로 이름이 천차만별이어서 연대기도 썩 선명하지는 않다. 외부세계의 사상이나 사물(예를 들면 철도)이 왕왕 마콘도로 흘러 들어오지만 소도시는 늘 다시 고독 속으로 빠져들고, 부엔디아 가문도 고독 속에 침잠한다.

넘치는 열정에 천연덕스러운 세부 묘사는 독특한 유머감각을 과시한다. "아우렐리아노 부엔디아 대령은 무장봉기를 서른 두 차례나 조직했지만 다 실패하고 말았다. 열일곱 명의 여자한테서 사내아이만 열일곱을 두었다. 그러나 하룻밤 사이에 하나씩 다 죽었다. 가장 나이 많은 아들이 서른다섯이 채 못 돼 갔으니까. 대령은 암살기도를 열네 번이나 모면했고, 복병을 만난 것이 일흔세 번이었다. 한 번은 총살형 일보 직전까지 가기도 했다. 스트리크닌 독약을 탄 커피를 마시고도 살아남았다. 그 정도면 말 한 마리는 거뜬히 죽이고도 남는 분량이었는데 말이다."[18] 부엔디아 가문 주변에는 맛이 간 괴짜들도 득실거린다. 예를 들어 한 번은 부엔디아 가문의 딸 메메가 일주일 연휴 기간에 수녀 넷과 학교 친구 예순여덟 명을 집으로 데리고 왔다. "학생들은 집에 오자마자 소란을 피우더니 밤이 되자 자기 전에 볼 일을 보아두려고 연신 화장실을 들락거렸다. 새벽 한 시가 되어서야 겨우 마지막 녀석들이 차례를 기다리게 됐다. 당시 메메의 어머니 페르난다는 요강 일흔두 개를 사놓았다. 그래봤자 한밤중에 터질 문제가 아침의 소란으로 바뀐 것에 불과했다. 새벽부터 여학생들이 요강을 하나씩 들고 나와 차례로 씻느라고 장사진을 쳤기 때문이다."[19] 마콘도라는 세계에서는 죽은 사람이 살아오기도 한다. 떠돌이 집시 현인賢人 멜키아데스가 그랬다. 하늘에서 노란 꽃비가 쏟아져 내리고 폭풍우가 몇 달씩 몰아치는 죽음의 세계의 고독을 도저히 견딜 수 없어서 돌아왔다는 것이다.

마콘도 이야기는 신화적인 냄새가 물씬 난다. 그러면서 20세기의 이런저런 이념들을 슬며시 변주한다. 마르케스는 과거에 실제로 벌어진 일을 이야기하듯이 주도면밀하게 여러 가지 장치를 해둔다. 그래서 베르톨트 브레히트가 원했던 것처럼 독자는 어느 정도 거리를 두고 사태를 바라보게 된다. 이는 마콘도에서 일어나는 일들은 다른 어떤 곳에서도 일어날 수 없다는 듯이 세계에 다시금 주술을 걸려고 하는 시도이기도 하다. 그러나 성서적인 것과는 다소 거리가 있고 훨씬 친근한 느낌을 준다. 독자는 눈앞에서 일어나는 일을 사실이라고 믿지는 않지만 그러려니 하고 받아들인다. 이런 환상적인 느낌은 카프카를 연상시킨다. 그러나 아주 밝은 카프카라고 할 만하다. 어떤 의미에서 호세 부엔디아와 그 아내 우르술라는 원시적인 커플이다. 부부는 바다를 찾아 정글 탈출을 감행했다. 일부 인물은 나이가 아주 뻥튀기되어 있다. 모세 5경에 나오는 인물들과 비슷하다. 멜키아데스는 가족에게 산스크리트어 암호로 된 사본을 선사한다. 고대 문명의 언어를 해독하는 작업과 윌리엄 존스 경(인도 주재 영국 판사였다)이 '모어母語'에 대해 했던 주장을 연상시키는 대목이다. 암호가 적힌 양피지는 일종의 거울이 되어 우리로 하여금 텍스트와 독자와 자크 데리다의 생각들 사이의 연관관계를 돌아보게 한다. 시간과의 유희는 상대성 원리만이 아니라 페르낭 브로델이 말한 장기지속을 연상시키며, 장기지속을 규정하는 것은 또 무엇일까 하는 궁금증을 불러일으킨다. 카를로스 푸엔테스의 지적처럼 『백 년 동안의 고독』의 근저에 깔린 의문은 '마콘도는 자신이 창조된 내력에 대해 무엇을 알고 있는가?' 하는 것이다. 20세기 과학이 머리 아플 만큼 집요하게 추구했던 바로 그 질문이다.[20] 마콘도가 끝나는 방식에서 마르케스는 심지어 엔트로피 개념을 도입한다. 마지막 문장에서 그는 삶은 우리에게 두 번 기회를 주지 않는다는 것을 암시한다. 그리고 그것이 바로 삶과 세계에 대한 '공식적인 해석'을 막연히 '참고 견뎌서는' 절대 안 되는 이유다. 이 소설은 어떤 의미에서 20세기 후반기 최고의 성취라고 할 만하다.

이런 대안적인 세계들이 다층적인 의미로 다가오는 이유는 두 가지다. 우선 포스트모더니즘의 핵심개념으로 등장하는 '타자'를 위한 장소로서의 라틴아메리카 자체에 대한 은유이기 때문이다. 둘째로 더욱 중요한 부분은 그 '장난스러운 성숙함'이다. 이런 식으로 운신의 폭을 둠으로써 환상적 리얼리즘 예술가들은 일상적인 것과 정치적인 것으로부터 어느 정도 거리를 유지했다. 그 결과 라틴아메리카 문학은 독보적인 위치를 가질 수 있게 됐다. 그런 점에서 라틴아메리카의 모국이라고 할 스페인은 게임이 안 된다. 마르케스가 분명히 밝힌 바와 같이 라틴아메리카 문학은 기본적으로 고독을 주제로 한다. 여기서 대륙 자체는 그런 힘겨운 처지에 대한 은유로 사용된다.

라틴아메리카의 환상적 리얼리즘 다음으로 금세기에 새롭게 문학의 '정전(캐논)'으로 자리 잡은 것은 경이로울 정도로 복잡한 인도 소설일 것이다. 영어로 쓴 20세기 인도 소설은 라자 라오와 물크 라지 아난드Mulk Raj Anand의 작품을 필두로 적어도 1930년대부터 나타난다. 그 이후에 나온 소설들, 특히 R. K. 나라얀R. K. Narayan(1906~)의 '말구디Malgudi 연작'(인도 남부 말구디라는 가상의 도시를 배경으로 한 일련의 소설: 옮긴이)은 두 종류로 나뉜다. 하나는 인도의 삶에 대한 섬세한 관찰과 논평이고, 다른 하나는 그로부터 모종의 탈출구를 찾으려는 시도이다. 친숙한 영어 관용구들이 인도 특유의 경이로운 배경 속에서 자연스럽게 녹아드는 것은 영어가 이제 그 누구의 전유물도 아님을 극명하게 보여준다.

R. K. 나라얀의 많은 소설들은 대개 작가의 애정이 담뿍 담긴 말구디(현실 지명은 마이소르)를 배경으로 펼쳐진다. 1967년에 나온 『사탕장수The Vendor of Sweets』는 영성靈性에 관한 연구다. 물론 기독교 세계가 이해하는 영성과는 다르다.[21] 주인공 자간은 60년 동안 가게에서 사탕과 과자를 팔아왔다. 그러던 어느 날 갑자기 인생을 바꿔봐야겠다는 결심을 한다. '여신의 순수한 형상'을 새기는 석수를 도와 사람들이 여신의 명상하는 모습에서 영성을 찾을 수 있도록 해보겠다는 것이었다. 그런데 그는 이상한 습관이 있어서(수표책을 가지고 다닌다) 우스꽝스러운 사태를 야기하기도 한다. 여기서 중요한 점은 자간의 삶의 변화가 야심적이라는 것이다. 그의 부족한 성격으로 감당하기에는 너무도 야심적이었다. 필립 라킨의 시에 나오는 사람처럼 그는 사실 스스로 선택한 도전을 감당할 만한 인물이 못 된다. 기존의 삶에서 빠져나온다는 것은 그렇게 쉬운 일이 아니다. 하나는 변덕스러운 아들 때문이었다. 아들은 자간보다 서구화된 인물로 한국계 미국인 아내(실제로는 정부다)와 함께 살고 있다. 자간과 아들 내외는 줄곧 트러블을 빚는다. 여기서 나라얀은 인도 자체를 조롱하고 있는 셈이다. 인도식 영성(또는 영성이 있는 척하는 것)이나 제 나라 국민을 먹여

살리지도 못하면서(자간은 '별 볼일 없는' 먹을거리를 만드는 직업에 종사한다) 강대국이 되겠다고 하는 야심도 그렇고, 서방에 대해 경멸하면서도 동경하는 이중적 태도도 마찬가지다.

아니타 데사이Anita Desai(1937~)의 소설은 대개 가정 이야기다. 표면적으로는 소소한 이야기이지만 등장인물들은 어느 정도 서구화가 된 독립 인도에서 삶을 살아갈 준비가 되어 있지 않다. 『바닷가 마을The Village by the Sea』에서는 툴 지역 주민들이 인근에 화학비료 공장을 설립하려는 정부 계획에 불안을 느낀다.[22] 주인공 하리는 변화를 원치 않는 대부분의 주민들과 달리 뭄바이로 탈출해 시계수리공이 됨으로써 새로운 환경에 적응하고자 애쓴다. 시계 찬 사람은 다 자기한테 올 거라는 기대가 있었다. 다른 사람들은 마을을 조류 보호 구역으로 남기려고 작정한다. 그러나 하리는 삶이(야심이) 무너지고 뭄바이에서 씁쓸한 경험을 했음에도 과거로 돌아가지 않는다. 새로운 침묵은 예전의 그것과는 같지 않다. 데사이는 '변화는 사건보다는 태도, 즉 심리학의 문제'라고 말한다. 『구류 처분In Custody』의 주인공 데벤은 야심이 엄청나다. 그래서 위대한 우르두어語 시인 누르의 비서 자리가 나자 시인의 지혜를 몽땅 녹음하겠다는 거창한 계획을 추진한다.[23] 그러나 이 계획은 줄곧 난관에 부딪힌다. 우선 시인 자신이 완벽과는 거리가 멀다. 그는 지혜를 사랑하는 만큼이나 비둘기와 레슬링과 창녀를 사랑한다. 데벤의 엉성한 녹음기술도 문제였다. 그래서 프로젝트는 뒤죽박죽이 되고 만다. 데사이의 소설은 작은 비극이다. 그러나 그 비극을 겪는 주인공들에게는 충분히 큰 비극이다. 인도는 언제나 그랬던 것처럼, 또는 식민지배로 만들어져온 모습 그대로 유지될까? 데사이의 소설에서는 미래에 대해 아는 사람은 아무도 없는 것처럼 보인다.

살만 루시디의 소설은 다르다. 등장인물이나 플롯에 자잘한 내용은 없다. 대표작 『한밤중의 아이들Midnight's Children』(1981)과 『악마의 시The Satanic Verses』(1988)는 화려하고 생기 넘치는 문체로 유명하다. 이미지와 메타포와 농담이 원자탄 버섯구름 피어오르듯이 밀려든다.[24] 루시디와 고향 인도와의 관계, 영어와의 관계는 복잡하다. 그의 소설들은 열악한 상황에서 패배를 거듭하며 분열된 수많은 인도인들의 이야기를 소개한다. 영어는 적어도 만성적인 분열을 극복할 단초를 제공한다. 그마저 없으면 실패는 영원히 면할 수 없다. 루시디는 어떻게 저럴 수 있을까 싶을 정도로 환상적인 여행에 나섬으로써 다채로운 이미지를 나름대로 독자들에게 이해시킨다. 『한밤중의 아이들』은 살림 시나이의 이야기다. 그는 1947년 인도가 독립을 얻은 날 자정에 태어났다. 같은 시각에 태어난 1,001명의 어린이 가운데 하나다. 그 때문에 그 어린이들은 모두 어느 정도의 초능력을 부여받았다. 더구나 출생 시각이 '시침과 분침이 경건하게 합창하는' 자정에 가까울수록 초능력은 더 강하다. 살림은 코가 아주 커서 '사람들 마음속을' 들여다보는 능력을 갖고 있다. 적수인 시바는 무릎이 한껏 부풀어 있다. 전쟁의 힘을 갖고 있다는 의미다. 책은 주로 살림의 회상 형식으로 돼 있지만 전통적인 인물 묘사에 장애가 되지는 않는다. 오히려 루시디는 거센 비가 몰아치듯이 쿵쾅거리는 내러티브로 우리를 사로잡으면서 일상의 정치와 사적인 강박관념을(한 인물은 오이지 공장에 관한 다큐멘터리 제작에 몰두한다) 병치시킨다. 모든 것이 점점 더 환상적으로 되어가는 메타포와 농담, 그리고 언어적 구성과 교묘하게 뒤엉켜 있다. 가장 훌륭하면서도 가장 끔찍한 농담은 두 주인공이 아기였을 때 바꿔치기 됐다는 사실을 깨닫는 장면이다. 루시디는 가장 근본적인 관념들―천진난만함, 황홀, 국가, 자아, 공동체―의 의미에 도전한다. 그런 과정에서 독립에도 의문을 제기한다. 이 모든 것은 고대 인도 이야기꾼들을 한껏 모방하면서도 귄터 그라스Günter Grass(1999년 노벨 문학상을 수상한 독일 현대 소설가 : 옮긴이)와 가브리엘 가르시아 마르케스를 연상시킬 만큼 현대적인 '두툼한' 문체로 치장된다. 『한밤중의 아이들』은 동양적이지도 않고 서양적이지도 않다. 그게 포인트이자 성공의 비결이다.[25]

『악마의 시』의 주제는 국내외 이민과 이민자들에게 나타나는 신앙의 상실이다.[26] 신앙과 신앙의 상실, 그리고 신앙과 세속 생활의 관계, 한때는 신앙이 있던 사람의 가슴 한가운데 생기는 구멍―'신의 형상을 한 구멍'―이 루시디가 이 소설을 떠받치는 힘으로 인정한 이슈다.[27] 이런 이슈 역시 환상적인 방식으로 제시된다. 소설은 인도항공 점보 여객기가 영국해협 3만 피트 상공에서 폭발하는 바람에 거기 타고 있던 두 인도 배우 기브릴 파리시타와 살라딘 참차(원래는 살라후딘 참차왈이었다)가 지상에 떨어지는 것으로 시작된다. 1985년 아일랜드 인근에서 인도항공 소속

보잉 747기가 폭발한 사건을 연상시키는 설정이다.[28] 파리시타는 뭄바이의 '신학적' 영화에 여러 편 출연한 스타다. 인기가 높아서 많은 인도인들에게 신적인 존재가 돼 있다. 반면에 친영파인 살라딘은 인도를 거부하고 영국에서 과자나 냉동완두콩, 케첩 병 따는 소리 같은 것을 내는 TV 광고 보이스오버 일을 하며 살아간다.[29] 두 사람은 비행기 좌석, 식음료대, 헤드폰 등과 함께 땅 위에 떨어지지만 영국 해변에 안전하게 착륙한다. 이때부터 소설은 일련의 얽히고설킨 플롯을 따라간다. 갈수록 환상적이다. 그러나 결코 흐트러지지 않는다. 특히 루시디가 곳곳에 숨겨놓은 암시는 아는 사람만이 맛을 알 수 있다. 예를 들어 기브릴 파리시타는 우르두어로 가브리엘 천사를 뜻한다. 이슬람 전통에서는 사실상 코란Qur'an을 신에게서 무함마드Muhammad(마호메트)에게 '내려준' 천사장天使長으로 간주되는 인물이다. 살라딘Saladin도 12세기 십자군을 격파해 중세 이슬람을 수호하고 이집트에 수니파 이슬람을 회복시킨 영웅이다. 기브릴은 어머니한테 이슬람을 배우면서 악마의 시라는 개념을 접하게 된다. 악마의 시는 악마가 코란에 끼워 넣은 문장으로 나중에 코란에서 빠진 것으로 전해진다. 역시 종교적 회의감을 넌지시 비추는 대목이다. 아닌 게 아니라 종교적 회의는 루시디 작품의 핵심이다. 분명 신앙인의 입장에서는 심지어 악마라는 관념 자체를 가지고, 세속적인 것이 악마라고 하는 관념을 가지고 유희를 하고 있다고도 말할 수 있겠다. 본질적으로 상호 중첩되는 내러티브를 통해 드러나는 모습을 보면 기브릴이 오셀로라면 살라딘은 일종의 이아고(셰익스피어의 희곡 『오셀로』에서 주인공 오셀로를 파멸시키는 악인 : 옮긴이)다. 살라딘은 '광고 찍던 시절 천의 목소리로' 기브릴을 끊임없이 흔들어대고 기브릴은 결국 타락해 창녀촌으로 떨어진다. 멀리즈 루스벤의 적절한 표현을 빌리면 창녀촌은 '반反모스크'다. 거기에는 신성모독을 일삼는 사람들이 득시글거린다. 루시디는 저주를 퍼붓는 수준이 아니라 선지자의 실제 행태를 비판한다(예를 들어 무함마드가 엄격한 이슬람 율법이 허용하는 것보다 아내를 많이 취했다 등등). 이렇게 『악마의 시』는 요소요소에서 위태위태한 상황을 연출한다. 그런 점에서 분명 도발적인 책이다. 그러나 신성모독을 천착하는 책이 신성모독적이 아니면서 신성모독을 다룰 수 있을까? 신앙을 탐색하는 과정에서 루시디는 신앙인들을 도발하지 않을 수 없다는 것을 잘 알고 있었다. 책의 어느 대목에

서는 선지자가 불경한 시인에게 사형선고를 내린다.³⁰

바로 이 대목이 이슬람 당국을 분노케 한 것 같다. 1989년 2월 14일 이란 최고지도자 아야톨라 호메이니Ayatollah Khomeini는 『악마의 시』가 '배교적背敎的'이라는 이유로 루시디에 대해 사형선고를 내렸다. "전능하신 신의 이름으로. 신은 한 분뿐이시며, 우리는 모두 그리로 돌아가리라. 나는 오늘 전 세계의 담대한 무슬림들에게 『악마의 시』라는 책의 필자와 그 내용을 알고 있는 출판업자들에게 사형이 선고됐음을 알린다. 그 책은 이슬람과 선지자와 코란을 악의적으로 모독했다. 모든 열혈 무슬림들에게 저들을 발견하는 즉시 처단할 것을 촉구한다. 그래야 누구도 감히 이슬람의 제재를 함부로 보지 못할 것이다. 그 과정에서 죽는 이가 있다면 순교자로 간주될 것이다. 신이여 보호하소서. 또한 저자의 소재를 알지만 처단할 힘이 없는 이는 다른 사람들한테 알려서 응분의 대가를 받도록 해야 할 것이다. 신의 축복이 여러분 모두에게 임하시기를."³¹

선고가 내려진 지 48시간 만에 루시디는 아내와 함께 잠적했다. 이후 거의 10년 동안 진짜 불가피한 경우를 제외하고는 모습을 드러내지 않았다. 선고 후 몇 달 동안 '루시디 사건'은 신문 머리기사를 장식했다. 영국과 세계 여러 곳에서 무슬림들이 『악마의 시』 공개 화형식을 열었다. 이란에서는 책을 규탄하는 집회에 1만 명이 몰려들었다. 루시디의 고향 뭄바이에서는 경찰이 시위대에 발포하는 과정에서 열 명이 피살됐다.³² 『악마의 시』 때문에 사망한 사람만 인도에서 19명, 벨기에에서 2명 등 모두 21명이었다.³³

살만 루시디와 마찬가지로 V. S. 나이폴Naipaul(1932~)의 소설들은 대개—후기 소설은 특히 더하다—원래 나고 자란 곳에서 떠나 있는 사람들 이야기를 다룬다. 나이폴 본인이 영국령 서인도 제도 트리니다드에서 태어난 인도계 이민 2세대다. 나중에 옥스퍼드 대학에 유학했으며, 여행서 시리즈 집필을 위해 해외로 나갈 때를 빼고는 줄곧 영국에서 살고 있다.

나이폴의 신앙 문제에 대한 관심은 루시디보다 덜하다. 오히려 현대화와 기술의 변화를 깊이 탐색한다는 점에서 아니타 데사이와 공통점이 많다. 물론 그것 역시 자유의 본질에 대한 성찰을 풀어나가는 과정이다. 『비스와스 씨의 집 House for

Mr. Biswas』(1961)은 표면적으로는 한 집을 짓는 과정을 추적한다. 그러면서 나이폴은 비스와스 씨 자체를 해체한다.³⁴ 비스와스 씨는 광고물 만드는 재능으로 빈곤의 감옥에서 탈출해 결혼하지만 그것은 또 다른 의미에서 덫이었다. 광고물 쓰는 작업은 다른 형태의 글쓰기로 이어진다. 주로 아들에게 보내는 편지다. 비스와스는 작가처럼 언어를 새롭게 발견하면서 또 다른 층위의 자유를 발견한다. 그러나 나이폴은 총체적인 자유란 불가능할 뿐더러 바람직하지도 않다고 암시한다. 충족이란 사랑하고 사랑받는 데서 오는 것이다. 그러나 비스와스가 성취한 지위는 자유가 아니다. 『흉내 The Mimic Men』(1968)에서는 무대가 영국으로 이동했다. 가난한 트리니다드 청년이 꿈꾸었던 영국이 아니라 이주자들이 모여 사는 칙칙한 교외의 영국이다. 다들 출세해보겠다고 끊임없이 새로운 시도를 하지만 속으로는 피로에 절고, 현대사회에 빨려 들어간 자아는 가련하기 짝이 없다.³⁵ 여기서 다시 자유는 계속되는 투쟁으로 바뀐다. 후기에 들어서 쓴 책들—부커상 Booker Prize(매년 영연방 국가에서 영어로 쓴 소설 가운데 가장 뛰어난 작품을 선정해 주는 문학상. 영어권에서뿐 아니라 세계적으로도 권위가 있다 : 옮긴이)을 수상한 소설집 『자유국가에서 In a free State』(1971), 『게릴라들 Guerrillas』(1975), 『거인의 도시 A Bend in the River』(1979) 등등—은 정치성을 좀 더 적나라하게 드러내면서 정치적 자유와 개인의 자유를 고의적으로 삐걱거리는 방식으로 병치시킨다.³⁶ 71년 작 『자유국가에서』에서는 린다와 보비라는 두 백인이 내전으로 얼룩진 아프리카 국가를 통과해 동포들이 집단 거주하는 지역으로 돌아가는 과정이 묘사된다. 두 사람은 정치관이 다르다. 보비는 리버럴한 동성애자이고, 린다는 극렬 우파다. 나이폴은 두 사람이 집에서는 그렇게 많은 자유를 누리면서 어떻게 의견이 일치하는 부분이 하나도 없는지를 묻는다. 자동차 안에서 둘 사이에 내전이 벌어진다.

인도 영화감독 사티아지트 라이 Satyajit Ray(1922~1992)의 작품들은 데사이적인 구석이 있는가 하면 나라얀적인 측면이 있고, 루시디와 나이폴적인 부분도 있다. 그가 영화감독 이상인 것은 바로 그 때문이다. 그는 광고 아티스트와 북디자이너로 일했고, 어린이 책과 과학소설을 썼으며, 유명한 음악가이기도 했다. 영화제작을 시작한 것은 1945년이었다. 당시 그는 인기 작가가 쓴 『노상에서 Pather Panchali』라는 소설의 어린이판 삽화를 그려달라는 주문을 받았다.³⁷ 그러나 라이는 삽화보다는 소설을 영화로 만들면 정말 좋겠다는 생각을 했다. 제작비 한 푼 없이 덜컥 일을 벌여 몇 주 동안 정신없이 몰두했다(제대로 된 대본도 없었다).³⁸ 결국 프로젝트는 10년이 걸렸고, 여러 차례 자금이 떨어지는 우여곡절 끝에 벵골 지방정부에서 제작비를 지원해 완성됐다.³⁹ 시작은 힘들었지만 영화는 성공했고, '3부작들의 3부작'의 첫 편이 되었다. 라이에게 명성을 안겨준 3부작들의 3부작은 아푸 3부작(라비 샹카르Ravi Shankar가 음악을 맡은 1956년 작 「불패의 전사Aparajito」와 1960년 작 「아푸의 세계Apu Sansar」가 포함된다), 깨어나는 여성 3부작(이중 가장 유명한 1964년 작 「외로운 아내Charulata」는 지금도 인기가 높다), 도시 3부작(1975년에 만든 「중개인The Middleman」이 가장 유명하다)이다.⁴⁰ 라이의 영화들은 헨리 제임스와 안톤 체호프의 혼합이라는 평을 듣기도 한다. 물론 제임스보다 정서적으로 훨씬 풍부하다. 그러나 라이의 특장은 일상의 이야기를 애정 어린 시각으로 관찰하면서 극도로 세밀하게 묘사하는 데 있다(「노상에서」는 살아남기 위한 일가족의 안간힘을, 「외로운 아내」는 아내와 남편 사촌의 애정관계를, 「중개인」은 고객에게 여자를 대주어야 하는 사업가의 이야기를 그린다). 라이의 전기를 쓴 작가는 라이의 세계에 악당이 거의 없는 이유는 그가 모두의 관점에서 세상을 바라보기 때문이라고 지적한 바 있다. 라이는 다른 작가들 못지않게 인도의 불편한 진실을 잘 알고 있었지만 그런 모순에 대해 비교적 불편을 덜 느끼는 듯하다.⁴¹

1986년 노벨 문학상은 나이지리아 작가이자 극작가인 월레 소잉카Wole Soyinka에게 돌아갔다. 이어 1991년에는 이집트 소설가 나깁 마흐푸즈Naguib Mahfouz가 수상했다. 이해에 역시 나이지리아인인 벤 오크리Ben Okri는 부커상을 탔다. 이런 사건들은 아프리카 문학이 서구 '주류' 문학계라고 하는 곳으로부터 마침내 인정을 받았음을 말해준다. 그러나 현대 아프리카 문학은 인도나 남미 문학과 같은 범세계적인 지지층을 갖고 있지는 않다. 영국에서 공부하고 로열코트극장Royal Court Theatre 각본 심사를 도맡았던 소잉카는 『신화, 문학, 아프리카 세계Myth, Literature and the African World』(1976)에서 많은 동료 작가들을 서구 세계에 널리 알리기 위해 애썼다.⁴²

베이질 데이비슨이 아프리카 고고학을 위해 노력했다면 소잉카는 그 에너지를 문학에 쏟아부었다. 앞서 언급한 책에서는 물론이고 시나 희곡 작품에서도 그랬다. 사실 노벨 문학상이 치누아 아체베Chinua Achebe가 아니라 소잉카에게 돌아간 것은 그가 문학, 특히 연극을 선택했기 때문이다. (아체베의 소설 『사바나의 개밋둑Anthills of the Savannah』은 1987년 부커상 후보로 올랐다.) 소잉카는 독립 이전 이바단Ibadan 대학에서 공부한 탁월한 작가들 세대의 일원이다. 거기에는 시프리안 에크웬시Cyprian Ekwensi, 크리스토퍼 오킥보Christopher Okigbo, 존 페퍼 클라크John Pepper Clark도 포함된다. 이들의 작품도 『신화, 문학, 아프리카 세계』에서 언급이 됐다. 이 책은 그런 작가들을 국제무대에 널리 알리는 것 말고도 아프리카 문학의 독자성을 보여주기 위해 노력했다. 주제 면에서 다른 위대한 문학들과 공통되는 면이 많으면서도 풍부하고 복합적이고 지적인 문학이라는 것이다. 소잉카는 또 요루바Yoruba 어로 쓴 두로 라디포Duro Ladipo의 희곡이나 오보툰데 이지메레Obotunde Ijimere의 『오바탈라의 투옥Imprisonment of Obatala』, 우스만 상벤 감독의 영화 「목각 신상God's Bits of Wood」 등에 대해 논하면서 서구와는 구분되는 아프리카 문학의 특장을 강조했다.⁴³ 그러면서 제의라는 집단적 경험을 강조한다. 서구의 개인이 아프리카적 경험이 낯설 수밖에 없는 이유다. 아프리카식 사회계약에서는 공동체 생활이 우선이다. 따라서 소잉카는 제의가 미치는 영향을 생생하게 전하기 위해 비유를 들어 설명한다. "어떤 이야기의 주인공이 비극적 인물이라고 치자. 비극적 대사가 진행되다가 갑자기 움찔하면 관객은 주인공이 대사를 잊은 게 아닐까 하고 걱정한다. 혹시 다 까먹었나? 등장인물들은 공동체를 위해 행동을 한다. 그래서 주인공의 복지는 전체 공동체의 그것과 뗄 수 없는 관계이다."⁴⁴ 소잉카의 논점은 아프리카에서는 어떤 식의 스토리를 설정해도 그것을 받아들이는 방식이 다르다는 것이다.

소잉카는 창조적인 작가인 동시에 비평가다. 20세기 마지막 4반세기에 문학비평과 문화비평은 유독 풍성했고, 논란도 많았다. 서로 연결돼 있는 세 분야, 즉 탈식민주의 비평, 포스트모던 비평, 문화연구도 마찬가지다.

탈식민주의 비평에서는 에드워드 사이드와 가야트리 스피박Gayatri Chakravorty Spivak 두 사람이 걸출하다. 여러 저서에서 그런 면모를 보여줬지만 특히 『오리엔탈리즘Orientalism』(1978), 『이슬람 보도Covering Islam』(1981), 「오리엔탈리즘 재고찰Orientalism Reconsidered」(1986)에서 팔레스타인 출신 뉴욕 컬럼비아 대학 교수인 사이드(1935~2003)는 서구의 '오리엔트'관을 탐색했다. 특히 19세기 초 '동양학Oriental studies'이 시작된 이후 시기에 주목했다.[45] 그는 1806년 출판된 실베스트르 드 사시Silvestre de Sacy(프랑스 언어학자, 동양학자 : 옮긴이)의 『아랍 명구집 Chrestomathie arabe』에서부터 귀스타브 플로베르, 아서 제임스 밸푸어, T. E. 로렌스(아랍 민족운동을 지원한 영국군 장교로 '아라비아의 로렌스'라는 별명으로 유명하다 : 옮긴이)를 거쳐 1960~70년대에 출판된 학술서적에 이르기까지 학자, 정치가, 소설가, 심지어 화가들의 글을 폭넓게 분석했다. 『오리엔탈리즘』 책표지에는 어린 소년이 그려져 있는데 벌거벗은 몸을 큰 뱀이 휘감고 있다. 소년은 카펫 위에 서서 피부가 검은 일단의 아랍 남자들을 즐겁게 해주고 있다. 남자들은 줄을 매단 총과 칼을 가지고 아라베스크 문양과 아라비아어로 장식된 타일 벽에 느긋하게 기대 앉아 있다. 이 표지 그림은 장 레옹 제롬Jean-Léon Gérôme(19세기 후반 프랑스 화가, 조각가 : 옮긴이)의 「뱀 마술사」(1870)로 사이드의 논리를 정확히 반영한다. 말하자면 상상의 오리엔트, 캐리커처와 과다한 단순화로 얼룩진 스테레오타입화된 오리엔트를 보여주는 것이다. 사이드의 논점은 서구에서 개척된 동양학은 역사적으로 정치권력에 의해 왜곡돼왔다는 것이다. 단일 실체로서의 '동양'이라는 개념 자체가 부조리하고 여러 문화권과 여러 종교, 여러 민족이 뒤섞인 거대한 지역을 덜렁 하나로 묶어버렸다는 얘기다. 이런 식으로 해서 세계는 불평등한 두 개의 반쪽으로 구성되고, 양쪽을 형성하는 것은 정치적(제국주의적) 권력에 기초한 불평등 교환이다. 사이드는 상상을 통해 '신비한 동양'이라는 나쁜 이미지가 만들어졌다고 말한다. 그 이론에 따르면 '동양인들'은 천성이 게으르고 사기를 잘 치며 비합리적이다. 사이드는 드 사시가 '동양학'을 라틴학 및 헬레니즘학과 동렬에 올려놓으려고 노력했다는 사실을 보여준다. 그럼으로써 동양이 고전 그리스나 고전 로마처럼 균질적 단일체라는 관념을 확산시키는 데 큰 몫을 했다는 것이다. 플로베르의 소설 『보바리 부인』에서 여주인공 에마 보바리는 단조롭고 무료한 부르주아적 일상을 견디다 못해 상투적인 '동양적 환상'을 꿈꾼다. 하렘, 왕자, 공주, 노예, 베일, 춤추는 여자와 소년들, 셔벗(과즙에 물,

우유, 설탕을 섞어 얼린 얼음과자 : 옮긴이) 등등이 그 구체적인 양상이다.⁴⁶ 조셉 콘래드는 소설 『승리Victory』에서 여주인공 앨마Alma를 19세기 중반의 남성들이 도저히 매력을 느끼지 않을 수 없는 존재로 묘사한다. 앨마라는 이름은 창녀이기도 한 무희를 연상시킨다. 사이드는 앨마의 유래가 된 알레마Alemah는 아랍어로 '학식 있는 여성'을 의미한다는 점을 강조한다. 알레마는 고대 이집트 사회에서 시를 전문적으로 낭송하는 여자들을 지칭하는 개념이었다. 최근, 특히 아랍-이스라엘 전쟁 이후로도 상황은 별로 나아지지 않았다는 것이 사이드의 판단이다. 그 예로 사이드는 《미국정신의학회지American Journal of Psychiatry》 1972년 호를 인용한다. 거기에 「아랍 세계The Arab World」라는 제목의 에세이가 실렸는데 필자는 전직 미국 국무부 정보국 직원이다. 필자는 1,300년이라는 기간에 걸치는 1억 명 이상의 심리학적 초상을 단 네 페이지로 묘사한다. 근거로 삼은 자료는 책 두 권과 신문 기사 두 개 등 네 건뿐이다.⁴⁷ 사이드는 그런 시도가 얼마나 터무니없는 짓인지를 강조하는 동시에 '동양' 문헌에 대한 폭넓은 이해를 촉구하면서—서구 대학의 동양학과에 관련 문헌이 태부족이라는 사실도 지적한다—클리포드 기어츠 식의 인류학과 국제연구, 특히 '심층 기술' 개념을 지지한다.⁴⁸ 그러나 사이드의 논리는 마틴 버널Martin Bernal의 서양 고전 문명 아프리카 기원설(이에 대해서는 다음 장에서 살펴보자)과 마찬가지로 앨버트 후라니Albert Hourani 같은 동양학의 대가들에게 혹독한 반박을 받았다.

문학평론가이자 인도인이고 여성인 가야트리 차크라보르티 스피박(1942~)은 탁월한 탈식민주의 저술가로 유명한 잡지 《종속집단연구Subaltern Studies》 편집진 중에서도 가장 강력한 영향력을 발휘하는 인물이다. subaltern이란 단어는 아이러니하게도 군대, 특히 영국 육군 하사관의 계급을 가리키는 말이다. 하사관은 장교계급에 종속돼 있다. 얼마나 낮은 위치인지 발언을 하고 싶으면 허가를 청해야 한다. 종속집단연구는 다양한 역사서술을 망라한다. 그 성향은 수정주의를 공공연히 선언하며 인도에 대한 대안적인 역사 제시를 목표로 한다. '아래로부터' 다시 이야기하는 새로운 목소리라는 점에서 영국 마르크스주의 역사가들과 다소 유사하다. 가야트리 스피박은 루시디와 데사이, 그리고 여러 인도 지식인들과 마찬가지로 자기 시대를 인도와 서구로 나누고 본질적으로 페미니즘적인 세계관에 데리다와 푸코에서 빌려온 네오마르크시즘적인 색채를 가미한다.⁴⁹ 종속집단연구 공동체의 주요 업적이라면 첫째, 영국의 인도 통치기간the Raj에 축적된 원자료를 확보했다는 것을 들 수 있다. 그런 사료가 없었다면 역사의 수정 자체가 불가능했을 것이다. 둘째로는 많은 사람들이 인도 문화가 지금까지 영국 시스템에 대적할 만한 시스템을 창출해내지 못했다고 생각하는 데 대해 정면으로 도전했다는 점이다.⁵⁰ 역사서술의 경우를 예로 들면 종속집단 연구자들은 영국에 대한 반란으로 통칭되는 많은 사건들을 다시금 면밀히 분석했다. 제국주의 영국 쪽 자료에 따르면 '광신도 무리'가 난을 일으켜 진압한 것으로 돼 있다.⁵¹ 이런 사건들이 이제 당시의 신앙, 결혼 내지 성적 관습, 제국의 경제적 수요 등의 관점에서 새롭게 설명되고 있다. 1980년대에 나온 「종속집단연구」 5권은 학자들에게 격찬을 받으면서 대안적 역사서술로 발전했다.⁵²

포스트모던적 감성은 말할 것도 없고 탈식민주의 사조의 상당한 토대가 되는 것이 바로 미국 문학평론가 프레드릭 제임슨Fredric Jameson(1934~)이 말한 '정치적 무의식The Political Unconscious'이다. 이 표현은 제임슨의 1981년 저서 제목이기도 하다.⁵³ 탈식민주의 비평과 포스트모던 비평은 '진지한' 문학과 대중문학을 다른 방식으로 읽어서는 안 되며, 모든 예술이 마찬가지라고 한 레이먼드 윌리엄스의 초기 논지에서 상당한 자양분을 얻었다. 이런 입장은 《뉴레프트》에 실린 두 유명한 논문에서 상세하게 개진됐다. 하나는 제임슨의 「포스트모더니즘 또는 후기 자본주의의 문화 논리Postmodernism; or, The Cultural Logic of Late Capitalism」(1984)이고, 다른 하나는 옥스퍼드 대학 영문과 교수인 테리 이글턴Terry Eagleton(1943~)의 「결을 거슬러Against the Grain」(1985)다. 제임슨의 주장은 모든 이데올로기는 '통제 전략'이며, 이를 통해 사회는 '사회 밑바탕에 깔린 모순을 은폐하는 자체적 설명을 제공한다'는 것이다.⁵⁴ 예를 들어 19세기 소설의 정당성은 중산층에게 그들의 정연한 계급 시스템이 지속될 것이라는 보장을 해주기 위해 고안된 것이다. 반면에 헤밍웨이의 소설들이 성기고 짧은 문장에 마초적인 특성을 강하게 드러내면서 특이한 외국을 무대로 한 것은 그가 복잡하고 기술적으로 대단히 발전된 사회라고 하는 미국의 자기 이미지에 어울리지 않기 때문이다. 제임슨의 두 번째 논점은 포스트모던적 감성은 1990년대 중반이 되면 세계를 보는 하나의 방식에 머무는 것이 아니라 지배적인 방식으로 확대되고, 이는 후기 자본주의의 논리적 귀결이라는 것이다.[55] 이런 후기 단계에 오면 사회는 고급문화와 대중문화의 구분을 최종적으로 폐기한다고 그는 말했다. 대신 많은 사람들이 '질이 떨어진다'고 비난하지만 젊은 사람들은 열광하는 문화가 등장한다. 키치, 싸구려 물건, 통속소설, TV, 《리더스 다이제스트》 등등. 이런 변화를 처음으로 제대로 평가한 사람은 앤디 워홀이었다. 핵심은 후기 자본주의가 예술을 특히 하나의 상품, 즉 사고 파는 어떤 것으로 인식한다는 것이라고 제임슨은 말한다.

이글턴은 좀 더 공격적인 마르크스주의자였다. 그는 고급예술과 통속(대중)예술의 구분은 너무도 오래 당연시돼온 것으로서 그런 구분이 허물어졌다는 것은 사회주의자에게는 호재라고 평가했다. '비사회주의적 작품들이 정치적으로 바람직스럽지 못한 효과를 발하는 수사학적 구조를 까발리는' 데 도움이 되기 때문이다.[56] 이글턴에 따르면 후기 자본주의에서 상품은 물신物神이 됐다. 거기에는 예술이라는 상품도 포함된다. 이는 유례가 없는 새로운 미학적 범주이다.

제임슨과 스탠리 피시Stanley Fish(제임슨과 함께 듀크 대학에 있다가 나중에 시카고의 일리노이 대학으로 옮겼다) 같은 비평가들이 책 외에 영화, 텔레비전, 만화, 광고 같은 다른 미디어에도 똑같이 관심을 쏟았음은 말할 나위도 없다. 그 모두가 기호로 이루어진 체계이기 때문이다.[57] 레이먼드 윌리엄스의 초기 저작과 탈식민주의, 포스트모던 문학이론에다 바르트, 리오타르, 라캉, 데리다, 장 보드리야르Jean Baudrillard 같은 프랑스 학자들의 이론이 더해지고 거기에 클리포드 기어츠의 인류학까지 합쳐져서 '문화연구cultural studies'라고 하는 새 분야가 탄생했다. 문화연구는 미디어연구media studies와 같은 것은 아니지만 그 동인은 동일하다. 양자의 토대를 이루는 관념은 앞서 언급한 대로 다시금 제임슨의 정치적 무의식으로 돌아간다. 상상력을 핵심으로 하는 작품들은 어떤 면에서도 '특권적인' 것이 아니며, 콘텍스트와 환경의 산물이라는 점에서 다른 것들과 마찬가지고, 시장의 힘에 종속되며, 따라서 이데올로기적이고 정치적인 앵글을 갖지 않을 수 없다는 것이다. 문화연구의 목표는 이런 감춰진 아젠다를 드러내 보임으로써 자의식의 마지막 속살을 벗겨 보이는 것이다.

문화연구는 논란의 한가운데에 서 있다. 특히 '미학적' 가치는 다른 모든 것으로부터 독립적으로 존재하는 고유한 것이며, 인간의 조건의 '영원한 진실'을 찾는 데 도움이 된다는 식으로 교육받고 자란 나이든 세대로부터 맹공을 당하고 있다. 그러나 문화연구 강의는 많은 대학에서 큰 인기를 끌고 있다. 젊은 층의 요구를 충족시키는 측면이 있다는 것은 분명하다(등장한 지도 오래돼서 한때의 유행이라고 치부할 수 없다). 문화연구에서 벌어지는 핵심적인 논란은 셰익스피어 논쟁이다. 존 키츠John Keats(19세기 초 낭만파 영국 시인 : 옮긴이)는 셰익스피어를 '시인 대장chief poet'이며, '우리 마음 심층에 있는 영원한 테마의 창시자'라고 불렀다. 반면에 새로운 셰익스피어 연구가들은 그 시인이 비범한 희곡을 많이 쓰기는 했지만 콜리지가 주장한 것처럼 모든 시간, 모든 장소에 있는 모든 사람을 위해 발언한 것은 아니라고 주장한다.

신생 학자들은 셰익스피어(1564~1616) 역시 그가 속한 시대가 낳은 인물이며, 그가 쓴 희곡은 전부 다는 아니더라도 대부분 특수한 정치적 콘텍스트가 있다고 말한다. 그러면서 셰익스피어 사후 근 400년 동안 기성체제는 우파적인 자체 아젠다를 위해 그를 도용했다고 지적한다. 다른 말로 하면 셰익스피어는 인간 본질에 관한 불변의 객관적 지혜의 샘과는 거리가 멀며, 수준이 떨어지는 자들에 의해 특정한 세계관을 전파하고 지탱하는 선전도구로 활용돼왔다는 것이다. 셰익스피어도 시대가 낳은 인물이라는 주장과 함께 이들은 그의 인간 본성에 대한 통찰이 '근본적'이고 '심오한', '시간적 변화에 구애되지 않는' 것이라면 다른 작가들 역시 마찬가지라고 말한다. 따라서 셰익스피어는 영국 문학의 주춧돌 역할을 상실할 수밖에 없다는 것이다. 문화유물론자들 입장에서는 셰익스피어는 서로 우열을 다투는 문학관이 충돌하는 지점이며, 문학이 우리의 삶에서 얼마만 한 적실성的實性을 갖는지를 보여주는 장소다.

전통적인 지혜에 대한 최초의 합동공세는 1985년 영국 서섹스Sussex 대학의 조너선 돌리모어Jonathan Dollimore와 앨런 신필드Alan Sinfield가 공동 편찬한 『정치로 본 셰익스피어Political Shakespeare』라는 도발적인 제목의 책으로 시작됐다.[58]

영국과 북미 학자들 논문 여덟 편을 모은 책이었다. 논문들은 셰익스피어의 희곡과 당대의 정치적 사건들을 대조함으로써 셰익스피어가 역사와 정치와 인간 본성을 초월하는 것과는 거리가 먼, 시대의 아이였다는 것을 보여주고자 했다. 그 결과 많은 희곡들에 대한 전통적인 평가에 근본적인 변화가 왔다. 예를 들어 『템페스트*The Tempest*』는 식민주의 및 아메리카와는 거리가 먼 희곡이며, 영국의 아일랜드 문제를 다룬 연극이 된다. 대처와 레이건 시대 전성기에 나온 『정치로 본 셰익스피어』는 학계에 폭풍을 몰고 왔다. 원고를 읽어본 학계 관계자들 가운데 두 사람은 '어떤 이유로도 출판돼서는 안 된다'고 주장했다.59 출간 이후 한 논평자는 이렇게 썼다. "보수적인 비평가라면…… 벌벌 떨면서 셰익스피어가 학문의 에이즈에 걸렸고, 그의 면역체계가 마르크스주의, 페미니즘, 기호학, 후기구조주의, 정신분석 비평에 의해 처참하게 망가졌다는 결론을 내릴 것이다." 반면에 이 책을 중요하게 평가한 사람들도 있었다. 특히 교실에서는 인기가 좋아 재판을 세 번이나 찍었다. 애너벨 패터슨Annabel Patterson은 1980년에 출간한 『셰익스피어와 통설*Shakespeare and the Popular Voice*』에서 19세기 초까지 셰익스피어는 정치적인 극작가이자 반란자로 간주됐으며, 프랑스 혁명이 영국에 파급될 것을 우려한 콜리지가 정치적인 이유로 이런 당초의 평가를 뒤집으려 했다고 주장했다.60 두 책은 폭발적인 관심을 불러일으켰다. 《런던 리뷰 오브 북스*London Review of Books*》는 1991년 말 관련 논쟁을 다룬 특별 부록을 발행했을 정도다.

미국 문학의 힘은 1960년대 마커스 컨리프가 주목한 이후 세월이 가면서 점점 더 확고해졌다. 가장 인상적인 것은 새로운 재능들이 계속 등장하는 가운데에서도 친숙한 이름들이 여전히 막강한 파워를 자랑하면서 끊임없이 다채로운 면모를 보여주었다는 점이다.

예를 들어 극작가 데이비드 마멧David Mamet(1947~)은 유진 오닐, 테네시 윌리엄스, 아서 밀러의 섬세한 미국적 전통을 이어나갔다. 그의 작품은 친밀하면서도 심리적인 드라마가 주를 이뤘다. '액션'도 등장인물 내면에서 언어로 표출되는 경우가 대부분이다. 마멧의 걸작 『아메리카 들소*American Buffalo*』(1973)와 『글렌개리 글렌 로스*Glengarry Glen Ross*』(1983)는 '비즈니스 윤리를 범죄행위 은폐를 위해 써먹는' 사회에 대한 비난이라는 평을 들었다.⁶¹ 『아메리카 들소』에서는 하층 인생들이 '깜냥도 안 되면서' 도둑질을 모의한다. 마멧이 내놓은 인물들은 거의 다 말더듬이다. 이는 좌절의 원인이자 증상이다. 그가 선택한 무대는 현대 도시이며, 거기서 직업이란 생명을 메마르게 하는 것이다. 특히 이런 점에서 오닐과 밀러의 세일즈맨을 연상시킨다. 『글렌개리 글렌 로스』에서는 부동산 세일즈맨들이 말 못하는 좌절 속에서도 애처롭게 희망을 갖는 모습이 고통스러운 감동을 준다. 세일즈맨마다 아주 사소한 계약 건을 놓고도 경쟁상대를 무너뜨리려고 갖은 노력을 다한다. 그러면서 그들은 인간의 참 본성을 잊어간다.

1970년대에 등장한 마멧은 포스트모던 세계의 대두와 낡은 확실성의 붕괴에 대한 반응을 보여준다는 점에서 중요하다. 피터 브룩Peter Brook이 새로운 기질을 선보이며 다문화주의를 옹호하고, 톰 스토파드Tom Stoppard(영국 극작가)가 다문화주의에 단호하게 반대하면서 객관적인 진리, 객관적인 선과 악이 존재하며 상대주의는 어떤 면에서 그 자체로 악이라고 주장한 반면, 마멧은 주변 세계에 대해 구식 엘리엇류의 회의의 시선을 보냈다.⁶² 그는 미국은 '거대한 실패'라고 하는, 오닐이 가다듬은 전통을 옹호하고 업그레이드시켰다.⁶³ 마멧의 작품들이 제대로 된 연극인 이유는 매스미디어에 대해 극히 회의적이기 때문이다. 그의 회고록을 보자. "매스미디어는…… 문화(예술, 종교, 축제, 드라마의 혼합이다)에 대한 인간의 욕구를 타락시키고 문화를 한낱 엔터테인먼트로 비하시키며, 대중에게 어필하지 못하는 것에 대해서는 '쓸 데 없이 고상한 척한다'거나 '호소력이 떨어진다'는 식으로 무시한다. …… 정보고속도로가 다양성을 보장해줄 것 같기도 하지만 대중에게 즉각 호소력을 발휘하지 못하는 것은 결국 모두 말살되고 무시당할 것이다. 모딜리아니, 사무엘 베케트, 찰스 아이브스Charles Ives(미국 작곡가, 1874~1954 : 옮긴이), 월러스 스티븐스Wallace Stevens(미국 시인, 1879~1955 : 옮긴이)의 비전은 현재로서는 문화로서 살아남았다. 그러나 이 사회가 그것을 예술로 받아들였던 것은 아니다. …… 매스미디어들—나는 컴퓨터 산업도 여기에 포함시킨다—은 끼리끼리 공모해서 공동체에 대한 우리의 요구를 왜곡시킨다. 지혜, 공동체, 도발, 암시, 회개, 계몽 같은 것들은 필요치 않다, 필요한 것은 정보뿐이다라고 믿게끔 세뇌를 당하는 것이다. 세계와 인생은 조립품처럼 말끔하게 준비가 돼 있는데 우리 소비자들만 조립법을 모르고 있는 것처럼 말이다."[64]

존 업다이크John Updike(1932~2009)는 1959년 『양로원의 축제일The Poorhouse Fair』 이후로 30여 권의 작품을 발표했다. 그러면서 줄곧 미국 백인 중산층의 크고 작은 문제들을 추적했다. 『커플스Couples』(1968), 『나와 결혼해주오Marry Me』(1976), 『이브의 도시Roger's Version』(1986)에서는 성과 간음, '구닥다리 도덕의 황혼'을 탐색했다. 『베치, 책Bech: A Book』(1970)에서는 공산주의 동유럽을 유대계 미국인 여행자의 눈으로 들여다보면서 냉전시대의 상극인 두 제국을 비교했다. 이어 『이스트윅의 마녀들The Witches of Eastwick』(1984)에서는 페미니즘과 미국 청교도주의에 난타를 가했다. 그러나 가장 큰 주목을 받은 것은 역시 『달려라 토끼Rabbit, Run』(1960), 『돌아온 토끼Rabbit Redux』(1971), 『토끼는 부자다Rabbit is Rich』(1981), 『토끼 잠들다Rabbit At Rest』(1990) 등 '토끼Rabbit' 시리즈 4부작이다.[65] 해럴드 '래빗' 앵스트롬은 예전에 프로야구 선수였다. 그때는 젊고 매력적이었지만 지금은 결혼생활의 무료함에 갇혀 있다. 래빗은 싱클레어 루이스의 『배빗』을 의도적으로 흉내 낸 인물이다. 그러나 배빗의 무대가 미국 중서부 제니스였다면, 래빗의 무대는 동부 연안으로 이동해 뉴욕과 코네티컷에 가정을 꾸린다. 래빗의 세계는 가전제품이 잘 갖춰진 아파트의 세계이며, 상품(예술도 포함된다)의 세계다. 물질적으로는 풍요롭지만 정신적으로는 뭔가 불안하다. 먹고 사는 데 아무 걱정 없는 래빗과 그 주변 인물들은 살짝 바람을 피거나 미술 강좌, 최고급 와인, 여행 등으로 젊음의 열기를 되찾고자 한다. 그러나 이제 내리막길 인생이라는, 단조롭고 누추한 나이가 됐다는 느낌을 떨칠 수 없다. 시간이 가면서 등장인물들은 업다이크가 '본능적 현실주의'라고 부른 양상을 보이면서 어떤 의미를 주는 통찰의 순간을 더더욱 간절하게 추구한다. 래빗 시리즈에 나오는 인물들은 자기도 모르는 사이에 운명적으로 포스트모던적 음울함으로 들어선다. 업다이크는 우리에게 사회의 진화가 그런 식으로 가고 있다는 생각을 하지 않을 수 없게 만든다.[66]

솔 벨로Saul Bellow(1915~2005)는 1976년 노벨 문학상을 수상했지만 어떤 면에서는 노벨상 수상보다 훨씬 대단한 일을 해냈다. 『허공에 매달린 사나이*Dangling Man*』(1944)에서부터 『비의 왕 헨더슨*Henderson the Rain King*』(1959), 『허조그*Herzog*』(1964), 『훔볼트의 선물*Humboldt's Gift*』(1975), 『학장의 12월*The Dean's December*』(1982)에 이르기까지 50년 동안 십년 마다 한 편씩 꾸준히 걸작을 내놓았다.⁶⁷ 1915년 캐나다에서 유대계 이민의 아들로 태어난 벨로는 시카고에서 어린 시절을 보냈다. 그가 쓴 책 대부분은 시카고나 뉴욕을 배경으로 하고 있다. 어쨌든 도시가 무대다. 그러나 도시라고 해도 업다이크의 세계와는 다르다. 벨로의 등장인물은 대부분 유대계지만 비즈니스 쪽보다는 작가나 학자로서 한결 성찰적이다. 대도시의 대중문화와 대중사회에 쉽게 압도당하지만 '형이상학적 갈증'으로 거기에 맞선다.⁶⁸ 카프카, 사르트르, 카뮈의 영향이 짙은 『허공에 매달린 사나이』에서는 주인공에 대해 이렇게 썼다. "그는 내가 아직도 꼭 답을 듣고 싶은 질문을 스스로에게 던졌다. '선한 인간은 어떻게 살아야 하는가, 어떻게 행동해야 하는가?'" 『오기 마치의 모험 *The Adventures of Augie March*』(1953)에서는 주인공이 이렇게 말한다. "우리가 자연 속에 존재하는 대가가 무엇인지, 그리고 당신들이 차지하고 있는 것들의 정체가 무엇인지 알려면 시간이 오래 걸린다. 얼마나 걸릴지는 이 사회를 끈끈하게 이어주는 설탕들이 얼마나 빨리 녹느냐에 달려 있다." 벨로에게 사회적 계약의 본질은 가장 근본적인 질문이며, 정치의 근본 문제이자 자본주의의 맨 밑바닥에 깔린 모순이다. 이런 중차대한 현상에 대해 과학은 아직 다가설 엄두조차 못 내고 있고, 종교는 이제 더 이상 권위 있게 말해줄 수가 없다.⁶⁹ 『허조그』에서 우리는 당대를 휩쓸던 허무주의에 굴복하지 않으려고 발버둥치는 인물을 발견한다. 『훔볼트의 선물』에서는 멋들어진 말을 잘 엮어대는 시인이 무일푼으로 죽어가는 사이, 상품에 눈이 먼 포스트모던 스타일의 제자는 부자가 된다. 『학장의 12월』에서는 대학 학장인 앨버트 코드가 루마니아 수도 부쿠레슈티를 방문한다. 코드는 자유로운 도시(폭력과 암과 포스트모던적 혼란이 뒤섞인 시카고)에 살고 있지만 철의 장막 뒤편의 부쿠레슈티에는 가족들과 가족적인 삶이 여전히 남아 있다. 코드는 루마니아 출신 아내(천체물리학자)와 함께 여행하면서 자신이 속한 도시의 절망적인 풍경과 우주의 확실성을 줄곧 비교한다. 『죽음보다 더한 실연 *More Die of Heartbreak*』에 나오는 '방사능으로 죽는 사람보다 실연의 아픔으로 죽는 사람이 더 많다'는 경구는 독특하면서도 비극적인 형태로 과학의 한계를 보여준다. (이 작품은 희극이다.) 허공에 매달린 사나이에서부터 오기 마치, 헨더슨, 허조그, 훔볼트를 거쳐 앨버트 코드 학장까지 발전해가는 과정은 비극과 각성의 순간들이 생동감 넘치게 겹치면서 깊은 곳에서 우러나는 인간적인 따스함을 느끼게 한다. 그의 작품들은 지적인 면에서는 물론 예술적인 면에서도 20세기 후반기를 빛내준 걸출한 성취로 평가된다.

1990년대 초에 이르자 아메리카 원주민 문학이 등장하기 시작했다. 그레그 새리스Greg Sarris(1952~)가 편찬한 『게으름뱅이 여자 살리기 : 아메리카 인디언 텍스트 탐구 Keeping Slug Woman Alive: Approaches to American Indian Texts』(1993)와 『그랜드 애비뉴 Grand Avenue』(1994)는 상업적으로도 성공했고, 학계의 평도 좋았다.[70] 새리스는 아메리카 인디언과 필리핀, 유대계 피가 섞인 인물로 UCLA 영문과 교수이며 미워크 부족Miwok tribe 추장으로 선출되기도 했다. 그가 극히 포스트모던적이고 다문화적인 차세대 성향을 보이는 것은 이런 배경과 무관하지 않다. 새리스나 그 비슷한 인물들은 21세기 미국 문학의 중요한 목소리로 떠오를 수 있다. 그러나 들어볼 가치가 있는 목소리냐의 기준을 제시한 것은 역시 솔 벨로였다.

41

문화 전쟁
Culture Wars

1988년 9월 미국 채플힐 노스캐롤라이나 대학 캠퍼스에서 인문교육liberal education의 미래에 대한 토론회가 열렸다. 학술회의라는 게 대개 조용한 분위기에서 진행되는 것이 상례지만 이 경우는 달랐다. 〈뉴욕 타임스〉 보도에 따르면 조지 오웰George Orwell의『1984년』에 나오는 '증오의 시간'(국가 공적 1호로 규정된 골드스타인의 사진을 향해 욕설과 비난을 퍼붓게 돼 있는 시민 집회)을 연상케 하는 분위기였다. 채플힐에서는 소수 '문화적 보수파'에 대한 비난이 줄을 이었다. 듀크 대학 영문과 스탠리 피시Stanley Fish 교수의 말을 빌리면 그들은 '인문학을 짜증스럽게 공격'하는 무리였다. 〈뉴욕 타임스〉 기자 말에 따르면 보수파는 '비웃음당하고 멸시받고 조롱당했다.' 보수파가 누구인지 이름을 듣지는 않았지만(명예훼손 우려 때문일 것이다) 누구를 죽이자는 것인지 모를 사람은 아무도 없었다.[1] 공적 1호는 시카고 대학 '존 M 올린 민주주의 이론과 실천 연구소' 공동소장이자 이 대학 사회사상공동과정 교수인 앨런 블룸Allan Bloom(1930~1992)이었다.* 블룸은 전해인 1987년 출간돼 학계에 파란을 일으킨 책『미국 정신의 종언The Closing of the American Mind』

---

* 시카고 대학 사회사상공동과정은 해럴드 로젠버그의 표현을 빌리면 '독립적인 정신들의 집단'이었다. 로젠버그 자신과 솔 벨로, 에드워드 쉴즈Edward Shils를 비롯해 사회적 관심이 많은 지식인들이 참여했다.

의 저자였다. 그의 저서는 학계라는 좁은 울타리를 박차고 나왔고, 그 덕분에 블룸은 유명인사(겸 백만장자)가 됐다.² 〈타임〉, 〈워싱턴 포스트〉, 〈월스트리트 저널〉, 〈로스앤젤레스 타임스〉, 〈뉴욕 타임스〉가 호평을 했고, 코너 크루즈 오브라이언Conor Cruise O'Brien(아일랜드 언론인, 저술가, 정치인 : 옮긴이), 솔 벨로, 아서 슐레진저Arthur Schlesinger(미국 역사가, 사회비평가 : 옮긴이) 같은 다양한 인물들로부터 환영과 미움을 동시에 받았다.

블룸이 이 책에서 던진 주장은 간단하지만 대단히 야심적인 것이었다. 물론 본인은 그렇게 생각하지 않았다. 그는 오랜 강단 경험을 토대로 1950년대 말~80년대 중반에 미국 대학 신입생들의 성향이 눈에 띄게 변했다는 점에 주목했다. 특히 그런 변화가 나쁜 쪽으로 기울고 있다는 사실을 숨기지 않았다. 그에 따르면 1950년대는 미국 대학들이 세계 최고 수준을 자랑했던 시기다(유럽은 한창 혼란스러운 때였다). 국내에서 성장한 재능 있는 사람들도 있었지만, 전체주의 체제에서 탈출해온 망명자들의 역할도 컸다. 50년대와 60년대 초 번영과 풍요의 20년 동안 학생 세대는 참신하면서도 진지했다. 이상과 지적인 열망이 있었고, '그 때문에 대학은 뭔가 설레는 분위기였다.'³ 그러나 1960년대 말이 되면서 신입생들의 독서 수준이 떨어지기 시작했다. 여기서부터 블룸은 미국 문명의 심각한 추락을 야기한 범인의 정체를 밝히고 통렬히 비판한다. 그의 분노는 맨 처음 록 음악으로 향했다. 블룸은 록을 야만적이고 아동용이며, 성과 증오에 탐닉하고 '형제애를 아양 떠는 식으로 위선적으로 표현한 것'이라고 간주했다.⁴ 록 뮤직에는 고상하고 감동적이며 심오하거나 섬세한 것이 없다고 그는 말한다. "나는 록이 젊은이들의 상상력을 파괴하고 예술에 대한 열정을 죽인다고 본다. 상상력과 예술은 인문교육의 실체인데 말이다." 약물에 대해서도 똑같이 공격했다. 그러면서 페미니즘, 새로운 형태의 심리학, 젊은이들이 분야를 막론하고 평등에만 열광하는 풍토에 대해 맹공을 펼쳤다. 특히 인종 관련 문제에서 그랬다.⁵

이렇게 대학생들의 특성 변화(기본적으로는 어느 나라나 비슷했다)를 서술한 뒤 2부에서는 일부러 거창한 문제들을 들고 나온다. '자아', '창조성', '문화', '가치관', '우리의 무지'를 비롯해 제임스 조이스의 표현을 빌자면 '생각만 해도 기가 죽는 거창한 단어들'이 난무한다. 아무리 많은 학생이 변했어도, 주변 세계가 아무리 달라졌다고 생각한다 해도 거대 이슈는 변하지 않고 여전히 중요하다는 것을 보여주려는 의도였다. 그 방편으로 블룸은 자신이 애지중지하는 과거의 철학자들—특히 플라톤, 아리스토텔레스, 장 자크 루소, 존 로크—이 여전히 우리에게 지식을 주고 '현명하게 만들어주고' 감동을 준다는 것을 입증했다. 그는 사회과학자들이 발견하거나 재발견하는 많은 이념들이 사실은 주로 독일 사상가들(헤겔, 칸트, 니체, 베버, 후설, 하이데거 등등)에게 지적 소유권이 있음을 보여줬다.[6] 블룸은 너무도 많은 사람들이 당연시하는 양대 상수常數인 자유와 이성은 투쟁과 치열한 사고를 통해 얻어진 것이라고 역설했다. 진정한 문화는 마약이나 길거리 문화와 달리 깊이가 있고, 이성으로 고심한 흔적이 담긴 것으로 결국은 선을 지향한다. 지식의 통일성은 '지혜라는 이름'과 같이 간다. 그는 진지한 삶이란 이성이냐 계시냐, 자유냐 필연이냐, 선이냐 악이냐처럼 심각한 대립에 직면할 때 어떤 선택을 할 것인지를 충분히 의식하는 것을 의미한다고 말한다. "그것이 바로 비극 문학이 추구하는 바다." 책 3부와 4부에서는 대학의 엄청난 직무유기를 통렬히 공박했다. 좌파가 득세해가는 세상에서 이성과 자율의 보루라고 하는 본분을 망각했다는 것이다. "철학의 본질은 모든 권위를 내버리고 인간 개개인의 이성 편에 서는 것이다. …… [대학은] 여론이라는 것에 신경을 써서는 안 된다. 왜냐하면 그 자체로 자율권, 즉 본성에 따라 진리를 추구하고 발견할 권리가 있기 때문이다. 대학은 철학, 신학, 문학비평, 그리고 뉴턴, 데카르트, 라이프니츠처럼 우주에 대해 포괄적인 과학적 비전을 가진 과학자들에 집중해야 한다. 그래야만 자칫 민주주의에서 무시되기 쉬운 것들을 보전할 수가 있다."[7] 블룸은 또 1960년대 학생운동('교문 앞에서 어슬렁거리는 야만인들'이라고 표현했다)은 물론이고 학생들의 압력에 굴복하는 동료 교수들과 '새로운' 사회과학 분야들('전체는 온 데 간 데 없고 부분들만 잡다하게 늘어놓은 것'이라고 봤다)에 대해서도 혹독한 비난을 퍼부었다. 특히 MBA(경영학 석사)에 대해서는 학생들의 삶이 근본적으로 바뀌는 공부가 아니기 때문에 제대로 된 교육이 아닌 '재앙'이라고 혹평했다.

블룸의 이런저런 비판에 많은 사람들이 분노하거나 짜증을 내는 것은 당연했다. 그러나 가장 분개한 사람들은 인문학 분야 동료 교수들이었다. 블룸의 핵심 주장은

F. R. 리비스Leavis나 라이오넬 트릴링과 같은 맥락에서 대학이 다른 무엇보다도 인문학의 본산이 되어야 한다는 촉구였다. 그가 말하는 인문학이란 '고급문화, 특히 고대 그리스 연구가 여러 측면에서 현대의 성취에 모델이 된다'는 의미였다.[8] 그는 우리가 가장 많이 배워야 할 사람들이 고대 철학자, 소설가, 시인들―보통 '위대한 책들'의 저자를 말한다―이라는 점을 극명하게 밝혔다. 그런 작가들이 지금까지 읽힌다는 것은 우연이 아니다. 그들의 사상이 그만큼 타당성을 갖는다는 얘기다.

블룸의 주장은 엄청난 풍파를 불러일으켰다. 채플힐 학술대회는 반대 입장을 분명히 했다. 블룸이 공박하고자 한 것이 바로 그런 입장이었다. 회의 참가자들은 블룸의 주장을 '인문학과 문화 자체에 대한 편협하고 낡은 해석'이며, 특히 '오래 전에 무덤에 들어간 유럽 백인 남성들이 쓴 작품들만을 강조한 것'이라고 비난했다. "노스캐롤라이나 대학 학술대회의 메시지는 미국 사회가 너무 변해서 이제 블룸류의 견해가 보편적인 설득력을 갖기는 어렵다는 것이었다. 흑인, 여성, 라틴계, 동성애자들이 나름의 정전을 인정할 것을 요구하고 있다." 피시 교수는 이렇게 덧붙였다. "블룸이 추진한 것과 같은 프로젝트는 모두 문화나 생활양식 또는 관습에 대한 종족적 관점과 반대되는, 옛날식 미국 문화 버전을 회복하려는 시도이다."[9]

이런 얘기는 앞서 살펴본 바가 있다. 앨런 블룸의 책은 T. S. 엘리엇Elliot의 『문화의 정의에 대한 노트Notes towards the Definition of Culture』보다 훨씬 길고, 더 열정적이고 웅변적이었다. 그러나 결국 같은 주장이라는 것은 분명했다. 다른 점은 그 사이 40년이라는 세월이 흐르면서 세상이 많이 변했다는 것이다. 소수민족의 위치도 그렇고, 대학들 자체도 그렇고, 정치도 마찬가지였다. 그런 변화는 블룸의 저서에 대한 반응이 엘리엇의 산문집에 대한 반응(적어도 시끄럽게 번지지는 않았다)과 다른 이유이기도 했다.

많은 사람들이 앨런 블룸의 주장을 물고 늘어졌지만 1994년에는 이름이 비슷한 또 다른 미국 교수로부터 강력한 지지를 받게 된다. 지지자는 예일 대학 교수 해럴드 블룸Harold Bloom(1930~)이었다. 『서구의 정전The Western Canon』을 쓴 해럴드 블룸은 비타협적이었다.[10] 적어도 위대한 문학을 논함에 있어서는 페미니즘, 마르크스주의, 다문화주의, 신보수주의, 아프리카중심주의Afrocentrism, 포스트모던 문화유물론을 배격했다. 그러면서 현 상황에 대해 '사태는 와해됐고, 중심은 지탱하지 못하고 있으며, 한때 교양 세계라고 했던 것에 무정부 상태가 몰아닥치고 있다'고 진단했다. 대단한 문체와 방대한 분량을 뽐내는 이 책에서 블룸은 미학적 가치라고 할 만한 것이 존재하며, '평생의 독서를 통한' 경험으로 볼 때 삶의 미학적 측면은 이데올로기나 형이상학으로 '환원될 수 없는' 자율적인 영역이라고 주장했다. "미학비평은 우리를 상상력을 토대로 하는 문학의 자율성과 고독한 영혼의 주권으로 돌아가게 한다. 독자는 사회 속에 위치한 인간으로서가 아니라 심오한 자아, 궁극적인 내면성이 된다. …… 미학적 가치는 우리의 기억에서, 그리고 (니체가 잘 간파했듯이) 고통에서 피어난다. 여기서 고통이란 훨씬 어려운 즐거움을 위해 좀 더 편한 즐거움을 포기하는 것이다."[11]

그는 현대가 '문학비평의 입장에서는 최악의 시대'라는 점을 분명히 한 다음 나름의 기준으로 서구의 정전을 구성하고 정당화한다. 그가 제시한 서구의 정전은 26명의 작가로 구성돼 있다. 독서에 관심이 있는 사람이라면 누구나 읽어야 할 대상이다. 그러나 다음과 같은 경고도 잊지 않았다. "정전을 깊이 읽는다고 해서 더 좋은 사람이 되거나 더 나쁜 사람이 되지는 않을 것이다. 더 쓸모 있거나 더 해로운 시민이 되지도 않을 것이다. 정신이 자신과 대화를 나눈다고 하는 것은 기본적으로 사회적인 성격의 행위가 아니다. 서구의 정전이 선사할 수 있는 것은 기껏해야 자신의 고독을 적절히 사용하는 것 정도이다. 그런 고독의 최종 형태는 자신의 도덕성과 허심탄회하게 대면하는 것이다."[12] 블룸에게 정전의 중심은 '큰 작가 중에서도 전무후무한' 셰익스피어다. 블룸은 저서에서 누차 셰익스피어가 받은 영향과 이후 작가들에게 미친 영향을 언급한다. 특히 4대 비극 『햄릿Hamlet』, 『리어 왕King Lear』, 『오셀로Othello』, 『맥베스Macbeth』는 물론이고 폴스타프(셰익스피어의 『헨리 4세』와 『윈저의 즐거운 아낙네들』에 등장하는 뺑이 세면서도 겁 많은 풍보 기사 : 옮긴이)에 대해서도 깊이 천착한다. 문학작품 등장인물 중에서 가장 특이한 인물이라고 할 만한 폴스타프를 통해서 셰익스피어는 우리에게 '변덕의 심리학', 즉 '스스로를 엿듣다가 스스로 돌변하고 마는 모습에 대한 묘사'를 제공한다.[13] 블룸에게 정전에 포함된다는 것은 뭔가 이상하고, 낯설고, '우리가 결코 완전히 수용할 수는 없는' 기념비적인 독창성인 동시에 '그 특이성을 낯설어하지 않을 만큼 당연한 것이 되었다'는 의미다. 셰익스피어 이후 그의 정전 목록에 포함된 작가는 단테, 초서, 밀턴, 몽테뉴, 몰리에르, 괴테, 워즈워스, 제인 오스틴 등이다. 월트 휘트먼과 에밀리 디킨슨은 미국 정전의 중심으로, 찰스 디킨스의 『황량한 집 Bleak House』과 조지 엘리엇의 『미들마치 Middlemarch』는 정전적인 소설로, 톨스토이, 입센, 조이스, 울프, 카프카, 보르헤스, 네루다는 정전에 포함시킬 만한 가치가 있는 작가로 꼽는다. 베케트, 조이스, 프루스트는 다시 셰익스피어와 연관이 된다. 그리고 한 장에서는 '세계 역사에서 가장 중요한 심리학자'인 셰익스피어는 프로이트가 그 시인에 대해 말해줄 수 있는 것보다 프로이트에 대해 훨씬 더 많은 것을 우리에게 말해준다고 주장한다. 여기서 블룸은 프로이트의 덜 유명한 논문 여러 편을 적절히 인용함으로써 프로이트가(셰익스피어를 평생 영어 원문으로 읽었다) 셰익스피어에 큰 빚을 지고 있음을 인정했다는 것을 보여준다.¹⁴ 프로이트가 대단한 스타일리스트라는 것을 인정하면서 블룸은 세계를 일종의 샤머니즘으로 보는 정신분석의 입장을 거부한다. 샤머니즘은 '고대에 세계적으로 널리 퍼져 있던 치료법'으로 정신분석의 종착점은 샤머니즘이 될 가능성이 농후하다는 것이 블룸의 결론이다. 블룸은 문학의 수용은 이데올로기적이라기보다는 개인적인 것이기 때문에 문학에 접근하는 방법으로서 페미니즘, 다문화주의, 아프리카중심주의 등을 거부한다. 그러면서 스스로를 자민족 중심적이라고 생각하지 않는다. 오히려 모든 위대한 작가들은 체제 전복적이라는 점을 강조한다. 물론 단테나 세르반테스 시대의 문화는 예컨대 20세기 라틴아메리카 사회나 북미 흑인 사회보다는 20세기 말 미국 동부 연안 사회와 다른 점이 훨씬 많다.

정전을 돌에 새길 수는 없다고 블룸은 말한다. 그러나 정전을 정립하는, 또는 정립하려고 노력하는 과정에는 모종의 경쟁이 존재한다. 사람들은 어떤 작품을 다른 작품과 견주어 생각해보고, 판단해보고, 무게를 비교한다. 그 과정에서 사람들—결국 독자다—은 '자신들의 고독을 확장시킨다.' "정전이 없다면 우리는 생각을 멈춘다. 미학적 기준을 자민족 중심적인 관념이나 젠더의 관점으로 대체하는 것이 바람직하다고 생각할 수도 있다. 그리고 당신의 사회적 의도가 진짜로 바람직한 것일 수도 있다. 그러나 니체가 누차 증언했듯이 힘과 짝할 수 있는 것은 힘뿐이다."[15] 블룸은 '영향에 대한 불안the anxiety of influence'이라는 표현을 썼다. 모든 작가가 다른 위대한 작가들에게 영향을 받으며, 따라서 후대의 작가들은 이전의 위대한 작가들이 쓴 것을 알아야 한다는 의미다. 그렇다고 해서 상상력을 토대로 한 문학이 과학 문헌과 같은 것이 되지는 않는다. 누적적인 것은 결코 아니라는 얘기다. 그러나 후대의 작품들은 대충 예전의 작품들로부터 발전돼 나온다고 할 수 있다. 이는 고전적인 생물학적 의미의 진화는 아니지만 정전을 구성하려는 치열한 노력과 연결되는 부분이다. 상상력을 토대로 한 문학의 발전도 전적으로 임의적인 것은 아니라는 얘기다.

앨런 블룸과 해럴드 블룸의 주장에 대해 반론이 잇따랐다. 형태는 다양했지만 반론에는 대개 한 가지 공통점이 있었다. 두 블룸은 대단히 개인적인 논쟁을 전투적이고 아이러니한, 심지어 애수적인 스타일로 제기했다. 반면에 그에 대한 반론들은 좀 더 산문적이고 '분노보다는 서글픔에 가까운' 반응을 보이면서 아주 구체적인 연구 성과를 동원했다는 점이다.

로렌스 레빈Lawrence Levine의 『미국 정신의 개방The Opening of the American Mind』은 1996년에 출간됐다.[16] 캘리포니아 대학 버클리 캠퍼스 역사학과 명예교수인 레빈은 그에 앞서 『하이브로 로브로Highbrow Lowbrow』라는 책을 낸 바 있다. 여기서 그는 미국에서 셰익스피어가 수용된 역사를 검토한 뒤 19세기 이전 미국에서 '고급문화'는 모든 계층과 다양한 민족 집단이 함께 즐겼다는 결론을 내렸다. 특히 셰익스피어와 대형 오페라와 관련해서 '신성화' 경향이 나타난 것은 '고급'문화와 '저급'문화의 구분이 강조된 19세기 후반기에 가서였다. 『미국 정신의 개방』은 여러 논점을 담고 있다. 그중 하나는 정전과 학교 커리큘럼을 둘러싼 다툼은 100년 이상 계속돼온 것이기 때문에 두 블룸 같은 사람들의 등장은 전혀 새로울 것이 없다는 주장이다. 그런 논란은 한 국가가 변화하면서 자기 정체성을 재규정해가는 과정에서 불가피한 것이라고 레빈은 말한다. 그는 소수자 집단, 민족 집단, 이민자 집단들은 앨런 블룸과 해럴드 블룸 같은 사람들이 규정한 정전을 내버리겠다는 것이 아니라 그동안 간과돼온, 자신들의 경험을 반영하는 작품을 정전에 추가해주었으면 좋겠다는 것이라고 주장한다.[17] 이민자나 인종·민족 집단이 다양하고 프랑스처럼 공통의 중심적 전통이 없는 미국 같은 나라에서 두 블룸이 제시한 것과 같은 대단히 제한적인 정전은 일단 실용성이 떨어지며, 다양한 경험을 지닌 다양한 부류의 사람들의 요구를 만족시켜주지 못한다고 말한다. 그는 대학들은 적어도 존재하지도 않았던 관념상의 과거에 집착하지 않고 미국의 변화하는 사회구조를 수용하려고 애쓰고 있다고 옹호한다. 그러나 레빈의 가장 독창적인 기여는 '위대한 책들'과 '서구 문명'의 정전이라는 관념이 최소한 미국에서는 '잠시 우위를 점했을 뿐'이라는 사실을 밝혀낸 것이다. 레빈에 따르면 그런 관념은 1차 대전 이후 등장했다가 2차 대전 이후 사라졌다. 여기서 한 걸음 더 나아가 레빈은 셰익스피어와 월트 휘트먼 같은 '근대' 작가들이 정전에 포함된 것도 '오늘날의 격렬한 논쟁만큼이나 강렬한 난투극이 한참 계속되고 난 뒤의 일'이라는 것을 보여주었다. 예를 들어 19세기 초 대학 교육 관련 여러 자료를 분석하면서 레빈은 1829년 하버드 대학에서 문학사 학위를 받은 제임스 프리먼 클라크라는 사람이 이런 불평을 하는 대목을 제시했다. "우리가 공부에 흥미를 느끼도록 애쓰는 교수는 없었다. 『일리아드』가 무슨 늪지대라도 되는 양 여기저기 발이 푹푹 빠지면서 호메로스를 그저 읽어내는 게 과제였다. …… 이 불후의 서사시가 담고 있는 영광과 찬란함과 부드러움과 매력에 대해서는 일언반구가 없었다. 6음보 운율의 리듬에 대해서도 아무 설명이 없었다."[18] 1869년 하버드대 총장이 된 찰스 윌리엄스 엘리어트Charles Williams Eliot는 1885년 겨울 프린스턴 대학 제임스 맥코시James McCosh 총장과 유명한 논쟁을 벌이면서 통일성 대신 다양성을 옹호했다. 엘리어트는 대학이 "보물 같은 고대의 교양을 소홀히 하지 않는 동시에 새로운 발견의 영역들을 늘 예의주시해야 하며, 학생들로 하여금 오랜 세월 많은 사람들이 밟아온 길을 다시 걷게 하는 한편으로 새로 난 길도 밟을 수 있도록 기회를 줘야 한다"고 주장했다. 컬럼비아 대학이 저 유명한 위대한 책 강좌를 시작한 것은 1921년이었다. 이 강좌는 '위대한 책이라는 관념을 질서와 위계를 강조하는 아리스토텔레스적 학문관과 결합'시킨 것이다. 그 다음 문제는 미국 문학이 정전에 포함시킬 가치가 있느냐였다. 예를 들어 1920년대에 코넬 대학 영문학과 레인 쿠퍼Lane Cooper 교수는 동료에게 보낸 편지에서 '미국 문학 강좌가 너무 많아지지 않도록 최선을 다해 막았다'고 썼다. 그러면서 그런 강좌는 '훨씬 훌륭한 문학에 쏟아야 할 관심을 흐트러뜨려 해가 된다. 내가 럿거스 대학에 다닐 때는 미국 문학은 가르치지도 않았다'고 덧붙였다.[19] 레빈은 2차 대전이 변화를 촉진한 요인이라고 보고 앨프리드 케이진Alfred Kazin의 저서 『고국에 서서』(1942)가 특히 중요한 역할을 했다고 평가했다. 방대한 양의 현대 미국 문학에 관심을 쏟으면서 동시에 미국이 대공황 10년을 거치고 '파시즘으로 물들어가는 세계에서 갑자기 서구 문화의 보존자로 떠오르면서' 국가적 자기 발견이라고 하는 놀라운 체험을 했다는 점에 주목했다는 것이다.[20] 레빈은 정전 그 자체가 아니라 그 불변성, 일단 정착되고 나면 여간해서는 바뀌지 않으려는 경향에 반대했다. 그러면서 미국의 경험은 다른 어느 나라와도 다르다는 것, 그리고 학자들은 안 그런 척하지만 결국 미국은 단일한 민족 문화가 없는 이민자들의 나라라는 점을 인정했다. 무슨 계 미국인 하는 식의 표현—아메리카 원주민, 아프리카계 미국인, 멕시코계 미국인, 이탈리아계 미국인 등등—이 바로 그런 현실을 여실히 보여준다. 레빈이 보기에 정전이나 역사, 고급문화와 저급문화를 둘러싼 논쟁은 다른 어느 곳보다 미국에서 첨예할 수밖에 없다. 정체성 논란이기 때문이다.[21]

'정전'에 대한 가장 근본적인 차원의 공격은 1987년 한 영국 학자로부터 나왔다. 중국학으로 출발해 미국 코넬 대학 정치학과 교수가 된 마틴 버낼(1937~)이었다. 아버지는 아일랜드 출신의 유명한 마르크스주의 물리학자로 1953년 레닌 평화상을 받았으며 네 권짜리 『과학사Science in History』를 쓴 J. D. 버낼Bernal이다.

1970년대 중반 중국에서 마오쩌둥(毛澤東) 시대가 끝나자 마틴 버낼은 '전 세계의 위험과 관심의 핵'은 동지중해 지역이 될 것임을 직감하고 유대인(교)의 역사를 공부하기 시작했다. 그는 자신의 가계에도 '유대계적 요소가 많다'고 말한다. 뿌리에 대한 관심은 고대 유대민족의 역사와 그 주변 민족들에 대한 연구로 이어졌다. 이렇게 해서 지중해 일대 고대 언어들을 선사시대와의 연관성 속에서 고찰했다. 특히 고전 그리스의 내력을 집중적으로 들여다봤다. 10년 동안의 연구를 담은 책은 다분히 체제 전복적이었다. 버낼은 고전 그리스 문화—서구 정전의 기초다—가 전통적인 학계의 주장처럼 BC 400년경 고대 그리스에서 자체적으로 발전돼 나온 것이 아니라 사실은 흑인인 북아프리카 민족들로부터 파생된 것이라고 선언했다.

『블랙 아테나: 고전문명의 아프리카·아시아적 뿌리 Black Athena: The Afroasiatic Roots of Classical Civilization』(1987~91)는 세 권짜리 대작이다. 문헌학, 고고학, 역사, 역사학, 성서연구, 민족지 연구, 사회학 등등 다방면의 자료를 통합하고 종합했다. 따라서 거기 담긴 복잡한 주장을 간단히 평가하기는 쉽지 않다.²² 그러나 본질적인 논점은 몇 가지로 요약할 수 있다. 하나는 북아프리카, 즉 고대 이집트—고대 이집트의 여러 왕조는 흑인종(니그로이드Negroid)이었다—가 고전 그리스 형성에 절대적인 영향을 미쳤다는 것이다. 여기엔 광범위한 무역 관계가 놓여 있다. 고대 이집트는 지역 군사강국이었다. 그리스의 여러 지명에서 북아프리카의 영향이 드러난다. 게다가 고전 그리스의 기원이 북아프리카임을 보여주는 유물들은 단순한 무역 관계를 확인시켜주는 정도를 훨씬 넘어선다. 또 하나 논란의 소지가 큰 부분은 이러한 그리스관이 어느 시점까지는 '표준'이고, 유럽 학계의 정설이었는데 19세기 초부터 '인종주의적' 북유럽 학자들에 의해 고의적으로 '말살됐다'는 대목이다. 유럽학자들은 유럽, 특히 북유럽이 창의성과 상상력을 독점했고, 따라서 우리가 아는 문명은 유럽에서 태어난 것임을 입증하려고 했다는 것이다. 이런 논리는 식민주의와 제국주의를 정당화하는 도구로도 활용됐다.²³

버낼은 원原아프리카·아시아·인도·유럽어를 사용하는 단일 민족이 존재했고, 거기서 지금과 같은 모든 민족과 언어들이 파생됐다고 믿었다. 또 아프리카·아시아어와 인도·유럽어가 갈린 것은 BC 9세기라고 봤다. 아프리카·아시아어의 확산은 문화가 범위를 넓혀가는 과정이었고, BC 10~11세기 마지막 빙하기 말에 이미 동아프리카 지구대에서 상당한 수준의 문화가 꽃을 피웠다는 것이다. 소를 길들이고 곡물을 재배하고 하마를 사냥한 것은 바로 그들이었다. 사하라 사막이 커지면서 그들은 점차 나일 강 계곡을 따라 아래로 이동했다. 일부는 사우디아라비아를 거쳐 메소포타미아까지 갔고, 거기서 최초의 '문명들'이 발생했다.²⁴ 문자를 포함해서 문명은 좁다란 소아시아를 넘어 인도에서 북아프리카까지 뻗어나갔으며, BC 1100년 또는 그 이전에 확고히 자리를 잡았다. 버널은 상上이집트Upper Egypt(나일 강 상류, 즉 이집트 남부 지역: 옮긴이)의 흑인 파라오들이 계속 왕위를 이어간 증거를 제시했다. 이들은 멘트호페Menthope라는 이름을 공유했고, 매와 황소 신을 신성한 후원자로 삼았다. 매와 황소의 신은 Mntw(고대 이집트어는 모음 표기가 없어서 정확한 음가를 알기 어려운 경우가 많다: 옮긴이) 또는 몬트Mont라고 했다. "같은 세기에 크레타 섬에는 궁전들이 세워졌고, 궁전 벽에 처음으로 황소 컬트가 등장한다. 이는 미노스 왕과 크레타에 관한 그리스 신화의 핵심이다. 따라서 크레타의 발전은 직간접적으로 이집트 중왕국의 부상을 반영하는 것이라고 보는 것이 타당하겠다."[25] 이 정도는 서론에 불과하다. 버널은 아이스킬로스Aeschylus(BC 525?~456)의 『구원을 청하는 여인들 Hiketides』 같은 고전 그리스 희곡들에서 이집트의 영향을 고찰했다. 그리스와 이집트의 신들과 신들의 역할의 상관관계를 고찰하고, 강과 산 이름 같은 차용어를 조사했다(그리스의 여러 강과 물줄기에는 뜻을 알 수 없는 케피소스Kephisos라는 이름이 많이 붙어 있다. 버널은 이 말이 '이집트어로 신선하다는 뜻으로 강을 통칭하는' Kbh에서 파생된 것이라고 본다). 아테네에 관한 장에서 그는 아테네라는 이름이 이집트어 HtNt에서 파생됐다고 주장했다. "고대에 아테나Athena 여신(그리스 신화에 나오는 도시의 수호신. 전쟁, 공예, 실천이성의 여신이기도 하다: 옮긴이)은 줄곧 이집트 여신 Nt 또는 네이트Neit와 동일시되었다. 둘 다 처녀신으로 전쟁과 직조, 지혜의 신이었다. 네이트 컬트는 이집트 나일 강 삼각주 서부 사이스Sais 시市가 본거지였으며, 사이스 시민들은 아테네인들에 대해 대단한 친밀감을 느꼈다."[26] 그런 유사성은 토기 양식, 군사용어, 스핑크스의 의미에서도 나타난다.

버널은 저서 후반부에서 코페르니쿠스와 조르다노 브루노Giordano Bruno 등등 르네상스 시대의 과학자, 저술가들을 추적한다. 그들이 후대 학자들보다 이집트가 그리스에 미친 영향을 훨씬 폭넓게 인정했음을 보여주기 위해서다. 그러나 프랑스 혁명 이후가 되면 기독교인들은 이집트식 '지혜'의 위협에 맞서 그리스 숭배 성향Hellenomania을 보이게 된다. 이어 독일, 영국, 프랑스 학자들에 대한 서술이 나오는데 정도 차이는 있지만 다들 인종주의적 관점(반흑인, 반유대인 성향)을 가지고 있다. 버널은 이들이 고의적으로 이집트와 북아프리카의 의미를 축소시켰다고 주장한다. 특히 카를 오트프리트 뮐러Karl Otfried Müller(1797~1840. 독일의 고대 그리스 연구가. 헬레니즘 연구에 획기적인 기여를 한 것으로 평가받고 있다: 옮긴이)를 문제 삼았다. 뮐러가 '사료비판source criticism이라는 새로운 방법을 이용해 이집트 식민지의 존재를 말해주는 고대 기록을 불신하고, 페니키아인들Phoenician에 관한 자료는 의미를 축소시켰다'는 것이다.²⁷ 버낼에 따르면 뮐러는 반유대인 성향이었고, 페니키아인들이 고대 그리스 형성에 기여한 부분을 부정했다. 이런 논리를 토대로 후배 학자들이 1880~1945년에 그리스 연구를 확장함으로써 결국은 그리스인들에게 '거의 신적神的인 지위'가 부여됐다는 것이다. 요즘 우리가 아는 고전 그리스 연구는 본질적으로 19세기의 고안물이고 허위라고 버낼은 말한다.

버낼의 책이 나오자 구체적인 논점들에 대한 반론이 쏟아졌다. 그런 반론을 집대성한 것이 1996년에 나온 『블랙 아테나 재고Black Athena Revisited』였다. 편집은 메리 레프코위츠Mary Lefkowitz와 가이 맥린 로저스Guy MacLean Rogers가 맡았는데 둘 다 미국 웰슬리 여대 교수였다.²⁸ 여기서 미국, 이탈리아, 영국의 여러 학자는 물론이고, 흑인 대학인 하워드대의 저명한 고전학 교수 프랭크 스노든Frank Snowden은 마틴 버낼이 고전학자들에게 좀 더 의문을 제기하는 정신으로 학문에 임할 것을 촉구했다는 의미 빼고는 거의 모든 점에서 틀렸다고 결론지었다. 이들의 요점은 세 가지였다. (a) 고대 이집트는 흑인 사회가 아니었다. (b) 고대 이집트가 그리스 고전 문명에 미친 영향은 전혀 없다고 할 수는 없겠지만 결정적인 것과는 거리가 멀었다. (c) '아리안족' 스타일의 과거관을 가진 학자들이 모두 반유대주의자이거나 낭만주의자인 것은 결코 아니다. 버낼이 이집트-그리스 역사의 핵심이라고 한 사건에 대해 새롭게 제시한 연대는 잘못된 방사성 탄소 연대 측정에 기초한 것이었다. 고대 이집트 유골과 두개골에 대한 분석을 보면 그들은 다양한 민족으로 구성돼 있음을 알 수 있다. 이집트인은 수단에서 출토된 인종 유형과 가장 가깝고, 흑인종의 전형인 서아프리카 인종과는 관계가 멀다. 고대 예술과 고대 그리스, 로마 및 기타 언어들을 비교 분석한 결과를 보면 이집트인들은 전통적인 '흑인', 즉 '얼굴이 불에 탄 종족'인 아이티오페스Aithiopes 또는 아이스티오페스Aesthiopes(에티오피아인)와는 매우 다른 것으로 간주된다.²⁹ 프랭크 스노든에 따르면 고전 시대에 에티오피아인은 피부의 검기와 머리의 '곱슬곱슬한' 정도를 재는 척도였다. 특히 헤로도토스Herodotus는 그런 기준으로 인종을 설명했다. 누비아인Nubians(고대 아프리카 북동부 지역 주민 : 옮긴이)은 에티오피아인Ethiopians만큼 검지는 않지만 이집트인보다는 검어 보였다. 이집트인은 무어인Moors(사하라 사막 이북의 북아프리카 지역 주민: 옮긴이)보다는 검었다. 버낼은 메토네, 모토네, 메타나 같은 그리스 도시 이름이 '황소 싸움, 소 싸움 경기장'을 뜻하는 이집트어 mtwn에서 연원한다고 주장했다. 그러나 다른 학자들은 메토네Methone는 '극장 같아 보이는 항구'를 의미한다고 지적했다. 그리고 버낼이 언급한 도시들은 하나같이 그런 모양이었다.³⁰ 인종주의 문제에 관해서 가이 로저스는 버낼이 조지 그로트George Grote(1794~1871. 영국 역사가, 실업가. 12권짜리『그리스사』를 썼다 : 옮긴이)를 반유대주의자로 꼽은 것을 통렬히 비판했다. 그로트는 1829년 런던대학교(UCL) 설립에 참여한 인물로 설립 목적은 옥스퍼드와 케임브리지에서 배제된 계층(비국교도, 가톨릭, 유대계 등)에게 고등교육 기회를 제공하는 것이었다.³¹

버낼은 좋은 측면보다 해악을 끼친 부분이 많고, 『아프리카 문명 기원론 The African Origins of Civilisation』(1974)에서 이집트인을 흑인으로 묘사함으로써 역사를 '왜곡'하고 가설에 어긋나는 증거는(예컨대 그리스 화병에 자주 나오는 신화적인 동물은 북아프리카보다는 근동의 모티프에서 영감을 받은 것이다) 무시한 C. A. 디오프Diop 같은 저술가들과 한통속이 됐다는 이유로 비난을 받았다.³² 많은 학자들은 버낼의 주장은 '아프리카중심주의적 환상'에 불과하며, 이집트인을 흑인으로 묘사한 것은 '극도의 왜곡'이라고 한 메리 레프코위츠(『블랙 아테나 재고』 편집자 중 한 사람이다)와 견해를 같이했다. "미국 흑인들(요즘은 아프리카계 미국인African American으로 불러달라는 사람이 많다) 입장에서는 고대 그리스 문명의 기원이 아프리카라는 주장은 정체성을 확인하고 스스로를 고귀한 존재로 승격시키는 신화 역할을 할 수 있다. 말하자면 플라톤의『공화국』에서 소크라테스가 유토피아적인 국가에 꼭 필요하다고 한 '고귀한 거짓말noble lie'같은 것이다."³³ 이 문제는 아직 해결이 안 난 상태다. 그렇게 되기를 기대하기도 어려울 것 같다. 순수하게 지식적인 차원의 논쟁만이 아니기 때문이다. 사실의 발견 말고도 이론화 뒤에 숨어 있을 것으로 추정되는 인종주의를 까발리는 것이 버낼 '프로젝트'의 한 과제였다.

'문화 전쟁'에는 '역사 전쟁'과 '커리큘럼 전쟁'이 뒤따랐다. 그러나 셋 다 본질적으로는 동일한 것이었다. 전통주의자와 포스트모더니스트들 간의 싸움인 것이다.

좀 더 심한 다툼은 워싱턴의 미국 국립항공우주박물관National Air and Space Museum(NASM) 전시 계획을 둘러싸고 벌어졌다. 이 박물관은 스미스소니언 Smithsonian 박물관의 일부로 1995년 히로시마(廣島)와 나가사키(長崎) 원자탄 투하 50주년 기념 전시를 기획하고 있었다. 전시 물품 중에는 히로시마에 원자탄을 떨어뜨린 B-29 폭격기 에놀라 게이Enola Gay도 있었다.³⁴ 역사적 사명을 다한 후에도 에놀라 게이의 운명은 파란만장했다. 군 당국은 여러 해 동안 해체된 기체를 메릴랜드 교외 창고에 전시했다. 예약자에 한해서 관람이 가능했고 보안은 엄격했다. 예비역 B-29 조종사들의 탄원에 따라 에놀라 게이 복원이 시작된 것은 1984년 말이었다. 이어 2차 대전 기념일이 다가오면서 기체 전시 문제가 표면화됐다. 에놀라 게이의 상징성 때문에 꺼리는 사람들도 있었다. 사실 B-29의 항공학적 차원은 새삼스러울 게 없었다. 에놀라 게이가 수행한 작전과 '바로 그 비행기'라는 것이 문제였다.

NASM 기념 전시 결정이 내려진 뒤 스미스소니언 박물관 쪽에서는 군사적, 기술적 승리만 기릴 것이 아니라 원자탄 사용 및 핵 시대 개막의 의미까지 보여주자는 아이디어가 나왔다. 여기서 문제가 생겼다. 많은 참전용사 및 군 기관에서는 좀 더 선전적인 접근을 원했기 때문이다. 이슈를 제기하기보다는 승전 축하 쪽에 무게를 둬야 한다는 주장이었다. 여러 군 관련 기관들은 전시 기획서—전시회 개막 18개월 전에 300쪽짜리 기획서가 나왔다—를 보고는 마음에 들어 하지 않았다. 너무 '어둡다'는 것이었다. 《공군 매거진Air Force Magazine》에 반대 의견이 실린 이후 반대 여론은 언론과 국방부, 의회로 번져갔다.³⁵ 역사가들을 제외하고는 거의 모든 사람이 전시회는 승전을 경축하는 자리가 되어야 한다고 생각하는 것 같았다. 원자탄 투하 결정이 옳았느냐 아니냐 하는 불편한 문제 제기가 전시회의 주제가 돼서는 안 된다는 것이었다. 역사학자 40명이 빌 클린턴 대통령에게 서한을 보내 전시회를 중요한 역사물로 꾸미자고 주장했다. 그러나 아무 소용이 없었다. 1995년 1월 원래 전시회는 취소하고 대신 논란의 소지가 적은 전시로 대체한다는 발표가 나왔다. 경축 쪽에 무게가 실린 내용이었다. 동시에 스미스소니언 협회 이사장은 사임했다. 전시회 취소 결정은 일부 언론과 의회에서 폭넓게 환영을 받았다. 뉴트 깅리치Newt Gingrich 하원의장 같은 사람은 '보통 사람들이' 엘리트들로부터 역사를 '되찾았다'고 주장했다.³⁶

학계는 앨런 블룸의 첫 공격 대상이었고, 스탠리 피시를 비롯한 사람들이 변호에 나섰다. 따라서 대학 자체가 검증의 대상이 된 것은 놀라운 일이 아니었다. 특히 무엇을 어떻게 가르치느냐는 문제가 도마에 올랐다. 그런 검증의 첫 신호탄이자 가장 과격한 표현이 로저 킴벌Roger Kimball의 『정교수가 된 급진파들: 정치가 우리 고등교육을 어떻게 타락시켰나Tenured Radicals: How Politics Has Corrupted Our Higher Education』로 1990년에 출간됐다.³⁷ 보수적인 문예지 《뉴 크라이테리언New Criterion》 편집장인 킴벌은 여러 대학의 수많은 세미나에 참석해보고 그에 대한 평가를 한 권의 책으로 엮어냈다. 그가 둘러본 세미나 중에는 1988년 프린스턴 건축대학원에서 하루 종일 진행된 '건축과 교육: 지난 25년과 미래를 위한 전제'도 있었다. 또 다른 세미나는 1989년 윌리엄스 칼리지에서 열린 패널 토론회였다. 1986년 스탠퍼드 대학 학술대회 내용을 논문 모음으로 엮은 『개인주의 재구성: 서구 사상에 나타난 자율, 개성, 자아』 같은 출판물도 조사 대상에 포함됐다.³⁸ 킴벌은 그런 세미나에서 별로 좋게 볼 만한 것을 찾지 못했다. 그는 대부분의 포스트모더니스트들이 1960년대 급진파의 유물이라 할 좌파적 관념들의 '절충적' 혼합물을 제시하고 있는데 그 상당부분은 마르쿠제의 억압적 관용 개념repressive tolerance을 차용한 것이라고 봤다. 킴벌은 폴 드망Paul de Man(1919~1983. 벨기에 출신 해체주의 문학이론가로 예일대 교수를 지냈다: 옮긴이)과 스탠리 피시에 한 장을 할애하면서 과도한 포스트모더니즘식 사고를 한껏 비웃었다.³⁹ 그는 정치가 미학적 판단에 영향을 미친다는 것은 인정했지만 종국적으로 정치가 미학적 판단을 결정한다는 주장은 단연코 거부했다.

그러나 킴벌의 책은 기본적으로 신경질적인 반응이었고, 깊이가 있다기보다는 저널리스틱했다. 좀 더 사려 깊은 반응은 디네시 드수자Dinesh D'Souza(1961~)에게서 나왔다. 드수자는 인도 태생으로 1970년대 말에 미국으로 이민을 왔다. 1991년에 나온 저서 『비자유주의적 교육: 캠퍼스에 스며든 성과 인종의 정치학*Illiberal Education: The Politics of Sex and Race on Campus*』은 미국 대학 여섯 곳—버클리, 스탠퍼드, 하워드, 미시간, 듀크, 하버드—을 조사한 결과를 담은 내용으로 입학 정책 및 수업에서 성과 인종 문제를 어떻게 다루는지를 주로 논했다.⁴⁰ 드수자의 접근법은 통계학적이었지만 통계에 지나치게 의존하지는 않았다. 적당한 대목에서는 수치를 사용했지만 그것을 넘어서기도 했다. 예를 들어 캘리포니아 대학 버클리 캠퍼스의 경우 대외비 내부 보고서를 인용했다. 보고서에 따르면 소수자 신입생 쿼터 제도(affirmative action)로 들어온 흑인 학생 가운데 5년 후 대학을 졸업한 사람은 18퍼센트에 불과한 반면, 일반 전형으로 들어온 흑인 신입생은 42퍼센트가 졸업한 것으로 나타났다. 그러나 드수자는 신경질적으로 반응하지 않았다. 그는 이런 통계는 성공적인 것으로 볼 수도 있고, 실패라고 볼 수도 있는 양면성이 있다는 점을 인정했다. 그는 '캘리포니아에서 가장 우수한 흑인 학생과 히스패닉계 학생들'이 다른 대학에 갔더라면 더 잘했을 수 있다고 평가했다. "학교생활에 좀 더 쉽게 적응하고 비슷한 또래들과 열심히 경쟁해 훨씬 더 많은 수와 비율로 대학을 졸업했을 거라는 이야기다."⁴¹ 이어 스탠퍼드 대학을 들여다봤다. 여기서는 교수들이 많은 논란 끝에 서구 문명 강좌를 폐지하고 '문화, 사상, 가치관' 과목으로 대체했다. 서구 문화 이외의 다른 가치관, 사상, 문화를 강조하려는 의도였다. 그가 제시한 '유럽과 아메리카' 강좌에 들어간 작품은 다음과 같다.

시인: 호세 마리아 아르게다스José María Arguedas(페루), 파블로 네루다, 에르네스토 카르데날Ernsto Cardenal(니카라과), 오드르 로드Audre Lorde(미국), 에이메 세제르Aimé Césaire(프랑스령 마르티니크)

드라마: 셰익스피어, 에우리피데스Euripedes(고대 그리스)

소설: 가르시아 마르케스Gabriel García Márquez, 나이폴V. S. Naipaul, 허먼 멜

빌, 조라 허스튼Zora Hurston(미국), 티모시 핀들리Timothy Findley(캐나다), 후안 룰포Juan Rulfo(멕시코), 로사리오 페레Rosario Ferré (푸에르토리코)

철학 : 아리스토텔레스, 루소, 베버, 프로이트, 마르크스Karl Marx, 파농, 로베르토 페르난데스 레타마르Roberto Fernndez Retamar(쿠바), 루스 베네딕트

역사 : 헨리 제임스Henry James (영국), 후아만 포마Guaman Poma(페루)

일기 : 콜럼버스Columbus, 카베사 데 바카Cabeza de Vaca(스페인), 올라우다 에퀴아노Olaudah Equiano(아프리카 이보족), 뉴전트 부인Lady Nugent, 디유크Dyuk, 성 아우구스티누스Saint Augustine, 리고베르타 멘추Rigoberta Menchú, 바리오스 데 춘가라Barrios de Chungara

문화 : 페루의 민속종교와 치료술을 다룬 영화 「치료사 에두아르도 Eduardo the Healer」와 미국의 특이 종교집단을 그린 다큐멘터리 「거룩한 유령들Holy Ghost People」

음악 : 레게reggae 음악 가사, 라스타파리Rastafari 운동 계열 시詩, 안데스 음악

드수자는 이런 리스트가 필수는 아니라는 점을 강조했다. "스탠퍼드대 교수들은 제3세계의 양상을 '실질적으로 대표할 수만 있다면' 작품은 재량껏 할 수 있다."⁴² 그러나 드수자는 셰익스피어를 기본적으로 '식민지, 인종주의, 남성 우월 세력'의 표현으로 가르치는 방식에 대해서는 대단히 비판적이었다. 그리고 『나, 리고베르타 멘추』를 새로운 텍스트의 전형으로 꼽았다. '과테말라 인디오 여성'이라는 부제가 달린 책으로 멘추가 글을 몰라서 다른 사람한테 구술한 내용이다. 이 책은 현실에서 벌어진 일들을 주로 서술하고 있는데 특히 가족사 관련 내용이 많고 그녀의 정치적 각성 과정이 잘 드러나 있다. 드수자는 이 책이 전형적이고 감동적이며 미학적인지에 대해서는 회의적으로 평가한다. 멘추는 모든 아메리카 원주민을 대신해 말한다고 하지만 두드러진 활약은 파리에 가서 국제회의에 참석한 정도다. (한참 뒤인 1998년 리고베르타 멘추가 자서전에 보고한 체험 가운데 많은 부분이 가짜로 지어낸 것이라는 사실이 밝혀졌다.)

드수자는 스탠리 피시와 마틴 버낼에 대해서도 시비를 걸면서 미국 고등교육의

추세에 우려를 금할 수 없다고 한 유명한 학자들(데이비드 리스먼에서부터 E. O. 윌슨과 윌러드 밴 오먼 콰인까지)의 말을 인용했다.⁴³ 드수자의 마지막 논점은 어퍼머티브 액션의 참담한 결과에다 제3세계 문화와 사상을 논하는 새 강좌를 겹쳐놓고 보면 낡은 형태의 인종주의를 새로운 인종주의로 대체하는 것에 불과할 가능성이 높다는 것이다. "물론 어떤 의미에서 새로운 인종주의는 좀 다르다. 낡은 인종주의가 편견에 토대한 것인 반면 새로운 인종주의는 이미 내려놓은 결론에 토대한 것이다. …… 새로운 집착은 무지에서가 아니라 체험에서 비롯됐다. 그것은 무지한 자들의 맹신이 아니라 대학가 주변에서 소수자들과 직접 부딪혀본 학생들의 신념이다. '새로운 인종주의자들'은 소수자에게서 배울 것이 있다고 믿지 않는다. 정반대다. 그들은 자신이 주변에서 벌어지는 진실과 맞대면할 의지가 있는 유일한 사람들이라고 믿는다. 그런 시각을 불편해하지 않는 것은 아니다. 그들은 유리한 고지를 점하고 있다고 생각한다. 반면 다른 사람은 모두 그런 명백한 진실을 회피하기 위해 재주를 부리고 있다고 보는 것이다."⁴⁴

미국 대학의 분위기를 모든 사람이 그렇게 썰렁하게 보지는 않았다. 시카고 대학 법학/윤리학 석좌교수인 마사 누스바움Martha Nussbaum(1947~)은 미국 여러 곳에서 교수 생활을 했다. 1997년에 출간된 그녀의 저서 『인문성의 계발Cultivating Humanity』은 미국 고등교육의 여러 유형을 보여주기 위해 『비자유주의적 교육』처럼 여섯 곳 정도가 아니라 열다섯 곳의 '핵심 기관'을 점검했다. 아이비리그 엘리트 대학들과 대형 주립대학, 소규모 인문학 중심 칼리지, 노트르담, 브랜다이스, 브리검 영 대학교 같은 종교계 학교를 망라했다.⁴⁵ 고전학자 입장에서 이 문제에 접근한—책의 부제가 '인문교육 개혁에 대한 고전학 차원의 변론A Classical Defense of Reform in Liberal Education'이다—누스바움은 보수적인 비평가들이 다문화주의 비판의 핵심 논거로 삼는 고대 아테네조차도 그들이 인정하고 싶어 하는 것보다 훨씬 더 대안적 관점에 대해 개방적이었다고 주장했다. 누스바움은 소크라테스와 스토아 학파the Stoics에서 모델을 끌어왔다. 이들은 비판적 자기 성찰, 세계시민 이상, 서사적 상상력의 계발이라고 하는 세 가지를 인문교육의 '핵심 가치'로 설정했다는 것이다.⁴⁶

누구보다도 많은 대학을 들여다본 누스바움이 준 메시지는 다음 몇 가지로 정리할 수 있다. 우선 대학에서 극단주의자들의 수는 생각보다 훨씬 적다. 철학이나 다른 문화, 다른 생활양식에 대한 열망과 관심이 대단히 크다. 그런 쪽을 다루는 강좌가 늘어나고 있는 것은 좌파 교수들이 학생들에게 강요해서가 아니라 학생들에게 인기가 있기 때문이다. 그런 강좌도 대단한 학문적 열정을 가지고 진행되는 경우가 많다. 누스바움은 상상력 넘치는 교수가 학생들에게 고전학과 철학의 효용에 대해 깨우쳐줄 수 있는 방법은 많이 있다고 말한다. 예를 들어 하버드 대학의 한 교실에서 학생들은 소크라테스가 징집 통보를 받으면 거부했을까 하는 질문을 받는다. 그녀는 아테네는 세계시민의 이상을 중시했다고 하면서 헤로도토스가 아테네는 사회적 가치관 면에서 이집트와 페르시아로부터 한 수 배워야 할 부분이 있을지 모른다고 한 대목을 인용한다.[47] 그녀는 아마르티아 센Amartya Sen이 하버드대에서 표준적인 경제학 개념에 변화를 주는 「기아와 기근」 과목을 가르치는 것을 전혀 이상하다고 생각하지 않는다. 그녀는 비극 형식의 서사적 상상력이 얽히고설킨 문화 영역에서 특히 강력한 효과를 발휘한다고 본다. 그 보편성과 추상성이 문화적 배경이 다른 사람들을 하나로 묶는 데 강점이 있다는 것이다.[48] 누스바움은 다시 고대 아테네로 돌아가 도덕적인 것과 정치적인 것은 손을 맞잡고 나아갔다는 점에 주목하면서 조지 엘리엇과 찰스 디킨스를 감동 없이 읽으면서 그 내용을 온전히 파악한다는 게 과연 가능할까라고 묻는다. 이어 라이오넬 트릴링과 그의 저서 『자유주의적 상상력 The Liberal Imagination』(1950)을 호의적으로 인용하면서 '소설이라는 장르는 그 형식 자체가 자유주의를 바탕으로 하고 있으며, 개인과 개별 인간 정신의 프라이버시를 존중한다'는 교훈을 끌어낸다.[49] 그녀에 따르면 비서구권 문화에 대한 연구가 등장한 것은 '기술적記述的 결함'(쇼비니즘과 낭만주의)과 동시에 '규범적 결함'(쇼비니즘, 전원 취미, 회의주의)을 극복하기 위한 시도다. 그녀는 서구의 많은 사람들이 서구 문화는 개인주의적이고 동양 문화는 그 반대라는 주장을 과다하게 강조했다는 사실을 지적하면서 비서구권 사회들이 얼마나 개인주의적일 수 있는지를 보여준다. 그러면서 같은 논리를 미국 흑인 연구와 여성학 분야 강좌에도 적용한다. 그녀는 예를 들어 사회생물학자들이 이론적 토대를 부분적으로 침팬지에 두는 반면, 또 다른 유인원인 보노보 원숭이(피그미침팬지라고도 함: 옮긴이)는 무시한다고 주장한다(보노보는 1929년에 발견됐는데 그 '우아하고 비공격적인' 스타일은 침팬지와는 매우 다르다). 누스바움은 노트르담 대학(가톨릭계)이 이론적으로 지적인 위협이 될 수도 있는 문제들에 대해 브리검 영 대학(모르몬교계)보다 훨씬 개방적이라고 봤다. 그 결과 노트르담 대학은 변신을 거듭하며 여전히 인기가 있는 반면 브리검 영 대학은 쇠퇴했다는 것이다.[50] 쉽게 말해서 캠퍼스를 자세히 들여다보면 실제 벌어지고 있는 현실은 그렇게 센세이셔널하거나 걱정스럽지 않으며, 부정적 평가 일색인 신문 제목보다 훨씬 잘 되고 있다는 것이다. 누스바움이 대학의 변신을 편견을 바로잡으려는 건강한 몸짓으로 본 최초의 인물은 아니다. 결국 그런 부분이 정통 학자와 평범한 저널리즘을 구분하는 경계이다.

문화 전쟁에 대해 가장 독특한 반응을 보인 책은 데이비드 덴비David Denby (1943~)의 걸작 『위대한 책들과의 만남Great Books』(1996)이다. 《뉴욕》 매거진 영화평론가이자 《뉴요커》 객원편집위원인 덴비는 1961년에 컬럼비아 대학에 입학해 교양과목 두 강좌를 들었는데 제목은 '문학 인문학'과 '현대문명'이었다.[51] 1991년 가을 덴비는 컬럼비아대로 돌아가서 똑같은 강의를 들어보면 어떨까 하는 생각을 하게 됐다. 강의는 얼마나 변했으며, 지금은 어떤 식으로 가르치는지, 1990년대 학번들은 어떻게 생각하는지, 자신은 또 어떻게 받아들이게 될지를 알아보고픈 호기심에서였다. 그가 영화평론가로 활동한 것은 1969년부터였다. 물론 여전히 평론 일을 좋아하지만 '스펙터클의 사회'에 이골이 나기도 한 터였다. 변화무쌍하고 간접적인 미디어의 세계에서 잠시 벗어나고 싶었던 것이다. "미디어는 정보를 제공한다. 그러나 1990년대 들어 정보는 일시적이고 불안정한 것이 되었다. 일단 그럴 듯한 것 같다가도 바로 흩어져버린다. …… 누구의 정보도 확고하지 않다. 미국인들이 불안과 초조에 시달리는 것처럼 보이는 것도 그런 데 원인이 있다. 남들처럼 나도 지쳤지만 그래도 뭔가를 갈망하고 있었다. 미디어 속에서 살아야 하는 현대의 틀 속에 사로잡혀 있었던 것이다. 재미는 넘치지만 뭔가 몹시 불만스러운 상태 말이다."[52] 덴비는 우리를 자신이 좋아하는 위대한 책들(호메로스, 플라톤, 베르길리우스Vergil, 성서, 단테, 루소, 셰익스피어, 데이비드 흄, 존 스튜어트 밀, 마르크스, 조셉 콘래드, 드 보부아르, 버지니아 울프) 곁으로 데려가면서 관심 없는 작가들(갈릴레오, 괴테, 다윈, 프로이트, 아렌트, 하버마스)은 무시한다. 그의 저서는 위대한 책들에 대한 독특한 해석으로 유명하다. 고전을 영화와 연관 지어 설명하기도 하고, 아들 맥스가 오래된 목소리의 가치를 모른 채 겉만 번지르르하고 알맹이는 없는 미디어에 빠지지 않을까 우려하기도 한다. 그는 소수민족 출신 학생들이 왕왕 필독서 목록이 '백인 유럽인' 일색으로 짜인 데 대해 불만을 표시하기는 하지만 그것은 분노라기보다는 당혹감과 서글픔 같은 것이라고 본다. 결론적으로 그의 논지는 이런 것이다. 백인 학생이든 흑인 학생이든 라틴계든 아시아계든 '독서 습관이 제대로 붙은 상태로 대학에 들어온 경우는 드물다'. 따라서 과거와 명목상의 연계 이상의 것을 가진 학생은 거의 없다. '백인 학생 대다수가, 흑인이나 황인종보다 우수하다고 하는 서구의 지적 전통에 대해 알지 못한다.' 호메로스, 단테, 보카치오, 루소, 마르크스의 세계는 이제 아주 낯설고 지금 우리와는 다르다 등등. 이어 덴비는 다음과 같은 놀라운 결론에 도달했다. "반드시 알아야 할 위대한 책 강좌를 많은 학생들은 대단히 불편하게 생각한다. 요즘 분위기에 맞지 않고, 수강생의 게으름이 들통 나기 십상이기 때문이다. 그러므로 반동적인 기능을 한다기보다는 사실상 학부 커리큘럼에서 가장 급진적인 강좌다."[53] 덴비는 학생 때 읽었고, 책을 쓰면서 다시 공부한 '위대한 책들'이 사람마다 다른, 독특한 해석이 가능하며, 문화적 우파가 원하는 식의 해석만 가능한 것이 아니라는 점을 새롭게 발견했다. 그러나 그런 건 별로 중요하지 않다. 학생들은 '고전이 우리가 사랑을 할 때, 고통을 받을 때, 그리고 지식을 추구할 때 도달할 수 있는 최상의 단계를 극적으로 표현한 것'이라는 사실을 깨달았기 때문이다. 또 한 가지 대단히 중요한 부분은 서구의 정전은 서구의 정전을 공격하는 데도 사용될 수 있다는 점이다. "[백인이 아닌 사람들도] 전통적인 '백인' 문화를 흡수해 자기 것으로 만들 수 있다. 그런다고 손해 볼 일은 없다."[54]

덴비가 보기에 진짜 위협은 미디어다. "대부분의 고등학교가 영상과 음향의 홍수에 그저 맥을 놓고 있다. 그런 속에서는 현재를 제외한 모든 순간은 이상하고 핏기 없고 죽은 것처럼 보인다."[55] 사실 현대 세계는 뭐가 잘못 돼도 단단히 잘못 됐다고 그는 말한다. 1961년 대학에 들어갔을 때 팝의 열정은 뭔가 해방적인 분위기를 주었고, 답답한 교실에 신선한 공기 같은 것이었다. 그러나 지금은 "영화는 시들해졌고, 팝은 순응과 안락감을 대표하는 분야가 되고 말았다. 전통적인 고급문화가 그 낯섦과 난해함 때문에 오히려 학생들에게 신선하게 다가온다. 어쩌면 충격으로 느낄지도 모르겠다. …… 고전은 사람을 기죽게 하는 점령군이 아니라 서로 싸우고, 다시 또 독자와 싸우는, 길들여지지 않는 야수들의 왕국이다."[56]

1999년 해럴드 블룸은 첫사랑 셰익스피어에게로 돌아갔다. 『셰익스피어 : 인간성의 발명 Shakespeare: The Invention of the Human』에서 블룸은 위대한 시인 셰익스피어가 '우리를 발명했다'고, '우리가 사용하는 의미의 개성은 셰익스피어의 발명품'이라고 주장했다.[57] 블룸에 따르면 셰익스피어 이전에 등장인물들은 작품 속에서 성장하고 발전하지 않았다. 그런데 "셰익스피어에 오면 인물들이 숨겨진 면모를 차례로 풀어놓는 것이 아니라 발전해간다. 그리고 그렇게 발전하는 이유는 스스로를 다시 파악하기 때문이다. 때로 스스로 말하는 것을 엿듣는 식이 되기도 한다. 자기 자신에게 말하느냐 타자에게 말하느냐는 상관없다. 자기 엿듣기는 개인화로 가는 지름길이다."[58] 블룸의 책은 유행과는 거리가 멀다. 전하는 메시지뿐 아니라 글쓰기 방식도 그렇다. 일종의 경배 행위다. 그는 셰익스피어 숭배가 지난 200년 동안 일부 사람들에게는 '세속적인 종교'였고, 지금도 그렇다는 사실을 기꺼이 인정한다. 그러면서 그런 전통 속에 서 있다는 것을 자랑스러워한다. 셰익스피어의 강점은 어떤 식으로 접근하든 그것을 넘어선다는 데 있다고 보기 때문이다. 셰익스피어는 너무 기가 막히고, 너무 지적이어서 아무리 폄하하고 싶어도 그럴 수가 없다. 물론 페미니스트, 문화유물론자, 마르크스주의자들은 그러려고 안간힘을 쓴다. "셰익스피어는 햄릿을 통해 우리와 타인의 관계를 회의적으로 보게 만들었다. 우리는 정감의 영역에서도 명쾌함에 의문을 제기할 줄 알게 됐다. …… 다른 사람들에 대해서만큼 우리 자신에 대해서도 기꺼이 (비)웃을 줄 아는 능력은 상당부분 폴스타프에게 배운 것이다. …… 클레오파트라는 에로스는 대단히 복잡한 것이고, 사랑의 순간과 사랑을 둘러싼 현실을 구분해서 행동하기는 불가능하다는 것을 우리에게 가르쳐준 인물이다. 그녀의 열정은 변덕스럽기 이를 데 없어서 성실은 에로스와 궁합이 안 맞는다고 배척한다."[59] "우리가 완전히 인간적이고 우리 스스로를 잘 안다

면, 결국 우리는 햄릿이 되든지 아니면 폴스타프가 될 것이다."⁶⁰

블룸의 셰익스피어 예찬에는 분명 대단한 뭔가가 있다. 그래서 굳이 이름을 대지 않고도 비판자와 적대자들을 한 방에 날려버린다. 대단히 비과학적인 방식인데 그게 바로 블룸의 포인트다. 그것이 바로 예술이 추구해야 하는 바이고, 위대한 예술을 가능케 하는 감정이다. 개인화는 셰익스피어 당대의 주요한 문제 가운데 하나였을 것이다. 거기에 맨 먼저 도달한 사람이 셰익스피어였고, 이후로도 그에 필적할 만한 인물은 나타나지 않았다. 셰익스피어는 존숭할 만한 가치가 있는 작가이다. 그리고 자세히 들여다보기만 한다면 우리는 그가 이룩한 업적에 둘러싸여 있음을 알 수 있다.

두 블룸이 구축한 전선에 또 한 명의 탁월한 전사가 합류했다. 거침없이 승부욕을 불태우며 전방위 공격에 나선 여전사는 역사학자 거트루드 힘멜파브Gertrude Himmelfarb(1922~)였다. 다니엘 벨과 함께《공익The Public Interest》지를 창간한 어빙 크리스톨Irving Kristol이 그녀의 남편이다.『심연을 들여다보며On Looking Into the Abyss』(1994)에서 힘멜파브(뉴욕시립대 대학원 역사학 명예교수)는 포스트모더니즘을 공격했다. 문학이론에서부터 철학, 역사를 막론하고 어떤 형태로든 포스트모더니즘이 고개를 쳐드는 것을 그냥 내버려두지를 않았다.⁶¹ 포스트모더니즘 문학이론에 대한 반론은 연구 대상인 문학이 이론 자체로 대체됐다는 것이다. 따라서 걸작(그녀의 표현을 빌리면 '심연의 밑바닥에 웅크리고 있는 무시무시한 야수들')을 읽으면서 '심오한 영적, 정서적' 체험을 할 기회도 함께 날아갔다.⁶² 그 결과 "모더니즘의 야수들은 포스트모더니즘의 야수로 변질됐다. 상대주의는 허무주의로, 몰도덕성은 부도덕함으로, 비합리성은 광기로, 성적 일탈은 끝을 모르는 도착으로 타락했다."⁶³ 힘멜파브는 데리다와 폴 드망 같은 '지긋지긋한 해체주의자들'과 그들의 문학평론 작업을 혐오했다. 그들의 진정한 의도는 문학적이기보다는 정치적이라고 봤다(본인들도 인정했을 것이다). 아날 학파도 공격했다. 페르낭 브로델이 강제수용소에서 기억 하나에만 의존해 대작을 써낸 것은 찬탄할 일이지만 장기지속이라는 개념 때문에 홀로코스트 같은 사건들에 대해 왜곡된 시각을 갖게 된 것은 치명적이라고 평가했다. 그녀가 보기에 자유주의는 이제 자유주의의 새로운 적이 됐다. 자유주의는 너무 자유로워진 나머지 포스트모던 역사가들에게 진리에 대한 의무조차 면제시켜 줬다. "포스트모더니스트들은 절대진리만이 아니라 가변적이고 부분적인, 점진적인 진리조차 부정한다. 그 학파의 용어를 빌리면 진리는 '전체주의적이고' '헤게모니에 집착하며' '논리중심주의적'이고 '남근중심주의적'이며 '전제적'이고 '독재적'이다".[64] 또한 리처드 로티에 대해서는 그런 '본질적인' 진리나 실재는 없다고 주장했다는 이유로, 스탠리 피시에 대해서는 객관성의 종언으로 '올발라야 한다는 의무가 사라졌다'고 주장했다는 이유로 비판을 가했다.[65] 그러나 그녀의 핵심 논지는 '포스트모더니즘이 해방과 창조성이라는 달콤한 속삭임으로 우리를 유혹'하지만 '자신들이 추구하는 자유마저 파괴하는 절대자유'를 추구하는 경향이 있다고 하는 대목이다.[66] 특히 홀로코스트의 중요성과 무시무시함을 가볍게 보는 경향에 대해 위험천만하다고 지적했다. 포스트모더니스트들은 홀로코스트가 현실에서 살아 숨 쉬는 개인들에게 책임이 있는, 잘만 하면 피할 수도 있었고, 앞으로도 계속 새롭게 이해해야 할 독특한 참사라기보다는 '구조적인' 무엇이라고 주장한다. 여기서 힘멜파브는 데이비드 에이브러햄David Abraham의 저서 『바이마르 공화국의 붕괴the Collapse of the Weimar Republic』(1981)에 실린 "나의 부모님께 바친다. 부모님은 아우슈비츠를 비롯한 여러 곳을 전전하다 최악의 결말을 맞았지만 나는 이제 기록으로나마 남기는 바이다"라는 헌사를 인용했다. 당연히 저자의 부모가 강제수용소에서 죽었다고 생각하게 되는 문장이다. 그러나 부모는 죽지 않았다. 이런 묘한 표현에 대해 나중에 유명한 역사학자 나탈리 제몬 데이비스Natalie Zemon Davis가 검증을 했다. 그가 내린 결론은 에이브러햄이 홀로코스트는 악의 산물이 아니라 '역사적인 힘과 배우들의' 합작품임을 보여줄 목적으로 썼다는 것이었다.[67] 힘멜파브 입장에서는 터무니없는 악을 상대화하는 짓거리였다. 이는 포스트모더니즘이 처한 난국을, 너무 많은 자유를 추구하다가 결국은 어디로 빠지게 되는지를 완벽하게 보여주는 사례였다.

문화 전쟁은 비유적으로 말하자면 러시아 혁명이라는 빅뱅이 있고 나서 우주배경복사처럼 지속된 잔유물이다. 베를린 장벽과 함께 현실 사회주의 체제가 해체되고 있던 바로 그 시기에 포스트모더니즘은 최대의 승리를 구가했다. 적어도 당분간은 국지적 지식 운운하는 사람들이 기선을 잡았다. 거트루드 힘멜파브의 경고는 시의적절하고 공감이 가지만 요술램프에서 풀려난 지니 요정을 다시 붙잡아 넣으려는 시도 같은 것이었다.

42

심층질서
Deep Order

　1986년 UCLA 출신의 댄 린치Dan Lynch가 컴퓨터 하드웨어와 소프트웨어 견본시를 시작했다. 견본시 이름은 인터롭Interop이었다. 그때까지 컴퓨터 네트워크로 연결된 사람의 수는 '마니아' 수준의 과학자와 학자 수백 명에 불과했다. 그러나 1988~89년 들어 인터롭은 뜨기 시작했다. 전문가용 견본시로 출발했지만 참여자가 늘면서 새로운 방식의 커뮤니케이션(전 세계의 수많은 컴퓨터 단말기가 인터넷을 통해 엄청난 양의 데이터에 접속한다)이 지적인 만족은 물론이고 상업적 보상을 약속해준다는 것을 갑자기 깨달았기 때문이다. 캘리포니아 출신 빈트 서프Vint Cerf는 자타가 공인하는 컴퓨터 마니아로 『반지의 제왕 The Lord Of The Rings』을 읽고 또 읽기 위해 매년 며칠씩 휴가를 내는 인물이다. 인터넷의 아버지라고 할 수 있는 극소수 가운데 한 명인 서프는 린치의 견본시에 들렀다가 거대한 변화가 일어나고 있음을 알아챘다. 그때까지 인터넷Internet은 어떤 면에서 실험 수준이었다.[1]

　인터넷의 기원을 언제로 잡느냐는 연구자마다 다르다. 가장 이르게 잡는 경우는 바네바 부시Vannevar Bush(미국 전기공학자, 발명가, MIT 교수, 대통령 직속 국방연구위원장, 1890~1974 : 옮긴이)가 1945년에 발표한 논문을 시초로 본다. 부시는 원자탄 제조에 중요한 역할을 한 인물로 인간 지식 전체에 '접근'할 수 있는 기계를 구상했다. 그러나 지금 우리가 아는 스타일의 네트워크를 향해 어설프나마 본격적으로 첫걸음을 내디딘 것은 1957년 10월 러시아가 스푸트니크 인공위성을 발사해 세계를 깜짝 놀라게 한 이후였다. 27장에서 살펴본 대로 위성 발사는 관련 기술의 어마어마한 발전을 암시하는 것이었다. 러시아는 위성이라는 물체를 우주에 진입시키기 위해 핵탄두를 탑재할 경우 정확히 미국 본토까지 도달해 엄청난 파괴력을 발휘할 수 있는 로켓을 개발했다. 이런 기술의 실현에 미국은 엄청난 자극을 받았다. 이에 따라 냉전 대치 상황에서 도입된 연구 프로젝트 중에는 미국의 지휘통제 시스템(군사적인 것과 정치적인 것 모두를 포함하는)을 전국으로 분산시켜서 한 지역이 공격을 당해도 다른 곳에서 시스템이 작동할 수 있도록 하는 방법을 고안하는 과제도 포함됐다. 그런 시스템의 여러 측면을 고려하기 위해 새로운 기관이 여럿 설립됐다. 그중에는 항공우주국(NASA)과 (국방부 산하) 첨단연구프로젝트국Advanced Research Project Agency(ARPA)도 있었다.[2] 핵 공격을 받은 이후 지휘통제 시스템의 안정성 확보를 담당한 기관이 아르파ARPA였다. 아르파는 직원이 약 70명이었다. 특수경비만 5억 2천만 달러를 사용했고, 총예산은 20억 달러였다.[3]

당시 컴퓨터는 새로울 게 없었다. 그러나 여전히 거대하고 비쌌다(당시 하버드대에 있던 컴퓨터는 길이가 15미터에 높이가 2.4미터였다). 아르파에서 채용한 전문가들 중에 조셉 릭라이더Joseph Licklider가 있었다. 키가 크고 과묵한 미주리 출신 심리학자로 1960년에 이미 '인간과 컴퓨터의 공생'에 관한 논문을 낸 바 있는 인물이었다. 그는 논문에서 컴퓨터 통합 체계가 실현될 것으로 내다보고 그 이름을 '은하간銀河間 네트워크intergalactic network'라고 붙였다. 다소 요원해 보이는 얘기였다. 그런데 1960년대 초에 최초의 돌파구가 열렸다. 폴 바란Paul Baran이 새로운 '패킷 교환packet-switching' 통신 방식을 발전시킨 것이다.[4] 폴란드에서 이민 온 바란은 뇌가 아플 때 신호를 새로운 경로로 바꿔서 보내는 현상에서 착안을 했다. 바란의 아이디어는 하나의 메시지를 작은 묶음(패킷)들로 나눠 다른 경로로 수신자에게 보내는 방식이었다. 이렇게 하면 전송 속도가 높아질 뿐 아니라 한 라인에 문제가 생겨도 정보 전체가 완전히 날아가지는 않는다. 도착한 메시지 패킷을 재조합하고, 네트워크 상에서 가장 빠른 경로를 찾는 기술도 구상됐다. 거의 같은 시기에 똑같은 아이디어를 낸 사람은 영국 국립물리연구소(NPL)의 도널드 데이비스였다. 패킷 교환이라는 용어도 데이비스의 작품이었다. 새로운 하드웨어에는 새로운 소프트웨어가 따라왔다. 신생 수학 분야인 '대기행렬이론queuing theory'을 도입해 최적의 대안을 찾아냄으로써 중간 노드node(교환 회선들의 접합부로 주로 통신망 분기점이나 단말기 접속점을 뜻한다: 옮긴이)에 과부하나 정체가 일어나지 않도록 설계하는 방식이 개발됐다.[5]

1968년 최초의 '네트워크'가 발족됐다. 연결된 사이트는 UCLA, 스탠퍼드연구소(SRI), 유타 대학, 캘리포니아 대학 산타바바라 캠퍼스, 이렇게 딱 네 곳뿐이었다.[6] 이 네트워크를 가속화시킨 기술적 계기는 이른바 접속 신호 처리 장치interface message processor(IMP)의 개발이었다. IMP는 비트로 된 정보를 특정 주소지로 보내는 프로세서다. 다른 말로 하면 '호스트' 컴퓨터를 서로 연결하는 대신 각각의 IMP를 하나의 호스트에 연결하는 방식이다.[7] 컴퓨터는 하드웨어가 다를 수 있고, 소프트웨어도 다른 것을 쓸 수 있다. 그러나 IMP는 공통의 언어를 사용해 수신지를 인식할 수 있었다. 아르파는 IMP 조립 용역을 매사추세츠 주 케임브리지에 있는 작은 컨설팅 회사 볼트 베라넥 앤드 뉴먼Bolt Beranek and Newman(BBN)에 맡겼다. BBN은 첫 프로세서를 1969년 9월 UCLA에 공급했다. 이어 1개월 만인 10월 SRI에 두 번째 프로세서를 납품했다. 이제 두 대의 컴퓨터가 최초로 '대화'를 나눌 수 있게 됐다. 1970년 1월에는 미국 서부 해안 전역에 네 개의 노드가 설치 가동됐다. 동부 해안 쪽에서는 BBN 본부의 첫 번째 노드가 1970년 3월에 설치됐다. 아르파넷ARPANET이 대륙을 망라하게 된 것이다. 1970년 말에 가면 노드는 15개가 됐다. 모두 대학이나 싱크탱크에 설치됐다.

1972년 말에는 전국을 망라하는 회선 세 개가 가동되고, IMP 클러스터가 보스턴, 워싱턴DC, 샌프란시스코, 로스앤젤레스 등 네 개 지역에 들어섰다. 노드는 다 해서 40여 개였다. 이제 아르파넷은 간단히 넷net이라는 이름으로 통했다. 역할은 아직 국방 분야로 엄격히 제한됐지만 체스게임, 퀴즈, AP 통신 와이어 서비스 같은 비공식적인 사용이 확대됐다. 여기서 개인 메시지 활용으로 나아가는 것은 시간 문제였다. 1972년 어느 날 이메일e-mail이 탄생했다. BBN 엔지니어 레이 톰린슨Ray Tomlinson이 컴퓨터 어드레스용 프로그램을 고안해낸 것이다. 이 프로그램의 가장 두드러진 특징은 사용자 이름과 사용자 컴퓨터 주소를 구분하는 장치였다. 톰린슨은 어떤 사용자 이름에도 들어 있지 않은 문자가 필요했다. 그러던 어느 날 키보드를 들여다보다가 우연히 '@'라는 기호에 눈이 갔다.⁹ 완벽했다. 골뱅이는 'at'(~에)이라는 의미 외에는 다른 용법이 없었다. 이렇게 해서 아르파넷 커뮤니티에서는 @ 표시를 널리 사용하게 됐다. 1973년 조사에 따르면 아르파넷의 IMP는 50개이며 전체 트래픽의 4분의 3이 이메일이었다.

　1975년이 되면 아르파넷 커뮤니티는 1천 명 이상으로 늘어났다. 여기서 다시 빈트 서프는 중요한 돌파구를 연다. 샌프란시스코의 호텔 로비에 앉아서 국제회의가 시작되기를 기다리다가 아이디어가 떠오른 것이다. 당시 아르파넷은 유일한 컴퓨터 네트워크는 아니었다. 다른 나라도 나름대로 네트워크를 갖고 있었으며, 미국의 다른 과학, 기업 집단들도 나름의 네트워크를 갖추기 시작했다. 서프는 일련의 게이트웨이를 통해 이들 모두를 하나로 묶는 방법을 궁리했다. 그렇게 해서 새로운 네트워크가 탄생한 것이다. 쇠사슬 형태로 연결된 망(Concatenated Network)이라는 뜻에서 케이트넷Catenet이라고도 했고, 인터넷이라고 했다.¹⁰ 이 네트워크에 다른 기계장치는 필요치 않았다. TCP, 즉 '전송 제어 프로토콜transmission control protocol'이라고 하는 통신용 공용어만 설계하면 됐다. 1977년 10월 서프와 그의 동료들은 하나 이상의 네트워크에 액세스할 수 있는 최초의 시스템을 선보였다. 우리가 알고 있는 인터넷이 탄생한 것이다.

　인터넷은 곧바로 급속도로 발전했다. 더 이상 순수한 국방용이 아니었다. 그러나 1979년에만 해도 여전히 대학(약 120곳)과 학술·과학기관으로 사용이 매우 제한돼 있었다. 여기서 아르파로부터 이니셔티브를 넘겨받은 것이 '국립과학재단National Science Foundation(NSF)'이었다. NSF는 '컴퓨터과학연구네트워크Coumpter Science Research Network(CSNET)'를 설립하고 1985년 미국 전역의 슈퍼컴퓨터 센터 다섯 곳과 열두 곳 정도의 지역 네트워크를 통합한 '기간망'을 새로 구성했다.¹¹ 슈퍼컴퓨터는 네트워크의 두뇌이자 배터리로 사용자들이 올리는 모든 정보를 빨아들이되 정체가 발생하지 않도록 설계된 대형 메모리 창고였다. 대학들은 접속비용으로 연간 2만~5만 달러를 냈다. 점점 더 많은 사람들이 인터넷의 가능성을 실감하게 됐다. 1986년 1월 미국 서부 연안에서 세계 인터넷 표준 관련 회의가 열려 이메일 주소 체계를 세우고 일곱 개의 도메인('프로도Frodos'라고도 한다)을 새로 만들었다. 대학은 edu, 정부는 gov, 기업은 com, 군사기관은 mil, 비영리조직은 org, 네트워크 서비스 제공업체는 net, 국제기구는 int로 정했다. 새 주소 체계는 1988~89년 인터넷의 괄목할 만한 성장에 큰 도움이 됐고, 댄 린치의 인터롭에도 소개가 됐다. 인터넷 확산에 결정타가 된 것은 1990년 스위스 제네바 인근에 있는 유럽입자물리연구소(CERN)에서 월드 와이드 웹World Wide Web(WWW)을 개발한 사건이었다.[12] WWW는 팀 버너스리Tim Berners-Lee가 설계한 신형 특수 프로토콜 HTTP를 사용함으로써 인터넷 검색과 내비게이션이 한결 쉬워졌다. 이어 1993년에 일리노이 대학에서 개발한 최초의 대중용 웹브라우저 모자이크Mosaic가 등장했다. 인터넷이 상업적으로 보급되고 사용이 편해진 것은 이때부터였다.

인터넷을 비판하는 이들도 있었다. 예를 들어 브라이언 윈스턴Brian Winston(영국 언론학자 : 옮긴이)은 1998년 미디어 기술의 역사를 다룬 책에서 '인터넷은 20세기 후반 정보의 상품화 개념을 가장 끔찍하게 응용한 미디어'라고 비판했다.[13] 그러나 이제 인터넷이 새로운 커뮤니케이션 수단이고, '사이버공간cyberspace'에서 다져진 관계들로부터 곧 새로운 심리학이 출현할 것이라는 전망을 의심하는 사람은 거의 없다.[14]

앞으로 1988년은 과학사에서 하나의 커다란 전환점으로 평가될 것이다. 이 해에 인터넷과 인간게놈위원회는 발전을 거듭하면서 21세기의 꼴을 갖춰나갔고, 과학 저술로는 유례없는 성공을 거둔 책이 나왔다. 이 책으로 과학은 대중에게 본격적으로 어필했다. 그러나 에필로그에서 보게 되는 것처럼 어떤 면에서 이제 과학은 정점을 지났다.

케임브리지 대학 우주론 학자 스티븐 호킹Stephen Hawking(1942~)의 『시간의 역사 : 빅뱅에서 블랙홀까지A Brief History of Time: From the Big Bang to Black Holes』는 집필에 5년이 걸렸는데 어떤 의미에서는 밴텀 북스Bantam Books 출판사 뉴욕 편집자인 피터 구자디Peter Guzzardi의 작품이기도 했다.[15] 호킹을 설득해 케임브리지 대학 출판부에서 내지 않게 한 것이 구자디였다. 케임브리지 출판부는 호킹의 책을 여러 권 발행한 터라『시간의 역사』도 당연히 낼 줄 알았다. 이미 선인세로 1만 파운드를 제시한 상태였다. 출판부로서는 선인세 사상 최고액이었다. 그런데 구자디가 밴텀 북스Bantam Books 에서 책을 내라고 꼬드겼다. 호킹으로서도 그리 어렵지 않은 선택이었을 것이다. 왜냐하면 구자디의 열렬한 설득에 감복해 밴텀 북스 편집위원회가 선인세를 25만 달러까지 생각했기 때문이다. 계약 논의가 오가는 사이 구자디는 호킹의 압축적인 산문을 일반 독자가 최대한 이해하기 쉽도록 다듬는 데 심혈을 기울였다.[16] 책이 나온 것은 1988년 초봄이었다. 발행 즉시 책은 출판계의 전무후무한 사건이 되었다. 초판 하드커버가 미국과 영국에서 50만 부 이상 팔렸다. 1991년까지 20쇄를 돌파했고, 234주, 그러니까 4년 하고도 6개월 동안 베스트셀러 자리를 지켰다. 이탈리아, 독일, 일본을 비롯한 여러 나라에서도 똑같은 현상이 벌어졌다. 호킹은 세계에서 가장 유명한 과학자가 되었다. 텔레비전 프로그램을 두 개나 맡고, 할리우드 영화에 카메오로 여러 차례 출연하기도 했다. 그가 하는 강연회는 매회 런던 앨버트 기념회관 만한 규모의 객석을 가득 메웠다.[17]

『시간의 역사』의 성공 스토리에는 또 하나 특이한 요소가 있었다. 책이 나온 1988년 당시 호킹은 46세였다. 그는 21세 때인 1963년 근위축성 측삭경화증(ALS)이라는 진단을 받았다. 영국에서는 운동신경원병이라고 하고, 미국에서는 양키스 팀 야구선수 루 게릭이 앓다 죽은 질환이라고 해서 루게릭병이라고 하는 병이었다.[18] 1962년 말에는 그저 손끝이 뻣뻣한 정도였지만 차츰 증상이 악화돼 1988년이 되면 휠체어에 갇힌 상태에서 음성신시사이저를 연결한 특수 컴퓨터로만 의사소통을 할 수 있는 지경이 됐다. 이런 장애에도 불구하고 호킹은 1979년 케임브리지 대학 루카시좌座 수학 교수로 임명됐다. 아이작 뉴턴이 맡았던 영예스러운 자리였다. 이어 아인슈타인 메달을 수상했고, 중력, 상대성, 우주의 구조에 관한 유명한 학술서를 많이 써냈다. 스티븐 호킹 전기를 쓴 작가들의 말처럼 그런 엄청난 장애가 사상 발전에 어떤 영향을 미쳤나 하는 것은 알 수가 없다. 다만 장애를 극복해나간 과정을 보면 그렇게 당당할 수가 없고 감동적이다(1960년대 말에는 살날이 2년밖에 안 남았다는 선고를 받기도 했다). 그는 장애를 이유로 과학의 핵심 과제에서 손을 떼본적이 한 번도 없다. 블랙홀과 '특이점'에서 시작해 두 개념과 빅뱅의 관계로 나아갔고, 다시 다중우주multiple universes의 가능성을 모색했으며, 특히 '끈이론string theory'에서 주장하는 중력과 실재의 구성에 대한 새로운 아이디어들을 제시했다.

호킹의 이름과 떼려야 뗄 수 없는 개념이 블랙홀이다. 앞서 언급했듯이 블랙홀이라는 아이디어가 처음 나온 것은 1960년대였다. 블랙홀은 초고밀도 물체로 상정됐다. 항성진화의 한 결과로서 거대한 물체가 자체 내로 붕괴되어 중력의 힘이 커지면 그 어떤 것도, 심지어 빛조차도 빠져나갈 수 없게 된다는 것이다. 1960년대에 펄서, 퀘이사, 중성자별, 배경복사 등이 발견된 것도 블랙홀 개념을 이해하는 데 큰 도움이 되었다. 그런 현상들이 이론적으로만 존재하는 것이 아니라 실제로 일어나고 있음이 확인된 것이다. 호킹은 런던 대학 버크벡 칼리지에 있던 탁월한 물리학자 로저 펜로즈Roger Penrose와 함께 모든 블랙홀의 중심에는 우주가 처음 생길 때와 마찬가지로 어떤 '특이점'이 있어야 한다고 주장했다. 특이점singularity이란 어떤 물질이 밀도는 무한히 높고 크기는 무한히 작아서 우리가 아는 물리학 법칙이 모두 깨지는 순간을 말한다. 여기에다 호킹은 블랙홀이 복사를 방출하고(호킹복사Hawking radiation라고 한다), 어떤 조건에서는 폭발한다는 혁명적인 아이디어를 추가했다.[19] 그는 또 1960년대에 신형 전파망원경 덕분에 전파별radio star이 발견된 것처럼 우주에서 오는 X선이 인공위성을 통해 감지될 것으로 믿고 있다. 그런 복사선은 대개 지구 주변 대기에 의해 차단되기 때문에 위성 같은 장치가 없으면 감지할 수 없다. 호킹의 추론은 여러 가지 계산에 근거한 것이었다. 그런 계산들에 따르면 물질이 블랙홀로 빨려 들어가면 뜨거워지면서 X선을 방출한다. 아닌 게 아니라 이후 천체 관측 과정에서 X선을 방출하는 물체 4종이 확인되면서 관찰 가능한 블랙홀 후보로 떠올랐다. 호킹이 나중에 한 계산에 따르면 원래 생각과는 달리 블랙홀은 안정 상태를 유지하는 게 아니라 중력의 형태로 에너지를 상실하면서 수축되다가 결국에 가서는, 그러니까 수십 억 년 후에는 폭발하고 만다. 이는 우주에서 왕왕 벌어지지만 달리 어떻게 설명을 하지 못했던 에너지 폭발 현상의 원인일 수 있다.[20]

1970년대에 호킹은 칼텍 초청으로 카리스마 넘치는 물리학자 리처드 파인만 Richard Feynman(1918~1988)을 만나 의견을 나눴다.[21] 파인만은 양자이론의 권위자였다. 이 만남을 계기로 호킹은 우주의 기원에 관한 이론을 다듬어나갔다.[22] 1981년 우주 기원론을 공개한 장소는 하필 바티칸이었다. 호킹의 이론은 블랙홀이 수축을 거듭하다 사라지는 순간이 되면 어떤 일이 벌어지는지를 파악하려는 시도였다. 여기서 골치 아픈 문제가 생긴다. 양자이론에 따르면 이론적으로 가장 짧은 길이는 플랑크 길이Planck length다. 플랑크 상수에서 파생된 개념으로 10^{-35}미터에 해당한다. 일단 그런 크기가 되면(지극히 작지만 0은 아니다) 더는 수축이 안 되고 완전히 소멸되는 수밖에 없다. 이와 비슷한 것이 플랑크 시간Planck time으로 10^{-43}초에 해당한다. 따라서 우주가 존재한다고 할 때 이보다 더 작은 시간 단위로는 존재할 수 없다.[23] 이런 모순을 호킹은 한 가지 비유를 통해 해결했다. 호킹은 아인슈타인이 그랬던 것처럼 풍선의 표면이나 지구 표면처럼 시공간이 구부러져 있다고 가정해보라고 한다. 어디까지나 비유라는 점을 기억하시라. 또 다른 비유로 우주가 탄생될 때 크기는 아주 작은 원 같은, 말하자면 북극이라고 가정해보라고 한다. 우주(원)가 팽창하면 위도선이 지구 주위로 확대된다. 결국 적도까지 이르게 되고 그 다음에는 다시 수축을 시작해 '대붕괴Big Crunch' 단계가 되면 남극에 도달하는 셈이다. 그러나, 역시 그럴 듯한 비유로 말하자면, 남극에서는 어느 쪽으로 가나 북쪽이다. 기하학 개념으로는 달리 상상할 수가 없다. 호킹은 우주가 태어나는 시점은 이와 비슷한 과정이라고 가정한다. 남극에서는 남쪽이라는 것이 아무 의미가 없는 것처럼 우주의 특이점에서는 태초 이전이란 아무 의미가 없다. 시간은 앞으로만 나아갈 수 있다는 것이다.

  호킹의 이론은 빅뱅 '이전'에 무슨 일이 있었는지를 설명하려는 시도였다. 빅뱅 이론에서 물리학자들을 가장 괴롭힌 문제 가운데 하나는 우리가 아는 우주는 어느 방향으로 가도 거의 똑같아 보인다는 점이었다.[24] 왜 이렇게 기이할 정도로 균질적일까? 대부분의 폭발은 그런 완벽한 균형을 보여주지 않는다. '특이점'을 다르게 만든 것은 무엇일까? MIT 교수인 앨런 구스Alan Guth 러시아 물리학자 안드레이 린데Andrei Linde는 시간이 처음 시작되는 지점에서—시간=10^{-43}초로 그 순간의 우주는 양자보다도 작았다—중력은 잠시 잡아당기는 힘(인력)이 아니라 밀어내는 힘(척력)이었다고 주장했다. 이 척력斥力 때문에 우주는 급속한 팽창기를 거치면서 포도알 만한 크기가 되었고, 이때부터 우리가 지금 보는(그리고 측정할 수 있는) 바와 같은 속도로 안정적인 팽창을 해나갔다는 것이다. 이 이론('날조'라고 하는 비판자들도 있다)은 대단히 궁색하지만 우주가 왜 그렇게 균질적인지를 설명하는 데 필요한 최소한의 가정이다. 급팽창이 일체의 주름살을 날려버렸을 거라는 얘기다. 우주가 왜 완벽하게 균질적이지는 않은지도 설명해준다. 은하와 별과 행성을 형성하는 물질 덩어리들이 있고, 가스를 형성하는 또 다른 형태의 복사도 있기 때문이다. 한 걸음 더 나아가 린데는 우리 우주가 팽창에 의해 생성된 유일한 우주가 아니라는 이론을 제시했다.[25] 그는 서로 다른 크기의 많은 우주들로 구성된 '메가우주 megaverse'가 존재한다고 주장하는데 이 문제는 호킹도 검토한 바 있다. '아기우주baby universe'들은 실제로는 블랙홀이며 시공간에 떠다니는 물방울 같은 것이다. 앞서 든 풍선의 비교로 돌아가서 풍선 표면에 기포가 하나 있다고 가정해보라. 거기에 좁은 지협地峽으로 경계가 지어지면 그것은 특이점과 마찬가지가 된다. 누구도 그 지협을 통과할 수 없으며, 누구도 기포의 존재를 인식할 수 없다. 그것은 풍선만 할 수도 있고, 그보다 더 클 수도 있다. 사실상 어떤 수도 존재할 수 있다. 시공간의 곡률과 블랙홀 물리학의 함수이기 때문이다. 본질적으로 우리는 그런 것들을 직접 경험할 수 없다. 의미가 없기 때문이다.

'의미가 없다'는 표현에서 우리는 물리학적 사유의 최종 단계에 들어선다. 일부 비판자들은 그것을 '아이러니의 과학'이라고 부른다. 기이한 관념이 제시되는 반면 실질적인 증거는 없기 때문에 실험인 동시에 사변이라는 얘기다.[26] 그러나 이는 썩 온당한 평가는 아니다. 사변의 상당부분이 수학적 계산에 따른 나온 것이고 수학적으로 상당한 뒷받침을 받고 있다. 여기서 수학적 계산은 언어나 시각적 이미지, 비유 등 모든 것이 깨지는 지점에서 모종의 해결책이 될 수 있다. 20세기 전체를 통틀어 볼 때 물리학자들이 내놓은 아이디어가 한참 뒤에 가서 실험적으로 뒷받침된 경우가 많았다. 그런 점에서 별로 새로울 것은 없다. 현재 우리는 과도기에 살고 있고 물리학에 난무하는 많은 아이디어들이 더 버티다 실험의 검증을 통과할지 여부는 전혀 알 수 없는 단계다. 그러나 조만간 검증을 통과하는 아이디어가 나올 것 같지는 않다.

호킹 같은 과학자들이 제시한 또 하나의 이론은 '원리상' 원래의 블랙홀과 그로 말미암아 발생한 우주들은 '웜홀wormholes' 또는 '우주끈cosmic string'이라고 하는 것들로 서로 연결돼 있다고 하는 것이다.[27] 웜홀이란 블랙홀을 포함해서 우주의 서로 다른 부분들을 연결해주는 아주 작은 튜브다. 따라서 이론적으로 다른 우주로 가는 통로 역할을 할 수 있다. 그러나 너무 좁아서(직경이 플랑크 길이 한 단위다) 우주끈의 도움 없이는 아무것도 웜홀을 통과할 수 없다. 우주끈은 순수 이론상의 물질로서 태초의 빅뱅의 잔존물로 간주된다. 우주끈 역시 아주 얇게(그러나 아주 조밀하게) 끈 형태로 우주 전체에 펼쳐져 있어서 '특이하게' 작동한다. 우주끈은 누르면 팽창하고 잡아당기면 수축한다. 따라서 적어도 이론적으로는 우주끈이 웜홀을 열어놓을 수 있다. 결국 다시 이론적으로 말하면 미래의 문명에서는 시간여행이 가능하다는 얘기다. 이런 주장을 하는 물리학자도 있고, 회의적으로 보는 학자도 있다.

마틴 리스Martin Rees(1942~)의 우주론 '인본원리anthropic principle'는 다소 이해하기가 쉽다. 영국 천문학자인 리스는 왕실 수석 천문학자이자 호킹의 케임브리지 대학 동료로 '평행우주론'의 간접 증거를 제시한다. 우주가 단 하나만 존재한다면 우리가 존재하기 위해서는 무수한 우연이 일어났어야만 한다는 것이 그의 주장이다. 초기 논문에서 그는 우리가 아는 물리법칙의 한 부분에만 변화가 와도—중력이 커진다든가 등등—우리가 아는 우주는 지금과는 매우 달라진다는 것을 입증했다. 천체는 더 작고, 더 차갑고, 생명주기도 더 짧아지고, 표면도 아주 달라지는 등 모든 면에서 다른 모습이 됐을 것이라는 얘기다. 결론적으로 우리가 아는 생명체는 우리가 누리는 물리법칙이 통하는 우주에서만 생성될 가능성이 매우 높다. 이는 첫째, 다른 형태의 생명체가 우주의 다른 곳에 존재할 가능성이 있다(동일한 물리법칙이 적용되기 때문에)는 의미다. 동시에 다른 물리법칙이 적용되는 다른 우주들이 얼마든지 존재할 수 있으며, 그런 우주에서는 매우 다른 형태의 생명체가 존재하거나 생명체가 일절 존재하지 않을 수 있다는 의미다. 리스는 우리는 우리가 속한 우주를 관측할 수 있으며, 다른 우주의 존재를 추정해볼 수 있다고 주장한다. 이는 우리 주변의 물리법칙으로 가능한 일이다. 그는 이것이 우연치고는 너무 심하다고 본다. 따라서 우리 우주와 매우 다른 제2, 제3의 우주들이 존재할 가능성은 거의 확정적이다.[28]

대부분의 유명 물리학자, 우주론자, 수학자들과 마찬가지로 호킹도 일부 과학자들이 '일체'라고 부르는 작업, 즉 이른바 만유이론Theory of Everything에 많은 정력을 쏟았다. 삼라만상의 토대가 되는 물리학의 모든 것을 한 세트의 방정식으로(그 이상은 없다) 기술하려는 시도라는 점에서 이 역시 아이러니한 표현이다. 물리학자들이 '최종 해결책'이 임박했다고 떠벌인 지 벌써 10년이 넘었다. 그러나 만유이론은 여전히 오리무중이다.²⁹ 본서 서두의 몇 개 장에서 살펴본 물리학의 혁명이 있기 전에는 두 가지 이론이 필요했다. 스티븐 와인버그가 설명한 대로 우선은 아이작 뉴턴의 중력 이론이었다. '천체의 운동은 물론이고 사과 같은 게 왜 땅에 떨어지는지를 설명하기 위한 이론이었다. 여기에 제임스 클러크 맥스웰의 전자기력에 대한 설명이 더해진다. 빛, 복사, 자력과 전하가 있는 입자들 사이에서 작동하는 힘을 설명하기 위한 방편이었다.' 그러나 두 이론은 어느 수준까지만 양립했다. 맥스웰에 따르면 빛의 속도는 모든 관찰자에게 동일하다. 반면에 뉴턴의 이론은 빛의 속도는 관찰자의 움직임에 따라 다를 것이라고 예측했다. '아인슈타인의 일반 상대성 이론은 맥스웰이 맞다는 것을 입증해 이 문제를 극복했다.' 그러나 양자혁명이 일어나 모든 것을 바꿔버렸다. 물리학은 더 아름다운 모습이 됐지만 동시에 그만큼 더 복잡해졌다. 맥스웰의 이론과 새 양자 법칙이 결합되면서 우주를 불연속적인 것으로 보게 됐다. 전자기 에너지가 작아지는 데 한계가 있고, 시간이나 연장의 단위 역시 마찬가지이기 때문이다. 동시에 대단히 미세한 수준, 즉 원자핵 내부에서 작동하는 두 개의 힘이 새로 발견됐다. 그 하나는 강력으로 원자핵 입자들을 하나로 묶어주는 대단히 강한 힘이다(핵무기에서 방출되는 에너지가 바로 이것이다). 다른 것은 약력이라고 하는데 방사성 붕괴의 요인이다.

이렇게 해서 1960년대까지 중력, 전자기력, 강력, 약력의 네 가지 힘이 밝혀졌고, 문제는 이들을 조화시키는 일이었다. 1960년대에 셸던 글래쇼Sheldon Glashow가 한 세트의 방정식을 고안해냈고, 이를 아브두스 살람Abdus Salam과 스티븐 와인버그가 더 발전시켰다. 문제의 방정식은 약력과 전자기력을 동시에 설명하면서 W^+, W^-, Z^0라는 새 소립자 3종의 존재를 가설로 제시했다.³⁰ 이들 소립자는 1983년 제네바 CERN에서 실험을 통해 관찰됐다. 나중에 물리학자들은 강력을 설명하는 일련의 방정식을 발전시켰고, 이는 쿼크의 발견으로 이어졌다. 쿼크에는 색깔을 나타내는 것을 포함해(물론 소립자는 색깔이 없다) 여러 알록달록한 이름이 붙여진 마당이어서 쿼크들의 상호작용을 설명하는 새 이론은 '양자색역학quantum chromodynamics(QCD)'으로 명명됐다. 이렇게 해서 전자기력, 약력, 강력이 한 세트의 방정식으로 통합됐다. 놀라운 성취였다. 그러나 중력은 여전히 남아 있다. 그래서 물리학자들에게는 중력을 전체 틀 속에 통합시키는 것이 만유이론의 최대 과제다.

처음에 물리학자들은 중력에 관한 양자이론 쪽으로 나아갔다. 말하자면 한두 가지 소립자의 존재를 이론화해서 중력을 설명하려고 한 것이다. 그래서 그런 입자는 종류가 매우 많을 것으로 추정됐지만(어떤 학자는 여덟 가지, 또 어떤 학자는 154가지가 있다고 본다. 그만큼 이론화 과정이 험난하리라는 것을 알 수 있다) '중력자graviton'라는 단일 명칭을 붙였다. 그런데 1980년대 중반 들어 물리학자들은 '끈혁명'에 몰두했고, 이어 1995년에는 '초끈혁명superstring revolution'이 일어나 과학계를 뒤집어놓았다. 묘하게도 19~20세기 전환기에 물리학자들을 사로잡았던 것과 같은 흥분이 재연되는 상황에서 21세기를 맞아 전혀 새로운 이론의 시대가 개화할 것처럼 보였다.³¹ 1990년에는 선진국의 주요 서점 서가에 그 어느 때보다 대중적인 과학서가 넘쳐났다. 진화론과 생물학 책만큼이나 물리학, 우주론, 수학 책도 많았다. 1999년 『시간의 역사』 못지않게 어려운 과학책이 다시금 베스트셀러 리스트에 진입한 것도 그런 현상의 일부였다. 코넬대와 컬럼비아 대학에서 물리학과 수학 교수로 있는 브라이언 그린Brian Greene의 『우아한 우주: 초끈과 숨겨진 차원들, 그리고 궁극적 이론의 탐구The Elegant Universe: Superstrings, Hidden Dimensions, and the Quest for the Ultimate Theory』였다. 여기서 그린은 최근 물리학계에서 벌어지고 있는 흥미진진한 사건들을 서술하면서 어려운 개념들을 쉽게 이해시키려고 무진 애를 쓴다(독자들이 흥미를 잃지 않도록 '어렵다'는 표현도 쓰지 않고 '미묘한' 주제라고 부른다).³² 그러면서 아인슈타인, 어니스트 러더퍼드, 닐스 보어, 베르너 하이젠베르크, 에르빈 슈뢰딩거, 볼프강 파울리, 제임스 채드윅, 로저 펜로즈, 스티븐 호킹을 비롯해 물리학의 판테온에 새로 들어간 물리학자들을 소개한다. 그중에서도 눈에 띄는 인물은 에드워드 위튼Edward Witten을 비롯해 유제니오 칼라비Eugenio Calabi, 시어도어 칼루자Theodor Kaluza, 앤드루 스트로밍거Andrew Strominger, 스타인 스트뢰머Stein Strømmer, 쿰룬 바파Cumrun Vafa, 가브리엘레 베네치아노Gabriele Veneziano, 싱튠야우(丘成桐) 등 국적도 다양하다.

끈혁명이 나온 것은 근본적인 패러독스 때문이었다. 거대 규모의 우주 구조를 설명하는 일반 상대성 이론과 아원자 차원의 미세 구조를 설명하는 양자역학은 각각의 차원에서는 성공적이지만 호환이 되지 않았다. 물리학자들은 자연이 큰 사물에 적용되는 법칙 따로, 작은 사물에 적용되는 법칙 따로인 상태를 용인한다고는 도저히 믿을 수 없었다. 그래서 한동안 이런 비호환성이 중력을 설명하지 못하는 것과도 무관하지 않다고 보고 조화시킬 방법을 찾았다. 끈이론가들이 직면한 근본적인 문제들도 있었다. 왜 네 가지 기본 힘이 존재하는가?[33] 소립자 수는 왜 지금과 같고, 그 속성은 또 왜 지금과 같은가? 등등. 끈 이론가들이 제시한 답은 물질의 기본 구성요소는 일련의 입자(점 형태의 실체)가 아니라 아주 작은 1차원 끈들이며, 종종 고리 모양으로 돼 있기도 하다는 것이다. 아주 작다는 것(10^{-33}센티미터쯤 된다)은 현재의 관찰도구로 직접 관찰할 수 있는 범위를 넘어선다는 얘기다. 그럼에도 불구하고 끈이론에 따르면 전자는 하나의 방식으로 진동하는 끈이고, 업 쿼크는 다른 방식으로 진동하는 끈이며, 타우입자는 제3의 방식으로 진동하는 끈이다. 이런 식으로 한 대의 바이올린에서 여러 줄이 서로 다른 방식으로 진동해 다른 음을 내는 것과 마찬가지로 진행된다. 여기서 우리가 다루는 실체는 대단히 작아서 실제로는 원자핵보다 10^{20}배나 작다. 그러나 이런 차원에서 상대성과 양자이론을 조화시키는 것이 가능하다고 끈이론가들은 말한다. 또 그 부산물(또는 보너스)로 중력입자(중력자)가 계산에서 자연스럽게 도출된다고 한다.

끈이론이 처음 등장한 것은 1968~70년 CERN의 가브리엘레 베네치아노가 200년 전에 처음 고안된 수학식이 공교롭게 입자물리학의 여러 측면을 설명해주는 것처럼 보인다는 사실을 발견하면서였다.[34] 이어 난부 요이치로(南部陽一郎), 홀거 닐슨Holger Nielson, 레오나드 서스킨드Leonard Susskind 3인의 물리학자가 소립자가 점 형태의 물체가 아니라 진동하는 작은 끈들이라고 가정하면 문제의 수학식이 좀 더 잘 이해가 된다는 것을 입증했다. 그러나 이런 접근은 강력을 설명하지 못했기 때문에 얼마 후 폐기됐다. 그러나 아이디어 자체는 결코 죽지 않았다. 최초의 끈 혁명이 1984년에 일어났다. 마이클 그린Michael Greene과 존 슈워츠John Schwarz가 같이 쓴 기념비적 논문이 상대성과 양자이론이 끈이론으로 조화될 수 있다는 것을 처음으로 보여준 것이다. 돌파구가 열리자 엄청난 연구가 촉발됐다. 이후 2년 동안 끈이론 관련 논문이 1천 편 이상 쏟아져 나왔다. 입자물리학의 여러 양상이 끈이론으로부터 자연스럽게 도출된다는 것을 보여주는 내용이었다. 그러나 끈이론의 효용성도 그 자체의 문제를 내포하고 있었다. 한동안 끈이론은 다섯 가지로 구분됐다. 모두 우아해 보이지만 어느 것이 '진짜'인지는 누구도 장담할 수 없었다. 다시 한 번 끈이론은 정체기를 맞았다. 그러다 1995년 남가주(서던 캘리포니아) 대학교에서 열린 끈이론 학술대회에서 에드워드 위튼Edward Witten이 '제2의 초끈 혁명'을 개시했다.[35] 위튼은 겉보기에는 서로 다른 다섯 가지 이론이 사실은 근본적으로는 동일한 개념의 다섯 가지 측면이라는 것을 밝혀냈다. 그래서 위튼의 이론을 'M이론M-theory'이라고 한다. 여기서 M은 미스터리나 메타 또는 '모든 이론의 어머니' 등 여러 가지를 의미한다.*

끈과 같은 미세한 실체를 다루는 과정에서 전에는 물리학자들의 관심을 끌지 못했던 가능성들이 나타났다. 그중 하나가 '감춰진 차원들'이 있을 수 있다는 것인데 이를 설명하려면 다시 비유가 필요하다. 입자들은 우리의 관측도구가 아주 무뎌서 그렇게 작은 것은 들여다볼 수 없을 때에만 입자로 보인다는 아이디어부터 검토해보자. 그린이 제시한 예를 따른다면 호스를 생각해볼 수 있다. 호스를 멀리서 보면 1차원 필라멘트처럼 보인다. 종이 위에 선을 하나 찍 그어놓은 것과 같다. 물론 실제로 가까이 다가가보면 그것은 2차원을 갖고 있다. 우리가 가까이 가서 들여다보지 않아서 그렇지 항상 그랬다. 물리학자들은 끈 차원도 마찬가지라고(또는 마찬가지일 것이라고) 말한다. 감춰진 차원들이 말려 있는데 현재로서는 우리가 그것을 알지 못하고 있다는 것이다. 학자들은 다 해서 11차원이 있을 것이라고 본다. 공간 차원이

---

* 끈이론가들은 공교롭게도 독자적인 인터넷 망을 통해 자료를 공유하던 여러 그룹 중 하나였다. 이 네트워크를 통해 물리학 논문들은 전 세계에 실시간대로 배포됐다.

10개, 시간 차원이 하나다.³⁶ 상상하거나 그려보기가 불가능하지는 않지만 매우 어려운 개념이다. 과학자들이 이런 주장을 하는 근거는 수학(수학자들도 어렵다고 고개를 절레절레 흔드는 수학)이다. 그래도 이런 식으로 설명하면 우주의 여러 측면들을 훨씬 수월하게 이해할 수 있다. 예를 들어 블랙홀들은 소립자와 유사한, 다른 우주들로 통하는 게이트웨이로 설명이 된다. 여러 차원이 필요한 것도 그것들이 휘거나 굽는 방식에 따라 끈들의 진동 규모와 빈도가 결정되기 때문이라고 끈이론가들은 말한다. 결국 친숙한 '소립자들'이 왜 지금과 같은 질량과 에너지와 수를 갖는지를 설명할 수 있다는 얘기다. 끈이론 최신 버전은 끈 이상의 것을 끌어들인다. 2차원, 3차원, 또는 그 이상 차원의 막膜이 있다는 것이다. 이 과정을 잘 파악하는 것이 21세기의 주요 과제가 될 것이다.³⁷

끈이론에서 끈들이 존재한다는 것 외에 대단히 놀라운 부분은 우주에 전사前史가 있을지 모른다고 하는 주장이다. 빅뱅 이전의 시기가 있다는 얘기다. 그린이 설명하듯이 끈이론은 "우주가 엄청난 고온에 미세한 공간 속으로 휘말려 들어가면서 탄생한 것이 아니라 처음에는 차갑고, 공간적 연장延長 면에서 본질적으로 무한했다고 상정한다."³⁸ 이어 불안정성이 촉발되면서 팽창의 시기가 있었고, 그 결과 우리가 아는 지금의 우주가 형성됐다는 것이다. 이 이론 역시 중력을 포함해 네 가지 힘을 하나로 통합하는 강점이 있다.

끈이론은 우리 이해력의 한계를 시험한다. 시각적 비유도 통하지 않고, 설명에 동원되는 수학은 수학자들에게도 너무 어렵다. 그러나 누구나 알 수 있는 몇 가지가 있다. 첫째, 끈이론은 플랑크 길이를 넘어서는 세계에 관한 것이다. 이는 어떤 면에서 플랑크가 1900년에 처음 생각했던 양자 개념의 논리적 결과다. 둘째, 끈이론은 99퍼센트 이론이다. 물리학자들은 이제 신종 이론들을 실험적으로 검증할 수 있는 방법을 찾기 시작했다. 그러나 지금으로서는 끈이라는 게 과연 존재하느냐에 대해서조차 회의적인 사람들이 많다. 셋째, 이런 미세한 차원들을 통해 우리는 시간과 공간이 존재하지 않는 영역으로 들어갈 수 있을지 모른다. 아주 최근 연구에는 제로 막zero branes이라고 하는 구조들에 관한 내용이 있다. 이런 영역에서는 일반 기하학은 프랑스 수학자 알랭 콘느Alain Connes가 고안한 비가환 기하학noncommunicative geometry으로 대체된다. 그린은 이 이론이 과학적으로는 물론이고 철학적으로도 중요한 진전 내지 돌파구가 될 것으로 본다. 왜냐하면 "우주가 어떻게 시작됐고, 시간과 공간 같은 것들이 왜 존재하는가 하는 질문에 대한 답을 줄 수 있을 것이기 때문이다. 왜 무가 아니라 유가 존재하는가 하는 라이프니츠의 질문에 대한 답에 한 걸음 더 가까이 다가가게 해줄 것이라는 얘기다."[39] 끝으로 초끈이론에서 우리는 사실상 물리학과 수학의 완벽한 통합을 보게 된다. 두 분과의 관계는 늘 가까웠지만 지금보다 더 가까운 적은 없었다. 어떤 의미에서 우리는 이제 실재의 토대 자체가 수학적인 것일 가능성에 점차 다가서고 있다.

지금 우리는 수학의 황금기에 살고 있다고 보는 과학자가 많다. 특히 두 분야가 수학자들 사이에서도 광범위한 주목을 끌었다.

혼돈복잡성Chaoplexity은 혼돈chaos과 복잡성complexity을 합친 용어다. 1987년 『카오스: 현대 과학의 대혁명 Chaos: Making a New Science』에서 제임스 글리크 James Gleick는 새로운 지적 영역을 개척했다.[40] 수학자들의 설명에 따르면 카오스 연구는 이 세계에는 비선형nonlinear 현상들이 많다는 개념에서 출발한다. 비선형 현상은 원리상 예측이 불가능하다. 그런 현상의 가장 유명한 예가 이른바 나비효과 butterfly effect다. 예를 들어 미국 중서부에서 나비 한 마리가 날개를 치면 수많은 사건을 연쇄적으로 촉발시켜 극동 지역에 태풍을 몰고 올 수 있다는 것이다. 복잡성 이론의 두 번째 측면은 예기치 않게 나타나는 특성emergent property인데 이는 지구상에는 '단순히 체계를 구성하는 부분들을 조사하는 것만으로는 예측하거나 이해할 수 없는' 현상들이 있다는 사실을 강조한다. 의식이 그 좋은 예다. 의식은 설령 이해할 수 있다고 해도(논란이 많은 부분이다) 뉴런이나 두뇌 내부의 화학물질을 조사함으로써 이해할 수 있는 현상은 아니다. 그런데 이런 정도는 카오스 이론을 연구하는 과학자들이 하는 말의 절반에 불과하다. 그들은 컴퓨터의 등장으로 말미암아 우리가 그 어느 때보다도 복잡한 수학적 처리를 많이 할 수 있게 되었고, 그 결과 큰 분자나 신경조직, 인구 성장, 날씨 패턴 같은 복잡계들complex systems을 모델화하고 시뮬레이션할 수 있을 것이라고 주장한다. 다른 말로 하면 표면적으로는 혼돈으로 보이지만 그 아래 심층질서가 있고, 그런 질서를 찾아낼 수 있다는 것이다.

혼돈복잡성의 기본 아이디어를 제시한 사람은 브누아 망델브로트Benoit Mandelbrot(1924~)다. 응용수학자로 IBM 연구원이었던 망델브로트는 '프랙털 fractal'이라고 하는 현상을 밝혀냈다. 프랙털의 완벽한 예는 해안선이다. 눈송이와 나무 같은 것도 포함된다. 멀리서 보면 그런 것들은 하나의 형상 내지는 윤곽을 보인다. 그러나 좀 더 가까이 가서 보면 세부는 훨씬 복잡하다. 더 가까이 가서 보면 더 복잡하다. 그러나 아무리 가까이 가서 윤곽이 복잡해져도 규모는 다르지만 일정한 패턴이 반복되는 경우가 많다. 이런 윤곽선들은 매끈한 선으로 정리되지가 않기 때문에—다른 말로 하면 간단한 수학적 함수로 수렴되지 않기 때문에—망델브로트는 "수학에서 가장 복잡한 대상들'이라고 불렀다.[41] 그러나 단순한 수학적 규칙을 컴퓨터 프로그램에 먹여주면 여러 차례의 프로그래밍을 거쳐서 복잡한 패턴들을 산출한다. 이런 패턴들은 '절대 자기복제를 하지 않는다." 이로부터, 그리고 현실의 프랙털 현상들에 대한 고찰로부터 수학자들은 자연에는 혼돈스럽고 복잡해 보이는 시스템을 지배하는 대단히 강력한 어떤 규칙들이 있고, 그 규칙들이 밝혀질 날이 올 것이라고 본다. 이 역시 심층질서의 다른 표현이다.

1980년대 말~90년대 초 카오스는 가장 인기 있는 수학 분야의 하나로 혜성처럼 떠올랐다. 이어 새로운 연구조직이 설립됐다. 로스앨러모스 남동쪽 뉴멕시코 주에 있는 산타페연구소Santa Fe Institute다. 쿼크를 발견한 머레이 겔만도 연구진에 합류했다.[42] 이 분야에서 새로 내놓은 개념이 여럿 있는데 특히 '자기조직 임계현상self-organized criticality', '카타스트로피 이론catastrophe theory', 실재의 위계구조, '인공생명artificial life', '자기조직화' 등등이 유명하다. 자기조직 임계현상은 1970년대에 미국으로 이주한 덴마크 출신 물리학자 페르 바크Per Bak의 아이디어다.[43] 존 호건John Horgan이 본인에게 들은 바에 따르면 바크의 출발점은 모래탑이었다. 바닥에 모래알을 계속 떨어뜨리면 모래탑은 점점 커진다. 그러다 어느 시점—임계점이다—이 되면 한 알만 더 떨어뜨려도 모래탑은 와르르 무너지게 된다. 바크는 이런 양상이 주식시장 붕괴, 종의 멸종, 지진 등등 다른 분야에서도 비슷하게 나타나는 것을 보고 깜짝 놀랐다. 그는 이런 과정을 수학적으로 이해할 수 있다고 생각했다. 수학적으로 기술할 수 있다는 것이다. 언젠가 우리는 그런 일들이 왜 일어나는지 이해할 수 있게 될 것이다. 물론 그렇게 된다고 해서 반드시 그런 현상들을 통제하거나 예방할 수 있게 된다는 의미는 아니다. 페르 바크의 자기조직 임계현상 이론에서 프랑스 수학자 르네 톰René Thom의 카타스트로피 이론으로 가는 길은 그리 멀지 않다. 톰은 생명의 탄생이나 애벌레가 나비로 변하는 것 또는 문명의 붕괴 같은 '불연속적 양태'를 순수 수학적 계산으로 설명할 수 있다고 봤다. 이런 이론들은 모두가 심층질서를 끄집어내고자 하는 노력이다.

이런 흐름에 비추어볼 때 가장 두드러진 인물은 필립 앤더슨Philip Anderson이다. 앤더슨은 1977년 초전도체 관련 연구로 노벨 물리학상을 받았다. 앤더슨은 현상의 심층에 자리 잡은 질서가 있다고 주장하는 대신 질서의 위계가 있다는 입장이다. 특히 생물학 부문에서 각 수준의 조직은 그 위층이나 아래층의 질서와는 독립적으로 존재한다는 것이다. "각 단계마다 완전히 새로운 법칙과 개념과 일반화가 필요하다. 이전 단계와 마찬가지로 상당한 정도의 영감과 창의성이 요구된다. 심리학은 응용생물학이 아니며, 생물학이 응용화학도 아니다. …… 한 수준에서 잘 통용되는 일반원칙이 있다고 해서 그것이 모든 수준에서 작동할 거라고 보고 싶은 유혹에 빠져서는 안 된다."44

21세기로 넘어가는 지금 상황에서 보면 혼돈복잡성 이론가들에 대해서는 다소 실망스럽다. 1990년대 초에만 해도 그렇게 손에 땀을 쥐게 하던 것이 아직도 끈이론과 같은 근사한 뭔가를 만들어내지 못하고 있다. 그래도 수학은 생물학과의 관계에서 보면 여전히 흥미롭고 실망스럽지 않다. 생물학 분야에서 수학의 성취는 영국 워윅 대학교 수학 교수인 이언 스튜어트Ian Stewart가 1998년에 낸 『생명의 또 다른 비밀Life's Other Secret』에 잘 정리돼 있다.45 스튜어트는 호킹-펜로즈-파인만-글래쇼의 물리학/우주론 계열이나 도킨스-굴드-데넷의 진화론 계열보다 덜 알려진 전통에 서 있다. 다르시 웬트워스 톰프슨D'Arcy Wentworth Thompson의 『성장과 형태에 관하여On Growth and Form』(1917), 스튜어트 카우프만Stuart Kauffman의 『질서의 기원The Origins of Order』(1993), 브라이언 굿윈Brian Goodwin의 『표범의 점무늬는 어떻게 변했나 How the Leopard Changed Its Spots』(1994) 등등을 포함하는 계열의 최신 주자다. 이 계열 학자들이 던지는 메시지는 유전학은 생명에 대한 완벽한 설명이 아니며 그렇게 될 수도 없다는 것이다. 또 다소 놀랍겠지만 역시 필요한 것은 수학에 관한 지식이라고 본다. 왜냐하면 물리적 실체들을 지배하는 것은 수학—심층질서—이고, 결국 모든 생명체는 그런 질서가 바탕이 되어서 구성되는 것이기 때문이다.

『생명의 또 다른 비밀』은 수학이 "이제 DNA에서부터 열대우림까지, 바이러스에서 새떼에 이르기까지, 최초의 자기복제형 분자의 기원에서부터 멈출 수 없는 진화의 도도한 행진에 이르기까지 모든 차원에서 생명에 대한 정보를 제공한다"는 것을 입증하는 데 초점을 맞추고 있다.[46] 스튜어트가 든 예 가운데는 거미줄과 눈송이, 개미 군체의 집단 변이, 찌르레기 떼의 대형隊形 형성에 대한 수학적 분석처럼 도발적이고 기가 막힌 내용이 많다. 식물의 가지치기 시스템과 표범이나 호랑이 같은 동물의 무늬 패턴도 자세히 고찰한다. 이어 '피보나치에게 꽃을 Flowers for Fibonacci'이라는 제목의 장 전체를 식물계의 패턴을 개관하는 데 할애한다. 피보나치수열 Fibonacci sequence은 다음과 같다.

$$1, 2, 3, 5, 8, 13, 21, 34, 55, 89, 144\cdots$$

이 수열은 1202년 중세 이탈리아의 유명한 수학자 피사의 레오나르도가 처음 고안했다. 레오나르도는 아버지가 보나치오였고, 따라서 보나치오의 아들이라는 뜻의 '피-보나치'로 통했다. 피보나치 수열에서 각 수는 그 앞에 있는 두 개 수의 합이다. 이런 단순한 배열이 적용되는 부분은 아주 많다. 예를 들어 백합은 꽃잎이 3개다. 미나리아재비는 5개, 참제비고깔은 8개, 금송화는 13개, 고꽃은 21개, 데이지는 34, 55 또는 89개다.[47] 스튜어트는 이런 정도의 현상을 발견하는 것 이상으로 훨씬 야심적이고 흥미로운 시도를 한다. 우선 배아 내 세포 분열이 비눗방울이 거품 속에서 형성되는 방식과 놀라울 정도로 유사하며, 염색체가 세포분열 과정에서 배치되는 방식 역시 서로 반발하는 자석들이 자리를 잡아가는 양상과 비슷하다는 것을 보여준다. 유전자에 어떤 지침을 암호화했든 많은 생물학적 실체들은 물리적 속성에 의해 제약을 받는 것처럼 행동한다는 얘기다. 이런 속성은 수학 방정식으로 표현할 수 있다. 스튜어트가 보기에 이는 우연이 아니다. 생명이 자체 목적을 위해 자연계에 존재하는 수학·물리학을 활용하는 것이다. 그는 분자들의 '심층기하학'이 있다고 생각한다. 특히 매듭과 고리를 형성하는 DNA에서 이런 구성은 대단히 중요하다. 예를 들어 그는 하인즈 프렌켈 콘라트 Heinz Fraenkel-Konrat와 로블리 윌리엄스 Robley Williams가 한 놀라운 담배모자이크바이러스 규명 실험을 인용한다.[48] 스튜어트는 이 실험이 비유기적 세계와 유기적 세계 사이에 다리를 놓은 것이라고 말한다. 바이러스의 구성요소들을 실험관에서 분리한 뒤 그대로 놓아두면 저절로 재조합돼 하나의 완전한 바이러스가 되고 다시 자기복제를 할 수 있다. 자동적으로 생명을 산출하는 것은 바로 분자들의 구성이라는 얘기다. 따라서 이론적으로 말하면 이런 형태의 바이러스—생명체—는 인공물질을 마련해 시험관에 적절히 투입하면 만들어낼 수 있다. 1990년대 후반 수학자들은 원시적인 형태의 생명체들—예를 들어 점균粘菌류나 토양아메바인 딕티오스텔리움 디스코이데움Dictyostelium discoideum—이 발생하는 과정을 알아냈다. 그런 과정은 그렇게 어려운 방정식이 아니라는 사실이 밝혀졌다. '여기서 핵심은 생명의 많은 속성들이 결국은 물리학이지 생물학이 아니라는 사실이다'라고 스튜어트는 말한다.[49]

아마도 가장 흥미로운 것은 스튜어트를 비롯한 학자들이 '인공생명'이라고 부른 실험일 것이다. 인공생명이란 진화의 여러 측면을 상징적인 형태로 복제하기 위해 고안한 컴퓨터상에서 진행되는 게임이다.[50] 여기서 컴퓨터 스크린은 대개 큰 격자로 돼 있다. 그 안에 네모 칸이 가로 100개, 세로 100개다. 이 네모 칸 하나하나에 한편으로는 '큰 풀'이나 '꽃'을 배당하고, 다른 한편으로는 '민달팽이'와 '민달팽이를 잡아먹고 사는 동물'을 할당한다. 그런 다음 여러 가지 규칙을 프로그램해서 넣는다. 포식자는 한 번에 다섯 칸을 움직일 수 있는 반면 민달팽이는 한 번에 한 칸만 갈 수 있다는 규칙을 프로그램해 넣을 수도 있다. 녹색 꽃 위에 있는 민달팽이는 빨간 꽃 위에 있는 민달팽이보다 눈에 잘 안 띈다(잘 안 잡아먹힌다) 같은 규칙을 입력할 수도 있다. 컴퓨터가 가동되면 인공생명은 1만 번 또는 5천만 번도 계속 돌릴 수 있다. 그러다 보면 결국 에이 볼브A-volve(크리스타 소메레와 로랑 미뇨노가 1994년 컴퓨터 그래픽 아트와 인공생명을 조합해 만든 작품. A는 artificial(인공), volve는 evolve(진화)로 관객이 터치스크린으로 입력한 2차원 형상이 물속에서 3차원 인공생명으로 재현되면서 여러 진화 과정을 보여준다: 옮긴이) 같은 것도 등장한다. 이런 프로그램은 많이 시도됐다. 가장 놀라운 것이 1996년에 시작된 앤드루 파르겔리스Andrew Pargellis의 '아메바'였다. 아메바 프로그램에 무작위로 컴퓨터 코드 블록 하나를 던져주면, 그중 7퍼센트는 10만 번 작동시마다 다른 것으로 대체됐다(변이와 유사하다). 파르겔리스는 대략 5천만 번 실행시마다 코드에서 자기복제하는 부분이 나타난다는 것을 발견했다. 프로그램의 기초가 된 수학의 결과였다. 그의 말처럼 '복제를 프로그램 운용 규칙에 따로 넣을 필요는 없었다. 그냥 일어났으니까.'[51] 역시 놀라운 현상으로 공생, 기생충의 등장, 오랜 정체 상태가 급속한 변화로 끝나는 양상 등이 있다. 나일즈 엘드리지와 스티븐 제이 굴드가 설명한 단속평형과 아주 유사한 현상이다. 이런 모델들(전통적인 의미에서 실험이라고 할 수는 없다)은 생명이 어떻게 시작되었을까 하는 것을 보여준다. 스튜어트는 신경세포 네트워크를 잘 끌어 모으면 자연적으로 계산능력을 획득하는 과정을 보여주는 수학적 모델도 소개한다. 이른바 '예기치 않게 나타나는 계산능력emergent computation'이라고 하는 현상이다.[52] 초보적인 계산능력을 가진 네트워크가 통상적인 물리학이 작동하는 과정에서 느닷없이 나타날 수 있다는 의미다. "그래서 진화는 어떤 형태가 되었든 계산할 줄 아는 네트워크를 선택하게 되고, 이는 유기체의 생존능력을 촉진시켜서 점점 복잡한 형태의 계산을 할 수 있는 쪽으로 나아간다."[53]

스튜어트의 기본 논점(모두가 수긍하지는 않는다)은 수학과 물리학이 생명에 형태를 부여하는 데 유전학만큼 강력하다는 것이다. "생명은 물리세계의 수학적 패턴을 기초로 한다. 유전학은 그런 패턴들을 활용하고 조직화한다. 그러나 그런 패턴을 가능케 하고, 그런 패턴이 택할 수 있는 양상을 제약하는 것은 물리학이다."[54] 스튜어트가 보기에 유전학은 가장 심층에 놓여 있는 비밀, 즉 생명의 심층질서가 아니다. 심층질서는 오히려 수학이다. 따라서 그는 21세기에는 수학, 물리학, 생물학을 통합하는 '형태수학morphomatics'이라는 새 분야가 각광받을 것이라고 예언하는 것으로 책을 끝낸다. 그러면서 형태수학이 우리 주변 세계의 심층패턴들을 드러내고 결국에 가서는 생명이 어떻게 시작됐는지를 이해하는 데 큰 역할을 할 것으로 기대한다.

결론

포스트 포스트모던 시대를 위하여

나는 정말이지 다시 알고 싶지 않다
유쾌한 시간의 허약한 영광을

_T. S. 엘리엇, 『성회(聖灰) 수요일 Ash Wednesday』, 1930년

20세기가 유쾌한 시간the positive hour이었다거나 그 영광이 아무리 찬란했다 해도 역시 허망했다고 하는 엘리엇의 감정을 누가 나무랄 수 있을까? 엘리엇은 불만 섞인 체념조로, 그러면서도 단호한 어조로 이렇게 이어간다.

나는 시간은 언제나 시간이라는 것을 알기에
그리고 장소는 언제나, 그리고, 다만 장소일 뿐
하여 현존하는 것은 다만 한때에만
그리고 한 장소에서만 현존한다는 것을 알기에
나는 사물이 그냥 그렇게 있는 그대로 기뻐한다(…중략…)
그러므로 나는 기뻐한다, 기뻐해야 할 뭔가를
세워야 하기에(…중략…)

이 날개는 더 이상 날 수 있는 날개가 아니고
그저 허공을 치는 키(곡식을 까부르는 농기구 : 옮긴이)이기에
그 허공은 지금 한껏 희박하고 건조하며
의지意志보다도 더 희박하고 건조하기에
우리에게 관심 갖는 법과 관심 갖지 않는 법을 가르치소서
우리에게 조용히 앉아 있는 법을 가르치소서.**1**

　엘리엇이 이 시를 쓸 당시는 물리학의 황금기인 동시에 하이데거의 황금기였다. '우리에게 조용히 앉아 있는 법을 가르치소서'라고 한 것은 하이데거 식으로 말하면 '순종'의 표현이었다. 있는 그대로의 세계에 순종하고, 기뻐하며, 끊임없이 모든 것을 설명하려고 들지 말라. 이 세계의 신비를 기꺼이 받아들이면 우리가 원하는 대로 있을 수 있다는 식이다. 그러나 『성회 수요일』 뒷부분의 비가적인 톤이 말해주는 것처럼 엘리엇은 그런 순종을 완전한 해결책으로 보고 전적으로 만족해하지는 않았다. 다른 많은 사람들과 마찬가지로 그 역시 과학의 타당성은 너무도 강력해서 그 이전 상태로 온전히 돌아가는 것은 불가능하다고 봤다. 세상 물정이 어떻게 돌아가는지 남보다 모를 그가 아니었다. 시인으로서 엘리엇은 당시 진행되는 사태의 의미를 명확히 알고 있었다. 아닌 게 아니라 『성회 수요일』('성회 수요일'이란 기독교에서 예수가 40일 동안 금식한 뒤 사탄의 유혹을 물리친 사순절의 첫날을 말한다. 이날 신부가 엄지손가락을 재에 담갔다가 이마에 십자가를 그리는 의식을 집행했다고 해서 성회란 이름이 붙었다 : 옮긴이)이 발간된 1930년은 지적인 차원에서 20세기를 관통하는 거대한 힘 세 가지가 처음으로 모두 모습을 드러낸 시점이었다. 세 가지 힘이란 과학과 자유시장 경제와 매스미디어다.

　물론 과학이나 자유시장 경제, 매스미디어가 전적으로 20세기적 현상이라는 말은 아니다. 그렇지는 않다. 그러나 그 하나하나가 새로운 잠재력을 키웠고, 1920년대가 되면 예전과는 눈에 띄게 달라진다는 점에 20세기가 갖는 의미는 크다.

　『성회 수요일』이 나오던 시기에 과학에서 벌어지고 있던 일들(특히 에드윈 허블의 외부 은하 발견이 중요하다)은 시간이 흐르면서 엘리엇이나 그 누구도 예상할 수 없을 만

큼 점점 더 엄청난 사태로 번졌다. 발견 하나 하나가 어떤 영향을 주었는지는 차치하고도 지적인 차원에서 가장 중요한 발전은 과학이 통합되기 시작했다는 것, 다양한 분과들이 서로 다른 각도에서 동일한 이야기를 하는 것으로 보이게 됐다는 것이다. 이런 진전은 과학의 권위를 말할 수 없을 만큼 높여준 동시에 인간의 인간관에 변화를 불러일으켰다. 먼저 물리학과 화학이 통합됐다. 이어 물리학과 천문학, 우주론이, 그리고 물리학과 지질학, 좀 더 최근에는 물리학과 수학이(원래부터 가까운 사이였다) 손을 잡았다. 마찬가지 방식으로 경제학과 사회학이 통합됐다. 심지어 생물학은 유전학의 형태로 언어학, 인류학, 고고학과 합쳐졌다. 생물학과 물리학은 불활성 물질이 합쳐져서 생명이 창조됐다는 식의 의미로 통합이 된 것은 아직 아니다. 그러나 42장에서 소개한 이언 스튜어트의 작업이 보여주듯이 물리학과 수학은 생물학적 구조들을 설명하는 버팀목이 될 정도로 통합되었다. 진화론 개념이 확장되면서 빅뱅에서 시작해 수십 억 년 동안의 우주사를 통합하는 단일 내러티브를 만들어냈다는 점에서는 더더욱 그러하다. 여기서 단일한 내러티브란 은하계, 태양계, 지구, 대양과 대륙의 창조를 거쳐 생명 자체로, 그리고 우리 행성의 동식물계로까지 이어져온 스토리를 말한다. 이는 지금까지 있었던 관념 중에서 경험적 토대가 가장 확고한 것임에 틀림없다.

이 내러티브의 마지막 층은 아주 최근에 재러드 다이아몬드Jared Diamond(1937~)가 제공했다. 다이아몬드는 캘리포니아주립대 의대 생리학 교수지만 인류학자로서 뉴기니에서 연구 활동을 한 바 있으며 1998년 『총, 균, 쇠Guns, Germs and Steel』로 론풀랑크Rhône-Poulenc 과학서적 상을 받았다.[2] 이 책에서 그는 최근 1만 3천 년 동안의, 즉 마지막 빙하기 이후의 진화 패턴 전반을 설명하고자 했다. 그가 제시한 답은 독창적이면서도 대담했다. 그가 특히 관심을 기울인 부분은 왜 진화의 결과 유럽인들이 1492년부터 아메리카 대륙을 발견하고 정복했으며, 그 반대가 아닌가 하는 문제였다. 왜 잉카인들이 서쪽에서 동쪽으로 대서양을 건너 모로코인이나 포르투갈인을 복속시키지는 못 했는가? 그는 지구의 전체적인 구조에 그 이유가 있다고 보았다. 특히 대륙들이 지구 표면에 배열된 형태가 중요하다. 간단히 말하면 아메리카와 아프리카 대륙은 주된 축이 북쪽에서 남쪽으로 이어진다. 반면에 유라시아는 동에서 서로 이어진다.³ 동식물 순치는 동쪽에서 서쪽으로 또는 서쪽에서 동쪽으로 확산되기가 훨씬 쉽다는 점에서 이는 중요한 의미를 갖는다. 위도가 비슷하면 지리적 조건과 평균 기온, 강수량, 일조시간 같은 기후 조건이 유사하기 때문이다. 반면에 북쪽에서 남쪽으로 또는 남쪽에서 북쪽으로 확산되기는 그만큼 어렵고 따라서 동식물 순치 확산에는 장애가 된다. 그래서 소, 양, 염소는 아프리카나 아메리카보다는 유라시아에서 훨씬 빠른 속도로 널리 보급됐다.⁴ 다이아몬드에 따르면 이렇게 해서 농업이 확산되면서 유라시아는 다른 대륙들보다 인구밀도가 훨씬 높아졌다. 그리고 이는 다시 두 가지 결과를 가져왔다. 첫째, 서로 다른 사회들 간의 경쟁이 새로운 문화적 양상, 특히 무기의 발달을 촉진했다. 무기는 아메리카 대륙 정복에서 아주 중요한 역할을 했다. 두 번째는 동물(대부분 가축)에서 옮겨온 질병이 진화를 거듭했다는 점이다. 이런 질병을 일으키는 병균은 비교적 인구가 많은 지역에서 살아남았는데 면역체계가 없는 민족들한테로 들어가면 치명타가 됐다. 이렇게 해서 글로벌한 패턴이 정착됐다고 다이아몬드는 말한다. 특히 아프리카는 진화론적 관점에서 다른 지역과 비교해 보면 '600만 년 전에 (먼저) 출발'했지만 발전에는 실패했다. 삼면은 드넓은 바다로, 북쪽은 사막으로 막혀 있는데다 남·북 축 구조여서 길들여 활용할 수 있는 동식물이 거의 없었기 때문이다.⁵

다이아몬드의 설명은—장기지속의 확장판이라고 할 수 있다—사변적이라는 비판을 받았지만(분명 그렇다) 일단 받아들이고 나면 인간 사고의 어떤 부분은 거의 종언을 고하게 된다. 지구상의 서로 다른 인종들이 왜 AD 1500년경을 기점으로 서로 다른 발달 단계에 진입했는지를 보여주기 때문이다. 이렇게 함으로써 다이아몬드는 유럽인이 다른 인종들보다 우월하다고 주장하는 인종주의적 정서를 해체했다(그런 의도를 가지고 작업을 했다). 과학을 무기로 삼아 20세기 말 아직도 사회 일각에 여전히 남아 있는 편견을 공격한 것이다.

과학이 근본적으로 얼마나 중요한지는 20세기 독일과 프랑스의 상이한 운명에서 드러난다. 독일은 1933년까지 많은 사상 부문에서 세계의 지도자 자리를 누렸지만 히틀러의 박해 과정에서 두뇌를 많이 빼앗겼다. 그 결과 지금도 옛 영화를 회복하지 못하고 있다. (앨런 블룸이 『미국 정신의 종언』에서 독일 문화에 대해 폭넓게 언급한 것을 상기해보라.) 2차 대전은 영토와 생활공간을 놓고 벌인 싸움만은 아니었다. 대단히 현실적인 의미에서 사상의 전쟁이기도 했다. 프랑스는 상황이 달랐다. 많은 대륙계 사상가들은 프로이트와 마르크스의 통합에 헌신했다. 특히 프랑스와 독일어권 사상가들이 그랬다. 그런 경향은 금세기의 두드러진 지적 편향 가운데 하나로 일종의 강박관념과도 같았다. 어쩌면 엄청난 착각 내지는 바보짓이었을 것이다. 특히 프랑스 사상가들은 자연과학의 발전에는 눈뜬장님이 되었다. 그 결과 지적인 차원에서 프랑스어권 사상과 영미권 사상 사이에 문화적 간극이 생겨났다.

　20세기의 두 번째 거대한 힘—자유시장 경제—이 그 실체를 입증한 계기는 1917년 러시아에서 시작돼 1980년대 말까지 지속된 거대한 '실험'이었다. 체제 경쟁이 계속되고 종국에는 공산주의가 붕괴함으로써 자유시장 경제의 강점이 주목을 끌었다. 주가 대폭락 시기에 『성회 수요일』을 쓴 엘리엇 같은 사람은 아마 일이 그렇게 전개되리라고는 상상할 수 없었을 것이다. 자유시장 체제의 승리는 누가 봐도 완승이어서 프랜시스 후쿠야마 Francis Fukuyama 같은 사람은 1992년 『역사의 종언과 마지막 인간 The End of History and the Last Man』에서 축하를 마다하지 않을 정도였다.[6] 앨런 블룸 초청으로 시카고 대학에서 한 강의를 묶은 이 책에서 후쿠야마는 최근 들어 전 세계가 자유민주주의의 승리를 목격한 것을 출발점으로 삼았다.[7] 이는 '인류 이데올로기 진화의 종점'이자 '인간 통치의 마지막 형태'라는 것이었다. 러시아는 물론, 자유시장과 민주주의를 채택한 수많은 나라들에 대해서도 일부 언급했다. 아르헨티나, 보츠와나, 브라질, 칠레, 동유럽 국가들, 나미비아, 포르투갈, 남한, 스페인, 타이완, 우루과이 등등. 나아가서 후쿠야마는 어떤 보편사 Universal History가 존재한다는 것을 입증하고자 했다. '모든 시대 모든 민족의 경험'을 설명할 수 있는 일관되고 단일한 진화 과정이 있다는 것이다.[8] 그는 자연과학이 이런 일관된 스토리에 도달할 수 있는 메커니즘이며, 과학은 합의를 거치면서 누적적으로 발전하는 동시에 어떤 방향성을 갖는다고 주장했다. '물론 과학이 궁극적으로 인간 행복에 어떤 영향을 미치는지는 불확실하다.'[9] 그는 또 '현대 자연과학의 논리를 보면 보편적인 진화는 자본주의 쪽을 향해 가는 것으로 보인다'고 덧붙였다.

후쿠야마는 이런 시각이 20세기의 수많은 비물질적 발전을, 특히 심리학적 발전을 설명할 수 있다고 생각했다. 그는 현대 자연과학이 민주주의의 진보를 가져왔다고 주장했다. 왜냐하면 과학기관이라는 것은 본질적으로 민주주의적이며, 과학이 제대로 작동하려면 교육이 보편화돼야 하고, 그것은 결국 많은 사람들 쪽으로 관심이 확산돼서 헤겔이 예언한 대로 '인정욕구'를 촉발시키기 때문이다. 인정욕구란 자신의 정당성을 인정받고자 하는 욕망이다. 이런 환경에서 20세기 개인주의의 발달(심리학적 혁명에서부터 민권운동과 심지어 포스트모더니즘에 이르기까지)은 거의 불가피한 것이 되었다. 마찬가지로 우리는 종교개혁과 비슷한 시대를 살아왔다. 종교개혁 시대에 종교는 정치와 결별했다. 20세기에는 정치적 해방이 개인의 해방으로 대체됐다. 여기서 후쿠야마는 헤겔의 주장을 이어 '절대종교'로서의 기독교에 대해 논했다. 그는 기독교를 절대종교로 지칭한 것은 편협한 자민족 중심주의적 입장에서가 아니라 기독교가 신의 시각에서 '도덕적 선택 내지 신앙 능력을 토대로' 모든 인간은 평등하다고 보기 때문이라고 주장했다. 기독교는 인간을 자유로운 존재로, 선과 악을 선택할 도덕적 자유가 있는 존재로 간주한다.[10] 이런 의미에서 기독교는 다른 위대한 신앙들보다 좀 더 '진화된' 종교다.

과학과 자본주의와 자유민주주의 사이에 긴밀한 연관관계가 있는 것처럼 금세기의 세 번째 힘인 매스미디어도 그 연관관계에서 빼놓을 수 없는 부분이다. 매스미디어는 출발부터가 본질적으로 민주주의적이지만 20세기가 흐르면서 더더욱 그런 면모를 띠게 됐다. 이와 맞물려 시장의 지구촌화도 계속됐다. 물론 이런 과정에 나름의 문제가 있었다는 것을 부정하자는 것은 아니다. 그런 문제에 대해서는 잠시 후 살펴보기로 한다. 그러나 일단 나는 과학, 자유시장 경제, 매스미디어가 동일한 충동에서 연원했으며, 그런 충동이 20세기를 지배해왔다고 주장하고 싶다.

재러드 다이아몬드의 주장과 프랜시스 후쿠야마의 주장이 기이하게 뒤섞여 나타난 것이 데이비드 란데스David Landes의 『국가의 부와 빈곤Wealth and Poverty of Nations』(1998)이다.[11] 어떤 면에서 이 책은 서구의 승리를 기술하는 '전통적인' 역사 내러티브의 재판이다. 좀 더 심층적으로 보면 이 책은 예를 들어 중세에 그토록 엄청난 함대를 가지고 있던 중국이 왜 서구 국가들처럼 정복의 세기를 열지 못했는지, 또 같은 시기 이슬람의 기술 혁명은 왜 중단됐고 이후 다시는 꽃 피지 못했는지를 설명하고자 한다. 란데스가 제시하는 답은 복합적이다. 지구 전역으로 기생충이 번졌다거나 하는 식의 지리학적인 부분도 있고, 이슬람이 인쇄술을 외면한 것은 신성모독이 심해질까 봐 우려했기 때문이라는 식의 종교적 설명도 있다. 북미에는 가족 단위 이주자가 몰려든 반면 라틴아메리카에는 독신 남성이 들어와 원주민과 통혼을 했다는 식으로 이민 유형과 인구밀도를 강조하기도 하고, 북미는 자부심과 근면을 강조한 반면 남미는 가톨릭 성향이 강한 스페인식 시스템이어서 신세계에 대한 호기심이 훨씬 덜하고 적응과 혁신의 노력이 적었다며 경제/정치/이데올로기 시스템에 주목하기도 한다.[12] 후쿠야마와 마찬가지로 란데스는 자본주의와 과학을 연결시키지만 둘 다 누적적 지식 시스템이라고 주장했다. 이 점이 란데스에게는 가장 중요한 교훈이다. 책 말미에서 그가 지적한 대로 수렴은 일어나지 않고 있다. 부자는 더 부유해지고 빈자는 더 가난해진다. 국가들—문명들—은 이런 교훈을 무시하다가 위기에 처한다.

그러나 과학은 문제도 야기한다. 그리고 그런 문제들은 해결을 요한다. 『과학의 종말: 과학시대의 황혼기에 지식의 한계를 말하다*The End of Science: Facing the Limits of Science in the Twilight of the Scientific Age*』(1996)에서 과학저술가 존 호건John Horgan은 두 가지 문제를 탐색했다.[13] 그는 과학의 주요한 문제들은 이미 답이 나왔다고 봤다. 예컨대 모든 생물학은 이제 다윈에 대한 각주에 불과하다거나 모든 물리학은 빅뱅이라는 거창한 발견 이후로는 사소한 것만 남았다는 식이다. 그는 이것이 인류사에서 하나의 결정적인 단계가 아닐까 하는 점을 깊이 천착했다. 그러면서 수많은 과학자들을 인터뷰했다. 그들은 우리가 과학시대의 끝 지점을 향해 가고 있으며, 우리가 알 수 있는 것에는 한계가 있고, 일반적으로 말해서 지금과 같은 단계가 그렇게 나쁜 것은 아니라고 생각한다. 호건은 버클리 대학 생물학자 군터 스텐트Gunther Stent가 1969년에 낸 『황금기의 도래: 진보의 종말에 관하여*The Coming of the Golden Age: A View of the End of Progress*』를 토대로 논리를 발전시켰다. 이 책은 '과학은 기술이나 예술, 기타 모든 진보적이고 누적적인 시도와 마찬가지로 어떤 종점을 향해 달려가고 있다'고 주장했다.¹⁴ 스텐트의 출발점은 물리학이었다. 그는 물리학이 점점 더 이해하기 어려워지고, 점점 더 가설적이며 현실 적용성에서 멀어진다고 느꼈다.

호건이 인터뷰한 과학자들 중에서 지식에 한계가 있다고 답한 사람 중 하나는 노암 촘스키였다. 촘스키는 과학이 제기하는 질문들을 '최소한 가능성 차원에서 답변할 수 있는 문제와 그렇지 못한 미스터리'로 구분했다.¹⁵ 촘스키에 따르면 일부 과학 분야에서는 '눈이 번쩍 띄는 진보'가 일어났다. 그러나 전혀 진전이 없는 분야도 많다. 예를 들면 의식과 자유의지에 관한 연구가 그렇다. 이런 쪽에서는 '잘못된 생각조차 하지 못하고 있다'고 그는 지적했다.¹⁶ 촘스키는 여기서 훨씬 더 나아가 『언어와 지식의 문제 Language and Problems of Knowledge』(1988)에서는 '우리는 항상 심리과학보다는 소설에서 인간의 삶과 인간성에 대해 더 많은 것을 배운다'고까지 주장했다.¹⁷

호건은 과학에서 아직 해결되지 않은 근본 문제 두 가지는 불멸성과 의식이라고 봤다. 그는 불멸성이 다음 세기에는 성취될 가능성이 높으며, J. D. 버널이 1992년에 예견한 대로 인간은 결국 어느 정도는 자신의 진화 방향을 설정할 수 있을 것이라고 생각했다.

호건의 주장에 내포된 도전을 떠맡은 이는 존 매독스 John Maddox였다. 최근까지 《네이처 Nature》 편집인을 맡았던 그는 1998년 『아직 발견되지 않은 것들』을 냈다.¹⁸ 이 책은 사실상 물리학, 생물학, 수학 분야에서 우리가 알고 있는 것과 알지 못하고 있는 것에 대한 탁월한 분석서인 동시에 일부 과학자들의 맹목적인 과신에 대한 효과적인 중화제였다. 예를 들어 매독스는 잠시 본론에서 벗어나 물리학의 상당부분이 성격상 다분히 임시적이라는 점을 강조했다. 블랙홀은 '추정'에 불과하며, 만유이론에 대한 추구는 '신념 내지 희망의 구현'이라고 평가했고, 양자중력量子重力 프로젝트가 전혀 진척을 보이지 못하는 이유는 '해결해야 할 문제가 뭔지 아직 제대로 알지 못하기 때문'이라고 했으며, 우주가 빅뱅과 더불어 시작됐다고 보는 관념은 '거짓으로 판명될 것'이라고 주장했다.¹⁹ 그러면서 과학은 종말 단계와는 거리가 멀다고 보았다. 그는 세계가 과학에 압도된 것은 20세기 들어 처음 나타난 현상이며, 21세기는 만유이론과 같은 '새로운 물리학'을 배출할 가능성이 높다고 주장했다. 예를 들어 천문학에서는 '거대중력원great attracter'과 같은 가설적 구조의 실재 여부를 확인할 필요가 있다. 1996년 2월 이후 지금까지 거대중력원을 향해 움직이고 있는 것으로 알려진 은하는 600개다. 우주론에서는 알려진 우주의 80퍼센트를 차지하는 불명질량missing mass 문제가 있는데 이것만 가지고도 빅뱅 이후의 팽창률을 설명할 수 있다. 매독스는 또 초기 우주 팽창, 즉 급속한 팽창인 빅뱅이 일어났다는 직접적인 증거는 없다고 강조한다. 그의 지적대로 빅뱅은 '이론이라기보다는 하나의 모델'이다. 심지어 독특한 시초가 없는 리 스몰린Lee Smolin의 평행우주라는 관념에 대해서는 '우주가 어떻게 시작됐는지에 대해 창세기 기사보다도 설득력이 없다'며 부정한다. 의미심장한 얘기다.[20] 매독스의 말은 쉽게 말하면 우리는 우주가 어떻게 시작됐는지 모른다는 것이다. 그래서 허블의 법칙은 속히 개정돼야 한다. 또 '모든 측면에서 볼 때 우리 주변의 시공간은 분명 휘어 있지[상대성 이론에 따르면 이렇게 돼 있어야 한다] 않고 평평하다.'[21]

  매독스는 소립자들에 대한 우리의 이해도 완전한 것과는 거리가 멀며, 2005년에 CERN의 새 가속기가 가동되면 상당한 수정이 불가피할 것이라고 본다. 가속기 실험을 통해 우리가 할 능력도 없고, 할 수도 없는 새로운 실험의 필요성이 제기될 것이기 때문이다. 그는 1997년 초에 전자도 내부구조가 있고 다른 물질들로 구성되었을지 모른다는 추정이 나왔던 만큼 '실재 세계의 소립자들이 왜 지금과 같은 식으로 돼 있는지를 밝혀내려면 아직도 갈 길이 멀다'고 지적한다.[22] 끈이론에 대해서는 근본적인 반대 입장을 밝혔다. 끈이 그렇게 다차원으로 존재해야 한다면 우리가 살고 있는 현실 세계와 어떻게 연결이 될 수 있느냐는 것이다. 그의 답변은 끈이론은 그저 하나의 메타포일 것이며, 공간이나 시간에 대한 우리의 이해는 심각한 결함을 갖고 있을지 모른다는 것이다. 특히 물리학자들은 '부분들의 규명'에 골몰한 나머지 이게 정답이라는 식으로 너무 성급하게 군다는 것이다. 과학의 진보에 대한 매독스의 유보적 태도는 권위 있는 과학전문지 편집자로서 수많은 최신 이론을 다룬 경험과 근거가 있는 만큼 대단히 신선하다. 호건과 의견을 같이 하는 부분도 많다. 우선 생명 자체는 21세기에 점차 모습을 드러낼 신비 가운데 하나라고 본다. 또 암은 결국 정복될 것이며, 유전학과 개성의 연관관계에 대한 이해도 엄청난 진척이 있을 것으로 예상한다. 그리고 과학의 남은 과제 가운데 가장 큰 문제(미스터리)는 역시 의식이라고 본다.

진화론적 사고를 의식에 적용하는 문제는 39장에서 살펴본 대로 신다윈주의자들의 초미의 관심 분야 중 하나에 불과하다. 실제로 우리는 현재 진화우주론, 진화경제학(그리고 진화정치학), 기술진화론 등등 거의 모든 분야에 알고리즘적 접근법이 적용된 '보편적 다윈주의universal Darwinism'의 시대에 살고 있다. 그러나 신다윈주의자(또는 극단적 다윈주의자)들의 사고가 가장 강렬한 형태로 표현된 것은 아마도 지식 자체에 관한 부분일 것이다. 이는 우리가 현재 지식 형태의 진화 과정에서 어떤 단계에 살고 있느냐라고 하는 흥미로운 문제를 제기한다.[23] 우리는 과학이 예술, 인문학, 종교로부터 지식의 주류 지위를 넘겨받는 시대—엘리엇 식으로 말하면 유쾌한 시간—에 살고 있다. 19~20세기 전환기에 독일에 살던 막스 플랑크의 가족을 생각해보라. 1장에서 살펴본 것처럼 당시에는 인문학이 자연과학보다 우월한 지식 형태로 간주됐다. 리처드 호프스태터는 모든 것이 변하고 있다는 가능성을 처음으로 알린 사람 중 하나였다. 그는 1960년대에 논픽션과 사회학이 소설과 비교해 미국에 얼마나 큰 영향력을 미쳤는지 주목했다(39장 참조). 외젠 이오네스코가 과학의 성취에 극히 민감했던 것도 상기하자. 그는 1970년에 '나는 예술이 막다른 골목에 도달한 것은 아닌가 하는 의문이 든다'고 했다. "정말이지 현재와 같은 형식이라면 예술은 이미 종말에 다다른 게 아닐까? 예전에는 작가와 시인들이 선지자 내지는 예언자로 존경을 받았다. 그들에게는 모종의 직관력이 있었다. 동시대인들보다 훨씬 날카로운 감수성 같은 것 말이다. 그들은 감춰진 것들을 발견해냈고, 그들의 상상력은 과학의 발견마저 능가할 정도였다. 과학은 25년이나 50년 뒤에 가서야 그들의 발견을 확인해주곤 했다. …… 그러나 지금은 과학은 엄청난 발전을 이룩한 반면 작가들의 경험적 발견이라고 하는 것은 보잘 것이 없는 형편이다. 이런 상황에서 아직도 문학을 지식에 이르는 수단으로 간주할 수 있을까?"[24]

『문학의 죽음The Death of Literature』(1990)에서 앨빈 커넌Alvin Kernan은 '우리

는 지금, 오늘날의 우리 모두는 독서라고 하는 고전적 시대가 점차 끝나가는 것을 보고 있다'고 한 조지 스타이너George Steiner의 말을 인용한다.²⁵ 커넌 자신은 이런 상황을 '교양이라고 하는 인문주의의 오랜 꿈, 읽고 쓰기를 많이 함으로써 어떤 최종적인 진리에 도달할 수 있다고 하는 꿈이 우리 시대에 들어 깨지고 있다'고 표현했다.²⁶ 그가 염두에 둔 범인은 뻔했다. "텔레비전은 옛날에 하던 일을 새롭게 하는 방식에 불과한 것이 아니라 세계를 보고 해석하는 근본적으로 다른 방식이다. 시각적 이미지는 말이 아니며, 단순한 열린 의미들은 복합적이고 감춰진 의미들이 아니며, 일시적인 것은 영구적인 것이 아니며, 에피소드는 구조가 아니며, 볼거리는 진리가 아니다. 문학이 텔레비전과 공존할 수 있다고 보는 사람이 많지만 독자가 시청자로 바뀌고, 독서능력이 떨어져가는 것을 보면 점점 실현성이 없어 보인다. 게다가 텔레비전 스크린을 통해 세계가 더욱 생생하고 직접적으로 다가오는 상황에서 세계에 기초를 둔 문학에 대한 믿음이 수그러드는 것은 불가피하다."²⁷ "문학은 인쇄문화와 산업자본주의의 산물이고, 음유시와 영웅서사시는 구비口碑 부족사회의 산물인 것처럼 …… 문학은 이 전자시대에 그냥 사라져버리거나 중국 경극京劇처럼 거창한 행사 때만 반짝하는 역할로 오그라들 것이다."²⁸

앞서 언급한 군터 스텐트와 천문학자 존 배로John Barrow는 예술도 진화론적 과정이라고 주장하는 책을 썼다. "그러한 과정은 예술가에게 부과되는 구성상의 제약을 지속적으로 완화시켰다. …… 관습이나 기술 또는 개인적 선호에 따라 부과되는 제약에서 풀려나는 과정에서 나타난 구조는 형식적 패턴화보다는 임의적인 것에 점점 더 가까워졌으며, 따라서 제약으로부터 유사한 자유를 누리는 다른 작업들과도 구분이 어려워졌다."²⁹ 스텐트는 음악도 다른 모든 것과 마찬가지로 진화의 산물이라고 주장했다. 연구 결과를 보면 음악은 대중의 사랑을 받으려면 청중이 예상할 수 있는 것과 놀라움 사이에서 타협점을 찾아야 한다. 너무 익숙하면 지루하고, 너무 놀라우면 '곤혹스럽다.' 수학을 선호하는 물리학자들은 실제로 음악에서 친숙도와 놀라움의 비율을 계산해냈다. 이런 식으로 스텐트는 음악의 변화 양상을 추적했다. "고대에는 북을 칠 때 엄격하게 규정된 리듬을 따르게 돼 있었다. 그러다 청중이 받는 제약의 범위가 어떤 수준에서 다 소진된 후에는 유연하고 새로운 차원의 표현의 자유로 옮겨갔다. 고대에서 중세, 르네상스 바로크, 낭만주의, 무조음악과 현대에 이르기까지 각 단계마다 음악의 진화는 제약을 점차 느슨하게 하는 식으로 진행됐다. 예전 단계의 신선한 패턴이 소진되면 그 다음 단계가 나타난다. …… 이러한 진화 과정은 1960년대에 정점에 이른다. 모든 제약을 포기하는 존 케이지 같은 작곡가들이 등장한 것이다. 이들은 청중을 그냥 풀어놓음으로써 청중이 음향을 들으면서 마음껏 창조적으로 해석할 수 있게 했다. 말하자면 로르샤흐검사Rorschach Inkblot test(잉크방울 무늬가 있는 검사지를 보여주고 그에 대한 반응으로 피검자의 인성을 진단하는 심리검사법 : 옮긴이)의 음향판이라고 할 수 있다."[30] 존 배로는 건축, 시, 회화, 조각 같은 창조적 활동도 하나같이 제약으로부터 벗어나는 경향을 보인다고 지적했다. 배로에 따르면 '스텐트는 그런 활동들이 모두 양식적 진화 차원에서 하나로, 즉 순수하게 주관적인 반응을 요구하는 구조 없는 최종상태로 수렴되는 것이 아닐까 하고 생각했다.'[31]

다윈주의가 지식 형태의 진화를 유사한 방식으로 촉발하는 과정을 제시한 사람은 로버트 라이트Robert Wright(1957~. 미국 과학 저술가, 저널리스트: 옮긴이)였다. 그의 지적대로 세계를 파악하는 다양한 방식—도덕적, 정치적, 예술적, 문학적, 과학적 방식—은 '다원적 시각으로 보면 노골적인 권력투쟁이다. 승자가 등장하곤 하지만 승자가 진리라고 기대할 아무런 이유가 없는 경우도 종종 있다.' 라이트는 이런 접근법을 '다원적 냉소주의Darwininan cynicism'라고 부르면서 인간 커뮤니케이션의 모든 양식을 '권력의 담론'으로 보는 포스트모던적 감성과 동일시한다. 이런 담론에서는 '아이러니로 무장한 자의식이 일상적 질서이며' 이상理想들도 '자신에게 복무하는 조작'을 면할 수 없기 때문에 진지하게 받아들여지지 않는다.[32] 이런 분석을 토대로 볼 때, 포스트모더니즘은 진화했고, 음악, 시, 회화와 마찬가지로 세계를 바라보는 하나의 방식으로서 종점에 도달했다. 후쿠야마가 역사의 종언에 대해 썼을 때 일이 이렇게까지 번져나갈 줄은 몰랐을 것이다.

그러나 20세기에 많은 예술이 불만족스러운 형태의 지식으로 치부되지 않을 수 없는 또 하나의 이유는 지그문트 프로이트의 이론에 대한 모더니즘적 의존 때문이다. 그런 점에서 나는 1972년 정신분석을 '20세기 역사의 모든 이정표들 가운데 가장 서글프고도 이상한 이정표'라고 서술한 영국의 노벨 생리·의학상 수상자 피터 메더워 경Peter Medawar과 의견을 같이한다.*33* 프로이트가 무의식의 존재를 세계에 알린 것은 1900년이었다. 거의 같은 시기에 전자, 양자, 유전자가 모습을 드러냈다. 그러나 전자 등이 실험에 실험을 거듭한 끝에 확인·발전되고 확산된 반면, 프로이트주의는 끝내 확고부동한 경험적 토대를 발견하지 못했다. 체계적 무의식이라는 관념 자체와 이드, 에고, 슈퍼에고라고 하는 정신의 3분법도 점차 비현실적인 것으로 보였다. 이것이 내 논점의 핵심이다. 왜냐하면 프로이트주의의 실패의 결과는 온전히 파악되지 않았고, 정신분석 재평가야말로 지금 시급히 필요한 것이기 때문이다. 예를 들어 나를 비롯한 많은 사람들이 생각하는 것처럼 프로이트가 그렇게 잘못됐다면 그 많은 소설과 초현실주의, 다다, 표현주의 및 추상파 작품 전체는 또 어떻게 되는 것인가? 「살로메」와 「엘렉트라」 같은 리하르트 슈트라우스의 '프로이트적' 오페라나 D. H. 로렌스, 프란츠 카프카, 토마스 만, 버지니아 울프를 포함해 프로이트를 아이콘으로 하는 수많은 작가들의 작품은 또 어떻게 되는가? 그렇다고 해서 이들 작품이 반드시 덜 아름답거나 덜 만족스러워지는 것은 아니지만 의미가 반감되는 것은 분명하다. 물론 그들이 존재 전체를 정신분석에 의탁하고 있는 것은 아니다. 그러나 의미의 상당부분이 거세되는 상황에서 지적 중요성과 타당성을 유지할 수 있을까? 아니면 그저 한 시대를 풍미한 작품이 되고 마는 걸까? 내가 이 부분을 강조하는 이유는 앞서 예를 든 소설, 그림, 오페라들이 인간 본성에 관한 어떤 관점을 대중화하고 합리화하는 데 큰 역할을 했기 때문이다. 그런데 이제 그 관점이 잘못임이 드러난 것이다(잘못되지 않았다는 증거는 거의 없다). 이런 사태가 미치는 파급 효과는 말로 다할 수 없다. 예컨대 우리 모두는 성인의 자아는 어린 시절 경험 및 부모와의 갈등과 어떤 관계를 갖고 있다고 하는 견해를 받아들이고 있다. 그러나 하버드대 박사 과정에서 쫓겨난 주디스 리치 해리스Judith Rich Harris는 1998년 『양육 가설The Nurture Assumption』에서 부모가 전통적으로 생각했던 것보다 아이들의 성격 형성에 그렇게 많은 영향을 미치지 못한다고 주장함으로써 미국을 비롯한 세계 심리학계를 발칵 뒤집어놓았다. 부모보다 더욱 중요한 것은 또래집단, 즉 같은 나이의 다른 어린이들이라는 것이다. 그녀는 이런 주장을 뒷받침하는 많은 증거를 제시했는데 이는 한 세기를 풍미한 프로이트 이론을 완전히 뒤집는 것이었다.[34] 프로이트가 등장한 결과 20세기에는 원시사회와 유사하게 정신병자는 인간의 조건에 대한 관점이 다르다고 주장하는 사상적 맥이 형성됐다. 이 역시 근거가 없다. 오히려 그런 시각은 정신병 환자들의 복지를 해친다.

로버트 라이트는 진화론적 사고가 또 다른 면에서 프로이트주의에 대한 회의를 확산시키는 데 활용됐음을 보여준다. 라이트는 『도덕적 동물: 진화심리학으로 들여다본 인간의 본성 The Moral Animal: Why We Are the Way We Are: The New Science of Evolutionary Psychology』에서 이렇게 썼다. "[프로이트의 주장대로라면] 왜 우리는 죽음의 본능(타나토스thanatos)을 갖는 것일까? 왜 소녀들은 자신도 남성 성기가 달려 있으면 좋겠다고 생각할까(남근 선망penis envy)? 왜 소년들은 어머니와 섹스를 하고 아버지를 죽이고 싶어 할까(오이디푸스 콤플렉스)? 이런 충동을 특별히 촉진하는 유전자를 상상해보라. 그러면 그런 유전자는 수렵채집인 사이에서 하룻밤 사이에 확산될 것 같지는 않다는 것을 알게 될 것이다."[35]

프로이트와 정신분석으로 인한 혼란이 극명하게 드러난 것은 1990년대 중반 워싱턴DC 미국의회도서관에서 예정된 전시회를 통해서였다. 전시회는 원래 정신분석 탄생 100주년을 기념하기 위한 행사였다.[36] 그러나 전시 계획이 공표되자 올리버 색스Oliver Sacks(영국 출신 신경과 의사이자 작가: 옮긴이)를 비롯한 많은 학자들이 반대하고 나섰다. 전시기획위원회가 프로이트 '충성파'로만 채워져 있어서 '최근에 쏟아져 나온 프로이트 수정 작업은 무시한 채' 단순한 선전과 미화의 장이 될 우려가 크다는 주장이었다.[37] 1998년에 발간된 전시도록에서 서문을 쓴 의회도서관장이나 편집자 측은 이런 논쟁에 대해 아무 언급도 하지 않았다. 그렇지만 『꿈의 해석』 발행 100주년이 다가오면서 커져가는 프로이트에 대한 회의를 완전히 외면할 수는 없었다. 두 필자가 프로이트의 관념들을 '비행접시에 버금갈 만큼' 불안정하고 검증 불가능한 것이라고 비판하는 논문을 썼다. 반면에 『우울증 치료제 이야기 Listening to Prozac』를 쓴 피터 크래머Peter Kramer와 또 한 필자는 프로이트의 사상이 설득력이 떨어진다고 보면서도 지금까지 막대한 영향력을 발휘했다는 사실은 인정했다. 전시도록의 상당부분이 프로이트의 '근면성', '용기', '천재성'을 논하는 이야기나 '과학자로서보다는 상상력이 풍부한 예술가로' 보고 판단해야 한다는 주장에 할애돼 있는 점은 흥미롭다.³⁸ 정신분석학자들조차 지금은 여성이나 초기 수렵채집사회, '원죄' 등에 관한 프로이트의 개념이 상상력이 지나치고 당혹스러운 것이라는 점을 인정하고 있다. 그래서 우리는 프로이트 비판자인 폴 로빈슨Paul Robinson이 말하는 것처럼 우리 세기를 지적으로 지배한 존재가 대부분 틀렸다고 하는 난감한 상황에 처해 있는 것이다.

이런 수정주의는 프로이트로 끝나지 않았다. 1996년 하버드 대학의 과학사가 리처드 놀Richard Noll은 『융 컬트The Jung Cult』를, 이어 2년 후에는 『아리안 그리스도The Aryan Christ』를 내놓았다.³⁹ 두 책은 프로이트에 관한 논쟁만큼이나 심각한 논란을 불러일으켰다. 놀은 융이 초기 연구에 대해 거짓말을 했으며, 노트에 날짜를 날조해 동화 같은 것에 관한 부모의 기억이 '집단무의식'의 일부이며 어려서 배운 것이 아닌 것처럼 보이게 만들었다고 주장했다. 놀은 또 융의 반유대주의 전력을 상세하게 추적하면서 현대의 융 추종자들이 미래의 환자를 잃을까 두려워 융 이론을 제대로 검증해보려고 하지 않는다고 비판했다.

융주의Jungianism의 상업적 측면은 이 자리에서 논할 계제가 아니다. 중요한 것은 융주의와 프로이트의 결함을 종합해서 본다면 20세기 심리학은 관찰 결과로 뒷받침되지 못하는 이론들—신화에 가깝다—에 토대한 것이며, 변덕스럽고 특이한, 왕왕 사기 같은 관념을 특징으로 한다는 점이다. 심리학은 프로이트와 융에 의해 너무 오래 엉뚱한 길을 헤맸다. 프로이트 이론의 가장 중요한 측면들이 문제투성이다. 그 그늘에서 벗어나는 데는 꼬박 1세기가 걸렸다. 프로이트적인 사고틀을, 오든이 프로이트적인 '여론 분위기'라고 한 것을 완전히 벗어던질 때까지는 우리 스스로를 새롭고 정당한 시각으로 바라보기가 참으로 어렵다. 최근 신경과학 분야에서 이루어진 진전을 놓고 볼 때 지금으로서는 다윈이 유일한 희망이다.

지식의 진화와 관련해 또 하나 눈에 띄는 경향은 러셀 자코비Russell Jacoby(UCLA 역사학 교수이자 아카데미즘 비평가: 옮긴이)의 『마지막 지식인The Last Intellectuals』(1987)과 존 브록만John Brockman(미국 출판 에이전트이자 과학저술가: 옮긴이)의 『제3의 문화The Third Culture』(1995)를 병치시켜보면 어느 정도 드러난다.⁴⁰ 자코비는 미국의 '공적 지식인public intellectual' 몰락 현상을 거론했다. 그에 따르면 1960년 초까지 다니엘 벨, 제인 제이콥스, 어빙 하우, J. K. 갤브레이스 같은 인물들이 도시의 보헤미아적인 지역에 살면서 공중을 위해 글을 쓰고, 시민 모두의 피부에 와닿는 이슈를 제기하고 활성화했다. 물론 주 대상은 배운 사람들이었다.[41] 그러나 그 이후로는 그런 인물들이 사라졌다. 적어도 새로운 공적 지식인 세대가 뒤를 잇지 못했다. 그래서 자코비의 책이 나온 1980년대 말에도 사람들 입에 오르내리는 유명 지식인의 이름은 여전히 벨, 갤브레이스 등등이었다.[42] 자코비는 그 이유를 몇 가지로 분석했다. 우선 보헤미아적인 동네들이 줄면서 '길 위에서' 비트족에게 접수되고 교외 생활 속으로 사라져버렸다. 반유대주의가 쇠퇴하면서 주변적인 위치에 있던 도시 거주 유대인들이 없어졌다. 스탈린의 악행이 만천하에 드러나면서 좌파가 몰락했다. 무엇보다도 대학들이 팽창하면서 지식인을 빨아들였고, 대학에 정착한 지식인들은 정년 보장과 출세에만 눈이 벌게진 것이 문제였다.[43] 이런 주장은 크리스토퍼 라슈, 앤드루 해커Andrew Hacker, 어빙 루이스 호로위츠Irving Louis Horowitz, 프랜시스 후쿠야마 같은 후대 지식인들에게는 다소 불공정한 평가라고 할 수 있다. 그러나 자코비의 지적은 일리가 있는 말이었다. 그러나 서론에서 언급했듯이 존 브록만은 자코비가 말한 지식인의 기능은 이제 과학자들한테 넘어갔다고 주장했다. 과학은 이제 그 어느 때보다 더 정책과 관련이 많고 철학적 파급효과를 갖는 문제가 됐기 때문이다. 자코비는 미국과 영국에서 분석철학이 완전한 승리를 거뒀다고 했지만 브록만의 과학자들 입장에서 볼 때는 이제 더욱 발전되고 유용한 것은 과학자들의 과학철학이다. 이는 관념과 지식 형태의 진화가 빠른 속도로 일어나고 있다는 얘기다.

끝으로, 이런 지식 형태의 진화를 고려할 때 에필로그 서두에서 언급한 과학과 자유시장 경제와 자유민주주의의 연관성에 다시금 생각이 미친다. 그런 연관관계가 얼마나 탄탄한 것인지는 20세기를 대표할 만한 비서구권 사상가가 너무 없다는 사실에서도 절감할 수 있다. 어떤 의미에서 매우 흥미로운 현상이다. 이 책을 구상할 때 원래 나(그리고 출판사)의 의도는 가급적 국제적이고 다문화적인 내용으로 꾸며보자는 것이었다. 유럽과 북미권—서구—사상만 포함시킬 것이 아니라, 주요 비서구 문화권을 파고들어 그들의 중요한 사상과 사상가들을 소개하려고 했다. 철학자든 작가든 과학자 또는 음악가든 활동 영역은 상관없었다. 처음에는 주요 비서구 문화권, 즉 인도, 중국, 일본, 남아프리카와 중부 아프리카, 아랍세계 등등을 전공한 학자들에게 조언을 청했다. 그런데 그들 모두가(과장이 아니라 단 한 명의 예외도 없었다) 똑같은 답을 내놓는 것을 보고 충격(과장된 표현이 아니다)을 받았다. 20세기에 비서구 문화권에서 서구 사상과 비견될 만한 물건을 내놓은 것은 전무하다는 얘기였다. 이 책을 쓰면서 인종주의 관련 문헌을 조사하다가 분명히 느낀 점은 필자의 상당수가 비서구 문화권 출신이라는 것이다. 복수의 학자들이 20세기에 자신이 속한 (비서구) 문화권이 떠맡은 가장 중요한 지적 과제는 모더니티를 따라잡는 것, 즉 서구의 방식과 사상 유형(주로 민주주의와 과학)을 따라잡고 응용하는 법을 배우는 것이었다고 강조했다. 이는 30장에서 살펴본 프란츠 파농과 제임스 볼드윈의 논점을 뒷받침하는 얘기다. 많은 집단의 경우 여전히 투쟁 대상은 당대의 자신들의 문화였다. 이런 반응을 접하면서 나는 깜짝 놀랐다. 서로 다른 배경을 지닌 서로 다른 분야의 전문가들이 거의 이구동성으로 하는 얘기여서 그만큼 느낌도 강렬했다.

물론 중요한 20세기 중국 작가와 화가들이 있다. 그리고 다들 일본 영화감독들이나 인도 소설가, 아프리카 극작가들이 중요하다고 생각한다. 그중 일부는 이 책에도 소개되어 있다. 우리는 수정주의 계열의 인도 역사학파에 대해 살펴본 바 있다. 그런데 비서구권 출신으로 저명한 학자는 친숙한 이름 몇몇이 고작이다. 에드워드 사이드, 아마르티아 센, 아니타 데사이, 찬드라 위크라마싱헤Chandra Wickramasinghe(스리랑카 출신 천문학자, 수학자 : 옮긴이) 등이다. 그러나 초현실주의나 정신분석과 비교할 만한 20세기 중국 사상이나 논리실증주의에 비견할 만한 인도 철학, 아날 학파와 다툴 만한 아프리카의 역사학파 같은 것은 아무리 생각해봐도 잘 떠오르지가 않았다. 20세기가 이룩한 혁신의 명단을 꼽아보아도 플라스틱에서 항생제, 원자탄, 의식의 흐름 소설, 자유시, 추상표현주의에 이르기까지 거의 서구산 일색이다.

이런 격차를 설명할 수 있는 실마리를 주는 인물이 V. S. 나이폴 경이다. 1981년 나이폴은 이슬람 사회 네 곳을 돌아봤다. 이란, 파키스탄, 말레이시아, 인도네시아였다. 이란에 대해서는 혼란스럽고 화가 나 있는 상태라고 보았다. '중세에 고급문화를 누리던 민족이 석유와 돈에, 권력과 폭력의 맛에, 그리고 주변을 새로운 거대 문명이 에워싸고 있다는 인식에 눈을 뜨면서 느끼는 혼란'이었다.[44] "그런 문명을 억누를 방법은 없었다. 거부하는 수밖에 없었다. 그러면서 동시에 의존할 수밖에 없었다."[45] 파키스탄은 파편화된 나라라고 봤다. 경제적으로는 정체돼 있고, '재능 있는 사람들은 히스테리적인 증세를 보였다.'[46] 파키스탄은 하나의 사회로서 실패하면서 '줄곧 강퍅한 신앙으로 회귀했다.'[47] 이란의 경우와 마찬가지로 서구에 대해 거부감이 있었다. 특히 여성에 대한 서구의 태도에 거부감이 심했다. 나이폴은 파키스탄에서 그럴 듯한 산업이나 과학을 찾아볼 수 없었다. 대학들은 근본주의에 숨이 막힌 상황이었고, 그 결과는 '지성의 온도계가 최저점을 기록하고 있는 것'으로 나타난다.[48] 말레이시아는 '경쟁능력이 없다'고 보았다(인구의 절반을 차지하고 나라 경제를 좌우지하는 중국계와 비교해서 그렇다는 말이다). 인도네시아의 이슬람에 대해서는 '멍한 상태'라고 평가했다. 공동체의 삶은 깨져나가고, 신앙은 적극적인 의미를 갖는 행위가 아니라 불가피한 반응 수준이었다.[49] 네 곳 모두에서 이슬람은 과거에만 정신이 팔려 개발 방해 세력이 되었고, 개발의 부재는 그 자체로 이슬람 국가 국민들이 서구를 따라잡을 수 없다는 의미라고 나이폴은 지적했다. 이런 상황으로 말미암아 야기된 '분노와 무정부 상태'는 또 다시 그들을 신앙에 갇히게 했다. 그리고 그런 식으로 악순환이 계속되는 것이다. 물론 나이폴은 저서에서 "역사를 돌아보면 인간사에는 종착점 같은 것은 없음을 알 수 있다. 다시는 바뀔 수 없는 완성이나 더할 나위 없는 지혜 같은 것은 없다"고 한 버트란드 러셀의 말을 인용하기도 했다.[50] 기대를 완전히 접을 수는 없었기 때문일 것이다.

나이폴은 인도에 대해서는 훨씬 가혹했다. 그는 인도에 관한 책을 쓰기 위해 이 나라를 세 차례 방문했다. 그 결과로 나온 세 권의 인도 연구서가 『암흑지대 An Area of Darkness』(1967), 『인도: 상처 받은 문명 India: A Wounded Civilization』(1977), 『인도: 백만의 반란 India: The Million Mutinies Now』(1990)이다.[51] 67년 작에서 나이폴은 "인도의 위기는 …… 몰락해가는 문명의 위기다. 유일한 희망이라면 몰락이 좀 더 급속히 진행되는 것이다"라고 썼다. 77년 작은 분위기가 그렇게 어둡지는 않았다. 물론 이는 급속한 몰락이 이미 이 나라를 잠식하고 있다는 뜻일 수도 있을 것이다. 인도에 대해 매몰차기만 한 것은 아니지만 두 번째 책에서는 인정사정없이 몰아쳤다. 아무 곳이나 한두 구절 들춰보면 이런 식이다. "인도의 위기는 정치나 경제의 위기만이 아니다. 상처받은 옛 문명의 더 큰 위기는 이제야 결국 자신의 무능을 깨닫게 되었지만 앞으로 헤쳐 나아갈 지적 수단은 전혀 없다는 사실이다."52 "힌두교로 말미암아 …… [인도인들은] 1천 년 동안 패배와 정체를 겪었다. 힌두교는 타인들과의 계약이라는 관념도, 국가라는 관념도 없었다. …… 그 은일隱逸의 철학은 인간을 지적으로 왜소하게 만들었으며 도전에 맞서 싸울 아무런 채비도 제공하지 않았다. 그러면서 성장을 질식시켰다."53

노벨 문학상을 수상한 멕시코 시인 옥타비오 파스Octavio Paz(1914~1998)는 인도 주재 멕시코 대사관에 두 차례 근무했다. 두 번째에는 대사로 부임했다. 1995년에 출간된 『인도 보기Vislumbres de la India』는 인도에 대해 한결 호의적인 내용으로, 특히 인도의 시, 음악, 조각 등을 예찬하고 있다.54 그러면서도 인도의 불행에 대해 시선을 거두지 않는다. "인도의 가장 놀라운 측면은, 그리고 인도를 규정하는 측면은 정치나 경제가 아니라 종교, 즉 힌두교와 이슬람의 공존이다. 가장 엄격하고 가장 극단적인 형태의 유일신교가 가장 풍부하고 가장 다채로운 다신교와 함께 존속하고 있다는 것은 역사의 패러독스를 넘어서서 깊은 상처다. 이슬람과 힌두교 사이에는 대립만 있는 것이 아니라 서로 통하는 면이 있다."55 "힌두교 사상은 13세기 말로 가면서 정체되었고, 일종의 무기력에 빠졌다. 이런 역사적인 무기력은 두 가지 중요한 현상과 짝을 이룬다. 델리와 여타 장소에서 불교가 소멸되고 이슬람이 완전히 득세한 것이다."56 "힌두 문명의 거대한 무기력이 시작됐고, 그런 무기력증은 오늘날까지도 여전히 지속되고 있다. …… 인도는 일부 탁월한 예술작품을 이슬람에 빚지고 있으며, 특히 건축이 그러하다. 정도는 좀 덜하지만 회화도 그렇다. 그러나 이슬람이 새롭거나 독창적인 사상을 제공한 것은 단 하나도 없다."57

인도에 관한 나이폴의 세 번째 책『인도 : 백만의 반란』은 1990에 출간됐지만 톤이 전혀 달랐다. 전체적으로 한층 밝고, 생생한 르포르타주 모음으로 영화제작자, 건축가, 과학자, 신문사 관계자, 자선사업가 등을 관찰하면서 예전 책들의 특징이었던 딱 부러지는 일반화는 거의 가미하지 않았다. 책 말미에 나이폴이 내린 결론은 "사람들은 어디서나 자신들이 누구이고 어떤 전통을 물려받았는지를 의식하고 있다. …… 인도에 내려진 영혼의 해방은 해방으로만 볼 수는 없다. 분노와 반란으로 다가올 수밖에 없었다. 그러나 인도에는 이제 200년 전에는 존재하지 않았던 것이 있다. 중심의 의지, 중심을 추구하는 지성, 국가라고 하는 관념 말이다."[58] 인도는 다시 성장하고 있으며 나름의 방식으로 옛 영화를 회복하기 위해 뻗어나가고 있다는 것이 나이폴의 결론이었다.[59]

내가 이런 문제에 관심을 가진 이유는 너무도 놀랍게 느껴졌기 때문이다. 나이폴만 해도 나중에 가서는 인도에 대한 찬사를 늘어놓지만 이전 저서들에서 제기한 종교와 정치, 창의성과 지적·사회적 진보 사이의 연관성에 관한 심각한 문제들을 말끔히 씻어버리지 못한다. 그런 문제들을 감안하면 이 책에 비서구권의 지적 발전에 관한 소개가 왜 더 없는지 어느 정도 이해가 갈 것이다. 여기서 내가 문제에 대한 충분한 설명을 제시할 수는 없다. 그런 연구는 해보지 않았기 때문이다. 내가 아는 한 다른 사람도 마찬가지다. 다만 앞서 언급한 데이비드 란데스가 『국가의 부와 빈곤』 (1998)에서 얼핏 그 비슷한 얘기를 했다. 그 역시 가혹하게 폄하하지는 않지만 아랍 국가들과 인도, 아프리카, 남미인들에 대해 가감 없이 '패자'라는 딱지를 붙인다.[60] 식민주의 시대도 모든 면에서 나쁘기만 한 것은 아니었다는 통계를 인용하면서 란데스는 종교적 근본주의의 가장 큰 폐해는 지적 격리라는 사실에 주목한다. 그 때문에 기술적으로도 지체됐다는 것이다. 란데스의 책은 좋게 말하면 잘되라는 뜻에서 하는 채찍질이라고 볼 수 있다. '쇠망해가는' 문화권들에 충격을 주고 도발을 해서 현실을 직시하게 만들자는 것이다. 물론 할 말은 더 많다.

이제 거론한 문제들은 심리학적인 문제이기도 하고 사회학적인 문제이기도 하다. 럿거스 대학 한나 아렌트 사회학 석좌교수이자 사회학 출판사 사회학회보 Transaction/Society 대표인 어빙 루이스 호로위츠(1929~)는 『사회학의 해체 The Decomposition of Sociology』(1994)에서 평생을 몸 바친 사회학의 현재와 앞으로의 방향을 논하면서 개탄을 금치 못한다.[61] 이 책을 쓴 계기는 1992년 2월 미국의 세 대학 사회학과가 문을 닫고, 예일대는 학과 규모를 반 이상 줄였다는 뉴스였다. 당시 미국의 사회학과 졸업생 수는 1만 4천 393명으로 1973년 3만 5천 996명의 절반도 안 되는 수준이었다. 호로위츠는 이런 쇠퇴의 원인을 정확히 지적하면서 미국에만 국한된 현상이 아니라는 점을 분명히 한다. "나는 한 위대한 학문 분야가 썩어문드러진 것까지는 모르지만 상했다는 것을 분명히 알고 있다."⁶² 표현은 좀 심하지만 그는 이런 후퇴가 사회학에 이데올로기가, 인간의 행동을 단일변수로 설명할 수 있다고 하는 믿음이 침투함으로써 야기됐다고 분석했다. "그렇게 해서 사회학은 주로 불만 창고가 되었고, 게이·레즈비언 권리 옹호 운동에서부터 해방신학까지 특별한 아젠다를 가진 개인들의 집합소가 되었다."⁶³ "공통의 민주주의 문화나 보편적인 과학적 토대라고 하는 관념은 의심스러운 것으로 전락하고 말았다. 사회학자라는 가면을 쓴 이데올로기 신봉자들은 그런 관념을 위험한 부르주아 객관주의라고 공격하는가 하면 더 심한 경우에는 제국주의적 기만이라고 공격했다. …… 사회학이 한 일 중에서 가장 훌륭한 것은 현재의 조건을 정밀하게 연구해 인문과학을 뒷받침함으로써 미래를 좀 더 낫게 만드는 것이었는데 이제는 다 지난 일이 되고 말았다. 혁명적인 과거와 장밋빛 미래만이 연구에 적합한 것으로 간주되고, 이제 사회학의 목표는 인간 본성을 변화시키고 사회를 체계적으로 재정비하는 것이 되고 말았다."⁶⁴ 그 결과 사회과학을 공공정책과 연계돼 있는 것으로 보는 모든 학자들—사회복지 정책 결정자, 행형학자行刑學者, 인구통계학자, 범죄학자, 병원 관리자, 국제 개발 전문가—이 사회학으로부터 떨어져나갔다고 그는 말했다.⁶⁵ 사회학은 이데올로기 연구가 아니라 이데올로기—특히 마르크스주의 이데올로기—자체가 됐다. "게토와 교외의 불균형은 자본주의가 병들었다는 증거다. 살인과 자살 증가에 관한 모든 통계는 미국의 타락 내지는 어떤 면에서 오히려 미국에 대한 저항을 보여준다. 모든 사생아는 '체제'가 이제 통제선을 넘어섰다는 증거다."⁶⁶

호로위츠는 사회학을 혁신해 재정립하는 길은 거창한 정서적 이슈들과 정면으로 부딪쳐 구체적으로, 편견 없이 기술하고 그에 대한 설명을 제공하는 것이라고 봤다. 홀로코스트는 여전히 가장 거창한 문제이면서도 적절한 사회학적 기술이나 설명이 없는 경우다. 이밖에 사회학이—정부와 대중에게 공히—도움을 주겠다고 나서볼 만한 분야로는 약물남용과 에이즈 문제가 있다. 또 '국가 이익'을 규정하는 작업은 외교 정책 구상에 도움이 될 수 있다. 호로위츠 역시 사회학의 '고전'을 강조한다. 제대로 배운 사회학자라면 반드시 알아야 하는 일군의 저술가가 있다는 것이다. 끝으로 그는 우리의 에필로그와 대단히 밀접한 관련이 있는 논점을 제시한다. 유쾌한 시간, 호로위츠의 표현대로 하면 '유쾌한 거품'은 언제까지나 지속될 수는 없으며, 바람직한 사회에 대한 비전을 제시해주지도 않는다는 것이다.[67] 사회학자의 과제는 무엇보다도 그런 거품을 넘어서서 그 이면을 보고 우리가 어떻게 함께 살아갈 것인지를 모색하는 것이라고 그는 말했다. 호로위츠의 책은 끝부분에 가면 처음 시작할 때보다 톤이 훨씬 긍정적이다. 그러나 결과적으로 사회학이 많이 달라졌다고 말할 수는 없다. 사회학의 해체는 여전히 두드러진 양상이다.

호로위츠의 문제 제기를 접하면서 우리는 다시 서론으로 돌아가게 된다. 앞에서 나는 이 책의 초점을 정치와 군사적 사건들에서 다른 쪽으로 돌리겠다고 했다. 물론 서론에서 밝힌 것처럼 정치/군사 대 비정치/군사 하는 식은 인위적인 구분이다. 전통적인 스타일의 역사서에서는 도외시되기 십상이지만 대단히 의미 있고 흥미로운 이슈들을 탐색해볼 목적에서 편의상 분류한 것일 따름이다. 그러나 정치에 좀 더 도전적인 측면이 있다면 그중 하나는 이 책에서 소개한 것과 같은 발견들을 통치에 적용해보려는 시도라고 할 수 있다. 그런 적용의 이론과 실제에 관해서는 제대로 된 책을 몇 권이라도 쓸 수 있겠다. 그런데 이제 또 그런 시도를 할 여유는 없는 만큼 그런 한계를 인정하면서 (내가 보기에) 한 가지 매우 중요한 문제를 지적하고자 한다.

전통적인 정치적 진영 구분(좌파 대 우파)으로 볼 때 좌든 우든 어느 쪽도 지적이고 사회적인 문제에 맞닥뜨려야 하는 상황에서는 제대로 역량을 발휘할 수 없다는 것이다. 좌파 쪽을 보면 마르크스와 프로이트의 결합 시도는 실패했다. 그럴 수밖에 없었다. 인간 본성에 관한 완고하고도 잘못된 양대 이론(이런 점에서는 프로이트가 마르크스보다 훨씬 심하다)을 주축으로 삼았기 때문이다. 특히 포스트모던 전통은 앞으로 나아갈 길에 대한 예측으로서보다는 문제의 진단과 기술記述에서 훨씬 성공적이었다. 다만 모든 시대, 모든 장소, 모든 사람에게 적용될 수 있는 '거대' 관념들에 대해 너무 진저리를 쳤다는 점에서는 문제가 있다.

20세기를 돌아보면, 자유시장 시스템이 분명 승리했지만 우파 이론가들이 좌파보다 더 흐뭇해할 일말의 이유가 있을지는 의심스럽다. 우파들이 제시한 방책이라는 것은 대개 아무 일도 하지 말고 사태가 그저 '저절로' 흘러가게 내버려두라고 뇌까리는 수준이었다. 마치 아무 일도 하지 않는 게 뭔가를 하는 것보다는 훨씬 자연스러운 일인 양. 밀턴 프리드먼이나 찰스 머레이의 이론 같은 것을 보면 대단히 설득력이 있어 보인다. 그러나 조지 오웰이 쓴 책들을 되새겨보면 얘기가 달라진다. 프리드먼과 머레이는 1930년대에 저술활동을 했다고 해도 아마 여전히 현상 유지를 주창했을 것이다. 경제는 '저절로' 가게 내버려두고 일절 간섭하면 안 된다고 목소리를 높였을 터이다. 그러나 오웰이 시대적 감성을 바꾸는 데 큰 역할을 했고, 그런 변화가 전쟁 경험과 맞물리면서 가난한 사람들을 대하는 방식에 중대한 전환을 가져왔다는 것을 누가 의심할 수 있겠는가? 복지국가의 현재 모습이 아무리 불만족스럽다 하더라도 그런 이념이 전 세계 수많은 사람들의 삶을 향상시킨 것만은 분명하다. 레세페르(자유방임주의)를 외치는 이코노미스트들에게 맡겨놓았다면 그런 발전은 없었을 것이다.

칼 포퍼는 '정치는 과학과 같다'고 했다. 끊임없이 고쳐나가는—고쳐나가야 하는—과정이라는 점에서는 거의 맞는 말이다. 그런 시스템 하에서 복지국가란 특정한 상황에 대한 적절한 반응이었을 것이다. 그러나 일단 국민 대다수가 노년까지 건강하게 살고 생활에 별 걱정이 없는 부유한 사회를 가꾸는 데 기여하고 난 다음에는 상황이 달라져야 하지 않을까? 이제 우리가 알아야 할 것은(이 책이 은연중에 담고 있는 메시지 가운데 하나다) 이 바글바글한 세상에서는, 대중사회의 세계에서는 뭔가 진보할 때마다 그에 따르는 역행과 문제들이 수반된다는 것이다. 이런 관점에서 우리는 과학이 가르쳐주는 두 가지 중대한 교훈을 절대 잊어서는 안 된다. 과학은 우리에게 자연의 펀더멘털을 일부 드러내 보여줬지만 동시에 삶에 대한 실용적이고 점진적인 접근이 단연 성공적인 적응 방식이라는 것도 가르쳐주었다. 따라서 우리는 거대이론들을 경계해야 한다.

20세기가 끝나가면서 군터 스텐트와 존 호건이 처음 인식했던 결함과 실패가 차즘 주목을 받게 됐다. 특히 과학이 우리에게 말해줄 수 있는 것과, 원칙적으로 우리가 알 수 있는 것에는 어떤 한계가 있다는 발상이 그러하다. 서섹스 대학 천문학 교수인 존 배로는 이런 발상들을 1998년 『불가능: 과학의 한계와 한계의 과학 Impossibility: The Limits of Science and the Science of Limits』에서 종합적으로 제시했다.[68] 결론 장에서 배로는 이렇게 말했다. "과학은 자연이 허용하는 것에 한계가 있기 때문에 존재할 수 있다. 자연의 법칙들과 불변하는 '상수들'은 우리가 속한 우주가 모든 것이 가능하다고 상정해볼 수 있는 수많은 다른 세계들과 구분되는 경계지점이 어디인지를 규정한다. …… 다양한 전선前線에서 우리는 복잡성의 증가는, 종국에 가서는 외적으로 한계가 있을 뿐 아니라 스스로도 한계를 짓는 어떤 상황에 이르게 된다는 것을 알게 됐다. 가장 강력한 이론들도 발전 과정에서 그런 노선을 밟은 것이 한두 번이 아니다. 그런 이론들은 모든 것을 설명해줄 수 있을 것처럼 보일 만큼 성공적이었다. …… '만유이론'이라는 개념이 왕왕 고개를 쳐든다. 그러나 그렇게 되면 다시 뭔가 예기치 못한 일이 생겨날 것이다. 만유이론은 스스로 예언능력이 없다는 것을 예언하고 있다. 그런 이론이 우리에게 말해주는 것은 말할 수 없는 것들이 있다는 것이다."[69] 배로는 특히 쿠르트 괴델이 1931년에 발표한 불완전성 정리를 출발점으로 삼아 수학이 말해줄 수 없는 것들이 있다고 말한다. 우리가 인간이라는 존재인 것, 우리 모두 공유하는 진화의 유산으로부터 비롯된 한계를 갖고 있다는 것 등이다. 특히 진화의 유산은 신체 크기와 같은 우리의 생물학적 특성을 결정한다. 우리가 처리할 수 있는 정보의 양에도 한계가 있다. 우주의 본질에 관한 거창한 질문들은 이제 답할 수 없는 것으로 드러나고 있다. 그 이유를 한 가지만 들라고 하면 우선 빛의 속도가 제한적이기 때문이다. 혼돈복잡성과 무작위성randomness의 경우는 원리상 우리 인식의 한계를 넘어서는 문제라고 볼 수 있다. "선거가 됐건, 컴퓨터망으로 연결된 은행이 됐건, 아니면 우리 뇌 속에 있는 선택하는 뉴런들이 됐건 간에 개체의 합리적인 선택들을 집단적인 합리성으로 번역하는 것은 불가능하다."[70]

배로의 관점에 모두가 동의하지는 않겠지만 그가 옳다면 금세기 말은 감성 면에서 또 하나의 변화를 맞은 셈이다. 아마도 갈릴레오와 코페르니쿠스 이후로 가장 중요한 변화일 것이다. 우리는 지금 유쾌한 시간의 끝 언저리에 살고 있으며, '포스트 사이언스 시대post scientific age'가 우리를 기다리고 있다는 것이다. 많은 사람들이 그런 시대를 학수고대하겠지만 그런 사태를 과장해서는 안 된다. 존 매독스가 보여준 것처럼 과학이 할 일은 아직 많다. 과학은 항상 아주 먼 미래의 일이 될지는 모르지만 어쨌든 우주에 대한 궁극적 설명을 내놓겠노라고 약속해왔다. 배로를 비롯한 사람들이 말하듯이 그런 것은 이제 이론적으로 불가능해 보인다면 그 결과는 또 어떤 것이 될지 누가 알겠는가? 지식 형태의 진화의 다음 단계에서 또 어디로 갈 것인가?

한 가지는 분명해 보인다. 엘리엇이 말한 것처럼 뒤로 갈 수는 없다. 과학을 극렬하게 비판하는 사람들은 특유의 열정을 가지고 덤벼든다. 왕왕 과학이 왜 결코 우리의 철학적 조건에 대한 완벽한 답이 될 수 없는지를 그럴 듯하게 설명하기도 하지만 대개는 거기서 더 할 말이 없고 대안을 내놓지도 못한다. 그들은 애틋한 표정으로 종교의 시대를 뒤돌아보거나 하이데거적인 자연에 대한 '복종', 그저 '존재하는 것' 같은 유를 바람직한 방향이라고 추천한다. 그들은 우리가 신을 외면하고, 세계에 대한 환상이 사라져버린 것을 애도하지만 '다시금 환상을 갖는다는 것'이 도대체 무슨 의미가 있는지에 대해서는 모호한 입장이다.

영국 철학자 로저 스크루턴Roger Scruton은 그런 사상가들 중에서 그나마 가장 명료한 편이다. 『지성인을 위한 현대문화 가이드An Intelligent Person's Guide to Modern Culture』(1998)에서 스크루턴은 대중적인 모더니즘 문화의 가식과 허세와 지성 결핍을, 그리고 그런 문화가 종교를 공유하던 고급문화 시대에 진정으로 가능했던 '귀속감의 체험'을 주지 못하고 있음을 통렬히 꼬집는다. 그러면서 우리가 '판단 대상이 되기를 거부하는 세계'에서 판단하는 법을 배울 수 있을지에 대해 개탄한다. 스크루턴은 과학에 대해 회의적이다. "인간의 세계는 의미의 세계이며, 인간의 의미는 과학으로는 제대로 포착할 수 없다." 스크루턴에게 픽션, 상상력, 매혹의 세계는 최고의 소명이다. 그런 것들이야말로 인간의 조건에 대한 공감과 관용과 정서적 교감과 충족될 수 없는 열망을 불러일으킨다. 이는 바그너의 오페라들처럼 언

어보다 더 깊은 곳에 자리하고 있는 '과정'이다.[71]

스크루턴은 종교에 대해 향수를 느끼지만 종교의 미래적 가능성은 별로 높이 평가하지 않는다. 아마도 가장 세련된 형태의 종교적 포스트사이언스 논리는 존 폴킹혼John Polkinghorne(1930~)에서 찾을 수 있을 것이다. 제대로 훈련받은 물리학자인 폴킹혼은 폴 디랙, 머레이 겔만, 리처드 파인만과 함께 공부했고, 케임브리지 대학 수리물리학 교수로 자리를 잡았다. 따라서 스티븐 호킹과도 가까운 동료 교수였다. 1982년에는 영국 성공회 사제로 서품을 받았다. 『과학을 넘어서Beyond Science』(1996)에서 제기한 주장에는 두 가지 요소가 있었다. 하나는 '우리의 과학적, 미학적, 도덕적, 영적인 힘은 생존투쟁에 요구되는 수준을 훨씬 능가하며, 그런 힘들을 단순히 생존투쟁의 운 좋은 부산물로 여기는 것은 존재의 미스터리를 제대로, 진지하게 대하는 태도가 아니다'라는 것이다.[72] 두 번째는 '의식이 있는 생명체의 진화는 우주 역사에서 일어난 일 가운데 가장 의미심장한 것으로 보인다. 따라서 그런 사태가 일어나려면 아주 특별한 우주를 전제하지 않을 수 없다고 보는 것은 당연하다'는 논리다.[73] 사실 폴킹혼이 창조주를 믿는 가장 중요한 근거는 인본원리다. 이는 우리 우주가 아주 정교하게 조합됨으로써 우리 존재의 토대가 되는 물리법칙을 부여했고, 그 이면에는 창조주가 있을 수밖에 없다고 하는 이론이다. 1930년대 윌리엄 랠프 인지William Ralph Inge 주교의 주장을 업데이트한 것이라고 볼 수 있다. 그러나 폴킹혼의 신의 존재에 대한 논거는 우리가 파악하지 못하고 있고 어쩌면 파악할 수도 없는 세부사항들에 있다. 그런 의미에서 종교와 과학에 관한 예전 주장들과 전혀 다르지 않다.[74]

지적인 자서전 『한 철학자의 고백Confessions of a Philosopher』(1997)에서 브라이언 매기Bryan Magee(영국 철학자, 방송인, 정치가. 1930~ : 옮긴이)는 이렇게 썼다. "나 자신은 종교가 없지만 실재의 대부분은 인간이 영원히 알 수 없을 것 같다. 따라서 알 수 없는 것에 대한 탈신비화가 긴요하다. 내가 보기에 대부분의 사람들은 모든 실재는 원리상 인간이 알 수 있다고 믿거나 아니면 세계에는 어떤 종교적 차원이 있다고 믿는 경향이 있다. 반면에 제3의 대안, 즉 인간이 알 수 있는 것은 극히 적지만 그렇다고 종교적 신앙을 가져야 할 이유도 별로 없다고 보는 입장에 대해서는 제대로 조명이 되지 않고 있다. 내가 볼 때에는 바로 거기쯤에 진실이 있지 않나 싶다."[75] 나도 대체로 매기의 입장에 공감한다. 그리고 그가 '서구 철학의 주요한 대립'이라고 지적하는 부분에도 동의한다. 매기는 서양 철학 전통에는 우선 논리실증주의자들과 영미 철학자로 대변되는 분석적 접근이 있다고 말한다. 이들은 과학과 과학의 함의를 극히 중시한다. 이들의 가장 중요한 목표는 '설명, 이해, 통찰'이다.[76] 이와 대조되는 것이 영미권에서 '대륙파'로 일컬어지는 철학자들이다. 후설과 하이데거가 대표적이지만 자크 라캉, 루이 알튀세, 한스 게오르크 가다머, 위르겐 하버마스를 포함하며, 좀 더 거슬러 올라가면 칸트, 헤겔, 마르크스, 니체 같은 독일 철학이 포함된다. 이 계열 철학자들은 분석철학자들처럼 과학에 큰 관심을 쏟지 않은 반면, 프로이트 심리학(과 포스트 프로이트 심리학), 문학, 정치에 관심을 기울였다. 이들의 접근방식은 수사적修辭的이고 당파적이며 이해보다는 비판과 평가에 치중한다.[77] 이것은 중요한 구분이라고 나는 생각한다. 왜냐하면 심오한 사상가들을 가르는 기준이 한편으로는 과학이고, 다른 한편으로는 프로이트, 문학, 정치이기 때문이다. 어떤 식으로 보든 이런 구분을 피할 수는 없을 것 같다. 이렇게 '두 문화'가 공존하고 있으며, 내가 옳다면 우리가 당면한 가장 중요한 문제들도 그런 구분을 전제로 한다. 20세기는 크게 봐서 우리가 과학적·분석적 이성이라고 하는 것이 대단한 성공을 거둔 시대다. 반면 정치적, 당파적, 수사적 이성은 파국을 맞았다. 그런데 분석적이고 실증적이며 수동적인 이성이 발휘한 그 엄청난 힘이 오히려 정치적인 수사적 이성에게 본의 아니게 권위를 부여했다. 이런 측면을 누구보다도 재빨리 간파하고 확실히 한 사람이 조지 오웰이었다. 오스발트 슈펭글러와 베르너 좀바르트의 영웅과 장사꾼이라는 구분은 영웅과 과학자의 구분으로 변조됐다.

그러나 내가 볼 때는 이 모든 것으로부터 적어도 전진을 위한 아젠다 하나쯤은 끄집어낼 수 있어야 한다. 이 책의 내러티브를 통해 분명해진 것은 에필로그 초입에서 언급한 것처럼 과학의—특히 사회학과 심리학의—실패는 지난 세기(20세기) 입장에서는 대단히 중요하며, 정치적 참사와 밀접한 연관이 있다는 사실이다. 과학, 자유민주주의, 자유시장 경제, 매스미디어의 성공이 복합적으로 어우러져 개인적 자유의 시대, 과거와는 비교할 수 없을 만큼 개성이 신장된 시대를 누리게 되었다.

이것은 결코 작은 성취가 아니다. 그러나 여전히 할 일이 많다. 20세기 내내 골치를 앓은 인종문제 때문에 아직도 쩔쩔매는 미국을 보라. 르완다와, 좀 더 최근에는 코소보에서 벌어진 인종청소 사태를 보라. 홀로코스트와 조셉 콘래드의 『암흑의 핵심』을 동시에 연상시킨다. 범죄, 약물남용, 사생아 출산, 낙태 관련 수치들을 보라. 이 모두가 어떤 면에서는 서로 다른 집단들 간의 관계 파탄을 말해준다. 그것은 국가들 사이의 문제일 수도 있고, 인종, 종족, 성性, 가족, 세대 간의 갈등일 수도 있다. 20세기의 발전은 우리에게 개인으로서의 우리 자신에 대해서는 아주 많은 것을 가르쳐주었다. 그러나 집단의 구성원으로서의 우리, 얽히고설킨 집단에 소속돼 권리와 책임을 공유하는 우리에 대해서는 별로 많은 것을 가르쳐주지 않았다. 사회학에서 마르크스의 가장 큰 영향은 일부 집단(중산층, 경영관리자층)이 다른 집단을 지배하고 착취한다고 강조한 것이다. 이 때문에 집단들이 서로 소통하는 다른 방식에 대한 연구는 매우 소홀하게 됐다. 심리학에서는 프로이트가 개인의 발달(역시 개인의 이해관계를 기초로 한 것이다)과 적대감, 경쟁을 강조함으로써 개성의 실현을 다른 모든 것보다 우위에 두었다.

따라서 과학 앞에 놓인 과제는 시급하고도 명백하다. 과학의 관심을 그룹으로, 사람들이 소속된 집단들로 돌리는 것이다. 그렇게 해서 집단들이 어떻게 서로 소통하고, 개인들이 어떻게 소속 집단(가족, 성별, 세대, 인종, 국가 등등)과 소통하는지를 모색하는 집단의 심리학, 집단의 사회학을 정립해야 한다. 그래야만 인종주의, 강간, 어린이 학대, 약물남용 같은 현상들의 실체를 이해하고 통제할 수 있는 날이 올 것으로 기대할 수 있다.[78] 새뮤얼 헌팅턴Samuel Huntington(미국의 보수파 정치학자. 1927~2008 : 옮긴이)이 『문명의 충돌과 세계질서의 재편The Clash of Civilizations and the Remarking of World Order』에서 주장한 것처럼, 이제 사람들을 구분하는 지점은 기본적으로 이데올로기가 아니라 문화, 즉 소속 집단이다.[79] 이런 식의 구분이 앞으로 사회학과 심리학에서 가장 중요한 이슈라는 것은 의문의 여지가 없다.

과학과 자유시장 경제와 매스미디어에 대해 마지막으로 한 가지만 더 지적하고자 한다. 이 책에서 소개한 사상들은 대부분 왁자지껄한 시장에서 한참 떨어진 대학에서 나왔다. 여기에 거론한 아이디어들을 제시한 사람들은 대부분 돈을 위해서가 아니라 지적 호기심에서 연구 활동을 했다. 피터 브룩이나 피에르 불레즈 같은 사람들은 시장 시스템을 의도적으로 회피했다. 시장에 눈치 보지 않는 방식으로 작업을 발전시켜나가기 위해서였다. 우리의 지적인 삶과 공동체에 엄청난 기여를 한 BBC라고 하는 매스미디어 역시 의도적으로 시장의 맨살과는 거리를 두었다. 우리는 지식, 특히 기초과학과 윤리철학, 사회비평을 산출하는 작업이 시장경제가 대뜸 손을 뻗칠 수 없는 인간의 활동이라는 사실을 인식해야 한다. 물론 그런 활동도 보호된 환경 속에서이기는 하지만 시장경제 시스템 하에서 번창하는 것은 분명하다. 대학은 대개 대단히 관용적인 공동체로 발전했다. 거기에서는 서로 다른 연령, 서로 다른 배경, 서로 다른 외모, 관심, 기술을 가진 사람들이 다양한 삶의 방식을 더불어 모색할 수 있다. 대학이 얼마나 소중한 존재인지를 결코 잊어서는 안 된다. 그리고 지금까지 언급한, 현재 우리가 당면한 이런저런 문제들에 대해 대학은 우리가 나아갈 길을 제시해줄 수 있을 것이다. 심리학과 사회학이 직면한 막다른 골목에서 벗어나는 탈출구를 찾는 데도 선도적인 역할을 할 수 있다.

새로운 인문학과 새로운 정전

과학을 논외로 한다면, 오늘날 서구의 사유는 포스트모더니스트와 전통주의자로 대별된다. 이러한 구분은 철학, 문학, 종교, 건축, 심지어 역사에까지 영향을 미친다. 포스트모더니스트들은 파편화된 서로 다른 (스탠리 피시의 표현을 빌리면) 문화의 '카니발'에 만족한다. 반면에 전통주의자들은 그런 문화가 우리(특히 젊은이들)를 무시하는 것이며, 결국은 윤리적 배반이고, 인간의 성취에서 무엇이 더 나은 것이고 덜 좋은 것인지에 대한 판단을 회피함으로써 사람들의 분발을 막는다고 본다. 포스트모더니즘과 상대주의는 여전히 상승세다. 그러나 얼마나 더 갈까? 아프리카, 발리, 제3세계 국가들의 문화는 어느 정도 재발견되고, 재조명됐다. 그러나 지금까지 중동의 고전문명들처럼 광범위한 영향력을 누린 것은 사실상 전혀 없었다. 예술과 교양과 과학이라는 보석이 모든 시대 모든 장소에서 탄생했다는 것을 의심할 사람은 없다. 그렇게 광범위한 지역에서 그런 양상이 발생한 것을 확인한 것은 20세기 학문의 주요한 성과였다. 특히 콜럼버스 이전 초기 아메리카인들에게 서로 연결되는 풍부한 문화가 있었음이 밝혀졌다. 그러나 그런 발견이 우리가 사는 방식을 재고케 할 만한 정도의 문헌으로 나온 것이 있는가? 우리의 사고나 행동양식을 바꾸게 할 만한 법률이나 의학, 기술이 드러난 적이 있는가? 전혀 새로운 문학을, 또는 새로운 비전을 가진 철학을 보여준 적이 있는가? 좀 퉁명스럽지만 답은 노다.

특히나 21세기의 어느 시점에 가면 우리는 결국 포스트 포스트모던 세계로 진입할 가능성—개연성이라고 해도 되겠다—이 있다. 그것은 이를테면 장 프랑수아 리오타르, 클리포드 기어츠, 프레드릭 제임슨, 데이비드 하비 등등의 주장이 수용되지만 어느 지점까지만 그렇게 되는 세계다. 심지어 우리는 세계 모든 문화가 재발견되고 충분히 기술된 이후에도 여전히 문명들 사이에 위계가 존재하는 단계에 도달할 것이다. 여기서 위계란 일부 문명이 다른 문명들보다 우리 세계를 형성함에 있어 훨씬 중요한 역할을 한다는 의미다. 20세기 말을 기준으로 전통적인 위계(전통적인 '메타내러티브'를 포함한다)는 그것을 해체하려 들었던 다양한 시도에도 불구하고 별로 달라지지 않았다는 말을 하지 않을 수 없다.

하이람 빙엄의 마추픽추 발견이나 배질 데이비슨의 마푼구베 발견, 또는 클리포드 기어츠의 발리 섬 닭싸움에 대한 '심층기술'은 각각 나름대로 플라톤의 『공화국』이나 셰익스피어의 폴스타프, 플랑크의 양자와 맞수가 될 수 있을 것이다. 그러나 그런 것들은 20세기 학문의 중요한 업적인 '하나의 스토리'의 일부는 되지만 전통적인 관념들처럼 단일한 이야기를 형성하는 데 직접적으로 기여하지는 못했다.

인종주의나 자민족 중심주의적인 주장을 늘어놓자는 게 아니다. 리처드 로티가 올바로 지적했듯이 발리 섬 닭싸움에 대한 심층기술은 사실은 서구 인류학의 성취이다. 그러나 나는 포스트모더니스트와 전통주의자(더 나은 용어가 없어서 일단 이렇게 표현한다) 사이의 차이는 적어도 부분적으로는 화해 가능하다고 생각한다. 닐 포스트맨Neil Postman(미국 미디어이론가, 문화평론가, 1931~2003: 옮긴이)은 우리 세기 초에 윌리엄 제임스가 어떤 주제든 역사적으로 취급하면 '인문학'이 될 수 있다고 한 말을 내게 상기시켜주었다.[80] "거의 모든 것에 대해 역사적으로 가르침으로써 인문학적 가치를 부여할 수 있다. 지질학, 경제학, 기계공학도 그런 과학을 발전시킨 천재들의 업적을 차례로 언급하는 식으로 가르치면 인문학이다. 그러나 그런 식으로 가르치지 않으면 문학은 그저 문법에 불과하고, 예술은 하나의 카탈로그이며, 역사는 날짜와 연대의 나열이고, 자연과학은 공식과 무게와 치수를 적은 종이쪽지에 불과하다." 내러티브 형식을 적절히 구사하면 막강한 권위가 생긴다. 우리가 어디에 와 있는지뿐 아니라 어떻게 거기까지 왔는지를 펼쳐 보일 수 있다. 이런 내러티브를 염두에 둔다면, 20세기를 거치면서 등장한 거대 내러티브, 자연과 역사를 하나로 꿰뚫는 스토리는 대단히 강력해서 최근 우리 교육제도를 괴롭혀온 문제들—특히 이른바 '문화전쟁'과 서구식 정전을 둘러싼 논쟁—에 대해 적절한 해독제가 될 수 있다고 본다.

앞서 언급한 것처럼 사고의 여러 방식, 즉 많은 학문 분과는 하나로 합쳐져서 통일된 스토리를 말하는 쪽으로 가고 있다. 이런 발상의 가장 강력한 주창자는 E. O. 윌슨이었다. 그는 그런 양상을 설명하기 위해 심지어 통섭consilience이라는 용어까지 되살려냈다. 1998년 작 『통섭: 지식의 대통합』에서 윌슨은 극도로 환원주의적인 세계관을 제시했다. 과학 분야의 지식이 하나로 통합되는 방식을 기술한 것은 물론이고, 언젠가 과학은 예술, 종교, 윤리, 친족관계 유형, 정부 형태, 에티켓, 패션, 구애 행동, 선물 주기 유형, 장례의식, 인구 정책, 형벌까지 '설명'할 수 있는 날이 올 것이라고 주장했다. 과학으로 모든 것을 설명하겠다는 얘기다.[81] 그는 가장 근본적인 차원에서 특정한 색깔에 대한 선호는 대부분 타고난 것이며, 예술은 원래 특정 테마에 관심을 갖도록 선천적으로 구조화돼 있고, 메타포란 학습기간에 두뇌 활동이 활성화된 결과이며 따라서 '창조적 사고의 기초단위'라고 주장했다.[82] 예술을 구성하는 선천적 충동에는 모방, 사물을 기하학적으로 배열하는 성향, 강화 본능 같은 것이 있다. 좋은 예술가는 본능적으로 어떤 패턴이 뇌를 가장 자극하는지를 안다.[83] 신화와 소설의 경우 '스물네 가지 정도의' 플롯만 있으면 여러 문화권에서 고전으로 통하는 전설이나 설화의 기본 서사를 대부분 해석할 수 있다. 기본 플롯에는 부족의 이주, 사악한 힘과의 만남, 대재난, 성적性的 각성 등이 포함된다. '예술을 낳은 가장 큰 힘은 혼란에 대해 질서를 부여하고자 하는 지성의 필요였다.'[84]

'우리는 새로운 시대의 실존주의에 들어서고 있다'고 윌슨은 말한다. 그가 말하는 실존주의란 "키에르케고르와 사르트르식의, 개인에게 완전한 자율권을 부여하는 낡은 부조리 실존주의가 아니라, 통합된 지식을 모두가 공유함으로써 정밀한 예측과 현명한 선택을 가능케 하는 개념이다. …… 그 모든 과정에서 우리는 윤리가 가장 중요하다는 기본원칙을 배운다. 인간의 사회적 존재성은 동물의 사회성과 달리 장기간의 계약을 형성하고자 하는 유전적 성향에 근거한 것이며, 이것이 문화에 의해 도덕적 규범과 법으로 진화한다."[85]

다른 말로 하면 윌슨은 예술 역시 통일된 스토리의 일부로 보았다. 나는 바로 그런 스토리가 새로운 정전의 기초가 되어야 한다고 본다. 이런 내러티브를 이해하고, 그것이 현재와 같은 형태로 된 방식과 과정을 이해한다는 것은 과학은 물론이고 역사의 주요 단계와 문명의 흥망성쇠, 특정 패턴이 어떤 현상의 토대를 이루는 이유에 대한 제대로 된 평가를 내포한다. 위대한 종교, 문학, 음악, 회화, 조각들은 이런 내러티브 내지 이해 체계에 잘 들어맞는다. 무릇 문화란 미를 창조하고, 지식을 산출하고, 진리에 다가가기 위해 자연계와 초자연계 둘 다에 정면으로 맞선 시도이기 때문이다. 언어의 의미, 언어들이 서로 소통하고 진화하면서 아직도 여전히 서로 매우 다른 형태를 유지하는 방식도 여기에 잘 들어맞는다. 진화 개념을 통해 우리는 문화의 세계를 자연계 내에 큰 무리 없이 위치시킬 수 있다. 진화는 집단들이 어떻게 서로 소통하는지를 보여준다. 게다가 이런 내러티브는 인류가 어떻게 진전하는지, 낡은 사고방식은 어디서 새로운 것으로 대체되는지를 보여준다. 물론 진화에는 목적론적 방향성이 없다는 점을 강조하며 이런 주장에 동의하지 않는 사람이 많을 것이다. 내 논지를 못마땅해 하거나 회의적으로 볼 사람은 더욱 많을 것이다. 그러나 증거가 진실을 말한다고 나는 생각한다.

여러 증거로 볼 때 20세기 말 시점에서 우리는 이미 크로스오버 문화라고 할 만한 환경 속에서 살고 있다. 사람들은 매스미디어가 우리의 지적 삶에 미치는 영향을 개탄한다. 그러나 서구의 어떤 유명 서점에 가 봐도 파퓰러 사이언스popular science라고 하는 분야가 엄청난 성장세를 보이고 있음을 쉽게 알 수 있다. 대중과학이라는 표현은 사실 오해의 소지가 있다. 말이 '대중'과학이지 물질의 본질이나 난해한 수학(페르마의 마지막 정리, 경도經度 문제 등), 진화의 상세한 내막, 고생물학의 감춰진 이면, 시간의 기원, 과학철학 같은 만만찮은 문제들을 다루고 있기 때문이다. 그런데 이제 점점 더 많은 사람들이 이런 문제의 최신 동향을 알지 못하고는 공부 좀 했다고 말할 수 없는 상황이 됐다. 그런 사람들의 수는 아직 적다. 그러나 파퓰러 사이언스 같은 범주의 책이 등장했고, 그런 책들이 서가에서 점점 더 큰 자리를 차지한다는 것은 20년 전만 해도 상상하기 어려운 일이었다.

내가 볼 때는 대단히 고무적인 일이다. 특히 사회적으로 과학자와 보통사람들 사이에 틈이 너무 크게 벌어지는 것을 막는 효과가 있다. 만약에, 아니 만의 하나, 초끈혁명이 진짜로 뭔가 실질적인 결론에 도달하게 된다면 그 뭔가를 과학자들이 우리 같은 보통사람들과 공유하기는 아마도 대단히 어려울 것이다. 그들은 이미 메타포로 설명할 수 없는 한계에 다가서 있으며, 따라서 언젠가 우주의 비밀이 밝혀진다 해도 평균 이상의 수학적 능력을 지닌 사람들만 이해할 가능성이 높다는 현실을 못마땅해 할 필요는 없다. 우리 같은 사람들이 지식이 발전해가는 방식이 마음에 안 든다고 푸념해봐야 소용이 없다. 바로 그런 식으로 발전이 이루어지고 있는 것이 현실이기 때문이다. 그렇기 때문에 가급적 많은 사람들이 흥미를 느낄 수 있도록 새로운 정전(캐논)을―윌리엄 제임스가 말한 식으로―인문학으로서 가르쳐야 한다는 것이다.

진화는 우리 모두의 이야기이다. 물리학, 화학, 생물학은 어떤 면에서 문학, 예술, 종교보다 훨씬 국제적이다. 과학의 출발 테이프는 서구가 끊었을지 몰라도 이제는 인도, 아랍, 일본, 중국 출신의 탁월한 과학자가 엄청 많다. (1999년 7월 중국은 중성자탄을 생산할 수 있는 능력이 있다고 공표했다. 대단한 지적 성취라고 할 것은 없지만 많은 것을 말해준다.) 그렇다고 민감한 판단을 회피하자는 얘기는 아니다. 과학과 자유민주주의는 서구의 관념이(었)다. 서구 문학의 정전에 대한 논쟁을 회피하자는 얘기도 아니다. 다만 20세기 사상을 통일된 내러티브로 공부함으로써 새로운 인문학을 창출할 수 있으며, 지금 당장의 삶에 필요한 정전을 마련해줄 수 있다는 것이다. 우리 모두에게 공통된 어떤 것, 역사적/지적 정전의 틀을 짜는 과정은 다시금 아직도 해결되지 않은 인간의 문제에 다가가는 출발점이 된다. 그것은 우리 모두가 공유할 수 있는 무엇이다.

옮긴이의 말

20세기 전체를 아우른 멋진 지적 스케치

왓슨의 원서를 본 지인이 "어, 이거 완전히 베개네!"라고 해서 한참 웃은 적이 있다. 847쪽이나 되니 페이퍼백이라지만 충분히 베개라고 할 만했다. 그런데 이제 번역본은 그보다 훨씬 더 하니 독자들께 그야말로 베개를 안겨드린 역자로서는 심히 죄송스러운 마음 금할 길 없다. 워낙은 번역본 뒤에 으레 붙는 역자 후기라는 것을 정말 쓰고 싶지 않았다. 출판사의 강요에 못 이겨 역작에다가 이렇게 뱀 다리를 붙이게 된 것을 저자와 또한 독자께 송구스럽게 생각한다.

어쨌거나 역자로서 할 일을 끝낸 마당에 굳이 한 마디 하고 싶은 얘기가 있다면 이 책을 그야말로 베개처럼 생각해 주십사 하는 것이다. 읽다 보면 잠이 잘 오고, 자는 동안에도 재미난 꿈을 많이 꿀 수 있는, 그리고 진짜 목침으로도 쓸 수 있는 요술베개 같은 것 말이다.

왓슨의 책은 학술적인 내용으로 점철돼 있지만 학술서는 아니다. 3,000개가 넘는 주석도 정확한 인용처나 아이디어의 출처를 밝히자는 취지이지 독자를 주눅 들게 하려는 것은 아니다. 주석 같은 것은 어지간하면 아예 읽을 필요도 없다. 이 책은 한 마디로 대중서다. 대중이 쉽고 재미있게 즐길 수 있는 책이다. 다만 다루는 내용이 대중이 접근하기 쉽지 않아 보인다는 것뿐이다. 왓슨이 나선 이유가 바로 그 때문일 것이다. 책 앞 뒤 표지에 이 책에 대한 온갖 찬사가 실려 있다. '숨이 막힌다. 죽인다. 지성의 향연과 사상의 파노라마가 이토록 흥미진진할 줄이야……' 등등. 사실 언론에 실리는 서평이라는 것이 약장수 같은 구석도 없지는 않다. 그러나 이 책의 경우에는 과대광고가 아니다.

　대개 이런 유의 책은 관념사history of ideas 내지는 지성사intellectual history로 분류된다. 그런 부류의 책들은 흔히 사회과학이나 철학을 중심으로 해서 한 시대를 지적으로 움직인 사상들을 주로 소개한다. 그런데 왓슨은 거기서 훨씬 더 나아갔다. 경제학, 문학, 문학비평, 음악, 미술, 영화는 물론이고 20세기의 가장 두드러진 특징 중 하나인 과학의 눈부신 발전을 소개하기 위해 물리학과 화학에서부터 지구과학과 천문학 및 각종 기술 분야의 굵직한 업적까지를 망라했다. 특히 포스트모더니즘 이후 여러 학계의 흐름은 21세기인 지금도 현재진행형인 경우가 대부분이다. 이 책이 지난 세기에 대한 성찰만이 아니라 금세기에 대한 점검인 이유도 그 때문이다.

　여기서 그런 방대함에 기가 질리실 필요는 전혀 없다는 말씀을 꼭 드리고 싶다. 예를 들어 복권에 당첨돼서 비싼 카리브 해 크루즈여행을 가게 됐다고 치자. 아니면 열두 가지 코스가 나오는 최고급 호텔 요리를 먹게 됐다고 치자. 그럴 때 우리는 어떻게 할까? 어떻게? '어떻게'라는 생각을 굳이 할 필요가 없다. 그냥 즐기면 된다. 배는 선장이 몰 것이고, 요리는 요리사가 해올 것이다. 왓슨은 뛰어난 선장이고, 훌륭한 요리사다. 독자는? 그냥 보고 즐기고 먹고 마시면 된다. 책에 소개된 내용 중에 내가 아는 얘기가 너무 적다고 개탄할 필요도 없다. 박사학위 다섯 개 가진 사람도 그렇게 다종다양한 분야의 학문적 성과를 다 알지 못하고 알 수도 없다. 그러니 일반인이 모르는 것은 너무도 당연하고, 그래서 왓슨이 필요한 것이다.

　저자는 20세기 전체를 아우른 멋진 지적 스케치를 보여주려는 것이지 구체적인 사항 하나하나를 가르쳐주려는 것이 아니다. 그래서 이야기 식으로, 재미난 이야기를 들려주듯이 풀어나간다. 그냥 맨 첫 페이지를 펴고, 또는 관심 가는 제목이 나오는 장을 열고, 편안한 마음으로 읽으면 된다. 중간에 잘 모르는 개념이나 설명이 나오면 그러려니 하고 넘어가면 된다. 그럼 또 알 만한 해설이 나오고 전문가도 모르는 흥미진진한 일화들이 눈길을 붙잡는다. 그렇게 해서 술술 읽다보면 어느덧 포만

감을 느낀다. 무슨 재료로 만들었는지는 잘 모르지만 정말 맛있는 요리를 먹었다는 느낌, 지질구조가 어떻게 돼서 그토록 절경이 됐는지 역시 잘 모르지만 정말 안목을 크게 넓혔다는 시원함이 다가온다.

　원서는 그런 목적에 충실했고, 그런 목적을 달성하기 위해 엄청난 공을 들였다. 그런 노력을 역자의 천학비재가 한국어로 제대로 전해드렸는지 조금 걱정이 앞서지만 독자들께서 지성의 향연을 한껏 즐기시기를 기원한다.

2009년 11월
이광일

주

20세기 초에 나온 책들은 처음 출간 당시 서지(書誌) 사항을 설명하고 후대의 개정판이나 재판을 소개했다. 주변에서 쉽게 구할 수 있는 판본이 무엇인지를 알려주기 위해서다. 중요한 책의 경우 재판을 찍고 나중에 다시 출간되고 하는 내력 자체가 특정 사상이 얼마나 인기가 있었는지를 보여주는 방증이기도 하다.

마지막 4부에서는 참고문헌 수가 많이 줄었다. 최신 이론이 많은 관계로 해석이나 평가 또는 비판을 제기한 2차 문헌이 아직 많이 안 나왔기 때문이다.

책을 시작하며

1. Saul Bellow, *Humboldt's Gift*, New York: Viking Press, 1975; Penguin paperback, 1996, 4쪽. 악몽에 대한 비유는 제임스 조이스의 『율리시스』에 나오는 대목을 연상케 한다. '역사란, 깨어나려고 발버둥 치는 악몽 같은 거야라고 스티븐은 말했다.' James Joyce, *Ulysses*, Paris: Shakespeare & Co., 1922. Penguin에서 나온 Bodley Head edition, 1992, 42쪽.

서론 - 지성의 진화

1. BBC 2 1997년 11월 24일자 Michael Ignatieff와 Isaiah Berlin의 인터뷰. Michael Ignatieff, *Isaiah Berlin*, London: Chatto & Windus, 1998, 301쪽. 참조.
2. Martin Gilbert, *The Twentieth Century: Volume I, 1900~1933*, London: HarperCollins, 1997.
3. Claude Lévi-Strauss and Didier Eribon, *De Prés et de Loin*의 영역판(Paula Wissig 번역) *Conversations with Claude Lévi-Strauss*, Chicago: Chicago University Press, 1988, 119쪽.
4. John Maddox, *What Remains to Be Discovered*, London: Macmillan, 1998, Introduction, 1~21쪽.
5. Daniel C. Dennett, *Darwin's Dangerous Idea: Evolution and the Meanings of Life*, New York: Simon & Schuster, 1995, 21쪽.
6. Roger Smith, *The Fontana History of the Human Sciences*, London: Fontana Press, 1997, 577~578쪽.
7. 예를 들면 Paul Langford, *A Polite and Commercial People: England 1727~1783*, Oxford: Oxford University Press, 1989를 보라.
8. Roger Scruton, *An Intelligent Person's Guide to Modern Culture*, London: Duckworth, 1998, 42쪽.
9. Roger Shattuck, *Candor & Perversion: Literature, Education and the Arts*, New York: W. W. Norton,

1999를 보라. 특히 '예술적 영성(靈性)'에 대한 논의는 chapter 6. 여기서 Shattuck은 예술에 있어서 추상화 내지 비유적 표현의 부재가 연상을 통한 공감을, 따라서 의미를 배제한다고 주장한다.
10. John Brockman (editor), *The Third Culture: Beyond the Scientific Revolution*, New York: Simon & Schuster, 1995, 18~19쪽.
11. Frank Kermode, *The Sense of an Ending*, Oxford: Oxford University Press, 1966; paperback edition, Oxford, 1968.

1 - 동요의 서막

1. 프로이트의 저작 가운데 영역본은 24권짜리 『표준판 프로이트 전집 *The Standard Edition of the Complete Psychological Works of Sigmund Freud*』이 가장 유명하다. 영국의 심리분석학자 제임스 스트레이치가 프로이트의 딸 안나 프로이트와 협력 하에 책임편집을 맡았다. 『꿈의 해석』은 그중 4, 5권에 들어가 있다. 이 책에서는 프로이트에 관한 수많은 전기 가운데 주로 Ronald Clark, *Freud: The Man and the Cause*, New York, Random House, 1980과 Giovanni Costigan, *Sigmund Freud: A Short Biography*, London: Robert Hale, 1967을 활용했다. Peter Gay, *A Life for Our Time*, London: J. M. Dent, 1988도 일독할 만하다.
2. Costigan, 앞의 책, 101쪽.
3. 앞의 책, 100쪽.
4. 앞의 책, 99쪽.
5. 앞의 책.
6. William M. Johnston, *The Austrian Mind: An Intellectual and Social History* 1848—1938, Berkeley: University of California Pres, 1972, 33~34쪽.
7. Costigan, 앞의 책, 88~89쪽.
8. Johnston, 앞의 책, 40쪽.
9. 앞의 책 238쪽과 Costigan, 앞의 책, 89쪽.
10. Costigan, 앞의 책, 89쪽.
11. Johnston, 앞의 책, 65쪽.
12. Clark, 앞의 책, 12쪽.
13. Johnston, 앞의 책, 223쪽.
14. 앞의 책, 235쪽.
15. 앞의 책, 236쪽.
16. Costigan, 앞의 책, 42쪽.
17. 앞의 책, 68쪽.
18. 앞의 책, 70쪽.
19. Clark, 앞의 책, 180쪽.
20. Costigan, 앞의 책, 77쪽.; Clark, 앞의 책, 181쪽.
21. Clark, 앞의 책, 185쪽.
22. Costigan, 앞의 책, 79쪽.
23. Clark, 앞의 책, 213~214쪽.; Costigan, 앞의 책, 101쪽.

24. Joan Evans, *Time and Chance: The Story of Arthur Evans and His Forebears*, London: Longmans, 1943, 329쪽.
25. 앞의 책, 350~351쪽.
26. Richard Stoneman, *Land of Lost Gods: The Search for Classical Greece*, London: Hutchinson, 1987, 268쪽.
27. Donald Mackenzie, *Crete and Pre-Hellenic: Myths and Legends*, London: Senate, 1995, 153쪽.
28. Evans, 앞의 책, 309쪽.
29. 앞의 책, 309~318쪽.
30. Mackenzie, 앞의 책, 116쪽. Evans, 앞의 책, 318~327쪽.
31. Evans, 앞의 책, 329~330쪽.
32. 앞의 책, 331쪽.
33. Mackenzie, 앞의 책, 118쪽.
34. Evans, 앞의 책, 331쪽. Mackenzie, 앞의 책, 187~190쪽.
35. Ernst Mayr, *The Growth of Biological Thought*, Cambridge, Massachusetts: The Belknap Press of Harvard University Press, 1982, 727~729쪽.
36. 앞의 책, 729쪽.; William R. Everdell, *The First Moderns*, Chicago: Chicago University Press, 1997, 162~163쪽.
37. Mayr, 앞의 책, 722~726쪽.
38. 앞의 책, 728쪽.
39. 앞의 책, 730쪽. 세 사람이 멘델의 논문을 재발견하게 된 경위를 자세히 알고 싶으면 Peter J. Bowler, *The Mendelian Revolution; The Emergence of Hereditarian Concepts in Modern Science and Society*, London: The Athlone Press, 1989, 110~116쪽을 보라.
40. Mayr, 앞의 책, 715쪽. Everdell, 앞의 책, 160쪽.
41. 앞의 책, 734쪽.
42. Everdell, 앞의 책, 166쪽.
43. Richard Rhodes, *The Making of the Atomic Bomb*, New York: Simon & Schuster, 1986. 필자는 Penguin paperback edition: London, 1988, 30쪽에서 인용했다.
44. 앞의 책, 40쪽.
45. 앞의 책.
46. Everdell, 앞의 책, 167쪽.
47. 앞의 책.
48. 앞의 책, 167쪽; Rhodes, 앞의 책, 30~31쪽.
49. Joel Davis, *Alternate Realities*, New York: Plenum, 1997, 215~219쪽.
50. Everdell, 앞의 책, 171쪽.
51. 앞의 책, 166쪽. Everdell, 앞의 책, 175쪽.
52. Davis, 앞의 책, 218쪽.
53. John Richardson, *A Life of Picasso, 1881~1906*, volume I, London: Jonathan Cape, 1991, 159쪽.
54. Everdell, 앞의 책, chapter 10; Roger Shattuck, *The Banquet Years: The Origins of the Avant-Garde in France 1885 to World War One*, New York: Vintage, 1953.
55. Richardson, 앞의 책, 159쪽.
56. Everdell, 앞의 책, chapter 10.
57. Richardson, 앞의 책, 172쪽.

58. Everdell, 앞의 책, 155쪽.
59. John Berger, *The Success and Failure of Picasso*, Harmondsworth: Penguin, 1965, reprinted New York: Pantheon, 1980, 67쪽. Robert Hughes, *The Shock of the New*, London: Thames & Hudson, 1980, 1991, 21쪽, 24쪽.

2 - 과도기적 전환기

1. William R. Johnston, *The Austrian Mind*, 147~148쪽.
2. Hilde Spiel, *Vienna's Golden Autumn 1866~1938*, London: Weidenfeld & Nicolson, 1987, 55쪽.
3. Johnston, 앞의 책, 77쪽, 120쪽. 또 Spiel, 앞의 책, 55쪽과 George R. Marek, *Richard Strauss, The Life of a Non-Hero*, London: Victor Gollancz, 1967, 166쪽을 보라.
4. Allan Janik and Stephen Toulmin, *Wittgenstein's Vienna*, London: Weidenfeld & Nocolson, 1973, 45쪽.
5. Johnston, 앞의 책, 77쪽.
6. 앞의 책, 169쪽. 치료 허무주의에 대해서는 223쪽을 보라.
7. Janik and Toulmin, 앞의 책, 45쪽.
8. Franz Kuna, 'A Geography of Modernism: Vienna and Prague 1890~1928', in Malcolm Bradbury and James McFarlane(editors), *Modernism: A Guide to European Literature 1890~1930*, London: Penguin, 1976, 126쪽.
9. Carl E. Schorske, *Fin-de-siècle Vienna: Politics and Culture*, London: Weidenfeld & Nicolson, New York: Knopf, 1980, 12~14쪽.
10. Kuna, 앞의 책, 126쪽.
11. Janik and Toulmin, 앞의 책, 62~63쪽.
12. Schorske, 앞의 책, 14쪽.
13. Kuna, 앞의 책, 127쪽.
14. Janik and Toulmin, 앞의 책, 114쪽.
15. Schorske, 앞의 책, 17쪽.
16. 앞의 책, 18쪽.
17. 앞의 책, 19쪽.
18. 앞의 책.
19. T. S. Eliot가 *Notes Towards the Definition of Culture*에서 주장한 바(26장에 있음)를 참조하라.
20. Schorske, 앞의 책, 21쪽.
21. 앞의 책.
22. Kuna, 앞의 책, 128쪽.
23. Janik and Toulmin, 앞의 책, 92쪽. 두 필자는 또 Bruckner가 Ludwig Boltzmann에게 피아노 레슨을 해주었고, Mahler는 'Freud 박사에게 심리학적 문제들을 상담하곤 했다'고 지적한다.
24. Johnston, 앞의 책, 291쪽.
25. 앞의 책, 296쪽.
26. 앞의 책, 294쪽.
27. 앞의 책, 299쪽.

28. William S. Everdell, *The First Moderns*, 190쪽.; Johnston, 앞의 책, 299~300쪽.
29. Janik and Toulmin, 앞의 책, 135쪽.
30. Johnston, 앞의 책, 300~301쪽.
31. 앞의 책, 301쪽.
32. Everdell, 앞의 책, 190쪽.
33. 앞의 책, 191쪽.
34. Johnston, 앞의 책, 302쪽.
35. 앞의 책, 302~305쪽.
36. Janik and Toulmin, 앞의 책, 71쪽.
37. Johnston, 앞의 책, 159쪽.
38. 앞의 책, 72~73쪽. 159~160쪽.
39. Johnston, 앞의 책, 233쪽.
40. 앞의 책, 233~234쪽.
41. 앞의 책, 234쪽.
42. Janik and Toulmin, 앞의 책, 96쪽.
43. Schorske, 앞의 책, 79쪽.
44. 앞의 책; Johnston, 앞의 책, 150쪽.
45. 앞의 책; Schorske, 앞의 책, 83쪽.
46. Schorske, 앞의 책, 339쪽.
47. Janik and Toulmin, 앞의 책, 110쪽.
48. 앞의 책, 94쪽.; Johnston, 앞의 책, 144쪽.
49. Schorske, 앞의 책, 220쪽.
50. 앞의 책, 227~232쪽.
51. 앞의 책.
52. Johnston, 앞의 책, 144쪽.
53. Janik and Toulmin, 앞의 책, 133쪽.
54. John T. Blackmore, *Ernst Mach: His Work, Life and Influence*, Berkeley: University of California Press, 1972, 6쪽.
55. 앞의 책, 182~184쪽.
56. Janik and Toulmin, 앞의 책, 134쪽.
57. 앞의 책; Johnston, 앞의 책, 183쪽.
58. Blackmore, 앞의 책, 87쪽.
59. Johnston, 앞의 책, 184쪽.; Janik and Toulmin, 앞의 책, 134쪽.
60. Johnston, 앞의 책, 186쪽.; Blackmore, 앞의 책, 232쪽, 247쪽.

3 - 다윈의 암흑의 핵심

1. John Ruskin, *Modern Painters: 5 Volumes*, Orpington, Kent: George Allen, 1844~1888.
2. Arthur Herman, *The Idea of Decline in Western History*, New York: The Free Press, 1997, 221쪽.

3. 앞의 책, 222쪽.
4. Ivan Hannaford, Race: *The History of an Idea in the West*, Washington D. C. and Baltimore: The Woodrow Wilson Center Press and Johns Hopkins University Press, 1996, 296쪽.
5. Friedrich Nietzsche, *Will to Power*, New York: Random House, 1968, 30쪽.
6. Herman, 앞의 책, 99쪽.
7. 앞의 책.
8. 앞의 책, 99~100쪽.
9. 앞의 책, 102쪽.
10. 앞의 책, 102~103쪽.
11. Richard Hofstadter, *Social Darwinism in American Thought*, Boston: Beacon Press, 5쪽.
12. Mike Hawkins, *Social Darwinism in European and American Thought 1860~1945*, Cambridge: Cambridge University Press, 1997, 109~118쪽.; Hofstadter, 앞의 책, 51~66쪽.
13. Hofstadter, 앞의 책, 152~153쪽.
14. 앞의 책, 41쪽.
15. Hawkins, 앞의 책, 132쪽.
16. Hannaford, 앞의 책, 289~290쪽.; Hawkins, 앞의 책, 133쪽.
17. Hawkins, 앞의 책, 126~127쪽.
18. 앞의 책, 178쪽.
19. 앞의 책, 152쪽.
20. Hannaford, 앞의 책, 292쪽.
21. Hawkins, 앞의 책, 193쪽.
22. 앞의 책, 196쪽.
23. Hannaford, 앞의 책, 291~292쪽.
24. Hawkins, 앞의 책, 185쪽.
25. 앞의 책.
26. 앞의 책, 219쪽.
27. Hannaford, 앞의 책, 338쪽.
28. Johnston, *The Austrian Mind*, 364쪽.; Herman, 앞의 책, 125쪽.
29. Hawkins, 앞의 책, 62쪽.
30. 앞의 책, 201쪽.
31. 앞의 책.
32. Hannaford, 앞의 책, 330쪽.; Hawkins, 앞의 책, 217쪽.
33. Hawkins, 앞의 책, 219쪽.
34. Hannaford, 앞의 책, 332쪽.
35. Hawkins, 앞의 책, 218쪽.
36. Hawkins, 앞의 책, 225쪽.
37. 앞의 책, 242쪽.
38. Johnston, 앞의 책, 357쪽.
39. Janik and Stephen Toulmin, *Wittgenstein's Vienna*, 60~61쪽.
40. 앞의 책, 61쪽.
41. Johnston, 앞의 책, 358쪽.
42. Schorske, *Fin-de-siècle Vienna*, 164쪽.

43. 앞의 책, 166~167쪽.
44. Johnston, 앞의 책, 358쪽.
45. Max Weber, *The Protestant Ethic and the Spirit of Capitalism*, London and New York: Routledge, 1942(reprint 1986, 7쪽, Anthony Giddens의 Introduction).
46. 앞의 책, 8쪽.
47. Donald G. Macrae, *Weber*, London: The Woburn Press, 1947, 30~32쪽.; 또한 Hartmut Lehmann and Guenther Roth, *Weber's Protestant Ethic*, Cambridge: Cambridge University Press, 1993, 특히 73쪽, 195쪽을 보라.
48. 앞의 책, 58쪽.
49. J. E. T. Eldridge (editor), *Max Webber: The Interpretation of Social Reality*, London: Michael Joseph, 1970, 9쪽.
50. Giddens, 앞의 책, 4쪽.
51. 앞의 책, 35쪽.
52. 앞의 책, 11쪽.
53. 앞의 책.
54. Eldridge, 앞의 책, 168~169쪽.
55. Giddens, 앞의 책, 12쪽.; Eldridge, 앞의 책, 166쪽.
56. 앞의 책, 12쪽.
57. 앞의 책, 17쪽.
58. Lehmann and Roth, 앞의 책, 327쪽. 또한 Giddens, 앞의 책, 18쪽을 보라.
59. Eldridge, 앞의 책, 281쪽.
60. Hawkins, 앞의 책, 307쪽. 한편 Ernest Gellner는 *Plough, Sword and Book: The Structure of Human History*, London: Collins Harvill, 1988에서 베버의 분석을 좀 더 확장시켜 규범의 내면화가 프로테스탄트 사회를 경제활동에 대해 좀 더 신뢰하고 도움을 주는 방향으로 발전시킨다고 주장한다(106쪽. 그는 '성서 중심주의의 강조가 문자해독률을 향상시켰다'는 것은 결국 고급문화가 사회의 주류 문화가 됐다는 의미라고 말한다. 그리하여 평등주의와 익명 사회, 혁신적인 조치와 규범을 가속화함으로써 현대적인 사회질서를 촉진한다는 것이다).
61. Redmond O'Hanlon, *Joseph Conrad and Charles Darwin*, Edinburgh: Salamander Press, 1984, 17쪽.
62. D. C. R. A. Goonetilleke, *Joseph Conrad: Beyond Culture and Background*, London: Macmillan, 1990, 15쪽.
63. O'Hanlon, 앞의 책, 126~127쪽. 또한 Kingsley Widner, 'Joseph Conrad', *Dictionary of Literary Biography*, Detroit: Bruccoli Clark, 1988, Volume 34, 43~82쪽을 보라.
64. O'Hanlon, 앞의 책, 17쪽.
65. 앞의 책, 20~21쪽.
66. Widner, 앞의 책, 43~82쪽.
67. 앞의 책.
68. Joseph Conrad, *Heart of Darkness*, Edinburgh and London: William Blackwood, 1902; Penguin, 1995.
69. Goonetilleke, 앞의 책, 88~91쪽.
70. Conrad, 앞의 책, 20쪽.
71. 앞의 책, 112쪽.
72. Goonetilleke, 앞의 책, 168쪽. 또한 R. W. Stalman, *The Art of Joseph Conrad: A Critical Symposium*,

East Lansing: Michigan State University Press, 1960년도 판을 보라.
73. O'Hanlon, 앞의 책, 26쪽.
74. Richard Curle, *Joseph Conrad: A Study*, London: Kegan Paul, French, Trübner, 1914.
75. Goonetilleke, 앞의 책, 85쪽.
76. 앞의 책, 63쪽.
77. Gary Adelman, *Heart of Darkness: Search for the Unconscious*, New York: Twayne, 1987, 59쪽.

4 - 모더니즘의 아가씨들

1. Kurt Wilhelm, *Richard Strauss: An Intimate Portrait*, London: Thames & Hudson, 1989, 99~100쪽. 이런저런 반응에 대해서는 Michael Kennedy, *Richard Strauss: Man, Musician, Enigma*, Cambridge: Cambridge University Press, 1999, 142~149쪽을 보라.
2. Malcolm Bradbury and James Mcfarlane, (editors), *Modernism*, 97~101쪽을 보라.
3. George R. Marek, *Richard Strauss*, 15쪽, 27쪽.
4. 앞의 책, 150쪽.
5. Michael Kennedy, *Richard Strauss*, London: J. M. Dent, 1976, 144쪽.
6. Wilhelm, 앞의 책, 100쪽.
7. 앞의 책.
8. 앞의 책, 102쪽.
9. 앞의 책, 103쪽.
10. Wilhelm, 앞의 책, 120쪽; Kennedy, *Richard Strauss: Man, Musician, Enigma*, 152쪽.
11. Wilhelm, 앞의 책, 120~121쪽.
12. Kennedy, *Richard Strauss*, 161쪽.
13. Marek, 앞의 책, 183쪽.
14. 앞의 책, 185쪽.
15. Kennedy(1976), 앞의 책, 45쪽. Bryan Gilliam(editor), *Richard Strauss and His World*, Princeton: Princeton University Press, 1992, 311쪽, 'Strauss and the Viennese Critics'도 보라.
16. Marek, 앞의 책, 182쪽.
17. Kennedy(1976), 앞의 책, 149쪽.
18. Marek, 앞의 책, 186쪽.
19. Kennedy(1976), 앞의 책, 150쪽.
20. Marek, 앞의 책, 316쪽.
21. Hans H. Stuckenschmidt, *Schoenberg: His Life, World and Work*, London: John Calder, 1977, 42쪽.
22. Harold C. Schonberg, *The Lives of the Great Composers*, London: Davis-Poynter, 1970, 516쪽.
23. 앞의 책, 517쪽.
24. Everdell, *The First Moderns*, 275쪽.
25. Schonberg, 앞의 책, 517쪽.
26. Everdell, 앞의 책, 266쪽.
27. Stuckenschmidt, 앞의 책, 88쪽.

28. Schonberg, 앞의 책, 520쪽.; Stuckenschmidt, 앞의 책, 141쪽.; Schorske, 앞의 책, 351쪽.
29. Schonberg, 앞의 책, 517쪽.
30. 앞의 책, 518쪽.
31. Everdell, 앞의 책, 269쪽.; Stuckenschmidt, 앞의 책, 88쪽, 123~124쪽.
32. Stuckenschmidt, 앞의 책, 94쪽.; Schonberg, 앞의 책, 400쪽.
33. Everdell, 앞의 책, 277쪽.
34. 앞의 책, 279쪽.
35. Paul Griffiths, *A Concise History of Modern Music*, London: Thames & Hudson, 1978, revised 1994, 26쪽. Everdell, 앞의 책, 278쪽.
36. Schorske, *Fin-de-Siècle*, 349쪽.
37. Stuckenschmidt, 앞의 책, 124쪽.
38. Everdell, 앞의 책, 277~278쪽.
39. 앞의 책, 279쪽.
40. 앞의 책, 280~281쪽.
41. Stuckenschmidt, 앞의 책, 124쪽.
42. Schonberg, 앞의 책, 520쪽.
43. Schorske, 앞의 책, 354쪽.
44. Griffiths, 앞의 책, 34쪽.
45. Joan Allen Smith, *Schoenberg and his Circle*, New York: Macmillan, 1986, 68쪽.
46. Schonberg, 앞의 책, 521쪽.
47. Griffiths, 앞의 책, 43쪽. Everdell, 앞의 책, 282쪽.
48. Janik and Toulmin, *Wittgenstein's Vienna*, 107쪽.
49. Schorske, 앞의 책, 360쪽.
50. 예를 들어 James R. Mellow, *Charmed Circle: Gertrude Stein and Company*, London: Phaidon, 1974, 8쪽.
51. John Russell, *The World of Matisse*, Amsterdam: Time-Life, 1989, 74쪽.
52. Jack Flam, *Matisse on Art* (revised edition), Berkeley: University of California Press, 1995, 35쪽.
53. Pierre Cabanne, *Pablo Picasso: His Life and Times*, New York: William Morrow, 1977, 110쪽.
54. André Malraux, *Picasso's Mask*, New York: Holt, Rinehart & Winston, 1976, 10~11쪽.
55. Lael Westenbaker, *The World of Picasso*, 1881~1973, Amsterdam: Time-Life, 1980, 125쪽.
56. Robert Hughes, *The Shock of the New*, 24쪽.
57. Dora Vallier, 'Braque, la peinture et nous', Paris: *Cahiers d'Art*, No. 1, 1954, 13~14쪽.
58. 앞의 책, 14쪽.
59. Hughes, 앞의 책, 27쪽, 29쪽.
60. Arianna Stassinopoulos, *Picasso: Creator and Destroyer*, London: Weidenfeld & Nicolson, 1988, 96~97쪽.
61. 'Testimony Against Gertrude Stein', *Transition*, February 1935, no 23, 13~14쪽.
62. Everdell, 앞의 책, 311쪽.
63. 앞의 책, 314쪽.
64. 앞의 책, 313쪽.
65. Peg Weiss, *Kandinsky in Munich*, Princeton: Princeton University Press, 1979, 58~59쪽.
66. 앞의 책, 5~6쪽.
67. K. Lindsay and P. Vergo (editors), *W. Kandinsky: Complete Writings on Art* (2권), New York: G.

K. Hall, 1982; 1권으로 재편집한 1994년 판, 371~372쪽.
68. Weiss, 앞의 책, 28쪽, 34쪽, 40쪽.
69. Lindsay and Vergo (editors), 앞의 책, 364쪽. Everdell, 앞의 책, 307쪽에서 인용.
70. Hughes, 앞의 책, 301쪽에서 인용.
71. Weiss, 앞의 책, 91쪽.
72. Algot Ruhe and Nancy Margaret Paul, *Henri Bergson: An Account of His Life and Philosophy*, London: Macmillan, 1914, 2쪽.
73. Jacques Chevallier, *Henri Bergson*, London: Ridier, 1928, 39~41쪽.
74. Leszek Kolakowski, *Bergson*, Oxford: Oxford University Press, 1985, 73쪽.
75. Chevallier, 앞의 책, 601쪽.
76. Philippe Soulez, *Bergson: Biographie*, Paris: Flammarion, 1997, 93~94쪽.
77. *New Catholic Encyclopaedia*, volume II, New York: McGraw-Hill, 1967, 324쪽.
78. Jacques Chevallier, *Bergson*, Paris: Plon, 1926.
79. Soulez, 앞의 책, 132~133쪽.
80. Kolakowski, 앞의 책, 88~91쪽.
81. Soulez, 앞의 책, 133~134쪽.
82. 앞의 책, 142~143쪽.
83. 앞의 책.
84. 앞의 책, 251쪽.
85. *New Catholic Encyclopaedia*, volume X, New York: McGraw-Hill, 1967, 1048쪽.
86. 앞의 책, volume IX, 991~995쪽.
87. J. G. Frazer, *The Golden Bough*, London: Macmillan, 1890, revised 1900.
88. René Bazin, Pius X, London: Sands & Co., 1928, 11쪽.
89. *New Catholic Encyclopaedia*, volume X, London: Caxton, 1911, 415쪽.
90. 앞의 책, 416쪽. 회칙에 대한 다른 반응에 대한 설명으로는 A. N. Wilson, *God's Funeral*, London: John Murray, 1999, 349쪽.
91. John King Fairbank, *China: A New History*, Cambridge, Massachusetts: The Belknap Press of Harvard University Press, 1994, 52쪽.
92. Fairbank, 앞의 책, 53쪽.
93. Denis Twitchett and John K. Fairbank, *The Cambridge History of China, Volume II, Late Ch'ing, 1800~1911, Part 2*, Cambridge: Cambridge University Press, 1980, 361~362쪽.; Fairbank, 앞의 책, 218쪽.
94. Fairbank, 앞의 책, 224쪽.
95. O. Edmund Clubb, *Twentieth-Century China*, New York and London: Columbia University Press, 1964, 25쪽.
96. Fairbank, 앞의 책, 232쪽.
97. 앞의 책, 240쪽.
98. 앞의 책, 243쪽.
99. Jerome B. Grieder, *Intellectuals and the State in Modern China*, New York; Free Press/Macmillan, 1981, 35쪽. Fairbank, 앞의 책, 243쪽.

5 - 미국의 실용주의 정신

1. Edward Bradby (editor), *The University Outside Europe*, Oxford: Oxford University Press, 1939, 285쪽.
2. 앞의 책.
3. Robert Johnston 교수와의 개인적 의견 교환에서.
4. Bradby, 앞의 책, 39쪽. 또 Samuel Eliot Morison (editor), *The Development of Harvard University*, Cambridge, Massachusetts: Harvard University Press, 1930, 11쪽, 158쪽을 참조하라.
5. Morison, 앞의 책, 90쪽.: Abraham Flexner, *Universities: American, English, German*, Oxford: Oxford University Press, 1930, 85쪽을 보라.
6. Bradby, 앞의 책, 52쪽. Flexner, 앞의 책, 67쪽. 독일에서는 학문적 주도권이 공립대학에 집중된 반면, 영국에서는 왕립학회 같은 민간기관이 그에 못지않게 중요한 역할을 하면서 대학 발전을 뒷받침했다는 점은 주목할 만하다.
7. Flexner, 앞의 책, 124쪽. Bradby, 앞의 책, 57쪽.
8. 앞의 책, 151쪽. E. R. Holme, *The American University*, Sydney: Angus & Robertson, 1920, 143쪽과 Bradby, 앞의 책, 50~60쪽도 참조하라.
9. Ray Fuller (editor), *Seven Pioneers of Psychology*, London: Routledge, 1995, 21쪽.
10. William James, *Pragmatism*, New York: Longman Green, 1907, 재판 New York: Dover, 1995, 4~5쪽.
11. William James, *Varieties of Religious Experience*, London, Longman Green, 1902.
12. James, *Pragmatism*, 20쪽.
13. 앞의 책, 33쪽.
14. Arthur Lovejoy, *The Great Chanin of Being*, Cambridge, Massachusetts: Harvard University Press, 1936.
15. Ellen Key, *The Century of the Child*, New York: Putnam, 1909.
16. Richard Hofstadter, *Anti-Intellectualism in American Life*, 362쪽.
17. John Dewey, *The School and Society*, Chicago: University of Chicago Press, 1900; John Dewey, with E. Dewey, *The School of Tomorrow*, London: Dent, 1915.
18. Hofstadter, 앞의 책, 366쪽.
19. 앞의 책, 386쪽.
20. Morison, 앞의 책, 534~535쪽.
21. Frederick Winslow Taylor, *The Principles of Scientific Management*, New York: Harper & Bros. 1913.
22. 앞의 책, 60~61쪽.
23. Morison, 앞의 책, 539~540쪽.
24. Hofstadter, 앞의 책, Part IV, 233쪽.
25. 앞의 책, 266쪽.
26. 앞의 책, 267쪽.
27. Ada Louise Huxtable, *The Tall Building Artistically Reconsidered: The Search for a Skyscraper Style*, New York: Pantheon, 1984.
28. Joh Gloag, *The Architectural Interpretation of History*, London: Adam and Charles Black, 1975, 1쪽.
29. Paul Goldberger, *The Skyscraper*, New York: Knopf. 플랫아이언 빌딩의 의미에 관해서는 9쪽, Edward Steichen의 사진은 38쪽을 보라.
30. '플랫아이언의 하강기류'라는 제목이 붙은 유명한 엽서 그림은 앞의 책 38쪽을 보라. 어떤 여자의

속치마가 바람에 날리는 모습을 담았다.
31. Goldberger, 앞의 책, 17쪽.
32. John Burchard and Albert Bush-Brown, *The Architecture of America*, London: Victor Gollancz, 1967, 145쪽.
33. Goldberger, 앞의 책, 22~23쪽.
34. 앞의 책, 18쪽. Hugh Morrison, Louis Sullivan: *Prophet of Modern Architecture*, Westport, Connecticut: Greenwood Press, 1971(1935년 판의 재판)도 참조하라.
35. Wesley Towner, *The Elegant Auctioneers*, New York: Hill & Wang, 1970, 176쪽.
36. Patrick Nuttgens, *The Story of Architecture*, Oxford: Phaidon, 1983.
37. William J. Curtis, *Modern Architecture since 1900*, Oxford: Phaidon, 1982, 39쪽.
38. Goldberger, 앞의 책, 18~19쪽. Louis H. Sullivan, *The Autobiography of an Idea*, New York: Dover, 1956(1924년 판의 재판)도 참조하라.
39. Goldberger, 앞의 책, 34쪽.
40. 설리번이 유럽에 미친 영향에 대해서는 Leonard K. Eaton, *American Architecture Comes of Age: European Reaction to H. H. Richardson and Louis Sullivan*, Cambridge, Massachusetts: MIT Press, 1972를 보라.
41. Goldberger, 앞의 책, 83쪽.
42. Frank Lloyd Wright, *An Autobiography*, London: Quartet, 1977(new Edition), 50~52쪽.
43. 디자인 스케치에 대해서는 Goldberger, 앞의 책, 83쪽, 89쪽을 보라.
44. Henry Combs with Martin Caidin, *Kill Devil Hill*, London: Secker & Warburg, 1980, 212쪽.
45. 앞의 책, 213쪽.
46. 앞의 책, 214쪽.
47. 앞의 책.
48. 앞의 책, 216쪽.
49. C. H. Gibbs-Smith, *A History of Flying*, London: Batsford, 1953, 42쪽.
50. Alphonse Berget, *The Conquest of the Air*, London: Heinemann, 1909, 82쪽.
51. Combs and Caidin, 앞의 책, 50~51쪽.
52. 앞의 책, 36~38쪽.
53. 앞의 책, 137~138쪽.
54. 앞의 책, 204쪽.
55. 앞의 책, 216~217쪽.
56. Gibbs-Smith, 앞의 책, 242~245쪽.
57. H. H. Arnason, *A History of Modern Art*, London: Thames & Hudson, 1977, 410쪽.
58. Robert Hughes, *American Visions*, London: The Harvill Press, 1997, 323쪽.
59. Arnason, 앞의 책, 410쪽.
60. Martin Green, *New York 1913*, New York: Charles Scribner's Sons, 1988, 137쪽.
61. Hughes(1997), 앞의 책, 325쪽에서 인용.
62. 앞의 책, 327쪽.
63. Green, 앞의 책, 140쪽.
64. Hughes(1997), 앞의 책, 334쪽에서 인용.
65. 앞의 책, 331쪽.
66. Arnason, 앞의 책, 507쪽.

67. Arthur Knight, *The Liveliest Art*, New York: Macmillan, 1957, 16~17쪽.
68. Everdell, *The First Moderns*, 203쪽.
69. 앞의 책, 204쪽.
70. Richard Schickel, *D. W. Griffith*, London: Michael Joseph, 1984, 20~23쪽.
71. 앞의 책, 129쪽.
72. 앞의 책, 131쪽.
73. 작품 목록은 Schickel, 앞의 책, 638~640쪽을 보라.
74. 앞의 책, 132쪽.
75. 앞의 책, 134쪽.
76. Knight, 앞의 책, 25~27쪽.
77. Schickel, 앞의 책, 116쪽.

6 - $E=mc^2$, $\supset/\equiv/v + C_7H_{38}O_{43}$

1. Rhodes, *The Making of the Atomic Bomb*, 쪽.50. 초기 경험주의와 계몽주의의 연관성에 대해서는 Ernest Gellner, *Plough, Sword and Book*, 133쪽을 보라.
2. Rhodes, 앞의 책, 41~42쪽.
3. L. G. Wickhan Legg (editor), *Dictionary of National Biography*, Oxford: Oxford University Press, 1949, 766쪽, column 2.
4. Rhodes, 앞의 책, 43쪽.
5. *Dictionary of National Biography*, 769쪽, column 2.
6. Rhodes, 앞의 책, 47쪽.
7. 앞의 책.
8. David Wilson, *Rutherford: Simple Genius*, London: Hodder & Stoughton, 1983, 291쪽.
9. Wilson, 앞의 책, 289쪽.
10. Ernest Marsden, 'Rutherford at Manchester', in: J. B. Birks(editor), *Rutherford at Manchester*, London: Heywood & Co., 1962, 8쪽.
11. Rhodes, 앞의 책, 49~50쪽.
12. Wilson, 앞의 책, 294쪽, 297쪽.
13. Rhodes, 앞의 책, 50쪽.
14. Michael White and John Gribbin, *Einstein: A Life in Science*, London: Simon & Schuster, 1993, 5쪽.
15. 앞의 책, 9쪽.
16. 앞의 책, 10쪽.
17. 앞의 책, 8쪽.
18. Ronald W. Clark, *Einstein: The Life and Times*, London: Hodder & Stoughton, 1973, 16쪽.
19. 앞의 책, 76~83쪽.; White and Gribbin, 앞의 책, 48쪽.
20. Clark, *Einstein*, 61~62쪽.
21. 앞의 책 같은 곳과 89쪽.
22. White and Gribbin, 앞의 책, 95쪽.

23. Clark, *Einstein*, 100쪽.
24. 이 부분은 Wiebe E. Bijker, *Of Bicycles, Bakelites and Bulbs: Towards a Theory of Sociological Change*, Cambridge, Massachusetts: MIT Press, chapter 3, 101~108쪽을 토대로 했다.
25. Stephen Fenichell, *Plastic: The Making of a Synthetic Century*, New York: HarperCollins, 1996, 86쪽. Bijker, 앞의 책, 130쪽.
26. *Encyclopaedia Britannica*, London: William Benton, 1963, volume 18, 40A쪽.
27. Bijker, 앞의 책, 107~115쪽. 틀니 폭발 얘기는 114쪽에 나온다.
28. 앞의 책, 119쪽.
29. Fenichell, 앞의 책, 89쪽.
30. Bijker, 앞의 책, 146쪽.
31. Encyclopaedia Britannica, volume 18, 40D쪽. Bijker, 앞의 책, 147쪽.
32. Fenichell, 앞의 책, 90쪽.
33. Bijker, 앞의 책, 147쪽.
34. 앞의 책, 148쪽.
35. 앞의 책, 158쪽.
36. Fenichell, 앞의 책, 91쪽.
37. Bijker, 앞의 책, 159~160쪽.
38. Encyclopaedia Britannica, volume 18, 40D쪽도 참조하라.
39. Bijker, 앞의 책, 166쪽.
40. Caroline Moorehead, *Bertrand Russell: A Life*, London: Sinclair Stevenson, 1992, 2쪽.
41. 러셀 저작의 문헌학적 고찰은 Ray Monk, *Bertrand Russell, The Spirit of Solitude*, London: Vintage, 1997, 667쪽을 보라.
42. Moorehead, 앞의 책, 335쪽.
43. 앞의 책, 35쪽.
44. 앞의 책, 46쪽.
45. Ronald W. Clark, *The Life of Bertrand Russell*, London: Penguin, 1978, 43쪽. Moorehead, 앞의 책, 49쪽.
46. Moorehead, 앞의 책, 96쪽.
47. 앞의 책, 97~100쪽.
48. Clark, *Bertrand Russell and His World*, London: Thames & Hudson, 1981, 28쪽.; Monk, 앞의 책, 153쪽.
49. Monk, 앞의 책, 129쪽 등등. Moorehead, 앞의 책, 94쪽.
50. Moorehead, 앞의 책, 96쪽.
51. Bertrand Russell, 'Whitehead and *Principia Mathematica*', *Mind*, volume 1vii, No. 226, April 1948, 137~138쪽.
52. Bertrand Russell, *The Autobiography of Bertrand Russell, 1872~1914*, London: George Allen & Unwin, 1967, 152쪽.
53. Moorehead, 앞의 책, 99쪽.
54. Monk, 앞의 책, 192쪽.
55. 앞의 책, 193쪽.
56. 앞의 책, 191쪽.
57. Moorehead, 앞의 책, 101쪽.

58. 앞의 책, 102쪽.
59. Monk, 앞의 책, 193쪽.
60. 앞의 책, 195쪽.
61. M. Weahterall, *In Search of a Cure: A History of Pharmaceutical Discovery*, Oxford: Oxford University Press, 1990, 83쪽.
62. 앞의 책, 84~85쪽.
63. 앞의 책, 86쪽.
64. Claude Quétel, *Le Mal de Naples: histoire de la syphilis*, Paris: Editions Seghers, 1986; 영역본 *History of Syphilis*, London: Polity Press, 1990, 2쪽.
65. Allan M. Brandt, *No Magic Bullet: A Social History of Venereal Disease in the United States since 1880*, Oxford: Oxford University Press, 1985, 23쪽.
66. Quétel, 앞의 책, 149쪽.
67. 앞의 책, 146쪽.
68. 앞의 책, 152쪽.
69. 앞의 책, 157~158쪽.
70. Martha Marquardt, *Paul Ehrlich*, London: Heinemann, 1949, 163쪽. Brand, 앞의 책, 40쪽.
71. Quétel, 앞의 책, 141쪽.
72. Marquardt, 앞의 책, 28쪽.
73. 앞의 책, 86쪽.
74. 앞의 책, 160쪽.
75. 앞의 책, 163쪽.
76. 앞의 책, 168쪽.
77. 앞의 책, 175~176쪽.
78. Sigmund Freud, *Three Essays on the Theory of Sexuality*, 1905. 지금은 영역본 『표준판 프로이트 전집』 VII에 실려 있다(1장 주석 1 참조). 20~21쪽.

7 - 인종 간의 우열

1. David Levering Lewis, *W. E. B. Du Bois: A Biography of a Race*, New York: Holt, 1993, 392쪽.
2. 앞의 책, 387~389쪽.
3. Manning Marable, *W. E. B. Du Bois: Black Radical Democrat*, Boston: Twayne, 1986, 98쪽.
4. Lewis, 앞의 책, 393쪽.
5. Marable, 앞의 책, 52쪽.
6. Lewis, 앞의 책, 33쪽.
7. Marable, 앞의 책, 49쪽.
8. Lewis, 앞의 책, 302~303쪽.
9. 앞의 책, 316쪽.
10. 앞의 책, 387쪽.
11. Marable, 앞의 책, 73쪽.

12. Lewis, 앞의 책, 404쪽.
13. 앞의 책, 406쪽.
14. Marable, 앞의 책, 73쪽.
15. Lewis, 앞의 책, 405쪽.
16. Everdell, *The First Moderns*, 209쪽.
17. 앞의 책, 210쪽, 215~219쪽.
18. 앞의 책, 217쪽.
19. Mike Hawkins, *Social Darwinism in European and American Thought*, 239~240쪽.
20. 앞의 책, 229~230쪽.
21. Kenneth M. Ludmerer, *Genetics and American Society*, Baltimore: Johns Hopkins University Press, 1972, 60쪽.
22. Ernst Mayr, *The Growth of Biological Thought*, 752쪽.
23. Brure Wallace, *The Search for the Gene*, Ithaca: Cornell University Press, 1992, 56쪽.
24. Mayr, 앞의 책, 750~751쪽.
25. Wallace, 앞의 책, 57~58쪽.; Mayr, 앞의 책, 748쪽.
26. Peter J. Bowler, The Mendelian Revolution, 132쪽.; Mayr, 앞의 책, 752쪽.
27. Mayr, 앞의 책, 753쪽.
28. T. H. Morgan, A. H. Sturtevant, H. J. Muller and C. B. Bridges, *The Mechanism of Mendelian Inheritance*, New York: Henry Holt, 1915; Bowler, 앞의 책, 134쪽.
29. Bowler, 앞의 책, 144쪽.
30. Melville J. Herskovits, *Franz Boas: The Science of Man in the Making*, New York: Charles Scribner's Sons, 1953,쪽.17. 보아스의 정치적 견해와 독일 정치 체제에 대한 혐오감에 대해서는 Douglas Cole, *Franz Boas's: The Early Years 1858~1906*, Vancouver/Toronto: Douglas & McIntyre and the University of Washington Press, Washington and London, 1999, 278쪽을 보라.
31. Ludmerer, 앞의 책, 25쪽.
32. Franz Boas, *The Mind of Primitive Man*, New York: Macmillan, 1911, 53쪽.
33. Ludmerer, 앞의 책, 97쪽.
34. Franz Boas, 앞의 책, 1쪽.
35. Boas, 앞의 책, 34쪽.
36. 앞의 책, 145쪽.
37. 앞의 책, 25쪽.
38. 앞의 책, 278쪽.
39. Bertrand Flornoy, *Inca Adventure*, London: George Allen & Unwin, 1956, 195쪽.
40. Hiram Bingham, *Lost City of the Incas*, London: Phoenix House, 1951, 100쪽.
41. John Hemming, *The Conquest of the Incas*, London: Macmillan, 1970; paperback edition 1993, 243쪽.
42. Bingham, 앞의 책, 50~52쪽.
43. Hemming, 앞의 책, 463~464쪽.
44. 앞의 책, 464쪽.
45. Bingham, 앞의 책, 141쪽.
46. Flornoy, 앞의 책, 194쪽.
47. Bingham, 앞의 책, 141쪽.
48. Hemming, 앞의 책, 464쪽.

49. Bingham, 앞의 책, 142~143쪽.
50. Nigel Davies, *The Incas*, Niwot, Colorado: University of Colorado Press, 1995, 9쪽.
51. Hemming, 앞의 책, 469쪽.
52. 앞의 책, 470쪽.
53. Bingham, 앞의 책, 152쪽.
54. Hemming, 앞의 책, 472쪽.
55. David R. Oldroyd, *Thinking About the Earth*, London: The Athlone Press, 1996, 250쪽.
56. 앞의 책, 251쪽의 지도를 보라.
57. George Gamow, *Biography of the Earth*, London: Macmillan, 1941, 133쪽.
58. Oldroyd, 앞의 책, 250쪽.
59. R. Gheyselinck, *The Restless Earth*, London: The Scientific Book Club, 1939, 281쪽. Oldroyd, 앞의 책, 257쪽의 지향사 지도 참조.
60. Oldroyd, 앞의 책, 144쪽, 312쪽.
61. Gamow, 앞의 책, 2쪽.

8 - 활화산

1. Robert Frost, *A Boy's Will*, verse 2, 'The Trial by Existence', 1913; in *Robert Frost: Collected Poems, Prose and Plays*, New York: The Library of America, 1995, 28쪽. Everdell, 앞의 책, Chapter 21, '기적의 해Annus Mirabilis'는 1913년을 두고 한 말이다.
2. John Rewald, *Cézanne and America: Dealers, Collectors, Artists and Critics*, Princeton: Princeton University Press, 1989, 175쪽.
3. Judith Zilczer, *The Noble Buyer: John Quinn, Patron of the Avant-Garde*, Washington D. C..
4. Milton Brown, *The Story of the Armory Show*, New York: Abbeville Press, 1988, 107쪽.
5. Peter Watson, *From Manet to Manhattan: The Rise of the Modern Art Market*, London: Hutchinson, 1992; New York: Random House, 1992, 176쪽.
6. Rewald, 앞의 책, 166~168쪽.; Brown, 앞의 책, 64~73쪽.
7. Watson, 앞의 책, 179쪽.
8. Brown, 앞의 책, 133쪽.
9. 앞의 책, 143쪽.
10. 앞의 책, 119쪽, 238~239쪽.
11. Roger Shattuck, *The Banquet Years*, 282~283쪽.
12. Marcel Adéma, *Apollinaire*, London: Heinemann, 1954, 162쪽.
13. 앞의 책, 163~164쪽.; Everdell, 앞의 책, 330쪽.
14. Adéma, 앞의 책, 164쪽.
15. Everdell, *The First Moderns*, 330쪽.
16. Apollinaire 소개로는 Shattuck, *The Banquet Years*, chapter 9와 10, 253~322쪽이 아주 좋다.
17. Schonberg, *The Lives of the Great Composers*, 431쪽.
18. Everdell, 앞의 책, 329~330쪽.

19. Peter Watson, *Nureyev: A Biography*, London: Hodder & Stoughton, 1994, 87~88쪽.
20. Schonberg, 앞의 책, 433쪽.
21. 앞의 책.
22. 앞의 책, 434쪽.
23. 앞의 책.
24. Richard Buckle, *Diaghilev*, London: Weidenfeld & Nicolson, 1979, 175쪽.
25. Schonberg, 앞의 책, 430쪽.
26. Everdell, 앞의 책, 331쪽.
27. Buckle, 앞의 책, 251쪽.
28. Schonberg, 앞의 책, 431쪽.; Buckle, 앞의 책, 253쪽.
29. Schonberg, 앞의 책, 431쪽.
30. Buckle, 앞의 책, 254쪽.
31. 앞의 책, 255쪽.
32. Everdell, 앞의 책, 333쪽.
33. Henri Quittard, *Le Figaro*, 31 May 1913; Everdell, 앞의 책, 333쪽에서 재인용. '음악적 잠재의식'에 관한 언급은 Schonberg, 앞의 책, 432쪽을 보라.
34. Everdell, 앞의 책, 335쪽.
35. Clark, *Einstein*, 199쪽.
36. White and Gribbin, *Einstein*, 132~133쪽.
37. Clark, *Einstein*, 241쪽.
38. White and Gribbin, 앞의 책, 135쪽.
39. C.P.Snow, *The Physicists*, London: Macmillan, 1981, 56쪽.
40. Rhodes, *The Making of the Atomic Bomb*, 쪽.69; Snow, 앞의 책, 58쪽.
41. Ruth Moore, *Niels Bohr: The Man and the Scientist*, London: Hodder & Stoughton, 1967, 71쪽.; Rhodes, 앞의 책, 69~70쪽.
42. Rhodes, 앞의 책, 70쪽.
43. Moore, 앞의 책, 59쪽.
44. Snow, 앞의 책, 57쪽.
45. 앞의 책, 58쪽.
46. David Luke, Introduction, in Thomas Mann, *Death in Venice and Other Stories*, David Luke 번역·해설, London: Minerva, 1990, 4쪽.
47. 앞의 책, 35쪽.
48. Ronald Hayman, *Thomas Mann*, New York: Scribner, 1995, 252쪽.
49. Luke, 앞의 책, 34~51쪽.
50. Brenda Maddox, *The Married Man: A Life of D. H. Lawrence*, London: Sinclair Stevenson, 1994, 36쪽.
51. Helen Baron and Carl Baron, Introduction to: D. H. Lawrence, *Sons and Lovers*, London: Heinemann, 1913; reprinted Cambridge University Press and Penguin Books, 1992, 18쪽.
52. James T. Boulton (editor), *The Letters of D. H. Lawrence*, volume Ⅰ, Cambridge: Cambridge University Press, 1979, 476~477쪽.; Baron and Baron, 앞의 책, 19쪽에서 인용.
53. Baron and Baron, 앞의 책, 18쪽.
54. George Painter, *Marcel Proust: A Biography*, volume 2, London: Chatto & Windus, 1965, 특히 chapter 3을 보라. 무의식에 대해서는 Harold March, *The Two Worlds of Marcel Proust*, Oxford:

Oxford University Press, 1948, 241쪽, 245쪽을 보라.
55. Painter, 앞의 책의 index 407쪽을 보라.
56. Clark, *Freud*, 305~306쪽.
57. 프로이트가 빈의 사회생활과 '좌절감' 사이에 연관이 있다고 본 부분에 대해서는 Janik and Toulmin, *Wittgenstein's Vienna*, 76쪽 참조.
58. Frank McLynn, *Carl Gustav Jung*, London: Bantam Press, 1996, 72쪽.
59. 앞의 책, 176쪽.
60. Barbara Hannah, *Jung: His Life and Work*, London: Michael Joseph, 1977, 69쪽.
61. J. A. C. Brown, *Freud and the Post-Freudians*, Harmondsworth: Penguin, 1961, 43쪽. 융의 종족무의식과 집단무의식 이론에 대해서는 46쪽과 48쪽, 그 이론을 뒷받침하는 '증거'에 대해서는 43쪽을 보라.
62. McLynn, 앞의 책, 305쪽. Brown, 앞의 책, 43쪽.
63. Clark, *Freud*, 332쪽.
64. Richard Noll, *The Aryan Christ: The Secret Life of Carl Gustav Jung*, London: Macmillan, 1997, 108쪽.
65. Clark, *Freud*, 331쪽.
66. 앞의 책, 352쪽.
67. 앞의 책.
68. Peter Gay, *A Life for Our Time*, London: J. M. Dent, 1988, 332쪽.
69. Clark, *Freud*, 356쪽.
70. Gay, 앞의 책, 242쪽. Gay는 프로이트가 친구들을 적으로 만들 '필요'가 있었던 것은 아닌가 하는 의문을 제기한다.
71. Robert Frost, 앞의 책, verse 4: 'Reluctance', 38쪽.

9 - 반격

1. Ronald Clark, *Freud*, 366쪽.
2. 앞의 책, 366쪽.
3. Caroline Moorehead, *Bertrand Russell: A Life*, 205쪽.
4. John Richardson, *A Life of Picasso, 1881~1906*, volume 2, London: Jonathan Cape, 1996, 344~345쪽.
5. Everdell, *The First Moderns*, 346쪽.
6. 앞의 책.
7. 앞의 책.
8. 예를 들어 Paul Fussell, *The Great War and Modern Memory*, Oxford: Oxford University Press, 1975; Jay Winter, *Sites of Memory, Sites of Mourning: The Great War in European Cultural History*, Cambridge: Cambridge University Press, 1995년 판을 참조하라.
9. Fussell, 앞의 책, 9쪽.
10. 앞의 책, 11쪽.
11. 앞의 책, 13쪽.
12. 앞의 책.

13. 앞의 책, 14쪽.
14. 앞의 책, 41쪽.
15. 앞의 책, 18쪽.
16. Maxwell Maltz, *The Evolution of Plastic Surgery*, New York: Froben Press, 1946, 268쪽.
17. Kenneth Walker, *The Story of Blood*, London: Herbert Jenkins, 1958, 144쪽.
18. Walker, 앞의 책, 152~153쪽.
19. Harley Williams, *Your Heart*, London: Cassell, 1970, 74쪽.
20. Walker, 앞의 책, 144쪽.
21. *Encyclopaedia Britannica*, London: William Benton, 1963, volume 3, 808쪽.
22. Walker, 앞의 책, 148~149쪽.
23. Stephen Jay Gould, *The Mismeasure of Man*, New York: W. W. Norton, 1981, Revised and expanded, Penguin, 1997, 179쪽.
24. Raymond E. Fancher, *The Intelligence Men: Makers of the IQ Controversy*, New York: W. W. Norton, 1985, 60쪽.
25. Gould, 앞의 책, 179쪽.
26. 앞의 책, 386쪽.
27. 앞의 책, 188쪽.
28. Fancher, 앞의 책, 107쪽.
29. Gould, 앞의 책, 190쪽.
30. H. J. Eysenck and Leon Kamin, *Intelligence: The Battle for the Mind*, London: Macmillan, 1981, 93쪽.
31. Gould, 앞의 책, 286쪽.
32. Fancher, 앞의 책, 136~137쪽.
33. 앞의 책, 144~145쪽.
34. Gould, 앞의 책, 222쪽.
35. 앞의 책, 223쪽.
36. 앞의 책, 224쪽.
37. Fancher, 앞의 책, 124쪽.
38. Gould, 앞의 책, 227쪽.
39. 앞의 책, 254쪽.
40. Clark, *Freud*, 366~367쪽.
41. 앞의 책, 375쪽.
42. John Rawlings Rees, *The Shaping of Psychiatry by War*, New York: W. W. Norton, 1945, 113쪽.
43. Rees, 앞의 책, 28쪽.
44. Emanuel Miller (editor), *The Neuroses in War*, London: Macmillan, 1945, 8쪽.
45. Peter Gay, 앞의 책, 376쪽.
46. Clark, *Freud*, 386~387쪽.
47. 앞의 책, 404~405쪽.
48. Fussell, 앞의 책, 355쪽.
49. Bernard Bergonzi, *Heroes' Twilight: A Study of the Literature of the Great War*, London: Macmillan, 1978, 32쪽.
50. 앞의 책, 42쪽, 44쪽.
51. 앞의 책, 36쪽.

52. John Silkin, *Out of Battle*, Oxford: Oxford University Press, 1972, 65쪽.
53. Bergonzi, 앞의 책, 41쪽.
54. 앞의 책.
55. Martin Seymour-Smith, *Robert Graves: His Life and Work*, London: Bloomsbury, 1995, 49~50쪽.
56. Bergonzi, 앞의 책, 65~66쪽.; Desmond Graham, 'Poetry of the First World War', in Dodsworth (editor), 앞의 책, 124쪽.
57. Martin Seymour-Smith, 'Graves', in Ian Havilton (editor), *The Oxford Companion to Twentieth-Century Poetry*, Oxford: Oxford University Press, 1994, 194쪽.
58. Silkin, 앞의 책, 249쪽.
59. 앞의 책, 250쪽.
60. 앞의 책, 276쪽.
61. Kenneth Simcox, *Wilfred Owen: Anthem for a Doomed Youth*, London: The Woburn Press, 1987, 50쪽.
62. Simcox, 앞의 책, 129쪽.
63. Bergonzi, 앞의 책, 127쪽.; Silkin, 앞의 책, 207쪽.
64. Silkin, 앞의 책, 232쪽.
65. 양극단화의 습관에 대해서는 Fussell, 앞의 책, 7~18쪽과 79쪽을 보라.
66. Winter, 앞의 책, 78쪽.
67. 앞의 책, 132쪽.
68. 앞의 책, 57쪽.
69. 앞의 책, 133쪽.
70. Ray Mon, *Ludwig Wittgenstein: The Duty of Genius*, London: Jonathan Cape, 1990, 112쪽.
71. 앞의 책, 112쪽.
72. Janik and Toulmin, 앞의 책, 167쪽.
73. Monk, 앞의 책, 12쪽.
74. 앞의 책, 15쪽.
75. 앞의 책, 30~33쪽.
76. Brian McGuinness, *Wittgenstein: A Life, Volume One, Young Ludwig, 1889~1921*, London: Duckworth, 1988, 84쪽.
77. Janik and Toulmin, *Wittgenstein's Vienna*, 앞의 책, 176쪽.
78. Monk, 앞의 책, 48쪽.
79. McGuinness, 앞의 책, 179~180쪽.
80. Monk, 앞의 책, 138쪽.
81. 앞의 책, 145쪽.
82. McGuinness, 앞의 책, 263쪽.
83. Monk, 앞의 책, 149~150쪽.
84. McGuinness, 앞의 책, 264쪽.
85. Georg Henrik von Wright, *Wittgenstein*, Oxford: Basil Blackwell, 1982, 77쪽.
86. Monk, 앞의 책, 157쪽과 180쪽.
87. Magee, 앞의 책, 82쪽.; Monk, 앞의 책, 215쪽.
88. 앞의 책, 222쪽.
89. Janik and Toulmin, 앞의 책. 빈 서클과 비트겐슈타인에 대한 평가는 214~215쪽, 『논리철학 논고』에 대한 다른 반응에 관해서는 180~201쪽을 보라.

90. Monk, 앞의 책, 156쪽. 상세한 내용은 McGuinness, 앞의 책, chapter 9, 296~316쪽을 보라. P. M. S. Hacker, *Wittgenstein*, London: Phoenix, 1997도 참조.
91. McGuinness, 앞의 책, 300쪽. Magee, 앞의 책, 80쪽과 85쪽.
92. Van Wright, 앞의 책, 145쪽.
93. 이 부분은 Robert Short, 'Dada and Surrealism', in Malcolm Bradbury and James McFarlane (editors), *Modernism*, 293쪽의 설명을 따랐다.
94. William S. Rubin, *Dada and Surrealist Art*, London: Thames & Hudson, 1969, 63쪽.
95. Short, 앞의 책, 295쪽.
96. Rubin, 앞의 책, 36쪽.
97. Hughes, *The Shock of the New*, 앞의 책, 61쪽.
98. Short, 앞의 책, 295쪽.
99. Hughes, 앞의 책, 61쪽.
100. Rubin, 앞의 책, 40~41쪽.
101. Hughes, 앞의 책, 61쪽.
102. Rubin, 앞의 책, 52~56쪽.
103. Hughes, 앞의 책, 64~66쪽.
104. 앞의 책, 67~68쪽.
105. Short, 앞의 책, 296쪽.
106. 앞의 책.
107. Rubin, 앞의 책, 42~46쪽.
108. 앞의 책.
109. Hughes, 앞의 책, 75~78쪽.
110. Short, 앞의 책, 299쪽.
111. 앞의 책, 300쪽.
112. 앞의 책, 300쪽.
113. Anna Balakian, *André Breton: Magus of Surrealism*, New York: Oxford University Press, 1971, 61쪽과 86~101쪽.
114. Short, 앞의 책, 300쪽.
115. Beverly Whitney Kean, *French Painters, Russian Collectors*, London: Barrie & Jenkins, 1985, 144쪽.
116. Hughes, 앞의 책, 81쪽.
117. L. A. Magnus and K. Walter, Introduction to *Three Plays of A. V. Lunacharski*, London: George Routledge & Co., 1923, 5쪽.
118. 이에 대한 논의는 Timothy Edward O'Connor, *The Politics of Soviet Culture: Anatoli Lunacharskii*, Ann Arbor, Michigan: University of Michigan Press, 1983, 68~69쪽을 보라.
119. Magnus and Walter, 앞의 책, 7쪽.
120. Hughes, 앞의 책, 87쪽.
121. 앞의 책.
122. 앞의 책.
123. Glina Demosfenova, *Malevich: Artist and Theoretician*, Paris: Flammarion, 1990, 10쪽.
124. 앞의 책, 14쪽.
125. Hughes, 앞의 책, 89쪽.
126. Demosfenova, 앞의 책, 14쪽.

127. Hughes, 앞의 책, 89쪽.
128. Demosfenova, 앞의 책, 197~198쪽.
129. Hughes, 앞의 책, 92쪽.
130. Magdalena Dabrowski, Leah Dickerman and Peter Galassi, *Aleksandr Rodchenko*, New York: Harry. H. Abrams, 1998, 44~45쪽.
131. Hughes, 앞의 책, 93쪽.
132. 앞의 책, 95쪽.
133. Dabrowski *et al.,* 앞의 책, 63쪽.
134. 앞의 책, 124쪽.
135. 'The Future is our only Goal', in Peter Noever (editor), *Aleksandr Rodchenko and Varvora F. Stepanova,* Munich: Prestel Verlag, 1991, 158쪽.
136. 'The Discipline of Construction, leader Rodchenko', in Noever, 앞의 책, 237쪽.

10 - 저물어가는 세계

1. Oswald Spengler, *The Decline of the West*, Charles Francis Atkinson 번역으로 두 권으로 나옴. volume one: *Der Untergang des Abendlandes: Gestalt und Wirklichkeit*, Munich: C. H. Beck'sche Verlags Buchhandlung, 1918; volume two: *Der Untergang des Abendlandes: Welt historische Perspektiven*, 1922.
2. Herman, *The Idea of Decline in Western History*, 228쪽 참조.
3. 앞의 책, 231~232쪽.
4. Arthur Helps (편집/번역), *Spengler Letters*, London: George Allen & Unwin, 1966, 17쪽. Herman, 앞의 책, 233~234쪽.
5. Herman, 앞의 책, 234쪽.
6. 앞의 책, 235쪽.
7. Spengler, 앞의 책, volume one, 21쪽.
8. Spengler, 앞의 책, volume two, 90쪽. Herman, 앞의 책, 240쪽도 참조하라.
9. Helps, 앞의 책, 31쪽, 1914년 10월 25일자 Hans Klöres에게 보낸 편지.
10. Thomas Mann, Diaries, 1918~1939, 1919년 7월 2일자 기록, 1979~82, Peter de Mendelssohn (editor), 61~64쪽.
11. Herman, 앞의 책, 244~245쪽.
12. Helps, 앞의 책, 133쪽, 1923년 9월 18일자 Elisabeth Förster-Nietzsche에게 보낸 편지.
13. Herman, 앞의 책, 246~247쪽.
14. Bruce Arnold, *Orpen: Mirror to an Age*, London: Jonathan Cape, 1981, 365쪽. 'The Signing of the Peace in the Hall of Mirrors, Versailles, 28 June 1919', 캔버스에 유화, 60×50인치, 런던 Imperial War Museum 소장.
15. D. E. Moggridge, Maynard Keynes: An Economist's Biography, London and New York: Routledge, 1992, 6쪽. 여성은 1947년까지 케임브리지 대학 입학이 허용되지 않았다.
16. Robert Skidelsky, *John Maynard Keynes, volume one: Hopes Betrayed*, London: Macmillan, 1983, 131쪽.
17. 앞의 책, 176쪽.

18. Moggridege, 앞의 책, 282~283쪽.
19. Skidelsky, 앞의 책, 382쪽.
20. John Howard Morrow, *The Great War in the Air: Military Aviation from 1909~1921*, Washington D. C.: The Smithsonian Institution Press, 1993, 354쪽.
21. Trevor Wilson, *The Myriad Faces of War: Britain and the Great War, 1914~1918*, Cambridge: Polity Press, 1986, 839~841쪽.
22. Moggridege, 앞의 책, 341쪽.; Skidelsky, 앞의 책, 397쪽.; Étienne Mantoux, *The Carthaginian Peace; or, the Economic Consequence of Mr. Keynes*, London: Oxford University Press, 1946. 382쪽.
23. *The Economic Consequences of the Peace* (1919)는 현재 *The Collected Writings of John Maynard Keynes* (30 vols 1971~1989), Managing Editors Sir Austin Robinson and Donald Moggridge, London: Macmillan, 1971~1989의 volume II로 구해볼 수 있다.
24. John Fairbanks, *China*, 267~268쪽. Immanuel C. Y. Hsü, *The Rise of Modern China*, New York and Oxford: Oxford University Press, 1983 개정판, 501쪽에서는 데모 참가 인원을 5,000명으로 적고 있다.
25. Fairbanks, 앞의 책, 268쪽.; Hsü, 앞의 책, 569~570쪽.
26. Chow Tse-tung, *The May Fourth Movement: Intellectual Revolution in Modern China*, Cambridge, Massachusetts: Harvard University Press, 1960, 84쪽과 Part Two, 269쪽.
27. Hsü, 앞의 책, 422~423쪽.
28. Fairbank, 앞의 책, 258쪽.
29. 앞의 책, 261~264쪽.
30. 앞의 책, 265쪽.
31. 앞의 책.
32. Tse-tung, 앞의 책, 171쪽.
33. Fairbank, 앞의 책, 266쪽.
34. 앞의 책.
35. Hsü, 앞의 책, 569~570쪽.
36. 잡지 명단은 Tse-tung, 앞의 책, 178~179쪽을 보라.
37. Fairbank, 앞의 책, 268쪽.
38. 앞의 책, 269쪽.
39. Paul Johnson, *The Modern World*, 앞의 책, 197쪽. Fairbank, 앞의 책, 275~276쪽.
40. William Johnston, *The Austrian Mind*, 앞의 책, 73쪽.
41. 앞의 책.
42. Janik and Toulmin, *Wittgenstein's Vienna*, 앞의 책, 239~240쪽.
43. M. Weatherall, *In Search of a Cure*, 앞의 책, 128쪽.
44. Arpad Kadarkay, *Georg Lukács: Life, Thought and Politics*, Oxford: Basil Blackwell, 1991, 177쪽. Mary Gluck, *Georg Lukács and His Generation*, Cambridge, Massachusettrrs: Harvard University Press, 1985, 14쪽.
45. 짐멜에 대한 논의는 앞의 책, 22쪽, 고갱에 대해서는 131쪽, 마네에 대한 언급은 147쪽을 보라.
46. 앞의 책, 154쪽.
47. 앞의 책, 154~155쪽.
48. 앞의 책, 156쪽.
49. Kadarkay, 앞의 책, 195쪽.

50. Gluck, 앞의 책, 204쪽.
51. 앞의 책, 205쪽.
52. Kadarkay, 앞의 책, 248~249쪽.
53. Gluck, 앞의 책, 211쪽.
54. A. Vibert Douglas, *The Life of Arthur Stanley Eddington,* London: Thomas Nelson & Sons, 1956, 38쪽.
55. L.쪽.Jacks, *Sir Arthur Eddington: Man of Science and Mystic,* Cambridge: Cambridge University Press, 1949. 특히 2쪽, 17쪽을 보라.
56. John Gribbin, *Companion to the Cosmos,* London: Weidenfeld & Nicolson, 1996, Phoenix paperback, 1997,쪽.92, 571. Douglas, 앞의 책, 54쪽도 참조
57. Douglas, 앞의 책, 39쪽.
58. 앞의 책.
59. 앞의 책, 40쪽.
60. 앞의 책.
61. 앞의 책.
62. 앞의 책, 41쪽. Albrecht Fölsing, *Albert Einstein: A Biography,* New York: Viking, 1997, 440쪽도 참조하라.
63. Douglas, 앞의 책, 42쪽.
64. 앞의 책, 43쪽. 화이트헤드 및 상대성 이론에 대한 에딩턴의 평가에 대해서는 Ronald W. Clark, *Einstein: The Life and Times,* 224~225쪽과 Victor Lowe: *Alfred North Whitehead: The Man and His Work, volume II, 1910~1947,* edited by J. B. Schneewind, Baltimore and London: Johns Hopkins University Press, 1990, 127쪽을 보라.

11 - 탐욕의 황무지

1. Ross Terrill, R. H. *Tawney and His Times: Socialism and Fellowship,* London: André Deutsch, 1974, 53쪽.
2. 앞의 책, 53~56쪽.
3. Anthony Wright, R. H. *Tawney,* Manchester: Manchester University Press, 1987, 48~49쪽.
4. 앞의 책, 35쪽.
5. R. H. Tawney, *Religion and the Rise of Capitalism,* London: John Murray, 1926. 1938년 Pelican Books로, 1990년 Penguin 20th Century Classic으로 나옴. 특히 chapter 3, section iii과 chapter 4, section iii을 보라.
6. Tawney, 앞의 책, chapter 3, section iii, chapter 4, section iii.
7. Wright, 앞의 책, 148쪽.
8. Peter Ackroyd, *T. S. Eliot,* London: Hamish Hamilton, 1984; Penguin edition, 1993, 61~64쪽, 113~114쪽.
9. Stephen Coote, *T. S. Eliot: The Waste Land,* London: Penguin, 1985, 10쪽.
10. 앞의 책, 12쪽, 94쪽.

11. 앞의 책, 14쪽. Robert Sencourt, *T. S. Eliot: A Memoir*, London: Garnstone Press, 1971, 85쪽 참조.
12. Boris Ford (editor), *The New Pelican Guide to English Literature: Volume 9: American Literature*, Penguin 1967, 개정판 1995, 327쪽.
13. 파운드가 1921년 12월 24일 파리에서 엘리엇에게 보낸 편지. Valerie Eliot (editor), *The Letters of T. S. Eliot, Volume I, 1889~1921*, London: Faber & Faber, 1988, 497쪽.
14. Coote, 앞의 책, 30쪽. 특히 *The Waste Land* 원고 편집에 대해서는 chapter 5, 89쪽을 보라. Ackroyd, 앞의 책, 113~126쪽도 참조.
15. Sencourt, 앞의 책, 89쪽. Coote, 앞의 책, 9쪽.
16. Coote, 앞의 책, 26쪽.
17. 앞의 책, 125~126쪽, 132~135쪽.
18. Valerie Eliot, 앞의 책, 551~552쪽. '개성으로부터의 이탈'이라는 언급에 대해서는 Coote, 앞의 책, 17쪽도 참조하라.
19. Luigi Pirandello, *Six Characters in Search of an Author*, Frederick May 번역, London: Heinemann, 1954, 재판 1975, 10쪽.
20. May, 앞의 책, 8쪽. Mark Musa, Introduction to the Peguin edition of *Six Characters in Search of an Author and Other Plays*, London: Penguin, 1995, 6쪽, 14쪽. Benito Ortolani (편집/번역), *Pirandello's Love Letters to Marta Abba*, Princeton: Princeton University Press, 1994도 참조하라.
21. Gaspare Guidice, *Pirandello*, Oxford: Oxford University Press, 1975, 119쪽.
22. Frank Field, *The Last Days of Mankind: Karl Kraus and His Vienna*, London: Macmillan, 1967, 14쪽.
23. Field, 앞의 책, 18쪽.
24. 앞의 책, 102쪽.
25. 앞의 책, 103쪽.
26. W. Kraft, *Karl Kraus, Beiträge zum Verstädnis seines Werkes*, Salzburg, 1956, 13쪽. Field, 앞의 책, 242쪽, 269쪽에서 재인용.
27. Coote, 앞의 책, 28쪽.
28. Richard Ellmann, *James Joyce*, New York: Oxford University Press, 1959, 401쪽.
29. Declan Kiberd, Introduction to James Joyce's *Ulysses*, Paris: Shakespeare & Co., 1922. Bodley Head가 편집한 1992년 발행 Penguin edition, 81쪽.
30. Ellmann, 앞의 책, 672쪽.; John Wyse Jackson and Peter Costello, *John Stanislaus Joyce: The Voluminous Life and Genius of Joyce's Father*, London: Fourth Estate, 1997, 254~255쪽.
31. Ellmann, 앞의 책, 551쪽.
32. Kiberd, 앞의 책, 32쪽.
33. James Joyce, *Ulysses*, 앞의 책, 271쪽.
34. 앞의 책, 595쪽.
35. Kiberd, 앞의 책, 15쪽, 50쪽.
36. 앞의 책, 23쪽.
37. 앞의 책, 30쪽, 54쪽.
38. David Perkins, *A History of Modern Poetry, Volume 1*, Cambridge, Massachusetts: Harvard University Press, 1976, 572쪽.
39. 앞의 책, 601쪽.
40. 앞의 책, 584쪽.
41. 앞의 책, 596쪽.

42. A. Norman Jeffares, *W. B. Yeats*, London: Hutchinson: 1988, 261쪽.
43. Perkins, 앞의 책, 578쪽.
44. Jeffares, 앞의 책, 275쪽.
45. James R. Mellow, *Invented Lives: F. Scott and Zelda Fitzgerald*, Boston: Houghton Mifflin, 1985, 56쪽.
46. F. Scott Fitzgerald, *The Great Gatsby*, London: Penguin, 1990, 18쪽.
47. Matther Bruccoli, *Some Sort of Epic Grandeur: The Life of F. Scott Fitzgerald*, London: Hodder & Stoughton, 1981, 221쪽.
48. 개정된 결말 부분에 대해서는 앞의 책, 217~218쪽을 보라.
49. 앞의 책, 223쪽.
50. Paul Johnson, *A History of the Modern World from 1917 to the 1980s*, 앞의 책, 9~10쪽.
51. Harold March, *The Two Worlds of Marcel Proust*, Oxford: Oxford University Press, 1948, 114쪽.
52. 앞의 책, 182~194쪽.
53. 앞의 책, 228쪽.
54. 프로이트와 프루스트에 관한 논의는 앞의 책, 241~242쪽을 보라.
55. George Painter, *André Gide: A Critical Biography*, London: Weidenfeld & Nicolson, 1968, 142쪽.
56. Justin O'Brien, *Portrait of André Gide: A Critical Biography*, London: Secker & Warburg, 1953, 254~255쪽.
57. Painter, 앞의 책, 143쪽.
58. O'Brien, 앞의 책, 195쪽.
59. Kate Flint, Introduction to Oxford University Paperback edition of *Jacob's Room*, Oxford, 1992, 13~14쪽.
60. James King, *Virginia Woolf*, London: Hamish Hamilton, 1994, 148쪽.
61. 앞의 책, 314~315쪽. 엘리엇의 반응에 대해서는 Hermione Lee, *Virginia Woolf*, London: Chatto & Windus, 1996, 444쪽을 보라.
62. Virginia Woolf, *Diaries*, 26 January 1920. Flint 앞의 책, 12쪽에서 재인용.
63. 앞의 책, 14쪽.
64. King, 앞의 책, 318쪽.
65. Virginia Woolf, *Jacob's Room*, Oxford: Oxford University Press, 1992 edition, 37쪽. Flint, 앞의 책, 15쪽에서 재인용.
66. Robert Hughes, *The Shock of the New*, 앞의 책, 212쪽.
67. 앞의 책, 213쪽.
68. 앞의 책.
69. Walter Hopps, *Ernst at Surrealism's Dawn: 1925~1927*, in William A. Camfield, *Max Earnst: Dada and the Dawn of Surrealism*, Munich: Prestel-Verlag, 1993, 157쪽.
70. Camfield, 앞의 책, 158쪽.
71. Hughes, 앞의 책, 215쪽.
72. 회랑 등의 배열에 대해서는 Maurizio Fagiolo Dell'Arco, *De Chirico 1908~1924*, Milano: Rizzoli, 1984, 도판 7~15쪽을 보라.
73. Hughes, 앞의 책, 217~221쪽.
74. 'The Politics of Bafflement', in Carolyn Lanchner, *Joan Miró*, New York: Harry N. Abrams, 1993, 49쪽.
75. 앞의 책, 28~32쪽.

76. Hughes, 앞의 책, 231쪽, 235쪽.
77. 앞의 책, 237~238쪽. Robert Descharnes, *The World of Salvador Dali*, London: Macmillan, 1962, 63쪽도 참조. 달리의 자기 외모에 대한 집착에 관해서는 Ian Gibson, *The Shameful Life of Salvador Dali*, London and Boston: Faber & Faber, 1997, 70~71쪽을 보라.
78. Descharnes, 앞의 책, 61쪽. Gibson, 앞의 책, 283쪽.
79. A. M. Hammacher, *René Magritte*, London: Thames & Hudson, 1974, 사진 81과 88.
80. 앞의 책. 한 섹션 전체를 마그리트의 작품들 설명에 할애했다.

12 - 배빗의 미들타운

1. Stephen Jay Gould, *The Mismeasure of Man*, 앞의 책, 260쪽.
2. 앞의 책, 261쪽.
3. 앞의 책.
4. Laurie R. Godfrey (editor), *Scientists Confront Creationism*, New York: W. W. Norton, 1983.
5. Hofstadter, *Anti-Intellectualism in American Life*, New York: Knopf, 1963, 126쪽.
6. 앞의 책, 125쪽.
7. Ronald L. Numbers, *Darwinism Comes to America*, Cambridge, Massachusetts: Harvard University Press, 1998, 77~89쪽.
8. Hofstadter, 앞의 책, 124~125쪽.
9. James J. Hutchisson, Introduction to: Sinclair Lewis, *Babbitt*, New York: Harcourt Brace & Co., 1922; Penguin edition, London, 1996, 12쪽.
10. 앞의 책, 8~11쪽.
11. 앞의 책, 6쪽.
12. Mark Schorer, *Sinclair Lewis: An American Life*, London: Heinemann, 1963, 345쪽. Hutchisson, 앞의 책, 12쪽도 참조.
13. Hutchisson, 앞의 책, 26쪽.
14. Alfred Kazin, *On Native Grounds*, New York: Harcourt Brace, 1942; paperback, third edition, 1995, 221쪽.
15. Hutchisson, 앞의 책, 17쪽.
16. Schorer, 앞의 책, 353~356쪽.
17. Asa Briggs, *The Birth of Broadcasting*, Oxford and New York: Oxford University Press, 1961, 65쪽.
18. Theodore Peterson, *Magazines in the Twentieth Century*, Urbana: University of Illinois Press, 1956, 40쪽, 211쪽.
19. 앞의 책, 211쪽.
20. 앞의 책.
21. Janice A. Radway, *A Feeling for Books: The Book of the Month Club, Literary Taste and Middle Class Desire*, Chapel Hill: University of North Carolina Press, 1997, 195~196쪽.
22. 앞의 책, 221쪽.
23. Robert S. and Helen Merrell Lynd, *Middletown: A Study in Contemporary American Culture*, London:

Constable, 1929, 6쪽.
24. 앞의 책, 7쪽.
25. 앞의 책, 249쪽.
26. 앞의 책, 48쪽.
27. 앞의 책, 53쪽.
28. 앞의 책, 83쪽.
29. 앞의 책, 115쪽.
30. 앞의 책, 532쪽.
31. 앞의 책, 36쪽.
32. David Levering Lewis, *When Harlem was in Vogue*, New York: Alfred A. Knopf, 1981, 165쪽.
33. 앞의 책, 168쪽.
34. 상세한 논의를 위해서는 George Hutchinson, *The Harlem Renaissance in Black and White*, Cambridge, Massachusetts: The Belknap Press of Harvard University Press, 1995, 396쪽을 보라.
35. Lewis, 앞의 책, 91~92쪽.
36. 이런 맥락에서 인종과학을 논한 부분은 Hutchinson, 앞의 책, 289~304쪽을 보라.
37. 앞의 책, 145~146쪽. Lewis, 앞의 책, 34~35쪽.
38. Lewis, 앞의 책, 33쪽.
39. 앞의 책, 51쪽.
40. 앞의 책, 67~71쪽.
41. Hutchinson, 앞의 책, 396쪽은 로크에 대한 비판적 태도를 취한다.
42. 앞의 책, 170쪽. Lewis, 앞의 책, 115~116쪽도 참조.
43. Lewis, 앞의 책, 180쪽.
44. Peterson, 앞의 책, 235쪽.
45. 앞의 책, 238쪽.
46. 앞의 책, 240쪽.
47. 앞의 책, 241쪽.
48. Asa Briggs, 앞의 책, 65쪽.
49. John Cain, *The BBC: Seventy Years of Broadcasting*, London: BBC, 1992, 11쪽, 20쪽.
50. 앞의 책, 10~15쪽.
51. 표는 Briggs, 앞의 책과 Cain, 앞의 책, 13쪽에 나오는 차트와 수치를 조합해 필자가 만들었다.
52. Briggs, 앞의 책, 14쪽.
53. Radway, 앞의 책, 219~220쪽과 chapter 7, 'The Scandal of the Middlebrow', 221쪽.
54. Cain, 앞의 책, 15쪽.
55. 앞의 책, 25쪽.

13 - 영웅들의 황혼

이 장의 제목은 1차 세계대전 시기의 문학을 개관한 Bernard Bergonzi의 저서(*Heroes' Twilight: A Study of the Literature of the Great War*)에서 따왔다. 베르곤지의 저서에 대해서는 9장에서 언급한 바 있지만

'영웅들의 황혼'이라는 표현은 바이마르공화국이라는 주제에 더 잘 어울리는 것 같다. 13장 서술에는 Peter Gay, *Weimar Culture*(주석 3 참조)에서 많은 도움을 받았음을 밝혀둔다.

1. Otto Friedrich, *Before the Deluge: A Portrait of Berlin in the 1920s*, London: Michael Joseph, 1974, 67쪽.
2. Mayer와 Janowitz에 대한 Pommer의 반응에 관해서는 Lotte H. Eisner, *The Haunted Screen: Expressionism in the German Cinema and the Influence of Max Reinhardt*, London and New York: Thames & Hudson, 1969, 17~27쪽을 보라.
3. Peter Gay, *Weimar Culture: The Outsider as Insider*, London: Martin Secker & Warburg, 1969, 107쪽.
4. 앞의 책, 126쪽.
5. 앞의 책.
6. 앞의 책.
7. Friedrich, 앞의 책, 66쪽.
8. 앞의 책. 이 영화의 성공에 대해서는 Geoffrey Nowell-Smith, *The Oxford History of World Cinema*, Oxford and New York: Oxford University Press, 1996, 144쪽, Pommer에 대한 평가에 관해서는 145쪽을 보라.
9. Friedrich, 앞의 책, 67쪽.
10. Gay, 앞의 책, 108~109쪽.
11. 앞의 책, 110쪽.
12. 앞의 책, 32쪽.
13. 앞의 책, 34쪽.
14. Hughes, *The Shock of the New*, 앞의 책, 175쪽.
15. 앞의 책, 192~195쪽.; Gay, 앞의 책, 102쪽.
16. Friedrich, 앞의 책, 160쪽.
17. Gay, 앞의 책, 105쪽.
18. Hughes, 앞의 책, 195쪽.
19. 앞의 책, 195쪽.
20. 앞의 책, 199쪽.
21. 앞의 책, 199쪽.
22. Bryan Magee, *Men of Ideas: Some Creators of Contemporary Philosophy*, Oxford: Oxford University Press, 1978, paperback, 1982, 44쪽.
23. Martin Jay, *The Dialectical Imagination: A History of the Frankfurt School and the Institute of Social Research, 1923~1950*, Berkeley: University of California Press, 1973, paperback edition 1996, 152~153쪽. Magee, 앞의 책, 44쪽, 50쪽.
24. Magee, 앞의 책, 50쪽.
25. Jay, 앞의 책, 86쪽.
26. Magee, 앞의 책, 48쪽.
27. 앞의 책, 51쪽.
28. 앞의 책, 52쪽.
29. 앞의 책.
30. Gay, 앞의 책, 49쪽.
31. 앞의 책, 51~52쪽.
32. E. M. Butler, *Rainer Maria Rilke*, Cambridge: Cambridge University Press, 1941, 14쪽.

33. 앞의 책, 147쪽.
34. Friedrich, 앞의 책, 304쪽.
35. Gay, 앞의 책, 54쪽.
36. 앞의 책, 59쪽.
37. 앞의 책, 55쪽.
38. Butler, 앞의 책, 317쪽.
39. 앞의 책, 327쪽에서 재인용.
40. Gay, 앞의 책, 55쪽.
41. 앞의 책, 57쪽.
42. 앞의 책.
43. 앞의 책, 59쪽.
44. Friedrich, 앞의 책, 220쪽에는 Albert Einstein의 곤궁한 처지가 상세히 서술돼 있다. Gay, 앞의 책, 129쪽도 참조하라.
45. Hayman, *Thomas Mann*, 앞의 책, 344~348쪽.
46. Gay, 앞의 책, 131쪽.
47. Hayman, 앞의 책, 346쪽.
48. Gay, 앞의 책, 131쪽.
49. 앞의 책, 132~133쪽.
50. 앞의 책, 136쪽.
51. Bruno Walter, 'Themes and Variations: An Autobiography,' 1946, 268~269쪽. Gay, 앞의 책, 137쪽에서 재인용.
52. Schonberg, *The Lives of the Great Composers*, 앞의 책, 526쪽.
53. Friedrich, 앞의 책, 178쪽.; Griffiths, *Modern Music*, 앞의 책, 81쪽.
54. Schonberg, 앞의 책, 526쪽.
55. 앞의 책.
56. Griffiths, 앞의 책, 82쪽.
57. Friedrich, 앞의 책, 155쪽, 181쪽.
58. Griffiths, 앞의 책, 36~37쪽. Schonberg, 앞의 책, 524쪽.
59. Schonberg, 앞의 책, 524쪽.
60. Friedrich, 앞의 책, 183쪽.
61. Schonberg, 앞의 책, 527쪽.
62. Peter Conrad, *Modern Times, Modern Places: Art and Life in the Twentieth Century*, London: Thames & Hudson, 1998, 327~328쪽.
63. Friedrich, 앞의 책, 243쪽.
64. 앞의 책, 244쪽.
65. Ronald Hayman, *Brecht: A Biography*, London: Weidenfeld & Nicolson, 1983, 138쪽.
66. 앞의 책, 130쪽.
67. 앞의 책, 131쪽.
68. 앞의 책, 134쪽.
69. 앞의 책, 135쪽.
70. Griffiths, 앞의 책, 112~113쪽.
71. Hayman, *Brecht*, 148쪽.

72. 앞의 책.
73. 앞의 책, 149쪽.
74. 앞의 책, 148쪽.
75. 앞의 책, 147쪽.
76. Hugo Ott, *Martin Heidegger: A Political Life*, London: HarperCollins, 1993, 125쪽.
77. Paul Hühnerfeld, *In Sachel Heidegger*, 1961, 14쪽. Gay, 앞의 책, 85쪽에서 재인용.
78. Magee, 앞의 책, 59~60쪽.; Gay, 앞의 책, 86쪽.
79. 처음에는 실존신학자 루돌프 불트만과 칼 바르트의 '위기 신학'에 가까웠다(32장 참조). Ott, 앞의 책, 125쪽.
80. Magee, 앞의 책, 67쪽.
81. 앞의 책.
82. 앞의 책, 67쪽, 73쪽.
83. Ott, 앞의 책, 122쪽, 332쪽. Gay, 앞의 책, 86쪽도 참조.
84. Mary Gluck, *Georg Lukács and His Generation, 1900~1918*, 앞의 책, 211쪽.
85. Johnston, *The Austrian Mind*, 앞의 책, 366쪽.
86. 앞의 책, 367쪽.
87. Gluck, 앞의 책, 218쪽.
88. Johnston, 앞의 책, 368쪽.
89. 앞의 책, 372쪽.
90. Conrad, 앞의 책, 504쪽.
91. Johnson, 앞의 책, 374쪽.
92. Magee, 앞의 책, 96쪽.
93. 앞의 책.
94. Ben Rogers, *A. J. Ayer: A Life*, London: Chatto & Windus, 1999, 86~87쪽.
95. Magee, 앞의 책, 102~103쪽.
96. 앞의 책, 103쪽.
97. Rogers, 앞의 책, 91~92쪽.
98. Johnston, 앞의 책, 195쪽.
99. Robert Musil, *Der Mann Ohne Eigenschaften*, 1930~1943; *The Man Without Qualities*, New York: Alfred A. Knopf, 1995, Sophie Wilkins 영역본. 본서의 무질 부분은 Philip Payne, *Robert Musil's 'The Man without Qualities'*, Cambridge: Cambridge University Press, 1988에 특히 많은 도움을 받았다.
100. Johnston, 앞의 책, 335쪽.
101. Franz Kuna, 'The Janus-faced Novel: Conrad, Musil, Kafka, Mann,' in Malcolm Bradbury and James McFarlane (editors), *Modernism*, 앞의 책, 449쪽.
102. Ronald Speirs and Beatrice Sandburg, *Franz Kafka*, 앞의 책, 1쪽, 5쪽.
103. Speirs and Sanburg, 앞의 책, 15쪽.
104. P. Mailloux, *A Hesitation Before Birth: A Life of Franz Kafka*, London and Toronto: Associated Universities Press, 1989, 13쪽.
105. 앞의 책, 352쪽.
106. Speirs and Sandburg, 앞의 책, 105쪽.
107. Mailloux, 앞의 책, 355쪽.
108. Richard Davenport-Hines, *Auden*, London: Heinemann, 1995, 26쪽.

109. Alan Bullock, *Hitler and Stalin: Parallel Lives*, London: HarperCollins, 1991; Fontana Paperback, 1993, 148쪽.
110. 앞의 책, 149쪽.
111. Adolf Hitler, *Mein Kampf*. 영역본은 *My Struggle*, London: Hurst & Blackett, The Paternoster Press, October 1933으로 나왔다(1935년 10월까지 11쇄를 찍었다). Bullock, 앞의 책, 405~406쪽 참조.
112. George L. Mosse, *The Crisis of German Ideology: Intellectual Origins of the Third Reich*, New York: Howard Festig, 1998.
113. Langbehn에 대해서는 앞의 책,쪽.39ff, 에다에 대해서는 72쪽, Diederichs에 대해서는 52쪽을 보라.
114. 앞의 책, 102~103쪽.
115. 앞의 책, 99쪽.
116. 앞의 책, 155쪽.
117. Werner Maser, *Hitler: Legend, Myth and Reality*, New York: Harper & Row, 1973, 157쪽.
118. 앞의 책, 158쪽.
119. 앞의 책, 159쪽.
120. Mosse, 앞의 책, 89~91쪽.
121. Maser, 앞의 책, 162쪽.
122. Mosse, 앞의 책, 95쪽, 159쪽, 303쪽.
123. Percy Schramm, *Hitler: The Man and the Military Leader*, London: Allen Lane, The Penguin Press, 1972, 77~78쪽.
124. Maser, 앞의 책, 42쪽.
125. 앞의 책, 165쪽.
126. 앞의 책, 167쪽.
127. Mosse, 앞의 책, 295쪽.
128. Maser, 앞의 책, 169쪽.
129. 앞의 책, 135쪽.
130. Schramm, 앞의 책, 84쪽.
131. Maser, 앞의 책, 154쪽.

14 - 진화의 진화

1. J. B. Bury, *The Idea of Progress*, London: Macmillan, 1920.
2. 앞의 책, 98쪽.
3. 앞의 책, 291쪽.
4. 앞의 책, 177쪽.
5. 앞의 책, 192쪽.
6. 앞의 책, 335쪽.
7. 앞의 책, 278쪽.
8. 앞의 책, 299쪽.

9. 앞의 책, 334쪽.
10. 앞의 책, 78쪽 참조. Ernest Gellner는 *Plough, Sword and Book: The Structure of Human History*에서 진보는 본질적으로 경제적, 자본주의적 개념이라고 주장한다. 140쪽 참조.
11. Howard Carter and A. C. Mace, *The Tomb of Tut-Ankh-Amen*, London: Cassell, 1923, volume 1, 78쪽.
12. C. W. Ceram, *Gods, Graves and Scholars*, London: Victor Gollancz, 1951, 183쪽.
13. Carter and Mace, 앞의 책, 87쪽.
14. Ceram, 앞의 책, 184쪽.
15. Carter and Mace, 앞의 책, 96쪽.
16. Ceram, 앞의 책, 186쪽.
17. Carter and Mace, 앞의 책, 132쪽의 사진 참조.
18. Ceram, 앞의 책, 188쪽.; Carter and Mace, 앞의 책, 151쪽.
19. 유물 목록은 Carter and Mace, 앞의 책, 178쪽 참조.
20. Ceram, 앞의 책, 193쪽.
21. 앞의 책, 195쪽.
22. 유물 목록은 Carter and Mace, 앞의 책, Appendix 189쪽 참조.
23. Ceram, 앞의 책, 198쪽.
24. 앞의 책, 199쪽.
25. 앞의 책, 199~200.
26. C. Leonard Woolley, *The Sumerians*, Oxford: Clarendon Press, 1929, 6쪽.
27. 앞의 책, 27쪽.
28. Ceram, 앞의 책, 309쪽.; Woolley, 앞의 책, 43쪽.
29. Ceram, 앞의 책, 311쪽.
30. Woolley, 앞의 책, 31쪽.
31. Ceram, 앞의 책, 311~312쪽.
32. Woolley, 앞의 책, 30~32쪽.
33. Leonard Woolley, *Excavations at Ur*, London: Ernest Benn, 1954, 251쪽.
34. Ceram, 앞의 책, 315쪽.
35. 앞의 책, 316쪽.
36. Woolley, *Excavations at Ur*, 91쪽.
37. Ceram, 앞의 책, 316쪽.
38. Woolley, *Excavations at Ur*, 37쪽. 초기 아치 사진은 Woolley, *The Sumerians*, 36쪽을 보라.
39. Ceram, 앞의 책, 312쪽.
40. Frederic Kenyon, *The Bible and Archaeology*, London: George Harrap, 1940, 155쪽.
41. 앞의 책, 156쪽.
42. 앞의 책, 158쪽.
43. Frederic Kenyon, *Our Bible and the Ancient Manuscripts*, London: Eyre & Spottiswoode, 1958, 30쪽.
44. Kenyon, *Our Bible and the Ancient Manuscripts*, 160~161쪽.
45. C. W. Ceram, *The First Americans*, 126쪽.
46. 앞의 책.
47. A. E. Douglass, *Climatic Cycles and Tree Growth*, volumes I~III, Washington D. C., Carnegie Institution, 1936, 2쪽, 116~122쪽.

48. 앞의 책, 105~106쪽.
49. Ceram, *The First Americans*, 128쪽.
50. 과거 태양 흑점의 활동 저하에 대한 논의는 Douglass, 앞의 책, 125쪽 참조.
51. Herbert Butterfield, *The Whig Interpretation of History*, London: G. Bell, 1931.
52. 앞의 책, 37쪽, 47쪽.
53. 앞의 책, 27쪽.
54. 앞의 책, 96쪽.
55. 앞의 책, 107쪽.
56. 앞의 책, 111쪽.
57. 앞의 책, 123쪽.

15 - 물리학의 황금기

1. Rhodes, *The Making of the Atomic Bomb*, 134쪽.
2. C. P. Snow, *The Search*, New York: Charles Scribner's Sons, 1958, 88쪽.
3. Rhodes, 앞의 책, 137쪽.
4. Wilson, *Rutherford: Simple Genius*, 404쪽.
5. Rhodes, 앞의 책, 137쪽.
6. Moore, *Niels Bohr, The Man and the Scientist*, 21쪽.
7. Stefan Rozental (editor), *Niels Bohr*, Amsterdam: North-Holland, 1967, 137쪽. Rhodes, 앞의 책, 114쪽에서 재인용.
8. 전자를 궤도에서 '이탈'시키는 데 필요한 전압에 대해서는 Moore, 앞의 책, 80쪽을 보라. 개정 주기율표에 대해서는 앞의 책, 122~123쪽과 Rhodes, 앞의 책, 115쪽을 보라.
9. Emilio Segré, *From X-Rays to Quark*, London and New York: W. H. Freeman, 1980, 124쪽.
10. 코펜하겐 방문자 명단은 Helge Kragh, *Quantum Generations: A History of Physics in the Twentieth Century*, Princeton University Press, 1999, 160쪽 참조.
11. Paul Strathern, *Bohr and Quantum Theory*, London: Arrow, 1998, 70~72쪽.
12. Moore, 앞의 책, 137쪽.
13. Strathern, 앞의 책, 74쪽.
14. Werner Heisenberg, *Physics and Beyond*, New York: Harper, 1971, 38쪽. Rhodes, 앞의 책, 116쪽에서 재인용.
15. Moore, 앞의 책, 138쪽.
16. Heisenberg, 앞의 책, 61쪽. Rhodes, 앞의 책, 116~117쪽에서 재인용.
17. Strathern, 앞의 책, 77쪽.
18. Moore, 앞의 책, 139쪽.
19. Snow, *The Physicists*, 68쪽.
20. Moore, 앞의 책, 14쪽.
21. 수학에 대해서는 Strathern, 앞의 책, 164~165쪽.
22. Rhodes, 앞의 책, 128쪽.; Moore, 앞의 책, 143쪽.; Kragh, 앞의 책, 165쪽.

23. Heisenberg, 앞의 책, 77쪽. Rhodes, 앞의 책, 130쪽에서 재인용.
24. Moore, 앞의 책, 151쪽.
25. John A. Wheeler and W. H. Zurek (editors), *Quantum Theory and Measurement*, Princeton: Princeton University Press, 1983. Kragh, 앞의 책, 209쪽에서 재인용.
26. Gerald Holton, *Thematic Origins of Scientific Thought*, Cambridge, Massachusetts: Harvard University Press, 1973, 120쪽.
27. 논문 목록은 Kragh, 앞의 책, 209을 보라.
28. Wilson, 앞의 책, 444~446쪽. Rhodes, 앞의 책, 153쪽도 참조.
29. 앞의 책, 449쪽.
30. Rhodes, 앞의 책, 154쪽.
31. 앞의 책, 155쪽.
32. Andrew Brown, *The Neutron and the Bomb, A Biography of James Chadwick*, Oxford and New York: Oxford University Press, 1997, 8쪽.
33. Rhodes, 앞의 책, 155~156쪽.
34. Kragh, 앞의 책, 185쪽.
35. Rhodes, 앞의 책, 160쪽.
36. Brown, 앞의 책, 102쪽.
37. Rhodes, 앞의 책, 161~162쪽.
38. Brown, 앞의 책, 104쪽. James Chadwick, 'Some personal notes on the search for the neutron,' *Proceedings of the Tenth Annual Congress of the History of Science, 1964*, 161쪽. Rhodes, 앞의 책, 162쪽에서 재인용. 이 부분에 대한 설명은 조금씩 다르다.
39. Rhodes, 앞의 책, 163~164쪽.; Brown, 앞의 책, 105쪽.
40. Kragh, 앞의 책, 185쪽.
41. Brown, 앞의 책, 106쪽.
42. Timothy Ferris, *The Whole Shebang: A State of the Universe(s) Report*, New York: Simon & Schuster, 1997, 41쪽.
43. Gale Christianson, *Edwin Hubble: Mariner of the Nebulae*, New York: Farrar, Straus & Giroux, 1995, Chicago: University of Chicago Press, paperback edition, 1996, 199쪽. John Gribbin, *Copernicus to the Cosmos*, London: Phoenix, 1997, 2쪽, 186쪽도 참조.
44. Clark, *Einstein*, 앞의 책, 213쪽. Banesh Hoffmann, *Albert Einstein: Creator and Rebel*, London: Hart-Davis, MacGibbon, 1973, 215쪽도 참조.
45. Ferris, 앞의 책, 42쪽.
46. Christianson, 앞의 책, 199쪽.; Ferris, 앞의 책, 43쪽.
47. Clark, *Einstein*, 앞의 책, 406쪽.; Ferris, 앞의 책, 44쪽.
48. Ferris, 앞의 책, 45쪽.
49. Gribbin, *Companion to the Cosmos*, 앞의 책, 92~93쪽.
50. Christianson, 앞의 책, 157~160쪽.
51. 앞의 책, 189~195쪽.
52. Ferris, 앞의 책, 45쪽.
53. Christianson, 앞의 책, 260~269쪽.
54. Thomas Hager, *Force of Nature: The Life of Linus Pauling*, New York, Simon & Schuster, 1995, 217쪽.

55. 앞의 책, 65쪽.
56. 앞의 책, 113쪽.
57. Bernadette Bensaude-Vincent and Isabelle Stengers, *A History of Chemistry*, Deborah Dam 번역, Cambridge, Massachusetts: Harvard University Press, 1996, 242쪽.
58. Hager, 앞의 책, 136쪽.
59. Bensaude-Vincent and Stengers, 앞의 책, 242~243쪽. Hager, 앞의 책, 136쪽.
60. Hager, 앞의 책, 138쪽.
61. 앞의 책, 148쪽.
62. Heitler와 London의 이론은 최근 개량주의 화학의 주제가 되었다. 예를 들어 Bensaude-Vincent and Stengers, 앞의 책, 243쪽을 보라.
63. Hager, 앞의 책, 169쪽.
64. 앞의 책, 171쪽.
65. 앞의 책, 159쪽.
66. 1930년대에 나온 많은 화학 관련 책들에는 하이틀러와 런던 또는 폴링에 대한 언급이 전혀 없다.
67. Glyn Jones, *The Jet Pioneers*, London: Methuen, 1989, 21쪽.
68. 앞의 책, 22~23쪽.
69. 앞의 책, 24쪽.
70. 앞의 책, 27~28쪽. Whittle의 기여에 대한 영국 쪽 평가는 대개 인색하다. 아마도 생전에 홀대를 받았기 때문인 것 같다. Charles Gibbs-Smith가 쓴 *Aviation, An Historical Survey from Its Origins to the End of World War II*(HMSO, 1970년 발행)에서는 Whittle이 세 번밖에 안 나오는데 두 번째 언급에서 벌써 공군 준장(!)이 된다. H. Montgomery Hyde의 *British Air Policy Between the Wars 1918~1939*(London: Heinemann, 1976, 539쪽에서는 본문에 한 번 언급되고 주석 하나가 달랑 붙었을 뿐이다).
71. Jones, 앞의 책, 29쪽.
72. 앞의 책, 36쪽.
73. John Allen Paulos, *Beyond Numeracy*, New York: Knopf, 1991, 95쪽.
74. Ray Monk, *Wittgenstein*, 앞의 책, 295쪽.
75. 앞의 책, 295쪽.
76. Ernst Nagel and James Newman, 'Goedel's Proof', in James Newman (editor), *The World of Mathematics* (volume 3, of 4., New York: Simon & Schuster, 1955, 1668~1695쪽과 특히 1686쪽을 보라.
77. Newman, 앞의 책, 1687쪽.
78. Paulos, 앞의 책, 97쪽.
79. David Deutsch, *The Fabric of Reality*, London: Allen Lane, The Penguin Press, 1997, Penguin paperback, 1998, 236~237쪽.
80. Philip J. Davis and Reuben Hersh, *The Mathematical Experience*, London: The Harvester Press, 1981, 319쪽.

16 - 문명과 그에 대한 불만

1. *Civilisation and Its Discontents*는 제임스 스트레이치와 안나 프로이트가 편집한 『표준판 프로이트 전집 The Standard Edition of the Complete Psychological Works of Sigmund Freud』 XXI권(1961년 발행)으로 나와 있다. 프로이트가 받은 수술의 상세한 내역에 대해서는 Clark, *Freud*, 앞의 책, 444~445쪽을 보라.
2. 앞의 책, 218쪽.
3. 앞의 책, 64쪽.
4. C. G. Jung, *Modern Man in Search of a Soul*, London: Kegan Paul, Trench, Trubner, 1933.
5. 앞의 책, 91쪽.
6. Lucien Lévy-Bruhl, *How Natives Think*, L. A. Clare 번역, London: George Allen & Unwin, 1926, chapter II, 69쪽.
7. Henry Frankfort et al., *Before Philosophy*, London: Pelican, 1963. 특히 103쪽.
8. J. A. C. Brown, *Freud and the Post-Freudians*, 앞의 책, 122쪽.
9. 앞의 책, 8쪽, 125쪽, 128쪽.
10. Karen Horney, *The Neurotic Personality of Our Time*, London: Kegan Paul, Trench, Trubner & Co., 1937. J. A. C. Brown, 앞의 책, 135쪽도 참조.
11. Horney, 앞의 책, 77쪽.
12. Brown, 앞의 책, 137쪽.
13. Horney, 앞의 책, chapters 8, 9, 10, 12. Brown, 앞의 책, 138~139쪽에 요약돼 있다.
14. Horney, 앞의 책, 288쪽.
15. Brown, 앞의 책, 143~144쪽.
16. Virginia Woolf, *A Room of One's Own*, London: Hogarth Press, 1929; Penguin paperback, 1993. Michèle Barrett이 쓴 Introduction, 7쪽 참조.
17. 앞의 책, 3쪽.
18. Barrett, 앞의 책, 7쪽.
19. Michèle Barrett (editor), *Women and Writing*, London: Women's Press, 1988에서 Elizabeth Barrett Browning의 시 'Aurora Leigh'를 논한 부분을 보라. Barrett, 앞의 책, 15쪽에서 재인용.
20. 앞의 책, 17쪽.
21. 앞의 책, 10쪽.
22. Jane Howard, *Margaret Mead: A Life*, London: Harvill, 1984, 53~54쪽. 최근의 연구에 대해서는 Hilary Lapsley, *Margaret Mead and Ruth Benedict: The Kinship of Women*, Amherst: University of Massachusetts Press, 1999를 보라. 이 책에는 20세기 말의 가장 영향력 있는 인류학자 중 한 사람인 Clifford Geertz의 루스 베네딕트에 대한 평가가 들어 있다(38장 참조).
23. Margaret Mead, *Blackberry Winter: My Early Years*, London: Angus & Robertson, 1973, 139쪽.
24. G. Stanley Hall, *Adolescence: Its Psychology and Its Relation to Physiology, Anthropology, Sociology, Sex, Crime, Religion and Education*, New York: Appleton, 1905, 2 vols. Howard, 앞의 책, 68쪽에서 재인용.
25. Howard, 앞의 책, 68쪽.
26. Mead, 앞의 책, 150쪽.
27. Howard, 앞의 책, 79쪽.
28. 앞의 책, 52쪽.
29. 앞의 책, 79쪽.

30. 앞의 책, 80~82쪽.
31. Margaret Mead, *Coming of Age in Samoa: A Psychological Study of Primitive Youth for Western Civilisation*, New York: William Morrow, 1928.
32. Howard, 앞의 책, 86쪽.
33. 앞의 책.
34. 앞의 책, 127쪽.
35. 앞의 책, 121쪽에서 재인용.
36. Mead, *Coming of Age in Samoa*, 197쪽.
37. 앞의 책, 205쪽.
38. 앞의 책, 148쪽.
39. Howard, 앞의 책, 162쪽.
40. Ruth Benedict, *Patterns of Culture*, Boston: Houghton Mifflin, 1934.
41. 앞의 책, 59쪽.
42. 앞의 책, 69쪽.
43. 앞의 책, 131쪽.
44. Judith Modell, *Ruth Benedict: Patterns of a Life*, London: Chatto & Windus, 1984, 201쪽.
45. 앞의 책, 205쪽.
46. 앞의 책, 206~207쪽.
47. 루스 베네딕트가 미국의 사상에 미친 영향에 대한 좀 더 폭넓은 논의는 Margaret Caffrey, *Ruth Benedict: Stranger in this Land*, Austin: University of Texas Press, 1989, 211쪽을 보라.
48. Margaret Mead, *Ruth Benedict*, New York: Columbia University Press, 1974는 그런 열정을 회복하려고 시도한다.
49. Howard, 앞의 책, 212쪽.
50. Martin Bulmer, *The Chicago School of Sociology*, Chicago: University of Chicago Press, 1984, paperback edition, 1986, 1~2쪽.
51. 앞의 책, 4~8쪽. chapter 4, 5도 참조하라.
52. Charles S. Johnson, *The Negro in American Civilisation*, London: Constable, 1931.
53. Bulmer, 앞의 책, 64~65쪽.
54. Johnson, 앞의 책, 229쪽.
55. 앞의 책, 463쪽.
56. 앞의 책, 179쪽.
57. 앞의 책, 199쪽.
58. 앞의 책, 311쪽.
59. 앞의 책, 463쪽.
60. 앞의 책, 475쪽.
61. David Minter, *William Faulkner: His Life and Work*, Baltimore and London: John Hopkins University Press, 1980, 72~73쪽.
62. 포크너 자신도 장편 소설의 한 장을 쓴 다음에 느닷없이 다른 단편소설에 몰두하는 등 변덕을 부렸다. Joseph Blotner, *Selected Letters of William Faulkner*, London: The Scholar Press, 1955, 92쪽 참조.
63. Ursula Brumm, 'William Faulkner and the Southern Renaissance,' in Marcus Cunliffe (editor), *The Penguin History of Literature: American Literature since 1900*, London: Sphere Books, 1975; Penguin

paperback 개정판, 1993, 182~183쪽, 189쪽.
64. 앞의 책, 195쪽.
65. Minter, 앞의 책, 153~160쪽.
66. Eric Hobsbawm, *The Age of Extremes: The Short Twentieth Century, 1914~1991*, London: Michael Joseph, 1994, 192쪽.
67. T. R. Fyvel, *George Orwell: A Personal Memoir*, London: Weidenfeld & Nicolson, 1982, 21쪽.
68. George Orwell, *The Road to Wigan Pier*, London: Gollancz, 1937, 138쪽.; New York: Harcourt, 1958. Michael Shelden, *Orwell: The Authorised Biography*, London: Heinemann, 1991, 128쪽.
69. Fyvel, 앞의 책, 39쪽.
70. Shelden, 앞의 책, 129쪽.
71. 앞의 책.
72. 앞의 책, 132쪽.
73. 앞의 책, 132~133쪽.
74. 앞의 책, 134쪽.
75. Fyvel, 앞의 책, 45쪽.
76. Shelden, 앞의 책, 135쪽.
77. Fyvel, 앞의 책, 44쪽.
78. Shelden, 앞의 책, 173~174쪽.
79. 앞의 책, 180쪽.
80. 앞의 책, 239쪽.
81. 앞의 책, 244쪽.
82. 앞의 책, 245쪽.
83. 앞의 책.
84. Fyvel, 앞의 책, 64쪽.
85. Shelden, 앞의 책, 248쪽.
86. 앞의 책, 250쪽.
87. 앞의 책, 256쪽.
88. Fyvel, 앞의 책, 65~66쪽.
89. Lewis Mumford, *Technics and Civilisation*, London: George Routledge, 1934.
90. 앞의 책, 107쪽.
91. 개략적인 설명은 Lewis Mumford, *My Works and Day*s: A Personal Chronicle, New York: Harcourt Brace Javanovich, 1979, 197~199쪽을 보라.
92. Mumford, *Technics and Civilisation*, 앞의 책, 400쪽.
93. 앞의 책, 333쪽.
94. Lewis Mumford, *The Culture of Cities*, London: Martin Secker & Warburg, 1938.
95. 앞의 책, 100쪽.
96. 앞의 책, chapter IV, 223쪽.
97. Ernest William Barnes, *Scientific Theory and Religion*, Cambridge: Cambridge University Press, 1933.
98. 앞의 책, lectures XIII (434쪽), XIV (459쪽) and XV (504쪽).
99. 앞의 책, lecture XX (636쪽).
100. William Ralph Inge, *God and the Astronomers*, London and New York: Longmans Green, 1933.
101. 앞의 책, 19쪽.

102. 앞의 책, 107쪽.
103. 앞의 책, 140쪽.
104. 앞의 책, 254~256쪽.
105. Bertrand Russell, *Religion and Science*, London: Thornton Butterworth, 1935.
106. Ray Monk, *Bertrand Russell*, 앞의 책, 244쪽.
107. 앞의 책, 245쪽.
108. Russell, 앞의 책, chapters IV, VII.
109. 앞의 책, 236쪽.
110. 앞의 책, 237쪽.
111. 앞의 책, 243쪽.
112. José Ortega Y Gasset, 'The Barbarism of "Specialisation",' from *The Revolt of the Masses*, New York and London: W. W. Norton and George Allen & Unwin, 1932, John Carey, *The Intellectuals and the Masses*, London and Boston: Faber & Faber, 1992, 17~18쪽에서 재인용.
113. 두 사람의 만남과 초기 관계에 대해서는 Royden J. Harrison, *The Life and Times of Sidney and Beatrice Webb, 1858~1905: The Formative Years*, London: Macmillan, 2000을 보라.
114. Lisanne Radice, *Beatrice and Sidney Webb: Fabian Socialists*, London: Macmillan, 1984, 56쪽.
115. 앞의 책, 264쪽.
116. 앞의 책, 292쪽.
117. 앞의 책, 292쪽, 295쪽.
118. 앞의 책, 297쪽.
119. 앞의 책, 297쪽, 298쪽.
120. 앞의 책, 303쪽.
121. 앞의 책, 305쪽, 323쪽.
122. Stephanie Barron (editor), *Degenerate Art: The Fate of the Avant-Garde in Nazi Germany*, Los Angeles: County Museum of Art, and New York: Harry N. Abrams, 1991, 12~13쪽.
123. 앞의 책, 12쪽.
124. Robert Cecil, *The Myth of the Master Race: Alfred Rosenberg and Nazi Ideology*, London: Batsford, 1972.
125. 앞의 책, 12쪽.
126. 앞의 책, 83쪽.
127. 앞의 책, 86~93쪽.
128. 앞의 책, 95~103쪽.
129. 앞의 책, 120쪽.
130. Ronald Clark, *The Huxleys*, London: Heinemann, 1968, 130쪽.
131. *Aldous Huxley: 1894~1963: A Memorial Volume*, London: Chatto & Windus, 1965, 30쪽.
132. 『멋진 신세계』에 대한 작가 본인의 평가에 대해서는 Sybille Bedford, *Aldous Huxley: A Biography, Volume One: 1894~1939*, London: Chatto & Windus/Collins, 1973, 245~247쪽을 보라.
133. Keith May, *Aldous Huxley*, London: Paul Elek, 1972, 100쪽.
134. 앞의 책.
135. Aldous Huxley, *Brave New World*, London: Chatto & Windus, 1934; New York: Harper, 1934. May, 앞의 책, 103쪽.
136. Clark, *The Huxleys*, 앞의 책, 236쪽.

17 - 박해

1. Henry Grosshans, *Hitler and the Artists*, New York: Holmes & Meier, 1983, 72쪽. 17장 설명은 이 책에 많이 의존했다. 짧지만 아주 좋은 책이다.
2. Hildegard Brenner, 'Art in the Political Power Struggle of 1933 and 1934,' in Hajo Holborn (editor), *Republic to Reich: The Making of the Nazi Revolution*, New York: Pantheon, 1972, 424쪽. Grosshans, 앞의 책, 72쪽에서 재인용.
3. Grosshans, 앞의 책, 72쪽.
4. Barron, *Degenerate Art*, 앞의 책, 396쪽.
5. Carl Carls, *Ernst Barlach*, New York: Praeger, 1969, 172쪽, Grosshans, 앞의 책, 72쪽에서 재인용.
6. 앞의 책, 73쪽.
7. 앞의 책, 72쪽.
8. 앞의 책, 73쪽.
9. 앞의 책, 74쪽.
10. 앞의 책, 75쪽.
11. 앞의 책, 77쪽.
12. Victor H. Miesel (editor), *Voices of German Expressionism*, Englewood Cliffs, New Jersey: Prentice-Hall, 1970, 209쪽.
13. Barron, 앞의 책, 319쪽.
14. Grosshans, 앞의 책, 79쪽.
15. 앞의 책, 79~80쪽.
16. 앞의 책, 81쪽.
17. Berthold Hinz, *Art in the Third Reich*, New York: Pantheon, 1979, 43쪽.
18. White and Gribbin, *Einstein*, 앞의 책, 163~164쪽.
19. Albrecht Fölsing, *Albert Einstein: A Biography*, New York: Viking, 1997, 659쪽.
20. White and Gribbin, *Einstein*, 앞의 책, 206쪽.
21. Fölsing, 앞의 책, 648쪽.
22. White and Gribbin, 앞의 책, 200쪽.
23. Fölsing, 앞의 책, 649쪽.
24. 신문 헤드라인은 *Berliner Lokal-Anzeiger*, March 1933. White and Gribbin, 앞의 책, 204쪽에서 재인용. 아인슈타인의 입국을 막으려는 미국 쪽 시도에 대해서는 Fölsing, 앞의 책, 661쪽을 보라.
25. Jarrell Jackman and Carlo M. Borden, *The Muses Flee Hitler: Cultural Transfer and Adaptation, 1930~1945*, Washington D C: Smithsonian Institution Press, 1963, 170쪽.
26. Ute Deichmann, *Biologists under Hitler*, Cambridge, Massachusetts: Harvard University Press, 1996, 40~47쪽.
27. 앞의 책, 294쪽.
28. Stephanie Barron (editor), *Exiles and Emigrés: The Flight of European Artists from Europe*, Los Angeles: County Museum of Art, and Harry N. Abrams, 1997, 212쪽.
29. Peter Hahn, 'Bauhaus and Exile: Bauhaus Architects and Designers between the Old World and the New', in Barron, *Exiles and Emigrés*, 앞의 책, 212쪽.
30. 앞의 책, 213쪽.

31. 앞의 책, 216쪽.
32. 앞의 책, 218쪽.
33. Martin Jay, *The Dialectical Imagination*, 앞의 책, 29쪽.
34. 앞의 책, 30쪽.
35. Laura Fermi, *Illustrious Immigrants: The Intellectual Migration from Europe: 1930~1941*, Chicago: University of Chicago Press, 1971, 364~368쪽.
36. 앞의 책, chapter VI, 139쪽.
37. Clark, *Freud*, 앞의 책, 502~504쪽.
38. 앞의 책, 507쪽.
39. 앞의 책.
40. 앞의 책, 511쪽, 513~516쪽.
41. Paul Ferris, *Dr Freud*, London: Sinclair-Stevenson, 1997, 380쪽 또는 summary 부분을 보라.
42. Clark, 앞의 책, 524쪽.
43. Elisabeth Young-Bruehl, *Hannah Arendt: For Love of the World*, New Haven and London: Yale University Press, 1982, 44쪽.
44. 앞의 책, 49쪽.
45. Elzbieta Ettinger, *Hannah Arendt/Martin Heidegger*, New Haven and London: Yale University Press, 1995, 24~25쪽.
46. Rüdiger Safranski, *Martin Heidegger: Between Good and Evil*, Cambridge, Massachusetts: Harvard University Press, 1998, 255쪽.
47. 앞의 책, 238쪽.
48. Young-Bruehl, 앞의 책, 102~106쪽.
49. 앞의 책, 138~144쪽.
50. 나치 국가에서 대학의 위상과 역할에 관한 하이데거의 연설에 대해서는 Victor Farías, *Heidegger and Nazism*, Philadelphia: Temple University Press, 1989, 140쪽을 보라.
51. Safranski(앞의 책, 258쪽은 후설에 대한 감사의 표시는 '각주에 숨어 있다'고 말한다).
52. Deichmann, 앞의 책, 187쪽.
53. 앞의 책, 184쪽.
54. 앞의 책, 188~189쪽.
55. 앞의 책, 229쪽.
56. 앞의 책. 유대계 의사 숙청이 박사들의 봉급에 미친 영향에 대해서는 Michael H. Kater, *Doctors under Hitler*, Chapel Hill, North Carolina: University of North Carolina Press, 1989, 31쪽을, 어린 박사 과잉 배출에 대해서는 133쪽을 보라. Robert Proctor, *Racial Hygiene: Medicine under the Nazis*, Cambridge, Massachusetts: Harvard University Press, 1988도 참조.
57. Deichmann, 앞의 책, 231쪽.
58. 앞의 책, 251쪽.
59. 앞의 책, 257쪽.
60. 앞의 책, 258쪽.
61. Grosshans, 앞의 책, 111쪽.
62. 앞의 책, 101쪽.
63. Richard Grunberger, *A Social History of the Third Reich*, London: Weidenfeld & Nicolson, 1971, 427쪽. Grosshans, 앞의 책, 99~100쪽에서 재인용.

64. 히틀러의 연설에 대해서는 Barron, *Degenerate Art*, 앞의 책, 17쪽 (전시장에 나타난 히틀러의 모습을 담은 사진들도 있다). 예술은 '민족을 기초로 세워져야' 한다는 히틀러의 견해에 대해서는 Grosshans, 앞의 책, 103쪽을 보라.
65. Grosshans, 앞의 책, 103쪽.
66. 앞의 책, 105쪽.
67. Barron, *Degenerate Art*, 20쪽, 25쪽.
68. Grosshans, 앞의 책, 105쪽.
69. Barron, *Degenerate Art*, 36~38쪽.; Grosshans, 앞의 책, 107쪽.
70. Miesel, 앞의 책, 209쪽, Grosshans, 앞의 책, 109쪽에서 재인용.
71. Barron, *Degenerate Art*, 19쪽.
72. Grosshans, 앞의 책, 116쪽.
73. Erik Levi, *Music in the Third Reich*, London: Macmillan, 1994, 특히 chapter 4와 7을 보라. Boris Schwarz, 'The Music World in Migration', in Jackman and Borden (editors), 앞의 책, 135~150쪽도 참조하라.
74. Mary Bosanquet, *The Life and Death of Dietrich Bonhoeffer*, London: Hodder & Stoughton, 1968, 82쪽.
75. Eberhard Bethge, *Dietrich Bonhoeffer: Theologian, Christian, Contemporary*, London: Collins, 1970, 379쪽.
76. Bosanquet, 앞의 책, 82쪽.
77. 앞의 책, 121~124쪽.; Bethge, 앞의 책, 193쪽.
78. Bosanquet, 앞의 책, 187쪽.
79. 본회퍼 일기 1939년 7월 9일자를 보라. Bosanquet, 앞의 책, 218쪽에서 재인용. Bethge, 앞의 책, 557쪽도 참조하라.
80. Bosanquet, 앞의 책, 235쪽.
81. Dietrich Bonhoeffer, *Letters and Papers from Prison* (edited by Eberhard Bethge), London: SCM Press, 1967.
82. Bosanquet, 앞의 책, 277~278쪽.; Bethge, 앞의 책, 827쪽.
83. Vitaly Shentalinsky, *The KGB's Literary Archive*, London: The Harvill Press, 1995, paperback 1997. 원래는 프랑스어판(*La parole ressuscitée dans les archives littéraires du KGB*, Paris: Editions Robert Laffont, 1993)으로 나왔다.
84. 앞의 책, 136~137쪽.
85. 앞의 책, 287~289쪽.
86. 혁명이 과학자들에게 미친 영향의 전체적인 내용에 대해서는 Loren R. Graham, *Science in the Soviet Union*, Cambridge: Cambridge University Press, 1993, 79쪽을 보라.
87. Nikolai Krementsov, *Stalinist Science*, Princeton: Princeton University Press, 1997, 20~25쪽. 본서 17장은 이 책을 주로 참고해서 썼다.
88. Paul R. Josephson, *Physics and Politics in Revolutionary Russia*, Berkeley: University of California Press, 1991, 104쪽.
89. Krementsov, 앞의 책, 24~25쪽.
90. 앞의 책, 29~30쪽.
91. Josephson, 앞의 책, 152쪽.
92. Krementsov, 앞의 책, 35쪽. 파블로프의 심리학에 대한 회의와 마르크스주의에 대한 저항에 관해서는 Loren R. Graham, *Science, Philosophy and Human Behaviour in the Soviet Union*, New York: Columbia University Press, 1987, 161쪽을 보라. 이 책은 *Science and Philosophy in the Soviet Union*,

London: Allen Lane The Penguin Press, 1973년 판을 새로 수정 보완한 것이다.
93. Josephson, 앞의 책, 204쪽.
94. Krementsov, 앞의 책, 40쪽.
95. 앞의 책, 43쪽.
96. 앞의 책, 47쪽. 사회진화론적 공학 및 마르크스주의와의 결합에 관한 논의는 Graham, 앞의 책, 117쪽을 보라.
97. 이론물리학에 대한 마르크스주의 철학의 '간섭'에 관한 설명은 Josephson, 앞의 책, 225쪽을 보라.
98. Krementsov, 앞의 책, 56쪽.; Graham, 앞의 책, 241쪽.
99. Krementsov, 앞의 책, 57쪽. 레닌주의가 양자역학 및 상대성 물리학에 미친 영향에 대해서는 Graham, 앞의 책, chapter 4와 6을 보라.
100. Krementsov, 앞의 책, 59쪽.
101. Graham, 앞의 책, 108쪽.
102. Krementsov, 앞의 책, 60쪽.
103. 러시아 물리학자들이 유물론자들에 대해 벌인 투쟁에 대해서는 Josephson, 앞의 책, 269쪽을 보라. 물리학자들은 유물론자들이 증거를 가지고 '술래잡기'를 하고 있다고 비난했다. Graham, 앞의 책, 121쪽도 참조하라.
104. Krementsov, 앞의 책, 60쪽.
105. Josephon, 앞의 책, 308쪽.
106. Graham, 앞의 책, 315쪽.
107. Krementsov, 앞의 책, 66~67쪽.
108. 앞의 책, 73쪽.
109. 앞의 책, 82쪽.
110. 바빌로프의 죽음에 대해서는 Graham, *Science in the Soviet Union*, 129~130쪽을 보라.
111. Gleb Struve, *Russian Literature under Lenin and Stalin, 1917~1953*, Norman: University of Oklahoma Press, 1971, 59쪽.
112. A. Kemp-Welch, *Stalin and the Literary Intelligentsia, 1928~1939*, London: Macmillan, 1991, 233쪽.
113. 고리키 말년 스탈린과의 관계에 대해서는 Dan Levy, *Stormy Petrel: The Life and Work of Maxim Gorky*, London: Frederick Muller, 1967, 313~318쪽을 보라.
114. RAPP 자체도 내부적으로 분파가 심했다. Struve, 앞의 책, 232쪽.; Kemp-Welch, 앞의 책, 77쪽을 보라.
115. Kemp-Welch, 앞의 책, 77쪽.
116. 앞의 책, 169~170쪽.
117. Struve, 앞의 책, chapter 20, 256쪽.
118. Edward J. Brown, *The Proletarian Episode in Russian literature 1928~1932*, New York: Columbia University Press, 1953, 69~70쪽, 96쪽, 120쪽, 132쪽.
119. Struve, 앞의 책, 261쪽.; Kemp-Welch, 앞의 책, 175쪽.
120. 정치국의 쇼스타코비치에 대한 평가에 관해서는 Brown, 앞의 책, 182쪽을 보라. Kemp-Welch, 앞의 책, 178쪽도 참조
121. 만델스탐과 아흐마토바의 관계에 대해서는 Nadezhda Mandelstam, *Hope Against Hope*, London: Collins and Harvill Press, 1971, 217~221쪽을 보라.
122. John and Carol Garrard, *Inside the Soviet Writer's Union*, London: I. B. Tauris, 1990, 58~59쪽.
123. Shentalinsky, 앞의 책, 191쪽.

124. 앞의 책, 193쪽.
125. Garrard and Garrad, 앞의 책, 38쪽. 에렌부르크가 바벨을 변호하려고 한 부분에 대해서는 Shentalinsky, 앞의 책, 70~71쪽을 보라.
126. Kemp-Welch, 앞의 책, 223쪽.
127. 앞의 책, 224쪽.
128. I. Ehrenburg, *Men, Years-Life*, London, 1963, volume 4, *The Eve of War*, 96쪽. Kemp-Welch, 앞의 책, 198쪽에서 재인용.

18 - 좌절과 위안

1. Lewis Jacobs, *The Rise of the American Film, A Critical History*, New York: Harcourt Brace, 1939, 419쪽.
2. Alfred Knight, *The Liveliest Art*, 156쪽.
3. 앞의 책, 164~165쪽.
4. Jacobs, 앞의 책, 428쪽과 429쪽 사이 'still'로 시작되는 문단을 보라.
5. Knight, 앞의 책, 257쪽.
6. 앞의 책, 261~262쪽. 당대의 유명한 감독들 이름은 Jacobs, 앞의 책을 보라.
7. Knight, 앞의 책, 222쪽.
8. Kristin Thompson and David Bordwell, *Film History*, New York: McGraw Hill, 1994, 353쪽.
9. Knight, 앞의 책, 225쪽.
10. 앞의 책, 226~227쪽.
11. Thompson and Bordwell, 앞의 책, 354쪽.
12. W. H. Auden, 'Night Mail', July, 1935. Edward Mendelsohn (editor), *The English Auden*, London and Boston: Faber & Faber, 1977.
13. Knight, 앞의 책, 211쪽.
14. Thompson and Bordwell, 앞의 책, 309쪽.
15. 앞의 책, 310쪽.
16. Knight, 앞의 책, 212쪽. 리펜슈탈은 후일 자신은 예술에 관심이 있었을 뿐이고 나치의 박해 같은 것은 몰랐다고 말했다. 이런 주장에 대해 영화사가들은 이의를 제기했다. Thompson and Bordwell, 앞의 책, 320쪽 참조.
17. John Lucas, *The Modern Olympic Games*, Cranbury, New Jersey: A. S. Barnes, 1980.
18. Allen Guttman, *The Olympics: A History of the Modern Games*, Urbana and Chicago: University of Illinois Press, 1992, 67쪽.
19. 리펜슈탈은 다른 촬영기사들이 찍은 필름도 가져다 쓸 수 있었다. Audrey Salkeld, *A Portrait of Leni Riefenstahl*, London: Jonathan Cape, 1996, 173쪽.
20. 리펜슈탈은 회고록에서 히틀러가 오웬과 악수를 하지 않은 것은 흔히 말하듯이 인종차별적인 이유에서가 아니라 '올림픽 관행에 어긋나는 것이었기 때문'이라고 말한다. Leni Riefenstahl, *The Sieve of Time: The Memoirs of Leni Riefenstahl*, London: Quartet, 1992, 193쪽.
21. Salkeld, 앞의 책, 186쪽.

22. Knight, 앞의 책, 213쪽.
23. 앞의 책, 216쪽.
24. Thompson and Bordwell, 앞의 책, 294쪽.
25. Knight, 앞의 책, 217쪽.
26. 앞의 책, 218쪽.
27. Thompson and Bordwell, 앞의 책, 298쪽. Knight, 앞의 책, 218쪽.
28. Knight, 앞의 책, 218쪽.
29. 브레히트, 크라우스와의 우정 및 베를린 생활에 대해서는 Momme Broderson, *Walter Benjamin: A Biography*, London: Verso, 1996, 184쪽을 보라.
30. Bernd Witte, *Walter Benjamin: An Intellectual Biography*, Detroit: Wayne State University Press, 1991, 159~160쪽.
31. 앞의 책, 161쪽. Gershom Scholem은 벤야민이 '아우라'라는 개념을 사용한 것은 '마지못해서'라고 주장했다. Gershom Scholem, *Walter Benjamin: The Story of a Friendship*, London and Boston: Faber & Faber, 1982, 207쪽.
32. Stanislaus von Moos, *Le Corbusier: Elements of a Synthesis*, Cambridge, Massachusetts, MIT Press, 1979, 210~213쪽.
33. 앞의 책, 191쪽.
34. 앞의 책, 17쪽, 49~50쪽.
35. Robert Furneaux Jordan, *Le Corbusier*, London: J. M. Dent, 1972, 36쪽 및 도판 5. von Moos, 앞의 책, 75쪽도 참조.
36. Jordan, 앞의 책, 33쪽.
37. 앞의 책, 36쪽 및 도판 5.
38. von Moos, 앞의 책, 154쪽. Jordan, 앞의 책, 56~57쪽도 참조.
39. von Moos, 앞의 책, 302~303쪽.
40. 르 코르뷔지에가 색깔에 대해, 그리고 시간이 가면서 색깔이 변하는 것에 대해 어떻게 생각했는지에 관해서는 von Moos, 앞의 책, 296~297쪽을 보라. Jordan, 앞의 책, 45쪽에서 르 코르뷔지에는 '현대과학을 최대한 활용해야 한다'고 주장한다.
41. Humphrey Carpenter, *W. H. Auden: A Biography*, London: George Allen & Unwin, 1981, 12~13쪽. Bernard Bergonzi, *Reading the Thirties*, London: Macmillan, 1978, 40~41쪽에 나오는 'Audenesque'에 관한 논의도 참조하라.
42. Grevel Lindop, 'Poetry in the 1930s and 1940s,' in Martin Dodsworth (editor), *The Twentieth Century*, volume 7 of *The Penguin History of Literature*, London, 1994, 268쪽.
43. Ian Hamilton (editor), *The Oxford Companion to Twentieth-Century Poetry*, 21쪽.
44. Edward Mendelsohn (editor), 앞의 책, 120쪽, 'Poems 1931~1936' 가운데 'VII', July 1932.
45. 'VII', August 1932.
46. G. Rostrevor Hamilton, *The Tell-Tale Article*, Bergonzi, 앞의 책, 43쪽에서 재인용.
47. 앞의 책, 52쪽.
48. Mendelsohn (editor), 앞의 책에서 Poem XXIX.
49. Bergonzi, 앞의 책, 51쪽. 「스페인」 창작 전후 사정과 인세 조건 등에 대해서는 Carpenter, 앞의 책을 보라. Lindop, 앞의 책, 273쪽.
50. Frederick R. Benson, *Writers in Arms: The Literary Impact of the Spanish Civil War*, London: University of London Press; New York: New York University Press, 1968, 33쪽에서 인용.

51. Carpenter, 앞의 책, 219쪽. Bernard Crick, *George Orwell: A Life*, London: Secker & Warburg, 1980, chapter 10, 'Spain and "necessary murder",' 207쪽도 참조하라.
52. Benson, 앞의 책, 22쪽과 88쪽.
53. 앞의 책, 22쪽과 27쪽.
54. André Marlraux, *L'Espoir*, Paris: Gallimard, 1937.
55. Curtis Cate, *André Malraux: A Biography*, London: Hutchinson, 1995, 259쪽.
56. Benson, 앞의 책, 240쪽, 295쪽. 헤밍웨이의 책은 스페인에서 암거래되기도 했다. José Luis Castillo-Duche, *Hemingway in Spain*, London: New England Library, 1975, 96쪽 참조.
57. John Berger, *The Success and Failure of Picasso*, 앞의 책, 164쪽.
58. Arianna Stassinopoulos, 앞의 책, 231쪽.
59. Berger, 앞의 책, 102쪽.
60. Stassinopoulos, 앞의 책, 232쪽.
61. Herbert Read, 'Picasso's *Guernica*', *London Bulletin*, No. 6, October 1938, 6쪽.
62. Robert Hughes, *The Shock of the New*, 110쪽.
63. 앞의 책, 110~111쪽.
64. Stassinopoulos, 앞의 책, 256쪽.
65. Herbert Rutledge Southworth, *Guernica! Guerinca!*, Berkeley: University of California Press, 1977, 277~279쪽은 많은 스페인 사람들이 피카소를 용서하기까지 시간이 한참 걸렸음을 보여준다. 스페인 내전에 대한 오웰의 반응에 관해서는 Benson, 앞의 책, 64쪽을 보라.
66. George Orwell, *Homage to Catalonia*, London: Martin Secker & Warburg, 1938.
67. J. E. Morpurgo, *Allen Lane: King Penguin*, London: Hutchinson, 1979, 80쪽.
68. 앞의 책, 81~84쪽.
69. 앞의 책, 92~93쪽.
70. W. A. Williams, *Allen Lane, A Personal Portrait*, London: The Bodley Head, 1973, 45쪽.
71. J. B. Priestley, *English Journey*, London: Heinemann, 1934; Penguin, 1977.
72. F. R. Leavis, *Mass Civilisation and Minority Culture*, London: Minority Press, 1930.
73. Ian MacKillop, *F. R. Leavis: A Life in Criticism*, London: Allen Lane, The Penguin Press, 1995, 74~75쪽. 1929년에 나온 I. A. 리처즈의 *Practical Criticism*은 이런 시각을 구현한 것으로 높은 평가를 받았다. 리처즈는 후일 하버드 대학 교수로 갔는데 하버드에서 이런 접근법은 '신비평new criticism'이라는 사조로 유명해진다.
74. Q. D. Leavis, *Fiction and the Reading Public*, London: Chatto & Windus, 1932. 재판 Bellew, 1990.
75. 앞의 책, 199~200쪽.
76. Williams, 앞의 책, 52쪽은 펠리컨 북스를 문화와 지식계의 고품격 정보를 주로 내보내는 BBC Third Programme(BBC 라디오 3의 전신)에 비교한다. Williams는 펠리컨 북스 창간이 펭귄 역사에서 가장 중요한 사건이었다고 평한다.
77. Morpurgo, 앞의 책, 114~116쪽.
78. 앞의 책, 116쪽.
79. Williams, 앞의 책, 54쪽.
80. Morpurgo, 앞의 책, 131쪽.
81. 앞의 책, 135쪽.
82. J. K. Galbraith, *The Age of Uncertainty*, London: BBC/André Deutsch, 1977, 203쪽.
83. 앞의 책, 204쪽.

84. 앞의 책, 211쪽.
85. Robert Lekachman, *The Age of Keynes*, London: Allen Lane, The Penguin Press, 1967; Pelican Books, 1969, 72쪽.
86. 앞의 책, 80~84쪽.
87. Skidelsky가 케인스 전기에서 쓴 표현이다. Skidelsky, 앞의 책, volume 2, chapter 13, 431쪽.
88. Galbraith, 앞의 책, 214쪽.
89. Skidelsky에 따르면 『일반이론』 출판 이후 경제학자들 사이에서는 '찬반 전쟁'이 일어났다. Skidelsky, 앞의 책, 572쪽.
90. Galbraith, 앞의 책, 218쪽.
91. Lekachman, 앞의 책, 120쪽.
92. Galbraith, 앞의 책, 221쪽.
93. Bergonzi, 앞의 책, 112~114쪽, 126~127쪽.
94. Bergonzi, 앞의 책, 61쪽, 112쪽.
95. Cole Porter, 'You're the Tops', 1934.
96. 당시 화학제품에 대한 기본적인 소개와 폴리에틸렌에 대해서는 John Gloag, *Plastic and Industrial Design*, London: George Allen & Unwin, 1945, 86쪽을 보라.
97. Stephen Fenichell, *Plastic*, 앞의 책, 106쪽.
98. Burr W. Leyson, *Plastics in the World of Tomorrow*, London: Elek, 1946, 17쪽은 셀로판지가 얼마나 급속히 활용영역이 넓어졌는지를 잘 보여준다.
99. 파르벤사는 1934년에 인조 에메랄드도 만들어냈다. David Fishlock, *The New Materials*, London: John Murray, 1967, 49쪽 참조.
100. Fenichell, 앞의 책, 152~153쪽.
101. 앞의 책, 161쪽.
102. 앞의 책, 150~151쪽.
103. Paul Johnson, *A History of the Modern World*, 247쪽.
104. Michael Mannheim (editor), *The Cambridge Companion to Eugene O'Neill*, Cambridge: Cambridge University Press, 1998, 1쪽.
105. Louis Shaeffer, *O'Neill: Son and Playwright*, London: J. M. Dent, 1969, 69~70쪽.
106. Stephen Black, 'Cell of Loss', in Mannheim (editor), 앞의 책, 4~12쪽. Shaeffer, 앞의 책, 174쪽.
107. Normand Berlin, 'The Late Plays', in Mannheim (editor), 앞의 책, 82쪽.
108. 오닐은 호프의 식당은 본인이 실제로 살았던 세 곳을 조합해 설정한 장소라고 말했다. Arthur and Barbara Gelb, *O'Neill*, London: Johnathan Cape, 1962, 296쪽을 보라.
109. 이는 신다윈주의적 비전이지만 오닐은 융의 영향도 받았다는 것을 인정했다. Mannheim (editor), 앞의 책에 실린 Eilg Törnqvist, 'O'Neill's philosophical and literary paragons, 22쪽을 보라.
110. Shaeffer, 앞의 책, 514쪽. '히키를 기다리며'라고 하자는 주장에 대해서는 Mannheim, 앞의 책, 85쪽을 보라.
111. David Morse, 'American Theatre: The Age of O'Neill,' in Marcus Cunliffe (editor), *American Literature since 1900*, London: Sphere, 1975; Penguin edition 1993, 77쪽.
112. Berlin, 앞의 책, 90쪽.
113. Shaeffer, 앞의 책, 510쪽에 따르면 이 부분은 작품에서 작가의 실제 과거와 가장 무관한 부분이다. 오닐 가족은 식사를 밖에 나가서 할 정도로 밀실공포증이 있었다. 그런데 타이론 가의 무대 세팅은 밀실공포를 훨씬 강렬하게 느끼도록 꾸몄다.

114. Arthur and Barbara Gelb, *O'Neill*, 93쪽. Berlin, 앞의 책, 91쪽.
115. Berlin, 앞의 책, 89쪽.
116. Alfred Kazin, *On Native Grounds*, 485쪽.
117. Van Wyck Brooks에 대한 언급은 앞의 책, 295쪽, 도스 파소스에 대해서는 352쪽, '희비극적 클라이맥스'에 대해서는 442쪽을 보라.
118. 앞의 책, 404쪽.
119. 앞의 책, 488쪽.
120. Simon Callow, *Orson Welles: The Road to Xanadu*, London: Jonathan Cape, 1995, 11쪽.
121. 앞의 책, 521쪽.
122. Frank Brady, *Citizen Welles*, London: Hodder & Stoughton, 1990, 309~310쪽.
123. Callow, 앞의 책, 570쪽.

19 - 히틀러의 선물

1. Stephanie Barron, *Exiles and Emigrés*, 136~137쪽.
2. 앞의 책, 16~18쪽.
3. 앞의 책, 14쪽.
4. Laura Fermi, *Illustrious Immigrants*, 66~68쪽.
5. Jarrel C. Jackman and Carla M. Borden, *The Muses Flee Hitler*, 218쪽.
6. 앞의 책, 219쪽.
7. 앞의 책, 206~207쪽.
8. 앞의 책, 208~226쪽.
9. Barron, *Exiles and Emigrés*, 19쪽. A. Coser, *Refugee Scholars in America: Their Impact and Their Experiences*, New Haven and London: Yale University Press, 1984도 참조하라. Coser는 특히 쿠르트 레빈, 에릭 에릭슨, 빌헬름 라이히, 브루노 베텔하임, 에리히 프롬, 카렌 호나이, 폴 라자스펠드, 루트비히 폰 미제스, 칼 폴라니, 한나 아렌트, 토마스 만, 블라디미르 나보코프, 로만 야콥슨, 에르빈 파노프스키, 하요 홀보른, 루돌프 카르납, 파울 틸리히 등에 대해 따로 장을 두어 상세히 설명했다.
10. Elisabeth Kessin Berman, 'Moral Triage or Cultural Salvage? The Agendas of Varian Fry and the Emergency Rescue Committee', in Barron, *Exiles and Emigrés*, 99~112쪽.
11. Varian Fry, *Surrender on Demand*, New York: Random House, 1945, 157. Jackman and Borden, 앞의 책, 89쪽.
12. Fry, 앞의 책, 189~191쪽.
13. Martica Swain, *Surrealism in Exile and the Beginnings of the New York School*, Cambridge, Massachusetts: MIT Press, 1995, 124~126쪽.
14. Jackman and Borden, 앞의 책, 90쪽.
15. Coser, 앞의 책, 'The New School for Social Research: A Collective Portrait', 102~109쪽.
16. Ian Hamilton (editor), *The Oxford Companion to Twentieth-Century Poetry*, 51~52쪽.
17. Barron, *Exiles and Emigrés*, 187쪽.
18. 앞의 책, 190쪽.

19. Jackman and Borden, 앞의 책, 140~141쪽.
20. 앞의 책, 142~143쪽.
21. Ehrhard Bahr and Carolyn See, *Literary Exiles and Refugees in Los Angeles*, William Andrews Clark Memorial Library, University of California at Los Angeles, 1988에 실린 Ehrhard Bahr, *Literary Weimar in Exile: German Literature in Los Angeles, 1940~1958*을 보라. Bahr는 독일 작가들이 로스앤젤레스에 동화되지 못했으며 마음은 항상 독일에 가 있었다고 주장한다.
22. Barron, *Exiles and Emigrés*, 358~359쪽.
23. 앞의 책, 341쪽.
24. Bernard Taper, *Balanchine*, New York: Times Books, 1948, 147쪽.
25. 앞의 책, 148쪽.
26. Richard Buckle, *George Balanchine: Ballet Master: A Biography*, London: Hamish Hamilton, 1988, 61쪽.
27. Taper, 앞의 책, 151쪽.
28. Lincoln Kirstein, *Mosaic: Memoirs*, New York: Farrar, Straus & Giroux, 1994, 23쪽.
29. Taper, 앞의 책, 151쪽.
30. Buckle, 앞의 책, 66쪽. Buckle은 처음 만난 곳은 사보이 호텔이고, 두 번째에는 Kirk Askew의 첼시 저택에서 만났다고 한다.
31. Kirstein, 앞의 책, 247~249쪽.
32. Taper, 앞의 책, 151쪽.
33. 앞의 책, 153쪽.
34. 앞의 책, 154쪽.
35. Buckle, 앞의 책, 88쪽.
36. Taper, 앞의 책, 156쪽.
37. 앞의 책, 157쪽.
38. 앞의 책.
39. Buckle, 앞의 책, 88쪽.
40. Taper, 앞의 책, 160쪽.
41. Various Authors, *The Cultural Migration: The European Scholar in America*, Philadelphia: University of Pennsylvania Press, 1953. 파울 틸리히 관련은 155쪽 참조.

20 - 콜로수스

1. Andrew Hodges, *Alan Turing: The Enigma*, London: Burnett Books, 1983, Vintage paperback, 1992, 160쪽.
2. 거의 같은 시기에 블레츨리에 온 인물들에 대해서는 I. J. Good, 'Pioneering work on computers at Bletchley', in N. Metropolis, J. Howlett and Giancarlo Rota (editors), *A History of Computing in the Twentieth Century*, New York and London: Academic Press, 1980, 33쪽.
3. Hodges, 앞의 책, 160쪽.
4. Paul Strathern, *Turing and the Computer*, London: Arrow, 1997, 59쪽.
5. 에니그마 사진은 Good, 앞의 책, 35쪽, 36쪽을 보라. 에니그마를 깬 과정과 Harry Hinsley의 결정적

인 기여에 대해서는 최신 기밀 해제 문건을 활용해 정리한 Hugh Sebag-Montefiore, *Enigma: The Battle for the Code*, London: Weidenfeld & Nicolson, 2000 참조.
6. Hodges, 앞의 책, 86쪽.
7. Strathern, 앞의 책, 46~47쪽.
8. 유리수와 컴퓨터화할 수 있는 수의 연관성에 대해서는 Hodges, 앞의 책, 96~101과 Strathern, 앞의 책, 48쪽을 보라.
9. Strathern, 앞의 책, 49~50쪽.
10. S. M. Ulam, 'Von Neumann: The Interreaction of Mathematics and Computers', in Metropolis *et al.* (editors), 앞의 책, 95쪽.
11. Strathern, 앞의 책, 51~52쪽.
12. 앞의 책, 55~56쪽.
13. 앞의 책, 57~59쪽.
14. 튜링도 누구한테 조언을 들어야 하는지 알고 있었다. 폴란드인들의 역할에 대해서는 Wladyslaw Kozoczuh, *Enigma*, London: Arms & Armour Press, 1984, 96쪽 참조.
15. 메시지는 원래 독일어로 보내지 않은 경우도 있었다. 이런 문제는 일찌감치 해결됐다. R. V. Jones, *Most Secret War*, London: Hamish Hamilton, 1978, 63쪽 참조.
16. Good, 앞의 책, 40~41쪽.
17. Hodges, 앞의 책, 277쪽.
18. 콜로수스 연구를 함께 한 인물들에 대해서는 B. Randall, 'The Colossus', in Metropolis *et al.* (editors), 앞의 책, 47쪽을 보라. 관련 사진은 Hodges, 앞의 책, 268~269쪽 참조.
19. Strathern, 앞의 책, 63~64쪽.
20. 튜링에 대한 평가 및 전쟁 기간에 폰 노이만과 만난 일과 관련된 애매한 부분에 대해서는 Randall, 앞의 책, 77~80쪽을 보라.
21. Hodges, 앞의 책, 247쪽.
22. Strathern, 앞의 책, 66쪽.
23. 정확한 발전 과정에 대해서는 John Haugeland, *Artificial Intelligence: the Very Idea*, Cambridge, Massachusetts: MIT Press, 1985, 261~263쪽을 보라.
24. Hodges, 앞의 책, 311~312쪽.
25. Guy Hartcup, *The Challenge of War: Scientific and Engineering Contributions to World War Two*, Exeter: David & Charles, 1970, 17쪽.
26. 앞의 책, 94쪽.
27. 앞의 책, 96~97쪽.
28. 앞의 책, 91쪽. 독일 쪽 연구 진척 상황 및 레이더의 일부 결함에 대해서는 Alfred Price, *Instruments of Darkness*, London: William Kimber, 1967, 40~45쪽과 David Pritchard, *The Radar War*, London: Patrick Stephens, 1989, 80쪽을 보라.
29. Hartcup, 앞의 책, 91쪽. 좀 더 자세한 연대기적 내역은 Jack Gough, *Watching the Skies: A History of Ground Radar for the Air Defence of the United Kingdom by the RAF from 1946 to 1975*, London: HMSO, 1993, 8~12쪽 참조.
30. Hartcup, 앞의 책, 90쪽, 107쪽.
31. Ronald W. Clark, *The Life of Ernst Chain: Penicillin and Beyond*, New York: St Martin's Press, 1985, 47쪽. Weatherall, *In Search of a Cure*, 174~175쪽.
32. Gwyn Macfarlane, *Alexander Fleming: The Man and the Myth*, London: Chatto & Windus/The

Hogarth Press, 1984, 119쪽.
33. Weatherall, 앞의 책, 168쪽.
34. 앞의 책, 165~166쪽.
35. Gwyn Macfarlane, *Howard Florey: The Making of a Great Scientist*, Oxford and New York: Oxford University Press, 1979, 331쪽.
36. Weatherall, 앞의 책, 175~176쪽.
37. John E. Pfeiffer(*The Creative Explosion: An Inquiry into the Origins of Art and Religion*, New York: Harper & Row, 1982, 26쪽)는 개는 없었다고 주장한다. Annette Laming, *Lascaux*, London: Penguin, 1959, 54쪽.
38. Mario Ruspoli, *The Cave of Lascaux: The Final Photographic Record*, London and New York: Thames & Hudson, 1987, 188쪽. 주석 37쪽도 참조.
39. 앞의 책.
40. Pfeiffer, 앞의 책, 30쪽.
41. Ruspoli, 앞의 책, 188쪽.
42. Pfeiffer, 앞의 책, 31쪽.
43. 상세한 내용은 Ruspoli, 앞의 책과 Fernand Windels, *Montignac-sur-Vézere, Centre d'Études et de documentations préhistoriques*, Dordogne, 1948을 보라.
44. Paul G. Bahn and Jean Vertut, *Images of the Ice Age*, London: Windward, 1988, 20~23쪽.
45. Evan Hadingham, *Secrets of the Ice Age: The World of the Cave Artists*, London: Heinemann, 1979, 187쪽.
46. 추가 논의를 위해서는 Ruspoli, 앞의 책, 87~88쪽을 보라. 라스코 동굴벽화에는 여성 그림이 없다. 이에 대해 뉴욕대 Randall White 교수는 비너스 조각상의 일부 형상(꼬리나 동물 귀 등등)은 벽화가 인간이 성행위와 출산의 상관관계를 아직 모르던 시기에 나온 것임을 말해준다고 본다. 동물 형상은 동물의 정령이 인간사에 모종의 역할을 한다고 생각한 흔적이라는 것이다(White 교수와 필자의 개인적인 의견 교환 내용).
47. Pierre Teilhard de Chardin, *The Appearance of Man*, London: Collins, 1965, 51쪽.
48. Ian Tattersall, *The Fossil Trail*, Oxford and New York: Oxford University Press, 1995, paperback 1996, 62쪽, 67쪽.
49. Chardin, 앞의 책, 91쪽, 145쪽. Tattersall, 앞의 책, 62쪽.
50. Mayr(*The Growth of Biological Thought*, 566~569쪽은 Bernhard Rensch와 G. Ledyard Stebbins를 이 그룹에 포함시킨다. 물론 이들은 프린스턴 회의가 열린 다음인 1947년과 50년에 가서야 저서를 출간했다. Mayr(70쪽)는 토마스 쿤이 말하는 의미의 '패러다임 변동'(이 책 27장 참조)은 없었으며 '가능한 요소들의 교환' 수준이라고 주장한다. 줄리안 헉슬리의 책은 런던 George Allen & Unwin에서 출판됐다. 종합설을 주창한 나머지 학자들의 저서는 뉴욕 컬럼비아 대학 출판부에서 나왔다. Ernst Mayr and William B. Provine (editors), *The Evolutionary Synthesis: Perspectives on the Unification of Biology*, Cambridge, Massachusetts: Harvard University Press, 1980, 1988도 참조하라. 이 책은 영국과 미국 이외에 프랑스, 독일, 소련의 진화론 발전 과정을 탐색하는 동시에 T. H. Morgan, R. A. Fisher, G. G. Simpson, J. B. S. Haldane, William Bateson 같은 학자들에 대한 현대의 평가도 곁들이고 있다.
51. '도약론'의 인기에 대해서는 David Kahn (editor), *The Darwinian Heritage*, Princeton: Princeton University Press 1985, 762~763쪽.
52. Tattersall, 앞의 책, 89~94쪽.

53. 앞의 책, 95쪽.
54. Walter Moore, *Schrödinger: Life and Thought*, Cambridge: Cambridge University Press, 1989, 395쪽.
55. Erwin Schrödinger, *What is Life?*, Cambridge: Cambridge University Press, 1944, 77쪽.
56. Moore, 앞의 책, 396쪽.
57. Schrödinger, 앞의 책, 61쪽.
58. 앞의 책, 79쪽.
59. 앞의 책, 30쪽.
60. Moore, 앞의 책, 397쪽.

21 - 과거 회귀는 없다

1. Karl Mannheim, *Diagnosis of Our Time: Wartime Essays of a Sociologist*, London: Kegan Paul, Trench, Trubner, 1943.
2. 앞의 책, 38쪽.
3. 앞의 책, 32쪽.
4. 앞의 책, 60쪽.
5. Joseph Schumpeter, *Capitalism, Socialism and Democracy*, London: George Allen & Unwin, 1943.
6. Johnston, *The Austrian Mind*, 83쪽.
7. Roberty Heilbronner, *The Worldly Philosophers*, New York: Simon & Schuster, 1953, Penguin Books, 1986, 292~293쪽.
8. Schumpeter, 앞의 책, 111쪽.
9. 앞의 책, 81쪽.
10. 앞의 책, 143쪽. Heilbronner, 앞의 책, 6쪽, 301~302쪽.
11. Heilbronner, 앞의 책, 6, 300~303쪽.
12. Friedrich von Hayek, *The Road to Serfdom*, London: George Routledge, 1944, 52쪽.
13. 앞의 책, 61쪽.
14. C. H. Waddington, *The Scientific Attitude*, London(Penguin Special), 1941.
15. Karl Popper, *The Open Society and Its Enemies, Volume Ⅰ: The Spell of Plato, Volume Ⅱ: The High Tide of Prophecy: Hegel, Marx and the Aftermath*, London: George Routledge & Sons, 1945.
16. 포퍼는 『열린 사회와 그 적들』을 출판하는 데 애를 먹었다. 일부 출판사는 이 책이 아리스토텔레스를 너무 경시했다고 보았다. 또 권위 있는 철학 전문지 「마인드」는 『역사주의의 빈곤』 게재를 거절했다. 만하임의 자서전 *Unended Quest: An Intellectual Biography*, London: Routledge, 1992, 119쪽을 보라.
17. Roberta Corvi, *An Introduction to the Thoughts of Karl Popper*, London and New York: Routledge, 1997, 52쪽.
18. 앞의 책, 52쪽.
19. 앞의 책, 59쪽.
20. Popper, 앞의 책, *Volume Ⅰ*, 143쪽. Corvi, 앞의 책, 65쪽.
21. 앞의 책, *Volume Ⅱ*, 218쪽.

22. Corvi, 앞의 책, 69쪽.
23. 사회학의 자율성에 대해서는 Popper, 앞의 책, *Volume II*, chapter 14, 지식사회학에 대해서는 chapter 23을 보라.
24. Corvi, 앞의 책, 73쪽.
25. William Temple, *Christianity and the Social Order*, London: Penguin Special, 1942.
26. 앞의 책, 2장 교회 '개입'에 관하여.
27. 앞의 책, 75쪽.
28. 앞의 책, 76쪽.
29. 앞의 책, 79쪽.
30. 앞의 책, 87쪽.
31. Nicholas Timmins, *The Five Giants: A Biography of the Welfare State*, London: HarperCollins, 1995, Fontana Paperback, 1996, 23쪽. Derek Fraser, *The Evolution of the British Welfare State*, London: Macmillan, 1973.
32. John Kenneth Galbraith, *A History of Economics*, London: Hamish Hamilton, 1987, Penguin edition, 1991, 213~215쪽.
33. 전쟁이 태도에 미친 영향에 대해서는 Fraser, 앞의 책, 194~195쪽을 보라.
34. Timmins, 앞의 책, 11쪽. 베버리지의 회고록(Lord Beveridge, *Power and Influence*, London: Hodder & Stoughton, 1953판에는 이런 언급은 없다.
35. Beveridge, 앞의 책, 9쪽. Timmins, 앞의 책, 12쪽에서 재인용. José Harris, *William Beveridge: A Biography*, Oxford: Clarendon Press, 1977, 44쪽도 참조.
36. Paul Addison, *Churchill on the Home Front 1900~1955*, London: Jonathan Cape, 1992, 51쪽. Timmins, 앞의 책, 13쪽에서 재인용.
37. Harris, 앞의 책, 54쪽, 379쪽. Timmins, 앞의 책, 14쪽.
38. Timmins, 앞의 책, 15쪽.
39. 앞의 책, 20쪽.
40. 앞의 책. Harris, 앞의 책, 385쪽도 참조.
41. Timmins, 앞의 책, 21쪽. Harris, 앞의 책, 390쪽에 따르면 사회보험에 착안한 것은 1941년 말부터였다.
42. Fritz Grunder, 'Beveridge meets Bismark', York papers, volume I, 69쪽. Timmins, 앞의 책, 25쪽에서 재인용.
43. 앞의 책, 23~24쪽.
44. 영국 의회보고서 6404, *Social Insurance and Allied Services: Report by Sir William Beverdige*, London: HMSO, 1942, 6~8쪽. Timmins, 앞의 책, 23~24쪽에서 재인용.
45. 사실 이런 점에서 많은 관리들이 우려를 했다. Harris, 앞의 책, 422쪽.
46. Timmins, 앞의 책, 29쪽.
47. Derek Fraser, 앞의 책, 180쪽. Timmins, 앞의 책, 33쪽에서 재인용.
48. 앞의 책, 37쪽.
49. 베버리지는 회고록에서 '베버리지 경은 오늘날 영국에서 처칠 총리 다음으로 인기 있는 인물일 것이다'라고 한 미국 측 평가를 인용한다. Beveridge, 앞의 책, 319쪽.
50. Allan Bullock, *Hitler and Stalin*, 858쪽.
51. Crick, *George Orwell*, 316쪽.
52. Malcolm Bradbury, Introduction to George Orwell, *Animal Farm*, Penguin books, 1989, 6쪽.

53. Crick(앞의 책, 316~318쪽은 종이 부족이 출판 지연의 유일한 이유는 아니었을 것이라고 덧붙인다).
54. Galbraith, *A History of Economics*, 248쪽.
55. Lekachman, 앞의 책, 128쪽.
56. Moggridge, 앞의 책, 629쪽.
57. Lekachman, 앞의 책, 124쪽.
58. Moggridge, 앞의 책, 631쪽.
59. Lekachman, 앞의 책, 127쪽.
60. 앞의 책, 131쪽.
61. The New Republic, 'Charter for America', 19 April 1943. Lekachman, 앞의 책, 133~135쪽에서 재인용. Galbraith, 앞의 책, 249쪽도 참조.
62. Lekachman, 앞의 책, 150쪽.
63. 앞의 책, 152쪽.
64. Moggridge, 앞의 책, 724쪽. Lekachman, 앞의 책, 158쪽.
65. Lekachman, 앞의 책, 152쪽.
66. 화이트는 국제은행에 관한 나름의 제안서를 내놓았다. Moggridge, 앞의 책, 724쪽.
67. 앞의 책, 802~803쪽.
68. 케인스 자신은 영국의 해외 지출을 더 우려했다. 줄어든 자원에 비해 과다하다고 본 것이다. 앞의 책, 825쪽.
69. Lekachman, 앞의 책, 138쪽.
70. 앞의 책, 169쪽.
71. Gunnar Myrdal, *An American Dilemma: The Negro Problem and Modern Democracy*(two vols), New York: Harper & Row, 1944.
72. Ivan Hannaford, *Race: The History of an Idea in the West*, Baltimore: Johns Hopkins University Press, 1996, 378쪽.
73. E. Franklin Frazier, *The Negro Family in the United States*, Chicago: University of Chicago Press, 1939.
74. Myrdal, 앞의 책, 57쪽.
75. Hannaford, 앞의 책, 379쪽.
76. 지도자들에 대해서는 Myrdal, 앞의 책, chapter 34를 보라.
77. Paul Johnson, *A History of the American People*, London: Weidenfeld & Nicolson, 1997, 794쪽. Hannaford, 앞의 책, 395쪽.
78. Ralph Ellison, *Shadow and Act*, New York: Random House, 1964, 316쪽.

22 - 8월의 섬광

1. Richard Rhodes, The Making of the Atomic Bomb, 319쪽.
2. 앞의 책, 321쪽.
3. 프리시의 집이 폭격을 맞아 불탔다는 잘못된 주장에 대해서는 W. Clark, *The Birth of the Bomb*, London: Phoenix House, 1961, 116쪽을 보라.

4. 펄스가 한 계산의 내역은 Clark, *The Birth of the Bomb*, 118쪽과 Rhodes, 앞의 책, 323쪽을 보라.
5. 티저드위원회는 전시 영국에서 과학적 성과의 군사적 응용 여부를 평가할 수 있는 유일한 기구였다. Clark, 앞의 책, 55쪽.
6. Robert Jungk, *Brighter than a Thousand Suns*, London: Victor Gollancz, 1958, 67쪽.
7. Rhodes, 앞의 책, 212쪽.
8. 페르미는 물리학자들에게 '교황'으로 통했다. Jungk, 앞의 책, 57쪽.
9. Laura Fermi, *Atoms in the Family*, Chicago: University of Chicago Press, 1954, 123쪽. Rhodes, 앞의 책, 249쪽에도 인용돼 있다.
10. C. Snow, *The Physicists*, 90~91쪽.
11. Otto Hahn, *New Atoms*, New York and Amsterdam: Elsevier, 1950, 53쪽.
12. Rhodes, 앞의 책, 254~256쪽.
13. Jungk, 앞의 책, 67~77쪽.
14. Helge Kragh, *Quantum Generations*, 260쪽.
15. Ronald Clark, *The Greatest Power on Earth: The Story of Nuclear Fission*, London: Sidgwick & Jackson, 1980, 45쪽. Jungk, 앞의 책, 77쪽, Rhodes, 앞의 책, 258쪽도 참조하라.
16. Rhodes, 앞의 책, 261쪽.
17. 질라드는 비밀을 지켜야 한다고 주장했지만 지지자는 많지 않았다. Kragh, 앞의 책, 263쪽.
18. Clark, *The Birth of the Bomb*, 80쪽.
19. 질라드의 다른 제안들에 대해서는 Jungk, 앞의 책, 82쪽을 보라.
20. Jungk(앞의 책, 91쪽)는 아인슈타인은 핵 연쇄반응 가능성은 생각지 못했다고 말한다.
21. Rhodes, 앞의 책, 291~292쪽, 296쪽.
22. Clark(*The Birth of the Bomb*, 183쪽)는 영국이 캐나다를 대안으로 생각했었다고 말한다. Rhodes, 앞의 책, 329~330쪽도 참조하라.
23. Kragh, 앞의 책, 265; Rhodes, 앞의 책, 379쪽.
24. Rhodes, 앞의 책, 385쪽.
25. Mark Walker, *German National Socialism and the Quest for Nuclear Power*, Cambridge: Cambridge University Press, 1989, 222쪽. Walker는 두 사람의 만남의 의미가 양측 모두에서 과장됐다고 주장한다. 이 만남은 Michael Frayn이 1998년 런던 국립극장에서 초연하고, 2000년 뉴욕 브로드웨이에서 상연해 성공한 연극 「코펜하겐」의 소재가 되었다.
26. Kragh, 앞의 책, 266쪽.; Rhodes, 앞의 책, 389쪽.
27. Leslie Groves, 'The atomic general answers his critics', *Saturday Evening Post*, 19 May, 1948, 15쪽. Jungk, 앞의 책, 122쪽도 참조.
28. Rhodes, 앞의 책, 450~451쪽.
29. Clark, *The Greatest Power on Earth*, 161쪽.
30. Rhodes, 앞의 책, 437쪽.
31. Jane Wilson (editor), 'All in Our Time', *Bulletin of the Atomic Scientists*, 1975. Rhodes, 앞의 책, 440쪽에서 재인용.
32. 내부 조직에 대해서는 Kragh, 앞의 책, 267쪽을 보라.
33. Rhodes, 앞의 책, 492쪽, 496~500쪽.
34. Kragh, 앞의 책, 270쪽.
35. Stefan Rozental (editor), *Niels Bohr*, 192쪽.
36. Margaret Gowing, *Britain and Atomic Energy, 1939~1945*, London: Macmillan, 1964, 354~356쪽.

37. 영국이 독일군을 감시한 방법에 대해서는 Clark, *The Birth of the Bomb*, 141쪽을 보라.
38. 독일이 중수를 선호한 이유에 대해서는 Mark Walker, 앞의 책, 27쪽을 보라.
39. David Irving, *The Vinus House*, London: William Kimber, 1967, 191쪽. 독일 물리학자들의 폭탄 제조 참여 문제는 종전 후 재판으로 이어져 세인의 관심을 끌었다. 일부 인사들은 윤리적인 이유에서 폭탄 제조에 참여하지 않았다고 주장했다. 그러나 그렇지 않다는 내용의 문건이 1996년 Jeremy Bernstein (editor), *Hitler's Nuclear Club: The Secret Recordings at Farm Hall*, New York: American Institute of Physics Press로 출판됐다. 이 책은 2차 대전 이후 포로로 잡힌 독일 과학자들을 수용한 영국의 장원 팜 홀에서 녹음한 내용을 풀어 쓴 기밀 해제 문건을 수록했다. 녹음은 포로들 모르게 이루어졌다. 녹음 내용에 따르면 전쟁이 끝나갈 무렵 독일은 9개 연구 집단을 가동해 핵 개발에 수백 명의 과학자를 동원했으며, 하이젠베르크가 총 책임자였다. 프로젝트를 시작한 것은 1943년이었다. 원자로 제작이 목표였는데 중수 공급이 끊기고 연합군의 폭격이 거세져 중단됐다. 이후 연구 시설은 베를린 이남으로 이전했다.
40. Herbert York, *The Advisers, London*: W. H. Freeman, 1976, 30쪽. Rhodes, 앞의 책, 458쪽.
41. Kragh, 앞의 책, 271쪽. Rhodes, 앞의 책, 501~502쪽.
42. Rhodes, 앞의 책, 618쪽. 그러나 Jungk는 트루먼이 4월 25일에 가서야 보고를 받았다고 말한다. Jungk, 앞의 책, 178쪽.
43. Jungk, 앞의 책, 195쪽.
44. Kragh, 앞의 책, 269쪽에 실린 Emilio Segré의 증언도 참조하라.
45. Jungk, 앞의 책, chapter VI, VII, XIV.
46. 비행기 이름은 조종사 Paul Tibbets의 어머니 이름에서 따왔다. Jungk, 앞의 책, 219쪽.
47. Paul Tibbets, 'How to Drop an Atomic Bomb', *Saturday Evening Post*, 8 June 1946, 136쪽.
48. Caffrey, *Ruth Benedict*, 321쪽.
49. Modell, *Ruth Benedict*, 285쪽.
50. Ruth Benedict, *The Chrysanthemum and the Sword*, Boston: Houghton Mifflin, 1946, paperback edition: Houghton Mifflin, 1989.
51. 앞의 책, 10~11쪽.
52. 앞의 책, 104쪽.
53. 앞의 책, 116쪽의 은, 효, 의리를 비교한 표를 보라.
54. 앞의 책, 253쪽.
55. 앞의 책, 192쪽.
56. Caffrey, 앞의 책, 325쪽.
57. Modell, 앞의 책, 284쪽.
58. Benedict, 앞의 책, 305쪽.

23 - 파리의 원년元年

1. Annie Cohen-Solal, *Sartre: A Life*, London, Heinemann, 1987, 250쪽. Herman, 앞의 책, 343쪽.
2. Herman, *The Idea of Decline in Western History*, 343쪽.

3. J.-P. Sartre, *Self-Portrait at 70, in Life Situations, Essays Written and Spoken*, Auster와 L. Davis 공역, New York: Pantheon 1977, 47~48쪽. Herman, 앞의 책, 342쪽에서 재인용.
4. 앞의 책, 334쪽.
5. Ronald Hayman, *Writing Against: A Biography of Sartre*, London: Weidenfeld & Nicolson, 1986, 64쪽. Herman, 앞의 책, 334쪽. Cohen-Solal, 앞의 책, 57쪽.
6. Herman, 앞의 책, 335쪽.
7. Cohen-Solal, 앞의 책, 95쪽.
8. Herman, 앞의 책, 333쪽.
9. 앞의 책, 338쪽.
10. 세계는 '부적응 도구들'에 스스로를 드러낸다고 하는 하이데거의 관념은 사르트르의 반항적 인간 개념 발전과 맞아떨어졌다. Hayman, 앞의 책, 132~133쪽.
11. Herman, 앞의 책, 339쪽.
12. Antony Beevor and Artemis Cooper, *Paris After the Liberation: 1944~1949*, London: Hamish Hamilton, 1994, 199쪽.
13. 앞의 책, 81쪽, 200쪽.
14. 앞의 책, 156쪽, 164쪽.
15. Cohen-Solal, 앞의 책, 248쪽. Beevor and Cooper, 앞의 책, 159~161쪽.
16. Beevor and Cooper, 앞의 책, 155쪽.
17. Herman, 앞의 책, 343쪽. Cohen-Solal, 앞의 책, 258쪽.
18. Herman, 앞의 책, 344쪽.
19. Cohen-Solal, 앞의 책, 444쪽.
20. Herman, 앞의 책, 346쪽.
21. Maurice Merlau-Ponty, *Humanism and Terror*, Boston: Beacon Press, 1969, 16~17쪽.
22. Herman, 앞의 책, 346쪽.
23. Arthur Koestler, *Darkness at Noon*, London: Jonathan Cape, 1940, Daphne Harley 번역. 사르트르와의 논쟁에 대해서는 David Cesarani, *Arthur Keostler: The Homeless Mind*, London: Heinemann, 1998, 288~290쪽도 참조하라.
24. Cohen-Solal, 앞의 책, 347~348쪽.
25. 앞의 책, 348쪽.
26. Beevor and Cooper, 앞의 책, 158쪽.
27. Stanley Karnow, *Paris in the Fifties*, New York: Random House/Times Books, 1997, 240쪽.
28. Cohen-Solal, 앞의 책, 265쪽.
29. Karnow, 앞의 책, 240쪽. Beevor and Cooper, 앞의 책, 202쪽.
30. Cohen-Solal, 앞의 책, 266쪽. Karnow, 앞의 책, 242쪽.
31. Beevor and Cooper, 앞의 책, 382쪽.
32. Karnow, 앞의 책, 251쪽. Beevor and Cooper, 앞의 책, 207쪽.
33. 미국관의 차이에 대해서는 Cohen-Solal, 앞의 책, 307쪽을 보라.
34. Beevor and Cooper, 앞의 책, 405쪽.
35. 앞의 책, 408쪽.
36. 이 에피소드가 감정적으로 얼마나 불편했을지는 Annie Cohen-Solal이 1987년에 590쪽 분량으로 정리한 사르트르 전기에 크라브첸코 사건이나 그에 관여한 사람들 얘기가 일절 나오지 않는 데서 어느 정도 짐작할 수 있다.

37. Beevor and Cooper, 앞의 책, 409쪽.
38. 앞의 책, 411~412쪽.
39. 공산당 탈퇴에 대해서는 Cohen-Solal, 앞의 책, 332~333쪽 참조.
40. Beevor and Cooper, 앞의 책, 416쪽.
41. 'Nikolas Bourbaki'는 프랑스 수학자들(Jean Diendonné, Henri Carton 등등)이 주축이 된 그룹의 필명이었다. 이들은 수학의 모든 문제를 일관된 전체로서 재검토하자는 취지로 활동했다. 『수학원론 Elements of Mathematics』 첫 권이 나온 것은 1939년으로 전체는 20권을 돌파했다. 올리비에 메시앙에 대해서는 Arnold Whittall, *Music Since the First World War*, London: J. M. Dent, 1977; Oxford University Press paperback, 1995, 216~219쪽, 226~231쪽을 보라. Fabian Watkinson의 레코드('Messiaen, Turangalîla-Symphonie', Royal Concertgebouw Orchestra, Decca, 1992.) 해설 3~4쪽도 참조하라.
42. 『시지푸스의 신화』 저술과 카뮈의 부조리 철학에 대해서는 Olivier Todd, *Albert Camus: Une Vie*, Paris: Gallimard, 1996, 296쪽을 보라. 2차 대전 이후 파리 미술 시장에 대해서는 Raymonde Moulin, *The French Art Market: A Sociological View*, New Brunswick: Rotgers University Press, 1987을 보라. 이 책은 *Le Marché, de la peinture en France*, Paris: Édition de Minuit, 1967의 축약 영역본이다.
43. 타루에 관한 구상과 페스트의 상징적 효과에 대해서는 Albert Camus, *Carnets 1942~1951*, London: Hamish Hamilton, 1966, 53쪽을 보라.
44. Siomone de Beauvoir, La Force des Choses, Paris: Gallimard, 1960, 29. Beevor and Cooper, 앞의 책, 206쪽에서 재인용.
45. Kate Millett, *Sexual Politics*, London: Rupert Hart-Davis, 1971, 346쪽.
46. 아이러니하게도 주네가 복역한 메트레 교도소는 농촌에 있었다. 주네 전기를 쓴 작가에 따르면 '그곳은 겉보기에는 전원 풍경이었다. 주변에 높은 담도 없었고 멀리까지 높다란 나무들이 줄지어 서 있었다. 그러나 통제는 철저했다.' Edmund White, *Genet*, London: Chatto & Windus, 1993, 68쪽.
47. 주네는 흑인 배우 배치를 위해 제작진과 엄청 싸웠다. 폴란드 공연시의 다툼에 대해서는 White, 앞의 책, 502~503쪽을 보라.
48. Andrew K. Kennedy, *Samuel Beckett*, Cambridge: Cambridge University Press, 1989, 4~5쪽.
49. james Knowlson, *Damned to Fame: The Life of Samuel Beckett*, London: Bloomsbury, 1996, 54쪽.
50. Kennedy, 앞의 책, 8쪽.
51. Knowlson, 앞의 책, 175쪽.
52. Beevor and Cooper, 앞의 책, 173쪽.
53. Kennedy, 앞의 책, 6쪽, 7쪽, 9쪽, 11쪽.
54. Knowlson, 앞의 책, 387쪽.
55. Kennedy, 앞의 책, 24쪽.
56. 앞의 책, 42쪽.
57. 『고도를 기다리며』는 특히 죄수들에게 인기가 높았다. 독일과 미국을 비롯한 여러 나라에서 그랬다. 이에 대해서는 Knowlson, 앞의 책, 409쪽을 보라.
58. Kennedy, 앞의 책, 30쪽.
59. 앞의 책, 33~34쪽, 40~41쪽.
60. Claude Bonnefoy, *Conversation with Eugène Ionesco*, London: Faber & Faber, 1970, 65쪽.
61. 앞의 책, 82쪽.
62. 이오네스코의 '개인의 종언' 개념에 대해서는 Eugène Ionesco, *Present Past, Past Present: A Personal*

Memoir, London, Calder & Boyars, 1972, Helen R. Lane 번역, 139쪽을 보라.
63. Bonnefoy, 앞의 책, 82쪽.

24 - 딸과 연인

1. 1944년 초에 쓴 편지를 보라. 사르트르가 젊은 여자를 놓고 카뮈와 다투는 얘기가 나온다. Simone de Beauvoir (editor), *Quiet Moments in a War: The Letters of Jean-Paul Sartre to Simone de Beauvoir, 1940~1963*, London: Hamish Hamilton, translators Lee Fahnestock and Norman MacAfee, 1994, 263쪽. 보부아르는 우아하면서도 감동적인 방식으로 사르트르를 밀어줬다. Simone de Beauvoir, *Adieu: A Farewell to Sartre*, London: André Deutsch and Weidenfeld & Nicolson, 1984.
2. Claude Francis and Fernande Gontier, *Simone de Beauvoir*, London: Sidgwick & Jackson, 1987, 207쪽.
3. 앞의 책, 235쪽.
4. Deidre Bair, *Simone de Beauvoir*, London: Jonathan Cape, 1990, 325쪽, 379~80쪽.
5. Bair, 앞의 책, 379쪽.
6. Bair, 앞의 책, 380쪽.
7. 이에 대해서는 Bair, 앞의 책, 383쪽, chapter 40을 보라.
8. 프랑스에서 어떤 평가를 받았는지에 대해서는 Francis and Gontier, 앞의 책, 251쪽, 253쪽을 보라.
9. Bair, 앞의 책, 387쪽. 『제2의 성』에 대한 정신분석학적 접근에 대해서는 Toril Moi, *Simone de Beauvoir: The Making of an Intellectual Woman*, Oxford: Blackwell, 1994, 155쪽을 보라.
10. 『제2의 성』은 16개 국어로 번역됐다. Francis and Gontier, 앞의 책, 254쪽.
11. Bair, 앞의 책, 432~433쪽.
12. 앞의 책, 438쪽.
13. Brendan Gill, 'No More Eve', *New Yorker*, volume XXIX, Number 2, February 28, 1953, 97~99쪽. Bair, 앞의 책, 439쪽에서 재인용.
14. Bair, 앞의 책, 432쪽.
15. 킨제이는 자신이 '제 2의 다윈'이라고 생각했다. James H. Jones, *Alfred C. Kinsey: A Public/Private Life*, New York: W. W. Norton, 1997, 25쪽.
16. John Heidenry, *What Wild Ecstasy: The Rise and Fall of the Sexual Revolution*, New York: Simon & Schuster, 1997, 21쪽.
17. John D'Emilio and Estelle B. Freedman, *Intimate Matters: A History of Sexuality in America*, New York: Harper & Row, 1988, 285쪽.
18. 앞의 책, 285쪽.
19. 앞의 책.
20. 앞의 책, 286쪽.
21. 앞의 책.
22. Heidenry, 앞의 책, 21쪽.
23. Jones, 앞의 책, 690~691쪽. D'Emilio and Freedman, 앞의 책, 286쪽도 참조.
24. Jones, 앞의 책, 695쪽.
25. Heidenry, 앞의 책, 21쪽.

26. D'Emilio and Freedman, 앞의 책, 288쪽.
27. Heidenry, 앞의 책, 23쪽.
28. 앞의 책.
29. 앞의 책, 24~25쪽.
30. 앞의 책.
31. 앞의 책, 26쪽.
32. D'Emilio and Freedman, 앞의 책, 268쪽, 312쪽. Heidenry, 앞의 책, 28쪽.
33. Heidenry, 앞의 책, 29쪽.
34. 앞의 책, 33쪽.
35. 앞의 책.
36. Audrey Leathard, *The Fight for Family Planning*, London: Macmillan, 1980, 72쪽.
37. 앞의 책, 87쪽.
38. 앞의 책, 84쪽.
39. Heidenry, 앞의 책, 31쪽.
40. 로크의 철학에 대해서는 Leathard, 앞의 책, 114쪽을 보라.
41. Heidenry, 앞의 책, 31쪽.
42. Leathard, 앞의 책, 104쪽. Heidenry, 앞의 책, 31쪽.
43. Heidenry, 앞의 책, 31~32쪽.
44. 앞의 책, 32쪽.
45. Leathard, 앞의 책, 105쪽.
46. 나보코프는 원래 이 소설을 익명으로 출판하려고 했다. 코넬대학 러시아유럽문학 담당 정교수였기 때문에 혹시 자리에 타격이 오지 않을까 우려했기 때문이다. 그러나 출판사측에서는 그렇게 되면 문학작품이라는 선전이 설득력이 떨어진다고 주장했다. 이 부분에 대해서는 Andrew Field, *VN: The Life and Art of Vladimir Nabokov*, London: Macdonald/Queen Anne Press, 1987, 299~300쪽을 보라.
47. 나보코프 본인은 정신분석학적 해석을 거부했다. 이에 대해서는 앞의 책, 324~325쪽을 보라.
48. Daniel Horowitz, *Betty Friedan: The Making of the Feminine Mystique*, Amherst: University of Massachusetts Press, 1998, 193쪽.
49. Betty Friedan, *The Feminine Mystique*, New York: W. W. Norton, 1963; reprinted by Dell Publishing, paperback, 1984, 7쪽.
50. Horowitz, 앞의 책, 202쪽.
51. Friedan, 앞의 책, 38쪽.
52. Horowitz, 앞의 책, 2~3쪽.
53. Friedan, 앞의 책, 145~146쪽.
54. 앞의 책, 16쪽.
55. 앞의 책, 383쪽.
56. Horowitz, 앞의 책, 226~227쪽.

25 - 새로운 인간의 조건

1. David Rieman, with Nathan Glazer and Reuel Denney, *The Lonely Crowd*, New Haven: Yale University Press, 1950. 1989년 판에는 1961년 판 서문과 새 서문이 추가됐다. 24쪽.
2. 앞의 책, 5쪽.
3. 앞의 책, 11쪽.
4. 앞의 책, 15쪽.
5. 앞의 책, 18쪽.
6. 앞의 책, 19쪽.
7. 앞의 책, 22쪽.
8. 앞의 책. 예를 들어 chatper Ⅷ, Ⅸ, Ⅹ 을 보라.
9. Ellen Schrecker, *The Age of McCarthyism: A Brief History with Documents*, Boston: Bedford Books, 1994, 63쪽.
10. Herman, *The Idea of Decline in Western History*, 316쪽.
11. 앞의 책.
12. 앞의 책.
13. 아도르노는 가정이 제공하던 정서적 안락감을 이제는 정당이 제공한다고 암시했다. Ben Agger, *The Discourse of Domination: From the Frankfurt School to Postmodernism*, Evanston, Illinois: Northwestern University Press, 1992, 251쪽. T. B. Bottomore, *Sociology as Social Criticism*, London: George Allen & Unwin, 1975, 91쪽.
14. Herman, 앞의 책, 318쪽.
15. Andrew Jamison and Ron Eyerman, *Seeds of the Sixties*, Berkeley: Los Angeles: London: University of California Press, 52쪽. 이 책은 1960년대 사상에 대한 소개로서 대단히 탁월하다. 필자는 이 책에 많이 의존했다.
16. 1956년 8월 9일자 편지에서 Mary McCarthy(미국 여성 소설가, 평론가)는 Bernard Berenson(저명한 미국 미술사가)도 『전체주의의 기원』을 샀으며, 아렌트를 만나보고 싶어 한다고 말했다. Carol Brightman, Between Friends: *The Correspondence of Hannah Arendt and Mary McCarthy*, 1949~1975, London: Secker & Warburg, 1995, 42쪽.
17. 어려웠던 저술 과정은 Young-Bruehl, 앞의 책, 201쪽을 보라.
18. Jamison and Eyerman, 앞의 책, 47쪽.
19. Young-Bruehl, *Hannah Arendt*, 204~211쪽.
20. Hannah Arendt, *The Origins of Totalitarianism*, New York: Hartcourt, Brace, Jovanovich, 1951, 475쪽. Jamison and Eyerman, 앞의 책, 47쪽.
21. Jamison and Eyerman, 앞의 책, 48쪽. Young-Bruehl, 앞의 책, 206~207쪽.
22. 아렌트 자신은 이 책을 '비타 악티바Vita Activa'(라틴어로 '행동하는 삶'이라는 뜻)라고 불렀다. Brightman, 앞의 책, 50쪽.
23. Young-Bruehl, 앞의 책, 319쪽.
24. Jamison and Eyerman, 앞의 책, 50쪽.
25. 앞의 책, 57쪽.
26. Erich Fromm, *The Sane Society*, London: Routledge & Kegan Paul, 1956.
27. 앞의 책, 5~9쪽.

28. 앞의 책, 122쪽.
29. 앞의 책, 356쪽.
30. 앞의 책, 95쪽, 198쪽.
31. 앞의 책, 222쪽.
32. W. H. Whyte, *The Organisation Man*, London: Jonathan Cape, 1957.
33. 앞의 책, 14쪽.
34. 앞의 책, 64쪽.
35. 앞의 책, 101쪽.
36. 앞의 책, 217쪽.
37. 앞의 책, 338~341쪽.
38. Jamison and Eyerman, 앞의 책, 36쪽.
39. 앞의 책, 37쪽.
40. 앞의 책, 36~37쪽.
41. 앞의 책, 33쪽, 34쪽.
42. C. Wright Mills, *The Power Elite*, New York: Oxford University Press, 1956, 274~275쪽. Howard S. Becker, 'Professional sociology: The case of C. Wright Mills', in Roy C. Rist, *The Democratic Imagination: Dialogues on the work of Irving Louis Horowitz*, New Brunswick and London: Transaction, 1994, 157쪽도 참조.
43. Jamison and Eyerman, 앞의 책, 39쪽.
44. 앞의 책, 40쪽.
45. C. Wright Mills, *White Collar: The American Middle Classes*, New York: Oxford University Press, 1953, ix. Jamison and Eyerman, 앞의 책, 40쪽에서 재인용.
46. C. Wright Mills, 앞의 책, 294~295. Jamison and Eyerman, 앞의 책, 41쪽.
47. Jamison and Eyerman, 앞의 책, 43쪽.
48. 앞의 책.
49. C. Wright Mills, *The Sociological Imagination*, Oxford: Oxford University Press, 1959, 5쪽.
50. 앞의 책, 43쪽.
51. Jamison and Eyerman, 앞의 책, 46쪽.
52. J. K. Galbraith, *The Affluent Society*, Boston: Houghton Mifflin, 1958, Penguin paperback, 1991, 40쪽.
53. 앞의 책, 65쪽.
54. 갤브레이스는 첫 번째 자서전에서 케인스에게 받은 영향을 분명히 밝히고 있다. J. K. Galbraith, *A Life in Our Times*, London: André Deutsch, 1981, 74~82쪽. 622쪽도 참조하라.
55. 앞의 책, 86쪽.
56. 앞의 책, 122쪽.
57. 앞의 책, 128쪽.
58. 앞의 책, 182쪽, 191~195쪽.
59. 앞의 책, 195쪽.
60. 앞의 책, 233쪽.
61. 갤브레이스는 자서전에서 「타임」지는 『풍요로운 사회』를 '심하게 비웃었'지만 Malcolm Muggeridge는 토니의 『탐욕스러운 사회』, 케인스의 『평화의 경제적 귀결』과 같은 반열에 드는 것으로 평가했다고 적고 있다. J. K. Galbraith, *A Life in Our Times*, 354쪽.
62. W. W. Rostow, *The Stages of Economic Growth*, Cambridge: Cambridge University Press, 1960,

paperback edition, 1971.
63. 앞의 책, 7쪽.
64. 앞의 책, 36쪽.
65. 앞의 책, 59쪽.
66. 앞의 책, 38쪽과 59쪽에 나오는 표를 조합했다.
67. 앞의 책, 73쪽.
68. 앞의 책.
69. 앞의 책, 107쪽.
70. Fukuyama의 주장에 대해서는 본서의 결론 부분을 보라.
71. Rostow, 앞의 책, 102~103쪽.
72. Daniel Horowitz, *Vance Packard and American Social Criticism*, Chapel Hill, N.C.: University of North Carolina Press, 1994, 98~100쪽.
73. 앞의 책, 105쪽.
74. 앞의 책.
75. Vance Packard, *The Hidden Persuaders*, New York: David McKay, 1957.
76. 앞의 책, 87~88쪽.
77. Vance Packard, *The Status Seekers*, New York: David McKay, 1959.
78. Horowitz, 앞의 책, 123쪽.
79. Vance Packard, *The Waste Makers*, New York: David McKay, 1960.
80. Horowitz, 앞의 책, 119쪽.
81. Malcolm Waters, *Daniel Bell*, London: Routledge, 1996, 13~15쪽.
82. Waters, 앞의 책, 78쪽.
83. Daniel Bell, *The End of Ideology: On the Exhaustion of Political Ideas in the Fifties*, Glencoe: The Free Press, 1960. Harvard University Press에서 나온 1965년 페이퍼백 판에는 새 후기가 실려 있다. Waters, 앞의 책, 79쪽.
84. Waters, 앞의 책, 80쪽.
85. Geoff Dench, Tony Flower and Kate Gavron (editors), *Young at Eighty*, London: Carcanet Press, 1995에서 Malcom Dean이 쓴 장(105쪽)과 Daniel Bell이 쓴 장(123쪽)을 보라.
86. Michael Young, The Rise of the Meritocracy, London: Thames & Hudson, 1958. 저자의 새 서문이 포함된 재판은 1994년 Transaction Publishers, New Brunswick, New Jersey에서 나왔다.
87. 앞의 책, 6쪽.
88. 앞의 책, 7쪽. 그러나 평은 좋지 않았다. 특히 Richard Hoggart의 서평이 그랬다. Paul Barker, 'The Up and Downs of the Meritocracy', in Dench, Flower and Gavron (editors), 앞의 책, 156쪽.
89. Young, 앞의 책, 170쪽.
90. Barker(앞의 책, 161쪽)는 이 책에 '인간의 목소리'가 빠졌다고 보는 평자들을 인용한다.

26 - 정전正典이 깨지다

1. Peter Ackroyd, *T. S. Eliot*, 289쪽.

2. T. S. Eliot, *Notes Toward the Definition of Culture*, London: Faber & Faber, 1948, paperback 1962.
3. Ackroyd, 앞의 책, 291쪽.
4. 엘리엇의 레저에 관한 생각에 대해서는 Sencourt, *T. S. Eliot: A Memoir*, 154쪽을 보라.
5. Eliot, *Notes*, 31쪽.
6. 앞의 책, 23쪽.
7. 앞의 책, 43쪽.
8. 엘리엇은 자신이 단순히 영국인이나 미국인이 아니라 유럽인이라는 것을 깊이 의식한다고 말했다. Sencourt, 앞의 책, 158쪽.
9. Eliot, *Notes*, 50쪽.
10. 앞의 책, 87쪽.
11. 앞의 책, 25쪽.
12. Ian MacKillop, *F. R. Leavis*, 15쪽, 17쪽.
13. F. R. Leavis, *The Great Tradition*, London: Chatto & Windus, 1948; F. R. Leavis, *The Common Pursuit*, London: Chatto & Windus, 1952.
14. 사회학과 문학의 연관성에 대해서는 Leavis, *The Common Pursuit*, chapter 14를 보라. 리비스는 그런 연관성에 대해 회의적이었다. chapter 23에서는 『재의 수요일 Ash Wednesday』(1930)을 엘리엇의 입장이 달라진 작품으로 평가한다. (이 책의 결론도 참조하라.)
15. MacKillop, 앞의 책, 111쪽. 특히 비평의 미래에 대해서는 chapter 8, 263쪽을 보라.
16. Lionel Trilling, *The Liberal Imagination*, New York: Macmillan, 1948 London: Secker & Warburg, 1951.
17. 앞의 책, 34쪽.
18. 앞의 책, 288쪽.
19. Henry S. Commager, *The American Mind: An Interpretation of American Thought and Character Since the 1880s*, New York: Oxford University Press, 1950.
20. 앞의 책, 199쪽, 227쪽.
21. 앞의 책, 176~177쪽.
22. 앞의 책, 378쪽.
23. Jamison and Eyerman, *Seeds of the Sixties*, 150~151쪽.
24. 앞의 책, 150쪽.
25. 트릴링의 부인은 둘 사이를 거의 오이디푸스 콤플렉스적인 관계라고 묘사했다. Graham Caveney, *Screaming with Joy: The Life of Allen Ginsberg*, London: Bloomsbury, 1999, 33쪽.
26. Jamison and Eyerman, 앞의 책, 152쪽.
27. Barry Miles, *Ginsberg: A Biography*, New York: Viking, 1990, 196쪽.
28. 앞의 책, 192쪽.
29. Jamison and Eyerman, 앞의 책, 156쪽.
30. 앞의 책, 158~159쪽.
31. 「울부짖음」에 대한 페를링게티의 반응은 Miles, 앞의 책, 197쪽.
32. Ann Charters, *Kerouac: A Biography*, London: André Deutsch, 1974, 24~25쪽. 케루악은 다리가 부러져서 팀에 합류하지도 못했다. Charters는 케루악이 이 사건을 끝내 잊지 못했다고 말한다.
33. Jack Kerouac, *On the Road*, New York: Viking, 1957, Penguin paperback 1991, Ann Charters의 서문 10쪽.
34. 앞의 책, 8쪽, 11쪽.

35. 앞의 책, 20쪽.
36. Charters, *Kerouac: A Biography*, 92~97쪽.
37. 케루악은 1945년 벤제드린(각성제)을 너무 많이 복용해서 다리에 혈전성 정맥염이 생겼다. 앞의 책, 52쪽.
38. 비밥의 간단한 역사에 대해서는 Gerald Nicosia, *Memory Babe: A Critical Biography of Jack Kerouac*, New York: Grove Press, 1983, 112쪽. 여행의 논리에 대해서는 60~691쪽.
39. Charters의 서문 28쪽.
40. Jamison and Eyerman, 앞의 책, 159쪽.
41. *New Musical Express*, 1956년 9월 23일자 Alan Freed 인터뷰. Richard Aquila, *That Old Time Rock'n'Roll: A Chronicle of an Era, 1954~1963*, New York: Schirmer, 1989, 5쪽에서 재인용.
42. Donald Clarke, *The Rise and Fall of Popular Music*, New York: Viking, 1995, Penguin 1995, 373쪽.
43. Aquila, 앞의 책, 6쪽.
44. Clarke(앞의 책, 370쪽)는 절대 1호 곡이 아니라고 주장한다.
45. 물론 모방에 불과한 것만은 아니었다. 프레슬리의 섹시함에 대해서는 Simon Frith, *Performing Rites: Evaluating Popular Music*, Oxford: Oxford University Press, 195쪽을 보라.
46. Aquila, 앞의 책, 8쪽.
47. 히트 차트와 대중음악 마케팅에 대해서는 Frith, 앞의 책을 보라.
48. Arnold Goldman, 'A Remnant to Escape: The American Writer and the Minority Group', in Marcus Cunliffe (editor), *The Penguin History of Literature*, 302~303쪽.
49. Ralph Ellison, *Invisible Man*, London: Gollancz, 1953, Penguin 1965. Goldman, 앞의 책, 303쪽.
50. Jamison and Eyerman, 앞의 책, 160쪽.
51. James Campbell, *Talking at the Gates: A Life of James Baldwin*, London: Faber & Faber, 1991, 117쪽.
52. Jamison and Eyerman, 앞의 책, 163쪽.
53. Campbell, 앞의 책, 228쪽.
54. 앞의 책, 125쪽. Jamison and Eyerman, 앞의 책, 166쪽에서 재인용.
55. Colin MacInness, *Absolute Beginners*, London: Allison & Busby, 1959; *Mr Love and Justice*, London: Allison & Busby, 1960.
56. Michael Dash, 'Marvellous Realism: The Way out of Négritude', in Bill Ashcroft, Gareth Griffiths and Helen Tiffin (editors), *The Post-Colonial Studies Reader*, London and New York: Routledge, 1995, 199쪽.
57. Ezenwa-Ohaeto, *Chinua Achebe: A Biography*, Oxford: James Currey and Bloomington and Indianapolis: Indiana University Press, 1997, 60쪽. Gilbert Phelps, 'Two Nigerian Writers: Chinua Achebe and Wole Soyinka', in Boris Ford (editor), *The New Pelican Guide to English Literature, volume 8: From Orwell to Naipaul*, London: Penguin, 1983, 319~331쪽.
58. Chinua Achebe, *Things Fall Apart*, New York: Doubleday, 1959, Anchor paperback, 1994. Phelps, 앞의 책, 320쪽.
59. Ezenwa-Ohaeto, 앞의 책, 66쪽. Phelps, 앞의 책, 321쪽.
60. 『붕괴』의 여러 초안과 아체베의 출판 시도에 대해서는 앞의 책, 66쪽을 보라. Phelps, 앞의 책, 323쪽.
61. 20세기 인류학의 발전에 대한 레비스트로스의 관점에 관해서는 Claude Lévi-Strauss and Didier Eribon, *Conversations with Lévi-Strauss*, 145쪽을 보라. Leach, 앞의 책, 9쪽도 참조.
62. Edmund Leach, *Lévi-Strauss*, London: Fontana, 1974, 13쪽.

63. Claude Lévi-Strauss, *Tristes Tropiques*, Paris: Plon, 1955. *Mythologiques I : Le cru et le cuit*, Paris: Plon, 1964. 영역본은 *The Raw and the Cooked*, London: Jonathan Cape, 1970, volume I of The Science of Mythology로 나왔다. volume II는 *From Honey to Ashes*, London: Jonathan Cape, 1973. 레비스트로스는 Eribon에게 정신분석은, 또는 적어도 『토템과 터부』는 '실패'라고 생각한다고 말했다. Eribon and Lévi-Strauss, 앞의 책, 106쪽.
64. Leach, 앞의 책, 60쪽.
65. 앞의 책, 63쪽.
66. 앞의 책, 82쪽.
67. 마가렛 미드가 파리를 방문했을 때 클로드 레비스트로스가 시몬 드 보부아르를 소개시켜줬다. '두 사람은 서로 한 마디도 하지 않았다.' Eribon and Lévi-Strauss, 앞의 책, 12쪽.
68. Basil Davidson, *Old Africa Rediscovered*, London: Gollancz, 1959.
69. Oliver Neville, 'The English Stage Company and the Drama Critics', in Ford (editor), 앞의 책, 251쪽.
70. 앞의 책, 252쪽. 오스본이 이 광고를 읽은 소감은 John Osborne, *A Better Class of Person: Autobiography 1929~1956*, London: Faber & Faber, 1981, 275쪽에 나와 있다.
71. Neville, 앞의 책, 252~253쪽.
72. Peter Mudford, 'Drama since 1950', in Dodsworth (editor), *The Penguin History of Literature*, 396쪽.
73. 연극과 자전적 체험이 겹치는 부분에 대해서는 Osborne, 앞의 책, 239쪽을 보라.
74. Mudford, 앞의 책, 395쪽.
75. 앞의 책.
76. Michael Hulse, 'The Movement', Ian Hamilton (editor), *The Oxford Companion to Twentieth-Century Poetry*, 368쪽.
77. Mudford, 앞의 책, 346쪽.
78. 라킨의 사서 경력과 사서 일에 대한 본인의 생각, 소심함 등에 대해서는 Andrew Motion, *Philip Larkin: A Writer's Life*, London: Faber & Faber, 1993, 109쪽을 보라. 26장에서 소개한 라킨의 이 모저모에 대해서는 Alastair Fowler, 'Poetry since 1950' in Dodsworth (editor), 앞의 책, 346쪽. Motiion, 앞의 책, 242~243쪽 참조.
79. "속수무책인 방관자"라는 인용문에 대해서는 Michael Kirkham, 'Philip Larkin and Charles Tomlinson: Realism and Art' in Boris Ford (ed.), *From Orwell to Naipaul, vol. 8, New Pelican Guide to English Literature*, London: Penguin, 1995 개정판, 286~289쪽을 보라. Blake Morrison, 'Larkin' in Hamiton (editor), 앞의 책, 288쪽.
80. Richard Hoggart, *A Sort of Clowning: Life and Times, volume II, 1940~59*, London: Chatto & Windus, 1990, 175쪽.
81. 리비스는 호가트의 저서에 대해 '어떤 가치는 있지만 소설로 썼어야 했다'고 말했다. Hoggart, 앞의 책, 206쪽.
82. Richard Hoggart, *The Uses of Literacy*, London: Chatto & Windus, 1957.
83. Raymond Williams, *Culture and Society*, London: Chatto & Windus, 1958.
84. 이에 대한 논의는 Fred Inglis, *Cultural Studies*, Oxford: Blackwell, 1993, 52~56쪽과 Fred Inglis, *Raymond Williams*, London and New York: Routledge, 1995, 162쪽을 보라.
85. C. P. Snow, *The Two Cultures*, Cambridge: Cambridge University Press, 1959, paperback 1969 and 1993에 붙인 Stefan Collini의 Introduction. 7쪽.
86. 앞의 책.

87. 앞의 책, 8쪽. 스노의 강연 회비는 9기니(9.45파운드)로 1525년 리드 강연이 시작될 때와 똑같았다. Philip Snow, *Stranger and Brother: A Portrait of C. P. Snow*, London: Macmillan, 1982, 117쪽.
88. 앞의 책, 35쪽. Collini, 위의 서문, 20쪽도 참조.
89. C. P. Snow, 앞의 책, 14쪽.
90. 앞의 책, 18쪽.
91. 앞의 책, 29쪽.
92. 앞의 책, 34쪽.
93. 앞의 책, 41쪽.
94. MacKillop, 앞의 책, 320쪽.
95. 몸도 안 좋았다. Philip Snow, 앞의 책, 130쪽.
96. Collini, 위의 서문, 33쪽. 64쪽짜리 이 서문은 특히 스노의 강연을 20세기 후반기 지적 지형의 변화와 관련해서 설명한다.
97. Lionel Trilling, ' A comment on the Leavis-Snow Controversy', *Universities Quarterly*, volume 17, 1962, 9~32쪽. Collini, 위의 서문, 38쪽.
98. 이 주제가 텔레비전에서 처음 토론된 것은 1968년이었다. Philip Snow, 앞의 책, 147쪽.

27 - 과학의 이면

1. Michael Polanyi, *Science, Faith and Society*, Oxford: Oxford University Press, 1946.
2. 앞의 책, 14쪽.
3. 앞의 책, 19쪽.
4. 앞의 책, 60쪽.
5. George Orwell, *1984*, Everyman's Library, 1993, 16쪽. Julian Symons의 Introduction. Penguin paperback edition, 1989에 실린 Ben Pimlott의 Introduction도 참조하라.
6. James Burnham, *The Managerial Revolution, or What is Happening in the World Now*, New York: Putnam, 1941.
7. 물리학 분야의 문제에 대해서는 Paul R. Josephson, *Physics and Politics in Revolutionary Russia*, Los Angeles and Oxford: University of California Press, 1991을 보라. 공산 중국에서 벌어진 리센코 문제에 대해서는 Laurence Schneider, 'Learning from Russia: Lysenkoism and the Fate of Genetics in China, 1950~1986', in Denis Fred Simon and Merle Goldman (editors), *Science and Technology in Post Mao China*, Cambridge, Massachusetts: The Council on East Asian Studies/Harvard University Press, 1989 45~65쪽을 보라.
8. Krementsov, *Stalinist Science*, 115쪽.
9. 앞의 책, 107쪽.
10. 앞의 책, 129~131쪽, 151쪽, 159쪽.
11. 앞의 책, 160쪽, 165쪽.
12. 앞의 책, 169쪽.
13. 앞의 책, 174쪽, 176쪽, 179쪽.
14. Michael Riordan and Lillian Hoddeson, 'Birth of an Era', *Scientific American: Specail Issue: 'Solid

State Century: The Past, Present and Future of the Transistor', 22 January 1998, 10쪽.
15. S. Millman (editor), *A History of Engineering and Science in the Bell Systems: Physical Sciences (1925~1980)*, Thousand Oaks, California: Bell Laboratories, 1983, 97쪽.
16. Riordan and Hoddeson, 앞의 책, 11쪽.
17. 앞의 책.
18. 앞의 책.
19. 앞의 책, 14쪽.
20. Brian Winston, *Media, Technology and Society: A History from the Telegraph to the Internet*, London and New York: Routledge, 1998, 216~217쪽. Chris Evans, *The Mighty Micro*, London: Gollancz, 1979, 49~50쪽.
21. Frank H. Rockett, 'The Transistor', *Scientific American: Specail Issue: 'Solid State Century: The Past, Present and Future of the Transistor'*, 22 January 1998, 18쪽.
22. 앞의 책, 19쪽.
23. Winston, 앞의 책, 213쪽.
24. Riordan and Hoddeson, 앞의 책, 14~15쪽.
25. 앞의 책, 13쪽.
26. 이런 행사가 트랜지스터 판매에 도움이 되기는 했다. Winston, 앞의 책, 219쪽.
27. 앞의 책, 221쪽.
28. Paul Strathern, *Crick, Watson and DNA*, London: Arrow, 1997, 37~38쪽. James D. Watson, *The Double Helix*, London: Weidenfeld & Nicolson, 1968; Penguin paperback, 1990, 20쪽.
29. Strathern, 앞의 책, 42쪽.
30. 앞의 책, 44쪽.
31. 라이벌 그룹과 당시의 연구 현황에 대해서는 Bruce Wallace, *The Search for the Gene*, 108쪽.
32. Strathern, 앞의 책, 45쪽.
33. Watson, 앞의 책, 25쪽.
34. Strathern, 앞의 책, 49쪽.
35. 앞의 책, 50~53쪽.
36. Watson, 앞의 책, 79쪽.
37. Strathern, 앞의 책, 56쪽.
38. Watson, 앞의 책, 82~83쪽. Strathern, 앞의 책, 60쪽.
39. Watson, 앞의 책, 91쪽. Strathern, 앞의 책, 60쪽.
40. Watson, 앞의 책, 123쪽.
41. 폴링의 전기를 쓴 Thomas Hager에 따르면 '역사가들은 그해 5월 폴링이 영국 왕립학회 학술모임에 참석하려고 했으나 비자가 거부되는 바람에 그러지 못한 것이 DNA 구조 발견에서 뒤처진 결정적인 이유라고 봤다. 만약 참석했더라면 프랭클린의 연구 성과를 알게 됐을 것이다.' Hager, *Force of Nature*, 414쪽.
42. Strathern, 앞의 책, 70~71쪽.
43. 폴링과 크릭은 서로 존중하는 사이였다. 폴링은 이미 크릭에게 칼텍으로 오라는 뜻을 표시한 바 있었다. Hager, 앞의 책, 414쪽. Strathern, 앞의 책, 72쪽.
44. Strathern, 앞의 책, 81쪽.
45. 앞의 책, 84쪽에 좋은 모형이 있다.
46. Watson, 앞의 책, 164쪽.

47. Strathern, 앞의 책, 82쪽.
48. 왓슨은 저서 에필로그를 그녀의 용기와 성실성을 높이 평가하는 내용으로 엮었다. 그녀에 대해 잘못 생각했음을 인정했지만 너무 늦었다. Watson, 앞의 책, 174~175쪽. Strathern, 앞의 책, 83~84쪽.
49. Alan Shepard and Deke Slayton, *Moon Shot*, New York: Turner/Virgin, 1994, 37쪽.
50. James Hartford, Korolev: *How One Man Masterminded the Soviet Drive to Beat the Americans to the Moon*, New York: John Wiley & Sons, 1997, 121쪽.
51. 좀 더 호들갑스러운 로이터 통신 제목에 대해서는 Shepard and Slayton, 앞의 책, 39쪽을 보라. Hartford, 앞의 책, 130쪽.
52. 스푸트니크 1호는 별로 크지 않았지만 그래도 미국이 계획하던 것보다는 컸다. Charles Murray and Catherine Bly Cox, *Apollo: The Race for the Moon*, London: Secker & Warburg, 1989, 23. Hartford, 앞의 책, 122쪽도 참조.
53. 비용과 보안에 대해서는 Young, Silcock, and Peter Dunn, *Journey to the Sea of Tranquility*, London: Jonathan Cape, 1969, 80~81쪽을 보라.
54. Hartford, 앞의 책. 위의 주 50) 참조.
55. 기타 개인적인 사항에 대해서는 Shepard and Slayton, 앞의 책, 38~39쪽을 보라.
56. Hartford, 앞의 책, 49~50쪽.
57. 앞의 책, 51쪽.
58. Robert Conquest, *The Great Terror*, London: Macmillan, 1968; 같은 필자의 *Kolyma: The Arctic Death Camps*, New York: Viking, 1979도 참조.
59. Hartford, 앞의 책, 57쪽.
60. 앞의 책, 91쪽.
61. 뱅가드 계획이 발표되자 러시아 측은 그 정도면 별것 아니라고 봤다. Young, Silcock *et al.*, 앞의 책, 67쪽.
62. 미국에 미친 영향에 대해서는 Murray and Cox, 앞의 책, 77쪽을 보라.
63. Hartford, 앞의 책, 114~115쪽.
64. 앞의 책, 110쪽.
65. Young, Silcock *et al.*, 앞의 책, 68쪽.
66. Young, Silcock *et al.*, 앞의 책, 74쪽. 이 책도 코롤료프는 언급하지 않고 있다. Hartford, 앞의 책, 133쪽.
67. Shepard and Slayton, 앞의 책, 42쪽.
68. Hartford, 앞의 책, 132쪽.
69. 스푸트니크 2호는 스푸트니크 1호보다 더 큰 충격을 주었다. Young, Silcock *et al.*, 앞의 책, 70~71쪽.
70. Hartford, 앞의 책, 135쪽.
71. 앞의 책, 135~136쪽.
72. 스푸트니크 발사가 아이젠하워의 정책에 미친 영향에 대해서는 Young, Silcock *et al.*, 앞의 책, 82쪽을 보라.
73. Richard Leakey, *One Life*, London: Michael Joseph, 1983, 49쪽.
74. Virginia Morrell, *Ancestral Passions: The Leakey family and the Quest for Humankind's Beginning*, New York: Simon & Schuster, 1995, 57쪽.
75. Mary Leakey, *Olduvai Gorge: My Search for Early Man*, London: Collins, 1979, 13쪽.
76. Morrell, 앞의 책, 80~89쪽.
77. 그래서 리키는 동아프리카의 다른 측면에 관한 책도 몇 권 썼다. L. S. B. Leakey, *Kenya: Contrasts*

and Problems, London: Methuen, 1936.
78. Morrell, 앞의 책, 163~174쪽.
79. Mary Leakey, 앞의 책, 83쪽.
80. 자세한 협곡 지도는 Mary Leakey, 앞의 책, 52~53쪽을 보라.
81. Morrell, 앞의 책, 178쪽.
82. 앞의 책, 180~181쪽.
83. Mary Leakey, 앞의 책, 75쪽. Richard Leakey, 앞의 책, 50쪽도 참조.
84. Morrell, 앞의 책, 181쪽.
85. 앞의 책.
86. Mary Leakey, 앞의 책, 74쪽.
87. L. S. B. Leakey, 'Finding the World's Earlies Man', *National Geographic Magazine*, September 1960, 421~435쪽. Morrell, 앞의 책, 194쪽.
88. Morrell, 앞의 책, 196쪽.
89. 앞의 책. Richard Leakey, 앞의 책, 49쪽.
90. Claude Lévi-Strauss and Didier Eribon, *Conversations with Lévi-Strauss*, 119쪽.
91. Karl Popper, *The Logic of Scientific Discovery*, London: Hutchinson, 1959. (원서는 1934년 빈에서 독일어로 나왔음.) 특히 chapter I, IV, V를 보라.
92. Thomas S. Kuhn, *The Structure of Scientific Revolutions*, Chicago: University of Chicago Press, 1962. 수정 보완된 2판, University of Chicago Press, 1970. 특히 chapter VI, 52쪽을 보라.
93. 앞의 책, 151쪽.
94. 앞의 책, 137쪽.
95. 2판에 실린 보유補遺를 보라.

28 - 정신의 탈형이상학

1. John Russell Taylor, *Hitch: The Life and Work of Alfred Hitchcock*, London: Faber & Faber, 1978, 255쪽.
2. Donald Spoto, *The Life of Alfred Hitchcock: The Dark Side of Genius*, London: Collins, 1983, 420쪽. James Pallot, Jacob Levich *et al*, *The Fifth Virgin Film Guide*, London: Virgin Books, 1996, 553~554쪽.
3. 앞의 책, 421~423쪽.
4. Russell Taylor, 앞의 책, 256쪽.
5. Spoto, 앞의 책, 423~424쪽.
6. 앞의 책, 420쪽.
7. R. D. Laing, *The Divided Self: An Existential Study in Sanity and Madness*, London: Tavistock, 1959. Adrian Laing, *R. D. Laing: A Lfie*, London: Peter Owen, 1994, chapter 8, 77~78쪽도 참조.
8. Gilbert Ryle, *The Concept of Mind*, London: Hutchinson, 1949.
9. 앞의 책, 36쪽.
10. 앞의 책, 319쪽.
11. S. Stephen Hilmy, *The Later Wittgenstein: The Emergence of a New Philosophical Method*, Oxford:

Blackwell, 1987, 191쪽.
12. Ludwig Wittgenstein, *Philosophical Investigations*, Oxford: Blackwell, 1953 (edited by G. E. M. Anscombe and R. Rhees). 비트겐슈타인이 이 책 집필을 시작한 것은 1931년이었다. Hilmy, 앞의 책, 50쪽.
13. M. S. Hacker, *Wittgenstein*, 앞의 책, 8쪽.
14. 직업 철학자들조차 말장난으로 보기도 한다. Hilmy, 앞의 책, chapter 3과 4.
15. Wittgenstein, *Philosophical Investigations*, 앞의 책, 109쪽. Hacker, 앞의 책, 11쪽에서 재인용.
16. Magee (editor), 앞의 책, 89쪽.
17. Hacker, 앞의 책, 16쪽.
18. 앞의 책, 18쪽.
19. 많은 대목이 원래 2차 대전 말기에 쓴 것이다. 통증을 예로 든 것은 그런 점에서 이해가 간다. Monk, 앞의 책, 479~480쪽. Hilmy, 앞의 책, 134쪽과 Hacker, 앞의 책, 21쪽도 참조하라.
20. Wittgenstein, 앞의 책, 587쪽. Hacker, 앞의 책, 24쪽에서 재인용.
21. 앞의 책, 31쪽.
22. Magee (editor), 앞의 책, 90쪽; and Hacker, 앞의 책, 40쪽.
23. Martin L. Gross, *The Psychological Society*, New York: Simon & Schuster, 1979, 200쪽.
24. 앞의 책, 201쪽.
25. H. J. Halverson, 'Genital and Sphincter Behavior in the Male Infant,' *Journal of Genetic Psychology*, volume 56, 95~136쪽. Gross, 앞의 책, 220쪽에서 재인용.
26. H. J. Eysenck, *Decline and Fall of the Freudian Empire*, London: Viking, 1985. 특히 chapter 5와 6을 보라.
27. Ralph Linton, *Culture and Mental Disorder*, Springfield, Illinois: Charles C. Thomas, 1956. Gross, 앞의 책, 219쪽에서 재인용.
28. Ray Fuller (editor), *Seven Pioneers of Psychology*, 앞의 책, 126쪽.
29. B. F. Skinner, *Science and Human Behavior*, Glencoe: The Free Press, 1953.
30. 앞의 책, 263쪽.
31. 앞의 책, 375쪽.
32. 앞의 책, 377~378쪽.
33. Fuller (editor), 앞의 책, 113쪽.
34. B. F. Skinner, *Verbal Behavior*, New York: Appleton-Century-Crofts, 1957.
35. 앞의 책, 81쪽.
36. Noam Chomsky, *Syntatic Structures*, The Hague: Mouton, 1957. Roger Smith, *The Fontana History of the Human Sciences*, 앞의 책, 672쪽, John Lyons, *Chomsky*, London: Fontana/Collins, 1970, 14쪽도 참조하라.
37. Noam Chomsky, *Language and the Mind*, New York: Harcourt Brace, 1972, 13쪽, 100쪽. Lyons, 앞의 책, 18쪽.
38. Lyons, 앞의 책, 105~106쪽.
39. Fuller (editor), 앞의 책, 117쪽.
40. Pelican 문고로 나왔다. John Bowlby, *Child Care and the Growth of Love*, 1953.
41. 앞의 책, 18쪽.
42. 앞의 책, 50쪽.
43. 앞의 책, 161쪽.

44. Fernand Vidal, *Piaget Before Piaget*, Cambridge, Massachusetts: Harvard University Press, 1994, 206~207쪽.
45. Peter E. Bryant, 'Piaget', in Fuller (editor), 앞의 책, 133쪽.
46. 피아제의 많은 저서 가운데 *The Language and Thought of the Child*, London: Kegan Paul, Trench and Trubner, 1926과 *Six Psychological Studies*, London: University of London Press, 1968이 그의 사상 전반을 이해하는 데 좋은 입문서다.
47. Bryant, 앞의 책, 135쪽.
48. Vidal, 앞의 책, 230쪽.
49. Bryant, 앞의 책, 136쪽.
50. Vidal, 앞의 책, 231쪽.
51. Weatherall, *In Search of a Cure*, 앞의 책, 254쪽.
52. 앞의 책, 255쪽.
53. 앞의 책, 257쪽.
54. David Healy, *The Anti-Depressant Era*, Cambridge, Massachusetts: Harvard University Press, 1997, 45쪽.
55. 앞의 책, 61~62쪽. Weatherall, 앞의 책, 258~259쪽.
56. Healy, 앞의 책, 52~54쪽은 큰 영향력을 발휘한 1960년 <네이처> 기사에 대해 소개하고 있다.
57. Gregory Bateson, 'Toward a Theory of Schizophrenia,' *Behavioral Science*, volume 1, Number 4, 1956.
58. Adrian Laing, 앞의 책, 138쪽.
59. 앞의 책, 71쪽. 랭에게 치료를 받았던 환자들이 랭의 아들이 아버지에 관한 책을 쓰는 것을 알고 당시 LSD가 도움이 됐다는 얘기를 해주었다.
60. Jamison and Eyerman, *Seeds of the Sixties*, 앞의 책, 122~123쪽.
61. 앞의 책, 123쪽.
62. Herbert Marcuse, *One-Dimensional Man: Studies in the Ideology of Advanced Industrial Society*, London: Routledge & Kegan Paul, 1964.
63. Marcuse, 앞의 책, 156쪽. Jamison and Eyerman, 앞의 책, 127쪽.
64. 앞의 책, 193쪽.
65. 이런 맥락에서 예술과 혁명의 '적대적 공존'에 대해서는 Harbert Marcuse, *Counter-Revolution and Revolt*, London: Allen Lane, 1972, 105쪽을 보라.

29 - 뉴욕 뉴욕 뉴욕

1. Moshe Pearlman, *The Capture of Adolf Eichmann*, London: Weidenfeld & Nicolson, 1961, 특히 113~120쪽을 보라.
2. Young-Bruehl, *Hannah Arendt*, 앞의 책, 328쪽.
3. Hannah Arendt, *Eichmann in Jerusalem: A Report on the Banality of Evil*, New York: Viking, 1963. 개정증보판 Penguin, 1994, 49쪽.
4. 앞의 책, 92쪽.

5. Young-Bruehl, 앞의 책, 337쪽.
6. Arendt, 앞의 책, 252쪽.
7. 케네디 대통령 암살을 포함해 이 논쟁의 시말에 대해서는 Young-Bruehl, 앞의 책, 347~378쪽을 보라.
8. Laura Fermi, *Illustrious Immigrants*, 앞의 책, 153~154쪽.
9. Erik Erikson, *Childhood and Society*, New York: W. W. Norton, 1950; Penguin edition 1965. 특히 Part 4, 'Youth and the Evolution of Identity'를 보라.
10. Erikson, 앞의 책, chapter 8, 277~316쪽.
11. Bruno Bettelheim, 'Individual and Mass Behavior in Extreme Situations' *Journal of Abnormal and Social Psychology*, 1943.
12. Bruno Bettelheim, *The Empty Fortress*, New York: Collier-Macmillan, 1968.
13. Nina Sutton, *Bruno Bettelheim: The Other Side of Madness*, London: Duckworth, 1995, chapter XI, XII.
14. Bruno Bettelheim, *Recollections and Reflections*, New York: Knopf, 1989; London: Thames & Hudson, 1990, 166쪽.
15. Laura Fermi, 앞의 책, 207~208쪽.
16. Richard Rhodes, 앞의 책, 563쪽.
17. 앞의 책, 777쪽.
18. Kragh, 앞의 책, 332쪽. Alexander Hellemans and Bryan Bunch, *The Timetables of Science*, New York: Simon & Schuster, 1988, 498쪽도 참조.
19. 좀 더 쉬운 설명은 George Gamow, *The Creation of the Universe*, New York: Viking, 1952를 보라. 42쪽에는 우주 공간의 현재 온도에 대한 추론이 실려 있다.
20. Hellemans and Bunch, 앞의 책, 499쪽.
21. 왜 '쿼크'라는 표현을 골랐는지에 대해서는 Murray Gell-Mann, *The Quark and the Jaguar*, New York: Little Brown, 1994, 11쪽을 보라.
22. '쿼크', '바리온', '렙톤'에 대해서는 John Gribbin, *Q is for Quantum*, London: Weidenfeld & Nicolson, 1998, paperback edition 1999를 보라. 쿼크에 대한 초기 연구에 관해서는 앞의 책, 190~191쪽 참조.
23. 팔정도에 대한 좀 더 기술적인 설명은 Yuval Ne'eman and Yoram Kirsh, *The Particle Hunters*, Cambridge: Cambridge University Press, 1986, 196~199쪽을 보라.
24. Victor Bockris, *Warhol, London and New York: Frederick Muller, 1989, 155*쪽.
25. Barron, *Exiles and Emigrés*, 앞의 책, 21~28쪽.
26. Dore Ashton, *The New York School: A Cultural Reckoning*, New York: Viking, 1973, 123쪽, 140쪽.
27. Alice Goldfarb Marquis, *Alfred H. Barr: Missionary for the Modern*, Chicago: Contemporary Books, 1989, 69쪽.
28. Ashton, 앞의 책, 142~145쪽, 156쪽.
29. 앞의 책, 175쪽.
30. Diana Crane, *The Transformation of the Avant-Garde: The New York Art World, 1940~1986*, Chicago and London: University of Chicago Press, 1987, 45쪽.
31. 앞의 책, 49쪽.
32. Bockris, 앞의 책, 112~134쪽, 특히 128쪽을 보라.
33. Hughes, *The Shock of the New*, 앞의 책, 251쪽.
34. Crane, 앞의 책, 82쪽.

35. David Lehman, *The Last Avant-Garde: The Making of the New York School of Poets*, New York: Doubleday 1998, Anchor paperback 1999. 리먼은 이 시인들 역시 '모럴리스트의 우주에 항거하는 유미주의자'였음을 보여준다. 358쪽. '그들은 실험이 거창하고 화려한 시에 이르는 길이라고 믿었다.'
36. Arnod Whittall, *Music Since the First World War*, 앞의 책, 3쪽.
37. 앞의 책, 3쪽.
38. *Dancers on a Plane: John Cage, Merce Cunningham, Jasper Johns*, Liverpool: The Tate Gallery, 1990, Richard Francis의 introduction, 9쪽.
39. Whittall, 앞의 책, 208쪽.
40. Sally Banes, *Writing Dancing in the Age of Postmodernism*, Hanover and London: Wesleyan University Press, University Presses of New England 발행, 1994, 103쪽.
41. Banes, 앞의 책, 104쪽.
42. 앞의 책, 110쪽.
43. Richard Francis, 앞의 책, 11쪽.
44. Banes, 앞의 책, 115쪽.
45. 앞의 책, 117쪽.
46. Susan Sontag, *Against Interpretation*, London: Vintage, 1994, 10쪽.
47. 앞의 책, 13~14쪽. 역시 1964년에 *The New York Review of Books*에 발표한 유명한 에세이 「캠프에 관한 단상*Notes on Camp*」에서 수잔 손택은 전적으로 유미주의적이면서, 도덕주의를 기본으로 하는 고급문화와 대조를 이루는 어떤 감성에 대해 논했다(Sontag, 앞의 책, 287쪽) '그것은 "내용"에 대한 "스타일"의 승리, "도덕성"에 대한 "미학"의 승리, 비극에 대한 아이러니의 승리다.' 손택은 그런 감성이 동성애 취향과 동일한 것은 아니지만 겹치는 부분이 있다고 말했다. '캠프의 경험은 세련미가 고급문화적 감성의 전유물이 아니라는 놀라운 발견을 토대로 한 것이다. 캠프는 좋은 취향이 그저 좋은 취향에 머무는 것이 아니라 나쁜 취향의 좋은 취향도 있다고 주장한다.' (앞의 책, 291쪽) 이 역시 포스트모던적 감수성에 속하는 부분일 것이다.

30 - 위대한 사회, 그리고 평등·자유·정의

1. Doris Kearns, *Lyndon Johnson and the American Dream*, London: André Deutsch, 1976, 210~217쪽.
2. Friedrich von Hayek, *The Constitution of Liberty*, London: Routledge & Kegan Paul, 1960.
3. John Gray, *Hayek on Liberty*, London: Routledge, 1984, 61쪽.
4. Hayek, 앞의 책, 349쪽; Gray, 앞의 책 71쪽.
5. Hayek, 앞의 책, 385쪽과 387쪽; Gray, 앞의 책 72쪽.
6. Hayek, 앞의 책, 385쪽. Roland Kley, *Hayek's Social and Political Thought*, Oxford: The Clarendon Press, 1994, 199~204쪽도 참조.
7. Gray, 앞의 책, 73쪽.
8. 앞의 책.
9. Milton Friedman이 아내 Rose Friedman의 도움을 받아 쓴 *Capitalism and Freedom*, Chicago: University of Chicago Press, 1963.
10. 프리드먼의 이 책과 후기 저작의 차이에 대해서는 Eamon Butler, *Milton Friedman: A Guide to His*

Economic Thought, London: Gardner/Maurice Temple Smith, 1985, 197쪽을 보라.
11. Friedman, 앞의 책, 156쪽.
12. 앞의 책, 100쪽.
13. 앞의 책, 85쪽.
14. 앞의 책, 190쪽.
15. Michael Harrington, The Other America, New York: Macmillan, 1962.
16. 존슨 회고록(아래 참조)은 빈곤과의 전쟁에 한 장을 할애하면서도 Harrington이나 Jacobs에 대해서는 전혀 언급하지 않는다. Lyndon Baines Johnson, The Vantage Point: Perspectives on the Presidency, 1963~1969, London: Weidenfeld & Nicolson, 1972.
17. 예를 들어 Arthur Marwick, The Sixties, Oxford: Oxford University Press, 1998, 260쪽을 보라.
18. Harrington, 앞의 책, Ⅰ.
19. 앞의 책, 82쪽.
20. Kearns, 앞의 책, 188~189쪽.
21. Jane Jacobs, The Death and Life of Great American Cities, London: Jonathan Cape, 1962.
22. 앞의 책, 97쪽.
23. 앞의 책, 55쪽.
24. 앞의 책, 94~95쪽.
25. 앞의 책, 128~129쪽.
26. 앞의 책, chapter 14, 257쪽.
27. 앞의 책, 378.
28. 앞의 책, 291쪽.
29. 앞의 책, 241쪽.
30. David L. Lewis, Martin Luther King: A Critical Biography, Allen Lane, The Penguin Press, 1970, 187~191쪽.
31. Marwick, 앞의 책, 215~216쪽. Coretta King, My Life with Martin Luther King Jr, London: Hodder & Stoughton, 1970, 239~241쪽. New York: Hold, Rinehart, Winston도 참조하라.
32. Lewis, 앞의 책, 227~229쪽.
33. 앞의 책, 229쪽.
34. 사건 목록은 여러 소스에서 취합한 것인데 특히 Phillip Waller and John Rowett (editors), Chronology of the Twentieth Century, London: Helicon, 1995를 많이 참고했다.
35. Frantz Fanon, A Dying Colonialism, London: Monthly Review Press, 1965, Penguin 1970. 원서는 L'An Cinq de la Révolution Algérienne, Paris, Maspuro, 1959로 나왔다. Black Skin, White Masks, New York: The Grove Press, 1967.
36. Frantz Fanon, The Wretched of the Earth, London: MacGibbon & Kee, 1965, Constance Farrington 번역.
37. 앞의 책, 221쪽.
38. 앞의 책, 228쪽.
39. 나중에 J. C. Carothers, The Mind of Man in Africa(London: Tom Stacey, 1972)로 출판됐다.
40. Eldridge Cleaver, Seoul on Ice, London: Jonathan Cape, 1968, 101~103쪽.
41. 앞의 책, 207쪽.
42. Maya Angelou, I Know Why the Caged Bird Sings, New York: Random House, 1969.
43. 앞의 책, 51쪽.

44. 앞의 책, 14쪽.
45. 앞의 책, 184쪽.
46. 앞의 책, 201쪽.
47. Jones, 앞의 책, 529쪽.
48. D'Emilio and Freedman, *Intimate Matters*, 312쪽.
49. 앞의 책, 302~304쪽.
50. Germaine Greer, *The Female Eunuch*, London: MacGibbon & Kee, 1971, 90~98쪽.
51. 앞의 책, 273~282쪽.
52. Juliet Mitchell, *Women's Estate*, Penguin: 1971.
53. 앞의 책, 75쪽.
54. 앞의 책, 59쪽.
55. 앞의 책, 62쪽.
56. 앞의 책. Juliet Mitchell은 이 주제를 *Psychoanalysis and Feminism*, London: Allen Lane, 1974에서 더욱 깊이 천착했다.
57. Kate Millett, *Sexual Politics*, 앞의 책.
58. 앞의 책, 314쪽.
59. 앞의 책, 336쪽.
60. 앞의 책, 356쪽.
61. Heidenry, *What Wild Ecstasy*, 110~111. Andrea Dworkin, 'My Life as a Writer', Introduction to *Life and Death*, Glencoe: Free Press, 1997, 3~38쪽도 참조하라.
62. Heidenry, 앞의 책, 113쪽.
63. 앞의 책, 186~187쪽.
64. 앞의 책, 188쪽.
65. Marwick, 앞의 책, 114쪽.
66. Kearns, 앞의 책, 286쪽.
67. 출판 배경에 대해서는 Robert A. Caro, *The Years of LBJ: The Path to Power*, London: Collins, 1983, 336~337쪽을 보라.
68. J. W. B. Douglas, *All Our Future*, London: MacGibbon & Kee, 1968.
69. Steven Rose, Leon J. Kamin and R. C. Lewontin, *Not in Our Genes*, New York: Pantheon, 1984, Penguin, 1984, 19쪽.
70. Christopher Jencks et al., *Inequality: A Reassessment of the Effects of Family and Schooling in America*, New York: Basic Books, 1972.
71. 앞의 책, 8쪽.
72. 앞의 책, 315쪽.
73. 앞의 책, 84쪽.
74. 앞의 책, 265쪽.
75. Ivan Illich, *De-Schooling Society*, London: Marion Boyars, 1978.
76. 앞의 책, 91쪽.
77. Norman Mailer, *An American Dream*, London: André Deutsch, 1965, Flamingo Paperback, 1994.
78. 현실 생활과 겹치는 부분에 대해서는 Peter Manso, *Mailer: His Life and Times*, New York: Viking, 1985, 316쪽 참조.
79. Norman Mailer, *The Armies of the Night*, London: Weidenfeld & Nicolson, 1968.

80. 배경에 대해서는 Manso, 앞의 책, 455쪽을 보라.
81. Paul Johnson, *A History of the American People*, 555쪽.
82. 앞의 책, 557쪽.
83. 앞의 책.
84. Jiang Qing, 'Reforming the Fine Arts', in Michael Schoenhals (editor), *China's Cultural Revolution 1966~1969,* New York and London: M. E. Sharpe, 1996, 198쪽.
85. 못마땅한 머리 모양도 금지했다. Schoenhals (editor), 앞의 책, 210쪽에 인용된 광저우(廣州) 이발사들의 대자보 '하루속히 이상한 머리를 발본색원하라' 참조. Johnson, 앞의 책, 558~559쪽도 보라.
86. Johnson, 앞의 책, 560쪽.
87. Yu Xiaoming, 'Go on Red! Stop on Green!' in Schoenhals (editor), 앞의 책, 331쪽.
88. Zhores and Roy Medvedev, *A Question of Madness,* New York: Knopf, 1971; London: Macmillan, 1971. 공산 중국의 리센코주의 발흥, 과학과 기술 현황, 해외에서 공부한 학자들이 미친 영향 등에 대해서는 Denis Fred Simon and Merle Goldman (editors), *Science and Technology in Post-Mao China,* Cambridge, Massachusetts: The Council on East Asian Studies/Harvard University Press, 1989, 특히 2, 3, 4, 8, 10장을 보라.
89. Medvedev and Medvedev, 앞의 책, 30쪽.
90. 앞의 책, 51쪽.
91. 앞의 책, 54쪽, 132쪽.
92. 앞의 책, 78쪽.
93. 앞의 책, 198쪽.
94. Alexandr Solzhenitsyn, *One Day in the Life of Ivan Denisovich,* New York: Praeger, 1963. Max Hayward와 Ronald Hingley 번역. *Cancer Ward,* London: The Bodley Head, 2 vols, 1968~1969. Nicholas Bethell과 David Burg 번역.
95. Michael Scammell, *Solzhenitsyn: A Biography,* New York: W. W. Norton, 1984, 61쪽.
96. 앞의 책, 87쪽.
97. 앞의 책, 415~418쪽.
98. 앞의 책, 428~445쪽.
99. 앞의 책, 518쪽.
100. 앞의 책, 702~703쪽.
101. David Burg and George Feiffer, *Solzhenitsyn,* London: Hodder & Stoughton, 1972, 315쪽.
102. Scammell, 앞의 책, 510~511쪽, 554~555쪽, 628~629쪽.
103. 앞의 책, 831쪽.
104. 앞의 책, 874~877쪽.
105. Aleksandr I. Solzhenitsyn, *The Gulag Archipelago 1918~1956* 축약본, London: Collins Harvill, 1986. 지도는 18쪽 이후에 나온다.
106. 앞의 책, 166쪽.
107. 앞의 책, 196쪽.
108. 앞의 책, 60쪽.
109. 앞의 책, 87쪽.
110. 앞의 책, 403쪽.
111. 서방에서의 출판과 관련된 '음모'에 대해서는 Burg and Feiffer, 앞의 책, 316쪽을 보라.
112. Isaiah Berlin, *Four Essays in Liberty,* Oxford: Oxford University Press, 1969.

113. 앞의 책, 125쪽.
114. 앞의 책, 122쪽.
115. 앞의 책, 131쪽.
116. 앞의 책, 132쪽.
117. 벌린은 자유라는 개념 자체에는 그다지 중요성을 두지 않았던 것 같다. Michael Ignatieff, *Isaiah Berlin: A Life*, London: Chatto & Windus, 1998, 280쪽 참조.
118. Raymond Aron, *Progress and Disillusion: The Dialectics of Modern Society*, New York: Praeger, 1968, Penguin, 1972. Herbert Marcuse, *An Assay on Liberation*, Boston: Beacon, 1969, Penguin, 1972.
119. Marshall McLuhan, *Understanding Media*, London: Routledge & Kegan Paul, 1968, 77쪽. Eric McLuhan and Frank Zingone, *Essential McLuhan*, Ontario, Canada: House of Anansi, 1995, Routledge paperback, London, 1997, 239~240쪽.
120. 앞의 책, 242쪽.
121. 앞의 책, 243쪽.
122. 앞의 책, 161쪽.
123. Marshall McLuhan, 앞의 책, 22쪽.
124. 앞의 책, 165쪽.
125. McLuhan and Zingone, 앞의 책, 258~259쪽.
126. Marshall McLuhan, 앞의 책, 308쪽.
127. McLuhan and Zingone, 앞의 책, 261쪽.
128. Guy Debord, *La Société du spectacle*, Paris: Buchet-Chastel, 1967; *The Society of the Spectacle*, New York: Zone Books, 1995, Donald Nicholson-Smith 번역. 일방적 관계에 대해서는 19~29쪽, Boorstin 비판에 대해서는 140쪽, 자본주의 비판에 대해서는 151쪽을 보라.
129. 기본 개념은 John Rawls, *A Theory of Justice*, Oxford: Oxford University Press, 1972, 11~22쪽에 나와 있다.
130. 앞의 책, 19쪽.
131. 앞의 책, 60쪽.
132. 앞의 책, 371쪽.
133. Robert Nozick, *Anarchy, State and Utopia*, Oxford: Blackwell, 1974.
134. 앞의 책, 150.
135. 특히 앞의 책, chapter 8, 232쪽 참조.
136. B. F. Skinner, *Beyond Freedom and Dignity*, London: Jonathan Cape, 1972.
137. 앞의 책, 32쪽.
138. 앞의 책, 42~43쪽.
139. 앞의 책, 200쪽.

31 - 장기지속

1. Anthony Hallam, *A Revolution in the Earth Sciences*, Oxford: The Clarendon Press, 1973, 63~65쪽. Simon Lamb, *Earth Story: The Shaping of Our World*, London: BBC, 1998. Robert Muir Wood, *The*

Dark Side of the Earth, London: Allen & Unwin, 1985, 165~166쪽.
2. David R. Oldroyd, *Thinking about the Earth*, 271쪽.
3. Robert Muir Wood, 앞의 책, 167쪽.
4. Muir Wood, 앞의 책. 166쪽의 차트를 보라. 생생한 그래픽은 D. H. and M. Tarling, *Continental Drift*, London: Bell, 1971, Penguin 1972, 77쪽을 보라.
5. Muir Wood, 앞의 책, 141~142쪽.
6. Tarling, 앞의 책, 28쪽. Muir Wood, 앞의 책, 149쪽의 지도 참조.
7. Muir Wood, 앞의 책, 172~175쪽과 176쪽의 지도 참조.
8. C. W. Ceram, *The First Americans*, 289~290쪽.
9. Basil Davidson, *Old Africa Rediscovered*, chapter 26. Basil Davidson, *The Search for Africa: A History in the Making*, London: James Currey, 1994.
10. Davidson, *Old Africa Rediscovered*, 앞의 책, 50쪽.
11. 앞의 책, 187~189쪽.
12. 앞의 책, 212~213쪽.
13. 앞의 책, 216쪽.
14. Anthony Kirk-Greene, *The Emergence of African History at British Universities*, Oxford: World View, 1995도 참조.
15. Peter Burke, *The French Historical Revolution: The 'Annales' School 1929~1989*, London: Polity Press, 1990, chapter 2.
16. 앞의 책, 17. Françoise Dosse, *New History in France: The Triumph of the Annales*, Urbana and Chicago: University of Illinois Press, 1994, 42쪽, Peter Convey Jr 번역본도 참조하라.
17. Marc Block, *La Société Féodale: Le Class et le gouvernement des Hommes*, Paris: Editions Albin Michel, 1940, 특히 240쪽.
18. Burke, 앞의 책, 27쪽.
19. 앞의 책, 29쪽.
20. Dosse, 앞의 책, 88쪽.
21. Burke, 앞의 책, 33쪽.
22. 브로델과 레비스트로스의 연관에 대해서는 Dosse, 앞의 책, 92쪽을 보라.
23. Burke, 앞의 책, 35~36쪽.
24. 브로델과 지중해의 계급투쟁에 대해서는 Dosse, 앞의 책, 96쪽을 보라.
25. Burke, 앞의 책, 35쪽.
26. Dosse, 앞의 책, 100쪽.
27. Fernand Braudel, *The Structures of Everyday Life*, London: Collins, 1981. Burke, 앞의 책, 45쪽.
28. Fernand Braudel, *Capitalism and Material Life*, London: Weidenfeld & Nicolson, 1973, 68쪽, 97쪽, 208쪽. Miriam Kochan 번역.
29. Burke, 앞의 책, 46쪽.
30. 예를 들어 '가게가 어떻게 세상을 지배하게 됐는지'에 대해서는 *Civilisation and Capitalism, volume 2, Fifteenth to Eighteenth Centuries, The Wheels of Commerce*, London: Collins, 1982, 68쪽을 보라.
31. Burke, 앞의 책, 48쪽.
32. 앞의 책, 61쪽.
33. 라뒤리 비판에 대해서는 Dosse, 앞의 책, 157쪽. Burke, 앞의 책, 81쪽.
34. Emmanuel Le Roy Ladurie, *Montaillou: Cathars and Catholics in a French village 1294~1324*, London:

Scolar Press, 1979. Barbara Bry 번역.
35. 앞의 책, 39쪽. Burke, 앞의 책, 82쪽도 참조.
36. Harvey J. Kaye, *The British Marxist Historians: An Introductory Analysis*, London: Polity Press, 1984, 167~168쪽.
37. 앞의 책, 86쪽.
38. 'Rent and Capital Formation in Feudal Society,' in R. H. Hilton, *The English Peasantry in the Later Middle Ages*, Oxford: Clarendon Press, 1975, 174쪽.
39. 심지어 농민과 영주 사이에 양 똥 처리를 놓고 벌어진 분쟁에 대해서는 R. H. Hilton, *A Medieval Society: The West Midlands at the end of the Thirteenth Century*, London: Weidenfeld & Nicolson, 1966, 108쪽을 보라.
40. Kaye, 앞의 책, 91~92쪽.
41. 예를 들어 Christopher Hill, *Change and Continuity in Seventeenth Century England*, London: Weidenfeld & Nicolson, 1975, 205쪽을 보라.
42. Christopher Hill, *The English Revolution 1640*, London: Lawrence & Wishart, 1955, 6쪽. Kaye, 앞의 책, 106쪽도 참조.
43. E. Thompson, *The Making of the English Working Classes*, London: Gollancz, 1963, 특히 Part 2: The Curse of Adam. '엄청난 과대평가'라고 한 부분은 12쪽을 보라.
44. 앞의 책, 807쪽. Kaye, 앞의 책, 173쪽도 참조.
45. Colin Renfrew, *Before Civilisation: The Radiocarbon Revolution and Prehistoric Europe*, London: Jonathan Cape, 1973; Pimlico paperback, 1999.
46. 앞의 책, 32쪽.
47. 앞의 책, 93쪽.
48. 앞의 책, 133쪽.
49. 앞의 책, 161쪽, 170쪽.
50. 앞의 책, 222쪽.
51. 앞의 책, 273쪽.

32 - 우주와 지구

1. 당시 상황에 대해서는 Young, Silcock *et al.*, *Journey to the Sea of Tranquility*. 306~320쪽.
2. Peter Fairley, *Man on the Moon*, London: Mayflower, 1969, 33~34쪽. Fairley는 당시 ITN 방송 과학 담당 특파원이었다. 그의 설명이 내가 읽은 것 중에서 가장 생생하다. 이 책의 일차자료이기도 하다. Young, Silcock *et al.*, 앞의 책, 321쪽도 참조.
3. Paul Johnson, 앞의 책, 629쪽.
4. John M. Mansfield, *Man on the Moon*, London: Constable, 1969, 80쪽.
5. Failey, 앞의 책, 73쪽.
6. Young, Silcock, *et al.,* 앞의 책, 71쪽. Fairley, 앞의 책, 74쪽.
7. Fairley, 앞의 책, 81~83쪽.
8. 앞의 책, 99쪽.

9. 앞의 책, 101~102쪽.
10. 우주 태스크포스는 랭글리에 조직했다. Young, Silcock, *et al.,* 앞의 책, 120~122를 보라. Fairley, 앞의 책, 104쪽도 참조.
11. 으스스한 얘기도 있다. Young, Silcock, *et al.,* 앞의 책, 167쪽과 Fairley, 앞의 책, 101쪽 참조.
12. Fairley, 앞의 책, 139쪽.
13. 앞의 책, 141쪽, 142쪽, 152쪽.
14. 앞의 책, 152~153쪽.
15. Young, Silcock *et al.,* 앞의 책, 275쪽. Fairley, 앞의 책, 177~178쪽.
16. 승무원들에게는 의학적인 문제도 있었다. J. Bocker, G. C. Freud and G. K. C. Paradoe, *Proejct Apollo: The Way to the Moon,* London: Chatto & Windus, 1969, 190쪽. Fairley, 앞의 책, 190쪽.
17. Young, Silcock, *et al.,* 앞의 책, 326쪽. Fairley, 앞의 책, 38쪽.
18. Steven Weinberg, *The First Three Minutes: A Modern View of the Origin of the Universe,* New York: Basic Books, 1977, 47쪽.
19. 앞의 책, 49쪽, 124쪽.
20. 앞의 책, 126~127쪽.
21. John Gribbin, *The Birth of Time,* London: Weidenfeld & Nicolson, 1999, 177~179쪽.
22. Weinberg, 앞의 책, 52쪽.
23. 앞의 책, chapter 5, 101쪽.
24. 네 가지 힘이 우주의 진화에 따라 어떻게 분화되는지를 보여주는 도표는 John D. Barrow, *The Origin of the Universe,* London: Weidenfled & Nicolson, 1994, 48쪽을 보라.
25. Gribbin, *Companion to the Cosmos,* 앞의 책, 353~354쪽.
26. 앞의 책, 401. 일부 블랙홀의 문제에 대해서는 Barrow, 앞의 책, 134~135쪽을 보라.
27. Gribbin, *Companion to the Cosmos,* 앞의 책, 343쪽, 387쪽.
28. 앞의 책, 388쪽.
29. 앞의 책, 344쪽.
30. Barrow, 앞의 책, 10쪽.
31. 또 다른 종합설과 최근 천문학 관측 결과에 대해서는 Gribbin, *The Birth of Time,* 앞의 책, 50~52쪽을 보라. Gribbin, 앞의 책, 457~459쪽도 참조.
32. Fairley, 앞의 책, 194쪽.
33. 참고할 만한 책이 여러 종 있다. 그 중 John Allegro, *The Dead Sea Scrolls,* Harmondsworth: Penguin, 1956을 권한다.
34. Géza Vermes, *The Dead Sea Scrolls: Qumran in Perspective,* London: Collins, 1977, 87쪽.
35. Allegro, 앞의 책, 104쪽.
36. Vermes, 앞의 책, 118~119쪽.
37. *The New Catholic Encyclopaedia,* New York: McGraw-Hill, 1967, 215쪽.
38. 앞의 책.
39. 앞의 책.
40. John Heywood Thomas, *Paul Tillich: An Appraisal,* London: SCM Press, 1963, 13~14쪽.
41. 틸리히도 신에 다가가는 방법은 여러 가지가 있다고 생각했다. 예컨대 *Theology and Culture,* New York: Oxford University Press, 1959, 특히 아인슈타인에 관한 IX 장과 러시아와 미국에 관한 XIII 장, 유대 사상에 관한 XIV 장을 보라.
42. Paul Tillich, *Systematic Theology I,* London: Nisbet, 1953, 140~142쪽. Thomas, 앞의 책, 50쪽.

43. John Macquarrie, *The Scope of Demythologising: Bultmann and His Critics*, London: SCM Press, 1960, 13쪽. 이 책에 많이 의존했음을 밝혀둔다.
44. Rudolf Bultmann, 'The Question of Natural Revolution,' in *Rudolf Bultmann: Essays - Philosophy and Theology*, London: SCM Press, 1955, 104~106쪽. Macquarrie, 앞의 책, 12~13쪽.
45. Macquarrie, 앞의 책, 88~89쪽.
46. 앞의 책, 84쪽.
47. 앞의 책, 181쪽.
48. Bultmann, *Essays*, 앞의 책, 305쪽.
49. Claude Cuénot, *Teilhard de Chardin: A Biographical Study*, London: Burns & Oates, 1965, 5쪽.
50. Pierre Teilhard de Chardin, *Christianity and Evolution*, London: Collins, 1971, 76쪽, 138쪽. Renée Hague 영역.
51. Teilhard de Chardin, 앞의 책, 301쪽.
52. 사실은 *The Phenomenon of Man*, London: Collins, New York: Harper, 1959, 개정판 1965와 *The Appearance of Man*, London: Collins, New York: Harper, 1965 두 권이었다.
53. Teilhard de Chardin, *Christianity and Evolution*, 앞의 책, 258쪽.
54. Reinhold Niebuhr, *The Godly and the Ungodly*, London: Faber, 1959.
55. 앞의 책, 22~23쪽.
56. 앞의 책, 131쪽.
57. Arthur Schlesinger Jr, 'Reinhold Niebuhr's role in American political thought and life', in Charles W. Kegley and Robert W. Bretall (editors), *Reinhold Niebuhr: His Religious, Social and Political Thought*, London: Macmillan, 1956, 125쪽.
58. 공의회 소개서는 여러 종이 있는데 모두가 가톨릭 인사가 쓴 것은 아니다. Robert Kaiser, *Inside the Council: The Story of Vatican II*, London: Burns & Oates, 1963, 12~15쪽.
59. 앞의 책, 236쪽.
60. 앞의 책, 179쪽.
61. Paul Blanshard, *Paul Blanshard on Vatican II*, London: George Allen & Unwin, 1967, 340쪽.
62. 앞의 책, 288~289쪽.
63. Anna Bramwell, *Ecology in the Twentieth Century: A Hostory*, London and New Haven: Yale University Press, 1989, 40~41쪽.
64. 앞의 책, 132~134쪽.
65. Linda Lear, *Rachel Carson: Witness for Nature*, London: Allen Lane, 1998.
66. 앞의 책, 191쪽.
67. 앞의 책, 365~369쪽.
68. Richard Doll, 'The first reports on smoking and lung cancer,' in S. Lock, L. A. Reynolds, and E. M. Tansey (editors), *Ashes to Ashes: The History of Smoking and Health*, Amsterdam-Atlanta: Rodopi, 1998, 130~142쪽.
69. 카슨의 언어적 표현에 대해서는 Carol B. Gartner, *Rachel Carson*, New York: Frederick Ungar, 1983, 98~99쪽을 보라.
70. DDT의 운명에 대해서는 Bill McKibben, *The End of Nature*, London: Viking, 1990을 보라.
71. Lear, 앞의 책, 358~360쪽.
72. 앞의 책, 409~414쪽.
73. 카슨의 주장을 과장이라고 생각한 사람도 있었다. Gartner, 앞의 책, 103쪽.

74. Lear, 앞의 책, 419쪽.
75. D. H. Maedows, D. L. Meadows, J. Randen and W. W. Behrens, *The Limits to Growth*, Rome: Potomac, 1972.
76. Barbara Ward and Renée Dubos, *Only One Earth*, London: André Deutsch, 1972.
77. Charles Reich, *The Greening of America*, New York: Random House, 1970, 11쪽.
78. 앞의 책, 108쪽.
79. 앞의 책, 129쪽.
80. 앞의 책, 145~146쪽.
81. Fritz Schumacher, *Small is Beautiful*, London: Anthony Blond, 1973; *A Guide for the Perplexed*, London: Jonathan Gape, 1977.
82. Barbara Wood, *Alias Papa: A Life of Fritz Schumacher*, London: Jonathan Cape, 1984, 349~350쪽.
83. 앞의 책, 355쪽.
84. 앞의 책, 353쪽.
85. 앞의 책, 364쪽.

33 - 새로운 감성

1. Martin Gilbert, *The Arab-Israel Conflict*, London: Collins, 1974, 97쪽. Paul Johnson, 앞의 책, 669쪽에서 재인용.
2. Johnson, 앞의 책, 669쪽.
3. 앞의 책, 663~665쪽.
4. J. K. Galbraith, *The New Industrial Estate*, London: Deutsch, 1967.
5. 앞의 책, 180~188쪽.
6. 앞의 책, 59쪽, 208~209쪽.
7. 앞의 책, 223쪽.
8. 앞의 책, 234쪽.
9. 앞의 책, 347쪽.
10. 앞의 책, 393쪽.
11. 앞의 책, 389쪽.
12. 앞의 책, 362쪽.
13. Waters, 앞의 책, 108쪽.
14. Daniel Bell, *The Coming of the Post-Industrial Society: A Venture in Social Forecasting*, New York: Basic Books, 1975, 119. Waters, 앞의 책, 109쪽.
15. Waters, 앞의 책, 109쪽.
16. 앞의 책.
17. Bell, 앞의 책, 216쪽. Waters, 앞의 책, 117쪽.
18. Waters, 앞의 책, 119~120쪽.
19. Daneil Bell, *The Cultural Contradictions of Capitalism*, New York: Basic Books, 1976; 20th anniversary issue, paperback, 1996, 284쪽.

20. Waters, 앞의 책, 126쪽.
21. Bell, *The Cultural Contradictions of Capitalism*, 앞의 책, 25쪽. Waters 앞의 책, 126쪽.
22. Waters, 앞의 책, 126쪽.
23. Bell, *The Cultural Contradictions of Capitalism*, 앞의 책, 24쪽과 Daniel Bell, 'Resolving the Contradictions of Modernity and Modernism,' *Society*, 27 (1990, 43~50쪽, 66~75쪽), Waters 앞의 책, 132에서 재인용.
24. 앞의 책, 133쪽.
25. Bell, 앞의 책, 67쪽.
26. Waters, 앞의 책, 134쪽.
27. Mitchell Cohen and Dennis Hale (editors), *The New Student Left*, Boston: Beacon Press, 1967, 개정판, 12~13쪽.
28. Theodore Roszak, *The Making of a Counter Culture*, New York: Doubleday, 1969, University of California Press paperback, 1995.
29. 앞의 책, 26쪽.
30. 앞의 책, 50쪽.
31. 앞의 책, 62쪽.
32. 앞의 책, 64쪽.
33. 앞의 책, 182쪽.
34. 매슬로에 대한 논의는 Colin Wilson, *New Pathways in Psychology: Maslow and the Post-Freudian Revolution*, London: Gollancz, 1973, 29쪽을 보라.
35. Roszack, 앞의 책, 165쪽.
36. Alan Watts, *This is It, and Other Essays on Spiritual Experiences*, New York: Collier, 1967.
37. Robert Pirsig, *Zen and the Art of Motorcycle Maintenance*, London: The Bodley Head, 1974; Vintage paperback, 1989.
38. Roszak, 앞의 책, 141~142쪽.
39. Steve Bruce, *Religion in the Modern World: From Cathedrals to Cults*, Oxford and New York: Oxford University Press, 1996, 178~180쪽.
40. 앞의 책, 181~186쪽.
41. Tom Wolfe, *The Purple Decades*, New York: Farrar, Straus & Giroux, 1982, 13쪽.
42. Tome Wolfe, *Radical Chic*, London: Michael Joseph, 1970; *Mau-Mauing the Flak Catchers*, London: Michael Joseph, 1971.
43. Wolfe, *The Me Decade*, New York: Farrar, Straus & Giroux, 1976.
44. Wolfe, *The Purple Decades*, 앞의 책, 292~293쪽.
45. Christopher Lasch, *The Culture of Narcissism: American Life in an Age of Minishing Expectations*, New York: W. W. Norton, 1979; Warner paperback, 1979.
46. 앞의 책, 17쪽.
47. 앞의 책, 18~19쪽.
48. 앞의 책, 29쪽.
49. 앞의 책, 42쪽.
50. 앞의 책, 259쪽.
51. 앞의 책, 315~316쪽.
52. 앞의 책, 170쪽.

53. Keith Thomas, *Religion and the Decline of Magic*, London: Weidenfeld & Nicolson, 1971; Penguin 1991.
54. 앞의 책, 31쪽.
55. 앞의 책, 34쪽.
56. 앞의 책, 62쪽.
57. 앞의 책, 153쪽.
58. 앞의 책, 161쪽.
59. 앞의 책, 174쪽.
60. 앞의 책, 249쪽.
61. 앞의 책, 384쪽.
62. 앞의 책, 387쪽.
63. 앞의 책, 391~401쪽.
64. 앞의 책, 445쪽, 505쪽.
65. 앞의 책, 763~764쪽.
66. Christopher Hill, *The World Turned Upside Down*, London: Temple Smith, 1972.
67. 앞의 책, chapters 3, 6, 7, 10.
68. 앞의 책, 282쪽, 290쪽.
69. 앞의 책, chapter 15, 247쪽.
70. 앞의 책, 253~258쪽.
71. Owen Chadwick, *The Secularisation of the European Mind in the Nineteenth Century*, Cambridge: Cambridge University Press, 1975.
72. 앞의 책, chapter 5.
73. 앞의 책, 209~210쪽.

34 - 유전자 사냥

1. Robert A. Hinde, 'Konrad Lorenz (1903~89) and Niko Tinbergen (1907~88).', in Fuller (editor). *Seven Pioneers of Psychology*, 76~77쪽, 81~82쪽.
2. Niko Tinbergen, *The Animal in its World, 2 volumes*, London: George Allend & Unwin, 1972, especially volume I, 250쪽.
3. Mary Leakey, *Olduvai Gorge: My Search for Early Man*.
4. Robert Ardrey, *African Genesis*, London Collins, 1961, Fontana paperback, 1967.
5. Adrian House, *The Great Safari: The Lives of George and Joy Adamson*, London: Harvill, 1993, 13쪽.
6. Joy Adamson, *Born Free*, London: Collins Harvill, 1960.
7. House, 앞의 책, 227쪽.
8. 세 종 다 런던의 Collins/Harvill 출판사에서 나왔다.
9. 애덤슨 부부가 썼거나 애덤슨 부부에 관해 쓴 책들 가운데 가장 훌륭한 것은 George Adamson, *My Pride and Joy*, London: Collins Harvill, 1986이다. 특히 Part II, 'The Company of Lions.'를 보라. House, 앞의 책, 392~393쪽도 참조하라.

10. Jane Goodall, *In the Shadow of Man*, London: Collins, 1971, 개정판 Weidenfeld & Nicolson, 1988.
11. 앞의 책, 101쪽.
12. 앞의 책, 242쪽.
13. Dian Fossey, *Gorillas in the Mist*, London: Hodder & Stoughton, 1983, 16쪽.
14. 앞의 책, 10~11쪽.
15. Harold Hayes, *The Dark Romance of Dian Fossey*, London: Chatto & Windus, 1991, 321쪽.
16. George Shaller, *The Serengeti Lion*, Chicago: University of Chicago Press, 1972.
17. 앞의 책, 24쪽.
18. 앞의 책, 378쪽.
19. Iain and Oria Douglas-Hamilton, *Among the Elephants*, London: Collins & Harvill, 1978, 38쪽.
20. 앞의 책, 212쪽.
21. Virginia Morrell, *Ancestral Passions*, 466쪽.
22. Donald C. Johanson and Maitland A. Edey, *The Beginnings of Humankind*, London: Granada, 1981, 18쪽. Morrel, 앞의 책, 466쪽.
23. Morrell, 앞의 책, 473~475쪽. Thattersall, 앞의 책, 145쪽.
24. Johanson and Edey, 앞의 책, 255쪽.
25. Ian Tattersall, *The Fossil Trail*, 앞의 책, 151쪽.
26. Morrell, 앞의 책, 480쪽, 487쪽.
27. Johanson and Edey, 앞의 책, 294~304쪽.
28. 오스트랄로피테쿠스 아파렌시스에 관한 논의는 Donald Johanson and James Shreeve, *Lucy's Child*, New York: Viking, 1990, 104~131쪽과 Tattersall, 앞의 책, 154쪽을 보라.
29. Walter Bodmer and Robin McKie, *The Book of Man: The Quest to Discover our Genetic Heritage*, London: Little, Brown, 1994; paperback Abacus, 1995, 77. Cook-Deegan, 앞의 책, 59쪽.
30. Bodmer and McKie, 앞의 책, 77~78쪽.
31. 앞의 책. 다른 설명은 Colin Tudge, *The Engineer in the Garden*, London: Jonathan Cape, 1993, 211~213쪽을 보라.
32. Robert Cook-Deegan, *The Gene Wars: Science, Politics and the Human Genome*, New York and London: W. W. Norton, 1994, paperback 1995, 59~61쪽.
33. 이 복잡한 주제에 관한 좋은 설명은 Bruce Wallace, *The Search for the Gene*, 앞의 책, 90쪽을 보라.
34. Bodmer and McKie, 앞의 책, 73~74쪽. 생거가 처음 만들어낸 염기서열분석 리스트는 Cook-Deegan, 앞의 책, 62~63쪽에 실려 있다.
35. Bodmer and McKie, 앞의 책, 86~87쪽.
36. Jacques Monod, *Change and Necessity: An Essay on the Natural Philosophy of Modern Biology*, New York: Alfred A. Knopf, 1971; Penguin paperback 1997. 아인슈타인과 '수학적 실체들'에 대해서는 158쪽, 유대-기독교의 '원시적' 특성에 대해서는 168, 현대사회의 기초가 되는 '지식윤리'에 대해서는 177쪽을 보라.
37. Edward O Wilson, *Sociobiology: The New Synthesis*, Cambridge, Massachusetts: The Belknap Press of Harvard University Press, 1975. 축약판 1980.
38. 앞의 책, 218쪽.
39. 앞의 책, 19쪽, 93쪽.
40. 앞의 책, 296쪽.
41. Richard Dawkins, *The Selfish Gene*, Oxford and New York, 1976, new paperback edition, 1989.

42. 앞의 책, 71쪽.
43. 앞의 책, 97쪽.

35 - 프렌치 컬렉션

1. Nathan Silver, *The Making of Beaubourg: A Building Biography of the Centre Pompidou*, Paris, Cambridge, Massachusetts: MIT Press, 1994, 171쪽.
2. John Musgrove (editor), *A History of Architecture*, London: Butterworths, 1987, 건물의 구조보다 위치를 더 중시한다.
3. Jean-Jacques Nattier (editor), *Orientations: Collected Writings of Pierre Boulez*, London: Faber, 1986, 11~12쪽. Martin Cooper 번역.
4. Various authors, *History of World Architecture*, London: Academy Editions, 1980, 378쪽.
5. Silver, 앞의 책, 39쪽.
6. 앞의 책, 6쪽, 44~47쪽.
7. 앞의 책, 49쪽.
8. 앞의 책, 126쪽.
9. 다른 단골 참석자에 대해서는 Nattier (editor), 앞의 책, 26쪽을 보라.
10. 불레즈와 메시앙의 만남에 대해서는 Jean-Jacques Nattier (editor), *The Boulez-Cage Correspondence*, Cambridge: Cambridge University Press, 1993, 126~128쪽을 보라.
11. Paul Griffiths, *Modern Music*, 136쪽.
12. 앞의 책, 160~161쪽.
13. 앞의 책, 163쪽.
14. 불레즈는 케이지와 가까웠다. Jean-Jacques Nattier (editor), *The Boulez-Cage Correspondence* 참조.
15. Nattier (editor), *Orientations*, 25쪽.
16. *Times Literary Supplement*, 6 May 1977.
17. Nattier (editor), *Orientations*, 492~494쪽.
18. Philip Julien, *Jacques Lacan's Return to Freud*, New York: New York University Press, 1994. Bice Benvenuto and Roger Kennedy, *The Work of Jacques Lacan*, London: Free Association Books, 1986, 223~224쪽도 참조.
19. Jacques Lacan, *Ecrits*, Parais: Editions du Seuil, 1966, 93쪽, '나의 기능을 형성하는 거울 같은 단계는….'
20. 앞의 책, 237쪽, '언어와 정신분석 초기의 기능과 영역은….'
21. Benvenuto and Kennedy, 앞의 책, 166~167쪽. Julien, 앞의 책, 178쪽.
22. Quentin Skinner (editor), *The Return of Grand Theory in the Human Sciences*, Cambridge: Cambridge University Press, 1985, paperback 1990, 143쪽.
23. Didier Eribon, *Michel Foucault*, Cambridge, Massachusetts: Harvard University Press, 1991, Faber 1992, paperback 1993, 35~37쪽, 202쪽. Betsy Wing 번역.
24. David Macey, *The Lives of Michel Foucault*, London: Hutchinson/Radius, 1993, 219~220쪽.
25. Eribon, 앞의 책, 201쪽.

26. Mark Philp, 'Michel Foucault', in Skinner (editor), 앞의 책, 67~68쪽. 앞의 책, chapter 18: 'We are all ruled.'
27. Mark Philp, 'Michel Foucault', in Skinner (editor), 앞의 책, 74쪽. 푸코가 인간과학은 '불미스러운 기원'에 뿌리박고 있는 경우가 있다고 주장한 부분에 대해서는 70~71쪽을 보라. 명쾌한 요약이다.
28. Eribon, 앞의 책, 269쪽. '권력관계'에 대해서는 Philp, 앞의 책, 74~76쪽, 우리의 '패턴 없는' 조건에 대해서는 78쪽을 보라.
29. Jean Piaget, *Structuralism*, London: Routledge & Kegan Paul, 1971. Chaninah Maschler 번역.
30. Piaget, 앞의 책, 68쪽.
31. 앞의 책, 62쪽.
32. 앞의 책, 103쪽.
33. 앞의 책, 117쪽.
34. David Hoy, 'Derrida', in Quentin Skinner (editor), 앞의 책, 45쪽.
35. Christopher Johnson, *Derrida*, London: Phoenix, 1997, 6쪽.
36. 앞의 책, 7쪽.
37. Geoffrey Benington and Jacques Derrida, *Jacques Derrida*, Chicago: University of Chicago Press, 1993, 42~43. Johnson, 앞의 책, 10쪽.
38. Johnson, 앞의 책, 4쪽.
39. 앞의 책, 28쪽.
40. Benington and Derrida, 앞의 책, 133~148쪽.
41. Johnson, 앞의 책, 51쪽. Hoy, 앞의 책, 47쪽.
42. 앞의 책, 51쪽.
43. Benington and Derrida, 앞의 책, 23~42쪽.
44. Jacques Derrida, *Margins of Philosophy*, London: Harvester Press, 1982, 3~27쪽에 실린 에세이 'Différance'를 보라.
45. Cantor, 앞의 책, 304~305쪽. Susan James, 'Louis Althusser,' in Skinner (editor), 앞의 책, 151쪽도 참조.
46. Susan James, 'Louis Althusser,' in Skinner (editor), 앞의 책, 144쪽, 148쪽.
47. Louis Althusser, *Lenin and Philosophy, and Other Essays*, London: New Left Books, 1971, Ben Brewster 번역, 135쪽과 161~168쪽을 보라. Kevin McDonnell and Kevin Robins, 'Marxist Cultural Theory: The Althusserian Smokescreen,' in Simon Clark *et al.* (editors), *One-Dimensional Marxism: Althusser and the Politics of Culture*, London and New York: Alison & Busby, 1980, 157쪽. James, 앞의 책, 152~153쪽도 참조하라.
48. 이데올로기와 그 장치에 대한 상세한 논의는 Louis Althusser, *Philosophy and Spontaneous Philosophy of the Scientists*, London and New York: Verso, 1990, 73쪽을 보라.
49. Anthony Giddens, 'Jurgen Habermas', in Skinner (editor), 앞의 책, 123쪽.
50. 특히 Jurgen Habermas, *Post-Metaphysical Thinking: Philosophical Essays*, London: Polity, 1993, 세 번째 에세이를 보라. Giddens, in Skinner (editor), 앞의 책, 124~125쪽.
51. Giddens, 앞의 책, 126쪽.
52. Rick Roderick, *Habermas and the Foundations of Critical Theory*, London: Macmillan, 1986, 56쪽.
53. Giddens, 앞의 책, 127쪽.
54. 앞의 책.
55. Louis-Jean Calvet, *Roland Barthes: A Biography*, London: Polity, 1994. Sarah Wykes 번역, 97쪽, 135쪽.

56. Roland Barthes, *Mythologies*, London: Jonathan Cape, 1972, paperback 1993. Annette Lavers 편역.
57. 앞의 책, 98쪽.
58. Roland Barthes, *Image, Music, Text*, London: Fontana, 1977, 142쪽. Stephen Heath 번역.
59. Roland Barthes, *The Pleasure of the Text*, New York: Farrar, Straus & Giroux, 1975, 16쪽. Richard Miller 번역.
60. 앞의 책, 17쪽.
61. 바르트의 전기작가는 똑같이 1984년에 죽은 두 프랑스 지식인—바르트와 사르트르—가운데 누가 더 기억에 남을 것인가 하는 자극적인 질문을 던진다. 살아서는 물론 후자가 더 유명했지만…. Calvet, 앞의 책, 266쪽을 보라.
62. Thompson and Bordwell, *Film History*, 493쪽.
63. Robin Buss, *French Film Noir*, London and New York: Marion Boyars, 1994, 139~141, 506~509쪽.
64. 앞의 책, 510~512쪽.
65. 트뤼포는 자신이 강압적인 스타일이라고 생각했다. Gilles Jacob and Claude de Givray, *Francois Truffaut - Letters*, London: Faber, 1989, 187. Thompson and Bordwell, 앞의 책, 511쪽.
66. 이 시기의 명작 명단은 Thompson and Bordwell, 앞의 책, 522쪽의 표를 보라.
67. Jerome Robbins(미국 안무가)는 한때 「400번의 구타」를 발레로 만들려고 했다. Jacob and Givray (editors), 앞의 책, 158쪽.
68. Thompson and Bordwell, 앞의 책, 523~525쪽.
69. 앞의 책, 528~529쪽.
70. 그러나 트뤼포는 관객들이 이 영화를 제대로 이해했다고 생각했다. Jacob and Givray (editors), 앞의 책, 426쪽, Thompson and Bordwell, 앞의 책, 524~525쪽을 보라.
71. 고다르의 스토리텔링 철학에 대해서는 Richard Roud, *Jean-Luc Godard*, London: Secker & Warburg in association with BFI, 1967, 48쪽을 보라. James Pallot and Jacob Levich (editors), *The Fifth Virgin Film Guide*, London: Virgin, 1996, 83쪽.
72. Thompson and Bordwell, 앞의 책, 519~522쪽.
73. 앞의 책, 529쪽. Pallot and Levich(앞의 책, 376쪽)는 또 다른 차원에서 「지난 해 마리앙바드에서」를 '할리우드식 삼각관계'의 패러디라고 본다.
74. Pallot and Levich, 앞의 책, 341쪽.
75. 앞의 책, 758쪽.
76. 이 영화에서 '버려진 경계들'에 관한 논의는 Colin McCabe *et at.*, *Godard, Images, Sounds, Politics*, London: BFI/Macmillan, 1980, 39쪽을 보라. Louis-Jean Calvet의 바르트 전기(위의 주석 55), 140~141쪽도 참조하라.
77. Peter Brook, *Threads of Time*, London: Methuen, 1998.
78. 앞의 책, 127쪽.
79. 앞의 책, 134쪽.
80. 앞의 책, 54쪽.
81. 앞의 책, 137쪽.
82. M. M. Delgado and Paul Heritage (editors), *Directors Talk Theatre*, Manchester: Manchester University Press, 1996, 38쪽.
83. Brook, 앞의 책, 177쪽. Delgado and Heritage, 앞의 책, 38쪽.
84. Brook, 앞의 책, 182~183쪽.
85. 앞의 책, 208쪽.

86. 앞의 책, 189~193쪽.
87. Delgado and Heritage (editors), 앞의 책, 49쪽.
88. Brook, 앞의 책, 225쪽.
89. 동시에 브룩은 인물과 같은 전통적인 연극의 문제에도 깊은 관심을 쏟았다. John Peters, *Vladimir's Carrot: Modern Drama and the Modern Imagination*, London: Deutsch, 1987, 314쪽.
90. Book, 앞의 책, 226쪽.

36 - 경제학 논쟁

1. Ronald Dworkin, *Taking Rights Seriously*, London: Duckworth, 1978.
2. 앞의 책, 266쪽.
3. 앞의 책, 184쪽.
4. 앞의 책, 204~205쪽.
5. Milton and Rose Friedman, *Free to Choose*, New York: Harcourt Brace, 1980, Penguin paperback 1980.
6. 앞의 책, 15쪽.
7. 앞의 책, 107쪽.
8. 앞의 책, 179쪽.
9. 앞의 책, 174쪽.
10. 앞의 책, 229쪽.
11. Paul Krugman, *Peddling Prosperity: Economic Sense and Nonsense in the Age of Diminished Expectations*, New York: W. W. Norton, 1994, 15쪽.
12. 앞의 책, 178쪽.
13. 1997년 12월 4일 MIT에서 한 Robert Solow와의 인터뷰. 솔로의 견해는 1956년 *Quarterly Journal of Economics*에 처음 실렸고, 1년 후 *Review of Economic Statistics*에 게재됐다.
14. Krugman, 앞의 책, 64~65쪽.
15. 앞의 책, 197쪽.
16. Robert Solow, *Learning from 'Learning by Doing': Lessons for Economic Growth*, Stanford, California: Stanford University Press, 1997.
17. 앞의 책, 20쪽.
18. 앞의 책, 82쪽. Krugman, 앞의 책, 200~202쪽도 참조.
19. Krugman, 앞의 책, chapter 9 'The economics of Qwerty', 221쪽.
20. Friedman and Friedman, 앞의 책, 19~20쪽.
21. Amartya Sen, *On Ethics and Economics*, Oxford: Blackwell, 1987, paperback 1988. 죄수의 딜레마 얘기는 82쪽에 나온다.
22. Amartya Sen, *Poverty and Famines*, Oxford: The Clarendon Press, 1981, paperback 1982.
23. 앞의 책, 57~63쪽.
24. Krugman, 앞의 책, chapter 8 'In the long run Keynes is still alive', 197쪽.
25. 앞의 책, 128쪽, 235쪽, 282쪽.

26. J. K. Galbraith, *The Culture of Contentment*, Boston: Houghton Mifflin, 1992.
27. 앞의 책, 107쪽.
28. Charles Murray, *Losing Ground: American Social Policy 1950~1980*, London: Basic Books, 1984.
29. 앞의 책, 146쪽.
30. 앞의 책, Part II.
31. Galbraith, 앞의 책, 106쪽.
32. J. K. Galbraith, *The Good Society*, Boson: Houghton Mifflin, 1996.
33. 앞의 책, 133쪽, chapter 8~11.
34. Andrew Hacker, *Two Nations: Black and White, Separate, Hostile, Unequal*, New York: Ballantine, 1992, paperback 1995.
35. 앞의 책, 74쪽.
36. 앞의 책, 84쪽.
37. 해커나 머레이의 책만큼 영향력을 발휘하지는 못했지만 Nicholas Lemann, *The Promised Land: The Great Black Migration and How it Changed America*, New York: Knopf, 1991, Vintage paperback 1992도 함께 읽을 만하다. 1940~70년 흑인 500만 명이 남부에서 북부로 이주한 과정과 유형을 살핀 책이다.
38. Hacker, 앞의 책, 229쪽.
39. *Progress and the Invisible Hand: The Philosophy and Economics of Human Advance*, London: Little, Brown, 1998에서 Richard Bronk는 심리학, 경제사, 성장이론, 복잡성 이론, 개인주의의 성장을 하나로 통합해 비관적인 비전을 제시한다. 자본주의의 힘이 '창조적 자유'와 '시민적 의무'의 조화를 위협한다고 본 점에서 다니엘 벨의 『자본주의의 문화적 모순』의 재판이라고 할 수 있다. *Journal of Economic Perspectives* 밀레니엄판에 실린 경제학의 미래 심포지엄에서는 앞으로 경제학의 방향을 두 가지로 예측했다. 하나는 복잡성 이론을 더 정밀하게 추구하는 쪽으로 간다는 것이고(이 책 42장 참조), 또 하나는 개인들의 경제적 행태가 별로 합리적이지 않은 양상에 주목하면서 심리학과의 통합이 더욱 강조될 것이라는 전망이다. 예컨대 *The Economist*, 4 March 2000, 112쪽을 보라.

37- 암과 에이즈

1. Randy Shilts, *And the Band Played On*, New York: St Martin's Press, 1987, Penguin 1988, 20, 93~94쪽.
2. 위기 전야의 게이 사회에 대한 설명은 Robert A. Padgug and Gerald M. Oppenheimer, 'Riding the Tiger: AIDS and the Gay community,' in Elizabeth Fee and Daniel M. Fox (editors), *AIDS: The Making of a Chronic Disease*, Los Angeles and London: University of California Press, 1992, 245쪽을 보라.
3. Shilts, 앞의 책, 94쪽.
4. 앞의 책, 244쪽. 뉴욕의 HIV에 대한 설명은 Fee and Fox (editors), 앞의 책, 279쪽을 보라.
5. Weatherall, *In Search of a Cure*, 240241.
6. W. F. Bynum and Roy Porter, *Companion Encyclopaedia of the History of Medicine, Volume 1*, London: Routledge, 1993, 138쪽.

7. Weatherall, 앞의 책, 241쪽.
8. Bynum and Porter, 앞의 책, volume 2, 1023쪽.
9. Weatherall, 앞의 책, 224~226쪽.
10. 앞의 책.
11. 이식 수술의 자세한 역사에 대해서는 Bynum and Porter, 앞의 책, 1023~1024쪽.
12. Mirko D. Grmek, *A History of AIDS*, Princeton and London: Princeton University Press, 1990, 58~59쪽.
13. Shilts, 앞의 책, 73~74, 319.
14. Grmek, 앞의 책, 62~70쪽. Shilts, 앞의 책, 50~51쪽.
15. 암의 역사에 관한 짧지만 균형 있는 설명은 Bynum and Porter, 앞의 책, volume I, 537~559쪽을 보라.
16. Harold Varmus and Robert Weinberg, *Genes and the Biology of Cancer*, New York: Scientific American Library, 1993. 스칸디나비아 지역에 대한 방대한 연구보고서(2000년 7월 발행)는 발암 원인의 50퍼센트 이상이 '환경적 요인' 때문이라는 결론을 내렸다.
17. 앞의 책, 51쪽.
18. 앞의 책, 185쪽.
19. Susan Sontag, *Illness and Metaphor*, New York: Farrar, Straus & Giroux, 1998. 1990년 *AIDS and its Metaphors*라는 제목의 페이퍼백으로 출간됐다.
20. Sontag, 앞의 책, 3쪽.
21. 앞의 책, 13~14쪽.
22. 앞의 책, 17~18쪽.
23. 출판 내역에 대해서는 위의 주석 19를 보라.
24. Sontag, 앞의 책, 124쪽.
25. 앞의 책, 165쪽.
26. 앞의 책, 163쪽.
27. Shilts, 앞의 책, 453쪽.
28. 에이즈가 예술계에 미친 영향을 집중 분석한 책은 James Miller (editor), *Fluid Exchanges*, Toronto: University of Toronto Press, 1992를 보라.
29. Jeffrey Masson, *Against Therapy*, London: Collins, 1989, Fontana paperback, 1990, 165쪽.
30. 앞의 책, 185쪽.
31. 앞의 책, 101쪽.
32. 매슬로에 대해서는 앞의 책, chapter 7, 229쪽과 chapter 8, 248쪽을 보라.
33. Ernest Gellner, *The Psychoanalytic Movement: The Cunning of Unreason*, London: Paladin, 1985, Fontana, 1993.
34. 앞의 책, 36~37쪽.
35. 앞의 책, 76쪽.
36. 앞의 책.
37. 앞의 책, 162쪽.
38. 앞의 책, 104~105쪽.
39. Jane Howard, *Margaret Mead: A Life*, 432쪽.
40. Derek Freeman, *Margaret Mead and Samoa: The Making and Unmaking of an Anthropological Myth*, Cambridge, Massachusetts: Harvard University Press, 1983.

41. Howard, 앞의 책, 435쪽.
42. Roy Porter, *The Greatest Benefit to Mankind: A Medical History of Mankind from Antiquity to the Present*, London: Harper Collins, 1997, 596쪽.
43. 앞의 책, 718쪽.

38 - 국지적 지식

1. Jean-François Lyotard, *The Post-Modern Condition: A Report on Knowledge*, Manchester: Manchester University Press, 1984.
2. Lyotard, 'The Psychoanalytic Approach to Artistic and Literary Expression', in *Toward the Post-Modern*, New York: Humanities Press, 1993. Part 1에는 'Libidinal', Part 2에는 'Pagan', Part 3에는 'Intractable'이라는 제목을 달았다.
3. Lyotard, *The Post-Modern Condition*, 24쪽.
4. 앞의 책, 42~46쪽.
5. 앞의 책, 60쪽.
6. Richard Rorty, *Philosophy and the Mirror of Nature*, Oxford: Blackwell, 1980.
7. 앞의 책, 34~38쪽.
8. 앞의 책, 363쪽.
9. 앞의 책, 367쪽.
10. 앞의 책, 367~368쪽.
11. 앞의 책, 389~391쪽.
12. Richard Rorty, *Objectivity, Relativism, and Truth*, Cambridge: Cambridge University Press, 1991.
13. Rorty, *Objectivity, Relativism, and Truth*, 56~57쪽.
14. 앞의 책, 37쪽.
15. 앞의 책, 39쪽.
16. 앞의 책, 40쪽.
17. 앞의 책, 203쪽.
18. 앞의 책, 218쪽.
19. Thomas Nagel, *Mortal Questions*, Cambridge: Cambridge University Press, 1979; and *The View From Nowhere*, Oxford: Oxford University Press, 1986, paperback, 1989.
20. Nagel, *Mortal Questions*, 10쪽.
21. Nagel, *The View From Nowhere*, 26쪽.
22. 앞의 책, 52쪽.
23. 앞의 책, 78~79쪽.
24. 앞의 책, 84쪽.
25. 앞의 책, 85쪽.
26. 앞의 책, 108쪽.
27. 앞의 책, 107쪽.
28. Clifford Geertz, *The Interpretation of Cultures*, New York: Basic Books, 1973.

29. 앞의 책, 36쪽.
30. 앞의 책, 3쪽.
31. 앞의 책, 412쪽.
32. 앞의 책, 435쪽.
33. Clifford Geertz, *Local Knowledge*, New York: Basic Books, 1983, paperback edition 1997, 8쪽.
34. 앞의 책, 74쪽.
35. 앞의 책, 151쪽.
36. 앞의 책, 161쪽.
37. 기어츠의 작업은 두 건의 강연 시리즈로 이어지고 있다. 그 결과는 *Works and Lives*, London: Polity, 1988과 *After the Fact*, Cambridge, Massachusetts: Harvard University Press, 1995로 나왔다.
38. Bryan Magee, *Men of Ideas*, 196~197쪽.
39. 여러 저서에서 제기한 문제들을 살펴보기 바란다. *Reason, Truth and History*, Cambridge: Cambridge University Press, 1981에서는 '합리성의 두 개념'과 '과학이 현대 합리성 개념에 미친 영향'을 고찰했고, *Mathematics, Matter and Method*, Cambridge: Cambridge University Press, 1980에서는 '수학적 진리란 무엇인가'와 '양자역학의 논리' 문제를 제기했다. *Realism and Reason*, Cambridge: Cambridge University Press, 1983에서는 '왜 기성품으로서의 세계는 존재하지 않는가'와 '왜 이성은 자연화될 수 없는가'의 문제를 분석했다. Magee, 앞의 책, 202쪽, 205쪽.
40. Putnam, *Reason, Truth and History*, 215쪽. Magee, 앞의 책, 201쪽.
41. Magee, 앞의 책, 143~145쪽.
42. 콰인식 사고의 특성을 좀 더 구체적으로 알아보려면 *Quiddities: An Intermittently Philosophical Dictionary*, Cambridge, Massachusetts: The Belknap Press of Harvard University Press, 1987을 보라. 일상생활의 측면들을 수학적으로 분석한 부분이 대단히 독창적이다. 'Success and Limits of Mathamaticalism', in *Theories and Things*, Cambridge, Massachusetts: The Belknap Press of Harvard University Press, 1981, 148쪽과 Magee, 앞의 책, 147쪽도 참조하라.
43. 콰인의 분석철학에 대한 입장에 대해서는 George D. Romanos, *Quine and Analytic Philosophy*, Cambridge, Massachusetts: MIT Press, 1983, 179쪽, Magee, 앞의 책, 149쪽을 보라.
44. Alasdair MacIntyre, *Whose Justice? Which Rationality?*, London: Duckworth, 1988.
45. 앞의 책, 140쪽.
46. 앞의 책, 301쪽.
47. 앞의 책, 302쪽.
48. 앞의 책, 304쪽.
49. 앞의 책, 339쪽.
50. 앞의 책, 500쪽.
51. David Harvey, *The Condition of Postmodernity*, Oxford: Blackwell, 1980, paperback 1990.
52. 앞의 책, 8~9쪽.
53. 앞의 책, 3쪽.
54. 앞의 책, 135쪽.
55. 앞의 책, 137쪽.
56. 앞의 책, 136쪽.
57. 앞의 책, 140쪽.
58. 앞의 책, 147쪽.
59. 앞의 책, 156쪽.

60. 앞의 책, 351쪽.
61. 앞의 책, 350쪽.
62. 앞의 책, 328쪽.

39 - 사상 최고의 아이디어

1. Bodmer and McKie, *The Book of Man*, 259쪽.
2. Colin Tudge, *The Engineer in the Garden*, 257~260쪽.
3. Bodmer and McKie, 앞의 책, 257쪽.
4. 앞의 책, 259쪽.
5. 앞의 책, 261쪽.
6. A. G. Cairns-Smith, *Seven Clues to the Origin of Life*, Cambridge: Cambridge University Press, 1985.
7. 앞의 책, 47쪽.
8. 앞의 책, 74쪽.
9. 앞의 책, 80쪽.
10. Richard Fortey, *Life: An Unauthorised Biography*, London: HarperCollins, 1997; Flamingo paperback, 1998, 44쪽, 54쪽.
11. 앞의 책, 55~56쪽. 박테리아의 산소 생산량에 대한 계산이 제시돼 있다.
12. J. D. MacDougall, *A Short History of Planet Earth*, New York: Wiley, 1996, 34~36쪽. Fortey, 앞의 책, 59~61쪽.
13. 앞의 책, 52쪽. 마굴리스의 협동co-operation 개념의 함의에 대한 논의는 Tudge, 앞의 책, 331쪽, 334~335쪽을 보라. Fortey, 앞의 책, 68~69쪽.
14. 점액체에 대해서는 Fortey, 앞의 책, 81쪽, 에디아카라에 대해서는 86쪽을 보라. 에디아카라라는 명칭은 그것이 처음 발견된 호주 남부 에디아카라 언덕에서 따온 것이다. 2000년 3월 런던 왕립과학교육연구센터 강연에서 옥스퍼드대 소머빌 칼리지 연구원인 동물학자 앤드루 파커 박사는 캄브리아기 폭발이 시각의 진화 때문에 일어났다고 설명했다. 생명체들이 포식자의 시선을 피하기 위해 시력을 급속히 발전시켰다는 주장이다. *The (London) Times*, 1 March 2000, 41쪽.
15. Fortey, 앞의 책, 102쪽.
16. MacDougall, 앞의 책, 30~31쪽.
17. John Noble Wilford, *The Riddle of the Dinosaurs*, London and Boston: Faber, 1986, 221쪽.
18. 앞의 책, 226~228쪽.
19. Walter Alvarez, *T. Rex and the Crater of Doom*, Princeton and London: Princeton University Press, 1997; Penguin paperback 1998, 69쪽. MacDougall, 앞의 책, 158쪽도 참조.
20. 공룡 멸종에 대한 전통적인 설명에 대해서는 Björn Kurtén, *The Age of the Dinosaurs*, London: Weidenfeld & Nicolson, 1968, 211쪽을 보라.
21. Alvarez, 앞의 책, 92~93쪽.
22. 앞의 책, 109쪽.
23. 앞의 책, 123쪽.
24. MacDougall, 앞의 책, 160쪽. 162쪽에 실린 해양 생물 멸종 도표도 참조하라.

25. Alvarez, 앞의 책, 133쪽.
26. Tattersall, *The Fossil Trail*, 187~188쪽.
27. Donald Johanson and James Shreeve, *Lucy's Child: The Discovery of a Human Ancestor*, New York: Viking, 1990, 201쪽.
28. E. S. Vrba, 'Ecological and adaptive changes associated with early hominid evolution,' in E. Delson (editor), *Ancestors: The Hard Evidence*, New York: Alan Liss, 1988, 63~71쪽. E. S. Vrba, 'Late Pleistocene climatic events and hominid evolution,' in F. E. Grine (editor), *Evolutionary History of the 'Robust' Australopithecines*, New York: Adine de Gruyter, 1988, 405~426쪽.
29. Tattersall, 앞의 책, 197쪽.
30. Christopher Stinger and Clive Gamble, *In Search of the Neanderthals*, London: Thames & Hudson, 1993, 152~154쪽. 이런 해석은 의문의 여지가 많다.
31. Tattersall, 앞의 책, chapter 15: 'The cave man vanishes', 199쪽.
32. Bodmer and McKie, 앞의 책, 218쪽, 232~233쪽.
33. Brian M. Fagan, *The Journey from Eden: The Peopling of Our World*, London: Thames & Hudson, 1990, 27~28쪽. Bodmer and McKie, 앞의 책, 218~219쪽.
34. Colin Renfrew, *Archaeology and Language*, London: Jonathan Cape, 1987, 9~13쪽.
35. J. H. Greenberg, *Language in the Americas*, Stanford: Stanford University Press, 1986.
36. Brian J. Fagan, *The Great Journey: The Peopling of Ancient Amercia*, London and New York: Thames & Hudson, 1987, 186쪽.
37. 특히 Luigi Luca Cavalli-Sforza and Francesco Cavalli-Sforza, *The Great Human Diasporas: The History of Diversity and Evolution*, New York: Helix/Addison Wesley, 1995, 156~157쪽을 보라(초판은 1993년 이탈리아 Arnoldo Mondadori Editore SpA 출판사에서 나왔다).
38. 앞의 책, 187쪽.
39. 앞의 책, 185~186쪽.
40. Renfrew, *Archaeology and Language*, 205쪽.
41. Paul Johnson, *Daily Mail* (London).
42. E. O. Wilson, *On Human Nature*, Cambridge, Massachusetts: Harvard University Press, 1978, 167쪽.
43. 앞의 책, 2쪽.
44. 앞의 책, 137쪽. 90쪽의 도표도 참고하라.
45. E. O. Wilson, *Biophilia*, Cambridge, Massachusetts: Harvard University Press, 1984.
46. Stephen R. Kellert and E. L. Wilson (editors), *The Biophilia Hypothesis*, Washington DC: Island Press, 1993, 237쪽. James Lovelock, *Gaia: A New Look at Life on Earth*, Oxford: Oxford University Press, 1979; paperback 1982, 1995.
47. Richard Dawkins, *The Blind Watchmaker*, London: Longman, 1986; Penguin 1988. 도킨스는 2001년 5월 왕립학회 회원으로 선출됐다.
48. 앞의 책, 90쪽.
49. 앞의 책, 158쪽.
50. Daniel Dennett, *Darwin's Dangerous Idea*, 21쪽.
51. 앞의 책, 82쪽.
52. Stuart Kauffman, *The Origins of Order: Self-Organisation and Selection*, Oxford: Oxford University Press, 1993.
53. 앞의 책, 220쪽.

54. John Maynard Smith and Eörs Szathmáry, *The Major Transitions in Evolution*, Oxford, New York and Heidelberg: A. H. Freeman/Spektrum, 1995.
55. Steven Pinker, *The Language Instinct*, New York: Morrow, 1994; Penguin 1995.
56. 앞의 책, 301쪽.
57. N. Eldredge and S. J. Gould, 'Punctuated equilibrium: an alternative to phyletic gradualism,' in T. J. J. Schopf (editor), *Models in Palaeobiology*, San Francisco: Freeman Cooper, 1972, 82~115쪽. N. Eldredge, *Reinventing Darwin*, New York: John Wiley, 1995, 93쪽도 참조.
58. S. J. Gould and R. C. Lewontin, 'The spandrels of San Marco and the Panglossian paradigm: A critique of the adaptationist programme', *Proceedings of the Royal Society*, volume B205, 1979, 581~598쪽.
59. S. J. Gould, *Wonderful Life*, London: Hutchinson Radius, 1989.
60. Simon Conway Morris, *The Crucible of Creation: The Burgess Shale and the Rise of Animals*, Oxford: Oxford University Press, 1998.
61. S. J. Gould, *The Mismeasure of Man*.
62. Steven Rose, Leon Kamin and R. C. Lewontin, *Not in Our Genes*.
63. R. C. Lewontin, *The Doctrine of DNA: Biology as Ideology*, Toronto: Anansi Press, 1991; Penguin, 1993, 73~74쪽.
64. Richard J. Herrnstein and Charles Murray, *The Bell Curve: Intelligence and Class Structure in American Life*, Clencoe: The Free Press, 1994.
65. Bernie Devlin, Stephen E. Fienberg, Daniel Resnick and Kathryn Roeder (editors), *Intelligence, Genes and Success: Scientists Respond to The Bell Curve*, New York: Copernicus, 1997, 22쪽도 참조.
66. 앞의 책, 269쪽.
67. 앞의 책, 167쪽.
68. Herrnstein and Murray, 앞의 책, 525쪽.
69. 앞의 책, 444쪽.
70. Gould, *The Mismeasure of Man*, 앞의 책, 375쪽.
71. Robert Cook-Deegan, *The Gene Wars*, 110쪽.
72. Bodmer and McKie, 앞의 책, 320쪽.
73. Cook-Deegan, 앞의 책, 286쪽.
74. 앞의 책, 339쪽.
75. Francis Crick, *The Astonishing Hypothesis*, New York: Simon & Schuster, 1994.
76. John Maddox, *What Remains to be Discovered*, 306쪽.
77. John Cornwell (editor), *Consciousness and Human Identity*, Oxford and New York: Oxford University Press, 1998, 6쪽.
78. 앞의 책, 7쪽.
79. 앞의 책.
80. J. R. Searle, *The Mystery of Consciousness*, London: Granta, 1997, 95쪽.
81. J. R. Searle, *The Rediscovery of the Mind*, Cambridge, Massachusetts: MIT Press, 1992; Cornwell (editor), 앞의 책, 33쪽.
82. Roger Penrose, *Shadows of the Mind: A Search for the Missing Science of Consciousness*, Oxford and New York: Oxford University Press, 1994.
83. Searle, *The Mystery of Consciousness*, 53쪽.

84. 앞의 책, 87쪽.
85. Cornwell (editor), 앞의 책, 11~12쪽.
86. Robert Wright, *The Moral Animal*, New York: Pantheon, 1994, 321쪽.
87. Olaf Sporns, 'Biological variability and brain function,' in Cornwell (editor), 앞의 책, 38~53쪽.

40 - 새로운 문학, 새로운 비평

1. Marcus Cunliffe (editor), *American Literature since 1900*, 373쪽.
2. Cunliffe (editor), 앞의 책, 377쪽.
3. 앞의 책, 378쪽.
4. 앞의 책, 373쪽.
5. Richard Hofstadter, *Anti-Intellectualism in American Life*, New York: Knopf, 1963. Cunliffe (editor), 앞의 책, 386쪽에서 재인용.
6. Toni Morrison의 모든 작품은 런던 Chatto & Windus 출판사에서 나왔다. Malcolm Bradbury, *The Modern American Novel*, Oxford and New York, 1983, 2nd edition, 1992, 279쪽도 참조.
7. Nancy J. Peterson (editor), *Toni Morrison: Critical and Theoretical Approaches*, Baltimore and London: Johns Hopkins Press, 1997.
8. Alice Walker, *The Color Purple*, New York: Harcourt Brace, 1982. Bradbury, *The Modern American Novel*, 280쪽.
9. Michael Awkward, *Inspiriting Influences: tradition, revision and Afro-American women's novels*, New York: Columbia University Press, 1989. David Crystal, *English as a Global Language*, Cambridge: Cambridge University Press, 1997, 139쪽도 참조.
10. Crystal, 앞의 책, 130쪽.
11. 앞의 책.
12. Jean Franco, *The Modern Culture of Latin American: Society and the Artist*, London: Pall Mall, 1967; Penguin 1970, 198쪽.
13. Gabriel Vargas Llosa, *The City and the Dogs*, 영역본 제목은 *The Time of the Hero*, New York: Harper & Row, 1979.
14. Gabriel Vargas Llosa, *The Green House*, London: Jonathan Cape, 1969.
15. Keith Booker, *Vargas-Llosa among the Post-Modernists*, Gainesville, Florida: University Press of Florida, 1994.
16. Gerald Martin, *Journeys through the Labyrinth*, London: Verso, 1989, 218쪽.
17. Gabriel García Márquez, *One Hundred Years of Solitude*, London: Jonathan Cape, 1970. Penguin 1973. 스페인어 원작은 1967년에 나왔다.
18. D. Gallagher, *Modern Latin American Literature*, Oxford and New York: Oxford University Press, 1973, 150쪽.
19. 앞의 책, 145~150쪽.
20. Carlos Fuentes, *La nueva novela hispanoamericana*, Mexico City: Joanna Mortiz, 1969. David W. and Virginia R. Foster (editors), *Modern Latin American Literature*, New York: Frederick Ungar, 1975,

380~381쪽에서 재인용.
21. R. K. Narayan, *The Sweet Vendor*, London: The Bodley Head, 1967. William Walsh, 'India and the Novel,' in Boris Ford (editor), *From Orwell to Naipaul*, Penguin, 1983, 238~240쪽도 참조.
22. Anita Desai, *The Village by the Sea*, London: Heinemann, 1982; Penguin 1984.
23. Anita Desai, *In Custody*, London: Heinemann, 1984.
24. Salman Rushdie, *Midnight's Children*, London: Jonathan Cape, 1982. *The Satanic Verses*, London: Viking, 1988. Catherine Cundy, *Salman Rushdie*, Manchester and New York: Manchester University Press, 1996, 34쪽.
25. Malise Ruthven, *A Satanic Affair: Salman Rushdie and the Rape of Islam*, London: Chatto & Windus, 1990, 15쪽. 루시디 설명에는 이 책을 주로 참고했다.
26. Ruthven, 앞의 책, 27쪽.
27. 앞의 책, 20쪽.
28. 앞의 책, 17쪽.
29. 앞의 책, 16쪽.
30. 앞의 책, 20~25쪽.
31. Mehdie Mozaffari, *Fatwa: Violence and Discovery*, Aarhus, Denmark: Aarhus University Press, 1998.
32. Ruthven, 앞의 책, 114쪽.
33. 앞의 책, 25쪽. 여러 작가가 쓴 *For Rushdie: Essays by Arab and Muslin Writers in Defence of Free Speech*, New York: George Braziller, 1994, 특히 21쪽, 54쪽, 255쪽을 보라.
34. V. S. Naipaul, *A House for Mr Biswas*, London: Andre Deutsch, 1961.
35. V. S. Naipaul, *The Mimic Men*, London: Readers Union, 1968.
36. 모두 André Deutsch 출판사에서 나왔다.
37. Andrew Robinson, *Satyajit Ray: The Inner Eye*, London: Deutsch, 1989, 74쪽의 설명을 보라.
38. Robinson, 앞의 책, 76쪽.
39. Thompson and Bordwell, *Film History*, 483~484쪽, 512~513쪽. Pallot and Levich, 앞의 책, 520쪽.
40. Robinson, 앞의 책, 156쪽.
41. 앞의 책, 513쪽.
42. Wole Soyinka, *Myth, Literature and the African World*, Cambridge: Cambridge University Press, 1976.
43. Ousmane Sembene, *God's Bits of Wood*, London: Heinemann, 1970. Soyinka, 앞의 책, 54~60쪽도 참조.
44. Soyinka, 앞의 책, 42쪽.
45. Edward Said, *Orientalism*, New York: Pantheon, 1978.
46. 앞의 책, 190쪽.
47. 앞의 책, 317쪽.
48. 앞의 책, 326쪽.
49. Ranajit Guhan and Gayatri Chakravorty Spivak, *Selected Subaltern Studies*, Oxford and New York: Oxford University Press, 1988, 3~32쪽.
50. Gayatri Spivak, *In Other Words: Essays in Cultural Politics*, London: Methuen, 1987; and *A Critique of Post-Colonial Reason: Toward a History of the Vanishing Present*, Cambridge, Massachusetts: Harvard University Press, 1999.
51. Guha and Spivak, 앞의 책.
52. Bill Ashcroft, Gareth Griffiths and Helen Tiffin, *The Post-Colonial Studies Reader*, London and New

York: Routledge, 1995, 특히 24쪽, 119쪽.
53. Fredric Jameson, *The Political Unconscious*, Princeton: Princeton University Press, 1981.
54. Raman Selden and Peter Widdowson, *Contemporary Literary Theory*, Lexington: University of Kentucky Press, 1993, 97쪽.
55. Fredric Jameson, *Postmodernism or the Cultural Login of Late Capitalism*, Durham, North Carolina: Duke University Press, 1991.
56. Selden and Widdowson, 앞의 책, 93~94쪽. Terry Eagleton, *The Idea of Culture*, London: 2000.
57. H. Aram Veeser (editor), *The Stanley Fish Reader*, Oxford: Blackwell, 1999.
58. Jonathan Dollimore and Alan Sinfield (editors), *Political Shakespeare*, Manchester: Manchester University Press, 1985.
59. Peter Watson, 'Presume not that I am the thing I was,' (London) *Observer*, 22 August 1993, 37~38쪽.
60. Annabel Patterson, *Shakespeare and the Popular Voice*, Oxford: Blackwell, 1989. 2000년 5월 케임브리지 대학 영문학부 학과장은 영문학 학사 학위 필수과목에서 셰익스피어 관련 시험을 빼기로 결정했다.
61. Cunliffe (editor), 앞의 책, 234쪽.
62. Dennis Carroll, *David Mamet*, Basingstoke: Macmillan, 1987.
63. 앞의 책, 147쪽.
64. David Mamet, *Make-Believe: Essays and Remembrances*, London and Boston: Faber, 1996. Cunliffe, 앞의 책, 159~160쪽.
65. 작가의 서문을 붙인 4부작 합본은 *Rabbit Angstrom: a tetralogy*, London: Everyman's Library, 1995로 나왔다. Bradbury, *The Modern American Novel*, 184쪽.
66. Judie Newman, *John Updike*, Basingstoke: Macmillan Education, 1988. Bradbury, 앞의 책, 184쪽.
67. *Dangling Man*과 *The Adventures of Augie March*는 Weidenfeld & Nicolson 출판사, *Henderson the Rain King*과 *Humboldt's Gift* 및 *The Dean's December*는 Secker & Warburg 출판사, *More Die of Heartbreak*는 Morrow 출판사에서 나왔다.
68. Jonathan Wilson, *On Bellow's Planet: Readings from the Dark Side*, New York: Associated Universities Press, 1985.
69. Michael K. Glenday, *Saul Bellow and the Decline of Humanism*, London: Macmillan, 1990. Bradbury, 앞의 책, 171~172쪽, 174쪽.
70. Greg Sarris, *Keeping Slug Woman Alive: A Holistic Approach to American Indian Texts*, Los Angeles, University of California Press, 1993. *Grand Avenue*, New York: Hyperion 1994; Penguin 1995.

41- 문화 전쟁

1. Allan Bloom, *Giants and Dwarves: Essays 1960~1990*, New York: Simon & Schuster, 1990; Touchstone paperback, 1991, 16~17쪽.
2. Allan Bloom, *The Closing of the American Mind*, New York: Simon & Schuster, 1987; Penguin 1988.
3. 앞의 책, 49쪽.

4. 앞의 책, 122쪽.
5. 앞의 책, 91쪽.
6. 앞의 책, 141쪽.
7. 앞의 책, 254쪽.
8. 앞의 책, 301쪽.
9. Bloom, *Giants and Dwarves*, 앞의 책, 24~25쪽.
10. Harold Bloom, *The Western Canon*, New York: Harcourt Brace, 1994.
11. 앞의 책, 38쪽.
12. 앞의 책, 30쪽.
13. 앞의 책, 48쪽.
14. 앞의 책, 371쪽.
15. 앞의 책, 41쪽.
16. Lawrence Levine, *The Opening of the American Mind*, Boston: Beacon Press, 1996.
17. 앞의 책, 91쪽.
18. 앞의 책, 16쪽.
19. 앞의 책, 83쪽.
20. 앞의 책, 86쪽.
21. 앞의 책, 158쪽.
22. Martin Bernal, *Black Athena: The Afroasiatic Toots of Classical Civilisation*, London: Free Association Books, 1987; Vintage paperback, 1991.
23. 앞의 책, 239쪽.
24. 앞의 책, 24쪽, 26~27쪽.
25. 앞의 책, 18쪽.
26. 앞의 책, 51쪽.
27. 앞의 책, 31쪽.
28. Mary Lefkowitz and Guy MacLean Rogers, *Black Athena Revisited*, Chapel Hill and London: University of North Carolina Press, 1996.
29. 앞의 책, 113쪽.
30. 앞의 책, 112쪽.
31. 앞의 책, 431~434쪽.
32. C. A. Diop, *The African Origin of Civilisation: Myth or Reality?*, Westport, Connecticut: Lawrence Hill, 1974.
33. Lefkowitz and Rogers, 앞의 책, 21쪽.
34. Edward T. Linenthal and Tom Engelhardt (editors), *History Wars*, New York: Metropolitan Books/Holt, 1996.
35. 앞의 책, 35~40쪽.
36. 앞의 책, 52, 59쪽.
37. Roger Kimball, *Tenured Radicals: How Politics Has Corrupted Our Higher Education*, New York: Harper & Row, 1990.
38. 앞의 책, 46쪽.
39. 앞의 책, 96쪽.
40. Dinesh d'Souza, *Illiberal Education: The Politics of Sex and Race on Campus*, Glencoe: The Free Press,

1991.
41. 앞의 책, 40쪽.
42. 앞의 책, 70쪽.
43. 앞의 책, 226쪽.
44. 앞의 책, 241쪽.
45. Martha Nussbaum, *Cultivating Humanity: A Classical Defence of Reform in Liberal Education*, Cambridge, Massachusetts: Harvard University Press, 1997.
46. 앞의 책, 85쪽.
47. 앞의 책, 53쪽.
48. 앞의 책, 94쪽.
49. 앞의 책, 105쪽.
50. 앞의 책, 277~278쪽.
51. David Denby, *Great Books*, New York: Simon & Schuster, 1996.
52. 앞의 책, 13쪽.
53. 앞의 책, 459쪽.
54. 앞의 책, 461쪽.
55. 앞의 책, 457쪽.
56. 앞의 책, 457~458쪽.
57. Harold Bloom, *Shakespeare: The Invention of the Human*, London: Fourth Estate, 1999, 4~5쪽.
58. 앞의 책, 17쪽.
59. 앞의 책, 715쪽.
60. 앞의 책, 745쪽.
61. Gertrude Himmelfarb, *On Looking into the Abyss*, New York: Knopf, 1994.
62. 앞의 책, 4쪽.
63. 앞의 책, 6쪽.
64. 앞의 책, 83쪽.
65. 앞의 책, 8쪽.
66. 앞의 책, 104쪽.
67. 앞의 책, 24쪽.

42 - 심층질서

1. Katie Hafner and Matthew Lyon, *Where Wizards Stay Up Late: The Origins of the Internet*, New York: Simon & Schuster, 1996; Touchstone paperback, 1998, 253~254쪽.
2. 앞의 책, 18~24쪽.
3. 앞의 책, 23~24쪽.
4. John Naughton, *A Brief History of the Future: The Origins of the Internet*, London: Weidenfeld & Nicolson, 1999, 92~119쪽. Hafner and Lyon, 앞의 책, 34쪽, 38쪽, 53쪽, 57쪽.
5. Hafner and Lyon, 앞의 책, 59쪽, 65쪽.

6. 앞의 책, 143쪽, 151~154쪽.
7. Naughton, 앞의 책, 131~138쪽; Hafner and Lyon, 앞의 책, 124쪽.
8. Hafner and Lyon, 앞의 책, 161쪽.
9. Naughton, 앞의 책, Chapter 9, 140쪽. Hafner and Lyon, 192쪽.
10. Hafner and Lyon, 앞의 책, 204쪽, 223~227쪽.
11. 앞의 책, 245쪽.
12. 앞의 책, 253쪽, 257~258쪽.
13. Brian Winston, *Media, Technology and Society: a history: from the telegraph to the Internet*, London: Routledge, 1998.
14. 컴퓨터 문화에 대한 찬반 논의는 Lauren Ruth Wiener, *Digital Woes*, New York: Addison-Wesley, 1993을 보라.
15. Michael White and John Gribbin, *Stephen Hawking: A Life in Science*, New York and London: Viking 1992; Penguin 1992, 223~231쪽. Stephen Hawking, *A Brief History of Time*, London: Bantam, 1988.
16. White and Gribbin, 앞의 책, 227~229쪽.
17. 앞의 책, 245쪽, 264쪽.
18. 앞의 책, 60~61쪽.
19. Paul Davies, *The Mind of God*, London: Simon & Schuster, 1992, Penguin 1993, 63쪽; White and Gribbin, 앞의 책, 149~151쪽, 209~213쪽.
20. White and Gribbin, 앞의 책, 137~138쪽.
21. 앞의 책, 154~155쪽.
22. 파인만 본인도 아주 인기 있는 과학/철학 책을 여러 권 냈다. 예를 들어 *The Meaning of It All*, London: Allen Lane The Penguin Press, 1998, 특히 chapter 3, 'This Unscientific Age'를 보라. White and Gribbin, 앞의 책, 176쪽도 참조.
23. White and Gribbin, 앞의 책, 179쪽, 182~183쪽.
24. Joel Davis, *Alternate Realities: How Science Shapes Our View of the World*, 159~162쪽.
25. White and Gribbin, 앞의 책, 208쪽, 274~275쪽.
26. John Horgan, *The End of Science: Facing the Limits of Knowledge in the Twilight of the Scientific Age*, New York: Addison-Wesley, 1996. Broadway paperback, 1997, 7쪽, 30~31쪽, 126~127쪽, 154쪽. 이런 문제가 처음 제기된 것은 1979년에 출간된 기이한 책 *Gödel, Escher, Bach: an eternal golden braid* (New York: Basic Books)에서였다(한국어 번역본 제목은 『괴델, 에셔, 바흐(영원한 황금노끈)』). 저자 Douglas Hofstadter는 수학자 괴델, 화가 에셔(Maurits Cornelis Escher. 네덜란드 화가, 판화가. 기하학적 원리와 수학적 개념을 토대로 특이한 이미지를 표현한 것으로 유명하다. 1898~1972.) 작곡가 바흐의 작품에 보이는 개념적 유사성에서 출발한다. 호프스태터에 따르면 바흐의 일부 푸가와 에셔의 그림, 스케치에서 유사성이 나타나는 이유는 작품들이 화성이나 원근법 규칙을 따르면서도 그 규칙을 깨고 나오기 때문이다. 예를 들어 에셔의 그림은 원근법을 어기지는 않지만 물이 위로 솟아오르면서 불가능한 원을 그리는 것처럼 보인다. 또는 사람들이 계단을 오르내리는데 똑같은 계단을 따라가면서도 결국은 다시 한데 모인다. 이들 역시 불가능한 원을 따라가고 있는 셈이다. 호프스태터에게 이런 형식적 시스템(일정한 규칙들의 집합을 준수하는 시스템)의 패러독스는 수학, 생물학, 철학을 개념적으로 연결함으로써 언젠가 생명과 지능을 설명하는 데 도움이 될 것이기 때문에 매우 중요하다. 그는 생명을 이해하려면 어떤 현상이 어떻게 그 존립의 규칙들을 초월하는지를 이해해야 한다고 본 점에서 자크 모노와 의견을 같이했다. 호프스태터는 또 인공지능

을 개발하려면 이런 형식적 시스템의 정체를 분명히 밝혀내야 한다고 주장했다. 형식적 시스템은 그 시스템의 정당성을 입증하는 근거를 제공할 수 없다고 한 괴델의 주장이 옳을까? 그것은 결국 우리가 우리 자신을 완전히 이해하는 것은 불가능하다는 의미일까? 아니면 괴델의 불완전성 정리에 뭔가 근본적인 결함이 있는 것인가? 하여튼 『괴델, 에셔, 바흐』는 기이한 책이다. 요약이라는 자체가 불가능하다. 에셔와 르네 마그리트, 저자가 그린 그림과 환상적인 이미지, 깊은 의도가 담긴 수학적 수수께끼, 악보, 화학 다이어그램 같은 것이 무수히 등장한다. 배울 게 많지만 저자의 자상한 설명에도 불구하고 읽기는 쉽지 않다. 상세한 주석을 단 참고문헌도 방대하다. 인공지능 분야의 중요한 책도 많이 소개했다.

27. White and Gribbin, 앞의 책, 292~301쪽.
28. Martin Rees, *Just Six Numbers: The Deep Forces that Shape the Universe*, London: Weidenfeld & Nicolson, 1999. White and Gribbin, 앞의 책, 216~217쪽.
29. 개괄적 소개는 David Deutsch, *The Fabric of Reality*, London: Allen Lane The Penguin Press, 1997; Penguin paperback, 1998, 1~29쪽을 보라. Horgan, 앞의 책, 222~223쪽과 C. W. Davies and J. Brown (editors), *Superstrings: A Theory of Everything?*, Cambridge: Cambridge University Press, 1988, 1~5쪽도 참조하라.
30. Brian Greene, *The Elegant Universe: Superstrings, Hidden Dimensions and the Quest for the Ultimate Theory*, London: Jonathan Cape, 1998, 174~176쪽.
31. 본문에 인용한 책 외에 참고할 만한 책은 다음과 같다. Richard Feynman, *The Meaning of It All*, New York: Addison Wesley Longman; London: Allen Lane, The Penguin Press, 1998. Paul Davies, *The Mind of God: Science and the Search for Ultimate Meaning*, New York and London: Simon & Schuster, 1992; Penguin paperback, 1993. Ian Stewart, *Does God Play Dice?*, Oxford: Blackwell, 1989; Penguin paperback, 1990. Timothy Ferris, *The Whole Shebang: A State-of-the-Universe(s) Report*, New York: Simon & Schuster, 1997. 제목이 하나같이 야심적이라는 점이 눈에 띈다.
32. Greene, 앞의 책.
33. 앞의 책, 10~13쪽. Davies and Brown, 앞의 책, 26~29쪽.
34. Greene, 앞의 책, 136~137쪽.
35. 위튼과의 인터뷰는 Davies and Brown, 앞의 책, 90쪽, 아브두스 살람 및 셸던 글래쇼와의 인터뷰는 170~191쪽을 보라. Greene, 앞의 책, 140~141쪽도 참조하라.
36. Greene, 앞의 책, 187쪽.
37. 앞의 책, 329~331쪽.
38. 앞의 책, 362쪽.
39. 앞의 책, 379쪽.
40. James Gleick, *Chaos: Making a New Science*, New York: Penguin, 1987.
41. Horgan, 앞의 책, 193~194쪽.
42. George Johnson, *Strange Beauty*, London: Jonathan Cape, 1999. Horgan, 앞의 책, 211~215쪽.
43. Horgan, 앞의 책, 203~206쪽, 208쪽.
44. Philip Anderson, 'More is different,' *Science*, August 4, 1972, 393. Horgan, 앞의 책, 209~210쪽에서 재인용.
45. Ian Stewart, *Life's Other Secret*, New York: Wiley, 1998; Penguin paperback, 1999.
46. Stewart, 앞의 책, 13쪽. 컴퓨터와 수학에 관해서도 어느 정도 수정주의가 시작됐다. J. R. Millican and A. Clark (editors), *Machines and Thought: The Legacy of Alan Turing*, volume 1, Oxford: Oxford

University Press, 1999. 그러나 David Deutsch(*The Fabric of Reality*, 354쪽)는 튜링 원리를 자연의 한 펀더멘털로 간주한다.
47. 앞의 책, 22쪽.
48. 앞의 책, 66쪽.
49. 앞의 책, 89~90쪽.
50. Blay Whitby, 'The Turing Test: AI's Biggest Blind Alley?', in Millican and Clark (editors), 앞의 책, 53쪽. Stewart, 앞의 책, 95쪽.
51. Stewart, 앞의 책, 96쪽.
52. 앞의 책, 162쪽.
53. 앞의 책.
54. Joseph Ford('Chaos: Past, Present, and Future', in Millican and Clark (editors), 앞의 책)은 반대 입장이다. '… 질서란 참으로 따분하다. 진정 매혹적인 것은 혼돈이다.'(259쪽), '… 본질적으로 진화란 통제된 혼돈이다.'(260쪽) 등등. 이 책에서 Clark Glymour도 '질서의 질서들'이 있다고 주장한다(278쪽). Stewart, 앞의 책, 245쪽도 참조.

결론 - 포스트 포스트 모던 시대를 위하여

1. T. S. Eliot, *Collected Poems 1909~1935*, London: Faber, 1936, 93쪽.
2. Jared Diamond, *Guns, Germs and Steel*, London: Jonathan Cape, 1997.
3. 앞의 책, 177쪽 지도 참조.
4. 앞의 책, 57쪽.
5. 앞의 책, 58쪽.
6. Francis Fukuyama, *The End of History and the Last Man*, Glencoe: The Free Press, 1992.
7. 앞의 책, 6쪽.
8. 앞의 책, 7쪽.
9. 앞의 책, 14쪽.
10. 앞의 책, 196쪽.
11. David Landes, *The Wealth and Poverty of Nations*, New York: W. W. Norton, 1998; Abacus paperback, 1999.
12. 앞의 책, 312쪽.
13. John Horgan, *The End of Science: Facing the Limits of Knowledge in the Twilight of the Scientific Age*.
14. 앞의 책, 9~10쪽.
15. 앞의 책, 152쪽.
16. 앞의 책.
17. 앞의 책, 152~153쪽. 비슷한 견해를 표명한 사람이 David Bohm이다. 봄(미국 물리학자이자 철학자)은 매카시 선풍이 한창일 때 미국을 떠나 영국에 정착했다. 봄은 *The Tao of Physics* (London: Wildwood House, 1975)에서 후일의 프리초프 카프라와 비슷하게 동양종교와 현대 물리학의 연관성에 주목하고 이를 숨겨진 질서implicate order라고 불렀다. 봄의 관점에서 현재 통용되고 있는 예술과 과학의 구분은 일시적인 것이다. '과거에는 그런 구분이 존재하지 않았다. 미래에도 그런 구분

이 지속돼야 할 하등의 이유가 없다.' 과학은 단순한 사실의 누적이 아니라 '새로운 지각 양식'의 창조다. 이와 비슷한 생각을 한 또 다른 과학자가 파울 파이어아벤트다. 그 역시 한때 버클리 대학에서 가르쳤지만 90년대 중반 은퇴해 스위스와 이탈리아에서 살고 있다. *Against Method* (London: Verso, 1975)와 *Farewell to Reason* (London: Verso, 1987)에서 파이어아벤트는 과학과 과학의 진보에는 논리가 없으며 '절대 진리를 찾으려는 인간의 충동은 고귀한 것이기는 하지만 역시 종종 독재로 빠진다고 주장했다(48쪽). 파이어아벤트는 과학을 다른 형식을 배제하면서 인간의 사고를 균질화하는 지루한 활동으로 보았다. 이런 입장은 너무도 확고해서 *Farewell to Reason*에서는 파시즘을 비난하기를 거부할 정도였다. 그런 태도 때문에 파시즘에 이르게 됐다는 것이 그의 논리였다. (비판자들은 그가 2차 대전 때 독일군으로 참전했다는 사실을 들먹였지만 그마저도 소용이 없었다.)

18. Maddox, 앞의 책.
19. 앞의 책, 122쪽.
20. 앞의 책, 56~57쪽.
21. 앞의 책, 59쪽.
22. 앞의 책, 88쪽.
23. *Darwin Machines and the Nature of Knowledge* (Penguin paperback, 1995)에서 Henry Plotkin(런던대학교 심리학 교수)은 적응 자체가 지식의 한 형식이라는 견해를 제시했다. 어떻게 태어나고, 무엇을 알고 무엇을 알 수 있는지를 규정하는 유기체의 역사의 일부라는 것이다. 이런 논리를 토대로 하면 '고등'동물이 보여주는 지능은 적응을 지원하도록 설계된 진화된 적응 능력이다. 플로트킨에 따르면 지능의 기능은 여러 가지가 있다. 그 중 하나가 사회적 결집을 돕는 것이다. 인간은 사회적 동물이며, 다른 사람들의 협력에서 이득을 본다. 따라서 언어와 문화도 그런 관점에서 이해해야 한다.
24. Claude Bonnefoy, *Conversations with Ionesco*, 167~168쪽. 예를 들어 옥스퍼드대학 출판부가 1998년 11월 시집 총서 발간을 중단한 적이 있다(일시적인 조치였지만 사소한 일이 아니다). 이유는 채산이 맞지 않는다는 것이었다. 시 시장이 없다는 얘기였다. 영어권 문학계는 충격을 받았다. 옥스퍼드 시집 총서는 영국에서 두 번째로 큰 규모이며 1918년 Gerard Manley Hopkins(19세기 영국 시인)의 시집을 필두로 이어져온 전통 있는 총서였기 때문이다. 그 즈음 런던의 출판사들 가운데 시집을 정규적으로 내는 곳은 4곳에 불과한 것으로 나타났다. 연간 발행 종수는 25종에 그쳤고, 종마다 판매부수는 2,000~3,000부 정도였다. 활기차다고 할 수 없는 수준이다. Peter Conrad는 20세기 예술을 점검한 *Modern Times, Modern Places* (Thames & Hudson, 1998)에서 20세기 전반기에 대한 논의가 후반기에 대한 논의보다 훨씬 흥미롭고 중요하다고 말한다. 이 책은 예술에 중요한 테마 30가지 정도를 논하는데 그중 절반 이상이 과학에 대한 반응과 관련된 것이다. 콘래드의 예술관은 사실상 라이오넬 트릴링을 업데이트한 수준이라고 볼 수 있다. 음악, 문학, 회화, 연극은 우리의 정신을 고양시키는 데 도움을 줘야 한다는 식이다. 새삼스러울 것 없는 얘기지만 100년 전 바그너, 호프만슈탈, 베르그송 같은 사람들이 살아 있을 때와 비교하면 맥이 너무 빠진 상태라고 할 수 있다. 피터 콘래드의 고심어린 기준으로 보아도 예술의 역할은 한참 오그라들었다.
25. Alvin Kernan, *The Death of Literature*, New Haven and London: Yale University Press, 1990, 134쪽.
26. 앞의 책, 135쪽.
27. 앞의 책, 151쪽.
28. 앞의 책, 210쪽.
29. John Barrow, *Impossibility: The Limits of Science and the Science of Limits*, Oxford and New York: Oxford University Press, 1998; Vintage paperback, 1999, 94쪽.
30. 앞의 책, 94~95쪽.
31. 앞의 책, 95쪽.

32. Robin Wright, *The Moral Animal*, 325쪽.
33. B. Medawar, *The Hope of Progress*, London: Methuen, 1972, 68쪽.
34. Judith Rich Harris: *The Nurture Assumption: Why Children Turn Out the Way They Do*, London: Bloomsbury, 1998.
35. Wright, 앞의 책, 315쪽.
36. 전시회 관련 내용은 Michael S. Roth (editor), *Freud: Conflict and Culture*, New York: Knopf, 1998로 출간됐다.
37. Paul Robinson, 'Symbols at an Exhibition', *New York Times*, 12 November 1998, 12쪽.
38. 앞의 책, 12쪽.
39. Richard Noll, *The Jung Cult*, Princeton: Princeton University Press, 1994. *The Aryan Christ: The Secret Life of Carl Gustav Jung*.
40. Russell Jacoby, *The Last Intellectuals: American Culture in the Age of Academe*, New York: Farrar, Straus & Giroux, 1987; Noonday paperback 1989. John Brockman (editor), *The Third Culture*.
41. Jacoby, 앞의 책, 27쪽. 프랑스 쪽의 비슷한 양상은 *Correspondence*, issue No. 7, Winter 2000/2001, 33쪽을 보라.
42. 앞의 책, 72쪽.
43. 앞의 책, 54쪽.
44. V. S. Naipaul, *Among the Believers: An Islamic Journey*, New York: Knopf, 1981; Vintage paperback, 1982.
45. 앞의 책, 82쪽.
46. 앞의 책, 85쪽.
47. 앞의 책, 88쪽.
48. 앞의 책, 167쪽.
49. 앞의 책, 337쪽.
50. 앞의 책, 224쪽.
51. V. S. Naipaul, *An Area of Darkness*, London: Deutsch, 1967. *India: A Wonded Civilisation*, London: Deutsch, 1977; Penguin 1979. *A Million Mutinies Now*, London: Heinemann, 1990.
52. Naipaul, *An Area of Darkness*, 18쪽.
53. 앞의 책, 53쪽. 나이폴 얘기는 그만 접고 Nirad Chaudhuri(벵골 출신 작가, 문화평론가, 1897~1999)의 경우를 보자. 차우드후리는 인도에서 나고 교육받은 작가다. 조국을 사랑했지만 인도에 대해 '무기력하고' '외국의 영향에 종속되지 않으면 활기찬 문명을 독자적으로 가꿔갈 능력이 없다'(Edward Shils, *Portraits*, University of Chicago Press, 1997, 83쪽에서 재인용)고 보았다. 동포들은 그를 '반(反)인도적'이라고 봤다. 차우드후리는 노년에 영국으로 이주했지만 기존의 시각을 누그러뜨리지 않았다. 차우드후리는 인도적 영성이라는 것은 존재하지 않는다고 생각했다. '그런 건 서구의 상상의 산물이다. … 인도에는 창조적인 힘이 남아 있지 않다.' '인도의 칼리지와 대학들은 연구에 적합한 장소였던 적이 없다. 인도학 연구만 빼고'(앞의 책, 103쪽).
54. Octavio Paz, *In Light of India*, London: Harvill, 1997. 처음에는 *Vislumbras de la India*, Barcelona: Editorial Seix Barral SA, 1995로 출간됐다.
55. 앞의 책, 37쪽.
56. 앞의 책, 89쪽.
57. 앞의 책, 90쪽.
58. V. S. Naipaul, *India: A Million Mutinies Now*, 518쪽.

59. Prasenjit Basu의 입장은 이런 관점과 비슷했다. 바수는 1999년 8월 *International Herald Tribune*에 기고한 글에서 인도 인구가 10억 명을 돌파한 데 대해 대부분의 사람들이 좋은 소식으로 보지 않지만 그래도 인도는 잘해가고 있다고 강조했다. 고도성장이 계속되고 있고, 소프트웨어 수출이 왕성하고, 농업생산은 인구증가율을 초과하고 있다. 영국으로부터 독립한 이후 심각한 기근 사태는 한 번도 없었고, 힌두교도, 무슬림, 시크교도, 기독교도가 합심 협력해 원자력발전과 인간적인 법률체계를 만들어냈다. '내면에 침잠하던 인도'가 마침내 변화했다는 것이다. *Islams and Modernities*(Verso, 1993)에서 Aziz Al-Azmeh(시리아 출신 중동 전문 학자)도 이슬람에 대해 한결 낙관적인 입장을 보였다. 그는 개략적으로 말해서 욤키푸르 전쟁과 석유위기 때까지 이슬람은 현대화가 진행 중이었다고 주장했다. 서구 사상도 많이 들어와 특히 다윈을 제대로 알게 됐다. 그러나 그 이후로는 서구 우파가 공산주의 대신 이슬람을 '서구 문명과 가치관에 대한 주요한 위협'으로 간주함으로써 이슬람의 이미지는 엉망이 되었다.
60. Landes, 앞의 책, 491쪽.
61. Irving Louis Horowitz, *The Decomposition of Sociology*, Oxford and New York: Oxford University Press, 1993; paperback edition, 1994.
62. 앞의 책, 4쪽.
63. 앞의 책, 12쪽.
64. 앞의 책.
65. 앞의 책, 13쪽.
66. 앞의 책, 16쪽.
67. 앞의 책, 242쪽.
68. Barrow, *Impossibility*.
69. 앞의 책, 248쪽.
70. 앞의 책, 251쪽.
71. Roger Scruton, *An Intelligent Person's Guide to Modern Culture*, 69쪽.
72. John Polkinghorne, *Beyond Science*, Cambridge: Cambridge University Press, 1996; Canto paperback 1998, 64쪽.
73. Polkinghorne, 앞의 책, 88쪽.
74. 이런 문제들을 독창적인 스타일로 고찰한 사람이 하버드대 과학사 교수인 Gerald Holton이다. 홀턴은 *The Scientific Imagination*(Cambridge University Press, 1978. 재판은 Harvard University Press, 1998)에서 엔리코 페르미의 발견이나 고온 초전도성 같은 과학적 혁신에 관한 연구를 토대로 과학자들은 대개 내성적이며 아이들처럼 수줍음이 많고 성인들처럼 같은 나이 또래의 눈치를 많이 본다는 결론을 내렸다. 더구나 과학은 개념들이 한 걸음 한 걸음씩 앞으로 나아가다가 결국은 패러다임 변동에까지 이르는 스타일이라는 점에서, 과학에서 상상력이 차지하는 역할은 예술보다 '훨씬 작다. 홀턴의 연구는 그런 작은 상상력의 도약들이 사실은 루이스 멈퍼드와 라이오넬 트릴링이 예술에 대해 요구한 거창한 혁명적 전환보다 훨씬 생산적일 수 있다고 주장한다. 홀턴이 제시한 증거에 따르면 과학에서는 소소한 상상력의 발걸음이 성공의 열쇠다. 물론 과학에서 환희를 느끼는 과학자들도 많다. 리처드 도킨스는 1998년 『무지개를 풀며*Unweaving the Rainbow*』(London: Allen Lane, The Penguin Press)에서 잠시 과학이 주는 환희에 대해 논한다. 『무지개를 풀며』라는 제목은 존 키츠가 아이작 뉴턴에 대해 쓴 시에서 따온 것으로 시의 요지는 뉴턴이 무지개라는 현상을 물리학적으로 설명함으로써 신비와 시적 낭만성이 제거됐다는 것이다. 그러나 도킨스는 오히려 키츠—그리고 초서, 셰익스피어, 이디스 시트월 같은 시인들과 많은 작가들—가 과학에 대해 좀 더 잘 알았더라면 훨씬 좋은 시인이 됐을 것이라고 주장한다. 도킨스는 시간을 들여서 초서, 셰익스피어, 워즈

워스의 시에 들어 있는 과학 관련 부분들을 정정해주기도 했다. 그는 신비주의, 심령술, 점성술 등에 대해 싸구려 환희라고 맹공을 퍼부었다. 그러면서 두뇌와 자연과학의 경이로움을 찬미했다. '오로지 하마의 눈꺼풀 아래에 서식하면서 그 눈물을 먹고 사는' 신기한 벌레에 대한 상세한 묘사(241쪽)도 과학이 얼마나 큰 환희를 줄 수 있는지를 보여주는 예다. 이 책에서 도킨스는 과학과 관련된 이런저런 사안에 대해 처음으로 논평을 했다. 게다가 다른 저서에서는 찾기 힘든 방어적인 자세였다. 내가 보기에는 꼭 썼어야 할 책은 아니다. 그러나 대시인들의 오류를 바로잡아준 전술은 오만해 보일 수도 있지만 나름의 의미가 있다. 과학을 비판하는 사람들은 자신이 영웅으로 떠받드는 인물들에 대해서도 비판할 수 있는 마음가짐이 돼 있어야 한다는 것을 잘 보여주었기 때문이다.

75. Bryan Magee, *Confessions of a Philosopher*, 564쪽.
76. 앞의 책, 536쪽.
77. 앞의 책, 546~548쪽.
78. 이런 과제를 부분적으로나마 고찰한 사람 중 하나가 Francis Fukuyama다. 후쿠야마는 *The Great Disruption*(The Free Press, 1999)에서 선진국에서 거대한 붕괴랄까 단절(한국어 번역본 제목은 『대붕괴 신질서』)다)이 일어난 것은 1960년대라고 보았다. 범죄율이 뛰고, 사회적 무질서가 횡행했으며, 사회적 결집력의 원천인 가족과 친족관계가 무너져갔다. 그는 이런 현상의 원인이 산업사회에서 탈산업사회로의 변화(위계질서가 강조되는 사회 구조에 변동을 야기했다), 베이비붐(젊은이 수가 늘면서 폭력적인 범죄에 많이 노출됐다), 피임약과 같은 기술적 발전에 있다고 보았다. 그러나 20세기 마지막 25년 동안 새로운 생물학이 등장해 중대한 지적 성취를 이뤘다는 것이 후쿠야마의 특이한 통찰이다. 그가 말하는 '새로운 생물학'이란 본질적으로 사회생물학을 뜻한다. 그가 보기에 사회생물학은, 인간 본성이라고 할 만한 것이 있다는 것, 그리고 인간은 사회적 동물로서 늘 도덕률을 발전시키고 어떤 붕괴 이후에는 사회적으로 다시 결집하는 경향이 있다는 것을 보여주었다. 이것이야말로 문화 전쟁의 본질이라고 그는 지적했다. 도덕의 전쟁터라는 얘기다. 니체와 하이에크를 현대식으로, 과학적으로 그럴 듯하게 푼 설명이다. 따라서 후쿠야마는 거대한 붕괴는 이제 끝이 났으며, 우리가 살고 있는 시대는 다시 뭉치는 쪽으로, 가정생활로 돌아가고 있다고 주장했다.
79. Samuel Huntington, *The Clash of Civilisations and the Remaking of World Order*, New York: Simon & Schuster, 1996.
80. Neil Postman, *The End of Education*, New York: Knopf, 1995; Vintage paperback, 1996, 113쪽.
81. Edward O. Wilson, *Consilience: The Unity of Knowledge*, New York: Little, Brown, 1998.
82. 앞의 책, 220쪽.
83. 앞의 책, 221쪽.
84. 앞의 책, 225쪽.
85. 앞의 책, 297쪽.

찾아보기

ㄱ

가가린, 유리 747, 869
가나안 30, 394~395
가다머, 한스 게오르크 1176
가다피 1002
가르미슈 94, 111
가미카제(神風) 특공대 624
가보, 나움 260
가비, 마커스 339
가족계획 661, 663
간디, 모한다스 426
갈로, 로버트 1011
갈리마르, 가스통 638
갈리폴리 241
감성 훈련 운동 919
강스, 아벨 248
갤브레이스, 존 케네스 681, 700
거대중력원 1158
검은표범들 917
게오르게 서클 356
게오르게, 슈테판 99, 110, 269, 355, 379
게이, 에놀라 1116
게이츠, 빌 927
겔너, 어네스트 1018

겔만, 머레이 1144, 1175
겔혼, 마사 633
경제사회사연보 857
경영학 석사(MBA) 1105
경험주의 127, 148, 187~188, 370, 1033
고갱, 폴 102, 203, 284, 515
고급예술 1096
고다드 234, 235, 311
고다르, 장 뤽 977
고리키, 막심 495, 500, 512
고릴라 931, 934~936, 948
고요의 바다 629, 870
고정행동유형 929
고트리브, 마이클 1007
고티아 379
곤차로바, 나탈리아 259~260
골딩, 윌리엄 986
골란츠, 빅터 446, 601
골카타 444
골턴, 프랜시스 78
곰베 강 931, 933
곰브리치, 에른스트 286
공룡 1051, 1053
공포의 방 204, 468
과다라마 산맥 521

과달라하라 521~522
과학적 인종주의 324, 339, 341
괴델의 불완전성 정리 423~424, 563
괴델, 쿠르트 1024, 1173
괴링, 헤르만 463, 510
괴벨스, 요제프 467, 509
괴테 94, 96, 347, 376, 406, 1026, 1108, 1123
괴팅겐 24, 49, 269, 401, 406, 409, 421, 547, 548, 563, 780
교육특구(영국) 808, 821
구겐하임 904
구달, 제인 931, 933
구도파 923
구르지예프, 게오르기 이바노비치 987
구베르, 보리스 505
구성주의 19, 261~263, 265
구아닌 739, 740~741, 942, 943, 1011
구자디, 피터 1132
구제역 42
구체음악 957
국가지능검사(미국) 237
국제연맹 277~278
국제통화기금 604
국제현대건축회의 515
굴드, 스티븐 J. 945, 1059, 1065, 1070, 1148
굴라그 969
굿맨, 폴 913
굿윈, 브라이언 1145
귄터, H. F. K. 462
그라세, 베르나르 634
그라스, 귄터 1087
그라츠 63, 94, 484
그랑 팔레 48
그래프턴 화랑 203
그래함스타운 123
그랜트, 매디슨 311, 606
그레고리안 대학 824
그레이엄, 마사 786, 791, 793
그로브스, 레슬리 617

그로스, 게오르게 257, 362, 364, 467
그로스, 마틴 760
그로트, 조지 1115
그로티우스, 후고 278
그리냥 550
그리니치빌리지 338~339, 341~342, 665, 700
그리빈, 존 157
그리피스, 데이비드 워크 145
그리피스, 폴 956, 957
그린, 그레이엄 533
그린글래스, 데이비드 743
그린, 마이클 1141
그린버그, 조셉 1056
그린, 브라이언 1139
그린우드, 아서 596
그릴파르처, 프란츠 249
글래쇼, 셸던 1138
글래스고 1046
글레이저, 네이선 1078
글루온 1022
글룩, 메리 284
글리크, 제임스 1143
금서 목록 113, 463
기근 281, 353, 380, 427, 451, 457, 495, 502, 504, 986, 999, 1000, 1121
기든스, 앤서니 971
기어츠, 클리포드 1029, 1033, 1040, 1094, 1096, 1179
기트리, 사샤 634
긴급구조위원회 549
긴즈버그, 모리스 475
길가메시 393
길거드, 존 983
길버트, 월터 943
깅리치, 뉴트 1117
끈이론 1134, 1140~1143, 1145, 1158

ㄴ

나가사키 1116
나고야 906
나기, 라슬로 모호이 474, 551
나데네어 1056, 1057, 1058
나라얀, R. K. 1085
나미비아 809, 1154
나보러 1044, 1046
나보코프, 블라디미르 663
나비파 103
나비효과 1143
나이아가라 운동 180
나이테연대학 398, 865
나이폴, V. S. 1089, 1166
나일 강 1112, 1113
나일사하라어족 1057
나치 920, 928, 933, 968, 1017, 1020, 1071, 1118, 1146, 1164
난부 요이치로(南部陽一郎) 1140
남가주대학교 554
남부연합 145, 177
낯설게 하기 984
내시, 오그든 343
냉전 16, 20, 520, 601, 635~636, 686, 730, 732~733, 742~743, 781, 787, 796~797, 804, 826, 829, 889, 892, 906, 1100, 1129
네게브 395
네그리튀드 709
네루다, 파블로 1081, 1118
네브스키, 알렉산드르 513
네빈슨, C. R. W. 242
네안데르탈인 1054~1055, 1057, 1059
네오피타고라스학파 59
네이글, 토마스 1031, 1074
넵투늄 617
노랑초파리 184
노르다우, 막스 77, 81, 270
노리에가 1002
노벨재단 24
노비 예루살림 833
노샘프턴 737
노이게바우어, 오토 547
노이만, 마르가레테 부버 640
노이만, 프란츠 350, 353, 560
노직, 로버트 1031
논리실증주의 1036, 1038, 1166, 1176
놀, 리처드 1164
뇌량 189
뇌프샤텔 769
누레예프, 루돌프 1016
누비아인 1115
누스바움, 마사 1120
뉴기니 436, 437, 948, 1152
뉴레프트 773, 826, 911, 913, 1095
뉴멕시코 1144
뉴 벌링턴 갤러리 545
뉴욕 맥베스 갤러리 142
뉴욕 메트로폴리탄미술관 192
뉴욕파 789
뉴욕 현대미술관 954
뉴저널리즘 917
뉴전트 부인 1119
뉴턴, 아이작 923, 1133, 1138
니그로이드 1112
니덤, 조셉 885
니마이어, 오스카 953
니부어, 라인홀드 133, 490, 699, 882, 886
니진스키, 바슬라프 208, 209, 557
니체, 프리드리히 22, 70, 77, 268, 356,
니콜스, 베벌리 525
니콜슨, 버지니아 541
닉슨, 리처드 989
닐슨, 홀거 1140

ㄷ

다곤 신전 394
다베르농 자작 360
다원발생설 881, 882
다윈, 레너드 183
다윈주의 950, 959, 1059, 1061~1063,
      1065~1067, 1073, 1159, 1161
다이아몬드, 재러드 1152, 1155
다중우주 1134
다중인격 32
다카우 484
다코타 915
다트, 레이먼드 576
단테 110, 357, 376, 1108, 1122~1123
달리, 살바도르 321, 478
달링턴, C. D. 496, 499
담배모자이크바이러스 1147
담화치료 31, 32
당통, 조르주 자크 261
대기행렬이론 1130
대륙이동 199, 851, 875
대번트리 569
대붕괴 1135
대숙청 498, 499, 502, 505, 579, 600, 731,
      744, 831, 833
대중사회 55, 455~456, 673~676, 680~681,
      684, 688~692, 695, 697~698, 700,
      735, 773~774, 842, 862, 911, 1004,
      1101, 1172
대처, 마가렛 994~995, 997
대항문화 901, 911~914, 916, 918, 924, 962
더글러스, J. W. B. 821
더럼 대학 728
더쉴 해미트 528
던, 린우드 1049
덩컨, 이사도라 48
데넷, 다니엘 945, 1059, 1062, 1073~1074,
      1076

데 라 칼랑카 신부 191
데리다, 자크 962, 966, 1084
데 바카, 카베사 1119
데본 524
데 사우투올라, 돈 마르첼리노 574
데사이, 아니타 1086, 1089, 1166
데스탱, 발레리 지스카르 952
데시테르, W. 287
데이비, 도널드 1129
데이비스, 나탈리 제몬 1126
데이비스, 새미 806
데이비스, 스튜어트 142
데이비스, 아서 202, 204
데이비슨, 배질 854, 1179
데이턴 140, 325~326
데카르트 366, 757, 758, 841, 1105
데 키리코, 조르지오 954
데 파야, 마누엘 208
덴비, 데이비드 1122
델라웨어 534
도나텔로 104, 108
도르도뉴 572
도스토예프스키, 피요도르 505
도이체 차이퉁 362
도지, 마벨 201~202, 226
도킨스, 리처드 945~946, 948, 999, 1040,
      1059, 1061
도플러 효과 415
독일식물학회 38, 40
독일정치대학 350, 355
돈리비, J. P. 663
돌격대 469, 474
돌리모어, 조너선 1097
돌턴, 존 18, 43
돕, 모리스 862
동겐, 키스 반 634
동물행동학 929~931, 933, 936, 972
동성애 216~217, 247, 250, 274, 314, 316, 438,
      563, 565~566, 643~644, 654, 657,

　　　　　　658, 666, 708, 808~809, 814~815,
　　　　　　962, 973, 989, 1008~1009, 1014,
　　　　　　1015, 1090, 1106
동아프리카 지구대 853, 855, 930, 939, 1112
동어반복 253
동질이성체 741
됭케르크 570
두치케, 루디 826
둘베코, 레나토 1071
뒤라스, 마르그리트 979
뒤르켕, 에밀 113
뒤보, 르네 894
뒤보아 왕 87
뒤샹, 마르셀 401, 479, 480, 585, 882
뒤셀도르프 906
뒤퐁사 534
듀이, 존 1027
듀크 대학 1096, 1103
드라이저, 시어도어 329, 444, 520, 540, 699
드레퓌스 사건 48, 80
드립 페인팅 957
드망, 폴 1117, 1125
드미, 자크 979
드 발자크, 오노레 368
드보르, 기 842
드 보부아르, 시몬 633, 635, 638, 651, 658, 815
드 브로이, 루이 407
드브리스, 후고 19, 38, 182, 184, 496
드 블라맹크, 모리스 104, 204, 634
드 사시, 실베스트르 1093
드 생텍쥐페리, 앙투안 520
드 세공자크, 두나이에 634
드 세르반테스, 미구엘 368
드 소쉬르, 페르디낭 960, 966
드수자, 디네시 1118
드워킨, 로널드 989, 998, 1006
드워킨, 안드레아 818
드 콩도르세, 마리 장 386
드 포리스트, 리 735

드 퐁트넬, 베르나르 386
디더리히스, 오이겐 378
디디티(DDT) 892
디랙 방정식 782
디랙, 폴 1175
디아길레프, 세르게이 207, 260, 313, 556, 634
디오프, C. A. 1115
디유크 1119
디즈레일리, 벤저민 599
디키, 로버트 874
디킨스, 찰스 1108, 1121
디킨슨, 에밀리 1108
디트로이트 906
디트리히, 마를레네 347, 518, 633
딜런, 밥 806, 896
딜링햄 위원회 187~188
딜케 456

ㄹ

라가시 392
라나호 482, 484
라뒤리, 엠마뉘엘 르 루아 962
라디포, 두로 1092
라로카, 닉 340
라리오노프, 미하일 259
라몬트-도허티 지질관측소 850
라발, M. 레옹 574
라벤스브뤼크 640
라부아지에, 앙트완 로랑 753
라슈, 크리스토퍼 918, 926, 950, 1165
라스 샤므라 394~395
라스코 192, 574, 575, 880
라스키, 메이어 690
라스타파리 1119
라에톨리 939~940
라오, 라자 1080, 1085
라우센버그, 로버트 788, 790
라운트리, 씨봄 597

라이덴 929
라이, 사티아지트 1090
라이시, 찰스 894
라이카 746, 869
라이트, 로버트 1161, 1163
라이트, 리처드 1078
라이트, 바질 509
라이프니츠 162~163, 1105, 1143
라이히, 빌헬름 350, 428, 551
라인란트 422, 426
라인하르트, 막스 94, 549
라일, 길버트 371, 757
라임하우스 코즈웨이 446
라캉, 자크 957, 959, 1176
라킨, 필립 1085
라테나우, 발터 471
라파포르트, 다비드 477
라포르그, 쥘 205
라흐마니노프, 세르게이 555
란다우, 레프 405
란데스, 데이비드 1155, 1169
랑그도크 721, 857, 860~861
랑벤, 율리우스 378
랑크, 오토 34
래디스, 리잔 17, 158
랜터파 923, 924, 925
램 이동 782
램, 윌프레도 551
랭, 로널드 D. 960
랭보, 아르튀르 205
랴자노프, 다비드 368
러니언, 데이먼 633
러더퍼드, 어니스트 1139
러브록, 제임스 1061
러브조이, 아서 129
러셀, 버트란드 1038, 1167
러스킨, 존 70, 817, 515
런던대학교 1115
런던 대학 버크벡 칼리지 1134
런던 리릭 시어터 363
런던, 잭 699
런던정경대학 1018
럿거스 1111, 1169
레게 164, 182, 250, 253, 370, 424, 547, 1119
레네, 알랭 979, 981
레닌전연방농업과학아카데미 732~733
레뷔 스튜디오 755
레비스트로스, 클로드 956, 962, 966
레비아탄 395
레빈, 로렌스 1109
레세페르(자유방임주의) 1172
레스터 대학 1044
레스턴, 제임스 1078
레오노프, L. M. 502
레오폴드 3세 570
레오폴드, 블룸
레윈스키, 로베르트 562
레이건, 로널드 995, 1000
레이날, 모리스 522
레이더 567~570, 582, 622
레이, 만 142, 555
레이시온 906
레제, 페르낭 544, 552, 785
레타마르, 로베르토 페르난데스 1119
레프코위츠, 메리 1114, 1115
렌츠, 막스 42
렌츠, 프리츠 483
렌프루, 콜린 1058
렘수면 761, 762
로드, 오드르 1118
로드첸코, 알렉산드르 261, 263
로디지아 854
로렌스, T. E. 392, 1093
로렌츠, 콘라트 928
로르샤흐검사 1161
로르카, 페데리코 가르시아 520, 633
로, 마커스 144
로메르, 에릭 976, 979

로벤스타인, 린다 1007
로벤탈, 레오 353
로브그리예, 알랭 962, 981
로빈스 보고서 826
로빈슨, 폴 1164
로슈, 헬레네 939
로스앤젤레스 958, 1007~1008, 1104, 1130
로스앨러모스 1144
로스코, 마크 786
로스토, W. W. 685
로스토프 458
로스, 필립 919
로안도 컴퍼니 159
로열 셰익스피어 극단 983
로열코트극장 1091
로웰, 로버트 828
로자크, 시어도어 911, 917, 926
로저스, 가이 맥린 1114
로저스, 리처드 953~954
로저스, 에르네스토 954
로저스, 칼 1017
로젠버그, 아이작 229, 242
로젠버그, 해럴드 1103
로젠스톡, 사미 255
로즈, 리처드 17, 158
로즈, 스티븐 1059, 1065, 1068
로켓 추진 421
로켓추진장치 568
로크, 존 1105
로큰롤 705, 830
로트레크, 툴루즈 48
로티, 리처드 1025, 1126, 1179
록펠러 재단 548
록히드 906
론풀랑크 1152
롤랑, 로맹 254
롤스, 존 950, 998, 1031
롬브로소, 체사레 81, 233
롱, 브레킨리지 551

뢴트겐, 빌헬름 콘라트 149
루나차르스키, 아나톨리 68, 261
루덴도르프 대공세 268
루빈슈타인, 아르투르 555
루소, 장 자크 1105
루쉰 279, 281
루스벤, 멀리즈 1088
루스벨트, 시어도어 132, 178
루스벨트, 프랭클린 D. 507, 531
루시 938, 1080, 1086~1090, 1094
루시디, 살만 1080, 1086, 1089
루앙 652
루오, 조르주 104
루이스, 세실 데이 516
루이스, 싱클레어 1100
루이슨, 리처드 17, 158
루카스, 로버트 997
루카치, 지외르지 283, 368, 584, 843
루터, 마르틴 461
룩소르 388
룬츠, 다니엘 832
룰루스, 라이문두스 59
룰포, 후안 1119
뤄자룬 281
뤼미에르 형제 48, 144
뤼카, 베르나르 638
르누아르, 장 977
르뒤크, 비올레트 652
르라방두 363
르아브르 107
르완다 934, 1177
르원틴, 리처드 1059, 1065
르포르타주 444~445, 447, 485, 890, 1168
르 코르뷔지에 351, 515~516, 802, 953~954
리더스 다이제스트 1096
리먼, 데이비드 789
리버스, 래리 789
리베르만, 막스 467, 470
리, 브렌다 706

리브시츠, 베네딕트 505
리비스, F. R. 1080, 1106
리셰, 샤를 183, 248
리스, 롤링스 238
리스, 마틴 1137
리스먼, 데이비드 907, 911, 997, 1120
리아도프, 아나톨 208
리어리, 티모시 913, 914
리어, 린다 891
리오타르, 장 프랑수아 1022, 1179
리처드슨, R. G. D. 548
리처드슨, 토니 1016
리처즈, I. A. 526, 718, 840
리키, 루이스 929, 933, 937, 938
리키, 리처드 937
리키, 메리 929, 939~941
리파르, 세르주 634
리퍼블릭 에이비에이션 906
리프먼, 월터 1078
리히터, 한스 255
리히텐슈타인, 로이 788
릭라이더, 조셉 1129
린데, 안드레이 1135
린치, 댄 1128, 1132
린튼, 랠프 762
린튼, 로버트 606
릴케, 라이너 마리아 291, 356, 379, 514
림스키코르사코프, 니콜라이 안드레예비치 207
림포포 강 1049
립셋, 세이무어 마틴 691

ㅁ

마굴리스, 린 333~337, 655, 698, 1049
마그리트, 르네 322
마누아 제도 434
마더웰, 로버트 553, 786
마라, 장 폴 984
마르, 도라 522, 638

마르부르크 401, 479, 480, 585, 882
마르세유 85, 108, 515, 550~551
마르케스, 가브리엘 가르시아 1081~1082, 1087
마르코니, 굴리엘모 331
마르쿠제, 헤르베르트 913, 989
마르크스엥겔스연구소 368
마르크스, 카를 925, 1018
마르크시즘 974, 1095
마르키즈제도 762
마르피노 834
마리탱, 자크 520, 550
마멧, 데이비드 1098
마샬, 서굿 808
마신, 레오니드 208, 319
마야 문명 1053
마야코프스키, 블라디미르 263, 501, 505
마오쩌둥 1111
마이소르 1085
마이어, 마리아 780
마이어홀트, 브세볼로드 505
마이크로소프트 927
마이트너, 루트비히 470, 545
마이트너, 리제 17, 158
마저, 베르너 380~382
마조히즘 63
마지막 해결책 63
마추픽추 1179
마타, 로베르토 544
마테를링크, 모리스 48
마티스, 앙리 17, 104, 202~203, 229, 544, 550
마티유, 르네 642
마푼구베 1179
마흐푸즈, 나깁 1091
만유이론 1138~1139, 1157~1158, 1173
만, 하인리히 360, 551, 555
만하임, 칼 283, 475, 584
말구디 1085
말라르메, 스테판 48, 205
말러, 구스타프 69, 94, 99, 216, 249

말로, 앙드레 105, 520, 522, 550
말로우 87~90
말, 루이 979
말리노프스키, 브로니슬라브 226, 435, 478
망델브로트, 브누아 1144
매기, 브라이언 1175
매독스, 존 1072, 1157, 1174
매슨, 제프리 1017
매슬로, 에이브러햄 914, 1017
매카시, 데스먼드 432
매쿠직, 빅터 1071
매키, 로빈 943, 1045
매킨타이어, 알래스데어 1038
맥긴, 콜린 1073~1074
맥니스, 루이스 516
맥도널드, 드와이트 679
맥루한, 마샬 514, 840
맥스웰, 제임스 클러크 1032, 1138
맥코시, 제임스 1110
맥킨스, 콜린 1030
맨스필드, 캐서린 161, 168
맨키비츠, 조셉 975
맨해튼 프로젝트 14, 617~618, 620, 738, 780~781, 877
맬로원, 맥스 524
머거리지, 맬컴 458
머레이, 찰스 1002, 1068, 1172
머리, 미들턴 464
먼시 334, 656
멈퍼드, 루이스 449, 802
메가우주 1136
메닝거클리닉 760
메더워, 피터 1162
메드베데프, 조레스 831~832
메를로퐁티, 모리스 959
메릴랜드 1007, 1116
메소포타미아 1112
메시앙, 올리비에 956
메이너드 스미스, 존 1059, 1063

메이, 롤로 1017
메이플소프, 로버트 1015
메일러, 노먼 907, 919
메타내러티브 959, 1023, 1029, 1041, 1179
메토네 1115
멘델, 그레고어 17
멘델레예프, 드미트리 이바노비치 404
멘추, 리고베르타 1119
멘켄, H. L. 435, 540
멜빌, 허먼 1118
모건, T. H. 182, 184~185, 419, 496, 498, 538, 579
모노, 자크 945
모딜리아니, 아메데오 459, 550
모라스, 샤를 379
모렐, 버지니아 748
모로, 잔느 981
모로아, 앙드레 525
모로조프, 게오르기 832
모리스, 데즈먼드 944
모리스, 사이먼 콘웨이 1067
모리슨, 토니 1078
모문명 38, 866~867
모성 박탈 932
모스부호 581
모어(母語) 1056, 1084
모이니헌, 다니엘 패트릭 820
모이니헌, 대니얼 P. 1078
모자이크 220, 740, 1132, 1147
모차르트 488
모퍼고, J. E. 525
몬드리안, 피에트 205, 785, 544, 552
몰리에르 1108
몸바사 854
몸, 서머셋 434
몽유병 32, 348
몽크, 레이 252
몽타니에, 뤽 1012
몽타이유 721, 860, 861

몽테뉴 1108
몽티냐크 572, 574
뫼즈-아르곤 공세 332
무글레튼파 924
무어, G. E. 1115
무의식 960, 965~966, 968, 975, 1018~1019, 1023, 1095~1096, 1162, 1164
무작위성 791, 1173
무조성 95
무지의 베일 950
무질, 로베르트 69, 286, 371
무함마드(마호메트) 1088
문화 볼셰비키 553~554
문화연구 970, 1080, 1092, 1096~1097
문화유물론 1097, 1107, 1124
문화유물론자 1097, 1124
문화적 자유를 위한 회의 690
문화적 좌파 720
문화투쟁 1014
문화혁명 720
물랭루주 48
뭄바이 124, 1086, 1088, 1089
뭉크, 에드바르트 66, 203
뮈르달, 군나르 989, 1004
뮐러, 카를 오트프리트 1114
미국과학아카데미회보 943
미국국립보건원 1072
미국 국립항공우주박물관 1116
미국기업연구소 1002
미국식품의약국 663
미국의회도서관 1163
미국인류학회 1019
미국자연사박물관 1065
미노스 왕 35, 37, 1113
미노아 문명 37, 38, 42, 866
미노타우로스 37, 50
미니애폴리스 915
미드라시 884
미드, 마가렛 1019

미들타운 324, 334~338, 342, 348, 438, 655, 679, 698
미래파 19, 204, 229, 259~260, 263, 269, 468, 486, 505
미로, 호안 321
미르스키, 드미트리 스비아토폴크 505
미립자 44
미술공예운동 515
미얀마 444~445, 567, 576, 897
미요, 다리우스 554
미워크 부족 1102
미주신경 31
미케네 35, 95, 866
미토콘드리아 DNA 1055
민권운동 706, 708, 806, 813, 814, 820, 824, 826, 838, 840, 1004~1005, 1155
민주주의 20, 72, 76, 129, 130, 163, 275, 276, 279~280, 293, 386, 399, 455, 459, 469, 508, 584~586, 588, 591, 599, 603, 606~607, 632, 634, 673, 682, 688, 695, 698, 821, 840, 890, 904, 951, 990, 993, 1002, 1029, 1030, 1043, 1070, 1103, 1105, 1154~1155, 1165~1166, 1170, 1176, 1182
민츠, 레오 705
밀러, S. L. 1047
밀러, 리 633, 817
밀러, 아서 983, 1098
밀러, 헨리 817
밀스, C. 라이트 911
밀, 존 스튜어트 161, 273, 279, 817, 844, 1122

ㅂ

바그너, 리하르트 906
바딘, 존 943
바라크, 장 956
바란, 폴 1129
바르다, 아녜스 979

바르 레브 방어선 902
바르부르크, 아비 350, 475
바르부르크예술사연구소 350, 475
바르톡, 벨라 283, 554, 584
바르트, 롤랑 957, 962, 973, 979, 1039
바르트, 칼 883
바머스, 해럴드 1013
바벨, 이삭 504
바빌로프, 니콜라이 485, 496
바빌론소극장 646
바스라 392
바실리예프 형제 512
바알 신 363, 394~395
바, 알프레드 954
바에즈, 조안 806
바오로 6세 889
바우마이스터, 빌리 545
바우하우스 953, 956
바운, 랠프 734
바이닝거, 오토 30, 61, 103, 303, 314
바이마르공화국 258, 271, 347, 348, 350, 352, 355~356, 358, 363, 367, 376, 384, 406, 428, 453, 459, 510
바이스, 페터 984
바이코누르 745
바크스트, 레온 208
바크, 페르 1144, 1145
바타유, 조르주 632
바파, 쿰룬 1140
반고리관 31, 67
반 고흐, 빈센트 102, 203, 515
반 데어 로에, 루트비히 미스 351, 473, 474
반유대주의 992, 1017, 1114~1115, 1164~1165
반응계 98, 361
반항적 인간 964
발라드오페라 363
발라스, 벨라 283, 284
발란신, 조지 208, 557
발레 207~210, 248, 260, 313, 555~560, 634, 786, 792, 830~831, 919, 952, 980, 1015~1016
발생적 인식론 770
발생학 929
발크로즈, 자크 도니올 976
발터, 브루노 249, 555
발, 후고 254, 257
방사능 149~150, 199, 879, 1045, 1101
배로, 존 1160~1161, 1173
배아질 62
배비지, 찰스 396
백악기 198, 1051
밴가드(위성) 745
밴앨런대 746
밴텀 북스 1132~1133
밴험, 레이너 953
밸푸어, 아서 제임스 1093
뱀버거, 루이스 472
뱅센 960, 962, 1023
버낼, J. D. 1111, 1157
버낼, 마틴 1094, 1111, 1114, 1119
버너스리, 팀 1132
버밍엄 983
버밍엄 레퍼토리 극단 983
버지스 혈암층 1067
버크, 버나드 873
버트, 시릴 769~770
버틀러, 사무엘 528
번스타인, 레너드 917
번함, 다니엘 133
벌린, 이사야 990
범게르만연맹 382
베냉 87, 854
베네딕트, 루스 1119
베네치아 906, 1014, 1066, 1140
베네치아노, 가브리엘레 1140
베단타 582
베렌스마이어, 케이 939
베르곤지, 버나드 247, 518

베르그송, 앙리 22, 48, 106, 112, 117, 127, 322, 453, 475, 631
베르길리우스 1122
베르넹쥔 화랑 204
베르됭 229, 296
베르디 85, 488
베르탈란피, 루트비히 폰 965
베르펠, 알마 말러 551
베른하르트, 사라 48
베를린국립미술관 469
베를린 달렘 483
베를린 봉쇄(1948년) 730
베를린 장벽 1072, 1126
베를린정신분석연구소 350, 355, 760
베리, J. B. 385
베버, 막스 909
베버리지 보고서 174, 595~600, 606
베베른, 안톤 폰 956
베어만, 데이비드 792
베이비붐 655, 775, 826, 978, 996
베이징 원인 579, 885, 929
베이컨, 프랜시스 18
베이클라이트 159~160
베이클랜드, 리오 헨드릭 17, 158
베이트슨, 그레고리 433, 773
베인즈, 샐리 792
베일리올 칼리지 292, 596, 863
베제르 572, 576
베쳇, 시드니 641
베케트, 사무엘 1099
베크만, 막스 248, 467, 470, 487, 545
베타 붕괴 611
베타차단제 993, 1009, 1010
베텔하임, 브루노 477, 779
벤, 고트프리트 469
벤담, 제레미 1037
벤야민, 발터 369, 513, 791
벤츨리, 로버트 342
벤트너 569

벨, 다니엘 907, 917, 919, 926, 950, 1078, 1125, 1165
벨라스카 타워 954
벨라스케스, 디에고 321
벨라폰테, 해리 917
벨로, 솔 15, 1100, 1102~1104
벨몽도, 장 폴 981
벨 전화연구소 734, 873
벵골 999, 1091
보가트, 험프리 981
보고몰로프, 알렉세이 746
보나파르트, 나폴레옹 125, 379, 384, 522, 600, 984
보노보 원숭이 1122
보단 166, 379
보드리야르, 장 1096
보드머, 월터 943, 1045
보들레르, 샤를 77, 92, 256
보르부아-퐁솜 245
보르헤스, 호르헤 루이스 543, 1081
보른, 막스 409, 563
보바리 부인 1093
보슈, 히에로니무스 321
보아스, 프란츠 1020
보어, 닐스 헨릭 다비드 212
보어만, 마르틴 461
보어전쟁 78, 235, 236
보울비, 존 929
보이세, 찰스 750
보이어, 허버트 927, 942
보이틴스키 605
보잉 906, 996, 1088
보잔케트, 메리 490
보지라르 638
보체크 282, 361, 362
보츠와나 1154
보카치오 1123
보테, 발터 410
복셀, 루이 104, 108

복제 186, 264, 513~514, 536, 741, 942~944,
  946, 950, 1010, 1045~1049, 1060,
  1062, 1144, 1146~1148
본회퍼, 디트리히 488, 643
볼드윈, 제임스 1078, 1166
볼로그다 85
볼로츠키 690
볼츠만, 루드비히 154
볼트만, 루트비히 378
볼트 베라넥 앤드 뉴먼 1130
볼트우드, 버트람 199
볼하임, 게르트 545
봄, 데이비드 242
봄버그, 데이비드 242
봄비콜 947, 948
부뉴엘, 루이스 633
부르바키, 니콜라 641
부버 노이만, 마르가레테 640
부버, 마르틴 675
부시, 바네바 1128
부시, 배너바 616
부어스틴, 다니엘 843
부커상 1090~1092
부쿠레슈티 973, 1101
부프 뒤 노르 985
부헨발트 491
분석철학 1165, 1176
분튼 159
불레즈, 피에르 953, 956, 1178
불트만, 루돌프 883
불확정성의 원리 408, 423~425, 616
붉은교수연구소 494, 498
뷔페, 베르나르 642
뷔히너, 게오르크 362
브누아, 알렉상드르 260
브라바 854
브라스리 리프 637
브라운, 노먼 913
브라운, 베른헤어 폰 743, 869

브라운 운동 102, 107, 153, 155~156
브라조스 강 1052
브라질라크, 로베르 634
브라크, 조르주 106~107, 205, 229
브란트, 빌리 836
브람스, 요하네스 22, 249
브래그, 로렌스 738
브래들리 1002
브랜더, 제임스 1001
브랜도, 말론 806
브레너, 시드니 942
브레송, 로베르 977
브레슬라우 488, 580
브레커, 아르노 485
브레히트, 베르톨트 1083
브렌타노, 프란츠 58, 113, 127
브로델, 페르낭 962, 1084, 1125
브로이어, 마르셀 474
브로트, 막스 375
브록만, 존 1164~1165
브론테, 샬롯 432, 817
브뢰유, 아베 574, 885~886
브루노, 조르다노 1113
브루스, 스티브 917, 919
브루크, 루퍼트 229, 240, 249, 356, 452
브룩스, 반 위크 540
브룩, 피터 982, 986~987, 1099, 1178
브룬, 에릭 1015
브륄, 뤼시앵 레비 428
브르바, 엘리자베스 1054
브르타뉴 866
브르통, 앙드레 959
브리검, C. C. 237, 324
브리검 영 대학교 1120
브리즈번 978
브리튼, 벤자민 509, 790
브릭스, 아사 345
블래킷, P. M. S. 568
블랙, 데이비드슨 885

블랙 마운틴 칼리지 551, 790
블랙, 제임스 1010
블랙홀 1132, 1134~1137, 1142, 1157
블로흐, 펠릭스 780
블룸, 레오폴드 303, 310
블룸, 앨런 1103, 1106, 1109, 1117, 1153~1154
블룸즈버리 그룹 240, 273~274, 529, 556
블룸폰테인 123
블룸, 해럴드 1106, 1109, 1124
블리스, 릴리 P. 1049
비가환 기하학 1142
비긴 춤 532
비네, 로베르트 349
비룽가 국립공원 935
비미 고지 전투 231
비아위스토크 690
비오 10세 116~118
비오 12세 881
비첨, 토머스 94
비치, 실비아 303, 338, 633
비테브스크 261
비트겐슈타인, 루드비히 960, 989
비트 문화 702, 704
비판이론 355, 972
빅서 918
빈 분리파 66
빈 서클 1036
빈 정신분석학회 34, 221
빌라 애르 벨 551
빌카밤바 191~192, 195
빌헬름 1세 379
빙엄, 하이람 1179
빙켈만, 요한 요아힘 94

ㅅ

사강, 프랑수아즈 663
사디즘 984
사로얀, 윌리엄 633

사로트, 나탈리 645
사르노프, 데이비드 331
사르트르, 장 폴 959, 966
사마르칸트 906
사우디아라비아 1112
사우샘프턴 14, 864
사이드, 에드워드 1092, 1166
사이버공간 1132
사이스 1113
사이키델릭 703, 913~914, 917
사티, 에릭 48, 248, 319
사하로프, 안드레이 832
사헬 999
사회연구를 위한 뉴스쿨 429, 449~551, 673, 711
사회연구소 353, 475, 476, 513, 678
사회주의리얼리즘 500~502, 505, 512
사회진화론 1078
산드베르크, 빌렘 954
산타바바라 1130
산타페연구소 1144
살라딘 1087, 1088
살람, 아브두스 1138
살롱도톤 104, 204
살리스버리 855
살인광선 569
상고르, 레오폴드 709
상브르 운하 229, 247
상트페테르부르크 16, 39, 110, 172, 207~208, 558, 664
새리스, 그레그 1102
새뮤얼슨, 폴 994, 1078
새턴 5호 869
색스, 올리버 987, 1163
샌안토니오 978
샐린저, J. D. 896
생거, 프레드 943
생상스, 카미유 210
생시몽 315
생태학 890, 936

샤넬, 코코 641
샤라슈카 744, 834~835
샤라시키 493
샤를마뉴 대제 379
샤므라, 라스 394~395
샤브롤, 클로드 976
샤피섀퍼, E. A. 168
샬러, 조지 936~937
샹카르, 라비 1091
서로, 레스터 1000
서머스, 로렌스 1001
서섹스 1063, 1097, 1173
서순, 시그프리드 161, 229, 244
서스쿼해나 762
서스킨드, 레오나드 1140
서인도부두 446
서클, 게오르게 356
서프, 빈트 1128, 1131
선형문자 A 37
선형문자 B 37
설로, 나다니엘 158
설리번, 루이스 헨리 134
설, 존 1073~1074
성 바울 대성당 241, 452
성병 169
성 아우구스티누스 1119
성장 운동 131
성 키프리아누스 학교 445
성 토마스 아퀴나스 1039
세계기후연구계획 899
세계은행 604
세노테 1053
세렝게티 936
세버그, 진 981
세베소 899
세이어스, 도로시 L. 525
세제르, 에이메 1118
세헤라자데 556
섹슈얼리티 912, 964

센, 아마르티아 986, 998, 1121, 1166
셀라시에, 하일레 938
셀린, 루이 페르디낭 634
셰르부르 973
셰익스피어 서점 303, 633
셰필드 571
셴탈린스키, 비탈리 491, 503
셸던, 마이클 445~446
셸터 아일랜드 782~784
소니 1016, 1116~1117
소벨, 모튼 743
소어스틴 베블렌 73, 540, 548, 817
소외 911~913, 918, 967, 1077
소잉카, 월레 1091
손택, 수잔 907, 975, 1013~1014
솔로, 로버트 908, 995~996
솔로타로프, 시어도어 787
솔리다드 812
솔제니친, 알렉산드르 71, 744, 832~833
솔크생명공학연구소 1071
송하이 854
쇠너러, 게오르크 리터 폰 77, 382
쇠라, 조르주 103, 515
쇤베르크, 아놀드 20, 69, 97, 111, 206, 227, 251, 301, 360, 488, 553, 555
쇼, 조지 버나드 456, 528
쇼펜하우어, 아르투어 71
수련수사 885
수메르 391~395, 641, 866
수소폭탄 743, 780~782, 787
수요심리학회 34, 223
수잔 제임스 969
수혈 232~233
쉬라즈 978
쉴즈, 에드워드 1103
슈니츨러, 아르투어 54, 79, 96, 301, 356
슈람, 퍼시 351
슈뢰딩거, 에르빈 1139
슈마허, E. F. 585

슈바이처, 알베르트 631, 883
슈발리에, 모리스 633, 641
슈비터스, 쿠르트 256, 302, 470, 545
슈워츠, 존 1141
슈추킨, 세르게이 260
슈타이너, 루돌프 111
슈테른, W. 234
슈테켈, 빌헬름 34, 221
슈톡하우젠, 카를하인츠 956
슈트라우스, 리하르트 1162
슈펭글러, 오스발트 1176
슐리크, 모리츠 252, 286, 369, 371, 423, 589
슐테 추기경 463
스네즈프스키, 안드레이 832
스노, C. P. 23, 213, 401, 722, 727, 754, 1059
스노든, 프랭크 1114
스몰렌스크 261, 491
스몰린, 리 1158
스미스소니언 협회 1117
스미스, 스티비 654
스미스, 아담 998
스미스, 케언스 1046~1048
스미트, 얀 1051
스완슨, 로버트 927, 944
스카멜, 마이클 836
스카이랩 872
스코필드, 폴 983
스콧, J. D. 716
스크루턴, 로저 21, 1174
스크리아빈, 알렉산드르 98
스크립스해양학연구소 24
스키너, 버러스 F. 762
스타더드, 로스롭 606
스타이너, 조지 1160
스타인, 거트루드 48, 104, 105, 107, 201~202, 226, 260
스타인, 레오 260
스타인벡, 존 133, 463, 540
스탈링, E. H. 167

스탠퍼드-비네 지능검사 235
스탠퍼드연구소 1130
스텐트, 군터 1156, 1160, 1172
스토리, 데이비드 715
스토아 학파 1120
스토파드, 톰 1099
스톤헨지 866
스튜어트, 이언 1145, 1152
스트라빈스키, 이고르 110, 207, 227, 313, 416, 554~555
스트랫퍼드어폰에이번 983
스트레이치, 리튼 161, 251, 274, 464, 556
스트로밍거, 앤드루 1140
스트뢰머, 스타인 1140
스티븐스, 월러스 1099
스페인 내전 321, 519~521, 523~524, 601, 707
스펜더, 스티븐 516~517, 520
스펜서, 바바라 1001
스펜서, 스탠리 242, 248
스펜서, 허버트 74, 279, 457, 699
스포르자, 루카 카발리 1056
스포크, 벤자민 828
스푸트니크 1호 742, 745~746, 869
스프링스, 제메스 618
스피로헤타균 170, 173
스피박, 가야트리 차크라보르티 1094
슬로드키, 마르셀 255
시갈료프 505
시나이반도 902
시드니 오페라 하우스 954
시무르그 985
시민불복종 990
시민 케인 979
시바로프, 니콜라이 503
시벨리우스, 얀 98
시보그, 글렌 781
시어스, 빅 앨 705
시우르리오니스, 미카류스 콘스탄티나스 110
시운동파 716, 718

시카고 학파 997
시트로엥, 파울 545
시트웰 삼남매 556
시티 라이츠 702
신경과학 53, 1073, 1164
신경학 1038, 1072
신다윈주의자 1059, 1062~1063, 1067, 1159
신비평 975
신시(新詩) 957, 1133
신시사이저 957, 1133
신자유신문 79
신즉물주의 348
신지학(神智學) 111, 915
신플라톤주의 59
신필드, 앨런 1097
실레, 에곤 203, 282
실리콘 밸리 737
실버, 네이선 955
실용주의 126, 128~129, 327, 540, 681, 708, 847, 1027~1029, 1041
심리평가 582
심층질서 1128, 1144~1146, 1148
11월 그룹 349, 362
싱툰야우(丘成桐) 1140
쐐기문자 391, 394

ㅇ

아가디르 사건 270
아그라 906
아난드, 물크 라지 1085
아날 학파 1125, 1166
아널드, 매튜 125, 367
아누이, 장 983
아델피 극장 559
아도르노, 테오도르 353, 475, 480, 555, 585, 672, 774
아드디브, 무하마드 880
아드리, 로버트 930, 944

아디스아바바 939
아라공, 루이 258, 319, 520, 633, 637
아라비아의 로렌스 392, 1093
아렌트, 한나 907, 1169
아롱, 레이몽 959
아르게다스, 호세 마리아 1118
아르누보 66, 94, 136
아르마 199
아르실 고키 786
아르토, 앙토냉 983
아르파넷 1130~1131
아리스토텔레스 1040, 1105, 1110, 1119
아리안족 1114
아리우스주의 84
아메리칸발레학교 558~559
아메린드어 1056, 1058
아바, 마르타 300
아베르바크, 레오폴드 505
아벨, 볼프강 483
아세라트 809, 822
아스투리아스, 미겔 앙헬 1080, 1082
아시리아 809, 822
아우크스부르크 809, 822
아원자 1140
아이브스, 벌 672
아이브스, 찰스 1099
아이스킬로스 1113
아이스티오페스 1114
아이젠하워, 드와이트 600, 708, 745, 779
아이티오페스 1114
아이히만, 아돌프 23, 776
아인슈타인 메달 1133
아인슈타인, 알베르트 1032
아즈텍 397~398, 645
아체베, 치누아 1080, 1092
아카뎀고로도크 24
아카드 391
아테네 헌장 515
아파르 삼각지대 937, 938

아폴로 11호 868, 871
아폴리네르, 기욤 48, 205, 227, 229, 260, 319
알곤킨 호텔 342
알라하바드 124
알렉산드레타 394
알렉산드리아 973
알류샨열도 576
알류트-에스키모어 1056
알마 다리 49
알코올 중독 640, 671, 675, 763
알퀴스트, 레이먼드 1010
알타미라 574
알튀세, 루이 959, 961, 969, 1176
암스트롱, 닐 868, 871
암호 해독 562, 566
앙데팡당전 108, 260
앙시앵레짐 301
애그뉴, 스피로 989
애덤스, 에비게일 539
애덤슨, 조이 931~933
애덤슨, 조지 931, 933
애들러, 당크마르 135
애들레이드 978
애로, 케네스 997
애리조나 1052, 1073
애쉬몰 박물관 34
애시캠파 126, 142~143, 147
앤더스, 빌 879
앤더슨, 필립 1145
앤절루, 마야 813, 1078
앨더슨 1060
앨라배마 178, 706, 805, 807
앨런, 폴 927
야고다, 겐리크 500
야블렌스키, 알렉세이 폰 203
야수파 104, 142, 207, 261
야스퍼스, 칼 480
야오원위안(姚文元) 829
야콥슨, 로만 549

양극 43~44, 944
양자전기역학 782
양자중력 1157
어츠, 수잔 525
억압 910, 913, 925, 1014, 1117
업다이크, 존 1100
에게 해 925, 936, 1078
에니그마 562~563, 566~568
에델만, 제럴드 1073
에디아카라 1050
에디슨, 토머스 143
에른스트, 막스 257, 319, 487, 544~545, 551, 785
에릭슨, 밀턴 1017
에번스, 아서 34, 36, 38, 192
에설런연구소 918
에세네파 881
에어만, 클라우디아 1016
에우리피데스 1118
에이브러햄, 데이비드 1126
에이어, A. J. 370, 476, 633
에이젠슈테인, 세르게이 508, 513
에카르트, 디트리히 271
에퀴아노, 올라우다 1119
에크웬시, 시프리안 1092
에크하르트, 마이스터 461
에테르 1028
에티오피아인 1114~1115
에프렘 짐발리스트 555
엔라이트, D. J. 716
엔트로피 946, 987, 1084
엘드리지, 나일즈 1059, 1065, 1148
엘랑 비탈 115, 126, 453
엘렉트라 1162
엘리, 리처드 17, 158
엘리스, 해블록 914
엘리슨, 랠프 1078
엘뤼아르, 폴 633
엘리어트, 덴홈 1016

엘리어트, 찰스 윌리엄스 1110
엘리엇 973, 1080, 1099, 1106, 1108, 1121,
　　　　1150~1151, 1154, 1159, 1174
엘리엇, 조지 1108, 1121
엘리엇, T. S. 20, 71, 115, 161, 291, 294, 305,
　　　　317, 327, 350, 387, 464, 517, 601,
　　　　1080, 1106, 1150
엘만, 미샤 555
엘자 931, 932
M이론 1141
여키스, 로버트 236, 324
영, E. H. 525
영국 국립물리연구소(NPL) 1129
영국 왕립학회 1066
예기치 않게 나타나는 특성 1073, 1075, 1143
예조프, N. I. 504
오귀스탱, 그랑 638
오닐, 유진 1014, 1098
오브라이언, 코너 크루즈 1104
오브 아럽 앤드 파트너스 954
오비슨, 로이 706
오빙턴, 메리 175~176, 180
5·4운동 278, 281
오셀로 1088, 1107
오스트랄로피테쿠스 로부스투스 930
오스트랄로피테쿠스 아파렌시스 940~941
오스트랄로피테쿠스 아프리카누스 930
오스틴, 제인 431, 697, 816, 1108
오웰, 조지 1103, 1172, 1176
오이디푸스 콤플렉스 1163
오일쇼크 903
오장팡, 아메데 544, 552
오크리, 벤 1091
오킥보, 크리스토퍼 1092
오펜하이머, 로버트 623, 781
오퓔스, 막스 977
오핸런, 레드먼드 86
올두바이 협곡 929~930, 937, 939, 1053
올리비에, 로렌스 983

올리펀트, 마크 401, 569, 609, 616
올 솔즈 칼리지 999
와인버그, 스티븐 1138
와일더, 버트 175
와일더, 손턴 633
와츠, 앨런 913, 915
왓슨와트, 로버트 569
왓슨, 제임스 1072
왜딩턴, C. H. 589
요사, 마리오 바르가스 1081~1082
요한슨, 도널드 938, 940, 1053
욤키푸르 전쟁 902~903
우드, J. P. 352
우라 909, 931, 998, 1082
우르 959, 989, 996, 1084, 1086, 1088
우스만 상벤 1092
우주끈 1137
우즈홀해양학연구소 1061
우촌, 이외른 953, 954
울리, 레너드 392, 528
울프, 레너드 273, 456
울프, 버지니아 1082, 1122, 1162
울프, 토마스 540
울프, 톰 917, 921, 950
워너브라더스 145
워너, 샘 144, 672
워드, 레스터 73
워드, 바바라 894
워스, 루이스 440
워싱턴, 부커 T. 178~180, 707
워즈워스, 윌리엄 817
워커, 알렐리아 338
워커, 앨리스 1078~1079
워터스, 맬컴 907
워튼, 이디스 329
워홀, 앤디 1096
원초적 상태 950
월드 와이드 웹 1132
월러스 스티븐스 540

월리스, 드윗 332
월터스, 바바라 917
월폴, 로버트 364
웜홀 1137
웨더올, 데이비드 1020
웨브, W. L. 837
웨브, 메리 525
웨브, 비어트리스 294, 456, 458
웨브, 시드니 292, 456, 475
웨스커, 아놀드 715
웨스트, 메이 518
웨스트, 비타 색빌 528
웨슬러, 로렌스 555
웨이코 1052
웨인, 존 716
웨인버그, 로버트 1013
웰스, 오손 541, 672
웰슬리 여대 1114
웰컴, 버로스 1011
웹스터, H. C. 411
위대한 거부 774
위대한 사회 913, 1003
위스콘신 플랜 596
위튼, 에드워드 1139, 1141
윈더스, 샤토 앤드 724
윈스턴, 브라이언 1132
윌리엄스, 레이먼드 970, 974~975, 1095~1096
윌리엄스, 로블리 1147
윌리엄스, 테네시 1098
윌슨, 로버트 873
윌슨, 마운트 415~416, 418
윌슨, 앨런 1055
윌슨, 에드워드 O. 945~947, 999
윌킨스, A. E. 569
유겐트슈틸 66
윌킨스, 모리스 582, 738
유교 84, 118~122, 223, 280
유니버설 영화사 755
유러달러 903

유러본드 903
유러크레딧 903
유럽입자물리연구소(CERN) 24, 1132
유리, H. C. 1047
유아성욕 31, 63, 217, 221, 761
유전자 928, 942~944, 947~950, 965, 999, 1012~1013, 1044~1046, 1056, 1059~1062, 1064, 1068, 1071, 1147, 1162~1163
유전자염기서열분석 942, 944
유전자 지문 감식 1044, 1046
유카탄 반도 1052
유쾌한 시간 25, 1150, 1159, 1171, 1174
유타 대학 1130
유프라테스 강 392
율리시스 980
융, 카를 구스타프 34
융주의 1164
음극 43~44
음렬주의 956
음악·음향연구소 953
음절문자 391
응급구조사 993
의식연구 1072~1073
의화단 120
이글턴, 테리 1095
이달의 책 클럽 332~333, 891
이드 917, 918, 950, 978, 994, 996, 1092, 1093, 1094, 1099, 1112, 1132, 1162, 1166, 1174
이디시어 30
이론물리학연구소 214~215, 401, 403~404, 408
이메일 908, 1130~1132
이바단 1092
이보어 710
이스트 앵글리언 연안 569
이스트본 444
이스트맨, 맥스 540
이아고 1088,

이오네스코, 외젠 1159
이중나선 582, 741, 942, 945, 1046, 1072
이지메레, 오보툰데 1092
이집트인 37, 123, 158, 391, 478, 1114~1115
2차 세계대전 384
익스플로러 3호 746
인간게놈프로젝트 1071~1072
인공생명 1144, 1147~1148
인상주의 48, 53, 92, 103, 109, 111, 203, 205, 261
인종위생 78, 380, 461, 483
인종청소 1177
인터넷 1072, 1128, 1131~1132, 1141
인터롭 1128, 1132
인텔샛 5호 872
일리아스 35, 96
일리치, 이반 824
일요서클 283~286, 584
1차 세계대전 23~24, 30, 103, 108, 201, 228
일탈행위 32, 640
입자유전 185
입센 268, 1108
잉카, 망코 191~192, 195

ㅈ

자기공명영상법(MRI) 1072
자네레, 샤를 에두아르 351, 515
자동기술 259, 307
자바 원인 579
자스마리, 외르스 1063
자아 909~910, 912, 917~918, 920~921, 925, 960, 1023~1026, 1031, 1037, 1078, 1087, 1090, 1104, 1107, 1117, 1162
자유시 248, 797, 799~800, 992~993, 998, 1000, 1080, 1151, 1154~1155, 1165~1166, 1172, 1176~1177
자유시장 경제 797, 799, 998, 1080, 1151, 1154, 1155, 1165, 1176~1177

자유연상 32, 224
자이르 934
자코메티, 알베르토 642
자코브, 막스 206
자코비, 러셀 1164
자폐증 1075
자허마조흐, 레오폴트 폰 63
작가동맹 491, 500~502, 505
잔류복사 874
잔혹극 983~984
장칭(江青) 829, 830
재로 911, 924, 959, 980, 985~987, 990, 1068, 1074, 1094, 1099, 1115, 1141, 1155
재세례파 923, 924
잭슨, 마할리아 806
저우언라이(周恩來) 831
적색이동 414~416, 873~874, 877
전리층 569
전미여성협회 667, 807, 818
전송 제어 프로토콜 1131
전자 13, 19~20, 38~39, 41, 43~46, 69, 107, 111, 150, 152, 155, 173, 184, 186, 200, 213~214, 228, 261, 331, 352, 382, 403~411, 417~419, 434, 497, 498, 562, 566~569, 581~582, 590, 611~612, 617, 619, 647, 671, 674, 723, 725, 730, 736, 740~741, 782, 784, 790, 822, 842, 848, 853, 876, 927~928, 942~943, 944, 947~950, 956~957, 965, 999, 1012~1013, 1022, 1024, 1044~1047, 1056, 1059, 1060~1062, 1064, 1068, 1071, 1138~1140, 1147, 1158, 1160, 1162~1163
전파 919, 1028, 1056, 1058, 1097, 1134
전파별 1134
절대주의 260, 265
정신분석 31, 34, 53~55, 63, 96, 126, 173, 215,

217, 221, 223~227, 232, 237~238,
239, 318~319, 321~322, 349~350,
355, 357, 370, 427~430, 432~433,
465, 476~477, 517, 552, 585, 637,
645, 653~654, 660, 675~677, 688,
698, 717, 757, 760~761, 763~764,
767, 769, 772, 778~780, 786,
816~817, 918~919, 959~960, 962,
965~966, 971~972, 1017~1018,
1021, 1023, 1098, 1108, 1161~1164,
1166
정신의 3분법 1162
정향진화 578~579
정신의학 961, 962, 964, 1094
제국주의 73, 84, 89~90, 279, 385, 444, 606,
  810~811, 1093, 1095, 1112, 1170
제너럴 다이내믹스 906
제롬, 장 레옹 1093
제르너, 발터 255
제이, 마틴 475
제이 윈터 23, 247
제2차 바티칸 공의회 888
제이콥스, 제인 953, 1042, 1165
제임스, 윌리엄 914, 1026, 1180, 1182
제임스, 헨리 1014, 1091, 1119
제임슨, 프레드릭 1095, 1179
제트추진장치 568
제프리스, 알렉 1044
젠센, 아서 809, 822
젠크스, 크리스토퍼 1071
조머펠트, 아르놀트 610
조이스, 제임스 1082, 1104
조지, 로이드 273, 278, 344, 595
조지 6세 694
조플린, 스콧 182, 340
존 매독스 18
존 브록만 23
존스, R. V. 568
존스, 윌리엄 1055, 1056, 1084

존스, 제임스 895
존슨, 버지니아 659, 814
존슨, 찰스 1004
존슨, 크리스토퍼 968
존슨, 폴 903
존슨, 필립 953, 954, 955
졸라, 에밀 48, 77, 295, 329, 385, 508
좀바르트, 베르너 1176
주네, 장 642~643, 817
주다노프, 안드레이 639, 732
주다노프시치나 732
주드, 닐 397
주역 915
주지주의 115
주커, 아돌프 144
중급문화 1077
중력자(重力子) 1139~1140
지구온난화 899
지드, 앙드레 1014
지로두, 장 638
지르콘 199
진잔트로푸스 보이세이 929
진화심리학 936, 1163
진화종합설 1050, 1059
질라드, 레오 14, 17, 282, 615, 618
짐 크로법 176
짐멜, 게오르크 283
짐멜, 에른스트 239, 778
짐바브웨 854~856

ㅊ

차라, 트리스탄 255~256, 258
차머스, 데이비드 1074
차별 철폐 조치 1070
차야노프, 알렉산드르 505
차파예프 512
찬드라 위크라마싱헤 1166
찰스 다윈 20, 73, 86, 183, 279, 380, 538

찰스 디킨스 295, 316, 697, 896
창세기 199, 326, 392~394, 872, 879, 881, 885, 930, 1158
채드윅, 오웬 925, 926
채드윅, 제임스 1139
채트윈, 브루스 1015
채플린, 찰리 23, 226, 363, 416
채플힐 1103, 1106
챈들러, 레이먼드 895
처칠, 윈스턴 345, 529, 570, 597, 603, 661
철의 장막 640, 732, 734, 1101
철학협회 33, 73, 149
첨단연구프로젝트국 1129
청기사파(青騎士派) 95, 209, 229
체스터튼, G. K. 528
체임벌린, 네빌 570
체호프, 안톤 1091
초서 1108
초자아 31, 427, 464~465
초현실주의 선언 259
촘스키, 노암 907, 964, 985, 1076, 1157
추상표현주의 785, 786~789, 793, 1166
춘가라, 바리오스 데 1119
츠바이크, 슈테판 54, 79, 358, 478, 549
층서학(層序學) 396, 750
치료허무주의 54, 57
치솜, 셜리 808
치크술루브 1052, 1053
칭화(淸華) 대학 829

ㅋ

카나리스 제독 490~491
카네기, 앤드루 416
카두신, 찰스 907
카라바카 1051
카르납, 루돌프 1025
카르데날, 에르네스토 1118
카르케미시 392

카마수트라 915
카무앵, 샤를 104
카민, 레온 J. 1068
카발라 915
카스트로, 피델 796
카슨, 레이첼 994
카시러, 에른스트 254, 350
카오스 이론 1024, 1041, 1143
카우프만, 스튜어트 1063, 1145
카워드, 노엘 634
카이저 빌헬름 연구소 471, 728
카잘스, 파블로 550
카타스트로피 이론 1041, 1144, 1145
카터, 지미 899
카트빈켈, 빌헬름 747
카페 그리엔슈타이들 52, 54~55, 65, 79, 96, 99, 301
카페 오데옹 254
카포지육종 1007~1008
카포티, 트루먼 703
카푸트 472
카프카, 프란츠 20, 168, 285~286, 373~374, 375~377, 540, 647, 649, 775, 831, 1084, 1101, 1108, 1162
칸디아 34~35
칸딘스키, 바실리 96, 110, 474
칸, 레베카 1055
칸바일러, 다니엘 앙리 108, 228
칸타브리아 산악지역 574
칸트, 임마누엘 68, 117, 125
칼도어, 니콜라스 897
칼라비, 유제니오 1139
칼루자, 시어도어 1139
칼륨-아르곤 751, 865
캄브리아기의 폭발 1050, 1067
캄차카 반도 745
캄펜동크, 하인리히 470, 545
캐러더스, J. C. 811
캐번디시연구소 43, 213, 401~403, 412, 609,

722, 733, 738, 740~741, 780
캐서디, 닐 703
캘리포니아대학교 샌프란시스코 캠퍼스 942
캘리포니아 대학 버클리 캠퍼스 1055, 1073, 1109, 1118
캠벨, 로이 161
캣코, 자넷 1016
커넌, 앨빈 1159
커닝엄, 머스 786, 790, 793
커스틴, 링컨 555
커티스, 가니스 751
컨리프, 마커스 1077, 1098
컬, 리처드 17, 158
컬럼비아호 872
케네디, 로버트 825
케네디, 앤드루 645
케년, F. G. 880
케루악, 장 루이 잭 701
케리그마 884
케스트너, 에리히 360
케스틀러, 아서 809, 822
케슬러, 레오나드 785
케언즈, 도리스 820
케이, 하비 864
케이번, 루스 손리 440
케이지, 존 956~958, 1161
케이진, 앨프리드 539, 1111
켄기르 837
켄타우로스 56
켄트, 로크웰 142
코끼리 164, 272, 371, 937, 939, 948
코너, 조지 워싱턴 659
코널리, 마크 342
코널리, 시릴 444
코넬 175, 202, 325, 338, 1110~1111, 1139
코란 1088~1089
코롤료프, 세르게이 파블로비치 743
코매저, 헨리 스틸 698, 827
코번트가든 446

코번트리 447
코소보 901, 1177
코언, 스탠리 942
코제브, 알렉상드르 959
코코슈카, 오스카 103, 229, 251, 356, 474, 545
코프먼, 도널드 535
코플란드, 아론 672
콕토, 장 977
콘, 율리아 514
콘느, 알랭 1142
콘라트, 하인즈 프렌켈 1147
콘래드, 조셉 1094, 1122, 1177
콘스탄티노플 836
콘월, 존 1074
콘퀘스트, 로버트 492, 716, 744
콜, G. D. H. 528
콜더, 알렉산더 957
콜라주 기법 256
콜러, 볼프강 560
콜럼버스 191, 270, 853, 1119, 1179
콜리마 491, 744,
콜리지, 새뮤얼 테일러 432
콜린스, 마이클 871
콜먼, 제임스 821
콜비츠, 캐테 229, 467
콜초프, 미하일 520
콤소몰 458, 494, 834
콥, 리 J. 672
콥스, 버나드 715
콩트, 오귀스트 386
콰인, 윌러드 밴 오먼 989, 1037, 1120
쾨니히스베르크 423, 479, 482
쿠란트, 리하르트 547~548, 563
쿠바 미사일 위기 686, 796, 826
쿠벨리크, 얀 379
쿠비체크, 아우구스트 809, 822
쿠스코 192~193
쿠트, 스티븐 298
쿠퍼, 데이비드 757, 773

쿠퍼, 레인 1111
쿠클럭스클랜(3K단) 326~327
쿤, 벨라 368
쿨리지, 캘빈 327
쿰란 880~881
쿰룬 바파 1140
퀘이커 교파 287, 923~925
퀴리, 마리 48, 211, 411, 508, 943
퀜틴, 샘 812
큐나드, 낸시 645
큐브릭, 스탠리 895
크노, 레몽 959
크노소스 35~38, 192
크노프, 블랑쉬 654, 655
크라니히슈타인 인스티튜트 956
크라브첸코, 빅토르 639
크라우스, 카를 54, 65, 98, 248, 282, 301, 363, 649
크라쿠프 85, 249
크라프트에빙, 리하르트 폰 33, 62, 93
크래머, 피터 1163
크랜웰 420~421
크레멘초프, 니콜라이 493, 733
크레인, 다이애나 787
크레타 섬 34~36, 866, 1113
크로마뇽인 575
크로포트킨, 표트르 75
크론시타트 512
크루그먼, 폴 994, 996, 1000
크리소테미스 95
크리스탈나흐트 545
크리스털, 데이비드 1079
크리스티, 아가사 524, 525
크릭, 프랜시스 942, 1072, 1073, 1076
클라우지우스, 루돌프 44
클라인, 멜라니 350, 428~429
클라인버그, 오토 606
클라크 대학 124, 439
클라크, 로널드 225, 239

클라크, 존 페퍼 1092
클레르, 르네 506
클레멘트, 리하르트 776
클레브니코프, 벨리미르 262
클레오파트라 1124
클렘페러, 오토 488, 551, 555
클로르프로마진 771~772
클로비스 수렵인 854
클류에프, 니콜라이 493
클리버, 엘드리지 1078
클리템네스트라 94~95
클린턴, 빌 1001, 1116
클림트, 구스타프 65, 98~99, 218, 249
키고마 933
키로프 502
키르샨스, 블라디미르 505
키신저, 헨리 902
키에르케고르, 쇠렌 213
키예프 743
키츠, 존 1097
키치 1096
키친 싱크 드라마 715~717
키플링, 러드야드 135
킨제이, 앨프리드 653
킴벌, 로저 1117

E

타르시스, 발레리 831
타우트, 브루노 352
타이에브, 모리스 938
타임 제로 875
타임스 문학판 958
타임스 스퀘어 700, 703
타틀린, 블라디미르 260~262
타티, 자크 977
탄소14연대측정법 1058
탄자니아 929, 931, 937
탄호이저 80

탈신화화 883~884
탈주술화 295, 398
탕가니카 호수 933
탕기, 이브 544
태터솔, 이언 1054
태평양-남극해령 850~851, 875
터먼, 루이스 235
터스키기 기술학교 178, 707
턴불, 콜린 986
테겔 491
테니슨, 알프레드 817
테라키트 395
테레시코바, 발렌티나 869
테레지아눔 586
테이 만(灣) 570
테이퍼, 버나드 556
테일러, 고든 래트레이 944
테일러, 프레드릭 윈슬로 1042
테헤란 회담 600
텍사스 인스트루먼츠 736
텔레비전 16, 43, 157, 331~332, 344, 420, 438, 569, 699, 701, 745, 788, 826, 827, 840~841, 843, 872, 879, 888, 905, 915, 920, 976, 983, 984, 995, 1019, 1070, 1096, 1133, 1160
템플, 셜리 555
톈안먼(天安門) 278
톈진(天津) 577
토니, R. H. 292, 327, 475, 596
토들랜드, 그레그 542
토마스, W. I. 440
토마스, 심 640
토마스, 키스 922, 924~926
톨스토이 368, 502, 1108
톨스토이, 레프 니콜라예비치 368
톨킨, J. R. 891
톰, 르네 1145
톰린슨, 레이 1130
톰프슨, E. P. 718, 721, 862, 864

톰프슨, 다르시 웬트워스 1145
통합과학 476
퇴폐 미술 475, 486~487, 545
퇴폐 음악 362, 488
투르게네프, 이반 세르게예비치 368
투르카나 소년 1053
투르카나 호수 1053
투손 1073
투탕카멘 387~388, 390, 392, 880
투폴레프, 안드레이 744
튜링, 앨런 166, 561
트라우마 32
트레네, 샤를 633
트로이 906
트로츠키, 레온 142
트루먼 독트린 732
트뤼포, 프랑수아 977
트리니다드 1089, 1090
트리케라톱스 1053
트릴링, 라이오넬 919, 1033, 1080, 1082, 1106, 1121
특수 상대성 이론 153, 155~156, 211~212
특이점 875, 1134~1136
티그리스 강 391
티라노사우루스 렉스 1053
티민스, 니컬러스 597
티저드위원회 567~569
티베트 1057~1058
틴베르헨, 니콜라스 928, 937
틸리히, 파울 368, 475, 560, 882

ㅍ

파농, 프란츠 1166
파동-입자 이중성 155
파르겔리스, 앤드루 1148
파리 국립 고등사범학교 960
파리 평화회의 272
파리방 184~186

파리정신분석학회(SPP) 960
파버, 레슬리 660
파블로 네루다 520
파블로프, 이반 495
파스, 옥타비오 1081, 1168
파스샹달 전투 231
파스테르나크, 보리스 501, 505
파스퇴르, 루이 508
파슨스, 탈콧 965
파시즘 353, 355, 368, 447, 456~457, 476, 520, 541, 552, 584~585, 588, 592, 671~674, 693, 1111
파운드, 에즈라 202, 294, 296, 298, 520
파울리, 볼프강 1139
파이닝거, 리오넬 470, 487, 552
파이어니어 10호 872
파인만, 리처드 1134, 1175
파커, 도로시 342, 672
파크, 로버트 340, 606
파크, 로버트 E. 439
파크, 블레츨리 561~563, 568
파크스, 로자 706, 807
파크스, 알렉산더 158
파펜하임, 베르타 31~32
판게아 197, 199
팔레스타인 1093
팝아티스트 788, 793
패니첼, 스티븐 535
패커드, 밴스 687
패터슨, 애너벨 1098
팰럿, 제임스 982
팽창우주 416~417, 451, 783
퍼루츠, 막스 741
퍼스, 레이먼드 585
퍼식, 로버트 915
퍼킨스, 안소니 1016
퍼트넘, 힐러리 1036, 1074
펀더멘털 1172
펀자브 124

펄스, 루돌프 609
펄스, 프리츠 1017
페니키아인 1114
페니헬, 오토 350, 428, 778
페레, 로사리오 1119
페렐롬, 벨리키 494
페렐만, S. J. 343
페르미, 엔리코 611, 618, 780
페를링게티, 로렌스 702
페브르, 뤼시앵 857
페스탈로치, 요한 130
페어뱅크, 존 121, 280
페어뱅크스, 더글러스 416
페이비어니즘 457
페이오티 914
페이원중(裵文中) 885
페이터, 월터 22
페히슈타인, 막스 203, 469
펜로즈, 로저 1073~1074, 1134, 1139
펠드스타인, 마틴 994
평등파 924
포드, 헨리 23, 226
포드호리츠, 노먼 920
포르, 에드가 962
포마, 후아만 1119
포스터, E. M. 273, 556
포스터, 노먼 954
포스트맨, 닐 1179
포스트모더니즘 26, 115, 725, 959, 968, 972~973, 1031, 1041~1043, 1080, 1084, 1095, 1117, 1125~1127, 1155, 1161, 1178, 1185
포스트사이언스 시대 26, 1174
포스트콜로니얼리즘(탈식민주의) 1079~1080, 1094~1096
포시, 다이앤 931, 933~934, 936
포이히트방어, 리온 363, 551, 555
포천, 레오 438
포츠담 회담 601

포크, O. T. 422
포크너, 윌리엄 1082
포킨, 미하일 208, 557
포터, 로이 1020
포토몽타주 257, 265
포테스, 마이어 433
포트 휴런 선언 911
포티, 리처드 1049
포퍼, 칼 1172
포포바, 리디아 260
폭력 교실 705
폭스, 윌리엄 144
폴라니, 마이클 914
폴레트, 로버트 라 596
폴록, 잭슨 957
폴록, 프리드리히 353, 475
폴링, 라이너스 943, 1048
폴링, 피터 740
폴링의 법칙 419
폴섬 812
폴스타프 1107, 1124~1125, 1179
폴킹혼, 존 1175
퐁피두센터 952, 954~955, 1043
푀르스터, 베르나르트 71
푀취, 레오폴트 250
표트르 대제 379, 513
푸르트벵글러, 빌헬름 554
푸른곰팡이 570~571
푸생, 니콜라스 317
푸스녠(傅斯年) 281
푸아티에 631
푸앵카레, 쥘 앙리 154, 211
푸엔테스, 카를로스 1081, 1084
푸치니 49, 94, 168, 488
푸코, 미셸 961, 1015, 1039
푼샬 288
프라우다 733, 743, 745
프라이, 로저 203, 317
프라이, 배리언 549, 555

프라이속, 레드 705
프란츠 베르펠 254, 551, 555
프랑스, 아나톨 205
프래그머티즘 117, 126, 128, 130, 133, 148, 476~477
프랙털 1024, 1041, 1144
프랙털 기하학 1041
프랭클린, 로잘린드 738, 741
프랭클린, 벤저민 560
프레게, 고틀로프 164, 250, 370, 424, 547
프레밍거, 오토 917
프레이저, E. 프랭클린 606
프레이저, 제임스 58, 105, 117, 187, 225, 295, 350
프레지던트 해리슨 호 577
프레토리아 855
프렌켈, 나프탈리 아로노비치 836
프로스트, 로버트 201, 227, 762, 834
프로이센예술아카데미 470
프로이트주의 913, 959~960, 974, 1162~1163
프로이트, 지그문트 1017, 1018, 1161
프로젝트, 맨해튼 14, 617~618, 620, 738, 780, 781, 877
프로테스탄티즘 922
프로퓨모 595
프롬, 에리히 354, 429, 475, 480, 551, 585, 669, 675, 774, 778
프루스트, 마르셀 17, 20, 55, 218, 291, 313, 371, 631
프리던, 베티 664, 667~668, 815
프리드리히 2세 356
프리드리히 대제 379, 462
프리드먼, 로즈 991, 997
프리드먼, 밀턴 991, 997, 1006, 1172
프리드킨, 윌리엄 959
프리먼, 데렉 1019
프리슈, 카를 폰 928
프리스틀리, J. B. 525
프리시, 오토 404, 609, 614

프리크, 빌헬름 426
프린스턴고등연구소 1033
프린시페 288~290
프와티에 961
플라이슈만, 라울 342
플라톤 1027, 1105, 1115, 1122, 1179
플랑크 길이 1135, 1137, 1142
플랑크 상수 46, 1135
플랑크 시간 1135
플랫아이언 빌딩 133~134, 143
플럼, J. H. 345
플레밍, 발터 184
플레이페어, 나이젤 363
플로베르, 귀스타브 1093
플로지스톤 1027
플로토늄 617, 619~620, 623
플리스, 빌헬름 226
플린더스 산맥 1050
피구, 아서 809, 822
피그만 참사 869
피란델로, 루이지 291, 299, 316, 638
피보나치 수열 1146
피블스, P. J. E. 873
피셔, R. A. 1070
피스카토르, 에르빈 360, 363, 551
피시, 스탠리 1096, 1103, 1117, 1119, 1126, 1178
피아노, 렌조 953~954
피아제, 장 964
피아프, 에디트 641
피임 21, 465, 571, 662~663, 809
피츠제럴드, F. 스콧 310, 338, 540, 703
피카소, 파블로 47, 103, 202, 205, 228, 248, 313, 520, 522, 550, 633
피트먼, 월터 850
픽포드, 메리 145~147
핀들리, 티모시 1119
핀커스, 그레고리 662
핀커, 스티븐 1059, 1064

핀터, 해럴드 648
필프, 마크 962

ㅎ

하겐, 파울 549
하니웰 927
하다르 938~940
하디, 토마스 817
하딩, 워런 327
하라레 855
하르툼 854
하버마스, 위르겐 971, 1029, 1176
하비, 데이비드 1041, 1179
하우스만, 라울 257
하우, 어빙 1165
하우저, 아놀드 53, 283, 584
하워드휴즈의학연구소 1071
하월스, 딘 329
하위문화 1015
하이데거, 마르틴 60, 71, 366, 479, 482, 585, 631, 774
하이에크, 프리드리히 폰 990, 1006, 1018
하인리히 4세 300
하이트, 셰어 818~819
하이틀러, 발터 418, 581
하인켈, 에른스트 422
할데인 456
할렘 르네상스 339~442, 707
할스톤 1016
합스부르크, 루돌프 폰 379
합스부르크 왕가 52, 69, 250, 272, 379, 384
항생제 1166
항우울제 914
해든, 브리턴 332
해리스, 주디스 리치 1162
해링, 키스 1015
해링턴, 마이클 1006
해밀턴, 이안 더글러스 937

해체 910, 961, 964, 968, 970, 979, 1019,
　　　　1036, 1043, 1045, 1072, 1090, 1116,
　　　　1117, 1125~1126, 1153, 1169, 1171,
　　　　1179
해커, P. M. S. 759
해커, 앤드루 1004, 1165
핵에너지 355, 613, 723
핵합성 783, 876
핼버슨, H. M. 761
허드슨, 록 1015
허먼, 아서 631
허블, 에드윈 1151
허스튼, 조라 1119
헉슬리, T. H. 578
헉슬리, 올더스 914
헌스타인, 리처드 J. 1068
헌터, 아이보리 조 809, 822
헌팅턴 무도병 183
헌팅턴, 새뮤얼 1177
헤겔, 게오르크 빌헬름 프리드리히 354
헤로도토스 35, 1115, 1121
헤밍웨이, 어니스트 338, 444, 520~521, 540,
　　　　633
헤시피 198
헤이그, 더글러스 230
헤이먼, 로널드 216
헤이우드, 비비엔 294
헤일리, 빌 705
헨리, 로버트 142
헨리 제임스 126, 213, 697, 708
헬먼, 릴리언 1049
현대미술관 954
현상학 59~60, 144, 481
형태수학 1148~1149
호가트, 리처드 718
호건, 존 1144, 1156, 1172
호나이, 카렌 350, 428, 477, 778
호로위츠, 어빙 루이스 1165, 1169
호르몬 23, 167, 239, 659, 662

호르크하이머, 막스 353, 475, 555, 585, 774
호메로스 1110, 1122~1123
호메이니, 아야톨라 1089
호모 76, 575, 749~750, 853, 929~930, 939,
　　　　940, 1034, 1053~1055, 1057
호모 사피엔스 930, 1054~1055
호모 에렉투스 929~930, 1053
호엔촐레른 왕가 384
호치민 637
호킹복사 1134
호킹, 스티븐 1132~1133, 1139, 1175
호텐토트 족 856
호퍼, 에드워드 142
호프만슈탈, 후고 폰 22, 54~55, 79, 94, 218,
　　　　282, 301, 356, 428, 514, 643
호프스태터, 리처드 1078, 1159
혼돈복잡성 1143~1145, 1173
혼, 레나 806
홀, G. 스탠리 130, 433
홀데인, J. B. S. 731
홀, 스튜어트 718
홀, 피터 983
홉하우스, 아서 809, 822
홍위병 829~831
화석 74, 196~200, 319, 389, 396, 576~579,
　　　　747~750, 938~941, 1049, 1051,
　　　　1053~1055, 1065
화이트, E. B. 343
화이트, W. H. 677, 706, 895
화이트, 마이클 157
화이트, 팀 940
화이트헤드, 앨프리드 노스 289, 423, 696
환상적 리얼리즘 1080~1081, 1084~1085
회칙 116~118, 809, 881~883, 889
횔덜린, 프리드리히 367
후기인상주의 203, 275
후라니, 앨버트 1094
후설, 에드문트 59, 112, 127, 366, 368, 631, 774
후쿠야마, 프랜시스 1154~1155, 1165

훅, 시드니 370, 691
휘트니, 거트루트 밴더빌트 202
휘트먼, 월트 1108, 1110
휴로크, 솔 542
휴먼 인슐린 944
휴즈, 랭스턴 338, 340, 672, 813
휴즈, 로버트 105, 263, 320, 523, 788
휴즈, 테드 932, 985
흄 1039, 1040, 1122
흄, 데이비드 1039, 1122
흐루시초프, 니키타 742, 796
흑체 45~46
히로시마 979~980, 1116
히스테리 960, 1167
히치콕, 알프레드 755~757
히틀러, 아돌프 77, 94, 250, 257, 272, 350, 377, 387, 467
히틀러유겐트 469, 490, 585
히틀리, N. G. 570
힌데미트, 파울 209, 349, 362~363, 546, 554
힐데브랜드, 앨런 1052
힐러, E. T. 440
힐, 머레이 734
힐베르트, 다비드 49, 407, 423~424, 547
힐, 앤드루 939
힐, 크리스토퍼 922, 924, 926
힐, 토마스 922
힐튼, 로드니 721, 862
힘러, 하인리히 461, 477, 484, 891
힘멜파브, 거트루드 1125, 1127